北京大學《儒藏》編纂與研究中心 編

《儒藏》精華編選刊

儀禮正義

（一）

〔清〕胡培翬 撰

〔清〕胡肇昕 楊大堉 補

張文 徐到穩 殷嬰寧 校點

北京大學出版社
PEKING UNIVERSITY PRESS

圖書在版編目 (CIP) 數據

儀禮正義：全六册 / (清) 胡培翬撰；北京大學《儒藏》編纂與研究中心編. —— 北京：北京大學出版社，2024. 10. —— (《儒藏》精華編選刊). —— ISBN 978-7-301-35623-4

Ⅰ. B222.25

中國國家版本館 CIP 數據核字第 2024RM0992 號

書　　名	儀禮正義 YILI ZHENGYI
著作責任者	〔清〕胡培翬 撰　〔清〕胡肇昕　楊大堉 補 張　文　徐到穩　殷嬰寧 校點 北京大學《儒藏》編纂與研究中心 編
策劃統籌	馬辛民
責任編輯	方哲君
標準書號	ISBN 978-7-301-35623-4
出版發行	北京大學出版社
地　　址	北京市海淀區成府路 205 號　100871
網　　址	http://www.pup.cn　　新浪微博：@ 北京大學出版社
電子郵箱	編輯部 dj@pup.cn　總編室 zpup@pup.cn
電　　話	郵購部 010-62752015　發行部 010-62750672 編輯部 010-62756449
印 刷 者	三河市北燕印裝有限公司
經 銷 者	新華書店
	650 毫米 ×980 毫米　16 開本　154.75 印張　1980 千字 2024 年 10 月第 1 版　2024 年 10 月第 1 次印刷
定　　價	550. 00 元（全六册）

目録

校點説明

《儀禮正義》四十卷，清胡培翬撰，胡肇昕、楊大堉補。

胡培翬（一七八二——一八四九），字載屏，號竹村，安徽績溪人。嘉慶十五年（一八一〇）舉於鄉，二十四年成進士，殿試二甲，授内閣中書，充實録館詳校官。書成，擢户部廣東司主事，後改雲南司主事。道光八年（一八二八），充捐納房差。道光十年，假照案發，以失察被議，鐫級歸里。道光十三年，奉旨準捐復原官，遂以親老而不復出。歷主鍾山、惜陰、雲間、婁東、廬州、涇川諸書院，凡十餘年，後得疾歸里，道光二十九年七月卒於家。所著除《儀禮正義》外，還有《燕寢考》、《禘祫問答》、《研六室文鈔》等，多關乎禮學考證，可與《儀禮正義》相輔而行。傳見《清史列傳》卷六九、《清史稿》卷四八二。族弟胡培系所撰《事狀》，敘其生平行實尤詳。

《儀禮》爲禮之本經，自漢以來惟有鄭注行世。北齊之黄慶、隋朝之李孟悊皆遵從鄭注，撰有章疏之作。唐賈公彦本此二家之疏，擇善而從，兼增己意，撰成《儀禮疏》五十卷，集南北朝義疏學之成。因《儀禮》節次繁密，文辭古奥，以韓昌黎學識之博，猶苦其難讀，故歷來傳授者較少。至北宋王安石新學廢黜《儀禮》，不立於學官，學者遂絶鮮誦習。是以自宋至明，治此經者較他經爲尤少，能於全經有所發明者，寥寥數家而已。清初學風丕變，《儀禮》研究漸趨興盛，在乾嘉時期達到高峰，相關研究論著紛紛湧現，舉凡古今文異同、文字訓詁、版本校勘、宫室方位、禮例儀節、名物職官以及喪服制度諸方面，皆有精當的專門之作問世。而諸儒所撰經説劄記，亦多涉及對《儀禮》的考證。當此之時，實有必要充分彙集前人經説，尤其是全面吸收乾嘉以來的學術成果，撰作一部能取代賈疏之《儀禮》新疏。作爲經學名臣的阮元，當時就已明確發出這種呼聲，《儀禮正義》正在此背景之下應運而生。

胡培翬自幼紹承家學，得其祖父胡匡衷之傳，後又受業於禮學名家淩廷堪，故其禮學淵源至萃。胡氏以爲《儀禮》乃周公所作，有殘闕而無僞託，其中冠昏喪祭等尤切於民用，社會教化意義重大，故專力於《儀禮》研究。因不滿賈疏「或解經而違經旨，或申注而失注意」，遂有重疏《儀禮》之志。胡氏自嘉慶十九年撰著《儀禮正義》，去世前夕猶力疾從事，先後三十餘年，可謂終生以之，死而後已。此書在胡氏生前寫定十二篇二十八卷，其撰作之次第，是先成《喪服》、《士喪》、《既夕》、《士虞》四篇，再爲《特牲》、《少牢》、《有司》三篇，後爲《士冠》、《士相見》、《聘禮》、《公食》、《覲禮》五篇。至於《士昏》、《鄉飲》、《鄉射》、《燕禮》、《大射》五篇十二卷，則因其晚年患病，精力不濟，乃命族姪胡肇昕助爲采輯衆説，以俟折衷案斷，未及完成而胡氏身歿。後胡肇昕攜書稿至江寧，兩江總督陸建瀛訪以付梓，以此五篇未成，乃屬胡氏弟子楊大堉補綴成編，所據即胡肇昕輯録之本。《儀禮正義》補纂篇卷今皆題楊大堉補，實則由胡肇昕、楊大堉相繼完成，胡肇昕之名不應埋没。

胡培翬撰著《儀禮正義》，採用傳統義疏之作的形式，但不拘守疏不破注之例，自言有補注、申注、附注、訂注四例，其實視鄭注爲解經之關鍵，既以其爲宗主，又不惟鄭是從，是非得失以經爲斷，無有宗派門户之見，體現了實事求是之精神。胡氏《正義》網羅薈萃衆家之説，前此重要的研究成果，大都爲其參考利用。如其分節則依從張爾岐《儀禮鄭注句讀》，官制則依據胡匡衷《儀禮釋官》，禮例則依據淩廷堪《禮經釋例》，古今文則依據胡承珙《儀禮古今文疏義》，校勘則依據阮元《儀禮注疏校勘記》。此外如邵晉涵《爾雅正義》、郝懿行《爾雅義疏》、段玉裁《説文解字注》、王念孫《廣雅疏證》、王引之《經義述聞》等，其文字訓詁和經義考辨之成果，亦多爲胡氏採擇吸收。正因胡氏《正義》能全面吸收前人成果，故得以熔鑄衆家之長，從而具有集大成之特色。胡氏《正義》對經注文字的訓釋較爲精確，對名物制度的考辨非常詳盡，對聚訟紛紜的問題也能折衷至當，解釋較爲圓融。全面來看，《儀禮正義》對經注的疏解要遠比賈疏詳悉可據。由於《儀禮正義》成書過程曲折，全書學術水準亦不甚均衡。就胡培翬生前寫定的部分來看，以先寫成之喪祭諸篇最爲精密，而後成之《士冠》、《士相見》、《聘禮》諸篇略爲遜色。至於補纂之篇卷，則不盡遵從胡氏既定體例，疏解多有抵牾違失，不逮胡氏原作遠甚。尤其是楊大堉的補纂，對於胡肇昕原稿多有變亂，於前人經説或没去其名，很多案斷也襲取自他書，剽竊抄襲痕跡顯然。毋庸諱言，《儀禮正義》存在諸多疏失和不足，但瑕不掩瑜，其學術成就不容否認。即就補纂部分而論，儘管存在諸多缺陷，其實亦不乏精闢考證與論説，並且薈萃輯録了很多前人經説，仍具有重要參考價值。就整體成就而言，《儀禮正義》校訂精審，疏解詳明，蒐採廣博，辨析精密，論斷公允，體例謹嚴，允爲清代《儀禮》研究集大成之作，具有深遠學術影響，在經學史上具有重要地位。

《儀禮正義》成書之後，由兩江總督陸建瀛付梓，並延請陳奂校勘，時當咸豐二年（一八五二）。次年春，太平軍攻陷金陵，陸建瀛殉節，書板以存於蘇州刻局而幸免劫灰。其後歷經周折，同治六年（一八六七）始由陸氏之孫光祖運抵京師。翌年夏，胡培翬之姪肇智乃以他物易歸，由是書板轉歸績溪金紫胡氏。其間因書板有殘蝕破損，又有補刻遞修。陸氏所刻原有「木犀香館家藏刻本」之牌記，後此刷印者則因書板易主，不復有此牌記，序跋文字亦有增刻。然其版式行款字體皆同，目録尾頁均鐫「蘇州湯晉苑局刊印」，屬於同一版本。

該版本存世甚多,《續修四庫全書》所收據南京圖書館藏本影印,此本爲晚清學者陳作霖舊藏,前有木犀香館牌記,當屬該版本的早期印本。咸豐年間,在木犀香館本刊竣之後,胡肇昕曾對其刊刻訛誤有所訂正,後輯刻爲《儀禮正義正誤》一卷行世。光緒間南菁書院彙刻《清經解續編》,重刊《儀禮正義》,即據木犀香館本校勘,對文字訛誤有所更正,然因讎校不精,又致新訛。民國時期有上海中華書局《四部備要》之鉛印本,乃據《續清經解》本排印校勘。商務印書館《萬有文庫》亦收入《儀禮正義》,爲排印句讀本。段熙仲先生點校整理《儀禮正義》,則以《續清經解》本爲底本,一九九三年由江蘇古籍出版社刊行。此其版本之大略。

此次重新整理,以《續修四庫全書》影印之木犀香館本爲底本,以《續清經解》本爲校本。鑒於該書内容特點,又廣泛參校所引各家之書(引據版本目録附後)。在校勘及標點方面,對段熙仲先生整理本多有參考(校記引據則稱「段校」)。北京大學圖書館所藏之同治印本,較底本多出陸建瀛、陸光祖和胡肇智之序跋三篇,因有助於瞭解成書刊刻之過程,今據以補入。此次校點由三人合作完成,張文負責《士冠》、《士昏》、《士相見》、《鄉飲》、《鄉射》、《燕禮》、《大射》六篇凡十三卷,徐到穩負責《喪服》、《士喪》、《既夕》、《士虞》五篇凡十五卷,殷嬰寧負責《聘禮》、《公食》、《覲禮》、《特牲》、《少牢》、《有司徹》六篇凡十二卷。

《儀禮》自古號稱難讀，加之我們讀書不廣，學殖淺陋，校點錯訛之處定然不少，敬祈專家和讀者指正爲感。

《儀禮正義》徵引凌廷堪《禮經釋例》極多，在《禮經釋例》原文多有小字注文，而此書刊刻之時皆與正文相混，如不注明，則文義不甚明晰，因此我們通過核對原文，恢復《釋例》小字注文排版方式。在校勘及標點方面，同時參考了大量他校引書，今皆附録如下：

敖繼公《儀禮集説》，清《通志堂經解》本。

蔡德晋《禮經本義》，清文淵閣《四庫全書》本。

曹元弼《禮經校釋》，清光緒十年（一八八四）刻本。

陳奂《詩毛氏傳疏》，清道光二十七年（一八四七）陳氏掃葉山莊刻本。

陳立《白虎通疏證》，中華書局，一九九四年。

陳立《公羊義疏》，清《清經解續編》本。

陳啓源《毛詩稽古編》，清文淵閣《四庫全書》本。

陳祥道《禮書》，元至正七年（一三四七）福州路儒學刻明修本。

陳暘《樂書》，清文淵閣《四庫全書》本。

程瑶田《儀禮喪服文足徵記》，清嘉慶刻《通藝録》本。
褚寅亮《儀禮管見》，清乾隆刻本。
戴震《方言疏證》，清乾隆孔繼涵刻《微波榭叢書》本。
杜佑《通典》，中華書局，一九八八年。
段玉裁《説文解字注》，清嘉慶二十年（一八一五）經韻樓刻本。
鄂爾泰等《儀禮義疏》，清文淵閣《四庫全書》本。
范家相《詩瀋》，清文淵閣《四庫全書》本。
方苞《儀禮析疑》，清文淵閣《四庫全書》本。
韓愈《昌黎先生文集》，宋蜀本。
郝敬《儀禮節解》，明《九部經解》本。
胡承珙《儀禮古今文疏義》，清道光五年（一八二五）求是堂刻本。
胡匡衷《儀禮釋官》，清道光九年（一八二九）《清經解》刻本。
胡肇昕《儀禮正義正誤》，民國九年（一九二〇）胡宣鐸活字本。
惠棟《九經古義》，清文淵閣《四庫全書》本。
姜兆錫《儀禮經傳》，清乾隆元年（一七三六）寅清樓刻本。

焦以恕《儀禮彙説》，清乾隆三十七年（一七七二）研雨齋刻本。
孔廣森《禮學卮言》，清《顨軒孔氏所著書》本。
李如圭《儀禮集釋》，清《武英殿聚珍版叢書》本。
劉熙《釋名》，四部叢刊景明翻宋書棚本。
淩廷堪《禮經釋例》，清嘉慶十四年（一八〇九）阮氏文選樓刻本。
盧文弨《儀禮注疏詳校》，清乾隆六十年（一七九五）刻本。
毛奇齡《西河集》，清文淵閣《四庫全書》本。
聶崇義《新定三禮圖》，《四部叢刊三編》景蒙古本。
秦蕙田《五禮通考》，味經窩初刻試印本。
阮元《十三經注疏校勘記》，清道光九年《清經解》本。
司馬光《書儀》，清雍正刻本。
邵晉涵《南江劄記》，清嘉慶八年（一八〇三）面水層軒刻本。
沈彤《儀禮小疏》，清文淵閣《四庫全書》本。
盛世佐《儀禮集編》，清文淵閣《四庫全書》本。
萬斯大《儀禮商》，清乾隆二十六年（一七六一）刻本。

王念孫《廣雅疏證》，清嘉慶元年（一七九六）刻本。
王士讓《儀禮紃解》，清乾隆三十五年（一七七〇）張源義刻本。
王引之《經義述聞》，清道光刻本。
韋協夢《儀禮蠡測》，清道光二十五年（一八四五）帶草軒刻本。
韋昭《國語韋氏解》，清《士禮居叢書》景宋本。
佚名《三禮考注》，清乾隆二十一年（一七五六）刻本。
吴廷華《儀禮章句》，清文淵閣《四庫全書》本。
夏炘《學禮管釋》，清咸豐景紫山房本。
李善《文選注》，上海古籍出版社，一九八六年。
徐乾學《讀禮通考》，清文淵閣《四庫全書》本。
許慎《説文解字》，清嘉慶十四年覆宋刻本。
楊復《儀禮圖》，清文淵閣《四庫全書》本。
張淳《儀禮識誤》，清《武英殿聚珍版叢書》本。
張爾岐《儀禮鄭注句讀》，清文淵閣《四庫全書》本。
張惠言《讀儀禮記》，清《清經解續編》本。

朱大韶《實事求是齋經義》，清《清經解續編》本。
朱熹《儀禮經傳通解》，上海古籍出版社、安徽教育出版社，二〇一〇年。
《十三經注疏》，清嘉慶二十年南昌府學刊本。

校點者　張　文　徐到穩　殷嬰寧

校勘儀禮正義序

《儀禮》經文古奥，世所罕習。鄭氏以前無注本，其後自賈疏外，傳者甚尠。蓋墨守者多涉穿鑿，師心者復病蕪陋，古典所存，幾成絶學。績溪胡農部撰《正義》，以鄭注爲宗，而萃輯羣言，辨析精密，洵足輔翼鄭氏，嘉惠來學。因屬陳君奂詳校授梓，仍依原帙，分四十卷。《士昏禮》及《鄉飲酒禮》、《鄉射禮》、《燕禮》、《大射儀》五篇十二卷，則其門人楊君大堉所補也。至是書之體例，已詳椒生侍郎原序中，不復贅論。咸豐壬子九月，沔陽陸建瀛序。

儀禮正義序

績溪户部胡先生夙承家學，邃精三禮，以《儀禮》經爲周公作，有殘闕而無僞託，鄭注而後，惟唐賈氏公彦疏盛行，而賈疏或解經而違經旨，或申注而失注意，因參稽衆説，覃精研思，積四十餘年，成《正義》若干卷。先生自述其例有四：曰補注，補鄭君注所未備也；曰申注，申鄭君注義也；曰附注，近儒所説雖異鄭恉，義可旁通，附而存之，廣異聞，袪專己也；曰訂注，鄭君注義偶有違失，詳爲辨正，别是非，明折衷也。

夫禮者履也，禮者體也，使人約其心於登降揖讓、進退酬酢之間，目以處義，足以步目，考中度衷，昭明物則。以是觀其容而知其心，即其敬惰以考其吉凶之故，《春秋》所記，其應如響。故先王所以教，君子所以履，莫不於是盡心焉。顧嬴秦滅學，而後高堂生傳《禮》十七篇，五傳而有大小戴、慶氏三家之學。其時雖竝置博士，而范史所紀，至儒林未有顯者。然自是賴康成鄭君本小戴之學，又校以古經，爲鄭氏學，而是經以明，宜其爲百代師表也。然自是鄭注孤行，雖有荀崧「宜置博士」之請，而爲其學者絶少，自王肅、沈重、黄慶、李孟悊而外，如袁準、孔倫十數家，大都專解《喪服》而已。故賈氏竝疏二禮，而《儀禮》不逮《周禮》之該洽。即《儀禮》一經，而衆篇亦不逮《喪服》之該洽。觀其自序，稱《喪服》南北章疏甚多，其解全經，惟取裁黄、李二家，則其詳略之殊致，亦以所本者多寡不同歟。況自高堂生推士禮以合之天子，後儒雖錯綜全經，旁推午貫，而先王制禮，貴多貴少，主減進文，精意所存，有非一端可例。則即鄭注以考經文，亦不免偶有歧合之殊，而疏家例取專門，即有違失，必爲曲解，又所申釋，必取經注正文，彼此殊科，或亦彊爲比傅。則其解經而反違經旨，申注而并失注義，亦勢所必然，曷若無所依違，期於大通哉。雖然，三代以上，典物具存。服其服，則帶、裳、韠、舄之異等易明也；履其地，則堂室、奥阼之殊方易識也；接其人，則南鄉、北鄉、東面、西面之異位易辨也；舉其器，則几、席、筐、篚、尊、俎、觚、觶之殊制易考也。故其時君子務察位稱之義，而器數則有司存。三代以後，即鄭君去古未遠，而先王法物已罕有知者，故其注禮時即漢制以相譬況。及賈疏時，則并漢制亦多有不能知者，如《士冠禮》「缺項」，鄭注舉卷幘篋以證「如頍」之讀，而賈疏則謂卷幘之狀不可知矣。況其更歷千載乎？是非旁搜博考，神與古會，念釋所在，回翔反覆，即器數以考誼理之存，使精融形釋，若親接古人而與之進退酬酢於其間，亦安能抉經之心，析異同之見，以折衷一是哉？

余於兹識先生爲之之勤，研之之久，而益信其所擇者精，所成者大也。昔鄭君自以年老，祈於禮堂寫定經説，後遂夢徵起起，歲阨龍蛇。今先生亦力疾成書，書甫成而遽歸道山，後先之軌，千載同符。然則先生紹業鄭君，將於是在。世有好是書而刊布之者，其亦先生之志也夫。道光己酉十月，順德羅惇衍椒生氏撰。

儀禮正義卷一　鄭氏注

績溪胡培翬學

士冠禮第一

鄭《目録》云：「童子任職居士位，年二十而冠，主人玄冠朝服，則是仕於諸侯。天子之士，朝服皮弁素積。古者四民世事，士之子恒爲士。冠禮於五禮屬嘉禮。大、小戴及《别録》此皆第一。」【疏】正義曰：儀徵大學士阮公撰《十三經注疏校勘記》，於《儀禮》尤詳。其自序云：「鄭氏疊古今文最爲詳覈，語助多寡，靡不悉紀。今校是經，寧詳毋略，❶用鄭氏家法也。」培翬撰《正義》，一遵其説，詳載各本經注異同。其宋嚴州單注本，爲宋本之最佳者，現已重刻行世，悉據録焉。○《校勘記》云：「自『鄭《目録》云』至『此皆第一』，毛及陳、閩、監本俱列疏前。」今案：「則是仕於諸侯天子之士」，近汪士鐘重刻單疏本無「仕」字，誤。朱氏《儀禮經傳通解》、陳鳳梧單注本及各本俱有。陸氏德明《經典釋文》以「天子」二字加於「諸侯」之上，非。朱子嘗辨之，又云「温本亦誤」。「冠禮於五禮屬嘉禮」，臧鏞堂《目録》本「冠」下無「禮」字，各本

---

❶「毋」，原作「無」，今據《儀禮注疏校勘記》改。

有。「此皆第一」，各本同，《通解》作「皆此爲第一」，今俱從各本。○鄭《目録》者，鄭氏康成所作，别爲一書，不入注内。賈氏公彦作疏，始引以散附各篇題之下，今仍之。《隋書·經籍志》云：「《三禮目録》一卷，鄭氏撰，梁有陶弘景注。」❶是别爲一書也。嘉慶間，黄丕烈重刻宋嚴州單注本，不載《目録》，可證。云「童子任職居士位，年二十而冠」者，鄭意蓋以此爲士身加冠也。然下又云：「古者四民世事，士之子恒爲士。」朱子謂「詳鄭意，似謂士之子雖未仕，亦得用此禮矣」。《曲禮》：「二十曰弱，冠。四十曰强，而仕。」此常法也。亦容有才質出衆，當未冠之時，即已居士位者，故鄭兼已仕、未仕言之。吴氏廷華《儀禮疑義》云：「徐以升謂下記云『天子之子猶士也，❷天下無生而貴者』，❸則自天子之子以下，凡入學者皆可以士名之，見此經爲天下之通禮。其説是也。鄭謂『士之子恒爲士』，亦指學士言。」先祖樸齋先生諱匡衷。《鄭氏目録校證》云：「案：士有已仕而有位者，《周禮》上士、中士、下士是也。有未仕者，《玉藻》所謂居士，《王制》所謂選士、俊士是也。」今案：據此則未仕者亦稱士，經文「士」字實該之矣。敖氏繼公《儀禮集説》謂此篇主言士冠其適子之禮。今以經考之，其曰「主人玄冠朝服」，則其父固有位之士也，又曰「將冠者采衣，紒」，則未仕爲士可知，敖説近是。然賈疏引《喪服》小功章「大夫爲昆弟之長殤」以證，則固有年未二十而已任職居位者，若必專主未仕之士言，又不若鄭説之該括矣。萬氏斯大《儀禮商》云：「禮不下

❶「弘」，原避諱作「宏」，今回改。下同逕改，不出校。
❷「之」下，據下記文當有「元」字。
❸「下」，原作「子」，今據下記文改。

庶人，故自士以上，一依乎士禮，以爲之準，雖天子、諸侯之子亦不得異焉。彼諸侯之有冠禮，止惟先君早世，世子年幼爲君，如魯襄、邾隱者乃行之。推此於天子，亦惟幼而即位，如周成王者，或有異焉。故曰『天子之元子猶士也』，則諸侯、大夫之子可知。」案：此説是也。冠者，將以責成人之道，故年必以二十爲斷。《喪服》十九以下則爲殤，以其未成人也。《荀子》謂十九而冠，非矣。《曲禮》曰「男子二十，冠而字」，《内則》曰「二十而冠，始學禮」，此禮之正也。其有年未及二十而冠者，則皆禮之變，不足引以爲此經之證。云「主人玄冠朝服，則是仕於諸侯。天子之士，朝服皮弁素積」者，此當以「仕於諸侯」絶句。朱子云：「諸侯朝服以日視朝，天子皮弁以日視朝，皆君臣同服。故言此篇言主人玄冠朝服，則是仕於諸侯而爲士者。若天子之士，則其朝服當用皮弁素積，不得言玄冠朝服也。」張氏爾岐《儀禮鄭注句讀》云：「其云仕於諸侯，明非天子之士。實則天子之士亦同此禮，唯主人冠服有異。」今案：冠昏喪祭，切於民用，周公制禮，欲以通行天下，故多就侯國言之。然王朝之與侯國，異冠服不異禮節，張説是也。云「古者四民世事，士之子恒爲士」者，《齊語》文。四民，謂士、農、工、商也。云「冠禮於五禮屬嘉禮」者，五禮，吉、凶、賓、軍、嘉是也，皆《周禮》大宗伯掌之。冠屬嘉禮者，《大宗伯》云「以嘉禮親萬民」，下即云「以昏冠之禮親成男女」，是冠爲嘉禮也。王氏應麟《困學紀聞》引《三禮義宗》云：「《儀禮》十七篇，吉禮三，凶禮四，賓禮三，嘉禮七，軍禮皆亡。」案：吉禮三，《特牲》、《少牢》、《有司》也；凶禮四，《喪服》、《士喪》、《既夕》、《士虞》也；賓禮三，《士相見》、《聘》、《覲》也；嘉禮七，《士冠》、《士昏》、《鄉飲》、《鄉射》、《燕》、《大射》、《公食》也。云「大、小戴及《别録》此皆第一」者，大戴戴德，小戴戴聖，皆傳《儀禮》者。《别録》，劉向所作。此三家篇

第不同，惟此篇則皆列爲第一，以禮始於冠故耳。今所傳之十七篇，以《士冠》始，以《有司徹》終，❶即《别録》之次第，而鄭用之者也。其大戴篇次：《士冠》第一，《士昏》第二，《士相見》第三。與《别録》同，以下則異：《士喪》第四，《既夕》第五，《士虞》第六，《特牲》第七，《少牢》第八，《有司徹》第九，《鄉飲酒》第十，《鄉射》第十一，《燕禮》第十二，《大射》第十三，《聘禮》第十四，《公食》第十五，《覲禮》第十六，《喪服》第十七。小戴篇次：《士冠》第一，《士昏》第二，《士相見》第三，《鄉飲酒》第四，《鄉射》第五，《燕禮》第六，《大射》第七。與《别録》同，以下則異：《士虞》第八，《喪服》第九，《特牲》第十，《少牢》第十一，《有司徹》第十二，《士喪》第十三，《既夕》第十四，《聘禮》第十五，《公食》第十六，《覲禮》第十七。具見賈疏中，皆鄭所不從也。

儀禮。【疏】正義曰：唐石經「士冠禮第一」下標「儀禮鄭氏注」五字，嚴本同。「儀禮」爲全部之總名，乃退在「士冠禮」下者，古人著書多以小題居上，大題列下，班氏之著《漢書》亦然，今仍之。又案：「士冠禮第一」上，唐石經有「儀禮卷第一」五字，用隸體書，蓋後人所加，非鄭本之舊。不然，既退大題於下，何於上又書《儀禮》卷數乎？嚴本同，皆非也。○《禮記・明堂位》曰：「周公攝政六年，制禮作樂。」故崔氏靈

---

❶「徹」，原脱，今據《儀禮正義正誤》補。

恩、陸氏德明、孔氏穎達及賈氏，皆云「《儀禮》周公所作」。韓氏愈云：「文王、周公之法制粗在於是。」❶蓋亦以爲周公作也。孔子、孟子所云「學禮」，即謂此書。朱子云：「遭秦滅學，禮樂先壞。漢晉以來，諸儒補輯，竟無全書。其頗存者，三禮而已。《周官》一書，固爲禮之綱領。至其儀法度數，則《儀禮》乃其本經，而《禮記·郊特牲》《冠義》等篇，乃其義疏耳。前此猶有三禮、通禮、學究諸科，王安石變亂舊制，廢罷《儀禮》，而獨存《禮記》之科，棄經任傳，遺本宗末，其失已甚。」張氏淳云：「《周禮》古矣，然聖人設官分職之書也，至其所用以長以治者，豈能舍《儀禮》？《禮記》古矣，然皆釋《儀禮》之義，若《祭義》、《冠義》、《昏義》、《鄉飲酒義》、《射義》、《燕義》、《聘義》是也，豈得而先《儀禮》？」虞氏云：「《禮記》乃《儀禮》之傳。《周禮》雖得之於河間獻王時，無有傳之者，武帝以爲末世瀆亂之書，何休以爲六國陰謀之書，至漢末乃行於世。唯《儀禮》之書，漢初已行，高堂生傳之蕭奮，蕭奮傳之孟卿，孟卿傳之后蒼，后蒼傳之戴德、戴聖。」案：此即鄭氏《六藝論》所謂五傳弟子也。熊氏朋來云：「《周禮》大綱雖正，其間職掌繁密，恐傳者不皆周公之舊。《戴記》固多格言，而譌謬亦不免。惟《儀禮》爲禮經之稍完者，先儒謂其文物彬彬，乃周公制作之遺。」今案：據此諸説，三禮惟《儀禮》最古，亦惟《儀禮》最醇矣。《儀禮》有經、有記、有傳，記、傳乃孔門七十子之徒之所爲，而經非周公莫能作。其間器物陳設之多、行禮節次之密、升降揖讓裼襲之繁，讀之無不條理秩然。每篇自首至尾，一氣貫注，有欲增減而不能者。今所存止十七篇，以爲殘闕不全，固有之

❶ 「粗」，原作「具」，今據《韓昌黎文集》卷十一《讀儀禮》改。

矣。若以爲出後人之僞撰，則斷乎其未有也。彼樂史、徐積之説，昔人已早辨之。賈疏謂《周禮》是統心，《儀禮》是履踐。不知履踐必本於心，外之有揖拜辭讓之文，内之必有恭敬謙遜之實。故魏氏了翁以爲《儀禮》一經非由外心以生，凡皆人性之固有，天秩之自然。則以二禮分别外内，非矣。賈疏又謂《儀禮》亦名「曲禮」，引《禮器》「經禮三百，曲禮三千」爲證。今案：《中庸》作「禮儀三百，威儀三千」，《漢書·藝文志》作「禮經三百，威儀三千」，其名大同小異。舊解多以「經禮」爲《周禮》，「曲禮」爲《儀禮》。然《周禮》三百六十是官名耳，非禮之條目。王氏應麟云：「朱文公從《漢書》臣瓚注，謂《儀禮》乃『經禮』也，『曲禮』皆微文小節，如今《曲禮》、《少儀》、《内則》、《玉藻》、《弟子職》，所謂威儀三千也。」後人多宗朱子之説，則以《儀禮》爲「曲禮」非矣。張氏淳云：「漢時未有『儀禮』之名，豈漢後學者覩十七篇中有儀有禮，遂合而名之歟？」方氏體云：「案：《漢·藝文志》曰禮古經，《儒林傳》曰士禮，《六藝論》曰古文禮，《論衡》曰佚禮，《隋·經籍志》曰古經，《釋文·序録》曰古禮。『儀禮』之名，始見《後漢書·鄭康成傳》，其爲魏晉間人所加可知。」今案：《儀禮》古祇謂之《禮》，《漢書·景十三王傳》云：「河間獻王所得書，皆古文先秦舊書，《周官》、《尚書》、《禮》、《禮記》。」所謂《禮》，即《儀禮》也。

鄭氏注。【疏】正義曰：《校勘記》云：「注，作『註』誤。《要義》作『著』。盧文弨云：『鄭氏注，舊作「註」，通部皆然。案：疏云：言注者，注義於經下，若水之注物。作注是也。』」今案：唐石經及嚴本俱作「注」，從之。○鄭氏者，青州北海郡高密縣人，名玄，字康成，漢尚書僕射鄭崇八世孫也。後漢末，徵爲大司農，不就。年七十四，卒於家。賈此疏云「鄭崇之後」，而《周禮疏》又云「鄭沖之孫」。考《後漢書》本傳云「八世祖崇」，又《漢書》有《鄭崇傳》，孫氏星衍云「沖之名不見於史，疑沖爲崇之誤也」。注者，解經之名。漢人解經，有名傳者，若《書》孔氏、《詩》毛氏是也；有稱解誼、解詁者，服氏之《左傳》、何氏之《公羊》是也。鄭氏解《詩》名箋，而他經則多稱注。今三禮皆用鄭注，而《儀禮》尤爲絶學云。

士冠禮。筮于庿門。筮者，以蓍問日吉凶於《易》也。冠必筮日於庿門者，重以成人之禮成子孫也。庿，謂禰庿。不於堂者，嫌蓍之靈由庿神。【疏】正義曰：自此至「宗人告事畢」，言筮日之事。○張氏爾岐云：「將冠，先筮日，次戒賓。至前期三日，又筮賓、宿賓。前期一日，又爲期告賓。冠期前事，凡五節。」今案：舊本經不分章，朱子作《經傳通解》，始分節以便讀者。至張氏爾岐《句讀》本，分析尤詳。此書分節多依張本，而亦時有更易云。○「禮」下，今本有一圈，唐石經、嚴、徐本皆無之。《校勘記》云：「案：分段用圈，非古也。施之此處，尤非所宜。葛本别爲一行，亦謬。」張氏淳《儀禮識誤》云：「《士冠禮》釋文云：『庿，劉昌宗音廟。案：庿，古廟字。』引此以證經注不當復有從朝者，《冠禮》一卷，經注皆一。自《昏禮》而下，稍稍從朝，是蓋後之鈔寫校勘者失於不審而已。今悉改作『庿』，從《釋文》。」今案：唐石經、嚴本俱作「庿」。茲撰《正義》，經文俱從唐石經，注文俱從嚴本。其或石經、嚴本有誤，則改從他本，竝注明於下。○此「士冠禮」三字，爲經之正文。敖氏謂此目下文所言之禮，是也。冠者，加冠於首之名。筮于庿門者，凌先生諱廷堪。《禮經釋例》云：「凡卜筮皆于庿門，唯將葬則于兆南。」案：《士冠禮》：『筮于庿門。』又云：『筮與席、所卦者，具饌于西塾。』注：『西塾，門外西堂也。』又云：『布席于門中，闑西閾外，西面。』又：『前期三日，筮賓，如求日之儀。』《特牲饋食禮》：筮日，席于門中，闑西閾外。『前期三日之朝，筮尸，如求日之儀。』《少牢饋食禮》：筮日，筮于廟門之外；明日，朝筮尸，❶如筮日之儀。是凡筮皆于廟門也。《士喪禮》：卜日，族長涖卜，及宗人吉服，立于門西，東面南上。又：『闔東扉，主婦立于其内，席于闑西閾外。』此卜日之門，謂殯宫門也。上經：『巫止于廟門外。』注：『凡宫有鬼神曰廟。』然則殯宫門即廟門，是卜亦于廟門也。❷筮亦有不于廟門者，《士喪禮》：『筮宅，既朝哭，主人皆往，兆南北面。』注：『兆，域也。』又云：『命筮者在主人之右，筮者東面，抽上韇，兼執之，南面受命。筮人許諾，不述命，右還，北面，指中封而筮。』注：『中封，中央壤也。』是將葬筮宅，則于兆南也。」今案：筮宅不于廟門而于兆南者，以宜就地筮之也。《少牢》、《特牲》皆云門外，而此但云廟門者，以下布席云閾外，則亦在廟門外可知矣。　注云「筮者，以蓍問日吉凶於《易》也」者，蓍，筮草也。郭璞云：「上有蔭叢蓍，下有千齡蔡。」《曲禮》曰：「龜爲卜，筴爲筮。」筴即蓍也。《周禮・序官・筮人》鄭注：「問蓍曰筮，其占《易》。」又其職云：「掌三易以辨九筮之名。」又曰：「以辨吉凶。」故知筮日是以蓍問日之吉凶於《易》也。賈疏云：「不筮月者，《夏小正》：『二月，綏多士女，冠子娶妻時也。』既有常月，故不筮。」今案：古無筮月之法，賈説非也。秦氏蕙田《五禮通考》云：「『綏多士女』，專指昏言，《周禮》『仲春之月，令會男女』是也。云『冠子娶妻』，乃注家之誤耳。下經云：『屨，夏用葛，冬皮屨可也。』則冠無常月明矣。」云「冠必筮日於廟門者，重以成人之禮成子孫也」者，案：筮日於廟，重其事也。《禮記・冠義》

❶「朝」下，據《儀禮・少牢》經文當有「服」字。

❷「門」，原脱，今據《禮經釋例》補。

曰：「古者聖王重冠。古者冠禮，筮日、筮賓，所以敬冠事。敬冠事，所以重禮。」又曰：「已冠而字之，成人之道也。」又曰：「成人之者，將責成人禮焉也。責成人禮焉者，將責爲人子、爲人弟、爲人臣、爲人少者之禮行焉。將責四者之行於人，其禮可不重與？」是其義也。兼言「成子孫」者，容祖在則祖爲冠主也。云「廟謂禰廟」者，禰廟，父廟也。周制：天子七廟，諸侯五廟，大夫三廟，上士二廟，中士、下士一廟。必於禰者，以其親也。李氏如圭《儀禮集釋》云：「凡言廟者，皆禰廟。❶《昏禮》行事於廟，記云『受諸禰廟』是也。其非禰廟，則舉廟名以别之。」若祖廟、祧廟是也。云「不於堂者，嫌蓍之靈由廟神」者，凡廟有室有堂，有庭有門。禮有行於廟之室者，祭祀陰厭之屬是也；有行於廟之堂者，儐尸之屬是也；有行於廟之庭者，納牲之類是也；有行於廟之門者，此筮日之類是也。《冠禮》三加皆行於廟堂，此筮日不於堂而於門，故云「嫌蓍之靈由廟神」，明蓍自有神也。江氏筠《讀儀禮私記》云：「注説陳用之非之，而據《郊特牲》『卜郊作龜於禰宫』，謂人君卜於禰宫之内，大夫、士筮於禰門之外。案：天地大祭，不敢自專，故須就禰宫卜之。若其祭禰，恐不然矣。此經筮祭之辭，具詳《特牲》、《少牢》。試以此辭命筮人於堂上，其去廟奧祇一牖之隔，不幾視廟神爲無知乎？注蓋通全經而釋之，其説未可非也。」**主人玄冠朝服，緇帶素韠，即位于門東，西面。**主人，將冠者之父兄也。玄冠，委貌也。朝服者，十五升布衣而素裳也。衣不言色者，衣與冠同也。筮必朝服者，尊蓍龜之道。緇帶，黑繒帶。士帶博二寸，再繚四寸，屈垂三尺。素韠，白韋韠。長三尺，上廣一尺，下

❶「禰」，原作「彌」，今據《續清經解》本改。下「受諸禰」、「其非禰」同。

廣二尺，其頸五寸，肩革帶博二寸。天子與其臣，玄冕以視朔，皮弁以日視朝。諸侯與其臣，皮弁以視朔，朝服以日視朝。凡染黑，五入爲緅，七入爲緇，玄則六入與。【疏】正義曰：李氏云：「門東，門外之東。」程氏瑶田《儀禮經注疑直》云：「初疑席於闑西，門東爲門左扉之東。細繹之，不然，蓋兩門之東也。主人即位於此，以待筮事。」吴氏廷華《儀禮章句》云：「西面者，鬼神位在西，鄉之。」○注「筮必朝服，尊蓍龜之道也」，毛氏汲古閣本如是，嚴、徐、《集釋》、楊氏「服」下俱有「者」字，「道」下無「也」字。又「黑繒帶也」，嚴本、《集釋》俱無「也」字。「白韋韠也」，嚴、徐、《集釋》俱無「也」字。「肩革帶博三寸」，嚴本、《集釋》、《通解》、楊氏「三」俱作「二」，《校勘記》云：「案：作『二』與《玉藻》合。」今俱從嚴本。又「玄冕以視朔」，「視」，《釋文》作「眂」，云：「本或作視，下同。」嚴本作「視」。　云「主人，將冠者之父兄也」者，《孟子》曰：「丈夫之冠也，父命之。」是冠之事父爲主也。兼言兄者，容或父有廢疾，使兄主其事。云「玄冠，委貌也」者，玄冠，黑繒冠也。注以爲委貌，詳後。云「朝服者，十五升布衣而素裳也」者，《雜記》曰：「朝服十五升。」江氏永《鄉黨圖考》云：「古未有棉花，布以麻爲之。布幅闊二尺二寸，十五升，一千二百縷，麻布之極細者也。」云「衣不言色者，衣與冠同也」者，李氏云：「禮之通例，衣與冠同色，黄衣黄冠是也；裳與韠同色，素積素韠是也。此玄冠素韠，故其服玄衣而素裳。」今案：經不云裳，統於服中。鄭知素裳者，固以素韠推而知之，然亦有所本。金氏榜《禮箋》云：「石渠論玄冠朝服，戴聖云：『玄冠，委貌也。朝服，布上素下，緇帛帶，素韋韠。』鄭君謂朝服素裳，實本小戴説。」是也。云「筮必朝服者，尊蓍龜之道」者，楊氏復《儀禮圖》云：「朝服重於玄端。冠時主人玄端爵韠，今此筮亦在廟，不服玄端而服朝服，是尊蓍龜之道也。」然《特牲》筮日與祭同服玄端，何又不尊蓍龜乎？於是賈疏申之云：「彼爲祭事，蓍不可尊於先祖，故同服。此爲冠事，蓍可尊於子孫，故異服。」其説殊牽强。《禮經釋例》云：「考《特牲饋食禮》士筮當用玄端，冠禮攝盛，故用朝服。《特牲》筮日、筮尸、宿尸、宿賓皆用玄端，正祭日賓及兄弟助祭，皆攝盛用朝服。❶《士冠》正冠日用玄端，筮日、筮賓、宿賓、爲期則攝盛用朝服。蓋相變以爲禮也。《士冠禮》注：『筮必朝服，尊蓍龜之道。』則與《特牲》用玄端不合。賈曲爲之解，非經意也。」云「緇帶，黑繒帶」者，帶亦與衣同色也。云「士帶博二寸，再繚四寸，屈垂三尺」者，案：《玉藻》曰：「士練帶，率下辟。」鄭注：「率，繂也。辟，讀如『裨冕』之『裨』，裨，謂以繒采飾其側。人君充之，大夫裨其紐及末，士裨其末而已。」孔疏：「士用熟帛練爲帶。繂，謂緶緝也。下裨者，士則用緇，唯裨嚮下一垂者。」《玉藻》又曰：「大夫大帶四寸。雜帶：君朱緑，大夫玄華，士緇辟二寸，再繚四寸。」鄭注：「雜猶飾也，即上之裨也。君裨帶，上以朱，下以緑終之。大夫裨垂，外以玄，内以華。華，黄色也。士裨垂之下，外内皆以緇，是謂緇帶。大夫以上以素，皆廣四寸。士以練，廣二寸，再繚之。」孔疏：「繚，繞也。再度繞要，亦四寸也。」今案：《玉藻》注云「是謂緇帶」，「是謂」者，即指此經言也。「屈垂三尺」，亦據《玉藻》而知。《玉藻》曰：「紳長制：士三尺。」鄭注：「紳，帶之垂者也，言其屈而重也。」李氏云：「帶之反屈向上，又垂而下者，則有三尺也。」❷云「素韠，白韋韠」者，韠，蔽膝也。冕服謂之韍，其他服謂之韠，皆以韋爲之。《字林》云：「韋，柔皮也。」鄭注《乾鑿度》云：「古者田漁而食，因衣其皮，先知蔽前，後知蔽後。後王易之以布帛，而獨存其

❶「皆」，《禮經釋例》作「則」。

❷「有」，《儀禮集釋》作「皆」。

蔽前者，重古道，不忘本也。」凡韠皆同裳色，其韍則有山火龍章之飾焉，此韍與韠之分也。韠以白韋爲之者，朝服之韠也。若士玄端服之韠，則以爵韋爲之。《玉藻》曰：「韠：君朱，大夫素，士爵韋。」鄭注：「此玄端服之韠也。凡韠必象裳色，則天子、諸侯玄端朱裳，大夫素裳，唯士玄裳、黄裳、雜裳也。皮弁服皆素韠。」今案：皮弁服用素韠，自天子至士皆然，故云「皆」也。其朝服自上至下，亦皆素韠。其玄端服，則唯大夫用素韠耳。云「長三尺，上廣一尺，下廣二尺，其頸五寸，肩革帶博二寸」者，《玉藻》文。彼注云：「頸五寸，亦謂廣也。頸中央、肩兩角，皆上接革帶以繫之。肩與革帶廣同。凡佩，繫於革帶。」此韠之形制也。云「天子與其臣，玄冕以視朔，皮弁以日視朝。諸侯與其臣，皮弁以視朔，朝服以日視朝」者，案：《玉藻》曰：「天子玄端而朝日於東門之外，聽朔於南門之外。」鄭注：「端當爲冕，字之誤也。」又曰：「皮弁以日視朝。」又曰：「諸侯皮弁以聽朔於大廟，朝服以日視朝於内朝。」此鄭所據也。但《玉藻》不言臣，鄭兼言臣者，欲見君臣同服。且以見此朝服而筮者，爲諸侯之士也。云「凡染黑，五入爲緅，七入爲緇，玄則六入與」者，此釋經玄與緇之文也。《考工記》：「鍾氏染羽，三入爲纁，五入爲緅，七入爲緇。」鄭注：「染纁者，三入而成。又再染以黑，則爲緅。又復再染以黑，乃成緇矣。染布帛者，染人掌之。凡玄色者，在緅緇之間，其六入者與？」賈疏：「此經及《爾雅》不言四入及六入。《士冠》有朱紘之文，鄭云：『朱則四入與？』是更以纁入赤汁，則爲朱。以無正文，故云『與』以疑之。若不入赤而入黑汁，則爲紺矣。若更以紺入黑，則爲緅，此『五入爲緅』是也。若更以此緅入黑汁，則爲玄。更以玄入黑汁，則名『七入爲緇』矣。但緇與玄相類，故禮家每以緇布衣爲玄端也。」❶今案：此注及疏極明析，然則《鍾氏》所云爲染黑法。其《爾雅》「一染謂之縓，再染謂之赬，三染謂之纁」，乃染赤法也。詳後「爵弁服纁裳」下。又案：《淮南子・俶真訓》云：「以涅染緇，則黑於涅。」賈疏引作「以涅染紺」，誤。

有司如主人服，即位于西方，東面北上。 有司，羣吏有事者。謂主人之吏，所自辟除，府史以下，今時卒吏及假吏是也。【疏】正義曰：《校勘記》云：「于，徐本作『於』。《士昏禮》『至於某之室』，《大射儀》『士御於大夫』，鄭注皆云『今文於爲于』，則『於』、『于』二字宜有辨，但俗本溷寫已久，不可勝校。」今案：唐石經、嚴本俱作「于」，從之。以後經從石經、注從嚴本可也。注「府史以下也」，毛有「也」字。注末「皆是也」，毛有「皆」字，嚴、徐、《集釋》俱無。○如主人服，亦朝服也。有司朝服，敬事也。西方，門外西方。北上者，有司非一，立位以北爲上也。

注云「有司，羣吏有事者。謂主人之吏，所自辟除，府史以下」者，賈疏：「案：《周禮》三百六十官之下，皆有府史胥徒，不得君命，主人自辟除，去賦役，補置之是也。」敖氏云：「有司，即下筮者、卦者、宰、宗人之類。」❷先祖樸齋先生《儀禮釋官》云：「司，主也。凡事有專主之者，謂之有司。」又云：「案：鄭氏注《大射》及《周禮・司裘職》，皆云士無臣。而《特牲饋食禮》有私臣，則士有臣矣。《左傳》云：❸『士有隸子弟。』又云：『士臣皁。』蓋士得以其子弟及府史之屬爲臣也。特其所臣者

❶「家」，原脱，今據《周禮・考工記》賈疏補。

❷「下」，《儀禮集説》無；「卦」，《儀禮集説》作「占」。

❸「云」，原脱，今據《儀禮釋官》補。

少，有事私臣不足，則同僚相佐助，或假公臣爲之。故《特牲》有公有司，《士喪》有公家之臣來給事者。賈此疏以羣吏與屬吏不同，羣吏爲府史胥徒，屬吏爲君命之士。然《特牲》注言屬吏，而經言有司羣執事，則兼公有司、私臣而言，府史之屬亦統之矣。此篇經言有司，不言公有司，又下賓及贊者不在有司之列，則有司皆士之私臣，府史以下也。」褚氏寅亮《儀禮管見》云：「公有司、❶私臣皆可謂之有司，但襄冠事所用人少，❷或私臣已足，故鄭專以主人所自辟除者言之。」云「今時卒吏及假吏是也」者，是舉漢制以證。沈氏彤云：「案：《漢書・倪寬傳》『補廷尉文學卒史』，《儒林傳》『置五經百石卒史』，《黄霸傳》『補馮翊卒史』，皆作史。」今案：鄭注各本俱作「卒吏」，沈説存以俟考。**筮與席、所卦者，具饌于西塾。**筮，所以問吉凶，謂蓍也。所卦者，所以畫地記爻。《易》曰：「六畫而成卦。」饌，陳也。具，俱也。西塾，門外西堂也。【疏】正義曰：此筮也、席也、所卦者，皆爲將筮陳之。敖氏云：「席，蒲筵也。士用蒲席，神人同。」注云「筮，所以問吉凶，謂蓍也」者，然則此蓍也，而云筮者，敖氏云：「以其用名之。」云「所卦者，所以畫地記爻」者，褚氏云：「注『所以畫地記爻』，❸蓋據《少牢》『卦以木』之文。敖氏補入『書卦之具』，亦密。具，即方也。」張氏惠言《讀儀禮記》云：「《少牢》卦以木畫地者，此木也。又下『筮人書卦』，注云：『以方寫所得之卦。』則所卦者，兼有木、方二物。」今案：方，即版也。經云「所卦者」，謂所用以畫卦、書卦者，褚、張之説是也。云「《易》曰『六畫而成

❶「公」，原脱，今據《儀禮管見》補。
❷「事」，原作「者」，今據《儀禮管見》改。
❸「注」下，《儀禮管見》有「云」字。

卦』」者，《説卦傳》文。云「饌，陳也」者，謂陳設也。《詩・卷阿》疏：「饌，謂供置之。」故其義爲陳也。云「具，俱也」者，《詩》「民具爾瞻」，《毛傳》云：「具，俱也。」云「西塾，門外西堂也」者，以筮在門外，故知爲門外西塾也。必陳於西塾者，以筮在闑西，近其事也。李氏如圭《儀禮釋宫》云：「夾門之堂謂之塾。《爾雅》曰：『門側之堂謂之塾。』郭氏曰：『夾門堂也。』門之内外，其東西皆有塾，一門而塾四，其外塾南鄉。案：《士虞禮》：『陳鼎在門外之右，匕俎在西塾之西。』注曰：『塾有西者，是室南鄉。』❶又案：《士冠禮》：『擯者負東塾。』注曰：『東塾，門内東堂。負之，北面。』則内塾北鄉也。」今案：此云「具饌于西塾」，爲門外西塾。又下經曰「舉鼎，陳于門外，直東塾」，是門外有東西兩塾也。又此篇云「擯者負東塾」，爲内東塾。《士虞禮》曰「羞燔俎在内西塾上」，是門内有東西兩塾也，所謂一門而塾四也。《聘禮》曰「賓立接西塾」，爲門外西塾。又聘畢擯者負東塾，爲門内東塾。則人君之門亦有四塾也。○賈疏云：「筮法，依七八九六之爻而記之，但古用木畫地，今則用錢。以三少爲重錢，重錢則九也。三多爲交錢，交錢則六也。兩多一少爲單錢，單錢則七也。兩少一多爲拆錢，拆錢則八也。」張氏惠言云：「案：此用錢所以記爻，❷非代筮也。以錢擲法，未知始於何時。」《禮經釋例》云：「此即京氏《易》。項氏安世云：『以京《易》考之，世所傳火珠林者，即其法也。以三錢擲之，兩背一面爲拆，兩面一背爲單，俱面爲交，俱背爲重。』説與賈疏正同。考世應、飛伏、游魂、歸魂、納甲等説，俱見京氏《易》中。然則近日錢卜，猶是漢人舊學也。」**布席于門中，闑西閾外，西面。**闑，

---

❶「室」，原作「空」，今據《續清經解》本改。

❷「所」，《讀儀禮記》作「特」。

門槷。閾，閫也。古文「闑」爲「槷」，「閾」爲「蹙」。【疏】正義曰：張氏爾岐云：「布席，將坐以筵也。前具之西塾，至此乃布之。云門中者，以大分言之，闑西閾外則布席處也。」○注「門槷」下，毛本有「也」字，嚴、徐、《集釋》俱無。　云「闑，門槷」者，李氏云：「闑，門中央所豎短木也。」程氏瑶田云：「槷以一條木爲之，即杙也。《爾雅》之言杙也，曰：『樴謂之杙，在牆者謂之楎，在地者謂之臬，大者謂之栱，長者謂之閣。』然則杙之爲物，大小長短不必同，而以之爲門闑，則其直者也。」云「閾，閫也」者，鄭注《曲禮》閾、梱，皆云「門限」。閫與梱同，則閾即閫可知。邢氏昺云：「閾謂門下横木，爲内外之限也。其門之兩旁木，則謂之棖。棖闑之間，則謂之中門。」今案：以經考之，《玉藻》曰：「公事自闑西，私事自闑東。」《曲禮》曰：「由闑右。」闑有東西左右之稱，則闑之爲中央豎木無疑也。《曲禮》曰：「不踐閾。」《玉藻》曰：「不履閾。」閾言踐履，則閾之爲門下横木無疑也。《爾雅》曰：「槷謂之闑。」則槷與闑爲一物亦無疑也。惟梱之爲閾，經無明徵。然《曲禮》曰：「外言不入於梱，内言不出於梱。」梱言不出不入，是有限域之義，故鄭解梱爲門限，與閾同也。程氏又云：「《説文》則曰：『闑，門梱也。梱，門橛也。橛，弋也，一曰門梱。弋，橛也。』是不謂梱爲門限之横者，而以闑之植於兩扉間者亦呼之爲梱也。至解閾字，則曰『閾，榍也』、『榍，限也』。是固明知閾之與闑兩不相混，所異者移閾之名梱者以名其闑爾。然而梱之名斷在於閾，則《説文》之云爲所聞異辭者也。《廣韻》於闑字不曰『門閫』，而曰『門閫中』，是謂闑安門閫之中，不謂闑即閫也。於閾字、閫字，則皆曰『門限也』，可謂能別白黑而定之者矣。」云「古文『闑』爲『槷』，『閾』爲『蹙』」者，賈疏云：「遭秦燔滅典籍，漢興求録遺文之後，有古文、今文。《漢書》云：『魯人高堂生爲漢博士，傳《儀禮》十七篇。』是今文也。至武帝之末，魯恭王壞孔子宅，得古《儀禮》五十六篇，其字皆以篆書，是爲古文也。古文十七篇，與高堂生所傳者同，而字多不同。其餘三十九篇，絶無師説，祕在於館。」王氏應麟云：「康成不注，遂無傳焉。」方氏體《古文考誤》云：「賈公彦謂《儀禮》五十六篇，其字皆篆書，是爲古文。案：昭帝女讀古文《論語》，宣帝下太常博士，時稱難曉。若皆篆書，則漢時人人能讀，何云難曉乎？此賈疏之誤也。」又云：「《禮》古經出魯淹中，賈公彦顧以爲孔壁《禮記》，不亦疎乎？」今案：許氏《説文序》謂孔氏壁中書係古文，與篆書異，賈説誠誤。至《經典釋文》引鄭《六藝論》云：「後得孔氏壁中古文《禮》五十六篇。」是鄭亦以古文《禮》爲得於孔壁中。又《漢・藝文志》云：「《禮》古經者，出於魯淹中及孔氏。」所云孔氏，蓋即謂孔氏宅也。胡氏承珙《儀禮古今文疏義序》云：「《後漢書・儒林傳》云：『《前書》魯高堂生傳《禮》十七篇，至梁人戴德及德兄子聖，於是德爲大戴《禮》，聖爲小戴《禮》。』又云：『鄭玄本習小戴《禮》，後以古經校之，取其義長者順故，爲鄭氏學。』是則鄭注所謂今文者，乃小戴本。所謂古文者，則《前書》云古經出於魯淹中者也。鄭君作注，參用二本。從今文者，則今文在經，古文出注。從古文者，則古文在經，今文出注。然有不言今古文，但云『某或作某』者，殆當時行用更有别本。」此十七篇文字異同之由，而今文、古文所以流傳也。此節今文作「闑」、「閾」，古文作「槷」、「蹷」，鄭於經用今文之本，而注明「古文作某」於下，使後人有所稽考，乃解經慎重之意。然鄭從「闑」、「閾」，不從「槷」、「蹷」者，則以「闑」、「閾」爲正字，人所易曉也。其注《周禮・匠人》云：「槷，古文臬，假借字。」此古文之「槷」亦是假借，而義又殊。《周禮・匠人》之「槷」與《爾雅》在地之「臬」同，謂於平地中樹八尺之表以規識日景，非門中之闑，鄭注《考工記》甚明。《爾雅》既云「在地者謂之臬」，又云「橛謂之闑」，是「臬」與「闑」殊。郭氏以門橛釋「臬」，則繆矣。《説文》「槷」作「槸」，本義訓爲木相摩。《周禮》假「槷」爲「臬」，《儀禮》古文及《穀梁傳》「置旃以爲槷」，皆假「槷」爲「闑」耳。「蹙」字各本皆同。段氏玉裁《儀禮漢讀考》以「蹙」爲「戚」，謂「漢人無蹙字，祇用戚字」，又謂「漢人多謂門限爲門切，門切即閾也，亦謂之戚。言其界畫謂之閾，言其迫切謂之戚」。胡氏承珙則以「蹙」爲「堿」，引《文選·西京賦》「右平左堿」薛綜注「堿，限也」爲證。要之，「戚」、「堿」亦皆「閾」之假借也。○張氏惠言云：「闑，孔疏以爲門止有一，賈則以爲有二。案：鄭注《論語》『立不中門』，云：『立行不當棖闑之中央。』則鄭以爲一闑可知。」詳《聘禮》。**筮人執筴，抽上韇，兼執之，進，受命于主人。** 筮人，有司主三易者。韇，藏筴之器。今時藏弓矢者，謂之韇丸也。兼，并也。進，前也，自西方而前。受命者，當知所筮也。【疏】正義曰：《儀禮釋官》云：「筮人，私臣掌筮者。案：許氏《説文解字》云：『天子蓍九尺，諸侯七尺，大夫五尺，士三尺。』《少牢》疏引《大戴禮·三正記》同。士有蓍，則得有筮人也。《雜記》：『如筮，則史練冠、長衣以筮。』鄭注：『謂下大夫若士也。筮史，筮人也。』是可證士有筮人矣。筮人亦名筮史，詳《少牢禮》。敖氏謂宰、宗人、筮人之屬，皆公家所使給事於私家者。説未昀，辨見《特牲》篇末。」張氏爾岐云：「兼執之者，兼上韇與下韇而并執之。此時蓍尚在下韇，❶待筮時乃取出以筮。」今案：韇有上下者，下韇鄉上承之，上韇鄉下冒之，筴在韇中，執筴即執韇也。必抽上韇見蓍者，示有事也。《特牲禮》：「筮人取筮于西塾，執之，東面受命于主人。」《士喪禮》：「筮者東面，抽上韇，兼執之，南面受命。」此皆

❶「蓍」，原作「筮」，今據《儀禮鄭注句讀》改。

士禮，大略相同，惟《士喪》筮于兆南，南面受命爲異耳。《少牢禮》：「史朝服，左執筮，右抽上韇，兼與筮執之，東面受命于主人。」彼言左右，此不言，其實一也。○注「主三易者」，毛本「者」下有「也」字，嚴、徐、《集釋》俱無。「藏筴之器」，「筴」，嚴本、《通解》俱作「筮」。案：《曲禮》曰「筴爲蓍」，則「筴」亦蓍也，宜從各本作「筴」。敖氏竝改經「筴」字爲「筮」，尤非。「器」下，毛本有「也」字，嚴、徐、《集釋》俱無。盧氏文弨《儀禮詳校》云：「丸俗卂正，世人疑爲凡，疏矣。」　云「筮人，有司主三易者」，《周禮·筮人》：「掌三易：一曰《連山》，二曰《歸藏》，三曰《周易》。」蓋筮得一卦，而三人各據一易以占也。《儀禮釋官》云：「卜筮，古者貴賤同用三兆、三易。《洪範》：『立時人作卜筮，三人占，則從二人之言。』鄭注：『卜筮各三人，大卜掌三兆、三《易》。』是鄭意謂卜則掌三兆者各一人，筮則掌三易者各一人。故《金縢》『乃卜三龜』，《士喪禮》『占者三人』，注以爲『掌玉兆、瓦兆、原兆者』是矣。賈疏謂大夫卜筮同用一龜一易，無所據也。」云「韇，藏筴之器。今時藏弓矢者，謂之韇丸也」者，《説文》「韇，弓矢韇也」，段氏注云：「《左傳》服注：『冰，櫝丸蓋也。』《後漢書·南匈奴傳》引《方言》：『藏箭爲韇丸。』案：絫呼之曰韇丸，單呼之曰韇。」今《方言》：「所以藏弓謂之鞬，或謂之贕丸。」贕與韇同，此鄭以漢時之韇丸證經之韇也。韇字從革，蓋以皮爲之。云「兼，并也」者，《説文》同。云「進，前也，自西方而前」者，《鄉射禮》「賓少進」注云：「少進，差在前。」是以進爲前也。筮人位本在西方，今云進，是自西向東前行，與《特牲》云「東面受命」一也。云「受命者，當知所筮也」者，謂當知所筮之事也。

宰自右少退，贊命。　宰，有司主政教者。自，由也。贊，佐也。命，告也。佐主人，告所以筮也。《少儀》曰：「贊幣自左，詔辭自右。」【疏】正義曰：右，主人位之右。宰本在西方，今來至東方，由主人之右贊命也。李氏云：「少退，後於主人。」蓋不敢與主人并也。《士喪禮》亦云：「命筮者在主人之右。」惟《特牲禮》「宰自主人之左贊命」，不由右者，彼注云「爲神求變也」。《少牢》不使人贊命而自命之者，賈疏云：「大夫尊屈，士卑不嫌。」又《特牲》、《士喪》贊命皆有辭，此無辭者，文不具。朱子云：「所贊之辭未聞，蓋當云：『某有子某，將以來日某加冠於其首，庶幾從之。』」○注「主政教者」下，毛本有「也」字，嚴、徐、《集釋》俱無。　云「宰，有司主政教者」，《儀禮釋官》云：「宰，家宰，私臣，亦曰家相。案：《國語》趙簡子『使少室周爲宰』，韋注：『宰，家宰也。』宰本家臣之名，而邑長亦稱宰，故有家宰、邑宰之殊。《喪服傳》疏云：『孤卿大夫有采邑者，其邑既有邑宰，又有家宰。若魯三卿，公山弗擾爲季氏費宰，子羔爲孟氏郕宰之類，皆爲邑宰也。陽貨、冉有、子路之等爲季氏家相，亦名家宰。若無地卿大夫，則無邑宰，直有家宰。孔子爲魯大夫，而原思爲之宰，是直有家相者也。』此諸侯之士無地，未必有邑宰，但於私臣中擇其長者一人，使主家之政教，亦謂之宰。《特牲》注云『宰，羣吏之長』，《曲禮》『士不名家相』，即此。賈疏謂士無臣，以屬吏爲宰。失之矣。」云「贊，佐也」者，《特牲》注又云：「贊，佐也，達也。」云「命，告也」者，《爾雅・釋詁》文。云「佐主人，告所以筮也」者，謂告以所筮之事也。云「《少儀》曰『贊幣自左，詔辭自右』」者，彼注亦云：「自，由也。謂爲君受幣，爲君出命也。」此鄭引以證自右贊命之義。

筮人許諾，右還，即席坐，西面。卦者在左。 即，就也。東面受命，右還北行就席。卦者，有司主畫地識爻者。【疏】正義曰：《説文》：「許，聽也。諾，應也。」筮人即席坐西面，蓋受命訖，行筮事也。《易》曰：「大衍之數五十，其用四十有九。分而爲二以象兩，掛一以象三。揲之以四，以象四時。歸奇于扐，以象閏。五歲再閏，故再扐而後掛。」又曰：「十有八變而成卦。」此筮法也。《少牢禮》云：「史曰諾，西面于門西，抽下韇，左執筮，右兼執韇以擊筮。」又曰：「乃釋韇立筮。」此不言擊筮與釋韇者，文有詳略，而儀節當同。「卦者在左」，則亦西面可知。《士喪》、《特牲》、《少牢》皆云「卦者在左」，蓋皆在筮人之左也。敖氏云：「《少牢禮》：『卦者在左，坐。』此不言坐，則是立也。」江氏筠《讀儀禮私記》云：「此説不然。《少牢》筮人立筮，卦者不言坐，則嫌於不坐，故特著坐文。❶今此與《特牲》俱坐筮，卦者之坐不言可知，故文省耳。」褚氏云：「筮者雖有坐與立之異，而卦者畫爻於地，無不坐也。」盛氏世佐《儀禮集編》云：「卦者必坐，便其畫地識爻也。」今案：諸家駁敖之説甚是。《禮經釋例》云：「凡筮，士坐筮，卿大夫立筮。案：《特牲禮》：『筮者許諾，即席，西面坐。卦者在左。卒筮，寫卦。』注：『士之筮者坐，蓍短由便。』《士冠禮》筮者亦坐，是士坐筮也。《少牢禮》：筮日，史朝服，受命于主人；命畢，史曰諾。又云：『乃釋韇，立筮。』注：『卿大夫之蓍長五尺，立筮由便。』疏云：『以其蓍長，立筮爲便。對士之蓍三尺，坐筮爲便。若諸侯蓍七尺，天子蓍九尺，立筮可知。』《少牢》卿大夫祭禮，經云立筮，故知卿大夫是立筮也。又《士喪禮》筮宅，但云『筮人北面，指中封而筮』，不云坐立。此是士禮，當亦是坐筮也。至於《士喪》卜日之禮：宗人還，少退，受命；命畢，許諾，不述命，還即席，西面坐，命龜，興，授卜人龜；卜人坐，作龜。據此，則卜禮士亦坐卜也。而經文止此一事，别無可證。注云：『宗人不述命，亦士禮略。凡卜，述命、命龜異，龜重，威儀多也。』疏云：『言凡非一，則大夫已上皆有述命。』蓋卜重於筮，威儀多。龜無長短之殊，自無坐立之别，而但以述命不述

❶「著」，原作「著」，今據《續清經解》本改。

命爲異也。」○《釋例》又云：「案：世所傳筮儀甚弇陋，近王氏懋竑以爲非朱子作，其言曰：『《士冠禮》、《特牲饋食》、《少牢饋食禮》，筮者皆西面。惟《士喪禮》筮宅，以不在廟，故筮者北面。今直云：筮者北面，見《儀禮》。朱子豈不見《儀禮》者，而疏謬若是邪？』可謂先得我心者矣。」○注「識爻者」下，毛本有「也」字，嚴本、《集釋》、楊氏俱無。　云「即，就也」者，本《方言》。云「東面受命，右還北行就席」者，蔡氏德晉《禮經本義》云：「右還，回身右轉也。就席，就闑西閾外之席。」詳蔡意，則是右還即北行也。吴氏《疑義》以爲從東面轉而南，轉而西乃北行。恐非。云「卦者，有司主畫地識爻者」，爻有七八九六，每得一爻，以木畫地識之，《少牢》所謂「卦以木」是也。《儀禮釋官》云：「卦者亦私臣，筮人之貳。案：《少牢》史掌筮，注云：『卦者，史之屬。』則此亦筮人之屬也。其職主記卦爻，故目爲卦者，以事名其官。」**卒筮，書卦，執以示主人。**卒，已也。書卦者，筮人以方寫所得之卦。【疏】正義曰：卒筮，謂筮事畢也。書卦，謂六爻備，已成卦體，乃書之於版也。執以示主人，敖氏云：「執之不言筮人，文省也。」今案：《特牲禮》：「卒筮，寫卦。筮者執以示主人。主人受視，反之。」《士喪禮》：「卒筮，執卦以示命筮者。命筮者受視，反之。」《少牢禮》：「卒筮，乃書卦于木，示主人。」各經詳略不同，宜以《特牲》爲正。褚氏云：「卦者書卦，筮人執示，於《特牲》經文明著之矣。竊疑此禮及《士喪禮》皆然，未必有異，經文渾耳。」江氏筠云：「《特牲》注云『卦者以方版寫之』，此注則云『筮人以方寫所得之卦』，而寫卦遂有二人矣。《特牲禮》『筮者執以示主人』，《士喪禮》注則云『卦者寫卦示主人』，而示卦又有二人矣。案：寫卦自是卦者事，示卦自是筮人事，俱宜與《特牲》同。經惟《特牲》執示云筮人，餘俱不云，乃省文耳。」盛氏云：「注、疏謂書卦、執示皆筮人事，姜氏兆錫謂皆卦者事，俱未合。賈疏又云《士喪禮》卦者自畫自示主人，亦非也。詳彼文，亦是筮者執示，但不言寫卦耳。然既云執卦，則其寫於版固不待言也。」注「寫所得之卦」下，毛本有「也」字，嚴本、《集釋》俱無。《校勘記》云：「案：《特牲》疏引亦無『也』字。」　云「卒，已也」者，《爾雅·釋詁》文。注又以書卦爲筮人，非，辨見上。**主人受眂，反之。**反，還也。【疏】正義曰：嚴本作「眂」，或作「眡」，非。《説文》「眂，視皃也」，與「眡」別。「眡」，古文「視」。主人受眂，則既知其卦體，仍以卦與筮人，令占吉凶。　注云「反，還也」者，反與返通，《説文》：「返，還也。」此注「還」字，與《聘禮》「還玉于館」之「還」音義同。**筮人還，東面旅占，卒，進告吉。**旅，衆也。還與其屬共占之。古文「旅」作「臚」也。【疏】正義曰：案：《特牲禮》：「筮者還，東面，長占，卒，告于主人：『占曰吉。』」《士喪禮》：「東面旅占，卒，進告于命筮者與主人：『占之曰從。』」《少牢禮》：「乃退占，吉，則史韇筮，史兼執筮與卦，以告于主人：『占曰從。』」據此，則占時東面，諸篇皆然。《少牢》雖無文，亦東面可知。褚氏云：「上言『主人受眂，反之』，則筮者向西行，就有司西方之位，乃還其身東面。必言東面者，明與筮時異向。」案：進告吉者，告於主人也。〇注「臚」下，毛本無「也」字，嚴本有。　云「旅，衆也」者，《爾雅·釋詁》文。云「還與其屬共占之」者，謂與其屬主三易者共占之也。高郵王文簡公《經義述聞》云：「旅，序也。旅占，謂占者三人，順其長幼之序以占也。《特牲饋食禮》云『長占』，注曰：『長占，以其年之長幼旅占之。』疏曰：『從長者爲始也。』是其明證。《鄉飲酒禮》『司正升相旅』，注曰：『旅，序也。』《燕禮》『士旅酌』，注曰：『旅，序也。』」今案：以旅爲序，較勝衆義。占者，以《易》辭占其吉凶也。王氏士讓《儀禮訓解》云：「案：疏謂『夏殷以不變爲占，《周易》以變者爲占』。然周之占法，原兼不變者。如六爻皆不變，則占本卦彖，內爲貞，外爲悔。孔成筮立衞元得屯、秦伐晋筮得蠱貞風悔山是也。其占變爻者，如畢萬得屯初、敬仲得觀四是也。其兼變不變占兩彖者，如晋文遇貞爲屯、悔爲豫，皆利建侯是也。賈說未旳。」云「古文『旅』爲『臚』也」者，段氏云：「案：古『旅』、『臚』通用。《論語》『季氏旅於泰山』，《漢書》作『臚岱』是也。此鄭從今文，不從古文者，鄭釋旅占爲衆占，故不用臚陳之義。《周禮・司儀》皆旅擯，鄭意此時陳擯而不傳辭，故易『旅』字爲『臚』字。臚，陳之也。皆各就其義之所近訓之。」**若不吉，則筮遠日，如初儀。**遠日，旬之外。【疏】正義曰：吴氏《章句》云：「凡筮吉事，先筮旬内近日。不吉，則筮旬外遠日。賈以《曲禮》旬内外爲士與大夫之分，未旳。」今案：此節經注俱與《特牲禮》同，此疏及彼疏解近日遠日俱多謬誤，辨見《特牲禮》。其解「如初儀」，亦未合。沈氏彤《儀禮小疏》云：「初儀，賈疏謂自筮於廟門以下至告吉，敖繼公斷自筮人執筴以下。案：此先云『筮遠日，如初儀』，然後云『徹筮席，宗人告事畢』，則不吉而弗筮遠日，事未畢也，筮席未徹也。故《特牲》亦序『宗人告事畢』於『筮遠日』之下，明『筮遠日』乃當日并筮也。若非并筮，則如《少牢》所謂『不吉，則及遠日，又筮日如初』者，必於『官戒，乃退』之下敘之矣。敖說是。」從叔祖繩軒先生諱匡憲。《讀經記》云：「如初儀，敖君善謂自筮人執筴以下，張稷若謂自進受命於主人以下，以駁賈說，是矣。然云『受命於主人』，則已知所筮；『宰自右贊命』，則已告所筮。豈此時筮遠日，又須受命贊命乎？恐敖、張說亦未盡。」今案：據此，則初儀當自「即席坐，西面」以下至「告吉」也。**徹筮席。**徹，去也，斂也。【疏】正義曰：張氏淳《儀禮識誤》云：「案：《釋文》寫注作『撤』，注字必與經同，宜皆作『撤』，從《釋文》。」戴氏震校《識誤》云：「案：《說文》無『撤』字。徹通、徹去，古皆用『徹』，『撤』乃後代俗書。張氏不能訂正其非，轉改『徹』以從

『撤』，踈矣。」今案：唐石經、嚴本經注俱作「徹」。○徹筮席，謂徹筮與席也。前陳之於西塾，今事畢則徹之。他篇不言者，省文。　注云「徹，去也，斂也」者，案：《曲禮》：「客徹重席。」鄭注：「徹，去也。」徹之爲去，本屬常解，此復言斂者，謂筮與席皆斂而藏之。《内則》曰：「斂枕席簟。」是席亦云斂也。**宗人告事畢。**宗人，有司主禮者。【疏】正義曰：宗人位在西方，進東北面告主人也。○注「者」字下，毛本有「也」字，嚴、徐、《集釋》、敖氏俱無。　云「宗人，有司主禮者」，《儀禮釋官》云：「宗人，私臣，掌禮及宗廟。案：掌禮之官，天子謂之宗伯，諸侯以下通謂之宗人。《周禮》有都宗人、家宗人。《左傳》『晋范文子反自鄢陵，使其祝宗祈死』；『鄭公孫黑肱有疾，召室老、宗人立段』；『魯叔孫昭子齊於其寢，使祝宗祈死』。《國語》『魯公父文伯之母欲室文伯，饗其宗老』，韋注『宗，宗人主禮樂者』；『楚屈到嗜芰，有疾，召其宗老而屬之』，韋注『宗老爲宗人者』。據此，則大夫有宗人也。《周禮》都、家宗人，皆王朝所置。諸侯大夫之宗人，或自使其家臣爲之。士雖卑，亦當有家臣主禮事者，如大夫宗人之職。《樂記》曰『宗祝辨乎宗廟之禮』，鄭注《文王世子》云『宗人掌禮及宗廟』是也。」

右筮日

主人戒賓，賓禮辭，許。戒，警也，告也。賓，主人之僚友。古者有吉事，則樂與賢者歡成之。有凶事，則欲與賢者哀戚之。今將冠子，故就告僚友使來。禮辭，一辭而許。再辭而許曰固辭。三辭曰終辭，不許也。【疏】正義曰：敖氏云：「戒賓亦朝服。凡既筮而有事，如戒宿之類，皆因筮服，無變也。此雖親相見，其辭則皆擯者傳之。宿賓放此。」張氏爾岐云：「主人筮日訖，三日之前戒賓，使來觀禮。戒賓者，主人親至賓大門外，賓西面，主人東面戒之。其戒辭、對辭竝見後。」○注「則樂與賢者歡成之」，嚴本及各本俱作「歡」，《集釋》作「勸」。盧氏文弨云：「歡成正與下凶事哀戚相對，勸字無義。」今案：作「勸」非也。「一辭而許」下，毛本有「也」字，嚴、徐、《集釋》俱無。云「戒，警也，告也」者，案：戒之本義訓警。《說文》：「戒，警也。」此戒賓兼有告義，故鄭又言「告也」以足之。云「賓，主人之僚友」者，賈疏謂「同官爲僚，同志爲友」是也。然賓取賢德，當合戚黨僚友言之，鄭舉一以例其餘耳。云「古者有吉事，則樂與賢者歡成之」，冠昏之類是也；「有凶事，則欲與賢者哀戚之」，喪禮是也。云「禮辭，一辭而許」者，蔡氏德晉云：「賓許必禮辭，以致謙也。」云「再辭而許曰固辭。三辭曰終辭，不許也」者，《禮經釋例》云：「凡一辭而許曰禮辭，再辭而許曰固辭，三辭不許曰終辭。案：《士冠禮》：『主人戒賓。賓禮辭，許。』又冠禮畢請醴賓，《士昏禮》納采、問名之禮既畢請醴賓，賓皆禮辭。《鄉飲酒》請賓，《鄉射》戒賓，《燕》、《大射》命賓，《鄉飲酒》、《鄉射》安賓，賓皆禮辭。《鄉飲酒》、《鄉射》作相爲司正，司正皆禮辭。《聘禮》主國之君使卿郊勞，聘賓禮辭。郊勞畢，聘賓將儐勞者，勞者禮辭。聘享正禮已畢，未私覿之前，主國之君使擯者請禮賓，及私覿聘賓先以臣禮見，儐者辭出，請以客禮受，聘賓皆禮辭。介、衆介覿，先以臣禮見，擯者辭出，請以客禮受，介亦禮辭。聘禮既畢，聘賓請問卿，主國之君禮辭。主國之君使卿歸饔餼，賓朝服禮辭。禮畢將儐使者，使者禮辭。《士昏·記》不親迎，壻請覿，主人對曰『不敢固辭』，是亦禮辭。皆所謂一辭而許者，是一辭而許曰禮辭也。又《士相見禮》：『某也願見，無由達，某子以命命某見。主人對曰：某子命某見，吾子有辱，請吾子之就家也，某將走見。賓對曰：某不足以辱命，請終賜見。主人對曰：某不敢爲儀，固請吾子之就家也，某將走見。賓對曰：某不敢爲儀，固以請。主人對曰：某也固辭，不得命，將走見。』疏以此爲固辭，則下文辭贄、❶辭還贄皆固辭。《燕禮》：『公與客燕，曰：寡君有不腆之酒，以請吾子之與寡君須臾焉，使某也以請。對曰：寡君，君之私也，君無所辱賜於使臣，臣敢辭。寡君固曰不腆，使某固以請。寡君，君之私也，君無所辱賜於使臣，臣敢固辭。寡君固曰不腆，使某固以請。某固辭不得命，敢不從。』是亦固辭。若下文致命，則禮辭矣。是再辭而許曰固辭也。又《士相見禮》：『士見于大夫，終辭其贄。若嘗爲臣者，則禮辭其贄。』注：『終辭其贄，以將不親荅也。禮辭，一辭其贄而許也。』是三辭不許曰終辭也。至於《鄉飲酒》、《鄉射》、《燕禮》、《大射儀》之辭降、辭洗，雖較禮辭爲殺，亦禮辭之屬也。《聘禮》：士介覿，以臣禮見，擯者辭，禮請受，賓固辭。注：『賓爲之辭，士介賤，不敢以言通於主君。固，衍字，當如面大夫也。』敖氏繼公曰：『一辭而得遂，亦可謂之固。』又《聘禮·記》：私獻，賓固辭。注亦以固爲衍字。考經所云固辭者，蓋賓再辭而後公許，故曰固也。禮請受者，一請。賓固辭者，再辭。注未確，敖説亦曲爲之解也。又案：《士冠禮》疏：『三辭而許，則曰三辭。若三辭不許，則曰終辭。』引《公食大夫》：戒賓，上介出請入告，三辭。又引《司儀》三辭，以釋三辭而許之義。而注所謂三辭不許曰終辭者，賈氏但覆述而已，未嘗據經文以釋之也。考『終辭』二字，《士相見禮》經與注皆有明文，實可爲三辭不許曰終辭之顯證。賈氏不此之引，而旁及注外之義，何也？」**主人再拜，賓荅拜。主**

❶「下」，原作「上」；「贄」，原作「贊」，今並據《禮經釋例》改。

人退，賓拜送。退，去也，歸也。【疏】正義曰：盧氏文弨《羣書拾補》云：「荅，諸本上從竹，譌。唐石經從艸，後竝同。」今案：嚴本亦作「荅」。賓許而主人再拜，謝其許也。賓拜送不言主人荅拜者，凡拜送之禮，送者拜，去者不荅拜。詳《鄉飲酒》「賓出奏陔，主人送于門外再拜」下。注云「退，去也，歸也」者，《鄉飲酒》「主人退」，注云：「退猶去也。」此復言歸者，《廣雅·釋詁》云：「退，歸也。」

右戒賓

前期三日，筮賓，如求日之儀。前期三日，空二日也。筮賓，筮其可使冠子者，賢者恒吉。《冠義》曰：「古者冠禮筮日、筮賓，所以敬冠事。敬冠事，所以重禮。重禮，所以爲國本。」【疏】正義曰：求日，筮日也。如求日之儀，如其「筮于廟門」以下至「告事畢」也，唯命筮之辭有異。張氏爾岐云：「前者戒賓汎及僚友，此又於僚友中專筮一人，使爲加冠之賓也。疏云：『命筮之辭蓋云：主人某爲適子某加冠，筮某爲賓，庶幾從之。若庶子，則云庶子某。』愚意『主人』二字似未安，亦言其銜位可耳。」今案：《特牲》、《少牢》筮尸不筮賓者，祭所重者尸，賓直助祭而已，無庸筮也。○注「古者冠禮」，《校勘記》云：「『者』，嚴、鍾本俱作『日』，誤。」今案：嚴本作「者」不誤，蓋作《校勘記》時未見原書，係據顧廣圻校録於鍾本簡端者採入，故有此譌。兹則取黄氏重刻嚴本逐一校對，庶見真面目云。云「前期三日，空二日也」者，期，冠期也。在冠期之前三日，是中空二日也。沈氏彤云：「注謂空二日者，爲期一日，宿賓、宿贊冠者又一日也。敖乃謂但空爲期之一日，誤以宿賓、贊與筮賓同日耳。」云「筮賓，筮其可使冠子者，賢者恒吉」者，謂必擇其賢者，筮之乃吉也。

王氏士讓云：「冠爲人道之始，賓必取人倫中有德望者。冠賓乃己之僚友，宜素知之，然不遽自決，又不宜品第其可否以謀於人，故決之鬼神。」今案：注引《冠義》者，證筮賓爲敬冠事也。

右筮賓

乃宿賓。賓如主人服，出門左，西面再拜。主人東面荅拜。宿，進也。宿者必先戒，戒不必宿。其不宿者爲衆賓，或悉來或否。主人朝服。【疏】正義曰：朱子云：「此云宿賓，言主人往而宿之，以目下事。❶如篇首言筮日於廟門也。」今案：如主人服，賓亦重其事也。門左，門東，詳後。《禮經釋例》云：「凡門外之拜，皆東西面。」故此賓西面再拜，主人東面荅拜也。詳孤子冠「凡拜北面于阼階上」節。敖氏云：「西面再拜，拜其辱也。」注云「宿，進也」者，謂進之使來。《特牲》、《少牢》注皆云：「宿讀爲肅。肅，進也。」本《爾雅·釋詁》。「宿」爲古文「夙」，「宿」又通「速」，皆是豫召使來之義。云「宿者必先戒，戒不必宿」者，案：上主人戒賓，所戒者廣，其冠子之賓及贊冠者皆在戒内，故云「宿者必先戒」。其衆賓則但戒而不宿，故知戒者不必皆宿也。云「其不宿者爲衆賓，或悉來或否」者，朱子云：「鄭注本謂正賓或時不來，則將不得成禮，故雖已戒之而又宿之，欲其必來。其非正賓，則不更宿，蓋但使爲衆賓，雖不悉來，亦無闕事也。疏與音皆非是，爲只合作如字讀，賓字句絶。」今案：鄭意衆賓不宿者，原不必其悉來，賈則謂衆賓容有

❶「目」，原作「日」，今據《續清經解》本改。

不來者，故不宿，與鄭背矣。《釋文》音「爲衆賓」之「爲」，於僞反，則似合「或悉來或否」爲句，故朱子辨之。云「主人朝服」者，經不言主人何服，明與前同服，故知朝服也。○《禮經釋例》云：「凡戒賓、宿賓，宿者必先戒，禮殺者則不宿。《鄉飲酒》：『主人戒賓，賓拜辱。主人荅拜，乃請賓。』陳器之後，主人速賓，賓拜辱，主人荅拜。注：『速，召也。』《鄉射禮》：『主人戒賓，賓出迎，再拜。主人荅再拜，乃請。』『主人朝服，乃速賓。』注：『速，召也。』《士冠》、《鄉飲》皆先戒賓而後宿賓，所謂宿者必先戒也。速即宿也，《特牲禮》『宿尸』，注：『凡宿，或作速。』此其證也。惟《士冠》速賓於前日，《鄉飲》、《鄉射》速賓於當日，爲小異耳。疏謂《鄉飲》、《鄉射》皆有戒無宿，非也。若《燕禮》：『小臣戒與者。』《大射》：『君有命戒射，宰戒百官有事於射者，射人戒諸公卿大夫射，司士戒士射與贊者。前射三日，宰夫戒宰及司馬。』《公食大夫禮》：『使大夫戒。』方是有戒無宿也。又《大射》『射人宿視滌』，疏以爲非戒宿之宿。《特牲饋食禮》宿尸、宿賓之前皆無戒，疏以爲《特牲》文不具，其實亦有戒。疏說皆是也。《少牢禮》：筮日之後乃官戒。又云：『宿。前宿一日，宿戒尸。』此戒尸也。筮尸之後，乃遂宿尸。此宿尸也。注云：『大夫尊，儀益多。』筮日既戒諸官以齊戒矣，至祭前一日，又戒以進之，使知祭日當來。』疏云：『其大夫宿戒兩有，士有宿而無戒，是儀略，故云大夫儀多也。』則又謂《特牲》有宿無戒，與《士冠》疏文互異矣。」**乃宿賓，賓許。主人再拜，賓荅拜。主人退，賓拜送。**乃宿賓者，親相見，致其辭。【疏】正義曰：但云賓許，不云「禮辭」者，以前戒已許故也。注云「乃宿賓者，親相見，致其辭」者，張氏爾岐云：「重言乃宿賓者，上文言主人往行此禮，此乃親致宿之之辭也。辭竝見後。」**宿贊冠者一人，亦如之。**贊冠者，佐賓爲冠事者，謂賓若他官之屬，中士若下士也。宿之以筮賓之明日。【疏】正義曰：「亦如之」者，如上「宿賓，賓如主人服」以下。云「一人」，則其餘衆賓不宿可知。注云「贊冠者，佐賓爲冠事者」，即下文坐櫛、設纚、卒紘諸事，佐賓成禮者。朱子云：「佐賓雖輕，亦必擇其賢而習禮者爲之，不來則亦有闕，故竝宿之，使必來也。」云「謂賓若他官之屬，中士若下士也」者，《漢書·高帝紀》注：「若，及也。」此兩「若」字，俱當作「及」字解，謂賓之僚屬及他官之屬，皆可爲贊也。又言中士、下士者，鄭意以賓是上士，則其屬中士及下士皆可爲之，言此以見贊冠者當次於賓耳。云「宿之以筮賓之明日」者，案：上經云「前期三日筮賓」，下經云「厥明夕爲期」，則宿賓贊明在冠前二日，爲筮賓之明日矣。必言於此者，見宿賓與宿贊冠者同日也。

右宿賓宿贊冠者

厥明夕，爲期于廟門之外。主人立于門東，兄弟在其南，少退，西面北上。有司皆如宿服，立于西方，東面北上。厥，其也。宿服，朝服。【疏】正義曰：「厥明夕」者，謂宿賓、贊之明日夕，冠前一日之夕也。爲期，猶言約期也。必於廟門之外，以冠在廟故也。不於廟内者，別於冠日行冠事時也。兄弟，兼親族、婣戚言。在其南，謂在主人之南，相次而立於下也。西面，面向西。東面，面向東。北上，以北爲上，統於廟也。注云「厥，其也」者，《爾雅·釋言》文。云「宿服，朝服」者，謂如主人宿賓時所服之朝服也。此宿服指主人言，云有司皆如之，則主人之服可知矣。兄弟不言服，於下「畢袗玄」見之。**擯者請期，宰告曰：「質明行事。」**擯者，有司佐禮者。在主人曰擯，在客曰介。質，正也。宰告曰：「旦日正明行冠事。」【疏】正義曰：此云「請期」，謂請早晚之期，故宰告以質明行事也。宰告者，宰主贊命也。注云「擯者，有司佐禮者」，謂擯者即上有司之屬爲之也。《儀禮釋官》云：「案：敖氏以有司爲筮者、卦者、宰、宗人之類。是舉類言之，其實有司不盡此。據經：『擯者請期。』注云：『擯者，有司佐禮者。』又：『爵弁、皮弁、緇布冠各一匴，執以待于西坫南。』注云：『執之者有司。』則是冠時凡主人之吏有事者，皆得以有司目之也。」又云：「有司有二義：一是事有常職者謂之有司。一是事本無常職，行禮時特使人主其事者，❶亦目爲有司。後凡言有司者放此。」云「在主人曰擯」者，擯，主人所使接賓者也。云「在客曰介」者，介，客所用以爲輔者也。《禮經釋例》云：「所謂擯、介者，凡禮皆有之。《士冠禮》：『擯者請期。』又云：『擯者玄端，負東塾。』又：迎賓，擯者告。《士昏禮》：問名、禮賓，擯者出請事。《士昏・記》：『賓至，擯者請。』又：不親迎，壻見，擯者以摯出，請受。《燕禮》：『射人納賓。』注：『射人爲擯者也。今文曰擯者。』《大射儀》：『大射正擯，擯者請賓。』又：『擯者命賓』、『擯者反命』、『擯者納賓』。《公食大夫禮》：賓入，大夫納賓。注：『大夫，謂上擯也。』又：拜至，擯者辭。又：賓三飯，擯者退，負東塾而立。又：公以束帛侑賓，擯者進相幣。《公食大夫・記》：『卿擯由下。』此嘉禮之擯也。《士相見禮》：『士見于大夫，若嘗爲臣者，賓出，使擯者還其贄於門外。』又：賓對，擯者對。又：『始見於君，若他邦之人，則使擯者還其摯。』《聘禮》：『卿爲上擯，大夫爲承擯，士爲紹擯。』又：賓問卿，下大夫擯。《聘禮・記》：『賓若私獻，擯者入告。』《覲禮》：『嗇夫承命。』注：『嗇夫，蓋

❶「者」，原脱，今據《儀禮釋官》補。

司空之屬也，爲末擯。』又：『擯者謁。』又：『擯者延之曰：升。』又：『享，擯者曰：予一人將受之。』又：禮畢，擯者謁諸天子。又：『諸侯覲于天子，四傳擯。』此賓禮之擯也。《既夕禮》：『公賵。擯者出請，入告。』又：『賓賵者，將命。擯者出請，入告。』又：『賓奉幣。擯者先入。』又：賵畢，擯者出請。又：贈者將命，擯者出請。此凶禮之擯也。《有司徹》：『主人出迎尸，宗人擯。』注：『賓客尸而迎之，主人益尊，擯贊。』此吉禮之擯也。皆在主人曰擯也。《士冠禮》：冠畢，乃醴賓以壹獻之禮，贊冠者爲介。注：『介，賓之輔。飲酒之禮，賢者爲賓，其次爲介。』疏云：『此禮賓與饗禮同。』《鄉飲酒禮》：『主人就先生而謀賓、介。』注：『賢者爲賓，其次爲介。』《聘禮·記》：『大夫來使，無罪，饗之。其介爲介。』注：『饗賓有介者，尊賓，❶行敵禮也。』據此則饗禮亦有介。此嘉禮之介也。《聘禮》：受命遂行，上介及衆介俟于使者之門外。又：郊勞，上介出請，入告。又：聘，介皆入門左。又：上介覿，士介覿。又：歸饔餼，上介請事。又：賓問卿，上介特面，衆介面。又：還玉，上介出請。又：公館賓，賓辟，上介聽命。注：『聽命於廟門中，西面，如相拜者然也。』《覲禮》：『上介皆奉其君之旂，置于宮。』此賓禮之介也。《有司徹》：『乃議侑于賓，以異姓。宗人戒侑。』賓尸之禮，尸如賓，侑如介。此吉禮之介也，皆在客曰介也。至於《聘禮》郊勞、歸饔餼、還玉之『上介出請』，即聘問禮之『擯者出請』也。公館賓之『上介聽命』，即覿面及私獻禮之『擯者立於門中以相拜』也。此時皆賓爲主人，故上介所行，皆擯者之禮矣。」《釋例》又云：「案：《士冠禮》疏云：『《聘禮》及《大行人》皆以在主人曰擯，在客稱

---

❶ 「尊賓」，《禮經釋例》同，段校據《儀禮·聘禮》鄭注乙作「賓尊」。

介，亦曰相。《司儀》每門止一相是也。』《士相見禮》：『請還贄于將命者。』注：『將猶傳也。傳命，謂擯相也。』疏云：『出接賓曰擯，入詔禮曰相，一也。故《聘禮》與《冠義》皆云每門止一相，是謂擯介爲相也。』考《聘禮》、《冠義》皆無「每門止一相」之文，唯《周官・司儀》有之，不知疏説何所本。又《鄉飲酒》、《鄉射》主人迎賓，皆云：『主人一相迎于門外。』注：『相，主人之吏。』《鄉射》注作：「主人家臣，擯贊傳命者。」皆指擯者曰相。唯《司儀》鄭注：『相謂主君擯者及賓之介。』故疏兼擯介而言也。」云「質，正也」者，《小爾雅・廣言》文。又《周禮・大司馬》「質明」注同。云「宰告曰『旦日正明行冠事』」者，《説文》：「旦，明也。」旦日，謂明日也。《少牢禮》云「旦明行事」，注蓋本此。段氏云：「《説文・日部》『晳』字下曰：『昭晣，明也。从日，折聲。《禮》曰：晣明行事。』案：《説文》凡言《禮》，皆謂《儀禮》。是鄭本作『質』，許本作『晣』也。」今案：字異義同。**告兄弟及有司。** 擯者告也。【疏】正義曰：李氏云：「兄弟有司在列，而猶告之者，審慎重其事。」❶ 注云「擯者告也」者，以下文云「擯者告期於賓之家」，故知此亦擯者告也。**告事畢。** 宗人告也。【疏】正義曰：告事畢，告爲期之事畢，亦向主人告也。 注云「宗人告也」者，上經徹筮席時宗人告事畢，此亦宜然。**擯者告期于賓之家。**【疏】正義曰：賓不在列，故至其家告之也。言賓，則贊可知。敖氏云：「別言擯者，事更端也。」

右爲期

---

❶ 「其」，《儀禮集釋》作「冠」。

夙興，設洗，直于東榮，南北以堂深。水在洗東。夙，早也。興，起也。洗，承盥洗者棄水器也。士用鐵。榮，屋翼也。周制，自卿大夫以下，其室爲夏屋。水器，尊卑皆用金罍，及大小異。【疏】正義曰：冠至期先陳設器服，次主人以下即位，次迎賓及贊冠者入，乃行三加之禮。加冠畢，賓醴冠者，冠者見于母，賓字冠者。凡九節而冠禮成，賓出矣。○注「及大小異」，「小」下，聶氏崇義《三禮圖》有「皆」字，嚴本無。朱子云：「詳注文，及字恐誤。」《校勘記》云：「案：疏云『及其大小異』，蓋謂論其質則尊卑皆用金罍，及論其形制之大小，則仍有異耳。」○直，當也。經曰「直于東榮」，東西節也，故《鄉飲酒》曰「東西當東榮」。沈氏彤云：「正堂之旁爲東堂、西堂，東堂、西堂之旁爲夾道，夾道之旁爲都宫之牆。❶則東榮正臨夾道，故洗東有餘地可置水。而『當東榮』上加『東西』二字，亦非贅文。萬氏《寢廟圖》屋兩旁無夾道，踈也。」經又曰「南北以堂深」，謂南北之節也。《釋文》：「深，申鴆反。凡度淺深曰深。」《鄉飲酒》疏云：「堂深，謂從堂廉北至房室之壁。❷堂下洗北去堂遠近深淺，取於堂上深淺。假令堂深三丈，洗亦去堂三丈，以此爲度。」沈氏云：「堂之深無明文。陳氏《禮書》引《尚書大傳》曰：『士之堂廣三雉，三分其廣，以二爲内。』注云：『雉長三丈。内，堂東西序之内也。』是堂廣九丈，序内六丈，而堂之深亦未及焉。案：《考工記》云：『周人明堂，度九尺之筵，東西九筵，南北七筵，五室，凡室二筵。』疏引《書傳》云：『周人路寢南北七雉，東西九雉，室居二

❶「夾道」二字，原脱，今據《儀禮小疏》補。
❷「室」，原作「屋」，今據《儀禮·鄉飲酒》賈疏改。

雉。』知周人度堂寢之深廣，皆以九與七差之也。然則堂廣九丈者，堂深宜七丈，室取二丈，室之外宜五丈。以序内堂廣六丈，九七差之，堂之深尚宜四丈六尺六寸有奇。《儀禮釋宫》云：『《士昏禮》疏云：碑在堂下，三分庭，一在北。《聘禮》注云：設碑，近如堂深。三分庭，一在北，設碑而碑如堂深，❶則庭蓋三堂之深也。』《聘禮》疏云『碑東當洗』，則洗西亦當碑，而北去堂亦四丈六尺六寸有奇矣。」今案：沈説推闡俱細。《禮經釋例》云：「凡庭洗設于阼階東南，南北以堂深。天子、諸侯當東霤，卿大夫、士當東榮。案：《士冠禮》：『設洗，直于東榮，南北以堂深。水在洗東。』《鄉飲酒》、《鄉射》：『設洗于阼階東南，南北以堂深，東西當東榮。水在洗東。』《特牲饋食》：『設洗于阼階東南。』記：『設洗，南北以堂深，東西當東榮。水在洗東。』《少牢饋食》：『設洗于阼階東南，當東榮。』《士冠禮》：『醮用酒。』注：『洗，庭洗。當東榮，南北以堂深。』此皆當東榮之洗，言庭洗者，别於北堂上内賓之洗。《士昏禮》：『設洗于阼階東南。』經注不言當東榮及南北之節者，文不具也。其實亦當東榮之洗，所謂卿大夫、士之禮也。《燕禮》：『設洗于阼階東南，當東霤。罍水在東。』注：『當東霤者，人君爲殿屋也，亦南北以堂深。』《大射儀》：『設洗于阼階東南，罍水在東。』《公食大夫》：『設洗如饗。』注：『必如饗者，先饗後食，如其近者也。』《饗禮》亡，《燕禮》則設洗于阼階東南。』鄭氏以《燕禮》證之，是《公食大夫》之洗當亦在阼階東南也。此皆當東霤之洗，所謂天子、諸侯之禮也。卿大夫、士言當東榮，天子、諸侯言當東霤，其實設洗皆在阼階東南，異其文，不異其處也。又《士虞禮》庭洗則『設于西階

❶ 下「碑」字，原作「俾」，今據《儀禮小疏》改。

西南，水在洗西，篚在東』者，反吉也。」今案：《士冠禮》設洗不言阼階東南者，省文也。《鄉飲酒義》云：「洗之在阼，其水在洗東，祖天地之左海也。」此洗與水設於東方之義也。《少牢》云「有枓」者，據鄭注「凡設水必用罍，沃盥必用枓」，此不言者，文不具也。吉禮水在洗東，篚在洗西。凶禮反吉，則水在西，篚在東。此不言篚者，以冠禮醴觶俱在房，不洗爵於此，故無篚也。《大射》獻獲者，則設洗於獲者之尊西北。《士虞》卒哭餞尸，則設洗在廟門外尊東南者，異於常禮也。又有内洗，設于北堂，亦名北洗，詳《士昏禮》。注云「夙，早也」者，《爾雅·釋詁》文。「興，起也」者，《釋言》文。云「洗，承盥洗者棄水器也」者，古者盥手、洗爵，皆一人挹水，從上沃之，故曰沃盥，又曰沃洗。其盥洗時下注之水，謂之棄水，别有器承之，使不溢地，其器名曰洗也。云「士用鐵」者，賈疏云：「案：《漢禮器制度》洗，士用鐵，大夫用銅，諸侯用白銀，天子用黄金也。」《三禮圖》引舊圖云：「洗高三尺，口徑一尺五寸，足徑三尺，中身小，疏中，士以鐵爲之，大夫以上銅爲之，諸侯白金飾，天子黄金飾。」據此則天子、諸侯之洗亦銅爲之，但有飾爲異耳。云「榮，屋翼也」者，《詩·斯干》「如鳥斯革」，《毛傳》「革，翼也」。榮在屋兩頭，如鳥之張其兩翼，故謂榮爲屋翼。沈氏云：「賈謂即今之搏風。朱子《厦屋説》云：『横棟盡外，有版下垂，謂之搏風。』榮翼乃接簷之名，賈直指搏風，誤。又《釋宫》云：『《説文》曰：尾梠之兩頭起者爲榮。又曰：屋櫋聯，齊謂之檐，楚謂之梠。然則梠即檐，而檐之東西起者乃曰榮耳。』案：二説，《釋宫》爲得其實。謂檐爲榮，乃本郭璞注《上林賦》所云『南榮，屋南檐』者。以《説文》核之，郭亦誤也。又《士喪禮》云『升自前東榮，降自後西榮』，前者南，後者北，由南北而言，則曰東榮、西榮。由東西而言，則曰前榮、後榮。故《喪大記》之西北榮，與《士喪禮》之後西榮，一也。」今案：沈説蓋以《説文》爲據。云「周制，自卿大夫以下，其室爲夏屋」者，李氏云：「周制：天子、諸侯爲殷人四阿之屋，東西南北皆有霤。大夫以下爲夏后氏南北兩下之屋，無東西霤，而有東西榮。」案：《檀弓》曰：「見若覆夏屋者矣。」鄭注：「夏屋，今之門廡。」蓋漢時門廡亦兩下爲之，故舉以爲證。此經不言東霤，而言東榮，據大夫、士宮室之制也。云「水器，尊卑皆用金罍，及大小異」者，經但言水，不言盛水之器，故注特明之。敖氏因《士冠》諸篇不言罍，謂士之水器異於此。褚氏辨之云：「士苟用他器，則諸篇必一見以明其異，而俱不言，則用罍同也。」案：經傳多以罍爲盛酒器。《説文》：「櫑，龜目酒尊，刻木作雲靁象，象施不窮也。從木，從畾。」又云：「罍，櫑或從缶。⿱畾皿，櫑或從皿。」段氏玉裁《説文注》云：「蓋始以木，後以匋。」或曰罍亦木器或瓦器，而飾以金耳。段氏又云：「《爾雅》：『彝、卣、罍，器也。小罍謂之坎。』然則罍有小大。《燕禮》：『罍水在東。』則罍亦以盛水。」今案：《韓詩説》云：「天子罍以玉，諸侯、大夫以金，士以梓。」存以備考。凡設洗必設水，諸篇或言水在洗東，或言罍水在東，或言水在洗西。《大射》獻獲者，云「水在洗北」，是有洗必有水也。惟《士昏禮》設洗不言水，則文不具耳。**陳服于房中西墉下，東領，北上。**墉，牆。【疏】正義曰：陳服，陳將冠者之衣服，即下爵弁服、皮弁服、玄端三服也。房中，東房中也。大夫、士寢廟之制，室在中，有東房，有西房，與諸侯同。注疏謂大夫、士有東房無西房，其説非也，辨見後。江氏永《鄉黨圖考》云：「大夫、士陳器服，及婦人行禮，常在東房。經有直言房者，省文耳，非謂止有一房，不必言東也。」方氏苞云：「贊者立於房中，負東墉。將冠者房中，南面，當户，近於西。故服陳西墉下，取之便也。凡著衣必絜其領，故東領，亦取之便也。」今案：東房之西墉，即室之東墉也。「北上」者，爵弁服在北，皮弁服次南，玄端最南。冠時先用卑服，自南而北，亦取之便也。○注「牆」下，《集釋》有「也」字，嚴本無。　云「墉，牆」者，牆是總名。以經文考之，凡室中、房中與夾之牆則謂之墉，堂上之牆則謂之序，堂下之牆則謂之壁，其實一也。**爵弁服：纁裳，純衣，緇帶，韎韐。**此與君祭之服。《雜記》曰：「士弁而祭於公。」爵弁者，冕之次，其色赤而微黑，如爵頭然，或謂之緅。其布三十升。纁裳，淺絳裳。凡染絳，一入謂之縓，再入謂之赬，三入謂之纁，朱則四入與？純衣，絲衣也。餘衣皆用布，唯冕與爵弁服用絲耳。先裳後衣者，欲令下近緇，明衣與帶同色。韎韐，緼韍也。士緼韍而幽衡，合韋爲之。士染以茅蒐，因以名焉。今齊人名蒨爲韎。韐，韍之制似韠。冠弁者不與衣陳，而言於上，以冠名服耳。今文「纁」皆作「熏」。【疏】正義曰：爵弁爲士服之最尊者，三加時服之。禮之通例，衣與冠同色，帶與衣同色，裳與韠同色，屨與裳同色。注每言之，然不盡然。《禮經釋例》云：「亦有衣與冠不同色者，如《士冠禮》爵弁服純衣緇帶，純衣與帶同緇色是也。亦有裳與韠不同色者，如注既以朝服爲素裳，而《特牲饋食·記》之朝服則緇韠是也。亦有屨與裳不同色者，玄端用黑屨，而裳則有玄裳、黄裳、雜裳之異是也。注疏蓋舉其多者言之耳，故疏亦云其衣冠異色，經即别言之。」今案：韎韐，即韎色之韠，詳下。此陳爵弁服，言衣言帶，言韠言裳，不言屨者，下經云「爵弁纁屨」是也。或謂爵弁即韋弁，誤，詳《聘禮》「君使卿韋弁歸饔餼」下。○注「此與君祭之服」，「與」，《通典》作「助」，嚴本及各本作「與」。《校勘記》云：「案：作『與』當讀去聲，而《釋文》無音，疑作『助』是也。」今案：《集釋》作「與」，音預，宜從嚴本。又「再入謂之赬」，入，《釋文》作「染」，下二字同，嚴本俱作「入」。張氏《識誤》云：「《爾雅》有再染、三染之文，此鄭氏用『染』字之據也。」《校勘記》云：「鄭氏既據《爾雅》，何以一入不稱染？不若依今本概作『入』字爲是。」又「今齊人名蒨爲韎韐」，戴氏震校《集釋》，謂「韐」衍文，非也。宜從戴氏侗《六書故》，以「韐」字屬下句讀。段氏云：「韎，《説文》从韋末聲，《五經文字》亦作韎，音末。今人從未，誤也。」　云「此與君祭之服」者，與君祭，即謂助祭於公也。云「《雜記》曰士弁而祭於公」者，鄭注「弁，爵弁也」，此引以證爵弁爲助祭服也。云「爵弁者，冕之次」者，賈疏云：「凡冕以木爲體，長尺六寸，廣八寸，績麻三十升布衣之，上以玄，下以纁，前後有旒。其爵弁制大同，唯無旒，又爲爵色爲異。又名冕者，俛也，低前一寸二分，故得冕稱。其爵弁則前後平，故不得冕名。以其尊卑次於冕，故云『爵弁，冕之次』也。」吴氏《疑義》云：「據《説文》，弁本作『覍』，象形，或作『弁』。又《釋名》：『弁如兩手相合也。』爵弁與冕制異，與皮弁之制同。」今案：據《周禮》、《左傳》疏，賈氏之説蓋本《漢禮器制度》。吴氏以《説文》、《釋名》駁之，似亦可從。江氏永云：「案：《大戴禮》及東方朔《荅客難》皆云『冕而前旒，所以蔽明』，則無後旒可知。謂前後皆有旒，此因《玉藻》『前後邃延』而誤耳。前後邃延，謂板長尺六寸，自延端至武，前後皆深邃，非謂後亦有旒也。」其説是矣。云「其色赤而微黑，如爵頭然，或謂之緅」者，案：《考工記·鍾氏》注云：「染纁者，三入而成。又再染以黑，則爲緅。緅，今《禮》俗文作『爵』，言如爵頭色也。」是也。云「其布三十升」者，《論語》「麻冕」，孔注：「績麻三十升布以爲之。」鄭意爵弁與冕同，故云「其布三十升」也。江氏永辨之云：「三十升之説非是。古布幅闊二尺二寸，當今尺一尺三寸七分半。若容三十升之縷二千四百，則今尺一分之地幾容一十八縷，此必不能爲者也。孔意蓋謂古者朝服十五升，冠當倍於衣。不知冠升倍衣，唯喪服斬衰三升冠六升則然，自齊衰以下則非倍半之數矣。禮無冠倍於衣之例，孔誤釋耳。麻冕之布，亦不過十五升。如今尺之一分容九縷，已是細密難成矣。」云「纁裳，淺絳裳」者，絳是大赤，纁則赤而有黄，故云「淺絳裳」也。云「凡染絳，一入謂之縓，再入謂之赬，三入謂之纁，朱則四入與」者，案：一入、再入、三入，《爾雅》「入」俱作「染」，是皆爲染絳法也。沈氏彤云：「縓，淺赬。赬，淺纁。」是三者皆由淺入深。若更以纁入赤，則爲朱。《詩·七月》「我朱孔陽」，《毛傳》「朱，深纁」是也。但縓、赬、纁之爲一入、再入、三入，經有明文，朱則四入無明文，故言「與」以疑之。凡冕服皆玄上纁下，爵弁爲冕之次，故亦纁裳也。云「純衣，絲衣也。餘衣皆用布，唯冕與爵弁服用絲耳」者，《詩·周頌》「絲衣其紑，戴弁俅俅」，弁，爵弁也。則爵弁服之用絲衣可知矣。此經及《士昏禮》「純衣」，鄭皆以絲衣解之。《周禮·媒氏》之「純帛」，《論語》之「今也純」，鄭皆讀爲緇，又謂古緇以才爲聲，字亦作紂。不同者，一言其質，一言其色也。《經義述聞》云：「純當讀黗。《廣雅》：『黗，黑也。』黗與純聲義相近，是亦主色言之。」餘衣，謂皮弁服以下及深衣之類，皆用布也。云「先裳後衣者，欲令下近緇，明衣與帶同色」者，言衣當在裳先，此退在裳後者，欲令與緇帶連文，見衣與帶同緇色，非尊裳而抑衣也。褚氏云：「敖乃有纁裳與冕服之裳同而尊之之論，豈爵弁之衣卑於裳邪？」褚説是矣。云「韎韐，緼韍也。士緼韍而幽衡，合韋爲之。士染以茅蒐，因以名焉。今齊人名蒨爲韎。韐、韍之制似韠」者，案：此韍也而名韎韐者，韎言其色，韐言其質。鄭此注云：「韎韐，緼韍也。」《玉藻》注云：「緼，赤黄之間色，所謂韎也。」是鄭以此經韎與《玉藻》緼同爲赤黄色名。《説文》：「韎，茅蒐染韋也，一入曰韎。」《爾雅》：「一染謂之縓。」《説文》：「縓，帛赤黄色。」韎與縓皆一入，爲赤黄色，而染韋則曰韎，染帛則曰縓，因事異名也。《爾雅》：「再染謂之赬，三染謂之纁。」韎一入淺於纁，爵弁服纁裳而韎韐，故《説文》云：「士無市有韐，制如榼，缺四角。爵弁服其色韎，賤不得與裳同。」是也。市即韍字，韐即韐字，鄭云「合韋爲之。士染以茅蒐，因以名焉」者，「合韋爲之」解韐字，「染以茅蒐，因以名焉」解韎字。謂此韐合韋爲體，而染以茅蒐，其色赤黄，因名韎也。又云「今齊人名蒨爲韎」者，蒨是茅蒐之别名，謂染韎用茅蒐，後人因謂茅蒐爲韎，假令通古，見韎之名義取於蒨也。然鄭意固以韎名取於蒨，非以韎韐名取於蒨，蒨得名韎，不得名韎韐。賈此疏出注云「韍之制似韠」，孔穎達《詩・瞻彼洛矣》疏引此注云「今齊人名蒨爲韎韐」，皆誤甚。韐字義取合韋，大夫以上亦用韋爲之，而不名韐者，據大夫以上有山火龍章之飾，謂之韍。士無飾，則但謂之韐，本其質而言之。賈疏謂「士無飾，不得單名韍，一名韎韐，一名緼韍」是也。鄭云「韐韍之制似韠」者，韎韐雖不得單名韍，得單名韐。《士喪禮》「設韐帶」，注云「韐帶，韎韐、緇帶」，是其證。又韐與韠對，韎是色名，不得兼韎言似，故單云韐。文連韍言者，因上引緼韍而及之，謂韐與韍其制均似韠也。必云「制似韠」者，韐、韍形象經傳無文，韠之制具於《玉藻》、《雜記》，故鄭假以名焉。或疑蒨不得名韎韐，遂謂「韐」字爲衍文，亦非。韐與韍微異，經固云「韐」，不云「韍」，鄭不當單云「韍之制似韠」。戴侗《六書故》「韎」字下引「鄭氏曰：齊人謂蒨爲韎」，又「韐」字下引「鄭康成曰：韐韍之制似韠」，以「韐」字屬下爲句，得其讀矣，今依彼正之。又《詩》「韎韐有奭」，今本《毛傳》：「韎韐者，茅蒐染草也。一曰韎。韐，所以代韠也。」鄭箋：「韎韐者，茅蒐染也。茅蒐，韎韐聲也。韎韐，祭服之韠，合韋爲之，其服爵弁服紂衣纁裳也。」今案：傳「草」字疑「韋」之誤，韎旁從韋，是以茅蒐染韋之名，非直染草。《説文》云：「韎，茅蒐染韋也。」當依彼作「韋」。孔氏《正義》引「定本云一入曰韎韐」，「一」下當依定本有「入」字，但以「韎」爲句。《説文》云「一入曰韎」，《左傳疏》引「賈逵云：一染曰韎」，《國語注》引三君云同。一染即一入，一入曰韎，蓋漢儒相傳之舊詁。

此二句傳釋「韎」字，下云「韐，所以代韠也」，釋「韐」字。孔疏「韎韐」連讀，亦誤。箋云「韎韐者，茅蒐染也。茅蒐，韎韐聲也」者，謂此韎韐以茅蒐染之，故云韎，茅蒐聲近韎也。「聲」上「韐」字爲衍文，《左傳疏》及《國語注》引皆云「韎聲也」，無「韐」字。茅蒐韎聲，韋昭所謂「急疾呼茅蒐成韎」是也。前人訓韎者多舉其義，至鄭始兼著其聲，以爲義由聲出，與此注「士染以茅蒐，因以名焉。今齊人名蒨爲韎」者同，皆單釋「韎」字。下云「韎韐，祭服之韠，合韋爲之」，始訓「韐」字。疏連韐言聲者，皆誤衍。云「冠弁者不與衣陳，而言於上，以冠名服耳」者，陳服在房中，而緇布冠及皮弁、爵弁之等，皆人執之，在堂下，是不與衣同陳也。今加爵弁於服上者，是以爵弁名其服，非謂冠弁亦陳於房内也。云「今文『纁』皆作『熏』」者，段氏云：「此同音假借字。《鄉射禮》『大夫與士射，袒薰襦』，則從今文也，轉寫加艸頭耳。凡所從古今文有彼此互異者，以可參觀而得也。」胡氏云：「《士昏禮》『玄纁束帛』，注同。案：云『皆』者，蓋合下文『纁邊』，《士昏禮》則合下文『纁裳』、『纁袡』等言之與？」《禮經釋例》云：「凡士冠三加、士昏親迎、士復、士襲，皆用爵弁服。」案：士而用爵弁服，攝盛也。士復者，即《士喪禮》「復者一人，以爵弁服，簪裳於衣」是也。士襲者，即《士喪禮》陳襲服「爵弁純衣」是也。❶

皮弁服：素積，緇帶，素韠。 此與君視朔之服也。皮弁者，以白鹿皮爲冠，象上古也。積猶辟也，以素爲裳，辟蹙其要中。皮弁之衣用布亦十五升，其色象焉。【疏】正義曰：皮弁卑於爵弁，陳之在爵弁服南，再加時所服也。皮弁服不言衣者，衣與冠同色，略之也。言素積、素韠者，見裳與韠同色也。亦

---

❶「弁」下，《儀禮·士喪禮》有「服」字。

言緇帶者，士止有一緇帶，故爵弁、皮弁、玄端三服皆陳之。不言屨者，下經云「素積白屨」是也。　注云「此與君視朔之服也」者，張氏爾岐云：「此視朔時君臣同服之服。」吴氏《章句》云：「注謂視朔之服，其實他禮亦用之。」今案：皮弁服亦用之於聘，詳《聘禮》。亦用之於蜡，《郊特牲》曰「蜡者，索也。歲十二月，合聚萬物而索饗之也」，又曰「皮弁素服而祭」是也。云「皮弁者，以白鹿皮爲冠，象上古也」者，《禮運》曰：「昔者先王未有麻絲，衣其羽皮。」鄭注：「此上古之時也。」案：後王易之以麻絲，而皮弁猶用皮爲之，如上古時。李氏云「古者以鳥獸之皮，冒而句領，皮弁象之」是也。必以白鹿皮者，取其與衣色相稱也。聶氏云：「舊圖云以鹿皮淺毛者爲之，高尺二寸。《周禮》王及諸侯、孤、卿、大夫之皮弁，會上有五采、三采、二采，玉璂象柢，唯不言士之皮弁有此等之飾。」案：《弁師》注云「一命之大夫及士，韋弁、皮弁之會無結飾」是也。云「積猶辟也。以素爲裳，辟蹙其要中」者，案：辟即《喪服》注所謂「辟兩側，空中央也」。此之謂辟積，祭服、朝服辟積無數，唯喪服三辟積也。輔氏廣云：「禮服取其方正，故裳用正幅。而人身之要爲小，故於要之兩旁爲辟積，即今衣摺也。」賈疏云：「素有三義：若以衣裳言素者，謂白繒，即此文之等是也。畫繪言素者，謂白色，即《論語》云『繪事後素』之等是也。器物無飾亦曰素，則《檀弓》云『奠以素器』之等是也。」今竝存其説。云「皮弁之衣用布亦十五升，其色象焉」者，《雜記》曰「朝服十五升」，此皮弁衣雖無文，亦與朝服同可知，故云「亦」也。皮弁色白，衣亦色白，是象之也。鄭注《士喪禮》「皮弁服」，亦云「白布衣」。敖氏謂皮弁服用絲衣，與鄭異。吴氏紱、江氏筠、褚氏寅亮皆以爲可從。《禮經釋例》云：「考《聘禮》：『公側授宰玉。裼，降立。』注：『《論語》曰：素衣麑裘。皮弁時或素衣，其裘同可知也。』《郊特牲》：『皮弁素服。』注亦云：『衣裳皆素。』則鄭氏已不能自守其前説。《雜記》：『子羔之襲也，素端一，皮弁一。』是皮弁與素端爲二服。孔氏正義曰：『盧云布上素下皮弁服，賀瑒云以素爲衣裳也。』然則衣裳皆素者，或素端歟？《周禮·司服》其齊服有玄端、素端，亦别於皮弁而言之也。」今案：據盧云布上素下，則皮弁用布衣，其説有自來矣，當以鄭注爲正。《釋例》又云：「凡《士冠禮》再加，《聘禮》行聘、還玉、賓受饔餼，《覲禮》郊勞，《士喪禮》襲，《既夕禮》乘車所載，❶皆用皮弁服。」今案：此皆見於經而可考者也。至於《聘禮》受饔餼，「明日，賓拜於朝，拜饔與餼，皆再拜稽首」，注「此拜亦皮弁服」。案：此經無明文，注意蓋以受時皮弁，則拜亦皮弁，是拜饔與餼，據注亦用皮弁服也。

玄端：玄裳、黄裳、雜裳可也，緇帶，爵韠。 此莫夕於朝之服。玄端，即朝服之衣，易其裳耳。上士玄裳，中士黄裳，下士雜裳。雜裳者，前玄後黄。《易》曰：「夫玄黄者，天地之雜色，天玄而地黄。」士皆爵韋爲韠，其爵同。不以玄冠名服者，是爲緇布冠陳之。《玉藻》曰：「韠，君朱，大夫素，士爵韋。」**【疏】**正義曰：玄端又卑於皮弁，陳之在皮弁服南，初加時所服也。玄端即玄衣，端者，取其正也。金氏榜云：「衣以端名者有二：其一，後鄭云『衣袂二尺二寸而屬幅，是廣袤等也，其袪尺二寸』，是謂玄端，對朝服以上侈袂者得名，乃次於朝服之服。其一，鄭仲師云『衣有襦裳者爲端』，對深衣以下連裳削幅者得名，乃冕、弁服、朝服、玄端通稱。」今案：《樂記》言「端冕」，則冕亦稱端。《左傳》言「端委」，《論語》言「端章甫」，則朝服、玄端皆可稱端。但此經所陳，則次於朝之服也。玄裳、黄裳、雜裳三等裳以配玄端，乃士服。《特牲饋食·記》

❶「禮」，《禮經釋例》同，段校改作「記」。

云：「玄端，玄裳、黄裳、雜裳可也，皆爵韠。」與此同。李云：「可也者，三等士惟其所宜服者陳之。裳雖有三，而同用爵韠，爵亦雜色也。帶有二，大帶以束衣，革帶以繫韠，繫佩。舉韠，則有革帶可知。」今案：玄端不言冠者，平時玄冠，始冠則服緇布冠也。不言屨者，下經云「玄端黑屨」，三等裳皆用黑屨者，以玄裳爲正也。《禮經釋例》云：「『朝服』，注『素裳』。《鄉飲酒・記》：『鄉朝服而謀賓介。』注：『朝服，素韠，白屨。』《燕禮・記》：『燕，朝服於寢。』注同。」然則玄冠，玄端，玄裳、黄裳、雜裳，緇帶，爵韠，黑屨者，玄端服也。玄冠，玄衣，緇帶，素裳，素韠，白屨者，朝服也。此玄端與朝服之分也。○注「天地之雜色」，毛本「色」作「也」，嚴、徐本俱作「色」。《識誤》云：「鄭氏正引《易》文，不必改『也』爲『色』。『也』字近『色』，傳寫者誤耳。」《校勘記》云：「案：漢時六經異文甚多，張説未確。」今案：黄氏丕烈亦以嚴本爲不誤。　云「此莫夕於朝之服」者，吴氏《疑義》云：「據賈疏引《左傳》昭十二年『子革夕』，哀十四年『子我夕』，本非常禮，《左傳》亦無夕時玄端明文。據《玉藻》『朝玄端，夕深衣』，則玄端爲大夫、士私朝之服也。」今案：玄端所用甚廣，詳下。云「玄端，即朝服之衣，易其裳耳」者，玄端、朝服皆用緇布衣，其裳則朝服用素裳，玄端用玄裳、黄裳、雜裳，是易其裳也。然朝服用素韠白屨，玄端用爵韠黑屨，則韠與屨亦易矣。云「上士玄裳，中士黄裳，下士雜裳」者，《特牲・記》注同。蓋以士有上中下三等，故制三等裳以别之。玄尊於黄，而黄爲純色，又尊於雜也。此乃士之正服，若大夫以上則有異。大夫玄端用素裳，天子、諸侯用朱裳也。云「雜裳者，前玄而後黄。《易》曰：夫玄黄者，天地之雜色，天玄而地黄」者，鄭以言雜，必非一色，故知前玄後黄，而引《易》爲證也。褚氏云：「天玄而地黄，陽前而陰後，故玄必在前，黄必在後。玄之幅必三，黄之幅必四，不可易也。敖氏乃謂雜裳亦可前黄後玄，謬甚。」云「士皆爵韋爲韠，其爵同」者，朱子云：「『其爵同』三字未詳。」盛氏云：「案：注云『其爵同』者，謂公侯伯之士皆一命，子男之士皆不命也。士雖有上中下三等，而其爵則同，故皆以爵韋爲韠。」云「不以玄冠名服者，是爲緇布冠陳之」者，此服冠時以配緇布冠，則陳於皮弁服之南者，乃爲緇布冠陳之，不得名玄冠服矣。故空其文，而但云玄端也。江氏永云：「朝服、玄端及深衣皆用玄冠，雖不爲緇布冠陳，亦不可以玄冠名服。」云「《玉藻》曰：韠，君朱，大夫素，士爵韋」者，此皆爲玄端服之韠，鄭引以證經之爵韠也。詳前「主人玄冠朝服，緇帶素韠」下。《禮經釋例》云：「凡士冠禮，賓、主人、兄弟、擯者、贊者，及冠者初加，見君與卿大夫、鄉先生，皆用玄端。士昏禮，使者、主人、壻從者，皆用玄端。鄉飲酒、鄉射之禮，息司正，皆用玄端。士祭禮，筮日、筮尸、宿尸、宿賓、視濯、視殺、正祭，尸、主人、祝、佐食，皆用玄端。」今案：此皆見於經而可考者也。玄端有用緇裳者，《昏禮》「納采，使者玄端至」，注云「有司緇裳」，賈疏以緇裳即玄裳也。玄端有用緇韠者，見《冠禮》「兄弟畢袗玄」注。蓋玄端而緇韠，則謂之袗玄也。又朝服亦有用緇韠者，詳《特牲·記》。《釋例》又云：「凡士冠禮，筮日、筮賓、宿賓、爲期，皆用朝服。飲、射、燕、食之禮，皆用朝服。聘禮，本國君授使者幣、使者受命及釋幣于禰、肄儀、聘畢使者歸反命，賓至所聘之國展幣、辭饔餼、問卿、上介問下大夫、士介受餼，主國之君使卿郊勞、宰夫設飧、致士介餼、卿接聘賓、君不親食使大夫致侑幣，皆用朝服。士正祭，賓及兄弟助祭者，皆用朝服。大夫祭禮，皆用朝服。」案：此亦皆見於經而可考者也。至《既夕·記》云「復者朝服」，又云「道車載朝服」，則亦士禮用朝服者，今備録之。○《禮經釋例》云：「《論語》公西華曰：『端章甫，願爲小相焉。』端即玄端，小相即末擯也，皆指士而言。蓋思以其所學仕於列邦，但願服士服，爲諸侯之末擯，以相禮而已。此謙辭也，乃或者誤會下文『宗廟會同，非諸侯而何』，遂謂公西氏欲得國爲諸侯。不知會同之禮，諸侯當服裨冕，豈有玄端章甫以見天子者乎？明代時文家之不學，可笑如此。」《釋例》又云：「案：弁服吉者凡三等，《士冠禮》陳冠服，爵弁服一也，皮弁服二也，玄端三也。玄端即朝服之異其裳者，故言玄端，即兼朝服也。《士喪禮》陳襲服，爵弁服一也，皮弁服二也，褖衣三也。賈云：褖衣則玄端，又連衣裳。是褖衣即玄端也。又《周官·司服》『凡兵事，韋弁服』，一也。蓋韋弁稍次於爵弁，或衣裳小異，猶玄端之於朝服。故言韋弁，即兼爵弁也。又云『眡朝，則皮弁服』，二也。又云『凡甸，冠弁服』，三也。鄭氏注：『冠弁，委貌。其服緇布衣，亦積素以爲裳，諸侯以爲視朝之服。』是冠弁即朝服也。言朝服，則兼玄端矣。」今案：爵弁、韋弁爲二服，辨見前。**緇布冠缺項，青組纓屬于缺。緇纚，廣終幅，長六尺。皮弁笄，爵弁笄。緇組紘，纁邊。同篋。**缺，讀如「有頍者弁」之「頍」。緇布冠無笄者，著頍圍髮際，結項中，隅爲四綴，以固冠也。項中有緇，亦由固頍爲之耳。今未冠笄者著卷幘，頍象之所生也。滕、薛名蔮爲頍。❶屬猶著。纚，今之幘梁也。終，充也。纚一幅，長六尺，足以韜髮而結之矣。笄，今之簪。有笄者，屈組爲紘，垂爲飾。無笄者，纓而結其條。纁邊，組側赤也。同篋，謂此上凡六物。隋方曰篋。【疏】正義曰：張氏爾岐云：「此所陳者，飾冠之物，非謂冠也。」此說是。下文云「爵弁、皮弁、緇布冠各一匴」，則冠弁各用匴盛之，不在篋矣，詳下。敖氏云：「經言纚於缺項、二笄之間，以見三加同一纚也。」案：下再加之時，云「正

❶「滕」，原作「縢」，今據《續清經解》本改。

纚如初」，則不易纚矣。缺項、纓、纚、笄、紘同篋貯之者，待冠時隨各冠取用也。○注「結項中」，賈疏無「中」字。「屬猶著」，「著」下，《通典》有「也」字。「今之幘梁也」，《集釋》無「也」字。今俱從嚴本。「足以韜髮」，韜，《釋文》作「叏」。《識誤》云：「《士昏禮》注之『縚髮』，《釋文》亦云『本又作叏』，不爲『叏』則爲『縚』。今之爲韜，未知孰據。」《校勘記》云：「案：《説文》：『韜，劍衣也。弢，弓衣也。』二字音義相近，故古多通用。如《六韜》一作《六弢》是也。叏本訓滑，因弢而轉爲叏，從省也。縚則韜之俗字。」今案：《集釋》作「韜」，與嚴本同，不誤。「謂此上凡六物」，嚴本、徐本、《通典》、《集釋》俱如是，《通解》、《要義》、毛本「此」下俱有「以」字。《釋文》摘「以上」二字爲音，張氏《識誤》遂改「此」爲「以」，豈「此」、「以」二字不宜竝存歟？黄氏謂嚴本不誤，今從之。

云「缺讀如『有頍者弁』之頍」者，段氏云：「《毛詩》『有頍者弁』，傳云：『頍，弁貌。』鄭注《禮》時未箋《毛詩》，云『著頍圍髮際』，云『頍象生於卷幘』，則頍是一物，非爲弁貌。蓋注《禮》多用三家《詩》，三家《詩》或釋頍爲𩓨也。」云「緇布冠無笄者，著頍圍髮際，結項中，隅爲四綴，以固冠也」者，皮弁、爵弁有笄，而緇布冠無笄，故於冠武下别制頍，圍髮際，結於項中，謂之缺項。缺與頍同，其上四隅綴於武，以固冠也。缺項唯緇布冠有之，玄冠則不用，而纓屬於武矣。是以《内則》不言缺項，然則缺項自别爲一物。若如後儒解項爲冠項，讀缺爲如字，謂當冠項之處有不合者，故名缺項，則缺項即指冠言之，下屬於缺者，即屬於冠，何以冠在匴而纓在篋乎？其説必不然矣。云「項中有緺，亦由固頍爲之耳」者，此申上「結項中」之義也。緺即結也，項中有結，亦以固頍耳。云「今未冠笄者著卷幘，頍象之所生也」者，是舉漢法爲況。《廣雅》：「纗、帓，幘也。」纗與卷同。《釋名》云：「幘，賾也，下齊眉賾然也。」《急就篇》注云：「幘常在冠下，或單著之。」《獨斷》

云：「幘者，古之卑賤執事不冠者之所服也。」《續漢書・輿服志》云：「未入學小童幘句卷屋者，示尚幼小也。」王石臞先生諱念孫。《廣雅疏證》云：「卷與頍，一聲之轉也。」胡氏承珙云：「《輿服志》云『古者有冠無幘，其戴也加首有頍，所以安物』，此亦以頍爲固冠之物名也。」云「滕、薛名蔮爲頍」者，劉氏台拱《端臨遺書》云：「案：簂，各本誤作『蔮』，《釋文》亦誤。《釋名》云：『簂，恢也，恢廓覆髮上也。魯人曰頍。頍，傾也，著之傾近前也。齊人曰㡇，飾形貌也。』字從竹，亦從巾作『幗』。滕、薛在漢爲魯之南境，劉熙以頍爲魯語，與鄭合。」段氏又云：「今本簂從艸作蔮，誤。《廣韻》十八隊：『簂，筐也，亦作槶。』然則簂，即《説文》『槶』字。《廣韻》別出『蔮』字，引《儀禮》此注作『蔮』，由《禮》注轉寫誤耳。鄭知『缺』訓簂者，以經云『青組纓屬于缺』知之。」近敖繼公、江慎修、戴東原氏讀『缺項』如字。」今案：敖説雖與鄭殊，然謂「別以緇布一條圍冠而後不合」，則猶以缺項爲固冠之物也。自萬氏斯大謂冠後兩開不相屬爲缺項，吴氏廷華、蔡氏德晉、盛氏世佐因之，皆以缺項即冠後，非別有一物，説愈紛而義愈遠矣。沈氏彤亦辨萬説之誤，當以鄭注爲正。「屬猶著」者，謂屬與著同，以物相連附之名。經云「青組纓屬于缺」者，謂以青色之組二條爲纓，著于缺項之兩旁，冠時垂於頤下結之也。云「纚，今之幘梁也」者，亦舉漢法爲況。《開元禮義鑑》云：「古者以黑繒爲纚，先韜髮而後加冠幘卷梁。」故鄭引漢法申之。《漢書注》「纚，織絲爲之」，然則緇纚即以緇色繒爲纚也。纚所以韜髮，江氏永云：「纚，即《内則》之『縰』。❶古人不露髮，必韜而結之，繞爲髻，乃著冠。」云「終，充也」者，古布

---

❶「縰」，原作「縱」，今據《續清經解》本改。

帛每幅闊二尺二寸。「廣終幅」者，謂充其幅之闊以爲廣，而長則六尺也。云「足以韜髮而結之矣」者，謂纚之廣長足以韜髮而結之。《内則》疏引盧氏云「纚所以裹髻承冠，以全幅疊而用之」是也。云「笄，今之簪」者，《釋名》云「笄，係也，所以係冠使不墜也」，《文選·招隱詩》注「簪，笄也，所以持冠也」，又謝靈運詩注：「簪，以玉爲笄也。古曰笄，今曰簪。」是也。天子、諸侯以玉爲笄，大夫以下蓋用象爲之。喪事則用櫛笄、榛笄，詳《喪服·記》。云「有笄者，屈組爲紘，垂爲飾。無笄者，纓而結其絛」者，案：有笄者，爲皮弁、爵弁也。二弁有笄，加冠後以笄横貫之以固冠。用組爲紘，以一條繫於笄左頭，繞頤下自右屈向上，仰屬於笄，繫之有餘，因垂爲飾。故《雜記》注「冠有笄者爲紘」也。無笄者，即緇布冠也。纓，《説文》云：「冠系也。」餘詳上。云「纁邊，組側赤也」者，纁是淺赤色，謂組以緇爲中，以纁爲邊而織之，故云「組側赤也」。云「同篋，謂此上凡六物」者，缺項，青組纓屬于缺，共爲一物。緇纚爲二物，皮弁笄爲三物，爵弁笄爲四物。緇組紘纁邊，皮弁、爵弁各一，則爲二物。是六物也。云「隋方曰篋」者，篋與匧同。《説文》：「匧，藏也。匧或從竹作篋。」《史記正義》：「篋，箱類也。」云「隋方」者，蓋長方而不正方，故《釋文》云「狹而長」也。**櫛實于簞。**簞，笥也。【疏】正義曰：櫛所以理髮。《内則》釋文云：「櫛，梳也。」《説文》：「櫛，梳比之總名也。」段氏注云：「疏者爲梳，密者爲比。」《玉藻》曰：「櫛用樿櫛，髮晞用象櫛。」據孔疏以樿爲白理木，象爲象牙，是櫛有二，此蓋用象櫛與？　注云「簞，笥也」者，簞、笥皆竹器。鄭注《曲禮》及《論語》俱云「圓曰簞，方曰笥」，此乃訓簞爲笥者，亦對文異，散則通也。「實于簞」者，謂以簞盛櫛也。**蒲筵二，在南。**筵，席也。【疏】正義曰：「蒲筵二」者，此筵以蒲葦爲之。二者，賈疏云：「一爲冠子，即下云『筵于東序，少北』是也。一爲醴子，即下云『筵于户西，南面』是也。」「在南」者，程氏恂云：「通指上篋在服南，次簞，次筵，筵最南也。」　注云「筵，席也」者，謂筵即席也。鄭注《周禮·序官·司几筵》云：「鋪陳曰筵，藉之曰席。」蓋初鋪在地一重爲筵，其上重即謂之席，義取相承藉也。又布席亦謂之筵，詳下文「筵於東序」下。《釋名》：「筵，衍也。舒而平之，衍衍然也。」**側尊一甒醴，在服北。有篚實勺、觶、角柶，脯醢，南上。**側猶特也，無偶曰側。置酒曰尊。側者，無玄酒。服北者，纁裳北也。篚，竹器如笭者。勺，尊斗，所以斞酒也。爵三升曰觶。柶狀如匕，以角爲之者，欲滑也。南上者，篚次尊，籩豆次篚。古文「甒」作「廡」。【疏】正義曰：注「勺尊升」，嚴本及各本皆作「升」。金氏曰追《儀禮正譌》云：「賈疏謂『此尊料斞酒者也』，是注升本作斗。後魏以來，字多别體，升、斗字幾不辨，故致誤如此。」黄氏丕烈《儀禮校録》云：「沈氏彤校正作斗。」今從之。又「所以斞酒也」，《集釋》、單疏、《要義》、毛本俱作「斞」，嚴本作剩。黄氏云：「剩，蓋『斞』之壞字。」　云「側猶特也，無偶曰側」者，側與特皆訓獨，故云「無偶」也。張氏惠言云：「賈謂禮之大例，❶稱側有二：一者無偶特一爲側，此側尊、《昏禮》側載、《聘禮》側襲之類；一者《聘禮》云『側受几』者，側是旁側之義也。案：《聘禮》禮賓，公側受几于序端。注不言側義，其文與『側授宰玉』正同，亦是無偶之義，非旁側也。凡《儀禮》一經，側字皆作特訓。」今案：側亦訓旁，見《廣雅·釋言》。側亦訓邊，見《史記索隱》。《玉藻》「大夫側尊用棜，士側尊用禁」，鄭無注，孔疏亦以旁解之。然此經之側，當依張説爲是。又云「側者，無玄酒」者，古人設尊多用兩，其一係玄酒，

---

❶「大」，《讀儀禮記》同，段校據《儀禮·士冠禮》賈疏改作「通」。

即明水，示不忘古，《玉藻》曰「凡尊必上玄酒」是也。此則無玄酒，但用一尊，故云「側」。云「置酒曰尊」者，置酒謂之尊，猶布席謂之筵，皆是陳設之名，非謂酒器。側尊一甒醴，猶言特設一甒醴耳。甒是盛醴器名，《方言》：「甒，甖也。周魏之間謂之甒。」鄭注《既夕》云：「甒，瓦器。」《禮記·禮器》曰「君尊瓦甒」，孔疏云：「此瓦甒即《燕禮》之『公尊瓦大』也。」詳《燕禮》。《禮經釋例》云：「凡醴尊皆設于房中，側尊，無玄酒。案：《士冠禮》：『陳服于房中西墉下。』又云：『側尊一甒醴，在服北。』是設於房中也。《士昏禮》亦云：『側尊甒醴于房中。』是醴尊皆在房中也。醴事質而禮盛，故特尊，無玄酒也。亦有不尊於房中者，《聘禮·記》：『醴尊于東箱，瓦大一，有豐。』是《聘禮》主君禮賓，醴尊則在東箱也。亦有不側尊者，《士虞禮》：『尊于室中北墉下，當户，兩甒醴酒。』此是反吉，以醴代玄酒，故醴酒竝設，不側尊，不於房中，非醴尊正例也。敖氏云：『醴尊設於房，臣禮也，國君則於東箱。』蓋據《聘禮·記》言之。」云「服北，纁裳北也」者，此上陳三服，先陳爵弁服，而纁裳最在北，故知在服北爲在纁裳北也。云「篚，竹器如笭者」，案：《三禮圖》引舊圖云：「篚以竹爲之，長三尺，廣一尺，深六寸，足高三寸，如今小車笭。」今案：《説文》「篚」只作「匪」，而「篚」則訓爲車笭。段氏注云：「《釋器》曰：『竹前謂之禦，後謂之蔽。』竹前竹後，許所謂車笭也。❶笭之言櫺也，言其呤曨也。」然則篚蓋竹器之疏櫺而不密者，故鄭云「如笭也」。許書專以篚爲車笭字，而筐匪之匪不從竹，後世篚匪字多

❶「笭」，原作「苓」，今據《續清經解》本改。

用篚，❶故段氏云：「匪、篚古今字。」又云：「《漢書》作『棐』，應劭曰：『棐，竹器也。方曰箱，❷隋曰棐。』隋者，方而長也。」又案：《三禮圖》謂篚有蓋，以《儀禮》諸篇考之，似未確。此經云：「實勺、觶、角柶。」《少牢》云：「勺、爵、觚、觶實於篚。」又《鄉飲酒》有上篚、下篚，皆以盛爵。又《燕禮》、《大射》君臣異篚，其單言篚者，臣篚也；言膳篚者，君篚也。注云：「言膳篚者，君象觚所饌也。」堂下之篚常設於洗西，堂上之篚設於尊南。此篚設於房中，則在尊北。篚近洗者，便於取爵以洗，近尊者，便於取爵以酌，凡皆盛酒器之篚也。又《士虞禮》有盛食之篚，又有盛玉幣之篚，《孟子》所謂「實玄黄於篚」是也。云「勺，尊斗，所以斞酒也」者，斗與枓同，賈疏云：「案：《少牢》罍水有枓，與此勺爲一物，故云尊斗。對彼是罍枓，所以斞水，則此爲尊斗，所以斞酒也。」今案：《詩·賓之初筵》「賓載手仇」，鄭箋「仇讀曰斞」。斞者，挹酒於尊之名。詳《少牢》「司宫概豆籩勺爵觚觶」下。云「爵三升曰觶」者，爵是飲器之大名，對文爵與觚、觶、角、散有異，散文亦得通稱爵，故注主爵言之。三升曰觶，❸詳《特牲·記》。云「柶狀如匕，以角爲之者，欲滑也」者，鄭司農注《周禮·玉府》云：「角柶，角匕也。」《説文·匕部》云「匕，一名柶」，《木部》柶下云「《禮》有柶。柶，匕也」，《廣雅》「柶，匙匕也」，是柶亦名匕。鄭不直云匕，而云如匕者，蓋見十七篇中扱醴、扱鉶用柶，而匕飯、匕牲體用匕，二者自當有異。下文云「加柶，覆之，面葉」，又云「加柶，面枋」，則柶有葉有枋。注云「葉，柶大端」，張氏爾岐云：「柶

❶ 上「篚」字，據文義似當爲「筐」。
❷ 「箱」，據《漢書·食貨志》應劭注當爲「筐」。
❸ 「升」，原脱，今據《續清經解》本補。

類今茶匙，葉即匙頭。」或云柶之盛物處謂之葉，然則柶頭亦當爲淺斗狀以挹物，其形有似於匕，視匕飯、匕牲體之匕爲小耳。故鄭不直云匕，而云如匕也。段氏《說文注》云：「常用器曰匕，禮器曰柶。」此說似未確。王氏《廣雅疏證》云：「柶有醴柶，有鉶柶。吉事用角柶，喪事用木柶。《士冠禮》角柶，《士喪禮》『東方之饌：其實醴酒，角觶，木柶』，《少牢禮》：『上佐食羞兩鉶，皆用柶。』《三禮圖》引舊圖云：『柶長尺，櫏博三寸，曲柄長六寸，漆赤中及柄端。』」今案：喪禮楔齒用角柶者，以始死時喪具未備，故仍用生人吉時所用之柶也。《三禮圖》又謂「醴柶用角爲之，鉶柶用木爲之」，然《士喪禮》醴柶亦用木，則其説不足據矣。《禮經釋例》云：「凡扱醴、扱羹之器皆曰柶。《士冠禮》賓醴冠者，《士昏禮》女父醴使者、舅姑醴婦，《聘禮》：主國之君醴聘賓，授醴者皆加柶，受醴者皆以柶祭醴三。《士昏禮・記》：『祭禮，❶始扱一祭，又扱再祭。』是扱醴之器謂之柶也。《公食禮》賓祭正饌：『扱上鉶以柶，徧擩之。』注：『扱以柶，扱其鉶菜也。』《士虞・記》：鉶芼有柶。《少牢禮》：尸飯之先，設羊、豕兩鉶，皆有柶，尸扱以柶，祭羊鉶，遂以祭豕鉶，嘗羊鉶。《有司徹》：主婦獻尸，尸坐，以羊鉶之柶挹羊鉶，遂以挹豕鉶。是扱鉶羹之器亦謂之柶也。《士虞》、《特牲》尸入但云『祭鉶』、『嘗鉶』，不云『扱以柶』者，文不具也。醴有糟，鉶羹有菜，故皆以柶扱之。」今案：匕制詳《少牢》「廩人概甑甗匕」下。云「南上者，篚次尊，籩豆次篚」者，籩豆即脯醢也。李氏云：「一籩一豆者，籩實脯而豆實醢。」今案：脯醢，亦詳《少牢》「司宮概豆籩」下。程氏瑤田云：「案：饌於西墉下，服南篋，篋南簞，簞南筵。

❶「禮」，據《儀禮・士昏禮》當作「醴」。

服北尊，尊北篚，篚北籩豆。」云「古文『甒』作『廡』」者，廡是門廡，兩下爲之。段氏云：「古文字少，假借，故以廡爲甒。《説文·瓦部》不録『甒』者，從《禮》古文也。《小戴記》四十九篇多從今文，是以有『甒』無『廡』。如《禮器》『君尊瓦甒』，《喪大記》『士容瓦甒』皆是。」今案：《廣雅》云：「甒，瓶也。」「甒」旁瓦乃後人所加，後人又省作「甒」耳。**爵弁、皮弁、緇布冠各一匴，執以待于西坫南，南面東上。賓升則東面。** 爵弁者，制如冕，黑色，但無繅耳。《周禮》：「王之皮弁，會五采玉璂，象邸，玉笄。諸侯及孤卿大夫之冕、皮弁，各以其等爲之。」則士之皮弁，又無玉象邸飾。緇布冠，今小吏冠其遺象也。匴，竹器名，今之冠箱也。執之者，有司也。坫在堂角。古文「匴」作「纂」，「坫」作「檐」。【疏】正義曰：宋本《釋文》云：「匴，本或作算。」《校勘記》云：「《通典》作『算』，與或本合。今本《釋文》『算』誤作『篹』。」段氏云：「《史記·鄭莊傳》：『餽遺人不過算器食。』徐廣曰：『算，竹器。』疑『算』即『匴』之假借。」注「玉璂」，嚴本「璂」作「琪」，《通解》、楊《圖》同。《周禮·弁師》釋文云：「『璂』，本亦作『琪』。」是二字通。「又無玉象邸飾」，汪氏中云：「『邸』字疑衍。」又「古文匴作纂，坫作檐」，毛本兩「作」字俱作「爲」。徐本上「作」字作「作」，下作「爲」。嚴本、《集釋》俱作「作」。纂，《釋文》、《要義》、毛本俱作「篹」，嚴、徐、《集釋》俱作「纂」。「檐」，嚴本、毛本俱作「襜」，《釋文》作「檐」。張氏《識誤》云：「《廣韻》檐與簷同，垝謂之坫，故或爲檐，今從襜，非也。」《校勘記》云：「《釋文》『檐』，今本亦誤作『襜』。」黄氏《校録》以嚴本作「襜」爲誤，段氏《漢讀考》、胡氏承珙亦皆以「襜」爲誤，今從「檐」。○冠弁是禮之主，重於他服，故執之而不陳。且他服適房自著而已，冠弁必俟賓加之，故執以待事。各一匴，則執之各一人。「西坫南」者，堂廉西頭之南，在堂下也。執匴者，賓未入南面，賓升堂則東面，以向賓也。東上，謂執爵弁匴者在東，皮弁、緇布冠以次而西。東面則以北爲上，不言北上者，省文也。　注云「爵弁者，制如冕，黑色，但無繅耳」者，《周禮·弁師》：❶「掌王之五冕，皆玄冕，朱裏，延，紐，五采繅十有二。」❷鄭注：「繅，合五采絲爲之繩，垂於延，每一帀而貫五采玉，十二斿則十二玉也。」鄭以爵弁之制與冕大同，唯無繅斿爲異。　吴氏《疑義》云：「上注言爵『色赤而微黑，或謂之緅』，下『纁屨』注則以爲與纁同色，此又第以爲黑色者，蓋因《弁師》五冕皆玄，此注既以爲如冕，故以黑言之，不覺自爲矛盾耳。」云「《周禮》王之皮弁，會五采玉璂，象邸，玉笄」者，《弁師》文，鄭注：「會，縫中也。璂，讀如綦。綦，結也。皮弁之縫中，每貫結五采玉十二以爲飾，謂之綦。邸，下柢也，以象骨爲之。」云「諸侯及孤卿大夫之冕、皮弁，各以其等爲之」者，亦《弁師》文，此鄭引以證皮弁之制也。　云「則士之皮弁，又無玉象邸飾」者，鄭蓋據「各以其等爲之」之文推之。《弁師》注又云：「皮弁，則侯伯璂飾七，子男璂飾五，玉亦三采。孤則璂飾四，三命之卿璂飾三，再命之大夫璂飾二，玉亦二采。」故知降殺至士，無玉象飾矣。　云「緇布冠，今小吏冠其遺象也」者，《續漢書·輿服志》云：「進賢冠，古緇布冠也，文儒者之服也。公侯三梁，中二千石以下至博士兩梁，自博士以下小吏私學弟子皆一梁。」❸故鄭云「今小吏冠其遺象」，今謂漢時也。　聶氏云：「緇布冠，始冠之冠也，大夫、士無緌。諸侯始加緇布冠，績緌。自士已上，冠訖則敝去之，不復著也。然庶人猶常著之，故《詩》云『彼都人士，臺笠緇撮』，謂

---

❶「禮」，原作「謂」，今據《儀禮正義正誤》改。

❷「二」下，段校據《周禮·弁師》補「就」字。

❸「下」下，《後漢書·輿服志》有「至」字。「吏」，《後漢書·輿服志》作「史」。

彼都邑人有士行者，以緇布爲冠，撮持其髮。」今案：《詩毛傳》：「緇撮，緇布冠也。」云「匴，竹器名，今之冠箱也」者，《説文》：「匴，淥米籔也。」淥米之籔非可以盛冠，許蓋與鄭異義。《廣韻》：「匴，冠箱也。」《一切經音義》三引《風土記》云：「笈，如冠箱而卑者也。」云「執之者，有司也」者，前注云「有司，羣吏有事者」，故知有司是執事之人，此執匴者即有司也。云「坫在堂角」者，禮坫有四：《爾雅》「垝謂之坫」，郭注「在堂隅」，與此注「坫在堂角」者同。《既夕·記》曰：「設棜於東堂下，南順，齊于坫。」據此，則坫當在東西堂之隅，蓋統一堂而論之，必以東堂盡東、西堂盡西之處爲隅。《儀禮》凡言坫者，皆謂堂隅之坫，一也。《明堂位》曰「反坫出尊」，此反爵之坫，二也。又曰「崇坫康圭」，此亢圭之坫，三也。《内則》曰「士於坫一」，此庋食之坫，四也。反坫、崇坫，皆在廟中兩楹之間。賈氏釋《士喪禮》云「堂隅有坫，以土爲之」，又云「或謂堂隅爲坫」，則其説不能定矣。江氏永云：「堂之四隅即爲坫，非别有土爲之也。反坫以反爵，崇坫以康圭，乃是燒土爲之。」案：《論語》皇疏云：「反坫，築土爲之，形如土堆。」《禮記疏》略同，江説是矣。庋食之坫在寢内，亦當以土若木爲之。云「古文『匴』作『纂』，『坫』作『檐』」者，胡氏承珙云：「《説文·竹部》『籫』字注云：『竹器也，從竹，贊聲，讀若纂。』此當與『簨』同字。」今案：《明堂位》曰：「薦用玉豆雕簨。」鄭注：「簨，籩屬也。」則非盛冠之物矣。又檐者屋檐聯，不在堂角。故鄭於此二字俱從今文，不從古文也。

右冠日陳設

主人玄端爵韠，立于阼階下，直東序，西面。 玄端，士入廟之服也。阼猶酢也，東階所以荅酢賓客也。堂東西牆謂之序。【疏】正義曰：主人言玄端爵韠，不言裳者，以三等士皆用此禮冠子，裳有玄、黄、雜之異，故不言也。必言爵韠者，見其爲玄端也。若緇韠，則不得名玄端，如下兄弟服是也。張氏爾岐云：「主人服此服，立阼階下以待賓至，其立處與堂上東牆相直。」注云「玄端，士入廟之服也」者，案：《特牲》士祭用玄端，故知爲士入廟之服。此冠禮行於廟，故服玄端也。不言冠者，方氏苞云：「篇首朝服用玄冠，則玄端之冠不待言矣。」云「阼猶酢也，東階所以荅酢賓客也」者，《説文》「阼，主階也」段注云「階之在東者」，東階謂之阼階，猶西階之賓階，有主賓相酢之義，故注以酢釋之。云「堂東西牆謂之序」者，《爾雅·釋宫》云：「東西牆謂之序。」鄭加「堂」字於上者，見《儀禮》經内所言東序、西序，乃堂上東西牆之名也。**兄弟畢袗玄，立于洗東，西面，北上。**兄弟，主人親戚也。畢猶盡也。袗，同也。玄者，玄衣、玄裳也，緇帶韠。位在洗東，退於主人。不爵韠者，降於主人也。古文「袗」爲「均」也。【疏】正義曰：王氏《困學紀聞》云：「案：《後漢書·輿服志》：『秦郊祀之服皆以袀玄。』蓋『袀』字誤爲『袗』。《釋文》之忍反，亦誤。」段氏云：「案：經、注『袗』字，皆『袀』字之誤。㐱與勻篆體易譌。《説文·衣部》曰：『袀，玄服也，从衣勻聲。』今本譌爲袗，㐱聲。賴《文選·閒居賦》注可證。」今案：「袗」當爲「袀」，王、段説是也。胡氏承珙説亦同，《九經古義》、《禮經釋例》亦皆以「袗」爲「袀」。注云「兄弟，主人親戚也」者，謂親族婣戚也。古人通謂婚婣爲兄弟，則兄弟兼外婣在内。云「畢猶盡也」者，《爾雅·釋詁》云：「畢，盡也。」云「袀，同也。玄者，玄衣、玄裳也，緇帶韠」，又云「古文『袀』爲『均』也」者，案：《昏禮》「女從者畢袗玄」，「袗」亦當爲「袀」，彼注云：「袀，同也。同玄者，上下皆玄。」段氏云：「注以同釋袀，以同玄釋袀玄者，此據其字之從勻而言。袀、均字皆取勻，會意。不從古文作均者，經言衣服，則字從衣爲切近也。許釋袀爲玄服，而鄭不同者，許蓋禮家舊説也。《春秋左氏傳》云『均服振振』，賈、服、杜等皆爲『袀服』，賈云『袀，同也』。劉逵注《吴都賦》亦引《左氏》『袀服振振』，注『袀，同也』。杜注《左傳》云：『戎事上下同服。』此説『袀』皆同鄭也。服虔注《左傳》云『袀服，黑服也』，見《閒居賦》注。此説『袀』同許也。鄭於此經不釋袀爲玄者，經云『袀玄』，必二字各義。倘袀亦訓玄，則但言玄可矣。《月令》『孟冬乘玄路』，注曰：『今《月令》曰乘袗路，似當爲袀。』則袀可訓玄，鄭未嘗廢其説。惟此《儀禮》之袀字作袀，而義同均，字從今文，義從古文也。」胡氏承珙云：「《左傳》『均服振振』，《釋文》云『均，字書作袀』，《漢書・律曆》《五行》二志引皆作袀。《淮南子・齊俗訓》：『尸祝袀袨。』高誘注云：『袀，純服。袨，黑齊衣也。』是袀本純服之名。純服者，謂衣裳同色，非袀即是玄。此經『畢袀玄』，謂兄弟皆服玄衣玄裳。純玄之服爲袀玄，故鄭訓袀爲同。《周禮・司几筵》疏引賈逵《左傳注》，訓袀爲同。《吕覽・悔過》篇『今袀服回建』，高誘注亦云『袀，同也』，皆與鄭合。」今案：袗訓禪，不訓同。經文若作「袗」，則注義不可通矣，故知爲「袀」之誤也。鄭兼言緇帶韠者，緇與玄近，不獨衣裳玄，而帶韠亦玄，以見上下皆玄之爲同玄，義與《昏禮》注正同也。云「位在洗東，退於主人」者，主人立於堂下，直東序，兄弟立於洗東，直東榮，而皆西面，是退在主人後也。云「不爵韠者，降於主人也」者，上文主人玄端爵韠，今兄弟不爵韠而緇韠，是降於主人也。《禮經釋例》云：「玄端用爵韠，若緇韠則謂之袀玄，其服又次於玄端矣。」程氏恂云：「經特起袀玄之文，爲不爵韠言之，猶《昏禮》『女從者畢袀玄』，爲不纚笄言之也。」○方氏苞云：「《玉藻》『無君者不貳采』，謂未仕及去位者，衣裳上下同色也。此兄弟蓋未仕者，袗玄，即所謂不貳采也。衆皆袗玄，即間有已仕者，亦降服以從同，故曰畢也。敖氏謂盡服玄端，則經文宜曰『畢玄端』。此經於主人擯者之中特揭『袗玄』，而《昏禮》於從者曰『畢玄端』，於女從者曰『畢袗玄』，則異制明矣。」今案：敖氏之説，沈氏彤、褚氏寅亮亦皆駁之，是也。至「不貳采」之義，周氏學健及沈氏説俱與方同，可備一解，惟皆不知袗爲袀之誤耳。**擯者玄端，負東塾。**東塾，門内東堂。負之北面。【疏】正義曰：擯者，即前「爲期」節注所云「有司佐禮者」是也。與主人同玄端，不必同裳，故略之，下贊者玄端亦然。注云「東塾，門内東堂」者，詳前「具饌于西塾」下。敖氏謂塾之崇過於堂，褚氏駁之云：「塾基必稍高於門，故有門堂之稱。然必卑於正堂，斷無反崇於堂之理。」又云：「東塾、西塾，遥與東西堂不相直，其廣也與東西房等，廣於東西堂四之一。」云「負之北面」者，以向主人也。負，背立也。詳《覲禮》「天子衮冕負斧依」下。**將冠者采衣，紒，在房中，南面。**采衣，未冠者所服。《玉藻》曰：「童子之節也，緇布衣，錦緣，錦紳并紐，錦束髮，皆朱錦也。」紒，結髮。古文「紒」爲「結」。【疏】正義曰：在房中，亦謂在房内耳，非謂在房東西之中也。南面，則固當户而立矣。然據《特牲》鄭注云「東房，房中之東，當夾北」，則房户不正當房南壁之中。孔氏廣森《禮學卮言》謂「東房户必近西，西房户必近東，乃可以達於堂，而東房内之東，西房内之西，則皆正當夾室牆後」，是也。然則在房中南面者，謂在所陳器服之東，南面而立也。○注「童子之節也」，「節」，毛本作「飾」，嚴、徐、《集釋》、楊、敖俱作「節」。《校勘記》云：「案：作『節』與《玉藻》合。」云「采衣，未冠者所服」者，言采衣爲童子未冠者之常服，故將冠時服此以待也。云「《玉藻》曰：童子之節也，緇布衣，錦緣，錦紳并紐，錦束髮，皆朱錦也」者，彼注亦引此經爲證，孔疏釋節爲禮節，又云：「緇布衣者，謂用緇布爲衣。錦緣、錦紳并紐者，謂用錦爲緇布衣之緣，又用錦爲紳帶，并約帶之紐，皆用錦也。錦束髮者，以錦爲總而束髮也。皆朱錦者，言童子所用之錦皆朱色。童子尚華，示將成人有文德。」云「紒，結髮」者，謂結髮爲之。盧氏植云：「童子紒似刀環。」敖氏云：「紒，露髮爲紒也。凶時謂之髽，吉時謂之紒。《内則》言男子未冠者亦用纚，此乃紒者，爲將冠去之。」又云：「《曲禮》曰：『童子不衣裘裳。』不裳，則是連裳於衣，如深衣制也。」云「古文『紒』爲『結』」者，段氏云：「案：《説文・糸部》有『結』無『紒』，此從古文，不從今文也，是以《説文・髟部》：『𩮜，臥結也。髽，喪結也。𩬤，簪結也。』字皆作『結』。『紒』、『結』古今字，皆即後世『髻』字。鄭君從今文，是以《少牢禮》注、《周禮・追師》《弁師》注、《禮記・雜記》注，皆作『紒』，與《説文》異。」

右主人以下即位

賓如主人服，贊者玄端從之，立于外門之外。外門，大門外。【疏】正義曰：賓如主人服，尊卑同也。贊者玄端，義詳前「擯者玄端」下。從，隨也。從之，謂從賓而至於主人門外也。吴氏《章句》云：「凡言贊者，皆謂賓贊冠者。」王氏士讓云：「是時衆賓亦從之，西方東面北上。主人之贊者先時已入，不隨賓入也。」○注末「外」字，嚴本、《集釋》、《通解》、楊氏、毛本俱有，敖氏無。今案：經云「立于外門之外」，則門外義已明，注特釋「外門」二字耳，敖是也。今仍嚴本，而附辨於此。云「外門，大門外」者，《曲禮》孔疏云：「天子五門，諸侯三門，大夫、士二門。」所謂二門者，大門、寢門也，是大門對寢門爲外門矣。此冠禮行於廟，則對廟門爲外門，故云「外門，大門」也。**擯者告。**告者，出請入告。【疏】正義曰：注云「出請入告」者，謂出請事於賓，入告主人也。褚氏云：「敖謂此賓乃主人戒宿而來，故不出請事，蓋破注出請之言。」今案：經言「擯者告」，省文耳，其實亦當出請，敖説非。**主人迎，出門左，西面再拜。賓荅拜。**左，東也。出以東爲左，入以東爲右。【疏】正義曰：此門即大門也。《禮經釋例》云：「凡迎賓，主人敵者於大門外，主人尊者於大門内。案：禮之通例，大綱則迎於大門内外，細目則迎於廟門内外。此例以大門爲主，而以廟門附注之。《士冠禮》：『賓立于外門之外，注：「外門，大門。」主人迎，出門左。』《士相見禮》：『主人出迎于門外。』此門亦大門。此賓、主人皆士。《聘禮》：『君使卿朝服，用束帛勞，賓迎于舍門之外。』此即所舍之大門外。又：『卿致館，賓迎，再拜。』此即所館之大門外。又：『君使卿歸饔餼，賓迎於外門外。』儐使者，賓出迎，則迎于廟門外。又：『賓問卿，迎于外門外。』又：『君使卿還玉，賓迎于外門外。』還璋報享，賓迎，則皆於廟門外。考《聘禮》：『君與卿圖事，遂命使者。』是聘賓卿也。此賓、主人皆卿。《公食大夫禮》：『大夫相食，迎賓於門外。』此大夫兼卿而言。此賓、主人皆大夫。《覲禮》：『王使人勞，侯氏迎于帷門之外。』又：天子賜侯氏以車服，迎于外門外。考郊勞使大行人，見鄭注。賜車服使諸公。王臣與侯氏，皆天子臣也，皆賓、主人相敵者，故皆迎於大門外也。《聘禮》：『賓皮弁聘，公皮弁，迎賓于大門内。』注：『公不出大門，降於待其君也。』禮賓，公出迎賓，敖氏繼公曰「出廟門也」。《公食禮》：『賓朝服，即位于大門外，如聘。公如賓服，迎賓于大門内。』注：『不出大門，降於國君。』又：《燕禮・記》：『若與四方之賓燕，則公迎之于大門内。』注：『四方之賓，謂來聘者也。』考公則主國之君，賓則異國之臣，皆主人尊者，故迎於大門内也。《聘禮》執圭、行享、私覿，賓皆入廟門，公皆在廟門内，惟禮賓公出廟門迎。又《士昏禮》納采：『使者至，主人迎于門外。』注：『門外，大門外。』禮賓，經云「主人迎賓于廟門外」。

此使者，注謂『夫家之屬，若羣吏使往來者』。又：親迎，壻至于門外。注：『婦家大門之外。』又云：『主人玄端迎于門外。』此主人，注謂『女父也』。此主人尊者而迎于大門外，以賓客接之，故盛其禮也。《鄉飲酒禮》：『主人一相迎于門外。』《鄉飲酒義》云：『主人拜迎賓於庠門之外。』此經云『一相迎』者，疏謂『主人於羣吏中立一相，使傳賓主之命，主人乃自出迎賓於大門外也』。《鄉射禮》：『賓及門，主人一相迎于門外。』與《鄉飲酒禮》同。考《鄉飲酒》主人，諸侯之鄉大夫也，《鄉射》主人，州長及鄉大夫也，而賓皆處士，賓主不敵，而迎於大門外者，尊賢，故具賓主正禮也。《鄉飲酒禮》：『賓若有遵者，主人迎。』注：『主人迎之於門内也。』《鄉射禮》：『大夫若有遵者，則入門左。主人降。』注：『迎大夫於門内也。不出門，別於賓。』此遵者是諸公大夫，賓、主人相敵，而迎之於門内者，辟正賓也。又《士昏・記》：『不親迎，壻見，主人出門左，西面；壻入門，東面。』注：『出門，出内門。入門，入大門。出内門不出大門者，異於賓客也。』此又殺於親迎，成主人之尊也。」敖氏云：「荅拜不言再，可知也。」　注云「左，東也。出以東爲左，入以東爲右」者，李氏《儀禮釋宮》云：「《特牲饋食禮》注曰：『凡鄉内以入爲左右，鄉外以出爲左右。』以入爲左右，則門西爲左，門東爲右。《鄉飲酒禮》『賓入門左』、《燕禮》『卿大夫皆入門右』是也。以出爲左右，則門東爲左，門西爲右。《士冠禮》『主人迎賓，出門左，西面』、《士虞禮》『側亨于廟門外之右』是也。❶ 闑東曰闑右，亦自入者言之也。」❷案：《特牲》注與此注義正同。《禮經釋例》云：「《士相見》疏云：『凡門，出則以西爲右，以東爲左，入則以東爲

❶ 「外」，原脱，今據《儀禮釋宫》補。
❷ 「自」，原脱，今據《儀禮釋宫》補。

右，以西爲左，依賓西主東之位也。』蓋主人就東階，客就西階。主人之位常在東，故入門右即東也。賓之位常在西，故入門左即西也。《士虞·記》：『餞尸，尸出門右。』即出門西也。考門制，二扉之間有一闑，入門左者由闑西，入門右者由闑東也。」今案：以上皆泛言賓客出入之法。若臣之見君，則出入皆由闑東，《曲禮》所謂「大夫、士出入君門由闑右」是也。詳後。**主人揖贊者，與賓揖，先入。**贊者賤，揖之而已。又與賓揖，先入道之。贊者隨賓。【疏】正義曰：注云「贊者賤，揖之而已」者，對上主人迎賓再拜，於贊者揖而不拜，是賤於賓也。云「又與賓揖，先入道之」者，前拜賓訖，今又揖賓，是爲將先入道之也。云「贊者隨賓」者，以後更不見與贊者行禮之文，故知隨賓入也。經但言主人先入，不言賓入，又不言入門左右者，省文。《禮經釋例》云：「凡入門，賓入自左，主人入自右，皆主人先入。案：《士相見禮》：『賓奉摯，入門左。』《鄉飲酒禮》：『賓厭介，入門左，介厭衆賓入，衆賓皆入門左。』《鄉射禮》：『賓厭衆賓，衆賓皆入門左。』又：『大夫若有遵者，則入門左。』《聘禮》：賓入門左，此大門也。及廟門，納賓，賓入門左，介皆入門左；又：行享，賓入門左。此皆廟門。《公食大夫禮》：『大夫納賓，賓入門左。』此大門也。卒食，賓入門左。此廟門。是入門賓皆入自左也。又《士相見禮》：『主人揖，入門右。』《有司徹》：『主人揖，先入門右。』敖氏繼公曰：『凡主人與客揖而先入，皆入門右也。』是入門主人皆入自右也。至於《士冠禮》：迎賓，主人與賓揖，先入。注：「先入道之。」《士昏禮》：納采，主人迎賓，揖入；大門、廟門同。親迎，主人揖入，賓執鴈從。《鄉飲酒禮》：賓至，主人揖，先入。《鄉射禮》：賓至，主人以賓揖，先入。《聘禮》：郊勞，賓揖，先入，此時勞者爲賓，賓爲主人。勞者奉幣入；聘，公揖入；禮賓，公出，迎賓以入；歸饔餼，賓迎于外門外，揖入；及廟門，賓揖入，此亦賓爲主人，還玉同。大夫奉束帛入；問卿，大夫迎于外門外，大夫先入，及廟門，大夫揖入，賓奉束帛入；還玉，賓帥大夫以入。《公食大夫禮》：『及廟門，公揖入，賓入。』經不云左右者，文不具也。其實皆賓入門左，主人入門右也。又凡入門，經皆書主人在先，賓在後，是知皆主人先入也。經或云先入，或但云入，亦文不具也。《曲禮》曰：『凡與客入者，每門讓於客。客至於寢門，則主人請入爲席，然後出迎客。客固辭，主人肅客而入。主人入門而右，客入門而左。』即此例矣。」**每曲揖。**周左宗廟，入外門，將東曲，揖；直廟，將北曲，又揖。【疏】正義曰：注云「周左宗廟」者，《周禮・小宗伯》文。鄭言此者，以見廟在寢東，入大門必曲行，乃得至廟也。云「入外門，將東曲，揖；直廟，將北曲，又揖」者，曲，折也。蔡氏德晋云：「凡廟在大門内之東，入大門折而東行爲一曲，望廟門折而北行爲二曲。」故入外門，將東曲，主人與賓揖；直廟，將北曲，主人與賓又揖。是爲每曲揖也。《聘禮》行聘時，賓入大門，公揖入，每門每曲揖。又賓問卿，大夫先入，每門每曲揖。諸侯三門，廟在中門内，固有每門矣。大夫與士同二門，彼言每門，此不言每門者，大夫三廟，廟門外當更有都宫之門。士無之，故不言每門也。餘詳《聘禮》。**至于廟門，揖入。三揖，至于階，三讓。**入門，將右曲，揖；將北曲，揖；當碑，揖。【疏】正義曰：「至于廟門，揖入」，此廟門外之揖也。「三揖，至于階」，此廟門内之揖也。《禮經釋例》云：「冠于禰廟。案：此云『至于廟門，揖入』，上云『厥明夕，爲期于廟門之外』，下云『賓出，主人送于廟門外』，皆不云何廟。惟『筮于廟門』，注：『廟謂禰廟。』則經所云廟者，皆指禰廟而言，是冠禮行于禰廟也。」敖氏云：「揖入，主人揖而先入門右，西面也。賓入門左，贊者、衆賓皆入門左，東面北上。」注云「入門，將右曲，揖；將北曲，揖；當碑，揖」者，《禮經釋例》云：「凡入門，將右曲，揖；北面曲，揖；當碑，揖，謂之三揖。案：《士冠禮》：『至于廟門，揖入，三揖。』注：『入門，將右曲，揖；將北曲，揖；當碑，揖。』《士昏禮》：納采，使者至于廟門，❶揖入，三揖。注：『入三揖者，至內霤將曲，揖。既曲北面，揖。當碑，揖。』《鄉飲酒禮》：『主人與賓三揖。』注：『三揖者，將進揖，即入門，將右曲，揖。當陳揖，即將北曲，揖。陳，堂塗也。陳與門不相直，故入門必再曲，然後當陳也。當碑揖。』《士冠禮》疏云：『主人將右，欲背客，宜揖。將北曲，與客相見，又揖。碑是庭中大節，碑在堂下，三分庭，一在北。又宜揖。是知三揖據此而言也。』《昏禮》及《聘禮》、《鄉飲酒》，入三揖，注雖不同，皆據此三節爲三揖，義不異也。案：《聘》三揖小異，詳下。又《士昏禮》：親迎，至于廟門，揖入，三揖。《鄉射禮》：『主人以賓三揖，皆行。』皆無注，亦此三揖也。又《聘禮》『三揖』，注：『君與賓也，入門將曲，揖；既曲北面，又揖；當碑，揖。』據上文『及廟門，公揖入，立于中庭』，與《鄉飲酒》、《鄉射》賓主相敵竝入者不同。此節疏文，刊本錯誤不可讀。詳其意，蓋謂入門將曲揖者，公先在庭南，賓既入門將曲，揖主君。賓既曲北面，又揖主君。二者主君皆向賓揖之，再揖訖，主君亦東面向堂塗，曲而北行，當碑，乃得賓主相向而揖。是以得君行一、臣行二，非謂賓入門時主君更向內霤相近而揖也。《公食大夫禮》：『及廟門，公揖入。賓入，三揖。』注：『每曲揖，謂右曲揖，北曲揖。當碑揖，相人偶。』亦是公先揖入，賓後入，主尊賓卑，與《聘禮》立于中庭小異。又《聘禮》：主君使卿歸聘賓饔餼之禮，及廟門，此廟門謂聘賓所舍之廟也。賓揖入，大夫奉束帛入，三揖，皆行。此賓主相敵，而聘賓先入者，注以爲：『賓與使者揖而入，使者止執幣，賓俟之於門內，謙

---

❶「至于」，原作「至至」，今據《禮經釋例》改。

也。」疏云：『聘時主君揖入，立于庭，尊卑法。此賓與使者敵，故賓在門内，謙也。』又：聘賓問卿，卿受于祖廟，賓主相敵，及廟門，亦大夫先揖入，然後賓奉束帛入，三揖，皆行。竊謂主人先入，道賓也，凡禮皆然，似不必別求其義也。」《釋例》又云：「案：堂塗與門不相直，而與階相直。故主人入門，至内霤，將右曲就堂塗，則賓主必相背，故揖。既至堂塗，俱曲而北面，則賓主又相見，故再揖。當碑，則將及階矣，故三揖。非此固無緣相揖也。敖氏曰：『三揖者，於入門左右之位，揖；參分庭，一在南，揖；參分庭，一在北，揖。』與注乖違，不可從也。」今案：程氏恂、褚氏寅亮亦皆以敖說爲非。又經云「至于階，三讓」，鄭無注。《禮經釋例》云：「凡升階皆讓，賓主敵者俱升，不敵者不俱升。案：《聘禮》：歸饔餼，至于階，讓。注：『讓不言三，不成三也。凡升者，主人讓于客三。敵者，則客三辭，主人乃許升，亦道賓之義也。使者尊，主人三讓，則許升矣。今使者三讓，則是主人四讓也。公雖尊，亦三讓乃許升，不可以不下主人也。古文曰三讓。』疏云：『三讓三辭，成也。今有三讓，大夫即升，無三辭，則不成三也。』又云：『案：《周禮·司儀》云：諸公之臣相爲國客，大夫郊勞，三讓，登聽命。又云：致饔餼如勞之禮。即得行三讓之禮。此中古文云三讓，與彼合，問卿節注亦云：「古文曰三讓。」鄭不從古文也。』是凡升階皆讓也。《士冠禮》：『至于階，三讓。主人升，立于序端，西面。賓西序，東面。』注：『主人、賓俱升，立相鄉。』《士昏禮》納采：『至于階，三讓。主人以賓升，西面。賓升西階，當阿，東面。』疏云：『禮之通例，賓主敵者，賓主俱升，若《士冠》與此文是也。』是賓主敵者俱升也。又壻親迎：『至于階，三讓。主人升，西面。賓升，北面。』不相鄉，亦尊卑法。《鄉飲酒禮》：『至于階，三讓。主人升，賓升。』主人，大夫。賓，士。此賓主不敵，而亦俱升者，盛其禮尊賓，使與敵者同也。《鄉射禮》：『及階，三讓。主人升一等，賓升。』注：『三讓而主人先升者，是主人先讓於賓。不俱升者，賓客之道，進宜難也。』《聘禮》：『至于階，三讓。公升二等，賓升。』注：『先賓升二等，亦欲君行一，臣行二。』《公食大夫禮》：『至于階，三讓。公升二等，賓升。』注：『遠下人君。』《覲禮》郊勞：『至于階，使者不讓，先升。』注：『不讓先升，奉王命，尊也。升者，升壇。』疏云「以帷宫無堂可升」。是賓主不敵者不俱升也。《聘禮》歸饔餼：『至于階，讓。大夫先升一等，賓從，升堂。』大夫，即歸饔餼使者也。又聘賓儐歸饔餼使者：『賓升一等，大夫從，升堂。』注：『賓先升，敵也。』賓謂聘賓。此時聘賓爲主人。蓋歸饔餼時，大夫奉主君之命來，則使者尊，故大夫先升。已致命訖，則賓尊，故聘賓先升也。又聘賓問卿之禮：『至于階，讓。賓升一等，大夫從，升堂。』大夫，主國之卿也。注：『賓先升，使者尊。』此皆賓主敵，而不俱升者，尊其君，故尊使者也。又《士昏禮》疏云：『《鄉飲酒》、《鄉射》皆主尊賓卑，故初至之時，主人升一等，賓乃升，至卒洗之後，亦俱升。』考《鄉飲酒》經文，但云主人升，無一等、二等字，與《鄉射》不同，疏説誤也。」《釋例》又云：「《有司徹》迎尸、侑：『揖，乃讓。主人先升自阼階，尸、侑升自西階。』注：『没霤相揖，至階又讓。』此既祭儐尸之禮，與賓客略相同也。又《曲禮》曰：『主人就東階，客就西階。客若降等，則就主人之階，主人固辭，然後客復就西階。主人與客讓登，主人先登，客從之。』蓋古經師釋禮之辭，亦可與經相證也。」**主人升，立于序端，西面。賓西序，東面。**主人、賓俱升，立相鄉。

【疏】正義曰：序端，序頭。賓不言升，省文。　注云「主人、賓俱升，立相鄉」者，以經云西面、東面知之也。俱升義詳上節。敖氏云：「主人立於序端，北當序也。賓在西序，負序也。主人不立於東序者，辟子之坐，且不參冠禮也。」褚氏云：「賓蓋在西序端也，文省耳。此非昏禮之賓，安得在主人北？敖氏蓋欲破注相鄉之説而誤。」盛氏云：「序端不言東，西序不言端，文互見也。」今案：盛氏「文互見」一語最明。下經云「筵于東序，少北」，注云「少北，辟主人」，則序端之位，安得云辟子乎？敖説非。**贊者盥于洗西，升，立于房中，西面南上。**盥于洗西，由賓階升也。立于房中，近其事也。南上，尊於主人之贊者。古文「盥」皆作「浣」。【疏】正義曰：程氏瑤田云：「汪肇瀧謂經文是『贊者盥升』爲句，無『于洗西』三字，三字乃注譌入經者。案：此説精確，觀賈疏『無正文』句可見，當據疏删正。」浦氏鏜云：「『于洗西』三字衍。賈疏云『贊者盥于洗西無正文』，若經有此三字，便是正文，何云無也？」戴氏震説同。案：唐石經及各本皆有此三字，未敢遽删，然諸家之説自確也。○注云「盥於洗西，由賓階升也」者，朱氏大韶云：「《儀禮詳校》載汪肇瀧説曰：『注本以此二句釋經盥升二字，若謂以由賓階升釋盥於洗西，則方位不相當矣。』段氏《經韻樓集》曰：『賈疏以洗西句絶，甚誤。注盥於洗爲句，西字下屬。贊者是賓黨，不當入門而右。洗在東，故知自西而東，仍自東而西也。注於洗二字，以明贊者之東。』大韶謹案：此句補明經義也。以經但云『盥』，故云『盥于洗西』，經但云『升』，故云『由賓階升』。知於洗西者，以《鄉飲》、《鄉射》皆主人盥于洗北，賓盥于洗南，故知贊者在洗西。阼階惟主人升降，其餘無論賓黨主黨，皆由西階，故知由賓階升。」今案：汪説、朱説是也。洗是承棄水之物，盥是别挹水於罍以沃之，不於洗盥也。若如段説，以於洗爲句，則文義有難安矣。敖氏云：「盥者，重冠禮，故將執事而自潔清也。盥于洗西者，以洗西無篚，故得辟正賓，而盥於此也。」説亦通。云「立于房中，近其事也」者，以纚、笄、櫛等俱陳於房，待冠時贊者取以奠於筵端，故知立於此爲近其事也。云「南上，尊於主人之贊者」，此贊冠者止一人，而云「南上」，明與主人之贊者爲序。主人敬客，故尊之而在主人贊之上也。朱子云：「贊者西面，則負東墉，而在將冠者之東矣。」盛氏云：「此篇起宿賓節，止醴賓節，言贊者十有三，言主人之贊者一，而於始末二節特書曰贊冠者，則凡不言者可知。然其中有兼主贊言者，此節是也。兼，故下言主人之贊者以別之。有兼主贊、衆賓言者，醴賓節是也。兼，故下言贊冠者以別之。」今案：盛説頗有分曉。云「古文『盥』皆作『浣』」者，胡氏承珙云：「案：《説文》：『盥，澡手也。瀚，濯衣垢也。瀚或從完作浣。』是『瀚』、『浣』一字，與『盥』義別。此經之義當爲澡手，則『盥』是正字，故鄭疊古文，不從也。」

右迎賓及贊冠者入

主人之贊者筵于東序，少北，西面。 主人之贊者，其屬中士若下士。筵，布席也。東序，主人位也。適子冠於阼。少北，辟主人。【疏】正義曰：注云「主人之贊者，其屬中士若下士」者，詳前「宿贊冠者一人」下。鄭意以主人之贊者與賓贊者位略同也。敖氏以主人之贊者爲私臣，褚氏云：「注謂其屬中士若下士者，以贊冠者止降賓一等耳，其位亦不甚懸，其非私臣可知。」云「筵，布席也」者，布席謂之筵，猶設尊謂之尊。此筵爲冠子也。云「東序，主人位也。適子冠於阼」者，鄭意以東序爲主人之位，而東序即在阼階之上，故又引《冠義》適子冠於阼，以見著代之義。筵于東序而西面，則其位負東序矣。云「少北，辟主人」者，江氏筠云：「父於東序冠子，而其位少北者，則又是子之義不敢正居主位，猶父在之不由阼耳。」今案：適子冠於阼，此經「筵于東序」是也。庶子則冠於房户之外，詳後庶子冠節。**將冠者出房，南面。** 南面立於房外之西，待賓命。【疏】正義曰：注云「南面立於房外之西」者，李氏云：「《昏禮》『母南面於房外，女出於母左』，知房外南面者，皆於房户外之西，其房外之東，則南當阼階矣。」云「待賓命」者，下文「賓揖將冠者」，即是命也。

贊者奠纚、笄、櫛于筵南端。贊者，賓之贊冠者也。奠，停也。古文「櫛」爲「節」。【疏】正義曰：「筵南端」者，即東序筵之南頭也。冠事已至，故取纚、笄、櫛奠於此，以待用也。不言纓、紘等物，文不具也。纚、笄同篋，櫛實簞，經但言纚、笄、櫛，則是已從篋、簞取出，其篋、簞不在筵端可知也。注云「贊者，賓之贊冠者」，前「宿贊冠者」注云「佐賓爲冠事者」，此「奠纚、笄、櫛」及下「櫛，設纚」，皆是佐冠之事，故云「賓之贊冠者也」。云「奠，停也」者，《考工記·匠人》「凡行奠水」，鄭司農云「奠讀爲停」，是奠有停義。故此及《士昏禮》「坐奠觶」，注皆訓奠爲停也。云「古文『櫛』爲『節』」者，段氏云：「此從今文，不從古文者，亦謂『櫛』爲正字，『節』爲假借字也。『櫛』，《周禮》作『楖』。案：注凡言『皆』者，如上文『古文盥皆作浣』，謂此篇『盥』字三見皆然。不言『皆』者，如此經上文『櫛實于簞』，不言『古文作節』，至此言之，則惟此一字古文作『節』耳。」

賓揖將冠者。將冠者即筵，坐。贊者坐，櫛，設纚。即，就。設，施。【疏】正義曰：是時賓在西序端，將冠者在房外，蓋東北面揖之，使就筵也。將冠者即筵，西面坐，贊者亦坐。櫛者，爲之理髮也。櫛訖，則以纚韜之。朱子云：「古人坐法，以膝著地，兩蹠向後，如今之跪。經凡言坐皆然。」注云「即，就」者，詳前。云「設，施」者，《説文》：「設，施陳也。」

賓降，主人降。賓辭，主人對。主人降，爲賓將盥，不敢安位也。辭對之辭未聞。【疏】正義曰：注云「主人降，爲賓將盥，不敢安位也」者，賓之降，爲將有事，盥以自潔。主人則以賓爲己事而降，不敢安於其位，而從之降也。云「辭對之辭未聞」者，謂辭與對皆有辭，經記無文，故未聞也。注上「辭」字爲辤受之辤，下「辭」字謂辭説之辭，今多混作「辭」，辨見《聘禮·記》。蔡氏德晋云：

「賓辭，辭以主人無事，不必降也。主人對，對以勞賓降盥，不敢不從降也。」○《禮經釋例》云：「凡禮盛者必先盥。案：《士冠禮》：初加，賓盥，卒，壹揖壹讓，升；再加，賓盥如初。《士昏禮》：婦至，舉者盥。又：舅姑入于室，婦盥饋。此冠、昏之盥也。《鄉飲酒》、《鄉射禮》：主人獻賓，盥洗。注：『已盥乃洗爵，致潔敬也。』又云：卒洗升，復降盥。賓酢主人同。又：介酢主人，降洗，卒洗，主人盥。注：『盥者，當爲介酌。』《燕禮》、《大射》：主人獻賓，盥洗，卒洗，升，復降盥。賓酢主人同。又：主人獻公，盥洗，升。此燕飲之盥也。《公食禮》設正饌，公降盥。此食禮之盥也。《士喪禮》：飯含、小斂奠、❶大斂奠、朝夕奠，經皆云盥。凶事無洗，但設盆盥而已。此喪禮之盥也。《士虞禮》：陰厭，祝盥，升。又：佐食及執事盥。《特牲饋食禮》陰厭，主婦盥于房中。又云：宗人遣佐食及執事盥。《少牢饋食禮》：將祭，士盥，舉鼎。又：陰厭，祝盥于洗，❷升自西階；主人盥，升自阼階。《有司徹》：主人獻尸，降洗，卒洗，降盥。此祭禮之盥也。考《士冠禮》：醴冠者，贊者洗于房中。注：『盥而洗爵。』疏云：『凡洗爵者必先盥，盥有不洗爵者。此經直云洗，明盥手乃洗爵，故鄭云盥而洗爵。』則經云洗爵者，皆盥而後洗。不云『盥』者，文不具也。」《釋例》又云：「凡賓、主相敵者，降則皆降。案：《鄉飲酒禮》：主人獻賓，取爵于篚，降洗，賓降。注：『從主人也。』卒洗，升，復降盥，賓亦降。賓酢主人，賓降洗，主人降；卒洗，升，復降盥，如主人禮。主人酬賓，降洗，賓降；升，主人卒觶，復降洗，賓降，

❶「斂」，原作「飲」，今據《續清經解》本改。

❷「祝」，原作「視」，今據《禮經釋例》改。

如獻禮。主人獻介，降洗，介降。介酢主人，降洗，主人復阼階，降辭如初。❶《鄉射》同，唯無介。《燕禮》：主人獻賓，此主人以宰夫爲之。降洗，賓降；卒洗，升，復降盥，賓降。賓酢主人，賓以虚爵降，主人降；卒洗，升，復降盥，主人降。主人酬賓，主人降洗，賓降。《大射》同。《有司徹》：主人獻尸，主人降洗，尸、侑降；卒洗，升，復降盥，尸、侑降。主人受尸酢，尸降洗，主人降自阼階；卒洗，升，復降盥，主人降。主人酬尸，降，洗爵，尸、侑降；卒洗，尸升，侑不升，主人先卒觶，降洗，尸降。《聘禮》：介面卿，介降拜，大夫降辭。此皆賓主相敵者，降則皆降也。《有司徹》：祭畢賓尸之禮，尸如賓，侑如介。則尸、侑皆賓，不似正祭時尸尊，故亦與主人俱降，如《鄉飲酒》也。《鄉飲酒》、《鄉射》：主人獻衆賓，不備升降之禮者，衆賓卑也。《燕禮》、《大射》主人獻公，公不降者，公尊也。《公食大夫禮》：『公降盥，賓降，公辭。』賓主不敵，亦降者，主君尊賓也。《燕禮》、《大射》主人獻卿、獻大夫，皆云『主人洗升』，不云『降』者，蓋卿大夫之位本在堂下，主人酬賓之後亦降復位也。獻士、獻庶子，不備升降之禮者，卑也。《有司徹》主婦獻尸，洗于房中，不降者，婦人之禮變於男子也。《聘禮》：歸饔餼，聘賓儐使者，賓降堂，受老束錦，將以授使者。大夫即使者。止。注：『止不降，使之餘尊也。』」**賓盥，卒，壹揖壹讓，升。主人升，復初位。**揖、讓皆壹者，降於初。古文「壹」皆作「一」。

【疏】正義曰：「賓盥卒」者，盥畢也。初位，即東序端之位。斯時升，亦主人先而賓從之。賓不言復初位者，以賓升即至筵前故也。注云「揖、讓皆壹者，降於初」者，初謂初升堂時三揖三讓然後升，此壹揖壹讓，爲

---

❶「降」，原脱，今據《禮經釋例》補。

降殺於初也。云「古文『壹』皆作『一』」者，胡氏承珙云：「一與壹，古今文皆互用。賈疏雖云一、壹得通，然鄭於經文必從壹不從一者，正以一爲奇數，二爲偶數。壹爲始初之義，再爲重複之詞。故凡與二對舉者從一爲協，與再對舉者從壹爲宜。經文有再讓，無二讓；有再拜，無二拜。明乎此，可以知鄭意矣。」○《禮經釋例》云：「凡降洗、降盥，皆壹揖壹讓升。案：《鄉飲酒》、《鄉射》主人獻賓：『降洗，賓降。主人卒洗，壹揖壹讓，以賓升。』又：『降盥，賓降，卒盥，亦壹揖壹讓升。』賓酢主人，卒洗，揖讓如初，升；降盥，如主人之禮。主人酬賓，降，賓降；卒洗，揖讓升。主人卒觶訖，又：『降洗，賓辭降，❶如獻禮，升。』《鄉飲酒》獻介，《鄉射》獻遵，皆『揖讓升，降洗，如賓禮，升』。《特牲》主人獻賓：『降阼階，西面拜賓如初，洗。賓辭洗。卒洗，揖讓升。』是皆壹揖壹讓也。《燕禮》、《大射》：主人獻賓、賓酢主人，降洗、降盥，皆賓揖先升，主人乃升；主人酬賓，降洗，卒洗，亦揖升，不讓。《鄉飲酒》、《鄉射》是賓、主人正禮，故揖讓俱升。《燕禮》、《大射》則宰夫爲主人，故賓揖不讓先升也。《公食大夫》：『卒盥，壹揖壹讓。公升，賓升。』此賓是異國之臣，故公先升也。《有司徹》：主人降洗降盥，尸、侑亦降。卒洗、卒盥，經但云『揖』，不云『讓』，禮殺也。《鄉飲酒》、《鄉射》：主人獻衆賓，卒洗，升。《有司徹》：主人受尸酢，卒洗、卒盥，升；主人獻長賓，卒洗，升。皆不揖不讓，禮又殺也。《燕禮》、《大射》獻卿、獻大夫、獻士，升不揖讓者，盛禮不在己也。至於《鄉飲酒》獻賓畢，賓降，立於階西，當序，東面；獻介畢，介降，立於賓南；獻衆賓，衆賓之長升受者三人，畢，降復賓南東面位。《鄉射》同，但無介。

---

❶ 「辭降」，《禮經釋例》同，據《儀禮·鄉飲酒》當作「降辭」。

至一人舉觶時，始揖讓升，蓋亦壹揖壹讓也。」**賓筵前坐，正纚，興，降西階一等。執冠者升一等，東面授賓。**正纚者，將加冠，宜親之。興，起也。降，下也。下一等，升一等，則中等相授。冠，緇布冠也。

【疏】正義曰：筵前，將冠者筵前也。執冠者東面授，則賓西面受也。授時亦以匴，既授則以匴退。注云「正纚者，將加冠，宜親之」者，贊者既爲設纚矣，此賓復正之者，以將加冠，宜親其事也。云「興，起也」者，謂既正纚而起立，將降階取冠也。云「降，下也」者，《爾雅·釋言》文。云「下一等，升一等，則中等相授」者，《禮器》曰：「天子之堂九尺，諸侯七尺，大夫五尺，士三尺。」舊説士堂高三尺，階三等。程氏瑶田云：「階三等者，連堂廉而言。若除堂廉言之，則九尺之堂其階止八等，七尺者六等，五尺者四等，三尺者二等也。所謂盡等不升堂者，當是盡其廉下之等，而不踐廉以升堂也。而《士喪禮》注乃曰『盡階，三等之上』，則不升堂者已踐廉矣。」張氏惠言云：「下文『賓降三等受爵弁』，注云『降三等，下至地』。降三等而下至地，則凡階上等即堂廉也。案：《公食禮》：大夫食賓受醬湇等，皆自阼階降堂受，授者升一等。注云：『降堂，謂止階上。』則堂廉上也。《士昏禮》：廟見，婦降堂，取笲菜。注：『降堂，階上也。』婦人無降階之事，則在堂廉上又可知。蓋堂之界以庋爲限，庋以前即爲階，自堂而出至階廉即爲降堂，降一等乃爲降階。在階之上等接簷下，爲盡階不升堂。然則堂更當崇於階，乃有升降之節。堂高數尺，但就階廉爲度耳。中等者，中，隔也。謂不竝等，即爲中等。」今案：階三等，程氏、張氏俱以爲連堂廉言之，是也。此經賓降一等，則在二等之上，執冠者升一等，則在三等之上，授者、受者不竝等而立，即爲中等。然則注云「中等相授」，即謂隔等相授，張說亦是。至程氏引《喪服小記》「中一以上」，張氏引「中月而禫」，❶以釋此注「中」字，謂中等爲間一等。則階有四等矣，恐非。又《鄉射》云：「上射先升三等，下射從之，中等。」所謂中等，則當如程、張所云也。**賓右手執項，左手執前，進容，乃祝。坐如初，乃冠。興，復位。贊者卒。**進容者，行翔而前鶬焉，至則立祝。坐如初，坐筵前。興，起也。復位，西序東面。卒，謂設缺項、結纓也。【疏】正義曰：項，冠之後。前，冠之面也。下皮弁亦云「右執項，左執前」，則此項非缺項明矣。乃冠，謂以緇布冠加於將冠者之首。興，謂賓也。○注「行翔而前鶬焉」，「鶬」，《通典》作「鏘」。云「進容者，行翔而前鶬焉」者，翔謂行而張拱，鶬謂容貌舒揚。鶬與蹌同，詳《聘禮·記》。此謂賓進至筵前，特正其容儀，爲冠者取法也。云「至則立祝」者，此釋經「乃祝」之文，謂先祝而後加冠也。云「坐如初，坐筵前」者，初時賓筵前坐，此亦如之。云「復位，西序東面」者，謂復賓初升時西序端東面之位也。云「卒謂設缺項、結纓也」者，纓即屬於缺，俟加冠後乃可結之。此贊者，亦賓之贊冠者也。方氏苞云：「經不言卒纓，以兼治其屬於缺者，統言卒，乃可以該之。」今案：卒謂終其事也。**冠者興，賓揖之。適房，服玄端、爵韠。出房，南面。**復出房南面者，一加禮成，觀衆以容體。【疏】正義曰：此但言冠者，不言將，以已加冠也。揖之適房，使釋采衣，服玄端服也。李氏云：「冠於堂，服於房，以冠爲重也。」方氏苞云：「據經，乃冠者自服而出，蓋被服、束帶、納屨等事，自成童

❶「張」，原作「段」，今據上下文義改。下「程張」同。

已習爲之。敖氏謂皆贊者爲之，❶未知何據。」○注「容體」，《通典》「體」作「儀」。云「復出房南面者，一加禮成，觀衆以容體」者，上出房南面以待加冠，此復出房南面者，則以一加禮成，服成人之服，使衆觀知也。朱子云：「觀，示也。」《禮記·冠義》曰：「冠而後服備，服備而後容體正、顔色齊、辭令順。」吴氏《疑義》云：「出房，以待再加，不特觀衆而已。」今案：吴説亦是。

右始加

賓揖之，即筵坐。櫛，設笄。賓盥，正纚如初。降二等，受皮弁，右執項，左執前，進祝，加之如初，復位。贊者卒紘。如初，爲不見者言也。卒紘，謂繫屬之。【疏】正義曰：「賓揖之」，謂揖冠者，使即筵坐也。斯時贊者亦坐，經不言者，省文。「櫛，設笄」，亦贊者爲之。櫛者，以將加皮弁，必先脱去緇布冠，恐髮亂，故重櫛也。賈疏云：「設笄有二種：一是紒内安髮之笄，一是皮弁、爵弁及六冕固冠之笄。今此櫛訖未加冠，即言設笄者，宜是紒内安髮之笄也。」又云：「其固冠之笄，則賓於加弁時自設之。」今案：《魏書·劉芳傳》載：「王肅曰：『《喪服》稱男子免而婦人髽，男子冠而婦人笄，則男子不應有笄。』芳曰：『此專謂凶事也，非謂男子無笄。《禮·内則》稱子事父母，雞初鳴，櫛、纚、笄、總。以兹而言，男子有笄明矣。』肅以芳言爲然。」案：《内則》笄總之笄，即安髮之笄，賈説是也。敖氏不信二笄之説，以此笄即爲上所陳之

❶「皆」，《儀禮析疑》同，段校據《儀禮集説》改作「亦」。

皮弁笄。褚氏云：「設笄在正纚前，安得指爲皮弁笄？」江氏筠亦辨之。但安髮之笄緇布冠亦有，始加不言者，互見爲義也。「賓盥，正纚如初」，不更言設纚，則止一纚矣。復位，仍復西序之位也。　注云「如初，爲不見者言也」者，以其儀節已見於前，而經省文，不復重見，則言如初以括之。李氏云：「不見，謂辭對主人升復位之類。」云「卒紘，謂繫屬之」者，謂加弁訖，以紘繫於笄之左頭，遶頤下屈而上，屬於右頭是也。**興，賓揖之。適房，服素積、素韠。容，出房，南面。**容者，再加彌成，其儀益繁。【疏】正義曰：興，冠者興也。敖氏云：「上不見皮弁之衣，故此亦不言之，皆省文也。」　注云「容者，再加彌成，其儀益繁」者，上加緇布冠時，亦正其容體，但經不言容，至再加乃言之，是儀益繁也。王氏士讓云：「始加云『進容，乃祝』，言賓之自正以容。再加云『容』，見冠者之敬其威儀也。」

右再加

賓降三等，受爵弁，加之。服纁裳、韎韐。其他如加皮弁之儀。降三等，下至地。他，謂卒紘、容、出。【疏】正義曰：降二等受皮弁，降三等受爵弁。高氏愈謂「其服彌尊，其敬彌至」是也。不言純衣，亦省文。○《禮經釋例》云：「凡士禮，冠、昏、喪、祭皆攝盛。案：《士冠禮》：再加皮弁服，三加爵弁服，冠畢乃易服，服玄冠、玄端、爵韠，奠摯見於君，遂以見於卿大夫鄉先生。❶注謂：『皮弁服，與君視朔之服。

❶「以」下，據本篇經文當有「摯」字。

爵弁服，與君祭之服。」惟玄端爲士之正服，見君必易玄冠、玄端者，明皮弁、爵弁二服是攝盛，非士所常服也。此冠禮之攝盛。《士昏禮》：『納采用鴈。』❶《周禮・大宗伯》：『以禽作六摯，大夫執鴈，士執雉。』士當用雉而用鴈者，攝盛也。注謂『取其順陰陽往來』者，非也。又云：『主人爵弁、纁裳、緇袘。乘墨車。婦車亦如之。』注：『墨車，漆車。士而乘墨車，攝盛也。』疏云：『爵弁，用助祭之服親迎，以爲攝盛。』《周禮・司服》：『士之服，自皮弁而下，如大夫之服。』爵弁尊於皮弁，非士服明矣。經又云：『女次，純衣，纁袡。』注：『次，首飾也，今時髮也。《周禮・追師》掌爲副、編、次。純衣，絲衣。』考士妻當服纚、笄、宵衣，則次而純衣，亦攝盛也。此昏禮之攝盛。《士喪禮》：『復者一人，以爵弁服。』又云：『陳襲事于房中。纊極二。爵弁服，純衣。皮弁服。褖衣。緇帶，韎韐。』考極唯公射始有之，此攝盛也。《既夕禮》：大遣奠，厥明，陳鼎五于門外。注：『士禮特牲三鼎，盛葬奠，加一等，用少牢也。』注謂盛葬奠，即攝盛之意也。《既夕・記》：『薦乘車，載旜，載皮弁服。』注：『通帛爲旜，孤卿之所建，❷亦攝焉。』此乘車當亦攝盛用墨車，注以爲棧車，疑非。君賵，賓奠幣於棧，此謂柩車，非乘車也。此喪禮之攝盛。《士虞禮》、《特牲饋食禮》：尸飯畢，皆三獻。考飲酒之禮：士一獻，大夫三獻。士祭而三獻者，攝盛也。此祭禮之攝盛。冠、昏爲人道之始，喪、祭爲人道之終，故皆攝盛，與他禮不同。後儒但知昏禮爲攝盛，而不知冠與喪、祭亦然，故多歧説也。」注云「他，謂卒紘、容、出」者，謂唯卒紘、容、出，如再加皮弁之儀也。經獨言其他，明餘禮節，如賓盥、降、升之類，皆與始加

❶「鴈」，原作「雁」，今據《禮經釋例》改。下「大夫執鴈」、「而用鴈者」同。

❷「建」，原作「見」，今據《禮經釋例》改。

同，故略之。《五禮通考》引《五經名義》云：「士冠三加：始緇布冠，欲其尚質重古。次皮弁，欲其行三德三行。次爵弁，欲其承事神明。」○《禮記·玉藻》曰：「玄冠朱組纓，天子之冠也。緇布冠繢緌，諸侯之冠也。」陳氏澔云：「天子始冠之冠則玄冠，而以朱組爲纓。諸侯雖是緇布冠，卻用雜采之繢爲纓緌，爲尊者飾耳，非古制也。」陳氏祥道《禮書》云：「諸侯始加緇布冠繢緌，次加皮弁，三加爵弁，四加玄冕。天子則始加玄冠朱組纓，次加皮弁，三加爵弁，四加玄冕，五加衮冕矣。《郊特牲》言『玄冠朱組纓，天子之冠。緇布冠繢緌，諸侯之冠』，鄭氏皆以爲始冠之冠。《家語》稱成王冠，祝雍辭曰『去幼志，心衮職』。而賈公彦、孔穎達皆言天子當加衮冕，則始終之所加與士異也。《家語》曰王太子之冠亦儗諸侯四加，則天子五加可知矣。」今案：諸侯四加，天子五加，蓋據傳記推而言之。其「玄冠朱組纓」云云，乃《玉藻》文，陳氏引作《郊特牲》，誤。**徹皮弁、冠、櫛、筵，入于房。**徹者，贊冠者、主人之贊者爲之。【疏】正義曰：將醴冠者，故徹去此等，入於房。冠，緇布冠也。但言徹皮弁、緇布冠者，以爵弁冠者服以受醴，至見姑姊訖，乃易服也。注云「徹者，贊冠者、主人之贊者爲之」者，以其上文主人之贊者設筵，賓贊冠者奠櫛，故知此徹是賓黨、主黨之贊者爲之也。

右三加

筵于户西，南面。筵，主人之贊者。户西，室户西。【疏】正義曰：此筵爲醴子也。冠醴子筵於户西，與昏之禮賓筵於户西者同，以其成人尊之。設席南面，以東方爲上也。褚氏云：「户西，廟中最尊之位，自尸而外，惟賓居之，故下記云『醮於客位，加有成也』。敖謂遠避主人，非特失旨，且背記文。」注云「筵，主人之贊者」，以上文筵于東序，經明云主人之贊者，故知此筵亦同也。云「户西，室户西」者，凡五架之屋，棟北楣下爲三間，中爲室，東西爲房。房之南壁止一户，室則有户有牖，户在東，牖在西。故户西牖東之地爲正中，《爾雅》所謂「户牖之間謂之扆」是也。鄭恐人疑爲房户，故特明之。李氏云：「寢廟以室爲主，故室户專得户名，凡言户者皆室户。若房户，則兼言房以別之。」**贊者洗于房中，側酌醴，加柶，覆之，面葉。**洗，盥而洗爵者。《昏禮》曰：「房中之洗在北堂，直室東隅。篚在洗東，北面盥。」側酌者，言無爲之薦者。面，前也。葉，柶大端。贊酌者，賓尊不入房。古文「葉」爲「擖」。【疏】正義曰：注「古文葉爲擖」，陳、閩、監、葛「擖」俱誤作「揭」。《校勘記》云：「案：『擖』，當作『擸』。說詳《聘禮》。」段氏云：「擖，當作『⿰木巤』，字之誤也。舊籍巤皆譌葛，如獵作獦、臘作臈、鑞作⿰金葛、躐作⿰足葛、鬣作⿱髟葛，皆是。《聘禮》經注皆從手作擸，而《廣韻》、《集韻》二十九葉俱云：『⿰木巤，柶端。擸，理持也。』然則《禮經》古本⿰木巤從木明矣。《少儀》『執箕膺擖』，亦當作⿰木巤。」《校勘記》謂當從手作「擸」，二者不同耳。○云「洗，盥而洗爵者」，凡洗爵必先盥手，故注云然。云「《昏禮》曰：房中之洗在北堂，直室東隅。篚在洗東，北面盥」者，此《昏禮・記》文。鄭以經云「洗於房中」，故引《昏禮》房中有洗以證之。萬氏斯大讀「贊者洗」爲句，後人頗惑其說，惟沈氏彤、江氏筠辨之最力。沈氏云：「贊者之洗，爲酌醴而洗觶也。觶實於篚，篚置房中，與醴同在服北，則洗於房中固其所宜。萬氏以洗絶句，而謂就庭中之洗洗觶，失之矣。」江氏云：「萬駁鄭注云：『《昏禮》舅洗於南洗，姑洗於北洗，男女有別之義也。《冠禮》無婦人與事，贊者何容別洗。況考上文陳器，第云設洗直于東榮，無北堂別置洗之文。』

筠案：經惟《昏禮》見北洗之文，然其所設之處，至下記始見之，而經初不言也。其餘如《特牲》、《少牢》云『主婦盥于房中』、『主婦洗于房中』，俱是北洗。而其上文陳器，皆止云『設洗於阼階東南』，初不及其在房中者。然則凡北堂設洗，經皆不見之，不得執以相難。至於房中之文見於經者，句讀總於中字絶，未有於字之上爲句，而以此三字貫下連讀者，又不應此處獨與他處異也。《聘禮》宰夫佐酌，鄭注謂洗升實觶者，彼乃醴尊於東箱，未聞在房者而然也。蓋婦人無堂下位，故不得用庭洗。男子得立於房中，則亦得用房中之洗。其有婦人與事，則此洗非所宜用，無婦人亦得用之。」今案：沈、江二説，足破萬氏之謬。北堂設洗，詳《昏禮・記》。云「側酌者，言無爲之薦者」，無爲之薦，謂無人爲之薦脯醢也。鄭意以贊者自酌自薦爲側。吴氏《疑義》云：「側即上文側尊側字，彼注以側爲特，謂無玄酒也。此經言側酌醴，亦謂特酌醴而無玄酒，其義甚明，與脯醢何涉？注以側酌爲贊者獨自酌之，其説可通，若謂竝以明下文脯醢爲贊者獨自薦之，則鑿矣。」今案：吴説是也。云「面，前也」者，謂葉在前，枋在後也。《書・顧命》「大輅在賓階面」，傳亦云：「面，前也。」「葉，柶大端」者，詳前「實勺觶角柶」下。經云「加柶，覆之」者，蓋未用時覆於觶上，用時則仰也。李氏云：「柶，醴匕也。其兩端枋細而葉大。贊者面葉以授賓，賓迎受得面枋以授冠者，冠者亦迎受得面葉以扱醴也。」云「贊酌者，賓尊不入房」者，賓尊在堂，不入房，故房中酌醴等事皆贊者爲之。下文「薦脯醢」，注以爲贊冠者薦，則此贊亦贊冠者也。云「古文『葉』爲『擖』」者，段氏云：「《士冠》、《士昏》注皆云：『古文葉爲擖。』而《聘禮》：『以柶兼諸觶，尚擸。』擸即擖字，《聘禮》從古文，《冠》、《昏禮》從今文也。所從不一者，葉是本字，謂平面如木葉然。攕是假借字，❶皆可從也。《聘禮》注不云『今文攕爲葉』者，可互見也。必知攕是揭非者，攕與葉同部，葛聲不同部也。」**賓揖，冠者就筵，筵西南面。賓受醴于户東，加柶，面枋，筵前北面。** 户東，室户東。今文「枋」爲「柄」。【疏】正義曰：李氏云：「父醴子而賓主之者，以父子不可行揖拜之禮，猶《燕禮》以宰夫爲主人也。」褚氏云：「面枋者，訝受也。贊酌時已言加柶，此復言者，蓋因下面枋而連言之耳。敖氏謂見其更爲之，非也。觀《昏禮》『主人受醴，面枋』不言加柶自明。」王氏士讓云：「賓致醴辭，當在筵前北面，冠者將受觶之際。」　注云「户東，室户東」者，以其贊者酌醴自房出，賓當於室户東受之，不得以爲房户也。云「今文『枋』爲『柄』」者，胡氏承珙云：「案：《説文》：『柄，柯也。枋，木作車。』此經之義，作『柄』爲近。然古音方聲、丙聲同部，從方從丙字多通，故鄭於《冠》、《昏》二篇從古文作『枋』，而於《少牢禮》又依今文作『柄』也。」**冠者筵西拜受觶，賓東面荅拜。** 筵西拜，南面拜也。賓還，荅拜於西序之位。東面者，明成人與爲禮。異於荅主人。【疏】正義曰：注「賓還，荅拜於西序之位」，葛本脱「還」字，《集釋》「西序」誤作「東序」。　云「筵西拜，南面拜也」者，以上云「冠者就筵，筵西南面」知之。吴氏云：「凡筵西拜，皆南面。」云「賓還，荅拜於西序之位。東面者，明成人與爲禮」者，賓既授觶，還西序端，東面荅之。不云「拜送觶」者，以冠者幼，故賓不先拜送，俟其拜受而荅拜之，明成人而與爲禮也。云「異於荅主人」者，李氏云：「凡賓荅主人，拜於西階上，北面。又主人禮賓，皆云拜送，此云荅拜，亦異於主人。」**薦脯醢。** 贊

❶「攕」，原作「櫼」，今據《儀禮漢讀考》改。

冠者也。【疏】正義曰：脯，籩實。醢，豆實。《昏禮》注云：「薦，進也。」凡醴必用籩豆，詳上。注云「贊冠者也」，謂此脯醢贊冠者薦之。

冠者即筵坐，左執觶，右祭脯醢，以柶祭醴三，興。筵末坐，啐醴，建柶，興。降筵，坐奠觶，拜，執觶興。賓荅拜。建柶，扱柶於醴中。其拜皆如初。古文「啐」爲「呼」。【疏】正義曰：「以柶祭醴三」，毛本三誤二。「建柶」，唐石經、嚴、徐、《集釋》、敖氏俱作「建」，注「建柶」同。《通解》、毛本「建」俱作「捷」，蓋因《釋文》而誤改。錢氏大昕云：「《士昏禮》婦受醴，亦有『坐啐醴，建柶』之文，則作『建』爲是。」《禮經釋例》云：「《士昏》、《聘禮》皆云『建柶』，當從石經也。」注「扱柶於醴中」，「扱」，《釋文》作「捷」，云「本又作插，亦作扱」。今案：嚴本及各本多作「扱」，蓋用《釋文》亦作之本也。戴氏震校《集釋》云：「唐初已非一本，毋庸改『扱』爲『捷』。」盧氏文弨云：「《釋文》云云，正指注言。後人誤會，乃改經之『建柶』爲『捷柶』，失之矣。」《校勘記》云：「案：《集釋》云：『建，陸作捷。』蓋其誤自李氏始。」〇「左執觶」者，以右手祭，故左手執觶也。「以柶祭醴三」，詳《士昏·記》。筵末，筵之西端也。啐，嘗也。祭則坐於筵中，啐則坐於筵末，拜則降筵也。降筵，則在筵西矣。此爲拜而降，以席上不拜也。觶亦爲拜而暫奠，與奠於薦東者異。李氏云：「祭謂取少許祭先世造此食者，不忘本也。凡醴不卒觶，啐之而禮成。上拜，拜受觶。此拜，拜禮成。其卒觶者，則卒觶乃拜。《曾子問》曰：『將冠子，冠者至，聞齊衰、大功之喪，如之何？孔子曰：內喪則廢，外喪則冠而不醴，徹饌而埽，即位而哭。如冠者未至，則廢。』內喪，謂同門者。冠者，謂賓及贊者也。廢者，喪成服，因喪而冠。」敖氏云：「祭脯醢，以脯祭擩醢而祭之。」注云「建柶，扱柶於醴中」者，扱與插同。謂祭畢不用，以柶插於醴中也。敖氏云：「建猶立也。建者，上葉下枋。」盛氏謂「上枋下葉」，似盛氏是。云「其拜皆如初」者，謂冠者筵西南面拜，賓西序端東面荅拜，與上受觶同，故云「如初」。《禮經釋例》云：「凡醴皆用觶，不卒爵。《士冠禮》賓醴冠者：『筵末坐，啐醴，建柶，興。降筵，坐奠觶，拜。』《士昏禮》女父醴使者：『西階上北面坐，啐醴，建柶，興。坐奠觶，遂拜。』又舅姑醴婦：『降席，東面坐，啐醴，建柶，興，拜。』《聘禮》主君醴聘賓，『降筵，北面，以柶兼諸觶，尚擸，坐啐醴』。是凡醴皆用觶，但啐之而已，不卒爵也。舅姑醴婦：『降席，東面坐，啐醴。』賓醴冠者，但云『筵末坐，啐醴』，不云『東面』。女父醴使者：『西階上北面坐，啐醴。』主君禮聘賓，但云『北面坐，啐醴』，不云『西階上』。皆文不具也。醴事質，如羹之有大羹湆，酒之有明水，故啐而不卒爵，從其質也。至《聘禮》禮賓，有庭實，用束帛，與冠昏不同者，蓋國君之禮又盛矣。」盛氏云：「不卒觶者，糟醴不可盡也。」云「古文『啐』爲『呼』」者，段氏云：「案：『呼』與『啐』音義皆隔，必是誤字。當是古文『啐』爲『⿰口率』之誤。如古文『酳』作『酌』，今禮『酳』皆誤『酌』也。」

右賓醴冠者

冠者奠觶于薦東，降筵，北面坐取脯，降自西階，適東壁，北面見于母。薦東，薦左。凡奠爵，將舉者於右，不舉者於左。適東壁者，出闈門也。時母在闈門之外。婦人入廟由闈門。【疏】正義曰：此奠觶亦於筵上，故下云降筵也。取脯，或以爲祭脯。褚氏云：「《特牲》、《少牢》俱云賓取祭以降，則祭脯也。此篇下文卒醮，云取籩脯如初，則是籩内之脯，非祭脯也。不敢取祭餘者以見母，敬也。凡已祭者，不復實於籩。」今案：褚説是也。必取脯者，明其見醴也。《士昏·記》「賓右取脯，歸，執以反命」，與此相類。

「降自西階」，父在，不敢由阼也。注云「薦東，薦左。凡奠爵，將舉者於右，不舉者於左」者，此薦即籩豆也。敖氏云：「籩豆而云薦者，上經云『薦脯醢』，故因其事名之，省文，後皆放此。」《禮經釋例》云：「醴不卒爵，故皆奠於薦左，注謂『不舉者於左』是也。醴子之席，筵於户西，南面，故注以薦東爲薦左也。《士昏禮》：女父醴使者，奠于薦左。注：『薦左，籩豆之東。』賓席亦南面，故注以薦左爲籩豆之東也。舅姑醴婦，奠于薦東，婦席户牖間南面也。《聘禮》：主君醴聘賓，北面奠于薦東。注『糟醴不啐』，當作『糟醴不卒爵』，則與『奠于薦東』經文相應也。又此篇醮用酒，冠者奠爵於薦東。此禮雖用酒，不用醴，亦但啐酒而已，不卒爵，與醴同，異於飲酒正禮，故亦奠於薦左也。」今案：飲酒正禮，亦將舉者於右，不舉者於左，但其儀節較醴爲更繁耳。詳《鄉飲酒·記》。云「適東壁者，出闈門也。時母在闈門之外。婦人入廟由闈門」者，《爾雅》「宮中之門謂之闈」，郭注謂「相通小門也」。言宮中，則廟與寢皆有之。郝氏敬謂如此則廟反在宅右，萬氏斯大亦謂乖左祖之制，皆非也。東壁，堂下東牆也。冠者降自西階，由西而東，折而北，乃得見母，故知適東壁者，出闈門也。「時母在闈門之外」者，江氏筠云：「惟房中乃婦人位，今既因贊者在房，而不得位於此，則其不入闈門明矣。」褚氏云：「廟中未有無事而入者，母在闈門外無疑。」二説是也。《雜記》曰「夫人至，入自闈門」，故知闈門爲婦人出入所由也。

母拜受，子拜送，母又拜。婦人於丈夫，雖其子，猶俠拜。【疏】正義曰：母拜受，受脯也。子拜送，而母又拜，俠拜也。或疑母無拜子之理，萬氏斯大云：「孔疏謂奠廟之脯重，從尊者處來，故拜之，非拜子也。吕氏謂母有從子之義，故屈庸敬，以伸斯須之敬。王氏謂此適子代父承祖，與祖爲正體，故禮之與衆子異。愚以爲皆非也。案：禮，婦人之拜有二：肅拜也，手拜也。肅拜者，足不跪，微俯其躬而肅之，如今婦人揖也。手拜者，足跪地而拜，如今婦人拜也。《少儀》曰：『婦人吉事，雖有君賜，肅拜。』君賜至重，尚止肅拜，況其他乎？故知此受脯俠拜，亦肅拜也。」今案：《禮記·冠義》曰：「見於母，母拜之，見於兄弟，兄弟拜之，成人而與爲禮也。」「成人而與爲禮」一語，即是定解。孔疏以下諸説紛如，萬氏駁之，是已。至謂俠拜爲肅拜，亦是也。唯謂子「先揖而後拜送，既拜而更揖」，與經不相符耳。❶《特牲》餕，父拜子。《昏》舅姑饗婦，則拜婦。禮各有宜也。或又疑子無見父與賓之文，《儀禮紃解》云：「父冠其子，延賓以重其事。父自爲主而涖之，即是見也。賓既與冠者成禮於堂矣，亦不必更行見賓之禮。」是也。

注云「婦人於丈夫，雖其子猶俠拜」者，《禮經釋例》云：「凡婦人於丈夫皆俠拜。俠拜者，丈夫拜一次，婦人則拜兩次也。《士冠禮》冠者取脯見于母：『母拜受，子拜送，母又拜。』又：『見姑姊，如見母。』注：『姑與姊亦俠拜也。』《士昏禮》婦見舅姑：『執笲棗栗，自門入，升自西階，進拜，奠于席。舅坐撫之，興，荅拜。婦還，又拜。』注：『還又拜者，還於先拜處拜。婦人與丈夫爲禮，則俠拜。』又贊醴婦：『婦東面拜受，贊西階上北面拜送，婦又拜。』又：『啐醴，拜。贊荅拜。婦又拜。』皆俠拜也。《士昏·記》：不親迎壻見，主婦一拜，壻荅再拜，主婦又拜。注：『必先一拜者，婦人於丈夫必俠拜。』《少牢禮》：主婦亞獻，酌，拜，獻尸；尸拜受，主婦西面拜送爵。《有司徹》：主婦拜，獻尸；尸拜于筵上，受；主婦西面拜送爵。不賓尸之禮：『尸酢主婦，主婦拜受爵，尸荅拜。主婦反位，又拜。』注：『主婦俠爵拜。』❷亦皆俠拜。至於《特牲》主婦亞獻、主

❶「與」，原作「歟」，今據《續清經解》本改。
❷「主」，原脱，今據《禮經釋例》補。

婦致爵于主人、主婦自醋，《少牢》尸酢主婦、主婦獻祝、主婦獻兩佐食，《有司徹》主婦獻侑、主婦致爵于主人、主婦自酢、賓致爵于主婦，受爵、送爵、啐酒、卒爵，皆不俠拜。《特牲》：主婦亞獻。注：『不俠拜，士妻儀簡耳。』《少牢》：主婦亞獻，卒爵。《有司徹》：主婦獻尸，啐酒，卒爵。不賓尸之禮：尸醋主婦，卒爵。亦不俠拜，皆降殺之義。《少牢》：主婦獻祝，祝拜受爵，主婦荅拜。注：『不俠拜，下尸也。』餘可類推矣。」

右冠者見於母

賓降，直西序，東面。主人降，復初位。初位，初至階讓升之位。【疏】正義曰：注云「初位，初至階讓升之位」者，程氏瑶田云：「案：主人初立於阼階下，直東序，西面。此云復初位，即其位也。賓主階上立位在序端，則階下立位亦宜直東西序，與賓主位必相對也。且至階讓升處，賓主皆然，非位也。鄭注蓋誤。」今案：程説是也，張氏惠言亦辨之。**冠者立于西階東，南面。賓字之，冠者對。**對，應也。其辭未聞。【疏】正義曰：王氏士讓云：「案：冠者立于西階東，乃西階下之東也。是時尊者既降，卑者豈得獨升？冠者見母後，經無升階之儀，足以見之矣。」今案：南面，蓋在賓北也。《禮記·冠義》曰「已冠而字之，成人之道也」，鄭注「字，所以相尊也」。記於下乃云見母，似見母在字後者，記文隨舉爲義，其實次序當以此經爲正。賈疏云：「未字先見母，字訖乃見兄弟之等，急於母，緩於兄弟也。」注云「對，應也」者，《漢書注》「對謂應對」是也。云「其辭未聞」者，謂對之辭未聞也。

右賓字冠者

賓出，❶**主人送于廟門外。**不出外門，將醴之。【疏】正義曰：張氏爾岐云：「此下冠禮既成，賓出就次以後諸事。冠者見兄弟，見贊者，見姑姊，爲一節；易服，見君，見卿大夫、鄉先生，爲一節；主人醴賓，爲一節，凡三節。」**請醴賓，賓禮辭，許。賓就次。**此醴當作禮。禮賓者，謝其自勤勞也。次，門外更衣處也，以帷幕簟席爲之。【疏】正義曰：此請醴賓，蓋主人於送時請之，賓許而後就次，不出外門也。敖氏云：「請者，有白於人而恭孫之辭也。」○注「此醴當作禮」下，嚴、徐、《集釋》、《通解》、敖氏俱有「禮賓者謝其自勤勞也」九字，毛本脱。「以帷幕」，「以」，毛本誤「必」，嚴、徐、《集釋》、《通解》、《要義》、敖氏俱作「以」。

云「此醴當作禮」者，下「若不醴」注「醴亦當作禮」，《士昏禮》「出請醴賓」注「此醴亦當爲禮」，「贊醴婦」注「醴當爲禮」。褚氏云：「經於『醴賓』、『醴婦』字皆爲『醴』，注必讀爲禮者，蓋推優禮於人之意，不欲質言之也。賈疏謂天子禮諸侯用鬯，不云『鬯賓』，足破不必改禮之論。」云「禮賓者，謝其自勤勞也」者，胡氏承珙云：「鄭既破醴爲禮，故禮賓之禮，即易字説之。《昏禮》注云『此醴亦當爲禮。禮賓者，欲厚之』，又『贊禮婦者，以其婦道新成，親厚之』。其易字説經，竝與此經同。『醴辭曰』注則不破從禮，惟『禮於阼』注疊『今文作醴』不用，❷賈疏云：『以其言醴則不兼於醮，言禮則兼醴醮二法故也。』然則此『若不醴』，正是不兼於醮，故當作醴，而注仍破從禮者，疑此注本是前文『乃醴賓以壹獻之禮』注，寫者誤移於此。然彼處疏云『此醴亦當爲

---

❶「賓」，原作「實」，今據《續清經解》本改。

❷「用」下，段校補「者」字，與《儀禮古今文疏義》合。

禮，不言可知也』，則在賈時已誤矣。」今案：此以「若不醴」爲當作「禮」，❶是也。云「次，門外更衣處也」者，此門外即廟門外，以經云就次，不更言出門可知也。更衣處，謂可於此更換衣服且小息也。鄭注《周禮・序官・掌次》云「次，自修止之處」，又其職云「凡祭祀，張尸次」，鄭司農云「尸次，祭祀之尸所居更衣帳」，與此注義同。此冠禮賓有次，聘禮賓亦有次，射有射次，喪有喪次。覲禮受舍于朝，亦謂次也。義詳各篇下。云「以帷幕簟席爲之」者，帷幕用布，簟席用葦，言二者皆可爲次也。李氏云：「《聘禮・記》以帷，士或用簟席。」**冠者見于兄弟，兄弟再拜，冠者荅拜。見贊者，西面拜，亦如之。** 見贊者西面拜，則見兄弟東面拜。贊者後賓出。【疏】正義曰：敖氏云：「兄弟與贊者皆先拜之，亦重冠禮也。」今案：重冠禮，即謂重其成人而與爲禮也。「亦如之」者，謂如其再拜而冠者荅拜也。此兄弟兼外姻言，義已詳上，非謂兄與弟也。吴氏《章句》乃分别兄弟解之，或又謂見弟則宜見妹，皆誤。注云「見贊者西面拜，則見兄弟東面拜」者，經但言見贊者西面，不言見兄弟面位，故注明之。斯時贊者位在西方，兄弟位在洗東也。云「贊者後賓出」者，以當與冠者爲禮也。贊者出，亦就次待禮可知。**入見姑姊，如見母。** 入，入寢門也。廟在寢門外。如見母者，亦北面，姑與姊亦俠拜也。不見妹，妹卑。【疏】正義曰：注「亦俠拜也」，《集釋》無「也」字，嚴本有。

云「入，入寢門也。廟在寢門外」者，廟在寢東，與寢别門。又姑姊當在寢，不在廟，故知自廟而言入，爲出廟門而入寢門也。云「如見母者，亦北面，姑與姊亦俠拜也」者，上經見母北面，母俠拜，故知經言如者，亦如

❶ 「爲」，據上文或當作「不」字。

其北面及俠拜也。鄭分姑與姊爲二，或據《左傳疏》云「古人謂姑爲姑姊、妹，父之姊爲姑姊，父之妹爲姑妹」，謂《冠禮》之姑姊即姑，竝引《列女傳》魯義姑姊、梁節姑姊，以駁鄭注。今案：姑姊、姑妹，後世容有此稱，周公制禮則無之。《爾雅》亦周公作，而《釋親》篇止云「父之姊妹爲姑」，不云「姑姊」、「姑妹」，其證一也。《儀禮・喪服》篇多言姑姊妹，若以爲姑姊、姑妹，則是父之姊妹有服，而己之姊妹無服。周公制禮，何獨遺之？其證二也。《白虎通》云：「父之昆弟不俱謂之世父，父之女昆弟俱謂之姑，何也？姑當外適人，疏，故總言之。」其證三也。況姑姊、姑妹均屬父行，冠者冠畢，何獨見父之姊，而不見父之妹？以是知此篇之姑姊，當如鄭説，未可易也。云「不見妹，妹卑」者，案：《白虎通》云「姊尊妹卑，其禮異也」，注蓋本此。《邶風・泉水》詩曰：「問我諸姑，遂及伯姊。」言姑姊而不言妹，斯可證已。

右冠者見兄弟贊者姑姊

乃易服，服玄冠、玄端、爵韠，奠摯見于君。遂以摯見于鄉大夫、鄉先生。易服，不朝服者，非朝事也。摯，雉也。鄉先生，鄉中老人爲卿大夫致仕者。【疏】正義曰：「奠摯」，《釋文》「摯」作「贄」，云「本又作摯」。唐石經、嚴本俱作「摯」。《校勘記》云：「案：『摯』、『贄』今本錯出，宜俱從手，後不悉校。」「鄉大夫」，「鄉」當作「卿」，唐石經、嚴本俱作「鄉」。劉端臨《遺書》云：「陸德明《釋文》『鄉』字無音，至《禮記・冠義》，則云『鄉大夫、鄉先生竝音香』。自此以後，《儀禮》、《禮記》各本皆作『鄉』，即石經亦然。由今考之，此經及《冠義》皆當作『卿大夫』，作『鄉』誤也。卿大夫，謂見爲卿大夫者。鄉先生，謂已爲卿大夫而致仕者。

見君之次偏見卿大夫，如《國語》趙文子冠徧見六卿是也。賈疏釋注云：『鄉先生，鄉中老人爲卿大夫致仕者。先生亦有士，鄭不言者，經云卿大夫，不言士，故先生亦略不言。』據此，知賈所見《儀禮》本作『卿大夫』也。孔疏云『見於卿大夫，謂在朝之卿大夫也』，是孔所見《禮記》本亦作『卿大夫』。孔以在朝對致仕者，文義甚明，而今本《正義》亦竝改作『鄉』。」今案：劉氏從賈、孔作「卿」，段氏玉裁、張氏敦仁、顧氏廣圻及《校勘記》俱從陸作「鄉」。《經義述聞》以劉爲是，云：「宋明道本《國語》韋注引《禮》『既冠，奠摯於君，遂以摯見卿大夫』，其字正作『卿』，則韋所見《儀禮》、《禮記》皆作『卿大夫』，不作『鄉』可知。此足正陸氏《釋文》之誤。」又云：「《初學記·禮部下》引《儀禮》正作『卿大夫』，則唐時固有不誤者，不獨賈、孔也。」案：《述聞》證據甚確，其段、張、顧說，《述聞》悉加注辨之，詳彼書内，不具録焉。又盧氏文弨、程氏瑶田、朱氏大韶皆斷從劉說，字當作「卿」無疑。《石經考文提要》已定作「卿」，今從之。「鄉先生」，「先」，毛本誤作「見」。注「爲卿大夫致仕者」，「卿」，鍾、陳、《通典》、《通解》、楊氏俱作「鄉」。嚴本、《集釋》、毛本俱作「卿」，《校勘記》云：「作『卿』爲是。」○「易服」者，易去爵弁服，而服玄冠、玄端也。言玄端必言玄冠者，以别於始加之緇布冠也。奠摯，謂奠之於地，不親授也。《禮經釋例》云：「凡卑者於尊者，皆奠而不授，若尊者辭乃授。案：《士冠禮》：奠摯見于君。《士昏禮》親迎：『賓升，北面奠鴈，再拜稽首。』《士相見禮》：士見于大夫，若嘗爲臣者，奠摯，再拜，主人荅壹拜。注：『奠摯，尊卑異，不親授也。』又：始見於君，士大夫則奠摯，再拜稽首。此男子之禮。又《士昏禮》婦見舅：『執笲棗栗，自門入，升自西階，進拜，奠于席。』注：『奠之者，舅尊，不敢授也。』又見姑：『受笲腶脩，升，進，北面拜，奠于席。』此女子之禮。是卑者於尊者，皆奠而不授也。❶又《聘禮》聘後：『賓即館，卿大夫勞賓，賓不見。大夫奠鴈再拜，上介受。勞上介，亦如之。』此賓因公事未行，辭之，故奠摯也。又《士昏禮》不親迎：『壻見，入門，東面奠摯，再拜，出。』注：『奠摯者，壻有子道，不敢授也。』此卑者先奠而不授也。又云：『擯者以摯出，請受。』注：『欲使以賓客禮見。』又云：『壻禮辭，許，受摯，入。主人再拜受。壻再拜送，出。』此女父辭，壻乃授也。《聘禮》賓覿：『入門右，北面奠幣，再拜稽首。』此聘賓先以臣禮見，奠而不授也。又云：『擯者辭，賓出。擯者以幣出。』又云：『擯者請受。賓禮辭，聽命。』又云：『振幣，進授。』此主君辭，聘賓乃授也。又上介覿：『皆入門右，東上，奠幣，皆再拜稽首。』此上介先以臣禮見，奠而不授也。又云：『擯者辭，介逆出。』擯者以幣出。又云：『擯者請受，介禮辭，聽命。』又云：『介振幣，自皮西進，北面授幣。』此主君辭，上介乃授也。又：上介面卿，入門右，奠幣，再拜。此上介先奠而不授也。又云：『大夫辭，擯者反幣。』又云：『介奉幣入，大夫揖讓如初。介升，大夫再拜受。』此主國之卿辭，上介乃授也。《覲禮》：『侯氏入門右，坐奠圭，再拜稽首。』注：『卑者見尊，奠摯而不授。』此侯氏覲天子，先奠而不授也。又云：『擯者謁。』注：『謁猶告也。上擯告以天子前辭，欲親受之，如賓客也。』又云：『侯氏坐取圭，升致命，王受之玉。』此天子辭，侯氏乃授也。又：四享，奠幣，再拜稽首。此侯氏享天子，先奠而不授也。又云：『擯者曰：予一人將受之。侯氏升致命，王撫玉。侯氏降自西階，東面授宰幣。』此天子辭，侯氏乃授也。天子不

❶「奠」，原作「尊」，今據《續清經解》本改。

親受，使宰受之，殺於覿時也。皆卑者先奠而不授，尊者辭乃授，蓋以客禮待之也。又《聘禮》士介覿：『入門右，奠幣，再拜稽首。擯者辭，介逆出。擯者執上幣以出，禮請受，賓固辭。』注：「固衍字。」又衆介面卿：『入門右，奠幣，皆再拜。大夫辭，介逆出。擯者執上幣出，禮請受，賓辭。』又《聘禮·記》賓若私獻：『東面坐奠獻，再拜稽首。擯者東面坐取獻，舉以入告，出，禮請受，賓固辭。』注：「固亦衍字。」此皆尊者雖辭，終不敢授，禮又殺也。」賓私獻，奠而不授，注以爲竝受者，則以擯者東面知之。《釋例》又云：「授受之例，卑者先奠而不授，猶之入門例先入門右，拜例先堂下再拜稽首也。至尊者辭之乃授，猶之入門例尊者辭之乃入門左，拜例尊者辭之乃升成拜也。其實奠而不授爲卑者之正禮，猶之入門右爲卑者入門之正禮，堂下再拜稽首爲卑者拜之正禮也。飲酒之禮，獻酢皆授，酬則奠而不授，亦此例也。」今案：《禮經釋例》末條以入門例、拜例兼明卑於尊之禮，比例尤精。「卿大夫」，劉氏謂見爲卿大夫者，引《國語》趙文子冠徧見六卿爲證，其說甚確。案：《國語》趙文子冠，見欒武子、范文子、韓獻子、知武子等，皆有訓辭，蓋亦古禮如是。敖氏依譌本，作鄉解之，云：「鄉大夫，鄉之異爵者也。或曰鄉大夫，即主治一鄉者。」其說無據，《經義述聞》已駁之。冠者冠畢，必奠摯見君，竝見卿大夫、鄉先生者，《禮記·冠義》謂「以成人見」是也。注云「易服，不朝服者，非朝事也」者，鄭注《禮記》云「服玄冠、玄端，異於朝也」，與此注義同。敖氏云：「不朝服者，以其未仕也。」褚氏云：「敖氏主士冠其子，故云未仕。不知士之子苟未仕，冠後亦未必奠摯見君。鄭義爲長。」云「摯，雉也」者，士摯用雉，見《周禮·大宗伯》。云「鄉先生，鄉中老人爲卿大夫致仕者」，案：《尚書大傳》云「大夫、士七十而致仕，歸其鄉里，大夫爲父師，士爲少師」，即此所云「鄉先生」也。注不云「士」者，義已詳前，其實鄉先生中亦當有士也。

右冠者見君及卿大夫鄉先生

乃醴賓以壹獻之禮。壹獻者，主人獻賓而已，即燕，無亞獻者。獻、酢、酬，賓、主人各兩爵而禮成。《特牲》、《少牢饋食》之禮獻尸，此其類也。士禮一獻，卿大夫三獻。禮賓不用柶者，泲其醴。《内則》曰：「飲：重醴清糟，稻醴清糟，黍醴清糟，粱醴清糟。」凡醴事，質者用糟，文者用清。【疏】正義曰：此「醴」亦當爲「禮」。朱子云：「注不言改字，説見上，非不具也。」陳氏《禮書》云：「既冠乃禮賓，贊者皆與，蓋君子之於人勞之，必有以禮之。故昏禮享送者，鄉飲息司正，祭禮儐尸，冠禮禮賓，其義一也。」○注「禮賓不用柶者」，毛本「禮賓」誤作「賓醴」，嚴、徐、《集釋》、《通解》俱作「禮賓」。「飲：重醴清糟，稻醴清糟，黍醴清糟，粱醴清糟」，案：「稻醴」以下十二字今本俱脱，嚴、徐、《集釋》、《通解》俱有，敖氏無末「清糟」二字。❶ 陸氏云：「糟，劉本作莤，音糟。」盧氏文弨云：「『飲重醴』下，朱、李誤衍『清糟』二字。」今案：《内則》「重醴」下本無「清糟」二字。　云「壹獻者，主人獻賓而已，即燕，無亞獻者」，經云壹獻，明無亞獻，故知惟主人獻賓而已。程氏恂云：「壹獻之後有燕者，主人樂得嘉賓，而安燕以洽之也。《昏禮》禮賓一人，可無燕。《聘禮》禮賓無燕者，燕在後也。」云「獻、酢、酬，賓、主人各兩爵而禮成」者，謂主人獻賓，賓酢主人，主人將酬賓，先自飲訖，乃酌

---

❶ 段校謂敖氏《集説》「重醴」下無「清糟」二字，非末無，其説是也。案，胡氏乃從《校勘記》而誤。

以酬賓，賓奠而不舉。是獻賓、酬賓、酢主人、主人先自飲，爲各兩爵而禮成也。鄭必知有酢有酬者，以下言「主人酬賓」知之也。云「《特牲》、《少牢饋食》之禮獻尸，此其類也」者，謂獻尸之禮，與獻賓略同，亦具獻、酢、酬也。云「士禮一獻，卿大夫三獻」者，以《大行人》子男饗禮五獻差之，則卿大夫三獻，士止一獻。然《特牲》主人初獻，主婦亞獻，賓長三獻。士禮亦得備三獻者，方氏苞云：「士惟祭備三獻。鄉大夫賓興，州長教射，雖國政，賓不過一獻，故冠、昏不得踰也。」云「禮賓不用柶者，泲其醴」者，《郊特牲》曰「縮酌用茅，明酌也」，鄭注謂「和之以明酌，泲之以茅，❶縮去滓也」，即此注言泲之義。鄭以此經無用柶之文，故知此醴爲已泲之醴也。凡糟醴不卒爵，此一獻之禮有酢有酬，須卒爵，故用已泲之醴，不用糟也。云「《内則》曰『飲：重醴，稻醴清糟，黍醴清糟，粱醴清糟』」者，此鄭引以證醴有清有糟，清是已泲者，糟是未泲者，彼注云：「重，陪也，陪設之也。糟，醇也。清，泲也。致飲有醇者，有泲者。」是也。云「凡醴事，質者用糟，文者用清」者，謂若冠禮子無獻酬，是質，故用糟，此禮賓有獻有酢有酬，是文，故用清也。王氏士讓云：「案：全經獻、酢、酬之禮，各有異同，當詳辨之。凡行禮之序，獻爲先，酢次之，酬又次之。蓋主獻賓，賓酢主，主復自飲而酬賓，賓奠之。此其大概同也，而每異焉。有行一獻之禮者，賓主各兩酌而禮成，無亞獻。如冠醴賓之類是也。有共成一獻而奠酬者，若舅姑之饗婦，舅獻之，婦酢之，姑酬之，婦奠之，而禮成矣。其外舅外姑之饗壻也視此，蓋外舅獻之，壻酢之，外姑酬之，壻奠之，而禮成也。至若《鄉飲酒》之儀不同矣，惟賓備獻、酢、酬，

❶「泲」，原作「市」，今據《續清經解》本改。

尊之也。於介則獻、酢而未酬，於衆賓則獻而不酢、酬。《鄉射》之於衆賓，亦獻而不酢、酬，皆以次而省也。《燕禮》又異矣。其獻賓也，君使宰夫代之，臣莫敢與君亢禮也。其賓酢主之後，主未酬賓而遂獻公者，尊君也。其皆有獻而無酬、酢者，樂工以下是也。若夫《大射》之禮，有獻於未射之先者，於賓、於公、於孤卿、於大夫也，尊之也。有獻於既射之後者，於庶子、左右正、內小臣之屬也，卑之也。有射未終而獻者，於服不、於釋獲、於獲者也，因其所有事也。聘而禮賓，儀甚優也。然獻以醴而無酢、酬者，則以行於享之後、覿之先，儀尚多，未暇盡歡也。《公食大夫》雖設酒而無獻、酢、酬者，主於食也。《士虞》主人獻尸，尸惟酢主而不酬，至三獻利成，别無酢、酬之儀者，未吉也。至若饋食祭禮，上自尸賓，下至佐食，旁及兄弟，內及宗婦，則主人皆有獻，而主婦有亞獻者，其酬、酢之儀繁矣，其可强以爲同乎？更爲通論行酢之禮。凡酢者，皆承獻爵而荅之也。其有賓親酌酢主者，禮之敵鈞也。有授主人爵而主自實爵酢者，此介之下一等，不敢親酌也。尊者於主人亦不親酌，何也？主人卑，不敢煩尊者也。其有受酢而更爵者，膳宰於公，不敢襲至尊也。婦之酢舅，亦必更爵者，男女不相因也。主人與主婦，亦更爵酌酢者，明夫婦之别也。主婦於主人，不更爵而自酌酢者，敬而親之也。尸之醋主人，必祝酌授之者，正祭之尸尊，不親酌也。賓尸而尸親醋主人者，非正祭，則尸卑也。三獻獻主人，而尸受三獻之爵，酌以酢之者，尸遂賓欲行禮之意也。凡此皆酢之異同者也。若乃禮成於酬，其異同又可得而言矣。有至酬而徹筵者，禮事畢也。有至酬而加幣者，申厚意也。賓不盡主之歡，故至酬而奠爵。尸欲神惠之均，故至酬亦奠爵。酬必先飲，勸之周也。酬不拜洗，禮之殺也。旅酬亦名酬，而非正獻之酬。無算爵之酬，則繼乎旅酬也。復有酌而無酢、酬者，此則以醮名，又與是禮異也。

然則酒也者，以行禮也。獻、酢、酬者，行禮之節也。行之於冠昏，和之於飲射，洽之於燕食，通之於聘覲，達之於祭祀。緣情循分，以爲多寡隆殺。古之人相觀而習之，是故可與酬、酢，可與祐神也。」**主人酬賓，束帛儷皮。**飲賓客而從之以財貨曰酬，所以申暢厚意也。束帛，十端也。儷皮，兩鹿皮也。古文「儷」爲「離」。【疏】正義曰：賈疏云：「尊卑獻數多少不同，及其酬幣，惟於奠酬一節行之而已。」❶褚氏云：「幣言酬賓，必行於奠酬之節矣。賈說不可易。敖氏謂在賓受獻之時，非也。」注云「飲賓客而從之以財貨曰酬，所以申暢厚意也」者，財謂幣帛，貨謂金玉。此注釋酬字，通上下言之。酬而用玉，惟天子、諸侯爲然。《禮器》曰「琥璜爵」，鄭注謂「天子酬諸侯，諸侯相酬，以此玉將幣也」。餘詳《聘禮》「致饗以酬幣亦如之」下。此酬賓以束帛儷皮，而《家語》公冠酬賓「束帛、乘馬」，《大戴禮》「酬幣朱錦綵、四馬」，則諸侯禮與士異也。云「束帛，十端也」者，凡物十曰束，束帛、束錦、束脩，皆以十爲數也。《周禮・媒氏》「凡嫁子娶妻，入幣純帛，無過五兩」，鄭注：「五兩，十端也。必言兩者，欲得其配合之名。《雜記》曰：『納幣一束，束五兩，兩五尋。』然則每端二丈。」案：據此注，五兩即十端，特言之異耳。云「儷皮，兩鹿皮也」者，案：《士昏禮》注云「儷，兩也」，《聘禮》「儷皮」注同。《春秋傳》曰「鳥獸猶不失儷」，是儷爲兩也。知儷皮爲鹿皮者，惠氏棟云：「《說文》：『麗，旅行也。鹿之性，見食急則必旅行。从鹿丽聲。《禮》麗皮納聘，蓋鹿皮也。』譙周《古史考》云：『伏犧制嫁娶，以儷皮爲禮。』」今案：許所謂《禮》，即《儀禮》也。許所見本作「麗」，鄭本作「儷」，字雖不

❶ 「一節行之」，《儀禮・士冠禮》賈疏作「之節一行」。

同，而可通用。云「古文『儷』爲『離』」者，《月令》「宿離不貸」，注「離，讀如儷偶之儷」，是二字本通。《白虎通·嫁娶》篇引《士昏禮》作「束帛離皮」，蓋用古文也。**贊者皆與，贊冠者爲介。**贊者，衆賓也。皆與，亦飲酒爲衆賓。介，賓之輔，以贊爲之，尊之。飲酒之禮，賢者爲賓，其次爲介。【疏】正義曰：敖氏云：「言此於酬賓之後，明酬幣惟用於正賓也。」沈氏彤云：「《鄉飲酒·記》云『主人之贊者不與，無算爵然後與』，此亦當然。」　注云「贊者，衆賓也。皆與，亦飲酒爲衆賓」者，朱子云：「贊者，謂主人之贊者也，恐字誤作衆賓耳。」今案：下云「贊冠者爲介」，即前經「宿贊冠者一人」，乃賓之贊者也，則此贊者爲主人之贊者甚明。「贊者皆與」，謂主人之屬凡有事於冠者，皆得與於飲酒也。鄭云「衆賓」者，飲酒之禮有賓、有介、有衆賓，既云「贊冠者爲介」，則主人之贊者自在衆賓之列矣。故云「亦飲酒爲衆賓」，非謂戒而不宿之衆賓也。惟上「衆賓也」句，殊未分曉，故朱子辨之。若戒而不宿之衆賓，有來觀禮者，則亦與於飲酒，亦在衆賓之列也。云「介，賓之輔，以贊爲之，尊之」者，言介所以輔佐賓者，尊亞於賓，以贊爲介，是尊贊也。云「飲酒之禮，賢者爲賓，其次爲介」，詳《鄉飲禮》。言此以見尊之之意也。

右醴賓

賓出。主人送于外門外，再拜。歸賓俎。一獻之禮，有薦有俎，其牲未聞。使人歸諸賓家也。

【疏】正義曰：前冠畢尚有醴賓之事，故賓出廟門，不出大門。此賓出，出大門也。《禮經釋例》云：「凡送賓，主人敵者於大門外。案：《士冠禮》：醴賓畢，賓出，主人送于外門外，再拜。《士昏禮》：女父醴賓畢，賓降，授人脯，出；主人送于門外，再拜。敖氏繼公曰：「門者，外門也。」《士相見禮》：賓退，主人送于外門外，再拜。又：還贄，出，主人送于門外，再拜。《鄉飲酒禮》：『賓出，奏《陔》。主人送于門外，再拜。』《鄉射禮》：『《陔》作，賓出，衆賓皆出。主人送于門外，再拜。』皆是大門外。《聘禮》：歸饔餼畢，賓送于外門外，再拜。又：問卿私面畢，賓出，大夫送于外門外，再拜。《覲禮》：賜車服，使者出，侯氏送，再拜。此皆賓、主人相敵，或尊賓使與相敵者，前迎於大門外，故送亦於大門外也。《聘禮》：郊勞，賓送，再拜。前迎於舍門外，此亦當送於舍門外也。《覲禮》：郊勞，使者降，以左驂出，侯氏送于門外，再拜。前迎于帷門外，此亦當送於帷門外也。又《士冠禮》：賓字冠者後，賓出，主人送于廟門外。注：『不出外門，將醴之。』禮未畢者，其迎送皆於廟門外也。又《聘禮》：還玉畢，大夫出，賓送，不拜。前迎於外門外，不拜，此送亦當於外門外，不拜也。《聘禮》：公出送賓，及大門內；賓出，公再拜送。《公食大夫禮》：賓出，公送于大門內，再拜。此皆賓主不敵者，前迎於大門內，故送亦於大門內也。又《士昏・記》：若不親迎，壻見畢，出，主人送，再拜。敖氏繼公曰：『送謂送於外門外。』竊謂此説非也。前迎，主人出門左。注云：『出門，出內門。』則此送亦當於內門外、外門內也。又案：《士虞禮》：『賓出，主人送，拜稽顙。』注：『送、拜者，明於大門外也。』又《士虞・記》：餞尸，賓出，主人送，拜稽顙。注：『送賓，拜於大門外。』《特牲饋食禮》：賓出，主人送于門外。以《士虞》證之，當於大門外。經不云迎賓，但云送賓者，祭禮之賓壓於尸也。《士喪禮》上篇：小斂奠，賓出，主人拜送于門外。注：『廟門外也。』又：大斂奠，賓出，主人拜送于門外。下篇：設遷祖奠，賓出，主人送于門外。以小斂奠注證之，皆當送於廟門外。送於廟門外，與吉禮異也。又上篇：君使人弔，主人迎于寢門外；賓出，主人拜送于外門外。下篇：公賵，主人釋杖，迎于廟門外；賓出，主人送于外門外。尊君之使，故迎於寢門外。又云：『貳車畢乘，主人哭，拜送。』亦當送於外門外也。君親至，益尊，故迎送皆於大門外也。《有司徹》：『尸出，侑從。主人送于廟門之外，拜。』前迎尸、侑於廟門外，故送亦於廟門外也。又：不賓尸之禮，衆賓出，主人拜送于廟門外。注：『不言長賓者，下大夫無尊賓也。』大夫尊於士，又無尊賓，故送於廟門外，不於大門外也。此皆異於賓客正禮者也。」《釋例》又云：「凡拜送之禮，送者拜，去者不荅拜。案：《鄉飲酒禮》：『賓出，奏《陔》。主人送于門外，再拜。』《鄉射禮》：『《陔》作，賓出，衆賓皆出。主人送于門外，再拜。』注：『門東西面拜也。不荅拜，禮有終也。』《聘禮》禮畢：『賓出，公再拜送，賓不顧。』注：『公既拜，客趨辟。君命上擯送，賓出，反告賓不顧，於此君可以返路寢矣。《論語》説孔子之行曰：君召使擯，色勃如也，足躩如也。賓退，必復命曰：賓不顧矣。』又聘賓問卿面卿及介面卿畢：『賓出，大夫送于外門外，再拜，賓不顧。』注：『不顧，言去。』《公食大夫》禮畢：『賓出，公送于大門内，再拜，賓不顧。』注：『初來揖讓，而退不顧，退禮略也，示難進易退之義。擯者以賓不顧告公，公乃還也。』《特牲》、《饋食禮》：祝告利成，賓出，主人送于門外，再拜。注：『拜送賓也，凡去者不荅拜。』疏云：『總解諸文主人拜送，賓皆不荅拜。鄭注《鄉飲酒》云禮有終是也。』《有司徹》：『尸出，侑從。主人送于廟門之外，拜。尸不顧。』注：『拜送之。』疏云：『儐尸之禮，尸、侑賓也，故孔子云賓不顧矣。』《有司徹》又曰：『拜侑與長賓，亦如之，衆賓從。』注：『從者，不拜送也。』又：不儐尸之禮，衆賓出，主人拜送于廟門外，乃反。注：『拜送賓也者，亦拜送其長。不言長賓者，下大夫無尊賓也。』疏云：『賓尸時鄭注言從者不拜送，則此云拜送者，拜送其長可知。皆送者拜，去者不荅拜也。』《有司徹》尸亦然者，賓尸之禮，尸如賓，侑如介也。他如《士冠禮》醴賓畢：『賓出，主人送于外門外，再拜。』《士昏禮》納采、問名：『主人送于門外，再拜。』《士相見禮》賓見主人：『賓退，主人送于門外，再拜。』還贄亦然，皆此例也。《士冠禮》戒賓、宿賓，皆云『主人退，賓拜送』。《鄉飲酒禮》主人戒賓：『主人退，賓拜辱。介亦如之。』不云『主人荅拜』者，亦禮有終也。速賓亦然。《鄉射禮》戒賓、速賓，皆云『主人退，賓送，再拜』。此皆主人至賓之門，賓送之，則賓爲送者，主人爲去者。《聘禮》郊勞：『勞者揖皮出，乃退。賓送，再拜。』致館設飧：『卿退，賓送，再拜。』歸饔餼：『大夫降，執左馬以出。賓送于外門外，再拜。』此皆主君使人於聘賓，則聘賓爲送者，使者爲去者。《覲禮》王使人郊勞：『使者降，以左驂出。侯氏送于門外，再拜。』王賜侯氏車服：『使者出，侯氏送，再拜。』此皆天子使人於侯氏，則侯氏爲送者，使者爲去者，故經皆不云『荅拜』也。」　注云「一獻之禮，有薦有俎」者，薦謂脯醢。經不言薦，鄭知有薦者，吴氏《疑義》云：「《昏禮》禮賓、《聘禮》禮聘使皆有薦，此禮有薦之明證也。」今案：前賓醴冠者云「薦脯醢」，則此有薦必矣。云「其牲未聞」者，盛氏謂「此俎以乾肉載之，冠子者不殺，禮之正也」，吴氏《疑義》以爲「牲當用豚，如醮子」。沈氏彤則云：「有俎必有特牲。《鄉飲》、《鄉射》取擇人，而用狗。此冠禮戒賓、宿賓，亦有擇人之義，當亦用狗。」未知孰是。云「使人歸諸賓家也」者，解經「歸賓俎」爲歸諸賓家也。必歸賓俎者，厚之也。○張氏爾岐疑此經數事，謂冠不告廟，見母不見父，見贊者不見賓，言歸俎不言載俎。今案：不言載俎，張氏以爲「文不具」是也。不見父與賓，説已見前。至冠不告廟，秦氏蕙田云：「《文王世子》『冠、取妻必告』，有明證矣。」盛氏云：「《曲禮》言取妻者『齊戒以告鬼神』，而《士昏禮》亦不具，即此例也。」○朱子云：「此章以上正禮已具，以下皆禮之變。」

右送賓歸俎

儀禮正義卷二　鄭氏注

績溪胡培翬學

若不醴，則醮用酒。若不醴，謂國有舊俗可行，聖人用焉不改者也。《曲禮》曰：「君子行禮，不求變俗。祭祀之禮，居喪之服，哭泣之位，皆如其國之故，謹修其法而審行之。」是。酌而無酬酢曰醮。醴亦當爲禮。【疏】正義曰：自此至「卒醮取籩脯以降如初」，言不醴而醮之事。○案：醴爲太古造法，酒爲後世造法，醴濁酒清，醴質而酒文也。據行禮之本意，則質爲重，故冠禮以醴爲正，而醮亦竝行焉。張氏爾岐云：「醴、醮二法，其異者：醴側尊在房，醮兩尊于房户之間。醴用觶，醮用爵。醴篚從尊在房，醮篚從洗在庭。醴待賓不親酌。醮則賓自降取爵，升酌酒。醴者每加入房易服，出房立待賓命。醮則每醮訖，立筵西待賓命。三加畢乃一舉，醮每一加即一醮。醴薦用脯醢，醮每醮皆用脯醢，至三醮又有乾肉折俎。醴贊冠者酌授賓，醴者每加冠必祝，醴時又有醴辭。醮者加冠時不祝，至醮時有醮辭。其餘儀節竝不異也。」○注「不改者也」，《集釋》「者」作「舊」，嚴本及各本俱作「者」。《校勘記》以作「者」爲是。「而審行之是也」，毛本有「也」字，嚴、徐、《集釋》俱無。　云「若不醴，謂國有舊俗可行，聖人用焉不改者也」者，聖人謂周公，言周公制禮，醴子以醴，而復有用酒，蓋因其國有舊俗可行，用焉不改，故竝著之於經。朱子謂此以下爲禮之變，是也。

引《曲禮》者，即以證不改舊俗之義。案：《曲禮》曰：「君子行禮，不求變俗。」鄭注：「求，猶務也。不務變其故俗，重本也。謂去先祖之國，居他國。」孔疏：「此云不變俗，謂大夫出在他國，不變己本國之俗。案：鄭荅趙商，以爲衛武公居殷墟，故用殷禮，即引此云『君子行禮，不求變俗』。如鄭之意，不變所往之國舊時風俗，與此注不同。」然則不求變俗，鄭有兩解，此注所引，蓋謂不變他國舊俗，《王制》曰：「修其教，不易其俗。齊其政，不易其宜。」是也。孔疏又云：「祭祀之禮者，即夏立尸，殷坐尸，周旅酬六尸，及先求陰陽犧牲騂黑之屬也。居喪之服者，殷雖尊貴猶服旁親，周則以尊降服。哭泣之位者，殷不重適，以班高處上，周世貴正，嗣孫居其首。皆如其國之故者，謂故俗也。」今案：鄭引《曲禮》至「謹修其法而審行之」，即云「是」者，謂《曲禮》所云是不改舊俗也。孔疏據夏殷立論，蓋謂夏殷之子孫不變夏殷之舊俗，與此注所引義殊。賈疏乃謂此經醮用酒爲夏殷冠子之法。朱子云：「不醴而醮，乃當時國俗不同有如此者。如魯衛之幕有繆布，袝有離合，皆周禮自不同，未必夏殷法也。」其説誠是。劉氏敞以醮用酒專爲庶子冠法。盛氏云：「如以此節爲醮庶子，經當云『若庶子則醮用酒』，而下文亦不應別見庶子冠法矣。朱子謂庶子一醮以酒，安得有若此及殺牲之盛禮哉？」然則劉説亦非矣。蓋制禮惟醴而已，其或舊俗有用醮者，聖人以其無大害理，故亦録於《禮經》，以聽民之擇用也。又盛氏謂自此以下皆爲記文，詳後記下。云「酌而無酬酢曰醮」者，或謂醮與釂通，《曲禮》「長者舉未釂」，鄭注：「盡爵曰釂。」《荀子·禮論篇》「利爵之不醮也」，楊注「醮，盡也」是也。然

《説文》以醮爲冠娶禮，與醻異義。此云「無酬酢」者，吴氏紱云：「醴無酬酢，❶《冠禮》醴子，《昏禮》醴賓、醴女、醴婦，《聘禮》醴賓，皆是也。亦有有酬酢者，《冠禮》醴賓，鄭氏以爲清醴是也。若醮，則皆無酬酢，此經及《昏》父醮子命之迎、使人醮庶婦是也。」云「醴亦當爲禮」者，醴與酒對，上云醴、此云酒是也。醴亦與醮對，用醴謂之醴、用酒謂之醮是也。此經「醴」字不必改「禮」，説已詳前。**尊于房户之間，兩甒，有禁，玄酒在西，加勺，南枋。**房户間者，房西、室户東也。禁，承尊之器也。名之爲禁者，因爲酒戒也。玄酒，新水也。雖今不用，猶設之，不忘古也。【疏】正義曰：此設尊亦當在陳服之後，與醴子同。敖氏云：「兩甒，一酒、一玄酒也。玄酒在西，尊西上也。加勺，加於二尊之上而覆之也。玄酒亦加勺者，❷不以無用待之也。南枋，爲酌者北面覆手執之便也。」注云「房户間，房西、室户東也」者，凡言户者皆室户，以經云「之間」，明在東房與室户之間，故知「房西、室户東也」。云「禁，承尊之器也」者，禁以承尊。經云「有禁」，明兩甒俱有也。云「名之爲禁者，因爲酒戒也」者，詳《特牲·記》。又豐亦承尊器，詳《燕禮》。云「玄酒，新水也。雖今不用，猶設之，不忘古也」者，李氏云：「古未有醴酪，以水當酒之用。後世以其色玄，故謂之玄酒。」又云：「凡醴無冪，醮亦不用冪，從醴質。」蔡氏云：「醴一甒，無禁，無玄酒，有勺在篚，不加於尊。醮則兩甒，有禁，有玄酒，加勺尊上。此其異也。」《禮經釋例》云：「凡設尊，賓、主人敵者於房户之間，君臣則於東楹之西，竝

---

❶「醴」下，《儀禮糾解》引吴氏説有「有」字；「酢」下，《儀禮糾解》引吴氏説有「者」字。

❷「酒」，《儀禮集説》作「尊」。

兩壺，有玄酒，有禁。案：《士冠禮》「醮用酒，尊于房户之間」云云。《鄉飲酒禮》：「尊兩壺于房户間，斯禁，有玄酒，在西。」《特牲禮》：「尊于户東，玄酒在西。」注：「户東，室户東。」《少牢禮》「司宫尊兩甒于房户之間」，注：「房户之間，房西、室户東也。」飲酒與祭，皆尊於房户之間者，既祭獻賓及酢酬、旅酬、無算爵，皆具賓主，如飲酒之禮也。《鄉射禮》：「尊于賓席之東，兩壺，斯禁，左玄酒，皆加勺。」《鄉射》不云「房户之間」者，蓋鄉射於序，序有堂無室，無室則無房户，故但云「尊于賓席之東」。《鄉射》上經云「乃席賓，南面東上」，注「不言於户牖之間者，此射於序」是也。《鄉飲酒》疏云：「設酒之尊，皆於顯處，見其文。是以此及醮子，與《鄉射》、《特牲》、《少牢》、《有司徹》，皆在房户之間。」敖氏繼公曰：「不言户牖間者，可知也。記云出自東房，有東房、西房，則中有室，而席賓於户牖之間也明矣。」皆與注異。《有司徹》既祭儐尸之禮，因《少牢》正祭之酒，但攝之而已，不更設尊，故疏亦以爲在房户之間也。《燕禮》：「司宫尊于東楹之西，兩方壺，左玄酒，南上。公尊瓦大兩，有豐。」注：「於東楹之西，予君專此酒也。《玉藻》曰：唯君面尊。玄酒在南，順君之面也。」《大射儀》：「司宫尊于東楹之西，兩方壺，膳尊兩甒在南，有豐。」膳尊即《燕禮》公尊，君之尊也。兩方壺，臣之尊也。君臣不同尊，尊君也。皆有玄酒，故君臣皆兩尊。注云：「酒在北，尊統於君，南爲上也。唯君面尊，言專惠也。」燕禮、大射皆臣與君行禮，故尊於東楹之西也。《曲禮》「侍飲於長者」，孔穎達正義曰：「陳尊之所，貴賤不同。若諸侯燕禮、大射，設尊在東楹之西，自北嚮南陳之，酌者在尊東，西嚮，以酌者之左爲上尊，尊面有鼻，鼻向君，示君專有此惠也。若《鄉飲酒》及卿大夫燕，則設尊陳於房户之間，東西列尊，尊面嚮南，酌者嚮北，以西爲上尊。時主人在阼西嚮，賓在户西牖前南嚮，使賓主得夾尊，示不敢專惠也。』尊于房户之間，但云《鄉飲酒》，不云《鄉射》，較賈氏爲精矣。」《釋例》又云：「案：《燕禮》疏云：『《少儀》云：「尊壺者面其鼻。」鄭注：「鼻在面中，言嚮人也。」據《燕禮》向君而言。《少儀》又云：「尊者以酌者之左爲上尊。」《鄉飲酒》云：「尊兩壺于房户之間，玄酒在西。」又《鄉射》云：「尊于賓席之東，兩壺，斯禁，左玄酒。」鄭注：「設尊者北面，西曰左。」此皆據酌者北面而言。若據設尊之人及尊面而言，即南面以右爲尊。』詳疏意，以爲《鄉飲》、《鄉射》設玄酒之位，與《燕禮》若有異者。考《鄉飲》、《鄉射》尊面向南，則以西爲上，《燕禮》、《大射》尊面向東，則以南爲上，經例固不異也。」**洗，有篚在西，南順。**洗，庭洗。當東榮，南北以堂深。篚亦以盛勺觶，陳於洗西。南順，北爲上也。【疏】正義曰：注云「洗，庭洗」者，以别於北堂之洗也。醮不言設洗者，敖氏云：「醮而設洗之節亦與醴同，惟有篚爲異，此見其異者耳。」今案：醴之篚在房，醮之篚在庭，此其異也。云「當東榮，南北以堂深」者，説已詳前。云「篚亦以盛勺觶」者，王氏士讓云：「三醮皆用爵，勺加在尊上，篚中非觶，并無勺也。注誤耳。」張氏惠言云：「房中之篚有勺者，醴尊不加勺故也。此尊既加勺，則勺不在篚。注連言之，誤。」今案：爵、觶通稱。篚有勺者，褚氏謂勺先實於篚，後加於尊，則注説亦可通。云「陳於洗西」者，據經「有篚在西」言之也。云「南順，北爲上也」者，此篚蓋縱設之，以北爲上，《特牲·記》注謂「南順，統於堂也」，是也。據此，則篚似有刻識爲首尾矣。此篚在庭爲下篚，又在堂爲上篚，詳《鄉飲禮》。**始加，醮用脯醢。賓降，取爵于篚，辭降如初。卒洗，升酌。**始加者，言一加一醮也。加冠於東序，醮之於户西，同耳。始醮亦薦脯醢。賓降者，爵在庭，酒在堂，將自酌也。辭降如初，如將冠時降盥，辭主人降也。凡薦出自東房。【疏】正義曰：朱子云：「『始加』二字，乃疊見前始加緇布冠一章之禮。

『醮用脯醢』乃題下事，其實賓荅拜後乃薦之也。」敖氏云：「卒洗亦當壹揖壹讓乃升。」今案：此章於其儀文之與醴同者皆云如初，則醴爲正禮益可見矣。　注云「始加者，言一加一醮也」者，注以經云「始加」即云「醮」，明是一加一醮，與醴行於三加之後乃薦脯醢者異矣。云「加冠於東序，醮之於户西，同耳」者，上冠子筵于東序，醴子筵于户西，此經不言，故注補之，明一加一醮雖異，而其行禮處所則與用醴者同也。「醮之於户西」，即所謂「醮於客位」者。據此，則鄭不專以醮爲冠庶子法明矣。云「始醮亦薦脯醢」者，明每醮皆有脯醢也。云「賓降者，爵在庭，酒在堂，將自酌也」者，爵實于篚，在洗西，是在庭也。酒尊于房户之間，是在堂也。上醴子者醴在房，贊者酌授賓，賓無升降之節。此醮則賓自酌，故須降取爵於篚以洗，洗畢乃升酌也。云「辭降如初，如將冠時降盥，辭主人降也」者，謂上將冠時賓降盥，主人降，賓辭，主人對也。但前將冠時賓降止爲盥手，此則兼爲洗爵，雖有不同，而其辭主人降之節亦如之也。云「凡薦出自東房」者，《禮經釋例》云：「凡脯醢謂之薦，出自東房。案：《士冠禮》疏云：『醴尊在房，脯醢出自東房。酒尊在堂，脯醢亦出自東房。《鄉飲》、《鄉射》、《特牲》、《少牢》薦者皆出東房，故注云凡以該之。』考《士冠禮》：『陳服于房中。』又云：『脯醢南上。』房中即東房也。《鄉飲酒・記》：『薦脯五脡，出自左房。』《鄉射・記》：『薦脯用籩，醢以豆，出自東房。』《特牲禮》：『豆籩鉶在東房。』《少牢禮》：『饌豆籩與篚于房中。』又：陰厭，主婦薦自東房。此皆疏所已言者也。《公食禮》設正饌，宰夫自東房授醯醬。又云：『宰夫自東房薦豆六。』《有司徹》：主人獻尸，主婦自東房薦韭菹醢。又云：『主婦興，取籩于房。』又：主婦獻尸，興，入于房，取糗與腶脩，執以出。又：主婦致爵于主人，設糗脩，如尸禮。又：主人獻長賓，宰夫自東房薦脯醢。又：不儐尸之禮，主婦亞獻，反取籩于房中，執棗糗。又云：『婦贊者執栗脯。』此皆疏所未言者也。《燕禮》、《大射》、《聘禮》以及《有司徹》，主人獻侑、主人受尸酢、主婦獻侑、主婦受尸酢，不儐尸之禮主婦獻祝、主婦致爵于主人、賓致爵于主婦，所薦籩豆，經雖無文，則皆出自東房可知也。薦亦有不在東房者，《特牲·記》云：『賓與長兄弟之薦自東房，其餘在東堂。』其餘，謂衆賓兄弟之薦是也。若《士虞禮》：『饌兩豆菹醢于西楹之東，醢在西，一鉶亞之。從獻豆兩亞之，❶四籩亞之。』則是反吉，非恒例矣。」**冠者拜受，賓荅拜，如初。**贊者筵於户西，賓升，揖冠者就筵，乃酌，冠者南面拜受，賓授爵，東面荅拜，如醴禮也。於賓荅拜，贊者則亦薦之。【疏】正義曰：注云「贊者筵於户西」至「東面荅拜」者，因經但言拜受荅拜，未言節次面位，故約醴子之文以明之，見醮與醴同也。云「如醴禮也」者，釋經「如初」之文也。云「於賓荅拜，贊者則亦薦之」者，上醴禮云「賓東面荅拜」，下即云「薦脯醢」，明醮禮亦當於賓荅拜時薦之也。張氏爾岐云：「賓亦筵前北面釋醮辭訖，冠者乃南面拜受。」

冠者升筵坐，左執爵，右祭脯醢，祭酒，興，筵末坐，啐酒，降筵，拜。賓荅拜。冠者奠爵于薦東，立于筵西。冠者立俟賓命，賓揖之，則就東序之筵。【疏】正義曰：朱子云：「此正醮禮也，下兩醮及後章三醮，凡言『如初』者，皆謂如此禮也。」李氏云：「不卒爵者，從醴禮。」張氏爾岐云：「降筵奠爵而後拜，執爵興，賓乃荅拜，拜訖冠者乃奠爵薦東，其節亦與醴同。」今案：上醴禮云「冠者奠觶于薦東，降筵，北面坐取脯」，此奠爵薦東，云「立于筵西」，唯此爲異耳。注云「冠者立俟賓命」者，沈氏彤云：「上一加入房易服

---

❶「豆兩」，原倒，今據《禮經釋例》乙正。

訖而出南面者，立於房户外之西待命也。此立于筵西待命者，以不但易服出房，而又醮訖，故筵西便也。」云「賓揖之，則就東序之筵」者，賓揖之，即所謂賓命也。就東序之筵，謂當更加皮弁也。**徹薦爵，筵尊不徹。**徹薦與爵者，辟後加也。不徹筵尊，三加可相因，由便也。【疏】正義曰：注云「徹薦與爵者，辟後加也」者，謂後加更須設薦爵，故徹之也。敖氏云：「徹之，亦贊冠者也。每醮禮畢必徹薦爵者，所以新後醮之禮，若不相因然。」是也。云「不徹筵尊，三加可相因，由便也」者，吴氏《章句》云：「可相因者則不徹。上祇一醴，故醴畢見母而盡徹。此三醮，故其節不同。」**加皮弁，如初儀。再醮攝酒，其他皆如初。**攝，猶整也。整酒，謂撓之。今文「攝」爲「聶」。【疏】正義曰：朱子云：「此『如初儀』者，如前再加一章之儀也。下條放此。『再醮攝酒，其他皆如初』，言惟攝酒異於始醮，其他皆如之也。」注云「攝，猶整也。整酒，謂撓之」者，胡氏承珙云：「《説文》：『攝，引持也。』引持亦整理之義，故鄭君訓攝爲整。」惠氏棟云：「《漢書·匈奴傳》：『單于以徑路刀金留犂撓酒。』應劭曰：『撓，和也。』鄭以攝酒有攪撓之事，故舉漢法以明之。」今案：《有司徹》「司宫攝酒」，注云「更撓益整頓之」，賈疏云：「因前正祭之酒，更撓攪添益整新之也。」然則此攝酒，亦謂因始醮之酒撓益整頓之，示新也。此經再醮言攝酒，三醮不言攝。下若殺章再醮不言攝，三醮言攝酒，皆省文互見，其實再醮、三醮皆攝酒也。云「今文『攝』爲『聶』」者，胡氏云：「『攝』，正字，今文省作『聶』。猶《爾雅》『欇虎櫐』，《釋文》云『欇又作聶』是也。」**加爵弁，如初儀。三醮，有乾肉折俎，嚌之，其他如初。北面取脯，見于母。**乾肉，牲體之脯也，折其體以爲俎。嚌，嘗之。【疏】正義曰：朱子云：「初儀，見上。三醮，唯攝酒及有乾肉折俎嚌之爲異，其他皆如始醮也。」「北面取脯，見於母」，敖氏云：「著此者，見其與醴同也。」　注云「乾肉，牲體之脯也」者，案：《周禮》：「腊人掌乾肉，凡田獸之脯腊膴胖之事。」鄭注：「大物解肆乾之，謂之乾肉，若今涼州烏翅矣。薄析曰脯，捶之而施薑桂曰腶脩。腊，小物全乾。」據此，則乾肉與脯、腊、腶脩俱別。此云「牲體之脯」，謂以牲體乾之如脯。沈氏彤云「但取於脯之乾，不取其薄析」是也。云「折其體以爲俎」者，賈疏云：「或爲豚解而七體以乾之，謂之乾肉。及用之，將升於俎，則節折爲二十一體，與《燕禮》同。故總名乾肉折俎也。」盛氏云：「俎用乾肉，不殺故也。」今案：豚解之法，陳氏祥道據《士喪禮》「特豚四鬄，去蹏，兩胉，脊」，謂「四鬄者，殊左右肩髀而爲四，又兩胉一脊，而爲七」是也。體解之法，朱子謂「折脊爲三，曰正脊，曰脡脊，曰橫脊。兩胉各三，曰代脅，曰長脅，曰短脅，凡六。兩肱各三，曰肩，曰臂，曰臑，凡六。兩股各三，曰髀，曰肫，曰胳，凡六。通爲二十一體」，是也。陳氏去兩髀，而以兩觳足之，非是。辨見《少牢禮》「佐食遷肵俎于阼階西」下。又案：宣十六年《左傳》曰：「王享有體薦，宴有折俎。」杜注：「宴則體解節折，升之於俎。」亦謂折爲二十一體也。若骨折與節折異，骨折則《特牲·記》所言是也。云「嚌，嘗之」者，《説文》「嚌，嘗也」，《禮記·雜記下》鄭注「嚌、啐，皆嘗也，嚌至齒，啐入口」，是也。○以上醮。

若殺，則特豚，載合升，離肺實于鼎，設扃鼏。　特豚，一豚也。凡牲皆用左胖。煮於鑊曰亨，在鼎曰升，在俎曰載。載合升者，明亨與載皆合左右胖。離，割也。割肺者，使可祭也，可嚌也。今文「扃」爲「鉉」，古文「鼏」爲「密」。【疏】正義曰：殺，殺牲也。此又醮禮之盛者，亦因其舊俗而行之也。醮用乾肉折俎盛於醴，殺牲又盛於折俎，而冠不以盛禮先之者，聖人制禮，欲其盡人可行，故示以淳朴之意也。　注云「特豚，一豚也」者，以一訓特，亦猶《特牲饋食》之爲一豕也。《説文》：「豚，小豕也。」沈氏彤云：「不用豕而用豚，豚未成牲而將成牲，於冠義類也。」云「凡牲皆用左胖」者，《禮經釋例》云：「凡牲皆用右胖，唯變禮反吉用左胖。案：《鄉飲酒·記》賓俎、主人俎、介俎，皆右體，進腠。《鄉射·記》亦云：『皆右體也，進腠。』注：『右體，周所貴也。』此嘉禮用右胖也。《特牲·記》：『尸俎：右肩、臂、臑、肫、胳。』《少牢禮》：『司馬升羊右胖，髀不升。』注：『上右胖，周所貴也。』又：司士升豕右胖。又：將祭載俎，上利升羊，載右胖；下利升豕，其載如羊。《有司徹》：『司馬朼羊，❶亦司馬載，載右體。』又云：『司士朼豕，亦司士載，亦右體。』此吉禮用右胖也。是凡牲皆用右胖也。《既夕禮》：大遣奠陳鼎，其實羊左胖，豕亦如之。注：『反吉祭也。』《士虞·記》：『豚解，升左肩、臂、臑、肫、胳，脊，脅。』又云：『升腊左胖。』是變禮反吉，始用左胖也。至於《特牲·記》：『賓，骼。』注：『骼，左骼也。』賓用左骼者，下尸也。《有司徹》：『侑俎：羊左肩、左肫，豕左肩折。』侑用左體者，亦下尸也。主婦俎，羊左臑。主婦用左體者，因阼俎無體，故下主人也。此皆禮之殺者，不用右胖，其餘皆用右胖也。《士冠禮》注：『凡牲皆用左胖。』當作『右胖』，左字蓋傳寫之誤。」褚氏云：「諸吉禮皆升右胖，而此注言凡，則是解全經之通例，何反背經而云左，斯不然矣。賈不悟其譌，乃云據夏殷法，曲説也。」盛氏世佐、盧氏文弨、張氏惠言亦皆以左爲右之誤。云「煮於鑊曰亨，在鼎曰升，在俎曰載」者，此因經言載合升，而分别其義也。凡牲煮於爨上之鑊謂之亨，由鑊而實於鼎謂之升，由鼎而盛於俎謂之載。李氏云：「牲體在俎，亦得升名。下云『肴升折俎』，《少牢》云『升羊載右胖』是也。」云「載合升者，明亨與載皆合

❶「朼」，原作「牝」，今據《禮經釋例》改。下「司士朼豕」同。

左右胖」者，加載於合升之上，見不獨合升於鼎，而亨與載亦皆合左右胖也。敖氏以「載」爲衍文，沈氏彤以「特豚載」爲句，謂俎爲載也，豚合升不合載。張氏惠言云：「若合升而不竝載，則經當明之，如《昏禮》盥饋合升側載也。沈説非是。敖去載字，則升者將不載乎？更非矣。」《釋例》云：「《士昏禮》：『初昏陳鼎，其實特豚，合升。』注：『合升，合左右胖升於鼎也。』《士喪禮》：大斂奠陳鼎，豚合升。注：『合升，合左右體升於鼎。』冠禮人道之始，昏禮男女之始，大斂人道之終，故皆合升左右胖，異於他禮也。陳氏祥道云：『豚則吉凶皆合升，用成牲則升其胖而去髀，吉升右而凶升左。』」云「離，割也。割肺者，使可祭也，可嚌也」者，肺必割之而後可祭可嚌。但肺有二種：一曰舉肺，爲食而設，割之使不絶中央少許，又名離肺，又名嚌肺是也。一曰祭肺，爲祭而設，割斷之使絶，又名刌肺，又名切肺是也。《儀禮》諸篇多舉肺、祭肺竝言，此但言離肺，不言刌肺，蓋省文耳。肺爲氣主，周人尚之，故與牲體同實於鼎也。云「今文『扃』爲『鉉』，古文『鼏』爲『密』」者，此注但疊今古文，而未解扃、鼏之義。案：《士昏禮》注云：「扃，所以扛鼎。鼏，覆之。」《公食禮》注：「扃，鼎扛，所以舉之者也。凡鼎鼏，蓋以茅爲之，長則束本，短則編其中央。」或謂此注有「扃鼎扛所以舉之者也鼏覆之」十二字，考嚴本及各本皆無，蓋移後篇之注於前耳，未足據。段氏《儀禮漢讀考》云：「扃，篆作『鼏』，以冂野之冂爲聲，音古熒切。鼏，以一下垂之冖爲聲，音莫狄切。《説文・鼎部》曰：『鼏，以木横貫鼎耳舉之。从鼎冂聲。《周禮》廟門容大鼏七箇，即《易》玉鉉也。』又曰：『鼏，鼎覆也。從鼎冖，冖亦聲。』蓋許叔重原文如是，二形相似，轉寫遂但存其一。」又云：「《説文・金部》『鉉』字下曰：『所以舉鼎也。《易》謂之鉉，《禮》謂之鼏。』則許氏所據古文《禮》作『鼏』甚明。十七篇内，本皆鼏、鼏連文，後人因兩字易混，遂易鼏爲扃。」王石臞先生云：「此臆説，不可從。《説文》『鉉』字注『《禮》謂之鼏』，當作『《周禮》謂之鼏』，與鼏字注引《周禮》正合。鄭注明言『今文扃爲鉉』，則古文乃是『扃』字，非『鼏』字。《儀禮》今文作『鉉』，而許不引者，已云『《易》謂之鉉』，則不須更引《儀禮》。至古文作『扃』，乃『鼏』之借字，例不當引，故不引也。」左氏暄云：「扛鼎之具，《説文》作『鼏』，而鄭與許異者，以《儀禮》古文已假借用『扃』字，説經嫌於改字，故從古文。《説文》『鼏』字注云：『以木横貫鼎耳。』則字不當從金。又爻辭：『鼎玉鉉。』❶玉亦非可以扛鼎也，豈扛鼎之具飾以金飾以玉與？」惠氏棟云：「『今文扃爲鉉』，是扃即鉉也。顔師古謂扃貫於鉉，則是以鉉爲鼎耳，誤矣。」胡氏承珙云：「《禮經》今文作『鼏』者正字，古文作『密』者假借字。鄭於貫鼎之扛皆從古文作『扃』，不從今文作『鉉』。於覆鼎之蓋皆從今文作『鼏』，不從古文作『密』。此則其例之畫一者也。」今案：鼎自一至十二，數有多寡，由禮有隆殺也。此云「實於鼎」，則一鼎也。楊氏《儀禮旁通圖》：「一鼎，特豚，《士冠》醮子，《士昏》婦盥饋，《士喪》小斂奠用之。三鼎，豚、魚、腊，《特牲》祭，《昏禮》共牢，《喪禮》大斂奠、朔月奠、遷祖奠用之。五鼎，羊豕魚腊膚，《少牢》祭，《聘禮》致飧衆介，《玉藻》諸侯朔月用。」楊氏云：「少牢五鼎，大夫之常事，又有殺禮而用三鼎者。如《有司徹》乃升羊豕魚三鼎，腊爲庶羞，膚從豕，陳於門外，如初。以其繹祭，殺於正祭，故用少牢而鼎三也。又士禮特牲三鼎，有以盛葬奠加一等用少牢者，如《既夕》遣奠『陳鼎五于門外』是也。」又「七鼎，牛、羊、豕、魚、腊、腸胃、膚，《公食》下大夫用之。九鼎，牛、羊、豕、魚、腊、腸胃、膚、鮮魚、鮮

❶「玉」，原作「王」，據《續清經解》本改。

腊，《公食》上大夫用之」，楊氏云：「上大夫九俎，九俎，九鼎也。牛、羊、豕曰大牢。凡七鼎、九鼎，皆大牢，而以魚、腊、腸胃、膚配之者爲七，又加鮮魚、鮮腊者爲九。」又「十鼎，正鼎七，牛、羊、豕、魚、腊、腸胃、膚，陪鼎三，膷、臐、膮，《聘禮》致飧上介用之。十二鼎，正鼎九，牛、羊、豕、魚、腊、腸胃、膚、鮮魚、鮮腊，陪鼎三，膷、臐、膮，《聘禮》宰夫設飧、卿歸饔，《周禮·膳夫》王日一舉用之」，楊氏云：「凡十鼎、十二鼎，皆合正鼎、陪鼎也。《郊特牲》云：『鼎俎奇而籩豆偶，以象陰陽。』若十鼎、十二鼎，正陪別數則爲奇也。」**始醮，如初。**亦薦脯醢，徹薦爵，筵尊不徹矣。【疏】正義曰：朱子云：「初，謂前章之始醮也。」吴氏《章句》謂如初兼醴及醮言，非。　注云「亦薦脯醢，徹薦爵，筵尊不徹矣」者，是亦據前章之始醮言，不兼醴也。**再醮，兩豆：葵菹、蠃醢，兩籩：栗、脯。**蠃醢，螔蝓醢。今文「蠃」爲「蝸」。【疏】正義曰：朱子云：「再醮唯攝酒、加豆籩爲異，不言如初者，可知也。」今案：葵菹、蠃醢，《周禮》饋食之豆也。栗、脯，《周禮》加籩之實也。前止一豆一籩，此兩豆兩籩者，《敖氏》云：「於此加其豆籩，以起三醮之禮，示禮隆有漸也。」○注「螔蝓醢」，《釋文》、嚴、徐、《集釋》、《通解》、敖氏作「螔」，毛本誤作「⿰虫虎」。《校勘記》云：「此字从虫虒聲。」　云「蠃醢，螔蝓醢」者，以蠃爲螔蝓，《周禮·醢人》注同，即《爾雅·釋魚》曰「蚹蠃，螔蝓」是也。　云「今文『蠃』爲『蝸』」者，段氏云：「《説文》『蠃』字下云：『一曰虒蝓也。』蝸字下云：『蠃也。』『蝓』字下云：『虒蝓也。』然則蝸與蠃同物而異名。《周禮》作『蠃』，《儀禮》古文同，今文作『蝸』。《禮記》從今文者也，故《内則》作『蝸醢』，徐仙民《禮記》蝸音蠃。此據《周禮》及《儀禮》古文。顔師古議其未達，又云『蝸者，蠃類而非一』，失於考之不詳。」今案：鄭以「蠃」字近古，故疊今文不用也。《爾雅》郭注謂螔蝓即蝸牛。熊氏朋來以《内則》之「蝸」乃古「螺」

字，蠃即螺，亦作蝸，韻書云蚌屬，非蝸牛之蝸。其説與郭異矣。**三醮，攝酒如再醮，加俎嚌之，皆如初，嚌肺。**攝酒如再醮，則再醮亦攝之矣。加俎嚌之，嚌當爲祭，字之誤也。祭俎如初，如祭脯醢。【疏】正義曰：朱子云：「初，謂上章之三醮也。」❶今案：加俎謂加豚俎，三醮亦兩豆、兩籩，如再醮，而又有豚俎焉。三加彌尊，故三醮禮彌盛也。嚌肺，即離肺也。殺牲而後有肺，則嚌肺不在「如初」中，故退在下也。注云「攝酒如再醮，則再醮亦攝之矣」者，此據經以明再醮之亦攝酒也。再醮不言者，省文，説已詳前。云「加俎嚌之，嚌當爲祭，字之誤也」者，賈疏云：「經有二嚌，不破如初嚌之嚌，唯破加俎嚌之字者，以祭先之法，祭乃嚌之，又不宜有二嚌，故破加俎之嚌爲祭也。」胡氏承珙云：「鄭讀經文『加俎嚌之皆如初』爲句，『嚌肺』爲句，故既破上嚌爲祭，即云『祭俎如初，如祭脯醢』，則疏當云『不破嚌肺之嚌』。此乃云『不破如初嚌之嚌』，轉似以『嚌肺』與上『皆如初』連文，誤矣。」今案：鄭破上「嚌」爲「祭」，即云「祭俎如初，如祭脯醢」，是爲祭俎言之。其實經云「皆如初」，所包尚廣，不止祭俎一事也。上章「三醮，有乾肉折俎，嚌之，其他如初」，明折俎不在如初中，故別云「其他」，謂薦脯醢及降洗升酌至祭酒諸儀也。此經云「皆如初」，亦兼薦脯醢及祭脯醢、祭酒等事，加俎雖與初異，而祭之之法亦與初祭脯醢者同，故統言皆以概之。賈疏謂三醮用再醮之籩豆，再醮不徹薦，唯徹爵而已。乃臆説，不可從，後儒多辨之。○又案：朱子不取鄭改字之説，謂「上章之俎無肺，而此章有肺，故又特言所嚌者肺，而不嫌於複出，則此嚌字當從本文爲是。陸氏亦云嚌讀如字。嚌肺，釋上

❶「三」，《儀禮經傳通解》作「始」。

嚌之爲嚌肺也。」説與鄭異，今竝存之。**卒醮，取籩脯以降，如初。**【疏】正義曰：「如初」，謂見母也。方氏苞云：「有加俎而取籩脯者，❶執以見母，濡肉非所宜。」蔡氏德晋云：「籩脯，籩中之脯。取籩脯見母，以別於薦脯也。薦脯已嚌，籩脯未嚌。」今案：必取籩脯者，恐其褻爾。○以上殺牲而醮。

右醮用酒之禮

若孤子，則父兄戒宿。父兄，諸父諸兄。【疏】正義曰：自此至「直東塾北面」，言孤子冠法。○此孤子，謂適子無父者也。敖氏云：「孤子雖尊於家，然未冠，不可與成人爲禮於外，故戒宿賓客則諸父若兄爲之。惟言父兄戒宿，則筮日、筮賓、爲期之事，皆將冠者自主之可知。」　注云「父兄，諸父諸兄」者，謂諸伯叔父及諸從兄之屬是也。**冠之日，主人紒而迎賓，拜，揖，讓，立于序端，皆如冠主，禮于阼。**冠主，冠者親父若宗兄也。古文「紒」爲「結」，今文「禮」作「醴」。【疏】正義曰：此主人，謂孤子將冠者也。上經云「將冠者采衣紒」，此但言紒而不言采衣者，《曲禮》曰「孤子當室，冠衣不純采」是也。然則亦不用錦束髮可知矣。「迎賓，拜，揖，讓，立于序端」，謂前主人迎賓、西面再拜、賓荅拜，以至三揖至階、三讓、主人升、立于序端諸儀。此雖將冠者，亦一一皆如爲子加冠之主人也。敖氏云：「孤子未冠，而於此乃行成人之禮者，無父則得伸其尊也。諸父若兄不主其事者，家無二主也。」「禮于阼」，楊氏云：「父在時冠于東序，醴

---

❶「加」，《儀禮析疑》作「折」。

于户西。此則冠于東序，醴于東序也。」今案：醴不於户西客位者，以父没，不敢以賓客禮自居，故冠在阼，禮亦在阼也。上經冠子「筵于東序，少北」，張氏惠言云：「此孤子冠，當正在阼階，不少北也。敖氏謂禮爲賓與冠者行禮，非是。然則有父加冠，則將冠者紒而俟于房，孤子則紒而迎賓，自爲主。有父加冠，則受醴于室户西，孤子則醴于阼。此其異也。」注云「冠主，冠者親父若宗兄也」者，親父，冠者之父。宗兄，則適兄也。注意蓋謂庶子父不在而冠，則適子可爲之主耳。言宗者，以其承大宗小宗而言，是適也。《昏禮·記》曰：「支子則稱其宗，弟稱其兄。」鄭義疑本此。云「古文『紒』爲『結』」，詳前。云「今文『禮』爲『醴』」者，或謂宜從古文作「禮」，或謂宜從今文作「醴」，諸説紛紛。胡氏承珙云：「賈疏謂鄭不從今文者，以其言醴則不兼於醮，言禮則兼醴醮二法。此説是也。若《昏禮》『賓入授，如初禮』，謂如納采授鴈之禮。《聘禮》『賓拜禮于朝』，乃拜夫人之歸禮。又『禮玉束帛乘皮』，乃報彼君之享禮。皆與醴酒無涉，故鄭皆從『禮』，不從『醴』也。」**凡拜，北面于阼階上，賓亦北面于西階上荅拜。**【疏】正義曰：阼階上、西階上，各專階也。拜言凡者，謂醴若醮時，拜受、啐拜及荅拜之類也。此孤子冠，賓主皆北面專階而拜，異於父在時醴與醮之拜也。敖氏云：「此賓主相拜之正位也。」《禮經釋例》云：「凡門外之拜皆東西面，堂上之拜，皆北面。案：《士冠禮》宿賓：『賓如主人服，出門左，西面再拜。主人東面荅拜。』又賓至：『主人迎，出門左，西面再拜，賓荅拜。』亦東面拜。《士昏禮》親迎：『主人玄端，迎于門外，西面再拜。賓東面荅拜。』《特牲饋食禮》宿尸：『尸如主人服，出門左，西面。主人辟，皆東面北上。主人再拜，尸荅拜。』又宿賓：『賓出門左，西面再拜，主人東面荅再拜。』又視濯視牲：『主人及子姓兄弟即位于門東，如初。』注：『初，筮位也。』即門外西面之位。又云：『賓及衆賓即位于門西，東面北上。』又云：『主人再拜，賓荅再拜。三拜衆賓，衆賓荅再拜。』又祭日：『主人及賓、兄弟、羣執事即位于門外，如初主人拜賓，如初。』此皆大門外之拜。《士昏·記》：若不親迎，主人出門左，西面；注：「出内門。」壻入門，東面；注：「入大門。」奠摯，再拜，出。此内門外之拜。是門外之拜皆東西面也。又《士冠禮》戒賓、宿贊冠者，《士相見禮》迎賓，《鄉飲酒》、《鄉射禮》戒賓、速賓、迎賓，《聘禮》致館，《公食大夫禮》戒賓，亦皆門外之拜。經不云東西面者，文不具也。又：送賓及爲人使者不荅拜，而主人門外之拜當亦西面也。《士冠禮》孤子冠：『凡拜，北面于阼階上，賓亦北面于西階上荅拜。』《士昏禮》納采：『賓致命，主人阼階上北面再拜。』又醴賓：『主人北面再拜，賓西階上北面荅拜。』又親迎：『賓升，北面奠雁，再拜稽首。』《鄉飲酒禮》拜至：『主人阼階上當楣北面再拜，賓西階上當楣北面荅拜。』《鄉射》作「荅再拜」。又主人獻賓：『賓西階上北面坐卒爵，興，坐奠爵，遂拜。』又賓酢主人：『主人適阼階上，北面坐卒爵，興，坐奠爵，遂拜。』又云：『阼階上北面再拜崇酒。』《鄉射》無「北面」二字，文不具也。又主人酬賓：『阼階上北面坐奠觶，遂拜。』又云：『賓西階上荅拜。』《鄉射》作「北面荅拜」。又主人獻介：『介西階上北面拜。』又云：『主人介右北面拜送爵。』又云：『介降席，北面坐卒爵，興，坐奠爵，遂拜。』《鄉射禮》旅酬：『主人阼階上北面拜。』又云：『賓主人之西北面拜送。』又二人舉觶：『西階上北面，皆坐奠觶，拜。』《鄉飲酒》不云「北面」，文不具也。《燕禮》：『主人升自西階，賓右北面至再拜。』又主人獻賓：『賓西階上北面坐卒爵，興，坐奠爵，遂拜。』又賓酢主人：『主人北面拜受爵。』又主人酬賓：『賓降筵北面荅拜。』「賓降筵」三字，《大射》作「西階上」。《聘禮》：『賓致命，公左旋，北向。擯者進，公當楣再拜。』又：『賓覿，升，公北面再拜。』《特牲饋食禮》：『西階上獻賓，賓北面拜受爵。』《有司徹》：主人授尸几，東楹東北面拜。又云：尸與侑皆北面荅拜。又：『尸西楹西北面拜洗，主人東楹東北面奠爵荅拜。』又：『主人酌獻尸，尸北面拜受爵，主人東楹東北面拜送爵。』又：『尸拜，告旨，主人北面于東楹東荅拜。』又：『尸北面卒爵，拜，主人北面于東楹東荅拜。』又：『主人酌獻侑，侑西楹西北面拜受爵，主人在其右北面荅拜。』又：『侑北面于西楹西卒爵，拜。』又：尸酢主人，主人拜洗，尸北面于西楹西荅拜。又：『主人東楹東北面拜受爵，尸西楹西北面荅拜。』又：『主人北面于阼階上，卒爵，拜。』又：『尸侑皆北面于西楹西，主人北面于東楹東再拜崇酒，尸侑皆荅再拜。』又：上賓三獻，西楹西北面拜送爵。又：主人酬尸，東楹東北面拜，尸西楹西北面荅拜。又：『獻賓于西階上，主人在其右北面荅拜。』又：『主人酌酢于長賓，西階上北面，賓在左。主人坐奠爵，拜，賓荅拜。』又：『尸作三獻之爵，三獻北面荅拜。』又：酌獻侑，三獻北面荅拜。又：酌致主人，三獻東楹東北面荅拜。又：尸酢三獻，西楹西北面拜受爵。又：二人舉觶，西楹西北面東上，坐奠爵，拜。又：『尸北面于阼階上酬主人，主人在右。坐奠爵，拜，主人荅拜。』是堂上之拜皆北面也。又《士冠禮》：賓醴冠者，冠者筵西拜受觶，賓東面荅拜。《有司徹》：尸酢三獻，尸升筵，南面荅拜。此皆堂上拜，而不北面者，辟正主也。又《士昏禮》：婦見舅姑，升，進，北面拜。又：贊醴婦，婦東面拜受，贊西階上北面拜送。《有司徹》：主婦獻尸侑及受尸酢皆西面拜，致爵于主人則北面拜。此則婦人之禮，雖堂上拜不皆北面，異於男子也。」《釋例》又云：「凡賓、主人，禮盛者專階，不盛者不專階。案：《士冠禮》孤子冠：『凡拜，北面于阼階上，賓亦北面于西階上荅拜。』《士昏禮》納采：『賓升西階，當阿東面致命，主人阼階上北面再拜。』禮畢醴賓：『揖讓如初，升，主人北面再拜，亦于阼階上。賓西階上北面荅拜。』《鄉飲酒》、《鄉射》

賓至，『主人升，賓升。主人阼階上當楣北面再拜，賓西階上當楣北面荅拜』。主人獻賓，拜洗，受爵，送爵，告旨，卒爵。賓酢主人，拜洗，受爵，送爵，卒爵，崇酒。主人酬賓，先卒觶，及受觶、送觶。皆主人阼階上拜，賓西階上拜。《聘禮》：『公升二等，賓升，西楹西東面。』歸饔餼及問卿，皆賓主專階。《有司徹》迎尸迎侑：『主人先升自阼階。尸、侑升自西階，西楹西北面東上。主人東楹東北面拜至，尸荅拜。主人又拜侑，侑荅拜。』主人獻尸，送几，受几，拜洗，受爵，送爵，告旨，卒爵。主人受尸酢，拜洗，受爵，卒爵，崇酒。主人酬尸，先卒觶，受觶。皆主人于東楹東拜，尸于西楹西拜。東楹東，即阼階上也。西楹西，即西階上也。《公食大夫》拜至，賓雖降階拜，辭之始升成拜，然亦各拜於其階。是禮盛者則專階也。《鄉飲酒》主人獻介，受爵，送爵，卒爵；介酢主人，實爵，卒爵，崇酒，皆介於西階上拜，主人于介右拜。同拜于西階上。《鄉射禮》主人獻大夫，即遵者。受爵，送爵，卒爵；大夫酢主人，實爵，卒爵，崇酒，亦大夫於西階上拜，主人於大夫右拜。《鄉飲酒》、《鄉射》主人獻衆賓于西階上，衆賓之長升拜受者三人，主人拜送。注：『拜送爵於衆賓右。』是亦同在西階上也。《燕禮》、《大射》：賓、主人皆升自西階，主人賓右至再拜，賓荅再拜。主人獻賓，拜洗，送爵，受爵，告旨，卒爵；賓酢主人，拜洗，受爵，送爵，卒爵；主人酬賓，先卒爵，受爵，送爵，皆賓於西階上拜，主人於賓右拜。《燕禮》、《大射》：公席于阼階上，不與賓行獻酢之禮，別使宰夫爲主人，故不敢專階，而與賓同行禮於西階上也。若主人獻公，則降自西階，于阼階下拜。獻卿獻大夫獻士，亦同于西階上拜。《有司徹》：主人獻侑，侑于西楹西拜，主人于侑右拜。是禮不盛者則不專階也。又《特牲饋食禮》：主人獻賓，受爵，送爵，卒爵及酌酢，賓皆于西階上拜，主人于賓右拜。祭畢飲酒，殺於飲酒正禮，故不專階也。至於《有司徹》

獻長賓，略同《鄉飲酒》獻衆賓之儀，故亦同在西階上也。」**若殺，則舉鼎陳于門外，直東塾，北面。**孤子得申，禮盛之。父在，有鼎不陳於門外。【疏】正義曰：殺亦謂殺牲。盛氏以此爲孤子冠之變禮，是也。陳于門外，廟門之外也。當東塾，謂鼎在東塾之南也。考《士昏禮》：「期，初昏，陳三鼎于寢門外東方，北面北上。」《特牲》、《少牢》亦云：「北面北上。」此但云「北面」，不云「北上」，則止一鼎爾。賈疏以爲三鼎，非也。○注「孤子」下，敖本有「尊」字，嚴本無。《校勘記》云：「敖蓋以意加，不可從。」　云「孤子得申，禮盛之。父在，有鼎不陳於門外」者，鄭意以門外之禮盛。上「若殺則特豚」節不云「陳于門外」，是乃父在之禮。故知孤子無父得申，禮盛之也。或謂冠而殺牲，本爲其子，故不陳於門外；孤子自主冠，則陳於門外，示特殺以盡敬於賓，而非爲己。説亦可通。賈疏乃謂陳鼎在外者賓客之禮，在内者私家之禮。案：《士昏禮》「陳三鼎于寢門外」，《特牲禮》「陳鼎于門外」，《少牢禮》「陳鼎于廟門之外」。此皆私家之禮，而陳鼎在外，則賈説不足據矣。《禮經釋例》云：「《公食大夫禮》：『甸人陳鼎七，當門，南面西上。』此陳於門外而南面者也。至於《士喪禮》小斂奠、大斂奠、朔月奠、既夕禮，陳鼎皆門外西面。《士虞禮》：『陳三鼎于門外之右，北面北上。入設于西階前，東面北上。』則又禮之變，不可引以爲據也。　敖氏云：『大夫、士陳鼎于門外，皆北面，惟喪奠西面，國君陳鼎南面，天子未聞。』此説得之。」○李氏云：「《大戴禮》曰：『公冠自爲主，迎賓，揖升自阼，立於席北。既醴，降自阼。❶其餘自爲主者，其降也自西階以異，其餘皆與公同也。』《曾子問》曰：『父没而冠，則

❶「阼」，原作「酢」，今據《儀禮集釋》改。

已冠掃地而祭於禰，已祭而見伯父叔父，而後饗冠者。』饗冠者，謂禮賓也。」今案：《大戴禮》所云，可證孤子自爲主之禮。《曾子問》所云，則直可補此經之闕也。周氏學健云：「已祭而見伯父叔父，則知伯叔父不得爲冠主明矣。」

右孤子冠

若庶子，則冠于房外，南面，遂醮焉。房外，謂尊東也。不於阼階，非代也。不醮於客位，成而不尊。【疏】正義曰：上經所云，適子無父者冠法也。此經所云，庶子父在者冠法也。敖氏謂父没則其禮同於適，恐非。方氏苞云：「適兄在而庶弟冠於阼，其義何居？觀庶婦之不饋，則知庶子不得與適同矣。」今案：「遂醮焉」者，謂冠於房外，醮亦於房外也。敖氏云：「若不醮而醴，其位亦如之。」此説甚是。周公制禮，以醴爲正，醮則因其舊俗而行之。經因上醴醮竝言，故隨舉醮言之，與言醮於客位者同互文耳，非謂庶子冠但得用醮，而不得用醴也。賈疏牽涉夏殷，謂三代庶子皆同用醮，非矣。又謂周庶子一醮，夏殷庶子三醮，更屬支離。敖氏云：「經惟言冠而遂醮，略無異文，則是三加三醮皆與上文適子之禮同，惟以冠醮在房外爲異。」案：敖説是也。褚氏云：「適子有當用醮者。《曾子問》：『孔子曰：天子賜諸侯、大夫冕弁服於大廟，歸設奠，服賜服，於是乎有冠醮，無冠醴。』鄭注：『服賜服，酌用酒，尊賜也。不醴，明不爲改冠，改冠當醴之。』皇氏云：『諸侯、大夫未冠，總角從事。當冠之年，因朝天子而賜之服，故歸遂不改冠。』」然則適子用醴、庶子用醮之説固不足信矣。注云「房外，謂尊東也」者，上經云「尊于房户之間」，謂尊在房西、室户東。

此在房户之外而南面，故知在尊東也。云「不於阼，非代也」者，下記曰：「適子冠于阼，以著代也。」此庶子不於阼，是非代故也。云「不醮於客位，成而不尊」者，記曰：「醮于客位，加有成也。」是適子於客位，因其成人而尊之。此因冠之處醮焉，不於客位，是成而不尊也。

右庶子冠

冠者母不在，則使人受脯于西階下。【疏】正義曰：敖氏云：「言於此者，見以上冠者之禮同也。」張氏爾岐云：「母不在，謂有他故，非没也。使人受脯，當於後見之。」褚氏云：「母没則無所謂使，無所謂受矣。被出而嫁，則已絶於廟，亦不得行此禮矣。不在，當依賈疏歸寧、疾病之訓爲正。」今案：不在，謂不在闈門之外耳。王氏士讓謂母或有外戚之服未除，不入廟預嘉事，可備一説。或以不在爲母亡，誤甚。母亡，則當與父没同埽地而祭矣。吴氏《疑義》云：「西階下，蓋就取脯降處授之，不至東壁也。」

右見母權法

戒賓，曰：「某有子某，將加布于其首，願吾子之教之也。」吾子，相親之辭。吾，我也。子，男子之美稱。古文「某」爲「謀」。【疏】正義曰：周公作經，先載行禮節次，而以諸辭類載於後，蓋欲其儀節易明也。自此至「某敢不夙興」，❶乃戒賓、宿賓之辭。又有祝辭、醴辭、醮辭、字辭列後。王氏士讓云：「辭與記異，記乃讀經者所附，辭則作經時著爲定式之文，便於士大夫承用，亦即經也。」今案：《昏禮》諸辭俱載記中，與此篇異，敖氏嘗疑之。沈氏彤云：「案：《冠禮》諸辭即經也，《昏禮》經未及辭，故於記補之。《冠禮》經詳，《昏禮》經略，故記補其未備，未可一例論也。」○「某有子某」，賈疏云：「上某，主人名。下某，子之名。加布，初加緇布冠也。」敖氏云：「冠禮三加，乃惟云布者，取其始加而質者言之，謙也。」今案：教之，謂教以加冠之禮也。　注云「吾子，相親之辭」者，經不直云子，而云吾子，是親之之辭也。云「吾，我也」者，《爾雅·釋詁》文。《説文》：「吾，我，自稱也。」云「子，男子之美稱」者，賈疏云：「古者稱師曰子。」又《公羊傳》云『名不若字，字不若子』是也。」云「古文『某』爲『謀』」者，胡氏承珙云：「案：以『某』代名，《金縢》『惟爾元孫某』已然。此本無正字，皆假借爲之。《説文》：『某，酸果也。』古書多借此爲代名之字。『謀』亦從某聲，故古文又作『謀』。鄭以代名之字，書傳相承作『某』，故不從古文耳。」**賓對曰：「某不敏，恐不能共事，以病吾子，敢辭。」**病，猶辱也。古文「病」爲「秉」。【疏】正義曰：共事，謂供給冠事。敖氏云：「不能共事，則冠禮不成，故云『病吾子』。」　注云「病，猶辱也。古文『病』爲『秉』」者，段氏云：「病不訓辱，而可通於辱，故曰猶辱。秉，則病之假借字也。丙聲、秉聲，古音同部。」**主人曰：「某猶願吾子之終教之也。」賓對曰：「吾子重有命，某敢不從。」**敢不從，許之辭。【疏】正義曰：重有命，謂再有命也。重訓再，見《史記

❶「夙」，原作「宿」，今據本篇經文改。

索隱》。　注云「敢不從，許之辭」者，敢不從，謂不敢不從，是許之也。李氏云：「此所謂一辭而許曰禮辭也。」○以上戒。　**宿曰：「某將加布于某之首，吾子將莅之，敢宿。」賓對曰：「某敢不夙興。」**莅，臨也。今文無「對」。【疏】正義曰：注云「莅，臨也」者，莅亦作涖。《詩・采芑》「方叔涖止」，《毛傳》：「涖，臨也。」云「今文無『對』」者，胡氏承珙云：「案：上文戒賓，賓辭及賓許皆有『對』，此宿賓亦當有『對』，故不從今文。」○以上宿。

右戒賓宿賓之辭

始加，祝曰：「令月吉日，始加元服。令、吉，皆善也。元，首也。【疏】正義曰：前始加冠時云「進容，乃祝」，此「令月吉日」以下，即始加之祝辭也。再加、三加不言祝，省文。○注「首也」，「首」，《通典》作「長」。　云「令、吉，皆善也」者，《爾雅・釋詁》云：「令，善也。」《説文》：「吉，善也。」云「元，首也」者，《左傳》僖三十三年「晉先軫入狄師，死焉。狄人歸其元，面如生」，《孟子》曰「勇士不忘喪其元」，是元爲首也。上經云「某有子某，將加布于其首」，故知加元服爲加首服也。　**棄爾幼志，順爾成德。壽考惟祺，介爾景福。」**爾，女也。既冠爲成德。祺，祥也。介、景，皆大也。因冠而戒，且勸之，女如是則有壽考之祥，大女之大福也。【疏】正義曰：「壽考惟祺」，「惟」，《集釋》作「維」。○朱子云：「順，古與慎通用。」張氏爾岐云：「幼志，幼年戲弄之志也。棄，禁絶之也。順成德，安養其成人之德也。」今案：幼志，即《左傳》所謂「童心」。棄，謂除去也。　注云「爾，女也」者，女與汝通。《表記》「靖共爾位」，鄭注：「爾，汝也。」云「既冠爲成德」者，既冠，責以爲人子、爲人弟、爲人臣、爲人少者之禮，皆成人之德也。云「祺，祥也」者，《爾雅・釋言》文。云「介、景，皆大也」者，介與景皆訓大，見《爾雅・釋詁》。《詩・小明》「介爾景福」，《毛傳》：「介、景，皆大也。」云「因冠而戒」者，「棄爾幼志」是戒也。云「且勸之，女如是則有壽考之祥，大女之大福也」者，祝以有是德即有是福，是勸之也。李氏云：「《家語》成王冠頌曰：『令月吉日，王始加元服，去王幼志，服衮職，欽若昊天，六合是式，率爾祖考，永永無極。』此周公之制也。」〇張氏云：「服，蒲北反。福，筆勒反，與德叶。」**再加，曰：「吉月令辰，乃申爾服。**辰，子丑也。申，重也。【疏】正義曰：古謂吉月爲月朔，此云「吉月令辰」，謂月辰皆善耳，與上「令月吉日」互言以成文，無異義也。注云「辰，子丑也」者，《左傳》成九年「浹辰之間，而楚克其三都」，孔疏：「從甲至癸爲十日，從子至亥爲十二辰。故《周禮》縣治象，『浹日而斂之』。謂周甲癸十日。此言浹辰，謂周子亥十二辰。」然則自子至亥皆爲辰，此注云子丑者，隨舉以示人也。云「申，重也」者，《爾雅・釋詁》文。**敬爾威儀，淑慎爾德。眉壽萬年，永受胡福。」**胡，猶遐也，遠也，遠無窮。古文「眉」作「麋」。【疏】正義曰：敖氏云：「淑，善也。眉壽，豪眉也。人年老，必有豪眉秀出者。」張氏爾岐云：「敬爾威儀，正其外也。淑慎爾德，謹其內也。內外夾持，順成德者當如是。」注云「胡，猶遐也，遠也，遠無窮」者，惠氏棟云：「《詩・隰桑》云：『心乎愛矣，遐不謂矣。』《禮記》引此詩，『遐』作『瑕』，鄭注：『瑕之言胡也。』遐胡互訓，古音通。」互詳《少牢禮》「胡壽保建家室」下。云「古文『眉』作『麋』」者，惠氏云：「《大戴禮・王言篇》『孔子愀然揚麋』，盧注：『麋，一作眉。』《荀子・非相》云『伊尹之狀，面無須麋』，楊注：『麋，與眉同。』《漢書》皆以『麋』爲『眉』，蓋古字簡少通用，至漢猶然也。」今案：「眉」正字，「麋」借字，故鄭從今文。

三加，曰：「以歲之正，以月之令，咸加爾服。正，猶善也。咸，皆也。皆加女之三服，謂緇布冠、皮弁、爵弁也。【疏】正義曰：注「皆加女之三服」，「加」，毛本誤作「如」。　云「正，猶善也」者，上注云「令、吉，皆善也」，此正亦是善，故云「猶善」。《士喪禮》「決用正王棘」，注云：「正，善也。」是正有善義。云「咸，皆也」者，《爾雅·釋詁》文。**兄弟具在，以成厥德。**厥，其。【疏】正義曰：此注嚴、徐、《集釋》、《通解》俱有，《集釋》「其」下有「也」字，他本脱。○此云「兄弟具在」，下醮辭云「兄弟具來」，見觀瞻攸繫也。敖氏云：「厥指兄弟。能成兄弟之德，則正身齊家之事也。」張氏爾岐云：「兄弟具在，成此冠禮，是成其德也。」今案：成德當指冠者言，張説是也。　注云「厥，其」者，詳前。**黄耇無疆，受天之慶。」**黄，黄髮也。耇，凍梨也。皆壽徵也。疆，竟。【疏】正義曰：慶，賜也。○注，嚴本作「凍梨」，監本「梨」作「黎」。盧氏文弨《羣書拾補》云：「凍作涷，譌。梨、黎可通。或作犂，譌。」　云「黄，黄髮也。耇，凍梨也」者，《詩·行葦》序云「外尊事黄耇」，鄭箋同。云「皆壽徵也」者，《爾雅·釋詁》曰：「黄髮、齯齒、鮐背、耇、老，壽也。」《詩·行葦》疏引舍人曰：「黄髮，老人髮白復黄也。」孫炎曰：「黄髮，髮落更生者。」似舍人説是。耇，《説文》云：「老人面凍梨若垢。」《詩疏》引孫炎曰：「耇，面凍梨色，如浮垢也。」是皆爲壽徵也。云「疆，竟」者，《詩·七月》「萬壽無疆」，《毛傳》：「疆，竟也。」○張氏爾岐云：「首三句爲一聯，服叶德，慶叶疆，音羌。正令二句又自相叶。」

右加冠祝辭

醴辭曰：「甘醴惟厚，嘉薦令芳。嘉，善也。善薦，謂脯醢。芳，香也。【疏】正義曰：此醴辭，謂冠訖醴冠者之辭也。敖氏云：「醴言厚，見其未泲。」　注云「嘉，善也」者，《爾雅・釋詁》文。**拜受祭之，以定爾祥。承天之休，壽考不忘。**」休，美也。不忘，長有令名。【疏】正義曰：拜受祭之，謂拜受觶、祭脯醢、祭醴也。此教其行禮，下三句祝之也。張氏爾岐云：「定祥、承休，與《易》『凝命』之旨相類。天人之理，微見於此。」❶○注「休美也」三字，今本脱，嚴、徐、《集釋》、《通解》、敖氏俱有。　云「休，美也」者，《釋詁》文。云「不忘，長有令名」者，敖氏云：「壽考不忘者，謂至於壽考，而人不能忘之也。此蓋古人祝頌之常語，《詩》亦多用之。」

右醴辭

醮辭曰：「旨酒既清，嘉薦亶時。亶，誠也。古文「亶」爲「癉」。【疏】正義曰：此不醴而醮者之辭也。醮每一加一醮，故醴辭一而醮辭有三。又醮有不殺及殺之異，而其辭則同也。　注云「亶，誠也」者，《爾雅・釋詁》文。云「古文『亶』爲『癉』」者，段氏云：「古文用假借字，癉，勞病也。」**始加元服，兄弟具來。孝友時格，永乃保之。**」善父母爲孝，善兄弟爲友。時，是也。格，至也。永，長也。保，安也。行此乃能保之。今文「格」爲「嘏」。凡醮者不祝。【疏】正義曰：注「格，至也」，《集釋》「至」作「致」，嚴本及各本俱作「至」。　云「善父母爲孝，善兄弟爲友」者，《爾雅・釋訓》文。云「時，是也。格，至也。永，長也」者，皆

❶「微」，原作「徵」，今據《儀禮鄭注句讀》改。

《釋詁》文。云「保，安也」者，《詩・南山有臺》「保艾爾後」，《毛傳》：「保，安也。」云「行此乃能保之」者，張氏爾岐云：「孝友時格，孝友極其至也。教以盡孝友之道，乃可長保之也。」云「今文『格』爲『嘏』」者，胡氏承珙云：「格有至訓，本《爾雅》。嘏不訓至，故鄭不從今文。《少牢禮》『以嘏于主人』，注：『古文嘏爲格。』彼是福慶之辭，字當作『嘏』，故又不從古文作『格』耳。」《經義述聞》云：「格，借字也。嘏，正字也。大福曰嘏。孝友時嘏，言唯孝友之人是福也。其福久而不失，故又曰永乃保之，之字正指嘏言也。下文字辭曰『宜之于假，永受保之』，注曰：『假，大也。』案：假亦與嘏通，宜之于嘏，猶言福禄宜之也。永受保之，之字亦指嘏言也。敖繼公訓格爲感格，尤誤。」謹案：從今文作「嘏」，則「之」字較有著落，似勝鄭説。云「凡醮者不祝」者，李氏云：「醮者於醮乃有辭，冠時不祝。」楊氏云：「三加三醮，既有醮辭，則不用祝辭也。」張氏云：「醮者不祝，謂用酒以醮者，每加冠畢，但用醮辭。其方加冠時，不用祝辭也。詳醮辭『始加元服』等句，與祝辭相類，兼用之則複矣。賈以爲醮庶子不用祝辭，錯會注意。」今案：諸説是也。敖氏謂醮者亦祝，則豈「始加元服」等句，既用於加冠時，又用於醮乎？必不然矣。王氏士讓、褚氏寅亮已辨之。○李氏云：「來，古音力之反。」案：與時、之叶。**再醮曰：「旨酒既湑，嘉薦伊脯。**湑，清也。伊，惟也。【疏】正義曰：敖氏云：「獨言脯者，欲協音耳，亦舉其所上言之也。凡一籩一豆，則先脯後醢。」注云「湑，清也」者，《説文》：「湑，茜酒也。」《詩・鳧鷖》「爾酒既湑」，箋云：「湑，酒之泲者也。」是湑不訓清，但茜之泲之則酒清，故此注直云「湑，清也」。云「伊，惟也」者，《爾雅・釋詁》云：「伊，維也。」惟與維通。**乃申爾服，禮儀有序。祭此嘉爵，承天之祜。」**祜，福也。【疏】正義曰：注云「祜，福也」者，《釋詁》文。**三醮曰：「旨酒令芳，籩豆有**

楚。旨，美也。楚，陳列之貌。【疏】正義曰：醮辭三章，皆從旨酒説起，明其不用醴也。　注云「旨，美也」者，《説文》同。云「楚，陳列之貌」者，《詩·賓之初筵》「籩豆有楚」，《毛傳》：「楚，列貌。」與此義同。案：籩豆每醮皆更設之，賈謂三醮用再醮之籩豆，非也，辨見前。**咸加爾服，肴升折俎。**肴升折俎，亦謂豚。【疏】正義曰：注云「肴升折俎，亦謂豚」者，敖氏云：「肴，謂乾肉若豚也。」今案：上文不殺而醮有「乾肉折俎」，殺而醮云「加俎嚌之」，是二者皆有俎。鄭恐人疑此「肴升折俎」專指不殺者言之，故云「亦謂豚」，謂兼若殺在內。蓋不殺與殺，均用此醮辭也。或謂此醮辭與三百篇文句多相似，乃後人襲《詩》辭爲之，非周公作經之舊。不知周公因舊俗而制醮禮，自當有其辭，安知非後之作詩者襲取《禮經》而用之乎？**承天之慶，受福無疆。」**【疏】正義曰：王氏士讓云：「首章言孝友，本也。次章言禮儀，有本而後有文。終之以受福無疆，勉其以德獲福也。」○慶，音羌。張氏爾岐云：「亦兩句叶。」

右醮辭

字辭曰：「禮儀既備，令月吉日，昭告爾字。昭，明也。【疏】正義曰：此賓直西序東面，與冠者爲字之辭也。禮儀既備，謂三加已畢也。　注云「昭，明也」者，《説文》：「昭，日明也。」是昭有明義。**爰字孔嘉，髦士攸宜。**爰，於也。孔，甚也。髦，俊也。攸，所也。【疏】正義曰：此孔嘉之字，實髦士所宜也。　注云「爰，於也」，《釋詁》文。云「孔，甚也。髦，俊也。攸，所也」，皆《爾雅·釋言》文。○李氏云：「嘉，古音姬，與宜字叶。」**宜之于假，永受保之，曰伯某甫。」仲、叔、季，唯其所當。** 于，猶爲也。假，大也。宜之是爲大矣，伯、仲、叔、季，長幼之稱。甫是丈夫之美稱，孔子爲尼甫，周大夫有嘉甫，宋大夫有孔甫，是其類。甫，字或作父。【疏】正義曰：《通典》「仲」上有「伯」字，《集釋》「唯」作「惟」。案：自「字辭曰」至此，經注分節悉依嚴本，其徐本、鍾本、《集釋》、楊氏並與嚴同。今本以「字辭」至「孔嘉」爲一節，「髦士」至「于假」爲一節，「永受」至「所當」爲一節，注亦隨經而分，與古本異。《校勘記》云：「案：備與字爲一韻，嘉與宜爲一韻，假與甫爲一韻，此鄭氏分節之意也。《通解》誤讀古韻，割裂經注，今本依之，非矣。」注云「于，猶爲也」，謂「于」與「爲」同義，詳《聘禮・記》「賄在聘于賄」下。云「假，大也」者，《爾雅・釋詁》文。云「宜之是爲大矣」者，鄭訓于爲爲，訓假爲大，故言宜之爲大矣。朱子云：「假恐與嘏同，福也，注説非是。」《經義述聞》據《藝文類聚》禮部下、《通典》禮十六並引作「宜之於嘏」，亦謂嘏大福也，詳前醮辭「孝友時格」下。云「伯仲叔季，長幼之稱」者，如《論語》周有八士，以伯仲叔季分別長幼之次是也。此「仲叔季唯其所當」七字非字辭，乃作經者於辭外申言之，謂辭稱伯某甫者，特舉伯爲例，其實伯仲叔季，當隨長幼異稱。李氏云：「唯其所當者，當其次則稱之。」今案：如次仲則稱仲某甫，次叔則稱叔某甫，次季則稱季某甫也。《檀弓》曰：「幼名，冠字，五十以伯仲，周道也。」賈疏謂二十爲字之時，未呼伯仲，至五十乃加而呼之。朱子曰：「案：《檀弓》孔疏云：『人年二十，冠而加字，如曰伯某甫者。年至五十耆艾轉尊，則又舍其某字，而直以伯仲別之。』與此賈疏不同，疑孔説是。」云「甫是丈夫之美稱」者，《説文》：「甫，男子美稱也。」鄭氏《詩・甫田》箋云「甫之言丈夫也」是也。云「孔子爲尼甫」者，見《左傳》哀十六年。云「周大夫有嘉甫」者，嘉亦作家，見《左傳》桓十五年。云「宋大夫有孔甫」者，見《左傳》桓二年。云「是其類」者，舉以證經某甫之稱也。云「甫字或作父」者，段氏云：「此古同音通用，《春秋經》孔父、家父，《檀弓》尼父，字皆作父是也。」胡氏承珙云：「鄭君注《禮》，凡不言古今文，言『或作』、『或爲』者，蓋當時又別有本，存之所以通俗。」又下記「章甫，殷道也」，注：「甫或爲父，今文爲斧。」《士相見禮》「若父則游目」，注「今文父爲甫」者，段氏云：「斧與父甫同音，故今文假斧爲甫。」胡氏云：「此又假借中之假借也。至《士相見禮》之父，今文又借甫爲之。此雖於義易明，然不如各仍其正字，故皆疊而不用。」今案：某甫，鄭多釋爲且字，詳《士喪禮》「哀子某爲其父某甫筮宅」下。○顧氏炎武云：「備與字一韻，嘉與宜一韻，假與甫一韻。古人文字錯綜，不必二句一韻也。」案：前引《校勘記》所云，即本顧說。臧氏庸謂字辭終於「永受保之」，自「曰伯某甫」以下十一字，皆爲記者之言，恐非。

右字辭

屨，夏用葛。玄端黑屨，青絇繶純，純博寸。屨者順裳色，玄端黑屨，以玄裳爲正也。絇之言拘也，以爲行戒，狀如刀衣鼻，在屨頭。繶，縫中紃也。純，緣也。三者皆青。博，廣也。【疏】正義曰：此以下言三服之屨也。左氏暄云：「《周禮·屨人》注：『禪下曰屨，複下曰舄。』《古今注》：『以木置履下，乾腊不畏泥溼，故曰舄。』以是知履、舄，屨之異名也，但有禪下、複下、用木之異耳。」今案：屨與舄異，而履爲通名。《說文》云：「履，足所依也。」又云：「屨，履也。」《韻會》云：「舄，履也。」是屨、舄皆可稱履矣。經不敘屨於三服後者，一以屨賤，宜別言之，一以屨制繁，若竝言之，恐失輕重之義，故退在篇末也。經言「夏用葛」，則冬用皮可知，故下經又言「冬皮屨可也」。賈氏謂春則從冬，秋則從夏。❶張氏爾岐謂春秋熱則從夏，寒則從冬。張説較勝。葛屨見《詩》，亦見《周禮·屨人》。據鄭注《屨人》，謂天子、諸侯吉事皆舄，其餘惟服冕衣翟著舄耳。然則士無冕，亦無舄矣。此玄端黑屨，初加緇布冠時所用之屨也。○注「屨者順裳色」，敖無「者」字，嚴本及各本俱有。云「屨者順裳色」者，謂屨與裳同色，猶之衣與冠同色也。云「玄端黑屨，以玄裳爲正也」者，玄端有玄裳、黄裳、雜裳之不同，而同用黑屨者，以其黑與玄同色，故云「以玄裳爲正也」。云「絇之言拘也，以爲行戒，狀如刀衣鼻，在屨頭」者，《士喪禮》襲時「乃屨，綦結于跗，連絇」，注云：「絇，屨飾，如刀衣鼻，在屨頭上。」《周禮·屨人》鄭注：「絇謂之拘，著舄屨之頭，以爲行戒。」然則絇者屨飾，在屨頭上，其狀如漢時刀衣鼻，有孔得穿繫於中。其義則取於拘，拘止足以爲行戒也。若無絇，則謂之鞮屨，見《周禮·鞮鞻氏》。注云「繶，縫中紃也」者，《屨人》注同。案《禮記·雜記》：「紃以五采。」注：「紃施諸縫中，若今時條也。」是紃即條，謂屨牙底相接之縫中，綴條以爲飾也。云「純，緣也」者，《屨人》注亦同，謂屨口緣邊也。云「三者皆青」者，以經云「青絇繶純」，明是絇繶純三者皆用青色也。此及下白屨皆以繡次爲飾也。云「博，廣也」者，謂緣之廣一寸也。**素積白屨，以魁柎之，緇絇繶純，純博寸。**魁，蜃蛤。柎，注者。【疏】正義曰：「柎」，宋本《釋文》從手旁。「也」，嚴、徐作「者」，敖氏作「之」，《集釋》及今本作「也」。○此素積白屨，再加皮弁時所用之屨也。素積素裳而白屨，亦順裳色也。絇繶純皆緇，緇亦黑色也。注云「魁，蜃蛤」者，

❶「春則從冬秋則從夏」，據《儀禮·士冠禮》賈疏當作「春則從夏，秋則從冬」。

《周禮・掌蜃》曰「祭祀共蜃器之蜃」，鄭注：「飾祭器之屬也。鄭司農云：『蜃可以白器，令色白。』」又曰「共白盛之蜃」，鄭注：「謂飾牆使白之蜃也。今東萊用蛤，謂之叉灰云。」《考工記・㡛氏》注鄭司農引此經，亦云：「魁，蛤也。」段氏以《爾雅・釋魚》「魁陸」解之。案：郭注引《本草》云：「魁狀如海蛤。」則「魁陸」爲此經旳解。萬氏斯大謂魁以木爲之，今俗制屨者之模範，乃謬説也。云「柎，注者」，段氏云：「《周禮・司市》『其附于刑者，歸于士』，注：『故書附爲柎。杜子春云當爲附。』然則此經『柎之』，亦當爲『附之』也，古柎、付、附三字通用。注者，《周禮・瘍醫》注云：『注，謂附著藥。』則此亦謂附著之也。」**爵弁纁屨，黑絇繶純，純博寸。**爵弁屨以黑爲飾，爵弁尊，其屨飾以繢次。【疏】正義曰：此爵弁纁屨，三加爵弁時所用之屨也。爵弁纁裳而纁屨，亦順裳色也。不言纁裳者，賈氏謂嫌與六冕同玄衣纁裳，故不以衣裳而以首服見屨，是也。注云「爵弁屨以黑爲飾，爵弁尊，其屨飾以繢次」者，案：《考工記》曰：「畫繢之事：雜五色，東方謂之青，南方謂之赤，西方謂之白，北方謂之黑，天謂之玄，地謂之黄。青與白相次也，赤與黑相次也，玄與黄相次也。」鄭注：「此言畫繢六色所象及布采之第次，繢以爲衣。」又曰：「青與赤謂之文，赤與白謂之章，白與黑謂之黼，黑與青謂之黻，五采備謂之繡。」鄭注：「此言刺繡采所用，繡以爲裳。」又鄭注《屨人》云：「凡舄之飾，如繢之次。凡屨之飾，如繡次也。」賈疏謂對方爲繢次，比方爲繡次。案：對方者，謂青與白，赤與黑，玄與黄也。比方者，謂青與赤，赤與白，白與黑，黑與青也。上黑屨以青爲飾，白屨以緇爲飾，如繡次，則纁屨當以白爲飾，而乃以黑爲飾者，尊爵弁，故飾屨加繢次，❶與舄同也。○朱子云：「三屨經不言所陳處，注疏亦無明文，疑亦在房中，故既加冠而適房改服，即得竝易屨而出也，但不知的在何處。疑服既北上，則或各在其裳之南也。」敖氏云：「此屨先卑而後尊，以三加之次言之也。三屨陳之，蓋在其裳之西。」盛氏云：「朱子謂屨在裳南者，據經服北上言也。敖氏謂在裳西者，據經服東領言也。蓋服既東領，則裳與帶韠以次而西，屨當在其末，敖説近是。」**冬，皮屨可也。**【疏】正義曰：敖氏云：「皮屨不見其色與飾，同於上可知。」案：餘已詳上。**不屨繐屨。**繐屨，喪屨也。縷不灰治曰繐。【疏】正義曰：敖氏云：「不屨之屨，著屨之稱也。」然則不屨，即謂不著矣。　注云「繐屨，喪屨也」者，李氏云：「喪服有繐衰，知繐屨喪屨也。《曾子問》曰：『如將冠子而未及期日，而有齊衰、大功之喪，則因喪服而冠，除喪不改冠。』《雜記》曰：『以喪冠者，雖三年之喪可也。大功之末，可以冠子，可以嫁子。父小功之末，可以冠子，可以嫁子，可以取婦。己雖小功，既卒哭，可以冠、取妻。下殤之小功，則不可。』」今案：據《曾子問》，有因喪而冠之禮。因喪而冠，可用喪屨。此經所云乃平常冠法，則不得用喪屨也。然考《喪服》繐衰不用繐屨，他亦無繐屨者，則繐屨喪屨之説似有難明。惟敖氏云：「繐乃布之疏者，以之爲屨，則輕涼也。言此者，嫌夏時冠或得用之。繐非吉布，而冠則嘉禮之重者，是以不宜屨此屨也。」此説得之。　云「縷不灰治曰繐」者，賈疏云：「斬衰冠六升，傳云：『鍛而勿灰。』則繐衰四升半，不灰治可知。」餘詳《喪服》「繐衰」傳下。

❶「加」，據文義當作「如」。「加」上，《續清經解》本增出「如」字。

右屨

記。冠義。【疏】正義曰：賈疏云：「凡言記者，皆是記經不備，兼記經外遠古之言。」熊氏朋來云：「十七篇惟《士相見》、《大射》、《少牢饋食》、《有司徹》四篇不言記，其有記者十有三篇。然《冠禮》之記有『孔子曰』，其文與《郊特牲》所記冠義正同。其餘諸篇，惟《既夕》之記略見於《喪大記》之首章，《喪服》之傳與《大傳》中數語相似，餘記自與《小戴》冠昏等六義不同，何二戴不以《禮經》所有之記文而傳之也？十三篇之記，必出孔子之後，子夏之前。蓋孔子定禮而門人記之，故子夏爲作《喪服傳》，而竝其記亦作傳焉。」張氏爾岐云：「此記已有『孔子曰』，當在孔子後，不知定誰所録。冠義又記中小目，餘篇不復言某義者，或欲舉一例餘也。又《戴記》亦有《冠義》，又後儒所爲，故與此異也。」盛氏云：「凡爲記者有三，有記經所未備者，有記禮之變異者，有各記所聞頗與經義相違者。記經所未備者，周公之徒爲之，與經竝行者也。記禮之變異，則非周之盛時之書矣，其在春秋之際乎？至於各記所聞者，則七十子後學所記也。」今案：諸家發明記義，各有所見，故竝録之。又盛氏謂此篇之經至「歸賓俎」而止矣，自「若不醴則醮用酒」以下皆記也，以《昏禮》較之，此「若不醴」及下文「若殺」，猶《昏禮·記》「若不親迎也」；「若孤子」、「若庶子」及「冠者母不在」，猶《昏禮·記》「庶婦」及「宗子無父」之類；屨制一節，亦似《昏禮·記》「摯不用死、腊必用鮮」之類，皆記經所未備；至諸辭，則《昏禮》俱屬記内，尤爲明證。案：此經古本相傳已久，未可據易，而其説則可存參云。

始冠，緇布之冠也。大古冠布，齊則緇之。其緌也，孔子曰：「吾未之聞也，冠而敝之可也。」

大古，唐虞以上。緌，纓飾。未之聞，大古質，蓋亦無飾。重古，始冠冠其齊冠。白布冠者，今之喪冠是也。

【疏】正義曰：「大古」，嚴本作「大」，注同。《集釋》亦作「大」，今本「大」作「太」，盧氏《詳校》從「大」。注「大古質，蓋亦無飾」，毛本無「蓋亦」二字，嚴、徐、《集釋》、《通解》、《要義》、敖氏俱有。「白布冠者」，毛本「冠」下無「者」字，嚴、徐俱有。○此以下至末，與《郊特牲》所引冠義悉同，唯字句小異耳。彼文作「始冠之緇布之冠也」，多一「之」字。冠禮三加，先加緇布冠，故以爲始冠之冠也。「大古冠布，齊則緇之」，此釋緇布冠所由來也。《郊特牲》疏云：「大古之時，其冠唯用白布，常所冠也。若其齊戒，則染之爲緇。」彼注云：「齊則緇之，鬼神尚幽闇也。」「其緌也，孔子曰：吾未之聞也」，此引孔子之言，以明有緌之非也。《郊特牲》疏云：「《玉藻》『緇布冠繢緌』，則緇布冠有緌者。皇氏云：『此經所論謂大夫、士，故緇布冠無緌。諸侯則位尊盡飾，故有緌也。』」今案：皇説蓋本《玉藻》注。然孔子云未聞，是緇布冠古未有加緌之事。《玉藻》所云，論者多以爲非古制，則諸侯亦不得有緌矣。「冠而敝之可也」，此亦孔子之言，緇布冠冠訖不復用，故可敝棄之也。聶氏云：「自士以上冠訖不復著，然庶人猶常著之，故《詩》云：『彼都人士，臺笠緇撮。』」案：《毛傳》云：「緇撮，緇布冠也。」《郊特牲》注云：「三代改制，齊冠不復用也。」又《玉藻》曰：「始冠緇布冠，自諸侯下達，冠而敝之可也。」鄭注：「本大古耳，非時王之法服也。」與《郊特牲》注義同。自諸侯下達，謂自諸侯至士，皆用緇布冠也。不言天子者，以天子始冠用玄冠也。江氏永云：「後世之玄冠用繒不用布，故始冠之緇布冠既冠可敝。注疏未明言玄冠用繒，則可敝之義不明，當補。」注云「大古，唐虞以上」者，以下云「三王共皮弁素積」，知大古在三王前，故云「唐虞以上」。《郊特牲》注亦云：「唐虞以上曰大古也。」云「緌，纓飾」者，陳氏奐云：「《内則》『冠緌纓』，鄭注『緌，纓之飾也』，孔疏：『結纓頷下以固冠，結之餘者散而不垂，謂之緌。』據此孔疏，則纓緌一物。張氏惠言《儀禮圖》云：『疑緌者别爲絲組，既結纓乃著於纓之兩端。《玉藻》疏云惟績緌爲異，其青組纓與士同。是孔亦以緌纓爲二物矣。又玄冠紫緌，注云緌當用績。諸侯玄冠丹組纓，而緌當用績，則鄭亦以纓緌爲二也。』」云「未之聞，大古質，蓋亦無飾」者，《雜記》曰：「大白冠，緇布之冠，皆不蕤。」蕤與緌同，鄭注「不緌，❶質無飾也」是也。云「重古，始冠冠其齊冠」者，緇布冠，古之齊冠，重之，故始冠不用玄冠，而用緇布冠也。云「白布冠者，今之喪冠是也」者，大古唯服白布冠，後制毋追之等，則以白布冠爲喪冠也。《郊特牲》注亦云：「大白，即大古白布冠，今喪冠也。」

右記用緇布冠之義

適子冠于阼，以著代也。醮于客位，加有成也。 醮，夏殷之禮。每加於阼，則醮之於客位，所以尊敬之，成其爲人也。【疏】正義曰：嚴、徐、《集釋》俱有此注，在「加有成也」下。楊氏有「醮夏殷」至「於客位」十五字，今本竝脱。又注「阼」下「則」字，《集釋》作「階」，非。◯《郊特牲》注云：「東序少北，近主位也。」案：阼是主位，故冠於此以著代。敖氏云：「著，明也。明其代父也。」《禮記・冠義》注云：「適子冠於阼，若不醴，則醮用酒於客位，敬而成之也。户西爲客位，庶子冠於房户外，又因醮焉，不代父也。」今案：適

❶ 「緌」，據《禮記・雜記》鄭注當作「蕤」。

子醴於客位，醮亦於客位，記不言醴而言醮者，欲見醮與醴雖殊，而於客位則同，以别於庶子也。此注極明析。　注云「醮，夏殷之禮」者，此賈疏所本，然朱子已辨之矣，未可從。蓋醴質而醮文，三代之禮每由質而趨於文，未有由文而趨於質也。云「每加於阼，則醮之於客位」者，謂一加則一醮也。此專主醮禮言之，不若《禮記注》之包括。云「所以尊敬之，成其爲人也」者，《郊特牲》注云：「每加而有成人之道也，成人則益尊。醮於客位，尊之也。」二注解「有成」義異，亦《禮記注》爲長。敖氏云：「加，猶尚也，尊也。尊其有成人之道，故以客禮待之。」張氏爾岐云：「加有成，加禮於有成德者也。」姜氏兆錫云：「加、嘉同。適子冠於阼，醴於户西，醮用酒亦如之，凡以嘉之也。」今案：此數説不解加爲加冠，甚是，否則與下「三加彌尊」句複矣。

右記重適子之義

三加彌尊，諭其志也。 彌，猶益也。冠服後加益尊。諭其志者，欲其德之進也。【疏】正義曰：嚴、徐、《集釋》俱有此注，楊氏有「諭其志者」二句，今本竝脱。◯《郊特牲》「諭」作「喻」，義同。　注云「彌，猶益也」者，彌與益殊，而義可通於益，故云「猶益」。《吕覽》高注亦云：「彌，猶益也。」云「冠服後加益尊」者，謂始加緇布冠，次加皮弁，皮弁尊於緇布冠，三加爵弁，爵弁又尊於皮弁，是益尊也。云「諭其志者，欲其德之進也」者，張氏爾岐云：「教諭之，使其志存修德，每進而上也。」**冠而字之，敬其名也。** 名者質，所受於父母。冠成人，益文，故敬之也。今文無「之」。【疏】正義曰：注「故敬之也。今文無之」，下五字今本俱脱，嚴、徐、《集釋》俱有。　云「名者質，所受於父母。冠成人，益文」者，子生三月父名之，既冠賓字之，字以代名，是益文也。云「故敬之也」者，張氏爾岐云：「敬其名，敬其所受於父母之名，非君父之前不以呼也。」云「今文無『之』」者，案：《郊特牲》作「冠而字之」，有「之」字，與古文合，故鄭從古文。○《禮記·冠義》曰：「故冠於阼，以著代也。醮於客位，三加彌尊，加有成也。已冠而字之，成人之道也。」與此大同，而文有詳略，蓋記禮者傳聞之異耳。

右記三加及冠字之義

委貌，周道也。章甫，殷道也。毋追，夏后氏之道也。 委，猶安也。言所以安正容貌。章，明也。殷質，言以表明丈夫也。甫或爲父，今文爲「斧」。毋，發聲也。追，猶堆也。夏后氏質，以其形名之。三冠皆所服以行道也，其制之異同未之聞。【疏】正義曰：「毋追」，唐石經、嚴本、閩、監、宋本《釋文》俱作「毋」，今本《釋文》、徐、陳俱作「母」，注同。《校勘記》云：「案：古人書『母』、『毋』不甚有別，故《釋文》遇『毋』字必有音。《曲禮》音義曰：『毋字與父母字不同，俗本多亂，讀者皆朱點母字以作無音，非也。』可見二字蒙溷已久，凡可以意會者，今不盡校也。」注首「或謂委貌爲玄冠」，嚴、徐、《集釋》俱無此七字，《通解》及今本有。金氏曰追云：「此乃鄭注《郊特牲》文，因《通解》參取兩注，傳寫者不察，而誤衍於此耳。」「甫或爲父」，葛本「爲」作「謂」。「猶堆也」，陸氏云：「『堆』，本或作『塠』，同。」「皆所常服」，嚴本無「常」字。○江氏筠云：「委貌三句，是據經緇布冠而推言之。周弁、殷冔、夏收，據爵弁而言。退皮弁在下者，以上二者三代異制異名，皮弁則無異故也。」今案：江説本《郊特牲》疏。張氏爾岐謂此因冠畢易服玄冠，故記之，蓋重古始冠服緇布冠，其後即服玄冠。二説皆通。前筮日「主人玄冠」，注：「玄冠，委貌也。」《玉藻》注同。《續漢書・輿服志》注云：「石渠論玄冠朝服，戴聖曰：『玄冠，委貌也。』」是鄭所本矣。　注云「委，猶安也。言所以安正容貌」者，鄭訓委爲安，而又申言安正容貌，以明冠名委貌之義也。委貌亦單言委，《雜記》言「委武玄縞」，《左傳》言「晏平仲端委立于虎門」是也。云「章，明也。殷質，言以表明丈夫也」者，鄭注《書・堯典》「平章百姓」，亦訓章爲明。《詩・甫田》箋云：「甫之言丈夫。」故以表明丈夫解冠名章甫之義也。云「甫或爲父，今文爲『斧』」者，❶詳前「伯某甫」下。江氏永云：「公西華言『端章甫』，猶云端委。孔子言『長居宋，冠章甫之冠』，魯人歌『衮衣章甫，爰得我所』，似當時章甫與委貌亦通行，可通稱也。」云「毋，發聲也」者，《史記集解》引《漢書音義》亦云：「毋，發聲語助。」又《釋名》作「牟追」，《廣雅》作「無追」，毋、牟、無三字聲同。云「追，猶堆也」者，惠氏棟云：「案：追，古堆字。枚乘《七發》曰：『踰岸出追。』李善曰：『追亦堆字。今爲追，古字假借。』《説文》云：『𠂤，小阜也。』徐鉉曰：『今俗作堆。』河東風陵堆，戴延之謂之風塠。」案：此與《釋文》「堆本作塠」合。云「夏后氏質，以其形名之」者，以委貌、章甫皆言其義，此追與堆同，是言其形也。云「三冠皆所服以行道也」者，《郊特牲》注云：「常所服以行道之冠也。」孔疏：「行道，謂養老、燕飲、燕居之服。」敖氏訓道爲制，恐非。云「其制之異同未之聞」者，謂其制或異或同，未聞也。鄭在漢時既未之聞，則後世如《三禮圖》等書所云「三冠制相似，皆漆布殼，以緇縫其上」，蓋有難於徵信者矣。　**周弁，殷冔，夏收。**　弁名出於槃。

❶「爲」，原作「作」，今據上注文改。

槃，大也，言所以自光大也。冔名出於幠。幠，覆也，言所以自覆飾也。收，言所以斂髮也。其制之異亦未聞。【疏】正義曰：《白虎通》云：「弁之爲言攀也，所以攀持其髮也。」《詩・文王》曰「常服黼冔」，《毛傳》：「冔，殷冠也。」《五經文字》云：「冔，《字林》作冔，經典相承，隸省作冔。」《史記・五帝紀》云帝堯「黄收純衣」。或謂收以持笄。《王制》曰：「有虞氏皇而祭，夏后氏收而祭，殷人冔而祭，周人冕而祭。」似冔、收即冕矣。然此記與弁連言，冠禮三加爵弁，不加冕，則二者當與弁同也。江氏筠云：「凡經專言弁者，類皆指爵弁。《雜記》『大夫弁而祭於己，士弁而祭於公』，下云『士弁而親迎』是也。爵弁既非冕制，而與冔、收連言者，蓋冕飾至周始備，冔、收二者，周制以弁例之。如殷士裸將服冔，周士祭於公用弁，其一也。又殷人冔而葬，周人弁而葬，亦其一也。」今案：《説文》：「弁，冕屬也。夏曰收，殷曰冔，周曰弁。」《公羊傳》宣元年何注云：「夏曰收，殷曰冔，周曰弁，加旒曰冕。」此可證弁、冔、收同類矣。○注「齋所服而祭也」，嚴、徐、《集釋》俱無此六字，《通解》及今本有。盧氏文弨云：「《郊特牲》疏全引此兩節注文，而無『或謂委貌爲玄冠』及『齋所服而祭也』兩句，尤可證。」「其制之異亦未聞」，嚴、徐、《集釋》俱有「亦」字，今本無。「異」，葛本誤作「畢」，「異」下敖氏有「同亦」二字。盧氏云：「《郊特牲》疏引此注有亦字，當補正。」今案：《王制》疏引亦有「亦」字。云「弁名出於槃。槃，大也。冔名出於幠。幠，覆也」者，古音弁與槃、冔與幠相近，故取聲近之字解之。云「收言所以收斂髮也」者，即就字之本義解之也。**三王共皮弁素積。**質不變。【疏】正義曰：皮弁素積，解已詳前。《郊特牲》注云：「所不易於先代。」孔疏：「以其質素，故三王同服，無所改易也。」亦據此注「質不變」申之。《説苑》云：「皮弁素積，百王不易。」

右記三代冠之同異

無大夫冠禮，而有其昏禮。古者五十而后爵，何大夫冠禮之有？據時有未冠而命爲大夫者。周之初禮，年未五十而有賢才者，試以大夫之事，猶服士服，行士禮。二十而冠，急成人也。五十乃爵，重官人也。大夫或時改取，有昏禮是也。【疏】正義曰：自此至「德之殺也」，皆推明士冠禮可以上達之故。此節特言大夫無冠禮也，有昏禮帶説。古者二句，乃申明大夫無冠禮之由。下云「古者生無爵，死無謚」，注云：「古謂殷。」此云古，據注則謂周初時也。○注「或時改取」，毛本「取」作「娶」，嚴、徐、《集釋》、《通解》、敖氏俱作「取」。　云「據時有未冠而命爲大夫者」，時謂周末作記之時，未冠而命爲大夫，其冠亦從乎士而已。大夫不宜有冠禮，故非之。云「周之初禮，年未五十而有賢才者，試以大夫之事，猶服士服，行士禮」者，此正明古者必五十而後爵也。云「二十而冠，急成人也。五十乃爵，重官人也」者，周公制禮，五十始命爲大夫，服官政。此注正明冠必二十，爵必五十之義也。云「大夫或時改取，有昏禮是也」者，三十而取，五十而爲大夫，則大夫不宜有昏禮。然或五十後改取，則宜有之，故注云是也。**公侯之有冠禮也，夏之末造也。**造，作也。自夏初以上，諸侯雖父死子繼，年未滿五十者，亦服士服，行士禮，五十乃命也。至其衰末，上下相亂，篡殺所由生，故作公侯冠禮，以正君臣也。《坊記》曰：「君不與同姓同車，與異姓同車不同服，示民不嫌也。以此坊民，民猶得同姓以殺其君也。」【疏】正義曰：《郊特牲》云：「諸侯之有冠禮。」「公」作「諸」，無「也」字。張氏爾岐云：「此言不獨大夫無冠禮，雖公侯冠禮亦夏末始作，非古也。據注訓造爲作，則末字當一讀。近徐師曾解《郊特牲》云：『末造猶言末世。』則二字連讀。」盛氏云：「『夏之末造也』句法與《檀弓》『魯禮之末失也』相似，當於末字一讀，徐説非。」盛氏又云：「大夫以上本無冠禮，而《玉藻》記天子、諸侯始冠之冠，《家語》記成王冠頌及公侯冠禮，《左傳》載魯襄公冠事，《國語》載趙文子冠事。然則諸侯冠禮始於夏末，天子冠禮始於周初，大夫冠禮其始於周之季世乎。《郊特牲》孔疏謂『此記直云諸侯，不云天子，又下云天子之元子猶與士同，則天子冠禮由來已久，但無文以明之』。案：此臆説也。《家語》言天子冠禮，而直以成王之事實之，且曰『此周公之制也』，足徵其所自起矣。惟其先有諸侯冠禮，而後有天子冠禮，故《大戴禮・公冠》篇云：『天子儗焉。』」今案：天子、諸侯之冠詳《家語》，竝録其文備考。《家語・冠頌》：「邾隱公既即位，將冠，使大夫因孟懿子問禮於孔子。孔子曰：『雖天子之元子，猶士也，其禮無變，天下無生而貴者故也。行冠事，必於祖廟，以祼享之禮將之，以金石之樂節之，所以自卑而尊先祖，示不敢擅也。』懿子曰：『天子未冠即位，長亦冠乎？』孔子曰：『古者王世子雖幼，其即位則尊爲人君。人君，治成人之事者，何冠之有？』懿子曰：『然則諸侯之冠異天子歟？』孔子曰：『君薨而世子主喪，是亦冠也已，人君無所殊也。』懿子曰：『今邾君之冠，非禮也？』孔子曰：『諸侯之有冠禮也，夏之末造也，有自來矣，今無譏焉。天子冠者，武王崩，成王年十有三而嗣立，周公居冢宰攝政，以治天下。明年夏六月，既葬，冠成王而朝於祖，以見諸侯，示有君也。周公命祝雍作頌，曰：祝王，辭達而勿多也。祝雍辭曰：使王近於民，遠於年，嗇於時，惠於財，親賢而任能。其頌曰：令月吉日，王始加元服，去王幼志，服衮職，欽若昊命，六合是式，率爾祖考，永永無極。此周公之制也。』懿子曰：『諸侯之冠，其所以爲賓主何如？』孔子曰：『公冠則以卿爲賓，公自爲主，迎賓，揖，升自阼，立於席北，其醴也則如士，饗之以三獻之禮，既醴降自阼階。諸侯非公而自爲主者，其所以異，皆降自西階，玄端與皮弁，異朝服素韠。公冠四加，玄冕祭。其酬幣於賓，則束帛乘馬。王太子、庶子之冠擬焉，皆天子自爲主，其禮與士無變，饗食賓也皆同。』」○注「五十乃命也」，「五」，徐本作「吾」，誤。「簒殺所由生」，《釋文》作「殺」，云：「本又作弑，亦作試。」嚴、徐、陳本、《通解》亦俱作「殺」，下同。「以殺其君也」，毛本「也」作「者」，嚴、徐、《集釋》俱作「也」。　云「造，作也」者，謂作此禮也。《郊特牲》注云：「言夏初以上，諸侯雖有幼而即位者，猶以士禮冠之，亦五十乃爵命也。至其衰末，未成人者多見簒弑，乃更即位則爵命之，以正君臣，而有諸侯之冠禮。」與此注略同。《晉書·禮志》云：「《儀禮》：『公侯之有冠禮，夏之末造也。』王、鄭皆以爲夏末上下相亂，簒弑由生，故作公侯冠禮。」是王亦與鄭同矣。引《坊記》者，證簒弑之事也。**天子之元子猶士也，天下無生而貴者也。** 元子，世子也。無生而貴，皆由下升。【疏】正義曰：《郊特牲》無「猶」字。「天下無生而貴者也」，明天子之元子與士同，故冠用士禮也。褚氏云：「上既言大夫與諸侯無自身之冠禮，此又明冠子亦用士禮，雖天子之元子尚然，況等而下之乎。」　注云「元子，世子也」者，元者長也，鄭必解爲世子者，明其有繼體之尊也。云「無生而貴，皆由下升」者，《郊特牲》注云：「明人有賢行著德，乃得貴也。」惠氏棟云：「此説與《易》合。乾初爲元士，《象傳》曰：『時乘六龍以御天。』皆由下升也。」今案：《白虎通》云：「王者太子亦稱士何？舉從下升，以爲人無生得貴者，莫不由士起。」是注説所本矣。**繼世以立諸侯，象賢也。** 象，法也。爲子孫能法先祖之賢，故使之繼世也。【疏】正義曰：此下二節，又覆解諸侯、大夫所以無冠禮之意。張氏爾岐云：「諸侯繼世而立，疑其生而貴矣，實以其象賢乃立之。天子元子亦以象賢乃享天位，均非生而貴者也，故其冠皆用士禮也。」　注云「象，法也」者，象與像同，「象賢」二字亦見《書·微子之命》篇。**以官爵人，德之殺也。**殺，猶衰也。德大者爵以大官，德小者爵以小官。【疏】正義曰：官與爵有殊，《王制》「論定然後官之，任官然後爵之」是也。張氏云：「凡以官位爵人，皆以德爲等殺。爵以待有德，安得有生而貴者乎？」　注云「殺，猶衰也」者，惠氏棟云：「衰，猶差也。《荀子》云『相地而衰政』，注：『衰，差也。』《九章算術》謂差分爲衰分。然則殺謂德有等差，故鄭又云『德大者爵以大官，德小者爵以小官』也。或解殺爲隆殺之殺，謂後世擇人任官，不及上世民各推其賢者奉之，以此爲德之殺，恐非。」○盛氏云：「朱子解自『繼世以立諸侯』以下別爲一義，以其爲錯簡也。竊疑此與《郊特牲》文同，不應兩處皆屬錯簡。」沈氏彤云：「先儒疑爲錯簡，非也。去此三節，則義不明備。」今案：盛、沈之説似是。

右記大夫以上冠皆用士禮之義

死而謚，今也。古者生無爵，死無謚。今謂周衰，記之時也。古謂殷，殷士生不爲爵，死不爲謚。周制以士爲爵，死猶不爲謚耳，下大夫也。今記之時，士死則謚之，非也。謚之，由魯莊公始也。【疏】正義曰：「謚」，今本作「諡」，唐石經、嚴本俱作「謚」。盧氏文弨云：「謚，《説文》本作謚，今竝當作謚。」○沈氏彤云：「此因上『冠而字之，敬其名也』，而類及之。」今案：沈説是也。《表記》曰：「先王謚以尊名。」《檀弓》曰：「幼名，冠字，五十以伯仲，死謚，周道也。」是謚法至周始備，然士死猶不爲謚，其有謚則起於後世，故記之以明今古之變耳。　注云「今謂周衰，記之時也」者，以記云「今也」，明是作記者據其時而言，故知今謂周衰，作記之時也。云「古謂殷，殷士生不爲爵，死不爲謚」者，《郊特牲》注云：「古，謂殷以前也。大夫以上乃謂之爵，死有謚也。」是士無爵無謚矣。《白虎通》云：「公卿大夫者何謂也？內爵稱也。內爵稱公卿大夫何？爵者，盡也。各量其職，盡其才也。」又云：「何以知士非爵？《禮》曰四十强而仕，不言爵爲士，至五十爵爲大夫。」故知士不爲爵也。云「周制以士爲爵，死猶不爲謚耳，下大夫也」者，《周禮·小宗伯》曰：「賜卿大夫、士爵，則儐。」《孟子》言周室班爵禄，而云：「上士一位，中士一位，下士一位。」則周固以士爲爵矣。又《大史》曰「小喪賜謚」，鄭注：「小喪，卿大夫也。」言卿大夫而不及士。又《白虎通》云：「卿大夫老歸，死者有謚何？謚者，別尊卑，彰有德也。卿大夫歸無過，猶有禄位，故有謚也。」亦不言及士，則士死不爲謚明矣，是下於大夫也。云「今記之時，士死則謚之，非也」者，言非禮也。云「謚之，由魯莊公始也」者，❶《禮記·檀弓》曰：「魯莊公及宋人戰於乘邱，縣賁父御，卜國爲右。馬驚，敗績，公墜，佐車授綏。公曰：『末之卜也。』縣賁父曰：『他日不敗績，而今敗績，是無勇也。』遂死之。圉人浴馬，有流矢在白肉。公曰：『非其罪也。』遂誄之。士之有誄，自魯莊公始也。」王氏士讓云：「鄭注引魯莊公誄縣賁之事，似未確。蓋謚與誄有辨，誄者不必皆謚，故哀公誄孔子，但稱尼父，仍字之而不謚。」汪氏肇瀧云：「周制，下大夫、士皆無謚。是以孔子爲下大夫，有誄無謚。魯莊公誄縣賁父，是誄也，非謚也。誄與謚不同，鄭誤以誄爲謚。」今案：《周禮·大祝》注云：「誄謂積累生時德行，以賜之命。」是與易名之典異也。〇此記所引冠義之文，自始至末，

❶「由」，原作「自」，今據上注文改。

詞義高古，實勝《禮記·冠義》篇，蓋不知誰人所作，要必孔子之徒爲之，是以傳習者多。《儀禮》作記者録其文，以爲《士冠》之記，而《戴記》又取以入《郊特牲》篇也。不然，何以二者無異辭乎？

右記士爵謚今古之異

儀禮正義卷三　鄭氏注

受業江寧楊大堉補

士昏禮第二

鄭《目録》云：「士娶妻之禮，以昏爲期，因而名焉。必以昏者，取其陽往而陰來。日入三商爲昏。昏禮於五禮屬嘉禮。大、小戴及《别録》此皆第二。」【疏】正義曰：「昏」，嚴本作「昬」，唐石經作「昏」。《説文》：「日冥也。從日氐省。❶ 氐者，下也。」段氏玉裁注：「字從氐省，爲會意；絶非從民聲，爲形聲也。唐人作《五經文字》乃云：『緣廟諱偏旁準式省從氏。❷ 凡汦、昬之類皆從氏。』以『昬』類『汦』，其亦傎矣。」今案：據此，當以作「昏」爲正。從民作「昬」，非也。或加女旁作「婚」，亦俗體耳。「娶」，《釋文》作「取」。「陽」上，《釋文》有「取其」二字。《羣書拾補》云：「《三禮考注》同。」今據增。臧《目録》本「陽」上有「取」字，「昏禮」「昏」下無「禮」字。〇鄭云「士取妻之禮」者，鄭以此篇主言士禮。士二十而冠，冠而後娶，故

---

❶ 「省」，原脱，今據《説文解字》補。

❷ 「準」，原作「隼」，今據《説文解字注》改。

《昏》次於《冠》也。敖氏曰：「此篇主言士之適子娶妻之禮。」《儀禮釋官》云：「案：此篇主言士之昏禮，亦兼已仕、未仕者言。大夫無冠禮而有昏禮，鄭氏謂大夫或時改娶也。其天子、諸侯早娶亦有其禮，今皆亡耳。」云「以昏爲期，因而名焉」者，下經云：「期初昏，陳三鼎于寢門外。」又記云：「凡行事必用昏昕。」注：「用昕，使者；用昏，婿也。」案：昏禮有六：一曰納采，二曰問名，三曰納吉，四曰納徵，五曰請期，六曰親迎。自納采至請期五禮，皆遣使者行之，必用昕者，賈疏謂「昕，即明之始，君子舉事尚早」，是也。壻之親迎則用昏，故注云「用昏，壻也」。壻親迎用昏，因名其禮爲「昏禮」。自天子以下，禮之隆殺不同，而其名「昏」則同，故《禮記·哀公問》言天子、諸侯親迎之禮曰「大昏」，《周禮·大司徒》言聚萬民之政曰「多昏」，是上下皆名「昏」也。云「必以昏者，取其陽往而陰來」者，《三禮札記》云：「晝爲陽，夜爲陰。昏是陰陽交接之時，故云『取其陽往而陰來』也。《白虎通》云：『所以昏時行禮何？示陽下陰也。』昏亦陰陽交時也。」云「日入三商爲昏」者，賈疏云：「商謂商量，是漏刻之名，故《三光靈曜》亦日入三刻爲昏，不盡爲明。案：馬氏云：日未出、日沒後皆云二刻半，前後共五刻。今云三商者，據整數而言，其實二刻半也。」惠氏棟云：「『三光靈曜』，當作『考靈曜』。」今案：《周禮·司寤》疏云：「日入三刻爲昏，不盡三刻爲明。」則「不盡」下當有「三刻」二字。《禮經釋例》云：「王氏應麟曰：『《詩正義》云：《尚書緯》謂刻爲商。夏文莊《蓮華漏銘》：五夜持宵，三商定夕。蓋取此。蘇子美亦云：三商而眠，高春而起。』義與賈疏同，皆作商量之商，讀如式羊切。阮侍郎元云：『三商，日入後計刻漏之數，商算至三次也。今籌算法有初商、再商、三商之制，古法或與之同。考《士昏·記》：凡行事必用昏昕。昏昕者，即今之曚影限也。以時憲術考之，大陽未出之先、已入之後，距地平一十八度皆有光，以一十八度爲曚影限。然北極出地有高下，大陽距赤道有南北，故曚影刻分隨時隨地不同。其隨時不同者，二分之刻分少，二至之刻分多也；隨地不同者，愈北則刻分愈多，愈南則刻分愈少也。若北極出地五十度，則夏至之夜半猶有光，愈高則愈不夜矣。南至赤道下，則二分之刻分極少，而二至之刻分相等。赤道以南則反是。古人推步之術甚疎，不論何地何時，皆以二刻半爲昏昕之候，其説今不可復用矣。」」云「昏禮於五禮屬嘉禮」者，詳《士冠禮》目録下。褚氏寅亮云：「杜佑謂：『康成主男必三十娶、女必二十嫁。王肅以爲男十六可娶、女十四可嫁，三十、二十言其極耳。今案：三十、二十而嫁娶者，《周官》掌萬民之判，衆庶之禮也；《喪服經》有爲夫姊之長殤，士、大夫之禮也；《左傳》十五而生子，國君之禮也。』又：『鄭氏嫁娶必以仲春，王肅以爲秋冬嫁娶之時。孫卿曰：霜降逆女，冰泮殺止。《家語》：霜降而婦功成，嫁娶者行焉。冰泮而農桑起，昏禮殺於此。束晳云：春秋二百四十年，天王娶后、魯女出嫁、夫人來歸、大夫逆女，自正月至十二月悉不以得時、失時爲褒貶，何限於仲春、季秋以相非哉？《士昏禮》請期辭曰：惟是三族之不虞。卜得吉日，便相配合。先賢以時月爲限，恐非至當。』説似圓通，然三十娶、二十嫁之文不特見于《周官》，即《曲禮》、《内則》諸文亦彰彰可據。《白虎通》云：『男三十筋骨堅强，任爲人父；女二十肌膚充滿，任爲人母。合爲五十，應大衍之數，生萬物也。』是也。自春秋時風俗媮薄，有不待年而即恣欲者，于是不得已，乃遷就爲早昏之禮，以杜其漁色之端。禮之本義，豈若是乎？又嫁娶必以春者，《白虎通》曰：『天地交通、萬物始生、陰陽交接之時。』故『仲春之月，令會男女』，其文見於《周官》；『二月，綏多士女』，其文見於《大戴禮・夏小正》；『士如歸妻，迨冰未泮」，其文見於《邶風》。今舍經不從而信荀卿、王肅等言，祇見其惑已。」又曰：「『娶妻不先告廟者，示不必安也。』蓋因《昏禮》篇無告廟之文耳。然《左傳》楚公子圍娶于鄭之辭曰：『圍布几筵，告于莊、共之廟而來。』明言告廟矣。陳氏《禮書》謂『既納采、問名，然後歸卜於禰；既卜，然後納吉，當在告廟之日』，遂引『卜郊受命于祖廟，作龜于禰宮』，注云『受命退，乃卜』，以爲卜昏之禮亦如之。案：隱八年《左傳》杜解云：『禮，逆婦必先告祖廟而後行。鄭忽先逆婦而後告廟，故曰先配而後祖。』《正義》引鄭司農『以配爲同牢食也。先食而後祭祖，無敬神之心，故曰誣其祖』。孔氏詆鄭而從杜。其實，告廟而後行，與夫祭祖而後同牢，禮皆無其文。」毛氏奇齡云：「《昏義》：壻至，主人几筵于廟，而拜迎于門外。婦家亦告廟。且迎壻入廟行事，則婦至可知矣。又納采、納吉、問名、納徵、請期五禮，婦家俱告廟，行事歷載士禮，而壻家未嘗一告廟，則壻家行事皆不載矣。而《白虎通》即曰『娶妻不先告廟』，何鹵莽邪？賈氏以爲士、大夫、諸侯、天子禮各不同，恐亦周旋之説耳。」吴氏廷華云：「篇内器服之屬無一定之等，如用鴈爲大夫之摯，墨車爲大夫之車，其餘如爵弁與禁又俱爲士禮。注以墨車爲攝盛，疏以女從纚爲假盛。愚謂若以攝盛言，則車服等俱應從大夫禮，胡又有攝、不攝之分？則攝盛特説經者不得已之辭耳。」又云：「器服等不過錯舉士、大夫禮以爲之準，俾行禮者得六禮大節所在，奉而行之，餘則各引其分而爲之具。聖人制禮之義，大略如此。」方氏苞云：「親迎昏以爲期，蓋必已成夫婦而後可見于舅姑。若早至而不見所尊，則嫌于慢，故必近夜爲宜。」案：「納徵」疏云：「大夫無冠禮而有昏禮，若試爲大夫及幼爲大夫者，依士禮。若五十而爵，改娶者，大夫昏禮，玄纁及鹿皮則同于士。餘有異者，無文以言也。」記云「無大夫冠禮而有其昏禮」，此篇是也。疏以爲試爲大夫及幼爲大夫者依士禮，恐非。《周禮疏》亦有改娶之説，大抵皆因《曲禮》「三十壯，有室」、「五十命爲大夫，服官政」，故作此周旋耳。萬氏充宗云：「先王之制，仕者世禄不世官，官有尊卑，禄即有厚薄。因是以思，卿之子孫即食卿之禄，大夫之子孫即食大夫之禄。既食卿、大夫之禄，即行卿、大夫之禮，固不必身爲卿、大夫也。大夫之有昏禮，曷足怪？若以爲備改娶，聖人豈預爲此不祥之目哉？」其説是也。但萬氏尚未考此篇之即大夫昏禮耳。

昏禮。下達，納采用鴈。 達，通達也。將欲與彼合昏姻，必先使媒氏下通其言。女氏許之，乃後使人納其采擇之禮。納采而用鴈爲摯者，取其順陰陽往來。《詩》云：「取妻如之何？匪媒不得。」昏必由媒，交接設紹介，皆所以養廉恥。【疏】正義曰：徐本、《通典》、《集釋》、《要義》、楊氏注無「達」字及「納采而」三字。○褚氏寅亮云：「朱子謂『下達』二字爲用鴈而發，言士、庶皆得用鴈，攝盛之意也。如此，則宜云『納采用鴈下達』，文義與『三年之喪自天子達』同，方順。今無上事，而啓口即云『下達』，古人立言恐不若是。仍當主『使媒下通其言』之説。至用鴈之義，❶注與六摯絶不相涉。❷若云士許用大夫之摯以攝盛，則天子、諸侯大昏，合二姓之好，以爲宗廟社稷之主，何反降用大夫之所執乎？又案：《白虎通》云：『用鴈者，取其隨

❶「義」，原作「文」，今據《儀禮商》改。

❷「注」下，《儀禮商》有「所謂順陰陽往來也」八字。

時南北，不失其節，明不奪女子之時也；又取飛成行、止成列，明嫁娶之禮長幼有序，不相踰越也。』」沈氏彤曰：「『下達』，『下』字當去聲讀，如《周易》『男下女』之『下』。蓋自請期以上，皆壻父下女父之事。故女在家，壻父未有不爲之下者，❶故使媒氏下達，乃壻父自下之始也。」　注云「將欲與彼合昏姻，必先使媒氏下通其言。女氏許之，乃後使人納其采擇之禮」者，《周禮·地官》有媒氏職，諸侯之國亦有媒氏傳通男女，使成昏姻也。云「用鴈爲摯，取其順陰陽往來」者，江氏筠《讀儀禮私記》云：「方氏苞獨指爲舒鴈。夫鴈不再偶，是以取之。蓋《郊特牲》所謂『一與之齊，終身不改』之義也。舒鴈則無所取矣。」盛氏世佐云：「士摯當用雉，而雉不可生致，故舍雉而用鴈，記云『摯不用死』是也。」引《詩》者，證須媒氏下達之義也。云「昏必由媒，交接設紹介」者，五禮自納采以下皆使使往，是交接設紹介也。云「皆所以養廉恥」者，《孟子》曰：「不待父母之命、媒妁之言，則父母、國人皆賤之。」《曲禮》曰：「男女非有行媒，不相知名。」《坊記》曰：「男女無媒不交。」《説文》云：「媒，謀也，謀合二姓也。」妁，斟酌二姓之稱。凡此，皆所以備禮通情，養成男女，使保其廉恥也。

主人筵于户西，西上，右几。主人，女父也。筵，爲神布席也。户西者，尊處，將以先祖之遺體許人，故受其禮於禰廟也。席西上，右設几，神不統於人。席有首尾。【疏】正義曰：女家將受納采之禮，先設神坐，乃受之。韋氏協夢云：「設筵者雖非主人，而主人必親涖之，故以主人立文也。」褚氏寅亮云：「女父

❶「父」，《儀禮小疏》作「家」。

在，父爲主人；祖在，祖爲主人。若父、祖俱殁，則有事於宗子之廟，❶而以宗子爲主人？❷孔氏穎達謂女家每事告廟，則男氏將行六禮必皆告廟，不徒卜而已。其説似女氏可不問卜者，然考《左傳》，懿氏卜妻敬仲，其妻占之曰吉；又晉獻公筮嫁伯姬于秦，遇歸妹之睽，則卜、筮皆用矣。壻家亦惟納吉、請期有卜，他禮則否。士用漆几。是時主人及擯者立位與冠禮同。」吳氏廷華云：「户，室户也。室南鄉，牖在西，户在東。户西即牖之東，蓋堂之中也。賓曰『東上』，此曰『西上』，陰陽之義也。」注云「右設几」者，几，神所憑也。人道，東上而左几。此神道，取「地道尊右」之義。西，右也。云「席有首尾」者，上其首也。西上，神道也，賈疏云「《公食大夫·記》蒲筵、萑席皆卷自末」是也。**使者玄端至。**使者，夫家之屬，若羣吏使往來者。玄端，士莫夕之服。又服以事其廟，有司緇裳。【疏】正義曰：玄端，禮服。使者以鴈來也。注云「使者，夫家之屬，若羣吏使往來者。玄端，士莫夕之服」者，吳氏廷華云：「此使者當是《周禮》媒氏，男父使來納采，故曰使。至，奉男父命至門外也。莫夕之説非，已見《士冠禮》。又冠禮止言贊者與贊冠，而不言其爲何如人，其以贊冠爲降主人一等者，特注説耳。此疏竟以彼注爲經，謬矣。至云主人是下士，屬是不命之士，尤謬。據《周禮·典命》，公、侯、伯之士一命，子、男之士不命。如賈説，是大國上、中、下士之外又有不命之士，小國不命之士以上又有上、中、下士，不顯與《典命》經文悖乎？據下記『士受皮』疏云，此不命府、史之

❶「有」，《儀禮管見》作「行」。
❷「人」下，《儀禮管見》有「與」字。

等，與子、男不命者別，又以《既夕禮》士受馬爲胥徒，不知何據。要之，使者是媒氏，不可以屬吏言也。且下『賓升』疏以此爲賓主敵，則又何屬之可言？」盛氏世佐云：「使者亦士也，故玄端服，《士冠禮》擯者及贊者皆服玄端是也。」云「有司緇裳」者，賈疏云：「士惟有三等之裳：玄裳、黄裳、襍裳。此云『緇裳』，即玄裳矣。」

擯者出請事，入告。 擯者，有司佐禮者。請，猶問也。禮不必事，雖知猶問之，重慎也。【疏】正義曰：敖氏云：「賓之將命者入告，擯者告主人，乃出請事也。其辭蓋曰：『某也使某請事。』凡賓非主人之所戒速而來者，則有請事之禮。凡請事西面，入告東面，大夫、士之禮也。」注云「禮不必事，雖知猶問之，重慎也」者，吴氏廷華云：「擯者當是私臣將命者。前已有媒氏通言，今使者在門，當知有昏事，而猶問之，故曰『重慎也』。」**主人如賓服，迎于門外，再拜。賓不荅拜。** 門外，大門外。不荅拜者，奉使不敢當其盛禮。【疏】正義曰：張氏爾岐云：「當亦如《士冠禮》：主人迎賓，主人西面，賓東面。此時賓自執鴈。」淩氏《釋例》云：「凡迎賓，主人敵者則迎于大門外。《士冠禮》：賓立于外門之外，主人迎，出門左。其賓，注謂主人之僚友；其主人，注謂將冠者之父兄。《士相見禮》：主人出迎于門外。此賓、主人皆士。《士昏禮》：納采，使者至，主人迎于門外。注：『門外，大門外。』又：親迎，壻至于門外。注：『婦家大門之外。』又云：『主人玄端，迎于門外。』此主人，注謂女父也。此主人尊者，而迎于大門外，以賓客接之，故盛其禮也。又《士昏·記》：不親迎，壻見，主人出門左，西面；壻入門，東面。注：『出門，出内門；入門，入大門。出内門不出大門者，異於賓客也。』此又殺於親迎，成主人之尊也。」注云「門外，大門外」者，賈疏云：「大夫、士惟有兩門，寢門、大門而已。廟在寢門外之東，此下有『至于廟門』，明此是大門外可知也。」云「不荅拜者，奉使不敢當其盛禮」者，吴氏廷華《疑義》云：「主人再拜者，亦西面拜辱。使者爲男氏納采，不敢當賓禮，故不荅拜，非卑之謂也。賈疏謂士卑無君臣之禮，故不荅拜。非也。」**揖入，至于廟門，揖入。三揖，至于階，三讓。**入三揖者，至内霤，將曲，揖；既曲，北面，揖；當碑，揖。【疏】正義曰：注云「入三揖者，至内霤」者，李氏如圭云：「内霤，門内霤也。霤，屋檐滴處。」云「將曲，揖；既曲，北面，揖；當碑，揖」者，賈疏云：「凡入門三揖，以其入門，賓主將欲相背，故須揖；賓主各至當塗，北面相見，故亦須揖；至碑，碑在堂下，三分庭之一在北，是庭中之節，故亦須揖。」敖氏云：「與賓揖，先入也。」揖入之後亦每曲揖。不著之者，此與上篇皆士禮，其同可知。」吴氏廷華云：「碑在中庭，當云：二分庭一在北。賈疏本下記言之，不知彼原非中庭，此注明言當碑，不當取以爲證。」**主人以賓升，西面。賓升西階，當阿，東面致命。主人阼階上北面再拜。**阿，棟也。入堂深，示親親。今文「阿」爲「庪」。【疏】正義曰：褚氏寅亮云：「賓降等者，主人先升固已；即敵者，亦主人先升也。《聘禮》：賓儐卿，賓升一等；大夫升，面卿、大夫；大夫升一等，賓從之。又《曲禮》：主人與客讓登，主人先登，客從之。皆賓主敵而主先升之證。先升者，道之也。道之，故曰『以』。若賓尊于主，則賓先升，不必銜君命也。《燕禮》、《大射禮》宰夫爲主人以辟正主，故賓先升。考之禮，無賓主俱升法，賈疏似失之。」注云「阿，棟也」者，胡氏承珙云：「《考工記》『門阿之制五雉』注：『阿，棟也。』《鄉射·記》云：制五架之屋，正中曰棟，次曰楣，前曰庪。鄭以棟訓阿者，非謂棟有阿名，謂屋之中脊其當棟處名阿耳。阿之訓義爲曲。《説文》：阿，一曰曲阜也。其在宫室，則凡屋之中脊，其上穹然而起，其下必卷然而曲。其曲處則謂之阿。棟隨中脊之勢，亦有卷然、穹然之形，故《易》於棟言『隆』，《禮》即以棟爲阿。《考工記》：殷人四阿重屋。注：『四阿，若今四柱屋。』又『王宫門阿之制五雉』疏云：『謂門之屋，兩下爲之，其脊高五丈。』夫屋有四柱，兩下，必皆於中脊分之，則阿爲中脊卷曲之處明矣。中脊者，棟之所承，故鄭以當阿爲當棟也。此經云：賓當阿，東面致命，主人阼階上北面再拜。程氏易田云：『主人在阼階上接賓，賓乃獨入堂深，而至於棟。賓主不相對，於授受行禮不便，故知阿當在楣而不在棟。』按：古人所稱東階上、西階上者，必非僅指階前數尺之地。焦氏循謂兩楹在楣、棟之間，東楹之東、西楹之西，自階至房户之前，通可謂之階上。引《燕禮》『小臣設公席于阼階上，西鄉』，而其下又云『樂正由楹内東楹之東告于公』。以此爲自階至房户前皆名階上之證，其説甚確。然則此納采之賓當阿東面，主人阼階上北面，本不甚縣絶，❶況賓致命之後、主人再拜之時，賓必還辟，不荅拜。凌氏廷堪云：『凡爲人使者不荅拜。』《士昏禮》納采授鴈，略用聘享授玉、授璧之例。拜時，使者當亦三退負序。然則此賓致命後退至楹間，主人拜後亦從阼階上至楹間，故經云『授于楹間，南面』，無嫌於授受不順也。」「今文『阿』爲『庪』」者，即《説文》之「厃」字。《厂部》：「厃，仰也。从人在厂上。一曰：屋梠也。秦謂之楣，齊謂之厃。」《木部》曰：楣者，秦名屋櫋聯也。又曰：「齊謂之檐，楚謂之梠。」然則厃與檐一物，庪即厃，亦屋檐之名。鄭於《聘禮》「公側襲受玉于中堂與東楹之間」注：「入堂深，尊賓事也。」及此經皆取入堂深爲義，故不從今文歟？按：主人北面再拜者，拜其納采之命，許之也。**授于楹間，南面。**授于楹間，明爲合好，其節同也。南面，並授也。【疏】正義曰：程氏易田云：「云『楹間』，著

❶「本」上，《儀禮古今文疏義》有「相去」二字。

東西之節。案：《公食大夫禮》：『若不親食，使大夫致之，豆實實于罋，陳于楹外；簋實實于筐，陳于楹内兩楹間。』兩楹間者，總謂罋、筐，蓋楹内、楹外著南北之節，楹間著東西之節。不知者乃謂楹内、楹外、楹間是三處，其故在誤解楹間爲南北之節，謂其處必正當兩楹。案：《聘禮》階上授受，東西之節有四法：一爲賓主敵體，在兩楹間，賓面卿受幣于楹間是也。一爲賓主雖敵體，而所趨者君命，則在堂中西鄉，歸饔餼于聘賓、受幣堂中西、賓問卿堂中西是也。一爲賓臣主君，則直趨君位，當東楹。賓覿，進授幣，當東楹。公禮賓，受幣，當東楹是也。一爲賓主雖君臣，而所執者君之器，則在中堂與東楹之間，聘賓致命，公側襲受玉于中堂與東楹之間是也。以上四事，若以楹爲南北之節，則必不能出而在楹南矣。于楹間、堂東、堂西三者非可言，而於所謂堂東楹者，亦謂其不在楹南乎？此可決授受之節當楹間也。」朱大韶云：「疏以經云『南面』，不辨賓主，故知南面竝授也。《聘禮》：歸饔餼節，大夫東面致命，賓降階再拜稽首。大夫辭，升成拜。受幣，堂中西北面。賓儐大夫節，賓奉幣西面，大夫東面，賓致幣。大夫對，北面當楣。再拜稽首，受幣于楹間，南面。注：賓北面授，尊君之使。又賓問卿節，大夫受幣，堂中西北面。賓面卿節，大夫受幣于楹間，南面。注：賓亦振幣進，北面授。經三云楹間南面。注於《昏禮》云『並授』，於《聘禮》則以爲訝受。疏通之曰：『雖是敵者，于兩楹之間，或有訝受者，皆是相尊敬之法。此大夫南面、賓北面，雖是敵體，尊大夫故訝受。』案：《聘禮》注是也。《曲禮·記》雖云卿與客並然後受，而《禮經》固無並授受法。惟《聘禮》宰執圭，屈繅，自公左授使者。使者受圭，同面，垂繅以受命。既述命，同面授上介。聘畢歸，使者執圭，垂繅，北面，上介執璋，屈繅，立于其左。宰自公左受玉。此同面相授受也。蓋於君前皆北面，故授由其右，受由其左，其餘無同面者。《公食大夫禮》：公授宰夫受帛以侑，賓受幣，❶當東楹北面。賓北面受，則公南面授可知。《聘禮》：賓覿，振幣進授，當東楹，北面。賓北面授，則公南面受可知。❷歸饔餼與問卿，皆奉其君之命而致公幣也，故受於堂中之西而北面，與受於公所同。儐使者與面卿，私幣也，故受於兩楹之間而南面。賓與卿體敵，不南面授者，禮固無竝授受法也。此使者奉其主人之命來納采，不南面授者，嫌於君使於大夫同也。言受者南面，則授者北面可知。「授」，當爲「受」字之誤也。文承主人再拜下，自然言主人受，不當言使者授。《聘禮》諸條皆主受者言，其例自明。鄭不審授爲受之譌，故以南面屬之使者，解爲並授，與聘禮注異耳。又案：禮於授受之節，或東西面，或南北面，賓主相對，經並不言訝。惟《聘禮》醴賓，公東南鄉，外拂几三，卒，進西鄉，賓進，訝受几于筵前。進，猶前也。訝，迎也。公前就賓，故賓前迎受几也。又賓執左馬以出，上介受賓幣，從者訝受馬。《公食大夫禮》：「從者訝受皮。」蓋從者在上介之後，賓出，從者前迎受之，故於上介言「受」，獨於從者言「訝受」。《士喪禮》下篇：「若無器，則捂受之。」蓋賓東面，主人西面，宰在主人之北，由北而西南，必稍前受之，故亦言「訝」。惟此四處言「訝」，則訝受與對面相授受者義亦別，但相傳以爲訝受耳。」　注云「南面，並授也」者，盛氏世佐云：「凡堂上授受摯、幣之法，主人尊則近東楹，賓尊則近西楹。於楹間南面並授，敵者之禮也。此使者卑於主人而用敵禮者，以其奉壻父之命故也。」**賓降，出。主**

❶「幣」，原作「聘」，今據《續清經解》本改。
❷「授」，原作「受」；「受」，原作「授」，今皆據《續清經解》本改。

人降，授老鴈。老，羣吏之尊者。【疏】正義曰：注云「老，羣吏之尊者」者，吴氏廷華云：「老即趙魏之老者，蓋家臣之長。注以老爲羣吏之尊者，即上文『屬吏』，説似未確。又《士冠禮》：『賓出，主人送于廟門外。』此亦當然也。案：授老鴈後不見有還鴈之儀，疑主人既授老鴈，老即以授賓將命者。下文『賓執鴈』，即前所執之鴈也。經不言還鴈，文不具耳。」敖氏云：「授鴈於階下，既則進立於中庭。」

右納采

擯者出請。不必賓之事有無。【疏】正義曰：賓出未去，有事可知，故出請也。**賓執雁，請問名，主人許。賓入授，如初禮。**問名者，將歸卜其吉凶。古文「禮」爲「醴」。【疏】正義曰：褚氏寅亮云：「記『西面對』注云：『對賓以女名。』則孔穎達以爲問母姓者，非矣。❶問名而以誰氏問，不敢斥言也。主人則直對以三月之名。此亦與卜得吉日，而先請期於女氏之意同，所謂『小讓如僞』。」吴氏廷華云：「據《内則》三月之名合男女言，則女固有名。女何氏，則父之氏耳，但未有已納采而猶不知其氏者。疏云：『婦人不以名行，明本不問三月名。』其説較勝。」敖氏云：「初禮，三揖以下之儀也。此雖俟於中庭，亦有三揖，與《聘禮》同。」

右問名

---

❶「非」，原作「然」，今據《儀禮管見》改。

擯者出請，賓告事畢，入告，出請醴賓。此「醴」亦當爲「禮」。禮賓者，欲厚之。【疏】正義曰：此下至「送于門外」，主人禮賓之事。又請者，不敢必賓事之無，敬之至。賓告事畢，則可以出矣。不出者，其擯者留之歟？蔡氏德晉云：「凡行重禮者，事畢必醴之，以致殷勤也。」敖氏云：「醴與醴子之醴同。」「擯者請醴賓，亦以其降等也。若敵者，則主人自請之。」注云「此『醴』亦當爲『禮』」。禮賓者，欲厚之」者。賈疏云：「《士冠》禮賓爲『醴』字，彼已破從『禮』，故云『亦』。此以醴酒醴賓，不從『醴』者，以《大行人》上公『再裸而酢』，侯、伯『一裸而酢』，子、男『一裸不酢』，及『以酒禮之』，用齊禮之，皆不依酒醴爲名，皆取相禮，故知此醴亦爲禮敬之禮，不取用醴爲醴之義也。」吳氏廷華云：「注因《司儀》王用鬯禮賓，不言『鬯』而言『禮』，是亦理之可通者。若賈疏謂凡言『禮』者，皆是上下之辭，且與儐字別，則卿、大夫所謂以禮禮賓之，又何說邪？據《士冠禮》主人戒賓，注以賓爲主人之僚友，冠畢則禮賓，是敵者亦曰禮，不得以上下爲說。至謂《聘禮》卿亦云『無擯』者，案：彼經聘享之後，賓朝服問卿，受幣，無儐。彼注以辟君爲訓，蓋賓與卿名位相敵，所謂『無擯』，正『敵者曰擯』之謂也。但彼經問卿只言『擯』，未嘗言『禮』，則賈疏得有擯、禮兩名之說，又未可信矣。」**賓禮辭，許。**禮辭，一辭。【疏】正義曰：不言擯入告，可知賓亦就次。注云「禮辭一辭」者，蔡氏德晉云：「一辭而許者，醴賓之常法。」案：「賓禮辭，許」者，亦謂其爲使而醴之，與平時宴饗之事不同也。**主人徹几，改筵，東上，側尊甒醴于房中。**徹几、改筵者，鄉爲神，今爲人。側尊，亦言無玄酒。側尊於房中，亦有篚有籩豆，如冠禮之設。【疏】正義曰：《校勘記》云：「陸氏云：『鄉，本又作嚮。』」案：嚮，正字；

鄉，今之向字。」　注云「鄉爲神，今爲人」者，於户西禮神坐，易他席而布之。徹几，亦易他几於後授賓也。張氏爾岐云：「改筵，改西上而東上也。爲人設則東上者，統於主人也。」云「側尊，亦言無玄酒」者，醴象大古質，故士冠禮與士昏禮之等皆無玄酒也。云「亦有篚有籩豆，如冠禮之設」者，此下云「贊者酌醴，加角柶」，明有篚盛之。又云「贊者薦脯醢」，則有籩豆可知。但冠禮，尊在服北，南上，則此尊與篚亦南上，故云「如冠禮之設」也。韋氏協夢云：「徹與改，皆有司爲之。云『主人』者，亦謂主人親涖其事耳。」**主人迎賓于廟門外，揖讓如初，升。主人北面，再拜。賓西階上，北面荅拜。主人拂几授校，拜送，賓以几辟。北面設于坐，左之，西階上荅拜。**拂，拭也。拭几者，尊賓，新之也。校，几足。辟，逡遁。古文「校」爲「枝」。【疏】正義曰：盧弨弓云：「『校』，緣避明諱改作『挍』。」《釋文》「遁」，徐本、《集釋》、敖氏俱作「巡」，《通解》、楊氏俱作「遁」。張氏云：「鄭於《儀禮》用『逡遁』字十有一，開寶《釋文》獨於此作『巡』，諸《釋文》本皆作『遁』。」「枝」，徐本、《集釋》俱作「技」，《通解》作「枝」。○賈疏云：「如初升者，如納采時三揖三讓也。主人拂几者，案：《有司徹》：『主人西面，左手執几，縮之，以右袂推拂几三，❶二手横執几，進授于户前。』凡敵者，拂几皆若此；卑於尊者，則内拂之。凡授几之法，卑者以兩手執几兩端，尊者則以兩手於几間執之，授受皆然。受時或受其足，或受於手，皆横受之。及其設之，皆旋几縱執，乃設之於坐南，北面陳之，位爲神則右之，爲人則左之。不坐設之者，几輕故也。」敖氏云：「復迎之，禮更端也。主人拜至，賓荅拜爲

❶「袂」，原作「手」，今據《儀禮注疏》改。

己也。」几，所以安體。賓雖不隱几，主人猶進之，崇優厚也。几校，未詳。以《有司徹》執几之法推之，則校者其謂左廉歟？云「以几辟」者，嫌辟時或釋几也。凡自敵以下，其於拜者皆辟，經不盡見之也。左之，在席上之東也。設几於左，便其右也。授几於筵前，西面拜送，亦於阼階上北面。吴氏廷華云：「賈疏謂昏禮有相親之義。案：拜至特主人敬賓之意，並無相親義。若云『相親』，則聘禮何嘗不是親睦？聘禮私覿拜至，則醴賓亦當拜至，文省耳。若云不相親故不拜，則豈有不親於醴而又獨親於覿之禮？又此疏賓主不敵等說，即前節注意，且既以爲此賓不敵，而其言拂几也則曰敵，且尸尊主卑，既以《有司徹》爲外拂，又據《聘禮》謂卑於尊者内拂，前後矛盾。經明言『授校』，其爲兩手執之可知。乃又轉一說曰昏禮異於餘禮，豈不支離？」又云：「此言先授後拜，則主人既授而拜，几方在客手，不能荅拜，故必設几後乃荅。至受醴時，主方執醴，故賓先拜受。賓受後，主人始拜送，情理不過如是。賈疏忽創爲『非己所得』及『己所當得』等語，謬矣。至主拜、賓拜，俱有相辟之禮。《聘禮》賓覿再拜，公少退，則不特卑始辟尊也。況是經賓本不卑乎？烏得傅會其說？」　注云「校，几足」、「古文『校』爲『枝』」者，胡氏承珙云：「『校』，蓋『骹』之借字。《說文》：『骹，脛也。』與《既夕》注『校，脛也』訓同。《祭統》：『夫人執校。』注：『校，豆中央直者也。』豆有跗而無足，故謂其中央直者爲校。几則有足，故《士昏》注以校爲几足也。古文作『枝』者，四體謂之四肢。《說文》『胑，或作肢。』《逸周書》、《孟子》又作『枝』，《釋名》：『胑，肢也，似木之枝格也。』几之有足，猶人之有四肢，故校亦謂之枝歟？　鄭以肢兼手足，骹則專於足脛，故不從古文。」**贊者酌醴，加角柶，面葉，出于房。**贊，佐也，佐主人酌事也。贊者亦洗酌，加角柶，覆之，如冠禮矣。出房南面，待主人迎受。古文「葉」作「擖」。

【疏】正義曰：「迎受」，《釋文》作「梧授」，从木。張氏引《釋文》从手。各本注疏《聘禮》、《公食大夫禮》从木，《既夕禮》从手，未知孰是。《説文》無「捂」字，有「牾」字，訓「逆也」。《既夕》疏云：「捂，遻也。」遻、逆二義相近，疑「捂」即「牾」之俗體，而「梧」又其假借通用者也。盧文弨曰：「陸『捂授』『授』二字譌。」今案：《公食大夫禮》及《既夕》經既有「梧受」之言，張氏引《既夕》乃作「捂授」，又引《玉篇》「捂，受也」。捂授，謂受其所授也。❶鄭於《既夕》注云：謂對相授不委地，則經似當作授，則張説不爲無據，而此處《釋文》「授」字亦未必譌也。〇淩氏《釋例》云：「《士冠禮》：❷賓醴冠者，贊者洗于房中，側酌醴，加柶，覆之，面葉。賓授醴于户東，加柶，面枋。冠者筵西拜，受觶。《士昏禮》：女父醴使者，贊者酌醴，加角，面葉，出于房。主人受醴，面枋，筵前西北面，賓拜受醴。此皆酌者面葉以授醴者，所以然者，醴者尊，不自酌，必由酌醴者授之。凡訝受皆對面相授受，酌醴者面葉以授醴者，則醴者始得面枋以授受醴者。受醴者受之，乃得前其葉以扱醴而祭也。《士昏禮》：舅姑醴婦，贊者酌醴，加柶，面枋，出房，席前北面，婦東面拜受。此則酌者徑授受醴者。所以然者，舅姑益尊，不自酌，併不自授，徑由酌者授之，故面枋以便受醴，面葉而祭也。」注云「酌加角柶，覆之如冠禮矣」者，《士冠禮》：「贊者洗于房中，側酌醴，加柶，覆之。」此與之同，故知如冠禮。吴氏廷華云：「贊者，私臣之屬。酌醴，酌醴尊以實觶也。」**主人受醴，面枋，筵前西北面。賓拜受醴，復位。主人阼**

❶「受其所授」，原作「授其所受」，今據《十三經注疏校勘記》改。
❷「禮」，原作「者」，今據《禮經釋例》改。

階上拜送。主人西北面疑立，待賓即筵也。賓復位於西階上北面，明相尊敬。此筵不主爲飲食起。【疏】正義曰：敖氏云：「西北面，以賓在西階上，不可背之也。醴子、醴婦皆北面者，以其立於席西也。賓拜亦於西階上。復位，俟既薦，乃升席。於賓之拜也，主人少退，主人拜送，賓亦如之。」張氏爾岐云：「主人執醴，筵前西北面以待賓，賓拜於西階上，乃進筵前受醴，受訖復西階北面之位。主人乃於阼階拜送。❶此醴，古人受爵、送爵相拜之法，大率如此。」注云「主人西北面疑立」者，吴氏廷華云：「疑立者，無事而立。此經主人方在受醴獻賓之時，何暇疑立？又《鄉飲酒禮》言：『賓西階上拜，主人少退，賓進受爵。』此賓拜主人，亦當少退，又烏能疑立？」云「此筵不主爲飲食起」者，賈疏云：「此筵爲行禮，故拜及啐皆於西階。」不知凡筵皆爲行禮，焉有素爲飲食而設者？若以拜、啐必於西階始爲行禮之筵，則《士冠禮》醴子曰：冠者筵末坐，啐醴，降筵坐，奠觶拜。是拜、啐皆於筵前，彼何嘗非行禮之筵？而拜、啐皆不在西階，賈説尚可信哉？要之，拜、啐於西階上皆是敬主之義。啐於西階，蓋有不敢當此筵之義。**贊者薦脯醢。**薦，進。【疏】正義曰：此贊疑即擯者。褚氏寅亮云：「『凡祭於脯醢之豆間。』籩爲竹豆，故脯雖籩實，亦得名豆。」**賓即筵坐，左執觶，祭脯醢，以柶祭醴三，西階上北面坐。啐醴，建柶，興，坐奠觶，遂拜。主人荅拜。**即，就也。左執觶，則祭以右手也。凡祭於脯醢之豆間，必所爲祭者，謙敬，示有所先也。啐，嘗也。嘗之者，成主人意。建，猶扱也。興，起也。奠，停也。【疏】正義曰：李氏如圭云：「公食大夫豆多者，祭於上豆

❶「阼階」下，《儀禮鄭注句讀》有「上」字。

之間，知凡祭皆於籩豆之間也。」張氏爾岐云：「賓即筵坐，而祭醴南面坐也。啐醴，則西階北面之位。奠觶遂拜，亦於西階。遂拜者，因事曰遂。坐奠，不起而遂拜也。」吴氏廷華云：「既言『興』，復言『坐』者，坐如《曲禮》『坐而遷之』之『坐』，賈疏所謂跪也。興而跪，跪而奠觶，遂以拜也。啐於西階，不敢以賓禮自居也。」注云「凡祭於脯醢之豆間」者，賈疏謂祭脯醢，置之皆於豆間。此及《冠禮》、《鄉飲酒》、《鄉射》、《燕禮》、《大射》皆有脯醢，則在籩豆之間。此注不言「籩」者，文省耳。云「成主人意」者，主人設饌，望賓美之。今客嘗之告旨，是成主人意也。**賓即筵，奠于薦左，降筵，北面坐取脯，主人辭。**薦左，籩豆之東。降，下也。自取脯者，尊主人之賜，將歸，執以反命。辭者，辭其親徹。【疏】正義曰：即筵奠觶者，以取脯當北面，禮貴相變也。主人辭者，蓋見賓珍己之物而取之，則以不腆辭之。賈疏云：「此奠于薦左，不言面位。下贊醴婦『奠于薦東』注：『奠于薦東，升席奠之。』此云『奠于薦左』，明皆升席南面奠之也。又祭酒亦皆南面，並因奠酒之面奠之，則《冠禮》禮子亦南面奠之，《聘禮》禮賓賓北面奠者，以公親執束帛待賜己，不敢稽留，故由便疾北面奠之也。《鄉飲酒》、《鄉射》酬酒不祭不舉，不得因祭而奠於薦東也。《燕禮》、《大射》重君物，君祭酬酒，故亦南面奠。」❶ 注云「執以反命」者，下記「賓右取脯，左奉之，乃歸執以反命」是也。**賓降，授人脯，出。主人送于門外，再拜。**人，謂使者從者。授於階下，西面，然後出，去。【疏】正義曰：盛氏世佐云：「上云『主人辭』，此不言『賓對』者，文省耳。」張氏爾岐云：「前迎於門外，是大門外；此送，亦大門

❶「南」，原作「北」，今據《儀禮注疏》改。

外。」注「授於階下，西面」者，以賓位在西。「授脯」文在「出」上，故知西階下西面。

右醴使者

納吉，用鴈，如納采禮。歸卜於廟，得吉兆，復使使者往告，婚姻之事於是定。【疏】正義曰：徐本「婚」作「昏」。案：昏嫁宜作「昏」，婚姻宜作「婚」，古或俱用「昏」字。凡今本經注作「婚」者，石經、徐本俱作「昏」。○郝氏云：「問名而後納吉者，慎重不迫，禮之序也。乃昏姻之約，自納采、問名時定矣，故昏辭曰：吾子有惠，既室，請納采。如必問名始卜，倘卜不吉，可中廢乎？故用禮通其義而已。」張氏爾岐云：「如納采禮，其揖讓、升階、致命、授鴈及主人醴賓、取脯、出門之節並皆如之。」

右納吉

納徵，玄纁束帛，儷皮，如納吉禮。徵，成也。使使者納幣以成昏禮。用玄纁者，象陰陽備也。束帛，十端也。《周禮》曰：「凡嫁子取妻入幣，純帛無過五兩。」儷，兩也。執束帛以致命。兩皮爲庭實。皮，鹿皮。今文「纁」皆作「熏」。【疏】正義曰：李氏如圭云：「五兩，玄三、纁二也，象陽奇陰耦也。天子加以大璋，諸侯加以穀圭，❶庶人則用緇帛，無纁。用緇者，婦人陰也。納徵用幣，故又謂之納幣。何休云：玄

---

❶「天子加以大璋諸侯加以穀圭」，《續清經解》本作「天子加以穀圭，諸侯加以大璋」。

纁，取其順天地；鹿皮，所以重古。」沈氏彤云：「鄭《周禮注》云：『五兩，十端也。必言兩者，欲得其配合之名。《雜記》云：納幣一束，束五兩，兩五尋。然則每端二丈。』彼疏云：『古者二端相向卷之，共爲一兩。五兩，故十端也。』又案：鄭《雜記》注云：『十箇爲束，貴成數。兩兩者合其卷，是謂五兩。八尺曰尋，五兩五尋，則每卷二丈也。❶合之則四十丈。今謂之匹，猶匹偶之云歟？』彼疏云：『一束謂十箇，兩箇合爲一卷，是束五兩也。』天之正色蒼而玄，地之正色黄而纁。聖人法天地以制衣裳而别其色，故禮法之重者莫不上玄而下纁。記云：『皮帛必可制。』納幣以玄纁，重昏禮，使制爲盛服也。又鄭《周禮·媒氏》注：『純，實緇字，古緇以才爲聲。納幣以緇。婦人陰也，凡取禮必用其類。』士大夫乃以玄纁束帛，此經注『用玄纁，象陰陽備也』，然則玄爲陽而緇爲陰矣。又鄭注此經『纁裳緇袘』云『緇緣者，象陽氣下施』，是緇亦陽也。案：《考工記》：『畫繪之事雜五色，東方謂之青，南方謂之赤，西方謂之白，北方謂之黑，天謂之玄，地謂之黄。』凡五而有六者，玄與黑同而異也。五方之色單，而天之色乃全乎五方之色。玄入黑而爲緇，則諸色潛藏，獨見其方之色而已。故《説文》但訓緇爲黑，而康成以爲陰類也。然所見者雖獨北方之色，而天之色實含諸其中，故禮服緇與玄恒互用，而康成又以緇爲陽象，不等諸專象北方之黑也。蓋專象北方之黑，不以青、赤、黄諸色爲裏。或曰：凡昏禮，無貴賤皆陰陽備。鄭乃謂惟士、大夫之幣象之，豈庶民獨不當象之乎？謂娶禮必用其類，而以緇則士、大夫何爲而不用其類乎？彤謂言非一端，各有所當，專用緇則取象幽陰，兼用玄纁則取

❶「丈」，原作「尺」，今據《續清經解》本改。

陰陽之備，皆昏禮之義類。庶人取其細而不取其大，下士也。然不用黑而用緇，則以緇之中仍備陰陽之色耳。又案：《士冠禮》所陳三服，玄端玄裳乃服之下者，然在庶人爲上服。❶昏禮攝盛，則庶人與其妻皆可服玄。而納幣以緇者，緇又降於玄也。昏禮幽陰，故取象北方之色。謂象婦人陰者，非也。」蔡氏德晉曰：「納徵禮最重，故特用皮帛而不用鴈。」

右納徵

請期用鴈。主人辭，賓許，告期，如納徵禮。主人辭者，陽倡陰和，期日宜由夫家來也。夫家必先卜之，得吉日，乃使使者往，辭即告之。【疏】正義曰：壻家得吉，乃不敢直以告女家而必請之者，示聽命於女家，尊之也。案：此遞言三禮同節，皆如納采，惟鴈與皮帛爲異耳。

右請期

期，初昏，陳三鼎于寢門外東方，北面北上。其實，特豚，合升，去蹄，舉肺、脊二，祭肺二；魚十有四；腊一肫，髀不升。皆飪。設扃鼏。期，取妻之日。鼎三者，升豚、魚、腊也。寢，壻之室也。北面，鄉内也。特，猶一也。合升，合左右胖升於鼎也。去蹄，蹄甲不用也。舉肺、脊者，食時所先

---

❶「服」，原作「法」，今據《儀禮小疏》改。

舉也。肺者，氣之主也，周人尚焉。脊者，體之正也，食時則祭之。飯必舉之，貴之也。每皆二者，夫婦各一耳。凡魚之正，十五而鼎，減一爲十四者，欲其敵偶也。腊，兔腊也。「肫」，或作「純」。純，全也。凡腊用全。髀不升者，近竅，賤也。飪，熟也。扃，所以扛鼎。鼏，覆之。古文「純」爲「鈞」，「髀」爲「脾」。今文「扃」作「鉉」，「鼏」皆作「密」。【疏】正義曰：注，《通解》、徐本俱作「孰」。「熟」、「孰」諸本錯出，後不悉校。徐本作「杠」，《釋文》、《集釋》、《通解》俱作「扛」。依注例，「鼏」上當有「古文」二字。案：《儀禮》「扃鼏」屢見，恐經、注俱有誤。《説文》「鼏」注云：「以木橫貫鼎耳舉之。」則鼏即扃耳，不得爲兩字。又《金部》「鉉」字注：「《易》謂之鉉，《禮》謂之鼏。」是「鉉」字惟《易》有之，《禮經》安得有鉉？今本《儀禮》覆尊則爲冪，覆鼎則爲鼏。《釋文》則多作「鼏」。或强爲分別曰：「冪」字从巾，覆尊以巾則稱冪，覆鼎以茅，故不得稱冪。然則「扃」字從户，何以得施於鼎？賈氏云：「鄭兼下綌冪總疊之，故云皆。」可見覆鼎、覆尊皆作「冪」矣。又《士喪》及《既夕》「冪用疏布」，古文皆作「密」，是古文無分尊、鼎，尤其明證也。案：「扃鼏」二字，古文當爲「扃密」，今文當爲「冪幎」。❶鄭於上字從古，下字從今。當注云：「今文『扃』爲『鼏』，古文『幎』爲『密』。」鼏之從冂，乃諧聲，非會意也。古蓋音冥，冥、扃聲相近，故通作扃；又音瞑，瞑、鉉聲相近，故别作鉉。◯此又下盡合巹一節，論夫家欲迎婦之時預陳同牢之饌也。賈疏云：「東方北面，是禮之正，但數鼎，故云『北面北上』」，則此及《少牢》是也。《特牲》陳鼎于門外，北面北上，當門而不在東方者，辟大夫故也。今此亦東方，不辟大夫

❶「今」，原作「古」，今據《續清經解》本改。

者，重昏禮，攝盛也。鼎不言北上，直云『北面』，《士冠》所云是也。凡鼎陳于外者，北面爲正；阼階下，西面爲正。《士喪禮》小斂，陳一鼎于門外西面者，喪禮少變，在東方者，未忍異於生時。於大斂奠及朔月奠，《既夕》陳鼎，皆如小斂奠，門外皆西面者，亦是喪禮變也。《士虞》陳三鼎于門外之右，北面北上，入設于西階前，東面北上。不言東者，既葬，鬼事變吉故也。❶《公食》陳鼎七當門南面東上者，以賓是外人，向外統之。」《集釋》云：「肺有二：其一舉肺，離割之，使食時可祭可嚌，又名離肺、嚌肺；其一名祭肺，刌切之以祭，又名刌肺、切肺。祭時二肺俱有，生人食惟有舉肺。此具二肺者，鬼神、陰陽也。」郝氏云：「北面，鼎面向北也。北上，自北陳而南，豚鼎在北也。合升，❷全體解折，孰於鑊而升於鼎。去蹄，去四蹄甲。舉，猶食，手舉食之也。肺爲氣之主，脊爲體之正，食先舉之。將食先祭之，所食之肺、脊與所祭之肺皆升之鼎者也。全禽之乾者曰腊，謂兔也。『肫』，當作『純』。一純，一雙也。《少牢》云『腊一純而鼎』是也。髀，尾骨也。《内則》云『兔去尻』，故不升於鼎。」褚氏寅亮云：「豚合升，則豚解爲七體，而左右胖皆升矣。觳亦連於骼。脊則分爲二，令夫婦各二，增脊之一而爲八。去魚之一而爲十四，合偶數也。經明云『腊一純』，而敖氏謂用一胖，不惟失同牢之義，且近凶禮矣。」吴氏廷華云：「下婦饋言『合升側載』者，下兩俎分載之，此一俎合載之也。案：肺當兼舉肺、祭肺，以舉肺亦祭，故以祭概之。兩者各二，則四也。豚只一肺，此有四者，析之。父醮子當在此時。合有胖升者，夫婦各一也。若祭，則升右。下文皆坐、祭之，薦黍、稷、肺，即此『祭肺』；『贊

❶「變」，《儀禮注疏》作「之反」。

❷「合」，原作「全」，今據《儀禮節解》改。

爾黍、稷，授肺、脊」，即此『舉肺、脊』也。牲一身，前有肩、臂、臑，後有肫、胳、脊。中央有三脊，正、脡、横脊。取中央正脊，故曰『體之正』。兔腊也者，《少牢》用麋腊，❶士兔腊可知。凡牲體用一胖，腊則左右體脅相配，共爲一體，故得全名。《特牲》、《少牢》亦用全。大斂、《士虞》皆用左胖，不全者，喪禮略。」注「肫作純，純，全也。古文『純』爲『鈞』」者，胡氏承珙曰：「今文作『肫』，本『純』之假借，當時蓋別有作『純』之本，故云：『肫，或作純。純，全也。』下即就『純』字疊之。❷云『古文純爲鈞』，《周禮·司几筵》司農注：『純，讀爲均服之均。』鄭於此不從古文作『鈞』者，蓋以《少牢》之『純』爲正字。『鈞』音與『純』稍遠，惟『肫』音與『純』相近，故但取『純』訓其字，則仍從今文作『肫』耳。」云「髀爲脾」者，髀，正字；脾，同音假借字。**設洗于阼階東南。** 洗，所以承盥洗之器棄水者。【疏】正義曰：設洗之節，詳於前篇，故此略之。吴氏廷華云：「設洗必兼水，水在洗東，文省耳。」**饌于房中，醯醬二豆，菹醢四豆，兼巾之；黍稷四敦，皆蓋。** 醯醬者，以醯和醬，生人尚褻味。兼巾之者，六豆共巾也。巾爲禦塵，蓋爲尚温。《周禮》曰：食齊視春時。【疏】正義曰：盧弨弓云：「石經『菹』，各本同。」○聶氏崇義云：「舊圖云：敦受一斗二升，漆赤中。大夫飾口以白金。案：《九嬪職》云：『凡祭祀，贊玉齍。』注：『玉齍，玉敦也，受黍稷器。』然則天子八簋之外兼用敦也。又《少牢禮》曰：『主婦執一金敦黍，有蓋。凡設四敦，皆南首。』注：敦有首者，尊器飾也，飾象龜形。周之禮，飾器

❶「少」，原作「牛」，今據《續清經解》本改。

❷「下」上，《儀禮古今文疏義》有「其」字。

各以其類。又《明堂位》曰：『有虞氏之兩敦，夏后氏之四璉，殷之六瑚，周之八簋。』注：『皆黍稷器，制之異同未聞。』今依《孝經緯》説，❶與簠、簋容受並同，上下内外皆圓爲異。」褚氏寅亮云：「饌亦兼夫婦菹醢。敖謂葵菹、蝸醢，以士用饋食之豆籩也。聶氏云：『覆饌巾，士、大夫以緇布赬裏。』」二者，夫婦各一；四者，夫婦各二。注云「醢醬者，以醢和醬」者，李氏如圭云：「醬以醢和之，故名醢醬，下經直言醬也。惟《公食大夫禮》及此禮有醢醬。」吴氏廷華云：「醬合醢言，是用醢釀成者。《膳夫》醬合醢醢言，《醢人》則曰齊、醢、菹、甕，《醢人》則曰醬、齏、菹，是蓋有用醢而成者，亦有不用醢而成者。注所謂和即釀之義，蓋以二者相雜之謂也。賈疏殊混。」**大羹湆在爨。**大羹湆，煮肉汁也。大古之羹無鹽菜。爨，竈也。《周禮》曰：「羹齊視夏時。」今文「湆」皆作「汁」。【疏】正義曰：盧氏弨弓云：「『竈也』二字，各本皆譌作『火上』，今從宋本改正。」○敖氏云：「此上牲之肉汁也。以其重於他牲，❷故曰大。復曰湆者，嫌羹當用肉也。」注云「大古之羹無鹽菜」者，《左傳》桓二年傳：「大羹不致。」《郊特牲》云：「大羹不和。」謂不致五味，故知不和鹽菜。唐虞以上曰大古。三王以來更有鉶羹，則致以五味。雖有鉶羹，猶存大羹，不忘古也。「今文『湆』皆作『汁』」者，《五經文字》云：「湇從泣，下肉，大羹也；湆從泣，下日，幽陰也。今《禮經》相承，多作下字。」段氏玉裁云：「《儀禮音義》引《字林》云：『湆，羹汁也。』《玉篇》、《廣韻》同。然則本無異字，肉之精液如幽溼生水也。」❸羅氏有高

❶「緯」，原脱，今據《三禮圖集注》補。
❷「牲」，原作「羹」，今據《儀禮集説》改。
❸「精」，原作「津」，今據《説文解字注》改。

云：「湆之爲肉汁者，古文假借字，音入聲，讀若液。《説文》：『液，汁也。』古文借爲液，故湆可訓汁。」今案：此二説是也。其「汁」字，古人多假「和」、「叶」字，如《周禮・大史》「協事」注：「杜子春云：書亦或爲協，或爲汁。」又《大行人》「協辭命」注：「故書協爲汁。」《鄉士》「汁曰刑殺」司農注：「汁，合也，和也。」故鄭於此仍依古文作「湆」耳。**尊于室中北墉下，有禁，玄酒在西，綌冪，加勺，皆南枋。**墉，牆也。禁，所以庪甒者。玄酒，不忘古也。綌，粗葛。今文「枋」作「柄」。【疏】正義曰：張淳云：「《釋文》『冪』作『鼏』，後『徹尊冪』，《鄉飲酒》、《鄉射》『尊綌冪』，同。」案：今本《釋文》仍作「冪」，作「冪」是也。然賈氏於前節疏云鄭兼下綌冪總疊之，則兩處之文同矣。鼏則皆鼏，冪則皆冪，明無尊、鼎之别。《集釋》校云：「《周禮》有冪人。❶《説文》作『幎』，云：『《周禮》有幎人。』是『冪』即『幎』之變體。」「粗」，《集釋》、徐本、《通解》、楊、敖俱作「麤」。○敖氏云：「《士虞禮》云：『尊于室中北墉下，❷當户。』此東西之節，宜如之。尊不言其器，如上篇可知。」案：尊皆用酒，此爲夫婦三酳而設，下注所謂「内尊」也。《玉藻》：「士用禁。」玄酒在西，不用也。南枋，便於酌也。不言篚者，爵在外篚，此不重設也。　注云「禁，所以庪甒者。玄酒，不忘古也」者，《士冠禮》云「甒」，此亦士禮，雖不言甒，然尊亦甒也。庪承於甒，云「禁」者，因爲酒戒也。古，謂黄帝以前。以《禮運》云「汙尊而抔飲」，謂神農時，雖有黍稷，未有酒醴，以水爲玄酒也。**尊于房户之東，無玄酒，篚在南，實四爵、合**

❶「有冪人」，《儀禮集釋》作「冪人以疏布巾冪八尊」。
❷「墉」，原作「牖」，今據《儀禮集説》改。

巹。無玄酒者，略之也。夫婦酌於内尊，其餘酌於外尊。合巹，破匏也。四爵、兩巹，凡六，爲夫婦各三酳。一升曰爵。【疏】正義曰：敖氏云：「無玄酒，則惟一尊而已。無玄酒，用一尊，且不尊於房户之間，又不冪，皆遠下尊者也。篚實爵、巹，主酳夫婦也。乃設於此者，非常禮，因有尊而爲之耳。凡設此篚於堂者，必在尊南。《鄉飲酒禮》云：『設篚于禁南，東肆。』」吴氏廷華曰：「上二句言外尊，蓋贊酌以自酢者，初酳、再酳用爵，❶三酳合巹。贊自酢亦用此爵。案：無玄酒者，玄酒非當飲之酒，特陳之，以表不忘古耳，故無庸再陳也。巹，半匏。蓋分一匏爲二，不用則仍合爲一也。一、再酳用爵，夫婦各二，故四。三酳用巹。不設篚於室者，室隘，不能容也。此有醮子之禮。」盛氏世佐云：「此尊爲媵御設也。古人房室之户皆在東南，❷房户之東則東序也。不曰『東序』而曰『房户之東』，尊統於户，不統於牆也。」

右將親迎豫陳饌

主人爵弁，纁裳，緇袘。從者畢玄端，乘墨車，從車二乘，執燭前馬。主人，壻也，壻爲婦主。爵弁而纁裳，玄冕之次。大夫以上，親迎冕服。冕服迎者，鬼神之。鬼神之者，所以重之親之。纁裳者，衣緇衣。不言衣與帶而言袘者，空其文，明其與袘俱用緇。袘，謂緣。袘之言施，以緇緣裳，象陽氣下

❶「用」，原作「自」，今據《儀禮疑義》改。
❷「之户」，原脱，今據《儀禮集編》補。

施。從者，有司也。乘貳車，從行者也。畢，猶皆也。墨車，漆車。士而乘墨車，攝盛也。執燭前馬，使從役持炬火居前炤道。【疏】正義曰：「二」，嚴本、《通解》、楊、敖俱作「貳」。「士而乘墨車」，疏無「而」字。「從」，楊、敖、徐本作「徒」。○自此至「俟于門外」，論親迎之節。《集釋》曰：注言「冕服迎者，鬼神之」者，「言敬此夫婦之道如事鬼神也。凡昏各用其上服，五冕色俱玄，故謂之玄冕。爵弁，則士之上服也。❶《雜記》曰『士弁而親迎』」。盛氏世佐云：「『士昏用上服以爵弁，❷則天子以下皆用上服。以五冕色俱玄，故總稱玄冕也。』賈疏云五等諸侯亦不過玄冕，殆誤。」敖氏云：「此禮據壻家而言，故以壻爲主人。爵弁者，以親迎當用上服也。此言緇袘不言衣帶韠，與前篇互見也。從者，謂在車及執燭者也。」張氏爾岐云：「一命大夫冕而無旒，士變冕爲爵弁，故云『冕之次』。大夫乘墨車，士乘棧車。今親迎乘大夫車，故注云『攝盛』。『巾車』注云『棧車不革鞔而漆之』，則士之棧車亦漆，但無革鞔爲異。」吳氏廷華云：「《士冠禮》：『爵弁服，纁裳，純衣，緇帶，韎韐；玄端，玄裳，黃裳，雜裳，緇帶，爵韠。』此但言『緇袘』者，蓋彼此見義也。注以言其文明與衣帶同色，鑿矣。又據《士喪禮》言『貳車，白狗攝服』，是士明有貳車也。賈疏謂士無貳車，誤。案：下經『女從者畢袗玄』注謂從者爲姪娣，則此從者亦主人之娣若姪也。賈疏謂爲僕隸之屬，非是。又墨車有革，或取其膠固，亦用鴈之義。注攝盛之説存參。」**婦車亦如之，有裧。**亦如之者，車同等。士妻之車，夫家共之。

❶「之上服」，《儀禮集釋》作「服之上」。
❷「士」上，《儀禮集編》有「郊特牲孔疏曰」六字。

大夫以上嫁女，則自以車送之。裧，車裳幃，《周禮》謂之容。車有容，則固有蓋。【疏】正義曰：婦車，壻家往迎婦之車，亦執燭前馬也。裧、襜通，車衣也。吴氏廷華云：「親迎爲六禮之一。親迎者，即《鵲巢》所謂『百兩御之』、『百兩迎之』。焉有夫家不共車而自乘其車之理？此經壻車、婦車並舉，其爲夫家所共甚明。注謂大夫以上自以其車送之，非也。賈疏引《左氏》『反馬』，據《左傳》有反馬説，注謂：『禮，送女留其送馬，三月反馬。』此或是送女之人所乘，如下所謂『送者』；或載嫁女服器之車，俱未可知。又《鵲巢》詩所謂『迎』、『御』，亦正夫家共車之證。賈乃以爲自乘其車，何其瞶瞶！要之，親迎之義，謂夫家自以其車迎之耳。若自乘其車，則往就矣，烏得曰迎？」盛氏世佐云：「如之者，如其乘墨車而下之儀也。嫁時之車，王后重翟，上公夫人厭翟，侯、伯、子、男夫人翟車，孤卿以下至士皆與夫同，惟有裧爲異。」注「裧，車裳帷，《周禮》謂之容。車有容，則固有蓋」者，「《周禮》謂之容，《詩》謂之帷裳，一名童容。❶容者，以爲車之容飾也。帷裳者，以其帷障車之旁如裳也。其上有蓋謂之童容，四旁垂而下謂之裧，其實一物也。男子立乘，有蓋無裧。婦人坐乘，重自蔽，故有蓋復有裧。敖云『以布爲之』，想當然耳。又云：『在上曰裧，在下曰裳帷。此惟有裧而已。』以裧與裳帷爲二，非也。鄭注《雜記》云：『裧謂鼈甲邊緣。』裧固在旁，不在上。」沈氏彤云：「《雜記》：『其輤有裧，緇布裳帷。』注：『裧，謂鼈甲邊緣。』『裳帷，圍棺者。』則裧與裳帷明非一物。《詩疏》云『裳帷，以帷障車之旁如裳，上有蓋，蓋有衣，四旁垂而下謂之襜』是也。且《昏禮》以有裧爲盛，爲裧非凡婦

---

❶ 「一」，《儀禮集編》作「亦」。

人車所有也。《衛風》云：『漸車帷裳。』則帷裳乃凡婦人車有之，其爲二物明矣。《既夕・記》注又云：裧於蓋弓垂之。此得其實。又容與蓋相配，則容是在上之襜，非在旁之裳帷也。」**至于門外。**婦家大門之外。【疏】正義曰：賈疏云：「注知是大門之外者，以下有揖入乃在廟，❶廟在大門内，故知此爲大門外也。」**主人筵于户西，西上，右几。**主人，女父也。筵，爲神布席。【疏】正義曰：顧氏炎武曰：「『主人爵弁，纁裳緇袘。』注：『主人，壻也。壻爲婦主。』『主人筵于户西。』注：『主人，女父也。』親迎之禮，自夫家而行，故壻稱主人；至於婦家，則女父又當爲主人，故不嫌同辭也。女父爲主人，則壻當爲賓，故曰『賓東面荅拜』。注：『賓，壻也。』對女父之辭也。至於賓出而婦從，則變其文而直稱曰壻。壻者，對父之辭也。曰主人、曰賓、曰壻，一人而三異其稱，可以見禮時爲大，而義之由内也。」**女次，純衣，纁袡，立于房中，南面。**次，首飾也，今時髲也。《周禮・追師》掌爲副編次。純衣，絲衣。女從者畢袗玄，則此衣亦玄矣。袡，亦緣也。袡之言任也。以纁緣其衣，象陰氣上任也。凡婦人不常施袡之衣，盛昏禮，爲此服。《喪大記》曰：復衣不以袡，明非常。【疏】正義曰：徐本、《集釋》「則此衣亦玄矣」無「衣」字。《通解》有，與疏合。〇不言裳者，以婦人之服不殊裳，是以内司服皆不殊裳。彼注云：「婦人尚專一德，無所兼，連衣裳不異其色。」是也。注云「《周禮・追師》：掌爲副編次」者，彼注云：「副之言覆，所以覆首爲之飾，其遺象若今步摇矣。編，編列髮爲之，其遺象若今假紒矣。次，次第髮長短爲之，所謂髲髢。」謂如少牢主婦髮鬄也。又云：「外内命婦衣鞠

❶「在」，《儀禮注疏》作「至」。

衣、襢衣者服編，衣褖衣者服次。」其副惟於三翟祭祀服之。士服爵弁助祭之服以迎，則士之妻亦服褖衣助祭之服也。《玉藻》有鞠衣、襢衣、褖衣。注：「諸侯之臣皆分爲三等，其妻以次受此服。公之臣，孤爲上，卿、大夫次之，士次之。侯、伯、子、男之臣，卿爲上，大夫次之，士次之。」其三大夫以下内命婦，則三夫人自闕翟而下，九嬪自鞠衣而下，世婦自襢衣而下，女御自褖衣而下，嫁時以服之。諸侯之夫人無助天子祭，亦得各申上服，與祭服同也。云「以纁褖其衣」者，褚氏寅亮云：「《内司服》注：婦人連衣裳不異其色。豈於嫁時反異其色而衣緇裳纁邪？吴草廬所云裳下襈，與《集説》同誤。注以纁緣衣之解不可易。」云「婦人不常施袡之衣，盛昏禮爲此服」者，此純衣即褖衣，是士妻助祭之服，尋常不用纁爲袡，今用之，故云「盛昏禮爲此服」。引《喪大記》者，證袡爲非常服也。 **姆纚笄、宵衣，在其右。** 姆，婦人年五十無子、出而不復嫁、能以婦道教人者，若今時乳母矣。纚，縚髮。笄，今時簪也。纚亦廣充幅，長六尺。宵，讀爲《詩》「素衣朱綃」之綃。《魯詩》以綃爲綺屬也。姆亦玄衣，以綃爲領，因以爲名，且相别耳。姆在女右，當詔以婦禮。【疏】正義曰：《釋文》「縚」本亦作「岐」，聶氏「髮」下有「纚也」二字。〇姆，蓋齒德兼優之婦可爲女之師表者，或爲乳母，或爲幼時撫育之人，更有老而無夫、老而無子、無所歸依而德行猶堪導人者可勝斯任。 注云「姆，婦人年五十無子、出不復嫁」者，夫無子被出，非事所常有。若專藉此爲保母，豈得盡人而有乎？褚氏寅亮云：「此與下婦『纚笄、綃衣以俟見』，及《特牲》『主婦纚笄、綃衣』服並同。注謂姆以綃爲領，終未安。綃衣本在六服下，姆執禮事，可以服之。」郝氏云：「纚，黑繒，裹髮也。笄，加簪以縮髻也。宵衣，黑色衣。女子宵衣，猶男子玄端。宵，小也。列采爲夏，全黑爲宵。猶俗謂青衣爲小衣也。」盛氏世佐云：「婦人褖衣，因男子之玄端。玄端一名褖衣。《士喪禮》『陳襲事于房』云爵弁服、皮弁服、褖衣是也。男子之服惟爵弁服用絲，餘皆用布，則婦人褖衣亦當用布。宵衣次於褖衣，其用布可知。宵衣，士妻之正服，其上服褖衣。純衣與褖衣制同而用絲，乃嫁時盛服，非常服也。褖衣玄，宵衣亦玄，而謂之宵者，以褖衣是后御於王之服，三夫人以下御於王當衣宵衣。《詩》云：『肅肅宵征。』以其宵時所衣，故名宵衣歟？其所以異於褖者，《少牢饋食禮》：『主婦被錫，衣侈袂。』説者謂侈袂大袖之衣，然則宵衣之制其袖狹小爲異，餘則同也。考士服之玄端袂長二尺二寸，袪尺二寸；大夫以上侈之，蓋半而益一，其袂三尺三寸，袪尺八寸。宵衣與褖之異，亦猶是矣。」云「纚，縚髮」者，此纚亦如《士冠禮》以繒爲之，廣充幅，長六尺，以縚髮而紒之。姆所以異於女者，女有纚兼有次；姆則有纚而無次也。云「宵，讀爲《詩》『素衣朱綃』之綃」者，胡氏承珙云：「鄭於此易經文作『綃』，而《特牲禮》『主婦纚笄、宵衣』注：『宵，❶綺屬也。』此衣染之以黑，其繒本名宵，《詩》所謂『素衣朱宵』、記有『玄宵衣』，蓋以《士昬禮》説宵、綃假借已明，❷故於《特牲》不妨依經作『宵』，并引《詩》及記皆轉從《禮經》作『宵』，以見『宵』借作『綃』，爲經典通用之例。《特牲》疏謂《詩》及《禮記》皆本作『宵』字，非也。」**女從者畢袗玄，纚笄，被纇黼，在其後。**女從者，謂姪娣也。《詩》云：「諸娣從之，祁祁如雲。」袗，同也。同玄者，上下皆玄。纇，襌也。《詩》云：「素衣朱襮。」《爾雅》云：「黼領謂之襮。」《周禮》曰：「白與黑謂之黼。」天子諸侯后、

❶「宵」，原作「綃」，今據《儀禮古今文疏義》改。

❷「蓋」上，《儀禮古今文疏義》有「鄭」字。

夫人狄衣，卿、大夫之妻刺黼以爲領，如今偃領矣。士妻始嫁，施襌黼於領上，假盛飾耳。言被，明非常服。【疏】正義曰：婦人之服未有以黼爲衣者。敖氏謂以黼爲襌衣，而被於玄衣之上，亦猶婦之加景，非也。昏禮惟攝盛，車服乃有異爾。此固從者，安得別製異服？注黼領之説是也。江氏筠曰：「注謂施潁黼於領上，假大夫妻之盛飾。據經上云『女從者畢袗玄』，所謂袗者，乃無上衣之謂，《玉藻》『袗絺綌不入公門』是也。如別有衣加之，則不名爲袗矣。然則經之言『袗』，正以示別於加景而立文也。案：賈疏引《郊特牲》『繡黼丹朱中衣』，謂天子、諸侯中衣有黼領，上衣則無之。今此婦人事華飾，故於上衣則有之，中衣則無也。此亦是言袗及言潁之義。又案：敖氏謂此女從者，亦玄衣。然據經上『從者畢玄端』之文，知無不實著其名者，今此乃異其文，當是以被黼之故。蓋古人謹於命名，即如一深衣，所純者殊，則其名亦異。今此以非常服，故不別爲之名，而但不使得蒙其上，以示別也。」陳氏祥道曰：「袗，設飾也。《説文》：『褧，檾也，枲屬。』潁與褧、檾通。袗玄，設飾以玄也。潁黼，以枲爲領而刺黼也。」盛氏世佐云：「女從者，謂女之從者，即下經所謂『婦人送者』也。《詩》云『諸娣從之』，乃諸侯禮。鄭引以證此，誤。潁與褧通，襌也。黼，謂領也。潁黼者，蓋爲無裏之領，而刺黼於其上也。詳被字，則此領與凡領不同。凡領連於衣，此蓋別以絲爲之而加於領上歟？」

主人玄端，迎于門外，西面再拜。賓東面荅拜。賓，壻。【疏】正義曰：敖氏云：「亦擯者出請入告，乃出迎之。此時賓爵弁服，而主人玄端，不嫌於服異者，主人不正與賓爲禮，特迎而道之入廟耳。」按：賓爵弁服，以攝盛故也。主人不必攝盛，故祇服玄端。

主人揖入，賓執鴈從。至于廟門，揖入。三揖，至于階，三讓。主人升，西面。賓升，北面奠鴈，再拜稽首，降，出。婦從，降自西階。

主人不降送。賓升，奠鴈拜，主人不荅，明主爲授女耳。主人不降送，禮不參。【疏】正義曰：奠贄而拜稽首，壻有子道也。案：主人揖入之後，當有每曲揖之節，不言者，文略。主人不降送，父無送女之禮也。注云「禮不參」者，據凡行禮者言也。此壻迎女而女從之，是壻、女二人爲禮矣，故主人不參之。沈氏彤云：「此時女立房中，南面，俟壻。壻當楣，北面奠鴈，拜，所謂『執摯以相見』也。壻、婦之相見同此始。婦不荅拜者，謙不敢當其盛禮也，蓋稍還避之。婦人，從夫者也。無論夫下之而不敢當，即夫齊視之而亦不敢當，故夫有親迎之禮而婦無見夫之儀，夫執摯以拜而婦不荅拜也。不還其摯者，鴈取有常節、隨陽義，不可不受也。婦雖不敢當夫之下之、齊之而未嘗不隨者，所以明婦順也。主人西面于阼階上，女房外南面，而賓北面奠鴈，是許之執贄相見矣。許之執贄相見，若父母親授之，故曰『壻親受之於父母』也。」吴氏廷華云：「婦從者，奠鴈時已出堂矣。變『女』言『婦』，已受摯而從之也。此有父母戒及送之節，記言『父西面戒之』，又言『父送女，命之』，此又言『不降送』者，蓋戒在女出房時，送則又申命之。送當少違其位，但不降耳。母亦不降，惟庶母降。」盛氏世佐云：「《書》云『拜手稽首』者，始拜首至手，而於其卒拜則首至地也。稽首，拜中最重，臣拜君之拜，乃於奠鴈行之者，❶《昏義》云『蓋親受之於其父母也』，得其旨矣。上言『女』，對其父；此言『婦』，對其夫言也。既從夫而出，即謂之婦，此《禮經》正名之義。」堉案：經言主人不降送，記言父送女命之，蓋違其位少進耳。又疏引何休云「周人逆於户」，知當在房户外，當阿北面。**壻御婦車，授綏。姆辭**

❶「鴈」，原脱，今據《儀禮集編》補。

不受。壻御者，親而下之。綏，所以引升車者。《曲禮》曰：僕人之禮，必授人綏。【疏】正義曰：徐本、《集釋》、楊、敖俱無「曲禮曰」三字，《通解》有。據疏云《曲禮》文，則注無可知。○李氏如圭曰：「《郊特牲》曰：『壻親御授綏，親之也。親之也者，親之也。』」沈氏彤曰：「此稱壻而不稱賓者，女未授則賓之，婦既從則壻之，皆對主人而稱也。此辨名定分之義。」敖氏曰：「《曲禮》云：『若僕者降等則受，不然則否。』此壻爲御，故如僕人之禮。然非降等，故姆辭不受。」案：婦不親辭者，夫婦始接，情有廉恥，姆道其志也。姆既辭，則壻當舍綏，姆執綏以授女矣。**婦乘以几，姆加景，乃驅。御者代。**乘以几者，尚安舒也。景之制蓋如明衣，加之以爲行道禦塵，令衣鮮明也。景，亦明也。驅，行也。行車輪三周，御者乃代壻。今文「景」作「憬」。【疏】正義曰：「景」，《通典》作「憬」，非也，古無「憬」字。《釋文》作「御」，《集釋》無「車」字。注但云「尚安舒」，而賈疏知謂登車時者，記云：「從者二人坐持几，相對。」坐，即跽。几卑，故二人跽於地而對持之，非登車而何？馬前亦有燭。褚氏寅亮云：「庶人妻用錦，外加襌縠，其名曰褧，爲文之太著也。士妻緇衣纁袡不爲文著，故外加者爲景，轉取鮮明之義。熊氏朋來欲改『景』爲『褧絅』，不必。」李氏如圭云：「《碩人》詩亦云『衣錦褧衣』，庶人卑，不嫌與國君夫人同。士妻純衣，加明衣，非爲其文太著，爲禦風塵耳。」云「今文『景』作『憬』」者，胡氏承珙云：「上文『被潁黼』注云：『潁，襌也。』士妻始嫁，施襌黼於領上，假盛飾耳。』此注云『景之制蓋如明衣』。❶案：鄭於《詩》『褧衣』、《禮記》『尚絅』及此經『潁黼』皆訓襌，蓋本《玉藻》襌爲絅義。

❶「衣」下，原衍「云」字，今據《儀禮古今文疏義》刪。

惟於此景訓明，是意與褧、絅、顈不同。賈疏仍以禪縠釋景，非鄭義。彼褧爲正字，絅、顈爲假借字；此景爲正字，憬乃借字。」**壻乘其車，先俟于門外。** 壻車在大門外。乘之先者，道之也。男率女，女從男，夫婦剛柔之義自此始也。俟，待也。門外，壻家大門外。【疏】正義曰：敖氏云：「御者既代，❶止車以俟，壻乘其車先，然後從之。」 注云「壻家大門外」者，案：賈疏云：「命士以上，父子異宮，故解爲壻家大門外。若不命之士，父子同宮。」吴氏廷華云：「《喪服》、《内則》雖俱有異宮説，然未聞父子各門之説。以理論之，父母見在，壻豈得自立爲家？又此時門内及席皆有燭。」

右親迎

婦至，主人揖婦以入。及寢門，揖入，升自西階。媵布席于奧。夫入于室，即席。婦尊西，南面。媵、御沃盥交。 升自西階，道婦入也。媵，送也，謂女從者也。御，當爲訝，訝，迎也，謂壻從者也。媵沃壻盥於南洗，御沃婦盥於北洗。夫婦始接，情有廉恥，媵、御交，道其志。【疏】正義曰：《釋文》「媵」、「席」中無「布」字。○自此至「卒食」，明夫導婦入門、升階及對席、媵御沃盥、即席之儀。李氏如圭云：「《詩》云：『好人提提，宛然左辟。』好人，爲容好者。左辟，辟而左，不敢當尊，蓋壻揖婦入之時也。壻爲主，先即席，婦席未設也。」吴氏廷華云：「曰入闑西，升自西階，雖是導婦，亦父在不由阼階之義。第言夫即

❶「御」、「代」，原皆作「待」，今據《續清經解》本改。

席者，婦俟饌具，饌具乃即席也。」案：升自西階，謂夫婦並升西階也。並升之法，夫升三等，婦少右從之，中等並行。夫在左既立，夫婦並立於西階上，俟布席乃入也。下經云「燭出」，則夫婦未入之前燭必先入矣。不言者，文略耳。　注云「媵沃壻盥於南洗，御沃婦盥於北洗」者，此當如先儒媵沃御盥、御沃媵盥爲是。蓋媵御佐禮，當盥以致潔也。鄭道志説殊謬。且婦人不下堂，今媵亦婦人，乃下堂而沃壻盥於南洗乎？褚氏寅亮云：「於即席尊西之後，而言『媵、御沃盥交』，則敖云盥於北洗者得之。❶但交沃者，媵御也；盥者，夫婦也。如敖媵沃御盥、御沃媵盥之説，❷是媵御盥而反遺夫婦矣，則非也。席東向、西向，以南方爲上，正法也。敖乃變爲北上，❸蓋因執豆席相變，❹故遷就以文其詞耳。」江氏筠云：「盥有不必就洗者，《特牲禮》盤匜之設是也。此經沃盥，婦即在尊西南面，媵奉盤，御執匜。夫當於其拜受贊酳之處，御奉盤，媵執匜。」云「御，當爲訝」者，迎訝字，《周禮》作「訝」，他經皆作「御」。鄭《曲禮》注亦云：「御，當爲訝。」與此同。堉案：《鄉飲酒禮》云：主人南面盥，沃洗者西北面。此當準之。　**贊者徹尊冪，舉者盥，出，除冪；舉鼎入，陳于阼階南，西面北上。匕、俎從設。**執匕者、執俎者從鼎而入設之。匕，所以別出牲體也；俎，所以

---

❶「盥」，原脱，今據《儀禮管見》補。

❷「敖」下，原衍「云」字，今據《儀禮管見》删。

❸「敖乃」，《儀禮管見》作「何緣」。

❹「因」，《儀禮管見》作「固」。

載也。**【疏】**正義曰：「鼏」，《通解》、敖氏俱作「冪」。浦云：「『鼏』，❶當作『冪』，今作『鼏』，後人更易也。」《集釋》校云：「『朼』，各本作『匕』，下同。張淳云：『《釋文》：朼，必履反。』《士喪禮》『乃朼載』，又曰『朼者』，《特牲禮》『乃朼』，《有司》『朼羊』、朼豕魚，字皆从木。《少牢》『長朼』，古文作『匕』，鄭氏亦改爲『朼』。」○《士喪禮》舉鼎，右人以右手執匕，左人以左手執俎，舉鼎人兼執匕俎者，喪禮略也。《公食》執匕、俎之人，入加匕於鼎，陳俎於鼎南。其匕與載皆舉鼎者爲之。《士虞》右人載者，喪祭少變，故在西方，長者在左也。今《昏禮》鬼神陰陽當與《特牲禮》同，亦右人匕、左人載，遂執俎而立以待設也。盛氏世佐云：「贊者，❷室老也。下經云『贊醴婦』，而『舅姑既没』章云『老醴婦于房中』，明是一人矣。不云老而云贊者，以事命之。」敖氏云：「盥北面，盥於南洗也。除冪者，右人也。既陳鼎，則右人抽扃，委於鼎北，而西面於鼎東以俟。」注云「執匕者、執俎者從鼎而入設之」者，敖氏云：「執匕、俎者從鼎入，而設於其鼎之西也。」「既設俎，則各加匕於其鼎，東枋，遂退。此三匕、三俎從設，則有司三人各兼執一匕、一俎歟？」沈氏彤云：「上經所陳器饌，醯醬二豆，菹醢二豆，黍稷四敦及四爵合巹，皆爲夫婦各用其半，故兼陳之。則此設匕、俎亦當有六匕、六俎矣。《郊特牲》、《昏義》並用共牢而食者，❸特謂不異牲。若豚、魚、腊，夫婦各食其半耳，非謂止三俎而共之也。又下經婦用特豚饋舅姑。注云：『右胖載之舅俎，左胖載之姑俎。』時舅姑共席，猶各有俎，豈夫婦異席

---

❶「鼏」上，《十三經注疏校勘記》有「衛氏湜云」四字。

❷「贊」下，《儀禮集編》無「者」字。

❸「用共牢而食」，原作「云共牢」，今據《儀禮小疏》改。

而顧共俎乎？且婦前無俎，亦非敵偶之義。」吴氏廷華云：「上尊有冪，徹之，待酌也。設匕、俎，待載也。亦徹豆巾。《儀禮》大概，右人於鼎東西面匕，❶左人於鼎西俎南北面載。《士虞禮》鼎在西階下，故匕者東面，而載者則仍北面也。賈疏以特牲右人鼎北南面，左人鼎西俎南北面，何也？據《特牲》『加匕』注云：『左人北面。』疏亦以爲鼎西北面，猶與此疏合也。但彼注又云『加匕東柄』，疏亦云然。夫東柄者，以匕者在鼎東西面，❷故東其柄以便其匕耳。若右人鼎北南面，則當南柄，不當東柄也。」堉案：賈疏云：「右人於鼎北南面匕，左人於鼎西俎南北面載。」❸考《特牲》注則右人既錯，西面俟，左人北面，當是右人西面匕，非南面也。**北面載，執而俟。**執俎而立，俟豆先設。【疏】正義曰：敖氏云：「北面載，左人也，右人則西面匕。此載以俎盛物之稱。《士喪禮》載豚云：『載兩髀于兩端，兩肩亞，兩胉亞，脊、肺在於中，皆進柢。』『載魚，左首，進鬐，三列。腊進柢。』此魚十有四，則二列也。載腊如豚，惟無肺耳。俟，俟時而升。」褚氏寅亮云：「《少牢禮》云：『匕皆加于鼎，東枋。』東枋者，鼎西面，匕者在東，便也。此鼎亦西面，則敖氏謂西面匕勝疏南面匕之説。」**匕者逆退，復位于門東，北面西上。**執匕者事畢逆退，由便。至此乃著其位略賤也。【疏】正義曰：李氏如圭云：「逆退，後入者先退也。」敖氏云：「匕者乃右人，以匕出鼎實者也。逆退則匕下鼎者在先，匕上鼎者在後也。言復位，見其初位在此門東，北面西上，私臣之位也。《特牲·記》曰：『私臣

---

❶「面」，原脱，今據《續清經解》本補。
❷「面」，原脱，今據《續清經解》本補。
❸「北」，原脱，今據《續清經解》本補。

門東，北面西上。』逆退者，由便也。亦便其復位也。」案：左人執俎而俟，則退者爲右人明矣。此亦舉鼎者，謂之匕者，以事命之，且以別於載者也。注以是爲執匕者，恐非。又案：逆退者，西面匕畢，乃轉南面而退也。載者尚立俟，故匕者先退。**贊者設醬于席前，菹醢在其北。俎入，設于豆東，魚次，腊特于俎北。** 豆東，菹醢之東。【疏】正義曰：醬與菹醢俱在豆，❶知不在醬東者，下文醬東有黍稷，故知在菹醢東也。敖氏云：「菹醢在醬北，南上也。別見魚、腊，則此俎云者，指豚俎也。當豚俎北端而云『特』者，明不與豚俎爲列，亦横設之。凡俎數奇，故於其下者特設之。」張氏爾岐云：「魚次者，又在俎東也。腊特設俎北，若復東則饌不得方故也。」盛氏世佐云：「此設俎豆之次，皆以南爲上者。夫席東向，便其右也。設俎者，即載牲體之左人也。魚次，次豚而東也。俎北，豚俎北也。腊云特，則豚魚之並可見矣。」**贊設黍于醬東，稷在其東。設湆于醬南。** 饌要方也。【疏】正義曰：敖氏云：「黍在豚南，稷在魚南。湆不言其器，在豆可知。《少牢禮》曰：『進二豆湆。』」張氏爾岐云：「二豆並列醬北，二敦直列醬東，此爲夫設。下對設二豆、二敦，則爲婦。三俎共之。」注云「饌要方也」者，沈氏彤云：「《特牲》注云：『腊特，饌要方也。』彼疏云：豆在神坐前，豕設於豆東，魚次豕東，若腊復在東，則饌不得方，故特也。上經『腊特于俎北』，義同。此經『設湆于醬南』者，以醬東黍，黍東稷，若稷東復湆，則饌仍不得方，故亦特設之於醬南。兩注皆明特設之義，蓋必有特設者而後饌乃得方也。」**設對醬于東。** 對醬，婦醬也。設之當特俎。【疏】正義曰：敖氏云：「下

❶「菹醢」，原作「俎」，今據賈疏改。

文云『設黍于腊北』，而此醬宜在黍東，則於特俎爲東北也。」盛氏世佐云：「此爲婦設也。夫西婦東，故云對。凡饌皆對，獨於醬言之者，以其首設也。設之於夫饌之東，少北，惟云東者，舉其大判言之耳。不言婦前者，婦席未設也。」案：以下言婦饌不言俎者，同牢者亦同俎。曰對者，以壻饌爲主也。特俎，即上所謂腊特于俎北者也。沈氏彤曰：「下經設黍于腊北之腊，謂婦之腊，即婦之特俎也。敖誤以夫婦共三俎，乃誤以此腊爲即上所特設者，遂謂醬於特俎爲東北。二豆當特俎之東，無之而不誤矣。且如其言，則下經對席北去壻席過半，❶夫婦徑不相直也，何以稱敵偶之義邪？」**菹醢在其南，北上。設黍于腊北，其西稷。**

設湆于醬北，御布對席，贊啓會，卻于敦南，對敦于北。 啓，發也。今文「啓」作「開」，古文「卻」爲「綌」。【疏】正義曰：注本「啓發也」有「會合也謂敦蓋也」七字。❷○盛氏世佐云：「醬二豆，二敦湆，❸夫婦各者也；三俎，共者也。夫席在室之西南隅，婦席在其東，少北。室中迫，而饌又在其西偏，則二饌蓋相連矣。連故得共俎，且成其方也。又夫婦各有三俎，尤經所未之見者。經云『設對醬于東』，注謂當特俎。敖氏以下文設黍于腊北參之，當在特俎之東北。且經云『設黍于腊北』者，腊即上文『腊特于俎北』之腊，非有二也。乃謂婦饌別有二豚魚、一腊，❹而案其設黍之處，又不在腊，而在豚北，直與經文相背矣。」褚氏寅亮

❶「過」，原作「各」，今據《儀禮小疏》改。
❷「有」上，疑當有「下」字。
❸「敦」，原作「對」，今據《儀禮集編》改。
❹「二」，原作「三」，今據《續清經解》本改。

云：「夫席之黍在醬東，稷在黍東，對席之黍，宜設在醬西魚北，其稷宜在黍西豚北，無如設稷之地已有腊在，故必設黍於稷北，而稷乃設于黍西，此經所以特著設黍于腊北之文也。鄭注所以云對醬當特俎也。敖氏以對席當設之稍北，因有對醬于腊俎爲東北及北腊即醬西之説，❶不知昏禮對席與餕者對席自别。安可以彼例此？設席一誤，饌位無不誤矣。李氏如圭謂對席亦有俎，則是六俎而非三俎，且失同牢之義，亦非。」張氏惠言云：「據禮圖，豆徑尺二寸，登與豆同。敦徑六寸八分，俎廣尺二寸，長二尺四寸。横設之，一俎適當二豆之徑。兩席共俎，菹醢當席中，必相對，與豚、魚之俎直。腊特于其北，則醬湆當之，故鄭云對醬當特俎。經文云：『設黍于腊北。』❷蓋當腊稍北，略言之。又疑『北』爲『東』字之誤。疏云：『設婦湆於醬北，當特俎東饌内。』是明以黍在腊東。若經爲腊北，不應無説也。又肝俎，經不言所在，依祭禮當在内西塾。」韋氏協夢云：❸「對席必稍北者，壻席南上，婦席雖與壻席相向而不敢並，示有尊卑之義也。」張氏爾岐曰：「會，敦之蓋。卻，仰也。開敦蓋，各仰置敦右。」案：敦南，壻敦；對敦，婦敦。又湆本佐食之具，飲射等飲而不飯，故無湆。賈疏説非也，《少牢》文不備是矣。至《有司徹》雖有匕湆、肉湆，但祭祀之湆在登，不祭不嚌。彼湆在俎，嚌而嘗之。蓋賓尸在味，與正祭在登者不可同日語也。注「今文『啓』作『開』」者，胡氏承珙云：「古人於啓閉字多作『啓』，少作『開』。故古文作『啓』者，今文則作『開』。《左傳》哀三年經『城啓

❶ 下「腊」字，原脱，今據《續清經解》本補。
❷ 「腊」，原作「湆」，今據《續清經解》本改。
❸ 「韋」，原作「章」，今據前文改。

陽』，《公羊》作『開陽』，此《左氏》古文、《公羊》今文之別。『古文卻爲綌』者，卻，正字；綌，借字。《說文》：『卻，節欲也。』《玉篇》：『卻，節卻也。』《玉篇》爲是。卩所以節進退。《趙策》云：『進退之謂節。』蓋進則以節召之，退則以節卻之，故云『節卻』。《說文》『欲』字傳寫誤耳。疏云：『卻，仰也，謂仰於地也。』案：『贊啓會，卻于敦南』者，謂啓其蓋，退於敦南，即卻爲却之義。」**贊告具。揖婦，即對筵，皆坐；皆祭，祭薦、黍、稷、肺。**贊者西面告饌具也。壻揖婦，使即席。薦，菹醢。【疏】正義曰：張氏爾岐云：「其祭之序，由近及遠。肺，指祭肺，非舉肺也。」盛氏世佐云：「告具，告於主人也。揖婦不言主人，可知也。敖氏以爲贊者揖，非也。至是云皆坐，則曏者夫之即席猶立也。」注云「贊者西面告」者，主人東面，故西面告也。云「薦菹醢」者，敖氏云：「祭薦黍、肺，釋上所謂祭者此也。祭薦，以菹擩於醢而祭也。」**贊爾黍，授肺、脊；皆食以湆、醬，皆祭舉、食舉也。**爾，移也。移置席上，便其食也。皆食，食黍也。以，用也。用者，謂用口啜。湆用指咂醬。古文「黍」作「稷」。【疏】正義曰：徐本、《集釋》俱無「用口」、「用指」四字，與疏合。盧云：「《公食大夫》疏引此注亦無此四字。」〇敖氏曰：「惟爾黍者，夫婦各有二敦，故但取其尊者而食之。凡爾敦者，皆右之於席上。經特於《少牢禮》見之，授肺、脊，兼舉而授之也。皆受以右手，惟飯時則右執之也。贊授夫于饌南西面，婦則于饌北東面，皆訝受之，皆食謂一飯也。以湆醬皆謂咂之，未食舉，故用此安食耳。舉謂肺、脊以其先食舉之，因名之曰舉祭，謂振祭嚌之一飯乃祭舉，異於饋食禮也。食舉謂啗之，再飯、三飯則皆食舉，不復以湆醬矣。」注云「移置席上，便其食也」者，吳氏廷華云：「俎不可移置席上，故授肺、脊而已。『爾黍』注謂『便其食』，則席上之右也。饌食無不祭而先飯之理，此經雖先言『皆食』，後言『祭舉、食舉』，然玩『也』字義，蓋謂其食黍者皆祭舉、食舉而後食黍，是錯綜之文，非先後之序也。賈疏謂三飯不須道食，疎矣。至《特牲》、《少牢》皆祭禮，此合巹禮，儀節自是不同。不應據一節之異，遂斷爲尊卑之大别也。」云「古文『黍』作『稷』」者，胡氏承珙云：「《少牢禮》：『上佐食爾上敦黍于筵上，右之。』注：『爾，近也，或曰移也。右之，便尸食也。』疏云：『案：特牲云黍、稷，此及虞皆不云黍、稷者，此後黍、稷連言，明并黍、稷食之，不虚陳而不食。不言爾之者，文不具，其實亦爾之也。』案：此經云『爾黍』，注『皆食，食黍也』，是鄭意此敦惟爾黍而不及稷，下文『三飯卒食』注：『同牢示親，不主爲食，起三飯而成禮也。』可知不必徧食黍、稷矣。且黍重於稷，下文婦饋舅姑有黍無稷，故此爾敦不及稷。古文作『稷』，鄭所不用。」**三飯卒食。**卒，已也。同牢示親，不主爲食起，三飯而成禮也。【疏】正義曰：同牢，示親不主爲食起者，少牢十一飯，特牲九飯而禮成，此獨三飯也。**贊洗爵，酌酳主人，主人拜受，贊户内北面荅拜，酳婦亦如之。皆祭。**酳，漱也。酳之言演也，安也。漱，所以潔口，且演安其所食。酳酌内尊。【疏】正義曰：徐本、《集釋》「潔」俱作「絜」。案：凡「絜」字，嚴、徐、鍾本並作「絜」，是正字。○賈疏云：「壻拜當東面，婦拜當南面。《少牢》釐荅拜，注云：『在東面席者東面拜，在西面席者南面拜。』故知婦南面拜，若贊荅婦拜，亦於户内北面也。」敖氏云：「洗爵，洗於庭也。酳之言繼也，❶其字從酉。蓋既食之而復繼之以酒，取其酒食相續之義也。此拜受

❶「繼」上，《儀禮集説》有「衍也」二字。

者皆在席。户内，❶户内之西也。祭謂祭酒。凡酳皆坐受爵。」案：注漱以絜口，蓋頤養之道應爾也。**贊以肝從，皆振祭，嚌肝，皆實于葅豆。**肝，肝炙也。飲酒宜有肴以安之。【疏】正義曰：張淳曰：「《釋文》曰：❷『齊，才計反。』❸齊、嚌古通用。此从口者，後人加之耳。」案：今本《釋文》仍作「嚌」。○敖氏云：「以肝從，謂以肝從於酒而進之。二肝蓋共俎而進本，贊則縮執之。振祭者，執而振動之，以爲祭也。此亦以肝擩於鹽，乃振祭肝從之法，《少牢禮》備之矣。」吴氏廷華云：「擩鹽過多，振而去之。祭而嚌之後或言『加』，或言『實』，其義一耳。賈疏因《士虞禮》言『加』，此言『實』，遂以祭禮言『加』、此不言『加』爲異，不知特牲亦祭禮，其舉獸幹及魚也，則曰實魚於俎豆矣。」**卒爵，皆拜。贊荅拜，受爵。再酳如初，無從；三酳用巹，亦如之。**亦無從也。【疏】正義曰：卒爵而拜，拜其飯己之賜也。爵出奠於篚，乃復洗他爵以升。盛氏世佐云：「荅拜，各荅一拜也，亦於户内北面。『贊荅拜』下不言婦又拜，❹是不俠拜矣。❺不俠拜者，以其禮輕故也。」褚氏寅亮云：「儀則同初酳，無從則同再酳。每酳洗爵於庭，皆有兩番降。」案：禮成乃用巹，重之，不輕用也。**贊洗爵，酌于户外尊。入户，西北面奠爵，拜。皆荅拜。坐祭，卒爵，拜。皆荅**

---

❶「户内」，原脱，今據《續清經解》本補。
❷「釋文曰」，原脱，今據《儀禮識誤》補。
❸「才」，原作「方」，今據《儀禮識誤》改。
❹「下」，原脱，今據《儀禮集編》補。
❺「俠」，原作「挾」，今據《續清經解》本改。

拜。興。贊酌者自酢也。【疏】正義曰：戴氏震云：「據前尊于北墉下，是爲内尊；尊于房户之東，是爲外尊。注止稱内尊、外尊。此處疏云『乃酌外尊』，亦無『户』，今刪正。」○敖氏云：「三酳乃自酢，變於常禮也。自酢之禮，代人酢己耳。洗爵者，象其爲己洗也。奠爵拜者，象受也。夫婦皆荅拜，則象同酢之也。興，謂夫婦也。」案：皆者，皆夫婦也。始荅拜，象拜送也；次荅拜，象荅卒爵拜也。坐，贊者坐也。祭，祭酒也。言坐祭，則必興而後坐也。不言興，文省。興者，夫婦及贊者皆興也。洗亦在房，入室户西北面。拜，兼拜兩席也。**主人出，婦復位。**復尊西南面之位。【疏】正義曰：敖氏云：「主人出，爲將説服於房也。婦但當説服於室，故不出，惟復其尊西南面之位。」❶**乃徹于房中，如設于室，尊否。**徹室中之饌設於房中，爲媵御餕之。徹尊不設，有外尊也。【疏】正義曰：「乃徹」，《釋文》作「迺」。敖氏云：「徹之者，亦贊也。如設于室者，謂其饌與席之位也，亦皆東西相鄉。」案：媵西御東。**主人説服于房，媵受；婦説服于室，御受。姆授巾。**巾，所以自絜清。今文「説」皆作「税」。【疏】正義曰：「御授」，石經、徐本、《集釋》、《通解》、楊、敖俱作「受」，「作税」上，徐本、《集釋》俱有「皆」字。○郝氏曰：「夫婦皆説禮服也。巾，帨也。姆授，授婦也。」案：下記云：「母施衿結帨。」帨即巾也，至是與服俱説，故姆還以授之，使不忘父母之戒云爾。吳氏廷華云：「説服當於隱處，其房室之西南隅歟？」注云「今文『説』作『税』」者，賈疏云：「疊今文爲『税』，不從者，税是追服之言，非脱去之義，故不從也。」**御衽于奥，媵衽良席在東，皆有枕，北止。**衽，卧席也。

❶「惟復其尊西南面之位」，《儀禮集説》作「惟變位而已」。

婦人稱夫曰良。《孟子》曰：「將瞯良人之所之。」止，足也。古文「止」作「趾」。【疏】正義曰：「瞯」，徐本、《集釋》、敖氏俱作「見」，與疏合。《釋文》作「覸」，云：今本亦作「見」。臧氏琳云：「賈本作『將見』，故後人校《釋文》云『今本亦作見』。乃注疏本反作『覸』，此文後人依《釋文》改也。《祭義》『見以蕭光』、『見覸以俠甒』，『見』及『見閒』皆爲『覸』之誤。此《儀禮注》當從《釋文》作『覸』，賈疏作『見』，非也。」○郝氏曰：「良，良人。至是始成夫婦焉，稱良，戚之也。北止，趾向北，首向陽也。」張氏爾岐云：「設衽曰衽，猶置尊曰尊、布筵曰筵也。上文媵受主人服，御受婦服，此御衽婦席、媵衽夫席，皆與媵御沃盥交義同。」❶ 注云「古文『止』作『趾』」者，胡氏承珙云：「《説文》：『止，下基也。象艸木出有趾，故以止爲足。』段氏玉裁云：『此引申假借之法，凡以韋爲皮韋、以朋爲朋黨、以來爲行來之來、以西爲東西之西、以子爲人之稱皆是也，以止爲人足之稱正同。許書無「趾」字，「止」即「趾」字。』許同鄭從今文，故不録「趾」字，如從今文「名」，不録古文「銘」也。」

主人入，親説婦之纓。入者，從房還入室也。婦人十五許嫁，笄而禮之，因著纓，明有繫也。蓋以五采爲之，其制未聞。【疏】正義曰：賈疏云：「纓有二：《曲禮》云：『女子許嫁，纓。』示有從人之端也，即此説纓之纓。《内則》云：男女未冠笄者，總角、笄纓。此幼時纓也。皆與男子冠纓異，故注云『其制未聞』。」案：主人親説之者，明此纓爲己而繫也，亦示親之。**燭出。**昏禮畢，將卧息。【疏】正義曰：出，出於室也。**媵餕主人之餘，御餕婦餘。贊酌外尊酳之。**外尊，房户外之東尊。【疏】正義曰：經不言媵御餕位，據上經云

---

❶「交」，原脱，今據《儀禮鄭注句讀》補。

「徹于房中，如設于室」，則壻之餘仍在東，婦之餘仍在西。媵位如壻，御位如婦，惟尊在房户之外爲異耳。敖氏云：「不洗而酌，略賤也。此酳之儀，惟拜受拜送而已，不拜既爵。」**媵侍于户外，呼則聞。**爲尊者有所徵求。今文「侍」作「待」。【疏】正義曰：媵初至，有徵求必資之御，則御亦在焉，經文省耳。注云「今文『侍』作『待』」者，胡氏承珙云：「侍、待古同聲，故二字互用。《禮記·雜記》注：『待，或爲侍。』」

右婦至成禮

夙興，婦沐浴，纚笄、宵衣以俟見。夙，早也，昏明日之晨。興，起也。俟，待也。待見於舅姑寢門之外。古者命士以上，年十五父子異宫。【疏】正義曰：《集釋》本「以」作「已」。○敖氏云：「士妻之纚笄、宵衣，猶士之玄冠、玄端也，蓋事舅姑之常服也。」盛氏世佐云：「纚笄、宵衣，士妻之正服。次純衣、纁袡，爲始嫁而加盛飾焉耳。事已則服其常也。」郝氏云：「降如姆服，❶卸靡麗，示執役也。」注云「古者命士以上，年十五父子異宫」者，案：《内則》云：「由命士以上，父子異宫。」不云年限，鄭知十五爲限者，以其十五成童，是以鄭注《喪禮》亦云：「子幼，謂年十五以下。」則不隨母嫁，故知十五以後乃異宫也。**質明，贊見婦于舅姑。席于阼，舅即席。席于房外，南面，姑即席。**質，平也。房外，房户外之西。古文「舅」皆

❶「服」，原脱，今據《儀禮節解》補。

作「咎」。【疏】正義曰：賈疏云：「鄭知房外是房户外之西者，以其舅在阼，阼當房户之東；若姑在房户之東，❶即當舅之北，南面向之不便。又下記云：『父醴女而俟迎者，母南面于户外，女出于母左。』以母在房户西，故得女出于母左，是以知房外亦房户外之西也。」敖氏云：「見者，通言於舅姑使得見也。」郝氏云：「舅席在阼，示爲主也。姑席在東房户外，南面，爲内主也。」注云「古文『舅』皆作『咎』」者，案：「舅」是正字，「咎」是借字。**婦執笲棗栗，自門入，升自西階，進拜，奠于席。**笲，竹器而衣者，其形蓋如今之筥筁籚矣。進拜者，進東面乃拜。奠之者，舅尊，不敢授也。【疏】正義曰：「筁籚」，徐本、《釋文》、《集釋》、敖氏俱作「䒗籚」，嚴、鍾、《通解》作「筁籚」。案：《説文》：「凵盧，飯器。或从竹去聲。」○敖氏曰：「笲棗栗，同一器也。❷門，舅姑寢門也。始執笲用二手，拜時則惟右手執之。凡婦人之拜，以左掌據地，故右手執物而可以拜也。《内則》曰：『凡女拜尚右手。』」沈氏彤云：「《詩傳》曰：『方曰筐，圓曰筥。』《説文》：『筥，箱也。箱，飯器。』又云：『筁盧，飯器，以柳爲之。』蓋飯器而竹與柳爲之者，宜於圓，是以筁盧亦圓也。鄭殆兼二者以況笲之圓歟？《禮記釋文》云：❸『笲以葦，若竹爲之，衣以青繒。』聶《圖》云：『笲如筥狀，其口微弇而稍淺，❹容一斗。』敖氏謂聘禮卷幣實於笲，謂笲之制隋方如篋，非也。實幣之笲蓋隋圜。」郝氏云：「笲，竹盤，盛棗栗

❶「姑」，原作「舅」，今據《儀禮注疏》改。
❷「同」上，《儀禮集説》有「一物」二字。
❸「記」，原作「器」，今據《儀禮小疏》改。
❹「稍」，原作「梢」，今據《儀禮小疏》改。

爲摯也。升自西階，不敢由阼也。手奉摯進，至舅席前，東面立拜。古婦人拜不著地，故執摯拜而後奠於席。」賈疏云：「《雜記》云：『婦見舅姑，兄弟、姑姊妹皆立於堂下，❶西首，❷是見已。』注云：『婦來爲供養也，其見主於尊者，兄弟以下在位，是爲已見，不復特見。』又云：『見諸父，各就其寢。』注：『旁尊也，亦爲見時不來。』今此不言者，文略耳。」　注云「笲，❸竹器而衣」者，下記云：「笲，緇被纁裏，加于橋。」注：「被，表也。婦見舅姑，以飾爲敬。」是有衣也。云「進東面乃拜」者，自西階上東面，至阼席前而拜也。云「舅尊，不敢授也」者，下舅直撫之而已，姑則親舉之。親舉者，若親授之然，故於舅得云「尊，不敢授也」。**舅坐撫之，興，荅拜。婦還，又拜。** 還，又拜者，還於先拜處拜。婦人與丈夫爲禮則俠拜。【疏】正義曰：張氏爾岐云：「撫，撫棗栗笲也。撫之者，示受也。」江氏筠云：「婦人立拜，故姑舉腶脩必興而後拜。男子跽拜，乃舅坐撫棗栗。經亦云『興，荅拜』者，下記云『舅荅拜，❹宰徹笲』，可以明其故矣。蓋笲須拜後乃徹，則荅拜時笲固在席也。婦之奠笲於席必正當舅前，舅之坐撫亦必與笲對，則笲未徹之時其坐處之不可以拜明矣。以笲之有妨於拜，而稍違其坐處以荅之，此舅之所以興也。」又戴氏震云：「婦立拜而舅乃手拜荅之，疑未必是。❺

❶ 下「姑」字，原脱，今據《儀禮注疏》補。
❷ 「西首」，《儀禮注疏》作「西面北上」。
❸ 「笲」，原作「笄」，今據《續清經解》本改。
❹ 「下」，原作「日」，今據《續清經解》本改。
❺ 「是」，原作「示」，今據《續清經解》本改。

興荅拜者，所以示舅之亦肅拜耳。」案：還、旋通。婦還者，盤旋以辟，不敢當舅拜也。注云「先拜處」者，謂前東面拜處也。云「婦人與丈夫爲禮則俠拜」，謂若《士冠禮》冠者見母，母拜受，子拜送，母又拜。母于子尚俠拜，不徒此婦於舅姑而已。《禮經釋例》曰：「婦奠摯，舅撫之，猶《覲禮》侯氏四享，王撫玉也。敖氏云：撫之，示受之。其說是也。」**降階，受笲腶脩，升，進，北面拜，奠于席。姑坐，舉以興，拜，授人。**人，有司。姑執笲以起，荅婦拜，授有司徹之。舅則宰徹之。【疏】正義曰：「腶」，石經作「股」，《釋文》作「段」。段氏玉裁云：本又作「腶」。瞿氏中溶云：「石本原作『段』，朱梁重刻譌作『股』。陸氏作『段』，正與石本原刻同。」○褚氏寅亮云：「婦已見舅，不必復出矣。故侍御者先執腶脩，以俟於下。婦旋，降階受之以見姑，並非以門內、門外別輕重之差。案：《公羊傳》莊二十四年：『大夫、宗婦覿用幣。』何注云：『禮，婦人見舅，以棗、栗爲敬；見姑，以腶脩爲敬；見夫人至尊，兼而用之。』蓋據此經見舅執棗栗、見姑執腶脩之文也。《集說》謂於舅並用棗、栗，見姑惟用腶脩，則是以見夫人之禮見舅也，而可乎？」盛氏世佐曰：「階，西階也。受，蓋受于婦氏人。腶脩，脯也。姑不撫之而舉以興。婦於姑之拜也，不還不又拜，皆下於舅。」吳氏廷華云：「北面，向姑也。人，女從。授女從，令宰徹之。曰『舉以興』，則視撫有加禮矣。」注云「舅則宰徹之」者，下記云：「舅荅拜，宰徹也。」《禮經釋例》曰：「姑舉摯授人，猶《聘禮》公側授宰玉，享，公側授宰幣也，皆略如臣見君之禮也。不降階拜者，婦人禮異於男子，且辟君也。」

右婦見舅姑

贊醴婦。「醴」，當爲「禮」。贊禮婦者，以其婦道新成，親厚之。【疏】正義曰：敖氏云：「贊謂舅姑醴婦也。舅姑必醴之者，荅其行禮於己也。舅不自醴之者，於其始至，宜示以尊卑之禮也。是時舅姑皆立於席。」吴氏廷華云：「猶宰夫爲主人之義。」江氏筠云：「自來説贊皆用男子，蔡敬齋《本義》則云『以婦女之曉禮儀者爲之醴婦』，駁舊説云：『男女不親授受，豈有使男子引新婦見舅姑且酌而醴之之禮？』然案禮，惟婦人於丈夫乃有俠拜，若同爲婦人，雖婦之於姑亦不俠拜，此何以受醴、啐醴兩見『婦又拜』文？蔡因爲之説曰：『贊代舅姑拜送，故婦又拜，蓋婦與舅行禮當俠拜故也。』然果如所説，則下文婦餕而姑酳之，酳雖止爲姑禮，實亦兼達舅意，又何以不俠拜？筠謂贊雖代舅，而既爲婦人，則畢竟婦人之相與拜也。婦與婦行禮而爲俠拜，禮未之有。欲明男女之别，而創禮所未有之拜，未見其説之允也。且經惟男子有奠爵之拜，若婦人之拜皆執爵者，此經於贊自酢云『贊洗爵，酌于户外尊，入户，西北面奠，拜』，果婦人而然乎？」**席于户牖間。**室户西，牖東，南面位。【疏】正義曰：賈疏云：「禮子、禮婦、禮賓客皆於此，尊之故也。」❶**側尊甒醴于房中。婦疑立于席西。**疑，正立自定之貌。【疏】正義曰：疑，凝通。鄭讀爲「仡然從于趙盾」之「仡」。疑立者，不偏倚、不摇動之意。《玉藻》云「立容德」是也。立於此者，俟贊者酌醴而出也。立時少久，故特著其容。孔氏廣森曰：「當讀如《士相見》篇『不疑君』之『疑』。疑立者，斜向舅姑立也。於君以不敢斜向爲敬，獻酢則又必向所與行禮者爲敬，若《鄉飲酒》『賓西階上疑立』，是向主人立也；『主人阼階東疑立』，是向

❶「故」，原作「至」，今據《儀禮注疏》改。

賓立也。《周禮》曰：『不正其主面，亦不背客。』此疑立之道乎？大抵足有定位而面無定矚，隨其所敬轉向之，是之謂疑立。今人行禮時亦惟習於此節，斯敬賓之意達矣。」**贊者酌醴，加柶，面枋，出房，席前北面。婦東面拜受。贊西階上，北面拜送。婦又拜。薦脯醢。**婦東面拜，贊北面荅之，變於丈夫始冠成人之禮。【疏】正義曰：婦於贊乃俠拜者，重其爲舅姑醴己也。婦又拜，蓋執觶拜也。其下二拜亦然。

注云「變於丈夫始冠成人之禮」者，賈疏云：「冠禮禮子與此禮婦俱在賓位，彼禮子南面受醴，此則東面，不同，❶彼南面者，以向賓拜；此東面者，以舅姑在東，亦東面拜之也。」**婦升席，左執觶，右祭脯醢，以柶祭醴三，降席，東面坐，啐醴，建柶，興，拜。贊荅拜。婦又拜，奠于薦東，北面坐取脯，降，出，授人于門外。**奠于薦東，升席，奠之。取脯，降，出，授人，親徹，且榮得禮。人，謂婦氏人。【疏】正義曰：張氏惠言曰：「婦升席皆當由序西，席則當如《冠禮》東上。」褚氏寅亮云：「上經注云『婦人與丈夫爲禮則俠拜』，此婦拜之通例也。敖氏何獨於此經云『重其爲舅姑醴己』？然則他禮不俠拜邪？其有不俠拜者，惟荅拜爲然。《少牢》獻侑不俠拜者，辟獻尸禮。」張氏爾岐云：「祭禮南面，❷啐醴東面，奠觶又南面，取脯則北面。」韋氏協夢云：「醴子奠觶拜，賓荅拜，冠者不又拜。此婦又拜者，贊者爲舅姑醴婦，婦拜贊者，猶拜舅姑也。故贊既荅拜，婦又拜，敬之至也。降，降西階也。出，出寢門也。凡受醴者必取脯以降，榮見禮

---

❶「同」下，《儀禮注疏》有「故決之」三字。

❷「禮」，《儀禮鄭注句讀》作「醴」。

也。」案：升席下當有「坐」字。授婦氏人，則歸示其父母矣。

右贊者醴婦

舅姑入于室，婦盥饋。饋者，婦道既成，成以孝養。【疏】正義曰：盛氏世佐云：「盥以致其潔，饋以致其養。於既授脯，即反而行是禮，《昏義》曰『明婦順』是也。」案：舅姑既醴婦，婦即饋舅姑，所以荅舅姑之禮，又以執爲婦之道也。**特豚，合升，側載，無魚腊，無稷，並南上。其他如取女禮。**側載者，右胖載之舅俎，左胖載之姑俎，異尊卑。並南上者，舅姑共席於奥，其饌各以南爲上。其他，謂醬、湆、菹、醢。女，謂婦也。如取婦禮同牢時。今文「並」當作「併」。【疏】正義曰：「並」上，徐本、《集釋》、《通解》俱有「今文」二字。案：既有「今文」二字，則「當」字宜衍。○盛氏世佐云：「側，獨也。合升、側載者，合左右胖，升於鼎，而載之俎，則獨用右胖也。《特牲》、《少牢》及《鄉飲酒禮》皆用右胖，此亦宜然。然則舅姑亦共俎矣。不合載者，此婦供養之道，非盛禮也。注疏説恐非。」褚氏寅亮云：「升鼎則合，載則左右兩胖各載一俎，異於同牢之合載也。非無魚腊之謂。《士虞禮》烹一胖，故曰『側烹』。此各載一胖，故曰『側載』。若因無魚腊而言『側』，則彼固有魚腊爨矣。脊亦分爲二，載諸兩俎。士室約深一丈八尺，向東既接設兩席北墉下，焉能更橫容婦席邪？當依注共席之説。室以奥爲尊，故舅居奥，而姑坐舅北。❶敖氏謂舅北姑南，非也。」賈疏

---

❶「坐」，原作「居」，今據《儀禮管見》改。

云：「自『側載』以下、『南上』以上，與取女異。彼有魚腊并稷，此無魚腊無稷。彼男東面，女西面別席。其醬菹醢，夫則南上，婦則北上。今此舅姑共席東面，俎及豆等皆南上，是其異也。❶雖不言酒，既有饋，明酒在其中。」程氏瑤田云：「凡禮，設飯、陳簋必黍稷並進，以稷五穀長，設之爲敬也。《昏禮》同牢皆食，亦黍稷並設。今婦饋舅姑，特見無稷，明但設黍也。黍美稷疏，婦道成以孝養，飯必精美，不進疏食也。」注云「『並』當作『併』」者，胡氏承珙云：「『當』字疑衍，並、併義略同。鄭於並雖皆訓併，然多疊『併』字不用。此注云『並南上者，舅姑共席於奥，其饌各以南爲上』，❷是仍依古文作『並』，不應云『並當作併』也。段氏玉裁云：『《説文》：並，併也；併，並也。互相訓。並，讀如旁。併，讀如并。並、併義有別，許互訓者，《禮經》注云：古文並，今文作併。是古二字同也。』承珙案：鄭注此經並皆訓併，是二字義同，正與許合。然鄭意經字則一概從『並』，故《有司徹》注又疊古文作『併』者，不用也。」**婦贊成祭，卒食，一酳，無從。**贊成祭者，授處之。今文無「成」也。【疏】正義曰：不言舅姑即席於奥，文略也。無贊，故婦贊之祭，祭薦肺及黍也。❸成者，謂既授之，又處置之，使知當在豆間，贊祭則其餘皆贊矣。卒食，亦三飯矣。從者，從肝席也。敖氏云：「婦洗於北堂，酌於室中北墉下之尊，西面酳，户西北面拜。舅姑荅拜於其席。」**席于北墉下。**墉，牆也。室中北牆下。【疏】正義曰：徐本、《集釋》、《通解》俱有首三字，今本脱。〇賈疏云：此席將爲婦餕之位。褚

❶「異」，原作「義」，今據《儀禮注疏》改。
❷「各」，原脱，今據《儀禮古今文疏義》補。
❸「肺」，原脱，今據《續清經解》本補。

氏寅亮云：「席南向北向，以西方爲上。有東上者，統於主席也。敖氏謂此席東上，誤。」**婦徹，設席前如初，西上。婦餕，舅辭，易醬。**婦餕者，即席將餕也。辭易醬者，嫌淬污。【疏】正義曰：《釋文》：「淬，本或作『染』。」○盛氏世佐云：「辭，辭其餕也。婦將餕姑之饌，姑不辭而舅辭者，統於尊也。易醬，示從舅命也。」沈氏彤曰：「敖氏謂易醬，御爲之，非也。❶此蒙上舅辭之文，蓋舅親易之；下經婦餕姑之饌，則姑酳之。此舅辭婦之餕，則爲之易醬，猶酳之之義。禮必有報，且姑之醬非舅不得輒易也。自婦見舅姑至舅姑饗婦，壻皆不與，亦禮不參之義。」**婦餕姑之饌，御贊祭豆、黍、肺、舉肺、脊，乃食，卒。姑酳之，婦拜受，姑拜送。坐祭，卒爵，姑受，奠之。**奠之，奠於篚。【疏】正義曰：徐本、《集釋》、《通解》、敖氏俱有首二字。○《内則》：「子婦佐餕，既食恒餕。」則舅食婦餕，其常也。此辭者，未授使代，尚行賓禮也。然婦則自率其常禮而已。醬爲饌本，既經指咂，不易則於尊者爲褻，故易之，猶《燕禮》不敢褻君爵之義也。舅尊而姑親則易矣，故特言餕姑之饌以明之。下祭及食，則又合兩饌而言也。賈疏謂不餕舅餘，先儒又謂易醬爲易姑之醬而餕其饌，並與《内則》之義不符。盛氏世佐云：「餕餘亦祭，敬尊者之餘也。豆，菹醢也。上肺，祭肺也。祭者五，詳著之，見其無不祭也，且與上婦贊成祭之文互備。」敖氏云：「婦拜於席南面，姑亦拜於西墉下東面之位也。卒爵而姑受，亦不拜既爵矣。餕禮輕。」篚在房户之東南。案：脯醢皆祭，言豆以概籩也。贊亦授之。**婦徹于房中，媵御餕，姑酳之。雖無娣，媵先，于是與始飯之錯。**古者嫁女必

❶「醬御爲之非也」，《儀禮小疏》作「姑醬是也，謂御爲之則」。

姪娣從，謂之媵。姪，兄弟之子。娣，女弟也。娣尊姪卑。若或無娣，猶先媵，客之也。始飯，謂舅姑。錯者，媵餕舅餘，御餕姑餘也。古文「始」爲「姑」。【疏】正義曰：徐本、楊氏俱作「容」。案：作「容」與單疏本文合。○案：此當媵御徹之，曰「婦」者，蓋姑親酳，婦亦親徹也。其設之當略如同牢禮，御亦得酳，未必甚賤。此酳亦酌外尊。盛氏世佐云：「婦人送者皆曰媵，娣則妻之女弟從嫁者也。送者非一人，其中容有娣姪從嫁者，以士得有一妻一妾故也。士妻從嫁者，或娣或姪，科取其一。經惟言娣者，舉尊以見卑耳。無娣，謂無從嫁者也。北面之勢不足盡人骨肉之親，雖不以娣姪從可也。」先謂先於御，蓋御，主也；娣姪，客也。褚氏寅亮云：「先是婦止餕姑餘，不得言錯。至是則媵餕舅餘，御餕姑餘，有交錯之義矣。而必言始飯者，見止餕餘而不食舉也。何也？姑所舉者，婦已餕訖，惟餘舅所舉者而已。若媵食舅所舉而御無舉可食，一食舉一不食舉，非交錯之義，故媵亦不餕舉，經特著『始飯』二字以明交錯而餕止敦黍也。」「古文作『姑』」者，胡氏承珙曰：「姑飯者，媵御共餕姑之飯黍，而不餕舅飯，亦不敢褻之意。」

右婦饋舅姑

舅姑共饗婦以一獻之禮。舅洗于南洗，姑洗于北洗，奠酬。以酒食勞人曰饗。南洗在庭，北洗在北堂。設兩洗者，獻酬酢以潔清爲敬。奠酬者，明正禮成，不復舉。凡酬酒皆奠於薦左，不舉，其燕則更使人舉爵。【疏】正義曰：「更」，陳本誤作「受」。○賈疏云：「共饗婦以一獻之禮者，案：下記云：『饗婦，姑薦焉。』注云：『舅姑共饗婦，舅獻爵，姑薦脯醢』。但薦脯醢，無盥洗之事。今設北洗，爲婦人不下堂也。

云『姑洗于北洗』，洗者，洗爵。則是舅獻姑酬，共成一獻，仍無妨姑薦脯醢也。」褚氏寅亮云：「舅姑席位，當如見時，注中『其燕』以下補經未備，容饗後亦燕。朱子曰：『以鄉飲酒約之，席在室户外西，舅酌酒，獻婦於席西，受飲畢，更爵酢舅，姑乃酌自飲畢，更酌以酬婦。婦受觶，奠於薦左，不舉，正禮畢。』」敖氏云：「舅洗，爵以獻也。姑洗，洗觶以酬也。婦酢舅，亦洗於北洗，皆不辭洗，不拜洗。其獻酢，則各於其席前。舅拜於阼階上北面，婦拜於席西東面。姑酬婦則於主人之席北，❶而奠觶於婦之薦西。奠酬者，婦取姑之酬酒，而奠觶於薦東也。不燕者，尊卑之分嚴也。」張氏惠言云：「饗婦禮略，以意言之。舅降取爵於篚，婦避於房。舅升酌，筵前北面。婦筵西東面拜受，舅阼階西面拜送。❷即席。姑薦脯醢，贊者設俎。婦祭脯醢，祭肺，祭酒，降席，東面卒爵，拜，舅荅拜。婦又拜，更爵洗酌，阼階上酢舅，舅西面拜受。婦復位，東面拜送。婦薦脯醢，亦宜有折俎。舅祭，卒爵，拜，婦荅拜。姑洗於北洗，酌，筵前北面酬婦，拜卒爵。婦北面於姑西荅拜。姑洗酌。婦北面拜受。姑北面拜送。姑復位。婦奠爵於薦左，復位。」堉案：《義疏》云：「『舅獻姑薦』，❸疏云：『舅獻姑酬，共成一獻。』❹下記亦云：『姑薦。』又云：『婦酢舅，更爵自薦。』則一饗而獻、酢、酬之節皆備也。據《鄉飲酒禮》，獻賓席前北面，酬則席前北面，賓酢主人則席前東南面，薦脯醢。此經第言一獻。至所

❶「酬」，原作「酌」，今據《續清經解》本改。
❷「西」，原作「東」，今據上下文義改。
❸「舅」上，《儀禮義疏》有「鄭注云」三字。
❹「共」，原作「其」，今據《儀禮注疏》改。

謂酬者，考之於禮，主人酬賓則奠於薦右，《鄉飲酒禮》主人奠觶于薦西是也。賓及主人拜送後，賓乃奠於薦左，彼經所謂賓北面，奠觶于薦東是也。此經奠酬當亦合姑與婦言。姑奠在右，婦奠在左。酢則當有舅席，如婦見時所設。婦東南面送爵於舅，姑酬則無酢，故略之。」吴氏廷華云：「一日之間，行見舅姑禮，又行醴婦禮，又行饋舅姑禮，其禮亦甚繁，乃又以饗禮責其行，不但過勞，恐日亦不足，是當異日爲之，不必强爲之説也。」**舅姑先降自西階，婦降自阼階。**授之室，使爲主，明代己。【疏】正義曰：賈疏云：「《曲禮》曰：『子事父母，升降不由阼階。』阼階是主人尊者升降之處。今舅姑降自西階，婦降自阼階，是授婦以室之事也。『授之室』，《昬義》文也。」案：舅姑同降自西階，亦舅先降三等，姑乃從之，中等，舅姑既降，婦乃降自阼階。**歸婦俎于婦氏人。**言俎，則饗禮有牲矣。婦氏人，丈夫送婦者。使有司歸以婦俎，當以反命於女之父母，明所得禮。【疏】正義曰：《通解》作「明得其禮」，《要義》作「明所得禮」。案：賈疏云「三牲是賓所當得」，則作「所」字爲是。《鄉射》注云：「遷設薦俎就乏，❶明己所得禮也。」亦是此意。○盛氏世佐云：「歸者，❷舅姑使有司授之俎，❸蓋特豚也。歸俎，饗賓之禮也。饗婦亦歸其俎者，亦所以厚禮之。」

右舅姑饗婦

❶「乏」，原作「之」，今據《儀禮注疏》改。
❷「歸」下，《儀禮集編》無「者」字。
❸「使」，原作「是」，今據《儀禮集編》改。

舅饗送者以一獻之禮，酬以束錦。送者，女家有司也。爵至酬賓，又從之以束錦，所以相厚。古文「錦」皆作「帛」。【疏】正義曰：盛氏世佐云：「冠禮酬賓用束帛儷皮。此不用帛用錦，送者賤，宜下賓也。」注云「女家有司」者，尊無送卑之法，士無臣，故知有司送之也。云「古文『錦』皆作『帛』」者，胡氏承珙云：「敖氏云：『《聘禮》使介行禮，用錦不用帛，辟主君之幣也。此無所辟，不當用錦，宜從古文。』」❶案：昏禮用束帛，此酬用束錦，或亦辟昏禮之正歟？《小行人》合六幣，錦次帛，繡次錦，則差次可知。**姑饗婦人送者，酬以束錦。**婦人送者，隸子弟之妻妾。凡饗，速之。【疏】正義曰：凡饗，皆就館速之。**若異邦，則贈丈夫送者以束錦。**贈，送也。就賓館。【疏】正義曰：士卑，不嫌外娶，先儒俱有明說。敖氏以此例大夫，泥矣。贈錦又在酬錦外。丈夫送者贈以束錦，則婦人亦贈可知。不言婦人者，文略。注云「就賓館」者，贈賄之等皆就館，故知此亦就館也。李氏如圭云：「聘賓至郊而贈，❷故知此亦就其館也。」

右饗送者

若舅姑既没，則婦入三月乃奠菜。没，終也。奠菜者，以篚祭菜也。蓋用堇。【疏】正義曰：奠菜，祭菜，殺於正祭。此所謂廟見也。婦人必舅姑授之室，使代己而後主祭祀。舅姑在，則降阼階時已受之

❶「文」，原脱，今據《儀禮古今文疏義》補。
❷「賓」下，《儀禮集釋》有「去」字。

舅姑，與祭可矣。若舅姑没，則無所受矣，故於時祭之先，行廟見之禮，以明其職之所有所自受，然後可以助祭也。必三月者，時祭無過三月，故以久者言之。若昏期近於時祭，則不必三月矣。下記言三月祭行，亦以廟見之後乃可以主祭也。江氏筠云：「賈疏引《曾子問》三月廟見云云，謂即彼祭於禰一也。《曾子問》孔疏則謂廟見奠菜、祭禰是一事。萬氏充宗云：『然則舅姑在者，高、曾、祖、禰之廟可以不見乎？觀《曾子問》又曰：女未廟見而死不遷於祖，不祔於皇姑。所以不遷不祔者，以未廟見也。曰祖、曰皇姑，則知廟見及高曾祖矣。』今案：《曾子問》所云廟見，是專指舅姑在者。其所云祭禰即此經之奠菜，指舅姑没者。非謂舅姑没者止行祭禰，而别無廟見，又非即祭禰爲廟見，如注疏家之説也。或曰：經既著奠菜之禮矣，何以不并著廟見之文？曰：經本詳初昏及夙興事，初不及三月而後，其言奠菜者，特以見舅姑禮及之，非主爲廟見致詳也。」褚氏寅亮云：「舅没姑存，則當時見姑，亦三月廟見舅。若姑没舅存，則婦人無廟可見，斯不行奠菜之禮矣。賈疏極分明。庾氏蔚之謂舅姑偏有没者，見其存者，不須見亡者，豈禰廟可以不見乎？崔氏靈恩謂盥饋於存者，廟見於亡者，當舅見在，姑未有專廟，又何由而見乎？皆屬一偏之見。疏謂婦人無廟，以舅尚存，則權附於皇祖姑之廟耳。既入皇祖姑之廟矣，乃竟專見姑乎？事有難處，故姑没舅存，斷以不見爲正。三月祭行，達禮也；三月祭菜，變禮也，不可混而爲一。孔穎達謂奠菜之禮，適婦乃得行之，庶婦則否矣。」**席于廟奥，東面右几，席于北方，南面。**廟，考妣之廟。北方，墉下。【疏】正義曰：賈疏云：「《周禮·司几筵》云：『每敦一几。』鄭注云：『《周禮》雖合葬及時，同在殯，皆異几，體實不同。祭於廟同几，精氣合。』又《祭統》云：『設同几。』同几即同席。此即祭於廟中而别席者。此既廟見，若生時見舅姑，舅姑别席異面，是以今亦別席異面象生，不與常祭同也。」敖氏云：「右几，見席南上也。凡設几，例在席之上端，舅席東面而南上，姑席南面而西上，與生人室中之席，東面者北上，南面者東上，鬼神則變之。生時見舅姑，舅不用几，此有之者，異其神也。姑席無几，几主於尊者也。」❶張氏爾岐云：「席於奧者，舅席也；席於北方者，姑席也。」**祝盥，婦盥于門外。婦執笲菜，祝帥婦以入。祝告，稱婦之姓，曰：「某氏來婦，敢奠嘉菜于皇舅某子。」**帥，道也。入，入室也。某氏者，齊女則曰姜氏，魯女則曰姬氏。來婦，言來爲婦。嘉，美也。皇，君也。【疏】正義曰：盛氏世佐云：「祝盥不言其處，如常祭可知也。婦盥于門外，著其異也。蓋祝先入，筵几於室中，降盥於阼階東南之洗，乃出廟門，帥婦以入也。賈疏謂祝盥亦於門外，非也。某子之解，敖説得之。蓋謂父爲大夫，子爲士者也。廟見祭類，故以生者爲斷。若其舅亦士也，當稱其字曰伯某甫矣。」胡氏匡衷云：「祝，接神之官。《論語》：『祝鮀治宗廟。』《樂記》：『宗祝辨乎宗廟之禮。』士得立廟，❷則有祝明矣。或曰：此祝贊婦廟見，當爲女奴曉事者，如《周禮》之女祝。」**婦拜，扱地，坐奠菜于几東席上。還，又拜，如初。**扱地，手至地也。婦人扱地，猶男子稽首。【疏】正義曰：吴氏廷華云：「『坐』，當爲『跪』。」盧氏弨弓曰：「李疑『東』字爲誤，蓋當言『北』。」○盛氏世佐云：「婦人拜法見於經傳者五：曰肅拜。《少儀》云：『婦人吉事，雖君賜，肅拜。』是也。曰手拜。《少儀》注曰：『凶事乃手拜。』孔疏云：『婦人除爲喪

❶「几」，原脱，今據《儀禮集説》補。
❷「立」，原作「三」，今據《續清經解》本改。

主，其餘輕喪，凶事乃有手拜。』是也。曰稽顙。《喪服小記》云：『婦人爲夫、爲長子稽顙。』是也。曰頓首。《左傳》：『晉穆嬴抱太子以適趙氏，頓首于宣子。』是也。曰扱地，此奠菜禮是也。唯肅拜爲正，餘皆非吉禮。扱地之拜，蓋介乎吉凶之間，以致其哀敬之意歟？以男子九拜例之，肅拜，軍中之拜；手拜，蓋與空首相似，其法先以手至地，而頭來至手也；稽顙，即凶拜；頓首，是男子平敵相與之拜，而穆嬴施於其臣，疏家以爲私求法，非禮之正。然嬴遭襄公之喪，則亦凶拜也，殆如吉拜而後稽顙，爲殷之凶拜歟？扱地，於九拜無所似。賈疏謂以手至地而首不至手，又與空首不同。」注云：「婦人扱地，猶男子稽首。」稽首，拜頭至地，臣拜君之拜。舉以相況者，明其爲拜中之最重，非謂拜法似之也。然則扱地與肅拜異，稽顙又與扱地異；手拜與扱地皆以手至地，而首或至手或不至手，亦異。熊氏謂初嫁及爲夫、爲長子主喪，則以手扱地。蓋考之未精矣！又案：肅拜之法，《周禮注》云：「肅拜，但俯下手，今時撎也。」疏引《鄉飲酒》注「推手曰揖，引手曰撎」爲證。《少儀》注云：「肅拜，拜低頭也。」若然，女子拜，蓋不折腰屈膝矣。郝氏謂男子坐拜，婦人立拜，故婦見舅姑手棗、栗、腶脩，拜而後奠。若坐奠，必先奠後拜。此說得之。敖氏云：「凡婦人之拜，以左掌據地，故右手執物而可以拜。」殆未講乎肅拜之法歟？《特牲禮》：主婦致爵訖，酌酢，左執爵拜。則以左掌據地之說不辨自破矣。蓋扱地之拜，爲不逮事舅姑者設，將以生其哀慕之心焉，故與凶事手拜相似也。案：婦拜，象拜送也。奠菜於几東席上，象受也。還又拜，象荅拜也。此禮與生時舅姑相似。張氏爾岐云：「此在奧之席。」淩氏廷堪《禮經釋例》曰：「《士昏禮》疏云：婦人肅拜爲正，今云扱地，則婦人之重拜也，猶男子之稽首，亦拜中之重，故以相況也。考《少儀》曰：『婦人，吉事雖有君賜，肅拜；爲尸坐，則不手拜，肅拜；

爲喪主，則不手拜。』鄭注：『肅拜，拜低頭也。手拜，拜至地也。婦以肅拜爲正，凶事乃手拜耳。』是拜扱地即手拜之類，惟手拜用於凶事，扱地拜用於吉事爲異。蓋婦人之拜皆立，扱地始坐拜也。」**婦降堂，取笲菜入。**降堂，階上也。室事交乎户，今降堂者，敬也。於姑言敢告，舅尊於姑。**祝曰：「某氏來婦，敢告于皇姑某氏。」奠菜于席，如初禮。**【疏】正義曰：敖氏云：「入而北面也，祝亦在左，告之如初禮拜，❶而奠於席上之右，還又拜也。」盛氏世佐云：「姑之生也，婦不俠拜。今乃如見舅之禮者，接神之道宜然也。」張氏爾岐云：「此北方之席。」**婦出，祝闔牖户。**凡廟門無事則閉之。【疏】正義曰：注云「廟門無事則閉」，賈疏云：「神尚幽也。先牖後户，闔之次第也。啟則先户而後牖矣。」**老醴婦于房中，南面，如舅姑醴婦之禮。**因於廟見禮之。【疏】正義曰：敖氏云：「不於堂，辟尊者在之處也。」張氏爾岐云：「亦象舅姑生時，因婦來見，遂禮之也。房中，廟之房中。」盛氏世佐云：「上云贊醴婦，贊即老也。以其助舅姑行禮，故曰贊。此無助，故直指其人言之。老，家臣之長，必有德而年高者爲之，故使之醴婦，所以代舅姑也。《特牲》、《少牢禮》有主婦與尸祝佐食賓獻酢致爵之事，古人行禮不以爲嫌也。又郝氏謂三月廟見，以夫婦共爲祭主，非以三月爲限也。苟未三月而及祭期，婦可以不與於祭乎？與於祭可以不先見乎？此皆臆説也。婦入三月然後祭行，未三月而及祭期，婦固不與也。以其未成婦也。」**壻饗婦送者丈夫、婦人，如舅姑饗禮。**【疏】正義曰：盛氏世佐云：「《春秋》宣五年經：『高固及子叔姬來。』《左傳》云：『反馬也。』杜注：『禮，

❶「拜」，原脱，今據《儀禮集説》補。

送女留其送馬，謙不敢自安。三月廟見，遣使反馬。」此士禮雖無反馬之事，然送女者則必俟其成婦而後歸，亦猶謙不敢自安之意也。舅姑存，則以昏之明日見於舅姑。舅姑醴之，婦禮成矣，送者可以歸矣。故舅姑於饗婦之後，即饗送者，不必三月也。若舅姑既没，則必待三月廟見而後成婦。記云：『擇日而祭于禰，成婦之義也。』又云：『女未廟見而死，歸葬于女氏之黨，示未成婦也。』成婦而後送者乃可以歸，故經言壻饗送者於老醴婦之後，著其行禮之節也。敖氏云此禮宜行於始嫁之時，非也。且婦未受醴而先饗送者，亦失其先後尊卑之次矣。」

右舅姑没婦廟見及饗婦饗送者之禮

記

士昏禮。凡行事必用昏昕，受諸禰廟，辭無不腆，無辱。用昕，使者；用昏，壻也。腆，善也。賓不稱幣不善，主人不謝來辱。【疏】正義曰：昕，陽始也。昏，陰終也。受，讀如受命文考之受，謂命於禰廟，然後行事也，蓋據壻家言之。此爲適士二廟者言，其祖禰共廟，雖受諸禰廟，終不得云禰廟。注云「賓不稱幣不善，主人不謝來辱」者，郝氏云：「腆，厚也。辱，汙也。以物贈人，自稱不腆，謙言薄也。賓至，主人稱辱，謙己汙也。男女匹合，不得言薄言汙，示誠信也。」顧氏曰：「婦妹，人之終始也。先王於此有省文尚質之意焉，故『辭無不腆，無辱』，『告之以直信』，曰『先人之禮』而已，所以立生民之本，而爲嗣續之基。故以内心爲主，而不尚乎文辭也，非徒以教婦德而已。」**摯不用死，皮帛必可制。**摯，鴈也。皮帛，儷皮束帛也。【疏】正義曰：摯，使者及壻所執以相見也。死，謂雉也。不用死，所以釋用鴈之義。此古人用幣之通法也。《郊特牲》謂「幣必誠」。《聘禮·記》：「幣美則没禮。」或失之華靡，或失之濫惡，是皆不可制也。可制，則無二者之弊矣。**腊必用鮮，魚用鮒，必殽全。**殽全者，不餒敗，不剥傷。【疏】正義曰：《集釋》校云：「《説文》有『餧』無『餒』，云『餧，飢也』。一曰：魚敗曰餧。《五經文字》云：『餧，奴罪反，飢也。經典相承，别作餒爲飢餒字，以餧爲餧餉之餧，字書無文。』是也。」〇褚氏寅亮云：「惟九鼎乃有鮮腊，今有之者，非攝盛也，直取其新耳，故賈疏以日新解之。」郝氏曰：「鮒，鯽魚，性相依附曰鮒。」殽全者，謂體備。盛氏世佐云：「殽全，謂豚俎也。殽，骨體也。全者，不折也。一骨分爲二曰折。《特牲》、《少牢禮》言俎之折者不一，是皆有殽而不全也。雖一體完矣，而二十一體不備，亦不可謂全。若同牢之俎，斯爲全耳。」

右記昏禮時地辭命用物

女子許嫁，笄而醴之，稱字。許嫁，已受納徵禮也。笄女之禮，猶冠男也，使主婦、女賓執其禮。

【疏】正義曰：盛氏世佐云：「《雜記》曰：『女子許嫁，笄而字，雖未許嫁，年二十而笄，禮之，婦人執其禮。』此敖氏之所本也，然先儒之論二笄禮則異是。賀氏瑒謂許嫁者，主婦爲之著笄，女賓以醴禮之；未許嫁而笄，婦人禮之，無女賓。賈疏謂未許嫁而笄，無主婦、女賓，使婦人而已；又謂許嫁者用醴禮之，未許嫁者當用酒醮之。朱子謂許嫁而笄，主婦當戒外姻爲女賓，使之著笄而遂禮之；未許嫁者，則不戒女賓，而自以家之諸婦行笄禮。諸説皆用鄭義。鄭注此節云：『使主婦、女賓執其禮。』《雜記》云『言婦人執其禮，明非許嫁之笄』，蓋以『禮之婦人執其禮』七字爲指未許嫁者言，而敖則通上許嫁者爲一義，此其所以異也。詳《雜記》文，敖説亦不爲無理，特其所謂未許嫁笄而不字者，後許嫁，將復笄而字之乎？抑字而不復笄乎？敖意似謂古女子皆二十笄而後許嫁，許嫁復笄而字，又與記文不合，是則可疑矣。或曰：二笄禮同，笄而字亦同，惟有字而稱與不稱爲異耳。」韋氏協夢云：「笄女之禮與冠子略同。冠子若不醴，則醮用酒；女子之笄亦可以醴，與酒擇用之矣。疏謂女子未許嫁而笄者始用酒，意雖别之於已許嫁者，而不知其説之非也。蓋已許嫁與未許嫁，皆以醴飲之，以笄加之，特有稱字、不稱字之分耳。」**祖廟未毁，教于公宫三月；若祖廟已毁，則教于宗室。** 祖廟，女高祖爲君者之廟也。以有緦麻之親，就尊者之宫，教以婦德、婦言、婦容、婦功。宗室，大宗之家。【疏】正義曰：敖氏云：「此據士族之貴者言也。祖，女所自出之君也。祖，國君五廟，大祖之廟不毁，其餘先君若過高祖，則毁其廟而遷之。未毁者，以其猶在今君四親廟之中也。其與君共大祖者，若大祖去今君五世，廟雖不毁，其禮亦與既毁者同。祖廟未毁而教於公宫，統於祖也；祖廟毁而教於宗室，統於宗也。」注云「以有緦麻之親」者，賈疏云：「共承高祖，是四世緦麻之親。若三世共曾祖者，是小功之親。共祖，是大功之親。共禰廟，是齊衰之親。則皆教於公宫。今直言緦麻者，舉最疏而言。」云「教以婦德、婦言、婦容、婦功」者，《昏義》文，鄭彼注：「婦德，貞順也。婦言，辭令也。婦容，婉娩也。婦功，絲麻也。」云「大宗之家」者，《昏義》孔疏云：「大宗、小宗之家悉得教之，與大宗近者於大宗，與大宗遠者於小宗。」此説不若賈疏云：「不於小宗者，小宗卑故也。」若謂與國君絶服者教於大宗之家，與大宗絶服者教於小宗之家。❶設有繼高祖之宗而與大宗絶服者，將於何教乎？教於大宗則已遠，教於己室是無統矣。此則孔説所不通也。褚氏寅亮云：「異姓亦有宗子之室，於彼教之。」

右記笄女教女之事

問名。主人受鴈，還，西面對，賓受命乃降。受鴈於兩楹間，南面，還於阼階上，對賓以女名。

【疏】正義曰：敖氏云：「問名之儀，主人以賓升，西面；賓升自西階，東面。問名，主人阼階上北面再拜，進受鴈於楹間，❷還於阼階上，西面。賓亦還於西階上，❸東面。主人對，賓受命，乃俱降也。」吴氏廷華云：「致命皆當阿，此時當亦如之。當阿，亦階上地，但入堂深耳。」

右記問名對賓之節

祭醴，始扱一祭，又扱再祭。賓右取脯，左奉之，乃歸執以反命。反命，謂使者問名、納吉、納徵、請期，還報於壻父。【疏】正義曰：凡祭醴之法皆如此。其記於此者，以問名諸禮皆醴賓故也。吴氏

❶「與」，原脱，今據《儀禮集編》補。
❷「鴈」，原脱，今據《儀禮集説》補。
❸「上」，原脱，今據《儀禮集説》補。

廷華云：「經『醴賓以柶，祭醴三』，此祭醴當指賓言，況下明言賓取脯，又言反命，其爲賓之祭醴甚明。賈疏以贊醴婦言之，謬矣！ 至所謂『又扱再祭』者，據《廣韻》『再，仍也』，謂仍如始祭扱之，以至於三也。賈謂再祭分爲二祭，非也。」

右記祭醴法

納徵。執皮，攝之，内文，兼執足，左首。隨入，西上，參分庭一在南。 攝，猶辟也。兼執足者，左手執前兩足，右手執後兩足。左首，象生。《曲禮》曰：「執禽者左首。」隨入，爲門中阸狹。西上，中庭位併。【疏】正義曰：敖氏云：「先儒讀攝爲摺，則訓疊也。今人屈物而疊之謂之摺。執皮攝之者，中屈其皮，疊而執之也。内文，兼執足攝之之法也。文，獸毛之文也。内文者，事未至也。左首，爲西上也。云『隨入』者，以其並設，嫌亦並行也。西上，統於賓也。參分庭一在南者，參分庭深，而所立之處當其參分之一，故二分在北，一分在南也。此設皮之位亦當在西方。」 注云「左首，象生」者，褚氏寅亮云：「注是也。非以西上故也，故《聘禮》則右首矣。」盛氏世佐云：「攝皮之位説見《聘禮》。敖云在西方，非是。」云「隨入，爲門中阸狹」者，賈疏云：「《匠人》云：❶『廟門容大扃七個。』注：『大扃，牛鼎之扃，長三尺。每扃爲一個，七個二丈一尺。』彼天子廟門，此士之廟門，降殺甚小，故云『門中阸狹』，隨入得並也。」**賓致命，釋**

❶「匠」，原作「近」，今據《儀禮注疏》改。

外足見文。主人受幣，士受皮者，自東出于後，自左受，遂坐攝皮，逆退，適東壁。賓致命，主人受幣，庭實所用爲節。士，謂若中士、下士不命者，以主人爲官長也。自，由也。【疏】正義曰：敖氏云：「釋外足見文，所謂張皮也。見文者，事已至也。皮以文爲美，故當授受之節宜示之，他時則否。士謂主人之私臣，非指有爵者言也。自東，自門東而來也。士之私臣，其位在門東北面，後與左，皆據執皮者言也。受者居客之左，便其先執前，乃執後也。《聘禮》曰：『賓出，當之坐，攝之。』逆退在東者，先退由便也。此記與《聘禮》互見，當參考。」注云「賓致命，主人受幣，庭實所用爲節」者，賓堂上致命時執皮者庭中釋皮，外足見文。主人堂上受命時，主人屬吏受皮者自東方出執皮者之後，至其左，北面受之也。云「若中士、下士不命者，以主人爲官長」者，韋氏協夢云：「士謂主人之私臣及府史、胥、徒之屬。注以中士、下士當之，固非；而敖氏專指私臣言，亦未備。」

右記納徵庭實之節

父醴女而俟迎者，母南面于房外。女既次純衣，父醴之於房中。南面，蓋母薦焉，重昏禮也。女奠爵於薦東，立於位而俟壻。壻至，父出，使擯者請事；母出南面房外，示親授壻，且當戒女也。【疏】正義曰：注云「蓋母薦焉」者，賈疏云：「舅姑共饗婦，姑薦脯醢，故知父母醴女，亦母薦脯醢。」云「奠爵於薦東」者，《士冠》禮子與醮子及此篇醴賓、禮婦，皆奠爵於薦東，明此亦奠爵薦東也。**女出于母左，父西面戒之，必有正焉，若衣、若笄。母戒諸西階上，不降。**必有正焉者，以託戒，使不忘。【疏】正義曰：

「不」，敖氏、《集釋》作「勿」。○賈疏云：「母出房户西，南面，女出房西行，故云『出于母左』；父在阼階上，西面，故因而戒之。母戒諸西階上者，母初立房西，女出房，母行至西階上，乃戒之也。」注云「必有正焉」者，盛氏世佐云：「以物爲憑曰正。母施衿結帨，庶母施鞶，皆謂以物與之，則此衣若笄，亦父戒時予女，使服之，識而弗忘也。」

右記父母授女

婦乘以几，從者二人坐持几相對。持几者，重慎之。【疏】正義曰：賈疏云：「王后則履石，大夫、諸侯亦應有物履之，但無文。今人猶用臺。」盛氏世佐云：「從者二人，蓋夫家之從者。跪而持之者，几卑故也。相對，各持其几之一端也。」

右記婦升車法

婦入寢門，贊者徹尊冪，酌玄酒，三屬于尊，棄餘水于堂下階間，加勺。屬，注也。玄酒，涚水貴新；昏禮又貴新，故事至乃取之，三注於尊中。【疏】正義曰：敖氏曰：「云酌，則以勺也。棄餘水者，不欲人褻用之也。徹冪加勺，兼指二尊而言。」吴氏廷華云：「《周禮·酒正》疏云：『若五齊加明水，三酒加玄酒，爲十六尊。』蓋以五齊各有一明水之尊，三酒各有一玄酒之尊也。《司尊彝》疏云：『雞彝盛明水，鳥彝盛鬱鬯。五齊、三酒并配尊，則尊有十八。』是以《酒正》疏十六尊，又增出玄酒、鬱鬯二尊，爲十八尊也。十八尊中正尊與配尊各九，即此疏配尊等説也。案：《郊特牲》只有『齊加明水』，無三酒加玄酒之文。涚，所謂加明水，不過如《禮運》所謂『玄酒在室』、『醴醆在户』。❶蓋於五齊之外别加一明水之尊，非謂五齊各有一明水之尊也。又據彼文云『明水涚之』，似五齊各有一明水以涚之，不知五齊雖有異同，而明水則一，何必分而爲五？且據《司尊彝》疏『鬱鬯用五齊，五齊用三酒，三酒用水』，此蓋爲涚清涚醆言之。如其説，亦止三酒用水，與鬱鬯五齊何涉？此賈疏復舉以爲説，謬矣。」

右記注玄酒之節

笲，緇被纁裏，加于橋。舅荅拜，宰徹笲。被，表也。笲有衣者，婦見舅姑，以飾爲敬。橋，所以庪笲，其制未聞。今文「橋」爲「鎬」。【疏】正義曰：盛氏世佐云：「橋制，漢時已不可考，無論後世。聶《圖》云：『舊圖云：讀如橋舉之橋，以木爲之，似今之步案，高五尺，下跗午貫，舉笲處亦午爲之。此則漢法也。』郝氏曰：『橋，笲蓋曲起如橋，以被覆其上，奉以進。《曲禮》：奉席如橋衡。《聘禮》：勞以二竹簠方，玄被纁裏，有蓋，其實棗栗。與此同。』二説不同，請以經文折之。經云『加于橋』，則所以庪笲也，當從注。云笲蓋者，非也。字从木，則以木爲之，當從圖。命名之義，或取其狀相似，則如橋之説亦未可盡廢，特其所稱橋衡之義亦與鄭異。鄭注《曲禮》云：『橋，井上㮏槔。』」注云「今文『橋』爲『鎬』」者，胡氏承珙云：「《説文》：

❶「室」，原作「堂」，今據阮刻《禮記注疏》改。

『橋，水梁也。』橋之本義爲橋梁。古者井上桔槔亦名橋，《曲禮》『奉席如橋衡』是也。此橋所以庪笄，鄭雖云『其制未聞』，然作『橋』於義爲近。若鎬爲皿器，與此無涉，故不從古文。」

右記笄飾及受笄之節

婦席薦饌于房。醴婦、饗婦之席薦也。【疏】正義曰：賈疏云：「醴婦時惟席與薦，無俎；其饗婦非直有席薦，並有俎。俎則不饌於房，從鼎升於俎，入設於席前。今據醴婦時同有席與薦饌於房中者言也。」盛氏世佐曰：「經但云『席于户牖間』，而不見席未設時所陳處；但云『側尊甒醴于房中』，而不見薦所陳處，故記之。薦，謂脯醢也。冠禮筵在南，尊在北，籩豆次尊，南上。此宜亦如之。未設時，先饌于房；及其設之，則席在舅姑寢堂上客位，脯醢設於席前，饗婦之位同，注説是也。」**饗婦，姑薦焉。**舅姑共饗婦，舅獻爵，姑薦脯醢。【疏】正義曰：賈疏云：「經直云舅姑共饗婦以一獻之禮，不言姑薦，故記之。」**婦洗在北堂，直室東隅，篚在東，北面盥。**洗在北堂，所謂北洗。北堂，房中半以北。洗南北直室東隅，東西直房户與隅間。【疏】正義曰：賈疏云：「房與室相連爲之，房無北壁，故得北堂之名。知房無北户者，見上文『尊于房户之東』，房有南户矣。《燕禮》、《大射》皆云羞膳者升自北階，立于房中，不言入房，是無北壁而無户，是以得設洗直室東隅也。」敖氏云：「室之東隅有二，云『在北堂』，故無嫌於南。篚盛爵、觶，爲婦酢姑酬也。庭中設洗，水在洗東，篚在洗西。此篚在洗東，則水在洗西矣。盥，爲將洗爵以酬舅也，無嫌於不洗，故惟以盥見之。此洗，内洗也，亦曰北洗。凡其設之與盥者之位，皆如此。記主爲婦禮發之，故惟云婦洗。」盛氏世佐曰：「古宫廟之制，楊氏《儀禮旁通圖》最分明，惟北堂之説略焉。今以禮家言，推大夫、士屋皆兩下五架，正中曰棟，棟南兩架爲楣、爲庪，皆堂也。棟北兩架，西爲室，東爲房。室與房之南皆有壁、有户、有牖，室北有牆，謂之北墉。房北無牆，故名其半以北曰北堂，婦洗設於此。云『直室東隅』者，明其在房之西偏也。謂天子、諸侯有左右房，大夫、士惟有東房西室者，此鄭義也。陳氏祥道謂大夫、士之房室與天子、諸侯相同，非也。」**婦酢舅，更爵，自薦。**更爵，男女不相因也。【疏】正義曰：更爵者，不敢用舅獻己之爵，爲己飲而褻也。自薦者，爲姑親薦己，故不敢使人薦舅，行禮欲其稱也。**不敢辭洗，舅降則辟于房，不敢拜洗。**不敢與尊者爲禮。【疏】正義曰：此謂舅將獻婦之時也。舅降，謂降洗也。婦辟于房者，既不從降，又不敢安於堂上，故宜辟也。張氏爾岐云：「辭洗、拜洗，賓主敵者之禮，婦於舅則不敢也。」**凡婦人相饗無降。**姑饗婦人送者於房，無降者，以北洗、篚在上。【疏】正義曰：敖氏云：「此謂姑饗婦人送者，與舅没而姑存饗婦者也，故以『凡』言之。言婦人相饗無降，明男女相饗則有降者，如上記所謂舅降是也。」

右記醴婦饗婦饌具儀節

婦入三月，然後祭行。入夫之室三月之後，於祭乃行，謂助祭也。【疏】正義曰：程氏瑶田云：「助祭自兼適婦、庶婦言，賈疏惟指適婦，未備。若三月廟見，則惟適婦以廟見奠菜象盥饋，庶婦不饋，則亦不奠菜也。」韋氏協夢云：「祭謂四時常祭，祭行謂至是遇有祭事，❶婦乃行也。若然，則三月之前雖有祭事，婦亦不行與？❷不行者，未成婦也。」盛氏世佐云：「《特牲》、《少牢禮》婦人助祭者，内賓、宗婦皆與，此不專指適婦。若謂助夫祭爲主婦，必舅姑既没，或『老而傳』者乃得謂之。❸舅在無姑，仍不得爲主婦也。」「敖氏知此禮該舅姑之存没，而不兼庶婦言，亦未爲備。」

右記婦助祭之期

庶婦則使人醮之，婦不饋。庶婦，庶子之婦也。使人醮之，不饗也。酒不酬酢曰醮，亦有脯醢。適婦，酌之以醴，尊之；庶婦，酌之以酒，卑之，其儀則同。不饋者，共養統於適也。【疏】正義曰：褚氏寅亮云：「醴適婦與醴適子同，則醮庶婦與醮庶子位在房外南面矣。敖氏疑此席亦在户間，非也。」張氏爾岐云：「亦昏之明日，婦見舅姑時，因使人醮之於房外之西，如醴婦之儀。婦不饋，則舅姑亦不饗也。」盛氏世佐云：「或疑醮禮亦行於見舅姑之日。斯時房外之位，姑實在焉，豈庶婦見舅姑其位亦異於適歟？曰：非也。上文贊醴婦時，舅姑尚在阼與房外之位。醴畢乃入室，若親醴之然，所以尊適也。此云『使人醮之』，則

❶「事」，原作「祀」，今據《儀禮蠡測》改。
❷「與」，原脱，今據《儀禮蠡測》補。
❸「謂」，原作「爲」，今據《儀禮集編》改。

舅姑早入於室矣，無妨席於房外也。人亦室老也，舅姑不在其位，故不云贊。」注云「酒不酬酢曰醮」者，亦如庶子醮然。知亦有脯醢者，以饗婦、醮子皆有脯醢也。云「其儀則同」者，適婦用醴於客位，東面拜受醴，贊者北面拜送。今庶婦雖於房外之西者，亦東面拜受；醮者，亦北面拜送也。

右記庶婦禮之不同於適婦者

昏辭曰：「吾子有惠，貺室某也。」昏辭，擯者請事告之辭。吾子，謂女父也。稱「有惠」，明下達。貺，賜也。室，猶妻也。「子謂公冶長：『可妻也。』」某，壻名。【疏】正義曰：賈疏云：壻家舊已有辭，女家見許，故今得言貺室。若然，則納采之前固有行媒，以合二姓之好矣！經不具者，以不在六禮之内也。**某有先人之禮，使某也請納采。**某，壻父名也。某也，使名也。【疏】正義曰：「使」下，敖氏有「者」字。❶○案：行禮而推本於先人，示不敢自爲主也。**對曰：「某之子惷愚，又弗能教。吾子命之，某不敢辭。」**對曰者，擯出納賓之辭。某，女父名也。吾子，謂使者。今文「弗」爲「不」，無「能」字。【疏】正義曰：徐本、《集釋》、《通解》俱作「今文弗爲不」者，胡氏承珙云：「下文納吉對曰：『某之子不教。』蓋至納吉，則事已定而情彌親，故其辭徑遂；此納采，則禮初行而情未愜，故其辭微婉耳。」**致命曰：「敢納采。」**【疏】正義曰：賈疏云：「此使者升堂致命於主人辭，亦當有主人對辭，如納徵。不言之者，文不具也。」敖氏云：「此不

❶「者」，原作「此」，今據《儀禮集説》改。

言對，則是主人惟拜而已。」

右納采之辭

問名曰：「某既受命，將加諸卜，敢請女爲誰氏？」某，使者名也。誰氏者，謙也，不必其主人之女。【疏】正義曰：某，壻父名。言壻父既受主人之命，將加之於卜，敢請女爲誰氏也。注以某爲使者名，加卜豈使者事乎？盛氏世佐云：「古人有姓有氏，姓如姬、姜之類，氏如叔孫、季孫之類。男子惟稱氏，婦人恒稱姓。《記》云『幼名，冠字，五十以伯仲』，男子之禮也。婦人既笄之後，即以伯仲爲字而稱之，皆與男子異，故以姓配伯仲，婦人之通稱。間有以姓配氏者，如欒黶之妻曰欒祁、東郭偃之姊曰東郭姜之類。❶蓋傳者以此相別耳，非常稱也。婦人之氏有二種，而姓氏之氏不與焉：一則以姓爲氏，如曰姬氏、姜氏是也；一則以字爲氏，如《詩》所稱戴嬀、大任皆曰仲氏是也。上云『某氏來婦』，某，姓也；此云『女爲誰氏』，誰，字也。禮本問名，辭乃問字者，使者不敢斥言，主人則直告以女名矣。若女之姓氏於媒氏傳言時已知之，何必問邪？注誤以問名爲問姓，嫌於知而復問，故以謙不必其主人之女解之，非也。❷疏家主於護注，遂創爲名有二種之説。此皆泥於婦人不以名行之故耳。夫不以名行者，特以婦人無外事，故名不聞於人，非謂有

❶「東」，原脱，「姊」，原作「妻」，今據《儀禮集編》改。
❷「非」，《儀禮集編》作「真曲説」。

名而不稱也。昭二十七年《左傳》云：『請以重見。』是婦人稱名之例矣。《周禮·媒氏》云：『凡男女自成名以上，皆書歲月日名焉。』記云：『男女非有行媒，不相知名。』然則女子未字以前，其名不出於梱，惟媒氏知之，而男家則猶待也。姜氏亦知注疏之誤，而其説以問名爲問字，亦未爲得；又不駁注『不必其主人之女』云，即收養爲己女亦當姓主人之姓，豈有養女仍以本姓姓之而待請其姓？此尤非也。男女辨姓，收養之女不必不以本姓姓之。不知其姓，當以實告男家而使卜之，如『買妾不知其姓，則卜之』之例，豈得冒己之姓而或犯同姓爲昏之厲禁哉？然其告之也，亦當於媒氏傳言之時，不待納采後尚煩男家之問。此注説所以難通也。《昏義》孔疏云：❶『問名者，問其女之所生母之姓名；云「爲誰氏」，言女之母何姓氏也。』亦非。問女名，將以卜之也。問女母之姓名何爲哉？又案：此辭及下文『吾子有命』以下至『某不敢辭』，皆賓在廟門外與擯者對荅之辭，即經所謂『擯者出請』。賓執鴈，請問名，主人許』者也。賓致命於堂，當曰敢問名，主人則直以女名對之，即上記所謂『主人受鴈，還，西面對』者也。疏以此爲致命之辭，張氏謂告擯者之辭當亦不異，今皆不取。敖説近是，而謂致命亦當云敢請女爲誰氏，恐非也。不敢斥言而云誰氏者，使者之辭。直云問名者，壻父之命，自納采以至請期，致命之辭俱相似，故記於納采、納徵見其例，而餘則略之。」**對曰：「吾子有命，且以備數而擇之，某不敢辭。」**卒曰某氏，不記之者，明爲主人之女。【疏】正義曰：命，謂問女名也。備數而擇之，若曰不專采己女然，謙也。褚氏寅亮云：「賓之辭，若不必爲主人之女；主人之辭，若猶

❶「昏」上，《儀禮集編》有「若」字。

有他姓與男氏議昏者：無其事而設其辭，皆謙退，不敢質言也。」注云「不記之者，明爲主人之女」者，言主人雖對以己女之氏，而記者以其可知而不記耳！

右問名之辭

醴曰：「子爲事，故至于某之室。某有先人之禮，請醴從者。」言從者，謙不敢斥也。今文「於」爲「于」。【疏】正義曰：注云「今文『於』爲『于』」者，❶胡氏承珙云：「《説文》：『于，於也。象氣之舒。』段氏玉裁云：『於者，古文烏也。』『烏』下云：❷『孔子曰：烏亏呼也。取其助氣，故以爲烏呼。』然則以『於』釋『于』，亦取其助氣。《釋詁》、《毛傳》亦云：『于，於也。』凡《詩》、《書》用『于』字，凡《論語》用『於』字，蓋『于』、『於』二字在周時爲古今字，故《釋詁》、《毛傳》以今字釋古字也。此字蓋古文之後出者，此字既出，則又『于』、『於』爲古今字。凡經多用『于』，凡傳多用『於』。鄭於《昏禮》、《大射儀》從古文作『於』，《既夕·記》又從古文作『于』者，正欲見古文二字已通用耳。」**對曰：「某既得將事矣，敢辭。」**將，行。【疏】正義曰：禮辭也。**「先人之禮，敢固以請。」**主人辭。固，如故。【疏】正義曰：此及下主人又請之之辭，言先人，見不可辭。固，請之堅也。**「某辭不得命，敢不從也。」**賓辭也。不得命者，不得辭己之命。【疏】正義曰：

❶ 「注云今文於爲于者」，原在「胡氏承珙云」之下，今據《儀禮古今文疏義》內容及《儀禮正義》體例改。

❷ 「烏」，原作「於」，今據《儀禮古今文疏義》改。

徐、陳、《集釋》、《通解》、楊、敖「辭己之命」，「辭」俱作「許」。○此及下，使者又荅也。敖氏云：「此皆擯者傳賓主之辭，即經所謂『請醴賓，賓禮辭，許』者也。」

右醴賓之辭

納吉曰：「吾子有貺命，某加諸卜。占曰吉，使某也敢告。」貺，賜也。賜命，謂許以女名也。某，壻父名。【疏】正義曰：盛氏世佐云：「賈疏於『貺』字絶句，非。」對曰：「某之子不教，惟恐弗堪。子有吉，我與在，某不敢辭。」與，猶兼也。古文「與」爲「豫」。【疏】正義曰：賈疏云：「我與在，以其夫婦一體，夫既得吉，婦吉可知，故云我兼在占吉中也。」注云「古文『與』爲『豫』」者，胡氏承珙云：「與，正字；豫，古文假借字。」

右納吉之辭

納徵曰：「吾子有嘉命，貺室某也。某有先人之禮，儷皮束帛，使某也請納徵。」致命曰：「某敢納徵。」對曰：「吾子順先典，貺某重禮。某不敢辭，敢不承命。」典，常也，法也。【疏】正義曰：儷皮束帛，所謂「先人之禮」也。納采之屬，不言行禮物者，鴈特執以將命，非幣帛之可比也。盛氏世佐云：「致命之辭，❶宜在『敢不承命』之後。『對曰吾子順先典』云云，當在『致命曰某敢納徵』之上。」

右納徵之辭

請期曰：「吾子有賜命，某既申受命矣。惟是三族之不虞，使某也請吉日。」三族，謂父昆弟、己昆弟、子昆弟。虞，度也。不億度，謂卒有死喪，此三族者，己及子皆爲服期，❷期服則踰年，欲及今之吉也。《雜記》曰：「大功之末，可以冠子、嫁子。」【疏】正義曰：申受命者，自納采以來每度受命也。王氏引之云：「卒有死喪不測之患，則不得嫁娶矣，何以請吉日？若豫料將來，則又與『惟是』之文不合。案：不，無也。虞，憂也。無憂，謂無死喪也。三族無死喪，則可行嘉禮，故惟用此三族無虞之時請吉日也。此與《萃》象傳之『戒不虞』、❸《左傳》之『備其不虞』異訓。彼謂不億度，此謂無憂患也。」**對曰：「某既前受命矣，惟命是聽。」**前受命者，申前事也。【疏】正義曰：張氏爾岐云：「主人以期當自壻家來，故辭之。」**曰：「某命某聽命于吾子。」**曰某，壻父名也。**對曰：「某固惟命是聽。」使者曰：「某使某受命，吾子不許，某敢不告期？」曰某日。**某，吉日之甲乙。【疏】正義曰：使者來時本受吉期於壻父，初執謙以請

❶「致」上，《儀禮集編》有「敖氏曰」三字。

❷「爲」，原作「謂」，今據《儀禮注疏》改。

❸「不」，原脱，今據《經義述聞》補。

之，此乃因其固辭而告之也。**對曰：「某敢不敬須？」**須，待也。【疏】正義曰：盛氏世佐曰：「此節，張氏謂皆賓與主人面相往復之詞。敖氏則以『吾子有賜命』以下至『某敢不告期』爲擯者所傳，❶『曰某日』以下方屬堂上往復之辭。二説俱未安。謂皆堂上致命之辭，則失卻擯者傳言一段；如敖氏説，又未免割裂之病。蓋此辭皆使者在門外與擯者所往復者也。其致命於堂，當曰『敢請期』，而主人亦惟拜命而已。不於堂告期者，以在門外已告也。仍曰請期者，以壻父之命本欲使者請女氏示期，所謂『某命某聽命於吾子』也。若於堂上直告之曰某日，豈得爲致命乎？故以吉日私告擯者而致命，仍曰『敢請期』，斯於情文兩得矣。不記之者，如上文納吉辭之例也。又案：昏辭，凡使者稱吾子皆謂女父也，擯者稱吾子皆謂壻父也。注以擯辭之吾子爲指使者，其餘尚可强通；納徵對曰『吾子順先典』，則不可通矣。使者明云某有先人之禮，而對辭乃謂使者順先典，是以重禮之貺爲出於使者矣，其可乎？或疑向使者不合稱壻父爲吾子，然使者之稱吾子亦非面女父之辭也。況壻父是使命所自出，女家顧無一辭及之，豈理也哉？❷惟醴辭曰：子爲事故之子，指使者言。納吉對曰『子有吉』，亦指使者，而意則不專指使者，猶下言『我與在』，雖爲擯者自我而意亦不專擯者也。何以知擯者自我也？凡擯者稱女父皆稱其名，此不云某而云我，則非指女父矣。何以不稱『吾子有吉，某與在』也？吉不專在壻、女之父也，二姓之人皆在吉中，而使與擯周旋其間，樂其事之有成

❶「不」，原脱，今據《儀禮集編》補。
❷「理」，原作「禮」，今據《儀禮集編》改。

者，亦與有榮焉。曰子、曰我，舉情之疏者，而戚者可知也。問名曰『某既受命，將加諸卜』，注以以某爲使者名，亦非也。此與『某加諸卜』、『某既申受命矣』兩處語意相似，『某』字皆當指壻父名。時雖未反命而使者已受命，即如壻父親受命矣。『將加諸卜』，不可謂使者卜也。一使兼行二禮，皆出自壻父之命，故辭必稟之。『某敢納徵』之『某』亦當指壻父名，以此是致壻父之命也。」

右請期之辭

凡使者歸，反命曰：「某既得將事矣，敢以禮告。」主人曰：「聞命矣。」告禮所執脯。【疏】正義曰：《通典》無「告」字。玩賈疏意，似亦無「告」字。○張氏爾岐云：「凡者，五禮使者皆然。」注云「告禮所執脯」者，盛氏世佐云：「上記云『賓右取脯，左奉之，乃歸執以反命』，則知此禮是謂所執脯矣。蓋以己之得禮，明不辱命也。至其在女家交際之儀、酬荅之辭，自當一一述於主人，而記者則不及詳。敖氏謂禮即女家所受納采、問名之類，不若注説之安也。」

右使者反命之辭

父醮子。子，壻也。【疏】正義曰：男言醮，女言醴，互文也。取婦以承祭，故重其禮，亦應在廟，與醴女同。賈疏以不言神位，故知其不在寢，未免穿鑿。命之辭曰：「往迎爾相，承我宗事。」相，助也。宗事，宗廟之事。【疏】正義曰：爾相，謂婦也。《祭統·記》國君取夫人之辭，而曰「此求助之本」，故謂婦爲相。承我宗事，即《昏義》所云「上以事宗廟，而下以繼後世」也。**勖帥以敬，先妣之嗣，若則有常。**」勖，勉也。若，猶女也。勉帥婦道以敬其爲先妣之嗣，女之行則當有常，深戒之。《詩》云：「大姒嗣徽音。」【疏】正義曰：張淳云：「《釋文》作『帥道』，當云『勉帥道婦』。」張氏之説是也。帥之訓道，上文已具，故此不復言，但疊「帥道」二字以見義。○張氏爾岐云：「當四字爲句，事、嗣叶，相、常首尾叶。」敖氏讀「勖帥以敬」爲句，「先妣之嗣」爲句，言：「女當勉帥之以敬，彼能敬則盡婦道，而可以嗣續我先妣之事矣。」王氏引之曰：「敖説是矣而未盡也。之，是也。言當勉帥以敬，惟先妣是嗣也。《大雅·江漢》篇『召公是似』文義與此同。❶傳曰：『似，嗣也。』經文以『事』、『嗣』爲韻，『若則有常』句不入韻。《士冠禮》醴辭：『禮儀既備，令月吉日。昭告爾字，爰字孔嘉。髦士攸宜，宜之于假。永受保之。』『備』字爲韻，『嘉』、『宜』爲韻，末二句不入韻，是其例也。顧氏《詩本音》謂『相』、『常』爲韻，非是。」**子曰：「諾，惟恐弗堪，不敢忘命。」**【疏】正義曰：敖氏云：「堪，任也。惟恐不任帥以敬之事，蓋謙恭之辭。子既對，乃拜受觶。」

右父醮子辭

賓至，擯者請，對曰：「吾子命某，以茲初昏，使某將，請承命。」賓，壻也。「命某」，「某」，壻父名。茲，此也。將，行也。使某行昏禮來迎。【疏】正義曰：吾子，謂女父。某，壻父也。命，上「敢不敬須」之

❶ 「江」，原作「河」，今據《經義述聞》改。

命也。親迎而曰承命，立言之法也。**對曰：「某固敬具以須。」**【疏】正義曰：承上請期荅辭，故曰固。

右親迎至門告擯者辭

父送女，命之曰：「戒之敬之，夙夜毋違命。」夙，早也。早起夜卧。命，舅姑之教命。古文「毋」爲「無」。【疏】正義曰：「毋」，陳、閩、監本俱誤作「母」。凡他篇「毋」字，此本亦有誤作「母」者，可以義求之。○張氏爾岐云：「即記云『父西面戒之，必有正焉』之辭。」盛氏世佐云：「賈疏云：『父戒之，使無違舅命；母戒之，使無違姑命。故父云命，母云戒。』此注有『姑』字者，傳寫誤也。下文『宫事』，謂姑命婦之事。此說似泥。命，謂舅姑之命，注中『姑』字非衍也。宫事，謂凡宫中之事，不可違夫命也。《孟子》載母戒女辭曰『無違夫子』，與此記互相發矣。」❶

母施衿結帨，曰：「勉之敬之，夙夜無違宫事。」帨，佩巾。【疏】正義曰：張氏爾岐云：「即前記也。」注云「古文『毋』爲『無』」者，賈疏謂《說文》毋爲禁辭，故從今文「毋」爲正云『母戒諸西階上』之辭。衿，衣小帶，一云衣領。」盛氏世佐云：「衿，注疏無明文。《内則》注：『衿，猶結也。』又與此義不合。張說蓋用《說文注》及《詩傳》。《漢書注》應劭曰：『衿，帶也。』竊疑此說於此義稍近，蓋施帶於身而結巾於帶，❷以爲識也。」**庶母及門内，施鞶，申之以父母之命，命之曰：「敬恭聽，宗**

❶「與」上，《儀禮集編》有「甚」字。

❷「蓋」，原作「而」，今據《儀禮集編》改。

爾父母之言。夙夜無愆，視諸衿鞶！」庶母，父之妾也。鞶，鞶囊也。男鞶革，女鞶絲，所以盛帨巾之屬，爲謹敬。申，重也。宗，尊也。愆，過也。諸，之也。示之以衿鞶者，皆託戒使識之也。不示之以衣、笄者，尊者之戒，不嫌忘之。「視」乃正字，今文作「示」，俗誤行之。【疏】正義曰：門内，廟門之内也。庶母位在下，故送之及門内。張氏爾岐云：「鞶，大帶。其訓囊者，从糸不从革。視諸衿鞶者，教以見衿鞶，即憶父母之言也。」盛氏世佐云：「以鞶爲囊者，鄭義也。杜注《左傳》，以爲紳帶，一名大帶。賈、服皆與杜同。《説文》亦云：『大帶也。』孔疏每曲鄭而直杜，以《易·訟》之『上九，或錫之鞶帶』，知鞶即帶也。《左傳疏》又以《内則》『縏袠』之縏亦當爲帶，然『縏』字从糸，『鞶』字从革，則一爲囊，一爲帶，自屬兩義。張説近得其實。上文母施衿，愚既以帶解之矣。此鞶又爲帶者，丈夫之帶有二：一爲大帶，以束衣；一爲革帶，以佩韍玉之等。婦帶應如之。鞶爲大帶，則衿猶丈夫之革帶歟？知衿非衣小帶者，小帶散在於衣，非總束其身，且非所用以佩物也。凡佩繫於革帶，故施衿則結帨以爲之佩。抑猶有疑焉者，《玉藻》論大帶之制，自天子以至於士，皆以絲爲之。而《内則》云『男鞶革，女鞶絲』，是杜意爲不可通矣。意者，《内則》之『鞶』當作『縏』，所謂『小囊盛帨巾者』也。《易》與《春秋傳》之『鞶』則如字，而爲大帶之别名，與《内則》所論男女幼小時飾，《易》、《春秋傳》所陳命服之飾，其指不同也。或曰：此記之鞶，鄭義亦可通。蓋母爲之結帨，而庶母施囊以盛之也。鞶與縏古通用。」　注云「『視』乃正字，今文作『示』，俗誤行之」者，胡氏承珙云：「賈疏云：『《曲禮》云：幼子常視毋誑。注云：視，今之示字。彼注破从示，此注以視爲正字、以示爲俗誤。不同者，但古文字少，故眼目視瞻與以物示人者皆作視字，故此注云視乃正字，今人作示，是俗人以今示解古視，故云誤也。

彼注云視，今之示字者，以今曉古，故舉今文示而言，兩注相兼乃具也。』承珙案：《小雅》：『視民不恌。』箋云：『視，今示字。』《曲禮》注云：『視，今之示字。』謂此『視』字即今人所用之『示』字。古人正作『視』，不作『示』耳。孔疏云：『鄭注經中視字者，是今之以物示人之示也。是舉今以辨古。』此説得之。賈疏謂《曲禮》注破『視』從『示』，非也。」

右父母送女戒命之辭

壻授綏，姆辭曰：「未教，不足與爲禮也。」❶姆，教人者。【疏】正義曰：經文十四字，唐石經、徐本、《集釋》、《通解》皆有。注四字，徐本、《集釋》、《通解》、楊氏皆有。今本經注俱脱。

右姆辭壻授綏之辭

宗子無父，母命之。親皆没，己躬命之。宗子者，適長子也。命之，命使者。母命之，在《春秋》「紀裂繻來逆女」是也。躬，猶親也。親命之，則「宋公使公孫壽來納幣」是也。言宗子無父，是有有父者。禮，七十老而傳，八十齊喪之事弗及。若是者，子代其父爲宗子。其取也，父命之。【疏】正義曰：張氏爾岐

❶「爲」，原脱，今據《續清經解》本補。

云：「此請期以上五禮皆命使者行，❶故言使命所出必自其父。若無父者，則母命之。母命之者，亦但命子之父兄、師友使之命使，不得稱母命以通使也。親皆没，不得已乃親命之，所以養廉遠恥也。」盛氏世佐云：「母命之者，母使子之諸父兄命五禮之使者，親迎則命其子，❷昏辭皆稱母所使出命者之名也。雖有諸父諸兄，不敢擅爲昏主，必待母命而後爲之，尊大宗也。母没，則族人無敢主其昏矣，故己躬命之。躬命之者，躬命五禮之使者；❸親迎則告之於禰，而其辭皆稱壻名也。《説苑》載諸侯親迎之辭，直稱某國寡小君使寡人云云，而嫁女之國亦女母夫人對，是婦人得與外事矣。又言諸侯以至士、庶人親迎皆用屨，或三兩、二兩，而以所加琮與束脩爲異。無用鴈者，亦與此經不合。蓋雜取諸書所成，未可盡信也。昏禮當使同姓主之。《公羊傳》云：『稱諸父兄、師友。』❹《説苑》載大夫、士昏辭亦曰：『某之父、某之師友。』師友異姓，而與父兄並稱，恐未安。」　注云「母命之，在《春秋》『紀裂繻來逆女』」者，隱二年經書「秋九月，紀裂繻來逆女」，《公羊傳》：「裂繻者何？紀大夫也。何以不稱使？昏禮不稱主人。」何休云：「爲養廉遠恥也。」又云：「然則曷稱？稱諸父兄、師友。宋公使公孫壽來納幣，則其稱主人何？辭窮也。辭窮者，無母也。」何注云：「禮有母，母當命諸父兄、師友，稱諸父兄、師友以行。宋公無母，莫使命之。辭窮，故自命之。自命之，則不得

❶「行」下，《儀禮鄭注句讀》有「之」字。
❷「則」下，原衍「使」字，今據《儀禮集編》删。
❸「躬命」，原作「親迎」，今據《續清經解》本改。
❹「兄」，原作「母」，今據《續清經解》本改。

不稱使。」又云：「然則紀有母乎？曰有。有則何以不稱母？母不通也。」何注云：「禮，婦人無外事，但得命諸父兄、師友，稱諸父兄、師友以行耳。母命不得達，故不得稱母通使，又所以遠別也。」服注亦云：「不稱主人，母命不通，故稱使。」褚氏寅亮云：「命與親迎，❶各不相蒙。《集説》言父没則無醮而命之之人，故不可親迎。固哉！《哀公問》：❷『諸侯當冕而親迎。』既繼世而爲諸侯，無父可知，而必親迎，則親迎豈以父存没而異？下記云『不親迎』，❸謂或有事故及疾，不得親迎之等，非必指父没者而言也。」**支子則稱其宗。**支子，庶昆弟也。稱其宗子命使者。【疏】正義曰：敖氏云：「支子，謂宗子之族人也。此指其無父母與親兄者言。宗亦大宗子也。『稱其宗子命使者』，宗子尊也。言稱其宗，則非宗子自命之矣。下文弟稱其兄亦然。此支子與《喪服傳》所云者不同。」盛氏世佐云：「此亦謂無父者。支子與庶子異，庶者對適而言，支者對宗而言。有庶子而爲宗者，如庶子爲父後者是也。有宗子而爲支者，如身是繼禰之宗，而父非適長，則於祖爲支矣；身是繼祖之宗，而祖非適長，則於曾祖爲支矣。推而上之，即至爲繼高祖之宗，而於大宗仍爲支子也。《曲禮》云：『支子不祭，祭必告於宗子。』以支子對宗子言，與此同。《喪服傳》所云者，非宗子之正解也。宗，五宗也，大宗一、小宗四。稱，謂昏辭所稱之名，如曰『某有先人之禮』之類是也。父在則某是父名，無父則是繼禰之宗子名；身繼禰則稱繼祖之宗，身繼祖則稱繼曾祖之宗。其他可類推矣。」**弟則稱其兄。**

❶「親迎」下，《儀禮管見》有「禮節」二字。
❷「哀」上，《儀禮管見》有「按」字。
❸「不」上，《儀禮管見》有「若」字。

弟，宗子之母弟。【疏】正義曰：此亦謂無父者。褚氏寅亮云：「注所以必指宗子母弟者，見所稱之兄非大宗子，則必小宗子也。假如宗子没，母弟之次者存，季弟行昏禮，亦不得稱次兄，何也？雖其兄而非宗子也，則仍從支子之例，而稱其繼祖之宗子。敖氏謂有兄則不稱宗子，尚親也。似失記者之意。」

右記使命所自出

若不親迎，則婦入三月，然後壻見。曰：「某以得爲外昏姻，請覿。」女氏稱昏，壻氏稱姻。覿，見也。【疏】正義曰：敖氏云：「親迎之時，主人迎壻以入，母立於房外，壻奠鴈而降，是亦見壻之父母矣。若不親迎，則壻須别見，故於此時爲之。必俟三月者，婦無舅姑者三月而廟見，故此壻行禮於婦家，亦以之爲節也。下文云：某之子未得濯溉于祭祀。然則此在廟見之後、祭行之前乎？」盛氏世佐云：「敖氏創爲無父者不親迎之説。據昭元年《左傳》楚公子圍娶婦事，❶曰『圍布几筵，告于莊、共之廟而來』，則無父者告於廟而後迎，禮也，豈以無所承命而廢鬼神陰陽之大典乎？隱二年，經書：『紀裂繻來逆女。』《公羊傳》曰：『譏始不親迎也。』莊二十四年，『公如齊逆女』。杜注云：『禮也。』《詩》曰：『韓侯迎止，于蹶之里。』冕而親迎，孔子以告哀公，是諸侯之迎且不以無父廢也，況大夫以下乎？敖氏之云，其爲臆説無疑矣。」注云「女氏稱昏，壻氏稱姻」者，《爾雅·釋親》文。所以别男女，則男稱昏、女稱姻者，義取壻昏時往娶，女則因之

❶「楚」上，《儀禮集編》有「載」字。「事」下，《儀禮集編》有「云請以衆迎又」六字。

而來。及其親，則女氏稱昏，壻氏稱姻，義取送女者昏時往男家，因得見之故也。**主人對曰：「某以得爲外昏姻之數，某之子未得濯溉于祭祀，是以未敢見。今吾子辱，請吾子之就宫，某將走見。」**主人，女父也。以白造緇曰辱。【疏】正義曰：「溉」，敖氏作「摡」。張氏云：「《釋文》云：『摡，古代反。』《少牢禮》『摡鼎、匕、俎』、『摡甑、甗、匕與敦』、『摡豆、籩、勺、爵、觚、觶』，字皆作『摡』。」今本《釋文》作「溉」。戴氏震曰：「《説文》：『摡，滌也。』『溉，灌注也。』二字各别。」此當爲「摡」。○敖氏曰：「濯，洗也。溉，拭也。濯溉於祭祀，謂祭祀則濯溉祭器，此非主婦之事，乃言某之子，亦謙辭也。」王氏引之云：「注疏不釋『數』字，《釋文》亦無音。案：數當音所角切。《爾雅》曰：『數，疾也。』數之言速也，驟也。《曾子問》：『不知其己之遲數。』鄭注：『數，讀爲速。』是也。言前此驟爲昏姻，其時未久，某之子尚未濯溉于祭祀，某是以未敢往見吾子也。」**對曰：「某以非他故，不足以辱命，請終賜見。」**非他故，彌親之辭。命，謂將走見之言。今文無「終賜」。【疏】正義曰：《通解》「他」作「它」，注同。○張氏爾岐云：「非他故，謂以非他人之故而未見。」案：非他，即《詩》「兄弟匪他」之義，親親之辭也。言某以至親，故不敢辱主人走見之命，請終賜見之。賈疏以「非他」二字連讀，非也。　注云「今文無『終賜』」者，此從古文有「終賜」者，蓋以辭謙爲得禮耳。**對曰：「某得以爲昏姻之故，不敢固辭，敢不從？」**不言外，亦彌親之辭。古文曰「外昏姻」。【疏】正義曰：此所謂禮辭也。得爲昏姻，則異于賓客，所以不敢固辭也。先辭其見而後不辭其摯，亦異於賓客。　注云「古文曰『外昏姻』」者，《校勘記》曰：「『以得』，唐石經、徐本、《通解》、楊氏、敖氏俱作『得以』。」《集釋》校云：「上言『某以得爲外昏姻之數』，以者，自以也。此乃云『某得以爲昏姻之故』，以者，指壻以之也。正與故字語氣相貫。今注疏本從敖氏説改經耳。」胡氏承珙云：「上言自以得爲昏姻之驟，故謙而言外；下言得其壻以我爲昏姻之故，故親而不復言外。邵晋涵謂上言『外昏姻』，此不宜異，非也。」**主人出門左，西面。壻入門，東面，奠摯，再拜，出。**出門，出内門。入門，入大門。出内門不出大門者，異於賓客也。壻見於寢。奠贄者，壻有子道，不敢授也。摯，雉也。【疏】正義曰：敖氏云：「『主人出門左，西面』，則近於門矣。此異於見賓客之位，蓋親之也。壻入門，亦入門左也。記似脱一『左』字。此賓主服玄端。」郝氏曰：「主人出，❶壻入門，皆大門也。主人以迎賓之禮出，壻不敢當，先入門，❷東面，奠摯，再拜，如父子禮，不敢親授也。主人不荅拜，示不敢受也。」盛氏世佐云：「見壻之異於見賓者，主人出門而左，不拜不揖入是已，不必以不出大門爲異也。凡出門，則以東爲左；入，則以西爲左。記於壻入門下云東面，則壻亦入門左矣。不言左，省文也。疏云：案：《聘禮》賓執摯入門右，從君臣禮也。辭之，乃出，由門左西向北面，❸從賓客禮。此亦然，似以壻入門爲右者。然入門右者，奠摯當北面，此云東面，明與聘禮有間，當以敖説爲正。」案：注言雉也，以别於鴈。壻親迎執鴈，此當執雉，賈疏未得注意。**擯者以摯出，請受。**欲使以賓客禮相見。

【疏】正義曰：敖氏云：「壻既出，擯者東面，取摯以出，西面于門東，其辭蓋曰：『某也使某，請受！』」注

❶「出」下，《儀禮節解》有「門」字。
❷「門」下，《儀禮節解》有「内」字。
❸「向」，《續清經解》本作「進」。

云「欲使以賓客禮相見」者，案：聘禮賓執摯，入門右，從臣禮；辭之，乃出，由門左，西向北面，從賓客禮。此亦然，故知所請受者，請退從賓客相見受之。**壻禮辭，許，受摯，入。主人再拜受，壻再拜，送，出。**出，已見女父。【疏】正義曰：受摯入者，亦如聘禮受摯乃更西入也。敖氏云：「壻東面辭，既許則進，訝受其摯入，立于寢門外之右，東面，向主人也。」褚氏寅亮駁之曰：「經明著入與出之文，敖氏以爲訝受於門中，臆説也。授受之節宜亦如《士相見禮》，在中庭。」盛氏世佐云：「此禮蓋與聘禮上介覿主國君相似，壻受摯入門左，主人再拜于中庭。壻進，北面授摯，退，復位，乃再拜送也。」張氏爾岐云：「壻出，更以請見主婦告擯者，乃入見也。」**見主婦，主婦闔扉，立于其内。**主婦，主人之婦也。見主婦者，兄弟之道，宜相親也。闔扉者，婦人無外事。扉，左扉。【疏】正義曰：敖氏云：「擯出請入告，主婦乃位於此，然後壻入。必出乃入者，禮更端，不敢由便也。主婦此時亦纚笄宵衣。」注云「扉，左扉」者，盛氏世佐云：「左扉是也。門以向堂爲正，左扉，西扉也。闔西扉，立于其内，主婦之正位也，蓋取夫東婦西之義。《士喪禮》『闔東扉，主婦立于其内』，凶禮變於吉也。敖氏據之，而以此扉爲東扉，誤矣。賈疏謂東扉即左扉，尤誤。」云「兄弟之道，宜相親也」者，《爾雅》：「母與妻之黨爲兄弟。」故知主婦於壻者，兄弟之道也。**壻立于門外，東面。主婦一拜，壻荅再拜。主婦又拜。壻出。**必先一拜者，婦人於丈夫必俠拜。【疏】正義曰：「于丈夫」之「于」，《要義》作「與」。○主婦與壻行禮乃俠拜者，重始見也。壻東面，則主婦南面，不相對。《禮經釋例》曰：「婦見舅姑，如臣之見君；女父見壻，如主人之見賓：陽尊陰卑之義也。」**主人請醴，及揖讓入，醴以一獻之禮，主婦薦，奠酬無幣。**及，與也。無幣，異於賓客。【疏】正義曰：敖氏云：「此略如舅姑饗婦之禮而無俎。」盛氏世佐云：「主人送壻于寢門外，因請醴之，遂及壻，揖讓而入也。及之云者，❶嫌使擯者請之，且以見壻、見主婦而出，亦主人送也。敖云『及』當作『乃』，非也。入，入寢門也，此時壻尚未出大門。《士冠禮》云：『賓出，主人送于廟門外，請醴賓。賓禮辭，許。』此宜如之，但壻見於寢，則爲寢門而非廟門耳。」　注云「無幣異於賓客」者，案：《士冠禮》醴賓，酬之以幣；《昏禮》饗賓，酬以束錦；《燕禮》、《大射》酬賓，客皆有幣。此無幣，故知異於賓客也。**壻出，主人送，再拜。**【疏】正義曰：敖氏云：「送，謂送于外門外。」

右記不親迎者見婦父母之禮

❶「及之云」，《儀禮集編》作「云及」。

儀禮正義卷四　鄭氏注

績溪胡培翬學

士相見禮第三

鄭《目録》云：「士以職位相親，始承摯相見之禮。《雜記》會葬禮曰：相見也，反哭而退；朋友，虞、祔而退。士相見於五禮屬賓禮，大、小戴及《别録》皆第三。」【疏】正義曰：單疏本「始承摯相見」下無「之」字，《釋文》、《集釋》、毛本俱有。○鄭云「士以職位相親，始承摯相見之禮」者，謂始仕爲士者因職位相親，而始行執摯相見之禮，是鄭專指有位之士而言也。然其實未仕之士以道藝相親而相見，當亦用此禮。又此篇主言侯國之士，然亦兼天子之士在内。賈疏謂「天子之孤、卿、大夫、士與諸侯之孤、卿、大夫、士執摯既同，禮亦無别」，是也。不云見而云「相見」者，據經，賓初以摯見主人，主人復還摯見賓，是迭爲賓主，故云「相見」也。《王制》六禮，相見居其一。張氏爾岐云：「經初言士相見禮，次言士見于大夫，又次言大夫相見，又次言士、大夫見于君，末及見尊長諸儀，皆自士相見推之，故以『士相見』名篇。」云《雜記》會葬禮曰：相見也，反哭而退；朋友，虞、祔而退」者，案：《雜記》原文云：「相趨也，出宫而退；相揖也，哀次而退；相問也，既封而退；相見也，反哭而退；朋友，虞、附而退。」此皆謂送葬之事，故鄭云「會葬禮」也。彼注云：「相趨，謂相聞姓名來會喪事也。相揖，嘗會於他也。相問，嘗相惠遺也。相見，嘗執摯相見也。『附』，當爲『祔』。」孔疏：出宫而退，謂柩出廟之宫門而退去；哀次而退，謂柩出至大門外之哀次而退去也；既封而退，謂至窆竟而退也；反哭而退，謂至葬竟，孝子反哭，還至家時而退也；虞、祔而退，謂至主人虞、祔而退也：此五者，恩薄者退速，恩厚者退遲。鄭引「相見也」二句者，明相見者之恩誼較朋友爲疏，而視相趨、相揖、相問者則爲厚耳。云「士相見於五禮屬賓禮」者，《周禮·大宗伯》：「以賓禮親邦國。」其别有八，雖未言相見，然相見亦是賓主相接之法，故鄭云「屬賓禮」也。郝氏敬云：「士相見禮，士君子初相接之禮也。古之君子論行而結交。行苟同矣，未遽合也，必有介以相通，有辭以相命，有摯以相將，有儀以相敬，然後無苟合而免失身之悔。然則《儀禮》一經特制相見之禮，其以是與？」○張氏爾岐云：「經本言士與士相見，遞推至見君，見禮已備。『凡燕見于君』以下，博言、圖事、進言、侍坐諸儀法，殆類記文體例矣。」盛氏世佐云：「此篇之經止士相見一章，自『士見于大夫』以下皆記也。其中見大夫、大夫相見、見君三節，文與本篇相似，猶可曰『自士相見推之』也。至『凡燕見于君』以下，則其體宛似《戴記》，且與彼大同小異者。」❶今案：自「凡燕見于君」以下，文體與經不相似，非周公作。張氏、盛氏以爲記文，説亦有見。今並録存之，以諗來者。

❶「者」下，《儀禮集編》有「亦多有」三字。

士相見之禮：摯，冬用雉，夏用腒。左頭奉之，曰：「某也願見，無由達。某子以命命某見。」摯，所執以至者。君子見於所尊敬，必執摯以將其厚意也。士摯用雉者，取其耿介、交有時、別有倫也。雉必用死者，爲其不可生服也。夏用腒，備腐臭也。左頭，頭，陽也。無由達，言久無因緣以自達也。某子，今所因緣之姓名也。以命者，稱述主人之意。今文「頭」爲「脰」。【疏】正義曰：自此至「賓再拜，送摯，出」。主人送于門外，再拜」，言士與士相見之禮。其細目則再請返，再辭摯而後見賓，初以摯見，次請賓反見，次主人還摯見賓而禮成。○「摯」，唐石經及嚴本、《集釋》、經、注俱作「摯」。《釋文》作「贄」，云「本又作『摯』」。今本多作「贄」。《石經考文提要》云：「案：《儀禮識誤》云：此卷中『摯』字，經注凡四十有四，皆從手。今計經『摯』字二十，監本作『摯』者四，作『贄』者十有六，歧出。今从唐石經、宋本《儀禮》鄭注、《儀禮圖》統作『摯』。」注「見於所尊敬」，《集釋》無「於」字。「以將其厚意也」，《集釋》無「也」字。「今所因緣之姓名也」，據疏，或本無「名」字，嚴本俱有。○《釋文》：「願見，賢遍反。凡卑於尊曰見，敵而曰見，謙敬之辭也。」今案：《禮記·少儀》曰：「聞始見君子者，辭曰：『某固願聞名于將命者，不得階主。』敵者，曰：『某固願見。』」方氏慤云：「願聞名于將命者，以其尊而不可以遽見，故欲先聞其名。與之相敵，則不必先聞其名，直曰『願見』而已。此隆殺之辨也。」今此士與士相見，體敵，故云「願見」，不云願聞名也。 注云「摯，所執以至者。君子見於所尊敬，必執摯以將其厚意也」者，案：鄭注《大宗伯》云：「摯之言至，所執以自致。」又注《曲禮》云：「摯之言至也。」《通典》云：「摯者，至也，信也。君子於其所尊，必執摯以相見，明其厚心之至，以表忠信，不敢相褻也。」陳氏祥道云：「《禮》云：『無辭不相接也，無禮不相見也，欲民之無相瀆也。』又云：

『君子於其所尊，不敢質也。』故貴至於邦君，賤至於庶人，以至婦人童子，相見不依摯，不足以爲禮；摯而不稱德，不足以爲義。」此論摯之大略也。云「士摯用雉者，取其耿介、交有時、别有倫也」者，《曲禮》曰：「凡摯，天子鬯，諸侯圭，卿羔，大夫雁，士雉。」《大宗伯》：「以禽作六摯。」「士執雉。」是其用雉之證也。《説苑》云：「雉者，不可指食、籠狎而服之。」是其性耿介也。李氏云：「雉春交秋别，既别不雜，是其有時有倫也。」云「雉必用死者，爲其不可生服也」者，《書·舜典》曰：「五玉、三帛、二生、一死摯。」一死，即謂雉也。《白虎通》云：「士以雉爲摯者，取其不可誘之以食，懾之以威，必死，不可生畜。士行威介，❶守節死義，不當移轉也。」云「夏用腒，備腐臭也」者，《周禮·庖人》曰：「夏行腒、鱐。」鄭司農云：「腒，乾雉。鱐，乾魚。」後鄭云：「腒、鱐，暵熱而乾。」案：乾則不腐臭，故夏時用之。敖氏云：「惟見冬夏而不言春秋，蓋春則先從冬，後從夏，秋則反之，亦若屨然與？」云「左頭，頭，陽也」者，謂頭爲陽，❷故在左也。《曲禮》曰：「執禽者左首。」首與頭同。鄭注：「左首尊。」孔疏：「左，陽也；首，亦陽也。左首，謂横捧之也。」云「無由達，言久無因緣以自達也」者，言願見之心雖久，而無介紹以自通也。云「某子，今所因緣之姓名也」者，即介紹也。按：鄭解《鄉飲》、《鄉射》俱以某子爲姓氏，此云姓名者，賈疏謂：彼對面語，故不言名；此非對面之語，若不言名，直稱姓，是何人？故以姓名解之。其説是也。云「以命者，稱述主人之意」者，蓋主人若無見之意，雖有介紹

❶「介」，原脱，今據《白虎通疏證》補。

❷「爲」，原作「謂」，今據《儀禮正義正誤》改。

先容，亦不得謾相就。敖氏云：「以命，以主人之命也。言某子以主人之命命某見，乃敢見也。語極明顯。」❶云「今文『頭』爲『脰』」者，臧氏琳云：「賈疏謂鄭不從今文者，以其『脰，項也』，項不得爲頭，故不從也。《士虞禮》：『取諸脰膉。』注：『古文脰膉爲頭嗌也。』案：《説文・頁部》：『頭，首也。』《肉部》：『脰，項也。』二字義别。鄭注《士相見禮》從古文，不從今文；注《士虞禮》從今文，不從古文：可謂各得其當矣。」**主人對曰：「某子命某見，吾子有辱。請吾子之就家也，某將走見。」**有，又也。某子命某往見，今吾子又自辱來，序其意也。走，猶往也。今文無「走」。【疏】正義曰：某子，即上某子。賈疏謂某子是中間介紹之人，故賓主共稱之，是也。張氏爾岐云：「某子，亦所因者之姓名。以其前來通意，故主人自謙，言其曾命某往見也。某者，主人自名也。」　注云「有，又也」者，《詩・長發》：「有虔秉鉞。」箋云：「有之言又也。」云「某子命某往見，今吾子又自辱來」者，是申言解「有」爲「又」之義。敖氏作本字解，云「有辱，謂有所屈辱」。盛氏駁之，謂當從注爲是。云「走，猶往也」者，賈疏謂：「直取急往相見之意，非走驟之義，故釋從往也。」云「今文無『走』」者，賈謂：「無『走』於文義不足，故不從今文，從古文也。」**賓對曰：「某不足以辱命，請終賜見。」**命，謂「請吾子之就家」。【疏】正義曰：注「謂」字，閩、葛俱誤在「子」字下。○張氏爾岐云：「命，謂主人請就家之命。不足辱，不敢當也。」**主人對曰：「某不敢爲儀，固請吾子之就家也。某將走見。」**不敢爲儀，言不敢外貌爲威儀，忠誠欲往也。固，如故也。今文「不」爲「非」。古文云「固以請」也。

---

❶「語極明顯」，《儀禮集説》作「恭孫之辭」。

【疏】正義曰：注「固以請」下，嚴、徐、《通解》俱有「也」字，《集釋》及毛本無。○此賓再請而主人再辭也。注云「固，如故也」者，前云「請吾子之就家」，今仍云然，故云「如故」也。云「今文『不』爲『非』」者，賈疏謂：「『非敢』於義不便，故不從今文。」云「古文云『固以請』也」者，賈疏謂：「『固請』於文從便，若有『以』字，於文紆緩，故不從古文。」今案：下注云：「今文『不』爲『非』。」亦不從今文也。「固以請」古文，多「以」字，蓋涉下文賓對之辭而誤衍。

賓對曰：「某不敢爲儀，固以請。」言如固，請終賜見也。今文「不」爲「非」。【疏】正義曰：「對」，《唐石經補刻》誤作「用」。注「言如故」，《集釋》作「故」，嚴本及各本俱譌作「固」。程氏瑶田云：「按：上注云：『固，如故也。』今解此『固』字，即承用『如故』二字。若作『固』，則『如』字不可通矣。」今從《集釋》。

主人對曰：「某也固辭，不得命，將走見。聞吾子稱摯，敢辭摯。」不得命者，不得見許之命也。走，猶出也。稱，舉也。辭其摯，爲其大崇也。古文曰「某將走見」。【疏】正義曰：此賓三請，主人許出見之，而又辭其摯也。

注云「走，猶出也」者，與上注「走，猶往也」殊者，賈疏云：「彼據向賓家，故走爲往；此據出門，故云『走，猶出也』。」云「稱，舉也」者，《爾雅·釋言》：「偁，舉也。」郝氏《義疏》云：「偁，又通作稱。《書》：『敢行稱亂。』《史記·殷紀》作『敢行舉亂』。《士相見禮》『聞吾子稱摯』，《聘禮》『賓稱面』，鄭並云『稱，舉也』。」云「辭其摯，爲其大崇也」者，爲用摯禮大崇，不敢當，故辭之也。云「古文曰『某將走見』」者，賈疏云：「上已云『某也固辭，不得命』，於下不須云『某』，於文便。古文更云『某將走見』，文疊，故不從也。」

賓對曰：「某不以摯不敢見。」見於所尊敬而無摯，嫌大簡。【疏】正義曰：注云「見於所尊敬而無摯，嫌大簡」者，此釋所以必用摯之義也。《白虎通》云：「相見有摯何？所以相尊敬、長和睦也。」故財帛者，所以副至意也。然則平等而相見，亦有相尊敬之意，故注云然。**主人對曰：「某不足以習禮，敢固辭。」**言不足習禮者，不敢當其崇禮來見己。【疏】正義曰：此賓嫌其無摯簡略，而主人再辭其用摯也。注云「言不足習禮者，不敢當其崇禮來見己」者，案：「不敢當其崇禮來見己」，是原其所以託言不足習禮之故。禮，謂賓客往來之禮。不云不敢當而云「不足習禮」，謙以辭之也。**賓對曰：「某也不依于摯不敢見，固以請。」**言依於摯，謙自卑也。今文無「也」。【疏】正義曰：注末四字，毛本脱，嚴、徐、《集釋》、《通解》俱有。注云「言依於摯，謙自卑也」者，依於摯，謂託之以通意，無所託則不敢見，是謙自卑之辭也。云「今文無『也』」者，謂古文作「某也不依於摯」，今文無「也」字。鄭從古文作「某也」者，取其配文足句，非有他義。後同。**主人對曰：「某也固辭，不得命，敢不敬從？」出迎于門外，再拜。賓荅，再拜。主人揖，入門右。賓舉摯，入門左。主人再拜，受。賓再拜，送摯，出。**右，就右也；左，就左也。受摯於庭，既拜受送，則出矣。不受摯於堂，下人君也。今文無「也」。【疏】正義曰：注「既拜受送」，嚴、徐俱有「受」字，盧氏據疏疑爲衍文，非也。「今文無『也』」四字，《集釋》、《通解》、毛本同，嚴、徐作「今文無」，脱「也」字。○此賓固請用摯，而主人許之，賓始以摯見也。自「敢不敬從」以上，皆賓在門外，擯者往復傳言。注云「右，就右也；左，就左也」者，謂主人就門右入，賓就門左入。門，大門也。門右、門左，詳《士冠禮》。云「受摯於庭」者，李氏云：「下記云：君在堂升見。此無升文，則在庭也。」云「既拜受送，則出矣」者，謂主人既拜受摯，賓既拜送摯，而禮畢即出矣。明未與敍殷懃，故須反見也。云「不受摯於堂，下人君也」者，意謂臣見君當受摯於堂，此於庭，是下人君也。楊氏復云：「注謂下人君，此義難曉。案《聘禮》賓至于近郊，君使卿用束帛勞，賓受于舍門内，諸公之臣則受于堂。又案《聘禮》賓私面于卿，受幣于楹間，及衆介面，則受幣于中庭。以此言之，則受于堂爲重，受于庭爲輕。其義可知也。」今案：楊説亦通。云「今文無『也』」者，義已詳前。**主人請見，賓反見，退。主人送于門外，再拜。**請見者，爲賓崇禮來，相接以矜莊，歡心未交也。賓反見，則燕矣。下云「凡燕見于君」至「凡侍坐于君子」，博記反見之燕義。臣初見於君，再拜，奠摯而出。【疏】正義曰：上賓出，主人不送而使擯者請見，賓亦不辭而反見者，賓本爲見來也。賓退。主人送，再拜，賓不荅拜。義詳《士冠禮》。褚氏云：「反見之儀，則《曲禮》所云『凡與客入者』一節備之。」注云「請見者，爲賓崇禮來，相接以矜莊，歡心未交也。賓反見，則燕矣」者，江氏筠云：「賓之來，介以通名，摯以致敬，其禮過崇，是時相接以矜莊，賓主之意兩皆未伸，故主人須請見。請見亦猶是相見，而得以交歡心者，蓋賓反見則爲燕見矣。燕見之禮，與始之致尊嚴者不同，非燕飲之燕也。」今案：賈疏以禮賓、饗賓歡燕爲解，誤甚。方氏苞、王氏士讓、吴氏廷華、章氏平皆辨之。云「下云『凡燕見于君』至『凡侍坐于君子』，博記反見之燕義」者，此因經但言反見，而反見之爲燕見其義未詳，故引下文以明之。江氏筠云：「案：下文『凡燕見于君』至『凡侍坐于君子』，雖不見此兩士燕見之禮，然即階之辯君所在，則知此得升堂矣。即言之妥而後傳，則知此得安坐矣。於博陳與言之儀，則知此主與賓得各言所有事，於詳論侍坐之法，則知此賓於主不嫌坐之移時。此鄭之所謂交歡心者也，豈燕飲之謂乎？且鄭於『凡燕見于君』節注云：此謂特立圖事，非立賓主之燕也。其義固自明之矣。」云「臣初見於君，再拜，奠摯而出」者，鄭欲明下燕見之的爲反見，其初見時並無此法；又欲見臣之于君，其初見禮與此之賓主略同。則此反見時亦猶彼之燕見，而非復如始之矜莊相接可知矣。自賈疏目反見爲留燕，而後之論者並疑此爲春秋戰國時公、卿、下士之儀，經義不失之愈遠乎？

○以上賓見主人。**主人復見之，以其摯，曰：「曏者吾子辱，使某見。請還摯于將命者！」**復見之者，禮尚往來也。以其摯，謂曏時所執來者也。曏，曩也。將，猶傳也，傳命者，謂擯、相者。【疏】正義曰：注「謂擯相者」，毛本「者」作「也」，嚴、徐、《集釋》、《通解》、楊、敖俱作「者」。○「吾子辱，使某見」，褚氏云：「『辱』字當一讀。辱，謂辱臨也。因辱臨而已出見之，若賓使之然，故謙言使某見也。」○案：還摯，謙不敢當也。士於士不終辭摯，而有還摯。大夫於士則終辭摯，而無還摯。君於其臣，則受之；於外臣，則使擯還之。大夫於嘗爲臣者亦然。　注云「復見之者，禮尚往來也」者，「禮尚往來」，《曲禮》文。王氏士讓云：「賓既見而主人復見之，所謂『相見』也。」云「以其摯，謂曏時所執來者也」者，言其摯即賓所執來之摯也。云「曏，曩也」者，《説文》云：「曏，不久也。」又云：「曩，曏也。」是二字通。《莊子》曰：「曩子行，今子止。」以曩對今，則曩爲前時也。此經作「曏」，爲正字；或作「鄉」、作「嚮」、作「向」，皆古字通用；作「晌」，則俗字也。云「將，猶傳也，傳命者，謂擯相」者，《論語》：「闕黨童子將命。」馬注：「將命者，傳賓主之語出入。」是「將，猶傳也」。《周禮·司儀》注：「出接賓曰擯，入贊禮曰相。」擯、相實一人，然則傳命即謂擯者矣。經云「還摯于將命」者，敖氏云：「不敢庌主人。」**主人對曰：「某也既得見矣，敢辭。」**讓其來荅己也。【疏】正義曰：賈疏云：「上言『主人』，此亦言『主人』者，上言『主人』者，據前爲主人而言；此云『主人』者，謂前賓今在己家而説也。」張氏爾岐云：「此下凡稱主人者，即前賓；稱賓者，即前主人。」　注云「讓其來荅己也」者，章氏平云：「案：《鄉飲酒》注云：『事同曰讓，事異曰辭。』此以辭爲讓，恐轉寫誤。」今案：辭與讓大同小異，注所謂

「讓」即經所謂「辭」也。**賓對曰：「某也非敢求見，請還摯于將命者。」**言不敢求見，嫌褻主人，不敢當也。今文無「也」。【疏】正義曰：注末四字，毛本脱，嚴、徐、《集釋》、《通解》俱有。○上主人以既得見爲辭，故賓以非敢求見、但請還摯爲對也。　注云「言不敢求見，嫌褻主人，不敢當也」者，賈疏云：「賓主頻見，是褻也。今云『非敢求見』，嫌褻主人，不敢當相見之法，直云『還摯』而已。」**主人對曰：「某也既得見矣，敢固辭！」**固，如故也。**賓對曰：「某不敢以聞，固以請于將命者。」**言不敢以聞，又益不敢當。【疏】正義曰：張氏爾岐云：「不敢以聞，謂不敢以還摯之事聞之主人，但固請于將命者而已，益自謙之辭。」　注云「又益不敢當」者，不敢當相見之禮也。　**主人對曰：「某也固辭，不得命，敢不從？」**許受之也。異日則出迎，同日則否。【疏】正義曰：注云「異日則出迎，同日則否」者，李氏云：「此不言主人出迎，蓋同日也。《鄉射禮》：明日息司正，主人猶出迎。」褚氏云：「今人交際以來而速荅爲敬，於同日則愈敬。古人以異日爲敬，同日而往謂之殘日，故注云『異日則出迎，同日則否』，亦因荅者之敬心以爲差也。敖氏云：『不俟主人之迎而即自入，蓋急欲還摯，且尊主人也。』夫還摯何争此斯須之頃，而汲汲如是？且賓既尊主人，主人顧傲然自尊，不出迎乎？揆之情理，斯不然矣。經不言者，儀已具上文耳。」張氏爾岐云：此上賓主之辭，皆擯者傳道。　**賓奉摯入。主人再拜，受。賓再拜，送摯，出。主人送于門外，再拜。**

【疏】正義曰：經明言「還摯」，則摯即其來之摯可知。吴氏《章句》謂禮尚往來，復見宜别有摯。非也。敖氏云：「授受不著其所，如上可知。」○以上還贄復見。

右士與士相見之禮

士見于大夫，終辭其摯。于其入也，一拜其辱也。賓退，送再拜。終辭其摯，以將不親荅也。凡不荅而受其摯，唯君於臣耳。大夫於士不出迎。入一拜，正禮也。送再拜，尊賓。【疏】正義曰：此下分爲五節：士見大夫，一也；士嘗爲大夫臣者見大夫，二也；大夫相見，三也；大夫、士、庶人見君，四也；他邦之人見君，五也。皆由士與士相見之禮推之。○注「尊賓」，楊氏「賓」作「賢」。注云「終辭其摯，以將不親荅也」者，終辭，不受也。不言一辭、再辭，文省也。士於士受其摯，於親荅時還之。大夫於士不親荅，故不受其摯也。敖氏云：「士於大夫，降等者也。受摯而不荅則疑於君，荅之則疑於敵，使人還之則又疑於待舊臣，是以終辭之也。」云「凡不荅而受其摯，唯君於臣耳」者，君謂本國之君也。「若他邦之人，則使擯者還其摯」，故知不荅而受其摯，唯君於己臣然也。云「大夫於士不出迎，入一拜，正禮也」者，案：經云「于其入也，一拜其辱也」，明不出迎可知。凡主於賓不出迎、不出送、入一拜，皆降等之禮宜然，故鄭以爲正禮也。《曲禮》曰：「士見於大夫，大夫拜其辱。」與此文同。孔疏亦引此經釋之。云「送再拜尊賓」者，程氏瑶田云：「賓退之賓，謂見大夫之士。」今案：送而再拜，即降等之客亦然，是尊之也。凡送賓，無論尊卑皆再拜，惟喪禮之送賓也，一拜。○吴氏紱以此爲卑見尊之禮，則由士推之，凡卑見尊者皆可用此禮也。

右士見大夫

若嘗爲臣者，則禮辭其摯，曰：「某也辭，不得命，不敢固辭。」禮辭，一辭其摯而許也。將不荅而聽其以摯入，有臣道也。【疏】正義曰：「嘗」，《集釋》、《通解》、毛本俱作「常」。唐石經、嚴、徐、楊、敖俱作「嘗」。案：作「嘗」是也。戴氏震云：「唐石經作『甞』，即『嘗』之俗體。」今从「嘗」。○《儀禮紃解》云：「嘗爲臣者，謂歸爲其家臣而今爲公士者。❶如趙文子所舉管庫之士是也。嘗爲臣，❷則非始見矣，亦必以摯者，以始升爲公臣而見也。」敖氏云：「禮辭之者，異於現爲臣者也。現爲臣，則不辭之。」　注云「禮辭，一辭其摯而許也」者，案：「某也辭，不得命」以下，即其許之之辭也。云「將不荅而聽其以摯入，有臣道也」者，上士見大夫，以將不親荅而終辭其摯。此亦將不荅而聽其以摯入，爲其有臣道，與凡爲士者異也。　**賓入，奠摯，再拜。主人荅壹拜。**　奠摯，尊卑異，不親授也。古文「壹」爲「一」。【疏】正義曰：敖氏云：「荅一拜者，主人尊也。言主人荅拜，是不拜其辱矣。」今案：《曲禮》曰：「大夫於其臣，雖賤必荅拜之。」鄭注：「辟正君。」是現爲臣者且荅之，況舊臣乎？　注云「奠摯，尊卑異，不敢授也」者，是亦以臣禮見也。云「古文『壹』爲『一』」者，詳《士冠禮》。　**賓出，使擯者還其摯于門外，曰：「某也使某還摯。」**　還其摯者，辟正君也。

【疏】正義曰：敖氏云：「賓退而主人不拜送，亦異於不爲臣者也。以其不現爲臣，故當還摯。某也，大夫名。」吴氏《疑義》云：「下某，擯者名。」　**賓對曰：「某也既得見矣，敢辭。」**　辭君，還其摯也。今文無「也」。

【疏】正義曰：注末，《集釋》、《通解》、毛本俱作「今文無也」，嚴、徐俱作「今文無」，脱「也」字。　注云「辭君，還其摯也」者，解經辭爲辭還摯也。言君者，以嘗爲臣，則有君義也。　**擯者對曰：「某也命某，某非敢**

---

❶ 「士」，《儀禮紃解》作「臣」。

❷ 「嘗」上，《儀禮紃解》有「舊」字。

爲儀也。敢以請。」還摯者請使受之。【疏】正義曰：郝氏云：「『某非敢爲儀也』，擯者述主人命己之辭。」敖氏則以爲擯者自爲之辭。盛氏云：「第三『某』字若作擯者自名，終於義未協，以還摯非出自擯者意也。郝説似勝。」**賓對曰：「某也，夫子之賤私，不足以踐禮，敢固辭。」**家臣稱私。踐，行也。言某臣也，不足以行賓客禮。賓客所不荅者，不受摯。【疏】正義曰：注云「家臣稱私」者，《玉藻》曰：「士於大夫曰外私。」又曰：「大夫私事，使私人擯。」蓋臣於大夫者爲私人也。云「賓客所不荅者，不受摯」者，賓客之禮，凡不荅者不受摯，故言某是臣，不足以行賓客還摯之禮也。褚氏云：「上主人辭摯而云『不足以習禮』，謙辭也。此則直云『賤私，不足與行禮』，則是質言之，非謙矣。語似同，意大別。」**擯者對曰：「某也使某，不敢爲儀也。固以請。」**言使某，尊君也。或言命某，傳言耳。【疏】正義曰：此還摯有三辭：初言使某，次言命某，末復言使某。故鄭分別解之，謂言使某是其正，尊君之義也。或言命某，則取傳言之義耳。敖氏云：「使，❶猶命也。」是無甚分別矣，與鄭異。**賓對曰：「某固辭，不得命，敢不從？」再拜受。**受其摯而去之。【疏】正義曰：敖氏云：「再拜者，象受之於主人也。」注云「受其摯而去之」者，此因經無賓退之文，故注補之，謂受其摯即退之也。

右士嘗爲大夫臣者見於大夫

---

❶「使」上，原衍「云」字，今據《儀禮集説》删。

下大夫相見，以鴈，飾之以布，維之以索，如執雉。鴈，取知時、飛翔有行列也。飾之以布，謂裁縫衣其身也。維，謂繫聯其足。【疏】正義曰：《儀禮識誤》云：「《釋文》：以索，悉各反，注同。今注無『以索』二字。經曰：『飾之以布，維之以索。』注舉『飾之以布』全句釋之，至下句不應獨曰『維』，此必今本脱去『之以索』三字，今增入。」今案：戴氏震、盧氏文弨皆從《識誤》，是也。但嚴本及各本「維」下俱無此三字，未敢遽增，而附其説如此。○《王制》曰：諸侯之上大夫，卿；下大夫五人。是上大夫即三卿，下大夫即五大夫也。詳《聘禮》「君與卿圖事」下。《儀禮釋官》云：「案：卿爲上大夫，大夫爲下大夫，此對文耳，散文則通曰大夫。此經諸篇之内，有兼卿與大夫總言大夫者，有上大夫單言大夫者，有下大夫單言大夫者，各依文求之可也。」相見以鴈者，《周禮·大宗伯》曰：「卿執羔，大夫執鴈。」《曲禮》亦云：「卿羔，大夫鴈。」是下大夫相見以鴈，上大夫相見以羔也。如執雉者，謂執鴈亦左頭奉之，與執雉同。　注云「鴈取知時」者，賈疏謂以其木落南翔，冰泮北徂，隨陽南北。今案：《大宗伯》注亦云：「鴈取其候時而行。」云「飛翔有行列」者，《説苑》云：「鴈者，行列有長幼之禮，故大夫以爲贄。」《白虎通》云：「以鴈爲摯者，取其飛成行、止成列也。大夫職在奉命邊四方，動作當能自正以事君也。」此皆以鴈爲鴻雁之雁。《經義述聞》則謂鴈，鵞也。詳《士昏禮》「納采用鴈」下。云「飾之以布，謂裁縫衣其身也」者，《曲禮》曰：「飾羔鴈者以繢。」鄭注：「繢，畫也。諸侯大夫以布，天子大夫以畫。」孔疏：「飾，覆也。畫布爲雲氣以覆羔、雁爲飾，以相見也。」《大宗伯》注云：「士相見之禮，卿、大夫飾摯以布。不言繢，此諸侯之臣與天子之臣異也。」此鄭義也。吴氏《疑義》云：「摯重於飾，尚無王朝侯國之分，豈一飾之微反繢與布各别乎？且經明言『飾』，若以布而不繢，何取乎飾也？」今案：吳說似有理。此經言布，《曲禮》言繢，相兼乃備。此云飾以布，言其以布爲質也；彼云飾以繢，言其于布上畫之也。二經似不必爲王朝、侯國之別矣。裁縫衣其身，謂裁布縫之以衣其身也。云「維，謂繫聯其足」者，維有繫聯之義，故解經「維之以索」爲繫聯其足也。索，繩也。雉不言維，羔、鴈言維，以其生用之也。褚氏云：「既裁縫，衣其身，翼並在内矣，止繫聯其足可也。」敖氏謂繫聯其足翼，添「翼」字欲補注未備，不知翼無須於繫耳。**上大夫相見，以羔，飾之以布，四維之，結于面，左頭，如麛執之。**上大夫，卿也。羔，取其從帥，羣而不黨也。面，前也。繫聯四足，交出背上，於胸前結之也。如麛執之者，秋獻麛，有成禮，如之。或曰：麛，孤之摯也。其禮蓋謂左執前足，右執後足。今文「頭」爲「脰」。【疏】正義曰：注「羔，取其從帥」「從」，嚴、徐作「後」，《集釋》、《通解》、楊氏俱作「從」。《識誤》曰：「『羔，取其後帥。』案：監本『後』作『從』，疏引注文亦作『從』。至其下釋乃云：凡羔羊皆有引帥，若卿之後君之命者也。此釋亦誤以『從』爲『後』，『後』字近『從』，傳寫誤也。」《校勘記》云：「按：作『從』是也。」黄氏丕烈云：「單疏、魏氏皆作『從』，嚴本誤。『秋』，閩、監、葛本俱誤作『法』。」　注云「羔取其從帥，羣而不黨也」者，賈疏云：「凡羔羊皆有引帥，若卿之從君之命者也。」今案：《春秋繁露》云：「羔有角而不任，設備而不用，類好仁者；執之不鳴，殺之不啼，類死義者；羔食于其母，必跪而受之，類知禮者。故羊之爲言猶祥與？故卿以爲摯。」《説苑》云：「羔者，羊也。羊羣而不黨，故卿以爲摯。」《白虎通》云：「卿以羔者，取其羣不黨：卿職在盡忠率下，不阿黨也。」云「面，前也」者，詳《士冠禮》。云「繫聯四足，交出背上，於胸前結之也」者，繫聯四足，此解經四維之，亦以索可知。蓋以索繫其前足，又繫其後足，從腹下交出背上，於胸前結之，故云「結于面」也。云「如麛執之者，秋獻麛，有成禮，如之」者，經云「左頭」，則與雉、鴈同矣；而復云「如麛執之」者，雉、鴈兩足，羔四足，故其執之之法，當如麛也。麛，鹿子。蓋古時有獻麛之禮，今禮文殘闕，不可考矣。賈疏謂《庖人》「秋行犢麛」，故云「秋獻麛」。若然，《庖人》云「春行羔豚」，亦當有獻羔禮，何必云「如麛」也？云「或曰：麛，孤之摯也」者，此鄭廣存異説耳。《周禮·大宗伯》及《大行人》皆云：「孤執皮帛。」唯《白虎通》云：「古摯以麑鹿，今以羔、雁何？以爲古者質，取其内，謂得美草鳴相呼。」麑與麛同，當爲或説所本。云「其禮蓋謂左執前足，右執後足」者，其禮謂獻麛之禮。左執前足，右執後足，是左頭也。云「今文『頭』爲『脰』」，詳前。○賈疏云：「執摯者，或平敵，或以卑見尊，皆用摯。尊無執摯見卑之法。《檀弓》云哀公執摯見己臣周豐者，彼謂下賢，非正法也。」**如士相見之禮。**大夫雖摯異，其儀猶如士。【疏】正義曰：注云「大夫雖摯異，其儀猶如士」者，大夫之摯，雖異於士，然其相見之儀則同也。敖氏云：「此相見之禮，蓋兼復見者言之也。」張氏云：「士與士相見，敵者之禮也。兩大夫相見，亦敵者，故其儀如之。」王氏士讓云：「此經言敵鈞者相見。若上、下大夫之互相見，則經無明文。」○李氏紱云：「意下之見上，當倣上經士見大夫之禮。上之見下，當倣下經異爵者見士及《玉藻》大夫見士之禮與？」

右大夫相見

始見于君，執摯，至下，容彌蹙。下，謂君所也。蹙，猶促也。促，恭慤貌也。其爲恭，士、大夫一也。【疏】正義曰：盛氏云：「此當以『執摯』爲句。云『始見于君，執摯』者，見摯唯新臣有之，常朝及燕見則不用也。舊以『執摯至下』四字爲句，非。」　注云「下謂君所也」者，《經義述聞》云：「君所不得謂之下，鄭説未安。敖云至下謂當帶，則是解至下爲極卑也。然但云極卑而不指其處，則安知不更下於帶乎？恐古人無此不了之文法。且上文：『摯，冬用雉，夏用腒，左頭奉之。』《釋文》：『奉，芳勇反。』是摯當奉，不當提，正當用『奉者當心』之禮，何得同於提者之當帶邪？此云『至下』，蓋謂執摯者行至君之堂下，至堂下則與君益近，故其敬益甚，下文遂云『容彌蹙也』。古者謂堂下爲下。《鄉射禮》：『筮一人，拜于下。』又曰：『命弟子贊工遷樂于下。』《聘禮・記》曰：『若君不見，使大夫受，自下聽命。』《公食・記》：『卿擯由下。』注：『不升堂也。』《禮運》曰：『澄酒在下。』《論語》曰：『拜下，禮也。』皆其證矣。」今案：以下爲堂下，解最直截。鄭云「君所」者，蓋謂堂下即係君所，説亦可通。敖氏解至下爲當帶，則盛氏亦駁之，其説不可從也。云「蹙，猶促也。促，恭慤貌也」者，鄭解蹙爲促，而又以爲恭慤貌者，言其恭敬誠實、踧踖不安之貌如是也。《詩・小明》：「政事愈蹙。」《毛傳》：「蹙，促也。」或謂蹙與蹴通。《哀公問》：「孔子蹴然辟席。」注云：「蹴然，敬貌。」云「其爲恭，士、大夫一也」者，經不言士，明臣之見君皆然，故云「士、大夫一也」。**庶人見于君，不爲容，進退走。**　容，謂趨翔。【疏】正義曰：賈疏以庶人爲在官府、史、胥、徒之屬。王氏昭禹謂非特府史胥徒而已，凡民在焉。王説是也。方氏苞云：「古者，天子、諸侯耕耤、巡方、大詢時田，❶皆與庶人接，故庶人有見君之禮。」或謂下節注「庶人之摯鶩」五字當在此節。據《大宗伯》「庶人執鶩」注云「鶩，取其不飛遷」，則兼凡民在

❶「方」下，《儀禮析疑》有「省耕省斂」四字。

内矣。《曲禮》：「庶人之摯匹。」鄭注：「説者以匹爲鶩。」　注云「容，謂趨翔」者，張氏爾岐云：「庶人見於君，不爲趨翔之容，進退唯疾走而已，即《曲禮》云『庶人僬僬』。」今案：不爲容甚于蹙。進退走，所謂「不爲容」也。**士、大夫，則奠摯，再拜稽首。君荅壹拜。**言君荅士、大夫一拜，則於庶人不荅之。庶人之摯鶩。古文「壹」作「一」。【疏】正義曰：稽首，頭至地，拜之重者。再拜稽首，臣見君之禮也。壹拜，《周禮》所謂「奇拜」也。《曲禮》曰：「君于士不荅拜也。」此荅壹拜者，以其始見故也。盛氏云：「案：士、大夫始見君之禮，其詳不可聞矣。以《聘禮》『賓覿』、『入門右，北面奠幣，再拜稽首』及《覲禮》『侯氏入門右，坐奠圭，再拜稽首』參之，則士、大夫奠摯處當在門東，拜亦北面也。是時君位蓋在堂上，荅壹拜者，遥荅之也。《曲禮》曰：『大夫見於國君，國君拜其辱。』熊氏謂以初爲大夫敬之，殆爲是與？　上文注云：『臣初見於君，再拜，奠摯而出。』謂拜畢即出，無升堂入摯之事也。」今案：盛氏謂奠摯不升堂，是矣。至以覿與覲例之，謂奠摯當在門東，恐非。蓋覿與覲其後尚有升授之文，故初時入門即奠之。此無升授之事，則其奠不必與覿、覲同處，但經無明文，難以臆擬矣。　注云「言君荅士、大夫一拜，則於庶人不荅之」者，上經並言庶人見君之禮，而此荅一拜，惟據士、大夫言之，是君於庶人不荅拜也。餘已詳前。

右大夫士庶人見於君

若他邦之人，則使擯者還其摯，曰：「寡君使某還摯。」賓對曰：「君不有其外臣，臣不敢辭。」再拜稽首，受。【疏】正義曰：他邦之人，謂他邦之臣，非己臣也。敖氏云「人蓋通大夫、士而言」，是也。其執摯來見也，則使擯者還其摯。不言于門外，省文也。賈疏云：「凡臣無境外之交，今得以摯執見他邦君者，謂他國之君來朝，此國之臣因見之，謂若《掌客》『卿皆見以羔』之類是也。」然不盡此，凡他邦之臣出亡來此國者，亦當以摯見。又定八年《左傳》：「公會晋師于瓦。范獻子執羔，趙簡子、中行文子皆執鴈。」亦是他邦臣來見也。篇末「他國之人，則曰外臣」，故此稱外臣也。敖氏云：「不有，言外之也。不敢辭，尊君也。再拜稽首，受，亦若受於君前然也。」今案：此與嘗爲大夫臣者使擯還摯略同。然彼則受而後還，此則不言受，但言還。彼還摯，賓三辭乃受，此則不辭而受者。《儀禮紃解》云：「禮無受他臣摯法，故奠即還之；亦無抗禮於他君法，故辭即受之也。」

右他邦之人見於君

凡燕見于君，必辯君之南面。若不得，則正方，不疑君。辯，猶正也。君南面，則臣見正北面。君或時不然，當正東面。若正西面，不得疑君所處邪鄉之。此謂特見圖事，非立賓主之燕也。疑，度之。【疏】正義曰：以下雜記諸儀，分爲六節：燕見于君，一也；進言，二也；侍坐，三也；賜食、賜飲，四也；先生異爵者見士，五也；廣言稱謂及執幣玉之儀，六也。○注「鄉之」，嚴本作「鄉」，各本同，毛本作「嚮」。○郝氏敬云：「燕見，謂私見，非公朝行禮之時。」今案：公朝行禮，面位有一定；此燕見，面位無定也。　注云「辯，猶正也」者，鄭注《玉藻》「辯色始入」亦云：「辯，猶正也。」鄭意蓋謂臣之見君當以北面爲正，故必正君之南面，乃可北面鄉之。故注又云「君南面，則臣見正北面」也。云「君或時不然」者，解經「若不得」三字，謂不得君之南面，則君或西面，或東面也。云「當正東面，若正西面」者，謂君西面，則臣當正東面；君東面，則臣當正西面也。此釋經「則正方」三字。方，猶鄉也，《曲禮》曰「立必正方」是也。云「不得疑君所處，邪鄉之」者，據注又云「疑，度之」，則訓「疑」爲「擬」，謂不得擬度君所處而邪鄉之。凡臣之事君，無一不當出於正，故其見君面位亦不苟如是也。云「此謂特見圖事，非立賓主之燕也」者，鄭恐人疑燕見爲燕飲之燕，故特辨之。圖事，詳《聘禮》「君與卿圖事」下。張氏爾岐云：「注知燕見非立賓主之燕者，以《燕禮》君在阼階，以西面爲正也。」**君在堂，升見無方階，辯君所在。**升見，升堂見於君也。君近東，則升東階；君近西，則升西階。【疏】正義曰：此謂燕見而君若在堂，則升堂見之也。正禮，升堂有一定之階，此則無之，惟辨君所在耳。敖氏云：方，猶常也，與上「正方」之方異義。注云「君近東，則升東階；君近西，則升西階」者，言或東或西，無一定之階，惟以近君爲便也。若燕禮，則君升自阼階，賓、主人升自西階，有定階矣。故知此亦非立賓主之燕也。案：天子、諸侯皆三朝，外朝在庫門外，治朝在路門外，皆係平地，無堂、無屋、無階。惟燕朝在路門内，有堂有階。亦詳《聘禮》。然則此節所云見，當在燕朝矣。敖氏云：此云君在堂，則上之燕見未必專在堂也。

右燕見於君

凡言非對也，妥而後傳言。凡言，謂己爲君言事也。妥，安坐也。傳言，猶出言也。若君問，可對則對，不待安坐也。古文「妥」爲「綏」。【疏】正義曰：注云「凡言，謂己爲君言事也」者，凡進言之法，自言曰言，因問曰對，二者不同也。云「妥，安坐也」者，《爾雅·釋詁》文。敖氏訓妥爲安，謂安和其志氣乃言。褚氏云：「郭注《爾雅》即引此經爲證。❶又《詩》：『以妥以侑。』《毛傳》亦云：『妥，安坐也。』可見古人訓妥總以安坐爲義，無有言心之安和者。且此『妥』字指侯君安坐而言，不指己説。」今案：褚説是也。云「若君問，可對則對，不待安坐也」者，禮，君子問更端，則起而對。是君有問即宜速對。經云「妥而後傳言」，乃專指自言者言之，不兼對在内也。云「古文『妥』爲『綏』」者，胡氏承珙云：「《説文》無『妥』字。案：鄭注《曲禮》『大夫則綏之』云『綏，讀曰妥』，又『國君綏視』云『綏，讀爲妥』，是綏有妥音。段氏云：『妥』字見《禮經》、《小雅》，許蓋偶遺之。今案：此今文『妥』，正字；古文『綏』，借字。」**與君言，言使臣；與大人言，言事君；與老者言，言使弟子；與幼者言，言孝弟于父兄；與衆言，言忠信慈祥；與居官者言，言忠信。**博陳燕見言語之儀也。言使臣者，使臣之禮也。大人，卿、大夫也。言事君者，臣事君以忠也。祥，善也。居官，謂士以下。【疏】正義曰：敖氏云：「今本『言忠信慈祥』，《大戴禮》注引此，無『忠信』字。今有之者，蓋因下文有『言忠信』三字而誤衍。」今案：唐石經、嚴本俱與今本同。盛氏云：有「忠信」二字於義亦通；況此本流傳已久，未可輕删也。○張氏爾岐云：「所與言之人不同，則言亦各有所宜。言雖多端，大旨所主，不離乎此。」今案：「與君言，言使臣」者，方氏苞云：「人君治政成民，一日萬幾，而要道莫如使臣。能使大臣，羣臣皆稱其職而各盡其材，則萬事得理而民無不安矣。」「與大人言，言事君」者，方氏云：「始仕者雖有職

❶「經」下，《儀禮管見》有「文」字。

事，尚未得自達於君，故與居官者言，但言忠信。至於大人，則忠信不必言，當勉以事君之大義，所謂以道事君也。」「與老者言，言使弟子」者，老者爲後生所取法，故與之言使弟子之事。賈疏云：「《書》傳：大夫致仕爲父師，士致仕爲少師，教鄉閭子弟。雷次宗云：『學生事師，雖無服，有父兄之恩，故稱弟子也。』」今案：此經所謂老，即指年高德劭之人，不必定屬父師、少師，賈説似泥。「與幼者言，言孝弟於父兄」者，幼者，即承上弟子言。《論語》曰：「弟子入則孝，出則弟。」又曰「入則事父兄」，孝弟爲人之本。故與幼者恒言及此也。「與衆言，言忠信慈祥」者，上言老與幼，此言衆，則是强壯有作爲之人。又下别言居官者，則此衆係泛指民庶，非有位者可知。凡人與人相接，必以忠信爲要。忠信則蠻貊可行，不忠信雖州里難行，故與衆言以此爲先也。又人與人相接，貴有親厚之意，而不可有乖戾之心。慈祥者，天地之善氣，而仁德之流行也。常言及此，則有以消其惡念，而人皆可爲善矣。「與居官者言，言忠信」者，此指庶司百執事之人，必以忠信爲事上接下之本也。但上與衆言兼及「慈祥」，此不言「慈祥」者，方氏云：「居官而偏於慈祥，則容奸引惡，而反爲民害矣，非衆人之比也。」　注云「博陳燕見言語之儀也」者，自與君言以至居官衆人，所謂「博陳」也。此皆從容燕處講論之言，非因事陳説，故知爲「燕見言語」也。「儀」，疑當作「義」。上節「妥而後傳言」及下三節，是言其儀，此則言其所當言之義也。云「言使臣者，使臣之禮也」者，《論語》曰：「君使臣以禮。」故知此所言者乃使臣之禮也。或疑「之禮也」「之」字當作「以」，非。云「大人，卿、大夫也」，又云「居官，謂士以下」者，古者建國必立三卿，又有五大夫，皆所以佐君出治者。其下上士、中士、下士及庶人在官者，皆屬於卿、大夫，不能自達於君，是士以下與卿、大夫尊卑迥殊。鄭見經言大人於君下，而又别言居官者，故以卿、大夫爲大人，以士以下爲居官者。其解甚確，而或且疑之，不知此經大人猶言大臣，以别於居官之爲小臣云爾。云「言事君者，臣事君以忠也」者，案：「臣事君以忠」，亦《論語》文。云「祥，善也」者，《爾雅·釋詁》文。**凡與大人言，始視面，中視抱，卒視面，毋改。衆皆若是。**始視面，謂觀其顔色可傳言未也。中視抱，容其思之，且爲敬也。卒視面，察其納己言否也。毋改，謂傳言見荅應之間，當正容體以待之，毋自變動，爲嫌解惰，不虚心也。衆，謂諸卿、大夫同在此者。皆若是，其視之儀無異也。古文「毋」作「無」，今文「衆」爲「終」。【疏】正義曰：《石經考文提要》云：「『毋改』，監本『毋』譌『母』。」○吴氏《疑義》云：「大人當合天子、諸侯、卿、大夫，凡德位尊者言之，與上大人不同。」褚氏云：「此大人，君與公、卿、大夫俱在内。注專指君，敖專指公、卿、大夫，俱偏。」今案：吴、褚之説是也。　注云「始視面，謂觀其顔色可傳言未也」者，謂進言之初，必先觀其顔色之可否，故視面也。《論語》曰「侍于君子有三愆」，「未見顔色而言謂之瞽」。云「中視抱，容其思之，且爲敬也」者，抱在袷下、帶上，謂既進言之後，不敢視面而視抱者，容聽言者思之，且以視下於面爲敬也。云「卒視面，察其納己言否也」者，謂欲察其言之聽納與否，故又視面也。此論與言時之視有此三者，與《曲禮》所云「天子視不上于袷，不下于帶」、「國君妥視，大夫衡視」，論尋常視法不同也。云「毋改，謂傳言見荅應之間，當正容體以待之，毋自變動」者，謂傳言而聽者未荅，則當正容體以待之，毋自變動失容也。褚氏云：「此當以注『正容體』義爲長。敖氏謂不可以久故或改，則經文始、中、卒三視已屢變矣，何得云『毋改』乎？」云「爲嫌解惰不虚心也」者，解與懈通，言其所以毋改者，爲恐自變動，則容體近於懈惰，且似不虚心以待聽言者之荅也。云「衆謂諸卿、大夫同在此」者，鄭意以此大人爲君，故言諸卿、大夫同在此，其實非君亦有同在之人。褚氏謂公所俱可衆人同在，是也。云「皆若是其視之儀無異也」者，謂同在此之衆人，其視君之儀一與此同也。云「古文『毋』作『無』」，詳《昏禮》。「今文『衆』爲『終』」者，賈疏云：「以上已有『卒』，卒爲終，故從古爲『衆』也。」胡氏承珙云：「若『衆』爲『終』，不獨與『卒視面』『卒』字爲複，且上文云『毋改』，鄭云『毋自變動』，不必複言終皆若是矣。敖繼公謂『衆』字無意義，宜從今文作『終』，非也。」今案：「衆」字古有「終」音，故今文訛作「終」。惠氏棟云：「《易·雜卦》：『《大有》，衆也。』荀爽本『衆』作『終』。《春秋傳》：『有魯大夫衆仲。』《明堂月令》云：『衆雨蚤降。』《釋草》云：『濼貫衆。』皆讀爲終。」是也。**若父，則遊目，毋上于面，毋下于帶。**子於父主孝，不主敬，所視廣也，因觀安否何如也。今文「父」爲「甫」。古文「毋」爲「無」。【疏】正義曰：注「古文毋作無」，「作」，《通解》、毛本俱作「爲」，嚴、徐、《集釋》俱作「作」。○敖氏云：「此謂與父言之時也，其異於大人者，遊目耳。」今案：上節云「凡與大人言」，此云「若父」，緊承上説，則敖以此爲與父言之時是矣。《曲禮》曰：「士視五步。」鄭注：「士視得旁遊目五步之中也。」視大夫以上，上下遊目，不得旁。此經云「遊目」，亦謂得旁遊也。但其上下仍有節限。《曲禮》又曰「凡視上於面則傲，下於帶則憂」，故此經直云「毋上于面，毋下于帶」也。注云「子於父主孝，不主敬，所視廣也」者，此釋所以得遊目之故，蓋非不主敬也，但敬心不如孝心之摯耳。云「因觀安否何如也」者，謂所視廣，則得觀親之安否也。褚氏云：「上經所云視面、視抱，雖有上下而目睛專注，只一直線，不旁遊也。若旁遊，則目光可四注矣。蓋不四注不足以察親體之安否。敖氏謂與視面、視抱無異，如是則何謂遊目？」今案：褚説是也。云「今文『父』爲『甫』」，詳《冠禮》。**若不言，立則視足，坐則視膝。**不言，則伺其行起而已。【疏】正義曰：此云「若不言」，則上爲與言時明矣。李氏云：「《荀子》云：『坐視膝，立視足，應對言語視面。』」案：視足、視膝，統謂視大人與父也。郝氏以爲自視，非。　注云「不言，則伺其行起而已」者，案：立而行則足先動，坐而起則膝先動，故注以「伺其行起」解經「視足」、「視膝」也。敖氏以爲益恭，失之矣。

右進言之法

凡侍坐于君子，君子欠伸，問日之早晏，以食具告，改居，則請退可也。 君子，謂卿、大夫及國中賢者也。志倦則欠，體倦則伸。問日晏，近於久也。具，猶辨也。改居，謂自變動也。古文「伸」作「信」，「早」作「蚤」。【疏】正義曰：注「及國中賢者也」，「中」下，《集釋》有「之」字。「問日晏」，「日」下，敖氏有「蚤」字。「具猶辯也」，「辯」，《釋文》作「辨」。張氏《識誤》云：「注曰：『具，猶辨也。』案：《釋文》云：『辨，皮莧反。』從《釋文》。」《校勘記》云：「案：張氏所見注作『辨』，與今本異。《説文》有『辨』無『辨』，則當以『辨』爲正，作『辨』非也，作『辯』尤誤。」今案：嚴本亦作「辯」，非。○此及下節論侍坐于君子之法。自欠伸以下數者，皆倦怠、厭客之意，故侍者可以退。敖氏云：「卑幼之於尊長，請見不請退，而此乃得請退者，緣君子意也。可者，許之之辭。」　注云「君子，謂卿、大夫及國中賢者也」者，賈疏云：「禮之通例，大夫得稱君子；士賤，不得也。」又《鄉射禮》注云：「君子有大德行不仕者。」然則君子亦德位尊者之稱也。云「志倦則欠，體倦則伸」者，陳氏澔云：「氣乏則欠，體疲則伸。」郝氏敬云：「張口曰欠，舒體曰伸。」張氏爾岐云：「欠，引氣；伸，撟體。」皆足與注説相發明。　云「問日晏，近於久也」者，謂其時之久也。　云「具，猶辨也」者，《特牲》「宗人告有司具」注同。「具」字不作器俱解。注云「猶辨」，解具爲備辨，與《廣雅》、《釋詁》訓具爲備同也。郝氏、張氏謂從者以食具告君子，敖氏則謂君子告從者。盛氏云：「『以食具告』，蒙上『君子』而言，亦謂君子告其從者。」案：此説是也。告從者，即謂告以所食已具辨否也。若敖云所食之具，則解「具」字未的矣。云「改居，謂自變動也」者，謂君子不安其位，而自變動，是有倦意也。云「古文『伸』作『信』，『早』作『蚤』」者，胡氏承珙云：「《説文》：『伸，屈伸。从人申聲。』《禮記·儒行》『竟信其志』注云：『信，讀如屈伸之伸。』假借字也。信，或爲申，是屈伸字作伸，漢時已通行，故鄭、許皆從之耳。早，正字；蚤，古文假借字。《漢書》多借蚤爲早晚字。鄭注《王制》引《詩》『四之日其蚤』作『其早』，而箋《詩》不破『蚤』字者，殆以假借人所共識歟？此經鄭俱從今文，不從古文，取其當文易曉耳。」○《禮記·曲禮》曰：「侍坐於君子，君子欠伸，撰杖屨，視日蚤暮，侍坐者請出矣。」鄭注：「以君子有倦意也。撰，猶持也。」孔疏：「撰杖屨者，君子自執杖，在坐著屨，升堂脱之在側，若倦則自撰持之也。視日蚤暮者，君子或瞻視其庭影，望日蚤晚也。」《少儀》曰：「侍坐於君子，君子欠伸、運笏、澤劍首、還屨、問日之蚤莫，雖請退可也。」鄭注：「以此皆解倦之狀。伸，頻伸也。運、澤，皆玩弄也。金器弄之，易以汙澤。」孔疏：「還，轉也。謂君子自轉屨也。」今案：此二經皆言侍坐請退之事，而文與本篇有小異。又《玉藻》曰「侍坐則必退席；不退，則必引而去君之黨」云云，亦侍坐於尊長之法，並録於此，以備考。

夜侍坐，問夜、膳葷，請退可也。 問夜，問其時數也。膳葷，謂食之。葷，辛物，葱、薤之屬。食之以止卧。古文「葷」作「薰」。【疏】正義曰：注「膳葷謂食之」，敖氏無「葷」字。「食之以止卧」之下，《集釋》有「可」字。○此並言夜侍坐之法，問夜、膳葷皆有倦意，故可請退也。注云「問夜，問其時數也」者，亦因時之久而問也。時數，賈疏謂若鐘鼓、漏刻之數也。云「膳葷，謂食之」者，解膳爲食也。云「葷，辛物，葱、薤之屬」者，《禮記·内則》：「膾，春用葱。」又云：「脂用葱，膏用薤。」又「葱」亦作「蔥」，「薤」亦作「韰」。《爾雅·釋草》：「韰，鴻薈。」郭注：「即韰菜也。」《釋草》又云：「茖，山蔥。葝，山韰。」是葱、薤之産於山者，蓋二者其味作辛，故云「辛物」。《説文》：「葷，臭菜也。」《玉藻》注又以薑爲葷，是葷不止葱、薤，故言「之屬」以該之。古所云不茹葷指此，非謂不食肉也。云「古文『葷』作『薰』」者，賈疏云：「《玉藻》『膳於君有葷桃、茢』作『此葷』。鄭注《論語》作『焄』，義亦通；若作『薰』，則《春秋》『一薰一蕕』，薰，香草也，非葷辛之字，故疊古文不從也。」臧氏琳云：「《禮記·玉藻》：『膳於君有葷桃、茢。』注：『葷桃、茢，辟凶邪也。』大夫用葷桃、葷薑及辛菜也。『葷』，或作『焄』。又《祭義》：『焄蒿悽愴。』注：『焄，謂香臭也。』《説文·火部》無『焄』字，故鄭注《士相見禮》從今文作『葷』，而不用古文。古文蓋以聲同通借，又注《玉藻》從『葷』不從『焄』，則以『焄』爲俗字也。據《玉藻》注，則《祭義》『焄』當作『葷』，賈疏謂鄭注《論語》作『焄』，《論語》經無『焄』字，蓋鄭注中有此字。然鄭注《玉藻》既定作『葷』，不宜復自用『焄』，當亦俗寫誤也。」章氏平云：「案：《説文》亦以葷爲臭菜，薰爲香草，但古文假借依聲，恐不得以後世字訓律之。」今案：今文作「葷」，是正字；古文作「薰」，是借字。臧氏謂聲同通借，章氏謂假借依聲，其説是也。

右侍坐於君子之法

若君賜之食，則君祭先飯，徧嘗膳，飲而俟。君命之食，然後食。君祭先飯，於其祭食臣先飯，示爲君嘗食也。此謂君與之禮食，膳，謂進庶羞。既嘗庶羞，則飲，俟君之徧嘗也。今文「呫嘗膳」。

【疏】正義曰：注「於其祭食」，毛本「於其」作「食其」。敖氏作「謂君」。程氏瑶田云：「『食其』二字可疑。敖作『謂君』亦難據信。盧氏云：宋本作『於其』。」今案：嚴本、《集釋》亦俱作「食其」。戴校《集釋》改「食」爲「於」。黄氏《校録》云：「作『於其』爲是，謂於君祭食之頃也。『此謂君與之禮食』，嚴本及各本如是，楊氏『此』作『食』，《集釋》『與』下有『臣』字。『膳謂進庶羞』，敖無『進』字。今俱從嚴本。」○若君賜之食，謂侍坐於君，而君或賜之食也。此句直貫下節。本節是言無將食者之禮，下節是言有將食者之禮，不以客不客分也。夏氏炘云：「先飯者，飯黍稷也。徧嘗膳者，嘗庶羞也。飯、嘗畢，則以酒漱口而飲而俟。又必君命之食然後食者，黍稷庶羞已飯、嘗畢，若已食然，故必君命之食然後食也。」今案：盛氏疑「君命之食然後食」七字爲衍文，非矣。　注云「君祭先飯，於其祭食臣先飯，示爲君嘗食也」者，《論語》：「侍食於君，君祭，先飯。」鄭注：「於君祭，則先飯矣，若爲君嘗食然。」案：此云「於其祭食臣先飯」，彼云「於君祭，則先飯矣」，二注義同，亦可證此注「於其祭食」之確爲「於」字也。賈疏云：「凡君將食，必有膳宰進食，則膳宰嘗君前之食，備火齊不得，下文是也。今此文謂膳宰不在，則侍食者自嘗自己前食。既不嘗君前食，則不正嘗食，故云『示爲君嘗食』也。」云「此謂君與之禮食」者，謂君與臣小小禮食法，仍非正禮食。正禮食，則公食大夫是也。彼君前無食，此君臣俱有食，故知小小禮食。此即《玉藻》云：「若賜之食，而君客之，則命之祭，然後祭。」彼云「客之」，則此注「禮食」。但此文不云「客之」、「命之祭然後祭」，文不具也。《經義述聞》云：「《士相見》所記者，侍食之常禮；《玉藻》所記，則見客於君者也。常禮則臣不祭，故《士相見》但言君祭也；客禮則臣亦得祭，故《玉藻》言君命之祭然後祭也。二者不同，鄭注、賈疏强合之，非也。《論語》邢昺疏曰：『敵客則得先自祭，降等之客則後祭。若臣侍君而賜之食，則不祭；若賜食而君以客禮待之，則得祭。雖得祭，又須君命之祭，乃敢祭也。此言君祭先飯，則非客之之禮也。』邢氏之説足以正鄭、賈之失矣。又：侍食之常禮與見客於君之禮所異者，祭不祭耳。其餘則同。」今案：本篇言若君賜之食，則君祭先飯，明當君祭之時臣即先飯，與《玉藻》言客之、言命之祭而後言先飯者自殊，不得牽合爲一。《述聞》之説是也。褚氏云：「君若客之，則命之祭，即《玉藻》前一條是也。若不以客禮待之，而適無嘗食者，則此經『君祭先飯』云云是也。若有嘗食者，則此經『若有將食者』云云及《玉藻》『若有嘗羞者』一條是也。當分三節看，此經視《玉藻》少客禮待之一層，《玉藻》視此經少不以客禮待之而無嘗食者一層。兩經參考，始備始明。」今案：邢疏多本《玉藻》孔疏，唯云「此言君祭先飯，則非客之之禮也」，乃邢氏斷語。《鄉黨圖考》常駁之，恐非。蓋《論語》言「侍食於君，君祭，先飯」，與此節正同，非客禮也。云「膳謂進庶羞」者，此云「偏嘗膳」，《玉藻》云「辯嘗羞」，知膳即羞也。然《周禮・膳夫》注云：「膳，牲肉也。羞，有滋味者。」是二字對文異，散則通。偏，正字；辯，假字也。云「既嘗庶羞，則飲」者，《玉藻》注云：飲利將食也。云「今云呫嘗膳」者，盧氏《詳校》改「云」爲「文」。臧氏琳云：「《釋文》引《穀梁傳》：『未嘗有呫血之盟。呫，嘗也。』今《穀梁》莊二十七年傳作『歃血』，無『呫，嘗也』語。惟《玉篇・口部》引《穀梁》與此同，知古本作『呫』。《説文・口部》無『呫』。《食部》有『䬯』，云『相謁食麥也』。《穀梁傳》當本作『䬯』，訓爲食，與嘗義合。《廣雅・釋詁》呫、嘗同訓爲食，則『䬯』爲『呫』之本字無疑。呫既訓嘗，『呫』下不當更作『嘗』字，蓋古文『偏嘗膳』，今文『偏呫膳』。『今之呫嘗膳』當作『今文云呫膳』，『文』字脱，『嘗』字衍也。」案：此注疑有脱誤。如臧氏説，卻亦可通。○又《玉藻》曰：「侍食於先生，異爵者，後祭先飯。」言先生異爵，則非君也。此侍食得祭而云後者，以其爲降等之客，故後主人也。《少儀》曰：「燕侍食於君子，則先飯而後已。」此雖非專指侍君食言，然先飯後已，亦可爲先飯後食之證也。**若有將食者，則俟君之食然後食。**將食，猶進食謂膳宰也。膳宰進食，則臣不嘗食。《周禮》：「膳夫授祭品，嘗食，王乃食。」【疏】正義曰：注「膳夫」下，《通解》、毛本有「授祭」二字，嚴、徐、《集釋》、楊、敖俱無。案：《周禮》原文有，鄭節引以證嘗食也。無者是。○此與上節皆是侍食之常禮，上節謂膳宰不在，此節謂膳宰在也。據此經言若有將食者，則上節是無將食者可知。《玉藻》曰：「若有嘗羞者，則俟君之食然後食。」飯飲而俟，與此節正同。此不言飯飲而俟者，省文也。夏氏炘云：「俟君之食然後食，不待命者，未嘗嘗食，君賜食之意未終，故不待命，俟君食即食也。此食亦謂黍稷。《玉藻》又曰：『君命之羞，羞近者。命之品嘗之，然後唯所欲。』則食庶羞矣。又曰：『君未覆手，不敢飧。君既食，又飯飧。』飯飧者，三飯也。君既徹，執飯與醬，乃出授從者，皆《士相見》所不具，必合考之而君賜食之禮始畢矣。」❶注云「將食，猶進食」者，將，猶進也。進食者，即指謂膳宰也。云「膳宰進食，則臣不嘗食」者，對上注「示爲君嘗食也」。《玉藻》注云：「不嘗羞，膳宰存也。」與此注義同。云「《周禮》：『膳夫品嘗食，王乃食』」者，彼注云：「品者，每物皆嘗之，道尊者也。」諸侯掌膳食之官謂之膳宰，天子謂之膳夫，其職掌正同，故引《周禮·膳夫》文以證也。餘詳《燕

❶「畢」，《學禮管釋》作「全」。

禮》「膳宰具官饌于寢東」下。**若君賜之爵，則下席，再拜稽首，受爵，升席祭，卒爵而俟。君卒爵，然後授虛爵。**受爵者於尊所，至於授爵，坐授人耳。必俟君卒爵者，若欲其釂然也。今文曰「若賜之爵」，無「君」也。【疏】正義曰：此謂侍君坐，而君或賜之飲也。《玉藻》曰：「君若賜之爵，則越席，再拜稽首，受，登席祭之，飲卒爵而俟。君卒爵，然後授虛爵。」與此節略同。孔疏謂此爲朝夕侍者得賜爵法，非燕飲大禮，是也。《曲禮》曰：「長者舉未釂，少者不敢飲。」鄭注：「不敢先尊者。盡爵曰釂。」《燕禮》曰：「公卒爵而後飲也。」孔疏謂《曲禮》與《燕禮》合，而與《士相見》及《玉藻》違。案：《士相見》、《玉藻》二文皆先君卒爵，而此云後飲者，此據燕飲正禮，故引《燕禮》以證之。《玉藻》及《士相見》謂私燕之禮，故不同也。又《玉藻》孔疏云：此經先再拜稽首而後受，《燕禮》「興受爵，降席下奠爵，再拜稽首」，則先受而後再拜。與此不同者，熊氏云：《燕禮》據大飲法，故先受爵而後奠爵，再拜。此經據朝夕侍君而得賜爵，故再拜而後受。是本篇所云與《玉藻》合，與《曲禮》、《燕禮》異也。經云「下席」，又云「升席」。褚氏云：「據此知士於侍飲侍食時，堂上亦有席。」侍食不祭而侍飲祭者，方氏苞云：「君已祭，臣先飯而徧嘗膳，至食時又祭則褻矣。酒異爵則祭無嫌，饋食禮尸每獻必祭，祝佐食主人、主婦，又各祭酒是也。」敖氏云：「臣先卒爵，亦先飯嘗膳之意。君卒爵而授虛爵，則授爵亦先於君矣。」皆與大飲之禮異也。案：《玉藻》此下有云：「君子之飲酒也，受一爵而色洒如也，二爵而言言斯，禮已三爵而油油以退。」亦本篇所未具。又案：《左傳》云：「臣侍君燕，過三爵，非禮也。」若燕飲大禮，則有獻、有酢、有酬、有旅酬、有無算爵，非止三爵而已。故知此節爲尋常侍飲法也。注云「受爵者於尊所」者，案：《曲禮》曰：「侍飲於長者，酒進則起，拜受於尊所。」鄭注：「降席拜受，敬也。燕飲之禮鄉尊。」孔疏前一説謂：「尊所者，以陳尊之處也。侍者起而往尊處拜受酒，是以尊爲盛酒之尊。」後又引何氏云：「尊者，主人也。拜者在尊所，對主人也。鄉尊謂主人尊也，是以尊爲主人。」二説不同，當從後説。云「至於授爵，坐授人耳」者，賈疏云：「見《曲禮》與《玉藻》並此文並無立授之文，故知坐授也。」敖氏以爲興授，盛氏謂當從注説，是也。云「必俟君卒爵者，若欲其釂然也」者，釂，盡爵也。言俟君卒爵，蓋欲其盡爵，亦勸飲之意也。云「今文曰『若賜之爵』，無『君』也」者，胡氏承珙云：「案：無『君』字，則不明所賜，且此文上下與《玉藻》文略同。彼有『君』字，故鄭從古文也。」**退，坐取屨，隱辟而后屨。君爲之興，則曰：「君無爲興，臣不敢辭。」君若降送之，則不敢顧辭，遂出。**謂君若食之飲之而退也。隱辟，俛而逡遁。興，起也。辭君興而不敢辭其降，於己大崇，不敢當也。【疏】正義曰：注「俛而逡巡」，《釋文》、《集釋》、楊氏「巡」俱作「遁」，嚴本作「巡」。○《玉藻》亦曰：「退則坐取屨，隱辟而后屨。」孔疏：「坐，跪也。初跪脱屨堂下爲敬，故退而跪取屨也。」《曲禮》曰：「户外有二屨，言聞則入，言不聞則不入。」孔疏謂：「室有兩人，故户外有二屨，此謂體敵者；若尊卑不同，則長者一人脱屨於户内，故《少儀》云『排闔脱屨於户内者，一人而已矣』是也。」今案：此謂熟客往來，故得入室；若平常行禮，則脱屨皆於堂下。《曲禮》曰：「侍坐於長者，屨不上於堂，解屨不敢當階。」《鄉飲酒禮》：司正請坐于賓，賓、主人介、衆賓皆降，説屨，揖讓如初，升，坐。《燕禮》：賓及卿、大夫皆脱屨，升，就席。故《少儀》又曰：「凡祭於室中、堂上，無跣，燕則有之。」是初脱屨在堂下，退取屨亦在堂下也。《玉藻》此下有云「坐左納右，坐右納左」，亦本篇所未具。孔疏：「納，猶著也。若坐左膝，則著右足之屨；若坐右膝，則著左足之屨。」不敢顧辭，郝氏謂不回顧君告辭，是也。注云「謂君若食之飲之而退也」者，上言君賜食、賜爵，則此言退即謂食之飲之而退也。楊氏以此與上别爲一節，非矣。云「隱辟，俛而逡巡」者，《曲禮》曰：「就屨跪而舉之，屏於側。」此隱辟即謂屏於側也。又曰：「鄉長者而屨，跪而遷屨，俯而納屨。」此而後屨即謂納屨也。俛與俯同，逡巡即釋「辟」字意。云「辭君興而不敢辭其降，於己大崇，不敢當也」者，張氏爾岐云：「君無爲興，臣不敢辭，即臣辭君興之語也。」今於君降送而不敢辭者，經云「君若降送之」，言「若」，不定之辭，明非常禮，故云「於己大崇，不敢當也」。**大夫則辭退，下，比及門，三辭。**下，亦降也。【疏】正義曰：注「亦」字，《通解》作「猶」。○敖氏云：「大夫起而退，則君興；下階，則君降；及門，則君送于此。三節皆辭之，故曰『三辭』。大夫位尊，不嫌與君爲禮，故得辭也。此著大夫，則上之不敢辭者爲士明矣。」今案：章氏平讀「大夫則辭」爲句，謂士不敢辭，大夫則辭也。褚氏謂當以「辭退下」三字連讀。案：退下、及門皆指臣言，敖氏分析極細，若三字連讀，義難通矣。

注云「下，亦降也」者，上經「君若降送之」，「降」謂降階，此「下」亦謂降階也。

右臣侍坐賜食賜飲及退去之儀

若先生異爵者請見之，則辭。辭不得命，則曰：「某無以見。」辭不得命，將走見。先見之。先生，致仕者也。異爵，謂卿、大夫也。辭，辭其自降而來。走，猶出也。先見之者出先拜也。《曲禮》曰：「主人敬賓，則先拜賓。」【疏】正義曰：先生異爵者尊于士，前有士見于大夫之禮，此則先生異爵者特來見士，蓋慕德而不以爵位拘也。辭不得命，謂辭之而不見許也。「曰」字直貫至「將走見」句。「某無以見」，張氏爾岐謂無故不敢輕見，姜氏謂無德可以辱見。盛氏則云：「以，因也；言己欲見尊者而無因見，則『見』字指見先生異爵者言。」其説較勝。注云「先生，致仕者也。異爵，謂卿、大夫也」者，賈疏云：「此《士相見》本文是士，故以卿、大夫爲異爵也。」然則先生亦即致仕之卿、大夫矣。云「辭，辭其自降而來」者，以尊而請見卑，是自降也。云「先見之者出先拜也。《曲禮》曰：『主人敬賓，則先拜賓。』」者，前經主人出迎于門外再拜，賓荅拜，固是先拜矣。然彼之拜爲迎賓，此拜爲先見，其所以拜不同。張氏惠言云：「當出門北面再拜，如相見奠摯之拜與？」鄭解先見爲先拜，故引《曲禮》以證之。《曲禮》本文作「客」，此引作「賓」者，二字通也。吴氏《疑義》云：「以本欲往見，今先見之於家。曰先者，對往見爲後也。」其説亦通。敖氏謂「先見」之「先」當作「走」，❶非矣。

右先生異爵者見士

非以君命使，則不稱寡。大夫、士則曰寡君之老。謂擯贊者辭也。不稱寡者，不言寡君之某，言姓名而已。大夫、卿士其使則皆曰寡君之某。《檀弓》曰：「仕而未有禄者，君有饋焉曰獻，使焉曰寡君之老。」【疏】正義曰：注「不稱寡者」，毛本「者」作「君」，嚴、徐、《集釋》作「者」，是也。○此節疑有譌舛。解者雖多，卻少確詁。今惟擇其近是者録之，以待後人考定焉。李氏云：「《玉藻》曰：『大夫私事使，私人擯則稱

❶「見」，原作「拜」，今據《儀禮集説》改。

名，公士擯則曰寡大夫、寡君之老。』公士爲擯，❶謂聘也。上大夫曰寡君之老，下大夫曰寡大夫。」《儀禮糾解》引三禮館議云：「此經據《玉藻》釋之，文義自明，『非以君命使』句，所謂『大夫私事使』也。『則不稱寡大夫』句，所謂『私人擯則稱名』也。『士』一字爲句，所謂『大夫有所往，必與公士爲擯』也。『則曰寡君之老』句，所謂『公士擯則曰寡大夫、寡君之老』也。」此説依文衍義，似屬可從，然「士」上必添「公」字，「士」下必添「擯」字乃明。且寡大夫、寡君之老皆爲奉命出使之稱，而上下分屬，亦少的義。戴氏震校《集釋》云：「《玉藻》篇：『上大夫曰下臣，擯者曰寡君之老；❷下大夫自名，擯者曰寡大夫。大夫私事使，私人擯，則稱名；公士擯，則曰寡大夫、寡君之老。』是上大夫自稱下臣，下大夫自名；擯者稱上大夫曰寡君之老，稱下大夫曰寡大夫。然必公士擯乃得稱之。此文當云：非以君命使則不稱寡大夫、寡君之老。正與《玉藻》『公士擯則曰寡大夫、寡君之老』互相爲義，衍『士則曰』三字耳。」《經義述聞》以戴説爲是，云：「據賈疏，『大夫』下本無『士』字。經文『士』字，後人所加。」又云：「『則曰』二字因下文『士大夫則曰下臣』而衍也。」今案：盧氏文弨、朱氏大韶亦俱從戴説。然唐石經及各本皆有「士則曰」三字，未可必其爲衍也。汪氏中校本改「士」爲「使」，云：「據鄭注讀經『不稱寡』爲句，又云『其使則皆曰寡君之某』可證矣。注讀經『不稱寡』爲句者，謂大夫非以君命使，則不稱寡君之某也。云『大夫使』者，謂大夫以君命使，則當曰寡君之某也。二語反復相應，上不言大夫，下不言以君命，省文互相備耳。注『卿士』二字非釋經『士』字，乃指上大夫卿而言。古者通謂六卿

❶「士」，原作「事」，今據《儀禮集釋》改。
❷「君」，原作「者」，今據《續清經解》本改。

爲卿士。」案：方氏苞亦謂「士」當作「使」，其説不如汪説之善，然經作「士」已久，改「使」亦嫌無據也。其餘敖、郝諸家之説尤無足取。此文似當在闕疑之列矣。　注云「謂擯贊者辭也」者，言此皆擯贊稱謂之辭，非自稱也。云「不稱寡者，不言寡君之某，言姓名而已」者，盛氏云：「不言寡君之某，指大夫言，不兼士也。下大夫曰寡大夫，上大夫曰寡君之老，故言某以該之。」案：言姓名者，據《玉藻》云「大夫私事使，私人擯則稱名」也。云「大夫、卿士其使則皆曰寡君之某」者，案：卿士謂上大夫也。或謂「卿」字爲衍文，似無確據。云「《檀弓》曰：仕而未有禄者，君有饋焉曰獻，使焉曰寡君之老」者，盛氏云：「注引《檀弓》，蓋取『使焉曰寡君』之義，證公事使則稱其君曰寡君也。『之老』二字出處所無，傳寫者因經有『寡君之老』之文而衍耳。」今案：盛氏釋注俱是，此注與經亦未盡協，姑依文釋之。**凡執幣者不趨，容彌蹙以爲儀。**不趨，主慎也。以進而益恭爲威儀耳。今文無「容」。【疏】正義曰：散文則玉亦稱幣，《小行人》「合六幣」是也；對文則幣爲束帛、束錦、皮馬及禽摯之屬是也。此執幣亦指見君言，故容彌蹙，與執摯見君者同。不曰「執摯」而曰「執幣」者，蓋兼朝聘見他國之君言之，故云「凡」也。　注云「不趨，主慎也」者，賈疏據《玉藻》謂趨有疾趨、徐趨二種，此經不趨者，謂不爲疾趨，故云「主慎也」。又謂徐趨，則下文「唯舒武，❶舉前曳踵」是也；此不爲疾趨，亦不爲徐趨，但徐疾之間爲之。案：《玉藻》曰：「圈豚行，不舉足，齊如流。」又曰：「執龜玉，舉前曳踵，縮縮如也。」鄭注皆以爲徐趨之事，賈説本此。云「以進而益恭爲威儀耳」者，案：「進而益恭」釋經「容彌蹙」之義

❶「武」，原脱，今據《儀禮注疏》補。

也。云「今文無『容』」者，胡氏承珙云：「無『容』字則於義不明。《孟子》：『其容有蹙。』古文有『容』義長，故鄭從之。」

執玉者則唯舒武，舉前曳踵。唯舒者，重玉器，尤慎也。武，迹也。舉前曳踵，備躓跲也。今文無「者」，古文「曳」作「抴」。【疏】正義曰：曳加點，非。注「唯舒」下，敖氏有「武」字，嚴本及各本俱無。朱子云：「案：注疏以『舒』字絶句，陸佃曰：容彌蹙同，唯武則舒，然則讀『武』字絶句矣。其説近是。」今案：注摘「唯舒」二字爲訓，非以「武」字屬下讀也。盧氏云：「上凡執幣節，疏明以『舒武』連讀。」《校勘記》云：「注疏實不以『舒』字絶句，是也。」案：《玉藻》曰「君與尸行接武」，「大夫繼武」，「士中武」，皆以「武」字爲句。「古文曳作抴」，嚴、徐、《釋文》、《集釋》、《通解》俱从手，毛本从木作「枻」。案：《説文·手部》有「抴」字，《木部》無「枻」字，从手爲是。○張氏爾岐云：「執玉本朝聘鄰國之事，因言執摯相見，遂兼及之。」今案：此及執幣兩節，皆因執摯類及也。　注云「唯舒者，重玉器，尤慎也」者，玉視幣更重，故舒徐其武，較之不趨者爲尤慎也。云「武，迹也」者，《曲禮》曰：「堂上接武。」鄭注亦云：「武，迹也。中人之迹尺二寸。」云「舉前曳踵，備躓跲也」者，《玉藻》孔疏云：「踵，足後跟也。謂將行之時，初舉足前，後曳足跟，行不離地。」恐致躓跲也。云「今文無『者』」者，上執幣者有「者」字，此執玉者亦當有「者」字，無「者」，脱也。云「古文『曳』作『抴』」者，案：「曳」、「抴」聲義並同。《檀弓》：「負手曳杖。」《釋文》「曳」字作「抴」。鄭以《曲禮》諸篇多作「曳踵」，故不從古文也。

凡自稱于君，士大夫則曰下臣。宅者在邦則曰市井之臣，在野則曰草茅之臣。庶人則曰刺草之臣，他國之人則曰外臣。宅者，謂致仕者也。致仕者去官而居宅，或在國中，或在野。《周禮》載師之職：以宅田任近郊之地。今文「宅」或爲「託」。古文「茅」作「苗」。刺，猶剗除也。【疏】正義曰：戴氏云：「經當作『上大夫』，唐石經『上』字摩滅，各本譌作『士』。攷前疏云：『《玉藻》上大夫曰下臣，與此同也。』」盧氏云：「石經『士』字甚清楚，不如戴説。」今案：自稱于君，何以但言上大夫，而不及下大夫與士？如戴説，則此節有脱誤矣。各本作「士」，仍之。「草茅之臣」，毛本「草」作「艸」。唐石經、嚴、徐、閩本、《釋文》、《集釋》、《通解》、《要義》、敖氏俱作「草」。注「謂致仕者也致仕者」，《通解》、毛本脱下四字，嚴、徐、《集釋》俱有。「刺，猶剗除也」，此句嚴、徐、《集釋》、《通解》、陳、單注本俱在「任近郊之地」下，毛本在注末。「今文『宅』或爲『託』」，陳、單注本、毛本俱同。嚴、徐無「文」、「或」二字，《集釋》有「文」字、無「或」字，《通解》無「文」字、有「或」字。今從《集釋》。○張氏爾岐云：「此與君言之時，其自稱有此數者之異。」今案：士大夫，敖氏謂「見爲臣者」，是也。統曰下臣而不分別者，與出使擯贊辭異也。他國之人，敖氏云「亦謂士大夫」，是也。　注云「宅者，謂致仕者也。致仕者去官而居宅，或在國中，或在野」者，姜氏云：「此以市井、草茅之臣謂士大夫，而下別云『庶人曰刺草之臣』，故注以致仕者訓之，與《孟子》不同。」案：《孟子》：「在國曰市井之臣，在野曰草莽之臣。」皆謂庶人。此經先言宅者而後言庶人，則宅者與庶人異。若如敖説，以宅者爲未仕而家居者，則與庶人不傳質爲臣者正同，經何爲區別乎？故知市井、草茅，《士相見》與《孟子》文略同而實異。姜説是也。《周禮》每以「國中」與「野」對言，故知此在邦、在野爲或在國中、或在野也。云「《周禮》載師之職：以宅田任近郊之地」者，鄭於彼注易先鄭之説以宅田爲致仕者之家所受田，而即引此經宅者在邦云云以證之，故于此經即引彼宅田爲證也。《儀禮釋官》云：「案：《書·酒誥》曰：『越百姓里居。』傳云：『於百官族姓及卿、大夫致仕居田里者。』彼言『里居』，即此經言『宅』之義。天子畿内，采地三等：大國九，❶三公致仕者之田三；次國二十一，卿致仕者之田六；小國六十三，大夫致仕者之田二十七。並見《王制》注。諸侯亦當有卿、大夫致仕者之田，但其數未聞耳。」云「刺，猶剗除也」者，《廣雅·釋詁》云：「剗，削也。」然則刺草即謂削除其草矣。　云「今文『宅』爲『託』。古文『茅』作『苗』」者，《經義述聞》以今文「託」字爲長，謂：「羈旅之人寄託於此國者也。襄二十七年《左傳》衛子鮮出奔晉，託于木門，終身不仕。是其證。託者若仕，則自稱于君，與士大夫同；不仕，則或曰『市井之臣』，或曰『草茅之臣』而已。《孟子》：『庶人不傳質爲臣，不敢見於諸侯。』今託於此國而不仕，亦是不傳質爲臣者，故其自稱于君者相若也。」案：宅者之義，當以鄭注爲正。此亦可存備一説。胡氏承珙云：「《説文》：『侂，寄也。从人庑聲。』庑，古文宅。與《言部》『託』字音義略同，故今文假『託』爲『宅』。古文又假『苗』爲『茅』，《洛陽伽藍記》有魏時苗茨之碑，苗茨即茅茨也。鄭於經文，則皆從其正者。」〇劉氏敞《補士相見義》曰：「自天子至于庶人皆有摯。摯者，致也，所以致其志也。天子之摯鬯，諸侯玉，卿羔，大夫鴈，士雉。鬯也者，言德之遠聞也；玉也者，言一度不易也；羔也者，言柔而有禮也；鴈也者，言進退知時也；雉也者，言死其節也。故天子以遠德爲志，諸侯以一度爲志，卿以有禮爲志，大夫以進退爲志，士以死節爲志。明乎其志之義，而天下治矣。故執斯摯也者，致志者也。君之摯以事神，臣之摯以養人。唯君受摯者，唯君受養也。非其君則辭摯，不敢當養也。古者非其君不仕，非其師不學，非其人不友，非其大夫不見。士相見之禮必依于介紹，以言其不苟合也；必依于摯，以言其道

❶「國」，原作「夫」，今據《續清經解》本改。

可親也。苟而合，唯小人無恥者能之。君子可見也，不可屈也；可親也，不可狎也；可遠也，不可疎也。賓至門，主人三辭見；賓稱摯，主人三辭摯，所以致尊嚴也。大夫以禮相接，士以禮相諭，庶人以禮相同，然而争奪興于末者，未之有也。人苟悦而相若者，未必争；苟簡而相親者，未必怨。是故士相見禮者，人道之大也，所以使人重其身，而毋邇於辱也；所以使人慎其交，而毋邇於禍也。唯仕於君者召而往，未仕而見於君者冠而奠摯。在邦曰市井之臣，在野曰草莽之臣，君雖召，不往也。是故雖有南面之貴、千乘之富，士之所以結者，禮義而已矣，利不足稱焉。刑罰行於國，所誅者好利之人，未有好利而其俗不亂者也。無介而相見，君子以爲諂，故諸侯大國九介，次國七介，小國五介。」

右廣言稱謂及執幣玉之儀附士相見禮

儀禮正義卷五　鄭氏注

受業江寧楊大堉補

鄉飲酒禮第四

鄭《目録》云：「諸侯之鄉大夫三年大比，獻賢者、能者於其君，以禮賓之，與之飲酒。於五禮屬嘉禮。大戴此乃第十，小戴及《别録》此皆第四。」【疏】正義曰：《釋文》「獻」上有「將」字。　云「諸侯之鄉大夫三年大比，獻賢者、能者於其君，以禮賓之，與之飲酒」者，孔氏穎達《禮記正義》曰：「鄭云鄉飲酒有四事：一則三年賓賢能，二則鄉大夫飲國中賢者，三則州長習射飲酒，四則黨正蜡祭飲酒。總而言之，皆謂之鄉飲酒。鄉則三年一飲，州則一年再飲，黨則一年一飲。所以然者，天子六鄉，諸侯三鄉，各有鄉大夫，而鄉有鄉學，取致仕在鄉之中大夫爲父師，致仕之士爲少師，在於學中名爲鄉先生，教於鄉中之人謂鄉學。每年入學，三年業成，必升於君。若天子之鄉，則升學士於天子；諸侯之鄉，則升學士於諸侯。凡升之必用正月。將升用之，先爲飲酒之禮，鄉大夫與鄉先生謀事，❶擇學士最賢者使爲賓，次者爲介，又次者爲衆

---

❶「事」，原作「士」，今據《禮記正義》改。

賓，皆鄉大夫爲主人，與之飲酒而後升之。故《周禮・鄉大夫職》曰：『三年則大比，考其德行道藝，而興賢者、能者。鄉老及鄉大夫帥其吏與其衆寡，以禮禮賓之。』若州一年再飲者，是春秋習射，因而飲之，以州長爲主人也。若黨一年一飲者，是歲十二月，國於大蠟祭，而黨中於學飲酒，子貢觀蠟是也。亦黨正爲主人。」張氏爾岐云：「鄉飲有四。此篇所載賓賢之禮，常以正月行之；將射而飲，❶於春秋行之；黨正正齒位，於季冬蠟祭；鄉大夫飲國中賢者，則無常時。」盛氏世佐云：「此篇所陳乃侯國鄉大夫賓賢之禮，他如黨正正齒位、州長春秋習射及鄉大夫飲國中賢者，雖亦名鄉飲酒，而其禮固不能無異也。自呂氏大臨謂：『鄉人凡有聚會皆當行此禮，恐不止四事。《論語》載：鄉人飲酒，杖者出，斯出矣。亦指鄉人而言之。』其説見采於《通解》而後儒宗之，遂以爲鄉人聚會飲酒之通禮矣。然《論語》所載有尚齒之意，謂與《黨正》飲酒法相似則可，援以證此則不可。且其所謂鄉人者，鄉之人耳，與《鄉飲酒義》『鄉人、士、君子』之鄉人注以爲鄉大夫者亦别。」褚氏寅亮云：「此禮雖主興賢能，選有德者爲賓、介、三賓，而餘皆齒序。若有遵者，則席在賓東，而不與鄉人齒，是選賢之中仍寓尚齒、貴貴之義。州長習射，有賓無介。若有遵，則以公士爲賓。自賓而外，皆以齒序。雖曰習射尚功，而兼貴貴、尚齒猶鄉飲也。其黨正飲酒，則專爲正齒位而行禮，故豆之多寡與年遞增，而五十以下俱立侍于堂下。然考《周官・黨正》之文曰：『一命齒于鄉里，再命齒于父族，三命不齒。』則尚齒之中仍存貴貴之義焉。案：天子三命以下皆士，故如此分别。

❶「飲」下，《儀禮鄭注句讀》有「下篇所列是也」六字。

若侯國，則自一命以上，苟位列大夫，即不以齒序，爲少異耳。以上三禮，皆行之於在官者也。至賈疏謂鄉大夫飲國中賢者，用鄉飲酒禮，此即《論語》所云『鄉人飲酒』也。竊意此禮雖曰飲賢，然不過在坐皆賢者耳，其賓、介等必以年之先後次第爲之。若以德，則近於標榜矣；若以貴，又非尊賢之義矣。玩『杖者出，斯出矣』之文，不云賓而云『杖者』，蓋賓即杖者中年之最高者，❶故即以杖者名賓也。賓出而其餘杖者俱出矣，故孔子亦隨之而出矣。若尚德不尚年，年少者既爲賓，杖者安得不俟而先出乎？明乎此，則知此禮必兼年高、有德者爲之矣。或謂此禮不立賓、介。夫不立賓，則獻、酢、酬之事俱不可行矣。故《燕義》曰：立賓主，飲酒之義也。見凡飲酒必立賓也。其或有賓無介，如州長習射之儀，亦未可定，但賓必兼年、德耳。説《論語》者往往以鄉大夫賓賢、黨正正齒位之禮汩之，故詳辨焉。」方氏苞云：「將興賢能，其德之蓄、行之恒、藝之習，惟鄉先生教之久，知之深，故就而謀焉。若州長習射、黨正正齒位，則賓之爵、齒、德久著於衆，無待於謀。注謂鄉大夫興賢能，不可易也。習射、正齒位，乃平時所以教士，故可遵其禮。敖繼公乃謂此士與其同鄉士、大夫會飲于鄉學之禮，❷誤矣。三者皆國政，故有司掌之。若士、大夫會飲，❸無爲著於國典，亦不宜行於鄉學。賈疏謂《鄉飲酒義》乃黨正正齒位之法，不知通篇皆正解鄉大夫興賢能，習射、正齒位，有賓而無介也。中間覆舉鄉飲酒之禮，『五十者立侍，以聽政役』，特約略黨正之

❶ 「中」，原脱，今據《儀禮管見》補。
❷ 下「士」字，原脱，今據《儀禮析疑》補。
❸ 「士大夫」，《儀禮析疑》作「大夫士」。

正齒位以附之耳。」《經義聞斯録》曰：「鄭氏《三禮目録》於《鄉飲酒禮》云：『諸侯之鄉大夫三年大比，獻賢者、能者於其君，以禮賓之，與之飲酒。』於《鄉飲酒義》云：『記鄉大夫飲賓于庠序之禮，尊賢養老之義。』是禮專屬賓賢能，而義統釋四事爲異矣。或曰：《戴記·冠義》以下數篇，先儒以爲《禮經》之傳，經不具者傳詳之。孔氏亦云：『此鄉飲酒之義，説《儀禮·鄉飲酒》也。』似不當分而爲二。且鄭氏以此篇專屬賓賢能者，因《鄉飲酒義》有『六十者坐，五十者立侍』、『六十者三豆，七十者四豆』諸文，而此篇無正齒位事耳。但篇内云：『主人西階上獻衆賓，衆賓之長升，❶拜受者三人。』注云：『長，其老者。』『命弟子俟徹俎。』注云：『弟子，賓之少者。』記又云：『衆賓之長一人辭洗，立者東面北上。』❷樂正與立者皆薦以齒，是未嘗不論齒，且明言有立者矣。《孟子》曰：『鄉黨莫如齒。』《王制》曰：『習鄉尚齒。』鄉人飲酒無不以齒爲主。《儀禮》之禮、《戴記》之義互相證明也。曰：州長習射飲酒有賓而無介，有合樂而無升歌、笙樂、間歌，豈與鄉飲酒之禮一一符合乎？　黨正蠟祭飲酒之禮雖亡，亦未必絶無異同可知。至鄉大夫飲國中賢者，僅見于《鄉飲酒義》『鄉人、士、君子』注中，他無可考。即有此事，亦未必盡用鄉大夫之禮也。鄭氏以禮爲賓賢能義爲統釋四事，必本經師舊説，確不可易矣。曰：然則吕氏謂鄉人會聚、飲酒皆行此禮，其説非歟？　曰：《周禮·族師》『春秋祭酺』注云：『族長無飲酒之禮，因祭酺而與其民以長幼相獻酬焉。』疏云：州長、黨正有飲酒禮，皆得官物爲之；今此族卑，不得官物爲禮。可見此禮止于州黨，族尚不用，

❶「升」上，原衍「拜」字，今據《儀禮析疑》删。
❷「者」，原重，今據《儀禮注疏》删。

況其餘乎？」云「於五禮屬嘉禮」者，盛氏世佐云：「《鄉飲酒義》孔疏云：『案：鄭《目録》云：此於《別録》屬吉事。』陸氏《釋文》亦引鄭云：『《別録》屬吉禮。』則以此爲吉禮之説蓋出於劉向，而鄭君見之於《禮記目録》，不始於孔氏也。又案：《禮記》冠、昏、鄉飲酒、燕、聘諸義，孔疏引鄭《目録》皆云：『《別録》屬吉事。』惟鄉飲酒、射二義，《釋文》引鄭云：『《別録》屬吉禮。』《釋文》『禮』字蓋『事』字之誤，鄭注《儀禮》於《冠》、《昏》、《鄉飲酒》、《射》、《燕》云『嘉』，❶而《聘》云『賓』者，以《周官》五禮言之也。若以事言之，則吉者對凶之辭。嘉也，賓也，皆可以言吉也。此鄭於《禮記目録》所以復存劉説歟？」

鄉飲酒之禮，主人就先生而謀賓、介。主人，謂諸侯之鄉大夫也。先生，鄉中致仕者。賓、介，處士賢者。《周禮·大司徒之職》：「以鄉三物教萬民，而賓興之：一曰六德，知、仁、聖、義、中、和；二曰六行，孝、友、睦、婣、任、恤；三曰六藝，禮、樂、射、御、書、數。」鄉大夫以「正月之吉受灋于司徒，退而頒之于其鄉吏，使各以教其所治，以考其德行，察其道藝」，及三年大比，「而興賢者、能者。鄉老及鄉大夫帥其吏與其衆寡，以禮禮賓之。厥明，獻賢能之書于王」。是禮乃三年正月而一行也，諸侯之鄉大夫貢士於其君蓋亦如此。云古者年七十而致仕，老於鄉里，大夫名曰父師，士名曰少師，而教學焉，恒知鄉人之賢者，是以大夫就而謀之。賢者爲賓，其次爲介，又其次爲衆賓，而與之飲酒。是亦將獻之，以禮禮賓之也。今郡國十月行此

---

❶「燕」上，《儀禮集編》有「射」字。

飲酒禮，以《黨正》每歲「邦索鬼神而祭祀，則以禮屬民而飲酒于序，以正齒位」之説，然此篇無正齒位之事焉。凡鄉黨飲酒必於民聚之時，欲其見化，知尚賢尊長也。《孟子》曰：「天下有達尊三：爵也，德也，齒也。」

【疏】正義曰：《校勘記》云：「注『賓介處士賢者』，『者』下，《通典》有『也』字。案：《通典》引諸經傳注往往增入『也』字。就此篇論之，如『明其德各特也』、『拜賓至此堂尊之也』、『進酒于賓也』、『復西階上位也』、『坐于席也』、『以右手也』、『酬之言周也』、『賓謙不敢居堂上也』、『不嚌啐下賓也』、『就賓南授之也』、❶『下賓也』、『長其老者也』、『賤者禮簡也』、『謂歌與衆聲俱作也』、『示絜敬也』、『以察衆也』、『又以序相酬也』，此類甚多，豈古本俱有『也』字而今本盡删之歟？凡類書徵引羣籍有删無增，此或原本如是，今不能一一細校，聊誌其概於此。『孝友睦婣任恤』，『婣』，徐本作『姻』，張氏曰：『案：《周禮》姻作婣。鄭氏引經多用古字。若《玉藻》視朔，視朝，鄭氏引作眂，《周頌》於穆清廟，鄭氏引作庿。此必不改婣爲姻。』案：後刊行之本，❷原非康成手迹，張説殊未確。『受灋于司徒』，『灋』，徐、葛、《通解》俱作『法』。案：『法』、『灋』今本錯出。『蓋如此云』，『蓋』下疏有『亦』字。『天下有達尊三』，『下』，徐本誤作『不』，嚴、鍾俱不誤。」○張氏爾岐云：「此《鄉飲酒禮》有獻賓，有樂賓，有旅酬，有無算爵、樂，凡四大段而禮成。此下至『當楣北面荅拜』，則將飲酒之始事，初謀賓，戒賓，次陳設，次速賓、迎賓，拜賓凡三節。」方氏苞云：「先生，鄉之致仕而教于黨庠、州序者也。《周官》：黨正書德行道藝，而州長考之，以贊鄉大夫廢興。其法必二十五家之塾，歲升其秀民于黨，而庠之

❶「賓」，《儀禮注疏》作「尊」。
❷「後」下，《儀禮注疏校勘記》以爲有「世」字。

師聚教焉，是黨正所憑以書其德行道藝，而待州長之考者也；序之師則時會而問、試、省、察焉，是州長所憑以書其德行道藝，而贊鄉大夫之興者也。故三年大比，鄉大夫就之而謀賓、介，即《周官》所謂『使民興賢，出使長之；使民興能，入使治之』也。古者官得其人而事無不治，皆由於此。」韋氏協夢云：「賓即所貢之一人，將獻于君，以賓客禮禮之，因謂之賓。介，輔也，佐也，所以輔佐賓者。謀賓、介，謂謀其孰可爲賓、介也。謀之未必在行禮之日，蓋因記飲酒禮而追言之耳。主人戒賓以下，皆本日事也。」　注云「主人，謂諸侯之鄉大夫也」者，賈疏云：「大國三鄉，次國二鄉，小國一鄉。」《釋官》云：「《左傳》有鄉正，《國語》有鄉長，韋、杜皆以鄉大夫釋之，則諸侯有鄉大夫矣。《周禮》：『鄉大夫，每鄉卿一人。』諸侯以大夫爲之，亦當鄉置一人。古者軍出于鄉，天子六軍出自六鄉。諸侯大國三軍，次國二軍，❶小國一軍。《費誓》：『魯人三郊三遂。』則賈氏大國三鄉、次國二鄉、小國一鄉之説信矣。孔穎達謂諸侯三鄉、卿二鄉、大夫一鄉，非也。《周禮》六鄉大夫皆屬於司徒，故其職曰『受教灋于司徒，退而頒之于其鄉吏』。諸侯則使卿分掌之，《左傳》宋二師令四鄉正，晉趙孟問其縣大夫，則其屬。《國語》『高子帥五鄉焉，國子帥五鄉焉』，是諸侯之鄉大夫統於卿也。」引《周禮·大司徒之職》與《鄉大夫》者，因諸侯鄉大夫經無明文，因以天子之官況之，故引《周禮》以證，而云「諸侯之鄉大夫貢士于其君，蓋如此云」也。「云古者年七十而致仕老于鄉里，大夫名曰父師，士名曰少師，而教學焉」者，《尚書大傳》云：「大夫七十而致仕而退，老歸其鄉里。大夫爲父師，士爲少師。」是注所本也。

❶「軍」，原作「君」，今據《續清經解》本改。

云「賢者爲賓，其次爲介，又其次爲衆賓，而與之飲酒。是亦將獻之，以禮禮賓之也」者，賈疏云：「據鄉貢一人，其介與衆賓不貢，但輔賓行禮，待後年還以貢之耳。大國三鄉，次國二鄉，小國一鄉，鄉送一人至君所，其君簡訖，仍更行鄉飲禮，賓之于王。」云「今郡國十月行此飲酒禮，以《黨正》每歲『邦索鬼神而祭祀，則以禮屬民而飲酒于序，以正齒位』之説，然此篇無正齒位之事焉」者，此舉漢時所行鄉飲酒禮，用《黨正》正齒位之説，與此篇不同。漢罷諸侯之國爲郡，郡有太守，而封王子母弟者仍爲國，故曰郡國。案：漢時鄉飲酒禮今不可考。建武時，伏湛奏行鄉飲酒禮，遂施行之。《禮儀志》：明帝永平二年，郡國、縣、道行鄉飲酒于學校。至鄭君蓋尚遵而行之，故據所目見以證其相異也。云「凡鄉黨飲酒必於民聚之時」者，程易田云：「十二月大蠟，乃民聚之時。此篇行于正月，與十二月相連，亦爲民聚之時。引《孟子·公孫丑》篇文，賓賢能爲尚德，正齒位爲尚齒，爵則連引之耳。」**主人戒賓，賓拜辱。主人荅拜，乃請賓。賓禮辭，許。主人再拜，賓荅拜。**戒，警也，告也。拜辱，出拜其自屈辱至己門也。請，告以其所爲來之事。不固辭者，素所有志。【疏】正義曰：「主人戒賓」，張氏爾岐云：「言主人往至賓門，欲相警告，非謂已戒之也。至請賓，方是發辭相戒耳。」江氏筠云：「賈疏云：『《冠禮》主人戒同寮，同寮尊，又使之加冠於子，尊重之，故主人先拜，賓荅拜。此則鄉大夫尊矣，賓是鄉人，卑矣，又將貢己，宜尊敬主人，故賓先拜辱。』案：《冠禮》戒賓，亦賓先拜，主人荅拜。不言者，以有宿賓之儀見之也。果主人敬客而先拜，則何以速賓，賓西面再拜，主人東面荅拜乎？且疏於彼處已明謂與此同矣。彼疏云：『《鄉飲》、《鄉射》戒賓，皆與此文不同。此經文不具，當依彼文爲正。』何得於此又爲異説也？蓋緣下主人速賓，賓拜送之説故耳。下疏云：『《聘禮》：賓至近郊，使下大夫至賓館。下大夫遂以賓入，賓送不拜。《公食禮》：使大夫戒賓，大夫還，賓不拜送，遂從之。此獨拜送者，亦是鄉大夫尊，賓卑，又擬貢故也。』下既爲此説，故牽此以就之，然其説亦誤也。蓋不拜送者，爲從之不終事。此經雖云『賓及衆賓皆從之』，其實賓與介俱不得從主人。賓之所以不從主人者，緣主人速賓從更須速介也。速介後雖無事，然下文：主人迎于門外，拜，賓拜，介揖衆賓。是賓、介、衆賓一時同來，介須挾衆賓隨賓偕行，亦不得獨從主人也。且《公食禮》疏云：『《鄉飲》、《鄉射》戒賓遂從之，而云拜辱、拜送者，以其主人先反，不相隨，故得拜辱、拜送。』則又與此違反，不知賈果以何説爲正也。」「乃請賓」，敖氏曰：「謂致戒辭于賓也，其辭卒曰『請子爲賓』。」韋氏協夢云：「主人明是戒賓，而云請者，謙遜詞。」「主人再拜」，張氏曰：「拜其許己也。」盛氏世佐云：「賓先拜，主人荅拜者，考《士冠》宿賓、《鄉射》戒賓皆然，是亦禮之常也。《士冠》戒賓云：『賓禮辭，許。主人再拜，賓荅拜。』主人之拜是拜賓之許己，非先拜也。方其始至賓家之時，仍當賓先拜。彼不言者，文不具耳，以宿賓禮例之可見也。蓋主人至賓家戒之，則主人爲賓，賓爲主人。賓既爲主人，禮應先拜。疏家誤謂《冠禮》主人先拜，而其釋此賓先拜之故亦黏滯。」注云「拜辱，出拜其自屈辱至己門也」者，敖氏云：「拜辱，即拜迎也。」方氏苞云：「主賓往來無稱拜辱者，惟此篇戒宿再言『拜辱』，示所舉不稱，恐爲舉者之辱也。賓拜賜、主人報禮亦稱拜辱，示功罪榮辱彼此共之也。始出迎，賓主各一拜；既而許，❶則主人再拜，示爲國求賢之重，使士進身之始，即知不可苟於自待也。《鄉射禮》主人戒宿，賓不

---

❶「既」下，《儀禮析疑》有「請」字。

言拜辱；而賓拜賜，主人荅之則稱拜辱，何也？習射，國政也。以公事相戒，非私禮於賓，無爲稱拜辱。射禮或公士爲賓，則非其屬也，不可不拜其辱。而既有此禮，即學士爲賓亦不容異同，蓋其德行道藝異日宜與賓興之選，以貴下賤，辭過於恭，亦所以勵士節也。」盛氏云：「主人，鄉大夫也。賓，處士也。主人戒賓，當如先生異爵者請見禮。先生異爵者請見，先見之，不敢拜迎。而此乃云『拜辱』者，當賓興大典，主人好善忘勢，而賓亦以道自重，故以處士而儼然與大夫抗禮，不爲驕也。」案：古言拜辱者，以賤稱尊之辭。如《左傳》「敢拜君命之辱」、「子以君命辱于敝邑」、「無若諸侯之屬辱在寡君者何」，此類甚多。以君臨臣，則君爲尊，臣爲卑，謂之辱；以賓臨主，則賓爲尊，主爲卑，謂之辱。此主人，鄉大夫也；賓，處士也。主人至賓家戒之，則主人爲賓，賓爲主人，故爲以卑稱尊之詞，而拜其自屈辱也。云「不固辭者，素所有志」者，此以《士相見禮》固辭例之也。朱子曰：「學成行修，進仕于朝，上以致君，下以澤民，此士之素所有志也。」張氏曰：「德業既成，欲及時而試也。」盛氏曰：「《士冠禮》、《鄉射禮》于主人戒賓，皆云『禮辭，許』，不聞有固辭者。一辭而許，爲賓之道固然，此亦如其常而已。以爲將貢己而固辭，君子惡其矯也。」**主人退，賓拜辱。**退，猶去也。去又拜辱者，以送謝之。**【疏】**正義曰：敖氏云：「此拜辱即拜送也。拜迎、拜送，皆言『拜辱』者，蓋一儀而兼二義也。迎送者，據己言也；辱者，據彼言也。此經言戒賓之儀略者，亦以《士冠禮》宿賓之儀見之也。下『速賓』放此。」〇程易田云：「注『退，猶去也』，謂主人出賓門，賓送出門，又拜其辱也。」盛氏世佐云：「凡賓主相見，始而拜迎，退而拜送，禮之常也。拜迎可名拜辱，拜送獨不可名拜辱乎？鄭君求其說而不得，因有以送謝之之解。疏又云：『將貢己，宜尊敬主人，是以去又拜辱，以送謝之。』何見之陋也？夫主人之於賓，即後世之所謂舉主也，所謂座主、門生也。古者鄉舉里選一以德行道藝爲主，而進退之權在舉之者自盡其職之所當爲，❶非以樹恩也。而所舉者亦必克副其實，而後應之。公義重而私恩輕，何僕僕而亟謝爲？爲此説者，習見漢世報舉主之厚而意之耳。夫以漢世篤交念故之誼，議者猶或非之，況自中唐而後，一蒙賞拔，名曰恩門，長奔競之風，胎朋黨之禍，其流弊可勝道哉！韓子曰：『吾未嘗聞有登第於有司而進謝其門者。』斯固有識者之所恥也，豈先王制禮而不慮及此乎？然則飲酒之明日，賓鄉服拜賜，何也？曰：謝其以禮禮己也。夫禮，未有見禮于人而不之謝者。鄉射非貢士，賓亦拜賜，是已。爲貢己而以送謝之，私也。爲貢己而明日不拜賜，避嫌也。避嫌，亦私也。此於士習官方頗有關係，故不敢不辨。」據此論甚正，❷但鄭君所謂「以送謝之」者，謂謝其以禮禮己：於其來拜而迎之，❸謝其辱尊以就卑；於其退拜而送之，謝其秉禮以禮己，仍飲酒明日賓鄉服拜賜之意。彼謝於禮之成，此謝於禮之始。謂「將貢己，宜尊敬主人」，乃賈氏之無識，非鄭意也。且報舉主之厚，此自漢時之陋習，然如周舉之奏左雄、張陵之劾梁冀，伸公義以抑私情者未嘗無之，況鄭君乎？鄭君高尚，不受朝服之徵，詎至囿於時趨，而以習俗之見解先王之《禮經》乎？盛氏并詆之，昧於知人之法矣。**介亦如之。**如戒賓也。【疏】正義曰：注云「如戒賓也」者，張氏爾岐云：「謂如戒賓時拜辱、請許諸儀也。」

---

❶「權」，《儀禮集編》作「故」。
❷「據」，《儀禮正義正誤》作「案」。
❸「其」，原作「是」，今據《續清經解》本改。

右謀賓戒賓

乃席，賓、主人、介。席，敷席也。夙興往戒，歸而敷席，賓席牖前，南面；主人席阼階上，西面；介席西階上，東面。【疏】正義曰：注云「席，敷席也」者，經文「乃席」爲句，謂爲賓、主人、介敷席也。經不言敷席面位，注知之者，《鄉飲酒義》云：「四面之坐，象四時也。天地嚴凝之氣始于西南，而盛于西北。此天地之尊嚴氣也，此天地之義氣也。❶天地温厚之氣始于東北，而盛于東南。此天地之盛德氣也，此天地之仁氣也。主人者尊賓，故坐賓于西北，而坐介于西南以輔賓。賓者，接人以義者也，故坐于西北。主人者，接人以仁、以德厚者也，故坐于東南。而坐僎于東北，以輔主人也。」又曰：「賓必南鄉，介必東鄉，主人必居東方。」注本此爲説也。敖氏曰：「席賓于户牖間，主人于東序，介于西序。《少牢》下篇：席主人于東序，西面，席侑于西序，東面，侑、介之位同也。」方氏苞云：「自聘、饗、燕、射，下及冠、昏，賓席于户牖之間，乃一定不移之位也。下文云：『衆賓之席，皆不屬焉。』《鄉射禮》曰：❷『衆賓之席繼而西。』則位與賓並明矣。下文又云：『尊兩壺于房户之間。』《鄉射禮》曰：『尊于賓席之東。』則尊當房户之中，賓席于户西牖東，而遵席于尊東具見矣。蓋以尊爲節，三賓則繼賓而西，諸公與大夫則相繼而東，位正相配，地始可容也。尊之左右，既

❶「義氣」，原倒，今據《續清經解》本乙正。
❷「禮」，《儀禮析疑》作「記」。

無地可以席介，自當席于西序，而與主人相對矣。介之位不繼于賓，所以伸賓之尊也；不與三賓同列，又所以伸介之尊也。」**衆賓之席，皆不屬焉。** 席衆賓於賓席之西。不屬者，不相續也。皆獨坐，明其德各特也。【疏】正義曰：李氏如圭云：「衆賓，衆賓之長三人也。」楊氏復云：「《鄉飲酒禮》注『席賓于牖前』，與《周禮·司几筵》『筵國賓于牖前』似同而實異。賓席在西北，以天子、諸侯室有東、西房言之，則室前之中爲中，此乃王位設扆之處，自中以西便爲西北，又云牖前，❶如《司几筵》『筵國賓于牖前』是也。以大夫、士東房西室言之，房室之間爲中，故户西牖東西北之位，家、鄉、國皆以爲重。《士冠》禮子，筵于户西，《士昏》禮婦，席于户牖間，《鄉飲》席于牖前，《鄉射》賓席在于户牖之處，名雖不同，皆是一義。《鄉飲》雖是牖前，亦是牖東也。蓋户西牖東，正西北之賓位也。《士冠》禮子、《士昏》禮婦亦在此位，敬禮之如賓客然，所謂『醴于客位』者也。❷若牖前，則近于西北隅矣。果賓席在牖前，則三賓當如《鄉射·記》東面北上。今經云『衆賓之席，繼而西』，則賓席決不在牖前明矣。雖然，此特以鄭義大夫、士東房西室言之也。又案：陳祥道云：『《鄉飲酒》薦脯五脡出自左房，《鄉射·記》籩豆出自東房，《大射》宰胥薦脯醢由左房。夫鄉飲、鄉射，大夫禮，大射，諸侯禮，其言相類。蓋言左以有右，言東以有西，則大夫、士之房室與諸侯同可知。鄭謂大夫、士無西房，恐未然也。』」敖氏云：「屬，連接也。必不屬者，爲其升降皆由下也。以是觀之，則賓位在户西牖東，而

❶「云」，原作「是」，今據《儀禮圖》改。
❷「者」，《儀禮圖》作「是」。

當兩楹之間明矣。此席亦東上，凡席皆有司設之。」郝氏敬云：「古者大饗，必於宗廟。廟堂後中爲室，室東爲房。室與房皆有牖有户，牖皆居中，户皆在牖東，皆南向。故户牖間爲堂中，賓席在焉。賓所立位在堂西階上，東向；主席在堂東階上，西向。此廟中之禮也。鄉飲酒不行于廟，于學宫諸館舍，其位次與在廟殊。饌席皆在堂上，而拜立之位仍在東西階，故或退而復位、進而升席也。」方氏苞云：「《鄉射禮》：『衆賓之席，繼而西。』彼州民習射，故席相屬，以示鄉黨齒讓之風；此國興賢能，故不相屬，以彰朝廷尊賢之義。又於此經見《鄉射》之賓相屬，于《鄉射》見此衆賓之席亦繼而西也。」姜氏兆錫云：「鄉飲酒席位，經無明文，注蓋據《鄉飲酒義》而言也。但《鄉飲》、《鄉射》之席，賓與衆賓之席皆相繼而不屬，言其遞爲位則相繼，言其各爲位則不屬，二者參互推之，可見非有殊禮也。所以《鄉射》言『繼而西』，《鄉飲》言『皆不屬』者，《鄉射》單以賓與衆賓言之，故言『繼而西』，而《鄉飲》合『席賓、主人、介、衆賓之席』凡十字爲句，❶則賓與衆賓雖不屬而自相繼。主、介一東階，一西階，則不相屬而亦不相繼矣。而賈疏於句讀有差，因於義釋有誤，乃謂賓以將貢于君，有所殊别，故衆賓之席不屬而不相繼也。疎矣。」❷秦氏蕙田云：「衆賓席于賓西南面，賓長三人，即《鄉飲酒義》所謂三賓也。不屬者，謂衆賓之席不與賓相屬，所以尊賓也。《鄉射》主習民以禮樂，故衆賓之席繼賓而西，不相别異。若《鄉飲》主於興賢，賓則賢能中尤異者，故特貢之。衆賓既不與於貢，安得不與賓相别？注謂衆賓皆獨坐，似未得經旨。」盛氏世佐云：「此節當以『乃席賓』三字爲句，『主人介衆賓之席』爲

❶「合」下，《儀禮經傳》有「言」字。
❷「疎矣」，《儀禮經傳》作「不亦率爲之説而使經義之盡晦哉」。

句，郝氏、姜氏析句俱未安。經但言席賓，而不言位面，以見于《鄉射禮》者可參考也。《鄉射》無介，注知介席在西階上東面者，以《少牢》下篇席侑之處見之也。❶《鄉射禮》衆賓之席繼而西，此則云『不屬』者，興賢大典，所以殊異賓于衆也。皆者，皆主人、介、衆賓也。主人也、介也，與賓之席遠矣。云『皆不屬』者，詞雖總承，而意則專主於衆賓也。敖氏謂爲其升降皆由下，姜氏謂言其遞爲位則相繼，言其各爲位則不屬，二説皆未得經意，當以《注疏》爲正。但注家誤看經文『皆』字，謂衆賓皆獨坐，則猶未盡也。經意蓋謂主人、介、衆賓之席皆不屬於賓耳，非謂衆賓各不相屬也。賓是所興賢能之人，故別異之。彼衆賓者既不得與於貢，則其德故相埒也，焉得人人而別之乎？又案：古人宫室之制，前堂後室，室之東西偏曰房，室與房皆有户，室又有牖。户在東，而牖在西。户牖之間，堂之中也，故古人重之。室之有東、西房者，則以牖前爲賓位，取其在西北也，《司几筵》所云是也；室之有東房而無西房者，則以户牖之間爲賓位，亦取其在西北也，《士冠禮》、《士昏禮》所云是也。鄭氏謂大夫、士東房西室，以其私家言之也。《鄉飲酒》行禮于庠，《鄉射》于序，庠、序皆學舍，與私家之制異，安見其必無西房乎？陳氏祥道之説極爲有據，然此注不曰賓席户牖之間，❷而曰席賓牖前，則鄭氏固未嘗謂其無西房也。若無西房，則牖前乃堂之西北隅。賓既席于此，則賓西更無容席之地，不得云『衆賓之席，繼而西矣』。惟有西房，故賓席雖在室之牖前，而其西尚可以容衆賓之席也。然則此注所云『牖前』，與《司几筵》所云『牖前』其實無以異也。楊氏因陳氏之言而疑鄭氏大夫、士無西房之

❶「篇」下，《儀禮集編》有「所載」二字。
❷「不曰」，原作「又云」，今據《儀禮集編》改。

說之誤，殆未明於庠、序與私家之異歟？」《經義聞斯録》曰：「注云『賓席牖前』，不知何本。或曰：牖在户西，賓席牖前，正所謂『坐賓于西北』也。特古人賓位以户西爲正，《士冠禮》醮子，筵于户西，而記云『醮于客位』，《燕禮》『司宫設賓席于户西』是也。《射義》云：『卿、大夫、士之射也，必先行鄉飲酒之禮。』考《鄉射禮》『席賓西南，東上』注云：『不言于户牖之間。』此射于序，序無室，故不言户牖，然賓位正中，即此可見。鄉飲酒在鄉學有室，賓席在户西必然矣。乃以爲牖前，非自矛盾乎？揣鄭氏之意，不過欲會通《鄉飲酒義》之文耳。然《鄉飲酒義》皆約略之語，賓居户牖之間，衆賓之席繼而西，大勢在堂之西北，即謂之坐賓西北奚不可者？曰：鄉飲酒之位似與《鄉射》微有不同。《鄉飲》賓、主人、介、衆賓之席皆不屬。《鄉射》則無介，『衆賓之席，繼而西』，亦其一也。《鄉射》賓在户西，尊在賓東，遵在尊東。《鄉飲》：賓在牖前，遵在户前，尊在遵東。若有諸公，則大夫又在尊東。《鄉射》言僎入，序于賓東。《鄉飲》言席于尊東。固不得以鄉射之位爲即鄉飲之位也。注説必有所受。先儒又謂賓在户牖間，主人自阼階上望之，若在西北。誠如是，則介正在主人之西，大夫正在主人之北，何以一曰西南、一曰東北邪？」案：此節盛氏駁郝氏、姜氏析句之非，竊謂盛氏亦未爲得也。考注云「席，敷席也」，則以「乃席」爲句，「賓主人介衆賓之席」爲句，上席言敷席，下席言其人所坐之席，二「席」字皆總賓、主人、介、衆賓言之。「皆不屬焉」句亦總承賓、主人、介、衆賓也。《鄉飲》不言席之面位，而《鄉射》著之；《鄉射》不言皆不屬，而《鄉飲》著之：互相見也。賓、主人、介席之不屬，其事易明。衆賓之席，或有疑其相屬者，故注以「皆獨坐」明之，是衆賓三人其席亦各不屬也。説者多不得其解而妄駁之。**尊兩壺于房户間，斯禁。有玄酒，在西。設篚于禁南，東肆，加二勺于兩壺。**斯禁，禁切地無足者。玄酒在西上也。肆，陳也。【疏】正義曰：設尊之例，詳見《士冠禮》。「房户間」，吴氏澄云：「東房之西，室户之東，在賓主之間。雖主人之設，而賓亦以之酢主人也。」方氏苞云：「房户間，東西之度。《鄉射禮》曰『尊于賓席之東』，則在户外，而南北淺深之度具見矣。賈疏：『冠醴子、昏醴婦，尊皆在房隱，❶見其質；冠醮子及《鄉飲》、《鄉射》、《特牲》、《少牢》，尊皆在顯處，見其文。』非也。房中、户外辨于賓，賓親酌與否與酒醴文質何涉乎？冠、昏洗在北堂，故尊于房中，以便事也。房中、北堂皆婦人所有事，醴唯一舉，使贊者洗酌以授賓于户外可耳。醮則三洗三酌，賓皆親之，使賓數出入于房中、北堂，則幾於瀆矣。《鄉飲》、《鄉射》獻酬皆在堂階，自無尊于房中之義。《特牲》、《少牢》則尸、祝、賓、侑、主人、主婦之籩、豆、鉶、羹皆陳于房，而主婦、宗婦、贊者、女賓皆立而待事，故尊于户外，寧使主婦時出而酌獻，即長賓、長兄弟非獻尸薦俎不得出入于房户，❷況衆賓、衆兄弟之獻酬無算，而可使入酌于房中乎？凡此皆禮之以義起、顯著而無可疑者，不可以曲義汩之。」「斯禁。有玄酒，在西」，李氏如圭云：「『凡尊必尚玄酒』，大夫尊用棜，士用禁。斯禁即棜也，無足似棜，故謂之棜。士禁有足。《少儀》曰：『酌者之左爲上尊。』尊南嚮，酌者北面，故西爲上也。」吴氏澄云：「斯禁，一名棜，長四尺，廣二尺四寸，❸深五寸，無足。大夫用棜，士用禁，北面設尊，

---

❶「隱」，原作「顯」，今據《續清經解》本改。

❷「出」，原作「主」，今據《儀禮析疑》改。

❸「二尺四」，原作「四尺二」，今據《三禮考注》改。

玄酒在左，❶在酒尊之西也。」「設篚于禁南，東肆」，李氏曰：「東肆者，篚首在西，向東陳之。」敖氏曰：「設篚于禁南，其間當容人，蓋酌者北面也。東肆，放尊之西上也。」淩氏《釋例》曰：「凡堂上之篚在尊南，東肆。堂上之篚，所以實獻酬爵觶也。《鄉飲酒禮》：『設篚于禁南，東肆。』《鄉射禮》尊于賓席之東，篚在其南，東肆。《鄉飲酒》主人獻賓，坐取爵於篚，降洗，此堂上之篚也。『適洗，南面，坐奠爵于篚下』，此堂下之篚也。賓酢主人，亦用此爵。主人受酢畢，奠爵于東序端。主人酬賓，坐取觶于篚。亦堂上之篚也。此觶賓奠于薦東，不舉。主人獻介，仍用前東序端之奠爵。獻介畢，介降洗，升，授主人爵于兩楹之間。主人實爵，自酢畢，奠此爵于西楹南，及獻衆賓，仍用此西楹南之奠爵。獻衆賓畢，主人始以此爵降，奠于篚。此則堂下之篚也。《鄉射》主人獻賓畢，奠爵于序端，酬賓後，即取序端之爵獻衆賓。無介故也。餘皆與《鄉飲酒》同。《鄉射》主人獻賓，坐取爵于上篚，以降。疏云：『凡取爵于篚以降者，皆是上篚。』《鄉飲酒》不言上者，文略也。《燕禮》、《大射》：❷堂上不設篚，雖膳篚亦在堂下也。」又曰：「《鄉飲酒・記》：『獻工與笙，取爵于上篚。既獻，奠于下篚。』注：『明其異器，敬也。如是，則獻大夫亦然。上篚三爵。』楊氏復曰：『上篚爵三、觶一：獻賓、獻遵、獻工皆異爵，三也；主人取觶酬賓，一也。下篚觶四：一人舉觶爲旅酬始，一也；司正舉觶，二也；二人舉觶爲無算爵始，四也。』敖氏云：『上篚爵三觶一，下篚觶三。』說與楊氏異。蓋謂一人所舉

---

❶「玄」，原作「之」，今據《三禮考注》改。

❷「大射」，原脱，今據《禮經釋例》補。

之觶，旅酬畢，則仍奠于下篚，至二人舉觶時再取之，故云『下篚觶三』也。又云：❶『既獻工，則奠于上篚；既獻笙，則奠于下篚。』」❷「加二勺于兩壺」，敖氏云：「記云：『尊綌冪，賓至徹之。』則此二勺皆加于冪上矣，亦與祭禮微異。」張氏爾岐云：「兩壺，酒與玄酒各一也。斯禁以承壺，玄酒在酒之西。設篚貯爵，在禁之南，向東陳之，其首在西。壺各有勺，以備挹酌。」注云「禁，斯禁，禁切地無足者」，吴氏廷華云：「賈疏引《玉藻》『大夫側尊用棜，士側尊用禁』注以棜爲斯禁；引《禮器》注又以斯禁無足似棜，即所謂澌盡之名，故知切地無足。據此，則斯禁即棜，本大夫器。注以士所用之禁解大夫之斯禁，則似同一無足矣。疏謂鄭以大夫、士雙言之者，此也。據《特牲禮》曰『壺禁』，是禁也；記則曰『棜禁』，則又是斯禁。兩説不符，故彼注謂祭尚厭飫，❸得與大夫同器，不爲神戒也。愚案：《禮器》云：『禮有以下爲貴者。天子之尊廢禁，❹大夫、士棜禁。』所謂『廢禁』者，蓋合禁與斯禁並廢，是尊爲最下。棜雖無足，然尊之下尚有棜，比廢禁者爲稍上，故大夫用之。禁有足，則又上矣，故士用之。所謂以下爲貴也。若如此疏同名棜、禁之説，則混棜、禁而一之，既與《玉藻》大夫、士之説不符，又與《禮器》以下爲貴説不符。若以《禮器》、《玉藻》爲不足據，則《少牢禮》曰棜，《特牲禮》曰禁，此則經之可據者，不得因《特牲·記》棜禁説，遂謂《禮器》亦同名棜禁也。況據《少

❶「又」上，《禮經釋例》有「敖氏」二字。
❷「則」，《禮經釋例》作「乃」。
❸「厭」，原作「燕」，今據《儀禮疑義》改。
❹「天子」下，《儀禮疑義》有「諸侯」二字。

牢》疏謂《特牲》用棜仍云禁，蓋因彼記與經不符，故曲爲合一之解。若謂彼經所謂禁者，其名曰禁者，其實用棜，記所謂棜禁者，其實亦用棜而名之爲禁。其説本屬牽合，然可見彼記所謂棜禁者，特名棜爲禁，非同名棜禁之謂，❶則其説禮器者謬矣。至豐與舟之説，據《燕禮》云『公尊瓦大兩，有豐』，形似豆，❷疏以爲承尊之物。又據《司尊彝》祼時虎彝、蜼彝皆有舟，注以爲尊下臺，若今時承盤。蓋亦棜禁之類，則與《禮器》廢禁之説又不符矣。」❸褚氏寅亮云：「記言賓至而徹冪，《少牢禮》尸即位而徹冪，其節一也。第此則覆冪而即加勺，彼俟徹冪而始加勺，爲少異耳。」**設洗于阼階東南，南北以堂深，東西當東榮。水在洗東，篚在洗西，南肆。** 榮，屋翼。【疏】正義曰：設洗之例，詳《士冠禮》。張氏爾岐云：「南北以堂深，謂以堂廉北至屋壁之遠近爲洗去堂之遠近也。疏云『假令堂深二丈，洗去堂亦二丈，以此爲度』是也。堂上設篚，此復設篚者，上篚所貯三爵，每一爵行畢，即奠下篚，且貯餘觶也。」高氏愈云：「此時堂上、堂下設凡二篚：上篚以貯爵觶，凡獻酬者於是貯之；下篚則虛設之，凡以虛爵降者，則實之於其中也。」淩氏《釋例》曰：「凡堂下之篚，設于洗西，南肆。《鄉飲酒禮》：『篚在洗西，南肆。』《鄉射禮》同。此皆堂上設篚，而于堂下又設篚者也。《士冠禮》醮用酒，洗有篚在西，南順。注：『篚亦以盛勺觶，陳于洗西。南順，北爲上也。』《燕禮》：『篚在洗西，南肆，設膳篚在其北，西面。』注：『肆，陳也。膳篚者，君象觚所饌也，亦南陳，言西面，尊之，異其文。』

❶「非」，原作「然」，今據《儀禮疑義》改。
❷「形」上，《儀禮疑義》有「注謂豐」三字。
❸「器」，原作「記」，今據《儀禮疑義》改。

《大射儀》:『篚在洗西,南陳,設膳篚在其北,西面。』注:『或言南陳,或言西面,異其文也。』疏云:「洗篚言南陳,亦西面;膳篚言西面,亦南陳。」《特牲饋食·記》:『篚在洗西,南順,實二爵、二觚、四觶、一角、一散。』❶《少牢饋食禮》:『設篚于洗西,❷南肆。』此皆堂上不設篚,而但于堂下設篚者也。《燕禮》、《大射》二篚皆在堂下。盛氏世佐云:『二篚,一盛諸臣飲器,一盛君飲器。而無堂上篚者,蓋堂上之篚所以盛爵。燕禮輕,不用爵也。』考楊信齋謂《鄉飲》上篚爵三、觶一,是上篚亦盛觶也;《特牲·記》下篚實爵二,是下篚亦盛爵也。盛氏之説恐非。蓋《鄉飲》、《鄉射》賓主皆尊,禮盛,故堂上、堂下並設篚。《燕禮》、《大射》君燕其臣,禮殺。《特牲》、《少牢》祭畢而飲,禮更殺,故僅設堂下之篚歟?」

右陳設

羹定。肉謂之羹。定,猶孰也。【疏】正義曰:李氏如圭云:「肉孰即定止,不敢煩勞賓,故以羹定爲速賓節也。」○注云「肉謂之羹」者,《爾雅·釋器》文。敖氏謂肉與湆同在鑊,故謂之羹。云「定,猶孰也」者,王氏《述聞》曰:「定者,成也,言成孰也。《淮南·天文訓》:『秋分而禾蕈定。』高注曰:『定,成也。』《晋語》:『謀既成矣。』韋注曰:『成,定也。』《孟子》:『苟爲不孰。』趙注曰:『孰,成也。』是定、成、孰三字同義,故

❶「散」下,原衍「四」字,今據《續清經解》本删。
❷「篚」,原脱,今據《禮經釋例》補。

曰：『定，猶孰也。』」案：漢儒訓詁凡云「猶」者，皆通其引申之義也。定訓爲成，成訓爲孰，孰與定義稍隔，故云「猶」以通之也。**主人速賓，賓拜辱。主人荅拜，還，賓拜辱。**速，召也。還，猶退。【疏】正義曰：盛氏世佐云：「拜辱，即拜送也。《聘禮》：『使下大夫至賓館。』《公食大夫禮》：『使大夫戒賓。』二處賓皆不拜送者，以賓遂從之也。此處賓不遂從，故仍行拜送之禮。」案：上拜辱，拜迎也，辭主人之來速也；下拜辱，拜送也，於其還而拜以送之也，亦如戒賓之儀。注云「速，召也」者，敖氏云：「召之而云速者，欲其來之速也。」云「還，猶退」者，「戒賓」節云：「主人退，賓拜辱。」此云「還」，猶彼之云「退」也。**介亦如之。**如速賓也。【疏】正義曰：注「速賓」，《校勘記》：「徐本、《集釋》俱作『賓速』。」○敖氏云：「衆賓亦戒速，而唯言賓、介者，❶亦以主人親爲之，其禮重，故著之爾。」❷蔡氏德晉云：「介亦如之，亦主人親速也。衆賓則但使人速之。」**賓及衆賓皆從之。**從，猶隨也。言及衆賓，介亦在其中矣。【疏】正義曰：李氏如圭云：「《鄉飲酒義》曰『主人親速賓及介，而衆賓自從之』，則衆賓，主人不親速。」方氏苞云：「戒與速，《注疏》言及賓門而不言其所。❸賓或取於一黨一庠之中，而衆賓散布五州二十五黨之内，若戒宿于其家，不惟異黨異州之士不能羣萃以待于賓之門，如賓、介各處一偏，則亦不能同日而戒，況羹定而後速乎？其法必州黨之師、賓介之

❶「而」下，《儀禮集説》有「經」字。
❷「故」下，《儀禮集説》有「特」字。
❸「及」，《儀禮析疑》作「至」。

當興與衆賓之觀禮者，前期聚於某州之序，而後鄉大夫就問焉。及期則賓、介、衆賓次於近序之庠，故可俟羹定，鄉大夫躬速，而賓及衆賓皆從之也。鄉不設學何也？鄉大夫以六卿攝，不能親教事，且以便學子，俾各近其家而省勞費耳。」**主人一相迎于門外，再拜賓，賓荅拜；拜介，介荅拜。** 相，主人之吏擯贊傳命者。【疏】正義曰：張氏爾岐云：「主人于羣吏中立一人以相禮，與之迎賓于庠門外。」方氏苞云：「主賓之禮交擯傳辭，故《聘禮》上介問下大夫尚以三介從。鄉大夫，國卿也，而一相。以賓乃鄉民之秀，無擯可陳，承鄉大夫之命而相厭，以入無辭可傳。若陳擯以臨之，則非降尊以下賢之義，故惟用一相也。其不曰擯而曰相，以主于相禮，非接賓。鄉大夫不可以獨出與賢士接，又不可使胥吏間廁，故惟以相禮者從。」又曰：「賓主獻酬、進退、拜興之節會有目視不能及者，皆相者詔之，故於出門迎賓，特著一相，以見凡禮皆相贊也。《冠》、《昏》、《相見》無此文，其禮皆目視所能給。擯者，特傳詞耳。」敖氏曰：「拜介亦再拜，文省耳。」方氏苞云：「敖説非也。介于戒、速禮壹同于賓，故並曰介亦如之。惟迎賓再拜而介一拜，故特文以著之。蓋戒、速於私家，故同之以見用貴下賤之常；迎於公所，故異之以示爲國選賢之序：義並行而不相悖也。」注云「相，主人之吏擯贊傳命」者，盛氏世佐云：「古者黨有庠，術有序。教民之職在鄉則掌于州長、黨正以下，而統于鄉大夫；在遂則掌于縣正、鄙師以下，而統于遂大夫。治民之官即教民之官，非若後世守令之外别有教職也。主人，鄉大夫也。自州長以至比長，皆其屬吏。此相恐是擇州長中一人爲之。《周禮·州長職》云：『三年大比，則大考州里，以贊鄉大夫廢興。』則相主人者，舍州長而誰？學中有司，如樂師、大小胥之屬，於國學則有之，鄉學則未之前聞也。」**揖衆賓。** 差益卑也。拜介、揖衆賓皆西南面。【疏】正義曰：注云

「差益卑」者，以上文再拜賓，一拜介，是介差卑於賓。此於衆賓不拜而揖，是衆賓卑於介，益卑於賓也。方氏苞云：「祭祀之衆賓半主人之屬吏，而主人拜送于門外。飲射之衆賓終不拜送，始則揖之而使自入，何也？祭者，主人之私事，故大夫雖尊，衆賓長之獻則交拜焉；衆賓之出，則拜送焉。同之于賓，所以報其勤也。興賢能、教射，則國政也。賓、介乃德行道藝之越衆者，故特申其敬，屈貴貴之禮以尊賢，而衆賓不得與之儕。異之於賓，所以厲其德行道藝也。然皆得獻于堂下，而主人拜之，❶以其亦後此之賢能，又所以別之於有司贊者也。」云「拜介、揖衆賓皆西南面」者，李氏如圭曰：「賓、介、衆賓門外入門及堂位，皆東面，北上。」**主人揖，先入。** 揖，揖賓也。先入門而西面。【疏】正義曰：注「揖賓也」，《校勘記》云：「『揖』下，《要義》有『衆』字。」　云「先入門而西面」者，賈疏云：「庠學唯有一門，主人導賓先入，至内霤西面待賓。」敖氏云：「不言入門右，可知也。亦以賓入門左見之。」**賓厭介，入門左。介厭衆賓入，衆賓皆入門左，北上。** 皆入門西，東面，賓之屬相厭，變於主人也。推手曰揖，引手曰厭。今文皆作「揖」。又曰「衆賓皆入左」，無「門」。【疏】正義曰：注云「皆入門西東面」者，《鄉射禮》云：「東面，北上。」此不言東面，故注補著之。云「賓之屬相厭，變於主人也。推手曰揖，引手曰厭。今文皆作『揖』」者，方氏苞云：「唯《鄉飲酒》、《鄉射》賓、介、衆賓有相厭而入之禮，何也？賓、介、衆賓皆鄉大夫、州長所治所教之士民也，故主人先入，❷而相

---

❶「人」下，《儀禮析疑》有「氾」字。

❷「入」，原作「引」，今據《儀禮析疑》改。

引以從之，非主、賓之常禮也。賓、主獻酬交拜，無少退之禮，亦唯《鄉飲酒》、《鄉射》有之，何也？學士見賓禮以致身，故重其禮以荅主人。主人得賢才以報國，故重其禮以厲賓也。❶鄉射之禮雖較輕於興賢能，然獨立一賓而無介，故賓、主之交相重，不異賓興，亦所以淬勵羣士、觀示鄉民也。君臣之禮更嚴於師長，而燕無此儀，何也？燕禮之主人代君獻也。若賓見其拜而少退，則疑於當君之禮矣。賓之拜，拜君賜也。若主人見其拜而少退，則疑於代君受禮矣。故主人之無變，乃自比於舉觶；賓之無變，乃自比於受酬也。」又曰：「既曰『介厭衆賓入』，又曰『衆賓皆入門左』，❷見介引手以招衆賓，而衆賓序入，不復自相厭也。《鄉飲酒義》：『至于門外，主人拜賓及介，而衆賓自入。』可與此相證。」淩氏《釋例》曰：「凡推手曰揖，引手曰厭。《士冠》、《士昏》、《鄉飲酒》三揖至于階；《鄉射》三揖皆行；《聘禮》公揖入，及君與賓三揖，歸饔餼，問卿，三揖，皆行；《公食大夫》及廟門，公揖入，賓入，三揖；《覲禮》郊勞，三揖，至于階，皆推手曰揖也。《鄉飲酒》迎賓，賓厭介，入門左，介厭衆賓入。衆賓皆入門左，獻畢一人舉觶之時，揖讓，升，賓厭介升，介厭衆賓升；❸《鄉射》無介，❹餘同，皆引手曰厭也。又《覲禮》注引《司儀》文：『三揖，土揖庶姓，時揖異姓，天揖同姓。』疏云：『鄭彼注云：土揖，推手小下之也。時揖，平推手也。天揖，推手小舉之。』以推手曰揖，引手曰揖，故爲

---

❶「厲」，原作「屬」，今據《儀禮析疑》改。
❷「左」，原作「右」，今據《儀禮析疑》改。
❸「介」，原作「公」，今據《禮經釋例》改。
❹「射」，原作「飲」，今據《禮經釋例》改。

此解也。此疏『厭』作『撎』者，考《鄉飲酒》疏云：『厭』字或作『撎』字者，古字義亦通也。詳疏意，『厭』字或作『撎』字，似是注文。今注無此句，蓋傳寫脱之。又鄭司農《大祝》注：『肅拜，但俯下手，今時撎是也。』亦作『撎』字。《鄉飲酒》、《鄉射》注『揖』、『厭』今文皆作『揖』。『揖』、『厭』、『撎』三字對文則異，散文則通矣。又《鄉飲酒》疏『引手曰厭』者，以手向身引之，蓋推手、引手之別也。」胡氏承珙云：「段氏玉裁曰：厭，即《尚書大傳》之葉拱。《家語》注云：『兩手薄其心。』古文《禮》『揖』、『厭』分別。今文《禮》『厭』皆作『揖』，鄭不從之。而《禮經》有『厭』譌作『撎』。《周禮・大祝》疏竟作『引手曰撎』，斷不可從。承珙案：疏云『厭字，或作撎字』者，古字義亦通也。詳此疏意，蓋注文本有『厭，或作撎』之語，故《覲禮》疏亦云：『引手曰撎。』鄭司農注《周禮》以撎爲肅拜，自誤，然『撎』自是『厭』之或字。《説文》：『撎，舉手下手也。』舉而下之，即所謂引手也。蓋揖則舉手而推之，撎則舉手而下之。下之則必引手向身。❶《儀禮》古文作『厭』，《説文》小篆作『撎』，總之皆與『揖』別，故鄭從古文作『厭』，以『撎』爲或作，而不從今文作『揖』。《説文》：『揖，攘也。一曰：手著胸曰揖。』案：此『一曰』以下七字，疑後人羼入。《説文》『揖』下云：『攘也。』『攘』下云：『推也。』正與鄭君『推手曰揖』合。引之厭，自有『撎』字當之，不應『揖』下忽有『手著胸』語，致『揖』、『厭』漫無分別。段云許從今文，不從古文，是以推手、引手通謂之揖，非是。又云：撎，當從《字林》爲舉首下手，謂跪而舉其首，惟下其手，是曰肅拜，漢人曰撎。亦非是。」案：《説文》：「拱，斂手也。」斂手與引手義近，故段氏以「厭」

❶「向身」，原脱，今據《儀禮古今文疏義》補。

爲即《尚書大傳》之「拱」。「厭」之本字，蓋當作「擪」。《説文》：「擪，一指按也。」指按而下之，與手引而下之其義相通。《廣雅·釋詁》：「擪，按也。」《荀子·解蔽篇》：「厭目而視者。」注：「厭，指按也。」《文選·笙賦》：「厭焉乃揚。」注：「『厭』，亦作『擫』。擫，謂指擫也。」是二字通用之證。聲轉作「撎」，故《禮經》別本或作「撎」。《説文》：「撎，舉手下手也。」義不可通。段氏《説文注》依《左傳》成十六年《釋文》引《字林》改作「舉首下手」，似覺可從。鄭司農注「肅拜」云：「肅拜，但俯下手，今時撎。」是漢人謂俯首下手之拜如撎，故許君據以解「撎」。《説文》於《周禮》多從先鄭説也，非以「撎」即《禮經》之「厭」也。《禮經》今文皆作「揖」，而義或有別。《説文》：「揖，攘也。」「攘，推也。」此「推手曰揖」之説也。「一曰：手著胸曰揖」，此今文「賓揖介，介揖衆賓」、「引手曰揖」之説也。許君於《禮經》多從今文，可證者不一而足。今文於推手、引手統謂之「揖」，故《説文》亦於「揖」備載二義。段説似未可非。鄭君則以「揖」、「厭」無別，故從今文作「厭」。許、鄭於《禮經》所從本有異也。云「衆賓皆入左無門」者，今文蒙上「門左」之文而省下「門」字，鄭以無門則文不成義，故亦不從之。蔡氏德晋曰：「『門左，謂門西。入門北面，以西爲左。北上，既入東面立，以北爲尊也。』既入門内，主人先以賓升，介及衆賓皆止於所立之位，俟酬賓後，乃以介升，介酢後，❶乃以衆賓升。」**主人與賓三揖，至于階，三讓。主人升，賓升。主人阼階上當楣北面再拜，賓西階上當楣北面荅拜。**三揖者，將進揖，當陳揖，當碑揖。楣，前梁也。復拜，拜賓至此堂，尊之。【疏】正義曰：注「當陳揖」，《校勘

❶「酢」，原作「酳」，今據《禮經本義》改。

記》云：「張氏曰：『監、巾箱、杭本陳皆作楣，自嚴本以後，始正作陳。疏引《爾雅》陳，堂塗也，從嚴本。』案：《通典》作『塗』。塗即堂塗也，雖不如『陳』字之古，其義則同。」○褚氏寅亮云：「主賓入門後，各向北稍前。主西面，賓東面，是相鄉也。俟介及衆賓以次入門訖，乃相揖而轉相背，❶即注所云『將進揖』也。主人東行至阼階堂塗南，賓西行至西階堂塗南，各轉身向北，則由相背而相見矣，因又揖，注所謂『當陳揖』也。主賓各由東西陳向兩階行，於庭中行三分之二遥當碑處，則因有碑隔，而又揖，注所謂『當碑揖』也。凡揖皆緣向背而生，注極分明，敖氏汩之，不可從。」「主人升，賓升」，李氏如圭云：「主人尊，升一等，賓乃升也。賓主敵則俱升。❷既洗，禮殺，雖不敵者亦俱升。主人與賓揖至于階，介及衆賓亦隨賓至西階下而序立。」案：「主人升，賓升」，李氏、敖氏、張氏皆據《鄉射禮》「主人升一等，賓升」，以主人大夫尊也，賓士卑也，非敵者，故不俱升。凌氏則謂經文但云「主人升」無「一等」二字，與《鄉射》不同。此賓主不敵而亦俱升者，盛其禮，尊賓，使與敵者同也。考《禮經》主人先升，賓後升者多著「一等」字，此經「主人升」、「賓升」平列，與《士昏禮》「主人升，西面。賓升，北面」文同，其爲俱升可知。凌説是也。《釋例》詳《士冠禮》。注云「三揖者，將進揖，當陳揖，當碑揖」者，張氏曰：「陳，堂塗也。東西兩向堂之塗也。」凌氏曰：「將進揖，即入門將右曲揖也。當陳揖。」即將北曲揖也。陳與門不相直，故入門必再曲然後當陳。禮言三揖，義不異也。

右速賓迎賓拜至

❶「轉」、「背」下，《儀禮管見》有「身」、「行」字。

❷「敵」下，《儀禮集釋》有「者」字。

主人坐取爵于篚，降洗。將獻賓也。【疏】正義曰：張氏爾岐云：「此下至『以爵降奠于篚』，言主人獻賓、介、衆賓之儀，凡六節。」○蔡氏德晋云：「坐，跪也。古人席地陳設，取爵、奠爵必跪。」淩氏《釋例》云：「凡丈夫之拜坐，婦人之拜興；丈夫之拜奠爵，婦人之拜執爵。《鄉飲酒》、《鄉射》、《燕禮》、《大射》、《特牲》、《少牢》、《有司徹》：丈夫之拜皆坐而奠爵。蓋丈夫之拜，稽首也，頓首也，空首也，皆屈膝，故必坐而奠爵，然後拜也。《士昏禮》：婦見姑，奠笲于席；姑坐舉以興，拜，授人。又：贊醴婦，婦降席，東面，坐啐醴，建柶，興，拜。是婦人之拜則興也。《特牲饋食禮》：主婦自酢，左執爵，拜，主人荅拜。《有司徹》：主婦受尸酢，立卒爵，執爵拜，尸北面荅拜。注：『執爵拜，變於男子也。』疏云：『凡男子拜卒爵，皆奠爵乃拜，故云：變於男子也。』是婦人拜則執爵也。❶蓋婦人之拜，肅拜也，不屈膝，故必興，兼可執爵拜也。又《士昏禮》：婦見舅姑，執笲棗栗，自門入，升自西階，進拜，奠于席。舅坐撫之，興，荅拜。此丈夫之拜，亦興而後拜，然則舅荅婦之拜其亦肅拜歟？《周禮·大祝》『肅拜』鄭司農云：『但俯下手，今時揖是也。』丈夫亦有之。《左傳·成十六年》『郤至，三肅使者而退』，即肅拜也。又婦人之拜不跪，見於《禮經》。宋王貽孫以爲始於唐武后時，非也。」案：「取爵于篚」，敖氏云：「取爵，蓋北面也。」「降洗」，蔡氏云：「降東階，往洗爵也。」韋氏協夢云：「降洗，亦題下事也。❷坐取爵，必興而後降。不言興者，文略。」**賓降。**從主人也。【疏】正義曰：蔡氏

---

❶「婦人」下，《禮經釋例》有「之」字。

❷「下」，原作「上」，今據《儀禮蠡測》改。

德晉云：「降西階，從主人也。」韋氏協夢云：「以主人爲己而降，己不敢獨安於堂上也。」淩氏《釋例》曰：「凡賓、主相敵者，❶降則皆降。《鄉飲酒禮》：主人獻賓，取爵于篚，降洗，賓降。卒洗，升，❷復降盥，賓亦降。賓酢主人，賓降洗，主人降，卒洗，升，復降盥，如主人禮。主人酬賓，降洗，賓降，升，主人卒觶，復降洗，賓降，如獻禮。主人獻介，降洗，介降。介酢主人，降洗，主人復阼階，降辭如初。《鄉射》同，惟無介。《燕禮》主人獻賓，降洗，賓降，卒洗，升，復降盥，賓降。賓酢主人，賓以虛爵降，主人降，卒洗，升，復降盥，主人降。主人酬賓，主人降洗，賓降。《大射》同。《有司徹》主人獻尸，主人降洗，尸、侑降，卒洗，升，復降盥，尸、侑降。主人受尸酢，尸降洗，主人降自阼階，卒洗，升，復降盥，主人降。主人酬尸，降洗爵，尸、侑降，卒洗，尸升，侑不升。主人先卒觶，降洗，尸降。《聘禮》介面卿，介降，拜；大夫降，辭。此皆賓主相敵者，降則皆降也。《有司徹》祭畢賓尸之禮，尸如賓，侑如介，則尸侑皆賓，不似正祭時尸尊，故亦與主人皆降，如《鄉飲酒》也。《鄉飲酒》、《鄉射》主人獻衆賓，不備升降之禮者，衆賓卑也。《燕禮》、《大射》主人獻公，公不降者，公尊也。《公食大夫禮》：公降盥，賓降，公辭。賓主不敵亦降者，主君尊賓也。主人獻卿、獻大夫皆云『主人洗升』不云降者，蓋卿、大夫之位本在堂下，主人酬賓之後，亦降復位也。獻士、獻庶子，不備升降之禮者，卑也。《有司徹》主婦獻尸，洗于房中。不降者，婦人之禮變於男子也。《聘禮》歸饔餼，聘賓儐使者，賓降堂，受老束錦，大夫止。注：『止不降，使之餘尊。』疏云：『凡賓主敵體之洗，主人降，賓亦降。今賓降、使者不降

---

❶「相」，《禮經釋例》作「人」。

❷「升」，原脱，今據《禮經釋例》補。

者，使之餘尊，當降而不降。」注蓋謂使者奉主君之命來，有主君之餘尊，故不降。疏但覆述注文而已，未能發明餘尊之義也。」**主人坐奠爵于階前，辭。**重以己事煩賓也。事同曰讓，事異曰辭。【疏】正義曰：注「事同曰讓，事異曰辭」，《校勘記》云：「張氏云：『監及巾箱、杭本曰作日，從嚴本。』」○敖氏云：「賓從降而主人辭，亦尚辭讓也。奠爵乃辭者，事異則不宜相雜，且爲敬也。」蔡氏德晋云：「主人臨階，跪而奠爵，起而辭賓之降。」**賓對。**對，荅也。賓主之辭未聞。【疏】正義曰：敖氏云：「對時亦少進位，下文云『賓對復位』是也。」韋氏協夢云：「賓對，對以己當降也。主人不再拜從降，非崇禮也。」**主人坐取爵，興，適洗，南面坐，奠爵于篚下，盥洗。**已盥乃洗爵，致潔敬也。今文無「奠」。【疏】正義曰：「適洗，南面」，敖氏云：「南面坐于洗北，乃奠爵于篚南，不敢由便也。」「篚下」，李氏如圭云：「篚南也。未洗，奠爵于篚下；已洗，奠爵于篚。」張氏爾岐云：「篚下，當篚之下，非于篚也。」盛氏世佐云：「此篚謂堂下洗西之篚。」王氏引之云：「注不言篚下爲何所，敖繼公以爲篚南，其説曰：『南面坐于洗北，乃奠爵于篚南，不敢由便也。』案：如敖説，主人在洗北，因不敢由便而奠爵于篚南，賓在洗南，❶亦當不敢由便而奠爵于篚北。而《燕禮》、《大射儀》並云：賓洗南，坐奠觚于篚下。鄭注：『篚下，篚南。』賓在洗南，❷而奠觚即于篚南，彼又何以由便乎？賓敢

❶「南」，原作「東」，今據《經義述聞》改。
❷「洗」，原作「篚」，今據《經義述聞》改。

由便，而主又何以不敢由便乎？案：主人奠爵于篚下，謂篚北也。蓋篚在洗西，主人適洗南，❶位在洗北，而下句遂云『坐奠爵于篚下』，則亦在篚北矣。此及《鄉射禮》並云：賓進，東北面辭洗。鄭注《鄉射禮》曰：『言東北面，則位南于洗矣。』洗與篚東西相值，賓東北面于洗篚之南，則主人南面于洗篚之北，身在篚北而奠爵于篚南，此勢所不能也。《鄉射禮》賓坐取爵，適洗，北面坐奠爵于篚下，興，盥洗。鄭注：『賓北面盥洗，自外來。』疏曰：對主人自内出南面，然則賓適洗北面，則篚下爲篚南；主人適洗南面，則篚下爲篚北，正所謂賓自外來，主由内出也。篚在洗西，賓北面于洗南，則左手近篚，奠于篚南者，當以左手；主人南面于洗北，則右手近篚，奠于篚北者，當以右手：皆爲由便也。」注云「已盥乃洗爵，致潔敬也」者，張氏爾岐云：「盥洗者，盥訖，取爵擬洗，非謂遽已洗也。下文因賓辭復置爵而對，對已，乃復取爵成洗。」韋氏協夢云：「盥洗爲洗而盥也，其實此時亦未洗，盥洗蓋立而盥也。下文云主人坐奠爵于篚，則此時立盥明矣。」案：盥洗例見《士冠禮》。云「今文無『奠』」者，胡氏承珙云：「上文：主人坐取爵，興，適洗，南面。今文蒙上『爵』字，但云『坐奠于篚下』。注當云『今文無奠下爵』，傳寫脱『下爵』二字。鄭以上文『主人坐奠爵于階前』，下文『主人坐奠爵于篚』，皆有『爵』字，故從古文。若無『奠』字，則『坐爵』連文不成辭矣。」**賓進，東北面辭洗。**必進東行，示情。【疏】正義曰：注云「必進東行，示情」者，張氏爾岐云：「賓降立當西序，至主人

❶「南」下，《經義述聞》有「面」字。

擬洗爵，乃進而東行，東北向主人辭洗。『示情』者，❶示謙下主人之情也。」敖氏曰：「進者，少南行也。南於洗西，乃止而東北面向主人。辭洗之意，與辭降同。❷凡言洗於辭洗之前，皆將洗而未洗者也。若既洗，則何以辭爲？」盛氏世佐云：「敖説是也。賓初降時，立當西序，而此云『東北面辭洗』，則位已在洗南矣。其進而南可知也。」褚氏寅亮云：「賓降直西序之位，必稍南於洗，只須進而東行以辭。」吴氏廷華云：「賓西序南東向，與洗尚遠，東行則仍在東序之南，尚在洗北，如何得北面辭洗？則所謂進者，謂南行也。所謂東者，謂南行直洗西南，乃東行至洗南，北面辭也。」程氏瑶田云：「《鄉射禮》注云：言東北面，則位南於洗矣。案：賓主階下立位，據《士冠禮》云『主人立于阼階下，直東序，西面』，此主人位也；『賓辭，直西序，東面』，此賓位也。冠禮之賓位，即此經下文『賓復位，當西序，東面』者也。賓主兩位必相對，曰『階下』，曰『賓降』，則其位皆不宜遠於階。豈或南於洗乎？且賓、介、衆賓遞厭而入門左，曰『北上』者，蓋旋而東面。主人是時亦必旋而西面。賓主相向而立，此位蓋當門内霤，入門北行，至此即止而旋其面。曰『左』者，對主人在右言之，非至此又折而左行也。立訖，然後主人與賓三揖，至于階，是時介與衆賓依然立當内霤，及主人獻賓，酢酬禮畢，然後主人以介揖、讓、升、拜，如賓禮。曰『如賓禮』者，當亦降而至内霤，三揖三讓而升也。由是言之，揖讓之先，其位不得北而至於洗南，階下之位亦必不能南過於洗。曰『東北面』者，辭洗必北面，洗在阼階東，賓位在西階西，故必東行，將近洗，乃旋而北面，非必位在洗南也。」**主人坐，奠爵于篚，興對。賓**

---

❶「示」上，《儀禮鄭注句讀》有「注云」二字。

❷「辭」，原作「拜」，今據《儀禮集説》改。

復位，當西序，東面。言復位者，明始降時位在此。【疏】正義曰：此奠爵于篚，爲將洗而致敬也。當西序，東西節也。下文云：賓降立于階西，當序。方氏苞云：「但云『當西序，東面』，猶未見南北之節也。上言『賓進，東北面辭洗』，下言『主人坐，取爵，沃洗者西北面』，則知賓階下之位即洗之南矣。❶ 蓋主人南面而洗，賓宜面向之，不宜退立其後也。」韋氏協夢云：「前主人奠爵于篚下者，爲將盥也。既盥則主人取爵以興而將洗，因賓進辭洗，故又坐奠於篚中而興對也。」高氏愈云：「主人將辭降，不即辭，必俟奠爵乃辭之；賓辭洗，不即對，必俟奠爵乃對之。蓋古人行禮，其舒徐鄭重如此。」程氏瑶田云：「此初次取一爵於堂上之篚也。洗當東榮，更在東序之東。主人降洗，故有事於此，非其位也。主人降即適洗，卒洗即升，不即其位。賓降待事，故先即其位，及進而辭洗乃又復位，俟主人卒洗然後俱升也。」**主人坐取爵，沃洗者西北面。**沃洗者，主人之羣吏。【疏】正義曰：敖氏云：「沃洗，謂以枓斞水而沃洗爵者也。沃洗者先亦沃盥。」張氏爾岐云：「古人盥洗並用人執器灌沃，下別有器承其棄水，故別有沃洗者西北面。」敖氏云：「西北面，宜鄉洗者也。既則西面於水東，主人南面洗而西北面沃。此則北面洗者，其西南面沃之歟？」吴氏廷華云：「沃洗者西北面，則在洗之東南，斜向主人。」❷ 方氏苞云：「沃者西北面，以洗者南面也。主人南面洗，以賓復位當西序東面，在洗篚之南也。《鄉飲酒》之洗爵別有沃洗者，❸ 而《鄉射》則無之，何也？《鄉射》之賓或以公士，

❶「即」，《儀禮析疑》作「在」。
❷「向」，原作「面」，今據《儀禮疑義》改。
❸「別」，原作「則」，今據《儀禮析疑》改。

則州長之匹儔也。獨立一賓，即取諸州之君子及羣士，❶必德行道藝迥出於衆者。主人執自洗之，常禮可也。鄉大夫則國卿也，雖親洗以下賢能而別有沃洗者，使衆著於貴有常尊之義也。至於冠，則贊者洗酌而賓不與，以賓乃冠者之父行，不唯洗不親，酌亦不必親也。輕重之權衡蓋如此。」**卒洗，主人壹揖壹讓，升。**俱升。古文「壹」作「一」。【疏】正義曰：注「古文『壹』作『一』」。《校勘記》云：「壹、一，徐本互易。《集釋》、《通解》、《要義》俱與今本同。❷張氏爾岐云：❸『經云：壹揖壹讓，升。壹字當在上，❹從經。』案：張氏云『從經』，則非有別本可案也。❺《通解》似即依張氏，而今本又依《通解》耳。案：『古文「壹」作「一」』，鄭注屢見皆『壹』在上、『一』在下，此處獨異。徐本誤也。」　云「俱升」，案：上文「主人升，賓升」爲俱升，故知此亦俱升也。敖氏謂主人先升而賓從之，諸家皆從其說，非是。「古文『壹』作『一』」，詳《士相見禮》。凌氏《釋例》曰：「凡降洗、降盥皆壹揖壹讓，升。《鄉飲酒》、《鄉射》主人獻賓，降洗，賓降，主人辭降，主人洗，賓辭洗，主人卒洗，❻壹揖壹讓，以賓升。又降盥，賓降，主人辭降，賓不辭盥，卒盥，亦壹揖壹讓，升。賓酢主人，

---

❶「取」，原作「彼」，今據《儀禮析疑》改。
❷「釋」，原作「解」，今據《儀禮注疏校勘記》改。
❸「爾岐」二字，《儀禮注疏校勘記》無。
❹「壹字」，原脱，今據《儀禮識誤》補。
❺「案」，《儀禮注疏校勘記》作「據」。
❻「洗」，原脱，今據《續清經解》本補。

卒洗，揖讓如初，升。降盥，如主人之初禮。主人酬賓，降，賓降，主人辭降，賓不辭洗，卒洗，揖讓，升。主人卒觶訖，又降洗，賓辭降如獻禮，升。《鄉飲酒》獻介、《鄉射》獻遵，皆揖讓，升。降洗如賓禮，升。不盥，不拜洗，殺於賓也。《特牲》主人獻賓，降，阼階西面拜賓，如初。洗、賓辭洗、卒洗，揖讓，升。是皆壹揖壹讓也。《燕禮》、《大射》主人獻賓，賓酢主人，降洗，降盥，皆賓揖先升，主人乃升。主人酬賓，降洗，卒洗，亦揖升，不讓。《鄉飲酒》、《鄉射》是賓、主人正禮，故揖讓俱升。《燕禮》、《大射》則宰夫爲主人，故賓揖，不讓先升也。《公食大夫》卒盥，壹揖壹讓，公升，賓升。此賓是異國之臣，故公先升也。《有司徹》主人降洗，降盥，尸侑亦降，卒洗，卒盥。經但云揖，不云讓，禮殺也。《鄉飲酒》、《鄉射》主人獻衆賓，卒洗，升。《有司徹》主人受尸酢，卒洗，卒盥，升。主人獻長賓，卒洗，升。皆不揖不讓，禮又殺也。《燕禮》、《大射》獻卿、獻大夫、獻士，升不揖讓者，盛禮不在己也。至於《鄉飲酒》獻賓畢，賓降立于階西，當序東面。獻介畢，介降立于賓南。獻衆賓，衆賓之長升受者三人，畢，降，復賓南東面位。《鄉射》同，但無介。至一人舉觶時始揖讓，升，蓋亦壹揖壹讓也。」**賓拜洗，主人坐奠爵，遂拜，降盥。** 復盥，爲手坋汙。【疏】正義曰：敖氏云：「謝其爲己洗也。」張氏爾岐云：「因事曰遂。」「主人坐奠爵，因不起而遂拜也。後凡言遂者，皆因上事。」李氏如圭云：「將獻賓，拜手坋塵，不可酌酒也。」敖氏云：「必盥者，爲將酌也。既拜而盥，爲拜時以右掌據地，不無坋汙也。《內則》：『凡男拜，尚左手。』」蔡氏德晋云：「復降階盥手，爲將酌酒也。高紫超謂因洗爵而盥，雖盥而如未盥者，故此將酌酒於賓，復降盥以致潔誠也。」**賓降，主人辭；賓對，復位，當西序。卒盥，揖讓升。賓西階上疑立。** 疑，讀爲「仡然從於趙盾」之「仡」。疑，正立自定之貌。【疏】正義曰：注「仡然從於趙盾之仡」，兩「仡」字，徐本、《集釋》、《通解》俱作「疑」，閩、葛俱上作「仡」，下作「疑」。臧氏曰：「《公羊》注：『仡然，勇壯貌。』鄭所據《公羊》作『疑然』，乃立定之貌，不取勇壯義。蓋嚴、顏之異。注疏本改同何本，誤也。」「疑然，立自定之貌」，「然」，徐、葛、閩本、《集釋》、《通解》俱作「正」，與疏合。張氏曰：「注曰『疑，正立自定之貌』，獨監本『正』作『止』。《鄉射》注曰：『疑，止也。』諸本皆同。案：《士昏禮》注曰：『疑，正立自定之貌。』《公食大夫》注曰：『疑，正立也。』傳寫者誤以二『正』爲『止』，並從《士昏》及《公食大夫禮》。」云「疑，讀爲『仡然從於趙盾』之『仡』。疑，正立自定之貌」者，案：《公羊》宣六年傳云：「仡然從乎趙盾而入，放乎堂下而立。」何休注：「仡然，勇壯貌。」鄭所據《公羊》本與何異，「仡然」作「疑然」，「後乎」作「從於」。段氏玉裁曰：「《説文》：『𠤕，未定也。』『未』爲衍字。《大雅》：『靡所止疑。』傳：『疑，定也。』箋：『止，息。』鄭於《士昏禮》云：『疑，正立自定之貌。』於《鄉射禮》云：『疑，正也，有矜莊之色。』與此而三。此三『疑』字，皆即《説文》之『𠤕』，非《説文》訓惑之『疑』。學者仞『𠤕』爲『疑』，因於許書『定也』之上增『未』字矣。」胡氏承珙云：「段以《説文》之『𠤕』即《大雅》『止疑』，亦即此經『疑』，甚是。故鄭注《鄉射禮》：『疑，止也。』直訓疑爲止。然正立亦是止義，故注《士昏禮》及此《鄉飲酒禮》又皆以疑爲正立自定之貌，不必概從《鄉射禮》注改『正』爲『止』，至以『疑止』爲句絶，『立自定之貌』別爲一句，則於《公食大夫禮》注『疑，正立也，自定之貌』爲不可通矣。」案：《公羊傳》上言「疑然」，下言「立」，與此經「疑立」同意，亦止立自定之貌。❶何氏謂：「仡然，勇壯貌。」

❶「止」，疑當爲「正」。

《鄉射禮》注：「疑，止也，有矜莊之色。勇壯與矜莊義亦相近，『疑』爲『觬』之假借。鄭讀疑爲『疑然』之『疑』者，恐人誤認爲『疑惑』之『疑』，❶故讀從《公羊》，以明字之假借也。」**主人坐取爵，實之。賓之席前，西北面獻賓。**獻，進也，進酒於賓。【疏】正義曰：敖氏云：「實以酒，謂酌也。」蔡氏德晉云：「謂至尊所酌酒以實於爵也。」取爵實酒，獻必西北面者，李氏如圭云：「邪向席。」敖氏云：「以將授賓，不宜背之也。」張氏爾岐云：「賓在西階，欲其就席受爵，故西北向之也。」吴氏廷華云：「尊酒在席東，❷與席並。主人實爵來席前，故曰西，又兼北面者尊賓，故西向少南，❸遂西北面也。賓在西階上，而獻於席前者，席以尊賓。」注云「獻，進也，進酒於賓」者，❹淩氏《釋例》曰：「凡主人進賓之酒謂之獻。此燕飲之始也。《鄉飲酒禮》：『主人坐取爵，實之，賓之席前西北面獻賓。』❺注：『獻，進也，進酒於賓。』《鄉射禮》：『主人坐取爵，實之，賓之席前西北面獻賓。』❻注：『進於賓也。凡進物曰獻。』《燕禮》、《大射儀》主人酌膳，筵前獻賓。《士虞》、《特牲》、《少牢》、《有司徹》主人初獻尸，主婦亞獻尸，賓長三獻尸。此皆獻禮之最尊者也。《鄉飲酒》：『主人實爵，

❶「疑惑」，原重，今據《續清經解》本删。
❷「尊酒在」，《儀禮疑義》作「酒尊在賓」。
❸「向」，《儀禮析疑》作「而」。
❹「進」，原作「獻」，今據《儀禮注疏》改。
❺「北」，原脱，今據《禮經釋例》補。
❻「面」，原脱，今據《禮經釋例》補。

介之席前西南面獻介。』《鄉射》遵者入，主人實爵，席前獻大夫。《燕禮》、《大射儀》主人盥洗象觚，升實之，東北面獻于公。又主人洗，升，實散，獻卿于西階上。若有諸公，則先卿獻之。《有司徹》：主人、主婦三獻，酌獻侑。此獻之次焉者也。《鄉飲酒》、《鄉射》主人升，實爵于西階上，獻衆賓。《燕禮》、《大射儀》：主人獻大夫、獻士于西階上，獻庶子于阼階上。又其次焉者也。《鄉飲酒》升歌三終，主人獻工，笙奏三終，主人獻之于西階上。《鄉射》合樂後獻工、獻笙。《燕禮》升歌畢，主人洗升，獻工；笙奏畢，主人洗升，獻笙于西階上。《大射儀》升歌《鹿鳴》三終，主人獻工。《鄉射》次射飲不勝後，司馬獻獲者，司射獻釋獲者。《大射儀》：次射飲不勝後，司馬正獻服不，司射獻釋獲者。《士虞》、《特牲》、《少牢》獻祝及佐食。《特牲》祭畢，獻賓，獻長兄弟、衆賓、衆兄弟、内兄弟。及《有司徹》獻内賓于房中，獻私人于阼階上。皆執事之人，則其殺焉者也。蓋行禮時執事之大者，主人皆獻之，其餘至旅酬無算爵，乃得與也。又《鄉飲酒·記》、《鄉射·記》皆云『獻用爵』，而《燕禮》、《大射》獻用觚，《大射》獻服不，用散，禮殺故也。又案：主人獻賓，正禮也。《鄉飲酒》之獻介、獻衆賓，遵者入，公如賓，大夫如介。《鄉射》之獻衆賓、獻遵，《燕禮》、《大射》之獻公卿、獻大夫、獻士及庶子，皆次於賓者也。又《燕禮》、《大射》之主人獻公者，尊公，不使與賓同也。《士虞》、《特牲》、《少牢》之三獻，此室中事尸之禮，不與賓客同。唯《有司徹》之尸侑，乃賓尸于堂之禮，始以賓客事之，尸如賓，侑如介也。合樂畢，獻工及笙，猶之射禮之獻獲者及釋獲者，祭禮之獻祝及佐食也，非賓、主人正禮矣。祭禮之獻賓及衆賓，獻長兄弟及衆兄弟，獻内賓及私人，亦此類也。」「聖人之心，精密如此。」**賓西階上拜，主人少退。** 少退，少避。【疏】正義曰：注「少避」，《校勘記》云：「少，《釋文》作『小』。避，《釋文》、徐、葛、閩本、《通解》、敖氏俱作『辟』。張氏云：『《鄉射》經曰：「主人少退。」注曰：「少退，猶少避也。」經又曰：「賓少退。」注曰：「少退，少逡遁也。」❶案：《釋文》少退、少逡遁皆作小。蓋鄭氏以小稱少，❷改作小。從《釋文》。』案：『避』，張本亦作『辟』，至監本始作『避』，而毛本因之。陸氏云：『辟，婢亦反，一音避。』然則『辟』字原有兩音，其音婢亦反者，即『辟易』之『辟』也。今竟改作『避』，又仍依《通解》音曰『辟，音避』，瞀亂之甚。」〇敖氏曰：「主人西北面于賓席前，賓拜于西階上，而主人乃少退，則是凡拜皆有相之者矣。」蔡氏德晉云：「賓先拜而後敢受爵，敬主人之至也。主人少退，以執爵不得荅，故少逡巡退避也。」方氏苞云：「獻則主賓皆少退，酢與酬皆於拜受爵時少退，禮備於初，以漸而殺也。拜受爵時既少退，則拜送爵無庸再退矣。」**賓進受爵，以復位。主人阼階上拜送爵，賓少退。** 復位，復西階上位。【疏】正義曰：賈疏云：「《鄉射》云：『賓進受爵于席前，復位。』此不言席前，文不具也。」張氏爾岐云：「賓進席前，受爵，復持此爵還西階上位。」方氏苞云：「主人拜送爵轉在賓拜受爵之後，何也？爵既實而以授之，❸非若未洗之先、既受之後，可因事之間而奠之也。故受者必先拜而後受，授者必既受而後拜。尊如尸，貴如君，其禮皆同。❹酬則先奠爵而

❶「少」，原作「可」，今據《儀禮注疏校勘記》改。

❷「稱」，《儀禮注疏校勘記》作「釋」。

❸「實」，原作「賓」，今據《儀禮析疑》改。「之」，《儀禮析疑》作「人」。

❹「皆」，原作「則」，今據《儀禮析疑》改。

後拜，自酢亦然，以其爵乃自飲而不以授人也。舉觶、賸爵，❶亦奠於薦側而不授。蓋《燕》與《大射》乃不敢煩君之受，而《鄉射》、《鄉飲酒》因用於賓大夫以致異敬，故賓大夫必辭而坐受，以示不敢當也。」案：主人拜送爵，賓在西階，以執所受之爵，不得荅拜，故亦少退。高氏愈云：「此主人獻賓第一爵。」**薦脯醢。**薦，進也。進之者，主人有司。【疏】正義曰：張氏爾岐云：「薦之席前。」注云「進之者，主人有司」者，案：《周禮》「膳宰薦脯醢」，知非主人自薦，故云「有司」也。**賓升席，自西方。**升，由下也。升必中席。【疏】正義曰：注「升，由下也」，《校勘記》云：「由下，《通典》作『猶上』。」〇方氏苞云：「自西方，乃不與主人背。」淩氏《釋例》云：「凡賓升席自西方，主人升席自北方。《鄉飲酒》、《鄉射禮》：主人獻賓，賓皆升席自西方。《鄉射禮》主人獻，大夫升席。注：『大夫升席由東方。』是賓升席自西方，遵升席自東方也。《鄉飲酒·記》：『主人、介，凡升席自北方，降自南方。』《鄉飲酒》、《鄉射》賓酢主人，主人皆升席自北方；將立司正安賓及徹俎，主人皆降席自南方。《鄉飲》不云自南方，文不具也。《鄉飲酒》主人獻介，介升席自北方；旅酬，主人酬介，介降席，自南方。經悉與記合。《燕禮》、《大射》但有升筵、降筵之文，不云升降自何所，蓋以禮已具於《鄉飲》、《鄉射》故也。《有司徹》主人獻尸，尸升筵自西方；❷主人獻侑，侑升筵自北方，與《鄉飲酒》同。蓋祭畢儐尸，筵尸于户西南面，如《鄉飲酒》之賓；筵侑于西序東面，如《鄉飲酒》之介，侑以輔尸，如介以輔賓也，故主

---

❶「賸」，當作「媵」。
❷「尸」，原脱，今據《禮經釋例》補。

人升筵自北方，亦與《鄉飲》同也。侑、主人降筵皆自北方，與《鄉飲酒》異者，少變於《飲酒》正禮也。《鄉飲酒》、《鄉射》主人獻賓，賓降席。注皆云『降席，席西也』。是賓升降皆自西方，然則遵升降皆自東方歟？」注云「升，由下也」者，賈疏云：「《曲禮》：『席南鄉北鄉，以西方爲上。』今升席自西方，云『升，由下』者，以賓統於主人，以東方爲上也。」李氏如圭云：「凡升席由下，降席由上，賓席東上，統於主人。」淩氏廷堪云：「此注據《鄉射》經及『賓席東上』而言。《鄉飲酒·記》：主人、介升席自北方，降自南方。注：席南上，❶升由下，降由上，由便。❷此據《曲禮》而言，皆因文釋之，非謂禮之通例如此也。故《鄉射禮》『賓升席自西方』注：賓升降由下也。賈疏不得注意，徵引雖繁，而膠葛不明。今但據見於經文及注者，取以爲例。經注無文者，不敢爲之説也。」**乃設折俎。**牲體枝解節折在俎。【疏】正義曰：注「節折右俎」，《校勘記》云：「右，徐、葛、閩本、《集釋》、《通解》、《要義》、楊氏俱作『在』。」〇淩氏《釋例》云：「凡獻酒皆有薦，禮盛者則設俎。《鄉飲酒》、《鄉射》主人獻賓，薦脯醢。主人獻衆賓，衆賓之長升拜受者三人，每一人獻則薦諸其席，衆賓辨有脯醢。主人獻工，薦脯醢。主人獻笙，辯有脯醢。《鄉飲酒》主人獻介，薦脯醢。賓若有遵者，諸公如賓禮，大夫如介禮。《鄉射》司馬獻獲者，司射獻釋獲者，皆薦脯醢。《燕禮》主人獻賓，膳宰薦脯醢。主人獻公，士薦脯醢。❸主人獻卿，薦脯醢。主人獻大夫，胥薦脯醢。主人獻工，薦脯醢；獻笙，辯有脯醢。主人獻士，士長

❶「上」，原作「方」，今據《續清經解》本改。
❷「由便」，原脱，今據《禮經釋例》補。
❸「薦」，原作「羞」，今據《禮經釋例》補。

升，拜受觶，乃薦司正與射人一人，司士一人，執幂一人，辨獻士，乃薦士，祝史、小臣師亦就其位而薦之。《大射》司馬正獻服不，有司薦。❶司射獻釋獲者，薦脯醢。《特牲饋食》主人獻賓，薦脯醢。《有司徹》主人獻尸，主婦自東房薦豆籩；主人獻侑，主婦薦豆籩。主婦獻尸、侑不薦者，前主人獻尸已薦也。但設鉶加糗與腶脩，司士羞豕胥而已。主人獻長賓，宰夫薦脯醢。是凡獻酒皆有薦也。《鄉飲酒》主人獻賓、獻介，俱設折俎。《鄉射》獻賓同。《燕禮》主人獻賓，膳宰設折俎。主人獻公，膳宰設折俎。《大射》主人獻卿，❷庶子設折俎。《燕禮》卿無俎。《特牲》主人獻賓，設折俎。《有司徹》主人獻尸，賓長設羊俎。主人獻侑，司馬設羊俎。尸侑豕俎，至主婦獻時設之。主人獻長賓，司士設俎。是禮盛者則設俎也。《鄉射》獻獲者及釋獲者，《大射》獻服不及釋獲者，皆設折俎。服不之俎，亦庶子設之。禮主於射，故亦盛其禮也。《鄉飲酒》賓酢主人，薦脯醢，設折俎。《有司徹》主人受尸酢，主婦薦豆籩，長賓設羊俎，主婦受尸酢，婦贊者薦豆籩，司馬設羊俎。酢所以荅獻，❸故亦盛其禮與獻同也。《鄉飲酒》介酢主人，無薦俎者，前賓酢時已具也。《燕禮》、《大射》賓酢主人無薦俎者，宰夫爲主人，辟君也。《特牲》、《有司徹》主人自酢于賓。無薦俎者，殺於尸也。《特牲》主人獻衆賓，薦俎設于其位。獻長兄弟如賓儀，衆兄弟如衆賓儀，內兄弟如衆兄弟之儀。《有司徹》主人獻衆賓，其薦脯醢與胥設于其位。主人獻兄弟，其薦胥設于其位。主人獻內賓，獻私人，亦有薦胥，祭畢行神惠，不同於《飲酒》，故禮雖殺，亦薦俎並有

❶「有」上，《禮經釋例》有「宰夫」二字。

❷「主人」，原脱，今據《禮經釋例》補。

❸「獻」，原作「禮」，今據《禮經釋例》改。

也。至於《士虞禮》主人獻祝，薦菹醢，設俎；主人獻佐食，無薦俎。《特牲》、《少牢》佐食皆有俎，則此亦當有之。《特牲》主人獻祝，設菹醢俎；主人獻佐食，無薦。記云：『佐食俎，觳折，脊、脅，膚一，離肺一。』《少牢》主人獻祝，薦兩豆，佐食設俎。主人獻兩佐食俎，設于兩階之間。主婦賓長獻祝，皆因主人之薦俎。蓋祝事神，故盛其禮，薦、俎並有。佐食事尸，故殺其禮，有俎而無薦。且正祭之獻，亦非飲食之通例也。於《冠禮》醴辭曰：『嘉薦令芳。』注：『嘉，善也。』嘉薦，謂脯醢。脯，籩實。醢，豆實。凡經所謂薦者，指脯醢也。」又曰：「凡薦脯醢在升席先，設折俎在升席後。《鄉飲酒》、《鄉射》主人獻賓，薦脯醢。賓升席自西方，乃設折俎。賓酢主人，薦脯醢。主人升席自北方，設折俎。《鄉飲酒》主人獻介，❶薦脯醢。介升席自北方，設折俎。《鄉射》主人獻大夫，乃薦脯醢；大夫升席，設折俎。《燕禮》主人獻賓，膳宰薦脯醢；賓升筵，膳宰設折俎。《大射》主人獻卿，乃薦脯醢；卿升席，庶子設折俎。皆薦脯醢在升席先，設俎在升席後也。《有司徹》主人獻侑，主婦薦豆籩，侑升筵自北方，司馬設羊俎；主婦受尸酢，婦贊者薦豆籩，主婦升筵，司馬設羊俎。❷此祭畢飲酒，亦薦脯醢在升席先，設俎在升席後也。又《有司徹》主人獻尸，主婦薦豆籩，賓長設羊俎，尸升筵自西方，次賓羞匕湆，司馬羞羊肉湆，次賓羞羊燔，薦設，凡五事。主人受尸酢，主婦薦豆籩，主人升筵自北方，長賓設羊俎，次賓羞匕湆，司馬羞羊肉湆，次賓羞羊燔，薦設，亦五事。二者皆同，惟尸升筵在設俎後、主人升筵在設俎先爲小異。又《燕禮》、《大射》賓未升堂之時，公已升就席，故主人獻公，薦俎皆在升席後也。《特牲》及

❶「鄉飲酒」，原脱，今據《禮經釋例》補。
❷「設」，原作「升」，今據《禮經釋例》改。

《有司徹》賓皆無席，但有位而已，故主人獻賓薦俎時無升席之文也。❶至於《公食大夫禮》設正饌畢，賓始升席，則食禮異於飲酒之例矣。」**主人阼階東疑立，賓坐，左執爵，祭脯醢。**坐，坐於席。祭脯醢者，以右手。【疏】正義曰：敖氏云：「立于阼階上之東者，事未至，宜辟拜處也。」蔡氏德晋云：「主人於此亦疑立者，蓋敬賓之至，若以此酒未足以致敬，而不敢必賓之卒爵也。」凡執爵者皆左手，祭薦皆右手，例見《士冠禮》。程氏瑶田曰：「堂上立位，賓主皆立于序端，主人位在阼階東，賓在西階西。主人西面，賓東面。文已見於冠禮，是經堂上立位，見賓當西序之文，不見主人當東序之文，于堂上立位，見主人阼階東疑立之文。阼階東者，立于序端之謂也。及賓酢主人，降洗，主人降，一則曰『主人阼階東南面辭洗』，❷再則曰『主人復阼階東西面』，則主人堂下立位當東序又可知矣。然則賓西階上疑立，其立位亦當序端。不見者，可互足也。惟賓主拜位，東西皆在階上，上經當楣北面者是也。《士冠禮・記》：凡拜北面于阼階上，賓亦北面于西階上荅拜。雖因孤子冠而言之，然於此發凡是其例矣。又案：《大射儀》賓酢主人畢，賓降立于西階西矣。擯者又以公命升賓，賓乃升，立于西序東面。而《燕禮》射人升賓，賓升，立于序内東面，皆不云序端者，蓋序端乃階上有事之立位，今賓已受獻，不敢安盛而降，復以公命升之，是時賓無事矣，不得在當事之位。」**奠爵于薦西，興；右手取肺，卻左手執本，坐，弗繚，右絕末以祭，尚左手，嚌之，興，加于俎。**

❶「賓」，原脱，今據《禮經釋例》補。
❷「阼」，原脱，今據《續清經解》本補。

興，起也。肺，離之。本，端厚大者。繚，猶紾也。大夫以上，威儀多。紾，絶之。尚左手者，明垂紾之，乃絶其末。嚌，嘗也。【疏】正義曰：《校勘記》云：「惠氏棟云：『依疏説，則弗字衍。』案：疏云：『弗繚，即弗紾，一也。』則『弗』字非衍文。《大祝》注引此經亦有『弗』字，但此注及疏俱未明『弗』字之義。」○李氏如圭云：「薦西，薦右也。凡奠者將舉於右。《少儀》云：『其有折俎者，取祭反之，不坐。』反之，加於俎也。卻，仰也。繚，繚祭也。絶，絶祭也。繚祭，以手從肺本循之，至末，乃絶以祭。絶祭不循其本，直絶以祭。此賓用士禮，故弗繚。主人亦從士禮，故下祭如賓禮也。」祭俎於俎内。《少儀》曰：「凡羞有俎者，則於俎内祭。」敖氏曰：「執本卻左手，則絶末覆右手矣。絶末以祭者，絶其末不没之處，❶所以爲祭也。此與振祭之意相類。尚左手，嚌之，謂舉其左手，而右手在下，以末授口嚌之也。將嚌乃尚左手，❷則祭時不然矣，加于俎以右手。」張氏爾岐云：「卻左手，仰其左手也。案：《鄉射禮》取矢于楅。卻手與覆手對。弗繚者，直絶末以祭，不必繚也。繚祭，以手從肺本循之，至末乃絶之。絶祭不循其本，但絶末而已。大夫以上威儀多，乃繚，士則否。經文言『弗繚』，以賓固士也。他事皆從士禮。❸注疏獨於此處解作繚祭，不敢從。」盛氏世佐云：「注之誤在以『尚左手』三字連上句爲義。」「以《鄉射禮》參觀之。《鄉射》云：坐絶祭，尚左手，嚌之。夫《鄉射》固所稱士禮也，絶祭而不繚者也，乃其經亦云『尚左手』，則『尚左手』當連『嚌之』爲句，而『弗繚』之『弗』當讀

❶「没」，原作「皮」，今據《續清經解》本改。
❷「嚌」，原作「祭」，今據《儀禮集説》改。
❸「皆」，原作「但」，今據《儀禮鄭注句讀》改。

如字。」吴氏廷華云：「卻，同却，縮也。右手取肺則伸，左手不伸而執本，故曰卻。《鄉射》肺離上爲本，下爲末。繚從肺本循之，至末乃絶之。又《鄉射》『尚左手嚌之』注云：『右手在下，絶以授口嘗之。』則『尚』當作『上』。左手在上執本，右手在下絶末也。肺離，離肺也。離者，離而未絶也。」褚氏寅亮云：「注訓繚爲垂紾，而不解『弗』字之義。案：《説文》：『弗，撟也。』又云：『撟，舉也。』然則鄭意蓋謂舉左手以垂紾肺，乃以右手絶其末以祭。弗字易明，故不釋也。但篇中俱從士禮，獨此從大夫禮，未詳。」淩氏《釋例》曰：「凡祭薦者坐，祭俎者興；祭薦者執爵，祭俎者奠爵。《鄉飲酒禮》主人獻賓，賓坐，左手執爵，祭脯醢。奠爵于薦西，興，❶右手取肺，卻左手執本，坐，弗繚，右絶末以祭，❷尚左手，嚌之，興；加于俎。《鄉射禮》主人獻賓，賓坐，左執爵，右祭脯醢，奠爵于薦西，興取肺，坐絶祭，尚左手，嚌之，興，❸加于俎。二禮並同。惟《鄉飲酒》繚祭、《鄉射》絶祭爲小異耳。祭肺用兩手，故必奠爵；俎高於豆，故必興。祭用右手，執肺本用左手也。取肺興，祭時乃坐，祭畢加俎，又興也。《燕禮》、《大射儀》主人獻賓，皆奠爵于薦右，興取肺，坐絶祭，嚌之，興，加于俎。主人獻公，皆云『公祭如賓禮』。唯《燕禮》膳宰贊授肺，《大射儀》庶子贊授肺，較賓爲隆。蓋即《周官·大祝》九祭之共祭也，餘皆無俎。《大射儀》主人獻卿，乃薦脯醢。卿升席，庶子設折俎。卿坐，左執爵，右祭脯醢。奠爵于薦右，興，取肺，坐絶，祭，不嚌肺，興，加于俎。《燕禮》卿無俎，而《大射儀》卿有俎者，注

❶「興」，原脱，今據《禮經釋例》補。
❷「右」，原作「左」，今據《續清經解》本改。
❸「之興」，原脱，今據《禮經釋例》補。

謂『射禮尊也』。不嚌者，自貶於君。至於獻大夫以下，亦皆無俎，與《燕禮》同也。《公食大夫禮》：『三牲之肺不離，贊者辯取之，壹以授賓。賓興受，坐祭。』《士虞禮》：主人獻祝，祝奠爵，興取肺，坐祭，嚌之，興，加于俎。《特牲禮》主人獻祝，又云『奠角者，文不具也』。又賓三獻，主婦致爵于主人。主人左執爵，祭薦。宗人贊祭奠爵，興，取肺，坐絶祭，嚌之，興，加于俎。主人獻賓，但不贊祭，餘皆同。《有司徹》主人獻尸，司馬羞羊肉湆，尸坐奠爵，興，取肺，坐絶祭，嚌之，興，反加于俎。主人受尸酢，司馬羞羊肉湆，主人坐，奠爵于左，興，受肺，坐絶祭，嚌之，興，❶反加于湆俎。此祭畢儐尸之禮，尊主人，故與尸同也。主婦受尸酢，奠爵，興，取肺，坐絶祭，嚌之，興，加于俎。主婦受尸酢，與獻侑同，惟主婦祭肺奠爵爲異耳。又不儐尸之禮，主婦致爵于主人，及賓致爵于主婦，皆左執爵，右祭豆籩後，奠爵，興，取肺，坐絶祭，嚌之，興，加于俎。以上並祭薦者坐而執爵，祭俎者興而奠爵，蓋祭薦、祭俎之正禮也。」　注云「繚，猶紾也。大夫以上，威儀多。紾，絶之。尚左手者，明垂紾之，乃絶其末」者，《周禮》：大祝辨九祭，七曰絶祭，八曰繚祭。注云：「繚祭，以手從肺本循之，至於末，乃絶以祭。絶祭，不循其本，直絶以祭。」本同。禮多者繚之，禮略者絶則祭之。鄉飲酒爲大夫禮，故用繚祭。云弗繚也，姜氏兆錫云：弗，蓋讀如「紼綍」之「紼」，拂戾之義。淩氏廷堪云：「《説文》：『弗，撟也。』其義可與經注相證。案：《説文》：『弗，撟也。從丿，從乀，從韋省。』又『丿，右戾也』，『乀，左戾也』，『撟，舉手也』，是弗者舉手，而有了戾之形。繚，《説文》：『纏也。』又：『紾，轉也。』《孟子》：『紾兄之

❶「興」，原脱，今據《禮經釋例》補。

臂。』趙注：『紾，戾也。』《方言》：『軫，戾也。』郭注：『相了戾也。』軫與紾音義同。是弗、繚二字義相通。經文連言，注祇釋繚，不釋弗，以其義同也。左手執本，垂紾之，右手乃絶其末以祭，而復尚左手以嚌肺。『尚左手嚌之』五字連讀。姜説是也。諸家釋此經者多以弗繚爲不繚，❶與注説違異，然經明出繚字爲九祭之一，固無庸別爲異議也。」**坐挩手，遂祭酒。**挩，拭也。古文「挩」作「説」。【疏】正義曰：「古文『挩』作『説』」，《校勘記》云：「《釋文》：『坐挩，始鋭反，拭也。注帨同。』今注中無『帨』字，疑『説』字本作『帨』，故賈疏以《内則》之『帨』釋之。浦鏜改『説』爲『帨』，似有理。後凡言『古文挩作説』放此。」〇李氏如圭云：「挩手，爲絶肺染汙也。挩手以所佩帨巾，❷扚肺不挩手。」張氏爾岐云：「坐以帨巾拭手，遂執爵祭酒。」淩氏《釋例》云：「凡祭薦不挩手，祭俎則挩手。祭薦不挩手，説見上。祭俎則挩手者，考《鄉飲酒》、《鄉射》主人獻賓，《燕禮》、《大射》主人獻賓，《大射》主人獻卿，皆祭肺、興、加于俎之後坐挩手，然後執爵祭酒。此見於嘉禮者也。《特牲禮》賓三獻，主婦致爵于主人，及主人獻賓。《有司徹》不儐尸之禮，主婦致爵于主人，及賓致爵于主婦。亦皆祭肺、興、加于俎之後坐挩手，然後執爵祭酒。此見之於吉禮者也。蓋祭肺，或繚祭，或絶祭，並禮之盛，❸用兩手，故必奠爵挩手也。亦有祭俎不挩手者。《大射儀》司馬獻服不，司射獻釋獲，皆不

❶「釋」，原作「從」，今據《儀禮正義正誤》改。
❷「帨巾」，原作「挩手」，今據《儀禮集釋》改。
❸「並」，原作「燕」，今據《續清經解》本改。

奠爵，不挩手。《鄉射》司馬獻獲者、司射獻釋獲者，❶亦同。不奠爵，用一手，則非繚祭、絶祭可知。禮殺，不敢備也。《士虞禮》主人獻祝，祝奠爵祭肺；《特牲禮》主人獻祝，祝執角祭肺，皆不挩手。《少牢》祝俎無肺，禮更殺也。《有司徹》主人獻尸，主人受尸酢，主婦獻侑，主人獻長賓，祭俎，皆不挩手，亦不備禮也。至於《士虞》、《特牲》尸入九飯，舉肺、脊、幹、骼、肩。《少牢》尸入十一飯，舉肺、脊、幹、骼、肩。舉幹後，又舉魚與腊、肩，方士禮爲盛。尸皆不挩手者，❷有佐食授之，尊尸也。《燕禮》公祭俎，膳宰贊授肺；《大射》公祭俎，庶子贊授肺，經並云『祭如賓禮』，不云挩手與否。既云『祭如賓禮』，或亦挩手歟？《公食大夫禮》『三牲之肺不離，贊者辯取之，壹以授賓，賓興受，坐祭。挩手』。此有贊者授之而亦挩手，則《燕禮》、《大射》公祭俎皆挩手可知矣。」案：挩手之禮，爲絶肺染汙也。絶肺之後，皆無不挩手而祭酒者，尊卑當同之也。故經不著其挩手之文，其有不言挩手者，文不具也。《鄉射》司馬獻獲者，雖不言奠爵，而注云「亦二手祭酒反注，如《大射》」，則非用一手可知。至《公食大夫禮》有贊者授之，而亦挩手，則《士虞》、《少牢》有佐食授之而亦挩手可知。禮以敬爲主，挩手，所以敬也。凌氏之説似未確。注云「挩，拭也。古文『挩』作『説』」者，❸胡氏承珙云：「案：賈疏云：『《内則》事佩之中有帨，則賓客自有帨巾以拭手也。』據此，似經文『挩手』字本作『帨』。蓋《禮經》今

❶「獲者司射獻」，原脱，今據《禮經釋例》補。

❷「尸」，原脱，今據《禮經釋例》補。

❸「作」，原作「似」，今據上文改。

文作『坐捝手』，古文作『坐説手』。鄭從今文，故疊古文云『捝作説』。《釋文》本今文仍作『捝』，❶與疏本異。『捝』字，《説文》訓『解捝』，與此無涉。『帨』本『帥』之或字。《説文》：『帥，佩巾也。或作帨。』帨本所以拭手，而拭手遂謂之帨手，義自可通。❷《有司徹》『主婦坐捝手』注云：『捝手者於帨。帨，佩巾。《内則》曰婦人亦左佩紛帨。古文帨作説。』據此注知經文本當作『捝手』。鄭注《内則》云『巾以帨手』，注《少儀》引《鄉射禮》『興，加于俎，坐帨手』，皆作『帨』，不作『捝』。《公食大夫禮》：『賓興受，坐祭，捝手。』注：『捝，拭也。拭以巾。』疏云：『案：《内則》左佩紛帨。帨即佩巾。而云捝，拭，拭手以巾。似捝不名巾者，本名帨者，以拭手爲名，其實名巾，故鄭舉其實稱也。』據此，益知經文必皆作『帨手』。鄭訓捝爲拭，古文作『説』者，乃假借字，鄭所不從。」案：此説是也。《説文》「捝」、「帨」異義。「帥」爲佩巾之本字，「帨」爲「帥」之或體。許君於《禮經》多用今文。此據《禮經》今文佩巾字用「帨」從之也。許鄭此條同解，淺人疑於帨爲佩巾，不得訓拭，盡改經注「帨」字爲「捝」，不知捝巾，❸亦無拭義，且以帨拭手謂之帨，猶以巾拭手亦謂之巾，義本相成也。訓詁中此例甚多，如幎之本義爲幔，而以帷幔覆物即謂之幎；帖之本義爲帛書署，而以帛署相附即謂之帖，皆其類也。段氏玉裁《説文解字注》亦云：「《鄉飲酒禮》、《鄉射禮》、《燕禮》、《大射儀》、《公食大夫禮》、《有司徹》皆言『帨手』。注：『帨，拭也。』『帨手者於帨，帨，佩巾。』據賈氏《鄉飲》、《公食》二疏，知經注皆作『帨』，別無

---

❶ 「今」，《儀禮正義正誤》作「經」。
❷ 「自可」，原作「具」，今據《儀禮古今文疏義》改。
❸ 「捝」下，《儀禮正義正誤》有「非佩」二字。

『挩』字。」興，席末坐啐酒。啐，亦嘗也。【疏】正義曰：賈疏云：「於席末，謂於席之尾。《鄉飲酒義》：『祭薦、祭酒，敬禮也。❶嚌肺，嘗禮也。啐酒，成禮也。於席末，言是席之正，非專爲飲食也。❷此所以貴禮而賤財也。』注云：『祭薦、祭酒、嚌肺於席中，唯啐酒於席末。』是也。啐酒於席末者，酒是財，賤財之義也。」敖氏曰：「席末，席西端也。無後事而啐酒者，欲知其旨而告之也。」淩氏《釋例》曰：「凡祭酒，禮盛者啐酒，不盛者不啐酒。祭肺，禮盛者嚌肺，不盛者不嚌肺。《士冠禮》醮用酒，冠者祭酒，興，筵末坐啐酒。若醴，但啐之而已，不卒爵也。《鄉飲酒》、《鄉射》主人獻賓，賓皆祭酒，興，席末坐，啐酒。《燕禮》、《大射》主人獻賓，亦皆祭酒，興，席末坐，啐酒。主人獻公，與賓同。皆禮之盛者。《鄉射禮》主人獻遵，遵祭如賓禮，不啐酒。注：『殺於賓也。』《燕禮》主人獻卿，遂祭酒，不啐酒。《鄉飲酒》主人獻介，不啐酒。皆禮之殺者。《特牲》主人獻尸，尸祭酒，啐酒。尸醋主人，主人祭酒，啐酒。主人獻祝，祝祭酒，啐酒，主婦亞獻，賓三獻，主婦致爵于主人，嗣舉奠，皆同。《少牢》主人獻尸，尸醋主人；主人獻祝，賓長獻，祝上餕嘏主人。《有司徹》主人獻尸，主人受尸酢，主婦獻尸，主婦致爵于主人，主婦受尸酢。皆祭酒、啐酒。《士虞禮》主人獻尸，主人獻祝，經並云『祭酒，嘗之』。嘗酒即啐酒也。亦皆禮之盛者。《特牲》主人獻佐食，主人獻賓。《少牢》主人獻兩佐食，主婦獻尸，主婦獻兩佐食，❸賓長獻尸，尸酢賓長。《有司徹》主人獻侑，主人酬尸，主人獻長賓，上賓三獻。皆祭

❶「也」，原脱，今據《儀禮注疏》補。
❷「食」下，原衍「之」字，今據《儀禮注疏》刪。
❸「婦」，原作「人」，今據《禮經釋例》改。

酒，不啐酒，亦皆禮之殺者。是禮盛者啐酒，不盛者不啐酒也。《鄉飲酒》、《鄉射》主人獻賓，皆祭肺，嚌之。《燕禮》、《大射》主人獻賓，❶亦皆祭肺，嚌之。皆禮之盛者。《鄉飲酒》主人獻介，不嚌肺。《鄉射禮》主人獻遵，不嚌肺。《大射》主人獻卿，不嚌肺。注：『不嚌、啐，自貶於君。』《燕禮》卿無俎，但不啐而已。皆禮之殺者。《士虞禮》尸九飯，佐食舉肺脊授尸，❷尸受，振祭，嚌之。《特牲》尸九飯同。《士虞》、《特牲》主人獻祝；《特牲》主人獻賓；《有司徹》主人獻尸，主人受尸酢，主婦受尸酢：皆祭肺嚌之。皆禮之盛者。《少牢》尸十一飯，上佐食舉尸牢肺、正脊以授尸。經不云祭、嚌者，文不具也。《有司徹》主人獻侑、主婦獻侑、主人獻長賓，皆祭肺，不嚌肺，亦皆禮之殺者。是禮盛者嚌肺，不盛者不嚌肺也。《鄉飲酒》遵者入之禮，若公則如賓禮，啐酒、嚌肺也；大夫則如介禮，不啐酒，不嚌肺也。蓋《鄉飲》、《鄉射》之賓，猶之《燕禮》、《大射》之賓也。《有司徹》祭畢儐尸之尸，亦猶《飲酒》之賓也。故皆啐酒、嚌肺，盛其禮。《燕禮》、《大射》之有公，亦猶《鄉飲酒》、《鄉射》之有遵也。諸公爲遵，則如賓禮。故亦啐酒、嚌肺，尊之與賓同。《燕禮》、《大射》之有卿，《鄉射》之有遵，《有司徹》之有侑，亦猶《鄉飲酒》之有介也，故不啐酒，不嚌肺，殺於賓及尸也。《鄉飲》、《鄉射》之主人，《有司徹》之主人、主婦，皆尊，故亦啐酒、嚌肺，如賓尸禮。《燕禮》、《大射》之主人，則以宰夫爲之，遠下於賓，故不特不嚌、啐，併亦無俎，但祭酒而已。祝尊於佐食，故《特牲》祝嚌、啐，佐食不嚌、啐。《少牢》祝啐酒，佐食不啐酒也。《少牢》祝及佐食俎皆無肺，故不祭、嚌。嘉禮介與卿不嚌、啐，則卑於介、卿皆不嚌、啐也。吉

---

❶「賓」，原脱，今據《禮經釋例》補。

❷「脊」，原重，今據《禮經釋例》删。「尸」，原脱，今據《禮經釋例》補。

禮侑與賓不嚌、啐，則卑於侑、賓，皆不嚌、啐也。」吴氏廷華云：「席末坐者，蓋不敢當南面正席，以主人賓賢，故不敢當重禮也。下階上卒爵，義同。」褚氏寅亮云：「《冠禮》，冠者啐醴不卒觶，亦在席末，❶則此之席末啐酒，不爲西階上卒爵起見明矣。」**降席，坐奠爵，拜告旨，執爵興。主人阼階上荅拜。**降席，席西也。旨，美也。【疏】正義曰：李氏如圭云：「席末啐酒，因降席便，故賓、主人升降皆由下。」❷敖氏云：「拜乃告旨，謝其以旨酒飲己也。降席即拜者，欲近於啐酒之處，且以别於拜既也。既拜，則坐以告旨。」淩氏《釋例》云：「凡獻酒，禮盛者則啐酒、告旨。《鄉飲酒》、《鄉射》主人獻賓，皆啐酒、告旨。《燕禮》、《大射》主人獻賓，亦皆啐酒、告旨。《有司徹》主人獻尸，亦啐酒、告旨。皆禮之盛者。《鄉飲酒》主人獻介、《鄉射》主人獻大夫，皆不啐酒、不告旨。《燕禮》、《大射》主人獻卿，亦皆不啐酒、不告旨。《有司徹》主人獻侑，亦不啐酒、不告旨。皆禮之殺者。蓋賓之告旨，猶主人之祟酒，禮盛者皆有之。至於《有司徹》主婦獻尸，尸不啐酒、不告旨者，則主人獻尸時已啐酒、告旨矣。且主婦之禮殺，亦所以辟主人也。」又曰：「凡啐酒於席末，告旨則降席拜。《鄉飲酒》、《鄉射》主人獻賓，皆席末坐，啐酒。《燕禮》、《大射》主人獻賓，亦皆席末坐，啐酒。《有司徹》主人獻尸，❸尸亦席末坐，啐酒。是啐酒則於席末也。《鄉飲酒》、《鄉射》主人獻賓，皆降席，坐奠爵，拜告旨，執爵興，主人阼階上荅拜。《燕禮》、《大射》主人獻賓，亦皆降席，坐奠爵，拜告旨，執爵興，主人

---

❶「席」，原作「序」，今據《儀禮管見》改。
❷「升」，原作「興」，今據《儀禮集釋》改。
❸「尸」，原脱，今據《禮經釋例》補。

荅拜。于賓右拜也。《有司徹》主人獻尸，尸坐奠爵拜，告旨，執爵以興。主人北面，于東楹東荅拜。經不云降席者，文不具也。是告旨則降席拜也。蓋正獻時賓、主人各三拜：受爵送爵，一拜也；告旨，一拜也；卒爵，一拜也。受爵、送爵、卒爵皆拜于階上，惟告旨之拜則降席，而主人亦於階上荅拜也。」又曰：「凡獻酒，禮盛者受爵、告旨、卒爵皆拜，❶酢主人；禮殺，不拜告旨；又殺者，不酢主人。獻酒，拜受爵，拜告旨，拜卒爵，酢主人，如《鄉飲酒》、《鄉射》主人獻賓，《燕禮》、《大射》主人獻賓，《有司徹》主人獻尸是也。不拜告旨，如《鄉飲酒》主人獻介，《鄉射》主人獻大夫，《特牲》主人獻賓、獻内賓，《有司徹》主人獻侑、主人獻長賓是也。不酢主人，如《鄉飲酒》、《鄉射》主人獻衆賓；《燕禮》、《大射》主人獻卿、獻大夫、獻士；《特牲》主人獻衆賓；《有司徹》主人獻衆賓，主人獻兄弟、獻内賓是也。不拜卒爵，如《鄉飲酒》、《鄉射》主人獻衆賓、衆賓之長，獻工、工之長，獻笙、笙之長；《鄉射》獻獲者、釋獲者，《燕禮》、《大射》主人獻大夫，獻士、士之長，獻工、工之長，獻笙、笙之長。《大射》不獻笙。《大射》司馬正獻獲者，注不言拜既爵，司馬正已反位，不拜可知也。司射獻釋獲者，《特牲》主人獻衆賓；《有司徹》主人獻衆賓、衆賓長，獻兄弟、兄弟之長是也。不拜受爵，如《鄉飲酒》、《鄉射》主人獻衆賓，❷衆賓之長，升拜受者三人，衆賓獻則不拜受爵。獻衆工，獻衆笙，《燕禮》、《大射》主人獻衆工，獻衆士，《燕禮》獻衆笙，《有司徹》主人獻衆賓，經云：「衆賓長升，拜受爵。」注云：「衆賓長拜，則其餘不拜。」獻衆兄弟是也。至如《燕禮》、《大射》獻庶子，則如獻士之禮；獻左右正與内小臣，則如獻庶子之禮也。獻庶子、左右正、内小

---

❶「皆」，原脱，今據《禮經釋例》補。

❷「衆賓」，原脱，今據《禮經釋例》補。

臣，皆於阼階上；獻士，則於西階上。《特牲》主人獻長兄弟于阼階上，則如賓儀；獻衆兄弟，則如衆賓儀；獻内兄弟于房中，則如獻衆兄弟之儀也。若《燕禮》、《大射》主人獻公不告旨者，以酒是己物，非禮殺也。《有司徹》主婦受尸酢，不崇酒者，辟主人也。又主人獻私人于阼階上，拜于下，升受，主人荅其長拜。又云：『主人于其羣私人不荅拜。』是羣私人皆於階下拜受爵，❶主人唯於其長荅拜，❷與衆賓、衆工、衆笙、衆士、衆兄弟不拜，受爵之例不同也。」**賓西階上，北面坐卒爵，興；坐奠爵，遂拜，執爵興。主人阼階上荅拜。**卒，盡也。於此盡酒者，明此席非專爲飲酒起。【疏】正義曰：敖氏云：「必西階上卒爵者，以鄉者於此拜受故也。」淩氏《釋例》云：「凡禮盛者坐卒爵，禮殺者立卒爵。《鄉飲酒禮》主人獻賓，賓酢主人；主人獻介，介酢主人。《鄉射禮》主人獻賓，賓酢主人；主人獻遵，遵酢主人。《燕禮》、《大射》主人獻賓，賓酢主人，主人自酢于公，主人獻卿。《特牲禮》主人獻賓，主人自酢。《有司徹》主人獻尸、獻侑，主人受尸酢，主婦獻尸、獻侑，致爵于主人，主人獻長賓，主人自酢于長賓，賓受尸酢。皆坐卒爵。是禮盛者坐卒爵也。又《鄉飲酒》、《鄉射》主人獻衆賓，《燕禮》、《大射》主人獻大夫、獻士。獻庶子如獻士之禮，左右正、内小臣同。《大射》、《鄉射》獻獲者、釋獲者，《特牲》主人獻衆賓，衆兄弟、内兄弟同。❸《有司徹》主人辯獻衆賓、獻兄弟、獻内賓、獻私人，皆坐祭立飲，是禮殺者立卒爵也。《燕禮》、《大射》主人獻公立卒爵者，嫌與賓同也。《鄉飲酒》、

---

❶「下」，原作「上」，今據《禮經釋例》改。
❷「唯」，原脱，今據《禮經釋例》補。
❸「衆」上，原衍「獻」字，今據《禮經釋例》删。

《燕禮》獻笙立卒爵，獻工坐卒爵者，工不能備禮也。《特牲》、《少牢》獻祝與佐食皆坐卒爵者，以其接神事尸尊之，故盛其禮也。室中獻尸，不云『坐卒爵』者，蒙上文尸即席坐也。《少牢》云：尸升筵，遂坐。《士昏禮》婦餕畢，❶姑酳。《特牲》、《少牢》餕畢，❷主人酳酢。皆坐卒爵者，以其尊者之餘也。又《鄉飲酒》、《鄉射》主人酬賓，《燕禮》、《大射》主人酬賓，《有司徹》主人酬尸、酬賓，皆坐祭，遂飲。此酬禮之盛者也。《鄉飲酒》、《鄉射》一人舉觶，二人舉觶，皆坐祭，遂飲。《燕禮》、《大射》二大夫媵爵，皆坐祭，遂卒觶。《特牲》主人酬賓，坐祭，卒觶，此旅酬之發端，禮亦盛，故坐卒爵也。❸至於旅酬無算爵，其禮殺，則皆立飲矣。獻酬用爵，自酬以下皆用觶，此又隆殺之義也。❹《鄉飲酒．記》：『坐卒爵者拜既爵，立卒爵者不拜既爵。』注：『隆殺各從其宜，不使相錯，惟工不從此禮。』亦隆殺之例也。」高氏愈云：「凡獻賓之禮，飲一爵而賓主各拜者四：拜洗，一也；拜送，二也；拜旨，三也；拜既，四也。」○注「非專爲飲酒起」，《校勘記》云：「『酒』，徐本、《集釋》、《通解》、楊氏俱作『食』，與疏合。」　云「卒，盡也」者，程氏易田云：「《燕禮》亦不在席盡爵，然則西階北面坐卒爵乃常禮也。」云「明此席非專爲飲酒起」者，盛氏世佐云：「《鄉飲酒義》曰：『是席之正，非專爲飲食也。』注蓋本此，謂卒爵於西階上即『啐酒於席末』之義也。此說深得禮意，敖說淺矣。」

---

❶「畢」，原作「餘」，今據《禮經釋例》改。
❷「特牲」，原脱，今據《禮經釋例》補。
❸「坐」下，原衍「祭」字，今據《禮經釋例》刪。
❹「隆殺」，《禮經釋例》作「卒爵」。

右主人獻賓

賓降洗。將酢主人。【疏】正義曰：韋氏協夢云：「此不言以虚爵降，《鄉射》不言降洗，皆互文。」**主人降，**亦從賓也。降，降立阼階東西面。【疏】正義曰：程氏易田云：「初疑洗當東榮，在東序之東矣；主人位若直東序，則賓洗、主人辭洗面皆不順。及細閱《鄉飲》、《鄉射》兩經，主人洗皆南面，辭賓洗亦皆南面，賓洗皆北面，❶辭主人洗亦皆北面。上經賓主辭主人洗也，進而東乃北面，以西階遠於洗，故東行以就主人。而賓之卒洗也，取爵適洗之南，乃北面，主人阼階東南面辭洗，❷賓奠爵于篚，興對。其對也，必少西於洗，乃得賓主南北相對。及主人復東階東西面之位，賓復少東行，然後北面盥而卒洗也。以主人位直東序，而洗又在其東，興對既少西於洗，則卒洗必東行而後可旋而北面也。若以『東』字屬下，作『東北面』，則《鄉射禮》明是北面盥洗，不得於《鄉飲》又別異也。據此，則主人堂下之位直東序益明，而上經賓進東北面辭洗。此經賓東北面盥，楊氏《圖》二『東』字並屬下讀，誤甚。」**賓坐奠爵，興辭。**西階前也。【疏】正義曰：《鄉射》云：「賓西階前東面坐奠爵，興，辭。」此不言西階前東面，以見於《鄉射》，略之也。故注本以爲說。韋氏協夢云：「獻賓時不言坐奠爵興，此不言坐奠爵階前，亦互文。」**主人對，賓坐取爵，適洗南北面。**【疏】

❶ 「皆」，原作「在」，今據《續清經解》本改。

❷ 「南」，原作「北」，今據《續清經解》本改。

正義曰：《校勘記》云：「『賓』下，唐石經衍『上』字。」○敖氏云：洗南北面，别於主人也。於賓之取爵也，主人復位。**主人阼階東，南面辭洗。賓坐奠爵于篚，興對。**主人復阼階東，西面。【疏】正義曰：《校勘記》云：「『阼階』，唐石經脱『阼』字。」○李氏如圭云：「凡洗必盥，辭洗必既洗而後辭，爵已洗則奠之不於篚下。此經主人辭洗，賓奠爵于篚對，則既盥洗矣。盥又當如《鄉射禮》繫之於適洗南之下，互之於後耳。」敖氏曰：「南面辭洗，猶不離阼階東，示違其位而已。此主人辭洗在賓盥之先，與他禮微異，未詳。」張氏爾岐云：「前獻賓，主人既盥而後辭洗。此則賓未盥而已辭洗，故主人奠爵初在篚下，繼乃於篚，以初未聞賓命也。賓奠爵即于篚，以已聞主命也。」方氏苞云：「《鄉射》、《燕》、《大射》皆賓盥洗而後主人辭。」「《燕》與《大射》膳宰以君命禮賓，自當待其盥洗而後禮辭。此則鄉大夫爲國禮賢，故賓未盥而先辭過禮，❶以示下士之誠也。若州長習射，即賓爲公士，亦州中有位於朝者，則循禮之常可矣。」盛氏世佐云：「盥而後辭洗，禮之常也；未盥而辭洗，變以示重也。於此可見古人尊賢之禮。」**賓東北面盥，坐取爵，卒洗，揖讓如初，升。**【疏】正義曰：敖氏云：「凡盥洗於洗南者，皆北面。此云『東北』，未詳，疑『東』衍文也。」方氏苞云：「階下之位，主人在洗北，賓在洗南，故賓辭洗，少進東北面，而盥洗亦如之。主人辭洗，西南面，而盥洗亦如之。」盛氏世佐云：「上言沃洗者西北面，此不言者，可知也。主人在洗北，沃洗者在洗南，故主人南面，而沃洗者西北面，沃之便也。今賓者在洗南，沃洗者在其右，故賓方盥洗，必東北而邪向之，亦取其便也。敖氏

❶「過」，原作「遵」，今據《儀禮析疑》改。

以『東』爲衍文，非也。」如初者，謂一揖一讓也。**主人拜洗。賓荅拜，興，降盥，如主人禮。**【疏】正義曰：敖氏云：「如上文『降盥』以至『坐取爵』之儀，但面位異耳。」張氏爾岐云：「如其從降、辭對。」**賓實爵主人之席前，東南面酢主人。**【疏】正義曰：主人在阼階，賓自主席前向之，故東南面。淩氏《釋例》曰：「凡賓報主人之酒，謂之酢。《鄉飲》、《鄉射禮》主人獻賓畢，賓實爵，主人之席前東南面酢主人。《燕禮》、《大射》主人獻賓畢，賓升酌膳，以酢主人于西階上。此賓酢主人也。《士虞禮》主人獻尸畢，祝酌授尸，尸以醋主人；主婦亞獻，❶賓長三獻同。《特牲禮》：『祝酌，❷授尸，尸以醋主人。』又主婦獻尸畢，醋如主人儀。又賓三獻，尸卒爵酢。❸注：『酢於賓也。』《少牢禮》主人獻尸畢，祝酌授尸，尸酢主人。又主婦獻尸畢，祝易爵，洗，酌，授尸，主婦拜受爵，尸荅拜。又賓長獻尸畢，祝酌，授尸，賓拜受爵，❹尸拜送爵。此正祭時尸酢主人、主婦、賓長也。《有司徹》主人獻尸、侑畢，尸降盥，升，坐取爵，酌。注：『酌者，將酢主人。』又：主婦獻尸、侑，致爵主人畢，尸降筵，受主婦爵以降。注：『將酢主婦。』又：賓三獻畢，在酌致主人後。尸降筵，受三獻爵，酌以酢之。不儐尸之禮同。此儐尸時，尸酢主人、主婦、賓長也。此酢禮之盛者也。《鄉飲酒》主人獻介畢，介揖讓，升，授主人爵于兩楹之間。介西階上立，主人實爵，酢于西階上。自酢也，獻衆賓不酢。《鄉射禮》主人

❶「亞」，原作「竝」，今據《禮經釋例》改。
❷「祝」，原作「尸」，今據《禮經釋例》改。
❸「爵」，原脱，今據《禮經釋例》補。
❹「拜」，原作「荅」，今據《禮經釋例》改。

獻大夫畢，大夫，遵也。大夫授主人爵于兩楹間，復位，主人實爵以酢于西階上。此即《鄉飲酒》介酢主人之儀。《燕禮》主人獻公畢，洗，升，酌膳酒以降，酢于阼階下。❶亦是自酢。《大射》作『酢散』，餘儀同。《燕禮》酌膳，此酌散者，主於射，不主飲酒故也。此介、遵及公酢主人也。❷《特牲禮》主人獻賓畢，受爵酌酢。注：『主人酌自酢者，賓不敢敵主人，主人達其意。』《有司徹》獻長賓、衆賓畢，乃升長賓，主人酌酢于長賓。注：『主人酌自酢，序賓意，賓卑不敢酢。』此祭畢飲酒，賓酢主人也。❸皆酢禮之殺者也。下此則不敢酢矣。又《特牲禮》主婦致爵于主人畢，受爵酌酢。又主人致爵于主婦畢，主人更爵酌酢。又賓致爵于主人、主婦畢，更爵酢于主人。又主人酳餕畢，上餕洗爵，升，酌酢主人。《少牢禮》：『主人受上餕爵，酌以酢於户内。』以及不儐尸之致酢。❹則行於賓三獻與餕時，❺亦禮之殺者也。」**主人阼階上拜，賓少退。主人進受爵，復位。賓西階上拜送爵，薦脯醢。**【疏】正義曰：蔡氏德晋云：「主席在阼，而主人在席之南，故賓東南面酢主人。主人進受爵，❻則北面也。」高氏愈云：「主人獻賓則北面，賓酢主人則西面，主人自卑而尊賓之意也。

---

❶「下」，原作「上」，今據《禮經釋例》改。
❷「遵」，原作「遂」，今據《禮經釋例》改。
❸「賓」，原脱，今據《禮經釋例》補。
❹「儐」，原作「賓」，今據《禮經釋例》改。
❺「行」，原作「與」，今據《禮經釋例》改。
❻「受」，原脱，今據《禮經本義》補。

拜送爵，此賓酢主人第二爵。」張氏爾岐云：「薦脯醢者，亦主人有司。」**主人升席自北方，設折俎，祭如賓禮。**祭者，祭薦俎及酒，亦嚌啐。【疏】正義曰：敖氏云：「北方，席下也。主人、介席皆南上。」**不告旨。**酒，己物也。【疏】正義曰：敖氏云：「酒，主人之物也。其不告旨，不言可知。乃必言之者，宜別之如賓禮也。主人不告旨，乃亦啐酒者，若欲知其美惡以拜崇酒然。」**自席前適阼階上，北面坐，卒爵，興，坐奠爵，遂拜，執爵興。賓西階上荅拜。**自席前者，啐酒席末，因從北方降，由便也。【疏】正義曰：敖氏云：「從北方降，正也。」據敖氏以升降皆由下，故與注說異。注本啐酒席末言之，故知從北方降爲由便。蓋主人當降自南方，以啐酒席末，因從北方降，是爲由便，其義精矣。褚氏寅亮云：「凡升席由下、降席由上，正也；降亦有時而從下，由便也。東鄉、西鄉之席，以南方爲上，則降從南方爲正。今既啐酒於席末，則身在北矣。故即由便從北而降，轉過席前以適阼階。注云『由便』，明本非正也。敖氏謂升降皆由下，反以此從北方降爲正，非也。後介不啐酒而自南方降席，則從降由上之正矣。敖氏欲護前說，乃云介尊，於禮輕者或得由便，則尤非。試思介身在席中，並非在南，此便何從生乎？案：《鄉射》『賓升席自西方』注云：賓升降皆由下。疏云：主人在東，降不由上，敬主人。然則升降皆由下惟賓耳。」程氏易田云：「主人席在阼階上，據《鄉飲酒義》曰『坐于東南』，是已近堂廉矣。今自席前乃適阼階上，《鄉射禮》亦然。然則賓主拜位、卒爵之位在階上，當楣者在主席南，幾垂堂廉，故主人坐奠爵于序端，其南北之節即當拜位也。」**主人坐奠爵于序端，阼階上北面再拜崇酒。賓西階上荅拜。**東西牆謂之序。崇，充也，言酒惡相充實。【疏】正義曰：《校勘記》云：「注『謂』，徐作『爲』。」云「東西牆謂之序」者，《爾雅·釋宮》文。敖氏云：「奠爵于序端，拜崇酒之禮然也。奠於其所而拜，則嫌若拜既爵；奠于篚而後拜，❶則嫌若禮畢而更端，故以奠於此爲節。」云「崇，充也，言酒惡相充實」者，《釋詁》文。崇酒之義，説者各異。敖氏云：「崇，重也。謂賓崇重己酒，不嫌其薄而飲之既也，故拜謝之。卒爵乃拜者，若曰已飲之，乃知其薄。」熊氏朋來曰：「崇，充也。添酌充滿之。」方氏苞云：「《周官・酒正職》：大祭三貳，中祭再貳，小祭壹貳。注疏：五齊以祭，不敢副益。三酒人所飲，故就其尊而益注之。義取獻酢既畢，則尊中酒減，而益注以崇之。惟賓、介有崇酒之文，正所謂再貳，蓋比於中祭也。賓、介獻酢所減無幾，而以此爲崇酒之節者，旅酬無算爵，皆因賓、介而及之耳。」姜氏兆錫云：「此謝賓之酢爵也。崇之言隆。謂之崇酒者，謝賓酢之隆施耳。如以崇酒爲謝酒惡，當於獻賓、賓告旨之時，不當於酢主、主不告旨之後。」案：《釋詁》「崇」字三訓：「崇，充也」，注與熊説本之；「崇，重也」，敖氏本之；「崇，高也」，姜説近之。郝氏敬譏注説爲鑿。盛氏世佐云：「詳注意，蓋謂以惡酒充賓腹，故拜以謝也。於經義未爲大失，然訓崇爲充，充字並無酒惡之義，勢必添字乃通，固不如敖氏之直截也。」蓋主人崇酒當賓之告旨，主人獻賓而賓告旨，重主人之旨酒飲已也。賓酢主人，而主人崇酒，酒，己物也。卒爵而拜，重賓之不嫌其薄而飲之既也。其不於獻賓，賓告旨之時者，禮有其節，主人獻賓，賓以告旨爲節。賓酢主人，主人不告旨，則以崇酒爲節也。故崇在不告旨之後。高氏愈云：「酬獻之禮，賓主皆同。惟賓先拜旨酒而後拜既爵，主人先拜既爵而後拜崇酒，此爲小殊。」淩氏《釋例》曰：「凡酢如獻禮，崇酒，不告旨，禮殺者則

---

❶「爵奠」，原倒，今據《儀禮集説》乙正。

以虚爵授之。《鄉飲酒》、《鄉射》賓酢主人，實爵于主人之席前，東南面酢主人。主人阼階上拜，賓少退。主人進受爵，復位。賓西階上拜送爵，薦脯醢。主人升席自北方，設折俎。祭如賓禮，不告旨。自席前適阼階上，北面坐卒爵，興，坐奠爵，遂拜，執爵興。賓西階上荅拜。主人坐奠爵于序端，阼階上北面再拜崇酒，賓西階上荅拜。《有司徹》主人受尸酢，尸升，坐取爵，酌。主人東楹東北面拜受爵，尸西楹西北面荅拜。至次賓羞匕湆後，主人席末坐，啐酒，執爵興。至次賓羞燔後，主人降筵自北方，北面，于阼階上坐卒爵，執爵以興，坐奠爵，拜，執爵以興。尸西楹西荅拜，主人坐奠爵于東序南，❶侑升，尸、侑皆北面于西楹西。主人北面于東楹東，❷再拜崇酒，尸、侑皆荅再拜。❸是酢酒唯不告旨而崇酒與獻禮異，❹餘皆同也。亦有不崇酒者。《燕禮》、《大射》賓酢主人，升酌膳，以酢主人于西階上。主人北面拜受爵，賓主人之左拜送爵。主人坐祭，不啐酒，不拜酒，不告旨，遂卒爵，興，坐奠爵，拜，執爵興。賓荅拜，主人不崇酒。此主人以宰夫爲之，酒是君物，故不崇酒。注『辟正君』是也。皆賓酌之以酢主人者。《鄉飲酒》介酢主人，升，授主人爵于兩楹之間，❺介西階上立。主人實爵，酢于西階上介右，坐奠爵，遂拜，執爵興，介荅拜。主人坐祭，遂飲，卒爵，興，

❶「東」，原脱，今據《禮經釋例》補。
❷下「東」字，原脱，今據《禮經釋例》補。
❸「再」，原脱，今據《禮經釋例》補。
❹「唯」，原作「雖」，今據《禮經釋例》改。
❺「兩」，原作「西」，今據《禮經釋例》改。

坐奠爵，遂拜，執爵興，介荅拜。主人坐奠爵于西楹南介右，再拜崇酒，介荅拜。《鄉射》大夫酢主人，升，大夫授主人爵于兩楹間，復位。主人實爵以酢于西階上，坐奠爵，拜，大夫荅拜。坐祭，卒爵，拜，大夫荅拜。主人坐奠爵于西楹南，再拜崇酒，❶大夫荅拜。與《鄉飲酒》介酢主人同，皆以虚爵授主人，不自酌，蓋禮之殺者。《鄉飲酒》注云：『介不自酌，下賓酒者，❷賓主共之。』是也。亦崇酒者，酒，己物也。《燕禮》、《大射》主人自酢于公，更爵，洗，升，酌膳酒以降，酢于阼階下，北面坐奠爵，再拜稽首，公荅再拜。主人坐祭，遂卒爵，再拜稽首，公荅再拜。則臣與君行禮也。《有司徹》主婦受尸酢，尸酌，主婦出于房，西面拜，受爵，尸北面于侑東荅拜。主婦入于房，司宮設席于房中，南面。主婦立于席西，薦設畢，主婦執爵以出于房，西面于主人席北，立卒爵，執爵拜，尸西楹西北面荅拜。則男子與婦人行禮也。皆與酢之正禮異。至於《特牲》主人獻賓畢，受爵酌酢，奠爵拜，賓荅拜；主人坐祭，卒爵拜，賓荅拜。《有司徹》：『主人酌酢于長賓，西階上北面，賓在左。主人坐奠爵，拜，執爵以興，賓荅拜。坐祭，遂飲，卒爵，執爵以興，坐奠爵，拜，賓荅拜。』則皆祭畢。飲酒，禮又殺矣。又《有司徹》賓三獻，受尸酢，尸降筵，受三獻爵，酌以酢之，三獻西楹西，北面拜受爵，尸在其右以授之。❸尸升筵，南面荅拜，坐祭，遂飲，卒爵，拜。尸荅拜，亦尸親酌。不以虚爵授賓者，尊賓，故盛其禮也。」又曰：「凡賓告旨在卒爵前，于席西拜；主人崇酒在卒爵後，于階上拜。《鄉飲酒》、《鄉射》主

---

❶「再拜」，原脱，今據《禮經釋例》補。

❷「賓」，原脱，今據《禮經釋例》補。

❸「授」，原作「受」，今據《禮經釋例》改。

人獻賓，皆席末坐，啐酒，降席，坐奠爵，拜告旨。注：『降席，席西也。』然後賓西階上北面，坐卒爵。《燕禮》、《大射》主人獻賓，亦皆席末坐，啐酒，降席，坐奠爵，拜告旨，然後賓西階上北面，坐卒爵。是賓告旨皆在卒爵前，于席西拜也。《有司徹》主人獻尸，亦席末坐啐酒，拜告旨，然後尸降筵，❶北面于西楹西，坐卒爵。儐尸之尸，如飲酒之賓，故其例同也。《鄉飲酒》、《鄉射》賓酢主人，皆自席前適阼階上，北面，坐卒爵，拜，然後阼階上北面，再拜崇酒。❷《鄉飲酒》介酢主人，坐祭，遂飲，卒爵，然後介右再拜崇酒。《鄉射》大夫酢主人，坐祭卒爵拜，然後再拜崇酒，亦在大夫右拜。《有司徹》主人受尸酢，❸降筵自北方，北面于阼階上，坐卒爵，拜，然後北面于東楹東，再拜崇酒。是主人崇酒皆在卒爵後，于阼階上拜也。《燕禮》、《大射》賓酢主人，主人卒爵拜後不崇酒者，主人本宰夫代公爲之，酒非己物，故其例異也。崇酒必再拜者，所以申主人之敬也。」

右賓酢主人

主人坐取觶于篚，降洗。賓降，主人辭降。賓不辭洗，立當西序，東面。不辭洗者，以其將

---

❶「筵」，原脱，今據《禮經釋例》補。

❷「再」，原脱，今據《禮經釋例》補。

❸「主人受」，原作「授」，今據《禮經釋例》改。

自飲。【疏】正義曰：高氏愈云：「取觶者，將以酬賓也。凡所謂酬者，意欲其人之飲，而其不飲，則己先飲以倡之，而冀其人之亦飲，所謂導飲者也。不仍前爵而用觶者，一以示更新之敬，且器備而多儀，亦周之尚文然也。」李氏如圭云：自飲而洗，禮貴絜。敖氏云：「主人辭不言奠觶，又不言賓對者，如上禮可知。自飲乃洗者，亦象賓之飲己也。」韋氏協夢云：「《鄉射禮》『主人奠觶辭降』，❶此亦宜然。又《鄉射禮》『主人奠觶辭降』下，有『賓對東面立主人坐取觶洗』十一字，當以《鄉射》爲正。」程氏易田云：「此第二次取一觶於堂上之篚也。立當西席東面，賓堂下立位也。前主人降洗，賓降即立於此，故於其復位曰『當西席，東面』也。此與前經互相足。」注云「不辭洗者，以其將自飲」者，張氏爾岐云：「酬酒先自飲，乃酬賓，故注云『將自飲』。❷獻用爵，酬用觶。一升曰爵，三升曰觶。」**卒洗，揖讓，升。賓西階上疑立。主人實觶酬賓，阼階上北面，坐奠觶，遂拜，執觶興。賓西階上荅拜。** 酬，勸酒也。酬之言周，忠信爲周。【疏】正義曰：敖氏云：「此象賓之飲己，故其拜亦皆與受之於人者同。」張氏爾岐云：「先自飲，所以勸賓也。拜賓者，通其勸意也。荅拜者，荅其勸己也。」凌氏《釋例》云：「凡主人先飲以勸賓之酒謂之酬。❸酬禮行於賓酢主人後，用觶不用爵，惟賓、主人乃行之。《鄉飲酒禮》：賓酢主人後，主人實觶酬賓。注云：『酬，勸酒也。酬之言周，忠信爲周。』賈疏云：『酬酒先飲，乃酬賓。』《鄉射禮》：賓酬主人後，主人實觶酬之。此主人酬賓之正禮也。

---

❶「射」，原作「飲」；「奠觶」，原脱，今據《儀禮蠡測》改補。
❷「注」，原脱，今據《儀禮鄭注句讀》補。
❸「之酒」，原脱，今據《禮經釋例》補。

《燕禮》、《大射》：主人自酢于公後，升媵觚于賓。此媵觚亦酬也。宰夫爲主人，降于正主，故不曰酬而曰媵觚。又：二人媵爵于公，公坐取大夫所媵觶，興以酬賓。媵觚是主人酬賓，此是公酬賓，宰夫代公爲主人，故公亦酬賓也。此觶，賓即用以旅酬。主人獻卿後，再請二人媵爵，公又行一爵，若賓若長，唯公所酬。此酬是卿舉旅之酒。若爲大夫、士舉旅，則曰賜，不曰酬。《大射》爲卿舉旅亦作『賜』。此皆酬禮之殺者也。《特牲禮》：獻衆賓後，主人洗觶酌于西方之尊，西階前北面酬賓。此觶即後賓旅酬之觶。《有司徹》：主人自酢于長賓後，宰夫洗觶以升，主人受酌，❶降，酬長賓于西階南。此觶即後無算爵之觶。❷此祭畢飲酒之酬，亦禮之殺焉者也。又《有司徹》：賓三獻尸後，主人實爵酬尸。張氏爾岐云：『《特牲》及下不儐尸，皆無酬尸之事，此特有之，奠而不舉。』則正祭後以賓客事尸之禮，故獻酢之後主人酬之如賓也。又案：❸獻酒逮及賤者，如工、笙、獲者、釋獲者、祝、佐食之類。酢主人惟賓、介及遵者有之，❹酬酒雖介、遵亦無之，尊賓之意也。祭禮尸酢主人，而下及主婦長賓。若酬尸，亦惟主人而已。蓋酬禮惟賓、主人得行之。儐尸則酬尸，如賓獻助祭之賓，則又酬之，上大夫儐尸之禮，威儀多也。」**坐祭，遂飲，卒觶，興，坐奠觶，遂拜，執觶興。**

賓西階上荅拜。【疏】正義曰：高氏愈云：「此主人自飲而亦拜者，蓋雖自飲，而實冀賓之飲，故拜以勸之

❶「受」，原作「升」，今據《禮經釋例》改。
❷「即後」，原脱，今據《禮經釋例》補。
❸「案」，原脱，今據《禮經釋例》補。
❹「介及」，原倒，今據《禮經釋例》乙正。

也。此主人酬賓第三爵，主人飲。」張氏爾岐云：「主人導飲訖。」**主人降洗，賓降，辭，如獻禮。升，不拜洗，**不拜洗，殺於獻。【疏】正義曰：敖氏云：「如獻禮，如其降後升前之儀。」張氏爾岐云：「主人爲賓洗爵，故賓降辭如獻時，但升堂不拜耳。」淩氏《釋例》云：「凡酬酒不拜洗。案：獻酒禮盛者共四次拜：拜洗在未獻之前，一次也；拜受爵、送爵，二次也；拜告旨，三次也；拜卒爵，四次也。禮殺者，則不拜洗也。酢酒禮盛者，亦四次拜：拜洗在未酢之前，❶一次也；拜受爵、送爵，二次也；拜卒爵，三次也；再拜崇酒，四次也。禮殺者，則不拜洗也。至於酬酒，雖是賓主人正禮，亦不拜洗，但有三次拜：主人自實觶之拜，一次也；主人自卒觶之拜，二次也；卒觶之後，主人降洗，如獻禮，升，不拜洗，至受爵送爵之時始拜，❷三次也。酬酒奠而不舉，故亦無卒觶拜也。《鄉飲酒》、《鄉射》主人酬賓，《燕禮》、《大射》主人酬賓，《特牲禮》主人酬賓，《有司徹》主人酬尸、主人酬賓，皆然。蓋酬酒之禮，又殺於獻酢矣。」**賓西階上立。主人實觶賓之席前，北面。賓西階上拜。主人少退，卒拜，進，坐奠觶于薦西。**賓已拜，主人奠其觶。【疏】正義曰：敖氏云：「席前北面，變於獻，❸以其不授也。奠觶于薦西者，主人以此觶不舉不敢親授之，重勞賓也。凡酬酒有卒不舉者，有未即舉者，主人皆奠之而不授，其意則同。《燕》與《大射》及《少牢》下篇，主人酬尸與

❶「酢」，原作「酬」，今據《禮經釋例》改。
❷「送」，原作「卒」，今據《禮經釋例》改。
❸「變」，原作「便」，今據《儀禮集説》改。

賓，皆授觶，與士禮異。」張氏爾岐云：「奠觶西，欲賓舉此觶也。」❶盛氏世佐云：「酬觶奠而不授，❷亦殺於獻也。奠于薦西，❸仍是欲賓舉此觶。若逆料其不舉而不親授，則非主人殷勤之意矣。」方氏苞云：「《燕》、《大射》薦西之酬觶，賓時不舉而相授受，備其儀以觀示衆人也。《少牢》儐尸之酬爵亦然。惟鄉大夫興賢能，州長教射，則主人奠觶于薦西。賓移置薦東而不相授受，以當其時不舉，則略其儀，教士以信直也。主人已奠觶，賓復遷之，以此觶終當取酬主人，❹故更奠以示己受耳。」**賓辭，坐取觶，復位。主人阼階上拜送，賓北面坐奠觶于薦東，復位。**酬酒不舉，君子不盡人之歡，不竭人之忠，以全交也。【疏】正義曰：敖氏云：「辭，辭其奠觶也。奠觶，酬之正禮也。然奠而不授，亦不能無降等之嫌，故辭之。辭之而不獲命，乃坐取觶，示受也。辭及取觶，東面復位，待主人拜。」張氏爾岐云：「賓辭，賈疏以爲辭主人復親酌己。愚以主人方酌時不辭，殆非辭酌也。仍是辭其親奠，❺如《鄉射》二人舉觶時耳。」盛氏世佐云：「奠觶于薦東，示不舉也。凡奠觶，將舉者於右，不舉者於左。辭是辭奠。」敖、張二説得之。北面奠觶，敖氏云：「由

❶「賓」，原脱，今據《儀禮鄭注句讀》補。
❷「觶奠」，原倒，今據《儀禮集編》乙正。
❸「西」，原作「右」，今據《儀禮集編》改。
❹「終」，原作「取」，今據《儀禮析疑》改。
❺「是」，《儀禮鄭注句讀》作「上」。

便。凡賓於主人所奠之物，必取而遷之，❶以示其不敢當之意，且爲禮也。堂上則左之，堂下則右之，亦各從其便也。」高氏愈云：「此主酬賓第四爵，賓不飲。」褚氏寅亮云：「注謂酬酒不舉，故奠於左，此通例也。即記所云：凡奠者于左，將舉者于右也。《集説》殊誤。試思左右之便，豈以堂上下而生别乎？又酬觶不舉，故奠而不授，又不敢必賓之不舉，故仍奠薦右，賓則遷於薦左，以示不舉。上經之辭，辭其奠薦右也。謂辭親酌己者，非；謂辭奠而不授者，亦猶未盡也。」淩氏《釋例》云：「凡酬酒先自飲，復酌，奠而不授，舉觶媵爵亦如之。❷《鄉飲酒》、《鄉射》主人酬賓，卒洗，揖讓，升，賓西階上疑立。主人實觶酬賓，阼階上北面坐奠觶，遂拜，執觶興。賓西階上荅拜。坐祭，遂飲，卒觶興，坐奠觶，遂拜，執觶興，賓西階上荅拜。此主人先自飲也。又云：『賓西階上立，主人實觶，賓之席前北面。賓西階上拜，主人少退，卒拜，進，坐奠觶于薦西。賓辭，坐取觶，復位，主人阼階上拜送。』是主人復酌奠而不授也。《燕禮》、《大射》主人酬賓，升酌散，西階上坐奠爵，拜賓，賓降筵，北面荅拜；主人坐祭，遂飲，賓辭；卒爵拜，賓荅拜。此主人先自飲也。又云主人酌膳，賓西階上拜，受爵于筵前，反位，主人拜送爵。經但云賓受爵，不云主人授爵、奠爵，當亦如《鄉飲酒》、《鄉射》奠而不授之例。疏謂主人不坐奠於薦西者，非也。《有司徹》主人酬尸東楹東，北面坐奠爵，拜，尸西楹西，北面荅拜；坐祭，遂飲，卒爵，拜，尸荅拜。此主人先自飲也。又云：『主人實觶，尸拜，受爵。主人反

---

❶「取」，原作「坐」，今據《儀禮集説》改。

❷「舉觶」，原脱，今據《禮經釋例》補。

位，荅拜。』不云主人奠觶者，亦文不具也。主人酬賓亦然。考《特牲禮》主人酬賓，自飲訖，復酌，❶亦先奠觶於薦北。則酬酒之例皆奠而不授可知也。❷又《鄉飲酒》、《鄉射》一人舉觶于賓，實觶，西階上坐奠觶，遂拜，執觶興，賓席末荅拜；坐祭，遂飲，卒觶興，坐奠觶，遂拜，執觶興，賓荅拜；❸降洗，升實觶，立于西階上，賓拜，進，坐奠觶于薦西，賓辭，坐受以興，舉觶者西階上拜送，賓坐奠觶于其所。《鄉飲酒》：『二人舉觶于賓、介，洗，❹升，實觶于西階上，皆坐奠觶，遂拜，執觶興。賓、介席末荅拜。皆坐祭，遂飲，卒觶，興，坐奠觶，遂拜，執觶興，賓、介席末荅拜。逆降，❺洗，升實觶，皆立於西階上，賓、介皆拜。皆進，薦西奠之。賓辭，坐取觶以興。介則薦南奠之。介坐受以興，退，皆拜送，降。賓、介奠于其所。』《鄉射》二人舉觶于賓，與大夫同。《特牲禮》兄弟弟子舉觶于長兄弟，如主人酬賓儀。賓弟子及兄弟弟子各舉觶于其長，奠觶，拜，長皆荅拜。舉觶者祭，卒觶，拜，長皆荅拜，舉觶者洗，各酌于其尊，復初位，長皆拜。舉觶者皆奠觶于薦右，長皆執以興，舉觶者皆復位，荅拜，長皆奠觶于其所。是舉觶之例，亦先自飲，復酌，奠而不授也。《燕禮》、《大

❶「酌」，原作「爵」，今據《禮經釋例》改。
❷「則」，原作「此」，今據《禮經釋例》改。
❸「賓」，原脱，今據《禮經釋例》補。
❹「洗」，原脱，今據《禮經釋例》補。
❺「逆」，原作「遂」，今據《禮經釋例》改。

射》下大夫二人媵爵于公，升自西階，序進酌散，交于楹北，降阼階下，皆奠觶再拜稽首，❶執觶興，公荅再拜。媵爵者皆坐祭，遂卒觶，興，坐奠觶，再拜稽首，執觶興，公荅再拜。又云：『若君命皆致，則序進，奠觶于篚，阼階下皆再拜稽首，公荅再拜。媵爵者洗象觶，升實之，序進，坐奠于薦南，北上，降，阼階下皆再拜稽首送觶，公荅再拜。』獻卿後，媵爵亦同。獻士後，賓媵觚于公，酌散，下拜，公降一等，小臣辭，賓升，再拜稽首，公荅再拜。賓坐祭，卒爵，再拜稽首，公荅再拜。賓降，洗象觶，升。❷酌膳，坐奠于薦南，降拜，小臣辭。賓升成拜，公荅再拜。是媵爵之例，亦先自飲，復酌，奠而不授也。至於《有司徹》，主人酬賓，自飲畢，升酌，但云『賓拜受爵，主人拜送爵』，不云主人奠觶。又二人舉觶于尸侑，自飲畢，升酌，但云『尸、侑皆拜受爵，舉觶者皆拜送』，不云舉觶者奠觶。又兄弟之後生者舉觶于其長，自飲畢，升酌，但云『長拜受于其位，舉爵者東面荅拜』，不云後生奠觶。皆文不具也。」又云：「凡酬酒奠而不舉，❸禮殺者則用爲旅酬、無算爵始。《鄉飲酒》、《鄉射》主人酬賓，坐奠觶于薦西。主人拜送後，賓北面坐奠觶于薦東。《燕禮》、《大射》主人酬賓，拜送爵後，賓升席，坐祭酒，遂奠于薦東。《有司徹》主人酬尸，尸拜受爵；主人荅拜後，尸北面坐奠爵于薦左。是酬酒皆奠而不舉也。《特牲禮》主人酬賓，奠觶于薦北。賓坐取觶奠于薦南。賓位東面，薦北即薦左也，薦南即薦右也。此觶至嗣舉奠後，與兄弟弟子所舉之觶同爲旅酬發端。《有司徹》主人酬賓，賓拜受爵。主

❶「皆」，原脱，今據《禮經釋例》補。
❷「升」，原重，今據《禮經釋例》删。
❸「酒」下，原衍「者」字，今據《禮經釋例》删。

人拜送爵，賓西面坐奠爵于薦左。此觶至旅酬後，與兄弟後生所舉之觶同爲無算爵發端。皆祭畢之飲酒，是酬酒禮殺者，即用爲旅酬、無算爵始也。❶蓋《特牲》旅酬之禮同於《有司徹》無算爵之禮，而《有司徹》旅酬，則別使二人舉觶於尸與侑爲之始，是士禮殺於大夫也。漢儒推士禮而致於天子，❷故鄭注《中庸》『旅酬下爲上』，引《特牲》以證之，而不引《有司徹》也。」

右主人酬賓

主人揖，降，賓降立于階西當序，東面。主人將與介爲禮，賓謙，不敢居堂上。【疏】正義曰：敖氏云：「主人將降而揖，所以禮賓。賓降者，以主人將與介、與衆賓爲禮，❸故不敢居堂上也。賓降之位，其南北之節皆於階西，至此始見之也。主人降，西面于門東。」張氏爾岐云：「揖降者，主人揖賓而自降，賓亦降，辟階西，俟其與介爲禮也。」程氏瑶田云：「賓堂下立，位當西序東面，前屢見之矣。曰當西序，則在階西可知。至此必見階西之文者，賓此時不與主人行禮，且明南北不以堂深，故與介辭洗之位不相觸。下經主人降洗，介降必如賓，先立于其位以俟事及辭洗復位，自皆立于賓位之南，故下注獻酢畢云『介降立于賓南』

❶「用」，原作「同」，今據《禮經釋例》改。
❷「致」，原作「效」，今據《禮經釋例》改。
❸「將」，原脱，今據《儀禮集説》補。

也。」褚氏寅亮云：「將與介行禮，故揖賓，示自己將降之意，非揖使同降也。賓見主人降，亦遂自降矣。凡欲入、欲升、欲降，必先揖以示其意，禮也。」**主人以介揖讓，升，拜如賓禮。**【疏】正義曰：敖氏云：「介入門左，❶止於其位。」張氏爾岐云：「主人與賓三揖至階之時，❷介與衆賓亦相隨至階下。今此云『以介揖讓，升』，唯有升堂揖讓耳，無庭中三揖矣。拜如賓禮，謂亦拜至如賓也。」案：張說本於賈疏，諸家皆不從之。方氏苞云：「主人與賓三揖，至於階，三讓，以賓升。此時介與衆賓尚在門左，繼乃『以介揖讓，升，拜如賓禮』，則自門左三揖三讓，皆與賓同可知。凡賓主同升，有讓無揖。此篇及《鄉射》主人揖升，《燕禮》、《大射》賓揖升，皆獨升也。使無庭中三揖，則曰『以介讓，升，拜如賓禮』可也。《鄉射》無介，主人于衆賓初無三揖，是以與賓獻酬既畢，❸然後汎拜衆賓。」盛氏世佐云：「上迎賓拜至節，不見介與衆賓隨至西階下之事，❹則介與衆賓尚在門西北上之位也。此云『揖讓，升，拜如賓禮』，謂三揖三讓及拜至之禮皆如賓也，何得無庭中三揖乎？疏誤，當以敖說爲正。」張氏惠言云：「記云『立者東面北上，若有北面者，則東上』，此謂衆賓也。注云『或統於堂，或統於門』，則立庭南近門可知。《鄉射》遵者入，賓及衆賓皆降復初位。注云：初位，門內東面，知不近堂也。介於入門後，主人未與殊禮，則隨衆賓俱在庭中東面，其位蓋在碑以南，此時主人至阼階

---

❶「介」、「左」，原脱，今據《儀禮集説》補。

❷「與賓」，原脱，今據《儀禮鄭注句讀》補。

❸「賓」上，原衍「衆」字，今據《儀禮析疑》删。

❹「下」，原脱，今據《儀禮集編》補。

前揖之。介東面于其位，揖；進東，當塗曲北面，又揖；當碑，又揖。此揖讓如賓禮也。疏非是。」蔡氏德晉云：「是時介猶在門左之位，故主人與之揖讓以升之。拜如賓禮，如賓主當楣北面之拜也。」**主人坐取爵于東序端，降洗；介降，主人辭降；介辭洗，如賓禮。升，不拜洗。**介禮殺也。【疏】正義曰：敖氏云：「爵，即鼏之所奠者也。介統於賓，而其禮又與之相接，故仍用其爵焉。」賓禮者，『賓降』至『壹揖壹讓，升』之儀也。此時介降之位在賓南，介不拜洗，下賓。」注云「介禮殺也」者，《鄉飲酒義》云：「主人親速賓及介，而衆賓自從之。至於門外，主人拜賓及介，而衆賓自入，貴賤之義別矣。三揖，至於階，三讓，以賓升，拜至獻酬、辭讓之節繁，❶及介省矣。至於衆賓升受，坐祭，立飲，不酢而降，隆殺之義辨矣。」據此，是衆賓之禮殺於介，介之禮殺於賓。上迎賓拜至節，雖無介與衆賓相隨至階下之文，然主人拜賓及介，而衆賓自入，則賓進而介無不相隨之理，介相隨而衆賓亦隨之矣。三揖三讓之節繁，及介而省，則介惟有升堂、揖讓及拜至，無庭中三揖可知。經於介禮同於賓者，多云如賓禮，禮殺于賓者皆明著之。諸家從敖説以駁賈疏，亦未考《鄉飲酒義》之文也。**介西階上立。**不言疑者，省文。【疏】正義曰：李氏如圭云：「凡事未至者皆疑立。」案：疑立者，致敬也。賓疑立，介下賓，不得不疑立，故知「不言疑者，省文」。蔡氏德晉以不疑立禮殺於賓，非是。**主人實爵，介之席前，西南面獻介。**【疏】正義曰：張氏爾岐云：「介席東面，介立西階上，在席南，故主人西南面鄉之。」**介西階上北面拜，主人少退。介進，北面受爵，復位。**【疏】正義

❶「拜」，原脱，今據《儀禮注疏》補。

曰：敖氏云：「主人西南面獻介，而介乃北面正方受爵。以是推之，則賓酢主人，主人亦北面受。主人獻賓，賓其東面受歟？」盛氏世佐云：「案：《儀禮圖》，主人獻賓，賓酢主人，受爵者皆北面。經於賓、主人受爵，雖不言其何面，而於此特見之，則其餘從同矣。《鄉射禮》主人西北面獻賓，賓西階上北面拜；主人少退，賓進，受爵于席前。夫拜既北面，則受亦北面可知矣。敖氏謂主人獻賓，賓東面受，非也。」**主人介右北面拜送爵，介少退。**主人拜於介右，降尊以就卑也。今文無「北面」。【疏】正義曰：敖氏云：「主人獻介，乃拜於其右者，以其尊降於賓也。凡堂上之獻酢，❶皆分階而拜者，賓主二人而已，其餘則否。」方氏苞云：「主人獻介及荅拜皆就西階，何也？必正主人之位以拜者，惟賓一人，故禮介必少異於賓。又賓、介、衆賓、工、笙、大師序進爲禮，而主人徧獻酬，使一一反其位而拜，不勝其勞，故自賓以外漸損趨走之節，以息主人也。」高氏愈云：「『主人介右北面拜送爵』，不敢襲獻賓之位也。此主人獻介，乃第五爵，介飲。」「今文無『北面』」，鄭不從者，胡氏承珙云：「凡堂上之拜皆北面，此主人獻介時西南面，介既北面拜受爵，主人當北面拜送爵。凡拜者同面，若無『北面』，嫌於主人尚西南面，故鄭從古文。」**主人立于西階東。**【疏】正義曰：敖氏云：「此稍違其拜處，與既獻賓而立于阼階之東意同。西階上非其正位，故即辟之。」張氏爾岐云：「在介右而又稍東，以設薦之時，介方升祭，主人無事，故立於此。」程氏易田云：「此西階東在階上，即上下文『介右』之文不相遠也。與《冠禮》冠者立于西階東、賓字之之位在階下者不同，而文不別異者，以前後有『介右』

---

❶「堂」，原作「壹」，今據《續清經解》本改。

之文，又不見降文，可以互明也。自南方降席，即復西階上位，以介席敷於西階上也。」**薦脯醢。**【疏】正義曰：敖氏云：「下云『介升席自北方』，是介席南上也。席南上，則此薦當脯在北方，與《少牢》下篇設侑之豆同矣。」**介升席自北方，設折俎，祭如賓禮。不嚌肺，不啐酒，不告旨，自南方降席，北面坐卒爵，興，坐奠爵，遂拜，執爵興，主人介右荅拜。**不嚌啐，下賓。【疏】正義曰：敖氏云：「凡所不者，下賓，不啐酒則必不告旨矣。乃著之者，詳言之也。凡經文有詳言者，有略言者，其例不一。」方氏苞云：「不嚌肺，不啐酒，不告旨，示禮爲賓設，而已不敢當也。」「自南方降席」者，敖氏云：「降席，適西階上也。自南方降者，介尊，於禮輕者或得由便也，主人亦然。主人介右荅拜，復西就之。《有司徹》：❶侑降席自北方。以其卑於介也。」「北面坐」者，張氏爾岐云：「西階上北面坐也。」秦氏蕙田云：「介位西階西北面，而主人立西階東，是爲在介右也。凡北面以東爲右。」❷

右主人獻介

介降洗，主人復阼階，降辭如初。如賓酢之時。【疏】正義曰：「洗，爲主人將自酢也。復，反也。初，謂賓酢之時。『主人降』以下至『坐取爵』，卒洗之禮也。」方氏苞云：「凡自酢，多由受獻者自卑，而不敢

---

❶「徹」，《儀禮集説》作「曰」。

❷「面」，原作「方」，今據《五禮通考》改。

亢敵者之禮以相酢也。自酢者皆自洗自酌，惟鄉飲之介不敢抗禮以酢主人，又不敢煩主人親洗，故降洗而後以爵授主人，蓋《燕》與《大射》主人獻公而自酢，則更爵而自洗，宜也。《特牲禮》主人、主婦交致爵，則仍其爵以自酢，宜也。賓致爵于主人、主婦，更爵而自酢，亦宜也。介之義則宜洗爵以酢主人，主人之義則不宜洗爵以自酢，故其儀獨異焉。」褚氏寅亮云：「主人自酢而介乃降洗，恐已飲之爵不潔也。」❶**卒洗，主人盥。**盥者，當爲介酌。【疏】正義曰：敖氏云：「達介意也。」褚氏寅亮云：「注謂盥者，將爲介酌，疏謂自飲而盥者尊介，兩説相發明，惟尊介，故雖代之酌而亦盥也。此較達介意爲長。」**介揖讓，升，授主人爵于兩楹之間。**就尊南授之。介不自酌，下賓。酒者，賓主共之。【疏】正義曰：李氏如圭云：「賓主共之，故尊當在兩楹間。介卑，故不敢自酌。」敖氏云：「以後篇大夫禮例之，『介』字宜在『授』字上。於主人之盥也，介立于洗南以俟之，主人既盥，乃揖而行也。介授主人爵者，不敢酢也。主人受之者，亦達介意也。凡受獻而親酢，一人而已，其餘則或所獻者自酢焉。此介雖尊，視賓爲殺，故其酢禮如此，然其初乃得爲主人洗爵，亦其異者也。」張氏爾岐云：「揖讓，升，一揖一讓，升也。介但授虚爵不自酌者，❷介卑，不敢必主人爲己飲也。」程氏易田云：「兩楹間，賓主敵者授受之常節也。惟獻爵必於席，故授受在席前。注謂就尊南授之，非也。然楹間爲敵者授受之節，謂賓在西階、主在阼階彼此往來授受之節。若賓主同階，則不以楹間爲節也。

---

❶「已」，原作「已所」，今據《儀禮管見》改。

❷「介」，原作「今」，今據《儀禮鄭注句讀》改。

介不自酌爲下賓者，以酒者賓主共之，故賓自酌以酢主人也。」**介西階上立，主人實爵，酢于西階上，介右坐奠爵，遂拜，執爵興，介荅拜。主人坐祭，遂飲，卒爵，興，坐奠爵，遂拜，執爵興，介荅拜。主人坐奠爵于西楹南，介右再拜崇酒，介荅拜。**奠爵西楹南，以爵獻衆賓。【疏】正義曰：注「以爵」，《校勘記》云：「徐、葛、閩本、《集釋》、《通解》、楊氏俱作『當』。」〇敖氏云：「主人拜于西階，而奠爵于西楹南，以其近也。其意則與鄉之奠于序端者同。❶拜介崇酒，亦至是乃爲之者，因賓禮也。」高氏愈云：「此介酢主人，凡第六爵，主人飲。」

右介酢主人

主人復阼階，揖，降，介降立于賓南。【疏】正義曰：介降立于賓南，賓立西階下當序，介次之也。方氏苞云：「在禮，離坐離立，毋往參焉。況鄉大夫興賢能，州長教射，賓主相爲禮，而以無事者參其間，則無以爲儀，故將延介而賓降，將延衆賓而介降。設不降而疑立於堂，以視衆賓之交拜，❷則近於汰，故獻酢甫畢即降。」**主人西南面三拜衆賓，衆賓皆荅壹拜。**三拜、一拜，示徧，不備禮也。不升拜，賤也。【疏】正義曰：敖氏云：「是時衆賓皆在門內之西，主人少南行，近於門東，乃西南面鄉之而拜。拜衆賓爲將

❶「鄉」，原作「南鄉」，今據《儀禮集說》改。

❷「交」，原作「受」，今據《儀禮析疑》改。

獻之，與賓升而拜至之意相類。三拜者，旅拜之法也。衆賓皆荅壹拜，亦荅旅拜之法也。此禮大夫、士同之。」盛氏世佐云：「主人與賓、介行禮之時，衆賓固在門西北上之位，❶迨其行禮既畢，則衆賓皆進而立於賓、介之南矣。無庭中三揖者，賤不敢當主人之迎也。經不著其進立之節，文不具也。惟其已在賓、介之南也，故主人得於阼階下西南面拜之。敖説似太泥。三拜衆賓與拜至之意相類，特不升之於堂而一一拜之，是亦以其賤略之也。」郝氏敬云：「升堂受爵，不拜于堂上，禮殺人衆也。」方氏苞云：「衆賓長而外皆獻于堂下，故於堂下徧拜之。」○注「三拜、一拜」，《校勘記》云：「一，徐本、《集釋》俱作『壹』。」　云「三拜、一拜，示徧，不備禮也。不升拜，賤也」者，張氏爾岐云：「示徧，解主人三拜；不備禮，解衆賓荅一拜。不升拜，賤也。言主人不升衆賓於堂而拜之，❷以其賤，故略之。與賓、介升堂拜至者異也。」朱子曰：「賈疏云：衆賓各得主人一拜，主人亦徧得一拜。《鄉射》疏又云：衆賓無論多少，止爲三拜，是示徧也。然則主人之拜衆賓，不能一一拜之，但爲三拜以示徧，而衆賓之長者三人各荅一拜也。然經及注疏但言衆賓一拜，而無三人之文，未詳其説。」盛氏世佐云：「案：禮成於三，故旅拜之法，無論衆賓多少，但爲三拜以示徧，初不爲賓長三人而設也。經云『衆賓皆荅一拜』，亦統指衆賓而言，不專謂三賓也。疏欠分明，故朱子不能無疑。然即以經文證之，則其疑可釋矣。旅拜之法，大夫、士微有不同。大夫三拜衆賓，衆賓荅以一拜，此及《鄉射》、《少牢》、

❶「固」，原作「同」，今據《儀禮集編》改。
❷「之」，原脱，今據《儀禮鄭注句讀》補。

《有司徹》所陳是也。大夫尊，不敢備禮是也。士三拜衆賓，衆賓荅以再拜，《特牲》所陳是也。❶士卑，得備禮也。敖氏謂此禮大夫、士同之，殆未深考歟？」程氏易田云：「上經『主人與賓三揖，至于階』時，介與衆賓斷無隨至西階下之事，故獻介時以介揖、讓、升、拜如賓禮，可決其先之不隨，至階矣。至於將獻衆賓，主人降階西南面三拜者，此及《鄉射》俱無揖讓之文。❷蓋主人與衆賓不相偶而行，故不相揖讓也。案：《有司徹》：『主人降，南面，拜衆賓於門東，三拜。衆賓門東北面，皆荅壹拜。』注云：『賓賤，純臣也，位在門東。』又云：主人獻賓于西階上，長賓卒爵，取祭以降，西面坐，委于西階西南。注：取祭以降，反下位也。位在西階西南。又云：『衆賓辯受爵，其薦脯醢與脅，❸設于其位。其位繼上賓而南，皆東面。』據此則衆賓有兩位，未獻位在門東，獻則拜而進之，其位在西階西南。由是言之，《有司徹》其主人卿、大夫，其賓純臣，初位在門東。鄉飲，賓賢能也。初位在門西，即上經所謂衆賓皆入門左北上之位也。然則南面三拜衆賓者，以其初位在門東；西南面三拜衆賓者，以其初位在門西。如此互相證明，則主人初與賓揖進時，介與衆賓決然在門左北上之位，而不隨至西階下也。三拜者，統衆賓而拜之。衆賓多，不專拜，其長，升受之三人也，蓋示徧之禮止於三。《少牢》四人餕，主人亦衹西面三拜餕者也。賈氏疏此經，謂衆賓各得主人一拜，是以三拜爲拜升受者三人，誤矣。」**主人揖，升，坐取爵于西楹下，降洗，升實爵，于西階上獻衆賓。衆賓之長，**

❶「特牲所陳是也」，原脱，今據《儀禮集編》補。
❷「鄉射」下，原衍「文」字，今删。
❸「脯醢」，原脱，今據《儀禮注疏》補。

升拜受者三人。 長，其老者。言三人，則衆賓多矣。【疏】正義曰：「主人揖，升」，張氏爾岐云：「主人自升也，衆賓尚在堂下。至主人于西階上獻爵，衆賓始一一升受之耳。經文自明，疏以揖升爲揖衆賓升，非也。」方氏苞云：「主人揖，兼堂下不升之賓，❶故實爵後特言獻衆賓，以揭其義。既實爵，❷然後賓長三人升拜受耳。」「坐取爵于西楹下」，韋氏協夢云：「《鄉射禮》坐取爵于序端，而此取爵于西楹下者，彼無介，主人于阼階上受賓酢訖，奠爵于序端，故即于序端取之；此有介，主人既取爵于序端以獻介，而於介右受介酢訖，遂奠爵于西楹南，故于西楹下取之。西楹下，即西楹南也。」「降洗，升實爵」，秦氏蕙田云：「降洗者，惟衆賓之長一人，其餘二人皆不降洗禮，又殺於介矣。」張氏爾岐云：「記云『衆賓之長一人辭洗如賓』，當亦從堂下東行辭之。疏以爲降辭，亦未是。」「於西階上獻衆賓」，敖氏云：「總言之也。此獻之儀，主人蓋執爵西南面于西階上，衆賓則以次升受之，不獻於席前，辟尊者禮也。『於』字衍。」「衆賓之長，升拜受者三人」，李氏如圭云：「賓、介以賢舉，衆賓以年序，而衆賓之長三人，是爲三賓。《鄉飲酒義》曰：『立賓以象天，立主以象地，設介僎以象日月，立三賓以象三光。』」敖氏云：「其拜者亦北面。長，其年之差尊者。」**主人拜送。** 於衆賓右。【疏】正義曰：方氏苞云：「不言其地，介之獻猶就西階而拜於其右，則衆賓可知。注云『於衆賓右』，非也。」**坐祭，立飲，不拜既爵；授主人爵，降復位。** 既，卒也。卒爵不拜，立飲，立授，賤者禮簡。

---

❶「兼」，原脱，今據《儀禮析疑》補。

❷「爵」下，原衍「後」字，今據《儀禮析疑》删。

【疏】正義曰：李氏如圭云：「《少儀》曰：❶『小子舉爵，則坐祭，立飲。』下記曰：❷『立卒爵者不拜既爵。』」敖氏云：「不拜既爵，卒爵不拜也。獻而不拜既爵，差卑也。自別於尊者，且重勞主人之荅己也。不拜既爵，故但立飲。❸位，堂下之位，介之南也。於此云復，則主人揖升之時衆賓其皆進歟？」盛氏世佐云：「衆賓皆進，當在主人與介行禮甫畢之時，不在主人揖升時也。敖氏誤。」張氏爾岐云：「一人飲畢，授爵，降，次一人乃升，拜受也。」**衆賓獻，則不拜受爵，坐祭，立飲。**次三人以下也。不拜，禮彌簡。【疏】正義曰：敖氏云：「自第四以下，又不拜受爵，愈自別於尊者也。」張氏爾岐云：「亦升受，但不拜耳。」方氏苞云：「不拜受爵，不敢煩主人拜送也。獻爵而不拜，可乎？主人之拜衆賓，衆賓皆荅一拜，正爲衆賓儀略，故總行拜獻、拜受之禮於階下。主人三拜，達其意於衆賓，衆賓各荅主人，❹所以止於一拜耳。」韋氏協夢云：「衆賓不拜受爵，主人亦不拜送爵矣。」**每一人獻，則薦諸其席。**謂三人也。【疏】正義曰：敖氏云：「此薦之節當在坐祭立飲之後，與《特牲》之衆賓同無俎矣。❺又既飲乃薦，遠下賓、介也。不言不祭者，可知也。」張氏爾岐云：「席次賓介西，前經云『衆賓之席皆不屬焉』是也。」**衆賓辯有脯醢。**亦每獻薦於其位，位在下。今文

---

❶「曰」，原脱，今據《儀禮集釋》補。

❷「下」，原作「不」，今據《儀禮集釋》改。

❸「但」，原作「當」，今據《儀禮集說》改。

❹「各」，原作「如」，今據《儀禮析疑》改。

❺「賓」，原脱，今據《儀禮集說》補。

「辯」皆作「徧」。【疏】正義曰：敖氏云：「衆賓，三人之外者也。衆賓長以下，其堂下之位，繼賓、介之位而南。」盛氏世佐云：「是時賓降立于階西，當序東面。介降立于賓南，故敖知衆賓堂下之位當繼賓、介而南也。又案：此則衆賓自三人之外皆無席，亦無南面立于堂上者矣。而《儀禮圖》乃於賓長三席之西，復有衆賓之位，❶云南面坐不盡，復有東面北上，似誤也。」案：張氏惠言《儀禮圖》賓長席西無衆賓之位，可正楊氏之失。　注云「位在下」者，堂下立侍，不合有席，既不言席，故位在下。「今文『辯』皆作『徧』」者，顧氏炎武曰：「《曲禮》：『主人延客食胾，然後辯殽。』《内則》『子師辯告諸婦諸母名』，『宰辯告諸男名』。《玉藻》：『先飯，辯嘗羞。』《樂記》：『其治辯者其禮具。』《左傳》定八年傳：『子言辯舍爵于季氏之廟而出。』《史記·禮書》：『瑞應辯至。』此皆以『辯』爲『徧』。」惠氏棟云：「古『徧』字皆作『辯』。司馬遷從孔安國問，故遷書多古文。《左傳》多古字古言，故皆以『辯』爲『徧』。」又云：「《鄉射禮》：『司射乃比衆耦辯。』注：『衆賓射者降，比之，耦乃徧。』是鄭亦讀『辯』爲『徧』。」胡氏承珙云：「鄭於注或用『徧』，或用『辯』，不盡依經文。如《鄉飲酒》云：『皆如賓酬主人之禮辯。』注：『辯，辯衆賓之在下者。』《有司徹》：『辯受爵。其薦脯醢與胥。』注：『徧獻乃薦。』是『辯』、『徧』二字，注則便文通用，惟於經則皆依古文作『辯』。鄭於古今文假借字多依本字，❷此獨

---

❶ 「復有」，《儀禮集編》作「則」。

❷ 「古」、「字」，原脱，今據《儀禮古今文疏義》補。

不然者，❶疑徧乃後出之字，故鄭於經文必皆從『辯』，❷以存古字古義也。」案：《説文》云「辯，治也」，「徧，帀也」。「徧」爲本義，鄭蓋以二字通用已久，故不改從今文，不得疑「徧」爲後出字。**主人以爵降，奠于篚。**不復用也。【疏】正義曰：郝氏敬云：「奠爵於堂下洗西之篚，示不用也。」韋氏協夢云：「爵亦虚爵也。凡既獻而奠者，皆虚爵，經多不見之。」

右主人獻衆賓自初獻賓至此爲飲酒第一段

❶「然」，原作「出」，今據《儀禮古今文疏義》改。
❷「經」，原作「今」，今據《儀禮古今文疏義》改。

儀禮正義卷六　鄭氏注

受業江寧楊大堉補

揖讓，升。賓厭介升，介厭衆賓升，衆賓序升，即席。序，次也。即，就也。今文「厭」皆爲「揖」。【疏】正義曰：張氏爾岐云：此下言一人舉觶，❶待樂賓後，爲旅酬之端也。〇「揖讓，升」，敖氏云：「謂主人獨與賓一揖一讓而先升也。」張氏爾岐云：「揖讓，升，謂主人，蒙上『以爵降』之文也。」案：上入門云：「主人揖，先入。」注云：「揖賓也。」則此亦與賓揖讓，而主人先升，賓與介、衆賓以次而升也。「賓厭介升，❷介厭衆賓升，衆賓序升」，敖氏云：「賓既厭介，乃升，介厭衆賓升亦然。三賓長則不相厭，但以次序而升耳。」方氏苞云：「覆言『衆賓序升』，猶入門時覆言『衆賓皆入門左』，以示衆賓不相厭耳。」❸**一人洗，升，舉觶于賓。**一人，主人之吏。發酒端曰舉。【疏】正義曰：李氏如圭曰：「舉此觶爲旅酬之始。」❹敖氏云：

---

❶「一人」，原作「不」，今據《儀禮鄭注句讀》改。

❷「升」，原脱，今據上經文補。下「介厭衆賓」句同。

❸「示」下，原衍「賓」字，今據《儀禮析疑》删。

❹「觶」，原脱，今據《儀禮集釋》補。

「亦相者使之也。獻禮既備，❶即舉觶爲旅酬始，示留賓之意也。一人，主人之贊者，既洗乃升，則用下篚之觶也。此舉觶者，代主人行禮耳。《中庸》曰：『旅酬下爲上，所以逮賤也。』舉觶，猶揚觶。」方氏苞云：「此觶用於樂畢之後，❷而舉於工笙未入之前，何也？工之升、降、拜、興也艱，故歌畢即獻，所以達情而便事也。衆賓既獻，樂宜作矣，而賓、介與主人酬酢未畢，衆賓皆未受酬，故先舉後酬之觶，以示工先受獻，乃禮以權制也。」盛氏世佐云：「舉觶者將自飲乃洗者，❸敖氏謂其意與主人酬賓之禮同，是也。」淩氏《釋例》云：「凡一人舉觶爲旅酬始，二人舉觶爲無算爵始。《鄉飲酒禮》主人獻衆賓畢，一人洗，升，舉觶于賓。《鄉射》亦然。此一人舉觶爲旅酬始也。至樂賓畢，立司正後，賓即取此觶以酬主人，少長以齒，終于沃盥者，謂之旅酬。故注云『發酒端曰舉』也。旅酬畢，使二人舉觶于賓、介。《鄉射》則使二人舉觶于賓與大夫。此二人舉觶爲無算爵始也。至徹俎、説屨、升、坐後，賓、介即取此二觶以酬主人與衆賓，爵行無算，執觶者皆與，謂之無算爵。此皆飲酒之正禮也。《特牲禮》之旅酬、無算爵，則祭畢之飲酒也。西階前之一觶，即主人酬賓之觶。至嗣舉奠後，兄弟弟子復舉東階前一觶，❹爲旅酬發端。是雖有二觶，實亦一人舉觶也。旅酬畢，賓弟

❶「禮既」，原作「始」，今據《儀禮集説》改。
❷「於」，原脱，今據《儀禮析疑》補。
❸上「者」字，原脱，今據《儀禮集編》補。
❹下「弟」字，原作「之」，今據《禮經釋例》改。

子、兄弟，弟子洗，❶各酌于其尊，舉觶於其長，爲無算爵發端。是亦二人舉觶也。皆與飲酒正禮同。亦有二人舉觶爲旅酬始者。《燕禮》、《大射》主人獻賓後，使二大夫媵爵于公，公取一觶，爲賓舉旅行酬。主人獻卿或獻孤後，又使二大夫媵爵于公。公若命長致，則一人奠觶于前，取酬賓之觶之空處，公又行一爵，爲卿舉旅行酬。主人獻大夫後，升歌畢，公又行一爵，爲大夫舉旅行酬。笙奏間歌畢，立司正。主人獻士後，賓媵觚于公。公舉之，爲士舉旅行酬。此飲酒之正禮也。《有司徹》旅酬，❷是祭畢儐尸之禮，上賓三獻後，二人舉觶于尸、侑，尸舉一觶以酬主人，爲旅酬發端。皆二人舉觶，惟賓媵觚于公爲一人。《燕禮》、《大射》爲賓、爲卿、爲大夫旅酬，雖二人媵爵，所行者實一觶。《有司徹》旅酬，雖二人舉觶，所行者亦尸一觶也。亦有一人舉觶爲無算爵始者。《有司徹》無算爵，賓所舉之一觶，即前主人酬賓之觶。至旅酬畢，兄弟之後生者舉觶于長，與前主人酬賓之觶交錯爲無算爵。是雖一人舉觶，所行者實二觶也。《燕禮》、《大射》旅酬皆三次，初次爲賓旅酬，此二大夫所媵二觶中之上觶也；二次爲卿旅酬，此前二大夫所媵二觶中之下觶也；三次爲大夫旅酬，此獻卿後，二大夫中一人所媵于旅賓空處之觶也。❸至合樂後，爲士旅酬，則賓所媵之觶也。《鄉飲酒》、《鄉射》旅酬祇一次，用一人舉觶以發端，無算爵則用二人舉觶以發端，皆不用主人酬賓之觶，禮盛故也。若《特牲》旅酬，賓酬長兄弟，即用主人酬賓西階前之一觶。《有司徹》無算爵，賓及兄弟交錯其酬，

❶「洗」，原作「復」，今據《禮經釋例》改。
❷「旅酬」，原脱，今據《禮經釋例》補。
❸「一人」，原脱，今據《禮經釋例》補。

亦即用主人酬賓西階南之一觶，祭畢飲酒之禮殺故也。又案：《特牲禮》主人酬賓節，主人洗觶，❶酌于西方之尊，西階前北面酬賓，賓在左。主人奠觶，拜，賓荅拜。主人坐祭，卒觶，拜，賓荅拜。主人洗觶，賓辭。主人對，卒洗，酌，西面。賓北面拜。主人奠觶于薦北。賓坐取觶，還，東面拜，主人荅拜。賓奠觶于薦南，揖，復位。戴氏震云：『上經：賓北面拜，主人奠觶于薦北。下云：主人荅拜。荅賓北面之拜也。賓坐取觶，還，東面下，不得有拜字，故注但云：還東面，就其位。況賓取觶未奠，亦無持觶拜之理。拜字不知何時誤衍，宋本已然矣。無賓兩拜主人荅一拜者，凡拜皆北面。』戴説是也。考下文旅酬，兄弟弟子洗，酌于東方之尊，阼階前北面舉觶于長兄弟，如主人酬賓儀。疏云：『如主人酬賓之儀者，長兄弟北面拜，弟子奠于薦南，長兄弟坐取觶，還，西面拜，弟子北面荅拜。長兄弟奠于薦北，揖復位。』此是賈氏由上節經文推出者。還西面拜，與上經還東面拜正同，則戴氏所謂拜字誤衍者，唐初本已有之，但賈氏未能訂正耳。又案：《特牲》旅酬，用主人酬賓之觶發端；無算爵，用賓弟子、兄弟弟子二人所舉之觶發端。《有司徹》旅酬，用二人舉觶于尸侑之尸觶發端；無算爵，用主人酬賓之觶發端。是《特牲》之旅酬如《有司徹》之無算爵，亦士禮殺於大夫之義也。」**實觶，西階上坐奠觶，遂拜，執觶興，賓席末荅拜；坐祭，遂飲，卒觶，興，坐奠觶，遂拜，執觶興，賓荅拜。降洗，升，實觶，立于西階上，賓拜。**賓拜，拜將受觶。【疏】正義曰：賈疏

❶「觶」下，原衍「節」字，今據《禮經釋例》删。

云：「賓席末荅拜，謂於席西南面，非謂席上近西爲末，❶以其無席上拜法也。已下賓拜皆然。」敖氏云：「舉觶者自飲、洗且拜，其意與主人酬賓之禮同。❷賓席末拜，示違其位也。不降席荅之者，以其賤也。下二人舉觶放此。舉觶者拜亦當楣。」盛氏世佐云：「降席而拜，故是常法，但經既云『席末荅拜』，與上文『席末坐啐酒』同，是于席之西端，不當仍指爲降席也。《史記》載魏其行酒，獨故人避席，餘半膝席，蓋以其失勢而忽之。此賓之席末荅拜，與半膝席相似，則以舉觶者賤故也。敖説似長。」案：韋氏協夢仍用疏説，謂：「荅拜必於席末者，蓋席上既無荅拜之法，而又不可降席以荅，故於席西南面拜之。」盛氏世佐以《史記》之半膝席況此經之賓席末，不知避席者自離席也，膝席不但未離席，膝尚在席也。況《史記》不言拜，此經『席末荅拜』，其非在席上可知。盛氏引以申明敖説，可謂儗不于倫矣。褚氏寅亮云：「席末，下端之末。凡言席末者，未離席也；言降席者，已離席。故立文有别，疏似混而同之。」高氏愈云：「此一人舉觶自飲以導賓，爲第八爵。實觶而拜，以將飲告于賓也；卒觶而拜，以既飲告于賓也。」程氏易田云：「此席末者，降席而在席之西也。與席末啐酒而後降席者不同。」**進，坐奠觶于薦西，賓辭，坐受以興。**舉觶不授，下主人也。言坐受者，明行事相接，若親受，謙也。【疏】正義曰：敖氏云：「奠觶者，亦以賓未即飲故也。賓辭奠觶之意，亦略與上同。」○注云「舉觶不授，下主人也。言坐受者，明行事相接，若親受，謙也」者，敖云：「此實取之，

❶「爲」，原作「謂」，今據《儀禮注疏》改。
❷「意」，原作「洗」，今據《儀禮集説》改。

而經云『受』，原賓意也。然經於此類亦或言取，則又指其事耳。云『坐受』，是賓已拜即興矣。凡此時之在席者，皆無事則興，經文略也。」張氏爾岐云：「案：主人酬賓，亦奠觶而不親授，似酬法當然。注以爲下主人，恐宜再議。」盛氏世佐云：「禮敵者親授，卑于尊則奠而不授，不敢也。主人酬賓亦奠而不授，禮之殺也，于獻固嘗親授矣。今舉觶者之奠而不授，自是卑于尊法，初不因禮之殺。注云『下主人』，良然。張氏議之，過矣。賓辭者，❶亦辭其坐奠也。」褚氏寅亮云：「前主人獻則授，酬則奠。此舉觶即奠，以下主人故也。賓不敢當，故辭。注云『下主人』，非特明奠觶之故，並明賓辭之故。」案：授受之例，卑者于尊者皆奠而不授；若尊者辭，乃授。此奠而不授，是舉觶者以卑，不敢同于主人，故不授。賓辭，辭其不親授，即所謂尊者辭也。而舉觶者終不敢親授，故賓辭坐授。❷若彼親授而已親受者，賓之謙也。主人酬賓，奠而不授，禮之殺也；獻賓親授，禮之正也。凌氏授受釋例詳《士冠禮》。程氏易田云：「下主人者，謂舉觶者，主人之吏也。」

舉觶者西階上拜送，賓坐奠觶于其所。所，薦西也。【疏】正義曰：敖氏云：「下經云『賓坐取俎西之觶』，即此觶也。其於薦西爲少南，乃云『其所』者，明其近於故處也。必奠于其所者，降於主人，且別於不舉者也。主人酬賓，奠觶于薦西，賓取而奠于薦東，其觶卒不復舉。」褚氏寅亮云：「其所，仍在薦西也。雖在薦西，已稍移在南而近俎西矣，故後云北面取俎西之觶。」高氏愈云：「此第九爵，奠于賓，賓不飲。」**舉觶者**

❶ 「賓辭」，原倒，今據《續清經解》本乙正。
❷ 「辭」，原作「坐」，今據《續清經解》本改。

降。事已。【疏】正義曰：秦氏蕙田云：「楊信齋《儀禮圖》移『賓若有遵者』一條於此文之下，蓋從《鄉射》之例。但遵者或來或否，既未可定，故經文或在前，或在後，亦不一例，不必改此以就彼也。」盛氏世佐云：「遵者之禮，《鄉射》文屬于此，而此篇則具書於賓出之後，非不言也。但以其或來或否，記載不同耳。《儀禮圖》移於此節之下，蓋以行禮之序序之。姜氏遂以此篇爲錯簡，非也。」

右一人舉觶

設席于堂廉，東上。爲工布席也。側邊曰廉。《燕禮》曰：「席工于西階上，少東。樂正先升，北面。」此言樂正先升，立于西階東，則工席在階東。【疏】正義曰：張氏爾岐云：「此下作樂樂賓有歌、有笙、有間、有合，❶凡四節。」　注引《燕禮》者，賈疏云：「欲證工席在西階東，據樂正于西階東而立在工西，❷則知工席更在階東。❸ 此言近堂廉，❹亦在階東；彼云階東，亦近堂廉也。」敖氏云：「此言『設席于堂廉』，言其南北節也。《鄉射》云『席工于西階上少東』，❺言其東西節也。文互見耳。席東上而下者，當西階上少東。」

---

❶ 下「樂」字，原作「之」，今據《儀禮鄭注句讀》改。

❷ 「工」，原作「上」，今據《儀禮注疏》改。

❸ 「東」下，《儀禮注疏》有「北面可知」四字。

❹ 「近」，原脱，今據《儀禮注疏》補。

❺ 「階」，原脱，今據《儀禮集說》補。

盛氏世佐云：「工席北向，乃東上者，亦統於主人也。」**工四人，二瑟，瑟先。相者二人，皆左何瑟，後首，挎越，内弦，右手相。**四人，大夫制也。二瑟，二人鼓瑟，則二人歌也。瑟先者，將入，序在前也。相，扶工也。衆賓之少者爲之，每工一人。《鄉射禮》曰：「弟子相工如初入。」天子相工使眡瞭者，凡工，瞽矇也，故有扶之者。師冕見，及階，子曰：「階也。」及席，子曰：「席也。」固相師之道也。後首者，變於君也。挎，持也。相瑟者則爲之持瑟。其相歌者，徒相也。越，瑟下孔也。内弦，側擔之者。【疏】正義曰：注「固相師之道」，「道」下，《集釋》有「也」字。「側擔之者」，《集説》引無「者」字。○敖氏云：「士之飲酒乃有工有笙者，蓋以公家之樂官給學中飲射之事者歟？」方氏苞云：「相瑟者，以有何瑟之儀，故著之。瞽必有相，故於歌者不言。」○注云「四人，大夫制也」者，賈疏云：「此鄉大夫飲酒而曰四人，《大射》諸侯禮而云六人，故知四人者，大夫制也。燕禮亦諸侯禮，而云四人者，鄭彼注云：『工四人者，燕禮輕，從大夫制也。』鄉射是諸侯之州長，士爲之，其中兼有鄉大夫，以三物詢衆庶行射禮法，故工亦四人，大夫制也。若然，則士當二人，天子當八人，以差次也。」云「瑟先者，將入，序在前也」者，敖氏云：「瑟先歌後，行時以後爲尊，❶亦工禮之異者也。」引《鄉射禮》者，以鄉射之相爲弟子，證此之相爲衆賓之少者也。引《論語》者，《衛靈公》篇文，證工必有相，以工爲瞽矇者，必用視瞭者以扶之也。云「後首者，變於君也」者，敖氏云：「後首，瑟之首在後也。」賈疏

❶「行」，原脱，今據《儀禮集説》補。

云：「《燕禮》：『小臣左何瑟，面鼓。』注：『可鼓者在前也。』此不面鼓，❶是變於君也。」云「挎，持也。越，瑟下孔也」者，敖氏云：「挎，以指鉤之也。後越，去瑟廉差近，故以巨擘承下廉而三指挎越也。」褚氏寅亮云：「以左大指承瑟下廉，而以三指鉤入瑟底孔中。」案：《禮記·樂記》「朱弦而疏越」注：「越，瑟孔也。」《鄉射禮》「越」注：「越，瑟孔，所以發越其聲也。」案：越之爲言闊也。闊其孔，以發其聲，因謂之越。故《周語》「越之匏竹」韋注「謂爲之孔」是也。《尚書大傳》：「大瑟練弦達越。」達即通達空闊之意。云「内弦，側擔之者」，敖氏云：「内弦，弦鄉身也。」**樂正先升，立于西階東。** 正，長也。【疏】正義曰：敖氏云：「樂正當從工，❷乃先升者，變於尊者之重禮也。此先升而立于西階東，❸亦明其不與工序也。《鄉射禮》云『樂正先升，立于工席之西』，亦與此文互見也。」又云：「天子樂師，以下大夫、上士、下士爲之。諸侯之樂師，惟當用上士、下士。然則此使之給事者，其下士歟？」方氏苞云：「《燕》及《鄉飲》、《鄉射》樂正皆先升，大射則從工師而升，何也？《鄉射》、《鄉飲》工與笙之入及獻各分先後，燕則中有閒事，❹使從升歌之工師而升，則似堂下之樂事非其所掌，故先升而並監視之。大射惟堂上之工師有獻，則從之而升，與之俱降，以監視堂下之工可矣。所以然者，燕及飲、射時暇則儀可展，大射事殷，則節必殺。觀下管之無獻，則其義益顯矣。燕及飲、射並稱

❶「鼓」，原脱，今據《儀禮注疏》補。
❷「正」，原脱，今據《儀禮集説》補。
❸「西」，原作「阼」，今據《儀禮集説》改。
❹「有閒」，原倒，今據《儀禮析疑》乙正。

樂正，❶而大射乃小樂正，何也？大射禮重，相工者僕人正、僕人師，而掌樂事者小樂正，則燕不待言矣。蓋惟宗廟社稷之祭，大樂正乃與焉。與《周官》祀五帝及大神示享先王，冢宰贊玉幣、玉爵，而餘皆小宰贊之，義同。以事實案之，惟鄉大夫興賢能，或公家之小樂正與焉。州長習射，必有司假其名以攝事，如司馬、司射、司士之類耳。況黨正之蜡祭？獻工而不及樂正，何也？長官不得與工同獻也。終篇無獻樂正之文，何也？樂正、司正、凡有司及弟子，並包於衆受酬者。《記》曰：主人之贊者，無算爵然後與。則凡有司弟子皆與酬，明矣。」注云「正，長也」者，賈疏：「《周禮》有大司樂、樂師，天子之官。此樂正者，諸侯及大夫、士之官，當天子大司樂。云『長』，樂官之長也。」《釋官》曰：「案：樂正亦公臣，見《燕禮》、《大射儀》。大夫、士不得有樂正之官，疏非是。古者教民之事，樂官主之。《虞書》：『命夔典樂，教胄子。』《周禮》：『大司樂、樂師掌教國子。』《王制》：❷『樂正崇四術，立四教，❸順先王詩書禮樂以造士。』『將出學，小胥、大胥、小樂正簡不帥教者以告於大樂正。』是以《鄉飲酒》賓賢能，❹樂正與焉，非徒主告樂備也。」**工入，升自西階，北面坐。相者東面坐，遂授瑟，乃降。**降立於西方，近其事。【疏】正義曰：《校勘記》云：「送，唐石經、徐、閩、葛本、《通解》、楊氏、敖氏俱作『遂』。」案：《集釋》亦作「遂」。○李氏如圭云：「《樂記》：『樂師辨

❶「飲」，原作「鄉」，今據《儀禮析疑》改。
❷「王制」，原脱，今據《儀禮釋官》補。
❸「崇四術立四教」，原作「立四教，崇四術」，今據《儀禮釋官》改。
❹「賓」下，《儀禮釋官》有「興」字。

乎聲詩，故北面而弦。』《鄉射禮》樂正適西方，命弟子贊工遷樂，知相者降立西方。」敖氏云：「相者東面，坐于其席前之西也。授瑟，以瑟首向東授之。」淩氏《釋例》云：「凡樂，瑟在堂上，笙管、鐘磬、鼓鼙之屬在堂下。《鄉飲酒禮》：設席于堂廉，東上，工四人，二瑟，瑟先，相者二人，皆左何瑟，❶後首，挎越，內弦，右手相。樂正先升，立于西階東。工入，升自西階，北面坐。相者東面坐，遂授瑟，乃降。《鄉射禮》席工于西階上，少東，樂正先升，北面立于其西。工四人，二瑟，瑟先，相者皆左何瑟，面鼓，執越，內弦，右手相，入，升自西階，北面東上。工坐，相者坐授瑟，乃降。《燕禮》席工于西階上，少東，樂正先升，北面立于其西。小臣納工，工四人，二瑟，小臣左何瑟，面鼓，執越，內弦，右手相，入，升自西階，北面東上坐。小臣坐授瑟，乃降。《大射儀》乃席工于西階上，少東。小臣納工，工六人，四瑟。僕人正徒相大師，僕人師相少師，僕人士相上工。相者皆左何瑟，後首，內弦，挎越，右手相。後者徒相，入。小樂正從之，❷升自西階，北面東上。坐授瑟，乃降。小樂正立于西階東，是瑟在堂上也。燕飲之樂，有瑟有笙，故《鹿鳴》之詩云『鼓瑟吹笙』，與《禮經》合也。《鄉飲酒禮》：❸『笙入，堂下磬南，北面立。』《鄉射禮》：『笙入，立于縣中，西面。』注：『堂下樂相從也。』《燕禮》：『笙入，立于縣中。』《大射儀》樂人宿縣，鐘、磬、鑮，建鼓、應鼙、朔鼙、簜、鞉，皆陳于庭，是笙管、鐘磬、鼓鼙之屬在堂下也。樂貴人聲，故歌者在上，其餘皆在堂下。《有瞽》之詩，業、虡、應、田、縣鼓、鞉、磬、

---

❶「瑟」，原重，今據《禮經釋例》刪。
❷「之」，原作「上」，今據《禮經釋例》改。
❸「禮」，原脱，今據《禮經釋例》補。

柷、圉、簫、管，皆云『在周之庭』，亦與《禮經》合也。」○吴氏廷華云：「樂貴人聲，歌者宜先。曰『瑟先』者，道之坐則歌者先也。《儀禮》各經執事者皆可言賓，獨此賓興大典，賓、介、衆賓俱選擇而次第之，非執事者皆可言賓也。據《周禮·春官》則相者爲眡瞭，據《鄉射》則此相者爲弟子，眡瞭不必少，而注以少者言，則謂弟子也。弟子何得爲賓興之衆賓？則注説非也。又此經言後首，《燕禮》言面鼓，故注以此爲臣禮，變于君之面鼓。但大射亦君禮，而後首與此經同；《鄉射》亦臣禮，而面鼓與《燕禮》同，則避君之説不可通矣。故又爲尚樂及略于樂以解之，説非不近似，然以此經爲尚樂，又以避君而不盡尚樂，以《鄉射》爲略于樂，又以避君而不盡略于樂，則支離不足爲定論矣。」**工歌《鹿鳴》、《四牡》、《皇皇者華》。**三者皆《小雅》篇也。《鹿鳴》，君與臣下及四方之賓燕、講道、修政之樂歌也。此采其已有旨酒，以召嘉賓，嘉賓既來，示我以善道。又樂嘉賓有孔昭之明德，可則傚也。《四牡》，君勞使臣之來樂歌也。此采其勤苦王事，念將父母，懷歸傷悲，忠孝之至，以勞賓也。《皇皇者華》，君遣使臣之樂歌也。此采其更是勞苦，自以爲不及，欲諮謀於賢知，而以自光明也。【疏】正義曰：《校勘記》云：「『示我以善道』，楊氏『示』作『視』。《釋文》『傚』作『詨』，云：『本又作傚，同。』張氏云：『可則傚，《大射》、《燕禮》同此，蓋引《詩》是則是傚也，故好事者皆改爲傚。』❶案：《釋文》云：『詨，户孝反。本又作傚。』《大射》云：『詨，户教反，亦作傚。』《燕禮》云：『傚，本又作詨。』是必古文詨、傚通用，宜各從其故。」○蔡氏德晋云：「此記所謂『升歌三終』也。」凌氏《釋例》云：「凡樂皆四

---

❶「傚」，原作「詨」，今據《儀禮注疏校勘記》改。

節：初謂之升歌，次謂之笙奏，三謂之間歌，四謂之合樂。《鄉飲酒》：一人舉觶畢，工入，升自西階，❶工歌《鹿鳴》、《四牡》、《皇皇者華》。此升歌也。謂瑟與人聲歌于堂上也。又云：『笙入堂下，磬南，北面立，樂《南陔》、《白華》、《華黍》。』此笙奏也，謂笙入奏于堂下也。又云：『乃間歌《魚麗》，笙《由庚》；歌《南有嘉魚》，笙《崇丘》；歌《南山有臺》，笙《由儀》。』此間歌也，謂堂上之歌與堂上之笙間作也。又云：『乃合樂《周南・關雎》《葛覃》《卷耳》、《召南・鵲巢》《采蘩》《采蘋》。』此合樂也，謂堂上堂下衆聲俱作也。凡四節。《鄉射禮》遵入獻酢之後，❷工入，升自西階，北面，笙入立于縣中，西面。乃合樂《周南・關雎》《葛覃》《卷耳》、《召南・鵲巢》《采蘩》《采蘋》，但合樂一節，無升歌、笙奏、間歌三節者，注云：『志在射，略于樂也。』《燕禮》獻大夫後，工入，升自西階，歌《鹿鳴》、《四牡》、《皇皇者華》，此升歌也。公爲大夫舉旅酬後，笙入，立于縣中，奏《南陔》、《白華》、《華黍》，此笙奏也。『乃間歌《魚麗》，笙《由庚》；歌《南有嘉魚》，笙《崇丘》；歌《南山有臺》，笙《由儀》。』此間歌也。『遂歌鄉樂，《周南・關雎》《葛覃》《卷耳》、《召南・鵲巢》《采蘩》《采蘋》。』此合樂也，亦四節。《大射儀》：獻大夫畢，工升自西階，乃歌《鹿鳴》三終。此升歌也。又云：『乃管《新宮》三終。』此笙奏也。但有升歌、笙奏兩節，無間歌、合樂兩節者，亦志在射，略于樂也。經云《鹿鳴》三終，蓋統《四牡》、《皇皇者華》而言，故《鄉飲酒義》亦祇云『升歌三終』，此其證也。注謂：『不歌《四牡》、《皇皇者華》，

❶ 「階」下，原衍「上」字，今據《禮經釋例》删。
❷ 「酢」，原作「阼」，今據《禮經釋例》改。

主于講道，略于勞苦諮事。』恐非也。《燕禮・記》：❶『升歌《鹿鳴》，下管《新宮》，笙入三成，遂合鄉樂。』注言：『遂者，不間也。』疏據之以爲吹管者亦吹笙，是知下管即笙奏也。又案：李氏光地云：『據《儀禮》作樂凡四節：升歌，一也；笙入，二也；間歌，三也；合樂，四也。蓋堂上之樂工鼓琴瑟而歌，堂下之樂，或主笙，或主管，各以所宜，故曰歌者在上，匏竹在下，即笙管之謂也。上下迭作，則謂之間；上下并作，則謂之合。準此以求，則搏拊琴瑟以詠，升歌之樂也；下管鼗鼓，合止柷敔，下管之樂也；笙鏞以間，間歌之樂也；《簫韶》九成，合作之樂也。』其説是也。竊謂《論語》『師摯之始』謂升歌也。《大射》工六人，大師、小師各一人，升歌爲樂之始也。《關雎》之亂，謂合樂也。樂之卒章爲亂，合樂爲樂之終也。不言笙奏間歌者，舉始終以該其全也。亦與《禮經》相發明。」盛氏世佐云：「《尚書》蔡氏傳曰：堂上之樂，唯取其聲之輕清者，與人聲相比。則二人歌時，必二人鼓瑟，以合詠歌之聲，不言可知。敖氏乃謂工歌之時，亦奏堂下之樂以應之，則從古無此淩亂雜糅之樂也。《尚書》『戛擊鳴球，搏拊琴瑟以詠』，此堂上之樂也；『下管鼗鼓，合止柷敔，笙鏞以間』，此堂下之樂也。堂上之樂，以歌爲主；堂下之樂，以管爲主。歌發則堂下之樂不作，管奏則堂上之樂亦停，所謂『無相奪倫』者，此也。此篇所記，與《虞書》異者三：堂上有瑟無琴，一也；磬以石爲之，又在堂下，二也；堂下之樂無管、鼗諸器，而以笙爲主，三也。之三者，或因虞、周異制，或因天子宗廟，與大夫、士相飲隆殺不同。至上下迭奏之法，則古今一轍也。」

注云「三者皆《小雅》篇也」者，朱子曰：「《鹿鳴》即謂

❶「記」，原脱，今據《禮經釋例》補。

今日燕飲之事，所以道達主人之誠意，而美嘉賓之德也。《四牡》言其去家而仕于朝，辭親而從王事，于此乎始也。《皇皇者華》言其將爲君使而賦政于外也。《學記》曰：❶『《宵雅》肄三，官其始也。』正謂此也。蓋此三詩，先王所制以爲燕飲之樂，用之鄉人，用之邦國，各取其象而歌之也。」案：三詩爲《小雅》之始篇，作詩在前，用詩于樂在後，以詩之所言者有合于主人燕賓、臣下勤勞王事之意，故取以入樂，歌之以樂賓，而即以戒使習之也。此賓賢能爲出仕之始，故歌此三詩，《記》所謂官其始也。古人歌《鹿鳴》者，自《鄉飲酒》外，如《燕禮》及始入學，《大戴禮·投壺》皆歌之，以歌詩斷章取義，所用最廣也。敖氏云：「《春秋》傳云：『《文王》、《大明》、《綿》，兩君相見之樂也。』兩君相見得歌《大雅》，則士、大夫相飲得歌《小雅》，差之宜也。此凡所歌者，皆不取其詩之義，但以其所得用者樂賓耳。」盛氏世佐駁之云：「歌詩不類，古人所誚。此凡所歌者，故是上下通用之樂，然既歌其詩，則必有取于詩之義。❷敖説非。」云「《鹿鳴》，君與臣下及四方之賓燕、講道、修政之樂歌也」者，《小序》云：「《鹿鳴》，燕羣臣嘉賓也。既飲食之，又實幣帛筐篚以將其厚意，然後忠臣嘉賓得盡其心矣。」鄭本《小序》爲説，修政括詩中意也。❸云「采其己有旨酒，以召嘉賓，嘉賓既來，示我以善道，❹又樂嘉賓有孔昭之明德，可則傚也」者，彼《詩》云：「我有旨酒，以燕樂嘉賓之心。」又云：「人之

---

❶「學」，原作「樂」，今據《儀禮經傳通解》改。
❷「有」，原脱，今據《儀禮集編》補。
❸「政」，原作「改」，今據《儀禮正義正誤》改。
❹「示」，原作「云」，今據《續清經解》本改。

好我，示我周行。」又云：「德音孔昭，視民不恌，君子是則是傚。」謂采此數語也。案：鄭氏注《禮》在前，箋《詩》在後，故《詩箋》與《禮注》説多不合。「示我周行」箋云：「『示』，當作『寘』。寘，置也。周行，周之列位也。人有以德善我者，我則置之於周之列位，言己惟賢是用。」此注則謂人之好我，示我以善道，與《毛傳》「周，至也；行，道也」訓合。《禮記·緇衣》引此詩，注以爲示我忠信之道，與此注亦同。「君子是則是傚」箋云：「是乃君子所法傚。」謂嘉賓爲君子所法傚。此注則以君子即嘉賓，嘉賓有明德，爲人所則傚也，較《詩箋》爲優。云「《四牡》，君勞使臣之來樂歌也。此采其勤苦王事，念將父母，懷歸傷悲，忠孝之至，以勞賓也」者，《小序》云：「《四牡》勞使臣之來也，有功而見知則説矣。」篇中有「豈不懷歸，王事靡盬，我心傷悲」、「不遑將母」、「將母來諗」等語，彼箋云：「君勞使臣，述序其情，❶而曰我豈不思歸乎？❷誠思歸也，故作此詩之歌，以養父母之志，來告於君也。」是所謂「忠孝之至」也。云「《皇皇者華》，君遣使臣之樂歌也。此采其更是勞苦，自以爲不及，欲諮謀於賢知，而以自光明也」者，《小序》云：「《皇皇者華》，君遣使臣也。送之以禮樂，言遠而有光華也。」篇中有「駪駪征夫，每懷靡及」、「周爰諮謀」等語，是欲諮謀賢知以自光明也。**卒歌，主人獻工，工左瑟，一人拜，不興，受爵。主人阼階上拜送爵。**一人，工之長也。凡工賤，不爲之洗。【疏】正義曰：吴氏廷華云：「工北面，以西爲左。主人實爵自東北來，❸在工之右，故左瑟以避之。歌

❶「使臣述序」，原作「其臣敘述」，今據《毛詩正義》改。

❷「而」，《毛詩正義》作「女」。

❸「北」，原脱，今據《儀禮疑義》補。

者宜先，獨見瑟者，以有事著也。有大師，則先大師。一人拜，禮之殺也。」敖氏云：「主人亦坐授之，獨拜於阼階上者，以工拜受於其位，❶故不得拜於其右也。❷凡主人與工爲禮，蓋亦有贊告之者。」淩氏《釋例》云：「凡獻工與笙於階上，獻獲者與釋獲者於堂下，獻祝與佐食於室中。《鄉飲酒禮》升歌畢，主人獻工，阼階上拜送爵。笙奏畢，主人獻之於西階上。《鄉射禮》合樂畢，主人獻工，阼階上拜送爵。獻畢，遂獻笙於西階上。《燕禮》升歌畢，主人獻工，西階上拜送爵。公在阼階，故獻於西階上，與鄉飲、鄉射不同也。笙奏畢，主人洗，升，❸獻笙於西階上。《大射儀》歌《鹿鳴》三終畢，主人獻工，西階上拜送爵。是獻工與笙於西階上也。《鄉射禮》二次射飲不勝者後，司馬洗爵，升，實之以降，獻獲者於侯。又：司射洗爵，升，實之以降，獻釋獲者於其位，❹少南。《大射儀》第二次射飲不勝者後，司馬正洗散，❺遂實爵，獻服不。服不侯西北三步，北面拜受爵。司射洗觚，升，實之，降，獻釋獲者於其位，少南。是獻獲者與釋獲者於堂下也。《士虞禮》尸入九飯，主人初獻，筵祝南面，主人獻祝畢，酌獻佐食。《少牢禮》尸入十一飯，主人獻尸，致嘏畢，主人獻祝，設席南面，獻畢，獻上佐食，户内牖東，北面拜，坐受爵，下佐食，亦如之。是獻祝與佐食於室中也。獲者、釋獲者有事

❶「受」，原作「授」，今據《儀禮集説》改。下「坐受爵」同。
❷「右」，原作「左」，今據《儀禮集説》改。
❸「升」，原重，今據《禮經釋例》删。
❹「獻」下，原衍「獲」字，今據《禮經釋例》删。
❺「正」，原脱，今據《禮經釋例》補。

於堂下，故獻於堂下。祝與佐食有事于室中，故獻於室中。工有事於階上，笙有事於階下，❶而皆獻於階上者，統於工也。獻獲及釋獲者不用主人，而用司馬、司射，各以其職也。」注云「一人，工之長也」者，敖氏云：「乃歌者也。」❷盛氏世佐云：「一人，謂鼓瑟者之長。瑟賤而先得獻者，以其先就事也。」云「凡工賤，不爲之洗」者，以下文「大師則爲之洗」況之也。吴氏廷華云：「下記旅則不洗，不洗者不祭，此非旅當洗者也。下言『衆工不拜受爵祭』，則又當洗。鄭因此經不言洗，下又言『大師則爲之洗』，故謂衆工不爲之洗耳。要知所謂洗者，主人親洗也；不洗者，主人不親洗，使人洗之也。」**薦脯醢，使人相祭。**使人相者，相其祭酒、祭薦。【疏】正義曰：敖氏云：「工雖賤，以其受爵于席，故每獻輒薦之，亦與成人之禮異也。」**工飲，不拜既爵，授主人爵。**坐授之。【疏】正義曰：郝氏敬云：「不備禮也。」方氏苞云：「祭酒、祭薦皆使人相，則工執爵而相者以適阼階可知。」**衆工則不拜受爵，祭飲。辯有脯醢，不祭。**祭飲，獻酒重，無不祭也。今文「辯」爲「徧」。【疏】正義曰：敖氏云：「不拜而受，差賤也，其意與不拜既爵同。祭飲，❸祭酒乃飲也。」**大師則爲之洗，賓、介降，主人辭降，工不辭洗。**大夫若君賜之樂，謂之大師，則爲之洗，尊之也。賓、介降，從主人也。工，大師也。上既言獻工矣，乃言大師者，大師或瑟或歌也。其獻之，瑟則先，歌

❶「下」，原作「上」，今據《禮經釋例》改。
❷「乃」，原作「工」，今據《儀禮集説》改。
❸「飲」，原作「酒」，今據《續清經解》本改。

則後。【疏】正義曰：注云「大夫若君賜之樂，謂之大師」者，李氏如圭云：「天子、諸侯，有大師常官。大夫，君賜之樂與工，亦謂之大師。」敖氏云：「大師，工之長也。《周官》則以下大夫爲之，諸侯則宜用上士。」《釋官》曰：「能其事曰工，故凡樂人通謂之工。」❶大師，樂工之長。《左傳》：叔孫穆子食慶封，使工爲之誦《茅鴟》。是大夫家有樂工矣。但此賓賢能，工及大師當是君之樂人來襄盛禮者。「大師或來或否不定。❷來，則爲之洗；不來而但使樂工來，則不爲之洗。」方氏苞云：「大師乃爲之洗，則衆工實爵而不親洗，終則使人以爵奠于篚，而主人不親具見矣。」云「賓、介降，從主人也」者，案：經不言主人降洗，則必降可知也，禮降則皆降，大師瞽者不降，故賓、介從主人降。敖氏云：「同大師於己黨也。主人辭賓，亦對衆賓不降，別于賓、介也。工不辭洗亦不降，主人既洗，亦與賓、介揖而俱升。」云「工，大師也。上既言獻工矣，乃言大師者，大師或瑟或歌也。其獻之，瑟則先，歌則後」者，張氏爾岐云：「大師在瑟歌四人之內，❸通謂之工。獻之亦依瑟先歌後之序，但爲之洗爲不同。」❹盛氏世佐云：「大師乃君所賜有爵者，❺無論或瑟或歌，必先獻，不當依瑟先歌後之序。經既言獻工，乃言大師者，以其出於君賜，不必有也。注誤。」焦氏以恕云：「大師即國之大

❶「故」，原脱，今據《儀禮釋官》補。
❷「大師」，原脱，今據《儀禮釋官》補。
❸「師」下，原衍「亦」字，今據《儀禮鄭注句讀》删。
❹下「爲」字，原作「則」，今據《儀禮鄭注句讀》改。
❺「所」，原脱，今據《儀禮集編》補。

師，如有事於君所，則來者工而已，大師不與也；若無事於君所，❶則亦來與此禮。《大射儀》先言『僕人正徒相大師』，下乃云『後者徒相入』，故注知後者爲大師，無瑟，是大師主歌也。此注『大師或瑟或歌』，未必然也。」江氏筠云：「經言獻工者四，俱云：『工不興，左瑟，一人拜受爵。』注於《大射儀》云：大師無瑟，言左瑟者，節也；一人，謂大師。是謂大師在歌而先得獻也。於《鄉射》云：『一人，無大師，則工之長者。』是謂有大師則獻，與《大射》同，但大師或有或無，又或瑟或歌爲異也。此及《燕禮》俱云：一人，工之長者。此禮據此節注所云，是指瑟工之長。《燕禮》雖無明文，然彼經至正歌畢，始見大師，與此俱言在後，則鄭亦是指瑟工言。二禮之先，俱瑟居先，但《燕禮》大師無瑟後獻，是其常。此則或無大師，或有在瑟中，而得先獻爲異耳。合數説詳之，鄭於大師之名，謂臣禮與君禮異，君有常官，其大師自在歌。臣，則君所賜者即得此稱，不論歌瑟。於獻工之節，謂射禮與燕飲禮異，大射辨尊卑，故大師亦先得獻，《鄉射》亦得同之。至燕飲之禮，則止如其入之先後耳。今案：大師之在歌與其先獻，自是定禮。蓋據經後者之受獻與先一人不同，先一人得拜受爵，得祭脯醢，後受者則不然。鄭於《鄉射》『瑟先』謂『賤者先就事』，則瑟之賤於歌，固甚明也。受獻之禮，賤者儀多，貴者儀簡，有是理乎？至歌之爲大師，更非尋常歌者之比。鄭謂工賤，不爲之洗，於大師洗獻者，尊之也。賤之而於禮得伸，尊之而於禮反屈，有是事乎？則獻禮之俱同大射無疑矣。知歌之必先瑟獻，知大師之必先衆工獻，則大師之在歌自明。且又有可證者，《大射樂》正命大師曰『奏《貍首》，間若一』，

❶ 「若」下，《儀禮彙説》有「大師」二字。

大師不興許諾。以其係徒相者，所主在歌故也。《鄉射》亦樂正東面，命大師曰『奏《騶虞》，間若一』，大師不興許諾。非君臣同在歌之明驗邪？然則經何以於獻工之後始言大師？曰：《鄉射》此文固在『工不興，左瑟』之上矣，以其臣禮或有或無不定。亦猶遵者之禮，《鄉射》言於席工之先，而此經言于送賓之後也。」高氏愈云：「遵則或有或無，故獻遵不數外。此獻工四人爲第十次行爵。工歌則必獻，獻則必拜，不敢以其瞽矇而易之，其不忽微賤者有如此。」

右升歌三終及獻工

笙入，堂下磬南，北面立。樂《南陔》、《白華》、《華黍》。笙，吹笙者也。以笙吹此詩，以爲樂也。《南陔》、《白華》、《華黍》，《小雅》篇也，今亡，其義未聞。昔周之興也，周公制禮作樂，采時世之詩以爲樂歌，所以通情、相風切也，其有此篇明矣。後世衰微，幽、厲尤甚，禮樂之書，稍稍廢棄。孔子曰：「吾自衛反魯，然後樂正，《雅》、《頌》各得其所。」謂當時在者而復重雜亂者也，惡能存其亡者乎？且正考父校商之名頌十二篇於周大師，歸以祀其先王。至孔子二百年之間，五篇而已，此其信也。【疏】正義曰：郝氏敬云：「堂下之樂笙爲主，磬亦在堂下。樂即笙磬。」敖氏云：「磬南，阼階西南也。北面立，蓋亦東上，如工立。于磬南，近其所應之樂也。❶《詩》曰『笙磬同音』，而《禮》有笙磬、笙鐘，則吹笙之時，亦奏鐘磬之屬以應之

❶ 「應」，原作「近」，今據《續清經解》本改。

矣。❶不言者，主於笙也。」張氏爾岐云：「磬縣南面，其南當有擊磬者。此『笙入，磬南北面』，在磬者之南，北面也。」　注云「以笙吹此詩，以爲樂也。《南陔》、《白華》、《華黍》，《小雅》篇也，今亡」者，謂以笙吹此三詩以爲樂，不如《鹿鳴》三詩以二人歌、以二人鼓瑟和之也。以笙吹此詩而不歌，故其辭遂亡。毛氏奇齡荅問云：「據問笙詩有詩，則《鄉飲酒禮》笙入三終，將以笙笙詩邪？抑亦別有歌詩者，而僅以笙應之邪？此問最善。從來辨笙詩，❷未有辨笙其詩者。夫所謂笙詩，謂笙必有詩，非謂笙詩之必有歌也。❸凡詩可以歌，亦可以笙。笙與箾、管、籥四器皆主聲詩，皆應歌之器，皆在堂下。原無徒器者，但有歌而器，有不歌而器，❹總必有詩。其歌而器，❺如《鄉射禮》之工歌于上，而堂上堂下之笙瑟皆應之，即《鄉飲酒禮》之合樂是也。❻此有歌之笙也。不歌而器，❼如大射禮之管《新宫》，始奏禮之管《象》，堂下俱不歌，而但以管笙聲，其詩即《鄉飲酒》之笙入間歌是也。此不歌之笙也。是以《春秋傳》有歌鐘，❽即頌鐘、頌磬，所以應歌。《尚

---

❶「屬」，原作「篇」，今據《儀禮集説》改。
❷「笙詩」下，原有「者」字，今據《西河集》删。
❸「詩」，原作「歌」，今據《西河集》改。
❹「不歌而」，原作「歌而不」，今據《西河集》改。
❺「其歌而器」，原脱，今據《西河集》補。
❻「鄉」，原作「樂」，今據《續清經解》本改。
❼「而器」，原脱，今據《西河集》補。
❽「以」，原脱，今據《西河集》補。

書》有笙鏞，《周禮》有鐘笙，❶即笙鐘、笙磬，所以應笙。夫笙又有應，則笙即歌矣。」云「其義未聞」者，《小序》云：「《南陔》，孝子相戒以養也。」「《白華》，孝子之潔白也。」「《華黍》，時和歲豐，宜黍稷也。」有其義而亡其辭，是明有其義，而云未聞者，《鄭志》荅炅模云：「爲記注時就盧君耳，先師亦然，後乃得毛公傳記，❷古書義又且然。❸記注已行，不復改之。」是鄭注三禮在前，其時未見《毛詩》，不得《小序》之説，故云「未聞」也。云「昔周之興也」至「此其信也」者，此明周公制禮作樂時，三篇之辭具在，至更幽、厲之亂，禮樂廢棄，而三詩遂亡。引孔子言及正考父者，見三篇之亡在孔子之前也。案：《詩箋》云：「此三篇者，《鄉飲酒》、《燕禮》用焉，曰『笙入，立于縣中，奏《南陔》、《白華》、《華黍》』是也。❹孔子論《詩》『《雅》、《頌》各得其所』時俱在耳，遭戰國及秦之世而亡之。其義則與衆篇之義合編，❺故存。至毛公爲《訓詁傳》，❻乃分衆篇之義，❼各置于其篇端云。」與此注異者，其時未習《毛詩》，故有此語。後見《毛詩》，爲《詩箋》，遂改其説耳。蓋六詩孔子時俱

❶「周」，原作「同」，今據《續清經解》本改。
❷「記」，原作「既」，今據《鄭志》改。
❸「且」，原作「當」，今據《鄭志》改。
❹「奏」，原作「樂」，今據《毛詩正義》改。
❺上「義」字，原作「篇」，今據《續清經解》本改。
❻「爲」，原作「而」，今據《續清經解》本改。
❼「分」，原作「合」，今據《續清經解》本改。

存，而序詩者親見其辭，故能言其義。或謂：三百篇未嘗以命篇取義，六笙詩序詩者何以知其然？因題敷衍以補之也。姜氏炳璋《詩序廣義》駁之曰：「『南陔』，南隴也。《白華》，見于變雅，爲刺幽王，何以知爲孝子之詩？庚有更、償、續三義，何以見萬物得由其道？可想見作序者已誦全文，不然，即鑿空杜撰，豈能至是？序最簡樸，間與詩中字面偶同。如《漢廣》云『德廣所及』，『德廣』之『廣』非即『漢廣』之『廣』？《旄丘》云『刺衛伯』，『衛伯』之『伯』非即『伯兮叔兮』之『伯』？安見『孝子絜白』即爲『白華』之『白』也？三百篇亦有即其篇名已見詩旨者。如螽斯多子，以美其子孫衆多；葛屨涼薄，以刺儉；北風疾厲，以刺虐；碩鼠刺貪。此類不可更僕。如以序與篇相合，疑其不見全文，將謂作《螽斯》序者祇見『螽斯』二字乎？且序與篇名相戾，既以爲無理；序與篇名相合，又以爲順文，爲詩序者難矣。」案：笙詩有聲無辭，聚訟紛紛。《小序》云：「有其義而亡其辭。」鄭君《詩箋》與此注皆以爲本有辭而亡之。至宋劉氏敞始謂亡其辭者，亡謂本無，非亡逸之亡也；《儀禮》曰笙、曰樂、曰奏，而不言歌，則有聲而無辭明矣。朱子《詩經集傳》本其説，且云：「意古經篇題之下必有譜焉，如《投壺》魯鼓、薛鼓之節，而亡之耳。」自是習詩之家如李氏樗、董氏逌、王氏質、黄氏震等，習禮之家如張氏爾岐、方氏苞、秦氏蕙田、蔡氏德晋等，皆從其説。然范氏家相《詩瀋》曰：「《儀禮》明云：『笙入，堂下磬南，北面立。樂《南陔》、《白華》、《華黍》。』樂之爲言比音而樂之也。❶是禮文顯以爲有辭矣。」❷嚴氏虞惇《讀詩質疑》曰：「升歌、笙入、間歌、合樂各三終，于是工告樂正曰『正歌備』。凡

---

❶ 「言」，原脱，今據《詩瀋》補。
❷ 「是」，原作「蓋」，今據《詩瀋》改。

樂四節，爲詩十八篇，皆謂之歌，而可云六詩有聲無辭乎？」盛氏世佐云：「《書》曰：❶『詩言志，歌永言，聲依永。』又曰：『予欲聞六律、五聲、八音，在治忽，以出納五言。』然則有辭而後有聲，聲之不可離辭而乃成樂也，自古然矣。又況古人名篇之例，或以詩之首二字，或一句，或次取篇中一二字以爲題，❷亦有舍篇中字而別命之者，要未有無其辭而可命之曰某詩某詩也。夫詩之逸者多矣。❸如《貍首》、《采齊》、《肆夏》見於《禮記》，《祈招》、《新宫》、《河水》見於《春秋傳》，❹《三夏》之名見《國語》，《九夏》之名見《周禮》。考其辭與義，必無夫子所删者，而今《詩》皆不能具，其亡於夫子之前，而不及收與？抑亡於夫子之後，而今之所存或非其舊與？是皆未可知也。何獨於《南陔》以下六篇而保其非逸邪？若徒以其曰笙、曰樂、曰奏而不言歌，以爲有聲無辭之證。則《鄉射禮》云：『奏《騶虞》。』《國語》云：『金奏《肆夏》、《樊遏》、《渠》。』吕叔玉云：《肆夏》，《時邁》也。《樊遏》，《執競》也。《渠》，《思文》也。其説采於《詩集傳》，是皆有辭而亦云奏。《周禮》：籥章以籥吹豳詩。即《七月》也。《禮記》：『升歌《清廟》，下管《象》。』《象》即《維清》也。❺《燕禮》：『升歌《鹿鳴》，下管《新宫》。』而《左傳·昭二十五年》：『宋公賦《新宫》。』謂之賦，則有辭矣。《國語》又稱：『伶

---

❶「書曰」，原脱，今據《儀禮集編》補。

❷「次」，原作「刺」，今據《儀禮集編》改。

❸「之」，原脱，今據《儀禮集編》補。

❹「秋」下，《儀禮集編》有「左氏」二字。

❺「象」，原脱，今據《儀禮集編》補。

簫詠歌及《鹿鳴》之三。」❶是籥與簫、管所吹之詩皆有辭，而謂笙所吹者獨無辭可乎？張子曰：既無辭，安得有此篇？必是有其辭。所以亡者，良由施之於笙，❷非若歌之可習。此言殆爲平允。」胡氏承珙云《毛詩後箋》曰：「劉原父《七經小傳》有云：『將舞《象》，則先歌《清廟》，是以其序曰奏《象》舞；將舞《武》，則先歌《武》，是以《武》之序曰奏《大武》。』夫《禮·文王世子》《祭統》皆以《象》與《武》爲下管之樂，是曰管、曰奏。劉氏既知其有辭矣，何於笙詩獨主本無其辭之説？以有辭者爲歌，無辭者曰笙、曰奏，豈不自相乖戾乎？《六經奧論》于笙詩引商份之説而申之，謂間歌之聲有義無辭，而其言管《新宫》則云管與笙一類，皆竹爲之。《燕禮》：『升歌《鹿鳴》，下管《新宫》。』《昭二十五年》：『宋公賦《新宫》。』謂之賦，則有辭矣。後漢明帝亦取焉，必見其辭，故得之以播歌詠，蓋未有有詩而無辭者。《周禮》祈年吹《豳》于管、籥之類，必得有辭。既知管、籥有辭，而何以獨知笙詩無辭？亦可見不能自圓其説矣。若《集傳》所引魯鼓、薛鼓之節，則陳氏長發云：魯鼓、薛鼓有譜無辭，則僅冠以國名，不能更立别名。若笙詩有聲無辭，則《南陔》《由庚》等名何自來乎？承珙又案：《投壺》云：『命弦者曰：奏《貍首》，❸間若一。』注云：『弦，鼓瑟者也。《貍首》，《詩》篇名也，今逸。《射義》所云《詩》曰「曾孫侯氏」是也。「間若一」者，《投壺》當以爲志取節焉。』❹然則下文魯鼓、薛

❶「及」，原脱，今據《國語》補。
❷「良由」，原作「由其」，今據《儀禮集編》改。
❸「奏」，原作「命」，今據《毛詩後箋》改。
❹「志」，原作「去」，今據《毛詩後箋》改。

鼓亦必隨所弦之《貍首》以爲節，是徒譜者當必有取節之詩，❶而謂《禮經》之笙奏乃無詩，而徒器乎？至王雪山以唐樂有上柱、鳳雛、平調、清調、瑟調、平折、命啄七曲有聲無辭，黄東發又引琴譜長清、短清、長側、短側之類以證無辭有義，不知有辭而後有聲，有聲而後有調，有調而後有譜。或以習其辭者其辭易存，習其聲者其辭易亡，❷理容有之。要其初未有有聲而無辭者，即如俗樂工尺，先亦必用曲詞譜出，後習之者但畱工尺耳。」**主人獻之于西階上，一人拜，盡階不升堂。受爵，主人拜送爵，階前坐祭立飲，不拜既爵，升，授主人爵。**一人，笙之長者也。笙三人，和一人，凡四人。《鄉射禮》曰：「笙一人拜于下。」【疏】正義曰：賈疏云：「前獻歌工，在阼階上，以工在西階東也；此獻笙，在西階上，以笙在階下也。」敖氏云：「主人獻時亦西南面也。」❸方氏苞云：「以獻笙，見獻工亦于西階上；以獻工，見獻笙亦于阼階上。拜送爵，各舉一節以互相備也。于笙不言相，不言受獻，不言相祭，義同。」案：方説與疏異，疑非。工在西階東，則獻當在阼階上，拜送爵亦在阼階也。笙在階下，則獻在西階上，拜送爵亦在西階上也。「盡階不升堂」，敖氏云：「賤也。既受爵，階上少立，俟主人已拜，然後降。主人拜，亦北面。升，授主人爵，亦盡階不升堂。」注云「一人，笙之長者也。笙三人，和一人」者，《鄉射·記》曰：「三笙一和而成聲。」《爾雅》云：「笙小者謂之

❶「當」，《毛詩後箋》作「尚」。
❷「辭」，原作「聲」，今據《毛詩後箋》改。
❸「面」，原作「西」，今據《續清經解》本改。

和。」《釋官》云：「笙以器名其官，亦公臣，見《燕禮》。」衆笙則不拜受爵，坐祭，立飲，辯有脯醢，不祭。亦受爵於西階上，薦之皆於其位，磬南。今文「辯」爲「徧」。【疏】正義曰：蔡氏德晉云：「衆笙，謂一人外吹衆笙者。笙凡四人，❶則一人拜外有三人也。」陳氏暘曰：「工一人祭薦，餘則祭飲而已，笙則皆不祭，此又等降之別也。」高氏愈云：「此獻笙四人，爲第十一次行爵。」

右笙奏三終及獻笙

乃間。歌《魚麗》，笙《由庚》；歌《南有嘉魚》，笙《崇丘》；歌《南山有臺》，笙《由儀》。間，代也，謂一歌則一吹。六者，皆《小雅》篇也。《魚麗》，言太平年豐物多也。此采其物多酒旨，所以優賓也。《南有嘉魚》，言太平，君子有酒，樂與賢者共之也。此采其能以禮下賢者，賢者纍蔓而歸之，與之燕樂也。《南山有臺》，言太平之治以賢者爲本。此采其愛友賢者爲邦家之基，民之父母既欲其身之壽考，又欲其名德之長也。《由庚》、《崇丘》、《由儀》，今亡，其義未聞。【疏】正義曰：《校勘記》云：「《釋文》：『麗，本或作離，下同。』『燕』，《釋文》作『宴』。」　注云「間，代也，謂一歌則一吹」者，張氏爾岐云：「謂一歌畢，一笙繼之也。堂上歌《魚麗》方終，堂下笙即吹《由庚》。餘篇皆然。」蔡氏德晉云：「堂上鼓瑟一歌，堂下吹笙一曲，更代而作也。」案：《尚書》「戛擊鳴球，搏拊琴瑟以詠」，此堂上之樂，以詠者，所謂「歌者在上」也。「下管鼗鼓，

❶「笙凡四人」，《禮經本義》作「鄭康成謂：『笙三人，和一人，凡四人。』」

合止柷圉，笙鏞以間」，此堂下之樂，所謂「匏竹在下」也。以間者，堂下之樂與堂上之樂間代而作。唐虞時，非周之詩，亦必有所歌之詩也。所奏者，非周之詩，亦必有所奏之詩也。故王氏炎、陳氏大猷多據《儀禮》以證《尚書》，見樂之節次相合。乃陳氏櫟《書集傳纂疏》謂《儀禮》之「間歌」與《書》之「以間」初不相干，不過一「間」字同，間代更替之義亦同耳。其説太拘。云「《魚麗》，言太平年豐物多也。此采其物多酒旨，所以優賓也」者，《詩·小序》云：「《魚麗》，美萬物盛多，❶能備禮也。」篇中言：「魚麗于罶鱨鯊，❷君子有酒旨且多。」《毛傳》云：「太平而後，微物衆多。取之有時，用之有道，則物莫不多矣。」是也。云「《南有嘉魚》，言太平，君子有酒，樂與賢者共之也。此采其能以禮下賢者，賢者纍蔓而歸之，與之燕樂也」者，《小序》云：「《南有嘉魚》，樂與賢也。大平之君子至誠，❸樂與賢者共之也。」彼箋云：「樂得賢者而與共立于朝，❹相燕樂也。」篇中言：「南有樛木，甘匏纍之。君子有酒，嘉賓式燕綏之。」箋謂君子下其臣，故賢者歸往，❺故有酒與嘉賓燕飲而安之。❻是也。云「《南山有臺》，言大平之治以賢者爲本。此采其愛友賢者爲邦家之基，民之父母

---

❶「美」，原作「言」，今據《毛詩正義》改。

❷「鱨鯊」，原脱，今據《毛詩正義》補。

❸「至誠」，原脱，今據《毛詩正義》補。

❹「共」，原脱，今據《毛詩正義》補。

❺「往」，原作「德」，今據《毛詩正義》改。

❻「飲」，原作「樂」，今據《毛詩正義》改。

既欲其身之壽考，又欲其名德之長也」者，《小序》云：「《南山有臺》，樂得賢也。得賢，則能爲邦家立大平之基矣。」篇中有「樂只君子，邦家之基」、「樂只君子，萬壽無期」，又「樂只君子，民之父母」、「樂只君子，德音不已」是也。案：彼箋云：「人君既得賢者，置之于位，又尊敬，以禮樂樂之，則能爲邦家之本，得壽考之福。」是以壽考爲人君得賢之效。注謂欲其身之壽考，與箋《詩》異。朱子《詩集傳》以「萬壽無期」爲祝賢者之壽，本此注也。云「《由庚》、《崇丘》、《由儀》，今亡，其義未聞」者，《小序》云：「《由庚》，萬物得由其道也。《崇丘》，萬物得極其高大也。《由儀》，萬物之生各得其宜也。有其義而亡其辭。」賈疏云：「堂上歌者不亡，堂下笙者即亡，蓋當時方以類聚，笙歌之詩各自一處，❶故存者并存，亡者并亡也。」盛氏世佐云：「疏言笙詩并亡之，故不若張子『施之於笙、非若歌者可習』之言爲確也。」❷

右間歌三終

乃合樂，《周南·關雎》《葛覃》《卷耳》，《召南·鵲巢》《采蘩》《采蘋》。合樂，謂歌樂與衆聲俱作。《周南》、《召南》，《國風》篇也，王后、國君夫人房中之樂歌也。《關雎》言后妃之德，《葛覃》言后妃之職，《卷耳》言后妃之志，《鵲巢》言國君夫人之德，《采蘩》言國君夫人不失職，《采蘋》言卿大夫之妻能循其法

❶「處」，原作「家」，今據《儀禮注疏》改。
❷「施」，原脱，今據《儀禮集編》補。

度。昔大王、王季居於岐山之陽，躬行《召南》之教，以興王業。及文王而行《周南》之教，以受命。《大雅》云：「刑于寡妻，至于兄弟，以御于家邦。」謂此也。其始，一國耳。文王作邑于豐，以故地爲卿士之采地，乃分爲二國。周，周公所食；召，召公所食。於時文王三分天下有其二，德化被於南土，是以其詩有仁賢之風者，屬之《召南》焉；有聖人之風者，屬之《周南》焉。夫婦之道，生民之本，王政之端。此六篇者，其教之原也。故國君與其臣下及四方之賓燕用之合樂也。鄉樂者，風也。《小雅》爲諸侯之樂，《大雅》、《頌》爲天子之樂。《鄉飲酒》升歌《小雅》，禮盛者可以進取也；燕合鄉樂，禮輕者可以逮下也。《春秋傳》曰：《肆夏》、《繁遏》、《渠》，天子所以享元侯也；《文王》、《大明》、《緜》，兩君相見之樂也。然則諸侯相與燕，升歌《大雅》，合《小雅》。天子與次國、小國之君燕亦如之。與大國之君燕，升歌《頌》，合《大雅》，其笙間之篇未聞。【疏】正義曰：《校勘記》云：「葛覃，張氏曰：『案：《釋文》，葛覃，大南反。《五經文字》云：《詩》「葛覃」亦作蕈。《九經字樣》云：葛覃，經典或作蕈。今不作蕈，❶非古也。後《燕禮》同。』案：今本《釋文》仍作『覃』。『謂歌樂、衆聲俱作』，❷疏無『與』字，《通典》無『樂』字。『能循其法度』，『循』，徐本作『脩』，與疏合。案：《禮記·鄉飲酒義》正義引正作『脩』。『乃分爲二國』，『二』，❸監本作『三』，誤。」　云「合樂，謂歌樂與衆聲俱作」者，李氏如圭云：「合樂，謂堂上歌瑟、堂下鐘磬合奏此詩也。《燕禮》曰：歌鄉樂《周南》、《召南》。《關雎》序

❶ 「蕈」，原作「覃」，今據《儀禮注疏校勘記》改。
❷ 「歌樂」下，《儀禮注疏校勘記》有「與」字。
❸ 「二」，原脱，今據《儀禮注疏校勘記》補。

曰：用之鄉人，用之邦國。『用之鄉人』，此禮是也；『用之邦國』，燕禮是也。《鄉飲酒義》曰：工人升歌三終，❶笙入三終，間歌三終，合樂三終。歌與笙每篇爲一終，間歌，每間爲一終。合樂，《鵲巢》合《關雎》，《采蘩》合《葛覃》，《采蘋》合《卷耳》，每合爲一終。」敖氏云：「合樂，謂合《周南》、《召南》而歌之，與曏之惟歌《小雅》者不同也。二風乃合而歌之者，❷鄉樂于《小雅》爲輕也。《雅》先而鄉樂後，先重後輕也。鄉飲酒，士禮之盛者也，故歌《小雅》與鄉樂。若其輕禮者，則惟鄉樂而已，下文息司正是也。《春秋傳》謂《文王》之三，❸爲兩君相見之樂，指其始歌者也。始歌《大雅》，則合《小雅》矣。諸侯相見，其歌如此，及與臣燕，則但自《小雅》而下。以是數者觀之，可以見君臣樂歌輕重之差矣。然則天子之燕亨諸侯，亦當如國君相見之樂，❹而《頌》則惟宜于祭用之與？大夫樂歌蓋如士。」張氏爾岐云：「此合樂即《論語》所謂『《關雎》之亂』也。」淩氏《釋例》曰：「合樂之説，賈疏最確，謂堂上堂下笙歌並作也。《鄉飲酒義》合樂三終者，蓋堂上瑟歌《關雎》、《葛覃》、《卷耳》，則堂下亦笙奏《關雎》、《葛覃》、《卷耳》，是爲《周南》三終。堂上瑟歌《鵲巢》、《采蘩》、《采蘋》，則堂下亦笙奏《鵲巢》、《采蘩》、《采蘋》，是爲《召南》三終。故曰『合樂三終』也。孔穎達《正義》謂若工歌《關雎》，則笙吹《鵲巢》合之；若工歌《葛覃》，則笙吹《采蘩》合之；若工歌《卷耳》，則笙吹《采蘋》合之。不

❶「工」，原作「主」，今據《儀禮集釋》改。
❷「風」，原作「南」，今據《儀禮集説》改。
❸「傳」，原作「時」，今據《儀禮集説》改。
❹「當」、「君」，原作「但」、「家」，今據《儀禮集説》改。

知孔氏所謂合之者，工歌《關雎》後始笙《鵲巢》以合之乎？抑工歌《關雎》時即笙《鵲巢》以合之乎？如工歌《關雎》時即笙《鵲巢》以合之，則堂上歌者此篇，堂下笙者彼篇，萬無可合之理。若工歌《關雎》後始笙《鵲巢》以合之，則仍是間歌，非合樂矣。且果歌者爲《周南》，笙者爲《召南》，則經文何不直云歌《關雎》、《葛覃》、《卷耳》，笙《鵲巢》、《采蘩》、《采蘋》而云合樂乎？蓋不若賈疏爲得矣。」案：淩氏之辯郅確。間歌亦六詩，經不言歌言笙，此總言合樂，則爲同一詩而衆聲並奏可知也。然淩氏亦有所本。朱子云：合樂，孔氏非是，當從賈疏。毛氏奇齡云：「歌工在上，笙、管、鐘、磬皆列堂下，而皆可以應其歌。是以合樂之法，工歌《關雎》，則堂上之瑟、堂下之笙、管皆羣起而應之；其歌《葛覃》、《卷耳》、《鵲巢》、《采蘩》、《采蘋》，皆然。舊注所謂合樂者，合金石、絲竹以歌之。金石者，鐘、磬；絲竹者，瑟與笙、管也。」❶如孔穎達説，「則世無有以張家之聲合李家響者是也」。云「《周南》、《召南》，《國風》篇也，王后、國君夫人房中之樂歌也」者，《燕禮·記》云：「有房中之樂。」注云：「弦歌《周南》、《召南》之詩，而不用鐘磬之節。謂之房中者，后、夫人之所諷誦，以事其君子也。」説詳《燕禮》。云「《關雎》言后妃之德」至「能循其法度」者，《小序》云：「《關雎》，后妃之德也。」「《葛覃》，后妃之本也。」「《卷耳》，后妃之志也。」「《鵲巢》，夫人之德也。」「《采蘩》，夫人不失職也。」「《采蘋》，大夫妻能循法度也。」注與《小序》説皆相合。《周南》，王者之風，故言后、妃之事；《召南》，諸侯之風，故言諸侯夫人、大夫妻之事。云「昔大王、王季」至「其教之原也」者，言周之初自近及遠，化家爲國，是以

❶「笙管」，原倒，今據《西河集》乙正。

詩有《周南》、《召南》之分，而六篇居二南之首，爲教之原，是以合樂用之也。注中所言與《周南》、《召南》譜大略相同。《小序》云：「《關雎》、《麟趾》之化，王者之風，故繫之周公。」「《鵲巢》、《騶虞》之德，諸侯之風，故繫之召公。」而此云「有仁賢之風者，屬之《召南》；有聖人之風者，屬之《周南》」者，以周公、召公皆宣布文王之化，《周南》所言皆天子后妃之事，故曰「王者之風」，而周公治內，又聖人也，故又曰「聖人之風」；《召南》所言，皆諸侯、大夫室家之事，故曰「諸侯之風」，而召公治外，布文王之化於諸侯，又賢人也，故又曰「仁賢之風」。王者、諸侯，據所得之詩言；聖人、仁賢，據周、召言：兩説實相成也。云「鄉樂者，風也」至「未聞」者，盛氏世佐云：「案：饗、燕所用詩之差等，天子用《大雅》，諸侯用《小雅》，大夫用《風》，此其宜也。《春秋傳》曰：『《肆夏》、《繁遏》、《渠》，天子所以享元侯也。』《頌》是天子郊廟之樂歌，而享諸侯亦用之者，所謂『禮盛者可以進取』也。燕則升歌《大雅》，合《小雅》。合《小雅》者，❶所謂『禮輕者可以逮下』也。❷傳又曰：《文王》、《大明》、《緜》，兩君相見之樂也，亦謂享禮進取也。燕則升歌《小雅》，合鄉樂。合鄉樂者，亦逮下也。今鄉大夫享士，而升歌、笙間俱用《小雅》，亦進取也。注疏分別未安。敖氏不知《春秋傳》及此經所云皆是享禮進取，因謂諸侯宜歌《大雅》，大夫、士宜歌《小雅》，亦未是也。傳稱穆叔如晉，晉侯饗之，歌《鹿鳴》之三，三拜。饗也，而與燕同樂，諸侯于聘大夫之禮則然。賈疏據此遂謂饗、燕同樂，尤非。《詩譜》云：天子、

❶「合小雅」，原脱，今據《儀禮集編》補。

❷「謂」，原作「以」，今據《儀禮集編》改。

諸侯燕羣臣及聘問之賓，皆歌《鹿鳴》，合鄉樂，此則得之。凡笙間之詩皆與升歌同等，❶而諸侯以上又有以樂納賓之禮。❷以樂納賓，則升歌之後，下管乃笙所奏之詩，亦皆與升歌同等。《燕禮》具焉，其他則未之聞也。《仲尼燕居》以升歌《清廟》、下管《象》爲兩君相見之樂，蓋記者譌也。《清廟》，祀文王之升歌也。魯以成王之賜得用之周公之廟，已爲非禮，而謂大饗其可哉？」**工告于樂正曰：「正歌備。」樂正告于賓，乃降。**樂正降者，以正歌備，無事也。降立西階東，北面。【疏】正義曰：敖氏云：「工，其長也。」《釋官》曰：「太師亦通稱工。《鄉飲酒》太師或來或否不定，故言工，不言太師。賈疏謂大夫禮卑，無太師，非是。《禮記·鄉飲酒義》：『工告樂備。』注云：『工，謂樂正。』以此經工告樂正，樂正告于賓，故兼樂正言之。其實樂正當天子樂師之職，不謂之工也。」鄭云：「凡工，瞽矇也。」《周禮》樂師與大司樂聯職，非瞽矇爲之，不當稱工。「正歌備」，❸敖氏云：「正歌，❹謂所歌者皆《風》、《雅》之正也。凡歌以既合樂爲備，故告備于合樂之後焉。惟告『正歌備』者，蓋以己之所有事者而言，故不及乎其他。」❺案：正歌者，以此歌爲樂賓，別於無算樂也，所謂禮樂之正也。敖説非。蔡氏德晉云：「正歌，獻酬正用之歌，異於燕終無算樂是也。」方氏苞云：「觀此，則無算

❶「升」，原作「笙」，今據《儀禮集編》改。
❷下「以」字，原脱，今據《儀禮集編》補。
❸「正」，原作「已」，今據《續清經解》本改。
❹「正歌」，原脱，今據《儀禮集説》補。
❺「他」，原作「地」，今據《續清經解》本改。

樂不限於間、合之所歌明矣。必於正歌中取之，則不得爲無筭，如以疊奏爲無筭，則複而厭矣。」「樂正告于賓，乃降」，李氏如圭云：「告于賓者，作樂主爲樂賓。樂正降在笙磬西，❶如其堂上立位。」注云「降立西階東，北面」者，賈疏云：「以其在堂上時在西階之東，北面，知降堂下亦然。在笙磬之西，亦得監堂下之樂，故知位在此也。」

右合樂及告樂備此作樂樂賓是飲酒禮第二段並上段鄭氏以爲禮樂之正是也

主人降席自南方，不由北方，由便。【疏】正義曰：張氏爾岐云：「此下言旅酬之儀，立司正以監酒，❷司正安賓表位，於是賓酬主人，主人酬介，介酬衆賓，衆賓以次相徧焉。」敖氏云：「降席自南方，其義與介同。」**側降。**賓、介不從。【疏】正義曰：賈疏云：「側者，特也。賓、介不從，故言側。上文主人降，賓、介皆從降。此獨不從者，以其方燕，禮殺故也。」方氏苞云：「疏説非也。樂以樂賓，故主人爲大師降洗，❸賓、介從。遵者爲賓興而至，❹故主人迎，賓、介從。若立司正以監酒儀，則主人之事，主人自命之可矣。與賓

❶「笙磬」，原作「賓」，今據《儀禮集釋》改。
❷「酒」，原脱，今據《儀禮鄭注句讀》補。
❸「爲」，原作「如」，今據《儀禮析疑》改。
❹「興」，原作「介」，今據《儀禮析疑》改。

無與，何爲而從降哉？」**作相爲司正，司正禮辭，許諾。主人拜，司正荅拜。**作，使也。禮樂之正既成，將留賓，爲有懈惰，立司正以監之。拜，拜其許。【疏】正義曰：《校勘記》云：「懈，徐本、《集釋》俱作『解』。案：此二字諸本錯出，不悉校。」○賈疏云：「相，即前『一相迎賓門外』者，至此復使爲司正也。」❶敖氏云：「主人自作之者，辟君禮也。司正之職，亦主於相爾，乃更其名者，禮異於上，宜新之也。自是以後，禮節凡五，司正皆有事焉。於此立之，亦云留賓之意也。」方氏苞云：「易相爲司正者，前此雖飲酒，而義主於相禮，後此雖行禮，而義主於謹酒，故以董正爲名。」《釋官》曰：「《國語》：晉獻公飲大夫酒，令司正實爵。注：『司正，正賓主之禮者。』其職無常官，飲酒則設之。《鄉飲酒義》：『一人揚觶，乃立司正焉。』注：『立司正以正禮，則禮不失可知。』《鄉飲酒》、《鄉射》以主人之相爲司正。《燕禮》射人爲擯，則射人爲司正。大射大射正擯，則大射正爲司正。以其主於正禮，故皆使相禮者爲之。」《鄉射》又轉司正爲司馬。注云「禮樂之正既成，將留賓，爲有懈惰，立司正以監之」者，如上行獻酬及酢禮暨升堂笙歌間歌合樂，皆禮樂之正者，禮樂之正既成，將留賓行旅酬之禮，恐有懈惰，或愆於儀者，故立司正以監之。《詩·賓之初筵》云：「既立之監，或佐之史。」蓋古人飲酒之法，必立監佐史以察其禮儀也。《戰國策》：淳于髡説齊威王曰：飲酒大王之側，執法在前，御史在後。是此法至戰國時猶行也。**主人升，復席。司正洗觶，升自西階，阼階上北面受命于主人。主人曰：「請安于賓。」司正告于賓。賓禮辭，許。**爲賓欲去，留之，告賓於西階。

---

❶ 「相即」至「正也」引文，出自《儀禮鄭注句讀》。

【疏】正義曰：方氏苞云：「時尚未請安於賓，賓尚未許而預洗觶者，司正之立，本以警怠察儀，以罰其不如法者，故執觶以請於賓。賓既許，即實之自飲，以爲儀法也。」「請安」，蔡氏德晋云：「留賓安坐也。」案：《爾雅・釋詁》曰：「安，止也。」因賓欲去，故止而留之。下文二人舉觶後，請坐於賓，始言坐。此請安，請其止耳。《左傳・襄公七年》：「吾子其少安。」亦謂其少止也。杜注以安爲徐，失之。「賓禮辭」，敖氏云：「蓋以主人有旨酒嘉殽，己已受賜爲辭也。執觶、受命、贊辭，❶變於君。」焦氏以恕云：「敖氏説據《燕禮》：司正洗角觶，坐奠於中庭，升，東楹之東受命，西階上北面命卿大夫，司正降自西階，南面坐取觶，升酌散，降，南面坐奠觶，右還，北面少立云云。此司正洗觶，升受命於主人，以主人之命告於賓，不言奠觶，乃傳告，與《燕禮》異。又階間北面坐奠觶，不南面奠觶，亦變於君也。」**司正告于主人。主人阼階上再拜，賓西階上答拜。司正立于楹間以相拜，皆揖，復席。**再拜，拜賓許也。司正既以賓許告主人，遂立楹間以相拜。賓、主人既拜，揖，就席。【疏】正義曰：方氏苞云：「敖氏謂凡相拜皆有相之者，❷説似未安。立於楹間，則所相惟賓、介。主人之拜於衆賓曰相旅，❸則呼受酬者而進之，不相其拜之辭也。」❹褚氏寅亮云：「楹間，東西節也。其南，則近堂廉，北面立而相。」

---

❶「觶」，原作「摯」，今據《儀禮集説》改。
❷「者」，原作「在」，今據《續清經解》本改。
❸「衆賓曰」，原作「賓之」，今據《儀禮析疑》改。
❹「辭」，原作「拜」，今據《儀禮析疑》改。

右司正安賓

司正實觶，降自西階，階間北面坐奠觶；退共，少立。 階間北面，東西節也。其南北當中庭。共，拱手也。少立，自正，慎其位也。己帥而正，孰敢不正？《燕禮》曰：右還北面。【疏】正義曰：郝氏云：「介不得自實觶，司正得自實觶者，介不敢同於賓，而司正不妨同於主：司正得專罰也。」李氏如圭云：「奠觶者，以顯其事表其位也。」敖氏云：「奠觶不拜者，獨行禮則不象受觶之儀也。不南面奠觶，亦變於君禮。退而少立，以其位在是也。燕與大射，則其位少進，亦異者也。」　注云「階間北面，東西節也。其南北當中庭也」者，敖氏云：「階間東西節亦所謂中庭也。」方氏苞云：「《燕》與《大射》奉君命以糾儀法，故司正奠觶皆南面。《鄉飲》、《鄉射》以屬吏共事於長官之前，故皆北面也。」云「共，拱手也。少立，自正，慎其位也」者，賈疏云：「欲令賓主亦皆正慎其位也。」案：退而拱手，與賓主爲禮也。少立自正其位，而令賓主共慎其位也。故下引《論語》以證。又引《燕禮》者，張氏爾岐云：「右還北面，謂降自西階，至中庭時右還就位。」**坐取觶，不祭，遂飲，卒觶興，坐奠觶，遂拜；執觶興，洗，北面坐奠觶于其所，退立于觶南。** 洗觶，奠之，示潔敬。立於其南，以察衆。【疏】正義曰：賈疏云：「《鄉射》、《大射禮》皆直云『卒觶洗』，不云『盥』，此俗本有『盥』者，誤。」張氏爾岐云：「案：唐石經有此字。」❶盛氏世佐云：唐石經有「盥」，即賈氏所謂俗本也。監本

---

❶「唐」，原脱，今據《儀禮鄭注句讀》補。

無之，蓋從朱子《通解》本刪。秦氏蕙田云：吴澄《三禮考注》亦承唐石經之誤。《校勘記》云：「『興』下，徐本、《集釋》、楊氏俱有『盥』字，唐石經『盥』字擠入，《通解》無。案：張氏據疏去『盥』字，《通解》用張氏之説，而今本又依《通解》。然《士昏禮》疏云『凡洗爵者必先盥』，則『盥』字不去亦可。」○敖氏云：「坐取觶，亦進坐取觶而反坐也。不祭者，變於獻酬也。卒觶拜者，宜謝主人也。酒，主人之物也。主人不荅拜者，不與爲禮，則不敢當也。主人請立司正，而司正乃實觶自飲者，所以爲識，又欲因以虚觶識其位也。❶洗觶奠之，不敢苟也。」方氏苞云：「自此以後，司正、賓、主人皆不祭。蓋主人、賓、介、衆賓畢飲，而以餘酒祭則褻矣。司正先自飲而拜，非爲酒謝也。如謝主人之酒，❷則主人宜荅拜，蓋自退共少立、取觶、卒觶、奠觶、洗觶、卒飲、拜、興、退立，皆以爲受酬者儀法，❸俾既醉而知其秩，故主人義不得荅拜耳。」又云：「奠虚觶於其所，❹雖衆無失儀，此觶終虚而不用也。《鄉射·記》：『射者有過則撻之。』則飲而失儀，罰以觵觶可知矣。《詩》云：『既立之監，或佐之史。』必史書其過，越日而行法，以正日禮殷，無暇及此，又事分彰癉，不宜相干也。《周禮》：閭胥掌觵撻罰之事。則鄉之飲射，掌罰者必閭胥。經不言行罰之地與時，必已見於春秋四時所讀之法也。燕、大射掌罰者亦必別見於邦國禮，而今皆無考耳。祭禮獻酬尤繁，而不立司正，以非德性安重而

❶「觶」，原作「爵」，今據《儀禮集説》改。
❷「酒」，原作「禮」，今據《儀禮析疑》改。
❸「受」，原脱，今據《儀禮析疑》補。
❹「觶」，原作「爵」，今據《儀禮集説》改。

謹於儀者不得與於祭。《詩》所謂『奏假無言，時靡有爭』是也。」❶褚氏寅亮云：「未飲前則奠觶而退，共少立；既飲後則奠而拜、拜而洗、洗而奠、奠而復退立，皆一人獨自行禮，慎重其威儀以爲表也。」高氏愈云：「此又司正之導飲也，爲第十二次爵。鄉射之禮自此以後，遂行射禮。」

右司正表位

賓北面坐取俎西之觶，阼階上北面酬主人。主人降席，立于賓東。初起旅酬也。凡旅酬者，少長以齒，終於沃盥者，皆弟長而無遺矣。【疏】正義曰：敖氏云：「俎西，於薦西爲少南，上經惟云奠觶於其所，故此明之。賓于一人所舉之觶亦取而遷之者，以其代主人行禮故也。」注云「初起旅酬也」者，言此以下爲旅酬之初起也。云「凡旅酬者，少長以齒，終於沃盥者，皆弟長而無遺矣」者，《鄉飲酒義》云：「賓酬主人，主人酬介，介酬衆賓少長以齒，終於沃洗者焉，知其能弟長而無遺矣。」孔穎達《正義》云：「此經據旅酬之時，其『少長以齒，終於沃洗者』，是無算爵之節也。」張氏爾岐云：「注言酬爵之無不徧，實連無算爵而言。下記云：『主人之贊者，西面北上不與，無算爵。然後與。』其實旅酬時尚未及沃洗也。」淩氏《釋例》云：「凡正獻既畢之酒，謂之旅酬。《鄉飲酒禮》合樂後，主人曰：『請安於賓。』司正告於賓。賓禮辭，許。此

---

❶「是」，原脱，今據《儀禮析疑》補。

正獻禮成，❶賓欲去，主人命司正留之，將以旅酬也。又云：『賓北面坐取俎西之觶，阼階上北面酬主人。』賈疏云：『不及獻酒則旅酬，亦不與旅酬，所以酬正獻也。』又云：『鄭君連引無算爵與旅酬而言終於沃洗，其實此時未及沃洗也。』❷《鄉射禮》射畢，賓北面坐取俎西之觶，興，阼階上北面酬主人。此《鄉飲》、《鄉射》之旅酬也。《燕禮》、《大射》主人獻賓、獻公，酬酢禮成，公取大夫所媵觶酬賓後，賓以旅酬於西階上，則爲賓舉旅行酬禮之初成也。又主人獻卿畢，二大夫再媵觶，公又行一爵，以旅於西階上，如初，則爲卿舉旅行酬禮之再成也。又主人獻大夫畢，升歌後，公又舉奠觶以旅於西階上，❸如初，則爲大夫舉旅行酬禮之三成也。又徹俎安賓後，主人始獻士，獻畢，賓媵觶於公，公坐取賓所媵觶，興。唯公所賜。受者如初受酬之禮，則爲士舉旅行酬禮之終也。此《燕禮》、《大射》之旅酬也。《燕禮》、《大射》旅酬凡四次，與《鄉飲》、《鄉射》不同，皆行於正獻之後者也。❹《特牲禮》賓與兄弟辯獻後，❺賓坐取觶，阼階前北面酬長兄弟。❻疏云：『此論旅酬之事。』《有司徹》三獻禮成，二人舉觶於尸、侑後，尸遂執觶以興，北面於阼階上酬主人。注：『三獻而禮小成，

❶「禮」，原脱，今據《禮經釋例》補。
❷「實」，原作「賓」，今據《續清經解》本改。
❸「上」，原脱，今據《禮經釋例》補。
❹「正」，原作「止」，今據《續清經解》本改。
❺「禮賓」，原倒，今據《禮經釋例》乙正。
❻「北面」，原脱，今據《禮經釋例》補。

使二人舉爵，敘殷勤於尸、侑。』疏云：『此論旅酬之事。此祭畢飲酒之旅酬，亦行於正獻之後者也。』疏又謂旅酬後，仍有舉奠加爵等，終備，乃是禮之大成，故云小成也。考《有司徹》無嗣舉奠之文，❶《特牲》有之，亦在加爵之後，旅酬之前。疏説蓋誤。又案：《禮記·燕義》：『獻君，君舉旅行酬，而後獻卿；卿舉旅行酬，而後獻大夫；大夫舉旅行酬，而後獻士；士舉旅行酬，而後獻庶子。』即據《禮經》之儀節言也。考《燕禮》、《大射》主人獻賓後，亦獻公。《燕義》云『爲君即爲賓』，故上文亦云『君舉旅於賓』也。」**賓坐奠觶，遂拜，執觶興，主人荅拜。不祭，立飲，不拜卒觶，不洗，實觶，東南面授主人。**賓立飲卒觶，因更酌以鄉主人，將授。【疏】正義曰：淩氏《釋例》云：「凡旅酬皆拜，不祭，立飲。《鄉飲酒》旅酬，賓酬主人，坐奠觶，遂拜，執觶興，主人荅拜。不祭，立飲。主人酬介，介酬衆賓，及衆賓相酬，皆如賓酬主人之禮。《鄉射》旅酬，賓酬主人，主人酬大夫，大夫酬衆賓，及衆賓相酬亦同。《燕禮》：公舉媵爵，爲賓旅酬。賓降，西階下再拜稽首。公命小臣辭，賓升成拜。❷公坐奠觶，荅再拜。又云：『賓以旅酬於西階上。』『賓大夫之右坐奠觶，拜，執觶興，大夫荅拜。』又云：『大夫辯受酬，如受賓酬之禮，不祭。』爲卿旅酬，爲大夫旅酬，爲士旅酬，皆如之。《大射》旅酬亦同。《特牲禮》：祭畢飲酒，賓酬長兄弟，賓奠觶，拜，長兄弟荅拜。賓立卒觶。經不云祭，是亦不祭也。又云：『長兄弟酬賓，如賓酬兄弟之儀。』《有司徹》：旅酬，尸北面於阼階上酬主人，坐奠

❶「舉」，原脱，今據《禮經釋例》補。
❷「賓」，原脱，今據《禮經釋例》補。

爵，拜，主人荅拜。不祭，立飲。又云：『主人以酬侑於西楹西，坐奠爵，拜，侑荅拜。不祭，立飲。』又云：『乃升長賓，侑酬之，如主人之禮。至於衆賓，遂及兄弟，亦如之。』是旅酬皆拜，不祭，立飲也。至於《燕禮》、《大射》公爲賓旅酬，賓坐祭、立飲者，❶臣與君行禮，且膳酒也。故雖旅酬亦祭。若大夫辯受酬者，則不祭矣。」又云：「凡旅酬，不洗，不拜既爵。《鄉飲酒》旅酬，賓酬主人，不拜。卒觶，不洗。實觶，❷東南面授主人。主人酬介，介酬衆賓，及衆賓相酬，皆如賓酬主人之禮。《鄉射》旅酬，賓酬主人，卒觶，不拜，不洗，實之，進東南面。主人阼階上北面拜，賓少退。主人進受觶，賓主人之西，北面拜送。❸賓揖，就席。主人以觶適西階上酬大夫。大夫降席，立於主人之西，如賓酬主人之禮。主人揖，就席。若無大夫，則長受酬亦如之。《燕禮》、《大射》公爲賓旅酬，❹賓以旅大夫於西階上，立卒觶，不拜。若膳觶也，則降，更觶洗。非膳觶則不洗可知。爲卿旅酬，爲大夫旅酬，爲士旅酬，皆如之。《有司徹》旅酬，尸酬主人，主人酬侑，皆云『卒爵，不拜既爵』，不云『洗』。《特牲禮》旅酬，賓酬長兄弟，經云『賓立卒觶』，不云『拜既爵』，亦不云『洗』。則皆不洗、不拜既爵可知也。若《燕禮》、《大射》公取大夫所媵爵以酬賓，公卒觶，賓下拜，小臣正辭，賓升，再拜稽首。公坐奠觶，荅拜。此卒觶亦拜者，臣與君行禮，故於卒觶時先拜，然後公乃荅拜也。又云：『易觶，興洗。』此酬

❶ 「賓」，原脱，今據《禮經釋例》補。
❷ 「實」，原作「賓」，今據《禮經釋例》改。
❸ 「拜」，原作「荅」，今據《禮經釋例》改。
❹ 「賓旅」，原倒，今據《禮經釋例》乙正。

賓之觶是膳觶，故易之，不敢襲君之爵也。既易之，❶則必洗，所以示新也。故下經云：公有命，則不易不洗矣。《鄉飲酒·記》、《鄉射·記》皆云：『凡旅不洗，不洗者不祭。』」方氏苞云：「賓，鄉民之爲士者也，以己所飲觶授鄉大夫而不洗，何也？法之行必自貴者始，而後可以畏民志；禮之行必自貴者始，而後可以感人心。度時量事，旅酬以後，必不能以洗爲禮，故不洗而授觶自鄉大夫始，而興教勸學之誠愜乎上下矣。一事之中，禮有相反而適相成者，賓、介相厭以入，主人之贊者不與於酬，禮之兼乎法以辨名分也；有順乎情以通和樂者，拜無不荅、酬皆不洗之類是也。凡此皆聖人運用天理之實也。」**主人阼階上拜，賓少退。主人受觶，賓拜送于主人之西。**旅酬同階，禮殺。【疏】正義曰：李氏如圭云：「《鄉射禮》拜皆北面。」注云「旅酬同階，禮殺」者，以上正酬時不同階，知此同階爲禮殺也。**賓揖，復席。**酬主人訖。【疏】正義曰：敖氏云：「揖而復席，禮之也。」高氏愈云：「此賓酬主人，爲第十三次爵。計賓所飲，始二爵矣。」

右賓酬主人

主人西階上酬介。介降席自南方，立于主人之西，如賓酬主人之禮。主人揖復席。其酌，實觶西南面授介。自此以下旅酬，酌者亦如之。【疏】正義曰：郝氏云：「主人得賓觶，未飲，西階上酬

❶「之」，原作「名」，今據《禮經釋例》改。

介。」張氏爾岐云：「主人以所受於賓之觶，往酬介，❶亦先拜介，自飲，實觶授介，拜送於其東。」注云「其酌，實觶西南面授介。自此以下旅酬，酌者亦如之」者，張氏爾岐云：「亦如之者，謂皆西南面授之也。」❷朱子曰：「賓、主、介相酬，初皆北面，❸但實觶之後、授觶之時，賓、介則東南面授主人，❹主人則西南面授介。已授之後，即授者又還北面之位，賓、介則拜送於主人之西，❺主人則拜送於介之東，皆北面也。故下文受介酬者，亦既受乃還，北面拜送也。」❻高氏愈云：「此主人復酬介爲第十四次爵。計主人所飲，則四爵矣。」

右主人酬介

司正升相旅曰：「某子受酬。」受酬者降席。旅，序也。於是介酬衆賓，衆賓又以次序相酬。某者，衆賓姓也。同姓，則以伯仲别之；又同，則以且字别之。【疏】正義曰：注「則以其序别之」，《校勘記》云：「『其序』，徐本作『且字』，與單疏合是也。《集釋》作『某字』，《通解》作『且序』，楊氏、敖氏俱作『其字』，皆非

❶「往」，原脱，今據《儀禮鄭注句讀》補。
❷「面」，原脱，今據《儀禮鄭注句讀》補。
❸「初」，原脱，今據《儀禮經傳通解》補。
❹「介」，原脱，今據《儀禮經傳通解》補。
❺「介」，原脱，今據《儀禮經傳通解》補。
❻「送」，原作「受」，今據《儀禮經傳通解》改。

也。」案：毛本疏解注云：「則以某甫，且字，別之也。」作「且字」不誤。〇敖氏云：「相旅，謂相旅酬之禮。曰『某子受酬』，即其事也。或言旅，或言酬，互見耳。於賓酬主人，主人酬介，司正不升，惟相之於下耳，尊之也。若有遵者，則先衆賓酬之，既則司正乃升也。」蔡氏德晉云：「賓、介及主人相酬，司正惟相之於下而不升，尊之也。至介酬衆賓，衆賓又以次相酬，是謂旅酬。司正乃升堂相視旅酬之禮，所以察其失禮者也。曰『某子受酬』，以序呼而進之也。受酬者聞其呼己乃降席，未受者不得越次也。」方氏苞云：「此專呼受酬者，必受之於介無疑也。《鄉射》曰『某酬某子』，或大夫，或賓長，酬者無定，故必目其人。」案：旅酬以次相酬，此禮之定制。《鄉射》：「某酬某子。」上「某」字指酬者，下「某」字指受酬者，則兼酬者、受酬者而并相之。❶此第云「某子受酬」，與《鄉射》文互見也。方氏苞以爲受之於介，未必然。又云：「衆賓工笙畢獻主人，以一人而儔數十人之拜、興，❷雖强力者亦倦矣。故自介以下，酬爵必遞相致，然後衆賓、有司、弟子可徧，而主人得自息也。後此舉觶皆使人代，非惟禮殺，亦主人之力不能繼耳。」注云「某者，衆賓姓也」者，顧氏炎武云：「《鄉射禮》『某酬某子』注：『某子者，氏也。』古人男子無稱姓者，從《鄉射》注爲得。如《左傳》叔孫、穆子言叔仲子、子服子之類。」云「同姓，則以伯仲別之；又同，則以且字別之」者，段氏《說文注》云：「凡有借之詞皆曰且。經注云『且字』者十有一。《鄉飲酒》注云：『同姓，則以伯仲別之；又同，則以且字別之。』言同姓

---

❶「者而并」，原作「而受」，今據《儀禮正義正誤》改。
❷「興」，原脱，今據《儀禮析疑》補。

之中有伯仲同者，則呼某甫也。《少牢禮》注：『伯某之某，且字也。』《士喪禮》『父某甫』注：『某，❶且字也，若言山甫、孔甫。』《士虞禮》『適爾皇祖某甫』注云：❷『某甫，❸且字也，若言尼甫。』又《曲禮》『有天王某甫』注：『某甫，且字也。』《檀弓》『嗚乎哀哉，尼父』注：『因且字以爲之謚。』《雜記》『陽童某甫』注：『某甫，且字也。』《公羊傳·桓四年》『天王使宰渠伯糾來聘』注：❹『宰渠伯糾，天子下大夫，繫官氏，名且字。』❺古言表德之字謂之且字，可證者如是。蓋古二十而冠，祗云某甫，五十而後以伯仲。某甫者，所以借伯仲也。故鄭注禮之某甫如是，何注《春秋經》之札、卷、糾皆爲且字者，與鄭無不合。」**司正退立于序端，東面。**辟受酬者，又便其贊上贊下也。始升相，西階西北面。【疏】正義曰：李氏如圭云：「衆賓席在賓西，南面。司正始升，賓命之，故西階西，北面。衆受酬者受自左，故司正退辟之。」盛氏世佐云：「堂上者北面作之，惟相、介酬衆賓則然，其他則司正東面自若也。《鄉射禮》在下者皆升受酬於西階上，司正安得南面作之乎？敖氏謂堂下者南面作之，❻非也。」褚氏寅亮云：「視西階西爲稍西，❼然亦在序端之南，非正立其處。蓋序端

---

❶「某」下，《説文解字注》有「甫」字。
❷「注云」，原脱，今據《説文解字注》補。
❸「某甫」，原脱，今據《説文解字注》補。
❹「公羊傳」、「王」，原作「左傳」、「子」，今據《説文解字注》改。
❺「名」，原脱，今據《説文解字注》補。
❻「下」，原作「上」，今據《續清經解》本改。
❼中「西」字，原脱，今據《儀禮管見》補。

在介席西北，非俟事處也。」**受酬者自介右**，由介東也，尊介，使不失故位。【疏】正義曰：楊氏復云：「主人酬介，介立于主人之西，是主人在介右也。及介酬某子，某子受酬，亦在介右。蓋尊介，使不失故位也。」敖氏云：「受介酬者獨居介右，❶與他受酬者不同，明介尊不與衆賓序也。若遵者受介酬，亦然。自介右，則介當東南面酬之。」盛氏世佐曰：「自介右，則介之酬衆賓也，當東北面。❷敖氏云東南面，非；注疏謂自主人酬介以下，皆西南面授之，亦不盡然。」**衆受酬者受自左**，後將受酬者，皆由西變，於介也。今文無「衆」、「酬」也。【疏】正義曰：「今文無『衆』、『酬』也」，《校勘記》云：「也，徐本、《集釋》、《通解》俱作『者』，與單疏標目合。案：『衆』字疑當作『受』。」○楊氏復云：「自介酬某子之後，衆受酬者皆立於酬者之左，亦如賓酬主人立於主人之左。」敖氏曰：「受自左，賓黨受酬者之正位也。」郝氏敬云：「受介酬者自介右，尊介在左也。衆人轉相酬，則受酬者在左，酬者尊受者如賓也。」張氏爾岐云：「衆賓首一人受介酬，自介右受之，第二人以下，受其前一人酬，皆自其左受之也。授受之法，❸授由其右，受由其左，以尊介，故受由右，❹餘人自如常禮也。」云「今文無『衆』、『酬』也」者，胡氏承珙云：「注『衆』字當作『受』。今文但云『衆受自左』，古文多『受酬者』三字，承上文『受酬者自介右』而言。受酬者，謂衆賓之内爲首者一人。此衆受酬者，則疏謂第二

❶ 下「介」字，《儀禮集説》作「其」。
❷ 「也當東」，原脱，今據《儀禮集編》補。
❸ 「授受」上，《儀禮鄭注句讀》有「凡」字。
❹ 「受」，原作「介」，今據《儀禮鄭注句讀》改。

人以下並堂下衆賓是也。文義較明，故鄭氏從古文。」**拜、興、飲，皆如賓酬主人之禮。**嫌賓以下異也。

【疏】正義曰：敖氏云：「亦惟受酬者立於酬者之西，及酬者既實觶，❶進西南面爲異耳。」盛氏世佐云：「堂上衆賓相酬當西北面，蓋酬者之于受酬者必向其位，❷所以通指也。賓酬主人東南面，主人酬介西南面，皆以是。三賓之位在賓西，南面，則其自相酬，亦必西北面之可知。❸惟堂下衆賓，則當西南面酬之耳。受酬者皆北面。」**辯，卒受者以觶降，坐奠于篚。**辯，辯衆賓之在下者。《鄉射禮》曰：「辯，遂酬在下者，皆升受酬於西階上。」【疏】正義曰：注云「辯，辯衆賓之在下」者，張氏爾岐云：「謂既酬堂上，又及堂下，無不徧也。引《鄉射禮》證此，❹與彼同。」案：經文言「辯」，則兼堂下、堂上而言。長賓三人在堂上，介酬長賓，長賓第一人酬第二人，第二人酬第三人，此酬堂上者也。長賓之第三人，又酬堂下之衆賓，衆賓以次而酬及於卒受者，❺經以一「辯」字括之，而互見其義於《鄉射禮》，故注引以爲證。敖氏謂辯，辯衆賓之在上者，其後當言酬在下者之禮，然後及於卒受者，如《鄉射禮》所云是也，經蓋有脱文。其説非也。方氏苞又云：「『辯』後

❶「實」，原作「受」，今據《儀禮集説》改。
❷「于」，原作「與」，今據《儀禮集編》改。
❸「面」，原作「向」，今據《儀禮集編》改。
❹「禮」，原作「記」，今據《儀禮鄭注句讀》改。
❺「受」，原脱，今據《儀禮正義正誤》補。

不言遂酬在下者，❶與《鄉射禮》異也。鄉大夫，國卿也。以君命興賢能，則參用朝廷之禮。堂下之賓皆賢能之待興於再舉者，故得升堂受酬，而有司執事者不與，以示國之重典非賢能不得與獻酬也。❷若州長習射、黨正正齒位，主人位非甚尊，而其禮爲教法之常，❸其事爲少長貴賤所能習，故獻酬終於沃洗者，以洽衆情，而示禮教之無不徧，亦所以興起之也。若謂與《鄉射禮》同，而文不具，則執事者之受酬與否，乃禮之大閑。宜詳其受酬於此經，而《鄉射》從略，以見其皆同。非若面鄉行由之小節，可以彼此互見而昭然無疑者，以此知賓賢能之禮無遂酬在下者之事也。祭之末，煇、胞、翟、閽皆有畀焉，故主人之贊者無算爵亦得與。」案：《鄉射》注云：「在下，謂賓黨也。」則所謂「辯衆賓之在下者」，謂辯及於堂下之衆賓，非謂辯及於執事者也。執事者無算爵，始得與。《鄉射》言遂酬在下者，亦謂賓黨，非謂執事也。方氏知旅酬之不及執事者，而反謂《鄉飲》、《鄉射》有異，亦未即《鄉射》之法而細繹之也。**司正降，復位。** 觶南之位。【疏】正義曰：蔡氏德晉云：「旅畢也。」高氏愈云：「此介又以主人之觶酬衆賓，衆賓交錯以辯，各飲一爵，爲十五番爵也。」

右介酬衆賓衆賓旅酬此飲酒禮之第三段

❶「言」，原作「必」，今據《儀禮析疑》改。
❷「典」，原作「賢能」，今據《儀禮析疑》改。
❸「教」，原作「禮」，今據《儀禮析疑》改。

北京大學《儒藏》編纂與研究中心 編

《儒藏》精華編選刊

儀禮正義（二）

〔清〕胡培翬 撰

〔清〕胡肇昕 楊大堉 補

張文 徐到穩 殷嬰寧 校點

北京大學出版社
PEKING UNIVERSITY PRESS

儀禮正義卷七　鄭氏注

受業江寧楊大堉補

使二人舉觶于賓、介，洗，升，實觶于西階上；皆坐奠觶，遂拜，執觶興。賓、介席末荅拜。皆坐祭，遂飲，卒觶興，坐奠觶，遂拜，執觶興。賓、介席末荅拜。二人亦主人之吏。若有大夫，則舉觶於賓與大夫。《燕禮》曰：媵爵者立於洗南，西面北上，序進，盥洗。【疏】正義曰：張氏爾岐云：「此下言無算爵，初使二人舉觶，次徹俎，次坐燕，飲酒之終禮也。」○郝氏敬云：「使，司正以主人意使也。」敖氏云：「亦代主人行事也，至是乃併舉觶者，❶異之也。」方氏苞云：「俎尚未徹而觶先舉，何也？脱屨升堂後，拜、興、受、送之儀皆不可展，故先舉觶於賓、介以行酬，賓、介不飲而奠焉。至無算爵，則仍令二人舉此觶也。凡舉爵而奠之，必下事更端，使請安。徹俎之後，舉此觶而行之，於事甚順，而必先舉，何也？君子勸禮則不敢緩，❷求安則不敢急，亦三揖而進、三讓而升之義也。鄉飲則舉觶於賓、介，射則舉觶於賓、大

❶「乃」，原作「仍」，今據《儀禮集説》改。

❷「勸」，原作「行」，今據《儀禮析疑》改。

夫，示主人不敢專惠，且遞酬而交錯，主人力不能徧，俾得少自休息焉耳。二人舉觶不於諸公而於介，何也？此禮爲賓、介而舉，諸公雖尊，乃爲觀禮而來，自不得主舉酬之事。《鄉射》無介，則大夫與賓各舉一觶可矣。俎實則特存臑肫以薦公、大夫，而介薦以胳，又以明貴有常尊之義也。」注云「若有大夫，則舉觶於賓與大夫」者，賈疏云：「以大夫尊於介故也。」敖氏云：「正言賓、介者，明雖有大夫猶及介。」❶盛氏世佐云：「《鄉飲酒禮本以尊賢，❷非爲貴貴。大夫雖尊，不當先介。且《鄉飲義》云：『坐僎於東北，以輔主人。』則遵者亦有主義焉。❸方主人舉觶留賓，豈得舍介而之大夫乎？注非，當以敖説爲正。」褚氏寅亮云：「大夫雖尊，不得越介而舉觶。《鄉射》無介，故及大夫。」韋氏協夢云：「飲酒主於尊賢，故賓居先，介次之。❹觀升堂時，賓厭介，介厭大夫，則是大夫下於介矣。經云『舉觶於賓、介』，則既酬賓即當酬介。敖氏得之矣。」案：後賓若有遵者節，經云如賓禮，大夫則如介禮，是公尊而禮如賓，大夫尊於介而禮如介，禮以賓、介爲重，公、大夫皆來觀禮者，故不先賓、介也。敖説較注爲的。引《燕禮》者，賈疏云：「證二人舉觶將洗時，亦以次盥手也。」❺盛氏世佐云：「上一人舉觶洗而不盥，此亦同，避君，禮也。注引《燕禮》，證此舉觶者之位

---

❶「介」下，原衍「後」字，今據《續清經解》本删。
❷「本」，原作「專」，今據《儀禮集編》改。
❸「遵」，原作「尊」，今據《儀禮集編》改。
❹「次」，原作「似」，今據《續清經解》本改。
❺「次」，原作「此」，今據《儀禮注疏》改。

面、序進與彼同耳，非謂盥亦同也。疏誤。」高氏愈云：「此二人復各飲一觶導飲，爲第十六番爵。」**逆降，洗，升，實觶，皆立于西階上，賓、介皆拜。** 於席末拜。【疏】正義曰：李氏如圭云：「逆降，後升者先降。」郝氏敬云：「先升者後降。」張氏爾岐云：「二人先後之序，與升時相反。」敖氏云：「《鄉射禮》曰：『立於西階上，❶北面東上。』」郝氏敬云：「立於西階上，爲避賓、介拜也。」**皆進，薦西奠之，賓辭，坐取觶以興，介則薦南奠之，介坐受以興，退，皆拜送，降，賓、介奠于其所。** 賓言取，介言受，尊卑異文。今文曰「賓受」。【疏】正義曰：張氏爾岐云：「此二人所舉之觶，待升坐後，賓、介各舉以酬，❷爲無算爵者，即此二觶。」　注云「賓言取，介言受，尊卑異文」者，敖氏云：「經文錯綜以見其同也。介亦辭，文不具耳。《鄉射禮》云『賓與大夫辭』，介宜與彼大夫同也。」方氏苞云：「敖説非也。《鄉飲酒》之所興，羣士也，故凡事不敢與正賓同。若《鄉射》則無介，大夫之重過於賓，無所嫌而並辭，故經特著之。介不辭，所以尊賓也；不舉觶於遵，所以尊介也。」盛氏世佐云：「取、受二字，經往往互用。如上一人舉觶之時，云『賓辭，坐受以興』，而《鄉射禮》則云取；《鄉射禮》二人舉觶之時，云『賓與大夫辭，坐受觶以興』，而此則於賓言取，介言受。蓋取者指其實，而受者原其意也。注因取、受異文，遂生尊卑之解，殊爲牽率。敖氏改之，是也；而謂經有意錯綜以見其同，則亦非也。經所以複言介坐受以興者，正以見介之不辭與賓爲異，其義初不在此一

❶「上」，原脱，今據《儀禮集説》補。

❷「介」，原作「升」，今據《續清經解》本改。

字也。介何以不辭？❶蓋辭者，辭其坐奠也。卑於尊者，不敢親授，故有坐奠之儀。賓與大夫尊，嫌以尊者自居，故辭之。介卑，無所嫌，故不辭也。」案：取、受二字，散文則通，對文則有異。受對授而言，尊卑不相授受，賓雖不敢以尊自居，而奠之者則固以賓爲尊也。故經於賓曰取，不以授受言也。介雖亦奠之，而介卑於賓，卑者可相授受，故經於介原其意曰受也。取與受對言，自有尊卑之別。鄭注未可非也。云「今文曰『賓受』」者，胡氏承珙云：「注語似今文『於賓取觶』之文作『賓受』，與介不別尊卑，故從古文。然經『薦西奠之』下，賓辭，然後坐取觶。若今作『賓受，坐取觶以興』，則不辭矣。此經似無由以賓、受二字連文。又案：宋本疏標目但有『賓言』至『異文』，似此節注文止十字。『今文曰「賓受」』，蓋誤衍歟？」案：此今文上下皆作「坐受」也。❷「今文曰『賓受』」，謂今文賓亦曰受，承上文「賓言取，介言受」言之耳。「曰」、「賓」二字，疑互倒。宋本賈疏標目但有「賓言」至「異文」者，此節疏止釋此十字，未釋「今文曰賓受」五字，故標目無文。胡氏遂疑其誤衍，失之矣。褚氏寅亮云：「此與《少牢》賓、尸二人舉觶儀略相似，但此二觶俱舉，彼尸舉而侑不舉耳。」高氏愈云：「此二人所奠，爲第十七番爵，賓、介皆不飲。」

右二人舉觶

❶「辭」，原作「拜」，今據《續清經解》本改。

❷「今」，原作「經」，今據《儀禮正義正誤》改。

司正升自西階，受命于主人。主人曰：「請坐于賓。」賓辭以俎。至此盛禮俱成，酒清肴乾，賓主百拜，强有力者猶倦焉。張而不弛，弛而不張，非文武之道。請坐者，將以賓燕也。俎者，肴之貴者。辭之者，不敢以禮殺當貴者。【疏】正義曰：注「强有力猶倦焉」，《校勘記》云：「『力』下，徐本、《集釋》、《通解》、楊氏、敖氏俱有『者』字。」〇「請坐於賓」，賈疏云：「自此以上皆立行禮，人皆勞倦，故請坐於賓。」敖氏云：「坐，謂燕坐而飲也。」❶「賓辭以俎」，李氏如圭云：「骨體貴而肉賤。《少儀》曰：飲酒者有折俎不坐。」❷敖氏云：「辭以俎者，❸以俎辭其請坐之命，謂俎在此，不敢坐也。俎，肴之貴者，燕坐則禮殺矣。當俎而燕坐，是褻之也。司正於是又反命於主人。」　注云「賓主百拜」者，敖氏云：「此用《樂記》文也。亦甚言其拜之多耳，非謂真有百拜也。」云「張而不弛，弛而不張，❹非文武之道」者，《雜記》文。云「俎者，肴之貴者。辭之者，不敢以禮殺當貴」者，案：禮盛者設折俎，禮既成而俎仍設者，主人尊賓，不敢以禮殺而略之也。賓辭以俎，不敢自尊，而以殺禮當貴者也。**主人請徹俎，賓許。**亦司正傳請告之。【疏】正義曰：蔡氏德晋云：「主人請徹俎，順賓意以安賓也。司正復請於賓，而賓許，順主人意而許其坐也。」敖氏云：「賓鄉者辭以俎，今主人請徹俎而賓許之，是許其坐矣。」**司正降，階前命弟子俟徹俎。**西階前也。弟子，賓之少者。

---

❶「燕」，原脱，今據《儀禮集編》補。

❷「有」，原作「右」，今據《續清經解》本改。

❸「以」，原作「其」，今據《儀禮集説》改。

❹「張而不弛弛而不張」，原作「弛而不張，張而不弛」，今據上文改。

俎者，主人之吏設之，使子弟俟徹者，明徹俎，賓之義。【疏】正義曰：西階前命之，故知賓弟子。姜氏兆錫云：「以降自西階，決其爲賓黨弟子，恐未然。司正凡升降皆西階，一以輔賓，一以監衆，安得以『西階』二字臆揣之邪？味下文，弟子當是主黨爲合。❶蓋徹俎是賓一人所命，❷而受俎非司正一人所辦，故司正首受俎，主黨弟子輔之，而賓、介若大夫之從者受於外也。❸本紀賓、介、大夫之俎皆出授從者，而主俎則弟子以東，明司正與弟子皆主黨，而從者則賓、大夫之從者可見也。」案：弟子位在西階，故司正降西階前以命之。衆賓位皆在西階，故知弟子爲賓之少者。賓、介、大夫之從者不得稱弟子，不得列西階下，故必授諸弟子，弟子始出而授從者。下文主人取俎，❹還授弟子；介取俎，亦還授弟子，何以明弟子之必爲主黨？記賓、介、遵者之俎，受者以降，出授從者。主人之俎以東，謂主人之俎藏於東房，又何得以東決其爲主黨弟子？是姜氏亦臆揣之辭也，不如注據經文「降階前」三字決其爲賓黨弟子爲確。敖氏云：「俟徹俎者，俟尊者徹俎乃受之也。」**司正升，立于席端。** 待事。【疏】正義曰：「席端」，《校勘記》云：「席，唐石經、楊氏、敖氏俱作『序』，徐本、《集釋》、《通解》俱作『席』。《石經考文提要》云：『《鄉射禮》亦云：升，立於序端。』案：《疏》內標

❶「爲合」，原脱，今據《儀禮經傳》補。

❷「賓一人」，原作「命」，今據《儀禮經傳》改。

❸「介若」，原脱，今據《儀禮經傳》補。

❹「主人」，原脱，今據《續清經解》本補。

目云『司正至席端』，❶《疏》云『即升立於席端』，❷皆誤也。然單疏本已如是，則誤久矣，非始於《通解》。」今案：毛本《疏》無標目。**賓降席，北面。主人降席，阼階上北面。介降席，西階上北面。遵者降席，席東南面。**皆立，相須徹俎也。遵者，謂此鄉之人仕至大夫者也。今來助主人樂賓，主人所榮而遵法者也，因以爲名。或有無，來不來，用時事耳。今文「遵」爲「僎」，或爲「全」。【疏】正義曰：「遵者降席東南面」，《校勘記》云：「唐石經、徐本、《集釋》、《通解》、楊氏、敖氏俱重『席』字。《石經考文提要》云：『《鄉射禮》：大夫降席，席東南面。大夫即遵者也，亦疊席字。』」案：疏云：「遵不北面者，以其尊，故席東南面向主人。」是疏本亦疊「席」字。　注云「皆立，相須徹俎」者，敖氏云：「主人、介、遵皆近其席而立，俟取俎之節也。」云「遵者，謂此鄉之人仕至大夫者也。今來助主人樂賓，主人所榮而遵濩者也，因以爲名。或有無，來不來，用時事耳」者，敖云：「遵者，乃此鄉之人仕至公、卿、大夫，❸主人請之來與此會者也。謂之遵者，以其遵承主人之命而來歟？或曰：遵之爲言尊也。大夫尊於士，故以是名之。未知孰是。」案：遵之爲義，《爾雅・釋詁》云：「遵，循也。」《廣雅・釋詁》云：「遵，表也。」《毛詩・酌》傳云：「遵，率也。」是遵爲儀表而可率循之義，❹故注以爲「主人所榮而遵濩者」也。敖説非。云「今文『遵』爲『僎』，或爲『全』」者，胡氏承珙云：

❶「云」，原脱，今據《儀禮注疏校勘記》補。
❷「席」，原作「序」，今據《儀禮注疏校勘記》改。
❸「卿」，原作「鄉」，今據《續清經解》本改。
❹「而」，原作「尚」，今據《儀禮正義正誤》改。

「《禮記・冠義》云：『介、僎，象陰陽也。』注云：『古文《禮》僎皆作遵。』又《少儀》『僎爵』注云：『僎，或作騶。古文《禮》僎作遵。』❶古文《禮》者，皆指此《禮經》古文也。鄭於此注云：『主人所榮而遵濩者也。』於《鄉射》注云：『謂之遵者，方以禮樂化民，欲其遵濩之也。』是古文作『遵』者正字，今文假『僎』爲之。『僎』或爲『全』者，聲近假借。《論語》：『異乎三子者之撰。』鄭注云：『撰，讀爲詮。』蕭該《漢書音義》引《字林》：『譔，音詮。』是其例也。」案：《史記・周本紀》：「遵修其緒。」徐廣曰：「『遵』，一作『選』。」亦遵、僎相通之一證。

賓取俎，還授司正，司正以降，賓從之。主人取俎，還授弟子。弟子以降自西階，主人降自阼階。介取俎，還授弟子。弟子以降，介從之。若有諸公、大夫，則使人受俎如賓禮。衆賓皆降。 取俎者皆鄉其席，既授弟子，皆降，復初入之位。【疏】正義曰：「則使人受俎」，《校勘記》云：「受，唐石經、《集釋》俱作『授』。」○「賓取俎，還授司正」，敖氏云：「北面取俎，還，南面授司正。必言還者，明就而受之。司正受賓俎者，賓尊，宜異之。」方氏苞云：「惟賓之俎，以授司正，鄉民之秀者可以出而長之，故重其禮以厲羣士也。」韋氏協夢云：「《鄉射》司正以俎出授從者，此亦然。」「主人取俎」以下，敖氏云：「此取俎與升受俎者，皆以先者既降爲節。取俎不言所鄉，如賓可知。主人之俎乃以降自西階者，辟君禮也。」「則使人受俎」，敖氏云：「人，亦謂弟子。《鄉射禮》曰：『大夫取俎，還授弟子。』是也。」方氏苞云：「敖説非也。《鄉射》之大夫，不過本州中爵列少尊者，故俎授弟子，與主人同。《鄉飲酒》之遵者，諸公之下尚有諸卿，故使公士

❶「僎」，原作「俱」，今據《儀禮古今文疏義》改。

受俎，特異其文曰使人，又申之以如賓禮，謂如賓之俎使司正受，乃公士而非弟子也。若使弟子，則一與主人介同，更無所謂如賓禮者，而經贅設此文，義無所取矣。」注云「取俎者皆鄉其席，既授弟子，皆降，復初入之位」者，張氏爾岐云：「向席取俎，轉身以授人。復初入之位，東階、西階相讓之位也。」敖氏云：「賓降立于西階西；主人降立于阼階東，介在賓南，❶大夫在介南，衆賓又在大夫南，少退。」張氏惠言云：「初入，賓無位，介與三賓同，衆賓皆庭中西面。《鄉射禮》云：賓降立于階西，東面；主人降自阼階，西面立；大夫降，立於賓南；衆賓降，立于大夫之南，少退，北上。彼無介，此有介。介當繼大夫而南。皆于阼階西當序以次而下，則介與三賓不復初入之位也。」淩氏《釋例》云：「凡無算爵必先徹俎、降階。《鄉飲酒禮》：二人舉觶畢，司正升自西階，受命于主人。主人曰：『請坐于賓。』賓辭以俎。主人請徹俎，賓許。司正降階前，命弟子俟徹俎。司正升，立于序端。賓降席，北面。主人降席，阼階上北面。介降席，西階上北面。遵者降席，席東南面。賓取俎，還授司正。司正以降，賓從之。主人取俎，還授弟子。弟子以降自西階，主人降自阼階。介取俎，還授弟子。弟子以降，介從之。若有諸公、大夫，則使人受俎如賓禮。衆賓皆降。《鄉射禮》二人舉觶畢，司正升自西階，阼階上受命于主人，適西階上，北面，請坐于賓。賓辭以俎，反命于主人。主人曰：『請徹俎。』賓許。司正降自西階，階前命弟子俟徹俎。司正升，立于序端。賓降席，北面。主人降席自南方，阼階上北面。大夫降席，席東南面。賓取俎，還授司正。司正以降自西階，賓從之降，遂立于階西，東

❶「在」，原作「于」，今據《儀禮集説》改。

面。司正以俎出，❶授從者。主人取俎，還授弟子。弟子受俎，降自西階以東。主人降自阼階，西面立。❷大夫取俎，還授弟子。弟子以降自西階，遂出，授從者。大夫從之降，立于賓南。衆賓皆降，立于大夫之南，少退，北上。此皆徹俎於旅酬之後，無算爵之前者也。《燕禮》：立司正訖，司正升自西階，東楹之東請徹俎，降，公許。告于賓，賓北面取俎以出。膳宰徹公俎，降自阼階以東，卿大夫皆降，❸東面北上。《大射儀》：射畢，爲大夫舉旅酬訖，司馬正升自西階，東楹之東，北面告于公：『請徹俎。』公許。遂適西階上，北面告于賓。賓北面取俎以出。諸公、卿取俎如賓禮，遂出，授從者于門外。大夫降復位，庶子正徹公俎，降自阼階以東。此皆徹俎於爲大夫旅酬之後，獻士之前者也。獻士、獻庶子禮殺，故在徹俎後，與無算爵同矣。至於《特牲禮》宗人告祭脀，乃羞，在旅酬之前。《有司徹》：乃羞庶羞于賓兄弟、内賓及私人，在旅酬之後。則祭畢飲酒之禮，不同於飲酒之正禮也。」

右徹俎

說屨，揖讓如初，升坐。 說屨者，爲安燕當坐也。必說於下者，屨賤，不空居堂。說屨，主人先左，

---

❶「出」，原脱，今據《禮經釋例》補。
❷「面」，原脱，今據《禮經釋例》補。
❸「卿」，原脱，今據《禮經釋例》補。

賓先右。今文「説」爲「稅」。【疏】正義曰：「揖讓如初，升坐」，敖氏云：「謂主人與賓一揖一讓也。賓則厭介，介厭大夫，大夫厭衆賓，亦以次而升。」郝氏敬云：「揖讓如初，升，謂三揖三讓，如初迎賓時也。坐，主賓皆坐席上，跪而以股帖足也。」盛氏世佐云：「揖讓如初，當如敖説。」○注「不空居堂」，《校勘記》云：「空，楊本作『宜』。」　云「説屨者，爲安燕當坐也。必説於下者，屨賤，不空居堂」者，李氏如圭云：「《少儀》曰：『堂上無跣，燕則有之。』」敖氏云：「説屨者各於其階側北面。坐於堂而説屨於上者，惟尊長則然。此賓、主人其尊相敵，故皆説於下。賓黨之屨亦北上也。」方氏苞云：「《燕》、《大射》但言賓、諸公、卿、大夫説屨，升，則君説於堂上明矣。❶排闔，説屨於户内，惟長者一人。卿、大夫爵、齒並尊，以興賢能，與賓同説屨於階下，蓋降爵、齒以明尚德之義也。」云「説屨，主人先左，賓先右」者，敖氏云：「謂賓在主人之左，故主人先説左屨；主人在賓之右，故賓先説右屨。是亦鄭氏以意言之耳。」「今文『説』爲『稅』」，詳見《士昏禮》「説服」下。吴氏廷華云：「如初者，如上獻訖升堂也。」

乃羞。羞，進也。所進者，狗胾醢也。鄉設骨體，所以致敬也。今進羞，所以盡愛也。敬之愛之，所以厚賢也。【疏】正義曰：注「鄉設骨體」，《校勘記》云：「《釋文》云：『鄉，本又作嚮，❷同。』《通典》作『享』。」　云「羞，進也。所進者，狗胾醢也」者，李氏如圭云：「胾，切肉也。薦羞不踰牲，❸此牲狗，則羞者狗胾也。醢則雜餘牲兼作之。」敖氏云：「羞者，羞庶羞於凡有薦者也。此時

❶「堂」，原脱，今據《儀禮析疑》補。
❷「又」，原脱，今據《儀禮注疏校勘記》補。
❸「羞」，原作「差」，今據《儀禮集釋》改。

衆賓亦當祭薦，文不具耳。注云：『所進者，狗胾醢也。』❶《少牢》、《特牲》之庶羞皆以其牲肉爲胾，又有醢，故知此禮當放之也。」淩氏《釋例》云：「凡無算爵皆説屨，升坐，乃羞。《鄉飲酒禮》：將行無算爵，主人請坐於賓，賓辭以俎。至徹俎畢，説屨，揖讓如初，升坐，乃羞，無算爵，無算樂。是無算爵皆説屨，升坐，乃羞也。《鄉射禮》徹俎畢，主人以賓揖讓，説屨，乃升。大夫及衆賓皆説屨，升坐，乃羞。與《鄉飲酒》同。《燕禮》：徹俎畢，賓反入，及卿、大夫皆説屨，升，就席。公以賓及卿、大夫皆坐，乃安。羞庶羞。大夫祭薦，司正升受命，皆命。君曰：『無不醉。』賓及卿、大夫皆興，對曰：『諾，敢不醉！』皆反坐。《大射禮》：徹俎畢，賓、諸公、卿皆入門，東面北上。司正升賓。賓、諸公、卿、大夫皆説屨，升就席。公以賓及卿、大夫皆坐，乃安。羞庶羞。大夫祭薦。司正升受命，皆命：公曰：『衆無不醉。』賓及諸公、卿、大夫皆興，對曰：『諾，敢不醉！』皆反位坐。是《燕》、《大射》無算爵，説屨，升坐，乃羞，亦與《鄉飲酒》、《鄉射》同。惟《鄉飲酒》、《鄉射》升坐後即行無算爵，《燕禮》、《大射》升坐後先獻士，始行無算爵爲異耳。又《鄉射》疏云：『尊卑在室，則尊者説屨在户内，❷其餘説屨於户外。若尊卑在堂，則亦尊者一人説屨在堂，其餘説屨於堂下。是以《燕禮》、《大射》臣皆脱屨於階下。公不見説屨之文，明公舄在堂矣。』亦與《鄉飲酒》、《鄉射》異也。至於《特牲禮》無算爵，本於階下行之，故無説屨、升坐之文。祭畢飲酒，禮殺故也。不云『乃羞』者，前旅酬時已羞也。《有司

❶「醢」，原作「羹」，今據《儀禮集説》改。

❷「户内」，原作「室」，今據《禮經釋例》改。

徹》儐尸之禮無算爵，雖行於堂上，❶然亦祭畢飲酒，故不云説屨、升坐，但於是時羞庶羞而已。其於《特牲》無算爵，雖有堂上、堂下之分，而其爲禮殺則一也。不儐尸之禮，羞庶羞在賓自酢後，亦與《特牲禮》異也。」

無筭爵。筭，數也。賓主燕飲，爵行無數，醉而止也。《鄉射禮》曰：「使二人舉觶於賓與大夫。」又曰：「執觶者洗，升實觶，反奠於賓與大夫。」皆是。【疏】正義曰：《校勘記》云：「算，唐石經、徐、監皆作『筭』，下同。案：此二字諸本錯出，後不悉校。」❷注「使主人舉觶於賓」，徐、監、葛本、《集釋》、《通解》俱作「二」，楊氏作「一」。○李氏如圭云：「鄉二人所舉觶者，至此二觶並行，交錯以酬，辯旅在下者，主人之贊者亦與焉。復實二觶，反奠之，其爵無算。」楊氏復曰：「《鄉飲酒》無算爵，其文略。案：《鄉射》無算爵，賓與大夫不興，取奠觶，飲卒觶，不拜，執觶者受觶，遂實之，賓觶以之主人、大夫之觶，衆賓長受而錯，皆不拜。注：『錯者，實主人之觶以之次賓，❸實賓長之觶以之次大夫。』此《鄉飲酒禮》亦同，但《鄉射》有賓無介，《鄉飲酒》有賓有介，當實賓之觶以之主人，實大夫之觶以之介；及其交錯而行也，當實主人之觶以之衆賓長，實介之觶以之次大夫，又實衆賓長之觶以之第三位次大夫，實次大夫之觶以之第二位次賓長，如此交錯以辯。卒受者興，以旅在下者於西階上。及其辯也，執觶者洗，升實觶，反奠於賓與大夫，所以復奠之者，燕以飲酒爲歡，醉乃止。此所以爲無筭爵也。」敖氏云：「無筭爵者，行其奠觶，終而復始，無定數也。此異於《鄉射》者，舉觶及

---

❶「雖」，原作「惟」，今據《禮經釋例》改。下「雖有堂上」同。

❷「校」，原作「據」，今據《儀禮注疏校勘記》改。

❸「實」，原作「賓」，今據《續清經解》本改。

反奠者，不於大夫而於介耳。其賓觶亦以之主人，介觶則以之大夫，其餘皆可以類推之也。」程氏易田云：「注引《鄉射禮》，乃約初使二人舉觶於賓與大夫之文，非引無算爵時使二人舉觶之文。彼經無算爵下則曰：使二人舉觶，賓與大夫不興，取觶飲，卒觶不拜，執觶者受觶，遂實之，賓觶以之主人，大夫之觶長受而錯，不拜。此經無算爵時，亦當略同。亦使二人舉觶，賓與介亦取前薦西、薦南受而奠於其所之二觶，飲卒觶，執觶者亦受觶，遂實之，賓觶以之主人，介觶，衆賓之長受而錯也。如此，則賓、介奠於其所之觶，至是起而行之矣。」秦氏蕙田云：「《鄉射》無介，故以賓與大夫爲尊。《鄉飲酒》有介，當以賓與介爲尊。《鄉飲酒義》每以賓、主、介、僎相提並論，則無算爵自宜從賓、介始，由賓而之主人，由介而之大夫，如敖氏之説爲是。楊氏尚沿舊注之誤耳。」盛氏世佐云：「《鄉射禮》無介，故云『賓與大夫不興，取奠觶飲』；此篇有賓有介，上既言使二人舉觶於賓、介，則此時取奠觶而飲者，亦當爲賓與介矣。其行酒之法，敖説是也。及其交錯而行也，當賓主人之觶以之衆賓長，實大夫之觶以之次賓長，又實衆賓長之觶以之次大夫，實次賓長之觶以之第三位次大夫，循是而辯，此堂上旅酬之法也。其旅在下者於西階上之法，詳見下篇。楊氏惑於鄭注『若有大夫則舉觶於賓與大夫』之説，故持論如此。」淩氏《釋例》云：「凡旅酬既畢之酒，謂之無筭爵。《鄉飲酒禮》旅酬畢，使二人舉觶，徹俎，説屨，揖讓如初，升坐，乃羞，無筭爵。《鄉射禮》旅酬畢，使二人舉觶，徹俎。主人以賓揖讓，説屨，乃升。大夫及衆賓皆説屨，升坐，乃羞，無筭爵。《燕禮》主人獻庶子後，無筭爵。注：『筭，數也。爵行無次無數，惟意所勸，醉而止。』疏云：『此對四舉旅以前皆有次有數，❶此則無次無數也。』《大射儀》同。此燕飲正禮之無筭爵者也。《特牲禮》旅酬畢，賓弟子及兄弟弟子舉觶後，❷爵皆無筭。注：『賓取觶酬兄弟之黨，長兄弟取觶酬賓之黨，惟己所欲，亦交錯以辯，無次第之數。因今接會，使之交恩定好，優勸之。』《有司徹》旅酬畢，兄弟後生舉觶，至賓一人舉爵於尸後，賓及兄弟交錯其酬，❸皆遂及私人，爵無筭。又不儐尸之禮，次賓加爵後，賓、兄弟交錯其酬，無算爵。注：『此亦與儐同者，在此篇。』此祭畢飲酒之無筭爵也。皆行於旅酬之後者。《鄉飲酒・記》：『主人之贊者西面北上，不與。無算爵，然後與。』謂贊者不及獻酒，故不與旅酬，至無算爵乃得與也。《禮記・鄉飲酒義》：『降、説屨、升坐，脩爵無數。飲酒之節，朝不廢朝，莫不廢夕。賓出，主人拜送節，文終遂焉。』鄭注：『終遂，猶克備也。』❹孔氏《正義》曰：『降、説屨、升坐者，此謂無筭爵之初也，以前皆立而行禮。』又云：『脩爵無數者，謂無算爵也。熊氏云：謂爵行無數矣。』然則飲酒之禮至無筭爵乃備，可知矣。」**無筭樂。**燕樂亦無數，或間或合，盡歡而止也。《春秋・襄二十九年》：「吴公子札來聘，請觀於周樂。」此國君之無筭。【疏】正義曰：敖氏云：「爵行則奏樂，爵止則樂闋，故爵無筭而樂亦無筭也。」郝氏敬云：「向者獻酬有節，歌笙間合，皆三終。燕樂無筭，不拘於三也。」方氏苞

---

❶「對」，原作「時」，今據《禮經釋例》改。
❷「後」，原脱，今據《禮經釋例》補。
❸「其」，原作「以」，今據《禮經釋例》改。
❹「克」，據《禮記正義》當作「充」。

云：「舊説仍用前歌與間，但疊用數篇，周而復始，亦比於慢矣。疑若《春秋傳》所載，賓各賦詩，工以瑟與笙應之，其不歌者亦聽，以無定數，故謂之無筭耳。以不出大師所陳十五國之風，故曰鄉樂。」案：諸家言無算樂，皆與注異。考注云「或間或合，盡歡而止」，蓋謂奏樂不定依獻酬之節，或用間歌，或用合樂，無一定之數。主賓盡歡爵止，而樂始止也。敖氏説可與注相發明。引《春秋傳》，盛氏世佐謂：「《左傳》載季札觀周樂之事，乃魯因札之請而備陳之。《聘禮》云『歸大禮之日，既受饔餼請觀』，❶是也，非國君之無算也。注引之，誤。」

右坐燕此飲酒第四段飲禮始畢

賓出，奏《陔》。《陔》，《陔夏》也。陔之言戒也。終日燕飲，酒罷，以《陔》爲節，明無失禮也。《周禮·鍾師》：「以鍾鼓奏《九夏》。」是奏《陔夏》則有鐘鼓矣。鐘鼓者，天子、諸侯備用之，大夫、士鼓而已。蓋建於阼階之西，南鼓。《鄉射禮》曰：賓興，樂正命奏《陔》。賓降及階，《陔》作。賓出，衆賓皆出。【疏】正義曰：注云「《陔》，《陔夏》也。陔之言戒也」者，李氏如圭云：「《詩》亡篇六，序皆以篇名釋其義。《南陔》曰『孝子相戒以養』，與注『陔之言戒』義合。」案：《周禮·鍾師》「祴夏」杜子春云：「祴，讀爲陔鼓之陔。」《説文》曰：「宗廟奏《祴》樂。」是《陔》即《祴夏》也。「賓醉而出，奏《祴夏》。」是祴之義取於戒。注通陔於祴，故曰「陔之

---

❶「既」，原作「即」，今據《儀禮集編》改。

言戒也」。李氏似以《南陔》當此經之《陔》，未知所據。敖氏云：「《陔夏》，有聲無辭之樂，金奏之一者也，其名義未詳。」盛氏世佐云：「《周禮·鍾師》注云：『九夏，皆《詩》篇名，《頌》之族類也。此歌之大者，載在樂章，樂崩亦從而亡，是以《頌》不能具。』則《陔》亦《頌》之逸篇歟？然以大夫而送賓之樂儼然與天子同，何其無差等也？《鍾師》『陔夏』之『陔』本作『祴』，而此篇及《鄉射》、《燕禮》皆言奏《陔》，而不言夏，然則《陔》之與《祴夏》同乎？否乎？今皆不可得而考矣。竊謂夏，大聲也，列之於《頌》，❶必非諸侯以下之所得干。諸侯、大夫所奏，蓋別爲一詩，而今亦亡之也。或以音節爲別，如《豳詩·七月》一篇而有《風》、《雅》、《頌》之異歟？《樂師》鄭司農注云：今時行禮於太學，❷罷出，以鼓《陔》爲節。則《陔》之音節至漢猶有存者。康成乃與《鍾師》之《祴夏》混而一之，至令天子、諸侯、大夫之樂尊卑莫辯，❸其誤甚矣。疏家乃爲之説曰：天子則九夏俱作，諸侯則不用三夏，得奏其《肆夏》以下。大夫以下據此用《陔夏》，❹以是爲尊卑不同。不知諸侯進取，僅得歌《大雅》；大夫進取，僅得歌《小雅》，未聞有歌《頌》者。魯之有《頌》，相傳以爲成王所賜，議者猶以爲僭。三家《雍》徹，夫子譏之。彼金奏《肆夏》之三，諸侯之僭禮也。甯得以爲正而據之乎？」案：漢九夏之用，《周禮注》杜子春分析甚明。《陔》蓋宗廟中上下通得用之，故《説文》亦統云：宗廟奏《祴》樂。

❶「列」，原作「别」，今據《儀禮集編》改。
❷「行禮」，原倒，今據《儀禮集編》乙正。
❸「令」，原作「今」，今據《禮經釋例》改。
❹「夏」，原作「南」，今據《續清經解》本改。

時大學罷出，猶以鼓《陔》爲節，其所奏若何？鄭君去司農未遠，豈不知之？特其詞既亡，僅傳其節耳。至吕叔玉以《肆夏》、《樊遏》、《渠》附合詩篇，則未敢以爲信也。**主人送于門外，再拜。**門東，西面拜也。賓、介不荅拜，禮有終也。【疏】正義曰：敖氏云：「再拜，送賓也。不拜送介，殺於初。」方氏苞云：「主人禮先於賓者，十有三，其大節六。賓許，出迎，拜至，崇酒，立司正，拜送。皆再拜。一拜者，唯獻酬耳。賓之禮先於主人者十有二，皆一拜。蓋鄉大夫興賢能，❶士當以道自重，不敢重拜，疑喜於得舉而翕翕相附也。周公制禮，教士以難進易退，而公卿爲國求賢，致敬盡禮以相勗厲者，可謂切著矣。」又曰：「戒速，賓、介禮同，至拜送，則介不與焉，以是知賢能之書所獻惟賓也。蓋介乃德行道藝次於賓而可備後舉者，故戒、速壹與賓同，所以異之於羣士也，而登於天府者惟賓。至於後舉，則羣士之德行道藝，或有先於介者矣。故禮終惟賓得拜送，而介與衆賓不與。又所以儕之羣士，俾介與羣士，皆有所觀感而興起也。《鄉射》賓出，衆賓皆出，主人拜送於門外。蓋習射乃有司之學政，❷凡在列者皆宜加禮，不可以分差等。此則送賓而不及介，以賓乃所興之賢能，而介仍鄉之學士也。敖氏乃謂此士、大夫私飲於學中之禮，固哉！」案：禮爲賓而設，介與衆賓所以輔賓也。禮之初，主人速賓及介，至於門外，主人拜賓及介。至於獻酬，而介禮少殺。燕畢而出，飲禮既成，而賓賢之禮備矣。經特言賓出，主人送於門外，再拜，不言介、衆賓，見此禮專以爲賓，所以重賓而

❶「興」，原作「賓」，今據《儀禮析疑》改。
❷「習」，原脱，今據《儀禮析疑》補。

略於介及衆賓也。《鄉飲酒義》云：「賓出，主人拜送，節文終遂焉。」亦不言介也。

右賓出

賓若有遵者，諸公、大夫則既一人舉觶，乃入。不干主人正禮也。遵者，諸公、大夫也。謂之賓者，同從外來耳。大國有孤，四命謂之公。【疏】正義曰：張氏爾岐云：「此下言諸公、大夫來助主人樂賓，主人與爲禮之儀。遵不必至，故曰『若有』。」李氏如圭云：「賓主獻酬爲正禮，遵者無常，或來或否，故於此乃言之。」敖氏云：「此謂遵者先俟於門外，以一人既舉觶爲入之節。息司正之禮云：以告於先生君子。然則主人於遵者，其亦使人告之歟？❶公、大夫若皆來，則同時入，其入之節在一人舉觶之後，衆工未入之前。乃於是言之者，以其或有或無，或來或否，不定故也。」〇《校勘記》云：「注『干』，徐本作『于』，誤。」云「遵者，諸公、大夫也。大國有孤，四命謂之公」者，《釋官》曰：「案：大國孤只一人，而《鄉飲》、《鄉射》、《燕禮》、《大射儀》言『諸公』，❷鄭氏謂：『言諸者，容牧下有三監。』後儒以三監是殷法，❸多疑其説，於是有謂『諸』者不定之辭，有謂『諸』者統公卿大夫而言，❹有謂『諸公』兼寄公言之，有謂兼致仕者言之，紛紛不一。

❶「人」，原作「之」，今據《儀禮集説》改。
❷「儀」，《儀禮釋官》作「皆」。
❸「以」，原作「謂」，今據《儀禮釋官》改。
❹「者」，原作「公」，今據《儀禮釋官》改。

今案：經文言『若有』，已是不定，則『諸』不得更爲不定辭。下云：『無諸公，則大夫辭加席。』《燕禮》、《大射》皆云：『若有諸公，先卿獻之。』則『諸』自專屬公而言，亦不統卿、大夫也。《禮》云：諸侯不臣寄公。《大射》：公命徹幂，賓及諸公、卿、大夫皆降拜。言降拜，則亦在臣列，非寄公矣。至致仕之説，在此篇未嘗不可通，但大射是將祭擇士之射，皆就在位者言之，不得有致仕者，故惟鄭義爲允耳。❶又案：此經稱公者有二：一爲五等之國，其君皆曰公，《公食大夫禮》及《燕禮》、《大射儀》、《聘禮》所言『公』者是也；一爲大國之孤稱公，此篇及《鄉射禮》、《燕禮》、《大射儀》、《士喪禮》言『諸公』、『公、卿、大夫』是也。」天子有三孤，副三公；大國無公，惟有孤，故孤亦號爲公。又：凡臣尊其君皆曰公。《左傳》鄭伯有之臣曰：『吾公在壑谷。』伯有卿，亦稱公。是也。」春秋時，楚之縣大夫皆僭號稱公，是僭五等之公，比於諸侯，非公、卿之公也。案：楚之縣大夫稱公者，疑亦公卿之公，故齊之大夫未嘗僭諸侯之稱，而棠公亦稱公矣。是春秋及食邑之大夫皆得通稱公者也。**席于賓東，公三重，大夫再重。**席此二者於賓東，尊之，不與鄉人齒也。天子之國，三命者不齒；於諸侯之國，爵爲大夫，則不齒矣。不言遵者，遵者亦卿、大夫。【疏】正義曰：敖氏云：「三重、再重，皆蒲席、緇布純者也。上下之席同物，故不必言加。❷此重席亦兼卷而設之。」〇注「爵爲大夫」，《校勘記》云：「爵，監本誤作『爲』。」　云「席此二者於賓東」者，李氏如圭云：「賓在户牖間，尊在户東，席遵者又於尊東。❸曰賓東者，

❶「義」，原作「意」，今據《儀禮釋官》改。
❷「加」，原作「如」，今據《續清經解》本及《儀禮集説》改。
❸「席」，原脱，今據《儀禮集釋》補。

繼賓而言耳。其席南面西上，統於尊。」張氏爾岐云：「賓在户牖之間，酒尊在房户之間，正在賓東，不容置席，則席遵者當又在其東，但繼賓而言耳，其實在酒尊東也。」盛氏世佐云：「席於賓東者，東房户牖之間也。遵者爲助主人樂賢而來，❶故席之於此。《鄉飲酒義》云：『坐僎於東北，以輔主人。』是也。」云「尊之，不與鄉人齒也」者，李氏如圭云：「士來觀禮者，齒於堂下，《鄉飲酒》之禮所尚三：謀賓、介，尚德也；旅酬以齒，尚年也；大夫重席，坐於賓東，尚爵也。三者，天下之達尊也。又案：《周官・黨正職》云國索鬼神而祭祀，則以禮屬民而飲酒於序，以正齒位，一命齒於鄉里，再命齒於父族，三命而不齒。《鄉飲酒義》又曰：『鄉飲酒之禮，六十者坐，五十者立侍，以聽政役，所以明尊長也。六十者三豆，七十者四豆，八十者五豆，九十者六豆，所以明養老也。』此蓋黨正飲酒、正齒位之法。」❷敖氏云：「席此於賓東，尊之，不與正賓齒，亦不加尊於正賓也。❸貴貴、尊賢、尚齒三者之義並行而不悖，❹於斯見之矣。」盛氏世佐云：「注云『尊之，不與鄉人齒』，是解經不於賓西之故，義在貴貴，存之以備一解，於經義未必合也。又注所謂『鄉人』者，堂上三賓耳。敖氏以爲不與正賓齒，❺尤非。三賓德劣，以年之長幼爲序，故云不與之齒，正賓曷嘗論齒哉？」案：鄉飲酒

❶「遵」下，原衍「北」字，今據《儀禮集編》删。
❷「法」，《儀禮集編》作「禮」。
❸「尊」，原作「貴」，今據《儀禮集説》改。
❹上「貴」字上，原衍「又」字，今據《儀禮集説》删。
❺「不與」，原脱，今據《儀禮集編》補。

禮專爲賓賢，旅酬以齒，席遵於賓東，皆因禮之自然，而意不在乎此也。諸家多以此禮兼爵、齒言，非是。注「尊之，不與鄉人齒」，謂諸公、大夫尊於衆賓，故不與並列，非以此爲貴貴之義也。盛氏説亦泥。張氏爾岐云：「不與鄉人齒者，衆賓之席繼賓而西，❶是與相齒。此特爲位於酒尊東，不在衆人行列中，故云『不與齒』也。」説最合。吴氏廷華云：「此鄉飲酒爲賓賢而設，則賓爲專尊，非他人所可越。特因觀禮之卿、大夫，其位本尊，故爲尊東之席以存尊之之意，然不席於户牖之間，則視尊賓之禮又有間矣。蓋遵來觀禮，與賓、介、衆賓本自不同，不與鄉人齒者，固不可混之賓、介、衆賓之中，即與鄉人齒者，亦何嘗不置之賓、介、衆賓之外？要之，賓賢之禮與尚齒之禮本自不同。注謂『不與鄉人齒』，其説本合疏引《黨正》及《文王世子》之文，説固非舛，但與此經賓賢之意不相符耳。」**公如大夫入，主人降，賓、介降，衆賓皆降，復初位。主人迎，揖讓升。公升如賓禮，辭一席，使一人去之。**如，讀若今之若。主人迎之於門内也。辭一席，謙自同於大夫。【疏】正義曰：敖氏云：「入，謂入門左也。復初位，階西以南之位。」待公入也。盛氏世佐云：「疏云：『復西階下東面位。』是也。蓋亦介在賓南，衆賓在介南矣。」案：經上云「入」，謂入門也；下云「迎」，謂迎於門内也。此復位自爲階下之位，主人降阼階，階位在東，賓、介、衆賓降西階，位在西。敖氏云：「迎不拜者，别於賓、介，亦以其在門内也。迎於門内而拜，降等者之禮也。公於主人爲踰等，乃後升者，非正賓也。升階正法，客尊則先升。」方氏苞云：「遵者宜先次於門外，一人舉觶，相者使人告，而公、大夫遂入。主

❶ 下「賓」字，原脱，今據《儀禮鄭注句讀》補。

人乃降而迎，迎而不拜，以遵有主道也。必要其節者，使早入，則主人之禮不得專於賓、介，故入於一人舉觶之後，示衆賓之酬爵既奠，禮之連而不相及，此類是也。」張氏惠言云：「《鄉射禮》云：『賓及衆賓皆降，復初位。』注云：『初位，門内東面。』疏云：入門左東面北上位。案：門左地狹，不足容賓及衆賓。門内東面，蓋衆賓立者之位也。賓初無位，在介北可也。」張氏爾岐云：「如賓禮者，謂拜至、獻爵、酢爵也。」　注云「如，讀若今之若」者，朱子云：此但謂如字讀之如今人所用之若耳。張氏爾岐云：「公若大夫入，言或公入，或大夫入，其降迎皆如下文所云也。」韋氏協夢云：「如、若，同不定之辭也。公與大夫或來或不來，或皆來或不皆來，未可定也。」蔡氏德晋云：「如，猶及也。」「此『公如大夫入』之『如』，與《媒氏》『若無故而不用命者』之『若』同，皆訓爲及。」惠氏棟《古義》曰：「《周禮・旅師》：『而用之以質劑致民。』注云：『而，讀爲若，聲之誤也。』案：古而與如通用。如，猶若也，故如、而或讀爲若。鄭以爲聲之誤，則古讀而如若也。」胡氏承珙云：「如、若一聲之轉，故二字義本相通。但如與若有訓爲相似者，如此、若此之類。《有司徹》若是以辯，❶今文『若』爲『如』，是也。有訓爲相及者。《論語》『宗廟之事如會同』，謂宗廟及會同。『方六七十如五六十』，謂方六七十及五六十也。《春秋傳》『請爲靈若厲』，謂謚靈及厲是也。此『公如大夫入』，鄭讀如爲若者，猶言公及大夫入耳，非謂公之入如大夫之入也。」云「讀若今之若」者，蓋當時之語，凡相及之詞多言若，故舉今以相況耳。《漢書・文帝紀》：「丞若尉致。」《武帝紀》：「爲復子若孫。」**大夫則如介禮，有諸公，則辭加**

❶「辯」，原作「辨」，今據《儀禮古今文疏義》改。

席，委于席端，主人不徹；無諸公，則大夫辭加席，主人對，不去加席。加席，上席也。大夫席再重。【疏】正義曰：敖氏云：「如介禮者，亦如其獻禮耳。若其酢，則主人於公、大夫一也。《鄉射》言大夫之酢，其儀與此介同。諸公雖尊，禮宜如之，❶所以辟正賓也。」楊氏復云：「獻遵一條，經文所載差略，謂公升如賓禮，則自拜至以後其禮當與賓同。謂大夫如介禮，則不拜洗，不嚌肺，不告旨。禮殺於賓，但無諸公，則獻大夫當如獻賓之禮。」張氏爾岐云：「如介禮，其入門、升堂、獻酢等，皆如介之殺於賓也。」方氏苞云：「疏謂如賓厭介而入之禮，非也。鄉之學士宜從鄉大夫以入，蓋主人雖敬執賓主之禮，而賓、介則不敢抗禮也。大夫與鄉大夫比肩事主，不宜使厭而升，尤不可使公厭大夫以升。❷如介禮，謂不拜洗、❸不嚌肺、不啐酒、不告旨、送爵、崇酒、拜皆不於阼階之類，與介同耳。蓋介不敢正當禮以讓於賓，大夫不敢正當禮以讓於諸公，其義正同。經乃總言諸公之禮壹如賓，大夫之禮壹如介，惟加席及辭席有異。疏説決不可通也。」盛氏世佐云：「此云：公升如賓禮，大夫則如介禮。《鄉射禮》云：『若有諸公，則如賓禮，大夫如介禮；❹無諸公，則大夫如賓禮。』❺及考《鄉射禮》所載，遵者獻酢之禮僅與介同，不見所謂『如賓禮』者。諸公之禮既無明文

---

❶「宜」，原作「亦」，今據《儀禮集説》改。
❷「使」，原脱，今據《儀禮析疑》補。
❸「不」，原脱，今據《儀禮析疑》補。
❹「夫」下，原衍「則」字，今據《儀禮集編》删。
❺「禮」，原脱，今據《儀禮集編》補。

可考，於是諸儒各以己意爲説。楊氏但謂自拜至以後當與賓同，言如獻而不及酢。❶敖氏謂如賓禮，如其獻禮耳，酢則仍與介同，辟正賓也。張氏則謂拜至、獻酢並如之。❷以經文斷之，則張説近是，而亦有所未備也。蓋經文簡而該，『如賓禮』三字足以槩括一章待公之禮，無事於繁複敷陳也。既云『如賓禮』，則自拜至而獻而酢而酬無一不如之矣。❸《鄉射》所陳，特其所謂『大夫如介禮』者耳。言大夫，則諸公可知；言有諸公之大夫，則無諸公可知也。此蓋貴貴之禮，有必不可殺者，焉得以辟正賓爲辭乎？張言獻酢而不及酬，是其所未備也。如介禮，則無酬矣。」注云「加席，上席也。大夫席再重」者，敖氏云：「委，卷而置之也。席端，席北端也。不徹，不使人徹之也。主人對，不許其辭也。不去，亦謂不使人去之也。大夫辭加席，謙也。有諸公，則自委於席端者，公唯再重，己宜辟之。主人不徹，明其有爲而爲之，非正禮。無諸公則主人不聽其辭而去之者，士亦一重，異爵者不可以無所别也。無諸公，則大夫之席在尊東，南面；有諸公，則席在主人之北，西面。云『辭加席，委於席端』，則是凡辭席皆近席爲之也。此重席，乃云加席者，但取其在上故耳，非謂此席即加席也。凡加席與其下席異物，而長半之，重席則否。」又説前「辭一席，使一人去之」云：「諸侯之加席，與其下席而二。此席雖非加，而數則過於三焉，❹故辭之，而主人亦許而徹之也。」盛氏世

❶ 「言如獻」，《儀禮集編》作「見前獻賓圖」。
❷ 「則」，原作「爾岐云」，今據《儀禮集編》改。
❸ 「而酬」、「一」，原脱，今據《儀禮集編》補。
❹ 「三」，原作「二」，今據《儀禮集説》改。

佐云：「案：《周禮·司几筵》：設席之法，天子惟三重，諸侯二重。此云：公三重，大夫再重。敖氏嫌其尊卑無辨，故設爲此席非加之説以通之。然下文明言加席，❶則此説固不可得而通之也。蓋天子以至大夫尊卑之辨，在五席之名物，不全係於席之重數也。五席者，次、繅、莞、蒲、熊也。天子三重，次也、莞也、繅也；諸侯再重，祭祀之蒲也、莞也；卿、大夫以下，則惟蒲筵、緇布純而已。加席以莞，不聞用繅，此則其差等也。若席之重數，豈有常乎？《禮器》云：『天子之席五重，諸侯之席三重，大夫再重。』此亦大概言之耳。《周禮疏》云：❷『五重者，據天子大祫祭而言。若禘祭當四重，時祭當三重，諸侯三重，上公當四重，亦謂大祫祭時。若禘祭降一重，諸侯二重，禘與時祭同。卿、大夫以下，《特牲》、《少牢》唯見一重耳。若爲賓饗，則加重數非常法，故不與祭祀同也。』又諸侯相饗則三重。《郊特牲》云：『大饗君三重席而酢焉。』是也。燕他國之臣則一重。《郊特牲》云：『三獻之介，君專席而酢焉，以降尊以就卑也。』是也。《公食大夫禮》：『蒲筵緇布純，加莞席。』而《燕禮》：筵賓於户西，無加席。臣以君屈也。是席之重數，隨時變易，義各有主，不可執一而論也。❸即如此篇，主人鄉大夫也，然以賓故不敢有加席，亦是降尊以就卑之義。士一重，大夫再重，禮之正也。大國之孤又尊於大夫，故爲設三重以異之，猶諸侯三重而上公則四重也。然因其辭而即去之，則

❶「文」，原作「經」，今據《儀禮集編》改。
❷「疏」，原作「既」，今據《儀禮集編》改。
❸「而」，原脱，今據《儀禮集編》補。

亦再重而已，豈可議其僭乎？ 又案：《公食大夫禮·記》云：❶「蒲席常緇布純，❷加萑席，尋。此公與大夫之加席，亦當與彼同。記不言者，文不具耳。敖氏謂上下之席同物，非。」

右遵者入之禮

明日，賓服鄉服以拜賜。 拜賜，謝恩惠。鄉服，昨日與鄉大夫飲酒之朝服也。不言朝服，未服以朝也。今文曰「賓服鄉服」。【疏】正義曰：「賓服鄉服」，《校勘記》云：「《通解》、敖氏俱無上『服』字，朱子曰：『注云今文曰賓服鄉服，明古經文無服，今有之，衍文也。』」○張氏爾岐云：「此下至篇末，言鄉飲明日拜謝勞息諸事。」 注云「拜賜，謝恩惠」者，敖氏云：「拜謝其飲己之賜也。介不拜賜者，禮主於賓也。」云「鄉服，昨日與鄉大夫飲酒之朝服也」者，敖云：「鄉服，鄉飲酒之服，即朝服也。變『朝』言『鄉』，見其與昨日同也。鄉飲酒，士禮也。乃朝服者，放君之燕禮，故如其服也。」方氏苞云：「據經文，乃特著賓之鄉服，與鄉射之朝服異也。主人爲國興賢，朝服不言可知，故經略焉，而記乃詳之。而賓之服宜辨，故特著其爲鄉服，即修業於鄉之服，玄端是也。蓋《冠禮》可攝盛，❸即鄉射亦可攝盛。唯鄉大夫興賢能，則朝士與鄉民之分界也。

❶「記」，原脱，今據《儀禮集編》補。
❷「常」，原作「長」，今據《續清經解》本及《儀禮集編》改。
❸「禮」，原作「服」，今據《儀禮析疑》改。

故雖升於司徒，未入於國學，則仍鄉服，而鄉大夫之拜辱亦如之。蓋報禮於賢士，與之同服，示不敢以貴臨也。息司正，則改朝服以即事，示國政以嚴終也。若鄉射之賓，則宜多公士，即間用學士，亦可假以朝服。蓋春秋學政之常，假以朝服，亦以《騶虞》爲射節之意耳。習射禮輕，故玄端以息司正，與鄉飲相變，各有當也。注説似未安。記獨補主人之服，正以賓之鄉服已見於經耳。」又曰：「經記玄端與朝服，每分言之。《士冠禮》三加朝服，既冠，改服玄冠玄端以見于君，則其別顯然矣。《特牲禮》『冠端玄』注：『玄冠有不玄端者。』蓋謂朝服則緇衣也。六入爲玄，七入爲緇，衣色稍異而冠則同。故注疏或混而一之。如《士冠》：主人玄冠朝服。注謂衣與冠同玄，是也。豈對文則有别，散文或可通歟？」盛氏世佐云：「於此云『鄉服』，❶則正行禮之日，賓蓋處士服矣。處士服，緇布冠、深衣、錦帶。」案：經「鄉服」之鄉，讀如「曏日」之曏。鄉服承明日而言。注「昨日」即解「鄉」字也。方氏謂士修業於鄉之服爲鄉服，其説無據。拜賜、拜辱，所以終燕飲之盛禮，故服朝服以重其事。至息司正輕於禮賓，故釋朝服而服玄端。方氏謂拜賜、拜辱服玄端，息司正服朝服，亦昧於輕重之宜矣。拜賜既服朝服，則正行禮之日亦服朝服，經「鄉服」二字總昨日之禮而言。盛氏謂正行禮之日，賓蓋處士服，亦非。淩氏《釋例》云：「凡飲、射、燕食之禮，皆用朝服。《鄉飲酒·記》：『鄉，朝服而謀賓、介。』《鄉飲酒禮》：『明日，賓服鄉服以拜賜。』又云：『主人如賓服以拜辱。』《鄉射禮》：『主人朝服，乃速賓。賓朝服出迎。』疏云：『此主人與賓俱朝服。』又：射畢，明日，賓朝服以拜賜于門外。主人不見，

---

❶ 「此」，原脱，今據《儀禮集編》補。

如賓服，遂從之，拜辱於門外，乃退。是《鄉飲酒》、《鄉射》皆用朝服也。惟息司正，主人始釋朝服，更服玄端也。《燕禮·記》：『燕，朝服于寢。』《公食大夫禮》：『賓朝服即位于大門外，如聘。』又云：『公如賓服，迎賓于大門内。』又：禮畢，明日，賓朝服，拜賜于朝。若不親食，使大夫各以其爵、朝服以侑幣致之。賓朝服以受，明日，賓朝服以拜賜于朝。又：大夫相食，若不親食，則公作大夫朝服以侑幣致之。是燕食之禮皆用朝服也。《禮記·射義》：『古者諸侯之射，必先行燕禮。』吕氏大臨云：『諸侯之射，大射也。』燕禮用朝服，則大射亦用朝服矣。又案：《鄉射》及《公食大夫》戒賓，注以爲皆用玄端，經無明文，疑不可從。」云「今文曰『賓服鄉服』」者，鄭以鄉射明日，賓朝服以拜賜于門外決之，故從古文無上「服」字，今本經文亦作「服鄉服」，❶殆涉注文而誤衍。**主人如賓服以拜辱。**拜賓，復自屈辱也。《鄉射禮》曰：賓朝服以拜賜于門外。主人不見，如賓服，遂從之，拜辱于門外，乃退。【疏】正義曰：《校勘記》云：「復，《集釋》、楊氏俱作『服』。張氏云：『拜賓服，自屈辱也。』案：《釋文》：『復，扶又反。』近湖北本作『腹』，誤益甚。」案：張氏以嚴本爲據，楊氏又沿嚴本之誤。徐、鍾俱不誤。注云「拜賓，復自屈辱也」者，敖氏云：「辱，拜賜之辱也。主人往拜賓辱者，敵也。凡尊卑不敵，則不荅拜賜之禮。」引《鄉射禮》者，賈疏云：「明彼此賓、主俱不相見，造門外拜謝而已也。」**主人釋服。**釋朝服，更服玄端也。古文「釋」作「舍」。【疏】正義曰：注云「釋朝服，更服玄端」者，李氏如圭云：「服玄端，燕私輕也。」盛氏世佐云：「朝服以朝，玄端以夕，是朝服尊於玄端也。飲酒朝服，息

---

❶ 上「服」字，原脱，今據《儀禮正義正誤》補。

司正當服玄端，❶隆殺之宜也。」淩氏《釋例》云：「凡《鄉飲酒》、《鄉射》之禮，❷息司正皆用玄端。《鄉飲酒禮》：明日拜賜、拜辱後，主人釋服，乃息司正。注：『釋朝服，更服玄端也。』疏云：『昨日正行飲酒之禮，相尊敬，故朝服。此乃燕私輕，故玄端也。』❸《鄉射》經注同。疏云：『朝服之下，衣則次玄端，故知釋服，説朝服，服玄端也。』《鄉飲酒》、《鄉射》其禮盛，故用朝服。息司正，無介，❹不殺，不拜至，不拜洗，無俎。主人不崇酒，不拜衆賓，不旅酬，其禮殺，故用玄端也。又案：《鄉射禮》：『主人朝服，乃速賓。』注：『戒時玄端。』《公食大夫禮》：『賓朝服，即位于大門外。』注：『於是朝服，則初時玄端。』竊謂注説皆非也。考《鄉飲酒禮》經文不言何服，❺唯記云『鄉，朝服而謀賓、介』，故知《鄉飲酒》之爲朝服。《鄉射禮》惟速賓、拜賜、拜辱言朝服，他皆不言者，例見於此，故文不具也。則戒賓當亦朝服，如《鄉飲酒》，非若息司正，注以爲服玄端，經有『主人釋服』之文，爲可據也。《公食大夫禮》戒賓不言朝服者，亦文不具，其實皆服朝服。食禮盛於燕禮，燕禮用朝服，❻豈有食禮戒賓反用玄端者？敖氏云：『禮，戒、速同服。此速賓朝服，則戒時亦朝服可知。』其

---

❶「當」，原脱，今據《儀禮集編》補。
❷「酒」，原脱，今據《儀禮集釋》補。
❸「玄」，原作「言」，今據《續清經解》本及《禮經釋例》改。
❹「無」，原作「不」，今據《禮經釋例》改。
❺「文」，原作「又」，今據《禮經釋例》改。
❻「燕禮」，原脱，今據《禮經釋例》補。

説當矣。」云「古文『釋』作『舍』」者，惠氏棟《古義》曰：「《大射儀》『獲而未釋獲』注：『古文釋爲舍。』《周禮・大胥職》『春入學舍菜』注：『舍，即釋也。』《占夢職》云：『乃舍萌于四方。』注：『舍，讀爲釋。舍萌，猶釋菜也。』古書釋菜、釋奠多作舍字。」胡氏承珙曰：「鄭君於《周禮》既讀舍爲釋，此經即從今文作『釋』，❶疊舍字不用。蓋釋、舍同聲之轉，惟釋字於義訓較切耳。」**乃息司正。**息，勞也。勞賜昨日贊執事者。獨云司正，司正，庭長也。【疏】正義曰：敖氏云：「息，疑即燕之異名。《考工記》云：『張獸侯，則王以息燕。』是也。此禮亦於學宮行之。必息司正者，以昨日勞之，而待之之禮又殺於賓黨故也。釋服乃息之者，此無所放，故服其正服也。」案：「勞也」之「勞」，讀如「勞來」之「勞」。息有止義，勞而止息謂之息。《梓人》「則王以息燕」注：「息者，休農息老物也。」《禮記・樂記》「息焉游焉」注：「息，謂作勞休止之息。」《淮南・精神訓》「曷能久熏勞而不息乎」高誘注：「息，止也。」勞而止息謂之息，故息其勞而勞之，亦謂之息。此一義之引伸也。韋氏協夢云：「此勞賜鄉飲之贊者，司正爲贊者之長，舉司正則其餘皆勞矣。」息司正亦當使人速之，觀《鄉射》可知。」淩氏《釋例》云：「凡鄉飲、鄉射明日息司正，略如飲酒之禮。《鄉飲酒禮》明日，主人釋服，乃息司正。無介，不殺，薦脯醢。羞惟所有，徵惟所欲。以告于先生、君子可也。賓、介不與，鄉樂惟欲。此《鄉飲酒》明日息司正之禮也。故注云：『息，勞也，勞賜昨日贊執事者。獨云司正，司正，庭長也。』無介，則但以司正爲賓；不殺，則無俎。皆殺於飲酒正禮。《鄉射》明日賓拜賜後，主人釋服，乃息司正。無介，不殺，使人速。

❶「今」，原作「經」，今據《儀禮古今文疏義》改。

迎于門外，不拜，入，升。不拜至，不拜洗。薦脯醢，無俎。賓酢主人，主人不崇酒，不拜衆賓。既獻衆賓，一人舉觶，遂無算爵。無司正，賓不與，徵唯所欲，以告於鄉先生、君子可也。羞惟所有，鄉樂惟欲。此鄉射明日息司正之禮也。與鄉飲息司正禮同，但經文較詳耳。『無介』下注云：『勞禮略，貶於飲酒也。』已下皆記禮之異者。又『遂無算爵』下注云：『言遂者，明其間闕也。賓坐奠觶於其所，擯者遂受命於主人，請坐於賓。賓降，説屨，升坐矣。❶不言遂請坐者，請坐主於無算爵。』又『無司正』注云：『使擯者而已，❷不立之。』蓋注又推經之所未詳者，皆殺於飲酒之正禮也。」**無介**，勞禮略也。司正爲賓。【疏】正義曰：知司正爲賓者，以司正是庭長，故以爲賓也。敖氏云：「是禮雖主於司正，未必以司正爲賓，公父文伯飲南宮敬叔酒，以路堵父爲客，是其徵矣。」盛氏世佐云：「司正蓋以州長爲之。諸侯之州長，士也。此乃大夫燕士之禮。敖氏所引《左傳》，蓋大夫族飲禮，故以異姓爲賓，非此比也。當以注説爲正。」方氏苞云：「據經文『以告于先生君子』，兼召知友，蓋先生、君子既不可屈爲司正之介，知友又不可爲介而先於先生、君子，故無介爲安。」

不殺，市買，若因所有可也，不殺則無俎。【疏】正義曰：蔡氏德晋云：「不殺，不特殺也。」敖氏云：「無介、不殺，皆貶於飲酒。」**薦脯醢**，羞同也。【疏】正義曰：《校勘記》云：「案：敖氏注云『薦同』，雖非引鄭注，然竊疑鄭注『羞』字，亦『薦』字之誤。」案：賈疏亦作「羞」。《集釋》、楊氏皆同，則注自作「羞」，不得因敖氏而疑

---

❶「坐」，原作「堂」，今據《禮經釋例》改。

❷「者」，原作「之」，今據《禮經釋例》改。

注亦作「薦」也。**羞唯所有**，在有何物。【疏】正義曰：「羞」字承上言之，謂薦脯醢所用之羞，視現在所有何物則用之。飲酒正禮用狗胾，此不殺，則無狗胾，故唯所有。**徵唯所欲**，徵，召也。【疏】正義曰：賈疏云：昨日正行飲酒，不得喚親友，故今禮食之餘，❶別召知友，❷故言「徵唯所欲」也。**以告于先生、君子可也。**告，請也。先生不以筋力爲禮，於是可以來。君子，國中有盛德者。可者，召不召唯所欲。【疏】正義曰：敖氏云：「君子，國中有德有爵者也，❸亦使人告之。云『可』者，嫌其禮輕，不必告也。惟言告，是不請矣。不請則不速可知，皆異於賓也。其來若否，則但語告者以復命於主人與？❹先生、君子若與，其位蓋如遵。」方氏苞云：「但以告而不敢請，來與否聽焉，敬老尊賢之意也。鄉先生外別有君子，以是知先王興賢育材，有不敢强以仕者，必如是而後禮賢之義備也。《孟子》曰：大有爲之君必有所不召之臣。春秋、戰國時猶有周豐、段干木、泄柳之儔，爲時君所不能屈。周公之教思可謂無窮矣。『周之士也肆』，其此之謂歟？」又曰：「遵者亦不告，以禮輕，不敢復煩尊者。」盛氏世佐云：「鼏者主人就先生而謀賓、介，則興賢之典，先生與有勞焉。而昨日之禮，乃不以告，何也？蓋正行禮之時，酒清肴乾，賓主百拜，非强有力者不能勝也。敢以是煩長者乎？故不以告也。至是則禮已輕矣，又不敢請，而但使人告之，蓋不敢必其來也。古

❶「禮食」，原倒，今據《儀禮注疏》乙正。
❷「别」，原作「則」，今據《儀禮注疏》改。
❸「德有爵」，原作「爵有德」，今據《儀禮集説》改。
❹「與」，原脱，今據《儀禮集説》補。

之鄉大夫待先生之忠且敬也，蓋如此。」褚氏寅亮云：「注云：『徵，召也。』『告，請也。』召之與請，不但見尊卑之等差，且見召者必欲其來也，而請者來否聽其自主，❶蓋既殺於正禮，則不敢必以屈先生、君子也。」王氏引之云：「上文：『主人就先生而謀賓、介。』注：『賓、介，處士賢者，即國中有盛德者也。』然下文云『賓、介不與』，則處士有德者但《鄉飲酒》之賓、介，而此日不與其事，豈得復告於處士有德者乎？君子蓋即上文之諸公、大夫也。❷《鄉飲酒》之日，諸公、大夫或來或否，其不來者則可與於此日之息司正，故必以告焉。《鄉飲酒義》曰：『故聖人制之以道鄉人、士、君子。』士、君子，謂士、大夫也。賓、介爲士，主人爲大夫，大夫謂之君子，諸公、大夫亦謂之君子，故曰『以道鄉人、士、君子』也。此鄉飲酒之諸公、大夫謂之君子之明證。❸《士冠禮》：『遂以摯見于卿、大夫、鄉先生。』卿、大夫則此所謂君子也。《士相見禮》：『凡侍坐于君子。』又曰：『若先生異爵者，請見之。』注云：『異爵者，謂卿、大夫也。』卿大夫則君子也。❹《曲禮》曰：『侍坐于先生。』又曰：『侍坐于君子。』又曰：『侍坐於長者。』斷無不及侍坐於貴人之理。❺所謂君子者，即卿、大夫也。蓋卿、大夫之已致仕者爲先生，未致仕者爲君子。經言『告于先生、君子』，謂此二者也。先言『先生』，後言『君

❶「來否」，原脱，今據《儀禮管見》補。
❷「公」，原脱，今據《儀禮管見》補。
❸上「之」字，原脱，今據《經義述聞》補。
❹「也」，原脱，今據《經義述聞》補。
❺「及」，原脱，今據《經義述聞》補。

子』者，鄉黨莫如齒，先生七十而致仕，其齒最長，故先之也。《鄉射禮》之鄉先生、君子，義與此同。彼注云『君子有大德行不仕者』，亦失之。」**賓、介不與。**禮瀆則變。古文「與」爲「預」。【疏】正義曰：《校勘記》云：「注『變』，徐本、《集釋》、《通解》、楊氏俱作『褻』。『古文與爲預』，『預』，❶徐本、《集釋》俱作『豫』，《通解》作『預』。」今案：敖氏亦云：「古文『與』爲『豫』。」○敖氏云：「不敢以輕禮涴昨日之尊客。」❷方氏苞云：「不與者惟賓、介，示衆賓尚有與者。上經曰『徵唯所欲』，則必德行道藝爲主人所心許，然後召之，非衆賓皆與也。人情於得失榮辱之界，❸可徵其器量，使周旋於鄉先生、君子之前，則有不能自掩者矣。此與『以五物詢衆庶』之義同，鄉先生、君子微辨其德器，衆庶明徵其行藝，皆所以振興羣士以爲後舉所依據也。若賓、介已受正禮，❹而又以飲食之道召之，則褻矣。」「古文『與』爲『預』」，詳《士昏禮》「我與在」下。案：《士昏禮》、《鄉射禮》、《聘禮》、《公食大夫禮》、《士虞禮》注皆云「古文『與』爲『豫』」，則此亦當作「豫」，作「預」誤也。**鄉樂唯欲。**鄉樂，《周南》、《召南》。六篇之中，唯所欲作，不從次也。不歌《鹿鳴》、《魚麗》者，辟國君也。【疏】正義曰：敖氏云：「鄉樂者，凡《國風》皆是也。惟欲者，唯其所欲，則使工歌之，不如昨日之有節次也。蓋亦純用鄉樂之異者耳。《國風》爲大夫、士之樂，《小雅》爲諸侯之樂，《大雅》、《頌》爲天子之樂。禮盛者可

---

❶「預」，原脱，今據《儀禮注疏校勘記》補。
❷「客」，原脱，今據《儀禮集説》補。
❸「界」，原作「介」，今據《儀禮析疑》改。
❹「介」、「禮」，原脱，今據《儀禮析疑》補。

以進取，故《鄉飲酒》升歌《小雅》也。息司正禮輕，故唯用其正樂耳。《鄉射禮》云：『一人舉觶，遂無算爵。』然則工入之節，其在無算爵之時乎？」

右拜賜拜辱息司正。 此條張氏鄭注句讀無今補。

記

鄉，朝服而謀賓、介，皆使能，不宿戒。 鄉，鄉人，謂鄉大夫也。朝服，冠玄端，緇帶，素韠，白屨。今郡國行鄉飲酒之禮，玄冠而衣皮弁服，與禮異。再戒爲宿戒。禮，將有事，先戒而復宿戒。【疏】正義曰：注「而復宿戒」，《校勘記》云：「復，徐本、《集釋》俱作『又』，與疏合；《通解》、楊氏俱作『復』。張氏云：❶『注曰：先戒而又宿戒。案：《釋文》復字注曰：而復同。此又必復字也。』」今案：賈本作「又」，陸本作「復」，自不同耳。張氏《鄭注句讀》作「後」，以肊改也。　云「鄉，鄉人，謂鄉大夫也」者，敖氏云：「鄉，鄉飲酒也。不言飲酒，省文耳。孔子曰：『吾觀於鄉。』《王制》曰：『冠、昏、喪、祭、鄉、相見。』皆其徵也。於此云『鄉』者，如《燕禮·記》先言『燕』、《特牲饋食·記》先言『特牲饋食』之類也。」❷張氏爾岐云：「鄉，謂鄉飲酒之禮。注指人，恐義不盡。」方氏苞云：「《記》曰：『習射尚功，習鄉尚齒。』又曰：『觀於鄉而知王道之易易。』蓋古者唯飲

❶「氏」下，原衍「爾岐」二字，今據《儀禮注疏校勘記》删。此二字乃補纂者楊氏誤增。

❷「特牲饋食記先言特牲饋食」，原作「特牲禮先言特牲」，今據《儀禮集説》改。

酒之禮名曰鄉，以鄉大夫興賢能，退而以五物詢衆庶，❶黨正正齒位，皆鄉禮。獨言『鄉』，乃可以該之。其不言主人，何也？以經有明文，兼明所就謀賓、介之先生亦朝服也。」案：注以《記》「朝服而謀賓、介」，主鄉大夫言，故謂「鄉，鄉人，謂鄉大夫也」，然《記》「鄉」字總此一篇，下不言主人，方氏謂經有明文，是也。經與《記》非一人所作，古蓋别爲一卷，每篇題其名以别之，不與下文連讀也。敖、張諸説皆確。云「朝服，冠玄端，緇帶，素韠，白屨」者，李氏如圭云：「冠玄端，玄冠、玄端也。冠與衣帶同色，屨與裳、韠同色。」敖氏云：「謀賓、介爲飲酒之始，❷故即服其服。經不見其服，故《記》明之。」云「再戒爲宿戒。禮，將有事，先戒而後宿戒」者，張氏爾岐云：「宿戒之者，恐其人容有不能，❸令得肄習。今鄉飲賓、介皆使賢而能爲禮者，故不煩宿戒也。」方氏苞云：「興賢能，國政也，惟其人之可，無事宿戒，故及期而速之。賓惟禮辭。」盛氏世佐云：「能，賢能也。使能者，即《周禮·鄉大夫職》云『考其德行道藝而興賢者、能者』是也。變『興』言『使』者，合衆而尊寵之謂之興。此以鄉大夫尊士卑，又其所治，故云『使』也。夫使民興賢，出使長之；使民興能，入使治之，一有不肖者得倖進，則殆矣。介亦後年擬貢者，云『皆使能』，蓋其慎也。不宿戒者，謂如《士冠禮》之類，三日前戒賓，至行禮前一日又宿之，而此則否也。所以然者，《冠禮》筮日、筮賓若不先期告戒，恐其至期或以他故不至，則不能成禮，故須戒而又宿。鄉飲酒之禮，則三年一行，必於正月，煌煌大典，誰不聞之？

---

❶「五物」下，原衍「之禮」二字，今據《儀禮析疑》删。

❷「爲」，原作「如」，今據《儀禮集説》改。

❸「恐」，原作「將」，今據《儀禮鄭注句讀》改。

況幼學壯行，士之素志，❶詎有以他故而不至者，無事數數而戒宿也。蓋冠，一家之私禮；而鄉飲，一國之公禮：此其所以異也。二句義不相蒙，先儒乃混而釋之，殊失經意。若謂此以使能，故不宿戒，則凡禮之宿戒者，所使者皆非能者乎？知其不能則不必使，使之而又逆料其不能，不敬孰甚焉？且古之君子禮樂未嘗斯須去身，冠禮又其習見者，亦何所不能而必宿之邪？」案：盛氏説能得禮之精意，注未釋「使能」，固以能即指賓戒也。敖氏之説亦不誤。

右記鄉服及解不宿戒

蒲筵，緇布純。筵，席也。純，緣也。【疏】正義曰：賈疏云：「《公食大夫・記》云：❷『蒲筵常，緇布純。』此不言『常』，文不具也。倍尋曰常，丈六尺也。」敖氏云：「此不言『常』，則其度或短與？」❸**尊綌冪，賓至徹之。**綌，葛也。冪，覆尊巾。【疏】正義曰：《校勘記》云：「冪，宋本《釋文》作『鼏』。❹案：當以『冪』爲正。」〇敖氏云：「賓至徹冪，臣禮之節也。《士昏禮》：夫婦入于室，贊者徹尊冪。《特牲禮》：尸即位而徹

❶「士」，原脱，今據《儀禮正義正誤》補。
❷「記」，原作「禮」，今據《儀禮注疏》改。
❸「與」，原作「焉」，今據《儀禮集説》改。
❹「鼏」，原作「冪」，今據《儀禮注疏校勘記》改。

冪。皆與此異。」❶方氏苞云：「凡事皆於諸篇互備，此經通例也。尊有蓋，蓋上加冪，冪上加勺，又反之以覆勺。此篇及《鄉射》皆賓至即徹，自獻酌至禮終不再覆。祭則陳饌時徹冪，酌奠，隨覆之，神事尤宜潔敬也。故酳尸之後，獻酢相繼，無復神事，則徹而不覆。賓祭之尊，惟有司以時啟冪而已。《燕》、《大射》更有執冪者，❷每酌於膳尊，旋啟而旋覆之。敬君之禮，不異於享神也。觀散尊徹冪，則不再覆，其義顯然矣。燕禮至無算爵，君命徹膳冪，亦不再覆。以酌無算，不可以旋啟而旋覆也。」韋氏協夢云：「綌冪，葛之麤者。綌冪，辟君禮也。《燕禮》用綌冪。」**其牲，狗也。**狗取擇人。【疏】正義曰：敖氏云：「用狗者，用《燕禮》之牲也，《鄉飲》與《燕》類也。而《燕》於君禮爲差輕，《鄉飲》於臣禮爲差重，故牲亦不嫌其同。」**亨于堂東北。**祖陽氣之所始也。陽氣主養。《易》曰：「天地養萬物，聖人養賢以及萬民。」【疏】正義曰：李氏如圭云：「《鄉飲酒義》：『亨狗於東方，祖陽氣之發於東方也。』祖，猶法也。」❸敖氏云：「亨，❹煮也。堂東北，爨所在也，就而亨焉。凡學宮惟一門，故牲爨不於門外，而於堂東北。堂東北，即東夾之東北也。學宮有左、右房，則亦當有夾室。」郝氏敬云：「《易》象艮爲狗，東北艮方，陽氣所發生，飲以養生，故牲用狗亨於東北，象陽也。鄭解牲狗，爲取其擇人，迂也。」**獻用爵，其他用觶。**爵尊，不褻用之。【疏】正義曰：敖氏云：「其他，

❶「異」，《儀禮集説》作「類」。
❷「者」，原脱，今據《儀禮析疑》補。
❸「法」，原作「發」，今據《儀禮集釋》改。
❹「亨」，原作「言」，今據《儀禮集説》改。

謂酬及舉觶之屬也。然《記》之文意，似失於不備。夫酢，亦用爵也，何獨獻哉？此上篚之爵三，觶一；下篚之觶三。」張氏爾岐云：「其他，謂酬及旅酬。」秦氏蕙田云：「酢亦用爵，《記》但言『獻』者，酢統於獻也。敖氏以議《記》文之不備，❶過矣。」淩氏《釋例》云：「凡酌酒而飲之器曰爵。爵者，實酒之器之統名，其別曰爵、曰觚、曰觶、曰角、曰散。《士冠禮》疏：『《韓詩外傳》曰：一升曰爵，二升曰觚，三升曰觶，四升曰角，五升曰散。相對爵、觶有異，散文則通，皆曰爵也。』《考工記》：梓人爲飲器，勺一升，爵一升，觚三升。獻以爵而酬以觚，一獻而三酬，則一豆矣。後鄭曰：觚、豆字，聲之誤。『觚』，當爲『觶』。『豆』，當爲『斗』。《鄉飲酒·記》獻用爵，其他用觶。《鄉射·記》同。此爲《鄉飲酒》、《鄉射》而言也。若《燕禮》、《大射》雖獻亦用觚。宰夫爲主人，辟君也，至於酬、旅酬、無算爵，則同用觶矣。《特牲禮》：主人初獻尸，尸酢主人，主人獻祝，獻佐食，皆用角。注：『不用爵者，下大夫也，因父子之道質而用角。』是也。又《大射》：司馬獻獲者則用散。經云：『司馬正洗散。』《特牲》：佐食獻尸則用散。經云：『利洗散，獻于尸，酢，及祝，如初儀。降，實散于篚。』是也。《特牲·記》：『篚在洗西，南順，實二爵、二觚、四觶、一角、一散。』注：『二爵者，爲賓獻爵止，主婦當致也。二觚，長兄弟酌衆賓長爲加爵，二人班同，迎接並也。四觶，一酌奠，其三，長兄弟酬賓，卒受者，與賓弟子、兄弟弟子舉觶於其長，禮殺，事相接。《禮器》曰：貴者獻以爵，賤者獻以散；尊者舉觶，卑者舉角。』此注皆據《特牲》經文言之。二觚，賈氏無疏。敖氏曰：『二觚者，長兄弟以觚爲加爵，因以致於主人、主婦，既

❶「以」，原脱，今據《五禮通考》補。

則更之以酢於主人也。』説與注異。經云『長兄弟洗觚爲加爵』，則衆賓長爲加爵亦當用觚。❶ 注説是也。觚卑於爵，觶卑於觚，角散又卑於觶，故代君爲主人之獻酢用觚，殺於正賓主之獻酢用爵也。❷ 酬、旅酬、無算爵用觶，又殺於獻酢用爵觚也。❸ 若夫醴用觶而不用爵、觚者，醴事質故也。」**薦脯五挺，横祭于其上，出自左房。** 挺，猶膱也。《鄉射禮》曰：祭半膱，膱長尺有二寸。在東，陽也，陽主養。房，饌陳處也。《冠禮》之饌，脯醢南上。《曲禮》曰：以脯脩置者，左朐右末。【疏】正義曰：《校勘記》云：「注，今本《釋文》：『猶膱，本亦作樴。』宋本云：『猶樴，本亦作膱。』張淳《識誤》載『樴』字，而缺其説。蓋從《釋文》作從木之『樴』也。『在東』，『在』上，徐本、《集釋》、《通解》、楊氏俱有『左』字。」 云「挺，猶膱也。《鄉射禮》曰：祭半膱，膱長尺有二寸」者，李氏如圭云：「脯横於人前，其末居右，祭横其上，於人則爲從也。 脯五挺，通祭而六挺。」敖氏云：「脯之祭者半挺，使人以爲祭也。 云『横祭』，是五挺者縮籩也。 然則籩亦有首尾歟？」張氏爾岐云：「薦脯用籩，其挺五，别有半挺横於上，以待祭。 脯本横設人前。 横祭者，於脯爲横，於人爲縮。」蔡氏德晋云：「數脯以挺，脯乾則挺直也。 籩實五挺，皆横設，所謂『左朐右末』也。 而以祭之半挺直加其上，故曰『横祭』。」案：挺、膱皆有直義。《爾雅·釋詁》云：挺，直也。《鄉射·記》注云：「古文『膱』爲『胾』。 今文或作『植』。」戠、直古聲通，故「戠」或通作「埴」，「樴」或通作「𦙶」，皆其類也。 脯乾則直，因謂之挺，或謂之膱，

❶ 「長」，原脱，今據《禮經釋例》補。
❷ 「賓」，原脱，今據《禮經釋例》補。
❸ 「酢」，原作「酬」，今據《禮經釋例》改。

其義一也。云「在東，陽也，陽主養。房，饌陳處也」者，敖氏云：「左房，東房也。有左房，則有右房可知。」陳氏祥道云：「《鄉飲酒》：薦脯五挺，出自左房。《鄉射》：籩豆出自東房。《大射》：『宰胥薦脯醢由左房。』夫《鄉飲》、《鄉射》，大夫禮；《大射》，諸侯禮。其言相類，蓋言左以有右，言東以有西，則士、大夫之房室與諸侯同可知。」淩氏《釋例》詳《士冠禮》。**俎由東壁，自西階升。**亨狗既孰，載之俎，饌於東方。【疏】正義曰：上云「亨于堂東北」，而不別言陳俎之處，則是俎亦未離於其所也，故其設時，由東壁而來。必言「由東壁」者，嫌俎當自門入也。云「自西階升」者，明賓主同。郝氏敬云：「亨狗于堂北，熟而實於俎，故自東壁出，由西階升堂也。」韋氏協夢云：「俎爲賓設，故升自西階。」**賓俎，脊、脅、肩、肺。主人俎，脊、脅、臂、肺。介俎，脊、脅、胳、肺。肺皆離，皆右體，進腠。**凡牲，前脛骨三，肩、臂、臑也；後脛骨二，膊、胳也。尊者俎尊骨，卑者俎卑骨。《祭統》曰：凡爲俎者，以骨爲上。骨有貴賤，凡前貴後賤。離，猶挂也。腠，理也。進理，謂前其本也。今文「胳」作「骼」。【疏】正義曰：朱子云：「印本『胳』上有『肫』字，然《釋文》無音，《疏》又云『有臑肫而介不用』，明本無此字也。成都石經亦誤。今據音、疏删去。」敖氏云：「今印本與石經『胳』上有『肫』字。案：疏云：『介用胳。』又云『或有肫、胳兩言者』云云。又《釋文》此處無肫音，至下乃音之。今據《釋文》與疏之前説，則『胳』上固無『肫』字。又考疏之後説，則是作疏之時，或本已有兩言『肫胳』二字者矣。是蓋後人妄增之，而當時無有是正之者，故二本並行。其後石經與印本但以或本爲據，所以皆誤。」❶今從《通解》删之。《校勘記》云：「唐石經、徐本、《集釋》、楊氏俱有『肫』字，《通解》、敖氏無。案：賈疏云：『肫胳兩見，亦是也。』又前疏云：下有介俎，脊、脅、肫、胳。仍有『肫』字，則賈氏所據之本雖無『肫』字，亦不以有『肫』爲非。」案：注但言「膞、胳」，不云「肫、胳」，使經文爲「肫」字，注必明言肫與膞之爲一，其不言則鄭所據本無「肫」字可知也。別本蓋以注之膞胳即肫胳，因加「肫」字於「胳」字上。唐石經不察，遂從其本，要當以陸、賈爲正。張氏爾岐《鄭注句讀》仍加「肫」字，宜爲盛氏所譏也。「進腠」，《校勘記》云：「《釋文》作『奏』，云：『本又作腠，同。』」❷注「膞，胳也」，《校勘記》云：「盧文弨改『膞』爲『膞』。案：膞即肫字，《説文》：『肫，面頯也。从肉屯聲。』『膞，切肉也。从肉專聲。』皆非脛骨之義，蓋假借用之。專、肫同音，膞、肫同字。今《注疏》刊本俱誤作『膞』。❸膞以專爲聲，不得與肫通用。❹《周禮·醢人》『豚拍』杜子春讀爲膞。」案：段氏《説文注》曰：「《儀禮》『牲體肫骼』，❺假借『肫』爲『腨』字也。腨，腓腸也，❻析言爲腓腸，統言之則以腨該全脛，如《禮經》之言『肫胳』是也。《禮經》多作『肫』，或作『膞』，皆假借字。」「以骨爲上」，《校勘記》

---

❶ 引文出自《南江札記》。「敖氏」，當爲「邵氏」之誤。
❷ 「同」，原脱，今據《儀禮注疏校勘記》補。
❸ 「俱」，原作「既」，今據《儀禮注疏校勘記》改。
❹ 「通」，原作「同」，今據《儀禮注疏校勘記》改。
❺ 「體」，原脱，今據《説文解字注》補。
❻ 「腓」，原作「肥」，今據《説文解字注》改。

云：「上，徐本、《集釋》、《通解》、敖氏俱作『主』。」謂其本也。《集釋》無「其」字。「今文胳作骼」，《集釋》作「爲」，與疏標目不合。○敖氏云：「皆，皆肩、臂、胳也。凡脊、脅不謂之體。❶右體者，吉禮所尚，故於三俎用之。肺在後者，便其取之也。凡俎横設，其後皆於所爲設者爲右。」方氏苞云：「先脊、脅而後肩、臂，何也？鬼神不饗味而貴氣臭，故骨體以次升，生人所食惟肺、脊，故昏禮夕食及朝饋，舅姑所舉惟肺、脊，從其質也。賓禮所嚌惟肺，而骨體之陳亦以平時所舉爲先，用别於神享也。」淩氏《釋例》云：「凡牲皆用右胖，惟變禮反吉，用左胖。《鄉飲酒·記》：『賓俎，脊、脅、肩、肺。主人俎，脊、脅、臂、肺。介俎，脊、脅、肫、胳、肺。皆右體，進腠。』《鄉射·記》：『賓俎，脊、脅、肩、肺。主人俎，❷脊、脅、臂、肺。皆右體也，進腠。』注：『右體，❸周所貴也。』此嘉禮用右胖也。《特牲·記》云：『尸俎，右肩、臂、臑、肫、胳，正脊二骨，横脊，長脅二骨，短脅。』《少牢禮》：實鼎，司馬升羊右胖，髀不升。注：『上右胖，周所貴也。』又云：『司士升豕右胖，髀不升。』又：將祭載俎，上利升羊，載右胖，髀不升。又云：『下利升豕，其載如羊。』《有司徹》：『司馬朼羊，亦司馬載，載右體。』❹又云：『司士朼豕，亦司士載，亦右體。』此吉禮皆用右胖也。是凡牲皆用右胖也。《既夕禮》大遣奠陳鼎，其實，羊左胖，髀不升，豕亦如之。注：『反吉祭也。』《士虞禮》豚解，升左肩、臂、臑、肫、胳、

---

❶「脊」，原作「肩」，今據《儀禮集説》改。
❷「俎」，原脱，今據《禮經釋例》補。
❸「右」，原作「左」，今據《禮經釋例》改。
❹「載」，原脱，今據《禮經釋例》補。

脊、脅。又云：『升腊左胖，髀不升。』是變禮反吉，始用左胖也。至於《特牲·記》『賓骼』注：『骼，左骼也。』賓用左骼者，下尸也。《有司徹》：『侑俎，羊左肩，左肫。』❶又云：『豕左肩折。』侑用左體者，亦下尸也。『主婦俎，羊左臑。』主婦用左體者，因胙俎無體，故下主人也。此皆禮之殺者，故不用右胖也。又案：《士冠禮》：『若殺，則特豚，載合升。』注：『煮於鑊曰亨，在鼎曰升，在俎曰載。載合升者，明亨與載皆合左右胖。』❷《士昏禮》初昏陳鼎，其實特豚，合升，去蹄。注：『合升，合左右胖升於鼎也。』《士喪禮》：大斂奠陳鼎，❸豚合升。注：『合升，合左右體升於鼎。』冠禮，人道之始；昏禮，男女之始；大斂，人道之終。故皆合升左右胖，異於他禮也。又《士冠禮》『若殺』注：『凡牲皆用左胖。』疏云：『《特牲》、《少牢》皆用右胖。《少儀》云：大牢則以牛左肩折九箇。爲歸胙用左，則用右而祭之。《鄉飲酒》、《鄉射》用右體。與祭同，❹據周而言也。此云用左，鄭據夏、殷之法，與周異也。』竊謂注凡牲皆用左胖，當作『右胖』。『左』字，❺蓋傳寫之誤。疏以『若不醴，則醮用酒』爲夏、殷冠子之法，❻故爲此説以遷就之，不足信也。」陳氏祥道云：「豚則吉凶

❶「左」，原作「右」，今據《禮經釋例》改。
❷「亨」，原作「言」，今據《禮經釋例》改。
❸「大斂」，原脱，今據《禮經釋例》補。
❹「與」上，據《儀禮注疏》當補「生人亦」三字。
❺「字」，原作「氏」，今據《續清經解》本及《禮經集釋》改。
❻「爲」，原作「如」，今據《禮經釋例》改。

皆合升，用成牲則升其胖而去髀，吉升右而凶升左。」注「凡牲，前脛骨三，❶肩、臂、臑也；後脛骨二，膊、胳也。尊者俎尊骨，卑者俎卑骨」者，郝氏敬云：「凡俎貴骨，骨貴正與前。脊，正骨也。脅、肩，前骨也。臂、肩，下骨也。胳，後脛骨也。賓俎用貴，❷主人次之，介又次之。」敖氏云：「介俎用胳者，❸欲以臑爲諸公俎，肫爲大夫俎也。遵者若多，則自三以下皆用左體，是亦示其相下之意也。若無遵者，介俎猶用胳，不爲之變也。」案：李氏《集釋》、張氏《鄭注句讀》本「胳」上皆有「肫」字，故其説稍異。李氏云：「周人貴肩。『賓俎用肩，主人用臂，尊賓也。』大夫雖尊，不奪賓主正禮，其俎用臑、肫，卑於主人，而尊於介。介用胳，若大夫一人，則介得用肫，故介俎肫、胳兩見。」張氏曰：「肫、胳即注膞、胳，後脛二骨也，賓、主俎各一體，而介俎肫、胳並言者，以肩臂之下，留其貴者爲大夫俎，若有一大夫，則大夫用臑而介用肫，❹若有二大夫，則大夫用臑與肫，而介用胳。用體無常，故肫、胳兩見也。」盛氏世佐云：「介俎用胳，正也，不以遵者之多少而有所變。若謂有一大夫，則介用肫；有二大夫，則介用胳，然則無大夫，則介當用臑矣。經何以不云介俎脊、脅、臑、肫、胳、肺也？且有三大夫，則介更何所用乎？其説固不可通也。」引《祭統》者，明骨有貴賤，而俎之尊卑視之也。注云「離，猶挃也。腠，理也。進理，謂前其本也」者，郝氏云：「周人尚肺，肺皆離割而不絶也。」

❶「三」，原作「之」，今據《儀禮注疏》改。
❷「俎」，原作「骨」，今據《儀禮節解》改。
❸「介」，原作「今」，今據《儀禮集説》改。
❹「介」，原作「可」，今據《儀禮鄭注句讀》改。

「進腠，肉皮向上也。」云「今文『胳』作『骼』」者，胡氏承珙曰：「《説文》：『胳，亦下也。』『亦』即『腋』字。《亦部》云：『人之臂亦也。』《骨部》曰：『禽獸之骨曰骼。』是許書於『胳』、『骼』二字有人、獸之别。《儀禮》古文作『胳』，今文作『骼』。鄭於《鄉飲酒》從古文，於《有司徹》從今文者，對文則别，散文則通。經言牲體，獸骨自明，不必作『骼』始瞭，非同《説文》字書專明一字本義也。」段氏《説文注》「胳」下曰：「《禮經》牲體之胳，❶今文作『胳』，古文作『骼』。鄭出古文於注，是注從今文也。許訓胳爲亦下，訓骼爲禽獸之骨，是從古文《禮》，不從鄭也。」❷又「禽獸之骨曰骼」注云：「案：『骨』當作『髖』。許據《儀禮》十七篇，故云『禽獸之髖曰骼』也。《儀禮》多言肫、骼。❸『肫』，❹亦作『膞』，皆《説文》之『腨』字也。骼，亦作胳，於人曰髖也。髖者，髀上也。❺牲前足體三：❻曰肩、曰臑、曰臂。臑於人爲厷，❼肩下、臂上也。後足體三：❽曰骼、曰髀、曰腨。❾禮，髀

❶「牲」，原作「特」，今據《説文解字注》改。
❷「從」，《説文解字注》作「同」。
❸「骼」，原作「胳」，今據《説文解字注》改。
❹「肫」，原脱，今據《説文解字注》補。
❺「髀」，原作「脾」，今據《説文解字注》改。
❻「足」，原作「是」，今據《説文解字注》改。
❼「臑」，原脱，今據《説文解字注》補。
❽「足」，原作「是」，今據《説文解字注》改。
❾「骼」，原作「胳」，今據《説文解字注》改。

賤，不升，故經多言肩、臂、臑、❶膊、骼，❷臑在臂上，骼在肫上，而先言臂、肫者，蓋四胑以下爲貴也。『骼』是本字，至《埤蒼》乃作『髂』，❸《廣雅》、《字林》變作骬，又或作骰，魚虞歌麻通轉之故也。云曰骼、曰骴者，所以別人禽之異名。《肉部》曰臂，羊豕曰臑，是其例也。許據十七篇爲言，❹故不敢謂骼爲人骨也。」案：段氏兩説自異，當以「骼」下爲正。鄭於此經曰「今文『胳』作『骼』」，於《有司徹》曰「古文『骼』作『胳』」，是古文作「胳」，今文作「骼」。段以爲今文作「胳」、古文作「骼」，顯與注悖。肉、骨，偏旁古多通用，如「膀」或作「髈」，「骴」或作「胔」，皆其類也。鄭於此注從古文，《有司徹》從今文，以其通用可便作耳。段以注從今文，非也。許君據十七篇爲言，故謂骼爲禽獸之骨，以《禮經》所言骼皆主牲體言也。許君於《禮》多從今文，確有可證。段必以許從古文《禮》不同鄭，誤矣。《説文》於「胳」曰「亦下」，於「骼」曰「禽獸之骨」，分別言之。其實骼、胳一字也。

右記器具牲羞之屬

以爵拜者不徒作。作，起也。言拜既爵者不徒起，起必酢主人。【疏】正義曰：賈疏云：拜受爵者，

❶「臂臑」，原倒，今據《説文解字注》乙正。
❷「膊骼」，原作「膊胳」，今據《説文解字注》改。下「骼在肫上」、「骼是本字」同。
❸「髂」，原作「骼」，今據《説文解字注》改。
❹「據」，原作「案」，今據《儀禮正義正誤》改。

有不酢主人法，故此是拜既爵起，必酢主人者也。❶敖氏云：「以爵拜，蓋指賓、主、介、遵既卒爵而奠爵拜者也。既拜而興，則與飲己者爲禮，故曰『不徒作』。然此拜乃前禮之節，其意未必與後禮相通。《記》乃合之以生義，似失之。又經言『奠爵』，此乃言『以爵』，則其意亦可見矣。」盛氏世佐云：「以爵拜者，謂凡奠爵拜、執爵興者也。❷不徒作者，❸謂起必有所事，無空起也。試以經文考之，蓋一一不爽。如主人獻賓，賓之告旨也，坐奠爵，拜，執爵興，是以爵拜也。下即云：『賓西階上，北面坐，卒爵。』是不徒作也。其拜既爵也，亦然。又如賓酢主人，主人坐卒爵，興，坐奠爵，遂拜，執爵興，是以爵拜也。下文即言其再拜崇酒之事，是亦不徒作也。❹以是推之，凡介、遵之禮皆然。至於獻衆賓，衆賓不拜既爵，是不以爵拜也。下云：『授主人爵，降復位。』是徒作也。凡拜必奠爵，《記》乃言『以爵拜』，不言奠爵拜，何也？凡拜畢即執爵興者，謂之以爵拜；不執以興者，謂之奠爵拜。奠爵拜則有徒作者矣。如介酢主人，主人坐奠爵於西楹南，介右再拜崇酒。下云『主人復阼階』，是其徵也。若夫拜受爵之禮，先拜而後受爵。方其拜時，爵固未入手也，不得謂之以爵拜。注專以『拜既爵』訓『以爵拜』，以『酢主人』訓『不徒作』，固偏。❺敖氏雖兼賓、主、介、遵而言，然但

❶「必」，原作「以」，今據《儀禮注疏》改。
❷「拜」，原脱，今據《儀禮集編》補。
❸「作」，原脱，今據《儀禮集編》補。
❹「亦」，原作「以」，今據《儀禮集編》改。
❺「偏」，原作「徧」，今據《續清經解》本及《儀禮正義正誤》改。

指其卒爵之拜，亦未備。且未知奠爵、以爵之分，而反疑《記》失，豈不謬哉？」案：下文有「拜既爵」、「不拜既爵」，故注探下爲言，知以爵拜謂拜既爵也。**坐卒爵者拜既爵，立卒爵者不拜既爵。**降殺各從其宜，不使相錯。唯工不從此禮。【疏】正義曰：敖氏云：「此蓋於卒爵之時見其拜不拜之意。坐近於拜，故當拜則坐飲，❶而不當拜則立飲也。是二儀者，經已具之，《記》蓋言其例耳。又此與下條，惟以《鄉飲》、《鄉射》之禮言之則可，若推於他禮，則有不盡然者矣。」云「惟工不從此禮」者，李氏如圭云：「工賤，不拜既爵，無目，不使立卒爵耳。」**凡奠者于左，**不飲者，不欲其妨。【疏】正義曰：賈疏云：「謂主人酬賓之觶，主人奠於薦右，客奠之於左，是不欲其妨後奠爵也。」**將舉于右。**便也。【疏】正義曰：賈疏云：「謂若上文一人舉觶爲旅酬始，二人舉觶爲無算爵始，皆奠於右，是其將舉者於右，以右手舉之，便也。」李氏如圭云：「《少儀》曰：『客爵居左，其飲居右。❷介爵，酢爵，僎爵，皆居右。』客爵，主人酬賓之爵也。」**衆賓之長，一人辭洗，如賓禮。**於三人之中，復差有尊者，餘二人雖爲之洗，不敢辭。其下不洗。【疏】正義曰：敖氏云：「主人獻衆賓，惟於始長者一人爲之洗。❸經云：『主人取爵于西楹下，降洗。』是也。一人辭之者，❹禮

❶「坐」下，原衍「而」字，今據《儀禮集説》删。
❷「飲」，原作「餘」，今據《續清經解》本及《儀禮集釋》改。
❸「長」、「人」，原無，今據《續清經解》本補。
❹「辭」，原作「洗」，今據《續清經解》本及《儀禮集説》改。

主於己也。」張氏爾岐云：「主人統爲衆賓三人長一洗，❶一人進與爲禮，餘二人不敢往參，非又爲二人各一洗也。又案：經文『洗，升，實爵』後，始言『衆賓之長升，拜受者三人』。此時三人尚未升堂，其辭洗亦自階下東行辭之。疏於前經以主人揖升爲揖衆賓升，以此辭洗爲降辭，皆誤。」盛氏世佐云：「案：經文主人獻衆賓唯有一洗，蓋爲衆賓之長一人也，❷故此人辭之。餘二人並不爲之洗，何辭之有？注誤。」**立者東面北上。若有北面者，則東上。**賢者衆寡無常也。或統於堂，或統於門。【疏】正義曰：張氏爾岐云：「立者，堂下衆賓也。東面北上，統於堂也。賓多，東面立不盡，即門西。北面東上，統於門也。」敖氏云：「此謂在門内位之時也。賓入門左，位近庭南，介以下又居其南。衆賓若多，則容有北面者。北面者與東面者相繼，當西上。云『東』者，字誤也。門西北面，而東上自爲列者耳。」韋氏協夢云：「此蓋言凡東面立者之位也，門内及堂下並同。堂下之位若有北面者，亦當西上，蓋繼東面而立也。若東上，則相背矣。敖氏以『東』爲『西』字之誤，當從之。」盛氏世佐云：「經云『衆賓辯有脯醢』，❸不見其位面及上下之次，故記之。記在『一人辭洗』之下，其爲堂下衆賓之位無疑。敖氏見朱子《通解》載此條於迎賓之後，遂云『在門内位之時』，非也。《周禮·鄉大夫職》云鄉老及鄉大夫帥其吏與其衆寡，❹以禮禮賓之，則行飲酒禮之時，鄉人之善者皆

❶ 下「人」字，原無，今據《續清經解》本補。
❷ 「爲」，原作「以」，今據《儀禮集編》改。
❸ 「經」，原作「注」，今據《儀禮集編》改。
❹ 「寡」，原作「庶」，今據《儀禮集編》改。

在，故容有北面者。北面者與東面者相繼，當西上，乃云『東上』者，猶賓席南鄉，而以東爲上。說者以爲統於主人，是也。敖氏改『東』爲『西』，似未達此義。注云『統於門』，亦未的確。」**樂正與立者皆薦以齒。**謂其飲之次也。尊樂正同於賓黨，不言飲而言薦，以薦明飲也。既飲，皆薦於其位。樂正位西階東，北面。【疏】正義曰：注「以明飲也」，《校勘記》云：「『以』下，《集釋》、敖氏俱有『薦』字。」○敖氏云：「此樂正乃公有司，非衆賓也。又不立於西方，嫌其禮異，故明之。」張氏爾岐云：「樂正本主人官屬，故以齒於賓黨爲尊之。」盛氏世佐云：「經文獻衆賓之時，不言樂正，故記之。立者，亦謂堂下衆賓也。」方氏苞云：「舉樂正司正之薦而不及弟子，何也？此日之弟子，即他日可爲賓、介，列衆賓者也。有司與酬，則弟子可知矣。不言與酬而言薦，何也？言薦則酬見，言酬則薦不見，而或疑於無薦也。」**凡舉爵，三作而不徒爵。**謂獻賓、獻大夫、獻工皆有薦。【疏】正義曰：敖氏云：「言此者，明獻禮重，無有不薦者也。」「注云『獻賓』，謂賓、介及衆賓也。云獻工，兼笙者也。」郝氏敬云：「舉爵三作，謂獻賓、獻介、獻衆賓。不徒爵，謂樂作也。禮成於三，三爵既備，禮宜少變。遵者可入，遵者入而後樂作，以觀德也。樂既作，則遵者不入。」盛氏世佐云：「舉爵，謂初取爵於篚也。作，起也。三作，❶謂奠爵之後，復取之而起三次也。徒，空也。不空爵，謂實之以酒。此禮獻賓獻大夫皆然，故云『凡』。試以獻賓禮證之。經云『主人坐取爵於篚』，即此所謂舉爵也。既因辭賓降而奠，賓對後復坐取爵，興，適洗，是一作也。既又因對賓辭洗而奠，賓復位後復坐取爵，卒洗，是二作也。

❶「作」，原作「爵」，今據《續清經解》本改。

既又因荅賓拜，洗而奠，盥後復坐取爵實之，是三作而不徒爵也。獻介，介不拜洗，❶則少盥後一作矣。獻衆賓無辭降之文，則又少賓對後一作矣。記此者，欲見獻賓及大夫禮隆，不與介以下同也。《鄉射·記》此句在『凡奠者于左』之上，見獻賓禮也。此記於『樂作大夫不入』之上，❷見獻大夫如賓禮也。獻介及衆賓皆仍獻賓之爵。不得謂之舉爵。獻大夫則易爵，故得以舉爵統之也。注於《記》中『凡』字、『而』字俱無所發明，且獻之有薦，經文明白，何待記乎？郝説初讀之似有理，及細考之，亦非。《鄉射禮》無介，獻賓及衆賓後，即遵入而樂作矣。是舉爵二作而不徒爵也，❸何以彼《記》亦云『舉爵，三作而不徒爵』乎？以此證之，則其紕繆顯然矣。」方氏苞云：「此謂無算爵也。古者于旅也，語既受三爵，則必以善言相告戒，或歌詩以見志，如以不徒爵爲薦，❹則衆賓辯有脯醢，❺立者皆薦，安得以獻賓、獻大夫、獻工爲三舉爵？且又去介而著工乎？」案：此記人各爲説，似皆未得其旨。注謂舉爵爲獻賓、獻大夫、獻工，不徒爵謂皆有薦，然獻介、獻衆賓亦皆有薦，遺介與衆賓而謂賓大夫與工之獻爲舉爵三作，未見其合也。盛氏專以獻賓、獻大夫言，雖傅會「三作」之文，然以「易爵」爲「舉爵」，仍爵爲非舉爵，似亦未得經意。至郝氏、方氏自立新説，尤於經無當也。

❶「介」，原作「之」，今據《儀禮集編》改。
❷「上」下，原衍「也」字，今據《續清經解》本删。
❸下「爵」字，原作「作」，今據《儀禮集編》改。
❹「爵」，原作「作」，今據《儀禮析疑》改。
❺「辯」，原作「皆」，今據《儀禮析疑》改。

今案：記言「舉爵」，爲經「一人舉觶」言也。云「凡」，兼「二人舉觶」言也。試以經文證之，經言一人舉觶于賓，云：實觶于西階上，坐奠觶，❶遂拜，執觶興。是一作也。又云：「坐祭，遂飲，卒觶興。」❷是二作也。又云：「坐奠觶，遂拜，執觶興。」是三作也。是所謂「舉爵三作」也。不徒爵者，謂其必實觶也。二人舉觶之禮亦同。一人舉觶，《鄉飲》在「奏樂」條之上，《鄉射》在「賓若有遵者」條之上，此《記》在「樂作，大夫不入」之上，與經之次正相合。《鄉射・記》此句於「凡奠者于左」之上者，承上坐卒爵者拜既爵，立卒爵者不拜既爵，以類相從耳。**樂作，大夫不入。** 後樂賢者。【疏】正義曰：李氏如圭云：「大夫之來，助主人樂賢，故既樂作不入。」敖氏云：「此謂大夫之來也後，不及一人舉觶之節者也。樂作之時，不可亂之，故不入。若樂既作，則獻工與笙矣。大夫之獻，又不宜後於工也。」褚氏寅亮云：「其入之節在一人舉觶後、樂未作前，❸爲時亦無幾。注言『後樂賢』，深得禮意。敖氏謂樂作則獻工，❹大夫之獻不宜後於工，然則大夫專爲自己獻，不可後而不入也。失之遠矣。」**獻工與笙取爵于上篚，既獻，奠于下篚。** 明其異器敬也。如是，則獻大夫亦然。上篚三爵。【疏】正義曰：李氏如圭云：「三爵，獻賓、介、衆賓一，獻工與笙二，獻大夫三也。」敖氏云：「既獻工則奠於上篚，既獻笙乃奠於下篚也。不仍用獻大夫之爵者，節異則不相因也。既獻大夫而酢，

---

❶「觶」，原作「爵」，今據《儀禮正義正誤》改。下「觶」同。

❷「卒」，原作「執」，今據《儀禮注疏》改。

❸「後」，原脱，今據《儀禮管見》補。

❹「工」，原作「上」，今據《儀禮管見》改。

則奠爵於西楹南。又案：注云『獻大夫亦然』者，惟謂亦取爵於上篚耳。」**其笙則獻諸西階上。**謂主人拜送爵也。於工拜於阼階上者，以其坐於西階東也。古文無「上」。【疏】正義曰：李氏如圭云：「獻笙固於西階上矣，復記之者，嫌亦於阼階上拜送。」敖氏云：「此《記》乃與經同者，特因上文而言之耳。」❶ 注云「古文無『上』」者，胡氏承珙云：「案：經言：主人獻笙於西階上。《鄉射禮·記》：『其笙，則獻諸西階上。』此亦當有『上』字，故從今文。」**磬，階間縮霤，北面鼓之，**縮，從也。霤以東西爲從。鼓，猶擊也。大夫而特縣，方賓鄉人之賢者，從士禮也。射則磬在東。古文「縮」爲「蹙」。【疏】正義曰：李氏如圭云：「在堂下兩階之間，❷東西節也。」注云「縮，從也。霤以東西爲從」者，李氏云：「縮霤者，上當堂之南霤南北節也。凡東西爲橫，南北爲從，南霤則以東西爲從，謂之縮霤。」敖氏云：「縮，如縮俎之縮。縮霤者，縮於霤也。前霤兩端，東西鄉，設磬，當其下，亦如之，故於霤爲縮。」郝氏敬云：霤，檐間承霤也。縮霤者，當霤東西設之，於霤爲從，於堂爲橫也。云「大夫而特縣，方賓鄉人之賢者，從士禮也」者，張氏爾岐云：「《周禮·小胥》：『掌正樂縣之位，王宮縣，諸侯軒縣，卿大夫判縣，士特縣。』『凡縣鐘磬，半爲堵，全爲肆。』宮縣四面皆縣，如宮有牆也。軒縣，去其南面。判縣，又去其北面。特縣，又去其西面，特立一面而已。鐘磬編縣之，十六枚在一虡，謂之堵。鐘一堵、磬一堵謂之肆。諸侯之卿大夫，半天子之卿大夫，西縣鐘，東縣磬。士亦半天子之士，

❶「之」，原脱，今據《儀禮集說》補。

❷「在」上，《儀禮集釋》有「階間者」三字。「下」，原作「上」，今據改《儀禮集釋》。

縣磬而已。此鄉飲酒本諸侯卿大夫，❶合鐘磬俱有，而直有磬者，以方賓賢，俯從士禮也。」敖氏云：「此禮特縣，則有磬、鐘、鑮及鼓、鼙。惟言磬者，以其爲縣之主而居首，且可以取節於雷故也。」❷陳氏暘曰：「磬之爲器，昔人謂之樂石，立秋之音，夷則之器也。蓋其用編之則雜而小，離之則特而大。叔之離磬，則專虡之特磬，非十二器之編磬也。古之爲鐘，以十有二聲爲之齊量。❸其爲磬，非有齊量也，因玉石自然，以十有二律爲之數度而已。《爾雅》：『大磬謂之毊。』『徒鼓磬謂之𧮯。』《周官・磬師》：『掌教擊磬、擊編鐘。』則知有編磬矣。《爾雅》言大以見小，《磬師》言鐘以見磬。大則特縣，小則編縣。《儀禮》：『䇲倚於頌磬西紘。』❹則所謂紘者，其編磬之繩歟？《小胥》：『凡縣鐘磬，半爲堵，全爲肆。』鄭氏釋之，謂編縣之十六枚同在一簴謂之堵，鐘磬各一堵謂之肆。禮圖取其倍八音之數而因之，是不知鐘磬特八音之二耳。謂之取其數，可乎？《典同》：『凡爲樂器，以十有二律爲之數度，以十有二聲爲之齊量。』則編鐘、編磬不過十二耳，謂之十六，可乎？嘗讀《漢書》，成帝時於犍水濱得石磬十六枚，未必非成帝前工師附益四清而爲之，非古制也。康成之說，得非因此而遂誤歟？古有大架，二十四枚同一簨簴，❺通十二律正倍之聲，亦庶乎古也。」盛氏世佐

---

❶「酒」下，原衍「之」字，今據《續清經解》本及《儀禮鄭注句讀》删。
❷「節」，原作「爵」，今據《續清經解》本及《儀禮集説》改。
❸「聲」，原作「律」，今據《樂書》改。
❹「䇲」下，原衍「鼓」字，今據《樂書》删。
❺「簨」，原作「簴」，今據《樂書》改。

云：「編縣之法，❶經無明文可考。鄭云：十六枚，取象八風而倍之也。服子慎云：十九枚，取十二辰加七律也。唐李沖用二十四枚，取十二律倍聲也。大周正樂用十四枚，取五聲二變之倍數也。諸説紛如。」「鄭公之言頗與《樂緯》四清聲合，後世多祖之。蓋以十二律加四清，合二八之數也。四清者，半律也。十二律皆有半，而此缺其八，且無變律。朱子嘗譏其法太疎略而用有不周，則其非古制明矣。馬氏端臨善李沖所用，謂其上不失之四清，下不失之二變。然考朱子《鐘律》篇所著十二律，正變倍半之法，有三十六聲，去其不用者八音，亦當有二十八聲。李氏僅取十二律正倍之聲，而不及其變與變半，則猶未備也。唯陳氏以《周禮・典同》之文定爲十二枚，其議發於范鎮，最爲有據。《尚書傳》曰：天子將出，撞黃鍾之鐘，右五鐘皆應；入則撞蕤賓之鐘，左五鐘皆應。則鐘之應乎十二律也古矣。大者如此，小亦宜然。陳氏之言殆得之矣。」「古文『縮』爲『蹙』」者，胡氏承珙云：「《説文》：『縮，亂也。』『一曰蹴也。』縮、蹴同聲爲訓。《手部》亦云：『摍，❷蹴引也。』蹙與蹴同。《曲禮》：『以足蹙路馬芻有誅。』❸《釋文》：本又作『足蹴』。《文選・羽獵賦》注云：『蹙、蹴古字通。』經典蹙亦有縮義。《小雅・節南山》：『蹙蹙靡所騁。』傳云：『蹙蹙，縮小之貌。』是縮、蹙二字，聲、義皆可通，惟《禮經》縮多訓從。今文作『縮』者，正字；古文作『蹙』者，同聲借字，故鄭從

❶「縣」，原作「磬」，今據《儀禮集編》改。
❷「摍」，原作「縮」，今據《儀禮古今文疏義》改。
❸「蹙」，原作「蹴」，今據《儀禮古今文疏義》改。

今文。」王氏引之云：「東西可謂之橫，不可謂之從，注説非也。縮，當從古文作『蹙』。蹙，近也。磬在兩階之間，❶其北則霤矣。磬雖不在霤而近於霤，❷故曰蹙霤。《考工記・弓人》：❸『夫角之本，蹙於刲而休於氣；夫角之末，遠於刲而不休於氣。』鄭注曰：『蹙，近也。』正與此蹙字同義。縮乃蹙之假借耳。」江氏筠云：「此經本未及樂縣，故《記》亦不於縣致詳，其言此者，特以經有『笙入，堂下磬南，北面立』之文，本顯磬南之所在，兼不辨磬之爲從爲横，亦無以見笙之去堂遠近，故特明之。謂爲論樂縣者，非也。敖氏謂此禮特縣，則有磬、鐘、鎛及鼓、鼙説爲得之。其云惟言磬者，以其爲縣之主而居首也，則所見猶未達耳。」**主人、介凡升席自北方，降自南方。**席南上，升由下，降由上，由便。【疏】正義曰：敖氏云：「此儀各一見於經記。❹云『凡』者，似爲不見者言也。二席南上，升降皆當由下。❺其降由上者，由便耳。若例指爲正禮，則似失之。且經于主人之酢云『自席前適阼階上』，是其降亦未必皆自南方也。乃言『凡』，何與？」方氏苞云：「主人及介升席自北方，經有明文而《記》復舉此，何也？主人之降席無文，介之降席雖見於受獻，而將

❶「在」，原作「當」，今據《經義述聞》改。
❷「雖」，原作「非」，今據《經義述聞》改。
❸「弓」，原作「工」，今據《經義述聞》改。
❹「記」，原脱，今據《儀禮集説》補。
❺「皆」，原脱，今據《儀禮集説》補。

徹俎，賓、主、介降席，皆不目其方，❶故舉此以著升降之凡例，而賓降席之方，亦可於升席自西方比類而得之矣。」褚氏寅亮云：「此正禮也，即康成所云『升由下、降由上』也。其主人受酢而自席前適阼階上者，以啐酒在席北端，故由便而非正也。然則此《記》是正禮，何以注亦云『由便』？蓋升以自下而上爲便，❷降以自上而下爲便，因其便而禮節生，即以是爲正焉，指身在席正中者言也。❸若身在席北，而必拘由下之禮，則反躐席而不便矣。故經從北降，此則真由便也。注兩『由便』，須如此分別看乃得。敖氏云：『此儀各一見於經。』乃云『凡』，何與？蓋與彼升降皆由下之説不合，故并記駁之耳。夫駁記以申其説，何所不可？」**司正既舉觶而薦諸其位。**司正，主人之屬也。無獻，因其舉觶而薦之。【疏】正義曰：敖氏云：「無獻者，異於衆賓；❹有薦者，別於其黨。」**凡旅不洗，**敬禮殺也。【疏】正義曰：凡，凡尊卑也。方氏苞云：「與酬者衆每人而洗，日不暇給矣。注説未安。」**不洗者不祭。**不甚潔也。【疏】正義曰：敖氏云：「此承上文『惟爲旅者』言也。若獻酒，雖有不洗者亦祭之。」**既旅，士不入。**後正禮也。既旅，則將燕矣。【疏】正義曰：張氏爾岐云：「士本爲觀禮來。」敖氏云：「此士亦主人請之爲衆賓，或有故而不及與賓、介同來者也。經不言

❶「目」，原作「自」，今據《儀禮析疑》改。
❷「蓋」，原脱，今據《儀禮管見》補。
❸「指」，原作「猶」，今據《儀禮管見》改。
❹「衆」，原作「正」，今據《儀禮集説》改。

士入之節，而記見此，則未旅以前皆可以入也。士賤於大夫，可以不獻，然不與旅，❶則與主人之贊同，故不與旅則不入矣。云『既』者，終言之也。士亦謂當在堂下者也，其入則以齒立於西方，主人不迎。」盛氏世佐云：「此士，謂有爵命者。《周禮·典命職》：大國、次國之士一命。是也。其入也以觀禮，亦遵者之類也。大夫尊，當與於獻，故其入以一人舉觶爲節，樂作則不入矣。士賤於大夫，故不得與於獻，然非主人之官屬，故得與於旅，其入當以司正舉觶爲節。既旅，則不入矣。《王制》云：『命鄉論秀士，升之司徒，曰選士。』即此經所貢之賓也。『司徒論選士之秀者而升之學，曰俊士。』『升於學者，不征於司徒，❷曰造士。』『大樂正論造士之秀者以告於王，而升諸司馬，❸曰進士。』『司馬辨論官材，論進士之賢者，以告於王，而定其論。論定，然後官之。任官，然後爵之。』爵，謂命爲大夫、士也。然則此士與衆賓固不侔矣。敖氏一之誤甚，且謂未旅以前皆可入，皆非也。其位亦在堂下，東面北上，與衆賓齒。《黨正職》云：『一命齒於鄉里。』是也。」褚氏寅亮云：「敖氏謂『不與旅則與主人之贊同』，其失與解大夫不入一也。」**徹俎，賓、介、遵者之俎。受者以降，遂出，授從者。**以送之。【疏】正義曰：《校勘記》云：「注『送』上，徐本、《集釋》俱有『以』字。」○敖氏云：「授從者云『出』，則是飲酒之禮，❹他人無事者皆不入門。」張氏爾岐云：「從者，從賓、介、遵者來者

❶「旅」下，原衍「酬」字，今據《儀禮集説》删。
❷「徒」，原作「馬」，今據《儀禮集編》改。
❸「馬」，原作「徒」，今據《儀禮集編》改。
❹「酒」下，原衍「者」字，今據《儀禮集説》删。

也。」**主人之俎以東。**藏於東方。【疏】正義曰：東，適東壁也。盛氏世佐云：「此於賓、介、遵者之俎云『出，授從者』，而主人之俎不云授主人之贊者，則是受者爲主黨弟子無疑矣。」**樂正命奏《陔》，賓出，至于階，《陔》作。**【疏】正義曰：敖氏云：「此見命之之人與奏之之節也。《鄉射禮》云：『賓降及階，《陔》作。』」張氏爾岐云：「命，命擊鼓者。賓出至階，其節也。」**若有諸公，則大夫于主人之北，西面，**其西面者，北上，統於公。【疏】正義曰：賈疏云：「若無諸公，則大夫南面西上，統於遵也。」敖氏云：「有諸公則大夫位於此，尊諸公也。」**主人之贊者西面北上，不與。**贊，佐也。謂主人之屬，佐助主人禮事，徹鼏、沃盥、設薦俎者。西面北上，統於堂也。與，及也。不及，謂不獻酒。【疏】正義曰：敖氏云：「此贊者蓋以學中之有司及私臣爲之。西面之位，其在洗東南歟？與，謂與其禮也。下言『無算爵，然後與』，則前此所謂『不與』者，獻及旅酬也。是句似有脱文。位西面，且不與獻酬，❶亦飲酒於學之禮異者也。《特牲·記》云：『公有司，門西北面東上，獻次衆賓。私臣，門東北面西上，獻次兄弟。』」盛氏世佐云：「記文雖似錯雜，然皆依經文之序，鱗次櫛比，固秩然而不紊也。間有數節之儀，❷該兹一記，則或見於前，或見於後，俾讀者得以參考，要未有淩亂隔越而不相比者。此及下文一條，以經文訂之，當在『樂正與立者皆薦以齒』之下，否則依『既旅，士不入』之下。今在此，蓋脱簡也。不與者，謂薦與旅耳。今乃綴之於末，與上文之言薦、言旅者隔

❶「獻」，原作「旅」，今據《儀禮集説》改。
❷「儀」，原作「議」，今據《儀禮集編》改。

越不屬，則所謂不與者竟不知其何所指矣。敖氏疑有脱文，而不知其爲脱簡，殆未深考歟？」❶案：主人之贊者總記助主人理事者，與上若有諸公條皆屬總記，不依經次，故列於末。❷此云「不與」，下云「無算爵，然後與」，則不與之爲不與旅酬，不言可知。盛氏謂上文隔越不屬，則「不與」竟不知其何指，亦未就記文而細繹之也。❸敖疑脱文，盛疑脱簡，其失正同。淩氏《釋例》云：「凡旅酬，不及獻酒者不與。《鄉飲酒·記》：『主人之贊者西面北上，不與。』又云：『無算爵，然後與。』是不及獻酒者不與旅酬也。《禮記·鄉飲酒義》：『賓酬主人，主人酬介，介酬衆賓，少長以齒，終於沃洗者焉。』孔穎達《正義》亦引《鄉飲酒·記》，證『少長以齒，終於沃洗者』是無算爵之節也。考《鄉飲酒》旅酬：『辯，卒受者以觶降，坐奠于篚。』注：『辯，辯衆賓之在下者。』《鄉射》旅酬：『辯遂酬在下者，皆升受酬于西階上。卒受者以觶降，奠于篚。』注：『在下，謂賓黨也。』是旅酬不及衆賓以下也。《燕禮》、《大射》公爲賓旅酬，云『大夫辯受酬，如受賓酬之禮』，『卒受者以虚觶降，奠于篚』。爲卿、爲大夫旅酬，皆如初，並不及大夫以下。至爲士旅酬，始云『卒受者以爵興，西階上酬士』。又云：『士旅于西階上，辯。』注：『祝史、小臣，旅食皆及焉。』蓋前主人獻士時，祝史、小臣師及旅食者皆與，故注云然也。《特牲禮》祭畢飲酒，賓旅西階一觶，長兄弟旅阼階一觶，並衆賓及衆兄弟交錯以辯。《特牲·記》又云：『主婦及内賓、宗婦亦旅。』前主人獻酒，至衆賓、衆兄弟、内賓而止，故旅酬亦不及衆賓、衆兄弟、

❶「殆」，原作「殊」，今據《儀禮集編》改。

❷「列」，原作「引」，今據《儀禮正義正誤》改。

❸「就」，原作「説」，今據《儀禮正義正誤》改。

内賓以下也。《有司徹》旅酬，尸、主人、侑相酬畢，至于衆賓，遂及兄弟皆飲于上，遂及私人，拜受者升受，下飲，卒爵，升酌，以之其位，相酬辯。前主人獻酒，辯及私人，故旅酬亦辯及私人也。皆不及獻酒者，不與旅酬，與《鄉飲酒·記》合也。亦有獻而不與旅酬者，如《鄉飲酒》、《鄉射》、《燕禮》、《大射》獻工、獻笙，《鄉射》、《大射》獻獲者、獻釋獲者是也。獻工、獻笙，爲樂而獻，❶獻獲者，獻釋獲者，爲射而獻，非正獻之禮，故不與旅酬也。《燕禮》、《大射》獻庶子，獻左右正、内小臣，亦不與旅酬者，獻庶子，獻左右正、内小臣，在爲士旅酬之後也。」**無算爵，然後與。**燕乃及之。【疏】正義曰：賈疏云：「以其主人之屬，❷非主人所敬，❸故無算爵乃得酒也。」敖氏云：「此遠下於賓黨也。《鄉射禮》曰：無算爵，執觶者皆與旅。執觶亦主人之贊者也。」❹方氏苞云：「《特牲·記》公有司獻次賓，此則與酬而不獻，何也？彼以公有司而助己之私祭，義近於賓。此以公有司給公事，義不得比於賓也。《特牲》私臣獻次兄弟，此無獻，并不與酬，何也？士之私臣，隸子弟也，義同於兄弟。此所興賢能，將使出長之、入治之者也。賓興之日，可使私臣與賓介同獻酬乎？❺

❶「獻」下，原衍「獲」字，今據《禮經釋例》删。
❷「屬」，原作「黨」，今據《儀禮注疏》改。
❸「非主人所敬」，原脱，今據《儀禮注疏》補。
❹「執」，原作「酬」，今據《儀禮集説》改。
❺「介」，原作「客」，今據《儀禮析疑》改。

事各異，則義從而變也。《鄉飲酒義》：❶旅酬終於沃洗者。與此經異，何也？彼所釋《黨正》之『飲酒於序，以正齒位』也，故曰『六十者坐，五十者立侍，以聽政役』，而豆之數各以年爲差，安得以混賓興之禮乎？」案：《鄉飲酒義》終于沃洗者，爲無算爵之節，非與此經異也。方氏誤與敖氏同。

右記禮樂儀節隆殺面位次序

❶「酒」，原脱，今據《儀禮析疑》補。

儀禮正義卷八　鄭氏注

受業江寧楊大堉補

鄉射禮第五

鄭《目録》云：「州長春秋以禮會民，而射於州序之禮。謂之鄉者，州，鄉之屬，鄉大夫或在焉，不改其禮。射禮於五禮屬嘉禮。大戴十一，小戴及《别録》皆第五。」【疏】正義曰：《儀禮釋官》曰：「案：鄉射有二：一是州長會民習射；一是鄉大夫貢士後，以此射詢衆庶。其禮皆先行鄉飲酒禮，但諸侯之鄉射，鄉大夫是大夫，州長是士。《記》云：『大夫兕中，士鹿中。』又鄉大夫射於庠，州長射於序，爲少異耳。」張氏爾岐云：「據注，此州長射禮，❶而云『鄉射』者，《周禮》『五州爲鄉』，一鄉管五州，鄉大夫或宅居一州之内，來臨此射禮。又鄉大夫大比興賢能訖，❷而以鄉射之禮五物詢衆庶，亦行此禮，故名鄉射禮也。」吴氏廷華云：「此當兼鄉大夫、州長之射言，注、疏各舉其一耳。州，鄉之屬，故亦曰鄉。」敖氏曰：「鄉射者，士與其

---

❶ 「射禮」，原作「習射」，今據《儀禮鄭注句讀》改。

❷ 下「大」字，原脱，今據《儀禮鄭注句讀》補。

鄉之士、大夫會聚於學宫，飲酒而習射也。此與上篇大同小異，惟多射一節耳。亦飲酒，而但以射言者，主於射也。」郝氏敬云：「洪荒之初，禽獸逼人。聖王以弧矢爲威，教民自衛，其來尚矣。此男子之業，故古者天子至庶人莫不有事於射。比其敝也，相角而争。聖人制爲禮，以教之讓，於是乎射禮興焉。其爲鄉射，何也？朝廷之上謂之國，邦國之中謂之鄉。鄭氏附會《周禮》，以鄉飲酒爲鄉大夫賓興，鄉射爲州長教民。士、大夫欲習射，孰不可用此禮者？何必鄉大夫與州長？禮主善俗。冠、昏以士，飲酒、習射以鄉，皆化民成俗之意。鄭謂鄉飲於庠，庠，鄉學；習射於序，序，州學。庠、序學校同地異名，養則爲庠，射則爲序。豈養老一學，習射又一學也？」盛氏世佐云：「此篇陳天子之州長春秋習射之禮。鄉老及鄉大夫賓賢能訖，亦用此禮詢衆庶，侯國亦如之。注疏專指諸侯之州長，❶似未備。先儒或目爲士、大夫習射之通禮，非。蓋以禮屬民，而讀灋、飲、射皆有民社者之責也，豈士、大夫平居所常行乎？士、大夫相與燕飲，其事有類於射者，投壺是也。又案：庠序之説，經傳各異。《鄉飲酒義》云：『主人拜迎賓於庠門之外。』則庠爲鄉學矣。《周禮·州長》：『春秋以禮會民而射于州序。』《黨正》：『國索鬼神而祭祀，則以禮屬民，而飲酒于序。』則序爲州黨學矣。鄭説蓋本諸此。又《學記》云：『黨有庠，術有序。』術，鄭讀爲遂。孔疏云：『此蓋鄉之所居，黨爲鄉學之庠，不别立序。凡六鄉之内州學以下皆爲庠，❷六遂之内縣學之下皆爲序也。』又云：『庾氏云：黨有庠，謂夏殷禮，非周法。義或然也。』《孟子》則謂：『夏曰校，殷曰序，周曰

❶「疏」，原脱，今據《儀禮集編》補。

❷「庠」，原作「序」，今據《續清經解》本改。

庠，學則三代共之。』夫鄉學之設，但聞鄉、黨殊名，不聞殷周異號。且《王制》云：『有虞氏養國老於上庠，養庶老於下庠。夏后氏養國老於東序，養庶老於西序。殷人養國老於右學，養庶老於左學。周人養國老於東膠，養庶老於虞庠。』《明堂位》亦云：『魯之米廩，有虞氏之庠也。序，夏后氏之序也。瞽宗，殷學也。頖宫，周學也。』然則國學之名亦代不相襲矣。乃云『三代共之』，此皆不可曉。朱子《通解·學制》篇既並列諸説，而斷之曰：『《孟子》説與上下數條皆不合，未詳其故。』又云：『古者教人，其立法大意，皆萬世通行，不可得而變革。若其名號位置節文之詳，則自經言之外，出於諸儒之所記者，今皆無以考其實矣。然不敢有所取舍，姑悉存之。讀者亦不必深究也。』斯言真得闕疑之旨矣。然以諸説之時世先後考之，竊謂當以《鄉飲酒義》及《周禮》之言爲正。❶蓋周之學制，自春秋時已廢不復講，故佻達成風，《子衿》作刺；魯僖能修泮宫，史克至作頌以誇美之。及其季世，七國兵爭，此制益蕩然矣。故孟子所至，輒惓惓以興復學校爲勸説。然其名號沿革之詳，容有得之傳聞而失實者。又況漢儒攟摭灰燼之餘，雜以夏、殷之禮，何怪其參差而不相符乎？乃若《儀禮》、《周禮》皆周公制作時所定，而《鄉飲酒義》即《儀禮》之義疏也，亦不容有誤。鄭君據此，極爲有見。郝氏乃執《孟子》之言而詆之，過矣。且謂庠、序學校同地異名，則於鄉學、國學之辨尤欠分曉，不更爲無稽之譚乎？」褚氏寅亮云：「此篇及《鄉飲酒》，敖氏以爲士與同鄉之士、大夫飲酒於學宫之禮。案之各經，義都不合，故不可從。」

❶「言」，原作「禮」，今據《儀禮集編》改。

鄉射之禮。主人戒賓，賓出迎，再拜。主人荅再拜，乃請。主人，州長也。鄉大夫若在焉，則稱鄉大夫也。戒，猶警也，語也。出迎，出門也。請，告也。告賓以射事，不言拜辱，此爲習民以禮樂，不主爲賓己也。不謀賓者，時不獻賢能，事輕也。今郡國行此禮以季春。《周禮》：鄉老及鄉大夫三年正月獻賢能之書于王，退而以鄉射之禮五物詢衆庶。諸侯之鄉大夫既貢士於其君，亦用此禮射而詢衆庶乎？【疏】正義曰：張氏爾岐云：「此射禮，先與賓飲酒，如鄉飲酒之儀。及立司正，將旅酬，乃暫止不旅而射。射已，更旅酬坐燕，並如鄉飲。凡賓至之前、賓退之後，其儀節並不殊也。此下言將射戒賓、陳設、速賓，凡三節，皆禮初事。」○《校勘記》曰：「注『鄉大夫若在焉』，『鄉』，誤作『卿』。『不言拜辱』，『辱』下，疏有『者』字。」云「主人，州長也。鄉大夫若在焉，則稱鄉大夫也」者，賈疏云：「鄉大夫是諸侯鄉大夫，則此州長亦諸侯之州長，以士爲之，是以經云：『釋獲者執鹿中。』記云：『士鹿中。』若天子州長，中大夫爲之。」《釋官》曰：「案：鄭注《鄉飲酒義》亦以州長爲士。《周禮》州長次鄉大夫一等，諸侯之鄉大夫以下大夫爲之，則諸侯之州長當上士爲之。《内則》：『州史獻諸州伯，州伯命藏諸州府。』伯亦長稱，州伯即州長也。」盛氏世佐云：「主人，謂天子及諸侯之州長也。若其詢衆庶與，則鄉大夫也。鄉大夫所居之州，雖春秋習射，亦鄉大夫爲主人。其戒賓也親之，不合使州長。疏謂大夫來臨禮，州長戒賓，不自稱，稱鄉大夫。非。」胡氏肇昕云：「注云：『鄉大夫若在焉，則稱鄉大夫也。』謂鄉大夫若在州之中，則習射鄉大夫主之。經所謂主人則稱鄉大夫，非稱州長也。疏誤會注意，宜爲盛氏所駁。」云「戒，猶警也，❶語也」者，張氏爾岐云：「賓以州中處士賢者爲之。若大夫來爲遵，則易以公士。」方氏苞云：「冠之賓、贊，始汎戒之，前期三日筮之。既筮而宿之，前期一日告之。鄉飲、鄉射則並戒宿於即事之日，何也？冠子，私家之事，雖前期宿戒，尚恐奪於公事。興賢能、習射則國政也，鄉大夫既就先生而謀賓、介，則衆賓之當與諸公、卿、大夫之來觀者預備之矣。❷春秋習射，其法有常，其人有定，故可以及期戒、速，同日而畢事也。」吳氏廷華云：「射爲行禮之事最重，理當先期戒賓。❸此與鄉飲俱不言先期，亦文省耳。《鄉飲》注乃造作『夙興』字，遂有戒賓與射同日之説，不知戒者先期告之，使之致敬，何等鄭重。若與射同日，則召賓足矣，何必曰戒？此皆因《鄉飲酒》有『不宿戒』之説，❹故據之。不知彼所謂『使能不宿戒』者，❺蓋謂諸職事皆能而嫺於禮，故不必宿戒之。若以賓言，則何得曰使？」云「出迎，出門也」者，盛氏世佐云：「主人戒賓，必詣賓家請之。賓出己家大門外，迎主人。疏謂出序之學門，❻非。」云「請，告也。告賓以射事，不言拜辱，此爲習民以禮樂，不主爲賓己也」者，敖氏曰：「請

❶「警」下，原衍「之」字，今據注删。
❷「諸」，原作「衆」，今據《儀禮析疑》改。
❸「理」，原作「謂」，今據《儀禮疑義》改。
❹「酒」，《儀禮疑義》作「記」。
❺「所謂」上，原衍「無」字，今據《儀禮疑義》删。
❻「門」下，原衍「外」字，今據《儀禮集編》删。

亦謂致戒辭而請之爲賓也。『請』下似脱一『賓』字。」方氏苞云：「州長教民習射，故賓不宿戒，不固辭，一同鄉飲酒，但不言拜其辱。蓋此賓或在朝公士，或不仕之君子，與鄉大夫所舉賢能不同，即或用庠序中學士，亦奉長吏之教令而習禮，無所爲拜其辱也。」盛氏世佐云：「《鄉飲酒禮》兩云『賓拜辱』，此則云迎送者，拜辱明其意，迎送指其事，無異也。注説似求之過矣。」云「不謀賓者，時不獻賢能，事輕也」者，郝氏敬云：「射必有賓，教民序也。不謀賓，無介，禮主射，將觀德焉，非專禮賓也。」胡氏肇昕曰：「此賓賢能之後，將習射以合民儲材，不能遽繩以觀德，故注以不謀賓爲事輕也。」引《周禮》者，《鄉大夫職》文。五物者：一曰和，二曰容，三曰主皮，四曰和容，五曰興舞。注云：「和載六德，容包六行也。庶民無射禮，因田獵分禽，則有主皮。主皮者，張皮射之，無侯也。主皮、和容、興舞，則六藝之射及禮樂與？當射之時，民必觀焉，因詢之也。」馬融《論語》注曰：一曰和志，言其平心志也；二曰和容，言其和威儀也；三曰主皮，言其審正鵠也；四曰和頌，言其合音節也；五曰興舞，言其中舞蹈也。與鄭説異。**賓禮辭，許。主人再拜，賓荅再拜。主人退，賓送，再拜。**退，還射宮，省録射事。【疏】正義曰：賈疏云：「射宮，鄉庠、州序也。省録射事，下文張侯等事也。」**無介。**雖先飲酒，主於射也，其序賓之禮略。【疏】正義曰：《射義》曰：古者諸侯之射也，必先行燕禮；卿、大夫、士之射也，必先行鄉飲酒之禮。鄉飲有介，此無介者，鄉飲主於禮賓，此主於射，序賓之禮略，故不立介以輔賓也。敖氏曰：「無介者，以介尊次於賓，同於大夫，射時難爲耦也。」方氏苞云：「注與敖説皆近似而未得其情也。謂略於序賓，則賓長三人皆得受獻，而獨略於介，何義乎？謂難與合耦，則大夫雖衆，皆與士爲耦，介必學士之越其曹者，乃不得儕於羣士而與大夫耦乎？蓋《大射》、《鄉射》、《公食大夫》、《燕禮》皆有賓無介。有介者，獨《鄉飲酒》耳。五州之中，德行道藝相次比者必有數人，故立賓及介，而介之禮亞從賓，俾衆賓觀感而益自矜奮焉。若州長習射，則立賓以與主人行禮而倡衆耦足矣，無所用介。《鄉射》無介，則黨正之正齒位可知。大射、燕禮則有位者皆在列，賢者衆多，不可以賓、介盡之。公食大夫則異國之臣，惟正客當此盛禮而介不與。禮以義起，各有所當耳。」案：此説可備一解。

右戒賓

乃席賓，南面東上。不言於户牖之間者，此射於序。【疏】正義曰：賈疏云：鄉飲酒在庠，庠有室；此據州長射於序，以其無室無户牖，❶設席亦當户牖之處耳。敖氏云：「不言户牖間者，❷可知也。《記》云『出自東房』，❸有東房、西房則中有室，而席賓於户牖之間也明矣。凡席於此者，皆東上，經不悉見之也。惟爲神席則西上。」方氏苞云：「燕禮司宫席賓于户西，東上；昏禮主人筵于户西，西上；將醴賓，改筵，東上，則凡賓席皆在户牖間可知矣。下經『尊于賓席之東』，則在户牖間之常位明矣。注疏説非。」高氏愈云：「賓席南面，居尊位也。《鄉飲酒禮》不及布席之面，此詳之。」褚氏寅亮云：「下經云『尊于賓席之東』，而不

❶「室」，原作「堂」，今據《續清經解》本及《儀禮注疏》改。
❷「間」，原脱，今據《儀禮集説》補。
❸「房」，原作「方」，今據《續清經解》本改。

言房户間，似州序實無室者。」盛氏世佐云：「此賓席亦當在牖前。經不言者，容射於序也。鄉大夫射於庠，庠有室，云牖前可也；州長射於序，序無室，云牖前不可也。序何以無室也？州之學小於鄉，其堂淺，去其室壁之限，堂斯深矣，無室則無房。本《記》曰『出自東房』，爲射於庠言之也。敖氏據此決其有室，非。序雖無室，然其制亦三間五架，❶與大夫士之私室殊，而謂席賓於户牖間，亦非。」**衆賓之席繼而西。**言繼者，甫欲習衆庶，未有所殊別。**【疏】**正義曰：敖氏云：「衆賓，亦衆賓之長三人也。繼，繼賓席也。云繼者，明其以次而西，衆賓之席亦皆不屬而東上。」蔡氏德晋云：「衆賓之席以次相繼而西，皆南向，當西房之外也。」注云「未有所殊別」者，褚氏寅亮云：「明所以相連屬之故。其不妨連屬者，升降可各由其席之西端，不必留隙地也。賓既升降由下，衆賓同可知。」韋氏協夢云：「此所謂『繼』，即《鄉飲》所謂『不屬』。衆賓之席依次而西，不相接屬，以便升降也。」張氏惠言云：「賓有席西拜，知席不與衆賓繼。又《禮》云：❷『西序之席北上。』疏謂大夫多，尊東不受則於尊西；賓近於西，則三賓東面。案：賓位不可移，當如《大射》小卿之位在賓西。衆賓之席繼而西，故有西序之席。」胡氏肇昕曰：「經言『繼而西』，言衆賓之席皆在賓之西，相繼而西，非謂衆賓與賓席相連屬也。《鄉飲》言衆賓之席不屬，此言『繼而西』，互爲詳略，非有異也。方氏苞謂鄉飲興賢能以獻於君，將出使長之，❸入使治之，故於興之日即辨其等列。若春秋習射，即公士爲賓，亦宜與

❶「間」，原作「門」，今據《儀禮集編》改。
❷「禮」，《儀禮圖》作「記」。
❸「將」，原作「使」，今據《儀禮析疑》改。

鄉之學士齒，無庸過爲區別，説似太泥。」**席主人于阼階上，西面。** 阼階，東階。【疏】正義曰：敖氏云：「阼階上，東西節也。南北當東序，凡主位皆然。」褚氏寅亮云：「在階上少東，而又少南，於東序端。」韋氏協夢云：「主人席當東序，則西面北上。鄉飲有介席，與主人席對。此無介，則主人亦無對席矣。」胡氏肇昕云：「西序雖無介席，而衆賓多，則亦席於西序，但不得與主人席對耳。」張氏惠言云：「《記》云：『西序之席北上。』疏謂大夫多，尊東不受則於尊西；賓近於西，則三賓東面。案：賓位不可移，當如《大射》小卿之位，在賓西。衆賓繼而西，故有西序之席。」❶**尊于賓席之東，兩壺，斯禁。左玄酒，皆加勺。篚在其南，東肆。** 斯禁，禁切地無足者也。設尊者北面，西曰左，尚之也。肆，陳也。【疏】正義曰：敖氏云：「賓席之東，即房户之間也。」張氏爾岐云：「兩壺，酒與玄酒。篚，以貯爵、觶，尊南東向陳之，首在西。」高氏愈云：「設尊於賓席之東者，賓與主人酌之皆便也。」盛氏世佐云：「《鄉飲酒禮》云：『尊兩壺于房户間。』此不言房户間而言『賓席之東』者，容或有射於序者，無房户可言也。賓席隨地而移，故依之以見設壺之處，且與前互備。此古人立言之法。」**設洗于阼階東南，南北以堂深，東西當東榮。水在洗東，篚在洗西，南肆。** 榮，屋翼也。【疏】正義曰：張氏爾岐云：「下篚亦以貯觶。」**縣于洗東北，西面。** 此縣謂磬也。縣於東方，辟射位也。但縣磬者，半天子之士，無鐘。【疏】正義曰：敖氏云：縣不近階者，宜辟東縣之正位也。《大射》東縣在阼階之東。蔡氏德晋云：「鄉飲無射事，則縣於階間。今辟射位，故縣於洗東北也。」韋氏協

❶ 此條《讀儀禮記》引文，與上文重，疑爲衍文。

夢云：「水在洗東，縣又在水之北，於洗爲東北。」　注云「此縣謂磬也」，又云「但縣磬者，半天子之士，無鐘」者，賈疏云：「《周禮・小胥職》云：『半爲堵，全爲肆。』鄭云：『鐘磬者編縣之二八十六枚而在一簴，謂之堵。鐘一堵，磬一堵，謂之肆。諸侯之卿、大夫半天子之卿、大夫。』天子之卿、大夫判縣者，東西各有鐘磬爲肆；諸侯之卿、大夫判縣者，分一肆於兩廂，東縣磬，西縣鐘。若天子之士特縣者，直東廂有鐘磬二簴爲一肆。諸侯之士分取磬而已，故云『無鐘』。」敖氏云：「縣，謂縣鐘、磬與鎛於筍簴也。鼓鼙之屬亦存焉。《周官・小胥職》：『凡縣鐘磬，半爲堵，全爲肆。』又曰：『天子宮縣，諸侯軒縣，卿、大夫判縣，士特縣。』然則凡爲士者之樂皆得縣鐘與磬，惟以特而别於其上耳。《大射儀》言國君西方之縣，先磬，次鐘，次鎛，鼓鼙在其南。下經云：『不鼓不釋。』《鐘師職》云：『掌以鐘鼓奏《九夏》。』《鎛師職》云：『掌金奏之鼓。』此與上篇皆賓出奏《陔》。《陔夏》，金奏之一也。然則是禮亦有鐘、鼓、鎛明矣。」褚氏寅亮云：《小胥》云「凡縣」者，「知縣亦有時而堵者矣。天子之宮縣，諸侯之軒縣，其爲肆不待言，❶即天子卿、大夫之判縣，士之特縣，亦皆肆也。然則所謂堵者果何屬乎？經雖無明文，注及疏以義差次之，❷故知諸侯之卿、大夫東縣磬，西縣鐘。士則有磬而無鐘也。東磬西鐘，合之乃成肆。就東西分言，則均之半爲堵。士無鐘，直半爲堵而已。無鐘，則無鎛矣。然則《陔夏》乃金奏之一，賓出奏《陔》而不用金奏，可乎？曰：禮所不得用者，雖專用鼓可也。《集説》謂飲、射皆有鐘、鼓、鎛，恐未的」。盛氏世佐云：「縣，編縣也。不言所縣者，所縣非一等也。天子之鄉大

---

❶「其爲肆」，原脱，今據《儀禮管見》補。

❷「次」，原脱，今據《儀禮管見》補。

夫、州長、遂大夫皆判縣，鐘磬二肆。諸侯之鄉大夫半之，鐘磬各一堵。❶天子之縣正特縣，鐘磬一肆。諸侯之州長半之，唯磬一堵。斯禮也，實兼此數者故也。大夫判縣，當東西分列。今皆在洗東北者，辟君也。《大射》君禮，本合三面皆縣，以辟射位闕其北，唯東西各一肆，故此宜辟之。❷又案：《春秋》襄十一年《左傳》云：鄭人賂晉侯歌鐘二肆，及其鎛、磬。晉侯以樂之半賜魏絳，於是始有金石之樂，❸禮也。孔疏云：『以魏絳蒙賜，始有金石之樂，知未賜不得有也。賜之而云禮也，知禮法得賜之也。』據此，諸侯之大夫未蒙君賜，在私家不得有鐘磬與鎛之樂。其有之者，蓋出於特典。此在公所行禮，雖未賜，亦合鐘磬俱有，鎛未聞。據賈疏，則卿、大夫以下皆無鎛也。下經云『不鼓不釋』，則鼓亦有之，以其非金石之樂，大夫、士皆可用也。此與上篇皆大夫、士之禮，敖氏雜引天子、諸侯禮釋之，誤。經云『西面』，則鼓之者東面矣。若有鐘在其南，鼓又在其南，皆西面也。鼙未聞。」**乃張侯，下綱不及地武。**侯，謂所射布也。綱，持舌繩也。武，迹也。中人之迹尺二寸。侯象人，綱即其足也。是以取數焉。【疏】正義曰：敖氏云：「射布而曰侯者，王朝射之，以威不寧侯，遂以名之也。諸侯以下，則因其名而不改與？下綱，謂已繫者也。綱不及地武，則下个亦然。」張氏爾岐云：「侯制有中、有躬、有舌、有綱、有縜。中，其身也，方一丈。倍中以爲躬。中之上下橫接一幅，各二丈，謂之躬。倍躬爲左右舌，用布四丈，接於躬上，左右各出一丈爲舌。下舌半上舌，用布三丈

---

❶「各」，原作「爲」，今據《儀禮集編》改。
❷「故」下，原衍「於」字，今據《儀禮集編》刪。
❸「是」下，《儀禮集編》有「魏絳」二字。

接躬下，左右各出五尺也。其持舌之繩謂之綱。維其綱於幹者，又謂之縜。上下各有綱，下綱去地之節則尺二寸。」程氏瑶田云：「《司裘職》王及圻内諸侯、卿、大夫，大射皆皮侯也。據《大射儀》，列國諸侯與其羣臣大射，亦張皮侯。故《司裘》注云：列國諸侯，射之三侯。即引《大射儀》謂皮侯也。然則大射未有不用皮侯者。若賓射，天子亦張皮侯。據《射人職》王三侯五正，諸侯二侯三正，孤、卿、大夫一侯二正，士豻侯二正。注謂三侯者，五正、三正、二正之侯；二侯者，三正、二正之侯；一侯者，二正之侯。則天子亦張畫布之侯。《梓人職》所謂『張五采之侯』，注謂『五采畫正之侯』是也。又《梓人職》：張獸侯，則王以息燕。注云『畫獸之侯』，即此下記所謂白質、赤質布侯之等，蓋皆以獸畫於布，是天子於燕射亦張布侯也。下記鄉侯，乃此經鄉射之侯，而不用下記之獸侯。注以鄉侯采法無正文，以其爲賓射之類，故約之爲二正之采侯也。又獸侯詳是記者，注云：『天子諸侯之燕射，各以其鄉射之禮而張此侯。』然則雖詳是記，而非鄉射之侯也。又案：鵠、正二字，散文雖通，而實有別。故《司裘》張大侯則曰『設鵠』，《大射儀》張三侯則曰『見鵠』，《梓人》張皮侯則曰『棲鵠』。若《射人職》言正，則非皮侯也。是以注解『鵠』字云：『所射也，以皮爲之。』又云：『以虎、豹、熊、麋之皮飾其側，❶又方制之以爲臯，謂之鵠，著於侯中，所謂皮侯。』其解『正』字，但云『所射也』，以其爲布侯也。故孔沖遠《齊風·猗嗟》詩正義云：『正之廣狹無文。鄭於《周禮》考之，以爲大射則張皮侯而設鵠，賓射則張布侯而畫正也。』」盛氏世佐云：「案：鄉侯以布爲之，侯中用布五幅。幅長一丈，廣二尺。古

❶「虎」，原作「席」，今據《續清經解》本改。

者布幅廣二尺二寸，以二寸爲縫。諸幅皆以二尺計之，又以一幅橫接於中之上下，謂之躬，躬各二丈。其接於躬者謂之舌，亦謂之个。上舌四丈，下舌三丈，上廣下狹也。合之，用布十六丈。下綱不及地武，則上綱去地丈九尺二寸矣。」焦氏以恕云：「侯之上下方，左右各有五尺之躬，其上方又各有一丈之舌，下方亦各有五尺之舌，必綴以綱，而繫之於兩植，而後其侯得牢焉，所謂張也。」**不繫左下綱，中掩束之。**事未至也。

【疏】正義曰：敖氏云：「侯以左爲尊，故事未至則不繫左下綱也。中掩束之者，中掩左下个，而以綱束之也。下个出於躬五尺，中掩之，是所掩者二尺五寸矣。」褚氏寅亮云：「以左下綱向上斜掩，過侯中而束於右上綱，故曰『中掩束之』也。」張氏爾岐云：「侯向堂爲面，以西爲左。射事未至，故且不繫左下綱，並綱與舌向東掩束之，待司馬命張侯，乃脱束繫綱也。」盛氏世佐云：「案：中，讀如字，《釋文》『丁仲反』，非。下舌三丈，中掩之，是所掩者丈五尺也。姜氏訓中爲侯中之中，謂掩其中而束之也，亦是一解。」焦氏以恕云：「謂之中掩者，侯中一丈，而左方之躬與舌合長一丈，❶引此一丈以向右方，則適與侯中相掩，故曰『中掩』也。不繫左下綱，猶若未張者然。故下文比三耦之後，更曰『司馬命張侯』也。」方氏苞云：「凡經文彼此互見者，其見之各有所宜，如畫物者，司空之屬，埽所畫者司宫。其升降皆自北階，義當於《大射》見之。《大射》既詳，則丹墨、尺度、升降所由不容有異，而《鄉射》之畫者、埽者或州之有司，或州長之私人，不言而可知。侯綱去地

❶「方」，原作「右」，今據《續清經解》本改。

之數，掩束左下綱之度，説束繫綱之節，❶義當於《鄉射》見之。俾學士私居習射，具知其儀法。《鄉射》既詳，則《大射》惟著三侯之高下與設張者量人與巾車而已。聖人制禮審則宜類，而使人曲得其情。聖人之文隨事異形，而措之各有其地。凡互見者，皆可以是推之。」**乏，參侯道，居侯黨之一，西五步。**容謂之乏，所以爲獲者御矢也。侯道五十步，此乏去侯北十丈，西三丈。【疏】正義曰：注「此乏去侯」，《校勘記》云：「乏，監本誤作『之』。」○敖氏云：「《爾雅》曰：乏，謂之防。説者云：如今牀頭小曲屏風也。侯黨，指侯之西邊而言。此乏參分侯道而居其一也，乃云『侯黨』者，明雖取數於侯道，實取節於侯黨也。西五步，亦謂侯黨之西也。然則此乏其南十丈，其東三丈，乃與侯黨相當與？」郝氏敬曰：「乏，以皮爲之，形如曲屏，唱獲者所隱蔽。❷一名容，容身於內，以避矢。矢力至此乏竭，故名乏。黨，偏近也。《玉藻》云：侍坐引去君之黨。鄉侯去射位五十步，蓋三十丈也。三分之，而乏偏近侯一分，則去侯十丈，去堂上二十丈也。西五步，謂去侯西三丈，避矢道也。」張氏爾岐云：「乏，狀類曲屏，以革爲之。唱獲者於此容身，故謂之容。矢力不及，故謂之乏。黨，旁也。三分侯道而居旁之一偏西者五步，此設乏之節也。侯道五十步，步六尺，計三十丈。乏居三之一，❸西五步，故云『北十丈，西三丈』。必於此者，取可察中否、唱獲聲達堂上也。」盛氏世佐云：「此言設乏之法也。參侯道居侯黨之一者，其南北節也。西五步者，東西節也。黨，郝訓偏近，得之。

---

❶「束」，原作「左」，今據《儀禮析疑》改。
❷「獲」，原作「護」，今據《續清經解》本改。
❸「一」，原作「十」，今據《續清經解》本改。

蓋侯道三十丈，若第云三分侯道而居其一，未知其近堂與？近侯與？惟云『居侯黨之一』，而後知其去侯十丈也。先儒以侯旁釋之，其義頗晦。且經云『西五步』，則其在侯西偏明矣，何必以黨爲旁乎？」高氏愈云：「侯道五十弓，參三之，而近侯身者居其一，則下以瞻中否，而上得聞唱獲聲，於近遠爲得中也。又居西偏五步，則爲矢所不及矣。」褚氏寅亮云：「聶氏崇義曰：乏，縱廣七尺有半，以牛革鞔，漆之。陳氏祥道云：『正面北，乏面南，故文反正爲乏。謂之容，以獲者所厞也。』鄉侯五十弓，則三十丈，侯外門內，又須有餘地以容往來。《記》云：『序則物當棟。』士制，棟下至堂廉約三丈六尺，庭深三於堂。士堂之深，自室外至堂廉約五丈四尺，❶三之則十六丈二尺。合計不及二十丈，不足以容侯道。然則州長雖士，而州序之庭蓋深於士廟及寢之庭也。」胡氏肇昕云：「方氏苞亦云：『遠於堂而與侯近，故曰侯黨。』與郝說同。但以黨爲旁，既混於『西五步』之文，而以黨爲偏近，謂參分侯道而居侯偏近之一，義亦不顯。三分侯道而居其一，知其近侯非近堂者，經以『侯』字明之，非以『黨』字明之也。考經文以『侯黨』與『侯道』對言，皆實有所指。若以『黨』爲偏近，與上文『道』非同類矣。」今案：黨，所也。《左氏・哀五年傳》：「何黨之乎？」杜注：「黨，所也。」《公羊・文十三年傳》：「往黨衛侯何？」注：「黨，所也。」劉熙《釋名・釋州國》云：「上黨，黨，所也；在山上，其所最高，故曰上黨也。」然則參侯道居侯黨之一者，謂參侯道而居侯所三分之一也。王氏引之云：「『之一』二字，當在『乏參侯道』下，讀『乏參侯道之一』爲句。乏參侯道之一者，乏之去侯之度參分侯道之一也。侯

❶「外」，原脱，今據《儀禮管見》補。

道三十丈，參分之一爲十丈。經言『乏參侯道之一』，故注言『此乏去侯北十丈』也。乏在其西五步，故云居侯黨西五步。六尺爲步，五六三丈。經言居侯黨西五步，故注言去侯西三丈也。不云北幾步者，參分侯道之一爲去侯北十六步又六分步之四，奇數不成步，不可以步言，故不云北幾步，而云『參侯道之一』也。云『參侯道之一』，則南北之度已明，而猶未及東西之度，故又云居侯黨西五步也。」

右陳設

羹定。肉謂之羹。定，猶熟也。謂狗熟可食。【疏】正義曰：注「猶熟也」。《校勘記》云：「熟，徐本、《通解》俱作『孰』，下同。案：此二字諸本錯出，宜從『孰』，後不具校。」**主人朝服，乃速賓。賓朝服出迎，再拜。主人荅，再拜，退。賓送，再拜。**速，召也。射賓輕也，戒時玄端。今郡國行此鄉射禮，皮弁服，與《禮》爲異。【疏】正義曰：敖氏云：「禮戒、速同服，此速賓朝服，則戒時亦朝服可知。鄉射而朝服，其義與鄉飲同。」盛氏世佐云：「於此乃言朝服，則戒時不朝服明矣。《鄉飲酒禮》不言主人服，而其《記》云『朝服而謀賓、介』，是戒、速亦皆朝服也。主人待賓輕重之差於此可見。敖説非。」方氏苞云：「興賢能，國之重典也。故戒賓、宿賓皆不言所服，舍朝服無可服也。❶會民習射，疑可以常服，故於速賓特舉朝服，則前此皆常服可知矣。」淩氏廷堪云：「考《鄉飲酒禮》經文不言何服，唯《記》云『鄉朝服而謀賓、介』，故知《鄉

---

❶「可」，原作「所」，今據《儀禮析疑》改。

飲酒》之爲朝服。《鄉射禮》唯宿賓、拜賜、拜辱言朝服，他皆不言者，例見於此，故文不具也。則戒賓時當亦朝服，如《鄉飲酒》。非若『息司正』注以爲服玄端，經有主人釋服之文爲可據也。《公食大夫禮》戒賓不言朝服者，亦文不具。其實皆服朝服。食禮盛於燕禮，燕禮用朝服，❶豈有食禮戒賓反用玄端者？敖氏之説當矣。」韋氏協夢云：「《射義》曰：鄉大夫之射也，必先行鄉飲酒之禮。此篇自立司正以前，皆鄉飲禮也。既以鄉飲之禮，則戒賓之服自同。敖説是也。」胡氏肇昕云：「此經盛氏、方氏從注説。淩氏、韋氏從敖説，與注異。考《鄉射》雖先行鄉飲酒之禮，而其禮輕於鄉飲酒，《鄉飲》經文不言何服，則戒、宿同爲一服可知。《鄉射》於速賓特言朝服，則戒賓非朝服可知。如以《鄉射》唯宿賓、拜賜、拜辱言朝服，他皆不言者，例見於《鄉飲》，故文不具。夫《鄉飲》經文未嘗言朝服也，《記》始言朝服而謀賓、介耳。《記》在作經者之後，不得云例見於《鄉飲》也。《鄉飲》戒、速同朝服，❷《鄉射》與之同。則當於戒賓時特言朝服，以詳《鄉飲》之所略。不得於速賓始言朝服，令人疑宿、戒之相殊也。注説甚精，不得據敖説而駁之。」**賓及衆賓遂從之。**【疏】正義曰：敖氏云：「主人既退，衆賓乃至於賓之門，而與之皆行也。」云遂者，雖相去有間，而事則實相接也。」

右速賓

❶「燕禮」，原脱，今據《禮經釋例》補。
❷「戒」，原作「介」，今據《續清經解》本改。

及門，主人一相出迎于門外，再拜；賓荅再拜。相，主人家臣，擯贊傳命者。【疏】正義曰：張氏爾岐云：「此下言飲賓之事，迎賓拜至；主人獻賓；賓酢主人；主人酬賓；主人獻衆賓；一人舉觶爲旅酬之端；遵入；主人獻遵，自酢；工笙合樂樂賓；主人獻工與笙，乃立司正以安賓察衆：凡十節，皆與《鄉飲酒禮》同。此爲射而飲，其後即詳射事。」○「及門」，敖氏云：「門，學門也。」韋氏協夢云：「鄉飲行禮於庠，鄉射行禮於序。庠、序唯有一門，故皆直言門而不言大門、内門。」　注云「相，主人家臣，擯贊傳命者」，盛氏世佐云：「若射於序，則爲之相者其黨正與？」吴氏廷華云：「飲射皆公事，不當用家臣。《鄉飲》注以相爲主人之吏，蓋以屬官言，是也。」**揖衆賓。**差卑，禮宜異。【疏】正義曰：張氏爾岐云：「同是鄉人無爵者，唯據立爲賓者尊，故於衆賓云『差卑』。」**主人以賓揖，先入。**以，猶與也。先入，入門右西面。【疏】正義曰：高氏愈云：「『能左右之曰以』，此云『以』者，賓之進退視主人也。」❶胡氏肇昕云：「以、與，聲之轉。主賓相接爲平等之稱，故曰與也。」**賓厭衆賓，衆賓皆入門左，東面北上。賓少進。**引手曰厭。少進，差在前也。今文皆曰「揖衆賓」。【疏】正義曰：注云「少進，差在前也」者，敖氏云：少進，謂少東。方氏苞云：「少進而東，以獨與主人揖讓也。《鄉飲酒》之賓、介禮宜同。」盛氏世佐云：「少進，謂少北。既云『北上』，又云『賓少進』者，衆賓雖皆北上，其實比肩而立，賓序在前，去衆賓差遠也。敖説非。」程氏瑶田云：「《鄉飲酒禮》注『皆入門西，東面』。疏以主人至門内霤待賓，則賓此時亦在門内霤矣。然云『北上，賓少進』者，則賓

❶「視」，原作「似」，今據《禮經本義》改。

與衆賓堂下西階西之位準此矣。賓位直西序，衆賓以次而南，少退於賓。據賓降、辭洗、降洗、進退之節擬之，則位不迫於階，而遠在階南矣。下經『賓辭洗』注云：『言東北面，則位南於洗矣。』案：位亦不得南於洗。賓位必與主人位相對，衆賓位必與兄弟位相對。主人及兄弟之位，見《士冠禮》『主人立于阼階下，直東序，西面。兄弟立于洗東，西面』。然則兄弟退於主人，既曰洗東，雖衆兄弟以次而南，其長必略當洗。主人位在兄弟上，雖近於洗，必少北於洗。準此以定賓位南北之節，北不迫於階，南不踰於洗矣。」**主人以賓三揖，皆行。及階，三讓，主人升一等，賓升。**三讓而主人先升者，是主人先讓於賓。不俱升者，賓客之道，進宜難也。【疏】正義曰：言「皆行」者，賈疏云：「賓主既行，衆賓亦行。」敖氏云：「皆行，言無先後也。」❶郝氏敬云：「皆行，主人與正賓同行也。」方氏苞云：「主人接賓前後儀法，皆與《飲酒》同，惟此言『皆行』。《鄉飲酒》主人與賓揖讓而升，介及衆賓徐進至階下，❷事不相連，《鄉射》則衆賓皆隨賓而行也。興賢能，則全用賓主之禮，故聽其自行。教射則兼用有司之法，故使之隨行。黨正之正齒位，賓入而衆賓從之，亦此義也。《鄉飲酒》之衆賓，主人不酬，而《鄉射》則衆賓長亦受酬，以大夫不與，則長正當介位也。敖氏似謂賓與主人同行。果爾，則宜稱『並』，不宜曰『皆』。」胡氏肇昕云：「案：方氏從賈疏説，然此節究以敖氏、郝氏説爲當。」注云「三讓而主人先升者，是主人先讓於賓。不俱升者，賓客之道，進宜難也」者，敖氏云：

❶「無」，原作「皆」，今據《儀禮集説》改。
❷「及」，原作「至」，今據《儀禮析疑》改。

「主人升一等，賓乃升，敵者之禮也。」方氏苞云：「凡敵者讓登，『主人先登，客從之』，謂舉步少有先後耳。此賓，州民也，故州長先升一等，而後賓升。燕禮則賓升，公降一等而揖之，義亦類此。」胡氏肇昕云：「《鄉飲酒禮》：至於階三讓，主人升，賓升。此盛其禮，以尊賓爲敵者之禮也。此言『主人升一等，賓升』，射禮賓較卑，故不敢與主人並升，與鄉飲酒異也。舊説多誤。」吴氏廷華云：「主人有道賓之義，故先升，然不讓則疑於倨，故讓至於三。又主人既先道，賓自宜後升。注以爲進宜難，無謂。」**主人阼階上，當楣北面再拜。賓西階上，當楣北面荅再拜。**主人拜賓至此堂。

右迎賓拜至

主人坐取爵于上篚以降。將獻賓也。【疏】正義曰：「主人坐取爵」，《校勘記》云：「《通解》無『坐』字。」○韋氏協夢云：「以降，降洗也。」**賓降。**從主人也。**主人阼階前西面坐奠爵，興，辭降。**重以主人事煩賓也。今文無「阼階」。【疏】正義曰：韋氏協夢云：「坐奠爵，奠爵於階前也。」注云「今文無『阼階』」者，胡氏承珙云：「『今文無阼階』，似當作『今文無阼階前』。蓋今文但云『主人西面坐，奠爵』而已。若只無『阼階』二字，則是以『主人前』爲句，讀爲『王前』、『⿰阝屬前』之『前』，❶《禮經》無此文例矣。下文：『賓以虛爵降。主人降。賓西階前東面坐，奠爵，興，辭降。』彼有『西階前』，此自當有『阼階前』，故鄭從古文。」**賓**

❶「⿰阝屬」，原作「蠋」，今據《儀禮古今文疏義》改。

對。對，荅。**主人坐取爵，興，適洗，南面坐奠爵于篚下，盥洗。**盥手又洗爵，飲潔敬也。古文「盥」皆作「浣」。【疏】正義曰：注「飲潔敬也」，《校勘記》云：「飲，徐、陳、《通解》俱作『致』。」「古文『盥』皆作『浣』」者，説詳《士冠禮》。**賓進，東北面辭洗。**必進者，方辭洗，宜違位也。言東北面，則位南於洗矣。【疏】正義曰：張氏爾岐云：「《鄉飲酒》此處注異。彼於『東』字句，此於『進』字句。」**主人坐奠爵于篚，興對，賓反位。**反從降之位也。《鄉飲酒》曰：當西序東面。【疏】正義曰：「當西序東西」，《校勘記》云：「下『西』字，徐本、《通解》、敖氏俱作『面』。」**主人卒洗，壹揖，壹讓，以賓升。賓西階上北面拜洗。主人阼階上北面奠爵，遂荅拜，乃降。**乃降，將更盥也。古文「壹」皆作「一」。【疏】正義曰：高氏愈云：「《鄉飲》，主人奠爵，不言西面；賓拜洗，主人奠爵，不言北面，故此詳之。」**賓降，主人辭降，賓對。主人卒盥，壹揖壹讓，升；賓升，西階上疑立。**疑，止也，有矜莊之色。【疏】正義曰：朱子云：賓降，案：《鄉飲酒》曰「當西序東面」。**主人坐取爵，實之賓席之前，西北面獻賓。**進於賓也。凡進物曰獻。【疏】正義曰：《校勘記》云：「『賓席之前』，敖氏云：『席之，當作之席。』注『進於賓也』，『進』下，徐本有『酒』字，與單疏標目合，《通解》無。」**賓西階上北面拜，主人少退。**少退，猶少辟也。【疏】正義曰：注「猶少辟也」，《校勘記》云：「少，《釋文》作『小』。」**賓進受爵于席前，復位。**復位，西階上位。**主人阼階上拜送爵，賓少退。**【疏】正義曰：高氏愈云：「賓西階上拜受爵，北面，則主人阼階拜送爵，亦當北面矣。」**薦脯醢。**薦，進。**賓升席自西方。**賓升降由下也。**乃設折俎。**牲體枝解節折以實俎也。**主人阼階東疑立。**

賓坐，左執爵，右祭脯醢，奠爵于薦西，興，取肺，坐絶祭。卻左手執本，右手絶末以祭也。肺離，上爲本，下爲末。【疏】正義曰：盛氏世佐云：「《鄉飲酒禮》云：『右手取肺，卻左手執本，坐弗繚，右絶末以祭。』此亦同，但文略耳。」❶胡氏肇昕云：「注『卻左手執本，右手絶末以祭』，用《鄉飲酒》文。不云弗繚者，以彼爲繚祭，此絶祭也。」**尚左手嚌之。**嚌，嘗也。右手在下，絶以授口嘗之。**興加于俎，坐捝手，執爵，遂祭酒，興，席末坐啐酒。**捝，拭也。啐，嘗也。古文「捝」作「説」。**降席，坐奠爵，拜，告旨，**降席，席西也。旨，美也。【疏】正義曰：「降席，坐奠爵」，方氏苞曰：「『席南鄉北鄉，以西方爲上。』升席自下，賓不宜由西，以不欲與主人相背，變其常，故特著之。降席本宜自西，故不言。」「告旨」者，張氏爾岐云：「告主人曰旨酒。」**執爵興，主人阼階上荅拜。賓西階上，北面坐卒爵，興，坐奠爵，遂拜，執爵興。**卒，盡。**主人阼階上荅拜。**

右主人獻賓

賓以虚爵降，將洗以酢主人。【疏】正義曰：注以酢主人，《校勘記》云：「酢，《釋文》、《要義》俱作『醋』。」〇賈疏云：《鄉飲酒》不言虚爵，此不言洗，互見爲義，相兼乃備也。**主人降。**從賓也。降立阼階

---

❶「但」，原作「故」，今據《儀禮集編》改。

東，西面，當東序。**賓西階前東面坐奠爵，興，辭降。**【疏】正義曰：高氏愈云：「《鄉飲酒》賓辭降，不言東面。今詳之。」**主人對。賓坐取爵，適洗，北面坐奠爵于篚下，興，盥洗。**賓北面盥洗，自外來。【疏】正義曰：高氏愈云：「『篚下』，當作『下篚』，對前『上篚』而言。以其設於阼階下，故云下篚也。」方氏苞云：「注疏：主人自内出，故南面洗；賓自外入，故北面洗。非也。古者爲長之道通於師。❶《鄉飲酒》、《鄉射》之主人，長也，師也；賓，民也，弟子也。故雖執賓主之禮，而兼存師、弟子之義也。然則主人之獻賓西北面，賓酢主人東南面，何也？尊賓之義既明著於户牖間之面位矣，其餘儀節又各有時措之宜。主人實爵於尊南，而進獻賓之席前，自宜北面；賓實爵於尊南，而降至主人之席前，自宜南面。然則《燕》與《大射》，主人代君賜爵，而洗皆北面，何也？君雖使膳宰爲獻主，而膳宰所執則爲賓舉觶之禮。若南面，則嫌以主人自居。其升也，從賓之後，而由西階，亦此義也。」**主人阼階之東，南面辭洗。賓坐奠爵于篚，興，對。主人反位。**反位，從降之位也。主人辭洗，進也。【疏】正義曰：注「主人辭洗，進也」，《校勘記》云：「徐本、敖本俱無『也』字，與單疏標目合。《通解》有。」云「反位，從降之位」者，案：《鄉飲酒禮》云「主人復阼階東西面」，上文「主人降」注云「降立阼階東西面」，故云「從降之位也」。云「主人辭洗，進也」者，蓋主人降在阼階東西面，因辭洗進而東南面。今復反從降之位也。賈疏未明。**賓卒洗，揖讓如初，升。**【疏】

❶「之」，原脱，今據《儀禮析疑》補。

正義曰：張氏爾岐云：「如初者，一揖一讓如獻賓時。」❶**主人拜洗，賓荅拜，興，降盥，如主人之禮。賓升，實爵，**【疏】正義曰：盛氏世佐云：「『升』字疑衍。《鄉飲酒禮》云：『賓實爵。』」韋氏協夢云：「賓既降盥，必升而實爵。《鄉飲酒》文略，當以此經爲正。」**主人之席前東南面，酢主人。**酢，報。【疏】正義曰：《校勘記》云：「酢，《要義》作『醋』，注同。魏氏云：『賓以虚爵降，注：將洗以醋主人。賓東南面醋主人，注：醋報，經與注以酢爲醋唯此。』如魏氏説，則『醋』字經一見，注兩見也。《釋文》云：『醋主，才各反，報也。劉云：與酢同音義。』此當爲前注作音，而不言下同，則此節經注《釋文》仍作酢歟？」**主人阼階上，拜，賓少退。主人進受爵，復位。賓西階上，拜送爵，薦脯醢。主人升席自北方，乃設折俎，祭如賓禮。**祭薦俎及酒，亦嚌啐。【疏】正義曰：注「亦齊啐」，《校勘記》云：「齊，徐、陳、《通解》俱作『嚌』。」**不告旨。**酒，己物。**自席前適阼階上，北面坐卒爵，興，坐奠爵，遂拜，執爵興。賓西階上北面荅拜。**自，由也。啐酒於席末，由前降，便也。**主人坐奠爵于序端，阼階上再拜崇酒。賓西階上荅再拜。**序端，東序頭也。崇，充也。謝酒惡相充滿也。【疏】正義曰：張氏爾岐云：「奠爵序端，擬獻衆賓用之。」韋氏協夢云：「《鄉飲酒》賓西階上荅拜，不言北面；此主人阼階上再拜，不言北面：亦互文也。」

右賓酢主人

---

❶「如」下，原衍「初」字，今據《儀禮鄭注句讀》删。

主人坐取觶于篚，以降。將酬賓。【疏】正義曰：《鄉飲酒》云「降洗」，此降亦降洗也。賓降，主人奠觶，辭降。賓對，東面立。【疏】正義曰：《鄉飲酒》云：立當西序東面。主人坐取觶，洗，賓不辭洗。不辭洗，以其將自飲。卒洗，揖讓，升。賓西階上疑立。主人實觶，酬之，阼階上北面坐奠觶，遂拜，執觶興。酬，勸酒。賓西階上北面荅拜。主人坐祭，遂飲，卒觶，興，坐奠觶，遂拜，執觶興，賓西階上北面荅拜。【疏】正義曰：張氏爾岐云：「主人先自飲，所以爲勸也。」韋氏協夢云：「《鄉飲酒》『坐祭』不言『主人』，賓兩『荅拜』不言『北面』，當從此文爲正。」主人降洗，賓降，辭，如獻禮。以將酌己。升，不拜洗。酬禮殺也。賓西階上立。主人實觶，賓之席前，北面。酬賓。賓西階上拜，主人坐奠觶于薦西。【疏】正義曰：盛氏世佐云：「《鄉飲酒禮》云：『主人少退，卒拜，進，坐奠觶于薦西。』」方氏苞云：「賓酢主人，主人拜，賓少退，與《鄉飲酒》同；主人酬賓，賓拜而主人不少退，與《鄉飲酒》異，何也？習射以明教，即公士爲賓，致敬於州長，亦宜與鄉大夫同。鄉大夫爲國求賢，故於賓、介受酬之拜皆少退，蓋過禮以明尊賢之義也。以施於習射之賓，則義無所取，故無此節。」賓辭，坐取觶以興，反位。賓辭，辭主人復親酌己。主人阼階上拜送。賓北面，坐奠觶于薦東，反位。酬酒不舉。

右主人酬賓

主人揖降。賓降，東面立于西階西，當西序。主人將與衆賓爲禮，賓謙，不敢獨居堂。【疏】正義曰：高氏愈云：「《鄉飲酒》此下有主人獻介、介酢主人禮。今《射義》無介，其儀俱省，遂獻衆賓也。」主人西南面，三拜衆賓，衆賓皆荅壹拜。三拜，示徧也。壹拜，不備禮也。獻賓畢，乃與衆賓拜，敬不能並。【疏】正義曰：「壹拜」，《校勘記》云：「一，徐本、《通解》、《要義》俱作『壹』，敖氏作『一』，石經補缺亦誤作『一』。」○方氏苞云：「注『獻賓畢，乃與衆賓拜，敬不能並』，近似而實非也。禮有宜分致者，有宜合致者。賓主獻酢，自不宜使無事者立於其側。如謂『敬不可並』，則四時朝覲，諸侯旅見天子，與天子大合諸侯，爲壇於國外，五等之君傳擯、將幣、饗禮同時而卒事，君與臣皆爲相瀆矣。」主人揖升，坐取爵于序端，【疏】正義曰：盛氏世佐云：「序端之爵，即受酢時所奠者。」案：《鄉飲酒》云：「坐取爵于西楹下。」降洗，升實爵，西階上獻衆賓。衆賓之長，升拜受者三人。長，其老者。言三人，則衆賓多矣。國以多德行道藝爲榮，何常數之有乎？主人拜送。拜送爵於衆賓右。坐祭，立飲，不拜既爵，授主人爵，降復位。既，盡。【疏】正義曰：賈疏云：「降復賓南東面位。」敖氏云：「位，亦堂下之位，賓之南也。」衆賓皆不拜，受爵，坐祭，立飲。自第四以下，又不拜受爵，禮彌略。【疏】正義曰：張氏爾岐云：「亦升受，但不拜。」每一人獻，則薦諸其席。諸，於。【疏】正義曰：賈疏云：「此還據堂上三人有席者。」衆賓辯有脯醢。薦於其位。【疏】正義曰：賈疏云：「還據堂下無席者。」主人以虚爵降，奠于篚。不復用。

右主人獻衆賓

揖讓，升。賓厭衆賓升，衆賓皆升，就席。一人洗，舉觶于賓。一人，主人之吏。升實觶，西階上坐奠觶，拜，執觶興。賓席末荅拜。舉觶者坐祭，遂飲，卒觶，興，坐奠觶，拜，執觶興。賓荅拜。降洗，升實之，西階上北面，將進奠觶。【疏】正義曰：「升實觶」，《校勘記》云：「實，石經補缺、葛、閩俱作『賓』。」❶賓拜。拜受觶。舉觶者進，坐奠觶于薦西。不授，賤，不敢也。賓辭，坐取以興。若親受然。【疏】正義曰：敖氏云：「前篇言『受』，此言『取』，互文也。」舉觶者西階上拜送，賓反奠于其所，舉觶者降。【疏】正義曰：張氏爾岐云：「射後，賓將舉之爲旅酬，故奠於薦西。」方氏苞云：「《特牲》、《少牢》之禮，異者詳之，同者則互見。此篇自獻賓至舉觶於賓，與《鄉飲酒》同而一一復見，何也？士、大夫之祭禮，衆所習知，故可互見。若《鄉飲酒》三年而一舉，士不預教，則始與於衆賓者，或忩於儀。惟於州長教射詳之，則進而與於賓興者，可益深於禮意，下而與於蜡賓者，亦衆習其節文矣。」

右一人舉觶

大夫若有遵者，則入門左。謂此鄉之人爲大夫者也。謂之遵者，方以禮樂化民，欲其遵法之也。其士也，於旅乃入。鄉大夫、士非鄉人，禮亦然。主於鄉人耳。今文「遵」爲「僎」。【疏】正義曰：「若有遵

❶「閩」，原作「閔」，今據《十三經注疏校勘記》改。

者」，敖氏云：「謂若有與此會而爲遵者也。」張氏爾岐云：「言『若有』者，或有或無，不定也。案：《鄉飲酒》於篇末略言遵者之禮，此經乃著其詳，正所云如介禮也。」「入門左」者，敖氏云：「入門左，則鄉者賓入之位也。不俟於門外，別於正賓。」注云「謂此鄉之人爲大夫者也」者，方氏苞云：「《周官》以三公爲鄉老，鄉之地廣，興賢禮重，故諸公樂道化之行而臨觀焉。春秋習射，即有居是州者，亦無爲來觀，故遵者唯大夫耳。遵者之禮不詳於《鄉飲酒》，而具於是篇，何也？獻酬揖讓，大夫即與賓同。諸公雖貴，禮無以加，故獨著其加席、辭洗、去席之特異者。至所自執之禮，視賓、主人每殺，爲遵之道則然，公、大夫一也。」韋氏協夢云：「下記云：『有諸公則如賓禮。』可見諸公亦與焉。此直舉大夫者，大夫之爲遵者是其常。諸公特偶有之，故舉大夫以例遵者之禮也。」云「其士也，於旅乃入」者，盛氏世佐云：據注，則鄉中命士來觀禮者亦得謂之遵矣。韋氏協夢云：「《鄉飲酒·記》謂士既旅不入，則未旅以前皆可入矣。蓋士賤，既不得爲遵者，必主人請之爲衆賓，而後得與其事，雖或有故，不能與賓同來，何必俟旅酬禮行而後入乎？注非是。」胡氏肇昕云：「《鄉飲酒禮》言遵者，有公、大夫，不言士，而記云『既旅士不入』，是士亦爲遵也。蓋遵者爲觀禮而來，不限夫貴賤，而行禮之節則有別也。此士謂命士，與爲衆賓之士不同。韋氏以爲衆賓之士，當爲遵者之士，用以駁注，謬矣。」云「鄉大夫、士非鄉人，禮亦然」者，盛氏世佐云：「謂他鄉之大夫、士偶來爲遵者，其待之之禮、隆殺之宜，亦如本鄉也。」❶**主人降**，迎大夫於門内也，不出門，別於賓。**賓及衆賓皆降，復初位。**不敢

❶「鄉」，原作「然」，今據《儀禮集編》改。

居堂，俟大夫入也。初位，門内東面。【疏】正義曰：「初位，門内東面」者，賈疏云：「上文賓厭衆賓皆入門左，東面北上，故知之也。」敖氏云：「初位，階西以南當序之位。」吴氏廷華云：「初位，蓋上獻畢降立之位，在西階西，以次而南。」盛氏世佐云：「此亦與《鄉飲酒禮》同。復初位者，復初降時西階下東面位也。衆賓在賓南，鄭解爲初入門内之位，非。」韋氏協夢云：「注説非也。主人祇於門内迎大夫，而賓與衆賓何必降至門内乎？且主人與大夫揖進時，賓與大夫相等，既不可使賓厭大夫，亦不可使大夫厭賓。觀下文只言『主人揖讓，以大夫升』，而不言賓與大夫序升之禮，則賓及衆賓不降至門内可知。敖説較注爲長。」程氏瑶田云：「初位，門内東面，指謂賓入門左與主人相面之處也。竊以爲，此即賓與衆賓堂下直西席之位也。」注云「不敢居堂，俟大夫入也」者，瑶田謂堂下之位，有堂事乃升也，事竟則復初位。初位者，堂下初立賓主直序之位也。先是主人酬賓之後，將獻衆賓，主人揖降，賓降，東面立于西階西，當西序。注云：「將與衆賓爲禮，賓謙，不敢獨居堂。」瑶田謂斯時賓蓋以事竟，復堂下之初位也。《冠禮》冠者見母，則堂事竟，故賓降於直西序之位，主人降復初位也。是時冠者方適東壁，賓主即降，非至字之時始降也。賓言「直」，主人言「復」，互相足也。下經賓與主人及大夫取俎，授司正及弟子以降矣，必皆從之降者，亦以旅酬事竟，皆降而復堂下初位也。**主人揖讓，以大夫升，拜至，大夫荅拜。主人以爵降，大夫降。主人辭降，大夫辭洗，如賓禮。**【疏】正義曰：「主人揖讓，以大夫升」，敖氏云：「此賓禮自三揖三讓以至於一揖一讓、升之儀也。」❶「主人以爵降」，盛氏世佐云：「亦取爵於上篚也。」**席于尊東**，尊東，明與賓夾尊也。不言東上，統於尊也。【疏】正義曰：敖氏云：「此言『尊東』，《鄉飲酒》言『賓東』，亦文互見也。」盛氏世佐云：「遵者之席，於庠則在東房前之西；於序則在棟後第二架，當左楹之左：皆所謂尊東也。此亦謂無諸公則然。若有諸公，則大夫於主人之北西面。」方氏苞云：「《鄉飲酒禮》尊于房戶之間，遵席于賓東。或疑繼賓席而東，此曰『席于尊東』，然後東西之位次顯然，並遵席與賓正相對，而尊之設也少南，亦具見矣。蓋賓與遵之席必偪近於室，❷尊必少南，然後出入於房戶者可通，而酌以獻酬亦便耳。」韋氏協夢云：「自大夫辭洗以前，與賓禮同。自升不拜洗以後，與介禮同。惟尊東之席，異於賓、介耳。大夫雖與賓相等，而《鄉射》以賓爲主，自辭洗以前同於賓禮，所以尊大夫也；自升不拜洗以後同於介禮，所以尊賓也。辭洗以前，大夫得如賓禮者，以諸公不在也。若諸公在，則亦如介。《禮記》云：『有諸公，則如賓禮，大夫如介禮。』是也。」**升，不拜洗。主人實爵，席前獻于大夫。大夫西階上拜，進受爵，反位。主人大夫之右拜送。大夫辭加席，主人對，不去加席。**辭之者，謙不以己尊加賢者也。不去者，大夫再重席，正也，賓一重席。【疏】正義曰：「升，不拜洗」者，高氏愈云：「凡所不者，皆不以縟禮煩之，所以優尊者也。」方氏苞云：「大夫之不拜洗，與介不拜洗，酬而賓不拜洗同。恐重勞主人之荅拜，非以其尊也。鄉大夫之尊，猶拜洗於學士。州長與

❶「升」，原脱，今據《儀禮集説》補。

❷「偪」，原作「偏」，今據《儀禮析疑》改。

大夫位相近，而以尊廢禮，非所安也。工則并不辭洗，義可參觀。」胡氏肇昕云：「大夫如介禮。介不拜洗，非以其尊，則大夫之不拜洗亦非以其尊也。且不拜者，主於遵者爲言，則遵者自不以拜洗重勞主人之荅拜也。賈疏云以大夫尊，故不拜洗，不如方説之長。」「主人實爵，席前獻於大夫」者，敖氏云：「席前獻，其西北面與？主人既拜送，則亦立於階東。」盛氏世佐曰：「凡獻必向所獻者之位，獻大夫當東北面，以其位在東北故也。敖云西北面，非。」「大夫西階上拜，進受爵」，韋氏協夢云：「《鄉飲酒禮》獻介時，西階上北面拜，主人少退，介進，北面受爵。此云『進受爵』，則於大夫拜時，主人亦宜少退。不言者，文不具。」〇注「謙不以已尊加賢者也」，《校勘記》云：「案：『不』下，疏有『敢』字。」　云「不去者，大夫再重席，正也。賓一重席」者，敖氏云：「《鄉飲酒》云：大夫則如介禮，有諸公則辭加席，委于席端，主人不徹；無諸公則大夫辭加席，主人對，不去加席。此惟主言無諸公之大夫，則是《鄉射禮》諸公不與。」盛氏世佐云：「本記云：若有諸公，則如賓禮，大夫如介禮；無諸公，則大夫如賓禮。今觀此章所陳，正與上篇介禮相同，蓋爲有諸公之大夫而言也。有諸公則大夫之辭加席也，亦當如上篇所云『委于席端，主人不徹』。此乃云『主人對，不去加席』，是又與無諸公之禮同矣。何其互異若此歟？蓋遵者之來否，及諸公之有無，皆不可定。經故錯舉一二以示例。其隆殺信屈之詳，必待記而後備。記之所以有功於經也。然觀乎此，則其所謂如賓禮者，亦可以類推矣。敖氏據此遂謂《鄉射》之禮諸公不與，并訾記者之失，毋乃以辭害意歟？」**乃薦脯醢，大夫升席，設折俎。祭如賓禮，不嚌肺，不啐酒，不告旨，西階上卒爵，拜，主人荅拜。**凡所不者，殺於賓也。大夫升席由東方。【疏】正義曰：韋氏協夢云：「《鄉飲酒禮》『不告旨』下云：『自南方降席，北面坐，卒爵興，❶坐奠爵，遂拜，執爵興。❷主人介右荅拜。』此與《鄉飲》小異，當以《鄉飲》爲正。介席東面，以南方爲上，❸故降自南方；大夫席南面，以東方爲上，當降自東方。但大夫於西階上卒爵拜，若降自東方，不若自西方之便，則當自西方矣。」敖氏云：「主人荅拜，亦於大夫之右。」注云「凡所不者，殺於賓也」者，賈疏云：「凡所謂經中三事，以其殺於賓。若然，上云『不拜洗』，亦是殺於賓之類也。」胡氏肇昕云：「注云『凡所不』者，統上『不拜洗』爲言。據此，則不拜洗非以優尊者，其義益明。賈氏之説，前後自異，當以此疏爲正也。」**大夫降洗。**將酢主人也。大夫若衆，則辯獻，長乃酢。【疏】正義曰：盛氏世佐云：「大夫雖衆，然受獻後，須一一酢主人，如經所陳也。辯獻長乃酢，唯主人尊、賓賤乃可。今大夫尊於諸侯之州長，於鄉大夫爲敵，不可也。賈疏引《有司徹》爲證，非其倫矣。」**主人復阼階，降，辭如初。卒洗，主人盥，**盥者，雖將酌自飲，尊大夫不敢褻。**揖讓，升。大夫授主人爵于兩楹間，復位。**【疏】正義曰：敖氏云：「授主人爵于兩楹間者，大夫雖尊，若與鄉飲、鄉射之禮，則屈於正賓。其禮但比於介，故此授受之節亦惟與介同。」**主人實爵，以酢于西階上。**【疏】正義曰：焦氏以恕云：「案：注『大夫若衆，則辯獻之，長乃酢』。賈疏：此經據一大夫

❶「爵」，原作「奠」，今據《儀禮蠡測》改。
❷「爵」，原作「觶」，今據《儀禮蠡測》改。
❸「以」，原作「而」，今據《儀禮蠡測》改。

而言，故獻大夫即酢。《有司徹》：主人洗爵，獻長賓于西階上，然後衆賓長升，拜受爵。宰夫贊，❶主人酌。若是以辯，乃升長賓，主人酌，酢于長賓，❷西階上北面。是爲辯獻、長乃酢也。又主人辯獻三賓，惟長拜洗，及主人辯獻衆大夫，惟長一酢，其義則一也。若然，則遵者兼有諸公，亦當辯獻諸公、大夫，而後諸公一酢，從可知矣。」**坐奠爵，拜，大夫荅拜。坐祭，卒爵，拜，大夫荅拜。**【疏】正義曰：韋氏協夢云：「坐奠爵，拜，坐奠爵於大夫右也。既拜，當如《鄉飲酒禮》執爵興，然後大夫荅拜。『卒爵』之下，亦當如《鄉飲酒禮》坐奠爵，遂拜，執觶興，然後大夫荅拜。」**主人坐奠爵于西楹南。**【疏】正義曰：賈疏云：「此受大夫酢不奠於篚者，爲士於旅乃入，擬獻士，故奠爵於此也。」褚氏寅亮云：「疏説非也。旅用觶，不用爵。前奠東序端之爵，獻衆賓訖已奠于下篚。此更取上篚之爵獻大夫，獻訖亦不復用。至獻工，又別取上篚之爵。而今奠於此者，或暫奠之後，則奠於下篚而文略歟？」焦氏以恕云：「《鄉飲酒》之爵，其奠于西楹南，獻介之爵也，以其介右拜送故也。大夫拜送如介，故所奠同處。然彼西楹南之爵，其繼以獻衆賓，獻訖乃降奠于下篚。此禮於降奠一節，文不具。疑主人於復阼階揖降時，亦當以降奠歟？」**再拜崇酒，大夫荅拜，主人復阼階，揖降。**將升賓。**大夫降，立于賓南。**雖尊，不奪人之正禮。【疏】正義曰：敖氏云：「必降者，宜與賓序升也。」立於賓南，下之也。鄉射之禮，大夫若與，則下於賓；鄉飲之禮，公與大夫若與，則皆下於

❶「贊」，原作「獻」，今據《儀禮彙説》改。
❷「長」，原作「主」，今據《儀禮彙説》改。

介：蓋其禮皆主於士故也。」張氏爾岐云：「賓及衆賓自大夫升堂時已立西階下。」程氏瑶田云：「大夫，謂遵者。其堂下西階西之位在賓南。賓主之位必相對，若伸其尊，是奪正禮矣。觀下文大夫及衆賓皆升，則衆賓位又在遵者之南矣。又下經賓、大夫取俎降，大夫立于賓南；衆賓皆降，立于大夫之南，少退，北上。足以明其堂下之立位矣。下記云：『大夫與，則公士爲賓。』注云：『不使鄉人加尊於大夫。』據此，則易賓或不易衆賓歟？衆賓若猶處士，固不得加尊於大夫與？」**主人揖讓，以賓升，大夫及衆賓皆升，就席。**

【疏】正義曰：敖氏云：「賓亦厭大夫，大夫亦厭衆賓，乃升也。衆賓，其長三人也。」

右遵入獻酢之禮

席工于西階上，少東。樂正先升，北面立于其西。言少東者，明樂正西側階，不欲大東，辟射位。【疏】正義曰：敖氏云：「少東，據工之下席而言也。樂正立於其西，猶未至階也。《鄉飲酒禮》云：『樂正先升，立于西階東。』」張氏爾岐云：「案：《鄉飲酒》不射，席工亦與此同。此注云『辟射位』，恐非經意。或是欲其當賓席耳。」盛氏世佐云：「案：蒲筵丈六尺，工四人，席六丈四尺也。即謂周以八寸爲尺，亦當今之五丈有奇。此豈西階上少東所能容乎？且《鄉飲酒》云『樂正先升，立于西階東』，此云『樂正先升，北面立于其西』：文互見也。樂正立于工席之西，猶于西階爲東，則工席更東可知。經云『少東』，據工席之最西者言也。工賤者先就事，布工席，亦先布其最西者，故經據之而言也。敖説得之。下經云『樂正適西方，命弟子贊工遷樂于下』，辟射也。夫將射乃辟，則此席不辟明矣。注云『辟射位』，固非；張云『欲其當賓席』，亦未爲得也。」褚氏寅亮云：「言少東，則西於《鄉飲酒》工席，故樂正逼近階而立。遷樂在後，此時已先辟其位者，禮主於射，示其意也。」方氏苞云：「《鄉飲酒》無射位，工升自西階，即北面坐，故不言少東。」**工四人，二瑟，瑟先。相者皆左何瑟，面鼓，執越，内弦，右手相。入，升自西階，北面東上。工坐，相者坐授瑟，乃降。**瑟先，賤者先就事也。相，扶工也。面，前也。鼓在前，變於君也。執越，内弦，右手相，由便也。越，瑟下孔，所以發越其聲也。前越言執者，内有弦結，手入之淺也。相者降，立西方。【疏】正義曰：注云「面，前也。鼓在前，變於君也」者，賈疏云：「鄉射與大射相對。大射，君禮，後首；此臣禮，前首。」「燕禮與鄉飲酒相對，是以燕禮面鼓，❶又與鄉飲酒後首相變。」張氏爾岐云：「面鼓者，瑟首在前也。鼓，謂可鼓處。與鄉飲酒不同者，在鄉飲酒，欲其異於燕；在鄉射，欲其異於大射：皆爲變於君也。」姜氏兆錫云：「注疏變於君之説覺支。鄉射禮輕於鄉飲，燕禮輕於大射。鄉飲賓賢，大射選士，其禮重矣。故可鼓者皆在後，上於將敬也。❷若鄉射只習藝，燕禮只達情而已，故可鼓者皆在前，以鳴豫也。」盛氏世佐云：「姜説與注疏合之，其義乃備。蓋以鄉飲與燕禮對，鄉射與大射對，則爲變於君；以鄉飲與鄉射對，大射與燕禮對，則又爲將敬與鳴豫之别。《儀禮》一書，此等至纖細之處亦精密周匝乃爾。横説豎説，無所不通，信非聖人不能爲也。讀者幸以是求之。」云「執越，内弦，右手相，便也。越，瑟下孔，所以發越其聲也。前越言執者，内

❶ 「是以」，原脱，今據《儀禮注疏》補。

❷ 「上」，原作「主」，今據《儀禮經傳》改。

有弦結，手入之淺也」者，賈疏云：「瑟近首鼓處則寬，近尾不鼓處則狹。側持之法，近鼓持之，手入則淺；近尾持之，手入則深。是以此禮與燕禮面鼓，則云執之，手入淺也；大射與鄉飲酒後首，則云挎越，手入深也。」敖氏云：「前越去廉差遠，故不可挎，但執之而已。」盛氏世佐云：「瑟體首寬尾狹，内越孔雖長，❶廣狹亦等，但弦居瑟上，近首鼓處則寬，近尾不鼓處并而狹，此疏説也。若然，則側持之法，近鼓持之，手入得深，宜云『挎』；近尾持之，手入得淺，宜云『執』。今以經文考之，反是。此與燕禮皆面鼓，乃云『執』；鄉飲酒與大射皆後首，乃云『挎』。鄭公内有弦結之説，不可通矣。當以敖説爲正。蓋瑟體尾狹，則後越去瑟廉差近，可挎；首寬，則前越去瑟廉差遠，故僅可執也。」○韋氏協夢云：「《鄉飲》：工入升歌，主人獻工，然後笙入。今射禮既不升歌，❷故工入笙即入，俟合樂之後始與笙並獻之。蓋主人之獻工與笙，特爲其有事於射而勞之耳。若工未歌而得獻，則與衆賓等矣。此所以俟既合樂而後獻與？」**笙入，立于縣中，西面。**堂下樂相從也。縣中，磬東立，西面。【疏】正義曰：注云「縣中，磬東立，西面」者，賈疏云：「鄭知不在磬西西面者，若磬西西面，則笙者背磬，不可，故知在磬東西面也。」蔡氏德晋云：「笙者入，立于縣中，當鐘磬之間，與《鄉飲酒》磬南北面立之文互見也。縣在東階上，立者西面，蓋縣之東也。」盛氏世佐云：「案：縣中，磬南鐘北也。此主大夫判縣而言。《鄉飲酒》云：『笙入堂下，磬南北面立。』與此異。」褚氏寅亮云：「笙、磬相應，豈可

❶「孔」，原作「内」，今據《儀禮集編》改。
❷「既」，原脱，今據《儀禮蠡測》補。

背磬而立？《鄉飲酒》磬在階間，則立于其南，亦鄉磬也。敖氏欲與注異，謂立於磬西，不可從。」胡氏肇昕云：「敖氏謂縣中爲縣中之西，然縣在洗東北，而笙者立於縣之西，則與磬相背，既違笙、磬同音之義，且距階亦未嘗不遠也。自宜以注説爲正。又敖氏謂此與《鄉飲》立于磬南之意同。考《鄉飲酒》云『磬南北面立』，此云『立于縣中西面』，其不同可知。又此與鄉飲磬所縣不同處，故盛氏不從其説。」**乃合樂《周南·關雎》《葛覃》《卷耳》、《召南·鵲巢》《采蘩》《采蘋》。**不歌，不笙，不間，志在射略於樂也。不略合樂者，《周南》、《召南》之風，鄉樂也，不可略其正也。昔大王、王季、文王始居岐山之陽，躬行以成王業，至三分天下，乃宣《周南》、《召南》之化，本其德之初。「刑于寡妻，至于兄弟，以御于家邦」，故謂之鄉樂。用之房中，以及朝廷饗燕、鄉射、飲酒。此六篇其風化之原也，是以合金石絲竹而歌之。【疏】正義曰：注「躬行以成王業」，《校勘記》云：「『行』下，徐本有『召南之教』四字，《通解》無。瞿氏中溶云：『《燕禮》注有此四字，此亦宜有。』」胡氏肇昕云：「《鄉飲酒》注云：昔大王、王季、文王居於岐山之陽，躬行《召南》之教，以興王業。❶及文王而行《周南》之教，以受命。《燕禮》注同。彼以《召南》之教屬大王、王季，《周南》之教屬文王，故『躬行』下有『召南之教』四字。此注合言大王、王季、文王，下總承云『乃宣《周南》、《召南》之化』。若於『躬行』下加『召南之教』四字，則上下文義不相通貫。《通解》無者，是也。瞿説不可從。」云「不歌，不笙，不間，志在射略於樂也。不略合樂者，《周南》、《召南》之風，鄉樂也，不可略其正也」者，方氏苞云：「獨奏合樂，不

❶「興」，原作「行」，今據《鄉飲》注改。

惟志在射也。鄉飲酒以興賢能，故升歌、間歌備陳君臣相悦、上下志同之樂，使觀感而興起焉。學士習射，則歌二南，使盡志於修身齊家之要可矣。」江氏筠云：「此禮與大射俱以射，故略於樂，而大射不略升歌而略笙、間、合，此禮不略合樂而略笙、歌、間。注疏謂《二南》是卿、大夫之正，《小雅》是諸侯之正，不可略其正是也。但二禮於歌、笙、間、合中既各取其一而用之，而《大射》何以於升歌外别添下管一節？彼既樂有二節，則此宜亦如之，又何以只用合樂一節？豈以笙、間二者俱係《雅》詩之故邪？玩下『無算樂』之文，與息司正所云『鄉樂惟欲』者，固不同也。況鄉飲酒既得備用四節，則此宜亦可以上取，以與大射儀相配矣。曰大射儀雖二節，實止足當此之一節；此雖一節，實不下大射之二節。蓋大射《鹿鳴》三終，《新宫》三終，此則《周南》三終，《召南》三終。節雖不同，篇則惟一，此其所以異也。然則《鄉飲酒義》孔疏合樂之説，其不如賈疏之爲可信者，此亦其一證乎？又鄭氏於大射工歌，謂所歌惟《鹿鳴》，而《四牡》二篇則不之及。合之此鄉射之樂，可以定其失矣。」**工不興，告于樂正，曰：「正歌備。」**不興者，瞽矇禮略也。【疏】正義曰：注「瞽矇」，《校勘記》云：「『矇』，諸本俱誤作『朦』，唯徐本不誤。案：單疏正作『矇』。」○盛氏世佐云：「正歌，謂鄉樂也。大夫、士以歌《風》爲正，鄉飲酒升歌笙間用《小雅》，禮盛者進取也，於此益可見矣。」敖氏云：「凡歌，至於合鄉樂乃爲備。此合鄉樂矣，故雖不歌《小雅》，亦可謂之備。」方氏苞云：「《鄉飲酒》之樂，四缺其三，而曰『正歌備』，何也？凡樂歌必與禮事相應，鄉大夫爲國興賢，必爲忠爲孝，使民物安阜，上下和樂，然後可爲邦家之基，故必備升歌、笙歌、間歌、合樂而其義始全。修業於鄉學之士，則所以養其德行而烝於門内者。二南備矣，故正歌不過合樂也。」**樂正告于賓，乃降。**樂正降者，堂上正樂畢也。降立西階東，北面。【疏】正義曰：

「樂正告于賓」，《校勘記》云：「張氏爾岐曰：監本『樂』字，誤細書，混疏文内。」注云「樂正降者，堂上正樂畢也」者，賈疏云：「云『正樂』者，對後無算樂非正樂也。下射雖歌《騶虞》，亦是堂下，非堂上，故以『堂上』決之也。」○韋氏協夢云：「鄉飲有歌有笙，故歌畢即獻工，笙畢即獻笙，更越間合二節乃告備。此不歌、不笙、不間而即合樂，故合樂即告備。告備降，然後獻工獻笙也。」

右合樂樂賓

主人取爵于上篚，獻工，大師則爲之洗。尊之也。君賜大夫樂，又從之以其人，謂之大師也。

【疏】正義曰：注「謂之大師也」，《校勘記》云：「徐本無『也』字，與疏合。《通解》有。」云「君賜大夫樂，又從之以其人，謂之大師也」者，方氏苞云：「州長習射不宜有大師。或大師即其州之人，會公事之間，樂與於斯禮。又或公卿有賜樂而從以工師者，使來襄事耳。」《儀禮釋官》云：「案：公賜大夫樂，於傳有之；從之以其人而謂之大師，無所據也。此工及大師，皆君之樂人。鄉飲、鄉射主於教民，乃公家之事，非若冠昏喪祭爲私事者可比。或疑州射而君使樂人共其事，恐官有不給。不知一鄉五州，大國三鄉，爲州十五。《周禮》：『大師，下大夫二人。小師，上士四人。瞽矇，上瞽四十人，中瞽百人，下瞽有百六十人。』諸侯樂工之數雖無可考，然人數必多，當亦足供其事。且諸侯之州長是士，未必有賜樂之法。下經云：『一人拜受爵。』注：『二人，無大師，則工之長者。』然則大師來否原自不定。鄭氏以意爲説，似未可從。」**賓降，主人辭降。**大夫不降，尊也。【疏】正義曰：注云「大夫不降，尊也」者，敖氏繼公曰：「大夫不降，亦別於賓。」盛氏世佐云：「經不言大夫降，以大夫或來或否也。若來，亦當從主人降。大夫不尊於賓也，注非。《鄉飲禮》云『賓、介降，大夫如介禮』，亦不得云『别於賓』也。」方氏苞云：「凡辭而終降者，必有對；對後必更見降者階下之事。唯主人爲工洗，賓降，則有辭而無對，並不見賓階下之事。蓋賓以降表意，主人辭焉，而遂止也。使三賓、大夫皆不降，而賓獨降，則其升也，不可與主人同，又不可後於主人。與主人同升，是與身受主人之獻無别也；後主人而升，則主人無以自安，故惟辭焉而遂止爲宜。」胡氏肇昕曰：「注以『大夫不降，尊也』，微論大夫如介禮，不尊於賓。且階上尚有賓長三人，經亦不言衆賓降，豈得亦以爲尊乎？」郝氏敬云：「獻大師洗爵，主賓皆降。不言大夫者，有至有不至，禮重主賓也。」盛氏本此爲説，較注爲確。褚氏寅亮云：明無大師，主人不降洗，賓亦不降也。**工不辭洗，卒洗，升實爵。工不興，左瑟，一人拜受爵。**左瑟，辟主人授爵也。一人，無大師，則工之長者。【疏】正義曰：注「辟主人授爵也」，《校勘記》云：「辟，陳、閩、監、葛俱誤作『辭』。」○敖氏繼公云：「主人卒洗，亦與賓揖讓乃升。此以上著大師之禮異也，餘則與非大師者同。」張氏爾岐云：「左瑟者，身在瑟右，向主人也。」**主人阼階上，拜送爵，薦脯醢，使人相祭。**人，相者。**工飲，不拜既爵，授主人爵。衆工不拜，受爵，祭飲。辯有脯醢，不祭。**祭飲，不興受爵，坐祭，坐飲。**不洗，遂獻笙于西階上。**不洗者，賤也。衆工而不洗矣，而衆笙不洗者，笙賤於衆工，正君賜之，猶不洗也。【疏】正義曰：注「而衆笙不洗」者，《校勘記》云：「衆，徐本作『著』，與單疏述注合。《通解》作『衆』。」胡氏肇昕云：「敖氏《集説》亦云：『乃著笙不洗者。』似所據鄭注亦作『著』字。然賈疏述注後又云：『況衆笙乎？』又云：『不取衆笙，不爲洗也。』兩出『衆笙』字，正解注之『衆笙不洗』也。當以作『衆』字爲正。」○敖氏繼公云：「非大師，則工之長亦不洗矣，乃著笙不洗者，正使笙師猶不洗也。諸侯之笙師，蓋以下士爲之。言遂者，承工後也。《鄉飲酒禮》：笙入，樂《南陔》、《白華》、《華黍》，乃獻之。此不笙亦獻之者，主人自爲射，故而略於樂耳。不可以其無事而廢禮也。」江氏筠云：「歌笙間合四節，首二節係兩者分奏，後二節係兩者並爲。間則其所爲者各三，合則其所爲者各六，乃是自然之次第。敖氏何得謂合樂無笙？且間字、合字經俱蒙上立文。始分奏者，至是而間代爲之，故云『乃間』。間，猶其事兩分。至末而二者并合爲之，故云『乃合樂』。謂合，非工笙之合，則間亦非一歌一吹之相間邪？據此經先著工之入，次著笙之入，而云『乃合樂』以承之，其爲笙工之合奏甚明。又考經之著『笙入』，因樂《南陔》而著者，《鄉飲禮》、《燕禮》與《燕禮・記》文是也。因合鄉樂而著，此經是也。不合樂，則不復著，故《大射儀》無『笙入』文。若謂無算樂時所用，則《大射》亦無算樂，何以經不言笙入乎？況諸凡樂工之獻俱以有事而獻，未有無事獻者亦俱於即事後獻，未有先事獻者，其必不然明矣。蓋敖氏泥於《燕禮》『遂歌鄉樂』之文。考經所云『歌』者，實皆不止歌之一事。《鄉飲》、《燕禮》樂備四節，而工告樂備，但云『正歌』；《鹿鳴》三篇，歌、瑟並用，而經唯云『工歌』。云『升歌』，蓋樂貴人聲，以歌爲主，言歌則足以該餘事也。乃間之所以必言笙者，以其歌笙異詩，故須著之。合樂則歌笙共之，言歌可包笙在内，故《燕禮》之文然耳。且《鄉飲酒》之禮歌、笙並著，而其義但云『間歌三終』，益可見矣。又案：合樂《周南》、《召南》之樂，即樂《南陔》、《白華》、《華黍》樂也。據注唯於笙以樂言，《鹿鳴》三詩未有云樂者，然則此樂之一字非以合笙而得名邪？且樂謂人之樂之，則所云合者，明是指工言，而非指詩言矣。」**笙一人拜于下，盡階，不升堂，受爵。主人拜送爵。階前，坐祭，立飲，**

不拜既爵，升，授主人爵。衆笙不拜受爵，坐祭，立飲，辯有脯醢，不祭。主人以爵降，奠于篚，反升，就席。亦揖讓以賓升，衆賓皆升。【疏】正義曰：注云「亦揖讓以賓升，衆賓皆升」者，賈疏云：「云亦者，亦前主人共大夫行禮訖，主人揖讓，以賓升，大夫及衆賓皆升就席也。上賓降時，雖不言衆賓降，衆賓卑，從降可知。故今從賓升也。」褚氏寅亮云：「獻工奠爵訖而反升，乃與賓揖讓而升，故注釋於此時。《集説》謂卒洗時以賓升者，誤也。方行實爵獻工之禮，何得又參以與賓揖讓升之禮？且尚有降奠爵事，賓此時亦未便即升。」盛氏世佐云：「主人揖讓以賓升之節當在此。經不言者，以大師或有或無也。若無大師，不爲之洗，賓亦不降也。」方氏苞云：「注謂兼以賓及衆賓升，非也。賓雖欲降，以主人之辭而止，三賓則並無欲降之文，則反升就席者惟主人耳。樂以樂賓，故大夫、三賓不言欲降，不敢與賓同受禮也。蓋賓及三賓之爲大夫而降，不獨以其尊也。主人將與大夫爲獻酢崇酒之禮，賓及衆賓席位偪介於大夫，不宜無事而相參。若獻工與笙，則賓與大夫三賓位在户牖間，而主人別獻工於西階之上，絶不相礙。且其儀甚簡，賓、大夫、衆賓何故又相牽率而辭降讓升？費時失事，以促正射之節，使旅酬、舉觶、升堂、無算爵之禮，皆汲汲若不可逮乎？」胡氏肇昕云：「經『反升，就席』，承『主人以爵降，奠于篚』，則專指主人可知。前獻工賓降，主人辭降，賓之因辭而即止，不終降也。方説似可從。」

右獻工與笙

主人降席自南方。禮殺，由便。【疏】正義曰：注云「禮殺，由便」者，上文主人受酢爵時，禮盛，故主人降席自北方。此禮殺，故降席自南方。《鄉飲酒禮》注：「不由北方，由便。」是也。方氏苞云：「惟賓酢主人，主人升席自北方，用升席之正禮尊賓也。❶立司正，及將徹俎，主人降席自南方，臨屬吏及弟子，乃特變其方以尊主人。注皆曰『由便』，似非禮意。」胡氏肇昕云：「臨屬吏及弟子，是禮殺於賓也。特變其方，不用升席之正禮，此主人之所以可由便也。注自可通。」褚氏寅亮云：「此降席之正。注云『禮殺由便』，未詳。」

側降。賓不從降。【疏】正義曰：方氏苞云：「具樂以樂賓，故主人洗，獻工，而賓從降，不敢坐視主人之勤而自安也。立司正以旅酬，則主人側降而賓不從，不敢謂禮專爲己也。義不宜降，而注以大夫尊爲義，失之矣。」**作相爲司正，司正禮辭，許諾。主人再拜，司正荅拜。**爵備，樂畢，將留賓以事。爲有懈倦失禮，立司正以監之，察儀法也。《詩》云：「既立之監，或佐之史。」【疏】正義曰：注「爲有懈倦失禮」，《校勘記》云：「懈，《釋文》、徐、陳、《通解》俱作『解』。」○韋氏協夢云：「司正爲旅酬立也，今未行旅酬禮先立司正者，蓋相必主人作之爲司正，然後以司正行司馬之事；若未作，則固不得干其事也。」**主人升就席。司正洗觶，升自西階，由楹内適阼階上，北面受命于主人。**洗解者當酌以表其位，顯其事也。楹内，楹北。【疏】正義曰：賈疏云：「受命于主人者，謂受主人請安賓之命。」注云「楹内，楹北」者，敖氏繼公云：「楹，謂兩楹。」盛氏世佐云：「楹，謂前楹。由楹内，言其入堂之節也。」蔡氏德晉云：「由楹内適阼階者，以樂工坐

❶「賓」，原作「禮」，今據《儀禮析疑》改。

階際故也。」❶**西階上北面，請安于賓。**傳主人之命。【疏】正義曰：敖氏繼公云：「賓爲射事而來，此時未射，若無嫌於不安，乃亦請安于賓者，飲酒之節宜然也。」方氏苞云：「立司正以糾儀，而曰『請安于賓』，蓋指不祭立飲、不拜、卒觶不洗而爲言，禮辭之體然也。而此篇更有隱義焉。教射禮嚴，司射執扑以臨不勝者，以觥代扑，賓、大夫皆就不勝者之位而飲。方是時，賓、大夫酬主人之禮未備，衆賓皆未受酬，先舉罰爵而後舉酬，所以愧厲之者切矣。故先以主人之意請安于賓，❷以示主人急於酬賓，而會有司之請射。禮之旁皇周浹，曲得其次序，類如此。」**賓禮辭，許。司正告于主人，遂立于楹間以相拜。**相，謂贊主人及賓相拜之辭。【疏】正義曰：敖氏繼公云：「賓辭者，亦不敢必主人之終行射事也。」盛氏世佐云：「主人所以請安于賓者，爲行禮既久，恐賓身或有不安也。賓辭，亦恐主身有不安也。禮之體人情也至矣。如第曰爲賓欲去留之，則此賓爲射而來，事未至而故留之，賓故辭，毋乃文繁而詐乎？」胡氏肇昕云：「主人請安于賓，賓必禮辭，皆禮之節次宜然也。盛氏泥於『安』字，望文生訓，非是。」**主人阼階上再拜，賓西階上荅再拜，皆揖就席。**爲己安也。今文「揖」爲「升」。【疏】正義曰：注云「今文『揖』爲『升』」者，胡氏承珙《古今文疏義》云：「案：上文云：賓升席，主人升席。言升則不言就，言就則亦不必言升。又云大夫及衆賓皆升就席者，謂自堂下升也。此賓主皆在階上，不必言升。今文蓋涉上主人升就席而誤，故鄭從古文。」胡氏

---

❶「工」，原作「正」，今據《禮經本義》改。

❷「故」，原脱，今據《儀禮析疑》補。

肇昕云：「《鄉飲酒禮》『皆揖復席』注不云『今文揖爲升』，則《鄉飲》今文亦作『揖』可知。此作『升』，乃字之誤也，故鄭不從之。」**司正實觶，降自西階，中庭北面坐奠觶，興，退，少立。**奠觶，表其位也。少立，自修正，慎其位也。古文曰「少退立」。【疏】正義曰：「中庭北面坐奠觶」，敖氏繼公云：「此『中庭』，其阼階前南北之中與？蓋射時司正爲司馬，至誘射之後，方易位於司射之南，則此位必不在階間，如鄉飲酒司正之位也。」盛氏世佐云：「案：司正奠觶處，《鄉飲酒禮》云『階間』，此云『中庭』，互見也，其位同。及其爲司馬也，乃位於司射之南，辟射也。敖説誤。」焦氏以恕云：「鄉射司正中庭北奠觶，及北面立于觶南，此爲階間之中庭，與鄉飲一例，無可疑也。記『司正既舉觶而薦諸其位』，即此觶南之位也。燕禮立司正，南面坐奠于中庭；大射立司正，南面坐奠于中庭，亦在階間，與鄉飲同位也。至將射，則司正爲司馬。下經設楅于中庭，亦司馬暫立於其南者，正其處也。至射事畢，命弟子退楅，則司馬反爲司正，退復觶南而立，此即前者階間奠觶之所也。記云：『司馬階前命張侯，遂命倚旌。』階前者，西階前西面也。弟子與獲者俱在西方，故於此命之爾。記又云『命負侯者由其位』，則司射誘射之後，又命獲者執旌以負侯。鄭云：『於賤者禮略。』賈氏疏：司馬自在己位遥命之。此亦階間中庭之位耳。迨初射之時，司馬降自西階，適堂西，釋弓襲，反位，立於司射之南。此則司馬離階間之位，而始定西方東面之位於司射之南也。若阼階前中庭之位，則敖氏鑿空説之而無所依據，蓋有心於異同而不知其非也。」又曰：「鄭之主於階間者，❶以《鄉飲》經文可證也。燕

❶「間」，原作「前」，今據《儀禮彙説》改。

禮、大射皆不言其位於何所，則皆主階間爲東西節矣。若敖氏之謂阼階前，直自爲此説耳。且司正爲司馬，易位於司射之南，乃西階前三耦之北也。其未爲司馬之時，位於階間，如鄉飲禮，固無妨也。何以決其必不在階間乎？若燕禮、大射立司正時，猶未射也。臨射而始辟，似亦無妨也，何以決其必不在階間乎？然則經文於《燕》、《射》之禮，只言『中庭』，而不言『階間』者，已見《鄉飲》，則文不具也。《鄉飲》之禮只言『階間』，而不言『中庭』者，互見《燕》、《射》故也。」朱氏大韶云：「敖此節注云：『中庭，其阼階前南北之中歟？蓋射時司正爲司馬，至誘射之後，方易位於司射之南，則此位必不在階間，如鄉飲酒司正之位。』案：中庭，據南北東西言：南北之中，謂之中庭；東西之中，亦謂之中庭。敖以爲阼階前南北之中，與經不合。經凡言『中庭』，無有偏指一階者。且司正爲司馬，易位於司射之南，乃在西階前三耦之北。其未爲司馬之前，經但言『階間』，言『中庭』，不言『阼階前』。鄭於《鄉射》『北面，立於觶南』注曰：❶『立觶南，亦其故擯位。』疏云：❷『《聘禮》擯者退中庭。』是擯者在中庭有位。《燕》、《大射》皆擯者爲司正，此作相爲司正，相即擯也，故知觶南者，中庭故擯位也。至將射，則司正爲司馬。《鄉射》：司馬遂適堂前，北面立於所設楅之南，命弟子設楅，乃設楅於中庭。此司馬暫立於南者，正其處也。射事畢，命弟子退楅，則司馬反爲司正，退復觶南而立，此即階間奠觶之處也。並在階間中庭。惟初射時，司馬降自西階，適堂西，釋弓，襲，反位，立於司射之南。

---

❶ 「觶」，原作「阼」，今據《續清經解》本改。

❷ 「云」，原脱，今據《實事求是齋經義》補。

此則司馬離階間之位，始定西方東面之位，在司射之南。若阼階前中庭之位，經無此説。❶《鄉射》云：司馬命張侯，又命獲者『倚旌于侯中』。記云：『司馬階前命張侯，遂命倚旌。』又云：『命負侯者，由其位。』敖云：階前即觶南之處，此云階前，下云由其位，文互見也。案：階前者，西階前也。以經不言其處，故記著之曰階前。蓋弟子及獲者皆在西方，故司馬於西階前西面命之。至負侯之命，則仍自階間中庭觶南也。故疏云『司馬自在己位，遥命之』，是也。若在阼階前，則離西方太遠。况張侯倚旌之命，其節次在司射降自西階、階前西面、命納射器下，則其在西階前又可知。乃移西階之前以就其阼階之説，强爲之解，曰：『此與前二命皆不離其位。』則記文於前二命，何以云『階前』？於命負侯，何以云『由其位』？蓋敖以奠觶之位在阼階中庭，遂一誤而無不誤。」韋氏協夢云：「堂下至門内霤，皆謂之庭。通一庭言之，則東西南北之中爲中；以南北向言之，則或東或西，凡在南北之中者，皆謂之中；以東西向言之，則或南或北，凡在東西之中者，亦謂之中。此中庭，蓋指東西之中而言，即《鄉飲》所謂『階間』也。注知階間與中庭爲一，而以階間爲東西節，中庭爲南北節，則誤矣。中庭，蓋東西節也；階間，乃南北節耳。」褚氏寅亮云：「亦當階間南北之中，而不在阼階前南北之中。《鄉飲》曰『階間』，此曰『中庭』，互文見義。」注云「古文曰『少退立』」者，胡氏承珙《古今文疏義》曰：「案：《鄉飲酒禮》云：『司正實觶，降自西階，階間北面坐奠觶；退，共，少立。』注云：『共，拱手也。少立，自正慎其位也。』《燕禮》云：『司正降自西階，南面坐取觶，升酌散，降，南面坐奠觶，右還，北面少

❶ 「經」，原作「固」，今據《實事求是齋經義》改。

立。』注云：『少立者，自嚴正，慎其位。』《大射儀》云：『司正降自西階，南面，坐取觶，升，酌散，降，南面坐，奠觶，興，右還。北面少立。』蓋此所奠之觶，將以察儀，須少立自慎而後取觶，以副司正之義，故言少者以爲立節，❶非以爲退節。『少』下『立』上，不當有『退』字。鄭以《鄉飲》、《燕禮》、《大射》決，知當從今文作『少立』也。」**進，坐取觶；興，反坐，不祭，遂卒觶；興，坐奠觶，拜；執觶；興，洗，北面坐奠于其所。**今文「坐取觶」，無「進」。又曰：「坐奠之拜。」【疏】正義曰：注云「今文『坐取觶』，無『進』。又曰：『坐奠之拜。』」者，胡氏承珙《古今文疏義》曰：「案：『進』者，蒙上『退』文，有『進』爲是。《鄉飲酒》『退，共，少立』下但云『坐取觶』，不言『進』者，文不具耳。又『執觶』、『取觶』皆言『觶』，此不應變『觶』爲『之』，故二者鄭並從古文。」**興，少退，北面立于觶南。**立觶南，亦其故擯位。【疏】正義曰：注云「立觶南，亦其故擯位」者，賈疏云：「《射禮》『擯者退中庭』，是擯者在中庭有位。《燕禮》、《大射》皆擯者爲司正，此及《鄉飲酒》作相爲司正。相，即擯也。故曰『故擯位』。」**未旅。**旅，序也。未以次序相酬，以將射也。旅則禮終也。【疏】正義曰：「未旅」，《校勘記》云：「未，徐本作『末』，注同，恐誤。」○張氏爾岐云：「《鄉飲酒》：立司正，即行旅酬。今此禮主於射，故且未旅，急在射也。」敖氏繼公云：「《大射儀》亦司正，已定位，即行射事，然則射之正禮，以此爲節，上下同也。經於射事既畢，始見旅酬之儀，則是時未旅可知。乃言之者，亦經文過於詳耳。」方氏苞云：「司正所奠，旅酬之觶也。直待三射事畢，然後賓取所奠之觶以行酬，故於此曰『未旅』，以明射事未

---

❶ 「立」，原作「少」，今據《儀禮古今文疏義》改。

舉而預請安于賓之義。又《鄉飲酒》：立司正之後即舉旅。故此言『未旅』以别之。若不言『未旅』，直承以『三耦次于堂西』，則事之節次不明，而辭氣亦不相貫。敖氏之説，前後皆失之。」

右立司正

三耦俟于堂西，南面東上。司正既立，司射選弟子之中德行道藝之高者以爲三耦，使俟事於此。

【疏】正義曰：注「司射選弟子之中」，《校勘記》云：「選，誤作『遷』。」○張氏爾岐云：「自此以下，始言射事。射凡三番：第一番，三耦之射，獲而不釋獲；第二番，賓、主、大夫、衆賓耦射，釋獲，升飲；第三番，以樂節射。此下至乃復求矢加于楅，言三耦之射。司射請射于賓，命弟子納射器，比三耦，司馬命張侯，又命倚旌，樂正遷樂器，三耦取弓矢，司射誘射，乃作三耦射，司馬命設楅取矢：凡九節，射之第一番也。」○郝氏敬云：「凡射，二人爲耦。天子六耦，諸侯四耦，大夫、士三耦，謂之正耦。鄉射正耦三，用六人。司射選賓子弟有行藝者充之，❶未旅酬，先俟于堂下之西，南面立，長幼以東爲上，序立而西，雖有三耦之數，尚未定同耦之人。立於此，待司射比耦也。」**司射適堂西，袒決遂，取弓于階西，兼挾乘矢，升自西階。階上北面，告于賓曰：「弓矢既具，有司請射。」**司射，主人之吏也。於堂西袒決遂者，主人無次，隱蔽而已。袒，左免衣也。決，猶闓也，以象骨爲之，著右大擘指，以鉤弦闓體也。遂，射韝也。以韋爲之，所以遂

❶「子弟」，原脱，今據《儀禮節解》補。

弦者也。其非射時，則謂之拾。拾，斂也，所以蔽膚斂衣也。方持弦矢曰挾。乘矢，四矢也。《大射》曰：「挾乘矢于弓外，見鏃于弣，右巨指鉤弦。」古文「挾」皆作「接」。【疏】正義曰：「有司請射」者，敖氏繼公云：「示己不敢擅其事也。」○注「右巨指鉤弦」，《校勘記》云：「『右』，諸本俱誤作『南』，唯徐本與此同。」胡氏肇昕云：「案：敖氏引注亦作『右』。」　云「司射，主人之吏也」者，賈疏云：「《大射》，諸侯禮，有大射正爲長，射人次之，司射又次之，小射正又次之，皆是士爲之。則此大夫、士禮不得用士，故知是主人之吏爲之。」《儀禮釋官》曰：「案：《射義》：孔子射於矍相之圃，使子路執弓矢出，延射。注謂子路於時爲司射，大夫、士無射人之官，臨事立一人以掌射事，亦謂之司射也。」《大射》以射人爲司射，又有大射正、小射正共贊射事，俱與此異。方氏苞云：「注於『相』曰『主人之家臣』，於『司射』曰『主人之吏』，辭未別白，以義裁之，皆非也。《周官》王朝大禮，皆大宗伯相。《戴記》有發則命大司徒教士以車甲，司徒搢扑，北面誓之。州長會民而習射於序，亦禮事之大者，相與司射，必於黨正取之。主人之吏與家臣，可使與賓、大夫相揖讓，且搢扑以涖羣士乎？」程氏瑤田云：「此經挾矢，矢在弓外，居弣下，故云『見鏃』；下經執矢，矢兼諸弦，則在弦上，故云『尚鏃』也。右手持矢且鉤弦，而見鏃於弣，則弦矢中矩，故曰『方持』；左執弓，右執矢，後開前合，而以鏃交於弦，則弦矢不中矩，故曰『側持』也。疏云：有司，謂司馬。故《大射》云：『爲政請射。』注云：『謂司馬。司馬，政官，主射禮。』諸侯之州長無司馬官，直言有司，以比司馬也。案：此經之相，注云主人家臣，司正作相爲之，司馬，司正爲之，是三官一人兼也。惟司射注云：主人之吏。今有司請射爲司射告賓之詞，其非司射爲之明矣。州長無司馬官，則司正所作之司馬，亦假借之稱。然則有司以比司馬，或即指爲司正歟？若《大射儀》大射正爲擯，遂爲司正，與此經相爲司正略同。此經命張侯，命獲者倚旌，執旌，負侯，去侯，命設楅，設中，取矢，乘矢，復求矢，皆司馬所職，而《大射儀》則『司馬師命負侯』注云：『司馬師，正之佐也。』『司馬正命去侯』注云：『司馬正，政官之屬。』司馬命取矢，負侯者因之負侯，命設楅，司馬師乘矢，司馬正命復求矢。此初一番射也。其第二番射，則命去侯者，❶司馬也。第三番射，公將射，則司馬師命負侯，司馬命去侯。」云「於堂西袒決遂者，主人無次，隱蔽而已」者，賈疏云：主人無次，對大射人君禮有次在東方，不須適堂西也。云「袒，左免衣也」者，郝氏敬云：「袒，露左臂也。賈疏云『凡事無問吉凶，皆袒左』，『唯有受刑袒右』。」云「決，猶闓也，以象骨爲之，著右大擘指，以鉤弦闓體也」者，案：闓與開同。決鉤弦以利發，故云「猶闓也」。《小雅·車攻》毛傳曰：❷「決，鉤弦也。」云「遂，射韝也。以韋爲之，所以遂弦者也。其非射時，則謂之拾。拾，斂也，所以蔽膚斂衣也」者，案：《文選·李陵荅蘇武書》注引《説文》云：❸「韝，臂衣也。」《周禮·繕人》注云：❹「韝扞著左臂，裹以韋爲之。」《説文》但言「臂衣」，而不言「射韝」者，段氏玉裁《説文注》云：「凡因射著左臂，謂之射韝，非射而兩臂皆著之，以便於事謂之韝。許不言射韝者，言臂衣則射韝在其中矣。」胡氏肇昕云：「韝从韋，故知以韋爲之。韝著於臂，以斂袖，所以利弦也。《禮經》作『遂』，《小雅》作『拾』，即一物也。故

---

❶「命」，原脱，今據段校補。

❷「傳」，原作「詩」，今據《毛詩正義》改。

❸「注」，原脱，今據《續清經解》本補。

❹「繕」，原作「膳」，今據《續清經解》本改。

《小雅》、《毛傳》曰：『拾，遂也。』」又案：《詩・衛風》：「童子佩韘。」《毛傳》：「韘，玦也。能射御，則佩韘。」❶鄭箋云：「韘之言沓，所以彄沓手指。」段氏玉裁云：「毛公釋韘爲決，而箋云『韘之言沓』，此以《禮經》之『極』釋『韘』也。《大射》云：『朱極三。』注：『極，猶放也，所以韜指利放弦也，以朱韋爲之。』食指、無名指、將指各一，小指短，不用。鄭意以『韘極沓』三字雙聲，且極用韋爲之，故字从韋，決則用象骨爲之，故不從毛，而易其義。」凌氏次仲亦以鄭義爲長。胡氏肇昕云：「鄭此注云：『決，猶闓也。拾，斂也。』決著右臂指以鉤弦，拾以蔽膚斂衣，是二物用處不同。《大射》注云：『極，猶放也。』放義與闓相近，與斂相反。極所韜指，以利放弦，即此經所謂『決』也。段氏據『以朱韋爲之』，遂謂鄭以韘、沓、極爲一，非矣。《說文》：『韘，射決也，所以拘弦，以象骨，韋系，箸右巨指。从韋枼聲。《詩》曰：童子佩韘。』從《毛傳》，以韘、決爲一。」陳氏長發《稽古編》曰：「案：《射禮》右巨指著決以鉤弦，食指、中指、無名指著沓以放弦。決用棘及骨及象爲之。沓用朱韋爲之，亦名極。極取其中於指，沓取其沓於指也。韘之爲決、爲沓，《禮》皆無明文，❷而毛說較古，又有許說相輔，當得其真。」胡氏肇昕云：「謂沓、極，所以彄指，自與決爲一類，與拾之斂臂者有殊。賈疏亦引《大射》『朱極三』證決，當有所本也。」又按段氏玉裁云：決，即今人之扳指也。」胡氏承珙云：「《毛傳》：『韘，玦也。』今之扳指，如環無端。古之玦，則如環而缺。其缺處當聯以韋系，所以著指，亦可以佩。」凌氏《釋例》云：「凡射者之器曰弓、曰矢、曰決、曰拾。《鄉射禮》：『司射降自西階，階前西面，命弟子納射器。』注：『射器，

❶「韘」，原作「玦」，今據《毛詩正義》改。

❷「禮」，原脱，今據《毛詩稽古編》補。

弓、矢、決、拾、旌、中、籌、楅、豐也。』《詩·小雅·車攻》：『決拾既佽，弓矢既調。』是弓、矢、決、拾皆射者之器也。《周禮·夏官·司弓矢》：『恒矢、庳矢，用諸散射。』後鄭注：『恒矢，弓所用也。庳矢，弩所用也。』又云：『二者皆可以散射也，謂禮射及習射也。』考《禮經》之射用弓不用弩，其矢蓋恒矢歟？又《夏官》：『繕人掌王之用弓弩、❶矢箙、❷矰弋、抉拾。』鄭司農云：『抉者，所以縱弦也。拾者，所以引弦也。《詩》云：抉拾既佽。《詩》家説或謂：抉謂引弦彄也，拾謂韝扞也。』抉拾，即決拾也。」云「方持弦矢曰挾。乘矢，四矢也。《大射》曰：『挾乘矢于弓外，見鏃于弣右，巨指鉤弦』。」者，案：方持弦矢曰挾。方持者，並持也。下文「左執弓，右執一个」注云：「側持弓矢曰執。」側持者，獨持也。《莊子·山水》篇：「方舟而濟於河。」司馬彪注：「方，猶並也。」《漢書·叙傳下》晉灼注亦云：「方，並也。」兼弦矢而並持之，故曰方持。此解「挾」之義。下記云：「凡挾矢，于二指之間横之。」「横之」別爲一義。賈疏引「横之」以釋「方持」，非是。盛氏世佐云：「案：挾矢之法，蓋以左手執弣右，大指鉤弦，而并夾四矢於第二、第三指間，於弓外見鏃於弣，如大射之儀也。」吴氏廷華云：「注以拾爲蔽膚，蓋誤認袒爲肉袒耳。據《曲禮》注『袒而即衣曰裼』。《孟子集説》又以袒裼爲露臂，蓋袒去左袖，露臂衣，非肉袒也。凡人見射必袒，因謂射用力，故肉袒，不知禮射本不尚力，左臂亦無所用力也。且據『司射著遂』注，以遂爲射韝，著之所以遂弦。蓋因發矢時左臂衣袖礙弦，故著此以遂之。若既肉袒，則無礙於弦，何必著遂？則射者之袒，不過去上服左臂裼衣。必去左臂裼衣者，以裼衣是

❶「繕」，原作「膳」，今據《續清經解》本及《禮經釋例》改。
❷「箙」，原作「以服」，今據《周禮注疏》改。

禮服，不宜夾禮服著遂，故去之。記人因大夫曰袒纁襦，公曰袒朱襦，士以下不言襦，故誤以爲肉袒耳。不知此止以辨襦之色，士以下纁色相似，故不言色。惟以公與大夫有纁與朱之别，故特言之。非士以下無襦也。」云「古文『挾』皆作『接』」者，胡氏承珙《古今文疏義》曰：「『《儀禮》之挾矢，《周禮》之挾日，音皆子協反。挾日，干本作帀日，❶《左傳》作浹，謂十日徧也。《禮注》：方持弦矢曰挾。謂矢與弦成十字形也。皆自其交會處言之。古文《禮》挾皆作接，然則接矢爲本字，挾矢爲假借字與？』❷承珙案：『挾』與『接』同聲亦同義。《説文》：『挾，俾持也。』《孟子》：『挾貴而問。』趙注：『挾，接也。』此『挾貴』、『挾長』，謂有所挾持，❸訓接似不相近。考《廣雅》云：『接，持也。』是接、挾皆有持義。蓋交接之處，必有所持而後固，故接得有持義。趙注訓挾爲接，猶訓挾爲持耳。但挾之訓持是本義，接訓持乃引申之義，故鄭從今文作『挾』耳。《大射儀》云：『卒射，右挾之。』鄭注：『右挾之，右手挾弦。』案：卒射則無矢可挾，故知爲挾弦。是挾即持也。徒弦亦可曰挾，不必矢與弦接而後言挾也。段説殊泥。」○淩氏《釋例》云：「《鄉射禮》：初射請射，司射升自西階，階上北面告于賓曰：『弓矢既具，有司請射。』又曰：『司射適阼階上，東北面告于主人曰：請射于賓。賓許。』三耦卒射，司射升堂，北面告于賓。再射，請射、請釋獲，司射皆升告于賓。卒射，及數獲畢，釋獲者皆升自西階，盡階不升堂，告于賓。三射，司射升，請以樂樂于賓，賓許諾，餘皆如初。《大射》初射請射，司射自阼階

❶「帀」，原作「市」，今據《儀禮古今文疏義》改。
❷「矢」，原作「弓」，今據《儀禮古今文疏義》改。
❸「所」，原脱，今據《儀禮古今文疏義》補。

前曰：爲政請射。三耦卒射，司射適阼階下，北面告于公。再射，請射，司射升自西階東面，請射于公。公許，遂適西階上，命賓御于公。又司射適阼階下，北面請釋獲于公。卒射，及數獲畢，釋獲者皆阼階下北面告于公。三射，司射適阼階下，請以樂于公，公許，餘皆如初。《鄉射》告于賓者，尊賓也；《大射》告于公者，尊公也。《鄉射》初射，告賓復告主人者，賓、主人敵也。《大射》再射告于公，遂命賓者，尊賓以耦公也。告賓于西階者，賓在西階也。告公于阼階者，公在阼階也。《大射》再射，升自西階，請射于公者，便于命賓也。告賓于階上，告公于階下者，君臣之義也。此《鄉射》、《大射》之别也。」**賓對曰：「某不能，爲二三子許諾。」**言某不能，謙也。二三子，謂衆賓已下。【疏】正義曰：注云「言某不能，謙也」者，敖氏繼公云：「不能，謂不善射也。」高氏愈云：「賓辭不能，不欲以德藝先人也。」云「二三子，謂衆賓已下」者，賈疏云：「謂除三耦之外通射者而言。」韋氏協夢云：「二三子，謂有司也。司射告賓以有司請射，故賓言某本不能，特爲二三子之請，不得不許耳。注專指衆賓，恐未備。」胡氏肇昕云：「鄉射本爲衆庶習禮，非爲賓一人，故賓辭，言某本不能，特爲衆庶習射，已不得不許耳。注言『衆賓已下』，則已通射者而言矣。韋説失之。」敖氏云：「爲二三子許諾，見所以不辭而即許之意。向者賓爲射而來，故至是不敢辭，但謙遜而已。」高氏愈云：「爲二三子，則以衆賓樂此，不能獨異也。」**司射適阼階上東北面，告于主人曰：「請射于賓。賓許。」**【疏】正義曰：敖氏繼公云：「不請射于主人，惟告以賓許者，緣主人尊賓之意也。❶賓許之辭，主人與聞之矣。必告

❶「意」，原作「義」，今據《儀禮集説》改。

之者，禮當然也。阼階上告主人當北面，❶『東』似衍文。上言司正『阼階上北面，受命于主人』，足以見之矣。北面告，變於君也。《大射儀》：『司射東面，請射于公。』」褚氏寅亮云：「觀此經，❷知主人之席在阼階上少東矣。敖氏謂『東』字衍文，非也。」

右司射請射

司射降自西階，階前西面，命弟子納射器。弟子，賓黨之年少者也。納，内也。射器，弓、矢、決、拾、旌、中、籌、楅、豐也。賓黨東面，主人之吏西面。【疏】正義曰：注「籌、楅、豐也」，《校勘記》云：「楅，監本誤作『福』，後並同。」云「納，内也」者，案：内義與入同。吴氏廷華云：「與射及執事者皆庠序中人，何賓黨之可言？至投壺爲燕法主歡，此亦有飲酒，何獨不主歡？即曰習禮，何賓黨習而主黨獨不習邪？況此事是公事，主人亦是公主人，弟子斷應在習禮之内，蓋鄉學中之學士，不當以賓黨言也。」據疏以賓黨在西，經言西面命之，故知爲賓黨。不知射事諸執事皆在西，此納器於西，故弟子在西以待事，非賓黨在西之謂。」**乃納射器，皆在堂西。賓與大夫之弓倚于西序，矢在弓下，北括。衆弓倚于堂西，矢在其上。**上，堂西廉。矢亦北括。【疏】正義曰：「乃納射器，皆在堂西」者，敖氏繼公云：「初納之時，總置於

❶ 「當」，原作「惟」，今據《儀禮集説》改。

❷ 「經」，原脱，今據《儀禮管見》補。

堂西，未有所分别。既則陳其弓矢，如下文所云也。」「賓與大夫之弓倚于西序，矢在弓下，北括。❶衆弓倚於堂西，矢在其上」者，敖氏云：「此以弓位之上下，見尊卑也。下文云『東序東』，❷則此『序』下似脱一『西』字也。序西、堂西之弓，其亦皆北上與？」堉案：敖説是也。堂西者，西堂下也。東序東者，東夾之東也；西序西者，西夾之西也。即東垂、西垂。衆弓倚於西堂下，而矢在堂廉，賓、主人、大夫之弓則倚於東西堂廉之上，故下文曰：主人堂東袒決遂，執弓；賓于堂西，亦如之。謂賓、主人各在堂下，取弓于堂廉而執之也。卒射，賓序西，主人序東，皆釋弓，謂釋於故處也。則賓與大夫之弓在西序西，明矣。若西序，則西夾之牆。不應賓與大夫之弓獨在堂。既在堂，賓何以在西堂下執弓？自唐石本始脱，各本因之。郝氏敬云：「西序，堂上西牆。括，矢端受弦處。括言會也，矢與弦會也。括向北，鏃向南順也。衆耦之弓倚于堂西階下，矢在階上。」**主人之弓矢在東序東，**亦倚於東序也。❸矢在其下，北括。【疏】正義曰：姜氏兆錫云：「賓與大夫之弓矢亦在西序西，❹主人之弓亦倚於東序，矢在其下，北括，皆互文也。」高氏愈云：「倚弓矢，各有其地，主賓不相混，貴賤不相錯，蓋禮貴有别如此。」

右弟子納射器

❶「北」，原作「此」，今據《續清經解》本及注文改。
❷「序」，原作「房」，今據《續清經解》本及《儀禮集説》改。
❸「序」，原作「房」，今據《儀禮注疏》改。
❹下「西」字，原脱，今據《儀禮經傳》補。

司射不釋弓矢，遂以比三耦于堂西。三耦之南，北面，命上射曰：「某御于子。」命下射曰：「子與某子射。」比，選次其才相近者也。古文曰「某從于子」。【疏】正義曰：郝氏敬云：「司射自初取弓挾矢，至是不釋，執所事也。凡耦，尊者立右爲上射。武事尚右，左爲下。」張氏爾岐云：「御，進也，侍也。進而侍射於子，尊辭也。」盛氏世佐云：「某，字也。某子，氏也。下射稱字，上射稱子，亦尊卑異辭也。」堉案：《義疏》云：「堂西，蓋堂之西偏，所謂西堂下也。《大射》有次在東，故三耦俟于次，次西出，故耦亦西面。此無次，射位則猶彼經之次，堂西之位則猶彼經之次北也。堂西當南出，故耦亦南面。《大射》西面北上，尚右。此南面東上，乃尚左者，《大射》之次與此經射位東西相向。《大射》次中北上，此經射位亦北上，雖東西異面，其北上則一。堂西之位，在未就射位之先與射位別，則亦率其上射在左之常而已。」　注云「比，選次其才相近者也」者，❶敖氏繼公云：「比，猶合也。謂合之而爲耦也。上下射相配謂之耦，命上下射之辭異，示尊卑也。其命之，惟以所立之序爲先後，故不復變位。既命耦乃定，所謂比也。」胡氏肇昕云：「敖氏解『比』字與注爲異，然必選次其才相近者，乃可合之爲耦。《周禮·大司馬》『比軍衆』注：『比，校次之也。』又《宫正》『以時比宫中之官府、次舍之衆寡』注：『比，校次其人之在否。』此比耦與《周禮》同義，故云『選次其才相近者也』。」云「古文曰『某從于子』」者，胡氏承珙《古今文疏義》曰：「案：《大射儀》云：『遂告曰：大夫與大夫，士御于大夫。』鄭彼注云：『御，猶侍也。』大夫與大夫爲耦，不足則士侍於大夫，與爲耦也。

❶ 上「者」字，原脱，今據注文補。

《華嚴經音義》引《倉頡》云：『侍，從也。』故古文作『從』。鄭以《大射》決之，故從今文。」

右司射比三耦

司正爲司馬，兼官，由便也。立司正，爲涖酒爾。今射，司正無事。【疏】正義曰：敖氏繼公曰：「以其始與射事，故名爲司馬。此時之位，其西面於觶南歟？司正爲司馬，遠辟君，禮也。《大射儀》：司馬二人，司正如故。」郝氏敬云：「前立司正爲旅酬，今未旅而射，即以司正充司馬，供射事。」高氏愈云：「飲則爲司正，射則爲司馬，蓋才之優者無不宜，故皆使其人爲之。」《儀禮釋官》曰：「司正主飲酒之禮，司馬主射禮，以其同主禮事，故職相兼。此大夫、士之禮。《大射儀》則别有司馬，不使司正爲之，與此異也。」韋氏協夢云：「此時司馬之位已在司射虚位之南。下唯云反位，則反已立於此矣。不著之者，是時司射位未定，不得先見司馬位也。」**司馬命張侯，弟子説束，遂繫左下綱。**事至也。今文「説」皆作「税」。【疏】正義曰：敖氏繼公云：「命之繫左下綱耳，乃云『張侯』者，以張侯之事成於此故也。」注云「事至也」者，賈疏云：「上張侯時不繫左下綱，中掩束之。今命弟子説其束，不致地，遂繫左下綱於植，事至故也。」云「今文『説』皆作『税』」者，詳見《士昏禮》。**司馬又命獲者，倚旌于侯中。**爲當負侯也。獲者亦弟子也，謂之獲者，以事名之。【疏】正義曰：郝氏敬云：「射中曰獲，❶報中之人曰獲者。旌，獲者所執。矢中揚旌唱獲。時司射

❶ 「曰」，原作「者」，今據《儀禮節解》改。

將誘射，司馬命獲者取旌，倚侯北正中。」**獲者由西方，坐取旌，倚于侯中，乃退。**【疏】正義曰：敖氏繼公云：「坐取旌，見其偃於地也。侯中，侯之中央也。倚之於此，若示射者以中地然。退，反於西方之位也。倚旌而未負侯，蓋當誘射之節，則異於耦射也，且行事亦宜有漸。」郝氏敬云：「取旌由西方，射器在堂西也。」

右司馬命張侯倚旌

樂正適西方，命弟子贊工，遷樂于下。當辟射也。贊，佐也。遷，徙也。【疏】正義曰：敖氏繼公云：「適西方，自西階東而往西階前也。樂，謂瑟也，亦西面命之。」郝氏敬云：「樂正前降立西階，至是適堂西，命弟子相瞽遷樂于下，辟射位也。」吴氏廷華云：「弟子，工之弟子，即上相者也。上縣於洗東，則不必遷。此云遷者，蓋指瑟云。」**弟子相工，如初入；降自西階，阼階下之東南，堂前三笴，西面北上坐。**笴，矢幹也。今文無「南」。【疏】正義曰：敖氏繼公云：「如初入，謂何瑟之儀與後先之序也。堂，東堂也。堂前三笴，坐處之北也。必空三笴者，❶辟主人往來堂東之路也。位於堂下而坐，惟工耳，亦無席。」盛氏世佐云：「坐必於席，蓋遷樂時并工席亦遷之也。敖云無席，非。」方氏苞云：「《鄉飲酒禮》著工之降，而不見所坐之地，故互見於此。彼注云『降立於西方』，誤。」　注云「笴，矢幹也」者，賈疏云：「《矢人》注：矢幹

---

❶「者」，原作「也」，今據《儀禮集説》改。

長三尺。是去堂九尺也。」胡氏肇昕云：「《考工記》『以其笴厚爲之羽深』注：❶『笴，讀爲稾，謂矢幹。古文假借字。』又『妢胡之笴』注：『笴，矢幹也。』是矢幹謂之笴也。」云「今文無『南』」者，胡氏承珙《古今文疏義》曰：「敖氏謂堂爲東堂。案：阼階下之東南，即堂前，不必以堂爲東堂。但其南去堂之節，以三笴爲度。疏引《矢人》注：『矢幹長三尺。』三笴是去堂九尺。然則經文『堂前三笴』正緣上『南』字而設。今文無『南』字，非是。」**樂正北面立于其南。** 北面，鄉堂，不與工序也。【疏】正義曰：賈疏云：「工西面北上，以南北爲序。樂正北面，則東西爲列，故云『不與工序也』。」敖氏繼公曰：「北面者，蓋變於堂上之位。堂上則樂正與工同面。」盛氏世佐云：「以上三節皆一時事，當司射比三耦之時，司馬即命張侯倚旌，而樂正命遷樂矣。經文序事不得不爾，非真有先後也。」

右樂正遷樂

司射猶挾乘矢，以命三耦：「各與其耦讓取弓矢，拾！」 猶，有故之辭。拾，更也。【疏】正義曰：敖氏繼公云：「讓者，下讓其上也。取云拾者，謂更迭而取之也。司射以此二者命之。」韋氏協夢云：「讓，與『至於階三讓』之讓同，謂上射讓下射也。司射既比三耦，三耦上射先行，下射從之。上必讓下，敵者之禮也。敖氏謂下讓其上，未確。」郝氏敬云：「三耦既比，司射先自射教之。射者禮儀未閑。司射挾乘矢，

❶ 「其」，原脱，今據《周禮注疏》補。

命各與其耦揖讓，迭取弓矢，勿相雜越，皆司射命也。」姜氏兆錫云：「命各與其耦讓者，射以觀德，命之揖讓，以審其比禮、比樂之意。此《鄉大夫》所謂『退而以五物詢衆庶』者也。拾取弓矢，亦其中和容之一徵，故首命之。」張氏爾岐云：「『各與其耦讓取弓矢，拾』，即司射之所以命三耦者。」胡氏肇昕云：「郝氏、姜氏皆於『讓』字絶句。張氏於『矢』字絶句，『拾』字別一句。盛氏世佐以郝、姜爲得。今案：當以張氏爲長。各與其耦讓取弓矢，❶此命其取弓矢之辭。拾者，言其取之有次，不相雜越也。」注云「猶，有故之辭」者，案：上文云：司射兼挾乘矢。又云：「司射不釋弓矢。」此云「猶挾乘矢」，故云「有故之辭」。**三耦皆袒決遂。有司左執弣，右執弦而授弓。**有司，弟子納射器者也。凡納射器者，皆執以俟事。【疏】正義曰：郝氏敬云：「弣，弓把也。」敖氏繼公云：「有司，弟子主授受弓矢者。如此授之，是並授也。」注云「有司，弟子納射器者也」者，方氏苞云：「經於前後弟子所有事皆質言之，而別言有司獲者，則非弟子明矣。注疏並以爲弟子，❷非也。禮必有義，弟子所有事皆簡便而易供。若授弓矢、唱獲，必有司習事乃能無愆於儀度。使以弟子任之，❸設倉皇失措而取觝撻，非所以誘教也。」**遂授矢。**受於納矢而授之。【疏】正義曰：敖氏繼公云：「云遂，❹則亦授弓者授之也。上云：『衆弓倚于堂西，矢在其上。』是既納射器則陳之矣。弟子乃留于

❶「與」，原作「以」，今據《儀禮正義正誤》改。
❷「疏並」，原脱，今據《儀禮析疑》補。
❸「任」，原作「易」，今據《儀禮析疑》改。
❹「云」，原脱，今據《儀禮集説》補。

堂西，主授受之事，故此時復執以授之。」胡氏肇昕云：「經凡言『遂』者，皆相因之辭。上文言有司授弓，授弓訖，因遂授矢，即一人也。當以敖説爲正。」**三耦皆執弓，搢三而挾一个。**未違俟處也。搢，插也，插於帶右。【疏】正義曰：郝氏敬云：「插三矢於帶間，挾一矢於第二指間，備先射也。一个，謂一矢。凡奇曰个。」○《校勘記》云：「注兩『插』字，《釋文》、陳本、《通解》、《要義》俱作『捷』。❶案：今本《釋文》亦作『插』，唯宋本作『捷』，見張淳《士冠禮》識誤。」　云「搢，插也，插於帶右」者，賈疏云：「以其左手執弓，右手抽矢而射，❷故知插於帶右。故《詩》云：『左旋右抽。』」案：「插」，《釋文》作「捷」。捷與插古字通用。《樂記》注亦云：「搢，猶捷也。」《釋文》：「『捷』，本亦作『插』。」插又與扱通。《士冠禮》鄭注：建柶、扱柶於醴中。《釋文》：「扱，作『捷』，本又作『插』。」後人知搢之爲插，不知捷之與插本同義也。因改注中「捷」爲「插」，幸有《釋文》，猶可見鄭注之舊也。**司射先立于所設中之西南，東面。**【疏】正義曰：敖氏繼公云：「下經云：『設楅于中庭，南當洗。』又云：『設中，南當楅，西當西序。』然則此時司射之位，少南於洗而西當榮與？司射先立於此，欲三耦知其位也。」張氏爾岐云：「中，謂鹿中。以釋獲者，其設之之處，南當楅，西當西序。此時尚未設中，云『所設中之西南』者，擬將來設中之處也。」**三耦皆進，由司射之西，立于其西南，東面北上而俟。**【疏】正義曰：敖氏繼公云：「進亦每耦並行，上射在左，如退適堂西之儀也。立于其西南，

❶「捷」，原作「定」，今據《十三經注疏校勘記》改。

❷「矢」，原作「捷」，今據《儀禮注疏》改。

又以司射所立處爲節也。俟，俟作射。」案：三耦本俟於堂西，至此始違俟處，進而立於司射之西南，以俟射也。

右三耦取弓矢俟射

司射東面立于三耦之北，搢三而挾一个。爲當誘射也。固東面矣，復言之者，明卻時還。【疏】正義曰：《校勘記》云：「『一个』，單疏本標目作『箇』。」　注云「固東面矣，復言之者，明卻時還」者，賈疏云：「司射先在中西南，東面。今三耦立定，卻來向三耦之北，東面，明司射卻時右還西南，東面也。」敖氏繼公云：「復云『東面』者，以其違於舊處，❶且明既還而後搢三挾一也。三耦之北，其正位之西也。立於此者，示三耦以揖進之節耳。」張氏爾岐云：「據注及疏言，司射本立于中之西南，今命三耦已，復還立此。經上文『先』字非先後之先，乃舊先之先。愚詳經文，似當作先後字爲妥。此復言之者，欲言其將誘射，故復從立處說起耳。」姜氏兆錫云：「司射原在中之西南，東面，因三耦來，立於其西南。其時司射卻身遜避，以便其進立，至三耦立定，隨復回向三耦之北，東面而立。注云：『復言之者，明卻時還也。』味文義，當是如此，而疏說未明，故順其意而發之。」盛氏世佐云：「司射自請射之後，即於階前命弟子納射器，比三耦于堂西，又命三耦取弓矢，其初固未有定位也。經云『先立』者，謂先三耦而立于所設中之西南，以示射位也。下經云『司

❶「違」，原作「遠」，今據《儀禮集說》改。

射先反位』，與此『先』字義同，其非舊先之先明矣。張氏辨之甚當，然其自爲説亦非也。案：上經三耦立于司射之西南，見司射之位在其東北也。此云『立于三耦之北』，則進而西矣。既違故位，嫌其所面亦異，故復云『東面』以決之，非複出也。由三耦東北，進而立于其北，未嘗有所退卻回還也。注云『卻時還』，亦非。」堉案：司射本位在三耦之東北，至是將誘射，故就射位，立于三耦之北。及射畢，播扑反位，則反於本位，不復向射位。兩位蓋各自别。**揖進，當階北面揖，及階揖，升堂揖。豫則鉤楹内，堂則由楹外。當左物，北面揖。**鉤楹，繞楹而東也。序無室，可以深也。周立四代之學於國，而又以有虞氏之庠爲鄉學。《鄉飲酒義》曰「主人迎賓於庠門外」是也。庠之制，有堂有室也。今言豫者，謂州學也，讀如「成周宣謝災」之「謝」。《周禮》作「序」。凡屋無室曰謝，宜從謝。州立謝者，下鄉也。左物，下物也。今文「豫」爲「序」。序乃夏后氏之學，亦非也。【疏】正義曰：敖氏繼公云：「自『揖進』以下，皆教三耦以射儀也。誘射而就左物者，亦以其爲主黨也。序，州黨之學堂，即庠也。鄭氏以爲鄉學，是也。黨屬於州，州屬於鄉，以此言之，則三者之學其小大深淺可知矣。序則鉤楹内，謂繞楹之東而北，❶以其物當棟也；堂則由楹外，謂循楹之南而東，以其物當楣也。蓋射者必履物，而物之在堂有深有淺故爾。夫此篇以『鄉射』爲名，而其禮乃及於州黨之學者，其故何哉？蓋君子之居是鄉，或有近於庠者，或有近於序者，故其射也，各隨其居之所近而因便會聚於其中，以行禮焉。此其所以不容不異也。」郝氏敬云：「司射東面立以下，皆司射自射以教射也。揖進，

❶「謂」，原脱，今據《儀禮集説》補。

即所立之次，東向一揖；進當西階塗，北向一揖；及西階下一揖：此堂下三揖也。楹，即今廳中四柱負棟者。鉤楹，謂近檐兩楹，内可鉤行。古人堂、牖、户皆在後楹間，室與房在堂之北。後楹中間，户牖室也；後楹東間，户牖房也。所謂東西階位，皆在堂深處，而前當兩階，非就檐下布席也。」淩氏《釋例》云：「凡射未升堂之前三揖：曰耦進揖，曰當階北面揖，曰及階揖。《鄉射禮》司射誘射，東面立于三耦之北，搢三而挾一个，揖進，當階北面揖，及階揖。《大射儀》司射誘射，入于次，搢三挾一个，出于次，西面揖，當階北面揖，及階揖。此升堂之前三揖也。《鄉射》初射，上耦揖進，上射在左，並行，當階北面揖，及階揖。再射，一耦揖升，如初。又云：『賓、主人、大夫揖，皆由其階，降揖。』主人堂東袒決遂，執弓，搢三挾一个，賓于堂西亦如之。❶皆由其階，階下揖。』賓、主人、大夫揖，猶耦進揖也。由其階降揖，猶當階揖也。由其階，階下揖，猶及階揖也。又云：『大夫袒決遂，執弓，搢三挾一个，由堂西出于司射之西，就其耦。大夫爲下射，揖進，耦少退，揖如三耦。』三射皆如初。此《鄉射》升堂之前三揖也。《大射》：初射，上耦出次西面，揖進，上射在左，並行，當階北面揖，及階揖。再射，一耦揖升如初。又云：『諸公卿取弓矢于次中，袒決遂，執弓，搢三挾一个，出，西面揖，揖如三耦。』三射皆如初。此《大射》升堂之前三揖也。司射誘射者，教射也，故其儀與耦射同也。《大射》有次在洗東南，故『出次，西面揖』。《鄉射》無次，但於堂西袒決遂，故耦進東面揖也。《大射》賓侍君射，不揖者，君尊；不降階，賓不敢與之耦也。」〇《校勘記》云：「注『而又以有虞氏之序爲鄉學』，

---

❶「西」，原脱，今據《禮經釋例》補。

『序』，徐本、《通解》俱作『庠』。敖氏作『序』。案：敖引鄭注雖作『序』，然其説云：『序，州黨之學堂，即庠也。鄭氏以爲鄉學，是也。』是敖氏所見本亦作『庠』，偶誤寫作『序』耳。『讀如成周宣榭災之榭』，『榭』，❶徐本、《通解》、《要義》、楊氏俱作『謝』，❷下並同。案：《春秋左氏》經作『成周宣榭火』，《公羊》經作『成周宣謝災』。鄭引《公羊》經，而疏以《左氏》經釋之，非鄭意也。且《説文》無『榭』字，❸《左氏》、《穀梁》之作『榭』，未必非後人所改，當從言爲正。」　云「鉤楹，繞楹而東也。序無室，可以深也。周立四代之學於國，而又以有虞氏之庠爲鄉學。《鄉飲酒義》曰『主人迎賓於庠門外』是也。庠之制，有堂有室也。今言豫者，謂州學也。讀如『成周宣謝災』之『謝』。《周禮》作『序』。凡屋無室曰謝，宜從謝。州立謝者，下鄉也。今文『豫』爲『序』。序乃夏后氏之學，亦非也」者，賈疏云：「注云『今言豫者，謂州學也』者，《周禮·地官·州長職》云『春秋以禮會民而射于序』是也。」云「凡屋無室曰榭，宜從榭。序乃夏后氏之學，亦非也」者，「鄭廣解榭名。《爾雅》云：『闍謂之臺，有木者謂之榭。』及『成周宣謝』及此州立榭皆是無室，故云『凡』以該之。不得從豫及序，故云『宜從榭』也。『今文豫爲序。序乃夏后氏之學，亦非也』，不從今文者，以其虞庠、夏序皆是有室，州之序則無室，故云『非』。言『亦』者，古文爲『豫』已非，今文作『夏后氏之序』亦非」。盛氏世佐云：「《禮記·學

❶ 三「榭」字，原作「謝」，今據《十三經注疏校勘記》改。
❷ 「謝」，原作「榭」，今據《十三經注疏校勘記》改。
❸ 「榭」，原作「謝」，今據《十三經注疏校勘記》改。

記》云：『術有序。』《周禮·州長職》云『春秋以禮會民而射于序』，本記云『序則物當棟』，❶皆作『序』。此古文作『豫』，誤也。鄭公從之者，取其與『榭』字略似，便改讀以求合於《爾雅》『無室曰榭』之文耳。詎知榭是臺上之屋，所以臨觀講武，與此州黨學舍絶不相干，不可援以爲據也。若夫序之無室，其證有三，而《爾雅》不與焉。蓋序爲州黨學，其規模制度必狹小於鄉學之庠，而其器席陳設一與庠同，又須留餘地以通行禮者之往來。若復去其四分之一以爲室，❷其勢必不能容。一也。庠大於序，而射者所履之物止於當楣。楣，棟前一架也。序小於庠，而物反當正中之棟，若其有室，則室之牖前爲賓席，席前又設薦俎，與物同在一架之内，能無礙乎？二也。又以經文證之，序本與庠對，今以堂對言者，互文也。堂者，對室之稱。無室不可以言堂，故言序則知堂之爲庠矣，言堂則知序之無室矣。其言簡而義該如此。三也。之三者，皆足以明序之無室。鄭公不一爲拈出，而輕改經文以申己臆，過矣。若以序爲夏后氏之學，其説出於《王制》、《明堂位》，與《孟子》異，未知孰是。然即謂周人立夏之學於州，去室而仍取序名，亦無不可，何必改『序』爲『榭』邪？」淩氏《釋例》云：「注既云『《周禮》作序』矣，復以『今文豫作序』爲非，且下記云『序則物當棟』，正作『序』字。疑注説不然也。」胡氏承珙云：「鄭於經『豫』字，但讀如『謝』，不即破其字爲『謝』，所以存古字、古音。此既以『序』爲非，而於《禮記·學記》、《周禮·州長》并下記諸『序』字，皆不破之者，蓋以序、謝字本通

❶「棟」，原作「楣」，今據《儀禮集編》改。
❷「其」，原脱，今據《儀禮集編》補。

耳。」❶《經義聞斯録》曰：「案：鄭氏之意，蓋以豫、序同爲假借字，本字當作『榭』，故後注有云『或言堂，或言序』，亦爲庠、榭互言，自作庠榭。然周以有虞氏之庠爲鄉學，安知不又以夏后氏之序爲州黨學邪？記云：『序則物當棟，堂則物當楣。』記與禮之堂皆謂庠。古人屋皆五架，中爲棟，棟之前有楣有庪，棟之後亦有棟有庪。序無室，庠則後楣之南爲堂，北爲室，故序則物當棟，後餘兩架，庠則物當楣，後亦餘兩架。而侯之入庭深淺亦視此爲率，以侯道之五十弓爲定也。楹當楣下，物當棟，在兩楹北，故鉤楹内，物當楣在兩楹之間，故由楹外。此篇司正洗觶升階，亦由楹内適阼階，受命于主人。司馬升堂命去侯，命去矢，亦皆鉤楹内立於物間。蓋此篇本州序習射之事也，而鄉大夫詢衆庶亦用此禮，故并庠之物當楣，由楹外言之。或疑鄉庠州序之内各有序有堂，似非。」胡氏肇昕云：「案：諸家皆泥於『州長射於序』之文，故説多窒礙而難通，不知庠有室、序無室，此定制也。而經於《鄉射》兼言堂者，以禮或有兼行於庠者，其制與序有異，故因序而并及之。玩經文，豫則鉤楹内，堂則由楹外。豫言序，堂言庠，二『則』字明是分言庠、序，非專爲州長習射而言也。《鄉射·記》：『射自楹間。』注云：『自楹間者，謂射於庠也。』此鄉射亦行於庠之明證。《禮經》古文作『豫』，今文作『序』。『豫』、『序』皆從予得聲，古相通用。鄭讀『豫』爲『榭』者，以《爾雅》『無室曰榭』，豫亦無室，故讀從之。《説文》無『榭』字，古借『謝』爲之，故《春秋》『成周宣榭火』，《公羊》經『宣謝災』。鄭此注即本《公羊》之文。謝與豫、序古音亦相近。《孟子》曰：『庠者，養也。校者，教也。序者，射也。』皆取同音爲訓。序

❶「謝」，原作「榭」，今據《儀禮古今文疏義》改。

之訓爲射，猶豫之讀如謝也。」云「左物，下物也」者，張氏爾岐云：「物者，以丹若墨畫地作十字形，射者履之以射。左物下射所履，故云『下物』也。」姜氏兆錫云：「物者，猶物色之物。《大射禮》云：『若丹若墨，度尺而午。』❶是也。」**及物揖，左足履物，不方足，還視侯中，俯正足。**方，猶併也。志在於射，左足至，右足還。併足，則是立也。南面視侯之中，乃俯視，併正其足。【疏】正義曰：淩氏《釋例》云：「凡射，既升堂之後三揖：曰升堂揖，曰當物北面揖，曰及物揖。《鄉射禮》：司射誘射，升堂揖。豫則鉤楹內，堂則由楹外。當左物，北面揖。及物揖。左足履物，不方足，還視侯中，俯正足。不去旌。誘射，將乘矢。《大射儀》：司射誘射，升堂揖，當物北面揖，及物揖。由下物少退，誘射。射三侯，將乘矢，始射干，又射參，大侯再發。此升堂之後三揖也。《鄉射》：初射，上射先升三等，下射從之，中等。上射升堂，少左，下射升，上射揖，並行。皆當其物，北面揖，及物揖。皆左足履物，還視侯中，合足而俟。再射，賓、主人射，升堂揖。主人爲下射，皆當其物，北面揖，及物揖。三射如初。此鄉射升堂之後三揖也。《大射》：始射，上射先升三等，下射從之，中等。上射升堂，少左。下射升，上射揖，並行。皆當其物北面揖。皆左足履物，還視侯中，合足而俟。再射，諸公、卿升射如三耦。三射如初。此大射升堂之後三揖也，又：始射，司射命曰：『毋射獲，毋獵獲。』上射揖。司射退，反位。再射，司射命曰：『不貫不釋。』上射揖。司射退，反位。三射，司射命曰：『不鼓不釋。』上射揖，司射退，反位。《鄉射》、《大射》皆同。此揖亦在升堂之後，然唯第一耦之上射有之，餘耦皆無

❶「度尺」，原作「畫物」，今據《儀禮經傳》改。

也。《鄉射》或於庠，或於序，故曰『鉤楹內』、『由楹外』。《大射》用三侯，故曰『始射干，又射參，大侯再發』。其禮既殊，故誘射亦異也。」　注云「方，猶併也。志在於射，左足至，右足還。併足，則是立也。南面視侯之中，乃俯視，併正其足」者，朱子曰：「注意若曰：左足履物，而右足不併，便還足南面，視侯之中也。若便併右足，則是立矣。以志在相射，故未暇立而先視侯。既視侯，而後俯併其足也。」敖氏繼公云：「左足履物，履從畫也。《大射儀》曰司射『由下物少退』，則履物者當履其從畫也。不方足，未暇北面而立也。他時，凡欲還者必先立，故言此以明之。還，謂右還而南面也。右還者，爲下射宜向上射也。既視侯中，乃俯視而正足，則視侯中之時，右足其亦在從畫而少退與？正足，謂左右各履橫畫之兩端也，亦左先而右次之。」張氏爾岐云：「左足履物，不及併足，右足初旋已。南面視侯，乃俯正足而立，是其志在於射也。」吴氏廷華云：「還者，北面及物，履物後，乃還而西面立，又轉首南視侯也。不方足者，未及併足即視也。據此，則古射者亦側立西向，左手把弣向南，與今同。惟併足而立，與今之不丁不八者異。《記》所謂『志正體直』者，非必正面向侯也。」褚氏寅亮云：「向北履物之時，左足必履橫畫之距；還身正足之時，右足必履橫畫之隨。其縱畫則虛而不履，蓋兩足之間也。敖氏謂履縱畫者，非。左足履物，勢必右還其身而後向南。謂下射向上射者，亦非。誘射無分上下也。」盛氏世佐云：「射之立法與他時異：他時併足而立可也，而射者之足則不可併，併則不可射。聖人於此恐人或有未嫻也，故先於射位畫爲一縱一橫之物，而使之取正焉。司射於誘射之時既視侯中，即俯而視足，以察其合法與否，皆所以教也。方足者，併足而立也，此常法也。正足者，正其足於物也。物一縱一橫，履之者亦左足縱而右足橫，如其所畫也。至今射者之立取象於丁，猶古人畫午之遺意。

注於正足、方足之分茫然莫辨，而敖氏遂以左右各履横畫之兩端釋之。若然，則其身正南面而立矣，將何以支左詘右而射乎？蓋自文、武殊科，而射爲武事，於是習於射者既不能講明容體以證於經，而儒生、學士游於藝者蓋寡，又徒守紙上之空言，謬誤相承，莫能是正，而經義遂晦矣。❶此愚之所以讀之而慨然也。至於疏説之誤，則由讀注之不審。云『左足至，右足還』者，謂志在於射，故左足甫至物，右足即還，不及併足而立也。又云『併足則是立也』者，反言以明之耳。疏以『右足還』三字連下爲句，則非矣。得朱子之解，注意始明，而近世又有謂『左足至』爲句，『右足還併足』爲句，『則是立也』三句皆是反言者，亦失注意。」**不去旌**，以其不獲。【疏】正義曰：賈疏云：「以其旌擬唱獲，今以三耦誘射，不唱獲，故不去旌也。」敖氏繼公云：「倚旌於侯而不去者，以誘射不主於中，且不獲也。」郝氏敬云：「凡射獲者持旌，侯西唱獲。此教射不計獲，故旌倚侯不去也。」褚氏寅亮云：「旌倚侯中，蓋在正下。誘射者必善射，其中侯也，必不中旌，故可不去。其不去也，非不主於中也。蓋見中侯，不中旌也。注以『不獲』釋之，微矣。」方氏苞云：「注謂以不獲，敖氏謂不主於中，皆非也。發而不中，尚可以教射乎？疑旌之高不揜正鵠，倚於侯之中央，在正鵠之下。惟司射發必中的，不失分寸，故不去旌以爲表儀，使人則傚，是以誘射畢，始命獲者執旌以負侯。三耦射則去之，正恐矢或集於旌而貫於侯也。」胡氏肇昕云：「方氏憑肊説經，未可據，當以舊説爲正。」**誘射**，誘，猶教也。【疏】正義曰：誘，引導也，亦有教之之意。**將乘矢**。將，行也。行四矢，象有事於四方。【疏】正義曰：敖氏繼

❶「經」，原脱，今據《儀禮集編》補。

公云：「言此者，明四矢盡發也。❶《大射儀》誘射以四矢射三侯。」胡氏肇昕云：「《射義》云：『男子生，桑弧蓬矢六，以射天地四方。天地四方者，男子之所有事也。』是注所本。」**執弓不挾，右執弦。**不挾，矢盡。

【疏】正義曰：敖氏繼公云：「執弓，左執弣也。挾弓者，以右巨指鉤弦也。❷此不挾，則但執弦而已也。」**南面揖，揖如升射，降，出于其位南，適堂西，改取一个，挾之。**改，更也。不射而挾之，示有事也。今文曰「適序西」。【疏】正義曰：「改作一个」，《校勘記》云：「作，唐石經、徐本、《通解》、敖氏、楊氏俱作『取』，是也。」○敖氏繼公云：「南面揖，揖退也。揖如升射，謂如其當物升堂之揖也。云『出于其位南』，見是時未有司馬西方之位也。自賓與大夫之外，凡南行而適堂西與堂西出而北行者皆由於此，惟發於其位及反位者則否。」張氏爾岐云：「司射位在所設中之西南，❸東面。今乃出其位南，北迴適堂西者，疏以爲教衆耦威儀之法故也。衆耦射畢，皆當自此適堂西，釋弓、脱決拾也。」吴氏廷華云：「上司射立于中之西南，東面。三耦又立于司射之西南，東面北上。司射升堂誘射畢，降階，南行出于其位之南，則當與三耦立處相當。蓋三耦本立於其位之西南也。司射至此，乃西面行，與上耦對，至上耦前，乃轉而北行，至堂西，取一个，挾之，即從堂西取扑，然後反位。其反位仍由故處，自階西至堂西，自堂西南行至上耦前，西向作之，乃

---

❶「明」，原作「必」，今據《儀禮集説》改。

❷「右」，原作「大」，今據《儀禮集説》改。

❸「設」，原作「射」，今據《儀禮鄭注句讀》改。

轉身東行，轉北反位。」褚氏寅亮云：「乘矢已射訖，故更取一矢以挾，非與上相變之意。」　注云「今文曰『適序西』」者，胡氏承珙《古今文疏義》曰：「案：上文惟賓與大夫之弓倚于西序，主人之弓矢在東序，衆弓則皆倚于堂西，矢在其上。此司射取矢，自當云『適堂西』。又《大射儀》司射誘射畢，亦云『遂適堂西，改取一个挾之』。鄭以彼決此，故從古文。」**遂適階西，取扑，搢之，以反位。**扑，所以撻犯教者。《書》曰：「扑作教刑。」【疏】正義曰：敖氏繼公云：「搢扑者，以三耦將射也。」張氏爾岐云：「反位，所設中之西南東面也。」方氏苞云：「『扑作教刑』，平時庠序之所用也。至習射，則必有大過而後撻，其不中者，飲之而已。而司射非有事於堂上，必搢扑正以示衆射者，容體不比於禮，節不比於樂，皆由平時不盡志於此，本當用扑而姑以觥代也。而賓、大夫、主人亦因此各繹己之志矣。《周官·閭胥》『掌觥撻罰』。蓋功事、役事，庶人則以撻罰；禮事，則吏、士以觥罰耳。」

右司射誘射

儀禮正義卷九　鄭氏注

受業江寧楊大堉補

司馬命獲者執旌以負侯。欲令射者見侯與旌，深有志於中。【疏】正義曰：張氏爾岐云：「上文命張侯、倚旌，疏云『同是西階前』。至此未有他事，當亦西階前命之也。」盛氏世佐云：「下記云『命負侯者由其位』，正謂此也。張氏云『西階前命之』，非。」敖氏繼公云：「使之執旌於侯中，以示射者。若謂中侯，則舉此而言獲然。」郝氏敬云：「旌先倚侯，三耦將射，乃命獲者執旌，北向背侯立，俟司馬命也。」**獲者適侯，執旌負侯而俟。**俟，待也。今文「俟」爲「立」。【疏】正義曰：注云「俟，待也」者，賈疏云：「待司馬命去侯。」云「今文『俟』爲『立』」者，胡氏承珙《古今文疏義》曰：「案：《大射儀》云：『負侯者皆適侯，執旌負侯而俟。』《鄉射禮》三耦俟於堂西，南面東上。鄭以彼此互決，故皆從古文。」胡氏肇昕云：「『今文俟爲立』，『立』，蓋『竢』之壞字，此經當今文作『竢』，古文作『俟』。《說文》：『俟，大也。从人矣聲。』『竢，待也。从立矣聲。』古文多假借，故作『俟』；今文用本字，故作『竢』。《說文》於《禮經》多用今文，云『竢，待也』，蓋本今文也。此經及《大射儀》三耦俟於次北，今文『俟』作『立』，皆即『竢』之脫壞也。《大射儀》：『皆適次而俟。』今文『俟』作『待』，字雖異而義同，知此亦不爲『立』字也。經典『竢』字少見，唯《爾雅·釋詁》云：『竢，待也。』《左傳》

哀元年：『日可竢也。』用『竢』字。《爾雅釋文》云：『竢，又作俟。』《詩·齊風》『俟我于著乎』，❶而《漢書·地理志》引作『竢』，是『俟』、『竢』古相通用也。後世不知『俟』之本訓爲大，而以待義當之，則俟失其本義，而反以『竢』爲『俟』之古字，故《漢書》竢待之字多作『竢』，而師古於賈誼、終軍、彭宣、司馬遷等傳皆云『竢，古俟字』。釋玄應《衆經音義》亦云：『俟，古文竢、糇、迉三形。』幾不知『俟』、『竢』之爲二字矣。」**司射還，當上耦，西面作上耦射。** 還，左還也。作，使也。【疏】正義曰：敖氏繼公云：「當，謂當上下射之間。」❷張氏爾岐云：「三耦在司射之西南，東面，今欲西面命射，故知左還。」蔡氏德晉云：「還，左轉而西向也。時三耦猶在西階下西南，與司射俱東面立，司射還向上耦二人，使之升堂而射也。」褚氏寅亮云：「經明云『當上耦』、『作上耦射』，敖氏云『當上下射之間』，與經違矣。作之，必正對之而後作。獨作上耦，則下耦亦隨之而並行矣。下經：司射西階之東北面，命上射曰『無射獲，無獵獲』。亦專命上射，亦正對上射，而下射自喻。若在上下射之間，則宜云『階間』，而何以云『西階之東』邪？」**司射反位。上耦揖，進，上射在左，並行；當階，北面揖；及階，揖。上射先升三等，下射從之，中等。** 中，猶間也。【疏】正義曰：敖氏繼公云：「上射在左，以其當就上物也。」上射差尊，故先升。中等，空一等也。同階升者前後相當，宜空一等，以相遠爲敬。與異階升者之義不同，其降亦然，然則凡升階者，必於其中央與？」吴氏廷華云：「揖進時

❶「齊」，原作「鄭」，今據《續清經解》本改。
❷「當」，原脱，今據《儀禮集説》補。

東行，以北爲左，當階轉北以西。中等者，上射已升三等，❶下射乃升一等，中空一等也。」**上射升堂，少左；下射升，上射揖，並行。**並，併也，併東行。【疏】正義曰：云「少左」者，賈疏云：辟下射升階也。敖氏繼公云：「爲下射升堂則當在右也。」❷吴氏廷華云：「北面以西爲左，東行以北爲左。升階少左，蓋略向西，讓下射升位也。既升並行，則轉而東行也。」張氏惠言云：「上下射並行，中間相去如兩物，容弓，升階相隨行，及上堂而後左右併，階隘故也。」**皆當其物，北面揖；及物，揖。皆左足履物，還視侯中，合足而俟。**【疏】正義曰：張氏爾岐云：「當物，上射當右物，下射當左物；履物，還視侯中：皆做誘射之儀。」敖氏繼公云：「不云不方足，省文耳。合足左右，❸並立於横畫，即上所謂正足也。」吴氏廷華云：「當物時，上、下射尚東向。上射先當左物，乃俱轉身，北面揖畢，乃北行，及物並揖。以左足履物，尚北向也。既履物，乃轉身西向，即南面向侯，所謂『還』也。還即俟侯中，乃并足正立俟者，俟司馬、司射兩命然後射也。此當與誘射參看。又《大射》言『執弓，右挾之』，此無文，可知。」盛氏世佐云：「合足，猶正足也。謂俯察其足之縱横，必合於所畫之物。」胡氏肇昕云：「左足履物，右足還，不及方足也。至視侯中，乃合足而俟。合足而俟，即併足而立也，上文所謂方足也。盛氏謂合於所畫之物，解『合』字義迂曲。賈疏云：俟，俟司馬命去侯。」

❶「射」，原作「揖」，今據《儀禮疑義》改。
❷「當」，原作「皆」，今據《儀禮集説》改。
❸「足」，原作「卒」，今據《續清經解》本改。

司馬適堂西，不決遂，袒執弓。不決遂，因不射，不備。【疏】正義曰：敖氏繼公云：「惟云『適堂西』，是猶未出於司射之南也。云『執弓』，是亦不挾也。不決遂，不挾弓，變於大射也。云『袒執弓』，則固不決遂矣。乃先言之者，嫌執弓者袒必決遂也。經文亦或言『袒』以包二者，故以此明之。」褚氏寅亮云：「注云『因不射不備』，蓋此經之不挾矢而并不決遂，與大射之雖決遂而仍不挾矢者，俱以不射故也。其不挾矢與大射同，而不決遂與大射異者，變於君禮也。」方氏苞云：「教射而會鄉民，儀可略。不與射則不決遂，執弓而不挾可矣。大射則擇士以祭，君親臨之，故不射而決遂，執弓而右挾，禮宜嚴也。」**出于司射之南，升自西階；鉤楹，由上射之後，西南面，立于物間；右執簫，南揚弓，命去侯。**鉤楹，以當由上射者之後也。簫，弓末也。《大射》曰：「左執弣。」揚，猶舉也。【疏】正義曰：敖氏繼公云：「去，離也。命去侯者，令辟射且當獲也。」郝氏敬云：「時獲者南負侯，所居乏在西，故西南面命之。」注云「鉤楹，以當由上射者之後也」者，賈疏云：「於西楹西而北，東行過，由上射之後也。」云「簫，弓末也。《大射儀》曰：『左執弣。』揚，猶舉也」者，敖氏云：「右執簫，爲欲揚弓也。至是乃云『執簫』，則初執弓之時左執弣，右執弦矣。南揚弓，以弓之上端南向而舉之也。必南之者，爲獲者在侯故也。」吴氏廷華云：「去侯，以將射也。司馬不徑從堂西至階下，升階，乃從堂西南行，出司射之西南，然後轉東，至當階，乃轉北行，升階；既升，又不徑從階上東行，乃從西楹西而北，始轉東，由上射之後，立於其後，俱與司射示威儀之義同。又上射在西，下射在東，司馬從西來，故止由上射後立於其中也。獲者在侯中西南面者，❶令去侯至乏，乏在西也。在物間易隱，故揚弓示之。南揚者，獲者在南也。」方氏苞云：「命去侯，則揚弓揮之使行，故高舉以爲招也。命取矢，則揖弓俯拾於地，故下指以示意也。」胡氏肇昕云：「《禮記·曲禮》云：凡遺人弓者右手執簫。注：『簫，弭頭也。』❷《釋名》云：『弓，其末曰簫。言簫，梢也。』是簫爲弓末也。」**獲者執旌，許諾，聲不絕，以至于乏；坐，東面偃旌，興而俟。**聲不絕，不以宫商不絕而已，鄉射威儀省。偃，猶仆也。【疏】正義曰：賈疏云：「而俟者，待射者發矢，當坐，故下云『獲者坐而獲』也。」　注云「聲不絕，不以宫商不絕而已，鄉射威儀省」者，賈疏云：「《大射》云：負侯皆許諾，以宫趨，直西，及乏南，又諾以商，至乏聲止。是其威儀多。此不者，威儀省故也。」敖氏繼公云：「此去侯，亦宜趨直西，乃折北而就乏，東面，偃旌，是旌亦東首矣。」胡氏肇昕云：「蔡氏德晋以『執旌許』爲句，『諾』字屬下讀，蓋以《大射》之『諾以宫』、『又諾以商』也。然考《鄉射》、《大射》二篇，如『賓許諾』、『大史許諾』，皆以二字連讀。蓋諾者，應之聲。僅云『執旌許』，則文義不了。當以舊讀爲是。」**司馬出于下射之南，還其後，降自西階；反由司射之南，適堂西，釋弓，襲，反位，立于司射之南。**圍下射者，明爲二人命去侯。【疏】正義曰：「襲」，敖氏繼公云：「復衣也。此『襲』對『袒』而言。上衣雖裼，猶爲襲也。《玉藻》曰：『尸襲，執玉龜襲。』非是，則皆裼矣。」淩氏《釋例》云：「凡有事

❶「西」，原作「面」，今據段校改。
❷「頭」，原作「須」，今據《禮記正義》改。

於射則袒，無事於射則襲。《鄉射禮》司射請射，三耦將射，三耦拾取矢；衆賓將射，賓、主人、大夫將射，賓、主人拾取矢；大夫就其耦，兼取矢。皆袒決遂。司馬命獲者去侯，命取矢，司射命飲不勝者，皆袒執弓。《大射儀》：司射請射，三耦射，司馬正命獲者去侯，命取矢，三耦拾取矢，君與賓射，諸公、卿將射，三耦及諸公、卿、大夫、衆射者拾取矢，皆袒也。遂再射，司馬命取矢，司射命飲不勝者，皆袒執弓。是有事於射則袒也。《鄉射》司馬命去侯訖，命取矢加福訖，賓、主人、大夫卒射，飲畢，賓、主人、大夫拾取矢訖，射畢，司射退射器，皆襲。《大射》：司馬正命去侯訖，命取矢、加福訖，三耦卒射，君、諸公、卿卒射，衆耦拾取矢訖，飲畢，射畢，司射退射器，皆襲。是無事於射則襲也。《鄉射》司馬獻獲者，《大射》司馬正獻服不，皆襲。《鄉射》、《大射》司射獻釋獲者，亦襲。此皆飲酒之禮，無事於射者也。司馬乘矢襲，司射數獲襲者，皆既射以後之事也。飲罰爵，勝者皆袒決遂，示能射也。不勝者皆襲，説決拾，示不能射也。《鄉射》三射，司射請以樂射則襲。《大射》不云襲，文不具也。與前初射、再射、請射袒決遂不同者，禮射異於能中，故袒、襲不相因而相變也。」「反位，立於司射之南」者，敖氏云：「反，謂復其故道也。司射之南，皆指其虚位言也。是時，司射不在此。反位而著其在司射之南，則前此猶在䦎南之位也。方有此位而言反，以向者由是而往故也。」褚氏寅亮云：「經先言『出於下射之南』，則是由物間而出，從下射南向東行也。繼云『還其後』，則是過下物折向北，又折向西，而還下射之後也。疏似倒釋經文，且失注中『圍下射』之義。」又：「襲，復衣也。對袒而言，故謂之襲，與《聘禮》之襲有别。司射之南之位，司馬至此時，乃改䦎南之位，而位於是焉，不曰『復初位』而曰『反位』者，位雖其位，於此始立焉爾。」盛氏世佐云：「云『反位』，則其在此位也，不自此始矣。方其爲司正也，位在觶南；及爲司馬，則位在司射之南。反爲司正，復就觶南之位。蓋觶南之位，當階間中庭，故射則還之也。必於司射之南，從其類也。不於其爲司馬時著之者，以司馬之位取節於司射，彼時未見司射位，故至此始言之也。敖云『前此猶在觶南之位』，非。」　注云「圍下射者，明爲二人命去侯」者，敖氏云：「圍下射而降者，往來交變以爲儀也。」❶盛氏世佐云：「圍下射者，威儀之法應爾也。❷下文司射命取矢之時，上下射皆不在，亦圍左物而降，則可見矣。鄭解似迂，當以敖説爲正。」方氏苞云：「司馬升降，皆紆道而由司射之南，何也？升降徑由堂東西者，❸惟賓、主人、大夫不敢上擬，又司馬位在司射之南，三耦衆賓卒射而降，皆由司馬之南，適堂西，釋弓，説決拾，故司馬先爲之儀。又云司馬命去侯，升由上射之後，立於物間，故降還下射之後，以適堂西。與再射命去侯，升自右物之後，降還左物之後同。理當如此，别無深意，注推説似迂遠。」**司射進，與司馬交于階前，相左；由堂下西階之東，北面視上射，命曰：「無射獲！無獵獲！」上射揖，司射退，反位。**射獲，謂矢中人也。獵，矢從傍。【疏】正義曰：相左者，賈疏云：「相左之時，在西階之西。司馬由北而西行，司射由南而東行，各以左相近，故云『相左』也。」敖氏繼公云：「司射進與司馬交於階前，著其進之節也；相左，著其行之方也。司馬南行，司射北行而相過，故謂之交。司馬在西，司射在東，故謂之相左。蓋南行者以東爲左，北行者以西爲左也。」盛氏世佐云：「凡升堂者，皆自其位

❶「交」，《儀禮集説》作「相」。
❷「應」，原作「宜」，今據《儀禮集編》改。
❸「徑」，原作「經」，今據《儀禮析疑》改。

東行，當階前，乃直北至階，反位亦如之。上經云：出於司射之南，升自西階。是其徵矣。若然，則相左之説當如敖解，疏誤也。」江氏筠云：「仍是司馬由東而南行，司射由西而北行，蓋司射由其位進，行至堂塗，則折而北，及行至近階，始折而東耳。」「由堂下西階之東」者，敖氏云：「由堂下者，自堂下而少東行也。西階之東，當上物之南也。其於堂中爲少西，故取節於西階也。惟命上射者，以其先發而下射從之，且下射共聞之矣，故不復戒。戒其射獲、獵獲而不及其他者，獲近於侯，舉近以見其遠也。揖，以揖受其戒。」○注「獵，矢從傍」，《校勘記》云：「陸氏曰：『傍，或作旁。』案：敖氏作『旁』。」　云「射獲，謂矢中人也。獵，矢從傍」者，賈疏云：「人謂獲者。」郝氏敬云：「司射不升堂，由西階東，北向上射命曰：射無計獲。善射者正己，無争勝之心，則發必中度。獵，猶争也。不由拾發，獵次争勝，射者所戒。蓋初射誘習，不釋算計獲，故以此曉之。」盛氏世佐云：「無射獲，戒其傷人也；無獵獲，戒其驚人也。郝説非。」胡氏肇昕云：「射獲、獵獲，皆射不中度之最甚者，故舉以爲戒。射主於中，不得戒其無計獲，且射無計獲，亦不得云無射獲也。獵之言捷也。《文選·景福殿賦》：『獵捷相加。』注：『獵捷，相接之貌。』矢從人傍而過，是與人相接之皃。皆恐其傷人也，故戒之。」**乃射，上射既發，挾弓矢而后；下射射，拾發，以將乘矢。**后，後也，當從后。【疏】正義曰：敖氏繼公云：「『弓』字，衍文。挾矢則挾弓可知，不必言也。《大射儀》無『弓』字。既發而挾矢，是射時乃傳矢也。此亦可以見其節矣。云『拾發』者，亦見下射既發挾矢，而後上射射也。古之射者，其序整齊而不紊，其儀從容而不迫，大抵類此。」張氏爾岐云：「上射發第一矢，復挾二矢，下射乃發矢，如是更發，以至四矢畢。」盛氏世佐云：「『弓』字非衍也。謂上射既發第一矢，復於帶間取第二矢傳於弓而挾之也。」

《大射儀》無『弓』字，省文耳。」蔡氏德晉云：「上射先發一矢，俟再挾矢於弓，而後下射發，拾，更迭也。下射既發，再挾矢於弓，而後上射又發。」「各行四矢也。」○《校勘記》云：「注『古文而后作後，非也。《孝經》説然后曰后者，後也。當從后』，徐本如是，與單疏標目合。《要義》節録注云：『古文后作後，非。』《通解》與今本同。案：依疏當作『《孝經説》説然后曰』，各本少一『説』字。」　云「后，後也，當從后」者，案：此注缺脱，當從徐本。賈疏云：引《孝經説》者，取《孝經緯·援神契》文。臧氏琳云：「案：《説文》，先後字作『後』，君后字作『后』。《儀禮》古文作『後』，與《説文》合；今文作『后』，當是同聲假借字。」胡氏承珙云：「案：經傳多借后爲後，鄭非不知后爲後之假借。《聘禮·記》：『君還而后退。』注云：『而后，猶然後也。』此注必云『當從后』者，正以古文多假借，當本作『后』。《孝經》亦古文，故引以爲證。又《大射儀》『而后下射射』，彼今古文蓋皆作『后』，故以此古文作『後』者爲非，謂是傳古文者之誤。古文當本作『后』，不作『後』也。」胡氏肇昕云：「此説是也。鄭君於《禮經》多從古文，許君於《禮經》多從今文。古文多用假借字，今文多用本字。此經古文作『後』，故鄭君辨之，謂古文當作『后』，不作『後』也。云后者，後也，非以後釋后，謂后即後之假借耳，亦以通古今字之異也。古文訓詁多有此例。如《毛詩·汝墳》『惄如調飢』傳云：『調，朝也。』非以朝訓調，謂調即朝之假借耳。《文選注》引薛君《章句》曰：『朝飢最難忍。』是《毛詩》作『調』，用假借字；《韓詩》作『朝』，用本字也。又《采蘩》『于沼于沚』傳云：『于，於。』『于』、『於』二字，經典多通用，而有古今文之別，故經文多用『于』，傳注多用『於』。以『於』釋『于』，所以通古今字異也。舉此而此注之從后，不從後，以後釋后之故可推矣。」**獲者坐而獲。**射者中，則大言獲。獲，得也。射，講武、田之類，❶是以中爲獲也。【疏】正義曰：敖氏繼公云：「獲者於射時，則坐以俟其中也，中乃獲之。必坐而獲者，旌在地，須坐乃舉之以獲也，且示有所變。」〇注「則大言獲」，敖氏《集説》載鄭注作「坐言獲」。「講武、田之類」，《集説》「田」上有「師」字。案：《校勘記》不載各本有如此者，敖以意增改耳。**舉旌以宫，偃旌以商；**宫爲君，商爲臣。聲和律吕相生。【疏】正義曰：敖氏繼公云：「此一中而兩言獲也。」蔡氏德晉云：「舉旌之聲高爲宫，偃旌之聲下爲商，蓋一唱而聲再變也。」**獲而未釋獲。**但大言獲，未釋其算。【疏】正義曰：注「大言獲」，敖氏《集説》引注無「大」字。〇敖氏繼公云：「是時未立釋獲者，則未釋獲可知。」張氏爾岐云：「釋算，所以識中之多寡。注上下文皆言『大言獲』，賈疏乃以宫爲大言獲，商爲小言獲，是一矢而再言獲，恐未是。或一聲漸殺，各有所合與？」盛氏世佐云：「《大射儀》云：負侯皆許諾以宫，❷及乏南，又諾以商。此獲者受去侯命之聲也。亦宫、商爲二聲，非一聲而漸殺。注兩言『大言獲』者，據第一聲而言也。張氏以此非疏，誤。」韋氏協夢云：「上獲，唱獲也；下獲，獲之算也。未釋獲者，三耦之射不主於中也。」蔡氏德晉云：「初射雖有中否，而不計勝負，但唱獲而不釋算，故曰『未釋獲』。」**卒射，皆執弓，不挾，南面揖，揖如升射。**不挾，亦右執弦，如司射。【疏】正義曰：敖氏繼公云：「不挾者，變於大射。」吴氏廷華云：「卒射，承上將乘矢，但每發必唱獲，故

---

❶「田」上，原衍「師」字，今據《儀禮正義正誤》删。

❷「負」，原作「三」，今據《儀禮集編》改。

夾叙之。如升射者，前揖處皆當揖也。」**上射降三等，下射少右，從之；中等，並行，上射于左。**降，下。【疏】正義曰：敖氏繼公云：「堂上並行，下射在左。今降階必少右，乃當上射之後也。並行，上射于左者，謂上射先降，少左，下射降，乃並行，而上射於左也。上射必於左者，進時，上射在左，退亦宜然。堂上各發於其物，不可得而變。降時有先後，故因既降而爲之。此將適堂西也。上射乃不於右，便其反位者，以有釋弓等事而未即反故也。」吴氏廷華云：「卿、大夫階五等，降三等即是中等，與大射又不同。」又云：「從之，隨上射後降階也。中等並行者，既降乃並也。上、下射離物南行，轉西，當階，轉南時，上射在西，下射在東。南以西爲右，少右，隨上射後降階也。既降中等，下射乃前，至上射之西，並行，上射在左。」褚氏寅亮云：「當發位並行向西階時，上射南，下射北，上射已於左矣。不待降階時始易位，經於階下著之者，明仍在左也。」張氏爾岐云：「並行，既降階而並行。」盛氏世佐云：「上經云『上射升堂，少左』，此云『下射稍右，從之』，互文也。凡獨升者，中階而升也；共升，則差尊者在左，差卑者在右，雖間一等，如其並行之節也。並行，上射于左，兼在堂上、堂下言也。張云既降階而並行，敖云堂上並行、下射在左，皆非。」胡氏肇昕云：「上經云：『上射升堂，少左；下射升，上射揖，並行。』此既升堂而並行也。此經云：『上射降三等，下射少右，從之；中等並行，上射于左。』乃既降階而並行也。張説不誤。盛氏駁之，非是。」**與升射者相左，交于階前，相揖。**【疏】正義曰：敖氏繼公云：「進退者交則相揖，以其事同也。」張氏爾岐云：「相左者，降者由西，升者由東也。」蔡氏德晋云：「相左交者，初耦自堂上降，次耦自堂下升，交遇于西階前。❶南下就西，以東爲左；北升趨東，以西爲左也。」淩氏《釋例》云：「凡射後二揖，曰卒射揖，曰降階與升射者相左交於階前揖。《鄉射禮》初射，三耦乃射，上射既發，挾弓矢，而后下射射，拾發，以將乘矢。卒射，皆執弓，不挾，南面揖，揖如升射。上射降三等，下射少右，從之；中等，並行，上射于左。與升射者相左，交于階前，相揖。再射、三射，皆如初。此《鄉射》之射後二揖也。《大射儀》：初射，三耦乃射，上射既發，挾矢，而后下射射，拾發以將乘矢。卒射，右挾之，北面揖，揖如升射。上射降三等，下射少右，從之；中等，並行，上射于左。與升射者相左，交于階前，相揖。再射，諸公、卿卒射，降如三耦。❷三射，如初。此大射之射後二揖也。大射卒射北面揖，不同鄉射南面揖者，君在堂上故也。司射誘射，卒射，北面揖。注：『不南面者，爲不背卿。』考下文諸公、卿、大夫卒射，亦揖如三耦。此時卿已降矣，則非爲卿可知。敖氏繼公云：『北面揖者，爲下射與君同物，不可南面揖于楹間，嫌也。』《鄉射》：賓、主人卒射，南面揖，皆由其階，階上揖，降階揖。賓序西，主人序東，皆釋弓，説決拾，襲，反位，❸升，及階揖，升堂揖，皆就席。賓、主人分階，故多階上一揖。既降復升就席，故又有及階、升堂二揖也。又大夫卒射，揖如升射，耦先降。降階，耦少退。皆釋弓于堂西，襲。耦遂止于堂西，大夫升就席。大夫降，無與升射者交于階前之揖者，大夫既降，復升就席，然後繼射者始升也。《鄉

❶「遇」下，原衍「乃」字，今據《禮經本義》删。
❷「如」，原作「加」，今據《禮經釋例》改。
❸「反」，原作「及」，今據《禮經釋例》改。

射》：司射誘射、卒射，南面揖。揖如升射，降。此無升射，故無交于階前之揖也。《大射》：司射誘射、卒射，北面揖，及階揖，降，如升射之儀。卒射揖後，復有降階揖者，大射，諸侯禮，威儀多也。誘射無耦而亦揖者，教衆射者以行禮之節也。」**由司馬之南適堂西，釋弓，説決拾，襲而俟于堂西，南面，東上。三耦卒射，亦如之。司射去扑，倚于西階之西，升堂，北面告于賓曰：「三耦卒射。」**去扑乃升，不敢佩刑器即尊者之側。【疏】正義曰：「升堂北面」，《校勘記》云：「『北』字誤在『司射』上。」〇敖氏繼公云：「司馬之南，即鄉者所謂『司射之南』也。此時已有司馬之位，又在司射之南，正當往來者之北，故以之爲節耳。釋弓，説決拾，以已初射之事畢也。説遂而言拾者，别於用時也。俟，俟司射命也。『三』，當作『二』，字之誤也。二耦，謂次耦、下耦也。下耦與此異者，無與升揖者相左、相揖之事耳。」胡氏肇昕云：「下三耦拾取矢節云：『三耦拾取矢亦如之。』敖氏亦云：『三，當作二。』考《大射》三耦卒射亦如之，作『三』。二耦拾取矢亦如之，作『二』。細繹經文，當以作『二耦』爲是。蓋『三』與『二』字畫相似，又涉下『三耦卒射』而誤耳。蔡氏《本義》本之，徑改經文爲『二耦』。」注云「去扑乃升，不敢佩刑器即尊者之側」者，敖氏云：「扑，刑器也。將告尊者必去之，敬也。士之射禮，賓主之，故司射獨以是告賓。」**賓揖。**以揖然之。

右三耦射

司射降，搢扑，反位。司馬適堂西，袒執弓，由其位南，進；與司射交于階前，相左，升自西階；鉤楹，自右物之後，立于物間；西南面，揖弓，命取矢。揖，推之也。【疏】正義曰：敖氏繼公云：「司射將反位，司馬將升堂，而交于階前，則是其去扑與袒執弓之事，亦相接爲之。」褚氏寅亮云：「司馬適堂西，在司射未降先。司射甫降，而司馬已至階，故於此得相交。」堉案：《義疏》云：「司射降自西階，司馬方升，南北相值，經曰『相左』，❶則司馬在東，司射在西也。」盛氏世佐云：「命取矢，命取曏誘射及三耦射之矢。」　注云「揖，推之也」者，賈疏云：「推手曰揖，引手曰厭。故《周禮·司儀》天揖、時揖、土揖，鄭注皆以推手解之。　揖弓者，向侯而推之，以其命取矢故也；揚弓者，向乏而揚之，以其命去侯故也。」敖氏云：「揖弓與揚弓，相變爲文，則揖者其推而下之之謂，與去侯取矢之事異，故上下其弓以別之。　揖弓，繼西南面而言，❷是弓亦西南鄉矣，蓋以獲者與弟子皆在西南故也。　揖弓者，蓋右執弦。」盛氏世佐云：「揖弓與揚弓相變。　揚者，舉之向上也；揖者，推之向外也。《論語》曰：『上如揖。』蓋揚則高而揖則平與？　敖以揖爲推而下之，非。」**獲者執旌許諾，聲不絕，以旌負侯而俟。**　俟弟子取矢，以旌指教之。【疏】正義曰：敖氏繼公云：「獲者許諾者，取矢之事，己主之也。　獲者審於視矢，雖不親取而主其事。」**司馬出于左物之南，還其後，降自西階；遂適堂前，北面立于所設楅之南，命弟子設楅。**　楅，猶幅也，所以承笴齊矢者。【疏】正義曰：敖氏繼公云：「司馬立于所設楅之南，示弟子以設處也。　凡言所設某者，皆謂器之未設者也。鄉者射器納于堂西，楅在其中。　今司馬北面命設之，則是時弟子已奉楅而出與？　弟子在西，司馬北面，不

❶「經」，原作「故」，今據《儀禮義疏》改。
❷「面」，原脫，今據《儀禮集説》補。

必鄉而命之。」張氏爾岐云：「所設楅，謂所擬以設楅之處。」堉案：先命取矢，後命設楅者，蓋楅自堂西一設即是。矢則合三耦及誘射者，總二十八矢，須一一取之，不能促致，故必先命之，使二事並舉於一時。及設楅後，又釋弓堂西，襲而反位，弟子乃得取矢，加楅，遂進撫而乘之，庶幾禮成於敏焉。其獲者負侯，本爲弟子取矢而設，注所謂「以旌指教之」是也。❶若北面負侯，侯在其背，何能指之以旌？意必轉而向侯，始可指示之。又命取矢，不言弟子應諾者，可知已。又弟子方委矢于楅，及不備，又必升堂西南面命之者，❷據下云弟子自西方應諾，則委矢後，弟子已西反故也。韋氏協夢云：「下射履左物，此云『出于左物之南』，即上『出于下射之南』也。弟子位在西南，此時奉楅而出，已至堂前，但未即設耳，故司馬北面鄉而命之。」○注「所以承笴齊矢」者，《校勘記》云：「徐本無『齊』字，聶氏、《通解》、楊氏俱有。朱子曰：『注脱齊字，據疏補之。』」　云「楅，猶幅也，所以承笴齊矢者」，賈疏云：「義取若布帛，有邊幅整齊之意，故云『所以承笴齊矢』。」胡氏肇昕云：「《大射儀》：『總衆弓、矢、楅。』注：『楅，承矢器。』《説文》無『楅』字，本字作『箙』。『箙，弩矢箙也。』《周禮·司弓矢》曰：『中秋獻矢箙。』注：『箙，盛矢器也，以獸皮爲之。』蓋承矢之器，本以竹木爲之，而以獸皮爲飾，故其字从竹爲箙，或从木爲楅。服與畐偏旁古多通用。《詩·生民》『誕實匍匐』《釋文》：❸『匐，本亦作服。』《爾雅·釋鳥》：『蝙蝠，服翼。』《方言》：『蝙蝠，自關而東謂之服翼。』皆其證也。故

❶「是」，原脱，今據《儀禮義疏》補。
❷「必」，原作「命」，今據《儀禮義疏》改；「面」，原脱，今據《儀禮義疏》補。
❸「誕」，原作「覃」，今據《毛詩正義》改。

『輻』通作『輹』，猶『覆』訓爲『服』也；『偪』通作『伏』，猶『服』通作『伏』也；『福』通作『備』，猶『服』通作『犕』也。」**乃設楅于中庭，南當洗，東肆。** 東肆，統於賓。【疏】正義曰：敖氏繼公云：「中庭，東西節也。南當洗，不言北，文省也。東肆，龍首在西也。必東肆者，以上射在西也。司馬不以弓爲畢者，辟大射禮也。」盛氏世佐云：「中庭，兩階之間也。南當洗，亦南北以堂深也。東肆，向東陳之，首在西也。」褚氏寅亮云：「陳祥道云：『考之於禮，❶奉楅者坐奠，委矢者坐委，乘矢者坐撫，取東矢者坐説，則楅卑而無足可知。舊圖楅有足，誤矣。』竊謂楅應有足，但不高耳。南當洗，亦大判言之，未必尺寸不爽。如在洗西而稍南，亦可云『當』。」淩氏《釋例》云：「凡設楅于中庭，南當洗，東肆。《鄉射禮》初射畢，司馬適堂西，袒執弓，由其位南進，與司射交于階前，相左，❷升自西階。鉤楹，自右物之後，立于物間，西南面，揖弓，命取矢。獲者執旌許諾，聲不絶，以旌負侯而俟。司馬出于左物之南，還其後，降自西階，遂適堂前，北面立于所設楅之南。命弟子設楅，乃設楅于中庭，南當洗，東肆。《大射》：初射畢，司馬正袒決遂，執弓，右挾之，出，與司射交于階前，相左。升自西階，自右物之後，立于物間，西南面，揖弓，命取矢。負侯許諾，如初去侯，皆執旌以負其侯而俟。司馬正降自西階，北面命設楅。小臣師設楅。司馬正東面以弓爲畢。注：『《鄉射禮》曰：❸乃設楅于中庭，南當洗，東肆。』是大射設楅之處，與鄉射同也。《鄉射》：既設楅，司馬由司射之南退，釋弓于堂西，

❶ 「禮」，原作「初」，今據《儀禮管見》改。

❷ 「左」，原作「交」，今據《禮經釋例》改。

❸ 「禮」，《禮經釋例》作「記」，並有小字注：「當作禮。」

襲，反位。弟子取矢，北面坐，委于楅，北括，乃退。司馬襲，進，當楅南，北面坐，左右撫矢而乘之。若矢不備，則司馬又袒執弓如初，升，命曰：『取矢不索。』弟子自西方應曰：『諾。』乃復求矢，加于楅。《大射》：既設楅，司馬正適次，釋弓，説決拾，襲，反位。小臣坐委矢于楅，北括。司馬師坐乘之，卒。若矢不備，則司馬正又袒執弓，升，命取矢如初。曰：『取矢不索。』乃復求矢，加于楅。卒，司馬正進坐，左右撫之，興，反位。蓋楅者，承笴齊矢之器，故設于中庭，以備取矢委之，且爲行禮之節。又《鄉射》：再射畢，取矢加楅。大夫之矢，則兼束之以茅，上握焉。三射同。《大射》：再射畢，取矢加楅，賓、諸公、卿、大夫之矢，皆異束之以茅。三射同。此則與衆耦異者也。又案：《鄉射·記》云：『楅，髤，横而奉之，南面坐而奠之，南北當洗。』此言設楅之儀也。」**司馬由司射之南，退，釋弓于堂西，襲，反位。弟子取矢，北面坐委于楅；北括，乃退。司馬襲進，當楅南，北面坐，左右撫矢而乘之。**撫，拊之也。就委矢，左右手撫而四四數分之也。上既言襲矣，復言之者，嫌有事即袒也。凡事升堂乃袒。【疏】正義曰：敖氏繼公云：「司馬所由者，亦其位南也。是時，司射在其位之北，故以司射爲節。」盛氏世佐云：「委，加矢于楅上也。北括，則於楅爲横也。楅之東西設也，於兹益信。」注云「撫，拊之也。就委矢，左右手撫而四四數分之也」者，賈疏云：「撫者，撫拍之義。以右手撫四矢於東，以左手撫四矢於西，是四四數而分之也。」胡氏肇昕云：「《釋名》云：『撫，敷也，敷手以拍之也。拍，搏也，手搏其上也。』是左右撫矢而乘之者，左右手相撫拍，而四四數分之也。」云「上既言襲矣，復言之者，嫌有事即袒也」者，敖氏云：「司馬是時不執弓，無嫌於不襲。此『襲』字蓋衍。」胡氏肇昕云：「上襲以命弟子設楅，退而釋弓，是無事即襲也；此進則有事矣，而云襲者，以在堂下也，故曰『嫌有事即袒也』。經文所以詳言之。敖氏謂爲衍文，非是。」云「凡事升堂乃袒」者，賈疏云：「堂下雖有事，亦不袒。若司射，不問堂上、堂下，有事即袒。司馬與司射遞行事恐同，故明之也。」淩氏《釋例》云：「凡射者之事及釋獲者之事，皆司射統之。《鄉射禮》：『司射適堂西，袒決遂，取弓于階西，兼挾乘矢，升自西階。階上北面告于賓曰：弓矢既具。有司請射。賓對曰：某不能，爲二三子許諾。司射適阼階上，東北面告于主人曰：請射于賓。賓許。』《大射儀》：『司射適次，袒決遂，執弓，挾乘矢，于弓外見鏃于弣，右巨指鉤弦，自阼階前曰：爲政請射。遂告曰：大夫與大夫，士御于大夫。』此初射請射也。《鄉射》：『司射倚扑于階西，升請射于賓，如初，賓許諾。』《大射》：『司射適西階西，倚扑，升自西階，東面請射于公，公許。』此再射請射也。《鄉射》：『司射去扑，倚于階西，升，請射于賓，如初，賓許。』《大射》：『司射倚扑于階西，適阼階下，北面請射于公，如初。』此三射請射也。《鄉射》：『司射不釋弓矢，遂以比三耦于堂西，三耦之南，北面，命上射曰：某御于子。命下射曰：子與某子射。』《大射》：畫物畢，司射西面誓之曰：『公射大侯，大夫射參，士射干。射者非其侯中之不獲，卑者與尊者爲耦，不異侯！』大史許諾，遂比三耦。三耦俟于次北，西面北上。司射命上射曰：『某御于子。』命下射曰：『子與某子射。』此初射比三耦也。《鄉射》：『賓、主人、大夫若皆與射，司射則告于賓，適阼階上告于主人：主人與賓爲耦。遂告于大夫。大夫雖衆，皆與士爲耦。以耦告于大夫，曰：某御于子。』又云：『司射降，搢扑，由司馬之南，適堂西立，比衆耦。』《大射》：『司射適西階上，命賓御于公，諸公、卿則以耦告于上，大夫則降，即位而後告。司射自西階上，北面告于大夫，曰：請降。司射先降，搢扑，反位。大夫從之降，適次，立于三耦之南，西面北上。司射東面于大夫之西比耦，大夫與大夫，命上射曰：某御于子。命下射曰：子與某子射。卒，遂比衆耦。衆耦立于大夫之南，西面北上。若有士與大夫爲耦，則以大夫之耦爲上。❶命大夫之耦曰：子與某子射。告于大夫曰：某御于子。命衆耦如命三耦之辭。』此再射比衆耦也。《鄉射》、《大射》司射誘射，皆將乘矢。此誘射也。《鄉射》：初射，❷司射還，當上耦，西面，作上耦射。《大射》：初射，司射適次，作上耦射，再射，三射，作射如初。此作射也。《鄉射》、《大射》：初射，司射命曰：無射獲，無獵獲。再射命曰：不貫不釋。三射命曰：不鼓不釋。此命射也。《鄉射》：『司射去扑，倚于西階之西，升堂北面，告于賓曰：三耦卒射。』《大射》：『適阼階下，北面告于公。』此告卒射也。皆射者之事也。《鄉射禮》請射後，司射降自西階，階前西面命弟子納射器。乃納射器，皆在堂西。《大射儀》：司射請射後，遂適西階前，東面，右顧，命有司納射器，射器皆入。君之弓矢適東堂，賓之弓矢與中、籌、豐皆止于西堂下。衆弓矢不挾。總衆弓、矢、楅，皆適次而俟。此命納射器也。《鄉射》：司射命三耦拾取矢，再射，三射如初。《大射》同。此命拾取矢也，亦射者之事，而司射命之也。故曰：射者之事，皆司射統之也。又《鄉射》司射立于中南，北面視算。《大射》同。此視算也。《鄉射》、《大射》再射畢，司射襲，適洗，洗爵，升實之，降。獻釋獲者于其位，少南。薦脯醢，折俎，有祭。釋獲者薦右東面拜受爵，司射北面拜送爵。釋獲者就其薦坐，左執爵，祭脯醢，興，取肺，坐祭，遂祭酒，興，司射之西，北面立飲，不拜既爵。司射受爵，奠于篚。釋獲者少西辟薦，反位。此獻釋獲者也。皆釋獲者之事也。《鄉射》：司射命釋獲者設

❶「上」，原作「正」，今據《禮經釋例》改。

❷「初射」，原脫，今據《禮經釋例》補。

中。《大射》同。此命設中也。《鄉射》數獲後，司射命設豐，三射如初。《大射》同。此命設豐也。《鄉射》三射畢，司射命釋獲者退中與算而俟。《大射》同。此命退中與籌也。亦釋獲者之事，而司射命之也。故曰：釋獲者之事，皆司射統之也。凡獲者之事，皆司馬統之。《鄉射禮》初射後，弟子取矢，委楅訖，司馬襲，進，當楅南，北面坐，左右撫矢而乘之。再射，三射，司馬乘矢如初。《大射儀》初射後，小臣委矢于楅訖，司馬師坐乘之，卒。若矢不備，則司馬正又袒執弓，升，命取矢如初，曰取矢不索。乃復求矢加于楅，卒，司馬正進坐，左右撫之。再射，司馬正坐，左右撫之。三射，司馬師乘之。此乘矢也。《鄉射》飲不勝者後，司馬洗爵，升實之以降，獻獲者于侯。薦脯醢，設折俎，俎與薦皆三祭。獲者負侯，北面拜受爵，司馬西面拜送爵。獲者執爵，使人執其薦與俎從之，適右个，設薦俎。獲者南面坐，左執爵，祭脯醢，執爵興，取肺，坐祭，遂祭酒。興，適左个，中亦如之。左个之西北三步，東面設薦、俎。獲者薦右東面立飲，不拜既爵。司馬受爵，奠于篚。《大射》飲不勝者後，司馬正洗散，遂實爵，獻服不。服不侯西北三步，北面拜受爵。司馬正西面拜送爵，反位。宰夫、有司薦，庶子設折俎。卒錯，獲者適右个，薦俎從之。獲者左執爵，右祭薦俎，二手祭酒。適左个，祭如右个，中亦如之。卒祭，左个之西北三步，東面。設薦俎，立卒爵。司馬師受虚爵，洗，獻隸僕人與巾車、獲者，皆如大侯之禮。卒，司馬師受虚爵，奠于篚。此獻獲者也。皆獲者之事也。又《鄉射禮》乃張侯，下綱不及地武。不繫左下綱，中掩束之。將射，司馬命張侯，弟子説束，遂繫左下綱。《大射》張三侯，亦不繫左下綱。將射，不云司馬命張侯者，文不具也。此命張侯也。《鄉射》：『司馬又命獲者倚旌于侯中。』《大射》不云，亦文不具。此命倚旌也。《鄉射》：『司馬命獲者執旌以負侯。』《大射》：『司馬師命負侯者執旌以負侯。』此命負侯也。《鄉射》：耦升堂履物後，司馬適堂西，不決遂，袒，執弓，出于司射之南，升自西階，鉤楹，由上射之後，西南面立于物間，右執簫，南揚弓，命去侯。獲者執旌，許諾，聲不絶，以至于乏，坐，東面偃旌，興而俟。再射、三射去侯，皆司馬命之。《大射》：耦升堂履物後，司馬正適次，袒決遂，執弓，右挾之，出，升自西階，適下物，立于物間，左執弣，右執簫，南揚弓，命去侯。負侯皆許諾，以宫趨，直西，及乏南，❶又諾以商，至乏聲止。再射、三射及公射去侯，皆司馬命之。此命去侯也。《鄉射》：初射畢，司馬適堂西，袒執弓，由其位南進，與司射交于階前，相左，升自西階，鉤楹，自右物之後，立于物間，西南面，揖弓，命取矢。獲者執旌許諾，聲不絶，以旌負侯而俟。再射、三射皆如初。《大射》：初射畢，司馬正袒決遂，執弓，右挾之，出，與司射交于階前，❷相左，升自西階，自右物之後立于物間，西南面，揖弓，命取矢，負侯許諾，如初，去侯。皆執旌以負其侯而俟。再射、三射皆如初。此命取矢也。《鄉射》：司馬命弟子設楅。《大射》：司馬正北面命設楅。此命設楅也。鄉射畢，司馬命弟子説侯之左下綱而釋之，命獲者以旌退，命弟子退楅。大射畢，司馬正命退楅、解綱，小臣師退楅，巾車、量人解左下綱，司馬師命獲者以旌與薦俎退。此命退楅、説侯綱、退旌也，亦獲者之事，而司馬命之，蓋獲者之事統於司馬。射時獲者去侯，至射畢，取矢委楅時，獲者又許諾負侯，故取矢、設楅、退楅，亦司馬命之也。又案：射器九，注所云『弓、矢、決、拾、旌、中、籌、楅、豐』是也。弓、矢、決、拾四者，射者之器也。旌，獲者之器也。中、籌二者，釋獲者之器也。取矢，必獲者許

---

❶「南」，原脱，今據《禮經釋例》補。

❷「于」，原脱，今據《禮經釋例》補。

諸，以旌負侯，然後設楅，則楅亦獲者之器也。飲不勝者，必釋獲者數獲，然後設豐，則豐亦釋獲者之器也。凡射者之事，統於司射。如請射、比耦、誘射、作射、命射、告卒射，皆司射之事。而納射器、拾取矢，亦司射命之也。凡獲者之事，統於司馬。如乘矢、獻獲者，皆司馬之事，而張侯、獲者倚旌、負侯、去侯、及取矢、設楅、退楅、説侯綱、退旌，亦司馬命之也。凡釋獲者之事，亦統於司射，如視算、獻釋獲者，皆司射之事，而設中、設豐、飲不勝者、退中，亦司射命之也。射禮繁縟，《鄉射》、《大射》二篇，司射與司馬迭爲進退，學者幾於心目俱眩，昌黎所以苦《儀禮》難讀也。今比其例而觀之，雖微文瑣節，井井然若網在綱，有條而不紊，始知《禮經》廣大精深，非聖人必不能作也。」**若矢不備，則司馬又袒執弓，如初，升，命曰：「取矢。」不索。** 索，猶盡也。【疏】正義曰：敖氏繼公云：「此自適堂西以至揖弓，皆如初也。適堂西，亦由其位南。」郝氏敬云：「矢不備，有遺也，三耦，二十四矢乃備。」方氏苞云：「必餘於所用之數，以備鉤折，不可索盡，及時求之而莫給也。至此而後發命，何也？初射惟三耦，矢有定數，再射則衆耦皆辯。又初射之矢或有鉤折，故宜多取以備乏匱也。」案：此宜以「取矢」爲句，「不索」爲句。命曰「取矢」，即上文之「命取矢」也。矢有定數，取之者不容不給。此云「若矢不備」者，恐有鉤折之虞，不可不備也。不索者，不令矢之盡也。矢僅給所用之數，則盡矣。不索，乃復命取矢之故。**弟子自西方應曰：「諾！」乃復求矢，加于楅。** 增故曰加。曏獲者許諾，至此弟子曰諾，事同，互相明。【疏】正義曰：敖氏繼公云：「弟子已應，即往取矢。司馬乃降，由司射之南，執弓反位如初。弟子既加矢于楅，司馬進，撫之如初，此經文略也。」褚氏寅亮云：「不盡之矢，必棲於隱蔽處，須求乃得。」案：求，亦取也。《孟子》：「勿求於心。」趙注：「求者，取也。」 注云「曏獲者許諾，至此弟子曰諾，事同，互相明」者，敖氏云：「此時獲者猶負侯，而取矢之弟子已退在西方之位，故獨應之。」

右取矢委楅第一番射事竟

司射倚扑于階西，升，請射于賓，如初。賓許諾。賓、主人、大夫若皆與射，則遂告于賓。適阼階上告于主人，主人與賓爲耦； 言若者，或射或否，在時欲耳。射者，繹己之志，君子務焉。大夫，遵者也。告賓曰：「主人御于子。」告主人曰：「子與賓射。」【疏】正義曰：張氏爾岐云：「自此至釋獲者少西辟薦反位，言賓、主、大夫、衆賓耦射，釋獲、升飲之儀，射之第二番也。司射請射、比耦，三耦取矢于楅，衆耦受弓矢序立，乃設中、爲釋獲之射，三耦射，賓、主人射，大夫射，衆賓射，司馬取矢、乘矢，司射視釋獲者數獲，設豐飲不勝者，獻獲者，獻釋獲者，凡十三節。」○「請射于賓，如初」者，敖氏繼公云：「請射，請三耦之外皆射也。其辭蓋曰『有司請射』耳。❶如初，升自西階，階上北面告也。此請射與下請釋獲，亦示聽命於賓之意。」韋氏協夢云：「鄉射以賓爲主，故卒射必告，始射必請。」「則遂告於賓」，敖氏云：「言遂者，謂承賓許諾之後也。賓若不與射，則雖許諾，而司射亦不告。然則上言請射于賓者，非獨爲請賓射明矣。」注云「言若者，或射或否，在時欲耳。射者，繹己之志，君子務焉」者，敖氏云：「若皆與射而後告，是其或欲

❶「蓋」，原作「亦」，今據《儀禮集説》改。

或不欲，固已前告司射矣。主人與賓爲耦，禮也。假令或有一人不欲射，則缺此一耦，蓋不可與餘人爲耦故爾。」焦氏以恕云：「記云『衆賓不與射者不降』，是凡在堂上者，或射或否，各順其欲，初無一定也。《義疏》云：『案：主人以射故而請賓，賓以射故而應主人之請，必無不與之事；而經云若者，蓋不爲必然之詞，❶且爲大夫及三賓言之耳。』愚案：射者，繹己之志，君子務焉。是射者其宜也。特此禮爲鄉人習射，則賓、主、大夫及衆賓無妨以不能自謙也。云『必無不與』者，明與經戾矣。又《義疏》云：『案：大夫與三賓之或射或否，疑已前定於納射器之時，故此時司射得據以告于賓。』愚案：納射器在初請射之後，司射堂下命之，弟子納之堂西及東西序也。當請射于賓。賓對曰『某不能爲二三子許諾』，則賓一己之射否尚未定也。蓋姑陳射器，而射否則俟其自擇。前定之説，恐未然也。然則與射及否，直定於司射升階再請射之後、未告賓之前，而經不具言之耳。大夫、三賓蓋亦如之。」胡氏肇昕云：「初請射節，司射告于賓曰：『弓矢既具，有司請射。』賓對曰：『某不能爲二三子許諾。』此云：『請射于賓，如初。賓許諾。』是賓之或射或否，即于賓對司射時明之。經文固顯著之矣。至若主人與大夫衆賓之射否，蓋即繼賓而告于司射，注所謂『在時欲耳』是也。下文賓、主人、大夫若皆與射，若者，承賓許諾言之，許諾則告，有一不許諾者，則不告其人也。蓋主人、大夫、衆賓之許諾與否，皆於賓許諾中括之。經文簡而義該，當以意推之也。」**遂告于大夫，大夫雖衆，皆與士爲耦。以耦告于大夫，曰：「某御于子。」**大夫皆與士爲耦，謙也。來觀禮，同爵自相與耦，則嫌

❶「不爲必然之詞」，《儀禮義疏》作「君子不必之意」。

自尊别也。大夫爲下射，而云「御于子」，尊大夫也。士，謂衆賓之在下者，及羣士來觀禮者也。禮，一命已下，齒於鄉里。【疏】正義曰：《校勘記》云：「『告于大夫曰』，『告』上，石經、徐、陳、《通解》、楊氏、敖氏俱有『以耦』二字。」○注「及羣士來觀禮者也」，「來」，徐誤「未」。　云「大夫皆與士爲耦，謙也」者，敖氏繼公云：「大夫不自爲耦者，變於君所之射也。此賓、主人皆士，於衆耦之上下射，不敢俱以大夫爲之。」郝氏敬云：「主人耦賓，尊賓爲上射也。大夫耦士，以貴下賤也。」韋氏協夢云：「大射大夫與大夫爲耦，此大夫與士爲耦。在大夫則爲自謙，在主人則爲尊君。兼鄭、敖兩説乃備。」云「士，謂衆賓之在下者，及羣士來觀禮者也。禮，一命已下，齒於鄉里」者，敖氏云：「士，謂衆賓也。大夫宜與衆賓長爲耦。若衆，則以次而爲之；不足，乃及於堂下者焉。」盛氏世佐云：「士，謂命士來觀禮者，非衆賓也。敖云『衆賓長』，亦非。然觀此注所言，則士之來觀禮者，亦與衆賓齒可見矣。讀《鄉飲酒禮》者，亦當參考也。」褚氏寅亮云：「有大夫則以公士爲賓，然則衆賓之中無士矣。蓋既爲士，則不在詢衆庶之中也。若堂下，一命之士齒於鄉里者有之，故鄭以此士解與大夫爲耦，蓋亦觀禮而非習射者也。敖氏誤以衆賓爲士，不知此固秀民而非士矣。」方氏苞云：「士當爲學士之有德行、道藝者。注疏必以爲在官之士，非也。鄉大夫之尊，可與所興之學士爲賓主，州之良士，即異日所賓興也。大夫雖尊，而爲遵則有主道焉，故可與學士耦而爲下射。若在官之士而居大夫之右，則悖矣。」**西階上北面，作衆賓射。**作，使。【疏】正義曰：敖氏繼公云：「作衆賓射，使之降而爲射事也。」盛氏世佐云：「衆賓，謂堂上三賓也。」案：衆賓，盛氏專謂堂上三賓，以下文衆賓將與射者皆降，衆賓在堂上，故降也。然此節爲司射比衆耦，當兼堂下衆賓言之爲是。**司射降，搢扑，由司馬之南適堂西，**

立，比衆耦。衆耦，大夫耦及衆賓也。命大夫之耦曰：「子與某子射。」其命衆耦如三耦。【疏】正義曰：敖氏繼公云：「立，比衆耦，謂立於此，爲比衆耦耳。比之之事，俟衆賓降而後爲之。」盛氏世佐云：「是時衆耦猶未比也，先言之者，明司射立此之意耳。經中比例間有之，如《鄉飲酒》及此篇，獻賓禮皆云『南面坐奠爵于篚下，盥洗』，亦非謂遽已洗也。敖説是。此注若移於下經『司射乃比衆耦』之下，則得矣。」吴氏廷華云：「上倚扑升，此復搢之也。衆賓在堂，乃至堂西比之者，蓋將比未比，俟皆降始比之。下經衆賓皆降適堂西，司射乃比衆耦是也。此注疏宜在彼下。又大夫之耦，上經已告大夫，不待比。注兼及之，以其與比者一時同命之也。」

衆賓將與射者皆降，由司馬之南適堂西，繼三耦而立，東上。大夫之耦爲上，若有東面者，則北上。言若有者，大夫士來觀禮及衆賓多，無數也。【疏】正義曰：敖氏繼公云：「將與，則或有不與者矣。記曰：『衆賓不與射者不降。』是也。降者由司馬之南，適堂西，而堂下之衆賓皆從之。不言者，可知也。此雖未執弓矢，亦必由司馬之南者，異於大夫也。繼三耦而立，居其西也。衆賓之立以齒，則大夫之耦爲上可知。乃著之者，嫌其不與耦並立，則或變於有耦者也。衆賓若多，堂西南面之位，不足以盡之，則當東面於西壁而北上也。言若有者，見堂下之士多寡無定數也。」張氏爾岐云：「司馬位在司射之南。若有東面者，或賓多，南面列不盡也。」

賓、主人與大夫皆未降，言未降者，見其志在射。【疏】正義曰：敖氏繼公云：「尊者事至乃降也。」賈疏云：「言未降，後有降階之理，故下云三耦卒射，賓、主人、大夫揖，皆由其階降，與耦俱升射也。」注云「見其志在射」者，盛氏世佐云：「注意蓋曰：經不言不降，而言未降者，見其志在於射，俟三耦卒射乃降也。此於義未爲失，疏家不曉而爲之説曰：言志在射者，以其射在堂上故也。

郝氏遂從而詆之，其誣鄭公也實甚，故特爲白之。《大射儀》云：『諸公、卿皆未降。』鄭注亦云：『言未降者，見其志在射。』疏云：『言未者，後當降，故云未。若終不射，不得言未。』則得注意矣。」**司射乃比衆耦，辯。**衆賓射者降，比之耦乃徧。【疏】正義曰：敖氏繼公云：「乃者，言其方有事也。衆耦，謂衆賓自爲耦者也。大夫之耦亦存焉。是時衆賓皆已立于司射之北若西，然後可比之，不言命之之辭者，如上耦可知也。大夫之耦則先命之，其辭曰『子與某子射』，與他耦上射之辭異。云辯者，爲下節。」

右司射請射比耦

遂命三耦拾取矢，司射反位。反位者，俟其袒決遂來。【疏】正義曰：張氏爾岐云：「遂命者，承上比耦畢，遂命之也。」郝氏敬云：「始誘射三耦與司射，❶共矢二十八箇，是三耦餘一乘也。皆收委於楅，故就楅取之。拾取，上射取一，下射取一，彼此更迭至四也。」注云「反位者，俟其袒決遂來」者，蔡氏德晋云：「反立西階東面，司馬北之位也。」**三耦拾取矢，皆袒決遂，執弓，進立于司馬之西南。**必袒決遂者，明將有射事。【疏】正義曰：朱子曰：「此『拾取矢』，疑衍。」王氏引之云：「上文既云『命三耦拾取矢』，則自『皆袒決遂』以下，皆言三耦拾取矢之事，故承上文以起下文，曰『三耦拾取矢』，言三耦之拾取矢也，始而袒決遂，執弓以待拾取矢，既而上耦拾取矢，既而中、下二耦相繼拾取矢，是之謂『三耦拾取矢』矣。『三耦拾取

---

❶「與」，原作「命」，今據《儀禮節解》改。

矢』五字之意，直貫至下文『三耦拾取矢亦如之』句，非特爲『皆袒決遂』三句而設也。皆袒決遂之時，尚未拾取矢也，而其事歸於拾取矢，則統謂之『三耦拾取矢』。且下文衆賓未拾取矢，皆袒決遂，執弓，與此『三耦拾取矢，皆袒決遂，執弓』相對爲文，不得以爲衍字。」吴氏廷華云：「袒決遂在堂西，乃至司馬西南之位，蓋即上未射時立於司射西南之位也。」❶盛氏世佐云：「於此言拾取矢者，明其袒決遂、執弓擬爲此事耳，即上文司射立比衆耦之例也。」韋氏協夢云：「三耦拾取矢，題下事也。下乃序其事而言之，與前一人洗舉觶于賓同意。」敖氏繼公云：「惟云『執弓』，是亦不挾也。亦變於大射者與？此所立者，即其故位，更以司馬爲節近故爾。鄉者司馬未在此，故以司射爲節。」賈疏云：「案：上司射位在中西南，司馬位在司射南。今立於司馬之西南，亦東面北上也。」❷案：《義疏》云：三耦取矢位，即是前番射位。司馬已就位，故經云「司馬之西南」。賈疏以爲異位，非也。　注云「必袒決遂者，明將有射事」者，賈疏云：「始取未有射事而袒決遂者，以其取矢訖即有射，故豫著之。」**司射作上耦取矢。**作之者，還當上耦，如作射。【疏】正義曰：上司射作射時，左還當上耦，西面作上耦射。今作上耦取矢，亦如之。**司射反位。上耦揖進，當楅北面，揖；及楅，揖。**當楅，楅正南之東西。【疏】正義曰：敖氏繼公云：「當楅北面揖者，當楅南則折而北行，故北面揖

❶「未」，原脱，今據《儀禮疑義》補。
❷「面」，原作「南」，今據《續清經解》本改。

也。及楅揖者，爲上下射將折而西東也。」張氏爾岐云：「上耦發位東行時，❶一南一北並行，及至楅南，北面向楅，亦一東一西相並也。」姜氏兆錫云：「及楅揖，不言北面者，❷下賓、主人及楅揖，注所謂當楅之東西，主西面、賓東面相揖也。❸前後互推之可見。」盛氏世佐云：「及楅揖，謂及楅之東西而揖也。姜説得之。下云『上射東面，下射西面』，即謂此揖之時也，經文句法倒耳。敖説非。」凌氏《釋例》曰：「凡拾取矢前四揖：曰耦進揖，曰當楅北面揖，曰及楅揖，曰上射進坐揖。《鄉射禮》初射畢，三耦拾取矢，上耦揖進，當楅北面揖，及楅揖。此拾取矢以前之三揖也。又云：『上射東面，下射西面，上射揖進，坐。』此揖唯上射有之，下射進坐不揖也。再射畢，三耦拾取矢如初。又云：『大夫袒決遂，執弓，就其耦；揖皆進，如三耦。耦東面，大夫西面。大夫進，坐，説矢束。興，反位。而后耦揖進，坐。』大夫爲下射，故耦進坐揖，大夫不揖也。三射畢，拾取矢如初。此鄉射拾取矢前之四揖也。賓、主人拾取矢，皆進階前揖，及楅揖，拾取矢如三耦。此時賓東面，主人西面，故無當楅北面揖也。《大射儀》：初射畢，三耦拾取矢，一耦出，西面揖，當楅北面揖，及楅揖。此拾取矢以前之三揖也。又云：『上射東面，下射西面。上射揖，進坐。』此上射之進坐揖也。再射畢，三耦拾取矢如初，諸公、卿、大夫皆降，如初位，與耦入于次，皆袒決遂，執弓，皆進當楅，進坐，説矢束。上射東面，下射西面，拾取矢，如三耦。若士與大夫爲耦，士東面，大夫西面。大夫進坐，説矢束，退，反位。耦揖

❶「行」，原作「西」，今據《儀禮鄭注句讀》改。

❷「面」，原脱，今據《禮經經傳》補。

❸上「面」字，原脱，今據《儀禮經傳》補。

進，坐。三射畢，拾取矢如初。此大射拾取矢前之四揖也。諸公、卿、大夫耦，進當楅，進坐，不云揖者，文不具也。蓋拾取矢耦進揖，猶射時耦進之揖也；當楅北面揖，猶射時當階北面揖也；及楅揖，猶射時及階揖也。拾取矢在庭，不升堂，且無物，故無升堂、當物、及物三揖也。進坐獨上射揖者，亦猶射時司射命射、上射揖也。然命射之揖，唯第一耦之上射有之。此拾取矢、進坐之揖，凡耦之上射皆有之，則與射時異也。」**上射東面，下射西面。**【疏】正義曰：敖氏繼公云：「上射在西，下射在東，如其物之位也。」胡氏肇昕云：「經文此二句，盛氏以爲與上『及楅揖』爲倒裝句法，是也。蓋經文於此必倒引者，上以明『及楅揖』爲上射在楅之西而東面、下射在楅之東而西面，下以領起上下射之進坐亦一東面、一西面也。」**上射揖進，坐，橫弓；卻手自弓下取一个，兼諸弣，順羽且興；執弦而左還，退反位，東面揖。**橫弓者，南踣弓也。卻手由弓下取矢者，以左手在弓表，右手從裏取之，便也。兼并矢於弣，當順羽，既又當執弦也。順羽者，手放而下，備不整理也。不言毋周，在阼非君，周可也。【疏】正義曰：敖氏繼公云：「進坐不言北面，可知也。矢南鄉，人于楅南，北面取之，便也。」盛氏世佐云：「此揖進，謂自其楅西東面之位，揖進，就楅也。此時上射仍東面，于楅西取矢。敖説非。取矢必坐者，以楅卑故也。以下記楅制考之，則其不高大可見矣。」注云「橫弓者，南踣弓也。卻手由弓下取矢者，以左手在弓表，右手從裏取之，便也」者，敖氏曰：「橫弓，踣弓也。此橫弓覆手也。『覆手橫之，以上端向下射，敬之也。弓下，弦弣之下也。』盛氏世佐云：「橫弓，注云『南踣弓』，是也。蓋東西向者，以南北爲橫。卻，仰也。手，右手也。弓下，弓弦之下也。東面坐而南踣弓，則執弓之手必覆。覆者，手在弓背之上而弦向下也。左手覆弓上執之，而仰右手自弓下取矢，兩手相對爲便也。經言右手之卻，則左手之覆可知。言右手自弓下，則左手在弓上亦可知。此立言之法也。」焦氏以恕《彙説》曰：「敖云：上射覆手横弓，以弓之上端向下射者，敬之也。下射卻手横弓，以弓之上端向上射也。人北面，弓東西，俱爲横也。案：《義疏》云：『弓之兩端皆簫也，而有上端、下端之別者，弣側有撻。《士喪·記》：❶設依撻焉。是也。撻在上則爲上端，執弓者必以上端向人爲敬。』愚案：敖氏依此以釋，則爲特見。然君子於射事則尚敬，楅處侯之北，亦統於侯也。故上射卻手取矢，則覆手執弓；下射覆手取矢，則卻手執弓。並以弓之上端鄉侯，亦所以著其敬，而不徒相變爲容之謂矣。」褚氏寅亮云：「拾取矢時，經無北面之文，因不必還周，異於大射，故於反位時著其面位，而曰東面揖。然則取矢東西面位不改，不過進而近楅耳，非北面也。唯取矢者，一向東，一向西，故左手踣弓，有卻手、覆手之異勢；右手取矢，亦有弓上、弓下之不同。若皆北面，則其儀不異矣。敖氏以上端向人爲敬之説，似是實非。」吴氏廷華云：「東西面，以在楅之兩旁也。言進者，從楅兩旁東西面至楅也。疏云：卻，仰也。謂左手執弣，右手取矢也。弓上下者，楅横矢直，北括而南鏃，括有羽，未向括取矢者，執鏃則羽順出於當而無損，執括則逆矣。東面者，右手當鏃，便於弓下取之。仰手者，以手在矢下也。不覆手者，弓下矢上無餘地也。西面者，右手羽不可執，故必從弓上向左執鏃，順羽而出之，矢在手下，故手覆也。右手仰，則左手當在弓上而覆；右手覆，則左手當在弓下而仰也。兼矢於弣，便再取也。順羽者，以手順之，恐委矢或逆也。且興者，隨順隨興也。左還者，上射左手向

❶「記」，原作「禮」，今據《儀禮彙説》改。

外轉而南，乃西，反東面位。下射轉左向南，乃東，反西面位也。又上射東面，當西踣弓而橫于南北。若南踣弓，則弓在楅矢外，尚何弓上下之可言？」云「兼并矢於弣，當順羽，既又當執弦也。順羽者，手放而下，備不整理也」者，敖氏云：「兼諸弣，明左手并執矢也。凡執弓者左執弣，兼矢於弣，即順羽，興。則是橫弓者惟取矢之時則然也。執弓者，言不挾也。」盛氏云：「兼，并也。弣，弓弝也。并矢於左手弓弝間，而以右手順其羽且興者，疏云謂順羽之時則興也。」郝氏敬云：「矢羽在北，右手卻取矢，❶身左轉向南，羽順在北。」非執弦亦右手也。云「不言毋周，在阼非君，周可也」者，《大射》云：「左還毋周，反面揖。」注云：「左還，反其位。毋周，右還而反東面也。君在阼，還周則下射將背之。」此對彼爲言。彼有君在阼，周則背君；此在阼非君，故周可也。敖氏曰：「左還者，以左體向右而還也。于楅前必左還者，以楅東肆，宜順之。反位不言毋周，是亦左還也。此與順羽且興，皆變於大射云。」盛氏世佐云：「左還，向左而還也。敖氏云『以左體向右而還』，非。反位，反其楅西東面之位也。復云『東面』者，嫌其因左還而變也。蓋東面者以北爲左，左還則面北矣。於是遂西轉南向，至其故處，而仍東面焉。此則左還而周也。與大射異者，大射威儀多，此則惟取其便故也。注『在阼非君』之説似迂。」焦氏《彙説》曰：「《通解》朱子曰：『《燕禮》：司正右還。疏云：以右手向外者，以奠觶處爲内也。此三耦左還，疏云：以左手向外者，以所立處爲内也。《大射》云毋周者，既以左手向外，繞其所立之處，及至將匝之時，乃復以右手向外而轉身也。此注云周可也，則以左手向外繞其

❶「卻」，原作「仰」，今據《儀禮節解》改。

立處，以至於匜，乃不復以右手向外而即便轉身也。《燕禮》則右還而未至於匜，故不言周與不周。』案：朱子此條，論還周最爲明析，而注家下射背阼之由，正可由此思之也。」又曰：「《燕禮》：司正南面坐奠觶，右還北面，及少立，左還，南面坐取觶。鄭云：右還，必從觶西，爲君之在東也。北面而左還者，亦從觶西也。敖氏謂堂上堂下，背君毋嫌，而南面右還，北面左還，皆從觶東往來，則不惟鄭異解，而鄭之右還，正敖之左還；敖之右還，乃鄭之左還，其左右適相反也。然考毋周之戒，大射於上射、下射皆詳之，不言其他如上射也。此必非無關得失而但取相變爲容者矣。況皆内還者，言東西殊面，而内還則同，故特辭以明之也。如皆北面，則當言左還，而無取乎異其文而曰『内』還也。」又曰：「大射毋周，《義疏》云：『毋周，變於鄉射之周者也。君在堂上，取矢者在堂下，固無背之之嫌。且司射、司馬師亦時有南面者，不嫌也。』案：司射與司馬師亦時有南面者，此只一人，微背於君，則何所嫌？若取矢于楅，先弟子之三耦，繼乃諸公卿大夫之衆耦，多人還周而背君，安得不爲嫌邪？敖之立義，其與鄭異而失之者，莫此爲甚矣。」又曰：「天體至圓，繞地左旋，常一日一周而過一度。日行少遲，故一日繞地一周，而在天爲不及一度。月行尤遲，一日不及天十三度，二十八宿左轉，故春則中星南方朱鳥七宿也，夏爲東方蒼龍，秋爲北方玄武，冬爲西方白虎。中星迭移，是從東而左行也。依此言之，則鄭之左還爲合。敖之左還與鄭正相反者，謬可知矣，未知何所依據也。敖箋《燕禮》南面右還而北面云：❶從觶東而行；及北面左還而南面云：亦從觶東而行。是直目左還爲右還，

❶「禮」，原脱，今據《儀禮彙説》補。

目右還爲左還耳。」**下射進，坐，橫弓；覆手自弓上取一个，興；其他如上射。**覆手由弓上取矢者，以左手在弓裏，右手從表取之，亦便。【疏】正義曰：注云「以左手在弓裏，右手從表取之，亦便」者，張氏爾岐云：「亦南踣弓，左手執弓，仰而向上，故右手覆搭矢爲便也。」朱子曰：「上文東向覆手，南踣弓，則弦向身；此云西向卻手，南踣弓，❶則弦向外。」敖氏繼公云：「此橫弓卻手也。卻手橫之，亦以上端向上射也。人北向，弓東西向，于人于弓皆爲橫也。弓上，弦弣之上也。凡覆手、卻手而橫弓，其弦皆向身與？」盛氏世佐云：「下射進，謂自其楅東西面之位而進也。不云揖者，文省耳。坐，西面坐也。橫弓，亦南踣弓也。西面坐而南踣弓，則執弓之手自仰矣。仰手執弓者，手在弓下而弦向上也。執弓之手既仰，則取矢之手不得不覆，亦取其便也。弓上，弓弦之上也。」案：朱子弦向身向外之説，即自注中手在弓表弓裏悟來，今不從者，蓋以卻手與覆手相對。卻手取矢，則執弓之手必覆；覆手取矢，則執弓之手必卻。若謂上射橫弓之法，手在弓表而弦向身，是左手未全覆也。謂下射橫弓之法，手在弓裏而弦向外，是左手未全卻也。與經覆卻相對之意未合，故不敢棄經而任傳也。敖云：凡覆手卻手而橫弓，其弦皆向身，亦非。「其他如上射」者，敖氏云：「他，謂兼諸弣而下也，惟西面揖異爾。」吴氏廷華云：「此東踣弓也，如上射者左還退反位是也。惟揖則西面，與上不同。」盛氏云：「所異者位面耳，西面者以南爲左，則其左還之法正與上射相反也。」淩氏《釋例》曰：「凡拾取矢，上射、下射各四揖；若兼取矢，則上射、下射各一揖。《鄉射禮》初射畢，三耦拾取矢，上

❶「南」，原作「西」，今據《續清經解》本改。

射揖進，坐，横弓，卻手，自弓下取一个，兼諸弣，順羽且興，執弦而左還，退反位，東面揖。此上射取第一矢之揖也。又云：『下射進坐，横弓，覆手，自弓上取一个，興，其他如上射。』此下射取第一矢之揖也。取第二、第三、第四矢，經雖無文，皆揖可知。再射畢，三耦拾取矢如初。賓、主人拾取矢如三耦，三射畢，拾取矢如初。是鄉射拾取矢，上射、下射各四揖也。又：再射畢，大夫與其耦拾取矢，大夫進坐，説矢束。興，反位。而后耦揖，進坐，兼取乘矢，順羽而興，反位，揖。此上射兼取四矢之揖也。又云：『大夫進坐，亦兼取乘矢，如其耦。』此下射兼取四矢之揖也。三射畢，如初，是鄉射兼取矢，上射、下射各一揖也。《大射儀》：初射畢，三耦拾取矢，上射揖進，坐，横弓，卻手，自弓下取一个，兼諸弣，興，順羽，且左還，毋周，反面揖。此上射取第一矢之揖也。又云：『下射進，坐，横弓，覆手，自弓上取一个，兼諸弣，興，順羽，且左還，毋周，反面揖。』此下射取第一矢之揖也。亦四矢皆揖。再射畢，三耦拾取矢如初。又：諸公、卿、大夫拾取矢如三耦，三射畢，拾取矢如初。是大射拾取矢亦上射、下射各四揖也。又：再射畢，諸公、卿、大夫拾取矢。若士與大夫爲耦，士東面，大夫西面。大夫進坐，説矢束，退，反位。耦揖進，坐，兼取乘矢，興，順羽，且左還，毋周，反面揖。此上射兼取四矢之揖也。又云：『大夫進坐，亦兼取乘矢，如其耦。』此下射兼取四矢之揖也。三射畢，如初。是大射兼取矢，亦上射、下射各一揖也。大射毋周者，恐背君也。上射取矢自弓下，下射取矢自弓上，禮相變也。以禮例考之，與相敵者爲耦則拾取矢，卑者與尊者爲耦則兼取矢，示不敢與之拾也。又案：《鄉射》、《大射》初射，三耦拾取矢畢，後者遂取誘射之矢，兼乘矢而取之，以授有司。是誘射之矢，末耦之下射代爲取之，亦兼取矢也。《鄉射·記》：『取誘射之矢者，既拾取矢，而后兼誘射之乘矢而取之。』注：

『謂反位已禮成，乃更進取之，不相因也。』」**既拾取乘矢，揖，皆左還；南面揖，皆少進；當楅南，皆左還，北面，搢三挾一个；**楅南，鄉當楅之位。【疏】正義曰：張氏爾岐曰：「拾取乘矢，更遞而取，各得四矢也。」敖氏繼公云：「不捆矢，不兼挾，皆左還，亦變於大射。進，謂東西行而相近也。」盛氏世佐云：「進，謂各自其楅東西之位而南行也。當楅南，將折而西矣，故以是爲搢挾之節也。」吴氏廷華云：「四矢俱拾畢，左還反位，然後南面揖，並左還，上射東南行，下射西南行。將至楅南，並左轉而北，搢且挾，然後轉而南行，下經『左還，上射于右』，是也。敖氏謂上當楅之地，尚在南，此特上及楅之地，以經言『少進』，則去楅近也。若向當楅處，則遠矣，不可言『少進』也。」褚氏寅亮云：「『北面』下，『搢三』上，《大射儀》有『揖』字，此似脱。方南面揖時，❶上下射皆已離東西之位，一在楅西南，一在楅東南矣。至少進，則西南者向東，東南者向西，仍俱至鄉者當楅揖之處。於是皆左還，北面揖，而搢三挾一焉。當北面時，上射在西，是于左也；下射在東，是于右也。至再左還而並行，向西以反位，下射乃退，而從上射之南，並行，則反在上射左矣。故經於『皆左還』之下，而明之曰：『上射于右。』注云：『下射左還，少南行，乃西面也。』敖氏云『上射固已居右』，殊不可解。又取矢時，上射在北，是居左，反位時，上射仍在北，是居右，猶升階進射時，上射在西，是居左，及南面射時，上射履西物，是居右也。」注云「楅南，鄉當楅之位」者，張氏云：「楅南前者，進時北面揖之位

---

❶「揖」，原作「射」，今據《續清經解》本改。

也。今退至此，皆左還北面，搢三矢而挾一矢。」❶胡氏肇昕云：「敖氏以當楅南，爲鄉及楅之位，故與鄭異。不知經明云『當楅南』，是爲鄉當楅之位無疑。以爲及楅之位，固已與經文相戾矣。」**揖，皆左還，上射于右；**上射轉居右，便其反位也。下射左還，少南行，乃西面。【疏】正義曰：注云「上射轉居右，便其反位也」者，張氏爾岐云：「搢挾已而揖，皆左還，西面並行，前者進時，上射在北，是在左；今仍在北，是于右，取其反位北上爲便也。」敖氏繼公云：「上射固居右矣，復言之者，嫌或當如卒射而退，轉居左也。凡每耦既射，若既取矢而退者，其曲折皆與進時同。」云「下射左還，少南行，乃西面」者，賈疏云：「以其初北面時，東西相當，今西行宜並，故下射少南行乃西面。」吴氏廷華云：「揖，爲將左還也。左還者，左手向外，自北面而西而南也。南面以西爲右，上射本在西，又言之者，嫌降在左也。又上射本在右，嫌降或居左，故特明之。」注云「上射轉居右，若上射本左，至此始轉而右」者，誤矣。「下射左還，少南行」云云，其説亦合，但係西折時事，此時方南行，亦不可遽以爲説。**與進者相左，相揖；退反位。**相左，皆由進者之北。【疏】正義曰：《校勘記》云：「經文『揖』下，唐石經有『退』字。案：錢氏大昕云：宋本亦有之。《大射》云：『退者與進者相左，相揖退，釋弓矢于次，説決拾，襲，反位。』較此文稍詳。此處『退』字亦不可少。」○敖氏繼公云：「相揖者，亦以事同也。」盛氏世佐云：「位，司馬西南之位。」注云「相左，皆由進者之北」者，張氏爾岐云：「進者自南東行，反位者，自北西行，故得相左。」淩氏《釋例》云：「凡拾取矢後四揖：曰既拾取矢揖，曰左還揖，曰

---

❶ 下「矢」字，原作「个」，今據《儀禮鄭注句讀》改。

北面揖三挾一个揖，曰既退與進者相左揖。《鄉射禮》初射畢，三耦既拾取乘矢，揖。皆左還，南面揖。皆少進，當楅南。皆左還，北面，揖三挾一个，揖；皆左還，上射于右。與進者相左，相揖，退反位。再射畢，三耦拾取矢如初。又云：『衆賓繼拾，取矢皆如三耦。』此鄉射拾取矢後之四揖也。《大射儀》：初射畢，三耦既拾取矢，捆之。兼挾乘矢，皆内還，南面揖。適楅南，皆左還，北面揖。揖三挾一个，揖，以耦左還，上射于左。退者與進者相左，相揖。退，釋弓矢于次，説決拾，襲，反位。再射畢，三耦拾取矢如初。又云：諸公、卿、大夫拾取矢如三耦。又云：『衆射者繼拾取矢，皆如三耦。』此大射拾取矢後之四揖也。《鄉射》：三射畢，三耦及賓、主人、大夫、衆賓，皆袒決遂，拾取矢，如初。矢不挾，兼諸弦弣以退，不反位，遂授有司于堂西。《大射》：三射畢，三耦及諸公、卿、大夫衆射者，皆袒決遂，以拾取矢，如初。矢不挾，兼諸弦，面鏃，退適次，皆授有司弓矢，襲，反位。矢不挾，則無北面揖三挾一个之揖。射禮終，故節文亦異也。《鄉射》：再射畢，賓、主人拾取矢，卒，北面揖三挾一个，揖，退。賓堂西，主人堂東，皆釋弓矢，襲，及階揖，升堂揖，就席。賓、主人拾取矢畢，皆升就席，故無與進者相左之揖，而有及階升堂二揖也。又云：『大夫兼取乘矢，如其耦，北面，揖三挾一个，揖，退。耦反位。❶大夫遂適序西，釋弓矢，襲；升，即席。』此大夫獨升，耦不升，故并無及階升堂之揖也。《大射》：再射畢，拾取矢。若士與大夫爲耦，大夫亦兼取乘矢，如其耦，北面揖三挾一个，揖，進。大夫與其耦皆適次，釋弓，説決拾，❷襲，反位。此即《鄉射》大夫與其耦兼取矢之例，故亦無與進者

❶「反」，原作「及」，今據《禮經釋例》改。
❷「決」下，原衍「矢」字，今據《禮經釋例》删。

相左之揖也。」三耦拾取矢，亦如之。後者遂取誘射之矢，兼乘矢而取之，以授有司于西方，而后反位。取誘射之矢，挾五个，弟子逆受於東面位之後。【疏】正義曰：《校勘記》云：「『而后反位』，『后』，誤作『後』。」○敖氏繼公云：「『三』，亦當作『二』。《大射》云『二耦』是也。」朱子曰：「後者兼取誘射之矢，❶則是下耦之下射也。」張氏爾岐云：「以授者，以誘射之矢授之也。」　注云「取誘射之矢，挾五个，弟子逆受於東面位之後」者，賈疏云：弟子即納射器者，下耦將司射乘矢來向位，西面，弟子即往逆受之，下射乃反東面。　敖氏繼公云：「下耦之下射，於既拾取之後，又兼取誘射之四矢，皆兼諸弣，至楅南乃北面，搢三挾五个，至西方，以四矢授有司，而挾一个以反位，此見其異者也。　此西方即堂西也。《士喪禮》以東堂下、西堂下爲東方、西方，亦其徵也。　有司，即弟子之納射器者，因留主授受于堂西，故此下射出于其東面位之後，以乘矢就而授之也。❷《大射儀》曰：以授有司于次中，皆襲反位。　亦謂就而授之。」盛氏世佐云：「以授有司于西方，而后反位，則是下耦之下射就而授之也。　注云『弟子逆受』，非。」褚氏寅亮云：「逆受者，卑賤之分也。　此往則彼逆矣，未有傲然俟其至而受者。」胡氏肇昕云：「經云『以授』，就後者言；注云『逆受』，就弟子言：相互成文也。　蓋後者就而授之弟子，弟子逆而受之，與經文義正相成。　敖氏説殊偏，而盛氏反據以駁注，非也。」

❶「兼」，原作「遂」，今據《儀禮經傳通解》改。
❷「授」，原作「受」，今據《儀禮集説》改。

右三耦拾取矢

衆賓未拾取矢，皆袒決遂，執弓，搢三挾一个；由堂西進，繼三耦之南而立，東面，北上。大夫之耦爲上。未，猶不也。衆賓不拾者，未射，無楅上矢也。言此者，嫌衆賓三耦同倫。初時有射者，後乃射，有拾取矢禮也。【疏】正義曰：注云「未，猶不也。衆賓不拾者，未射，無楅上矢也」者，賈疏云：「以第一番唯有三耦射，無賓射法，不得云『未』，是以轉爲『不』，以其全不拾取矢也。」敖氏云：「未拾取矢，謂于堂西取矢不拾也。堂西取矢固不拾矣，乃言之者，以繼三耦拾取之後，嫌當如之也。其後取矢于楅乃拾，故此云『未』也。是時雖未拾取矢，亦讓取弓、矢、拾，如鄉者三耦之爲。進立射位，以射事至也。」張氏爾岐云：「衆賓初射，當于堂西受弓矢于有司，故不拾取矢。案：三耦初射時，亦云『各與其耦讓取弓、矢、拾』，則衆賓不拾取矢，又不僅以未射也。」盛氏世佐云：「此衆賓于堂西受弓、矢于有司，❶皆如三耦初取弓、矢之儀，其取之之法，亦更迭取之。上經云『三耦各與其耦讓取弓、矢、拾』，是其徵也。云『未拾取矢』者，謂不如三耦之拾取矢于楅耳。不言『不』而言『未』者，以第三番射時，亦有拾取矢于楅之事故也。張云：『衆賓不

---

❶ 下「于」字，原作「如」，今據《續清經解》本及《儀禮集編》改。

拾取矢，❶不僅以未射。』非。」云「嫌衆賓三耦同倫。初時有射者，❷後乃射，有拾取矢禮也」，胡氏肇昕云：「此節賈疏説多未明析，詳注意，蓋以經言衆賓未拾取矢者，以上言三耦拾取矢，此繼言衆賓受弓矢事，嫌與三耦同倫，以衆賓亦拾取矢也。故經特著之曰『衆賓未拾取矢』。拾取矢之禮，必初時有射者，後乃有此禮，故上有三耦射，後乃有三耦拾取矢之禮。此時衆賓未射，故不拾取矢。至第三番衆賓射，乃亦有拾取矢之禮也。經文『衆賓未拾取矢』，對上『三耦拾取矢』爲言，至三射衆賓亦拾取矢，是不以其全不拾取矢，故不曰『不』而曰『未』。注就本節言之，故轉『未』爲『不』，而下又推言之，以盡其義也。」

右衆賓受弓矢序立

司射作射如初。一耦揖升如初。司馬命去侯，獲者許諾。司馬降，釋弓反位。司射猶挾一个，去扑，與司馬交于階前，升，請釋獲于賓。猶，有故之辭。司射既誘射，恒執弓挾矢以掌射事，備尚未知，當教之也。今三耦卒射，衆足以知之矣。猶挾之者，君子不必也。【疏】正義曰：「如初」者，蔡氏德晉云：「謂與誘射之儀同也。」方氏苞云：「射事畢，皆以弓矢授有司于堂西，誘射之矢，三耦之後者，以授有司，則司射之射事畢矣。故再射第舉作射如初，示不復誘射也。三耦三射皆與，賓、主人、大夫與再

❶「拾」，原作「矢」，今據《續清經解》本改。
❷「者」，原脱，今據《儀禮注疏》補。

射、三射，司射則一射而止，何也？誘射者，教之射也。賓、大夫、主人與焉，則不敢教也。弟子筋力方進，故三射皆與，以强教之。賓、大夫、主人、三賓，則有年長者矣。故射止於再，而不欲與者亦聽焉，皆禮之曲盡乎人情也。」「命去侯」不言「如初」者，敖氏繼公云：「可知也。」胡氏肇昕云：「賈疏云：『此臣禮，威儀省。司馬初命去侯時，獲者許諾聲不絶，以至于乏。再番、三番命去侯，直許諾，無不絶聲，故不言如初。《大射》君威儀多，故第二番與前同。獲者亦宫商趨之，故言如初。於第三番禮殺，復不以宫商，直許諾，又不得言如初。』賈氏推究頗詳，較敖説爲精。」「去扑，與司馬交于階前」者，敖氏云：「先去扑乃進，與司馬交于階前，則去扑當于西方，而不于階下矣。不言相左，不言升及堂上所立處，亦文省。」吴氏廷華云：「司馬降反位，司射將升，故交于階前，亦當相左。去扑，亦當倚于西階。」「釋獲」者，郝氏敬云：「釋籌於地，計射者所中。獲，射中也。」堉案：大射以弓爲畢，此經無文，辟君禮也。○注「衆足以知之矣」，《校勘記》云：「『矦』，徐本、《通解》、楊氏俱作『矣』，陳本作『矦』。案：『矦』即『矣』之譌。今本據此，遂誤作『侯』。」胡氏肇昕云：「疏述注亦作『矣』。」　云「猶，有故之辭。司射既誘射，恒執弓挾矢以掌射事，備尚未知，當教之也」者，敖氏云：「司射于誘射之後，改挾一个，至此時猶然也。必云『猶』者，嫌既久則可以不挾也。官以司射爲名，故執弓必挾矢，以掌射事也。」云「今三耦卒射，衆足以知之矣。猶挾之者，君子不必也」者，言君子不必人之已知，而遂不挾也，故必猶挾一个，備尚未知，當教之也。**賓許。降，搢扑，西面立于所設中之東；北面命釋獲者設中，遂視之。**視之，當教之。【疏】正義曰：敖氏繼公云：「西面立於所設中之東，亦示以設之之處，如前設楅之爲也。❶釋獲者在堂西，故北面命之，既則復西面視之。中，實算之器也。名之曰中者，取其中於侯而後釋算也。此不以弓爲畢，亦辟大射禮。注云「視之，當教之」者，賈疏云：「謂教其釋算安置左右，及算數告勝負之事。」**釋獲者執鹿中，一人執算以從之。**鹿中，謂射於謝也，於庠當兕中。【疏】正義曰：張氏爾岐云：「中，形如伏獸，鑿其背以受八算。算，射籌也。」敖氏繼公云：「釋獲者自執中而不執算，亦變於君禮。」注云「鹿中，謂射於謝也，於庠當兕中」者，敖氏曰：「鹿中者，以主人士也。記曰：『士鹿中。』」盛氏世佐云：「鹿中，特爲諸侯之州長言耳。若天子之州長射于序，亦兕中。」吴氏廷華云：「鄉大夫、州長皆大夫，其待賓大概皆大夫禮，至射則各有其算。主人及大夫同兕中，士用鹿中。賓、衆賓不在三等士中，則攝用鹿中，可也。二者當兼有，經第言鹿中者，蓋據賓言之。」**釋獲者坐設中，南當楅，西當西序，東面；興受算，坐實八算于中，横委其餘于中西，南末；興，共而俟。**興還北面受算，反東面實之。【疏】正義曰：「坐設中，南當楅，西當西序，東面」者，盛氏世佐云：「中蓋東西設之，首在東也。知者，❷以經言餘算委于中西，其末在南，而于中爲横，則中之東西設可知矣。下記云：鹿中，釋獲者奉之先首。而此云：釋獲者坐設中，東面。則其首在東亦可知矣。」淩氏《釋例》云：「凡設中，南當楅，西當西序，東面。《鄉射禮》再射，司射西面立于所設中之東，北面命釋獲者設中，遂視之。釋獲者執鹿中，一人執算以從

❶「也」，原作「之」，今據《儀禮集説》改。
❷「者」，原作「此」，今據《儀禮集編》改。

之。釋獲者坐設中，南當楅，西當西序，東面，興，受算，坐實八算于中，橫委其餘于中西，興，共而俟。《大射儀》再射，司射命釋獲者設中，以弓爲畢，北面。大史釋獲。小臣師執中，先首，坐設之，東面，退。大史實八算于中，橫委其餘于中西，興，共而俟。注：『《鄉射禮》云：設中，南當楅，西當西序。』是《大射》設中之處，與《鄉射》同也。又《鄉射》、《大射》司射命射訖，釋獲者坐取中之八算，改實八算于中，興，執而俟，乃射。若中，則釋獲者坐而釋獲，每一个釋一算。上射于右，下射于左。若有餘算，則反委之。又取中之八算，改實八算于中，興，執而俟。此釋獲也。卒射取矢加楅訖，司射立于中南，北面視算。釋獲者東面于中西坐，先數右獲。二算爲純，一純以取，實于左手，十純則縮而委之。每委異之。有餘純則橫于下。一算爲奇，奇則又縮諸純下。興，自前適左，東面坐，兼斂算，實于左手，一純以委，十則異之。其餘如右獲。司射復位，釋獲者遂進取賢獲，執以升，自西階，盡階，不升堂，告于賓。若右勝，則曰『右賢于左』。若左勝，則曰『左賢于右』。以純數告。若有奇者，亦曰奇。若左右鈞，則左右皆執一算以告，曰『左右鈞』。此數獲也。蓋中者，實算之器，設之當西序，以爲行禮之節也。」「算」者，郝氏敬曰：「籌也。中制鑿背，可容八算，一耦八矢，一算直一矢也。」「南末」者，敖氏繼公云：「南末，象矢之北括而南鏃也。」褚氏寅亮云：「實算者東面，算于庭爲縱，于人爲橫。矢北括則南首，算則南末，與矢相變。」吴氏廷華云：「東面，言釋獲者東面設之也。❶《大射》執中先首，則中亦東面也。南末，末在南也。算有本末。下《記》『握素』，其本也。又云：中當西序，西序之

❶ 「釋」，原作「實」，今據《儀禮疑義》改。

西爲西堂。又西爲西堂下。釋獲者來自西堂下，當東南行，及東面設中，執算者亦應東面隨其後。釋獲者當西南取之。」蔡氏德晋云：「南末則算縱矣，而曰横委者，統于中而言也。蓋算于庭則縱，于中則横也。」「共而俟」者，敖氏云：「待其將射乃執算。」　注云「興還北面受算，反東面實之」者，賈疏云：「以其所納射器皆在堂西，❶執中與算皆從堂西來，向西序之南，南面，故執中者既東面坐，設訖，興，還向北面受算，迴向東面實之也。」❷胡氏肇昕云：「注知北面受算者，以設中既東面，而必興者，知還北面而受算也。敖氏謂『興受算，東面並受也』，非。」**司射遂進，由堂下北面命曰：「不貫不釋！」**貫，猶中也。不中正不釋算也。古文「貫」作「關」。【疏】正義曰：盛氏世佐云：「司射亦於西階之東，視上射命之，經文省也。」　注云「貫，猶中也。不中正不釋算也」者，敖氏繼公云：「貫，謂中而不脱。言此者，明雖中而不貫，猶不釋算。」褚氏寅亮云：「『中而又脱，則巧力俱全，安有不釋算之理？命辭蓋期其貫，不期其必脱也。敖氏求深，反失。」郝氏敬云：「不貫矢，不穿布也。禮射布侯，中必貫布，則釋算，不中不貫則不釋。」盛氏世佐云：「《鄉射》射質，不貫質不釋算。」方氏苞云：「注謂『不中正不釋』，是也；而於貫之義尚未切著。蓋必射甲革、椹質而後可貫，必矢貫於鵠的，而後有白矢襄尺剡注井儀之形，故詩曰『四鍭如樹』也。《王制》鄉簡不帥教者，習射尚功，習鄉尚齒；州長之習射，黨正正齒位，正簡不帥教者之法也。曰尚功，則當以貫革爲賢。《尚書傳》所云『貫革

❶「在堂」，原作「云當」，今據《儀禮注疏》改。

❷「向」，原作「而」，今據《儀禮注疏》改。

之射，閑于蒐狩」者，謂甲革也。《周官》：圉人充椹質，以習射于澤宫。州長習射宜用澤宫之禮，則所貫椹質也。疑士、大夫雖畫布爲侯，必以木爲匡，蒙以布，實草於其中，而著於侯之背面以受矢，故以翦草之工充椹質也。若但畫布以爲正，則數貫之後，不可復射。且所謂貫者，特穿之而過，無所謂白矢襄尺剡注井儀之式矣。」❶「古文『貫』作『關』」者，惠氏棟《古義》曰：「《吕氏春秋》云：『中關而止。』謂關弓弦正半而止，即《儀禮》所謂不貫也。貫與關古字通。《史記·伍子胥傳》云：『五胥貫弓執矢嚮使者。』注云：『貫，烏還反。』《後漢·祭彤傳》：『能貫三百斤弓。』司馬貞曰：滿張弓一曰貫，謂上弦也。古串與患通，又讀爲貫，故古文『患』作『悶』，从心關省聲也。」胡氏承珙《古今文疏義》曰：「案：惠説非是。鄭注云：『貫，猶中也。』不中正不釋算也。」此貫即貫革之貫。《詩·猗嗟》：『射則貫兮。』傳亦云：『貫，中也。』貫从毌。《説文》：『毌，穿物持之也。从一横貫，象寶貨之形。凡毌之屬皆从毌。』《禮記注》云：貫革，謂射穿甲革也。古文作『關』者，亦穿物横持之義。《説文》：『關，以木横持門户也。』《禮記·雜記》『見輪人以其杖關轂而輠輪者』疏云：『關，穿也。』若《吕覽》之『中關』，《史》、《漢》之『貫弓』，則皆彎字之借。《説文》：『彎，持弓關矢也。』故《孟子》『越人關弓而射之』，《文選》注引作『彎弓』。賈誼《書》『士不敢彎弓而報怨』，《史記·陳涉傳》引作『貫弓』。要皆非訓中之義也。」胡氏肇昕云：「字有正義，有借義，有引申之義，而皆以聲爲主，聲近而義亦隨之也。古音貫與關相近，滿張弓謂之貫，亦謂之關；因之而張弓中革謂之貫，亦謂之關：義本相成。此經當用中革義。

❶「謂」，原脱，今據《續清經解》本補。

如惠説謂不滿張弓者則不釋獲，其義未顯。胡氏駁之，是也。戚氏學標用惠説以解《孟子》關弓，本不誤，而依惠氏云『即《儀禮》所謂不貫也』，牽合《禮經》，則不惟誤解《儀禮》，并誤解《孟子》矣。又案：張弓本字作『彎』，彎亦有横持之義。《説文》：『彎，持弓關矢也。』是也。又《説文》：毌，讀若冠。毌可讀爲冠，猶貫可讀爲關也。」**上射揖。司射退反位。釋獲者坐取中之八算，改實八算于中，興，執而俟。**執所取算。【疏】正義曰：賈疏云：「八算者，人四矢，一耦八矢，雖不知中否，要須一矢則一算。改實八算，擬後來者用之。」敖氏繼公云：「右取算以予左手。」「執，二手共執之也。俟，謂俟射中乃釋算。」

右司射作射請釋獲

乃射。若中，則釋獲者坐而釋獲，每一个釋一算。上射于右，下射于左，若有餘算，則反委之。委餘算，禮尚異也。委之，合於中西。【疏】正義曰：敖氏繼公云：「乃射，謂堂上拾發矢也。❶若中，則獲者言獲，此則釋之。釋，謂置算於地。獲則用此算，故因名此算曰獲。坐而釋獲，既釋則興。❷云『每一个釋一算』，覆言釋獲之法也。一个，謂一矢中也。于右、于左，象其堂上南面之位也。下言數獲，謂奇者縮之，然則此每釋一算亦縮之與？蓋中西之算横，則釋者縮亦宜也。餘算，釋之不盡者也。於一耦卒

❶「上」，原作「下」，今據《續清經解》本改。
❷「釋」，原作「獲」，今據《儀禮集説》改。

射乃反委之，既則興，共而俟。」吴氏廷華云：「釋者，釋於手，置地以待算也。上二耦射射，上射在右，下射在左，尊右也，故釋亦如之。八矢不必盡中，故有餘。反委之者，釋算于中西之位，委之也，亦南末。」張氏爾岐云：「『釋，猶舍也。以所執之算，坐而舍於地，中首東向，其南爲右，其北爲左，中西，其後也。』注云『委餘算，禮尚異也』者，謂餘算釋之不盡者，委之於地，别取中内八算，以禮尚異，不用其餘也。云『委之，合於中西』者，敖氏云：『中西，謂中西之算。』胡氏肇昕云：『中西，中之後也。中後，故云「反委之」。每一个釋一算，上射釋于中之右，下射釋于中之左，此謂矢之中者。矢不中，則不釋算，故手中得有餘算。餘算則反委之，合於中西也。合於中西，謂不於左右，於中西爲宜也。賈疏謂横委其餘於中西，手中餘者與之合。夫中西本無算，以手中餘者委之方有算也。而云「與之合」，非已。』」**又取中之八算，改實八算于中，興，執而俟。三耦卒射。**【疏】正義曰：敖氏繼公云：「言此者，著繼射者之節也。自上耦乃射至三耦卒射，皆不言其儀，亦不以『如初』蒙之者，亦以其可知，故省文也。」吴氏廷華云：「改後言興，則取時坐也。俟，俟下耦射也。下耦射與中耦同，故經不言，第言卒射也。卒射下當有司射告賓之文，與第一番同。」

右三耦釋獲而射

賓、主人、大夫揖，皆由其階降，揖。主人堂東袒決遂，執弓，搢三挾一个。賓于堂西亦如之。【疏】正義曰：敖氏繼公云：「司射不告賓、主人射者，辟君禮也。皆由其階，謂主人東階，賓、大夫西階也。堂東，東堂之下也，堂西亦然。賓、主人之弓各倚於其序，矢在其下，而二人乃皆於堂下執弓、挾矢，蓋有司取以授之。大夫亦降者，别於不與射者也。」盛氏世佐云：「賓、主人之弓矢本在東西牆之外、堂廉之下，❶豈得於堂上取之哉？敖説殆誤矣。」**皆由其階，階下揖，升堂揖。主人爲下射，皆當其物，北面揖，及物揖，乃射。**【疏】正義曰：敖氏繼公云：「復言『皆由其階』者，賓主射禮，嫌主人從之而升降於西階也。既揖，乃升階，此豫言之耳。❷主人爲下射者，尊賓，且不失其位也。不言履物及射之儀者，如三耦可知。」盛氏世佐云：「復言『皆由其階』者，三耦同階而升，嫌此亦如之也。」堉案：《義疏》云：「衆射者升降皆由司馬之南，惟賓、主人第言『階』，而無『司馬之南』之文，則升降皆近於堂，與衆别也。」**卒，南面揖，皆由其階，階上揖，降階揖。**【疏】正義曰：敖氏繼公云：「凡耦之升降，皆上射先而下射後。此賓爲上射，主人爲下射，乃分階而行，又不别見其升降之序，則是主人先而賓後如常禮，亦與其他爲耦者不同也。」

賓序西，主人序東，皆釋弓，説決拾，襲，反位；升，及階揖，升堂揖，皆就席。或言堂，或言序，亦爲庠、謝互言也。賓、主人射，大夫止於堂西。【疏】正義曰：敖氏繼公云：「賓序西，主人序東，自釋弓於故處也。反位，升，謂反位而後升也。位者，主人階東、賓階西當序之位也。反立於此，相待而升也。此升堂揖，揖就席也。凡自側階升降者，經皆不見之。」江氏筠云：「鄭謂此賓、主人俱釋弓于堂之下，敖氏則謂爲堂上。案：經於賓、主人之袒決遂，則言堂東、堂西；於大夫，則執弓、釋弓俱言堂西；至下拾取再射加于

---

❶「下」，原作「上」，今據《儀禮集編》改。

❷「此」，原作「乃」，今據《儀禮集説》改。

楅之矢，賓、主人之袒決及襲，亦俱言堂東、堂西。其言序者，獨此大夫之取矢、揖進耳。記云：『凡適堂西，皆出入于司馬之南，惟賓與大夫降階遂西取弓矢。』蓋以尊者宜逸故也。然則既有有司主授受，何以勞賓、主、大夫之自釋？前後釋弓已明見優尊之法，何以獨此時不然乎？則鄭謂堂、序互言，自是不易之論矣。蓋説者多泥序東、序西，惟堂上得稱，不知經固不專以目堂上也。《士喪禮》：『襲絰于序東。』注：『序東，東夾前。』疏釋曰：經云主人降自西階，更無升降之文，而云『序東，東夾前』者，謂嚮堂東，東西當序牆之東，又當東夾之前，非謂就堂上東夾前也。觀此説可以知之矣。」注云「或言堂，或言序，亦爲庠、謝互言也」者，《經義聞斯録》云：「注意蓋以堂屬庠，以序屬謝。然考古人鄉與州黨之學，皆有堂有序。平地謂之庭，尚上謂之堂。有階爲堂，無階爲庭。此篇州序之禮，而屢言升階、降階、當階、及階、阼階、西階，是有堂矣。《爾雅》云：『東西牆謂之序。』此篇凡言序端、東序、西序、序東、序西，皆非州序之義，乃堂上之東西牆耳。《士冠禮》主人直東序，賓直西序。亦與此篇之序同。觀納射器，賓與大夫之弓倚于西序，矢在弓下；衆弓倚于堂西，矢在其上。主人之弓矢在東序東，則主人堂東，賓堂西，以弓矢在序東、序西也。故射畢而主人與賓釋弓，仍在序東、序西。後文又云：賓堂東，主人堂西，皆釋弓矢，襲。與此經文異而事正同。不然，豈賓、主、大夫之弓矢據州學言？衆賓之弓矢又據鄉學言乎？堂東、堂西，指堂廉下言；序東、序西，指堂廉上言。倚于東西序，則在序外堂廉之上。衆弓倚于堂西，矢在其上，則弓在堂廉下，而矢在堂廉上耳。云「賓、主人射，大夫止於堂西」者，案：記云：大夫降立于堂西以俟射。注以此決之也。

右賓主人射

大夫袒決遂，執弓，搢三挾一个，由堂西出于司射之西，就其耦。大夫爲下射。【疏】正義曰：敖氏繼公云：「大夫與賓同降，止于堂西，至是乃袒決遂，執弓矢，亦尊者事至而後爲之也。大夫執弓，亦有司授之于堂西，就其耦，亦由其西而立于其南也。」「大夫爲下射者，以貴下賤之義也。大夫于士尊固尊矣，若復爲上射，則大不敵，故與士爲耦則必爲之下射。」方氏苞云：「大夫雖尊爲遵，則有主道，故於衆賓亦遜焉。」案：《義疏》云：「大夫尊與賓主等，乃一升一降由司馬之南者，蓋就其耦於射位，不得不與衆射者同。至釋弓堂西，其耦已止，則大夫自當徑至階下，如賓主之禮，不必由司馬之南也。又大夫弓矢倚于序，❶此執搢挾乃在堂下者，案：賓、主人，有司自東西堂上授之，大夫當亦然。」**揖進，耦少退。揖如三耦。及階，耦先升。卒射，揖如升射，耦先降。降階，耦少退。皆釋弓于堂西，襲。耦遂止于堂西，大夫升就席。**耦於庭下，不並行，尊大夫也。在堂如上射之儀，近其事，得申。【疏】正義曰：敖氏繼公云：「此經言士與大夫爲耦之儀，其異於三耦者，惟於庭少退耳，則其他皆同可知。」褚氏寅亮云：「耦先升三等而大夫從之，上射之禮也。皆釋弓于堂西，亦過司馬之南而後爲之，以與耦俱行故也。」〇注「耦於庭下」，《校勘記》云：「徐本、《通解》、楊氏俱無『下』字。」　云「耦於庭下，不並行，尊大夫也」者，謂揖進耦少退，降階耦少退，不與大夫並行，所以尊之也。云「在堂如上射之儀，近其事，得申」者，謂及階耦先升，升三等而大夫從之，揖如升射，謂堂上三揖，耦先降與先升同，皆上射之儀也。以近射事，故得申上射之禮也。

---

❶「矢」下，《儀禮義疏》有「在堂上」三字。

右大夫與耦射

衆賓繼射，釋獲皆如初。司射所作唯上耦。於是言唯上耦者，嫌賓、主人射亦作之。《大射》：三耦卒射，司射請於公及賓。【疏】正義曰：衆賓繼射，韋氏協夢云：「此衆賓，謂不與大夫爲耦者。」敖氏繼公云：「不言如三耦，可知也。」「釋獲皆如初」，敖氏曰：「皆，皆賓、主人以下也。」　注云「於是言唯上耦者，嫌賓、主人射亦作之」者，敖氏曰：「嫌作射亦在如初中，故以明之。」韋氏曰：「司射作上耦，則二耦、三耦至賓、主、衆賓皆與聞矣，故不必更作之。」案：經言「司射所作唯上耦」在「衆賓繼射」下，明衆賓射非一耦，而所作唯上耦，其餘耦不更作也。唯上耦對衆耦言，不對賓主言也。注推及賓主，明餘耦不作，賓主亦不作也。引《大射》者，賈疏曰：「記云：『賓、主人射，則司射擯升降。』是雖不作，猶爲擯相之，但不請也。」**卒射，釋獲者遂以所執餘獲，升自西階，盡階不升堂，告于賓曰：「左右卒射。」降，反位，坐委餘獲于中西；興，共而俟。**司射不告卒射者，釋獲者於是有事，宜終之也。餘獲，餘算也。無餘算，則空手耳。俟，俟數也。【疏】正義曰：敖氏繼公云：「後射者，既由司馬之南而適堂西，釋獲者乃告卒射也，執獲以告己所有事者也。不升堂，降於司射也。左右，猶言上下射也。此亦據其所立之物而言之。」　注云「司射不告卒射者，釋獲者於是有事，宜終之也」者，以前番射，司射告卒射；此不告，是使釋獲者終其事也。云「餘獲，餘算也。無餘算，則空手耳」者，以一耦八矢，盡中則釋八算，無餘算則空手以告，無所執也。云「俟，俟數也」者，敖氏云：「謂俟司射視算乃數之。」

右衆賓繼射釋獲告卒射

司馬袒決，執弓，升命取矢如初。獲者許諾，以旌負侯如初。司馬降，釋弓反位。弟子委矢如初。大夫之矢，則兼束之以茅，上握焉。兼束大夫矢，優之，是以不拾也。束於握上，則兼取之，順羽便也。握，謂中央也。不束主人矢，不可以殊於賓也。言大夫之矢，則矢有題識也。肅慎氏貢楛矢，銘其括。今文「上」作「尚」。【疏】正義曰：敖氏云：「《禮》無『決而不遂』者，此『決』字當爲衍文。上經云：『司馬適堂西，不決遂，袒執弓。』此宜如之也。司馬降亦由司射之南，釋弓于堂西，襲乃反位。」○注「貢楛矢」，《校勘記》云：「『楛』，《釋文》作『枯』，云『字又作楛』。」　云「兼束大夫矢，優之，是以不拾也」者，郝氏敬云：「大夫之矢束以茅，使大夫并取，不煩拾取也。」盛氏世佐云：「矢兼束之以茅者，大夫之禮宜然，非以其不拾取故也。《大射儀》：賓、諸公、卿、大夫之矢，皆異束之以茅，而其取之也。亦拾則可見矣。《大射》云『異束』，以每人各一束而言也；此云『兼束』，以四矢共一束而言也。」姜氏兆錫疑此誤，當從《大射》作「異束」。非。云「束於握上，則兼取之，順羽便也。握，謂中央也」者，朱子云：「注疏上握之説未明。疑束之之處當在中央手握處之下，❶使握在上，則去鏃近而去羽遠，取之便易也。」敖氏云：「上握，謂上於手握之處也。矢以鏃爲上，括爲下，下經云『面鏃』是也。」盛氏云：「上矢鏃也，四寸曰握。下《記》云：『箭籌八十，長

---

❶「疑」，原作「宜」，今據《儀禮經傳通解》改。

尺有握。』是也。上握焉者，謂束之之處去鏃四寸也。矢笴長三尺，羽六寸，刃二寸，束之，去鏃四寸，則去羽尺有八寸矣。必於此者，恐其傷羽也。」褚氏寅亮云：「取矢必先脱束，然當其束時，亦必遠羽而近鏃，斯不損羽，故云『上握』。」焦氏以恕云：「大夫爲下射，則西面取矢，所謂覆右手自弓上取北括之矢者也。然必進坐説束而後取之，則敖氏上於手握之説爲得之。」胡氏肇昕云：「握在手之中央，故云『握，謂中央也』。束於握上，謂以茅束之於手所握處之上，即敖氏所謂『上於手握之處』也。盛氏據《穀梁》注『握四寸』之文，解説雖新，然非經上握之意矣。」云「不束主人矢，不可以殊於賓也」者，韋氏協夢云：「兼束大夫矢者，以異爵尊之也。主人，士也，安得束之？注以不束主人矢爲不殊於賓，殆指鄉大夫賓賢能時，行此禮者亦不束主人矢與？」盛氏云：「雖鄉大夫爲主人亦不束者，以賓故俯從士禮也。」云「言大夫之矢，則矢有題識也」者，敖氏云：「《周官·鄉師職》曰：『黨共射器，州共賓器，鄉共吉凶禮樂之器。』然則古之射于學宫者，其射器亦皆公家共之與？此大夫之矢未必大夫所自有也，但於衆矢之中取乘矢而兼束之，即爲大夫之矢矣。」胡氏肇昕云：「案：盛氏謂當從敖説。今案：前弟子納射器云：『賓與大夫之弓倚于西序，矢在弓下，北括。衆弓倚于堂西，矢在其上。主人之弓矢在東序東。』賓、大夫、主人、衆賓弓矢各分别言之，是其弓矢皆必有所題識始可知也。雖其弓矢不必皆其人所自有，然其有識别而不混於所施，則有可懸擬者。注云未可非也。『肅慎氏貢楛矢，銘其括』，事見《國語》，注引以證矢之有題識也。」云「今文『上』作『尚』」者，胡氏承珙《疏義》云：「案：上下字作『上』，尊尚字作『尚』。鄭於『上握』從古文作『上』，於《覲禮》『尚左』從今文作『尚』者，皆取其當文易曉耳。」**司馬乘矢如初。**【疏】正義曰：敖氏繼公云：「乘矢惟言『如初』，則是不進束矣，亦異於大射禮也。」

右司馬命取矢乘矢

司射遂適西階西，釋弓，去扑，襲；進由中東，立于中南，北面視算。 釋弓去扑，射事已。【疏】正義曰：敖氏繼公云：「遂者，由釋獲者之西而北行也。由中東，明于階西直進也。」盛氏世佐云：「司射視設中，命上射訖，即反中西南之位，至是云『遂適西階西』者，謂自其位而北行也。進由中東，則于階西東行，而出于中之北矣。」 注云「釋弓去扑，射事已」者，視算既在射之後，射訖而視其算，故云「射事已」也。敖氏云：「釋弓并矢去之。去扑而視算，爲算中有尊者之獲，不敢佩刑器以視之，敬也。必釋弓矢者，射事已矣，因去扑之時可以并去之也。不執弓，則不宜袒，故襲。不言説決拾，文省。」韋氏協夢云：「司射命取矢之時，本未決遂，故此不云『説決拾』。敖謂文省，非。」褚氏寅亮云：注云「射事已」，明甚。敖氏謂「不敢佩刑器以視之」，迂甚！ 中西之地有算，而釋獲者又在，故由中東。 **釋獲者東面于中西坐，先數右獲。** 固東面矣，復言之者，爲其少南就右獲。【疏】正義曰：張氏爾岐云：「右獲，上射之獲。」敖氏繼公云：「先數右獲，尊上射也。」**二算爲純。** 純，猶全也。耦陰陽。【疏】正義曰：耦陰陽者，謂陰陽相合也。**一純以取，實于左手；十純，則縮而委之。** 縮，從也。於數者東西爲從。古文「縮」皆爲「蹙」。【疏】正義曰：敖氏繼公云：「取，謂以右手數即取之。委之，當在所釋右獲之南。」 注云「於數者東西爲從」者，賈疏云：凡言從横者，南北爲從，東西爲横。今釋算者東面，則據數算東爲正，故云「於數者東西爲從」也。

云「古文『縮』皆爲『蹙』」者，詳《鄉飲酒禮》。**每委異之。**易校數。【疏】正義曰：敖氏繼公云：「異之者，又在其南。」**有餘純，則横于下。**又異之也。自近爲下。【疏】正義曰：賈疏云：「此則以南北爲横也。」敖氏繼公云：「有餘純，不成十者也。下，謂委之西。横之者，宜變於上。純自二以上，則亦每純異之，以次而西。此横者，亦南末也。其縮者東末與？」盛氏世佐云：「横，南北設也。下，中西少南也。純之縮者，順中而設，故亦以西爲下。敖氏云『縮者東末』，❶非。注云『自近爲下』者，謂以近釋獲者爲下也。」**一算爲奇，奇則又縮諸純下。**奇，猶虧也。又從之。【疏】正義曰：盛氏世佐云：「純下，謂餘純之南也。」**興，自前適左，東面。**起由中東，就左獲，少北於故，東面鄉之。【疏】正義曰：「起由中東」，案：《集釋》本「由中西」，誤。《集説》本「更端故起由中東」，「更端故」三字，當是敖氏所添。注云「少北於故」者，賈疏云：「故則右算也。又移至左算之後，東面鄉之。」**坐，兼斂算，實于左手；一純以委，十則異之。**變於右。【疏】正義曰：《校勘記》云：「『十』，誤作『實』。」注云「變於右」者，張氏爾岐云：「於右獲，則自地而實于左手，數至十純則委之；于左獲，則自左手而委于地，數至十純則異之：是其變也。其縱横之法則同。」**其餘如右獲。**謂所縮所横。【疏】正義曰：敖氏繼公云：「謂如其所縮所横及每委異之也。異之，則次而北與？」盛氏世佐云：「敖説『每委』二字，當作『十純』。」**司射復位。釋獲者遂進取賢獲，執以升，自西**

❶「末」，原作「設」，今據《儀禮集編》改。

階，盡階不升堂，告于賓。賢獲，勝黨之算也。齊之而取其餘。【疏】正義曰：注云「賢獲，勝黨之算也」者，敖氏云：「勝黨所餘之算也。言賢者，因下文也。」張氏爾岐云：「賢，猶多也。賢獲，所多之算。」云「齊之而取其餘」者，敖氏云：「既數左獲，少退，當中之正西，校其算之多寡，卒，進，取其所餘者，二手共執之以升。」**若右勝，則曰「右賢于左」；若左勝，則曰「左賢于右」。以純數告；若有奇者，亦曰奇。**賢，猶勝也。言賢者，射之以中爲雋也。假如右勝，告曰：「右賢于左若干純、若干奇。」❶【疏】正義曰：賈疏云：「若干者，數不定之辭。凡數法一二已上得稱若干，❷奇則一也。一外無若干，鄭亦言『若干』者，因純有若干，奇亦言『若干』。奇言『若干』者，衍字也。」孔氏穎達《投壺》正義曰：勝者若雙數，則曰若干純；隻數，則曰若干奇，猶十算則云五純，九算則云九奇也。朱子曰：「孔説差勝。然恐或是九算，❸則曰四純一奇也。」盛氏世佐云：「孔疏與注合。若朱子所言，則奇仍不可言若干矣。又案：《投壺》曰：『遂以奇算告曰：某黨賢于某黨若干純。奇則曰奇。』若然，則釋獲之取賢獲無論多寡，止一算而已，亦不盡所餘而執之。」胡氏肇昕云：「《投壺》：『某黨賢于某黨若干純，奇則曰奇。』純言若干，奇不言若干者，承純而省之也。蓋所餘之算盡純數，則曰若干純；若有奇數，則不除其純數，而唯曰若干奇也。賈疏疑爲衍文，非是。」褚氏寅亮云：「告則分左右而總計之，飲則仍視各耦之勝負。假令十算，則曰五純；假令九算，則曰四純一奇。蓋算

---

❶「賢」，原作「勝」，今據《儀禮注疏》改。
❷「二」，原作「一」，今據《儀禮注疏》改。
❸「恐」，原脱，今據《禮經釋例》補。

有二即曰純矣。孔氏穎達謂九算則曰九奇，恐未然。」**若左右鈞，則左右皆執一算以告，曰「左右鈞」。降復位，坐，兼斂算，實八算于中，委其餘于中西；興，共而俟。**【疏】正義曰：賈疏云：「此將爲第三番射，故豫設之，或實或委，一如前法。」敖氏繼公云：「兼斂算者，兼斂左右之算，及横于中西者而執之也。」〇淩氏《射禮數獲即古算位説》一篇，今録於後，曰：「《鄉射》、《大射》數獲之位，即古籌算之位也。《禮記·投壺》卒投請數，鄭氏亦引《射禮》以注之。考《鄉射禮》第二次射畢數獲，釋獲者東面于中西，坐，先數右獲，二算爲純，一純以取，實于左手，十純則縮而委之。鄭注：『縮，從也。于數者東西爲從。』❶孔氏穎達《投壺》疏：滿十純，則從而委之；每十雙，則東西縮爲一委。經又云：『每委異之。』鄭注：『易校數。』案：此籌皆東西直列也。❷經又云：『有餘純則横于下。』鄭注：『又異之也。自近爲下。』孔穎達《投壺》疏：『有餘謂不滿十雙，或八雙九雙以下，則横于純下，謂横在十純之西，南北置之。』案：此籌皆南北横列也。經又云：『一算爲奇，奇則又縮諸純下。』鄭注：『奇，猶虧也，又從之。』孔穎達《投壺》疏：『若唯有一算，則縮之零純之下，在零純之西，東西置之。』案：此籌又東西直列也。數右獲畢，則數左獲，亦東面。『坐，兼斂算，實于左手。一純以委，十則異之。』鄭注：『變於右。』賈疏：『右則一一取之于地，實于左手。此則總斂于左手，一一取之于左手，委于地，是變也。必變之者，禮以變爲敬也。』經又云：『其餘如右獲。』鄭注：『謂

---

❶「西」，原作「面」，今據《禮經釋例》改。

❷「列」，原作「引」，今據《禮經釋例》改。下二「列」同。

所縮所横。』楊信齋曰：釋算之法，先數右獲，其算在地，以右手取之于地，二算爲純，實于左手，十純則縮而委之于地，有餘純則横于下，奇則又縮諸純下。及其數左獲也，總斂其算于左手，以右手取之，二算爲純，即委之于地，十純則異之，其餘如右獲。謂有餘純則横于下，奇則縮于純下，如右獲之法也。是數右獲、左獲雖有于地、于手之異，而其先直列，次横列，又次復直列，則皆同也。《大射儀》數獲亦然。其法滿十位則直横遞列，恐其易淆也。蓋古九數布籌列位之本法，凡算皆用之，不獨射禮數獲也。故《既夕禮》云：『讀書釋算則坐。』鄭注：『必釋算者，榮其多。』然則數多皆釋算可知也。元郭若思《授時草》乘除之位正如此，唯其位平列爲小異耳。自珠算盛行，古算籌算位皆已不傳。僅此見于《禮經》者，尚可推見聖人遺制。梅氏《古算器考》但引《周易》揲蓍以證古算籌，而不及此，蓋未之深考也。」

右數獲

司射適堂西，命弟子設豐。將飲不勝者。設豐，所以承其爵也。豐，形蓋似豆而卑。【疏】正義曰：敖氏繼公云：「命設豐，乃不搢扑者，以尊者亦當飲此豐上之觶故也。」褚氏寅亮云：「敖説非也。賓、主、大夫之飲，固執爵者酌授于席前，卒觶而授執爵者也，不在豐。」堉案：設豐不言面位，據《大射儀》「司宫士奉豐由西階升，北面坐，設于西楹西」，則此亦北面設之也。　注云「設豐，所以承其爵也。豐，形蓋似豆而卑」者，蔡氏德晉云：「豐，以木爲之，其形似豆，所以承罰爵者。」聶氏崇義《禮圖》曰：❶「舊《圖》引《制度》云：射罰爵之豐作人形。豐，國名，其君坐酒亡國，戴杅以爲戒。張氏鎰云：『鄭注《鄉射》與《燕禮》義同，以明其不異也。制度之説，何所據乎？且聖人一獻之禮，賓主百拜，此其所以備酒禍也。豈獨於射事而以亡國之豐爲戒哉？恐非也。』」**弟子奉豐升，設于西楹之西，乃降。勝者之弟子洗觶，升酌，南面坐奠于豐上；降，袒執弓，反位。**勝者之弟子，其少者也。耦不酌，下無能也。酌者不授爵，略之也。執弓反射位，不俟其黨，已酌有事。【疏】正義曰：注「酌者不授爵」，《校勘記》云：「『授』，誤作『挍』。」云「勝者之弟子，其少者也」者，賈疏云：「以其執弟子禮使令，故知少者也。」敖氏曰：「弟子不待司射命之而洗觶升酌者，設豐實觶，其事相因可知也。此不命之而弟子知其爲勝黨者，蓋於釋獲者升告之時已與聞之矣。勝者之黨實觶者，主于飲不勝者也。然亦惟發端以見其意耳，故後有執爵者爲之。」云「耦不酌，下無能也」者，方氏苞云：「注非也，非獻非酬，本無親酌之義。投壺禮勝者曰『敬養』，而亦使他人酌，則非下無能審矣。蓋勝者張弓而先升，不勝者弛弓而先降，彼此相形，實有難爲情者，雖法行於有司，而同儕猶略見獻酬之意，故使子弟洗酌，坐奠于豐，亦曰『敬養』之義耳。」吴氏廷華云：「少，謂勝者之少者。卒射已，立于堂西；升酌畢，降立于堂西，與衆射者同。奉司射北面之命，遂俱袒決拾，執張弓，反于司射西南之位，不言決拾、張弓，可知。」又云：「耦不酌説，可解不可解。罰爵自取飲，故不授，非略之也。凡射者儀節，皆俟有司

❶「義」，原作「儀」，今據文義改。

之命行之。弟子之升酌，因設豐之命也，則執弓反射位，亦當在下司射命之之後，❶與衆俱袒而反位也。」云「酌者不授爵，略之也」者，敖氏云：「辟飲尊者之禮也。」云「執弓反射位，不俟其黨，已酌有事」者，敖氏云：「反位，反堂西之位。此時袒執弓，於禮無所當，三字疑衍。❷《大射儀》無之。」盛氏世佐云：「勝者之弟子亦與于射者也，其洗觶、升酌也，自堂西而來，則其反位也，亦反于堂西耳。注乃以爲反射位者，因經『袒執弓』三字在『反位』之上而誤也。夫衆射者之弓，皆釋于堂西。禮未有于階前袒執弓者，敖氏所以有衍文之疑也。以愚考之，則亦非衍也。蓋云『降，袒執弓』，則其適堂西可知矣。反位者，反南面東上之位，就其耦也。先袒執弓而後反位者，爲其耦已執弛弓而俟也。經言此者，遂著司射遂袒執弓以下事，與此洗觶、升酌同節也，且以見此弟子之亦與射也。不言決遂，文省也。」褚氏寅亮云：「經云勝者之弟子，則即射賓中之年少者矣。以是勝黨，故袒執弓。降時始執者，前洗酌有事也。先反射位者，事畢也。注皆依經立訓。❸敖氏以此弟子爲設楅、設豐之輩，位在堂西而不與射，故以『袒執弓』三字爲衍文，而以反位爲反堂西之位，非也。」

司射遂袒執弓，挾一个，搢扑，北面于三耦之南，命三耦及衆賓。勝者皆袒決遂，執張弓。執張弓，言能用之也。右手執弦如卒射。【疏】正義曰：敖氏云：「司射袒亦決遂，經文省耳。」方氏苞云：「不言決遂，下適階西、釋弓矢、説決遂，有明文也。」注云「執張弓，言能用之也。右手執弦如卒射」者，上文

❶「司」，原脱，今據《儀禮疑義》補。

❷「三字」，原脱，今據《儀禮集説》補。

❸「皆」下，原衍「因」字，今據《儀禮集説》删。

卒射執弓，不挾，右執弦，此亦如之也。敖氏曰：「執張弓，射時執弓之常法也。」**不勝者皆襲，説決拾，卻左手，右加弛弓于其上，遂以執弣。**固襲説決拾矣，復言之者，起勝者也。執弛弓，言不能用之也。兩手執弣，又不得執弦。【疏】正義曰：敖氏云：「此亦司射以是命之也。」注云「固襲説決拾矣，復言之者，起勝者也」者，以前降堂時，既襲説決拾矣，此復言之者，以不勝者之襲説決拾，起勝者之袒決遂也。敖氏曰：「不勝者固襲、脱決拾矣，復言之者，承命勝者之後，宜明言之。不然，則嫌亦袒決遂，與之同也。」云「執弛弓，言不能用之也」者，案：《説文》：「張，施弓弦也。」❶「弛，弓解弦也。」是張弓爲施弦之弓，故言能用之也；弛弓爲解弦之弓，故言不能用之也。云「兩手執弣，又不得執弦」者，敖氏云：「左手卻執弣，則右手其覆執簫與？」❷**司射先反位。**居前，俟所命來。【疏】正義曰：「俟所命來」者，張氏爾岐云：「所命，謂三耦衆賓。」**三耦及衆射者皆與其耦進立于射位，北上。**【疏】正義曰：敖氏云：「三耦以下，皆如司射所命而後進也。大夫之耦亦當進立于三耦之南。」郝氏敬云：「射位，始序立作射之位，司射與司馬位之西南也。」**司射作升飲者，如作射。一耦進揖，如升射，及階，勝者先升，升堂，少右。**先升，尊賢也。少右，辟飲者也，亦相飲之位。【疏】正義曰：凌氏《釋例》云：「凡飲不勝者，未升堂之前三揖：曰耦進揖，曰當階北面揖，曰及階揖。《鄉射禮》：再射，飲不勝者，司射作升飲者，如作射。一耦進揖，如升射。三射，飲

---

❶「施」，原作「弛」，今據《説文解字》改。下「施」同。
❷「與」，原作「焉」，今據《儀禮集説》改。

不勝者，如初。《大射儀》：再射，飲不勝者。小射正作升飲射爵者，如作射。一耦出，揖如升射。三射，飲不勝者，如初。經云『揖，如升射』，則亦當如射時未升堂之前，耦進揖，當階北面揖，及階揖之三揖也。」注云「先升，尊賢也」者，敖氏云：「先升，道之，勝者升三等，而不勝者從之也。上下射在庭，如初儀；至階，乃以勝負分先後，蓋屈信之節然爾。」韋氏協夢云：「耦不酬不授，而同升者，不敢自矜其功也。但勝者先升，則已有别矣。」云「少右，辟飲者也」者，朱子曰：「右，自北面而言則東也。所以辟當飲者，使得升取觶也。」❶敖氏云：「少右，辟飲者，變於射時也。」云「亦相飲之位」者，賈疏云：「相飲者皆北面于西階，授者在東，飲者在西。」朱子曰：「相飲之位，謂飲之者立於飲者之右也。」**不勝者進，北面坐取豐上之觶；興，少退，立卒觶；進，坐奠于豐下；興，揖。** 立卒觶，不祭不拜，受罰爵，不備禮也。右手執觶，左手執弓。【疏】正義曰：敖氏云：「進固北面矣，乃言之者，嫌南面奠觶，則亦當南面取觶也。少退者，欲與勝者並乃飲也。豐下，豐下之南。」方氏苞云：「投壺禮，不勝者奉爵勝者，跪曰敬養，主賓相歡，無所謂榮辱也。此則同耦相視，絕無禮與辭。有司行法，私禮無所施。」注云「右手執觶，左手執弓」者，賈疏云：此無正文，以祭禮左手執爵，用右手以祭，此亦可知也。**不勝者先降，** 後升，先降略之，不由次。【疏】正義曰：敖氏云：「後升者先降，亦變於射時也。此禮以勝者爲主，故勝者先升，不勝者先降。勝者從降，亦中等。不勝者若下射也，則既降而少右。上射則少左。庭中之行如射時。」**與升飲者相左，交于階前，相揖；出于**

❶「得」，原作「當」，今據《儀禮經傳通解》改。

司馬之南，遂適堂西；釋弓，襲而俟。俟復射。【疏】正義曰：淩氏《釋例》曰：「凡飲不勝者，既飲之後二揖：曰卒觶揖，曰降階與升飲者相左交于階前揖。《鄉射禮》再射，飲不勝者，耦進，及階。勝者先升堂，少右。不勝者進，北面坐取豐上之觶，興，少退，立卒觶，進，坐奠于豐下，興，揖，不勝者先降，與升飲者相左，交于階前，相揖，出于司馬之南，遂適堂西，釋弓，襲而俟。三射，飲不勝者如初。《大射儀》：再射，飲不勝者，耦出，及階。勝者先升，升堂，少右。不勝者進，北面坐取豐上之觶，興，少退，立卒觶，進，坐奠于豐下，興，揖。不勝者先降，與升飲者相左，交于階前，相揖，適次，釋弓，襲，反位。又云：『衆皆繼飲射爵如三耦。』三射，飲不勝者如初。是飲不勝者既飲之後二揖也。此二揖，猶射時卒射揖，降階與升射者相左交于階前揖，及拾取矢時，既拾取矢揖，既退與進者相左揖也。拾取矢在庭，故曰進退；射與飲在堂，故云升降也。此飲在西楹之西，勝者不與，故無升堂揖、當物揖、及物揖三揖，與升射時不同也。又《鄉射》：賓、主人不勝，則不執弓，執爵者取觶，降洗，升，實之，以授于席前，受觶，以適西階上，北面，立飲，卒觶，授執爵者，反就席。《鄉射・記》：主人亦飲于西階上。疏云：『此謂主人在不勝之黨，受罰爵之時也。』賓、主人飲罰爵，其禮異於衆耦者，優之也。」敖氏繼公云：「不勝者釋弓而已，勝者又説決拾而襲也。經文省耳。」注云「俟復射」者，謂俟第三番射。敖氏曰：「俟，謂南面東上以俟司射之後命。」**有執爵者。**主人使贊者代弟子酌也。於既升飲而升自西階，立於序端。【疏】正義曰：注云「主人使贊者代弟子酌也」者，案：弟子亦與於射者，故主人使贊者代之。贊者，不射者也。方氏苞云：「尚有三射，弟子多與焉，如每耦之弟子皆升洗酌，費時而失事矣，故別使執爵者代之。惟於初升之一耦見其義。執爵與獲者同稱，則亦州之屬士耳。」云「於既升飲而升自西階，立於序端」者，敖氏繼公云：「執爵者之升，似當在上耦未升飲之時，立於序端以俟之也。」胡氏肇昕云：「弟子洗觶升酌，南面坐奠于豐上，以後階上弟子無事，遂降。至上耦升飲既訖，將飲衆耦，於是有取觶實之之事，而執爵者代弟子以升自西階，立于序端，以執其事，不必於上耦未升飲之時，而立以俟之也。敖說與鄭異，非是。」**執爵者坐取觶，實之，反奠于豐上，升飲者如初。**每者輒酌，以至於徧。【疏】正義曰：敖氏繼公云：「取觶北面，奠之亦南面。」注云「每者輒酌，以至於徧」者，敖氏曰：「注意蓋謂每人既飲，❶則執爵者輒爲酌之，以至於徧也。」**三耦卒飲，賓、主人、大夫不勝，則不執弓。執爵者取觶降洗，升實之，以授于席前。**優尊也。【疏】正義曰：敖氏繼公云：「上射勝則酌主人、大夫，下射勝則酌賓。授于席前，賓、主人則於其右，大夫則於其左，皆邪鄉之。」注云「優尊也」者，郝氏敬云：「賓、主人、大夫飲，不執弛弓，不親取觶，觶必洗，必授之席前，不反奠，殊尊也。」方氏苞云：「雖優尊者，實與不勝者同罰。蓋古者武事莫重於射，君臣長幼莫不盡志於此。無事則以習禮樂，有事則以決戰勝，所以保國衛民，將於是乎在。大夫、州長即有事時之軍帥、師帥也。故老病不能射者，可辭於請射之初，而與於射則不敢寬其罰。蓋法不行於貴者，則無以肅其下也。」又曰：「媵酬爵，以奠而不敢授爲敬，舉射爵則反之，何也？以飲爲罰，非獻酬以將愛敬之比，故奠于豐，俾自取飲，使尊者自降而取飲，則義不安，故又使執爵者升授也。」**受觶以適西階上，北面立飲。**受罰爵者，不宜自尊別。【疏】正義曰：敖氏云：「西階上

❶「謂」，原脱，今據《儀禮集說》補。

亦楹西少南，此飲罰爵者之正位也。以是禮主于罰爵，故雖尊亦當就此而飲。」郝氏敬云：「飲不于席，于西階，亦北面，亦立飲，其示罰同也。」胡氏肇昕云：「執爵者實觶授于席前，優尊者，若不敢罰之也。受觶以適西階上，不敢以尊者自別，故不于席飲，而必適西階上，從其罰也。」**卒觶，授執爵者，反就席。大夫飲，則耦不升。**以賓、主人飲，耦在上，嫌其升。【疏】正義曰：敖氏云：「不升，立于射位也。大夫既飲，則徑適堂西而釋弓與？」褚氏寅亮云：「耦不升堂，徒執張弓立于射位，甚無謂也。況大夫之耦不勝，大夫並不執張弓也，而謂大夫不勝耦乃執張弓乎？既不執，又何釋？敖氏説似臆撰。」胡氏肇昕云：「上文賓、主人、大夫不勝則不執弓，是大夫與賓、主人同禮也。大夫既飲，亦反就席不執弓也。敖説非。」郝氏云：「大夫飲，耦不升，賓、主人飲，勝者同升可知。」**若大夫之耦不勝，則亦執弛弓，特升飲。**尊者可以孤，無能對。【疏】正義曰：敖氏云：「言『特升飲』，明大夫在席自若也。大夫飲而耦不升，則耦飲而大夫不與亦宜爾。執弛弓而升飲，衆賓之不勝者其禮然，故不得以所與爲耦者之異而變也。」郝氏敬云：「大夫耦飲，大夫不同，❶則賓、主人耦飲同可知。」○注「無能對」，《校勘記》云：「徐本無『對』字。」　云「尊者可以孤，無能對」者，盛氏世佐云：「注意蓋謂不勝者特升飲，是以其無能而孤之也。大夫與其耦尊卑不敵，故可耳。其敵者，則必與之偕也。」**衆賓繼飲射爵者辯，乃徹豐與觶。**徹，猶除也。設豐者反豐於堂西，執爵者反觶於篚。【疏】正義曰：《校勘記》云：「『衆賓繼飲』，『繼』，誤作『既』。」敖氏云：「衆賓繼飲，皆如三耦也。自

---

❶「同」，原作「升」，今據《儀禮節解》改。

『命設豐』以下，皆言勝者飲不勝者之禮。若左右鈞，則無此而即獻獲者與？」郝氏敬云：射爵，即罰爵也。

右飲不勝者

司馬洗爵，升，實之，以降，獻獲者于侯。鄉人獲者賤，明其主以侯爲功得獻也。【疏】正義曰：敖氏云：「獲者受命于司馬，故司馬主獻之。」注云「鄉人獲者賤，明其主以侯爲功得獻也」者，敖氏云：「是時獲者負侯未退，就而獻之，辟君禮也。獻時蓋西南面。大射之禮，獻獲者于侯西北三步。」吴氏廷華云：「大射服不與獲者並稱，則二者等耳。卿大夫不備官，此獲者亦當以其屬攝之。《周禮》服不，下士。攝者雖卑，未必賤於下士。但大射設尊，此不設尊；大射獻服不于侯西北三步，❶此即獻之于侯者：彼諸侯禮詳，此大夫禮略也。注以賤爲説，非是。」堉案：獲者之位八，負侯也，右个也，左个也，侯中也，左个之西北三步也，薦右也，再負侯也，乏南也。八者以負侯始，亦以負侯終。方氏苞云：「獲者不宜得獻，且有俎，獻于侯，示以侯而得獻也。大射則服不先受獻于侯之西北，設薦俎而後轉以祭侯，示不寧侯本不當祭，而服不私獻之也。示獲者以侯得獻，宜於鄉人校射見之。明不寧侯本不宜祭，宜於諸侯之大射見之。禮之變必有義而置之，各有其所如此。」**薦脯醢，設折俎，俎與薦皆三祭。**皆三祭，爲其將祭侯也，祭侯三處也。【疏】正義曰：敖氏云：「先設薦俎乃受爵，亦變於君禮也。其設之亦當侯中，在獲者之前。」注云「皆三

---

❶「北」，原脱，今據《儀禮疑義》補。

祭，爲其將祭侯也，祭侯三處也」者，賈疏云：「三處，下文右與左、中是也。」敖氏曰：「皆三祭，爲其將祭於侯之三處也。薦有三祭，謂脯之半職者三也。俎祭，謂刌肺也。薦俎，皆北面設之，俎在薦南。」吴氏廷華云：「諸經獻後乃設薦俎，此在獻前者，蓋將設猶未設。下左、右、中及西北三步乃設之，下注『薦之於位』是也。薦祭脯醢，俎祭肺脯，則下《記》『祭半職橫于上』是也。祭，祭食也。禮食必有祭也。三祭者，注所謂獲者以侯爲功也。侯有中及左右，故必歷三處祭薦俎及酒，示三處皆其所也。又經明言獻服不，其受爵乃祭酒、祭薦、祭俎，皆獻禮耳。注因此經『祭』字，遂以祭侯言之。《周禮注》亦以此爲説。據《夏官・射人》『祭侯則爲位』，則祭侯固有其禮，但不可以獻服不即爲祭侯。據此，爵及薦俎皆一，蓋專爲獲者設耳。若謂祭侯三處，則應三爵三薦俎，不應止用一爵一薦俎，爲移此就彼之計。且獲者亦不應代侯卒爵。以尸禮言，則侯北面，尸亦不應南面也。又據經先獻獲者，後獻釋獲者，兩獻俱有祭。若以此祭爲祭侯，豈下釋獲者亦可謂之祭中乎？」張氏爾岐云：「皆三祭，脯之半脡、俎之離肺皆三也。」蔡氏德晋云：「三祭，謂祭侯之左、右、中三處，故俎之肺與脯之半職皆用三也。」**獲者負侯，北面拜受爵。司馬西面拜送爵。**負侯，負侯中也。拜送爵不同面者，辟正主也。其設薦俎，西面錯，以南爲上。爲受爵於侯，薦之於位。古文曰「再拜受爵」。【疏】正義曰：敖氏云：「固負侯北面矣，復言之者，明其還而倚旌乃拜，且嫌受獻或異面也。」注云「拜送爵不同面者，辟正主也」者，賈疏云：「上文正主獻賓、獻衆賓皆北面，與受獻者同面。今此與受獻者不同面，故云『辟正主』也。」敖氏云：「拜送爵不同面，明其異於常禮也。」云「其設薦俎，西面錯，以南爲上。爲受爵於侯，薦之於位」者，賈疏云：「此云『負侯，北面拜受爵』，是受爵於侯。下云『左个之西北三步東面，設薦』，是薦之於位也。經云『東面』，注云『西面錯』者，據設人而言。」盛氏世佐云：「注意蓋謂上文設薦俎之法，設者西面錯之，以南爲上。俎在薦南也，知西面錯者，以送爵者亦西面故也。先設於此者，爲其受爵於侯，故亦於其負侯之位薦之也。獲者北面而設俎在薦南者，以其暫錯於此，且變於祭侯也。疏誤。」吴氏廷華云：「《儀禮》之例，獻受在階上及席前，受訖就席，乃設薦俎，是注所謂薦之於位，不在此受爵之所也。」又云：「設薦俎，薦在内，俎在外，注所謂錯，謂俎錯出在外，則是由南而北錯，注以爲西面錯，失之矣。又陳設必因乎位，獲者北面，則薦俎當以北面爲準。北面以東爲上，注以爲南上，亦不合。據疏云『據文東面』，蓋指下文左个西北之設言，不知彼是獲者東面，故可以爲南上，且亦不可謂之西面錯也。疏爲之解曰：『據設人而言。』然據此經，獲者北面，送爵者不南面相向，則下文獲者東面，薦者亦未必西面相對也。《少牢》、《特牲》尸東面，故南上，與下獲者東面同，❶但下設在左个西北，❷此射在侯，焉得以彼證此？」云「古文曰『再拜受爵』」者，胡氏承珙《古今文疏義》曰：「案：《大射儀》『獻服不』云：『服不侯西北三步，北面拜受爵。』與此獻獲者事同。知古文『再』字衍也。」**獲者執爵，使人執其薦與俎從之，適右个，設薦俎。**獲者以侯爲功，是以獻焉。人，謂主人贊者，上設薦俎者也。爲設，籩在東，豆在西，俎當其北也。言使設，新之。【疏】正義曰：郝氏敬云：「侯北向，以東爲右，偏側爲个。」❸姜氏兆錫云：「獻爵於侯，負侯拜受，謂居侯北三步

❶「與」，原作「爲」，今據《續清經解》本改。
❷「个」，原作「於」，今據《續清經解》本改。
❸「側」，原作「則」，今據《儀禮節解》改。

而不西耳。若謂於侯拜受，則侯中與左、右个皆一侯之内也，相去幾何？何以云『使人執其薦與俎從之，適右个』邪？惟去其侯三步，東往右个，故曰執而從之，又曰適。」盛氏世佐曰：「經云『獻獲者於侯』，又云『獲者負侯北面拜受爵』，則其於侯中明矣。侯中與右个在一侯之内，乃云『使人執其薦與俎從之』而『適』者，禮以變易爲敬，不徑自中而移於東也。下經云『適左个，中亦如之』，然則自右而移於左，自左而復移於中，皆使人執其薦俎從之而適也，豈必去侯三步而後可云『適』哉？姜説誤矣。」注云「獲者以侯爲功，是以獻焉」者，敖氏曰：「獲者因射侯而得獻，故就侯而祭其薦俎與酒焉，示不忘本也。」云「人，謂主人贊者，上設薦俎者也」者，以前使爲獲者設薦俎，是主人贊者，故知此亦同也。云「籩在東，豆在西，俎當其北」者，賈疏云：「侯以北面爲正，依《特牲》、《少牢》皆籩在右，故知籩在東右廂，豆在西左廂也。」敖氏云：「下言獲者南面坐，祭薦，乃祭俎，則是俎在侯北，薦在俎北，而獲者又在薦北，如常禮矣。其設薦之位，亦脯西而醢東，蓋上右也。薦俎不統於侯者，此獻主於獲者，非爲侯故耳。」焦氏以恕云：「祭侯之祭，以今時例之，亦如旗纛神之祭相似，但今則加嚴敬，而古之祭侯頗略，直與始爲飲食之祭相準。然始之設薦蓋設之於侯，而不在西北三步之位。繼之設薦，宜統於侯，以北面爲正，而籩在右者得之矣。至於獻獲之禮不參祭侯者，殆非禮意也。經云獻獲者於侯，乃通下文而言之，不必過泥此一語也。」云「言使設，新之」者，賈疏云：「鄭意嫌更使人設之，其實薦此者仍前人，而云使人設薦俎，示新之而已。」**獲者南面坐，左執爵，祭脯醢，執爵興，取肺坐祭，遂祭酒。**爲侯祭也，亦二手祭酒反注，如大射。【疏】正義曰：注「反注」，《校勘記》云：「『反』，徐本作『及』。《通解》、楊氏俱作『反』。」○敖氏曰：「必云『執爵興』者，見其所取者非離肺也。取離肺者，必奠爵乃興。」　注云「爲侯祭也」者，賈疏云：「此正祭侯，故獲者南面鄉侯祭也。」云「亦二手祭酒反注，如大射」者，《大射儀》云：「獲者左執爵，又祭薦俎，二手祭酒。」此不云「二手」者，文不具耳。　**興，適左个，中亦如之。**　先祭左个，後中者，以外即之，至中，若神在中也。【疏】正義曰：「中亦如之」，《校勘記》云：「『亦』，唐石經、徐本、楊氏俱作『皆』，《通解》、敖氏作『亦』。」案：敖云：『謂適左个又適侯中，皆如適右个而祭之儀也。』則敖所見本亦作『皆』，刻《集説》者誤改爲『亦』耳。」　注云「先祭左个，後中者，以外即之，至中，若神在中也」者，敖氏曰：「先右，次左，後中，禮之序然爾。《士喪禮》曰：主人扱米，實于右三，實一貝，左、中亦如之。其序正與此同。」　**左个之西北三步，東面設薦俎。獲者薦右東面立飲，不拜既爵。**　不就乏者，明其享侯之餘也。立飲薦右，近司馬，於是司馬北面。【疏】正義曰：敖氏云：「左个之西北三步，獲者受獻之正位也。鄉以有爲而受於侯，今執爵宜居正位。故執爵先立於此而東面，執薦俎者又從之而西面設於其東也。薦右，脯南也。飲於薦右，亦變於《大射禮》也。以違其位而南，故復言東面。」盛氏世佐云：「東面設薦俎，謂主人之贊者東面設也。舊説獲者東面，設者西面，非。張氏《句讀》以此五字爲句，今從之。」褚氏寅亮云：「左个西北三步，獲者之位也。注以爲受爵於侯，薦之於位，獻薦異處。敖氏謂獻薦皆在侯。細玩此經及《大射儀》，其言獻也，則異其文。此則曰『獻獲者於侯』，又曰『獲者負侯北面拜受爵』，❶明其在侯也。《大射儀》則曰『獻服不氏，服不侯西北三步，北面拜受爵』，明獻之於位也。兩處經文不同也，至其言薦

❶「受」，原脱，今據《儀禮管見》補。

也則同。於獲者將祭時俱曰『薦俎從之』，於既祭後俱曰『左个之西北三步，東面設薦俎』，並無異詞。然則兩禮所設薦俎，俱在其位明矣。如薦俎先設於侯中，乃獲者不先祭中，反令徹其薦俎，先祭右个、左个，然後仍設故處而祭中，何邪？故當以注爲正。至所以獻薦，雖主獲者，實兼爲侯，是以俎有三祭。既有三祭，則當爲侯祭矣。故注於其祭酒而曰反注。反注者，向身内注，與凡禮外注異，所以明其爲侯祭也。然則祭侯時，薦俎之設亦當順侯北面之位，而不當從南面之位矣。敖氏亦誤。大射之獻亦當在侯，因大侯前參干二侯，故移獻就其位，異於此。」注云「立飲薦右，近司馬，於是司馬北面」者，《欽定義疏》云：「是時獲者東面，司馬必北面，乃得受爵於獲者之右也。受爵必於其右者，以送爵時由其右故也。」**司馬受爵，奠于篚，復位。獲者執其薦，使人執俎從之，辟設于乏南。**遷設薦俎就乏，明己所得禮也。言辟之者，不使當位，辟舉旌，偃旌也。設於南，右之也。凡他薦俎，皆當其位之前。【疏】正義曰：敖氏云：「司馬於此方言復位，則是既獻獲者於侯之後，即北面立於侯之西北，以俟獲者之來與？獲者於此自執其薦者，已授爵則不敢徒手而勞人也。」注云「遷設薦俎就乏，明己所得禮也」者，賈疏云：「前設近侯，見享侯之餘。此近乏者，已所有事之處，遷近乏，是明其己所得禮故也。」云「言辟之者，不使當位，辟舉旌，偃旌也。設於南，右之也」者，敖氏云：「辟如『辟奠』之『辟』，謂離於故處也。此改設于乏南，故云『辟設』。必就乏者，宜近其位也，不當其位，辟旌。」云「凡他薦俎，皆當其位之前」者，凡他薦俎，謂燕及食并祭祀之薦俎，皆當其位之前，與射異也。**獲者負侯而俟。**【疏】正義曰：敖氏云：「事未畢而受獻，故反而卒之。俟，俟命去侯。」張氏爾岐云：「俟後復射也。」

右司馬獻獲者

司射適階西，釋弓矢，去扑，説決、拾，襲，適洗，洗爵，升，實之，以降，獻釋獲者于其位少南，薦脯醢折俎，有祭。不當其位，辟中。【疏】正義曰：敖氏云：「釋弓矢，説決拾，爲將洗酌而行禮也。不執弓矢，則當襲矣。去扑者，獻則不可佩刑器也。説決拾、襲當於堂西，不言者，文省也。釋獲者聽命於司射，故司射主獻之。獻時蓋西北面，既授乃北面也。『折』上當有『設』字，蓋文脱也。有祭脯與切肺也。獲者與釋獲者皆賓之弟子，以有勤勞之事，於此乃得獻，則其他弟子於獻衆賓之時亦不與明矣。」盛氏世佐云：「司射作升飲者訖，即爲此獻釋獲者之事，亦與司馬獻獲者同節也。經中此類甚多，若必一事畢乃爲一事，則一日之間有不能終禮者矣。階西，司射倚弓矢與扑之所。説決拾、襲當于堂西，不言者，從省文。」方氏苞云：「賓、主人、大夫而外，衆賓薦惟脯醢，而獲者、釋獲者乃有俎有祭，何也？以祭侯宜有薦俎也。獲者、釋獲者有俎，而司馬、司射無俎，何也？事有所專，以主祭侯而有加俎，猶《大射》所先薦者，惟司正與射人，而司馬則與羣士徧獻薦。《燕》所先薦，司正、射人、司士、執幕者，而大射正則與羣士徧獻薦也。《特牲》、《少牢》衆賓兄弟皆有薦脀，何也？祭自尸食以後，皆與祝侑賓兄弟獻酬之時，三射禮成，餘時無多，人人皆備祭肺祭酒之節，日亦不暇給矣。《燕禮》若射，則不獻庶子，義可類推也。」堉案：釋獲者之位在中西，本位也。少南，就其薦也。薦右也，司射之西也，辟薦少西也。注云「不當其位，辟中」者，賈疏云：「以釋獲者位在中西，故獻之於其位少南，所以辟中也。」**釋獲者薦右東面拜受爵，司射北面拜送爵。釋獲者就其薦坐，左執爵，祭脯醢；興，取肺，坐祭，遂祭酒；興，司射之西，北面立飲，不拜既爵。司射受爵，奠于篚。釋獲者少西辟薦，反位。**辟薦少西之者，爲復射妨司射視算也，亦辟俎。【疏】正義曰：敖氏云：「就其薦，謂於薦西也。司射之西，則又少南於薦右之位矣。❶蓋與司射俱北面，則宜並立也。拜受、立飲不同面者，異於堂上之獻也。獲者亦然。」注云「亦辟俎」者，據上獻獲者，「獲者執其薦，使人執俎從之辟，設于乏南」，是辟薦兼辟俎也。此但云「辟薦」，不云「辟俎」，省文耳。以與獲者同，故云「亦辟俎」。敖氏云：「辟與上經『辟設』之意同。惟云『辟薦』，據釋獲者所執而言也。辟俎則有司爲之。」

右司射獻釋獲者第二番射事竟

司射適堂西，袒決遂，取弓于階西，挾一个，搢扑以反位。爲將復射。【疏】正義曰：張氏爾岐云：「司射獻釋獲者，事畢反位，自此下至『退中與算而俟』，言以樂節射之儀。司射又請射命耦，三耦、賓、主人、大夫、衆賓皆拾取矢，司射作上射升射，請以樂爲節。三耦、賓、主人、大夫、衆賓卒射，又命取矢、乘矢，又視算、數獲，又設豐、飲不勝者，又拾取矢、授有司，乃説侯綱，退旌，退楅，退中與算，共九節。射之第三番也。」○韋氏協夢云：「司射既奠爵于篚，即適堂西，釋獲者亦即辟薦。此二節蓋同時爲之。經因叙獻釋獲者禮，而先言釋獲者辟薦之儀，非謂釋獲者既辟薦，然後司射適堂西也。」**司射去扑，倚于階西，升，請射于賓如初。賓許，司射降，搢扑，由司馬之南適堂西，命三耦及衆賓，皆袒決遂，執**

❶「右」，原作「西」，今據《儀禮集説》改。

弓，就位。位，射位也。不言射者，以當序取矢。【疏】正義曰：注云「位，射位」者，賈疏云：「下云各以其耦反于射位，故知此是射位，在司射之西南、東面者也。」張氏爾岐云：「位，司馬之西南、東面位也。」**司射先反位。**言先三耦及衆賓也。既命之即反位，不俟之也。歸不言先三耦，未有拾取矢位，無所先。【疏】正義曰：注云「歸不言先三耦，未有拾取矢位，無所先」者，張氏爾岐云：「初三耦在司射西南，及司馬立司射之南，三耦拾取矢，移位於司馬之西南，是拾取矢時射位始定，故注云『未有拾取矢位，無所先』也。又射者堂下凡三位：堂西南面，比耦之位；司射西南東面，三耦初射之位；司馬西南東面，則拾取矢以後至終射之位也。」盛氏世佐曰：「上經于三耦初取弓矢之時，已云『司射先立于所設中之西南』。及其將飲不勝者也，又云『司射先反位』。并此，凡三言『先』矣，其義一也。第二番將射，『命三耦拾取矢，司射反位』，不言『先』，文有詳略耳。」注說非。「又案：射者堂下止有二位：堂西南面比耦之位，一也；司射之西南射位，二也。司馬之西南，即司射之西南也，疏以此位分爲二，非。」韋氏協夢云：「疏謂鄉射有堂西取矢及比耦之位，有三耦射位，在司射西南有拾取矢及再番射位，是三位。考經文初番射時，射位在司射西南；再番射時，射位在司馬西南，拾取矢位亦在司馬西南。疏以司射、司馬之文異，遂分爲二位，不知司馬西南之位即司射西南之位。觀司馬既命去侯之後，立于司射之南，而再番射時，遂云『立于司馬之西南』。蓋始射司馬未有定位，故以司射爲節，再射遂以司馬爲節也。若然，則鄉射唯有二位而已。較大射少一位者，大射有次，此無次故也。」**三耦及衆賓皆袒決遂，執弓，各以其耦進，反于射位。**以，猶與也。今文「以」爲「與」。【疏】正義曰：注云「以，猶與也。今文『以』爲『與』」者，賈疏云：「《春秋》之義，能東西之曰以。若存『以』字，謂言尊卑不同，任意以之，故轉爲與，則平敵之義也。」胡氏承珙云：「疏説是也。上文：『主人以賓揖。』《大射儀》：『以耦左還。』注皆云：『以，猶與也。』」胡氏肇昕云：「敖氏云：『以其耦進，謂上射先而下射從之也。進亦並行。若大夫之耦，則亦以序而獨進。下文云大夫就其耦是也。』敖蓋因經『以』字因有先後之別，不知『以』、『與』一聲之轉，故古多通用。鄭君以今文之『與』注古文之『以』，以其音義相同，不煩改字也。」

右司射又請射命耦反射位

司射作拾取矢，三耦拾取矢如初，反位。賓、主人、大夫降，揖，如初。主人堂東，賓堂西，皆袒決遂，執弓，皆進，階前揖。 南面相俟而揖行也。【疏】正義曰：蔡氏德晉云：「作拾取矢，就射位西南使之也。所作亦惟上耦，其餘以次進也。」郝氏敬云：「前射委楅惟二十八矢，故三耦拾取，餘皆取諸堂西。今賓、主、大夫、衆耦矢皆委楅，故自三耦至衆賓，皆取矢于楅。三耦爲正，先拾如初，反射位。」注云「南面相俟而揖行也」者，盛氏世佐云：「賓、主人各於堂下之東西方袒決遂，執弓訖，乃皆進。賓進而東，主人進而西，及階，各於其階前南面揖而行。蓋楅在中庭之南當洗，故自堂東西來者皆須南行就之也。疏云『各於堂上北面相見而揖』，❶非。」**及楅揖，拾取矢如三耦。** 及楅，當楅東西也。主人西面，賓東面，相揖拾取矢。不北面揖，由便也。【疏】正義曰：注云「及楅，當楅東西也」者，賓、主人東西行，及楅所，主人

❶「北」，原作「南」，今據《儀禮集編》改。

乃西面，賓乃東面，拾取矢。敖氏曰：「階前揖而南，及楅揖而止，所止之處即拾取矢之位也。是其位猶未離乎階前矣。然則衆耦於楅東西之位，亦宜如是也。」云「不北面揖，由便也」者，以三耦及衆賓皆於楅南北面揖，賓、主人各由東、西，是由便也。褚氏寅亮云：「階前之揖，各向南揖也，及楅之揖，則東西相向矣。敖氏謂亦南面揖，非。」吴氏廷華云：「據上三耦拾取矢，先東行，當楅南，北面揖，然後上射東面，下射西面，進拾取矢。此經先言階前，乃言及楅，是從堂東西逕至階前，南行直東西當楅之處，主人轉向楅西行，賓轉向楅東行，及楅乃揖，則與三耦面位不同。三耦在楅之南，故須北面揖；此在楅之東西，故無北面揖。由便之説非也。疏謂賓主出堂，則不可解矣。」**卒，北面搢三挾一个。**亦於三耦爲之位。【疏】正義曰：注云「亦於三耦爲之位」者，張氏爾岐云：「與三耦搢三挾一之處同也。」敖氏云：「此儀異於三耦者，蓋退於北，與退於南者不同也。」案：盛氏以敖説爲是。**揖退。**皆已揖左還，各由其塗反位。【疏】正義曰：賈疏云：「賓主北面揖退之時，皆左還相背，各向堂塗，反堂東西之位。」盛氏世佐云：「賓、主人北面揖訖，各由其故道而反堂東西之位。此進而北行也，乃云『退』者，自楅而言也。注云『已揖左還』，非。」案：拾取矢以上，經固以如三耦説該之矣。迨既拾取矢，據三耦當有南面揖、少進「當楅」之文。經第言「北面搢三挾一个，揖退」而已，省文可知。**賓堂西，主人堂東，皆釋弓矢，襲，及階揖，升堂揖，就席。**將袒先言主人，將襲先言賓，尊賓也。【疏】正義曰：敖氏云：「賓、主人釋弓矢不於序之西、東者，變於卒射時也。不言説決拾者，可知也。」○注「尊賓也」，《校勘記》云：「『尊』，閩誤作『是』。」云「尊賓也」者，以上將袒先言主人袒，是盡敬之事也，此將襲，先言賓襲，是修容之禮也。**大夫袒決遂，執弓，就其耦。**降袒決遂於堂西，就其耦於射位，與之拾取矢。【疏】正義曰：敖氏云：「袒決遂，蓋於賓既出堂西而爲之。」**揖皆進，如三耦。**【疏】正義曰：敖氏云：「如三耦，則耦不少退也。以其行事於庭，無堂上、堂下之異，故不得如升射之儀也。」**耦東面，大夫西面。大夫進，坐，説矢束。**説矢束者，下耦，以將拾取。【疏】正義曰：注云「説矢束者，下耦，以將拾取」者，盛氏世佐云：「注蓋原大夫説矢束之意，亦欲如三耦之拾取，是以敵者之禮待其耦，故云『下耦』也。」吳氏廷華云：「注『下耦』，下同於耦也。束矢，以尊大夫也。❶説之，不敢當其尊也，故曰下於耦。」敖氏曰：「凡大夫之取矢于楅者，必説其矢束以當拾取也。其自爲耦者並行至楅南即爲之，其與士爲耦者即位而後爲之，此其異者也。説矢束不言北面，亦文省。」盛氏云：「此大夫之説矢束，言於『西面』之下，則亦西面説也。敖云北面，非。」**興，反位，而後耦揖進。**【疏】正義曰：「而後」，《校勘記》作「后」，云「『后』，作『後』」。○敖氏云：「大夫進及反位皆不揖，以非與耦行禮之事也。」❷方氏苞云：「自大夫以上矢有束，必矢與其人之志慮血氣相應，而不可混也。脱束，以矢當拾取也。其自爲耦，則並行至楅南而脱之，以拾取而同升就席也。與士爲耦，則脱束而反位，其耦乃進取矢，俟耦反其位，而後大夫釋弓矢以升，故取矢時即分先後也。大夫先脱束，示欲與耦拾取也。耦進而兼取乘矢，示不敢與之拾也。然後大夫亦兼取焉，則尊不陵而卑不偪矣。」**坐兼取乘矢，順羽而興，反位，揖。**兼取乘矢者，尊大夫，不敢與之拾也。相下相尊，君

❶「以」，原作「亦」，今據《儀禮疑義》改。
❷「與」，原作「及」，今據《儀禮集説》改。

子之所以相接也。【疏】正義曰：敖氏云：「耦兼取乘矢，不敢拾取者，以其非敵也。凡敵者共取矢于楅，則拾以爲儀。言『順羽』，是亦兼諸弣矣。此與三耦異者，惟不拾取矢耳，餘則同。」**大夫進坐，亦兼取乘矢，如其耦。北面搢三挾一个。**亦於三耦爲之位。**揖退，耦反位，大夫遂適序西，釋弓矢，襲，升即席。**大夫不序於下，尊也。【疏】正義曰：韋氏協夢云：「耦反位，反司馬西南之位也。大夫不與耦同反位，故遂釋弓矢于序西，而升即席，優尊者也。」堉案：言耦反位，大夫不反位可知；言大夫適序西，耦不適序西可知。反位者，反射位也，必取道于司馬之南。上經大夫與其耦射，其可證者。此大夫獨適序西，則揖退之後，耦自南行，轉西以反位。大夫則自轉而西行，北折至堂西。**衆賓繼拾取矢，皆如三耦，以反位。**

右三耦賓主人大夫衆賓皆拾取矢

司射猶挾一个以進，❶作上射如初，一耦揖升如初。進，前也。鄉言「還當上耦，西面」，是言「進」，終始互相明也。今文或言「作升射」。【疏】正義曰：敖氏云：「進，由司馬之東而進也。此以適南爲進者，凡進退之文無常，大抵以有事於彼爲進，卒事而反爲退也。」注云「鄉言『還當上耦，西面』，是言『進』，終始互相明也」者，賈疏云：「上番將射時，云『司射還，當上耦西面，作上耦射』，不言『進』，明還當上耦時者，進近上耦乃作之。此直進作射，不言『還當上耦』，明進時亦還當上耦而作之，故言『終始互相明也』。」云

❶「射」，原作「正」，今據《儀禮注疏》改。

「今文或言『作升射』」者，敖氏曰：「經文『上』字似衍，否則其下當有『耦』字。『今文或言作升射』，蓋後人亦疑其誤而易之矣。」胡氏承珙曰：「敖謂『上』字衍，是也。疏云『此直進作射』，似經文但言作射如初，❶本無『上』字。鄭不從今文『作升射』者，《大射儀》：『司射猶挾一个以作射，如初。』亦不言作升射也。」**司馬升，命去侯，獲者許諾。司馬降，釋弓，反位。司射與司馬交于階前，去扑，襲，升，請以樂樂于賓，賓許諾。**【疏】正義曰：敖氏云：「司射惟去扑耳，其決遂、執弓、挾矢自若也，似不宜襲。此言『襲』，蓋衍文。以樂樂者，用樂爲歡樂也。以此請之於賓，故曰『請以樂樂于賓』。《大射儀》曰：『請以樂。』」盛氏世佐云：「此『襲』字非衍也。蓋射，武事也，故請射則袒；樂，文事也，故請樂則襲。言襲，則其説決拾可知矣。不釋弓矢者，射未畢也。」方氏苞云：「初射、再射，欲其容體比於禮也。至三射，又欲其節比於樂。初射、再射，欲其不失正鵠也。至三射，又欲其循聲而發。射之初，弓矢未調。三射而後樂作，俾循序而益致其精也。射之終，筋力既乏，三射而樂始作，俾嚴終而彌斂其氣也。孔子曰：『射者何以射？何以聽？』其事至難，故聖人陶冶羣材而磨礲其德性者，如是其曲盡焉。其辭曰『請以樂賓』，不敢質言之也。賓喻其意，故不辭而遂諾。」案：《義疏》云：「凡司射升堂，惟去扑而已，其袒決遂如故，未聞變袒而爲襲也。注疑『襲』爲衍文，❷是也。」**司射降，搢扑，東面命樂正曰：「請以樂樂于賓，賓許。」**東面，於西階之前也。不就樂

---

❶「言」，原作「云」，今據《儀禮古今文疏義》改。

❷「注」，《儀禮義疏》作「鄭康成」，當據段校改作「敖」。

正命之者，傳尊者之命於賤者，遥號命之可也。樂正亦許諾，猶北面不還，以賓在堂。【疏】正義曰：敖氏云：「必搢扑而後命樂正者，辟併敬也。」《義疏》云：「《大射》：司射東面命樂正，樂正應曰『諾』。此經亦『諾』可知。注謂樂正猶北面不還，❶蓋上遷樂時樂正立於工南，北面，至是聞命許諾，位猶未變，與《大射》同也。」○注「號命之可也」，《校勘記》云：「『命』，徐、陳、《通解》、楊氏俱作『令』。」　云「樂正亦許諾」者，據《大射儀》有「樂正曰『諾』」也。　云「猶北面不還，以賓在堂」者，賈疏云：「樂正位東階東南，北面。大師位東北，西面；賓在堂，南面。樂正猶北面，不還西面，是以下文特云『東面命大師』，明此時不西面受命矣。」吴氏廷華云：「經不言樂正受命面位，下東面命大師，是正面相向，以示所命之重也，則受命亦當西面向司射，與《大射》同可知，但文不具耳。」**司射遂適階間，堂下北面命曰：「不鼓不釋！」**不與鼓節相應，不釋算也。鄉射之鼓五節，歌五終，所以將八矢，❷一節之間當拾發，四節四拾，其一節先以聽也。【疏】正義曰：注云「鄉射之鼓五節，歌五終，所以將八矢」者，❸《周禮·射人》云：王以《騶虞》九節，諸侯以《貍首》七節，卿、大夫以《采蘋》五節，士以《采蘩》五節。鄉射爲大夫、士禮，故鼓五節，歌五終者，下《記》云「歌《騶虞》，若《采蘋》，皆五終」是也。　云「一節之間當拾發，四節四拾，其一節先以聽也」者，賈疏云：「尊卑樂節雖多少不同，四節以盡乘矢則同。其餘外皆以聽，以知樂終始長短也。王九節者，五節先以聽；諸侯七節者，

❶「不」，原作「未」，今據《儀禮義疏》改。
❷「八」，原作「入」，今據《續清經解》本改。
❸「八」，原作「入」，今據《儀禮注疏》改。

三節先以聽；卿、大夫、士五節者，一節先以聽。皆四節拾將乘矢，但尊者先以聽則多，卑者先以聽則少，優至尊，先知審故也。」敖氏云：「鄉射之歌五終而鼓五節，其三節先以聽，而二節之間拾發乘矢焉。《射人職》所謂『五節二正』是也。王之大射九節五正，諸侯七節三正，卿大夫與士同。」盛氏世佐云：「此當以疏說爲正。敖氏好立異，而引《周禮·射人職》爲證。以愚考之，則不然。蓋自敖說推之，則王之九節五正，五節之間，拾發乘矢，而其先以聽者四節也。諸侯之七節三正，三節之間，拾發乘矢，而其先以聽者亦四節也。夫天子以下，降殺以兩，禮之大凡也。今其先以聽者，天子、諸侯同爲四節，而大夫、士僅減其一焉，固已不倫矣。且其拾發乘矢一也，而乃有五正、三正、二正之不同，是節之多者似促數，而節之少者反舒長，此亦理之不可通者。蓋《射人》所云九節、七節、五節者，以其樂節言也；所云五正、三正、二正者，以其侯采言也。鄭注蓋不可易矣。」**上射揖。司射退，反位。樂正東面，命大師曰：「奏《騶虞》，間若一。」**東面者，進還鄉大師也。《騶虞》，《國風·召南》之詩篇也。《射義》曰：「《騶虞》者，樂官備也。」其詩有「壹發五豝」、「五豵」、「于嗟騶虞」之言，樂得賢者衆多，嘆思至仁之人以充其官。此天子之射節也，而用之者，方有樂賢之志，取其宜也。其他賓客、鄉大夫則歌《采蘋》。間若一者，重節。【疏】正義曰：《校勘記》云：「『樂正東面命大師曰』，『命』字，誤在『東』上。」○敖氏曰：「言『命大師』者，見所命者必其長也。此惟據有大師者言之。」　注云「《射義》曰：『《騶虞》者，樂官備也。』其詩有『壹發五豝』、『五豵』、『于嗟騶虞』之言，樂得賢者衆多，嘆思至仁之人以充其官」者，朱子曰：「據《詩》，但取『壹發五豝』之義耳。騶虞則爲仁獸之名，以庶類蕃殖，美國君之仁如之也。『樂官備』云者，諸儒有以騶爲文王之囿，虞爲主囿之官，故立此義，而鄭注因之與？其《詩箋》自相違異。」胡氏肇昕云：「《周禮・鍾師》疏引《異義》，今《詩》韓、魯説，騶虞，天子掌鳥獸官。《文選・魏都賦》注引《魯詩傳》云：『古有梁騶。梁騶者，天子之田也。』賈誼《新書・禮》篇云：『騶者，天子之囿也。虞者，囿之司獸者也。』凡此諸説皆與《毛詩》異，而與《射義》合。《鄭志》：『張逸問：傳曰：白虎黑文。又《禮記》曰：樂官備。何謂？荅曰：白虎黑文，《周書・王會》云備者，取其壹發五豝，言多賢也。』考《異義》，許慎從毛説，而鄭無駁，亦以毛爲是。注《禮》則用韓、魯説者，以與樂賢之意相近也。」褚氏寅亮云：「《詩》孔疏謂《射義》注引《詩》斷章，斯言最的，可釋朱子箋、注相異之疑。然注云『思得仁如騶虞之人以充其官』，則未始以騶虞爲官，與《箋》義亦無大異。至賈誼《新書》云：『騶者，文王之囿；虞者，囿之司獸。』又云：『騶，廄官；虞，山澤之官。二者皆不失人，官備可知。』則以官備釋《騶虞》，與小序異。鄭固未嘗取其説以注《禮》也。」云「此天子之射節也，而用之者，方有樂賢之志，取其宜也」者，案：鄉射得奏《騶虞》，説者不一。郝氏敬云：《國風》、《小雅》，上下或可通用也。高氏愈云：意其音節有可相假用者也。蔡氏德晋云：「《周官・射人》：王射以《騶虞》九節，大夫以《采蘋》，士以《采蘩》，皆五節。今雖奏《騶虞》而仍如《采蘋》、《采蘩》之五節，則其等未嘗亂，❶且《周南》、《召南》爲鄉樂，用之鄉人，用之邦國。天子歌《騶虞》亦不必天子獨用，不可以僭禮律之也。」盛氏世佐云：「禮射有三：大射、賓射、燕射是也。士無大射，大夫以下無燕射，有鄉射。《射義》及《射人職》所言以樂節射之差，皆賓射也，故與此異。鄉射得歌《騶虞》者，二南

❶ 「亂」，原作「辯」，今據《禮經本義》改。

爲鄉樂。《騶虞》篇次在《召南》内，故得用之。且大夫、士去天子遠，無嫌於僭也。若諸侯之大射，與賓射同。《大射儀》云『奏《貍首》』是也。以是推之，則天子及大夫之大射，亦與其賓射同樂可知矣。又《投壺》云：『命弦者曰：請奏《貍首》。』投壺，大夫、士燕射之類也。❶乃奏《貍首》者，燕禮殺，故變而與諸侯之賓射同，所謂『禮窮則同』也。然但以瑟奏之，而不用金石之樂，亦其異也。❷鄉射與投壺雖奏《騶虞》、《貍首》，而其節則止於五。下《記》云『歌《騶虞》，若《采蘋》，皆五終』是也。」胡氏肇昕云：「《騶虞》爲鄉樂，故鄉樂得用之，且與樂賢之志相宜也。盛氏推論説多未確，不如蔡説爲精矣。」云「其他賓客、鄉大夫則歌《采蘋》」者，賈疏云：「《采蘋》是鄉大夫樂節。其他，謂賓射與燕射，若州長他賓客自奏《采蘩》。此篇有鄉大夫、州長，射法則同用《騶虞》，以其同有樂賢之志也。」云「間若一者，重節」者，賈疏云：「間若一，謂五節之間長短希數皆如一，則是重樂節也。」**大師不興，許諾。樂正退，反位。**【疏】正義曰：盛氏云：「反位，反工南北面位也。」

右司射請以樂節射

乃奏《騶虞》以射。三耦卒射，賓、主人、大夫、衆賓繼射，釋獲如初。卒射，降。皆應鼓與歌之節，乃釋算。降者，衆賓。【疏】正義曰：注云「降者，衆賓」者，賓、主人、大夫卒射皆升堂，惟衆賓降也。

---

❶「類」下，原衍「是」字，今據《儀禮集編》删。

❷「其」，原脱，今據《儀禮集編》補。

敖氏曰：「降指衆耦之最後者而言，以見釋獲者升告之節也。」吴氏廷華云：「次番射，賓、主、大夫亦降，脱決拾乃升，則降者不獨衆賓也。」**釋獲者執餘獲，升告「左右卒射」，如初。**卒，已也。今文曰「告于賓」。

【疏】正義曰：注云「今文曰『告于賓』」者，胡氏承珙《古今文疏義》曰：「案：上文已云『卒射，釋獲者遂以所執餘獲，升自西階，盡階不升堂，告于賓曰：左右卒射』矣。此云『升告左右卒射，如初』，亦是告于賓，不言可知。猶《大射儀》於再射時，既云『卒射，釋獲者遂以所執餘獲適阼階下，北面告于公曰：左右卒射』，其後三射既畢，亦但云『釋獲者執餘獲進，告左右卒射，如初』，不復言『告于公』矣。」胡氏肇昕云：「『升告左右卒射』六字爲句，謂以左右卒射，升告之也。若作『告于賓』，當有『曰』字。如上文『告于賓曰：左右卒射』，其義方顯。若僅作『告于賓』，似左右卒射爲告賓後事矣。故鄭不從今文。」

右三耦賓主人大夫衆賓以樂射

司馬升，命取矢，獲者許諾。司馬降，釋弓，反位。弟子委矢，司馬乘之，皆如初。

右樂射取矢數矢

司射釋弓視算如初。算，獲算也。今文曰「視數」也。【疏】正義曰：注云「今文曰『視數』」者，胡氏承珙曰：「《説文》云：『筭，長六尺，計歷數者。从竹从弄。言常弄乃不誤也。』『算，數也。从竹具聲，讀若筭。』是二字音同而義别。《禮經》執筭、受筭之類，當作『筭』；無算爵、無算樂之類，當作『算』。然經典每多錯出，筭是計數之物，雖亦可通爲數義，究不得即以『數』字代『筭』字。鄭此注云『筭，獲筭也』。今文『視筭』作『視數』，則是以訓詁字代經文者，故不用與？」**釋獲者以賢獲與鈞告如初。降復位。**【疏】正義曰：敖氏云：「言『如初』，又言『降復位』，爲司射命設豐之節也。亦以見其所如者，止於此，無復實算於中之事矣。蓋以其不復射故也。」

右樂射視算告獲

司射命設豐，設豐、實觶如初。遂命勝者執張弓，不勝者執弛弓，升飲如初。【疏】正義曰：《校勘記》云：「《通解》『設豐』二字不重出。案：《大射》設豐不重，《通解》因彼而誤。敖氏注《大射》云：『當更有設豐二字，如《鄉射》之文。』」胡氏肇昕云：「『升飲如初』下，敖氏云：『《大射儀》云：卒，退豐與觶，如初。此脱一句也。』」

右樂射飲不勝者

司射猶袒決遂，左執弓，右執一个，兼諸弦，面鏃；適堂西，以命拾取矢，如初。側持弦矢曰執。面，猶尚也。并矢於弦，尚其鏃，將止，變於射也。【疏】正義曰：賈疏云：「言猶袒者，亦是有故之辭，以其常袒，恐不袒，故言『猶』以連之也。」盛氏世佐云：「司射之請以樂樂於賓也，經既云『襲』矣，至是言『猶袒』者，蓋自其命勝者不勝者之時而袒也。其間命樂正及視算皆襲。」胡氏肇昕云：「以樂樂賓節，敖氏以

『襲』爲衍文。韋氏協夢據此節『猶袒決遂』，明司射前此皆袒。以敖説爲是。然考初番射訖數獲，司射適西階西，釋弓矢，去扑，襲，則三番射訖視算亦必襲矣。經不言者，互文相見也。視算既襲，命勝者、不勝者又袒，而此因之云『猶袒決遂』也。盛氏説推究頗精當，從之。」注云「側持弦矢曰挾而言。張氏爾岐云：「方持弦矢曰挾者，矢横弦上而持之；側持弦矢曰執者，矢順并於弦而持之。」云「面，猶尚也」者，「尚」與「向」通。「尚其鏃」者，張氏曰：「鏃向上也。」**司射反位。三耦及賓、主人、大夫、衆賓皆袒決遂，拾取矢，如初；矢不挾，兼諸弦弣以退，不反位，遂授有司于堂西。**不挾，亦皆執之如司射也。不以反射位授有司者，射禮畢。【疏】正義曰：注云「不挾，亦皆執之如司射也」者，謂亦側持弦矢也。賈疏云：「兼諸弦弣，則與司射異。司射直執一个，無三矢兼於弣。三耦以下，則執一个並於弦，又以三矢并於弣。」敖氏曰：「拾取時猶皆兼諸弣，至楅南北面，則不挾矢，但取一矢兼諸弦，餘三矢則兼諸弣自若，亦象搢三挾一之儀，且如司射之戒也。賓與主人，則亦于楅東西之位爲之。」云「不以反射位授有司者，射禮畢」者，敖氏云：「不反位，但由司馬之南而過也。授有司，授之以弓矢也。必授之者，射事止，則宜反於所受者也。此文主于三耦及衆賓也，大夫與其耦亦存焉。若賓，則自階下以授有司于堂西，主人則以授有司于堂東也。」**辯拾取矢，揖，皆升就席。**謂賓、大夫及衆賓也。相俟堂西，進立於西階之前。主人以賓揖升，大夫及衆賓從升，立時少退於大夫。三耦及弟子自若留下。【疏】正義曰：注云「衆賓」，謂堂上三賓也。云「相俟堂西，進立於西階之前」者，以上授有司弓矢于堂西，故知相俟於此也。云「主人以賓揖升，大夫及衆賓從升，立時少退於大夫。三耦及弟子自若留下」者，賈疏云：「皆依上文獻後升及留在下之法。」敖氏曰：「揖，皆升就席，謂衆賓三人也。衆賓三人必俟拾取矢者，辯而後升。若主人、賓、大夫，則既授弓矢即升，如初禮，固不俟其辯也。」胡氏肇昕云：「經文云『皆』，自謂賓、主人、大夫及衆賓也。正承上文賓、主人、大夫、衆賓而言，不得專屬衆賓也。敖氏故與鄭立異，非。郝氏敬亦曰：賓、主、大夫以下席在堂上者，皆復升。」盛氏世佐云：「賓、主人、大夫必俟辯拾取矢而後升者，以射事至是而終，故變於初也。」

右拾取矢授有司

司射乃適堂西，釋弓，去扑，説決、拾，襲，反位。【疏】正義曰：司射之扑在階西，今來去扑于堂西之等，以其不復射也。敖氏曰：「反位，其猶在中西南與？不言釋矢可知也。」**司馬命弟子，説侯之左下綱而釋之，**説，解也。釋之，不復射，掩束之。【疏】正義曰：注「掩束之」，《校勘記》云：「『掩』，諸本俱作『奄』。」云「説，解也。釋之，不復射，掩束之」者，敖氏曰：「釋，則是不束也。説而釋之，變於射與未射之時。」郝氏敬曰：「凡侯未射，左下綱不繫，掩束之；射畢，又脱繫，復掩之。」盛氏世佐云：「説侯之左下綱，異於射時也。釋之，謂不掩束，異於未射時也。其不全去之者，見此禮主爲射也。疏云『備復射』，非也。」**命獲者以旌退，命弟子退福。司射命釋獲者退中與算，而俟。**諸所退皆俟堂西備復射也。旌言以者，旌恒執也。獲者、釋獲者亦退其薦俎。【疏】正義曰：注云「備復射」者，張氏爾岐云：「謂旅酬後容欲燕射也。」云「獲者、釋獲者亦退其薦俎」者，敖氏曰：「此據《大射儀》而言也。退薦俎，各當其位之前與？」

右退諸射器射事竟

司馬反爲司正，退復觶南而立。當監旅酬。【疏】正義曰：張氏爾岐云：「此下言射訖飲酒之事，旅酬、二人舉觶、徹俎、坐燕、送賓，以至明日拜賜、息司正諸儀，並同《鄉飲酒禮》。」○敖氏曰：「射事已而復其故職也。云『復觶南』，見射時觶不徹，❶是時司射亦當復東方之位。」郝氏敬云：「初司正揚觶，退立于中庭觶南，未旅而射，改爲司馬。今射畢旅行復爲司正，仍立觶南以監旅也。」張氏爾岐云：「觶南者，司正北面監衆之位。」**樂正命弟子贊工即位。弟子相工如其降也，升自西階，反坐。**贊工遷樂也。降時如初入。樂正反自西階東，北面。【疏】正義曰：《儀禮釋官》曰：「案：樂正，公臣，見《燕禮》、《大射儀》。《周禮·樂師職》曰『令相』，與此經合。」敖氏曰：「命弟子，亦適西方命之也。」郝氏敬云：「樂正初自西階，命弟子贊工遷東階下，辟射。今射畢，復命弟子贊工升西階東，北面坐，如初。❷不言樂正者，❸正樂告備則降，立堂下。今工反，而樂正仍立階下懸間可知也。」注云「降時如初入」者，敖氏云：「謂後先及相之之儀也。」郝氏曰：「如其降，謂如降往東階時左荷右相也。」云「樂正反自西階東，北面」者，張氏爾岐云：「西階東北面，樂正告樂備後降立之位。遷樂於下，則立阼階東南，北面。今當命弟子，又復來此也。還工反位，爲旅酬後將有無算樂也。」敖氏曰：「反坐，謂反其故位而坐也。工既坐，弟子亦降立于西方。」高氏愈云：「反坐，復其舊時之坐也。前因將射，工降坐于阼階下之堂前矣，此則因行旅酬，而工復升，各復其舊時之坐以

❶「時」，原作「者」，今據《儀禮集説》改。
❷「如」，原脱，今據《儀禮節解》補。
❸「不言樂」，原重，今據《儀禮節解》刪。

待舉樂也。」**賓北面坐，取俎西之觶，興，阼階上北面酬主人。主人降席，立于賓東。賓坐奠觶，拜，執觶興，主人荅拜。賓不祭，卒觶，不拜，不洗，實之，進東南面。**所不者，酬而禮殺也。賓立飲。【疏】正義曰：俎西之觶，張氏爾岐云：「將射前，一人舉觶於賓，賓奠于薦西者也。」**主人阼階上北面拜，賓少退。**少退，少逡遁也。**主人進受觶，賓主人之西，北面拜送。**旅酬而同階，禮殺也。【疏】正義曰：據獻酬之時，賓、主各於其階也。**賓揖，就席。主人以觶適西階上酬大夫。大夫降席，立于主人之西，如賓酬主人之禮。**其既實觶，進西南面，立鼏所酬。【疏】正義曰：注「鼏所酬」，《校勘記》云：「『鼏』，徐、陳、《通解》、楊氏俱作『鄉』。」云「其既實觶，進西南面，立鼏所酬」者，賈疏云：「以上賓酬主人，阼階上實觶，進東南面，則知此主人酬大夫，西階上實觶而亦進西南面也。」**主人揖，就席。若無大夫，則長受酬亦如之。**長，謂以長幼之次酬衆賓。【疏】正義曰：注云「長，謂以長幼之次酬衆賓」者，謂堂上三賓以長幼之次而酬也。敖氏云：「此惟據主人所酬者而言。大夫若衆，則相酬辯乃及長。」盛氏世佐云：「大夫若衆，則大夫長受主人酬訖，即實觶酬衆賓長。衆賓長酬次大夫，交錯以辯也。敖説非。」蔡氏德晉云：「此主人酬大夫及衆賓之長也，與《鄉飲酒》酬介之禮同。」**司正升自西階，相旅，作受酬者曰：「某酬某子。」**某者，字也；某子者，氏也。稱酬者之字，受酬者曰某子。旅酬下爲上，尊之也。《春秋傳》曰：字不若子。此言某酬某子者，射禮略於飲酒。飲酒言某子受酬，以飲酒爲主。【疏】正義曰：敖氏云：「此謂大夫酬長若長相酬之時也。」盛氏世佐曰：「此謂無大夫而衆賓長相酬之時也。賓、主人及大夫旅酬皆不相，至衆賓乃相之。若主人酬長，相之之辭當曰『主人酬某子』，猶主人與賓爲耦而告賓曰『主人御于子也』。若大夫酬長，辭當曰『某子酬某』，猶大夫爲射，❶而以耦告之曰『某御于子也』。受酬者自大夫右，大夫如介禮也。」○注「此言某酬某子者」，《校勘記》云：「『此』，葛本誤作『化』。」云「稱酬者之字，受酬者曰某子，旅酬下爲上，尊之也」者，敖氏云：「司正稱酬者之字，稱受酬者曰某子，彼此之辭也。此主爲酬者命受酬者，緣酬者意欲尊敬之，故於此言字，於彼言子，所以不同。」引《春秋傳》曰者，莊公十年《公羊傳》文，以證子之尊於字也。云「此言某酬某子者，射禮略於飲酒。飲酒言某子受酬，以飲酒爲主」者，明射禮之異於飲酒也。吴氏廷華云：「此特主人及大夫獻賓長之禮，即尊之亦非下爲上之可言。敖氏謂稱字稱子，彼此之辭，是也。要之，司正作受酬者，則某子是相對者之稱，故辭有彼此；且酬者與受酬者較，則又以酬者爲主，❷故稱其字也。」方氏苞云：「有司教射，自當序賓以齒，而射者私家之行輩，又各有少而尊、長而卑者。設以父族、母族之尊行次酬卑者，而司正代爲尊之之稱，義無所取。況以次相酬，受酬者必少，而轉爲尊稱，亦未見其安。夫子孫祭告，以字呼祖考，則不得爲卑稱明矣。蓋因衆賓姓同者甚多，設曰某子酬某子，則不辨其誰何。惟酬者稱字，則所酬者雖以姓舉而不慮其相混矣。但其中有同姓遞酬者，則宜並稱字。而《記》無文，蓋既明於異姓相酬之稱，則同姓之不得更稱姓者並以字舉可知矣。」韋氏協夢云：「『某子受酬』，據受酬者而言也；此云『某酬某子』，據酬者而言也。其意蓋曰：『某酬某子，某子受酬。』經特互文見

❶「爲」下，原衍「下」字，今據《儀禮集編》删。
❷「酬」上，原衍「受」字，今據《儀禮疑義》删。

義耳。注非。」胡氏肇昕云：「旅酬之禮以次相酬，則此酬者即先受酬之人，故司正但作受酬者，而受酬者之爲某子，不稱其字，而但稱其氏，緣酬者之意以尊之也。要之，酬者之爲某，受酬者之爲某子，其叙本自秩然，不至相混，而司正必作之者，禮貴防其未然也。」**受酬者降席。司正退立于西序端，**❶**東面。**退立，俟後酬者也。始升相，立階西北面。【疏】正義曰：注云「退立，俟後酬者也」者，以酬時司正不與其事，故必退立，至後酬者，又始升相也。**衆受酬者拜、興、飲，皆如賓酬主人之禮。辯，遂酬在下者；皆升，受酬于西階上。**在下，謂賓黨也。《鄉飲酒·記》曰：「主人之贊者西面北上，不與。無算爵，然後與。」此異於賓。【疏】正義曰：引《鄉飲酒·記》者，賈疏云：欲見主黨不與酬之義。吴氏廷華云：「在下，謂諸執事，即《鄉飲酒·記》謂主人之贊者。賓興禮重，故酬不及贊。此詢衆禮輕，故亦與酬耳。」**卒受者以觶降，奠于篚。**

右旅酬

司正降，復位，使二人舉觶于賓與大夫。二人，主人之贊者。【疏】正義曰：張氏爾岐云：「以起無算爵。」韋氏協夢云：「大夫若衆，亦唯舉觶於其長。若有諸公，則舉觶於諸公，而大夫亦不與矣。」褚氏寅亮云：「舉者二人所舉之觶，賓與大夫奠于薦右，未飲。今仍使二人終此上事，俟其飲畢，受觶，酌酬主人及

❶「正」下，原衍「者」字，今據《續清經解》本删。

長。」堉案：「使二人舉觶」，使之者未詳。敖氏謂司正使之，是也。至二人所舉，即前奠於賓與大夫薦西之觶。舉此二觶以發之，後之交錯以辨，皆其所舉可知。**舉觶者皆洗觶，升實之；西階上北面，皆坐奠觶，拜，執觶興。賓與大夫皆席末荅拜。舉觶者皆坐祭，遂飲，卒觶，興；坐奠觶，拜，執觶興。賓與大夫皆荅拜。舉觶者逆降，洗，升實觶，皆立于西階上，北面東上。賓與大夫拜。舉觶者皆進，坐奠于薦右。**坐奠之，不敢授。【疏】正義曰：注云「坐奠之，不敢授」者，對獻酬時皆親授。此云「坐奠」，以贊者卑，不敢授也。**賓與大夫辭，坐受觶以興。**辭，辭其坐奠觶。【疏】正義曰：必辭者，賓與大夫不敢以尊自居也。**舉觶者退，反位，皆拜送，乃降。賓與大夫坐，反奠于其所，興。**不舉者，盛禮已崇。古文曰「反坐」。【疏】正義曰：《校勘記》云：「『大夫』下，石經、徐本、《要義》、楊氏、敖氏俱有『坐』字，《通解》無。」注云「不舉者，盛禮已崇」者，此釋經「反奠」之義。敖氏云：「此奠於其所，亦皆少違其故處，而在其俎之西也。」方氏苞云：「未請安于賓，未命弟子徹俎，而預奠酬觶，何也？進退、拜送、坐興之禮，說屨、升堂後不可復行，故預拜送、坐奠于其所，然後升坐而取飲，可以不興不拜也。」吳氏廷華云：「舉觶者堂上無位，此云『反位』者，其西階上立位與？」❶云「古文曰『反坐』」者，胡氏承珙《古今文疏義》曰：「此賓與大夫，當舉觶者奠于薦右之時，既坐受觶以興矣，至此乃坐而反奠于其所。反奠者，謂還奠于薦右。上文一人舉觶亦云：『舉觶者西階上拜送，賓反奠于其所。』彼不言坐者，省文。然『反』、『奠』連文，

❶「立」，原作「之」，今據《儀禮疑義》改。

與此正同。古文作『反坐』者，誤倒，鄭所不從。」**若無大夫，則唯賓。**長一人舉觶，如燕禮媵爵之爲。【疏】正義曰：燕禮初，二大夫媵觶，至旅酬，復使二人，君命長媵一爵於君。此若無大夫，則唯賓一人，其一人舉觶之禮當如燕禮之媵一爵，故引以況之。敖氏云：「言此者，明不舉觶于賓長。此二人舉觶，雖曰正禮，然若無大夫，則缺一人，以其禮唯當行於尊者耳。」方氏苞云：「大夫不與，衆賓長可同於介之受酬，而不可同於爲介舉觶，何也？鄉飲酒之介，乃德行道藝亞於賓以待後舉者，故禮多同於賓，而與大夫等。鄉射之衆賓長，非必德行道藝遠過其曹也。主人繼賓而酬之，乃所以達其意於衆賓。若特爲舉觶，則義無所取，而受者轉不能安矣。」

右司正使二人舉觶

司正升自西階，胙階上受命于主人，適西階上，北面請坐于賓。請坐，欲與賓燕，盡殷勤也。至此盛禮已成，酒清肴乾，强有力者猶倦焉。【疏】正義曰：注「至此盛禮已成」，《校勘記》云：「『已』，徐本、《通解》俱作『以』。」云「酒清肴乾，强有力者猶倦焉」者，本《禮記·聘義》之文，引以證請坐于賓之意也。**賓辭以俎。**俎者，肴之貴者也。辭之者，不敢以燕坐褻貴肴。**反命于主人。主人曰：「請徹俎。」賓許。**【疏】正義曰：韋氏協夢云：「上言『請坐于賓』，亦傳主人之辭也。下言『主人曰』，亦傳辭于賓也。此與《鄉飲酒》皆互文。」**司正降自西階，階前命弟子俟徹俎。**弟子，賓黨也。俎者，主人贊者設之。今賓辭之，使其黨俟徹，順賓意也。上言請坐于賓，此言主人曰，互相備耳。【疏】正義曰：注「順賓意也」，《校勘記》云：「『賓』，重脩監本誤作『濱』。」 云「上言請坐于賓，此言主人曰，互相備」者，以上言請坐于賓，亦司正傳主人之辭。此言主人曰，亦傳主人之辭于賓也。互相備，文乃相足也。 **司正升立于序端。賓降席，北面。主人降席自南方，阼階上北面。大夫降席，席東南面。** 俟弟子升受俎。 **賓取俎，還授司正。司正以降自西階，賓從之降，遂立于階西，東面。司正以俎出，授從者。** 授賓家從來者也。古者與人飲食必歸其盛者，所以厚禮之。【疏】正義曰：注云「古者與人飲食必歸其盛者，所以厚禮之」者，以《鄉飲酒》、《燕射》皆有徹俎之禮。俎爲肴之貴者，徹以歸之，故云「歸其盛者」。 **主人取俎，還授弟子。弟子受俎，降自西階以東。主人降自阼階，西面立。** 以東，授主人侍者。【疏】正義曰：敖氏云：「主人取俎，未必在司正出門之後。上文蓋終言之耳。」 注云「以東，授主人侍者」者，盛氏世佐云：「鄭爲此説者，所以成其爲賓黨弟子耳。姜云：弟子當是主黨，則其以俎而東也，無授主人侍者之事矣。」 **大夫取俎，還授弟子。弟子以降自西階，遂出授從者。大夫從之降，立于賓南。** 凡言還者，明取俎各自鄉其席。【疏】正義曰：韋氏協夢云：「此三節皆同時爲之，蓋賓取俎之時，主人與大夫即皆取俎授弟子。經特各終言其事耳，非有先後也。」 **衆賓皆降，立于大夫之南，少退，北上。** 從降，亦爲將燕。

右請坐燕因徹俎

主人以賓揖讓，説屨，乃升。大夫及衆賓皆説屨，升，坐。 説屨者，將坐，空屨褻賤，不宜在堂也。説屨則揠衣，爲其被地。【疏】正義曰：韋氏協夢云：「賓、主人説屨之時，大夫及衆賓亦皆説屨，畢，主人乃揖賓，升。賓厭大夫，大夫厭衆賓。衆賓亦序升也。」注云「説屨則揠衣，爲其被地」者，賈疏云：「《曲禮》云：『揠衣趨隅。』彼謂升席時，❶引之證説屨低身亦然。❷若不揠衣，恐衣被地履之。❸案：《少儀》云：『排闔説屨於户内，一人而已矣。』注云：『雖衆敵，猶有所尊也。』彼尊卑在室，則尊者説屨在户内，其餘説屨於户外。若尊卑在堂，則亦尊者一人説屨在堂，其餘説屨於堂下。是以燕禮、大射臣皆説屨於階下。公不見説屨之文，明公舃在堂矣。此及鄉飲酒，臣禮，賓、主人行敵禮，故皆説屨於堂下也。」**乃羞。**羞進也。所進者，狗胾醢也。燕設啗具，所以案酒。**無算爵。使二人舉觶。賓與大夫不興，取奠觶飲，卒觶，不拜。**二人，謂鄉者二人也。使之升，立于西階上。賓與大夫將旅，當執觶也。卒觶者固不拜矣，著之者，嫌坐卒爵者拜既爵。此坐於席，禮既殺，不復崇。【疏】正義曰：注云「使之升，立于西階上，賓與大夫將旅，當執觶也」者，敖氏云：「使之亦司正也。此舉觶，謂取而酬之，即下文所云『執觶者受觶，遂實之』之事也。」方氏苞云：「二人舉觶，即舉賓、大夫前奠于其所之二觶也。❹賓、大夫不興而取奠觶飲，則命舉觶者取之明矣。敖説失之。」胡氏肇昕云：「賓、主人、大夫、衆賓説屨升飲，則興拜之儀多省，故必使二人舉觶。凡堂上

❶「時」，原作「者」，今據《儀禮注疏》改。
❷「亦然」，原脱，今據《儀禮注疏》補。
❸「恐衣」，原脱，今據《儀禮注疏》補。
❹「二」，原脱，今據《儀禮析疑》補。

舉觶執觶之事，皆其所掌。鄭注故渾括言之。」云「卒觶者固不拜矣，著之者，嫌坐卒爵者拜既爵」，據上正旅酬時，賓酬主人，卒觶不拜，故云「卒觶者固不拜矣」。又獻酬時，皆坐卒爵，拜既爵，此則卒觶不拜，故云「著之者，嫌坐卒爵者拜既爵」。云「此坐于席，禮既殺，不復崇」者，據正獻酬時言之也。淩氏《釋例》云：「凡無算爵不拜，唯受爵于君者拜。案：《鄉飲酒》、《鄉射》旅酬以前，《燕禮》、《大射》爲大夫舉旅行酬以前，皆是立行禮。禮盛，故拜至無算爵時，❶則坐行禮。禮殺，故不拜。考《鄉射禮》：『無算爵。使二人舉觶。賓與大夫不興，取奠觶飲，卒觶，不拜。執觶者受觶，遂實之。賓觶以之主人，大夫之觶長受而錯，皆不拜。辯，卒受者興，以旅在下者于西階上。長受酬，酬者不拜，乃飲，卒觶，以實之。受酬者不拜受，❷辯旅，皆不拜。執觶者皆與旅。卒受者以虚觶降，奠于篚。執觶者洗，升實觶，反奠于賓與大夫。無算樂。』是無算爵皆不拜也。以《鄉射》推之，則《鄉飲酒》無算爵，是賓與介取奠觶，餘當與鄉射儀同。經不云者，文不具也。《燕禮》、《大射》無算爵，卒受爵者興，以酬士于西階上，士升，大夫不拜，乃飲，實爵，士不拜受爵，大夫就席，士旅酌亦如之。又云：『士終旅于上如初，無算樂。』是《燕禮》、《大射》無算爵亦不拜也。《特牲饋食禮》：賓弟子及兄弟弟子，各舉觶于其長，長皆奠觶於其所，皆揖其弟子。弟子皆復其位，爵皆無算。注：『賓取觶酬兄弟之黨，長兄弟取觶酬賓之黨，唯己所欲，亦交錯以辯，無次第之數。』《有司徹》：賓尸之禮，賓及兄弟交錯其酬，皆遂及私人，爵無算。不賓尸之禮，賓兄弟交錯其酬，無算爵。經雖不云不拜，準以飲酒正禮，則皆

❶「時」，原脱，今據《禮經釋例》補。
❷「酬」，原作「觶」，今據《禮經釋例》改。

不拜可知也。唯受爵于君者始拜。《燕禮》、《大射》無算爵，士也。有執膳爵者，有執散爵者。執膳爵者酌以進公，公不拜受，是酌膳進公，公不拜也。又云：『執散爵者，酌以之公命所賜。所賜者興，受爵，降席下，奠爵，再拜稽首，公荅拜。受賜爵者以爵就席坐，公卒爵，❶然後飲。執膳爵者受公爵，酌，反奠之。受賜爵者興，授執散爵者，執散爵者乃酌行之。唯受爵于公者拜。』然亦降席拜，而不降階拜，則已殺於旅酬之禮矣。《鄉射》：無算爵，受酬者不拜受。注：『禮殺，雖受尊者之酬，猶不拜。』而《燕禮》、《大射》受君之酬則拜者，君尊異於常人也。又《燕禮》、《大射》公有命徹冪，則賓及諸公、卿、大夫皆降，西階下北面，東上，再拜稽首。公命小臣辭，公荅再拜。大夫皆辟，遂升，反坐。此則命徹冪之拜，而非無算爵之拜也，此拜亦降階拜。公雖命小臣辭，而不升成拜，示禮有終也。」**執觶者受觶，遂實之。賓觶以之主人，大夫之觶長受，而錯，皆不拜。**錯者，實主人之觶，以之次賓也。實賓長之觶，以之次大夫，其或多者，迭飲於坐而已，皆不拜受，禮又殺也。【疏】正義曰：張氏爾岐云：「大夫與衆賓等，則得交相酬。或大夫多於賓，或賓多於大夫，則多者無所酬，自與其黨迭飲也。」敖氏云：「錯，謂以次更迭而受也。大夫若惟一人，則衆賓長先受其觶，以次錯行之。大夫若有二人以上，則皆及於大夫，乃及衆賓，蓋先尊而後卑也。云『大夫之觶長受，而錯』，則賓觶但至主人而止與？所以然者，以二觶並行難爲旅也。若無大夫，乃行主人之觶，爲其無二觶故爾。」堉案：注曰『實』曰『以』，則皆執觶者爲之矣。大夫之觶長受，雖不言『以』，亦二人以之可

❶ 「卒」，原作「坐」，今據《禮經釋例》改。

知。至旅在下者於西階上，卒受者既奠爵于篚，始云執觶者洗酌，反奠于賓與大夫，則堂上相酬皆自酌也。胡氏肇昕云：「經文『賓觶以之主人，大夫之觶長受』二句相對而錯，總承賓觶大夫之觶言之。敖氏乃讀『長受而錯』爲句，而爲賓觶但至主人而止之言，以與注爲異。不知錯之爲義言其交錯也。以二觶交錯相酬，始易盡旅酬之法，乃云『二觶並行難爲旅也』，何哉？若無大夫，止有一人舉觶，則以次迭相酬耳。」**辯，卒受者興，以旅在下者于西階上。**衆賓之末，飲而酬主人之贊者；大夫之末，飲而酬賓黨，亦錯焉。不使執觶者酌，以其將旅酬，不以己尊孤人也。其末若皆衆賓，則先酬主人之贊者，若皆大夫，則先酬賓黨而已。執觶者酌在上辯，降復位。**【疏】**正義曰：注「衆賓之末」，《校勘記》云：「『之』，誤作『至』。『末』，徐、葛俱作『未』，似誤。下兩『末』字，徐亦俱作『未』，葛本『其末』仍作『未』。❶『不以己尊於人也』，『於』，徐、葛、陳、閩、《通解》、楊氏俱作『孤』，與單疏合，是也。」　云「不使執觶者酌，以其將旅酬，不以己尊孤人也」者，盛氏世佐云：「堂上皆坐飲，故使執觶者酌；在下者于西階上立飲。若使坐者自若，而飲者特升，是以己之尊孤人也。所以卒受者，必升自酌，以旅在下者。此當與大夫之耦不勝則特升飲參看。❷彼是罰爵，故云『尊者可以孤無能』；此方旅酬，義取弟長而無遺，故云『不以己尊孤人也』。」凌氏《釋例》云：「凡無算爵，堂上、堂下執事者皆與。案：《鄉射禮》無算爵，卒受者興，以旅在下者于西階上。又云：『執觶者皆與旅。』此注主人之

---

❶ 「末」，《十三經注疏校勘記》作「未」。

❷ 「之」，原作「三」，今據《儀禮集編》改。

贊者，即《鄉飲酒·記》所謂『主人之贊者，西面北上不與，無算爵，然後與』，是也。注云『贊，佐也，謂主人之屬，佐助主人禮事，徹鼏、沃盥、設薦俎者』。蓋據《鄉飲酒義》『終於沃洗者』言之也。以此推之，則《燕禮》、《大射》執膳爵者、執散爵者，亦皆與於無算爵也。《特牲饋食·記》：❶『宗人獻與旅，齒於衆賓，佐食，於旅齒於兄弟。』《有司徹》：『遂及私人，爵無算。』是祭畢飲酒，堂上堂下執事者，皆得與於無算爵，與飲酒之正禮同也。《中庸》云：『旅酬下爲上，所以逮賤也。』鄭注：『謂逮賤者，宗廟之中，以有事爲榮，亦謂宗廟之中，堂上堂下，雖執事之賤者，亦得以與於無算爵爲榮也。』」**長受酬，酬者不拜，乃飲，卒觶，以實之。**言酬者不拜者，嫌酬堂下異位當拜也。古文曰「受酬者不拜」。❷【疏】正義曰：盛氏世佐云：「長，謂堂下衆賓之長也。酬者，即三賓之卒受者。」胡氏肇昕云：「長當兼主人贊者之長言。」○注「古文曰『酬者不拜』」，《校勘記》云：「『曰』下，徐本、《通解》俱有『受』字。」　云「嫌酬堂下異位當拜也」者，以堂上酬者不拜，上已明之。此酬堂下異位，嫌其當拜，故復著之。敖云嫌親酬當拜也，非。云「古文曰『受酬者不拜』」者，胡氏承珙云：「此酬者，謂堂上酬堂下者。下乃云『受酬者不拜受』，則此古文『受』字衍也。」**受酬者不拜，受。**禮殺，雖受尊者之酬，猶不拜。【疏】正義曰：注「雖受尊者」，《校勘記》云：「『雖』，❸徐本、楊氏俱作『進』，《通解》作『雖』。」○敖氏曰：「鄉者旅酬有拜而飲者、拜而受者，故於此一一明之。」韋氏協夢云：「『受酬者不

---

❶「記」，原作「禮」，今據《禮經釋例》改。

❷「受」，原脱，今據《儀禮注疏》補。

❸「雖」上，原衍「禮殺」二字，今據《十三經注疏校勘記》删。

拜』，指長受酬而言也；下『皆不拜』，指其次受酬者以下而言。」方氏苞云：「日暮人倦，受酬而拜，尊者將荅焉，故轉以不拜爲敬。」**辯旅，皆不拜。**主人之贊者於此始旅，嫌有拜。【疏】正義曰：《鄉飲酒·記》云：主人之贊者不與，無算爵，然後與。故云「於此始旅」。贊者統諸執事以及於沃洗者，尤卑，嫌有拜，故著之。**執觶者皆與旅。**嫌已飲不復飲也。上使之勸人耳，非逮下之惠也，亦自以齒與於旅也。【疏】正義曰：上文舉觶者于西階上卒觶，是已飲也。《中庸》曰：「旅酬下爲上，所以逮賤也。」所謂逮下之惠也。**卒受者以虚觶降，奠于篚；執觶者洗，升實觶，反奠于賓與大夫。**復奠之者，燕以飲酒爲歡，醉乃止。主人之意也。今文無「執觶」及賓觶、大夫之觶，皆爲爵。實觶，觶爲之。【疏】正義曰：張氏爾岐云：「旅于西階上，故卒受者降，奠觶。」敖氏云：「此以降者一觶也，然則主人所飲之觶，執觶者其先以奠于篚與？」盛氏世佐云：「上文及此兩言『卒受者』，依注，二觶並行，則卒受者二人也。敖氏主唯行大夫之觶，故云然，今亦不取。竊謂堂上旅酬皆執觶者酌以送之，受者各於其席坐飲，故二觶可以並行。至於旅在下者之時，同在西階上，酬者又須親酌。若復二觶並行，頗覺其雜糅而無次。況一階之上，而行禮者常四人，焉能曲盡其進退雍容之度乎？然則旅在下者，蓋用一觶也。所用之觶，毋論賓與大夫，但取行至三賓之末者，三賓之末飲而酬堂下衆賓之長，堂下賓長飲而酬主人之贊者，亦以次交錯而辯也。其一觶，則執觶者以降，奠于篚。注云：『執觶者酌在上者辯，降復位。』其在斯時與？敖謂堂上唯行一觶，注謂堂下亦行二觶，皆未合。讀者試以上下經文反復玩味，必有能辨之者。」褚氏寅亮云：「俟再舉也。飲酒至末，雖不行酬，亦必酌而奠之，蓋不敢必其不舉也。」胡氏肇昕云：「盛氏自立新説，謂堂上行二觶，堂下行一觶，非也。考堂上既二觶並行，則卒受者各執一觶以旅在下者，安見其雜糅而無次？且經言旅酬，而終之以執觶者皆與旅酬，則受酬終於執觶者，執觶者二人，二觶並行，二人既各受酬，乃各以虛觶降奠于篚，而復洗升，以反奠于賓與大夫，其始終之序不相淆亂宜如此。上文注云：執觶者酌在上者辯，降復位。謂執觶者將與旅酬。而盛氏遂據以爲以一觶降奠于篚，其在斯時。殊屬牽合。要之，敖氏故與鄭立異，盛氏又斟酌於鄭、敖之間，均無當也。自宜以注説爲正。」　注云「復奠之者，燕以飲酒爲歡，醉乃止。主人之意也」者，敖氏云：此後酒行終而復始，至醉而止，所謂無算爵也。云「今文無『執觶』及賓觶、大夫之觶，皆爲爵。實觶，觶爲之」者，賈疏云：「今文此經云『執觶者』，無此『執觶』；又今文無執觶及賓觶、大夫之觶，皆爲爵，不從者，以其皆在無算爵之科，明不爲爵。云『實觶，觶爲之』者，亦不從也。」胡氏承珙《古今文疏義》曰：「此節注、疏皆譌錯，不可讀。許氏宗彦云：此注『今文無執觶及賓觶大夫之觶皆爲爵』十五字，當在上執觶者節下。❶承珙案：此經『卒受者』以下，並無賓觶、大夫觶字，注何得爲此語？自是上節執觶者受觶以下之注誤移於此。但云『今文無執觶』，亦誤。彼經云：執觶者受觶，遂實之。賓觶以之主人，大夫之觶長受而錯，皆不拜。注當云：❷今文執觶及賓觶大夫之觶皆爲爵。蓋總言執觶以下諸觶字。今文皆爲爵，『今文』下衍『無』字耳。若今文無『執觶』二字，則『者』字無所屬，不成文義矣。至此節注文，或謂但當有『今文實觶觶爲之』七字。承珙案：疏云：『實觶，觶爲之者，亦不從也。』言『亦』，則不止此語可知。詳疏意，此經『執觶者洗，升實觶』注云：今文

❶「者」，原脱，今據《儀禮古今文疏義》補。
❷「當」，原作「皆」，今據《儀禮古今文疏義》改。

無執觶者；實觶，觶爲之。鄭以『無執觶者』，嫌於卒受者洗升，固所不從；『實觶，觶爲之』，則今文字誤，亦所不從。故疏云：『亦不從也。』章氏平云：注『今文無「執觶」』，案：『執觶』上疑脱『虚觶』二字。今文蓋作卒受者以降，奠于篚，執爵者洗，升實之。疑者，今文若無執觶，則亦必無者字；既無執觶者，則下文洗字是卒受者洗，即上文不當云奠于篚，又注及字連執觶，故疑注文有脱字。案：此説亦通，然於賓觶大夫之觶，終無説以解矣。」**無算樂。**合鄉樂無次數。

右坐燕無算爵無算樂射後飲酒禮竟

賓興，樂正命奏《陔》，《陔》，《陔夏》，其詩亡。《周禮》賓醉而出，奏《陔夏》。《陔夏》者，天子、諸侯以鐘鼓，大夫、士鼓而已。【疏】正義曰：引《周禮》者，《鐘師》注。杜子春云：「客醉而出，奏《陔夏》。」**賓降，及階，《陔》作。賓出，衆賓皆出。主人送于門外，再拜。**拜送賓於門東，西面。賓不荅拜，禮有終。【疏】正義曰：敖氏云：「降，謂降堂。及階，至階上也。」韋氏協夢云：「降，謂降席也。」胡氏肇昕云：「降與及階連，當以敖説爲是。」方氏苞云：「拜送衆賓異於鄉飲酒禮，❶何也？鄉大夫，國卿也。❷惟既獻於王之

❶「賓」下，原衍「異」字，今據《儀禮析疑》删。

❷「國」，原作「同」，今據《儀禮析疑》改。

賢能，❶乃以賓禮寵異之，故雖介，不拜送。若州長教射，則概執主賓之禮可矣。」韋氏協夢云：「大夫之出當在賓及衆賓之後。主人既送賓與衆賓，然後入，揖大夫，乃出，再拜送之。下《記》云：大夫後出，主人送于門外，再拜。是也。」

右賓出送賓

明日，賓朝服以拜賜于門外。拜賜，謝恩惠也。【疏】正義曰：盛氏世佐云：「朝服者，據公士爲賓言也。處士則曰鄉服。」方氏苞云：「賓爲公士，則朝服其正也。即州之學士而攝用之，亦『《宵雅》肄三』之義。惟隱居之君子不宜朝服，但既抱道不仕，自不得以鄉射之賓强之。」**主人不見，如賓服，遂從之，拜辱于門外，乃退。**不見，不褻禮也。拜辱，謝其自屈辱。【疏】正義曰：注云「不見，不褻禮也」者，賈疏云：「『禮不欲數，數則瀆。』主人不見，恐相褻也。」方氏苞云：別《記》云：「『無辭不相接也。』鄉飲酒及射禮既畢，更無辭可致，故拜于門外而不見。士相見禮，主人復見，以還贄有禮與辭也。」敖氏云：「拜賜之禮，賓至於門外，擯者出請入告。主人辭，不見，賓乃拜。主人拜辱亦如之。」

右明日拜賜

❶「王」，原作「主」，今據《儀禮析疑》改。

主人釋服，乃息司正。釋服，説朝服，服玄端也。息，猶勞也。勞司正，謂賓之與之飲酒，以其昨日尤勞倦也。《月令》曰：勞農以休息之。【疏】正義曰：注引《月令》者，見息司正者，亦勞以休息之也。江氏筠云：「飲立司正，至射則轉爲司馬，正射時有司馬，又有司射。二者皆主人之吏。司射主射事，其勞較司馬殆有甚焉。又擯相係司正之職，而賓、主人射，則司射擯其升降，似勞之宜亞於司正，而殊於餘執事者矣。士冠禮，有賓有贊冠者，至醴賓時，則贊冠者爲介。嫌此禮或當放之而用司射爲介，故經特明之也。」**無介。**勞禮略，貶於飲酒也。此已下皆記禮之異者。【疏】正義曰：注云「勞禮略，貶於飲酒也」者，賈疏云：「謂貶於鄉飲酒。鄉飲酒有介，此無介也。」敖氏曰：「昨日正禮已無介，則此可知矣。乃言之者，嫌不射而飲，或用介也。」**不殺。**無俎故也。**使人速。**速，召賓。【疏】正義曰：賓即司正，敖氏云：「亦當使人戒，乃速，經文略也。」方氏苞云：「司正無所用戒，故速亦不必親也。」**迎于門外，不拜；入，升。不拜至，不拜洗。薦脯醢，無俎。賓酢主人，主人不崇酒，不拜衆賓；既獻衆賓，一人舉觶，遂無算爵。**言遂者，明其間闕也。賓坐奠觶于其所，擯者遂受命于主人，請坐于賓。賓降，説屨，升坐矣。不言遂請坐者，請坐主於無算爵。【疏】正義曰：敖氏云：「言不殺，復言無俎者，嫌不殺者亦或有俎也。《士冠》、《士虞》以乾肉折俎。主人不崇酒，則賓亦不告旨矣。不拜衆賓，謂不拜之於庭，指將獻之時也。若獻，則衆賓亦拜受爵，而主人荅之。」注云「言遂者，明其間闕也」者，敖氏云：「謂舉觶之後、無算爵之前，其間工入、升歌等禮皆闕也。此一人舉觶在獻衆賓之後，雖與正禮之舉觶爲旅酬始者同，實爲無算爵始也。言遂無算爵，明其説屨、升坐即取此觶飲也。」❶**無司正。**使擯者而已，不立之。【疏】正義曰：方氏苞云：「息司正而更立司正，則於敬賓之義微若有嫌，不若無之爲安。」**賓不與。**昨日至尊，不可褻也。古文「與」作「豫」。**徵唯所欲，**徵，召也。謂所欲請呼。**以告于鄉先生、君子可也。**告，請也。鄉先生，鄉大夫致仕者也。君子，有大德行不仕者。【疏】正義曰：方氏苞云：「《鄉飲酒》、《鄉射》至息司正乃告于君子，何也？君子抱道不仕，賓興、習射自不敢相屈，至息司正，則聞鄉之後進，有成有造，未必不惠然肯來耳。鄉先生，宜兼大夫以公事不得爲遵及樂作而未入者。《鄉飲酒》疏謂老人教於鄉學者尚未該。教於鄉學，唯士、大夫退休者耳。」**羞唯所有。**用時見物。【疏】正義曰：謂其時所有之物，即用之也。**鄉樂唯欲。**不歌《雅》、《頌》，取《周》、《召》之詩，在所好。

右息司正

❶「飲」，原作「故」，今據《儀禮集説》改。

儀禮正義卷十　鄭氏注

受業江寧楊大堉補

記

大夫與，則公士爲賓。不敢使鄉人加尊於大夫也。公士，在官之士。鄉賓主用處士。【疏】正義曰：賈疏云：「鄉射使處士無爵命者爲賓，有大夫來，不以鄉人加尊於大夫，❶故易去之，使公士爲賓。」敖氏云：「《記》言此者，恐其或用處士也。所以不可用處士者，以處士去大夫之尊遠故也。鄉飲酒之禮，大夫若與，其賓、介亦當以公士爲之；大夫不與，則公士若處士皆可。舊説謂鄉飲酒、鄉射大夫自來觀禮，非也。大夫於一人既舉觶於賓乃入，主人必無臨時易賓之理。然則大夫之與此會者，乃亦主人請之明矣。」江氏筠云：「疏説以上篇專是賓賢能禮，此固未必然。但彼云『主人就先生而謀賓、介』，則彼爲賓，與此異矣。此賓爲主人所自定，故不敢使人加尊於大夫。彼賓、介定於先生，於主人可以無嫌也。且既經先生審定，主人亦何得更改易之？敖氏以主人當預知大夫之來否，然恐未必先請大夫而後就先生也。竊詳注疏於《大射

❶「鄉人」，原脱，今據《儀禮注疏》補。

儀》有射禮辨貴賤之説，觀賓主立于門外北面等文，顯與燕禮之主歡者有殊。此鄉射雖不與彼同，疑亦當因其禮，故其爲賓如此。惟其如此，故主人不就先生謀之。」盛氏世佐云：「公士，鄉人之爲命士者，明非主人之屬也。大夫雖入於一人舉觶之後，而其有無來否，主人必預知之。其用公士、處士，蓋自戒賓之時而已定矣，非俟大夫至而後易之也。此與鄉飲酒異者，❶彼所以賓賢，不可以大夫故易也。」方氏苞云：「注以公士爲在官之士，似未盡。將取於國中上、中、下士，則彼有官中之士，不能棄其職業而爲鄉遂之賓。且春秋習射，三鄉之賓十有五人，遂亦如之，公邑則又倍焉，安得每州皆有六官之士？若本州在官者，則惟黨正、族師，乃州長之屬，助主人以涖事者也，不可以爲賓。然則所謂公士者，蓋鄉大夫所興之賢能，升於國學而未升於司馬，故作以爲賓，俾羣士取法焉。注又謂不敢使鄉人加尊於大夫，故使在官之士，益誤矣。❷大夫與衆士耦，且爲下射，以遵有主道也。乃慮其爲賓屈乎？敖氏謂《記》言此明不可用處士，大夫尊，處士去之遠。亦非也。處士，抱道者，經所謂『君子』是也。不敢以國法戒、速，乃尊賢之道宜然，故息司正必以告，而至與否聽之。至則當與大夫之遵者同禮。」《儀禮釋官》曰：「案：公士有二義：對處士無爵命者言，則公士爲有位之士，此經是也；❸對士臣於大夫者言，則公士爲公家之士，《玉藻》云『公士擯，則曰寡大夫、寡君之老』是也。」胡氏肇昕云：「方氏不知注『公士，在官之士』之謂，而妄爲辨駁，至其所自言者，又於經典無據；

❶「酒」下，《儀禮集編》有「禮」字。

❷「益」，原作「蓋」，今據《儀禮析疑》改。

❸「也」，原脱，今據《儀禮釋官》補。

敖氏故與注相反，而與經文多相違戾：皆非也。蓋鄉射之賓，本用處士。若大夫與，則以有位之士易之。大夫之來，或因主人之請，則其來否，主人已預知之，而先使公士爲賓，無慮於臨時易賓也。若鄉飲，則處士爲賓，大夫雖與亦不易。」又韋氏協夢云：「此據『州長春秋以禮會民而射于州序』，用此鄉射禮者也。若行此禮於賓興賢能之後，則賓即鄉飲所舉之賓，烏可易乎？」**使能，不宿戒。**能者敏於事，不待宿戒而習之。【疏】正義曰：亦云「使能」者，此賓雖輕，然必以有才德者爲之，不可使不賢而居尊位也。不宿戒者，亦以國之公禮，詢衆庶、習射皆有定期故也。注誤。方氏苞云：「不能則不能與於射，不待勝負分而已有所愧厲矣。能者始得與於射，則鄉大夫興賢能，非德行道藝有可觀不得與於衆賓可知矣。州長教射而徵學士，事有故常，無用先期而戒之。」**其牲，狗也。**狗取擇人。【疏】正義曰：敖氏云：「用狗者，因大射之牲也。❶其義與鄉飲酒同。」方氏苞云：「注與敖説皆未安。狗，所以養老。『鄉黨莫如齒。』即興賢能三賓，遵者必有耆老，故曰『習鄉尚齒』。射雖尚功，而爲鄉禮。燕與大射，則國之老臣必與焉，故牲皆以狗。」胡氏肇昕云：「注説當有所本。若方説，則失之鑿矣。」**亨于堂東北。**《鄉飲酒義》曰：祖陽氣之所發也。【疏】正義曰：《校勘記》云：「『祖』，徐本作『俎』。」**尊，綌冪。賓至，徹之。**以綌爲冪，取其堅潔。**蒲筵，緇布純。**筵，席也。純，緣。**西序之席北上。**衆賓統於賓。【疏】正義曰：張氏爾岐云：「堂上自正賓外，衆賓三人而已，今乃有西序東面之席，豈三人非定法與？賈疏以爲大夫多，尊東不受則於尊西，賓近於西，則三賓東

❶「因」，原脱，今據《儀禮集説》補。

面。未知然否。要之，爲地狹不容者擬設耳。」褚氏寅亮云：「衆賓三人耳，今乃有西序之席者，豈以無介而賓不拘於三與？然決非位遵於此，如疏説也。北上固統於賓，亦見異於介席。」吴氏廷華曰：「賓在尊西，南面東上。此中堂之位，所以尊賓也。大夫席于尊東者，蓋大夫在賓之西，則非所以尊大夫；在賓之東，又非所以尊賓。故以尊間之，使各成其尊而不相礙。然大夫在東，而賓居中位，則兩尊之中仍以尊賓爲主。即大夫多，尊東不足容，則亦當以上經堂西東面之例例之，尊東南面之外，以次轉而東序西面。此理之正者。」張氏惠言云：「賓位户牖間，不得以公、卿、大夫多而移近西，當如大射小卿之席在賓之西，衆賓繼而此理之正西，故有東面席也。」盛氏世佐云：「此爲射於州序言之也。序之制狹於庠，賓席有定位，不可移而東。三賓之席四丈八尺，有非右一間所能容者，於是又繼而南，所以有西序之席也。疏説非。大夫若多，亦當席於主人之北，西面北上。其不於尊西，干賓之正位也必矣。」胡氏肇昕云：「《記》此句，解者多不得其故。賈疏之説本不可從，而敖氏直決以衆賓三人南面，未必有西序之席北上者，是以《記》爲不可信矣。蔡氏德晋謂如賓多，容有席於西序者，堂上衆賓衹三人，不得云如賓多也。方氏苞謂《記》所述乃西階下衆賓立位而誤爲席，則尤非矣。細繹《記》與注之文，張氏、盛氏謂由地狹不容，因又繼而南，所以有西序之席，其説當矣。」張氏惠言《儀禮圖》云：「案：賓位不可移，當如大射小卿之位，在賓西，衆賓繼而西，故有西序之席。」焦氏以恕云：「筵席之制，短不過尋，長不過常，中者不過九尺，匠人『度九尺之筵』是也。今庠序之制，未詳東西闊狹之數，宜亦不一其制。賓之位於中者，既無可易矣。繼賓而西者，當設三席，則地不可以狹明矣。或者三賓之席亦有繼之而東西，未可知也。」**獻用爵，其他用觶。**爵尊，不可褻也。【疏】正義曰：《校勘記》云：

「《通解》句首有『凡』字。」**以爵拜者，不徒作。**以爵拜，謂拜既爵。徒，猶空也。作，起也。不空起，言起必酢主人。**薦，脯用籩，五膱，祭半膱，横于上。醢以豆，出自東房。膱長尺二寸。**脯用籩，籩宜乾物也。醢以豆，豆宜濡物也。膱，猶脡也。爲記者異耳。祭横於上，殊之也。於人爲縮。膱廣狹未聞也。古文「膱」爲「胾」，今文或作「植」。【疏】正義曰：注「膱，猶脡也」，《校勘記》云：「『膱』，陳本作『職』。案：《釋文》曰：『膱，音職。』若以《鄉飲・記》音義正之，此『職』乃『樴』之誤。」云「膱，猶脡也。爲記者異耳」者，案：脡與挺同。《鄉飲酒・記》作「五挺」。注云：「挺，猶膱也。」此記作「五膱」。注云：「膱，猶脡也。」見膱與脡同物，爲記者異，故一作「膱」，一作「挺」耳。云「祭横於上，殊之也。於人爲縮」者，敖氏云：「《曲禮》曰：『以脯脩置者，左朐右末。』是膱長尺二寸而中屈之也。❶《士虞・記》有乾肉折俎，亦曰『朐在南』，此可以見其制矣。祭半膱，則不屈之。」云「古文『膱』爲『胾』，今文或作『植』」者，胡氏承珙《古今文疏義》曰：「案：『膱』，當作『樴』，『脡』、『挺』皆當作『梃』。宋本《鄉飲酒・記》，《釋文》云：『猶樴，本亦作膱。』可見注文原作『樴』字。《鄉飲》、《鄉射》注梃、樴互訓。《説文》：『樴，杙也。』『梃，一枚也。』二字皆从木，凡从扌、从肉者，皆誤。《聘禮・記》注：『膱脯如板然者，或謂之脡，皆取直貌焉。』蓋膱、脡無正字，从其直貌，故取訓杙之樴、一枚之梃名之。後人因其爲脯脩，改木从肉耳。『古文樴爲胾』者，段玉裁云：『戠聲、𢦏聲同部也。』惟胾爲大臠，與脯義別，故鄭不從。『今文或作植』者，直聲、戠聲亦同。鄭注《考工記》讀『樴』如『脂膏䐈

❶ 「尺二寸」，原作「二尺」，今據《儀禮集説》改。

敗』之『膗』，是也。」**俎由東壁，自西階升。**狗既亨，載於東方。**賓俎，脊、脅、肩、肺。主人俎，脊、脅、臂、肺。肺皆離。皆右體也。進腠。**以骨名肉，貴骨也。賓俎用肩，主人用臂，尊賓也。離，猶捪也。腠，膚理也。進理，謂前其本。右體，周所貴也。若有尊者，則俎其餘體也。【疏】正義曰：注「謂前其本」，《校勘記》云：「『前』，陳、閩、監、葛俱誤作『首』。」云「以骨名肉，貴骨也」者，俎用脯皆肉也，而以脊、脅、肩、臂名之，是以骨名肉。《祭統》曰：「凡爲俎者，以骨爲上。」故云「貴骨也」。云「賓俎用肩，主人用臂，尊賓也」者，肩、臂、臑爲前三體。《祭統》云：「周人貴肩。」賓用肩，是尊賓也。云「右體，周所貴也」者，此對左股而言也。云「若有尊者，則俎其餘體也」者，張氏爾岐云：「『尊者』，當作『遵者』。」經云『大夫若有遵者』，此所指正大夫也。餘體，謂臑若膊、若胳也。」**凡舉爵，三作而不徒爵。**謂獻賓、獻大夫、獻工，皆有薦。**凡奠者于左，**不飲，不欲其妨。**將舉者于右。**便其舉也。**衆賓之長，一人辭洗，如賓禮。**尊之於其黨。【疏】正義曰：張氏爾岐云：「疏云：『獻三賓之時，主人唯爲長者一人洗爵。』❶愚謂此爲衆賓統一洗，但辭之者一人耳。」**若有諸公，則如賓禮，大夫如介禮。無諸公，則大夫如賓禮。**尊卑之差。諸公，大國之孤也。【疏】正義曰：敖氏云：「賓禮、介禮亦謂其受獻時之儀耳。」云『有諸公，則如賓禮，大夫如介禮』，其言略與《鄉飲酒》之經合似也。云『無諸公，則大夫如賓禮』，其言大與此經違，則非矣。此經所言遵者、大夫之儀，正指無諸公者也。而其儀亦無以異於介，烏在其爲如賓禮乎？蓋大夫之禮宜降於賓，

---

❶「爲」，原作「謂」，今據《儀禮鄭注句讀》改。

固不以諸公之有無而爲隆殺。又經惟屢見大夫禮，而略不及公，則無諸公明矣。記乃著有諸公之禮，皆似失之。」盛氏世佐云：「經不見如賓禮之儀，略也。猶賴此記之存，得以考其隆殺之大凡，而敖氏反疑之，過矣。」張氏爾岐云：「鄉射無介，此以飲酒禮中之賓、介明其差等也。」**樂作，大夫不入。** 後樂賢也。**樂正與立者齒。** 謂其飲之次也。尊樂正同於賓黨。《鄉飲酒·記》曰：「與立者皆薦以齒。」【疏】正義曰：《鄉飲酒·記》注云：「不言飲而言薦，以明飲也。既飲皆薦於其位。」此記不言薦，故引《鄉飲酒·記》以證之。

三笙一和而成聲。 三人吹笙，一人吹和，凡四人也。《爾雅》曰：「笙小者謂之和。」【疏】正義曰：敖氏云：「三人吹笙，而一人歌其所吹之詩以和之。而後笙之辭顯，且成聲也。此其在無算樂之時乎？笙之入也，以將射之，故不奏之。」郝氏敬云：「三笙一和，謂三人吹笙，一人歌以和之也。鄭據《爾雅》笙小爲和，《爾雅》多後人附會，三大笙、一小笙於義何取？豈四笙并吹，無一歌者乎？」盛氏世佐云：「此當以注説爲正。《爾雅》曰：『笙，十九簧曰巢，十三簧曰和。』傳曰：『大笙音聲衆而高也，小者音相和也。』《説文》曰：『笙，正月之音，物生，故謂笙。』『列管匏中，施簧管端。』『宫管在中央，三十六簧曰竽；宫管在左旁，十九簧至十三簧曰笙。其他皆相似也。』陳氏《樂書》曰：『笙爲樂器，其形鳳翼，其聲鳳鳴，其長四尺。大者謂之巢，以衆管在匏有鳳巢之象也；小者謂之和，以大者唱則小者和也。』以上諸説，皆此記之箋疏也，豈鄭一人之私言哉？ 蓋聲者，宫、商、角、徵、羽也。笙之管應乎律，大小相調，五聲乃成。此吹笙之法，所謂『律以平聲』也。《國語》曰：『匏竹利制。』又曰：『匏竹尚議。』韋昭注曰：『利制，以聲音調利爲制；議，從其調利也。』然則大小相調，匏竹之器類然。若竽、若簫、若籥、若管、若篪，皆有大小，豈以笙而獨無之？ 今其音雖不可考，其義猶可推而知也。宋李照作巢笙，合二十四聲以應律呂正倍之聲；作和笙，應笙竽合清濁之聲。識者稱其能復古制。若謂於義無取，後人何以能師其意而作，作而調乎？若夫敖說之誤，有不得不辨者。夫有志而後有詩，有詩而後有歌，於是五聲以依之，十二律以和之，然後被之八音而爲樂。此帝舜命夔之言所以爲千古論樂之原本也。笙特八音之一耳，歌乃人聲也。謂笙以和歌則可，謂歌以和笙可乎哉？其誤一也。記曰：『歌者在上，匏竹在下，貴人聲也。』堂下安得有歌？其誤二也。況此篇無升歌、笙間，但有合樂，謂堂上歌瑟，堂下笙、磬合奏二南六篇之詩也。堂上既有二人之歌，安得堂下又有一人歌乎？其誤三也。敖氏亦自知其說之不可通，而謂此在無算樂之時，則其辭遁矣。郝氏襲其謬，而反譏鄭失，豈公論乎？」胡氏肇昕云：「盛氏駁敖、郝以伸注說，其識韙矣，但其所引證亦多謬誤。案：《爾雅·釋樂》云：『大笙謂之巢，小者謂之和。』舍人注云：『大笙音聲衆而高也，小者聲相和也。』郭璞注云：『列管匏中，施簧管端，大者十九簧。小者十三簧者，《鄉射·記》曰：三笙一和而成聲。』《説文》云：『笙十三簧，象鳳之身也。笙，正月之音，物生，故謂之笙。大者謂之巢，小者謂之和。古者隨作笙。』盛氏所引皆非。」**獻工與笙，取爵于上篚。既獻，奠于下篚。其笙則獻諸西階上。**奠爵于下篚，不復用也。今文無「與笙」。【疏】正義曰：注云「今文無『與笙』」者，胡氏承珙云：「案：經文云：『主人取爵于上篚，獻工。』其下云：『遂獻笙于西階上。』其下又云：『主人以爵降，奠于篚。』此記：取爵上篚，奠于下篚。當總記獻工與笙。《鄉飲酒禮·記》亦云：『獻工與笙。』故鄭不從今文無『與笙』也。」**立者東面北上。**賓黨。【疏】正義曰：賈疏云：「此謂來觀禮者，與堂下衆賓齒。」盛氏世佐云：「此謂堂下衆賓也，士之來觀禮者亦在焉。」**司正既舉觶而**

薦諸其位。薦於觶南。**三耦者，使弟子司射前戒之。**弟子，賓黨之少者也。前戒，謂先射請戒之。

【疏】正義曰：賈疏云：「謂請射之前戒之。」敖氏云：「三耦射則在先，立則居前，乃以弟子爲之者，爲司射當誘射故也。誘射有教之之意，故以少者爲三耦而誘之。不使長者，嫌其待之淺也。惟前戒，故不待命而先俟于堂西。」張氏爾岐云：「請射于賓之前，即戒之也。」**司射之弓矢與扑，倚于西階之西。**便其事也。

【疏】正義曰：司射取弓、挾矢、取扑，經皆著其在階西。惟誘射訖，改取一个挾之，則著其適堂西。蓋堂西與階西相近，記故統而言之。**司射既袒決遂而升，司馬階前命張侯，遂命倚旌。**著並行也。古文曰「遂命獲者倚旌」。【疏】正義曰：敖氏云：「階前，即觶南之處也。」盛氏世佐云：「階前，西階前也。觶南位在中庭，敖說非。」注云「著並行也」者，敖氏云：「謂此時司射、司馬同時行事，非相繼爲之。經不明言，故記著之也。經言司馬命張侯及倚旌，乃在司射比三耦之後。記言此，以明其在司射升、請射于賓之時，非若經文之次也。然經文所以如彼者，欲終上事，乃言下事故爾。」張氏爾岐云：「司射升堂、告賓請射之時」，司馬階前即命张侯倚旌。經文序司射事訖，乃及司馬，故記著其行事相並也。韋氏協夢云：「射禮同時行事者似不止此，如司馬命張侯，司樂即當命遷樂；司馬獻獲者，司射即當獻釋獲者。大約二人所行之事不至相窒礙者，皆可同時而行。若一人行一事，必相繼爲之，則日力有不給矣。記蓋舉一以見其餘耳。」云「古文曰『遂命獲者倚旌』」者，胡氏承珙云：「案：經文云：『司馬命張侯。弟子說束，遂繫左下綱。司馬又命獲者倚旌于侯中。』記又言此者，疏云：『司馬命張侯與命倚旌，其事相因，故云遂，明同是西階前。』然則今文不言獲者，從可知也。」**凡侯，天子熊侯，白質；諸侯麋侯，赤質；大夫布侯，畫以虎豹；士布侯，**

畫以鹿豕。此所謂獸侯也，燕射則張之。鄉射及賓射當張采侯二正。而記此者，天子、諸侯之燕射，各以其鄉射之禮而張此侯，則經「獸侯」是也。由是云焉，白質、赤質，皆謂采其地。其地不采者，白布也。熊、麋、虎、豹、鹿、豕，皆正面畫其頭象於正鵠之處耳。君畫一，臣畫二，陽奇陰耦之數也。燕射射熊、虎、豹，不忘上下相犯；射麋、鹿、豕，志在君臣相養。其畫之，皆毛物之。【疏】正義曰：《校勘記》云：「注『則經獸侯是也』。徐本、《通解》、楊氏俱無此句。案：此乃疏文誤入。『皆謂采其地』，『地』誤作『也』。『射熊、虎、豹』，『熊』，閩、監俱誤作『燕』。『不忘上不相犯』下『不』字，徐本、《通典》、聶氏、《通解》俱作『下』。朱子曰：『疏解忘爲苟，然則乃妄字也。』案：疏云：『不苟相從，輒當犯顔而諫。』正是不忘相犯之意，似非『妄』字。又案：《禮記·射義》疏引作『上下相犯』。『志在君臣相養』，徐本『養』下有『也』字，與《射義》疏引亦合。」云「此所謂獸侯也，燕射則張之。鄉射及賓射當張采侯二正」者，張氏爾岐云：「侯制有三：大射、賓射、燕射。大射之侯用皮。王三等：虎、熊、豹。諸侯二等：熊、豹。卿、大夫用麋，所謂棲皮之鵠，《梓人》云『張皮侯而棲鵠，則春以功』是也。賓射之侯用布，畫以爲正。王五正：中朱，次白，次蒼，次黄，而玄在外。諸侯三正，損玄、黄。大夫、士二正，去白、蒼，畫朱、緑，所謂『畫布曰正』，《梓人》云『張五采之侯，則遠國屬』是也。燕射之侯畫獸以象正鵠，此記所言是也。《梓人》亦云：張獸侯以息燕也。」胡氏肇昕曰：「《周禮·司裘職》曰：『王大射則共虎侯、熊侯、豹侯，設其鵠。諸侯則共熊侯、豹侯，卿、大夫則共麋侯，皆設其鵠。』注：『大射者，爲祭祀射，王將有郊廟之事，以射擇諸侯及羣臣與邦國所貢之士可以與祭者。諸侯謂三公及王子弟封於畿内者，卿、大夫亦皆有采地焉，其將祀其先祖，亦與羣臣射以擇之。凡大射各於其射宮。侯者，其所射也。

以虎、豹、熊、麋之皮飾其側，又方制之以爲䩉，謂以鵠著於侯中，所謂皮侯。王之大射，虎侯，王所自射也；熊侯，諸侯所射；豹侯，卿、大夫以下所射。諸侯之大射，熊侯，諸侯所自射；豹侯，羣臣所射。卿、大夫之大射，麋侯，君臣共射焉。』又《射人職》曰：『王以六耦射三侯，三獲三容，樂以《騶虞》，九節五正。諸侯以四耦射二侯，二獲二容，樂以《貍首》，七節三正。孤、卿、大夫以三耦射一侯，一獲一容，樂以《采蘋》，五節二正。士以三耦射豻侯，一獲一容，樂以《采蘩》，五節二正。』先鄭注云：『三侯，虎、熊、豹也。正，所射也。《詩》曰：終日射侯，不出正兮。二侯，熊、豹也。豻侯，豻者，獸名也。獸有貙、豻、熊、虎。』後鄭注云：『三侯者，五正、三正、二正之侯也。二侯者，三正、二正之侯也。一侯者，二正而已。』此皆與賓射於朝之禮也。《考工・梓人職》曰：『張五采之侯，則遠國屬。』遠國，謂諸侯來朝者也。五采之侯，即五正之侯也。正之言正也，射者，內志正則能中焉。畫五正之侯，中朱，次白，次蒼，次黄，玄居外。三正，損玄、黄。二正，去白、蒼，而畫以朱、緑。其外之廣，皆居侯中參分之一，中二尺。《大射禮》『豻』作『干』，讀如『宜豻宜獄』之豻。豻，胡犬也。士與士射，則以豻皮飾侯，下大夫也。大夫以上與賓射，飾侯以雲氣，用采各如其正。又《梓人》『張五采之侯，則遠國屬』注云：『五采之侯，謂以五采畫正之侯也。』《射人職》曰：以射法治射儀，王以六耦射三侯，三獲三容，樂以《騶虞》，九節五正。下曰：若王大射，則以貍步張三侯。明此五正之侯，非大射之侯明矣。其職又曰：諸侯在朝，則皆北面。遠國屬者，若諸侯朝會，王張此侯與之射，所謂賓射也。』又『張獸侯，則王以息燕』注云：『獸侯，畫獸之侯也。』引此記爲證。又云：『息者，休農息老物也。燕，謂勞使臣，若與羣臣飲酒而射。』孔氏穎達《射義》正義曰：『凡天子、諸侯及卿、大夫、士禮射有三：一爲大射，是將祭擇士之射；二爲賓射，諸侯來朝天子而與之射也，或諸侯相朝而與之射也；三爲燕射，謂息燕而與之射。天子、諸侯、大夫三射皆具，士無大射。故《司裘職》云大射惟明王及諸侯、卿、大夫，不及於士。其賓射、燕射，士皆有之。故《射人》云士射豻侯二正，是士有賓射也。又《鄉射・記》云：士布侯，畫以鹿、豕。是士有燕射矣。其侯，天子大射，則張虎侯、熊侯、豹侯；畿内諸侯大射，則張熊侯、豹侯。若畿外諸侯大射，亦張三侯：一曰大侯，二曰糝侯，三曰豻侯。若畿内卿、大夫射麋侯，其畿外卿、大夫射侯無文。於諸侯既得三侯，其卿、大夫蓋降君一等，則糝侯、豻侯也。大射之侯皆有鵠，鵠則三分侯中而居其一，其賓射之侯謂之正。天子賓射用五正、三正、二正之侯，諸侯用三正、二正之侯，卿、大夫用二正之侯。士亦用二正之侯，又飾以豻。畿外諸侯以下賓射，其侯無文。若天子以下燕射，則尊卑皆用一侯。此三射之外，又有鄉射，其侯並同賓射之法。故鄭注云：鄉侯二正。』」云「而記此者，天子、諸侯之燕射，各以其鄉射之禮而張此侯」者，此謂記言鄉射而以燕射之獸侯爲言，故明之也。張氏曰：「此鄉侯當張采侯二正，而記燕射之侯者，以燕射亦用此鄉射之禮，但張侯爲異耳。」盛氏世佐云：「記曰：『古者，諸侯之射也，必先行燕禮；卿、大夫、士之射也，必先行鄉飲酒之禮。』《燕禮》曰：若射，則如鄉飲酒之禮。蓋諸侯以上無鄉射，其燕射之侯，則自鄉射等而上之也；大夫以下無燕射，其鄉射之侯，則自燕射等而下之也。故獸侯之名通乎上下，而《鄉射》之記兼及王侯，皆以此耳。《圖説》曰：『大射射鵠，賓射射正，鄉射射質，而燕射則因鄉射之侯。注以燕張獸侯，鄉射當張采侯，誤矣。』」云「由是云焉，白質、赤質，皆謂采其地。其地不采者，白布也」者，盛氏世佐云：「凡侯中棲之以皮曰鵠，《司裘》所云『設其鵠』是也；畫之以采曰正，《射人》所云五正、三正、二正是也；塗之以土曰質，此記所云白質、赤質、丹質是也。各隨其所宜而命之，其實皆射之的而已。《梓人》云『參分其廣而鵠居一焉』，則鵠又侯中之總名也。鄭解此質爲質地之質，非。凡侯皆以布爲之，而飾之以皮。此於鄉射之侯獨曰布者，明其不以皮飾也。於鄉射之侯曰布，則熊、麋二侯之非純布可知矣；於鄉射之侯曰畫，則熊、麋二侯之非畫可知矣。或謂：『凡侯皆以布爲之，而飾之以皮，則三射之侯何別乎？』曰：別之以其侯中而已。皮侯以鵠，采侯以正，獸侯以質。或又謂：『燕射之侯，既不畫，何以謂之獸也？』曰：若以其所飾而謂之皮，則無以別於大射也。且其中，未嘗棲皮也。以其所塗而謂之采，則無以別於賓射也，且其中未嘗盡采也。燕侯雖不畫，而熊、麋之屬皆獸名，故以其名命之，且大夫、士之畫者，則固有獸象焉。又以見此名之通乎下也。皮侯、采侯取義於中，獸侯取義於側，亦相變也。」《經義聞斯録》曰：「案：射侯皆以布爲地，故《大射儀》注云：『侯，謂所射布也。』天子、諸侯以皮飾側，故《考工記》謂之獸侯，惟大夫、士不飾皮，故此記云『大夫布侯』，『士布侯』也。然云『畫以虎豹』，『畫以鹿豕』，則熊侯、麋侯非畫可知。畫者丹質，故非畫者，則白質、赤質也。人有大夫、士之異，獸有虎、豹、鹿、豕之分，故曰『凡』以統之。人有天子、諸侯及大夫、士之異，侯有飾皮及畫皮之分，故曰『凡畫者』以別之也。《小雅·賓之初筵》篇：『發彼有的。』傳云：『的，質也。』毛公解是詩爲燕射，則所謂質者即指白質、赤質、丹質之質。漢初訓詁簡括，不備引此經耳。質，侯中，志射之處，其猶大射之鵠、賓射之正與？注解爲地，非矣。」又云：「熊侯用熊皮，麋侯用麋皮。將何以別於大射之皮侯乎？《考工記》何以特謂之獸侯乎？蓋大射用虎、熊、豹、麋之皮飾侯側，而中又方制皮以爲鵠，側中皆皮，故曰皮侯。賓射亦用虎、熊、豹、麋之皮飾侯側，而中用布畫五采以爲正，故曰五采之侯。燕射則天子、諸侯張熊、麋皮，而中設質焉。大夫、士則畫虎、豹、鹿、豕於布，亦有獸之形，故統曰獸侯。」又云：「禮謂之質，《詩》謂之『的』，《説文》謂之『埻』，云：『射臬也，讀若準。』案：《司裘》注云：『侯者，其所射也。以虎、熊、豹、麋之皮飾其側，又方制之以爲辜，謂之鵠，著於侯中，所謂皮侯。』疑辜乃埻之誤，故《釋文》云『本亦作準也』。疏解辜作質，云『質者，正也，所射之處，故名爲質』。又案：《小爾雅》謂之槷。槷即臬也。《説文》：『臬，射準的也。』」云「熊、麋、虎、豹、鹿、豕，皆正面畫其頭象於正鵠之處耳」者，賈疏云：「案：《梓人》云：『參分其廣而鵠居一焉。』據大射之侯若賓射之侯，則三分其侯，正居一焉；若燕射之侯，則獸居一焉。故云象其正鵠之處。」胡氏肇昕云：「經於熊、麋侯不言畫，則以熊、麋之皮飾其側耳。畫者唯虎、豹、鹿、豕。」云「君畫一，臣畫二，陽奇陰耦之數也」者，以天子、諸侯唯熊與麋，大夫則有虎、豹，士則有鹿、豕，是取陰陽奇耦之數也。《經義聞斯録》曰：「其云大夫畫以虎、豹，士畫以鹿、豕者，大夫或虎或豹，士或鹿或豕耳。非大夫兼虎、豹，士兼鹿、豕也。注説涉附會。」胡氏肇昕云：「案：郝氏亦云：『畫虎則無豹，畫鹿則無豕。』非一侯畫二物也。敖氏云：『一侯而畫獸二者，亦宜夾其質也。不畫一獸者，變於用皮者也。』其説亦非。」云「燕射射熊、虎、豹，不忘上下相犯；射麋、鹿、豕，志在君臣相養」者，此鄭謂用熊、虎、豹、麋、鹿、豕之意也。胡氏肇昕云：「鄭氏《司裘》注云：『用虎、熊、豹、麋之皮，示服猛討迷惑者。射者大禮，故取義衆也。』較此注爲精。」云「其畫之，皆毛物之」者，謂所畫者皆毛物也。方氏苞云：「謂象其淺深、純駁之物色也。」**凡畫者丹質。**賓射之侯，燕射之侯，皆畫雲氣於側以爲飾。必先以丹采其地，丹淺於赤。【疏】正義曰：案：注以畫爲畫雲氣。凡畫者，總天子、諸侯、大夫、士而言。丹質，謂丹采其地，非也。考經文於熊侯曰白質，麋侯曰赤質，則丹質者，自謂大夫、士之布侯也。大夫與士同爲布侯，則同爲丹質，而虎、豹、鹿、豕又皆以畫，故以凡畫者統之質，謂其識射之處也。此注多誤，後儒故多駁之。敖氏云：「凡畫者丹質，謂畫虎、豹、鹿、豕之侯皆以丹質，言其質同也。」❶姜氏兆錫云：「據本記，白質爲天子之熊侯，赤質爲諸侯之麋侯，則丹質當屬大夫、士虎、豹、鹿、豕之侯。經云『凡』者，凡大夫與士，非並凡王侯也。」孔氏廣森云：「此質謂侯中受矢之處。《毛詩》『發彼有的』傳曰：『旳，質也。』《考工記》曰：『利射革與質。』」「蓋獸侯有質，猶皮侯有鵠，采侯有正矣。天子熊皮爲侯，白塗中以爲質；諸侯麋皮爲侯，赤塗中以爲質；凡大夫、士皆布侯而但畫爲獸象，丹塗中以爲質。於大夫、士獨言『布侯』，明君之獸侯亦真獸皮爲之，所别於皮侯者，在質與鵠耳。」**射自楹間，物長如笴，其間容弓，距隨長武。**自楹間者，謂射於庠也。楹間，中央東西之節也。物，謂射時所立處也。謂之物者，物猶事也，君子所有事也。長如笴者，謂從畫之長短也。笴，矢幹也，長三尺，與跬相應，射者進退之節也。間容弓者，上下射相去六尺也。距隨者，物横畫也。始前足至東頭爲距，後足來合而南面爲隨。武，跡也，尺二寸。【疏】正義曰：注云「自楹間者，謂射於庠也。楹間，中央東西之節也」者，張氏爾岐云：「榭鉤楹内，堂由楹外，雖不同，皆以楹中央爲東西之節。注云『謂射於庠』，❷恐未是。」云「長如笴者，謂從畫之長短也。笴，矢幹也，長三尺，與跬相應，射者進退之節也」者，郝氏敬云：物長如笴，與人步一跬

❶「同」，原作「異」，今據《儀禮集説》改。

❷「云」，原脱，今據《儀禮鄭注句讀》補。

相應。三尺爲跬，六尺爲步，從長半步，不言横，同也。云「間容弓者，上下射相去六尺也」者，敖氏云：「其間容弓，爲從畫言也。」胡氏肇昕云：「物長如笴，爲從畫言。其間容弓者，謂上下射各履一物，兩物之間相去容弓。弓，六尺也。敖説非。」郝氏云：「其間，謂兩物相去。中間可容弓。六尺曰弓，即一步也。兩人麗立，中空一步，以便射也。」云「距隨者，物横畫也。始前足至東頭爲距，後足來合而南面爲隨。武，跡也，尺二寸」者，敖氏云：「射者南面，還視侯中之後，先以左足履物之東端，乃以右足履其西端而合之，故名東端爲距，西端爲隨，取其左足至則右足隨之也。❶距，至也。隨，猶從也。」郝氏云：「左足先履物距其外曰距，❷右足來合曰隨，足跡曰武。武長尺有奇，兩足收斂迫狹，方可容一武也。」盛氏世佐云：「名横畫曰距隨者，蓋先以左足距從畫之南端，而後以右足隨之，履其横畫。」胡氏肇昕云：「『距』之本字當作『歫』。歫，《説文》云：『止也。』又『止』下云：『止，下基也。象草木出有阯，故以止爲足。』是古亦謂足爲止。故《士昏禮》『北止』注云：『止，足也。』歫訓爲止，亦可爲足之稱也。隨，讀如『父之齒隨行』之隨。」**序則物當棟，堂則物當楣。**是制五架之屋也。正中曰棟，次曰楣，前曰庪。【疏】正義曰：敖氏云：「當棟、當楣，其以庭之深淺而異與？堂之庭深於序，故進退其物以合侯道之數。此侯道五十弓。」張氏爾岐云：「序無室，堂有室，故物深淺異設，此物南北之節也。」吴氏廷華云：「大射大侯九十，此諸侯之侯道也。《司裘》注本之，而又以

❶「隨」，《儀禮集説》作「從」。
❷「曰距」，原作「而」，今據《儀禮節解》改。

天子之侯道亦九十。案：《白虎通》『天子之侯道百二十步』，雖俱無可考據，而《白虎通》之説爲長。」**命負侯者由其位。**於賤者禮略。【疏】正義曰：賈疏云：司馬自在己位，遥命之，由負侯者賤，略之故也。敖氏云：「位，觶南也。此與前二命皆不離其位者，以射事未至，略之，由便也。」盛氏世佐云：「此謂『司馬命獲者執旌以負侯』之時也。位，司射之南也。此時司馬位已不在觶南矣。敖説非。」吴氏廷華云：「司射請射後，司馬初命倚旌，次命負侯，皆不言位，則皆由其位也。不言命去旌，可知。又位本北面，而獲者在西，是即其位西向命之也。」**凡適堂西，皆出入于司馬之南。唯賓與大夫降階，遂西取弓矢。**尊者宜逸，由便也。【疏】正義曰：敖氏云：「凡，凡司射、司馬、三耦、衆耦也。必出入於此者，近於其位也。此於司射、司馬之位爲南，於耦之射位爲北，故以之爲節。云賓無射位，大夫不立於射位，故取弓矢於堂西，不由之。大夫卒射而退，乃由此者，統於上射，非正禮也。」郝氏敬云：「凡司射、三耦、衆耦往來堂西，皆由司馬之南而西，惟賓與大夫取弓矢於堂西，下階即折而西，不由司馬之南，尊者可直遂，不出卑者之下也。賓、大夫非取弓矢不往堂西，故申明之。」盛氏世佐云：「『凡適堂西，皆出入於司馬之南』，蓋威儀之法有不得由便者，唯賓與大夫則否，優尊也。敖氏『近於其位』之説失之。」**旌各以其物。**旌，總名也。雜帛爲物，大夫、士之所建也。言各者，鄉射或於庠，或於謝。【疏】正義曰：注云「旌，總名也」者，《周禮·司常》云：九旗，通帛爲旜，雜帛爲物，全羽爲旞，析羽爲旌。物與旌別，云「旌，總名」者，賈疏謂「散文則通」是也。云「雜帛爲物，大夫、士之所建也」者，本《司常》文。賈疏云：「通帛者，通體並是絳帛；雜帛者，中絳，緣邊白也。」云「各者，鄉射或於庠，或於謝」者，賈疏云：「大夫、士同建物而云『各』者，大夫五仞，士三仞，不同也。」吴氏廷華云：「《周禮・司常》惟有大夫、士建物及雜帛之文。以此記言之，則『物』字當即《司常》所謂『九旗之物』，蓋交龍、熊、虎九者及下龍旜之類。若止以雜帛言，非各以之義。要知此卿、大夫禮，如鄭、賈説，又有州長、鄉大夫，是卿當在孤，卿建旜中，州長當在州里建旟中，豈得專以雜帛爲訓？至五仞、三仞之説，據《司常》疏謂本《禮緯》，則尤不可以緯訓經；且記亦止言物，不言杠也。要之，人各有物，故曰『各』，不必辨其物之異同也。」張氏爾岐云：「旌，射時獲者所執，各用平時所建，故云『各以其物』也。」敖氏云：「記據士之爲主人者言也。士之物云『各』，則是三等之士其物亦有不同者矣。《士喪禮》云『爲銘各以其物』，亦此意也。」胡氏肇昕云：「敖氏之説，盛氏謂其非記意也。」**無物，則以白羽與朱羽糅，杠長三仞，以鴻脰韜上二尋。**無物者，謂小國之州長也。其鄉大夫一命，其州長士不命，不命者無物。此翿旌也，翿亦所以進退衆者。糅者，雜也。杠，橦也。七尺曰仞。鴻，鳥之長脰者也。八尺曰尋。今文「糅」爲「縮」，「韜」爲「翿」。【疏】正義曰：注云「無物者，謂小國之州長也。其鄉大夫一命，其州長士不命。不命者無物」者，郝氏敬云：「《周禮・司常》云『析羽爲旌』，『雜帛爲物』，『大夫、士建物』。《春秋傳》曰：『采，謂之物。』無物，謂士之未命者。旌無帛，則不得畫物。」姜氏兆錫云：「『旌各以其物』，即《司常職》掌九旗之名物之物，故云『各以其物』。而無物，則以朱白羽糅。杠乃因不命之士，無九旗之名物而爲之也。注誤解『物』爲『雜帛曰物』之物，則『各』字不可通。而疏乃以杠之長短别之，則所謂順而爲之詞，而不自知其率矣。」盛氏世佐云：「《春秋傳》曰：『采謂之物。』采，即雜帛也。雜帛非一色也，郝謂帛上畫物，似失之。姜以物爲名物之物，而究不能指言何物，不如仍以『大夫、士建物』之文爲證也。」云「此翿旌也，翿亦所以進退衆」者，賈疏云：「此據下文『士鹿中、翿旌』也。

下云：『國君中射，則皮樹中，以翿旌獲。』此不命士與國君同者，士卑不嫌，命士以上尊卑自異也。翿非直用之於獲。《喪大記》君葬時，執翿居前詔傾虧，亦所以進退衆人也。」云「糅者，雜也」者，敖氏云：「以白羽、朱羽相雜，而綴於杠之首，亦象『析羽爲旌』之意也。」張氏爾岐云：「不命之士，不得用物，則以赤白雜羽爲翿旌以射。」姜氏兆錫云：「糅訓爲雜，不可解。糅，謂交纏之也。」胡氏肇昕云：「姜説無據。大夫、士建物，雜帛爲物，無物則以白羽、朱羽雜綴爲旌，亦象其雜帛之物也。故注訓糅爲雜，《説文》無『糅』。錢氏大昕以爲即『粈』字。考《説文》：『粈，雜飯也。』段氏玉裁曰：『《食部》曰：𩚵，雜飯也。《廣韻》曰：𩚵，亦作粈。然則𩚵、粈一字，今之糅雜字也。』❶是粈本爲雜飯之名，引申之，凡雜亦可曰粈。丑聲與柔聲古音同部也。」云「杠，橦也」者，《後漢書·馬融傳》注云：「橦者，旗之竿也。」故《禮記·檀弓》「以練綢旌之杠」注又云：「杠，竿也。」云「七尺曰仞」者，賈疏云：「此無正文。王肅則依《小爾雅》四尺曰仞，孔君則八尺曰仞，所見不同也。」胡氏承珙《小爾雅疏證》曰：「仞數，諸儒各異，《漢書·食貨志》注又引應劭以五尺六寸爲仞，此仍與『七尺曰仞』者合。蓋用八寸爲尺，以七乘八，故爲五尺六寸。」褚氏寅亮云：「鄭云『七尺曰仞』，蓋本包咸《論語注》，不從趙岐《孟子注》『八尺爲仞』，尋八尺則仞七尺矣。《小爾雅》四尺爲仞，如是則仞有三尺之牆止高七尺，尤難信。」云「鴻，鳥之長脰者也」者，郝氏曰：脰，頸也。鴻，大鴈，長頸。云「八尺曰尋」者，賈疏云：「此亦無正文。」胡氏肇昕云：「《小爾雅》云：『四尺謂之仞，倍仞謂之尋。尋，舒兩肱也。』《説文》云：

❶「雜」，原作「飯」，今據《説文解字注》改。

『尋，度人之兩臂爲尋，八尺也。』《一切經音義》引《淮南·天文訓》曰：『音以八相生。人修八尺，尋自倍，故八尺而爲尋。』是皆以八尺爲尋也。」張氏爾岐云：「其杠三仞，又以鴻脰韜杠之上長二尋。鴻脰之制，注疏皆不言，❶疑亦縫帛爲之，其圓長若鴻項然也。」盛氏世佐云：「『杠長三仞』以下，又言旌竿之制度，物與無物者所同也。以鴻脰韜者，執旌所以唱獲，故取其飛鳴之象。說者謂縫帛爲之，非。上二尋，謂在其杠二尋之上也。此與經云『上握焉』句法相似。或以『上』字絶句，非。杠長二丈一尺，韜於二尋之上，則所韜者五尺矣。」方氏苞曰：「二尋以上乃韜，則所韜五尺也。曰『韜上二尋』，其制已明。而曰『以鴻脰』，則五尺中必微曲如鴻之脰也。」云「今文『糅』爲『縮』，『韜』爲『翿』」者，胡氏承珙《古今文疏義》曰：「注云：『糅，雜也。』《一切經音義》：『糅，古文粈、鈕二形。』《説文》：『粈，雜飯也。』引申之，爲凡相雜之偁，丑聲、柔聲並通，故又變爲糅。『今文糅爲縮』者，如《周禮·甸師》：『祭祀共蕭茅。』鄭大夫云：『蕭，或爲茜。茜，或爲縮。』是也。鄭以糅、縮聲雖近，而縮字無雜義，故不從。今文『韜』爲『翿』者，亦聲近假借。鄭以韜義爲正，故亦不從今文。」**凡挾矢，于二指之間横之。**二指，謂左右手之第二指，此以食指、將指挾之。【疏】正義曰：賈疏云：「第二指爲食指，《左傳》云『子公之食指動』是也。第三指爲將指，《左傳》云吴王闔廬傷將指是也。」敖氏云：「云凡者，謂挾矢或多或寡，其法皆然。寡則挾以食指、將指，多則以餘指分挾之。凡挾矢，有挾一矢

❶「疏皆」，原脱，今據《儀禮鄭注句讀》補。

者，有挾四矢、五矢者。」韋氏協夢云：「食指、將指之外，除兩擘指有拓弓、鉤弦之事，❶其無名指、小指皆可挾矢。挾一个者，挾於食指、將指之間；挾四个，則分挾將指、無名指之間；挾五个，則又分挾無名指、小指之間也。」褚氏寅亮云：「無問矢之多寡，挾之，總於第二指、第三指之間，故不曰『指間』，而曰『二指之間』。敖氏謂多則餘指分挾之，失記意。」**司射在司馬之北。司馬無事不執弓。**以不主射故也。【疏】正義曰：敖氏云：「司馬將升堂而有事，乃執弓。非是則亦有有事而不執弓之時，記蓋大略言之耳。」**始射，獲而未釋獲；復，釋獲；復，用樂行之。**君子取人以漸。【疏】正義曰：敖氏云：「始射，謂第一番三耦射時。復，又射也。前言復，謂第二番射時。後言復，謂第三番射時。三耦始射，志在於中，中則當言獲，未釋獲者，此如習射然，未宜較勝負，且三耦之外皆未射，難以相飲，亦不可以徒釋之也。至次射，則賓主而下皆繼射，乃可以釋獲。及第三射，則其事已熟，乃可以樂爲節也。此皆行事有漸，且示先質後文之意。」吴氏廷華云：「第一番射未釋獲，第二番射始釋獲，第三番射又釋獲。故曰復。復當據第三番射言，又第三番始用樂，曰復者，對樂賓時言。」**上射于右。**於右物射。【疏】正義曰：韋氏協夢云：「上射于右，則下射當於左。不言者，可知也。」**楅長如笴，博三寸，厚寸有半，龍首，其中蛇交，韋當。**博，廣也。兩端爲龍首，中央爲蛇身相交也。蛇、龍，君子之類也。交者，象君子取矢於楅上也。直心背之衣曰當，以丹韋爲之。司馬左右撫矢而乘之，分委於當。【疏】正義曰：《校勘記》云：「注『司馬左右』，誤作『左右司馬』。」云「博，廣

❶「擘」，原作「臂」，今據《儀禮蠡測》改。

也」者，敖氏云：「長如笴，❶兩端相去之度也。」盛氏世佐云：「楅，承矢架也，長如笴，博三寸，厚寸有半，皆謂其乘矢之横木也。蓋楅身屈曲如蛇交，必以此木横設於上，乃可以安矢。」云「兩端爲龍首，中央爲蛇身相交也」者，楊氏復曰：「兩端爲龍首，所以限矢也。其中爲蛇身兩兩相交相對，則置之於地而安也。」敖氏云：「龍首者，刻其上端作龍首之狀爲識，且以飾也。上端爲首，則下端爲尾明矣。經云東肆，是其証也。蛇交者，兩木屈曲爲之，狀如蛇交然。以屈曲爲之者，象弓也。」盛氏云：「其中蛇交，則兩端皆爲龍首。鄭必有所傳矣，敖説非。」云「蛇、龍，君子之類也」者，賈疏引《易》「龍戰于野，其血玄黄」，鄭注云「聖人喻龍，君子喻蛇」是也。云「直心背之衣曰當，以丹韋爲之」者，聶氏崇義引舊圖云：「楅長三尺，有足，置韋當於背。」郝氏云：「韋，皮也。當，中也。與襠通。中衣袴曰襠，兩腹如半圜，交處脊起如衣襠。撫矢乘之，則分委兩腹；以韋鞔之，如襠衣也。」姜氏兆錫云：「以當爲楅衣固似，但謂當爲直心背之衣，則當須讀作襠。而歷攷字典，初無襠作當之文。即當字義解數十條，又無通當作襠之義也。況本記以『楅』字領起全文，下文又著『楅』字，覺上下文義不協；而獨以『楅髤』二字合於下節，義例彌復未安。或讀當爲當車之當，『當楅』爲句，『髤』句，謂韋當楅中，而色則髤也。此於義爲穩，宜從之。」盛氏云：「當，底也。《韓非子》曰『玉卮無當』是也。以皮爲底，防傾欹也。注誤，姜説尤鑿。」❷胡氏肇昕云：「《釋名・釋衣服》云：『裲襠，其一當胸，其一當背。』是『直心背之衣曰當』也。鄭以當爲襠者，蓋古人字少，得相假借。且裲襠之爲名，以一當胸，一當

---

❶「笴」，原作「苛」，今據《儀禮集説》改。下「如笴」同。

❷「姜」，原作「敖」，今據《儀禮集編》改。

背，故曰裲襠。是襠正由當得名也，古蓋即以當字爲之。姜氏據後世之字書律古人之借義，可謂妄矣。又《後漢書·鮑永傳》有『當匈』。李賢注云：『當匈，以韋爲之。』是襠之通作當，又有明證。姜氏何考之未審邪？考楊氏《禮圖》楅之制，兩端作龍首，中爲蛇身兩兩相交，以丹韋爲當，設於其上，以承矢。楊氏本於注說，注必有據也。敖氏乃以上端爲首，下端爲尾，不知楅者横設，非直設也，有兩端之形，無上端下端之形也。盛氏以當爲底，引《韓非子》以爲據，竟不知當之形何若，其用韋於何所也。且楅之分承乘矢者，經不得不一明之也。是其説皆不可從，當以注説爲是。」云「司馬左右撫矢而乘之，分委於當」者，楊氏云：以丹韋爲當，則四四分矢，而委之於其上也。**楅，髤，横而奉之，南面坐而奠之，南北當洗。**髤，赤黑漆也。

【疏】正義曰：「楅髤横而奉之」，《校勘記》云：「『奉』，《釋文》、唐石經、徐本俱作『拳』，《通解》、楊氏、敖氏俱作『奉』。朱子曰：『拳，當作奉，字之誤也。』陸氏音拳亦非是。❶《石經考文提要》曰：『拳訓曲，言制楅之法漆而横曲之，其蛇交之處著地，龍首尾拳曲向上，更設韋當於其背，與上蛇交韋當文義相屬，非設楅時兩手奉之也。《釋文》明注：拳音權。《通解》但云：拳，當作奉。而注仍作拳，不改字。』案：朱子云：『拳，當作奉。』則未嘗改經也。今本《通解》經文竟作『奉』，卻於疏末綴『楅横而拳之』五字，疑非朱子原文。」○盛氏世佐云：「此再言楅者，以其通體言也。若以韋當楅爲句，則髤但爲韋色，不知楅體更作何色邪？」注云「髤，赤黑漆也」者，案：髤之本字作「髹」，云：「髹，桼也。」段氏玉裁注曰：「韋昭曰：『𩬆曰髹。』師古曰：『以

❶「音」，原作「云」，今據《儀禮注疏校勘記》改。

桼桼物謂之髤。」今關東俗謂之捎桼，捎即髤聲之轉耳。以桼桼物皆謂之髤，不限何色也。《鄉射禮》注云：『赤黑桼也。』《巾車》注云：『髤，謂赤多黑少之色韋也。』《漢書》：『中庭彤朱，殿上髤桼。』《西都賦》謂之『彤庭玄墀』。然則或赤或黑，或赤黑兼，或赤多黑少，皆得云髤。」張氏爾岐云：「楅用漆爲飾，設之者横而奉之，南面坐奠中庭，其南北與洗相直。」**射者有過，則撻之。**過，謂矢揚中人。凡射時矢中人，當刑之。今鄉會衆賢以禮樂勸民，而射者中人，本意在侯，去傷害之心遠，是以輕之，以扑撻於中庭而已。《書》曰：「扑作教刑。」【疏】正義曰：敖氏云：「射時司射搢扑以涖事，然則撻之者，其司射與？」　注云「過，謂矢揚中人。凡射時矢中人，當刑之」者，以矢中人爲過之大者，本當刑之，但其本意在侯，非故有傷害人之心也，故僅用扑撻於中庭。鄭引漢時鄉會衆賢事以證之也。引《書》者，古文《尚書·堯典》文。吴氏廷華云：「過本不一，注特舉其重言之。賓、主、大夫無撻理，或爲三耦及諸執事設也。」**衆賓不與射者不降，**不以無事亂有事。古文「與」爲「豫」。【疏】正義曰：敖氏云：「衆賓在三人之中者也。經言賓、主人、大夫若皆與射之禮，則是賓、主人、大夫或有時不與矣。此記又言『衆賓不與射者不降』，❶皆以堂上者言也。以是觀之，則堂上者可以不與，而在下之衆賓無有不與者乎？」褚氏寅亮云：「大夫尊，不與射不降可知。嫌衆賓不與射，因賓、主、大夫降而亦降，故特明之。」**取誘射之矢者既拾取矢，而后兼誘射之乘矢而取之，**謂反位已禮成，乃更進取之，不相因也。【疏】正義曰：賈疏云：「不相因者，既自拾取己之乘矢，反位，東西望訖，

❶「降」，原作「與」，今據《儀禮集説》改。

上射乃更向前，兼取誘射之矢。禮以變爲敬，故不相因。」朱子曰：「上經云：『後者遂取誘射之矢。』此注乃云：反位禮成，乃更進取之。似相矛盾。其『上射』字亦與『後者』二字不相應，當作下耦之下射。」敖氏云：「經云『後者遂取誘射之矢』，此則見其於既拾取己矢乃爲之。」吴氏廷華云：「己之四矢，一遞一取，故曰拾。後者既拾取己矢訖，又進兼四矢取之。以一人取，故不言拾。疏云『東西望』者，謂東西面位相望也。」張氏爾岐云：「注所謂『反位已』者，非司馬西南東面之位，乃楅東西取矢之位。前經所云『上射東面，下射西面』者也。但彼處疏云：是下射取之。此乃云上射，未審何者爲是。」盛氏世佐云：「此注顯與經背，當以朱子及敖説爲正。」**賓、主人射，則司射擯升降，卒射即席，而反位卒事。**擯賓、主人升降者，皆尊之也。不使司馬擯其升降，主於射。【疏】正義曰：敖氏云：「擯謂以辭贊之。射時擯升降，則取矢亦當然也。將擯而去扑，搢之，乃反位。」注云「不使司馬擯其升降，主於射」者，賈疏云：「司馬本是司正，不主射事也。」**鹿中，髤，前足跪。鑿背，容八算。釋獲者奉之，先首。**前足跪者，象教擾之獸受負也。【疏】正義曰：張氏爾岐云：「先首，首向前也。」盛氏世佐曰：「此於奉之者爲縮。」注云「前足跪者，象教擾之獸受負也」者，賈疏云：「服不氏教擾，猛獸不堪受負。其有合負物者，教擾則屈前足以受負，若今駞受負則四足俱屈之類也。」胡氏肇昕云：「孔穎達《禮記·投壺》正義曰：『中之形，刻木爲之，狀如兕鹿而伏，背上立圓圈以盛算。』」**大夫降，立于堂西以俟射。**尊大夫，不使久列於射位。【疏】正義曰：張氏爾岐云：「賓、主人、大夫同時降，賓主先射，大夫且立於堂西，其耦在射位，俟當射，大夫乃就其耦，升射。」韋氏協夢云：「尊者事至乃爲之，故大夫立於堂西，而不立於射位，優之也。若然，則大夫未射，俟射至乃降亦可。必先降者，賓、主人既降，而大夫獨立於堂上，則是以尊者自處矣。此又自謙之意也。」**大夫與士射，袒纁襦。**不肉袒，殊於耦。【疏】正義曰：「袒纁襦」，《校勘記》云：「『纁』，唐石經、徐本、《通解》、楊氏、敖氏俱作『薰』。案：宋本《釋文》亦作『薰』，前『有司請射』疏亦引作『薰』。據《士冠禮》『纁裳』注云『今文纁皆作熏』，則此『薰』當作『熏』。」盛氏世佐云：「『纁』，石本作『薰』，張氏以爲誤。敖同石本，且釋之曰：『薰，讀爲纁，古字通用也。』殆不免郢書而燕説矣。」胡氏肇昕云：「據敖説，正可證古本皆爲『薰』，非石本之誤。盛氏反斥敖之非，適見其陋。」〇敖氏曰：「袒纁襦，尊者不見體也。襦先著於衣内，袒時則出之。大夫非射於君所，固不肉袒矣。乃以與士射爲言者，嫌爲下射，或當統於上射，不宜異之也。」吴氏廷華云：「裹衣上加襦，襦上加遂，經第言袒，故記之。」**耦少退于物。**下大夫也，既發則然。【疏】正義曰：郝氏云：「耦，謂士爲大夫耦，則士居右物爲上射，每既發一矢，輒少退，辟尊也。」敖氏云：「經言耦於大夫，射時之禮，在下則屈，在上則伸，然則似未必有此少退於物之儀也。且侍射於君，乃退於物，尊君也。大夫之耦，此禮亦不宜與君之耦同，記似過矣。」盛氏世佐云：「此亦貴貴之禮則然，然云『少退』，則與侍君射之禮有間矣。敖氏議之，非也。」**司射釋弓矢，視算，與獻釋獲者釋弓矢。**惟此二事，休武主文，釋弓矢耳。然則擯升降不釋。【疏】正義曰：敖氏云：司射於射未畢而釋弓矢，惟此二事，故記者併言之也。視算而去弓矢者，爲射事已因去扑之節而并去之也。獻釋獲者，而釋弓矢者，爲有洗酌荅拜等事故也。二者之意義不同。**禮射不主皮。主皮之射者，勝者又射，不勝者降。**禮射謂以禮樂射也，大射、賓射、燕射是矣。不主皮者，貴其容體比於禮，其節比於樂，不待中爲雋也。言不勝者降，則不復升射也。主皮者無侯，張獸皮而射之，主於獲也。《尚書傳》曰：「戰鬭不可不習，故於蒐狩以閑之也。閑之者，貫之也。貫之者，習之也。凡祭，取餘獲陳於澤，然後卿、大夫相與射也。中者雖不中也，取；不中者雖中也，不取。何以然？所以貴揖讓之取也，而賤勇力之取。嚮之取也於囿中，勇力之取；今之取也於澤宮，揖讓之取也。澤，習禮之處，非所於行禮，其射又主中，此主皮之射與？天子大射，張皮侯；賓射，張五采之侯；燕射，張獸侯。」【疏】正義曰：注「不待中爲雋也」，《校勘記》云：「『雋』，徐本、《要義》俱作『備』。案：『備』，蓋『雋』字之誤。『則不復升射也』，《要義》脱『升』字。『凡祭取餘獲陳於澤』，『凡』，《要義》作『已』，與單疏述注合。『取』上，《要義》有『則』字。案：『凡祭』，當從《要義》作『已祭』。案：段玉裁云：『《射義》：天子將祭，必先習射於澤。下文又云：射中者得與於祭，不中者不得與於祭。是射澤必在祭之先，況禽待祭後而班，則委積日久，已字，非也。』許氏宗彦云：『苟非已祭，何稱餘乎？當作已。』『嚮之取也』，『嚮』，《釋文》作『鄉』。『勇力之取』，『取』下，徐本、《通解》、《要義》俱有『也』字。」云「禮射謂以禮樂射也，大射、賓射、燕射是矣」，敖氏云：「禮射，謂此篇所載與大射、燕射之類也。」云「不主皮者，貴其容體比於禮，其節比於樂，不待中爲雋也」者，以其合於禮樂爲主，不以中爲雋，故曰「不主皮」也。云「言不勝者降，則不復升射也」者，此主皮之射。若禮射一番不勝，三番仍升射也。云「主皮者無侯，張獸皮而射之，主於獲也」者，敖氏曰：「禮射則張皮侯，若采侯與獸侯而加正鵠。主皮之射則不用正鵠，但欲射中其皮耳。此皮與所謂皮侯者之皮不同，蓋以中甲之革爲之。《周官》云：『射甲革。』《樂記》云：『貫革之射。』皆指此而言也。中甲之革，犀兕若牛之皮也。其爲物堅厚，惟强有力者乃能貫之，故禮射則不主皮，爲力不同科故也。」張氏爾岐云：「不主皮，當依《論語》作主於中而不主於貫革爲確。」胡氏肇昕云：「《論語》：『禮射不主皮。』馬融注曰：主皮能中質，言射者不但以中皮爲善，亦兼取和容。是馬氏亦不以主皮爲貫革也。《周禮》：鄉大夫以鄉射之禮五物詢衆庶，三曰主皮。鄭注云：庶人無射禮，因田獵分禽則張皮射之。是主皮爲田獵之射，亦在鄉射五物之中，特爲庶人言之耳。陳氏祥道謂主皮之射，庶人之禮也。鄉大夫或用之於澤宮，或用之以詢衆庶，用之於詢衆庶，在一曰和、二曰容之後，則主皮之射，雖君子之所不廢，亦非其所尚也。晚周之時，射尚主皮，故孔子譏之是也。至貫革之射，見於《樂記》，乃軍旅之射也。《周禮·司弓矢》所謂『射甲革椹質』是也。與主皮之射各別。朱子注《論語》合主皮貫革爲一，不及馬、鄭説之精。敖氏、張氏從之，誤矣。」引《尚書傳》者，此伏生《尚書大傳》之文。自「戰鬭」至「揖讓之取也」，鄭引之，疑其爲主皮之射言也。云「凡祭，取餘獲陳於澤，然後卿、大夫相與射也。中者雖不中也，取；不中者雖中也，不取」者，朱子曰：「蓋謂取蒐狩之餘獲陳於澤。今之中者，鄉雖不中亦取也；今之不中者，鄉雖中亦不取也。」云「澤，習禮之處，非所於行禮，其射又主中，此主皮之射與」者，言澤雖習禮之處，而其射則又主於中，是非所於行禮，故疑其爲主皮之射也。**主人亦飲于西階上。**就射爵而飲也。已無俊才，不可以辭罰。【疏】正義曰：賈疏云：「此謂主人在不勝之黨受罰爵之時也。」**獲者之俎，折脊、脅、肺、臑。**臑，若膊、胳、觳之折，以大夫之餘體。【疏】正義曰：《校勘記》云：「敖氏删經『臑』字，其正誤曰：『今本肺下有臑字。繼公謂臑在肺下，非其次，且與折文不合，蓋傳寫者因注首言臑而衍也。』《大射》注引此無『臑』字，今據以删之。周學健云：『臑在折中，不應又出臑字，但賈疏自作有臑字解，故仍其舊而加圈别之。』」案：此與《鄉飲酒》介俎『肫』字同意，皆以用體無常，故立文不定。且此文變例，『臑』在『肺』下，其意尤明。故《鄉飲酒》『肫』字可删，而此經『臑』字不可去。又《大射》注云：卿折俎，用脊、脅、臑、折肺。與此正同，明無衍字。」注云「臑，若膞、胳、觳之折，以大夫之餘體」者，張氏爾岐云：「見科取其一不定，有臑則用臑，無臑則三者皆可用之。唯視大夫之有無多寡，取其餘體而已。」吳氏廷華云：「記止言臑，則不用膞胳可知。蓋折不用全體，大夫用臑，亦折不全用，則獲者亦得用臑，不必易臑用膞。」盛氏世佐云：「《士虞》：『用專膚爲折俎。』注云：『折俎，謂主婦以下俎也。體盡人多，折骨爲之。』又《特牲》：主婦俎觳折，佐食俎觳折。然則體盡人多，乃折牲體以充俎。今此唯賓、主人用肩臂，其餘體尚多，而獲者之俎用折者，獲者賤也。折謂自臑以下也，脊脅骨多，不須折。言臑於肺下者，舉所折之例也。此特謂無大夫言之耳。若有大夫，則以大夫之餘體也。記若云：獲者之俎，脊、脅、臑、折肺。豈不文順而意顯？今其文若此者，欲見此俎之折於禮爲宜，不因大夫多而然也。又以見自臑以下，皆可折以爲俎，不限於臑也。」**東方謂之右个。**侯，以鄉堂爲面也。【疏】正義曰：韋氏協夢云：「此明經之左个、右个，東方謂之右个，則西方謂之左个矣。」○《校勘記》云：「注『鄉堂』，『堂』，誤爲『黨』。」**釋獲者之俎，折脊、脅、肺。皆有祭。**皆，皆獲者也。祭，祭肺也。以言肺，謂刌肺不離，嫌無祭肺。【疏】正義曰：注云「皆，皆獲者也」者，謂獲者與釋獲者之俎同也。云「祭，祭肺也。以言肺，謂刌肺不離，嫌無祭肺」者，敖氏云：「經於二俎，已見其有祭。記復言之者，以此云『肺』，嫌爲祭肺也，是以明之。二俎有離肺，復有祭肺者，爲獲者祭於三處而加之。釋獲者俎，遂因之亦加祭肺一也。」盛氏世佐云：「此及上文所謂肺，皆舉肺也，祭則祭肺也。祭祀之時，二肺俱有，其他則惟有舉肺而已。舉肺亦皆以祭，今此有舉肺復有祭肺者，爲獲者之祭侯而設也。釋獲者亦有祭，則又因獲者之禮也。獲者之祭肺三，釋獲者之祭肺一。」**大夫説矢束，坐説之。**明不自尊别也。【疏】正義曰：張氏爾岐云：「謂拾取矢時。」**歌《騶虞》，若《采蘋》，皆五終，射無算。**謂衆賓繼射者，衆賓無數也。每一耦射，歌五終也。【疏】正義曰：賈疏云：「上用《騶虞》以化民，❶下用《采蘋》，大夫之樂節亦可。皆五終者，大夫、士皆五節，一節一終，故云『五終』也。」方氏苞云：「疑賓、主人、衆賓之射，皆歌《騶虞》，有司、學士並宜助流王化也。大夫則歌《采蘋》，以職位既有定耳。疏以上下爲别，義不可通。」韋氏協夢云：「經止言『歌《騶虞》』，此云『歌《騶虞》，若《采蘋》』者，補經所未及也。疑行鄉飲禮於賓賢能，則用《騶虞》，注所謂『有樂賢之志，取其相宜』是也。若州長春秋以禮會民而射于州序，行此鄉射之禮，則用《采蘋》，以鄉大夫或來也。」盛氏世佐云：「《騶虞》説見前。《采蘋》，卿、大夫賓射所歌也，故亦得用之。然則諸侯之州長歌《騶虞》，若《采蘩》與？五終即《周禮》所謂五節。《騶虞》亦五終何，嫌於僭乎？」蔡氏德晋云：「案：先儒皆以此爲與《周官》異，不知此正與《周官》互相發明耳。《周官》王射以《騶虞》九節；大夫射以《采蘋》，士射以《采蘩》，皆五節。今鄉射乃士禮，則用《采蘩》五節宜矣。然二南乃鄉樂，自天子以至於士皆可通用，則《騶虞》可下達於大夫、士，但其節當五終耳。推之，則《采蘋》、《采蘩》可上達於天子，但其節則當九終可知也。」胡氏肇昕云：「方氏謂賓、主人、衆賓射皆歌《騶虞》，大夫則歌《采蘋》，其説疑可從。大夫或來或不來，未定，故經但言歌《騶虞》，記則爲補言之耳。」**古者于旅也語。**禮成樂備，乃可以言語，先王禮樂之道也。疾

---

❶「上」，原脱，今據《儀禮注疏》補。

今人慢於禮樂之盛，言語無節，故追道古也。【疏】正義曰：《校勘記》云：「注『禮成樂備』，諸本俱作『種成樂億』，唯徐本同此。」○敖氏云：「言古者，以見周禮之不然。古，謂殷以上也。于旅而語，以敬殺也。」盛氏世佐云：「此云『古者』，蓋謂周之盛時也。然則記之作也，其在春秋之際乎？」胡氏肇昕云：「敖氏以《禮經》爲周公所作，故謂古爲殷以上也。但經爲周公所作，記則孔子與七十子之所作也。觀《論語》：『子曰：禮，射不主皮，爲力不同科，古之道也。』與此之追道古初以慨今時者相似，則古當謂周之盛時爲是。」**凡旅不洗。**敬殺。**不洗者不祭。**不盛。**既旅，士不入。**從正禮也。既旅則將燕矣。士入，齒於鄉人。【疏】正義曰：注「從正禮也」，《校勘記》云：「『從』，徐本作『後』，《通解》作『從』。」張氏爾岐云：「『從正禮』，當是『後正禮』。」**大夫後出。**下鄉人，不干其賓主之禮。【疏】正義曰：《校勘記》云：「注『不干』，『干』，誤作『于』。」○敖氏云：「大夫後出，與其後入之意同，亦欲使主人各得盡其待賓與大夫之禮，而賓與大夫亦各得伸其尊也。主人送賓入門，大夫乃出。」**主人送于門外，再拜。**拜送大夫，尊之也。主人送賓，還入門，揖。大夫乃出，拜送之。【疏】正義曰：敖氏云：「大夫雖多，亦唯拜送其長而已。鄉飲酒，尊者之禮，亦當如此。」胡氏肇昕云：「敖氏推《鄉飲酒》主人拜送賓，于介則否，以解此經唯拜送大夫之長，其説未安。」方氏苞云：「鄉射，衆賓出，主人皆拜送，況衆大夫乎？」韋氏協夢云：「再拜送大夫，合衆大夫而拜送也。」**鄉侯，上个五尋。**上个，謂最上幅也。八尺曰尋，上幅用布四丈。【疏】正義曰：注云「用布四丈」者，以五乘八得四丈也。張氏爾岐云：「横長之數。」**中十尺。**方者也，用布五丈。今官布幅廣二尺二寸，旁削一寸。《考工記》曰：

梓人爲侯，廣與崇方。謂中也。【疏】正義曰：張氏爾岐云：「中，即正也。」❶盛氏世佐云：「此謂侯中也。鄉侯之質居侯中三分之一，蓋方三尺三寸有奇矣。正鵠亦然，但其尺寸則隨侯中之大小以爲準耳。張説非。」郝氏云：「中，中幅侯心也。十尺，方一丈也。侯中心視侯道遠近爲廣狹。」褚氏寅亮云：「布幅之廣，當以《漢志》二尺二寸爲正，故注據之。《淮南子》云二尺七寸，巡狩禮以爲三尺二寸，俱未的。」○注「《考工記》」，《校勘記》云：「『工』，誤作『功』。」　云「方者也，用布五丈」者，張氏曰：「廣崇皆十尺，布幅廣二尺，故用布五丈。」云「今官布幅廣二尺二寸，旁削一寸者」者，敖氏云：「蓋謂周布之廣當如漢布也。」賈疏云：「此言十尺，用布五幅，幅廣二尺二寸，兩畔各削一寸爲縫，幅各二尺在，故五幅爲一丈也。漢法，幅二尺二寸，亦古制存焉，故舉以爲況。引《考工記·梓人》之文者，證中之爲方者也。」**侯道五十弓，弓二寸以爲侯中。**言侯中所取數也。量侯道以貍步，而云「弓」者，侯之所取數，宜用射器也。正二寸者，骹中之博也。今文改「弓」爲「肱」也。【疏】正義曰：注「宜用射器也」，《校勘記》云：「『用射』，徐作『於射』，聶氏、《通解》、楊氏俱作『於射』。『正二寸者』，諸本俱無『者』字，唯監本同此。」　云「量侯道以貍步，而云『弓』者，侯之所取數，宜用射器也」者，《大射儀》云：以貍步張三侯，是量侯道以貍步也。六尺爲步，弓之制與步相應。侯之取數宜於射器，故此經不云「貍步」而云「弓」也。　云「正二寸者，骹中之博也」者，《考工記·弓人》云：「茭解中有變焉。」注云：「茭，讀如『齊人名手足掔爲骹』之骹。」謂弓弣把側骨之處，博二寸。鄭氏此注作骹，用

---

❶「正」，原作「方」，今據《儀禮鄭注句讀》改。

其所改之字也。正之數取於骹中之博，故二寸。褚氏寅亮云：「此中一丈，三分其一以爲鵠，則三尺三寸有奇，七十弓之侯，中丈四尺，鵠四尺六寸有奇。九十弓之侯，中丈八尺，鵠六尺。」張氏爾岐云：「侯之遠近五十弓，每弓取二寸，以爲侯中之數，故中十尺也。」❶云「今文改『弓』爲『肱』」者，胡氏承珙《古今文疏義》曰：「案：古肱字本作厷，與弓字爲同音假借。故馯臂子弓，馯，姓；臂，名；當字厷，而作子弓。《左傳》『郈黑肱』，《公羊》作『黑弓』，皆其例。鄭云：『侯之所取數，宜用射器。』故不從今文改作『肱』也。」❷**倍中以爲躬**，躬，身也，謂中之上下幅也，用布各二丈。【疏】正義曰：賈疏云：身爲中，上、中、下各横接一幅布者也。

倍躬以爲左右舌。謂上个也。居兩旁謂之个，左右出謂之舌。【疏】正義曰：張氏爾岐云：「即最上四丈之横幅，隨所目而異名，左右出各一丈。」**下舌半上舌。**半者，半其出於躬者也。用布三丈。所以半上舌者，侯，人之形類也。上个象臂，下个象足。中人張臂八尺，張足六尺，五八四十，五六三十，以此爲衰也。凡鄉侯用布十六丈，數起侯道五十弓以計，道七十弓之侯，用布二十五丈二尺，道九十弓之侯，用布三十六丈。【疏】正義曰：《校勘記》云：「注『半其出於躬者也』，『躬』，徐本作『射』，似誤。『用布二十五丈二尺』，『用』，徐本作『田』，誤。」云「半者，半其出於躬者也。用布三丈」者，張氏爾岐云：「用布三丈，横綴下躬之

❶「中」，原脱，今據《儀禮鄭注句讀》補。
❷「今」，原作「古」，今據《儀禮古今文疏義》改。

下，❶左右出於躬各五尺。」云「所以半上舌者，侯，人之形類也。上个象臂，下个象足。中人張臂八尺，張足六尺，五八四十，五六三十，以此爲衰也」者，敖氏曰：「下舌所以半上舌者，慮其植之妨於往來者也。下舌之長，若如上舌，則兩植相去五丈六尺有餘矣，故須半之也。」盛氏世佐云：「侯制，上廣下狹，便射也。蓋侯植於庭，而射者從堂上射之，則其所平視者，侯中以上而已，其下無取乎廣也。《禮器》云：『天子之堂九尺，諸侯七尺，大夫五尺，士三尺。』此堂高於庭之度也。侯之下綱，去地僅尺二寸，下舌所以半上舌者，殆爲是與？注説非，敖説亦似迂。」胡氏肇昕云：「鄭注《考工記・梓人》亦云：『矦制上廣下狹，蓋取象於張臂八尺，張足六尺，是取象率焉。』考矦之爲字，从人从厂，厂象張布，矢在其下，人則取象於人也。凡矦之名曰躬，曰左右舌，上舌，下舌，皆於人身取之。則象人之説，鄭有所受之矣。盛氏駁之，非也。」云「凡鄉侯用布十六丈，數起侯道五十弓以計」者，賈疏云：中五幅，幅一丈，用布五丈。上下躬總用布四丈。上个四丈，下个三丈，是通用布十六丈也。云「道七十弓之侯，用布二十五丈二尺」者，賈疏云：「中七幅，幅丈四尺，用布九丈八尺。上下躬總用布五丈六尺，上个五丈六尺，下个四丈二尺，通用布二十五丈二尺也。」云「道九十弓之侯，用布三十六丈」者，賈疏云：「中九幅，幅丈八尺，用布十六丈二尺。上下躬總用布七丈二尺，上个亦七丈二尺，下个五丈四尺，通用布三十六丈也。」**箭籌八十。**箭，篠也。籌，算也。籌八十者，略以十耦爲正，貴全數。其時衆寡從賓。【疏】正義曰：《校勘記》云：「注『箭，篠也』，『篠』，誤从竹。『籌八十者』，『籌』，

❶「躬」，原作「弓」，今據《儀禮鄭注句讀》改。

徐本、楊氏俱作『筭』。『其時衆賓從賓』，上『賓』字，徐本、《通典》、《通解》俱作『寡』。」云「箭，篠也。籌，算也」者，張氏爾岐云：「箭，竹也。以竹爲籌，釋獲者所執之算也。」云「籌八十者，略以十耦爲正，貴全數。其時衆寡從賓」者，張氏云：「人四矢，耦八籌也。」敖氏云：「上記云射無算，而箭籌惟止於八十，則是此射者雖多，亦不過十耦也。釋獲者之執算，各視射者之矢數。」盛氏世佐云：「經云：『釋獲者執鹿中，一人執算從之。』此記云：『箭籌八十。』以一人所執言也。中一个，釋一算，射者未必皆中，故經又云：『若有餘算，則反委之。』則此八十籌固不止供十耦之用矣。如不足，則射器之納於堂西者可復取也。豈必以十耦爲限哉？敖説非。」**長尺有握，握素。** 握，本所持處也。素，謂刊之也。刊本一作膚。【疏】正義曰：注「刊本一作膚」，《校勘記》云：「徐本、《通解》、楊氏俱無『作』字，與單疏標目及述注合。《通典》作『刊本一云膚』，敖氏作『刊一本膚』。許氏宗彦云：『此猶云刊本四寸耳，與下經文刊本尺義同。《禮》作扶，鄭用《公羊》膚字，故疏述《公羊》而曰引之者，証握、膚爲一也。』」云「握，本所持處也」者，敖氏云：「尺有握，猶言尺有四寸也。必云握者，亦見其爲所握處也。」張氏爾岐云：「握四指，即四寸，算長尺四寸。」云「素，謂刊之也」者，郝氏云：握素，謂手捉處，刊削使素，外加髹飾也。張氏云：「其四寸，則刊之使白也。」云「握，本一作膚」者，惠氏棟《古義》曰：「張稷若《節解》云：❶握，本以作膚，以字疑誤；別本『刊本一作膚』。亦費解。或『刊本』一讀，義屬上句。一作膚，指握字有作膚者。四指曰膚，與握義同。愚謂：案：文當云：『握本，或作膚。』」張氏

❶「節解」，當爲「儀禮鄭注句讀」。

以爲『刊本』一讀，屬上句，非也。」胡氏肇昕云：「惠説非也。張氏謂『握本』一讀，是也；謂『一作膚，指握字有作膚者』，非也。『作』字係淺人不得其解而妄加之也。下記云『刊本尺』，此注云『刊本一膚』，句法相同。盛氏謂『刊本一膚』謂刊此箭籌之本一膚耳，是也。賈疏云：《公羊傳》僖三十一年云：『膚寸而合。』何休云：『側手爲膚。』又《投壺》云：『室中五扶。』注云：『鋪四指曰扶，一指案：寸。』四指則四寸。引之者，証握膚爲一也。」**楚扑長如笴。刊本尺。**刊其可持處。【疏】正義曰：《校勘記》云：「注『可』，《通典》作『所』。」❶○韋氏協夢云：「長如笴，亦如笴長三尺也。刊本尺，亦刊之使白也。」胡氏肇昕云：「楚扑者，《學記》云：『夏、楚二物收其威也。』扑與夏、楚，蓋其物相同，故扑亦曰楚扑也。」**君射，則爲下射。上射退于物一笴，既發，則荅君而俟。**荅，對也。此以下，雜記也。今文「君射則爲下」。【疏】正義曰：敖氏云：「君爲下射者，降尊以就卑，則不宜與卑者序，而從尊卑爲耦之常法也。且下射之物在東，亦不失其主位也。上射，賓也。荅君，謂東面立而對之。射時進，左手微背於君，故既射則還對之。俟待君發也。」注云「此以下，雜記也」者，韋氏協夢云：「雜記燕射、大射之儀，蓋因射而類及也。」云「今文『君射則爲下』」者，胡氏承珙云：「言『君射，則爲下射』者，謂君就下射之物。《大射儀》：『公將射，則賓降，適堂西，袒決遂，

❶ 「所」，原作「持」，今據《十三經注疏校勘記》改。

執弓，搢三挾一个，升自西階，先待於物北，一笴，❶東面立。』❷注云：不敢與君併，東面立，鄉君也。即此記所謂『君射則爲下射，上射退於物一笴』者也。❸若如今文無『射』字，於義不明，故鄭從古文。」**君樂作而后就物。君袒朱襦以射。**君尊。【疏】正義曰：郝氏云：「君樂作而后就物，爲耦者先就物待也。君射袒朱襦，爲耦者肉袒也。」敖氏云：「樂，謂奏《貍首》也。❹此記先言樂，乃後見君之射儀，則是君之燕射於再射，即用樂行之，亦變於大射也。投壺之禮，因飲酒而爲之，於其再投即用樂，此意其類之乎？鄉射三射，乃用樂行之。」方氏苞云：「敖說未安。記於鄉射附載君射之儀，即謂大射之禮，三射樂作，君乃就物耳。燕禮附載燕射，語亦甚略。然曰如鄉射之禮，則亦至三射然後用樂，何所據而知再射即以樂行乎？」**小臣以巾執矢以授。**君尊，不搢矢，不挾矢，授之稍屬。【疏】正義曰：敖氏云：「以巾執矢，敬君物，不敢褻也。《大射儀》曰：小臣師以巾内拂矢，而授矢於公。稍屬，蓋以巾拂之，而又藉手以執之也。」《儀禮釋官》曰：「小臣見《大射儀》。《周禮·大僕職》云：『王射則贊弓矢。』注：『贊，謂授之、受之。』諸侯小臣兼大僕之職，故君射，執矢以授。」**若飲君如燕，則夾爵。**謂君在不勝之黨也。賓飲君如燕，賓媵觚於公之禮，則夾爵。

❶「一」上，據《儀禮注疏》當有「北」字。
❷「面」，原作「西」，今據《儀禮古今文疏義》改。
❸「退」，原作「待」，今據《儀禮注疏》改。
❹「謂」，原作「爲」，今據《儀禮集說》改。

夾爵者，君既卒爵，復自酌。【疏】正義曰：敖氏云：「夾爵，謂夾君爵而自飲也。以《大射儀》考之，飲君之禮，其所以異於燕賓之媵觶者，非獨夾爵而已，記但以此言之，亦大略之説也。」盛氏世佐云：「如燕，謂自降洗、升酌以至酌膳、下拜諸儀皆如之也。則夾爵，此異於燕者也。侍射者，先酌散自飲，乃酌膳奉君，君飲訖，又酌自飲，故曰夾爵。《燕禮》：賓媵觶于公，惟先自飲而已。敖云：『非獨夾爵而已』者，燕禮賓酌膳，坐奠于薦南，拜畢反位。此則酌膳以致，俟公卒觶而進受之，亦其異也。」**君國中射，則皮樹中，以翿旌獲，白羽與朱羽糅。**國中，城中也，謂燕射也。皮樹，獸名。以翿旌獲，尚文德也。今文「皮樹」爲「繁豎」，「糅」爲「縚」。古文無「以」。【疏】正義曰：《校勘記》云：「『以翿旌獲』，『翿』，誤作『⿰壽刂』。『今文皮樹爲繁豎』，徐本無『爲』字，『豎』作『竪』。《通解》兩見，二十一卷有『爲』字，二十卷無『爲』字；豎俱从豆。『古文無以』，『文』，鍾本誤作『今』。」　注「知城中是燕射」者，賈疏云：以賓射、大射不在國中，故國中是燕射，燕在寢故也。云「以翿旌獲，尚文德也」者，賈疏云：「燕主歡心，故旌從不命之士。」云「今文『皮樹』爲『繁豎』，『糅』爲『縚』。古文無『以』」者，胡氏承珙云：「古音皮讀爲婆，繁讀爲鞶。皮、繁，聲之轉。樹與豎音義並同。鄭以皮樹爲獸名，必有所受之。今文『繁豎』蓋假借字，故不從。『糅』爲『縚』者，《詩·生民》：『或簸或蹂。』《説文·臼部》引作『或簸或舀』。糅之爲縚，猶蹂之爲舀，亦聲近故借，鄭亦不從之。古文無『以』，文不備，故又從今文。」胡氏肇昕云：「皮樹，未詳何獸。鳥獸之名字多假借，如此之類，鄭據古文即從古文作之，非必以今文爲假借，而古文爲本字也。」**於郊，則閭中，以旌獲。**於郊，謂大射也。大射於大學。《王制》曰：「小學在公宮之左，大學在郊。」閭，獸名，如驢，一角。或曰：「如驢，岐蹄。」《周書》曰：北唐以閭。析羽爲旌。【疏】正義曰：《校勘記》云：「注『如驢』，《通典》作『大於驢』。『岐蹏』，陳本、《通解》作『歧』，徐、閩、監本作『岐』。案：《釋文》宋本亦作『歧』，是俗字。」　云「大射於大學」者，賈疏云：「據諸侯而言也。天子大射則虞庠小學，以天子大學在國中，小學在郊。」云「閭，獸名，如驢，一角。或曰：『如驢，岐蹏。』」者，案：《山海經》：「縣雍之山，其獸多閭。」郭璞注云：「閭，即羭也。似驢而岐蹏，角如靈羊。一名山驢。」引《周書》者，《逸周書·王會解》文。**於竟，則虎中，龍旜。**　於竟，謂與鄰國君射也。畫龍於旜，尚文章也。通帛爲旜。【疏】正義曰：《校勘記》云：「『虎中』下，《通典》有『以』字。」　注云「於竟，謂與鄰國君射也」者，賈疏云：「此則賓射也，以其君有送賓之事，因送則射。」盛氏世佐云：「諸侯相朝，於是乎有賓射，賓射不必於竟也。天子賓射在朝，則諸侯可知矣。於竟，會遇也。《曲禮》曰：『諸侯未及期相見曰遇，相見於卻地曰會。』是也。因會遇而射，其禮亦以賓射行之，記蓋據此而言也。《春秋傳》云『嘉樂不野合』，謂燕享也。射雖亦以樂節，然非合樂之謂，故得行於竟與？」**大夫兕中，各以其物獲。**　兕，獸名，似牛一角。【疏】正義曰：敖氏云：「其指大夫而言，大夫有上、中、下之異，故物亦有差。」張氏爾岐云：「大國、小國，大夫命數不同，故云『各以其物』。」　注云「兕，獸名，似牛一角」者，《爾雅·釋獸》云：「兕，似牛。」劉氏欣期《交州記》云：「兕出九德，有一角，角長三尺餘，形如馬鞭柄。」是也。《説文》云：「兕如野牛，青毛，其皮堅厚，可制鎧。」古者射兕以服猛，故《鄉射禮》云：「大夫兕中。」兕善觝觸，故又以比戰士。**士鹿中，翿旌以獲。**　謂小國之州長也。用翿爲旌以獲，無物也。古文無「以獲」。【疏】正義曰：《校勘記》云：「記七字，唐石經、徐本、《通典》、《通解》、楊氏、敖氏字俱有，今本並脱。注二十一字，今本俱脱，徐本、《通解》俱有。《通典》引『謂小』至『無物』十五字。」敖氏云：「翿旌，即白羽與朱羽糅者也。上記言士禮云：旌各以其物，無物則以白羽與朱羽糅。此直見翿旌而已。」　注云「古文無『以獲』」者，胡氏承珙云：「無以獲，則文不備，故鄭不從。」**唯君有射于國中，其餘否。**臣不習武事於君側也。古文「有」作「又」，今文無「其餘否」。【疏】正義曰：敖氏云：「其餘否，謂人臣不爲射主於國中也。君有射於國中者，以其於公宫爲之也。若人臣之家，其庭淺隘，器用又未必備，故射則必於鄉州之學行事焉。❶是雖居於國，而欲射於其中，亦不可得也。此不惟見尊君之意，亦其勢然爾。」胡氏肇昕云：「注『臣不習武事於君側也』一語，立尊卑之準，定君臣之分，得先王制禮之精意。敖氏之説故與鄭異，乃不自知其謬也。」焦氏以恕曰：「春秋二百年中，臣淩其君者有之。臣不習武事於國中，設爲此制，以杜漸防微。以此坊民，猶有跋扈恣睢、尾大不掉者。若之何而有中庭淺隘、器用不備之説也？謬亦甚矣。」云「古文『有』作『又』」，今文無『其餘否』」者，胡氏承珙云：「古『有』、『又』字多通，此有射於國中，對大夫、士不得在國射，故當作『有』。今文無『其餘否』，亦文不備，故鄭不從。」胡氏肇昕云：「有之言或也。君有射於國中者，言君或射於國中也。若大夫、士，則否矣。」**君在，大夫射則肉袒。**不袒纁襦，厭於君也。今文無「射」。【疏】正義曰：胡氏承珙云：「不從『今文無射』者，亦以文不備。」

❶「學」，原作「國」，今據《儀禮集説》改。

儀禮正義卷十一　鄭氏注

受業江寧楊大堉補

燕禮第六

鄭《目録》云：「諸侯無事，若卿、大夫有勤勞之功，與羣臣燕飲以樂之禮。燕禮於五禮屬嘉禮。大戴第十二，小戴及《别録》皆第六。」【疏】正義曰：賈疏云：「案：上下經注，燕有四等。《目録》云：諸侯無事而燕，一也；卿、大夫有王事之勞，二也；卿、大夫有聘而來還與之燕，三也；四方聘客與之燕，四也。」方氏苞云：「疏所分四類似未安。本國之臣入貢、獻功於王朝，出聘於鄰國而還，勞之，一也；有大勳勞、功伐而特燕賜之，二也；無事而燕羣臣，三也；燕聘賓，四也。聘賓則入大門而奏《肆夏》，以主君出迎於大門之内也；本國之臣入至庭而奏《肆夏》，以君於是時始降階而揖之也。無事及出聘者，不宜以樂納，其諸有大勳勞者與？」《儀禮釋官》曰：「《周禮·大宗伯》：『以饗燕之禮親四方之賓客。』賈疏：『饗，亨大牢以飲賓，獻依命數，在廟行之。燕者，其牲狗，行一獻，四舉旅，降，脱屨，升，坐，無算爵，以醉爲度，行之在寢。』饗禮今亡。此篇所載是諸侯燕其臣之禮，其天子之燕禮亦亡矣。又有與族人燕及祭畢之燕，皆與此禮别。」褚氏寅亮云：「待賓之禮有三：饗也，食也，燕也。饗重於食，食重於燕。饗主於敬，燕主於歡，而食以明養賢之禮。❶饗則體薦而不食，爵盈而不飲，設几而不倚，致肅敬也。食以飯爲主，雖設酒漿，以漱不以飲，故無獻儀。燕以飲爲主，有折俎而無飯，行一獻之禮，脱屨、升坐以盡歡。此三者之别也。饗、食於廟，燕則於寢，其處亦不同矣。考之諸經，諸侯於己臣有燕而無饗、食。意者饗之禮，自待賓客外，惟施之於耆老孤子歟？」吳氏廷華云：「大射亦行燕禮，注遺之耳。抑以大射之燕别見於彼經，故未及之歟？又注疏以此燕禮兼己臣與聘使言，下記及庭之賓當亦合己臣及聘使言之。鄭以王事之勞爲重，故詳重而略輕耳。據《郊特牲》疏，亦以己臣及聘賓爲説，則二説本無異同也。此疏因此記言『及庭』，彼言『入門』，遂斷爲己臣及聘使之分。不知禮莫重於《九夏》，既並許其奏《肆夏》，則及庭、入門，其輕者耳，而必致辨於其間，恐制禮者不如是之煩也。」

燕禮。小臣戒與者。小臣相君燕飲之法。戒與者，謂留羣臣也。君以燕禮勞使臣，若臣有功，故與羣臣樂之。小臣則警戒、告語焉，飲酒以合會爲歡也。【疏】正義曰：張氏爾岐云：「自此至『公升，就席』，皆燕初戒備之事，有戒與設具，有納諸臣立於其位，有命大夫爲賓，有請命執役，有納賓，凡五節。」〇「戒與者」，《校勘記》云：「徐本無『戒』字，《集釋》、《通解》、楊氏俱有。」　注云「小臣相君燕飲之法」者，賈疏云：「《周禮·大僕職》云：『王燕飲，則相其法。』《小臣職》云：『凡大事佐大僕。』則王燕飲，大僕相，小臣佐之。

❶「養」，原作「善」，今據《儀禮管見》改。

此諸侯禮，降於天子，故宜使小臣相。是以下云：『小臣師一人在東堂下。』注云：『師，長也。小臣之長一人，猶天子大僕，正君之服位者也。』是諸侯小臣當大僕之事。」云「戒與者，謂留羣臣也」者，賈疏：「謂羣臣留在國不行者。」朱子曰：「留羣臣，謂羣臣朝畢將退，君欲與之燕，使小臣留之。疏説非是。」李氏如圭云：「留羣臣，謂羣臣留在國不出使者。若君臣無事，亦有燕，《魯頌·振鷺》之詩是也。」敖氏云：「與者，羣臣之與此燕者也，君所主與之燕者亦存焉。」郝氏敬云：「與燕諸臣未定爲賓，皆曰與。」焦氏以恕云：「燕之正賓，則卿、大夫、士聘來還者；至於與燕之臣，乃留在國不行者，故鄭云『留羣臣』是也。❶至朱子所云，則不同於注疏之説也。」吴氏廷華云：「下卿、大夫入門後，君始命賓。此時尚無賓也，廣戒之耳。」**膳宰具官饌于寢東。** 膳宰，天子曰膳夫，掌君飲食膳羞者也。具官饌，具其官之所饌，謂酒也、牲也、脯醢也。寢，路寢。

【疏】正義曰：「寢，路寢」，《校勘記》云：「『路』，徐本作『露』。張氏云：『注云：寢，露寢。案：疏露作路，後記之注亦作路。從疏。』案：後注『路堵父』，《國語》作『露』，露、路古多通用。」○褚氏寅亮云：「此禮先設君與賓之席，獻後乃設卿、大夫之席，故具饌之文在設席前。《大射儀》則君、賓、卿、大夫、諸公皆同時先定位，故官饌之文在設席後，實皆止一次饌也。敖氏因《少牢禮》有改饌之節，遂謂先具諸官所當饌之物，既設賓席，官乃改饌之。恐未然。玩『官饌』二字，專指諸臣薦羞而言。諸臣薦羞，無論貴賤，皆在寢東。《大射儀》官饌不言其處，以在學也。饌公薦俎之處，兩篇俱空其文，尊君也。然《大射儀》云：宰胥獻脯醢，由左房；

❶「云」，原作「公」，今據《儀禮彙説》改。

庶子設折俎，升自西階。則知君之薦俎饌于東房矣。此篇但云『士薦脯醢，膳宰設折俎，升自西階』，而不言由左房，以互見於《大射儀》也。至《公食禮》『宰夫之具饌于東房』者，尊賓而同於君饌也。庶羞自門外入，則又食禮之異於燕禮也。」堉案：《義疏》云：「《儀禮》具饌，或在房，或在東、西堂下，或在門外東西，經俱分別言之。如云薦脯出自左房，又云『亨于堂東北』，又云視爨西堂下，又云『亨于門外東方』、『側亨于廟門外之右』，皆是也。此經明言寢東，而不言門及堂，則在寢外東壁之東可知。」注云「膳宰，天子曰膳夫，掌君飲食膳羞者也」者，李氏如圭云：「天子之宰夫，下大夫；膳夫，上士。諸侯膳宰蓋亦卑於宰夫。燕禮膳宰具饌，而公食大夫宰夫具饌者，彼食異國之大夫，敬之，異於己臣子也。」《釋官》曰：「天子曰膳夫，諸侯曰膳宰，名異實同，與宰夫無涉。春秋時，侯國宰夫之官廢，因通謂膳宰爲宰夫。注家不能辨別，二職由是遂亂。不知周公制禮時，諸侯有膳宰，有宰夫，職守不同，此經固自可證也。膳宰見《禮記・文王世子》、《玉藻》、《左傳》、《公羊傳》、《國語》，皆當天子膳夫之職。」云「具官饌，具其官之所饌，謂酒也、牲也、脯醢也」者，敖氏云：「具官饌，具諸官所當饌之物也。此時所具者，其薦羞乎？及既設賓席，官乃改饌之。《大射》云『官饌』是也。」方氏苞云：「官饌，謂籩人、醢人、庖人、外饔所共薦羞牲體也。不曰命諸官共饌，❶而曰『膳宰具官饌』，見膳宰親監視而具陳寢東，以俟時而進也。」韋氏協夢云：「此膳宰具官饌，具之而未設。大射儀設席後之官饌，乃設之也。」云「寢，路寢」者，賈疏云：「以其饗在廟，服朝服。下記云：『燕，朝服于寢。』正處在

❶「共」，原作「具」，今據《儀禮集説》改。

路寢，不在燕寢可知。」敖氏云：「寢東，蓋其東壁之東也。」郝氏云：❶「寢東，路寢東房。《鄉飲》亦云『東壁』，云『左房』，羞由東出也。」**樂人縣。** 縣，鐘磬也。國君無故不撤縣。言縣者，爲燕新之。【疏】正義曰：《校勘記》云：「注『縣，鐘磬也』，『鐘』，徐、葛、《集解》、《通解》俱作『鍾』。後『賓執脯以賜鍾人于門内霤』，周氏學健云：『鍾鼓之鍾，古皆作鍾。三禮無鐘字。俗本或作鐘，皆後人所改也。』案：後凡『鍾』字放此，不悉校。『磬』，徐本作『罄』，後同。『宫縣者』，『宫』，徐本、《集釋》、楊氏俱作『言』，與單疏合。」○賈疏云：「《周禮·春官·大司樂》云：『凡樂事宿縣。』又《樂師》云：『凡樂成，則告備。』是天子有大司樂，并有樂師之官。諸侯無大司樂，直有大樂正、小樂正，以其諸侯兼官，此二者皆當天子樂師縣樂之法。《周禮·眡瞭職》云：『掌大師之縣。』鄭注云：『大師當縣，則爲之。』案：下僕人相大師，則諸侯無眡瞭，則使僕人縣樂，大師以聲展之，樂師又監之。」盛氏世佐云：「此縣亦使眡瞭，疏誤。說見後。」韋氏協夢云：「疏說，盛氏已辨之矣。然則所謂樂人者，即眡瞭與？眡瞭而謂之樂人者，以其爲掌樂事之人而已。人者，賤辭也。」方氏苞云：「燕與大射使小臣、僕人相工，所以崇賓祭。大射所相不過大師、小師、上工耳。燕禮，工四人，瑟二人，小臣不能偏相，非眡瞭孰任之？且小臣授瑟而降，相祭者何人乎？凡大祭祀，聲樂備具，即事之工甚多，非用眡瞭，不能使有位者偏相。小祭祀及學校中樂事，君或不親，則小臣、僕人未必與。且眡瞭所自共之樂事，將孰使代之？」《釋官》云：「案：《周禮·樂師》：『凡樂，掌其序事。』《小胥》：『正樂縣之位。』是縣樂諸官皆有

---

❶「云」，原脱，今據《儀禮正義正誤》補。

其事，故總言樂人。疏謂諸侯無眡瞭，非是。《周禮·眡瞭職》云：『凡樂事相瞽。』《序官》：『瞽矇，上瞽四十人，中瞽百人，下瞽百有六十人。』共三百人。眡瞭之數亦如之。然則每瞽一相自不可少。諸侯眡瞭之數不可知，亦必有專其職者。燕禮小臣相工，大射僕人相工，因賓射重其事耳，非其常職。且考之於經，小臣相工，不過納工之頃。至工既升堂，小臣授瑟而降，主人獻工，西階上相祭者又何人乎？是工別有相明甚。《左傳》：『師慧過宋朝，將私焉。相曰：朝也。慧曰：無人焉。相曰：朝也，何故無人？』是諸侯樂工亦有相可知。夫瞽之於相，不可須臾離。周公設官，使眡瞭專其職，因兼習樂事。庶作樂之際，工與相兩相諳熟，而器數之用亦從而不亂。此相工所以使眡瞭之意也。《周禮注》云：『瞭，目明者。』官名眡瞭，當即取爲瞽眡之義。若小臣、僕人之屬，因各有其職，❶安得專以相工爲事乎？」注云「縣，鐘磬也」者，敖氏云：「此縣蓋在階間，磬在阼階西南面，鐘、鎛次而西，建鼓在西階東南，鼓鼙在其東。國君燕禮，輕於大射，故不備樂，且於其日乃縣之，而與常時同。《鄉飲酒·記》曰：『磬，階間縮霤，北面鼓之。』」盛氏云：「縣，軒縣也。注軒縣之法，見《大射禮》。敖引《鄉飲酒禮》特縣況之，非。」張氏惠言《儀禮圖》云：「『樂人縣』不言所縣，❷注以爲常縣新之，則此軒縣也。《大射禮》：『一建鼓在西階之東，南面。』注云：『備三面耳。無鍾磬，有鼓而已。』疏云：諸侯軒縣，皆有鼓與鍾、磬、鎛。然則大射阼階西之建鼓、應鼙本東縣之鼓，西階東之建鼓則北縣之鼓。以東西縣例之，蓋北縣東上。磬、鍾、鎛、鼓，以次而西，故鼓在西階東也。《大射》注又云：『應鼙，

❶「因」，原作「固」，今據《儀禮釋官》改。
❷下「縣」字，原作「賜」，今據《續清經解》本改。

應朔鼙也。先擊朔鼙，應鼙應之。』則東西縣兩鼙相應。若北縣，不知有鼙與否。以無南縣相應，故疑闕之。又襄十一年《左氏傳》鄭賂晋侯歌鍾二肆及其鎛磬。疏云：『歌鍾二肆兼有磬。』編縣之鎛是大鍾，磬是大磬，皆特縣之。據鄭玄禮圖如此也。案：此則縣中當有特磬，但不知每縣有否，今唯於北縣著之。東西縣且依大射，以俟考正。又《大射》疏云：周人縣鼓、建鼓；殷法略於射，故用先代鼓。則此常縣當用縣鼓。」張氏惠言云：「《大射》：建鼓在阼階西南，❶應鼙在其東。❷注：『在東，便其先擊小、後擊大也。』然則鼓鼙之設，必鼙在鼓右。又《鄉射》云：縣于洗東者，洗當榮。則樂縣東於堂。鄉射辟射位，移階間之縣於東方，宜即判縣位也。縣云階東西者，遥繼言之。」云「國君無故不徹縣」者，《曲禮》云：「大夫無故不徹縣。」不言國君，鄭以大夫推之，知國君亦然也。云「言縣者，爲燕新之」者，李氏如圭云：「燕在路寢，有常縣之樂，今更整理之而已。大射在學宫，學宫不常縣，故前射一日縣，且具辨樂縣之位。」**設洗篚于阼階東南，當東霤。罍水在東，篚在洗西，南肆。設膳篚在其北，西面。**設此不言其官，賤也。當東霤者，人君爲殿屋也。亦南北以堂深。肆，陳也。膳篚者，君象觚所饌也，亦南陳。言西面，尊之，異其文。【疏】正義曰：「設洗篚」，敖氏云：諸篇於此但云「設洗」，無連言「篚」者，而此有之，衍文耳。又下别云「篚在洗西」，則於此言「篚」，文意重複，似非經文之體；且篚在洗西，亦不可以東霤爲節，其衍明矣。褚氏寅亮云：「若果司

❶「建」、「南」，原脱，今據《儀禮圖》補。

❷「東」下，《儀禮圖》有「南鼓」二字。

宮設之，則此經宜云『司宮設洗篚』。下經宜蒙此經，而直云『尊于東楹之西』矣，何以此不言司宮，❶而下始言司宮？故注云『不言其官，賤也』。《集説》據《大射儀》以決司宮設洗，但彼亦無明文也。『洗篚』二字不妨連言，何必武斷『篚』爲衍文？」○敖氏云：「洗與罍，蓋瓦爲之。下云君尊瓦大，則此可知矣。」盛氏世佐云：「賈云：洗，士用鐵，大夫用銅，諸侯白銀，天子黄金。夫一承棄水之器，而以金銀爲之，侈矣。敖氏説蓋得之矣。罍字從缶，亦瓦可知也。鄭云：『尊卑皆用金罍。』此酒器也，以木爲之，而飾以金，《詩》云『我姑酌彼金罍』是也。盛水之罍，豈其比哉？」又敖氏云：「先設洗西之篚以爲節，故膳篚後設也。」注云「設此不言其官，賤也」者，賈疏云：「《少牢》：司宮設罍水，大夫兼官。此國君禮，或可別人爲之，但無文，故鄭不細辨。」敖氏云：「設四器，亦司宮也。見《大射》與《少牢禮》，此經省文耳。」云「當東霤者，人君爲殿屋也」者，賈疏云：「漢時殿屋四向流水，故舉漢以況周。言東霤，明亦有西霤。」李氏如圭云：「霤，屋檐滴水處也。殿屋四向流水，所謂四阿，故有東霤。此設洗處與士禮處同。❷大夫以下無東霤，洗當東榮耳。」云「膳篚者，君象觚所饌也」者，君物而曰膳者，以其善於諸臣所用者而言也。云「亦南陳。言西面，尊之，異其文」者，韋氏協夢云：「設洗篚云『南肆』，設膳篚云『西面』，互文也。」盛氏云：「此二篚在堂下，一盛諸臣飲器，一盛君飲器。而無堂上篚者，蓋堂上之篚所以盛爵，燕飲輕，獻不用爵故也。」**司宮尊于東楹之西，兩方壺，左**

❶「此」，原脱，今據《儀禮管見》補。

❷上「處」字，原作「者」，今據《儀禮集釋》改。

玄酒，南上。公尊瓦大兩，有豐，冪用綌若錫，在尊南，南上。尊士旅食于門西，兩圜壺。司宮，天子曰小宰，聽酒人之成要者也。尊方壺，爲卿、大夫、士也，臣道直方。於東楹之西，予君專此酒也。《玉藻》曰：「唯君面尊。」玄酒在南，順君之面也。瓦大，有虞氏之尊也。《禮器》曰：「君尊瓦甒。」豐，形似豆，卑而大。冪用綌，若錫，冬夏異也。在尊南，在方壺之南也。尊士旅食者用圜壺，變於卿、大夫也。旅，衆也。士衆食，謂未得正禄，所謂庶人在官者也。今文「錫」爲「緆」。【疏】正義曰：《校勘記》云：「『左玄酒南上』，『南』，聶氏作『東』。『冪用綌若錫』，『冪』，徐本、楊氏作『鼏』，《通解》、敖氏作『幂』。」　注云「司宮，天子曰小宰，聽酒人之成要者也」者，張氏爾岐云：「諸侯之司宮與天子之小宰所掌同。」盛氏世佐云：「司宮，即天子之宮人也。《周禮·宮人職》云：『掌王之六寢之修。』又云：『凡寢中之事，埽除、執燭、共爐炭，凡勞事。四方之舍事亦如之。』此燕於路寢，六寢之一，而設尊、筵賓又皆勞事，故以司宮爲之。下經云『司宮執燭于西階上』，是其執燭之證矣。大射於郊而亦用司宮者，所謂『四方之舍事亦如之』也。宮人中士，則司宮下士也。小臣於天子爲上士，以小臣設公席，以司宮設臣席，亦其差也。鄭乃以小宰當之，誤矣。小宰，諸侯之小卿也。以尊官而執賤役，可乎？又主人獻卿之時，經云：『司宮兼卷重席，設于賓左，東上。』疏云：『案：《大射》：席小卿，賓西東上。注云：席於賓西，射禮辨貴賤也。以此言之，燕禮主歡，不辨貴賤，小卿與大卿皆在賓東。』若然，則小宰爲小卿之首，是時亦當受獻，乃爲己設席，且爲次於己者設席，必無是理。豈可以聽酒人之成要而遂當設尊之役乎？」《釋官》曰：「案：《公食大夫禮》注云：『司宮，大宰之屬，掌宮廟者。』疏以《周禮》宮人當之，是也。此注及疏釋爲小宰，❶誤矣。小宰，卿貳之官，秩尊職重，不得以司宮當之。諸侯五大夫，司徒下置小宰。《曾子問》明有小宰之官。疏謂『諸侯無小宰』，❷非矣。《周禮》：『宮人，中士四人，下士八人。』諸侯降天子一等，當以下士爲之。《左傳》襄九年：『令司宮、巷伯儆宮。』杜注、孔疏解爲内小臣奄人者，❸亦誤。」吴氏廷華云：「小宰爲大宰之貳，掌六典，其職重。若行禮陳設，不過小臣之事。所謂司宮，當是宮人及司尊彝之屬耳。鄭以司宮爲小宰，賈疏舉《小宰》經文以解之。不知小宰所掌不一，宮刑特其一耳，烏得遽以司宮比之？又下言『司宮執燭』，則直與宮正執燭等，烏得以爲小宰？至所謂成要即月要，歲會計簿耳。受酒正之計，即可以設尊傅會之，則太宰掌羞服之式，注以羞爲飲食，豈亦可以設尊歸之？」云「尊方壺，爲卿、大夫、士也，臣道直方。於東楹之西，予君專此酒也」者，敖氏云：「先尊方壺於楹西以爲節，乃設公尊。與上文後設膳篚之意同。臣尊用壺，又以方者，且無冪，爲與君尊相屬，宜遠別之也。」張氏爾岐云：「公席阼階上西向，尊在東楹之西，南北並列，尊面向君設之，與鄉飲酒賓主共之者不同，故注云『予君專此酒也』。」胡氏肇昕云：「臣道直方，解經尊用方壺之故。《易·坤卦》云：『妻道也，臣道也。』又云：『君子敬以直内，義以方外。』注意本此。」引《玉藻》者，賈疏云：「欲見尊面向君，順君面，非賓主共之意。」李氏如圭云：「鄉飲酒尊于房户之間，賓主共之。此尊近東者，君尊，專大惠也。君西鄉，尊東面，

---

❶「及疏」，原脱，今據《儀禮釋官》補。

❷「謂」，原脱，今據《儀禮釋官》補。

❸「小」，原脱，今據《儀禮釋官》補。

以君之左爲上，故玄酒皆在南。」❶敖氏云：「左玄酒，據設尊者而言也。蓋凡設尊者，皆面其鼻。《玉藻》云：『惟君面尊。』是尊鼻東向也。此設尊者西面，故玄酒在南而爲左。若以尊言之，則爲右矣。」淩氏《釋例》云：「案：疏云：『《少儀》云：尊壺者面其鼻。鄭注云：鼻在面中，言鄉人也。』據《燕禮》向君而言。『《少儀》又云：尊者以酌之左者爲上尊。《鄉飲酒》云：尊兩壺于房戶之間，玄酒在西。又《鄉射》云：尊于賓席之東，兩壺，斯禁，左玄酒。鄭注云：設尊者北面，西曰左。此皆據酌者北面而言。若據設尊之人及尊面而言，即南面，以右爲尊。』詳疏意，以爲《鄉飲》、《鄉射》設玄酒之位，與《燕禮》若有異者。考《鄉飲》、《鄉射》尊面向南，則以西爲上；《燕禮》、《大射》尊面向東，則以南爲上。經例固不異也。又案：疏云：『若據酌者，不得背君而西面，當尊西東面，則酌者之右爲上尊，是以下文媵爵于公者交於東楹北也。』❷考《燕禮》主人酌賓訖，二人媵爵于公，升自西階，序進，酌散，交于楹北，降，阼階下皆奠觶，再拜稽首。注：『楹北，西楹之北也。交而相待於西階上，既酌，右還而返，往來以右爲上。』注云西楹北，而前疏云東楹北。據此節疏云：『二大夫盥手洗爵訖，先者升西階，由西楹之北向東楹之西，東面酌酒訖，右還，由西楹北向西階上，北面。後者升西階，亦由西楹之北向東楹之西。酌酒訖，亦由西楹之北向西階上，北面相待，乃次第而降。』❸蓋媵爵者二人升降皆由西階，故注云交于西楹北，而酌酒則在東楹之西，往來皆折旋，故前疏云『交於東楹北』。

❶「玄」，原作「言」，今據《儀禮集釋》改。
❷「以」，原脱，今據《禮經釋例》補。
❸「乃」，原作「及」，今據《禮經釋例》改。

不然則前疏『東』字，或是『西』字之誤也。」云「瓦大，有虞氏之尊也」者，《明堂位》云：「泰，有虞氏之尊也。」有虞氏上陶，故用瓦大。引《禮器》者，證瓦大即瓦甒也。云「豐，形似豆，卑而大」者，案：豐以承尊，故卑而大，欲其安穩也。云「幂用綌，若錫，冬夏異也」者，葛之麤者曰綌。《喪服傳》云：「錫者何也？麻之有錫者也。錫者十五升，抽其半，無事其縷，有事其布，曰錫。」夏宜綌，冬宜錫，故云「冬夏異也」。云「在尊南，在方壺之南也」者，朱子曰：「謂瓦大在方壺之南耳。疏云：幂未用而陳於方壺之南，不雜於方壺、瓦大之間。誤也。若然，則正在二者之間矣，何得言不雜邪？」云「尊士旅食者用圜壺，變於卿、大夫也」者，李氏曰：圜壺無幂，以尊厭卑也。敖氏曰：「此尊，士旅食之尊，亦當北面，與《大射》同，惟設之深淺異耳。方、圜壺亦皆瓦爲之。」張氏曰：「圜壺，無玄酒。」云「旅，衆也。士衆食，謂未得正禄，所謂庶人在官者也」者，賈疏云：「庶人在官者，謂府史胥徒。」盛氏曰：「士旅食者，蓋下士也。下士與庶人在官者同祿，故謂之『士旅食』與？《周禮》云：『旅下士。』」方氏苞云：「注説非。士有不與燕，而府史胥徒乃得與獻酬，僨矣。《周官·司士職》：凡會同、賓客，作士從。此經所謂士即《司士》之所作也。蓋升於司馬而未授官之士，雖未受職而已不家食，又羣萃而食於公所，故謂之旅食也。《諸子職》：『會同、賓客，作羣子從。』❶下經所獻庶子，即《諸子》所謂羣子也。會同賓客皆使觀禮，則燕羣臣、大射以擇士，必使觀禮而習事可知矣。升於司馬，入於國學，乃異日公、卿、大夫之選也。故雖無職事而得獻，所以興起之。」《釋官》曰：「士旅食，謂未得爵命之士。《王

❶ 「從」，原脱，今據《儀禮析疑》補。

制》云：『大樂正論造士之秀者，以告於王而升諸司馬，曰進士。司馬辨論官材，論進士之賢者，以告於王，而定其論。論定然後官之，任官然後爵之，位定然後祿之。』蓋上士、中士、下士，此正爵也。下士食九人以上，此正禄也。學校之士升於司馬，隸於司士，論定後官而未得正爵、正禄者，則羣食於公，謂之旅食。《檀弓》所謂『仕而未有禄者』，《司士職》所謂『以久奠食』，即此。但未得正爵，故謂之『庶人在官』。趙注《孟子》亦云：『庶人在官者，未命爲士者。』非謂府史胥徒也。此士旅食，即卿、大夫、士之子，國之俊選之士，後日任爲卿、大夫、士者，故特尊以圜壺，所以寵異之。若府史胥徒，官長所除，不命於國君，當爲燕之所不及，安得與諸臣相獻酬乎？」吴氏廷華云：「經『旅食』本不可解。據宫伯掌士庶子宿衞，諸子掌國子戒令，諸子又名庶子，則國子即士庶子也。無禄而有稍食，故謂之『士旅食』與？此及《大射》皆有庶子一官，或率之觀禮，又寢其宿衞地。《外饔》有饗士庶子禮，其與於燕亦宜。案：《義疏》云：大射尊士旅食於西鑮之南，疏云亦鼓南，即燕禮門西。案：大射辟射位，故西繼鑮南。《燕禮》云門西，則當塾者，或射則當如大射也。」胡氏肇昕云：「盛氏以下士當之，非。方氏説是，但不明辨賈疏之誤，而反以詆注，亦非是。」云「今文『錫』爲『緆』」者，《説文》：「緆，細布也。」段氏玉裁注云：「《燕禮》注：『今文錫爲緆。』緆，易也。治其布，使滑易也。今文『緆』，其本字；古文『錫』，其假借字。《子虚賦》『被阿錫』即《列子》之『衣阿緆』。古者布十五升爲最細，十五升布成，治之使滑易，是曰緆。若《喪服傳》則半十五升而治之，故錫衰之錫與細布之緆其實不同。」胡氏承珙云：「案：錫與緆古字通，皆取滑易之義，同爲細布，或作『錫』，或作『緆』耳。鄭注《大射儀》云：『錫，細布也。』與《説文》『緆』訓同。至錫衰，乃謂衰之滑易者亦得錫名，非錫名專屬之衰。故《喪服傳》注云：『謂之錫者，治其布使之滑易。』鄭非不知錫衰之非即此錫也。」**司宮筵賓于户西，東上，無加席也。**筵，席也。席用蒲筵，緇布純。無加席。燕，私禮，臣屈也。諸侯之官無司几筵也。【疏】正義曰：蔡氏德晋云：「户西，室户之西，牖間南向，賓位也。東上，席首在東也。」盛氏世佐云：「户西，牖前也。寢亦有東西房，當以牖前爲客位。若户牖之間，則堂之中矣。郝氏云：室户西牖間，客位也。非。據經公席設於將即位之時，與《大射儀》異。敖氏云：『設賓席當後於公席，乃先言之者，終言司宮之事耳。』❶非。」注云「筵，席也。席用蒲筵，緇布純」者，敖氏云：「此以《公食大夫》及《鄉飲》、《鄉射》記定之也。」蔡氏云：「案：《詩》：『肆筵設席。』先儒謂下鋪爲筵，上加爲席。然筵、席亦通稱矣。以此節考之，其説不易。梅氏誕生乃謂重曰筵、單曰席者，誤也。」云「無加席。燕，私禮，臣屈也」者，盛氏曰：「大射賓有加席，而此無之，燕禮輕也。公食大夫有加席，異國之臣得伸也。」褚氏寅亮云：「兩君相見各三重席，不待言矣。其待異國之臣，則食禮有加席，而燕禮無加席。以食爲聘使，而燕則以介爲賓也。賓無加席，故主君亦無加席，即《郊特牲》所云：三獻之介，君專席而酢，示降尊以就卑。是也。饗重於食，食有加席，饗更可知。若飲己臣，則大射賓有加席，禮重也；燕賓無加席，禮輕也。公則仍有加席矣，以賓非外臣也。莞筵一重，加繅席再重，合爲三重。注云『私禮』，對公食、大射而言也。」方氏苞云：「燕以閒暇爲須臾之歡，故卿重席，賓無加，一循其常。大射辨等威，則特加席以致隆於賓，示尊賢之義與貴貴同也。」云「諸侯之官無司几筵也」者，賈疏云：「對天

❶「終」，原作「中」，今據《續清經解》本改。

子有司几筵、布席，諸侯兼官，使司宫設尊并設席。」《釋官》曰：「注謂諸侯司几筵無專官耳，未嘗云以司宫兼之也。疏誤申注意。《燕禮》司宫設賓席，小臣設公席。《大射》亦然。《聘禮》：禮賓，宰夫徹几改筵。《公食大夫禮》：『宰夫設筵，加几席。』不盡司宫掌之也。」**射人告具。**告事具於君，射人主此禮，以其或射也。【疏】正義曰：賈疏云：「《大射》『告具』之上有『羹定』。此不言者，文不具也。」敖氏云：「是時公蓋在阼階東南，南鄉。射人北面告之。」張氏爾岐云：「《周禮·射人》掌三公、孤、卿、大夫之位，又以射法治射儀。」吴氏廷華云：「《周禮·射人》：『祭祀則贊射牲，相孤、卿、大夫之法儀。』此經以射人主之，則相法儀不獨祭祀矣。注以『或射』言之。案：下文『若射』之云，則射否未定，焉有射未定而先用此主射之官邪？」

右告戒設具

小臣設公席于阼階上，西鄉，設加席。公升，即位于席，西鄉。《周禮》：諸侯酢席，莞筵紛純，加繅席畫純。後設公席者，凡禮，卑者先即事，尊者後也。【疏】正義曰：注「諸侯酢席」，《校勘記》云：「『酢』，徐、陳、《集釋》、楊氏俱作『胙』，嚴、閩、監本、《通解》、敖氏俱作『昨』。」〇敖氏云：「加席别言『設』，見其更取而設之也，亦可見設加席之法矣。」❶高氏愈云：「公不南面而西鄉，從賓主之禮也。賓無加席，而公設加席，君臣之義辨矣。」方氏苞云：「君常南面疑立，席雖西鄉，而即席仍南面，故再言『西鄉』以著其位。」

❶「亦」，原脱，今據《儀禮集説》補。

焦氏以恕云：「居主位則不南面，故復言『西鄉』以明之。」注引《周禮》者，張氏爾岐云：「《司几筵》文。昨，音義如酢。酢席，祭祀受酢之席也。引之者，欲見燕席與酢席同。」云「後設公席者，凡禮，卑者先即事，尊者後也」者，朱子曰：「此篇與《大射》雖設席先後不同，然皆公先升即位，然後納賓，非卑者先即事也。但其言偶不同耳，不當據此便生異義也。」盛氏世佐云：「大射之禮重於燕，燕禮之賓卑於大射，於加席之有無見之矣，惟設席之次亦然。大射先設公席，後設賓席，賓猶得與公序也。此設公席在告具之後，則不與賓序矣。君益尊而賓益卑，❶此其所以異與？注說宜不爲朱子所取也。」**小臣納卿、大夫，卿、大夫皆入門右，北面東上。士立于西方，東面北上。祝史立于門東，北面東上。小臣師一人，在東堂下，南面。士旅食者立于門西，東上。**納者，以公命引而入也。自士以下，從而入即位耳。師，長也。小臣之長一人，猶天子大僕，正君之服位者也。凡入門而右，由闑東；左則由闑西。【疏】正義曰：賈疏云：「卿、大夫入門右，北面東上，此是擬君揖位。君爾之，始就庭位。士立於西方，東面北上，此士之定位。士賤，不待君揖即就定位也。」李氏如圭云：「立者，位於此也。西方，堂下位也。門東、門西，門内位也。凡位堂下東方者西面，西方者東面；位門内者皆北面。小臣師在東堂下南面，則東堂下在堂之東。」注云「納者，以公命引而入也。自士以下，從而入即位耳」者，敖氏云：「納卿、大夫之辭蓋曰：『君須矣，二三子其入也。』卿、大夫入門右之位，蓋近庭南而當階。士西方之位亦宜於庭少南，而東西則當西序；門東之位近於

❶「益」，原作「蓋」，今據《續清經解》本改。

門也，門西亦如之。此北面者東上，東面、西面者北上，皆統於君。」韋氏協夢云：「鄉飲、鄉射，皆主人既速賓，然後賓入。燕禮不速賓，故小臣出納之。」堉案：《義疏》云：「大夫初在門右，少進，則視入門之位爲少北。賓初在大夫中，聞命少進，禮辭，則視前少進之位又北矣。蓋由南漸北，凡三易位。又門外賓位當在門西。若卿、大夫應入門右，則未入時在門東可知。又注以納爲引而入，則納者當先傳命於門外；納賓者當西面鄉賓，❶納卿、大夫者當東面鄉卿、大夫；入則少先於賓、卿、大夫也。」云「師，長也。小臣之長一人，猶天子大僕，正君之服位者也」者，方氏苞云：「天子小臣四人，侯國宜半之，特標一人明一正一師也。《大射禮》：小臣正相君，小臣師佐之。此篇相工授瑟者，小臣二人在東堂下者，師；則設公席納卿、大夫者，必正也。無事不升堂，故小臣師立於東堂下南面，預儗公降立，則侍公之右，猶大射席孤於阼階北面，而侍公之左也。公降，小臣正宜從降，與師並立東堂下，而文略。以公升之後，小臣自阼階下北面請事，則其位在東堂下可知矣。」《釋官》曰：「案：注疏謂諸侯兼官，無大僕，以小臣當之，是矣；謂此經小臣師一人爲小臣之長，恐非。《周禮・大僕職》曰：『王燕飲則相其灋。』諸侯既以小臣之長一人當天子大僕，則相君燕飲正其職，安得其長反無事在堂下也？大射有小臣師，又有小臣正。《周禮・宰夫職》：『一曰正，掌官灋以治要；二曰師，掌官成以治凡。』則師自是正之佐，非其長。經凡言司馬正、司馬師、僕人正、僕人師者，例皆然，不當此獨以師爲長，而移易其名也。經云：『小臣納卿、大夫。』又云：『小臣師一人在東堂下。』《大射儀》

---

❶ 上「賓」字，原作「面」，今據《續清經解》本改。

云：『小臣師納諸公、卿、大夫。』又云：『小臣師從者在東堂下。』與此異者，大射事繁，正與師各有其事，故在東堂下，唯言從者。《燕禮》則戒與者，設公席納卿、大夫，請執冪者，與羞膳者、請媵爵者，請致者，以及辭臣下拜之事，皆小臣正爲之。而小臣師無事，故特著其位在東堂下也。言一人者，據《士喪禮》諸侯小臣雖有四人，以《燕禮》及《大射》行禮時考之，止一人爲正，一人爲師也。凡正與師，皆隨事分別長貳之稱，非其官之本號。此言小臣師，則上言『小臣』者爲小臣正明矣。例見《大射》『小臣』下。」吴氏廷華云：「此注以師爲長，謂小臣師爲小臣之長；《大射》注又以正爲長，謂小臣師爲正之佐：二説不同。愚謂師固有長義，亦有衆義；正則止有長義。既有正，則師止當以衆言，《大射》注以師爲正之佐是也。此注又以師爲長，是一官有二長矣。賈謂此小臣師即小臣正，非也。」張氏惠言云：「《大射儀》：『小臣師從者在東堂下。』注：『小臣師，正之佐也。正相君，出入君之大命。』與此注不同。疏云：燕禮小臣師，即射禮小臣正。大射小臣正相君，小臣師佐之，常在君之左右，不在堂下之位，故惟云小臣師者在堂下。燕輕，宜有小臣師及從者相君燕飲，小臣正一人無事，得在堂下。案：此云小臣師與射禮小臣師正同。射禮小臣正相君，小臣師佐之，故經分言正與師。燕禮皆小臣正爲之，故凡事唯言小臣，不明爲正。小臣正職事皆在阼階下，其立位當在階前北面，故此及射禮皆小臣師獨在東堂南面之位，而正之位不著。注爲二説，似失之。射禮從者在小臣師東，此不見從者，下經小臣納工相工入者，即小臣從者也。其位當在西縣北，如射禮僕人也。下經獻左右正與納小臣于阼階上注云：『左右正，謂樂正、僕人正也。』小樂正立于西縣之北；僕人正、僕人師、僕人士立于其北，北上；大樂正立于東縣之北。此鄭取射禮爲説，以校經之左右正者，當云：小樂正立于西縣之北，小臣從者立于其北。大樂正立于東縣之北，而無僕人正。又大射正爲擯，擯者遂爲司正。又有司射注云：射人則小射正也。《燕禮》射人納賓，射人請立司正，射人遂爲司正。下云『若射』，則大射正爲司射，然則射人爲司正，非大射正。疏云：『或大射正爲擯，或小射正爲擯。』非也。射人者，小射正。小臣師者，小臣之佐。射、燕禮所用雖異，其名不殊。獻士時乃薦司正與射人一人，此一人當是大射正。亦云射人者，略之。燕禮略於射，故射人告具，即射人爲擯，至射而後大射正親其事。大射主於射，故射人告具，大射正爲擯，遂爲司正以監射也。至小臣正君之服位，皆正親其事，不得有異。射人、司士獻在觶南，其始位亦宜在此。」云「凡入門而右，由闑東；左則由闑西」者，賈疏云：「『凡入門而右，由闑東』者，臣朝君之法；『左則由闑西』者，聘賓入門之法。」敖氏云：「凡己之臣子入門而左右，皆由闑東。」盛氏世佐云：「士立于西方，是入門左矣，然亦由闑東。《曲禮》云『士、大夫出入君門，由闑右』，是也。」**公降立于阼階之東南，南鄉。爾卿，卿西面北上；爾大夫，大夫皆少進。**爾，近也，移也。揖而移之，近之也。大夫猶北面少前。【疏】正義曰：《曲禮》云：「揖人必違其位。」故公將揖卿、大夫，而降立也。褚氏寅亮云：「公立阼階東南，而南鄉對卿，則卿初位遥直東序而不當東階明矣。」敖氏云：「古文爾、邇通。爾，揖之使進而近於己也。公俟其入，乃降而揖之，明降尊之義也。大夫不西面，自别於卿也。君於卿與大夫各旅揖之。《大射儀》：『小臣師詔揖諸公、卿、大夫。』」

右君臣各就位次

射人請賓。命當由君出也。【疏】正義曰：《校勘記》云：「『射人』，『人』，誤作『入』。」○賈疏云：「不辨射人面位者，以其君南面，射人北面可知，故不言。」敖氏曰：「請於君，謂使誰爲賓也。」《釋官》曰：「案：大射官多，辨尊卑，有大射正、小射正，故云『大射正擯』。此燕不主於射，無尊卑之分，故直云『射人』。其實射人亦大射正，以其爲擯同也。疏謂司射次於小射正。案：下云『若射』，則大射正爲司射。《大射》注云：『小射正，司射之佐。』則疏説非也。」**公曰：「命某爲賓。」**某，大夫也。【疏】正義曰：郝氏云：「卿不爲賓，嫌逼也。」方氏苞云：「《燕義》曰：『不以公卿爲賓，而以大夫爲賓，爲疑也。』此一義耳。才德之大小不限於名位，故春秋時子産、叔向自始仕而聞望重於諸卿。故以大夫爲賓，尊賢之義彰焉。天子之宰夫爲下大夫，降殺以等，則諸侯之宰夫，士也。使與公卿爲敵者之禮，則非所安，蓋貴貴之義寓焉。饗、食、燕、射，國之大政也。君卿實共主之，故不以公卿爲賓，體國之義著焉。故曰：『禮者，義之實也。』」《釋官》曰：「疏云：『知大夫非卿者，以其賓主相對，既以宰夫爲主人，是大夫，明賓亦是大夫。』案：下記云：『與卿燕則大夫爲賓，與大夫燕亦大夫爲賓。』賓之爲大夫，記有明文，其義則《燕義》詳之。非緣主人爲大夫而賓亦使大夫也。此主人爲膳宰，非宰夫；諸侯宰夫亦上士，非大夫。疏甚誤。」**射人命賓，賓少進，禮辭。**命賓者，東面南顧。禮辭，辭不敏也。【疏】正義曰：注云「命賓者，東面南顧」者，盛氏云：「嫌背君也。此時君尚南面，射人在君右。敖氏云：『命賓者，南面鄉之。』非。」云「禮辭，辭不敏也」者，敖氏云：「以士冠之賓辭曰：『某也不敏。』故意此賓亦然。」吴氏廷華云：「注蓋倣《大射》命納射器言之，所謂『東面南顧』是也。但彼經命之而已。此命賓後尚有賓辭之節，則當南面向賓也。疏以在君右爲説者，蓋君南鄉，在君之右，西也。在西，則東面。説非不合，但此命賓與詔辭略有不同。」**反命。**射人以賓之辭告於君。**又命之。賓再拜稽首，許諾。**又，復。【疏】正義曰：敖氏云：「公不許其辭，故射人復命之。賓再拜稽首，爲受君命也。」**射人反命。**告賓許。**賓出，立于門外，東面。**當更以賓禮入。【疏】正義曰：前大夫以臣禮入，此當更以賓禮入，故出立於門外也。敖氏云：「《大射儀》云『北面』，此『東』字蓋誤也。」褚氏寅亮云：「大射辨尊卑，故北面；燕主歡心，仍寓賓主之義，故東面。敖氏據彼改此亦爲北面，泥矣。」**公揖卿、大夫，乃升就席。**揖之，人之也。【疏】正義曰：敖氏云：「揖之乃升，禮之也，亦異揖之。」郝氏云：「公揖卿、大夫，公將升揖也。乃升，君升阼階也。就席，君先就席也。」盛氏世佐云：「此揖卿、大夫，共一揖也，蓋略於爾之之時矣。敖氏亦異揖之，恐未是。」焦氏以恕云：「觀下文，知惟公升，卿、大夫未升。」注云「人之也」者，謂以人意相存偶也。

右命賓

小臣自阼階下，北面，請執冪者與羞膳者。執冪者，執瓦大之冪也，方圜壺無冪。羞膳，羞於公，謂庶羞。【疏】正義曰：敖氏云：「士之掌此二事者有常職，乃請之者，蓋白之於君，然後敢命之也。」盛氏世佐云：「羞膳，執冪，皆以士。必請之者，諸侯兼官，士之掌此二事者無常職，惟君所命故也。」焦氏以恕云：「秦制，階下侍衛之士非有命不得上殿。執冪、羞膳之士雖有常職，非出君命不敢升階，❶是以必白於君

❶「出」，原作「由」，今據《儀禮彙説》改。

而命之也。」胡氏肇昕云：「焦氏以暴秦之制，取以説經，非矣。盛氏説近是。」注云「羞膳，羞於公，謂庶羞」者，李氏如圭曰：「羞，進也。君物曰膳。凡薦謂脯醢，羞謂庶羞。」盛氏云：「羞膳者，謂進膳於公者也。君物曰膳，謂脯醢也。知不兼庶羞者，下記云：『凡薦與羞者，小膳宰也。』則是有常職矣。」**乃命執冪者，執冪者升自西階，立于尊南，北面東上。**以公命於西階前命之也。東上，玄酒之冪爲上也。羞膳者從而東，由堂東升自北階，房中西面南上。不言之者，不升堂，略之也。【疏】正義曰：注云「以公命於西階前命之也」者，賈疏云：「下記曰：『羞膳者與執冪者皆士也。』士位在西方東面，故知西階前命之。」云「羞膳者從而東，由堂東升自北階，房中西面南上」者，李氏如圭云：「羞膳者無升文，以羞在房，知由堂東自北階升也。《士冠禮》脯醢在房，贊者薦脯醢，立于房中，西面南上。」盛氏世佐云：「房中西面南上者，薦脯者在南，薦醢者在北也。羞膳者不由前堂升，以其士賤，且所事者在房故也。」云「略之也」者，吴氏廷華云：「執冪與羞膳者並命之，則二執事當同升。升後則執冪者自立於尊南，羞膳者自立於房中，雖文不具，其理可知。」盛氏云：「解經不言之故。疏云：『解不由前堂升。』非。」**膳宰請羞于諸公卿者。**小臣不請而使膳宰，於卑者彌略也。禮以異爲敬。【疏】正義曰：賈疏云：「膳宰卑於小臣，故云『彌略』也。」《釋官》曰：「案：諸侯之官，降於天子。膳宰當是中士。請羞諸公卿使膳宰，❶不使小臣，注謂『以異爲敬』，得之。疏因

❶「卿」，原脱，今據《儀禮釋官》補。

此較量尊卑，殊未了了。且此篇獻賓薦與設俎皆膳宰，大射獻賓及公，皆宰胥薦脯醢，❶庶子設折俎，則疏謂禮之大例，薦羞者尊於設俎者，亦未然矣。」盛氏世佐云：「大國之孤曰公。君稱公，臣稱諸公，一字而尊卑辨矣。」案：《義疏》云：「射人爲擯，請賓，擯者事也。小臣，近臣，請執冪與羞膳，❷近臣事也。膳宰具官饌，請羞諸公卿，具饌者事也。」又云：「射人告具，及射人請賓、膳宰請羞於諸公卿，❸經不言面位。今皆北面者，以小臣請執冪爲準也。」

右請命執役者

射人納賓，射人，爲擯者也。今文曰「擯者」。【疏】正義曰：注云「射人，爲擯者也」者，李氏如圭云：「《大射儀》：『大射正擯，擯者請賓。』《春秋傳》：『王以鞏伯宴，使相告之。』相，相禮者，即擯者也。」云「今文曰『擯者』」者，胡氏承珙云：「此經請賓、命賓皆射人，若如今文云『擯者納賓』，則嫌異人，故鄭從古文耳。」

賓入，及庭，公降一等揖之。及，至也。至庭，謂既入而左、北面時。【疏】正義曰：注云「謂既入而左、北面時」者，李氏如圭云：「出堂塗時也。客入門而左。」敖氏云：「一等者，階也，并堂爲二等矣。揖之者，使

---

❶「脯」，原脱，今據《儀禮釋官》補。
❷「膳」下，原衍「者」字，今據《儀禮義疏》删。
❸「及」，原脱，今據《儀禮義疏》補。

之升也。《大射儀》云：『賓辟。』」**公升就席。**以其將與主人爲禮，不參之也。【疏】正義曰：宰夫代公爲主人，故公升就席。

右納賓

賓升自西階。主人亦升自西階，賓右北面至再拜；賓荅再拜。主人，宰夫也。宰夫，大宰之屬，掌賓客之獻飲食者也。其位在洗北西面。君於其臣，雖爲賓不親獻，以其尊，莫敢伉禮也。至再拜者，拜賓來至也。天子膳夫爲獻主。【疏】正義曰：《校勘記》云：「『賓右北面』，『右』，誤作『又』。『大宰之屬』，張氏云：『巾箱杭本大作人，從監、嚴本。』」○張氏爾岐云：「主人亦升自西階者，代君爲獻主，不敢由阼階也。自此至『以虚爵降奠于篚』，主人獻賓，賓酢主人，主人獻公，主人受公酢，主人酬賓，二人媵觶于公，公取媵觶酬賓，遂旅酬，凡七節。此初燕之盛禮也。」　注云「主人，宰夫也」者，《燕義》云：「使宰夫爲獻主。」是也。云「宰夫，大宰之屬，掌賓客之獻飲食者也」者，《釋官》云：「案：主人當爲膳宰。注據《燕義》訓爲宰夫。春秋時，膳宰亦通稱宰夫。如《左傳》稱『膳宰屠蒯』，而《禮記·檀弓》載此事云『蕢也，宰夫也』；《左傳》稱『宰夫胹熊蹯不熟』，《公羊傳》云膳宰熊蹯不熟，是其確證。《禮記》雜出於漢儒之手，故宰夫亦沿《春秋》之稱。然鄭注《燕義》云：『宰夫，主膳食之官。』則固明以膳宰釋之矣。此注及疏引《周禮·宰夫》，甚誤。《周禮》宰夫爲大宰之考，職掌較尊。王燕飲酒，則膳夫爲獻主，不使宰夫。諸侯亦當使膳宰爲獻主。《文王世子》云：公與族燕，膳宰爲主人。此其證也。蓋周公設官，天子有宰夫，又有膳夫。諸侯亦有宰夫，而稱膳夫爲膳宰。《玉藻》云：『皆造於膳宰。』《國語》云：『膳宰不致餼。』是也。春秋時，宰夫官廢。《左傳》所云『宰夫將解黿』、『宰夫和之』之類，皆指謂膳宰，而《周禮》之宰夫職無聞焉。鄭注《周禮·膳夫》引《燕義》『使宰夫爲獻主』，注《大祝》云：『宰夫授祭。』韋昭注《國語》云：『膳宰，掌賓客之牢禮。』以宰夫職釋膳宰，皆由後世膳宰通稱宰夫，不能辨別，遂誤合爲一，不知諸侯別自有宰夫也。《大射》、《聘禮》、《公食》諸篇所言宰夫，皆《周禮》宰夫之職，與膳宰異。」云「其位在洗北西面」者，敖氏云：「諸侯之宰夫蓋以士爲之，其位亦在西方，故賓進則主人因從而升也。」盛氏世佐云：「宰夫，士也，初位在西方。敖説得之。洗北西面，乃其受薦之位耳，不可援以爲證。」云「君於其臣，雖爲賓不親獻，以其尊，莫敢伉禮也」者，《燕義》云：「設賓主飲酒之禮也。使宰夫爲獻主，臣莫敢與君伉禮也。」注本此爲説。云「至再拜者，拜賓來至也」者，李氏如圭云：「至再拜者，賓至乃拜之，有尊卑不敵之義。體敵者皆言拜至。」**主人降洗，洗南，西北面。**賓將從降，鄉之。【疏】正義曰：李氏如圭云：「洗南當北面，今西北面者，當辭賓降也。鄉飲酒賓主異階，故主人在階下辭賓降，宰夫代君爲獻主，升降不由阼階，與賓同，由西階升降，故於洗南辭降。」吴氏廷華云：「洗南則北面矣，爲賓降，故兼言西北面。」**賓降，階西東面。主人辭降，賓對。**對，荅。【疏】正義曰：敖氏云：「階西東面，東西亦當序。此賓降而主人於洗南辭之，則其降之節亦可見矣。賓對亦少進，既則復位。」**主人北面盥，坐取觚洗。賓少進，辭洗。主人坐奠觚于篚，興，對。賓反位。**賓少進者，又辭，宜違其位也。獻不以爵，辟正主也。古文「觚」皆爲「觶」。【疏】正義曰：《校勘記》云：「『奠觚于篚』，『于』，誤作『與』。」注云「賓少進者，又辭，宜違其位也」者，敖氏云：「賓少進者，少南行而東面也。」云「獻不以爵，辟正主也」者，以宰夫爲主人，非正主，故用觚不用爵。敖氏云：「獻公用象觚，則此觚乃角觚也。」張氏爾岐云：「凡觴，一升曰爵，二升曰觚，三升曰觶，四升曰角，五升曰散。」云「古文『觚』皆爲『觶』」者，胡氏承珙云：「案：《特牲·記》：篚在洗西，南順，實二爵，二觚，四觶，一角，一散。蓋飲酒之器，爵最貴，❶觚次之，觶又次之，角散爲下。故《禮器》曰：『貴者獻以爵，賤者獻以散，尊者舉觶，卑者舉角。』此獻辟正主，不用爵，宜降一等而用觚，故不從古文作『觶』也。」**主人卒洗，賓揖，乃升。**賓每先升，尊也。【疏】正義曰：賓每先升者，以宰夫是士，且非正主也。**主人升，賓拜洗；主人賓右奠觚荅拜，降盥。**主人復盥，爲拜手坋塵也。**賓降，主人辭，賓對。卒盥，賓揖升，主人升，坐取觚。**取觚，將就瓦大酌膳。○大堉案：卒洗、降盥俱言「賓揖」，而不言主人揖。要之，主人亦揖也。**執冪者舉冪，主人酌膳，執冪者反冪。**君物曰膳，膳之言善也。酌君尊者，尊賓也。【疏】正義曰：郝氏云：「反冪，既酌，反冪於尊上。」注云「酌君尊者，尊賓也」者，敖氏云：「賓者，君之所命者也，故主人代君飲之，則酌君尊，蓋達君之意也。」酌膳東面。」**主人筵前獻賓，賓西階上拜，筵前受爵，反位，主人賓右拜送爵。**賓既拜，前受觚，退復位。【疏】正義曰：李氏如圭云：「通言之，則觚亦稱爵。」敖氏云：「獻賓蓋亦西北面，與鄉飲酒同，故不著之。」高氏愈云：「主人送爵不於阼階，而於賓右，辟君位也。」吴氏廷華云：「賓宜東南面受爵，拜則俱西階上北面也。反位，亦西階上位也。」**膳宰薦脯醢，賓升筵，膳宰設折俎。**折俎，牲體骨也。《鄉飲酒·記》

❶「最」，原作「散」，今據《儀禮古今文疏義》改。

曰：「賓俎，脊、脅、肩、肺。」【疏】正義曰：《釋官》云：「上既以主人爲膳宰，此文主人獻賓又云膳宰薦脯醢、設折俎者，蓋天子膳夫，上士二人，中士四人，下士八人。諸侯當中士二人爲之長，一爲主人，而一仍供膳宰之職，如此篇射人既爲司正，又云『乃薦司正與射人一人』是也。」吴氏廷華云：「膳宰既爲主人，不得又設薦俎。大射宰胥薦，則此兩膳宰皆宰胥也。大射庶子設俎，此並使膳宰，燕禮輕也。」蔡氏德晋云：「賓升時，主人亦升自西階賓右，故其後也，遂以西階賓右爲主人定位。」注引《鄉飲酒·記》者，鄭以《燕禮》不言賓牲體之數，故引《鄉飲酒·記》以證之，明與之同也。案：敖氏繼公謂公俎似當用肩，賓俎用臂，與鄉飲酒賓主之俎異。説與注殊，盛氏世佐從之。

賓坐，左執爵，右祭脯醢，奠爵于薦右，興取肺，坐絶祭，嚌之，興，加于俎，坐挩手，執爵，遂祭酒，興，席末坐啐酒，降席，坐奠爵，拜告旨，執爵興，主人荅拜。

降席，席西也。旨，美也。【疏】正義曰：注「旨，美也」，《校勘記》云：「《集釋》無『也』字。」○敖氏云：「此賓乃大夫也，亦絶肺以祭。而下文又云『公祭如賓禮』，則是自上至下，此禮同也。舊説謂大夫以上繚祭，惟士絶祭，其不考諸此乎？」盛氏世佐云：「絶祭、繚祭之分本《周禮·大祝職》文。康成謂禮多者繚之，禮略者絶則祭之，是也。考之此經，祭肺之儀但見其絶，未聞其繚。説者欲以鄉飲酒禮當之，誠誤。然《鄉飲酒禮》云『弗繚』，明大夫以上固有繚者矣。其繚也必於饗。饗禮雖亡，以類推之可知也。鄉飲、鄉射絶祭，士賤也。《燕禮》、《大射》亦絶祭，禮略也。尊於士，詳於燕，其惟大夫以上之饗禮乎？若以此經無繚祭之文，遂謂自上至下同絶祭，則汰矣。《鄉飲酒禮》疏云：燕禮、大射雖諸侯禮，以賓皆大夫爲之，臣在君前，故不爲繚祭，皆爲絶祭也。此説近之。」褚氏寅亮云：「當以《鄉飲酒》疏臣在君前，不繚祭皆絶祭之説爲正。下文云：『公祭如賓禮。』祭則皆同，祭肺之繚、絶則不同，勿泥。」案：《義疏》云：「賓拜俱在西階上，拜告旨獨在筵西者，承上『降席』來，又下始言『西階上』，則告旨之拜不在階上也。」注云「降席，席西」，不言面者，賈疏云：「前例，降席，席西拜者皆南面，拜訖則告旨。」**賓西階上北面坐卒爵，興，坐奠爵，遂拜，主人荅拜。**遂拜，拜既爵也。【疏】正義曰：敖氏云：「執爵興，主人乃荅拜。凡荅拜皆於所荅者興乃爲之。經或不言其興，文省耳。」高氏愈云：「此就席第一爵，賓飲之。」

右主人獻賓

賓以虛爵降，將酢主人。【疏】正義曰：賈疏云：「自此以下盡序内東面，論賓酢主人之事。」**主人降。賓洗南坐奠觚，少進，辭降。主人東面對。**上既言爵矣，復言觚者，嫌易之也。《大射禮》曰：「主人西階西，東面，少進，對。」今文從此以下，「觚」皆爲「爵」。【疏】正義曰：敖氏云：「坐奠觚，興，少進，皆西北面。主人降立於階西，固東面矣。乃言『東面對』者，嫌進而對，或易鄉也。」注云「上既言爵矣，復言觚者，嫌易之也」者，以主人獻賓云「取觚」，洗云「奠觚」，至將酢主人云「賓以虛爵降」，嫌爵與觚異，故此經又云「坐奠觚」，見觚、爵對文則異，而散文相通也。引《大射禮》者，以經無西階西少進之文，故引以補之，蓋大射必先行燕禮也。云「今文從此以下，『觚』皆爲『爵』」者，今文以觚即爵，故不復言觚。胡氏承珙云：「爵者，飲酒之器之總名。今文從散文之通稱，鄭所不用。」**賓坐取觚，奠于篚下，盥洗。**篚下，篚南。【疏】正義曰：敖氏云：「此言奠于篚下，則鄉者少南奠之矣。」**主人辭洗。**謙也。今文無「洗」。【疏】正義曰：

敖氏云：「辭亦宜少進如賓也。於賓，既對則反位。」　注云「今文無『洗』」者，胡氏承珙云：「案：鄭從古文有『洗』者，取其文義備。」**賓坐奠觚于篚，興對，卒洗，及階，揖升。主人升，拜洗如賓禮。賓降盥，主人降，賓辭降，卒盥，揖升。酌膳，執冪如初，以酢主人于西階上。主人北面拜受爵，賓主人之左拜送爵。**賓既南面授爵，乃之左。【疏】正義云：敖氏云：「及階乃揖，以己當先升也。賓揖主人，乃離其位，然則賓於主人卒洗之時，❶固不待其及階而揖升矣。如賓禮謂送拜。酌膳者，主人酌此獻賓，故賓酢亦如之，亦以其代君飲己尊之也。執冪，執冪者舉反之節也。」盛氏世佐云：「酢主人亦於西階上，以公在阼也。」　注云「賓既南面授爵，乃之左」者，賈疏云：「以經言『主人北面拜受爵』，❷明賓於東楹之西，東面酌膳訖，而西階南面授主人。可知受爵訖，❸乃之主人之左，北面拜送爵。」敖氏云：「賓酢主人，蓋亦西南面授之，乃之左。賓親酢者，伸其尊，亦以君不親酢，故無所辟也。」胡氏肇昕云：「案：鄉飲酒、鄉射酢主皆席前東南面授爵。此經雖無明文，蓋亦與飲、射同也。經云『主人北面拜受爵』，則賓之南面授爵，推之可知。敖氏故與鄭異，非是。」案：《義疏》云：「卒洗不言主人揖，賓盥、辭降不言主人對，❹其揖與對可知。」**主人坐祭，不啐酒。**辟正主也。未薦者，臣也。【疏】正義曰：注云「辟正主也」者，例以鄉飲、鄉射，

---

❶「於」，原脱，今據《儀禮集説》補。
❷「經」，原作「既」，今據《儀禮注疏》改。
❸「可知」，原脱，今據《儀禮注疏》補。
❹「辭」，原脱，今據《儀禮義疏》補。

皆是正主。經云：祭如賓禮啐酒，則主人亦啐酒也。下又云「不告旨」，惟言不告旨，則仍啐酒可知也。故此不啐酒，鄭知是辟正主也。云「未薦者，臣也」者，李氏如圭云：「凡獻則薦，宰夫代君行禮，雖受酢而不薦。至獻大夫，乃薦於其位。」張氏爾岐云：「正主人皆有啐酒，唯不告旨。賓獻訖，即薦脯醢。此主人是臣，故酢時不薦。至獻大夫後，乃薦於洗北。」盛氏世佐云：「不於此時薦主人者，亦辟正主之義，且以其士賤也。」褚氏寅亮云：「注云『未薦者，臣也』，蓋鄉飲、鄉射主賓敵，故主人受獻後即薦；此臣代君爲主，故未即薦。」案：《義疏》云：「正主酢則必薦。此未薦者，以主人堂上無位，堂下又未定洗北之位，無所薦之。且公卿未薦，不得輒薦主人，非但以臣而已。」**不拜酒，不告旨。** 主人之義。【疏】正義曰：敖氏云：「拜酒，謂拜謝其以旨酒飲己也。酒非賓物，則無是二禮可知。」盛氏世佐云：「拜酒、告旨，本是一意。上經云『降席，坐奠爵拜，告旨』，即其禮也。凡言不告旨，則不拜酒可知。此並著之者，文詳也。」**遂卒爵，興，坐奠爵，拜，執爵興，賓荅拜。主人不崇酒，以虛爵降，奠于篚。** 崇，充也。不以酒惡謝賓，甘美君物也。【疏】正義曰：注「不以酒惡謝賓」，《校勘記》云：「徐本、《集釋》俱無『惡』字，似誤。」胡氏肇昕云：「《通解》作『不以酒惡充滿謝賓者』，多『充滿者』三字。考《鄉飲酒》注云：『崇，充也。言酒惡相充實。』則鄭氏原不作充滿解。《通解》所引，蓋以意增，非注本如是也。」○敖氏曰：「不崇酒者，無崇酒之拜也。酒非己物，故是禮亦不可得而行。」方氏苞云：「崇酒，敵者所以致渥洽也。君專大惠，而膳宰拜崇酒，是代君尸惠，故不敢也。」○高氏愈云：「此就席第二爵，主人飲之也。」

右賓酢主人

賓降，立于西階西。既受獻矣，不敢安盛。【疏】正義曰：敖氏云：「己之獻酢禮畢，而主人又將與君爲禮，故不敢居堂。」**射人升賓，賓升，立于序内，東面。**東西牆謂之序。《大射禮》曰：「擯者以命升賓。」【疏】正義曰：敖氏云：「升賓者，優之也。序内，東面，鄉君也，然則君位亦在東序内明矣。」吴氏廷華云：「入序稍深，故曰『内』。」注云「東西牆謂之序」者，《爾雅·釋宫》文。引《大射禮》者，證升賓亦以君命升之也。**主人盥洗象觚，升實之，東北面獻于公。**象觚，觚有象骨飾也。取象觚者東面。【疏】正義曰：「升賓之」，《校勘記》云：「『賓』，唐石經、徐、陳、《集釋》、《通解》、《要義》、楊氏、敖氏俱作『實』。」○敖氏云：「亦酌膳執冪如初，不言者，可知也。酒乃君物，主人進之於君而曰『獻』者，以主人爲獻主故也。公在席而東北面獻之，亦因獻賓之儀而爲之也。經言獻酳在席者多矣，獨此與大射見獻公之儀，若是，則其他之獻酳者皆正鄉其席與？」方氏苞云：「敖説非也。鄉飲酒、鄉射主人皆於賓之席前西北面獻賓。蓋賓席在西階，自宜西面；公席在阼階，自宜東面。而進獻自席南，故皆北面耳。」注云「象觚，觚有象骨飾也」者，敖氏云：「注云『象骨』，恐當作『象齒』。」案：骨爲總名，齒乃骨之類也。敖氏易之，非是。蔡氏德晉云：「象觚，觚以象骨爲飾，實於膳篚者也。主人獻公，更用象觚，君臣不敢同爵也。」云「取象觚者東面」者，李氏如圭云：「南面取，則背君，膳篚之南有臣篚，不得北面取，故因自西階來，東面取也。」**公拜受爵，主人降自西階，阼階下北面拜送爵。士薦脯醢，膳宰設折俎，升自西階。**薦，進也。《大射禮》曰：宰胥薦脯醢，由左房。【疏】正義曰：賈疏云：「凡此篇内，公應先拜者，皆後拜之，尊公故也。此公先拜受爵者，受獻禮重故也。」敖氏云：「拜於下者，臣也。此惟一拜而已，蓋荅公拜也，一拜則不稽首。荅公拜而不稽首，亦獻禮然也，其他則否。凡臣先拜其君，皆再拜稽首。」郝氏曰：升降不敢由阼，辟君位也。《釋官》云：「獻賓脯醢、折俎皆膳宰薦設，獻公使士薦脯醢者，蓋以異爲敬。君尊，不敢全以賓主之禮行之也。設俎則膳宰之職，故不變。大射公及賓之脯醢，皆使宰胥薦者，以士亦與射，故紓其力。士即上立於西方東面北上者。賈疏因下注云『膳宰卑於士』，遂謂士尊，故使士薦。非也。」褚氏寅亮云：「獻禮之受爵、送爵固皆一拜，但臣與君行禮無不再拜稽首者。且既下拜矣，又何獨不遵再拜稽首之禮乎？經不言者，可知矣。《集説》謂一拜不稽首，未然。又案：下文自酢兩言『再拜稽首』。獻酢禮均，則此豈宜獨異？又云『公荅再拜』，則此一拜受之説亦未然矣。」李氏如圭云：「賓之薦俎皆使膳宰，公之薦俎異人者，公尊故也。大射公與賓之薦俎同人者，略於飲酒主於射也。」方氏苞云：「私家燕飲之禮，主人親饋，故燕禮獻賓脯醢、折俎，皆膳宰薦、設，正其爲賓主也。獻君則士薦脯醢，不敢用賓主之禮而少變之也。大射則君及賓之薦、設皆使宰胥，蓋小膳宰皆君之親臣，祭祀有常職焉，故息其筋力，使得盡志於射。自大夫以下皆不獻，亦此意也。」敖氏云：「升自西階者，俎也。著之者，嫌設公俎宜由阼也。膳宰既設俎，則少退，東面而俟。既贊授肺，乃降。」注引《大射禮》者，賈疏云：「證此脯醢從左房來。天子諸侯有左右房，故言左房。大夫、士無右房，故言東房而已。」**公祭如賓禮。**【疏】正義曰：敖氏云：「祭謂祭薦、祭肺、祭酒也。其異者於下見之。」**膳宰贊授肺，不拜酒，立卒爵，坐奠爵，拜，執爵興。**凡異者，君尊，變於賓也。【疏】正義曰：敖氏云：「贊授肺者，以授肺而贊之也。君尊，不興取肺。未祭則授之，既祭則受之。惟言『授』，但見其一耳。不拜酒者，以其爲己物也。不拜酒，則亦不啐酒。凡男子之坐卒爵者，奠爵乃拜。婦人之尊者，立卒爵而執爵拜。此立卒爵而奠爵拜，其君禮與？公於其臣乃先拜既者，亦獻禮重也。」**主人荅拜，升，受爵以降，奠于膳篚。**【疏】正義曰：敖氏云：「『奠于膳篚』，見歸者取之亦在此也。」吴氏廷華云：「膳篚西面，取觚者當對面取之，故注以爲東面。疏謂膳南有臣之篚，據上篚在洗西，南肆，膳篚在其北，不得北面隔篚取象觚是也。至所以不南面及西面者，蓋南面嫌與主同也。」○高氏愈云：「此就席第三爵，宰夫獻公，公飲之。」

右主人獻公

更爵洗，升酌膳酒以降，酢于阼階下，北面坐奠爵，再拜稽首，公荅再拜。更爵者，不敢襲至尊也。❶古文「更」爲「受」。【疏】正義曰：賈疏云：「主人受公酢而自酌者，不敢煩公，尊君之義。」楊氏云：「君尊不酢其臣，主人自酢，成公意也。雖更爵亦酌君之膳酒者，明酢之意出於君也。」方氏苞云：「公受爵而拜，卒爵而拜，主人荅拜，皆不稽首，循獻禮之常也。至代公自酢，則賓主之禮，臣下所不敢望於君。故再拜稽首，以比於君賜之爵，而不敢以主人自居也。」注云「更爵者，不敢襲至尊也」者，賈疏云：「襲，因也。獻君自酢同用觚，必更之者，不敢因君之爵。《喪服傳》云：『君，至尊也。』」敖氏云：「更爵者，改取南篚之觚，蓋不敢用君器也。」云「古文『更』爲『受』」者，惠氏《古義》曰：「《周禮·巾車》云：『歲時受讀。』杜子春云：『受，當爲更。』《春秋》昭二十九年《傳》云：『以更豕韋之後。』《史記》『更』作『受』。知古文『更』字皆爲

❶「也」，原作「者」，今據《儀禮注疏》改。

『受』。」胡氏承珙云：「『更』與『受』聲義皆不相近。古文作『受』者，字之誤。鄭所不從。」**主人坐祭，遂卒爵，再拜稽首。公荅再拜。主人奠爵于篚。**【疏】正義曰：敖氏云：「亦興，坐奠爵，乃再拜稽首，執爵興。」〇高氏愈曰：「此主人飲之第二爵也。」

右主人自酢於公

主人盥洗，升，媵觚于賓，酌散，西階上，坐奠爵，拜賓，賓降筵，北面荅拜。 媵，送也，讀或爲揚，揚，舉也。酌散者，酌方壺酒也，於膳爲散。今文「媵」皆作「騰」。【疏】正義曰：「拜賓，賓降筵」，《校勘記》云：「『賓』，唐石經、敖氏俱不重，徐本、《集釋》、《通解》、《要義》、楊氏俱重。《石經考文提要》云：『《大射禮》當此節曰：西階上坐奠爵拜賓，西階上北面荅拜。不疊賓字，例同。』按：❶『疏無降筵二字。』」注云「媵，送也，讀或爲揚，揚，舉也」，又云「今文『媵』皆作『騰』」者，《説文》：「倂，送也。從人弅聲。古文以爲訓字。」段氏玉裁注云：「倂，今之媵字。送爲媵之本義，以姪娣送女，乃其一專耳。❷訓與倂音部既相距甚遠，字形又不相似，如疋足、屮艸、丂亏之比。今案：『訓』，當作『揚』。由揚譌詠，由詠復譌訓，始則聲誤，終則字誤耳。據鄭《檀弓》注，知《禮經》作『媵』，記作『揚』。媵爲古文揚字。若今文《禮》『媵』作『騰』，騰正與揚義

❶「按」，原作「又云」，今據《十三經注疏校勘記》改。

❷「專」，原作「端」，今據《説文解字注》改。

協。」胡氏承珙云：「《禮經》言媵者訓送，是其本義。《説文・貝部》『賸』下：『一曰送也。』賸與媵聲、義並同，媵讀爲揚，則聲轉而義亦異。鄭注《檀弓》以有謂之『杜舉』，舉與揚義相近，故云『揚近得之』。此注云：『媵，送也，讀或爲揚。』則是以送爲媵之本義，揚爲禮家異讀。賈疏云：『揚訓爲舉，義勝於媵送，故讀從之。』以説《檀弓》則可，以疏此注則非。『今文媵皆作騰』，騰義近揚。《禮記》本今文，故作『揚觶』。鄭注《儀禮》以媵從古文送義爲正，故不從今文作『騰』。賈疏又謂騰與媵皆是送義，亦非。至媵讀爲揚者，《釋名》：『媵，承也。』承與繩通。《詩・抑》：『子孫繩繩。』《韓詩外傳》作『承承』。繩本从蠅，省聲。《方言》：『蠅，東齊謂之羊。』郭注：『今江東呼羊聲如蠅。』媵讀爲揚，此其聲例。段云媵即古文揚字，恐未必然。」胡氏肇昕云：「胡説是也。古文作『媵』，今文作『騰』，《禮記》今文宜作『騰』。經師以訓詁字易之爲『揚』，故曰『揚觶』。騰可訓爲揚，媵不得訓爲揚。注『或讀爲揚』者，讀媵爲騰，義得爲揚耳。媵送一義，揚舉一義，注自分明。段氏乃合媵、揚爲一字，誤矣。」郝氏云：「媵言酳，嗣舉也。初獻爲正，再酌爲媵。媵，副也，與賸通。貳嫡曰媵，獻而又酬，所以爲媵。」盛氏世佐云：「媵，送也，副也。合二義乃備。」胡氏肇昕云：「《説文》訓倴爲送，義自賅括。諸家拘於媵爲貳嫡之稱，遂於送之外更加副義。不知《禮經》多言『送爵』。媵觚者，猶云送爵也。獻而又酬，所以爲媵，説雖巧而非經義也。」褚氏寅亮云：「凡獻以爵者則酬以觶。今獻既辟正主而不用爵，則酬亦不用觶矣，安可以改『觚』爲『觶』？」朱大韶曰：「唐石經作『坐奠爵，拜賓，降筵』，不重『賓』字，是也。禮於獻酬酢，但言坐奠爵拜，未有言拜主人，言拜賓者。《鄉飲》、《鄉射》二禮皆云：阼階上北面坐，奠觶，遂拜，執觶興，賓西階上荅拜。飲、射主賓分階，燕、大射公席於阼，故賓、主人皆於西階。《大射儀》與此同，儀節盡同，作西階上坐奠爵拜，賓西階上荅拜，亦不言拜賓。」云「酌散者，酌方壺酒也，於膳爲散」者，李氏如圭云：「賓酢主人酌膳，不敢卑主人。主人酬賓酌散，不敢自尊也。《少儀》：君之乘車，君綏曰良綏，副綏曰散綏。散義同此。」**主人坐祭，遂飲。賓辭。卒爵，拜。賓荅拜。**辭者，辭其代君行酒，不立飲也。此降於正主酬也。**【疏】**正義曰：朱子曰：「正主之酬，皆坐卒爵。此代君酬，當降禮而立飲。今不立而坐，則是不降，故辭不敢當也。」張氏惠言云：「《大射儀》注則云：『比於正主酬也。』疏各爲之説。案：正主酬賓，坐祭，遂飲，卒觶，興，坐，奠觶，拜，無立飲之禮。此以公卒爵立飲，決主人代君行酒亦宜立飲，今坐卒爵，故辭之。注又言所以坐飲之故，乃比於正主酬也。大射注爲是，此注誤耳。」敖氏云：「賓見主人將飲，故辭之，蓋欲即受此觶，不敢復煩主人之更酌己，且遠辟媵爵於公之禮也。媵爵於公者，亦皆先自飲乃更酌之。云『卒爵，拜』，省文也。《大射禮》曰：『卒爵興，坐奠爵，拜，執爵興。』」盛氏世佐云：「賓辭之意，敖蓋得之。如注説則主人之代君久矣。鄉受賓酢，亦不立飲，賓何以不辭邪？」褚氏寅亮云：「注謂辭其代君飲酒不立飲，蓋君臣酬酢，君立飲，而臣坐飲。賓以尊君之禮尊代君飲者，故辭其坐飲也。敖説殊牽强，豈有酬而不先自飲者乎？下經云酬賓亦立飲，可見君當立飲。」吳氏廷華云：「正主當指公，公立飲，主人坐，故曰『降於正主』。若《鄉飲酒》、《鄉射》正主本坐飲，與此同，何得謂之降？」焦氏以恕云：注解甚當，敖説非禮意，不可從也。○高氏愈云：「此主人飲之第三爵。」**主人降洗，賓降。主人辭降。賓辭洗，卒洗，揖升，不拜洗。**不拜洗，酬而禮殺。**【疏】**正義曰：據獻禮盛則拜洗也。**主人酌膳，賓西階上拜。**拜者，拜其酌也。**【疏】**正義曰：注「拜其酌也」，《校勘記》云：「徐、陳、《集釋》、《通解》、楊氏『也』俱作『己』。」

云「拜者，拜其酌也」者，賈疏云：「案：鄉飲酒、鄉射主人酬賓，皆主人實觶席前北面，賓始西階上拜。此及大射，主人始酌膳時，賓已西階上拜者，以其燕禮、大射皆是主人代君勸酒，其賓是臣，急承君勸，不敢安暇，故先拜也。」案：疏説分析甚明。而敖氏云：「拜爲將受之，是時主人已在筵前北面。」盛氏謂此與鄉飲酒禮亦同，但文有詳略，當以敖説爲正。恐不可從。韋氏協夢云：「賓西階上拜，主人宜少退，卒拜，然後授賓爵於筵前。」吴氏廷華云：「禮無拜酌之例，此言拜，下即言受爵，則仍是拜受爵，非拜酌也。」**受爵于筵前，反位，主人拜送爵。賓升席坐祭酒，遂奠于薦東。**遂者，因坐而奠，不北面也。奠之者，酬不舉也。

【疏】正義曰：敖氏云：「主人酬賓不奠，乃授之者，亦與士禮異者也。主人拜，亦於賓右。《少牢》下篇酬尸、酬賓，亦皆親授觶。」方氏苞云：「鄉飲酒、鄉射主人酬賓，奠爵而不授，以此觶不用，不煩賓以親受也。燕則君賜，故親相授受，以致其嚴恭。」郝氏云：「賓不飲酬酒，猶必坐祭後奠，敬君也。」韋氏協夢云：「鄉飲酒、鄉射旅酬之禮，賓主之，故主人酬賓，奠而不授，爲將以此觶舉旅也。燕禮公主旅酬之禮，故主人酬賓，授受如常禮。」○高氏愈云：「此飲賓第二爵，賓奠不舉。」李氏如圭云：「於酌膳時賓即拜，且手受而祭之，急承主人之酌，重君物也。此皆異於鄉飲酬禮。」褚氏寅亮云：「授而不奠，異於士禮。《少牢》下篇酬尸賓皆然，豈此乃大夫以上之酬禮歟？又代君行酬，即是尊者之賜矣。故尊之而祭與？先拜之義一也。」**主人降復位，賓降筵西，東南面立。**賓不立於序内，位彌尊也。位彌尊者，其禮彌卑，《記》所謂「一張一弛」者，是之類歟？【疏】正義曰：注「其體彌卑」，《校勘記》云：「『體』，徐、陳、《集釋》、《通解》、楊氏俱作『禮』。案：《大射》疏引亦作『禮』。」胡氏肇昕云：「此疏述注，亦作《禮記》所謂『一張一弛』者。『一弛』，《釋文》作『壹弛』。」

〇「主人降復位」，李氏如圭云：「下經薦主人於洗北，則洗北者，主人之位。」敖氏云：「位，西方東面也。此時未有洗北西面位，至既獻大夫而薦乃有之。賓降，降筵也。曩者賓降於階下，而君命升之，故此時惟降筵而已，恐褻禮而重煩君命也。」李氏微之云：「東南面立，鄉君也。」敖氏云：「不立於序内者，升降異處，以相變爲敬。」　注云「賓不立於序内，位彌尊也。位彌尊者，其禮彌卑」者，賈疏云：賓初得獻立序内。此酬訖立席西，漸近賓筵，是位彌尊，酬禮漸殺，故云「禮彌卑」也。引《記》「一張一弛」者，《禮記·雜記》文。案：《義疏》云：「主人復位，經不言其方。據下胥薦主人於洗北，似洗北其位也。然經明言『復』，則其初位矣。入門時，未聞有洗北之位。考《周禮》膳夫、上士，前入門，士在西，東面，復位，當指此言。」

右主人酬賓

小臣自阼階下請媵爵者，公命長。命長，使選卿、大夫之中長幼可使者。【疏】正義曰：李氏如圭云：「媵爵者，獻酬禮成，更舉酒於公，以爲旅酬之始。」　注云「命長，使選卿、大夫之中長幼可使」者，張氏爾岐云：「『長幼可使』，當云『年長而可使者』。」敖氏云：「長，謂下大夫之長也。此但云『命長』，不言『下大夫』者，其以下大夫媵觶有常職故與？」盛氏云：「長官之長，非年之長也。下大夫五人，以屬於司徒者爲長，蓋『朝廷莫如爵，鄉黨莫如齒』，其義異也。」韋氏協夢云：「如注説，則賓乃大夫，豈可使卿媵爵乎？敖説較長。」褚氏寅亮云：「注中『卿』字衍，觀《大射儀》注『卿則尊，士則卑』，鄭君之意便明。」《義疏》云：「賓以大夫，則媵爵自無使卿之理。長如『達官之長』之長，非以年計也。注兼卿言，且并幼以立説，非也。」**小臣**

作下大夫二人媵爵。作，使也。卿爲上大夫，不使之者，爲其尊。【疏】正義曰：敖氏云：「以公命作之也。二人，所謂長也。大夫在入門左之位北面，則小臣作之者其亦南面與？」韋氏協夢云：「小臣作媵爵者，宜東南面。若南面，則背君矣。」注云「卿爲上大夫，不使之者，爲其尊」者，盛氏云：「注意蓋謂媵爵之事賤，不可使尊長爲之也。此與命大夫爲賓、宰夫爲主人義異。」韋氏云：「大夫有三等，上大夫卿，固不可使；而中大夫乃副於卿者，《大射儀》謂之『小卿』是也；惟下大夫爵位稍卑，故使之。」吴氏廷華云：「獻畢未樂賓，即行旅酬之禮者，重飲也。南面者，大夫在門右，少進北面，故向之。二大夫皆最長者也，君命長而使二大夫，其爲常法可知。」**媵爵者阼階下皆北面，再拜稽首，公荅再拜。**再拜稽首，拜君命也。【疏】正義曰：敖氏云：「北面亦東上。」方氏苞云：「主人及媵爵者，皆代君行禮，而君禮之則異，何也？膳宰，士也，且爲獻主，職素定矣，故臨事無加命。媵爵者，大夫也。小臣作之，必進受命於君，故荅其拜也。主人獻賓、獻公，酬酢始畢，即作媵爵者，俾主人得暫息，然後獻公、卿、大夫也。」**媵爵者立于洗南，西面北上，序進，盥，洗角觶，升自西階。序進，酌散，交于楹北，降阼階下，皆奠觶，再拜稽首，執觶興，公荅再拜。**序，次第也，猶代也。楹北，西楹之北也。交而相待於西階上，既酌右還而反，往來以右爲上。【疏】正義曰：賈疏云：「西面北上者，是未盥相待之位。序進盥，則北面向洗。」注云「序，次第也，猶代也」者，《禮記·祭義》：「卿、大夫序從。」注：「序，以次第從也。」又《郊特牲》：「昏禮不賀，人之序也。」注：「序，猶代也。」案：《公食大夫禮》「序進」注：「序，猶更也。」更、代同義。更代與次第義互相成，故兼言之。云「楹北，西楹之北也。交而相待於西階上，既酌右還而反，往來以右爲上」者，賈疏云：「二大夫盥洗訖，先者升西階，由西楹之北，向東楹之西，東面酌酒訖，右還由西楹北，向西階上，北面。後者升西階，亦由西楹之北，向東楹之西，酌酒訖，亦由西楹之北，西階上北面相待，乃次第而降。故云『交而相待於西階之上』。」敖氏云：「序進之節，先者既洗，後者乃進也。先者既洗，即升立於西階上，以俟後洗者也。酌散更言『序進』，明其復發於西階上也。交於楹北，交相右也。凡經文惟言『交』者，皆謂相右也。階上之位，退者在東，進者在西，以相右爲便。降時亦先者降三等，後者乃降，蓋同階而同時俱降之法然耳。」張氏惠言云：「下經云：『序進，坐奠於薦南。』注：『往來由尊北，交於東楹之北。』疏以爲先者於南西過，後者於北東行。案：《大射》注云：『先者既酌，右還而反，與後酌者交於西楹北，相左。俟於西階上，乃降，往來以右爲上。』又云：『既酌而代進，往來由尊北，交於東楹北，亦相左。』若如疏説，則是相右，非。蓋誤會注以右爲上之文也。凡往來無相右者，鄉射禮可證。鄭云『以右爲上』者，謂階下並行時，來既上媵居由右，及其升堂，上媵由階上之東，進奠觶，右還與進者相左，則在西方而降又居右也。」韋氏協夢云：「始言序進者，以序而盥也；後言序進者，以序而酌也。先者既洗，當退立於階下而立俟；後者既洗，與之以序而升也。升亦先者升三等，後者從之。敖氏謂先者既洗，即升立於西階。恐未然。」褚氏寅亮云：「前之序進，進而盥洗也；後之序進，進而酌也，故兩言之。若如敖氏先者立於西階上，以俟後洗者，則酌散時肩隨而行，安得有交於楹北節次？凡相交者必相左，吉事皆然，經不盡言耳。」吴氏廷華云：「注云『往來以右爲上』，賈疏合洗南西面及階上北面言之。愚謂在洗南時，先者既洗而還，後者又往洗；往來相交時，先者在東南行，後者在西北行，先者在後者之右，後者在先者之右。賈疏以楹南西面言之，不知楹南爲暫立之位，雖有左右，何往來之有？至階上亦暫立相待之右，亦無往來。」又云：「此及下若君命皆致二節，凡四言『序進』，其兩序進在洗南者，不必言矣。其堂上之節，據經酌散者升階即言『序進』，實觶者既酌始言『序進』，則酌散者之序進，在階上始發步而未酌散之先。實觶者之序進，則在既實觶將往奠薦南之頃。據此，則酌散者既升階，❶即序長幼爲先後，長者先進，少者待於階上，長者既東面酌散，乃退，由其右西面，還，❷視其初進酌之道爲少南，初進酌之道則在其北也。後者當先者既酌而退之時，即發步，循先者初進酌之道而進，當西楹之北，轉而東行，乃與退者東面相值。退者西面，以北爲右，進者東面，以南爲右，彼此相爲右，所謂交也。然後先者待後者反而並降焉。酌散者之序進相交者如此。實觶者升階即東西並行，當尊乃轉而東行，及尊，並實觶然後序進。後者待於瓦大尊所，先者由方壺之西，轉方壺之北，又轉而南，當公席，乃東面奠於薦南，既奠亦退，從其右，由西南而北而西還，及方壺之北，即東楹之北，視初進奠之道，亦在其北。後者當先者既奠而退時，亦從尊所，循先者初進奠觶之道而進，轉及方壺之北，亦與退者東西相值，而彼此相爲右，與酌散者同。及階上，待後者並降而拜送。實觶者之序進相交又如此。合而計之，進退先後凡四道也。」**媵爵者皆坐祭，遂卒觶，興，坐奠觶，再拜稽首，執觶興，公荅再拜。**【疏】正義曰：方氏苞云：「鄉飲酒、鄉射，媵爵者皆先自卒爵，示欲代賓大夫導飲也。而賓、大夫更卒觶，必自致其敬而後安也。燕、射，宰夫代君以獻大

❶「階」，原作「皆」，今據《續清經解》本改。
❷「還」，原作「遠」，今據《儀禮疑義》改。

夫，似可代君以酬。而公酬賓亦自卒觶，以君之於臣，不可以獻，而酬以導飲，則無妨也。至酬賓以後，三舉酬，不復卒觶，則義當有節耳。」○蔡氏德晉云：「此下大夫二人媵爵於公，各飲一觶以導飲也。」**媵爵者執觶待于洗南。**待君命也。【疏】正義曰：敖氏云：「洗南西面，鄉者之位。」吴氏廷華云：「待於洗南者，以將奠觶於篚也。」**小臣請致者。**請使一人與？二人與？優君也。【疏】正義曰：敖氏云：「致如『致爵』之『致』。酒，君物也，以進於君，故謂之致。」張氏爾岐云：「或皆致，或一人致，取君進止。」吴氏廷華云：「優字未安。《大射》注云：『不必君命。』」**若君命皆致，則序進奠觶于篚，阼階下皆再拜稽首。公荅再拜。媵爵者洗象觶，升實之，序進，坐奠于薦南，北上，降阼階下，皆再拜稽首，送觶，公荅再拜。**序進，往來由尊北，交於東楹之北，奠於薦南，不敢必君舉也。《大射禮》曰：媵爵者皆退反位。【疏】正義曰：「升賓之」，《校勘記》云：「『賓』，唐石經、徐、陳、《集釋》、《通解》、楊氏、敖氏俱作『實』。」❶○敖氏云：「皆，皆二人也。言若者，不定之辭。下文云『若命長致』，與此互見也。亦小臣命之乃序進。又實之乃云『序進』，見其既酌而並立於尊所，乃行也。此進退皆不相待於西階上，蓋急於爲君酌與拜送也。」注云「序進，往來由尊北，交於東楹之北」者，賈疏云：「前二人酌酒降自西階，故交於西楹之北；此酌酒奠於君所，故交於東楹之北。交於東楹北者，先酌者東面酌訖，由尊北又楹北，往君所，奠訖右還而反。後酌者亦於尊北，又於楹北，與反者相交。先者於南西過，後者於北東行，奠訖亦右還而反，相隨降自西階。」褚氏寅

---

❶「經」下，原衍「作賓」二字，今據《十三經注疏校勘記》刪。

亮云：「舉觶待於洗南，俟後命也。既得命，則先奠觶於篚，乃拜命。既拜，乃洗象觶，禮之次第宜然。此經始言『序進』，在奠觶前；次言『序進』，在升實後，不在西階上立俟明矣。又先酌者西行，宜在北；後酌者東行，宜在南。如是乃得相左而交於楹北。疏似倒説。」云「奠於薦南，不敢必君舉也」者，賈疏云：「《鄉飲》、《鄉射》皆云：奠者於左，將舉者於右。是鄉飲酒一人舉觶及二人舉觶，皆奠於薦右。今言媵爵於公，是將舉旅，當奠於薦右，而奠於薦左，故云『不敢必君舉也』。」江氏筠云：「二大夫媵爵，疏於交于楹北無明文。至序進坐奠於薦南，疏則謬。案：《大射》『交於楹北』注：『先者既酌，右還而反，與後酌者交於楹北相左。』於序進奠於薦南，則云：『既酌而代進往來由尊北，交於東楹北，亦相左。』疏云：『言亦者，亦前酬酌自飲時，相左於西楹之北，時後者南相東向，先者北相西向，向西階右還，北面待後至降也。今此二人先升於尊西，東面酌訖，於東楹之北東向，向公前奠之，右旋於東楹之北，北畔西過。後者亦於尊西，東面酌訖，於東楹之北，南過東向，於公前奠之。是亦交於楹北相左也。』較《燕禮》疏爲是也。敖氏釋交於楹北云：『階上之位，退者在東，進者在西，以相右者爲便。』然由楹北至尊後，由尊北至君席前，俱南相行爲疾，而北相行較緩。臣趨君命，理宜由疾，其先者酌訖，奠訖既得將事，其後者方進將事，則後者之進，先者於時宜少北以便之。疏説不如鄭義也。」李氏如圭云：「尊在東楹之西，以執冪者在尊南，故既酌，由尊北楹北往奠於君所。薦南，君左也。」盛氏云：「公席在阼階上，西鄉，薦南即其左也。奠於薦南，與《鄉飲酒·記》所謂『將舉者於右』之義異，故注以『不敢必君舉』釋之。」引《大射禮》者，張氏爾岐云：「見此二人阼階下拜訖，亦反門右北面位也。」

右二人媵爵於公

公坐取大夫所媵觶，興以酬賓，賓降西階下，再拜稽首。公命小臣辭，賓升成拜。 興以酬賓，就其階而酬之也。升成拜，復再拜稽首也。先時君辭之，於禮若未成然。【疏】正義曰：李氏云：「此君爲賓舉旅行酬也。」敖氏云：「曏者君與賓各受主人之獻，其情意猶未接，至是公乃酬賓，而與之爲禮也。」

注云「興以酬賓，就其階而酬之也」者，李氏云：「酬賓就西階，降尊以就卑也。」盛氏云：「公酬賓于西階上，以貴下賤也。」胡氏肇昕云：「敖氏云：『興以酬賓，謂興立于席，舉觶鄉賓而酬之也。酬賓亦不下席，君尊也。』説與注異，解禮者多據以駁注。方氏苞云：『凡獻酬，主人就賓之階，賓就主人之階，經皆明著之，況以君而就臣之階，以酬以拜，無不特書之理。敖説於文義脗合。』韋氏協夢云：『如注説，則當云降適西階上酬賓，不當祇言興矣。且公若降酬賓，則於賓之拜，公可自辭之，不必使小臣矣。』案：經文簡質，多互文見義。云『興』、云『賓降西階下』，則公之就西階可知也。賈疏云：『賓降拜不于阼階下，而言西階下，故知公在賓西階上也。不言西階者，以公尊，空其文也。』發明鄭義，最爲明顯。」云「升成拜，復再拜稽首也。先時君辭之，於禮若未成然」者，上云「再拜稽首」，此云「升成拜」，是升而復再拜稽首也。蔡氏德晉云：「謂之成拜者，以堂下再拜，而君辭之，若未成然，故復升堂、再拜稽首以成之也。」敖氏云：「西階下再拜稽首，雖爲賓，不敢不盡臣禮也。辭者，不受其拜下之禮，賓之也。賓升成拜，順君賓己之意也。」堉案：小臣以公命辭賓，不於阼階遥辭之，乃至西階東且西面者，準上命執冪者必就其西方之位。又：《聘禮》賓在東，則使命東面致命；此經賓在西，故西面。**公坐奠觶，荅再拜，執觶興，立卒觶，賓下拜，小臣辭，賓升，再拜稽首。**不言成拜者，爲拜故下，實未拜也。下不輒拜，禮殺也。此賓拜於君之左，不言之者，不敢敵偶於君。【疏】正義曰：注云「不言成拜者，爲拜故下，實未拜也。下不輒拜，禮殺也」者，敖氏云：「賓未卒拜，而小臣辭之，異於初也。此不言成拜者，未卒拜於下，無所成也。」吴氏廷華云：「下時將拜，未拜君即辭之，因而升拜，非下後遲回未拜也。」韋氏協夢云：「上云『升成拜』，此云『升，再拜稽首』者，上降時已再拜稽首，特升以成之耳，故云『成拜』；此降未拜，升始拜，必言『再拜稽首』者，嫌祇升拜而不再拜且稽首也。」云「此賓拜於君之左，不言之者，不敢敵偶於君」者，賈疏云：「上云『公酬賓于西階上』，則此賓升再拜者，拜於君之左可知。不言者，不敢敵偶於君，闕其文也。」盛氏云：「奠觶荅拜，皆於西階上。敖云：『奠於薦右。』郝云：『荅於阼階上。』皆非也。君無北面之禮，雖就賓階酬之，然其西面自若也。賓之拜也，於其西北面，則不得云『拜於君之左』矣。注疏説亦未是。」❶**公坐奠觶，荅再拜，執觶興，賓進，受虚爵，降奠于篚。**【疏】正義曰：敖氏云：「賓受虚爵於君席之前，故云『進』。必就而受之者，臣事君之禮也。受時蓋東面於薦北。」方氏苞云：「觀此，則公不就西階益明矣。凡經言『進』，體例不一。於揖、讓、行、趨而言『進』者，各指其事，表其地也。於受爵而言『進』者，皆至其席前。《鄉飲酒》：『賓拜，進，坐奠觶於薦西。』《鄉射》：『賓進，受爵

❶「疏」，原脱，今據《儀禮集編》補。

於席前。」是也。於授物而言『進』者，婦見舅姑執笲、進拜、奠於席，❶是也。公酬不言就西階，飲不言降席，而賓受虛爵曰『進』，則進受於公之席前明矣。」案：盛氏云：「賓於此云『進』，則拜時於西階上少西矣。受虛爵亦北面。敖説非。公既受觶，反位。」○高氏愈云：「公復卒觶以導賓飲，蓋公飲第二爵矣。」**易觶洗。**君尊，不酌故也。凡爵，不相襲者也。於尊者言「更」，自敵以下言「易」。更，作新；易，有故之辭。進受虛爵，尊君也。不言公酬賓於西階上及公反位者，亦尊君，空其文也。【疏】正義曰：注云「凡爵，不相襲者也。於尊者言『更』，自敵以下言『易』」者，賈疏云：「謂受尊者爵，與尊者爵，皆言『更』；受卑者爵，與卑者爵，皆言『易』。此公酬賓與卑者爵，故言『易』也。」案：朱子謂更、易本無異義。敖氏云：「易觶者，謂更取角觶也。或言『更』，或言『易』，互文耳。」張氏爾岐云：「易，猶更也。注於更、易二義太生分別。賈疏援證雖多，亦未見確據。」胡氏肇昕云：「《少牢》『更爵』注亦云：『更，猶易也。』蓋散文則通，對文則異。鄭以篇中或言『更』，或言『易』，故通校前後經文，而分別之如此。」**公有命，則不易不洗，反，升，酌膳觶，下拜，小臣辭，賓升，再拜稽首。**下拜，下亦未拜，凡下未拜有二：或禮殺，或君親辭。君親辭，則聞命即升，升乃拜，是以不言成拜。【疏】正義曰：敖氏云：「命謂使之，仍用象觶也。賓則不易之，不敢違君意也。不洗者，嫌也。承尊者後而復洗之，則嫌若不以爲絜然。」○注「是以不言成拜」，《校勘記》云：「『以』，徐本、《集釋》、《通解》、楊氏俱作『亦』。」　云「凡下未拜有二：或禮殺，或君親辭」者，賈疏云：「禮殺者，謂若酬時，是也。云

❶ 「笲」，原作「笄」，今據上文改。

『或君親辭』者，❶謂若《公食大夫》云：公拜至，賓降，西階東北面，荅拜；公降一等辭，賓升，階上北面，再拜稽首。是階下未拜，不得言升成拜也。」**公荅再拜。**拜於阼階上也。於是賓請旅侍臣。【疏】正義曰：注云「於是賓請旅侍臣」者，李氏如圭云：「請行酒於羣臣也。」記曰：「凡公所酬，既拜，請旅侍臣。」賈疏云：「大射於此時，賓請旅於諸臣。此不言者，文不具。」**賓以旅酬于西階上。**旅，序也，以次序勸卿、大夫飲酒。【疏】正義曰：方氏苞云：「公卿先受酬而後獻，何也？君不可親酌以獻臣。若酬，則自飲以相導，故可親也。公卿，君之所敬，故既親酬賓，因藉手於賓以酬之。士爲獻主，而媵爵者以大夫，何也？君親酬賓暨公、卿、大夫，禮重於宰夫之獻也。」**射人作大夫長升受旅。**言作大夫，則卿存矣。長者，尊先而卑後。【疏】正義曰：注云「言作大夫，則卿存矣」者，李氏如圭云：「《王制》曰：『上大夫，卿。』通言之，則卿亦大夫。」方氏苞云：「周有六卿之貳，皆中大夫。記又云：諸侯之上大夫，卿也。下經分獻公、卿及大夫，則此大夫包公、卿明矣。」云「長者，尊先而卑後」者，吴氏廷華云：「此經皆卿、大夫分言之，則上大夫在卿中，大夫則惟中、下大夫耳。此注又以大夫中有卿者，蓋經祇言旅大夫，不言旅卿，故謂卿即在大夫中。下經所謂賓以酬長，是也。與上下經單指中、下大夫異。」張氏爾岐云：「卿稱上大夫，旅三卿徧，次至五大夫。」敖氏云：「長如若長之長，大夫長謂上卿若諸公也。此惟據受賓酬者而言，若有諸公，則先酬之。」**賓大夫之右坐奠觶拜，執觶興，大夫荅拜。**賓在右者，相飲之位。【疏】正義曰：注「左右者」，《校勘記》云：「『左』，

❶ 「云」，原脱，今據《儀禮注疏》補。

諸本俱作『在』。」　云「賓在右者，相飲之位」者，賈疏云：賓在西階上酬卿，賓與卿並北面，賓在東，卿在西，是賓在大夫之右。賓位合在西，今在東者，相飲之位也。敖氏曰：「惟云大夫者，諸公與卿亦大夫耳。大夫未獻乃先受旅者，此酬禮不主於己，故無嫌。」韋氏協夢云：「敖氏既謂若有諸公先酬之，則此所云大夫，惟三等大夫而已。且《王制》云『諸侯上大夫，卿』，未聞稱諸公大夫者。敖謂諸公亦大夫，非是。」**賓坐祭，立飲，卒觶不拜。**酬而禮殺。【疏】正義曰：注云「酬而禮殺」者，賈疏云：「對酢之時，坐卒爵，拜既爵，是禮盛也。」敖氏云：「賓獨祭酬酒者，以此酒爲公所酬，異之也。」**若膳觶也，則降更觶洗，升實散，大夫拜受。賓拜送。**言更觶，卿尊也。【疏】正義曰：注云「言更觶，卿尊」者，與卑者爵稱易，與尊者爵稱更。賓爲大夫卑於卿，故言更觶者，卿尊也。敖氏云：公優所酬者，或使得用象觶，而不可以及乎他，是以更用角觶。旅酬而洗者，亦爲更觶新之也，餘則不洗。賓既拜送，則就席。張氏爾岐曰：「膳觶，本非臣所可襲，以君命故得一用。至酬他人，則必更矣。注釋『更』字義亦未可信。」盛氏世佐云：「此爲『公有命則不易不洗』者言也。若既易，則不更不洗而竟實散矣。不復酌膳者，異於公所酬也。」吳氏廷華云：「所以易觶者，蓋君本以不易者優賓，賓既飲訖，不敢輕用之大夫也。」高氏愈云：「此賓酌觶自飲，而因以導大夫飲，蓋賓飲之第二爵也。凡諸大夫皆飲一爵。」**大夫辯受酬，如受賓酬之禮，不祭。卒受者以虛觶降，奠于篚。**卒，猶後也。《大射禮》曰：奠於篚，復位。今文「辯」皆作「徧」。【疏】正義曰：辯受酬如受賓酬之禮者，敖氏云：「如射人作、升、受旅以下之儀也。」方氏苞云：「一如公卿受賓酬之禮而無殺也。」「不祭」者，賈疏云：「酬禮殺也。」敖氏云：「此見其異者也。酬酒不祭，乃其正禮。賓之祭者，有爲爲之耳。」張氏爾岐云：「辯受酬，皆拜受拜送。但賓之初酬有坐祭，後酬者則不祭爲異。」「卒受」者，敖氏云：「下大夫之末者也。無所酬，獨飲於西階上。」張氏云：「大夫辯受酬，不及於士也。」吴氏廷華云：「下燕時大夫卒受者，有酬士之文，此亦當然，今依經闕之。」蔡氏德晋云：「堂上無士席，三旅皆自大夫止，不及於士，至三旅後乃徧及也。」注引《大射禮》者，張氏云：「奠觶復位，復門右北面之位。」

右公舉媵爵酬賓遂旅酬初燕盛禮成

主人洗，升，實散，獻卿于西階上。酬而後獻卿，别尊卑也。飲酒成於酬也。【疏】正義曰：張氏爾岐云：「自此至『降奠於篚』，主人獻卿；又二大夫媵觶於公；公又舉媵酬賓若長，遂旅酬：凡三節。此獻卿而酬，燕禮之稍殺也。」○敖氏云：「實散，降於賓也。凡獻於西階上，皆西南面。」韋氏協夢云：「獻卿實散者，非公所命獻之人也。凡公命獻者皆酌膳。」注云「酬而後獻卿，别尊卑也。飲酒成於酬也」者，賈疏云：「此酬非謂尋常獻酬，乃是君爲賓舉旅行酬。飲酒之禮成於酬，酬辯乃獻卿，以君尊卿卑，❶是以君禮成，卿乃得獻，故云『别尊卑也』。」楊氏曰：「卿者，君之股肱腹心，燕禮之所當先也。獻禮後卿，何也？《燕義》云：『不以公卿爲賓，而以大夫爲賓，爲疑也，明嫌之義也。』既命大夫爲賓，故先獻賓，獻賓而後獻公。又獻禮成於酬，禮成而後獻卿。此事之序、禮之宜，非後於卿也。」褚氏寅亮云：「凡旅者不洗，此洗者，爲更

❶ 「卿」，原作「臣」，今據《儀禮注疏》改。

爵也。」吴氏廷華云：「此《燕義》所謂公舉旅行酬而後獻卿也。卿不與賓同獻者，卿與鄉飲遵者等，至此乃獻，亦待遵者意也。」胡氏肇昕云：「卿尊於大夫而親於君，不以卿爲賓者，如子不爲父尸之例，以子親於父也。此即《燕義》所謂『明嫌之義』也。既以大夫爲賓，則大夫雖卑，而爲賓則尊，故獻賓必先於獻卿。飲酒成於酬，既旅酬則獻賓之禮已成，乃特獻卿焉，亦以尊卿也。注所謂『别尊卑』者，指賓與卿言。疏謂『君尊卿卑』，非是。」**司宫兼卷重席，設于賓左，東上。**言兼卷，則每卿異席也。重席，重蒲筵緇布純也。卿坐東上，統於君也。席自房來。【疏】正義曰：注云「言兼卷，則每卿異席也。重席，重蒲筵緇布純也」者，敖氏云：「兼卷，謂以兩席相重而並卷之也。其卷亦自末。❶執時兼卷，是設時亦兼布之矣。此固異於設加席之法。亦以其二席之長短同，故得由便爲之爾。」張氏爾岐云：「重席，但一種席重設之，故注云『重蒲筵緇布純也』。加席則於席上設異席，如《公食大夫·記》云『司宫具几與蒲筵常，緇布純，加萑席，尋，玄帛純』是也。」《經義聞斯録》曰：「經云『兼卷』，則上下長短同，其爲一種席可知。若上經『司宫筵賓於户西，東上，無加席』。賓，大夫也。下經若有諸公，獻之，如獻卿之禮，席於阼階西，北面東上，無加席，爲近君屈也。《鄉飲酒禮》賓若有遵者，席於賓東，公三重，大夫再重，大夫如介禮。有諸公則辭加席，委於席端；無諸公則大夫辭加席，❷主人對，不去加席。《鄉射禮》大夫若有遵者，席於尊東，大夫辭加席，主人對，不去加席，皆非

❶ 「自」，原作「是」，今據《儀禮集説》改。

❷ 「公」，原脱，今據《經義聞斯録》補。

一種席矣。」吴氏廷華云：「《周禮·司几筵》『大朝覲』疏云：初在地者一重謂之筵，重在上者謂之席。上經司宫筵賓，疏説亦然。此經筵賓無加席，是就初在地一重言之，故只曰『筵』。《鄉射·記》言『蒲筵，緇布純』，《公食·記》『蒲筵常，緇布純』同，當俱指在地一重。其上一重，則據《司几筵》，設莞筵，加繅席，加次席。《公食·記》蒲筵加萑席，是加席，與下一重之筵不同。此注以重爲重蒲筵，非也。蓋因鄉飲酒有加席，而彼經只言蒲筵，故以重蒲筵意會言之。要知此經重席，當即是加席。《鄉飲酒禮》先曰『重』，後曰『加』，蓋重即加耳。」堉案：《義疏》曰：「燕以尊賓爲節，故席於中堂。卿雖貴於賓，而不敢以尊干正禮，❶故後賓獻而位於賓東。」又：「布席、徹席者，須在席之上下爲之，乃便於卷布。今司宫席卿西面，從上布之也。卿辭重席，❷當在將就席之先，則北面近席時也。楊圖皆誤。敖云：拜送不言卿，可知。」「賓東即鄉飲酒之尊東，蓋遵者之位也。彼尊在房户間，故以尊爲節，而謂之尊東；此房户間無尊，故以賓爲節，而謂之賓東。」云「卿坐東上，統於君也」者，盛氏曰：「卿席於賓左，猶鄉飲酒禮之遵者席於賓東也，惟東上爲異。遵席西上，遵亦主也，故統於賓；卿席東上，卿亦臣也，故統於君。《鄉飲酒禮》尊於房户之間，故遵在賓東，實在尊東。❸此雖尊於東楹之西，而席卿之處亦如之。知不繼賓而東者，以賓東户牖之間爲王設扆之處，宜辟之

❶「干」，原作「於」，今據《儀禮義疏》改。

❷「席」下，原衍「者」字，今據《儀禮義疏》删。

❸「實」，《儀禮正義正誤》作「賓」。

也。三卿之序，❶亦以東爲上，司徒最東，次司馬，次司空也。」云「席自房來」者，《公食大夫》云「宰夫筵出自東房」是也。**卿升，拜受觚，主人拜送觚。卿辭重席，司宮徹之。**徹，猶去也。重席雖非加，猶爲其重累去之，辟君也。【疏】正義曰：注云「重席雖非加，猶爲其重累去之，辟君也」者，敖氏云：「謂徹去上席也。卿以重席爲辭，故去其上席。爲卿設重席，正禮也。必辭之者，去君差近宜辟之。」張氏爾岐云：「以君有加席兩重，此雖蒲筵一種重設，嫌其兩重，與君同也。」**乃薦脯醢。卿升席坐，左執爵，右祭脯醢。遂祭酒，不啐酒，降席，西階上北面坐，卒爵。興，坐奠爵，拜，執爵興。主人荅拜，受爵。卿降，復位。**不酢，辟君也。卿無俎者，燕主於羞。【疏】正義曰：敖氏云：「不啐酒則不拜酒，不告旨，可知。此亦降於賓者也。卿升降席，皆自西方。」盛氏云：「復位，復堂下西面位也。」吴氏廷華云：「此經與《大射》不同，《大射》爲祭而設，賓無專屬，故卿與賓同設俎。此經如聘賓勞臣，賓有專屬，卿不得與賓同，故無俎也。或問：上有無事而燕之禮，賓亦宜無專屬，與大射同，而卿亦無俎，何也？曰：有專屬者當以此禮爲準，無屬者則可以大射禮通之。如聘使之燕，應有戒宿。此經請賓，但就己臣言。蓋經文不能徧具，以理爲斷，可也。」注云「不酢，辟君也」者，張氏爾岐云：「獻公，主人酢於阼階下。此不酢者，嫌與獻公同也。」韋氏協夢云：「卿不酢主人者，非正賓也。主人亦不自酢者，嫌與君禮同也。」云「卿無俎者，燕主於羞」者，敖氏云：「無俎者，燕禮輕於大射，故卿遠下賓也。」方氏苞云：「大射大夫有脅，而燕則卿無脅，何也？唯食禮

❶「序」，原作「席」，今據《儀禮集編》改。

有茹牲體，饗、燕皆祭而不舉。大射將祭而辨尊卑，義近於饗，故備設薦俎以見其文。燕示慈惠，庶羞畢陳以致滋味，故公及賓而外不設薦俎，以見其質也。」○高氏愈云：「此主人獻卿，而卿各飲一爵也。」**辯獻卿，主人以虛爵降，奠于篚。**今文無「奠于篚」。【疏】正義曰：敖氏云：「辯獻卿，如賓散以下之儀，惟不洗耳。主人既奠爵，復位于西方。」　注云「今文無『奠于篚』」者，胡氏承珙云：「上文賓進受虛爵，降奠于篚；大夫卒受者以虛觶降，奠於篚。又下獻工云：主人受爵，奠于篚。知此亦當有奠于篚。《大射儀》亦云：『辯獻卿，主人以虛爵降，奠于篚。』鄭以彼決之，故從古文。」**射人乃升卿，卿皆升就席。若有諸公，則先卿獻之，如獻卿之禮。**諸公者，謂大國之孤也。孤一人，言諸者，容牧有三監。【疏】正義曰：注云「諸公者，謂大國之孤也。孤一人，言諸者，容牧有三監」者，張氏爾岐云：「鄭司農注《典命》云：上公得置孤卿一人。後鄭從之，是孤卿本一人也。《王制》云：『天子使其大夫爲三監，監于方伯之國，國三人。』是方伯之國，或有三公，故云『諸公』也。」賈疏又云：「立三監是殷法，周使伯佐牧，不置監。其有監者，因殷不改者也。故鄭云『容』，容有異代之法也。」敖氏云：「此禮通五等侯國言之，故於諸公云『若有』，蓋上公之國乃有四命之孤，侯國以下則無之也。」褚氏寅亮云：「獻雖先卿，其升席亦必俟射人命之，亦與卿序升。敖氏謂獻即先升，恐未是。」吴氏廷華云：「公舉二大夫媵爵者三：上公爲賓舉旅，一也；下若賓若長惟君所酬，二也；笙人之先，公又舉奠，三也。外此則舉賓所媵爵者一，下公坐取賓所媵觶興，惟公所賜是也。若無算爵曰酌膳爵者，酌以進公，酌散爵者，酌以之公命所賜，二者雖曰公賜，而不言公舉，是二大夫所媵止須三爵，上二人所媵既有二爵，則此一爵已足。命長之義如此，且可知經言若者，雖是無定之辭，實以上須三觶，前媵兩，則後賸必一；前賸一，則後賸必兩，故云『若』。則所謂『若』者，名曰無定，實則有定耳。注以命長爲優，蓋謂命長則少一觶，少一觶則公少一舉耳。不知三觶皆公舉，何論優與不優乎？」又曰：「三監之說，雖本之《王制》，然是殷法，於周制無考。此言諸者，當兼致仕者言之。」盛氏云：「孤一人而曰諸公者，以別於其君之稱公也。諸，衆也，若曰猶是衆臣云爾。《周禮·典命職》云：『公之孤四命，以皮帛眡小國之君。』注云：『眡小國之君者，列於卿、大夫之位而禮如子、男也。』惟其禮如子、男，故亦得稱公；惟其列於卿、大夫之位，故加『諸』以別之。亦有言公而不加諸者，《鄉飲酒禮》云『公三重』，是也。以其在鄉里言之也。天子之上公亦有稱諸公者，《曲禮》曰『諸公東面』是也。以其在王朝言之也。正名之義，各有攸當。注乃引殷法以釋之，誤矣。」胡氏肇昕云：「諸公之說，各家不同。《釋官》以注說爲允，詳《鄉飲酒禮》。」今案：盛氏說亦明析，可備一解。蓋對公而言，則別之曰諸公，此經是也；不對公而言，則亦曰公，《鄉飲酒禮》是也。此亦散文則通、對文則異之例耳。**席于阼階西，北面東上，無加席。**席孤北面，爲其大尊，屈之也。亦因阼階西位近君，近君則屈，親寵苟敬私昵之坐。【疏】正義曰：注云「席孤北面，爲其大尊，屈之也。亦因阼階西位近君，近君則屈」者，敖氏云：「席之於此，以其尊於卿，而不與之序也。阼階之西，於君席爲西南，直其左也。諸公在君之左，卿在君之右，蓋以左爲尊也。東上者，亦統於君也。無加席者，以太近於君，故設時即不敢與之同，而不待其辭也。上爲卿設重席而已，而於公乃云『無加席』者，明其尊於卿。若或於君所而用兩席焉，則當有加席而非重也。禮，加席尊於重席。」方氏苞云：「諸公乃天子有加命，而禮絕於同僚者也。故席於阼階西，所以別於卿、大夫，而并無加席，以示下不敢過於賓，上不敢儗於君也。」褚氏寅亮云：「此同於賓也，不設之而待其辭者，敖氏謂位近於君是也。不言無重席而言無加席者，別言之則席同者曰重，異者曰加，統言之則重亦名加，此經是也。」

右主人獻卿或獻孤

小臣又請媵爵者，二大夫媵爵如初。又，復。【疏】正義曰：敖氏云：「上經云『皆致』，是猶有一奠觶未舉也。小臣又請之者，此媵爵之節耳。蓋鄉者公命皆致，今猶有一奠觶。若惟命長致，❶則奠觶無矣。故於是時，不以奠觶之有無，皆當媵爵，蓋以爲節也。」方氏苞云：「公若命長致，則仍有奠而不舉之爵，而再請媵爵者，以此爲公、卿、大夫舉酬之始，不可仍酬賓未用之爵也。曰『二大夫媵爵如初』，見媵爵者，始終惟此二大夫也。爲君行酬則致爵者大夫，坐而飲則執爵者士，輕重之衡也。」張氏爾岐云：「二大夫媵爵，自阼階下，皆北面再拜稽首。至執觶待於洗南，皆與前二人媵爵者同也。」**請致者，若命長致，則媵爵者奠觶于篚，一人待于洗南。長致，致者阼階下再拜稽首，公荅再拜。**命長致者，公或時未能舉，自優暇也。古文云「阼階下北面再拜」。【疏】正義曰：注「古文」以下十字，今本並脱。徐本、《集釋》、《通解》俱有。注云「命長致者，公或時未能舉，自優暇也」者，李氏如圭云：「若者，不定之辭。前所媵二觶，上觶以爲賓舉旅，下觶以爲卿舉旅，今所媵一觶，以爲大夫舉旅所用，唯此三觶，而言『若命長致』者，優君之

❶「致」，原作「觶」，今據《儀禮集説》改。

辭。」敖氏云：「長，二人中之尊者。命長致云『若』，則或有命皆致者矣。蓋脱屨、升坐以前，君凡三行酬，則大夫所致者當有三爵。然大夫致爵之節惟止於再，故公之命致爵者或前多則後寡，或前奇則後偶，皆互爲進退，以取足於三觶之數，使之無過與不及耳。此經之所明言者，乃前多後寡者也。其所不見者，則皆言『若』以包之。若然，則此時之當致者蓋有定數，而小臣猶請之者，當由君命而不敢自專也。」張氏爾岐云：「前媵爵云『若命皆致』，此媵爵云『若命長致』，皆不定之辭，非謂前必二人，後必一人也，欲互見其儀耳。」褚氏寅亮云：「上經云『若君命皆致』，此云『若命長致』，作不定之辭，似任公之意，乃所以優公也。若論禮意，則初命二人致，次命一人致，乃隆殺之節宜然。」云「古文云『阼階下北面再拜』」者，胡氏承珙云：「案：上文『媵爵者阼階下皆北面，❶再拜稽首』注云：『再拜稽首，拜君命也。』又云：『若君命皆致，則序進，奠觶於篚，阼階下皆再拜稽首。』蓋凡拜君無不稽首者。此一人致爵與上皆致同爲拜君，不應獨無稽首。《大射儀》云：『長致者阼階下再拜稽首。』注亦云：『再拜稽首，重君命。』鄭以彼決之，故不從古文。」**洗象觶，升實之，坐奠于薦南，降，與立于洗南者二人皆再拜稽首，送觶。公荅再拜。**奠於薦南者，於公所用酬賓觶之處。二人俱拜，以其共勸君。【疏】正義曰：注云「奠於薦南者，於公所用酬賓觶之處」者，張氏爾岐云：「前二人媵觶，奠二觶於薦南，公取上觶爲賓舉旅，下觶仍在。今又媵一觶，奠於薦南，知其在公所用酬賓觶之空處也。」云「二人俱拜，以其共勸君」者，上云「媵爵者，二大夫媵爵如初」，是共勸君也。敖氏云：

❶「者」，原脱，今據《儀禮古今文疏義》補。

「不致者亦拜，以始者並受君命，宜終之也。亦拜於阼階下。」

右再請二大夫媵爵

公又行一爵，若賓若長，唯公所酬。一爵，先媵者之下觶也。若賓若長，則賓禮殺矣。長，公卿之尊者也。賓則以酬長，長則以酬賓。【疏】正義曰：注云「一爵，先媵者之下觶也」者，以前二人媵觶，奠二觶于薦南，其上觶已爲賓舉旅，今爲卿舉旅，又行一爵，故知爲先媵者之下觶也。敖氏云：「先若二人致，❶則此一爵乃先致者之下觶；先若一人致，則此乃後致者之上觶也。」云「若賓若長，則賓禮殺矣」者，對前爲賓舉旅，爲賓禮盛。云「長，公卿之尊者也」者，有諸公則公爲尊，若無則卿爲尊也。而諸公三卿中，又自有長者。云「賓則以酬長，長則以酬賓」者，經言「若賓若長」，未定之辭，注故兼言之。敖氏云：「長，公若卿之尊者也。至是云『若長』者，公卿已在堂，故君得酬之。君酬之，是亦賓之也，故其爲禮與正賓同。此酬主于公若卿，乃或又酬賓者，容遂尊者之所欲耳。公卿既受獻，君乃爲之舉酬，禮之序也。下於大夫之禮亦然。旅者，賓則以酬長，長則以酬賓。」方氏苞云：「賓前已受酬矣，長之中若有諸公及師保之卿，則宜先，故所酬無定也。公舉酬爵，經文凡三變，此不曰『舉觶』而曰『又行一爵』、『唯公所酬』者，前已再卒觶矣，能更勝酒，則仍親卒觶。若不能勝，可竟以此觶授賓若長，而使自行酬也。」吴氏廷華云：「上已酬賓，此爲卿舉，所謂

---

❶「致」，原作「觶」，今據《儀禮集説》改。下「一人致」同。

卿舉旅行酬而後獻大夫也。經兼言賓者，明或有加禮。」《義疏》曰：「此之舉旅爲卿也，爲卿則以酬長，正也。而亦或由賓以及長，是仍優賓也。」**以旅于西階上，如初。大夫卒受者以虚觶降，奠于篚。**

【疏】正義曰：賈疏云：「言『如初』者，一如上爲賓舉旅之節。」敖氏云：「在堂者酬訖，大夫乃升受旅以辯。言大夫卒受，以見士不與也。」楊氏曰：「經云『如初』，謂如前公爲賓舉旅時禮也。前君命二人皆致有兩觶，奠於薦南，後命長致有一觶，奠於薦南：前後凡有三觶。燕禮自立司正以前，凡有三舉旅，用此三觶也。初酬賓時，公坐取所媵一觶以酬賓，是行一觶也。此公又行一爵，若賓若長，唯公所酬。注云：公又行一爵，先媵者之下觶也。下觶未舉，今舉之，是行二觶也。工歌之後，笙入之前，公又舉奠觶，唯公所賜，以旅於西階上如初，是行三觶也。又主人獻士之後，賓媵觶於公，公取此觶爲大夫舉旅。此又在三觶之外也。」

右公又行爵爲卿舉旅燕禮之再成

儀禮正義卷十二　鄭氏注

受業江寧楊大堉補

主人洗，升，獻大夫于西階上。大夫升，拜受觚，主人拜送觚。大夫坐祭，立卒爵，不拜既爵。主人受爵。大夫降，復位。既，盡也。不拜之者，禮又殺。【疏】正義曰：敖氏云：主人洗，升，不言酌散者，可知也；大夫升拜，拜位亦如獻賓。郝氏云：「不祭脯醢，至終燕脱屨升席而後祭也。降復位，反堂下北面東上之位也。」吴氏廷華云：「大夫未獻，故於此獻之，不敢先卿獻也。」注云「既，盡也。不拜之者，禮又殺也」者，賈疏云：前卿受獻不酢，已是禮殺；今大夫受獻，不但不酢，又不拜既爵，故云「禮又殺」。張氏爾岐云：「自此下至樂正告公，主人獻大夫，未及旅而樂作，獻工後乃舉旅，旅已奏笙，間歌合樂，爵樂更作，以成三旅，禮又殺，而樂大備，所以致和樂之情也。」**胥薦主人于洗北，西面，脯醢，無胥。**胥，膳宰之吏也。主人，大夫之下。先大夫薦之，尊之也。不於上者，上無其位也。胥，俎實。【疏】正義曰：注云「胥，膳宰之吏也」者，李氏如圭曰：「胥，庶人在官爲什長者。薦羞者皆膳宰，知胥，膳宰之吏也。」云「主人，大夫之下。先大夫薦之，尊之也」者，《釋官》曰：「主人以膳宰爲之，是士。注云『大夫之下』，正明其士耳。《大射》注云：『主人，下大夫也。』謂主人之爵下於大夫也。」吴氏廷華云：「禮有一時並行者。主人自獻大夫，胥自薦主人，一時並行，故經特載之獻大夫之中。文雖若有先後，其實並行，無所謂先後也。」褚氏寅亮云：「薦主人不於賓酢時者，公未獻也；不於獻卿時者，爵卑於卿也。薦於獻大夫時者，亦大夫也。同爵而先薦者，則如注所云『尊之也』。❶於此經而知主人之爲大夫也益決。既是大夫，而注云上無位者，堂上非本無位也。案：《大射儀》注云：因辟正主，❷故不薦於上。不薦於上，則上無其位矣。其始也，與大夫同立中庭北面之位，至從賓升階後，則遂定位於洗北，非至薦時方易位也。《集説》亦誤。」云「不於其上者，上無其位也」者，張氏爾岐云：「此主人是宰夫，代君爲獻主。君在阼階上，則已不得干正主之位，而薦之堂下，故注云『上無其位也』。」敖氏云：「宰夫，士也。先大夫薦之者，以其爲主人異之也；不於賓酢而薦之者，以其爵本賤也。宰夫之位本在西方，亦以其爲主人，故至是而薦之於洗北，因使之易位焉，其意與卿、大夫、士既獻而易位者同。洗北，於正主阼階東之位爲近，主人居之亦宜也。薦西面，主人在其東也。」盛氏云：「宰夫，天子以下大夫爲之，在諸侯當爲士也。天子膳夫爲獻主，膳夫亦是上士。敖説蓋得之。」❸云「脀，俎實」者，賈疏云：「脀者，升也。升特牲體於俎，故云『俎實』也。」敖氏云：「無脀者，賤也。自卿已下，已無脀矣。乃於主人見之者，嫌其與賓行禮，或當有之。」**辯獻大夫遂薦之，繼賓以西，東上。**徧獻之乃薦，略賤也。亦獻而後布席也。【疏】正義曰：注「而後布席」，《校勘記》云：「『後』，徐、葛、陳、閩、監本、

---

❶「注」，原作「經」，今據《儀禮管見》改。

❷「因」，原脱，今據《儀禮管見》補。

❸「蓋」，原脱，今據《儀禮集編》補。

《集釋》、《通解》俱作『后』。」○賈疏云：「凡大夫升堂受獻，得獻訖即降。❶獻徧，不待大夫升，遂薦於其位，大夫始升，故言『遂』也。」　注云「徧獻之乃薦，略賤也」者，對上卿與賓得獻即薦爲貴也。方氏苞云：「自大夫以下，皆徧獻後同薦，省其節以便事也。隨獻而薦，則費時多矣。」云「亦獻而後布席也」者，敖氏云：「辯獻乃布席，布席然後薦，是皆變於卿者也。繼賓以西東上，言其薦之次也，其席亦如之。主人辯獻大夫，則降奠爵於篚，而立於洗北之位。」褚氏寅亮云：「辯獻乃布席，布席乃薦之。經言卿席設於賓左，大夫繼賓以西，則賓西無卿，與《大射禮》異。孔氏潁達《燕義》疏謂小卿在賓西者，非。主人辯獻大夫，方有事，安得遽薦之？經雖言於辯獻大夫之前，實待一一獻訖，乃薦主人，不過在布大夫之席之先耳。」盛氏云：「繼賓以西，若鄉射三賓之位然，從其類也。賓東之席惟三卿，小卿亦在賓西，言大夫則兼之矣。」**卒，射人乃升大夫，大夫皆升就席。**【疏】正義曰：《校勘記》云：「『皆』下，唐石經、徐本、《集釋》、楊氏、敖氏俱有『升』字，《通解》無。《石經考文提要》云：『前主人洗升節，疏述經起訖云：自此盡皆升就席。明有升字。』案：《大射》亦有『升』字。」

右主人獻大夫兼有胥薦主人之事

席工于西階上，少東。樂正先升，北面立于其西。工，瞽矇歌諷誦詩者也。凡執技藝者稱工。

---

❶「得」，原作「後」，今據《儀禮注疏》改。

《少牢饋食禮》曰：「皇尸命工祝。」《樂記》：「師乙曰：『乙，賤工也。』」樂正，於天子樂師也。凡樂，掌其序事，樂成則告備。【疏】正義曰：敖氏云：「樂正先升，變於射禮也。北面立于其西，亦與《大射儀》樂正立于西階東之文互見也。」方氏苞云：「燕與鄉飲酒，樂正先升，大射則後工而升，何也？此二禮笙入、間歌、合樂備舉，而後樂正告樂備，故先升，以示並監堂上下之樂也。大射惟歌《鹿鳴》，故樂正從工師而升，旋隨而降，以監下管。禮略，故其辭亦略也。鄉射惟合樂，而樂正先升，卒告樂備，何也？鄉大夫興賢能，故笙歌、間歌宜備舉，以厲羣士。州長教射，則但舉鄉樂，而鄉之正歌亦可云備矣。若大射，則國政也。禮宜備樂，而射事殷繁。工歌《鹿鳴》，管惟《新宮》，故不得告樂備耳。」褚氏寅亮云：「所主爲燕者，或卿或大夫，不定，故必辯俟其升席後，乃以樂樂之，禮之序也。」○注「瞽矇」，《校勘記》云：「『矇』，嚴、鍾、葛本俱从目，徐本誤从月。」❶ 云「工，瞽矇歌諷誦詩者也。凡執技藝者稱工」，又引《少牢饋食禮》與《樂記》者，瞽矇諷誦詩，本於《周禮》；執技藝，見於《王制》。《釋官》云：「鄭引《周禮·瞽矇》，解工爲瞽無目者；❷引《王制》、《少牢》，解稱工之義；引《樂記》，證師與工亦通稱。《國語》：『工、史書世。』韋注：『工，瞽師官也。』《左傳》：『工誦，箴諫。』孔疏云：『《儀禮》通謂樂人爲工，工亦瞽也。』樂官必以瞽矇爲之，取其精於音聲。《周禮》：大師、小師爲瞽矇官之長。《左傳》：屠蒯酌以飲工。而《檀弓》云：『曠也，大師也。』則是大師以下，通謂之工也。」云「樂正，於天子樂師也。凡樂，掌其序事，樂成則告備」者，《釋官》曰：「《周禮》無樂正，而見於《禮記·王

❶ 「本」下，《十三經注疏校勘記》有「亦」字。
❷ 「工」，原脱，今據《儀禮釋官》補。

制》、《文王世子》者有大樂正、小樂正。《文王世子》云：『小樂正學干。』注：『小樂正，樂師也。』孔疏云：『諸侯謂之小樂正，天子謂之樂師。此有大樂正及小樂正，《周禮》有大司樂、有樂師，故知小樂正當樂師也。但此經多有諸侯之禮，故謂之大樂正、小樂正也。』今案：《文王世子》所記多文王以前爲諸侯時事。❶周公制禮，别立大司樂、樂師，爲天子之官，而以樂正爲諸侯之職。故此經《燕》、《射》諸篇並言樂正，而不言樂師。《王制》雜陳天子、諸侯之禮，故亦言大樂正、小樂正也。《周禮》：大司樂、樂師同官，諸侯樂正兼彼二職。小樂正當天子樂師，則大樂正當天子大司樂也。大射禮重，有大樂正監其事，故特言小樂正告樂備以别之。燕禮輕，無大樂正，故不言小，其實亦小樂正。以《周禮》樂成告備使樂師，不使大司樂；又饗食諸侯，序其樂事，燕射帥射夫以弓矢舞，皆樂師掌之，知諸侯燕禮亦使小樂正也。《周禮》：『大射，王出入，令奏《王夏》；及射，令奏《騶虞》。』皆大司樂掌之。知諸侯大射雖小樂正告樂備，亦當有大樂正監之也。樂正掌教國子及造士，其職較尊。《周禮》：大司樂，中大夫二人；樂師，下大夫四人。諸侯之官降天子一等，大樂正當下大夫爲之，小樂正當上士爲之。又案：《鄉飲》、《鄉射》二篇樂正不言小，亦小樂正可知。以《大射》特言『小樂正從之』，則知前三篇升堂者，皆小樂正也。但對大樂正，則稱小；不對大樂正，則小樂正亦通言樂正。例在《大射》『小臣』下。」**小臣納工，工四人，二瑟。小臣左何瑟，面鼓，執越，内弦，右手相。入，升自西階，北面東上坐。小臣坐授瑟，乃降。**工四人者，燕禮輕，從大夫制也。面鼓者，燕尚樂，

❶「時」，原脱，今據《儀禮釋官》補。

可鼓者在前也。越，瑟下孔也。内弦，弦爲主也。相，扶工也。後二人徒相，天子大僕二人也。小臣四人，祭僕六人，御僕十二人，皆同官。【疏】正義曰：注「案：❶禮輕」，《校勘記》云：「『案』，徐本、《集釋》、《通解》、楊氏俱作『燕』，與疏合。」　云「工四人者，燕禮輕，從大夫制也」者，以《大射儀》工六人爲禮重，從諸侯制也。賈疏云：「《公羊傳》：『諸公六，諸侯四。』若然，知非大射，是諸公制，此燕禮是諸侯制者。案：鄉射皆工四人，是大夫制，則諸侯不得有工四人，五等諸侯同六人。彼《公羊》六人、四人不同者，自是舞人之數，不得以彼決此也。」吴氏廷華云：「此經工四人，《大射》工六人，《鄉射》工皆四人。四與六，若有諸侯、大夫之分。故《鄉飲》疏謂天子八，諸侯六，大夫四，士二，非確有所據也。若以此疏引《公羊傳》舞列例之，則此四人，正是諸侯之禮；大射六人，是諸公之禮。燕與射或兩舉之，所謂互文見義，未可知也。」又云：「注以面鼓爲燕尚樂之故，疏以面鼓較鄉飲後首爲臣降於君之故，兩説各别，然注説爲近。」云「面鼓者，燕尚樂，可鼓者在前也」者，對《鄉飲酒》「左何瑟，後首」而言也。云「後二人徒相，天子大僕二人也。小臣四人，祭僕六人，御僕十二人，皆同官」者，此《周禮・序官》文。《釋官》云：「《大射》云：『僕人正徒相大師，僕人師相少師，僕人士相上工。』此言『小臣納工』，又云『小臣左何瑟』，不别正與師者，❷蓋總舉其官之辭。鄭引《周禮・序官》，見諸侯小臣下亦有僕人同官，❸大射小臣事繁，故不相工，而專使僕人相工；燕禮事省，小臣與僕人同

---

❶「案」，《十三經注疏校勘記》作「按」。下一「案」同。

❷「者」，原脱，今據《儀禮釋官》補。

❸「見」，原脱，今據《儀禮釋官》補。

相。小臣爲官之長，故總言小臣，以燕不主辯尊卑，略之也。又案：此篇單言『小臣』者，唯此爲統舉全官之辭，餘皆謂小臣正也。」胡氏肇昕云：「此經説者不一。如敖氏云：『此諸侯之小臣，乃多於《周官》所言天子小臣之數，亦其異者也。』郝氏云：『《周禮·夏官》小臣四人，公燕小臣相工四人，其他請媵、辭賓之類又小臣，則諸侯小臣不多於天子乎？故禮言難盡合也。』蔡氏德晋云：『案：《周官·大僕》：下大夫二人，小臣上士四人。而祭僕、御僕、隸僕中下士凡二十人，天子之制也。今諸侯之制，小臣相工者四人，而請媵、辭賓之類亦皆小臣，則小臣之數幾多於天子矣。然以《大射儀》考之，小臣納工，工六人，四瑟。僕人正徒相太師，僕人師相少師，僕人士相上工。既稱小臣，又稱僕人，則是大僕之屬，俱得以小臣稱之，其數固未嘗多也。』盛氏世佐云：『小臣止四人，而盡用之相工，鄭疑其不足於他用，故引《周禮·序官》之文，以見其同官者衆，或可兼攝遞換也。殊不知此相工之小臣即曏之請媵辭賓者，蓋小臣之職，掌王之小命，詔小法儀，正燕服位，於諸侯當亦不異。今以此篇考之，其始戒羣臣，設公席，納卿、大夫，既而請執冪及羞膳者，請媵，請致，辭賓下拜，皆以小臣爲之。至是又納工爲之相，前後執事，各不相妨，雖四人何慮其不給乎？若謂其不止於四人，則諸侯設官，必無多於天子之理，適足以滋後人之惑，亦愚所不取也。又案：小臣相工，方行禮之時則然耳，非專司其事也。專司其事者，眡瞭也。舊説諸侯無眡瞭，使小臣代之，非。蓋瞽者不可一刻無相，《周禮》上瞽、中瞽、下瞽共三百人，眡瞭之數亦如之。每瞽一相，必不可少也。諸侯之眡瞭雖減於天子，亦豈小臣所能充其數乎？且眡瞭非官也，而小臣則以上士爲之，於諸侯亦當爲中士，豈得以羣僕侍御之臣而親兹細事乎？然則《眡瞭職》云凡樂事相瞽，常職也。此篇及《大射儀》納工之時，相以小臣等官以樂賓，故重其事也。若以暫時之相而廢其常職，有以知其必不然矣。小臣降立於西方，東面北上，士之位也。」」**工歌《鹿鳴》、《四牡》、《皇皇者華》。**三者，皆《小雅》篇也。《鹿鳴》，君與臣下及四方之賓宴、講道、修政之樂歌也。此采其己有旨酒，以召嘉賓；嘉賓既來，示我以善道；又樂嘉賓有孔昭之明德，可則效也。《四牡》，君勞使臣之來樂歌也。此采其勤苦王事，念將父母，懷歸傷悲，忠孝之至，以勞賓也。《皇皇者華》，君遣使臣之樂歌也。此采其更是勞苦，自以爲不及，欲諮謀於賢知，而以自光明也。【疏】正義曰：《校勘記》云：「注『可則效也』，『效』，《釋文》、徐本、《集釋》、《通解》、《要義》俱作『傚』。陸氏云：『傚，本又作詨，同。』『更是勞苦』，『是』，徐本作『自』，《集釋》、《通解》、《要義》俱作『是』。」○解歌《詩》與《鄉飲酒》篇同。

右升歌

卒歌，主人洗，升獻工。工不興，左瑟，一人拜受爵。主人西階上拜送爵。工歌乃獻之，賤者先就事也。左瑟，便其右。一人，工之長者也。工拜於席。【疏】正義曰：敖氏云：「此不辯工之爲大師與否，皆爲之洗，以其取觶於洗西之篚，宜因而洗之也。下洗獻笙，其義亦然。鄉飲酒、鄉射非獻大師則不洗者，以其取爵于上篚，故不特爲賤者降也。」盛氏云：「鄉飲、鄉射人臣禮，大師之有無未可知，故或洗或不洗。燕、大射，人君禮，大師無不在，故皆洗也。」韋氏協夢云：「鄉飲、射，臣禮，可略；燕禮則有事公宮，不可不敬。且燕禮之主人非正主，故不妨爲之洗也。然亦爲長者一人洗，觀拜受爵惟一人，則洗亦一人可知。主人西階上拜送爵。」褚氏寅亮云：「凡不洗者不祭，下衆工皆祭酒，則皆洗可知。皆洗、皆祭，君禮之異者也；獻笙同。」江氏筠云：「獻工、獻笙，疏謂皆爲之洗，謬也。《鄉飲》云：『大師則爲之洗。』而其羣工、羣笙，悉皆言祭。此經相祭及坐祭之文，有一與彼異者乎？且疏於彼處亦引記文彼『衆工祭飲』注云：『獻酒重，無不祭也。』疏云：『得獻酒者無有不祭，其正酬亦祭。至旅酬以下，則不祭而已。故下記云：凡旅不洗，不洗者不祭。注云：酬禮殺也，不甚潔也。此衆工不洗而祭，是以云：獻酒重，無不祭也。』然則不洗有祭而記所云者，不可以例正獻明矣。又案：此經之所洗獻者，恐工與笙俱各於其長一人，工之一人則大師也。鄉飲大夫無常官，必君賜之樂，并樂人與之，乃有大師。此則諸侯有常官，自有大師，卒歌後自先得獻。《大射儀》『一人拜受爵』注云：『謂大師也。』是也。然其所以爲之洗者，卻非如鄉飲酒專以其爲大師而尊之。蓋彼是尊君賜，此則發端之禮宜然，亦以此主非正主故也，故其於笙亦洗獻。笙之於此宜洗獻者，鄉飲工歌獻工，笙入獻笙，其事相承；此則工歌之後、笙獻之前，間公爲大夫舉旅一節，以其禮更端，故與彼異也。疏謂羣工、衆笙皆爲之洗，殆未必然。」方氏苞云：「鄉飲酒、鄉射主人獻工于西階，及阼階上拜送爵，賓主正禮也。獻笙即拜送爵于西階，禮殺也。燕、大射獻工亦拜送爵于西階。工賤，代君賜爵，不得全用賓主之禮。」韋氏云：「鄉飲、鄉射主人皆阼階上拜送爵，燕禮之主人亦在西階，故即于西階上拜送爵。」注云「左瑟，便其右」者，李氏如圭云：「工北面，酒從東來，故空其右以受獻。《詩·簡兮》曰：『左手執籥，右手秉翟。』赫如渥赭，公言錫爵。』謂此獻工之爵。」云「工拜於席」者，以拜必降席。經不言降席，知拜於席也。**薦脯醢。**輒薦之，變於大夫也。【疏】正義曰：注云「輒薦之，變於大夫也」者，李氏如圭云：「禮尚異，非謂貴工。」張氏爾岐云：「大夫徧獻乃薦。此獻一人即薦，禮尚異，故變於大夫也。」方氏苞云：「公及賓與公卿獻薦相隨，而工亦然，何也？工數少，儀略，故歌、奏、獻、薦同時而畢，事同而義異也。」盛氏云：「每獻輒薦，自是獻工之常禮。注説鑿。」**使人相祭。**使扶工者相其祭薦、祭酒。【疏】正義曰：李氏云：「『相祭』文承『薦下』，則長一人祭薦。」胡氏肇昕云：「扶工者，即上文之小臣也。小臣坐授瑟，乃降；使之相，則必升。經不言升相，省文也。」**卒爵，不拜。**賤不備禮。**主人受爵。**將復獻衆工也。【疏】正義曰：韋氏協夢云：「受爵亦工授主人，而主人受之也。《鄉飲酒禮》云：『授主人爵。』」注云「將復獻衆工也」者，明此爲獻工長一人，下乃獻衆工之事。**衆工不拜，受爵，坐祭，遂卒爵。辯有脯醢，不祭。主人受爵，降奠于篚。**遂，猶因也。古文曰「卒爵不拜」。【疏】正義曰：敖氏云：「工之長云『不興』，此云『坐祭，遂卒爵』，文互見也。」注云「古文曰『卒爵不拜』」，鄭不從者，胡氏承珙云：「上文『主人獻，工一人拜受爵，卒爵不拜』注云：❶『一人，工之長者，賤不備禮。』是工之長者以賤，故祇受爵拜，卒爵不拜。此衆工更賤，受爵且不拜矣。言『遂卒爵』，無庸更言不拜。《大射儀》亦云：『衆工不拜受爵，坐祭，遂卒爵。』鄭以彼決之，故不從古文。」

右獻工

公又舉奠觶，唯公所賜，以旅于西階上，如初。言賜者，君又彌尊，賓長彌卑。【疏】正義曰：張

---

❶「注」，原脱，今據《儀禮古今文疏義》補。

氏爾岐云：「奠觶，賸爵者奠於薦南之觶也。公舉之，爲大夫旅酬也。如初，如爲賓、爲卿舉旅之節也。」❶方氏苞云：「爲大夫舉旅，不於獻後，而介於獻工、獻笙之間，何也？正禮再獻，再酢、一酬，公與賓尚有間，而獻主無時休息，雖强力者亦倦矣，故别使大夫賸觶以休獻主。自是以後，公爲賓舉旅，而主人獻公卿，公爲公卿舉旅，而主人獻大夫，皆賸觶者與獻主，遞代而即事。獻大夫禮略，獻工尤略，故同時而畢，然後公爲大夫舉旅，而主人獻笙，仍與賸觶者事相間耳。」吴氏廷華云：「此所舉蓋再賸所奠者，經不言大夫。據《燕義》『大夫舉旅行酬，而後獻士』，此在獻士前，故疏以大夫言之。」褚氏寅亮云：「受賜者無論卿、大夫，❷必先以酬賓，乃以次而下。」　注云「言賜者，君又彌尊，賓長彌卑」者，對上爲賓舉旅、爲卿舉旅，皆言酬，不言賜也。敖氏云：「賜與酬其禮同，特經之立文異耳。」方氏云：「上經：公又行一爵，❸唯公所酬。或親卒爵，或徑以授賓若長，不定之爵也。此曰『唯公所賜』，則唯舉奠觶以賜受酬之大夫，而公不自飲之辭也。蓋公既三卒爵矣，即能勝亦不宜多勝，以自檢於威儀。故下經賸象觶，公亦不自卒觶，而以賜大夫。蓋無算爵之始，又不可不自飲以導之，故不得不預爲劑度之耳。」

右公三舉旅以成獻大夫之禮

---

❶「卿」，原作「鄉」，今據《續清經解》本改。

❷「受」，原作「言」，今據《儀禮管見》改。

❸「公」，原作「云」，今據《儀禮析疑》改。

卒，旅畢也。【疏】正義曰：盛氏世佐云：「言此者，爲下節也。」**笙入，立于縣中，奏《南陔》、《白華》、《華黍》。**以笙播此三篇之詩。縣中，縣中央也。《鄉飲酒禮》曰：磬南北面，奏《南陔》、《白華》、《華黍》。皆《小雅》篇也，今亡，其義未聞。昔周之興也，周公制禮作樂，采時世之詩以爲樂歌，所以通情相風切也。其有此篇，明矣。後世衰微，幽、厲尤甚。禮樂之書，稍稍廢棄。孔子曰：「吾自衛反魯，然後樂正，《雅》、《頌》各得其所。」謂當時在者而復重雜亂者也。惡能存其亡者乎？且正考父校商之名《頌》十二篇於周大師，歸以祀其先王。至孔子二百年之間，五篇而已。此其信也。【疏】正義曰：注「宜正考父」，《校勘記》云：「『宜』，徐、陳、《集釋》、《通解》、《要義》俱作『且』。」　云「縣中，縣中央也」者，賈疏云：「諸侯軒縣，闕南面而已，故得言縣中。鄉飲酒唯有一磬縣，不得言『縣中』而云『磬南』。」注引《鄉飲酒》者，欲見此雖軒縣，近北面縣之南也。」敖氏云：「此云『縣中』，蓋與《鄉飲酒》『磬南北面』之文互見也。磬南而云『縣中』者，縣主於磬也。」餘詳《鄉飲酒禮》。

右奏笙

主人洗，升，獻笙于西階上。一人拜，盡階，不升堂，受爵，降。主人拜送爵。階前坐祭，立卒爵，不拜既爵，升授主人。一人，笙之長者也。《鄉射禮》曰：「笙一人拜于下。」【疏】正義曰：韋氏協夢云：「獻笙之爵，即獻工之爵也。獻笙爲之洗，亦以其有事於公，敬之也。」　注引《鄉射禮》者，證一人拜，亦拜於下也。《鄉飲酒》注同。**衆笙不拜，受爵，降，坐祭，立卒爵。辯有脯醢，不祭。**

右獻笙

乃間歌《魚麗》，笙《由庚》；歌《南有嘉魚》，笙《崇丘》；歌《南山有臺》，笙《由儀》。間，代也。謂一歌則一吹也。六者，皆《小雅》篇也。《魚麗》，言太平年豐物多也。此采其物多酒旨，所以優賓也。《南有嘉魚》，言大平君子有酒，樂與賢者共之也。此采其能以禮下賢者，賢者纍蔓而歸之，與之宴樂也。《南山有臺》，言大平之治以賢者爲本也。此采其愛友賢者爲邦家之基、民之父母，既欲其身之壽考，又欲其名德之長也。《由庚》、《崇丘》、《由儀》，今亡，其義未聞。【疏】正義曰：詳見《鄉飲酒義》。**遂歌鄉樂，《周南·關雎》《葛覃》《卷耳》，《召南·鵲巢》《采蘩》《采蘋》。**《周南》、《召南》，《國風》篇也，王后、國君夫人房中之樂歌也。《關雎》言后妃之德，《葛覃》言后妃之職，《卷耳》言后妃之志，《鵲巢》言國君夫人之德，《采蘩》言國君夫人不失職也，《采蘋》言卿、大夫之妻能脩其法度也。昔大王、王季居於岐山之陽，躬行《召南》之教以興王業。及文王而行《周南》之教以受命。《大雅》云：「刑于寡妻，至于兄弟，以御于家邦。」謂此也。其始一國爾。文王作邑於豐，以故地爲卿士之采地，乃分爲二國：周，周公所食也；召，召公所食也。於是文王三分天下有其二，德化被於南土，是以其詩有仁賢之風者，屬之《召南》焉；有聖人之風者，屬之《周南》焉。夫婦之道者，生民之本，王政之端。此六篇者，其教之原也。故國君與其臣下，及四方之賓燕，用之合樂也。鄉樂者，《風》也。《小雅》爲諸侯之樂，《大雅》、《頌》爲天子之樂。鄉飲酒升歌《小雅》，禮盛者可以進取；燕合鄉樂者，禮輕者可以逮下也。《春秋傳》曰：《肆夏》、《繁遏》、《渠》，天子所以享元侯也；《文王》、《大明》、《緜》，兩君相見之樂也。然則諸侯之相與燕，升歌《大雅》，合《小雅》也。天子與次國、小國之君燕，亦如之。與大國之君燕，升歌《頌》，合《大雅》。其笙、閒之篇未聞。【疏】正義曰：《校勘記》云：「《葛覃》『覃』，宋本《釋文》作『蕈』。《采蘩》『蘩』，陳、閩、監本俱作『繁』。注『能脩其法度也』，盧氏文弨改『脩』爲『循』。金曰追云：『脩，《鄉飲》作循，《詩序》亦作循。』案：《鄉飲》注之『循』，徐本作『脩』；此注之『脩』，諸本無作『循』者。『於時文王』，『時』誤作『是』。『德化被於西土』，『西』，徐、陳、《集釋》、《通解》、《要義》俱作『南』，鍾本『西土』作『南山』。『夫婦之道者』，《集釋》無『者』字。『然則諸侯之相與燕』，徐本、《集釋》、《要義》俱無『之』字，《通解》有。」○李氏如圭云：「歌者，亦與衆聲俱作而歌之。《鄉飲酒》自歌其樂，故不言鄉樂也。」蔡氏德晉云：「謂之鄉樂者，《關雎》、《葛覃》諸篇所言皆修身齊家之事。自天子至於庶人無異道，故鄉飲酒、鄉射士、大夫家皆得用之，而遂以爲鄉樂也。」餘詳《鄉飲酒・記》。

大師告于樂正曰：「正歌備。」大師，上工也，掌合陰陽之聲，教六詩，以六律爲之音者也。子貢問師乙曰：「吾聞聲歌各有宜也，如賜者宜何歌也？」是明其掌而知之也。正歌者，升歌及笙各三終，閒歌三終，合樂三終，爲一備。備，亦成也。

【疏】正義曰：《校勘記》云：「『大師告樂正』，『告』下，唐石經、徐本、《集釋》、《要義》、楊氏、敖氏俱有『于』字，《通解》無。注『大師以六律』，『大師』，徐本、《集釋》、《通解》、楊氏俱作『六詩』，是也，與單疏述注合。陳、葛俱誤作『六師』，疏同。」○楊氏云：「燕禮歌、笙、閒、合四節，與鄉飲酒禮同。鄉飲酒禮則四節相繼而作，燕禮於工歌三終之後，公爲大夫舉旅。既舉旅之後，乃笙入三終，閒歌三終，合樂三終，而後樂備。蓋燕尚飲酒，故於工歌之後、笙入之前有旅酬之禮。」

注云「大師，上工也」者，《釋官》曰：「《大射》有大師，又有上工。此注云『大師，上工』者，散文大師既通稱工，大師爲樂工之長，則亦稱上工也。」云「掌合陰陽之聲，教六詩，以六律爲之音者也」者，此約《周禮·大師職》文。六詩，謂風、賦、比、興、雅、頌也。刊本注「六詩」，或誤作「六師」。張氏爾岐據誤本以爲之説云：「六師，《周禮》磬、鍾、笙、鎛、韎、籥等六師也。」謬矣。「子貢問師乙」云云，見《禮記·樂記》，鄭引以爲證也。云「正歌者，升歌及笙各三終，間歌三終，合樂三終，爲一備。備，亦成也」者，樂必合此四節爲一備。《周禮·樂師職》云：「凡樂成則告備。」是備亦成也。

樂正由楹內，東楹之東告于公，乃降復位。言由楹内者，以其立於堂廉也。復位，位在東縣之北。【疏】正義曰：注云「言由楹内者，以其立於堂廉也」者，李氏如圭云：「工席在樂正東，故樂正由楹内以適東楹之東也。」敖氏云：「由楹内，堂上東行者之節也。必著之者，以其立於堂廉，嫌或由便而自楹外過也。」蔡氏德晋云：「由楹内者，❶樂正立工西，工坐階際，故由楹内而往堂東也。東楹之東，往君阼階上西面之位也。」❷云「復位，位在東縣之北」者，張氏爾岐云：「初樂正與工俱在堂廉，今告樂備，復降在東縣北，北面也。」敖氏云：「云『復位』，❸則是反其初位矣。初位，未詳其處。《鄉飲酒》注云：樂正降立西階東，北面。」盛氏云：「上經不見樂正所立處，而此云『復位』，則亦在西方東面北上之位矣。蓋樂正於天子爲樂師。樂師，下大夫，則樂正，士也。士之位已見上，故於此言『復』。注蓋出於肊説，敖亦未確。」《釋官》曰：「此注殊可疑。

❶「者」，原脱，今據《禮經本義》補。
❷「位」，原作「面」，今據《禮經本義》改。
❸「云」，原作「降」，今據《儀禮集説》改。

樂正之位總與工相近。《鄉飲酒禮》云：設工席于堂廉，東上；樂正先升，立于西階東。《鄉射禮》及此篇云：『席工于西階上，少東，樂正先升，北面立于其西。』是樂正在堂上，則位在工西，而立於西階東。其降也，亦立於西階東，北面，以其工猶在堂上西階東，則仍與工相近。故《鄉飲》、《鄉射》『樂正告于賓，乃降』注皆云：『降立西階東，北面。』是也。此經云『復位』者，即西階東北面之位。樂正與工升降俱自西階，其入而未升也，當先位於此，故降云『復位』。《鄉飲》、《鄉射》二篇不言者，文有詳略耳，其實亦與此同。《燕禮》告于公，公在阼階上，故由楹内轉而之東。其降也，仍自西階，無緣位在東縣之北。《鄉射》：將射，工遷于下，降自西階，阼階下之東南，堂前三笴，西面北上坐，樂正北面立于其南。射畢，工升自西階，樂正反自西階東，北面。然則樂正之位總與工近明矣。所以必與工近者，以凡樂事皆樂正主其令故也。此時工在堂上，樂正安得離而位於東？賈疏引《大射》況之，不知燕時之射亦與大射異。且燕禮止有小樂正，無大樂正，皆緣下『左右正』注而誤。」《義疏》云：「由楹内而東，其節應爾。楹南儘寬，非以其窄而無過處也。樂正之位不離乎工，在堂則北面於工之西；樂備而工猶未降，則西階東北面乃近之。蓋工初入而將升時，樂正即位乎此，故云『復』也。注良由以樂正爲有二人故致誤，不知大射儀亦無兩樂正也。」

右歌笙間作遂合鄉樂而告樂備

射人自阼階下請立司正，公許。射人遂爲司正。君許其請，因命用爲司正。君三舉爵，樂備作矣，將留賓飲酒，更立司正以監之，察儀法也。射人俱相禮，其事同。【疏】正義曰：張氏爾岐云：「自此至無算樂，❶皆坐燕盡歡之事。既立司正安賓，次主人獻士及旅食，次或射以樂賓，次賓媵觶于公，爲士舉旅酬，次主人獻庶子以下諸臣，乃行無算爵、無算樂，凡六節，而燕禮備。」注云「君許其請，因命用爲司正」者，以射人請立司正，而公即命用射人爲司正也。蔡氏謂射人即自爲司正，不待君命者，以有常職故。不知射人無不待君命自爲司正之理，蓋經文「公許」之中即兼用爲司正之意，經未明言，故注明之也。云「君三舉爵，樂備作矣，將留賓飲酒，更立司正以監之，察儀法也」者，李氏如圭云：「三舉爵者，爲賓、爲卿、爲大夫舉旅也。《晉語》云：『獻公飲大夫酒，令司正實爵與史蘇，曰：飲而無肴。』」郝氏云：「初燕禮嚴，終則易懈，❷初酬賓、卿、大夫，人少；終酬士，人衆，故正之以司正也。」**司正洗角觶，南面坐奠于中庭，升，東楹之東受命，西階上北面命卿、大夫。君曰：「以我安。」卿、大夫皆對曰：「諾！敢不安？」**洗，奠角觶於中庭，明其事以自表，威儀多也。君意殷勤，欲留賓飲酒，命卿、大夫以我故安。或亦其實不主意於賓也。【疏】正義曰：敖氏云：「中庭，亦南北之中，蓋阼階前也。司正不位於階間者，以燕亦有時而射，宜辟之也。」盛氏曰：「司正奠觶之處與鄉飲酒、鄉射禮同，皆在兩階之間、庭之中也。《鄉射禮》云：『設楅于中庭，南當洗。』當洗既爲南北之節，則中庭爲東西節明矣。此惟言『中庭』，則南北之中亦因以可見。敖云『阼階前』，非。階前爲堂塗，何云『中庭』也？若射，則司正爲司馬，遷位於司射之南，説見《鄉射》、《鄉飲》。鄉

❶「樂」，原作「爵」，今據《儀禮鄭注句讀》改。
❷「嚴」，原作「廢」，今據《儀禮節解》改。

射，司正奠觶皆北面。此獨南面者，立司正所以監衆，君在堂，北面嫌於監至尊，故南面以示監堂下諸臣也。」焦氏以恕云：「《鄉飲酒》立司正。經文云：『階間北面坐奠觶。』《鄉射禮》此條無注，亦主階間爲東西之節，與《鄉飲》正同。《燕禮》、《大射》云：『南面坐奠于中庭。』不別著階間者，已見《鄉飲》故也。敖氏阼階前之說，鑿空言之，不特與鄭異，并與經文違背，❶斷不可從。」○注「不主意於賓也」，《校勘記》云：「徐本、《集釋》、楊氏俱無『也』字，與單疏標目合；《通解》有。」　云「洗，奠角觶於中庭，明其事以自表，威儀多也」者，敖氏云：「洗角觶，爲將酌也。奠之，乃升受命者，君命尊，不敢執觶由便以受之也。」云「君意殷勤，欲留賓飲酒，命卿、大夫以我故安」者，張氏爾岐云：「司正述君之言以命卿、大夫。我者，君自我也。言我欲留賓，當爲我安坐以留之也。」吴氏廷華云：「鄉飲司正執觶升堂，蓋以示愆儀有罰之義，如屠蒯揚觶是也。受命於君，不敢以罰爵向君，故奠之。君曰者，舉君命命之也。以我安卿、大夫者，以我命安之也。不言賓，賓亦大夫也。」堉案：經言安公、卿、大夫而不言賓，諸亦言公、卿、大夫而不言賓。要之，賓重於卿、大夫，舉輕則重者可知。敖氏云：「『以我安』云者，若曰：以我爲司正，所以安汝也。蓋達君之意，而自爲之辭。《大射儀》曰：『命賓、諸公、卿、大夫。』此不言賓、諸公者，文省耳。」方氏苞云：「立司正，恐既醉而號呶，俾謹其禮法也，而不可以爲禮辭，故曰：君命我爲司正，乃所以安卿、大夫，使坐而行酒耳。言卿、大夫，則賓可知矣。不及諸公，燕禮輕，非大射擇士以祭之比，或不以煩諸公也。」胡氏肇昕云：「敖氏以我爲司正，自我與注說

---

❶「并」，原脱，今據《儀禮彙說》補。

異，而方氏從之，其説非也。經文『君曰以我安』，明司正述君之命，我，爲君自我也。下文『卿、大夫皆對曰：諾，敢不安』，因聞君命，故對之敬謹如此。司正不尊於卿、大夫，且在君之前，而侈然自稱曰：以我爲司正，所以安汝。有是理乎？考《詩・南有嘉魚》序云：『樂與賢也。』其詩云：『嘉賓式燕綏之。』箋云：『綏，安也。』引《燕禮》曰：『以我安。』又《湛露》序云：『天子燕諸侯也。』其詩云：『厭厭夜飲。』傳云：『厭厭，安也。』皆此經『以我安』之意也。」郝氏云：「以我安，即命辭。以，猶與也。我，君自謂也。賓安則我安，望諸臣共留，安賓因以安君，殷勤誠切之至也。」盛氏云：「『一獻之禮，賓主百拜』，非强有力者弗能勝，故於禮成樂備之後，設有請安一節。君尊，唯恐其臣或以己故而不敢久留也，故命司正告之曰：子大夫，其與我而俱安乎？蓋示以留之之意也。於是賓、卿、大夫不復辭，而直應之曰『諾』。敢，不敢也。敢不安者，言君安孰敢不安也。詩人之愛其君也，曰：『大夫夙退，無使君勞。』君之禮其臣也，曰：『以我安。』古之君臣藹然，家人父子之情、一體相關之誼，於斯可覩矣。」❶云「或亦其實不主意於賓也」者，此以「以我安」兼有二意。上言欲留賓飲酒，故命卿、大夫，是意主於賓；此言其意亦欲卿、大夫共安，意不專主於賓，故推言之也。**司正降自西階，南面坐取觶，升酌散，降，南面坐奠觶，右還，北面少立。坐取觶，興，坐不祭，卒觶，奠之，興，再拜稽首。** 右還，將適觶南，先西面也。必從觶西，爲君之在東也。少立者，自嚴正，慎其位也。【疏】正義曰：注「自嚴正，慎其位也」，《校勘記》云：「徐本、《集釋》、楊氏俱無『也』字。嚴、鍾併無

❶「覩」，原作「見」，今據《儀禮集編》改。

『慎』字。《通解》有。案：無『也』字，與單疏標目合。」○方氏苞云：「鄉飲、鄉射主人作司正，故許諾，而主人拜焉，司正荅焉。燕與大射則官事有常，故司正自請而不拜也。惟卒觶之拜，則皆無荅而其義各别。飲、射之觶，將糾旅酬者之儀法，而先自飲以爲式。若主人與賓荅拜，則似與司正共監衆賓，故不敢荅，示己亦在所糾之列也。燕與大射則有司共其常職，君無庸荅拜，而主人亦不敢荅，示共稟於君命，與衆賓同也。」褚氏寅亮云：「注疏從觶西往來之説確不可易。敖氏謂由觶東，則與經文左右適相反矣。日月五星右還，亦自北向西，自西向南也。天左還，亦自南向西，自西向北也。如何以右還爲自北向東、❶左還爲自南向東邪？其以中庭位爲阼階前南北之中，而非階間南北之中，誤與鄉飲同。阼階前之中庭，公立處也，臣可立乎？」吴氏廷華云：「南面奠觶，則在觶北，從觶西右還，至觶南則又北面，卒奠之。又從觶西還於觶北，故又南面。蓋南面者以西爲右，故曰右還；北面者以西爲左，故曰左還。洗者，洗於阼東南。反者，反於中庭，其所亦中庭也。奠觶本在中庭，故曰其所。右還則右手向外。其説是也。必從西行者，東爲主位，當避之，故升降皆由西也。」　注云「右還，將適觶南，先西面也。必從觶西，爲君之在東也」者，賈疏云：「右還，謂奠時南面，乃以右手向外而西面，乃從觶西南行而右還北面。若從觶東而左還，北面則背君，以其君在阼故也。」敖氏云：「『將於觶南北面則右還，於觶北南面則左還。』皆欲從觶東往來也。必從觶東者，變於在堂者升席降席之儀，而由上也。司正之位，東上，少立者，定其位也。」案：敖説故與注異。焦氏以恕謂：「辟君當從觶

❶「向」，原作「而」，今據《儀禮管見》改。

西，古注本無漏義，而敖氏不遵用，謂變於堂上。凡敖氏往往言某禮變於某禮，愚謂禮惟其宜，實不須屑屑示變，以著其新異。敖氏憑肊逞私，幾欲自爲一經，謂宜分别觀之焉。」❶盛氏世佐亦謂敖云「從觶東」非，而謂注爲君在東之説亦未然，云「於觶南乃北面者，爲當取觶而飲，鄉堂而拜，以示受命於君之意也」。**左還，南面坐取觶，洗，南面反奠于其所。**反奠虚觶，不空位也。【疏】正義曰：張氏爾岐云：「司正奠觶、取觶皆南面，明將監堂下酒儀也。北面拜者，明監酒出君命也。」吴氏廷華云：「虚觶必洗而奠之者，蓋以待愆儀之罰也。」**升自西階，東楹之東請徹俎，降，公許，告于賓。賓北面取俎以出。膳宰徹公俎，降自阼階，以東。**膳宰降自阼階，以賓親徹，若君親徹然。【疏】正義曰：敖氏云：「歸者司正受命安賓，諸公、卿、大夫、賓奉命，而不敢辭以俎。今司正請徹之，所以達其意。告於賓，亦西階上北面告之，既則降。燕，賓乃執俎而出者，臣也，出授從者。」方氏苞云：「鄉飲酒、鄉射，賓請而後主人命徹，尊賓也。君臣之禮，則有司要其節而請於君宜也。」盛氏云：「司正於此不請坐於賓，而遽請徹俎於公，亦君禮之異者也。」注云「膳宰降自阼階，以賓親徹，若君親徹然」者，李氏如圭云：「《鄉飲酒》：『主人取俎，還授弟子。弟子以降自西階，主人降自阼階。』《燕禮》公不降，故膳宰降自阼階也。」郝氏云：「人臣升降由西階，膳宰徹君俎，降由阼階，重君物，别於諸臣也。以東，歸東壁也。」盛氏云：「鄉飲、鄉射，主人之俎亦降自西階，從賓也。燕，公俎降自阼階，君尊，得自由其階也。」《釋官》曰：「《周禮・膳夫職》曰：『凡王祭祀賓客食，則徹王之胙

❶「謂」，原脱，今據《儀禮彙説》補。

俎。』」褚氏寅亮云：「『降』字似宜在『告于賓』下，非衍也。」《義疏》云：此説是也。「《大射》云：司馬正升自西階，東楹之東，北面告于公，請徹俎，公許。遂適西階上，北面告于賓，不降。案：司正告公、告賓前後皆在階上，不應於徹俎獨降也。」**卿、大夫皆降，東面北上。**以將坐，降待賓反也。【疏】正義曰：李氏如圭云：「降立西階下。」**賓反入，及卿、大夫皆説屨，升就席。公以賓及卿、大夫皆坐，乃安。**凡燕坐必説屨，屨賤，不在堂也。禮者尚敬，敬多則不親。燕安坐，相親之心也。【疏】正義曰：《校勘記》云：「『凡燕坐』，陳本、《通解》俱作『座』，非也。『相親之心也』，徐本、《集釋》、楊氏俱無『也』字，與單疏標目合；《通解》有。」　注云「凡燕坐必説屨，屨賤，不在堂也」者，李氏如圭云：「不言公降説舃於堂上席側也，❶凡坐於堂者説屨於堂下，於室者説屨於户外。《少儀》曰：『説屨於户内者，一人而已矣。』謂尊者也。此君尊，在堂上説舃於席側可知。《春秋傳》：衛侯與諸大夫飲酒，褚師聲子韤而登席，公怒。蓋古者見君以解韤爲敬也。」敖氏云：「賓入，少立於卿之北，司正升賓，賓乃及卿、大夫説屨而升也。」盛氏云：「《大射儀》云：司正升賓，賓、諸公、卿、大夫皆説屨，升，就席。此不言司正升賓者，文略也。」云「禮者尚敬，敬多則不親。燕安坐，相親之心也」者，此釋經燕安坐之義。案：《爾雅》：「安，止也。」又云：「安，定也。」又：「妥，安坐也。」《詩》：「嘉賓式燕綏之。」妥與綏古相通。是安之義謂止而坐之也。今人猶謂設席燕賓、請賓入席曰安坐，即是此意。饗主於敬，燕主於樂，樂則相親。鄭云：「燕安坐，相親之心也。」敖氏謂：「乃安，謂賓及卿、大夫

❶「於」上，《儀禮集釋》有「則公降説舃」五字。

之心至是乃安也。」失其義矣。敖氏又云：「自此以後，有升降而行禮者皆跣也，至醉而退乃屨。」褚氏寅亮云：「《少儀》曰：『凡祭於室中堂上無跣，燕則有之。』此禮説屨即跣矣，然亦未嘗見膚也。深衣，連衣裳爲之，而曰『短無見膚』，則殊衣裳者制亦可知。」吴氏廷華云：「公以皆坐，則就席時未坐也。」**羞庶羞。**謂膷肝膋、狗胾醢也。骨體，所以致敬也。庶羞，所以盡愛也。敬之愛之，厚賢之道。【疏】正義曰：注云「膷肝膋、狗胾醢也」者，李氏如圭云：「案：《内則》：『肝膋，取狗肝一，蒙之以其膋。』《燕禮》：『牲用狗。』知有肝膋、狗胾醢也。以經云『庶羞』，知不但胾醢而已。」方氏苞云：「牲以狗而羞則庶。觀《六月》、《韓奕》二詩所陳品味，惟嘉惟偕，可羞無不薦也。此西周之詩，可以證周公之典禮。」敖氏云：「亦先賓乃及公，而後及其餘，未獻士而羞，此則是不及於在下者矣。」《義疏》云：肝膋非速致之具，此未必有。吴氏廷華云：「《周禮·膳夫》羞與珍並言，肝膋爲八珍之一，不得雜入庶羞。」盧氏文弨云：「庶羞，衆羞也。必不止於狗胾醢。記所云『庶羞不踰牲』者，謂用豕，則不必以羊爲庶羞。❶若魚鼈之類，非所得踰者也。」**大夫祭薦。**燕乃祭薦，不敢於盛成禮也。【疏】正義曰：李氏如圭云：「受獻禮成於祭薦，五行禮爲盛。」敖氏云：「獻時不得祭薦，至是乃爲之。必祭之者，宜終此禮，然後可以食庶羞也。」郝氏云：「初獻大夫於西階上，未升席，故未祭，至是升席乃祭也。」**司正升受命，皆命。君曰：「無不醉！」賓及卿、大夫皆興對曰：「諾！敢不醉？」皆反坐。**皆命者，命賓、命卿大夫也。起對必降席，司正退立西序端。【疏】正義曰：注云「皆

❶「則」，原脱，今據《儀禮注疏詳校》補。

命者，命賓、命卿大夫也」者，以下文云「賓及卿大夫皆興」知之也。案：《南有嘉魚》末章云：「君子有酒，嘉賓式燕又思。」箋云：「又，復也。」以其壹意，欲復與加厚之。據上云「嘉賓式燕綏」之「綏」爲安，即此經之「無不安」。下云「又」之又，即此經之「無不醉」也。又與侑古音相近通用，言其舉酒以相勸侑也。又《湛露》云「不醉無歸」，亦即此經之「無不醉」也。云「司正退立西序端」者，盛氏云：「注蓋約《鄉飲酒禮》言之，然非也。西序端者，相旅之位。此下方獻士，未須相況。獻士之時，司正亦將與焉，則其降復觶南之位以俟可知也。」敖氏云：「惟云『受命，皆命』，又不著其所，如上文可知。既對，則司正降而復位。」當以此説爲正。褚氏寅亮云：「究以注『退立西序端』之説爲正。蓋既爲司正，則獻酬時俱當立堂上以察儀。迨其受獻，乃降復觶南位。獻訖，仍升立序端也。」

右立司正命安賓

主人洗，升，獻士于西階上。士長升，拜受觶，主人拜送觶。獻士用觶，士賤也。今文「觶」爲「觚」。【疏】正義曰：「主人拜受觶」，《校勘記》云：「『受』，唐石經、徐本、《集釋》、《通解》、《要義》、楊氏、敖氏俱作『送』。」〇李氏如圭云：「士堂上無位，故燕坐乃獻之。」郝氏云：「樂終而後獻士，士卑也。士長，士之尊者，如司正、司士等是也。」　注云「獻士用觶，士賤也。今文『觶』作『觚』」者，敖氏云：凡獻無用觶者，當從今文。盛氏云：「觴以小爲貴，故獻用爵，其他用觶，鄉飲酒之禮是也。燕禮輕，故獻用觚，觚大於爵也。大夫以上既用觚，則獻士用觶，禮亦宜之。今文作『觚』者，以『觶』字角旁著氏，與『觚』相涉致誤也。敖氏定從今文，非。《禮器》云：『貴者獻以爵，賤者獻以散。』夫宗廟之祭獻以散者，有之矣。燕禮以觶獻士，何以決其必無哉？」胡氏承珙云：「鄭注《特牲饋食·記》引舊説云：『爵一升，觚二升，觶三升，角四升，散五升。』此鄭以前儒家治《禮經》者相承之師説也。《禮器》正義及《梓人》疏引許氏《五經異義》云：『今《韓詩》説：一升曰爵，二升曰觚，三升曰觶，四升曰角，五升曰散。古《周禮》説亦與之同。許君謹案：《周禮》：一獻三酬當一豆。即觚二升，不滿豆矣。』鄭駁之云：『觶字角旁著氏，汝、潁之間師讀所作。今禮角旁單，古書或作角旁氏，角旁氏則與觚字相近。學者多聞觚，寡聞觗，寫此書亂之而作觚耳。』又南郡太守馬季長説：『一獻而三酬則一豆，豆當爲斗，與一爵三觶相應。』《禮器制度》云：觚大二升，觶大三升。是故鄭從二升觚，三升觶也。』據此，知鄭君所引《儀禮》舊説與《韓詩》説、古《周禮》説、叔孫通《禮器制度》、馬季長説皆同。惟許叔重獨自爲説。《説文》云：『觶受四升。』又云：觴三升者謂之觚。此蓋師承之異，鄭以與經不相應，故爲此駁。至『觶』、『觚』二字之誤，則由『觗』、『觚』形近易譌言之，尤爲明晰。《儀禮》古文多作『觶』，故雖『觚』字亦爲『觶』；今文多作『觚』，故雖『觶』字亦爲『觚』。鄭參校古今文，以義定之。上文獻辟正主，不用爵而用觚，古文作『觶』，此古文之誤也。此獻士用觶者，士賤也。賈疏云：對大夫已上獻用觚，旅酬乃用觶。此獻士即用觶，故云『士賤』也。今文作『觚』，此今文之誤也。其他今文多誤『觶』爲『觚』，又有古今文皆誤者，如《燕禮》：『賓降洗，升媵觚于公。』注云：『此當言媵觶，酬之禮皆用觶。言觚者，字之誤也。古者觶字或作角旁氏，由此誤爾。』《大射儀》：『賓降，洗象觚。』注云：『此觚當爲觶。』此則『觶』本作『觗』，字形近『觚』，古今文皆因之而誤者也。鄭於注一一是正，可謂精審之至矣。」**士坐祭，立飲，不拜既爵。其他不拜，坐祭，**

立飲。他，謂衆士也，亦升受爵，不拜。【疏】正義曰：注云「他，謂衆士也」者，郝氏云：「謂長以下，即祝、史、小臣等。」云「亦升受爵，不拜」者，李氏如圭云：「笙長受爵於階上，知士亦升受爵。」吴氏廷華云：「《周官》：『笙師，中士二人，下士四人。』此注『衆士』大約與笙師等。上文：『獻笙于西階上。一人拜，盡階，不升堂，受爵，降。』彼何嘗升堂邪？」**乃薦司正，與射人一人，司士一人，執冪二人，立于觶南，東上。**天子射人、司士，皆下大夫二人。諸侯則上士，其人數亦如之。司正爲上。【疏】正義曰：李氏如圭云：「司正在上，庭長也。此皆有事者，故别在觶南，北面而先薦。司士，士中之尊者。」敖氏云：「此皆士也。獻與士序，每獻則薦之。薦不與士序者，亦異之也。司士之位正當觶南，射人而下以次而西。執冪者既薦，則復立於尊南。」郝氏云：「乃薦，謂既獻於西階上，乃以脯醢各薦於其位，先薦司正等四人，先長也。司正即射人爲之，故曰一人。」盛氏云：「此五人者，皆士長也。得獻在先，故因獻而薦之。射人，大射正也。司士二人，此在觶南者，又其長也。觀司士之先得薦，可見士受獻亦以尊卑爲序，不以齒矣。賈疏云：『此經三者當官雖多，皆取長先薦；其餘在於衆位，依齒也。』非。」褚氏寅亮云：「司正庭長於獻士時而先薦之，益可明薦主人於獻大夫時者，亦以爵同也。獻司正等仍與士序，獻訖即薦，不待辯獻乃薦，所以殊之於羣士中，其位則司正正當觶南。射人而下以次而西，俱北面。」吴氏廷華云：「司士本不言位，而亦薦於此者，據《周禮》『司士掌朝儀之位，爲之擯』，據《聘禮》『擯相幣在中庭』，則司士固有在庭之位，經文不具耳。則其與司正並薦，宜也。執冪固是士，位在尊南，亦薦於此者，或以分卑而近公，不敢薦於其位，故就堂下近其位之地，與司正並薦之耳。」方氏苞云：「司正，射人也，而稱司正，以特薦宜首庭長也。鄉射之司正、司射、司馬，皆以州之屬士攝事，而假以是稱。燕則皆以大射正爲之，故下經特標『若射，則大射正爲司射』，以明篇首之射人。此特薦之司正，皆大射正；而同薦之射人，則小射正也。司射反爲司正，不見於經，何也？以鄉射作相爲司正，司正爲司馬，司馬反爲司正，義可互見也。大射正爲司正，又爲司射，則射畢之後反爲司正者，非大射正而誰哉？燕而射，則不立司馬。而凡禮事皆射人主之，何也？《周官》：射人掌公、卿、大夫、士之朝位，詔相其儀法。君行必從，則燕、射之禮事，惟射人掌之爲宜。」注云「天子射人、司士，皆下大夫二人。諸侯則上士，其人數亦如之」者，《釋官》曰：「注引天子射人者，謂天子射人下大夫二人，諸侯以上士爲之長，亦有二人，一爲司正，一仍供射人之職。故經云：『乃薦司正，與射人一人。』」又云：「《周禮》：『司士，下大夫二人，中士六人，下士十有二人。』諸侯司士，上士爲之。《文王世子》云：『其在外朝，❶則以官司士爲之。』注：『司士，亦司馬之屬，掌羣臣之版，正朝儀之位。』是諸侯司士所掌與天子司士同。《左傳》成十八年：『荀賓爲右，司士屬焉。』服注：『司士，主右之官。』孔疏以爲即《周禮》司右，與此司士別。《左傳》官名多出於東遷後所增改，此亦一證也。」**辯獻士，士既獻者，立于東方，西面北上，乃薦士。**每已獻而即位於東方，蓋尊之。畢獻，薦於其位。【疏】正義曰：方氏苞云：「其文正與『辯獻大夫，遂薦之』相對，❷明大夫於獻之時遂薦；士則辯獻畢立於西方，而後同時齊薦也。」注云「每已獻而即位於東方，蓋尊之」者，賈疏

❶「外」，原脱，今據《儀禮釋官》補。
❷「對」，原脱，今據《儀禮析疑》補。

云：「庭中之位卿東方西面，大夫北面，士西方東面，是東方尊。今卿、大夫得獻升堂，位空，士得獻，即東方卿位，是尊之也。」**祝史小臣師亦就其位而薦之。**次士獻之，已，不變位，位自在東方。【疏】正義曰：注云「位自在東方」者，賈疏云：「上設位之時，祝史在門東，小臣在東堂下，是先在東方也。」❶**主人就旅食之尊而獻之，旅食不拜受爵，坐祭立飲。**北面酌，南鄉獻之於尊南。不洗者，以其賤，略之也。亦畢獻乃薦之。主人執虚爵，奠於篚，復位。【疏】正義曰：敖氏云：「不洗者，因獻士之爵而遂用之，不復別取於篚也。凡取爵於下篚，雖所爲酌者賤，亦必爲之洗，旅食者與士異尊矣，乃繼士獻之，而遂因士爵，且不殊其長，皆略賤也。」方氏苞云：「就其尊而獻者，在禮，侍飲於長者，拜受於尊所。士旅食者，位卑人衆，而禮不可廢，故體主人之勤而簡其節也。」褚氏寅亮云：「當依注尊後北面酌向君之義爲長。獻之，或西南面，敖説可從。」《義疏》云：「惟君面尊，酌者於尊背酌之。若非君尊，則酌者鄉尊面酌之。❷如尊于房户之間者，尊南面，酌者則北面也。此門西之尊北面，則酌者南面可知。」《義疏》云：「《大射》注則云：『主人既酌，西面。士旅食，❸北面受之。』不同。案：燕旅食，尊在門西，旅食立于其南，主人獻之于尊南。有尊在北，不嫌背君，故得南面。《大射》注云：凡授爵向所受者，是其正也。大射避射位，旅食尊設於樂縣之南。旅食者位

❶「先」，原脱，今據《儀禮注疏》補。

❷「面」，原作「而」，今據《儀禮義疏》改。

❸「士」，原脱，今據《讀儀禮記》補。

在士南。是不當尊南，若南面獻，則是背君。故西面獻而北面受也。」❶

右主人辨獻士及旅食

若射，則大射正爲司射，如鄉射之禮。大射正，射人之長者也。如鄉射之禮者，燕爲樂卿、大夫，宜從其禮也。如者，如其「告弓矢既具」至「退中與算」也。納射器而張侯，其告請先於君，乃以命賓及卿、大夫，其爲司正者亦爲司馬，君與賓爲耦。《鄉射·記》曰：自「君射」至「龍旜」，亦其異者也。薦旅食乃射者，是燕射主於飲酒。【疏】正義曰：注「記曰」，《校勘記》曰：「『曰』，《集釋》作『云』。案：戴氏以『云』爲衍文。」

云「大射正，射人之長者也」者，《釋官》曰：「司射之爲大射正，於此經見矣。賈疏以爲大射之時大射正不同爲司射，非也。說詳《大射儀》。」云「如鄉射之禮者，燕爲樂卿、大夫，宜從其禮也。如者，如其『告弓矢既具』，至『退中與算』也」者，敖氏曰：「此記及《鄉射·記》言君燕、射之儀，與《大射儀》略同。乃云『如鄉射之禮』者，以其惟一侯，侯道五十弓，而射器皆在堂西也。如是，則自君射之外，❷凡他禮與鄉射大同小異，而於大射則或有不可以相通者，此所以惟蒙鄉射禮也。先徹階間之縣，遷於東方，乃張麋侯，納射器，其再射即用樂行之，亦其異者。」案：鄉射告弓矢既具，是初射時事；退中與算，是三番射訖時事。注舉此者，明經

❶ 此引文當出自張惠言《讀儀禮記》。
❷ 「射」，原脱，今據《儀禮集說》補。

如此自初射至射訖，皆如鄉射之禮也。云「納射器而張侯，其告請先於君，乃以命賓及卿、大夫，其爲司正者亦爲司馬，君與賓爲耦。《鄉射・記》曰：自『君射』至『龍旜』，亦其異者也」者，敖氏曰：「注云『納射器而張侯』，『其爲司正者亦爲司馬，君與賓爲耦』，言其與鄉射同者也。云『其告請先於君，乃以命賓及卿、大夫』，言其與鄉射異者也。又云：『《鄉射・記》自「君射」至「龍旜」，亦其異者也。』詳其意，蓋謂國中，若郊、若竟，君皆得而燕射，如鄉射之禮，惟旌與中則異於鄉射者也。此意與彼記之注不同，疑此爲得之。但其前以鄉射禮爲據，謂此亦納射器乃張侯，似未爲當。《鄉射》於納射器之後云『命張侯』者，謂繫左下綱耳。非謂始張侯也，恐不必以之爲據。此禮則當先徹階前之縣遷於東方，乃始張麋侯、赤質，并繫左下綱，其侯道亦惟五十弓而已。既張侯，乃納射器，其節蓋與鄉射不得不異。鄭氏於此，蓋偶考之不詳耳。」云「薦旅食乃射者，是燕射主於飲酒」者，李氏如圭曰：「大射主於射，大夫未舉旅則射。《行葦》之詩，王肅以爲燕射於燕旅酬後爲之。《春秋傳》襄公二十九年：晉范獻子來聘，公享之，射者三耦。亦燕射也。」張氏爾岐曰：「若者，不定之辭。或射或否，唯君所命。若不射，則主人獻旅食後，賓即媵觶舉酬。注云『薦旅食乃射，是燕射主於飲酒』者，以大射主於射，❶未爲大夫舉旅即射也。」褚氏寅亮曰：「亦大判言之，如鄉射耳。其實異者正多，即注亦略舉其一二端，餘則讀者以意求之可也。」吴氏廷華曰：「大射先行燕禮，此因燕而射，乃不行大射禮，而如鄉射之禮者，蓋大射禮既重且繁，不如鄉射之稍省也。」案：《義疏》曰：「注據『庭中無侯』至『納射

❶「以」，原作「對」，今據《儀禮鄭注句讀》改。

器，乃張之』，非如鄉射之繫左下綱也。賈疏以大射納射器無張侯之事，故特言之。非矣。大射始張侯不繫左下綱，則納射器後亦必有張左下綱之事，文不具耳。」❶

右因燕而射以樂賓

賓降洗，升媵觚于公，酌散，下拜。公降一等，小臣辭。賓升，再拜稽首。公荅再拜。此當言媵觶，酬之禮皆用觶。言觚者，字之誤也。古者觶字或作角旁氏，由此誤爾。【疏】正義曰：李氏如圭曰：「賓受公賜多矣，禮將終，故媵觶以序厚意。」敖氏曰：「媵觶于公乃下大夫之事，而賓於是時爲之者，不敢以賓自處，恭敬之至也。執觶以下，如下大夫媵觶者之爲，但拜於西階下異耳。公降一等者，重其媵觶之禮也。賓從命，則公升矣。」淩氏《釋例》曰：「前三次舉旅行酬，皆二大夫媵觶。❷此以賓媵觶者，禮以相變爲文也。」吴氏廷華云：「賓主獻酬，不敢亢禮於君也。但公既酬賓，賓亦當酬公，彼此相酬，仍近於亢。故於旅酬之末行之，不言酬而言媵，謙若下大夫之爲，亦不敢亢之意。」案：《義疏》曰：媵觚於無算爵之先，其禮已殺，乃賓必下拜，公且降一等辭者，尊賓。三荅拜俱應降席，而經無文，則禮漸殺可知。據下受公賜者亦就其席坐行之，此其證也。至受者就席，未詳其人，要不外卿及大夫耳。又《鄉飲酒禮》：受酬者自介右，

❶ 此引文出自張惠言《讀儀禮記》。
❷ 「觶」，原脱，今據《禮經釋例》補。

衆受酬者受自左。此經士受酬與衆等，則受自左也，故右大夫。執爵者序端，蓋待事處，❶司正其準也。注云「媵觚爲媵觶」者，説已見前。**賓坐祭，卒爵，再拜稽首。公荅再拜，賓降，洗象觶，升，酌膳，坐，奠于薦南，降拜。小臣辭，賓升，成拜。公荅再拜，賓反位。**反位，反席也。今文曰「洗象觚」。

【疏】正義曰：敖氏曰：「『賓坐祭，卒爵，再拜稽首。』此拜不下者，拜受、拜既本同一節，不敢再煩君命也。賓降，奠角觶于篚，乃洗象觶。此降拜已再拜稽首，故下云『成拜』。」盛氏曰：「此降拜亦未拜也。凡賓下拜之禮，無論已拜未拜，聞君命即升，升又再拜。經於此或言升成拜，或言升、再拜稽首，文互異耳。敖説太泥。賓於下必再拜稽首而後升成拜者，惟初受公酬之時爲然，餘則否。」褚氏寅亮云：「前公酬賓，升成拜，與君行禮之始。此賓媵公而升成拜，與君行禮之終。」**公坐，取賓所媵觶，興，唯公所賜。**至此又言興者，明公崇禮不倦也。今文「觶」又爲「觚」。【疏】正義曰：敖氏曰：「此酬主於士，而所賜則不及之，以其賤而在下也。」郝氏曰：「此君爲士舉旅，而不即賜士，由貴逮賤也。前此君三舉旅，一爲賓，再爲卿，三爲大夫，未及士以下，故因賓媵之爵再舉旅，以終惠也。」方氏苞云：「賓尊獨伸，卿、大夫莫與之並，故旅酬之終，賓媵觶以致敬於君，君即取所媵之觶以賜卿、大夫，使遞酬以及於士，以示君於羣下一視同仁，而賓之敬亦達於上下矣。」　注云「至此又言興者，明公崇禮不倦也」者，李氏如圭曰：「既燕坐而又言興，明不倦矣。」方氏苞曰：「二大夫媵觶之始，君坐取觶，至是復坐取觶，禮以嚴終；説屨升堂，坐而行爵無筭，易至怠忽，故君先自

❶「處」，原作「者」，今據《儀禮義疏》補。

力於禮以教之肅也。」**受者，如初受酬之禮。**【疏】正義曰：敖氏曰：「初受酬者，賓也。」張氏爾岐曰：「如其自『賓降』至『進受虛爵』也。」**降，更爵洗，升酌膳，下拜。小臣辭。升，成拜。公荅拜，乃就席坐行之。**坐行之，若今坐相勸酒。【疏】正義曰：敖氏曰：「縣者三舉觶，其末皆云『如初』，此乃別云『更爵洗』。蓋先時公或命之勿易觶，此則全不命之，亦以禮殺也。」注云「坐行之，若今坐相勸酒」者，韋氏協夢云：「旅酬禮坐行之者，以是時已燕坐也。燕坐則飲酒不立行禮。」**有執爵者，**士有盥升主酌授之者。【疏】正義曰：李氏如圭曰：「前舉旅皆酬者自酌，至此有士執爵行之。」敖氏曰：「坐而行酒，故須有執爵者代酌授之。」**唯受于公者拜。**公所賜者也，其餘則否。【疏】正義曰：郝氏曰：「唯最初一人受公賜爵者拜，其餘執爵者所送，皆就席坐飲，不拜也。」**司正命執爵者爵辯。卒受者興以酬士。**欲令惠均。【疏】正義曰：敖氏曰：「爵辯，卒受者興以酬士，謂行爵已辯於堂上，則告大夫卒受者，使之興以酬士，司正以是命執爵者也。必命執爵者告之者，備有未知者也。是後則司正不命，而執爵者亦不復告之。」張氏爾岐曰：「前三舉旅皆止於大夫，今爲士舉旅，故命之。相旅，固司正職也。❶執爵者爵辯，卒受者興以酬士，即其命之之辭。」盛氏世佐曰：「是時司正蓋升于西階西，北面，命執爵者，命訖，退立序端以相旅與？」吳氏廷華曰：「執爵者非大夫，卒受者乃大夫。命，命執爵者轉命大夫也。使卒受者，酬士耳。下節即所命之實也。」**大夫卒受者以爵興，西階上酬士。士升，大夫奠爵拜，士荅拜。**興酬士者，士立堂下，無坐位。【疏】

❶「職」，原作「執」，今據《儀禮鄭注句讀》改。

正義曰：敖氏曰：「於是執爵者降，以已亦當與旅也。」**大夫立卒爵，不拜，實之。士拜受，大夫拜送。士旅于西階上。辯。**祝史、小臣旅食皆及焉。【疏】正義曰：李氏如圭曰：「庶子以下未獻，故亦未酬，無算爵乃及之。」敖氏曰：「其旅皆如大夫酬士之儀，卒受者亦以觶降奠于篚。」焦氏以恕曰：「案：下章主人獻庶子于阼階上，如獻士之禮。又獻左右正與內小臣，皆于阼階上，如獻庶子之禮。又鄭氏謂獻正下及內小臣，則磬人、鍾人、鎛人、鼓人、僕人師、僕人正盡獻可知也。夫阼階、西階，所以別外內臣也。而均之在堂上則同。若拘旅食不升獻，亦不升旅之說，則凡爲外內之從官，皆得升旅於堂上，而獨置旅食者，恐非爲士舉旅之禮意，故鄭説爲不易矣。」褚氏寅亮曰：「旅食已得獻，則旅酬宜及之，故注云『皆及焉』。但細玩經文，上云『士旅于西階上，辯』者，似專指士，故言辯而不言卒；至士旅酌卒，始指旅食言耳。」**士旅酌，**旅，序也。士以次序自酌相酬，無執爵者。【疏】正義曰：焦氏以恕云：「有疑此節專指旅食之士而言，謂旅食當在堂下，不與羣士升旅于西階上也。愚案：無算爵云『士旅酌亦如之』，承上酬士于西階上之文。又云『士終旅于上，如初』，解者謂徹冪之時，士蓋先大夫而降，至是升旅于上如初，不異也。必言此者，嫌既降則宜遂旅於下也。觀此，則旅食者之旅酌于西階上益明矣。」**卒。**【疏】正義曰：盛氏世佐云：「旅畢，司正降復位。」

右賓媵觶於公公爲士舉旅酬

主人洗，升自西階，獻庶子于阼階上，如獻士之禮。辯，降洗，遂獻左右正與內小臣，皆于阼階上，如獻庶子之禮。庶子，掌正六牲之體及舞位，使國子修德學道，世子之官也，而與膳宰、樂正聯事。樂正亦教國子以舞。左右正，謂樂正、僕人正也。小樂正立於西縣之北，僕人正、僕人師、僕人士立於其北，北上。大樂正立於東縣之北。若射，則僕人正、僕人士陪於工後。內小臣、奄人掌君陰事、陰令，后夫人之官也，皆獻於阼階上，别於外內臣也。獻正下及內小臣，則磬人、鍾人、鎛人、鼓人、僕人之屬盡獻可知也。凡獻皆薦也。【疏】正義曰：《校勘記》云：「注『立於東縣之北』，『立』，誤作『令』。『鎛人』，陸氏曰：『本又作鎛，下同。』案：諸本鏄、鎛雜出，後不悉校。『凡獻皆薦也』，『薦』，誤作『爵』。」胡氏肇昕云：「『亦學國子以舞』，『學』，當作『教』，各本作『教』。」　云「庶子，掌正六牲之體及舞位，使國子修德學道，世子之官也」者，此約《周禮・諸子職》之文。云「而與膳宰、樂正聯事。樂正亦教國子以舞」者，以掌正六牲之體，是與宰聯事，掌舞位，使國子修德學道，是與樂正聯事也。敖氏曰：「庶，猶衆也。庶子，謂卿、大夫、士之子。《周官》亦多以庶子繼士而言，正指此者也。❶《燕義》以此爲諸子之官，似失之。獻之于阼階上，變於其父所飲之處也。庶子未必皆有爵，乃先左右正獻之者，明不與之序也。」盛氏曰：「《周禮・宮伯職》云：『掌王宫之士庶子凡在版者。』《大司馬職》云：『王弔勞，士庶子則相。』又云：『大會同，則帥士庶子而掌其政令。』《司士職》：『周知卿、大夫、士庶子之數。』《酒正職》：『共饗士庶子之酒。』凡此皆以庶子繼士而言，謂卿、大夫、士之支庶也。以其貴遊子弟，且有宿衛之勞，故獻之；以其未有爵命，故得獻在士後；以其爲宫衆，故獻于阼階上。若《燕義》所謂庶子官，即《周禮》之諸子也。爲其掌庶子之戒令教治，故以名其官，其職與司士

❶「正」，原脱，今據《儀禮集説》補。

相連。其爵爲下大夫，於諸侯則上士也。其位當在西方東面，亦當在西階上，不於此也。」《釋官》曰：「庶子見《禮記・文王世子》及《燕義》，其職與《周禮》諸子同。《燕義》云：『古者周天子之官有庶子官，職諸侯、卿、大夫、士之庶子之卒，掌其戒令與其教治，别其等，正其位。』鄭注：『庶子，猶諸子也。』《燕禮》有庶子官，是以《義》載此以爲説。今案：《燕義》本釋燕禮之事。《燕禮》有庶子執燭及獻庶子之文，記人欲釋其義，故取天子諸子職解庶子。諸、庶訓皆爲衆。天子之諸子、諸侯之庶子皆掌國子。國子衆多，故云諸，或言庶，諸、庶通名。《燕義》因諸侯言庶子，欲見庶子與諸子一耳。《文王世子》云：『庶子之正於公族者，教之以孝弟、睦友、子愛，明父子之義、長幼之序。』諸侯之庶子兼掌公族子弟及卿、大夫、士之適子。《詩・魏風》有公族之官，即此。以其主正於公族，故又名公族。春秋時，唯晉有此官，而爵爲大夫，不如禮也。經云『如獻士之禮』，則庶子爲士明矣。獻不于西階、于阼階上者，下云『庶子執燭于阼階上』，則其位在此，以庶子主公族同姓之官，又設折俎與膳宰聯職，故屬主黨也。」《經義聞斯録》曰：「或疑鄭以此經庶子如《周禮》之諸子，故賈疏云：天子謂之諸子，諸侯之庶子也。但考《周禮》：諸子，下大夫二人，掌國子之戒令、教治。職既重而位亦尊矣。且其職云：『大祭祀正六牲之體。』未嘗云王燕則正六牲之體也。使諸侯之官降于天子一等，亦當爲上士。今乃於士旅酌卒始獻之，而云『如其禮』。《大射儀》又云：士旅酌，若命曰復射，則不獻庶子。是其人更輕於士，故與左右正、内小臣相次也。《大射》獻賓獻公，皆宰胥薦脯醢，庶子設折俎。獻服不則宰夫有薦，庶子諸折俎。《燕》與《大射》又皆云：『宵則庶子執燭于阼階上，司宫執燭于西階上，甸人執大燭于庭，閽人執大燭于門外。』夫府史胥徒，庶人在官者；内小臣、閽人，又刑餘之輩耳。柰何天子教國子之大夫在侯國者名同職同，而位顧下儕於庶人在官及刑餘之輩哉？考之《周禮》，宫正、宫伯皆宫中之官。《宫伯職》云：『掌王宫之士庶子。』後鄭云：『王宫之士，謂王宫中諸吏之適子也。庶子，其支庶也。』殆即此經之庶子與？曰：官有長有貳，燕與大射禮大事繁，故在公者長、貳及府史胥徒皆趨事。篇中有長、貳並言者，大射正、小射正、大樂正、小樂正、大史、小史、司馬正、司馬師、小臣正、小臣師、僕人正、僕人師是也。亦有不並言者。長事多而貳事少，則貳別言之。如《燕禮》『小臣師一人在東堂下』，即知其餘言小臣皆長也。《燕禮·記》云：『羞卿者，小膳宰也。』又云：『凡薦與羞者，小膳宰也。』禮不備者，記補之。貳事多而長事少，則長別言之。如《大射》『庶子正徹公俎』，即知其餘言庶子皆貳也。考天子諸子，下大夫二人，中士四人。諸侯降等，則庶子長當爲上士，貳當爲下士。下士則獻於獻士之後，而與司宫同掌執燭，不亦宜乎？況禮有胥，有宰胥，有宰夫，有司，有小臣師，從者，及工人士、隸、僕人等，皆其官之屬吏，府史胥徒之類，則安知設俎執燭者非庶子之屬吏而文有不備邪？庶子非官，故獻之在士之後，如士禮耳。或疑司宫即《周禮》之《宫正職》云『宫中、廟中則執燭』者。考宫正有上士二人，中士四人，下士八人，府二人，史四人，胥四人，徒四十人。則執燭者或亦其屬爲之，故與庶子聯事也。褚氏寅亮曰：「庶子官，《燕義》有明文，不知後儒何故必不信《禮記》，而以卿、大夫、士之子當之。卿、大夫、士之子苟無其位，必不與燕。既有列於位，獻當從其爵，豈宜在旅食後？注是也。唯注以左右正爲樂正，則未敢深信。蓋獻大、小樂正亦不應在旅食後。竊疑左右正如宫正等官，與内小臣一類，夫人之官也。庶子爲世子之官，左右正、内小臣爲夫人之官，故不論爵而最在後獻之，且不與旅。」云「左右正，謂樂正、僕人正也。小樂正立於西縣之北，僕人正、僕人師、僕人士立於其北，北上。大樂正立於東縣之北。若射，則僕人正、僕人士陪於工後」者，李氏如圭曰：「云『左右正』，則二樂正分居東西，各監一縣也。僕人亦相工者，工席在西階上，僕人宜近其事，故立於西縣北，北統於堂。案：《鄉射禮》射時遷樂于下，工降阼階下之東南，西面北上坐，樂正北面立于其南。《燕禮》若射，則是時僕人陪于工後，亦在樂正之北也。」張氏爾岐曰：「左右正，據庭中之位而言。大樂正在東縣北，故曰左正；僕人正在西縣北，故曰右正。」《釋官》曰：「此篇以經考之，不見有兩樂正。注誤。賈疏引《大射》、《鄉射》況之，不知燕時或射或否不定，未可據爲左右之名。《鄉飲酒・記》云：衆賓立者東面北上，樂正與立者皆薦以齒。《鄉射・記》云：『樂正與立者齒。』注：『尊樂正同於賓黨。』然則樂正之位當在西方，不當于阼階上獻之明矣。經獻左右正與内小臣同處，疑左右正即小臣、僕人之官侍從於君，而位在阼階上者，《周禮》有大僕、小臣，皆僕官。諸侯以小臣兼大僕掌正君之服位，在君左右，故謂之左右正。《書・立政》云：『左右攜僕。』是其證也。又案：上云『祝史、小臣師亦就其位而薦之』，是小臣既受獻矣。此所獻者蓋其正。小臣正相君，出入君之大命，在君左右，故于阼階上獻之。不然，此篇及《大射》俱云獻小臣師，而不及小臣正，何與？以此益見左右正爲小臣之屬矣。」胡氏肇昕曰：「敖氏、郝氏説皆與注殊。敖氏曰：『左右正未詳其官，然與内小臣同獻，則意其亦爲内臣也。』郝氏曰：『左右，君左右。《詩》曰：膳夫左右。正，長也。』盛氏亦曰：『左右者，侍御近習之臣，而正則其長也。左右非一，故不言其官。然以《詩》、《書》考之，《雲漢》以膳夫共稱，《立政》與攜僕並數，則其職掌亦略可見矣。』」云「内小臣、奄人掌君陰事、陰令，后夫人之官也」者，《周禮・内小臣職》文。《釋官》曰：「案：《周禮》内小臣與寺人别官，諸侯亦有内小臣，與寺人别。《詩・秦風》

云：『寺人之令。』《毛傳》云：『寺人，内小臣。』非也。内小臣，又謂之巷伯。箋云：❶『巷伯，内小臣也。奄官，上士四人，掌王后之命，于宫中爲近，故謂之巷伯。』是也。《左傳》襄九年：『令司宫巷伯儆宫。』杜注、孔疏解司宫爲内小臣，而以巷伯爲寺人，皆誤。又案：内小臣，《左傳》、《國語》亦單言『小臣』。《左傳》僖四年云：『與小臣，小臣亦斃。』《晋語》説此事云：『飲小臣酒，亦斃。』韋注：『小臣，官名，掌陰事、陰令，閹士是也。』又《公食大夫禮》稱『内官之士』即此。」云「皆獻於阼階上，别於外内臣也」者，張氏爾岐曰：「在鄉遂采地者爲外臣，在朝廷者爲内臣。庶子以下皆人君近習，故云『别於外内臣也』。」案：張氏惠言曰：「《大射》注云：三官獻於阼階上，别外内臣也。是以三官爲内臣，别於卿、大夫之外臣也。此非鄭意。」盛氏曰：「庶子以下，皆扈衛親近之臣，故皆獻之於阼階上。經不著其入門位次者，以其本在門内故也。其位蓋在東方，西面北上。」云「獻正下及内小臣，則磬人、鍾人、鑮人、鼓人、僕人之屬盡獻可知也」者，《周禮》：「磬師，中士四人，下士八人；鑮師，中士二人，下士四人；鼓人，中士六人。」諸侯並以下士爲之。

右主人獻庶子以下於阼階

無算爵。算，數也。爵行無次無數，唯意所勸，醉而止。**士也，有執膳爵者，有執散爵者。**【疏】正義曰：敖氏曰：「亦各序進，盥洗其觶以升。」郝氏曰：「士也，謂執爵皆士也。膳爵，君之爵。散爵，賓、

---

❶「箋」上，《儀禮釋官》有「詩巷伯」三字。

卿、大夫之爵。」方氏苞曰：「特表其爲士，以事之終。或疑使無位者代其勤也。自大夫以上，皆得親與君爲禮。士則受酬於大夫，並不得與公卿接，故於禮終使二士執無算爵。不惟執膳爵者得徑進于公，即執散爵亦先進于公，而公親命之，以賜公卿，所以作其志氣而厲其節行也。士位在堂下，而獻必于阼階上，亦此義也。獻執爵者無文，何也？該於上經『辯獻士』也。」褚氏寅亮曰：「上媵觶以大夫，此則以上且變文曰執爵，禮殺者也。」**執膳爵者酌以進公，公不拜，受。**【疏】正義曰：郝氏曰：「酌以進公，酌膳尊，不拜送也。」韋氏協夢曰：「前大夫媵觶及賓媵觶皆于阼階下，再拜稽首。公荅再拜，然後奠觶于薦南。此士不拜送，故公亦不拜受。不拜送者，士賤，不敢與公爲禮也。」**執散爵者，酌以之公命所賜。**【疏】正義曰：郝氏曰：「酌以之公，酌方壺，往俟君命也。」**所賜者興，受爵，降席下，奠爵，再拜稽首。公荅拜。**席下，席西也。古文曰「公荅再拜」。【疏】正義曰：敖氏曰：「降，降席也。此不降階而惟拜於席下者，宜別於公所親酬者也。」　注云「席下，席西也」者，李氏如圭曰：「前受公爵者，皆降拜，升成拜，至此拜席下而已，❶席以東爲上，統于君。」注引古文作「再拜」者，姜氏曰：「《大射》嚴君臣之禮尚有『再』字，《燕禮》可知，當從古文。」盛氏曰：「案：經但云『荅拜』者，荅一拜也。燕禮貴和，君于臣皆荅再拜。姜説得之。」胡氏承珙曰：「案：此經注疑有脱誤。經文當是『公荅再拜』，注云『古文曰公荅拜』。蓋凡臣再拜稽首，公皆荅以再拜。有但言『公荅拜』者，省文耳。若古文明云『公荅再拜』，鄭不應反從今文去『再』字。又《大射儀》此節亦

---

❶「席」，原脱，今據《儀禮集釋》補。

云：『公荅再拜。』知此經文亦必有『再』字，但賈疏標目已如今本，則其誤久矣。」褚氏寅亮曰：「古文云『公荅再拜』，注不從者，以此時禮殺，止荅降席之拜也。」**受賜爵者以爵就席坐，公卒爵，然後飲。**不敢先虛爵，明此勸惠從尊者來也。【疏】正義曰：敖氏曰：「異觶並行而代舉，君臣之禮，受賜爵者不先卒爵而俟者，膳酒之酌久矣，不必先飲之也。《士相見禮》言『卒爵而俟』者，始飲酒，若爲君嘗之者然。」**執膳爵者，受公爵，酌，反奠之。**宴歡在於飲酒，成其意。【疏】正義曰：敖氏曰：「未當公飲之節，故奠之。此不言所奠之處，則亦在薦南與？士既終旅，則君自舉之。」盛氏云：「公既卒爵，不以降奠于篚，而復實之者，欲公重舉此觶也。不與散爵並行，而反奠于君所者，象觶非臣所飲也。」方氏苞曰：「此爵公終不舉而奠之，何也？奠之而公不舉，以示飲有秩節而無醉飽之心也。」**受賜爵者興，授執散爵。執散爵者乃酌行之。**予其所勸者。【疏】正義曰：敖氏曰：「《大射》云：『授執散爵者。』此脱一『者』字。」案：戴校《集釋》補「者」字。○敖氏曰：「必興授者，以鄉者亦興受也。」非賜爵者，受授則皆坐。酌者酌散也。行之，謂每授之於席也。受賜爵者若賓也，則此觶先以之諸公若卿；受賜爵者若諸公若卿若大夫也，則此觶先以之賓，餘皆以次行之。惟己飲賜爵者，則不復授之。」褚氏寅亮曰：「此禮無算爵，止一爵序酬，無兩爵錯酬之儀。」吴氏廷華曰：「興授爵者，尊君賜也。」**唯受爵于公者拜。卒受爵者興，以酬士于西階上。士升，大夫不拜乃飲，實爵。**乃，猶而也。【疏】正義曰：李氏如圭曰：「卒受爵者自酌酬士，不使執爵者，不以己尊孤人也。前爲士舉旅時，大夫猶拜，至此不拜，禮又殺。」《義疏》曰：「公所賜諸節亦借卿席以明之。卒受者，經未詳其人，據下言大夫，故以爲大夫之節。」敖氏曰：「大夫自實爵，旅酬之禮也。於是執爵者降，以酬者自酌，且己亦與旅也。」張氏曰：「此實爵，當是大夫自酌與之，不使人代。」**士不拜受爵，大夫就席，士旅酌亦如之。**【疏】正義曰：敖氏曰：「如其不拜而飲、不拜而受及自酌也。」張氏爾岐曰：「亦旅于階上而不拜也。」**公有命徹冪，則卿、大夫皆降西階下，北面東上，再拜稽首。公命小臣辭，公荅再拜，大夫皆辟。**命徹冪者，公意殷勤，必盡酒也。小臣辭，不升成拜，明雖醉，正臣禮也。不言賓，賓彌臣也。君荅拜於上，示不虛受也。【疏】正義曰：敖氏曰：「冪，兩甒之冪也。命徹冪者，命執冪者遂徹之也。徹之者，示與臣下同此酒，不自異也。在堂者皆降，拜謝君意也。士不拜，賤，不敢與君爲禮也。云『有命』，又云『則』，見其然否不定也。徹冪之節，其在大夫就席之時乎？辭者，辭之使升拜，辭之而不敢從命。小臣以復于公，公乃荅拜。卒拜于下，而不升成拜，臣之正禮也。必辭之者，以賓在其中也。賓與羣臣皆卒拜于下，禮宜然也。於此云『辟』者，嫌旅拜則不必辟也。不言賓及諸公，文省。凡小臣辭，皆公命之。經特於始末兩著之，以見其餘也。」褚氏寅亮曰：「徹冪在大夫旅畢、士初行旅之時。」韋氏協夢云：「則者，承上之辭，見公有命徹冪，卿、大夫即降拜也。敖氏謂見其然否不定之辭，似未然。」方氏苞曰：「君命徹冪，使羣臣盡膳尊，而卿、大夫降拜反坐，不復行爵，士終旅，是至此士亦酌膳以相酬也。蓋賓與卿、大夫各受特賜之膳爵，脱屨升堂，又酌膳坐行以徧，故不敢專君之惠，而均諸羣士，貴臣推賢讓能，不敢賴寵之義也。燕之初，卿、大夫獻酬皆以散，至末而羣士皆飲膳，示君之馭臣，名分則親貴不敢假，恩義則踈賤不敢遺。惟嚴於始乃可以厚終也。禮之起教於微渺，類如此。」注云「命徹冪者，公意殷勤，必盡酒也」者，李氏如圭曰：「鄉飲酒賓至，則徹冪者，酒，賓主共之。君專大惠，其尊恐塵加之，故有命乃徹之。」云「小臣辭，不升成拜，明雖醉，正臣禮也」者，方氏苞曰：「公不命升成拜，何也？此禮終而總拜君之賜也。異國之賓，明日拜賜；君不復見，而聽其稽首于門外。故本國之臣聽其稽首于階下，而不復命之升成拜。蓋以朝夕君所之人而拜賜于明日，是自同於國客也，故必變其節而後各明其義焉。」云「不言賓，賓彌臣也」者，以經但言卿、大夫，不言賓，是賓彌自卑，同於臣也。云「君荅拜於上，示不虛受也」者，《燕義》云：「禮無不荅，言上之不虛取於下也。」是也。**遂升，反坐。士終旅于上，如初。**卿、大夫降而爵止，於其反席卒之。【疏】正義曰：張氏爾岐曰：「士方酬旅，以卿、大夫降而遂止。及其拜訖反席，士復終旅于西階上。」褚氏寅亮曰：「上已言『士旅酬亦如之』矣。復言此者，見士旅時有公命徹冪，卿大夫降拜、士暫止爵之事，故俟其反坐而終旅也。」朱子曰：「案：此士方旅酬而大夫降，則爵止不行。公辭而大夫復升，士乃終旅於上也。」**無算樂。**升、歌、間、合無數也，取歡而已，其樂章亦然。【疏】正義曰：注云「其樂章亦然」者，明所用者不但鄉樂已也。

右燕末無算爵無算樂

宵，則庶子執燭于阼階上，司宫執燭于西階上，甸人執大燭于庭，閽人爲大燭于門外。宵，夜也。燭，燋也。甸人，掌共薪蒸者。庭大燭，爲位廣也。閽人，門人也。爲，作也。作大燭以俟賓客出。【疏】正義曰：《校勘記》曰：「『閽人爲大燭于門外』，唐石經無『大』字。案：《大射》亦無『大』字。」注云「宵，夜也」者，歐陽氏修曰：「《燕禮》有宵則設燭之禮，是古雖以禮飲酒，有至夜者，所以申燕私之恩、盡殷勤之意。」盛氏曰：「燕禮行於朝退之後，而賓主獻酢之節又繁，不繼以火則不能盡歡，故《詩》與《禮》皆有夜飲之事。若飲於臣家，則不可。《春秋傳》載齊敬仲飲桓公酒，而曰『臣卜其晝，未卜其夜』，是也。」云「燭，燋也」者，《少儀》云：主人執燭抱燋。鄭注：「未爇曰燋。」但在地曰燎，執之云燭。《詩》「庭燎之光」傳云：「庭燎，大燭也。」箋云：「於庭設大燭。」《周禮·司烜氏》云：「凡邦之大事，共墳燭庭燎。」故書「墳」爲「蕡」。鄭司農曰：「蕡燭，麻燭也。」賈疏云：「古者未有麻燭。庭燎所作，依慕容所爲，以葦爲中心，以布纏之，飴蜜灌之，若今蠟燭。」陳氏奐《毛詩傳疏》曰：「賈説非也。《巷伯》傳：『使執燭，放乎旦而蒸盡。』❶是薪蒸與麻蒸皆爲燭。庭燎爲大燭，亦猶是爾。」吴氏廷華曰：「注以燭爲燋。疏引《少儀》『抱燋』注謂『未爇曰燋』，是燋特燭之未爇者耳。此云『執燭』，則已爇矣。據《司烜》疏，謂人所執者，用荆燋爲之。案：《周禮·菙人》注引《喪禮》『楚焞』證之，以楚焞即契所用灼龜，燋謂炬其存火。則燋是已灼之炬。此注以燭爲燋，亦指已爇者，與《少儀》未爇之説不符。據《曲禮》注云：古未有燭，以大炬照夜。此疏亦謂古無麻燭而用荆燋。則燋當如菙氏燋契，蓋樵薪之樵即木耳。彼疏謂鄭音爲爵，取《莊子》『爝火』之義瑩瑩然也。荆燋爲可然之木，未爇則爲木，其名曰燋，已爇則爲燭。此注以燭爲燋，蓋推其未爇者言之。要知燭與大燭皆是荆燋之已爇者，但大小有别耳。至大燭、庭燎之分，據此經『大燭在庭』，則門内亦曰大燭，不必曰庭燎矣。余謂諸經多言執燭，不聞有執庭燎者，大約燭可執，燎不可執。《司烜》『墳燭』，可執之燭也；『庭燎』，不可執之燭也。在庭故稱庭，《詩》及《司烜》『庭燎』是也。若在門則亦稱門，《閽人》『門燎』是也。則《司烜》注門内、門外之

---

❶「蒸」，原作「薪」，今據《詩毛氏傳疏》改。

説固不足憑。毛、鄭《詩》説亦有未盡也。」《釋官》曰：「先鄭注《周禮》云：『庶子，宿衛之官。』《周禮・宮正職》云：『國有故，則令宿。』後鄭注引《文王世子》曰：『公若有出疆之政，庶子以公族之無事者守於公宫，正室守太廟，諸父守貴宫貴室，諸子諸孫守下宫下室。』是諸侯之庶子掌宿衛，與宮正同。此經云『執燭于阼階上』，《周禮・諸子職》無『執燭』之文。《宮正職》曰：『宮中、廟中則執燭。』然則諸侯兼官庶子，又兼《周禮》宮正之職與？」云「甸人，掌共薪蒸」者，《釋官》曰：「《左傳》云：『甸設庭燎。』是執燭于庭其職也。《周禮》：甸師掌帥其徒，以薪蒸役外内饔之事。《國語》：『甸人積薪。』韋注：『甸人，掌薪蒸之官。』與注合。」云「閽人，門人也」者，《釋官》曰：「《周禮・閽人職》曰：『大祭祀喪紀之事，設門燎。凡賓客亦如之。』閽人所掌同。鄭注《周禮》云：『閽人，司昏晨以啟閉者，刑人、墨者使守門。』《春秋》：『閽弒吴子餘祭。』《公羊》以爲近刑人。《左傳》：鬻拳自刖，楚人以爲大閽。是諸侯閽人亦使刑人爲之也。」**賓醉，北面坐，取其薦脯以降。**取脯，重得君賜。【疏】正義曰：郝氏曰：「賓醉，燕以醉爲節。衆出，以賓爲節也。取薦脯，榮君惠也。」盛氏曰：「《詩》云：『厭厭夜飲，不醉無歸。』又曰：『醉而不出，是謂伐德。』故賓出必以醉爲節也。」**奏《陔》。**《陔》，《陔夏》，樂章也。賓出奏《陔夏》，以爲行節也。凡《夏》，以鍾鼓奏之。**賓所執脯，以賜鍾人于門内霤，遂出。**必賜鐘人，鐘人掌以鐘鼓奏《九夏》。今奏《陔》以節己，用賜脯以報之，明雖醉不忘禮。古文「賜」作「錫」。【疏】正義曰：注云「必賜鐘人，鐘人掌以鐘鼓奏《九夏》」者，《釋官》曰：「《周禮》：『鐘師掌金奏，凡樂事以鐘鼓奏《九夏》。』諸侯鐘人所掌同。」云「今奏《陔》以節己，用賜脯以報之，明雖醉不忘禮」者，敖氏曰：「此非擊鐘以奏《陔》之鐘人，乃其黨之在旅食之位者，先立於此，因過而賜之，以其同事也。」方氏苞曰：「工笙並受獻，不宜獨遺於金奏，故賓以薦脯賜之。《九夏》皆以鐘鼓奏，而所賜惟鐘人，以鎛師掌金奏之鼓，别無鼓人也。賓及門内霤，則奏《陔》者尚未離庭中之位，所受特其黨之立于門内者耳。蓋以爲禮也，非飲食之道也。一人受則與衆同之矣。」又云：「凡薦之實皆不舉，則既徹，府、史、胥、徒皆取分焉，故以賓脯賜鐘人見其凡。」焦氏以恕曰：「賓出奏《陔》，以金聲玉振例之，迨其至門内霤之時，則終擊而親授之。此一説也。或賓出至此，明言賜之，置諸鐘人之旁側，俟其終擊而取之。亦一説也。鐘人設有從者相之，賓過而予之，以賜鐘人，如敖氏所擬。又一説也。賓自命從者，徐以賜鐘人，而已先至于門外。亦又一説也。經不具説耳。」胡氏肇昕曰：「此不過言以薦脯賜掌鐘鼓奏《九夏》者耳，言『鐘人』以概其餘也。不然，奏《九夏》者非獨一鐘人，賓何爲獨用賜脯以報之？敖氏擬議過拘，焦氏尤爲詞費。」「古文『賜』作『錫』」者，胡氏承珙曰：「案：賜，正字；錫，假借字。」**卿、大夫皆出，**隨賓出也。**公不送。**賓禮訖，是臣也。【疏】正義曰：敖氏曰：「公與其臣燕而不送者，以其不爲獻主也。若於異國之臣，雖不爲正賓，君雖不爲獻主，猶送之。」郝氏曰：「賓本臣，始無迎，終亦無送也。」淩氏《釋例》曰：「凡君與臣行禮，皆不送。《燕禮》、《大射儀》：賓出，公不送。《覲禮》侯氏出，經不云送。❶天子尊，故不送也。是臣與君行禮皆不送也。又《士相見禮》：士見于大夫，若嘗爲臣者，賓出，使擯者還其贄于門外。考經文但云還贄于門外，不云送，是主人不送也。士見于大夫，賓退，送再拜，是賓主之禮。此嘗爲臣者不送，則君臣之禮也。又：君賜之食，君若降送

❶「云」，原脱，今據《禮經釋例》補。

之，則不敢顧辭，遂出。大夫則辭退，下，比及門三辭。注：『不敢辭其降，於己太崇，不敢當也。』下，亦降也。疏云：『士卑，不敢辭降。大夫之内，兼三卿、五大夫，臣中尊者，亦得辭降也。』竊謂《燕禮》、《大射》賓入不迎，及庭，公但降一等揖之，然則賓出不送，公亦當降一等揖之。此經之賜食，亦是燕類。經云君降送之，蓋亦降一等與？敖氏曰：『送之亦當至門。』又曰：『大夫起而退則君興，下階則君降，及門則君送。於此三節皆辭之，故曰三辭。』其説皆非也。經云『三辭』，即終辭也。終不敢當君之降，及門，指大夫而言，非君送至門也。君但降而已，不送至門，證以《燕禮》、《大射》，則禮之通例明矣。又《士昏禮》：親迎，賓出，婦從，降自西階，主人不降送。注：『主人不降送，禮不參。』此因壻與女行禮，故女父不送，非君臣之禮也。」

右燕畢賓出

公與客燕，謂四方之使者。【疏】正義曰：賈疏云：「此下論與異國臣將燕，使卿、大夫就館戒客之辭事，但燕異國卿、大夫與臣子同。唯戒賓爲異，故於禮末特見之也。」**曰：「寡君有不腆之酒，以請吾子之與寡君須臾焉，使某也以請。」**君使人戒客辭也。禮，使人各以其爵。寡，鮮也。猶言少德，謙也。腆，善也。上介出請入告。古文「腆」皆作「殄」。今文皆曰「不腆酒」，無「之」。【疏】正義曰：注云「禮，使人各以其爵」者，《公食大夫》云：使大夫戒，各以其爵。是也。云「上介出請入告」者，亦約《公食大夫》之文。云「腆，善也」，又云「古文『腆』皆作『殄』」。今文皆曰『不腆酒』，無『之』」者，胡氏承珙曰：「腆，正字；殄，古文假借字。《詩·新臺》：『籧篨不殄。』箋云：『殄，當作腆。腆，善也。』與此訓同。《毛詩》古文假殄爲腆，與

《禮經》古文亦同。」胡氏肇昕曰：「此鄭參合古今文而酌用之也。古文作『殄』，假借字，故從今文作『腆』。今文無『之』，文不備，故從古文有『之』。」對曰：「寡君，君之私也，君無所辱賜于使臣，臣敢辭。」上介出荅主國使者辭也。私，謂獨受恩厚也。君無所爲辱，賜於使臣，謙不敢當也。敢者，怖懼用勢決之辭。【疏】正義曰：《校勘記》曰：「注『謂獨受恩厚也』，『受』，徐本作『有』，《集釋》、《通解》俱作『受』。『謙不敢當也』，『敢』，誤作『告』。」云「私，謂獨受恩厚也」者，李氏微之曰：「私之言屬也，謙詞也。《春秋傳》載叔孫穆子之言曰：『邾、滕，人之私也。我，列國也。何故視之？』茅夷鴻告吴人之言曰：『魯賦八百乘，君之貳也；邾賦六百乘，君之私也。』此可見矣。」敖氏曰：「客自謙，不敢以敵國之使自處，故云然。」云「敢者，怖懼用勢決之辭」者，謂聞命怖懼用勢直決之辭也。褚氏寅亮曰：「或晉使聘于邾、滕，豈有反自稱其君爲私屬之謂？敖氏同誤。」「寡君固曰不腆，使某固以請。」「寡君，君之私也。君無所辱賜于使臣，臣敢固辭。」重傳命。固，如故。【疏】正義曰：張氏爾岐曰：「使者重傳命戒客，客重使上介致辭。」「寡君固曰不腆，使某固以請。」「某固辭，不得命，敢不從？」許之也。於是出見主國使者，辭以見許爲得命。今文無「使某」。【疏】正義曰：張氏爾岐曰：「使者三請，而客許之。」「今文無『使某』」，鄭不從者，無「使某」則文不備，且上兩「請」皆有「使某」也。致命曰：「寡君使某，有不腆之酒，以請吾子之與寡君須臾焉。」親相見，致君命辭也。「君貺寡君多矣，又辱賜于使臣，臣敢拜賜命！」貺，賜也，猶愛也。敢拜賜命，從使者拜君之賜命，猶謙不必辭也。【疏】正義曰：此賓對使者之辭也。敖氏曰：「賓既對，遂再拜稽首，所謂拜賜命也。於是大夫還，賓遂從之。」

右公與客燕

記

燕，朝服，于寢。朝服者，諸侯與其羣臣日視朝之服也。謂冠玄端、緇帶、素韠、白屨也。燕於路寢，相親昵也。今辟雍十月行此燕禮，玄端而衣皮弁服，與《禮》異也。【疏】正義曰：注云「謂冠玄端、緇帶、素韠、白屨也」者，此言朝服，據《士冠禮》之文。敖氏曰：「朝服，兼君臣而言也。玄端、玄冠、素裳、緇帶、素韠、白屨，士之朝服也。大夫冠、衣之屬皆與士同，惟雜帶以玄、黄爲異。若人君，則又朱绿帶也，其餘亦與士同。《玉藻》曰『大帶四寸。雜帶：君朱绿，大夫玄黄，士緇；辟二寸，再繚四寸』，是其異也。」云「燕於路寢，相親昵也」者，燕以娱賓，取其和樂，故饗於廟，而燕則於寢，相親昵之義也。引漢法者，見所服者與經所言或異也。吴氏廷華曰：「據士冠禮素裳、白屨，乃皮弁服之制。朝服並未言白屨也。案：《特牲·記》：朝服，玄冠、緇帶、緇辟。可見朝服韠色原無一定。《玉藻》：諸侯朝服視朝，爲玄冠、緇衣、素裳。鄭主裳屨同色之説，故注此云『白屨』，非也。」**其牲，狗也。**狗，取擇人也，明非其人不與爲禮也。【疏】正義曰：《校勘記》曰：「此節經注，今本並脱。經，唐石經、徐本、《集釋》、楊氏、敖氏俱有；注，徐本、《集釋》、楊氏俱有；《通解》經注皆無。」**亨于門外東方。**亨于門外，臣所掌也。【疏】正義曰：賈疏云：「此與公食皆君禮，故言『于門外』。鄉飲亨于堂東北，不在外者，臣禮，宜主人親供也。」敖氏曰：「門外東方，爨所在也，故於焉亨之。古者寢廟之門外皆有爨，吉則在東，凶則在西。」**若與四方之賓燕，則公迎之于大門内，揖讓，升。**四方之賓，謂來聘者也。自戒至於拜至，皆如《公食》，亦告饌具而後公即席，小臣請執冪，請羞者，乃迎賓也。【疏】正義曰：張氏爾岐曰：「告饌具、請執冪等，❶又《公食》所無。」淩氏《釋例》曰：「凡燕四方之賓客，略如燕其臣之禮。」**賓爲苟敬，席于阼階之西，北面。有脀，不嚌肺，不啐酒。其介爲賓。**苟，且也，假也。主國君饗時，親進醴於賓。今燕，又宜獻焉。人臣不敢褻煩尊者，至此升堂而辭讓，欲以臣禮燕，爲恭敬也。於是席之如獻諸公之位。言苟敬者，賓實主國所宜敬也。脀，折俎也。不嚌、啐，似若尊者然也。介門西北面西上。公降迎上介以爲賓，揖讓，升，如初禮。主人獻賓，獻公，既獻苟敬，乃媵觚，羣臣即位，如燕也。【疏】正義曰：《校勘記》曰：「注『主國君饗時』，『饗』，徐本作『鄉』。《釋文》、《集釋》、《通解》、楊氏俱作『饗』。陸氏曰：『或作鄉，非。』案：疏亦作『鄉』，然以《聘禮·記》『賓爲苟敬』注考之，作『饗』爲是。彼注與此注文異義同。彼言饗食，此專言饗者，《春秋》僖二十五年《左氏傳》曰『晉侯朝王，王饗醴，命之宥』，是饗有進醴之事，與燕同類，故對言之。且饗、食與燕其事相連。若聘後禮賓自爲一事，何容相較乎？且《聘禮》注云『今文饗皆作鄉』，則鄉、饗古通用。此注即作『鄉』，亦當讀爲『饗』，不當讀爲『鼏』也。『今燕又且獻焉』，『且』，徐本、《集釋》、《通解》、楊氏俱作『宜』。」○李氏如圭曰：「饗食在廟，燕在寢，饗重而燕輕。饗既親獻也，故燕以介爲賓，而席賓於諸公之坐。以介爲賓，而後公可以無親獻也。苟敬之席，在公

❶「請」，原作「設」，今據《儀禮鄭注句讀》改。

之左。《春秋傳》：宋公與魯叔孫昭子宴，飲酒樂，宋公使昭子右坐。右坐者，居公之右，改禮坐也。不嚌、啐，如卿之禮。苟者，聊且粗略之意。苟敬，猶曰殺敬也。」敖氏曰：「苟，誠也，實也。苟敬者，國君於外臣所燕者之稱號也。其類亦猶鄉飲酒之介、遵矣。此燕主爲賓而設，賓於是時雖不爲正賓，而實爲主君之所敬，故以賓爲苟敬也。此席當有加席，與食禮者同而東上。公與賓既揖讓、升，公拜至，賓荅拜。公乃揖，賓各就其席。公降。擯者以命命上介爲賓，上介禮辭，許，再拜稽首。公荅拜，上介出。公乃升就席，擯者納賓，皆如羣臣爲賓之禮。必以上介爲賓者，禮，君與臣燕，其爲賓者，不以公卿而以大夫，雖燕異國之臣宜亦如之。賓，卿也。上介，大夫也。此其不以賓爲賓，而以上介爲賓也與？阼階之西，諸公之位也。席苟敬於是，皆有脀，皆尊異之。不嚌、啐者，辟正賓。又下記言：與卿燕則大夫爲賓，與大夫燕亦大夫爲賓。此以介爲賓，固足以明其卿爲聘使之禮。若大夫爲聘使，則燕賓其以主國之大夫爲之與？」盛氏曰：「苟敬之義，敖氏得之，而其解以賓爲苟敬、以介爲賓之故，則非也。蓋燕禮輕於饗，而外臣與己國之臣又有間。若以聘賓爲燕賓，公親獻與？則賓意既有所不安，又非所以申款曲、致殷勤也。❶使宰獻與？則與待己國之臣無異，又非所以尊賓也。於是席之於君側諸公之位，不嚌，不啐，其禮似殺於賓，而折俎之設又有非己國諸公所得同者，則其敬之也，不以文而以實矣。故以是名之與？必以介爲賓者。《聘禮》云：于賓，壹食再饗；介，壹食壹饗。其與賓行禮之時，介每爲賓所厭，而不得以伸我敬焉，故必特爲介設食饗之禮，至燕

❶「又」，原作「且」，今據《儀禮集編》改。

則合之，而以介爲正賓，則其所以待介者亦不薄也。此其斟酌尊卑、豐殺之宜，化裁乎賓主、君臣之道，洵有非聖人不能爲者。蓋禮以義起，而義由内出。《孟子》所謂『庸敬在兄，斯須之敬在鄉人』，亦此意也。豈必卿爲聘使而後以其介爲賓哉？」褚氏寅亮曰：「如敖説，則反主爲客矣。即以聘使爲賓，亦無所嫌，但無苟敬之席耳。苟敬之席，在外臣則聘賓也，在本國則諸公也。二者之外則無矣。若公所與燕者，或卿或大夫，自各從其本位耳。朱子謂所與燕者雖不爲賓，亦當如苟敬。恐未然。倘有諸公，位之於何處邪？不啐酒，則亦不告旨矣。」胡氏肇昕曰：「此經苟敬，人各爲説，訖無定論。鄭注且假之義，郝氏極排之，而戴氏震别自爲説，以爲《説文》『茍，自急敕也。音棘，从羊省』，與苟且字不同。近時説經者，如翁氏方綱、陳氏壽祺、洪氏頤煊等皆從其説。而王尚書《經義述聞》則云：『敖氏、戴氏之説皆非也。下文與卿燕則大夫爲賓，與大夫燕亦大夫爲賓。注曰：不以所與燕者爲賓者，燕爲序歡心，賓主敬也。是主人於賓，惟主恭敬而少歡心。今賓既辭爲賓，而就諸公之位，則歡心多而敬少。既不可專事恭敬，又不可全不恭敬，故謂之苟敬也。《聘禮·記》：燕則上介爲賓，賓爲苟敬。注曰：燕，私樂之禮，崇恩殺敬也。賓不欲主君復舉禮事禮己，於是辭爲賓，君聽之，從諸公之席，命爲苟敬。苟敬者，主人所以小敬也。是苟敬有崇恩殺敬之義，命爲苟敬者，所以别於正賓之全主敬也。若訓爲主君之所誠敬，及自急敕而敬賓，則與正賓之全主敬者無以異矣，非經意也。』」胡氏肇昕曰：「此解推求經注之義，與情事恰合。蓋賓席於諸公之位，其禮已殺，其敬亦殺，與鄉飲酒之遵者相等。飲酒之禮，遵者不嚌肺，不啐酒。此注云『不嚌啐』，似若遵者然也。尊者即遵者，謂此賓似若遵者然也。戴氏以《説文》茍字説之，義雖新而與經不合。敖氏之説亦牽强。至方氏苞謂『苟』當作

『肴』，則益穿鑿矣。張氏爾岐曰：『苟敬者，坐近君側，而簡於禮儀，疑於苟矣，實則敬之，故立以爲名。』是也。」**無膳尊，無膳爵。**降尊以就卑也。【疏】正義曰：注云「降尊以就卑」者，《郊特牲》云：「三獻之介，君專席而酢焉。此降尊以就卑也。」注本於此。李氏如圭曰：「不自尊別於外臣。」敖氏曰：「膳尊，瓦大也。膳爵，象觶也。所燕者非己臣子，故不宜自異，然則尊篚之數皆減矣。」張氏爾岐曰：「欲敬異國之賓，故不自殊異也。」**與卿燕，則大夫爲賓；與大夫燕，亦大夫爲賓。**不以所與燕者爲賓者，燕爲序歡心，賓主敬也。公父文伯飲南宮敬叔酒，以路堵父爲客，此之謂也。君恒以大夫爲賓者，大夫卑，雖尊之，猶遠於君。今文無「則」，下無「燕」。【疏】正義曰：注「君但以大夫爲賓」者，《校勘記》曰：「『但』，徐本、《集釋》、《通解》、楊氏俱作『恒』，與單疏述注合；陳本誤作『但』。」○賈疏云：「此謂與己臣子燕法。」朱子曰：「公所與燕者雖不爲賓，亦當如異國之賓爲苟敬也。」敖氏曰：「云『與卿燕，則大夫爲賓』者，嫌爲賓或當以所燕者也。公與大夫燕亦大夫爲賓者，嫌爲賓者或當降於所燕者一等，如上例也。必以大夫爲賓者，賓位於堂，且與君爲禮，宜用稍尊者也。不以公卿爲之者，以其太尊於主人故也。」盛氏曰：「不以公卿爲賓，自是明嫌之義。敖云『以其太尊於主人』，似曲。賓爲苟敬，唯燕四方聘客則然。若己國之臣，各有位次，阼階西北面之位，非諸公莫敢居也。朱子之説亦未能以爲然。」注引公父文伯者，事見《魯語》。「今文無『則』，下無『燕』」，鄭不從者，以其文不備，故從古文也。吴氏廷華曰：「《聘禮》上介，鄭注以爲大夫，則上介爲賓，即大夫爲賓也。」方氏苞曰：「賈疏云：不以公卿爲賓者，恐逼君。古者五十方爲大夫，累日積久，以至孤、卿年必過耆，七十不與賓客之事，亦量其筋力難勝。如畏逼，❶則聘賓之受饗，本國公卿之禮食，君親與爲賓主之禮，又何以不畏逼乎？」**羞膳者與執冪者皆士也。**尊君也。膳宰卑於士。【疏】正義曰：敖氏曰：「經但云請執冪者與羞膳者耳，而不見其爵，故記明之。」❷注云「尊君也。膳宰卑於士」者，盛氏曰：「士，上士也。諸侯上士二十七人。凡位於西方者皆是膳宰，即《周禮》膳夫也。膳夫，上士，則膳宰非上士明矣。故注云『膳宰卑於士』。」《釋官》曰：「天子膳夫有上士、中士、下士。諸侯之膳宰以中士爲長，亦當有下士爲之佐。小膳宰蓋下士之屬。經不見羞膳者與執冪者之爵，故記特著其爲士。羞膳者即膳宰，以下云『羞卿者，小膳宰』參之，可見羞膳有常職，而執冪者無常職，故經特言命執冪者而不言命羞膳者。下文薦司正、射人及執冪而不及羞膳者，正以其膳宰，故不自薦。又下主人亦膳宰，得薦者以其爲主人異之。」褚氏寅亮曰：「惟薦則公以士，賓以膳宰，以見等差。至設折俎，則同以膳宰矣。此言羞膳者士，而不別言羞賓之人，則亦同君而以士可知。下文云：『凡薦與羞者，小膳宰也。』言『凡』，見自賓而外，卿、大夫同，豈專指大夫以下乎？」

羞卿者，小膳宰也。膳宰之佐也。【疏】正義曰：張氏爾岐曰：「以經不辨其人，故記者指言之。」注云「膳宰之佐也」者，方氏苞曰：「特著小膳宰，明羞膳與賓者皆膳宰正也。」**若以樂納賓，則賓及庭，奏《肆夏》。賓拜酒，主人荅拜而樂闋。公拜受爵而奏《肆夏》，公卒爵，主人升受爵以下而樂闋。**

---

❶「如」，原脱，今據《儀禮析疑》補。

❷「記明」，原倒，今據《儀禮集説》乙正。

《肆夏》，樂章也，今亡。以鍾鎛播之，鼓磬應之，所謂「金奏」也。記曰：「入門而縣興，示易以敬也。」卿、大夫有王事之勞，則奏此樂焉。【疏】正義曰：敖氏曰：「君與臣燕，不以樂納賓，常禮也。其或於此用樂者，在君所欲耳。及庭而奏《肆夏》，尊賓也。未卒爵而樂闋，辟君也。必於此而樂闋者，亦以其爲獻禮一節之終也。公受爵而奏，以其獻禮始於此也。卒爵乃闋，獻禮之終也。此蓋以樂與其禮相爲終始，亦足以見尊君之義矣。」盛氏曰：「以樂納賓，亦謂與四方之賓燕也。賓，即其上介也。聘賓爲苟敬，公迎之于大門內，而不以樂。其介爲賓，則亦擯者納之，及庭，公降一等揖之，而以樂，所以寵異之也。注云『卿、大夫有王事之勞，則奏此樂』，非。蓋卿、大夫有王事之勞，是公所與燕者也，賓則他大夫也，既不以所與燕者爲賓，何取乎納賓之時而奏此樂以尊之乎？《肆夏》，逸詩也。《周禮·大司樂職》云：『尸出入則令奏《肆夏》。』又《鐘師職》：以鐘鼓奏九夏，其二曰《肆夏》。與此名雖同而音節必異。若皆《頌》之族類，必非諸侯所敢用。且彼是迎尸、送尸之樂歌，而王出入於大寢，亦用以爲行節。燕禮納賓，於義何取？鄭即以『金奏』釋此，亦誤。拜酒，謂賓既啐酒而拜告旨之時也。闋，止也，樂終曰闋。必於此時樂闋者，升堂而樂闋，則嫌於兩君相見也；卒爵而樂闋，則嫌於獻公也。故以是爲節與？獻公亦以樂，因賓也。賓於獻時樂未闋，獻公若否，則非尊君之義矣。卒爵乃闋，明此樂爲獻而奏也。」金氏鶚曰：「燕聘賓，及庭而奏《肆夏》；兩君相見，則入大門即奏《肆夏》：此其異也。且樂章亦殊。禮謂燕他國大夫奏《肆夏》，而《左傳》穆叔如晉，金奏《肆夏》之三，不拜，以爲使臣不敢與聞。蓋諸侯燕聘賓唯用《肆夏》一章，而兩君相見，及天子享諸侯，乃得備三章，故《左傳》不言《肆夏》而言三夏也。《外傳》謂金奏《肆夏》、《繁遏》、《渠》。《肆夏》其一，《繁遏》其二，《渠》其三，以《肆夏》統之，故曰《肆夏》之三。猶《文王》、《大明》、《緜》三篇稱《文王》之三，《鹿鳴》、《四牡》、《皇皇者華》稱《鹿鳴》之三也。又樂闋亦有異。記言：「賓拜酒，主人荅拜而樂闋。」是賓未卒爵也。《郊特牲》言：「卒爵而樂闋。」當兼賓主言，蓋諸侯爲賓，其禮宜隆，故樂闋必待卒爵也。」**升歌《鹿鳴》，下管《新宮》，笙入三成。**《新宮》，《小雅》逸篇也。管之入三成，謂三終也。【疏】正義曰：敖氏曰：「歌《鹿鳴》之三也，《大射》云『三終』是也。凡升歌，皆歌三篇，不止一篇而已。歌者降而以管奏《新宮》，亦三終。《大射儀》曰：『大師及少師、上工皆降，立于鼓北，羣工陪于後。乃管《新宮》三終。』足以明之矣。舊説謂管如篴而小，併兩而吹之。三成，謂奏《南陔》、《白華》、《華黍》也。於歌與管，但言篇名，於笙言三成，文互見也。」褚氏寅亮曰：「此見納賓以樂之，異於常燕也。常燕則工歌《鹿鳴》之三，而笙奏《南陔》三詩。此則升歌同，而堂下所奏之詩、所用之器不同，❶故別言之。考《周官》笙師，管、笙等皆其所掌，❷則管奏亦屬笙師，故『笙入』承『下管』之文，❸管指器，笙指職，一也。若謂管《新宮》後而始入，則吹管者何人？三成者何詩？俱不可通。周公時已有《新宮》，其非《斯干》可知。宋公享叔孫昭子，賦《新宮》，其有辭可知。故注云《小雅》逸篇。」吴氏廷華曰：「或謂新宮乃宮之子聲，以之奏《南陔》、《白華》、《華黍》也，將終則和以笙而樂成。」江氏筠曰：「經言升歌者四，而文有不同。此經與《鄉飲酒禮》皆云：『《鹿鳴》、《四牡》、《皇皇者華》。』《大射》云：『乃歌

❶「下」，原脱，今據《儀禮管見》補。
❷「皆」下，原衍「用」字，今據《儀禮管見》删。
❸「承」，原作「取」，今據《儀禮管見》改。

《鹿鳴》三終。』此記云：『升歌《鹿鳴》。』於此無注，於《大射》則謂『歌《鹿鳴》三終，而不歌《四牡》、《皇皇者華》』。敖氏於此云：『歌《鹿鳴》之三也。《大射》云三終，是也。』於《大射》云：『謂歌《鹿鳴之什》三篇，篇各一終，如《春秋傳》所謂「工歌《鹿鳴》之三」是也。《鄉飲酒》之禮歌《鹿鳴》、《四牡》、《皇皇者華》，而其義曰工歌三終，則益可見矣。』案：敖正鄭之失，明矣。然鄭於《大射》與敖説異，其於此記當與敖説同。蓋其所以無注者，以記所用之篇數與經不殊。注已詳於經，則於此不言可知也。知鄭意如此者，鄭謂大射不歌下二篇，略於勞苦與諮事耳。此無射事，本於樂，不略。又鄭謂所燕爲卿、大夫有王事之勞者，而《四牡》、《皇皇者華》一爲勞使臣之詩，一爲遣使臣之詩。鄭論用此二詩之義，於《四牡》云：『采其勤苦王事，念將父母，懷歸傷悲，忠孝之至，以勞賓也。』於《皇皇者華》云：『采其更自勞苦，自以爲不及，欲諮謀于賢知，而以自光明也。』則以用之於賓，較諸經所燕之賓，尤於事情爲切合，有不三詩並用者乎？此記視《大射儀》並少『三終』二字，而鄭猶不得歧經、記而言，而反於彼爲異説，則即鄭之於此足以正彼注之非，又即此記之文足以明彼文之義矣。」　注云「《新宮》，《小雅》逸篇也」者，李氏如圭曰：「宋公享叔孫昭子賦《新宮》，與此所笙奏，或謂即《斯干》之詩。」江氏筠曰：「樂賓有笙、歌、間、合四節；四節之外，別有下管。經言下管者二，❶此記『下管《新宮》』，《大射》『乃管《新宮》三終』是也。此記樂共四節，始升歌，次下管，次笙入，次合樂。疏則管、笙爲一節。云『笙入三成』者，謂笙奏《新宮》三終，申説下管之義也。《大射》升歌，後惟下管一節，而別無『笙

❶ 「經」，原作「輕」，今據《儀禮正義正誤》改。

入』文。注云：笙從工而入，❶吹籥以播《新宫》之樂也。敖氏謂管與《新宫》爲二，於此云：『歌者降而以管奏《新宫》，亦三終。』笙入三成者，奏《南陔》、《白華》、《華黍》也。於《大射》云：文承大師、少師降立之下，明是降者管之。《春官》大師、小師職皆云：『登歌下管。』是也。案：敖説是也。蓋大射乃管《新宫》。上云：大師、少師、上工皆降立于鼓北，羣工陪于後。考《鄉射禮》工之遷樂，在司馬命張侯、命倚旌後，今何以司正猶未立而即行遷樂于下？是明爲管故而降堂早也。其下云：『卒管。大師及少師、上工，皆東坫之東南，西面北上，坐。』考《鄉射禮》工于降時即就阼階之東南，堂前三笴，西面北上坐。今何以先立西縣鼓北，至卒管而後遷于東？是明爲管故而就位遲也。又既管後，經不云獻，注以爲略下樂。通考全經，凡工於就事訖，無不得獻者。此燕與鄉飲升歌獻工，笙奏獻笙。鄉射唯有合樂，笙工並爲，亦俱有獻，惟得獻訖而後就事者，其於事訖之時，則不復重獻，故此燕與鄉飲間合不獻。然則即經之不云獻，而管者之即爲大師益明矣。蓋自來於『下』字，俱以地言。鄭意以此『下管』之『下』，爲『笙入堂下』之『下』。案：《郊特牲》云：『歌者在上，匏竹在下。』匏指笙，竹指管，義非無據。然就此記文案之，於歌言升，於管言下，於笙言入，則所謂下者，明是指人言之，謂下堂而非堂下也。又《仲尼燕居》云『下而管《象》』，益可明矣。」**遂合鄉樂。**鄉樂，《周南》、《召南》六篇。言遂者，不間也。【疏】正義曰：李氏如圭曰：「不間歌。」敖氏曰：「不間者，或以樂已盛於上，故於此殺之與？獻時不奏《肆夏》，則不下管，乃有間。」盛氏曰：「燕樂只四節，謂歌、笙、間、合也。

---

❶ 「工」，原作「上」，今據《續清經解》本改。

此則有管而無間，亦取合四節之數與？」褚氏寅亮曰：「此無間歌，亦異常燕。經云『遂』，明不用間之意。」

若舞，則《勺》。《勺》，《頌》篇，告成《大武》之樂歌也。其詩曰：「於鑠王師，遵養時晦。」又曰：「實維爾公允師。」既合鄉樂，萬舞而奏之，所以美王侯，勸有功也。【疏】正義曰：《校勘記》曰：「注『大武』，『武』，誤作『舞』。」○張氏爾岐曰：「升歌不盡《鹿鳴》以下三篇，而但歌《鹿鳴》。下管不奏《南陔》、《白華》、《華黍》，而管《新宫》。不用間歌，笙入三終，而遂合鄉樂，又或爲之舞，而歌《勺》以爲節，皆與常燕異。初既以樂納之，及作正樂，又有此異節，以其有王事之勞，故特異之也。」盛氏曰：「張説歌管之法與敖異，當以敖爲正。」注云「《勺》，《頌》篇，告成《大武》之樂歌也」者，《周頌·酌》篇序文，鄭以《勺》即《酌》也。云「既合鄉樂，萬舞而奏之」者，賈疏引宣八年《公羊傳》云：「萬者何？干舞也。」謂秉干以奏《勺》詩也。盛氏曰：「《内則》：『十三舞《勺》，成童舞《象》。』注：『先學《勺》，後學《象》，文武之次也。』疏家謂以其年尚幼，故習文武之小舞，然則《勺》蓋文舞之小者，故燕禮得用之。朱子《詩集傳》云：『萬者，舞之總名。武用干戚，文用羽籥。』是舞《勺》當用羽籥。疏引《公羊傳》以爲干舞，蓋非。先儒以《象》爲《維清》，《勺》爲《酌》，皆《周頌》之篇，而舞時歌以爲節。今亦相承解之，然未見其必然也。」❶

惟公與賓有俎。主於燕，其餘可以無俎。【疏】正義曰：《校勘記》曰：「『惟』，徐本作『唯』，單疏、《通解》俱作『惟』。案：諸本『惟』、『唯』錯出，不悉校。」注云「主於燕，其餘可以無俎」者，李氏如圭曰：「《大射》公、卿皆有俎。」敖氏曰：「經文已明，記復言之者，嫌所與燕

❶「未」下，《儀禮集編》有「有以」二字。

者或當有俎，如異國之賓然也。」**獻公曰：「臣敢奏爵以聽命。」**授公釋此辭，不敢必受之。【疏】正義曰：敖氏曰：「奏，進也。命，謂君受與否之命。」　注云「授公釋此辭，不敢必受之」者，賈疏云：「謂主人獻公，賓媵觶于公，雖非獻，亦釋此辭也。」盛氏曰：「主人親授公爵，故釋此辭。二大夫及賓媵觶，皆奠于薦南，示不敢必君舉之意，無庸釋此辭也。疏誤。」**凡公所辭，皆栗階。**栗，蹙也。謂越等，急趨君命也。

【疏】正義曰：敖氏曰：「辭之而升，其禮則然。越等而上曰栗階，下曰躇階。栗與歷聲相近。」郝氏曰：「凡公所辭，辭拜下也。栗階，猶歷階。凡升階，兩足並一級更進曰拾，一足一級曰歷。」張氏爾岐曰：「辭者，辭其拜下，命之升也。」**凡栗階不過二等。**其始升，猶聚足連步；越二等，左右足各一發而升堂。【疏】正義曰：賈疏云：「凡堂及階，尊者高而多，卑者庳而少。案：《禮器》云：『天子之堂九尺，諸侯七尺，大夫五尺，士三尺。』《士冠禮》『降三等，受爵弁』鄭注云：『降三等，下至地。』則士三等階。以此推之，則一尺爲一階，大夫五尺五等階、諸侯七尺七等階、天子九尺九等階可知。今云『凡栗階不過二等』，言『凡』，則天子九等已下至士三等皆有栗階之法。栗階不過二等，據上等而言，故鄭云『其始升猶聚足連步』也。故《曲禮》云：『涉級聚足，連步以上。』鄭注云：『涉等聚足，謂前足躡一等，後足從之併。連步，謂足相隨，不相過也。』此即聚足，一也。❶ 天子以下皆留上等爲栗階，左右足各一發而升堂。其下無問多少，皆連步。《雜記》云：『主人之升降散等。』鄭注云：散等，栗階。則栗階亦名散等。凡升階之法有四等：連步，一也。栗階，二也。

❶ 「一」，原脱，今據《儀禮注疏》補。

歷階，三也。歷階，謂從下至上，皆越等，無連步。若《禮記·檀弓》云『杜蕢入寢，❶歷階而升』是也。越階，四也。越階，謂左右足越三等。若《公羊傳》云：趙盾辟靈公，躇階而走。是也。」敖氏曰：「凡，凡公所辭者也。不過二等，明雖急趨君命，猶有節也。二等，階之上二等也。以諸侯七等之階言之，則至五等，左右足乃各一發，盡階則復聚足，然後升堂。」淩氏《釋例》曰：「凡升階皆連步，唯公所辭則栗階。考連步是升階常法，猶之平敵相拜也。栗階于君辭則然，猶之再拜稽首也。見諸《禮經》，惟此二節。平敵升階，經不云連步者，猶之平敵相拜不云頓首也。若疏所云『歷階』、『越階』，皆《禮經》所無。敖氏曰：『越等而上曰栗階，下曰躇階。』栗與歷聲相近。竊謂歷階當即是栗階，疏不必强生分别。若趙盾躇階，疑非行禮常法。敖氏乃以下階當之，似未可從。蓋《禮經》降階，無君辭之事也。又《雜記》：『祭，主人之升降散等，執事者亦散等，雖虞附亦然。』鄭注：『散等，栗階。』此言練祥及虞附之祭。考《士虞禮》，升降本不散等，以有兄弟之戚，故鄭云『略威儀』也。以栗階爲略，與《燕禮》不同。」《經義聞斯録》曰：「案：注意，將至堂二等乃栗階。其下如天子堂九尺，階九等，則七等以下仍連步。諸侯堂七尺，階七等，則五等以下仍連步。故云『左右足各一發而升堂』也。考古人升堂止二法。《曲禮》：『拾級聚足，連步以上。』注云：『涉等聚足，謂前足躡一等，後足從之併。連步，謂足相隨不相過也。』此尋常之法。若急趨君命，則栗階。栗，猶歷也。左足升一等，則右足升二等；左足升三等，則右足升四等。足不相併，閲歷而上，故曰栗階。但不得超越而過，故曰『不過二等』

❶「記」，原脱，今據《儀禮注疏》補。

也。疏謂升降有四種，非也。」**凡公所酬，既拜，請旅侍臣。**既拜，謂自酌升拜時也。擯者阼階下告於公，還西階下告公許。旅，行也。請行酒於羣臣。必請者，不專惠也。【疏】正義曰：敖氏曰：「凡，凡四舉旅之禮。請，請於擯者。侍臣，侍飲之臣也。其禮見《大射儀》。」注云「既拜，謂自酌升拜時也」者，張氏爾岐曰：「賓受公虛爵，自酌，升，拜，公荅拜。於是時請之。」「擯者」已下，約《大射》之文。**凡薦與羞者，小膳宰也。**謂於卿、大夫以下也。上特言「羞卿者，小膳宰」，欲絶於賓。羞賓者亦士。【疏】正義曰：《校勘記》曰：「『凡薦與羞者』，《通解》無『與』字。注『小膳宰』，『宰』下，徐本、《集釋》、《通解》俱有『者』字。」案：有『者』字與疏引注合。」注云「謂於卿、大夫以下也。上特言『羞卿者，小膳宰』，欲絶於賓。羞賓者亦士」者，敖氏曰：「謂於大夫以下者也。上言『羞卿者，小膳宰』者，釋經文也。此無所釋，故并薦言之，文法宜然也。然則經言羞膳、羞卿之類，亦并薦言之明矣。」盛氏曰：「經云『羞庶羞』，不言其人，故記著之。凡，凡公、賓、卿、大夫也。士以下無羞。薦，進也。與，猶以也。或曰：衍文。羞，庶羞也。謂以庶羞進者，皆小膳宰也。獻禮重，故薦脯醢者異之。脱屨升坐以後，禮益殺，故薦庶羞者同之。觀此則經記中所謂羞膳、羞卿者，皆專指薦脯醢言之明矣。經於賓云『膳宰薦脯醢』，於公云『士薦脯醢』。記亦云：羞膳者，士。士尊於膳宰也。於卿之薦，經不言其人，而記著之曰：『羞卿者，小膳宰也。』小膳宰卑於膳宰也。經於主人云『胥薦』。胥又卑於小膳宰也。於大夫以下皆不言薦之之人，記亦不著之者，以胥是最卑，主人既用胥，則薦在主人之後者可知也。薦脯醢者尊卑之差如此。」《釋官》曰：「上言：『羞卿者，小膳宰。』所以別于賓，見羞賓與君者皆膳宰也。此復言『凡薦與羞者，小膳宰』，又推而廣之，見大夫以下與卿同也。」**有內羞。**謂羞豆之實，酏食、糝食；羞籩之實，糗餌、粉餈。【疏】正義曰：敖氏曰：「内羞，即房中之羞也。祭禮尊者之庶羞、内羞，同時進之。」注云「羞豆之實，酏食、糝食」者，《周官·醢人》文；「羞籩之實，糗餌，粉餈」者，《籩人》文。敖氏曰：「注以《周官·醢人》、《籩人職》所言羞豆、羞籩之實爲此内羞，禮恐或然，但未必其皆用之也。」郝氏曰：「内羞，自中饋女工出者；外庖所煎和曰庶羞。」盛氏曰：「《周禮·籩人》、《醢人》皆以奄及女奴爲之，此郝説之所本也。」**君與射，則爲下射，袒朱襦，樂作而后就物。**君尊。【疏】正義曰：敖氏曰：「言與射，則君於燕射，或時不與矣。」**小臣以巾授矢，稍屬。**君尊，不搢矢。【疏】正義曰：敖氏曰：「稍屬者，稍與發矢時相連屬也。」❶每於將發之節，則授之。」郝氏曰：「稍屬，四矢稍稍連屬不絶，以授君也。」張氏爾岐曰：「稍屬者，發一矢，復授一矢也。」盛氏曰：「稍，猶漸也。屬，猶付也。稍屬，謂以四矢稍稍付公，不并授也。」張説得之，蓋以下記及《大射儀》考之，公既發一矢，必使人執弓以俟其耦，耦亦一發，而后公再發，則以爲接續而授者，誤矣。**不以樂志，**辟不敏也。【疏】正義曰：敖氏曰：「古文志、識通。」不以樂志者，言其每發不以樂之節爲識，而必欲應之也。此亦優君也。」盛氏曰：「不以樂志者，謂雖不與鼓節相應，亦得釋算也。凡射者不鼓不釋，而君獨否，所以優之也。」**既發，則小臣受弓，以授弓人。**俟復發也。【疏】正義曰：敖氏曰：「受弓以授弓人，蓋卒射之事也。記於既發言之未詳，其或有不使大射正，燕射輕。」郝氏曰：「凡射，俟同耦揖降，發畢弓猶在手。惟君既發，小臣即受弓以授弓人，不俟同耦也。」盛脱文與？」郝氏曰：

❶「屬」，原作「續」，今據《儀禮集説》改。

氏曰：「《大射儀》云：『公既發，大射正受弓而俟，拾發以將乘矢。』此以弓人代大射正之役，故注云『燕射輕』也。必由小臣授之者，弓人疎且賤，不敢親受之於君也。然則其授弓也，亦小臣受之於弓人以授公與？❶每發必使人執弓而俟，亦君禮之異者也。敖疑此有脱文，非。既發，發一矢也。郝以爲發畢，亦非。」《釋官》曰：「弓人，注疏未詳其職。以《周禮》繕人考之，❷疑即其官。《繕人職》云：『掌王之用弓弩、矢箙、矰弋、抉拾，掌詔王射，贊王弓矢之事。』注：『贊，授之受之。』疏：『案：《大僕職》已授之、受之，此又焉者，❸大僕尊，大僕贊時此官助贊也。』諸侯以小臣當大僕之官，此云『既發』，則小臣受弓以授弓人。故知弓人即《周禮》繕人。《考工記》有弓人爲弓，不預射事，與此别也。」**上射退于物一笴，既發，則荅君而俟。**荅，對。

【疏】正義曰：《校勘記》曰：「注『荅對』，徐本、《集釋》俱有此注，《通解》無，各本並脱。」注云「荅，對」者，張氏爾岐曰：「面鄉君也。」**若飲君，燕則夾爵。**謂君在不勝之黨，賓飲之如燕媵觚，則又夾爵也。

【疏】正義曰：賈疏云：「夾爵者，將飲君，先自飲，及君飲訖，又自飲爲夾爵。」胡氏肇昕曰：「《鄉射·記》云：『若飲君如燕，則夾爵。』據注云『賓飲之如燕媵觚』，則經文『燕』上當亦有『如』字。」**君在，大夫射，則肉袒。**不纏襦，厭於君。

【疏】正義曰：《鄉射》大夫與士射則袒纏襦，此對君則肉袒，故云「厭於君」。**若與四方**

❶「公」，原作「弓」，今據《儀禮集編》改。
❷「繕」，原作「膳」，今據《續清經解》本改。
❸「焉」，當據《儀禮注疏》作「爲」。

之賓燕，媵爵曰：「臣受賜矣，臣請贊執爵者。」受賜，謂公鄉者酬之，至燕，主人事賓之禮殺。賓降洗，升媵觶於公，荅恩惠也。【疏】正義曰：注「謂公卿者酌之」，《校勘記》曰：「『卿』，諸本俱作『鄉』，唯嚴、鍾、楊氏與此同。『酌』，徐本、《集釋》、《通解》、楊、敖俱作『酬』。案：此本雖作『卿』，而仍載『許亮反』之音，明係『鄉』字，偶失校耳。」○敖氏曰：「賓，謂介爲賓者也。執爵，似指歸之媵觶者而言。贊，猶佐也。」盛氏曰：「賓媵觶于公之時，則釋此辭也。」吴氏廷華曰：「不敢斥言媵觶于公，故謂贊執爵者，蓋若執爵者媵公而賓贊之耳。」　注云「至燕，主人事賓之禮殺」者，張氏爾岐曰：「賓媵爵，在坐燕之後，故云『事賓之禮殺』也。」**相者對曰：「吾子無自辱焉。」**辭之也。對，荅也。亦告公以公命荅之也。【疏】正義曰：敖氏曰：「此下當有賓再請而相者許之辭，記不備見之也。」**有房中之樂。**弦歌《周南》、《召南》之詩，而不用鐘磬之節也。謂之房中者，后夫人之所諷誦，以事其君子。【疏】正義曰：注「弦歌」，《校勘記》曰：「『絃』，徐本作『弦』，與單疏標目合。」○陳氏暘曰：「《周禮·磬師》：『教縵樂、燕樂之鐘磬。』《詩》云：『窈窕淑女，鐘鼓樂之。』然則房中之樂非無鐘磬也。毛萇、侯苞、孫毓皆云有鐘磬，是已。鄭康成、王肅謂弦歌《周南》、《召南》而不用鐘磬。蕭統云：婦人尚柔，以静爲體，不宜用鐘。是不深考《關雎》、《磬師》之過也。賈公彦亦謂以祭祀，❶則有鐘磬；以燕，則無鐘磬。是以文先儒之過，又從而爲之辭也。唐禮書：房中之樂不用鐘鎛，以十二大磬代之。是不知一音不備不足以爲樂也。」敖氏云：「奏之于房，故云『房中之樂』，蓋别於堂上、堂下

❶「謂」下，《樂書》有「房中之樂」四字。

之樂也。」郝氏曰：「房中之樂，所謂縵樂也。無鐘鼓而有管弦，奏之房中。《詩》云：『左執簧，右招我由房。』《周禮·春官》：『旄人掌散樂，賓客以舞其燕樂。』即房中之樂也。又曰：席中之樂繫之末簡。其非盡雅樂可知。鄭必以二南當之，亦非也。」張氏爾岐曰：「疏云：承上文『與四方之賓燕』乃有之。愚謂常燕有無算樂，恐亦未必不有也。」盛氏曰：「鄭氏樵云：『古之達禮三：一曰燕，二曰享，三曰祀。所謂吉、凶、軍、賓、嘉，皆主此三者以成禮。古之達樂三：一曰《風》，二曰《雅》，三曰《頌》。所謂金、石、絲、竹、匏、土、革、木，皆主此三者以成樂。禮樂相須以爲用：禮非樂不行，樂非禮不舉。』然則作樂以行禮，舍《風》、《雅》、《頌》莫由也。《頌》爲郊廟祭祀之樂歌，《大雅》之體亦肅穆宏達，諸侯以下用者鮮焉。其上下通用者，不過《小雅·鹿鳴》、《南陔》以下十二詩及二南耳。《詩》云：『以雅以南，以籥不僭。』非是則不免於僭也。《湛露》、《彤弓》亦屬《小雅》，而諸侯歌以燕客，猶取議焉，矧其他乎？《燕禮》升歌、笙間以《小雅》，合以《二南》。若以樂納賓，升歌、管笙以《小雅》，亦合以《二南》。以是差之，則房中之樂其爲《二南》無疑也。程子曰：『《二南》之詩爲教于衽席之上、閨門之内，上下貴賤之所同也，故用之鄉人，用之邦國，而謂之正風。』朱子亦謂：『周公制禮作樂，采文王之世，風化所及，民俗之詩，被之筦弦，以爲房中之樂，而又推之以及于鄉黨、邦國，所以著明先王風俗之盛，而使天下後世之修身、齊家、治國、平天下者，皆得以取法焉。』其旨蓋深遠矣。郝氏乃謂其非盡雅樂，是以後世之黄帳外樂疑聖人也，何其陋哉？至其用鐘磬與否，則先儒之説各有異同。今又後之數千載，音樂久失傳，將何以定其孰非而孰是？然以義推之，則康成、王肅之論亦未可盡非也。蓋古者樂縣之制必視其人以爲之等，是故天子諸侯鐘、磬、鎛俱有，大夫以下無鎛，諸侯之士又無鐘。其卿、大夫之有金石，必待有功而後賜之，誠以樂主乎散，而地道尚静故也。后、夫人之德，尤以幽閒貞静爲主，其於金石之樂，似非所宜，一也。樂之設也，各有其地。歌者在上，匏竹在下，琴瑟在堂，鐘鼓在庭，皆一定之，謂毋相亂也。此樂奏之于房，房非設縣之所，二也。《梁書》曰：『周備六代之樂，至秦餘《韶》、《房中》而已。』《漢書》亦云：『《房中祠樂》，高祖唐山夫人所作也。周有《房中樂》，至秦名曰《壽人》。孝惠二年，使樂府令夏侯寬備其簫管，更名曰《安世樂》。』然則漢之《安世》，即《房中》之遺響也。史臣但云『備其簫管』而不及其他，此亦無鐘磬之一證矣。或謂《安世房中歌》有云：『高張四縣，樂充宫廷。』何以知其無鐘磬邪？曰：《安世樂》蓋用之於禱祠。此特序其祭祀之時張此樂縣耳，非謂歌此詩者必奏此樂也。且其言曰『樂充宫庭』，則又可見其宫縣之在庭，而不在房矣。然則《周禮》所謂燕樂，鄭即以房中之樂釋之，何邪？曰：燕樂有鐘磬、有舞，教於磬師，掌於旄人，皆謂在庭之樂，非房中也。特是祭祀賓客之時，房中之弦歌既作，則在庭之樂皆應之，而舞者亦取節於是焉，猶合鄉樂之意也。以其因燕而作，故皆謂之燕樂。燕之爲樂也，既有在庭之樂，又有房中之樂；其羞也，既有庭羞，而又有内羞。此可以見君之厚其臣者，蓋有加而無已矣。内羞與房中之樂皆不見於經，而記著之，以其爲禮樂之小者也。且云『有』者，見其出於君之加厚，非常典也。《關雎》之卒章曰『鐘鼓樂之』者，詩人以既得淑女，而狀其懽欣和悦之意耳。先儒以朝廷贄見之際釋之，是已。若援以爲房中之樂之證，則出於傅會，而陳氏取之，過矣。唐人采蕭統之説，去鐘而用磬，亦一偏之見也。」

儀禮正義卷十三　鄭氏注

受業江寧楊大堉補

大射儀第七

鄭《目録》云：「名曰大射者，諸侯將有祭祀之事，與其羣臣射以觀其禮。數中者得與於祭，不數中者不得與於祭。大射儀於五禮屬嘉禮。大戴此第十三，小戴及《别録》皆第七。」【疏】正義曰：「大射儀第七」，《校勘記》曰：「陳、閩、監、葛俱無『儀』字，與單疏合。《釋文》、唐石經、徐本俱有『儀』字。《目録》『以觀其禮』，戴校《集釋》本『以觀其德者也』，云：『案：今注疏本脱「也」字，據宋本補。』」案：《校勘記》不言諸本有異，未知戴校何據。　云「名曰大射者，諸侯將有祭祀之事，與其羣臣射以觀其禮。數中者得與於祭，不數中者不得與於祭」者，此《射義》文，鄭本之以爲説也。孔氏穎達《禮記正義》曰：「凡天子、諸侯及卿、大夫禮射有三：一爲大射，是將祭擇士之射。二爲賓射，諸侯來朝，天子與之射；或諸侯相朝，與之射。三爲燕射，謂息燕而與之射。天子、諸侯、大夫三射皆具，士無大射。其賓射、燕射皆有之。」此三射之外，有鄉射、有主皮之射。凡主皮之射有二：一是卿從君田獵，班餘獲而射，《書傳》云「凡祭取餘獲陳于澤，然後卿、大夫相與射也」，鄭注《鄉射》云「主皮者無侯，張獸皮而射之，主於獲也」。二是庶人主皮之射，鄭注《周禮》云「庶人無侯，張獸皮而射之」是也。又有習武之射。《司弓矢》云：「弧弓以授射甲革、椹質者。」是也。敖氏曰：「此諸侯與其羣臣飲酒而習射之禮也。言大射者，别於賓射、燕射也。」盛氏世佐曰：「《射義》云：『諸侯之射也，必先行燕禮。』又云：『諸侯君臣盡志於射，以習禮樂。』此篇所陳是也。蓋古者天子以射選諸侯、卿、大夫、士，即有虞氏『侯以明之』之遺法。貢士之取舍、諸侯之黜陟皆繫焉，故諸侯與其臣相與盡志於此，以求安譽而免流亡也。將祭而擇士，習之於澤，試之於射宫，唯天子之制則然。篇内無擇士之意，鄭乃引《射義》所言天子之制釋之，誤矣。亦曰大射者，别於鄉射也。鄉大夫與其民習射於鄉學，謂之鄉射；諸侯與其臣習射於大學，謂之大射。其與賓射、燕射異者，彼是因賓燕而射，射否惟欲，主於序歡情也；此則射而燕，主於習禮樂也。」胡氏肇昕曰：「盛氏之説分晰明確。考大射之禮，《周禮・司裘職》云『王大射則共虎侯、熊侯、豹侯，設其鵠。諸侯則共熊侯、豹侯，卿、大夫則共麋侯，皆設其鵠』，是諸侯、卿、大夫皆有大射也。此篇所言皆諸侯之禮。諸侯將有祭祀之事，與其羣臣習射，此特大射之一事耳。」褚氏寅亮曰：「聖王之重射義有二：選諸侯也，擇士也。《禮記・射義》曰：『射者，❶射爲諸侯也。射中則得爲諸侯，射不中則不得爲諸侯。』此所謂選諸侯也。其曰：『天子之制，諸侯歲獻貢士於天子，天子試之於射宫。其容體比於禮、其節奏比於樂而中多者，得與於祭；其容體不比於禮、其節奏不比於樂而中少者，不得與於祭。』此所謂擇士也。又云：『數與於祭而君有慶，數不與於祭而君有讓。數

❶ 「射」下，據《禮記正義》當有「侯」字。

有慶而益地，數有讓則削地。』以所貢者之得人與否定其君之賞罰。此則於擇士之中，而即寓黜陟、操諸侯之微權也。因并令在朝諸臣共有事於射，以習禮樂而觀盛德。序賓以賢，序賓以不侮，豈獨在會同時乎？至諸侯大射取士，則上以貢天子，下以助己祭，而即於其時令羣臣共習焉。故逸《詩》：『大夫君子，凡以庶士。小大莫處，御于君所。以燕以射，則燕則譽。』而《射義》所云：『君臣盡志於射，以習禮樂。』可以免流亡之患者也。乃論者疑必射中始得與祭，即大臣中容有不得與贊襄者。不知擇士助祭不過如後世所謂陪位者耳，並無職司，非若百執事者之有一定而不可缺，若贊玉幣者、奉玉齍者、奉六牲者之等。在朝諸臣各揚其職，廢職則有常刑，奚待於擇之哉？亦安得以擇之哉？蓋百官衆矣，除祭祀有常職外，其餘固不能一一入廟也。於是焉射以擇之，令其陪位，固非專擇夫所貢之士；而諸侯大射亦非專擇夫所欲貢之士也。明乎此，然後知擇士以助祭，與夫駿奔走、執豆籩之各有司存者，固並行而不悖矣。然則祭祀有常職者與射否乎？曰『射人戒公、卿、大夫，司射、司士戒士射』，經文明言之矣，安得不與？特不專爲助祭而擇耳。此篇鄭注所云『得與祭』者，蓋亦指陪位言。敖氏謂諸侯飲酒而習射之禮，則仍是燕射而非大射矣。」蔡氏德晋曰：「諸侯凡有朝、覲、會、盟諸大事，亦當與羣臣習射，擇士以從，不特祭爲然。」是也。

大射之儀。【疏】正義曰：敖氏曰：「他篇於此言『禮』，是乃言『儀』者，以其儀多於他篇，故特顯之。禮者，總名；儀，則其節文也。」郝氏曰：「不曰『禮』曰『儀』，射主儀也。射者，争之器，行之以揖讓，故貴儀。

子曰：射者何以聽？何以射？循聲而發，發而不失正，惟賢者乎！射有儀，所以難也。」盛氏曰：「不曰『禮』而曰『儀』，以其威儀之法比鄉射尤詳也。」**君有命戒射。**將有祭祀之事，當射。宰告於君，君乃命之。言君有命，政教宜由尊者。【疏】正義曰：張氏爾岐曰：「自此至『羹定』，皆射前戒備之事。戒諸官，張射侯，設樂縣，陳燕具：凡四節。」○蔡氏德晉曰：「戒射，預告有司以將射也。」高氏愈曰：「古人臨事而懼，故必戒。戒則人心警惕，執事虔恭矣。」❶盛氏曰：「《考工記》云：『張皮侯而棲鵠，則春以功。』然則王大射以春矣，諸侯大射之時未聞。」吴氏廷華曰：「射爲祭設。將祭，先擇與祭者；與祭者定，乃於祭前旬有一日卜日，遂戒：次第如此。賈疏以此戒爲祭前旬有一日，誤矣。」**宰戒百官有事于射者。**宰，於天子冢宰，治官卿也。作大事則掌以君命，戒於百官。【疏】正義曰：注「冢宰」，《校勘記》曰：「『冢』，徐本作『家』，誤。」云「宰，於天子冢宰，治官卿也」者，賈疏云：《周禮·大宰職》云「掌百官之誓戒」，此言宰戒百官，其事同，故鄭以天子冢宰言之也。其實諸侯無冢宰，立地官司徒以兼之。云「作大事則掌以君命，戒於百官」者，《大宰職》云「作大事，則戒於百官，贊王命」，是鄭所本也。《釋官》曰：「案：崔氏靈恩云：諸侯三卿，立司徒兼冢宰之事，立司馬兼宗伯之事，立司空兼司寇之事。本鄭氏《内則》『諸侯並六卿爲三』及《聘禮》『諸侯謂司徒爲宰』之注推之，孔、賈疏《禮》俱用其説。今以《尚書》、《戴記》、《左傳》所言卿制考之，自確。諸侯三卿，本無冢宰之官，特上卿執政者亦以宰稱之，如《左傳》稱蔿敖爲宰，『武請于冢宰』、《國語》『使鮑叔爲宰』之類，

---

❶「恭」，原作「共」，今據《禮經本義》改。

皆謂執政之稱，非實設此官。《周禮》六卿，大宰爲長；諸侯三卿，司徒爲長。遂以宰爲長卿之號。《詩》孔疏云：經傳單稱『宰』者，皆大宰，若小宰、宰夫之屬無單言『宰』者，故鄭以此宰比天子冢宰也。春秋時，宋、鄭、吴、楚諸國皆有大宰之官，而宋之大宰在六卿下，鄭之大宰石㚟爲良霄之介，楚以令尹執政而有大宰子商、大宰伯州犂見於傳，則是別立其官，非此經言『宰』之義。以侯國三卿律之，皆僭也。」**射人戒諸公、卿、大夫射。司士戒士射與贊者。**射人掌以射法治射儀；司士「掌國中之士治，凡其戒命」：皆司馬之屬也。殊戒公、卿、大夫與士，辨貴賤也。贊，佐也。謂士佐執事不射者。【疏】正義曰：注「凡其戒命」，《校勘記》曰：「『命』，閩、監俱作『令』，與疏合。案：《周禮》原文亦作『令』。」〇賈疏云：「上文宰官尊，總戒，此射人司士色別，❶重戒之。」注云「射人掌以射法治射儀」者，《夏官·射人》文。云「司士『掌國中之士治，凡其戒命』」者，《司士職》文。射人、司士皆屬於夏官司馬，故云「皆司馬之屬也」。殊戒者，謂射人與司士分戒之也。云「贊，佐也。謂士佐執事不射」者，方氏苞曰：「曰『戒士射』，則知贊者不射矣。觀此，則士旅食乃升于司馬，掌于司士而未受職者，作之以贊射事明矣。用此推之鄉射，贊者、有司之類射皆不與。」吴氏廷華曰：「此言『贊者』，下公射則曰小臣正贊袒，贊襲，則凡量人、樂人、司宮、小臣師之屬，皆所謂贊者也。」

右戒百官

❶「色」，原作「區」，今據《儀禮注疏》改。

前射三日，宰夫戒宰及司馬、射人，宿視滌。宰夫，冢宰之屬，掌百官之徵令者。司馬，於天子政官之卿，凡大射，則合其六耦。滌，謂溉器、埽除射宫。【疏】正義曰：敖氏曰：「宰夫戒此三官，以當宿視滌也。宿，謂前射一日爲之。」張氏爾岐曰：「前者宰已戒百官，至此宰夫又以射期將至，來告於宰，上下交飭也。❶又及司馬者，此日量道張侯，司馬職也。射人宿視滌、埽除、濯溉，又在前射三日之前一夕，故云『宿』。」盛氏曰：「復戒此三官者，以宰是百官之長，司馬、射人皆於射有職守故也。六卿分職，故司馬言『及』，射人不言『及』者，以其即司馬之屬也。量道、張侯，皆射前一日事。張云即此一日，非。❷」韋氏協夢云：「前射三日，亦空一日也。宿則射前一日，與樂人設縣同日也。張氏以宿爲前射三日之前一夕，非是。」

注云「宰夫，冢宰之屬，掌百官之徵令」者，《釋官》云：「《周禮·宰夫職》云：『凡朝覲、會同、賓客，以牢禮之法，掌其牢禮、委積、膳獻、賓賜之飧牽與其陳數。』注云：『凡此禮陳數存可見者，惟有《行人》、《掌客》及《聘禮》、《公食大夫》。』案：《聘禮》宰夫設飧，歸乘禽。《公食大夫禮》：『凡宰夫之具，饌于東房。』宰夫設黍、稷、膳、稻，然則諸侯之宰夫掌賓客飲食之事，與《周禮》正同。又《聘禮》：『命宰夫官具。』《周禮·宰夫職》『凡禮事，贊小宰比官府之具』，《既夕》『公使宰夫贈玄纁束帛』，《周禮·宰夫職》『凡邦之弔事，掌其幣器財用』，是此經之宰夫即《周禮》之宰夫，與膳宰無涉。《燕義》因春秋時膳宰通稱宰夫，遂云『使宰夫爲獻主』，

---

❶「飭」，原作「飾」，今據《續清經解》本改。

❷「非」上，《儀禮集編》有「亦」字。

鄭注亦承其説。不知《儀禮》一經有膳宰、有宰夫，其職各不相亂也。《周禮》「宰夫，下大夫」，則諸侯宰夫是士，當以下「宰夫有司」疏爲正。《聘禮》歸饔餼，卿饋賓，下大夫饋上介，宰夫饋士介，皆以同爵者致之，足證宰夫爲士矣。《周禮》宰夫四人，而《雜記》襚禮云「宰夫五人，舉以東」者，《周禮》宰夫下尚有上士八人、中士十有六人，旅下士三十有二人，諸侯之宰當上士爲之，❶其下亦有中士、下士也。」云「司馬，於天子政官之卿，凡大射，則合其六耦」者，《周禮》大司馬掌邦政，又云「若大射，合諸侯之六耦」，是也。此謂諸侯之卿職兼宗伯者。云「滌，謂溉器，埽除射宫」者，《釋官》云：「《周禮·射人職》不掌視滌，此云射人視滌者，以其主於射。」胡氏肇昕曰：「案：射人無視滌之事，此經當以『宰夫戒宰及司馬射人』爲句，『宿視滌』爲句，『宿視滌』承上『宰夫』而言，亦宰夫事也。張氏以『射人宿視滌』爲句，非是。知視滌爲宰夫事者，盛氏曰：『《周禮·宰夫職》云「從太宰而視滌濯」是也。此惟宰夫視之，宰不親者，射異於祭也。必視之者，以學中器具、房舍皆不常用故也。燕於寢，則無庸視矣。』方氏苞曰：『此篇主於射而言視滌，則燕視不待言矣。戒三官之地，所滌之器，滌之之法，滌者之儀，皆不載，必已見於祭禮也。』」**司馬命量人量侯道與所設乏以貍步，大侯九十，參七十，干五十，設乏，各去其侯西十、北十。**量人，司馬之屬，掌量道、巷、塗數者。侯，謂所射布也。尊者射之，以威不寧侯。卑者射之，以求爲侯。量侯道，謂去堂遠近也。容謂之乏，所以爲獲者之禦矢。貍之伺物，每舉足者，止視遠近，爲發必中也，是以量侯道取象焉。《鄉射·記》曰：

❶「之宰」，《儀禮釋官》作「宰夫」。

「侯道五十弓。」《考工記》曰：「弓之下制六尺。」則此貍步六尺明矣。大侯，熊侯，謂之大者，與天子熊侯同。參，讀爲糝。糝，雜也。雜侯者，豹鵠而麋飾，下天子大夫也。干，讀爲豻。豻侯者，豻鵠、豻飾也。大夫將祭於己，射麋侯；士無臣，祭不射。【疏】正義曰：《校勘記》曰：「注『掌量道巷塗數者』，『塗』，《釋文》作『涂』。案：塗、涂古今字。『正視遠近』，『正』，陳、閩、監、葛、《通解》、楊氏俱作『止』，徐本、聶氏俱作『正』。案：《周禮・射人》注云：『貍，善搏者也，行則止而擬焉，其發必獲。』『近』，誤作『所』。『大侯熊侯』，『大侯』下，《通解》有『者』字。」　云「量人，司馬之屬，掌量道、巷、塗數」者，《周禮・量人職》文。《釋官》曰：「《周禮》：『量人，下士二人。』諸侯當士旅食爲之。」云「侯，謂所射布也」者，以三侯皆以布爲之，而以皮爲鵠，旁又飾以皮也。云「尊者射之，以威不寧侯。卑者射之，以求爲侯」者，《周禮・梓人》云「毋或若汝不寧侯，不屬于王所，故抗而射汝」，《禮記・射義》云「射侯者，射爲諸侯也。射中則得爲諸侯，射不中則不得爲諸侯」，是注所本也。云「容謂之乏，所以爲獲者之禦矢」者，以《周禮・射人》作「容」，此云「乏」，知容、乏同物也。云「貍之伺物，每舉足者，止視遠近，爲發必中也，是以量侯道取象焉」者，《射人》注云「貍，善搏者也，行則止而擬焉，其發必獲」者，此注所以明量侯道取象之意。云「《鄉射・記》曰：『侯道五十弓。』《考工記》：『弓之下制六尺。』則此貍步六尺明矣」者，先鄭注《射人》云「貍步，謂一舉足爲步，於今爲半步」，鄭不從，故引《考工記》以非之，明貍步爲六尺也。敖氏云：「侯道，去物之步數也。所畫物在兩楹間，正當楣也。此時未有物，當以楣間爲節也。步者，蓋量器長六尺者之名，如丈、尺、尋、引之類。刻畫貍形於其上，以爲識，故云『貍步』。」盛氏曰：「量侯道之法，鄭得之，蓋不數堂上也。」云「大侯，熊侯，謂之大者，與天子熊侯同」者，賈疏云：「《司裘職》云：『王大射，則共虎侯、熊侯、豹侯，設其鵠。諸侯，則共熊侯、豹侯。』彼畿内諸侯二侯，以熊侯爲首；此畿外諸侯，亦得用三侯。其數上同於天子，而非畿内諸侯所可比，故於熊侯加大以别之。然不嫌於逼上者，天子三侯，則虎侯、熊侯、豹侯；諸侯不得用虎侯，而以熊侯、糝侯、豻侯爲三侯；若畿内，則但有熊侯、豹侯：此其所以别也。」敖氏曰：「大侯者，以其大於二侯名之也。大侯，熊侯也。《周官·司裘職》言諸侯大射共熊侯、豹侯，《射人職》云諸侯以四耦射二侯，亦謂熊侯、豹侯也。其侯數少於此，則侯道未必有九十步者矣。蓋作經有先後，故禮制有隆殺，所以異也。舊説謂《周官》言畿内之諸侯，非也。《周官》凡言諸侯，皆謂畿外者耳。畿内安得有諸侯之國哉？」盛氏曰：「此與《司裘職》文異者，彼是畿内諸侯法，則此畿外也。畿内亦有諸侯乎？曰：有。《王制》云『天子縣内諸侯禄也』是也。祭伯、凡伯之類見於《春秋》者多矣，豈鄭氏一人之私言哉？外諸侯設三侯者，以遠尊得伸也。君射熊侯，謂之大者，别於臣所射也。」云「糝，讀爲糝。糝，雜也。雜侯者，豹鵠而麋飾，下天子大夫也」者，《周禮·射人》鄭注同。敖氏云：「糝，讀如『毋往糝焉』之糝，謂介於二者之間也。糝侯，以其糝於二侯名之也。糝侯，其豹侯歟？」郝氏曰：「糝，謂糝於二侯之間，即孤、卿、大夫所射之麋侯。」盛氏曰：「糝，讀如字，以其糝用豹侯、麋侯之制而名之也。不敢純用豹者，辟天子也。亦不純用麋者，以是諸侯之卿、大夫所射，又當下天子之卿、大夫也。敖、郝二説皆非。」胡氏肇昕曰：「糝侯雜用豹侯、麋侯之制，故注易『糝』爲『糝』，以其義較明顯也。敖以爲豹侯，郝以爲麋侯，皆失『糝』字之義矣。」云「干，讀爲豻。豻侯者，豻鵠、豻飾也」者，《射人》「以三耦射豻侯」，注：「《大射禮》『豻』作『干』，讀爲『宜豻宜獄』之豻。豻，胡犬也。士與士射，則以豻皮飾侯。」蓋豻，正字；干，假借字。鄭以《周禮》決之，故讀干爲豻。敖氏曰：「九十、七十、五十，其步數也。君至尊而侯道反遠於卿、大夫、士者，蓋位尊則所及者遠，位卑則所及者近，故侯道象之，❶以見其義也。設乏之處各去其侯之北十步者，以其當二侯相去之中，故以爲節也。去其侯之西亦十步者，則因其北之成數而用之，亦以公宫之庭寬廣故耳。」張氏爾岐曰：「三侯共道，遞近以二十步爲率。尊者射遠，卑者射近。侯遠則鵠大，侯近則鵠小。設乏西十、北十，西與北各去其侯六丈也。」方氏苞曰：「筋力不可强，而侯道之遠近壹以貴賤爲差，何也？皋陶陳謨，以六德、三德爲有邦、有國之差。蓋居君、卿之位而德器才識不能及遠，則無以馭其衆、臨其屬，故寓其義於射。傳曰：『爲人君者以爲君鵠，爲人臣者以爲臣鵠。』志力不足以中鵠，則君、卿與有司同罰，以示才德不足以稱位，則不足以任國社，而亦無以安於四民之上矣。此義明，則苟非至愚，必將撫躬而自懼，求賢以自助，尚敢荒寧以自恣於民上乎？位卑者雖力能中遠，而非其鵠不獲，亦教以職思其居而無越志也。傳所謂『射者各射己之鵠』、『繹者各繹己之志』，其此義也夫？」〇吴氏廷華曰：「二侯、三侯，所以異者，蓋《司裘》止言卿、大夫而不言士，其言諸侯之熊侯與卿、大夫所射之豹侯，而不言士之豻侯。《射人》所謂豻侯，蓋以補《司裘》所不及，其實兩經無不同也。然則此經之大侯，固是《司裘》之熊侯，參侯亦當是《司裘》之豹侯。干之言豻，又不必言矣。案：《賓之初筵》詩傳以大侯爲君侯，天子、諸侯皆君也。在天子以虎侯爲大侯，在諸侯則以熊侯爲大侯。《注疏》謂其與天子熊侯同，故稱大，其説是也。」豹侯謂之參者，敖氏

❶「侯道」，原作「諸侯」，今據《儀禮集説》改。

云：「即《曲禮》『毋往參』之參，據下言大侯之鵠見于參，參見鵠于干，蓋三侯疊張，豻侯在二侯之中，故謂之參也。」**遂命量人、巾車張三侯：大侯之崇，見鵠于參；參見鵠于干，干不及地武。不繫左下綱。設乏西十、北十，凡乏用革。** 巾車，於天子宗伯之屬，掌裝衣車者，亦使張侯。侯，巾類。崇，高也。高必見鵠。鵠，所射之主。❶《射義》曰：「爲人君者以爲君鵠，爲人臣者以爲臣鵠，爲人父者以爲父鵠，爲人子者以爲子鵠。」言射中此乃能任己位也。鵠之言較。較，直也。射者，所以直己志。或曰：「鵠，鳥名，射之難中，中之爲俊，是以所射於侯取名也。」《淮南子》曰：「鳱鵠知來。」然則所云正者，正也，亦鳥名。齊魯之間名題肩爲正。正、鵠皆鳥之捷黠者。《考工記》曰：「梓人爲侯，廣與崇方，參分其廣，而鵠居一焉。」則大侯之鵠方六尺，糝侯之鵠方四尺六寸大半寸，豻侯之鵠方三尺三寸少半寸。及，至也。武，迹也。中人之足長尺二寸，以豻侯計之，糝侯去地一丈五寸少半寸，大侯去地二丈二尺五寸少半寸。凡侯北面，西方謂之左。前射三日，張侯、設乏，欲使有事者豫志焉。【疏】正義曰：注「一丈五寸少半寸」，《校勘記》曰：「徐本『寸』下有『也』字，《通解》無。」○賈疏云：「上文直命量人量侯道及乏遠近之處，此經論張侯高下之法也。」敖氏曰：「張侯之序以大侯爲先，參次之，干爲後。乃云某見鵠于某者，蓋先以尺寸計而張之。及既張之後，則遠侯之鵠自各見於近侯之上，非謂先張近侯乃張遠侯也。❷二侯之高俱見鵠，而不盡見其鵠下之

---

❶ 「射」，原作「設」，今據《儀禮注疏》改。
❷ 「非」，原脱，今據《儀禮集説》補。

中。是射者唯以貫鵠爲中，而其外則否，於此見之矣。此張侯之法，大而遠者則高，小而近者則下，乃其勢之不得不然者，而尊卑之義亦存焉。禮意之妙，大抵類此。」郝氏曰：「再言西十、北十，前言量，此言設也。乏用革，用皮蔽矢也。」張氏爾岐曰：「設乏西十、北十，西與北各去侯六丈也。云凡乏，三侯各有乏也。」褚氏寅亮曰：「陳氏祥道云：『鄭衆、馬融、王肅以正在鵠内，賈逵以鵠在正内，説皆無據。要之，大射之侯棲鵠，賓射之侯設正，燕射之侯畫獸。』此其别也。」　注云「巾車，於天子宗伯之屬，掌裝衣車者，亦使張侯。侯，巾類」者，《釋官》曰：「《周禮·巾車》：『下大夫二人，上士四人，中士八人，下士十有六人。』諸侯當上士爲之。鄭注《周禮》云：『巾，猶衣也。巾車，車官之長。』《周禮》又有車僕，其職云：『大射供三乏。』此經命巾車張侯，并設乏，然則諸侯之巾車或兼車僕之職歟？」引《射義》者，欲明射以鵠爲主也。云「鵠之言較。較，直也。射者，所以直己志」者，明鵠取義於直，故《射義》云：射者内志正，外體直。《爾雅·釋詁》梏、較同訓爲直，❶梏與鵠皆諧告聲，其義亦相近也。又引或説以爲鳥名者，以正、鵠皆鳥之捷黠者，名正、名鵠，或亦取象於此，備異説也。引《考工記·梓人》之文者，欲明鵠之義，當先知侯、鵠廣狹之度也。云「大侯之鵠方六尺，糝侯之鵠方四尺六寸大半寸，豻侯之鵠方三尺三寸少半寸」者，吴氏廷華曰：「《鄉飲酒·記》及《考工記》侯制有中、有躬、有舌。中以侯道爲準，侯道以弓計，中以寸計。侯道每弓得二寸爲侯中。大侯九十弓，侯中丈八尺；糝侯七十弓，侯中丈四尺；豻侯五十弓，侯中一丈。以侯中三分之一爲鵠。大侯鵠六尺，糝侯

❶「梏」，原作「曰」，今據《儀禮正義正誤》改。

鵠四尺六寸六分有奇，干侯鵠三尺三寸三分有奇，上下各一分。侯中之上爲躬，躬上爲舌，各高二尺，下躬、下舌亦如之。上舌之上爲上綱，下舌之下爲下綱，合三侯較之，躬舌相等，惟侯中及下綱去地高卑不同。若以侯中論，則大侯之中高糝侯四尺，糝侯之中高干侯四尺，其數有定。若武之去地，則經惟言干不及地武，義蓋以干侯下綱，去地如武之數，注以武爲尺二寸是也。以尺二寸合上下二躬二舌，共八尺。侯中一丈，則干侯上綱及地，共一丈九尺二寸。大侯、糝侯去地之數雖無明文，然經明言大侯見鵠于參，參見鵠于干，則當由干侯上舌去地之數意會言之。蓋所謂『見鵠』者，疏以爲糝鵠下半與干侯上綱齊，大侯鵠下半與縿侯上綱齊也。案：大侯鵠六尺，鵠上六尺，上躬、上舌共四尺，則高於縿侯當一丈六尺。參侯鵠四尺六寸六分，鵠上四尺六寸六分，上躬、上舌共四尺，則高於干侯當一丈三尺三寸二分。但干侯高一丈九尺二寸，則參侯自鵠以下至地亦應有一丈九尺二寸，掩於干侯之後，而參侯鵠下只四尺六寸六分，下躬、下舌則四尺，共八尺六寸六分，尚少一丈五寸四分，此即參侯下綱去地之數，❶注所謂『參侯去地一丈五寸少半寸』也。參侯本高二丈二尺，又下綱去地一丈五寸四分，共高三丈二尺五寸四分，則大侯自此以下至地亦應有三丈二尺五寸四分，掩於參侯之後。而大侯鵠下則六尺，下躬、下舌共四尺，共一丈，尚少二丈二尺五寸四分，此即大侯下綱去地之數，注所謂『大侯去地二丈二尺五寸少半寸』是也。又去鄉射乏參侯道，居侯黨之一西五步，注謂『去侯北十丈，西三丈』，是也。此經又言：乏去侯西十、北十。兩說不一。大約鄉侯卑，遠則報捷難，

❶「參」，原作「糝」，今據《續清經解》本改。

故須近；大侯、參侯高，乏可遠視，故一侯與三侯之乏遠近不同也。干與鄉侯等，侯等則報獲乃不至於差錯，乏之去侯當亦如之。經特連類及之，其實干侯之乏獨近也。又云量人主量道路，故命之計侯道，若巾車與侯道無涉，而並命之者，或謂《周禮·車僕》『大射共三乏』，疏謂車用皮，乏亦用皮，故車僕爲之，然可見共乏爲車人之職也。巾車，車僕之長，使巾車者，使之命車僕也。」案：《義疏》云：「大侯上舌長七丈二尺，❶下舌長五丈四尺，殺於上舌一丈八尺，兩植漸殺而下當鵠之處約長六丈餘，其旁出於參侯上舌之外者左右約各五六尺。參侯上舌長五丈六尺，下舌長四丈二尺，殺於上舌丈四尺，兩植漸殺而下當鵠之處約長四丈八九尺，其旁出於干侯上舌之外者約各長三四尺。雖三侯相去各二十步，其旁出之舌隱然可見也。」云「前射三日，張侯、設乏」者，鄭以此文皆承上「前射三日」也。胡氏肇昕曰：「注是也。此數節皆承上『前射三日』之文，因宰夫戒司馬、射人，司馬遂命量侯道、張侯、設乏，而宿視滌、宿縣皆射前一日事，故以『宿』字别之。以宿視滌廁於量侯道之前者，以視滌亦是宰夫事，承上宰夫而言，下則司馬之事也。」

右前射三日戒宰視滌量道張侯

樂人宿縣，于阼階東，笙磬西面，其南笙鐘，其南鑮，皆南陳。笙，猶生也。東爲陽中，萬物以生。《春秋傳》曰：「大蔟，所以金奏，贊陽出滯；姑洗，所以脩絜百物，考神納賓。」是以東方鐘磬謂之笙，

❶ 「上」，原作「之」，今據《儀禮義疏》改。

皆編而縣之。《周禮》曰：「凡縣鐘磬，半爲堵，全爲肆。」有鐘有磬爲全。鎛，如鐘而大，奏樂以鼓鎛爲節。

【疏】正義曰：注「姑洗」，《校勘記》曰：「『姑』，《釋文》、徐本俱作『沽』。」○敖氏曰：「宿縣，謂前一日縣之也。明日當射，故此日云『宿』。宿縣者，亦重其事也。然則國君平常日用之縣，皆於其日縣之明矣。《大司樂職》曰：『大祭祀宿縣，遂以聲展之。』」盛氏曰：「燕禮縣與燕同日，此亦於射前一日爲之者，大射重於燕也。」張氏爾岐曰：「諸侯軒縣，三面各有一肆。此其東一肆也。」褚氏寅亮曰：「『東爲陽中，萬物以生』，故東方曰『笙鐘、笙磬』；西爲陰中，萬物以成，故西方言其成功，曰『頌鐘、頌磬』。聖人取名之義精矣。因其在東，故以之應笙，震爲竹也。因其在西，故以之應歌，兑爲言也，因又名歌。鐘磬之鼓與股，皆就一面言。蓋磬如句股形，其不鼓者謂之股，其鼓處謂之鼓。股短而闊，其長二，其闊一。鼓長而狹，其長視股一而有半，其博則三分股之二，其股與鼓之厚，則各得鼓博三分之一，其方積則均，故縣之而無攲側。敖氏分股鼓爲兩面，誤。鎛大於編鐘，而小於特縣之鐘，蓋特縣鐘中又自有大小也，並非小於編鐘。」江氏筠曰：「敖氏謂笙是與笙相應者，頌之言誦，與歌樂相應者。如所説，則鄉飲禮是特縣，將應笙則不能應歌，應歌則不能應笙，豈以在階間之故而兩者俱應邪？抑以大夫、士之制異而於兩者俱不應邪？案：此説本諸宋葉氏，見《書》『戛擊鳴球』節《蔡傳》中。蓋宋人都不識字，止知頌有誦音，不知頌有容音。《説文》云：『頌，皃也。』籀文作『額』。又云：『皃，頌儀也。』然則頌本是古之容皃字。又《詩叙》：『頌者，美盛德之形容，以其成功告于神明者也。』則頌又兼成義，故注云『言成功曰頌』，又云『古文頌爲庸』，可見『頌』與『庸』意義皆同也。又《尚書》云：『笙庸以間。』鄭注亦引此經以説，是也。」　注云「笙，猶生也。東爲陽中，萬物以生」者，賈疏云：「陽氣起于子，盛于午，故東方爲陽中也。萬物以生，以其正月三陽生，大蔟用事，故萬物生焉。」引《春秋傳》者，《國語》伶州鳩對周景王辭。鄭引以證東方鐘磬名笙之義也。云「大蔟，所以金奏，贊陽出滯」者，韋昭注引賈、唐云：「大蔟，正聲爲商，故爲金奏，所以佐陽發、出滯伏。《明堂月令》曰：『正月，蟄蟲始震。』」云「姑洗，所以脩絜百物，考神納賓」者，韋注云：「三月曰姑洗，《乾》九三也。管長七寸一分，律長七寸九分寸之一。姑，絜也。洗，濯也。考，合也。言陽氣發生，洗濯枯穢，改柯易葉也。於正聲爲角，是月百物脩絜，故用之宗廟，合致神人；用之鄉宴，❶可以納賓也。」是二律爲東方陽管取發生之義，故東方鐘磬謂之笙也。敖氏曰：「笙磬、笙鐘，皆與笙相應者也。」義本陳氏暘，與注説異。盛氏曰：「笙磬、笙鐘，以其在東而名之；頌磬、頌鐘，以其在西而名之。鄭解蓋得之矣。獨是編縣十二枚，備十有二律之數度。鄭乃引《春秋外傳》以證此，似東縣獨協大蔟、姑洗二律，西縣獨協夷則、無射二律，所以啟後人之疑耳。陳氏以笙磬爲應笙之磬、頌磬爲應歌之磬，諸儒多右其説，竊恐亦未的也。蓋樂以人聲爲貴，故歌者在上，匏竹在下。就堂下樂中亦有差等。笙管，聲之發乎人者也。磬鐘之屬，聲之發乎器者也。故有時以笙爲主，而磬以下應之，所謂『笙奏』也。《詩》所謂『笙磬同音』是也。有時以管爲主，而磬以下應之，所謂『下管』是也。《詩》曰『嘒嘒管聲。既和且平，依我磬聲』是也。下經云『乃管《新宫》三終』，則大射樂以管爲主矣。何以但有應笙之鐘磬，而無應管之鐘磬邪？且歌者在上，西方安得有歌？而云頌磬歌乎西，是亂上下之列矣。至於合樂之時歌瑟與

---

❶「鄉宴」，原作「燕享」，今據《國語解》改。

衆音並作，亦豈唯西縣爲與歌相應也？云「皆編而縣之」者，《磬師》云「掌教擊磬、擊編鐘」，注云「磬亦編於鐘」，以磬與鐘同十六枚而在一虡也。案：陳氏暘謂編磬在西，而以頌磬名之；特磬在東，而以笙磬名之：以特磬、編磬爲頌、笙之别，其説與注異。盛氏非之，而引《詩毛傳》云：「笙磬，東方之樂也。」則鄭説傳之有自矣。引《周禮》者，《小胥職》文。云「鑮，如鐘而大，奏樂以鼓鑮爲節」者，《郊特牲》注亦云「鑮，如鐘而大」，又《周禮·鑮師》云「掌金奏之鼓」，注云「謂主擊晉鼓以奏其鐘、鑮也」。敖氏曰：「鐘、鑮皆南陳，亦以其北上也。其面有二，故不言西面，而擊者亦與磬同也。」盛氏曰：「南陳，謂向南陳之，以虡首在北也。皆，皆鐘磬鑮也。陳之於堂爲縮。」**建鼓在阼階西，南鼓；應鼙在其東，南鼓。** 建，猶樹也。以木貫而載之，樹之跗也。南鼓，謂所伐面也。應鼙，應朔鼙也。先擊朔鼙，應鼙應之。鼙，小鼓也。在東，使其先擊小後擊大也。鼓不在東縣南，爲君也。【疏】正義曰：注「應鼙應之」，《校勘記》曰：「徐本無『應鼙』二字，《通解》、楊、敖俱有。」○云「建，猶樹也。以木貫而載之，樹之跗也」者，賈疏曰：「《明堂位》云：『殷楹鼓，周縣鼓。』注云：『楹爲之柱，貫中上出也。縣，縣之於簨簴也。』周人縣鼓，今言建鼓，則殷法也。主於射，略於樂，故用先代鼓。』」陳氏祥道曰：「楹鼓，蓋爲一楹而四棱，貫鼓于其端。《周官》：『大僕建路鼓于大寢之門外。』《莊子》曰：『負建鼓而求亡子。』❶建鼓可負，則以楹貫之可知。」方氏苞曰：「建鼓即楹鼓，以木貫而建之，遂以建名。若以樹詁，則下云一鼓在其南，一鼓在西階之西，鼗在鼓西，可矣。皆特標建鼓，義無所處，於文爲

❶ 「求亡子」，原作「止」，今據《禮書》改。

贅。」胡氏肇昕曰：「注以樹訓建者，以建鼓之名取於樹也。鄭固亦以建鼓爲楹鼓也，以明堂位注證之可知。方氏駁之，非也。」云「應鼙，應朔鼙也。先擊朔鼙，應鼙應之。鼙，小鼓也」者，《爾雅·釋樂》「大鼓謂之鼖，小者謂之應」，《詩·有瞽》「應田縣鼓」，《毛傳》「應，小鞞也」。鞞與鼙古字通。陳氏奂《傳疏》云：「應鼙在東面，以應西面之朔鼙，故謂之應。又先擊小鼓，乃擊大鼓，小鼓爲大鼓先引，故亦謂之應。」云「鼓不在東縣南，爲君也」者，張氏爾岐曰：「此鼓本在東縣之南，與磬、鐘、鑮共爲一肆，移來在此者，鄭以爲爲君，以君在阼階上，近君設之，故云『爲君也』。下建鼓言一，此不言一，因移並言之。」敖氏曰：「此鼓、鼙，乃在東縣南者也。以君當於阼階東南揖卿、大夫，且主人之位亦在洗北，皆當鑮之南，故移鼓、鼙於此以辟之也。鼓、鼙若在東縣南，則鼓在左，鼙在右。今設於此，乃反之者，明其變位也。」盛氏曰：「注説似迂，當以敖説爲是。」

西階之西，頌磬東面，其南鐘，其南鑮，皆南陳。一建鼓在其南，東鼓；朔鼙在其北。言成功曰頌，西爲陰中，萬物之所成。《春秋傳》曰：「夷則，所以詠歌九則，平民無忒；無射，所以宣布哲人之令德，示民軌義。」是以西方鐘磬謂之頌。朔，始也。奏樂先擊西鼙，樂爲賓所由來也。鐘不言頌，鼙不言東鼓，義同，省文也。古文「頌」爲「庸」。【疏】正義曰：張氏爾岐曰：「此西一肆也。」注云「西爲陰中，萬物之所成」者，西方爲秋，陰氣始盛，故曰「西爲陰中」。《尚書·堯典》曰：「平秩西成。」萬物成熟之時，故曰「萬物之所成」。引《春秋傳》者，亦《國語》文。云「夷則，所以詠歌九則，平民無忒」者，《國語》「忒」作「貳」。「貳」，當爲「貳」之誤。韋注曰：「七月曰夷則，❶《乾》九五也。管長五寸六分，律長五寸七百二十九分寸之四百五十一。夷，平也。則，法也。言萬物既成，可法則也。故可以詠歌九功之則，成民之志，使無疑貳也。」云「無射，所以宣布哲人之令德，示民軌義」者，韋注曰：「九月曰無射，乾上九也。管長四寸九分，律長四寸六千五百六十一分寸之六千五百二十四。宣，偏也。軌，道也。義，❷法也。九月陽氣收藏，萬物無射見者，故可以宣布前哲之令德，❸示民道法也。」是二律爲西方陰管，取成功之義，故西方鐘磬謂之頌。云「奏樂先擊西鼙，樂爲賓所由來也」者，賈疏云：「賓向外來，位在西，其樂主爲樂賓，故先擊朔鼙應之也。」云「鐘不言頌，鼙不言東鼓，義同，文省也」者，以上東方言笙鐘，應鼙言南鼓。此不言者，省文耳，義同於上也。云「古文『頌』爲『庸』」者，胡氏承珙曰：「《周禮·大司樂》疏引鄭注《尚書》『笙庸以間』云：『東方之樂謂之笙。笙，生也。東方，生長之方，故名樂爲笙也。西方之樂謂之庸。庸，功也。西方物熟，有成功，亦謂之頌。頌，亦是頌其成也。』❹《眡瞭職》云：『擊頌磬、笙磬。』注云：『磬在東方曰笙。笙，生也。在西方曰頌。頌，或作庸。庸，功也。』是《尚書》、二禮三注略同。賈疏云：『古文頌爲庸。』此雖疊古文不從，義亦通，是也。」胡氏肇昕曰：「《周禮·大師》注：『頌之言誦也，容也。』《史記·周本紀》：『成王名誦。』《竹書紀年》作『名庸』。

---

❶「曰」，原作「爲」，今據《國語解》改。

❷「義」，《國語解》作「儀」。

❸「宣」，原作「偏」，今據《國語解》改。

❹「成」下，原衍「功」字，今據《周禮注疏》刪。

是頌、誦、容三字古義通用，故今文作『頌』，古文作『庸』。鄭君參考古今文，訓笙爲生，訓頌爲言成功，其義致精。後儒謂鐘磬之應笙者曰笙鐘、笙磬，應歌者曰頌鐘、頌磬，緣文生訓，義不可通。如以頌爲歌樂，以釋今文之作『頌』可也，而古文之作『庸』又何説乎？此以見舊説之不可輕改也。」**一建鼓在西階之東，南面。**言面者，國君於其羣臣，備三面爾。無鐘磬，有鼓而已。其爲諸侯則軒縣。【疏】正義曰：軒縣三面皆縣，北面合有一肆，以其與羣臣射，故闕之以辟射位，猶設一建鼓者，姑備三面耳。故言「南面」，與笙磬、頌磬同例。而與上文之自東縣移來者異文也。敖氏曰：「國君合有三面樂，東方、西方與階間也。階間之縣東上，其鼓則西上，與在東方、西方者之位相類也。大射盛於燕，宜備樂。乃以辟射之故，去其階間之縣，但設其鼓於故位而已。上言南鼓、東鼓，惟此言南面，蓋闕其中縣，則不擊此鼓，故異其文以見之。此鼓不擊，乃設之者，明有爲而去其縣，非禮殺也。」盛氏曰：「此闕其北一肆，辟射也。猶設鼓者，别於判縣也。北縣南面，故此鼓亦南面。不云南鼓者，見其當一面也。既設之，亦須擊。敖云鼓不擊，非。既因辟射，雖賓射亦當闕之。若不爲射，雖於其臣亦當設。注説非。燕禮縣法宜與此同，爲燕亦有時而射也。」韋氏協夢曰：「敖氏謂『以辟射之故，去其階間之縣』，是也。若然，則大射及賓射皆當闕一面，注謂其爲諸侯則軒縣。賓射輕於大射，烏有賓射備縣而大射不備者乎？蓋射禮之縣以主射者而别，不以所與射者而别。注以所與射者之尊卑，而定縣之闕與不闕，誤矣。」胡氏肇昕曰：「案：上文於笙磬言西面，於頌磬言東面，故於建鼓言南鼓、東鼓，不言面。此無鐘磬，惟有鼓，故於鼓言南面，明鼓之在北也。敖氏因經不言鼓，遂謂此鼓不擊，穿鑿甚矣。」褚氏寅亮曰：「注云『君於其臣，備三面耳』，此即降尊就卑之義。階間之縣，何妨於射而必徹之乎？且賓射亦軒樂，又何獨不徹乎？」案：《義疏》云：樂之差次，以用樂者之尊卑而殊，不以賓客之尊卑也。此闕一縣，自爲辟射。至屆射時而遷樂者，所遷者，工與瑟而已，不聞并其縣而遷之也。**簜在建鼓之間。** 簜，竹也，謂笙簫之屬，倚於堂。【疏】正義曰：注云「簜，竹也，謂笙簫之屬」者，下文「乃管《新宮》」注云「管，謂吹簜」，是簜謂管也。管與笙簫皆用竹，故云「笙簫之屬」。云「倚於堂」者，敖氏曰：「簜即工之所管者，故近工位設之。」盛氏曰：「建鼓之間，即兩階之間也。設於此者，以管爲堂下樂之主也。」胡氏肇昕曰：「案：阼階之西，西階之東，各一建鼓，故云『建鼓之間』。管爲工所執以吹者，於階間設之，故知倚於堂也。」

鼗倚于頌磬，西紘。 鼗，如鼓而小，有柄，賓至，摇之以奏樂也。紘，編磬繩也。設鼗於磬西，倚於紘也。《王制》曰：「天子賜諸侯樂，則以柷將之；賜伯、子、男樂，則以鼗將之。」【疏】正義曰：注云「鼗，如鼓而小，有柄，賓至，摇之以奏樂也」者，《周禮·小師》注云：「鼗，如鼓而小，持其柄摇之，旁耳還自擊。」又《眡瞭職》云：「凡樂事，播鼗，擊頌磬、笙磬。」是鼗亦所以節樂也。上經注云：「奏樂先擊西鼙，樂爲賓所由來也。」以賓在西，故先擊西鼙。此鼗亦在西，故知賓至摇之以奏樂也。云「紘，編磬繩也。設鼗於磬西，倚於紘也」者，郝氏曰：鼗，小鼓，有耳有柄，摇擊之，不縣設，倚置於頌磬東。紘，鼗兩旁縣耳繩，如冠之有紘。鼗倚于磬簴東，故其紘西委也。盛氏曰：「西紘之説，郝氏爲長。若從注説，則經『西紘』二字當乙，編磬繩不可言東西也。以聶氏《三禮圖》考之可見。」胡氏肇昕曰：「案：經云『倚』，以東西言，不以南北言。編磬繩可言南北，不可言東西，且繩亦非可倚之物也。注：『設鼗於磬西，倚於紘。』則鼗在磬後。鼗，所以節奏。賓至，先擊鼗，則鼗當在磬前。郝謂『倚于頌磬東，其紘西委』，説最確。」陳氏奐《毛詩傳疏》謂：「紘，維也。維，亦繩也。古者鐘磬、縣鼓皆不縣，惟鼗鼓乃縣之。東西兩肆皆有磬、鐘、鑮、建鼓，自北而南陳之，則西肆不得多設一器。鼗鼓在西肆頌磬之西，而特縣之，所以象西方功成。《禮器》曰：『廟堂之下，縣鼓在西。』其義證也。」胡氏肇昕曰：「陳氏以鼗當縣鼓。考《詩・有瞽》云：『應田縣鼓，鞉磬柷圉。』言『縣鼓』，又言『鞉』，則鞉非縣鼓明矣。《毛傳》云：縣鼓，周鼓；鞉，鞉鼓也。亦不以爲一物也。蓋《詩》之應即此經之應鼙，《詩》之田即此經之朔鼙，《詩》之縣鼓即此經之建鼓。鞉即鼗也。以田爲即朔鼙者，田與陳同音，陳與引同訓。先擊朔鼙，有引導之義焉。陳氏以《詩》之田，爲即此經之建鼓，而以縣鼓爲此經之鼗，盡翻前儒舊説，別立新義，未見其有當也。且此經云『倚于頌磬』，以其非縣，故云『倚』。若如陳説，則經之倚字尤難通矣。引《王制》者，證鼗鼓所以爲節樂之器也。」○張氏惠言曰：「經云『樂人宿縣』，則左右正久在縣北矣。僕人、庶子、內小臣皆內臣宿衛，當先君入，故不見其位。射人、小臣恒在君左右，君入則隨而入，君至阼階，射人告具。大射正當先就觶南之位，俟公升。射人亦當退中庭位也。小臣正無常位，恒在階前向君。其小臣師初入，亦隨小臣正，至納公、卿、大夫後，乃就東堂下位，故經特著之。膳宰官是時已在堂東，主人亦是膳宰之長，宜先在其位。」

右射前一日設樂縣

厥明，司宮尊于東楹之西，兩方壺；膳尊兩甒在南，有豐。冪用錫若絺，綴諸箭。蓋冪加勺，又反之。皆玄尊。酒在北。 膳尊，君尊也。後陳之，尊之也。豐，以承尊也。説者以爲若井鹿盧，其爲字從豆𠁁聲，近似豆，大而卑矣。冪，覆尊巾也。❶錫，細布也。絺，細葛也。箭，篠也。爲冪，蓋卷辟，綴於篠，横之也。又反之，爲覆勺也。皆玄尊，二者皆有玄酒之尊，重本也。酒在北，尊統於君，南爲上也。惟君面尊，言專惠也。今文「錫」或作「緆」，「絺」或作「綌」。古文「箭」作「晋」。【疏】正義曰：《校勘記》曰：「『冪用錫若絺』，陸氏曰：『絺，劉作綌，音郤。』盧氏文弨疑『綌』爲『綌』誤。❷注『爲冪，蓋卷辟，綴于篠』，『冪』，宋本《釋文》作『鼏』。」○張氏爾岐曰：「諸侯將射，先行燕禮，故此下皆陳燕具。」蔡氏德晋曰：「此設尊也。厥明，設樂之明日，射之朝也。」　注云「膳尊，君尊也。後陳之，尊之也」者，兩方壺爲臣尊，故知膳尊爲君尊也。韋氏協夢曰：「設器之法，尊者先設，卑者次之。此臣尊，設在君尊之前者，先尊方壺于東楹之西以爲節，乃設膳尊與燕禮同。注謂『後陳之，尊之』，非是。」云「豐，以承尊也。說者以爲若井鹿盧，其爲字從豆𠁁聲，近似豆，大而卑矣」者，賈疏云：「此謂上形下聲之字，年和穀、豆多有，故從豆爲形也。𠁁者，承尊之器，象形也。是以豐年之字，『𠁁』下著『豆』，今諸經皆以承尊爵之𠁁，不用本字之𠁁，而用豐年之『豐』，故鄭還依『豐』字解之。」胡氏承珙曰：「『𠁁』不成字，《儀禮》多古文，當本作『豊』。戴侗《六書故》引唐本《説文》：『豐，從豆、從山𡴀聲。』蜀本云：『丰聲。從山，取其高大。』古文豊不從山，《汗簡》亦只作『豊』。蓋『𡴀』即『丯』字。《説文》『丯』訓艸盛。黄公紹《韻會》云：《説文》本作『𡴀』。據此，知古文豊字，本從𡴀，亦兼取盛義，許、鄭並同。但鄭以古文豊不從山，故但云𡴀聲。傳寫誤加『山』作『𠁁』。賈疏遂謂别有『𠁁』字，象形，爲承尊之

❶「巾」，原作「中」，今據《儀禮注疏》改。
❷「弨」下，原衍「曰」字，今據《十三經注疏校勘記》删。

器，以此『豐』爲『豐年』字。又以『穀、豆多有』增成其義，皆肊説也。」胡氏肇昕曰：「賈疏説中『豐』字，其謬不一而足。近儒解此經鄭注者，亦人各一説。段氏玉裁謂注『聲』是衍字。案：以《鄉射》鄭注校之，疑注『聲』當是『形』之譌也。考《鄉射》注『豐形蓋似豆而卑』，此注云『説者以爲若井鹿盧，其爲字從豆𡴘聲，近似豆，大而卑矣』。『聲近似豆大而卑』，當作『形近似豆大而卑』，即《鄉射》注之『豐形蓋似豆而卑』也。從《説文》：『豐，豆之豐滿也。从豆，象形。』从豆者，其義象形，謂𡴘象豐形也。《説文》之例，成字者則曰从某，不成字者則譬之曰象形。此象形之字，非諧聲之字。《六書故》所引唐本、蜀本，不足爲據。注云『若井鹿盧』，正謂𡴘之形也，惟其若井鹿盧，故其字從豆𡴘，而其形則近似豆大而卑矣。校者疑注謂豐从豆𡴘聲，遂改『形』爲『聲』，而不知𡴘本不成字，且未即《鄉射》注參考之也。古文作『豊』，即『豐』之省。古瓦作『拝』，又『豊』之省，要皆非諧聲之字也。」云「錫，細布也」者，《喪服·記》曰「錫者十五升，抽其半，無事其縷，有事其布曰錫」，是錫爲細布也。云「箭，篠也。爲冪，蓋卷辟，綴於篠，横之也。又反之，爲覆勺也」者，敖氏曰：「冪横綴於箭，而從蓋於甒，❶勺亦從加於冪上，西枋，與箭而于，乃以餘冪反蓋於勺，亦如塵之著於勺也。蓋以君飲此酒，故謹重之如是。」張氏爾岐曰：「綴諸箭者，綴錫若絺於箭而張之，以覆也。葢冪加勺，又反之，此覆尊之法。勺加冪上，復撩冪之垂者以覆勺。」盛氏曰：「郝氏以『綴諸箭蓋』爲句，非。當從張氏。」云「酒在北，尊統於君，❷南爲上也」者，敖氏曰：「《燕禮》曰：『尊南上。』此云：『酒在北。』文互見爾。」云「今文『錫』或

❶「於」下，原衍「瓦」字，今據《續清經解》本删。

❷「統」，原作「綴」，據上注文改。

作『鍚』，『絺』或作『綌』。古文『箭』作『晉』」者，「鍚」見《燕禮》。胡氏承珙曰：「『葛之精者曰絺，麤者曰綌。』《燕禮》：『冪或用綌。』敖氏曰：見其貶於大射，鄭不從今文作『綌』，殆爲此歟？《釋文》：『絺，劉作綌，音卻。』盧氏文弨曰：『綌』字無考，云『音卻』，疑即『綌』字之譌。承珙案：劉本蓋仍從今文作『綌』，非是。『古文「箭」作「晉」』者，❶《周禮·職方氏》『其利金錫竹箭』，注『箭，篠也。故書箭爲晉。❷杜子春曰：晉，當爲箭。《書》亦或爲箭』，段氏玉裁曰：『《吴越春秋》：晉竹十廋。晉竹正謂箭竹，所謂會稽竹箭也。箭，矢竹也，本小竹之名。中矢，因名矢爲箭。《説文·木部》曰：楷，木也。從木晉聲。《書》曰：竹箭如楷。案：此當云《周禮》曰：竹楷，讀如箭。今本傳寫譌亂也。許所見《周禮》故書字从木。』惠氏棟曰：『古讀晉如箭，故搢紳亦作薦紳。』❸承珙案：《周禮·典瑞》：『王晉大圭。』鄭司農云：『晉，讀如薦申之薦。』」**尊士旅食于西鑮之南，北面，兩圜壺。**旅，衆也。士衆食未得正禄，謂庶人在官者。圜壺，變於方也。賤無玄酒。【疏】正義曰：敖氏曰：「鑮南，言東西節也。鑮南有鼓，此不以鼓爲節者，鼓高而鑮下，圜壺在地，取節於其下者，宜也。燕禮旅食與其尊皆在門西，❹此旅食者在西方之南，於燕位爲少西，則此尊之南北，亦宜近之。」郝氏曰：「士旅食者之尊，燕禮設於門西，旅食者立門西也。大射較鄉射侯道遠，逼近門，旅食者皆立堂下士南，

❶「古」，原作「今」，今據《儀禮古今文疏義》改。
❷「爲」，原作「如」，今據《儀禮古今文疏義》改。
❸「亦」，原作「一」，今據《儀禮古今文疏義》改。
❹「食」，原脱，今據《儀禮集説》補。

避射也。故尊改設堂下西鎛之南。」盛氏曰：「鎛南有鼓，此尊又在鼓南。❶舍鼓而取節於鎛者，❷以鼓之在西者有二，故以鎛爲識也。敖云『取節於其下』，非。」**又尊于大侯之乏東北，兩壺獻酒。**爲隸僕人、巾車、糝侯豻侯之獲者。獻，讀爲沙。沙酒濁，特泲之，必摩沙者也。兩壺皆沙酒。《郊特牲》曰：「汁沙涚於醆酒。」❸服不之尊，俟時而陳於南，統於侯，皆東面。【疏】正義曰：注云「獻，讀爲沙。沙酒濁，特泲之，必摩沙者也。兩壺皆沙酒。《郊特牲》曰：『汁沙涚於醆酒。』」者，胡氏承珙曰：「《郊特牲》注云：『謂泲秬鬯以醆酒也。獻，讀當爲莎，齊語聲之誤也。秬鬯者，中有煮鬱，和以盎齊，摩沙泲之，出其香汁，因謂之汁莎。』鄭蓋以《記》義定《周》、《儀》二禮，故於《周禮·司尊彝》『鬱齊獻酌』注云：『獻，讀爲摩莎之莎，齊語聲之誤也。煮鬱和秬鬯，以醆酒摩莎、泲之，出其香汁也。』與此經注義略同。《明堂位》『獻尊』，鄭亦讀爲『娑』，古音元、寒與歌、戈兩部多通轉，如『司尊彝獻尊』，鄭司農讀爲犧；『獻酌』，鄭司農讀爲儀，犧本讀如莎，儀本讀如俄也。又《詩·東門之枌》『原』與『娑』韻，《谷風》『悲』與『萎』韻，亦其聲類也。」張氏爾岐曰：「注引《郊特牲》以證沙酒之義。涚，泲也。泲沙酒者，和以醆酒，而摩沙之，以出鬱鬯之汁也。以其祭侯，故用鬱鬯。」云「服不之尊，俟時而陳於南，統於侯，皆東面」者，張氏曰：「設服不之尊，在飲不勝者以後，故注云『俟時』，明此尊

❶「尊」，原脱，今據《儀禮集編》補。
❷「舍」，原作「金」，今據《續清經解》本改。
❸「沙」，原作「酒」，今據《續清經解》本改。下「汁沙」同。

不爲服不氏設也。」❶案：此節後儒多不從注説。敖氏曰：「此尊俟時而設，經蓋因上禮而連言之耳。獻酒，獻三侯之獲者，及巾車、僕隸人之酒也。於此獨云『獻』者，❷嫌其爲祭侯，且見不他用也。壺亦圜壺。」盛氏曰：「下經云司空尊侯於服不之東北，即此尊也。是時未設而先言之者，從其類而備舉之，以見尊卑之差也。如諸公、卿、大夫之席，亦皆未設而先言之，是其徵矣。獻酒之解，亦當從敖説。舊以爲鬱鬯，非也。鬱鬯之酒，天子以爲摯，諸侯未賜圭瓚，不敢爲，豈宜以獻僕隸下人乎？即云祭侯，亦非所宜也。且酌鬱齊，以彝不以尊。」方氏苞、蔡氏德晉、韋氏協夢説皆略同。吴氏廷華曰：「注以『獻』爲『沙』，不確。蓋鬱鬯止嚌啐而不飲，下既云『卒爵』，其非鬱鬯可知。則『獻』當如字，敖説是也。」又云：「下云：司宫尊侯于服不之東北，兩獻酒，東面南上；司馬正洗散，❸實爵，獻服不。又云：司馬師獻僕隸人與巾車獲者，皆如大侯之禮。鄭以司宫尊爲獻服不之尊，故以此爲獻僕隸人等之尊，又謂服不之尊待時而陳，蓋經兩言『尊』，其文似複，故爲解之如此。不知經明言『尊于大侯之乏』，服不爲大侯獲者，居大侯之乏，則焉有設尊於此，反舍服不而言隸僕之理？若如下疏謂不必君射，故不於初設之，是以君若不射，則無服不之尊，故此注不言服不耳。不知君苟不射，不但無服不之尊，亦且無大侯之乏，此經文義，作何著落？敖氏謂此尊特連類及之，尚未設尊，至獻服不時始設耳。其言是也。」褚氏寅亮曰：「細案：乏東北止有二尊，無四尊也。敖氏説可從。祭侯

❶「明」，原作「時」，今據《續清經解》本改。
❷「云」，原作「三」，今據《續清經解》本改。
❸「正」，原脱，今據《儀禮疑義》補。

而神之，不妨用鬱鬯。『獻酒』『獻』字，依鄭讀爲是。」**設洗于阼階東南，罍水在東，篚在洗西，南陳。設膳篚在其北，西面。**或言南陳，或言西面，異其文也。【疏】正義曰：注云「異其文」者，以互文見義也。蔡氏曰：「此設洗篚也。」**又設洗于獲者之尊西北，水在洗北，篚在南，東陳。**亦統於侯也。無爵，因服不也。有篚，爲奠虚爵也。服不之洗，亦侯時而陳於其南。【疏】正義曰：敖氏曰：「此云『又設洗』，亦因上禮而連言之，其實未設也。獲者即服不之屬。惟云『水』，是不用罍也。君禮而水不用罍，以所獻者賤故爾。」郝氏曰：「膳篚西向，以君席在東也；獻獲者之洗、水、篚皆東向，以獲者在西也。張氏爾岐曰：「此篚中不設爵，將因獻服不之爵而用之也。」盛氏曰：「獲者之尊，即設於大侯之乏東北者，下經云『設洗于尊西北』，即謂此洗也。篚中所實者，一散也，亦未設而先言之。注以此與服不之洗分爲二，而張氏從之。非。」高氏愈曰：「尊兩壺于侯東，爲獻獲者故也。復爲設洗者，洗以致潔，雖於獲者賤人亦不敢略也。」吴氏廷華曰：「爵在篚，言篚則有爵可知。注以爲奠虚爵而設，非也。」**小臣設公席于阼階上，西鄉。司宫設賓席于户西，南面，有加席。卿席賓東，東上。小卿賓西，東上，大夫繼而東上。若有東面者，則北上。席工于西階之東，東上。諸公阼階西，北面，東上。**惟賓及公席布之也，其餘樹之於位後耳。小卿，命於其君者也。席於賓西，射禮辨貴賤也。諸公，大國有孤卿一人，與君論道，亦不典職如公矣。【疏】正義曰：蔡氏曰：「此設席也。」敖氏曰：「賓有加席，亦蒲筵加莞席也。公不言設加席，如燕禮可知，或亦蒙有加席之文也。❶射禮重於燕，故賓有加席。」方氏苞曰：「大射之賓，大夫也。以爲賓而加席，❷與卿同。猶燕主人，❸士也，以爲獻主，而與大夫偕薦也。卿之重席陳而不設，以卿終辭，且諸公無加席，而卿之加席久設於其位，❹非所宜也。」❺「若有東面，❻則北上」者，敖氏曰：東面者在西序下，少北。此言若有者，國有大小，則大夫亦有衆寡也。方氏曰：「惟大射卿、大夫在國者無不與，小卿位於賓西，五大夫繼之，户西不足以容其席位，故有東面者。燕則無此文。衰老及有事於國中者，可不與也。」注云「惟賓及公席布之也，其餘樹之於位後耳」者，敖氏曰：「此惟公席及賓席布之，其餘猶在房，俟時乃設。言之於此者，亦因設公席、賓席而遂及之耳。」韋氏協夢曰：「《燕禮》『設卿席』注云：『席自房來。』此云：『樹於位後。』彼燕禮輕，故俟臨時乃設；❼大射重於燕，故先設卿位，而樹席於其後以爲識也。不即設之者，貶於公與賓也。」焦氏以恕曰：「席自房來，原其始也。樹於位後，記其中也。俟時乃設，要其終也。故兩説皆通。」云

❶「或」，原脱，今據《儀禮集説》補。
❷「而」下，《儀禮析疑》有「有」字。
❸「燕」下，《儀禮析疑》有「之」字。
❹「久」，原作「文」，今據《儀禮析疑》改。
❺「宜」，原作「負」，今據《儀禮析疑》改。
❻「面」下，據經文當有「者」字。
❼「故俟」，原脱，今據《儀禮蠡測》補。

「小卿，命於其君者也」者，《釋官》曰：「案：《王制》云：『次國之上卿，位當大國之中，中當其下，下當其上大夫。小國之上卿，位當大國之下卿，中當其上大夫，下當其下大夫。』諸侯三卿，分爲上、中、下，執政一人爲上卿，亦曰冢卿；其次爲小卿，亦曰介卿。《左傳》：『冢卿無路，介卿以葬。』是也。然三卿下五大夫亦謂之小卿。《公羊傳》云：『古者上卿、下卿。』何注云：『古者，諸侯有司徒、司空，上卿各一，下卿各二。司馬事省，上、下卿各一。』故崔氏云：司徒下置小卿二人：一是小宰，一是小司徒。司空下置二小卿：一是小司寇，一是小司空也。司馬下惟置一小卿，小司馬也。案：經上云『卿席賓東，東上』，則卿非一人；此云『小卿賓西，東上』，則小卿亦非一人。若以小卿爲命於其君之卿，則諸侯卿止三人，經不當皆云『東上』，然則小卿即謂三卿下五大夫明矣。五大夫爲卿之副貳，故謂之小卿。經又云『大夫繼而東上』。若有東面者，❶則北上』者，諸侯大夫不止五人，惟三卿下五大夫謂之小卿，其餘大夫不稱小卿。故云『大夫繼而東上』。通言之，小卿亦曰大夫也。下文主人獻卿，司宫兼卷重席，設于賓左，東上。獻大夫繼賓以西，❷東上。若有東面者，則北上。更不見小卿之文。又獻大夫直云『繼賓以西，東上』，不云繼小卿，是大夫即兼小卿言之，足證此小卿爲大夫矣。注非是。❸諸公説詳《鄉飲酒禮》。」褚氏寅亮曰：「《燕禮》至獻卿後，始云『司宫兼卷重席，設于賓左』。而于設公賓席下，無設卿、大夫席文，故彼注云『席自房來』。此禮於設賓席後，即繼以『卿

❶ 「者」，原脱，今據《儀禮釋官》補。
❷ 「獻」，原作「繼」，今據《儀禮釋官》改。
❸ 「注」下，《儀禮釋官》有「疏」字。

席賓東』云云。至獻卿後，復云『司宮兼卷重席，設于賓左』，明此時席雖未設，已先定其位，故注云『樹之於位後』。見兩禮微異也。敖氏俟時而設之説，存參。有加席，專指賓，不兼公，蓋對《燕禮》賓無加席而言。若公與己臣燕，而有加席不待言矣。注以命於其君者爲小卿，所以别於天子命卿也。《集説》言中大夫爲小卿，非是。卿可通稱大夫，大夫不得稱卿。經文大夫繼而東上，蒙小卿在賓西，文極明，不必於『繼而』下添『西』字。」**官饌。**百官各饌其所當共之物。【疏】正義曰：敖氏曰：「官各饌之於其所也。《燕禮》曰：膳宰具官饌於寢東。與此互見其先後之節耳。」盛氏曰：「此亦膳宰總具之於堂東，而官乃分饌之於其所也。所饌之物見《燕禮》注。」吴氏廷華曰：「此注以百官言之，賈疏謂非獨宰，可知《燕禮》所謂官者，亦是百官。」此經官饌，亦是膳宰具之，故褚氏寅亮曰：「射宫無寢，故闕其饌所而不言。」❶**羹定。**烹肉熟也。《射義》曰：「諸侯之射也，必先行燕禮。」燕禮，牲用狗。

右射日陳燕具席位

射人告具于公。公升，即位于席，西鄉。小臣師納諸公、卿、大夫，諸公、卿、大夫皆入門右，北面東上。士西方，東面北上。大史在干侯之東北，北面東上。士旅食者在士南，北面東上。小臣師從者在東堂下，南面西上。大史在干侯東北，士旅食者在士南，爲有侯，故入庭深

---

❶「闕」，原作「闗」，今據《續清經解》本改。

也。小臣師，正之佐也。正相君，出入君之大命。【疏】正義曰：《校勘記》曰：「『大夫在干侯之東』，此『夫』字，《釋文》、唐石經、徐本、《通解》、楊、敖俱作『史』。《石經考文提要》云：『《釋文》大史，音泰，足以證夫字之誤。』注『大夫在干侯東北』，『夫』字，徐本、《通解》、楊氏俱作『史』，是也。與單疏標目合。『故入庭深也』，徐本、《通解》、楊氏俱無『故』字，與疏合。」○張氏爾岐曰：「自此至『南面反奠于其所，北面立』，皆將射先燕之事。公命賓，納賓以來，主人獻賓，賓酢主人，主人獻公，主人受公酢，主人酬賓，二人舉觶，公取觶酬賓，遂旅酬，主人獻卿，二人再舉觶，公爲卿舉旅酬，主人獻大夫，工入奏樂，凡十二節，皆與燕禮同。容有小異，主於射故也。」　注云「大史在干侯東北，❶士旅食者在士南，爲有侯，故入庭深也」者，敖氏曰：「大史在干侯東北，爲有事，故深入，東上。小史在西也，不著祝位者，與史異處，故略之，其位自在門東。士旅食者在士南者，爲辟射也。門西之位，其東西稍近於侯。」盛氏曰：「大夫與士旅食者之位，皆與燕禮異者，辟射也。大史釋獲，故移於干侯之東北，近其事也。云『東上』，謂與祝序也。不言祝者，以其無事略之也。敖云祝位自在門東，非。士旅食者移於士南，從其類也。觀此則士旅食者，即《周禮》旅下士，益可見矣。」❷云「小臣師，正之佐。正相君，出入君之大命」者，賈疏云：「下有小臣正，正，長也。故以師爲佐。小臣正，小臣中尊如天子大僕，故引《大僕職》解之也。」《釋官》曰：「注疏謂諸侯無大僕，以小臣兼之。《周禮·大僕職》曰：『王燕飲則相其法，王射則贊弓矢。』此《燕》、《射》二篇不見有大僕之官，皆小臣掌其事，則注疏之說信矣。

❶「干」，原脱，今據《儀禮注疏》補。
❷「益」，原作「蓋」，今據《儀禮集編》改。

《周禮》小臣下有祭僕，其職云：『大喪復于小廟。』《喪大記》：君夫人之喪，小臣復。則諸侯小臣又兼祭僕之職矣。諸侯無大僕，而《左傳》云：『韓獻子將新中軍，且爲僕大夫。』杜注以爲大僕，則東遷後所添設，不如古也。《周禮·大僕》：『下大夫二人，小臣上士四人。』諸侯以小臣兼大僕，則亦上士爲之也。《士喪禮》：君視斂，小臣二人執戈先，二人後。《喪大記》：君之喪，浴，小臣四人抗衾。然則諸侯小臣亦四人也。」又云：「燕禮小臣師無事，故云『小臣師一人，在東堂下』。此篇小臣師納諸公、卿、大夫，故惟小臣師從者在東堂下。據《士喪禮》小臣雖有四人，以《燕禮》及此篇考之，正與師止各一人也。《周禮·司士職》曰：『大僕從者在路門之左。』注云：『大僕從者，小臣、祭僕、御僕、隸僕。』然則此小臣師從者，蓋亦僕人之屬與？」胡氏肇昕曰：「盛氏謂小臣師及其從者皆立于東堂下，非是。」褚氏寅亮曰：「燕、射朝服，記言之，《大射》經無文，據天子大射與享先公同鷩冕，則五等諸侯亦各服其祭宗廟之冕服也。又《司士職》有大僕從者，其屬也。此從者，小臣之屬也。」**公降，立于阼階之東南，南鄉。小臣師詔揖諸公、卿、大夫，諸公、卿、大夫西面北上；揖大夫，大夫皆少進。** 詔，告也。變「爾」言「揖」，亦以其入庭深也。上言「大夫」，誤衍耳。

【疏】正義曰：注云「變『爾』言『揖』，亦以其入庭深也」者，以《燕禮》言「爾卿」、「爾大夫」，此變「爾」言「揖」，以其入庭深，揖之使近也。云「上言『大夫』，誤衍耳」者，以下云「揖大夫」，則上止揖公卿，故《燕禮》亦上止言「爾卿」，無「大夫」。以彼決此，知上文「公卿」下，兩誤衍「大夫」字也。郝氏曰：「言『揖諸公、卿、大夫』，又言

『揖大夫』者，卿爲上大夫也。」胡氏肇昕曰：「卿爲上大夫，經既云『公、卿』，❶不得復云『大夫』，蓋卿可稱上大夫，不得連稱卿大夫也。郝説非是。」**大射正擯。**大射正，射人之長。【疏】正義曰：韋氏協夢曰：「大射重於燕。燕禮用射人擯，故此用射人之長。大射正爲射人之長，則燕禮之射人，其大射正之佐與？」《釋官》曰：「大射正，亦射人也。大射正對小射正爲長，不對射人爲長。賈疏謂大射正對射人爲長，失之。」**擯者請賓，公曰：「命某爲賓。」**某，大夫名。**擯者命賓，賓少進，禮辭。**命賓者東面，南顧辭，辭以不敏。**反命，**以賓之辭告於君。**又命之。賓再拜稽首，受命。**又，復。**擯者反命。賓出，立于門外，北面。**【疏】正義曰：《燕禮》云「東面」，此「北面」者，盛氏曰：「大射辨尊卑，故賓于門外執臣禮也。」**公揖卿、大夫，升就席。小臣自阼階下北面，請執冪者與羞膳者。**請士可使執君兩甒之冪，及羞脯醢庶羞於君者。方圜壺獻無冪。【疏】正義曰：吴氏廷華云：「脯醢是薦而非羞。」**乃命執冪者。執冪者升自西階，立于尊南，北面東上。**命者於西階前，以公命命之。東上，執玄尊之冪爲上。羞膳者從而東由堂東，升自北階，立於房中，西面南上。不言命者，不升堂，略之。**膳宰請羞于諸公卿者。**膳宰請者異於君也。【疏】正義曰：盛氏云：「下經主人獻公之時云『宰胥薦脯醢』，則羞膳者非士矣。執冪及羞於諸公卿者，經無明文，以類求之，蓋亦宰胥也。是與燕禮請雖同，而所命者則異。」**擯者納賓，賓及庭，公降一**

---

❶「公」，原作「云」，今據《儀禮正義正誤》改。

等揖賓，賓辟；及，至也。辟，逡遁不敢當盛。【疏】正義曰：敖氏曰：「凡受公禮者皆辟，經不盡見之也。」方氏苞曰：「公之降揖同，而燕則賓不辟，何也？燕主溥惠於羣臣，而立一人以爲賓，禮猶輕。大射擇士以祭，賓有加席，與卿同升，奏《肆夏》，❶與異國之賓同。奠爵、執爵興而樂闋，且上擬於君，初接見時退辟，以見其不敢當禮也。」胡氏肇昕曰：「案：大射之禮重於燕，而燕射之賓皆臣也。臣受公禮，未有不辟者。燕不言賓辟，可知也。經不著賓辟於燕，而著於射者，大射之賓禮，隆於燕禮，愈盛而賓愈肅。不敢以客禮自處，大射如是，則燕更可知也。」**公升，即席。**以賓將與主人爲禮，不參之。

右命賓納賓

奏《肆夏》。《肆夏》，樂章名，今亡。吕叔玉云：「《肆夏》、《時邁》也。」《時邁》者，大平巡守祭山川之樂歌，其詩曰：「明昭有周，式序在位。」又曰：「我求懿德，肆于時夏。」奏此以延賓，其著宣王德勸賢與？《周禮》曰：「賓出入奏《肆夏》。」【疏】正義曰：注云「《肆夏》，樂章名，今亡」者，賈疏云：「《周禮·鍾師》云：『以鍾鼓奏《九夏》。』杜子春引吕叔玉以爲《肆夏》、《時邁》也；《繁遏》、《執競》也；《渠》、《思文》也。後鄭云：『以《文王》、《鹿鳴》言之，則《九夏》皆詩篇名，《頌》之族類也。此歌之大者，載在樂章，樂崩亦從而亡，是以《頌》不能具。』鄭彼注足破吕叔玉。此注亦云：『《肆夏》，樂章名，今亡。』又引吕叔玉於下者，以無正

❶「肆」，原作「陔」，今據《儀禮析疑》改。

文，叔玉或爲一義，故兩解之。」胡氏肇昕曰：「《時邁》『肆于《時夏》』鄭箋云：『樂歌大者稱夏。』《思文》『陳常于《時夏》』箋同。服子慎注《左傳》云：『《車鄰》、《駟鐵》、《小戎》之歌，與諸夏同風，故曰夏聲。』是樂章名夏之證，故《周禮》有《九夏》也。」引吕叔玉者，解《時邁》所以用於延賓之意。《詩序》云：「《時邁》，巡守告祭柴望也。」故以爲大平巡守祭山川之樂歌。敖氏曰：「《周官》言《九夏》，次曰《肆夏》，《春秋》言《肆夏》之三曰：《肆夏》、《樊遏》、《渠》。然則每夏之中各有篇數，如《肆夏》之類，乃其首篇名耳。穆叔聘于晉，晉侯享之，金奏《肆夏》之三。穆叔曰：『三《夏》，❶天子所以享元侯也，使臣不敢與聞。』此惟奏《肆夏》而不及《樊遏》、《渠》，其辟天子之享禮與？」胡氏肇昕曰：「敖説是也。《國語》云：『金奏《肆夏》、《繁遏》、《渠》。』是《肆夏》、《樊遏》、《渠》合爲《肆夏之三》，所謂『三夏』是也。賓出入《奏肆》夏而穆叔譏之者，孔氏廣森《經學卮言》謂諸侯惟用《肆夏》一章，天子享元侯乃得備《昭夏》、《納夏》，非謂僭《肆夏》，謂僭《肆夏》之三耳。本合奏《肆夏》，今并奏《樊遏》、《渠》，猶本合歌《鹿鳴》，今并加歌《文王》，穆叔故從而譏之也。」盛氏曰：「鄭引《周禮》易『尸』爲『賓』，非。天子宗廟之中，尸出入以鍾鼓奏之，《詩》云『鼓鍾送尸』是也。《周禮》謂之『金奏』，此及《燕禮》但云『奏《肆夏》』，不聞以金，蓋即賓出鼓《陔》之意，明與天子異矣。傳言晉侯金奏《肆夏》之三，是僭天子也。」胡氏肇昕曰：「此説非也。天子與諸侯異者，在於《肆夏》之三與《肆夏》耳，不在於金奏也。《左傳》言『金奏《肆夏》』，《周禮》言『以鍾鼓奏《九夏》』，則奏《肆夏》者必以金奏之可知也。《禮經》於賓

❶「三」，原作「肆」，今據《儀禮集説》改。

出入言奏《肆夏》，故鄭引《周禮》易『尸』爲『賓』，以此禮亦同於尸出入也」。賈疏曰：『《燕禮・記》云：「若以樂納賓，則賓及庭奏《肆夏》。」鄭云「卿、大夫有王事之勞，則奏此樂焉」，此亦同彼注也，若臣無王事之勞，則如常燕，無以樂納賓法也。』盛氏曰：『燕禮輕，❶故不以樂納賓，惟與四方之賓燕則奏之。大射禮重，故雖以己之臣子爲賓，而納之必以樂，豈問其有王事之勞與否哉？疏誤矣。』方氏苞曰：『燕以示慈惠，❷宜略於儀節，故納賓、公即席及受獻，皆不用樂。大射以辨尊卑、別賢能，宜詳於度數，故公即席、受獻皆以樂，尊尊也；納賓以樂，賢賢也。大夫以下無胥，而獲者釋獲有胥，報勤也。《肆夏》之詩曰：明昭有周，式序在位。又曰：我求懿德，肆于《時夏》。與大射辨尊卑、別賢能之義相應，燕而擳用《肆夏》以納賓，其必臣有勳勞、功伐而加隆焉，以厲羣臣與？』案：此說與疏合。」**賓升自西階。主人從之，賓右北面至再拜，賓荅再拜。**主人，宰夫也，又掌賓客之獻飲食。君於臣，雖爲賓，不親獻，以其莫敢抗禮。【疏】正義曰：韋氏協夢曰：主人從之，從之升西階也。《燕禮》言「主人亦升自西階」，與此文互備也。方氏苞曰：「主人從賓之後，既升堂，則北面而立，俟賓就席，然後拜其至。故不曰拜至，而曰『至再拜』也。」注云「主人，宰夫也」者，《釋官》曰：「主人，膳宰也。注誤。辨見《燕禮》。」**主人降洗，洗南，西北面。**賓將從降鄉之，不於洗北，辟正主。【疏】正義曰：注云「不於洗北，辟正主」者，以《鄉飲酒》、《鄉射》主人降洗，洗北南面，是正主。

❶「輕」，原作「經」，今據《續清經解》本改。
❷「示」，原作「云」，今據《儀禮析疑》改。

此不於洗北，是辟正主也。**賓降階西，東面。主人辭降，賓對。**對，荅。**主人北面盥，坐取觚，洗。賓少進，辭洗。主人坐奠觚于篚，興對。賓反位。**賓少進者，所辭異，宜違其位也。獻不用爵，辟正主。**主人卒洗。賓揖，乃升。**賓每先升，揖之。【疏】正義曰：《校勘記》曰：「『乃升』，唐石經、徐本、《通解》、敖氏俱無『乃』字。注『揖之』，徐本、《通解》俱作『尊也』。」**主人升，賓拜洗。主人賓右奠觚荅拜，降盥。賓降，主人辭降，賓對。卒盥，賓揖升。主人升，坐取觚。**取觚，將就瓦甒酌膳。**執冪者舉冪，主人酌膳，執冪者蓋冪。酌者加勺，又反之。**反之，覆勺。【疏】正義曰：敖氏曰：「舉冪之儀，當與蓋冪者相類。蓋主人取觚而適尊所，執冪者則進而發其冪之反者。主人取勺，執冪者乃舉冪也。又反之，亦執冪者也。」**筵前獻賓。賓西階上拜，受爵于筵前，反位。主人賓右拜送爵。**賓既拜，於筵前受爵，退復位。【疏】正義曰：注云「賓既拜，於筵前受爵」者，以經文「受爵於筵前」爲倒句法也。《燕禮》曰：「筵前受爵。」**宰胥薦脯醢。**宰胥，宰官之吏也。不使膳宰薦，不主於飲酒，變於燕。【疏】正義曰：敖氏曰：「宰胥，宰之屬也。薦賓者與公同，亦盛之。」盛氏曰：「宰胥，膳宰之吏也。《周禮·序官》膳宰下云『胥十有二人』是已。《燕禮》：膳宰薦賓，胥薦主人。今薦賓乃使胥者，主於射而略於燕也。」韋氏協夢曰：「覲下設折俎亦不以膳宰，而以庶子，則宰胥、庶子特攝膳宰之事耳。」《釋官》曰：「下獻公亦宰胥薦脯醢，不使士薦，亦爲變於燕。」**賓升筵，庶子設折俎。**庶子，司馬之屬，掌正六牲之體者也。《鄉射·記》曰：「賓俎，脊、脅、肩、肺。」不使膳宰設俎，爲射變於燕。【疏】正義曰：「庶子，司馬之屬，掌正六牲之體者也」者，《周禮·諸子職》文。《釋官》曰：「諸侯庶子與諸子同。」云「不使膳宰設俎，爲射變於燕」者，燕禮設賓俎亦膳宰，此用庶子，變於燕也。**賓坐，左執觚，右祭脯醢。奠爵于薦右；興取肺，坐絶祭，嚌之；興加于俎，坐挩手，執爵，遂祭酒，興；席末坐啐酒，降席；坐奠爵，拜，告旨，執爵興。主人荅拜。**降席，席西也。旨，美也。**樂闋。**闋，止也。樂止者，尊賓之禮盛於上也。【疏】正義曰：張氏爾岐曰：「惟盛得有樂也。《燕禮·記》云：『賓及庭而奏《肆夏》。❶賓拜酒，主人荅拜而樂闋。』亦謂啐酒、告旨時。此燕己臣子法。《郊特牲》云：賓入大門而奏《肆夏》，卒爵而樂闋。彼燕朝聘之賓法也。」吴氏廷華曰：「盛於上，謂堂上飲酒之禮盛，不以堂下之樂爲盛，故樂闋也。」**賓西階上北面坐，卒爵，興；坐奠爵，拜，執爵興。主人荅拜。**【疏】正義曰：韋氏協夢曰：「凡奠爵拜者皆執爵興，然後荅拜者荅拜之。經或不言執爵，可以例見之也。」

右主人獻賓

賓以虚爵降。既卒爵，將酢也。**主人降。賓洗南西北面坐奠觚，少進，辭降。主人西階西東面，少進，對。賓坐取觚，奠于篚下，盥洗。**篚下，篚南。【疏】正義曰：敖氏曰：「西階西，非主人之正位，以從降暫立於此耳。主人既對，不言反位，亦文省。」方氏苞曰：「禮與燕同，而於賓增『北面』，於主

❶「肆」，原作「陔」，今據《儀禮鄭注句讀》改。

人增『西階』，然後賓主所立之位愈明。」主人辭洗。賓坐奠觚于篚，興對，卒洗；及階，揖升。主人升，拜洗如賓禮。賓降盥，主人降。賓辭降，卒盥，揖升。酌膳、執冪如初，以酢主人于西階上。主人北面拜受爵。賓主人之左拜送爵。賓南面授爵，乃於左拜。凡授爵，鄉所受者。主人坐祭，不啐酒，辟正主也。未薦者，臣也。不拜酒，主人之義。《燕禮》曰：「不拜酒，不告旨。」【疏】正義曰：此不云「不告旨」者，不拜酒，則不告旨矣。遂卒爵，興；坐奠爵，拜，執爵興。賓荅拜。主人不崇酒，以虛爵降，奠于篚。不崇酒，辟正君也。崇，充也。謂謝酒惡相充實。【疏】正義曰：注「正君」，《校勘記》曰：「『君』，徐本作『主』。」賓降，立于西階西，東面。既受獻矣，不敢安盛。擯者以命升賓。賓升，立于西序，東面。命，公命也。東西牆謂之序。【疏】正義曰：方氏苞曰：「《燕禮》射人案節而升賓。不復請於君也。此曰『以命』，蓋君重其禮而特命之。」胡氏肇昕曰：「《燕禮》注引此經，則鄭於《燕禮》亦謂以命升賓也，特文省耳。方説非。」

右賓酢主人

主人盥，洗象觚，升酌膳，東北面獻于公。象觚，觚有象骨飾也。取象觚東面，不言實之，變於燕。【疏】正義曰：注「觚有象骨飾也」，《校勘記》曰：「『飾』下，徐本、《通解》俱有『者』字。」公拜受爵，乃奏《肆夏》。言乃者，其節異於賓。【疏】正義曰：注云「其節異於賓」者，賓及庭奏，君受爵乃奏也。主人降

自西階，阼階下北面拜送爵。宰胥薦脯醢，由左房。庶子設折俎，升自西階。自，由也。左房，東房也。人君左右房。《鄉射·記》曰：「主人俎，脊、脅、臂、肺也。」【疏】正義曰：敖氏曰：「凡堂上之薦，皆由左房，特於君見之耳。」**公祭，如賓禮；庶子贊授肺。**【疏】正義曰：盛氏曰：「《燕禮》：士薦，膳宰設，且贊授肺。此皆與之異者，亦爲主於射而略之也。」**不拜酒，立卒爵；坐奠爵，拜，執爵興。**凡異者，君尊，變於賓。【疏】正義曰：謂不拜酒、立卒爵等皆變於賓也。**主人荅拜。樂闋。升受爵，降奠于篚。**

右主人獻公

更爵洗，升酌散以降；酢于西階下，北面坐奠爵，再拜稽首。公荅拜。更，易也。易爵，不敢襲至尊。古文「更」爲「受」。【疏】正義曰：敖氏曰：「此亦當酌膳。云『酌散』，誤也。」郝氏曰：「燕禮酌膳，此酌散。燕禮主飲，故叨君惠；大射主禮，不敢同於君也。」姜氏曰：酌方壺酒曰酌散。燕禮酌膳，而此酌散者，燕禮，賓主之情；大射，君臣之義也。方氏苞曰：「燕禮酌膳，志恩禮渥洽，而不可忘也；❶大射酌散，示等級分明，而不敢苟也。」案：後三説皆與敖異。吴氏廷華曰：「上文賓酢主人酌膳，此主人自酢于公，所以達公意，亦酌膳也。敖説得之。『公荅拜』，《燕禮》作『公荅再拜』。姜氏曰：此下《燕禮》多『荅再拜』，

❶「可」，原作「敢」，今據《儀禮析疑》改。

而《大射》但『荅拜』，義亦如之。」**主人坐祭，遂卒爵，興；坐奠爵，再拜稽首。公荅拜。主人奠爵于篚。**

右主人受公酢

主人盥洗，升媵觚于賓，酌散，西階上坐奠爵，拜。賓西階上北面荅拜。媵，送也。散，方壺之酒也。古文「媵」皆作「騰」。【疏】正義曰：注「古文『媵』皆作『騰』」，胡氏承珙曰：「此注『古文』疑當作『今文』，傳寫誤耳。鄭注《檀弓》云：『《禮》揚作媵。』《禮》即《禮經》，謂《禮經》古文皆作『媵』。若《禮記》則今文，其作『揚』，與《禮經》今文作『騰』者義合，❶故知此作『騰』者必今文也。」**主人坐祭，遂飲。賓辭。卒爵興，坐奠爵，拜，執爵興。賓荅拜。**辭者，辭其代君行酒不立飲也。比於正主酬也。**主人降洗，賓降。主人辭降，賓辭洗。卒洗。賓揖升，不拜洗。**不拜洗，酬而禮殺也。**主人酌膳。賓西階上拜，受爵于筵前，反位。主人拜送爵。賓升席，坐祭酒，遂奠于薦東。**遂者，因坐而奠之，不北面也。奠之者，酬不舉也。【疏】正義曰：方氏苞曰：「凡奠于薦東之觶不飲，何也？燕與大射，公卿皆未得獻，賓已受獻，且隨當受君之酬，故不飲主人之酬爵，以示不敢再先於公卿。俟受君之酬，而以酬公、卿、

---

❶「與」，原重，今據《儀禮古今文疏義》刪。

大夫，然後事順而情安也。主人之酬爵，君不可用以酬賓，故別舉媵觶，而薦東之觶又不得他用，則俟禮終而徹之可矣。鄉飲、鄉射不用薦東之觶，義與此同。其舉薦西之觶以旅，則以事各不同，而節文亦少異耳。」

主人降，復位。賓降筵西，東南面立。賓不立於序内，位彌尊。

右主人酬賓

小臣自阼階下請媵爵者，公命長。命之，使選於長幼之中也。卿則尊士則卑。【疏】正義曰：方氏苞曰：「長，謂五大夫爵列之尊者。故小臣以次作二大夫，而不復請於君也。公爲公卿舉旅曰『若賓若長』，則非以長幼言可知。」**小臣作下大夫二人媵爵。**作，使。**媵爵者阼階下皆北面再拜稽首，公荅拜。**再拜稽首，拜君命。**媵爵者立于洗南，西面北上；序進，盥洗角觶，升自西階；序進，酌散，交于楹北；降，適阼階下；皆奠觶，再拜稽首，執觶興。公荅拜。**序，次第也，猶代也。先者既酌，右還而反，與後酌者交於西楹北，相左，俟於西階上，乃降，往來以右爲上。古文曰「降造阼階下」。【疏】正義曰：「皆奠觶，再拜稽首」，方氏苞曰：「上稽首拜媵爵之命也，此稽首拜飲觶之賜也。賓未酬而先賜媵爵者飲，何也？凡酬必先自飲，而後致爵於人。媵爵者之飲，乃代君也。酬爵四舉，非有代者，君豈能勝？」褚氏寅亮曰：「《燕禮》及此注俱云『往來以右爲上』，各居右即相左矣。故凡往來相交通例，無論堂上堂下，經或言相左，或不言相左，俱無有不相左者。其向西者必在北，向東者必在南，向南者必在西，向北者必在東，自不至履錯然矣。賈氏此經疏及《鄉射》司馬、司射相交疏甚明，《燕禮》疏誤。《集説》言經不言相左者俱相右，故以此爲退者在東、進者在西，則尤非。經於往來相交之儀無二例，惟凶事則變於吉而相右，故鄭注《既夕禮》云：『吉事交相左，凶事交相右。』如敖説，則混吉于凶矣，可乎？」　注「古文曰『降造阼階下』」，鄭不從者，胡氏承珙曰：「案：《説文》：『適，之也。』『造，就也。』義本相近。故《小爾雅》：『造，適也。』造亦訓適。然《禮經》多用『適』，少用『造』。惟《士喪禮》：『新盆、槃、瓶、廢敦、重鬲皆濯，造于西階下。』注云：『造，至也，猶饌也。以造言之，喪事遽。』是鄭意以『造』字義別，故於此不從古文與？」**媵爵者皆坐祭，遂卒觶，興；坐奠觶，再拜稽首，執觶興。公荅再拜。**【疏】正義曰：姜氏曰：「此亦荅再拜者，蓋重祭也。」方氏苞曰：「燕禮主人自酢、賓受酬、二大夫媵觶，公皆荅再拜。大射皆荅一拜，惟此荅再拜，何也？燕示慈惠，❶故過禮以明恩。大射辨名分。主人，士也。君於士不荅拜，以爲獻主而拜荅焉，禮已過矣。賓與媵觶，大夫也，本當荅拜，故一循其常，而於二大夫卒觶時，間荅再拜，以別於士。賓則公飲射爵而夾爵及媵觶于公，并荅再拜，以別於衆大夫，又所以稱禮之輕重而爲之隆殺也。」❷胡氏肇昕曰：「二説皆不足據。」盛氏世佐曰：「此云『荅再拜』，衍一『再』字耳。」韋氏協夢曰：「凡臣拜君再拜者，君亦荅再拜。上兩『公荅拜』不言再拜者，文不具。」**媵爵者執觶待于洗南。**待，待君命。**小臣請致者。**請君使一人與，二人與。不必君命。**若命皆致，則序進，奠觶于篚，阼階下皆北面再拜稽首，公荅拜。媵爵者**

❶「示」，原作「主」，今據《儀禮析疑》改。
❷「隆」，原作「降」，今據《儀禮古今文疏義》改。

洗象觶，升實之；序進，坐奠于薦南，北上；降，適阼階下，皆再拜稽首送觶。公荅拜。既酌而代進，往來由尊北，交於東楹北，亦相左。奠於薦南，不敢必君舉。【疏】正義曰：注云「既酌而代進，往來由尊北，交於東楹北，亦相左」者，賈疏云：「言『亦』者，亦前酬酌自飲時，❶相左於西楹之北時，後者南相東向，先者北相西向，向西階右旋，北面待後至降也。今此二人，先者於尊西東面酌訖，於東楹之北東向，向公前奠之，右旋於東楹之北，北畔西過，後者亦於尊西東面，酌訖，於東楹之北南過，東向於公前奠之，是亦交於楹北相左也。」韋氏協夢曰：「交於楹北有相右、相左二義：賈疏疏《燕禮》以相右言；❷此因注有相左之文，又以相左言。二說相兼而旨始備。」焦氏以恕曰：「上注言：『先者既酌，右還而反，與後酌者交於西楹北，相左，俟於西階上，乃降。往來以右爲上。』考鄉射、大射，凡射者升降皆言相左，而燕禮媵爵則交相右，明係二禮互變可知。敖氏以經不言相左，但言交者皆相右，而燕射不變者，良爲允矣。鄭於禮學最精，必審諦而後出之。況射者之交相左見於前後者非一，恐非率爾釋此，當可兩通云。」**媵爵者皆退反位。**反門右北面位。【疏】正義曰：郝氏曰：「反位，反庭中北面之位。大夫初與卿皆入門右，北面，及公揖卿西面北上，揖大夫少進，則大夫北面進至庭中矣。鄭云反門右北面之位，非也。」

右二人媵觶將爲賓舉旅酬

---

❶「前」，原作「相」，今據《儀禮注疏》改。
❷「疏疏」，原不重，今據《儀禮蠡測》補。

公坐取大夫所媵觶，興以酬賓。賓降，西階下再拜稽首。小臣正辭，賓升成拜。❶公起酬賓於西階，降尊以就卑也。正，長也，小臣長辭，變於燕。升成拜，復再拜稽首。先時君辭之，於禮若未成然。【疏】正義曰：「賓升成拜」，《校勘記》曰：「案：顧炎武、張爾岐俱云唐石經『拜』誤作『敗』，然石經實作『拜』。」○「正，長也，小臣長辭，變於燕」者，鄭以《燕禮》使小臣辭，此使小臣正辭爲變也。《釋官》曰：「燕禮亦小臣正辭。注云『變於燕』，非也。燕禮所行事，皆小臣正掌之，而小臣師無事，故不須言正。此篇正與師皆有事，故須言正以别之。前此設公席、請執冪者與羞膳者、請媵爵者作下大夫二人，媵爵請致者，皆直云『小臣』，不别言正者，以前此小臣事省，但於小臣師别之。曰『小臣師納諸公、卿、大夫』，『小臣師詔揖諸公、卿、大夫』，❷而其餘單言『小臣』者爲小臣正可知。射時小臣事繁，若設楅、委矢、設中、公射贊袒、贊襲、拂矢、授矢之類。正與師皆同時有事，故必須别之，曰正、曰師。此時公酬賓，小臣雖無事，而亦必别言『正辭』者，以射時飲公侍射者降拜，别之曰『小臣正辭』，故此亦著其爲正，以見辭下拜之事前後皆小臣正主之。此經文屬詞之義。」敖氏曰：「小臣正辭亦公命之。」方氏苞曰：「拜下，禮也，故主人獻公、大夫媵觶皆聽其稽首於階下而不辭，惟於賓則略君臣之分，而執賓主之禮，故命小臣辭而升成拜，且始猶拜於下而後辭，既則不待其拜而升之，皆異敬也。公以賓所媵觶賜人，亦不待其拜而升之，蓋所賜必諸公若諸卿之長，或君之師

---

❶ 「成」，原作「再」，今據《儀禮注疏》改。

❷ 「師」，原脱，今據《儀禮釋官》補。

保，故與賓同禮。然君雖有異敬，而臣宜守常禮，故至君命徹冪，則賓與公、卿、大夫皆降拜稽首。公雖命辭而終不升成拜。」**公坐奠觶，荅拜，執觶興。公卒觶，賓下拜，小臣正辭，賓升，再拜稽首。**不言成拜者，爲拜故下，賓未拜也。下不就拜，禮也。下，亦降也。發端言降拜，因上事言下拜。【疏】正義曰：「下不就拜，禮也」，《校勘記》曰：「『就』，徐本、《通解》俱作『輒』。『禮』下徐本、《通解》俱有『殺』字。」○韋氏協夢曰：「上言『賓降西階下，再拜稽首』，此言『賓下拜』，降與下特記者偶異其文耳。注謂『發端言降，因上事言下拜』，則賓媵觶于公，何以發端言『下拜』，繼言『降拜』乎？」又曰：「此下凡言小臣正辭者，亦不俟公命即辭之也。知不俟公命者，上賓降拜，公命小臣正辭，小臣正受公命，然後降辭賓，則賓已再拜稽首矣。故升以成之。此賓甫降，小臣即辭之，故降而未拜，遂升，再拜稽首。若俟公命，則賓亦已再拜稽首矣，何以直言下拜乎？」褚氏寅亮曰：「上經公于媵爵者，或言『荅拜』，或言『荅再拜』，則皆再拜可知。不言再，省文耳。此經公荅賓亦同。疏謂大射辨尊卑，故公荅一拜。恐未然。」**公坐奠觶，荅拜，執觶興。賓進，受虛觶，降，奠于篚，易觶，興洗；**賓進以臣道也，君受虛爵，君不親酌。凡爵不相襲者，於尊者言更，自敵以下言易。更作新，易有故之辭也。不言公酬賓於西階上及公反位者，尊君，空其文也。【疏】正義曰：注「賓進以臣道也」，《校勘記》曰：「『也』，徐本、《通解》俱作『就』，陳、閩、監、葛俱無。」○敖氏曰：「言『興洗』，見洗則立也。」張氏爾岐曰：「公授賓爵，即反位。」**公有命，則不易不洗。反升酌膳，下拜。小臣正辭。賓升，再拜稽首。公荅拜。**不易，君義也。不洗，臣禮也。【疏】正義曰：張氏爾岐曰：「公荅拜於阼階上。」❶**賓告于擯者，請旅諸臣。擯者告于公，公許。**旅，序也。❷賓欲以次序勸諸臣酒。【疏】正義曰：敖氏曰：「旅，旅酬之也。賓因君所賜，請旅諸臣，所以廣君賜也。公許，擯者又以告賓，乃旅也。」方氏苞曰：「祭祀賓客獻酬本無或遺，而燕、射舉旅必使賓請者，自賓言之，則不敢專惠；自君言之，則推惠於賓而使浹於上下也。公卿之請，所以推惠於公卿，而使浹於諸大夫也；大夫之請，所以推惠於大夫，而使浹於羣士也。士舉旅而後獻庶子有司，則士之請又推惠於士，而以浹於庶子有司也。惟賓之請見於經，而《燕禮・記》曰：『凡公所酬，既拜，請旅侍臣。』蓋據爲公、卿、大夫、士舉旅，受爵者皆曰『如初』。請酬之文，惟見《大射》，何也？大射禮重於燕，於燕舉之。或疑大射辨尊卑、簡賢能一稟於君命，或無此節。於大射舉之，則燕不待言矣。以告於擯者，以射者無自請於君之儀也。」**賓以旅大夫于西階上，擯者作大夫長升受旅。**作，使也。使之以長幼之次，先孤、卿，後大夫。【疏】正義曰：《校勘記》曰：「注『卿後大夫』四字，今本脱，徐本、《通解》俱有。」**賓大夫之右，**賓在右，相飲之位。【疏】正義曰：《校勘記》曰：「今本脱注，徐本、《通解》俱有。案：《釋文》有『相飲』二字。」**坐奠觶，拜，執觶興。大夫荅拜。賓坐祭，**酬而禮殺。【疏】正義曰：《校勘記》曰：「今本脱注。徐本、《通解》俱有。」**立卒觶，不拜。若膳觶也，則降，更觶，洗，升，實散。大夫拜受。賓拜送，**言更觶，尊卿，尊卿則賓禮殺。【疏】正義曰：《校勘記》曰：「今

❶「公」，原作「君」，今據《儀禮鄭注句讀》改。
❷「序」，原作「命」，今據《儀禮注疏》改。

本脱注，徐本、《通解》俱有。」**遂就席。**【疏】正義曰：盛氏曰：「賓初立於西序，東面。既乃於筵西東南面立，至是始就席，禮以漸而殺也。《燕禮》無此三字，文略耳。」**大夫辯受酬，如受賓酬之禮，不祭酒。卒受者以虚觶降，奠于篚，復位。**卒，猶已也。今文「辯」作「徧」。【疏】正義曰：《校勘記》曰：「今本脱注，徐本、《通解》俱有。」

右公取媵觶酬賓遂旅酬

主人洗觚，升實散，獻卿于西階上。酬賓而後獻卿，飲酒禮成於酬。【疏】正義曰：《校勘記》曰：「『洗酬』，『酬』，唐石經、徐本、《通解》、敖氏俱作『觚』。注今本脱，徐本、《通解》俱有。」**司宮兼卷重席，設于賓左，東上。**言兼卷，則每卿異席。重席，蒲筵緇布純席。卿言東上，統於君。席自房來。【疏】正義曰：《校勘記》曰：「今本脱注，徐本、《通解》俱有。案：《釋文》有『布純』二字。」**卿升，拜受觚。主人拜送觚。卿辭重席，司宮徹之。**徹，猶去也。重席雖非加，猶爲其重累，辭之，辟君。【疏】正義曰：方氏苞曰：「賓有加席，而卿轉辭，因其辭而遂徹之，何也？上則體君之意以致隆於賓，下則不敢過諸公也。」**乃薦脯醢，卿升席，庶子設折俎。**卿折俎未聞，蓋用脊、脅、臑、折肺。卿有俎者，射禮尊。【疏】正義曰：薦脯醢，不言其人。盛氏曰：「蓋亦宰胥也。」注云「卿折俎未聞，蓋用脊、脅、臑、折肺」者，賈疏云：「若有諸公，公用臑，卿宜用膞也。」盛氏云：「注云卿用臑，謂上卿耳。其下二人者，則又折以上卿之餘體也。」云「卿有俎者，射禮尊」者，盛氏曰：「卿有俎，❶别之於大夫也，亦辯尊卑之義。」**卿坐，左執爵，右祭脯醢，奠爵于薦右；興取肺，坐絶祭，不嚌肺；興加于俎，坐挩手，取爵，遂祭酒，執爵興；降席，西階上北面坐卒爵，興；坐奠爵，拜，執爵興。**陳酒肴，君之惠也。不嚌啐，亦自貶於君。【疏】正義曰：《校勘記》曰：「注『不嚌啐』，陳、閩、監、葛俱誤作『肺』。『亦自貶於君』，徐本、《通解》俱作『事在射，臣之意』，與單疏標目合。」姜氏曰：「祭肺不嚌，猶祭酒不啐，皆降於賓也。不言不啐酒，蓋省文。」韋氏協夢曰：「此禮詳於燕者，燕無俎而射有俎也。既祭酒即執爵興，則亦不啐酒、不告旨可知。」**主人荅拜，受爵。卿降，復位。**復西面位，不酢辟君。**辯獻卿。主人以虛爵降，奠于篚。擯者升卿，卿皆升，就席。若有諸公，則先卿獻之，如獻卿之禮；席于阼階西，北面東上；無加席。**公，孤也。席之北面爲大尊，屈之也。亦因阼階上近君，近君則親寵苟敬私昵之坐。【疏】正義曰：燕與大射諸公皆無加席，與卿辭重席之意同，以成君致隆於賓之義也。又位在阼階，若加席，則上儗於君，故設席時本無加席，不待其辭。

右主人獻卿

小臣又請媵爵者，二大夫媵爵如初。請致者。若命長致，則媵爵者奠觶于篚。命長致

---

❶「俎」，原作「折」，今據《儀禮集編》改。

者，使長者一人致也。公或時未能舉，自優暇。一人待于洗南，不致者。長致者阼階下再拜稽首，公荅拜。再拜稽首，拜君命。洗象觶，升實之，坐奠于薦南，降，與立于洗南者二人皆再拜稽首，送觶。公荅拜。奠于薦南，先媵者上觶之處也。二人皆拜如初，共勸君飲之。

右二人再媵觶

公又行一爵，若賓若長，惟公所賜。一爵，先媵者之下觶也。若賓若長，禮殺也。長，孤卿之尊者也。於是言賜，射禮明尊卑。以旅于西階上，如初。賜賓則以酬長，賜長則以酬賓。大夫長升，受旅以辯。大夫卒受者以虚觶降，奠于篚。

右公又行一觶爲卿舉旅

主人洗觚，升，獻大夫于西階上。大夫升，拜受觚。主人拜送觚。大夫坐祭，立卒爵，不拜既爵。既，盡也。大夫卒爵不拜，賤不備禮。主人受爵，大夫降復位。胥薦主人于洗北，西面。脯醢，無脀。胥，宰官之吏。主人，下大夫也。先大夫薦之，尊之也。不薦於上，辟正主。脀，俎實。辯獻大夫，遂薦之，繼賓以西，東上；若有東面者，則北上。卒，擯者升大夫，大夫皆升，就席。辯獻乃薦，略賤也。亦獻後布席也。【疏】正義曰：注云「辯獻乃薦，略賤也」者，張氏爾岐曰：「每獻一人訖降階，獻徧，擯者乃總升之就席。就席訖，乃薦之。」

右主人獻大夫

乃席工于西階上，少東。小臣納工，工六人，四瑟。工，謂瞽矇善歌諷誦詩者也。六工，大師、少師各一人，上工四人。四瑟者，禮大樂衆也。【疏】正義曰：敖氏曰：「大射差重於燕，又加瑟者二人，然則諸侯之祭饗，歌與瑟者各四人與？以是推之，天子之制，其隆殺之數亦可知矣。」盛氏曰：「工六人，諸侯之正禮也，然則天子蓋用八矣。《春秋》隱五年《左傳》云：『公問羽數于衆仲。對曰：天子用八，諸侯用六，大夫四，士二。』亦其例也。敖説非。」**僕人正徒相大師，僕人師相少師，僕人士相上工。**徒，空手也。僕人正，僕人之長。師，其佐也；士，其吏也。天子視瞭相工，諸侯兼官，是以僕人掌之。大師、少師，工之長也，凡國之瞽矇正焉。杜蒯曰：「曠也，大師也。」於是分別工及相者，射禮明貴賤。【疏】正義曰：敖氏曰：「上工，即上瞽。《周官》上瞽百人。」盛氏曰：「上工，即堂上之工也，對下羣工爲堂下之工而言。敖云『即上瞽』，非。」案：《釋官》亦云：「《周禮》瞽矇有上瞽、中瞽、下瞽。此上工，當彼上瞽也。」注云「僕人正，僕人之長。師，其佐也；士，其吏也。天子視瞭相工，諸侯兼官，是以僕人掌之」者，盛氏曰：「僕人正、僕人師，皆於天子爲大僕也。《周禮》：『大僕，下大夫二人。』諸侯則上士也。一爲正，其一爲師，僕人士則祭僕以下，與以此等官相仝，重其事也。分別相之，辨尊卑也。燕禮皆以小臣，注云以僕人掌視瞭，非也。」《釋官》曰：「案：《周禮》小臣下有御僕，此經僕人與小臣聯職，疑即御僕之官。《左傳》：『晉魏絳授僕人書。』杜

注：『僕人，晉侯御僕。』《國語》韋注云：『僕人掌傳命。』又《魯語》：『宣公使僕人以書命季文子。』《周禮·御僕職》云：『掌羣吏之逆及庶民之復。』鄭司農云：『復謂奏事，逆謂受下奏。』❶又云：『掌王之燕令。』❷是《左傳》、《國語》所言僕人，其職與《周禮》御僕正合。天子有大僕、小臣、祭僕、御僕，皆同官。諸侯無大僕，惟有小臣及僕人，亦當同官，共府、史、胥、徒。《周禮》御僕下士，此注以僕人士爲吏，則正與師當是士，以諸侯小臣下無祭僕，故僕人正、僕人師亦以下士爲之也。」又曰：「僕人、小臣，皆侍從之官，與僕馭官別。《周禮·大僕》注云：『僕，侍御於尊者之名。』《周禮》有大僕、小臣等官，又別有大馭，中大夫，與戎僕、齊僕、道僕、田僕、馭夫，皆掌馭車。《左傳》諸侯有僕人，又別有戎御等官，其職各不相通。《漢書·百官公卿表》云：『大僕，秦官，掌輿馬。』注：『應劭曰：周穆王所置，蓋大御衆僕之長，中大夫也。』是秦制以大僕掌輿馬，而後之言官制者遂誤合兩職爲一矣。」❸云「大師、少師，❹工之長也，凡國之瞽矇正焉」者，《釋官》曰：「案：《論語》有大師摯、少師陽，是諸侯亦有大師、少師之官。凡言工，皆瞽矇也。大師、少師，亦瞽者爲之，故通稱工。注云：『大師、少師，工之長。』最確。大師，樂工之長，非樂官之長。《周禮·春官·敘官》有大司樂、樂師同

---

❶「逆」，原作「送」，今據《續清經解》本及《周禮注疏》改。

❷「令」，原作「命」，今據《儀禮釋官》改。

❸「一」，原作「之」，今據《儀禮釋官》改。

❹「少」，原作「小」，今據上文改。

官，❶其職掌教國子，與《尚書》典樂官同，非瞽者爲之。鄭注云：『大司樂，❷樂官之長。』是也。又别有大師、少師、瞽矇，皆同官。鄭注云：『凡樂之歌，必使瞽矇爲焉，命其賢知者以爲大師、少師。』故《周禮·大史職》注云：『大師，瞽官之長。』是也。韋昭注《國語》曰：大師，樂官之長。杜預注《左傳》云：『大師，掌樂大夫。』皆由忘卻大師上尚有掌樂之官。天子謂之大司樂，諸侯謂之樂正也。」云「杜蒯曰：『曠也，大師也。』」者，《禮記·檀弓》文。引之以證大師爲樂工之長也。云「射禮明貴賤」者，以燕禮皆小臣相工，不分别工及相者，與此異也。吴氏廷華曰：「僕人士無考，大概大僕之屬，如上、中、下士耳。注以爲吏，疏以爲府、史、胥、徒，若然，則烏得與僕人正等同在相者之列邪？」**相者皆左何瑟，後首，内弦，挎越，右手相。**謂相上工者後首，主於射，略於此樂也。内弦，挎越，以右手相工，由便也。越，瑟下孔，所以發越其聲者也。古文「後首」爲「後手」。【疏】正義曰：注云「後首，主於射，略於此樂也」者，韋氏協夢曰：「燕禮面鼓執越。此後首挎越者，蓋變於燕也。大射之必變於燕者，亦猶鄉射之必變於鄉飲也。但鄉飲後首挎越，鄉射面鼓執越；此燕面鼓執越，大射後首挎越：二者相反耳。」云「古文『後首』爲『後手』」者，胡氏承珙曰：「鄭此注云：『後首，主於射，略於此樂。』《鄉飲酒》：『二人皆左何瑟，後首。』注：『後首者，變於君也。』《燕禮》：『小臣左

❶「大」，原脱，今據《儀禮釋官》補。
❷「司」，原作「師」，今據《儀禮釋官》改。

何瑟，面鼓。』注云：『燕尚樂，可鼓者在前也。』《鄉射禮》：『相者皆左何瑟，面鼓。』注：『面，前也。鼓在前，變於君也。』案：鼓，即首也。瑟可鼓之處近首，不鼓之處近尾，故當作『首』，不作『手』。《春秋》『曹公子首』，《公羊》、《穀梁》作『曹公子手』。《漢書古今人表》『斁手』，《説文》作『斁首』。此古文『首』爲『手』者，假借字，鄭所不從。」吴氏廷華曰：「鄭知瑟在前者，《鄉飲禮》所謂『瑟先』也。」**後者徒相入。**謂相大師、少師者也。上列官之尊卑，此言先後之位，亦所以明貴賤。凡相者以工出入。【疏】正義曰：「上列官之尊卑，此言先後之位，亦所以明貴賤」者，謂上先言僕人正與大師，後言僕人士與上工，是列官之尊卑。此言上工與瑟在前，大師、少師在後，是先後之位，所以明尊卑也。盛氏曰：「賤者先就事，工之通禮也。燕禮亦然，但文有詳略耳。注説似曲。」云「凡相者以工出入」者，賈疏云：「欲見入時如此，出時亦然。」**小樂正從之。**從大師也。後升者，變於燕也。小樂正，於天子樂師也。【疏】正義曰：注云「從大師也。後升者，變於燕也」者，賈疏云：「燕禮樂正先升，又不使小樂正，彼主於樂，此則略於樂故也。」敖氏曰：「諸侯之小樂正，下士也。前三篇不言小，以此見之也。此樂盛於彼，且用小樂正，則彼可知矣。大射乃亦不使大樂正者，其辟祭饗之類與？」❶盛氏曰：「《周禮·序官》云：『樂師，下大夫四人，上士八人，下士十有六人。』然則諸侯之樂正上士，小樂正下士，明矣。燕禮使樂正，此乃云『小樂正』者，疏以爲略於樂，是也。工用六人，以示其禮之

❶「辟」，原作「餘」，今據《儀禮集説》改。

重；樂正使下士，以示其樂之略，意各有主也。從大師而升者，以其卑也。其序又與工相變也，鄉飲酒、鄉射皆使樂正者，彼是大夫之樂正也。大夫之樂正皆以下士爲之，無大小之别，故射與飲酒禮同也。」《釋官》曰：「案：燕禮亦使小樂正，以無大樂正，故不須言小以别之。疏未的。」**升自西階，北面東上。**工六人。**坐授瑟，乃降。**相者也。降立於西縣之北。【疏】正義曰：相者降位，蓋亦在西方。盛氏曰：「僕人正以下皆士也，其位當在西方，注説非。」褚氏寅亮曰：「注謂立於西縣北者，取近其事。敖氏云西方，大遠矣。」

小樂正立于西階東。不統於工，明工雖衆，位猶在此。【疏】正義曰：張氏爾岐曰：「燕禮工四人，樂正升立於工之西，在西階東。此工六人，數衆，疑位移近西，乃樂正猶立西階東不變，是統於階而不統於工也。」盛氏曰：「燕禮樂正北面，立於工西，此云『立於西階東』，亦文互見也。」吴氏廷華曰：「上言『從』，此言『立』，敖氏以爲後升，是也。此禮重於燕，而樂正乃後升，則正禮先工也。」**乃歌《鹿鳴》三終。**《鹿鳴》，《小雅》篇也，人君與臣下及四方之賓燕，講道修政之樂歌也。言己有旨酒，以召嘉賓。與之飲者，樂嘉賓之來，示我以善道；又樂嘉賓有孔昭之明德，可則傚也。歌《鹿鳴》三終而不歌《四牡》、《皇皇者華》，主於講道，略於勞苦與諮事。【疏】正義曰：注「可則傚也」，《校勘記》曰：「『傚』，《釋文》作『詨』，云『亦作傚』。」云「歌《鹿鳴》三終而不歌《四牡》、《皇皇者華》，主於講道，略於勞苦與諮事」者，《四牡》勞使臣，《皇皇者華》言諮謀、諮諏、諮度、諮詢，此不用之，是略也。敖氏曰：「『三終』，謂歌《鹿鳴之什》三篇，篇各一終，如《春秋傳》所謂『工歌《鹿鳴》之三』，是也。鄉飲酒之禮歌《鹿鳴》、《四牡》、《皇皇者華》，其義曰：工歌三終。則益可見矣。」韋氏協夢曰：「凡歌詩皆連歌三篇，無止歌一篇者，況射重於燕。燕歌三篇，而射歌一篇，此必無之事也。」注謂『歌《鹿鳴》三終而不歌《四牡》、《皇皇者華》』，非是。」胡氏肇昕曰：「射略於燕，故祇歌《鹿鳴》三終，就《鹿鳴》一篇而三次歌之也。經不云歌《四牡》、《皇皇者華》，可證也。下文『乃管《新宮》三終』，亦就《新宮》一篇而三次以管奏之也。《燕禮·記》亦云『下管《新宮》，笙入三成』，未聞於《新宮》之外別有二詩也。韋氏說非是。」褚氏寅亮曰：「若謂兼歌《四牡》、《皇皇者華》，則《鄉射·記》之《騶虞》五終果何詩乎？其謬顯然。」**主人洗，升實爵，獻工。工不興，左瑟。**工歌而獻之，以事報之也。洗爵獻工，辟正主也。獻不用觶，工賤，異之也。工不興，不能備禮。左瑟，便其右。大師無瑟，於是言左瑟者，節也。【疏】正義曰：注云「洗爵獻工，辟正主也」者，賈疏云：「《鄉飲酒》、《鄉射》云：大師則爲之洗，其餘工不爲之洗。是正主法。此工六人皆爲之洗，故云『辟正主也』。」方氏苞曰：「鄉飲酒、鄉射惟爲大師洗，以衆工不過族黨中知音樂者，或國之中瞽、下瞽耳。燕與大射，則歌者必大師、少師，即上工亦異日之大師、少師也，❶故皆洗以獻，而並及於笙。大射禮繁，故省獻笙之節耳。」盛氏曰：「洗者亦以其大師敬之也。此惟爲大師一洗耳。疏非。」韋氏協夢曰：「下云『一人拜受爵』，則此爲之洗者亦僅一人而已。其餘工五人，即以此一人之爵遞獻之，不別爲之洗，❷賤也。」胡氏肇昕曰：「盛、韋二說是也。下『一人拜受爵』注云『謂大師也』，是亦大師則爲之洗也。經不明著之者，文省耳。」云「獻不用觶，工賤，異之也」者，以獻賓、獻卿大夫皆用觶，而獻工則用爵，是異之也。

---

❶「少」，原作「小」，今據《儀禮析疑》改。

❷「別」，《儀禮蠡測》作「另」。

敖氏曰：「爵即觚也。不言觚者，可知耳。」韋氏曰：「爵者，觚觶之通稱。《禮器》謂貴者獻用爵，賤者獻用散。豈工賤而轉獻以貴者之爵乎？敖説是也。」云「大師無瑟，於是言左瑟者，節也」者，敖氏曰：「謂獻大師之時，瑟者猶未受獻，而其左瑟則以此時爲節也。」盛氏曰：「謂工四人之左瑟，皆以主人實爵獻工爲節，非必受獻乃然也。」**一人拜受爵。**謂大師也。言一人者，工賤，同之也。工拜於席。**主人西階上拜送爵。薦脯醢，**輒薦之，變於大夫。**使人相祭。**使人相者，相其祭薦祭酒。**卒爵，不拜。主人受虚爵。衆工不拜，受爵，坐祭，遂卒爵。辯有脯醢，不祭。**相者，相其祭酒而已。**主人受爵，降，奠于篚，復位。**【疏】正義曰：敖氏曰：「位，洗北之位也。」○盛氏曰：「燕禮於升歌之後，公即爲大夫舉旅。❶此篇乃移在射後者，急於射而緩於飲酒也。」方氏苞曰：「燕禮爲大夫舉旅在獻工之後、笙入之前，以其事與無算樂獻士相連，故使媵爵者遞進而代獻，❷以息獻主。大射爲大夫舉旅，退於既射之後，獻主之事至獻大夫、獻工而中止，則連而舉之可也。」**大師及少師、上工皆降，立于鼓北，羣工陪于後。**鼓北，西縣之北也。言鼓北者，與鼓齊面，餘長在後也。羣工陪于後，三人爲列也。於是時小樂正亦降，立於其南，北面。工立，僕人立於其側，坐則在後。《考工記》曰：「鼓人爲皋陶，長六尺有六寸。」【疏】正義曰：方氏苞曰：「既無間歌、合樂，則堂上之事畢矣，故大師、少師、上工皆降也。」注云「鼓北，西縣之北也」者，賈疏云：「以下

❶「公」，原脱，今據《儀禮集編》補。

❷「遞」，原作「遲」，今據《儀禮析疑》改。

文大師、少師始還向東，明此降者降在西縣之北。」敖氏曰：「鼓北，鎛南也。不云鎛南者，嫌與尊旅食者之意同也。不取節於鼙者，鼓大鼙小也。」盛氏曰：「立者，謂大師以下六工爲一行，北面東上也。知北面者，以鄉飲酒及燕禮笙入之位推之可見。鼓北，❶西階東建鼓之北也。立於此者，以當奏管，近其事也。注云『西縣之北』，非。若在西縣之北，何得近舍頌磬而遥取節於鼓邪？疏云：『取形大，又面向東。』皆飾説也。知亦不在鎛南者，以鼓、鎛間有鼙，設縣之時鱗次櫛比，其間未必有餘地。就有餘地，豈能容此衆工及相者之位哉？且簜在建鼓之間，即大師之所管者，亦不宜舍之而遠立他所也。」胡氏肇昕曰：「敖説必不可通。考下文接言『乃管《新宫》三終』，則立於鼓北者，當以盛説爲是。鄭以鼓北爲西縣之北者，蓋欲取節於西階之建鼓，以建鼓面向南，不向北也，故云『言鼓北者，與鼓齊面，餘長在後也』。」張氏惠言曰：「蓋鼓長六尺六寸，設之後與縣齊，則前出於縣五尺許。工之稍前於縣，故以鼓爲節。餘長在後者，餘長其地，使後空也。」

云「羣工陪于後，三人爲列也」者，賈疏云：「大師、少師二人，上工四人，今若立時三人爲列，則大師後有工二人，少師後亦有工二人也。」張氏惠言曰：「此言大師、少師爲一列，羣工爲一列。經文所以特立『上工』，疏誤。案：敖氏、郝氏亦皆以羣工爲上工。敖云：『羣工即上工，謂瑟者四人也。陪于後者，其以鼓鎛之間不足爲一列與？前列二人、後列四人皆當北上。』郝云：『大師立與鼓齊，少師及四工皆陪列于後，以俟奏管。』惟盛氏、方氏謂羣工爲堂下之工，即衆管者。案：此之降立，爲奏管故也。大師、少師、上工皆堂上之

❶「北」下，原衍「面」字，今據《續清經解》本删。

工，上工兼包四瑟者，其羣工則衆管者也。經不言笙之人，即此羣工是也。其行列之數不可考。盛氏謂立者，大師以下六工爲一行，陪于後者亦六人爲一行，知亦六人者，以上三篇歌瑟四人，堂下笙者亦四人，推之可見。但大師、少師并瑟者四人，笙者四人，止十人，不得每行六人也。疑十人爲三行，大師、少師一行，四瑟者一行，四笙者一行。或十人爲三行，上工六人爲一行，羣工四人陪于後爲一行。疑不能明也。」云「於是時小樂正亦降，立於其南，北面」者，謂小樂正立於上工六人之南也。盛氏曰：「小樂正降立於其西，❶北面。」云「工立，僕人立於其側，坐則在後」者，僕人，相工者，故立與坐皆不離工也。引《考工記》者，證「與鼓齊面，餘長在後」之説也。賈疏云：「彼云：『韗人爲皐陶。』先鄭云：『韗，書或爲鞠。』後鄭謂鞠者，以皐陶名官，鞠即陶字，從革。今云『鼓人』者，誤，當作『鞠人』。鞠人掌鼓，後人誤言鼓。鼓人自在地官掌教六鼓矣。」褚氏寅亮曰：「自堂而降則立於西縣北，自西而東則坐於東縣北，皆在縣北也。安有立於縣中鏄南鼓北之理，如敖氏所云邪？鏄南鼓北餘地無幾，焉能容兩列之位？至謂歌工降而下管，其誤也尤不待言。」**乃管《新宫》三終。**管，謂吹簜以播《新宫》之樂。其篇亡，其義未聞。笙從工而入，既管不獻，略下樂也。立于東縣之中。【疏】正義曰：注云「管，謂吹簜以播《新宫》之樂」者，敖氏曰：「此承上文言之，❷是降者管之明

❶「其」，原脱，今據《儀禮集編》補。
❷「言之」，《儀禮集説》作「而言」。

矣。《春官》大師、少師職皆云『登歌』、『下管』，❶然籥一而已。」❷其大師管之與三終者，「管《新宮》并及其下二篇也。二篇之名未聞。《書》曰：『下管鞉鼓。』《詩》曰：『鞉鼓淵淵，嘒嘒管聲。既和且平，依我磬聲。』則管時亦奏此西方之樂以應之矣。此不笙、不合鄉樂者，爲射故，略於樂也。不略《小雅》者，《小雅》爲諸侯之正樂，故不略其正，亦如鄉射之不略鄉樂矣。」盛氏曰：「管之者，大師諸人也。管數未聞，然以《鄉射·記》『三笙一和』推之，❸則管亦不止於一矣。管奏，則堂下諸樂並奏以應之。敖但云奏西方之樂，非。《書》曰：『下管鞉鼓，合止柷敔，笙鏞以間。』奏管之時，亦吹笙。經不見笙入之文者，以其不爲樂主，略之也。或云：上經云『籥在建鼓之間』，注云：『籥，笙簫之屬。』然則笙與管蓋並設也。愚謂笙是匏屬，不可云籥。或說恐未是。又案：疏引《燕禮·記》云『下管《新宮》，笙入三成』，以爲吹管者亦吹笙之證，非也。彼是管畢而後吹笙，此則笙管並奏，管畢而樂終矣。詎與《燕禮·記》同乎？」云「笙從工而入，既管不獻，略下樂也」者，盛氏曰：「既管不獻者，以奏管者既受獻，羣工賤，又不奏管故也。」胡氏肇昕曰：「案：注云『既管不獻，略下樂也』，則以管之者，非大師諸人也。上云『笙從工而入』，殆以奏管者亦吹笙也。」云「立於東縣之中」者，張氏爾岐曰：「注此句可疑。案：《燕禮》『笙入，立于縣中』注云：『縣中，縣中央也。』《鄉飲酒禮》曰：『磬南北面。』疏云：『諸侯軒縣，闕南面而已，故得言縣中。《鄉飲酒》唯以磬縣而已，不得言縣中，而云磬

---

❶「職」，原脱，今據《儀禮集説》補。
❷「然」，原脱，今據《儀禮集説》補。
❸「推」，原作「吹」，今據《儀禮集編》改。

南。注引《鄉飲酒》者，欲見此雖軒縣，近北面縣之南也。』此經初設樂無北面縣，但移東縣建鼓在阼階西，又設一建鼓在西階東，正當北面一縣之處。『簜在建鼓之間』注云：『簜，謂笙簫之屬，倚於堂。』又與燕禮笙入所立之位同，疑設之在此奏之亦於此。至此『管《新宫》三終』，注乃云『立於東縣之中』，不知於經何據。若云辟射位，射事未至，無可避也。且上文大師等立於鼓北，❶亦當是此建鼓之北。注以爲西縣之北，不知西縣何以單名爲鼓。竊疑大師等立此，或亦以將奏管故臨之，非徒立也。至下管三終，乃相率而東耳。既從工而入，工升堂笙即立堂下，亦其宜也。」胡氏肇昕曰：「張氏所論是也。經云：『羣工陪于後。』羣工，正指衆笙與大師諸人同立於建鼓之北，近簜之處。《春官》大師、少師職皆云『登歌』、『下管』，則管之者，大師；而吹笙者，笙四人也。《燕禮·記》『下管《新宫》，笙入三成』，證以《書》『下管鞉鼓，合止柷敔，笙鏞以間』，是管與笙間奏。此經不言笙入，不言笙入三成，皆略耳。非與《燕禮·記》有異也。簜設而笙不必設，以笙四人自執笙，與瑟者何瑟相同，盛氏及或説皆非是。《新宫》三終亦就《新宫》一篇而三管之。敖氏謂别有二篇，殊屬無據。」**卒管。大師及少師、上工，皆東坫之東南，西面北上。坐。**不言縣北，統於堂也。於是時大樂正還，北面立於其南。【疏】正義曰：注「於是時」，《校勘記》曰：「『于』誤作『工』。」〇賈疏云：「不言去堂遠近，當如鄉射遷工阼階之東南，堂前三笴，西面北上。」敖氏曰：「坫東南當在東縣之東北，射事未至，工既管，乃不復升而遂遷於此者，堂上之樂畢故也。」郝氏曰：「坫，堂下閣物處。冠禮有西坫，是堂東西皆有坫也。」盛氏曰：「『東坫之東南，蓋在東縣之東也。注與敖説似非。』」注云「於是時大樂正還，北面立於

❶「等」，原脱，今據《儀禮鄭注句讀》補。

其南」者，盛氏曰：「注『大樂正』，當是『小樂正』之譌。樂終而不告備，亦以其略也。」敖氏曰：「於是小樂正北面立于其南，相者退立于西房。」吴氏廷華曰：「坫在堂角，此則東南角之坫也。」

右作樂娱賓射前燕禮備

北京大學《儒藏》編纂與研究中心　編

《儒藏》精華編選刊

儀禮正義

（二）

〔清〕胡培翬　撰
〔清〕胡肇昕　楊大堉　補
張　文　徐到穩　殷嬰寧　校點

北京大學出版社
PEKING UNIVERSITY PRESS

儀禮正義卷十四　鄭氏注

受業江寧楊大堉補

擯者自阼階下請立司正。三爵既備，上下樂作，君將留羣臣而射，宜更立司正以監之，察儀法也。

【疏】正義曰：敖氏曰：「君再舉旅而即請立司正，爲射故也。」**公許，擯者遂爲司正。**公許其請，因命用之。不易之者，俱相禮，其事同也。【疏】正義曰：褚氏寅亮曰：「擯者，即大射正也。鄉射司正至射時轉爲司馬，諸侯更有司馬正、司馬師等官，故司正始終不變其職。下文司射亦以大射正爲之，故敖氏謂諸侯之大射正二人。」**司正適洗，洗角觶，南面坐奠于中庭；**❶奠觶者，著其位，以顯其事，威儀多也。【疏】正義曰：吴氏廷華曰：「中庭，當在中堂下南北之中。」**升，東楹之東受命于公，西階上北面命賓、諸公、卿、大夫。**❷ **公曰：「以我安！」賓、諸公、卿、大夫皆對曰：「諾，敢不安？」**以我安者，君意殷勤，欲留之，以我故安也。【疏】正義曰：敖氏曰：「此羣臣皆爲射而來，是時猶未射，固無嫌於不安。而司正

❶「奠」下，原衍「立」字，今據《儀禮注疏》删。

❷「諸」上，原衍「與」字，今據《儀禮注疏》删。

乃受命以安之者，緣其意，若不敢必君之終行射事然也。受命亦北面，與請徹俎同。」張氏爾岐曰：「公曰『以我安』，即司正命衆之辭，言公有命如此也。」**司正降自西階，南面坐取觶，升酌散；降，南面坐奠觶；**奠於中庭故也。【疏】正義曰：《校勘記》曰：「『南面坐奠觶』，『奠』，石經補缺、敖氏俱誤作『取』。注云『奠於庭故也』，『也』，徐本、《通解》、楊氏俱作『處』。」**興，右還，北面少立；坐取觶，興；坐，不祭，卒觶，奠之，興；再拜稽首，左還，南面坐取觶，洗；南面反奠于其所，北面立。**皆所以自昭明於衆也。將於觶南北面則右還，於觶北南面則左還，如是得從觶西往來也。必從觶西往來者，爲君在阼，不背之也。【疏】正義曰：《校勘記》曰：「『南面坐取觶洗』六字，石經補缺脱。注『得從觶西往來也』，『從』，《通解》作『於』。」○敖氏曰：「北面立，亦在觶南。」

右將射立司正安賓察儀

司射適次，袒決遂，執弓，挾乘矢于弓外，見鏃于弣，右巨指鉤弦。司射，射人也。次，若今時更衣處，帳幃席爲之。耦次在洗東南。袒，左免衣也。決，猶闓也，以象骨爲之，著右巨指，所以鉤弦而闓之。遂，射韝也，以朱韋爲之，著左臂，所以遂弦也。方持弦矢曰挾。乘矢，四矢。弣，弓把也。見鏃焉，順其射也。右巨指，右手大擘。以鉤弦，弦在旁，挾由便也。古文「挾」皆作「接」。【疏】正義曰：《校勘記》曰：「『袒決遂』，『袒』，唐石經作『祖』，誤。注『帳幃席爲之』，『帳』，徐本、《通解》、楊、敖俱作『張』。案：『張』是也。『所以遂弦也』，『所』，聶氏作『裏』。『弣，弓杷也』，『杷』，《釋文》、楊氏俱作『把』。」○張氏爾岐曰：「此下方及射事，有三耦不釋獲之射，有三耦衆耦釋獲之射，有以樂射，共三番射，亦略如鄉射之節。自此至『左右撫之，興，反位』，皆言三耦不釋獲之射。司射納器、比耦，司射誘射，三耦乃射，射已取矢，凡四節。」注云「司射，射人也」者，敖氏曰：「亦大射正也。《燕禮》曰：大射正爲司射。❶是其徵矣。諸侯之大射正蓋上士二人。」盛氏曰：「大射正與射人尊卑蓋有間矣。燕射以大射正爲司射，此以射人爲司射。不同者，燕本不爲射，故其初但以射人爲擯，又爲司正，及射而後以大射正爲司射；此禮專爲射，故其初即以大射正爲擯，爲司正，至是則以射人爲司射也。敖引《燕禮》釋此，誤。」案：盛氏駁敖説，非也。《釋官》亦云：「司射當亦大射正爲之。」云「耦次在洗東南」者，賈疏云：此無正文。案：《鄉射·記》云：設楅南北當洗。此下三耦拾取矢，出次西行，又北行鄉楅，則次在洗東南也。云「弣，弓杷也。見鏃焉，順其射也」者，敖氏曰：「執弓，左手執弣也。挾乘矢于弓外，謂挾四矢，而矢在弦弣之外也。見鏃于弣，明其方執而左鄉，及指間前後之節也。」**自阼階前曰：「爲政請射。」**爲政，謂司馬也。司馬，政官，主射禮。【疏】正義曰：姜氏曰：「鄉射先請賓，次請主人，主於尊賓；大射不請賓，但請公，主於尊君。」注云「爲政，謂司馬也」者，敖氏曰：「爲政，爲射政者也。言此者，亦示己不敢擅其事也。階前北面白於公。」方氏苞曰：「爲，去聲。言爲政典而請射主于事，非指其人也。『國之大事在祀與戎』，故於禮辭特著其義曰『爲政』。若鄉射以教學士，燕射以樂賓，無庸及此。注以爲司馬之稱，則司馬當自請於君，不宜使司射請，且君前臣名，不宜隱其名，而曰『爲政』

---

❶「爲」，原作「如」，今據《續清經解》本改。

也。」案：「爲政」當以方説爲長。**遂告曰：「大夫與大夫，士御于大夫。」**因告選三耦於君。御，由侍也。大夫與大夫爲耦，不足則士侍於大夫，與爲耦也。今文「於」爲「于」。【疏】正義曰：《校勘記》曰：「『遂告曰』，『曰』，石經補缺誤作『于』。注『猶侍也』，『猶』，陳、閩、監、葛、《通解》俱作『由』。」注云「因告選三耦於君」者，敖氏曰：「此以在堂上者爲耦之法告公也。」張氏爾岐曰：「既請射得命，遂告君以比耦也。」盛氏曰：敖説得之，注非。云「大夫與大夫爲耦，不足則士侍於大夫，與爲耦也」者，敖氏曰：「此大夫亦兼諸公、卿而言。不言士與士者，略賤也。」方氏苞曰：「侯國三卿、五大夫，或從王事，或交于友邦，或疾或喪，不能成耦，故以士御之。公卿不能成耦者，亦以大夫御可知。敖云：不言士與士，略賤。非也。與尊者作耦，自宜特文以見之。上經云『戒士射』，則皆與射，而自爲耦不待言矣。」韋氏協夢曰：「大夫與大夫爲耦，常禮也。但耦必兩人，若餘一大夫，則以大夫爲上射，而以士爲下射，故曰『士御于大夫』。諸公不得稱大夫，説已見《燕禮》。此大夫亦祇謂三等大夫也。不言諸公者，諸公非常有。若有諸公，亦諸公爲上射，大夫爲下射與？」胡氏肇昕曰：「此言在堂上者爲耦之法。在堂上者不足，則以在堂上者之士御于大夫，故特告之。若公、卿、大夫之盡在堂上者，其爲耦自有一定之法，無待告矣。」褚氏寅亮曰：「敖氏以此爲堂上爲耦之法告公，似較注『告選三耦』之義爲長。蓋三耦以士爲之，而所貢之士容與其中，故司射誘射有教之之意，未必以大夫爲也。且此時大夫已就席矣，下比三耦而不著大夫降文，可見三耦之爲士也。」吴氏廷華曰：「三耦當是鄉遂所貢士，必無用士大夫之理。鄉射與此經三耦外俱别有士大夫之耦，則不當混而一之矣。此方在請射之初，不但未比士大夫之耦，且未比三耦，烏得遂有大夫與大夫、士御于大夫之説？且如鄉射請射後，即命弟子納器，然後比三耦，則此二語自不應在請射、納矢之間。疑此當在下文第二番射比耦節中，諸公卿皆未降之下，蓋錯簡耳。注謂『告選三耦於君』，不知三耦未比，烏得以所選告君？」**遂適西階前，東面，右顧，命有司納射器。**納，内也。【疏】正義曰：賈疏曰：「言有司，則前文『司士戒士射與贊者』注云『謂士佐執事不射者』是也。鄉射，西階前西面，命弟子納射器。此言東面者，君在阼，宜向之。」「右顧者，以有司是士，士在西階南東面，是以右顧向之。」敖氏曰：「東面而右顧者，爲有司在南也。此有司，其旅食者與？上經云：『士旅食者在士南，北面東上。』命之之儀如是者，以其賤也。」盛氏曰：「東面右顧者，示命出於君也。有司，敖説近是。」**射器皆入。君之弓矢適東堂，賓之弓矢與中、籌、豐皆止于西堂下。衆弓矢不挾。總衆弓矢、楅，皆適次而俟。**中，間中，算器也。籌，算也。豐，可奠射爵者。衆弓矢，三耦及卿大夫以下弓矢也。司射矢亦止西堂下。衆弓矢不挾，則納公與賓弓矢者挾之。楅，承矢器。今文「俟」作「待」。【疏】正義曰：注「司射矢亦止西堂下」，《校勘記》曰：「案：疏所據本『矢』上似有『弓』字，故賈氏辨其誤，然述注仍無『弓』字，未詳。」○敖氏曰：「總，謂以物合而束之也。衆弓衆矢，異束之。賓之弓與矢皆不在堂上，遠下君也。衆弓矢不挾，亦以其多也。中、籌、豐在堂西，楅在次，各近其所設處也。俟者，兼指射器之在三處者也。」盛氏曰：「東堂，謂東序東也。弓倚于東序，矢在其下，北括。」注云「中，間中」者，賈疏云：「《鄉射·記》云：『于郊則間中。』據此，大射故知間中。」敖氏曰：「此射于公宫，則中乃皮樹中也。《鄉射·記》曰：『君國中射皮樹中。』」盛氏曰：「大射在郊，敖説非。」云「司射矢亦止西堂下」者，賈疏云：「下文云『司射卒誘射』，『遂適堂西，改取一个挾之』。是也。」云「今文『俟』作『待』」者，胡氏承珙云：

『俟』，當本作『竢』。《説文・人部》俟訓大，與此無涉。《竢部》云：『竢，待也。』《彳部》云：『待，竢也。』二字義相轉注，聲亦同部，故可通用。然《禮經》多用『竢』，少用『待』，故鄭從古文。」**工人士與梓人升自北階。兩楹之間疏數容弓，若丹若墨，度尺而午。射正莅之。**工人士、梓人，皆司空之屬，能正方圓者。一從一横曰午，謂畫物也。射正，司射之長。【疏】正義曰：《校勘記》曰：「『射正莅之』，『莅』，陳、閩、監、葛俱作『蒞』。案：莅、蒞、菈、涖，諸本錯出，後不悉校。注『一從一横曰午』，《釋文》『一』作『壹』。」○敖氏曰：「北階，北堂之階也。兩楹之間，言當楣也。疏數，猶廣狹也，言二物從畫相去廣狹之度也。射正升階，蓋自西階。」郝氏曰：「莅，臨視也。」方氏苞曰：「南堂之前，射者、❶正司禮事者、掌射政者、共獻薦者、樂器、射器皆陳焉。工人士、梓人、司宫畫物外别無所共之事，故並立北階下。升自北階，自北堂由東房，以至於堂也。宗廟之祭，婦人由北堂以入東房。冠之日，贊者入北堂，以洗爵而酌于房中，則東房與北堂相通明矣。」注云「工人士、梓人，皆司空之屬，能正方圓者」，《釋官》曰：「《左傳》諸侯有工正之官，工人士疑即其屬。《考工記》云：『梓人爲侯。』侯有采畫之事，故與工人士主畫物也。」云「一從一横曰午，謂畫物也」者，賈疏云：「度尺者，即《鄉射・記》『從如笴三尺，横如武尺二寸』是也。」❷王氏引之《述聞》曰：「案：度尺者，其度一尺也。度尺而午者，從度一尺，横度亦一尺也。大射爲諸侯之禮，故不與鄉射同。若仍以鄉射之物解

❶「者」，原脱，今據《儀禮析疑》補。
❷「武」，原作「式」，今據《續清經解》本改。

之，則經文何不云『從三尺，橫尺二寸』，而但云『度尺』邪？《考工記》：玉人之事，璧羨度尺。鄭彼注：『羨，猶延。其袤一尺。』是度尺爲度一尺之明證。再以設乏例之。鄉射之乏去侯北十丈，西三丈，從長而橫短；猶物之從三尺，橫長尺二寸，亦從長而橫短也。大射之乏去侯西、北皆十步。十步爲六丈，從與橫等，猶物之度尺而午，亦從與橫等也。大射之物與鄉射異度，猶大射之乏與鄉射異度也。鄭注《鄉射·記》不引『度尺而午』，注《大射儀》不引『物長如笴』、『距隨長武』，則其不同可知。賈氏未達鄭意耳。」案：王氏解度尺是也。云「一從一橫曰午」者，《史記·律書》云：「午者，陰陽交，故曰午。」是午爲陰陽交互，因之縱橫交互亦謂之午也。午與五聲同，古相通用。《周禮·壺涿氏》：「則以牡橭午貫象齒而沈之。」注：「故書『午』爲『五』。」又《左氏》成十七年傳：「晉夷羊五。」《晉語》作「夷羊午」。故五亦有交午之義。《説文》：「五，五行也。从二，陰陽在天地間交午也。」「五」字古文作「㐅」，象陰陽交午之形。「一從一橫曰午」，正「五」字古文之形也。古之物象，蓋取諸此。説者謂若十字形，非是。褚氏寅亮曰：「工人士與梓人非内官，北堂下恐無其位，注俟考。一從一橫曰午。從畫爲射者兩足間之界，橫畫爲射者兩足立處，即距隨也。二物皆然。『疏數容弓』，乃指二物橫畫兩端中間空地言；容六尺，則司馬往來不礙矣。敖氏指爲從畫相去之數，不太偪乎？射正，疑即司射，畫物以前尚仍本官之稱，至西面誓耦則改稱司射，猶擯者之改爲司正也。」**卒畫，自北階下。司宫埽所畫物，自北階下。** 埽物，重射事也。工人士、梓人、司宫位在北堂下。【疏】正義曰：注云「埽物，重射事也」者，郝氏曰：埽畫物處，使分明。張氏爾岐曰：「既畫，復埽之，取略辨從橫而已。」云「工人士、梓人、司宫位在北堂下」者，賈疏云：「其人升降自北階，明位在北堂下。」盛氏曰：「工人士、梓人、司宮，蓋皆下士也，其位當在士南。注云『在北堂下』，非。天子宮人以中士爲之，則諸侯司宮爲下士明矣。工人士、梓人與司宮皆升降于北階，知其亦賤矣。」**大史俟于所設中之西，東面以聽政。**中未設也，太史俟焉，將有事也。《鄉射禮》曰：「設中，南當楅，西當西序，東面。」【疏】正義曰：注云「中未設也，大史俟焉，將有事也」者，敖氏曰：「《鄉射禮》曰：『設中，南當楅，西當西序。』又曰：『乃設楅于中庭，南當洗。』是時中與楅皆未設，大史蓋南當洗，西直西序之西而立也。政，即司射所誓之事。」張氏爾岐曰：「中尚未設，而云『所設中之西』，謂其擬設中之地之西也。《周禮・春官・大史職》云：『凡射事，飾中舍算，執其禮事。』」**司射西面誓之曰：「公射大侯，大夫射參，士射干。射者非其侯，中之不獲！卑者與尊者爲耦，不異侯！」大史許諾。**誓，猶告也。古文「異」作「辭」。【疏】正義曰：敖氏曰：「釋獲之事，未至乃誓之，欲其豫識之也。」郝氏曰：「時司射立西階前，❶轉向大史誓之。」張氏爾岐曰：「侯以尊卑異，同耦則卑者得與尊者共侯也。」　注云「古文『異』作『辭』」者，胡氏承珙曰：「案：異與辭雖聲可通，而形義皆不相近。經言同耦，則同射一侯，故鄭從今文作「不異」。案：《義疏》曰：「《鄉射》：初張侯，不繫左下綱；將射，則命弟子繫之。此張侯之初，亦云『不繫左下綱』。及將射，經不言繫，可知也。」**遂比三耦。**比，選次之也。不言面者，大夫在門右北面，士西方東面。【疏】正義曰：賈疏云：天子大射、賓射六耦三侯，畿內諸侯

❶「前」下，《儀禮節解》有「東面」二字。

二侯四耦，❶畿外諸侯三耦三侯。若燕射，則天子、諸侯同三耦一侯而已。卿、大夫、士例同一侯三耦。盛氏曰：「《周禮》云：以四耦射二侯，内諸侯之賓射也。此以三耦射三侯，外諸侯之大射也。其賓射亦當用四耦。《春秋》襄二十九年《左傳》云：范獻子來聘，公享之，射者三耦。蓋與他國之臣射故爾。疏誤。又案：《周禮・大司馬職》云：『若大射，則合諸侯之六耦。』此諸侯大射不使司馬比耦，而使司射者，遠下天子也。」

注云「大夫在門右北面，士西方東面」者，盛氏曰：「是時大夫在堂。注云『在門右』，非。」張氏惠言曰：「注以三耦大夫爲之，司射就門東比耦；不足，乃就西方比士。案：大夫皆升就席，門東無大夫。經言『遂比三耦』，明西面比士也。」吴氏廷華曰：「鄉射三耦，爲習射之弟子，與賓主及衆射者不同。此經三耦儀節位次與鄉射等，豈澤宫亦有習降之弟子與？敖氏則以三耦爲士，但西方諸士下所謂大夫之耦等，自入卿、大夫射中，不在三耦之列，或初試爲士者，使習射於此，是未可知。要之，與射人六耦、四耦各異也。即如射人言諸侯四耦，此大射固諸侯禮，而經第言三耦，其不同可知矣。據傳，不能備二耦，説本指正射者言，則射人所謂六耦、四耦者，正射者也。此及鄉射所謂三耦者，習射者也。注乃以大夫、士言之，以門右北面等説釋不言面之義，蓋據鄉射三耦南面，司射北面相向比之，則此比大夫當南面，比士當西面也。不知上經明言三耦西面北上，則非北面、東面之大夫、士可知。且三耦既西面，則司射東面又可知。乃以大夫、士之位爲説，不惑甚乎？」」**三耦俟于次北，西面北上。**未知其耦。今文「俟」爲「立」。【疏】正義曰：注云「未知其耦」

❶「侯四耦」，原作「耦四侯」，今據《儀禮注疏》改。

者，張氏爾岐曰：「但知爲三耦，未知孰與孰耦也。」敖氏曰：「三耦皆士也，亦司射前戒之。故先立於此以待比也。俟于次北，便其入也。此乃未比時之位，若既比，則位於次中矣。」郝氏曰：「三耦始誘射，皆士。次在堂下東南，士立次外之北，西鄉以俟。鄉射三耦立堂西，此立堂東者，大射射器在東，統於君也；鄉射射器在西，統於賓也。」盛氏曰：「大夫自受獻之後，皆升就席，至此經不見其降，❶而直云『三耦俟于次北』，則三耦以士爲之明矣。且鄉射三耦使弟子，大射使士，亦其宜也。」案：注以三耦有大夫，故云「未知其耦」。考司射之誓云公、云大夫、云士，則三耦宜有大夫。但經未明著大夫降席，或初射之三耦皆以士爲之與？

司射命上射曰：「某御于子。」命下射曰：「子與某子射。」卒，遂命三耦取弓矢于次。取弓矢不拾者，次中隱蔽處。【疏】正義曰：注云「取弓矢不拾」者，張氏爾岐曰：「鄉射堂西取矢，則拾取。拾取，更迭而取也。」敖氏曰：「亦命之讓，取弓矢、拾，經文省耳。」盛氏曰：「注說非也。於顯露處則修儀，於隱蔽處則廢禮，豈聖人制作之意哉？當以省文之說爲正。」敖氏曰：「此下當有三耦袒決遂、拾取弓矢之事，亦文不具也。三耦既取弓矢，遂立于次中，而西面北上。」褚氏寅亮曰：「注蓋言非不拾也，拾而人不見之，故不著其文。」

右請射納器誓射比耦

❶「其」，原重，今據《續清經解》本刪。

司射入于次，搢三挾一个；出于次，西面，揖；當階北面，揖；及階，揖；升堂，揖；當物北面，揖；及物，揖。由下物少退，誘射。搢，扱也。挾一个，挾於弦也。个，猶枚也。由下物而少退，謙也。誘，猶教也。「夫子循循然善誘人。」【疏】正義曰：方氏苞曰：「《大射》有次，非獨以國君具官有張耦次者也。州長會民于序，習射尚功，以角材力習威儀，與射者皆少壯强有力之士，無所用次。大射，則公、卿、大夫皆與焉。老者立而待事，必有所休息，以安其筋骸；貴者降于階庭，必有所隱蔽，以肅其體貌。又鄉射舉於春秋，而擇士以祭則兼冬夏，嚴風烈日，勢不可以無次。若鄉射禮亦宜然，則黨共射器，何難具幄、幙、帟、案哉？」敖氏曰：「既搢挾，則立于三耦之北，而後出次。出次乃西面，是由次北出矣。此射三侯，故不言視侯中；不在物，故不言俯正足。」　注云「由下物而少退，謙也」者，敖氏曰：「由下物少退，以其亦射大侯，故不敢履下物，辟君也。」引《論語》，又以證誘之義也。吴氏廷華曰：「敖氏謂不履下物爲辟君，但據下經，上射亦履下物，何也？自當以注説爲是。」案：《義疏》云：「《鄉射》三耦初在堂西，且未取弓矢，故誘射之先，有取弓矢及進立于射位之節。此比耦入次即取弓矢，又次即射位，司射位亦在次，與彼經先立于所設中之西南，後又就射位于三耦之北者不同。故亦止以入次、出次爲節。」**射三侯，將乘矢，始射干，又射參，大侯再發。**將，行也。行四矢，象有事於四方。《詩》云：「四矢反兮，以禦亂兮。」【疏】正義曰：始射干，誘射主於三耦也。三耦，士也，故先射士侯，乃次及其上。大侯再發，以其尊異之也。盛氏曰：「始射干，亦以司射士也。」**卒射，北面揖。**揖於當物之處。不南面者，爲不背卿。【疏】正義曰：敖氏曰：「北面揖者，爲下射與君同物，不可南面揖于楹間，嫌也。」郝氏曰：「卒射北面揖，敬君事，殊於鄉射揖南面也。」盛氏曰：「此北面者，執臣禮也。雖爲上射，亦然。觀下經三耦卒射之儀，可見矣。注說固曲說，後二說亦未爲得也。」方氏苞曰：「卒射大節，故北面揖，示爲誘射而射君之侯，如復於君也。鄉射之主人，州長也，故司射南面而揖。大射君在阼，司射在堂，而南面對君以揖，則義必不可。蓋臣在君所，奉命而執事，時或南面，司馬揚弓、筵人抱著之類是也。行禮則未有不北面者，故雖聘賓啐醴必降筵北面。注謂『不背卿』，則鄉射公卿之位亦在尊東，而南面揖。敖氏曰：『爲下射與君同物，不可南面。』然司射少退，乃不敢踐君之射位，非北面揖之正義也。」褚氏寅亮曰：「誘射者，南面而射即南面揖亦可，而必北面者，鄭謂『不背卿』是也。如敖說，則三耦射時上射不履君物，何以亦北面揖？」**及階，揖降，如升射之儀。遂適堂西，改取一个挾之。**改，更也。不射而挾矢，示有事也。【疏】正義曰：敖氏曰：「如升射之儀，爲堂上所不見之揖言也。降而遂適堂西，則不由其所立位之南矣。此射者不在堂西，射位又不在西方，故其儀與鄉射異。」盛氏曰：「如升射之儀者，如其堂上三揖、堂下三揖也。每至故揖處皆北面揖，及將折而北行，適堂西則東面揖歟？若然，則降階亦南行，當洗南，而後西向北折以適堂西也。經不以其位爲節者，此時司射未有位也。云『遂』者，見其間無他事也。若自階下適堂西，則堂下祇有二揖矣。且非所以教衆耦威儀之法也。敖說恐未是。西階西有樂縣，豈得由縣間往來乎？《鄉射》注云：『南面揖，揖如升射。』故每至故揖處，皆南面揖，及北折而適堂西，則西面揖。皆與此異。」**遂取扑搢之，以立于所設中之西南，東面。**扑，所以撻犯教者也。於是言立，著其位也。《鄉射·記》曰：「司射之弓矢與扑倚于西階之西。」【疏】正義曰：「遂取扑」，《校勘記》

曰：「盧文弨曰：『唐石經初並作朴，後改從扌。』」❶○敖氏曰：「遂取扑，則扑亦在堂西矣。所設中之西南，其南北亦南于洗，而東西則直西霤與？此禮三耦之位在東方，故司射至是乃得定其位於此，與鄉射異也。」方氏苞曰：「鄉射無次，故司射先立於中之西南，使三耦先立於西南以俟射。大射先比三耦於次，北面命取弓矢，俟誘射畢，然後定位於中之西南也。」

右司射誘射

司馬師命負侯者執旌以負侯。司馬師，正之佐也。欲令射者見侯與旌，深志於侯中也。負侯，獲者也。天子服不氏，下士一人，徒四人，掌以旌居乏待獲。析羽爲旌。【疏】正義曰：《校勘記》曰：「注『欲令射者』，《通解》無『欲』字。『深志與侯中也』，『與』，徐本、《通解》、楊氏俱作『於』。『掌以旌居乏待獲』『旌』，陳、閩、監、葛俱誤作『族』。」　云「司馬師，正之佐也」者，盛氏曰：「司馬師，蓋軍司馬之佐也。」《釋官》詳下「司馬正」。　注云「負侯，獲者也。天子服不氏，下士一人，❷徒四人，掌以旌居乏待獲」者，賈疏云：「引天子服不氏者，欲見諸侯亦三侯，亦使服不氏與徒爲獲者也。」《釋官》曰：「《周禮·服不氏職》曰：『射則贊張

---

❶「從」，原作「作」，今據《十三經注疏校勘記》改。

❷「一」，原作「二」，今據注文改。

侯，以旌居乏而待獲。』服不主唱獲，故經又謂之獲者。❶據下注，負侯與獲者是二人，但對文有異，散文則其事均主於獲。負侯亦謂之獲者，是以注云『負侯，獲者也』。」盛氏曰：「負侯者主負侯及取矢之事，於天子射鳥氏也。《周禮·射鳥氏職》云：『射則取矢，矢在侯高，則以并挾取之。』是其徵矣。諸侯蓋以庶人在官者爲之，三侯各一人。注以爲即獲者，非。」胡氏肇昕曰：「《服不氏職》有『射則贊張侯，以旌居乏而待獲』之文，而《射鳥氏》僅云『射則取矢』，不足爲此經之證。當以注説爲是。」云「析羽爲旌」者，《周禮·司常》文。敖氏曰：「旌，謂翿旌。《鄉射·記》曰：君國中射，以翿旌獲。」盛氏曰：「凡獲者所持，皆謂之旌。《司常職》曰：凡射供獲旌。是也。三侯之旌各不同。大侯之旌，以析羽爲之。《鄉射·記》云：于郊，則以旌獲。是也。參侯、干侯之旌，以雜帛爲之。《鄉射·記》曰：『旌各以其物。』是也。其旌杠之長短亦異。約《鄉射·記》言之，鄉侯上綱去地丈九尺二寸，而旌杠長三仞。依鄭説，七尺曰仞，則旌蓋出侯尺八寸矣。由斯而推，干侯與鄉侯同。參侯去地三丈二尺五寸少半寸，其旌當長三丈四尺三寸少半寸，爲五仞而弱也。大侯去地四丈八尺五寸少半寸，其旌當長五丈三寸少半寸，爲七仞而强也。旌必出于侯尺八寸者，欲射者見而識之，且以爲別也。敖以旌爲翿旌，固非。鄭統以析羽釋之，而不知其別，於經旨豈盡得哉？」❷褚氏寅亮曰：「命時立位宜在西階前南北之中，大射在郊學，中以閭，獲以旌。敖氏欲與注異，而并違經。」堉案：《義疏》云：「鄉射命張侯，遂命倚旌。此上經未聞有倚旌之命，下經言『適侯執旌』，則旌固在侯上。經

❶「又」，原作「文」，今據《儀禮釋官》改。

❷「旨」，原脱，今據《儀禮集編》補。

不言命倚旌，文省耳。又三耦不言『袒決遂』可知也。」**負侯者皆適侯，執旌負侯而俟。司射適次，作上耦射。**作，使也。【疏】正義曰：敖氏曰：「東面作之。」盛氏曰：「鄉射射位在西，故作射者西面。大射次在東，故作射者東面也。」韋氏協夢曰：「作上耦，亦當上下射之間而作之也。」**司射反位。上耦出次，西面揖進。上射在左，並行。當階北面揖，及階揖。上射先升三等，下射從之，中等。**上射在左，便射位也。中，猶間也。【疏】正義曰：注云「上射在左，便射位也」者，張氏爾岐曰：「發位並行及升，上射皆居左；履物，南面，上射乃在右，右物爲上也。」盛氏曰：「鄉射三耦，東面北上。上射本在下射之左，大射三耦，西面北上。立時上射在右，及發位並行，則上射轉居左。必居左者，以便其就右物也。下射在右，就左物亦便。」褚氏寅亮曰：「鄉射耦東行，上射在左，則居北。此耦西行，上射在左，則居南。及階，則上射總在西。」**上射升堂，少左。下射升，上射揖，並行。**並，併也。併東行。**皆當其物北面揖，及物揖。皆左足履物，還，視侯中，合足而俟。**視侯中，各視其侯之中。大夫耦則視參中，參中十四尺。士耦則視干中，干中十尺。【疏】正義曰：《校勘記》曰：「『還視侯中』，『視』，《通解》誤作『俟』。注『則視參中』，『視』誤作『射』。」〇敖氏曰：「侯中，干侯之中也。」盛氏曰：「三耦皆士，皆當射干。敖説是。」**司馬正適次，袒決遂，執弓，右挾之，出；升自西階，適下物，立于物間；左執弣，右執簫，南揚弓，命去侯。**司馬正，政官之屬。簫，弓末。揚弓者執下末。揚，猶舉也。適下物，由上射後東過也。命去侯者，將射當獲也。《鄉射禮》曰：「西南面立于物間。」【疏】正義曰：「命去侯」，《校勘記》曰：「侯，石經補缺、閩、監、葛本俱誤作『俟』。」案：《提要》云：『監本沿唐石經之誤，今石經已缺，後人所補不足憑，俟得舊本攷之。』」　注云「司馬正，政官之屬」者，賈疏云：「案：天子有大司馬、卿一人，小司馬、中大夫二人。此雖諸侯禮，亦應有小司馬，號爲司馬正也。」敖氏曰：「司馬正與司馬師乃射時所立之官，如司射之類也。」盛氏曰：「《周禮·序官》云：『政官之屬：大司馬，卿一人；小司馬，中大夫二人；軍司馬，下大夫四人。諸侯司馬，卿；小司馬，下大夫，各一人。』軍司馬，蓋上士二人矣。此云『司馬正』，即軍司馬之長也；上云『司馬師』，即其佐也。司射以射人爲之，則司馬二人皆以士爲之，亦其宜也。知非司馬及小司馬者，以三卿、五大夫之位皆在堂，不在下故也。司馬正袒而決遂，且挾弓，大射禮重也。《鄉射禮》云：司射適堂西，不決遂，袒執弓。」方氏苞曰：「《周官》『一曰正，掌官法以治要；二曰師，掌官成以治凡』，謂六官之正與貳也。此經司馬正與司馬師，敖氏以爲射時所立之官，經旨始明，注義亦可通。《周官》大司馬教振旅，辨鼓、鐸、鐲、鐃之用。伍長與二十五人之長，皆得假以公司馬、兩司馬之名，則因射而立監，得假以正與師之名明矣。知非司馬之卿與貳者，卿、貳席位在堂上，此正與師射時與司射聯事，而終獻獲者則非卿、貳決矣。《周官》：『軍司馬，下大夫四人。輿司馬，上士八人。行司馬，中士十有六人。』侯國爵制雖降，員數雖減，而職司必具。司馬正宜取諸軍司馬，司馬師宜取諸輿司馬、行司馬。」《釋官》曰：「案：諸侯五大夫有小司馬。疏謂『號爲司馬正』，非也。此司馬正、司馬師射時所使監射事者，正與師皆臨事設立之名，非其官之本號。諸侯小司馬，卿貳之官，席位在堂上，即經云『小卿賓西東上』者，是此正與師射時與司射聯事，又主獻服不，不當以卿貳爲之。❶《周禮》小司馬下有軍司馬、輿司馬、行司馬，《左傳》晉有中軍司馬、上軍司馬，《國語》又有元司馬、輿司馬。然則諸侯亦當有軍司馬、輿司馬之官，以士爲之。正與師，蓋取諸此也。又案：《鄉射》以司正爲司馬止一人，此篇别有司馬之官，不以司正爲之，又正與師各一人，與《鄉射》異也。」云「適下物，由上射後東過也」者，敖氏曰：「適下物，由上射後而少南行也。此行而立於物間，乃云『適下物』者，下言司馬正出於下射之南，還其後，故於此惟據下物而言。」**負侯皆許諾，以宫趨，直西；及乏南，又諾以商；至乏，聲止。**宫爲君，商爲臣，其聲和相生也。《鄉射禮》曰：「獲者執旌許諾。」古文「聲」爲「磬」。【疏】正義曰：敖氏曰：「宫、商，皆謂諸聲也。宫大商小，趨直西，至乏南，乃折而北，不自侯西北行者，不敢由便也。古人步趨有法，雖賤者猶謹之而不苟如此，則其上者可知矣。先宫後商乃止，亦有漸也。」注云「宫爲君，商爲臣」者，《樂記》文。引《鄉射禮》者，證與此不同之意。「古文『聲』爲『磬』」者，胡氏承珙曰：「古文『聲』爲『磬』者，字之誤。」**授獲者，退立于西方。獲者興，共而俟。**大侯，服不氏負侯，徒一人居乏，相代而獲。參侯、干侯，徒負侯居乏，不相代。《鄉射禮》曰：「獲者執旌，許諾，聲不絶，以至于乏。坐，東面偃旌，興而俟。」古文「獲」皆作「護」，非也。【疏】正義曰：注云「大侯，服不氏負侯，徒一人居乏，相代而獲。參侯、干侯，徒負侯居乏，不相代」者，張氏爾岐曰：「授獲者，謂以旌授代己而獲之人，指大侯也。餘二侯，則負侯獲者本一人，但偃旌而俟。如《鄉射》所云也。」《釋官》曰：「案：鄉射止一侯，負侯獲者以一人爲之，大射三侯，

❶「當」，原脱，今據《儀禮釋官》補。

大侯則服不負侯，其徒代負；參侯、干侯，則負侯獲者亦一人，與大侯異也。」敖氏曰：「授獲者以旌也。或曰『者』下當有『旌』字，蓋文脱耳。授旌而退，三侯者皆然，則其負侯居乏者之相代，亦宜同也。退立于西方，各當其乏之西與？獲者既偃旌於地，乃興。」盛氏曰：「獲者，大侯服不也。《周禮・服不氏職》云：『射則以旌居乏而待獲。』諸侯其以庶人在官者爲之與？參侯、干侯，則其徒二人也。《孟子》云：『庶人在官者，其禄以是爲差。』則其尊卑亦微有辨矣。負侯者各以其旌授獲者而退，事畢也。立于西方，蓋在士南，東面南上與？知在士南者，不敢與士序也。東面，異於士旅食者也。南上，統於侯也。以負大侯者爲上。負侯者位在西方，獲者位在乏，不相侵也。舊説負侯居乏相代，恐未然。鄉射以獲者兼負侯，臣禮省也。」云「古文『獲』皆作『護』，非也」者，胡氏承珙曰：「古文『獲』作『護』者，聲之誤。」**司馬正出于下射之南，還其後，降自西階；遂適次，釋弓，説決、拾，襲，反位。**拾，遂也。《鄉射禮》曰：「司馬反位，立于司射之南。」

【疏】正義曰：注引《鄉射禮》者，證此反位立處與之同也。褚氏寅亮曰：「上云『適次』，❶下云『反位』，其位蓋近于次，然在次外，非即次中也。下經大夫立于三耦之南，諸公卿繼三耦以南，俱次外之位。三耦最北，其南諸公、卿，其南大夫也。又言諸公、卿取弓矢于次中，明從次外而入。若先在次中，則經不言于次中矣。又經於三耦之拾取矢而退也，曰釋弓矢于次，説決、拾，襲，反位；于諸公、卿之卒射也，文亦同。益可決次自次，而位自位矣。敖氏以三耦及公、卿、大夫、士，俱於次中有所立之位，不知設次止以隱蔽袒襲，且以委

❶「次」，原脱，今據《儀禮管見》補。

弓矢楅等，豈有位乎？自此一誤，❶凡遇射者，於入次、出次之節無不誤矣。」**司射進，與司馬正交于階前，相左；由堂下，西階之東，北面，視上射，命曰：「毋射獲！毋獵獲！」上射揖。司射退，反位。**射獲，矢中乏也。從旁爲獵。【疏】正義曰：「交于階前」，《校勘記》曰：「于，陳、閩、監、葛俱誤作『與』。」○張氏爾岐曰：「司射位在所設中之西南，東面。」**乃射，上射既發，挾矢；而后下射射，拾發以將乘矢。**拾，更也。將，行也。**獲者坐而獲。**坐言獲也。【疏】正義曰：謂射者中，則獲者坐而言獲也。敖氏曰：「此指在干侯之乏者也。大侯、參侯者，亦坐而不獲。」盛氏曰：「此時大侯、參侯之獲者共立自如，不唱獲，不坐也。敖云『亦坐』，非。」**舉旌以宫，偃旌以商；**等言獲也。【疏】正義曰：注「等言獲也」，《校勘記》曰：「等，徐本、楊氏俱作『再』，《通解》作『等』。」**獲而未釋獲。**但言獲未釋算。古文「釋」爲「舍」。**卒射，右挾之，北面揖，揖如升射。**右挾之，右手挾弦。【疏】正義曰：郝氏曰：「卒射右挾之，謂矢發盡，左手執弓，右手大二指挾弓弦，就物内轉向北揖，異於鄉射也。」方氏苞曰：「鄉射皆執弓不挾，而此右挾，擇士以祭，儀彌謹也。」**上射降三等，下射少右，從之，中等，並行，上射于左，與升射者相左，交于階前，相揖。適次，釋弓，脱決拾，襲，反位。**上射于左，由下射階上少右，乃降待之。言襲者，凡射皆袒。【疏】正義曰：《校勘記》曰：「『上射降二等』，『二』，唐石經、徐本、《通解》、楊、敖俱作『三』，是

❶「誤」，原作「謨」，今據《續清經解》本改。

也。《石經考文提要》曰：『疏明釋三等及下文中等之義。』『上射于左』，『于』，陳、閩、監、葛俱誤作『與』。」○敖氏曰：「位，次中之位也。亦西面北上。下凡言三耦之位，皆放此。」盛氏曰：「案：上經云：『司射適次，作上耦射。司射反位，上耦出次。』則三耦位在次中明矣。郝氏云反次北西面北上之位，非。」吳氏廷華曰：「必少右者，爲並行計耳。既並行，則亦並降可知。何降而待之之有？」**三耦卒射亦如之。司射去扑，倚于階西，適阼階下，北面告于公，曰：「三耦卒射。」反，搢扑，反位。**【疏】正義曰：敖氏曰：「去扑者，與尊者言，不敢佩刑器也。」姜氏曰：「鄉射卒射告于賓者，尊賓也。此不告于賓者，公尊也。鄉射，賓揖，司馬乃降，搢扑，反位。此不揖者，君非賓比也。」

右三耦射

司馬正袒決遂，執弓，右挾之，出；與司射交于階前，相左。出，出於次也。袒時亦適次。【疏】正義曰：注云「袒時亦適次」者，賈疏云：「凡袒、襲皆於隱處。」敖氏曰：「不言司馬正適次者，以下言『出』，則適次可知。亦以上有成禮，故於此省文也。」**升自西階，自右物之後，立于物間；西南面，揖弓，命取矢。**揖，推之。【疏】正義曰：「揖弓」，「揖」，楊氏作「挾」，注同。注「推之」，「之」誤作「也」。**負侯許諾，如初去侯，皆執旌以負其侯而俟。**俟小臣取矢，以旌指教之。【疏】正義曰：敖氏曰：「此負侯，即獲者也。如初去侯，謂許諾以宮、商，至乏聲止也，惟去來異耳。三耦所射，干侯而已。而三侯之負侯者，皆執旌以往者，卑統於尊，且矢亦或有遠近故也。」張氏爾岐曰：「『負侯許諾，如初去侯』，如去侯時之諾以宮，又諸以商也。」盛氏曰：「此負侯，即立於西方者。云『如初去侯』，則諾聲起於乏，自西方至乏，不諾也。『如初』之下復云『去侯』者，以別於初負侯之時不諾也。云『皆執旌』，則獲者又以旌授之矣。」褚氏寅亮曰：「每侯負侯者，獲者固各有一人矣。然獲者常居於乏，負侯者則去侯而之乏，自乏而趨侯，各司其事，似未可謂之代。前經云：『授獲者退立于西方，獲者興，共而俟。』此不相代之明證。又注謂參、干無代，以服不官止一人耳。然亦可使徒爲之，似三侯皆有二人之説爲長。如初，言其聲之宮商同耳。其實，則以宮趨直南至乏西，又諾以商。」朱氏大韶曰：「案：經言『如初』，皆事在上，『如初』在下。如敖説，則當云『去侯如初』。」今案：「去侯」二字似衍。下第二次射云：「司馬命去侯，負侯許諾如初。」司馬命取矢，「負侯許諾，以旌負侯，如初」。蓋未射，則負侯者執旌，負其侯而俟；將射，則去侯取矢，又執旌以負侯。三番射皆然。上文司馬命去侯，負侯皆許諾，以宮趨直西，及乏南，又諾以商，至乏聲止。授獲者退立于西方。此既射，司馬命取矢，負侯者從乏西進，而負侯以俟，不得云「去侯」，故疑爲衍。**司馬正降自西階，北面命設楅。**此出於下射之南，還其後而降之。【疏】正義曰：《鄉射禮》曰：「司馬出於左物之南，還其後，降自西階。」注本之以爲説也。敖氏曰：「北面於所設楅之南。」郝氏曰：「設楅中庭，南與洗齊，故司馬正北面，立其南，使設者止，勿過南也。」**小臣師設楅。司馬正東面，以弓爲畢。**畢，所以教助執事者。《鄉射·記》曰：「乃設楅于中庭，南當洗，東肆。」【疏】正義曰：《校勘記》曰：「『東面』，『面』，《通解》誤作『南』。注『鄉射記曰』，浦鏜云：『禮誤記。』『乃設楅』，『楅』誤作『幅』。」〇敖氏曰：「司馬正東面，立于所設楅之西也。此楅亦南面坐設之。」郝氏曰：「小臣師設楅，司馬正又轉西，東面立，使設者勿偏西也。」　注云「畢，所以教助執事」者，賈疏云：「畢是助載鼎實之物，故司馬執弓爲畢，以指授，若《周禮》投殳以爲鞭度然。」❶敖氏曰：「畢，所以指畫處置之器，以木爲之，其長三尺。此以弓指畫設楅之處，象畢之用，故曰『以弓爲畢』云。凡以畢指教者，皆立於所設器之側。」郝氏云：「畢，竹簡，笏類，形如畢星，即今如意。執以止物曰畢，與蹕通，止也。臣當君前不敢指撝，故以弓當笏止其處。」❷張氏爾岐曰：「以弓爲畢，謂以弓指授如載鼎之用畢然。」胡氏肇昕曰：「《特牲饋食禮》：『宗人執畢，先入。』注：『畢，狀如叉，蓋爲其似畢星取名焉。』《禮記·雜記》曰：『畢用桑，長三尺。』注：『畢，所以助主人於載者。』是畢長三尺，狀如叉，有似於弓。畢又所以助主人於載者，故以弓爲畢，指授執事者，如載鼎之用畢然。此鄭氏注意也。司馬正以弓爲畢者，指示小臣師以設楅之處。畢有止義。郝氏謂執以止物曰畢，其説亦通。」韋氏協夢曰：「鄉射不言以弓爲畢。此君禮，威儀盛；彼臣禮，可略也。」引《鄉射禮》者，張氏曰：「證此設楅之處也。」**既設楅，司馬正適次，釋弓，説決拾，襲，反位。**

小臣坐委矢于楅，北括；司馬師坐乘之，卒。乘，四四數之。【疏】正義曰：「卒」字，今本脱。《校勘記》曰：「唐石經、徐本、《通解》、楊、敖俱有『卒』字。」○盛氏曰：「《鄉射禮》曰：『司馬襲進，當楅南，北面坐，左右撫矢而乘之。』此文省耳。」《釋官》曰：「此當云『小臣師坐委矢于楅』，疑經脱『師』字。上云『小臣師設楅』，則委矢于楅者亦小臣師可知。《鄉射禮》曰：『命弟子設楅，乃設楅于中庭。』又曰：『弟子取矢，北面坐

❶ 「度」，原作「庭」，今據《儀禮注疏》改。

❷ 「弓」，原脱，今據《儀禮集編》補。

委于楅，北括，乃退。』然則設楅與委矢即一人爲之明矣。以經文考之，此篇射時凡設楅、委矢、設中、退楅之事，皆小臣師主之，而小臣正則惟公射時贊袒、贊襲及飲公時辭賓下拜而已。蓋小臣正位在君之左右，掌正君之服位，出入君之大命，故凡請命贊公釋拜之事皆正掌之，而設楅、委矢之事以使小臣師也。後言小臣委矢者，皆當有『師』字，亦沿此而脱耳。」**若矢不備，則司馬正又袒執弓，升，命取矢如初，曰：「取矢不索！」乃復求矢，加于楅。卒，司馬正進坐，左右撫之，興，反位。**左右撫，分上下射，此坐皆北面。【疏】正義曰：敖氏曰：「又袒執弓，不言決遂、右挾之者，❶可知也。司馬師既乘矢，其備若否，皆以告于正。若不備，則正命取矢。若備，則正亦進撫之也。左右撫者，左手撫其左，右手撫其右，以審定其數耳。」盛氏曰：「司馬師既乘之矣，司馬復進而撫之，慎其事也。」

右三耦射後取矢射禮第一番竟

司射適西階西，倚扑；升自西階，東面請射于公。倚扑者，將即君前，不敢佩刑器也。升堂者，欲諸公、卿、大夫辯聞也。【疏】正義曰：張氏爾岐曰：「此下言三耦、衆耦之射。其在方射時者，❷有命耦，有三耦取矢于楅，有三耦再射釋獲，有公與賓射，有卿、大夫、士皆射，凡五節，其在射以後者，有取矢，有

❶「者」，原脱，今據《儀禮集説》補。

❷「在」，原作「北」，今據《儀禮鄭注句讀》改。

數獲，有飲不勝者，有獻服不、隸僕、巾車、獲者，有獻釋獲者，亦五節，射之二番也。」　注云「升堂者，欲諸公、卿、大夫辯聞也」者，敖氏曰：「請射乃升者，以其後有告耦等事，宜在上爲之故也。東面亦與他儀異。下經云：司正東楹之東，北面告于公。」**公許。遂適西階上，命賓御于公，諸公、卿則以耦告于上，大夫則降，即位而后告。**告諸公卿於堂上，尊之也。【疏】正義曰：「即位而後告」，《校勘記》曰：「後，唐石經、徐、陳、監、葛、《通解》、楊、敖俱作『后』。」○敖氏曰：「耦者，謂公、卿自爲耦也。以耦告，亦如命三耦之辭。大夫則降，即位而後告，見其貶於諸公、卿也，下文所云是其事已。若卿與大夫爲耦，則其告亦當有上下之别。諸公、卿、大夫爲耦，亦各以其次爲之。」郝氏曰：「命賓御于公，以公命命也。」**司射自西階上，北面，告于大夫，曰：「請降！」司射先降，搢扑，反位。大夫從之降，適次，立于三耦之南，西面北上。**適次，由次前而北，西面立。【疏】正義曰：敖氏云：「於此云『北面』，則是命賓及告諸公、卿，皆鄉其位也。三耦，士也，而在大夫之上者，以其先射尊之。三耦之南、大夫之北宜有間地，以待諸公、卿之降。」胡氏肇昕曰：「三耦在大夫之上，以射之先後爲次也。三耦先射，次及大夫，敖謂『尊之』，非。公卿之降，宜立於大夫之南，以射又後於大夫也。謂在『三耦之南、大夫之北』，亦非。」　注云「適次，由次前而北，西面立」者，賈疏云：「上云司射等適次，謂入次中。此適次者，大夫降自西階，東行適次，所過向堂東，西面立，因過次爲適次，非入次也。」敖氏曰：「適次，亦謂進而至於次也。」盛氏曰：「是時三耦位在次中之北。大夫適次，亦謂入於次也。注疏説誤。」焦氏以恕曰：「以經文證之，納射器節云：『總衆弓矢楅，皆適次而俟。』有司亦在次内，則一次之所容不爲小矣，於是一切袒決遂、執弓者，及釋弓矢、脱決拾、襲者皆入次中隱處爲之，故曰次之設，猶之更衣處也。若合諸公、卿、大夫、士，盡改其位於次中，恐不足以容焉。凡禮之改，必有所爲。位於次外，整齊畫一，恐無失碍，而必次中之更變者，其意云何耶？❶敖之臆說，恐不足據也。」胡氏肇昕曰：「以上文證之，遂比三耦，三耦俟于次者，西面北上，是未比之先、比耦之時，皆在次外。又云：『遂命三耦取弓矢于次。』是取弓矢在次中也。至司射作射，射者方出次，故又云：『司射適次，作上耦射。』司射反位。上耦出次。』經文節次分明。敖氏盡改鄭説，而盛氏從之，非是。此時大夫立于三耦之南，爲未比之先；下文司射命之，而遂比衆耦，皆在次外也。」**司射東面于大夫之西北，耦大夫與大夫，命上射曰：「某御于子。」命下射曰：「子與某子射。」卒，遂比衆耦。**衆耦，士也。【疏】正義曰：「于大夫之西北耦」，《校勘記》曰：「北，《釋文》、唐石經、徐本俱作『比』，《通解》、楊、敖俱作『北』。許宗彦云：『「比」誤也。下云「耦大夫與大夫」，有「與大夫」三字，則句首不必有「比」字可知。又司射居大夫之西北，不正向大夫者，大夫尊也。』」○敖氏曰：「司射東面，亦在次中。不言適次者，可知也。」盛氏曰：「司射東面，向大夫也。大夫之西北，蓋當諸公卿之虚位。❷必於此者，命當自上下也。合耦曰耦。耦大夫與大夫者，謂大夫與大夫射，司射命之，以定其耦也。其命之之辭，如下文所云。」案：大夫之西北，盛氏謂當諸公、卿之虚位，説本上文敖氏，非也。司射於大夫其位已降，無自居公卿之位之理，許氏謂「不正向大夫者，大夫尊也」，其

❶「耶」，原脱，今據《儀禮彙説》補。

❷「當」，原作「與」，今據《儀禮集編》改。

説近是。韋氏協夢曰：「士之爲大夫耦者，宜於命大夫後即命之。其辭亦當曰：子與某子射。」注云「衆耦，士也」者，敖氏亦曰：「士耦也，士與大夫爲耦者亦存焉。」盛氏曰：「是時司射少南東面，於衆耦之西北比之。」**衆耦立于大夫之南，西面北上。若有士與大夫爲耦，則以大夫之耦爲上。**爲上，居羣士之上。【疏】正義曰：敖氏曰：「立于大夫之南，則在次可知，故經亦不言適次。若士與大夫爲耦，亦其長者也。乃著其爲上者，意與鄉射同。大夫之耦雖爲上射，猶立于大夫之後者，射事未至，明其不並立也。及將射，乃轉居右而並立云。」郝氏曰：「大國諸侯臣，一孤、三卿、五大夫，三耦自有餘，而時或有與有不與，故大夫不足則以士比之。」盛氏曰：「經云『若有』者，亦兼次國以下無諸公而言。無諸公，則有大夫與卿爲耦者，有士與大夫爲耦者，以一大夫爲賓故也。大夫之耦惟一人耳。《鄉射禮》云：『大夫雖衆，皆與士爲耦。』與此異。」吴氏廷華：「或云：鄉射大夫爲遵，故與士耦爲下射，以明其謙。若此經士與大夫爲耦，不過上節大夫耦大夫之外，有無耦之大夫，則下與士耦，非於大夫中擇其尊者使與士耦也。蓋此大夫不居尊東而居賓西衆賓之位，則與遵不同，自應以大夫爲上射，士爲下射，其説亦是。但下拾取矢，明言士東面、大夫西面，則大夫爲下射矣。」**命大夫之耦曰：「子與某子射。」告于大夫曰：「某御于子。」**士雖爲上射，其辭猶尊大夫。【疏】正義曰：注云「士雖爲上射，其辭猶尊大夫」者，指「告于大夫曰：某御于子」而言，某謂士也，子謂大夫也，命大夫之耦，大夫與大夫爲耦者也。告于大夫，士與大夫爲耦者也。**命衆耦，如命三耦之辭。諸公卿猶未降。**言未降者，見其志在射。【疏】正義曰：敖氏曰：「諸公卿尊，宜事至乃降也。此時之降者，爲比耦也。鄉者既以耦告公卿于上，則耦定矣，故可以未降。」

右將射命耦

遂命三耦各與其耦拾取矢，皆袒決遂，執弓，右挾之。 此命入次之事也。司射既命而反位，不言之者，上射出，當作取矢，事未訖。【疏】正義曰：敖氏曰：「司射既于次中東面，以次命之，即反西方之位。不言者，亦以其可知也。司射於取矢者惟命之而不復作之者，以其取矢亦發于次中，與鄉射異。」盛氏曰：「三耦皆在次矣。注云『此命入次之事』，非鄉射比耦位在堂西射位，在司馬之西南，故司射於取矢者既於堂西命之，又於司馬之西南作之。大射惟有次中位，故司射命取矢訖，即及中西南之位，而使小射正作之也。以下經證之，此處蓋有闕文。」方氏苞曰：「鄉射命三耦拾取矢，後司射反位，此經無之，注疏推説義皆無據。蓋未詳繹上下經文，而考其事義也。大射三耦、衆耦位皆在次，大夫立於三耦之南，司射東面於大夫之西，以命衆耦，一人取矢未畢，司射不得反庭中之位；及衆耦皆還，反次中，以俟射，則司射作之以升，遂適阼階下，請釋獲于公，備命射事，直至命上射不貫不釋之後，然後退反庭中之位，中間實無反位之事，安得有此文哉？鄉射始命三耦取矢，司射即反位者，司馬之位在司射之南，三耦之位在司馬之西南，衆耦繼三耦而立，司射適堂西，比衆耦，命三耦取矢後，必反其庭中之位，乃可作。三耦、衆耦取矢于楅，而次第作之，以升其所立之位。命事之地絕不相同，而欲以彼例此，宜乎皆不得其義也。」案：《義疏》云：「三耦既比矣，何待司射命之而後入次哉？❶又下經云：『小射正作，取矢如初。』則此亦當有小射正作之文，脱耳。」**一耦出，西面揖，當楅北面揖，及楅揖。**三耦同入次，其出也一。上射出，西面立。司射作之，乃揖行也。當楅，楅正南之東西。【疏】正義曰：《校勘記》曰：「注『一上射出』，徐本重『一』字，《通解》不重。」○韋氏協夢曰：「此出次取矢于楅之儀也。」盧氏文弨曰：「『上射』二字，必傳寫之譌。細玩注意以入次則三耦同，而出次則一耦先出耳。舊皆以爲鄭誤，鄭不應若是。」**上射東面，下射西面。上射揖進，坐横弓，卻手自弓下取一个，兼諸弣，興；順羽，且左還，毋周，反面揖。**横弓者，南踣弓也。卻手自弓下取矢者，以左手在弓表，右手從裏取之，便也。兼，并也。并矢於弣當順羽，既又當執弦順羽者，手放而下備，不整理也。左還，反其位。毋周，右還而反東面也。君在阼，還周，則下射將背之。古文「且」爲「阻」。【疏】正義曰：《校勘記》曰：「注『右手』，『右』誤作『有』。『并矢于弣』，『弣』誤作『跗』。」○韋氏協夢曰：「楅南面，上射東面，下射西面，則上射在楅之右，下射在楅之左也。」注云「左還，反其位。毋周，右還而反東面也。君在阼，還周，則下射將背之」者，敖氏曰：「既順羽，則鉤弦而左還也。自西面而東面，若皆左還，則謂之周。此先左還，而後右還，是毋周也。必毋周者，以相變爲容。」盛氏曰：「鄉射未興而順羽，❷故云『順羽且興』；此則既興而順羽，故云『順羽且左還』，其節亦小變也。毋周，威儀多也。注説似迂。」褚氏寅亮曰：「上

❶「哉」，原脱，今據《儀禮義疏》補。

❷「興」，原作「還」，今據《儀禮集編》改。

射本東面，下射本西面，惟還時稍背，至本位，則各如初，故云『反面』，且見毋周之義也。鄉射左還而周，故直云『東面揖』。」吳氏廷華曰：「楅在中庭，君在堂上，爲中庭之東北，上射左還由南而西之頃，其身已西南向，爲背君。若下射西面，左還西面，由西而北之頃，原未嘗背君。至若還由東面而南，由南而西之頃，則西南向，背君。是惟上射不可左還而不可周，下射則不但不當周，且不當右還也。乃經上下射俱言右還毋周，則背君之説非矣。」案：《義疏》云：「進坐、横弓時皆北面興，則上射已東面矣。不因而遂揖，又左還毋周，而後東面者，以順羽故，因而爲之儀也。始取矢時，鏃在右手，則羽逆，轉括之一端於右手，而以鏃向外，乃順矣。毋周，變於鄉射之周者也。君在堂上，取矢者在堂下，固無背之嫌，且司射、司馬師亦時有南面者，不嫌也。注言不背君，亦賸義耳。」云「古文『且』爲『阻』」者，胡氏承珙曰：「案：『且』，本古文『祖』字。❶惠氏棟曰：古鍾鼎文『祖』皆作『且』，如祖乙卣盉、和鍾、文王命癘鼎、師骰敦皆然。❷承珙案：孟祖辛彝作『且』，瞿祖丁卣作『且』，二文尤與今『且』字相近。❸至小篆始从示作『祖』。《尚書》：『黎民阻飢。』今文作『祖飢』。孟康曰：『古文言阻。』蓋《尚書》本作『且』，故今文家作『祖』，古文家作『阻』。此《儀禮》古文與《尚書》古文同，鄭以當文易曉，故從今文。」**下射進，坐横弓，覆手自弓上取一个，兼諸弣，興，順羽，且左還，毋周，反面揖。**横弓，亦南踣弓也。人東西鄉，以南北爲横。覆手自弓上取矢，以左手在弓裏，右手從表

❶「祖」，原作「阻」，今據《儀禮古今文疏義》改。
❷「卣」，原作「酉」，今據《續清經解》本改。
❸「近」，原作「合」，今據《儀禮古今文疏義》改。

取之，便也。【疏】正義曰：反面，自東面而反西面。韋氏協夢曰：「敖氏横弓之説詳見《鄉射禮》。此注謂『人東西鄉，以南北爲横』，若横弓之時東西鄉，則上射左還，南面折而右還，乃北面；下射左還，北面，折而右還，乃南面，烏得相鄉而揖乎？」案：《義疏》曰：「横弓時上射、下射皆北面，以楅上之矢鏃鄉南，必北面乃可取也。既取，乃東西鄉耳。人北面，則弓以東西爲横矣。注説非也。」**既拾取矢，梱之。**梱，❶齊等之也。古文「梱」作「魁」。【疏】正義曰：「捆」，徐、陳、唐石經本俱作「梱」。○郝氏曰：「梱，叩也。叩四矢，❷使齊也。」張氏爾岐曰：「『梱』，疑當作『捆』。《孟子注》：『捆，猶叩椓也。』叩椓有取齊之義，若梱則門橛耳。」胡氏承珙曰：「梱與捆同。《説文》無『捆』字，秖當作『梱』。《孟子》作『捆』。《淮南·修務訓》『梱纂組』，字仍作『梱』。高注云：『梱，叩椓。』下文『梱復』之『梱』，亦當訓叩。叩，擊也。謂矢擊侯不中，激而還射也。魁與梱一聲之轉，古文同聲假借。鄭所不從。」胡氏肇昕曰：「《説文》：『梱，門橜也。』亦假借字，本字當作『棞』。《説文》：『梡，棞木薪也。』『棞，梡木未析也。』《一切經音義》四引《通俗文》曰：『合薪曰棞。』又十二引《纂文》曰：『未判爲棞。』《爾雅·釋木》『髡梱』郭注云：『未詳。』攷《爾雅》之『髡梱』，即《説文》之『梡棞』。『梡棞』爲合薪之義。此注云『齊等之』者，謂合四矢使齊等之，與合薪同義。棞、捆聲相近，古通用。『梱』字或譌作『捆』，或譌作『捆』。張氏正『梱』爲『捆』，是也；而盛氏反譏之，非矣。」**兼挾乘矢，皆内還，南面揖。**内還

---

❶「梱」，原作「相」，今據《儀禮注疏》改。

❷「叩」，原作「扣」，今據《儀禮節解》改。

者，上射左，下射右，不皆右還，亦以君在阼，嫌下射，故左還而背之也。上以陽爲内，下以陰爲内，因其宜可也。【疏】正義曰：敖氏曰：「亦揖乃皆内還，經文不具也。上射左還，下射右還，皆向内，故總以内言之。皆内還者，由便也。」盛氏曰：「内還者，先以身向堂而還也。上射東面，左還則向堂；下射西面，右還則向堂。必皆内還者，取其相向，且威儀之法不敢由便也。注説似迂晦。敖氏由便之説尤非。凡敖氏所解左旋、右還，皆與注疏相反，不可從。」方氏苞曰：「觀此南面揖，則司射卒射北面揖之義益顯著矣。司射在堂，君在阼階，雖不正對君，而揖則君見之，故不可以南面。君在阼階上，射耦在庭中，雖南向而揖，君不見其面。又揖後，始適楅南，則出次時，在楅北，進而及楅，面必南，故因之南面而揖也。」吴氏廷華曰：「此亦上注意，姑即其説論之。下射左還，則由西面將南未南之頃，向西南而背東北，固爲背君矣。若上射左還，由東面而北面、而西面、而南面，其將南未南之頃，何嘗不向西南而背東北邪？且下射西面初，何向君之有？」**適楅南，皆左還，北面揖，搢三挾一个。**楅南，鄉當楅之位也。**揖，以耦左還，上射于左。**以，猶與也。言以者，耦之事成於此，意相人耦也。上射轉居左，便其反位也。上射少北，乃東面。【疏】正義曰：注「以，猶與也。言以者，耦之事成於此，意相人耦也」者，以經云「以」者，見其相與爲耦也。相與爲耦有相親之意。相人耦，猶言相親也。云「上射少北，乃東面」者，賈疏云：「次在楅東南，北面揖時已在次西，故知上射少北，乃東面，得東當次也。」敖氏曰：「以，如『以賓射』之『以』，謂上射以其耦左還也。此左還者，❶上射先而

❶「者」，原脱，今據《儀禮集説》補。

下射後，故言『以』。」盛氏曰：「上射自楅西，下射自楅東，皆南行適楅南，上射在右，至是將轉南居左，故云『以耦左還』，能左右之曰『以』，言易位之事，上射實主之也。《鄉射禮》云『皆左還』，❶不云『以耦』者，上射仍在右，不須易位也。鄉射射位在西，故其反位也，上射于右爲便。大射次在東，故其反位也，上射于左爲便。蓋西行者以北爲右，東行者以北爲左也。敖云『于左』當作『于右』，非。」吴氏廷華曰：「此轉而東行，反次也。初，上射在西，南面，以西爲右。此當東行，東行，以南爲右。上文三耦立于次，北上，此時下射讓上射於北，東行，以北爲左。又注所謂『上射轉居左，便其反位』者，蓋次中之位，北上，東行，以北爲左，上射位在此。今東行居左，與北上之位相當，故曰『便』也。賈又以次北西面言之，謂居左便於右還西面，何弗思之甚邪？又注所謂『上射少北，乃東面』者，蓋上下射向南並行，上射在西爲右，下射在東爲左，折而東面，則右在南、左在北，不便於反位，故必轉而居左，居左，便矣，而又必少北者，蓋將東折時，下射尚在左，若即東面，則下射仍在北，故必下射少南行，上射乃東至下射行處稍立，俟下射既南，然後並轉而東，乃得上射在北、下射在南。所謂少北者，蓋待下射南行之頃言之耳。」褚氏寅亮曰：「上射位在北，下射位在南，兩禮同也。但鄉射位在楅西，從楅向西，則北爲右，故云『上射于右』。大射次在楅東，從楅向東，則北爲左，故云『上射于左』。敖氏乃改『左』字爲『右』字，謂與鄉射同，亦昧於東西之別矣。」《義疏》曰：「『左』字是也。鄉射上射于右，此于左者，鄉射之耦位，于右乃當其位，此則在東，于左乃當其位也。」**退者與進者相左，相**

❶「禮」，原作「記」，今據《儀禮集編》改。

揖，還，退，釋弓矢于次，説決、拾，襲，反位。【疏】正義曰：「相揖還退」，《校勘記》曰：「唐石經、徐本、《通解》、楊、敖俱無『還』字。」〇相左，謂退者由進者之南也。反位，反次中西面北上位。方氏苞曰：「鄉射三耦及衆耦自始至終皆拾取矢，執弓立而俟。大射之初則取矢於次而不拾，再射、三射皆取矢於楅，退釋弓矢，反位，何也？有司教射，則宜使久立待事，以固其筋骸。將祭而擇士，則宜休其神氣，使盡志於當射之時也。鄉射之終，賓、主人、大夫獨釋弓矢，反位，待事至，旋取以升。大射至再，諸公、卿皆取矢於次中，三射雖取矢於楅，與大夫同，而隨升就席，則釋弓矢，臨事而後取，以優尊者明矣。於尊者優，則於衆耦爲休其神氣，而使盡志於射益明矣。」案：《義疏》曰：「退者東行，以北爲左；進者西行，以南爲左。此進退相左，是進者在北，退者在南也。意次中迫狹，出者一途，入者一途，❶上耦所出之途，次耦即經之以出而已。❷其退者反位，又爲一途，故次耦進者得在上耦退者之北也。」**三耦拾取矢，亦如之。後者遂取誘射之矢，兼乘矢而取之，以授有司于次中。皆襲，反位。**有司納射器，因留，主授受之。【疏】正義曰：張氏爾岐曰：「三耦反位，反次北西面北上之位。」

右三耦拾取矢於楅

❶「者」下，原衍「一者」二字，今據《儀禮義疏》删。

❷「經」，《儀禮義疏》作「踵」。

司射作射如初。一耦揖升如初。司馬命去侯，負侯許諾如初。司馬降，釋弓，反位。

【疏】正義曰：「司射作揖」，《校勘記》曰：「揖，唐石經、徐、陳、《通解》、楊氏、敖氏俱作『射』。」「司射作射如初」，敖氏曰：「如初，亦適次作上耦射也。其異者，三耦於既作，乃袒決遂，取弓矢也；司射既作，即反位，不俟之。」「一耦揖升如初」，盛氏曰：「謂自出次至合足而俟之儀，皆如初射也。」「司馬命去侯，負侯許諾如初」，敖氏曰：「司馬，司馬正也。」盛氏曰：「如初，謂自司馬正適次至負侯者退立於西方，皆如初命去侯之儀也。是時獲者亦興，共而俟。」《釋官》曰：「此司馬亦司馬正，自後凡單言司馬者皆是，與上宰夫戒宰及司馬，司馬命量人量侯道者別。據經文，則射時命去侯、命取矢、命設楅、撫矢、獻服不、命退楅、解綱者，❶司馬正也；命負侯、乘矢、獻隸僕人巾車、參侯、干侯之獲者，命獲者以旌與薦俎退者，司馬師也。司馬正，經亦稱司馬，亦稱正。」**司射猶挾一个，去扑，與司馬交于階前，適阼階下，北面請釋獲于公；**猶，守故之辭。於此言之者，司射既誘射，恒執弓挾矢，以掌射事，備尚未知，當教之也。今三耦卒射，衆以知之矣，猶挾之者，君子不必也。【疏】正義曰：注「衆以知之矣」，《校勘記》曰：「『以』，誤作『已』，徐本、《通解》以上俱有『足』字。」**公許。反，搢扑，遂命釋獲者設中，以弓爲畢，北面。**北面，立於所設中之南，當視之也。《鄉射禮》曰：「設中，南當楅，西當西序。」【疏】正義曰：敖氏曰：「太史前立於所設中之西，於是司射當之，西面命之。西面命之既，則少西南行而北面，以弓爲畢，指畫以示其處。」郝氏云：「北面，示設中者不

❶「侯」下，原衍「命負侯」三字，今據《儀禮釋官》刪。

得過南也。」盛氏曰：「『北面於所設中之南』，示設中者以南北節也。《鄉射禮》曰：『西面立於所設中之東，❶北面命釋獲者。』此命釋獲者亦北面。不西面立者，以大史既立於所設中之西，東面則設中，東西之節可見矣，不須司射更示之也。」**大史釋獲。**【疏】正義曰：敖氏曰：「言此者，明上所謂釋獲者之爲大史也。」

小臣師執中，先首，坐設之；東面，退。大史實八算于中，横委其餘于中西，興，共而俟。先，猶前也。命太史而小臣師設之，國君官多也。小臣師退，反東堂下位。《鄉射禮》曰：「横委其餘於中西南末。」【疏】正義曰：此不言執算者，又不言大史受算，則是大史自執算矣。實算則坐，故於後言興。是時大史位於中西，小史之位亦宜近之。　注云「先，猶前也」者，張氏爾岐曰：「中形爲伏獸，竅其背以置獲籌，執之則前其首，設之則東其面，面、首一也。」盛氏曰：「首據中言也，面據設中者言也。執之先首，設之東面，則中之東西設而首在東也明矣。」❷云「命大史而小臣師設之，國君官多也」者，方氏苞曰：「鄉射一人執算以從，而大射無之，何也？　事輕人微，鄉射獲者自執中，尚有執算以從者。太史釋獲，小臣師執中，則有一人執算不待言，故文略耳。」云「小臣師退，反東堂下位」者，《釋官》云：「篇首惟言小臣師從者在東堂下，不言小臣師者，以小臣師納諸公、卿、大夫故也。　但小臣師無事時，其位亦在此。《燕禮》云：『小臣師一人在東堂下。』此篇云：『小臣師在東堂下。』互見也。」引《鄉射禮》，證算亦南末也。　**司射西面，命曰：「中離維**

❶「西」，原作「北」，今據《儀禮集編》改。
❷「首」，原作「其」，今據《續清經解》本改。

綱，揚觸，梱復，公則釋獲，衆則不與！離，猶過也，獵也。侯有上下綱，其邪制躬舌之角者爲維。或曰：「『維』，當爲『絹』。絹，綱耳。」揚觸者，爲矢中他物，揚而觸侯也。梱復，謂矢至侯，不著而還復。復，反也。公則釋獲，優君也。衆當中鵠而著。古文「梱」作「魁」。【疏】正義曰：《校勘記》曰：「注『躬舌之角』，『躬』誤作『射』。❶『絹，綱耳』，『綱』上，通解有『爲』字。『爲矢至侯不著』，『爲』，徐本、《通解》、楊、敖俱作『謂』。『公則釋獲』，『則』誤作『而』。」○敖曰：「西面亦於中東。」　注云「離，猶過也，獵也。侯有上下綱，其邪制躬舌之角者爲維。或曰：『「維」，當爲「絹」。絹，綱耳。』」者，朱子曰：「綱耳，即籠綱，以布爲之。《梓人》謂之『縜』，而此謂之『絹』，字雖異而音則同。」敖氏曰：「離，麗也。中而離於維綱，言其去鵠遠也。或曰：『維，謂躬與舌也。躬、舌，所以維持侯。』❷未知是否。案：注之『絹』字恐是『縜』字之誤。《梓人》云：『縜寸焉。』」郝氏曰：「侯舌曰維，繫侯繩曰綱。」盛氏曰：「維，當以敖氏所引或説爲正。麗於維，去鵠猶近；麗於綱，則尤遠矣。維與綱，侯之上下皆有之，而大侯、參侯則惟見其上耳。」《校勘記》曰：「敖謂注『絹』字是『縜』字之誤，是也。《釋文》於《周禮》『縜』字不云與『絹』同，於此『絹』字復不云與『縜』同，而音則無異。又此疏引《周禮》處，單疏本皆作『縜』，至述注則仍作『絹』，似縜與絹爲二物者，皆足以滋後人之疑，不可以不辨。」胡氏承珙曰：「鄭司農注《梓人》云：『縜，讀爲竹中皮之縜。』《説文·糸部》云：『縜，持綱紐也。从

---

❶ 「躬」，原作「射」，今據《十三經注疏校勘記》改。

❷ 「侯」，原脱，今據《儀禮集説》補。

糸，員聲。」《周禮》曰：『縜寸。』是此字以『縜』爲正，此注『維』當爲『絹』。❶ 應本作『縜』，不作『絹』。然《周禮釋文》：『縜，于貧反，或尤紛反。劉侯犬反，或古犬反。』侯犬、古犬二反，皆肙聲。是劉昌宗所見本『縜』字必已有作『絹』者矣。鄭注《儀禮》破『維』爲『縜』，云『或曰』者，猶疑不能定之辭，蓋維與綱皆用繩爲之者。《説文》：『綱，网紘也。』紘者，网之大繩，名綱，故持綱之大繩亦名綱。《説文》又云：『纗，維綱中繩也。從糸巂聲。讀若畫，或讀若維。』是綱爲大繩，纗爲持綱之繩。《儀禮》之維，蓋所以維持侯者。鄭云『其邪制躬舌之角爲維』，疏云『維持侯』者，持侯與持綱微有别，但維之名不見《梓人》，故又引或説破維爲縜，以縜爲綱耳。縜乃籠綱者，籠綱猶言貫綱。❷ 縜，蓋如環，綱貫其中，故《周禮注》謂之『籠綱』，《儀禮注》謂之『綱耳』，其實一也。賈疏《儀禮》云『縜，以布爲之，籠綱』，又云『絹，綱耳』者，以絹爲綱耳，則似謂縜與絹有用布、用絹之别，故云『鄭更爲一解』，不知鄭引或説者謂維與縜别，非謂縜與絹别。賈因字或作『絹』，而有布爲絹爲之説，於經無徵，恐不可從。」云「揚觸者，謂矢中他物，揚而觸侯也。梱復，謂矢至侯，不著而還復。復，反也」者，盛氏曰：「『梱，猶款也，扣也。人物出入多扣觸之。』則梱有扣觸之義矣。復，如『雨星不及地尺而復』之『復』。梱復，謂矢扣觸侯而還復也。或曰：梱，謂矢觸侯之左右，如梱之門兩旁也；復，謂矢至侯而還復也。」方氏苞曰：「梱謂植之横於上者，仰觸於梱下，落而經正鵠也。」❸ 王氏引之《述聞》曰：「注：『梱復，

❶「維」，原作「縜」，今據《儀禮古今文疏義》改。
❷「猶」，原脱，今據《儀禮古今文疏義》補。
❸「落」，原作「仰」，今據《儀禮析疑》改。

謂矢至侯，不著而還復。」注内『至』字正釋『梱』字。《廣雅》曰：『悃，至也。』悃與梱同聲。梱之爲至也，❶疏及《釋文》皆不之及，蓋未達注意。」胡氏肇昕曰：「中離維綱、揚觸梱復二句爲四事，中而麗于維而綱爲二事，❷揚觸一事，梱復一事也。離維綱言中者，維、綱皆所以持侯者，離於維、綱，雖不中鵠，而中於維持侯者矣，故曰中。揚觸、梱復皆至侯而不中者，蓋揚觸矢著他物，揚而觸於侯，梱復矢射至侯，扣侯不著，激而還復也。古文『梱』亦作『魁』，則與上文梱之義不相遠，合矢而齊等之爲梱，然必先扣擊而始可合而齊之，故梱又有扣擊之義。此梱復之義正取扣擊也。有此四事，而公則釋獲者，所以優君，異於衆也。」張氏惠言曰：「注蓋謂矢絹繞於綱，謂中綱也。耳字，語辭。《梓人》繫後於植者字作縜，非絹也。疏誤以縜爲絹字，謂絹則維也。又以耳爲耳目字，謂以絹爲綱耳，謬甚。」**惟公所中，中三侯皆獲。**」值中一侯則釋獲。【疏】正義曰：敖氏曰：「此愈優君也。中亦兼離維綱與揚觸梱復者而言。皆獲者，中一侯，則其侯之獲者主獲之也。此命亦傳告於獲者，故以獲言之。上云『釋獲』，下云『獲』，互文也。」郝氏曰：「君射不拘大侯、參侯、干侯，中皆釋獲。衆射非其侯中，不算。」盛氏曰：「上經云『射者，非其侯中之不獲』，所以辨其等者嚴矣。此則告以優尊之義，亦爲上得兼下也。」胡氏肇昕曰：「『惟公所中』，與『惟公所命』、『惟公所賜』句法正同。中三侯皆獲，正以申明上句也。姜氏乃以『惟公所中中』爲句，失之遠矣。」**釋獲者命小史，小史命獲者。**

❶「也」下，《經義述聞》有「猶悃之爲至也」六字。

❷「事」，原作「句」，今據《儀禮正義正誤》改。

傳告服不，使知此司射所命。【疏】正義曰：《釋官》曰：「春秋列國皆有大史之官。《左傳》：『南史氏聞大史盡死，執簡以往。』孔穎達謂南史是佐大史者，當是小史，是諸侯有小史也。《周禮・大史職》曰：『凡射事，飾中，舍算，執其禮事。』大史於射禮主釋算，故經又謂之釋獲者。小史則凡事主佐大史，故傳命服不也。」盛氏曰：「釋獲者，謂大史也。必以此命傳告獲者，以其唱獲與釋獲聯事，故須使其聞之。不親往告者，獲者賤，且方有事，不可暫離中側也。」**司射遂進，由堂下北面，視上射，命曰：「不貫不釋！」上射揖。司射退，反位。**貫，猶中也。射不中鵠，不釋算。古文「貫」作「關」。【疏】正義曰：方氏苞曰：「以耦告，則先公、卿、大夫，而後及三耦，尊卑之序也。取矢以射，則三耦先公、卿并先君，仍前誘射之義也。不貫不釋，賓與公、卿之所同，面於三耦命之，言各有當也。」**釋獲者坐取中之八算，改實八算，興，執而俟。**執所取算。**乃射。若中，則釋獲者每一个釋一算，上射于右，下射于左。若有餘算，則反委之。**委餘算，禮貴異。**又取中之八算，改實八算于中。興，執而俟。三耦卒射。**

右三耦再射釋獲

賓降，取弓矢于堂西。不敢與君併，俟告，取之以升，俟君事畢。【疏】正義曰：注云「不敢與君併，俟告」者，張氏爾岐曰：「君待告乃取弓矢。」云「取之以升，俟君事畢」者，賈疏云：「下云：『公將射，❶則賓

❶「射」，原作「升」，今據《儀禮注疏》改。

降，適堂西，袒決遂，執弓，搢三挾一个，升自西階。』俟君事畢。❶君事畢，賓降，袒決遂，乃更升。若然，賓於此不即袒決遂者，去射時遠，不可即袒也。」敖氏曰：「此言降而不言升，似有闕文。賓降，取弓矢以升者，明其將侍君射。」郝氏曰：「賓與君爲耦，君將射，賓先自堂上西序東面降，立階西東面也。」盛氏曰：「賓降，謂自其席而降也。公爲賓舉旅之時，賓既就席矣。郝云『自堂上西序東面降』，非。不言其升者，俟於堂西未升也。取弓矢之儀，詳見下文。先言之者，與下爲節也。」**諸公、卿則適次，繼三耦以南。**言繼三耦，明在大夫北。【疏】正義曰：敖氏曰：「不言降者，可知也。」郝氏曰：「初納射器，賓弓矢在堂西，諸臣弓矢在東次，故賓適堂西，諸公、卿適次，各取弓矢。」❷張氏爾岐曰：「此適次亦過次前，至堂東三耦之南西面立也。」韋氏協夢曰：「諸公、卿不言降，承上賓降之文也。蓋賓降，諸公、卿俱從之降；賓適堂西，諸公、卿則適次。非謂賓既取弓矢升，❸然後諸公、卿降也。」**公將射，則司馬師命負侯，皆執其旌，以負其侯而俟。**君尊，若始焉。【疏】正義曰：此云「皆執其旌」，則旌之不同益可見矣。亦獲者授之於乏。**司馬師反位。**【疏】正義曰：郝氏曰：「位在西階下東面，❹司馬正之南也。」**隸僕人埽侯道。**新之。【疏】正義曰：隸僕人，《周禮》司隸之屬。盛氏曰：「隸僕人，即《周禮》隸僕也。隸僕，下士二人，屬夏官，掌五寢之埽除糞

❶「俟」，《儀禮注疏》作「是」。
❷「各」，原脱，今據《儀禮節解》補。
❸「謂」，原作「諸」，今據《儀禮鄭注句讀》改。
❹「位」，原作「侯」，今據《儀禮節解》改。

灑之事。故使之給埽侯道之役。諸侯蓋亦以庶人在官者爲之也。司隸掌五隸之法，屬秋官。郝氏乃引以當之，誤矣。」《釋官》曰：「此即《周禮》隸僕之職，諸侯當士旅食者爲之。」　注云「新之」者，爲君將射也。《既夕》云「隸人涅廁」，則秋官司隸之屬，與此異也。　**司射去扑，適阼階下，告射于公；公許。適西階東，告于賓；**告當射也。今文曰「阼階下」，無「適」。【疏】正義曰：「告當射也」，《校勘記》曰：「也，《通解》作『之』。」○敖氏曰：「告射輕於請射，故不升堂。」盛氏曰：「此時賓在堂西，故適西階東告之。郝云『賓立西階下西，東面』，非。告公北面，告賓蓋西面歟？」○注云「今文曰『阼階下』，無『適』」，鄭不從者，胡氏承珙曰：「案：《鄉射》云：司射去扑，倚於西階之西，升堂北面，告於賓曰：三耦卒射。此經上文云：司射去扑，倚於階西，適阼階下，告於公曰：三耦卒射。又云：司射適西階西，倚扑，升自西階，東面，請射於公。蓋凡去扑皆倚於西階西，則至阼階下當有『適』字，故鄭從古文。」吴氏廷華曰：「上賓降取弓，注謂取之以升，則賓已反中堂之位，故於西階東向賓，告之亦東階下之東。」**遂搢扑，反位。小射正一人，取公之決拾于東坫上。一小射正授弓、拂弓，皆以俟于東堂。**授弓，當授大射正。拂弓，去塵。【疏】正義曰：敖氏曰：「云『小射正一人』，又云『一小射正』，則小射正亦多矣。《周官》射人，下大夫二人，上士四人。然則諸侯之大射正，上士，亦二人；小射正，中士，亦四人與？」盛氏曰：「東堂，東序東也。俟者，俟公就物。則一小射正奉決拾以從，一小射正以弓授大射正。大射正惟爲司正者一人，其餘皆小射正也。敖云大射正二人，非。」《釋官》曰：「此篇大射正、司射、小射正、擯者、司正皆是射人，特因事異名以別尊卑耳。《周禮·射人職》曰：王射立於後，以矢行告。此篇云：大射正立於公後，以矢行告於公。則大射正即射人也。又

《射人職》曰：『與大史數射中。』此篇云：『司射適階西，釋弓，去扑，襲，進由中東，立於中南，北面，視算。』則司射即射人也。《燕禮》云：『若射，則大射正爲司射。』則司射，大射正爲之。此篇云：『大射正擯。』又云：『擯者請立司正，公許，擯者遂爲司正。』則司正亦大射正爲之。《燕禮》注云：『天子射人，下大夫二人。』諸侯則上士，其人數亦如之。然則諸侯當上士二人爲長，謂之大射正；一爲司正，一爲司射，其下亦當有中士、下士之屬，謂之小射正也。鄭注『大射正』云：『射人之長。』注『司射』云：『射人。』注『小射正』云：『司射之佐。』然則司射非小射正爲之，明矣。」　注云「授弓，當授大射正」者，敖氏曰：「『授』，當作『受』。受弓者，受於有司也。受弓亦於東堂。」盛氏曰：「初納射器，君之弓矢適東堂。至是小射正受而拂之，與奉決、拾者同俟於此。❶『授』，當從敖氏作『受』。蓋受之於弓人也。」胡氏肇昕曰：「言『授弓』，則先受弓於有司可知也。言『授』不言『受』，文省。敖氏謂經當作『受』，非是。鄭云『當授大射正』者，以下文大射正執弓以袂以授弓，知此授弓爲小射正授於大射正也。」云「拂弓，去塵」者，韋氏協夢曰：「拂弓者，大射正也。小射正既授之，大射正即拂之。」案：經先言「授」，後言「拂」，則授者小射正，拂者大射正。注云「當授大射正」，爲經文補其義也。褚氏寅亮曰：「小射正授大射正，大射正執之以從。經文甚明，何必改『授』爲『受』？」**公將射，則賓降，適堂西，袒決遂，執弓，搢三挾一个；升自西階，先待于物北，北一笴，東面立。**不敢與君併。笴，矢榦。東面立，鄉君也。【疏】正義曰：賈疏云：「前文賓降適堂西取弓矢，無賓升堂之文，

❶「決」，原作「抉」，今據《儀禮集編》改。

但文不具，其實即升矣。是以此文云『賓降』。」郝氏曰：「賓降即前取弓矢降，❶再言以明待君之儀。疏非。」盛氏曰：「此當以郝説爲正。❷蓋三耦卒射，則公將射矣。公將射，則賓及諸公、卿皆降。自司馬師命負侯，至小射正俟於東堂，皆一時事也。觀此經復言『公將射』，則『賓降』亦是復言可知。必復言之者，見其與上諸事同節也。舊説前降取弓矢，此降又爲袒以下諸儀，則經何以前言降而不言升？宜後儒疑其有闕文也。夫一弓矢也，既取之而升，復以之而降，降而又升，其儀不亦繁複乎？此云『袒決遂，執弓，搢三挾一个』，即取弓矢之儀也。鄉者取弓矢以升，其儀當復何如？且公之弓矢尚俟於東堂，而賓乃先取之以升，亦無是理也。以是數者推之，則其謬誤顯然矣。」胡氏肇昕曰：「盛氏推闡郝氏之説，以明賓降即前賓降，其意甚精。但以注説繹之，則鄭意亦如此，其誤實始於賈疏也。此注云『不敢與君併』，與上『賓降』注正同，則鄭以兩『賓降』爲一也。上云：『不敢與君併，俟告，取之以升。』謂俟司射告射，而後取弓矢以升也。升即指此經『升自西階』而言。自賈疏不得其説，❸而説者多誤矣。」案：《義疏》云：「賓之弓矢在堂西，上經公未降，❹賓先降取弓矢，而不言升；及將射，又言賓降，故賈疏謂前賓降即升，文不具也。由此言之，則賓之弓矢前

❶ 上「降」字，原脱，今據《儀禮節解》補。
❷ 「正」，原作「主」，今據《儀禮集編》改。
❸ 「疏」，原作「説」，今據《儀禮正義正誤》改。
❹ 「公」，原作「云」，今據《儀禮義疏》改。

已取之，升堂及又降，❶乃言搢三挾一者，❷蓋前此只取弓矢而未袒決遂，至是乃復攜弓矢適堂西，故執弓挾矢與袒決遂並行也。」注云「笴，矢幹」者，《周禮·矢人》：「矢幹長三尺。」「北一笴」，敖氏曰：「物北空一笴地也。必退於物北一笴者，遠下君，亦爲司馬當由物後而適物間也。」褚氏寅亮曰：「司馬適物間時，必不由此所空一笴之地。當以注不敢與君併立之説爲正。」**司馬升，命去侯如初；還右，乃降，釋弓，反位。**還右，還君之右也。猶出下射之南，還其後也。今文曰「右還」。【疏】正義曰：敖氏曰：「還右，謂圍右物也。既命去侯，則由右物之南適其右，乃降。來由物北，去適物右，是還之也。不還左物者，以君將爲下射故也。是時君未立於物而先辟之，敬之至也。」郝氏曰：「司馬命去侯還右乃降者，賓物居右，司馬出右物南，即西轉下堂，不還左物也。」盛氏曰：「還右，言於『如初』之下，見其異於初也。敖説得之。位，司射之南也。」注云「今文曰『右還』」者，賈疏云：「若右還，則右還於上射，不得還君，故不從也。」盛氏曰：「今文曰『右還』，義似長。蓋由右物之南適西階，即右還也。」胡氏承珙曰：「敖氏云：『還右，謂圍右物也。既命去侯，則由右物之南適其右，❸乃降。來由物北，去適物右，❹是還之也。』詳敖意，蓋以上射西就右物，下射東就左物。司馬升堂，初由右物之後，立於物間，以命獲者。既乃出下射之南，由物左以還其後，乃降，凡升皆

---

❶「及」，原脱，今據《儀禮義疏》補。
❷「言」下，《儀禮義疏》有「執弓」二字。
❸「由」，原作「圍」，今據《儀禮古今文疏義》改。
❹「去」，原作「云」，今據《續清經解》本及《儀禮古今文疏義》改。

然。此經公爲下射，當就左物，司馬在物間命去侯時，原在公右。若依常節，出下射之南，還其後，則還在公左，不得謂之還右，故以還右爲圍右物，蓋初從右物之後至物間，既又從右物之前還其右以降，以君將爲下射，故先避之，不敢仍如出下射南、還其後之常節也。承珙案：敖説非也。此時君未就物，蓋猶在阼階上西面之位，司馬命揚侯訖，由君之北而東而南，然後西鄉，降自西階，故曰『還右』，謂由君之右而還也。此與初射時出下射之南而還其後者有別。賈疏以『出下射之南，還其後』爲圍下射之後，繞下射之東，南行而適西階，語亦誤。鄭云『猶』者，謂去侯之命本不專爲上射，故《鄉射》『司馬出於下射之南，還其後』注云：『圍下射者，明爲二人命去侯。』此君爲下射，更當明爲君命去侯，故云『猶』也。仍以注疏爲正，敖説似不可從。」吴氏廷華曰：「還右，謂還於下物之南，乃右而西也。若去君之右，則物間矣。」褚氏寅亮曰：「右還者，我自右而還也；還右者，還人之右也：有彼我之分。君立下物南鄉，其西爲右。司馬從物間向南出，而東過以繞其後，是還其右也，故注云『猶出於下射之南，還其後』，同義也。疏未甚分明。若敖氏云『來由物北，❶去適物右』，則何以謂之還？」**公就物，小射正奉決、拾以笥，大射正執弓，皆以從于物。**笥，萑葦器。大射正舍司正，親其職。【疏】正義曰：注云「笥，萑葦器」者，敖氏曰：「笥，蓋竹器。決、拾在坫上，時亦宜用笥，至是始見之耳。」云「大射正舍司正，親其職」者，❷「射時大射正爲司正如故，至是暫舍其職，而爲君執弓，重

❶「由」，原作「猶」，今據《續清經解》本改。
❷「者」下，據段校有「敖氏曰」三字。

其事也。弓，射器之主也」。張氏爾岐曰：「大射正初爲擯者，復自擯者立爲司正，至是又舍司正來執弓也。」案：《義疏》曰：「上云『一小射正授弓、拂弓』，即公射時大射正執以授公者，東堂之侯尚未授也。❶又『小射正受弓』以下，❷別無與大射正授受之文，此乃云『大射正執弓』，則其授之小射正可知。」**小射正坐奠笥于物南，遂拂以巾，取決，興；贊設決、朱極三。**極，猶放也，所以韜指利放弦也，以朱韋爲之。三者，食指、將指、無名指。無極，放弦契於此指，多則痛。小指短，不用。【疏】正義曰：敖氏曰：「拂者，拂決、極與拾也。贊設決與極者，爲君設之也。下言贊者，放此。君極朱而用三，若臣則用二，其物色亦未聞。《士喪禮》曰：『纊極二。』蓋死時變用纊，而數則與生時同。」陳氏祥道曰：「生者以韋，所以致其用也；死者以纊，所以明其不用也。」極，亦謂之韘。《詩》「童子佩韘」是也。**小臣正贊袒，公袒朱襦。卒袒，小臣正退俟于東堂。小射正又坐取拾，興；贊設拾，以笥退奠于坫上，復位。**既袒乃設拾，拾當以韝襦上。【疏】正義曰：敖氏曰：「此袒於設決之後，亦異於臣。」郝氏曰：「小射正復位，與小臣正同立俟於東堂也。」盛氏曰：「俟者，俟公卒射，當贊襲也。小射正復位者，亦俟公卒射，以笥受決拾也。」《釋官》曰：「案：經不著小臣正之位，此云『退俟於東堂』，則小臣正無事時，其位在此矣。蓋小臣主相君，須在君左右，東堂與君相近也。」注云「既袒乃設拾，拾當以韝襦上」者，賈疏云：「《鄉射》云『袒決遂』，以其無襦，故遂

---

❶「俟」下，《儀禮義疏》有「則」字。

❷「射正」，《儀禮義疏》作「臣」。

與決同時設。若大夫對士射袒纁襦，設遂亦當在袒後。」盛氏曰：「此言設拾而不言遂者，以君不肉袒，故取斂衣之義。」**大射正執弓，以袂順左右隈，上再下壹，左執弣，右執簫，以授公。公親揉之。** 順，放之也。隈，弓淵也。揉，宛之，觀其安危也。今文「順」爲「循」。古文「揉」爲「紐」。【疏】正義曰：注云「順，放之也。隈，弓淵也」者，敖氏曰：「隈者，弓之曲處也。《考工記》曰『凡角之中，恒當弓之畏。畏也者必撓』是也。順之者，所以審其厚薄，而驗其詳略也。❶詳上而略下，以其上下之厚薄均。」郝氏曰：「袂，衣袖。順，即拂也。以衣袖順弓上下兩隈拂之，示整潔也。弓仰執，故上隈之裏，左右再拂；下隈之背，一拂之。」盛氏曰：「順之以袂，亦拂拭之意，郝得之。前小射正既於東堂拂之矣，至是大射正又順之者，敬君物也。隈分左右，則弓之仰執明矣。上再下壹，左右各三也。上弓裏，下弓表。」胡氏肇昕曰：「《考工記》，故書『畏』作『威』。杜子春云『威，謂弓淵』，玄謂『畏』讀如『秦師入隈』之『隈』。此云『隈，弓淵也』，是注以此『隈』即《考工記》之『畏』。《釋名》：『簫弣之間曰淵。淵，宛也，言曲宛也。』敖氏謂弓之曲處，是也。」云「揉，宛之，觀其安危也」者，賈疏云：「《考工記·弓人》云『其弓安』、『其弓危』者，❷以弓弱者爲危，强者爲安，則此云『觀安危』者，謂試其弓之强弱。」云「今文『順』爲『循』。古文『揉』爲『紐』」者，胡氏承珙曰：「順，循聲義並同。❸《莊子·天下篇》：『己之大順。』《釋文》云：『順』，本作『循』。『揉爲紐』者，『揉』當本作『煣』。《説

❶「詳略」，《儀禮集説》作「强弱」。

❷「危者」，原作「也危」，今據《儀禮注疏》改。

❸「義」，原脱，今據《儀禮古今文疏義》補。

文・火部》：『煣，屈申木也。』《易》：『揉木爲耒。』《漢書・食貨志》作『煣』。《古今人表》『公山不狃』顏師古曰『即公山不擾』，《史記索隱》又作『蹂』，皆以聲同而通者也。鄭以揉爲宛之觀其安危。宛，猶屈也，故不從古文作『紐』。」**小臣師以巾内拂矢，而授矢于公，稍屬。** 内拂，恐塵及君也。稍屬，不摺矢。【疏】正義曰：注云「内拂，恐塵及君也」者，敖氏云：「授矢亦以巾也。《燕禮・記》曰：『小臣以巾授矢。』凡授弓矢皆當於公右。」❶《釋官》曰：「《周禮・大僕職》：『王射則贊弓矢。』此篇大射正授弓，小臣師授矢，❷與天子異也。」云「稍屬，不摺矢」者，張氏爾岐曰：「稍屬者，發一矢，乃復授一矢，接續而授也。」❸**大射正立于公後，以矢行告于公：** 若不中，使君當知而改其度。【疏】正義曰：方氏苞曰：「不中而以其矢告，俾君自省以勉於後也。人君於事物之理不中，常苦不自知。射失其宜而不中，則易明於心，亦所以示君當繹思己過也。凡此皆所以防縱弛、養德性，事近而義深矣。」**下曰留，上曰揚，左右曰方。** 留，不至也。揚，過去也。方，出旁也。【疏】正義曰：注云「方，出旁也」者，敖氏曰：「左右曰方者，左則曰左方，右則曰右方也。」盛氏曰：「方與旁通。矢行或左或右，皆曰旁。敖説非。」**公既發，大射正受弓而俟，拾發以將乘矢。** 公，下射也，而先發不留，尊也。【疏】正義曰：注云「先發不留，尊也」者，敖氏曰：「云『拾發以將乘矢』，則是

---

❶「當」，原作「留」，今據《續清經解》本改。
❷「矢」下，原衍「實」字，今據《儀禮釋官》删。
❸「續」，原作「屬」，今據《儀禮鄭注句讀》改。

賓先公後，亦如其他上下射之爲也。」盛氏曰：「敖説非。《燕禮・記》於公既發之後，乃云：上射退於物一笴，❶既發則荅君而俟，是亦公先發之證矣。」案：韋氏、焦氏皆以敖爲是。褚氏寅亮曰：「君尊，故於其射也事事不同。《鄉射・記》曰：上射既發，而後下射射，拾發以將乘矢。拾發在上射發之後。此拾發在公既發之後。兩處立文迥別，安得以此爲上射先發？」**公卒射，小臣師以巾退，反位。大射正受弓。**受弓，以授有司於東堂。【疏】正義曰：盛氏曰：「小臣師反東堂下之位。」注云「受弓，以授有司於東堂」者，《釋官》曰：「《燕禮・記》：君射既發，則小臣受弓以授弓人。此大射正受弓者，大射與燕射之射又異也。注『有司』，蓋即謂弓人。」胡氏肇昕曰：「大射正受弓，亦當授小射正。小射正以授有司於東堂也。上云『小射正授弓』，此云『大射正受弓』，文互見也。」**小射正以笥受決、拾，退奠于坫上，復位。大射正退，反司正之位。小臣正贊襲。公還而后賓降，釋弓于堂西，反位于階西，東面。**階西，東面，賓降位。

【疏】正義曰：小射正復位者，盛云：小射正之位，「郝云『於東堂』」，竊謂諸侯之小射正，蓋中士、下士也。其位本在西方，東堂乃其將射俟事之位。上經云『皆以俟於東堂』是也。事畢，則仍反西方之位與」？「大射正退，反司正之位」者，敖氏曰：「云『反司正之位』，是射時其位自若也。然則此司正之位不當東西之中，而與鄉飲酒異者，明矣。」盛氏曰：「此時司正之位，蓋亦遷於司射之南，如《鄉射禮》也。經不言者，文不具耳。敖氏據此而改經中庭爲阼階前，泥矣。」《釋官》曰：「上注云『大射正舍司正，親其職』，即以此經知之。大射

❶「於」，原作「而」，今據《儀禮集編》改。

正初爲擯者，又爲司正。君射時，又舍司正親其職，至是仍反爲司正。是此篇所言大射正、擯者、司正實一人也。」「公還而後賓降」者，敖氏曰：「公退云『還』，是其進退亦不由物前也。」賓因降而不敢即升，若以是時未有上事也。」方氏苞曰：「諸公、卿降反位，皆如三耦，惟君初曰就物，事畢曰還。凡要節而揖，君皆無之也。蓋惟燕、食，賓初入，君揖而進之。大射之賓亦然。及正射則無爲對羣臣而揖，亦無爲向物而揖也。君不揖而賓揖，則疑於揖君，故不揖與君同。若兩君好會而射，則揖當各循其節矣。」注云「階西，東面，賓降位」者，以上文賓受獻訖，賓降立於階西、東面決之也。**公即席，司正以命升賓；賓升復筵，而後卿、大夫繼射。**【疏】正義曰：韋氏協夢曰：「司正以命升賓，尊賓也。賓必俟命，然後敢升，尊君也。卿、大夫必俟賓升復筵而後射者，以賓在階西，難以爲儀也。」

右君與賓耦射

諸公、卿取弓矢于次中，袒決遂，執弓，搢三挾一个，出；西面揖，揖如三耦，升射；卒射，降如三耦；適次，釋弓，説決拾，襲，反位。衆皆繼射，釋獲皆如初。諸公、卿言取弓矢，衆言釋獲，互言也。【疏】正義曰：敖氏曰：「反位亦在次，於取弓矢之處爲少北耳。衆謂大夫而下，此不分別士與大夫爲耦之儀，是如三耦也。其以君在，故耦不得盡其尊大夫之禮與？釋獲皆如初，亦指君以下言也。」褚氏寅亮曰：「上經言諸公、卿適次，繼三耦以南，至此始言取弓矢於次中，則射位在次外明矣。」吴氏廷華曰：「公、卿同在次，又言次中者，嫌如賓取於堂西也。」**卒射，釋獲者遂以所執餘獲適阼階下，北面告**

于公，曰：「左右卒射。」司射不言告者，釋獲者於是有事，宜終之也。餘獲，餘算也。無餘算則無所執。古文曰「餘算」。【疏】正義曰：注「司射不言告」者，《校勘記》曰：「徐本、《通解》俱無『言』字。」注云「古文曰『餘算』」，鄭不從者，胡氏承珙曰：「《鄉射》云：『卒射，釋獲者遂以所執餘獲升自西階，盡階不升堂，告於賓曰：左右卒射。』鄭以彼決此，故從今文。」反位，坐，委餘獲于中西，興，共而俟。

右公卿大夫及衆耦皆射

儀禮正義卷十五　鄭氏注

受業江寧楊大堉補

司馬袒執弓，升，命取矢如初。負侯許諾，以旌負侯如初。司馬降，釋弓如初。小臣委矢于楅如初。司馬，司馬正，於是司馬師亦坐乘矢。【疏】正義曰：方氏苞曰：「命取矢以下六節，皆三射之始事也。再射之算尚未視，獲未數，賢獲未告，中算未釋，豐未設，射爵未舉，侯與有事於侯者未獻，而汲汲於此，何也？以此時儀節甚繁，閱時甚久，而司馬與司射所掌之事與所用之地各異，故乘司射發命之隙，使有司各供其事，並行而不相悖，而司射既請三射於公，可直入次而命三耦矣。禮之所謂『連而不相及』、『茂而有間』，此其可驗者也。」**賓、諸公、卿、大夫之矢，皆異束之以茅；卒，正坐，左右撫之，進束，反位。**異束大夫矢，尊殊之也。正，司馬正也。進，前也。又言「束」，整結之，示親也。【疏】正義曰：敖氏曰：「此文主於束矢而言，蓋見其不在如初之中者也。」盛氏曰：「異束之者，人一束也。束之亦於楅上。卒，束畢也。敖云衍，非。」韋氏協夢曰：「束亦束其上握也。《鄉射記》：❶『兼束之以茅，上握焉。』」注云「異

❶「記」，《儀禮蠡測》作「禮」。

束大夫矢，尊殊之也」者，賈疏云：「公卿皆異束，但言大夫者，三耦之内，大夫以士耦之，士矢不束，大夫束之，故云『尊殊之』。」云「進，前也。又言『束』，整結之，示親也」者，郝氏曰：「左右撫之，數衆矢也。進束，謂既數衆矢，而後進所束之矢於楅。❶反位，反中西南東面之位。」盛氏曰：「撫矢之位，《鄉射禮》云『當楅南，北面』，此宜亦如之。委矢於楅，北括，束茅於矢上握，則束矢之處於撫矢者爲近矣。既撫而復親束之，乃云『進』者，蓋撫手及之而已。束則於當楅之位，又少進也。郝氏云：『進所束之矢於楅。』然則未進之前，賓、諸公、卿、大夫之矢，豈皆委之於地邪？其説蓋不可通矣。」**賓之矢，則以授矢人于西堂下。**是言矢人，則納射器之有司，各以其器名官職。不言君矢，小臣以授矢人於東堂下可知。【疏】正義曰：注云「是言矢人，則納射器之有司，各以其器名官職」者，《釋官》曰：「《周禮·司弓矢職》曰：『大射、燕射，共弓矢如數。』此矢人疑如其職。《考工記》有矢人爲矢，不預射事，與此別。」韋氏協夢曰：「矢人，猶謂執矢之人爾，非遂以矢人之官目之也。注猶未盡善。」胡氏肇昕曰：「此篇如負侯、釋獲者、獲者之類，多以事目其職。此矢人即有司，而云矢人者，以器名其官，猶以事目其職也。」云「不言君矢，小臣以授矢人於東堂下可知」者，方氏苞曰：「再射，賓取矢於堂西，故以矢授於西堂下，以備三射之取也。舉賓之矢以見例，則公之矢以授於東堂，公、卿、大夫之矢以授於次中可知矣。射畢，凡與射者皆授有司弓矢，故不列數也。」**司馬釋弓，反位，而后卿、大夫升，就席。**此言其升，前小臣委矢於楅。【疏】正義曰：注云「此言其升，前小臣委矢於

❶「所」，原作「不」，今據《續清經解》本及《儀禮節解》改。

楅」者，張氏爾岐曰：「方司馬釋弓，反位，卿、大夫即升就席，是其升在小臣委矢之前。以上文類言如初諸事，故至此始特言之。」

右射訖取矢

司射適階西，❶**釋弓，去扑，襲；進由中東，立于中南，北面視算。**釋弓、去扑，射事已也。**釋獲者東面于中西坐，先數右獲。**固東面矣，復言之者，少南就右獲。**二算爲純，**純猶全也，耦陰陽也。**一純以取，實于左手。十純則縮而委之，**縮，從也。於數者東西爲從。古文「縮」皆作「蹙」。**每委異之。**易校數。【疏】正義曰：「校」，徐本、《通解》俱作「校」，陳、閩、監、葛俱誤作「效」。**有餘純，則橫諸下。**又異之也。自近爲下。**一算爲奇，奇則又縮諸純下。**又從之。**興，自前適左，**從中前北也。更端，故起。**東面坐。**少比於故。【疏】正義曰：「比」，《校勘記》曰：「徐、陳、《通解》俱作『北』。」○敖氏曰：「此『坐』字衍文，《鄉射》無之。」**坐，兼斂算，實于左手；一純以委，十則異之。**變於右也。**其餘如右獲。**謂所縮、所橫者。【疏】正義曰：張氏爾岐曰：「案：釋獲者在中西，東面而釋獲，其右獲之算在中南，左獲之算在中北，故此數右獲，則注云『少南就右獲』；數左獲，則注云『從中前北』，❷又云『少比於故』

---

❶「射」，原作「馬」，今據《儀禮注疏》改。

❷「北」，原作「比」，今據《儀禮鄭注句讀》改。

也。」**司射復位。釋獲者遂進，取賢獲，執之。由阼階下北面告于公。**賢獲，勝黨之算也。執之者，齊而取其餘。【疏】正義曰：「北面告於公」，《校勘記》曰：「陳、閩、監、葛俱脱『告』字。」○盛氏曰：「此亦君禮之異者也。《鄉射禮》云：『升自西階，盡階不升堂，告於賓。』」**若右勝，則曰「右賢于左」；若左勝，則曰「左賢于右」。以純數告，若有奇者，亦曰奇。**告曰：某賢於某若干純若干奇。**若左右鈞，則左右各執一算以告，曰「左右鈞」。還復位，坐，兼斂算，實八算于中，委其餘于中西；興，共而俟。**【疏】正義曰：「實八算於中」，《校勘記》曰：「實，石經補闕誤作『賓』。」盛氏曰：「此算獲及飲不勝者之法，皆與鄉射無異，則亦以習禮樂，而非别賢否可見矣。若果爲將祭擇士之禮，豈可不分各耦而較其中之多少哉？」

右數左右獲算多少

司射命設豐。當飲不勝者射爵。【疏】正義曰：敖氏曰：「亦適堂西命之也。」張氏惠言曰：「司射命設豐，無面位。案：司宮士位在北堂，司射宜由堂東至北堂下，東面命之。」**司宮士奉豐，由西階升，北面坐設于西楹西，降復位。**【疏】正義曰：敖氏曰：「司宮士，司宮之屬也。此時之位，亦當在堂西。」盛氏曰：「司宮而曰士，别於庶人在官者也。《周禮・宮人》：『中士四人，下士八人。』諸侯蓋以下士及庶人在官者爲之。」韋氏協夢曰：「司宮士位本亦在西方，知將奉豐，故先俟於堂西也。復位，則復西方位矣。」《釋官》曰：「司宫士，以僕人士例之，亦司宫之屬，府、史、胥、徒也。」**勝者之弟子洗觶，升，酌散；南面坐奠于豐上，降，反位。**弟子，其少者也。不授者，射爵猶罰爵，略之。【疏】正義曰：盛氏曰：「弟子，謂士之少者也。位在西方。」韋氏協夢曰：「勝者之弟子，即《燕禮》所言之庶子，《周官》宫伯所掌者也。庶子在宫中，如宿衛之官，宜亦隨公出入。射以有事爲榮，故使勝者之弟子洗觶、酌散，其亦『旅酬下爲上』之意與？」方氏苞曰：「《鄉射禮》執弓反位，以弟子皆與射也。大射弟子不與，故反位不執弓，蓋洗觶本未執弓也。」案：《義疏》云：「《鄉射禮》言勝者之弟子洗觶、升酌，此乃言『酌散』者，鄉射一尊，故無所别；此君禮，有膳有散，故於酌、射爵之始明之。下僕人師繼酌，不言散，以此準之，亦酌散也。及賓飲公夾爵，皆酌散。惟公爵酌膳，其義可知已。故經凡六酌方壺，獨載其五。」注云「不授者，射爵猶罰爵，略之」者，賈疏云：「《詩》云：『兕觥其觩，旨酒思柔。』注云：『觩，陳設貌。』❶觥，罰爵不手授。❷此飲射爵亦不手授，故云『猶罰爵』也。獻酬之爵，皆手授之。此不手授，故云『略之』也。」**司射袒執弓，挾一个，搢扑，東面于三耦之西，命三耦及衆射者勝者皆袒決遂，執張弓。**執張弓，言能用之也。右手挾弦。【疏】正義曰：「司射袒執弓」，《校勘記》曰：「『袒』上，唐石經、徐本、楊、敖俱有『遂』字。」〇敖氏曰：「司射袒亦決遂，文省耳。東面命之於次中。」〇方氏苞曰：「出師之禮，司徒搢扑，北面誓之。故《鄉射禮》司射搢扑，北面于三耦之南。

❶「貌」，原作「見」，今據《儀禮注疏》改。

❷「不」，原脱，今據《儀禮注疏》補。

以三耦州之子弟，可以師長之道臨之。大射之三耦皆士，而公、卿、大夫並列射位，故司射之面位必異。」**不勝者皆襲，説決、拾，卻左手，右加弛弓于其上，遂以執弣。**固襲，説決拾矣。復言之者，起勝者也。不勝者執弛弓，言不能用之也。兩手執弣，無所挾也。【疏】正義曰：注云「固襲、説決拾矣。復言之者，起勝者也」者，以射畢之時，降堂皆就次、襲、説決拾矣。此復言之者，以不勝者之襲、説決拾，起勝者之更袒決遂也。**司射先反位。**居前，俟所命入次而來飲。**三耦及衆射者皆升，飲射爵于西階上。**不勝之黨無不飲。【疏】正義曰：賈疏云：大射者，所以擇士以助祭。今若在於不勝者之黨，雖數中亦受罰，及其助祭，雖飲射爵亦得助祭，但在勝黨雖不飲罰爵，若不數中，亦不得助祭。飲罰據一黨而言，助祭取一身之藝，義固不同也。盛氏曰：「疏爲此説以護注耳，其實非也。算獲既以左右計之矣，其數中、不數中，亦孰從而辨之哉？」褚氏寅亮曰：「鄉射之三耦及衆射者，先止於堂西，及飲射爵，乃進立於射位。此則射畢而即已立於次北之位，故不言進立也。」**小射正作升飲射爵者，如作射。一耦出，揖如升射。及階，勝者先升，升堂少右。**先升，尊賢也。少右，辟飲者，亦因相飲之禮然。【疏】正義曰：「勝者先升，升堂少右」，《校勘記》曰：「升，《通解》不重。」○方氏苞曰：「《鄉射》曰『一耦進』，以立於中之西南也；此曰『一耦出』，以位在次中。」注云「少右，辟飲者，亦因相飲之禮然」者，相飲之禮，謂獻酬之禮也。獻酬之禮，獻者在右，酬者在左。褚氏寅亮曰：「司射既命其升飲之儀，小射正乃作其升飲。異人爲之，亦諸侯官多也。」**不勝者進，北面坐，取豐上之觶，興；少退，立卒觶，進；坐奠於豐下，興，揖。**立卒觶，不祭，不拜，受罰不備禮也。右手執觶，左手執弓。【疏】正義曰：注云「右手執觶，左手執弓」者，上云「卻左手，右加弛弓於其上」，是受罰爵手未釋弓，執觶於右手爲便，故知左手執弓也。**不勝者先降，**後升先降，略之，不由次也。**降而少右，復並行。與升飲者相左，交于階前，相揖；適次，釋弓，襲，反位。**【疏】正義曰：方氏苞曰：「耦次在洗東南。《鄉射禮》相揖出於司馬之南，遂適堂西。彼射者，州之學士也。必過於司馬之前，以察其儀度。大射之耦則公、卿、大夫、士，降階而徑適次，❶於禮乃宜。」**僕人師繼酌射爵，取觶實之，反奠於豐上，退俟于序端。**僕人師酌者，君使之代弟子也。自此以下，辯爲之酌。【疏】正義曰：「退俟於序端」，《校勘記》曰：「俟，誤作『次』。」敖氏曰：「僕人師不言命之者，則是此乃其常職，俟時而共之耳。」**升飲者如初。三耦卒飲。若賓、諸公、卿、大夫不勝，則不降，不執弓，耦不升。**此耦，謂士也。諸公、卿或闕，士爲之耦者不升。其諸公、卿、大夫相爲耦者不降席，重恥、尊也。【疏】正義曰：敖氏：「耦謂士與大夫爲耦者也。不升，則立於射位也。大夫既飲，耦乃釋弓而反位。」朱大韶曰：「『賓』，字之衍也。賓與公爲耦者也。耦不升，謂士與大夫爲耦者也。《鄉射》曰『大夫飲則耦不升』，與此同。賓之耦則公也，安得云不升？此云『諸公、卿、大夫不勝，則不降，不執弓，耦不升』者，尊諸公、卿、大夫也。下云『賓、諸公、卿、大夫受觶於席，以降，適西階上，北面立飲』者，著賓及諸公、卿、大夫飲之節也。此『賓』涉下而衍。」**僕人師洗，升實觶以授；賓、諸公、卿、大夫受觶于席，以降，適西階上，北面立飲，卒觶，**

❶「徑」，原作「經」，今據《儀禮析疑》改。

授執爵者，反就席。雖尊亦西階上立飲，不可以己尊枉正罰也。❶授爵而不奠豐，尊大夫也。【疏】正義曰：「洗，升實觶」，《校勘記》曰：「賓，唐石經、徐本、《通解》、楊、敖俱作『實』。」○敖氏曰：「洗者，以承賤者後，新之，其次則不洗矣。降，降席也。西階上，臣飲罰爵之位也。授執爵者，宜反於其所受者也。」韋氏協夢曰：「授，亦授之於席前也。《鄉射禮》：『洗，升，實之，以授於席前。』」**若飲公，則侍射者降，洗角觶，升酌散，降拜；**侍射，賓也。飲君則不敢以爲罰，從致爵之禮也。【疏】正義曰：張氏爾岐曰：「角觶，賈疏以爲以兕角爲之，對下文飲君象觶而言；仍是三升之觶，非『四升曰角』之『角』也。」盛氏曰：「賓將自飲，故用角觶。」云「從致爵之禮也」者，淩氏《釋例》曰：「凡大射飲公，略如賓媵爵於公之禮。《燕禮》、《大射》：獻士後，賓降洗，升，媵觚於公，酌散，下拜。公降一等，小臣辭。賓升，再拜稽首，公荅再拜。賓坐祭，卒爵，再拜稽首，公荅再拜。賓降，洗象觶，升，酌膳，坐奠於薦南，降拜，小臣辭。賓升成拜，公荅再拜。賓反位，公坐取賓所媵觶，興，❷惟公所賜。二禮大略相同，惟飲公之禮，公卒此觶；媵觶之禮，公取此觶爲士舉旅，爲小異耳。《鄉射·記》：『若飲君，如燕則夾爵。』注：『如燕，賓媵觚于公之禮。』是也。」**公降一等，小臣正辭，賓升，再拜稽首，公荅再拜。賓坐祭，卒爵，再拜稽首，公荅再拜。賓降，洗象觶，升酌膳以致，下拜，小臣正辭，升，再拜稽首，公荅再拜。公卒觶，賓進受觶，降洗散觶，升實散，下**

❶「枉」，原作「在」，今據《儀禮注疏》改。
❷「興」，原作「與」，今據《禮經釋例》改。

拜，小臣正辭，升，再拜稽首，公荅再拜。賓復酌自飲者，夾爵也。但如致爵，則無以異於燕也。夾爵，亦所以恥公也。所謂「若飲君，燕則夾爵」。【疏】正義曰：敖氏曰：「賓坐祭」以下，此與媵觶之禮同者也。以致者，亦奠於薦南。「公卒觶」以下，此與媵觶之禮異者也，所以謂之射爵也。方氏苞曰：「公酬賓，賓再拜稽首。公荅一拜，至飲射爵，賓致爵，則荅再拜者四。不惟荅賓之親獻及夾爵，陰以事有未當，雖尊者宜爲禮屈，重自抑下，所以養成其德性，俾凡事不敢自是，而求助於賢臣，所謂各繹己之鵠也。」又曰：「公、卿、大夫飲射爵亦於西階，所以示法行於貴，而後可以齊衆也。君則卒觶於阼階之位，貴有常尊也。公、卿、大夫之飲耦不升，君則賓親獻而夾爵，上下之辨則然，而飲不勝之爵，與衆耦同，又使君知罰不敢行，而躬宜自省也。」　注云「夾爵，亦所以恥公也」者，韋氏協夢曰：「凡飲罰爵者，皆不勝者自飲，而勝者不飲。此賓復酌自飲者，嫌公獨飲有示罰之意也，注未當。」云「所謂『若飲君，燕則夾爵』」者，張氏爾岐曰：「注未引《鄉射》文，若云：若飲君，用燕禮致爵之法；其異者，夾爵耳。」**賓坐，不祭，卒觶，降奠于篚，階西東面立。**不祭，象射爵。**擯者以命升賓，賓升就席。**擯者，司正也。今文「席」爲「筵」。【疏】正義曰：注云「今文『席』爲『筵』」者，胡氏承珙曰：「《周禮·司几筵》注云：『筵，亦席也。鋪陳曰筵，藉之曰席。然其言之筵、席通矣。』疏云：『設席之法，先設者皆言筵，後加者爲席，故其職云：設莞筵紛純，加繅席畫純。假令一席在地，或亦云筵。《儀禮·少牢》云：司宮筵於奧。是也。』『然所云筵席，惟據鋪之先後爲名，其筵、席止是一物。』承珙案：筵、席散文固通，然此經上下文多言『席』，惟上文『司正以命升賓，賓升復筵』，❶彼古今文既皆作『筵』，即不必破爲『席』。此即古文作『席』，故疊今文不用也。」又見《士虞禮·記》。**若諸公、卿、大夫之耦不勝，則亦執弛弓，特升飲。**此耦亦謂士也。特，猶獨也。以尊與卑爲耦，而又不勝，使之獨飲，若無倫匹，孤賤也。【疏】正義曰：「以尊爲耦」，《校勘記》曰：「『尊』下，徐本、楊氏俱有『與卑』二字，《通解》無。」　注云「此耦亦謂士也」者，敖氏曰：「比耦之時，大夫有與士爲耦者，諸公、卿無與士爲耦者。此『諸公卿』，衍文。」韋氏協夢曰：「耦亦謂卿與公爲耦，大夫與卿爲耦，士與大夫爲耦者也。注獨指士而言，義猶未盡。」褚氏寅亮曰：「經無諸公、卿不與士爲耦之明文，則安得衍此三字？」**衆皆繼飲射爵，如三耦。射爵辯，乃徹豐與觶。**徹，除也。

右飲不勝者

司宫尊侯于服不之東北，兩獻酒，東面南上，皆加勺；設洗于尊西北，篚在南，東肆，實一散于篚。爲大侯獲者設尊也。言尊侯者，獲者之功由侯也。不於初設之者，不敢必君射也。君不射，則不獻大侯之獲者。散，爵名，容五升。【疏】正義曰：敖氏曰：「爲三侯之獲者及隸僕人、巾車設尊，而言尊侯者，以其功皆由侯也。兩，兩壺也。或脱一『壺』字耳。兩壺皆酒而云『南上』，是先酌所上者與？加勺東枋，此在大侯之乏東北，乃云『服不』者，見此時服不在乏也。不於初設之者，因事而獻，故其尊亦俟時而設，

❶「賓」，原作「之」，今據《儀禮古今文疏證》改。

所以别於正獻者也。此所設尊洗之類，即篇首之所言者也。上言獲者之尊，此云『尊侯』；上言大侯之乏，此云『服不』，文互見耳。又文亦有詳略，則以設與未設而異也。」盛氏曰：「敖説當矣。注以此尊專爲大侯獲者設，非。三侯之獲者，其功同，其人相去亦不遠，何必異尊？上經云『大侯之乏東北』，此云『服不之東北』，此其地一也，一地而兩尊，或先或後，亦理之所無者。注又云『君不射，則不獻大侯之獲者』，尤屬飾説。因燕而射，君或可以不與，未聞大射而君不與者也。君若不射，《射義》何以言『諸侯君臣盡志於射，以習禮樂』乎？云『南上』，是亦有玄酒矣。獻獲者而有玄酒，以祭侯，故重之也。」韋氏協夢曰：「此即前經司宫『尊於大侯之乏東北』者，彼歷言其地而已，至是乃陳之，猶卿、大夫之席前已言其地，至既獻乃布之也。注以此尊與前爲二尊，此洗與前爲二洗，服不與獲者僅六人耳，而必異尊與洗，有是理乎？」褚氏寅亮曰：「司馬正、司馬師各酌一壺，故有兩。」朱氏大韶曰：「『侯』，字之衍也。鄉射、大射並獻獲者與釋獲者，此獻也，與獻工同，非爲侯祭也。《考工記・梓人》曰：『祭侯則爲位。』經不言爲位，知非祭侯也。云服不、云負侯、云獲者，異名而同實。《鄉射》曰：『司馬命獲者執旌以負侯。』以其唱獲，謂之獲；以其執旌背侯而俟，謂之負侯。《大射》則謂之服不，舉其官也。下文『獲者適右个』，即服不也。注不言服不言獲者，國君大侯，服不負侯，其徒居之持獲，變其文，容二人也。司馬正皆獻之。案：經言實一散，下服不祭侯云『司馬師受虚爵』，虚爵即此散也。蓋司馬正但獻服不，其二侯之獲者，司馬師獻之，下文所云『洗獻隸僕與巾車獲者』是也。❶司馬正所獻者，祇服不一人，以其通稱，故云『獲者』耳。篇首云『尊於大侯之乏東北』，即此云『尊於服不之東北』。大侯之乏，即服不之位也。篇首云『設洗於獲者之尊西北』，即此云『設洗於尊西北』，尊即獲者之尊。篇首目其事，此則當事而設也。尊爲服不設，非爲侯設，故疑爲衍。」案：《義疏》云：「此經大概與《鄉射》同，其異者，《鄉射》一洗一尊，釋獲與獲者共之；此獻釋獲與鄉射同，獻獲者，則侯之西北又别有尊及洗，❷其尊上下仍有等焉。❸又《鄉射》一侯，此用三侯，則獲者亦三。以壺言之，經明兩獻酒東面南上，❹有上則有下可知；❺上者尊，則下者卑又可知。服不、司馬皆尊，以司馬正而獻服不，則應酌上尊，隸僕人與巾車獲者則卑於服不，司馬師又卑於司馬正，其獻也，應酌下尊。此兩壺之别也。」又云：「此設尊洗之處近於侯、乏之間。獲者執旌時往來於此。若早設之，亦虞窒礙。故侯時而設，非關君之射不射也。既張三侯，君雖不射，大侯之獲者亦當獻之。」**司馬正洗散，遂實爵，獻服不。**言服不者，著其官，尊大侯也。服不，司馬之屬，掌養猛獸而教擾之者。洗、酌皆西面。【疏】正義曰：注「言服不者，著其官，尊大侯也」者，張氏爾岐曰：「服不，即獲者也。前此皆言獲者，以其事名之；至此乃著其官，是尊大侯也。」敖氏曰：「服不爲

❶「僕」下，《儀禮注疏》有「人」字。
❷「北」，原脱，今據《儀禮義疏》補。
❸「等」下，《儀禮義疏》有「倫」字。
❹「明」下，《儀禮義疏》有「言」字。
❺上「有」字，《儀禮義疏》作「言」。

大侯之獲者，故先獻也。司馬正獻，亦異之，獻時蓋亦西南面。」**服不侯西北三步，北面拜受爵。**近其所爲獻。【疏】正義曰：注云「近其所爲獻」者，張氏爾岐曰：「服不得獻，以侯之故，則侯是其所爲獻也，故近侯而不近乏。」**司馬正西面拜送爵，反位。**不俟卒爵，略賤也。此終言之，獻服不之徒乃反位。【疏】正義曰：敖氏曰：「既拜送而反位，亦爲其不拜既也，是後則司馬師代之行事。於司馬正既反位，獲者亦反東面。」張氏爾岐曰：「此注可疑，當以經文爲正。服不之徒，或在司馬師所獻之中耳。」韋氏協夢曰：「注非也。服不爲三侯獲者之長，而位爲下士，獻以司馬正，宜也。若其徒雖爲大侯之獲者，與參侯、干侯之獲者等耳。豈可與服不同獻乎？且上經云『實一散於篚』，服不卒爵之後，司馬師即受虚爵，獻隸僕巾車與獲者，司馬正復用何爵獻其徒乎？蓋服不一人，司馬正獻之，而其徒則與參侯、干侯之獲者，皆受司馬師之獻也。」**宰夫有司薦，庶子設折俎。**宰夫有司，宰夫之吏也。《鄉射·記》曰：「獲者之俎，折脊、脅、肺。」【疏】正義曰：敖氏曰：「薦於服不之東，俎在薦東。」注云「宰夫有司，宰夫之吏也」者，《釋官》曰：「《周禮》宰夫下有『府史』。❶注云：『府治藏，史掌書。』各有專司，故謂之有司。《左傳》哀公三年：『命宰人出禮書。』杜注：『宰人，冢宰之屬。』《國語》韋注云：『宰人，吏人也。』疑即此。大射，凡薦皆使宰胥，此獻服不獨使宰夫有司者，以此經有祭侯之禮。《周禮·宰夫職》掌祭祀之薦羞，故使宰夫有司薦也。」引《鄉射·記》者，以此經俎實無文，故引此以爲證。盛氏曰：「獲者之俎，折以卿之餘體。獲者而有俎，亦以祭侯故也。《鄉射禮》

❶「下」，原脱，今據《儀禮釋官》補。

曰：『俎與薦皆三祭。』」**卒錯，獲者適右个，薦俎從之。**不言「服不」，言「獲者」，國君大侯，服不負侯，其徒居乏待獲，變其文，容二人也。司馬正皆獻之。　薦俎已錯，乃適右个，明此獻己，己歸功於侯也。　適右个，由侯内。《鄉射·記》曰：「東方謂之右个。」【疏】正義曰：注云「不言『服不』，言『獲者』，國君大侯，服不負侯，其徒居乏待獲，變其文，容二人也。司馬正皆獻之」者，敖氏曰：「此獲者，即服不也。變『服不』言『獲者』，見服不亦在乏而獲也。」張氏爾岐曰：「信如注言，司馬正並獻二人，❶當用二爵。經文明言『實一散於篚』，安得有二爵乎？司馬正所獻，決是服不氏一人，其徒則司馬師獻隸僕巾車後乃獻之。」盛氏曰：「案：上下注意蓋謂國君大侯，服不與其徒負侯居乏相代，司馬正獻服不訖，即獻其徒而后反位，亦非謂二人並獻也。但玩前後經文，負侯及獲者，三侯皆有之。負侯者主負侯及取矢，蓋《周禮》射鳥氏之職，以其取矢知之也。諸侯兼官，即以服不氏攝之。獲者專主唱獲，與負侯者並不相代。司馬正所獻，惟服不之長一人，其參侯、干侯之獲者及三侯之負侯者，皆司馬師獻之也。而注説之誤了然矣。」云「薦俎已錯，乃適右个，明此獻己，己歸功於侯也」者，敖氏曰：「有司與庶子既錯薦俎於地，獲者則以爵適右个，而二人復執薦俎從之，薦錯於獲者之南，俎在薦南。」方氏苞曰：「司馬獻服不，薦俎錯焉，亦非爲侯設也。服不不祭啐而適右个，不敢以己之餘祭侯也。終則仍設薦俎於乏南，明獲者雖以祭侯，而薦俎本爲獲者設也。」褚氏寅亮曰：「獲者祭侯所設薦俎，當如侯北面之位，薦南面俎北。注云『薦俎之設，如於北面人焉』，是也。」**獲者左執爵，右**

❶「正」，原脱，今據《儀禮鄭注句讀》補。

祭薦俎，二手祭酒；祭俎不奠爵，不備禮也。二手祭酒者，獲者南面於俎北，當爲侯祭於豆間，爵反注，爲一手不能正也。此薦俎之設，如於北面人焉。天子祝侯曰：「唯若寧侯，無或若女不寧侯，不屬於王所，故抗而射女。彊飲彊食，貽女曾孫諸侯百福。」諸侯以下祝辭未聞。【疏】正義曰：《校勘記》曰：「注『如於北面人焉』，『北』誤作『此』。『故抗而射女』，『射』，陳、閩、監、葛俱誤作『設』。『彊飲彊食』，『彊』，徐本俱作『强』。」○敖氏曰：「祭俎者，興，取刌肺以坐祭也。二手祭酒，爲散大酒多，一手注之，難爲節也。」褚氏寅亮曰：「亦爲代侯祭酒，向自身而反注於内也。必二手者，散大容五升，一手難反注。」注引「天子祝侯」者，《周禮・梓人》文。方氏苞曰：「五帝三王之世，凡寇賊奸宄，聽斷於士師，其阻兵倡亂、敢爲不寧者，皆强横之諸侯，故射之正鵠，取義於不寧侯，使貴賤少長同心於貫之，以示敵王所愾之義。義取於不寧侯，而又祭之，何也？祭有非報功而以聲其罪者。《考工記》所載天子祭侯之辭，乃《周官・太祝》、《詛祝》所謂『攻説』也。《燕義》所稱，則諸侯燕射樂歌，非祭侯之辭。師禡所祭，於經傳無考，而後儒以爲祭黄帝、蚩尤。祭黄帝則禱祈也，祭蚩尤則必以攻説之辭。《記》曰：『禡於所征之地。』必以蚩尤爲戒，使不寧之方毋侮毋忽也。」**適左个，祭如右个，中亦如之。**先祭个，後中者，以外即之至中，若神在中。❶《鄉射禮》曰：獻獲者，俎與薦皆三祭。【疏】正義曰：注「俎與薦」，《校勘記》曰：「『薦』，誤作『俎』。」○引《鄉射禮》者，證左右个及中爲三祭也。**卒祭，左个之西北三步，東面。**北鄉，受獻之位也。不北面者，嫌爲侯卒爵。【疏】正義曰：注

❶「若」，原作「右」，今據《儀禮注疏》改。

「北鄉」，《校勘記》曰：「北，徐本、楊、敖俱作『此』，與單疏標目合；鍾本、《通解》俱作『北』。」案：張氏《句讀》作「北」，盛氏《集編》正作「此」。作「此」是也。　云「不北面者，嫌爲侯卒爵」者，以獻服不受獻之時在侯西北面。此東面，不北面者，敖氏曰：「變於受爵之時也。卒爵與受爵不同面，自是一禮耳。下釋獲者亦然。」

設薦俎，立卒爵。不言不拜既爵，司馬正已反位，不拜可知也。《鄉射禮》曰：「獲者薦右東面立飲。」【疏】正義曰：引《鄉射禮》者，以獲者亦薦右東面立也。敖氏曰：「卒爵於薦西，東面自若也。是時司馬師蓋已北面於其東。」**司馬師受虚爵，洗，獻隸僕人與巾車、獲者，皆如大侯之禮。**隸僕人，埽侯道。巾車，張大侯。及參侯、干侯之獲者。其受獻之禮，如服不也。隸僕人、巾車，於服不之位受之，功成於大侯也。不言量人者，此自後以及先可知。【疏】正義曰：敖氏曰：「承服不後而洗，則是每獻皆洗矣。隸僕人與巾車，皆聽命於司馬，故亦司馬并獻之。」褚氏寅亮曰：「此獲者祭參、干二侯，隸僕人等則無所祭。云『皆如大侯之禮』，實不盡如也。」　注云「及參侯、干侯之獲者」，盛氏曰：「獲者，謂參侯、干侯之獲者也。三侯之負侯者亦存焉，於是乃統言獲者，亦其事相聯也。」《釋官》曰：「司馬正獻服不，大侯之獲者也。司馬師獻獲者，參侯、干侯之獲者也。」云「隸僕人、巾車，於服不之位受之，功成於大侯也」者，賈疏云：「隸僕人、巾車素無其位，而經云『如大侯之禮』，明就大侯之位受獻也。」吴氏廷華曰：「經言『如大侯之禮』，而不獻於大侯可知。」　敖氏曰：言『如大侯』，則各就其侯獻之矣。其説是也。且三侯皆射，何得僅言成功於大侯？」云「不言量人者，此自後以及先可知」者，張侯之時，量人在巾車之先，及君射而隸僕人埽侯道，隸僕人、巾東得獻者，自後以及先也。經雖不言量人，其得獻可知也。敖氏曰：不言量人，或不與此獻。方氏苞曰：「注與敖説指皆未明。蓋大射自公、卿、大夫、庶士以及士旅食者、庶子皆受獻，隸僕人、巾車、參干二侯之獲者，職卑事鋭，❶疑不得與於獻，故特著之。若量人制燔脯與鬱人舉斝瀝，於祭有常職，當與卿、大夫並受主人之獻於適士中，若使司馬師與僕隸等，同獻於侯側，非其倫矣。」**卒，司馬受虛爵，奠于篚。**獲者之篚。【疏】正義曰：「司馬」下，唐石經、徐本、《通解》、楊、敖俱有「師」字。注云「獲者之篚」者，盛氏曰：「即服不之篚也。」**獲者皆執其薦，庶子執俎從之，設于乏少南。**少南，爲復射妨旌也。隸僕人、巾車、量人，自服不而南。【疏】正義曰：盛氏曰：「獲者，謂三侯之獲者及負侯者，凡六人也。乏，亦謂三侯之乏也。於是不別言服不者，以其事同也。」吴氏廷華曰：「獲者居之，故設於其南。若巾車、僕人，未嘗居乏，何必亦設於乏南？且經第言獲者，則隸僕人等雖同時獻之，或別獻於三侯之前，而薦於其位，未必有俎，未必有三祭。所謂如者，特大概言之耳。」**服不復負侯而俟。**【疏】正義曰：盛氏曰：「此負侯者也，謂之服不者，著其以服不之徒兼之也。《周禮·服不氏》下士及其徒凡五人，而兹乃有六人者，以其兼射鳥氏之職也。是時，三侯之獲者皆居乏。」

右獻獲者

司射適階西，去扑；適堂西，釋弓，說決拾，襲；適洗，洗觚，升實之；降，獻釋獲者于其

---

❶「鋭」，原作「統」，今據《儀禮析疑》改。

位，少南。獻釋獲者，與獲者異，文武不同也。去扑者，扑不升堂也。少南，辟中。【疏】正義曰：《校勘記》曰：「『司射適階西』，『適』，誤作『釋』。注『辨中』，『辨』，徐本、《通解》、楊、敖俱作『辟』。」　注云「獻釋獲者，與獲者異，文武不同也」者，釋獲者爲大史，是又與獲者文武不同也。❶韋氏協夢曰：「不言『獻大史』，而曰『獻釋獲者』，容小史亦獻也。小史佐大史，大史獻，亦當獻之。猶獻服不，而并獻參侯、干侯之獲者，其禮與服不同，則獻小史亦與大史同矣。」《釋官》曰：「獲者，司馬獻之；釋獲者，司射獻之。小史佐大史釋獲，則獻亦當及也。」敖氏曰：「『洗觚，升實之』，與獲者異，蓋釋獲者無事於侯，且尊於獲者，故獻之不酌獲者之尊，而酌上尊也。」方氏苞曰：「不近酌獻獲者之尊，❷而實之於堂上，則別設獻獲者之尊，以祭辭稱『不寧侯』，不可與堂上同尊益明矣。」云「少南，辟中」者，張氏爾岐曰：「獻釋獲者於其位之南，欲其稍遠乎中，與獻獲者近侯有異也。」**薦脯醢，折俎，皆有祭。**俎與服不同，惟祭一爲異。【疏】正義曰：服不之俎與薦皆有三祭，以其祭侯三處，各用其一也。敖氏曰：「不言所設之人，蓋亦有司與庶子與？」**釋獲者薦右東面拜受爵，司射北面拜送爵。釋獲者就其薦坐，左執爵，右祭脯醢，興，取肺，坐祭，遂祭酒。**祭俎不奠爵，亦賤不備禮。**興，司射之西，北面立卒爵，不拜既爵。司射受虚爵，奠于篚。釋獲者少西，辟薦，反位。**辟薦少西之者，爲復射妨司射視算，亦辟俎也。**司射適堂西，袒決遂，取弓，挾一**

❶「又」，《儀禮正義正誤》作「文」。「文」，《儀禮正義正誤》作「是」。「武」，原作「式」，今據《續清經解》本改。

❷「獲」，原脱，今據《儀禮析疑》補。

个；適階西，搢扑以反位。爲將復射。【疏】正義曰：盛氏曰：「此司射倚扑之處與鄉射同，倚弓矢之處與鄉射異。」韋氏協夢曰：「下文云『司射倚扑于階西』，則此時司射可直由階西適阼階下。必搢扑反位者，以獻釋獲者之事未終，不敢由便也。」

右獻釋獲者第二番射事竟

司射倚扑于階西，適阼階下，北面請射于公，如初。不升堂，賓、諸公、卿、大夫既射矣，聞之可知。【疏】正義曰：張氏爾岐曰：「此下言第三番射，以樂爲節之儀。射前有諸公、卿、大夫拾取矢，正射，不鼓不釋，射後，三耦及衆射者又拾取矢。此三事爲異，其餘並如釋獲之射。」〇敖氏曰：「阼階下請射于公，正禮也。曏之升者，有爲爲之耳。此言『如初』，未詳，疑衍。」盛氏曰：「初，謂第一番射。❶如初者，謂其請射之辭也。敖以爲衍文，非。」方氏苞曰：「再射升堂而後請，特見於經。此如初，謂如初之請於階下耳。」韋氏協夢曰：「『如初』二字，疑作『公許』。傳寫者因三射多言『如初』，而鄉射三請射又曰『如初』，由此誤耳。」案：《義疏》曰：「初請射時，本自阼階下。❷云『如初』者，如其初，不如其再也。」**反搢扑，適次，命三耦皆袒決遂，執弓，序出取矢。**曏言「拾」，是言「序」，互言耳。【疏】正義曰：敖氏曰：「執弓，亦右挾之。序，

❶「射」下，《儀禮集編》有「時」字。
❷「下」，《儀禮義疏》作「前」。

謂每耦以次而出也。」**司射先反位**，言先，先三耦也。司射既命三耦以入次之事，即反位。三耦入次，袒決遂，執弓挾矢，乃出反次外西面位。鼏不言司射先反位，三耦未有次外位，無所先也。【疏】正義曰：注「反次外西面位」，「位」，楊氏作「立」；「三耦未有次外位」，徐本無「外」字，《通解》有，與疏合。云「鼏不言司射先反位，三耦未有次外位，無所先也」者，謂第一番射時，但言司射反位，不言先，以三耦未有次外位故也。盛氏曰：「三耦袒決遂之所與其射位，皆在次中，但有南北之異耳。司射位自在中之西南，云『先』者，謂其不俟三耦之袒決遂而即反位也。注誤。」方氏苞曰：「方命三耦取矢，即反位，與再射異，何也？再射，司射之事皆在次中；三射則事在庭中，不得不先反位也。再射時，大夫、羣士始即事，恐其或愆於儀，故就次中監視之。至三射，則次中之儀皆前見矣。而諸公、卿始繼三耦而出就楅，與衆耦同拾取矢。司射命三耦後，宜先反庭中之位以待事。且再射止見大夫、庶士次中之儀，而未見其取矢於楅之儀，至是始一一監視之。」褚氏寅亮曰：「此時三耦尚未拾取矢，注中『挾矢』二字，衍也。」**三耦拾取矢如初，小射正作取矢，如初。**小射正，司射之佐。作取矢，禮殺，代之。【疏】正義曰：「三耦」，《校勘記》曰：「『三』，誤作『二』。」○敖氏曰：「『小射正作取矢如初』，此句似衍。大射之禮，司射惟命拾取矢而不復作，與鄉射異，以前後經文徵之可見。又言此於『拾取矢』之後，似非其次。且上無作取矢之事，亦不宜言『如初』，其爲衍也明矣。」盛氏曰：「上云：三耦皆袒決遂，執弓，序出，取矢。此司射命之之辭，非謂三耦已爲之也。司射命訖反位，於是三耦皆自射位適次南少東，袒決遂，執弓，右挾之，反射位，而后小射正作上耦取矢也。此皆與第一番取矢之儀同，故以『如初』蔽之。三耦拾取矢，言於小射正作取矢之上者，以其有袒決遂之事，在作取矢前也。云

『小射正作取矢如初』，則第一番取矢之時，固有成禮矣。而上經不見之者，文闕也。敖氏不悟上經之闕，而反以此爲衍，誤矣。注謂以小射正代司射，亦臆説也。」韋氏協夢曰：「初取矢時不見小射正作射之節者，與此文互備也。小射正作矢，當在三耦拾取矢之前。退其文於下者，以初取矢時無此文也。言『作取矢如初』，則初亦作之可知矣。」淩氏《釋例》曰：「凡大射，三耦拾取矢，則司射命之；諸公、卿、大夫拾取矢，則小射正作之。此篇第二次射事竟，❶司射倚扑于階西，適阼階下，北面請射于公如初。此請第三次射也。如初者，如第一次射竟請射之儀也。又云：『反搢扑，適次，命三耦皆袒決遂，執弓，序出，取矢。』此言司射命三耦拾取矢也。又云：『司射先反位。三耦拾取矢如初。』此言三耦承司射之命拾取矢也。如初者，如第一次射竟拾取矢之儀也。❷故曰：『三耦拾取矢，則司射命之也。』又云：『小射正作取矢如初。』此言小射正作諸公、卿、大夫取矢也。如初者，如司射命三耦之儀也。第一次射竟，但有三耦拾取矢，無公、卿、大夫，故不云小射正作取矢也。又云：『三耦既拾取矢，諸公、卿、大夫皆降，如初位。』此言諸公、卿、大夫承小射正之作，降階在三耦既拾取矢之後也。如初位者，如第一次射竟諸公、卿、大夫降即位之位也。又云：『與耦入于次，皆袒決遂，執弓，皆進當楅，進坐，脱矢束。上射東面，下射西面，拾取矢如三耦。』此言諸公、卿、大夫拾取矢也。又云：『若士與大夫爲耦，士東面，大夫西面。大夫進坐，脱矢束，退反位。耦揖進，坐，兼取乘矢，興，順羽，且左還，毋周，反面揖。大夫進坐，亦兼取乘矢如其耦，北面搢三挾一个，揖進。大夫與其耦皆

❶「此篇」，《禮經釋例》作「大射儀」。
❷「竟」下，《禮經釋例》有「三耦」二字。

適次，釋弓，脱決拾，襲，反位。』此言士與大夫爲耦，則兼取乘矢，不拾也。又云：『諸公卿升就席，衆射者繼拾取矢皆如三耦，遂入於次，釋弓矢，説決拾，襲，反位。』此言公卿升就席後，衆射者拾取矢也。故曰：『諸公、卿、大夫拾取矢，則小射正作之也。』經文節次甚明，下經三次射竟，不云小射正作取矢者，文不具也。鄉射初次射竟，司射命拾取矢，又云：『司射作上耦取矢。』二次射竟，但云『司射作拾取矢』，不云司射命之者，鄉射禮簡也，鄉射命與作皆司射一人爲之。大射威儀多，故三耦拾取矢，則司射命之，諸公、卿、大夫及衆射者拾取矢，則小射正作之也。經文『小射正作取矢如初』，注以爲禮殺代之，似未得經意。敖氏以爲衍文，則更非矣。」胡氏肇昕曰：「淩氏此條甚精，足正鄭氏、敖氏之誤。盛氏雖駁敖氏，而其謂上經爲文闕，仍無異敖氏謂此經爲衍文也。得淩説而諸家之解皆爲贅矣。」**三耦既拾取矢，諸公、卿、大夫皆降，如初位；與耦入于次，皆袒決遂，**❶**執弓，皆進當楅，進坐，説矢束。上射東面，下射西面，拾取矢，如三耦。**皆進當楅，進三耦揖之位也。凡繼射，命耦而已，不作射，不作取矢，如初。【疏】正義曰：敖氏曰：「如初位者，適次繼三耦以南也。云『如初位』，又云『入于次』，見其所進者又深也。凡經云『適次』而已者，兼深、淺而言也；云『入于次』者，見其深入也。先言『適』，乃言『入』。若次中者，則皆先淺而後深也。執弓亦右挾之，皆進，謂出次而西面之時也。上下射當楅而進坐，説矢束，是俱北面説之也。然則鄉射之大夫説矢束，亦北面明矣。既説，則上射少西而反東面，下射少東而反西面，乃拾取之。」盛氏曰：「適次、入次

❶「皆」，原作「當」，今據《續清經解》本及《儀禮注疏》改。

之辨，敖氏論之詳矣，而其説矢束之法則非也。北面説矢束，既説而后各就楅西東之位者，大夫與大夫之禮也。既就楅東之位而后説矢束，説之亦西面者，大夫爲下射之禮也。經文甚明，奈何混而一之邪？」褚氏寅亮曰：「先言『如初位』，後言『入于次』，位之在次外也益明。」注云「凡繼射，命耦而已，不作射，不作取矢，如初」者，張氏爾岐曰：「注繼射，謂繼三耦而射；如初，謂從三耦之法。繼射者皆從耦法，故不再命之也。」

若士與大夫爲耦，士東面，大夫西面。大夫進坐，説矢束，退反位。 説矢束，自同於三耦，謙也。

【疏】正義曰：方氏苞曰：「再射言爲耦之上下，三射言所面之東西，互見且相證也。士與大夫耦，再射即有之，而至此始見，以君射之儀，賓與諸公、卿、大夫升降、進反、揖讓之數，具詳於再射，禮重文繁，❶無暇及士與大夫耦之末節，故補叙於三射，亦列事之義法宜然。」褚氏寅亮曰：「大夫爲下射也，亦西面説之，不北面。」注云「自同於三耦」者，欲與其耦拾取也。

耦揖進，坐兼取乘矢，興，順羽，且左還，毋周，反面揖。 兼取乘矢，不敢與大夫拾。**大夫進坐，亦兼取乘矢，如其耦；北面搢三挾一个，揖進。大夫與其耦皆適次，釋弓，説決拾，襲，反位。諸公、卿升就席。** 大夫反位，諸公、卿乃升就席，大夫與己上下位。

【疏】正義曰：敖氏曰：「後『揖進』之『進』當作『退』，《鄉射》云『揖退』是也。」大夫既反位，諸公、卿乃與之序升。『公、卿』之下，不言大夫者，文脱耳。又此上下文皆言卿、大夫升就席，不應此時獨否也。然則此有脱文明矣。」張氏爾岐曰：「諸公、卿、大夫自爲耦者，拾取矢在前；大夫與士耦者，取矢在後。

❶「文」，原作「又」，今據《儀禮析疑》改。

前取矢者，待於三耦之南，至大夫與耦取矢、反位乃與之同升就席，以爵同，故相待也。」褚氏寅亮曰：「與反位之大夫同升也，其義已明，不必更添『大夫』二字。」**衆射者繼拾取矢，皆如三耦；遂入于次，釋弓矢，説決、拾，襲，反位。**【疏】正義曰：《校勘記》曰：「『繼拾取矢』，『繼』，誤作『既』。」

右将以樂射射者拾取矢

司射猶挾一个以作射，如初。一耦揖升如初。司馬升，命去侯；負侯許諾。司馬降，釋弓反位。司射與司馬交于階前，倚扑于階西，適阼階下，北面請以樂于公。公許。請奏樂以爲節也。始射，獲而未釋獲，復釋獲，復用樂行之。君子之於事，始取苟能，中課有功，終用成法，教化之漸也。射用應樂爲難。孔子曰：「射者何以聽？循聲而發，發而不失正鵠者，其惟賢者乎？」【疏】正義曰：注「君子之於事」，《校勘記》曰：「『事』下，徐本、《通解》、楊氏俱有『也』字。」○始射獲而未釋獲者，謂第一番射；復釋獲者，謂第二番射；復用樂行之者，謂此第三番射。始取苟能，中課有功，終用成法，總上三番射，言教化之漸也。「孔子」以下，《禮記·射義》文，引以證射用應樂爲難之意也。**司射反，搢扑，東面命樂正曰：「命用樂！」**言君有命用樂射也。樂正在工南，北面。【疏】正義曰：注云「樂正在工南，北面」者，賈疏云：「此時工在洗東，西面。樂正在工南，北面。司射在西階下，東面。經云『命樂正』者，東面遥命之。」《釋官》曰：「上別言『小樂正』，則直云『樂正』爲大樂正可知。《周禮·大樂正》：王大射，令奏《騶虞》。諸侯大射，亦當大樂正令奏《貍首》。下疏謂『單言樂正者，謂大樂正』，是也。」**樂正曰：「諾。」司射遂適**

堂下，北面眂上射，命曰：「不鼓不釋！」不與鼓節相應，不釋算也。鼓亦樂之節。《學記》曰：「鼓無當於五聲，五聲不得不和。」凡射之鼓節，投壺，其存者也。《周禮》射節，天子九，諸侯七，卿、大夫以下五。

【疏】正義曰：《校勘記》曰：「『北面眂上射』，『眂』，唐石經、徐本、《通解》、楊、敖俱作『視』。案：《釋文》於前『視算』作『眂』，注云『本亦作視』；於此無釋，則亦作『視』也。眂當从目，今从耳，非也。注『不得不和』，『不得』上，徐本、通解、楊氏俱有『五聲』二字，是也。」○引《學記》者，證鼓亦樂節之意。云「凡射之鼓節，投壺，其存者也」者，《投壺》篇在《禮記》中，其篇圖出魯鼓、薛鼓，云「取半以下爲投壺節，盡用之爲射節」是也。引《周禮》者，《射人》、《樂師職》皆云：「天子《騶虞》九節，諸侯《貍首》七節，大夫《采蘋》，士《采蘩》，皆五節。」

上射揖，司射退反位。樂正命大師，曰：「奏《貍首》，間若一！」樂正西面受命，左還東面，命大師以大射之樂章，使奏之也。《貍首》，逸詩《曾孫》也。貍之言不來也。其詩有射諸侯首不朝者之言，因以名篇。後世失之，謂之《曾孫》。「曾孫」者，其章頭也。《射義》所載詩曰「曾孫侯氏」是也。以爲諸侯射節者，采其既有弧矢之威，又言「小大莫處，御于君所」。以燕以射，則燕則譽」，有樂以時會君事之志也。間若一者，調其聲之疏數重節。【疏】正義曰：注云「《貍首》，逸詩《曾孫》也」者，以《貍首》是逸詩篇名。「曾孫」，其章頭也，因亦謂之曾孫耳。云「貍之言不來也」者，解詩篇名貍之意。貍與來古音相近，不來即貍之合聲，猶終葵之爲椎、邾婁之爲鄒也。云「其詩有射諸侯首不朝者之言，因以名篇」者，以貍爲不來首，爲諸侯不朝者，故其詩因以名篇。中有射諸侯首不朝者之言，故用其詩爲《大射》樂章也。云「後世失之，謂之《曾孫》。『曾孫』者，其章頭也。《射義》所載詩曰『曾孫侯氏』是也」者，此據《射義》所引曾孫侯氏之言，知爲此詩章頭，故後世又名《貍首》爲《曾孫》。云「以爲諸侯射節者，采其既有弧矢之威，又言『小大莫處，御于君所。以燕以射，則燕則譽』，有樂以時會君事之志也」者，此據《射義》所引曾孫之文，明其所以爲諸侯射節之意也。盛氏曰：「《貍首》之詩，今無以考其名篇之義，然以《騶虞》、《采蘋》之類推之，亦必其首章有此二字，而取以名之耳。《射義》所載曾孫侯氏數語，未知其果是與否。即使果是，亦未必其章頭也。鄭君諱所不知而强爲之説，妄矣。又案：《大戴禮·投壺》篇末亦載曾孫侯氏之詩，比《射義》特詳。又雜以《考工記》祭侯祝辭有『嗟爾不寧侯，爲爾不朝于王所，故亢而射女』之言，或鄭説之所本與？凡以樂節射者，但取其節，而不取其詩之義也。今案：大、小《戴記》所載曾孫侯氏之詩，皆序射事，與《騶虞》、《采蘋》之類不協，疑非《貍首》本篇也。《大戴禮》既言『曾孫侯氏』，又云『干侯既亢』，尤屬不倫，蓋其所捃拾者厖矣。」韋氏協夢曰：「《騶虞》、《采蘩》、《采蘋》皆未嘗明言射事，而射節以之。《貍首》之詩應與三詩相類，詎必拘拘以射爲辭乎？《射義》曾孫侯氏之云，蓋後人附會而爲之説。注既以《貍首》爲逸詩，而又以曾孫侯氏當之，殊不必。」又云：「劉氏敞因篆文『貍』似『鵲』，❶『首』似『巢』，謂《貍首》即《鵲巢》。《騶虞》、《采蘩》、《采蘋》、《二南》篇名，則《貍首》亦必其儔。劉氏之説，非不可從，但無明文可據，不免穿鑿。仍從注作逸《詩》爲長。」❷「注説原本《射義》。攷《射義》云：『天子以《騶虞》爲節，諸侯以《貍首》爲節，大夫以《采蘋》爲節，士以《采蘩》爲節。《騶虞》者，樂官備也。《貍首》者，樂時會也。《采蘋》者，樂循法也。《采蘩》者，樂不失職也。』是凡取以爲節者，

❶「似」，原作「形」，今據《儀禮蠡測》改。

❷ 引文上，據《儀禮正義正誤》有「胡氏肇昕曰」五字。

皆有其義。盛氏謂以樂節射，但取其節，不取其詩之義，顯與《記》文相悖。又《射義》引《詩》曰：『曾孫侯氏，四正具舉。大夫君子，凡以庶士。大小莫處，御于君所。以燕以射，則燕則譽。』言君臣相與盡志於射，以習禮樂，則安則譽也，是以天子制之而諸侯務焉。此天子所以養諸侯而兵不用，諸侯自爲正之具也。詳繹記文，此節明言諸侯相與盡志於射之事，所引詩言，亦與樂時會之義相合，是此詩爲《貍首》之詞甚明。故鄭得據以當《貍首》之詩，非鑿空而妄説也。盛氏、韋氏駁之，非是。劉氏敞別自爲説，謂《貍首》爲《鵲巢》，取其與《騶虞》、《采蘋》、《采蘩》皆《二南》篇名。夫不顧其義，而惟取於《二南》之中，則《二南》豈止此四篇乎？且篆文貍鵲、首巢形并不相類，何得妄取而當之？此真違不知蓋闕之義也。」云「間若一者，調其聲之疏數重節」者，張氏爾岐曰：「聲之疏數，必使勻適如一，以射禮所重，在於能循此節也。」**大師不興，許諾。樂正反位，奏《貍首》以射，三耦卒射。賓待于物如初。公樂作而后就物，稍屬，不以樂志。其他如初儀。**不以樂志，君之射儀，遲速從心，其發不必應樂，辟不敏也。志，意所擬度也。《春秋傳》曰：「吾志其目。」【疏】正義曰：《校勘記》曰：「『而后』，『后』誤作『後』。注『辟不敏也』，葛本無『也』字。『意所擬度也』，『擬』，徐本、《釋文》俱作『人』，❶與單疏述注合。」〇賈疏云：「此經云『如初』者，皆如上第二番射法，惟作樂爲異。」敖氏曰：「稍屬，謂授矢于公稍屬也。然此當蒙『如初儀』之中，似不必獨見之；且語句不

❶「作」，段校改爲「從」。

全，❶亦恐非作經者之意，蓋衍文也。」盛氏曰：「『稍屬』，當從敖氏作衍文。或謂『稍屬不以樂志』爲句，非。」方氏苞曰：「再射於授矢言稍屬，三射於樂作言稍屬，蓋以君之血氣有强弱，志慮有緩急，且無暇專勤藝事，故四矢之行，不過與拾發之節稍相屬而已。求以疏數如一，不可必得也。不過與鼓樂之節稍相屬而已。求以循聲而發不可必得也，故少寬之，亦所以使自循省而知職任之重且大也。」胡氏肇昕曰：「稍屬仍謂授矢于公耳，不言授矢者，省文耳。注云『辟不敏也』者，以君之遲速與樂節相應，不以樂志，則不見其不敏，是辟不敏也。」引《春秋傳》者，定八年《左傳》文，❷引以證志爲意所擬度之意。吴氏廷華曰：「注謂不必應樂，於文似矣。若以理論，則比禮比樂，君臣皆然。以諸侯而不必應樂，則《貍首》爲虛奏矣。或云：公自以樂爲志，臣下尊君，不敢必君之以樂志爾。存參。」**卒射如初，賓就席。諸公、卿、大夫、衆射者皆繼射，釋獲如初；卒射，降反位。釋獲者執餘獲進告。左右卒射如初。**【疏】正義曰：敖氏曰：「『卒射如初』，謂公卒射以至賓反位於階西之儀。『賓就席，諸公、卿、大夫，衆射者皆繼射，釋獲如初』，三事皆如初也。降反位，指衆射之最後者而言，以見釋獲者升告之節也。」

右以樂節射

❶「全」，原作「合」，今據《儀禮集説》改。

❷「文」，原作「反」，今據《續清經解》本改。

司馬升，命取矢，負侯許諾。司馬降，釋弓反位。小臣委矢，司馬師乘之，皆如初。司射釋弓、視算，如初。釋獲者以賢獲與鈞告，如初。復位。

右樂射後取矢數獲

司射命設豐，實觶，如初。遂命勝者執張弓，不勝者執弛弓，升、飲如初；卒，退豐與觶，如初。【疏】正義曰：敖氏曰：「當更有『設豐』二字，如《鄉射》之文。」朱氏大韶曰：「敖説是也。命設豐者，司射是也。設豐者，司宫士也。實觶，則弟子也。上經云：司射命設豐，司宫士奉豐，勝者之子弟洗觶升酌。是也。司射但命設豐，實觶乃弟子爲之，無待司射之命。若不重『設豐』二字，似以『司射命設豐實觶』作一句讀，失之矣。唐石經脱，各本因之，當據《鄉射》補。《通解》反於《鄉射》删下『設豐』二字，則失之甚者也。」

右樂射後飲不勝者

司射猶袒決遂，左執弓，右執一个，兼諸弦，面鏃；適次，命拾取矢，如初。側持弦矢曰執。面，猶尚也，兼矢於弦尚鏃，將止變於射也。【疏】正義曰：注云「側持弦曰執」者，上文皆云「挾一个」，注云「方持弦、矢曰挾」；此云「執一个」，是側持弦、矢也。司射反位。三耦及諸公、卿、大夫、衆射者皆

袒決遂，以拾取矢，如初。矢不挾，兼諸弦，面鏃；退適次，皆授有司弓失，襲，反位。不挾，亦謂執之，如司射。【疏】正義曰：吴氏廷華曰：「矢不挾，以不復射也。」**卿、大夫升就席。**【疏】正義曰：敖氏曰：「不言諸公者，可知也。諸公、卿、大夫既就席，則士亦當反西方之位矣。」

右樂射後拾取矢

司射適次，❶釋弓，説決、拾，去扑，襲，反位。司馬正命退楅、解綱。小臣師退楅，巾車、量人解左下綱。司馬師命獲者以旌與薦俎退。解，猶釋也。今文「司馬師」無「司馬」。【疏】正義曰：敖氏曰：「退楅亦于次，司馬正於此命解綱，則曏亦命繫之明矣。《鄉射》曰：『説侯之左下綱而釋之。』」

注云「今文『司馬師』無『司馬』」者，胡氏承珙曰：「案：《鄉射》惟司馬一人，而司馬即前之司正。此則大射正爲司正，不爲司馬而別有司馬正一人、司馬師一人。《鄉射》命弟子説侯，命獲者以旌退，皆司馬命之。此則司馬正命解綱，司馬師命退旌。師者，正之貳也。此外有小臣師，又有僕人師。若如今文無『司馬』，單言『師』，未明何人，故鄭從古文。」吴氏廷華曰：「此下當有司馬復爲司正語，文省。」**司射命釋獲者退中與算而俟。**諸所退射器皆俟，備君復射。釋獲者亦退其薦俎。【疏】正義曰：敖氏曰：「亦小臣執中、大史執算也。退中與算亦於西堂下，既則大史、小史俱復位於門東。」盛氏曰：「大史當復於侯東北之位。」

---

❶「射」，原作「馬」，今據《儀禮注疏》改。

右三番射竟退諸射器将坐燕以終禮

公又舉奠觶，惟公所賜。若賓若長，以旅于西階上，如初。大夫卒受者，以虚觶降，奠于篚，反位。【疏】正義曰：敖氏曰：「此一舉觶，當在未立司正之前，乃降於此者，爲射故也。」陳氏暘曰：「燕禮工歌之後、笙奏之前，即爲大夫舉旅。大射至射畢，爲大夫舉旅者，主於射故也。」吴氏廷華曰：「此是長媵之第三觶。」褚氏寅亮曰：「前媵三觶，公舉其二，餘其一，至射畢旅大夫，公乃舉之。」

右爲大夫舉旅酬

司馬正升自西階，東楹之東，北面告于公，請徹俎，公許。射事既畢，禮殺人倦，宜徹俎燕坐。【疏】正義曰：韋氏協夢曰：「鄉射請徹俎，司正之職。則此請徹俎，亦當以司正。」李氏寶之謂『司馬正』當作『司正』，今從之。」遂適西階上，北面告于賓。賓北面取俎以出。諸公、卿取俎如賓禮，遂出，授從者于門外。自其從者。【疏】正義曰：如賓禮，謂亦如鄉其席取之也。諸公南面，卿北面。大夫降復位。門東北面位。【疏】正義曰：賈疏云：「大夫雖無俎，以賓及公、卿皆送俎，不可獨立於堂，故降復位。」注云「門東北面」者，謂初小臣納卿、大夫，門東北面揖位。敖氏曰：「復位于門東者，以諸公、卿亦以俎出故也。燕禮諸公、卿無俎，故與大夫降而同立于西階下。」盛氏曰：「復位，門右少進之位。」庶子正徹公俎，降自阼階，以東。降自阼階，若親徹也。以東，去藏。【疏】正義曰：敖氏曰：「正，庶子之長者也。燕禮膳宰設公俎，❶亦膳宰徹之。然則上之設公俎者，亦庶子正矣。」《釋官》曰：「此徹公俎獨言『正』，則上設賓俎及卿俎不皆正可知。」**賓、諸公、卿皆入門，東面北上。**諸公、卿不入門而右，以將燕，亦因從賓。【疏】正義曰：敖氏曰：「入門，入自闑東也。入門而不左不右，即東面而立，變於常位也。將與大夫同升，宜近之。」盛氏曰：「東面北上，與燕禮卿、大夫降位同，蓋近西階下也。敖説非。」吴氏廷華曰：「東面北上，以將自西階升也。鄉射卿、大夫皆降，東面北上，即此位耳。」**司正升賓。賓、諸公、卿、大夫皆説屨，升就席。公以賓及卿、大夫皆坐，乃安。**曏命「以我安」，臣於君尚猶踧踖，至此乃敢安。【疏】正義曰：《校勘記》曰：「『皆説屨』，『屨』誤作『履』。」**羞庶羞。**羞，進也。庶，衆也。所進衆羞，謂膘肝膋、狗胾醢也。或有炮鼈、膾鯉、雉、兔、鶉、鴽。【疏】正義曰：注「炮鼈膾鯉」，「炮」，嚴本作「缹」，《釋文》、徐本俱作「炮」。《釋文》云：「炮，或作𤆵、缹。」注云「所進衆羞，謂膘肝膋、狗胾醢也」者，《内則》云：「肝膋，取狗肝一，幪之以其膋，濡炙之，舉燋其膋，不蓼。」又《公食大夫禮》有牛胾炙、羊胾炙、豕胾炙。《大射》先行燕禮，燕禮其牲惟狗，故知衆羞謂膘肝膋、狗胾醢也。云「或有炮鼈、膾鯉、雉、兔、鶉、鴽」者，「炮鼈、膾鯉」見《詩・六月》篇，「雉、兔、鶉、鴽」見《公食大夫禮》。鄭據《禮》推之，疑其或亦有此也。**大夫祭薦。**燕乃祭薦，不敢於盛成禮。【疏】正義曰：注云「不敢於盛成禮」者，盛指獻時。賓及公、卿皆於獻時祭薦。大夫稍卑，至燕乃祭薦，

❶「宰」，原脱，今據《儀禮集説》補。

以不敢於盛成禮也。**司正升受命，皆命。公曰：「衆無不醉！」賓及諸公、卿、大夫皆興，對曰：「諾！敢不醉！」皆反位坐。**皆命者，命賓、命諸公、命卿大夫，皆鄉其位也。興對必降席，❶敬也。司正退立西序端。【疏】正義曰：注云「興對必降席」者，賈疏曰：「經直云『興』，❷不言降席。鄭知降席者，以爲反坐，故知降席也。」云「司正退立西序端」者，賈疏云：「司正監酒，此將獻士事未訖，亦如鄉飲酒監旅時，立于西序端也。」吴氏廷華曰：「言皆命，則北面總命之也。」

右徹俎安坐

主人洗、酌，獻士于西階上。士長升，拜受觶，主人拜送。獻士用觶，士賤也。今文「觶」作「觚」。【疏】正義曰：「獻士用觶，士賤也」者，對上獻大夫用觚。觚小而觶大，用大者賤，用小者尊。士賤，宜用觶，故今文作「觚」，鄭不從也。**士坐祭，立飲，不拜既爵。其他不拜，坐祭，立飲。**其他，謂衆士也。升不拜受爵。**乃薦司正與射人于觶南，北面東上，司正爲上。**司正，射人士也。以齒受獻，既乃薦之也。司正，大射正也。射人，小射正，略其佐。【疏】正義曰：賈疏云：「案：《燕禮》薦司正與射人一人，司士一人，執幂一人。此不言其數，又不言司士與執幂者，以射人是小射正，非一人互見執事。執事皆

❶「降」，原脱，今據《儀禮注疏》補。
❷「興」下，原衍「對」字，今據《儀禮注疏》删。

同獻，不言其數，不言執冪者二人，文不具。」盛氏曰：「此言射人而不著其數，❶則不止一人矣。蓋小射正之侯於東堂者皆與也。皆與也者，以其有事也。不言司士者，以其爲士中之尊，不可位於小射正之下也。不言執冪者，執冪者非士也。凡此皆與燕禮異。疏以爲文不具，非。」方氏苞曰：「司正即大射正也。司馬之事與司射等，而不與於特薦，❷以大射主於習禮觀德，而義不兼於立武也。司馬且不與，況司正與執冪者？疏謂文不具，非也。」又案：上下經文，似羣士皆受獻，立於東方，而後徧薦焉。❸司正、射人執射政之總，故獻時獨薦於觶南，以優異之。猶燕禮之主人，士也，而與大夫同薦。舊説俱難通。燕以示慈惠，故并及司士與執冪者。大射以辨名位、程德器，故惟射人特薦，義之宜也。」《釋官》曰：「大射以射爲主，故司射與射人特薦。射人，當兼司射、小射正言之。凡射時有事者皆得薦，故不言其數。燕禮則射人之供事者少，故云『二人』。注疏俱未的。又案：大射正、小射正分別尊卑長貳之稱。司射，臨事設立之名；射人，其官之本號也。此篇射人戒諸公、卿、大夫射，射人宿視滌，射人告具于公，以直云『射人』，則其官之長可知。且是時射人供事者少，無煩辨別尊卑也。擯獨言大射正者，以自後皆言擯者，恐人不辨其爲長爲貳，故特著之也。司射不著爲大射正、小射正者，以《燕禮》經云：『若射，則大射正爲司射。』已有明文，從可知也。自後皆言擯者，司正、司射、大射正、小射正，不復言『射人』。此又云『薦司正與射人』者，以射事既畢，無須辨其長貳，故

❶「著」，原作「言」，今據《儀禮集編》改。
❷「特」，原作「射」，今據《儀禮析疑》改。
❸「焉」，原作「於」，今據《儀禮析疑》改。

總言『射人』，見有事於射者皆得薦也。司正仍云『司正』，不總屬射人者，以是後司正猶有事，故從其設立之名，而別言之也。此射人一官稱名錯出之故，於此求之，可以得其緒矣。又案：射時雖有司射、大射正、小射正，而始終皆司射主其事。如初次射請射，命納射器，蒞畫物，❶比三耦，命取弓矢，誘射，作射，命射，告卒射。第二次釋獲之射，請射，比衆耦，命拾取矢，作射，請釋獲于公，命設中，命射，視算，命設豐，命飲，獻釋獲者。第三次樂射，請射，命拾取矢，作射，請樂于公，命射，視算，命設豐，命飲，命拾取矢，命釋獲者退中與算，皆司射事也。大射正惟公射時，授弓、受弓以矢行告。小射正惟作升飲，作取矢，及公射時贊決拾，授弓於大射正而已。」張氏惠言曰：「司正，❷庭長，其位是士，故獻士先薦之，猶主人是大夫，獻大夫時先獻主人也。賈疏以爲既獻士，乃薦司正，非也。」褚氏寅亮曰：「以齒受獻，薦則先士，於獻示同，於薦示異也。鄭於上經司射，指爲射人，此經注云『射人，小射正』，然則司射蓋小射正矣。但據《燕禮》，大射正爲司射，則此似不應以小射正爲之。敖氏謂亦大射正，或燕射異於大射與？」**辯獻士。士既獻者立于東方，西面北上。乃薦士。**士既獻易位者，以卿、大夫在堂，臣位尊東也。畢獻薦之，略賤。**祝史、小臣師，亦就其位而薦之。**亦者，亦士也。辯獻乃薦也。祝史門東北面，東上。【疏】正義曰：《釋官》曰：「此經與《燕禮》同，則知《燕禮》之小臣師非其長明矣。」注云「祝史門東北面，東上」者，《釋官》曰：「經不著祝史之位，故

❶「蒞」，原作「位」，今據《儀禮釋官》改。
❷「正」，原作「士」，今據《讀儀禮記》改。

注言之。」敖氏曰：「此獻史蓋小史也。大史釋獲，皆已受獻。」盛氏曰：「祝史位在干侯之東北，注非。」韋氏協夢云：「《周禮・大史》：下大夫二人，上士四人；小史，中士八人，下士十有六人。諸侯降等，亦當有其半。射禮釋獲用大史、小史各一人，皆於釋獲時獻之。其不主釋獲者，至此始受獻。」張氏惠言曰：「疏以獻旅食西面授，決大史等北面，主人亦西面授。小臣師南面，主人北面授。案：旅食別於士，故別尊獻之。祝史、小臣師皆士也，獻之當在士中，薦之於其位，如司正例耳。經云『就其位而薦之』，非就其位而獻之也。疏妄説。案：此經諸官有始入不言其位，而其後可見及注明言之者。主人在洗北，薦時見之；小臣師在東堂下，其先入時不言。大射正至爲司正，然後有位。司射、司馬、服不、矢人至射，然後有位。大樂正、小樂正、僕人正、僕人師、僕人士、庶子正、庶子、内小臣、工人士、梓人、司宫、祝，則注皆言其位；量人、巾車、隸僕人，注言其受獻之位，是也。又有經注皆不言其位者，小臣正、小射正、司馬師、小史、宰胥、甸人是也。以義推之，前射時，量人巾車張三侯，樂人宿縣，司空設尊布席，射人宿視滌，膳宰具饌，此皆有事先在射宫者。樂正、僕人、内小臣，皆内臣之屬。庶子宿衛，主人，宰夫是膳宰之長，及工人士、梓人、隸僕人，❶皆埽除之官，必先就位而俟，不隨君入，故入門後不著其位。案：《公食》宰東夾北，西面南上，内官之士在宰東北，西面南上。此賓，諸公、卿之屬，不自房來，則宰位不在北堂。《燕禮》『宰夫官具饌于寢東』，注又以『内小臣在東堂下，南面西上』，則宰、胥及有司在東堂，南面西上，少退於小臣師、庶子，内小臣又少退於膳宰可知也。

---

❶「梓」，原作「櫬」，今據《續清經解》本改。

量人、巾車、隸僕人及服不皆是有司之屬。司射命有司納射器，在西階前，東面右顧，則有司在西方士南可知。服不事在於乏，宜在乏後俟事，三官得獻次服不，則其位在門西旅食後，東面北上，可知也。射人爲擯者，擯者位在中庭，又將爲司正、小射正薦之，亦在觶南，則未爲擯及未爲司射時，大、小射正皆中庭北面東上可知也。大射正既爲司正，一小射正爲司射，贊公射時有二小射正。第三番射作取矢、作升飲，皆小射正爲之，其事與司射相代，則小射正二人次司射，立於大史之南可知也。小臣正詔相君禮，小臣師佐之，及其從者俱當隨君而入。小臣正恒近君，君在庭則左右，君有事則升贊，君在堂則當階下北面，比於祭禮之宗人，其位無定，故不言位。小臣師及從者，初從小臣正至阼階下，公升之後，則就東堂下位可知也。司馬正、司馬師皆司馬之士，其始入在士中，及射時司馬位司射南，司馬師行事，司馬相代，則次司馬而立司射南可知也。小史者，大史之佐。經云大史在干侯東北，北面東上，則史非一人，小史在其中矣。至射時，大史位在中西，司射命大史，大史則命小史，小史命獲者，則小史次大史而立中西可知也。司宫士即司宫之長，位北堂下。甸人亦有司也，位西方士南。有司不與射，閽人守門，鐘人守鐘懸，賓賜脯於門内霤者，蓋鐘人往受之，非樂懸得至門也。又司正位在觶南，及射時不見司正所立。案：君射畢云：大射正退，反司正之位。司正惟有二位，堂下位觶南，堂上位在西序端。先時工人士、梓人畫物，射正莅之。是司正在堂，或者即在序端乎？又僕人正及師與士相工者，隨工遷東陪於工後。仍有不相工者，在西懸北，爲士舉旅，僕人師升酌是也。」**主人就士旅食之尊而獻之。旅食不拜受爵，坐祭，立飲。**主人既酌，西面，士旅食，北面受之。不洗者，於賤略之也。【疏】正義曰：注「於賤略之也」，《校勘記》曰：「徐本、《通解》俱無『也』字。與疏標起訖合。」○方氏苞曰：「鄉射之射事及獻薦，弟子所共實多。國君官備，燕與大射獻酬射事，皆官共之。庶子惟設折俎，弟子惟洗射爵酌奠而已。庶子執事有列，而門内無位。士旅食者一無所事，而位在士南，特爲設尊，繼士而獻，則爲升於司馬之士，司士作之以從會同賓客者無疑矣。蓋士旅食者及庶子，即他日之命士、卿、大夫也，猶鄉射之弟子，即他日之學士可賓興者也。使之觀禮，則志氣有所感興；使之習事，則政事日以練達，所以成其德、達其材者，❶即於是乎寓焉。至於祭祀之有旅酬，所以盡賓主之敬，又以使族姻鄉黨情意周洽，而潛消其怨争鬭辨之萌。燕、大射之有旅酬，所以溥君公之恩，又以使少長尊卑分誼詳明，而即是爲協恭和衷之本。聖人緣情制禮，偏布周密，本末兼該，而一以貫之如此。又云燕禮有士旅食，而庶子弟子不與焉，何也？射節禮容，辭命威儀，莫詳於大射，乃庶子弟子所未見，而宜早知者，燕則君臣相樂，惟將仕者使觀禮可矣。」**主人執虚爵，奠于篚，復位。**

右主人獻士及旅食

賓降洗，升，媵觶于公，酌散，下拜。公降一等，小臣正辭。賓升，再拜稽首，公荅再拜。賓受公賜多矣。禮將終，宜勸公，序厚意也。今文「觶」爲「觚」，公荅拜，無再拜。【疏】正義曰：注云今文「公荅拜，無再拜」者，《校勘記》曰：「『無再拜』，『拜』字疑衍。」姜氏曰：「荅再拜者，蓋賓致爵與臣異，而既徹

❶「者」，原脱，今據《儀禮析疑》補。

俎安坐，又與其前異與？❶當以古文爲正。」方氏苞曰：「《燕禮》公荅賓，主人媵爵者，卿、大夫皆再拜。大射皆一拜，惟荅賓前後兩再拜，於飲射爵見救過之道在，自下於賓。媵觶見禮賢之義，當厚終也。然賓始升及卒爵荅再拜，而奠爵仍荅一拜，輕重之衡寓焉。外此惟始媵觶者，卒觶後荅再拜，以此觶乃代公飲酬爵也。無算爵受賜爵者，荅再拜，以受者非賓，則公、卿亦禮厚於終之義。」胡氏承珙曰：「案：《燕禮》云：『賓降洗，升媵觚于公，酌散，下拜。公降一等，小臣辭。賓升，再拜稽首，公荅再拜。』鄭以彼決此，故從古文。」

賓坐祭，卒爵，再拜稽首，公荅再拜。賓降，洗象觚，升酌膳，坐奠于薦南，降拜。小臣正辭。賓升成拜，公荅拜，反位。 反位，反席也。此「觚」當爲「觶」。【疏】正義曰：「公荅拜反位」，《校勘記》曰：「『反』上，唐石經、徐本、《通解》、《要義》、敖氏俱有『賓』字。《石經考文提要》云：『上云賓升成拜，升與反位相承。』」注云「此『觚』當爲『觶』」者，賈疏云：「凡旅酬皆用觶，獻士尚用觶，故知『觚』當爲『觶』。下經『觚』亦當爲『觶』。」胡氏承珙曰：「疏說是也。」「又案：疏云：『下經觚亦當爲觶』者，指下文『公坐取賓所媵觚』而言。今十行本則作『公坐取賓所媵觶』，蓋因疏說改之，賈所見本作觚也。」**公坐取賓所媵觚，興。惟公所賜。受者如初受酬之禮，降，更爵，洗，升酌膳；下，再拜稽首。小臣正辭，升成拜，公荅再拜。乃就席，坐行之。** 坐行之，若今坐相勸酒。【疏】正義曰：「受酬之禮」，《校勘記》曰：「『酬』誤作『成』。」**有執爵者。** 士有盥升，主酌授之。**惟受于公者拜。** 公所賜者拜，其餘則否。**司正命執爵**

---

❶ 下「與」字，原脱，今據《儀禮經傳》補。

者爵辯，卒受者興以酬士。欲令惠均。【疏】正義曰：張氏爾岐曰：「司正以酬士命大夫，下文方言酬節，此其命之辭也。」**大夫卒受者以爵興，西階上酬士。士升，大夫奠爵拜，士荅拜。**興酬士者，士立堂下，與上坐者異。【疏】正義曰：《校勘記》曰：「注『士立堂下』，徐本無『士』字，《通解》有；『與上坐者異』，『異』下，徐本、《通解》俱有『也』字，與單疏標目合。」**大夫立卒爵，不拜，實之。士拜受，大夫拜送。士旅于西階上，辯。士旅酌。**旅，序也。士以次自酌相酬，無執爵者。

【疏】正義曰：注云「無執爵」者，對上文卿、大夫有執爵者而言也。

右賓舉爵爲士旅酬

若命曰「復射」，則不獻庶子。獻庶子，則正禮畢後無事。【疏】正義曰：敖氏曰：「命，君命也。不，猶未也。此雖非正射，然亦當於正禮中行之，故其節在未獻庶子前也。」張氏爾岐曰：「士旅酬後當獻庶子等，如下節所陳。若復射，則暫止。俟射畢乃獻。」盛氏曰：「此又因燕而射也。燕禮射於獻士之後，今移於此者，以前有三番正射，其節宜少間也。」韋氏協夢曰：「不獻庶子，非謂終不獻也。蓋不獻庶子，即行復射禮；既復射，然後獻之也。」**司射命射，惟欲。**司射命賓及諸公、卿、大夫射，欲者則射，不欲者則止。可否之事，從人心也。【疏】正義曰：敖氏曰：「以其非正射也。人之力强弱不齊，或有至是而不欲射者，故以惟欲命之。然則正射之時，自諸公以至於士，無有不與射者矣。」**卿、大夫皆降，再拜稽首，公荅拜。**拜君樂與臣下執事無已。不言賓，賓從羣臣禮在上。【疏】正義曰：敖氏曰：「降拜，拜君命也。公不辭之而即荅拜者，以賓不在其中也。賓不與此拜者，以與君爲耦，射否宜由君，不敢從惟欲之命也。」盛氏曰：「皆降拜者，拜君復射之命也。雖將不與射者亦拜，賓亦在焉，而公不辭之者，以其非與公爲禮也。凡因受命而拜者，公皆不辭其下拜。敖説非。」案：《義疏》曰：命復射而拜，非爲樂與執事也。賓與君爲耦，不可從羣臣之類矣。**壹發，中三侯皆獲。**其功一也。而和者亦多，尚歡樂也。矢揚觸，或有參中者。【疏】正義曰：《校勘記》曰：「注『而和者亦多』，『亦』，徐本、《通解》、楊氏俱作『益』，與疏合。『尚歡樂也』，『歡』，陳本作『勸』。」○上文惟公中三侯皆釋獲，至此燕後復射，禮殺，臣與君同，故云「和者益多」也，尚歡樂也。云「矢揚觸，或有參中者」，以卿、大夫、士因矢揚觸，或有中非其侯者，亦皆獲也。敖氏曰：「以其非正射，故上下射惟拾發一矢而已。以其壹發，故雖中非其侯而亦獲，是禮亦相因而然也。中，亦謂中其鵠耳。惟公則離維綱，揚觸，梱復而皆獲。上云『退中與算而俟』，至是則亦設中執算而釋獲矣。釋獲則有飲射爵之事也。」郝氏曰：「壹發惟發一矢，中三侯，皆釋獲，以一矢獲難也。」盛氏曰：「此著其禮之異者，其他皆如初可知。凡射必將乘矢，因燕而射亦然。《詩》云『四鍭既鈞』是也。敖氏、郝氏皆以爲惟發一矢，恐非。壹發中三侯皆獲者，燕射君臣同一侯。此雖仍大射三侯，而射者每發一矢，值中一侯，皆得唱獲釋算，亦取同侯之義也。」

右坐燕時或復射

主人洗，升自西階，獻庶子于阼階上，如獻士之禮。辯獻。降洗，遂獻左右正與内小

臣，皆于阼階上，如獻庶子之禮。 庶子既掌正六牲之體，❶又正舞位、授舞器，與膳宰、樂正聯事；又掌國子戒令教治，世子之官也。左右正，謂樂正、僕人正也。位在中庭之左右。小樂正在頌磬之北，右也。工在西，即北面。工遷於東，則東面。大樂正在笙磬之北，左也。工在西，則西面。工遷於東，則北面。僕人正相大師，工升堂，與其師士降立於小樂正之北，北上。工遷於東，則陪其工後。國君無故不釋縣。二正，君之近官也。內小臣，奄人，掌君陰事陰令，后夫人之官也。獻三官於阼階，别內外臣也。同獻更洗，以時事不聯也。獻正下及內小臣，則磬人、鐘人、鎛人、鼓人、僕人師、僕人士盡獻可知也。庶子、內小臣位在小臣師之東，少退，西上。【疏】正義曰：《校勘記》曰：「注『后夫人』，『后』誤作『後』。」○《釋官》曰：「左右正辨見《燕禮》。鄭氏兼樂正釋之，誤。經有小樂正，又有樂正。疏謂：『單言樂正者，謂大樂正。』是也。但此篇有小樂正，故單言樂正者爲大樂正。若散文，則小樂正亦通言樂正。❷《燕禮》諸篇無大樂正，所言樂正皆小樂正也。此篇則大、小樂正俱有。小樂正主告樂備。經云：『小樂正從之，升自西階，北面東上。』又云：『小樂正立于西階東。』是也。大樂正主射時命工奏樂。經云：司射東面命樂正曰：命用樂。樂正曰：諾。又云：『樂正命大師曰：奏《貍首》，間若一。』是也。注謂小樂正在頌磬之北爲右，大樂正在笙磬之北爲左，其言無所據。《鄉射禮》將射，樂正適西方，命弟子贊工遷樂於下，降自西階，阼階下之東南，堂前三笴，西面

---

❶「正」，原脱，今據《儀禮注疏》補。
❷「亦」，原作「而」，今據《儀禮釋官》改。

北上。坐，樂正北面立於其南。射畢，樂正命弟子贊工即位，弟子相工如其降也。升自西階，反坐。此篇不言者，文不具耳，其實亦與彼同。樂正之位，總與工相近，工在西則立於西，工在東則立於東，大、小樂正皆然。以《鄉射》參之，此篇工入時大、小樂正皆當立於西階下，特主告樂備者爲小樂正，故言小樂正從之。及遷樂於東之時，大、小樂正皆當立於其南。鄭氏之説，考之於經無所依據，蓋緣誤解左右正爲樂正，故意造其説，以牽合左右之文耳。」

右主人獻庶子等獻禮之終也

無算爵。算，數也。爵行無次數，惟意所勸，醉而止。【疏】正義曰：注「惟意所勸」，張氏「勸」作「歡」。**士也，有執膳爵者，有執散爵者。執膳爵者酌以進公，公不拜，受。執散爵者酌以之公命所賜。所賜者興，受爵，降席下，奠爵，再拜稽首；公荅再拜。**席下，席西。【疏】正義曰：方氏苞曰：「公爲賓舉旅，再拜稽首。公荅一拜，則爲卿、大夫舉旅皆荅一拜可知矣。而無算之受賜者，獨荅再拜，示君之待臣宜厚於終也。猶燕禮公命徹冪，公、卿、大夫皆降拜稽首，而不復升拜，示臣之事君於終彌謹也。」**受賜爵者以爵就席坐，公卒爵，然後飲。**酬之禮，爵代舉。今爵並行，嫌不代也。並行猶代者，明勸惠從尊者來。【疏】正義曰：《校勘記》曰：「注『今爵並行』，『爵』誤作『即』。」**執膳爵者受公爵，酌，反奠之。**燕之歡在飲酒，成其意也。**受賜者興，授執散爵者。執散爵者乃酌行之。**與其所歡者。【疏】正義曰：褚氏寅亮曰：「不言爵，可知也，何必添入？」**惟受于公者拜。卒爵者興，以酬士于**

西階上。士升。大夫不拜乃飲，實爵；乃，猶而也。**士不拜，受爵。大夫就席。士旅酌，亦如之。**【疏】正義曰：張氏爾岐曰：「亦如大夫之不拜而飲，飲畢遂實爵也。」**公有命徹冪，則賓及諸公、卿、大夫皆降，西階下北面東上，再拜稽首。**命徹冪者，公意殷勤，欲盡酒。【疏】正義曰：「北面東上」，《校勘記》曰：「石經補闕誤作『北北面上』。」❶**公命小臣正辭，公荅拜。大夫皆辟。升，反位。**升不成拜，於將醉正臣禮。**士終旅于上，如初。**卿、大夫降而爵止，於其反席卒之。**無算樂。**升歌間合無次數，惟意所樂。❷

右燕末盡歡

宵則庶子執燭于阼階上，司宮執燭于西階上，甸人執大燭于庭，閽人爲燭于門外。宵，夜也。燭，燋也。甸人，掌共薪蒸者。庭大燭，爲其位廣也。爲，作也。作燭候賓出。【疏】正義曰：「候賓出」，《校勘記》曰：「候，徐、陳、《通解》俱作『俟』。」**賓醉，北面坐取其薦脯以降。**取脯，重得君之賜。**奏《陔》。**《陔夏》，樂章也。其歌，《頌》類也；以鐘鼓奏之，其篇今亡。**賓所執脯，以賜鐘人于門內霤，遂出。**必賜鐘人，鐘人以鐘鼓奏《陔夏》，賜之脯，明雖醉，志禮不忘樂。**卿、大夫皆出。**從賓出。公不

---

❶「面」，原作「東」，今據《十三經注疏校勘記》改。

❷「樂」，原作「欲」，今據《儀禮注疏》改。

送。臣也，與之安燕交歡，嫌亢禮也。**公入，《驁》。**《驁夏》，亦樂章也。以鐘鼓奏之，其詩今亡。此公出而言入者，射宫在郊，以將還爲入。燕不《驁》者，於路寢無出入也。【疏】正義曰：注云「此公出而言入者，射宫在郊，以將還爲入。燕不《驁》者，於路寢無出入也」者，《鄉射・記》於郊，則閭中。鄭云諸侯大學在郊，是諸侯大射所，故云大射在郊也。《燕禮・記》云燕朝服于寢，是燕於路寢也。敖氏曰：「入，謂降而入於内也。『驁』上似脱『奏』字。《燕禮》不言公入，此言公入者，爲奏《驁》而見之也。公入而奏《驁夏》，亦盛射禮也。出時不奏，遠辟天子之禮也。《大司樂職》曰：大射，王出入，令奏《王夏》。」盛氏曰：「公入當依鄭解，後儒據此而謂大射亦在公宫，非也。然此言於『卿、大夫皆出』之後，則公之自大學而歸也，蓋獨後於羣臣矣，亦可見公之勤禮而不倦也。《周禮・鐘師》：『掌以鐘鼓奏《九夏》。』其卒曰《驁夏》，未詳何用。杜子春以爲公出入奏之，蓋據此言也。然此惟見公入，而出則無文；又言『驁』，而不言『夏』，則杜説亦未可盡信。大抵公入奏《驁》，猶賓出之奏《陔》，其所歌之詩與奏之之節，必與天子之樂有别，而今皆不可考矣。」褚氏寅亮曰：「敖氏總誤認射在路寢，故以爲降入於内，不知諸侯路寢之庭不能容九十弓之侯道也。」又曰：「此篇無記，見於《鄉射》篇矣。」

儀禮正義卷十六　鄭氏注

績溪胡培翬學

聘禮第八

鄭《目録》云：「大問曰聘，諸侯相於，久無事，使卿相問之禮。小聘使大夫。《周禮》曰：『凡諸侯之邦交，歲相問也，殷相聘也，世相朝也。』聘於五禮屬賓禮。大戴第十四，小戴第十五，《别録》第八。」【疏】正義曰：「相問之禮」下，毛本無「也」字。《釋文》、《集釋》俱有。「於五禮」上，《集釋》有「聘」字，毛本無，今從《集釋》。○云「大問曰聘」者，聘之與問，對文異，散則通。《詩・采薇》《毛傳》云：「聘，問也。」《白虎通》云：「聘者，問也。」《曲禮》曰：「諸侯使大夫問于諸侯曰聘。」是聘、問義通。鄭以此篇是言大聘之禮，故云「大問曰聘」，對下「小聘曰問」言也。云「諸侯相於」者，《吕覽》注云：「於，猶厚也。」言聘爲諸侯相親厚之道也。云「久無事，使卿相問之禮」也者，據下記「久無事則聘焉」，注云：「事謂盟會之屬也。」知大聘使卿者，賈疏云：「《大行人》云：『上公九介，侯伯七介，子男五介。』又云：『凡諸侯之卿，其禮各下其君二等。』《聘義》：『上公七介，侯伯五介，子男三介。』是諸侯之卿介各下其君二等者也。此聘禮是侯伯之卿大聘，以其經云五介，『上介奉束錦，士介四人，皆奉玉錦』。又云入竟張旜，孤卿建旜，據侯伯之卿之聘者。周公作經，互見爲義，此見侯伯之卿大聘。《玉人》云：『瑑圭璋八寸，璧琮八寸，以覜聘。』上公之臣，《公食大夫》俎實云『倫膚七』，據子男之臣。是各舉一邊而言，明五等俱有，是其互見爲義也。」盛氏云：「大國聘禮，見於《周禮・司儀職》文，所謂『諸公之臣相爲國客』是也。《周禮》舉大國，此舉次國，蓋互相備。」今案：郊勞，經云：「賓揖先入，受于舍門内。」注云：「不受於堂，此主於侯伯之臣也，公之臣，受勞於堂。」則鄭固以此篇爲侯伯大聘之禮矣。然要其聘之儀節，五等皆同，所異者唯禮物度數耳。云「小聘使大夫」者，以大聘使卿，明知小聘使大夫。下經「小聘曰問。其禮如爲介，三介」，是又下其卿二等，故知使大夫也。云「《周禮》曰：『凡諸侯之邦交，歲相問也，殷相聘也，世相朝也。』」者，此《周禮・大行人》文。彼注云：「小聘曰問。殷，中也。久無事，又於殷朝者及而相聘也。父死子立曰世。凡君即位，大國朝焉，小國聘焉。此皆所以習禮考義，正刑一德，以尊天子也。必擇有道之國而就脩之。鄭司農説殷聘，以《春秋傳》曰『孟僖子如齊殷聘』是也。」今案：《周禮》言「殷相聘」，與下記「久無事則聘」義合，謂中間久無事則行聘禮。《爾雅・釋言》「殷、齊，中也」，故鄭、服皆訓殷爲中。鄭注云「又於殷朝者及而相聘也」者，謂於朝之中及時相聘也。蓋諸侯之相朝，世一行之，聘則無數，故於其中酌擇無事之時而行之，使不失之疏，亦不失之數也。若方有盟會之事，而又行聘，則數矣。是言「殷相聘」，與言「久無事則聘」，義正同也。《聘義》曰：「故天子制諸侯，比年小聘，三年大聘。」鄭注：「比年小聘，所謂『歲相問也』。『三年大聘』，所謂『殷相聘也』。」《王制》曰：「諸侯之于天子也，比年一小聘，三年一大聘，五年一朝。」鄭注：「此大聘與朝，晉文霸時所制。」兩注似異者，褚氏云：「比年、三年，乃周公所制邦交之禮，非行於天子之禮也。《王制》則指諸侯之于天子，故鄭據《左傳》辨之。」今案：昭三年《左傳》曰：「昔文、襄之霸也，其務不煩諸侯，令諸侯三歲而聘，五歲而朝。」此鄭所據之文也。又昭十三年《左傳》曰：「明王之制，使諸侯歲聘以志業，間朝以講禮。」亦與《周禮》不合。《三禮札記》云：「《周禮》有天子聘諸侯之禮，《大行人》云：『間問以諭諸侯之志。』又云：『歲徧存，三歲徧頫，五歲徧省。』是也。有諸侯聘天子之禮，《大宗伯》云：『時聘曰問，殷頫曰視。』《大行人》云：『時聘以結諸侯之好，殷頫以除邦國之慝。』是也。《儀禮》但有諸侯聘諸侯之禮，而無諸侯聘天子及天子聘諸侯之禮，蓋皆闕而不存耳。」〇《禮經釋例》云：「凡聘問覲皆于廟，會同于壇，士相見于寢。案：《聘禮》聘賓至于朝，主人曰：『不腆先君之祧，既拚以俟矣。』祧，始祖廟也。又聘時，及廟門，公揖入。又云：『几筵既設，擯者出請命。』注：『有几筵者，以其廟受宜依神也。』聘禮重，故主國之君受之于始祖廟也。又云：『賓朝服問卿，卿受于祖廟。』問卿，聘賓奉其君命來，其禮亦重，故主國之卿受之于祖廟也。雖廟受而不几筵，辟君也。《覲禮》：『諸侯前朝，皆受舍于朝。』注：『受舍於朝，受次於文王廟門之外。』《曲禮》曰：『天子當依而立，諸侯北面而見天子曰覲。』鄭注：『諸侯春見曰朝，受摯于朝，受享于廟。秋見曰覲，一受之于廟。』《周官・大行人》：『公、侯、伯、子、男皆廟中將幣三享。』亦指朝宗覲遇而言。所謂廟者，皆祧廟也。是聘、問、覲皆受之於廟也。《覲禮》：『諸侯覲于天子，爲宫方三百步，四門。壇十有二尋，深四尺。』注：『四時朝覲，受之於廟。此謂時會殷同也。』又引《司儀職》曰：『將會諸侯，則命爲壇三成。』是會同則於壇也。至于士相見禮，非問卿可比，其禮殺。行禮之處，經無明文。考《士昏禮》『若不親迎，壻見』，注：『壻見於寢。』壻見之禮，略如士相見之禮，則士相見當亦於寢矣。」

聘禮。君與卿圖事。圖，謀也。謀聘故及可使者。謀事者必因朝。其位，君南面，卿西面，大夫北面，士東面。【疏】正義曰：自此至「不辭」，言命使人之事。○卿，謂三卿也，三卿皆國之大臣主政事者，故與圖之。《周禮·大宰職》曰：「乃施典于邦國，設其參，傅其伍，陳其殷，置其輔。」鄭注：「參謂卿三人，伍謂大夫五人。殷，衆也，謂衆士也。輔，府史庶人在官者。」《禮記·王制》曰：「諸侯之上大夫卿、下大夫、上士、中士、下士，凡五等。」鄭注：「上大夫曰卿。」《王制》又曰：「大國三卿，皆命于天子，下大夫五人，上士二十七人。次國三卿，二卿命于天子，一卿命于其君，下大夫五人，上士二十七人。小國二卿，皆命于其君，下大夫五人，上士二十七人。」鄭注：「小國亦三卿，一卿命于天子，二卿命于其君，此文似誤脱耳。」《儀禮釋官》云：「大宰施典于邦國，設其參，不言小國有異，則小國亦三卿明矣，《鄉飲酒義》曰『建國必立三卿』是也。」《釋官》又云：「天子六卿，諸侯之制半天子，故卿止三人也，若大夫則不止五人。經云『傅其伍』，蓋指副於卿者言之。《周禮》六官之屬，卿止六人，而中大夫不止小宰、小司徒等十二人，是其明證。士亦不止二十七人，《王制》但就上士言之，其中士、下士則無文也。」今案：諸侯卿、大夫、士之制，略具於此。注云「圖，謀也」者，《爾雅·釋詁》文。云「謀聘故及可使者」，聘故，謂謀所聘之國。古之聘者必擇有道之國而行之，此常聘也。又如告糴、乞師之類，亦行聘禮，皆所謂「聘故」也。可使，謂謀出聘之人，即使、介是也。云「謀事者必因朝」者，古者諸侯每日視朝，君臣相見，故因朝謀之。天子、諸侯皆有三朝：其一在路門内，謂之燕朝，即路寢也。其二在路門外，謂之治朝，即正朝也。其三在皋門之内、庫門之外，謂之外朝。諸侯無皋門，外朝亦在庫門外。三朝唯路寢燕朝有堂，治朝、外朝皆無堂。《論語》「攝齊升堂」，謂燕朝也。燕朝又名内朝，見《文王世子》。治朝對庫門外之朝言，亦曰内朝，《玉藻》「朝服以日視朝于内朝」是也；對路門内之朝言，亦曰外朝，《文王世子》「其在外朝則以官」是也。江氏永云：「此圖事命使者，當在路寢之朝。後夕幣，乃在路門外正朝也。」又云：「古者視朝之儀，臣先君入，君出路門，立于宁，徧揖羣臣，則朝禮畢。於是君退適路寢聽政，諸臣至官府治事，處治文書。如議論政事，君有命，臣有進言，則於路門内朝。」又云：「路寢門内之朝，君之視之也當有四：一爲與宗人圖嘉事，《文王世子》『公族朝于内朝』，鄭云『謂以宗族事會』是也。一爲與羣臣燕飲，《燕禮》所言是也。一爲君臣有謀議，臣有所進言，則治朝既畢，復視内朝，《鄉黨》所記是也。《聘禮》：『君與卿圖事，遂命使者。』亦是在内朝也。一是羣臣以玄端服夕見，亦是有事謀議也。四事外，則君與四方之賓燕亦在寢，非朝禮。又或臣燕見于君，《士相見禮》所謂『君在堂升見，無方階，辨君所在』，亦非朝禮。孔子侍坐、侍食、對問政、對儒行，皆是燕見時也。」今案：此聘禮略見諸侯三朝之制。圖事命使，在燕朝也。及期夕幣，管人布幕于寢門外，注云「寢門，外朝也」，則是治朝。又「賓皮弁聘，至于朝，賓入于次」，注云「次在大門外之西」，則是外朝。其餘行禮在治朝、外朝者尚多，各隨文解之。賈疏以大射爲射朝，不知大射在射宫，不在朝也。又謂《儀禮》不見路門外正朝，皆誤。云「其位，君南面，卿西面，大夫北面，士東面」者，案：《燕禮》：「小臣納卿大夫，卿大夫皆入門右，北面東上。士立于西方，東面北上。公降，立于阼階之東南，南鄉。爾卿，卿西面北上；爾大夫，大夫皆少進。」蓋三卿、五大夫初入門右，同北面，得揖。卿西面，大夫少進，北面不改。鄭以燕禮行于路寢，其面位如是。此圖事在燕朝，故約《燕禮》之文，知亦君南面，卿西面，大夫北面，士東面也。江氏永曰：「王朝禮三公北面，而諸侯禮大夫北面，變于王朝也。又天子、諸侯路寢，南面聽政，燕在阼階西面，見《檀弓》疏。」**遂命使者。**遂，猶因也。既謀其人，因命之也。聘使卿。【疏】正義曰：注云「遂，猶因也。既謀其人，因命之也」者，此使者，卿也。在謀事之中，故因與謀定而命之也。《書序》傳云「因事曰遂」，是遂與因義通。云「聘使卿」者，姚氏範云：「《左傳》鄭游吉對晉士景伯：『先王之制，嘉好聘享之事，于是乎使卿。』魯所使聘于諸侯者，如公子友、公子遂、季孫行父、仲孫蔑、叔孫豹等皆卿，則使卿正也。」吴氏廷華云：「變卿言使者，以所事名之也。」**使者再拜稽首，辭。**辭以不敏。【疏】正義曰：敖氏云：「使者少進而北面乃拜，君親命之，故拜而後辭，異於傳命之儀也。」又云：「使者與上介必辭者，不敢以專對之才自許，謙敬也。」　注云「辭以不敏」者，凡使才須敏，《左傳》「禮成而加之以敏」是也，故以不敏辭。**君不許，乃退。**退，反位也。受命者必進。【疏】正義曰：「不許」者，不許其辭也。云「退，反位也」者，言此退是反其西面之位，非退出也。必知退是反位者，以受命者必進而近君，違其位也。《曲禮》曰「揖人必違其位」，況拜君命乎？不許乃退，不再辭者，臣惟君所使，雖懼弗勝任而亦不敢避也。**既圖事，戒上介，亦如之。**既，已也。戒，猶命也。已謀事，乃命上介，難於使者易於介。

【疏】正義曰：蔡氏云：「上介大夫爲之，所以副使者，或聘使有故，則上介攝其事，是其任亦重，故亦稽首辭，如使者。」今案：「亦如之」，如其「再拜」以下至「不許，乃退」也。　注云「戒，猶命也」者，《儀禮》内言「戒」者不一，義有訓警者，有訓告者。此戒上介，亦是命之爲上介，與命使者同，故云「猶命也」。云「已謀事，乃命上介，難於使者易於介」者，上遂命使者，即於圖事時命之，此圖事既畢乃戒，明不與使者同命，是有難易之分也。敖氏云：「使者言『命』，上介言『戒』，異尊卑也。」**宰命司馬戒衆介，衆介皆逆命，不辭。**宰，上卿，貳君事者也。諸侯謂司徒爲宰。衆介者，士也，士屬司馬。《周禮》司馬之屬司士，掌作士適四方使，爲介。逆，猶受也。【疏】正義曰：黄氏丕烈云：「張氏淳於此注『爲宰』『宰』上，及下注『宰之屬也』上，皆增『大』字，據陸也。案：單疏述注無『大』字。」今案：嚴本及各本俱無「大」字，《集釋》載此注云：「諸侯謂司徒爲大宰。」有「大」字，下注無。○宰命司馬，蓋以君命命之。必命司馬戒衆介者，衆介卑，君不親命之也。

注云「宰，上卿，貳君事者也」者，案：《王制》「次國之上卿，位當大國之中，中當其下」云云，是於三卿中更分爲上中下也，故《左傳》有冢卿、介卿、亞卿之稱，冢卿即上卿也。「貳君事」，謂執政也。云「諸侯謂司徒爲宰」者，案：《内則》：「后王命冢宰，降德于衆兆民。」鄭注：「一云冢宰，記者據諸侯也。諸侯并六卿爲三，或兼職焉。」《王制》疏引崔氏靈恩云：「三卿者，依周制而言，謂立司徒兼冢宰之事，立司馬兼宗伯之事，立司空兼司寇之事。故《春秋左傳》云季孫爲司徒，叔孫爲司馬，孟孫爲司空，此三卿也。以此推之，故知諸侯不立冢宰、宗伯、司寇之官也。下大夫五人者，謂司徒下二人，一小宰，一小司徒。司空下二人，一小司寇，一小司空。司馬事省，惟置一人，一小司馬也。」《儀禮釋官》云：「諸侯三卿，其來已久。《詩》曰：『乃召司空，乃召司徒。』《牧誓》及《立政》言文、武未得天下以前制，皆曰司徒、司馬、司空。至武王有天下，立六卿，而三卿遂定爲諸侯之制，是以《酒誥》、《梓材》俱云司徒、司馬、司空也。春秋時有可考者，如襄十年《左傳》云：『子國爲司馬，子耳爲司空，子孔爲司徒。』二十五年《傳》云：『子産入陳，司徒致民，司馬致節，司空致地。』

昭四年《傳》云：『吾子爲司徒，夫子爲司馬，孟孫爲司空。』此三卿爲司徒、司馬、司空之證也。」今案：諸侯不立冢宰之官，以司徒兼之，故亦謂司徒爲宰也，互詳《大射儀》「宰戒百官」下。云「衆介者，士也」者，衆介，下經亦稱士介，明以士爲之，則上介爲大夫益明矣。云「士屬司馬。《周禮》司馬之屬司士，掌作士適四方使，爲介」者，此釋經所以命司馬戒之義也。《司士職》曰：「掌國中之士治，凡其戒令。」司士爲司馬之屬官而掌士，故云「士屬司馬」也。「作士適四方使，爲介」，亦《司士職》文。彼注分使與介爲二，謂士使自以王命使也。此注引之則取爲介之文，以證衆介爲士。《玉藻》曰：「大夫有所往，必與公士爲賓也。」云「逆，猶受也」者，《爾雅》、《説文》皆云：「逆，迎也。」《禹貢》「同爲逆河」，鄭注言「相向迎受」，故此注云「猶受也」。衆介受命不辭者，蔡氏云：「衆介無應對危辱之責，爲君奔走，職也，故直受不辭。」〇王氏士讓疑諸侯三卿：「經言『宰命司馬戒衆介』，是二卿皆在國理事，堪使者惟司空耳。」今案：諸侯司徒下有小宰、小司徒，司馬下有小司馬，宰與司馬若出使，自有小宰等官攝其命與戒之事，不必泥也。

右命使

宰書幣。 書聘所用幣多少也。宰又掌制國之用。【疏】正義曰：自此至「所受書以行」，言授幣之事。注云「書聘所用幣多少也」者，經所云「幣」，兼聘、享、問卿等玉帛言，注專云「聘」者，舉聘以該之也。《周禮·司儀職》曰：「凡諸侯之交，各稱其邦而爲之幣。」注謂：「于大國則豐，于小國則殺。」是用幣有多少也。郝氏敬云：「幣，所齎玉帛皮馬之類。書，記數也。」云「宰又掌制國之用」者，是申言宰書之義，《王制》曰「冢宰制國用」是也。敖氏云：「《周官》冢宰以九式均節財用，六曰幣帛之式，故此主書幣也。」**命宰夫官具。**宰夫，宰之屬也。命之，使衆官具幣及所宜齎。【疏】正義曰：云「宰夫，宰之屬也」者，詳《大射儀》。云「命之，使衆官具幣及所宜齎」者，張氏爾岐云：「命之者，宰也。宰既書用幣之數，遂命宰夫使官具之。」吴氏廷華云：「官具，謂衆官各備其所宜具也。」❶今案：注既云「使衆官具幣」，而又云「及所宜齎」，則官具者不獨幣而已。齎與資通，下記「問幾月之資」，注：「資，行用也。」《周禮》：「外府共其財用之幣齎。」鄭注：「齎，行道之財用也。」是凡出聘所宜用者，皆使其所掌之官具之。《周禮》：「宰夫掌百官府之徵令。」又曰：「凡禮事，贊小宰比官府之具。」故以官具命之也。**及期，夕幣。**及，猶至也。夕幣，先行之日夕，陳幣而視之，重聘也。【疏】正義曰：期，行期也。敖氏云：「此云『及期』，則上亦當有請期、告期之禮，文略耳。」姚氏範云：「命使之後，夕幣之前，中間具齎幣、治行李、庀家事，容有旬日。《皇皇者華》《詩序》曰：『君遣使臣，送之以禮樂。』燕送之節，當在此時。」今案：據此則行無定期，故經但云「及」也。又敖氏以「夕幣」二字爲題下事，其説是也。　注云「及，猶至也」者，鄭注《燕禮》、《大射》俱云「及，至也」，此云「及，猶至也」，義同。云「夕幣，先行之日夕，陳幣而視之，重聘也」者，案：下云「厥明，釋幣于禰」，是行日。此夕是先行一日之夕也。高氏愈云：「厥明將受幣啟行，故先於夕展數而示使者，重其事也。」方氏苞云：「視幣必以夕，何也？陳之即載而舍于朝，明日乃可與使者同時就道也。《禮》：『已受命，君言不宿于家。』」**使者朝服，帥衆介**

❶「官」，《儀禮章句》作「執事」。

夕。視其事也。古文「帥」皆作「率」。【疏】正義曰：此「夕」爲暮見于君之名，《左傳》「右尹子革夕」是也，與上「夕」字義異。衆介，兼上介言。使者朝服，則衆介亦朝服可知。帥以暮見，因陳幣視之，故注云「視其事也」。盛氏云：「案：此暮夕於君，而君臣皆朝服，重其事也。常時夕玄端。」云「古文『帥』皆作『率』」者，胡氏承珙云：「《説文》：『帥，佩巾也。』『率，捕鳥畢也。』其『統帥』之『帥』作『衛』，云『將衛也』。『率領』之『率』作『逹』，云『先導也』。後世『衛』、『逹』二字廢不用，而佩巾之帥、鳥畢之率，借爲將帥、率由之字，二字又互相通借。段氏玉裁曰：『《周禮·樂師》：燕射，帥射夫以弓矢舞。故書帥爲率。鄭司農云：率當爲帥。大鄭以漢人帥領字通用帥，與周時用率不同故也。』案：鄭於經字則皆從『帥』，而出『率』字於注，或如段説以漢時通用之故。」今案：《覲禮》「帥乃初事」，注亦云「古文『帥』作『率』」，嚴本不誤，詳《覲禮》。**管人布幕于寢門外。**管，猶館也。館人，謂掌次舍帷幕者也。布幕以承幣。寢門外，朝也。古文「管」作「官」，今文「布」作「敷」。【疏】正義曰：云「管，猶館也。館人，謂掌次舍帷幕者也」者，案：下記曰：「管人爲客，三日具沐，五日具浴。」注云：「管人，掌客館者也。」《士喪禮》「管人汲」，注云：「管人，有司主館舍者。」《儀禮釋官》云：「《左傳》：楚公子圍聘于鄭，將入館。子羽辭曰：『敝邑，館人之屬也。』杜注：『館人，守舍人。』是管人即館人，其職掌館舍明矣。故鄭云：『管，猶館也。』又以此經『管人布幕』謂爲『掌次舍帷幕』者，賈疏云：『天官有掌舍、掌次、幕人等。《掌次》云：有邦事，則張幕設案。《掌舍》云：爲帷宮設旌門。又《幕人》云：掌帷幕幄帟綬之事。鄭云：在旁曰帷，在上曰幕。幕或在地，展陳於上，即此布幕是也。館人即彼掌舍，以諸侯兼官，故鄭總言之也。』」《釋官》云：「考《周禮》無管人之官，而掌舍與幕人、掌次聯職，或當如賈所云也。《喪大記》曰『管人汲』，又曰『管人授御者沐』，是掌沐浴亦其職也。此經《釋文》云：『管人，掌館舍之官。』《禮記・喪大記》釋文云：『管人如字，掌管籥之人。又古亂反，掌館舍之人。』則所傳異也。」云「布幕以承幣」者，張氏爾岐云：「此幕非在上之幕，乃布之地以爲藉者。」今案：陳幣必先布幕以爲藉，不敢褻也。云「寢門外，朝也」者，此寢門即路寢門，路寢門外爲治朝之地，故云「朝也」。云「古文『管』作『官』」者，惠氏棟云：「《易・隨》初九云『官有渝』，蜀才本『官』作『館』。《穆天子傳》云『官人陳牲義』，作『館』。」據此，則「官」與「管」通。鄭不從古文者，以此記及《士喪禮》、《禮記・喪大記》諸文皆作「館」，不作「官」也。云「今文『布』作『敷』」者，《詩》「敷于下土」，《毛傳》：「敷，布也。」又《書》「敷重蔑席」，《説文・苜部》引作「布」，是「敷」、「布」二字通。鄭以此經布席字多作「布」，故此布幕亦從古文作「布」也。**官陳幣：皮，北首西上，加其奉于左皮上；馬則北面，奠幣于其前。**奉，所奉以致命，謂束帛及玄纁也。馬言「則」者，❶此享主用皮，或時用馬，馬入則在幕南。皮馬皆乘。古文「奉」爲「卷」，今文無「則」。【疏】正義曰：注「馬言『則』者」，《校勘記》云：「『則』，徐本誤作『用』。」○賈疏云：「官陳幣者，即上文『官具』者也。館人布幕于地，官陳幣于其上。」敖氏云：「陳皮不言幕上，可知也。北首，變于執也。西上，放設時之位也。此皮若馬之位，其享主君者在西，享夫人者在東。」王氏士讓云：「皮北首，馬北面，皆鄉君。左皮，皮西上者。」今案：馬言面。馬，生物也。皮北首，故以西爲左，皮西上則馬亦然。此「官陳幣」三字總皮、馬、束帛言，下乃別言陳皮、陳馬之法也。

❶「則」，原作「用」，今據《續清經解》本改。

注云「奉，所奉以致命，謂束帛及玄纁也」者，案：享時皮馬皆在堂下，使者親奉束帛加璧，升堂致命。享夫人則奉玄纁加琮，故謂束帛玄纁爲奉也。賈疏云：「不言璧琮者，璧琮不陳，厥明乃授之也。」今案：此夕幣時圭璋亦不陳，故楊氏復云：「圭聘，禮之重者也。聘圭不可以預授，俟使者明日受命于朝，于是君朝服南鄉而授之。」吴氏廷華云：「不陳玉者，重器不暴于外也。」云「馬言『則』者，此享主用皮，或時用馬」者，有皮之國主用皮，無皮之國乃用馬，故經先言陳皮之法，而後言陳馬之法。於馬言「則」，以見非皮馬竝用也。云「馬入則在幕南」者，馬不可陳于幕上，故在幕南而北面也。經云「馬則北面，奠幣于其前」，「則」字直貫下七字。奠幣之幣，即指束帛玄纁言。蓋束帛等可加于皮上，不可加于馬上，故用馬則奠于馬北幕上也。馬北面，以北爲前，故云「奠幣于其前」。云「皮馬皆乘」者，物四曰乘。賈疏云：「下賓覿時，云『總乘馬』，又云『禮，玉束帛乘皮』，是皆乘也。」云「古文『奉』爲『卷』，今文無『則』」者，胡氏承珙云：「據《雜記》注，束帛本有卷稱，鄭不從者，以下文行禮凡幣皆言『奉』故也。馬言『則』者，賈疏引下『庭實，皮則攝之』，鄭注：『皮言則者，或用馬也。』與此互明。今文無『則』，於義不備，故鄭亦不從也。」**使者北面，衆介立于其左，東上。**既受行，同位也。位在幕南。【疏】正義曰：王氏士讓云：「左，西方也。東上，則使者在上介東，次介在上介西。」　注云「既受行，同位也」者，常時在朝，卿、大夫、士面位各異。此既受出使之命，則皆北面，故云「同位」，下記云「使者既受行日，朝同位」是也。云「位在幕南」者，以經云「北面」，故知在幕南，於視幣便也。

卿、大夫在幕東，西面北上。大夫西面，辟使者。【疏】正義曰：此卿、大夫謂處者也。大夫本北面，以使介北面，乃辟之而與卿同西面，故云「大夫西面，❶辟使者」也。**宰入，告具于君。君朝服出門左，南鄉。**入告，入路門而告。【疏】正義曰：敖氏云：「具，謂所陳者已具。」今案：出門左者，由闑東也。注云「入告，入路門而告」者，以夕幣在路門外，故知入者入路門也。**史讀書展幣。**展，猶校録也。史幕東西面讀書，賈人坐撫其幣。每者曰在。必西面者，欲君與使者俱見之也。【疏】正義曰：注云「展，猶校録也」者，謂取幣一一校數也，賈疏云：「幣謂官具之者，非直所奉而已。」云「史幕東西面讀書，賈人坐撫其幣。每者曰在」者，謂史依書讀之，賈人依所讀校之。「每者曰在」，驗其相符與否，恐有遺忘也。《儀禮釋官》云：「書即上宰所書用幣之數者。《周禮・大史職》曰：『大會同、朝覲，以書協禮事。及將幣之日，執書以詔王。』是讀之者，大史也。」云「必西面者，欲君與使者俱見之也」者，以君南面，使者北面，史于西面讀之，是欲其俱見之也。賈疏云：「賈人當在幕西，東面撫之，❷亦欲俱見之也。」敖氏云：「史蓋幕西東面讀書，有司北面展之。」褚氏云：「史與卿大夫同在幕東西面，故展畢即以書授宰。如在幕西，則必越幕而授宰矣。宜從注。」今案：褚説是也。吳氏《疑義》云：「此經第言官，下行時受圭乃言賈，則夕幣無賈人可知。」今案：敖氏以展幣爲有司，是也。但當西面，不北面耳。**宰執書，告備具于君，授使者。使者受書，授上介。**史展幣畢，以書還授宰，宰既告備，以授使者。其受授皆北面。【疏】正義曰：盛氏云：「告備具者，言其幣一一與

❶「西」，原作「北」，今據經注及文義改。
❷「撫」，原作「讀」，今據《續清經解》本及阮刻《儀禮注疏》改。

書符，無闕少也。敖以『具』字爲衍，非。」　注云「史展幣畢，以書還授宰」者，史與宰皆在幕東西面，讀書展幣畢，史乃以書還授宰也。云「宰既告備，以授使者。其受授皆北面」者，賈疏云：「宰以書來至使者之東，北面授使者，使者北面授介，三者皆北面，向君故也。」李氏云：「據下文宰授使者圭，授受同面。」**公揖入。**揖，禮羣臣。【疏】正義曰：入者，入路寢，以展幣禮畢故也。**官載其幣，舍于朝。**待旦行也。【疏】正義曰：此朝，即寢門外朝也。舍于朝，官守之。李氏云：「官，從行之官，入竟展幣之有司是也。」敖氏云：「載謂載之於車，幣亦兼皮言也。古者載幣之車以人推之，《春秋傳》曰：『用幣必百兩，百兩必千人。』」蔡氏云：「舍于朝者，公幣不可以入私家也。」　注「待旦行也」，謂俟厥明，賓受命行，乃隨之行也。**上介視載者。**監其安處之，畢乃出。【疏】正義曰：官載幣而上介監視之，重其事也。　注云「監其安處之，畢乃出」者，謂俟載者安處畢乃出也。經未言「出」，注補言「出」者，明上介不舍于朝也。出，謂退歸。或以出爲行，非。**所受書以行。**爲當復展。【疏】正義曰：「所受書」，即前上介所受於使者之書也，「以行」，謂以書入載隨行也。　注云「爲當復展」者，張氏爾岐云：「上介所受之書，則將之以行。爲至彼國境上，當復展也。」○王氏士讓、方氏觀承俱謂此及上二條當作一氣讀，謂視所載物及所受書，驗其相符否也。今案：上讀書展幣，已是驗其相符與否。彼時上介亦同視，則不必再驗矣。此二節注説極明，無庸更易也。

右授幣

厥明，賓朝服，釋幣于禰。告爲君使也。賓，使者謂之賓，尊之也。天子諸侯將出，告羣廟，大夫告禰而已。凡釋幣，設洗盥如祭。【疏】正義曰：自此至「亦如之」，言使者與上介將行釋幣之事。○「厥明」，夕幣之明日也。「禰」，父廟也。「朝服」者，賈疏云：「卿大夫朝服祭，故還服朝服告也。」注云「告爲君使也」者，象生時出必告也。云「賓，使者謂之賓，尊之也」者，此賓即使者，以其將爲賓于他國，故謂之爲賓，以尊異之也。又《周禮・大行人》：「掌大賓之禮及大客之儀。」鄭注：「大賓，諸侯。大客，謂其孤卿。」則大夫出使宜稱客，此篇多稱賓者，對文異，散則通也。云「天子諸侯將出，告羣廟，大夫告禰而已」者，《曾子問》曰：「天子諸侯將出，必以幣帛皮圭告于祖禰。」又曰：「諸侯適天子，必告于祖，奠于禰。」鄭注：「皆奠幣以告之。」互文也。是天子諸侯將出，告羣廟也。大夫三廟，告禰而已，辟天子諸侯也。方氏苞云：「古者五十命爲大夫，至爲卿則年必長矣，故出釋奠、反獻薦皆曰于禰，道其常也。下記『賜饔，筵一尸，若昭若穆』，上及于祖，該其變也，蓋間有篤老而父尚存者。」云「凡釋幣，設洗盥如祭」者，云「凡」，非一之辭，蓋兼覲禮言也。陳氏祥道《禮書》云：「《覲禮》侯氏將朝王，釋幣于禰。《聘禮》賓將受命，釋幣于禰。于行皆幣而已，則釋幣猶釋菜耳，牲牢酒齊不預也。」今案：釋幣有幣無牲，告而不祭。《曾子問》：「凡告用牲幣。」鄭注：「『牲』當爲『制』，字之誤也。」孔疏引皇氏、熊氏之説，諸侯以下無牲，天子則當用牲也。然釋幣雖不祭，亦必設洗盥如祭時。以執幣奠幣，須盥手致潔也。大夫祭設洗盥，詳《少牢饋食禮》。**有司筵几于室中。祝先入，主人從入。主人在右再拜，祝告，又再拜。**更云「主人」者，廟中之稱也。祝告，告以主人將行也。【疏】正義曰：此有司及祝，皆大夫之家臣也。祝，詳《少牢禮》。敖氏云：「室中，奥也。筵亦東面而右几。主人在右，在祝右也。祝在左者，以親釋辭於鬼神，宜變於他時詔辭之位也。《少儀》曰：『詔辭自右。』」

主人拜不稽首，變於祭。祝不拜，辟君禮。」吴氏廷華云：「祝習於神，故先入。右，祝之北。禰主東鄉，告者西鄉。」　注云「更云『主人』者，廟中之稱也」者，案：《特牲》、《少牢》皆稱主人，是主人爲廟中之稱，故上云「賓」而此更云「主人」也。云「祝告，告以主人將行也」者，其辭當云：「孝子某，奉君命使于某國，以某日行，敢奠幣告。」**釋幣，制玄纁束，奠于几下，出。**祝釋之也。凡物十曰束。玄纁之率，玄居三，纁居二。《朝貢禮》云：純四只，制丈八尺。【疏】正義曰：「出」，謂主人及祝皆出也。　注云「祝釋之也」者，據《曾子問》：「君薨而世子生，大祝裨冕執束帛，告曰：『某之子生。』」又云：「升奠幣于殯東几上。」故知祝釋之也。此奠于几下，即祝奠之。云「凡物十曰束」者，帛十端曰束，猶脯十脡亦曰束，故云「凡」也。鄭注《士冠禮》、《士昏禮》、《公食禮》皆云：「束帛，十端也。」云「玄纁之率，玄居三，纁居二」者，《儀禮·士昏禮》曰「納徵，玄纁束帛」，此云「釋幣，制玄纁束」，《既夕禮》曰「公賵玄纁束」，又曰「至于邦門，公使宰夫贈玄纁束」，又曰「贈用制幣玄纁束」，凡用玄纁者，皆玄三纁二，故云「玄纁之率，玄居三，纁居二」也。何氏《公羊注》亦云：「玄三纁二，玄三法天，纁二法地。」《曾子問》疏云：「十端，六玄四纁。五兩，三玄二纁。纁是地色，玄是天色。」然則玄三纁二，據五兩言之也。云「《朝貢禮》：純四只，制丈八尺」者，案：只與咫通，字又作䝶。《周禮·内宰》：「出其度量淳制。」鄭注：「故書『淳』爲『敦』，杜子春讀『敦』爲『純』。純謂幅廣也，制謂匹長。純制，《天子巡守禮》所云：制幣丈八尺，純四䝶與？」彼疏引《鄭志》趙商問云：「《天子巡守禮》制丈八尺，純四䝶何？」荅云：「《巡守禮》制丈八尺，咫八寸。四咫三尺二寸，又大廣。四當爲三，三八二十四，二尺四寸，幅廣也。古三四積畫，是以三誤爲四也。」案：此注云《朝貢禮》，而《周禮注》引作《巡守禮》者，賈氏《既夕》疏云：「《朝貢禮》及《巡守禮》皆有此文。」今案：據杜子春及《鄭志》之説，則「純四只」謂其幅之廣也，「制丈八尺」謂其匹之長也。是以鄭注《曾子問》云：「制幣一丈八尺。」注《既夕禮》云：「丈八尺曰制，二制合之，束十制五合。」案：十制即十端，五合即五兩也。丈八尺曰制，是其一端。二端合之爲一兩，束十制計五兩也。兩亦謂之匹。《雜記》曰：「納幣一束，束五兩，兩五尋。」鄭注：「納幣，謂昏禮納徵也。十个爲束，貴成數。兩兩者合其卷，是謂五兩。八尺曰尋，一兩五尋，❶則每卷二丈也，合之則四十尺。今謂之匹，猶匹偶之云與？」據此，昏禮雖用二丈爲一端，而其一束五兩、一兩二端則同。昏禮所以必用二丈者，取成數。其他禮幣則皆以丈八尺爲節，謂之制。其幅廣二尺四寸，亦與布幅廣二尺二寸者異也。**主人立于户東，祝立于牖西。**少頃之間，示有俟於神。【疏】正義曰：敖氏云：「其立東西相鄉。」高氏愈云：「幽明理殊，故皆出以俟神之來格是也。」**又入，取幣，降，卷幣，實于笲，埋于西階東。**又入者，祝也。埋幣必盛以器，若藏之然。【疏】正義曰：幣每端長有丈八尺，則奠時固已卷之矣。此云「卷幣」，蓋卷以實于笲也。「埋于西階東」者，《曾子問》曰：「天子諸侯反必告，設奠，卒，斂幣玉藏諸兩階之間。」此云「西階東」，即兩階間也。笲，詳《士昏禮》。敖氏云：「又入者，祝及主人也。祝既取幣，乃與主人俱出。幣必埋之者，神物不欲令人褻之。」今案：「又入」緊承上「主人立于户東」二句，似敖説是也。《曾子問》：「小宰升舉幣。」注云：「舉而下，埋之階間。」「舉而下」，即此經所云「取幣，降」也。案：祝奠之，不使祝取以降者，諸侯官多也。**又釋幣于行。**告

❶ 「一」，原脱，今據阮刻《禮記注疏》補。

將行也。行者之先，其古人之名未聞。天子諸侯有常祀在冬。大夫三祀：曰門、曰行、曰厲。《喪禮》有「毁宗躐行，出于大門」，則行神之位在廟門外西方。不言埋幣，可知也。今時民春秋祭祀有行神，古之遺禮乎？【疏】正義曰：敖氏云：「此釋幣之儀與室中者異，故不蒙如之也。」　注云「告將行也」者，以將有事於道路，故釋幣于行以告之。云「行者之先，其古人之名未聞」者，謂古有始教行之人，後遂祀爲道路之神，其名未聞也。云「天子諸侯有常祀在冬」者，《月令》「冬祀行」是也。云「大夫三祀：曰門、曰行、曰厲」者，《祭法》文。是大夫亦有常祀也，但出行則又告之耳。云「喪禮有『毁宗躐行，出于大門』，則行神之位在廟門外西方」者，《檀弓》曰：「及葬，毁宗躐行，出于大門，殷道也。」鄭注：「毁宗，毁廟門之西而出，行神之位在廟門之外。」孔疏：「生時出行，則爲壇幣，告行神，告竟，車躐行壇上而出，使道中安穩如在壇。今鄉毁宗處出，仍得躐此行壇如生時之出也，故云『毁宗躐行，出于大門』也。」案：《檀弓》以此爲殷道，則周道不如此矣，故《既夕篇》不言毁宗躐行也。《月令》：「孟冬之月，其祀行。」鄭注：「行在廟門外之西。」與此注及《檀弓》注同。吴氏廷華云：「彼據喪禮，故以廟門言。若常位，當在大門外之西。」其説似可從，餘詳下記「出祖釋軷」下。云「不言埋幣，可知也」者，言此幣亦埋之，不言可知也。云「今時民春秋祭祀有行神，古之遺禮乎」者，案：《祭法》注亦云：「今時民家或春秋祀司命、行神、山神。」是皆舉漢法爲況也。**遂受命。**賓須介來，乃受命也。言遂者，明自是出，不復入。【疏】正義曰：「遂受命」者，言釋幣訖遂往受命也。　注云「賓須介來，乃受命也」者，據下「帥以受命」言也。云「言遂者，明自是出，不復入」者，斯時釋幣于行，已出在門外，故即往朝，不復入也。**上介釋幣亦如之。**如其於禰與行。【疏】正義曰：盛氏云：「衆介亦當有告禰之事，經不言者，略也。」

右將行釋幣告禰與行

上介及衆介俟于使者之門外。俟，待也。待於門外，東面北上。【疏】正義曰：自此至「斂旜」，言賓介往朝受命即行之事。○方氏苞云：「介必備集于使者門外，❶然後序入于朝，無參錯也。」注云「東面北上」者，賈疏云：「依賓客門外之位也。」**使者載旜，帥以受命于朝。**旜，旌旗屬也。載之者，所以表識其事也。《周禮》曰「通帛爲旜」，又曰「孤卿建旜」。至于朝門，使者北面東上。古文「旜」皆爲「膳」。【疏】正義曰：帥，帥介也。朝，治朝。敖氏云：「受命于朝，亦目下事之言也。朝蓋指受命之處而言，謂路門外。」是也。注云「載之者，所以表識其事也」者，載謂載于車上。敖氏云：「此載旜爲將受君命以行也，使事于是乎始，故以其旗表之。」兩引《周禮》，皆《司常》文。李氏云：「旜，通以絳帛爲之，無他色之飾，所謂『周之大赤』也。」云「至于朝門，使者北面東上」者，案：朝門謂庫門也。庫門而謂之朝門者，蒙經「朝」言之。庫門，朝之外門也。天子五門：皋、庫、雉、應、路。諸侯三門：庫、雉、路。《明堂位》曰：「庫門，天子皋門。雉門，天子應門。」江氏永云：「此言魯之庫門儗天子之皋，雉門儗天子之應耳。非謂唯魯有庫門、雉門，而餘諸侯不得立也。《檀弓》言庫門者四，除魯莊公既葬而經不入庫門外，其他言君復于庫門，宰夫命舍故諱新，自寢

❶「門外」，《儀禮析疑》作「之門」。

門至于庫門，軍有憂則素服哭于庫門之外，皆通諸侯言之，非專爲魯記也。《禮器》言繹之于庫門内，《家語》謂孔子爲衛莊公言之，則諸侯皆有庫門可知。有庫門則亦有雉門矣。」又云：「朱子曰：『《書》天子有應門，《春秋》魯有雉門，《禮記》云魯有庫門，《家語》云衛有庫門，皆無云諸侯有皋、應者，則皋、應爲天子之門明矣。』此爲定説。注疏言魯有庫、雉，他國諸侯有皋、應者，皆非。」今案：江説是也。又戴氏震謂天子亦三門，無庫、雉，作《三朝三門考》。其言曰：「天子之宫，有皋門，有應門，有路門。路門一曰虎門，一曰畢門，不聞天子庫門、雉門也。諸侯之宫，有庫門，有雉門，有路門，不聞諸侯皋門、應門也。皋門，天子之外門；庫門，諸侯之外門。應門，天子之中門；雉門，諸侯之中門。異其名，殊其制，辨等威也。天子三朝，諸侯三朝；天子三門，諸侯三門，其數同，君國之事侔體合也，朝與門無虚設也。」又言「諸侯宗廟社稷皆在中門内、路門外之左右」，其説亦精妙。又宋劉氏敞亦有天子三門之説，見《公是先生弟子記》。此注云「至于朝門」，謂使介車至庫門止而下行，少立于庫門外，北面東上，以俟君之進之也。賈疏以朝門爲皋門外，誤。敖氏以爲路門外，❶亦非。云「古文『旜』皆爲『膳』」者，胡氏承珙云：「《説文》旜爲旃之或字，《周禮》、《儀禮》皆作『旜』。古文作『膳』者，假借字。」**君朝服，南鄉。卿大夫西面，北上。君使卿進使者。**進之者，使者謙，不敢必君之終使己。【疏】正義曰：敖氏云：「此在朝，固朝服矣。必箸之者，嫌命聘使或當皮弁服也。南鄉，亦在路門外也。使卿進使者，重其事也。」今案：「進使者」，謂使者先在庫門外，進之乃入。「卿大夫

---

❶「路」，原作「雉」，今據《儀禮集説》改。

皆西面，北上」者，賈疏云：「此依展幣之位，大夫與卿同西面，避賓。下文使介亦同展幣，北面東上。」**使者入，及衆介隨入，北面東上。君揖使者進之，上介立于其左，接聞命。**進之者，有命，宜相近也。接，猶續也。【疏】正義曰：「入」，謂入庫門、雉門，至治朝而北面東上也。「其左」，使者西也。盛氏云：「經云『上介立于其左』，則與使者俱進矣，衆介猶在故位。」注云「進之者，有命，宜相近也」者，謂進之使近，便於聞命也。《釋文》云：「近，附近之近。」云「接，猶續也」者，下經「賓立接西塾」，注云：「接，猶近也。」《喪服傳》「以時接見乎天子」，注云：「接，猶會也。」蓋隨文生義。《廣雅》亦云：「接，續也。」此言上介立近使者，可接續而聞命也。敖氏云：「上介必接聞命者，爲使者或有故，則上介攝使事，宜與聞之。」**賈人西面坐，啟櫝，取圭，垂繅，不起而授宰。**賈人，在官知物賈者。繅，所以藉圭也。其或拜，則奠於其上。今文「繅」作「璪」。【疏】正義曰：朱子云：注「在官」上，疑有「庶人」二字。《校勘記》云：「賈，楊氏作『價』。案：賈，正字；價，俗字。」○圭，瑑圭也。下注引《周禮》曰「瑑圭璋、璧琮以覜聘」是也，此《典瑞》文。又《考工記·玉人》曰：「瑑圭璋八寸，璧琮八寸，以覜聘。」言八寸者，彼疏云：「此謂上公之臣，若侯伯之臣宜六寸，子男之臣宜四寸。」今案：此經是侯伯之禮，則瑑圭六寸也。《論語》「執圭」，包注云：「爲君使，聘問鄰國，執持君之圭。」江氏永云：「大夫聘，執瑑圭，《周禮》有明文。君之圭非臣所執，包氏誤矣。《集注》偶失檢承其誤，以諸侯命圭釋之。《考工記·玉人》曰：『命圭九寸謂之桓圭，公守之。命圭七寸謂之信圭，侯守之。命圭七寸謂之躬圭，伯守之。』是封國之時，天子命而諸侯守之者。若聘享之圭璋璧琮，《聘禮·記》明言凡四器者，唯其所寶以聘可也，則異於命圭矣。」蔡氏《禮經本義》引周章成云：「聘圭與封圭不同。封圭唯朝王及兩君相見用之。若遣使出聘所用之圭，下于封圭一等，所謂瑑圭也。」櫝，藏玉之器。李氏云：「櫝，函也。《論語》曰：『韞玉毀于櫝中。』」郝氏敬云：「玉比忠信，託玉傳信，必面命使者，然後授之。賈人西向跪取，敬也。不起，跪授也。」敖氏云：「授玉不起，賤者宜自別也。宰于其右亦坐受之。」吴氏廷華云：「宰貳君，故代君授受。」　注云「賈人，在官知物賈」者，《儀禮釋官》云：「《王制》『庶人在官者』，注『謂府史之屬』，孔疏云：『之屬者，謂工人、賈人及胥徒也。』《少儀》：『臣致襚於君，則曰致廢衣於賈人。』注：『賈人知物善惡也。』案：《周禮・序官》若庖人、大府、玉府、職幣、典婦功、典絲、泉府、馬質、羊人、巫馬、犬人諸職，皆有賈，此賈人當爲府官之屬。《周禮》玉府、内府，皆掌金玉。《内府職》曰：『凡適四方，使者共其所受之物而奉之。』與此經合也。」云「繅，所以藉圭也」者，李氏云：「繅者，以韋衣木，畫以雜采，以之薦玉，又以五綵組繫焉。有事，則組或垂或屈之。垂者，垂之向下；屈者，屈之于手。凡言屈、垂者，皆據組言之。」今案：李氏謂屈垂據組言，是也。但組與韋版同一物，不得分爲二，故經云「垂繅」，屈繅也。敖氏則謂「繅以帛爲之」，與鄭異，詳下記「皆玄纁繫長尺絢組」下。云「其或拜，則奠於其上」者，據《覲禮・記》「奠圭于繅上」言之，是釋繅所以藉玉之義。然經之所謂「有藉則裼，無藉則襲」者，乃指束帛言，非謂繅也。疏家每以垂繅爲有藉，屈繅爲無藉，誤。辨見記「凡執玉無藉者襲」下。云「今文『繅』作『璪』」者，胡氏承珙云：「《周禮・司几筵》：『加繅席畫純。』鄭司農云：『繅當爲藻率之藻。』《典瑞》注同。《弁師》：『諸侯之繅斿九就。』鄭司農云：『繅當爲藻。繅，古字也；藻，今字也。同物同音。』康成注《周禮》祗釋繅義，不破從藻，故注此經皆從古文作『繅』。今文作『璪』者，《説文・玉部》云：『璪，玉飾，如水藻之文。』引《虞書》『璪火粉米』，蓋許從《儀禮》今文，故凡文采之字作『璪』，而以繅爲繹繭之字，與鄭義異。」今案：下記「圭與繅皆九寸」注云：「古文『繅』或作『藻』，今文作『璪』。」則古文之本又不同矣。《覲禮》「奠圭于繅上」，注云「古文『繅』作『璪』」，此「古文」疑「今文」之誤。

宰執圭，屈繅，自公左授使者。 屈繅者，斂之。禮以相變爲敬也。自公左，贊幣之義。

【疏】正義曰：注云「屈繅者，斂之」者，謂斂垂者而持之於手，下注云「屈繅併持之也」是。云「禮以相變爲敬也」者，謂一垂一屈相變也。江氏筠云：「自賈人取圭至上介授圭，賈人凡四授受，垂繅與屈繅相間。鄭注謂『禮以相變爲敬也』，敖君善謂蓋相變以爲儀，然亦莫不有義存焉也。蔡敬齋《本義》録高紫超説曰：『垂繅以示文，屈繅以示敬。』筠謂此所以一垂一屈者，即上展幣之謂耳。賈人啟櫝取圭，解組繫以呈之宰，宰得而省視之，則斂繅以授使者。使者受而開視，因執以受命于公。受命訖，即以示上介，上介既審視，則屈授賈人，命藏諸櫝。賈人之所以必垂繅授宰者，一以明典守不失，又以便尊者之審之也。宰之所以屈繅授使者，付重物於人，宜整理斂束以示付託之慎也。使授上介垂而不屈者，聘使有故，則上介當攝其事，故須令省識之。又其後入竟展圭，但上介北面視之而賓不視。其行聘時，賓但受上介圭，襲執之而繅不垂。介賓有代賓展視之義，故其授時宜如此也。其聘時賈人垂繅授上介，上介屈繅授賓者，蓋其義與初同，於臨時復加審慎耳。至歸反命，使者執圭垂繅北面者，垂以呈見于君，明使命之不辱，猶賈人執展，鄭注謂持之告在之意。宰既受玉，則屈而持之。其上介執璋屈繅立于其左者，特以其事未至。迨賓受上介璋，則亦垂之以致命，以其儀與圭同，故經云『亦如之』也。敖氏謂賓襲執圭，不言垂繅可知。郝氏謂執璋屈繅，璋不呈也。蓋皆以相變爲説者，恐皆非是。」戴氏震云：「賈人啟櫝取圭垂繅者，非以爲文，特解其組繫而垂之，圭與繅竝呈之也。至宰與上介執以授使者，皆屈繅斂其垂而併持之，明己不爲儀也。使者受而垂繅，于君前竝見之，亦以爲儀。然繅與櫝爲類，聘享皆不以繅進，故致聘及還玉時皆無垂屈之節。」今案：江氏、戴氏之説是也。云「自公左，贊幣之義」者，《少儀》曰：「詔辭自右，贊幣自左。」故於公左授使者也。**使者受圭，同面，垂繅以受命。**同面者，宰就使者北面竝授之。既授之，而君出命矣。凡授受者，授由其右，受由其左。【疏】正義曰：云「同面者，宰就使者北面竝授之」者，《禮經釋例》云：「凡授受之禮，同面者謂之竝授受，相鄉者謂之訝授受。」相鄉，謂對面也。同面，如此經「使者北面，宰亦北面」是也，詳《士昏禮》。吴氏廷華云：「宰君左西面，使者亦轉而西面，在宰之左。」案：吴氏所以易注者，蓋欲遷就「公左」之文也。然受圭受命皆當北面，經不直云「公左」而云「自公左」者，宰西面，本在公左，今自公左至使者之右，北面授之耳，故云「宰就」也。云「既授之，而君出命矣」者，此命即聘時致命于聘君之命也。必授圭乃出命者，以命藉圭而通也。楊氏復云：「受命莫重于受圭，故圭所以致君命而通信誠也。」敖氏云：「于使者受圭，公乃命之，明其執此以申信也。」云「凡授受者，授由其右，受由其左」者，謂同面授受者，其左右如此也。賈疏云：「據《鄉飲》、《鄉射》、《燕禮》，獻酢酬皆授由其右，受由其左，故云『凡』以廣之。」《禮經釋例》云：「詳賈意，蓋以獻酢酬之授受皆竝授也。考《鄉飲酒禮》：『主人西南面獻介，介進，北面受爵。』則是訝受，非竝授明矣。」**既述命，同面授上介。**述命者，循君之言，重失誤。【疏】正義曰：《校勘記》云：「失誤，楊倒。」○使者受命，又重述之，以備遺忘，恐有失誤也。既述命，乃以圭授上介。或謂宰述之者，非。**上介受圭，屈繅，出授賈人，衆介不從。**賈人，將行者，在門外北面。【疏】正義曰：方氏苞云：「此圭宰與使介遞相授而終以屬賈人，責有所專也。」吳氏廷華云：「出授非衆介事，故不從。」今案：上介出授還入，待使者出乃隨出也。　注云「賈人，將行者」，以其從行，故以圭授之，使藏諸櫝也。賈疏云：「對上賈人出玉者，是留者也。」王氏士讓云：「賈人取圭授宰後，即起以櫝出而待藏。」則一賈人也，義亦可通。云「在門外北面」者，李氏云：「如使者門外之位也。」**受享束帛加璧，受夫人之聘璋，享玄纁束帛加琮，皆如初。**享，獻也。既聘又獻，所以厚恩惠也。帛，今之璧色繒也。夫人亦有聘享者，以其與己同體，爲國小君也。其聘用璋，取其半圭也。君享用璧，夫人用琮，天地妃合之象也。圭璋特達，瑞也；璧琮有加，往德也。《周禮》曰：「瑑圭、璋、璧、琮，以覜聘。」【疏】正義曰：注「半圭」，毛本作「珪」。《校勘記》云：「諸本俱作『圭』。『配』，《釋文》作『妃』，云『本亦作配』。《集釋》作『妃』。『覜』，葛本、《集釋》俱作『頫』。」今案：「覜」，是也。○「束帛加璧」，謂以璧加于束帛之上也，加琮亦然。「皆如初」者，謂受璧、璋、琮三者，皆如受圭之儀也。《典瑞》曰：「瑑圭、璋、璧、琮，繅皆二采一就。」則三者亦皆有繅矣。張氏爾岐云：「束帛玄纁，前授幣時已授矣。此復言者，以方受璧琮，取其相配之物兼言之，如云享時束帛上所加之璧，玄纁束帛上所加之琮耳。」盛氏云：「此時惟受玉乃并束帛言之者，取其相配，且以別於圭璋之無加者也。張説得之。敖云『復取而合諸璧琮』，非。」　注云「享，獻也」者，《爾雅·釋詁》文，《説文》同，字皆作「享」，不作「饗」。《周禮·玉府》注云「古者致物于人，尊之則曰獻」，故云「享，獻也」。云「既聘又獻，所以厚恩惠也」者，《聘義》曰：「已聘而還圭璋。」是圭璋已聘則還之，唯受其享之璧琮幣帛而已，故繼聘而行享，所以厚恩惠也。覲禮既覲後則行三享，較聘爲尤隆。云「帛，今之璧色繒也」者，繒爲帛之總名。《周禮·大宗伯》：「孤執皮帛。」鄭注：「帛如今璧色繒也。」賈兩疏俱未能還出實據，秦氏蕙田云：「享君束帛之色，經無明文。鄭以爲與璧色同，亦未詳何色。盛世佐以爲色素，亦恐未然。」今案：敖氏云：「享束帛不言玄纁，文省耳，蓋以享君束帛亦用玄纁也。」其説似是。古禮幣多用玄纁色，於享君不言玄纁，享夫人乃言玄纁，舉後以包前耳，其實一也。云「夫人亦有聘享者，以其與己同體，爲國小君也」者，夫人與國君同體，而國君又與己同體，故聘享及之，敬其君以及其夫人也。記曰「君以社稷故在寡小君」，此之謂矣。云「其聘用璋，取其半圭也。君享用璧，夫人用琮，天地配合之象也」者，《公羊傳》曰：「璋判白。」何注：「半圭曰璋。」《爾雅》：「肉倍好謂之璧。」《白虎通》曰：「半圭爲璋，方中圓外曰璧，圓中牙外曰琮。」鄭注《大宗伯》云：「璧圓象天，琮八方象地，圭鋭象春物初生。半圭曰璋，象夏物半死。」聘君用圭，聘夫人用璋，取陽全陰半之義。璧圓以享君，琮方以享夫人，是取天地配合之象也。云「圭璋特達，瑞也」者，特達，不用束帛也。《聘義》曰：「以圭璋聘，重禮也。」鄭注：「圭，瑞也。」孔疏：「以器言之謂之圭，執以行禮謂之瑞。瑞，信也。」云「束帛有加，往德也」者，「有加」，謂以束帛爲藉也。《郊特牲》曰：「束帛加璧，往德也。」孔疏：「玉以表德。今將玉加於束帛，以表往歸於德故也。」引《周禮》者，《典瑞》文，義已詳前。《周禮・小行人》曰：「合六幣：圭以馬，璋以皮，璧以帛，琮以錦，琥以繡，璜以黼。」此六物者，以和諸侯之好故。據此則琮宜用錦，今《聘禮》享夫人用束帛加琮，不用束錦者，避享后也。又據《小行人》注謂「五等諸侯享天子用璧，享后用琮」，二王後享用圭璋，于諸侯亦用璧琮，子男於諸侯用琥璜，詳《覲禮》「四享皆束帛加璧」下。江氏永云：「享禮用圭者，唯二王後享天子。鄭《小行人》注云『其於諸侯亦用璧琮耳』，則諸侯使大夫聘而行享必無用圭之事。鄭注《鄉黨》云『既聘而享用圭璧』，邢疏不能辨正，《集注》遂承其誤。」**遂行，舍**

于郊。於此脱舍衣服，乃即道也。《曲禮》曰：凡爲君使，已受命，君言不宿於家。【疏】正義曰：《校勘記》云：「注『使』下，楊氏有『者』字。」○郊，近郊也。云「於此脱舍衣服，乃即道也」者，案：下經：使者歸及郊，朝服載旜。歸及郊而衣朝服，則行時于郊脱舍朝服明矣。必脱舍朝服者，下記「歸使衆介先」，注云「吉時道路深衣」，明在塗不服朝服矣。或以舍爲止舍，非。引《曲禮》者，釋「遂行」之義。蓋賓是日自朝服告禰入朝，受命即行，至是乃改服深衣也。**斂旜。**此行道耳，未有事也。斂，藏也。【疏】正義曰：初時入朝，載旜以表其事。至是斂之，以行道未有事故也。載者，載於車上。斂者，藏於車中，故云「斂，藏也」。

右受命遂行

若過邦，至于竟，使次介假道，束帛將命于朝，曰：「請帥。」奠幣。至竟而假道，諸侯以國爲家，不敢直徑也。將，猶奉也。帥，猶道也，請道己道路所當由。【疏】正義曰：自此至「執筴立于其後」，言過他邦假道之事。○「過邦」，謂道所經歷之邦，非聘國也。竟與境通，經典多用竟。朝，外朝，即所過國君之朝也。敖氏云：「次介，士也。假道禮輕，故使次介。此朝，謂大門外。」吴氏廷華云：「使次介者，上介貳賓誓衆也。凡有言用束帛，無庭實。」蔡氏云：「奠幣，奠束帛于地。不敢直授，以明敬也。」注云「至竟而假道，諸侯以國爲家，不敢直徑也」者，至竟，抵所過國界上也。高氏愈云：「封境各有專守，不敢踰越，故古者必假道，以盡過賓之禮。」今案：楚使申舟聘齊，不假道于宋，而華元以爲鄙我。晋以璧馬假道于虞雖屬詭謀，然亦可證假道之禮春秋時猶然矣。賈疏云：「天子行過無假道，以天下爲家，所在如主人也。天子微弱則有之。《周語》：『定王使單襄公聘于宋，遂假道于陳以聘楚。』服氏注云：『是時天子微弱，故與諸侯相聘同。』是也。」云「將，猶奉也」者，郝氏敬云：「將命，奉主君之命以請也。」云「帥，猶道也」者，道與導同。**下大夫取以入告，出許，遂受幣。**言遂者，明受其幣非爲許故也。容其辭讓不得命也。【疏】正義曰：「下大夫」，彼國下大夫也。「取」，取幣也。李氏云：「言『遂』者，容其中有辭讓之節，非爲許之而受其幣。」或曰：此奠幣受幣與常時授受禮異者，皆以假道禮略，且不欲久稽過賓也。」**餼之以其禮，上賓大牢，積唯芻禾，介皆有餼。**凡賜人以牲，生曰餼。餼，猶稟也、給也。以其禮者，尊卑有常差也。常差者，上賓、上介牲用大牢，羣介用少牢。米皆百筥，牲陳于門内之西，北面。米設于中庭。上賓、上介致之以束帛，羣介則牽羊焉。上賓有禾十車，芻二十車，禾以秣馬。【疏】正義曰：《校勘記》云：「注『秣』，徐作『抹』，誤。」

○「餼之」，謂所過邦餼之也。「上賓」，即使者也。牛、羊、豕具爲大牢。「積」，謂給賓客道用者。注云「凡賜人以牲，生曰餼」者，餼，猶饋也。不曰饋而曰餼，以有生牲也。下「歸饔餼」，注云「牲殺曰饔，生曰餼」是也。服注《左傳》「餼牽竭矣」，以爲腥曰餼，蓋對牽言之。此《聘禮》篇内所云「餼」，則皆指牲生言。《釋文》云：「牲腥曰餼，謂殺而未熟。」非也。云「餼，猶稟也、給也」者，賈疏云：「於賓爲稟，稟者，受也。于主人爲給，給賓客也。」云「以其禮者，尊卑有常差也」者，謂以爵之尊卑爲等殺也。吴氏《疑義》云：「假道致餼，其禮無考。鄭以此經歸餼及餼賓二禮約言之。」今案：注云「上賓、上介牲用大牢，羣介用少牢」者，是大夫餼賓禮也。云「米皆百筥，牲陳于門内之西，北面」，是主君歸餼禮也。「米設于中庭」，亦據歸餼言之，但歸餼禮，士介米百筥設于門外耳。云「上賓、上介致之以束帛」者，亦歸餼禮也。羣介則牽羊焉，又大夫餼賓禮也。云「上賓有禾十車，芻二十車」者，鄭自爲説也。禾以秣馬，詳下設飧節「門外米禾皆二十車」下。李氏云：「言『積唯芻禾』，則無車米與薪，且獨上賓有之耳。」又李氏心傳云：「賓大牢，則介不得用大牢。積唯芻禾，則無米可見矣。」敖氏云：「其禮者賓則大牢，上介則少牢，羣介則特牲也。米禾薪芻皆謂之積，積唯芻禾，是無薪與米也。上賓有積，上介以下未必有之。此飧積唯若是，所以降于主國之禮賓也。然以此而待過客，亦不爲不厚矣。」張氏爾岐云：「介但有餼無積。」今案：經文「上賓大牢，積唯芻禾」，是專言餼上賓之禮。下云「介皆有餼」，乃指上介、衆介言也。二李氏及敖氏、張氏説是。或謂無門外車米而仍有庭中筥米，亦與經不合。又謂上介、衆介皆有芻禾，考主君歸饔餼，士介無芻禾，豈過邦餼賓反優于主國待賓之禮邪？以是知上介、衆介皆無積矣。○又案：注云「上賓禾十車、芻二十車」者，蓋以此禮當殺於歸饔餼，而大夫餼賓又無芻禾，故約設飧上介禾十車、芻倍禾之數爲説也。據此，則上介無積益明矣。**士帥沒其竟。**沒，盡。【疏】正義曰：「帥」，毛本誤「師」。○蔡氏云：「士帥遣士導引，没其境，盡彼國界也。」今案：《周語》：「候人爲導。」《夏官》候人，士爲之。**誓于其竟，賓南面，上介西面，衆介北面東上。史讀書，司馬執策，❶立于其後。**此使次介假道，止而誓也。賓南面，專威信也。史於衆介之前，北面讀書，以敕告士衆，爲其犯禮暴掠也。禮，君行師從，卿行旅從。司馬，主軍法者，執策示罰。【疏】正義曰：「策」，毛本作「筴」。《校勘記》云：「嚴、徐本、敖氏俱作『策』，《釋文》作『筴』，云『音策』。《集釋》、《通解》、楊氏亦俱是

❶「策」，原作「筴」，今據《儀禮注疏》及下疏文改。

『筴』。」今案：《説文》：「策，馬箠也，下從朿。」《顔氏家訓》、《五經文字》皆以「筴」爲「策」之訛俗字，故張氏《識誤》據《釋文》改「策」爲「筴」，而戴氏震駁之，是也。今從「策」。石經作「策」，誤多一筆。注「史於」，毛本「史」誤「使」。《校勘記》云：「嚴、徐本、《集釋》、《通解》、楊氏、敖氏俱作『史』。」盧氏云：「『勑』當作『勅』。」○《儀禮釋官》云：「史讀書，謂誓戒之書也。《左傳》昭六年：『楚公子棄疾聘于晋，過鄭，禁芻牧采樵，不入田，不樵樹，不采蓺，不抽屋，不强匄。誓曰：有犯命者，君子廢，小人降。』是其誓書之類。《周禮·掌客職》云：『凡介行人宰史，皆有飧饔餼。』注：『凡介行人宰史，衆臣從賓者也。』史主書，案：彼諸侯相朝法，此大夫出聘，亦當有史從也。《掌客》疏云：『史，大史之屬官。』則此史亦非大史也。」吴氏《章句》以爲大史，恐非。《釋官》又云：「此司馬執策，乃司馬之屬官從聘賓行者。《左傳》：『宋華耦來盟，其官皆從之。』孔疏云：『《聘禮》有上介、衆介。至國誓于其竟，則史讀書，司馬執策，賈人拭玉，有司展幣，其從羣官多矣。《詩·緜蠻》之篇言：大臣出行，微臣隨從。』是大夫出使，有官從之也。大夫本有家司馬，此爲君聘，則司馬當爲公臣。《周禮》大司馬以下至伍長，皆得稱司馬，故有公司馬、兩司馬之稱。此司馬蓋其類也。」注云「此使次介假道，止而誓也」者，以經云「誓于其竟」，明是誓于入竟之前，使所過勿犯。經乃言于「士帥没其竟」之後者，先言「士帥」以終假道之事耳。鄭恐人疑爲既出竟乃誓，故特明之，謂使次介假道時即止而誓也。云「賓南面，專威信也」者，以士衆從行在外，恃賓爲統率，故使南面以專威信耳。云「史於衆介之前，北面讀書」者，以衆介北面東上，明從行之衆皆北面可知，故讀於其前，使衆共聞也。褚氏云：「史讀書，注云『北面』，向賓讀也。敖云『東面』，未是。」「君行師從，卿行旅從」，定四年《左傳》文。旅，五百人也。引之以見卿出從行甚衆，恐有犯禮暴掠之事，故誓之。云「司馬，主軍法者，執策示罰」者，言司馬執策立于史後，明書在而法隨之，有犯必罰也。

右過邦假道

未入竟，壹肄。謂於所聘之國竟也。肄，習也。習聘之威儀，重失誤。【疏】正義曰：自此至「不習私事」，言將至豫習威儀。○《校勘記》云：「壹，《釋文》、《集釋》俱作『一』。」黄氏丕烈云：「張本改『壹』爲『一』，據陸也。段曰：『一，是。』」今案：石經、嚴本俱作「壹」，仍從石經。　注云「謂於所聘之國竟也」者，言經所云「竟」，是所聘之國竟也。「未入」者，將至而未至也。下經云「及竟」，則已至竟矣。云「肄，習也」者，以此云「肄」，下云「習」，其義一也。《説文》亦云：「肄，習也。」盛氏云：「『壹肄』，謂一次習之而已，對下展幣凡三次而言也。郝云『壹，逐一也』，非。」**爲壝壇，畫階，帷其北，無宮。**壝土象壇也。帷其北，宜有所鄉依也。無宮，不壝土畫外垣也。【疏】正義曰：敖氏云：「築壇而卑曰壝壇，壇卑故畫階。必畫階者，習升降之儀也。」　注云「壝土象壇也」者，案：《周禮·巹人》「社壝」注云「壝謂委土爲墠壇」，然則壝土即委土也。賈疏云：「《覲禮》與《司儀》同爲壇三成。宮方三百步，此時無外宮，其壇壝土爲之，無成，又無尺數，象之而已。」張氏爾岐云：「壇須築土高厚，有階級。壝則略除地聚土，令有壇形而已。」❶又張氏以壝爲壇名，與敖

❶ 「令」，《續清經解》本作「略」。「壇形」，《儀禮鄭注句讀》作「形埒」。

同，恐非鄭意。云「帷其北，宜有所鄉依也」者，鄉即南鄉、北鄉、東鄉、西鄉也。習禮須明所鄉，今帷其北，則所鄉自明，可憑依以肄習也。云「無宮，不壝土畫外垣也」者，鄭注《覲禮》云：「宮，謂壝土爲埒以象牆壁。」此則不壝土爲埒，亦不畫地爲外垣也。吴氏廷華云：「不畫外垣，禮所不及也。」**朝服，無主，無執也。**不立主人，主人尊也。不執玉，不敢褻也。徒習其威儀而已。【疏】正義曰：敖氏云：「必言朝服者，嫌肄聘儀，則當如聘服也。凡道路常服，卿大夫則朝服，士以下則玄端與？」盛氏云：「道路常服深衣，至是乃易朝服者，以習儀重之也。不皮弁，下於聘也。敖説非。」　注云「不立主人，主人尊也」者，以主人是主國之君，位尊不敢以人象之也。云「不執玉，不敢褻也」者，玉，重器，不敢褻陳之也。云「徒習其威儀而已」者，徒，猶空也，謂空習之無所執也。敖氏云：「無執，不執玉帛也。無主則無授受之儀，故不必執之。」今案：下云習享，則此專習聘可知。鄭言玉不言帛者，聘時圭特故也，敖説未的。**介皆與，北面西上。**入門左之位也。古文「與」作「豫」。【疏】正義曰：敖氏云：「言『皆與』者，肄時介無事，嫌不必與也。」　注云「入門左之位也」者，謂下正聘時賓入門左，介皆入門左，北面西上也。李氏云：「賓行聘時，介止于此。然則所習者，習廟門内之禮。」云「古文『與』爲『豫』」者，詳《士昏禮》。**習享，士執庭實。**士，士介也。庭實必執之者，皮則有攝張之節。【疏】正義曰：實，謂實于庭者也。敖氏云：「對堂上之幣而言，故謂之『庭實』。」劉氏台拱云：「享之庭實，不見其數，疑無常數。」今案：此云「執庭實」，則玉帛亦不執也。　注云「庭實必執之者，皮則有攝張之節」者，庭實或以馬，或以皮，此言「執」，故知爲皮也。下享時經云「庭實，皮則攝之，毛在内，内攝之」，又賓「升致命，張皮」，是其有攝張之節也。**習夫人之聘享，亦如之。習公事，不習私事。**公事，致命者也。【疏】正義曰：公事，謂君之聘享、夫人聘享及問大夫，皆致君命，故注云「公事，致命者也」。私事，謂私覿私面也。賈疏云：「大夫之幣不在朝付之，至郊乃付之，避君禮，不謂非公事。」

右豫習威儀

及竟，張旜，誓。 及，至也。張旜，明事在此國也。張旜，謂使人維之。【疏】正義曰：自此至「遂以入竟」，言賓至竟謁關迎入之事。○張氏爾岐云：「誓亦誓戒從人，使勿犯禮。」注云「張旜，明事在此國也」者，以過邦假道不張旜，至是張之，示事在此國也。云「張旜，謂使人維之」者，《周禮·節服氏》：「掌朝覲祭祀，衮冕六人，維王之大常，諸侯則四人。」鄭注：「維，維之以縷。」鄭司農云：「『維持之。』」明此張旜亦然，但人數未聞耳。**乃謁關人。** 謁，告也。古者竟上爲關，以幾異服，識異言。【疏】正義曰：《校勘記》云：「注『譏』，《釋文》作『幾』，云『本亦作譏』。《集釋》亦作『幾』。」○《周禮·司關》曰：「凡四方之賓客敂關，則爲之告。」鄭注：「謂朝聘者也。敂關，猶謁關人也。」《儀禮釋官》云：「《周禮·司關》：『上士二人，中士四人，每關下士二人。』諸侯謂之關尹，當中士爲之，每關亦有關人，當士旅食爲之。賈疏謂：『司關爲都總，居在國都，每關二人，各主一關。今所謂關人者，謂告每關關人，來告司關，司關爲之告王。』據經謁關人而後入竟，則關人自是竟上每關關人，賈説分析甚確。《國語》：『單子云：周之秩官有之曰：敵國賓至，關尹以告。』韋注引《周禮·司關》及此經爲證。是關人之長，天子謂之司關，諸侯謂之關尹；猶天子有司門，諸侯謂之門尹也。」注云「謁，告也」者，《爾雅·釋詁》文。云「古者竟上爲關」者，鄭注《地官·序官》云「關，界上之門」，是關在竟上也。賈疏謂天子十二門，有十二關，據魯廢六關，則諸侯半天子也。云「以譏異服，識異言」者，案：《王制》云：「關執禁以譏，禁異服，識異言。」鄭注：「關，竟上門。譏，呵察。」孔疏：「禁此身著異服之人，又記識口爲異言之人，防姦僞，察非違。」據此則異服上當有「禁」字，或注本脱也。**關人問從者幾人。**欲知聘問，且爲有司當共委積之具。【疏】正義曰：《校勘記》云：「注『共』，陸氏曰『本或作供』，同，後放此。」○賈疏云：「不問使人而問從者，關人卑，不敢輕問尊者。」　注云「欲知聘問，且爲有司當共委積之具」者，以卿聘從人多，大夫問從人少，故知其從人之多寡即知其爲聘爲問也。凡道路給賓客之用，少曰委，多曰積。《周禮·遺人》：「凡賓客會同師役，掌其道路之委積。」是皆有司所當共者，故欲知人數，且爲備委積也。敖氏云：「欲知其人數，所以防奸人。」今案：關人之問，蓋亦兼有此義。**以介對。**以所與受命者對，謙也。聘禮：上公之使者七介，侯伯之使者五介，子男之使者三介。以其代君交於列國，是以貴之。《周禮》曰：「凡諸侯之卿，其禮各下君二等。」【疏】正義曰：注云「以所與受命者對，謙也」者，介是使者所與受命之人，此以對者，孰以使者也。使以介對，是謙也。蔡氏云：「止以介數對，不欲以餘隸煩主人也。」義亦通。《禮記·聘義》曰：「聘禮上公七介，侯伯五介，子男三介。」彼注云：「此皆使卿出聘之介數也。」鄭此注本之以立説，非直引《聘義》之文耳。云「以其代君交於列國，是以貴之」者，以聘使代君交鄰國，是以副之介以貴之，《聘義》曰「所以明貴賤也」是也。引《周禮》者，《大行人》文，詳篇首鄭《目録》下。張氏爾岐云：「不以從者對而以介對，亦以知介數即爲聘爲問可知，其從者多少亦可知也。」**君使士請事，遂以入竟。**請，猶問也，問所爲來之故也。遂以入，因道之。【疏】正義曰：《經義述聞》云：「『遂以入竟』，『竟』字因下

『入竟』而衍，故鄭注曰『遂以入』，『入』下無『竟』字。下文『下大夫勞者遂以賓入』，與此『遂以入』文同一例。且賓至于竟，則士道之；至于近郊，則下大夫道之。是自近郊以外爲士道之也。士道之，則下文曰『入竟』，曰『及郊』，曰『及館』，曰『至于近郊』，皆在『遂以入』三字中，非但道之入竟而已也。然則『遂以入』下不當有『竟』字明矣。《聘義》正義引此文曰『君使士請事，遂以入』，無『竟』字。自唐石經始衍『竟』字，而各本遂沿其誤。」謹案：《述聞》之言是也。但石經相傳已久，今仍之，而姑録其説於此。注云「問所爲來之故也」者，上關人但問從者幾人，未問來故，故此使士問之。敖氏云：「使者既謁關人，因止于竟，未敢輒入。關人以告於君，于是君使士請事。」李氏云：「《春秋傳》：『晋韓宣子聘于周，王使請事，對曰：晋士起將歸時事于宰旅，無他事矣。』此其對辭。」云「遂以入，因道之」者，謂道之使入也。此請事之士，疑即訝士。《儀禮釋官》云：「《周禮·掌訝職》曰：『若將有賓客至，與士迎賓于疆。』注：『士，訝士也。』《訝士職》曰：『邦有賓客，則與行人送迎之。』《聘義》曰：『君使士迎于竟。』下文賓歸又云：『士送，至于竟。』疑此士即訝士也。」

右至竟迎入

入竟，斂旜，乃展。 復校録幣，重其事。斂旜，變於始入。【疏】正義曰：自此至「賈人之館如初」，言入竟三度展幣之事。注云「復校録幣，重其事」者，前授幣時已展之，此復校録，是重其事也。經不言壝壇，則是因舍展之也。郝氏敬云：「展，展視玉帛皮馬之類，恐遠道齎持疎虞也。」云「斂旜，變於始入」者，始入時張旜，示有事於此國。今既入竟，率其行道之常，故斂之。前出時至郊斂旜，注云「此行道耳，未有事也」是也，故云「變於始入」也。**布幕，賓朝服立于幕東，西面，介皆北面東上。賈人北面，坐拭圭。**拭，清也。側幕而坐，乃開櫝。【疏】正義曰：布幕，亦布於地也。李氏云：「賓晢則南面，專衆也。展幣則西面，將命也。」吴氏廷華云：「賓立於幕東西面，異於夕幣之位。賈人北面，以賓西面故也。」盛氏云：「介皆北面東上，則上介與衆竝立也。及視圭之時，上介少進。」注云「拭，清也」者，《爾雅·釋詁》文，謂拭之使潔清也。敖氏云：「拭圭者，就櫝拭之，故下乃云『執』。」云「側幕而坐」者，謂坐於幕邊也。開櫝，取圭。**遂執展之。**持之而立，告在。【疏】正義曰：云「持之而立，告在」者，賈人告賓也。**上介北面視之，退復位。**言退復位，則視圭進違位。【疏】正義曰：經無進文，以言退知之。**退圭。**圭璋尊，不陳之。【疏】正義曰：敖氏云：「退之者，其展事畢也，退則藏之於櫝。」注云「圭璋尊，不陳之」者，謂執展之即退，不陳於幕上，對下璧與幣同陳言也。賈疏云：「下乃言夫人之聘享，則璋未拭。而并言璋者，欲見皆不陳故。」**陳皮北首，西上，又拭璧，展之，會諸其幣，加于左皮上。上介視之，退。**會，合也。諸，於也。古文曰「陳幣北首」。【疏】正義曰：敖氏云：「退，退復位也。」注云「會，合也」者，《爾雅·釋詁》文，謂合璧與幣而加於左皮上也。李氏云：「幣，束帛也，享用束帛加璧，故今亦合而陳之。」盛氏云：「至是言『會諸其幣』者，以其初授幣與授玉異日，未嘗會也。必會之者，見其用之之法也。」《鄉射》「則薦諸其席」，亦訓於，《廣雅·釋言》文。云「古文曰『陳幣北首』」者，古文「皮」作「幣」，鄭不從者，下云「北首」，皮可言首，幣不得言首也。**馬則幕南，北面，奠幣于其前。**前，當前幕上。【疏】正義曰：《校勘記》云：「上，楊作『南』。」○案：經云「其前」，謂馬前。馬在幕南北面，故其前當前幕上也。幕設之有前後，若作「南」，則奠幣在幕外矣。楊本非。自「陳皮北首」至此，與授幣時陳之之法略同，唯有璧爲異耳。**展夫人之聘享，亦如之。賈人告于上介，上介告于賓。**展夫人聘享，上介不視，貶於君也。賈人既拭璋琮，南面告於上介，上介於是乃東面以告賓，亦所謂「放而文」之類。【疏】正義曰：注以「賈人告於上介」二句專指展夫人之聘享言之，故云「上介不視，貶於君也」。敖氏謂：「告者，告之以展聘享之幣玉已畢。」則兼君與夫人之聘享而言。故後人多駁上介不視之説，謂經明言「亦如之」，何獨不視乎？褚氏云：「『如之』者，如上圭則拭之展之，璧則拭展而會幣加於左皮也，不兼上介視之在内。蓋君之聘享，上介視之；夫人聘享，上介不視，俟賈人告而轉告于賓，羣幣則有司自展而直告于賓，差降之義也。若上介既視，賈人何必再告之？宜遵注。告則必易其所立之向，注義亦長。」今案：褚説是也。賈人、上介本皆北面，告上介則賈人轉而南面，告賓則上介轉而東面，以賓西面故也。「放而文」，《禮器》文。**有司展羣幣，以告。**羣幣，私覿及大夫者。有司，載幣者，自展自告。【疏】正義曰：注云「羣幣，私覿及大夫」者，敖氏云：「注云『及』者，即記所謂『幣之所及者』也。」此説是，蓋兼問卿、面卿、問大夫、面大夫之幣皆包之矣。云「有司，載幣者，自展自告」者，此有司即前「官載其幣，舍于朝」者也。「自展自告」，謂有司自展之并自告賓也。〇賈疏謂私覿私面之幣，皆賓介自將己物，非公家所給。其説非。方氏苞云：「賓與上介私齎幣馬，義雖未安，力或能具，士介何從具此？《周官·校人》：『凡國之使者，共其幣馬。』鄭注明云使者所用私覿，賈乃謂天子禮與諸侯異，以曲護己説，誤矣。」江氏永云：「私覿亦公家之幣，但對享禮爲私耳。」惠氏棟、吴氏廷華、張氏惠言皆辨之。**及郊，又展，**

如初。 郊，遠郊也。周制，天子畿内千里，遠郊百里。以此差之，遠郊，上公五十里，侯四十里，❶伯三十里，子二十里，❷男十里也。近郊各半之。【疏】正義曰：《詩·魯頌》孔疏及《爾雅·釋地》邢疏引此注，「侯」下皆有「四十里」三字，「子」下皆有「二十里」三字，各本脱，今據補。《校勘記》云：「『男十里』下，《集釋》無『也』字。」○「及郊，又展」，亦是因舍展之。「如初」，如入竟展幣之儀也。注云「郊，遠郊也」者，以下云「賓至于近郊」，知此及郊爲遠郊也。云「周制，天子畿内千里」者，《周禮·大司馬職》曰「方千里曰國畿」是也。云「遠郊百里」者，《載師》注引《司馬法》：「『王國百里爲郊。』杜子春云：『五十里爲近郊，百里爲遠郊。』」《白虎通》同。云「以此差之，遠郊，上公五十里，侯四十里，伯三十里，子二十里，男十里也」者，《大司徒職》曰：「凡建邦國，諸公之地封疆方五百里，諸侯方四百里，諸伯方三百里，諸子方二百里，諸男方百里。」夫天子畿内千里，而遠郊百里，則上公封五百里，遠郊五十里；侯四百里，遠郊四十里；伯三百里，遠郊三十里；子二百里，遠郊二十里；男百里，遠郊十里。是其差也。若如譌本注文，謂侯、伯三十里，子、男十里，則是合侯與伯、子與男爲一，非所謂差矣。且郊之里數，原視地廣狹爲制，豈有侯與伯、子與男封疆廣狹各殊，而郊制必合爲一之理哉？賈疏申鄭義云：「畿方千里，王城居中，面五百里，以百里爲遠郊。若公五百里，中置國城，面二百五十里，故遠郊五十里。自此以下，至子、男差之可知。」不言侯與伯同、子與男同，是賈所見本尚

❶「四十里」，原無，據下疏文補。

❷「二十里」，原無，據下疏文補。

未譌脱也。又李氏如圭《儀禮集釋》云：「各以其國封疆十之一差去國之數爲遠郊也。《周禮》諸公封疆方五百里，諸侯方四百里，伯三百里，子二百里，男百里。」據此亦是申明鄭注遠郊上公五十里、侯四十里、伯三十里、子二十里、男十里之説，知李作《集釋》時此注亦尚未譌脱，與孔、邢二疏所引合也。《爾雅》：「邑外謂之郊，郊外謂之牧，牧外謂之野，野外謂之林，林外謂之坰。」郭注：「邑，國都也。假令百里之國，五十里之界，界各十里也。」《詩疏》引孫炎曰：「設百里之國，五者之界，界各十里。」與郭義同。據此則二百里之國，五者之界各二十里；四百里之國，五者之界各四十里可知。近邵氏晋涵作《爾雅正義》，不能援《詩疏》以校正鄭注，而反削去邢疏之文，據《儀禮》譌脱之注牽合附會，失之。或曰：《尚書大傳》分郊制爲三等，非歟？曰：《書傳》云：「百里之國，二十里之郊。七十里之國，九里之郊。五十里之國，三里之郊。」此夏、殷制，非周制也，亦不得爲五十里、三十里、十里矣。云「近郊各半之」者，鄭注《尚書·君陳》序云：「周之近郊五十里，今河南、洛陽相去則然。」是天子近郊半遠郊五十里，則上公近郊二十五里，侯二十里，伯十五里，子十里，男五里也。**及館，展幣于賈人之館，如初。**館，舍也。遠郊之内有候館，可以小休止沐浴。展幣不於賓館者，爲主國之人有勞問己者就焉，便疾也。【疏】正義曰：注「賓館」，《校勘記》云：「賓，監本作『官』，誤。」○敖氏云：「幣亦兼玉而言。自入竟至此凡三展者，以聘事將至而愈慎，且一與主國卿大夫爲禮，則不暇及之矣。」方氏苞云：「入竟而展，及郊再展，及館三展，雖載以任輦，尚虞頓撼，又皮帛則燥溼不時，宜頻展也。」❶注云「館，舍也。遠郊之内有候館，可以小休止沐浴」者，案：《遺人職》曰：「凡國野之道，十里有廬。三十里有宿，宿有路室。五十里有市，市有候館。」鄭以賓尚未至近郊，則此館非國中之館，故以遺人候館解之。候館五十里即有，則遠郊内自有之矣。言「可以小休止沐浴」，則可於此展幣也。云「展幣不於賓館者，爲主國之人有勞問己者就焉，便疾也」者，吴氏廷華云：「環人、訝士皆當見賓于館。又或主君加禮，有遠郊之勞，竝須受于館，故就賈人之館展之，便疾也。且見賓從不一館矣。」○蔡氏云：「館，國中舍也。即後卿所致者，此以展幣而連及之。」盛氏云：「展幣皆於館舍，非如習儀之於壝壇也。此云『及館』者，謂卿致館之館，前聘一日也。次于此者，因上事而終言之。」今案：經内言「館」，似俱指國中之館言。蔡、盛説亦可存，故竝録之。

右入竟展幣

賓至于近郊，張旜。君使下大夫請行，反。君使卿朝服，用束帛勞。請行，問所之也。雖知之，謙不必也。士請事，大夫請行，卿勞，彌尊賓也。其服皆朝服。【疏】正義曰：自此至「遂以賓入」，言賓至近郊，君與夫人使人勞賓之事。○「賓至近郊，張旜」，蓋漸近國都，故張之以自表也。敖氏云：「此後不見斂旜之節，至館爲之可知。」勞，謂勞其道路勞苦。使卿，亦以其爵也，主君于朝君則親郊勞。注云

---

❶「頻展」，《儀禮析疑》作「風日」。

「請行，問所之也。雖知之，謙不必也」者，上使士請事，特知其爲聘事而來，猶不敢必行聘於本國，故又使大夫請之，謙之至也。至下大夫反告，乃執主人之禮勞之，禮之節次如此。敖氏謂「請行」爲速之行，褚氏云：「尚未勞賓，如何先以請行速之？依注『問所之』之説爲得。」盛氏亦以敖説爲非。吴氏廷華云：「知其來聘矣，又請行者，或兼聘他國，須先往也。」云「其服皆朝服」者，謂士請事、大夫請行皆服朝服，經時于此見之，❶舉後以該前也。○《禮經釋例》云：「凡賓至，則使人郊勞。案：《聘禮》賓至于近郊，『君使卿朝服，用束帛勞，賓受于舍門内』。此使者勞賓也。又云：『乘皮設，賓用束錦儐勞者，勞者再拜稽首受。』此聘賓儐使者也。又：『夫人使下大夫勞以二籩方，其實棗蒸、栗擇，賓之受，如初禮。儐之如初。』此聘禮之郊勞也。君用束帛，夫人用棗栗。《覲禮》：侯氏至于郊，王使人皮弁用璧勞，侯氏亦皮弁迎于帷門之外，使者不讓先升，侯氏升聽命，降，再拜稽首。此王使人勞侯氏也。又云：侯氏乃止使者，侯氏先升，授几，用束帛乘馬儐使者，使者再拜受。此侯氏儐使者也。此則覲禮之郊勞也用璧，至于聘禮郊勞用朝服，覲禮郊勞用皮弁，聘賓儐勞者用束錦乘皮，侯氏儐勞者用束帛乘馬，皆隆殺之義也。亦有不郊勞者，『聘遭喪，不郊勞』，注：『子未君也。』『小聘曰問，不郊勞』注：『貶於聘，所以爲小也。』皆禮之殺也。又《聘禮》郊勞畢，『下大夫勞者遂以賓入』，謂入朝也。《覲禮》郊勞畢，『侯氏遂從之』，注：『從之者，遂隨使者以至朝。』其儀竝同。」**上介出請，入告。賓禮辭，迎于舍門之外，再拜。**出請，出門西面，請所以來事也。入告，入北面告賓也。每

---

❶「時」，疑當作「特」。

所及至，皆有舍。其有來者與，皆出請入告，于此言之者，賓彌尊，事彌録。【疏】正義曰：注「者與」，今注疏本作「與」。《校勘記》云：「徐本、《集釋》、楊氏俱無『與』字，與疏合。嚴本『與』作『者』。張氏曰：『注曰其有來者者，巾箱、杭本同監本，無一者字。案：《釋文》云：者與音餘。蓋傳寫者誤以與字作者爾。監本以其重複，遂去其一，尤非也。從《釋文》。』朱子曰：『此非疑詞，不當音餘。複出者字，亦無義理，竊疑本介字也。』」今案：褚氏云：「『與』字連上讀，乃起下之辭，非誤。」今仍之。　注云「出請，出門西面，請所以來事也」者，謂問卿所以來之事也。云「入告，入北面告賓也」者，賓在舍，有主道，故出門西面者，出闑東也。「入北面告」者，賓當在阼階西面也。敖氏云：「賓禮辭者，以其用幣也。上介以賓辭告勞者，復傳言而入，賓乃出迎。」云「每所及至，皆有舍。其有來者與，皆出請入告」者，此舍即廬、宿、市之類，塗中所以止客者，故所至皆有。其有事來舍者，無不出請入告，即上士請事、大夫請行是也。云「于此言之者，賓彌尊，事彌録」者，謂前此不言出請入告，獨于此言之者，賓來益近則益尊寵之，其儀文之記録亦益詳也。李氏云：「《春秋傳》：『魯叔弓聘于晉，晉侯使郊勞，辭曰：寡君使弓來繼舊好，固曰女無敢爲賓，敢辱郊使？　致館，辭曰：敢辱大館？』」王氏士讓云：「此禮至春秋時猶可見也。」**勞者不荅拜。**凡爲人使，不當其禮。【疏】正義曰：勞者，即卿也。餘詳《士昏禮》「納采，主人迎于門外，再拜，賓不荅拜」下。**賓揖，先入，受于舍門內。**不受於堂，此主於侯伯之臣也。公之臣，受勞於堂。【疏】正義曰：「賓揖，先入」，導之也。敖氏云：「惟云『舍門』，是舍但有一門耳，此公館之異者也。」　注云「不受於堂，此主於侯伯之臣也」者，此篇主侯伯之臣言，詳篇首《目録》下。云「公之臣，受勞於堂」者，❶李氏云：「案：《司儀職》：『諸公之臣相爲國客。大夫郊勞，旅擯，三辭，拜辱，三讓，登，聽命，下拜，登受。儐使者如初之儀。及退，拜送。』言『登，聽命』，則公之臣受勞於堂也。」吴氏《疑義》云：「據《司儀》云：『凡侯伯子男之臣，以其國之爵相爲客而相禮，其儀亦如之。』則所謂『登，聽命』者，不止公之臣可知。」今案：鄭云「不受於堂」，蓋以此篇受於舍門内，不言升堂決之。其注《司儀》亦云：「侯伯之臣，受勞於庭。」彼疏云：「聘禮受於舍門内，是不登堂也。」方氏苞云：「受勞不升堂，當以此經爲正。」**勞者奉幣入，東面致命。**東面，鄉賓。【疏】正義曰：此在舍，勞者有賓道，故入門左而東面也。「致命」，致其君命。注云「東面，鄉賓」者，以斯時賓在舍門内西面也。**賓北面聽命，還，少退，再拜稽首，受幣，勞者出。**北面聽命，若君南面然。少退，象降拜。【疏】正義曰：注云「北面聽命，若君南面然」者，以命是主君之命，故北面聽命，儼若君在然。秦氏蕙田云：「賓初入門西面，以在館如主人也。及聽命，乃北面，從臣禮也。敖氏云『入門即北面』，非。」云「少退，象降拜」者，以受幣當降階拜，今不升堂，故少退而後再拜稽首以象之。**授老幣。**老，賓之臣。【疏】正義曰：此老，賓之家臣也，詳《士昏禮》。

出迎勞者。欲儐之。【疏】正義曰：注末，《集釋》有「也」字。○敖氏云：「勞者出俟于門外，上介出請。勞者告事畢，上介入告，賓乃出迎，而告以欲儐之之辭。」吴氏廷華云：「出迎儐之。受命後不即儐者，不以臣事干君命。」**勞者禮辭。賓揖，先入，勞者從之。乘皮設。**設於門内也。物四曰乘。皮，麋鹿皮也。

❶「勞」，原作「命」，今據上文注改。

【疏】正義曰：注云「設於門内也」者，乘皮之設爲庭實，則當在庭。乃設之於門内者，以儐勞者在庭故也。王氏士讓云：「賓設乘皮，而儐則用束錦者，將其貴者也。」云「皮，麋鹿皮也」者，賈疏云：「《郊特牲》云：『虎豹之皮，示服猛也。』彼諸侯朝享天子，用虎豹皮；此臣聘君，降於享天子，當用麋鹿皮。故《齊語》云：『齊桓公使諸侯輕其幣，用鹿皮四張也。』」❶**賓用束錦儐勞者。**言儐者，賓在公館如家之義，亦以來者爲賓。【疏】正義曰：敖氏云：「《聘禮》凡大夫士所用之幣皆以錦，蓋不敢與尊者之幣同。」《禮經釋例》云：「凡賓主人行禮畢，主人待賓用醴則謂之禮，不用醴則謂之儐。」詳《士昏禮》納采、問名禮畢「擯者出請醴賓」下。今案：此郊勞後行儐禮，以勞者爲賓，賓爲主人，故注云「言儐者，賓在公館如家之義，亦以來者爲賓」。**勞者再拜稽首受。**稽首，尊國賓也。【疏】正義曰：注云「稽首，尊國賓也」者，賈疏云：「《周禮》大祝九拜：一曰稽首，首至地，臣拜君法；二曰頓首，頭叩地，平敵相拜法。今此勞者與賓同類，不頓首而稽首，故云『尊國賓也』。」《禮經釋例》云：「凡臣與君行禮，皆再拜稽首。❷亦有非君臣而再拜稽首者，如《聘禮》聘賓儐郊勞及歸饔餼，使者受幣、送幣，皆再拜稽首。主國之卿饗賓，賓再拜稽首受。《公食大夫禮》大夫相食，受侑幣，再拜稽首，主人送幣亦然。此皆相敵者之禮也，皆尊之，故盛其威儀，又不可以常禮論也。」惠氏棟云：「『賓用束錦儐勞者』，此儐幣乃彼國君之幣，故受者送者皆稽首。」方氏苞、王氏士讓説略同。今案：如惠説

---

❶「張」，原作「分」，今據《儀禮注疏》改。

❷「皆」下，《禮經釋例》有「堂下」二字。

非不可通，但其中亦有非君物而再拜稽首者，故鄭以「尊國賓」解之，而《釋例》亦即宗之爲説也。**賓再拜稽首，送幣。**受、送，拜皆北面，象階上。【疏】正義曰：賓亦稽首送者，報之也。注云「受、送，拜皆北面，象階上」者，李氏云：「若鄉飲酒，賓受爵、主人送爵，各拜于其階上北面也。」敖氏云：「案：注云『受、送，拜』者，謂受者、送者之拜也。『象階上』者，謂放儐于堂之禮也。」今案：此儐禮雖行之於庭，而賓主皆北面拜，有似於堂上，主在阼階上北面拜，賓在西階上北面拜，故云「象階上」。李、敖之説得之。賈疏以「受」爲誤，謂「當云『授、送，拜皆北面』，竝據賓而言」。褚氏云：「注『受送』一讀，『拜皆北面』爲句，言受者送者之拜皆北面也。賈將受、送、拜專貼賓説，作三節看，誤矣。」盛氏世佐、張氏惠言竝同褚説，是也。**勞者揖皮出，乃退。賓送再拜。**揖皮出，東面揖執皮者而出。【疏】正義曰：李氏云：「揖執皮者，若親受之然。勞者出，執皮者從之出，勞者之從者訝受之。注知東面揖者，以執皮者在東，勞者在西故也。」敖氏據《公食大夫禮》「賓北面揖，執庭實以出」，謂此亦北面揖之。褚氏云：「《公食禮》是對君之禮，庭實爲君禮物，故北面。此勞者不必北面也，從注東面爲是。」盛氏世佐説同。○以上君使人勞賓之禮。**夫人使下大夫勞以二竹簠方，玄被纁裏，有蓋。**竹簠方者，器名也。以竹爲之，狀如簋而方，如今寒具筥。筥者圜，此方耳。【疏】正義曰：「簠」，《校勘記》云：「唐石經、嚴、徐、聶氏、《集釋》、敖氏俱作『簋』，注同。《釋文》作『簠』，云『本或作簋』。外圓内方曰簠，内圓外方曰簋。《通解》、楊氏載經注，《要義》載經俱作『簠』。張氏曰：『《釋文》明著内外方圓之制，蓋辨或本之誤也，從《釋文》。』」案：《冬官·玉人》注、疏及《覲禮》疏引此經竝作『簋』。《地官·舍人》注云：『方曰簠，圓曰簋。』疏謂皆據外而言，審此則《釋文》之誤顯然。張氏從之，非也。《説文》曰：『簋，黍稷方器也。簠，黍稷圜器也。』此許君之義與鄭不同。」程氏瑶田《儀禮經注疑直》云：「陸作《釋文》時，蓋據一本作『簠』者釋之，故云『簠音甫，或作簋』也。然據鄭注本作『簋』，又鄭注《玉人》引《聘禮》作『二竹簋方』，是『簋』字非『簠』字也。況唐石經作『簋』，嘉靖本乃從宋元豐本覆刻之，亦作『簋』，則此字斷宜從唐石經及宋槧本，不必因陸氏偶據别本而致疑也。」戴氏震校《集釋》亦云：「據鄭注當以作『簋』爲正。」段氏玉裁《儀禮漢讀考》云：「賈疏曰：『凡簋皆用木而圓，受斗二升。』『用木而圓』，本鄭《周易》注。『受斗二升』，依《旊人》『簋實一觳』之云。是賈本作『簋』也。宋刻單疏本作『簋』字四見，不作『簠』，今本皆改爲『簠』，則『受斗二升』之云不可通矣。」又段氏注《説文》簋字云：「許謂簋方簠圓，鄭則云簋圓簠方，不同者師傳各異也。《周禮·舍人》鄭注：『方曰簠，圓曰簋。』《周易》：『二簋可用享。』鄭注：『離爲日，日體圓；巽爲木，木器圓，簋象。』已上可證鄭確謂簋爲圓器。」今案：簋圓而竹簋不圓，故云「方」。若簋本方，則經不必贅言「方」矣。又鄭義既以簋爲圓器，倘經本作「簠」，鄭必破簠爲簋。今鄭不破字，可證舊本相傳作「簋」，後人因《説文》簋方簠圓之訓，誤改爲「簠」耳。此字當從鄭義爲長。鍾本亦作「簋」。○李氏云：「大夫對卿爲下大夫，夫人使下大夫勞賓，降於君也。被，表也。玄被纁裏，竹簋方之衣也。」《禮經釋例》云：「《士昏·記》：『笲，緇被纁裏。』此玄被纁裏，蓋夫人與士婦之差矣。」敖氏云：「夫人亦勞之者，❶以其亦奉命而聘享己也。」今案：《考工記·玉人》曰：「案：十有二寸，棗栗十有二列，諸侯純九，大夫純五，夫人

---

❶「亦」，《儀禮集説》作「使」。

以勞諸侯。」鄭注引此經爲證。彼疏云：「玄被者，以玄繒爲表被。《聘禮》諸侯夫人無案，直有棗栗。此后勞有棗栗，又有案，棗栗亦盛於竹簋也。」　注云「以竹爲之，狀如簋而方」者，簋本以木爲之，又有以瓦爲之者，其形皆圓。此以竹爲之而方，故云「狀如簋而方」也。筥，亦以竹爲之，故云「如今寒具筥」。漢時筥以盛寒具，與竹簋盛棗栗用亦相同。寒具見《周禮・籩人》注。《御覽》引《通俗文》曰：「寒具謂之餲。」汪士鐸云：「寒具蓋餅屬。」《後漢・弟五倫傳》注引華嶠書：「人有遺母一笥餅者。」笥，筥屬也。云「筥者圜，此方耳」者，《詩》「維筐及筥」，《毛傳》「圓曰筥」是也。**其實棗蒸、栗擇，兼執之以進。**兼，猶兩也。右手執棗，左手執栗。【疏】正義曰：《校勘記》云：「蒸，敖作『烝』。」○其實，謂實於竹簋方也。棗蒸、栗擇，詳《特牲・記》。　注云「兼，猶兩也」者，案：《士冠禮》「兼執之」，注云：「兼，并也。」彼謂一手兼執之，此則兩手兼執之，故云「兼，猶兩也」。云「右手執棗，左手執栗」者，敖氏據《士虞禮》謂左手執棗，右手執栗，與鄭互異。褚氏云：「授受之法，左右各執一物者，先將右手之物授人，受者以兩手受，旋亦以右手執之。授者乃以兩手授左手所執者，受者以左手受之。先所受、後所授，必兩手者，所謂『受授不游手』也。經云『二手授栗』，則是右手先授棗，然後二手授栗，注極明，❶敖氏故生異説。《士虞禮》：『主婦自取兩籩棗栗，設于會南，棗在西。』何妨右手執者設于西，左手執者設于東邪？未可據以難注。」今案：褚説是也。**賓受棗，大夫二手授栗。**受授不游手，慎之也。【疏】正義曰：受謂賓受，授謂大夫授。「不游手」，謂不空一手，是慎之也，

❶「注」下，段校補「疏」字。

義并詳上。**賓之受，如初禮。**如卿勞之儀。**儐之如初。下大夫勞者遂以賓入。**出以束錦授從者，因東面釋辭，請道之以入，然則賓送不拜。【疏】正義曰：注「請道」，毛本作「導」，《校勘記》云：「嚴、徐、《通解》、楊氏、敖氏俱作『道』。」○「儐之如初」，謂如儐卿之儀也。敖氏云：「君使以束帛，夫人使以棗栗，賓儐之皆以束錦乘皮者，亦輕財重禮之意也。」入，入國門也。注云「出以束錦授從者，因東面釋辭，請道之以入」者，上「君使士請事，遂以入竟」，注云「遂以入，因道之」，明此云「遂以賓入」，亦道之以入也。請道當有辭，故知以束錦授從者，因東面釋辭也。云「然則賓送不拜」者，此注似可疑，上儐卿勞者出，明云「賓送再拜」，則此送之亦拜可知。經不言者，蓋已統於如初中矣。賈疏舉《公食禮》使大夫戒，賓不拜送，遂從之爲例。不知彼無儐禮，與此異。《覲禮》侯氏儐使者，送于門外，再拜，遂從之。此當與彼同。賈因注言不拜，遂分别尊卑，則歧而又歧耳。○以上夫人使人勞賓之禮。

右郊勞

至于朝，主人曰：「不腆先君之祧，既拚以俟矣。」賓至外門，下大夫入告，出釋此辭。主人者，公也。不言公而言主人，主人，接賓之辭。明至欲受之，不敢稽賓也。腆，猶善也。遷主所在曰祧。《周禮》天子七廟，文、武爲祧，諸侯五廟，則祧始祖也，是亦廟也。言祧者，祧尊而廟親，待賓客者上尊者。【疏】正義曰：自此至「衆介皆少牢」，言賓初至不即行禮，主人致館設飧之事。○「至于朝」，此外朝也。外朝在庫門外，故李氏云：「朝，大門外之朝也。」但李以大門爲臯門，則沿賈之誤，辨見前。注云「賓至外門」，亦謂庫門也。諸侯三門，庫門在外，故曰外門。王氏士讓云：「賓未相見，不先即館，而必至于朝者，明奉君命而告至也。」云「先君之祧」者，莊四年《公羊傳》云：「古者諸侯必有會聚之事，相朝聘之道，號辭必稱先君以相接。」又隱七年《公羊傳》何注云：「禮，聘受之于大廟。孝子謙，不敢以已當之，歸美于先君，且重賓也。」是其稱先君之義。拚，《釋文》云「灑埽也」，《少儀》「埽席前曰拚」，《説文》作「𡊅」，云「埽除也」，「拚」是假借字。案：析言之，則「拚」是埽席前之名；渾言之，則凡埽皆可云「拚」也。此經云「拚」，蓋謂廣埽廟之内外，不止席前也。注云「賓至外門，下大夫入告，出釋此辭」者，此下大夫即上以賓入者，既告于君，乃出釋此辭也。云「主人者，公也。不言公而言主人，主人，接賓之辭」者，案：下行聘享時皆稱「公」，此變公言「主人」，是接賓之辭也。云「明至欲受之，不敢稽賓也」者，以經言「既拚以俟」，明是至即欲受之，不敢稽延也。云「遷主所在曰祧。《周禮》天子七廟，文、武爲祧，諸侯五廟，則祧始祖也」者，《周禮・序官・守祧》：「奄八人。」鄭注：「遠廟曰祧。周爲文王、武王廟，遷主藏焉。」又《守祧職》曰：「掌守先王先公之廟祧。」鄭注：「遷主所藏曰祧。先公之遷主藏于后稷之廟，先王之遷主藏于文武之廟。」又《祭法》注：「祧之言超也，超上去意也。天子遷廟之主，以昭穆合藏于二祧之中。諸侯無祧，藏于祖考之廟中。《聘禮》曰『不腆先君之祧』，是謂始祖廟也。」此鄭言祧之義。但據《守祧》注，似有三祧，以后稷廟稱大廟，故止二祧也。若孔君、王肅則以高祖之父及高祖之祖爲二祧，又謂文、武受命之王，其廟不遷，不在七廟數内，皆與鄭異。《王制》疏及《守祧》疏已駁之。鄭謂《周禮》天子七廟，諸侯五廟者，《王制》曰：「天子七廟，三昭三穆，與大祖之廟而七。」鄭注：「此周制也。七者，大祖及文王、武王之祧與親廟四，大祖后稷。殷則六廟，契及湯與二昭二穆。夏則五廟，無大祖，禹與二昭二穆而已。」又曰：「諸侯五廟，二昭二穆，與大祖之廟而五。」鄭注：「大祖，始封之君。」《祭法》曰：「王立七廟，曰考廟，曰王考廟，曰皇考廟，曰顯考廟，曰祖考廟，皆月祭之。遠廟爲祧，有二祧，享嘗乃止。」又曰：「諸侯立五廟，曰考廟，曰王考廟，曰皇考廟，皆月祭之。顯考廟、祖考廟，享嘗乃止。」《曾子問》、《禮器》皆言七廟、五廟，《穀梁傳》曰：「天子七廟，諸侯五廟。」此皆鄭所本也。《荀子》曰：「有天下者事七世，有一國者事五世，有五乘之地者事三世，有三乘之地者事二世，持手而食者不得立宗廟，所以表積厚者流澤廣，積薄者流澤狹也。」陳氏《禮書》云：「《家語》曰：『天子七廟，諸侯五廟，自虞至周之所不變也。』是故《虞書》『禋于六宗』，以見大祖；《周官》守祧八人，以兼姜嫄之宮，則虞、周七廟可知矣。」又云：「公、侯、伯、子、男其衣服、宫室、車旗等衰雖殊，其立五廟一也。附庸之封，雖不能五十里，亦國君爾，故亦五廟。《春秋》書：『紀季以酅入于齊。』《公羊傳》曰：『紀季請復五廟以存姑姊妹。』則附庸之廟與諸侯同可知也。」今案：陳氏又引《商書》僞古文七世之廟及王肅等説以駁鄭注，今不録，其論五廟則較孔、賈爲詳。云「是亦廟也。言祧者，祧尊而廟親，待賓客者上尊者」，案：祧亦與廟同。今接聘賓不于廟而于祧者，以祧是始祖之廟，比之三昭三穆爲尊，接賓客宜于尊者，故云祧也。魏氏了翁云：「祧即廟也。昭元年『其敢愛豐氏之祧』，豐氏大夫，又僅兩世，未有遠祖也。」今案：廟與祧，對文異，散亦通。此經云「先君之祧」，明指始祖廟言之，則鄭説未可易矣。**賓曰：「俟閒。」**賓之意不欲奄卒主人也。且以道路悠遠，欲沐浴齊戒，俟閒，未敢聞命。【疏】正義曰：注「齊戒」，毛本作「齋戒」。《校勘記》云：「《釋文》作『齊』，云『本亦作齋』。嚴、徐、《集釋》亦俱作『齊』，《通解》、楊氏俱作『齋』。案：《通解》曰：『齋，側皆反。』蓋本『齊』字，故特音之。若作

『齋』，則不必音矣。」○「賓曰」，對辭也。敖氏云：「閒，暇也。」　注云「賓之意不欲奄卒主人也」者，此注有二義：不欲奄卒主人，一義也；以道路悠遠欲沐浴齊戒，又一義也，故云「且」。奄，《方言》云「遽也」。卒，亦促遽之意，見《漢書注》。言不欲以悤遽迫主人，故荅以「俟閒」，且可容沐浴齊戒也。云「俟閒，未敢聞命」者，言未敢遵命而即行大禮也，命謂「既拚以俟」之命。蔡氏云：「主人不敢稽賓，故曰『拚以俟』。賓不欲奄卒主人，故曰『俟閒』，謂俟主人暇時，婉詞也。」**大夫帥至于館，卿致館。**致，至也。賓至此館，主人以上卿禮致之，所以安之也。【疏】正義曰：敖氏云：「『大夫』，即鼏者以賓入者也。『帥』亦謂道賓，賓至于館則入矣。『致館』，謂以君命致此館於賓也。」郝氏敬云：「致館必以卿，重其禮也。」今案：《國語》云：「司里授館。」韋注：「司里授客所當館，次於卿也。」然則司里授之，而卿以君命致之歟？　注云「賓至此館，主人以上卿禮致之，所以安之也」者，言大夫道賓至館後，君復使卿致之。以賓初至，故重其禮以安之也。張氏爾岐云：「『以上卿禮致之』，謂使上卿以束帛之禮致之也。《周禮·司儀職》云：『諸公之臣相爲國客，致館，如初之儀。』鄭注云：『如郊勞也，不儐耳。』郊勞用束帛，則此致館亦用束帛可知也。」吴氏廷華云：「據《司儀》云『郊勞有儐，致館如初儀』，則亦有儐矣。」今案：鄭言「不儐」者，亦據此經決之。以下文卿致命，即云「卿退，賓送再拜」，不言儐之，是無儐也。**賓迎，再拜。卿致命，賓再拜稽首。卿退，賓送再拜。**卿不俟設飧之畢，以不用束帛致故也。不用束帛致之者，明爲新至，非大禮也。【疏】正義曰：朱子云：「此『致』止謂致館耳。章首目其事而下詳其節也。上無『飧』字，而但云『致命』，注疏何以見爲致飧也？詳又見下章。」今案：朱子説是也。上云「卿致館」，是目其事；此云「賓迎再拜」至「賓送再拜」，乃是詳言致館之儀節也。「卿致命」者，敖氏云：「致其君致館之命也。」不兼飧説爲是。必稽首者，如對主君也。注云「卿不俟設飧之畢，以不用束帛致故也」者，致館使卿，設飧使宰夫，二者不妨竝行。注云「不俟設飧之畢」，此釋經「退」字，謂卿致命即退耳。言「不用束帛致」者，因致館用束帛，故兼束帛言之，其實直謂不致耳，非不用束帛而空以辭致飧之謂也。《司儀》：「諸公之臣相爲國客，致館，如初之儀。」彼注云：「不言致飧者，君于聘大夫不致飧也。」又引此記「飧不致，賓不拜」爲證。據此，則鄭意固直云不致明矣。賈彼疏云：「《聘禮》『致館』之下即云『宰夫設飧』，此『致館』下不云致飧，故云『君于聘大夫不致飧』。」如是五等之臣皆無致飧也，其義甚明，何於此乃生出不用束帛空以辭致之臆説邪？云「不用束帛致之者，明爲新至，非大禮也」者，對下致饔餼爲大禮言之。此飧爲新至而設，非大禮，故不致也。胡鎬《三禮補義》曰：「案：注初無兼致飧之語，言兼致者，賈之誤耳。」王氏士讓云：「設飧乃宰夫設之，則非兼致可知。」吴氏廷華云：「卿不俟設飧者，非其職也。」數説皆是。又敖氏謂致館不以幣，而在門外，非。《司儀》注云「侯伯之臣致館於庭」，則在門内矣。致館有束帛，亦非無幣也。〇《禮經釋例》云：「凡郊勞畢，皆致館。案：《聘禮》郊勞畢：『下大夫勞者遂以賓入。』又云：『大夫帥至于館，卿致館，賓迎，再拜，卿致命。』此《聘禮》致館也。《覲禮》郊勞畢：『侯氏遂從之。天子賜舍，辭曰：賜伯父舍。侯氏再拜稽首，儐之束帛乘馬。』此《覲禮》賜舍也。注：『賜舍，猶致館也。』是郊勞畢，皆致館也。又《聘禮》致館後云：『宰夫朝服設飧。』是致館後即設飧，《覲禮》賜舍後則無之。《聘禮》致館後聘賓不儐使者，《覲禮》賜舍後侯氏則儐之，蓋王朝之與侯國禮不同歟？」今案：館，國中待客處也。考之禮，有公館，有私館。《曾子問》曰：「自卿大夫士之家曰私館，公館與公所爲曰公館。」鄭注：「公館，若今縣官舍也。」《雜記》曰：「公館者，公宫與公所爲也。私館者，自卿大夫之家也。」鄭注：「公所爲，君所作離宫别館也。」此篇所言館多是私館，下記曰：「卿館于大夫，大夫館于士，士館于工商。」是也。若《左傳》襄三十年「子産聘晉，使盡壞其館之垣」，昭元年「楚公子圍聘鄭，館于外」，則當爲公館矣。**宰夫朝服設飧。**食不備禮曰飧。《詩》云「不素飧兮」，《春秋傳》曰「方食魚飧」，皆謂是。【疏】正義曰：《周禮·宰夫職》「掌賓賜之飧牽」，鄭注：「飧，客始至所致禮。」是飧宰夫掌之，故使設之也。必朝服者，尊賓也。注云「食不備禮曰飧」者，以所陳鼎止有腥飪而無餼，又饌設不多，故云「不備禮」也。《司儀》注云：「小禮曰飧。」《掌客》注云：「飧，客始至，致小禮也。」又下記注云：「草次饌，飧具輕。」皆與此注相發明。云「《詩》云『不素飧兮』，《春秋傳》曰『方食魚飧』，皆謂是」者，《詩·魏風·伐檀》文，《毛傳》云：「熟食曰飧。」鄭彼箋則云：「讀如魚飧之飧。」是鄭以素飧之義與魚飧一也。案：宣六年《公羊傳》：「晉靈公使勇士往殺趙盾，勇士上其堂則無人焉，俯而闚其户，方食魚飧。勇士曰：『子爲晉國重卿而食魚飧，是子之儉也。』」此魚飧之事。案：勇士以食魚飧爲儉，是所食者唯魚，無多物耳。《詩疏》引《鄭志》荅張逸云：「禮，飧饔大多非可素，不得與『不素飧』相配，故易之也。」然則素飧、魚飧皆不備物之謂，故云「皆謂是」也。或曰：飧，夕食也。此《周禮·宰夫》注鄭司農之説，則後鄭已不從之矣。或據《毛傳》「熟食曰飧」，謂此飧之設無生牲，且雖有腥而主於熟，賓即次未舉火，以熟爲先，故云「飧」也。案：下注亦有「新至尚熟」之説，義可兩存焉。**飪一牢，在西，鼎九，羞鼎三；腥一牢，在東，鼎七。**中庭之饌也。飪，熟也。熟在西，腥在東，象春秋也。鼎西九東七。凡其鼎實與其陳，如陳饔餼。羞鼎則陪鼎也，以其實言之，則曰羞；以其陳言之，則曰陪。【疏】正義曰：敖氏云：「牢，大牢也。大牢者，牛、羊、豕各一也。飪鼎九，腥鼎七，乃皆云『牢』者，主於牛、羊、豕也。」今案：《掌客職》曰：「饔餼死牢如飧之陳。」案：下歸饔餼，賓飪一牢，腥二牢，此則飪一牢而腥止一牢者，降於諸侯相朝也。飪正鼎九：牛、羊、豕、魚、腊、腸胃、膚、鮮魚、鮮腊。羞鼎三：膷、臐、膮。腥鼎七者，無鮮魚、鮮腊，餘與飪鼎同。　注云「中庭之饌也」者，言此皆饌於中庭，故云「中庭之饌」，對下堂上及門外言也。云「飪，熟也。熟在西，腥在東，象春秋也」者，飪之言熟，象秋物熟，故在西；腥之言生，象春物生，故在東。云「鼎西九東七。凡其鼎實與其所陳，如陳饔餼」者，言其鼎中所實之物與陳之次序，皆如歸饔餼也。所實之物即上牛羊豕魚腊之類，餘詳下。　云「羞鼎則陪鼎也，以其實言之，則曰羞；以其陳言之，則曰陪」者，此經云「羞鼎」，而下歸饔餼云「陪鼎」，恐人疑其有異故釋之，二者名異實同也，《左傳》曰「飧有陪鼎」謂此。**堂上之饌八，西夾六。**八、六者，豆數也。凡饌以豆爲本。堂上八豆、八簋、六鉶、兩簠、八壺。西夾六豆、六簋、四鉶、兩簠、六壺。其實與其陳，亦如饔餼。【疏】正義曰：「堂上」者，館之堂上也。此館在廟，云「西夾六」。《公食大夫禮》亦在廟，云「大夫立于東夾南，宰東夾北」。《顧命》在寢，云「西夾南嚮」，則廟寢之制，皆有東夾西夾矣。下歸饔餼云：「西夾六豆，設于西墉下，北上。」西夾之西有墉，則東夾之東亦有墉矣。又云：「六壺西上，二以竝，東陳。」注：「東陳，在北墉下。」則夾之北有墉矣。竊嘗考之，東夾在堂東序之東，西夾在堂西序之西。東夾之北爲東房，西夾之北爲西房，中有墉隔之，與房不相通。東夾、西夾，一名東箱、西箱，又名左个、右个，左達、右達。左即東也，右即西也。夾也，箱也，个也，達也，異名而同實。統言之爲東夾、西夾，分言之則夾之近北者爲室，近南者爲堂，故有夾室與東堂、西堂之稱。夾之東西北三面皆有牆，故得室名。但東夾之東，西夾之西，近北者有牆，近南者無牆，故其東西近坫之處亦稱爲東堂下、西堂下，非必東堂向東，西堂向西也。先儒或專以夾室爲達，或專以東西堂爲箱，皆非是。萬氏斯大云：「東西序外之屋，分言之則前堂後室，統言之皆夾也。所以名爲夾者，以夾輔乎中堂也。」《釋名》云：「夾室，在堂兩頭，故曰夾。」夾之在正堂東西，此定論也。楊氏《儀禮圖》乃圖夾室於東房之東，西房之西，與房室竝列，誤矣。近焦氏《羣經宫室圖》又圖東堂於東夾之東，西堂於西夾之西，以東堂爲東嚮，西堂爲西嚮，不知堂亦夾之堂也，烏可分夾與堂爲二哉？《顧命》曰「西夾南嚮」，言夾而室與堂可知，言西夾而東夾可知，烏有所謂東嚮、西嚮者哉？楊大堉云：「『西夾南嚮』一語，證據千古不易。鄭注《特牲饋食禮》云：『西堂，西夾之前近南。東堂，東夾之前近南。』亦據南嚮定之也。又案：《顧命》注疏解夾之誤，《鄉黨圖考》已辨之。」餘詳《特牲饋食禮》。豆籩、鉶在東房南上，凡席、兩敦在西堂下。又下歸饔餼云：「饌于東方亦如之。」注云：「東方，東夾室。」此但云「西夾六」，則無東夾之饌，殺於饔餼也。吴氏廷華云：「在西夾者，廟中尊西也。」注云「八、六者，豆數也。凡饌以豆爲本」者，李氏云：「凡饌皆先設豆，故舉豆數以見其餘也。」云「堂上八豆、八簋、六鉶，兩簠、八壺，西夾六豆、六簋、四鉶，兩簠、六壺」者，皆與饔餼同。鄭蓋以鼎同推而知之也，故又云「其實與其陳，亦如饔餼」。**門外米、禾皆二十車。**禾，稾實并刈者也。諸侯之禮，車米視生牢，禾視死牢，牢十車。大夫之禮，皆視死牢而已。雖有生牢，不取數焉。米陳門東，禾陳門西。【疏】正義曰：「二十車」，毛本「二」誤作「一」。《校勘記》云：「唐石經『二十』作『廿』。注『牢十車』，徐本無『牢』字，與疏不合，今俱從嚴本。」注云「禾，稾實并刈者也」者，「稾」謂禾稈，「實」謂禾穀，「并刈」謂連稾與實而刈之，不去其穀也。《説文》：「禾，嘉穀也。」段氏注云：「嘉穀之連稾者曰禾。」又於「稼」字下注云：「全體爲禾，《聘禮》『禾三十車』是也，《禹貢》所謂『總』也。」今案：禾以供飼馬之用，故致積、設飧、歸饔餼皆有之，上注云「禾以秣馬」是也。云「諸侯之禮，車米視生牢，禾視死牢，牢十車」者，《周禮・掌客》文。云「大夫之禮，皆視死牢而已。雖有生牢，不取數焉」者，李氏云：「《周禮》大夫之車，米禾無文。此飧禮死牢一，而米禾皆二十車；饔餼生牢二，死牢三，而米禾皆三十車，知惟視死牢，不取生牢之數。」云「米陳門東，禾陳門西」者，據下饔餼言也。**薪芻倍禾。**各四十車。凡此之陳，亦如饔餼。【疏】正義曰：《校勘記》云：「『此之』，楊作『上所』。」注云「凡此之陳，亦如饔餼」者，謂薪從米，芻從禾也。郝氏敬云：「供爨曰薪，飼馬曰芻。」今案：《説文》：「芻，刈草也，象包束草之形。」又云：「蕘，草薪也。」舊説多以芻爲養牛馬之用，然上經「積唯芻禾」，鄭但云「禾以秣馬」，不兼芻言。《詩》「詢于芻蕘」，《毛傳》云：「芻蕘，采薪者。」然則芻以飼牲，亦可供爨，當兼二用也。**上介，飪一牢，在西，鼎七，羞鼎三；堂上之饌六；門外米禾皆十車，薪芻倍禾。**西鼎七，無鮮魚、鮮腊。【疏】正義曰：李氏云：「鼎七者，賓腥鼎之數。堂上之饌，亦與賓西夾同，西夾無饌。」盛氏云：「上介之牢，西鼎減二，無東鼎。堂上之饌亦減二，無西夾之饌。米禾薪芻皆半於賓。此其殺也。」**衆介皆少牢。**亦飪在西。鼎五，羊、豕、腸胃、魚、腊。新至尚熟，堂上之饌，四豆、四簋、兩鉶、四壺，無簠。【疏】正義曰：注云「亦飪在西。鼎五，羊、豕、腸胃、魚、腊」者，案：有羊豕而無牛，謂之少牢。此用少牢而五鼎，是又殺於上介也。李氏云：「承上文飪，知衆介亦飪也。《少牢饋食禮》五鼎，此少牢故亦五鼎。彼有膚無腸胃，此有腸胃無膚。」今案：彼是大夫自祭禮，此是人君待客禮，故同。《玉藻》朔月五俎之食，以示别也。

云「新至尚熟」者，下歸饔餼士介但有餼而無飪，知此不用餼而用飪者，以飧是新至之禮，尚熟故也。云「堂上之饌，四豆、四簋、兩鉶、四壺，無簠」者，上介堂上之饌，本與賓西夾之饌同，此則又視賓西夾之數減之，降殺以兩也。褚氏云：「歸饔餼盛禮，而士介無堂上之饌，此亦宜無，注所云俟訂。」韋氏協夢云：「經唯言『皆少牢』，是并無堂上之饌矣。無堂上之饌，下於上介也。」二説似亦可從。○盛氏云：「米禾薪芻，賓共百二十車，上介半之，衆介則無，通百八十車而已。蓋卿行旅從，非是則不足以供之也。郝氏謂用車三百六十乘，而以侈費詆經，妄矣。國之經費，賓祭最鉅，皆所以弭災而福民，有不可以儉嗇將之者，且遇凶荒札喪，則又有殺禮之義，見於《掌客》，制禮者豈漫無撙節於其間哉？」

右致館設飧

厥明，訝賓于館。 此訝，下大夫也。以君命迎賓謂之訝。訝，迎也。亦皮弁。【疏】正義曰：張氏爾岐云：「自此至『賓不顧』，皆主國廟中所行之禮。其爲公禮者有五：聘一，享一，聘夫人一，享夫人一，若有言者又一，於是主君禮賓。其爲私禮者有二：賓私覿一，介私覿一，公乃送賓出。又有問君問大夫之儀，此聘之正禮也，分爲四節。」今案：四節者，一聘享若有言，二主國禮賓，三私覿，四公送賓出，問君及大夫。○厥明，賓至館之明日也。　注云「此訝，下大夫也」者，上帥至于館是下大夫，故知此訝賓于館亦下大夫，非掌訝之官也。《周禮》掌訝，中士爲之，其職曰：「凡賓客，諸侯有卿訝，卿有大夫訝，大夫有士訝，士皆有訝。」鄭注：「此謂朝覲聘問之日，王所使迎賓于館之訝。」據云「卿有大夫訝」，此聘使卿，則訝爲下大夫明矣，餘詳下記「卿大夫訝，大夫士訝，士皆有訝」下。云「以君命迎賓謂之訝。訝，迎也」者，此訝是君使之，故云「以君命迎賓」也。訝與迓同，《爾雅・釋詁》：「迓，迎也。」又通作「御」，《詩》「以御于家邦」，《毛傳》：「御，迎也。」云「亦皮弁」者，下行聘時君與賓皆皮弁，故知此訝賓者亦皮弁也。**賓皮弁聘，至于朝。賓入于次。**服皮弁者，朝聘主相尊敬也。諸侯視朔皮弁服。入于次者，俟辨也。次在大門外之西，以帷爲之。

【疏】正義曰：「辨」，毛本作「辦」，《校勘記》云：「張氏曰：『監、杭本作辨。案：作辨是也，説見《士相見禮》。』」〇此朝亦外朝也。注云「服皮弁者，朝聘主相尊敬也」者，案：皮弁服，詳《士冠禮》。《周禮・司服》注云：「諸侯之自相朝聘，皆皮弁服。」蓋諸侯在國每日視朝與臣同服朝服，今相朝聘用皮弁服，加于朝服一等，是主相尊敬也。又諸侯覲天子服冕服，其朝天子及使臣聘天子亦皆皮弁服，見《通典》。云「諸侯視朔皮弁服」者，《玉藻》曰「諸侯皮弁以聽朔於大廟」是也。鄭言此者，見皮弁服尊於朝服之義。云「入于次者，俟辨也」者，鄭注《士相見禮》及《特牲饋食禮》俱云「具，猶辨也」，則此「辨」與「具」義同，謂入次暫止，以待諸事備具也。云「次在大門外之西，以帷爲之」者，大門謂庫門，亦即外門也。此次爲賓而設，主東賓西，故知在西也。下記云：「宗人授次，次以帷。」《周禮・幕人》注：「在旁曰帷，在上曰幕。帷幕皆以布爲之，四合象宮室曰幄。」又《掌次職》有大次、小次，鄭注「次，謂幄也」，則次之制與帷異。此云「以帷爲之」者，蓋謂用帷布爲之也。**乃陳幣。**有司入於主國廟門外，以布幕陳幣，如展幣焉。圭璋，賈人執櫝而俟。

【疏】正義曰：案：下經行聘時，賓立接西塾，在廟門外，而賈人啟櫝取圭授上介，上介授賓，則幣玉皆先設于此可知，故云「有司入於主國廟門外，以布幕陳幣」也。又云「如展幣焉」者，謂其陳之之法亦如展幣時所陳也。云

「圭璋，賈人執櫝而俟」者，圭璋重器不陳，故仍在櫝，執而俟者，俟事至乃出之也。**卿爲上擯，大夫爲承擯，士爲紹擯。擯者出請事。**擯，爲主國之君所使出接賓者也。紹，繼也，其位相承，繼而出也。主君，公也，則擯者五人；侯伯也，則擯者四人；子男也，則擯者三人。《聘義》曰：「介紹而傳命，君子於其所尊不敢質，敬之至也。」既知其所爲來之事，復請之者，賓來當與主君爲禮，爲其謙不敢斥尊者，啟發以進之。於是時，賓出次，直闑西，北面。上擯在闑東閾外，西面。其相去也，公之使者七十步，侯伯之使者五十步，子男之使者三十步。此旅擯耳，不傳命。上介在賓西北，東面。承擯在上擯東南，西面，各自次序而下，末介、末擯，旁相去三丈六尺。上擯之請事，進南面，揖賓俱前，賓至末介，上擯至末擯，亦相去三丈六尺。止揖而請事，還入告于公。天子諸侯朝覲，乃命介紹傳命耳。其儀，各鄉本受命，反面傳而下，及末，則鄉受之，反面傳而上。又受命，傳而下，亦如之。此三丈六尺者，門容二徹參个，旁加各一步也。今文無「擯」。【疏】正義曰：「擯謂」，毛本謂作「爲」，《校勘記》云：「嚴、徐、《集釋》、《通解》俱作『謂』，與疏合。『亦相去三丈』，毛本『三』誤『二』。『則鄉受之』，毛本『鄉』作『卿』，嚴、徐、陳本、《集釋》及《禮記·聘義》疏引俱作『鄉』。又『反面傳而上』，毛本『而』誤『面』，嚴、徐、葛本、《集釋》、《通解》及《聘義》疏引俱作『而』。又『此三丈』，毛本『三』誤『二』，嚴、徐、《集釋》、《通解》、楊氏俱作『三』。」○此三擯陳于主國大門外，與賓之介同陳，分爲東西兩行也。敖氏云：「擯者，上擯也。云『請事』，則爲上擯可知，故不必質言之，而但云『擯者』也。云『出請事』而不云入告，省文也，後多類此。」注云「擯，謂主國之君所使出接賓者也」者，案：鄭注《士冠禮》云：「在主人曰擯，在客曰介。」注《司儀》云：「出接賓曰擯，入贊禮曰相。」此注兼之以釋擯義，精矣。云「紹，繼也」者，

《爾雅·釋詁》文。云「其位相承，繼而出也」者，是釋經名承擯、紹擯之義也。云「主君，公也，則擯者五人；侯伯也，則擯者四人；子男也，則擯者三人」者，案：《聘義》亦云：「卿爲上擯，大夫爲承擯，士爲紹擯。」孔疏：「承，副上擯也。紹，謂繼續承擯。」又引此注及《大行人》文，謂：「待聘客及朝賓，其擯數皆然。若擯者五人，則士爲紹擯者三人；若擯者四人，則士爲紹擯者二人。」李氏云：「案：《大行人》，上公擯者五人，侯伯四人，子男三人。諸侯自相待，擯數無文，鄭據天子待己擯數以爲己國待賓之擯數也。」敖氏則謂：「諸侯待聘賓，不論尊卑，擯者皆三人。」褚氏云：「鄭據《大行人》推之，雖無明文可徵，亦略得其概。敖創爲新論，竊所不取。」今案：聘使之介，上公七，侯伯五，子男三。人數既以爵等分多寡，則主國之擯人數亦當依爵等而分。且朝則交擯傳辭，聘則旅擯不傳辭，待聘客與待朝賓已有區别，則擯之人數與天子待諸侯者同可也。云「《聘義》曰：『介紹而傳命，君子於其所尊不敢質，敬之至也。』」者，此引以證主賓各立擯介之義。云「既知其所爲來之事，復請之者，賓來當與主君爲禮，爲其謙不敢斥尊者，啟發以進之」者，言賓不敢斥言與主君行禮，故使擯者出請事以啟發之也。云「於是時，賓出次，直闑西，北面。上擯在闑東閾外，西面。其相去也，公之使者七十步，侯伯之使者五十步，子男之使者三十步」者，此謂門外上擯與賓南北相去之遠近也。斯時主君立於門内，南面。《大行人》云：「朝位，賓主之間，上公九十步，侯伯七十步，子男五十步。」卿禮下其君二等，故知公使者七十步，侯伯使者五十步，子男使者三十步也。云「此旅擯耳，不傳命」者，謂但陳列擯介而不傳辭。《司儀》「旅擯」，鄭注：「旅讀爲鴻臚之臚。臚，陳之也。皆陳擯位，不傳辭也。」是也。云「上介在賓西北，東面。承擯在上擯東南，西面，各自次序而下，末介、末擯，旁相去三丈六尺」者，謂次介在上介北，末介在次介北，皆東面。末擯在承擯南，亦西面，所謂「各自次序而下」。末介、末擯在門之東西兩旁，其相去三丈六尺也。賈疏云：「注云『西北東面』者，❶據賓西北望上介，介仍向正北陳之矣。上擯東南望承擯，承擯等仍向正南陳之矣。不謂介西北邪陳，擯東南向邪陳也。」案：此辨極明晰。蓋是時賓直闑西北面，上擯在闑東閾外西面，介略在賓西而向北直陳，承擯等略在上擯東而向南直陳也。鄭必謂上擯在闑東不在門東者，以便於出入傳命也。若兩君相朝，主君出迎于大門外，交擯傳辭，則君當在闑東，上擯當在門東，與承擯、末擯等竝列矣。云「上擯之請事，進南面，揖賓俱前，賓至末介，上擯至末擯，亦相去三丈六尺。止揖而請事，還入告于公」者，案：注云「進南面揖賓」，進者，前行之謂。蓋交擯傳辭，則上擯傳於承擯，以次傳於賓，如注下所云是也。此旅擯不傳辭，則上擯與賓親自問對，故須揖賓使前。李氏云：「上擯入，北鄉受主君命；出，南面遥揖賓使前。上擯南行，至末擯南，西面；賓北行，至末介北，東面，相去三丈六尺，乃請所爲來之事。賓既對，遂入告于公。」是也。褚氏云：「注謂『末介、末擯，旁相去三丈六尺』，云『旁』者，非東西正相去。蓋自末擯直西至末介北，東西相去三丈六尺。末介東至末擯南亦然。若旅擯，則上擯至末擯南，賓進末介北，東西正對，相去三丈六尺。據此則上擯與賓親自問對，其相去三丈六尺，與末介、末擯相去同，故注云『亦』也。」云「天子諸侯朝覲，乃命介紹傳命耳」者，此以下言交擯傳辭之法。云「耳」者，見惟天子於諸侯則然。考朝覲傳命，即《覲禮》「嗇夫承命告于天子」是也。會同亦傳命，《覲禮》曰「四傳擯」是

❶「面」，原作「南」，今據《續清經解》本改。

也。《禮經釋例》云：「凡天子於諸侯則傳擯，諸侯於聘賓則旅擯。」傳擯即交擯，《司儀》注云「交擯者各陳九介，使傳辭也」是也。云「其儀，各鄉本受命，反面傳而下，及末，則鄉受之，反面傳而上」者，如傳而出，則鄉主君受命；傳而入，則鄉賓受命，所謂「各鄉本受命」也。上擯受命於主君，反面傳於承擯，承擯傳於末擯，所謂「反面傳而下」也。於是賓之末介，鄉末擯受命，反面傳於次介，次介傳於上介，上介以告於賓，所謂「及末則鄉受之，反面傳而上」也。云「又受命，傳而下，亦如之」者，謂上介受命於賓，反面傳於次介，次介傳於末介，於是末擯鄉末介受之，反面傳於承擯，承擯傳於上擯，上擯以告於主君，所謂「亦如之」也。此交擯傳辭之法，鄭并言之以曉人也，互詳《覲禮》注。案：聘用旅擯，不交擯，而《聘義》云「介紹傳命」者，孔疏云：「交擯與旅擯雖別，總而言之，皆是傳命。」是也。又《鄉黨記》「君召使擯」，而云「揖所與立，左右手」，明是交擯傳辭，乃有揖左人、揖右人之事。江氏永云：「君朝用交擯，臣聘用旅擯。考之《春秋》，孔子仕魯時未見國君來朝，亦無卿來聘，意其爲大夫行問禮，主國亦以交擯待之。周末文勝，不盡如禮制也。」云「此三丈六尺者，門容二徹參个，旁加各一步也」者，案：《考工記·匠人》曰「應門二徹參个」，鄭注：「二徹之内八尺，三个二丈四尺。」盧氏《詳校》云：「徹、轍通，《説文》無『轍』字。」今案：此「徹」謂車轍也。鄭以諸侯庫門廣狹無文，故取天子應門解之。天子庫門在應門外，當更廣於應門矣。「旁」謂門之兩旁，每旁加一步，步廣六尺，二步一丈二尺，合二丈四尺，爲三丈六尺也。所以每旁加一步者，以擯介之立不正當門，于出入乃便也。云「今文無『擯』」者，蓋今文此節殘闕，脱落四「擯」字也。或曰：注當云「今文無『擯者』」，蓋「出請事」上，今文無「擯者」二字耳。○江氏永云：「《司儀》：『及將幣，旅擯三辭。』三辭者，上擯以君命請事於賓，賓對以君命臣來之意，此一辭也；主人辭不敢當而賓對，此二辭也；主人又固辭不敢當而賓又對，此三辭也。三辭訖，乃許而納賓。所謂『旅擯三辭』者當如此。《司儀》疏謂辭其以客禮當己，誤矣。《司儀》言『旅擯三辭』，此不言三辭者，文不具耳。下文辭玉亦當三辭，不言三辭者，亦省文也。如注疏説，一請事即納賓，是併無禮辭矣。聘，大禮也，豈可如此簡略？《禮器》曰：『七介以相見也，不然則已慤。三辭三讓而至，不然則已蹙。』此通朝聘言之，倘無三辭而遽納賓，是已蹙矣。此經仍當依《司儀》，雖旅擯亦有三辭也。」今案：《聘義》曰「三讓而后傳命」，鄭注：「此賓至廟門主人請事時也。賓見主人陳擯以大客當己，則三讓之。不得命，乃傳其君之聘命也。」孔疏云：「鄭解『三讓而后傳命』之節，正當聘禮賓至主人大門，主人請事之時。此云『廟門』，誤也。」案：《司儀》疏謂辭主君以大客禮當己，即本《聘義》注爲説。但《聘義》三讓在傳命前，故鄭據賓言之；《司儀》渾言三辭，則當如江説也。此條可補注所未及，故附録之。**公皮弁，迎賓于大門内。大夫納賓。**公不出大門，降於待其君也。大夫，上擯也，謂之大夫者，上序可知，從大夫總無所別也。於是賓主人皆裼。【疏】正義曰：注云「公不出大門，降於待其君也」者，案：據《司儀》諸侯來朝，公當迎之于大門外。今臣來聘，迎之于大門内，是降於待其君也。《禮經釋例》云：「凡迎賓，主人敵者于大門外，主人尊者于大門内。」詳《士冠禮》「主人迎，出門左」下。云「大夫，上擯也，謂之大夫者，上序可知，從大夫總無所別也」者，以納賓是上擯之事，上云「卿爲上擯」，言納賓則其爲卿可知。《儀禮釋官》云：「對言之則上大夫爲卿，散言之則上大夫與下大夫皆通稱大夫，《春秋》卿亦曰大夫是也。此篇之内有上大夫單言大夫者，有下大夫單言大夫者，今各依文釋之。」云「於是賓主人皆裼」者，李氏云：「未執玉，尚文飾也。」今案：此因經但云「皮弁」，未言裼襲，故注明之。敖氏云：「納賓之辭曰：『寡君須矣，吾子其入也。』」**賓入門左。**内賓位也。衆介隨入，北面西上少退，擯者亦入門而右，北面東上，上擯進相君。【疏】正義曰：「入門」，入大門也。「入門左」，由闑西也。敖氏云：「《玉藻》曰『賓入不中門，不履閾』，又曰『公事自闑西』，亦謂此時也。」注云「内賓位也」者，謂賓入而位于門内也。云「衆介隨入，北面西上少退」者，謂不敢與賓竝立，少退於後也。據此則賓亦北面可知，故下注云「公南面拜迎」也。云「擯者亦入門而右，北面東上」者，先時擯介皆陳于門外，今介隨賓入，則擯亦隨入可知。李氏云：「擯介面位與下入廟門之位同。」敖氏於上「納賓」云「上擯出納賓」，而承擯、紹擯則皆立於門東北面，故於此但云「上擯入門而右」，意謂承擯、紹擯初時未出也。其説非是。云「上擯進相君」者，以公將拜故也。**公再拜。**南面拜迎。【疏】正義曰：敖氏云：「賓入門左而公乃拜之，是西面拜，迎于入門右之處明矣。公迎大夫乃再拜者，尊國賓也。《相見禮》：『主人於降等者不出迎，一拜其辱。』」今案：注云「南面拜迎」，義已詳上。敖氏以爲西面，恐非。**賓辟，不荅拜。**辟位逡遁，不敢當其禮。【疏】正義曰：「賓」，毛本作「客」，《校勘記》云：「唐石經、《釋文》、嚴、徐、陳、閩、葛本、《通解》、楊、敖俱作『賓』，《石經考文提要》云：『監本作客。』案：下『賓三退負序』疏引此亦曰『賓辟』。」今案：《集釋》、陳鳳梧本亦俱作「賓」。　注云「辟位逡遁」者，《説文》：「逡，復也。遁，遷也。」段氏注云：「復，往來也。遷，遷延之意。逡遁，今之逡巡也。《儀禮》鄭注用『逡遁』十有一。」云「不敢當其禮」者，釋經「不荅拜」之義，《曲禮》曰「君若迎拜，則還辟不敢荅拜」謂此，詳《士昏禮》「納采，主人迎于門外，再拜，賓不荅拜」下。**公揖入，每門每曲揖。**每門輒揖者，以相人偶爲敬也。凡君與賓入門，賓必後君，介及擯者隨之，竝而鴈行。

既入，則或左或右，相去如初。《玉藻》曰：「君入門，介拂闑，大夫中棖與闑之間，士介拂棖。賓入不中門，不履閾。」此賓謂聘卿大夫也。門中，門之正也。不敢與君竝由之，敬也。介與擯者鴈行，卑不踰尊者之迹，亦敬也。賓之介，猶主人之擯。【疏】正義曰：《校勘記》云：「『賓入』，楊氏『入』誤作『立』。『卑』，監本誤作『畢』。」○賈疏云：「入大門東行，即至廟門，其間得有每門者，諸侯有五廟，大祖之廟居中，二昭居東，二穆居西。廟皆别門，門外兩邊皆有南北隔牆，隔牆中夾通門，若然，祖廟已西，隔牆有三，則閤門亦有三。東行經三門，乃至大祖廟，門中則相逼，入門則相遠，是以每門皆有曲，有曲即相揖，故『每曲揖』也。」今案：「公揖入」者，入雉門也。諸侯三門，庫、雉、路。庫門爲大門，雉門爲中門，廟在中門内，此爲定説。賈疏之誤，後人多辨之。《繩軒讀經記》云：「案：上文已云『賓入門左』，此又云『公揖入』，下乃云『及廟門』，則此『揖入』在大門之内、廟門之外可知，蓋入雉門矣。賈以爲廟在大門内東，則賓既入門左，何以又云『公揖入』邪？每門每曲，本爲兩事，每門相揖，每曲相揖也。賈云『門皆有曲』亦非。」又劉氏敞、戴氏震、金氏鶚皆以廟爲在中門之内，劉氏説，詳《覲禮》。戴氏《三朝三門考》云：「《聘禮》曰『公出送賓及大門内』，《周官·司儀》曰『出及中門之外』，廟在中門内明矣。《記》曰：『昔者仲尼與於蜡賓，事畢，出游於觀之上。』蜡之饗亦祭宗廟，廟在雉門内，故出而至觀也。《春秋》桓宫、僖宫災，火自司鐸踰公宫至桓、僖二廟，廟邇公宫也。季桓子至，御公立於象巍之外，立當遠火也。《穀梁傳》曰：『禮，送女，父不下堂，母不出祭門，諸母兄弟不出闕門。』廟門謂之祭門，觀謂之闕，亦謂之象巍。諸侯設於雉門，是以雉門謂之闕門，天子蓋設於應門。闕門在外，祭門在内，不出闕門者，得出祭門者也。《左傳》曰『間于兩社，爲公室輔』，以朝廷執政所在爲言，宜繫君臣日見之朝，社在中門内明矣。其他書傳可證宗廟社稷在中門内、路門外之左右者甚衆，略舉五事明之。」金氏鶚《廟在中門内説》云：「《聘禮》：『公迎賓于大門内。公揖入，每門每曲揖。及廟門，公揖入。』夫惟廟在中門内，賓客之入必歷外門、中門而後及廟，故得有每門。若在中門外，則入大門即得及廟，何以有每門乎？賈疏謂經三閤門乃至大祖廟，江慎修極稱其説，鶚竊以爲不然。大祖之廟，百世不遷，當特尊於羣廟，故禘祫之禮，必合食於大祖廟。大祖東向自如，羣昭羣穆列於南北，則知大祖之廟必不與羣廟竝列。晉孫毓謂外爲都宫，大祖在北，左昭右穆，以次而南。朱子從之，其説固至當也。《禮經》『每門』之門，文承『大門』、『入門』而言，其非閤門可知。《曲禮》：『每門讓於客。』《周官・閽人》：『王宫每門四人。』與此『每門』文同。廟在雉門内，經文先言『每門』，後言『及廟』，則『每門』爲庫、雉二門甚明。賈以爲閤門，誤矣。『每曲』者，謂入雉門之後，折而向東，是爲一曲。直廟門，折而北，是又一曲。曲不屬於門，賈以爲門皆有曲，抑又誤矣。」今案：此經「每門」，金氏以爲庫、雉二門，甚是。蓋公迎賓于庫門内，賓入庫門，公拜，賓辟，於是公乃揖之，使北行入雉門。既入雉門，公又揖之使行，於是折而東，則有東曲之揖，折而北，則有北曲之揖，故言「每門」先於「每曲」也，於是乃至廟門。或謂宗廟外爲都宫，則每門中兼有都宫門在内，然總不得以每門爲廟中三閤門，蓋每門之揖在前，及廟之揖在後，經文次序顯然，不容紊耳。至廟制，金氏以朱子、孫毓之説爲是，賈説爲非。王氏士讓、吴氏紱、吴氏廷華、褚氏寅亮皆與金同。竊謂廟即竝列，而大祖居中亦自有門，豈有大祖廟南向無門，而必由西二廟閤門側入之理？此其逞臆説經，決不可信者也。注云「每門輒揖者，以相人偶爲敬也」者，賈疏云：「以人意相存偶也。」《禮經釋例》云：「《大射儀》、《公食大夫禮》注皆有

『相人偶』之文，疏未明析。又《中庸》『仁者，人也』，鄭注『讀如相人偶之人』，孔氏無疏。朱文公、王伯厚皆不知出於何書，俟考。」云「凡君與賓入門，賓必後君」者，此賓爲聘賓，與主君尊卑不敵，故入必後君。言「凡」者，見入大門、中門皆如是也。云「介及擯者隨之，竝而鴈行」者，謂上介與上擯竝，次介與次擯竝，末介與末擯竝，各隨賓與君行。而上介上擯在前，次介次擯、末介末擯以次在後，略有參差，如鴈行也。云「既入，則或左或右，相去如初」者，謂既入門則介左，擯右，亦如大門外相去三丈六尺也。云「《玉藻》曰：『君入門，介拂闑，大夫中棖與闑之間，士介拂棖。』」者，彼注云：「此謂兩君相見也。棖，門楔也。君入必中門，上介夾闑，大夫介、士介鴈行於後，示不相沿也。君若迎聘客，擯者亦然。」云「賓入不中門，不履閾」者，亦《玉藻》文，彼注云：「辟尊者所從也，此謂聘客也。閾，門限。」鄭引《玉藻》者，證君與賓入門及擯介隨入之儀也。李氏云：「凡門之中央所豎短木謂之闑，門之兩旁長木謂之棖，棖闑之間謂之中門。兩君相見，主東賓西，各由中門而入。擯介隨之，鴈行參差於其後，上擯近西，上介近東而拂闑。大夫直君之後，士介拂棖。聘賓入門還依爲君介時，近東而拂闑，不敢中門也。」云「此賓謂聘卿大夫也。門中，門之正也。不敢與君竝由之，敬也」者，此申言賓入不中門之義也。云「介與擯者鴈行，卑不踰尊者之迹，亦敬也」者，此申言「介拂闑」以下之義也。「卑不踰尊者之迹」，謂上介、上擯拂闑後於賓與君，大夫介、士介又以次略後，是不踰也。云「賓之介，猶主人之擯」者，謂《玉藻》拂闑以下雖止言介，其實主國擯者隨入之儀亦同也。〇賈疏謂門有兩闑，楊氏復云：「《玉藻》疏云：『闑謂門之中央所豎短木。』則門只有一闑。《爾雅》：『橛謂之闑。』注云：『門中之橛名闑。』當以《玉藻》疏及《爾雅》爲正。」張氏惠言云：「案：《聘禮》疏先云聊爲一闑言之，下乃申二闑之説，則一闑爲古説，二闑乃賈意也。」今案：《玉藻》云：「公事自闑西，私事自闑東。」言闑東、闑西而不言東闑、西闑，則其無兩闑明矣。賈氏説於經無據，不可從。近盛氏世佐、焦氏循猶用其説，非也。朱氏大韶詳辨之。**及廟門，公揖入，立于中庭。**公揖先入，省内事也。既則立於中庭以俟賓，不復出。如此得君行一臣行二，於禮可矣。公迎賓于大門内，卿大夫以下入廣門即位而俟之。【疏】正義曰：注「公迎賓」下，毛本無「于」字，嚴本有。《校勘記》云：「徐本、《集釋》俱有，《通解》無。」〇廟，即大祖廟，上經云「先君之祧」是也。敖氏疑爲高祖以下廟，非。公立蓋南面，敖氏以爲西面，亦非。經至此始言「及廟門」，則上「每門」不得指廟門言明矣。　注云「公揖先入，省内事也」者，以下經云「賓立接西塾」，不言入，則此時公揖賓先入可知。《曲禮》曰：「客至於寢門，則主人請入爲席。」是言卿大夫士之禮。彼注云：「雖君亦然。」賈疏謂省内事即請入爲席之類是也。云「既則立於中庭以俟賓，不復出。如此得君行一臣行二，於禮可矣」者，《曲禮》「請入爲席」下又云「然後出迎客」，此平等之客，禮當出迎。今聘賓是臣，與君尊卑不敵，故君既省内事，立以俟賓，不復出，於禮可也。「君行一臣行二」，下經賈疏謂出《齊語》晏子辭，王氏應麟云見《韓詩外傳》。今案：《齊語》無此文。《韓詩外傳》卷四曰：「晏子聘魯，上堂則趨，授玉則跪。孔子問之，晏子對曰：『夫上堂之禮，君行一臣行二。今君行疾，臣敢不趨乎？今君之受幣也卑，臣敢不跪乎？』」此鄭注所本也。張氏惠言云：「此君所立中庭與後裼降立同處，當在庭南北之中，不近内霤。賓入門左曲，公南面與揖；賓北曲，公西南面與揖。揖訖，公東行向堂塗，北行當碑，而賓相及俱揖。是君行一臣行二矣。」今案：此篇注言「君行一臣行二」者，三義各有取，不必拘泥。此節張説得之，賈疏頗支離。下「公升二等」，注云：「先賓升二等，亦欲君行一臣行二。」案：襄七年《左傳》衛孫文子來聘，公登亦登，正與此相反。《朱子語類》：「問行一行二之義？曰：『君行步闊而遲，臣行步狹而疾，故君行一步，而臣行兩步，蓋不敢同君之行而踐其踪也。』」意略近之。又下「公側襲，受玉于中堂與東楹之間」，注云：「東楹之間，亦以君行一臣行二。」此則主君在東，聘臣在西。今不於兩楹之間，而於中堂與東楹之間，是臣更向東行，義至明也。云「公迎賓于大門內，卿大夫以下入廟門即位而俟之」者，公迎賓時，上擯、承擯、紹擯在大門外，餘卿大夫士不見入廟之文，而廟中褻事有宰及宰夫等官。是君未入廟時，卿大夫已先入即位而俟矣，故鄭明之。李氏云：「卿大夫先即位者，於外無事。」賈疏云：「《公食大夫》以其官各具饌物，皆有事，不預入廟，故公迎賓入後，乃見卿大夫以下之位，與此異也。」**賓立接西塾。** 接，猶近也。門側之堂謂之塾。立近塾者，已與主君交禮，將有出命，俟之於此。介在幣南，北面西上，上擯亦隨公入門東，東上，少進於士。【疏】正義曰：此門外之西塾也，餘詳《士冠》「筮與席具饌于西塾」下。注云「立近塾者，已與主君交禮，將有出命，俟之於此」者，上「每門每曲揖，及廟門，公揖入」，是與主君交禮也。下「几筵既設，擯者出請命」，是將有出命，故俟之於此也。蔡氏云：「斯時賓在廟門外，西塾之南而東面也。」云「介在幣南，北面西上」者，張氏惠言云：「介西上，則賓在幕西東面可知。故下注云『上介北面受圭，進西面授賓也』。」云「上擯亦隨公入門東，東上，少進於士」者，此後不見上擯入廟之文，而下云「擯者出請命」，明公入時隨入可知。言「東上」者，明承擯、紹擯亦隨入也。李氏云：「下文『介入門左，北面西上』，知擯入當門東東上。」褚氏云：「凡立同向者，尊卑不敵，則尊者稍在前，故又云『少進於士』。」**几筵既設，擯者出請命。** 有几筵者，以其廟受，宜依神也。賓至廟門，司宮乃於依前設之。神尊，不豫事也。席西上，上擯待而出請受賓所以來之命，重停賓也。至此言命，事彌至，言彌信也。《周禮》：「諸侯祭祀，席蒲筵，繢純，右彫几。」【疏】正義曰：注「依前設之」，陸氏云：「『依』，本又作『扆』。」注云「有几筵者，以其廟受，宜依神也」者，几筵有爲人設者，有爲神設者，詳《士昏禮》「主人筵于户西西上右几」下。此受聘於廟中，宜依於神，蓋臨之以先君，以結二國之好，故爲神設几筵也。云「賓至廟門，司宫乃於依前設之。神尊，不豫事也」者，上云「賓立接西塾」，下云「几筵既設」，是賓至廟門乃設之也。「司宫」，詳《燕禮》。「依」，詳《覲禮》。《儀禮釋官》云：「案：下經曰『宰夫徹几改筵』，則設之疑亦宰夫，《公食禮》『宰夫設筵加几席』可證也。」云「席西上」者，下「禮賓」注云「賓席東上」，此爲神布席，故西上也。《禮經釋例》云：「凡賓至廟門，皆設几筵。《聘禮》：『賓及廟門，公揖入。几筵既設，擯者出請命。』又聘享畢，宰夫徹几改筵，《覲禮》但云『天子設斧依于户牖之間，左右几』，不云几筵，文不具也。是賓至廟門，皆設几筵也。《士昏禮》納采：『主人筵于户西，右几，使者玄端至，事畢，請醴賓，主人徹几改筵。』《昏禮》使者猶諸侯之聘賓，故其儀略如《聘禮》也。又《昏禮》親迎：『壻至于門外，主人筵于户西，右几。』又云：『主人揖入，賓執鴈從，至于廟門，揖入。』壻至女家則爲賓，故亦設几筵也。亦有不几筵者，《聘禮》：『聘遭喪，不筵几。』注：『致命不於廟，就尸柩於殯宫，又不神之。』又云：『小聘曰問，主人不筵几。』注：『記貶於聘，所以爲小也。』故《聘禮・記》云：『唯大聘有几筵。』注謂：『受聘享時也。小聘輕，雖受于廟，不爲神位。』又《聘禮》：賓問卿，卿受于祖廟，及廟門，大夫揖入，擯者請命。注：『不几筵，辟君也。』又《士冠禮》賓至廟門，不云几筵，此禮主於冠，故異於賓客之禮也。」云「上擯待而出請受賓所以來之命，重停賓也。至此言命，事彌至，言彌信也」者，待謂待設几筵也，命謂聘君所命使來聘之命。至此請受之，不敢稽賓也。敖氏云：「請命，請致其君命也。」亦通。前此但云「請事」、「請行」，未敢必其聘己，至此始云「請命」，是言彌信也。云「《周禮》：『諸侯祭祀，席蒲筵，繢純，右彫几。』」者，此引以證所設者，係用諸侯祭祀之几筵也。敖氏云：「注似脱『加莞席粉純』五字。」詳《公食大夫禮》。**賈人東面坐啟櫝，取圭，垂繅，不起而授上介。**賈人曏入陳幣，東面俟，於此言之，就有事也。授圭不起，賤不與爲禮也。不言裼襲者，賤不裼也。繅，有組繫也。【疏】正義曰：注「鄉」，《釋文》作「曏」。張氏曰：「《釋文》云：『曏，許亮反，下同。』前釋『南鄉』云『下以意求之』，以二音考之，對鄉之鄉從鄉，曩曏之曏加日。此曩曏之曏也，宜加日。後『鄉公』、『鄉將』、『鄉時』、『鄉以』皆同，從《釋文》。」今案：戴校《集釋》改「曏」，從之。○「賈人東面坐啟櫝」，與在國西面異者，主賓之地殊也。敖氏云：「玉尊，不與幣同陳，故事至乃取之。」注云「賈人曏入陳幣，東面俟，於此言之，就有事也」者，上文賓入次乃陳幣，是時賈人即東面俟，彼不言而於此言之者，以其啟櫝有事，故就此著其面位也。云「授圭不起，賤不與爲禮也」者，以其坐啟櫝即坐以授上介，賈人是庶人在官者，故云「賤不與上介爲禮也」。云「不言裼襲者，賤不裼也」者，江氏永云：「裼襲所以分別文質，質事用襲，文事用裼。質又有三：一是禮盛爲質，一是輕略爲質，一是父黨無容爲質。」此云「賤不裼」者，亦是輕略之意。「繅，有組繫也」者，詳下記。**上介不襲，執圭，屈繅，授賓。**上介北面受圭，進西面授賓。不襲者，以盛禮不在於己也。屈繅，并持之也。《曲禮》曰：「執玉，其有藉者則裼，無藉者則襲。」【疏】正義曰：賈人不徑授賓而上介執以授賓，尊卑之節。注云「上介北面受圭，進西面授賓」者，以賓東面故也。敖氏則以上介受圭及授賓皆東面，褚氏云：「當旅擯時，賓北面，介東面，不同向。至廟門外立接西塾時，賓轉而東面，介轉而北面，面位雖改，仍不同向。北面者西上，上介最西，賈人在賓南，偪近上介，故可坐而授圭，而上介仍北面受之。介授圭而西面者，訝授也。注說是。」云「不襲者，以盛禮不在於己也」者，以執圭行聘是賓之事。敖氏云：「襲而執圭者，惟賓與主人行禮者二人耳，故上介不襲而執之。必言之者，嫌聘時執玉者必襲也。」「屈繅」，義詳前。云「《曲禮》曰：『執玉，其有藉者則裼，無藉者則襲。』」者，李氏云：「藉者，薦也。圭璋特達，無藉也；璧琮加於束帛，有藉也。襲者禮至敬，尚質；裼者禮差輕，尚文。賓執玉、公受玉皆襲，所謂『無藉者則襲』。賓出，公裼降立；賓裼，奉束帛加璧享，所謂『有藉者則裼』。」今案：鄭引此者，證執圭行聘宜襲而不襲，是盛禮不在於己也。若以垂繅爲有藉，屈繅爲無藉，則此經明云「執圭屈繅」，是無藉矣，何云不襲乎？互詳記「凡執玉，無藉者襲」下。**賓襲，執圭。**執圭盛禮，而又盡飾，爲其相蔽敬也。《玉藻》曰：「服之襲也，充美也。是故尸襲，執玉龜襲也。」【疏】正義曰：《表記》：「子曰：『裼襲之不相因也，欲民之毋相瀆也。』」鄭注：「不相因者，以其或以裼爲敬，或以襲爲敬。禮盛者以襲爲敬，執玉龜之屬也；禮不盛者以裼爲敬，受享是也。」孔疏：「賓介自相授玉之時，介禮輕，裼而執圭以授賓；賓禮重，則襲而後受圭。是賓之與介，亦裼襲不相因。」今案：鄭注以聘對享言，孔疏以賓對介言，皆足釋此經言「襲」之義。經至是言「襲」，則賓前此不襲可知矣。注云「執圭盛禮，而又盡飾，爲其相蔽敬也」者，案：《玉藻》曰「不文飾也，不裼」，又曰「君在則裼，盡飾也」，是平時以盡飾爲敬，今執圭盛禮，其敬有異於常時，而又以盡飾爲敬，則執圭之敬不見，故云「蔽敬」也。云「《玉藻》曰『服之襲也，充美也』」者，此引以證襲不尚文飾也。《玉藻》又曰「禮不盛，服不充」，禮盛而襲即至敬無文之義。盛氏云：「執圭必襲者，以質爲敬也。以質爲敬者，敬之至也。」是也。云「是故尸襲，執玉龜襲也」者，亦《玉藻》文，引以證執圭宜襲之義。彼注云：「『尸襲』，尸尊。『執玉龜襲』，重寶瑞也。」孔疏：「若執璧琮行享，雖玉裼。此『執玉』或容非聘享，尋常執玉，則亦襲也。龜是享禮庭實之物，執之亦裼。若尋常所執及卜則襲，敬其神靈也。」**擯者入告，出辭玉。**擯者，上擯也。入告公以賓執圭，將致其聘命。圭，贄之重者，辭之，亦所以致尊讓也。【疏】正義曰：注云「擯者，上擯也」者，以相禮是上擯之事，故知擯者爲上擯也，前後言擯者放此。云「圭，贄之重者」，莊二十四年《左傳》御孫曰：「男贄大者玉帛，小者禽鳥。」玉即圭璋璧琮之屬，是圭爲贄之重者也。此圭，瑑圭也。云「辭之，亦所以致尊讓也」者，以圭爲重器，故辭之。《聘義》曰：「三揖而后至階，三讓而后升，所以致尊讓也。」此辭亦是致尊讓，故注云「亦」也。文十二年《左傳》：「秦伯使西乞術來聘，襄仲辭玉，曰：『君不忘先君之好，照臨魯國，鎮撫其社稷，重之以大器，寡君敢辭玉。』對曰：『不腆敝器，不足辭也。』」是辭玉之禮，春秋時猶有存者，杜注謂「不欲與秦爲好，故辭玉」，非矣。但彼言三辭，此不言三，江氏永以爲省文，見前。敖氏則云：「此辭亦禮辭耳，賓對則擯者復以入告而出納賓也。」**納賓，賓入門左。**公事自闑西。【疏】正義曰：前云「賓入門左」，大門也。此「入門左」，廟門也。注云「公事自闑西」者，《玉藻》文，注云「聘享也」。又云「私事自闑東」，注云「覿面也」。此引以證「入門左」之爲入自闑西也。**介皆入門左，北面西上。**隨賓入也。介無事，止於此。今文無「門」。【疏】正義曰：注云「隨賓入也」者，上云「賓入門左」，此云「介皆入門左」，明介隨賓入自闑西也。云「介無事，止於此」者，對主國擯者有相禮之事也。其位則北面西上者，上介在西，次介、末介以次竝立而東。必西上者，賓入門，至門內霤，曲而西行，故以近西者爲上也。云「今文無『門』」者，謂今文無「門」字，於文不備，故從古文也。《周禮・司儀》：「凡諸公相爲賓，及將幣，每門止一相，及廟唯上相入。」鄭注：「諸公相爲賓，謂相朝也，相謂主君擯者及賓之介也。謂之相者，於外傳辭耳，入門當以禮詔侑也。每門止一相，彌相親也。止之者，絶行在後耳。」《司儀》又曰：「諸公之臣相爲國客，及將幣，每門止一相，及廟唯君相入。」鄭注：「相爲國客，謂相聘也，唯君相入。客，臣也，相不入矣。」今案：《司儀》注以相爲兼擯介言，而經文於朝則云「唯上相入」，於聘則云「唯君相入」，謂唯主君之相得入，而聘臣之相不入，與此異。賈疏則謂每門止一相。鄭云：「絶行在後耳，非是全不入廟。」又云：「其實皆入，與此同也。」朱子云：「疏説與此不通，當闕。」然則必欲牽合二經爲一，非矣。

三揖，君與賓也。入門將曲，揖。既曲北面，又揖。當碑，揖。【疏】正義曰：注云「君與賓也」者，謂君與賓揖也。云「入門將曲，揖。既曲北面，又揖。當碑，揖」者，此節賈疏印本差誤，朱子更加考定云：「前云『公揖入，立于中庭』，賓後獨入。得云『入門將曲，揖』者，謂公先在庭，南面，賓入門將曲之時、既曲北面之時，主君皆向賓揖之，再揖訖，主君乃東面向堂塗，北行當碑，乃得賓主相向之揖，是以得君行一臣行二。非謂賓入門時，主君更向内霤相近而揖也。」今案：《禮經釋例》亦以賈疏錯誤不可讀，更申明之，與朱子更定文稍異，詳《士冠禮》「至于廟門，揖入，三揖」下。據賈此疏云非謂主君更向内霤相近而揖，則前「公揖入，立于中庭」疏謂主君立近内霤者，非矣。**至于階，三讓**。讓，升。【疏】正義曰：詳《士冠禮》「至于階，三讓」下。

公升二等，先賓升二等，亦欲君行一，臣行二。【疏】正義曰：詳《士冠禮》及前「及廟門，公揖入」下。**賓升，西楹西，東面**。與主君相鄉。【疏】正義曰：下云「公左還，北鄉」，則公初時升堂西鄉可知，故注以賓東面爲與主君相鄉也。敖氏云:「西楹西,言其東西節也。」**擯者退中庭。**歸公所立處,退者,以公宜親受賓命,不用擯相也。【疏】正義曰:「歸」,毛本作「鄉」,嚴本同,戴校《集釋》改「歸」,今從之。 注云「歸公所立處」者,即歸者「公揖入,立于中庭」之處也。 云「退者,以公宜親受賓命,不用擯相也」者,下云「賓致命」,是致其主君來聘之命,公宜親受之,擯者不敢與聞,故退也。 **賓致命。**致其君之命也。 **公左還,北鄉。**當拜。【疏】正義曰:公自西鄉轉而北鄉,故云「左還」。凡堂上之拜,以北面爲正,故知左還北鄉爲將拜也。堂上之拜皆北面,詳《士冠禮》「宿賓」下。 **擯者進。**進阼階西,釋辭於賓,相公拜也。【疏】正義曰:王氏士讓云:「《論語》『趨進,翼如也』,即在斯時。」江氏永云:「公與賓皆升堂,賓致命,公將北面拜貺,拜君命之辱。其時擯者位在中庭,從中庭進至阼階西,釋辭于賓,以相公拜。所釋之辭,則後記云『子以君命在寡君,寡君拜君命之辱』是也。 經曰『擯者進』,即《論語》『趨進』之進,不言趨者,省文耳。其時賓已致命,公已左還北鄉,將拜,擯者從中庭進至阼階西有數十步,不宜紆緩,故必當趨,趨則急遽,或至垂手掉臂難其容,故特記容。 趨進必有辭,辭無常者不能記,辭有常者不必記也。 趨進有辭,見《左傳》者凡五:成三年『齊侯朝于晉,將授玉,郤克趨進』,襄七年『衛孫文子來聘,公登亦登,叔孫穆子相趨進』,襄九年『同盟于戲,晉士莊子爲載書,鄭公子騑趨進』,昭十二年『晉侯以齊侯宴,投壺,公孫傁趨進』,定八年『晉師盟衛侯于鄟澤,❶將歃,涉佗捘衛侯之手及捥,衛侯怒,王孫賈趨進』。 此五事皆有辭無常者也,凡發足向前爲進。」又云:「趨

❶ 「鄟」,原作「剸」,今據《續清經解》本改。

進，廟中相禮時也。廟中相禮，上擯之事，卿爲之。孔子，大夫也，而相禮，攝相也。夾谷之會，孔子攝相，此亦重其知禮而使攝，故《論語》特記『君召使擯』。此趨進及賓退復命，皆上擯相禮之事。」今案：鄭必知進阼階西者，以下云「公當楣再拜」，則公斯時在東楹西可知。此進爲贊公拜，且代公釋辭宜近公，故知在阼階西也。此云「進」而不云升，則位仍在堂下可知，《公食・記》所謂「卿擯由下」也。**公當楣再拜。**拜貺也。貺，惠賜也。楣謂之梁。【疏】正義曰：褚氏云：「當者，面向之也。蓋在楣下少南。」注云「拜貺也。貺，惠賜也」者，以當楣之拜爲拜貺，而又轉釋「貺」字之義也。《聘義》曰：「北面拜貺，拜君命之辱，所以致敬也。」孔疏云：「『拜君命之辱』者，釋此『北面拜貺』之義，言主君所以拜貺者，拜聘君之命來屈辱也，然則此拜爲拜聘君之命。」敖氏云「爲將授玉」，非矣。云「楣謂之梁」者，《爾雅・釋宮》文。郭注「門户上横梁」，此則謂堂上東西兩楹間横梁也，詳《士冠禮》「賓升，當阿致命」下。**賓三退，負序。**三退，三逡遁也。不言辟者，以執圭將進授之。【疏】正義曰：李氏云：「序，西序。」敖氏云：「公再拜之間，賓凡三退，見其頃刻不敢安也。三退則負序而立矣。此拜雖非爲己，然猶不敢自安若是，敬之至也。」注云「逡遁」，義詳前。云「不言辟者，以執圭將進授之」者，李氏云：「《司儀職》曰：『拜客三辟。』凡爲人使者不荅拜。」褚氏云：「退，即辟也。注意以賓將進授圭，故經不云辟而云『退』，以對下立文，非謂禮節與《周官》異，賈疏誤。」今案：鄭注《司儀》云「客三辟，三退負序也」，則固明以二經義同，褚説是矣。**公側襲，受玉于中堂與東楹之間。**側，猶獨也。言獨，見其尊賓也。他日公有事，必有贊爲之者。凡襲於隱者，公序坫之間可知也。中堂，南北之中也。入堂深，尊賓事也。東楹之間，亦以君行一臣行二。【疏】正義曰：《校勘記》云：「注『言獨』之

「獨」，《要義》作「側」。「可知也」，單疏、《要義》無「知」字。案：賈疏云：「無正文，故云可也。」則無「知」字明矣。」今案：嚴本及各本俱有「知」字，仍存之。　云「側，猶獨也」者，秦氏蕙田云：「案：經文云『側』者皆訓獨，不獨《聘禮》爲然。盛世佐以側爲堂東偏，非。」詳《士冠禮》「側尊一甒醴」下。云「言獨，見其尊賓也。佗日公有事，必有贊爲之者」，案：《大射儀》小臣正贊公襲，此無贊之者，是自致敬以尊賓也。凡執玉必襲，公至是始言襲，則前此不襲可知。云「凡襲於隱者」，謂凡襲宜於隱處。云「公序坫之間可知也」者，賈疏云：「《士喪》襲於序東，謂於堂東地上。此則公在堂上，堂東南角爲坫，鄭以意斟酌，隱處無過於序東坫北。」今案：此可推而知，故經不言襲處也。云「中堂，南北之中也。入堂深，尊賓事也。東楹之間，亦以君行一臣行二」者，賈疏申鄭謂：「于當楣北面拜訖，乃更前北侵半架，於南北之中乃受玉，故云『南北之中』。」又云：「兩楹之間爲賓主處中，今乃於東楹之間，更侵東半間。」今案：是説頗疑之。凡言「之間」者，必有兩物對待而後可云「之間」。今鄭、賈以中堂爲南北之中，而解東楹之間爲更侵東半間，則經文「與」字及「之間」二字皆無著矣。惟李氏《集釋》云：「受玉于中堂東楹二者之間也。中堂，堂東西之中也，是爲兩楹間。凡敵者受玉于兩楹間，聘賓與主君非敵，故進東近主君，受玉于中堂與東楹之間也。下賓覿受幣當東楹，覿，私事，賓又宜近東而當東楹，則此受玉在東楹之西明矣。賈氏據鄭以中堂爲南北之中，意以東楹間爲東楹之東，若然則賓覿受幣不得反當東楹也。」吴氏《章句》云：「中堂，東西當兩楹之中。曰『與東楹之間』，蓋中堂之東，東楹之西，二者之間也。」此二説較爲得之。「君行一臣行二」，詳前「及廟門，公揖入，立于中庭」下。**擯者退，負東塾而立。**反其等位，無事。【疏】正義曰：此廟門内之東塾也，負之者北面。下禮賓節亦有

「擯者退，負東塾」之文，郝氏謂俱出廟門外，非。江氏筠云：「案：公受玉而擯退者，於時賓將降出，聘事畢故也。其立於此，以便公裼降立即出請賓。其賓升筵而退者，於時有宰夫相，已無事故也。其立於此，以便公用束帛，復進相幣，俱不應在廟門外。」今案：經云「擯者退」，不云出，則在門内明矣，江説極得經意。注云「反其等位，無事」者，李氏云：「等位，承擯以下門東之位。」敖本無「等」字，或遂以爲衍文，非也。**賓降，介逆出。**逆出，由便。【疏】正義曰：《校勘記》云：「賓，閩、葛俱誤作『質』。」○李氏云：「賓不拜送玉者，爲君使也。逆出，後入者先出。」蔡氏云：「介立門左，北面西上。近東者先出，由便也。」今案：惟其逆出，下云「賓出」則俱出矣。**賓出。**聘事畢。**公側授宰玉。**使藏之，授於序端。【疏】正義曰：「授」，毛本誤「受」。○云「側授」者，無贊也。「宰」，大宰也，下同。鄭知授宰玉使藏之者，受藏之府屬宰也。知授於序端者，以下始云「降」，則斯時在堂上授矣，故知於序端也。「序端」，東序端也。**裼，降立。**裼者，免上衣，見裼衣。凡當盛禮者，以充美爲敬。非盛禮者，以見美爲敬。禮尚相變也。《玉藻》曰：「裘之裼也，見美也。」又曰：「麛裘青豻褎，絞衣以裼之。」《論語》曰：「素衣麛裘。」皮弁時或素衣，其裘同可知也。裘者爲温，表之，爲其褻也。寒暑之服，冬則裘，夏則葛。凡襢裼者左，降立，俟享也，亦於中庭。古文「裼」皆作「賜」。【疏】正義曰：《校勘記》云：「注『褎』，陸氏曰：『本又作褏。』『襢』，張氏曰：『監本以襢爲禮。』『於』，楊本作『如』。」云「裼者，免上衣，見裼衣」者，凡服内外之次，冬則親身有襌衫，又有襦袴，外有袍繭，袍繭之上加裘，裘上加裼衣，裼衣之上加上服。夏則不服裘，用葛也，亦無袍繭，葛上加中衣，中衣之上加上服。春秋則服袷褶，袷褶之上加中衣，中衣之上加上服也。汪氏鋼云：「冬則裘上爲裼衣，春夏秋即以中衣爲裼衣。

《論語》邢疏謂夏時中衣在葛之内，而冬時袍繭之内又有中衣，失之矣。邢疏冬時内有袍繭，而此節賈疏只言襦袴而無袍繭，亦其疏略處。知中衣爲在表裏之中，則知邢疏之失矣。知北地嚴寒，衣裘未有不先衣袍繭者，則知賈疏之疎矣。」今案：衣服内外之次，邢疏與賈疏殊。《禮記・玉藻》疏引皇氏説亦未詳析，今依汪説訂定於上。此注云「免上衣」者，上衣即上服，謂行禮時所服於外者如皮弁、朝服之類是也。裼與襲對，袒去上服，以露裼衣，謂之裼。掩其上服，不露裼衣，謂之襲。上服内即是裼衣，裼衣内即是裘葛，别無一重襲衣，各疏皆然。《曲禮》：「執玉，其有藉者則裼。」孔疏謂裼衣上有襲衣，襲衣上爲皮弁之屬，其説非是，江氏《鄉黨圖考》已辨之。云「凡當盛禮者，以充美爲敬。非盛禮者，以見美爲敬。禮尚相變也」者，此申言用襲用裼之義。「禮尚相變」，即《表記》「裼襲不相因」之義，已詳前。云「《玉藻》曰：『裘之裼也，見美也。』」者，此引以證裼爲見美，襲爲充美也。李氏云：「裼衣皆象其上服與裘之色。」江氏永云：「見美者，見裘之美也。裘雖在裼衣内，裼衣與裘同色，見裼衣則知其是某裘。孔疏謂見裼衣之美，非是。」云「又曰：『麛裘青豻褎，絞衣以裼之。』《論語》曰：『素衣麛裘。』皮弁時或素衣，其裘同可知也」者，鄭注《玉藻》云：「豻，胡犬也。絞，蒼黄之色也。」鄭既引《玉藻》「麛裘青豻褎」，而復引《論語》者，見服皮弁時，裼衣雖有絞素之殊，而裘則同用麛，可知以皮弁色白，麛裘亦白故也。麛係鹿子，《論語》作「麑」同。《玉藻》曰：「君衣狐白裘，錦衣以裼之。」鄭注：「君衣狐白毛之裘，則以素錦爲衣覆之，使可裼也。袒而有衣曰裼。天子狐白之上衣，皮弁服與？凡裼衣象裘色也。」孔疏：「天子視朝服皮弁服，則天子皮弁之下有狐白錦衣也。諸侯于天子之朝亦然。其在國視朔則素衣麑裘，卿大夫士亦然，故《論語》注云『素衣麑裘，視朔之服』是也。其受外國聘享亦素衣麑裘，裼衣或絞或素不定。熊氏云：『臣用絞，君用素。』皇氏云：『素衣爲正，記者亂言絞耳。』」今案：熊、皇異説，後人多以皇説爲優。賈疏謂主君用素衣爲裼，使臣用絞衣爲裼，於經無據。又「禮，君用純物，臣下之」，謂君麛裘還用麛褎，臣則不敢純如君，麛裘用青豻褎是也。云「裘者爲温，表之，爲其褻也」者，《詩》：「彼都人士，狐裘黄黄。」箋云：「取温裕。」是裘者爲温，服之所以禦寒也。《鄉黨圖考》云：「今人服裘或以毛向外，古人正是如此，故有『虞人反裘而負薪』之喻。」今案：《新序》云：「反裘負芻，愛其毛也。」然則常時服之，正毛在外矣。毛在外則褻，故必表之。表之謂裘外有裼衣，且有上服也。云「寒暑之服，冬則裘，夏則葛」者，見裘葛皆有裼襲也。王氏士讓云：「夏葛冬裘，皆有襲裼之宜，春與秋亦然，故經文只言襲裼而不言襲裘裼裘。學者第據《玉藻》文謂惟裘有襲裼，誤矣。」江氏永云：「聘禮不必行於冬，故四時皆有裼襲。惟《玉藻》云『見美』、『充美』，係專指裘言之。非冬月服裘時，則但取禮尚相變耳。」云「凡襢裼者左」者，襢與袒同，《説文》作「但」，云：「但者，裼也。」袒則訓爲衣縫，解與「但」異。今經典相承，「袒裼」字皆用「袒」，亦作「襢」。此注與《覲禮》注云「凡以禮事者左袒」義同，禮事即吉凶之事也。江氏永云：「古人有袒袖之禮，行禮時開出上服前衿，袒出左袖。《士喪禮》『主人左袒，扱諸面之右』，扱即插字。吉禮亦當以左袖插諸前衿之右也。凡經傳單言『袒』者，袒而無衣，肉袒也。言『裼』或連言『襢裼』者，袒而有衣也。《覲禮》侯氏請事右肉袒，與尋常左袒者不同，謂刑宜於右也。古人自是有左袒、右袒之法，故至漢初周勃討吕氏，有爲劉氏左袒，爲吕氏右袒之説。鄭注《玉藻》『袒而有衣曰裼』，合之此注『凡襢裼者左』，可知袒裼之義矣。」蔡氏德晉云：「古人著衣之節，其變有三：曰袒、曰裼、曰襲。袒者，卷起衣袖而露其臂也。裼者，卷正服之袖而露其裘也。襲，復衣也。或既袒而襲之，或既裼而襲之，在衣曰袒，在裘曰裼，故裼有袒義。袒有左右，裼則左右皆裼。袒有惟卷正服之袖而露其裏衣者，《鄉射·記》所謂『袒纁襦』，袒朱襦也；有并卷裏衣之袖而露其臂者，所謂肉袒也。裼則唯卷正服之袖以露其裘而已。」又云：「古人裘外惟有正服，孔子緇衣羔裘，緇衣謂朝君正服。」又云：「裘外裼衣即朝祭服。」朱氏大韶駁之云：「古無以卷袖爲裼者，誤解爲卷袖，遂一誤而無不誤。朝祭各有正服，五冕及皮弁等服是。《論語》『緇衣羔裘』，即《玉藻》『羔裘緇衣以裼之』。言裼之者，所以裼此裘也。衣與裘同色，故羔裘之裼用緇，是裼衣與正服異。今云緇衣爲朝君正服，誤甚。《聘禮》聘君與賓俱襲，享皆裼，文質相變。云『在裘曰裼』，是以裼專施於裘，將古人行聘必在冬三月乎？無是理也。《士喪禮》：『主人出，南面左袒，扱諸面之右。』注：『扱諸右掖之下帶之內，取便事。面，前也。』然則袒者，脱左袂而露其肩臂也。喪禮皆肉袒，脱左袂則衣之左畔皆垂而下，故必插於右。若但卷其袖，則左手之袖豈能插諸右掖之下帶之內乎？《大射》：『小臣贊袒，公袒朱襦。❶卒袒，小射正贊設拾。』鄭云：『先袒乃設拾，拾當以韝於襦上。』射所以必袒者，袖寬恐礙弦，故袒而以拾韝於襦上，鄭云『拾，斂也，所以蔽膚斂衣』是也。《鄉射·記》：『大夫與士射，袒纁襦。君在則肉袒。』惟袒爲脱去左袂，故君大夫必内著襦。肉袒則内不著襦，以拾韝於臂上，若但爲卷袖而露臂，袖卷必襵襞而上，擁於左肱，左手之袖反礙於放弦矣。」又云：「古者禮服皆直領開左右襟，而見其所裼之衣曰裼，掩而不開曰襲，從無以卷袖而露其裘爲裼者。」今案：蔡

❶「袒」，原作「袖」，今據《續清經解》本改。

説多憑乙斷，朱氏駁之是矣，二家之説甚繁，今不具録。至江氏謂「經傳單言『袒』者，袒而無衣，肉袒也」，然《射禮》言「袒朱襦」、「袒纁襦」，是袒而有衣，何以亦單言「袒」乎？又據鄭注謂「袒而有衣曰裼」，然《詩·鄭風》「袒裼暴虎」，《毛傳》及《爾雅》皆訓爲肉袒，則袒而無衣何以亦稱「裼」乎？案：《説文》「但，裼也」、「裼，但也」，二字轉相訓，則或言「袒」，或言「裼」，或連言「袒裼」，其義正同，不必過爲區别。惟有見體之「袒裼」，《詩》「袒裼暴虎」及《孟子》「袒裼裸裎」是也；有見衣之「袒裼」，《内則》「不有敬事，不敢袒裼」是也。毛氏奇齡《經問》云：「袒裼本不同，有去衣之袒裼，有加衣之袒裼。去衣之袒裼，如《射禮》『袒決』、《喪禮》『袒括髮』、鄭《詩》『袒裼暴虎』、《郊特牲》『肉袒割牲』、《左傳》『鄭伯肉袒牽羊』、《史記·微子世家》『面縛肉袒』，俱是也。此脱衣見體，不必皆敬事也。若加衣之袒裼，則《衛風》『衣錦絅衣，裳錦絅裳』，謂夫人衣錦必加單衣於其上謂之裼衣，但又加一衣，袒而不襲，則其美見焉。又有裼裘，如狐白加錦衣、狐青加綃衣、狐黄加黄衣、羔裘加緇衣，皆加單衣於裘上，但外又加一衣，袒裼之而美見，襲揜之而美不見，《檀弓》所云『襲裘而弔，裼裘而弔』是也。去衣之袒裼爲褻，加衣之袒裼爲敬，明有分别矣。」今案：毛氏謂袒裼有不同，其義甚精，但以去衣、加衣爲説則猶未確。袒裼皆是去衣，惟去衣而見體之袒裼爲肉袒，故郭注《爾雅》云「脱衣見體」也；去衣而見衣之袒裼爲文飾，故鄭此注云「免上衣，見裼衣」也。袒、裼、襲之義，互詳《鄉射禮》「司射適堂西，袒決遂」下。云「降立，俟享也，亦於中庭」者，謂降而立于庭，以待賓入行享也。前行聘時及廟門，公揖入，立于中庭，故知此立亦于中庭也。云「古文『裼』皆作『賜』」者，胡氏承珙云：「賜，古文假借字。」朱氏大韶云：「賜，疑『緆』之誤，從衣從糸之字多通，故古文借『緆』爲『裼』耳。」今案：賜與裼聲義皆不相通，疑朱説是。**擯者出請**，不必賓事之有無。【疏】正義曰：聘之後有享，但不敢必其有無，故出請耳。褚氏云：「行聘之期，訝賓於大門外矣。擯者又出請事，蓋明知其行聘禮，而不敢晏然直受以爲聘己也，謙之至也。正聘已行，至於將享，擯者又出請焉。至享禮既終，明知其公事畢矣，而擯又出請事，蓋不敢逆料爲賓必無事，而遽行禮賓之禮，謙之至也。至私覿已行，真無事矣，然猶未敢必賓謂事已竟也，而復請焉。必賓告事畢，公乃出送，此則謙而又謙者也。比前後而觀之，可以識禮意矣。」**賓裼，奉束帛加璧享。擯者入告，出許。**許受之。【疏】正義曰：凡聘覲，皆行享禮。《禮經釋例》云：「《聘禮》：『賓裼，奉束帛加璧享。』又云：『庭實，皮則攝之。』此聘畢行享也。又云：『聘于夫人用璋，享用琮，如初禮。』此言聘享夫人之禮也。《覲禮》：『四享皆束帛加璧，庭實唯國所有。』注云：『四當爲三。』此覲畢行享也。皆禮之盛者也。諸侯使人於諸侯但一享，諸侯見於天子則三享，覲禮又盛於聘禮也。至於問卿之禮，則摯與庭實同受。士昏禮納徵亦然，士相見之禮但受摯而已，無庭實。又《聘禮》：『若有言，則以束帛如享禮。』注：『無庭實也。』皆禮之殺者也。』」餘互詳《覲禮》。注云「許受之」，謂許受其禮也。敖氏云：「許，許其入也。」非。**庭實，皮則攝之，毛在內，內攝之，入設也。**皮，虎豹之皮。攝之者，右手并執前足，左手并執後足，毛在內，不欲文之豫見也。內攝之者，兩手相鄉也。入設，亦參分庭一在南。言「則」者，或以馬。凡君於臣，臣於君，麋鹿皮可也。【疏】正義曰：《集釋》注「或以馬」下，有「也」字。云「皮，虎豹之皮」者，賈疏云：「《郊特牲》云：『虎豹之皮，示服猛也。束帛加璧，往德也。』文無所屬，則天子諸侯皆得用之。此聘使爲君行之，故知皮是虎豹之皮也。《齊語》云：『桓公知天下歸己，令諸侯輕其幣，用麋鹿皮。』非其正也。」云「攝之者，右手并執前足，左手并執後足」者，鄭據下文「右首」而言，故以爲右手執前足，左手執後足也。案：《士昏禮・記》曰：「納徵，執皮，攝之，内文，兼執足。左首，隨入西上。」注云：「兼執足者，左手執前兩足，右手執後兩足。」又下記曰：「凡庭實隨入，左先。」蓋入時皮皆左首，不特《昏禮》爲然，當以彼注「左手執前，右手執後」爲正。「右首」之説，詳後。云「毛在内，不欲文之豫見也」者，下賓致命時始張皮見文，故此攝之使在内，不欲豫見也。云「内攝之者，兩手相鄉也」者，謂左手鄉右、右手鄉左攝之也。云「入設，亦參分庭一在南」者，《昏禮》設皮之處參分庭一在南，見彼記，故知此亦然也。云「言『則』者，或以馬」者，庭實各以其國之所有，下記曰「皮馬相間可也」，是知有用皮者有用馬者，故經言「則」，以見非但皮而已。《禮經釋例》云：「案：《吕氏春秋・慎大覽・權勳篇》：『晉獻公乃使荀息以屈産之乘爲庭實，而加以垂棘之璧，以假道於虞而伐虢。』是晉人聘虞，享時束帛所加之璧爲垂棘之璧，庭實所設之馬爲屈産之乘，言其良也。三傳及《孟子》皆有此文，而何休、杜預、范甯、趙岐不知引享禮以釋之，疎矣。《左傳》哀公七年：『邾茅夷鴻以束帛乘韋，自請救于吴。』乘韋者，四皮，亦庭實也。蓋晉國産馬，庭實用馬；邾國不産馬，庭實用皮也。若皮、馬并産，則享用皮，覿用馬。介覿又用皮，如經所云，亦相間之義也。」云「凡君於臣，臣於君，麋鹿皮可也」者，賈疏云：「凡君於臣，謂使者歸，君使卿贈如覿幣，及食饗以侑幣、酬幣，庭實皆有皮。臣於君，謂私覿實庭，設四皮，及介以儷皮，此皆用麋鹿皮，故云『凡』也。若然，《大宗伯》云『孤執皮帛』，鄭云『天子之孤用虎皮，諸侯之孤用豹皮』，得用虎豹者，彼所執以爲摯，與庭實不同也。」**賓入門左，揖讓如初，升致命，張皮。**張者，釋外足見文也。

【疏】正義曰：「張皮」，執皮者張之也。《士昏禮・記》曰：「賓致命，釋外足，見文。」與此張皮同，故鄭引以爲證。張氏爾岐云：「當賓於堂上致命之時，庭實則張之見文，相應爲節也。」**公再拜受幣，士受皮者自後右客。**自，由也。從東方來，由客後西，居其左受皮也。執皮者既授，亦自前西而出。【疏】正義曰：敖氏云：「再拜受幣，其儀亦如初，惟不襲耳。幣亦兼玉而言。」張氏爾岐云：「當公于堂上受幣，士亦于堂下受皮。」注云「從東方來，由客後西，居其左受皮也」者，蔡氏德晉云：「謂主君之士從東方來，由執皮者後過西，客在右，士居其左以受皮也。」今案：北面以東爲右，受皮者在執皮者之西，故曰「右客」。《昏禮・記》曰：「士受皮者自東出于後，自左受。」與此同。云「執皮者既授，亦自前西而出」者，執皮者在東，今既授，亦由受皮者之前過西而出也。下私覿時，經云「牽馬者自前西乃出」，此經不言，鄭據私覿文補之，故云「亦」也。**賓出，當之坐攝之。**象受於賓。【疏】正義曰：李氏云：「《司儀職》曰：『賓授幣，下出。』」張氏爾岐云：「士初受皮，仍如前張之。及賓出降至庭，乃對賓坐而攝之。當，對也。」注云「象受於賓」者，謂對賓坐攝之，示親受於賓也。**公側授宰幣，皮如入，右首而東。**如入，左在前。皮右首者，變於生也。【疏】正義曰：「側」，猶獨也。獨授，謂無擯贊也，《昏禮》受皮者適東壁，此云「而東」，蓋亦然。下記云：「賓之幣唯馬出，其餘皆東。」注云：「皆東，藏之內府。」注云「如入，左在前」者，惠氏士奇云：「皮四張，執者初時行在前者，立在左。此受者東行，立在左者，行在前，故云『如入』。」今案：此與《昏禮》逆退者異。云「皮右首者，變於生也」者，案：《昏禮》「左首」注云：「象生。」此右首，故以爲變於生也。《禮經釋例》云：「《士昏》納徵，《聘禮》行享，執皮受皮，其例皆同。《士昏》執皮云『左首』，《聘禮》受皮云『右首』，鄭君遂生異議，云：『左首象生，右首變於生。』其說非也。蓋執皮者則左首，受皮者則右首耳。《士昏・記》執皮者左首，而受皮者無文；《聘禮》受皮者右首，而執皮者無文，其例互見也。鄭氏以《士昏》爲左首，《聘禮》爲右首，敖氏據《士昏·記》欲改《聘禮》爲左首，皆失經之意。蔡氏德晉曰：『凡獻者左首，受者右首，禮相變也。』方之舊説爲長矣。」《釋例》又云：「聘賓問卿，庭實設四皮。問下大夫，如卿受幣之禮。郊勞儐使者乘皮設，其執皮、受皮之節，經皆不詳，蓋文不具也。至於上介覿，儷皮，入門左，奠皮，公再拜，受于中庭，不升堂，有司二人坐舉皮以東。其執皮受皮之節，殺於享禮也。上介面卿，經但云『皮，二人贊』，則又殺可知也。」餘互詳《昏禮·記》。**聘于夫人用璋，享用琮，如初禮。**如公立於中庭以下。【疏】正義曰：李氏云：「《司儀職》曰：『每事如初之儀。』」敖氏云：「聘、享皆致聘君之命也，夫人不可以親受，君代受之。其受之之禮，則皆與己之所受者同，以夫妻一體也。不言束帛加琮，省文耳。」**若有言，則以束帛，如享禮。**有言，有所告請，若有所問也。記曰：有故，則束帛加書以將命。《春秋》「臧孫辰告糴于齊」，「公子遂如楚乞師」，「晉侯使韓穿來言汶陽之田」，皆是也。無庭實也。【疏】正義曰：《校勘記》云：「注『若有所問也』，張氏曰：『監本無有字。』」　云「有言，有所告請，若有所問也」者，謂有所告語請求及有所問訊也。「若」，及也。云「記曰：有故，則束帛加書以將命」者，以記所云即此「有言」之事也。又引《春秋經》莊二十八年「臧孫辰告糴于齊」，僖二十六年「公子遂如楚乞師」，成八年「晉侯使韓穿來言汶陽之田」，而云「皆是也」者，略舉三事以爲有言之證也。賈疏謂「有所告」即告糴之類，「請」即乞師之類，「問」即言汶陽之田之類。案：「告糴于齊」，《公羊傳》曰：「告糴者何？請糴也。」是告糴亦可云「請」。賈疏分別三事未的。敖氏云：「若有言，因聘以達之，故卒聘而後行此禮也。此如『秦伯使西乞術來聘，且言將伐晉』之類。」今案：據下記云「若有故則卒聘，束帛加書將命」，是此禮於聘後行之，敖氏所引較確。韋氏協夢又引《左傳》「叔孫豹如晉聘，且言齊故」以證之。云「無庭實也」者，謂此禮唯無庭實，餘皆如享禮也。賈疏云：《國語》：「臧孫辰以鬯圭者，是告糴之物。服注云：『無庭實也。』」今案：經但云「束帛」，不云加璧，又似無璧矣。韋氏云：「不用圭璧，不敢褻也。不用庭實，禮簡也。」**擯者出請事，賓告事畢。**公事畢。【疏】正義曰：敖氏云：「上云『請命』，此云『請事』者，以其將命之禮已畢故也。」

右聘享

儀禮正義卷十七　鄭氏注

績溪胡培翬學

賓奉束錦以請覿。覿，見也。鄉將公事，是欲交其歡敬也。不用羔，因使而見，非特來。【疏】正義曰：自此至「訝受馬」，言賓請私覿，主君不許而先禮賓之事。○吴氏《章句》云：「用束錦不用束帛，嫌如享也。」江氏永云：「私覿之束錦乘馬，❶亦是公家之幣，但對享禮爲私耳。」今案：《周禮·校人》曰：「凡國之使者，共其幣馬。」鄭注：「使者所用私覿。」江説是也。　注云「覿，見也」者，《爾雅·釋詁》文。《荀子》曰：「私覿，私見也。」云「鄉將公事，是欲交其歡敬也」者，「鄉」當作「曏」，謂曏者行聘享公事未伸其私敬，今請覿是欲交其歡敬也。云「不用羔，因使而見，非特來」者，《周禮·大宗伯》曰：「卿執羔，大夫執雁。」是見君之摯。定八年《左傳》：「公會晋師于瓦，范獻子執羔，趙簡子、中行文子皆執雁。」是見他國之君，卿亦執羔也。此因行聘出使而見，與特來異，故不用羔也。○《禮經釋例》云：「案：《覲禮》享後無覿者，諸侯親見于天子，享時已申其敬，無縁復有私覿也。《聘禮》享後有覿者，享是聘賓致其君之命，至覿時聘賓始得自申其敬。

---

❶「束」上，《鄉黨圖考》有「幣」字。

蓋聘賓代君行禮，故享後別有私覿，與覿不同也。《郊特牲》云：『朝覲大夫之私覿，非禮也。』此言朝覲之禮，大夫從君而行，無私覿也。又云：『大夫執圭而使，所以申信也。』鄭注：『以君命聘則有私見。』此言大夫奉使出聘，則有私覿也。又云：『不敢私覿，所以致敬也。』孔疏：『覆明從君而行，不敢行私覿，所以致敬于己君也。』此申言上文朝覲大夫私覿非禮之義，非謂大夫執圭而使不敢私覿也。今以《禮經》證之，《覲禮》無私覿，《聘禮》有私覿，鄭、孔之説悉與經合也。」**擯者入告，出辭。**客有大禮，未有以待之。【疏】正義曰：以賓行聘享大禮未有以待之，欲先禮賓，故辭其覿也。**請禮賓，賓禮辭，聽命。擯者入告。**告賓許也。

【疏】正義曰：褚氏云：「《冠禮》、《昏禮》注讀『醴』爲『禮』者，從此經也。敖氏力欲異鄭，故於《冠禮》、《昏禮》從經文，而此則讀『禮』爲『醴』。」詳《士冠禮》。**宰夫徹几改筵。**宰夫，又主酒食者也。將禮賓，徹神几，改神席，更布也。賓席東上。《公食大夫禮》曰：「蒲筵常，緇布純，加萑席尋，玄帛純。」此筵上下大夫也。《周禮》曰「筵國賓于牖前，莞筵紛純，加繅席畫純，左彤几」者，則是筵孤也。孤彤几，卿大夫其漆几與？

【疏】正義曰：《校勘記》云：「注『緇布純』，重修監本『純』誤作『紬』。『加萑席尋』，『萑』，陳本注作『莞』，疏作『萑』，閩本注、疏俱作『莞』。」　云「宰夫，又主酒食者也」者，《釋官》云：「案：《周禮·宰夫職》：『掌賓客之飲食。』注：『飲食，燕饗也。』是其又主酒食之事，故此禮賓實觶、薦籩豆脯醢，皆宰夫掌之。」云「將禮賓，徹神几，改神席，更布也」者，上几筵既設，是爲神設。此爲人，故徹之改之而更設也。云「賓席東上」者，凡設席，爲神西上，爲人東上。《士昏禮》云：「主人徹几，改筵東上。」此不云東上，故注補之也，餘詳《士昏禮》。云「《公食大夫禮》曰：『蒲筵常，緇布純，加萑席尋，玄帛純。』此筵上下大夫也」者，案：《公食禮·記》又曰

「上大夫蒲筵，加萑席」，此聘賓是上大夫，故鄭引以爲證，且欲推出下引《周禮》所云是筵孤之禮也。云「《周禮》曰：『筵國賓于牖前，莞筵紛純，加繅席畫純，左彤几』」者，《司几筵》文。云「則是筵孤也。孤彤几，卿大夫其漆几與」者，鄭以《公食·記》所云是筵上下大夫之法，故以此爲筵孤。又因孤用彤几，謂卿大夫用漆几。案：《周禮》五几：一玉几、二彫几、三彤几、四漆几，又有素几，乃喪事所用。吴氏《疑義》云：「卿大夫舍漆几外，更無他几，故鄭以意言之，非實有所據也。」又案：《司几筵》注謂「國賓諸侯來朝，孤卿大夫來聘」，與此注不同者，蓋鄭注《儀禮》時據《公食·記》推而言之，其《周禮注》未及改耳。**公出，迎賓以入，揖讓如初。**公出迎者，己之禮更端也。【疏】正義曰：敖氏云：「『出』，出廟門也。公於門内之揖不盡與歸者同處，乃云『如初』者，見其亦三揖耳。」今案：上行聘時，及廟門，公揖先入。此云「迎賓以入」，蓋與賓偕入，彌致謙敬也，敖云「揖不盡與歸同處」以此。　注云「公出迎者，己之禮更端也」者，前是賓致禮於主君，此是主君致禮於賓，故享不出迎，而禮賓出迎，是己之禮更端也。**公升，側受几于序端。**漆几也。今文無「升」。【疏】正義曰：「側受几」者，公自受几於宰夫，無擯相也。　注云「今文無『升』」者，鄭以此宜有「升」字，故從古文也。授几之禮，詳《有司徹》「授尸几」下。**宰夫内拂几三，奉兩端以進。**内拂几，不欲塵坋尊者。以進，自東箱來授君。【疏】正義曰：注「塵坋」，《釋文》云：「『坋』或作『被』。」○李氏云：「内拂几，拂之向己也。坋，被也。」敖氏云：「先言『拂』，乃言『奉』，是拂時几猶在地也。奉兩端，謂横執之。凡執几，皆横執之，惟設時乃縮也。」盛氏云：「下云『公東南鄉』，則宰夫進几蓋西北鄉也。敖云『南面授公』，非。」　注云「内拂几，不欲塵坋尊者」，是解所以内拂之意也。云「以進，自東箱來授君」者，據《覲禮·記》

「几俟于東箱」也。**公東南鄉，外拂几三，卒，振袂，中攝之，進，西鄉。**進，就賓也。【疏】正義曰：外拂几，拂之向外也。敖氏云：「宰夫既拂几，公又親重拂之，敬也。卒，謂既拂也。振袂，去塵也。中攝之，謂二手於几之中央攝之也。」蔡氏云：「中攝之，便賓執兩端也。」《儀禮糾解》云：「卒拂而後攝之，則拂時猶宰夫執之也。《有司徹》：『主人二手横執几，尸二手受于手間。』此中攝之，君禮異也。」　注云「進，就賓也」者，前行聘時，公升二等，賓升，西楹西，東面。此公升特，❶賓亦升，不言者，省文也。賓在西楹西，東面，故知進西鄉爲就賓也。**擯者告。**告賓以公授几。**賓進，訝受几于筵前，東面俟。**未設也。今文「訝」爲「梧」。【疏】正義曰：賓進，進至筵前受几也。東面仍前，至設几乃北面。　注云「未設也」者，謂几未設也。賈疏云：「未設而俟者，待公拜送訖乃設之故也。」云「今文『訝』爲『梧』」者，惠氏棟《古義》曰：「《公食大夫禮》：『上介受賓幣，從者訝受皮。』注云：『今文曰梧受。』《既夕》：『若無器則梧受之。』注云：『謂對相授受。』疏云：『梧，即逆也，對面相逢受。』案：『梧』本作『啎』，訓爲逆，訝亦逆也。《既夕》注不疊古文，明古文『訝』亦有作『梧』也。」段氏玉裁云：「《説文》：『梧，屰也。』各本作『逆』，今正。逆，迎也。屰，不順也，相迎者必相屰。古亦通用『逆』爲『屰』。」又段氏以「梧受」爲「啎」之譌，胡氏承珙云：「案：《釋名·釋宫室》又云：『梧在梁上，兩頭相觸啎也。』啎之爲梧，亦由聲近假借，非必字之譌也。」**公壹拜送。**公尊也。古文「壹」作「一」。【疏】正義曰：敖氏云：「壹拜者，送几之常禮。必著之者，以賓荅再拜稽首，嫌此拜爲再拜也。」　注

---

❶「特」，疑當作「時」。

云「公尊也」者，以公尊於賓，故壹拜也。云「古文『壹』爲『一』」者，詳《士冠禮》「賓盥，卒，壹揖，壹讓，升」下。**賓以几辟。**辟位逡遁。【疏】正義曰：「逡遁」，詳前。**北面設几，不降，階上荅再拜稽首。**不降，以主人禮未成也。凡賓左几。【疏】正義曰：注「凡賓左几」，毛本「凡」誤「几」，嚴本亦誤。《校勘記》云：「《集釋》、《通解》俱作『凡』。張氏曰：『疏上几作凡，從疏。』」〇公壹拜而賓荅再拜稽首，臣禮也。注云「不降，以主人禮未成也」者，敖氏云：「不降，辟盛禮也。此禮賓之禮，以用幣之禮爲盛。」❶今案：下送幣，公再拜，注云「事畢成禮也」。是禮賓之禮至用幣乃成，故此受几及下受醴皆不降拜，而受幣則降也。云「凡賓左几」者，《士昏禮》「賓以几辟，北面設于坐，左之」是也。言「凡」者，見爲人設几皆如是，神則右几，亦見《士昏禮》。**宰夫實觶以醴，加柶于觶，面枋。**酌以授君也。君不自酌，尊也。宰夫亦洗升實觶，以醴自東箱來。不面擸，不訝授也。【疏】正義曰：《校勘記》云：「注『不訝授也』，『授』，楊氏作『受』。」〇凡醴皆用觶，柶所以扱醴者，詳《士冠禮》。注云「酌以授君也。君不自酌，尊也」者，此注似可疑。《禮經釋例》云：「考《士冠禮》賓禮冠者，《士昏禮》女父醴使者，皆不自酌，而用贊者酌之。至《士昏禮》舅姑醴婦則贊者酌之，亦贊者授之。是醴不自酌，蓋《禮經》之通例如此，非獨《聘禮》宰夫實醴授公爲尊君也。」云「宰夫亦洗升實觶，以醴自東箱來」者，下記云「醴尊于東箱」，是醴自東箱來，故鄭以爲自下升東箱實觶也。言「亦」者，鄭以几在東箱，授几時當自下升取几，故云「亦」也。案：經不見設洗之文。褚氏云：「《冠禮》醴子，贊者洗于房中，

❶「禮」，《儀禮集説》作「時」。

豈醴子洗而醴賓反不洗歟？抑文不具歟？」云「不面擸，不訝授也」者，李氏云：「擸，即葉也。柶之大端爲葉，小端爲枋。面，前也。凡主人授賓醴者皆面枋，賓迎受之皆面葉。《冠禮》贊者酌醴以授主人，主人迎受，故贊者面葉，主人受之得面枋。此宰夫實醴，公不迎受，故宰夫面枋，公受之亦得面枋也。宰夫不言升降者，賤，略之。」今案：互詳《士冠禮》及下經「尚擸」下。**公側受醴。**將以飲賓。【疏】正義曰：敖氏云：「受醴不言序端，如受几可知。」蔡氏云：「側受，不用擯相也。」注云「將以飲賓」者，謂將以醴授賓也。**賓不降，壹拜，進筵前受醴，復位。公拜送醴。**賓壹拜者，醴質，以少爲貴。【疏】正義曰：《校勘記》云：「壹，楊作『一』，注同。注『者』字，監本誤作『首』。」○敖氏云：「壹拜，亦受醴之通禮。必著之者，嫌賓拜當再拜稽首也。賓於公乃不降而壹拜者，辟受幣之儀也。」盛氏云：「復位，復西楹西東面位。上不著其位而此云『復』，則其與聘時同可知。」今案：公拜亦壹拜，凡不言者可知也。上授几時公先拜送，此則賓先拜，儀節略異也。　注云「醴質，以少爲貴」者，賓上下皆再拜，此獨壹拜，以用醴尚質，以少爲貴故也。**宰夫薦籩豆脯醢，賓升筵，擯者退負東塾。**事未畢，擯者不退中庭，以有宰夫也。【疏】正義曰：籩盛脯，豆盛醢，❶言「籩豆脯醢」者，見止一籩一豆也。《禮器》曰：「有以少爲貴者，諸侯相朝，灌用鬱鬯，無籩豆之薦。大夫聘禮以脯醢。」謂此。退，自階下而退也。　注云「事未畢，擯者不退中庭，以有宰夫也」者，案：負東塾是擯者常位，前行聘時，擯者退中庭，以有釋辭相拜之事，宜近鄉之。至聘畢，擯者退負東塾而立，注云「反

❶「豆」，原作「互」，今據《續清經解》本改。

其等位，無事」。此禮賓之事未畢，乃不退中庭者，以其薦籩豆等事有宰夫主之故也。或曰：事未畢而退負東塾者，以馬將入中庭故也。**賓祭脯醢，以柶祭醴三，庭實設。**庭實，乘馬。【疏】正義曰：以柶祭醴三，即下記所云「祭醴，再扱，始扱一祭，卒再祭」是也，詳《士冠禮》。注云「庭實，乘馬」者，乘馬，四馬也，於賓祭醴時設之，以酬賓也。必知庭實爲乘馬者，以下云「賓執左馬以出」知之也。**降筵，北面以柶兼諸觶，尚擸，坐啐醴。**降筵，就階上。【疏】正義曰：「尚擸」，唐石經及各本俱作「擸」。《校勘記》云：「聶氏從木。案：《説文》無欇字，《手部》：『擸，理持也。』又：『擖，刮也。』《士冠禮》『面葉』注云：『古文葉爲擖。』然則今文作『葉』，古文作『擖』，或作『擸』。擸、擖雖皆《説文》所有，宜以擸爲正。凡字之從巤者，俗皆從葛，如臘、蠟、獵之類，故又爲擖。後人以柶從木，并擸字亦從木，非也。《少儀》曰：『執箕膺擖。』擖，箕舌也，字亦當作擸。《弟子職》作擛，擛即葉耳，其字亦從手。」又云：「『坐啐醴』，監本『醴』誤作『酒』。」〇「以柶兼諸觶」者，祭時左手執觶，右手以柶祭醴，及降筵北面將啐醴時，則以柶兼并於觶，兩手奉之以啐也。褚氏云：「敖氏謂以右手兼執柶觶，不識脱空左手何用？」吴氏《章句》云：「尚同上。擸在上，則執枋也。」注云「降筵，就階上」者，《士昏禮》女父醴使者，西階上北面坐，啐醴。此當與彼同，故鄭以降筵爲就階上，即就西階上也。**公用束帛。**致幣也。言用，尊於下也。亦受之於序端。【疏】正義曰：敖氏云：「醴賓而用束帛庭實，所以將厚意，亦如儐禮也。」今案：《士冠禮》冠畢：「乃醴賓以壹獻之禮。主人酬賓，束帛儷皮。」案：儷皮即庭實也。此及《冠禮》醴賓皆有束帛庭實，蓋禮之盛者也。注云「致幣也」者，謂庭實以束帛致也。云「言用，尊於下也」者，對《冠禮》酬賓束帛不言用也。云「亦受之於序端」者，上受几于序端，知此亦然也。《公食禮》侑賓云「公受宰夫束帛」，則此亦宰夫授之也。**建柶，北面奠于薦東。**糟醴不卒。【疏】正義曰：注「卒」字，嚴本及各本多作「啐」。周氏學健云：「當作『卒』。上言啐醴，則非『不啐』明矣。」褚氏云：「酒卒爵而醴不卒爵，故注云『糟醴不卒』，作『啐』誤。」張氏爾岐、張氏惠言亦皆以「啐」爲「卒」之譌。《校勘記》云：「單疏本《士冠》疏引此作『卒』。《集釋》此節釋辭已缺，尚存『不卒觶』三字。」戴震云：「似《集釋》所見本亦作『卒』。」今據諸説改正。○盛氏云：「建柶，以柶插觶中，尚枋也。敖云亦尚擸，非。」今案：建柶而奠之，爲將受幣也。**擯者進相幣。**贊以辭。【疏】正義曰：擯者自東塾至阼階西，故云「進」。　注云「贊以辭」者，釋「相」之義也。**賓降辭幣。**不敢當公禮也。【疏】正義曰：嚴本「當」誤「富」。○敖氏云：「辭者，謂既受賜矣，不可以又辱盛禮。」**公降一等辭。**辭賓降也。【疏】正義曰：敖氏云：「辭者止其降，且不許其辭。」吴氏《章句》云：「兩辭皆擯者傳之。」**栗階，升聽命。**栗階，趨君命尚疾，不連步。【疏】正義曰：「聽命」，聽公辭之命也。　注云「不連步」者，李氏云：「連步者，足相隨不相過，每等先舉一足而後足并之。栗階者，始升連步，至上等則不連步，左右足各一發而升堂。」今案：詳《燕禮》。**降拜。**拜受。【疏】正義曰：爲將受幣而拜也。**公辭。**不降一等，殺也。**升，再拜稽首，受幣，當東楹，北面。**亦訝受而北面者，禮主於己。己，臣也。【疏】正義曰：楊氏復云：「禮賓之禮有三節：受几也，受醴也，受幣也。三者公親受于序端而後授賓，恭之至也。禮莫重於幣，故賓受几受醴皆於筵前，受幣當東楹也。」敖氏云：「當東楹，其視爲君將幣者，又過東矣。」　注云「亦訝受而北面者」，前行聘享時，訝授受，賓東面，主君西面。此亦訝受，而賓北面，主君蓋南面也。　云「禮主於己。己，臣也」者，己謂聘賓。前聘享是將君命，故賓不北面。此禮賓是主於己，己，臣也，宜循臣禮，故北面受幣也。**退，東面俟。**俟君拜也。不北面者，謙若不敢當階然。【疏】正義曰：注云「俟君拜也」者，謂退至西階東面，俟君拜即降也。云「不北面者，謙若不敢當階然」者，李氏云：「《鄉飲酒禮》賓主專階者皆北面。」**公壹拜，賓降也。公再拜。**不俟公再拜者，不敢當公之盛也。公再拜者，事畢成禮也。【疏】正義曰：賓見公拜而即降辟，賓雖降，公猶再拜也。敖氏云：「賓已降而公猶再拜者，送幣之禮當然，宜終之也。」注云「不俟公再拜者，不敢當公之盛也」者，再拜爲公盛禮，賓不敢當，故不俟再拜而降也。云「公再拜者，事畢成禮也」者，前此授几、授醴，公皆壹拜。此再拜者，禮賓之事至此已畢，故須再拜以成禮，所以致謙敬也。**賓執左馬以出。**受尊者禮，宜親之也。效馬者并左右靮授之。餘三馬，主人牽者從出也。【疏】正義曰：敖氏云：「左馬者，上也。然則主人之庭實，亦設於西方而西上也。」蔡氏云：「庭實四馬，以左爲上。庭下北面，以西爲左也。」注云「受尊者禮，宜親之也」者，解賓自執左馬之義也。云「效馬者并左右靮授之」者，《説文》：「靮，馬羈也。」《少儀》曰：「馬則執靮。」鄭注：「靮所以繫制之者。」《曲禮》曰：「效馬效羊者右牽之。」鄭注：「效，猶呈見。」此并左右靮授之者，便賓之執也。云「餘三馬，主人牽者從出也」者，下記曰：「主人之庭實，則主人遂以出。」是知餘三馬主人使人牽之從賓出，以授賓從者也。**上介受賓幣，從者訝受馬。**從者，士介。【疏】正義曰：「受賓幣」者，賓蓋左執幣，右執馬以出也。注云「從者，士介」者，鄭以下記云「賓之士訝受之」，又上云「上介受賓幣」，故知此受馬爲士介也。

右主君禮賓

賓覿，奉束錦，總乘馬，二人贊。入門右，北面奠幣，再拜稽首。不請不辭，鄉時已請也。覿用束錦，辟享幣也。總者，總八轡牽之。贊者，居馬間扣馬也。入門而右，私事自闑右。奠幣再拜，以臣禮見也。贊者，賈人之屬，介特覿也。【疏】正義曰：自此至「序從之」，言私覿之事，分賓覿、上介覿、衆介覿爲三節。○《周禮·司儀職》曰：「及禮、私面、私獻，皆再拜稽首，君荅拜。」鄭注云：「禮，以醴禮客。私面，私覿也，既覿則或有私獻者。鄭司農説私面，以《春秋傳》曰：『楚公子棄疾見鄭伯，以其乘馬私面。』」今案：《儀禮》見君謂之覿，見卿大夫謂之面，《周禮》、《左傳》以私覿爲私面者，對文異，散則通也。棄疾事，見昭六年傳。○注「鄉」，戴校《集釋》改「曏」。「贊者居馬間」，《校勘記》云：「賈疏『居』誤爲『在』。」　云「不請不辭，鄉時已請也」者，「不請」謂賓，「不辭」謂主君。所以然者，曏時賓已請覿，故今不復請，主君亦不辭也。敖氏謂：「此亦擯者出請，入告而出許，不言者可知。」與注異。褚氏云：「上已言辭請禮賓矣，醴後不必再請，注是也。」云「覿用束錦，辟享幣也」者，以享君、享夫人皆用束帛，今覿用束錦，是辟享時所用幣也。云「總者，總八轡牽之」者，乘馬，四馬也，每馬二轡，故知總爲總八轡牽之也。云「贊者，居馬間扣馬也」者，四馬而二人贊，則知每一人居兩馬間，以左右手各扣一馬，助賓牽也。云「入門而右，私事自闑右」者，《玉藻》曰：「私事自闑東。」闑東即闑右，彼注以私事爲覿面，是也。但此「入門右」下，擯者辭後，賓仍入門左，《玉藻》蓋據正禮言之。云「奠幣再拜，以臣禮見也」者，凡臣於君皆奠而不授，義詳《覲禮》。李氏云：「由闑右，自牽馬，不從介，不升堂授幣，皆臣禮。」吴氏《章句》云：「再拜稽首，奠幣於地，授馬於贊者乃拜也。」《禮經釋例》云：「前聘享是代君行禮，故不拜；此覿是以私禮見，故再拜稽首也。」云「贊者，賈人之屬」者，或疑賈人專掌圭玉，不贊牽馬。褚氏云：「注意言如賈人之等，庶人在官執役者耳，非即指賈人。」云「介特覿也」者，下上介、衆介皆特行覿禮，明不隨賓覿也。**擯者辭。**辭其臣。【疏】正義曰：辭其以臣禮見也。**賓出。**事畢。【疏】正義曰：賓以覿事已畢，出廟門外，接西塾立也。**擯者坐取幣，出，有司二人牽馬以從，出門，西面于東塾南。**將還之也。贊者有司受馬乃出。凡取幣於庭，北面。【疏】正義曰：《校勘記》云：「『塾』，閩本誤作『熟』。」○「有司」，主國有司。「東塾」，門外東塾也。敖氏云：「有司牽馬亦二人者，不可多於賓之贊也。『西面于東塾南』，鄉賓也。」　注云「將還之也」者，謂擯者坐取賓所奠之幣出，令有司二人牽馬以從，示將還之，不敢當其臣禮也。云「贊者有司受馬乃出」者，謂贊者必待主國有司受馬，乃可以出。賈疏云：「幣可奠於地，馬不可散放故也。」云「凡取幣於庭，北面」者，解擯者取幣北面，而又言「凡」以廣之，見取幣於庭者皆然也。**擯者請受。**請以客禮受之。**賓禮辭，聽命。**賓受其幣，贊者受馬。【疏】正義曰：上云「北面奠幣，再拜稽首，擯者辭」，此賓先以臣禮見而擯者辭之也。此云「擯者請受，賓禮辭，聽命」，是擯者請以客禮受而賓許之也。　注云「賓受其幣，贊者受馬」者，謂賓受擯者取出之幣，贊者受有司牽出之馬也。**牽馬，右之。入設。**庭實先設，客禮也。右之，欲人居馬左，任右手便也。於是牽馬者四人，事得申也。《曲禮》曰：「效馬效羊者右牽之。」【疏】正義曰：注云「庭實先設，客禮也」者，此牽馬入設而下乃云「賓奉幣入」，是庭實先設，對上「奉束錦總乘馬」，幣馬同入爲客禮也。云「右之，欲人居馬左，任右手便也」者，馬在右，人在左，用右手牽之，便於控制也。云「於是牽馬者四人，事得申也」者，若如前二人贊，則不得云「右之」。既言「右之」，明人牽一匹，四馬四人，得申其牽馬之常，賓不總牽也。敖氏云：「二人受於有司，而後四人牽之。用四人，則左先隨入而設於西方。」今案：引《曲禮》者，證「右之」之義也。**賓奉幣，入門左，介皆入門左，西上。**以客禮入，可從介。【疏】正義曰：注「可從介」，《校勘記》云：「陳本『介』作『也』。」○案：此與始覿時不同。始覿時賓入門右而介不從，此則賓入門左而介又皆入，蓋用客禮見，故注云「可從介」也。**公揖讓如初，升。公北面再拜。**公再拜者，以其初以臣禮見，新之也。【疏】正義曰：韋氏協夢云：「公再拜者，蓋荅歸時奠幣之拜也。歸賓奠幣時，不敢以臣禮待之，故不荅拜。然終無拜而不荅之禮，故于其始入也，即先再拜之。此與他時拜至之意不同。」今案：韋説是也。**賓三退，反還負序。**反還者，不敢與授圭同。【疏】正義曰：聘時賓執圭，雖三退以避公之拜，然猶東面鄉公，故止退而負序。此更言「反還」者，謂反轉西面，又還轉東面，乃負牆而立，蓋益不敢當其禮，與授圭異也。**振幣進授，當東楹北面。**不言君受，略之也。【疏】正義曰：振幣，亦謂以袂内鄉拂其塵而授君也。李氏云：「禮賓、賓覿，授受當東楹，臣禮也。《春秋傳》：『鄭伯如晉拜成，授玉于東楹之東，士貞伯以爲視流而行速，不安其位。』凡敵者授受，當於兩楹間也。」　注云「不言君受，略之也」者，經言「進授」，則君受可知，故不言也。**士受馬者，自前還牽者後，適其右，受。**自，由也。適牽者之右而受之也。此亦竝授者，不自前左，由便也，便其已授而去也。【疏】正義曰：「前」，北方也。吴氏《章句》云：「士受馬者，自南來北，至牽者之前；又自北還南，從其左至牽者之後，故曰『還』。」　注云「適牽者之右而受之也」者，此解經「適其右，受」，「其」指牽馬者言也。四馬在庭，北面東上，牽者四人，各在馬左。今受馬者從牽馬後適牽者右，明於人東馬西受之也。云「此亦竝授者，不自前左，由便也，便其已授而去也」者，李氏云：「受不由其左者，欲牽者已授馬，右還而出便也。」云「受馬自前，變於受皮」者，賈疏云：「上受享庭實之皮，受皮者自後右客。注云：『從東方來由客後西，居其左受皮也。』此亦從東而來，由馬前者，馬是生物，恐驚，故由前，是變於受皮也。」今案：受皮與受馬皆視受幣以爲節，如此經「振幣進授」下「當東楹北面」，即宜接云「賓降階東拜送」，乃序「士受馬者」云云于授幣之下，明君受幣即受馬也。《禮經釋例》云：「凡庭實之馬，右牽之入設于庭。賓授幣于堂，則受馬者受馬于庭，主人授其屬幣則馬出。案：《聘禮》賓覿：『牽馬右之，入設。』又賓升堂受幣之時，經云：『士受馬者，自前還牽者，後適其右，受。』又公側授宰幣之時，經云『馬出』。此《聘禮》賓覿受馬之節也。張氏爾岐曰：『此受馬亦視堂上受幣以爲節也。』《覲禮》：『侯氏享，奉束帛，匹馬卓上，九馬隨之，中庭西上。』又云：『侯氏降自西階，東面授宰幣，以馬出，授人，九馬隨之。』此《覲禮》三享受馬之節也。敖氏繼公曰：『王臣不於内受馬者，無以爲節，亦至尊之禮異也。』凡他禮之庭實，其主人之士受之者，皆以堂上授受爲節。」又《聘禮》：『面卿，賓奉幣，庭實從。』注：『庭實四馬。』蓋賓問卿類正聘之享，故庭實用四皮。賓面卿類正聘之覿，故庭實用四馬。其授受之節，當亦如賓覿也。又禮賓：庭實設，賓執左馬以出。歸饔餼，儐使者：庭實設，馬乘，大夫降，執左馬以出。《覲禮》郊勞：儐使者乘馬，使者降，以左驂出。皆受者親執馬，其節又與賓覿異也。又《聘禮》夫人歸禮：賓儐使者乘馬，上介兩馬。《覲禮》賜舍：儐使者乘馬。賜車服，儐使者四馬。經皆不云授受之節，文不具也。至於庭實用馬，或兩馬、或乘馬；猶之用皮，或儷皮、或四皮也。」**牽馬自前西，乃出。** 自，由也。【疏】正義曰：敖氏云：「『自前西』者，稍進而前乃西行，又南行而出也。」今案：牽馬者皆自前西。四人同出，出廟門也。**賓降階東拜送，君辭。** 拜送幣於階東，以君在堂，鄉之。【疏】正義曰：享幣不拜送，此拜送者，以私覿之幣是賓自致也。階東，西階東也。鄭以階東爲鄉君，敖氏謂拜於西階東，别於己君也。凡臣於異國之君，其拜下者皆不當階。拜於階下者，己臣也。今以《儀禮》諸篇考之，其説亦通。**拜也，君降一等辭。**君乃辭之，而賓由拜，敬也。【疏】正義曰：注「由拜」，《校勘記》云：「楊、敖『由』俱作『猶』。浦鏜云：『由，古通猶。』」云「君乃辭之，而賓由拜，❶敬也」者，或曰：「『乃』當作『已』。」上云「君辭」，此云「拜也」，是辭而猶拜，敬主君也。君降等再辭，於賓有加禮也。**擯者曰：「寡君從子，雖將拜，起也。」**此禮固多有辭矣，未有著之者，是其志而煥乎？未敢明説。【疏】正義曰：「從」，謂從賓而降。「起」，謂起而升階也。注云「此禮固多有辭矣，未有著之者，是其志而煥乎？未敢明説」者，賈疏云：「周公作經，未有顯著之者，❷直云辭耳。此及《公食》皆著其辭，此二者是志記之言，煥乎可見。」又云：「據此二者，觸類而長之，餘辭亦可以意作，但疑事無質，未可明説，故上注每云『其辭未聞也』。」敖氏云：「是時賓主相接，歡敬兩盡，故特見之，食禮亦然。」今案：《士冠》、《士相見》二篇，辭多見於經内，賈以爲志記之言，未確。此注疑有脱誤，闕之可也。**栗階升。公西鄉。賓階上再拜稽首。**成拜。**公少退。**爲敬。【疏】正義曰：「公少退」，示不敢當其拜，亦異於本國之君也。敖氏云：「少退，❸荅

❶「由」，原作「曰」，今據《續清經解》本改。
❷「顯著」下，《儀禮注疏》有「明言」二字。
❸「退」下，《儀禮集説》有「辟之者」三字。

其反還之意也。」**賓降出，公側授宰幣，馬出。**廟中宜清。【疏】正義曰：敖氏云：「于賓之降也，介亦逆出。」　注云「廟中宜清」者，以宜潔清，故使馬出也。不言幣出者，皮幣皆束藏之。下記曰「賓之幣唯馬出，其餘皆東」是也。○以上賓覿。**公降立。擯者出請。上介奉束錦，士介四人，皆奉玉錦束，請覿。**玉錦，錦之文纖縟者也。禮有以少文爲貴者，後言束，辭之便也。【疏】正義曰：「降立」，俟介覿也。注云「玉錦，錦之文纖縟者也」者，纖縟，文繁也。李氏云：「如玉之縝密。」敖氏云：「纖縟而白。」似玉也。云「禮有以少文爲貴者」，士介之錦反文于賓與上介，是以少文爲貴也。《禮器》曰：「禮有以素爲貴者。」素即少文之義也。云「後言束，辭之便也」者，敖氏云：「亦玄纁束之類。」**擯者入告，出許。上介奉幣，儷皮，二人贊。**儷，猶兩也。上介用皮，變於賓也。皮，麋鹿皮。【疏】正義曰：敖氏云：「賓，卿也，私覿之庭實用乘馬；上介，大夫也，用儷皮；士介不用庭實。此禮之差等。」蔡氏云：「二人贊，使二人助攝也。」盛氏云：「執皮之法，蓋如享禮。」　注云「上介用皮，變於賓也」者，賓用馬，上介用皮，是變也。但庭實唯國所有，或馬或皮不定。經於賓覿言馬，於上介言「皮」，互文耳。皮以兩，殺於賓也。上介若用馬，則亦二馬歟？**皆入門右，東上，奠幣，皆再拜稽首。**皆者，皆衆介也。贊者奠皮出。【疏】正義曰：注云「皆者，皆衆介也」者，上介衹一人。經兩言「皆」，故知兼衆介也。蔡氏云：「衆介皆奉幣，從上介入門右，奠幣稽首。」云「贊者奠皮出」者，皮與馬殊，可奠之於地，故知介奠幣時，贊即奠皮先出也。**擯者辭。**亦辭其臣。**介逆出。**亦事畢也。【疏】正義曰：此上介與衆介同以臣禮見也。擯者辭之，介以事畢故出耳。後擯者請受，乃分覿。上介以客禮見，衆介則仍不敢以客禮見。**擯者執上幣，士執衆幣，有司二人舉皮，從其**

幣，出請受。此請受，請於上介也。擯者先即西面位請之，釋辭之時，衆執幣者隨立門中而俟。【疏】正義曰：注「衆執幣者」，《校勘記》云：「『衆執』二字，楊倒。」○盛氏云：「上幣，上介之束錦也。衆幣，士介四人之玉錦也。其出之次，擯者在前，舉皮者從之，執衆幣者在其後。經以尊卑爲序，故先言士耳。」今案：經云「舉皮，從其幣」，明是從上介之幣也，盛説是。注云「擯者先即西面位請之，釋辭之時，衆執幣者隨立門中而俟」，敖氏云：「出請受，言其出爲請受也。」盛氏云：「時猶未請受也，而先著其故於出之下，亦經中之一例也。」今案：據敖、盛二説，則此時未請受，亦未釋辭，似是也。若如注説，則此已請矣，何下文又云「請受」乎？**委皮南面。**擯者既釋辭，執衆幣者進即位，有司乃得委之。南面，便其復入也。委皮當門。【疏】正義曰：注云「擯者既釋辭，執衆幣者進即位，有司乃得委之」，敖氏云：「執皮者從上擯出門，不俟上擯之釋辭，即委皮而退。」盛氏云：「委皮之節，敖得之。」云「南面，便其復入也。委皮當門」者，李氏云：「委皮於門中，北上。贊皮者得北面取之而先入，便。」**執幣者西面北上，擯者請受。**請於上介也。上言其次，此言其位，互約文也。【疏】正義曰：「執幣者西面北上」，亦在東塾南也。注云「請於上介也」者，李氏云：「雖衆幣亦請於上介，介同時覿，統於上介也。」云「上言其次，此言其位，互約文也」者，鄭意以擯者執上幣節是言其出之次，「委皮南面」以下是言其立之位，約文互見，故經兩言「請受」也。敖氏則以上「請受」爲申言出之，故秦氏蕙田云：「案：上云『請受』，標其目；此云『請受』，實其事。本無二節。」盛氏云：「注、疏泥於經文之次，且不知上文所云『請受』爲目下事之例，似失其實，敖説爲是。」今案：「請受」，亦謂請以客禮受也。

介禮辭，聽命。皆進，訝受其幣。此言皆訝受者，嫌擯者一一授之。【疏】正義曰：《校勘記》云：「『一一』，徐本作『二』。張氏曰：『注云嫌擯者一一受之，監、杭本以一一爲二。』從巾箱、嚴本。」○敖氏云：「聽請受之命者，上介也。而士介亦皆訝受其幣者，此時統於尊者，不敢異之也。介既受幣，贊者乃取皮。」❶注云「此言皆訝受者，嫌擯者一一授之」者，謂上介及衆介皆同時受幣，不一一授之，故云「皆」也。訝受者，執幣者西面，介皆東面，是訝受也。**上介奉幣，皮先，入門左，奠皮。**皮先者，介隨執皮者而入也。入門左，介至揖位而立。執皮者奠皮，以有不敢授之義。古文重「入」。【疏】正義曰：注「皮先者」，「皮先」二字，陳、閩、《通解》俱倒。○獨言「上介奉幣」，明斯時士介不隨入也。敖氏云：「奠皮之處，亦參分庭一在南。」注云「皮先者，介隨執皮者而入也」者，案：執皮者先入，亦庭實先設之義也。云「入門左，介至揖位而立」者，謂賓覿時，公揖讓如初，升。賓入門，待公揖乃進。此介不升堂，明入門至公揖處而立也。云「執皮者奠皮，以有不敢授之義」者，案：享時庭實用皮，使人執之以授，受皮者不奠於地。此奠而不授，明不敢與享時同也。云「古文重『入』」者，古文「皮先」下有兩「入」字，案：皮先，謂執皮者先於上介，則「入門左」自兼執皮與上介言之，不必重也，故鄭從今文。**公再拜。**拜中庭也。不受於堂，介賤也。【疏】正義曰：《校勘記》云：「『拜』下，敖有『於』字。」○敖氏云：「公拜蓋西面也，下放此。」注云「拜中庭也」者，案：上云「公降立」以後，不見有升堂之文，故知於中庭拜也。云「不受於堂，介賤也」者，對賓升堂言之。**介振幣，自皮西進，北面授幣，退復位，再拜稽首送幣。**進者，北行，參分庭一而東行，當君乃復北行也。【疏】正義

❶「取皮」上，《儀禮集說》有「南面」二字。

曰：「退復位」，吴氏《章句》謂聘時入門之位，是也。或以爲即上注「揖位」，恐非。　注云「進者，北行，參分庭一而東行，當君乃復北行也」者，謂自皮西進而北行，歷參分庭之一，乃折而東行，與公相當，乃復北行至公所授幣也。敖氏云：「進者，北行將至中庭，與公稍相當，乃東行，及公左而北面，公還南面受幣也。❶介退，公復西鄉，介拜亦北面。」褚氏云：「是時公立於中庭西面，如敖所云則是對公之面而行，相去無幾矣。注説爲長。」**介出。宰自公左受幣。**不側授，介禮輕。【疏】正義曰：注「不側授」，「授」，毛本作「受」。《校勘記》云：「徐本、《集釋》作『授』，是也。」今案：嚴本亦作「授」。　云「不側授，介禮輕」者，上賓覿云「公側授宰幣」，此不云「側授」，是介禮輕也。李氏云：「不云側授，蓋贊者受於公，轉以授宰。」敖氏云：「文主於受者，故不言側。」褚氏云：「此亦鄭不側授之義爲長，觀下『宰夫受士介幣』之注更明。」**有司二人坐舉皮以東。**【疏】正義曰：上執皮者奠皮於地，故此坐舉之也。○上介覿禮竟。**擯者又納士介。**納者，出道入也。【疏】正義曰：注云「納者，出道入也」者，謂擯者出而道之使入也。**士介入門右，奠幣，再拜稽首。**終不敢以客禮見。【疏】正義曰：賓與上介初以臣禮見，辭之，終以客禮見。此士介仍入門右奠幣，用臣禮者，士介卑故也。吴氏《章句》云：「初擯辭時，雖隨上介聽命，然分又卑於上介，終不敢以客禮見也。」**擯者辭，介逆出。擯者執上幣以出，禮請受，賓固辭。**禮請受者，一請受而聽之也。賓爲之辭，士介賤，不敢以言通於主君也。固，衍字，當如面大夫也。【疏】正義曰：注「一請」下，《校勘記》云：「楊無『受』

❶「受」，原作「授」，今據《儀禮集説》改。

字。」「主君」下，嚴本有「也」字，《校勘記》云：「徐本、《集釋》俱有『也』字，《通解》無。」○敖氏云：「公於士介亦辭之者，以其非己臣也。奠幣者四人，惟執其上幣以出，❶又但禮請受而已。皆殺於上介也。」盛氏云：「上幣，士長一人之玉錦也。」　注云「禮請受者，一請受而聽之也」者，謂一請不從即聽之，不再請也。云「賓爲之辭，士介賤，不敢以言通於主君也」者，此釋經士介不辭而言賓辭之義也。云「固，衍字，當如面大夫也」者，賈疏云：「下士介面大夫時，『擯者執上幣出，禮請受，賓辭』，無『固』字，故知此『固』衍字。」李氏云：「一辭而許曰禮辭，再辭而許曰固辭。今擯者禮請受，明無固辭也。下士介面大夫時，賓亦一辭耳。」今案：賈、李之説是也，敖氏以「固」非衍字，褚氏云：「敖謂一辭而得請，亦可謂之『固』，則固辭與禮辭何別乎？」

公荅再拜。擯者出，立于門中以相拜。擯者以賓辭入告，還立門中闑外，西面。公乃遥荅拜也，相者贊告之。【疏】正義曰：「公荅再拜」者，荅其奠幣之拜也。《曲禮》曰：「君於士不荅拜也，非其臣則荅拜之。」是也。　注云「擯者以賓辭入告，還立門中闑外，西面」者，以經云「擯者出」，故知立門中闑外也。知西面者，以士介在門外之西，東面也。斯時公在門内中庭，故云「遥荅拜也」。云「相者贊告之」者，謂擯者以公拜贊告士介，故云「相」也。**士介皆辟。**辟，於其東面位逡遁也。【疏】正義曰：辟，即逡遁之意。士介聞公之拜，不安其位而逡遁，所以爲敬也。**士三人，東上，坐取幣，立。**俟擯者執上幣來也。【疏】正義曰：「士」，主國之士也。擯者已執上幣，故取幣祇須三人，此言「取幣」，則前不隨上幣出也。「東上」，以公在東

❶「惟」上，《儀禮集説》有「擯者」二字。

方也。注云「俟擯者執上幣來也」者，賓辭時，上幣在擯者手，因有相拜之事，未授宰夫，故士先取餘幣，立而俟之也。**擯者進。**就公所也。【疏】正義曰：注云「就公所也」者，謂擯者自閾外入進至公所，乃授幣於宰夫也。**宰夫受幣于中庭，以東。**使宰夫受於士，士介幣輕也。受之於公左。賓幣，公側授宰，上介幣，宰受於公左，士介幣，宰夫受於士，敬之差。【疏】正義曰：注云「使宰夫受於士，士介幣輕也」者，以士介幣輕，故使宰夫受也。江氏筠云：「謂『受於士』，敖君善謂受上幣於擯者。案：經於介私面云『老受擯者幣于中庭』，又記詳賓之私獻云『擯者授宰夫于中庭』，則敖説是也。」云「受之於公左」者，《少儀》曰：「贊幣自左。」經未言，故注明之也。云「賓幣，公側授宰」者，即上賓覿時，公側授宰幣是也。云「上介幣，宰受於公左」者，即上介覿時，宰自公左受幣是也。今士介幣使宰夫受，是其敬有差等也。**執幣者序從之。**序從者，以宰夫當一一受之。【疏】正義曰：注云「序從者，以宰夫當一一受之」者，案：執幣者即上「坐取幣」之三人也，鄭意以宰夫當一一受之，故此執幣之三人以次授之也。然經不云「授宰夫幣」而云「序從」，明是宰夫受幣以東，執幣者以次從之而東也。敖氏云「士三人從宰夫」，是也。○以上衆介覿。

右私覿

擯者出請，賓告事畢。賓既告事畢，衆介逆道賓而出也。【疏】正義曰：自此至「賓不顧」，言事畢送賓之事。注云「衆介逆道賓而出也」者，上聘訖云「賓降介逆出」，故知介逆道賓也。但斯時賓及衆介俱在廟門外，此逆道賓出者，謂出中門及大門也。**擯者入告，公出送賓。**公出，衆擯亦逆道。紹擯及賓立行，間亦六步。【疏】正義曰：注云「公出，衆擯亦逆道」者，謂紹擯在前，承擯次之，上擯亦次之，公在後也。云「紹擯及賓竝行，間亦六步」者，六步，三丈六尺也。前行聘門外陳擯，注云「末介末擯，旁相去三丈六尺」，此紹擯及賓竝行，中間相去亦三丈六尺，故云「亦」也。**及大門内，公問君。**鄉以公禮將事，無由問也。時承擯、賓至始入門之位，北面，將揖而出，衆介亦在其右，少退西上，於此可以問君居處何如，序殷勤也。時承擯、紹擯亦於門東，北面東上。上擯往來傳君命，南面。蘧伯玉使人於孔子，孔子問曰：「夫子何爲？」此公問君之類也。【疏】正義曰：注「鄉」，戴校《集釋》改「鄉」。云「鄉以公禮將事，無由問也」者，敖氏云：「鄉者行禮之時各有其節，不可亂之，故問勞之事至是乃爲之也。」云「賓至始入門之位，北面，將揖而出，衆介亦在其右，少退西上」者，始入門之位即聘時賓入門左，注云「内賓位也，衆介隨入，北面西上少退」是也。云「於此可以問君居處何如，序殷勤也」者，斯時賓北面，將揖，公南面，正可於此問君居處，以序殷勤記念之意。云「時承擯、紹擯亦於門東，北面東上。上擯往來傳君命，南面」者，即前賓入門左，注云「擯者亦入門而右，北面東上」是也。但上擯以往來傳命於賓，故南面。彼注云「上擯進相君」，當亦南面也。敖氏以爲賓東面，公西面而問之，恐非。蘧伯玉事，見《論語·憲問篇》，鄭引之以此爲公問君之類者，朱子云：「所引《論語》非聘事，意略相類耳。」**賓對，公再拜。**拜其無恙。公拜，賓亦辟。【疏】正義曰：注「恙」字，《校勘記》云：「陳本缺。」○云「拜其無恙」者，「無恙」，言無憂病也。《爾雅·釋詁》：「恙，憂也。」《風俗通》：「恙，病也。」又云：「恙，噬人蟲，能食人心。古者草居，多被此毒，故相問勞曰無恙。」吴氏《章句》云：「公再拜慶之。」韋氏協夢云：「賓對亦當再拜。不言者，文不具。公再拜者，荅賓之拜也。」今案：據《司儀》云「問君，客再拜對」，則韋説是。云「公拜，賓亦辟」者，初迎賓入門時，公再拜，賓辟，故知此亦辟也。**公問大夫，賓對。公勞賓，賓再拜稽首，公荅拜。**勞以道路之勤。【疏】正義曰：「問」，毛本誤「門」。《校勘記》云：「閩本誤以音爲注，以注爲音，葛本遂脱此注。」○王氏士讓云：「但言『問大夫』，則上大夫卿該之。於君則拜其無恙，於大夫問之而已。」**公勞介，介皆再拜稽首，公荅拜。賓出，公再拜送，賓不顧。**公既拜，客趨辟，君命上擯送賓出，反告賓不顧，於此君可以反路寢矣。《論語》説孔子之行曰：「君召使擯，色勃如也，足躩如也。賓退，必復命曰：『賓不顧矣。』」【疏】正義曰：注云「公既拜，客趨辟」者，《周禮·司儀職》曰：「出及中門之外，問君，客再拜對，君拜，客辟而對。君問大夫，客對。君勞客，客再拜稽首。君荅拜，客趨辟。」鄭注：「中門之外，即大門之内也。問君曰：『君不恙乎？』對曰：『使臣之來，寡君命臣于庭。』問大夫曰：『二三子不恙乎？』對曰：『寡君命使臣于庭，二三子皆在。』勞客曰：『道路悠遠，客甚勞勞。』介則曰：『二三子甚勞。』問君，客再拜對者，爲敬慎也。」今案：《周禮》較此經稍詳而大槩則同，注亦可以互證。此注云「客趨辟」者，即本《周禮》文也。云「君命上擯送賓出」者，以降等之客，君僅送於大門内，故命上擯送賓出也。云「反告賓不顧，於此君可以反路寢矣」者，賓雖出，君猶立而待之，故上擯送賓出大門，必以賓不顧回告君，君於此乃可自廟而回路寢也。又《司儀》注所云問君問大夫及勞客與介之辭，未知所出，《九經古義》引王伯厚云：「此亦見《説苑》。」李氏云：「凡去者不荅拜。」敖氏云：「凡主人拜送賓，賓皆不顧。經於此見之者，明於尊者之禮如此，則其餘可知。」引《論語》云云，見《鄉黨篇》，此引以爲反告賓不顧之證也。賈疏云：「此送賓是上擯，則卿爲上擯。孔子爲下大夫，得爲上擯者，以孔子有德，君命使攝上擯。若定十年夾谷之會令孔子爲相，同也。」江氏永云：「案：《鄉飲酒禮》：『賓出，主人送于門外，再拜。』注云：『賓介不荅拜，禮有終也。』此公再拜送賓，賓但趨避而不荅拜，遂不顧，是亦禮有終之意。《鄉黨》記『復命』，不考此注，似『復命』二字爲虚文，若非君有命，何以謂之『復命』乎？經但言『賓不顧』，無命上擯送賓及擯者復命之文者，文不具耳。孔子行之，即是禮當如此。當時爲擯者，或不復命，孔子則必復命也。上擯送賓，但送賓出大門，若送至館，自有訝者送之。經文此下云：『賓請有事于大夫，公禮辭許。』注謂：『上擯送賓出，賓東面而請之。擯者反命，因告之。』是復命時有二事：一告賓不顧，一告賓請明日有事于大夫也。當時有無未可知，附識於此。孔子攝上擯之説不可不知，知是攝上擯，則召是特召，君命尤重矣。」

右賓禮畢出公送賓

賓請有事于大夫。請問，問卿也。不言問聘，聘亦問也，嫌近君也。上擯送賓出，賓東面而請之，擯者反命，因告之。【疏】正義曰：自此至「亦如之」，言賓請問卿，卿先往勞之事。○注「不言問聘」，盧氏文弨云：「此『聘』字疑衍。」　云「請問，問卿也」者，案：二「問」字亦疑衍其一，注蓋以請問卿解「請有事」也。經言大夫而不言卿，蓋兼下大夫在内。云「不言問聘，❶聘亦問也，嫌近君也」者，以經言「小聘曰問」，聘亦稱問，嫌其近君，故不言問而言「有事于大夫」也。云「上擯送賓出，賓東面而請之」者，問卿乃明日事，於此請

---

❶「聘」，原脱，今據上注文補。

之，使先告君也。王氏士讓云：「有事必請於其君，義無私交也。」云「擯者反命，因告之」者，義已詳上。**公禮辭，許。**禮辭，一辭。**賓即館。**小休息也。即，就也。【疏】正義曰：注「小休息」，毛本「小」作「少」，嚴本作「小」。《校勘記》云：「徐本、《通解》俱作『小』。」云「小休息也」者，謂自厥明訝賓于館，至是賓乃即館，明日又將有事，是小休息也。此一日之間，行聘、行享及禮賓、私覿，其事甚多。下勞賓及歸饔餼，亦與聘同日，記云「聘日致饔」是也。《聘義》曰「聘射之禮，至大禮也。質明而始行事，日幾中而后禮成，非强有力者弗能行也。故强有力者，將以行禮也。酒清，人渴而不敢飲也；肉乾，人飢而不敢食也；日莫人倦，齊莊正齊而不敢解惰，以成禮節」云云，此之謂也。云「即，就也」者，義已詳《士冠禮》。**卿大夫勞賓，賓不見。**以己公事未行，上介以賓辭辭之。【疏】正義曰：「勞賓」，往賓館勞之也。「賓不見」，不敢當其先施者。注云「以己公事未行」者，是釋所以不見之故。「公事」，即問大夫之事。下記云：「問大夫之幣俟于郊。」幣既公家具之，則事爲公事可知。云「上介以賓辭辭之」者，蓋賓不見而使上介爲之辭也。知上介辭者，以下經「上介受鴈」知之也。**大夫奠鴈再拜，上介受。**不言卿，卿與大夫同執鴈，下見於國君。《周禮》：凡諸侯之卿見朝君，皆執羔。【疏】正義曰：大夫以賓不見，故奠鴈于地而再拜，上介爲受之。注云「不言卿，卿與大夫同執鴈，下見於國君」者，上云「卿大夫勞賓」，此但云大夫而不言卿，明卿與大夫同執鴈，下於見國君也。云「《周禮》：凡諸侯之卿見朝君，皆執羔」者，《周禮·掌客職》曰：「凡諸侯之禮，上公五積，卿皆見以羔。侯伯四積，卿皆見以羔。」是卿見來朝之君執羔也。此見來聘之賓執鴈，是與見國君有異也。**勞上介，亦如之。**【疏】正義曰：「亦如之」者，亦勞於其館，上介不見，而士介代受鴈。

右賓請有事卿先往勞之

君使卿韋弁，歸饔餼五牢。變皮弁，服韋弁，敬也。韋弁，韎韋之弁，兵服也，而服之者，皮韋同類，取相近耳。其服，蓋韎布以爲衣，而素裳。牲，殺曰饔，生曰餼。今文「歸」或爲「饋」。【疏】正義曰：自此至「無儐」，言主君使人歸饔餼於賓介之事。○「使卿」者，以賓是上大夫，爵敵也。「五牢」者，飪一，腥二，皆饔也；生二，餼也。　注云「變皮弁，服韋弁，敬也」者，李氏云：「《周禮・司服》先序祭服，次韋弁服，次皮弁服，則韋弁尊於皮弁，故云『敬也』。」云「韋弁，韎韋之弁，兵服也，而服之者，皮韋同類，取相近耳」者，《字林》：「韋，柔皮也。」《説文》：「韎，茅蒐染韋也。」韎是赤黄色，詳《士冠禮》。蓋皮以茅蒐染之，故其性柔，《釋名》云：「以韎韋爲弁，謂之韋弁。」是也。《周禮・司服》曰：「凡兵事韋弁服。」韋弁服爲兵服，而歸饔餼用之者，以聘用皮弁，皮韋同類，取其相近故也。云「其服，蓋韎布以爲衣，而素裳」者，鄭注《司服》云：「韋弁，以韎韋爲弁，又以爲衣裳。《春秋傳》曰『晉郤至衣韎韋之跗注』是也。今時伍伯緹衣，古兵服之遺色。」今案：《司服》注謂衣裳亦用韎韋爲之者，蓋據《左傳》、《國語》皆云「韎韋之跗注」，又漢時伍伯緹衣，緹，丹黄色，與韎亦近故也。又鄭氏《六月》詩箋云：「天子之服，韋弁服，朱衣裳。」據《左傳》「均服振振」，謂戎事上下同服，則卿大夫即戎，當以韎爲裳，韎亦朱類也。韋弁之制，自以《司服》注爲正。此注云「韎布以爲衣而素裳」，則衣用布而不用韋，裳用素而不用韎，皆與《司服》注異。賈疏謂「入廟不可純如兵服」，其説或然，但韎布他書無考，鄭云「蓋」，則亦疑而未定之辭耳。陳氏祥道謂韋弁即爵弁，敖氏從之。今案：爵弁爲士服，而韋弁通於大夫以上，自是二物。且爵弁用布，韋弁用韋，爵色近五入之緅，而韋用一入之韎，固有不容强同者，陳氏説非也。云「牲，殺曰饔，生曰餼」者，饔兼飪與腥言，皆是已殺者。餼是生物，故以生與殺對言之。鄭注《論語》「告朔之餼羊」亦云：「牲生曰餼也。」云「今文『歸』或爲『饋』」者，胡氏承珙云：「《論語》『詠而歸』、『歸孔子豚』、『齊人歸女樂』，《釋文》竝云：『歸，鄭本作饋。』蓋《魯論》皆作『歸』，鄭從古文作『饋』。此《儀禮》則古文作『歸』，今文作『饋』，鄭又從古文作『歸』者，古文家亦各有師承，《儀禮》古文不必與《論語》同也。又《論語》『詠而饋』，鄭注云：『饋，酒食也。魯讀饋爲歸，今從古。』詳鄭意，是《魯論》直以歸爲歸還之歸，與古《論》饋餉異義。故鄭必從古作『饋』，此經古文作『歸』者，本與饋同義，故不必改從饋。」今案：《士虞禮》注云：「饋，猶歸也。」是二字義本通。**上介請事，賓朝服，禮辭。**朝服，示不受也。受之當以尊服。【疏】正義曰：注云「尊服」，謂皮弁服，下「賓皮弁迎大夫于外門外」是也。或疑注「朝服示不受」之説，不知朝服卑於皮弁，若賓既辭之，而仍服受之之服，有是理乎？注説未可易。**有司入陳。**入賓所館之廟，陳其積。【疏】正義曰：上云「禮辭」，是一辭而許矣，故即入陳也。注云「入賓所館之廟，陳其積」者，謂有司入賓館陳設之也。知館必於廟者，下文「揖入及廟門」，注云「大夫行，舍於大夫廟」是也，義詳彼。《聘義》曰：「餼客於舍。」孔疏云：「於舍，謂於賓館也。」或謂注以饔餼爲積似誤。案：《周禮·宰夫》注云「積謂牢米薪芻」，則下所陳亦積之屬也。萬氏斯大云：「《聘義》曰：『主國待客，出入三積。』説者謂饋之牢禮米禾薪芻之屬曰積。考《聘禮》賓初至館，宰夫致飧，是一積也。聘之日，使卿致饔餼，是二積也。此所以供其在館之資也。臨行當更有饋遺，以供其在道之需，是三積也。故曰『出入三積』。注、疏見《聘禮》不言積，因謂『出入三積』專指待上公之臣，《儀禮》是待侯伯之臣，故無積。然則致飧之禮，飪腥凡二牢，米禾皆二十車，而薪芻倍之。歸饔餼之禮，飪腥餼凡五牢，米禾皆三十車，而薪芻倍之，獨非積也邪？蓋分言之曰飧、曰饔，合言之則曰積。」今案：萬説是也。**饔，**謂飪與腥。【疏】正義曰：《周禮·天官·序官》注云：「饔，割亨煎和之稱。」割者，腥也。亨、煎、和，飪也。是饔兼飪與腥而言，故經以饔總目之也。**飪一牢，鼎九，設于西階前。陪鼎當内廉，東面北上，上當碑，南陳。牛、羊、豕、魚、腊、腸胃同鼎，膚、鮮魚、鮮腊，設扃鼏。膷、臐、膮，蓋陪牛、羊、豕。**陪鼎三牲臛，膷、臐、膮陪之，庶羞加也。當内廉，辟堂塗也。腸胃次腊，以其出牛羊也。膚，豕肉也，唯燖者有膚。此饌先陳其位，後言其次，重大禮，詳其事也。宮必有碑，所以識日景，引陰陽也。凡碑引物者，宗廟則麗牲焉，以取毛血。其材，宮廟以石，窆用木。

【疏】正義曰：《校勘記》云：「注『三牲臛』，諸本俱作『臛』，《釋文》、《集釋》作『脽』。」今案：嚴本作「臛」，與《説文》合，從之。《校勘記》又云：「『唯燖者有膚』，陸氏曰：『燖，一本作燗，音潛。』膚，嚴本作『獻』。」今案：「膚」下「此」字，嚴本作「北」。黄氏丕烈云：「案：『膚此』，譌爲『獻北』，形涉而誤。」《校勘記》又云：「『引陰陽也』，朱子云：『引疑當作別。』周學健云：『別字固直截。或以繩著碑，引之而定方位，則引字亦可解。』敖氏改『別』。『凡碑引物者』，『引』，嚴本作『別』。案：上『引』字可作『別』，此『引』字不可作『別』，嚴本誤也。」○「飪」，熟也。熟食不可久停，故腥有多寡，而飪皆一牢。「鼎九」，即下所陳牛、羊至鮮魚、鮮腊九者也。「設于西階前」，統於賓也。陪鼎即羞鼎，其數三，即下所陳膷、臐、膮是也。陪鼎與鉶異，辨見「六鉶繼之」下。「東面」，鼎皆東向也。「北上」，鼎居北者爲首也。「上當碑」者，正鼎以牛爲上，陪鼎以膷爲上，謂鼎之上者，北與碑齊，其次向南陳之，故云「南陳」也。魚下言「鮮」，則此魚薧也。鮮腊，析而未乾也。鼎與扃鼏之制，詳《士冠禮》。蓋字，鄭、賈無釋，敖氏、郝氏以爲發語辭。盛氏云：「正鼎曰鼏，陪鼏曰蓋，皆所以覆鼎也。異其名者，鼏大而蓋小也。鼏以他物爲之，故云設。蓋與鼎同物，故不云設。言蓋而不言扃，陪鼎小，其手舉之歟？」秦氏蕙田以盛説爲長。褚氏云：「庶羞應在豆，豆用蓋，不用扃鼏。」今案：經明云「陪鼎」而以爲豆，恐非。庶羞有盛於豆者，《公食大夫禮》是也。陪牛羊豕者，正鼎有九，而陪鼎止三，故以膷、臐、膮爲陪牛、羊、豕也。王氏士讓云：「五牢之序，先飪，次腥，次乃及餼。賓入館，先用熟者，次用腥者，餼則留以代匱也。」注云「陪鼎三牲臛，膷、臐、膮」者，《公食禮》注云：「膷、臐、膮，今時臛也，牛曰膷，羊曰臐，豕曰膮，皆香美之名也。」《説文》：「臛，肉羹也。」段氏注云：「『臛』字不見於古經，而見於《招魂》。王逸云：『有菜曰羹，無菜曰臛。』許不云羹也，而云『肉羹也』，亦無菜之謂。《匡謬正俗》駁叔師説，甚誤。」然則膷、臐、膮即以牛、羊、豕之肉爲羹也。云「陪之，庶羞加也」者，以庶羞是加饌，非正饌，故云「陪」也。云「當内廉，辟堂塗也」者，李氏云：「内廉，西階之東廉也。階有東西兩廉，近堂之中者爲内廉。」《釋宫》又云：「堂塗謂之陳。郭氏曰：『堂下至門徑也，其北屬階，其南接門内霤。』」今案：據郭云「北屬階」，則堂塗直階矣。正鼎設于西階前，當稍近東，堂塗寬故無礙。若陪鼎設于正鼎之西，則有礙堂塗矣，故當内廉以辟之也。當，對也。吴氏《疑義》云：「飪鼎在西階前，稍東爲一列，陪鼎又在其東爲一列。」是也。故下經云：「如飪鼎二列。」云「腸胃次腊，以其出牛羊也」者，腊之後即列腸胃，以其出於牛羊，故在膚前也。楊氏復云：「牛、羊、腸胃同一鼎，不異之，腴賤也。」云「膚，豕肉也」者，詳《少牢禮》。云「唯燖者有膚」者，鄭意蓋謂唯豕有膚耳，燖字或有譌誤。牛羊有腸胃而無膚，豕則有膚而無腸胃。《記》曰：「君子不食圂腴。」圂，犬豕也。云「此饌先陳其位，後言其次，重大禮，詳其事也」者，賈疏云：「先陳其位者，『南陳』已上是也。後言其次者，『牛羊豕』已下是也。」又云：「設飧，經直云：『飪一牢在西，鼎九，羞鼎三。腥一牢在東，鼎七。』不言次陳位者，飧禮小，略之也。」云「宫必有碑」者，賈疏云：「案：諸經云『三揖』者，鄭注皆云：『入門將曲揖，既曲北面揖，當碑揖。』若然，《士昏》及此《聘禮》是大夫士廟内皆有碑矣，諸侯廟及天子廟有碑可知。《鄉飲》、《鄉射》言三揖，則庠序之内亦有碑矣，惟寢内不見有碑，但兩君相朝，燕在寢，豈不三揖乎？明亦當有碑矣。」云「所以識日景，引陰陽也」者，李氏云：「視碑景邪正，以知日之早晚；視景短長，以知陰陽之盈縮進退。」設碑之處，鄭氏謂「近如堂深」。李氏《釋宫》申之云：「堂下至門謂之庭，三分庭一，在北設碑。」敖氏則云：「碑在庭東西南北之中。」焦氏以恕云：「此歸饔餼，醯醢百甕夾碑十列，又米百筥設于中庭，亦十列，繼醯醢而南。此碑居庭北之一證。又『還玉及賄禮』章云『賓自碑内聽命』，賓負碑北面，聽命于下。如碑在中庭，而非庭北，則疑立處太遠。又『大夫降中庭，賓降自碑内，東面，授上介于阼階東』。兩言『碑内』，皆近堂階，而與中庭有别，當以鄭説爲是。」云「凡碑引物者，宗廟則麗牲焉以取毛血」者，案：《祭義》云：「君牽牲，既入廟門，麗於碑，卿大夫袒，而毛牛尚耳，鸞刀以封，取膟膋乃退。」彼注云：「麗，猶繫也。」是其麗牲取毛血之事。云「其材，宫廟以石，窆用木」者，案：《説文》：「碑，豎石也。」段氏注云：「《檀弓》：『公室視豐碑，三家視桓楹。』鄭注：『豐碑，斲大木爲之，形如石碑，於槨前後四角豎之，穿中於間爲鹿盧，下棺以繂繞。』案：此《檀弓》注即《聘禮》注所謂『窆用木』也。」朱子云：「今禹墓窆石尚存，高五六尺，廣二尺，厚一尺許，其中有竅，以受綍引棺者也。然則窆亦用石矣。」今案：朱子説與鄭異，竝存之。**腥二牢，鼎二七，無鮮魚、鮮腊，設于阼階前，西面，南陳如飪鼎，二列。**有腥者，所以優賓也。【疏】正義曰：「腥」，殺而未烹也。不曰鼎十有四而云「二七」者，見其每牢七鼎，爲二列也。「無鮮魚、鮮腊」，少飪鼎之二，故每牢止七鼎也。「設于阼階前」，腥在東，與設飧同。「二列」者，一列在阼階前少西，一列又在其西，當阼階之内廉也。北上，上當碑，俱與飪同。方氏苞云：「飪一牢外，復有腥二牢，何也？飪鼎即日所需，腥鼎則翼日所需，始至，未暇自割牲故也。」○《校勘記》云：「注『腥』，徐本作『腊』。張曰：『注曰：有腊者，所以優賓。案：疏腊作腥，經曰無鮮魚鮮腊，今注作有腊，傳寫誤也，從疏。』案：張引注無『也』，與徐本不合。」今案：嚴本有「也」字。○云「有腥者，所以優賓也」者，對下士四人皆餼大牢無腥言也。**堂上八豆，設于户西，西陳，皆二以竝，東上，韭菹，其南醓醢，屈。**户，室户也。東上，變於親食賓也。醓醢，汁也。屈，猶錯也。今文「竝」皆爲「併」。【疏】正義曰：「西陳」者，言豆自東向西設之，是東爲上，故下又云「東上」也。「皆二以竝」者，謂八豆皆菹醢，兩兩竝列。下云「韭菹，其南醓醢」，即二以竝之位也。舉此二豆以示人，則其餘豆之位可知。《周禮・醢人》：「朝事之豆，其實韭菹、醓醢，昌本、麋臡，菁菹、鹿臡，茆菹、麇臡。饋食之豆，其實葵菹、蠃醢。」此經言豆實，但云韭菹、醓醢而已，不言其他。賈疏因用朝事之豆六，去茆菹、麇臡二豆，而以饋食之葵菹、蠃醢足之，蓋據《公食禮》下大夫六豆，用韭菹、醓醢、昌本、麋臡、菁菹、鹿臡，上大夫八豆，鄭注云「加葵菹、蝸醢」，蝸醢即蠃醢；又據《少牢》用韭菹、醓醢、葵菹、蝸醢，朝事、饋食之豆兼用故也。敖氏則以八豆有茆菹、麇臡，而無葵菹、蝸醢，謂經惟言韭菹、醓醢，則爲朝事之豆可知，文省耳。二説不同，後人或從賈，或從敖，紛紛辨論，然經無正文，二者似皆可通。惟解「屈」字之義，則賈、敖俱失之。賈氏云：「屈者，謂其東上醓醢，醓醢西昌本，昌本西麋臡，麋臡西菁菹，菁菹北鹿臡，鹿臡東葵菹，葵菹東蝸醢，蝸醢東韭菹。」敖氏謂：「醓醢西昌本，昌北麋臡，麋西菁菹，菁南鹿臡，鹿西茆菹，茆北麋臡，曲折而下，所謂屈也。」今案：賈、敖之説，與經「二以竝」之文皆不合。賈以東上專屬醓醢，尤非。蓋韭菹、醓醢二者在東，其西爲昌本、麋臡二豆，昌本、麋臡之南爲菁菹、鹿臡二豆，菁菹、鹿臡之東爲茆菹、麋臡二豆。設法自東而西，復自西而東，故謂之「屈」。《公食禮》：「上大夫八豆。」注云：「四四爲列。」亦謂豆兩兩竝列，東西各四，南北亦各四也。○《校勘記》云：「注『於』，監本誤作『乎』。」　云「户，室户也」者，堂上以室户之西爲正中，故知户謂室户也。云「東上，變於親食賓也」者，案：《公食禮》是公親食賓，云：「宰夫自東房薦豆六，設于醬東，西上。」此云「東上」，是變於親食賓也。云「醓醢，汁也」者，案：《周禮·醢人》注云：「醓，肉汁也。」又云：「醓醢，肉醬也。」《詩·大雅》疏以肉汁獨多，故名醓。然則醓本肉汁之名，而以之爲醢，則亦醬類，故《説文》云：「醓，肉醬也。」云「屈，猶錯也」者，案：此經言「屈」，下「八簋繼之」乃言「錯」，則「屈」與「錯」異，詳下。云「今文『竝』皆爲『併』」者，詳《士昏禮》。

八簋繼之，黍其南稷，錯。 黍在北。【疏】正義曰：李氏云：「繼豆以西，黍南稷，稷西黍，黍北稷，八簋間錯陳之。」敖氏云：「八簋，黍稷各四也。錯者，取二物相間之意。」吴氏《疑義》云：「錯者，東一行，北黍南稷；二行，北稷南黍；三行，北黍南稷；四行，北稷南黍。相間錯陳，與屈不同。」今案：屈與錯不可混爲一，吴説是也。黍稷，詳《公食禮》。簋，詳上「竹簋方」及《公食·記》「簠有蓋冪」下。

六鉶繼之，牛，以西羊、豕，豕南牛，以東羊、豕。 鉶，羹器也。【疏】正義曰：郝氏敬云：「六鉶，繼簋而西，牛居東，西爲羊，又西爲豕，北一列也。豕南爲牛，牛東爲羊，又東爲豕，南一列也。」吴氏《疑義》云：「北列，牛、羊、豕自東而西。南列，牛、羊、豕自西而東。屈也。」今案：經不言屈者，以可推而知。六者牛、豕東西常易位，而羊居中不易也。

注云「鉶，羹器也」者，鉶是盛牛、羊、豕之羹，非盛肉也，《周禮・掌客》注亦云「羹器也」。《公食禮》：「宰夫設鉶四于豆西。」注云：「鉶，菜和羹之器。」是鉶爲器名，故《説文》云：「鉶，器也。」鉶以盛和菜之羹，因又以鉶爲羹名，鄭注《士虞禮》云：「鉶，菜羹也。」注《特牲禮》云：「鉶，肉味之有菜和者。」《詩・閟宫》：「毛炰胾羹。」《毛傳》：「羹，大羹，鉶羹也。」《周禮・亨人》：「祭祀共大羹、鉶羹。」鄭司農云：「大羹，不致五味也。鉶羹，加鹽菜矣。」是又以鉶爲羹名也。段氏《説文注》云：「案：大羹煮肉汁不和，貴其質也。鉶羹，肉汁之有菜和者也。大羹盛之于登，鉶羹盛之于鉶，鉶羹菜和謂之芼，其詳在《禮經》。鉶，經典亦作鈃，非正字也。《内饔職》鉶作刑，亦假借字。」今案：《説文》有鈃字，云：「似鍾而長頸。」鍾，酒器也。據《説文》鈃與鍾相次，則鈃爲酒器，與鉶異。聶氏《三禮圖》引舊《圖》云：「鉶受一斗，兩耳三足，有蓋。士以鐵爲之，大夫以上以銅爲之，諸侯飾以白金，天子飾以黄金。」聶氏又云：「鉶是羹器，即鉶鼎也，故《周禮・掌客》注云『不殺則無鉶鼎』，然則據羹在鉶則曰鉶羹，據器言之則曰鉶鼎，據在正鼎之後設之則謂之陪鼎，據入庶羞言之則謂之羞鼎，其實一也。」楊氏《儀禮圖》亦因之。今案：此説甚誤。據此經上云「陪鼎當内廉」，此堂上又有鉶，則鉶非陪鼎矣。《周禮・掌客》：「公鉶三十有八，鼎簋十有二。侯伯鉶二十有八，鼎簋十有二。子男鉶十有八，鼎簋十有二。」鄭注：「鉶，羹器也。鼎，牲器也。鼎十有二者，正鼎九與陪鼎三。」鄭别鉶與鼎爲二器甚明。其云「不殺則無鉶鼎者」，謂不殺則無鉶與鼎，非爲一物也。自賈氏

《掌客》疏云「鉶鼎即陪鼎」，後人沿其誤。蓋鼎以盛牲體，鉶以盛煮牲肉汁，鉶羹亦出於牲，故必殺牲乃有之。《禮經釋例》云：「《聘禮》：堂上六鉶，牛以西羊豕，豕南牛，以東羊豕。又：西夾四鉶，牛以南羊，羊東豕，豕以北牛。《公食禮》：『宰夫設鉶四于豆西，東上，牛以西羊，羊南豕，豕以東牛。』此皆用大牢者，故鉶羹有牛、羊、豕之別。《少牢禮》：『上佐食羞兩鉶，取一羊鉶于房中，❶下佐食又取豕鉶于房中以從。』《有司徹》主婦獻尸：『入于房，取一羊鉶，主婦贊者執豕鉶以從。』注：『飲酒而有鉶者，祭之餘鉶。』此皆用少牢者，故鉶羹有羊、豕之別。《士虞禮》陰厭：『設一鉶于豆南。』《特牲禮》陰厭：『兩鉶鉶芼設于豆南。』此皆用特豕者，唯豕羹而已。」是也。又云：「鹽菜者所以和羹也，凡鉶羹皆有之。《公食·記》曰：『鉶芼，牛藿、羊苦、豕薇，皆有滑。』」是也。案：鉶芼，詳《公食禮》。**兩簠繼之，粱在北。**簠不次簋者，粱稻加也。凡饌屈、錯要相變。【疏】正義曰：郝氏云：「簠以盛稻粱。兩簠，稻粱各一，繼鉶而西，粱居北，稻居南。」注云「簠不次簋者，粱稻加也」者，簠、簋同類，今不次簋而次鉶後，以見其爲加也。云「凡饌屈、錯要相變」者，是廣言設饌之法。此節不言屈錯者，以兩簠止一行也。稻粱，詳《公食禮》。簠，詳《公食·記》。**八壺設于西序，北上，二以竝，南陳。**壺，酒尊也。酒蓋稻酒、粱酒。不錯者，酒不以雜錯爲味。【疏】正義曰：「西序」，堂上之西牆也。郝氏云：「酒八壺，順堂西牆，自北而南，兩兩相竝，向南陳也。」今案：《周禮·酒正》「共賓客之禮酒」，《酒人》「祭祀共酒以往，賓客之陳酒亦如之」，謂此。注云「壺，酒尊也」者，謂盛酒之尊。《周

---

❶「羊」，原作「豕」，今據《禮經釋例》改。

禮・掌客》注：「壺，酒器也。」《禮記・禮器》注：「壺大一石。」《公羊》昭二十五年傳注：「壺，禮器，腹方口圓曰壺，反之曰方壺，有爵飾。」又爲盛水之器，見《周禮・序官・挈壺氏》注。又《禮記・投壺》釋文：「壺，器名。」是又爲投壺之器也。云「酒蓋稻酒、粱酒」者，謂稻、粱各四壺也。賈疏云：「以下夫人歸禮，醙、黍、清各兩壺。此中若有黍，不得各二壺。若三者各二壺，則止有六壺，與夫人歸禮同。」又云：「鄭知不直有稻、黍而爲稻、粱者，稻、粱是加相對之物故也。」敖氏云：「八壺之酒，稻也、黍也、粱也。稻黍各二壺，稻在北，黍次之，粱四壺又次之，蓋如設筥米之例。」褚氏云：「注謂稻粱二種各四壺，賈以與夫人歸禮異解之，最的。」今案：八壺之實，經無明文。鄭、敖各以意言之，而鄭説較確。云「不錯」者，兩兩竝設，先稻後粱，不雜錯陳之。云「酒不以雜錯爲味」者，是釋所以不錯之意也。○此設于户西者，八豆、八簋、六鉶、兩簠及西序八壺，共三十二器，皆陳于堂上也。**西夾六豆，設于西墉下，北上。韭菹，其東醓醢，屈。六簋繼之。黍其東稷，錯。四鉶繼之。牛，以南羊，羊東豕，豕以北牛。兩簠繼之，粱在西。皆二以竝，南陳。六壺西上，二以竝，東陳。**東陳，在北墉下，統於豆。【疏】正義曰：西夾設豆之次，賈疏據《公食禮》謂：「先設韭菹，其東醓醢，又其東昌本，南麋臡，麋臡西菁菹，又西鹿臡。」今案：《公食禮》云「設于醬東西上」，此云「北上」，則其陳之必有異矣。唯郝氏敬云：「韭菹在西北，其東爲醓醢，醓醢之南昌本，昌本之南麋臡，麋臡之西菁菹，菁菹之北鹿臡，鹿臡之北韭菹，故曰『屈』。」其説本「西北上」賈疏之文，實於經義有合，秦氏蕙田説亦同，當以此爲正。姜氏兆錫、盛氏世佐皆嘗更定六豆次序，而與經未符，故不録。郝氏又云：「六簋，黍稷各三。繼豆而南，黍在西北，東爲稷，稷南爲黍，黍西爲稷，稷南又爲黍，黍東又爲稷，故曰『錯』。」亦是也。朱子云：「凡言『北上』者皆南陳，『西上』者皆東陳。此經『西夾六豆，設于西墉下，北上』，至兩簠下，結云：『皆二以竝，南陳。』又云：『六壺西上，東陳。饌于東方亦如之，西北上，壺東上，西陳。』則是東西之饌，自簠以上皆南陳，唯壺東西陳之。疏于東夾之豆亦云于『東壁下南陳』，而布置西夾之豆乃東陳之，又以簋、鉶、簠皆與壺東陳，不唯與經文不合，而亦自相牴牾，殊不可曉。」秦氏蕙田云：「以朱子之説推之，則東西二夾所陳六豆最北，亦簋在豆南，四鉶在簋南，兩簠在鉶南，所謂南陳也。若如楊信齋《儀禮圖》，則豆、簋、鉶、簠在西夾者東陳，在東夾者西陳，與經文不合。」今案：楊《圖》蓋沿賈疏「東陳」一語而誤。六壺之酒，鄭無注。敖氏則謂稻酒、黍酒、粱酒各二壺，未知是否。「二以竝，東陳」者，謂六壺兩兩竝設，自西而向東陳之也。注云「東陳，在北墉下，統於豆」者，鄭意以豆、簋、鉶、簠皆在西墉下，自北而南，則豆之東尚有餘地，故以東陳爲在北墉下，向東陳之也。鄭知在北墉下者，以其統於豆也。敖氏謂壺不著其所，蓋亦近于簠而設之，與在堂上者之位相似，則已疑鄭説。郝氏乃謂壺在南墉下，不知夾固無南墉也。西夾、東夾之制，已詳前設飧節「西夾六」下。○王氏士讓云：「西統于賓，故飪先陳。在西堂上之饌亦于西，西夾之饌亦先叙。」**饌于東方，亦如之。**東方，東夾室。【疏】正義曰：盛氏云：「案：『之』，指西夾也。『如』者，如其『六豆北上』以下至『皆二以竝南陳』之儀也。唯設于東墉下爲異。」**西北上。**亦韭菹，其東醓醢也。【疏】正義曰：李氏云：「雖陳于東墉下，其陳亦以西北爲上，悉與西夾同。嫌統于東墉，以東北爲上，故著之。」注云「亦韭菹，其東醓醢也」者，上西夾設豆之次云「韭菹，其東醓醢」，明此亦然，是以西北爲上也。**壺東上，西陳。**亦在北墉下，統於豆。【疏】正義曰：此亦以豆西有餘地，故在北墉下自東向西陳之，統於豆也。○以上設於西夾，六豆、六簋、❶四鉶、兩簠、六壺，凡二十四器，東夾亦然，共四十八器。唯壺東西陳爲異，餘兩夾位次悉同。褚氏云：「敖氏强以飪尊而腥卑，又强以堂上之饌配飪，兩夾之饌配腥，太鑿。」**醯醢百甕，❷夾碑，十以爲列，醯在東。**夾碑在鼎之中央也。醯在東，醯，穀，陽也，醢，肉，陰也。

【疏】正義曰：《周禮·醢人》云：「賓客之禮，共醢五十甕。」《醯人》云：「賓客之禮，共醯五十甕。」彼注云：「致饔餼時。」是醯、醢百甕也。王氏士讓云：「醯、醢二物乃飪腥與餼諸品所宜相調和者，故叙次於飪腥之後，以見其爲百物之所需也。」○今案：甕，詳《既夕禮》「甕三：醯、醢、屑」下。注云「夾碑在鼎之中央也」者，謂在飪鼎、腥鼎二者之中央也。前設鼎云「上當碑」，是鼎在碑南；此云「夾碑」，則似半在碑南半在碑北矣。「十以爲列」，蔡氏云：「謂左右直列。」吴氏《疑義》云：「醯五十甕作五行，在碑之東。醢五十甕作五行，在碑之西。十甕爲列是也。」云「醯在東，醯，穀，陽也，醢，肉，陰也」者，蓋以東爲陽方，西爲陰方也。敖氏則云：「醯在東，醢爲尊也。」褚氏云：「穀陽肉陰而分東西，注義甚精，何取尊卑爲義乎？」今案：褚説是也。惠氏云：「醯，醬也，後儒誤以爲醋，始于《廣雅》。古有梅無醋，《離騷》『吴酸』亦非醋也。」俟考。**餼二牢，陳于門西，北面東上。牛，以西羊、豕，豕西，牛、羊、豕。**餼，生也。牛羊，右手牽之。豕，東之，寢右，亦居其左。【疏】正義曰：牛羊豕具爲一牢。此二牢者，謂生牛羊豕各二也。「陳于門西」，廟門内之西，

❶「六」，原作「八」，今據上文及下「二十四」改。
❷「醯」，原作「醓」，今據《續清經解》本改。

爲其踐污館庭，使近外也。「北面」，向堂。自東而西，牛、羊、豕、牛、羊、豕，六者相間，共爲一行。敖氏云：「二牢爲一列，變於腥，亦以惟有牢故也。東上，門西之位然也，亦變於饔。」○《校勘記》云：「張氏曰：『注豕東之，案：疏云：豕束縛其足，亦北首。經云：牛，以西羊、豕。則豕在羊西，言東非也。東字誤作東爾，從疏。』案：嚴、徐、鍾本俱作『東』。」　云「餼，生也」者，詳前。云「牛羊，右手牽之」者，《曲禮》曰：「效馬效羊者右牽之。」是也。用右手牽之，則人居其左矣。云「豕，束之，寢右，亦居其左」者，賈疏云：「豕束縛其足，亦北首寢卧其右，亦人居其左。案：《特牲》云：『牲在其西，北首東足。』鄭注：『東足者，尚右也。』與此不同者，彼祭禮，法用右胖，故寢左上右。《士虞・記》云：『陳牲于廟門外，北首西上，寢右。』鄭注：『寢右者，當升左胖也。』變吉，故與此生人同也。」**米百筥，筥半斛，設于中庭，十以爲列，北上。黍粱稻皆二行，稷四行。**庭實固當庭中，言當中庭者，南北之中也。東西爲列，列當醯醢南，亦相變也。此言中庭，則設碑近如堂深也。【疏】正義曰：筥，竹器。《詩》「維筐及筥」，《毛傳》「圓曰筥」，是也。此筥以盛米，與下記「四秉曰筥」之筥殊，下記又云「十斗曰斛」，則半斛五斗也。　注云「庭實固當庭中，言當中庭者，南北之中也」者，賈疏云：「上享時直言庭實入設，不言『中庭』，則在東西之中，其南北三分庭一在南。此更言『中庭』，欲明南北之中也。上文『公立于中庭』，『宰受幣于中庭』，皆南北之中也。」褚氏云：「經凡言『中庭』者，南北之中也。言『階間』者，東西之中也。《燕禮》、《大射》司正立位及《士喪禮》置重之中庭，則既在東西之中，又在南北之中，與此『中庭』同也。敖氏謂『中庭乃東西之中，其南北之節，宜于庭少南』，非矣。」云「東西爲列，列當醯醢南，亦相變也」者，李氏云：「醯醢言『醢在東』，則南北爲列。米言『北上』，則東西爲列。米繼醢醢設之，知在醢醢南也。」今案：經云「十以爲列，北上」，則是十筥爲列，自東至西横陳之。黍兩行在北，次粱兩行，次稻兩行，次南稷四行，與上醢醢百罋自北而南直陳之者異，故云「相變」也。李氏又云：「米以黍稷爲正，稻粱爲加，故南北兩端陳黍稷，而稻粱于其間設之。」郝氏云：「稷獨四行。稷，百穀長，用廣也。」云「此言中庭，則設碑近如堂深也」者，李氏云：「醢醢夾碑，米設于庭南北之中而在醢醢南，則碑近北矣。設洗南北以堂深，而鄭言設碑如堂深，則碑東當洗也。」敖氏云：「此米從饔者也。」《禮經釋例》云：「敖以此節在『饔二牢』之下，故望文生義以爲從饔，非也。以米言之，簠簋之米從飪牢，筥米從腥牢，車米從生牢，經例甚明。考之下經，歸上介饔、飪、腥各一牢，堂上之饌六，西夾亦如之。下即云『筥及罋如上賓』，則米筥在醢醢罋之上，則從饔可知。『米百筥』節似非其次，宜在『醢醢百罋』節之上，絕爛誤在『饔二牢』節之下也。」今案：簠簋之米係已炊爲飯者，故從飪牢；筥米係春熟可即炊者，故從腥牢；車米係留以備用者，故從生牢。《釋例》説似亦可從，俟考。○此以上皆陳于門内者。《聘義》曰：「饔客于舍，五牢之具陳于内。」是也。

門外，米三十車，車秉有五籔，設于門東，爲三列，東陳。 大夫之禮，米禾皆視死牢。秉、籔，數名也。秉有五籔，二十四斛也。籔，讀若「不數」之「數」。今文「籔」，或爲「逾」。【疏】正義曰：《校勘記》云：「『三十』，唐石經作『卅』，下同。注『五籔』，『五』字，徐、陳、閩、葛俱作『伍』。」○「設于門東」，廟門外之東也，下「門西」放此。「爲三列，東陳」，謂每十車爲一列，首一列在西，餘二列以次向東陳之也。此及下所陳之車皆人輓之，非駕牛馬者。　注云「大夫之禮，米禾皆視死牢」者，上飪一牢，腥二牢，合三牢，皆死牢也，故米三十車，禾亦三十車，是皆視死牢也。米禾視死牢，下注文云「秉、籔，❶數名也。秉有五籔，二十四斛也」者，秉、籔皆量器之數名。下記云：「十斗曰斛，十六斗曰籔，十籔曰秉。」注云：「秉十六斛。」是一秉爲十六斛，又五籔爲八斛，通爲二十四斛也。每斛十斗，故下記又云：「二百四十斗也。」此秉亦與「四秉曰筥」之「秉」殊，詳下記。云「籔讀若『不數』之『數』。今文『籔』，或爲『逾』」者，胡氏承珙云：「鄭云『不數之數』，自是漢人常語，用以比方籔音，如《漢書·東方朔傳》注引蘇林曰『籔，音數錢之數』是也。賈疏以『不數』亦爲數名，恐非。今文『籔』爲『逾』者，『逾』疑當作『匬』。《説文》匬下云：『甌匬，器也，從匚，俞聲。』《玉篇》：『匬，余主切，器受十六斗。』此即《論語》『與之庾』之『庾』，《集解》引包注『十六斗爲庾』，與賈逵《左傳注》、唐尚書《國語注》皆合。」今案：據此，則「逾」即「庾」也。籔、庾皆十六斗量名，而鄭從古文作「籔」者，《周禮·陶人》「庾實二觳」，鄭注「豆實三而成觳」，則觳受斗二升，然則二觳二斗四升，又非十六斗之庾。《周禮疏》謂庾本有二法，鄭恐與「實二觳」之「庾」混，故從古文，不從今文也。**禾三十車，車三秅，設于門西，西陳。**秅，數名也。三秅，千二百秉。【疏】正義曰：禾亦爲三列，不言者可知也。注云「三秅，千二百秉」者，下記云「四秉曰筥，十筥曰稯，十稯曰秅」，四百秉爲一秅，則三秅千二百秉也。**薪芻倍禾。**倍禾者，以其用多也。薪從米，芻從禾，四者之車皆陳，北輈。凡此所以厚重禮也。《聘義》曰：「古之用財不能均如此，然而用財如此其厚者，言盡之於禮也。盡之於禮，則内君臣不相陵，而外不相侵，故天子制之，而諸侯務焉

---

❶「注」，原作「經」，今據上注文改。

爾。」【疏】正義曰：薪芻，義詳前「設飧」節下。敖氏云：「倍禾，謂車數也。獨言『倍禾』者，以其相類而相等故也。」盛氏云：「薪芻之屬，以束計不以秉計，《詩》云『生芻一束』是也。每車束數未聞。」今案：禾三十車，倍之則薪芻各六十車也。○注「古之用財」，毛本「財」誤作「材」。　云「倍禾者，以其用多也」者，此言所以倍之之義也。云「薪從米，芻從禾」者，謂其設之亦于門東門西也。賈疏云：「鄭言此者，以經云『倍禾』，恐竝從禾陳之故也。」云「四者之車皆陳，北輈」者，以其向内爲正故也。秦氏蕙田云：「米、禾皆以十車爲一列。米先西後東，故云『東陳』；禾先東後西，故云『西陳』。其輈則皆北鄉。敖氏以東陳爲西轅者，非。」今案：秦説是也。云「凡此所以厚重禮也」者，是統上文言之，「厚重禮」謂厚此聘禮也。下引《聘義》，即以明所以厚之之意。《聘義》原文作「古之用財者」，此引無「者」字。○此以上皆陳于門外者，《聘義》曰：「米三十車，禾三十車，芻薪倍禾，皆陳於外。」是也。　**賓皮弁迎大夫于外門外，再拜，大夫不荅拜。**大夫，使者，卿也。【疏】正義曰：賓不韋弁，嫌其加於致君命時之服也。外門，即大門。迎于外門外，敵禮也。不荅拜，亦爲人使之禮然也。　注云「大夫，使者，卿也」者，以經所云「大夫」，即上君所使歸饔餼之卿，故云「使者，卿也」。　卿稱大夫者，卿爲上大夫，故散文亦稱大夫也。　**揖入。及廟門，賓揖入。**賓與使者揖而入。使者止執幣，賓俟之於門内，謙也。古者天子適諸侯，必舍於大祖廟。諸侯行，舍於諸公廟。大夫行，舍於大夫廟。【疏】正義曰：韋氏協夢云：「揖入亦有每曲揖之節，經不言者，文省。」今案：敖氏以爲廟有外門者，臆説也。　注云「賓與使者揖而入」者，經上云「揖入」，入大門也；下云「賓揖入」，謂入廟門也。入大門賓與使者竝入，入廟門則賓揖先入，故注又云：「使者止執幣，賓俟之於門内也。」知使者止執幣者，以下經始云「大夫奉束帛入」故也。云「謙也」者，前聘時公揖入立于中庭，此侯于門内，是謙也，敖氏云「侯之于入門右之位」是也。云「古者天子適諸侯，必舍於大祖廟」者，《禮運》曰：「天子適諸侯，必舍其祖廟。」是也。云「諸侯行，舍於諸公廟」者，賈疏云：「諸公，大國之孤。若無孤之國，諸侯舍於卿廟也。」今案：鄭知舍於諸公廟者，下記云：「卿館于大夫，大夫館于士，士館于工商。」注云：「館者必於廟，不館於敵者之廟，爲太尊也。」以此差之，故知諸侯行不舍於諸侯廟，而舍於其孤廟也。云「大夫行，舍於大夫廟」者，即記所云「卿館于大夫」也。此鄭因及廟門而申言之，以明賓館在廟也。**大夫奉束帛。**執其所以將命。【疏】正義曰：束帛所以將命者也。**入，三揖，皆行。**皆，猶竝也。使者尊，不後主人。【疏】正義曰：使者即大夫，主人謂聘賓。賓在館，則爲主人也。此使者奉君命來，故不後主人，與之竝行也。**至于階，讓，大夫先升一等。**讓不言三，不成三也。凡升者，主人讓於客三。敵者則客三辭，主人乃許升，亦道賓之義也。使者尊，主人三讓，則許升矣。今使者三讓，則是主人四讓也。公雖尊，亦三讓乃許升，不可以不下主人也。古文曰「三讓」。【疏】正義曰：注云「讓不言三，不成三也」者，《儀禮》經内大率多言三讓，然必主客俱讓至三而後謂之三也。此經但言讓不言三者，褚氏云：「主人第三讓，客遂不辭而先升，主讓三而客讓二，故云『不成三』也。」云「凡升者，主人讓於客三。敵者則客三辭，主人乃許升，亦道賓之義也」者，胡氏承珙云：「凡升階之禮，主人先讓於客而客辭之，至主人三讓，客亦三辭，其數適均。于是主人先升，客從之。此由主人與客敵，或主人尊，皆主人道客先升，故主客適以三讓而升也。」今案：此注是廣言三讓之法，辭亦讓也。云「使者尊，主人三讓，則許升矣」者，謂主人一讓而客一辭，再讓而客再辭，至主人三讓，則客不辭而即升，是無三讓矣。此注即據此經「大夫先升」言之，以明經不云三之義也。使者即謂大夫也。云「今使者三讓，則是主人四讓也」者，案：注「今」，疑「令」之訛，言設令使者三讓也。張氏爾岐云：「假使客三辭而猶先升，則是主人四讓矣，禮固無四讓法也。」又云：「公雖尊，當其爲主人亦必三讓乃先升，此主人自下之義也。」今案：注云「公雖尊，亦三讓乃許升」者，此據行聘時公升二等，賓升，是公先升，而經亦言三讓，明其爲主人之道如是，與此異也。胡氏又云：「此經大夫歸聘賓饔餼，大夫奉主君之命而來，尊其君命，故讓大夫先升。若《覲禮》郊勞至于階，使者則不讓而先升矣。此後聘賓問卿至于階，讓，賓升一等。鄭亦不從古文作『三讓』，亦以賓先升，不能成三讓也。」今案：此説極明。云「古文曰『三讓』」者，此鄭從今文無「三」字，而疊出古文於注也。褚氏云：「鄭言今使者三讓則是四讓也者，明其必不然，是駁古文『三讓』之文，見所以不從之故，賈疏可疑。」今案：此節賈疏本欠明，敖氏又爲宜從古文之説，于是駁注者紛紛，而經義晦矣，今據張、褚、胡諸説申之。**賓從，升堂，北面聽命。**北面於階上也。【疏】正義曰：注云「階上」，阼階上也。賓館于此有主義焉，故升降由阼階。**大夫東面致命。賓降，階西再拜稽首，拜餼亦如之。**大夫以束帛同致饔餼也，賓殊拜之，敬也，重君之禮也。【疏】正義曰：張氏爾岐云：「大夫東面致命，在西階上也。賓降階西再拜，東階之西也。殊拜者，分別兩次拜之，成拜訖，又降拜也。」今案：經云「拜餼亦如之」，是饔與餼分兩次拜矣。張氏謂成拜訖又降拜，盛氏以「拜餼亦如之」在「大夫辭」之上，則拜雖兩次，升降只一番也。蔡氏疑「拜餼亦如之」在「升成拜」之後，蓋與張説同。**大夫辭，升成拜。**尊賓。【疏】正義曰：敖氏云：「大夫辭，亦稱君命辭之。」吴氏《疑義》云：「辭而升，升而成拜，君臣之禮皆然。注以爲尊賓，恐非。」**受幣堂中西，北面。**

趨主君命也。堂中西，中央之西。【疏】正義曰：《校勘記》云：「注『央』，嚴本作『夫』。張曰：『杭本以夫爲失，監本作央。』『西』下，嚴、鍾俱有『也』字。」　云「趨主君命也」者，斯時大夫在西，賓不受于堂中而至堂中之西受之，是急趨君命也。云「堂中西，中央之西也」者，李氏以爲「中堂與西楹之間」是也，敖氏謂「四分楹間一在西」則非矣。**大夫降，出。賓降，授老幣，出迎大夫。**老，家臣也。賓出迎，欲儐之。【疏】正義曰：云「出」者，出廟門也。○《校勘記》云：「注『儐』，徐本、《集釋》俱作『擯』。」今案：戴校《集釋》云：「作『擯』訛。」**大夫禮辭，許。入，揖讓如初。賓升一等，大夫從升堂。**賓先升，敵也，皆北面。【疏】正義曰：「揖讓如初」，謂如前大夫奉束帛入，三揖，皆行，至于階，讓，蓋亦不成三也。胡氏承珙云：「聘賓儐大夫則正用尋常賓主敵體之儀，可行三讓矣。乃云『揖讓如初』者，蓋儐禮略也。其後賓問卿，至于階，讓。賓面卿，云『揖讓如初，大夫升一等，賓從之』。此則主人先升，而亦云『揖讓如初』者，亦以禮略故歟？」　注云「賓先升，敵也」者，前歸饔餼，大夫奉君命尊，故先升；此賓亦先升者，以儐禮賓主體敵，亦得先升也。云「皆北面」者，以下始云「賓奉幣西面，大夫東面」，明此時皆北面也。**庭實設，馬乘。**❶乘，四馬也。**賓降堂，受老束錦，大夫止。**止不降，使之餘尊。【疏】正義曰：設庭實，受束錦，將以儐大夫也。高氏愈云：「卿郊勞以束錦儐之，此于致饔餼復然，蓋欲聯二國之好而致其慇懃如此。」　注云「止不降，使之餘尊」者，大夫即使者。《禮經釋例》云：「注蓋謂使者奉主君之命來，有主君之餘尊，故不降。賈疏未能發明斯義。」

---

❶「馬乘」，原倒，今據《儀禮注疏》乙正。

褚氏云：「敖謂『降堂受錦，辟君禮』，是也。至解『不降』之義，細思終以注『餘尊』之説爲優。」**賓奉幣西面，大夫東面。賓致幣。**不言致命，非君命也。【疏】正義曰：幣，即束錦也。**大夫對，北面當楣，再拜稽首。**稽首，尊君客也。致對，有辭也。【疏】正義曰：注云「稽首，尊君客也」者，義詳郊勞節「勞者再拜稽首受」下。蔡氏云：「以賓稽首受其君命，故因其禮而荅之也。」説亦通。云「致對，有辭也」者，謂賓致幣當有辭，大夫對亦當有辭，但文不具耳。**受幣于楹間，南面，退，東面俟。**賓北面授，尊君之使。【疏】正義曰：「俟」者，俟賓拜送也。注云「賓北面授，尊君之使」者，以經云「受幣南面」，故知授者北面也。賓北面而大夫南面，以其爲君使尊之也。**賓再拜稽首送幣。大夫降，執左馬以出。**出廟門，從者亦訝受之。【疏】正義曰：方氏苞云：「同等宜再拜而不稽首，大夫既稽首拜受，則賓亦宜稽首拜送也。」注云「出廟門，從者亦訝受之」者，前禮賓時賓執左馬以出，從者訝受馬。故知此儐禮大夫執左馬以出，亦從者訝受之也。又《覲禮》郊勞，侯氏儐使者，使者以左驂出，事與此同。**賓送于外門外，再拜。明日，賓拜于朝，拜饔與餼，皆再拜稽首。**拜謝主君之恩惠於大門外。《周禮》曰：「凡賓客之治，令訝聽之。」此拜亦皮弁服。【疏】正義曰：前迎于外門外，故此送亦于外門外也。李氏云：「案：《鄉射禮》：『明日，賓拜賜于門外，主人不見。』知此拜饔餼亦于大門外也。拜于大門外而云『拜于朝』，則諸侯外朝在大門外明矣。」今案：經云「拜饔與餼」，則二者亦殊拜也。注云「《周禮》曰：『凡賓客之治，令訝聽之。』」者，此《掌訝職》文，據原本作「凡賓客之治令訝訝聽之」，此引脱一「訝」字。盛氏云：「引之者，欲見賓之拜謝亦以告訝，而訝爲之導也。」○以上卿歸饔餼於賓。**上介，饔餼三牢。飪一牢，在西，鼎七，羞鼎三。**飪鼎七，無鮮魚、鮮腊也。賓、介皆異館。【疏】正義曰：三牢者，飪一、腥一、餼一也。敖氏云：「三牢，亦降以兩也。」○注「也」字，《集釋》無。　云「飪鼎七，無鮮魚、鮮腊也」者，前賓腥二牢，鼎二七，無鮮魚、鮮腊，故知此鼎七亦無鮮魚、鮮腊也。賓飪鼎九，此七爲異耳，羞鼎同。　云「賓、介皆異館」者，前及館云「展幣于賈人之館」，則賓介以下皆異館可知矣。據下記：賓，卿也，館于大夫。上介，大夫也，館于士。士介，館于工商也。歸饔餼先賓後介，非必同時，以上介在賓館爲之請事入告，必賓禮畢而後能即己館受禮也。　**腥一牢，在東，鼎七。堂上之饌六。**六者，賓西夾之數。　**西夾亦如之。筥及罋，如上賓。**凡所不貶者，尊介也。言如上賓者，明此賓客介也。【疏】正義曰：注「客」，《集釋》作「容」。盧云：「疏兩『客』字同，亦當作『容』。」許宗彦云：「『客』不誤，明以此介爲賓客耳。」今案：許説是也。　云「凡所不貶者，尊介也」者，謂凡饌之數同於賓者，皆以尊介也。　云「言如上賓者，明此賓客介也」者，經云「筥及罋如上賓」，筥即米百筥，罋即醯醢百罋，與賓同，明以賓客之禮待介也。　郝氏云：「此西夾不殺，以東夾全損也。」蔡氏云：「米醯醬不殺，常用等也。」説可附存。　**餼一牢。門外米禾視死牢，牢十車，薪芻倍禾。凡其實與陳，如上賓。**凡，凡飪以下。【疏】正義曰：「死牢」，謂飪與腥也。「牢十車」，則米禾各二十車也。「薪芻倍禾」，則各四十車也。　韋氏云：「賓禮，門外米三十車，禾三十車，與此經所言『米禾視死牢牢十車』互文見義。」　注云「凡，凡飪以下」者，謂自「飪一牢」至此，其所實之物與其陳設之序皆如上歸饔餼於賓也。　**下大夫韋弁，用束帛致之。上介韋弁以受，如賓禮。**介不皮弁者，以其受大禮似賓，不敢純如賓也。　**儐之兩馬束錦。**【疏】正義曰：王氏士讓云：「儐卿馬乘，此以兩，是其降差。」○以上下大夫歸饔餼於上介。　**士介四人，皆餼大牢，**

米百筥，設于門外。牢米不入門，略之也。米設當門，亦十爲列，北上。牢在其南，西上。【疏】正義曰：「士介四人，皆餼大牢，米百筥」者，牛、羊、豕具曰大牢，謂每人餼以大牢及米百筥，故云「皆」也。「設于門外」，設于所館之門外也。士介亦異館。或曰：據《周禮·掌客》「凡介皆有饔餼」，此獨有餼者，餼具大牢，禮盛，故特著之，饔從略耳。然下記言士無饔，則士介本無饔矣，闕疑可也。注云「牢米不入門，略之也」者，上文賓餼陳于門西，米設于中庭，皆在門內，上介亦如之。此言「設于門外」，是不入門，故云「略」也。云「米設當門，亦十爲列，北上。牢在其南，西上」者，李氏云：「設于門外，不言東西，明當門。牢亦在米南，與賓介之陳同，此西上爲異耳。」今案：褚氏云：「此注『西上』恐是『東上』之訛。」以宰夫牽牛致命，當近東故也。**宰夫朝服，牽牛以致之。**執紖牽之，東面致命，朝服無束帛，亦略之。士介西面拜迎。【疏】正義曰：注「士」，《校勘記》云：「嚴、徐、《通解》俱作『上』。」今案：作「上」誤也。云「執紖牽之」者，紖所以繫制牛者。《少儀》曰：「牛則執紖。」宰夫牽牛，則有司牽羊豕也。云「東面致命」者，謂宰夫于館門外，東面以君命致之也。云「朝服無束帛，亦略之」者，此宰夫，士也，故朝服。下士介亦以朝服受，爵同也。賓及上介皆以束帛致之，此無束帛，是略也。「亦」者，亦上牢米不入門也。云「士介西面拜迎」者，以其爲主人，故知出門西面拜迎也。上經云「門外米禾視死牢」，此無死牢故無米禾，無米禾則無薪芻矣。**士介朝服，北面再拜稽首受。**受，於牢東拜，自牢後適宰夫右受，由前東面授從者。【疏】正義曰：上注云「士介西面拜迎」，此由西面轉而北面拜受也。云「受，於牢東拜，自牢後適宰夫右受」者，謂受時于牢東拜，拜訖由牢後適宰夫之右受牛，斯時宰夫蓋亦北面也。云「由前東面授從者」，謂由牢前東面以授從者也。**無儐。**既受，拜送之矣。明日，衆介亦各如其受之服，從賓拜於朝。【疏】正義曰：「儐」，《校勘記》云：「唐石經、嚴、徐、陳、閩、葛本、《集釋》、《通解》、楊、敖俱作『擯』。」李氏云：「『擯』當作『儐』。下經、記無『擯』，及注『不擯賓』同。」秦氏蕙田云：「案：『儐』，石經及宋元本皆作『擯』，故楊復、李如圭皆云當作『儐』，監本已改正。」今案：毛本作「儐」，與監本同，從之。○賓上介受饗餼皆有儐，此士介無儐，義詳下記「無饗者無儐」下。　注云「既受，拜送之矣」者，謂士介既拜受，宰夫亦拜送之，經不言者，略也。　云「明日，衆介亦各如其受之服，從賓拜於朝」者，案：賓受君賜必拜於朝，衆介自無不拜之理，故注補之。　衆介，兼上介在內。此節注皆以補經所未及也。○以上宰夫餼士介。

右歸饗餼於賓介

賓朝服問卿。不皮弁，别於主君。卿，每國三人。【疏】正義曰：自此至「如主人受幣禮不拜」，皆言賓問主國卿大夫之事，分四節：賓初以君幣問卿，次以私幣面卿，一也。次上介特面，次衆介皆面，二也。次上介以君幣問下大夫嘗使至者，次上介以私幣面下大夫，三也。次又設言大夫不見之禮，四也。此賓于聘之明日，拜饗餼于朝，返即備舉此禮。○高氏愈云：「聘本爲君也，而因以及其夫人，而并以問其卿大夫，則凡内外尊卑之間，無不致其慇懃敬禮之意，而所以睦於鄰者大矣。」　注云「不皮弁，别於主君」者，上聘賓與主君行聘享私覿等禮皆皮弁，此不皮弁而朝服，是不敢與正禮同服，故云「别於主君」也。　云「卿，每國三人」者，詳前「君與卿圖事」下。　鄭言此者，見問徧及三卿，其下大夫則惟使至己國者問之也。**卿受于祖**

廟。重賓禮也。祖，王父也。【疏】正義曰：賓問卿，卿不辭而即受之者，賈疏云：「初君送客之時，賓請有事于大夫，君禮辭，許，是以卿不敢更辭。」今案：下記云：「大夫不敢辭，君初爲之辭矣。」是也。　注云「重賓禮也」者，謂不受于禰廟而受于祖廟，是重之也。　云「祖，王父也」者，賈疏云：「大夫三廟，有別子者立大祖廟，非別子者并立曾祖廟，王父即祖廟也。今不受于大祖廟及曾祖廟，而受于祖廟，以其諸侯受於大祖廟，大夫下君，故受於王父廟。」**下大夫擯。**無士擯者，既接於君所，急見之。【疏】正義曰：《校勘記》云：「夫，唐石經作『大』，誤。」○前主君接賓，有卿爲上擯，大夫爲承擯，士爲紹擯。此則但使下大夫爲擯而已，蓋禮簡於君也，李氏云「不必備士擯」是也。敖氏云：「下大夫擯，公使爲之也。」盛氏云：「此與卿聘而用大夫爲上介之意同。」　注云「無士擯者，既接於君所，急見之」者，謂行聘享時卿已與賓相接，故急見之。吳氏《疑義》云：「注說曲而未當。夫使禮果當有士擯，豈得以急見之故，并禮廢之？」今案：吳說似是。**擯者出請事，大夫朝服迎于外門外，再拜。賓不荅拜，揖。大夫先入。每門每曲揖。及廟門，大夫揖入。**入者，省內事也，既而俟於宁也。【疏】正義曰：「擯者」，下大夫也。大夫即卿也，下同。「朝服」，如賓服也。大夫亦有每門每曲揖者，盛氏云：「大夫三廟，兹受於祖廟，祖廟在大祖廟之東南，則自入都宮之門之後，又多東行一曲也。」王氏士讓云：「案：大夫二門，入大門東曲，又北曲而至都宮門，然後及廟門。賈疏仍主廟制一列之說，誤。」今案：公迎聘賓在大門內，大夫迎賓在大門外，故有大門外之揖，經云「揖，大夫先入」是也。入大門後，又有每門之揖者，謂至大門內北行有揖，及至都宮門又揖也。「每曲」之說，王氏得之，盛說亦可存參。　注云「入者，省內事也，既而俟於宁也」者，賈疏云「省內事，請入爲席」是也。宁，門屋宇也。不俟於庭者，下君也。《爾雅》：「門屏之間謂之宁。」李巡謂：正門內兩塾間名曰宁，孫炎謂：門內屏外，人君視朝所佇立處。今案：大夫無屏，則宁當即謂正門內兩塾間也。《詩·齊風》：「俟我于著乎而。」孫炎云：「著與宁，音義同。」然則卿大夫士亦得通稱「宁」矣。蓋公揖入立於中庭，不復出，此則揖入省內事後，復出而俟於兩塾之間，故賈以爲下君也。**擯者請命。**亦從入而出請，不几筵，辟君也。【疏】正義曰：《校勘記》云：「注『几』，徐本作『凡』，誤。」　云「亦從入而出請」者，謂擯者從卿入而後出請命也。賈疏云：「亦者，亦君受聘時。」云「不几筵，辟君也」者，詳前「几筵既設」下。敖氏謂：「君使尊，不敢設神位以臨之。」義可存參。**庭實設四皮。**麋鹿皮也。**賓奉束帛入。三揖，皆行，至于階，讓。**皆，猶竝也。古文曰「三讓」。【疏】正義曰：《校勘記》云：「注『三讓』，徐本『三』作『二』，誤。《通解》、《集釋》俱作『三』。」○詳前「歸饔餼」節。**賓升一等，大夫從，升堂，北面聽命。**賓先升，使者尊。【疏】正義曰：注云「賓先升，使者尊」者，使者即賓，言使則見其奉君命來也，李氏云「聘君之命」是也。**賓東面致命。**致其君命。**大夫降，階西再拜稽首。賓辭，升成拜。受幣堂中西，北面。**於堂中央之西受幣，趨聘君之命。【疏】正義曰：上賓致命，爲致其君命，故此降拜稽首，如見聘君然。**賓降，出。大夫降，授老幣，無儐。**不儐賓，辟君也。【疏】正義曰：《校勘記》云：「『儐』，唐石經、徐、陳、閩、葛、《集釋》、《通解》、楊、敖俱作『擯』，注同。」今亦從毛本作「儐」，義詳於前。○李氏云：「案：卿受問之儀與賓受饔餼禮同，惟在君側不儐賓爲異耳。」○以上賓問卿，下乃言面卿之事。**擯者出請事，賓面，如覿幣。**面，亦見也。其謂之面，威儀質也。【疏】正義曰：賓私覿用束錦乘馬，此云「面如覿幣」，則亦用束錦乘馬也。　注云「面，亦見也」者，前「賓奉束錦以請覿」，注「覿，見也」，故此云「亦」。敖氏云：「聘使私見於主君曰覿，於大夫曰面，蓋異其稱以別尊卑也。」云「其謂之面，威儀質也」者，以覿儀繁，面則儀簡耳。散文覿亦稱面，詳前「賓覿」下。**賓奉幣，庭實從。**庭實，四馬。【疏】正義曰：吴氏《章句》云：「庭實不先設，辟君。」**入門右，大夫辭。**大夫於賓入，自階下辭迎之。【疏】正義曰：「辭」者，辭其入門右也。鄭知階下辭者，賈疏云：「以其授老幣時降故也。」敖氏云：「於中庭南面辭之。」褚氏云：「階下太遠，敖是也。」賈又云：「知迎者，下文『揖讓如初』，明迎之可知。」**賓遂左。**見，私事也。雖敵，賓猶謙，入門右，爲若降等然。《曲禮》曰：「客若降等，則就主人之階。主人固辭於客，然後客復就西階。」【疏】正義曰：《校勘記》云：「注『固辭』，徐、陳、《通解》『固』俱作『興』。」云「見，私事也。雖敵，賓猶謙，入門右，爲若降等然」者，敖氏云：「賓與大夫爵敵，乃若降等然者，不敢自同於奉命之禮也。」今案：引《曲禮》者，證降等之法。此賓先入門右，因大夫辭而遂左，與降等之客先就主人之階，因主人辭而復就西階略同，故云「若降等然」也。**庭實設，揖讓如初。**大夫至庭中，旋竝行。【疏】正義曰：「揖讓如初」者，謂如問卿時三揖，皆行，至于階，讓亦不成三也，義詳前。注云「大夫至庭中，旋竝行」者，褚氏云：「注意必俟賓入，始從階至中庭，❶與之竝行，亦嫌自尊。敖謂『主人至入門右之位，揖賓而皆行』，理較勝。」**大夫升一等，賓從之。**大夫先升，道賓。【疏】正義曰：前賓奉君命問卿，故賓先升；此則大夫先升者，行體敵之禮，先升爲道賓也。**大夫西面，賓稱面。**稱，舉也。舉相見之辭以相接。

❶「階」下，《儀禮管見》有「下」字。

【疏】正義曰：賓稱面，致面見之辭也。敖氏云：「稱面不言東鄉，可知也。」**大夫對，北面當楣再拜，受幣于楹間，南面，退，西面立。**受幣楹間，敵也。賓亦振幣進，北面授。【疏】正義曰：「大夫對」，荅其稱面之辭也。「退，西面立」，俟賓拜送也。敖氏云：「不稽首，別於聘君之命也。不言受馬之儀，如覿可知。」注云「受幣楹間，敵也」者，前受幣堂中西，注以爲趨君命，此受于楹間，是行敵禮也。楹間，堂東西之中也。

賓當楣再拜送幣，降，出。大夫降，授老幣。

右賓問卿面卿

擯者出請事。上介特面，幣如覿。介奉幣。特面者，異於主君，士介不從而入也。君尊，衆介始覿，不自別也。上賓則衆介皆從之。【疏】正義曰：「幣如覿」，亦束錦儷皮也。「介奉幣」，介即上介也，下同。注云「特面者，異於主君，士介不從而入也」者，前覿主君時上介及士介同奉幣請覿，此上介特面卿，士介不從而入，是異於見主君也。云「君尊，衆介始覿，不自別也」者，高氏愈云：「君尊，故上介與衆介同時而覿，若臣之覿君也。」今案：云「始覿」者，謂前覿君時，擯者辭後上介乃奉幣先覿，其初則上介、衆介同入門右奠幣再拜，不自分別也。云「上賓則衆介皆從之」者，前賓問卿、面卿時，介皆從入，因經無文，故注補之。李氏云：「上賓面卿亦從介如覿，介統於賓也。」盛氏云：「特面之義有二：一是不與衆介同執幣而入，異於見主君也。一是不以衆介自隨，下於賓也。」○案：上介面卿，貶于賓者有三。焦氏以恕云：「賓問卿與私面，衆介皆從。今上介特面，士介不從，其貶損者一也。賓私面入門右，大夫即辭，賓亦不果奠幣。今上介入門右，既奠幣，再拜，大夫乃辭，其貶損者二也。賓當楣再拜送幣，今上介降拜，大夫降辭，而後介升再拜送幣，其貶損者三也。」**皮，二人贊。**亦儷皮也。【疏】正義曰：「贊」，義詳前「私覿」節。**入門右，奠幣，再拜。**降等也。【疏】正義曰：賈疏云：「言『降等』者，主人是卿，上介是大夫，故入門右，不敢自同賓客。」敖氏云：「介奠幣，贊者亦奠皮出。」**大夫辭。**於辭上介則出。**擯者反幣。**出還於上介也。【疏】正義曰：不言反皮者，皮從幣出可知。**庭實設，介奉幣入，大夫揖讓如初。**大夫亦先升一等。今文曰「入設」。【疏】正義曰：經云「入」者，入門左也。注云「大夫亦先升一等」者，前賓面卿時，大夫升一等，賓從之，故知此亦大夫先升也。因經未言升，故補之。云「今文曰『入設』」者，胡氏承珙云：「案：上文賓面卿云『庭實設，揖讓如初』，不云入設。鄭以彼決此，故從古文。」**介升，大夫再拜受。**亦於楹間南面而受。【疏】正義曰：注「亦於楹間」，毛本「於」誤作「如」。云「亦於楹間南面而受」者，前賓私面時，大夫受幣於楹間南面，此受幣亦然，故云「亦」也。敖氏云：「介於卿雖降一等，然同爲大夫，故受於堂上，亦得在楹間也。」**介降拜，大夫降辭。介升，再拜送幣。**介既送幣，降出也。大夫亦授老幣。【疏】正義曰：此注補經所未備也。但大夫降辭後仍升，敖氏云：「降拜者，貶於卿。大夫既辭，則揖而先升，西面。介升拜於西階上，北面也。」補言大夫之升，亦密。○以上上介特面，下乃言衆介面卿也。**擯者出請。衆介面，如覿幣，入門右，奠幣，皆再拜。大夫辭，介逆出。擯者執上幣出，禮請受，賓辭。**賓亦爲士介辭。【疏】正義曰：「如覿幣」，各玉錦束也。于士介亦親辭，辟君也。蔡氏云：「餘大約與其覿君同。」注云「賓亦爲士介辭」者，前士介覿君時，擯者執上幣以出，「禮請受，賓辭」者，注以爲士介賤，不敢辭，賓爲之辭，故知此亦然也。**大夫荅再拜。擯者執上幣，立于門中以相拜，士介皆辟。老受擯者幣于中庭，士三人坐取羣幣以從之。**【疏】正義曰：「老受擯者幣于中庭」，亦受以東也。○盛氏云：「賓奉其君之命問主國卿，因而私面，故其禮特恭。上介、士介本非卿之敵體，則其因是而加恭也固宜。然其異於覿主君者，經文歷歷可考，惟士介與卿尊卑懸隔，故其私面之儀幾與覿君相似，而奠幣再拜不稽首，卿不使擯者辭而自辭，又其初不與上介俱入，亦足以見其隆殺之辨矣。郝氏乃謂卿所以待之者無以異於主君，何其弗思甚邪！」**擯者出請事。賓出，大夫送于外門外，再拜。賓不顧。**不顧，言去。【疏】正義曰：盛氏云：「賓亦告事畢乃出，擯者入告，大夫乃送也。」**擯者退，大夫拜辱。**拜送也。【疏】正義曰：敖氏云：「拜辱，謝其屈辱而相己也。」方氏苞云：「擯者，下大夫也。以同僚而共己之私事，故拜其辱。」今案：下使者歸，介送至使者之門乃退，使者拜其辱，與此義同。注云「拜送也」者，敖氏云：「此拜亦兼拜辱、拜送二義，經蓋以其所主者立文也。」

右介面卿

下大夫嘗使至者，幣及之。嘗使至己國，則以幣問之也。君子不忘舊。【疏】正義曰：注云「嘗使至己國，則以幣問之也」者，謂下大夫嘗以使事至聘賓之國，則問及之。賈疏云：「諸侯有三卿、五大夫，三卿皆以幣及之，其五大夫，或作介，或特行至彼國者，乃以幣及之，略於三卿故也。」今案：《儀禮釋官》云：「諸侯下大夫五人，謂三卿下佐事者，其餘大夫尚多，不止五人。說詳孔仲達《曾子問》疏。」云「君子不忘舊」

者，以嘗使至其國，即有故舊之誼，故問必及之，示不忘舊也。**上介朝服，三介，問下大夫。下大夫如卿受幣之禮。**上介三介，下大夫使之禮也。【疏】正義曰：高氏愈云：「下大夫賓不親問，而使上介問之，取其爵之相稱也。止三介者，降于賓也。」　注云「上介三介，下大夫使之禮也」者，下經云：「小聘曰問，其禮如爲介，三介。」是下大夫出使之禮也。吴氏《章句》云：「此三介，即賓之士介也。」**其面，如賓面于卿之禮。**【疏】正義曰：張氏爾岐云：「既致公幣，而又私面也。」今案：「如賓面于卿之禮」者，如其禮耳，庭實則用儷皮。士介不面，略也。

右問下大夫

大夫若不見，有故也。【疏】正義曰：此大夫，兼卿、大夫言。下「使大夫」同。　注云「有故也」者，謂因有故而不見也。有故，如疾病、居喪及出使在外之類皆是也。**君使大夫各以其爵爲之受，如主人受幣禮，不拜。**各以其爵，主人卿也，則使卿；大夫也，則使大夫。不拜，代受之耳，不當主人禮也。【疏】正義曰：賓以聘君之命來問大夫，不可虛其君命，故君使人代爲之受也。盛氏云：「經惟云『受幣』，則不私面可知。」　注云「各以其爵，主人卿也，則使卿；大夫也，則使大夫」者，代之必以同班稱也。云「不拜，代受之耳，不當主人禮也」者，謂不敢以主人自居也。褚氏云：「所謂『拜』，即上經『聽命，後降階西，再拜稽首，升，成拜』是也。此則不可代之，故不拜。敖氏謂并揖讓之節亦無，未然。」今案：經云「如主人受幣禮」，則凡禮皆如主人，唯不拜爲異耳。褚説是也。

右大夫代受幣

夕，夫人使下大夫韋弁歸禮。夕，問卿之夕也。使下大夫，下君也。君使之，云「夫人」者，以致辭當稱「寡小君」。【疏】正義曰：自此至「賓拜禮于朝」，言主君夫人歸禮于賓與上介。○聘享兼及夫人，❶故於歸饔餼之明日，夫人亦歸禮焉。韋弁，與卿歸饔餼同服。吴氏《章句》云：「此即《周禮·酒正》所謂『致飲於賓客之禮』也。」注云「夕，問卿之夕也」者，下記云「明日問大夫，夕，夫人歸禮」是也。敖氏以夕爲不敢與君同時，郝氏以夫人禮從陰，盛氏則謂「此一日之内禮節繁多，賓即館容有至暮者，于是言『夕』，見其不以暮廢事，急歸禮也」。今案：盛説較長。云「使下大夫，下君也」者，此與夫人使下大夫勞賓同爲下于君，君則使卿也。云「君使之，云『夫人』者，以致辭當稱『寡小君』」者，賈疏云：「案：隱二年傳，何休注云：『禮，婦人無外事。』明知此使下大夫歸禮者，是君使之可知，而稱『夫人使』者，以致辭于賓客時當稱『寡小君』，故稱『夫人使下大夫』，其實君使之也。」**堂上籩豆六，設于户東，西上，二以竝，東陳。**籩豆六者，下君禮也。臣設于户東，又辟饌位也。其設，脯，其南醢，屈，六籩六豆。【疏】正義曰：「户東」，室户東也。「西上」，變于君饌東上也。西上故東陳，二以竝同，東陳則與君饌異。方氏苞云：「聘使卿也而六豆、六籩、六壺，與《掌客》夫人致禮子男同，大國之卿當小國之君，周制也。」○注「設于户東」上，嚴本及各本俱有「臣」字，《集

❶「夫人」，原作「大夫」，今據上經文改。

釋》無，據賈疏似亦無「臣」字，吴氏《疑義》「臣」作「陳」，張氏惠言云：「『臣』當作『豆』。」今案：經但云「設于户東」，則「臣」字疑衍，宜從《集釋》。云「籩豆六者，下君禮也」者，君歸饔餼，堂上八豆，此六，是殺于君禮也。云「設于户東，又辟饌位也」者，君歸饔餼，設于户西，此于户東，是又辟君饌位也。云「其設，脯，其南醢，屈」者，姜氏兆錫云：「經不言籩豆所設，注未識何據，豈有六籩但用一脯、六豆但用一醢之理邪？凡經云『薦脯醢』者，約詞耳，豈以是而誤邪？」焦氏以恕云：「君歸饔餼，經云『韭菹，其南醓醢，屈』，省文不全，故鄭放此而云『其設，脯』者，謂六籩設之于北。『其南醢』者，謂醓醢以下之六豆以次相間，交屈而設，蓋舉其一端以概全文，非直謂一脯一醢可知。」今案：鄭此注未詳，當以敖説爲正。敖氏云：「此六豆六籩皆宜用朝事者，而各去其末之二。其設之之序，則豆皆在西，籩繼之而東。」案：醢人朝事八豆已詳前，依敖説去其末之二，則六者韭菹、醓醢、昌本、麋臡、菁菹、鹿臡也。至《周禮·籩人》朝事之籩爲麷、蕡、白、黑、形鹽、膴、鮑魚、鱐八者，依敖説去其末之二，則當是麷至膴六籩而無鮑魚與鱐，較爲的實。又凡設饌皆以豆爲本，則謂豆在西、籩在東，其設亦確。據經文「二以竝」，則是六豆分爲三列，六籩亦分爲三列，以次向東直陳之。經無屈文，固不必以屈言耳。云「六籩六豆」者，鄭恐人疑籩豆六爲籩、豆各三，故著之也。韋氏協夢云：「君歸饔餼，堂上惟有八豆而無籩。此六豆六籩者，君有簠、簋、鉶，而又有西夾、東夾之供，夫人無此數者，故堂上設六豆，減於君也。加以六籩，亦厚待賓之意也。」**壺設于東序，北上，二以竝，南陳。醙、黍、清，皆兩壺。**醙，白酒也。凡酒，稻爲上，黍次之，粱次之，皆有清、白，以黍間清、白者，互相備，明三酒六壺也。先言醙，白酒尊，先設之。【疏】正義曰：敖氏云：「設于東序北上，亦統於豆。」注云「凡酒，稻爲上，黍次之，粱次之」者，敖氏云：「蓋據《内則》三醴之次言之也。」云「皆有清、白」，《内則》曰：「酒清、白。」鄭注：「目諸酒也。」是酒有清、白。云「以黍間清、白者，互相備，明三酒六壺也。先言醙，白酒尊，先設之」者，賈疏云：「醙，白也。上言白，明黍、粱皆有白；下言清，明稻、黍亦有清故也。於清、白中言黍，明醙即是稻，清即是粱，故言互相備也。三酒既有清、白二色，故言六壺必先言醙者，以白酒尊重，故先設之也。」今案：經云「醙、黍、清，皆兩壺」，謂稻酒、黍酒、粱酒皆有清、白兩壺，是六壺也，注釋經極簡明。李氏云：「上介四壺，知此六壺。」秦氏蕙田云：「六壺盛三酒，爲三行。稻最北，黍次之，粱在南，又次之。每行白酒在西，清酒在東，竝陳。」惠氏棟云：「漢律曰：『稻米一斗，得酒一斗爲上尊。稷米一斗，得酒一斗爲中尊。粟米一斗，得酒一斗爲下尊。』顔師古曰：『稷即粟也，中尊宜爲黍米，不當言稷。』蓋據此注而言。」**大夫以束帛致之。**致夫人命也。此禮無牢，下朝君也。【疏】正義曰：敖氏云：「飧不致，此殺於飧乃致者，蓋主君以設飧爲差輕，而夫人以歸禮爲特重，所以異也。」注云「此禮無牢，下朝君也」者，《周禮·掌客》：「上公之禮，夫人致禮，八壺、八豆、八籩，膳大牢。」侯伯以下，亦皆有牢。彼君來朝有牢，此卿來聘無牢，是下於來朝之君也。**賓如受饔之禮，儐之乘馬束錦。**【疏】正義曰：云「如」者，亦大略言之，不盡同也。○以上歸禮于賓。**上介四豆、四籩、四壺，受之如賓禮。儐之兩馬束錦。**四壺，無稻酒也。不致牢，下於君也。【疏】正義曰：注云「四壺，無稻酒也」者，上歸禮于賓，稻、黍、粱皆有清、白兩壺，此去稻酒之兩壺，故四壺也。敖氏以四壺爲去粱酒，經無明文，義亦可通。敖氏又云：「四豆者，去菁菹、鹿臡。四籩者，去形鹽、膴。」皆從下去之也。此于上介當亦使下大夫歸之，禮窮則同也。云「不致牢，下於君也」者，謂君歸饔餼有牢，夫人歸禮于賓與上介無牢，是下君也。不及士介，禮又殺也。○以上歸禮于上介。**明日，賓拜禮于朝。**於是乃言賓拜，明介從拜也。今文「禮」爲「醴」。【疏】正義曰：注云「於是乃言賓拜，明介從拜也」者，謂賓之拜禮不言於「儐之乘馬束錦」之下而言于此，明上介亦從拜可知。云「今文『禮』爲『醴』」者，詳《冠禮》「禮于阼」下。

右夫人歸禮賓介

大夫餼賓大牢，米八筐。其陳於門外，黍、粱各二筐，稷四筐，二以竝，南陳，無稻。牲陳於後，東上。不饌於堂庭，辟君也。【疏】正義曰：自此至「牽羊以致之」，言主國大夫餼賓介之事。○高氏愈云：「聘君於大夫有陳皮束帛之問，故大夫於賓亦有大牢八筐之餼。」今案：賓初以君幣問，而又以私幣面，介及衆介皆面，故大夫之致禮於賓介者亦隆也。注云「其陳於門外，黍、粱各二筐，稷四筐，二以竝，南陳，無稻」者，前君餼士介，牢米皆設於門外，此無入門之文，故知亦陳於門外也。君歸賓饔餼，米百筥設于中庭，十以爲列，北上，黍、粱、稻皆二行，稷四行，據下記云「凡餼，大夫黍粱稷」，則無稻矣，故知此八筐爲黍、粱各二筐，稷四筐也。「二以竝，南陳」，則黍二筐在北，粱二筐次之，稷四筐分爲二列，每列二筐，以次向南陳之，亦北上矣。筐，竹器，《詩毛傳》云：「方曰筐。」據下記「筐容五斛」，敖氏云：「君餼賓，米百筥，筥半斛。此米八筐，筐五斛，以量言之，則八筐者殺於君米二筐也，所以下之。」今案：君餼賓米用四種，大夫用三種。君用筥，器小而多；大夫用筐，器大而寡，亦所以爲差降也。云「牲陳於後，東上」者，前士介四人，皆餼大牢，米百筥，注云：「米設當門。」又云：「牢在其南，西上。」此陳於後，蓋亦在米南也。彼注「西上」，褚氏以爲「東上」之訛，義詳彼。云「不餼於堂庭，辟君也」者，前君歸賓饔餼，餼二牢，米百筥，皆設于門内堂下之庭。此陳于門外，是辟君也。○賈疏云：「案：《掌客》鄰國之君來朝，卿皆見以羔，膳大牢，侯伯子男膳特牛，彼又無筐米，此侯伯之臣得用大牢，有筐米者，彼爲君禮，此是臣禮，各自爲差降，不得以彼難此。」**賓迎，再拜。老牽牛以致之，賓再拜稽首受。老退，賓再拜送。**老，室老，大夫之貴臣。【疏】正義曰：敖氏云：「賓出門左，西面拜迎聽命。老東面致命，賓還北面拜，乃適老右受。此使老致之者，大夫之臣，老爲尊也。賓于老乃拜迎之，亦重其爲使也。大夫不親餼者，以其禮輕，不欲煩賓也。」蔡氏云：「『再拜稽首受』者，以大夫向者稽首受其君命，而因其禮也。」　注云「老，室老，大夫之貴臣」者，《喪服傳》曰：「公、卿、大夫、室老、士，貴臣。其餘皆衆臣也。」注：「室老，家相也。士，邑宰也。」是室老與士皆大夫之貴臣，餘詳《士昏》、《喪服》諸篇。**上介亦如之。衆介皆少牢，米六筐，皆士牽羊以致之。**米六筐者，又無粱也。士亦大夫之貴臣。【疏】正義曰：「上介亦如之」者，敖氏云：「牢米亦如賓，蓋以其具不可得而殺故也。」今案：《少牢》有羊豕而無牛，故牽羊以致。　注云「米六筐者，又無粱也」者，上八筐無稻，此六筐又無粱，皆去其加者也。敖氏云：「米六筐，蓋黍、粱、稷各二筐也。」經無正文，説可竝存焉。云「士亦大夫之貴臣」者，詳上。敖氏云：「於賓上介使老，於衆介使士。所使者雖賤，亦不可以無所别也。」

右大夫餼賓介

公于賓，壹食再饗。 饗，謂享大牢以飲賓也。《公食大夫禮》曰：「設洗如饗。」則饗與食互相先後也。古文「壹」皆爲「一」，今文「饗」皆爲「鄉」。【疏】正義曰：自此至「致食以侑幣」，言主國君臣於賓介食饗燕賜之數及不親食饗之禮。○「壹食，再饗」，賈疏以爲五等諸侯使卿大聘之禮，似矣。據《掌客》，天子待子男一食一饗，而諸侯於聘卿再饗，已多於君。賈疏雖以君臣各自爲禮解之，但以此爲侯伯之卿之禮，則上公之卿當又有加，不更多乎？《聘禮》一篇主侯伯之卿言，而亦有通五等言之者，此類是也。凡待賓之禮有三：饗也、食也、燕也。《儀禮》有《燕禮》及《公食大夫禮》而無《饗禮》，近諸氏錦作《饗禮補亡》一篇，未明備也。攷《春秋》内、外傳，諸侯之臣出聘，主國饗之燕之者甚多，食禮亦間行焉，此則古禮之尚存者爾。 注云「饗，謂享大牢以飲賓也」者，食禮主於飯，有牲無酒，饗則牲、酒皆有，故云「享大牢以飲賓也」。《公食禮》陳鼎七，用大牢，則饗亦用大牢可知。《左傳》「享有體薦」，是其證也。 云「《公食大夫禮》曰：『設洗如饗。』則饗與食互相先後也」者，鄭見此文先言食後言饗，而《公食禮》曰「如饗」，則饗在前可知，故云「互相先後」也。敖氏云：「案：注云『互相先後』，謂食居二饗之間也。」今案：《周禮·大行人》《掌客》皆先言饗後言食，敖説或得鄭意歟？ 云「古文『壹』皆爲『一』」，詳《士冠禮》。 「今文『饗』皆爲『鄉』」者，胡氏承珙云：「《説文》享作亯，云：『獻也，從高省，曰象進孰物形。《孝經》曰：祭則鬼亯之。』凡亯之屬皆從亯。』又饗，云：『鄉人飲酒也，從食從鄉，鄉亦聲。』二字古多通用，故《周禮》、《禮記》饗燕字多作『饗』，《左傳》則多作『享』。此注云『今文饗皆爲鄉』，而《公食禮》注又云『古文饗或作鄉』者，則皆因饗而借，鄭所不從。」**燕與羞，俶獻，無常數。** 羞，謂禽羞鴈鶩之屬，成熟煎和也。俶，始也。始獻，四時新物，《聘義》所謂時賜無常數，由恩意也。

古文「俶」作「淑」。【疏】正義曰：饗食有定數，燕無定數，燕禮略輕於饗食也。賈疏云：「《周禮·掌客》：『上公三燕，侯伯再燕，子男一燕。』此臣無常數者，亦是君臣各爲禮，不得相決。」　注云「羞，謂禽羞鴈鶩之屬，成熟煎和也」者，案：下記以「禽羞俶獻」連言，故知此羞謂禽羞也。但禽羞與宰夫所歸之乘禽異，彼是未烹熟者，此是已成熟煎和之物，而注同以鴈鶩之屬解之，似少分別。吴氏《疑義》云：「禽羞，當爲《内則》『鶉鷃之屬』。」或然。云「俶，始也」者，《爾雅·釋詁》文。云「始獻，四時新物」者，下記注云：「俶獻，四時珍美新物也。」俶，始也，言其始可獻也，《聘義》曰「燕與時賜無數」謂此。云「由恩意也」者，謂由恩意有厚薄，故無常數也。葉氏夢得云：「饗以訓恭儉，故至於再。燕與時賜以示慈惠，故無數。」云「古文『俶』作『淑』」者，「俶」是正字，「淑」是假借字。《説文》：「淑，水清湛也。」古文假「淑」爲「俶」，鄭所不從。**賓介皆明日拜于朝。**【疏】正義曰：「明日」，饗食燕之明日也。王氏《糾解》云：「賓于發去之日乃三拜乘禽于朝，則此之拜賜爲拜饗食燕也。上文『羞俶獻』，經連類及之耳。」敖氏云：「上惟見賓禮，乃言介拜，似非其次，蓋此文宜在下句之下也。」盛氏云：「饗賓、食賓之時，介皆與焉，而燕又以介爲賓，則其從拜可知。上歸饔餼章亦言拜賜於介禮之上，是其例矣。」今案：敖以爲失次，非也。**上介壹食壹饗。**饗食賓，介爲介，從饗獻矣。復特饗之，客之也。【疏】正義曰：此特食饗上介也。壹饗，殺於賓也。不言燕者，盛氏云：「燕賓之時，賓爲苟敬，上介爲賓，是亦足以伸其敬矣，故不特燕之。」今案：不及士介，微也。　注云「復特饗之，客之也」者，謂饗食賓之時，介已從與饗獻矣，此復特饗之，是客禮待之也。賈疏云：「下記『大夫來使無罪，饗之，其介爲介』，故知介從饗也。」**若不親食，使大夫各以其爵，朝服致之以侑幣，如致饔，無儐。**君不親食，謂有疾及他故也。必致之，不廢其禮也。致之必使同班，敵者易以相親敬也。致禮於卿，使卿；致禮於大夫，使大夫，非必命數也。無儐，以己本宜往。古文「侑」皆作「宥」。【疏】正義曰：「大夫」，兼上下大夫言。「侑幣」，侑食之幣，詳下。公親食有侑幣，不親食，故使人以侑幣致之於賓館也。「如致饔」，謂如致饔餼之禮，但無儐爲異耳。注云「君不親食，謂有疾及他故也」者，賈疏云：「他故之中，兼及有哀慘。」敖氏云：「若『不親食』之文，雖主於君，然賓有故而不及往者，其禮亦存焉。」張氏爾岐云：「他故，謂死喪及使者聘而誤，❶或大客繼至之屬。案：聘遭喪，主人畢歸禮，賓唯饔餼之受，謂有死喪而致饔與食則賓不受之，餘皆可受也。」云「致禮於卿，使卿；致禮於大夫，使大夫」者，所謂「各以其爵」也。云「非必命數也」者，張氏云：「《周禮·典命》大國小國卿大夫命數不同，此所使致禮，但取爵同耳，不計命數也。」云「無儐，以己本宜往」者，張氏云：「食禮賓當往君所受禮，無儐使者之法。今雖使人致禮，以賓本宜赴爾，❷故仍無儐也。」云「古文『侑』皆作『宥』」者，惠氏士奇云：「古有宥坐之器，亦謂置器於坐，以詔侑人也。」今案：莊十八年《左傳》云：「王享醴，命之宥。」杜注：「飲宴則命以幣物宥助也。」是宥與侑通。侑，正字。宥，古文假借字。**致饗以酬幣，亦如之。**酬幣，饗禮酬賓勸酒之幣也，所用未聞也。禮幣束帛、乘馬，亦不是過也。《禮器》曰「琥璜爵」，蓋天子酬諸侯。【疏】正義曰：上言不親食之禮，此言不親饗之禮也。其致之以酬幣，而其儀節

❶「使者聘而」，《儀禮鄭注句讀》作「賓有過」。
❷「爾」，《儀禮鄭注句讀》作「廇」。

一與致食同。　注云「禮幣束帛、乘馬，亦不是過也」者，既言「所用未聞」而又言此，蓋以酬幣雖無正文，但主君禮賓及歸饔餼俱用束帛乘馬，則其幣亦不得過是耳。　云「《禮器》曰『琥璜爵』，蓋天子酬諸侯」者，彼注云：「『琥璜爵』者，天子酬諸侯，諸侯相酬，以此玉將幣也。」與此注略同。　鄭引之者，見酬幣用玉乃天子諸侯之禮，非饗聘使所得用爾。《三禮札記》云：「《禮記》孔疏引崔氏云：『諸侯貴者以琥，賤者以璜。』因言公侯用琥，伯子男用璜。　賈疏則謂公侯伯用琥，子男用璜。　不同者蓋皆以意言之也。」陳氏《禮書》云：「食有侑食，故有侑幣。　饗有酬爵，故有酬幣。《儀禮·公食大夫》：侑以束帛，而庭實以皮，大夫相食以束錦。　此食有侑幣也。《聘禮》：公于賓若不親食，使大夫致之以侑幣，致饗以酬幣亦如之。　大夫于賓若不親饗，則公作大夫致之以酬幣，致食以侑幣。《士昏禮》：『舅饗送者以一獻之禮，酬以束錦。　姑饗婦人送者，酬以束錦。』春秋之時虢公、晋侯朝王，王饗醴，命之宥，皆賜玉五瑴，馬三匹。　秦后子享晋侯，歸取酬幣，終事八反。魯侯享范獻子，莊叔執幣。　此饗有酬幣也。《禮器》曰『琥璜爵』，又王饗虢公、晋侯皆賜玉五瑴，是天子饗諸侯、諸侯相饗，酬幣用玉也；諸侯食大夫、大夫相食，以皮帛與錦，則侑幣固有差矣。　酬幣亦謂之侑，侑幣不謂之酬，故《春秋傳》享醴皆曰宥。　以侑者，勸酬之通稱也。」《禮經釋例》云：「凡食賓以幣曰侑幣，飲賓以幣曰酬幣。　案：《公食大夫禮》：賓三飯後，公受宰夫束帛以侑，擯者進相幣，賓降辭幣，升聽命，再拜稽首受幣，公壹拜，賓降也。　公再拜，介逆出，賓北面揖，執庭實以出，公降立，上介受賓幣，從者訝受皮，然後賓復入門左，升堂卒食。　此侑幣也。《士冠禮》：『醴賓以壹獻之禮，主人酬賓，束帛儷皮。』注：『飲賓客而從之以財貨曰酬，所以申暢厚意也。　束帛，十端也。　儷皮，兩鹿皮也。』此酬幣也。儷皮即庭實。醴賓而有束帛庭實者，較飲酒之禮爲盛也。《士昏禮》：『舅饗送者以一獻之禮，酬以束錦。』注：『爵至酬賓，又從之以束錦。』此饗禮但云『束錦』，不云『庭實』者，蓋昏禮之饗，殺於天子諸侯故也。」又云：「《饗禮》篇亡，《禮經》可考者，唯《士昏》及《聘禮》數語而已。《左傳》：『王饗禮，命之宥，皆賜玉五瑴，馬三匹。』饗，謂饗禮。醴，謂醴賓。馬者，蓋謂饗及醴賓之庭實。故《聘禮》醴賓亦云：『賓執左馬以出也。』杜注以爲行饗禮，先置醴酒，恐誤。」今案：陳氏《禮書》謂燕亦有酬幣，詳《燕禮》。 **大夫於賓，壹饗壹食。上介，若食若饗。若不親饗，則公作大夫致之以酬幣，致食以侑幣。** 作，使也。大夫有故，君必使其同爵者爲之致之。列國之賓來，榮辱之事，君臣同之。【疏】正義曰：高氏愈云：「大夫於賓復行饗食之禮，君之所厚者，臣亦不敢薄也。」吴氏《章句》云：「『上介，若食若饗』，二者用其一，又殺也。」今案：致食以侑幣，亦謂不親食者也。 注云「作，使也。大夫有故，君必使其同爵者爲之致之」者，經但云「作大夫」，未言各以其爵，故注補之。 敖氏云：「酬幣、侑幣皆用束錦，亦有庭實。此致之以大夫，不嫌與君同者，公作之故也。」今案：《國語》：「晋羊舌肸聘于周，單靖公享之。」又《左傳》：「叔孫穆子食慶封，慶封汎祭。」是大夫相饗食之禮，春秋時猶有存也。賈疏云：「昭二年《左傳》：『韓宣子來聘，宴于季氏。』傳無譏文，明鄭國大夫亦有相燕之法。」

右主國君臣饗食賓介之禮

君使卿皮弁，還玉于館。 玉，圭也。君子於玉比德焉。以之聘，重禮也。還之者，德不可取於人，相切厲之義也。皮弁者，始以此服受之，不敢不終也。【疏】正義曰：自此至「賓送不拜」，言主君使卿詣賓館還玉及賄與禮之事。○「使卿」者，亦欲與賓爵相敵也。　注云「玉，圭也」者，此玉即圭璋也。云「君子於玉比德焉」者，《聘義》文。云「以之聘，重禮也。還之者，德不可取於人，相切厲之義也」者，案：《聘義》曰：「以圭璋聘，重禮也。已聘而還圭璋，此輕財而重禮之義也。諸侯相厲以輕財重禮，則民作讓矣。」鄭此注大略本此，而又以德爲已所自有，不可取之於人，故還之，以示相切厲之意。此從比德於玉上生出一義也。敖氏云「還玉，即還摯之義」，亦通。云「皮弁者，始以此服受之，不敢不終也」者，案：「受之」，謂受此玉。初時行聘享，以皮弁服受，故今仍以皮弁服還也。

賓皮弁，襲，迎于外門外，不拜，帥大夫以入。迎之不拜，示將去，不純爲主也。帥，道也。今文曰「迎于門外」，❶古文「帥」爲「率」。【疏】正義曰：賓襲，爲將受玉，敬也。大夫，即卿也，亦襲。敖氏云：「帥以入，則是不揖之也。」　注云「迎之不拜，示將去，不純爲主也」者，賓在館如主人，上歸饔餼時賓拜迎，是純爲主也。此不拜，故云「示將去，不純爲主」。敖氏云：「禮不主于己，故不拜。」江氏筠云：「此不純爲主，非以將去之故。以其圭爲君物，非己所得而主也。璋亦然，故還璋如初入。其賄與禮亦皆是代君受者，故皆如還玉。《禮記》言君不見使大夫受之儀，自聽命以迄降階，悉與此同，足以明之矣。蓋此之送迎不拜者，猶之奉使不荅拜之義。敖氏謂『禮不主于己』者得之。」云「帥，道也」及「古文『帥』爲『率』」，詳前。云「今文曰『迎于門外』」者，案：下記云「卿館于大夫」，大夫有二門，外門即大門也。上歸饔餼云：「賓皮弁迎大夫于外門外。」此今文「門」上無「外」字，故鄭不從。

大夫升自

---

❶ 「今」，原作「古」，今據《儀禮注疏》及下疏文改。

西階，鉤楹。鉤楹，由楹内，將南面致命。致命不東面，以賓在下也。必言鉤楹者，賓在下，嫌楹外也。【疏】正義曰：注「賓在下，嫌楹外也」，《校勘記》云：「在，陳本誤作『佐』。」　云「鉤楹，由楹内，將南面致命」者，謂由楹西轉而之楹北，乃東行至堂中南面致命也。云「致命不東面，以賓在下也」者，上歸饔餼時，大夫東面致命，此不東面而南面，以賓在堂下故也。云「必言鉤楹者，賓在下，嫌楹外也」者，以賓在堂下，嫌由楹外致之，故必言鉤楹，以見其入堂深也。**賓自碑内聽命，升自西階，自左，南面受圭，退負右房而立。**聽命於下，敬也。自左南面，右大夫且竝受也。必竝受者，若鄉君前耳。退，爲大夫降逡遁。今文或曰「由自西階」，無「南面」。【疏】正義曰：朱子云：「君使卿還玉于館，賓退負右房而立，賓故館於大夫也，則大夫亦有右房矣。」敖氏説同。今案：下記若君不見使大夫受之禮亦云「負右房而立」，則大夫廟寢之制與諸侯同可知。賈疏乃云：「於正客館，故有右房。」萬氏斯大云：「《曾子問》有言『卿大夫之家曰私館，公館與公所爲曰公館』，賈疏因謂此『負右房』或不在大夫廟而於正客館，故有右房。意若以舍於大夫，則不當有右房也。予謂古者諸侯之邦交不一，所以待客者當必非一處。而古者上下之等威甚辨，所以待國君與待外臣者當必不從同。即令舍聘賓于公館，亦必大夫之館，而非諸侯之館也。在此經明言『館于大夫』，乃因有右房而指之爲諸侯之公館，可乎？且賓之去也，釋皮帛于館堂，賓不致，主人不拜，若公館當稱館人，豈得稱主人乎？」褚氏云：「大夫之廟而有右房，則士亦有可知。賈以此爲正客館，蓋欲迴護注意而爲之辭。即云客館，亦因其本宜有者而制之也。」案：此二條駁賈正客館之説甚精。蓋東房西室乃燕寢之制，其正寢與廟則自上及下皆有左右房也，説詳《士昏禮》及《公食大夫禮》。○注「鄉」，戴校《集釋》改「曏」。云「聽命於下，敬也」者，上歸饔餼時，賓從升堂北面聽命，是聽命於堂上也。此云「自碑内」，則在堂下矣，故云「敬也」。碑内，碑北也。褚氏云：「不云階間而云『碑内』，近碑可知。注云『敬也』，勝敖氏君命不主于己之説遠甚。」云「自左南面，右大夫且竝受也」者，謂賓在大夫之左，大夫在賓之右，南面竝受也。敖氏云：「升自西階，非受玉之正主也。亦鉤楹，由大夫之後，乃自左受之。二人俱代君行禮，故皆不北面。」是也。云「必竝受者，若鄉君前耳」者，賈疏云：「謂于本國君前受圭璋時北面竝受，今還南面竝受，面位不同，竝受不異，故云若鄉者在君前受耳。」云「退，爲大夫降逡遁」者，逡遁是解退意。前行聘時，「賓三退負序」，注云「三退，三逡遁也」是也。但賓之逡遁，以受圭愼重之故，負右房則在堂之西北而南面矣。「立」者，俟大夫降乃降也，注以爲「爲大夫降而逡遁」，恐非。云「今文或曰『由自西階』，無『南面』」者，胡氏承珙云：「案：『自』即『由』也，言『自』則不必言『由』。凡授受之禮，相鄉者謂之訝授受，同面者謂之竝授受。《曲禮》：『鄉與客竝，然後受。』鄭云：『于堂上則俱南面，禮敵者竝受。』《士昏禮》：『納采授鴈于楹間，南面。』注云：『竝受也。』今文無『南面』，即竝受之義不明，故鄭俱從古文。」**大夫降中庭。賓降，自碑内東面，授上介于阼階東。** 大夫降出，言中庭者，爲賓降節也。授於阼階東者，欲親見賈人藏之也。賓還阼階下西面立。【疏】正義曰：注云「大夫降出，言中庭者，爲賓降節也」者，大夫降則出矣，非止於中庭也，乃言「降中庭」者，蓋爲賓降節耳。敖氏云：「大夫降而至於中庭，賓乃發于負右房之位而降，是以之爲節也。」褚氏云：「必言『自碑内』者，見由西階降也。」盛氏云：「此章兩言『自碑内』，一言『中庭』，見其升降皆不由堂塗也。此賓與大夫皆代君行禮，不敢以賓主自居，故異於常法歟？」云「授於阼階東者，欲親見賈人藏之也」者，《儀禮》凡受藏者皆在東，賓自碑内至阼階東授上介，上介又轉授之賈人，斯時賈人蓋在阼階東，故云「欲親見其藏之也」。云「賓還阼階下西面立」者，賈疏云：「以其賓在館如主人，在階下西面立，是其常處。」敖氏則云：「既授上介，則復立於中庭。」今案：敖説亦可存參。立者，待還璋也。○敖氏云：「《司儀職》曰：『還圭如將幣之儀。』謂君親還之也。則其禮皆與此異矣。」**上介出請，賓迎。大夫還璋，如初入。**出請，請事於外以入告也。賓雖將去，出入猶東，唯升堂由西階。凡介之位，未有改也。【疏】正義曰：敖氏云：「『如初入』者，自帥入以至授介皆如之也。『還璋』，爲夫人還之。」　注云「賓雖將去，出入猶東，唯升堂由西階」者，凡主人之義，出入由闑東，升堂由阼階。鄭以此賓將去，不純爲主，唯升堂由西階，而出入仍由東，是以升自西階爲將去之故也。敖氏解上文「升自西階」，云「非受玉之正主也」，則以爲辟正主之故。江氏筠謂敖説得之，又謂：「升不由阼，猶之宰夫待君爲獻主，而升降自西階之義。」其比例亦精。云「凡介之位，未有改也」者，謂介猶在東方不改，故上文云「授上介于阼階東」也。**賓裼，迎。大夫賄用束紡。**賄，予人財之言也。紡，紡絲爲之，今之縳也。所以遺聘君，可以爲衣服，相厚之至也。【疏】正義曰：敖氏云：「裼者，已受聘玉則復其常也。大夫于賓裼亦裼，亦上介出請入告乃迎之。」盛氏云：「于是言裼，則還璋之時尚襲矣，所謂『圭璋特而襲』也。」○注「今之縳也」，《校勘記》云：「縳，《釋文》作『繐』，云：『劉音須，一本作縳，息絹反。』案：《説文》：『白鮮色也，居椽反。』《聲類》以爲今正『絹』字，戴震曰：『《周禮·内司服》注素沙者，今之白縳也，《釋文》劉音絹，《聲類》以爲今作絹字。』此獨作繐，繐乃繻之俗體，繻因有須音，然與《周禮音義》刺謬，以《聲類》證之，音絹是也，須乃絹之訛。以《周禮》證之，作縳是也。《釋文》訛而爲繐。』案：注宜作『縳』，不宜作『繻』。此説是也。

劉于此注亦作『縳』而音絹耳，《釋文》誤讀劉音，遂誤改注字。監本作『縳』，亦誤。」今案：《説文》：「縳，從糸專聲。」段氏注云：「《聲類》以『縳』爲今正絹字。案：據許則縳與絹各物，音近而義殊。二《禮》之鄭注自謂縳，不謂絹也。縳以其質堅名之，字從專。絹以色如麥稍名之，字從肙。李登作《聲類》時已失其傳矣。」「相厚之至也」，《校勘記》云：「徐、陳、《通解》、敖氏俱無『也』字，《集釋》、楊氏俱有。按賈有『也』字。」云「賄，予人財之言也」者，按《爾雅·釋言》云：「賄，財也。」又《一切經音義》引《通俗文》云：「財帛曰賄。」故鄭以賄爲予人財也。云「紡，紡絲爲之」者，《説文》：「紡，紡絲也。」段氏注云：「各本作『網絲』，誤。絲之紡，猶布帛之績緝也。」今案：絲以紡而成，故謂之紡。《詩·斯干》：「載弄之瓦。」《毛傳》：「瓦，紡專也。」《説文》：「專，一曰紡專。」專與甎同，即紡絲之具矣。云「今之縳也」者，周之紡即漢之縳，故舉以示人也。云「所以遺聘君，可以爲衣服，相厚之至也」者，鄭以此爲遺聘君，而或又以爲賄聘賓。惟敖氏云：「賄禮主于荅其聘。」盛氏云：「賄，主君所以報聘也。」其説是矣。蓋玉帛乘皮以報享，而報聘但用束紡，似乎物薄。然聘以圭璋，已聘還之，主君于聘一無所受，而又不可恝然已也，故用束紡以致其勤綣之意，注所謂「厚之至也」。此在「還玉」之後，故知爲報聘之物。若以爲賄聘賓，則當在「公使卿贈如覿幣」之下，非其次矣。《吕氏春秋》云：「宋有澄子者，亡緇衣，求之塗。見婦人衣緇衣，曰：『子不如速與我。我所亡者紡緇也，今之衣禪緇也，以禪緇當紡緇，子豈不得哉？』」此束紡可爲衣服之證，而紡與禪對，則亦可見其爲繒之厚者矣。**禮玉、束帛、乘皮，皆如還玉禮。**禮，禮聘君也，所以報享也。亦言玉，璧可知也。今文「禮」皆作「醴」。【疏】正義曰：敖氏云：「不言迎大夫，文又省。皆者，皆賄與禮玉也。禮玉之庭實不在如中，是亦大槩言之耳。」今案：賄以報聘，禮以報享，更端故須出迎。褚氏謂兩事實一事，無庸再迎，非也。若是一事，則經當云「如還玉禮」，不必言「皆」矣。李氏云：「卿不報聘君之幣，尊卑不敵。」注云「禮，禮聘君也」者，謂主君以此物禮聘君也。云「所以報享也」者，聘君來享用束帛加璧，有乘皮爲庭實，主君皆受之，故此一一報之，《周禮·司儀職》曰「凡諸侯之交，各稱其邦而爲之幣，以其幣爲之禮」是也。云「亦言玉，璧可知也」者，上還玉爲圭璋，此當爲璧琮之屬，乃亦言玉者，以其享用璧，則報亦用璧可知。云「今文『禮』皆作『醴』」者，謂禮玉及還玉禮之「禮」，今文皆作「醴」也。此以形涉而誤，故鄭不從，詳《冠禮》「禮于阼」下。**大夫出，賓送，不拜。**【疏】正義曰：送不拜，與迎不拜意同。

右還玉及賄禮

儀禮正義卷十八　鄭氏注

公館賓。爲賓將去，親存送之，厚殷勤，且謝聘君之意也。公朝服。【疏】正義曰：自此至「賓退」，言明日賓將發，君往拜賓，賓來請命之事。○敖氏云：「館者，就其館之稱也。」張氏爾岐云：「館賓者，拜賓於館也。」　注云「爲賓將去，親存送之」云云，此釋所以至賓館之由也。「謝聘君之意」，即下拜聘享等是也。云「公朝服」者，前行聘享于廟，主相尊敬，故服皮弁。此館賓，禮輕，故知朝服也。**賓辟。**不敢受主國君見己於此館也。此亦不見，言辟者，君在廟門，敬也。凡君有事於諸臣之家，車造廟門乃下。【疏】正義曰：《校勘記》云：「注『不敢受』下，徐本、《集釋》、《通解》、楊氏俱有『主』字。『諸臣之家』，『諸』下，徐本、《通解》俱有『侯』字。張曰：『疏無侯字，從疏。』」○云「不敢受主國君見己於此館也」者，主國君尊，故不敢受其見己之禮。云「此亦不見，言辟者，君在廟門，敬也」者，前賓即館，卿大夫勞賓，賓不見，此亦與彼同，乃變文言辟者，以其君在廟門，故不敢言不見，而言辟以致其敬也。敖氏云：「不敢辭，不敢見，若隱辟然，故經以之爲稱。此辟字義，與上文所云者異。」云「凡君有事於諸臣之家，車造廟門乃下」者，賓館於大夫廟，大夫家有大門，入大門乃至廟門。凡君至臣家，車造廟門乃下，亦尊卑之體宜然也。《曲禮》曰「客車不入大門」，爲同等言之也。敖氏以爲外門，非。**上介聽命。**聽命於廟門中，西面，如相拜然也。擯者每贊君辭，則曰：「敢不承命，告于寡君之老。」【疏】正義曰：《周禮・司儀職》曰：「公館客，客辟，介受命。」謂此。又言遂送者，即下所云「送賓」也。賓辟而使上介聽命，亦猶卿大夫勞賓，賓不見而使上介受雁也。注云「聽命於廟門中，西面，如相拜然也」者，前覿時，受士介幣，公荅再拜，擯者出立于門中以相拜。此聽命在門中，與相拜同。知西面者，君如賓禮東面，介西面向之可知。云「擯者每贊君辭，則曰：『敢不承命，告于寡君之老。』」者，擯是君之擯者，君尊，不自出辭，故擯者贊之，每一辭出，則上介荅以「敢不承命，告于寡君之老也」。賓稱「寡君之老」者，《玉藻》曰：「上大夫曰下臣，擯者曰寡君之老。」鄭注：「擯者之辭，主謂見於他國君。」孔疏：「此上大夫出使他國，在於賓館，主國致禮上大夫，此擯者稱大夫爲『寡君之老』，雖以擯爲文，其實謂介接主君之時，辭亦當然，擯、介通也。」孔疏蓋據此經言之，然則《玉藻》之擯者即此經之上介矣。**聘享，夫人之聘享，問大夫，送賓，公皆再拜。**拜此四事，公東面拜，擯者北面。【疏】正義曰：高氏愈云：「君與夫人有聘享，大夫有問，禮意厚矣。主君不能往拜於其國，故特於館賓拜之。送賓者，館賓之後，公自此不復見賓，故特拜送之也。」注云「拜此四事」者，君之聘享，一也；夫人之聘享，二也；問卿及嘗使至彼國之下大夫，三也；送賓，四也。張氏惠言云：「案：記擯者贊辭，是公每一事再拜。張蒿菴以『擯者歷舉四事而君拜之』，則似君總再拜，非矣。」今案：經云「公皆再拜」，言「皆」則是每事拜之明矣，張氏惠言説是也。**公退，賓從，請命于朝。**賓從者，實爲拜主君之館己也。言請命者，以己不見，不敢斥尊者之意。【疏】正義曰：注意言此公退而賓從之至朝，實爲拜主君之館己也。乃言「請命」者，以己不見，不敢斥尊者之意，故須請命而後拜也。《周禮·司儀》曰：「客從拜辱於朝。」與此言「請命」不同者，盛氏云：「此實拜辱，而其辭則曰『請命』，謙也。《周禮》緣其意，而此則據其辭，所以異耳。」**公辭，賓退。**辭其拜也。退，還館裝駕，爲旦將發也。《周禮》曰：「賓從，拜辱於朝，明日，客拜禮賜，遂行。」【疏】正義曰：《校勘記》云：「注『遂行』下，徐本有『之』字。」今案：《周禮》原文無「之」字。云「辭其拜也」者，謂辭賓之拜也。然據《周禮》云「拜辱」，則賓已實拜可知。云「退，還館裝駕，爲旦將發也」者，裝駕，謂束裝整駕也。云「《周禮》曰：『客從，拜辱於朝，明日，客拜禮賜，遂行。』」者，皆《司儀職》文，此引以爲旦將發之證也。「明日」，拜辱之明日也。彼注云「禮賜謂乘禽」，詳下。

右公館賓賓請命

賓三拜乘禽于朝，訝聽之。發去乃拜乘禽，明己受賜，大小無不識。【疏】正義曰：自此至「送至于竟」，言賓行主君贈送之禮。○「乘禽」，詳下記。張氏爾岐云：「他賜皆即拜于朝，唯日歸乘禽，不勝其拜，故於發時總三拜之。」今案：「訝」，主國所使待事於賓客者，亦詳於下記。「聽之」者，賓拜于朝，君不親見，訝爲之入告出報。《周禮·掌訝職》曰：「至于朝，詔其位，入復。」又曰：「詔相其事而掌其治令。」是也。○注「乘」字，《校勘記》云：「陳本、《通解》俱誤作『承』。『己』字，張氏曰：『監本己作已，從諸本。』」今案：此爲人己之己，不當作已。云「發去乃拜乘禽，明己受賜，大小無不識」者，乘禽微矣，猶必拜之，況大者乎？然必發去乃拜者，見己之受賜大小無不識於心也。**遂行，舍于郊。**始發，且宿近郊，自展軨。【疏】正義曰：注云「始發，且宿近郊」者，敖氏云：「爲當與主國爲禮於此也。」云「自展軨」者，《曲禮》曰：「君車將駕，則僕執策立於馬前，已駕，僕展軨。」鄭注：「展軨具視。」孔疏：「舊解云：『軨，車欄也。』駕竟，僕則從車軨左右四面看視之，上至於欄也。盧氏云：『軨，轄頭轊也。』皇氏謂軨是轄頭。盧言是也。一則車行由轄，二則欄之笭字不作車邊爲之。鄭云『具視』，謂徧視之。」今案：彼是君禮，故僕展軨。此卿大夫，則自展軨也。

公使卿贈，如覿幣。 贈，送也，所以好送之也。言如覿幣，見爲反報也。今文「公」爲「君」。【疏】正義曰：敖氏云：「出郊而後贈，亦異於荅聘君之節也。」❶褚氏云：「至此始贈賓，見前之束紡專遺聘君。」注云「贈，送也，所以好送之也」者，贈是以物送行之名。《既夕》注亦云：「贈，送也。」此臨行而有贈，所以致二國之好，《左傳》曰「出有贈賄」謂此。云「言如覿幣，見爲反報也」者，敖氏云：「如覿幣帛用束也，其庭實亦存焉。」今案：贈如覿幣，則不言反報而反報之意見焉。云「今文『公』爲『君』」者，胡氏承珙云：「公與君本爲通稱，於義無別，經文固無定例。此節古文作『公』，故鄭不復易之。」

受于舍門外，如受勞禮，無儐。 不入，無儐，明去而宜有已也。如受勞禮，以贈勞同節。【疏】正義曰：勞禮受于舍門内，又儐勞者，此經云「受于舍門外，無儐」，皆是著其異於勞者爾，其受幣之禮蓋與受勞同也。注云「不入，無儐，明去而宜有已也」者，此皆對勞言之。勞在門内，贈在門外，是不入門也。已，止也，即禮有終之意。云「如受勞禮，以贈勞同節」者，賓禮以郊勞始，以贈賄終，且俱在近郊，故云「贈勞同節」，《左傳》每云「自郊勞至于贈賄」，以此。

使

---

❶「聘」，原脱，今據《儀禮集説》補。

下大夫贈上介，亦如之，使士贈衆介，如其覿幣。大夫親贈，如其面幣，無儐。贈上介，亦如之。使人贈衆介，如其面幣。士送至于竟。【疏】正義曰：上使卿贈賓，此使下大夫贈上介，使士贈衆介，亦各以其爵也。敖氏云：「大夫親贈賓上介，而使人贈衆介，以其降等也，亦爲歸者不親受。」今案：《周禮》訝士，中士爲之。此「送至于竟」之士疑即訝士，詳前「君使士請事」下。

右賓行主國贈送

使者歸，及郊，請反命。郊，近郊也。告郊人，使請反命於君也。必請之者，以己久在外，嫌有罪惡，不可以入。春秋時，鄭伯惡其大夫高克，使之將兵，逐而不納，此蓋請而不得入。【疏】正義曰：自此至「拜其辱」，言使者反命之事。○《校勘記》云：「注『使請反命於君也』，『請』字，陳缺右畔，監本直作『言』。『嫌有罪惡』，『嫌』，徐本作『言』，誤。『使之將兵』，《釋文》無『兵』字，云『一本作使之將兵，兵則後加字』。『逐而不納』，『逐』，《要義》作『遂』，云『一本遂作逐。監本作遂。』曰：案：據《公羊》本文無『兵』字，陸説是。『鄭伯於高克，不召使歸而已，非逐也。遂者，謂遂其將兵之事，而終不召也。於義爲得，從監本。』」案：何休云『隨後逐之』，則當作『逐』明矣，張説殊迂。」注云「郊，近郊也」者，此使者歸而及本國之郊也。初時受命遂行，舍于此，故知爲近郊也。云「告郊人，使請反命於君也」者，反命，猶復命也。郊人，疑即郊遂之官。高克事，見閔二年《公羊傳》。鄭引以證有罪惡不可以入，故又申之云「此蓋請而不得入」者，鄭旁通傳記而爲之説也。其實自外而歸，請而後入，亦禮之常。吴氏《疑義》云：「反命必請，臣禮如此，蓋臣無突然見君之理，故必先請也。」**朝服，載旜。** 行時稅舍於此郊，今還至此，正其故行服，以俟君命，敬也。古文「旜」作「膳」。【疏】正義曰：注「正其」二字，《校勘記》云：「陳氏本倒。」云「行時稅舍於此郊，今還至此，正其故行服，以俟君命，敬也」者，行時至郊，脱朝服，服深衣；今還至此，去深衣，仍服朝服，是正其故行服也。必朝服者，以俟君命，即入見君，故云「敬也」。褚氏云：「敖謂及郊乃載旜者，出時受命，至此而斂，歸時反命，至此而載，亦其節也，知此則知朝服稅舍之節矣。」又云：「於及郊始朝服，亦見在道服深衣也。」云「古文『旜』作『膳』」，詳前。**禳，乃入。** 禳，祭名也，爲行道累歷不祥，禳之以除災凶。【疏】正義曰：注云「禳，祭名」者，案：經云「禳，乃入」，明是行禳祭乃入，故知爲祭名也。云「爲行道累歷不祥，禳之以除災凶」者，《說文》：「禳，磔禳祀，除厲殃也。」《周禮·小祝》注：「禳，禳卻凶咎。」今案：禳訓除，又訓卻，卻亦祓除之意，故云「禳之以除災凶」。此云「乃入」，謂入國也。下云「乃入」，謂入朝也。**乃入，陳幣于朝，西上。上賓之公幣、私幣皆陳，上介公幣陳，他介皆否。** 皆否者，公幣私幣皆不陳，此幣，使者及介所得於彼國君卿大夫之贈賜也。其或陳或不陳，詳尊而略卑也。其陳之，及卿大夫處者待之，如夕幣。其禮於君者不陳。上賓，使者。公幣，君之賜也。私幣，卿大夫之幣也。他介，士介也。言他，容衆從者。【疏】正義曰：前夕幣在寢門外朝，此陳幣當亦在寢門外治朝也。褚氏云：「西上，敖謂賓公幣在西，私幣次而東，上介幣又次之，三者又以所得先後爲序是也。」注云「皆否者，公幣私幣皆不陳」者，謂士介之公幣私幣皆不陳，又降於上介之公幣陳而私幣不陳也。然據下注，士介之幣亦載以造朝，但不陳不告耳。云「此幣，使者及介所得於彼國君卿大夫之贈賜也」者，謂此幣皆彼國君臣所贈賜，故陳之以爲榮也。云「其或陳或不陳，詳尊而略卑也」者，謂賓之幣公私皆陳，上介惟陳公幣，士介之幣則公私皆不陳，是於尊者詳之，卑者略之也。云「其陳之，及卿大夫處者待之，如夕幣」者，謂此幣陳之之法如夕幣也。又夕幣時，卿大夫在幕東，西面北上，乃處者之位。此時卿大夫處者在位，待之亦如夕幣也。云「其禮於君者不陳」者，張氏爾岐云：「禮於君者，謂『賄用束紡，禮玉、束帛、乘皮』。不陳之者，以使者將親執以告。」云「上賓，使者」，謂經所云「上賓」即使者也。云「公幣，君所賜也。私幣，卿大夫之幣也」者，案：君所賜之幣，以郊勞始，以郊贈終。卿大夫之幣，如食饗、郊贈之類，經皆可考。賈疏一一臚陳而多舛錯，朱子嘗糾其誤，今不備録焉。**束帛各加其庭實，皮左。**不加於其皮上，榮其多也。【疏】正義曰：注云「不加於其皮上，榮其多也」者，注意以經云「皮左」，明皮在束帛之左，是不加於其上矣。不加於其皮上，蓋不令相掩蔽以見其多也。敖氏云：「上經云『陳皮北首』，此『皮左』，皮上左也，故云『加』。」今案：皮即庭實。據經云「束帛各加其庭實」，則在皮上矣。敖説似亦可從，惟謂皮各重累陳之則非。庭實不皆用皮，亦有用馬者。此言「皮左」，謂庭實若用皮，則加於左皮上，與夕幣一耳。焦氏以恕云：「案：此禮見於經者凡三：夕幣也，展幣也，反命陳幣也。夕幣云：『皮北首西上，加其奉於左皮上。』展幣云：『陳皮北首西上，又拭璧展之，會諸其幣，加於左皮上。』此陳幣云：『束帛各加其庭實，皮左。』西爲上者，皮上左也，則三處竝同可知。」**公南鄉。**亦宰告於君，君乃朝服出門左，南鄉。【疏】正義曰：注云「亦」者，亦夕幣時也。此陳幣禮與夕幣略同，故鄭據彼言之。「出門」，謂出寢門也。**卿進使者，使者執圭，垂繅，北面。上介執璋，屈繅，立于其左。**此主於反命，士介亦隨入，竝立，東上。【疏】正義曰：上介執璋，屈繅不垂，以事未至，詳前「宰執圭，屈繅，自公左授使者」下。吴氏《疑義》云：「《玉藻》曰『執圭玉襲』，是執圭必襲，此亦當如聘時襲，文不具耳。賈疏以爲賓執圭裼，非。」注云「此主於反命，士介亦隨入，竝立，東上」者，前將行受命於朝時，君使卿進使者，使者入，及衆介隨入，北面東上。此反命當與受命同，故知士介亦隨入竝立東上也。經略，故注補之。**反命曰：「以君命聘于某君，某君受幣于某宫，某君再拜，以享某君，某君再拜。」**君亦揖使者進之，乃進反命也。某君，某國君也。某宫，若言桓宫、僖宫也。某君再拜，謂再拜受也。必言此者，明彼君敬君，己不辱命。【疏】正義曰：《校勘記》云：「注『某國名也』，『名』，《集釋》、敖氏俱作『君』字，案：作『君』是。『謂再拜』三字，陳、閩、監、葛本、《通解》俱脱。『君己』二字，閩、監、葛本、《集釋》俱倒。」云「君亦揖使者進之，乃進反命」者，前受命于朝時，使者入，君揖使者進之。注：「進之者，命宜相近也。」故知此反命時，君亦揖使者進之，使者乃進反命也。云「某君，某國君也」者，若鄭君、齊君之類。云「某宫，若言桓宫、僖宫也」者，春秋時，魯有桓宫、僖宫，故舉以爲證。云「必言此」者，此字指某君再拜言。云「明彼君敬君，己不辱命」者，以奉命往他國行聘享禮，而其君再拜受之，其敬吾君如是，則己之不辱君命可見矣。**宰自公左受玉。**亦於使者之東，同面竝受也。不右使者，由便也。【疏】正義曰：注云「亦於使者之東，同面竝受也」者，前受命于朝時，宰執圭屈繅，自公左授使者。使者受圭，同面。注：「宰就使者北面竝授之。」❶案：公南面，左爲東，宰自公左授使者，是在使者之東。此自公左受玉，明亦於使者之東，同面受之。云「不右使者，由便也」者，凡授受之禮，授由其右，受由

---

❶「授」，原作「受」，今據《儀禮注疏》及上注文改。

其左，則授者宜在受者之右。今宰在使者之東，是不右使者也，故注以爲由便。賈謂因東藏之便，其實宰及使者面位，反命與受命皆同，惟受命時玉由宰授使者，反命時玉由使者授宰，故有不同，不必以常禮拘也。

受上介璋，致命亦如之。變反言致者，若云非君命也。致命曰：「以君命聘於某君夫人，某君再拜，以享於某君夫人，某君再拜。」不言受幣於某宮，可知，略之。【疏】正義曰：張氏爾岐云：「『受上介璋』，賓受之也，賓受璋當亦垂繅而致命。」今案：「亦如之」者，謂其儀節與反命同，宰亦自公左受玉也。注云「變反言致者，若云非君命也」者，聘於鄰國夫人當受命於夫人，但婦人無外事，亦君命之。今不言「反命」而言「致命」，若本非君命，猶夫人之命然，故變「反」言「致」也，此賈疏之説。敖氏則謂致命與反命同。王氏士讓云：「於君言『反命』，此言『致命』，亦所以明別。」似王説是。致命當有辭，經未言，故注依上經推而補之。云「不言受幣於某宮，可知，略之」者，聘享君與聘享夫人，受幣同處，不言可知，故略之也。**執賄幣以告，曰：「某君使某子賄。」授宰。**某子，若言高子、國子。凡使者所當以告君者，上介取以授之，賄幣在外也。【疏】正義曰：此亦賓執之以告也。賄幣，束紡也。鄰君所以報聘者，故先執以告公。告後，亦授宰藏之。注云「某子，若言高子、國子」者，某謂賄者姓氏也。春秋時，齊有高子、國子爲貴卿而見於經傳，故舉以爲證。云「凡使者所當以告君者，上介取以授之」者，謂使者所當執以告君者，皆上介取以授之，不獨璋由上介授也。云「賄幣在外也」者，上注云：「其禮於君者不陳。」此賄幣是禮於君者，不在陳幣之列，故知在外也。**禮玉亦如之。**亦執束帛加璧也。告曰：「某君使某子禮。」宰受之，士隨，自後左士介，受乘皮如初。上介出取玉、束帛，士介從取皮也。【疏】正義曰：注「士介從取皮也」，毛本「從」作「後」。《校勘記》云：「徐本、《集釋》俱作『從』，《通解》作『後』。案：《通解》於疏仍作『從』，則注中『後』字偶誤耳，今本遽從之，謬矣。」

云「亦執束帛加璧也」者，經云「亦如之」，謂亦執以告公且授宰也。禮玉，即上經「禮玉、束帛、乘皮」也。言「禮玉」者，省文耳。彼注云：「禮，禮聘君也，所以報享也。」亦言玉璧可知也，是禮玉即束帛加璧矣。此亦禮於君者，故執以告公，與賄幣同。云「告曰：『某君使某子禮。』」者，亦倣上經言之也。云「宰受之，士隨，自後左士介，受乘皮如初」者，乘皮以爲庭實，玉、束帛，宰受之，乘皮則士受之也。必知自後左士介受者，前行享時，士受皮者自後右客，注云：「從東方來，由客後西，居其左受皮也。」此亦然，故云「如初」也。云「上介出取玉、束帛，士介從取皮也」者，章氏平云：「案：此注『上介出取』，與上經注『賄幣在外，上介取以授賓』同。但因上有『左士介，受乘皮』語，故復本士介取皮之節言之，謂上介出取幣，士介亦從而取皮，故士得左士介受也。」**執禮幣以盡言賜禮。**禮幣，主國君初禮賓之幣也。以盡言賜禮，謂自此至於贈。【疏】正義曰：禮玉以上，皆其禮於君者，此則使者所得幣也，故至此始言之。必執幣者，若以實其言也。注云「禮幣，主國君初禮賓之幣也」者，初禮賓則郊勞幣也。云「以盡言賜禮，謂自此至於贈」者，張氏爾岐云：「自郊勞至贈行，八度禮賓皆有幣。執郊勞之幣，而歷舉其全以告也。」今案：由勞至贈幣不勝執，故執初以該終也。**公曰：「然，而不善乎？」**善其能使於四方。而，猶女也。【疏】正義曰：「然」字斷句。注「女」與「汝」通。**授上介幣，再拜稽首，公荅再拜。**授上介幣，當拜公言也。不授宰者，當復陳之。【疏】正義曰：注云「授上介幣，當拜公言也」者，謂公言稱善，使者當拜之，故以幣授上介，而再拜稽首也。云「不授宰者，當復陳之」者，謂上介受幣，當復陳於故處。此是入己之物，與君物異，故不授宰也。**私幣不告。**亦略卑也。【疏】正義曰：注云「亦略卑也」者，賓之私幣雖陳而不告，以其非彼國君尊者之賜，故略之。云「亦」者，亦前「乃入，陳幣于朝」節，注云「詳尊而略卑也」。**君勞之，再拜稽首，君荅再拜。**勞之以道路勤苦。**若有獻，則曰：「君之賜也。」**言此物，某君之所賜予爲惠者也。其所獻雖珍異，不言某爲彼君服御物，謙也。其大夫出，反必獻，忠孝也。【疏】正義曰：獻，獻於己君也。若者，有無不定之辭。《曲禮》曰：「大夫私行出疆，反必有獻。」禮與此異。「某君之賜也」，明其物所自來，此及下「君其以賜乎」，皆是獻於君之辭。注云「言此物，某君之所賜予爲惠者也」，既云「賜予爲惠」，明非常賜可知。褚氏云：「此所獻，乃公幣外加賜之物。」秦氏蕙田云：「有獻，謂彼國之君於常賜外別有賜予，故獻之於君。敖氏以爲賄禮中之物，則是彼國所以遺主君者，非賓之私物，詎可云『獻』乎？」今案：褚、秦二説是也。云「其所獻雖珍異，不言某爲彼君服御物，謙也」者，若言某物爲彼君服御物，則是誇其美矣，故不言，是謙也。云「其大夫出，反必獻，忠孝也」者，獻而謂之忠孝，亦謂其有愛君敬君之心云爾。**君其以賜乎？」**不必其當君也。獻不拜者，爲君之荅己也。【疏】正義曰：注云「不必其當君也」者，言未必可當君用，或其以爲賜下之需乎？不敢質言君受也。云「獻不拜者，爲君之荅己也」者，《郊特牲》曰：「大夫有獻弗親，君有賜不面拜，爲君之荅己也。」《玉藻》曰：「凡獻於君，大夫使宰。」又曰：「大夫不親拜，爲君之荅己也。」此二條皆言弗親獻之義。此親獻而不拜，亦是爲恐煩君之荅己。蓋君於士不荅拜，於大夫則必荅拜也。**上介徒以公賜告，如上賓之禮。**徒謂空手，不執其幣。【疏】正義曰：敖氏云：「徒以告，下賓也。如，如其盡言賜禮。」**君勞之，再拜稽首，君荅拜。勞士介，亦如之。**士介四人，旅荅壹拜，又賤也。【疏】正義曰：「君勞之」，勞上介也。「勞士介，亦如之」，亦再拜稽首，君荅拜也。　注云「士介四人，旅荅壹拜，又賤也」者，謂又賤於上介也。褚氏云：「於使者言『荅再拜』，於上介不言『荅再拜』而言『荅拜』，則一拜可知。於士介言『亦如之』，則旅荅一拜可知。注皆依經立訓，敖氏謂君荅士介皆再拜，是欲破注而先倍經矣。前士介覿而主君荅再拜，以其爲介也。」案：褚説極明析。賈疏云：「案：《曲禮》『君於士不荅拜』，此君荅拜士者，以其新行反命而勞之，故異於常也。」**君使宰賜使者幣，使者再拜稽首。**以所陳幣賜之也。禮：臣子，人賜之而必獻之君父，不敢自私服也。君父因以予之，則拜受之，如更受賜也。既拜，宰以上幣授之。【疏】正義曰：《校勘記》云：「注『不敢自私服也』，敖氏云：『服字恐誤。』案：『服』字，敖改作『之』。」云「以所陳幣賜之也」者，「所陳幣」即上經云「上賓之公幣私幣皆陳」者，本是彼國賜使者之物，故仍賜之也。云「君父因以予之，則拜受之，如更受賜也」者，案：《内則》曰：「婦或賜之衣服，則受而獻諸舅姑。若反賜之，則辭不得命，如更受賜。」鄭蓋本此爲説。然則不敢自私者，臣之禮；因以予之者，君之惠也。方氏苞云：「昭四年《左傳》，杜洩曰：『夫子聘于王，王賜之路，復命而致之君，君不敢逆王命而復賜之。』王賜且然，則鄰國之賜，必待君之復賜宜也。」云「既拜，宰以上幣授之」者，案：上幣當是上等之幣，宰不能徧授，故以上幣授之，其餘則有司授之也。盛氏云：「公不荅拜者，以其惠不出於己也，荅之嫌於己賜。」**賜介，介皆再拜稽首。**士介之幣，皆載以造朝，不陳之耳。與上介同受賜命，俱拜。既拜，宰亦以上幣授上介。【疏】正義曰：注「士介之幣」，《校勘記》云：「士，陳本誤作『上』。」○李氏云：「至此不別上介，知與士介同拜賜。」**乃退。**君揖入，皆出去。【疏】正義曰：注云「君揖入，皆出去」者，謂君揖入，使介皆退去也。必知君揖入者，據前受命時「公揖入」言之。敖氏以爲君後入，非也。**介皆送至于使者之門。**將行，俟於門，反又送於門，與尊長出入之禮也。【疏】正義曰：注云「將行，俟於門」者，即前出聘之日，「上介及衆介俟於使者之門外」，是也。**乃退揖，**揖別也。【疏】正義曰：上「乃退」，使介皆退朝也。此「乃退揖」，介退去，揖辭使者也。**使者拜其辱。**隨謝之也，再拜上介，三拜士介。【疏】正義曰：注云「隨謝之也」者，謂謝其屈辱而副己出使也，與前大夫拜辱意同。云「隨」者，謂於門外揖別時即拜謝之也。或以「隨謝」爲至介家拜之，誤矣。云「再拜上介，三拜士介」者，以次差之，上介尊，當再拜；士介卑，當人各一拜也。注云「三拜」，似可疑。若以爲總三拜之，則多於上介之再拜矣。若人各一拜，則士介四人，又不當言「三」也。

右使者反命

釋幣于門。門，大門也，主於闑，布席於闑西閾外，東面，設洗於門外東方，其餘如初於禰時。出於行，入於門，不兩告，告所先見也。【疏】正義曰：自此至「亦如之」，言使還禮門奠禰之事。○郝氏敬云：「釋幣于門，使者自禮其家門也。」　注云「門，大門也」者，賈疏云：「以其從外來，先至大門即禮門神，故知門是大門也。」云「主於闑，布席於闑西閾外，東面，設洗於門外東方」者，主於闑，謂設主於門闑也。據蔡邕《獨斷》：「祀門，設主於門左樞。」未知孰是。「布席於闑西閾外」，據《特牲》筵席而言。李氏云：「《特牲》設筵席西面，此東面者，神位在西也。洗當東榮，故門外設之，亦于東方。」云「其餘如初於禰時」者，謂初行釋幣于禰時也。如之者，如其祝告及釋幣埋幣之事。云「出於行，入於門，不兩告，告所先見也」者，出時先見行，入時先見門，故於所先見者告之，不兩告也。敖氏云：「行爲道路之始，出則禮之，門爲内外之限，入則禮之也。」**乃至于禰，筵几于室，薦脯醢。**告反也。薦，進也。【疏】正義曰：入門乃即至于禰廟者，象生時反必面也。筵几于室，亦有司設之也。薦脯醢，明無牲牢也。注云「告反也」者，謂告禰以使反也。「薦，進也」，《爾雅·釋詁》文。**觴酒陳。**主人酌進奠，一獻也。言陳者，將復有次也。先薦後酌，祭禮也。行釋幣，反釋奠，略出謹入也。【疏】正義曰：觴，爵屬也。云酒，見其無玄酒也。全經「酌」稱「觴」者唯此。注云「主人酌進奠，一獻也」者，謂主人酌酒進奠，是一獻也。盛氏謂：「此節爲陳設之事，注以主人初獻釋之，誤。」案：下云「席于阼」，是酢主人矣，豈有未獻而先酢乎？盛説非。云「言陳者，將復有次也」者，李氏云：「不言奠而曰陳者，陳者，次第之言，并後再獻、三獻俱列之。」云「先薦後酌，祭禮也」者，凡燕飲之法，皆先獻而後薦，此先薦而後奠，是祭禮與飲酒之法異。云「行釋幣，反釋奠，略出謹入也」者，行時迫促，故但釋幣以告之。反則行奠祭之禮，具觴酒籩豆，故云「略出謹入也」。**席于阼，**爲酢主人也。酢主人者，祝取爵酌，不酢於室，異於祭。【疏】正義曰：注云「爲酢主人也」者，阼是主人之位，故知席于阼爲酢主人也。云「酢主人者，祝取爵酌」者，以無尸，故主人自酢祝爲酌也。言「取爵」者，明取别爵，無尸爵也。云「不酢於室，異於祭」者，案：《特牲》、《少牢》皆於室内受酢，此不於室而於阼，是與正祭之禮異也。敖氏云：「設酢席于阼，變於祭，且爲將與從者爲禮於堂也。」**薦脯醢，**成酢禮也。【疏】正義曰：此脯醢爲主人薦也，薦之以成酢禮也。無俎，不殺也。**三獻。**室老亞獻，士三獻也。每獻奠，輒取爵酌主人，自酢也。【疏】正義曰：注云「室老亞獻，士三獻也」者，室老，家相；士，邑宰。皆大夫之家臣。盛氏云：「正祭以主人、主婦、賓長爲三獻，今主婦不與而取室老、士者，以其爲從行之貴臣，故助主人釋奠也。」今案：歸饔餼云「賓降授老幣」，是大夫有老與士從行矣。云「每獻奠，輒取爵酌主人，自酢也」者，褚氏云：「『主人自酢也』句，似贅。張氏爾岐言：『當以輒取爵酌主人爲句，自酢也爲句。』言室老、士酌主人，因自酢也。」如此則頗似《特牲》、《少牢》致爵主人之意，亦通。」今案：「主人」二字疑衍。正祭每獻訖，尸酢之，此無尸，故皆自酢。但主人自酢，已詳上注，此言「每獻奠，輒取爵酌自酢」者，指亞獻、三獻言之也，不當有「主人」二字。賈疏舉前包後之説固爲迂曲，張説亦未的當。敖氏云：「亞獻、三獻皆不薦也，主人初獻而酢于阼，則亞獻、三獻者皆酢於西階上矣。」**一人舉爵，**三獻禮成，更起酒也。主人奠之，未舉也。【疏】正義曰：注云「三獻禮成，更起酒也」者，上三獻禮成，欲獻從者，故更起酒以爲行酬之始。《禮經釋例》云：「凡一人舉觶爲旅酬始。」案：《鄉飲酒禮》主人獻衆賓畢：『一人洗升，舉觶于賓。』注：『一人，主人之吏，發酒端曰舉。』《鄉射》亦然。此一人舉爵與彼一人舉觶略同。」云「主人奠之，未舉也」者，賈疏云：「以其下文云『獻從者』，乃云『行酬』，似《鄉飲》、《鄉射》一人舉觶，未舉，待獻介、衆賓後，乃行酬也。」**獻從者，**從者，家臣從行者也，主人獻之，勞之也。皆升飲酒於西階上，不使人獻之，辟國君也。【疏】正義曰：注云「從者，家臣從行」者，則是凡從行之人，皆得與於獻，不特室老、士已也。云「主人獻之，勞之也」者，高氏愈云：「從者雖以國事出，然風塵委頓，亦已勞矣，故特獻之，并行酬以息之。」云「皆升飲酒於西階上」者，案：《特牲禮》獻衆賓及兄弟之等，皆升飲於階上，故此獻從者，亦升飲於西階上可知。**行酬，乃出。**主人舉奠酬從者，下辯，室老亦與焉也。【疏】正義曰：乃出，出廟門也。敖氏以此爲飲至之禮。褚氏云：「歸而告反，禮之常也，與飲至禮各別。楚子重伐吴，歸而飲至，乃自誇其功耳。」　注云「主人舉奠酬從者，下辯」者，奠即上奠而未舉之爵。辯，猶徧也。言自貴臣以至衆臣，凡從行者，酬之無不徧也。云「室老亦與焉也」者，恐人疑室老備亞獻，或不與於酬，故特明之。不言士者，賈疏云：「文不具，亦與可知。」**上介至，亦如之。**【疏】正義曰：至，至其家也。亦如之，亦如其禮門奠禰也。李氏云：「士之初行不釋幣，故反亦不告祭。」今案：出而告行，歸而告反，事親之禮，人子所同。或士、介位卑，無釋幣奠祭之儀，故略而不書耳。

右使還禮門奠禰

聘遭喪，入竟，則遂也。遭喪，主國君薨也。入竟則遂，國君以國爲體，士既請事，已入竟矣。關人未告，則反。【疏】正義曰：自此至「卒殯乃歸」，皆聘者遭喪之禮。或所聘國君薨及夫人、世子喪，或出聘後本國君薨，或聘賓有私喪，或賓死及介死，凡四節。案：文六年《左傳》曰：「季文子將聘于晋，使求遭喪之禮以行。」即謂此也。　注云「遭喪，主國君薨也」者，以下更云「遭夫人、世子之喪」，故知此遭喪爲君薨也。云「入竟則遂，國君以國爲體」者，案：「遂」，謂遂行聘事。「以國爲體」，《公羊傳》文，言已至國則不可以已也。云「士既請事，已入竟矣，關人未告，則反」者，此申言入竟、未入竟之别也。上經云：「君使士請事，遂以入竟。」是士既請事，則已入竟也。上經又云：「及竟乃謁關人，關人問從者幾人。」當以告君，若未告則是未入竟，聘使可反也。**不郊勞。**子未君也。【疏】正義曰：注云「子未君也」者，案：《春秋經》文八年：「天王崩。」九年：「毛伯來求金。」《公羊傳》曰：「何以不稱使？當喪未君也。」案：郊勞當稱君使，子未君，無使之者，故不郊勞也。敖氏云：「聘不主於嗣君，使人郊勞則嫌也，不郊勞則夫人亦不使下大夫勞矣。」**不筵几。**致命不於廟，就尸柩於殯宮，又不神之。【疏】正義曰：注云「致命不於廟，就尸柩於殯宮」者，賈疏云：「聘爲兩君相好，今君薨，當就尸柩，故不就祖廟也。」褚氏云：「君薨則廟皆無主，故不受於廟，而於殯宮。」云「又不神之」者，筵几所以依神，若設之，是以神道待之矣，故李氏云：「殯宮不筵几，未忍異於生。」是也。敖氏謂此亦受於廟。盛氏云：「此必受於殯宮者有二義：一則大夫方爲君持服，不可以入廟攝行禮；一則所聘者故君也，雖薨而聘君之命不可以不達，故就殯宮致命焉。在使者爲不廢命，在主國爲不死其君也。敖説非。」江氏筠云：「賓必就尸柩者，猶之聘君薨，歸復命於殯之義。其必致命殯宮者，猶之賓未將命死，以棺造朝之義。」方氏觀承云：「案：下文特著夫人、世子之喪，君使大夫受於廟之文，則此國君之喪，可知不受於廟也。」今案：盛氏、江氏發明受於殯宮之義甚精，方氏以夫人、世子喪證之尤確，敖説斷不可從。**不禮賓。**喪降事也。【疏】正義曰：平時行聘享訖，則以醴酒禮賓。今因君薨而不禮賓，故注云「喪降事也」。蓋君薨而子未君，使大夫受，亦非正主，故不行禮賓之禮耳。**主人畢歸禮，**賓所飲食，不可廢也。禮，謂饔餼饗食。【疏】正義曰：注「賓所飲食」，《校勘記》云：「所，《集釋》作『於』。」云「賓所飲食，不可廢也」者，謂賓所飲食之需，不可廢缺，故悉以歸之，見不以我喪而略待賓之禮也。云「禮，謂饔餼饗食」者，據下文云「賓唯饔餼之受」，則所歸不止饔餼已矣。饗食有使人致之之法，故知歸禮中兼有饗食。不言燕者，據上經燕無致之之法故也。**賓唯饗餼之受。**受正不受加也。【疏】正義曰：《周禮·掌客職》曰：「遭主國之喪，不受饗食，受牲禮。」據云「不受饗食」，則饗食亦在歸禮中可知。又云：「受牲禮者，即受饔餼也。」彼注云：「『牲』當爲『腥』，有喪不忍煎亨。正禮飧饔當熟者，腥致之也。」據此注，則飧亦致之受之矣。上注不言「飧」者，敖氏云：「受饔餼，則飧亦受可知。飧，饔餼之細也。」注云「受正不受加也」者，饔餼是正禮，日夕所必需，故受之。饗食乃主國所以加禮於賓者，今主國有喪，雖致之，亦不受也。**不賄，不禮玉，不贈。**喪殺禮，爲之不備。【疏】正義曰：賄，即賄用束紡。禮玉，即上所云「禮玉束帛乘皮」。贈，即使者至郊使卿贈如覿幣者。敖氏云：「賄與禮玉，主君以報聘君者也。今主君薨，難乎其爲辭，故闕之。贈者，所以荅私覿，遭喪則不覿，故主國亦不贈。」注云「喪殺禮，爲之不備」者，即《掌客》所云：「凡禮賓客，札喪殺禮。」是據大槩言之，不若敖説之細密。**遭夫人、世子之喪，君不受，使大夫受于廟，其他如遭君喪。**夫人、世子死，君爲喪主，使大夫受聘禮，不以凶接吉也。其他，謂禮所降。【疏】正義曰：於此云「受于廟」，則上君喪不受於廟明矣。聘本宜於廟受之，夫人、世子之喪，則仍其常，與君薨異也。注云「夫人、世子死，君爲喪主」者，《禮記·服問》曰：「君所主，夫人、妻、大子、適婦。」鄭注：「言妻，見大夫以下亦爲此三人爲喪主也。」云「使大夫受聘禮，不以凶接吉也」者，爲喪主則其服重，故不以凶接吉，而使大夫受。大夫於君之妻、長子亦有服，但較喪主爲輕，故可接吉耳。云「其他，謂禮所降」者，賈疏謂「不禮以下，不贈以上」，意謂君仍使人郊勞廟受，仍設筵几也，然其中亦尚有辨。既使大夫受聘禮，則報聘之賄與禮玉自不可闕。惟喪中不行私覿之禮，則禮所降者，不禮賓、畢歸禮、饗食弗親及不贈耳。敖氏謂此大夫廟受之禮，即記所云者也。盛氏云：「下記云『若君不見，使大夫受』者，謂君有疾及他哀慘之事，非夫人、世子喪之比也。其受玉之儀雖同，而服則異，彼用皮弁服，此用長衣練冠，如下文所云也。敖一之，非。」今案：盛氏之辨是也。**遭喪，將命于大**

夫，主人長衣練冠以受。遭喪，謂主國君薨，夫人、世子死也。此三者，皆大夫攝主人。長衣，素純布衣也。去衰易冠，不以純凶接純吉也。吉時在裏爲中衣，中衣、長衣，繼皆掩尺，表之曰深衣，純袂寸半耳。君喪不言使大夫受，子未君，無使臣義也。【疏】正義曰：注「不以純凶接純吉也」，「以」，毛本誤「必」。《校勘記》云：「徐、陳、閩、葛、《集釋》、《通解》、楊、敖俱作『以』。」又云：「『君喪不言使大夫受』，案：賈無『言』字。『使』，毛誤作『死』。」　云「遭喪，謂主國君薨，夫人、世子死也。此三者，皆大夫攝主人」者，賈疏云：「此經總説上三人死，主君不得受命，故使將命于大夫。主人即大夫，故鄭云『此三者，皆大夫攝主人』也。」李氏云：「更云『遭喪』，不蒙上夫人、世子之文，知主國君薨，亦使大夫受也。」吴氏《章句》云：「遭喪，即上三者之喪。此蓋以補上文所未及。」今案：上未言將命及受之之服，故總言以補之。遭喪自兼三者之喪言，敖氏專以爲君喪，盛氏專以爲夫人、世子喪，皆非也。惟孔氏廣森云：「『遭喪，將命于大夫』者，謂遭主國有喪，而行問卿大夫之禮也。主人，即所問之卿大夫也。雖遭喪不廢問卿大夫者，使者之義，無留其君之命也。」説可存參。云「長衣，素純布衣也」。去衰易冠，不以純凶接純吉也」者，案：長衣以布爲之，而純以素，故云「素純布衣也」。純謂緣之也。練冠，練布爲冠，小祥所服也。臣爲君喪服斬衰，爲夫人、世子喪服齊衰，是純凶之服矣。聘是純吉之事，今去衰麻而易以長衣練冠，是不以純凶接純吉也。《雜記》：「大夫筮宅，史練冠長衣以筮。」亦是權制此服以接吉耳。彼注謂長衣練冠爲純凶服者，乃對下「占者朝服」言之，此對斬衰、齊衰言，則非純凶矣。云「吉時在裏爲中衣，中衣、長衣，繼皆掩尺，表之曰深衣，純袂寸半耳」者，此因長衣而分別三者之制也。案：鄭《禮記・深衣》目録云：「深衣，連衣裳而純之以采者，素純曰長衣，有表則謂之中衣。」與此注相發明。蓋長衣、中衣、深衣三者，皆用十五升布，連衣裳爲之。而長衣之所以異於中衣者，長衣衣在外，中衣衣在裏也。長衣之所以異於深衣者，長衣純以素，深衣純以采也。長衣又有與中衣同者，繼皆掩尺。《玉藻》曰：「長中繼掩尺。」鄭注：「其爲長衣、中衣，則繼袂掩一尺，蓋今褎矣。」❶是也。長衣又有與深衣同者，二者皆服之於外，此注云「表之曰深衣」是也。「純袂寸半」，《深衣篇》文。蓋深衣不爲繼掩尺之制，但緣其袂口寸半而已，此其與長、中異者也。深衣爲諸侯大夫士夕服，又爲庶人吉服，其制具詳《禮記·深衣》及江氏永《深衣考誤》。云「君喪不言使大夫受，子未君，無使臣義也」者，李氏云：「『無使臣義』者，《春秋》『武氏子來求賻』，不稱使，天子當喪未君。」是也。

右遭所聘國君喪及夫人世子喪

聘君若薨于後，入竟則遂。既接於主國君也。【疏】正義曰：敖氏云：「後謂使者既行之後也。云『入竟則遂』，是未入竟則反而奔喪矣。」今案：「入竟則遂」者，謂已入竟，始聞本國君薨，則遂行聘事也。注云「既接於主國君也」者，謂關人入告，君使士請事，是既接於主君矣，此釋所以「則遂」之義也。**赴者未至，則哭于巷，衰于館。**未至，謂赴告主國君者也。哭于巷者，哭于巷門，未可爲位也。衰于館，未可以凶服出見人。其聘享之事，自若吉也。今文「赴」作「訃」。【疏】正義曰：注云「未至」，謂赴告主國君者也。

❶「蓋」，《禮記正義》作「若」。

此言使者已得赴，而其赴于主國君者猶未至也。蓋本國有喪，當急使人告使者，俾未入竟而反，故使者得先聞之。云「哭于巷者，❶哭于巷門，未可爲位也」者，李氏云：「君赴未至主國，不敢專館爲位而哭，故哭于巷也。曾子與客立於門側，其徒之父死，將出，哭於巷。」敖氏云：「其哭也亦爲位。《奔喪》曰：『諸臣在他國，爲位而哭。』亦謂此時也。」盛氏云：「哭于巷，別於私喪也。巷哭，則不爲位可知。《奔喪》所云赴者，既至之禮也。敖引之，非。」今案：敖説，褚氏亦辨之，云：「『衰于館，未可以凶服出見人』者，對下『赴者至，則衰而出』言之。衰于館，言但于館内著衰也。」云「其聘享之事，自若吉也」者，以其主國未得赴告，則行聘享之事，自與吉時同也。云「今文『赴』作『訃』」，詳《既夕·記》。**受禮。**受饗餼也。【疏】正義曰：鄭知受禮爲受饗餼者，以其饗餼是大禮，主國所宜致於賓者。今赴未至主國，不敢不受也，然則飧亦受之矣。**不受饗食。**亦不受加。【疏】正義曰：敖氏云：「『不受饗食』者，以主君若饗食己，已有君喪，自不宜往，故雖歸之，猶不受也。」注云「亦不受加」者，上經「賓惟饗餼之受」，注云「受正不受加也」，此亦以饗食爲加禮，故不受耳。**赴者至，則衰而出，**禮爲鄰國闕，於是可以凶服將事也。【疏】正義曰：吴氏《章句》云：「『衰而出』，當以自館至朝言。若入而行事則當長衣練冠，與攝主同。」今案：吴説是也，長衣練冠雖非純凶服，亦是凶服之類，注「凶服」中包之矣。賈疏謂正行聘享著吉服，恐非。注云「禮爲鄰國闕」者，襄二十三年《左傳》語。張氏爾岐云：「謂鄰國有喪，爲之徹樂也。」今案：鄭引之者，見鄰國哀樂一體之義。云「於是可以凶服將事

---

❶「者」，原無，今據上注文補。

也」者，言赴已至主國，則可以凶服將事，不服吉服也。**唯稍受之。**稍，稟食也。【疏】正義曰：注云「稍，稟食也」者，下記「旬而稍」注同。《周禮》内宰、宫正、廩人、掌固所云「稍食」，注皆以禄稟解之。《説文》：「稍，出物有漸也。」賈疏云：「以其稍稍給之，故謂米稟爲稍。」《説文》又云：「稟，賜穀也。」是稟食乃米穀之類，無牲牢可知。《中庸》之「既稟」，亦是給以米者，或以爲兼有肉食，誤矣。稟或作廩，非。《周禮·掌客職》曰：「賓客有喪，惟芻稍之受。」鄭注：「芻，給牛馬。稍，人稟也。」此承上「赴者至」而云「唯稍受之」，則稍外無一受矣，即或赴至而歸饔餼，亦唯受其米禾芻薪而已。其牲鼎之屬，必不受之，蓋喪己君與喪鄰國之君有別也。稍所以受之者，以卿行旅從，從者既多，稍不可闕爾。○以上使者本國君薨，在所聘國聞喪之事。**歸，執圭復命于殯，升自西階，不升堂。**復命于殯者，臣子之於君父，存亡同。【疏】正義曰：此以下言使者歸本國，復命于殯之事也。敖氏云：「亦衰而執圭也。升自西階而不升堂，告殯之禮然也。是時上介亦執璋立于其左。」郝氏云：「『升自西階』，殯在西階上也。『不升堂』，臣見君于堂下也。」今案：敖氏謂「衰而執圭」是已。《雜記》曰：「執玉不麻。」是指行聘享時言之，非謂歸而復命時也。注云「復命于殯者，臣子之於君父，存亡同」者，蓋不忍死其君，故歸必於殯復命，是事亡如存也。**子即位，不哭。**將有告請之事，宜清静也。不言世子者，君薨也。諸臣待之，亦皆如朝夕哭位。【疏】正義曰：注「浄」，《集釋》作「静」。云「將有告請之事，宜清静也」者，是釋所以不哭之義。「告請之事」，即謂下「辯復命」也。敖氏云：「子位在阼階上，不哭者，子臣同。」云「不言世子者，君薨也」者，據經言子不言世子，故釋之。案：《雜記》曰：「君薨，大子號稱子。」鄭引《春秋》葵丘之會宋襄公稱子以證之，孔疏：「案：僖九年正月，宋公御説卒。夏，公會宰周公、齊侯、宋子以下于葵丘。是宋襄公稱子。案：《公羊傳》云：『君存稱世子，君薨稱子某，既葬稱子，踰年稱君。』今宋襄公未葬父，當稱宋子某，而稱子者，鄭用《左氏》之義，未葬以前則稱子，既葬以後踰年則稱君，故僖九年傳云：『凡在喪，王曰小童，公侯曰子。』是未葬爲在喪之稱也。」云「諸臣待之，亦皆如朝夕哭位」者，案：《奔喪》曰：「奔父之喪，在家，丈夫婦人待之皆如朝夕哭位。」故知諸臣待之亦然。**辯復命如聘。**自陳幣至於上介以公賜告，無勞。【疏】正義曰：注云「自陳幣至於上介以公賜告」者，謂自陳公幣以下，平時聘歸一一復命於君者，今亦一一復命於殯，故云「辯復命如聘」也。云「無勞」者，以勞出於君，今君薨，不可代君作勞辭，故知無勞也。**子臣皆哭。**使者既復命，子與羣臣皆哭。【疏】正義曰：臣謂羣臣在朝夕哭位者。此云「子臣皆哭」，則上不哭亦子臣同可知，敖説是也。「皆哭」者，痛君親之不親受也。**與介入，北鄉哭。**北鄉哭，新至別於朝夕。【疏】正義曰：「與介入」，此「入」當如「入堂深」之「入」，謂稍前近殯耳。賈疏云：「使者復命訖，不見出文，而言與介入者，以其復命訖，除去幣，更與介前入，近殯，北鄉哭。」是也。褚氏云：「復命不得親見君，因鄉前哭，尚非行奔喪禮，故不就朝夕哭位。哭訖，『出，袒括髮』以下，乃行奔喪禮也。敖氏謂復命後不哭，出而復入乃哭，恐無此情理，蓋誤解『入』爲入門耳。」注云「北鄉哭，新至別於朝夕」者，案：朝夕哭位在阼階下西面，今在殯前北鄉，以其新至，故與朝夕哭位別也。**出，袒括髮。**悲哀變於外，臣也。【疏】正義曰：注云「悲哀變於外」者，以其出而袒括髮，是變於外，與人子奔喪入門左，升自西階，殯東袒括髮異者，臣之道然也。**入門右，即位踊。**從臣位，自哭至踊，如奔喪禮。【疏】正義曰：注云「從臣位」者，謂入門右即位，就阼階下臣位也。云「自哭至踊，如奔喪禮」者，案：《奔喪》曰：「降堂東即位，西鄉，哭成踊。」此雖子禮，其哭踊之節亦與彼同也。李氏云：「《春秋傳》：魯公孫歸父聘于晉，還至笙，聞君薨家遣，壇帷復命于介。既復命，袒括髮，即位哭，三踊而出，遂奔齊，君子善之。」

右出聘後本國君薨

若有私喪，則哭于館，衰而居，不饗食。私喪，謂其父母。哭于館，衰而居，不敢以私喪自聞於主國，凶服干君之吉使。《春秋傳》曰：「大夫以君命出，聞喪，徐行而不反。」【疏】正義曰：注「謂其父母也」，毛本無「也」字。《校勘記》云：「嚴本、《集釋》、楊、敖俱有。又『凶服干君之吉使』，徐、陳、監本、《集釋》、敖氏俱作『干』。嚴、鍾、閩本、《通解》、楊氏俱作『于』。戴氏震云：『干』訛『于』。」○敖氏云：「不饗食，謂主君饗食，己則不往也，其致之則受之。」盛氏云：「案：唯云『不饗食』，則其他皆受之矣。牲牢乘禽之屬，亦得受之者，《雜記》曰：『三年之喪，如或遺之酒肉，則受之，必三辭，主人衰絰而受之。如君命則不敢辭，受而薦之。』是也。」今案：經云「不饗食」，不云「不受饗食」，則敖説是矣。注云「私喪，謂其父母也」者，謂使者之父母也。云「哭于館，衰而居，不敢以私喪自聞於主國，凶服干君之吉使」者，「不敢以」三字直貫下句，蓋經云「哭于館」，明在館哭之，不哭於外，是不敢以私喪自聞於主國也。云「衰而居」，明居時服衰，行禮不服衰，是不敢以凶服干君之吉使也。賈疏謂行聘享仍服皮弁，蓋不以私喪廢公事也。或乃駁之謂當使上介攝。案：下文賓死，介攝其命，則此不使介攝明矣。云「《春秋傳》曰：『大夫以君命出，聞喪，徐行而不反。』」者，宣八年《公羊傳》文。何注云：「聞喪者，聞父母之喪。徐行者，不忍疾行，又爲君當使人追代之。」今案：鄭引之者，證奉命出聞喪不反，君不使人代之，則至彼國當終其事，故其禮如此也。據經云「不饗食」，則已行聘享可知。**歸，使衆介先，衰而從之。**己有齊斬之服，不忍顯然趨於往來，其在道路，使介居前，歸又請反命，己猶徐行隨之。君納之，乃朝服，既反命，出公門，釋服，哭而歸。其他如奔喪之禮。吉時道路深衣。【疏】正義曰：注云「己有齊斬之服，不忍顯然趨於往來，其在道路，使介居前」者，釋所以使衆介先之義也。禮：爲父斬衰，爲母齊衰。此私喪中兼有父母，故兩言之。聘爲吉事，己有喪，不可居前，故使衆介先，而己服衰從之也。上云「衰而居」，此云「衰而從之」，明是成服而后行者。《奔喪》曰：「唯父母之喪，見星而行，見星而舍，若未得行，則成服而后行。」鄭注謂「以君命有爲者」是也，與平常至家三日而後成服者異。云「歸又請反命，己猶徐行隨之。君納之，乃朝服」者，此以下鄭補言歸國以後事，「請反命」即上「使者歸，及郊，請反命」也。斯時亦使衆介先，己徐行隨之，君令之入，乃易朝服者，以凶服不可入公門也。云「既反命，出公門，釋服，哭而歸」者，謂出公門後釋朝服，返衰服，哭而歸家也。云「其他如奔喪之禮」者，謂至家入門左，升自西階及哭踊之節，皆與平常奔喪之禮同也。云「吉時道路深衣」者，謂吉時在道深衣，今衰而從，是與吉時異也，餘詳「使者受命，遂行舍于郊」下。

右聘賓有私喪

賓入竟而死，遂也。主人爲之具而殯。具，謂始死至殯所當用。【疏】正義曰：吳氏《章句》云：「入竟，則聘事已聞於主君，不可以一人而廢邦交之命也。主人，主國之君也。」今案：若未入竟，則可告於君而反矣。○注「始」，《校勘記》云：「陳本作『如』。」　云「具，謂始死至殯所當用」者，謂始死至殯時所需用之物，主人皆爲之備具而殯之。必殯之者，以反國尚需時日也。《周禮·掌客》注云：「死則主人爲之具而殯矣。」賈彼疏云：「在館權殯，還日以柩行。」其説是也。褚氏云：「若死於侯閒之後，須以棺造朝，斂之而已，行事後乃權殯。」其説更密。**介攝其命。**爲致聘享之禮也。初時，上介接聞命。【疏】正義曰：注云「爲致聘享之禮也」者，以聘享主君及夫人之禮皆君所命，不可因賓死而廢，故介攝而致之也。云「初時，上介接聞命」者，謂初在本國受命於朝時，上介立於使者之左，接聞命，故今得代致之。此下言介，皆謂上介也。**君弔，介爲主人。**雖有臣子親姻，猶不爲主人，以介與賓竝命於君，尊也。【疏】正義曰：注「姻」，《校勘記》云：「徐本作『因』，《集釋》、《通解》、楊氏俱作『姻』。」○賈疏云：「古者賓聘，家臣適子皆從行。是以延陵季子聘于齊，其子死，葬于嬴博之閒。故鄭云：『雖有臣子親姻，猶不爲主人。』」敖氏云：「凡諸侯弔于異國之臣，君爲之主。此時其君不在，故介爲主人，受主君之弔，以此時惟介爲尊故也。君弔蓋皮弁服，介爲主，則袒免。《喪服·記》曰：『朋友皆在他邦，袒免。』謂此類也。」**主人歸禮幣，必以用。**當中奠贈諸喪具之用，不必如賓禮。【疏】正義曰：注云「當中奠贈諸喪具之用」者，此「歸禮幣」與上「具而殯」異。具而殯，蓋謂始死襲與小斂、大斂及殯所用者。此歸禮幣，則殯後之事，注以爲奠贈諸喪具之用。奠者，喪祭之名。贈者，送葬之名。「諸喪具」，非謂棺槨衣衾之具，乃謂喪中奠贈諸事所需用之具。「必以用」，謂必中奠贈諸事之用。《掌客》曰：「凡賓客死，致禮以喪用。」鄭注：「喪用者，饋奠之物。」是也。云「不必如賓禮」者，謂不必如賓生時所致束帛、束錦之類也。**介受賓禮，無辭也。**介受主國賓己之禮，無所辭也。以其當陳之以反命也。有賓喪，嫌其辭之。【疏】正義曰：注云「介受主國賓己之禮，無所辭也」者，以介既攝命行禮，主國即以待賓之禮待之，介直受之而不辭也。所以然者，以其公幣、私幣皆當陳之以反命也。云「有賓喪，嫌其辭之」者，此辭乃不受之謂，非禮辭再辭之辭。以有賓喪，嫌其不受，故特著之。**不饗食。**【疏】正義曰：此亦謂主君饗食己而不往也，若致之則受之。前經云：「公于賓壹食再饗，上介壹食壹饗。」此待以賓禮，當壹食再饗也。**歸，介復命，柩止于門外。**門外，大門外也。必以柩造朝，達其忠心。【疏】正義曰：注云「門外，大門外也」者，此大門即庫門也。諸侯三門：庫、雉、路。諸侯三朝：外朝在庫門外，治朝在路門外，燕朝在路門内。此江氏永《鄉黨圖考》之説。據此則大門外即爲外朝之地，故經言「門外」，而注言「造朝」也。云「必以柩造朝，達其忠心」者，賓死而歸，則介復命於君矣，而猶必以賓柩造朝，是達其忠心也。此以柩造朝，謂本國之朝；下以柩造朝，則所聘國之朝也。**介卒復命，出，奉柩送之，君弔，卒殯。**卒殯，成節乃去。【疏】正義曰：兩「卒」字皆訓畢。「介卒復命，出，奉柩送之」，謂介復命畢，出大門，乃奉柩送至賓之家也。「君弔，卒殯」，謂君親弔視殯畢而後歸也。盛氏云：「案：大夫之喪至自外之禮，見《雜記》。殯在兩楹之間。」　注云「卒殯，成節乃去」者，《士喪禮》：「君視斂，卒塗乃奠，君要節而踊，然後出門。」是成節乃去也。**若大夫介卒，亦如之。**不言上介者，小聘上介，士也。【疏】正義曰：吴氏《疑義》云：「『如』者，如其爲具以下至卒殯也。」　注云「不言上介，小聘上介，士也」者，此大夫介即上介也。以小聘上介是士，故不言上介，而言大夫介以别之。賈疏謂兼見小聘之法，蓋小聘使大夫，則其禮與大夫爲介者同；小聘之上介是士，則其禮與士介同也。**士介死，爲之棺斂之。**不具他衣物也，自以時服也。【疏】正義曰：《校勘記》云：

「『爲之棺』上，《要義》有『則』字。注『衣物也』，『物』，《通解》作『服』。」○經云「爲之棺斂之」，明斂而不殯耳，此其下於賓與上介也。　注云「不具他衣物也，自以時服也」者，案：此説恐非。《士喪禮》君有致襚之禮，豈他國士介死於其國，而反缺斂衣物邪？　方氏苞云：「鄭蓋以『爲之棺』句，謂獨具其棺而斂以親身之衣，不知經意正謂爲之棺而具衣物以斂耳。」**君不弔焉。**主國君使人弔，不親往。【疏】正義曰：注云「主國君使人弔，不親往」者，解經「不弔」爲不親弔也。　李氏云：「《士喪禮》：『君有賜則視斂。』常禮，君不親弔士。」今案：賓與上介死，君親弔之。此不親弔，亦其差也。**若賓死，未將命，則既斂于棺，造于朝，介將命。**未將命，謂俟閒之後也。以柩造朝，以已至朝，志在達君命。【疏】正義曰：「未將命」，《校勘記》云：「未，唐石經作『來』，誤。」注「謂俟間之後也」，毛本「謂」作「請」。《校勘記》云：「徐本、《集釋》、《通解》、楊、敖俱作『謂』。『以已至朝』，張氏曰：『監本已作己。從監本。』」今案：賈疏云：「是以鄭云『以柩造朝，以其既至朝，志在達君命』。」作「已」字解是也，當作「已」。○敖氏云：「此朝，謂大門外也。介將命於廟，如賓禮，既則殯其柩於館。」　注云「未將命，謂俟閒之後也」者，前賓入竟而死，未至國。此云「未將命」，則是將行聘享時，故注以爲「俟閒之後也」。「俟閒」者，前賓至，下大夫勞者以賓入至於朝，主人曰：「不腆先君之祧，既拚以俟矣。」賓曰：「俟閒。」此後大夫帥至于館，至明日乃行聘享事。於此之時而死，則必以棺造朝也。云「以柩造朝，以已至朝，志在達君命」者，謂賓入已至于朝，將行聘享，故以柩造朝，所以體死者之心，明必達君命也。　朱子云：「禮賓已至朝，主君將欲行禮，賓請閒之後而賓死，則以柩造朝，以尸將事。《左傳》：『陳侯使公孫貞子弔吴，及良，將以尸入，吴子使大宰嚭勞且辭。』上介芋尹蓋援聘以尸將事之禮，吴人納之。

向令公孫貞子卒于侯閈之後，行此禮可也。今卒于竟內，亦行此禮而吳人從之。杜注又以爲知禮，胥失之矣。」案：此論甚精，足與經義相發明。**若介死，歸復命，唯上介造于朝，若介死，雖士介，賓既復命，往，卒殯乃歸。**往，謂送柩。【疏】正義曰：此「若介死」兩「介」字，俱兼上介、士介言。「歸復命，唯上介造于朝者」，士介卑，不接聞命，故不以柩造朝也。敖氏云：「於賓言『止于門外』，於上介云『造于朝』，文互見也。」今案：上賓死云：「介卒復命，出，奉柩送之。」又云：「大夫介卒亦如之。」是上介死，賓復命後，必送其柩至家。恐人疑士介或不如是，故言雖士介，賓既復命，必往送其柩至家，視殯卒乃歸也。但賓與上介死言君弔，此不言君弔，略之。王氏士讓云：「案：《士喪禮》君於士有視斂禮，況奉使有勞於國，君必弔可知。」

右出聘賓介死

小聘曰問。不享，有獻，不及夫人。主人不筵几，不禮，面不升，不郊勞。記貶於聘，所以爲小也。獻，私獻也。面，猶覿也。【疏】正義曰：自此至「三介」，言侯伯行小聘之事。○《校勘記》云：「陸氏曰：『享，本又作饗。』」盧氏文弨云：「注『面，猶覿也』下，敖有『今文禮作醴』五字，案：下記『不禮』，注『古文禮作醴』，敖乃移於此，而改『古文』爲『今文』。今校《集釋》者亦依敖氏而增此五字，非是。」《校勘記》云：「案：敖氏《聘禮》正誤『不禮』一條在『醴不拜至』之後，明係記中之不禮，非此經之不禮也，不知校者何以皆誤認。」今案：嚴本無此五字，從嚴本。○小聘不曰聘而曰問者，《周禮·大行人》：「凡諸侯之邦交，歲相問也，殷相聘也。」歲相問，即謂小聘。「不享，有獻，不及夫人」者，盛氏云：「案：享與獻，皆聘君之所以遺主君也，而其別有二。享，必以玉帛庭實；獻，則隨其國之所有而已，一也。享，君與夫人皆有之；獻，但及君而已，不及夫人，二也。大聘享而不獻，小聘獻而不享，輕重之差也。注以獻爲私獻，非。」今案：《周禮·司儀》曰「及禮私面私獻」，私獻言於私面之後，則是聘臣之所獻，非聘君所獻矣。盛説是也。主人不筵几，下記云「唯大聘有几筵」，注云：「謂受聘享時也，小聘輕，雖受於廟，不爲神位。」案：筵几所以依神，不爲神位，故不設筵几也。郝氏云：「不筵几，不行禮於廟也。」江氏筠云：「不於廟，則本非設神席之處矣，何必贅言不筵几乎？鄭氏以爲禮輕，是也。」不禮，不以醴禮賓也。面不升，注云「面，猶覿也」，謂私覿庭中受之，不升堂也。不郊勞，謂不行郊勞之禮也。凡此皆禮之殺於聘者，故注云「記貶於聘，所以爲小也」。**其禮，如爲介，三介。**如爲介，如爲大聘上介。【疏】正義曰：禮，主國待賓之禮，謂飧饔食饗之屬。李氏云：「三介者，大夫降於卿二等。然則公之卿聘七介者，小聘使大夫五介；子男之卿聘三介者，小聘使大夫一介。」注云「如爲介，如爲大聘上介」者，謂所得於主國之禮與爲大聘上介同，蓋小聘之賓與大聘之上介皆大夫爲之，故其禮同也。

右小聘

記

久無事，則聘焉。事，謂盟會之屬。【疏】正義曰：久無事則聘，注以事爲盟會之屬者，蓋大聘雖定以三年，而若遇盟會之歲，兩君業已相見，又拘於定制，使其臣更行聘禮，則爲煩瀆，故必久無盟會之事，乃聘以通好。此記補經所未及，非於三年之制有違也。惟古者盟會之事，天子主之，《周禮·大行人》「時會以發四方之禁」，又有司盟掌盟載之灋，故其時盟會少而聘問得如常期。厥後霸國争雄，擅相摟合，所謂「有事而會，不協而盟」者，幾於無歲無之。如《大行人》疏所引《左傳》魯自襄二十年聘齊及昭九年「孟僖子乃如齊殷聘」，中間相隔二十一年，非古法矣。餘詳篇首鄭《目録》下。**若有故，則卒聘，束帛加書將命。百名以上，書于策。不及百名，書于方。**故，謂災患及時事相告請也。將，猶致也。名，書文也，今謂之字。策，簡也。方，板也。【疏】正義曰：注「版」，毛本作「板」。《校勘記》云：「《釋文》、《集釋》、《通解》、楊氏俱作『版』。陸氏云：『版音板。』」○此「有故」與經「若有言」同，經云「若有言，則以束帛，如享禮」，而儀節未詳，故記補之。敖氏云：「卒，已也。聘者，兼享而言。束帛加書，以書加於帛上也。」張氏爾岐云：「卒聘，倉猝而聘，不待殷聘之期也。」今案：此禮於聘享畢行之。敖訓卒爲已，是也。張説非。注云「故，謂災患及時事相告請也」者，賈疏以臧孫辰告糴于齊，公子遂如楚乞師爲災患，晉侯使韓穿來言汶陽之田爲時事，蓋皆本上經「若有言」注爲説，是其義一也。云「名，書文也，今謂之字」者，《中庸》曰「書同文」。《論語》「必也正名乎」，鄭注：「正名謂正書字也，古者曰名，今世曰字。」又注《周禮》「外史達書名」、《大行人》「諭書名」略同，是名即今之字也。《説文序》云：「倉頡之初作書，蓋依類象形，故謂之文，其後形聲相益，即謂之字。字者，言孳乳而寖多也。箸于竹帛謂之書，書者，如也。」段氏注云：「二《禮》、《論語》皆言名，《左傳》『反正爲乏』、『止戈爲武』皆言文，六經未有言字者，秦刻石『同書文字』，此言字之始也。」云「策，簡也。方，版也」者，鄭注《既夕》及《中庸》皆同。蓋簡以竹爲之，一片謂之簡，編連謂之策。《莊子釋文》云：「簡，竹簡也。」《曲禮》釋文云：「策，編簡也。」是也。版以木爲之，《少牢》「卦以木」，鄭注「書於版」是也。方是一版不編連者，張氏爾岐云：「字多書于策，策以衆簡編連也。字少書于方，一版可盡也。」賈疏云：「鄭作《論語序》云：『《易》、《詩》、《書》、《禮》、《樂》、《春秋》，策皆二尺四寸，《孝經》謙半之，《論語》八寸策者，三分居一，又謙焉。』是其策之長短。鄭注《尚書》：『三十字，一簡之文。』服虔注《左氏》云：『古文篆書，一簡八字。』是一簡容字多少者。」今案：賈疏原文作「《春秋》策皆尺二寸」，據《校勘記》改「二尺四寸」，下云「《孝經》謙半之」，乃一尺二寸也。**主人使人與客讀諸門外。**受其意，既聘享，賓出而讀之。不於內者，人稠處嚴，不得審悉。主人，主國君也。人，內史也。書必璽之。【疏】正義曰：《校勘記》云：「注『賓出而讀之』，徐本、《集釋》、楊氏俱重出『讀之』二字，《通解》不重。『主國君也』，徐本、《集釋》、《通解》、《要義》、楊氏俱無『主』字，敖氏有。」　云「受其意，既聘享，賓出而讀之」者，敖氏云：「公既受書，客降出，公以書授宰，降立，乃使人與客讀書於廟門外。」是也。云「不於內者，人稠處嚴，不得審悉」者，此有二義：一則門外乃清靜之所，讀之可以審悉；一則告請或有密事，不欲使衆共聞之故也。必與客讀之者，欲詳悉其事之原委也。云「人，內史也」者，《周禮·內史職》曰：「凡四方之事書，內史讀之。」故知此使人與客讀者，即內史也。《儀禮釋官》云：「諸侯有大史、小史之官，見《大射儀》。此注云『人，內史』，《尚書·酒誥》曰『大史友內史友』，《左傳》『季孫召外史掌惡臣，而問盟首焉』，則諸侯亦有內史、外史明矣。《禮記·玉藻》曰：『動則左史書之，言則右史書之。』孔疏以大史爲左史，內史爲右史，與《大戴禮·盛德篇》盧注合。考《左傳》，諸國有大史而無內史，有左史而不見右史，則東遷後史官廢闕，不能依禮之故。孔穎達《春秋序》疏遂謂諸侯無內史，失之矣。」云「書必璽之」者，據襄二十九年《左傳》云：「璽書追而與之。」是書必璽之也。杜注云：「璽，印也。」**客將歸，使大**

夫以其束帛反命于館。爲書報也。【疏】正義曰：敖氏云：「大夫即還玉之卿也。束帛言『其』，是即歸者加書者也。以其束帛反命，亦如還玉之義。此反命蓋與還玉同日。」注云「爲書報也」者，上云「束帛加書將命」，此云「反命」，雖不言書，明亦有書可知，故注云爲書以報之也。**明日，君館之。**既報，館之，書問尚疾也。【疏】正義曰：盛氏云：「此以見反命之節在館賓前一日也。」注云「既報，館之，書問尚疾也」者，言既報書即於明日館之者，欲以便賓之早歸，俾復書得早達於彼君，故云「書問尚疾也」。

右記有故卒聘致書之事

既受行，出，遂見宰，問幾月之資。資，行用也。古者君臣謀密草創，未知所之遠近，問行用，當知多少而已。古文「資」作「齎」。【疏】正義曰：受行，謂受命出使也。入既受命於君，出遂見宰。問幾月之資者，宰制國用故也。敖氏云：「見宰，見之於其官府也。」注云「資，行用也」者，謂行者之所用也。云「古者君臣謀密」云云，朱子駁之云：「上言『與卿圖事』，則固已知所之矣，此但言與宰計度資費之多寡而已，注言『未知所之』，非是。」云「古文『資』作『齎』」者，《説文》：「資，貨也，從貝次聲。齎，持遺也，從貝齊聲。」《周禮・外府》：「共其財用之幣齎。」鄭注：「齎，行道之財用也。《聘禮》曰：『問幾月之齎。』鄭司農云：『齎，或爲資，今禮家定齎作資。』玄謂齎、資同耳，其字以齊、次爲聲，從貝變易，古字亦多或。」段氏玉裁云：「此司農説禮家定齎當作資，而鄭君非之，謂二字皆可用。許則釋資、齎其義分別。」胡氏承珙云：「案：鄭君雖謂齎、資聲義皆同，然其訓之亦微有别。如《周禮・掌皮》：『歲終則會其財齎。』注云：『齎，所給予人以物曰齎。』此與《説文》齎訓持遺者合。《巾車》：『毀折入齎于職幣。』注云：『杜子春云：齎讀爲資，資謂財也。』此又與《説文》資訓貨者合。然則鄭意未嘗無別，惟以二字聲義本同，故可通耳。此注從今文作『資』者，蓋《周禮》故書『齎』多作『資』，見《典婦功》、《典枲》注，其義較古。鄭注《外府》，引《聘禮》作『齎』者，則就《周禮》經文作『齎』故也。」**使者既受行日，朝同位。**謂前夕幣之閒。同位者，使者北面，介立於左，少退，別於其處臣也。【疏】正義曰：《校勘記》云：「唐石經無『既』字，案：疏有『既』字，戴校《集釋》據石經删『既』。」今案：「既」字因上節而衍，删之是也。注「少退，別於其處」，毛本如是，《校勘記》云：「徐本、《集釋》、《通解》、楊氏俱無『於』字，張淳引注亦無『於』字，又據《釋文》去『其』字，與疏合。惟前經『使者北面』節，疏引此注無『於』字而有『其』字。」今案：嚴本亦無「於」字有「其」字，從之。○使者受行之日，而朝則同位也。秦氏蕙田云：「敖氏以日朝爲每日常朝，其説甚鑿。褚氏亦謂當於『日』字絶句。」注云「謂前夕幣之閒。同位者，使者北面，介立於左，少退，別其處臣也」者，謂夕幣之時，使者北面，衆介立於其左，東上。及將行之日，使者入朝，衆介隨入，北面東上是也。注不徒云「夕幣」而云「夕幣之閒」，蓋兼二者言之。蔡氏云：「使者有卿、有大夫、有士，常時朝位各異，此則朝位竝同北面東上，以別於臣之處者也。」**出祖，釋軷，祭酒脯，乃飲酒于其側。**祖，始也。既受聘享之禮，行出國門，止陳車騎，釋酒脯之奠於軷，爲行始也。《詩傳》曰：「軷，道祭也。」謂祭道路之神。《春秋傳》曰：「軷涉山川。」然則軷，山行之名也，道路以險阻爲難，是以委土爲山，或伏牲其上，使者爲軷祭，酒脯祈告也。卿大夫處者，於是餞之，飲酒于其側。禮畢，乘車轢之而遂行，舍於近郊矣。其牲，犬羊可也。古文「軷」作「祓」。【疏】正義曰：《校勘記》云：「注『軷涉山川』，張氏曰：

『《釋文》釋經釋軷之注云：注跋涉音同。此軷蓋跋字也，從《釋文》。』又『伏牲其上』，『伏』上，嚴、徐、《集釋》、《通解》、楊氏俱有『或』字。『上』，陳、閩、葛本俱誤作『土』。」今案：嚴本「軷涉山川」亦作「軷」，《集釋》同，段氏《説文》注云：「跋，同音假借字。鄭所引《春秋傳》本作『軷』，《詩・泉水》孔疏引此注，『伏』上亦有『或』字。」　云「祖，始也」者，《釋詁》文。　云「既受聘享之禮，行出國門，止陳車騎，釋酒脯之奠於軷，爲行始也」者，案：此禮於本國去時行之，故在既受聘享之禮後。　知在國門外者，以經云「出」故也。《泉水》孔疏云：「軷祭皆於國外爲之，又名祖，《詩》云『出祖』是也。又名道，《曾子問》云『道而出』是也。」此經軷既爲祭名，則祖不得又爲祭名，故鄭以始解之。　孔疏又云：「重己方始有事於道，故祭道之神。」是也。　釋，如「釋奠」、「釋菜」之釋。　敖氏云：「釋軷者，釋其所軷之物，謂酒脯也。　既釋，則人爲神祭之，如《士虞禮》佐食爲神祭黍稷膚、祝祭酒之爲。」案：此解祭字較有分析。　盛氏云：「始行而祭曰祖。　軷，軷壤也。　釋軷者，舍其所祭之物於軷上也。　鄭注《月令》，乃『軷』字的解。」案：此以祖爲祭名，而軷爲設祭之處，非鄭義矣。《月令》：「孟冬，其祀行。」鄭注：「行在廟門外之西，爲軷壤，厚二寸，廣五尺，輪四尺。　祀行之禮，北面設主於軷上。」此每歲常祀也。　上經「釋幣于行」，則爲將行而釋幣以告之，皆與此軷祭有異，故《泉水》疏云：「卿大夫之聘，出國則釋軷，在家釋幣于行。」注云「告將行也」，是三者不同，後人欲牽合爲一，故多歧説。　云「《詩傳》曰：『軷，道祭也。』」者，《生民》篇毛傳文。　云「謂祭道路之神」者，此釋傳義，以證軷爲祭名也。　云「《春秋傳》曰：『軷涉山川。』」者，襄二十八年《左傳》文。　云「然則軷，山行之名也」者，謂軷本山行之名，而出行之祭亦因名爲軷也。《詩・鄘風》：「大夫跋涉。」《毛傳》云：「草行曰跋，水行曰涉。」跋與軷義同。　云「道路以險阻爲難，是以委土爲山，或伏牲其上，使者爲軷祭，酒脯祈告也」者，此解所以釋軷之義。道路多有險阻，故爲軷祭祈告之，使無險患也。此經但云「酒脯」，則無牲矣。而云「或伏牲其上」者，蓋指天子諸侯禮而言，故云「或」也。又《生民》鄭箋謂軷祭有尸，此無尸，亦天子諸侯禮異也。《周禮・大馭職》曰：「犯軷，遂驅之。」鄭注：「行山曰軷。犯之者，封土爲山象，以菩芻棘柏爲神主，既祭之，以車轢之而去，喻無險難也。」與此注義同。《説文》解「軷」字云：「出將有事於道，必先告其神，立壇四通，樹茅以依神爲軷。既祭，犯軷轢牲而行爲犯軷。」是許義亦與鄭同。云「卿大夫處者，於是餞之，飲酒于其側」者，凡送行飲酒謂之餞，《泉水》詩曰「飲餞于禰」是也。賈疏云：「《韓奕》詩『韓侯出祖，出宿于屠，顯父餞之』，是韓侯入覲天子，出京城爲祖道。此聘使還，亦宜有祖但文不具。」案：此説可存。云「禮畢，乘車轢之而遂行」者，此謂委土爲山，乘車轢山而行也。若有牲者，則伏牲其上，轢之而行，《説文》及《犬人》注所言是也。《月令》孔疏泥於軷壤廣五尺之説，引此注謂轢者唯車之一輪轢耳，若兩輪相去八尺，不得俱轢。今案：此軷祭與孟冬在家祀行之禮不同。據注云「委土爲山」，則與常祀爲軷壤於廟門外者，大小當懸殊也。云「其牲，犬羊可也」者，言軷而用牲，則犬與羊皆可用。《周禮・犬人》：「掌犬牲，伏瘞亦如之。」鄭注：「伏謂伏犬，以王車轢之。」又《詩》曰：「取羝以軷。」是犬與羊皆可用也。此鄭廣言釋軷之禮，非謂卿大夫軷祭亦有牲也。云「古文『軷』作『祓』」者，胡氏承珙云：「祓爲除惡之祭，《周禮・女巫》『掌歲時祓除釁浴』，此祓與軷音同義別，故鄭從今文。」

右記使者受命將行之禮

所以朝天子，圭與繅皆九寸，剡上寸半，厚半寸，博三寸，繅三采六等，朱白倉，朱白倉。

圭，所執以爲瑞節也。剡上，象天圜地方也。雜采曰繅，以韋衣木板，飾以三色。再就，所以薦玉，重慎也。九寸，上公之圭也。古文「繅」或作「藻」，今文作「璪」。【疏】正義曰：《雜記》孔疏引此記作「繅三采六等，朱白蒼，朱白蒼」，朱子云：「記只有『朱白蒼』三字，而《雜記》疏所引乃重有之，不知何時傳寫之誤，失此三字。」今案：朱白蒼三采爲六等，必重言之而義始明也，今從之。又案：唐石經亦失此三字。《校勘記》云：「『蒼』，唐石經、嚴本、《集釋》、敖氏俱作『倉』，《通解》、楊氏俱作『蒼』。戴氏震云：『蒼、倉古通用，今從石經。』」注『象天圓』，嚴、徐、《通解》、楊氏俱作『圜』。『以韋衣木板』，陳本作『版』。『上公之圭也』，嚴本、《集釋》、《通解》、楊、敖俱作『上』。」今案：毛本「上」誤「三」。○「圭與繅皆九寸」，謂長九寸也。「剡上寸半，厚半寸，博三寸」，凡圭所同也。《雜記》贊大行曰：「圭，公九寸，侯伯七寸，博三寸，厚半寸，剡上，左右各寸半。」與此同。博，言其寬也。《說文》云：「剡，鋭利也。」案：圭形上鋭。《雜記》疏云：「剡，殺也，殺上左右角各寸半也。圭博三寸，殺上左右各寸半，則成上鋭之形矣。」賈疏云：「此記直言『剡上寸半』，不言左右，文不具也。」　注云「圭，所執以爲瑞節也」者，《大宗伯》曰：「以玉作六瑞。」《掌節》曰：「守邦國者用玉節。」蓋皆執以通信也。云「剡上，象天圜地方也」者，殺上左右角，則成圜形矣。上圜而下方，故云取象於天地也。云「雜采曰繅，以韋衣木板，飾以三色。再就，所以薦玉，重慎也」者，繅有五采、三采、二采之異，而其大小長短悉與圭同。《周禮·典瑞》曰：「王晉大圭，執鎮圭，繅藉五采五就以朝日。」鄭注：「繅有五采文，所以薦玉，木爲中榦，用韋衣而畫之。就，成也。」鄭司農云：「五就，五帀也，一帀爲一就。」今案：《雜記》曰：「藻三采六等。」與此同，而字作藻。鄭注：「藻，薦玉者也，三采六等，以朱白倉畫之再行也。」孔疏：「案：《聘禮·記》云：『繅，三采六等，朱白倉，朱白倉。』是也。既重云『朱白倉』，是一采爲二等，相間而爲六等也。《典瑞》云：『公侯伯皆三采三就。』謂一采爲一就，故三采三就，其實采別二就，三采則六等也。《典瑞》又云：『子男皆二采再就。』二采，謂朱緑也。其實采別二就，二采則四等也。其天子，則《典瑞》云：『繅五采五就。』亦一采爲一就，五采故五就，其實采別二就，五采則十等也。」賈疏云：「注云『三色再就』者，就即等也，是一采爲再就，三采即六等也。《覲禮》注云朱白倉爲六色者，亦是一采一帀爲二色，三采故六色。」今案：朱子嘗稱孔疏之説爲詳明，賈説與孔亦大略相同，唯所引《覲禮》注，今不可考耳。然則此注云「三色再就」，即《雜記》注所云「以朱白倉畫之再行也」，故李氏云：「等，猶行也。」繅以薦玉，蓋取重慎之意。云「九寸，上公之圭也」者，《考工記·玉人》曰：「命圭九寸，謂之桓圭，公守之。」是也。但據《典瑞》：「公執桓圭，侯執信圭，伯執躬圭，子執穀璧，男執蒲璧，以朝覲宗遇會同于王。」則朝天子者不唯公，而獨言九寸之圭者，舉公以例其餘耳。云「古文『繅』或作『藻』，今文作『璪』」者，詳上經受命時，「賈人西面坐，啟櫝，取圭垂繅」下。**問諸侯，朱緑繅，八寸。**二采再就，降於天子也。於天子曰朝，於諸侯曰問，記之於聘，文互相備。【疏】正義曰：敖氏云：「朱緑者，繅之采也。存朱而加緑，亦尚文之意。上言朝玉與其繅九寸，故於此但言繅而不及玉，省文耳。」今案：以上文「圭與繅皆九寸」推之，則繅八寸者，玉亦八寸也。獨言八寸者，亦舉以例其餘耳。

注云「二采再就，降於天子也」者，謂降於朝天子也。李氏云：「此聘圭之繅，采爲一行，二采共爲再行，與朝圭繅異。《周禮·典瑞》曰：『瑑圭璋璧琮，繅皆二采一就，以覜聘。』八寸，亦謂上公之聘圭也。《考工記》曰：『瑑圭璋八寸，璧琮八寸，以覜聘。』侯伯聘圭當六寸，子男則四寸，各降其君之瑞一等。《考工記》又曰：『璧琮九寸，諸侯以享天子，瑑琮八寸，諸侯以享夫人。』亦據上公禮互言之，則五等侯享天子及后之璧琮，大小各如其瑞。自相享各降其瑞一等。」❶盛氏云：「注『二采再就』，『再』字誤，當依《典瑞》作『一』也。」今案：盛説是。《雜記》疏引《典瑞》「繅皆二采一就」云：「此謂卿大夫每采唯一等，是二采共一就也，與諸侯不同。」若作「再就」，則與子男何異？云「於天子曰朝，於諸侯曰問，記之於聘，文互相備」者，蓋於朝舉天子，則自相朝亦然。於問舉諸侯，則聘天子可知，故云「記之於聘，文互相備」也。**皆玄纁繫，長尺，絇組。**采成文曰絇。繫，無事則以繫玉，因以爲飾，皆用五采組，上以玄，下以絳爲地。今文「絇」作「約」。

【疏】正義曰：《校勘記》云：「注『玉』字，重脩監本誤作『王』。『上以玄』下，聶有『爲天』二字。」今案：注又云「下以絳爲地」，此「地」字係言其本質，非天地之地，聶本誤衍。○「皆玄纁繫」者，謂朝天子與問諸侯之繅玉皆以玄纁爲繫也。「絇組」者，組有采色也。賈疏云：「上文繅藉，尊卑不同，此之組繫，尊卑一等。」是解「皆」字之義。張氏爾岐云：「繅以藉玉，繫以聯玉與繅，組即所以飾繫者。」今案：張説分別最明析。敖氏以「皆玄纁」爲句，謂朝聘之繅皆以玄纁之帛爲之，表玄而纁裏。其説無據，不可從。褚氏亦謂當依注，以「皆玄纁繫」爲句。注云「采成文曰絇」者，《論語》：「素以爲絇兮。」馬注云：「絇，文貌也。」鄭注云：「文成章曰絇。」與此義略同。云「繫，無事則以繫玉，因以爲飾」者，繫與組同爲一物，繫是其本，組是其飾，繫連於

❶「自」上，《儀禮集釋》有「諸侯」二字。「各」，《儀禮集釋》作「見」。

纓，非朝聘行事之時，則以繫玉於纓而藏之，有事則或垂其組，或屈其組以爲飾也。云「皆用五采組」者，謂尊卑同用五采組也。云「上以玄，下以絳爲地」者，謂繫之本質，上用玄，下用絳。賈疏謂上下皆據垂之上下言之，是也。經言「纁」，注言「絳」者，纁即淺絳也。云「今文『絢』作『約』」者，胡氏云：「古從旬之字每多作『勻』，如《詩》『畇畇原隰』，《釋文》『畇，本作約』，然則絢、約本一字。《說文》有絢無約，從《禮》古文。《儀禮釋文》云：『絢，《聲類》以爲約字。』蓋《聲類》兼用今文。《玉篇》以約同絢，本之《聲類》。《集韻》以紃爲絢，則非。《雜記》注云：『紃，施諸縫中。』不得與絢混爲一字也。」**問大夫之幣，俟于郊，爲肆，又齎皮馬。**肆，猶陳列也。齎，猶付也。使者既受命，宰夫載問大夫之禮待於郊，陳之爲行列，至則以付之也。使者初行，舍於近郊。幣云肆，馬云齎，因其宜，亦互文也。不於朝付之者，辟君禮也。必陳列之者，不夕也。古文「肆」爲「肄」。【疏】正義曰：上經問大夫之庭實唯言「皮」，此兼言「馬」者，庭實非皮則馬，故兩言之也。注云「肆，猶陳列也」者，《周禮·序官·肆師》注：「肆，猶陳也。」《國語》：「歌鐘二肆。」注：「肆，列也。」云「齎，猶付也」者，《說文》：「齎，持遺也。」《周禮·掌皮》鄭注：「予人以物曰齎。」故云「猶付也」。知大夫之幣宰夫載而付之者，以上經「命宰夫官具」故也。云「使者初行，舍於近郊」者，釋所以俟於郊之義也。云「幣云肆，馬云齎，因其宜，亦互文也」者，幣爲肆陳之，亦俟其至郊付之。皮馬付之，亦先俟於郊，陳之可知，故云「互文也」。云「不於朝付之者，避君禮也」者，聘君聘夫人之幣皆於朝付之，此於郊付之，是避君禮也。云「必陳列之者，不夕也」者，謂前此夕幣時不陳，故此特陳之，且欲與衆見之也。云「古文『肆』爲『肄』」者，胡氏云：「古肆、肄字多互譌。《周禮·小宗伯》：『肄儀爲位。』鄭注：『肄，習也。』故書肄爲肆，杜子春讀肆當爲肆。」此爲肆之肆，非肆習之義，故鄭不從古文。」

右記朝聘玉幣

辭無常，孫而説。孫，順也。大夫使，受命不受辭，辭必順且説。【疏】正義曰：注云「孫，順也」者，《説文》：「愻，順也。」字作「愻」，段氏注云：「凡愻順字從心，凡遜遁字從辵。今遜專行而愻廢矣。」今案：此經「孫」字及《論語》「惡不孫以爲勇者」，皆「愻」之假借。云「大夫使，受命不受辭」者，本莊十九年《公羊傳》文。原書無「使」字，大夫上有「聘禮」二字。此注引之，以證不受辭者，緣辭無常故也。傳又曰：「出竟有可以安社稷利國家者，則專之可也。」此《論語》言專對之證。云「辭必順且説」者，聘以修好睦鄰故也。説與悦同。**辭多則史，少則不達。**史，謂策祝。【疏】正義曰：注云「史，謂策祝」者，《尚書·金縢》曰「史乃策祝」是也。策祝尚文辭，故謂辭多爲史。孔子曰：「文勝質則史。」又曰：「辭達而已矣。」若辭少則不足以達意，故辭既順説矣，又順戒，此二者，不可失之多，亦不可失之少也。**辭苟足以達，義之至也。**至，極也，今文「至」爲「砥」。【疏】正義曰：「義之至也」，吴氏《章句》云：「言於應事之宜爲極至也。」注云「今文『至』爲『砥』」者，胡氏云：「《説文》：『厎，從厂氐聲，或從石作砥。』《爾雅》：『厎，致也。』《詩·祈父》：『靡所厎止。』箋云：『厎，至也。』鄭以當文易曉，故不從今文。」**辭曰：「非禮也，敢。」對曰：「非禮也，敢。」**辭，不受也。對，荅問也。二者皆卒曰敢，言不敢。【疏】正義曰：《校勘記》云：「下句末，唐石經、嚴、徐俱有『辭』字，《集釋》、《通解》、《要義》、楊、敖俱無。張氏曰：『經曰「辭曰：非禮也，敢。對曰：非禮也，敢辭」。

注曰「辭，不受也。」對，荅問也。二者皆卒曰敢，言不敢」。又賈疏云：辭謂賓辭主人，荅謂賓荅主人，介則在旁曰：非禮也敢。以注及疏文義考之，下羡一辭字，審矣。又嘗疑注辭不受也之句上更有一辭字，傳寫者誤以注文作經文，今減經以還注。」《石經考文提要》從唐石經。案：張説是也。注以辭、對爲截然兩事，二者皆曰『不敢』，一則不敢不辭，一則不敢不對，故朱子、敖氏俱從張説。注『辭，辭不受也』，『辭』字，嚴、徐本不重。《要義》、敖氏載注亦不重，《集釋》、《通解》、楊氏俱同今本。案：經末『辭』字，即因注首『辭』字而誤衍，在經宜删，在注不必重，唯魏氏、敖氏得之。張氏引注無『也』字。」今案：張氏《識誤》謂經末無「辭」字，是也。謂注首更有「辭」字，而減經以還注，則非。《校勘記》以魏、敖爲得者，魏氏、敖氏之本，經末無「辭」字，注首亦不重「辭」字故也，今從之。〇段氏《經韻樓集》曰：「《聘禮・記》，辭，句。曰，句。非禮也，句。敢，句。對，句。曰，句。非禮也，句。敢，句。凡八句十二字。注云『辭，不受也』，因上『辭無常』、『辭多則史』、『辭苟足以達』三辭字皆爲文辭，恐其相混，故分别之。《禮經》若《士冠禮》『醴辭曰』、『醮辭曰』、『字辭曰』，正當作『辭』。若『敢辭』、『禮辭』、『固辭』、『終辭』之類，正當作『辤』。《説文・辛部》曰：『辭，説也，從𤔔辛，𤔔辛猶理辜也。』又曰：『辤，不受也，從受辛。受辛者，辤之。』二字分别畫然，經典不受之義亦作辭，則爲假借。此經二句，謂常事、常禮之外，有非禮之加、非禮之問，必咢咢不阿，乃爲偁職。主人施以非所當施，則辤之，其辭曰：『所以施使臣者，非禮也，敢受乎？』主人問以非所當問則對之，其辭曰：『所以語使臣者，非禮也，敢不對乎？』如僖十二年，齊使管夷吾平戎于王，王以上卿禮饗管仲。管仲辭曰：『臣，賤有司也，有天子之二守國、高在，若節春秋，來承王命，何以禮焉？陪臣敢辭。』此『辭曰：非禮也，敢』之證也。文四年，衛甯武子來聘，公與之宴，爲賦《湛露》及《彤弓》，不辭，又不荅賦，使行人私焉。對曰：『臣以爲肄業及之也。昔諸侯朝正于王，王宴樂之，于是乎賦《湛露》，則天子當陽，諸侯用命也。諸侯敵王所愾，而獻其功，王于是乎賜之彤弓一、彤矢百、旅弓矢千，以覺報宴。今陪臣來繼舊好，君辱貺之，❶其敢干大典以自取戾？』此『對曰：非禮也，敢』之證也。注云『二者皆卒曰敢』，謂凡言『敢』，多在語之終。云『辭曰』、云『對曰』、云『敢』，傳無不與經印合者。辭與對，畫分二事，唐石經賸一『辭』字，敢、辭之文，不當系對。對，主爭辯是非，不謂辤卻也。經謂賓自辭之自對之。賈疏引鄭《易注》，專屬之介，殊失經意，經不專謂介矣。」今案：段説是也。吴氏《章句》云：「主國或有非分之賜則辤之，固以請，乃荅之也。此則以對與辤作一事解，非矣。」

右記修辭之節因及辭對二言

卿館于大夫，大夫館于士，士館于工商。 館者必於廟，不館於敵者之廟，爲大尊也。自官師以上，有廟有寢，工商則寢而已。【疏】正義曰：注云「館者必於廟」者，據《禮運》曰：「天子適諸侯，必舍其祖廟。」及此經「歸饔餼于賓館」，云「及廟門賓揖入」是也。云「不館於敵者之廟，爲大尊也」者，據此記云「卿館于大夫，大夫館于士」云云，是不館于敵者之廟也。云「自官師以上，有廟有寢，工商則寢而已」者，《周禮·隸僕》曰：「掌五寢之埽除糞灑之事。」鄭注：「五寢，五廟之寢也。周天子七廟，唯祧無寢。《詩》云『寢廟繹

❶「貺」，原作「況」，今據《續清經解》本改。

繹』，相連貌也。前曰廟，後曰寢。」又曰：「大喪復於小寢、大寢。」鄭注：「小寢，高祖以下廟之寢也，始祖曰大寢。」是廟後有寢，凡廟皆然。《祭法》曰：「適士二廟，官師一廟。」鄭注：「官師，中士、下士。」是自官師以上，有廟有寢也。《祭法》又曰：「庶士、庶人無廟，死曰鬼。」鄭注：「凡鬼者薦而不祭。庶士，府史之屬。」孔疏：「庶人，平民也，賤故無廟。《王制》曰：『庶人祭於寢。』」此工商與庶人同，故知有寢無廟也。但士以上有廟有寢，祭在廟，薦在寢。庶人則爲寢以薦其先，而其制與士廟後之寢當亦不殊，唯無廟爲異。《王制》注謂寢爲適寢，竊疑士以上有適寢有下室，庶人則但有下室而已，未必有適寢。以適寢所以行禮，而禮不下庶人故耳。此工商之寢，蓋亦在下室之東爲之。與下室別爲門牆，故可以館客也。**管人爲客，三日具沐，五日具浴。**管人，掌客館者也。客，謂使者下及士介也。【疏】正義曰：《內則》曰：「五日則燂湯請浴，❶三日具沐。」此爲客之禮亦如之。然則三日五日，古人平常沐浴之節也。具者，備而勿缺之謂。《校勘記》云：「注『管人』，《通解》『管』作『館』。」　云「管人，掌客館」者，詳上經「管人布幕于寢門外」下。

右記賓館并管人所供

飧不致，不以束帛致命，草次饌，飧具輕。【疏】正義曰：注云「不以束帛致命」者，謂上經宰夫朝服設飧，但云「設之」而已，不云「以束帛致命」，是不致也。云「草次饌，飧具輕」者，飧是始至之禮，故云「草次」

---

❶「燂」，原作「潭」，今據《續清經解》本及《禮記正義》改。

也。言「輕」者，對歸饔餼大夫奉束帛致命爲重。**賓不拜。**以不致命。【疏】正義曰：《校勘記》云：「注『命』，敖氏作『也』。」　云「以不致命」者，謂上經設飧時，賓無拜受之文，以其不用束帛致命，故不拜也。方氏苞云：「賓初至，力乏事紛，故飧不致，重煩賓荅禮也。」**沐浴而食之。**自潔清，尊主國君賜也。記此，重者沐浴可知。【疏】正義曰：注云「自潔清，尊主國君賜也」者，以賓雖不拜，猶沐浴自潔清而食之，是尊主國君之賜也。云「記此，重者沐浴可知」者，以記者記此，明重於飧者必沐浴而食可知。或曰：沐浴，以其初至，道路風塵故也。

右記設飧

卿，大夫訝。大夫，士訝。士皆有訝。卿，使者。大夫，上介也。士，衆介也。訝，主國君所使迎待賓者，如今使者護客。【疏】正義曰：此即上經「厥明訝賓于館」之訝也。因經未言以何人訝，故記補之。《周禮·掌訝》曰：「凡賓客，諸侯有卿訝，卿有大夫訝，大夫有士訝，士皆有訝。」鄭注：「此謂朝覲聘問之日，王所使迎賓客於館之訝。」案：此記悉與彼同，唯主聘而言，故不言諸侯卿訝也。敖氏云：「士皆有訝者，嫌其賤不必訝，若上士則使中士訝之，中士則使下士訝之也。」今案：若下士則當使庶人在官府史之屬訝之。○《校勘記》云：「注『客』，《要義》作『之』。」　云「卿，使者。大夫，上介也。士，衆介也」者，賈疏云：「據此篇，是侯伯之卿大聘而言，其實小聘使大夫，亦使士迎之。」云「如今使者護客」者，蓋舉漢法爲況也。**賓即館，訝將公命。**使己迎待之命。【疏】正義曰：敖氏云：「此節宜在『卿致館』之後。」盛氏、秦氏皆駁之，謂當在賓聘享畢就館之時，蓋以上經聘享畢有「賓即館」之文，與此同故也。案：《周禮·掌訝職》曰：「至于國，賓入館，次于舍門外，待事于客。」鄭注：「次，如今官府門外更衣處。待事于客，通其所求索。」案：「至于國，賓入館」下，即云「次于舍門外」，則敖説似是。　注云「使己迎待之命」者，張氏爾岐云：「謂以君使己迎待之命，告之於賓也。」今案：鄭意蓋以此訝即大夫士之訝，故下注云：「大夫訝者執鴈，士訝者執雉也。」**又見之以其摯**，又，復也。復以私禮見者，訝將舍於賓館之外，宜相親也。大夫訝者執鴈，士訝者執雉。

【疏】正義曰：又見之，見賓也。訝既將公命，而又以其摯見之者，以其將舍於賓館之外，示相親也。大夫執鴈，士執雉，本《周禮·大宗伯》文。○注「又，復也」，詳下。　**賓既將公事，復見之以其摯。**既，已也。公事，聘享問大夫。復，報也。使者及上介執鴈，羣介執雉，各以見其訝。【疏】正義曰：「復見之以其摯」，「之」，毛本作「訝」。《校勘記》云：「唐石經、嚴、徐、《集釋》、《要義》、敖氏俱作『之』。《通解》、楊氏俱作『訝』。《石經考文提要》云：『監本作見訝，此因《儀禮經傳通解》之誤。《通解》引此記與上文又見之以其摯不相屬，故改爲訝，傳寫者不知其意而沿之。』」　注云「公事，聘享問大夫」者，謂聘君、聘夫人，享君、享夫人及問大夫也。公事既畢，即復見訝者，荅禮尚疾也。　云「復，報也」者，上文「又見之以其摯」，注訓又爲復，蓋取重義、繼義，謂既將公命而又見之也。此不訓復爲又，而訓爲報者，蓋取酬報之義，謂賓之見訝，報其來見之禮也。　云「使者及上介執鴈，羣介執雉，各以見其訝」者，賈疏云：「謂使者見大夫之訝者，上介見士之訝者，士介亦見士訝者。」○《三禮札記》云：「賈疏於『厥明訝賓于館』下云：『諸侯有掌訝之官。』於此記『賓即館，訝將公命』下又云：『諸侯無掌訝。』殊相矛盾。考《周禮·掌訝職》文，『賓入館而待事於賓館外』者，掌訝職也。又曰『諸侯有卿訝，卿有大夫訝』云云，鄭注謂此朝覲聘問之日所使迎賓之訝，則非朝聘之日無此訝明矣。《周禮·序官》：『掌訝，中士八人。』諸侯當以下士爲之。若大夫爲卿之貳，職掌較重，士亦各有所掌，何得日日伺候於賓館外也？鄭、賈謂諸侯無掌訝，而自『訝將公命』以下，即指爲大夫士之訝，恐非。」吴氏《疑義》云：「『訝將公命』，所謂訝，蓋掌訝耳，烏得謂即上節之大夫士？況賈疏所引又皆掌訝職掌之事，不可以此訝非掌訝也。諸侯無掌訝説亦無據。」今案：據此則首節所云大夫士降一等之訝，乃聘日迎賓之訝，自此以下則皆謂掌訝也。今姑依鄭釋之，而附載《札記》及《疑義》二説於此，俟後人考定焉。

右記賓訝往復之禮

凡四器者，唯其所寶，以聘可也。言國獨以此爲寶也，四器謂圭、璋、璧、琮。【疏】正義曰：《周禮·大宗伯》曰：「以玉作六瑞，以等邦國。」又曰：「以玉作六器，以禮天地四方。」是瑞與器殊。今此瑞玉亦名器者，對文異，散則通也。《尚書》亦曰五器。　注云「言國獨以此爲寶也」者，張氏爾岐云：「四器唯其所寶，故以行聘，非所寶則不足以通誠好矣。」云「四器謂圭、璋、璧、琮」者，盛氏云：「五等諸侯所寶不同，則所用以聘者亦異。公侯伯寶圭璋，子男寶璧琮。上用則已僭，下用則已卑，皆不可也。經但見公侯伯之聘玉，嫌璧琮可以享而不可以聘，故記明之。」今案：《典瑞》曰：「瑑圭璋璧琮以覜聘。」舊説謂圭璋以行聘，璧琮以行享，是據此經侯伯之禮言之。若子男則聘用璧琮，享用琥璜也。此記言「以聘」，不言享，又節首言「凡」，則是通五等言之。盛説是也。

右記聘玉

宗人授次，次以帷，少退于君之次。主國之門外，諸侯及卿大夫之所使者，次位皆有常處。【疏】正義曰：敖氏云：「授次，授賓次也。設次者，掌次也，宗人則主授之耳。」《釋官》云：「掌禮之官，天子有大宗伯、小宗伯，諸侯以司馬兼之，無宗伯，唯立宗人而已。春秋時諸國皆不見有宗伯，而《左傳》稱魯夏父弗忌爲宗伯，似魯獨立其官。然哀二十四年傳稱：『使宗人釁夏獻其禮。』定四年傳稱：『分魯以祝宗卜史。』杜注解宗爲宗人，則魯無宗伯可知。鄭注《大宗伯》及《禮器》，引《左傳》俱云：『夏父弗忌爲宗人。』疑今本作『宗伯』者，誤也。《周禮》：『大宗伯，卿；小宗伯，中大夫。』諸侯五大夫無小宗伯，則宗人不在大夫之列，蓋使士爲之。宗人亦稱大宗，見《曾子問》及《祭統》。」今案：《文王世子》曰：「宗人授事。」鄭注：「宗人掌禮及宗廟。」孔疏云：「別言『及宗廟』，則宗廟之外，諸禮皆掌。」聘在廟行之，故此賓初至之時，主授次以爲止息也。「次以帷」者，謂次以帷布爲之。《周禮》：「幕人掌帷幕。」鄭注：「在旁曰帷，在上曰幕，帷幕皆以布爲之。」是也。「少退于君之次」者，賈疏云：「君次在前，臣次在後。」敖氏云：「君謂朝君也。」蔡氏云：「君，謂外諸侯來朝者。各有次，少退，不與諸侯次同也。」吴氏《章句》云：「『君之次』者，兩君相朝亦有次也。此聘無君之次，蓋以相朝時設次之地言。」　注云「主國之門外，諸侯及卿大夫之所使者，次位皆有常處」者，門外，大門外也。「卿大夫之所使者」，《校勘記》云：「單疏、《要義》俱無『所』字，似無者是。」卿大夫之使者，謂卿大夫來使者也。言次位有常處，以見君之次與臣之次别也。

右記授賓次

上介執圭如重，授賓。慎之也。《曲禮》曰：「凡執主器，執輕如不克。」【疏】正義曰：賈疏云：「此謂將聘主君廟門外，上介屈繅授賓時。」敖氏云：「上介凡執玉皆如是，不惟授賓之時爲然，記者特於此發之耳。」　注云「慎之也」者，圭輕物，而執之如重，以心存戒慎故也。引《曲禮》者，證執輕如重之義。彼注云：「主，君也。克，勝也。」**賓入門皇，升堂，讓，將授，志趨。**皇，自莊盛也。讓，謂舉手平衡也。志，猶念也。念趨，謂審行步也。孔子之執圭，鞠躬如也，如不勝。上如揖，下如授，勃如戰色，足蹜蹜如有循。古文「皇」皆作「王」。【疏】正義曰：《校勘記》云：「注『鞠躬如也』，『躬』，《釋文》作『窮』，云：『劉音弓，本亦作躬。』《集釋》亦作『窮』。張氏曰：『《爾雅》云：鞠，究，窮也。鞠窮蓋複語，自《論語》作鞠躬，學者遂不復致思於其間，安知非鞠窮若踧踖之謂者乎？如是，則劉音亦誤矣，從《釋文》。』盧文弨云：『《廣雅》：躹躳，謹敬也。上丘六，下丘弓反，與此鞠窮字異音義同。』案：《左傳》宣十二年『有山鞠窮乎』，此借常語爲物名也，二字本雙聲。又案：《羣經音辨》云：『鞠窮，容謹也。音弓。鄭康成説孔子之執圭鞠窮如也，今本作躬。』據此則賈氏時《儀禮》經注已俱作『躬』矣。」今案：《釋文》載作「躬」之本，則唐初已然，嚴本亦作「躬」，今從之，然「鞠窮」古義不可不知也。「下如授」，《校勘記》云：「授，陳本作『受』。」○此言賓執玉之容也。　注云「皇，自莊盛也」者，莊，嚴也，莊亦訓盛，蓋自矜嚴之貌。云「讓，謂舉手平衡也」者，《曲禮》曰：「執天子之器則上衡，國君則平衡。」鄭注：「衡謂與心平。」王氏士讓云：「平衡則不亢，故云『讓』。」敖氏以讓爲後君升堂。褚氏云：「依注『舉手平衡』，擬執玉之容，方與上文『皇』、下文『志趨』一貫。觀下又云『升堂主愼』，可見非讓升之謂。」云「志，猶念也。念趨，謂審行步也」者，《孟子》曰：「夫志，氣之帥也。」注云：「志，心所念慮也。」是志與念同。下注又以志趨爲圈豚而行，是審行步可知。張氏爾岐云：「『審行步』者，謂審乎君行一臣行二之節。」是也。注又引孔子之執圭以爲證，云「執圭，鞠躬如也」至「如有循」，皆《論語・鄉黨》篇文。《集解》引包氏云：「爲君使以聘問鄰國，執持君之圭鞠躬者，敬愼之至也。」又引鄭氏云：「上如揖，授玉宜愼也。下如授，不敢忘禮也。戰，色敬也。足縮縮如有循，舉前曳踵行也。」皇疏云：「舉足前，恒使不至地，而踵或不離地，如車輪也。」今案：《曲禮》曰：「執主器，行不舉足，車輪曳踵。」《玉藻》曰：「執龜玉，舉前曳踵，縮縮如也。」孔疏：「縮縮，言舉足狹數。」云「古文『皇』皆作『王』」者，胡氏云：「《洪範》『皇極之敷言』，《史記・宋微子世家》作『王極』。《史記》多用古文，『皇』作『王』，與此正同。鄭云：『皇自莊盛也。』義當爲皇，故不從古文。」**授如争承，下如送，君還而后退。**争，争鬭之争，重失隊也。而后，猶然後也。【疏】正義曰：李氏云：「授如争承，謂授玉時。」褚氏云：「《集説》讀『争』字絶句，如此則授受時成何威儀？」秦氏蕙田云：「敖繼公以『授如争』爲句，『承下如送』爲句。郝敬則以『將授志』爲句，『趨授如争』爲句，皆非。」張氏爾岐云：「『下如送』當與《論語》『下如授』同解，言其授玉時手容也。君還，謂君轉身將授玉於宰，而後賓退而下階。若以『下』爲下堂，❶『退』爲出廟門，恐非文次。」今案：張説是也。○注首，毛本有「争争鬭之争」五字。《校

❶「堂」，《儀禮鄭注句讀》作「階」。

勘記》云：「五字，嚴、徐、《集釋》俱無。瞿中溶云：『今本因《通解》經下引《釋文》而誤。』」　云「重失隊也」者，解「授如争承」句。承，接也，謂如與人争接取物，恐其失隊。**下階，發氣，怡焉。再三舉足，又趨。**發氣，舍息也。再三舉足，自安定，乃復趨也。至此云「舉足」則志趨，卷遯而行也。孔子之升堂，鞠躬如也，屏氣似不息者，出降一等，逞顔色，怡怡如也。没階，趨進，翼如也。【疏】正義曰：敖氏云：「下階，謂降而没階之時也。於此言『發氣，怡焉』，言『又趨』，則向者之屏氣戰色足如有循可知矣。」○注「至此云『舉足』」，《校勘記》云：「徐本、《集釋》俱無『至』字，《通解》有。賈疏有『至』字，無『云』字。」今案：嚴本有「至」字，從之。又云：「卷豚而行也，『豚』，嚴、徐作『遯』，《釋文》作『豚』，張氏從之。」今案：「鞠躬如也」，「躬」，《集釋》作「窮」。　云「發氣，舍息也」者，《經義述聞》云：「下『及享發氣焉盈容』，注云『發氣，舍氣也』。兩『舍』字，《釋文》無音。家大人曰：舍，皆讀爲舒，謂發舒其氣也。《説文》：『舒，從予舍聲。』《小雅·何人斯篇》『亦不遑舍』，與車、盱爲韻。《春秋·哀六年》：『齊陳乞弑其君荼。』《釋文》：「荼音舒。」《公羊》『荼』作『舍』。此皆古人讀舍爲舒之證。」云「再三舉足，自安定，乃復趨也」者，此趨謂疾趨也。曰「又」，則入時亦趨矣。云「至此云『舉足』則志趨，卷遯而行也」者，《玉藻》曰：「圈豚行不舉足。」鄭注：「圈，轉也。豚之言若有所循。」「圈豚」與「卷遯」字同。至此云「舉足」，則前此不舉足可知，故注以志趨爲卷遯行也。又引孔子之事以證之，自「升堂鞠躬如也」以下，皆《鄉黨》文。《集解》引孔安國云：「先屏氣，下階舒氣，故怡怡如也。」皇疏云：「逞，申也，氣申則顔色亦申，故怡悦也。『没階，趨進』，没，猶盡也，謂下諸級盡至平地時也。」今案：此引《論語》以證「發氣，怡焉」及「又趨」也。《論語釋文》作「没階趨」，無「進」字，云：「一本作『没階進』，誤也。」盧氏《考證》云：「《史記·仲尼世家》作『没階趨進』，《儀禮·聘禮》注引《論語》同。《曲禮》『帷簿之外不趨』，《正義》及《士相見禮》疏引《論語》竝有『進』字。『趨進』者，趨前之謂也。進字不作入字解，舊有此字，陸氏以爲誤，非也。」**及門，正焉。**容色復故，此皆心變見於威儀。【疏】正義曰：《校勘記》云：「注『容』，陳本誤作『客』。」○張氏爾岐云：「出門將更行後事。此皆心變見於威儀，統指賓入門以下而言。」**執圭，入門，鞠躬焉，如恐失之。**記異説也。【疏】正義曰：《校勘記》云：「魏氏曰：『温本作鞠窮焉。』案：以『躬』爲『窮』，與《釋文》合。考『鞠躬』字，經、注凡三見，《釋文》於前注作音，不云下同，蓋偶遺之，實皆作『窮』耳。」○此注云「記異説也」者，上已記執圭之儀，此又記之，事同而説有微異，故竝記而存之也。「入門」亦謂將聘執圭入廟門時也。「鞠躬焉」，敬謹之至，見於容也。其所以敬謹者，唯恐玉之或失隊也。**及享，發氣焉，盈容。**發氣，舍氣也。孔子之於享禮，有容色。【疏】正義曰：盛氏云：「發氣與聘時下階同，盈容則和氣且溢於面矣。聘主於敬，享貴於和，故其容貌如是。」○注「發氣」，《校勘記》云：「嚴、徐本無『氣』字。」今案：各本有「氣」字，是也。云「發氣，舍氣也」者，舍氣即舍息，詳上。云「孔子之於享禮，有容色」者，亦《鄉黨篇》文，引以爲盈容之證也。**衆介北面，蹌焉。**容貌舒揚。【疏】正義曰：敖氏云：「於享乃云『蹌焉』，以見聘時之不然也。然則衆介容貌之變，其節亦略與賓同矣。」盛氏云：「衆介，謂自上介而下也。此蒙『及享』之文，當以敖説爲正。據此，則享時介亦皆從入明矣。」注云「容貌舒揚」者，《説文》：「蹌，動貌。」是有舒揚之意。《詩·公劉》：「蹌蹌濟濟。」鄭箋：「士大夫之威儀也。」《荀子·大略篇》注：「蹌蹌，有行列貌。」**私覿，愉愉焉。**容貌和敬。【疏】正義曰：《校勘記》云：「『愉愉』，《釋文》作『俞俞』。」○賈疏云：「享時盈容，舒於聘時戰色。此私覿，對享時。又愉愉，和敬，舒於盈容也。」今案：《鄉黨篇》曰：「私覿，愉愉如也。」《集解》引鄭氏云：「愉愉，顔色和也。」**出如舒鴈。** 威儀自然而有行列。舒鴈，鵞。【疏】正義曰：出，謂出廟門也。如舒鴈，張氏爾岐以爲兼指賓介，蓋謂賓介同出，而行有次序，如舒鴈然。《詩》曰「兩驂鴈行」，是可證也。〇注「舒鴈，鵞」，《釋文》「鵞」下有「也」字，張氏從之。嚴、徐本俱無「也」字。　云「舒鴈，鵞」者，《爾雅・釋鳥》文，詳《士昏禮》。**皇且行，入門主敬，升堂主慎。** 復記執玉異説。【疏】正義曰：注云「復記執玉異説」者，敖氏云：「先言『皇且行』，乃云『入門主敬』，則與上記『入門皇者』異也。云『升堂主慎』，則又與入門而如恐失之者異也。是謂『異説』。」今案：記文雖異，大指不外致謹於行步威儀而已。　蓋聘使鄰國，不可隕越失容，以爲君羞也。

右三記賓介聘享之容

凡庭實，隨入，左先，皮馬相間可也。 隨入，不竝行也。間，猶代也。土物有宜，君子不以所無爲禮，畜獸同類可以相代。古文「間」作「干」。【疏】正義曰：《校勘記》云：「注『土物』，徐、陳『土』俱作『士』，誤。」　云「隨入，不竝行也」者，凡庭實以四爲禮，或四皮，或四馬，執之牽之者不竝行，是相隨而入也。相隨而入則有先後，故又言「左先」。李氏云：「皮北面西上，故左先。」今案：「左先」宜兼皮馬言。　入門以西爲左，西上，故在左者先入也。云「間，猶代也」者，言有無可以相代，如有皮之國則用皮，無皮之國則用馬也。云「土物有宜，君子不以所無爲禮」者，是釋所以相代之義。《禮器》曰：「居山以魚鼈爲禮，居澤以鹿豕爲禮，君子謂之不知禮。」是可證已。云「畜獸同類」者，皮用虎豹，是獸也。馬是六畜之一，二者雖有在家在野之殊，然同爲四足而毛之類，故相代可也。褚氏云：「既有皮，何必更用馬？敖氏謂一節用皮，一節用馬，相間而設，殊不可解。」云「古文『間』爲『干』」者，干是假借字。鄭據《爾雅・釋詁》訓間爲代，其義較顯，故不從古文。**賓之幣，唯馬出，其餘皆東。**馬出，當從廄也。餘物皆東，藏之內府。【疏】正義曰：此「幣」字，蓋統謂玉、帛、皮、馬也。言主人受賓之幣，唯馬則出之於廄，餘物皆向東藏之。上經享時曰「皮如入右首而東」，覲時曰「有司二人坐舉皮以東」，又曰「宰夫受幣于中庭以東」，皆是也。必知藏之內府者，《周禮・內府職》曰：「凡四方之幣獻之金玉齒革兵器凡良貨賄入焉。」鄭注：「諸侯朝聘所獻國珍。」彼天子禮，諸侯當亦然。《雜記》曰：「宰夫坐取璧，降自西階以東。」鄭注：「以東，藏於內也。」此雖言諸侯相弔含之禮與聘殊，然其以東藏於內則同也。**多貨則傷于德，**貨，天地所化生，謂玉也，君子於玉比德焉。朝聘之禮，以爲瑞節，重禮也。多之，則是主於貨，傷敗其爲德。【疏】正義曰：注「傷敗」，《校勘記》云：「徐本、《集釋》俱無『敗』字，《通解》、楊氏俱有。」今案：嚴本有「敗」字，從之。云「貨，天地所化生，謂玉也」者，鄭以此句爲論聘用玉之事。天地所化生，對人所造爲者言之。鄭注《周禮・大宰》「商賈阜通貨賄」云：「金玉曰貨，布帛曰賄。」是謂玉爲貨也。云「君子於玉比德焉」者，《聘義》文。云「朝聘之禮，以爲瑞節，重禮也」者，謂朝聘假玉爲瑞節以通信，蓋重禮，非重玉，故《聘義》曰：「圭璋特達，德也。」云「多之，則是主於貨，傷敗其爲德」者，蓋玉以比德，若多之則有重玉之意，而傷害其爲德矣。敖氏云：「言此者見貨之不可多也。」盛氏云：「貨謂玉帛庭實之屬，不專指玉。」今案：貨亦有兼布帛言，如《漢書・食貨志》所云，乃對文異，散則通之例也。此二句以貨對幣言，明是指玉，鄭説不可易。**幣美則没禮。**幣，人所造成，以自覆幣，謂束帛也。愛之斯欲衣食之，君子之情也，是以享用幣，所以副忠信，美之，則是主於幣，而禮之本意不見也。【疏】正義曰：注「愛之」，《校勘記》云：「陳、閩、監、葛『愛』俱作『受』。」　云「幣，人所造成，以自覆幣，謂束帛也」者，鄭以上貨爲聘玉，故以此幣爲享時所用束帛。束帛爲人所造成，與天地化生者異。云「愛之斯欲衣食之，君子之情也，是以享用幣，所以副忠信」者，禮曰：「忠信，本也。」忠信即其愛之之情，有是忠信之實，乃用幣以將之，重禮不重幣也。云「美之，則是主於幣，而禮之本意不見也」者，美是人工，極其華麗，則徒見幣之美而不見禮意，是禮爲其所掩没矣。敖氏云：「言此者，見幣之不必美也。」張氏爾岐云：「注『以自覆幣，謂束帛也』，『幣』疑當作『蔽』字，自覆蔽謂其可爲衣也。」褚氏云：「注『幣人所造成以自覆』爲句，『幣謂束帛也』爲句。」今案：張説較勝。〇案：《荀子》引《聘禮志》曰：「聘厚則傷德，財侈則殄禮。」與此文稍異而義同。**賄，在聘于賄。**賄，財也。于，讀曰爲。言主國禮賓，當視賓之聘禮而爲之財也。賓客者，主人所欲豐也，若苟豐之，是又傷財也。《周禮》曰：「凡諸侯之交，各稱其邦而爲之幣，以其幣爲之禮。」古文「賄」皆作「悔」。【疏】正義曰：注云「賄，財也」者，詳前。案：上言貨與幣是聘君所以聘享主國者，此云賄即「賄用束紡」及「出有贈賄」之賄，乃主國所以遺聘國者，蓋亦不可過禮也。云「于，讀曰爲」者，《士冠禮》「宜之于假」注云「于猶爲也」，是于、爲聲義相近，故讀從之。云「言主國禮賓，當視賓之聘禮而爲之財也」者，鄭讀于爲爲，而又訓在爲視，言主國所以致禮於賓國者，當視賓國聘禮之厚薄而爲之財，不可嗇亦不可豐也。引《周禮》者，《司儀職》文，證在聘爲賄之義。彼注云：「幣，享幣也，於大國則豐，於小國則殺，主國禮之，如其豐殺。」謂賄用束紡，禮用玉帛乘皮及贈之屬是也。云「古文『賄』皆作『悔』」者，胡氏云：「賄正字，悔同音假借字，《曲禮》釋文引《字林》云：『賄音悔。』」

右記庭實貨幣之宜

凡執玉，無藉者襲。藉，謂繅也。繅所以縕藉玉。【疏】正義曰：注云「藉，謂繅也。繅所以縕藉玉」者，案：繅以薦玉，義已詳前。繅亦稱藉，《典瑞》曰「繅藉五采五就」是也。陸氏佃謂：「經言繅，又别言藉，則藉非繅著矣。」其説誤。但此記無藉者襲，則指圭璋特達而言。《曲禮》曰：「執玉，其有藉者則裼，無藉者則襲。」鄭注：「藉，藻也。裼、襲，文質相變耳。有藻爲文，裼見美亦文，無藻爲質，襲充美亦質。圭璋特而襲，璧琮加束帛而裼亦是也。」案：有藉無藉，當以此注後條爲是。孔疏雜引各家説而無斷制，如所引熊氏説，謂朝聘時用圭璋特，賓主俱襲，行享時用璧琮加束帛，賓主俱裼，是已。而又牽合垂繅屈繅之文，謂垂藻之時則須裼，屈藻之時則須襲，殊未明析。至引皇氏説，謂玉亦有裼襲，尤爲非理。陳氏祥道云：「玉有以繅爲之藉，有以束帛爲之藉，有藉則裼，無藉則襲，特施於束帛而已。聘則賓襲執圭，公襲受玉，及享則賓裼奉束帛加璧，蓋聘特用玉而其禮嚴，享藉以帛而其禮殺，此襲裼所以不同，先儒以垂繅爲有藉、屈繅爲無藉，此説非也。」陸氏佃云：「無藉若圭璋特。」是也。楊氏復云：「《曲禮》曰：『執玉，其有藉者則裼，無藉者則襲。』所謂無藉，謂圭璋特達，不加束帛，當執圭璋之時，其人則襲也。所謂有藉者，謂璧琮加於束帛之上，當執璧琮之時，其人則裼也。《曲禮》所云，專指圭璋特而襲、璧琮加束帛而裼一條言之。先儒乃以執圭而垂繅爲有藉，執圭而屈繅爲無藉，此則不然。陳氏、陸氏之言足以破先儒千百載之惑矣，然何以知先儒之説爲非，而陳氏、陸氏之説爲是邪？竊詳經文，裼襲是一事，垂繅屈繅又别是一事，不容混合爲一説。方其始受君命也，賈人啓櫝取圭，垂繅以授宰，宰執圭，屈繅，自公左授使者。使者垂繅受命訖，以授上介。上介受玉，屈繅以授賈人。是時授受凡易四手，有屈垂之文，而無裼襲之禮也。及至主國行聘禮，賓在廟門之外，賈人啓櫝取玉，垂繅而授上介。上介不襲，屈繅以授賓。經明言上介不襲，是有垂屈之文而無裼襲之禮也。逮夫主賓三揖三讓登堂，賓襲執圭，公側襲受玉于中堂與東楹之間，及公側授宰玉而後裼降立，是主賓授受則襲，既授宰玉則裼。故鄭注云：『凡當盛禮者，以充美爲敬；非盛禮者，以見美爲敬。』此言是也。當主賓授受之時，曾不見垂屈之文焉。聘禮既畢，君使卿皮弁還玉于館，既歸反命，公南鄉，卿進使者，使者執圭垂繅北面，上介執璋，屈繅立於其左，又有垂屈之文而無裼襲之禮。蓋圭，聘禮之重也，主賓授玉于中堂與東楹之間，禮之正也。方其授于賈人，授于上介，皆擬行之禮及贊禮者之事，故辨垂屈以彰其文。主賓授玉于中堂與東楹之間爲禮之正，故辨裼襲以致其敬。及歸反命，又於君前以垂屈爲文，而不以裼襲爲禮，豈非玉爲聘禮設，反命亦非禮之正乎？兩義不同，各有其宜。自鄭氏之説始差，熊氏、皇氏從而傅會之，而經意始汩。然經文粲然如日星之在天，又豈得而終汩之邪？」敖氏曰：「藉謂束帛以藉玉也。以此篇考之，則聘以圭璋而不用束帛以爲藉，所謂無藉者也。其賓主授受之時，皆襲以執之。執玉之無藉者襲，則於其有藉者裼可知。乃不言之者，裼乃常禮，不特於執享玉之時爲然故也。」今案：陳氏、陸氏、楊氏皆主《曲禮》注後條，而楊説更詳密。至此記但云「無藉者襲」，而不言有藉者裼，則敖説亦可從耳。

右記裼襲之節

禮，不拜至。以賓不於是始至。今文「禮」爲「醴」。【疏】正義曰：注云「以賓不於是始至」者，胡氏承珙云：「『禮，不拜至』，當是謂聘享畢禮賓時事。蓋經於聘時無『拜至』明文，記獨言『禮，不拜至』，正見聘有拜至，與經文互相備。注云『以賓不於是始至』，亦對聘時而言。賈云：『聘時不拜至。』非也。賈蓋謂此文承上執玉帛之下，不知此文乃合下文『醴尊于東箱』及『祭醴再扱』爲一節耳。」或曰：「《士昏禮》醴賓拜至，記者恐人疑凡禮皆然，故特明之，見聘禮與昏禮異也。」義亦通。云「今文『禮』爲『醴』」者，胡氏云：「今文作『醴』，義自可通。惟鄭於《士冠》、《士昏》謂『醴賓』既皆破爲『禮』，又此經謂『禮賓』祇作『禮』，故于此亦從古文作『禮』，疊今文作『醴』者不用；而下文君有故，使大夫受，不禮，又疊古文作『醴』者不用也。」**醴尊于東箱，瓦大一，有豐。**瓦大，瓦尊。豐，承尊器，如豆而卑。【疏】正義曰：「箱」，毛本作「廂」。《校勘記》云：「唐石經、嚴、徐、陳本、《集釋》俱作『箱』，『箱』正字，『廂』俗字。」○敖氏云：「《士冠禮》：醴尊于房中，勺觶，角柶，脯醢在其北，南上。此尊于東箱，則勺觶、籩豆之類亦宜近之。」今案：瓦大、豐，詳《燕禮》。**薦脯五職，祭半職，横之。**職，脯如版然者，或謂之脡，皆取直貌焉。【疏】正義曰：此醴賓時所用薦脯也，餘詳《鄉飲酒》及《鄉射·記》。**祭醴，再扱，始扱一祭，卒再祭。**卒，謂後扱。【疏】正義曰：詳《士昏禮》。**主人之庭實，則主人遂以出，賓之士訝受之。**此謂餘三馬也，左馬，賓執以出矣。士，士介從者。【疏】正義曰：「主人之庭實」，謂醴賓之庭實也。「則主人遂以出」，吴氏《疑義》云：「即上經注所謂主人牽馬者從出也。以經無文，故記補之。」注云「此謂餘三馬也，左馬，賓執以出矣」者，庭實四馬，賓自執左馬以出，則使人牽以出者止三馬也。云「士，士介從者」，以云賓之士，明是士介從者可知，上經注云「從者士介」與此同。上經從者訝受馬，受賓自執之馬。此云「士訝受之」，受其餘三馬也。

右記公禮賓儀物

既覿，賓若私獻，奉獻將命。時有珍異之物，或賓奉之，所以自序尊敬也，猶以君命致之。【疏】正義曰：言「既覿」，則獻行於覿後矣。覿與獻皆是私禮，而覿有定，獻或有或無不定，故言「若」也。注云「時有珍異之物，或賓奉之」者，獻無常物，有珍異則奉之以獻。云「時有」，云「或」，皆不定辭也。云「所以自序尊敬也」者，序當作遂，達也，言獻所以自達其尊君敬君之忱。云「猶以君命致之」者，獻雖己物，必稱君命以致之，明不敢自私也，臣之於君與子之於父同。《玉藻》曰：「親在，行禮於人稱父。」亦是此意。**擯者入告，出禮辭。**辭其獻也。**賓東面坐奠獻，再拜稽首。**送獻不入者，奉物禮輕。【疏】正義曰：《司儀職》曰：「私面私獻皆再拜稽首，君荅拜。」吴氏《章句》云：「由東面轉北面再拜。」注云「奉物禮輕」者，對私覿禮重，入門奠幣也。**擯者東面坐取獻，舉以入告，出，禮請受。**東面坐取獻者，以宜竝受也。其取之，由賓南而自後右客也。【疏】正義曰：禮請受，詳上經「士介私覿」節。注云「以宜竝受也」者，賓東面坐奠獻，擯者東面坐取獻，是同面竝受也。云「其取之，由賓南而自後右客也」者，上經享時云「受皮者自後右客」，注蓋本此爲解也。李氏云：「擯者自門東，適賓南，由賓後，於賓北取幣。」**賓固辭，公荅再拜。**

拜受於賓也。「固」亦衍字。【疏】正義曰：《校勘記》云：「再，唐石經作『再』，誤。」注云「拜受於賓也」者，敖氏云：「云『荅』，則拜非爲受也。」此説是。然則「公荅再拜」者，荅賓之再拜稽首也。云「『固』亦衍字」者，賈疏云：「以其上擯者禮請受，不云固，明知賓不固辭，故云衍字。」今案：云「亦」者，亦上經士介私覿時「賓固辭」之「固」爲衍字也，説詳彼注。**擯者立于閾外以相拜，賓辟。**相，贊也。古文「閾」爲「蹙」。【疏】正義曰：相拜者所立，上經云「門中」，此云「閾外」，文互見也。相拜立于閾外，則内得贊君，外得視賓。**擯者授宰夫于中庭。**東藏之，既乃介覿。【疏】正義曰：吴氏《疑義》云：「私獻偶然事，不必定是覿時，注未的。」今案：吴説是也。**若兄弟之國，則問夫人。**兄弟，謂同姓若婚姻甥舅有親者。問，猶遺也，謂獻也。不言獻者，變於君也。非兄弟，獻不及夫人。【疏】正義曰：注云「兄弟，謂同姓若婚姻甥舅有親者」，古人同族多稱昆弟，其稱兄弟則兼異姓有親者言之。注云「婚姻」者，據《爾雅·釋親》「妻之父爲婚兄弟，壻之父爲姻兄弟」也。云「甥舅」者，據《詩·頍弁》「兄弟，甥舅」也。云「問，猶遺也，謂獻也」者，遺是以物與人之名，鄭解「問」爲遺，以别於「聘問」之「問」，謂此「問」與上言「獻」一也。云「非兄弟，獻不及夫人」者，言惟兄弟之國，獻君并及夫人；其他非兄弟之國，雖於君有獻，亦不及夫人矣。經言「若」者，對非兄弟者言也。敖氏引或説「問，猶聘也」，謂此「問夫人」，即經所謂「夫人之聘享」。徐氏卓云：「夫人之聘享，不專主兄弟之國言。此記明言兄弟之國，究當以鄭注爲是云。」

右記覿後賓私獻

若君不見，君有疾若他故，不見使者。【疏】正義曰：注「疾」，《校勘記》云：「陳、閩俱誤作『宫』，葛本作『病』。」云「他故」，賈疏云：「謂疾之外或新有哀慘。」**使大夫受。**受聘享也，大夫，上卿也。【疏】正義曰：注云「大夫，上卿也」者，卿亦稱大夫。必知使上卿者，以其代君受聘享當使職尊者，不使下卿也。**自下聽命，自西階升受，負右房而立，賓降，亦降。**此儀如還圭然，而賓大夫易處耳。今文無「而」。【疏】正義曰：《校勘記》云：「階，唐石經作『門』，誤。」注云「此儀如還圭然」者，案：「自下聽命」，在堂下聽命也，與還圭時「賓自碑内聽命」，注云「聽命於下，敬也」同；「自西階升受，負右房而立」與還圭時升自西階，自左，南面受圭，退負右房而立同；「賓降，亦降」與還圭時大夫降中庭，賓降同。故云「如還圭然」也。云「而賓大夫易處耳」者，謂還圭時賓在大夫之左受之，此則大夫在賓之左受之，故云「易處」也。云「今文無『而』」者，前還圭時，「負右房而立」有「而」字，此亦當有「而」字，故鄭從古文。**不禮。**辟正主也。古文「禮」作「醴」。【疏】正義曰：「不禮」，謂聘享畢不禮賓也。敖氏云：「必言之者，嫌受其聘享則當禮之也。」○《校勘記》云：「『古文「禮」作「醴」』五字，各本俱脱，嚴本、《集釋》、《通解》敖氏俱有，敖氏『古』誤作『今』。」注云「辟正主也」者，「正主」謂君，以大夫代受，不敢儼然如君行禮賓之禮，故云「辟」也。

右記君不親受之禮

幣之所及，皆勞，不釋服。以與賓接於君所，賓又請有事於己，不可以不速也。所不及者，下大夫未嘗使者也。不勞者，以先是賓請有事於己同類，既聞彼爲禮所及，則己往有嫌也。所以知及不及者，賓請有事，固曰某子某子。【疏】正義曰：經惟云「卿大夫勞賓」，不辨幣之所及與不釋服之節，故記明之。《國語》：「晉羊舌肸聘于周，發幣于大夫。」敖氏云：「服皮弁服。」郝氏云：「朝服。」案：聘君臣同服皮弁服，敖説爲長。　注云「以與賓接於君所，賓又請有事於己，不可以不速也」者，是釋所以不釋服而往勞之故。褚氏云：「見勞賓者，先於致饔餼。」今案：記云「幣之所及，皆勞」，則有所不及而不勞者矣。云「所不及者，下大夫未嘗使者也」者，謂三卿五大夫中，惟未嘗使至己國之下大夫，幣有不及耳。云「不勞者，以先是賓請有事於己同類，既聞彼爲禮所及，則己往有嫌也」者，言幣未及己而往勞之，是嫌於相干也。云「所以知及不及者，賓請有事，固曰某子某子」者，斯時賓尚未問卿大夫，何以知幣有及有不及？蓋賓請有事之時，即舉所問之人一一言之，因知幣之及己，先往勞也。某子某子，如高子、國子之類。

右記勞賓

賜饔，唯羹飪，筮一尸，若昭若穆。　羹飪，謂飪一牢也。肉謂之羹。唯是祭其先，大禮之盛者也。筮尸若昭若穆，容父在，父在則祭祖，父卒則祭禰。腥餼不祭，則士介不祭也。士之初行，不釋幣於禰，不祭可也。古文「羹」爲「羔」，「飪」作「腍」。【疏】正義曰：注云「羹飪，謂飪一牢也」者，即歸饔餼之飪也。云「肉謂之羹」者，《爾雅》文。云「唯是祭其先，大禮之盛也」者，是字指羹飪言。賜饔有飪有腥又有餼，今唯言飪，則其他不祭可知。《論語》君賜食不祭者，以恐或餕餘。此歸饔是大禮，飪又主君潔烹以賜者，故必祭之，不忘先也。云「筮尸若昭若穆，容父在，父在則祭祖，父卒則祭禰」者，以經云「筮一尸」，而又云「若昭若穆」，則或昭或穆不定，故知有父者祭父，無父者祭禰也。「容父在」者，謂或父有廢疾，或父已請老，子爲大夫，出使在外也。敖氏云：「尸云筮，則子弟之從行者衆矣。」又云：「『唯羹飪』之文意不具，或脱一『祭』字。」云「『筮一尸』者，嫌并祭祖禰當異尸也。」韋氏協夢云：「敖謂竝祭祖禰而唯一尸，若然則何必言若昭若穆乎？且何以處父在者乎？」褚氏云：「祖與父存没無定，故科祭其一。若如敖説，則何昭穆之有？下『皇祖某甫，皇考某子』，誤與此同。」今案：敖説之非，盛氏及江氏筠亦俱辨之。云「腥餼不祭，則士介不祭也」者，士介但有餼而無饔，故不祭。若然則上介賜饔亦祭，記不言者，略也。云「士之初行，不釋幣於禰，不祭可也」者，盛氏云：「士介初行，亦告於禰。至是乃不祭者，賤不載主也。」今案：大夫士無木主，詳《士虞禮》「陰厭」節。盛氏謂賤不載主，未確。至謂士初行亦告禰，揆之出告反面，事亡如存之義，士當亦與卿大夫同矣。云「古文『羹』爲『羔』，『飪』作『腍』」者，胡氏云：「案：《説文》『鬻』，本從𩰲從羔，小篆從羔從美，作羹。此古文『羹』爲『羔』者，蓋字之爛脱。『飪』作『腍』者，『腍』當作『稔』。《説文》：『飪，大孰也。』此古文蓋借穀孰之『稔』爲之，傳寫又誤作『腍』耳。《爾雅》：『饙餾，稔也。』《釋文》：『稔本作餁。』此二字互借之證。《郊特牲》『腍祭』，腍亦稔之誤。」○賈疏云：「古者天子諸侯行，載廟木主。大夫雖無木主，亦以幣帛主其神。」後人駁之，謂上經釋幣即埋之，不云載之以出，存以備參。

僕爲祝。祝曰：孝孫某，孝子某，薦嘉禮于皇祖某甫，皇考某子。 僕爲祝者，大夫之臣攝官也。【疏】正義曰：云「孝孫」，又云「孝子」，云「皇祖」，又云「皇考」者，上文云「若昭若穆」，故此亦兩言之。敖氏云：「字祖而謚考，亦假設之辭。」　注云「僕爲祝者，大夫之臣攝官也」者，《禮運》曰：「大夫具官，非禮也。」則攝官其常，故注云然。此僕爲祝者，亦是使僕攝祝也。定四年

《左傳》：「祝鮀曰：『嘉好之事，君行師從，卿行旅從，臣無事焉。』」是君與大夫出境，祝不從行，故使僕爲之。《釋官》云：「賈疏因此遂謂大夫本無祝官，非是。《少牢》大夫禮，有祝。又《左傳》范文子反自鄢陵，使其祝宗祈死。是大夫之臣有祝矣。」**如饋食之禮。**如少牢饋食之禮，不言少牢，今以大牢也。今文無「之」。

【疏】正義曰：王氏士讓云：「此因事而祭，故惟筵尸，無筵日，又無主婦助祭，且館於大夫之廟。記云如者，亦略倣其大節爲之耳。」　注云「今文無『之』」者，蓋鄭於字句間亦必審擇所從也。**假器于大夫，**不敢以君之器爲祭器。【疏】正義曰：王氏士讓云：「案：爲聘使，不得將祭器以行，必假於大夫者，爵同也。《曲禮》曰：『大夫寓祭器於大夫，士寓祭器於士。』去國冀反者如此，則出聘者不以祭器行可知矣。」　注云「不敢以君之器爲祭器」者，盛氏云：「君之器謂鼎豆之屬，君所歸於賓者亦可爲祭器，而臣不敢用也。」**肦肉及廋車。**肦，猶賦也。廋，廋人也；車，巾車也，二人，掌視車馬之官也。賦及之，明辯也。古文「肦」作「紛」。

【疏】正義曰：注云「肦，猶賦也」者，《禮記・王制》：「名山大澤不以肦。」鄭注：「肦，讀爲班。」《周禮》：「匪頒之式。」鄭司農云：「頒讀爲班布之班。」是肦、頒、班三字義俱通。《説文》：「班，分瑞玉。」《爾雅・釋言》：「班，賦也。」郭注謂布與，蓋皆分物與人之意，故以「肦，猶賦」解之。云「廋，廋人也；車，巾車也，二人，掌視車馬之官也」者，《釋官》云：「廋車，注以廋人巾車當之。考《周禮》廋人，下士，而巾車掌公車之政令，以下大夫爲之。疑大夫出聘未必有此官從行也。《周禮》廋人下有圉人掌養馬。廋，圉亦通稱。《左傳》『崔子使圉人駕』，又『孟氏選圉人之壯者』，是大夫亦有圉人掌馬也。車則大夫家掌車之官，若《左傳》云『鮑子之臣差車鮑點』、『叔孫氏之車子鉏商』之類。」或曰：廋車，蓋廋人、巾車之徒屬從聘賓行者。云「賦及之，明辯也」者，此謂大夫受饔而祭，祭訖肦肉，廋車賤官亦及之，明其下逮無不辯也。云「古文『肦』作『紛』」者，蓋由形近致誤，故鄭不從。

右記賓受饔而祭

聘日，致饔。急歸大禮。【疏】正義曰：《校勘記》云：「日，唐石經作『自』，誤。注『急歸大禮』四字，今本俱脱，嚴、徐、《集釋》、《通解》、楊氏俱有。」○聘之日，行聘享畢，禮賓，禮賓後私覿，賓即館，又卿大夫勞賓，其事繁矣。乃於是日即歸饔餼，是急歸大禮也。大禮，謂饔也。**明日，問大夫。**不以殘日問人，崇敬也。古文曰「問夫人也」。【疏】正義曰：注云「不以殘日問人，崇敬也」者，謂不以聘日問大夫，而以聘之明日問大夫，是不以殘日也。云「古文曰『問夫人也』」者，胡氏云：「蓋涉下文『夕夫人歸禮』而誤耳。」**夕，夫人歸禮。**與君異日，下之也。今文「歸」作「饋」。【疏】正義曰：注云「與君異日，下之也」者，此夕乃問大夫之夕，是與君致饔異日也。云「今文『歸』作『饋』」者，詳前「君使卿韋弁歸饔餼」下。**既致饔，旬而稍，宰夫始歸乘禽，日如其饔餼之數。**稍，稟食也。乘禽，乘行之禽也，謂鴈鶩之屬。其歸之，以雙爲數。其，賓與上介也。古文「既」爲「餼」。【疏】正義曰：旬，十日也。「既致饔，旬而稍」，謂致饔之後十日，而賓猶未歸，則更致稍食，恐米禾之不繼也。「宰夫始歸乘禽」，亦謂於旬日始也。必使宰夫者，《三禮札記》云：「《周禮·宰夫職》：『掌賓客之委積膳獻。』鄭注：『膳獻，禽羞，俶獻也。』此天子禮，諸侯當亦然，故宰夫主歸之。」○注「乘禽」，毛本作「乘謂」，《校勘記》云：「謂，嚴本、《集釋》、敖氏俱作『禽』，是也。」今案：「古文既爲餼」，胡氏承珙《古今文疏義》作「古文餼爲既」，云：「十行本作『古文既爲餼』，毛本同。蓋皆傳寫誤倒，今更正。」案：此「餼」爲「既」者，以「餼」爲經内「饔餼」之「餼」，非「既致饔」之「既」也，若以爲「既致饔」之「既」，則既訓已，與餼義絶不相通，無緣致誤，《疏義》説似是。然嚴本及各本俱與十行本同，兹仍之而附其説於後焉。云「稍，稟食也」者，詳上經「唯稍受之」下。云「乘禽，乘行之禽也」者，賈疏云：「别言此者，欲見此乘非物四曰乘。」今案：賈蓋以下多言雙，故疑非物四之乘，然語意未詳。《周禮·掌客》鄭注：「乘禽，乘行羣處之禽，謂雉鴈之屬，於禮以雙爲數。」方氏苞云：「曰『乘禽』，以其雄雌相乘而爲偶也，故致之亦以雙。」然則乘禽即謂鳥之雄雌竝行者矣。云「謂鴈鶩之屬」者，《爾雅》曰：「舒鴈，鵝。舒鳧，鶩。」《莊子》：「命豎子殺鴈而烹之。」《左傳》：「饔人竊更之以鶩。」是二物皆可供膳，故舉以爲證也。云「其歸之，以雙爲數」者，謂歸禽如其饔餼之數，每牢一雙。《聘義》曰「乘禽，日五雙」，謂賓也。賓饔餼五牢故五雙，上介三牢則三雙，士介一牢則一雙。云「其，賓與上介也」者，言乘禽日日歸之，惟賓與上介耳。若士介則間日矣。胡氏承珙云：「『古文餼爲既』，案：饔餼字本作氣。《説文》：『氣，饋客之芻米也，從米，气聲。《春秋傳》：齊人來氣諸侯。』❶槩，氣或從既。餼，氣或從食。自經典假氣爲雲气字，而饋客之氣遂皆作餼，或有作既者，如此經古文及《中庸》『既稟稱事』、《大戴禮·朝事》『私覿致饔既』，段氏玉裁以三『既』字皆『槩』之省。案：《一切經音義》云：『餼，古文作槩。』雖不言《儀禮》古文，疑玄應所見《儀禮注》本容有作『古文餼爲槩』者。鄭注《中庸》

❶「氣」，原作「餼」，今據《儀禮古今文疏義》改。

云『既，讀爲餼』者，轉從今字，使人易曉，故於此經亦從今文作『餼』也。」**士中日則二雙。**中，猶間也。不一日一雙，大寡，不敬也。**凡獻，執一雙，委其餘于面。**執一雙，以將命也。面，前也。其受之也，上介受以入告之，士舉其餘從之，賓不辭，拜受於庭。上介執之，以相拜於門中，乃入授人。上介受，亦如之。士介拜受於門外。【疏】正義曰：注「其受之也」，毛本「也」作「止」，《校勘記》云：「嚴、徐、《集釋》、楊、敖俱作『也』，《通解》作『止』。下句，敖作『上介受之以入告』。」今案：嚴本及各本俱作「上介受以入告之」。云「執一雙，以將命也」者，《少儀》曰「其禽加於一雙，則執一雙以將命，委其餘」，與此記義同，惟文有詳略耳。彼注云：「加，猶多也。」云「面，前也」，詳《士冠禮》。云「其受之也，上介受以入告之」至「乃入授人」，略如私獻儀節。惟「士舉其餘從之」，私獻無此文，蓋約「士介面卿時，士三人坐取羣幣以從之」之文也。「賓不辭」，以記無辭文。「拜受於庭」，「拜」字疑衍。上經「賓三拜乘禽于朝」，注云「發去乃拜乘禽」，則此時不拜可知。乘禽微物，乃使賓日日亟拜乎？下云「上介相拜」，亦非。李氏云：「記云『凡獻』，知受之如受賓私獻之禮也。不辭者，歸禽禮輕。上介受如賓，士介受於門外，皆倣受饔餼禮。」**禽羞，俶獻，比。**比，放也。其致之，禮如乘禽也。禽羞，謂成熟有齊和者。俶獻，四時珍美新物也。俶，始也，言其始可獻也。《聘義》謂之時賜。【疏】正義曰：注「比，放也」，《校勘記》云：「監本『比』誤作『此』。」云「比，放也。其致之，禮如乘禽也」者，放與倣同，謂其致禽羞俶獻之禮略與歸乘禽同也，餘詳上經「燕與羞俶獻無常數」下。○吴氏《疑義》云：「注以放訓比，謂『禮如乘禽』，不知彼生此熟，烏能倣而行之乎？」《經義述聞》云：「全經之例，兩事相若者則云『亦如之』，或云『如某事之禮』，無言『比』者。竊疑『比』字本屬下句，當讀如『比及三年』之『比』，言比及歸大禮之日，既受饔餼，乃請觀也。『禽羞，俶獻』之下，蓋有脱文，今不可考矣。」今案：此節文義難解，《述聞》以爲有脱誤者近之。

右記賓主行禮節次及禽獻之等殺

歸大禮之日，既受饔餼，請觀。聘於是國，欲見其宗廟之好、百官之富，若尤尊大之焉。【疏】正義曰：王氏士讓云：「案：《聘禮》有請觀之舉，敖氏疑聘日不給，且譏非禮，以爲記文之誤。不知此舉乃於歸大禮之日，請於歸饔餼之卿，以達於君而已，非即日觀也。亦如上經『賓請有事於大夫』，非即日問也。」方氏苞云：「請觀事微，故不特請，而假於致饔餼者以達之。其入觀之日則惟主君所命，非受饔餼之日旋請旋帥以入也。」今案：王説、方説甚是。下文云「訝帥之」，乃終言其事耳。李氏云：「吴季札聘魯，請觀于周樂；晋韓起聘魯，觀書于大史氏。皆其事。」今案：觀樂、觀書，皆可爲「請觀」之證。鄭專主宫廟言者，以下有「自下門入」之文也。**訝帥之，自下門入。**帥，猶道也。從下門外入，游觀非正也。【疏】正義曰：注云「從下門外入，游觀非正也」者，聘享等事是正事，皆自大門入。此游觀非正，故自下門入。下門，蓋即便門之類。吴氏《章句》云：「下門，其偏隅有門如闈門歟？」

右記賓游觀

各以其爵朝服。此句似非其次，宜在「凡致禮」下，絶爛在此。【疏】正義曰：注「此句」下，嚴本有

「似非其次」四字，末有「絶爛在此」四字，今本俱脱。《校勘記》云：「徐本、《集釋》、敖氏俱有，《通解》與今本同。」　云「此句似非其次，宜在『凡致禮』下」者，鄭以下文「凡致禮」爲致饗食之禮，上經云：「若不親食，使大夫各以其爵，朝服致之以侑幣。致饗以酬幣，亦如之。」故知「各以其爵朝服」，當在「凡致禮」下，絶爛在此也。盛氏云：「其，謂賓與上介也。致賓以卿，致上介以下大夫。朝服，殺於致饗也。」今案：盛説頗明。或以此句屬上節，非。

右記致禮者之爵服

士無饔，無饔者無儐。謂歸饔也。【疏】正義曰：《校勘記》云：「儐，唐石經、嚴、徐、陳、閩、葛本、《集釋》、《通解》、楊、敖俱作『擯』。李氏曰：『當爲「儐」。』」今案：監本、毛本已改從「儐」。○上經「歸饔餼」云：「士介四人皆餼大牢。」是無饔也。上「賜饔」，注以饔爲大禮之盛者，故無饔則禮從簡略，不儐使也。上經已言無儐，但未言其義，故記明之。

右記士介之殺禮

大夫不敢辭，君初爲之辭矣。此句亦非其次，宜在「明日問大夫」之下。【疏】正義曰：《校勘記》云：「注『亦非其次』四字，今本俱脱，嚴、徐、《集釋》俱有，《通解》又無『之』字。」○大夫不敢辭，謂賓問卿時，擯者出請事，但入告而不辭也。所以然者，以賓私覿，退即請有事於大夫，君已禮辭而許之矣，故不敢辭也。

右記賓問大夫大夫不辭

凡致禮，皆用其饗之加籩豆。 凡致禮，謂君不親饗賓及上介，以酬幣致其禮也。其，其賓與上介也。加籩豆，謂其實也，亦實於罋筐。饗禮今亡。【疏】正義曰：注云「凡致禮，謂君不親饗賓及上介，以酬幣致其禮也」者，即上經「致饗以酬幣」是也。云「其，其賓與上介也」者，上經賓與上介，君皆饗之，唯士介不言饗，故知「其」者指賓與上介耳。云「加籩豆，謂其實也」者，謂其所實之物，《周禮·籩人》「加籩之實，蔆芡栗脯，蔆芡栗脯」，《醢人》「加豆之實，芹菹、兔醢、深蒲、醓醢、箈菹、鴈醢、筍菹、魚醢」是也。以夫人歸禮推之，則賓加籩豆當各六，上介加籩豆當各四。《左傳》昭六年晉侯饗季武子有加籩，是其證矣。記言此者，恐人疑加籩豆在常禮之外，致饗或不用，故特明之。言「皆」者，皆賓與上介也。云「亦實於罋筐」者，《校勘記》據單疏、《要義》無「筐」字，疑爲衍文。盛氏以注約《公食禮》言之，謂豆實於罋，簋實於筐。但記不言簋，筐亦非筐。或謂豆實濡物實於罋，籩實乾物實於筐，説亦可從。云「饗禮今亡」者，詳上經「公于賓壹食再饗」下，言此以見無文可證耳。**無饔者，無饗禮。** 士介無饗禮。【疏】正義曰：注「饗」，《校勘記》云：「陳、閩、監、葛、楊氏俱誤『享』。」○此申言致饗唯賓與上介，不及士介也。士介無饔，已詳上。無饔者無饗禮，以其卑也。

右記致饗與無饗

凡餼，大夫黍粱稷，筐五斛。 謂大夫餼賓、上介也。器寡而大，略。【疏】正義曰：上經大夫餼賓米八筐，上介亦如之，不言米幾種及筐大小，故記明之。○《校勘記》云：「注『略』下，聶氏有『也』字。」云「謂大夫餼賓、上介也」者，敖氏謂凡餼兼士介在內，不知記明言「餼大夫」，不云「餼士」。又鄭上經注謂「衆介無粱」，此云「黍粱稷」，明止謂賓與上介，注說是。云「器寡而大，略」者，謂筐止八，而每筐容米五斛，是器寡而大，對君餼米百筥，筥半斛，器小而多者爲略也。

右記大夫餼賓上介之實與器

既將公事，賓請歸。 謂已問大夫事畢，請歸，不敢自專，謙也。主國留之，饗食燕獻無日數，盡殷勤也。【疏】正義曰：注云「謂已問大夫事畢」者，問大夫亦是公事，以其幣物公家具之，且奉君命以行也。鄭恐人疑「既將公事」爲行聘享事畢，故特明之。云「請歸，不敢自專，謙也」者，蓋問大夫畢，即請於主國，以定歸期，是不敢自專也。云「主國留之，饗食燕獻無日數，盡殷勤也」者，獻謂俶獻。無日數，言非一日，所以盡殷勤，故又有旬而稍之禮也。**凡賓拜于朝，訝聽之。** 拜，拜賜也。唯稍不拜。【疏】正義曰：上經已言「賓三拜乘禽于朝，訝聽之」，此復記之者，賓受君饗餼，受夫人歸禮，受饗食燕，皆明日拜賜于朝，經皆未言「訝聽之」，故此總記以補之也。「訝聽之」義詳上經。注云「唯稍不拜」者，明稍以外無不拜，稍禮詳前。

右記賓請歸拜賜

燕則上介爲賓，賓爲苟敬。 饗食，君親爲主，尊賓也。燕，私樂之禮，崇恩殺敬也。賓不欲主君復舉禮事禮己，於是辭爲賓，君聽之。從諸公之席，命爲苟敬。苟敬者，主人所以小敬也。更降迎其介以爲賓。介，大夫也。雖爲賓，猶卑於君，君則不與亢禮也。主人所以致敬者，自敵以上。【疏】正義曰：注「介，大夫也」，毛本「介」誤「亦」。○缺。宰夫獻。爲主人，代公辭。❶【疏】正義曰：敖氏云：「燕禮輕，故君與臣燕，則不親爲主，而使宰夫獻，所以明君臣之義也。此與他國之臣燕亦用此禮者，所以別於其君也。」今案：宰夫獻，即《燕義》所謂「使宰夫爲獻主也」。宰夫，當爲膳宰，辨見《燕禮》。《釋官》云：「《儀禮》經内所言『宰夫』，皆與《周禮·宰夫職》合。惟此記云『宰夫獻』，則指謂膳宰。《儀禮》經是周公所作，其記出於後儒之手，如《士冠禮·記》引孔子之言，則作記者在春秋後可知。春秋時通稱膳宰爲宰夫，故此記因之。」

右記燕聘賓之禮

無行，則重賄反幣。無行，謂獨來，復無所之也。必重其賄與反幣者，使者歸，以得禮多爲榮，所以盈聘君之意也。反幣，謂禮玉、束帛、乘皮，所以報聘君之享禮也。昔秦康公使西乞術聘于魯，辭孫而說。襄仲曰：「不有君子，其能國乎？」厚賄之。此謂重賄反幣者也。今文曰「賄反幣」。【疏】正義曰：注「此謂重賄」，《集釋》「重」作「厚」，非。云「無行，謂獨來，復無所之也」者，如《左傳》吴公子札聘魯，遂聘齊、聘鄭、聘衛、聘晉，是所聘不一國，此則特爲己國來，聘訖亦不復往他國，是無行也。秦西乞術聘魯，事在《左

❶ 「辭」，《儀禮注疏》作「獻」。

傳》文十三年。彼云「厚賄之」，是贈聘使；此云「重賄」，是報聘君，二者不同，鄭特引以爲重賄反幣之證耳。盛氏云：「賄，主國所以遺聘君者，上經賄止用束紡，今則加厚之。反幣，主國所以報享者。上經唯言禮玉、束帛、乘皮而已，今則盡反其享君享夫人之物也。重賄而又盡反其幣，皆所以荅其特來之厚意。敖以贈幣釋之，非。」今案：盛説是也。云「今文曰『賄反幣』」者，古文作「重賄反幣」，今文無「重」字。案：無「重」字則厚荅聘君之意不見，故鄭不從也。

右記特聘宜加禮

曰：子以君命在寡君，寡君拜君命之辱。此贊君拜聘享辭也。在，存也。【疏】正義曰：《校勘記》云：「『曰』上，《集釋》、《通解》俱有『辭』字。」○此及下三節，即上經公館賓時所謂聘享、夫人之聘享、問大夫、送賓，公皆再拜之四事也。因經未言贊拜之辭，故記補之。注云「在，存也」者，謂在即存問之意。《周禮·大行人》曰「歲徧存」是也。**君以社稷故，在寡小君，拜。**此贊拜夫人聘享辭也。❶言君以社稷故者，夫人與君體敵，不敢當其惠也。其卒亦曰「寡君拜命之辱」。【疏】正義曰：注云「言君以社稷故者，夫人與君體敵，不敢當其惠也」者，案：取夫人爲社稷主，見《禮記·哀公問》。盛氏云：「夫人與君同主社稷，故其辭鄭重如此。若曰『君貺寡君，延及寡小君』，是以主君當其惠矣。」注云「夫人與君體敵，不敢當其惠

---

❶「贊」，原作「賓」，今據《儀禮注疏》改。

也」者，對下拜問大夫之辭而言。大夫與君不敵，故敢當其惠也。云「其卒亦曰『寡君拜命之辱』」者，上節末云「寡君拜君命之辱」，此節在寡小君下，止云「拜」者是省文，其實節末亦當曰「寡君拜命之辱」也。**君眖寡君，延及二三老，拜。**此贊拜問大夫之辭。眖，賜也。大夫曰老。**又拜送。**拜送賓也。其辭蓋云：「子將有行，寡君敢拜送。」自「拜聘享」至此，亦非其次，宜承上「君館」之下。【疏】正義曰：《校勘記》云：「此節經注，唐石經、嚴、徐、《集釋》俱在『君眖寡君』節下，敖同今本。」秦氏蕙田云：「『又拜送』三字，監本及敖本皆在『君眖寡君』之上。唐石經及謝子祥、郝敬、張爾岐、盛世佐諸本，竝在『延及二三老，拜』之下，於文義爲順。」今案：以上經文次考之，送賓在問大夫之後，唐石經及嚴、徐各本是也。《校勘記》又云：「注『自拜聘享至此，亦非其次，宜承上君館之下』共十七字，嚴、徐、《集釋》俱如是，今本作『此宜承上君館之下』，脱九字，《通解》祗有下七字。」注云「自『拜聘享』至此，亦非其次，宜承上『君館』之下」者，謂自「曰子以君命在寡君」以下至此，竝當承上記「明日君館之」下也。李氏云：「案：君館之，自終上有故加書之文，此贊拜辭在重賄反幣下，釋皮帛謝主人上，與公館賓之節正相當，其次宜在此。」今案：李説與注異。

右記公館賓拜四事之辭

賓于館堂楹間，釋四皮束帛，賓不致，主人不拜。賓將遂去是館，留禮以禮主人，所以謝之。不致，不拜，不以將別崇新敬也。【疏】正義曰：「主」，毛本誤作「王」。《校勘記》云：「注『所以謝之』下，嚴、徐、《集釋》、《通解》、《要義》、敖氏俱有『也』字，楊氏無。」〇敖氏云：「必釋於此者，明爲館故也。皮亦在堂，禮之變也。」今案：館有主人，而賓釋皮帛以謝之，則其館於大夫士家之廟，益可見矣。注云「不致，不拜，不以將別崇新敬也」者，此亦將去示禮有終之意。敖氏謂「難乎其爲授受」，恐非。

右記賓謝館主人

大夫來使，無罪，饗之。樂與嘉賓爲禮。【疏】正義曰：來使，謂來聘。敖氏云：「饗之，親饗之也。主國君於賓有饗食燕之禮，但言『饗』者，舉其盛者言之也。」**過，則餼之。**餼之，腥致其牢禮也。其致之辭，不云君之有故耳。《聘義》曰：使者聘而誤，主君不親饗食，所以愧厲之也。不言罪者，罪將執之。【疏】正義曰：注「腥致其牢禮也」，毛本「腥」作「生」。《校勘記》云：「嚴、徐、陳本、《通解》、楊氏俱作『腥』，《集釋》作『生』。」　云「餼之，腥致其牢禮也」者，腥謂殺而未烹。《左傳》：「餼牽竭矣。」服注：「腥曰餼。」是餼亦訓腥。蓋不親饗，故腥致之也。云「其致之辭，不云君之有故耳」者，張氏爾岐云：「君有故，亦不親饗。此以使者有過而不饗，故致辭異也。」引《聘義》者，證有過不饗之事。云「不言罪者，罪將執之」者，案：罪，失誤之大者；過，失誤之小者。有過雖不親饗，猶腥致之。有罪則不唯不饗而已，亦不餼之也。鄭云「罪將執之」者，蓋據春秋時有執他國之大夫者，然恐非古禮也。敖氏以「過」爲上經「若過邦」之「過」，「餼」即「餼之以其禮」之「餼」。又以下節「其介爲介」之上有闕文，皆謬解，斷不可從。**其介爲介。**饗賓有介者，賓尊，行敵禮也。【疏】正義曰：此承上「無罪，饗之」而言，謂饗賓之時，以賓爲賓，即以從賓來聘之上介爲介，故云「其介」也。必知介爲上介者，敖氏云：「士介賤，不可以與主君爲禮故也。」今案：上經饗食賓介，不及士介，是其證矣。李氏云：「《春秋傳·襄二十七年》：『宋公兼饗晉、楚之大夫，趙孟爲客，子木與之語，弗能對，使叔向侍言焉，子木亦不能對也。叔向蓋爲趙孟介而從饗者。』《食禮》：『介雖從入，不從食也。』」〇注「賓尊」，汪氏中校本改爲「尊賓」，義似較勝。　云「饗賓有介者」，對《燕禮》以上介爲賓，以賓爲苟敬，無介也。云「行敵禮也」者，賈疏云：「若《鄉飲酒》賓主行敵禮而有介然也。」**有大客後至，則先客不饗食，致之。**卑不與尊齊禮。【疏】正義曰：注「尊」下，《校勘記》云：「嚴、徐、《集釋》、《通解》俱有『者』字，楊本無。」〇大客，敖氏以爲朝君，賈疏以爲大國之卿。案：《三禮札記》云：「《周禮·大行人》：『掌大賓之禮及大客之儀。』鄭注：『大賓，要服以內諸侯，大客，謂其孤卿。』據此則大賓大客是對要服以外言之，其要服以內賓客不分大小也。況上經言饗食有定禮，不分別大小國。《左傳·昭元年》：『趙孟、叔孫豹、曹大夫入于鄭，鄭伯兼享之。』曹是小國而其大夫得與趙孟、叔孫豹同享，豈以大國之卿後至，而遂廢小國之卿饗食之禮乎？賈説非矣。《司儀職》雖以諸侯相朝爲賓，大夫來聘爲客，然對文異，散則通。此篇賓客多通稱，則大客即謂諸侯。其先至之大夫，自不得與諸侯齊禮也，當從敖説。」

右記饗不饗之宜

唯大聘有几筵。謂受聘享時也。小聘輕，雖受於廟，不爲神位。【疏】正義曰：小聘不筵几，記恐人疑大聘亦然，故特明之。「大聘有几筵」者，即上經行聘時云「几筵既設，擯者出請命」是也。言「唯」，則小聘之無几筵亦見矣，詳上經「小聘曰問」下。

右記受聘問之異

十斗曰斛，十六斗曰籔，十籔曰秉。秉，十六斛。今江淮之間，量名有爲籔者。今文「籔」爲「逾」。【疏】正義曰：注「今文『籔』爲『逾』」，毛本「文」誤「八」。《校勘記》云：「嚴、徐、陳本、《集釋》、《通解》、敖氏俱作『文』。」　云「秉，十六斛」者，上云「十斗曰斛，十六斗曰籔」，此「十籔曰秉」，據籔計之也。若以斛計之，則一秉十六斛矣。此秉爲量名，與下「四秉曰筥」之秉異。云「今江淮之間，量名有爲籔者」，籔與庾同。云「今文『籔』爲『逾』」者，詳上經「東秉有五籔」下。**二百四十斗。**謂一車之米，秉有五籔。【疏】正義曰：注云「謂一車之米」者，謂二百四十斗爲一車之米也。二百四十斗，即二十四斛也。上經歸饔餼云：「門外米三十車，車秉有五籔。」蓋每車有一秉五籔也。一秉十六斛，五籔又八斛，是二十四斛也。○自「十斗曰斛」至此，皆言米數也。**四秉曰筥。**此秉，謂刈禾盈手之秉也。筥，穧名也，若今萊易之間，刈稻聚把，有名爲筥者。《詩》云：「彼有遺秉。」又云：「此有不斂穧。」【疏】正義曰：注「萊易」，毛本「易」作「陽」。《校勘記》云：「《通解》、楊、敖俱作『易』，《釋文》宋本亦作『易』，今本作『昜』。案：萊、易，二地名，故云『之間』，或誤作『昜』，遂誤作『陽』。」今案：嚴本作「易」，黄氏丕烈云：「影宋鈔《釋文》作『易』。段氏云：『凡《釋文》陽字無有作昜者，嚴本與《釋文》合。萊、易，二水名。《漢書》：故安易水東至范陽入濡水，亦至范陽入淶。❶

❶「亦」上，《漢書》有「濡水」二字。

此萊字當即淶也。』」案：地名、水名，二説略殊，然其字之爲「易」無疑矣。　云「此秉，謂刈禾盈手之秉也」者，上文云：「十籔曰秉。」鄭恐人以此秉與上秉同，故特辨之。　云「筥，穧名也，若今萊易之間，刈稻聚把，有名爲筥」者，案：《周禮・掌客》注云：「米禾之秉筥，字同數異。　禾之秉，手把耳。　筥讀爲棟梠之梠，謂一穧也。」是筥爲穧名，不特此秉非籔秉之秉，即此筥亦非筐筥之筥矣。　云「《詩》云：『彼有遺秉。』又云：『此有不斂穧。』」者，《大田》篇文，鄭引以證秉筥之爲禾數也。《毛傳》云：「秉，把也。」孔疏云：「秉，刈禾之把也。穧者，禾之鋪而未束者。　筥謂一穧。　然則禾之秉一把耳，米之秉十六斛；禾之筥四把耳，米之筥則五斗。」是其字同數異矣。　**十筥曰稯，十稯曰秅，四百秉爲一秅。**　一車之禾三秅，爲千二百秉，三百筥，三十稯也。　古文「稯」作「緵」。【疏】正義曰：案：上云「四秉曰筥」，則十筥曰稯，四十秉也；十稯曰秅，四百秉也，故又云「四百秉爲一秅」。〇注「古文『稯』作『緵』」，《校勘記》云：「緵，閩本作『稯』，誤。《釋文》、《通解》俱作『緵』。」今案：嚴本作「緵」。　云「一車之禾三秅」者，即上經「歸饔餼」云「禾三十車，車三秅也」。　云「爲千二百秉」者，一秅四百秉，三秅是爲千二百秉。　三百筥，三十稯也。《掌客》注云「禾稾實并刈者也」，亦引此記云：「每車三秅，則三十稯也。　稯，猶束也。」然則筥爲未束之名，稯爲已束之名。　十筥曰稯，則四十把共一束也。　云「古文『稯』作『緵』」者，案：《説文・糸部》無「緵」字，惟《禾部》「稯」下云：「布之八十縷爲稯。」胡氏云：「布縷之『緵』，古字蓋借『總』爲之。《説文》『稯』下注解疑有脱誤。『稯』字從禾，當爲禾數，故鄭從今文。」〇自「四秉曰筥」至此，皆言禾數也。

右記明致饔米禾之數

儀禮正義卷十九　鄭氏注

績溪胡培翬學

公食大夫禮第九

鄭《目録》云：「主國君以禮食小聘大夫之禮也，於五禮屬嘉禮。大戴第十五，小戴第十六，《别録》第九。」

【疏】正義曰：「主」，毛本誤作「壬」。《集釋》「大夫之禮」下有「也」字，今從之。○公者，五等邦國之通稱。大夫謂下大夫，對卿爲上大夫也。凡待賓客之禮，有饗有食有燕。燕主於酒而食主於飯，饗則兼之。鄭云「主國君以禮食小聘大夫之禮也」者，案：經云「賓朝服即位于大門外，如聘」，明先聘後食，此所食之賓即聘賓也。必知爲小聘大夫者，小聘使大夫爲賓也。賈疏云：「下文薦豆六，設黍稷六簋，庶羞十六豆，此等皆是下大夫小聘之禮。下乃别云上大夫八豆、八簋、庶羞二十豆，是食上大夫之法，故知據小聘大夫也。魚、腸胃、倫膚皆七者，謂子男小聘之大夫。」今案：此篇主言食子男小聘大夫，而侯伯大聘使卿爲賓，使大夫爲上介，亦有食可知，敖氏謂「與前篇互見其禮」是也。據《聘禮》云：「賓一食再饗，上介一食一饗。」不言士介，此又單言大夫，則士介無食也。《三禮札記》云：「天子有食諸侯之禮，《大行人》云『上公食禮九舉，侯伯食禮七舉，子男食禮五舉』是也。諸侯相朝有相食之禮，《掌客》云『上公三食，侯伯再食，子男一食」是也。諸侯於本國之臣亦有食禮，《左傳》魏絳和戎，晉侯與之禮食是也。天子諸侯養老，亦用食禮，《禮記》「食三老五更於大學」，又曰「秋食耆老」是也。此篇是主言諸侯食聘賓，竝及大夫相食之禮，即《聘禮》所云「公於賓，壹食再饗；大夫於賓，壹饗壹食」是也。今惟此篇禮存，其餘皆不可考矣。」或曰：《樂記》言：「食三老五更，袒而割牲，執醬而饋，執爵而酳，冕而總干。」此不親割，不設樂，執醬而不執爵，蓋食禮之中亦有隆殺焉。又此篇主於食飯，而無賓主之酬酢。其食飯也，亦止賓一人，而主君不舉共食，故無阼席。然而鼎俎具陳，庶羞畢備，其侑勸則皮幣咸有，其執事則卿大夫士皆在，其食既也則卷牲俎以歸賓，是亦待賓客之重禮也。《禮經釋例》云：「食重於燕，不獨食禮公自爲主人，燕禮使宰夫爲主人之别也。食禮有幣，燕禮無幣；食行於廟，燕行於寢；食牲用大牢，燕牲用狗；食使大夫戒賓，燕於庭命賓。皆其例矣。萬氏斯大乃謂食視燕饗爲輕，誤甚。《饗禮》篇亡不可考，其禮則又重於食焉。」云「於五禮屬嘉禮」者，《周禮·大宗伯》：「以嘉禮親萬民。」飲、食、饗、燕，皆屬嘉禮，故知食亦屬嘉禮也。

公食大夫之禮。使大夫戒，各以其爵。戒，猶告也。告之必使同班，敵者易以相親敬。【疏】正義曰：自此至「大夫既匕，匕奠於鼎，逆退，復位」，皆設饌以前事，分爲四節：戒賓賓從，一也；陳具，二也；賓入拜至，三也；鼎入載俎，四也。注「戒」，謂至賓館戒之，使來主國之廟受食也，據下云「遂從之」，則本日戒可知。云「戒，猶告也。告之必使同班」者，謂食卿使卿戒，食大夫使大夫戒也。敖氏云：「各以其爵，則兼卿大夫言矣，此蓋顧下經見上大夫之禮而立文也。」敖說得經意。云「敵者易以相親敬」者，此釋「各以其爵」之義也。敖氏云：「飲食之禮，賓主敵則主人親戒速，所以尊賓也。此使戒賓而各以其爵，亦其義耳。」説亦通。**上介出請，入告。**問所以來事。【疏】正義曰：注「問所以來事」，毛本以下有「爲」字。嚴本、《集釋》、《要義》俱無。張氏《識誤》云：「注曰『所以來事』，案：《釋文》云：『以爲，于僞反。』今本于『以』字下脱一『爲』字，從《釋文》。」據此則張所見本原無「爲」字，特因《釋文》增入，文句反嫌冗複。黄氏《校録》云：「單疏述注云『問所以來事』者，釋云『賓使上介出請大夫所爲來之事』，賈蓋以『爲』字釋『以』字。」據此，則賈所見本亦無「爲」字。盧氏《詳校》謂《釋文》是「所爲」誤作「以爲」，非也。今從嚴本。**三辭。**爲既先受賜，不敢當。【疏】正義曰：敖氏云：「食必三辭者，重於燕也，燕則再辭而許。」今案：饗亦三辭可知。注云「爲既先受賜，不敢當」者，賈以「先受賜」謂聘日致饔。或云饗先於食，「先受賜」謂先受饗也。**賓出，拜辱。**拜使者，屈辱來迎己。【疏】正義曰：賓出，謂三辭許之，乃出外門外也。注云「拜使者，屈辱來迎己」者，是以拜辱爲拜使者也。吴氏《章句》以爲拜君命之辱，非。此時尚未將命，下「賓再拜稽首」，乃是拜君命也。拜君命必稽首，此但云「拜」，則其爲拜使者明矣。**大夫不荅拜，將命。**不荅拜，爲人使也。將，猶致也。【疏】正義曰：爲人使者不荅拜，説已詳前。云「將，猶致也」者，謂致其食賓之命也。**賓再拜稽首。**受命。**大夫還，**復於君。**賓不拜送，遂從之。**不拜送者，爲從之，不終事。【疏】正義曰：注云「不拜送者，爲從之，不終事」者，謂賓從之而來，不終賓主迎送之事，故不拜送也。《覲禮》：「侯氏送于門外，再拜，侯氏遂從之。」案：「遂從之」，文與此同。而「拜送」者，賈謂「尊天子使」，是也。《鄉飲》、《鄉射》亦有「從之」之文，而拜送者，賈《鄉飲》疏謂鄉大夫尊，賓卑，故特拜辱而送之，亦是也。餘詳《鄉飲篇》。**賓朝服即位**

于大門外，如聘。於是朝服，則初時玄端。如聘，亦入於次俟。【疏】正義曰：注云「於是朝服，則初時玄端」者，鄭以經於此始言「朝服」，則前此服玄端，不服朝服也。褚氏云：「行聘，大禮，故登車即皮弁。食禮輕，故至次中始易朝服。」此申鄭之説也。敖氏云：「拜命之時，賓固朝服矣。於此乃著之者，明其與聘服異。」王氏士讓云：「聘禮歸饔餼，賓必朝服禮辭。此公食戒賓，賓再拜稽首，如親對主君然，其必朝服可知。注謂初時玄端，未確。」韋氏協夢云：「賓與大夫行禮皆服朝服。大夫退而賓即從之，并無易服之節，則其先已朝服可知。必著之者，嫌聘時皮弁服，食禮盛，或亦與聘同也。」此皆申敖氏，似亦可從。云「如聘，亦入於次俟」者，案：《聘禮》曰：「賓皮弁聘至于朝，賓入于次。」注云：「入於次者，俟辨也。」次在大門外之西，即此注言「俟」之義。褚氏云：「如聘，如至大門外入次之儀也。」

右戒賓賓從

即位，具。主人也。擯者俟君於大門外，卿大夫士序，及宰夫具其饌物，皆於廟門之外。【疏】正義曰：張氏爾岐云：「即位者，待賓之人。具者，待賓之物。」今案：此説最明。具，如「具官饌」之「具」，謂各饌其所當供之物。《燕禮》告具而後即位，此則即位乃具也。注云「主人也」者，謂此即位指主人言也。秦氏蕙田云：「經言即位不言主人者，上言賓即位，則此爲主人可知也。敖氏以即位仍屬賓者，非。郝氏又連上文『如聘即位』爲句，尤誤。」云「擯者俟君於大門外」者，擯者即下納賓之大夫也，立于大門外待事也。云「卿大夫士序，及宰夫具其饌物，皆於廟門之外」者，卿大夫士序立於廟門外，待君迎賓入乃入。以及宰夫所具饌物，斯時皆在廟門外，故因言主人即位而詳及之。**羹定。**肉謂之羹。定，猶熟也。著之者，下以爲節。

【疏】正義曰：注「熟」，《集釋》作「孰」。戴氏曰：「古通用『孰』。」○云「肉謂之羹」者，《爾雅·釋器》文。云「著之者，下以爲節」者，謂羹定而後陳設，以此爲節也。

甸人陳鼎七，當門，南面西上，設扃鼏，鼏若束若編。七鼎，一大牢也。甸人，冢宰之屬，兼亨人者。南面西上，以其爲賓，統於外也。扃，鼎扛，所以舉之者也。凡鼎鼏，蓋以茅爲之，長則束本，短則編其中央。今文「扃」作「鉉」，古文「鼏」皆作「密」。

【疏】正義曰：「鼏」，聶氏作「冪」，注同。　注云「七鼎，一大牢也」者，牛、羊、豕具爲大牢。七鼎者：牛一，羊一，豕一，魚一，腊一，腸胃一，膚一，凡七也。無鮮魚、腊。褚氏云：「此即《聘禮》致饔上介之數也。小聘賓與大聘上介爵同，故鼎皆七。」云「甸人，冢宰之屬，兼亨人」者，賈疏云：「案：天官有甸師氏，又有亨人，皆屬冢宰。彼天子禮，諸侯比天子爲兼官，故甸人兼亨人也。必使甸人陳鼎兼亨人者，案：《亨人職》云：『掌共鼎鑊。』又案：《甸師職》云：『掌帥其徒以薪蒸役外内饔之事。』故使甸人兼亨人陳鼎。《少牢》無甸人官，故饔人陳鼎也。」《儀禮釋官》云：「《周禮·甸師職》曰：『掌帥其屬而耕耨王藉。』又曰：『王之同姓有辠則死刑焉。』《禮記·文王世子》曰：『公族有死辠則磬於甸人。』成十年《左傳》：『使甸人獻麥。』杜注：『甸人，主爲公田者。』是諸侯謂之甸人，天子謂之甸師，其職掌一也。據《少牢》大夫無甸人，則士亦無之。《既夕》士禮，甸人抗重。蓋公臣來治士之喪事者，非士有甸人也。」云「南面西上，以其爲賓，統於外也」者，凡鼎陳於門外，多北面北上，此南面西上者，以此鼎爲賓設之，賓在門外之西，故使統於外也。云「凡鼎鼏，蓋以茅爲之，長則束本，短則編其中央」者，「蓋」，疑辭。李氏云：「茅之爲物潔白，故鼏疑用之。」方氏苞云：「若束若編，其爲茅可知矣，著其異於尊冪之用布也。」餘詳《士冠禮》「設扃鼏」下。**設洗如饗。**必如饗者，先饗後食，如其近者也。《饗禮》亡，《燕禮》則設洗于阼階東南。古文「饗」或作「鄉」。【疏】正義曰：注云「必如饗者，先饗後食，如其近者也」者，周公作經有饗禮有食禮，饗在先，食在後。設洗如饗，謂食禮設洗之處如饗禮所設之處耳。二禮相繼而行，故云「如其近者也」。《聘禮》注雖有「饗與食互相先後」之文，然終以先饗後食爲正，詳《聘禮》「公于賓壹食再饗」下。云「《饗禮》亡，《燕禮》則設洗于阼階東南」者，以《饗禮》既亡無可考，故引《燕禮》以明之。方氏苞云：「饗禮嚴，几設而不倚，爵盈而不飲。當時諸侯苦其難行，故去其籍。」云「古文『饗』或作『鄉』」，亦詳《聘禮》。**小臣具槃匜，在東堂下。**爲公盥也。公尊，不就洗。小臣於小賓客饗食，掌正君服位。【疏】正義曰：注云「爲公盥也」者，言盤匜爲公盥設也，槃盛盥棄水，匜盛水以沃盥者。云「公尊，不就洗」者，凡行禮，賓至，敵者皆盥於洗。公尊則不就洗，故特設槃匜以待之。祭祀，尸尊，亦不就洗，詳《士虞禮》「匜水錯于槃中南流」下。云「小臣於小賓客饗食，掌正君服位」者，《周禮·大僕職》曰「祭祀賓客正王之服位」，《小臣職》曰「小祭祀，賓客饗食，掌事如大僕之灋」。諸侯無大僕，以小臣兼之，詳《燕禮》、《大射儀》。然其職掌亦與天子小臣同，是小臣於饗食掌正君服位也。又《周禮·小臣職》曰：「祭祀、朝覲沃王盥。」故此公盥之事，小臣掌之。凡設槃匜者，必有簞巾，《少牢》「祭日設槃匜與簞巾于西階東」，《士虞》、《特牲》皆有簞巾。此不言者，文略，亦詳《士虞禮》。**宰夫設筵，加席、几。**設筵於户西，南面而左几。公不賓至授几者，親設湆醬，可以略此。【疏】正義曰：注「左几」，「几」字，閩、葛俱誤作「凡」。〇筵，蒲筵。席，萑席也。詳下記。注云「設筵於户西，南面而左几」者，經未言設筵之處，故注明之。户西，即所謂户牖之間，堂上尊位也。凡布席於堂上皆南面，布席於室中則東面。左几者，爲人設几也。爲神則右几，詳《士昏禮》「主人筵于户西，西上右几」下。云「公不賓至授几者，親設湇醬，可以略此」者，《聘禮》：「禮賓賓至，公迎賓入，受几授賓。」此但設之，是不親授，故記「不授几」注云「異於醴也」，謂異於聘時醴賓也。所以然者，以食禮公親設醯醬及大羹湇，親設者多，故此可略也。**無尊。**主於食，不獻酬。【疏】正義曰：敖氏云：「經言此者，嫌酒漿或用尊也。」**飲酒，漿飲，俟于東房。**飲酒，清酒也。漿飲，截漿也。其俟奠於豐上也。飲酒先言飲，明非獻酬之酒也。漿飲先言漿，別於六飲也。【疏】正義曰：李氏云：「此酒漿以酳口耳。」注云「飲酒，清酒也」者，《周禮·酒正職》曰：「辨三酒之物：一曰事酒，二曰昔酒，三曰清酒。」鄭司農云：「清酒，祭祀之酒。」又曰：「辨四飲之物：一曰清，二曰醫，三曰漿，四曰酏。」鄭注：「清謂醴之泲者。」吴氏廷華、褚氏寅亮皆以此注云「清酒」爲指四飲中之清，非指三酒中之清酒。其説是也。云「漿飲，截漿也」者，《酒正》：「三曰漿。」注云：「漿，今之截漿也。」然則漿亦四飲之一矣。賈此疏云：「截之言載，以其汁滓相載，故云截。漢法有此名故也。」云「其俟奠於豐上也」者，謂奠於豐上，待事至乃設也。酒漿皆有豐，詳下。云「飲酒先言飲，明非獻酬之酒也」者，以其先言「飲」，明是飲以酳口，非用以獻酬。《周禮·酒人》：「共賓客之禮酒、飲酒而奉之。」鄭注：「禮酒，饗燕之酒。飲酒，食之酒。」是也。云「漿飲先言漿，別於六飲也」者，《周禮·漿人》：「掌共王之六飲，水、漿、醴、涼、醫、酏。」彼先言「飲」，此先言「漿」後言「飲」，明亦飲以酳口，與六飲用以共飲者不同。《漿人職》曰「凡飲共之」，鄭注：「謂非食時。」故此云「別於六飲」也。**凡宰夫之具，饌于東房。**凡，非一也。飲食之具，宰夫所掌也。酒漿不在凡中者，雖無尊，猶嫌在堂。【疏】正義曰：注云「凡，非一也。飲食之具，宰夫所掌也」者，案：上文鼎陳于門外，洗設于阼階東南，槃匜具于東堂下，筵設于堂，酒漿俟于東房，而其餘豆簠簋鉶之屬尚多，故以「凡宰夫之具」一語統括之，見宰夫所掌皆陳在東房也。《儀禮釋官》云：「《周禮·宰夫》：『掌賓客之飲食與其陳數。』注云：『飲食，燕饗也。』疏云：『鄭不解經中食爲食禮者，經中言食，則食禮自明。』注又云：『凡此禮陳數存可見者，唯有《行人》、《掌客》及《聘禮》、《公食大夫》。』疏云：『《儀禮》具有諸侯之禮，俱亡滅者多，今存可見者有《聘禮》、《公食大夫》，是待聘客之法。』然則食禮之陳數，宰夫掌之。故此經設筵、授公醯醬、薦豆、設黍稷、設鉶、設觶豐、授公飯粱膳稻、進觶豐、授公束帛侑賓，皆宰夫主其事也。」云「酒漿不在凡中者，雖無尊，猶嫌在堂」者，酒漿亦是飯食之具，而上特言「俟於東房」，不在凡中者，以經雖云「無尊」，猶嫌酒漿仍在堂，故特言之也。

右陳具

公如賓服，迎賓于大門內。不出大門，降於國君。【疏】正義曰：「如賓服」，亦朝服也。注云「不出大門，降於國君」者，國君來朝，公迎之於大門外。此不出大門，是降於國君也。《禮經釋例》云：「凡迎賓，主人尊者於大門內。」詳《士冠禮》「主人迎，出門左，西面再拜，賓苔拜」下。**大夫納賓。**大夫，謂上擯也。納賓以公命。【疏】正義曰：卿爲上擯。**賓入門左，公再拜。賓辟，再拜稽首。**左，西方，賓位也。辟，逡循，不敢當君拜也。【疏】正義曰：注云「左，西方，賓位也」者，賓之位常在西，入門左即西也，亦詳《士冠禮》「主人迎，出門左」注下。云「辟，逡遁，不敢當君拜也」者，義詳《聘禮》。《儀禮糾解》云：「《聘禮》公迎賓再拜，賓辟不荅拜者，以公爲聘君而拜，己不敢承其禮也。此則爲食己而拜，故既辟還復再拜稽首。」**公揖入，賓從。**揖入，道之。【疏】正義曰：上文「賓入門左」，謂入大門也。此云「公揖入」，謂從大門而入也。敖氏云：「此行禮於禰廟，亦有每門每曲之揖，不言者文省。」**及廟門，公揖入。**廟，禰廟也。【疏】正義曰：《聘禮》：「及廟門，公揖入，立于中庭。」注：「公揖先入，省内事也。」又云「賓立接西塾」，以後乃言納賓，賓入。此「公揖入」下即云「賓入」者，明賓從公而入，禮殺于聘也。注云「廟，禰廟也」者，《儀禮》凡單言「廟」者皆是禰廟，詳《士冠禮》「筮于廟門」下。賈疏云：「受聘在祖廟，食、饗在禰，燕輕於食、饗，又在寢，是其差次也。」**賓入，三揖。**每曲揖，及當碑揖，相人偶。【疏】正義曰：敖氏云：「此三揖與《士冠禮》同，與《聘禮》異。」蓋以《聘禮》公先入，俟於中庭故也。注云「每曲揖」者，即所謂「入門將右曲揖，將北曲揖」也，詳《士冠禮》「至于廟門，揖入，三揖」下。云「相人偶」者，詳《聘禮》。**至于階，三讓。**讓先升。【疏】正義曰：注「升」下，鍾本有「也」字，嚴本無。**公升二等，賓升。**遠下人君。【疏】正義曰：敖氏云：「此下大夫與公升階之儀乃與卿同，然則升階尊卑之差不過一等。」**大夫立于東夾南，西面北上。**東夾南，東西節也。取節於夾，明東於堂。【疏】正義曰：敖氏云：「大夫亦兼上下者言。」賈疏云：「此謂主國卿大夫立位。」❶是也。詳《士相見禮》。方氏苞云：「至此始見羣臣之位，明公入然後從而入，公與賓升堂，然後羣臣與介各就其位也。」注云「東夾南，東西節也」者，敖氏云：「東夾南，即東堂南。」今案：夾之近南者爲堂，

---

❶「立」，原作「之」，今據《儀禮注疏》改。

近北者爲室，故有夾室與東堂、西堂之稱，然統言之皆夾也。經言「東夾」，自兼東堂在内，不必分别。詳《聘禮》「設飧西夾六」下。云「取節於夾，明東於堂」者，東序以西爲正堂，東序以東爲東夾，今立於東夾南，是在正堂之東也。**士立于門東，北面西上。**統於門者，非其正位，辟賓在此。【疏】正義曰：注云「統於門者，非其正位，辟賓在此」者，以立於門東北面，不東上而西上，是統於門也。賈疏云：「《燕禮》、《大射》士在西方，東面北上，不統於門。今統於門者，以賓在門西，辟賓在此，非正位故也。」**小臣東堂下，南面西上。**【疏】正義曰：堂之東下爲東堂下，詳《士喪禮》。南面西上，統於堂也。敖氏云：「小臣者，小臣正、小臣師與其從者也。」《儀禮糾解》云：「《燕禮》惟小臣師一人，事省足共其役也。此則奉槃、奉匜、執簞、執巾皆一時事，故曰『西上』，明非止一人也。」今案：此有正與師及從者，而經止言「小臣」，蓋總舉其官之辭。至《燕禮》供事者非止小臣師一人，《糾解》誤。詳《燕禮》及《大射儀》。**宰東夾北，西面南上。**宰，宰夫之屬也。古文無「南上」。【疏】正義曰：江氏筠云：「東夾北，蓋房中也。房中而云『夾北』，則夾室只在後楣以南。而後楣之北統爲房中之地明矣。」焦氏循《荅鄭柿里舍人問夾南夾北》云：「張太史惠言《儀禮圖》以夾北置北階下，本敖繼公《儀禮集説》。敖氏云：『東夾北，北堂下之東方也。』蓋趙宋時説經者以夾室夾於房東西，東夾在東房之東，故以北堂下東方爲夾北，與鄭注以夾北在房中不同。張太史既依鄭氏爲圖，以夾室置房之南，乃不用鄭氏夾北在房中之説，而依敖氏以夾北在北堂下，則違鄭義，亦失敖義矣。」今案：以夾北爲房中，本鄭氏《特牲饋食禮》注，其説是也。焦氏又謂夾與房有户以相通，則非，詳《特牲饋食禮》「豆籩鉶在東房」下。注云「宰，宰夫之屬也」者，宰即謂内宰。《儀禮釋官》云：「《周禮·内宰職》曰：『凡賓客之祼獻瑶爵皆贊，致后之賓客之禮。』注引《坊記》云：『陽侯殺繆侯而竊其夫人，故大饗廢夫人之禮。』是賓客之饗食，内宰有事焉，諸侯禮亦同也。經云『大夫立于東夾南，宰東夾北』，若以宰爲大宰，則諸侯之大宰是上大夫，何以不位於東夾南，而位於東夾北？據下云『内官之士在宰東北』，注以内官之士爲内宰之屬，則此宰明爲内宰可知。《周禮》外宗祭祀佐王后薦玉豆，内宗佐傳豆籩，賓客之饗食亦如之。是饗食賓客，夫人有薦豆籩之事。《祭統》：『宫宰宿夫人。』鄭注：『宫宰，守宫官。』《周禮・内宰》注云：『宫中官之長。』然則諸侯之内宰，又謂之宫宰也。」今案：《周禮・序官》大宰、小宰、宰夫，皆同官。内宰統於治官，而宰夫爲治官之考，故云「宰夫之屬也」。必云「宰夫之屬」者，以是時宰夫位亦在房中也，當以此注爲正。「後宰右執鐙」注：「宰謂太宰，宰夫之長也。」與此注兩歧，恐非。云「古文無『南上』」者，《儀禮》今文「西面」下有「南上」二字，古文無。鄭以宰爲宰夫之屬，明非一人，故從今文不從古文也。敖氏則從古文，謂經惟言宰，是獨立於此也，「南上」之文無所用之。今案：《周禮・内宰》：下大夫二人，上士四人，中士八人。諸侯之官數雖無文，亦不止一人。即如上文「小臣東堂下，南面，西上」，經但言「小臣」，而敖氏以爲兼正與師在内，何此經言「宰」而斷爲獨立邪？又解此宰爲大宰，皆誤甚。褚氏云：「東夾北，非大宰立位也。」焦氏云：「立於夾北者，宰也。注云：『宰，宰夫之屬也，西面南上。』則必從宰夫而立。宰夫尊，立於南，其屬立於宰夫之北。而内官之士又在宰之東北，蓋皆立於房也。下云『宰夫自東房授醯醬』，又云『宰夫自東房薦豆六』，則宰夫立東房甚明。前云『宰夫立東夾北，西面南上』，兼宰夫而言也。醯醬六豆六簋之設，宰夫主之，宰佐之，宰若遠立北堂下，豈無所事乎？將有事而登降，不勝其煩乎？至於『宰右執鐙，左執蓋，由門入，升自阼階，盡階不升堂，授公，以蓋降，出，入反位』，鄭注此宰爲大宰，宰夫之長。則非立夾北爲宰夫之屬者。賈公彦以此宰即彼宰，疏云：『宰位東夾北，西面南上。今以蓋降出，送於門外，乃更入門，反於東夾北位。』賈説是也。蓋前此宰立房中夾北，佐宰夫設豆設簋，至是出門執鐙授公，又復位於房中夾北者。此下宰夫設鉶，授粱飯，又必宰佐之。蓋凡宰夫之具皆饌於東房，自東房而設而授，非宰夫一人所能勝，此宰所以必立於東夾北，而東夾北必在東房。不然宰僅有執鐙一事，何不竟立於門外？而乃立北堂下，趨出趨入僅爲一鐙，可謂迂矣。且遠立北堂下，於設俎設簋皆不能目見，何以恰當其時而出執鐙也？則必有探而告之者，亦甚煩矣。惟其佐宰夫於房中，當此設黍稷六簋之後，即趨出執鐙，於事爲便也。」案：焦氏謂「西面南上」兼宰夫而言，其説甚確。然經於「東夾北」不云「宰夫」而云「宰」者，以經云「南上」，則宰夫自在宰之南，而内官之士又在宰東北，故言「宰」而位次始明也。又焦氏解釋前後經文，反復辨論，亦極明析，雖未明言宰爲内宰，固不以鄭氏所云「太宰」當之矣。敖氏謂無「南上」二字，則方氏觀承、胡氏承珙俱已駁之矣，未可從也。**内官之士，在宰東北，西面南上。**夫人之官，内宰之屬也。自卿大夫至此，不先即位，從君而入者，明助君饗食，賓自無事。【疏】正義曰：敖氏云：「在宰東北，少退於宰也。」王氏士讓云：「自大夫士至内官之士皆主國之臣，故位皆居東方。」注云「夫人之官，内宰之屬也」者，以經云内官明是夫人之官，即内宰之屬也。《儀禮釋官》云：「内官之士，當爲内小臣之屬，《周禮·内小臣》：『奄上士四人。』注：『稱士者，異其賢。』内小臣亦稱士，故云『内官之士』。其職云『若有祭祀、賓客，則擯，詔后之禮事』，是以位在此。」今案：《周禮》内小臣、寺人，皆内官。

寺人亦掌賓客之事，則夫人之官兼有寺人在内也。又此注云「内宰之屬」，則上立東夾北者爲内宰益明矣。云「自卿大夫至此，不先即位，從君而入者，明助君饗食，賓自無事」者，案：下文大夫七鼎，❶士設俎設羞，是食賓大夫以下皆有事，而云「無事」者，以入門時自無事，故不必先入也。《聘禮》：「及廟門，公揖入，立于中庭。」鄭注：「公迎賓大門内，卿大夫以下入廟門即位而俟之。」明係先入，與饗食禮異也。**介門西，北面西上。**西上，自統於賓也。然則承擯以下，立於士西，少進東上。【疏】正義曰：注云「然則承擯以下，立於士西，少進東上」者，賈疏云：「以其介統於賓而西上，則擯統於君而東上可知。」李氏云：「承擯，大夫也，故少進於士。」今案：不言上擯者，上擯位在阼階下，記云「卿擯由下」是也。此注謂承擯紹擯立於士西，敖以爲立於士東，韋氏協夢云：「案：上文士立于門東北面西上，承擯是大夫，尊於士，宜在士之上。若立於士東，則反在士下矣。從注是也。」**公當楣北鄉，至再拜，賓降也，公再拜。**楣謂之梁。至再拜者，興禮俟賓，嘉其來也。公再拜，賓降矣。【疏】正義曰：「至再拜」者，言此拜爲拜至也。「賓降也，公再拜」者，李氏云：「凡言『也』者，皆與下事爲節。」《經義述聞》云：「『至再拜』，『再』當爲『壹』，因下『公再拜』而誤也。『至壹拜』者，賓至階上，公則壹拜也。先言壹拜，後言再拜，序也。《聘禮》及此篇下文先言公壹拜，賓降，公再拜，此不當有異。鄭注《聘禮》、下文『公壹拜，賓降』，皆云『不俟公再拜』，而此獨無之，則所據本已誤作『至再拜』矣。敖繼公《集説》謂『賓降』之上脱『公壹拜』之文，此説尤非也。『至再拜』即『至壹拜』之譌，何須又

❶「七」，段校改作「匕」。

言公之壹拜乎？若謂『至再拜』爲總括下文之詞，公壹拜，賓降也，公再拜，乃申言上文之再拜，則十七篇無此重沓之文。《聘禮》及此篇下文『公壹拜』之文，❶何不聞總括其詞曰『再拜』乎？」今案：《述聞》之説是矣，但經文相傳已久，未敢遽改，而存其説於此。**賓西階東北面荅拜。**西階東，少就主君，敬也。【疏】正義曰：西階東，西階下之東也。荅拜是目下事，實尚未拜。不言稽首，省文也。方氏苞云：「凡荅鄰國之君拜，無不稽首。」注云「西階東，少就主君，敬也」者，君在東，賓拜不於西階前而於西階東，是少就主君也。**擯者辭，**辭拜於下。**拜也。公降一等辭，曰：「寡君從子。雖將拜，興也。」**賓降再拜，公降，擯者釋辭矣。賓猶降，終其再拜稽首。興，起也。【疏】正義曰：「拜也」者，言賓不從擯者之辭而仍拜也，於是公降一等親辭之。《聘禮》作「擯者曰」，此「曰」上無「擯者」二字，亦省文也。注云「賓降再拜，公降，擯者釋辭矣」者，上注云「辭拜於下」，謂辭其拜於下也。然賓猶降拜，公亦降辭。擯者所釋之辭，即「寡君從子」云云是也。惟聘禮與食釋此辭，蓋待異國之臣與本國之臣異也。云「賓猶降，終其再拜稽首」者，言公雖降一等辭，而賓猶降西階東，終其再拜稽首也。官氏獻瑶云：「必知賓之終其再拜稽首者，於升而不成拜知之也。」**賓栗階升，不拜。**自以已拜也。栗，寔栗也。❷不拾級連步，趨主國君之命，不拾級而下曰辵。【疏】正義曰：「栗階」上，他本有「賓」字，唐石經無。戴校《集釋》云：「此承上『賓西階東北面荅拜』，不必更言賓，當從

❶ 下「文」字，原脱，今據《經義述聞》補。
❷ 「寔」，原作「實」，今據《儀禮注疏》及下疏文改。

石經去之。」《校勘記》據《燕禮》疏引有「賓」字，以石經爲非。《經義述聞》謂《燕禮》疏約舉其文，不必字字皆同。據《聘禮》云「栗階升」，無「賓」字，亦是承上「賓降階東拜送」而省也，無者是。今從石經。注「栗，寔栗也」，毛本「寔」作「實」，嚴本、《通解》俱作「寔」。「不拾級而下曰辵」，鍾本「辵」誤作「走」，毛本誤作「辵」。戴校《集釋》云：「《説文》引《春秋公羊傳》曰：『辵階而走。』今《傳》『辵』作『躇』。《釋文》云：『丑略反，一本作辵，音同。』」　注云「自以已拜也」者，謂已在階下再拜稽首，故升不拜也。栗階，詳《燕禮·記》。**命之，成拜，階上北面再拜稽首。**賓降拜，主君辭之，賓雖終拜，於主君之意猶爲不成。【疏】正義曰：上文賓升不拜，賓之意自以爲已拜於下也。主君不敢受其拜下之禮，故復命之成拜於上，而賓亦遂於階上北面再拜稽首也。　注云「賓雖終拜，於主君之意猶爲不成」者，主君辭之之意，原欲其拜於上，而賓終拜於下，是猶爲不成也。方氏苞云：「凡再拜稽首而不升拜，唯膳宰送爵於公、大夫媵爵、大射賓始受命、燕射之終公命徹冪，卿大夫降拜則然。至公酬賓、賓媵爵於公，則小臣雖辭，賓升即成拜，而公亦無再命。唯食禮升而不拜，再有命而後成拜，何也？賓終拜於下而升不敢拜，自同於膳宰之送爵、大夫之媵觶，以明其震悚不安之意也。惟賓以不敢拜明異敬，故公又以命成拜爲優禮也。」

右賓入拜至

士舉鼎，去鼏于外，次入。陳鼎于碑南，南面西上。右人抽扃，坐奠于鼎西，南順，出自鼎西，左人待載。入由東，出由西，明爲賓也。今文「奠」爲「委」，古文「待」爲「持」。【疏】正義曰：「去鼏于外」，唐石經、嚴本俱作「冪」。《釋文》、《集釋》、《通解》、楊氏、陳單注本、毛本俱作「鼏」，《儀禮識誤》從《釋文》。《三禮札記》云：「古鼏、冪字亦通用，但鼎鼏作鼏，與經例尤合也。今從《釋文》。」各本「陳鼎于碑」下「南」字，石經、嚴本、《集釋》、《通解》、敖氏俱不重，徐本、楊氏、監本、毛本俱重。陳單注本重「南」字，係擠入。敖氏及張氏爾岐俱謂不重者爲脱，則重者是也。戴校《集釋》補一「南」字。「坐奠于鼎西南順」，各本皆有「南」字，敖以爲衍文，非。○舉鼎，扛鼎而入。鼏，鼎蓋也。賈疏云：「去鼏于外者，以其入當載於俎，故去之也。《士喪》、《士虞》皆入乃去鼏者，喪禮變於吉故也。」敖氏云：「次，序也。序入，鼎在西者先，在東者後也。朝位，君南面，故陳鼎於内外皆順之。鼎西，每鼎之西也。」盛氏云：「右人在鼎西，故抽扃即奠於其西，便也。『南順』，言奠扃之法。南北設之，順鼎面也。舉鼎之時，扃橫加於鼎上，及其奠之，直設於鼎旁，故云『南順』也。『出自鼎西』，謂右人奠扃訖，即自鼎西而出也。」今案：「左人待載」，謂立於鼎東，待升肉載俎也。注云「入由東，出由西，明爲賓也」者，褚氏云：「若不爲賓，則出亦當由東矣。出入君門由東，禮之常也。」云「今文『奠』爲『委』，古文『待』爲『持』」者，敖氏云：「奠於鼎西之奠，後篇皆作『委』，宜從今文。」胡氏承珙云：「『奠』與『委』義本相近。下文云：『大夫既匕，匕奠於鼎。』又：『甸人舉鼎順出，奠於其所。』此篇多作『奠』，故從古文也。又『待』、『持』古同聲，《周禮·服不氏》：『以旌居乏而待獲。』杜子春云：『待，書亦或爲持。』是二字古多假借，此時俎猶未入，當云『待載』，故鄭從今文。」**雍人以俎入，陳于鼎南。旅人南面加匕于鼎。退。**旅人，雍人之屬。旅食者也。雍人言入，旅人言退，文互相備也。出入之由，亦如舉鼎者。匕俎每器一人，諸侯官多也。【疏】正義曰：敖氏云：「雍人西面於鼎南陳俎，俎南順。旅人南面於鼎北加匕，匕北枋。」　注云「旅人，雍人之屬。旅食者也」者，《儀禮釋官》云：「案：《周禮・外饔職》曰：『掌外祭祀之割亨，陳其鼎俎，實之牲體、魚、腊。凡賓客之飧饔、饗食之事亦如之。』天子有内饔外饔之官，諸侯唯有饔人而已。襄二十八年《左傳》云『饔人竊更之以鶩』是也。雍與饔通，亦作雝。《國語》『佐雝者嘗焉』，韋注：『雝，亨煎之官。』旅人，蓋其下府史之屬，如《少牢》之有雍府也。云「雍人言入，旅人言退，文互相備也」者，賈疏云：「雍人言入亦退，旅人言退亦入，皆入而退去，故云『文互相備也』。」褚氏云：「雍人、旅人退，未即出。注云『出入之由，如舉鼎者』，蓋終言之耳。至後取匕舉鼎乃順出，疏謂出而復入，非也。」云「匕俎每器一人，諸侯官多也」者，李氏云：「大夫饋食禮，匕俎皆合執以從。」此雍人執俎，旅人執匕，每器一人，是諸侯官多也。匕，詳《少牢饋食禮》。　**大夫長盥，洗東南，西面北上，序進盥，退者與進者交于前。卒盥，序進，南面匕。**　長，以長幼也。序，猶更也。前，洗南。【疏】正義曰：《校勘記》云：「瞿中溶云：『石本原刻南面下，有西上二字，後磨改刪去。』」敖氏云：「長盥，❶亦目下事之辭。國君設洗當東霤，於東夾南爲少東，洗之東南，則又東矣。交於前，不言相右可知也。」今案：大夫立於洗之東南，西面北上，以序進至洗，北面盥，盥畢仍退立於其處，故有退者與進者交於前之事。盥者俱畢，又以序進，至碑南鼎北，南面而匕出鼎實也。盥，賈疏以爲北面，或以爲西面，賈是也。交於前，敖氏以爲相右，或以爲相左，敖是也。褚氏云：「將盥既序進，盥而復位。將匕又序進，故兩言之。」　注云「長，以長幼也」者，謂以長幼爲次序也，言長

---

❶「長盥」，《儀禮集説》作「以長而序盥也」。

幼則非一人。或謂下大夫七鼎，匕者當七人；❶上大夫九鼎，匕者當九人。知侯國五大夫之説爲不然。案：《曾子問》曰：「乃命國家五官而后行。」鄭注：「五官，五大夫典事者。」孔疏：「以屬官大夫其數衆多，直云五者，據典國事者言之。」《儀禮釋官》云：「案：據此疏則諸侯大夫不止五人明矣。《周禮》『傅其伍』，《王制》『下大夫五人』，皆謂三卿下佐事者。其餘大夫尚多，不止此也。」云「序，猶更也」者，序有更義，謂更迭而進。《周禮・御僕》：「以序守路鼓。」注：「序，更也。」是也。云「前，洗南」者，以大夫既在洗之東南，明退者與進者交在洗南也。方氏苞云：「饗禮亡，燕之牲以狗，用爲脯醢，無所用匕。唯食禮專主於食，具大牢，公親視饌，大夫匕，❷士載，以致其隆也。蓋食禮大夫、士無他職事，唯助君以養賓，故儀繁而不殺。」**載者西面。**載者，左人也。亦序自鼎東，西面於其前，大夫匕則載之。【疏】正義曰：注「左人」下，毛本有「也」字，嚴本、《集釋》、楊、敖俱無。云「載者，左人」者，上經云「左人待載」，此云「載者」，明即左人也。云「亦序自鼎東，西面於其前」者，上文「士舉鼎序入」，注云「入由東」，故知此亦序自鼎東，西面於鼎之前也。上未言載者之面，故經特明之。云「大夫匕則載之」者，謂大夫既匕，則載者載之於俎也。**魚腊飪。**飪，熟也。食禮宜熟，饗有腥者。【疏】正義曰：魚，乾魚。腊，乾獸。此食下大夫七鼎，無鮮魚鮮腊也。賈疏云：「上文直云『羹定』，肉謂之羹，恐魚腊不在羹定之中，故此特著魚腊飪也。」注云「飪，熟也。食禮宜熟，饗有腥者」，

❶「七」，原作「匕」，今據《續清經解》本改。
❷「大」上，《儀禮析疑》有「故」字。

謂食禮宜用熟，饗禮則有用腥者。宣十六年《左傳》曰：「王享有體薦。」賈疏云：「饗禮用體薦，體薦則腥矣。故《禮記》云『腥其俎』，謂豚解而腥之。豚解者，皆腥也。」○陳氏祥道云：「析而乾之曰脯，全而乾之曰腊。脯在籩，腊在俎。脯常先於醢，腊常亞於魚。有薧腊，有鮮腊，有全腊，有胖腊。《聘禮》賓鼎九，此禮上大夫俎九，有鮮。《聘禮》上介鼎七，此禮下大夫鼎七，無鮮。《少牢》、《特牲》、《士冠》、《昏》皆用全，《士喪》、《既夕》、《士虞》胖而已。」**載體進奏。**體，謂牲與腊也。奏，謂皮膚之理也。❶ 進其理，本在前。下大夫體七个。【疏】正義曰：注「个」，《集釋》作「箇」，嚴本作「个」。　云「體，謂牲與腊也」者，下文別言魚及腸胃、膚，故知此所載之體專謂牲與腊也。云「奏，謂皮膚之理也。進其理，本在前」者，淩先生云：「肉理謂之腠，又謂之奏。」詳《鄉飲酒·記》「進腠」下。云「下大夫體七个」者，賈疏以爲當用右胖肩、臂、臑、肫、骼、脊、脅，其左胖爲庶羞。下文十六豆、二十豆是也。**魚七，縮俎，寢右。**右首也。寢右，進鬐也。乾魚近腴，多骨鯁。【疏】正義曰：注「近腴」，「近」，陳、閩、葛本、《通解》、楊氏俱誤作「進」。案：《釋文》爲「近」字作音，「近」是也。「魚七」者，上注云「下大夫體七个」，下經云「腸胃七」，故魚亦依其數也。縮，縱也。「縮俎」者，魚在俎爲縱，於人爲横也。若進首進尾，則於俎爲横，於人爲縱矣。此據賓南面，俎横設於賓前言之也。「寢右」者，魚卧俎上，右邊在下也。《士虞·記》：「牲北首，寢右。」注云：「寢右者，當升左胖也。」足證右邊在下矣。云「右首也」者，謂魚首在右也。云「寢右，進鬐也」者，鬐，脊也。魚右首而寢左，則鬐嚮南；右首而寢右，

❶「之」，原作「月」，今據《儀禮注疏》改。

則鬐嚮北，故云「進鬐也」。云「乾魚近腴，多骨鯁」者，腴，腹下也。乾魚近腴多骨鯁，故必以鬐進賓，便於取食也。此食生人法也。《士喪禮》：「大斂奠，載魚左首進鬐。」注云：「未異於生也。」凡未異於生者，不致死也，是以其初死，未忍與生異也。但食禮右首進鬐，喪禮左首進鬐，進鬐則同，而左首有異者，反吉也。左首而進鬐，則是寢左，與寢右亦異矣。《士虞禮・記》云「魚進鬐」，亦是未忍異於生。不言「左首」者，省文耳。《少牢禮》：「魚縮載，右首進腴。」注云：「變於食生也。」是祭祀之禮進腴與生人進鬐異也。右首而進腴，則亦寢左矣。經不言者，以此經言「寢右」可推而知也。《少儀》曰：「羞濡魚者進尾，❶冬右腴，夏右鰭。」鰭與鬐同，注云「脊也」。此謂進濡魚法與乾魚異，濡魚進尾，則於俎爲横，於人爲縮，故可右腴，亦可右鰭，與《儀禮》所云進腴進鬐者别。孔疏云：「此濡魚進尾及右腴右鰭之屬，皆謂尋常燕食所進魚體，非祭祀及饗食正禮也。若正禮，魚在於俎皆縮載，無進首進尾之理。」今案：《少牢》「魚縮載進腴」，《公食》「魚縮俎進鬐」，是祭祀及饗食正禮。或進鬐，或進腴，不進首進尾也。**腸胃七，同俎。**以其同類也，不異其牛羊，腴賤也。此俎實凡二十八。【疏】正義曰：此牛與羊之腸胃也。李氏云：「『君子不食圂腴。』圂，謂犬豕也，取牛羊腴而已。」注云「以其同類也」者，是釋經同俎之義。牛羊同食芻，故云「同類」。云「不異其牛羊，腴賤也」者，牛羊之體異俎，而腸胃則同俎，以其腴賤，故不分别之也。云「此俎實凡二十八」者，牛與羊之腸及胃各七，四七則二十八也。此腸胃與牲異鼎異俎者，取其鼎俎奇也。若與牲同鼎同俎，則六不得奇矣。《既夕》、

❶「羞」，原作「進」，今據《儀禮注疏》改。

《少牢》腸胃與牲同鼎者，《既夕》五鼎：羊、豕、魚、腊、鮮獸，《少牢》五鼎：羊、豕、魚、腊、膚，皆無牛。若以羊之腸胃別爲一鼎，則亦六鼎不成奇矣。《士喪》三鼎：豚、魚、腊，《特牲》三鼎：豕、魚、腊，皆無腸胃。《有司徹》三鼎：羊、豕、魚，腸胃亦不別鼎。《少牢》并腸胃於牲鼎，腸胃各三。《既夕》盛葬，奠腸胃各五。此七者以其取數於牲體，故亦七也。**倫膚七。**倫，理也，謂精理滑脃者，今文「倫」或作「論」。【疏】正義曰：注「滑脃者」，「脃」，徐、陳、閩、監、葛本、《集釋》、《通解》俱作「脆」，《釋文》、嚴本俱作「脃」。《校勘記》云：「案：《説文》：『脃，從肉從絶省。』作『脆』非也。」○膚謂豕之脅革肉也。七者，亦取數於牲體也。《少牢》則云「倫膚九」，與此皆別爲一鼎。若《特牲》、《有司徹》膚皆從牲同鼎矣。注云「倫，理也，謂精理滑脃」者，蓋謂倫爲腠理之精者耳。《説文》：「脃，小耎易斷也。」《少牢》則訓倫爲擇，義詳彼篇。云「今文『倫』或作『論』」者，倫、論皆從侖聲，此篇古文作「倫」，今文作「論」。《少牢》則作「倫」，不作「論」，故鄭從古文也。**腸胃、膚，皆横諸俎，垂之。**順其在牲之性也。腸胃垂及俎拒。【疏】正義曰：此言腸胃與膚載俎之法也。横設於俎而有餘，則垂之於兩邊也。注云「腸胃垂及俎拒」者，詳《少牢》「腸三胃三，長皆及俎拒」下。○陳氏祥道云：「牛羊有腸胃而無膚，豕有膚而無腸胃。豕雖有膚，然四解而未體折，無膚。豚而未成牲，無膚。《士喪禮》豚皆無膚，以未成牲也。《既夕》大遣奠四解無膚，以未體折故也。腸胃常在先，膚常在後者，以腸胃出於牛羊，膚出於下牲故也。」**大夫既匕，匕奠于鼎，逆退，復位。**事畢，宜由便也。士匕載者，又待設俎。【疏】正義曰：既匕，閩本「匕」誤作「七」。敖氏云：「匕奠于鼎，謂加匕于鼎上也，位東夾南。」注云「事畢，宜由便也」者，事畢，謂匕載已畢也。匕者每鼎一人，匕時序進，則大夫長在先，事畢則後進者先退，是謂逆退由便也。云「士匕載者，又待設俎」者，上云「左人待載」，左人，即舉鼎之士也。下文「士設俎于豆南」，是士載俎者又有設俎之事，故經言大夫退，不言士退也。

右鼎入載俎

公降盥。將設醬。【疏】正義曰：此下乃詳食賓之節：爲賓設正饌，賓祭正饌，爲賓設加饌，賓祭加饌，賓三飯，侑賓以束帛，賓卒食，禮終賓出，凡八節。　注云「將設醬」者，下文宰夫授公醓醬，公設之，故知此降盥者，爲將設醬，盥手致潔也。　敖氏云：「於是小臣各執槃匜簞巾以就公盥。」**賓降，公辭。**辭其從己。**卒盥，公壹揖壹讓，公升，賓升。**揖讓皆一，殺於初。古文「壹」皆作「一」。【疏】正義曰：注「揖讓皆一」，嚴、徐、《集釋》、《通解》、楊氏「一」俱作「壹」，毛本作「一」。○「壹揖壹讓」及注「壹」皆作「一」，俱詳《士冠禮》。**宰夫自東房授醓醬，**授，授公也。醓醬，以醓和醬。【疏】正義曰：賈疏云：「案：記云：蒲筵常長丈六尺，于堂上户牖之間南面設之，乃設正饌於中席以東，自中席以西設庶羞也。」今案：據下經云「設庶羞，旁四列」，則庶羞不正當中席。❶以西，蓋又偏於西也。　注云「醓醬，以醓和醬」者，此云「醓醬」，下直云「醬」，明醓在醬中，以醓和醬可知。賈疏云：「祭祀無此法，以生人尚褻味，故有之。」**公設之。**以其爲饌本。【疏】正義曰：敖氏云：「公設之，示親饋也。」《禮經釋例》云：「凡正饌醓醬、大羹湆，加饌簠粱，皆公

---

❶「當」，原作「常」，今據上下文義改。

親設。案：《公食大夫禮》設正饌：『宰夫自東房授醯醬，公設之。』又：『大羹湆不和，實于鐙，宰右執鐙，左執蓋，授公，公設于醬西。』是正饌之醯醬、大羹湆，皆公親設也。又設加饌：『宰夫授公飯粱，公設之於湆西。』是加饌之簠粱，亦公親設也。故賓初食時，用正饌之湆醬及加饌之簠粱；卒食後，挩手，興，北面坐取粱與醬以降，西面坐，奠於階西，皆因公親設之故也。『湆西』者，即前公所設正饌之大羹湆也。正饌以大羹湆爲上，加饌以簠粱爲上，大羹湆在正饌之西，飯粱在加饌之東，故云『於湆西』也。兩饌之間容人，下經云：『賓北面自間坐。』注曰：『兩饌之間也。』兩饌，即所謂正饌、加饌也。」 注云「以其爲饌本」者，言此以明親設之故也。《禮經釋例》云：「聘禮設飧，堂上之饌八，西夾六。注：『八、六者，豆數也。』凡饌以豆爲本。』疏云：『凡設饌，皆先設豆，乃設餘饌，故鄭云凡饌以豆爲本。』考《士昏禮》『贊者設醬于席前』，此爲壻設饌也。設醬畢乃薦菹醢二豆，設豆畢乃設俎，設俎畢乃設黍稷二敦，至末始設湆。又云『設對醬於東』，此爲婦設饌也。設醬畢乃薦豆、設敦，與壻饌同。三俎及湆，則夫婦共之。《公食禮》設正饌、醯醬，公設之。注以其爲饌本。設醬畢乃薦豆，薦豆畢乃設俎，設俎畢乃設簋，設簋畢乃設湆，設湆畢乃設鉶。《士虞》陰厭，贊薦豆畢乃設俎，設俎畢乃設敦，設敦畢乃設鉶。《特牲》陰厭同。《少牢》陰厭，薦豆畢設俎設敦次序亦同，唯兩鉶至尸入飯時始設之，爲小異也。是設饌之時，有醯醬之豆，則先設醯醬之豆；無醯醬之豆，則先設菹醢之豆也。《聘禮》歸饔餼，堂上之饌，先設豆，次設簋，次設鉶，次設簠，次設壺，兩夾之饌亦然。蓋歸饔餼之禮，雖變於親食賓之禮，而其以豆爲本之例則未嘗變也。」**賓辭，北面坐遷而東遷所。** 東遷所，奠之東側，其故處。【疏】正義曰：「賓辭」者，辭公之親設也。 坐，跪也。「北面坐遷」者，謂公南面立設，賓北面跪遷，敬也。而東遷所，謂東遷之於所當設之所也。言「所」者，見賓遷之處即爲醬之定位，公不更移設也。

注「故處」下，《釋文》有「也」字，嚴本各本無。○云「東遷所，奠之東側，其故處」者，故處謂公所設之處，賓遷而奠之東，即在故處之側，明不相遠，故賈疏云：「側，近也。」《禮經釋例》云：「凡公親設之饌，必坐遷之。《公食禮》設正饌，宰夫授醯醬，公設之，賓坐遷而東遷所。敖氏云：『遷之者，示不敢當公親設之意，且以爲禮也。』又大羹湆，『公設之于醬西，賓辭，坐遷之』。注：『亦東遷所。』疏云：『明亦東遷所移之故醬處也。』又設加饌，『宰夫授公飯粱，公設之于湆西，賓北面辭，坐遷之』。注：『遷之，遷而西之，以其東上也。』是公親設之饌，必亦坐遷之也。正饌東遷，加饌西遷，則中間可以容人矣。」○以上公設醯醬，正饌之一。

户

飲酒豐　膚俎

昌本　麋臡　豕俎　腸胃俎

醓醢　菁菹　羊俎　腊俎

韭菹　鹿臡　牛俎　魚俎

牛鉶　牛鉶　黍簋　稷簋　黍簋

正饌

蒲　羊鉶　豕鉶　稷簋　黍簋　稷簋

筵　醯醬

加　大羹

萑　粱簠

席　稻簠　牛炙　醢　豕炙　醢

北

豕膮　牛胾　醢　豕胾

漿飲豐　羊臐　醢　羊胾　芥醬

加饌

牛膷　牛鮨　羊炙　魚膾

牖

公立于序内，西鄉。不立阼階上，示親饌。【疏】正義曰：君位當在阼階上，今立於東序之内，則視阼階上爲少北，以其設饌在户西，序内與户西少近，故注云：「不立阼階上，示親饌。」敖氏則謂不立於阼階東者，公尊也。後人多從敖説，以侑幣時饌已設訖，公猶立於此爲證。褚氏云：「依注『示親饌』之義爲長，公既立於此，後即因其故位而立耳。」**賓立于階西，疑立。**不立階上，以主君離阼也。疑，正立也，自定之貌。今文曰「西階」。【疏】正義曰：「西階上」與「阼階上」恒相對，今賓不立西階上，而立西階西者，以主君在序内已離阼階上之位故也。疑立，蔡氏云：「不敢正對君也。」注云「正立也，自定之貌」，詳《鄉飲酒禮》。云「今文曰『西階』」者，古文作「階西」，今文作「西階」。案：階西即謂西階上之西，省文也。今文作「西階」非是，故鄭不從。**宰夫自東房薦豆六，設于醬東，西上。韭菹以東，醓醢、昌本，昌本南，麋臡，以西菁菹、鹿臡。**醓醢，醢有醓。昌本，昌蒲本，菹也。醢有骨謂之臡。菁，蔓菁，菹也。今文「臡」皆作「麋」。【疏】正義曰：上云「凡宰夫之具饌于東房」，今惟醓醬與豆言自東房，餘不言者，可推而知也。《周禮·醢人》朝士之豆八，此去茆菹、麋臡二者，唯用其六耳。敖氏云：「六豆爲二列，内列自西而東，外列自東而西，惟云『西上』者，明外列統於内列也。」注云「醓醢，醢有醓」者，醓，肉汁也，詳《聘禮》。云「昌本，昌蒲本」者，《周禮·醢人》注云「昌蒲根」，本即根也。云「菹也」者，昌本不言菹，亦菹屬也。云「醢有骨謂之臡」者，《醢人》注云：「三臡亦醢也。作醢及臡者，必先膊乾其肉，乃後細莝之，雜以粱麴及鹽，漬以美酒，塗置瓶中，百日則成矣。」鄭司農云：「有骨爲臡，無骨爲醢。」是也。云「菁，蔓菁，菹也」者，《醢人》注云：「菁，蔓菁也。」云「今文『臡』皆作『麋』」者，《説文》：「腝，有骨醢也。臡，腝或從難。」段氏云：「耎、難二聲同部。《公食禮》注今文『麋』係『腝』之誤。《儀禮》、《爾雅》音義曰：『臡，字作腝。』❶《五經文字》曰：『臡見《禮經》、《周禮》、《説文》、《字林》，皆作腝。』據此則《説文》本無『臡』字，後人益之也。」胡氏承珙云：「此注當本是『今文臡皆作腝』，若作『麋』則於義不通。鄭當定爲字誤，不應僅存而不論矣。」○以上宰夫設豆，正饌之二。**士設俎于豆南，西上，牛、羊、豕，魚在牛南，腊、腸胃亞之。**亞，次也。不言綪錯，俎尊也。【疏】正義曰：注「不言綪錯」，張氏淳據《釋文》云：「『不綪』中無『言』字，從《釋文》。」《校勘記》云：「疏有『言』字。」今案：嚴本及各本俱有「言」字。「俎尊」下，《集釋》、《通解》、毛本俱有「也」字，嚴本、楊氏俱無。○俎即前大夫匕載之俎，不在東房。蔡氏云：「俎亦以西爲上，牛、羊、豕三物爲一行列於北，魚、腊、腸胃爲一行列於南。」今案：此六俎也，并下膚俎爲七。注云「亞，次也」者，謂魚在西，腊與腸胃以次而東也。云「不言綪錯，俎尊」者，綪，屈也。此六俎爲二列，皆自西而東，不綪不錯，對豆綪陳簋錯陳而言，故云「俎尊也」。**膚以爲特。**直豕與腸胃東也。特膚者，出下牲，賤。【疏】正義曰：注「也」，《通解》作「北」，嚴本及各本作「也」。○膚以爲特，謂獨爲一行，不在豆南也。注云「直豕與腸胃東也」者，謂膚之設在豕俎與腸胃俎二者之東也，敖氏以爲在豕東，郝氏以爲在腸胃東。案：三説當以鄭爲正。若在豕東，則似與牛羊豕爲一行；在腸胃東，則似與魚腊腸胃爲一行，非特矣。**旅人取匕，甸人舉鼎，順出，奠于其所。**以其空也。其所，謂當門。【疏】正義曰：前鼎入時，旅人以匕加於鼎，今仍令旅人取匕以出也。「甸人舉鼎」者，謂前陳鼎於門外

❶ 「字」下，《説文解字注》有「林」字。

係甸人事，今仍使之舉鼎出而奠於其所也。順出，吴氏《章句》謂「牛鼎先，餘則順次而出」，是也。注云「以其空也」者，鼎肉載於俎則鼎空，故出之。必俟士設俎乃出者，亦其節也。云「其所，謂當門」者，前陳鼎當門，此奠之亦當門，故云「於其所」也。○以上士設俎，正饌之三。**宰夫設黍稷六簋于俎西，二以竝，東北上。黍當牛俎，其西稷，錯以終，南陳。**竝，併也。今文曰「併」。古文「簋」皆作「軌」。【疏】正義曰：注「軌」，嚴本誤作「軓」。○此以黍稷爲飯而盛之於簋也，稻粱則爲飯而盛之於簠。故《内則》曰：「飯黍稷稻粱。」《説文》：「黍，禾屬而黏者也，以大暑而種，故謂之黍。孔子曰：『黍可爲酒，禾入水也。』」「穈，穄也。」「穄，穈也。」程氏瑶田《九穀考》云：「黍，大名也。黏者得專黍名，其不黏者則曰穈曰穄。」又云：「穈，一名穄。飯用黍之不黏者，黏者釀酒及爲餌餈酏粥之屬，故簠簋實穈爲之。北方稷、穄音相邇，論者因謂稷、穄一物，而以黏不黏分黍稷，失之矣。《説文》穈、穄互釋，稷、齋互釋，其爲二物甚明。以穄冒稷，稷既非稷矣。以釀酒之黏黍充簋實，其性黏者幾與餌餈之籩實無以異。且《少牢》、《特牲》之禮，尸嘏主人，本炊穈爲飯，故有摶黍之儀。若用黏黍爲之，胡爲必摶之而授尸哉？」《説文》：「稷，齋也，五穀之長。」「齋，稷也。」「秫，稷之黏者。」《九穀考》云：「稷，齋大名也，黏者别之爲秫，北方謂之高粱，或謂之紅粱，通謂之秫。秫，南人呼爲蘆穄也。《月令》：『孟春行冬令，首種不入。』鄭注：『首種謂稷。』今以北方諸穀播種先後考之，高粱最先，粟次之，黍又次之。然則首種者，高粱也。秦漢以來諸書，竝冒粱爲稷。鄭司農注《大宰》九穀，稷、秫竝見，後鄭不從，入粱去秫，以其闕粱而秫重稷也。《良耜》之詩箋云：『豐年之時，雖賤者猶食黍。』疏云：『賤者食稷耳。』今北方富室食以粟爲主，賤者食以高粱爲主。是賤者食稷，而不可以冒粟爲稷也。」故氏云：「『東北上』，惟指黍之當牛俎者言也。『錯以終』者，黍西稷，稷南黍，黍東稷，稷南黍，黍西稷也。」今案：「二以竝」，謂一黍一稷東西竝列也。「錯以終，南陳」，謂交錯陳之，自北而南爲三列也。若以三簋爲一列，南北二列，則與「二以竝」之文不合，且是西陳，非南陳矣。　注云「竝，併也。今文曰『併』」，詳《士昏禮》。云「古文『簋』皆作『軌』」者，簋，正字；軌，古文假借字。《周禮・小史》注：「故書簋或作九。」九，亦音近假借也。○以上宰夫設簋，正饌之四。**大羹湆不和，實于鐙。宰右執鐙，左執蓋，由門入，升自阼階，盡階，不升堂，授公，以蓋降，出，入反位。**大羹湆，煮肉汁也。大古之羹不和，無鹽菜。瓦豆謂之鐙。宰謂大宰，宰夫之長也。有蓋者，饌自外入，爲風塵。今文「湆」爲「汁」。又曰：入門自阼階，無升。【疏】正義曰：「由門入」者，《士昏禮》曰：「大羹湆在爨，爨在廟門外也。」記曰：「亨于門外東方。」李氏云：「湆升自阼階者，公親設之故也。」案：「盡階，不升堂」，詳《士冠禮》始加降西階一等下。「反位」，反其東夾北之位也。餘詳「宰東夾北，西面南上」下。　注云「大羹湆，煮肉汁也」者，此大羹湆當爲牛湆，若《士昏》、《特牲》則豕湆也。云「大古之羹不和，無鹽菜」者，詳《聘禮》「六鉶繼之」下。云「瓦豆謂之鐙」者，《爾雅・釋器》文，彼文「鐙」作「登」，郝氏《義疏》云：「登者，假借字也，俗作豋，《説文》作𢍺，經典俱作登，通作鐙，故《爾雅釋文》云：『登，本又作鐙。』《公食禮》：『大羹湆不和，實于鐙。』鄭注：『瓦豆謂之鐙。』是即《爾雅》作鐙之本也。《詩・生民》傳：『木曰豆，瓦曰登。豆，薦菹醢也。登，薦大羹也。』孔疏云：『大古之羹以質，故以瓦器盛之。』」今案：豆足亦名鐙。《祭統》：「夫人薦豆執校，執醴授之，執鐙。」鄭注：「鐙，豆下跗也。」段氏云：「案：跗，《説文》作『柎』，闌足也。」是豆足又謂之鐙矣。　云「宰，大宰，宰夫之長也」者，案：此宰當爲内宰，即前立東夾北者，鄭解爲大宰，非是，詳前。云「有蓋者，饌自外入，爲風塵」者，案：經鐙與蓋似分爲二。吴氏《章句》云：「蓋以辟塵，既不入設，徒執何爲？此蓋當在鐙上，以左手按之，欲其固爾。」此説是也。云「今文『湆』爲『汁』」者，詳《士昏禮》。云「又曰：入門自阼階，無升」者，經升自阼階，古文有「升」字，今文無「升」字。鄭氏從古文，以其義備也。**公設之于醬西，賓辭，坐遷之。**亦東遷所。【疏】正義曰：公親設大羹，貴其質也。於醬西者，公故設醬處之西也。賓辭，辭公親設也。注云「亦東遷所」者，亦東遷之於其所，與遷醬之法同，餘詳前矣。○以上公親設大羹湆，正饌之五。**宰夫設鉶四于豆西，東上，牛以西羊，羊南豕，豕以東牛。**鉶，菜和羹之器。【疏】正義曰：「鉶」，《釋文》作「鈃」，非也，辨見《聘禮》「六鉶繼之」下。○敖氏云：「東上，變於豆。」案：設豆西上，此設俎在豆西東上，是變於豆也。注云「鉶，菜和羹之器」者，賈疏云：「下記『牛藿羊苦豕薇』，是菜和羹，以鉶盛此羹，故云『之器』也。」又賈以鉶羹即鉶鼎、陪鼎及羞鼎，誤甚，亦詳《聘禮》。○以上宰夫設鉶，正饌之六。**飲酒，實于觶，加于豐。**豐，所以承觶者也，如豆而卑。【疏】正義曰：敖氏云：「具饌之時則然矣，言於此者，爲下文發之。」郝氏則謂至是始實觶加於豐。今案：前經云「飲酒，漿飲，俟於東房」，注謂奠於豐上而俟，則敖義爲長。但前僅云「俟於東房」，未云實觶加豐，故特明之。注云「豐，所以承觶者也」者，此承觶之豐，與承尊異，詳《燕禮》。**宰夫右執觶，左執豐，進設于豆東。**食有酒者，優賓也。設于豆東，不舉也。《燕禮·記》曰：「凡奠者于左。」【疏】正義曰：注云「食有酒者，優賓也」者，案下文賓唯飲漿而不飲酒，然食禮酒與漿竝設，所以優賓也。楊氏復因此注言優賓，遂謂酒非以酳口，恐讀注未審耳。云「設于豆東，不舉也」者，謂設於豆東，即有不舉之義，故引「凡奠者於左」以證之，左即東也。張氏爾岐云：「凡奠者於左，舉者於右。《鄉飲酒》《鄉射·記》皆有此文，注以爲《燕禮·記》，誤也。」〇以上宰夫設飲酒，正饌之七。**宰夫東面，坐啓簋會，各卻于其西。**會，簋蓋也。亦一一合卻之。各當其簋之西。【疏】正義曰：秦氏蕙田云：「簋設於羹湆之先，至是始啓之，事有節也。」注云「會，簋蓋也」者，案：《士虞禮》「敦啓會」，注：「會，蓋也。」是敦與簋皆有蓋，謂之會也。或謂於蓋頂刻爲龜形，非，辨見《少牢饋食禮》「敦皆南首」下。云「亦一一合卻之。各當其簋之西」者，合字未詳。據經云「各卻於其西」，卻者，仰也，則是每簋之蓋各仰而置之於其簋之西也。賈疏謂簋會有六，兩兩皆相重而仰之，謂之合卻。❶引《少牢》「蓋二以重，設於敦南」爲證，謂「亦」者，亦《少牢》，但彼言「重」，故注謂「重累」；此言「各」，注言「一一」，則非重也。賈説恐未然。**贊者負東房，南面告具于公。**負東房，負房户而立也。南面者，欲得鄉公與賓也。【疏】正義曰：敖氏云：「贊者，所謂上贊也。具，謂正饌已具。」注云「負東房，負房户而立也」者，敖氏謂負東房，負其墉也。引《士喪禮》「祝負墉南面」爲證，似亦可通。云「南面者，欲得鄉公與賓也」者，斯時公在東序内，賓在户西，故南面得兼鄉之也。〇《儀禮紃解》云：「此正饌，醬最先設，次則豆由房出，又次則俎自階升，又次則簋由房出，又次則湆自階升，至鉶則復由房出。」案：觶與豐亦由房出也。

右爲賓設正饌

---

❶「之」，原作「文」，今據《儀禮注疏》改。

公再拜，揖食。再拜，拜賓饌具。【疏】正義曰：方氏苞云：「食禮，公弗興，故拜饌而興，又推手以速賓之食。」賓降拜。荅公拜。公辭。賓升，再拜稽首。不言成拜，降未拜。賓升席，坐取韭菹，以辯擩于醢，上豆之間祭。擩，猶染也。今文無「于」。【疏】正義曰：敖氏云：「此所擩者，醢醢而下五豆。惟云『醢』者，省文耳。《少牢饋食》用四豆，尸取韭菹擩于三豆，是其徵也。」今案：韭菹、醓醢，居豆之上列，故爲上豆。言「上豆之間祭」者，謂祭於韭菹、醓醢二豆之間也。注云「擩，猶染也」者，《説文》：「擩，染也。」引《周禮》「六曰擩祭」。段氏注謂：「擩，當作『㨨』，古音耎聲、需聲畫然分别，後人乃或淆亂其偏旁，本從耎者譌而從需，而音由是亂矣。《周禮》：『大祝九祭，六曰㨨祭。』《士虞禮》、《特牲饋食禮》、《少牢饋食禮》、《有司徹》四篇經文，凡用『㨨』字二十，唐石經《周禮》、《士虞》皆作『擩』，《特牲》、《少牢》、《有司》皆作『㨨』，此非經字不一，乃《周禮》、《士虞》經淺人妄改也。郭璞『而沿反』，陸德明『而泉反』，皆耎聲之正音。」今案：據此，則此篇「擩」字亦當作「㨨」，段氏《説文注》蓋偶遺之。云「今文無『于』」者，「擩」下，今文無「于」字，古文有。鄭從古文，亦以其文義備也。贊者東面坐取黍，實于左手，辯，又取稷，辯，反于右手，興以授賓。賓祭之。取授以右手，便也。賓亦興受，坐祭之於豆祭也。獨云贊興，優賓也。《少儀》曰：「受立，授立，不坐。」【疏】正義曰：上宰夫啓簋會云「東面坐」，此贊者取黍稷亦云「東面坐」，以簋西地寬也。贊者取黍稷及肺授賓者，以簋俎去席遠也。若豆鉶則不言贊者取授，以其近也。兩言「辯」者，謂黍稷各三簋，每簋取之以授賓也。褚氏云：「先黍後稷，六簋徧取，❶兼授而兼祭。敖氏謂此亦壹以授賓，非。」注云「取授以右手，便也」者，經云「取黍實于左手」，明是右手取以實之。蓋贊者先以右手取黍實於左手，又以右手取稷實於左手，俟六簋取畢，然後以所實於左手者仍反於右手以授賓，故知取授皆右手，由便故也。云「賓亦興受，坐祭之於豆祭也」者，案：經言「賓祭」，則受可知。但下「祭肺」云：「賓興受，坐祭。」此不言「興受坐」者，省文，其實亦同也。李氏云：「豆祭，謂前祭豆處，上豆之間。」今案：《少牢禮》、《有司徹》多有豆祭之文。方氏苞謂「祭」當作「際」，非。云「獨云贊興，優賓也」者，賈疏云：「欲見賓坐而不興，是優賓。其實俱興也。」云「《少儀》曰：『受立，授立，不坐。』」者，此引以證興則俱興也。**三牲之肺不離，贊者辯取之，壹以授賓。**肺不離者，刌之也。不言刌，刌則祭肺也。此舉肺不離而刌之，便賓祭也。祭離肺者，絶肺祭也。壹，猶稍也。古文「壹」作「一」。【疏】正義曰：注「刌之也」，❷毛本「刌」作「扌刂」，❸嚴、徐、《集釋》、《通解》俱作「刌」，下竝同。「壹猶稍」，毛本「稍」下有「也」字，嚴本無。「古文『壹』作『一』」，「古」上，毛本有一圈，非，《通解》亦無。《校勘記》云：「案：此節經注據《士冠》疏，則經當云『一以授賓』，注當云『古文一作「壹」』，今本與賈疏不合，當由後人妄改，然諸本皆然，其誤久矣。」云「肺不離者，刌之也」者，凡割而不斷曰離。《少儀》曰：「牛羊之肺，離而不提心。」鄭注：「提，猶絶也。刲離之，不絶其中央少者，使易絶以祭耳。」是也。

❶「徧」，《儀禮管見》作「辨」。
❷「刌」，原作「扌刂」，今據《儀禮注疏》改。
❸「扌刂」，原作「刌」，據《儀禮注疏》改。

刌，切斷也。此經言「不離」，則是切斷之矣。云「不言刌，刌則祭肺也」者，李氏云：「刌肺惟祭祀乃有之，故不言刌也。」云「此舉肺不離而刌之，便賓祭也」者，凡肺，有舉肺，有祭肺。此食禮用舉肺，宜割勿絶。今切之使斷者，便賓取以祭也。褚氏云：「本宜用離肺，因便賓祭，故不離而刌之。然不可竟稱爲刌肺，故變其文曰『不離』，見宜離而不離，以優賓也。」云「祭離肺者，絶肺祭也」者，此申言便賓祭之義也。離肺即舉肺。凡祭離肺，必絶其中央少許以祭，若刌則已斷不須絶，故云便也，餘詳《士冠禮》。云「壹，猶稍」者，贊者徧取牛羊豕之肺，一一授賓。吴氏《疑義》亦云：「壹，謂一一授之，一一與稍稍義近，故注轉『壹』爲『稍』。」褚氏云：「經加『壹』字，異於授黍稷者，見逐一授之也。賓亦三次祭，故不云兼一祭之。」案：此説足申注義。敖氏及張氏爾岐訓「壹」爲不再，爲專壹，皆非。**賓興受，坐祭。**於是云「賓興受，坐祭」，重牲也。賓亦每肺興受，祭於豆祭。【疏】正義曰：注云「於是云『賓興受，坐祭』，重牲也」者，案：上注既引《少儀》「受立，授立，不坐」，則興受自是禮之通例。此注以爲重牲，上注以爲「獨云贊興，優賓」，皆義有難通，後儒多駁之。云「賓亦每肺興受，祭於豆祭」者，據受云「每肺」，則上文「壹以授賓」爲一一授之明矣。**挩手，扱上鉶以柶，辯擩之，上鉶之間祭。**扱以柶，扱其鉶菜也。挩，拭也，拭以巾。【疏】正義曰：「挩手」謂賓既祭肺則以巾拭手，而扱鉶以祭也。「上鉶」，上列牛鉶也。「上鉶之間」，上列牛羊二鉶之間也。賈疏云：「此云『上鉶之間祭』者，著其異於餘者，餘祭於上豆之間。」注云「扱以柶，扱其鉶菜也」者，謂賓以柶扱上鉶之菜，徧擩於三鉶，合其味以祭也。賈疏謂四鉶惟有一柶。敖氏謂四鉶皆有柶，其擩之惟用上者之柶。褚氏云：「器無虚設，若惟用上者之柶，餘柶不爲虚設邪？依賈優賓惟有一柶之説爲長。」今案：少牢有羊、豕二柶者，祭神之禮與此異也。**祭飲酒于上豆之間。魚、腊、醬、湇不祭。**不祭者，非食物之盛者。【疏】正義曰：注末，《集釋》有「也」字，嚴本及各本俱無。○祭于上豆之間，酒在豆東也。李氏云：「魚、腊不祭，則腸胃、膚不祭可知。或曰：《曲禮》『殽之序，徧祭之』，殽，謂出於牲體者。」注云「不祭者，非食物之盛」者，敖氏云：「魚腊屬於牲，醬屬於豆，湇屬於鉶，故此雖設之亦不祭，蓋已祭其大，則略其細也。」案：敖此説善矣。然正饌之設凡七，而賓祭者五：菹醢一也，黍稷二也，肺三也，鉶四也，飲酒五也。醬與大羹湇皆公親設之，不得謂之細。以醬與菹醢同類，湇與鉶同類，既祭菹與鉶，則醬、湇二者可不祭耳。○《禮經釋例》云：「凡祭皆於籩豆之間，或上豆之間。《公食禮》賓祭正饌，『取韭菹辯擩于醢，上豆之間祭』，此祭豆也。『贊者取黍稷授賓，賓祭之』，注『賓亦興受，坐祭之於豆祭也』，此祭簠也。『三牲之肺，贊者辯取授賓』，注『賓亦每肺興受，祭於豆祭』，此祭俎也。『祭飲酒於上豆之間』，此祭酒也。皆於上豆間祭之。賓祭加饌，『贊者辯取庶羞之大授賓，賓受，兼壹祭之』。注：『庶羞輕也，自祭之於膷臐之間，以異饌也。』庶羞亦實於豆，膷、臐、膮三豆近賓，則注所謂『膷臐之間』者，亦上豆之間也。《士虞禮》尸入九飯：『取菹，擩于醢，祭于豆間。』《特牲》尸入九飯：『右取菹，擩于醢，祭于豆間。主婦亞獻，祝贊籩祭。』注：『籩祭，棗栗之祭也。尸祭之，亦於豆祭。』《少牢》尸入十一飯：『尸取韭菹，辯㨎于三豆，祭于豆間。上佐食取黍稷于四敦，下佐食取牢一切肺于俎，以授上佐食，上佐食兼與黍以授尸。尸受，同祭于豆祭。主人獻祝，祝取菹，擩于醢，祭于豆間。』《有司徹》主人獻尸：『尸右取韭菹，㨎于三豆，祭于豆間，尸取麷蕡。麷蕡，籩實也。宰夫贊者，取白、黑以授尸，尸受，兼祭于豆間。』主人獻侑：『侑右取菹，㨎于醢，祭于豆間。又取麷蕡，同祭于豆祭。』主婦獻尸：『尸祭糗脩，同祭于豆祭。以羊鉶之柶挹羊鉶，遂以挹豕鉶，祭于豆祭。』主婦獻侑：『侑坐取糗脩，兼祭于豆祭。』主婦受尸酢：『右取菹，擩于醢，祭于豆間。又取麷蕡，兼祭于豆祭。』不儐尸之禮：『主婦亞獻尸，取棗糗，祝取栗脯以授尸，尸兼祭于豆祭。』主婦獻祝：『祝取棗糗，祭于豆祭。』主婦致爵于主人：『主人右取菹，擩于醢，祭于豆間。』《士昏禮》女父禮使者：『賓左執觶，祭脯醢，以柶祭醴三。』注：『凡祭，於脯醢之豆間。』則祭醴亦於豆間。疏云：『此及《冠禮》、《鄉飲》、《鄉射》、《燕禮》、《大射》皆有脯醢，則在籩豆之間。此注不言籩者，省文。《公食》及《有司徹》豆多者，則言祭於上豆之間也。《士冠》、《士昏》、《鄉飲》、《鄉射》、《燕禮》、《大射》諸經文，不云祭於籩豆之間者，文不具也。』又云：「亦有不於豆間者，《公食》賓祭正饌，上鉶之間祭。賓祭加饌，取粱即稻，祭於醬湆間。注：『祭稻粱不以豆祭。祭加宜於加。』張氏爾岐云：『醬湆不得言加，注偶誤。』然醬本豆實，大羹湆實于鐙，注：『瓦豆謂之鐙。』則醬湆間亦豆間，但非前所祭上豆之間耳。唯《公食》祭鉶於上鉶之間爲異，蓋《有司徹》尸祭鉶亦於豆祭也。」

右賓祭正饌

宰夫授公飯粱，公設之于湆西。賓北面辭，坐遷之。既告具矣，而又設此，殷勤之加也。遷之，遷而西之，以其東上也。【疏】正義曰：此炊粱爲飯而實之於簠也，故下文云：「左擁簠粱。」粱即粟也，北方謂之小米，南方謂之粟。《説文》：「禾，嘉穀也。二月始生，八月而熟，得時之中，故謂之禾。粟，嘉穀實也。米，粟實也。粱，米名也。虋，赤苗嘉穀。芑，白苗嘉穀。」皆謂粱也。《九穀考》云：「始生曰苗，成秀曰禾，禾實曰粟，粟實曰米，米名曰粱，其大名曰嘉穀。《周禮・倉人》注：『九穀以粟爲主。』注《大宰》九穀中有粱無粟。則粱即粟矣。《内則》言『飯有粱』，又有『黄粱』，是粱者，白粱也。禮設簠簋，不稱黍稷稻粟而云『粱』者，飯必炊米爲之，故舉米名耳。郭璞、孫炎《爾雅注》以粟爲稷，孔穎達於《曲禮》『稷曰明粢』亦釋之曰『稷，粢也』，蓋承其誤矣。」今案：粱與稷見於經者，判然二物。《周禮・食醫》：❶「豕宜稷，犬宜粱。」《禮記・玉藻》：「沐稷而靧粱。」《詩・甫田》：「黍稷稻粱。」《聘禮》八簋黍稷，兩簠稻粱。此篇黍稷爲正饌，稻粱爲加饌，二者固自不同。自漢魏間誤以粟爲稷，遂冒稷爲粱，而以粱爲高粱，誤甚，《九穀考》辨之是也。敖氏云：「粱言『飯』者，以賓主食之也。」蔡氏云：「穀以粱爲貴，故公親設之。」　注云「遷之，遷而西之，以其東上也」者，李氏云：「東上統於正饌。」今案：加饌以東爲上，故遷而西之，以示不敢當公親設之意。且設於湆西，則正當中席，故必遷而西之也。**公與賓皆復初位。**位，序内階西。【疏】正義曰：即前設醬時，公立於序内，賓立於階西之位也。**宰夫膳稻于粱西。**膳，猶進也。進稻粱者以簠。【疏】正義曰：《說文》：「稻，稌也。稌，稻也。」二字互訓。《字林》：「穤，黏稻也。稉，稻不黏者。」《廣雅》：「秈，稉也。」顔師古《漢書注》：「稻，有芒之穀總稱也，秔，其不黏者也。」《九穀考》云：「稻稌，大名也。穤，懦也，其黏者也。稉之爲言硬也，不黏者也，南方謂之秈。然則稻爲總名，別言之則黏者爲穤，不黏者爲稉爲秔爲秈矣。」《九穀考》又云：「《周官・稻人》：『掌稼下地。』《詩・白華》云：『滮池北流，浸彼稻田。』由是言之，稻宜水也。」又引《吴

❶「醫」，原作「醬」，今據《續清經解》本改。

都賦》云：「國稅再熟之稻。」是稻有一歲再熟者，蓋與粱皆爲穀之美者矣。注云「膳，猶進也」者，膳，美物也。盛氏云：「進膳曰膳，猶置尊曰尊，布筵曰筵也。敖氏以『膳』爲『設』之誤，非。」云「進稻粱者以簠」者，鄭注《周禮·掌客》云：「簠，稻粱器也。」是簠爲盛稻粱之器，故云「以簠」也。○以上公親設粱，宰夫膳稻，加饌之一。

士羞庶羞，皆有大、蓋，執豆如宰。羞，進也。庶，衆也。進衆珍味可進者也。大，以肥美者特爲臠，所以祭也。魚或謂之膴，膴，大也。唯醓醬無大。如宰，如其進大羹湆，右執豆，左執蓋。【疏】正義曰：注「右執豆」，毛本「右」誤「石」。張氏敦仁刻注疏本「豆」作「鐙」，似是。嚴本及各本俱作「豆」，今仍之。

云「羞，進也」者，此釋經上「羞」字也。云「庶，衆也。進衆珍味可進者也」者，郝氏敬云：「庶羞即下膷臐等十六豆。肴美曰羞，品多曰庶。」云「大，以肥美者特爲臠，所以祭也」者，言每品皆取肉之肥美者爲大臠，加於豆以待祭，故云「皆有大」也。云「魚或謂之膴，膴，大也」者，《少儀》「魚祭膴」，鄭注：「膴，大臠，謂刳魚腹也。」孔疏：「膴謂刳魚腹下爲大臠，此處肥美，故食魚則刳取以祭先也。」是膴亦訓大也。云「唯醓醬無大」者，敖氏云：「以經文云『皆』，故言此以明之。醓醬，四醓及芥醬也。」今案：作醓之法，詳《周禮·醓人》注。謂必先膊乾其肉，乃後細莝之，則無大矣。醬亦醓類也。云「如宰，如其進大羹湆，右執豆，左執蓋」者，案：經「蓋執豆如宰」五字，讀者不同。敖氏云：「言執於蓋豆之間，見其兩執也。」張氏爾岐云：「蓋執豆，兼蓋而執之也。」方氏苞與敖、張説同。郝氏云：「蓋，豆上蓋。自門外入，蔽風塵也。士執庶羞之豆，升階，右執豆，左執蓋，與宰執鐙同。」盛氏謂：「先儒皆以『蓋執豆』爲句，惟郝氏以『蓋』爲一句，『執豆如宰』爲一句，文義較長。」今案：盛説是矣。但「蓋」字當連上讀，謂庶羞皆有大皆有蓋也。惟其有蓋，故執之如宰，右鐙左蓋矣。**先者反之，由門入，升自西階。**庶羞多，羞人不足，則相授於階上，復出取也。【疏】正義曰：「先者反之」下，毛本有注云：「釋曰『反之』者，以其庶羞十六豆，羞人不足，故先至者反取之。下文云：『先者一人升，設于稻南，其人不反。』則此云『先者反之』，謂第二以下爲先者也。」《校勘記》云：「此『釋曰』以下五十五字是疏，誤作注。《通解》載此疏於下節注下。」盛氏云：「此節疏，監本誤作注，置諸『先者反之』之下。」今案：首有「釋曰」二字，爲疏文無疑。嚴本及陳單注本俱無此注，從之。○由門入，升自西階，亦以庶羞在爨，由門外入，與大羹湇由門入，升自阼階同。但彼授公，故升自阼階，此自西階爲異耳。注云「庶羞多，羞人不足，則相授於階上，復出取也」者，此釋經「先者反之」之文也。但「反之」有二義，張氏惠言以爲有反取之階上者，有反取之門外者，其説甚是。據注言「授於階上，復出取也」，是反取之門外者。但授於階上，必有受而設之堂上者，其既設則反取於階上。下文「先者一人升，設於稻南」，是反取之階上者。「衆人騰羞者盡階，不升堂」，是反取之門外者。此經「先者反之」，乃統論進庶羞之事。羞多人少，則有反之之一法，實兼二者在内。賈疏謂「先者一人升，設於稻南」，其人不反，固誤；謂先者反之爲第二以下，尤泥。至敖氏疑「先者反之」爲失次，盛氏謂當在「升自西階」之下，則皆非也。**先者一人升，設于稻南簋西，間容人。**簋西，黍稷西也。必言稻南者，明庶羞加，不與正豆併也。間容人者，賓當從間往來也。【疏】正義曰：先者一人升，設於稻南，既設則反取於階上，又以設也。注云「必言稻南者，明庶羞加，不與正豆併也」者，敖氏云：「稻乃加食，其位不與正饌併。而庶羞又設于稻南，明庶羞亦爲加，不與正豆併也。併謂同爲一處。唯云『正豆』者，以其器同也。」云「間容人者，賓當從間往來也」者，賈疏云：「下文『賓左擁簠粱，右執湇以降，公辭，升，反奠於其所』，是賓往來也。」今案：經言「簋西」者，以庶羞與簋竝列，庶羞在簋之西，其中間有餘地可以容人。上文公設粱于湇西，賓又遷之于其西，則湇西粱東之間亦可容人往來也。**旁四列，西北上。**不統於正饌者，雖加，自是一禮，是所謂「羹胾中別」。【疏】正義曰：注「一禮」，《集釋》作「一體」。「旁四列」，「旁」字有數解。敖氏云：「旁者，見正饌之中席，而此在旁也。」郝氏敬云：「正饌堂中，庶羞偏西，故曰旁。」褚氏云：「膷臐直稻南，而膷稍偏西，臐稍偏東。膮牛炙直粱南，而膮稍偏西，牛炙稍偏東。每兩豆當一簠，若在旁然，故云『旁四列』。」今案：「旁」字當以偏西之説爲是，但云「正饌堂中」尚未明析。蓋正饌設於堂中以東，加饌設於堂中以西，此其大分也。今庶羞不正當堂中以西，而又偏於西，是以謂之旁耳。庶羞十六豆，四豆爲列，故云「四列，西北上」，與簋之言東北上者同，蓋亦自北而南陳也。云「是所謂『羹胾中別』」者，「羹胾中別」，《管子·弟子職》文。李氏云：「《曲禮》曰：『左殽右胾。』殽，骨體也，爲正饌。胾，切肉也，爲庶羞。肉謂之羹，羹則設殽也。正饌在東，庶羞在西，羹胾中別也。」惠氏棟云：「《弟子職》曰：『凡置彼食，鳥獸魚鼈，必先菜羹。羹胾中別，胾在醬前，其設要方。』羹者，菜羹，即鉶羹也。」今案：李以羹爲大羹，惠以羹爲鉶羹，皆屬正饌，在庶羞之東，中間有餘地，不相連接，是所謂「中別」也。**膷以東臐、膮、牛炙。**膷、臐、膮，今時臛也。牛曰膷，羊曰臐，豕曰膮，皆香美之名也。古文「膷」作「香」，「臐」作「薰」。【疏】正義曰：注「古文『膷』作『香』」，「膷」，閩本誤作「鄉」。○此自西而東，爲北之第一列，所謂西北上也。牛炙，炙牛肉也。注云「膷、臐、膮，今時臛也。牛曰膷，羊曰臐，豕曰膮，皆香美之名也」者，臛即無菜之肉羹，義詳《聘禮》。云「古文『膷』作『香』，『臐』作『薰』」者，胡氏承珙云：「古人以臛爲香美，故即以香名牛臛，薰名羊臛。小篆以後乃有膷、臐二字，爲牛臛、羊臛之專稱，以別於香薰，故《説文》不載。」今案：《禮記·内則》亦作「膷臐」，是經典承用已久，故鄭從今文。又胡氏引注作「熏」，嚴本及各本俱作「薰」，今仍之。**炙南醓，以西，牛胾、醓、牛鮨。**先設醓，綼之以次也。《内則》謂鮨爲膾，然則膾用鮨。今文「鮨」作「鰭」。

【疏】正義曰：注「綼之以次也」，「綼」，閩、葛俱誤作「靜」。「《内則》謂鮨爲膾」，《校勘記》云：「張氏曰：『注曰肉則謂鮨爲膾。案：監本肉作内，從監本。』『膾』，徐、陳俱作『會』，張淳、《通解》、楊、敖俱作『膾』。『然則膾用鮨』，徐本『膾』作『鱠』，誤。《集釋》上句作『鱠』，此句作『膾』。」今案：嚴本與《集釋》同。黄氏丕烈云：「『鱠』當作『膾』，從魚誤也。」○此自東而西爲第二列也。注云「先設醓，綼之以次也」者，李氏云：「醓配胾而卑於胾。今設之胾上者，欲既設之五醓相錯也。」今案：注言綼者，綼，屈也，詳《士喪禮》。此設庶羞，一列，自西而東，二列，自東而西，是屈陳之也，三列、四列亦然。必先設醓者，以先設醓，再設牛胾；又設醓，再設牛鮨，二醓相間而設，乃得其次也。云「《内則》謂鮨爲膾，然則膾用鮨」者，此經所陳庶羞與《内則》同，《内則》有牛膾，無牛鮨，則是謂鮨爲膾也。既謂鮨爲膾，則其膾用鮨爲之明矣。《説文》：「鮨，魚脂醬也。」段氏云：「『醬』字衍。脂者，豕肉醬也，引申爲魚肉醬，則偁魚脂可矣。《公食禮》牛鮨，注曰『《内則》鮨爲膾，然則膾用鮨』，謂此經之牛鮨即《内則》之牛膾也。聶而切之爲膾，更細切之則成醬爲鮨矣。鮨者，膾之最細者也。牛得名鮨，猶魚得名脂也。鄭曰『今文鮨作鰭』，案：鰭是假借字，《説文》有耆無鰭。」胡氏承珙云：「段説是也。《爾雅》：『魚謂之鮨。』郭注以爲鮓屬。《廣雅》：『鮨，鮝也。』是鮨本魚鮝之類，故《説文》『鮨』下即次以『羞』，云『藏魚也』。《釋名》云：『酢菹也，❶以鹽米釀魚爲菹，熟而食之也。』牛亦名鮨者，古人有以藏魚之法施於牛肉，故亦借鮨名耳。」「今文『鮨』作『鰭』」者，《少儀》「夏右鰭」，注云「鰭脊也」。蓋牛鮨之鮨，依《禮記・內則》本當爲牛膾，《儀禮》借魚酢之鮨爲膾者，以其義近。今文又借魚脊之鰭爲鮨者，則以其聲同耳。○褚氏云：「鮨，猶膾也。羊豕無膾，魚無炙胾，牛是大牲，故三者兼有。」**鮨南羊炙，以東羊胾、醢、豕炙。**【疏】正義曰：此自西而東爲第三列也。**炙南醢，以亞豕胾、芥醬、魚膾。**芥醬，芥實醬也。《內則》曰：「膾，春用蔥，秋用芥。」【疏】正義曰：此自東而西爲第四列也。以上十六豆與《內則》所云膳者同，惟「膮牛炙」間，《內則》多一「醢」字，鄭注以爲衍文。郝氏敬云：「終魚膾始腳，所謂西北上也。」**衆人騰羞者盡階，不升堂，授，以蓋降出。**騰，當作「媵」，媵，送也。授，授先者一人。【疏】正義曰：注「授先者一人」，監本「一人」二字誤作經在下節首。○盛氏云：「衆人，自先者一人而外也。士騰羞者雖衆，而升堂設之者，唯最先一人而已，其餘則以授於西階上也。」今案：盛氏又謂先者一人不反，非。蓋先者一人雖不反於門外，亦必反於階上，受而復設也。上文「先者反之」，實兼一人在內，義詳前。「以蓋降出」者，謂豆既授，先者一人乃以蓋降階出廟門，與宰之執鐙授公，以蓋降出者同。王氏士讓云：「騰羞者不升堂而授，即所謂『堂事交乎階』也。」注云「騰，當作『媵』，媵，送也」者，胡氏承珙云：「《燕禮》『媵觶』，今文『媵』皆作『騰』者，以《禮記》亦作『揚觶』，『騰』與『揚』皆訓舉，故『媵』或作『騰』。此『騰羞』者，衆人遞相傳送，祗當作

❶「酢」，《釋名》作「鮓」。

『滕』，自以鄭注爲正。敖氏謂騰取自下而上，郝氏解騰爲升，皆非也。」〇以上士羞庶羞，加饌之二。〇《儀禮綱解》云：「加饌，粱最先設，次則稻由房出，羞自階升。」又云：「正饌之列，其在東之東者，以西爲上，豆與俎是也；其在東之西者，以東爲上，鉶與簋是也。加饌之列，其在西之北者，以東爲上，粱與稻是也；其在西之南者，以西爲上，庶羞是也。一陳饌之間，亦必相變如此。」**贊者負東房，告備于公。**復告庶羞具者，以其異饌。【疏】正義曰：注「復告」，徐本「復」作「隨」。今案：嚴本、《集釋》、《通解》、楊、敖俱作「復」。云「復告庶羞具者，以其異饌」者，前設正饌云「告具于公」，鄭意蓋以「備」與「具」爲同義。敖氏則謂此言「備」者，備周於具。《禮經釋例》云：「備即是具，似不必分別。若謂備周於具，不應加饌反周於正饌也。」〇《釋例》又云：「凡正饌先設，用黍稷俎豆；加饌後設，用稻粱庶羞。案：《公食禮》正饌：公設醯醬，宰夫薦豆，士設俎，宰夫設黍稷。大羹湆，公設之。宰夫設鉶，飲酒實于觶。《士虞禮》設饌陰厭：贊薦菹醢，俎入，設于豆東，贊設二敦于俎南，設一鉶于豆南。《特牲禮》設饌陰厭：主婦薦兩豆，俎入，設于豆東，主婦設兩敦黍稷于俎南，兩鉶芼設于豆南，祝酌奠設于鉶南。《少牢禮》設饌陰厭：主婦薦豆，佐食設俎，主婦設黍稷，祝酌奠。皆正饌先設，用俎豆也。《公食禮》加饌：公設飯粱，宰夫膳稻，士羞庶羞。《士虞禮》尸入九飯時：『大羹湆自門入，設于鉶南，胾四豆，設于左。』《特牲》尸入九飯時：『設大羹湆于醢北，佐食羞庶羞四豆，設于左，南上，有醢。』注：『庶，衆也。衆羞以豕肉，所以爲異味。四豆者，膮、炙、胾、醢。』《少牢》尸入十一飯時：『上佐食羞兩鉶，又羞胾兩瓦豆，有醢，亦用瓦豆，設于薦豆之北。』注：『設於薦豆之北，以其加也。』皆加饌後設，用庶羞也。《公食》大羹湆在正饌，《士虞》、《特牲》大羹湆在加饌。《公食》加饌有稻粱，《士虞》、

《特牲》、《少牢》加饌無稻粱。賓客之禮與祭祀之禮相變也。《公食》、《士虞》、《特牲》鉶羹皆在正饌，《少牢》鉶羹在加饌者，《少牢》無大羹，故以鉶羹易之也。《聘禮》歸饔餼：『膷臐膮蓋陪牛羊豕。』注：『陪之，庶羞加也。』堂上及兩夾之饌，設鉶畢，始設簠。注：『簠不次簋者，稻粱加也。』是加饌有稻粱，與《公食》同也。《士昏》無加饌者，尚質也。」

右爲賓設加饌

贊升賓。以公命命賓升席。【疏】正義曰：李氏云：「公不揖食，加饌禮殺。」　注云「以公命命賓升席」者，敖氏云：「升賓之辭，蓋曰：『吾子其升也。』」**賓坐席末，取粱，即稻，祭于醬湆間。**即，就也。祭稻粱不於豆祭，祭加宜於加。【疏】正義曰：注「不於豆祭」，《集釋》、毛本「於」作「以」，陳本重「以」字，皆誤，嚴本、楊氏俱作「於」。「祭加宜於加」，嚴本、《集釋》、《通解》、楊氏俱同，徐本「加宜」二字誤倒，陳本脱「宜」字。○敖氏云：「『坐席末』者，就加饌也。『取粱，即稻』，言不反粱於左手也。」　注云「祭稻粱不於豆祭，祭加宜於加」者，張氏爾岐云：「醬湆不得言加，注偶誤。粱是公所親設，醬湆亦公所親設，公設是饌尊處，故祭粱不於豆而於此耳。」今案：張説是也。褚氏又謂下降時取粱湆，徹時取粱醬，皆是重公親設之意，與此祭於醬湆間同。**贊者北面坐，辯取庶羞之大，興，一以授賓。賓受，兼壹祭之。**壹壹受之，而兼一祭之，庶羞輕也，自祭之于膷臐之間，以異饌也。【疏】正義曰：注「壹壹受之，而兼一祭之」，嚴本及各本同，《集釋》「壹壹」作「一一」，「兼一」作「兼壹」，與經合，今從《集釋》。○前云「庶羞皆有大」，此贊者坐而辯取之，興以授也。張氏爾岐云：「『一以授賓』者，品授之也。『兼壹祭之』者，總祭之也。」褚氏云：「贊者所授賓祭者三，正饌則黍稷也，三牲之肺也，加饌則庶羞之大也。經於黍稷則曰『辯以授賓，賓祭之』，是黍稷總授賓，賓總受而總祭也，故曰『辯以授』也。於肺則云『辯取之，一以授賓，賓受坐祭』，是三次授賓，三次祭也，故不云『辯以授』也。于『庶羞之大』則云『一以授賓，賓受，兼壹祭之』，是大亦逐一授賓，賓則逐一受之而總祭之也，故云『兼』也。立文不同，注據經爲解，不可破。正饌豆實祭於上豆之間，大是加饌豆實，宜祭於加饌上豆之間。注云『祭於膷臐間』，亦是也。祭醬飲亦於是處可知。」今案：敖氏謂黍稷牲肺皆壹祭之，又謂祭大亦於醬湆間，皆與注異，褚氏駁之是也。注云「庶羞輕也」者，對三牲之肺而言。**賓降拜。**拜庶羞。**公辭。賓升，再拜稽首。公荅再拜。**【疏】正義曰：正饌，公再拜揖食，賓降拜。是公先拜，賓荅拜。此則賓先拜，公荅拜，亦以禮殺故也。

右賓祭加饌

賓北面自間坐，左擁簠粱，右執湆以降。自間坐，由兩饌之間也。擁，抱也。必取粱者，公所設也。以之降者，堂，尊處，欲食於階下然也。【疏】正義曰：「左擁簠粱」，監本「左」誤作「右」，「擁」誤作「擯」，毛本亦誤「擯」。徐本、楊氏、毛本「簠」俱誤作「簋」，唐石經、嚴本、《集釋》、《通解》、敖氏俱不誤。《石經考文提要》云：「《曲禮》『執食興辭』，注引《公食禮》正作『左擁簠粱』。」注云「自間坐，由兩饌之間也」者，謂正加兩饌之間，即上經所云「間容人」，注謂「賓當從間往來」是也。但彼爲設庶羞，故在簋西炙東之間，此則當在湆西粱東之間，爲微異耳。云「擁，抱也」者，《説文》同。段氏云：「抱之則物必在前。」云「必取粱者，公所設也」者，粱湆皆公所親設，故必取之以降。注不言湆，省文耳。云「以之降者，堂，尊處，欲食於階下然也」者，爲堂上尊處，公立於堂，故不敢坐食於席而降階下，示欲食於此也。**公辭。賓西面坐奠于階西，東面對，西面坐取之，栗階升，北面反奠于其所，降辭公。**奠而後對，成其意也。降辭公，敬也。必辭公者，爲其尊而親臨己食。侍食，贊者之事。【疏】正義曰：敖氏云：「公辭者，止其降於下也。❶階西，賓所欲食之處也，故於此奠之。對者，釋其所以降之意。」蔡氏云：「既對君，坐取粱湆，升奠於原所，從君命也。」盛氏云：「反奠于其所者，奠湆於醬西，奠粱於湆西也。」《三禮札記》云：「前公降一等而賓栗階，此公不從降而亦栗階者，臣禮彌恭也。」○注「侍食」，監本「侍」誤「待」。❷云「奠而後對，成其意也」者，賈疏云：「成其降食階下之意，❸故奠乃對。此決下文大夫相食，賓執粱與湆之西序端，主人辭，賓反之而不奠也。」云「降辭公，敬也」者，謂既栗階升矣，乃不於堂上辭公而必降而辭，是致其敬也。云「必辭公者，爲其尊而親臨己食。侍食，贊者之事」者，以侍食是贊者之事，若以公之尊而親臨己食，則與贊者無異，故不敢當也。《曲禮》曰：「客若降等，執食興辭。」亦辭主人之臨己食也。《禮經釋例》云：「凡公親臨食，必辭之。《公食禮》賓初食，『降辭公，公許，賓升，公揖退于箱』。辭公故也。又賓卒食，『降辭公，如初。賓升，公揖，退於箱』。是公親

❶「降」，《儀禮集説》作「食」。
❷「侍」、「待」，原作「待」、「侍」，今據文義乙正。
❸「降食」，《儀禮注疏》作「食降」。

臨食，必辭之也。」今案：公退于箱者，因賓辭而避於此耳。**公許，賓升，公揖，退于箱。**箱，東夾之前，俟事之處。【疏】正義曰：注云「箱，東夾之前，俟事之處」者，案：公暫退東箱，以俟賓食，故注以爲俟事之處，互詳《覲禮·記》「凡俟于東箱」下。**擯者退，負東塾而立。**無事。**賓坐，遂卷加席，公不辭。**贊者以告公，公聽之，重來，優賓。【疏】正義曰：卷加席，不敢居隆禮也。公不辭，以其降等也。吴氏《疑義》云：「至此始卷加席，則前所謂坐即跪耳。古者跪亦稱坐。」注云「贊者以告公，公聽之」者，斯時公猶在箱，明是贊者以告公，而公聽之也。云「重來，優賓」者，張氏爾岐云：「公聽之而不輕來，所以優賓，使不煩勞也。」**賓三飯，以湆醬。**每飯，歠湆，以肴擩醬，食正饌也。三飯而止，君子食不求飽，不言其肴，優賓。【疏】正義曰：注「以肴擩醬」，嚴、徐、陳本、《通解》、楊氏俱作「肴」，下同；《集釋》、毛本俱作「殽」，閩、葛於此作「殽」，下「不言其肴」又作「肴」。案：《校勘記》云：「案：『殽』者，相雜錯也，俗借爲『肴饌』字，作『肴』爲是。」云「每飯，歠湆，以肴擩醬，食正饌也」者，賈疏云：「湆言歠，淡故也。醬言擩，鹹故也。」李氏云：「飯，飯粱也。」《禮經釋例》云：「凡賓初食加饌之稻粱，則用正饌之俎豆。卒食正饌之黍稷，則用加饌之庶羞。」案：《公食禮》簠粱即前設加饌時公所親設之飯粱也，湆即前設正饌時公所親設之大羹湆也，醬即前設正饌時公所親設之醯醬也。加饌之簠粱、正饌之湆與醯醬，皆公所親設，故先食之。言粱則兼稻，言湆醬則兼俎豆，經不言者，非公親設故也。此食加飯也。又：『賓卒食會飯，三飲。』注：『會飯謂黍稷。』此食黍稷，則初時食稻粱。又云：『不以醬湆。』注：『不復用正饌也。初時食加飯用正饌，❶此食正飯用庶羞，互相成也。後言湆，或時後用。』此食正飯也。考注云加飯即稻粱也，正饌即俎豆也，正飯即黍稷也。賓初食用加飯之稻粱，佐以正饌之俎豆；卒食用正飯之黍稷，佐以加饌之庶羞，故云『互相成也』。」云「三飯而止，君子食不求飽」者，禮成於三，不求多也，故引《論語》以證之。蔡氏云：「三飯，以手三舉飯食也。」《禮經釋例》云：「凡食禮，初食三飯，卒食九飯。案：《公食禮》：『賓三飯以湆醬，宰夫執觶漿飲與其豐以進。』又云：『賓坐祭，遂飲，奠于豐上。』三飯則一飲，是初食三飯也。又賓受侑幣出，復入門左，揖讓，升，卒食會飯，三飲，不以醬湆。吴氏廷華云：『上三飯乃飲，此三飲則九飯也，合正食則十二飯矣。』是卒食九飯也。初食在侑幣前，故三飯；卒食在侑幣後，故九飯也。」云「不言其肴，優賓」者，賈疏云：「案：《特牲》、《少牢》尸食時舉肴，皆言次第，此不言者，任賓取之，是優賓也。」或以此經但云「以湆醬」，不云「食肴」爲疑。褚氏云：「諸禮凡食飯無不食舉者，故注云然。」案：《周官·司儀》，食禮有舉數，以次差之，大夫當三舉，則食舉明矣。

宰夫執觶漿飲與其豐以進。 此進漱也，非爲卒食，爲將有事，緣賓意欲自潔清。【疏】正義曰：漱，旁從欠，不從攵。「觶漿飲」者，謂漿飲盛於觶也。蔡氏云：「觶，即前所實酒觶。漿飲，即前俟於東房之漿飲。」江氏筠云：「經云『執觶漿飲與其豐以進』，則是一手執觶漿飲，一手執豐也。若此觶爲酒觶，而又別有漿飲，如何一手可執？且前祭正饌時，已祭飲酒於上豆之間矣，何下文又云『坐祭』乎？則此觶明是盛漿之

❶「時」，原作「特」，今據《禮經釋例》改。

觶，所謂『其豐』即盛漿觶之豐也。」○《儀禮糾解》云：「正饌用酒，宰夫執觶執豐，❶奠于豆東，賓亦既祭矣。加饌用漿，俟于東房，未設也。至是而後執以進，亦取其相變。」**賓挩手，興受。**受觶。【疏】正義曰：「挩」，唐石經初從木，後改從手。**宰夫設其豐于稻西。**酒在東，漿在西，是所謂「左酒右漿」。【疏】正義曰：經但云「設豐」不云「觶」者，斯時觶在賓手也。注云「酒在東，漿在西」者，案：此設豐於稻西，與前執觶執豐設於豆東者正相對。飲酒從正饌在東，漿飲從加饌在西也。云「是所謂『左酒右漿』」者，「左酒右漿」，《管子·弟子職》文。注「所謂」二字，正指《管子》書言也。案：《弟子職》曰：「胾在醬前，其設要方，飯是爲卒，左酒右漿。」《曲禮》「酒漿處右」，鄭注：「處羹之右。」此言若酒若漿耳，兩有之則左酒右漿，亦據《弟子職》言。《曲禮》注及此注俱作「左酒右漿」，今本《管子》「漿」作「醬」，恐誤。**庭實設。**乘皮。**賓坐祭，遂飲，奠于豐上。**飲，漱。【疏】正義曰：賓，徐本作「實」，誤。○《儀禮糾解》云：「宰夫設豐之後，賓遂坐祭而飲矣。而先言『庭實設』者，著有司設庭實之節也。《玉藻》曰：『水漿不祭，若祭爲已偞卑。』而此乃祭漿者，臣禮也，故彼注云：『臣於君則祭之。』」注云「飲，漱」者，謂飲漿以漱也。《説文》：「漱，盪口也。」蔡氏云：「坐祭遂飲，飲酒漿也。」兼酒言之，非，辨見前。

右賓食饌三飯

❶「宰夫」下，《儀禮糾解》有「已」字。

公受宰夫束帛以侑，西鄉立。束帛，十端帛也。侑，猶勸也。主國君以爲食賓，殷勤之意未至，復發幣以勸之，欲用深安賓也。西鄉立，序内位也。受束帛於序端。【疏】正義曰：注「復發幣以勸之」，閩本「幣」誤作「弊」。　云「束帛，十端帛也」者，詳《士冠禮》「主人酬賓」下。云「侑，猶勸也」者，《詩·楚茨》毛傳：「侑，勸也。」是時賓三飯而止，有告退之意，故以束帛侑食也，詳《聘禮》「致食以侑幣」下。云「西鄉立，序内位也」者，即前公立於序内西鄉之位。云「受束帛於序端」者，約《聘禮》「公受几于序端」而知之。敖氏謂受束帛於東箱，褚氏云：「賓既飲，則公出自箱立於序端矣。於是宰夫以束帛授公，而公受之，非受於東箱也。」**賓降筵北面。**以君將有命也。北面於西階上。【疏】正義曰：注「北面於西階上」，嚴本、敖氏俱無「西」字，徐本、《集釋》、《通解》、楊氏俱有，似有者是。　云「以君將有命也」者，謂主君將有侑食之命也。云「北面於西階上」者，降筵而立於此，待君命也。**擯者進相幣。**爲君釋幣辭於賓。【疏】正義曰：此下與《聘禮》禮賓大略相同，解見《聘禮》。　注云「爲君釋幣辭於賓」者，言爲君釋侑幣之辭於賓也。盛氏疑「幣」爲衍文，非。**賓降辭幣，升聽命。**降辭幣，主國君又命之，升，聽命，釋許辭。【疏】正義曰：注云「降辭幣，主國君又命之，升」者，約《聘禮》「禮賓，賓降辭幣，公降一等辭，賓栗階升」知之。此不言公降一等辭及栗階者，省文耳，非脱也。**降拜。**當拜受幣。**公辭，賓升，再拜稽首，受幣，當東楹，北面。**主國君南面授之，當東楹者，欲得君行一，臣行二也。【疏】正義曰：「君行一，臣行二」，詳《聘禮》。**退，西楹西，東面立。**俟主國君送幣也。退不負序，以將降。【疏】正義曰：注云「俟主國君送幣也」者，謂俟主國君拜送幣也。《聘禮》禮賓：「退，東面俟。」注：「俟君拜也。」義與此同。云「退不負序，以將降也」者，《聘禮》「賓三退，負序」，此云「西楹西」，即西階上，故知不負序以將降也。**公壹拜，賓降也，公再拜。**賓不敢俟成拜。【疏】正義曰：注云「賓不敢俟成拜」者，謂不敢俟公再拜即降。**介逆出。**以賓事畢。【疏】正義曰：郝氏敬云：「介逆出，先賓出也。介在門西，北面西上，近門者先出，故曰逆也。」方氏苞云：「公食賓，介有事焉，而公絕不與爲禮，何也？以介當特受食也。」**賓北面揖，執庭實以出。**揖執者，示親受。**公降立。**俟賓反。**上介受賓幣，從者訝受皮。**從者，府史之屬。訝，迎也。今文曰「梧受」。【疏】正義曰：「上介受賓幣」，受於門外也。「從者訝受皮」，謂主國有司執皮者從賓出，賓從者訝受之也。注云「從者，府史之屬」者，《聘禮》禮賓：「上介受賓幣，從者訝受馬。」注：「從者，士介。」彼大聘使卿，上介是大夫，故知從者爲士；此小聘使大夫，上介是士，故知從者爲府史之屬也。云「訝，迎也」者，謂對面受也。云「今文曰『梧受』」者，案：今文以「訝」爲「梧」，❶已詳《聘禮》「禮賓」節。

右公以東帛侑賓

賓入門左，没霤，北面再拜稽首。便退則食禮未卒，不退則嫌，更入行拜，若欲從此退。【疏】正義曰：「没霤」，徐本「没」作「汲」，誤。○敖氏云：「霤，門内霤也。没霤，庭南也。没霤而拜，以公立於中庭也。」張氏爾岐云：「没霤，門簷霤盡處。」注云「便退則食禮未卒，不退則嫌」者，謂有貪食之嫌。云「更入

---

❶「文」，原作「又」，今據上下文義改。

行拜，若欲從此退」者，是注以此拜爲告退也。吴氏《疑義》云：「食禮未畢，理應復入。賓之入門，所以終食禮也。其再拜稽首，則即下『升，賓再拜稽首』注所謂『拜主國君之厚意』也。蓋公既侑賓，賓出，公即降立中庭，以待賓反，其意良厚，故入門即拜之。因君辭其拜，故升堂再拜。敖氏謂賓拜於庭南，公辭之乃升而成拜，是也。則上下兩『再拜稽首』只是一事，注分而爲二，是以失之。」今案：吴説是也。又敖氏以此拜爲謝侑幣，褚氏辨之云：「《聘禮》禮賓，於授幣後亦曰『公壹拜，賓降也。公再拜，賓執左馬以出』。下遂行覿，竝未更入門而行再拜稽首禮也。然則此禮之拜，敖以爲謝侑幣，非。凡飲食無論酒與幣皆賓先拜受，而後主人拜送，無送後復拜謝之禮。」案：褚説亦是也。**公辭。**止其拜，使之卒食。**揖讓如初。**如初入也。**升，賓再拜稽首，公荅再拜。**賓拜，拜主國君之厚意，賓揖介入復位。【疏】正義曰：注云「賓拜，拜主國君之厚意」者，説已詳上。云「賓揖介入復位」者，上文云「介逆出」，下更云「介逆出」，知中間介復入明甚，其賓揖之使入當在入門時，注於此補言之。**賓降，辭公如初。**將復食。【疏】正義曰：注「食」字，毛本誤作「入」，嚴本、《集釋》及張氏敦仁所刻注疏本俱作「食」。○賓降辭公，亦辭公之臨己食也，詳見前。**賓升，公揖退于箱。賓卒食會飯，三飲。**卒，已也。已食會飯，三漱漿也。會飯謂黍稷也。此食黍稷，則初時食稻粱。【疏】正義曰：注云「已食會飯，三漱漿也」者，謂三飲漿以漱口也。敖氏云：「鄉者三飯乃飲，此凡三飲，蓋九飯也。後禮更端，故與前三飯不相蒙。」是也。又云：「食加飯而飲漿，則此所飲者其酒與？」褚氏云：「下大夫禮不得飲酒，注謂『漱漿』是也。敖説誤。」江氏筠云：「鄭以凡奠者於左，此陳設左酒右漿，則酒明係不舉，故謂賓用漿酳口也。」云「會飯謂黍稷也」者，張氏爾岐云：「上文宰夫設黍稷云啓會，是簠兼會設之。稻粱不言啟會，是簠不兼會，故經以黍稷爲會飯也。」今案：敖氏謂：「減簋飯於會而食之，故云會飯。」乃臆説，不可從。云「此食黍稷，則初時食稻粱」者，案：初時賓三飯未言稻粱，故注推而明之。然據上文云「左擁簠粱」，則賓三飯食稻粱，亦可見也。**不以醬湆。**不復用正饌也。初時食加飯用正饌，此食正飯用庶羞，互相成也。後言湆者，湆或時後用。【疏】正義曰：注「互相成也」，徐、陳本「成」俱作「後」，誤。「後言湆」下，嚴本、楊氏俱有「者湆」二字，今本無。　云「不復用正饌也」者，醬湆，正饌也。不用正饌，則用庶羞可知，故注又云：「初時食加飯用正饌，此食正飯用庶羞，互相成也。」義詳前「賓三飯以湆醬」下。楊氏復云：「用庶羞，經無其文，若可疑者。據下文『上大夫庶羞。酒飲漿飲，庶羞可也』，注云：『於食庶羞，宰夫又設酒漿，以之食庶羞可也。』以彼證此，恐云食會飯有三飲，❶亦食庶羞。此注所以有互相成之義也。」云「後言湆者，湆或時後用」者，賈疏云：「前文賓三飯以湆醬，先言湆，後言醬，是先用湆。此後言湆，或容前三飯後用湆，故作文有先後也。」盛氏云：「案：上文以湆醬，據其用之序言也。此既不用之，故惟據所設之序而言。注疏説非是。」今案：盛説似亦可從。

右賓卒食

捝手，興，北面坐取粱與醬以降，西面坐奠于階西。示親徹也。不以出者，非所當得，又以已

---

❶「云」，疑衍。「飲」，原作「飯」，今據上經文改。

得侑幣。【疏】正義曰：「奠于階西」，西階下之西也，即向者賓欲降食之處。　注云「示親徹也」者，賓於食畢，取粱與醬以降，是示親徹之意。公於正饌先設醬，加饌先設粱，獨取二者，固以公親設之故，亦示二饌兼徹也。云「不以出者，非所當得」者，當得則三牲之俎是也。云「又以已得侑幣」者，謂已得侑幣，故不取饌出也。《士昏》賓取脯出，是所當得者。《玉藻》曰：「君既徹，執飯與醬乃出，授從者。」鄭注：「食於尊者之前，當親徹也。」孔疏：「此經食不客，故君既徹之後，執飯與醬乃出授從者。若君與己禮食，則但親徹之，不敢授己之從者也，故《公食禮》：『賓北面坐取粱與醬以降，西面坐奠於階西也。』若非君臣但降等者，則徹以授主人相者，故《曲禮》云：『客若降等。』又云：『卒食，客自前跪徹飯齊以授相者。』注云：『相者，主人贊饌者。』若賓主敵者，則徹於西序端，故《公食禮》：『大夫自相食，徹於西序瑞。』注云：『亦親徹。』是也。」案：《玉藻》疏言「徹」義頗詳，故竝録之。　**東面再拜稽首。**卒食拜也。不北面者，異於辭。【疏】正義曰：敖氏謂此亦拜於階西，不於階東。褚氏云：「既奠於西階西，乃進至階東，東面拜。凡西階下之拜無有在階西者，敖說不可從。」　注云「卒食拜也」者，言此再拜稽首爲卒食拜也。云「不北面者，異於辭」者，褚氏云：「注意專對没霤北面之拜而言。」今案：鄭以没霤北面之拜爲辭退，故云「異於辭」也。或曰：以公從而降在東方，故賓東面拜也。　**公降再拜。**荅之也，不辭之使升堂，明禮有終。【疏】正義曰：敖氏云：「公拜亦西面於阼階下。」此說是也。　方氏苞云：「食禮既終，賓拜稽首於階下，自同於本國之臣也。公降而荅拜，使賓無庸復升，終不敢以臣禮待之也。」**介逆出，賓出。公送于大門内，再拜。賓不顧。**初來揖讓，而退不顧，退禮略也，示難進易退之義。擯者以賓不顧告公，公乃還也。【疏】正義曰：「介逆出」，徐本「逆」作

「迎」，誤。　注云「擯者以賓不顧告公，公乃還也」者，還，謂自廟還路寢也，詳《聘禮》「賓出，公再拜送，賓不顧」下。

右禮終賓出

有司卷三牲之俎，歸于賓館。卷，猶收也。無遺之辭也。三牲之俎，正饌尤尊，盡以歸賓，尊之至也。歸俎者實於篚，它時有所釋故。【疏】正義曰：禮終賓出之後，尚有二事：歸俎實於賓館，一也。賓拜賜，二也。○注「尊之至也」，嚴本無「也」字。「他時有所釋故」，《釋文》作「它」，云「本又作『他』」。嚴本、《集釋》作「它」，今本作「他」。　注云「卷，猶收也。無遺之辭也」者，卷與捲同。云「歸俎者實於篚」者，吉祭有肵俎，虞祭無之，尸舉牲體皆盛於篚。此歸俎者，亦是實於篚以歸之也。敖氏謂盡以其俎與其實歸之，褚氏云：「歸饔餼用鼎不用俎，俎乃行禮時設之，不以遺人。注用篚之説爲長。」方氏苞云：「卷者，振取俎實而置於篚也。敖氏謂并以俎歸，則其文當曰：『以三牲之俎歸於賓館。』」今案：褚、方之説是也。云「它時有所釋故」者，案：《特牲》、《士虞》皆云：「俎釋三个。」釋，猶遺也，謂留遺以備陽厭，是有所釋也。它時，即指《特牲》、《士虞》言。此食禮無所釋，故三牲之在俎者盡以歸賓也。**魚腊不與。**以三牲之俎無所釋故也。禮之有餘爲施惠。不言腸胃、膚者，在魚、腊下，不與可知也。古文「與」作「豫」。【疏】正義曰：注云「以三牲之俎無所釋故也」者，謂三牲之在俎者既盡以歸賓，則魚腊細物可不與也。云「古文『與』作『豫』」者，詳《士昏禮》。

右歸俎實於賓

明日，賓朝服拜賜于朝。拜食與侑幣，皆再拜稽首。 朝，謂大門外。【疏】正義曰：案：《聘禮》歸饔餼，明日賓拜于朝，拜饔與餼，不拜束帛。此云「拜食與侑幣」，兼拜侑賓之束帛者，賈疏云：「彼使人致之，故不拜。此食禮君親賜，故拜之。」注云「朝，謂大門外」者，此朝即庫門外之朝，注云「大門」即謂庫門也。**訝聽之。** 受其言，入告出報也。此下大夫有士訝。【疏】正義曰：注云「受其言，入告出報」者，詳《聘禮》「賓三拜乘禽于朝，訝聽之」下。云「此下大夫有士訝」者，案：《聘禮·記》曰：「卿，大夫訝；大夫，士訝；士皆有訝。」此聘日主國君所使迎賓於館之訝，非掌訝職也。經云「訝聽之」，乃指謂掌訝之官。鄭以士訝當之，恐非。詳《聘禮·記》「賓既將公事，復見訝以其摯」下。

右賓拜賜

上大夫八豆、八簋、六鉶、九俎，魚腊皆二俎。 記公食上大夫，異於下大夫之數。豆加葵菹、蝸醢，四四爲列。俎加鮮魚、鮮腊，三三爲列，無特。【疏】正義曰：此下別言食禮之異者。食上大夫之禮，君不親食之禮，大夫相食之禮，大夫不親食之禮，凡四事。《聘禮》大聘使卿，上大夫即卿也，故其食之之禮與《聘禮》歸饔於賓者略同。八豆、八簋、六鉶，如其設於堂上者也。九俎，如其飪鼎九也。魚腊皆二俎者，魚腊皆乾鮮各一也。注云「記公食上大夫，異於下大夫之數」者，前食下大夫，六豆、六簋、四鉶、七俎，此上大夫，每加以兩，是其異也。但自此至「雉兔鶉鴽」，皆是言其異者，注蓋總釋之也。云「豆加葵菹、蝸醢」者，葵菹、蝸醢，《周禮·醢人》饋食之豆也。其朝事之豆八，下大夫已用其六，仍餘茆菹、麇臡二豆。今鄭不取以足八豆之數，而用饋食之豆者，蓋以《少牢》四豆，韭菹、醓醢、葵菹、蝸醢，兼用朝事饋食二者故也。敖氏則謂豆加茆菹、麇臡，專用朝事之豆。褚氏云：「若純用朝事豆實，與人君禮無別矣，故注參取饋食二豆也。」云「四四爲列」者，上「四」字乃「二」字之誤，八豆分爲二列，每列四豆，故云「二四爲列」也。云「俎加鮮魚、鮮腊，三三爲列，無特」者，褚氏云：「九俎饌法，當依注爲是。不當如敖氏四四爲列而特鮮獸之説。蓋三俎、五俎、七俎，不得方，故須特。三三爲列，則正方矣，何反用特乎？其饌法則北二列仍如七俎，而鮮魚則加在魚南，鮮腊則加在腊南，移膚於腸胃南也。八豆之次，則韭菹以東醓醢、昌本、麇臡，臡南菁菹，以西鹿臡、葵菹、蝸醢。八簋之次，則六簋仍舊，加黍於稷南，稷於黍南。六鉶之次，則牛以西羊、豕，豕南牛，牛以東羊、豕。」今案：褚説俱是也。**魚、腸胃、倫膚，若九若十有一，下大夫則若七若九。**此以命數爲差也。九謂再命者也，十一謂三命者也，七謂一命者也。九或上或下者，再命，謂小國之卿，次國之大夫也。❶卿則曰上，大夫則曰下。大國之孤視子男。【疏】正義曰：注云「此以命數爲差也」者，謂魚與腸胃、倫膚三者，各俎所載，又以命數爲差也。敖氏云：「其俎數之同者，又以此見尊卑。」是也。云「九謂再命者也，十一謂三命者也，七謂一命者也」者，賈疏云：「《周禮·典命》公侯伯之卿三命，大夫再命，士一命；子男之

❶「次」，原作「大」，今據《儀禮注疏》及下疏文改。

卿再命，大夫一命，士不命。則諸侯之臣，分爲三等：三命、再命、一命。不命與一命同。此經魚、腸胃、倫膚亦分爲三等：有十一，有九，有七。則十一當三命，九當再命，七當一命。」云「九或上或下者，再命，謂小國之卿，次國之大夫也」者，上句「若九」指上大夫言，下句「若九」指下大夫言。九有上下之不同者，以小國之卿與大國之大夫同再命，再命則九。故小國之卿雖與大國之卿同九俎，而其載於俎者魚、腸胃、倫膚惟用九數，而不用十一；大國之大夫雖與小國之大夫同七俎，而其載於俎者魚、腸胃、倫膚亦用九數，而不用七，是以上下大夫同云「若九」也。云「卿則曰上，大夫則曰下」者，謂卿爲上大夫，大夫爲下大夫也。云「大國之孤視子男」者，鄭意以上大夫不兼孤在内，故别言之。賈疏云：「《周禮·典命》大國之孤四命。又《大行人》云大國之孤執皮帛以繼子男，又云『其他皆視小國之君』。若然，孤與子男同十三，侯伯十五，上公十七，差次可知。」褚氏案：《昏禮》疏推魚之數云：「或諸侯十三，天子十五，與此疏不同。據此經，卿大夫魚數以命數爲差，則五等諸侯亦必以命數爲差矣。《昏禮》疏言『或』，疑詞耳。陳氏祥道反據彼舍此，舛矣。若以此推天子魚數，其十九與？」**庶羞，西東毋過四列。**謂上下大夫也。古文「毋」爲「無」。【疏】正義曰：「毋過四列」，監本「毋」爲「母」。注「古文毋爲無」，鍾本「爲」作「作」，嚴本及各本俱作「爲」。注云「謂上下大夫也」者，案：列即行也，下大夫庶羞十六豆，東西四行，南北亦四行；上大夫庶羞二十豆，東西四行，南北則五行，故經獨云「西東毋過四列」，以南北可過，而西東必不可過。若過四列，則簋炙間不能容人，有礙往來矣。西東，謂設之以西爲上，自西而東毋過四列也。敖氏解爲西列東列，恐非。云「古文『毋』爲『無』」者，詳《士昏禮》。**上大夫，庶羞二十，加于下大夫以雉、兔、鶉、鴽。**鴽，無母。【疏】正義曰：下大夫庶羞十六豆，已詳列於前。上大夫庶羞二十，其十六者與下大夫同，所加四豆則以雉、兔、鶉、鴽也。《内則》曰「雉兔鶉鷃」，鄭注《公食禮》以鷃爲鴽。敖氏云：「西東毋過四列，則是四者爲一列於南也。」注云「鴽，無母」者，《爾雅》作「鴾母」，《説文》作「牟母」。無、鴾、牟三字，古讀音近通借。賈疏據《莊子》「田鼠化爲鶉」，《月令》「田鼠化爲鴽」，以鴽、鶉爲一物。今案：《詩》「鶉之奔奔」，鄭箋：「言其居有常匹，飛則相隨。」與鴽本非同類。此經鶉、鴽竝列，《内則》鶉羹與鴽釀異名，明係兩物。段氏《説文注》云：「《内則》、《爾雅》皆鶉、鴽竝舉，則不可云鴽即鶉。」是也。「雉、兔」，鄭無注，案：《曲禮》「雉曰疏趾，兔曰明視」，用於祭，亦用於賓也。《説文》説雉有十四種，又云：「兔，獸也，象兔踞後其尾形。」段氏注云：「其字象兔之蹲後露其尾之形也。」《説文》又曰：「兔頭與㲋頭同。」此云「鴽」，《内則》云「鷃」，不同者，鷃亦作鴳。《爾雅·釋鳥》：「鳸，鴳。」郭注：「今鴳雀。」《國語》韋注：「鴳，小鳥也。」《内則》又曰：「爵鷃蜩范。」以鷃爲人君燕食所加庶羞之一，則鷃亦可爲羞矣。

右食上大夫禮之加於下大夫者

若不親食，謂主國君有疾病，若他故。**使大夫各以其爵，朝服以侑幣致之。**執幣以將命。

【疏】正義曰：此以上俱詳《聘禮》「若不親食」節。**豆實，實于罋，陳于楹外，二以竝，北陳。簋實，實于筐，陳于楹内、兩楹間，二以竝，南陳。**陳罋筐於楹間者，象授受於堂中也。南北相當，以食饌同列耳。罋北陳者，變於食。罋數如豆，醢芥醬從焉。筐米四。今文「竝」作「併」。【疏】正義曰：「簋實實于筐」，徐、陳、閩、葛、楊氏「筐」俱作「篚」。石經、嚴本、《集釋》、《通解》、敖氏俱作「筐」。《校勘記》云：「案：注及疏内『筐』字，各本皆同，則經文亦當作『筐』。」○豆實，菹醢之屬，實之于甕。簋實，黍稷之屬，實之於筐。又陳之於楹外内，皆與親食異也。甕，瓦器。筐，竹器。敖氏云：「南北異陳，示不相統也。」王氏士讓云：「經第言豆簋之實，蓋舉其全而略其細者。」注云「陳甕筐於楹間者，象授受於堂中也」者，朱子云：「兩楹間，不必與楹相當，謂堂東西之中耳。」今案：兩楹間，兼楹外楹内言，所謂「東西節」也。云「南北相當，以食饌同列耳」者，吴氏《疑義》云：「食指米，饌指豆實，以其一内一外，南北相當，故曰『同列』也。」云「甕北陳，變於食」者，食亦指米，謂米南陳而甕北陳，故曰「變」耳。云「甕數如豆」者，以其菹醢異物，不可同甕。一豆則一甕，故云「甕數如豆」也。云「醓芥醬從焉」者，《疑義》云：「注因醓芥醬亦醬之類，故謂其相從。不知正饌在堂，庶羞在碑内，醓芥醬應在庶羞中，烏得從而在堂？」案：吴説亦是也。云「筐米四」者，褚氏云：「賓所食者，粱則筐米四，宜黍、稷、稻、粱各一。不言簠實者，省文也。若簠實陳於碑内，經必明著其文而列其位次。」然則謂黍、稷各二筐者，非也。云「今文『竝』作『併』」者，詳《士昏禮》。**庶羞陳于碑内。**生魚也。魚腊從焉。上大夫加鮮魚、鮮腊、雉兔鶉鴽，不陳於堂，辟正饌。【疏】正義曰：注云「生魚也」者，李氏云：「生魚，即庶羞所用爲膾者也。膾，切之。此則用全。」王氏士讓云：「庶羞多出於三牲，今牲既不殺，則所陳者四。醓芥醬，其魚未作膾，亦生致之。」今案：下經云「牛、羊、豕陳於門内西方，東上」，是生致之不殺也。不殺而有醓者，醓經百日乃成，不繫於殺也。云「魚腊從焉」者，庶羞之魚膾既生致之於此，則俎實之魚腊當亦從焉。云「上大夫加鮮魚、鮮腊、雉兔鶉鴽」者，下大夫七鼎，其俎實唯有乾魚、乾腊；上大夫九鼎，加鮮魚、鮮腊，蓋亦從焉。雉兔鶉鴽則上大夫所加之庶羞，自當陳於此。賈疏謂亦生致之，或然。云「不陳於堂，辟正饌」者，親食則庶羞亦陳於堂上，此則辟正饌而陳於碑內，亦變於食。碑內，碑北，與堂尚近也。**庭實陳于碑外。**執乘皮者也，不參分庭一在南者，以言歸，宜近內。【疏】正義曰：注「宜近內」，徐本「宜」誤「且」，嚴本及各本作「宜」。云「執乘皮者也」者，謂經所云「庭實」指執乘皮者言也。敖氏、郝氏謂不執之，盛氏云：「此庭實亦有執之者，若馬則牽之。敖及郝説皆非。」云「不參分庭一在南」者，凡陳庭實皆參分庭一在南，詳《昏禮・記》。今云「碑外」，則與碑近，凡設碑參分庭一在北，是不參分庭一在南也。云「以言歸，宜近內」者，碑外較之一在南者爲近內，以致食是歸於賓館，故宜近內也。**牛、羊、豕陳于門內西方，東上。**爲其踐汙館庭，使近外。【疏】正義曰：《聘禮》歸賓饔餼：「二牢陳於門西，北面東上。」此與彼同。又曰：「牛以西羊、豕。」此陳之次當亦然，但彼二牢，此一牢耳。王氏士讓云：「此三牲若殺，則俎之牛羊豕腸胃膚、鐙之湆、祭之肺、庶羞之膷臐膮炙胾醢，皆出其中矣。凡言養者，莫過於三牲。今生陳之，與饔同。然無百筥，無芻薪之從，則仍是食禮也。」❶ 注云「爲其踐汙館庭，使近外」者，上云「庭實陳於碑外」，與碑近，注云「以言歸，宜近內」，此陳於門內，與門近，則近外矣，故注云「爲其踐汙館庭，使近外」也。**賓朝服以受，如受饔禮。**朝服，食禮輕也。【疏】正義曰：「如受饔禮」，如《聘禮》歸饔餼，賓受之，自「迎大夫於外門外」至「降授老幣」之禮也。注云「朝服，食禮輕也」者，對歸饔餼時卿韋弁、賓皮弁言也。敖氏云：「親食時朝服，故

---

❶「食」上，《儀禮糾解》有「公」字。

此致者、受者皆服之。」**無儐。** 以己本宜往。【疏】正義曰：「儐」，唐石經、嚴、徐、《集釋》、敖氏俱作「擯」，《通解》、楊氏、毛本俱作「儐」。案：作「儐」是也，詳《聘禮》。○上云「如受饗禮」，但受饗有儐，而此無儐，故明之。注云「以己本宜往」者，詳《聘禮》「若不親食」節。**明日，賓朝服以拜賜于朝。訝聽命。** 賜亦謂食侑幣。【疏】正義曰：注「食」下，敖氏有「與」字。○此拜君亦不親見，訝爲之入告出報也。言「聽命」者，即《掌訝職》所謂「詔相其事而掌其治令」也。注云「賜亦謂食侑幣」者，前公親食，明日賓拜賜於朝，拜食與侑幣。此但言賜，未言食與侑幣，故注補之。亦者，亦謂兼拜二者也。

右君不親食使人往致

大夫相食，親戒速。 記異於君者也。速，召也。先就告之，歸具，既具，復自召之。【疏】正義曰：自此以下，言主國大夫食賓之事。注云「記異於君者也」者，據下文云「其他皆如公食大夫之禮」，則自此至「再拜，降出」，皆其異於君者也。高氏愈云：「此大夫相食異於公禮者九：親戒速，一也。迎賓門外，二也。降堂受醬湇幣，三也。賓執粱湇之西序端，四也。辭卷加席，五也。受侑幣、主人送幣皆稽首，六也。賓辭幣、辭主人臨食皆止降一等，七也。卒食徹于西序端，八也。卒食再拜不稽首，九也。舉此而公與大夫尊卑之分較然矣。」今案：異於公禮者尚有數事：降盥就洗，一也。侑用錦，二也。卒食拜於階上，三也。云「速，召也」者，詳《鄉飲》「主人速賓」下。云「先就告之」者，戒也。云「歸具，既具，復自召之」者，速也。親戒而又親速，賓主人相敵之禮如是，故《鄉飲》、《鄉射》皆云戒賓、速賓。若《公食禮》則戒而不速，又不親也。**迎賓**

于門外，拜至，皆如饗拜。饗，大夫相饗之禮也，今亡。古文「饗」或作「鄉」。【疏】正義曰：敖氏云：「迎賓與拜至，亦皆再拜。」注云「饗，大夫相饗之禮也，今亡」者，《聘禮》曰：「大夫于賓，壹饗壹食。」是大夫有相饗相食之禮也。蔡氏云：「『如饗拜』，如大夫相饗之拜。蓋古本有公饗大夫禮，而附大夫相饗之禮於其中，今竝亡矣。」云「古文『饗』或作『鄉』」，詳《聘禮》。**降盥，受醬、湆、侑幣束錦也，皆自阼階降堂受，授者升一等。**皆者，謂受醬、受湆、受幣也。侑用束錦，大夫文也。降堂，謂止階上。今文無「束」。【疏】正義曰：王氏士讓云：「降盥，降階下就洗也。降盥則賓從降，必著之者，嫌若公尊不就洗也。」今案：王説是也。注云「皆者，謂受醬、受湆、受幣也」者，謂經云「皆自阼階降堂受」指此三者言也，授者蓋其家臣。云「侑用束錦，大夫文也」者，君侑幣用束帛，大夫侑幣用束錦，錦文於帛，《聘禮》注所謂「以少文爲貴」是也。云「降堂，謂止階上」者，此與《昏禮》婦降堂、《聘禮》賓降堂同，皆謂降堂不降階，詳《士冠》始加賓降西階一等下。褚氏云：「《禮器》言諸侯堂七尺，大夫五尺，士三尺。敖氏乃以七尺、五尺分五等諸侯爲二，而以大夫與士同三尺，不可從。」今案：褚説是矣。但敖氏必以士大夫與士同三尺者，意以大夫堂五尺則階五等。受者在階上，而授者止升一等，疑太遠故也。盛氏則謂間三等相授，恐無此授法，疑經文「升一等」，「一」字或「三」字之譌耳。云「今文無『束』」者，凡物十曰束，故上注云：「束帛，十端帛也。」若無「束」字，於義不備，故鄭氏從古文。**賓止也。**主人三降，賓不從。【疏】正義曰：注云「主人三降，賓不從」者，賈疏云：「以主人降堂，不至地，故賓止不降也。」張氏爾岐云：「注言『三降』，不數降盥者，盥時賓亦從降，自如常法也。」**賓執粱與湆，之西序端。**不敢食於尊處。【疏】正義曰：公食之則降階，此執以之西序端，不降也。注云

「不敢食於尊處」者，敖氏云：「亦爲主人立於堂，故不敢食於席也。其尊敵，故但避之於堂上而已。」**主人辭，賓反之。**【疏】正義曰：「主人辭」，辭其食於西序端也。「賓反之」，反於其席也。**卷加席，主人辭，賓反之。**【疏】正義曰：公食之卷加席，公不辭，此則主人辭而賓反之，以其敵也。「反之」，謂反其設席之常不卷也。**辭幣，降一等，主人從。**從辭賓降。【疏】正義曰：敖氏云：「辭而降一等，爲恭也，從亦降一等也。從者辭其降，且不許其辭。」**受侑幣，再拜稽首。主人送幣，亦然。**敵也。【疏】正義曰：注云「敵也」者，係解經「亦然」之義。以賓主人俱是大夫，體敵，故賓受幣再拜稽首，主人送幣亦再拜稽首也。賈謂「雖敵亦稽首」，失注意矣。又蔡氏疑「稽首」爲「頓首」之誤，謂非國君不當稽首，不知大夫不能親食，公猶使人以侑幣致之，則其幣爲官給可知。故受幣者如對主君必稽首，而送幣者亦必稽首以荅之也。此說方氏苞、王氏士讓、惠氏棟俱已辨之。**辭于主人，降一等，主人從。**辭，謂辭其臨己食。**卒食。徹于西序端。**亦親徹。【疏】正義曰：注云「亦親徹」者，公親食，賓卒食，取粱與醬以降，奠於階西。注云「亦親徹」也，此徹於西序端亦是親徹，但不於階下耳。**東面再拜，降出。**拜，亦拜卒食。【疏】正義曰：東面再拜與《公食》同，但不稽首耳。此先言「拜」而後言「降」，明拜於階上，非階下也。**其他皆如公食大夫之禮。**【疏】正義曰：毛本此下有注云：「釋曰：『云其他謂豆數、俎數、陳設，皆不異上陳。但禮異者，謂親戒速，君則不親迎賓。公不出，此大夫出大門。公受醬湆幣不降，此大夫則降也。公食大夫，大夫降食於階下，此言西序端。上公食卷加席，公不辭，此則辭之。皆是異也。』」《校勘記》云：「此段疏八十六字，今本俱誤作注。」盛氏云：「監本亦誤。」今案：嚴本、陳單注本俱無此注，從之。○敖氏云：「他謂在《公食禮》中而不見於上者也。然上禮所不見者，亦未可盡與《公食禮》相通。經云『皆如』者，大約言之耳。」

右大夫相食之禮

若不親食，則公作大夫朝服以侑幣致之。作，使也。大夫有故，君必使其同爵者爲之致禮。列國之賓來，榮辱之事君臣同。【疏】正義曰：褚氏云：「注云『同爵』，專據主國大夫言。主人卿也，則使卿致；主人大夫也，則使大夫致。」**賓受于堂，無儐。**與受君禮同。【疏】正義曰：「儐」，唐石經、嚴本、《集釋》、敖氏俱作「擯」，徐本、《通解》、楊氏、毛本俱作「儐」，説詳上。注云「與受君禮同」者，敖氏云：「言此者，嫌或與君禮異也。賓受大夫餼不於堂，故明之。」

右大夫不親食君使人代致

記

不宿戒。食禮輕也。此所以「不宿戒」者，謂前期三日之戒。申戒爲宿，謂前期一日。【疏】正義曰：注云「食禮輕也」者，鄭見諸禮皆有前期之宿戒，而食不然，故云「禮輕也」。云「此所以『不宿戒』者，謂前期三日之戒。申戒爲宿，謂前期一日」者，鄭解宿戒爲二，謂戒爲前期三日，宿爲前期一日。賈疏以《大射》前期三日宰夫戒宰及司馬、《少牢》前期一日宿證之。然《士冠》前期戒賓，又前期宿賓，戒、宿俱在冠日前，亦可證也。此不宿戒，謂無前期之宿，又無前期之戒，但即日戒耳。敖氏云：「『宿戒』者，先期日而戒之也。此則當日乃戒，故云『不宿戒』。」是訓宿爲豫，與鄭異。**戒，不速。**食賓之朝，夙興戒之，賓則從戒者而來，不復召。【疏】正義曰：注云「食賓之朝，夙興戒之」，是即日戒也。云「賓則從戒者而來，不復召」者，鄉飲、鄉射雖即日戒賓，然戒後尚有速。此則賓從戒者而來，竝不速也。食禮所以如此其簡者，以主國待賓之禮有饗有食有燕，若皆拘於三日戒一日宿之例，則相繼行之，爲日必多，恐不免留賓廢事之愆，故必從其簡也。至饗先於食，或有宿戒與否，其禮亡，不可考矣。**不授几。**異於醴也。【疏】正義曰：注云「異於醴也」者，謂異於聘禮醴賓，公親授几也。**無阼席。**公不坐。【疏】正義曰：注云「公不坐」者，以食禮公前無食，賓食則公退於箱，不坐於阼，故無席也。

右記食禮異於常禮

亨于門外東方。必於門外者，大夫之事也。東方者，主陽。【疏】正義曰：章氏平云：「經中言『亨』，惟《鄉飲酒》『亨于堂東北』，其他吉禮、賓禮皆『亨于門外』。又惟《士虞》『亨于廟外之右』，餘皆於東方。《特牲》士禮，亦亨于門外東方，則注所云『大夫之事』，未知何指？疏旁摭經、注，而於《特牲》惟出『主婦視饎爨于西堂下』，獨不及其下句，豈有意回護邪？」今案：互詳《燕禮》。

右　記　亨

司宮具几，與蒲筵常，緇布純，加萑席尋，玄帛純，皆卷自末。司宮，大宰之屬，掌宮廟者也。丈六尺曰常，半常曰尋。純，緣也。萑，細葦也。末，經所終，有以識之。必長筵者，以有左右饌也。今文「萑」皆爲「莞」。【疏】正義曰：注「掌宮廟者也」，「掌」，毛本誤作「宰」。「宮」，閩本、《通解》俱誤作「官」。「今文『萑』皆爲『莞』」，「爲」，《釋文》作「作」。○此几與席，司宮具之。據《聘禮》注，所具之几蓋漆几也。筵與席，散文通，對文則近地者爲筵，其上加者爲席，故此蒲稱筵，萑稱席也。蒲筵加萑席，蓋筵上下大夫之法。此節雖無文，然據下文云：「上大夫蒲筵，❶加萑席。其純，皆如下大夫純。」則上大夫與下大夫同矣。故鄭注《聘禮》「宰夫徹几改筵」引此文，即云：「此筵上下大夫也。」　注云「司宮，大宰之屬，掌宮廟者也」者，賈疏云：「案：大宰之下有宮人，掌宮中除汙穢之事，即此司宮。」《儀禮釋官》云：「案：司宮當以此注爲正，《燕禮》注解爲小宰，誤。此疏既釋爲宮人，又云：『《燕禮》司宮設尊，故以小宰解之，此司宮設几席，故以大宰之屬解之。』其説甚非。《小宰職》無設尊之文，大宰之屬無司几筵之官。總之，注既誤解爲小宰，疏欲護注，故多紕繆耳。」互詳《燕禮》。云「丈六尺曰常，半常曰尋」者，半常則八尺也，故《考工記》注云：「八尺曰尋，倍尋曰常。」《説文》亦謂：「尋，八尺也。」云「純，緣也」者，謂緣邊也。云「萑，細葦也」者，《爾雅》「葭蘆」，郭注：「葦也。」又云「菼薍」，郭注：「似葦而小，實中。」《説文》：「菼，萑之初生，一曰薍，一曰鵻。」《詩》：「八月萑葦。」《毛傳》：「八月薍爲萑，葭爲葦。」是萑與菼薍一物，初生名菼名薍，既秀爲萑也。云「末，經所終，

❶「筵」，原作「席」，今據《續清經解》本改。

有以識之」者，織席有經緯，經所終是末，蓋有首尾可記識也。云「必長筵者，以有左右饌也」者，案：筵之長倍於席，以正饌在左，加饌在右，皆陳於筵前，故宜長也。云「今文『萑』皆爲『莞』」者，鄭此注云：「萑，細葦。」而箋《詩》解「莞」爲小蒲，二者皆可爲席。鄭於此定從古文作「萑」，而敖氏據《周禮·司几筵》「諸侯祭祀席，蒲筵繢純，加莞席紛純」，又謂「萑乃葦屬，爲物麤惡，宜從今文作『莞』」。胡氏承珙駁之云：「《周禮》諸侯祭祀席，蒲筵加莞席；昨席，莞筵加繅席。其筵國賓與昨席同。《聘禮》明云『改筵』，則此食禮之席必不同於祭祀之蒲筵莞席。敖氏徒斤斤莞、萑二物之美惡，而不辨禮之差等，妄矣。」《禮經釋例》云：「萑席，即《周官》莞筵也。」莞、萑聲相近。蓋欲紐合爲一。胡氏云：「莞、萑明係二物，萑席以細葦爲之，亦未爲麤惡。」今案：《周禮·司几筵》：「掌五几五席之名物。凡大朝覲、大饗射，凡封國命諸侯，設莞筵紛純，加繅席畫純，加次席黼純。」鄭注《覲禮》「天子設斧依」節引之。又：「諸侯昨席，莞筵紛純，加繅席畫純。」鄭注《燕禮》「設公席」節引之。《司几筵》又曰：「筵國賓于牖前，亦如之。」謂亦用莞筵紛純加繅席畫純也，鄭注《聘禮》「醴賓」節及此記下節引之。獨此節不引《周禮》爲證者，蓋以禮文參差，未可强合也。

宰夫筵，出自東房。筵本在房，宰夫敷之也。天子諸侯左右房。【疏】正義曰：「東房」，毛本誤作「東方」。注云「筵本在房，宰夫敷之也」者，經云「宰夫設筵」，此云「筵出自東房」，明是司宫具之於房内，宰夫敷之，故云「出自東房」也。云「天子諸侯左右房」者，賈疏云：「以其言東房，對西房。若大夫士直有東房而已。」又《大射儀》：「宰胥薦脯醢，由左房。」注云：「左房，東房也，人君左右房。」又《禮記·禮器》：「君在阼，夫人在房。」注云：「天子諸侯有左右房。」《喪大記》：「婦人髽帶麻於房中。」注云：「婦人之髽帶麻於房中，則西房也。天子諸侯有左右房。」案：鄭氏釋經屢以此爲説，蓋謂天子諸侯之宗廟、路寢、射宫皆有東房西房。大夫士無西房，唯有東房西室而已。然其説考之於經實不合，故後儒多駁之。陳氏祥道《禮書》云：「《鄉飲酒·記》『薦出自左房』，《鄉射·記》『出自東房』，與《大射》諸侯擇士之宫『宰胥薦脯醢，由左房』，其言相類。蓋言左以有右，言東以有西，則大夫士之房室與天子諸侯同可知。鄭氏謂大夫士無西房，誤矣。」李氏如圭《儀禮釋宫》云：「《聘禮》賓館于大夫士，君使卿還玉于館，賓退負右房，則大夫亦有右房矣。」敖氏繼公《儀禮集説》同。萬氏斯大《儀禮商》云：「余於《鄉飲酒》謂大夫士若無右房，則賓坐西北，已逼西序，不容衆賓之席，以爲必有西房。兹於《聘禮》還玉，賓升自西階，受圭，退負右房而立，則明言有右房矣。」江氏永《釋宫增注》云：「案：堂後室居中，左右有房，上下之制宜皆同。若東房西室，則室户牖偏西，堂上設席行禮皆不得居中，疑古制不如此。」據此諸説，則以大夫士宗廟、正寢、學制爲無西房者誠誤也。然東房西室乃諸侯以下燕寢之制。又天子宗廟、路寢、明堂三者同制，有五室，無左右房。諸侯以下至士宗廟正寢，皆有左右房。鄭以天子諸侯統言之，與《詩·斯干》箋、《禮記·玉藻》注不合，蓋未及追改。詳《士昏禮》及《覲禮·記》。

右記筵席

賓之乘車在大門外西方，北面立。賓車不入門，廣敬也。凡賓即朝，中道而往，將至，下行，而後車還立於西方。賓及位而止，北面。卿大夫之位當車前。凡朝位，賓主之間，各以命數爲遠近之節也。

【疏】正義曰：「賓之乘車」，謂大夫所乘入朝之車。「西方」，賓位也。敖氏云：「車北面立者，俟賓之出，宜鄉之。云『立』，明其不稅駕。」　注云「賓車不入門，廣敬也」者，《曲禮》曰：「客車不入大門。」今云「在大門外」，是不入也。云「凡賓即朝，中道而往」者，《王制》曰：「道路，男子由右，婦人由左，車從中央。」是也。云「將至，下行，而後車還立於西方」者，《少儀》曰：「僕於君子，君子升下則授綏。」又曰：「君子下行然後還立。」鄭注：「還車而立，以俟其去。」是此注言還立之義也。云「賓及位而止，北面。卿大夫之位當車前」者，蓋賓至大門外，下車入於次。及擯者出請事，賓出次步進，直闑西，北面立。所謂位，即朝位也，《周禮·大行人》曰：「凡大國之孤，朝位當車前。」不言卿大夫有異，故知卿大夫與孤同也。云「凡朝位，賓主之間，各以命數爲遠近之節也」者，即《大行人》所云「上公朝位賓主之間九十步，侯伯七十步，子男五十步」是也。

右記乘車

鉶芼，牛藿、羊苦、豕薇，皆有滑。　藿，豆葉也。苦，苦荼也。滑，堇荁之屬。今文「苦」爲「芐」。

【疏】正義曰：「鉶」，《釋文》作「鈃」，非。「牛藿」，周學健云：「石經『牛』字作『半』。」《校勘記》云：「石經『半』字今已刓缺，蓋初作『半』，而後改爲『牛』也。❶『藿』，徐、陳、閩、葛、《通解》俱作『霍』，嚴本、《集釋》俱作『藿』，徐本注仍作『藿』。『芐』，從下不從卞，嚴、徐、葛本俱作『苄』，誤。」○鉶芼，記鉶羹所用之菜也。《說文》「芼」字下，引《詩》「左右芼之」，段氏注云：「《毛鄭詩考正》曰：『芼，菜之烹於肉湆者也。』《禮》羹、芼、菹、

❶「改」，原脱，今據《十三經注疏校勘記》補。

醢，凡四物：肉謂之羹，菜謂之芼；肉謂之醢，菜謂之菹。菹、醢生爲之，是爲醢人豆實。芼則湆烹之，與羹相從，實諸鉶。」今案：《士虞》、《特牲》二篇亦記鉶芼，但彼止有特豕。此食禮用大牢，牛、羊、豕具，故別言之，牛則用藿，羊則用苦，豕則用薇也。《士虞》、《特牲》言「用苦若薇」者，以止有特豕，苦、薇二者皆可用，隨用其一也。《士虞》又云有柶者，以鉶有菜，宜用柶扱之。此不言，亦有柶可知也。　注云「藿，豆葉也」者，《説文》「藿」作「䕰」，云：「尗之少也。」尗，即豆也。少，幼少也。《詩毛傳》云：「藿，猶苗也。」是也。李善引《説文》作「豆之葉也」，與鄭合。　云「苦，苦荼也」者，《爾雅·釋草》：「荼，苦菜。」郝氏《義疏》云：「《説文》：『荼，苦菜也。』經典單言荼者，如『采荼薪樗』、『堇荼如飴』、『誰謂荼苦』，皆謂苦菜也。單言苦者，如《詩》『采苦采苦』，《内則》『濡豚包苦』及《公食大夫·記》『鉶芼羊苦』，亦皆謂苦菜也。」今案：《詩·邶風》毛傳云：「荼，苦菜。」《唐風》傳云：「苦，苦菜。」是苦與荼爲一物也。　薇，注無釋，案：薇亦藿類也。《説文》：「薇，菜也，似藿。」段氏注云：「謂似豆葉也。陸璣《詩疏》曰：『薇，山菜也。莖葉皆似小豆，蔓生，其味亦如小豆，藿可作羹，亦可生食。今官園種之，以供宗廟祭祀。』項安世曰：『薇，今之野豌豆也。』」《爾雅·釋草》：「薇，垂水。」郭注：「生於水邊。」段氏云：「薇，采於山野生者也。《釋草》云垂水，乃薇之俗名耳。不當以生於水邊釋之。」云「滑，堇荁之屬」者，《内則》曰「堇荁、枌榆、免薧、滫瀡以滑之」，故注以滑爲堇荁之屬也。此記但云「皆有滑」，不言所用何物。《士虞·記》則云：「有滑，夏用葵，冬用荁。」注：「荁，堇類也，乾則滑。夏秋用生葵，冬春用乾荁。」《特牲·記》亦云：「皆有滑，夏葵，冬荁。」注：「荁，堇屬，乾之，冬滑於葵。」案：《説文》：「堇，草也。根如薺，葉如細柳，蒸食之甘。」段氏注云：「《大雅》：『堇荼如飴。』《毛傳》：『堇，菜也。』《夏小正》：『二月榮堇。』案：《爾雅·釋草》堇有二：齧苦堇，《詩》、《禮》之堇也；芨堇草，《晉語》之『置堇於肉』，即今附子也。《内則》釋文云：『荁音丸，似堇而葉大也。』《説文》：『葵，葵菜也。』崔寔曰：『六月六日可種葵，中伏後可種冬葵，九月可作葵菹、乾葵。』案：葵至九月始乾，故鄭云：『夏秋用生葵也。』《士虞》、《特牲》注云：『荁乾則滑。』又云：『乾之，冬滑於葵。』此所以冬春用乾荁也。《内則》注云：『冬用堇，夏用荁。』與此不同者，孔疏《内則》堇、荁相對，故冬用堇，夏用荁。《士虞禮》葵與荁相對，故夏用葵，冬用荁也。所對不同，故注有異。」今案：《儀禮·記》明云「冬荁」，而《内則》注云「夏用荁」，究屬兩岐矣。云「今文『苦』爲『芐』者，《説文》：「芐，地黄也。」即引此記作「羊芐」，蓋從今文。然此字宜作「苦」，不宜作「芐」，鄭已辨之。《士虞》、《特牲》二記注皆云：「今文『苦』爲『芐』。」《特牲》又云：「芐乃地黄，非也。」是鄭已辨之矣，王石臞先生云：「古人飲食無用地黄者，芐乃苦之假借字也。」

右記鉶芼

贊者盥，從俎升。組，其所有事。【疏】正義曰：盥者，以將佐賓祭，宜致潔也。注云「俎，其所有事」者，敖氏云：「贊者之所有事於賓者，籩俎庶羞之祭也。而俎先二者而設，故從之以升。」今案：賈疏謂豆亦從下升，黍稷亦贊祭。不知豆從下升，乃加饌之豆，設之在後。若正饌之豆與黍稷皆自東房出，不由下升，故贊者必從俎也。賈説誤。敖氏以籩爲言，亦未的。江氏筠已辨之。

右記贊者升節

簠有蓋冪。稻粱將食乃設，去會於房，蓋以冪。冪，巾也。今文或作「幕」。❶【疏】正義曰：注「冪，巾也」，毛本「巾」誤作「中」，「今文或作幕」，徐本「幕」作「鼏」。陳、監作「冪」，亦誤。嚴本、《釋文》俱作「幕」。云「稻粱將食乃設，去會於房，蓋以冪」者，賈疏云：「簠簋相將，簋既有會，明簠亦有會可知。但黍稷先設，故卻會於敦南，簠盛稻粱，將食乃設，故鄭云：『去會於房，蓋以冪也。』」賈又云：「至於陳設，冪亦去之。經云『有蓋冪』，據出房未設而言。」云「冪，巾也」者，冪與幎同，《周禮注》：「以巾覆物曰幎。」《說文》「幎」下云：「《周禮》有幎人。」今《周禮》作「冪」，胡氏承珙云：「此不過偏旁有在左在下之異耳。此經古文作『冪』，與《周禮》同。」云「今文或作『幕』」❷者，幕是帷幕，《說文》：「帷在上曰幕。」與巾冪字異，故鄭不從。簠制，詳《士昏禮》「黍稷四敦」下。

右記簠

凡炙無醬。已有鹹和。【疏】正義曰：注「和」下，《釋文》、《集釋》俱有「也」字，嚴本無。○凡炙無醬，謂凡食炙者皆不用醬也。此篇設庶羞有牛、羊、豕炙，故於此記之。　注云「已有鹹和也」者，釋所以無醬之義。

---

❶「幕」，原作「鼏」，今據《儀禮注疏》及下疏文改。
❷「幕」，原作「鼏」，今據《儀禮注疏》及上疏文改。

右　記　灸

上大夫蒲筵，加萑席。其純，皆如下大夫純。謂三命大夫也。孤爲賓，則莞筵紛純，加繅席畫純也。【疏】正義曰：記因上云「蒲筵常，緇布純，加萑席尋，玄帛純」，無上下大夫之文，恐人疑上大夫與下大夫有異，故特明之。上大夫亦用蒲筵，加萑席，而其純又如下大夫之純，是上下大夫同也。言「皆」者，謂蒲筵亦用緇布爲純，萑席亦用玄帛爲純，二者之純皆同也。吴氏《疑義》云：「不言常與尋者，筵之丈尺未聞有尊卑之别，故略之。」注云「謂三命大夫也」者，上大夫、卿有三命、再命之不同。注獨言「三命」者，見三命之大夫亦與下大夫同也。云「孤爲賓，則莞筵紛純，加繅席畫純也」者，鄭意以公之孤四命，上大夫不兼孤在内，故推言之。《周禮·司几筵》曰筵國賓于牖前，莞筵紛純，繅席畫純，詳《聘禮》「宰夫徹几改筵」下。

右記上大夫筵席與下大夫同

卿擯由下。不升堂也。【疏】正義曰：「擯」，監本誤作「賓」。注云「不升堂也」者，謂卿擯於堂下，詔禮而不升堂。此卿擯即上擯，以卿爲之，故曰「卿擯」。郝氏敬解「卿擯」爲食卿之擯，非。又謂食卿則擯立堂下，有事由下升，與鄭異。江氏筠云：「案：經『擯者』之文凡三見：辭賓於階下，荅公拜至，一也。公揖退時，擯者退負東塾立，二也。進相侑幣，三也。此三節《聘禮》亦具有之。據二經於辭拜時俱云『公降一等，辭』，則擯者爲公釋辭，無反居堂上與由下升之理。其負塾與相幣俱止云進云退，亦竝無升堂降堂之事，郝說非也。」**上贊，下大夫也。**上，謂堂上。擯、贊者事相近，以佐上下爲名。【疏】正義曰：注云「上，謂堂上」者，敖氏云：「上贊，即經所謂『贊者』也。以其佐賓食於堂上，故云『上贊』。」云「擯、贊者事相近，以佐上下爲名」者，擯佐於堂下，贊佐於堂上，故擯云「由下」而贊云「上贊」，以此爲名也。敖氏又云：「此上贊以下大夫爲之者，欲其不尊於賓。」案：此記食下大夫之法，贊在堂上，佐賓祭黍稷、祭肺、祭庶羞，其儀甚繁。若使尊於賓者爲之，恐不免有尊臨己食之嫌也。

右記擯贊

上大夫庶羞。酒飲漿飲，庶羞可也。於食庶羞，宰夫又設酒漿，以之食庶羞可也。以優賓。【疏】正義曰：注云「以優賓」者，謂優於大夫也。張氏爾岐云：「前經下大夫不言食庶羞，言飲漱不言飲酒，亦其禮之殊者。」高氏愈云：「上大夫庶羞，多言於酒飲漿飲之時，雖食庶羞亦可。」江氏筠云：「上大夫食庶羞時，酒飲漿飲得兼用之，以演安其庶羞之食耳。」盛氏云：「此節疑有脱誤，當闕之。」今案：細繹記文，難以强解，敖氏已言之矣。注說簡質難明，高、江說異於注而於記亦未盡洽，當從盛說爲是。**拜食與侑幣，皆再拜稽首。**嫌上大夫不稽首。【疏】正義曰：注云「嫌上大夫不稽首」者，鄭以此節文承上大夫言之，故云然。褚氏云：「記明無論公親食與否，而兩者之拜，上大夫不得與下大夫異其儀也。」褚蓋以不親食之禮，經但云「拜賜於朝」，未言「再拜稽首」，故記統明之。說亦通。○劉氏敞補《公食大夫義》曰：「食禮，公養賓，國養賢，一也。親之故愛之，愛之故養之，養之故食之。食而弗愛，猶豢之也。愛而弗敬，猶畜之也。饗禮，敬之至也。食禮，愛之至也。饗爲愛，弗勝其敬。食爲敬，弗勝其愛。文質之辨也。公使大夫戒，必以其爵，恭也。己輕則卑之，己重則是以其貴臨之也。賓三辭聽命，言是禮之貴弗敢當也。弗敢當，故難進也。公迎賓於大門內，非不能至于外也，所以待人君之禮也。臣之意欲尊其君，子之意欲尊其父，故迎賓於大門內，所以順其爲尊君之意也。三揖至于階，三讓而升堂，充其意，諭其誠也。於廟用祭器，誠之盡也。君子於其尊敬不敢狎，不敢狎故神明之，神明之故忠臣嘉賓樂盡其心也。大夫立於東夾南，西面北上。士立於門東，北面西上。小臣東堂下，南面西上。宰東夾北，西面南上。內官之士在宰東北，西面南上。百官有司備，以樂養賢也。設筵加席几，致安厚之義也。公設醬，然後宰夫薦豆菹醢，士設俎。公設大羹，然後宰夫設鉶啓簋，言以身親之也。賓徧祭，公設粱，宰夫膳稻，士膳庶羞，爲殷勤也。賓三飯飯粱，以湆醬，以君之厚己也。❶賓必親徹，有報之道也。庭實乘皮，侑以束帛，雖備物，猶欲其加厚焉也。公拜送，終之以敬也。有司卷三牲之俎，歸於賓館，不敢褻其餘也。上大夫八豆、八簋、六鉶、九俎、庶羞二十，其餘衰，見是德之殺也。❷君子言之曰：❸『愛人者，使人愛之者也。敬人者，使人敬之者也。親人者，使人親之者也。自卑者，使人尊之者也。』是故公養賓，國養賢，其義一也。未有愛之、敬之、親之、尊之，而其位不安者也。未有不愛、不敬、不尊、不親，而能長有其國者也。將由乎好德之君，則將怡焉唯恐其不足於禮。將由乎驕慢之君，

❶「以」，《公是集》作「此」。

❷「見是」，《公是集》作「是見」。

❸「言之」，《公是集》作「之言」。

則將曰是食於我而已矣。故禮，君子所不足，小人所泰餘也。孔子食於少施氏，將祭，主人辭曰：『不足祭也。』將飧，主人辭曰：『不足飧也。』孔子退曰：『吾食而飽，少施氏有禮哉。』故君子難親也，將親之，舍禮何以哉？」

右記庶羞及侑幣

北京大學《儒藏》編纂與研究中心 編

《儒藏》精華編選刊

儀禮正義

（四）

〔清〕胡培翬 撰

〔清〕胡肇昕 楊大堉 補

張文 徐到穩 殷嬰寧 校點

北京大學出版社
PEKING UNIVERSITY PRESS

儀禮正義卷二十　鄭氏注

績溪胡培翬學

覲禮第十

鄭《目録》云：「覲，見也，諸侯秋見天子之禮。春見曰朝，夏見曰宗，秋見曰覲，冬見曰遇。朝宗禮備，覲遇禮省，是以享獻不見焉。三時禮亡，唯此存爾。覲禮於五禮屬賓禮。大戴第十六，小戴第十七，《别録》第十。」【疏】正義曰：毛本「賓」下脱「禮」字，「小戴」下脱「第」字，《集釋》俱有，臧鏞堂本「賓」下亦有「禮」字。○云「覲，見也」者，《爾雅·釋詁》文。云「諸侯秋見天子之禮」者，據《周禮》言也。云「春見曰朝，夏見曰宗，秋見曰覲，冬見曰遇」者，《周禮·大宗伯》文。鄭彼注云：「六服之内，四方以時分來，或朝春，或宗夏，或覲秋，或遇冬，名殊禮異，更遞而徧。朝，猶朝也，欲其來之早。宗，尊也，欲其尊王。覲之言勤也，欲其勤王之事。遇，偶也，欲其若不期而俱至。」又《大行人》曰：「春朝諸侯而圖天下之事，秋覲以比邦國之功，夏宗以陳天下之謨，冬遇以協諸侯之慮。」鄭注：「圖、比、陳、協，皆考績之言。王者春見諸侯，則圖其事之可否。秋見諸侯，則比其功之高下。夏見諸侯，則陳其謀之是非。冬見諸侯，則合其慮之異同。六服以其朝歲四時分來，更迭如此而徧。《司馬灋》曰：『春以禮朝諸侯，圖同事。夏以禮宗諸侯，陳同謀。秋以禮覲諸侯，比同功。冬以禮遇諸侯，圖同慮。』」《詩·韓奕》孔疏云：「説《周禮》者，賈逵以爲一方四分之，或朝春，或覲秋，或宗夏，或遇冬。藩屏之臣，不可虚方俱行，故分趣四時助祭也。馬融以爲在東方者朝春，在南方者宗夏，在西方者覲秋，在北方者遇冬。是由經無正文，故先儒爲此二説。鄭《大宗伯》、《大行人》二注竝言分來，則是從賈逵之説，一方而分爲四時也。韓侯雖是北方諸侯，其在北方爲西偏，蓋於時分之，使當秋覲也。」《周禮》賈疏誤謂春則東方盡來，夏則南方盡來，致王氏與之駁之，謂諸侯皆來，卒有乘間而起，孰能禦之？褚氏寅亮《儀禮管見》云：「康成言『六服之内，四方以時分來』，謂每一方内各分四時，❶再以六服遠近定疏數之節。此期一定，子孫率以爲典。其有事而朝者又不在此數，故東方亦可以秋覲，北方亦可以夏宗也。」此足申鄭義矣。云「朝宗禮備，覲遇禮省」者，《曲禮》：「天子當依而立，諸侯北面而見天子曰覲。天子當宁而立，諸公東面、諸侯西面曰朝。」鄭注：「諸侯春見曰朝，受摯於朝，受享於廟，生氣，文也。秋見曰覲，一受之於廟，殺氣，質也。朝者位於内朝而序進，覲者位於廟門外而序入，王南面立於依宁而受焉。夏宗依春，冬遇依秋。春秋時齊侯唁魯昭公，以遇禮相見，取易略也。」今案：《樂記》曰：「朝覲然後諸侯知所以臣。」《祭義》曰：「朝覲所以教諸侯之臣也。」《經解》曰：「朝覲之禮，所以明君臣之義也。」禮每以朝覲對舉，則朝可該宗，覲可該遇。鄭氏夏宗依春，冬遇依秋，朝宗禮備，覲遇禮省之説，當有所受矣。《白虎通》云：「朝則迎之於著，覲則待之於阼階。」是亦言朝覲之異

❶「方」，《儀禮管見》作「州」。

也。陳氏祥道云：「朝宗於朝以春夏者，萬物交際之時，故諸公東面，諸侯西面，❶以象生氣之文。而王於堂下見之，所以通上下之志也。覲遇於廟以秋冬者，萬物分辨之時，故諸侯一於北面，以象殺氣之質。而王於堂上見之，所以正君臣之分也。」《朱子語類》云：「覲是正君臣之禮，較嚴。天子當依而立，不下堂而見諸侯。朝是講賓主之儀，天子當宁而立，在路寢門之外，相與揖讓而入。」二説足申朝、覲禮異之義。云「是以享獻不見焉」者，案：下經明言享，而此云「享獻不見」，此句疑有闕誤，難以强説。舊解「享」字上讀，以「獻不見」爲義，賈疏譏其不辭，誠然。但謂鄭據《周禮·大行人》而説，卻亦未確也。云「三時禮亡，唯此存爾」者，以《儀禮》十七篇中止有《覲禮》，無朝宗遇禮，故鄭注《曲禮》亦云：「《覲禮》今存，朝宗遇禮今亡也。」《五經異義》：「公羊説：『諸侯四時見天子及相聘皆曰朝，以朝時行禮，卒而相逢於路曰遇。』古《周禮》説：『春曰朝，夏曰宗，秋曰覲，冬曰遇。』許慎按：《禮》有《覲》經，《詩》曰『韓侯入覲』，《書》曰『江漢朝宗於海』，知有朝、覲、宗、遇之禮，從《周禮》説。」鄭駁之云：「此皆有似不爲古昔。案：《覲禮》曰：『諸侯前朝皆受舍於朝。』朝，通名也。秋之言覲，據時所用禮。」段氏玉裁《説文注》云：「此條許、鄭本無異，不得云駁也。」今案：朝與覲，對文異，散文亦通。此《覲禮》云「諸侯前朝」，云「乃朝以瑞玉」，則覲亦可名朝，故鄭云：「朝通名也。」至以秋見爲覲，則鄭與許同。《春秋》隱公四年秋九月，「衛人殺州吁於濮」，而傳云：「王覲爲可。」又云：「朝陳使請。」案：《左氏》於陳言朝，於王言覲，是秋覲之名至春秋時猶

❶「諸侯西面」四字，《禮書》重。

存也。萬氏斯大謂朝、覲止是一禮，并疑《周官》春朝、夏宗、秋覲、冬遇之文不足據，非矣。○褚氏寅亮云：「此篇分三節，自『至于郊』至『乃歸』，言在廟受覲正禮。『諸侯覲于天子』以下，言時會殷同之禮。『祭天』以下，言巡狩而盟之禮。」王氏士讓《儀禮紃解》云：「此篇主言廟中特覲之禮甚明。自篇首至『饗禮乃歸』，覲於廟中者也。自『諸侯覲于天子』至末，復以覲于國外、覲于方岳之禮附焉。」所謂「覲于方岳」者，謂祭天以下，王巡狩而一方之諸侯皆覲也。

覲禮。至于郊，王使人皮弁用璧勞。侯氏亦皮弁迎于帷門之外，再拜。郊，謂近郊，去王城五十里。《小行人職》曰：「凡諸侯入王，則逆勞於畿。」則郊勞者，大行人也。皮弁者，天子之朝朝服也。璧無束帛者，天子之玉尊也。不言諸侯，言侯氏者，明國殊舍異，禮不凡之也。郊舍狹寡，爲帷宮以受勞。《掌舍職》曰：「爲帷宮，設旌門。」【疏】正義曰：張氏爾岐《儀禮鄭注句讀》云：「此下言侯氏入覲初至之事。至郊則郊勞，至國則賜舍，凡二節。」○《校勘記》云：「帷，石經補缺誤作『惟』。張氏曰：『注曰《小行人職》曰，按監本曰作曰，從監本。』『逆』，徐本作『迎』。『東』，重脩監本誤作『東』。」今案：嚴本作「曰」作「逆」，各本多同嚴本。○案：《聘禮》郊勞以前有許多禮儀，此直從「至於郊」始者，盛氏世佐《儀禮集編》云：「此篇自郊勞以前，賜車服以後，文多不具，必其詳已見於朝禮，故略之也。」今案：使者聞王命即出迎，無出請入告禮辭之節，與聘異者，不敢自同客禮也。「再拜」，拜使者也。或以爲拜天子之命，斯時命尚未宣也。且拜天子之命，亦不得僅云「再拜」矣。覲時服冕，勞服皮弁者，勞禮輕於正禮也。侯氏亦皮弁者，賓主服宜同也。

注云「郊，謂近郊，去王城五十里」者，《書序》：「命君陳分正東郊成周。」鄭云：「天子之國，近郊半遠郊，去國五十里。」與此注同。餘詳《聘禮》「及郊」下。云「則郊勞者，大行人也」者，此無正文，以凡諸侯入王，小行人逆勞於畿推而知之，故引《周禮·小行人職》文爲證也。必知郊是近郊者，以《聘禮》賓至近郊，主國使卿勞知也。《左傳》：「昭公如晋，自郊勞至於贈賄，無失禮。」又蓮啟疆曰：「入有郊勞。」《聘禮》：「勞賓於近郊。」是朝聘皆以郊勞爲重。竊謂近郊之勞，五等諸侯皆有之。《大行人》曰：「上公三勞，侯伯再勞，子男一勞。」或侯伯加以遠郊勞，上公加以畿勞。爵尊者其勞遠，爵卑者其勞近，禮宜然也。下經「賜侯氏以車服」，明言使諸公，此但云使人者，以五等諸侯爵位不同，使人亦異，故渾言之也。《白虎通》曰：「諸侯將至京師，使人通命於天子。天子遣大夫迎之百里之郊，遣世子迎之五十里之郊矣。」又引《尚書大傳》曰：「天子大子年十八曰孟侯，於四方諸侯來朝迎於郊。」案：此鄭所不用，蓋以諸經無使世子郊迎法也。《考工記·玉人》曰：「案：十有二寸，棗栗十有二列，諸侯純九，大夫純五，夫人以勞諸侯。」鄭注：「夫人，王后也。勞朝諸侯皆九列，聘大夫皆五列，則十有二列者，勞二王之後也。」又《聘禮》夫人勞以二竹簋方，其實棗蒸栗擇。據此則王后亦當有勞，經不言可知也，互詳《聘禮》。云「皮弁者，天子之朝朝服也」者，《周禮·司服》云：「眡朝則皮弁服。」此天子常朝之服也。以常朝之服勞侯氏，亦如《聘禮》諸侯以朝服勞聘賓也。云「璧無束帛者，天子之玉尊也」者，下經侯氏行享皆束帛加璧，此用璧而不用束帛，特之所以重其事也。敖氏云：「璧無束帛，别於享禮，且爲其當還之也。」云「不言諸侯，言侯氏者，明國殊舍異，禮不凡之也」者，五等通曰諸侯，此曰侯氏，就來覲之一人言之，故云「不凡之也」。云「郊舍狹寡，爲帷宫以受勞。《掌舍職》曰：『爲帷宫，設旌門。』」者，據《聘禮》受勞於舍門内，此云「帷門」，不云「舍門」，則知别爲帷宫以受勞矣。以天子使勞，徒旅衆多，郊舍恐不足以容之也。引《掌舍》文者，取證帷宫之事，非以旌門爲帷門也。彼注云：「張帷爲宫，則樹旌以表門。」褚氏云：「帷宫而旌門，天子之制也。帷宫而帷門，諸侯之制也。既有門，則未有不圍其四旁以象宫者。」語最分析。敖氏謂帷門不爲宫，非矣。**使者不荅拜，遂執玉，三揖。至于階，使者不讓，先升。侯氏升聽命，降，再拜稽首，遂升受玉。**不荅拜者，爲人使不當其禮也。不讓先升，奉王命尊也。升者，升壇。使者東面致命，侯氏東階上西面聽之。【疏】正義曰：注「西面聽之」，毛本「面」誤「向」。

○王氏《糾解》云：「上云『璧』，此云『玉』，凡圭璋璧琮琥璜皆玉爲之，故總稱玉。下文奠圭稱瑞玉，加璧稱撫玉，皆其義也。」《禮經釋例》云：「凡入門將右曲揖，北面曲揖，當碑揖，謂之三揖。此於郊爲帷宫，非若寢廟有碑，而亦三揖，蓋將右曲揖，北曲揖，至於中庭又揖歟？三揖皆在入帷門之後，經不云入門，文不具也。」《糾解》云：「經著『再拜稽首』之文凡十一次，此受玉與還璧及下受賜舍、受戒日四次皆未親覲王而先凜咫尺也。」張氏惠言《儀禮圖》云：「經言『遂升受玉』，則不升成拜也。下還玉亦同。」　注云「不荅拜者，爲人使不當其禮也」者，詳《士昏禮》「納采」下。姜氏兆錫、吴氏廷華皆以奉王命尊故不荅，與下「不讓先升」同。今案：《昏禮》納采，主人迎於門外再拜，賓不荅拜。彼夫家與女家尊同，賓又何爲不荅拜乎？姜、吴之説非矣。下經賜侯氏車服，侯氏迎於外門外，再拜，經不云荅拜，則亦不荅拜也。云「不讓先升，奉王命尊也」者，凡讓而先升者，敵禮。下儐使者，侯氏與之讓升，侯氏先升是也。此時奉王命來，則使者尊，故不讓先升。王氏《糾解》云：「《禮》、《冠》、《昏》、《鄉射》、《聘》、《食》，三揖時皆有三讓法。此王使尊，不讓，故特著之。」云「升者，升壇」者，以帷宮無堂，故知升爲升壇也。必知帷宮有壇者，襄二十八年《左傳》云：「子産相鄭伯以如楚，舍不爲壇。」注云：「至敵國郊，除地封土爲壇，以受郊勞。」是也。又宣十八年傳：「子家壇帷復命于介。」壇、帷連言，則帷宮内有壇明矣。云「使者東面致命，侯氏東階上西面聽之」者，以下經賜車服，諸公升自西階，東面，侯氏升西面，知此亦然也。○敖氏謂升就使者，北面訝受之。秦氏蕙田《五禮通考》云：「侯氏受玉之位當在西面，與使者相竝。下云『使者左還而立』，是使者於授玉之後方南面，明是時猶東面也。敖氏以爲北面訝受，非是。」**使者左還而立，侯氏還璧，使者受。侯氏降，再拜稽首，使者乃出。**左還，還南面，示將去也。立者，見侯氏將有事於己，俟之也。還玉，重禮。【疏】正義曰：「璧」，毛本誤「壁」，嚴本亦誤。○還璧，注不言面位，張氏《儀禮圖》云：「當北面，以使者南面也。」蔡氏德晉《禮經本義》云：「前降拜，受玉也。後降拜，送玉也。」或曰：前降拜，拜王命也。後降拜，拜王勞已也。「使者乃出」，勞禮畢也。注云「左還，還南面，示將去也」者，謂由東面轉而南面，以示將去也。敖氏謂左還東面，非是。敖氏蓋以使者授玉時南面，故左還爲東面也。不知由南面轉而東面是右還，非左還矣。云「立者，見侯氏將有事於己，俟之也」者，謂南面少立以俟還璧也。云「還玉，重禮」者，《聘禮》勞用束帛不還，此《覲》用璧則還之。《聘義》曰：「已聘而還圭璋，此輕財而重禮之義也。」賈疏云：「此以天子之璧不加束帛，尊之與圭璋同，故亦還之，爲重禮也。」**侯氏乃止使者，使者乃入。侯氏與之讓升。侯氏先升，授几。侯氏拜送几，使者設几，荅拜。**侯氏先升，賓禮統焉。几者，安賓，所以崇優厚也。上介出止使者，則已布席也。【疏】正義曰：注「出止使者」，毛本「出」誤「正」。《校勘記》云：「張氏曰：『注曰則已布席也，按杭本己作已，從杭本。』案：嚴、徐、鍾本、《集釋》俱作『已』。」○敖氏云：「有司既布席，侯氏乃出止使者。止，止其去也。且迎而欲儐之，使者亦禮辭許。侯氏揖先入，使者乃入也。既入不言『三揖』者，如上禮可知。讓升，侯氏與使者三讓而先升。使事既畢，則行賓主禮也。儐而用几，尊王使也。授几設几之儀，見於《昏禮》、《聘禮》及《少牢》下篇，此經文略也。」　注云「侯氏先升，賓禮統焉」者，李氏如圭《儀禮集釋》云：「統者，統於主人。以此時侯氏爲主人也。《曲禮》：『主人與客讓登，主人先登，客從之。』孔疏：『主人先登，亦肅客之義。』」又云：「《聘禮》歸饔餼，賓設禮儐大夫，賓升一等，大夫從升，以賓作主人故也。此亦然。」云「几者，安賓，所以崇優厚也」者，案：《有司徹》「受宰几」，注云：「几所以坐，安體。」此使者不坐而亦設几優之，又對《聘禮》儐勞者無几爲優厚也。云「上介出止使者，則已布席也」者，楊氏復《儀禮圖》云：「設几則必有席，蓋几、席相將，無席何以設几？故知上介出止使者時已布席也。」經云「侯氏乃止使者」，不云「上介」，注云「上介出止」者，蓋侯氏先使上介出止之，繼乃自出迎賓入也。張氏惠言《儀禮圖》云：「司儀，諸侯相朝勞皆有擯介傳辭，則此亦陳擯介可知也。」**侯氏用束帛、乘馬儐使者，使者再拜受。侯氏再拜送幣。**儐使者，所以致尊敬也。拜者各於其階。【疏】正義曰：王氏士讓《儀禮紃解》云：「《聘禮》儐勞者以束錦不以束帛，以乘皮不以乘馬，錦文而帛質，皮輕而馬重，覲崇於聘也。」今案：使者拜受，侯氏拜送，皆再拜，同爲王臣，敵也。　注云「儐使者，所以致尊敬也」者，案：儐，主人待賓之禮，此及下賜舍、賜車服皆有儐者，所以致尊敬之意。云「拜者各於其階」者，謂侯氏與使者行敵禮，若《鄉飲》、《鄉射》賓於西階上拜，主人於阼階上拜也。**使者降，以左驂出。侯氏送于門外，再拜。侯氏遂從之。**騑馬曰驂。左驂，設在西者。其餘三馬，侯氏之士遂以出，授使者之從者於外。從之者，遂隨使者以至朝。【疏】正義曰：注「其餘三馬」，《校勘記》云：「徐、陳、閩、葛、《通解》、楊氏俱作『二』，《集釋》作『三』，與疏合。」今案：嚴本作「三」，毛本同。○注云「騑馬曰驂」者，《説文》：「騑，驂也，旁馬也。」馬之在旁者謂之騑，亦謂之驂。《詩·小戎》鄭箋：「驂，兩騑也。」孔疏：「車駕四馬，在内兩馬謂之服，在外兩馬謂之騑。」兩騑即兩驂也。云「左驂，❶設在西」者，馬在庭，北首，以西爲左。左驂，最西一馬也。云「其餘三馬，侯氏之士遂以出，授使者之從者於外」者，案：《聘禮·記》：「主人之庭實，則主人遂以出，賓之士訝受之。」注：「此謂餘三馬也，左馬賓執以出矣。」據此知餘三馬，主人使人牽之從賓出，以授賓之從者於門外也。此侯氏儐使者，侯氏爲主人，使者爲賓也。云「從之者，遂隨使者以至朝」者，約《聘禮》「下大夫勞者遂以賓入至於朝」知之。高氏愈云：「『遂從之』者，以天子勞使既至，故不敢即安而急趨王所也。」

右王使人郊勞

天子賜舍。以其新至，道路勞苦，未受其禮，且使即安也。賜舍，猶致館也，所使者司空與？小行人爲承擯。今文「賜」皆作「錫」。【疏】正義曰：注「作」上，毛本脱「皆」字。《校勘記》云：「嚴本、《集釋》俱有『皆』字。」○此舍與下「受舍於朝」之舍異。蔡氏云：「賜舍之舍，館舍也，有屋宇。受舍之舍，次舍也，以帷

❶ 「左」，原作「在」，今據上鄭注改。

幕爲之。」❶注云「以其新至，道路勞苦，未受其禮，且使即安也」者，李氏云：「《聘禮》賓至即欲受之者，主人之禮。《覲禮》『且使即安』者，君上之惠。」云「賜舍，猶致館也」者，案：館、舍通稱。《曾子問》：「有司所授舍，則公館已。」是館亦稱舍也。此「賜舍」與《聘禮》「致館」一也，義互詳。彼但聘是鄰國之臣，此是己臣，故云「賜」耳。云「所使者司空與」者，《聘禮》卿致館，此司空亦卿，故云「司空歟」。必知是司空者，《國語》、《周禮》敵國賓至，司里授館。先大父樸齋先生《儀禮釋官》云：「據《國語》云：『營室之中，土功其始，火之初見，期於司里。』則司里當爲司空之屬，主營宮室者。客館亦宮室之事，故司空致之，而其屬司里授之也。」云「小行人爲承擯」者，此致館亦陳擯介。《周禮・小行人職》曰：「及郊勞眂館將幣，爲承而擯。」是也。云「今文『賜』皆作『錫』」者，胡氏承珙《儀禮古今文疏義》云：「案：賜，正字。錫，假借字。皆者，皆下文『賜伯父舍』也。」**曰：「伯父，女順命于王所，賜伯父舍。」**此使者致館辭。【疏】正義曰：《校勘記》云：「唐石經脱『曰』字。」今案：嚴本及各本俱有。○下文有伯父、叔父、伯舅、叔舅之稱，此云「伯父」者，舉以概其他也，下經言「伯父」同。此「女」與「汝」通。凡諸侯朝覲之禮，皆天子命之，故言順命而來也。《春秋》曰：「公朝於王所。」敖氏曰：「賜舍不用幣，尊者之禮也。」　注云「此使者致館辭」者，使者當即司空也。吴氏廷華《儀禮疑義》云：「此當是擯者傳辭，然後使者帥至於館。」非是。王氏《糾解》云：「侯氏至朝，其時天子即降賜舍之命。於是帥至於舍，而司空乃宣是命辭於舍門外焉。《聘禮》：『大夫帥至於館，卿致館。』可推也。」**侯氏再**

---

❶「帷幕」，原作「爲幂」，今據《儀禮糾解》改。

拜稽首。受館。【疏】正義曰：謂拜受館也。**儐之束帛、乘馬。**王使人以命致館，無禮，猶儐之者，尊王使也。儐氏受館於外，既則儐使者於内。【疏】正義曰：注「猶儐之者」，《校勘記》云：「儐，徐、陳、閩、葛俱作『擯』，誤。」今案：嚴本不誤。　注云「王使人以命致館，無禮，猶儐之者，尊王使也」者，對上郊勞言也。郊勞用璧，是有禮。此空致館辭，無物以將之，是無禮也。「猶儐之者」，以王使爲尊，尊王使即尊王命也。敖氏云：「注云『禮』，謂禮物。」是也。云「侯氏受館於外，既則儐使者於内」者，外謂館舍門外，内謂館内。據上郊勞，儐使有出入、升降、拜受、拜送之節，其禮不可行之於外，此儐使者亦當如之。經但言「束帛、乘馬」，省文耳。敖氏謂儐之亦在舍門外。褚氏云：「注言『受於外』者，受而後即館也。受舍後豈有儐於門外之理？敖誤甚。」

右王賜侯氏舍

天子使大夫戒，曰：「某日，伯父帥乃初事。」大夫者，卿爲訝者也。《掌訝職》曰：「凡訝者，賓客至而往，詔相其事。」戒，猶告也。其爲告，使順循其事也。初，猶故也。古文「帥」作「率」。【疏】正義曰：張氏爾岐云：「此下言將覲之事。王使人告覲期，諸侯先期受次於廟，凡二事。」○注「卿爲訝者也」，《校勘記》云：「陸氏曰：『卿或作鄉，非。』張氏曰：『監、巾箱、杭本皆作鄉。從《釋文》、嚴本。』『今文帥作率』，『今』，嚴本作『古』。」今案：《聘禮》「帥衆介夕」、「帥大夫以入」，鄭兩注皆云「古文『帥』作『率』」，則此注他本作「今文」，誤也，當從嚴本。○蔡氏云：「某日，告以覲日也。」　注云「大夫者，卿爲訝者也」者，案：《周禮・掌訝職》曰：「凡賓客，諸侯有卿訝，卿有大夫訝，大夫有士訝，士皆有訝。」鄭注：「此謂朝覲聘問之日，王所使迎賓客於館之訝。」據此則諸侯朝覲之日有卿爲訝，故鄭云「卿爲訝者也」。又引《掌訝職》曰：「凡訝者，賓客至而往，詔相其事」者，取以證使戒之義。案：此「詔相其事」之訝，亦即上云「卿爲諸侯訝，大夫爲卿訝」之類，非謂掌訝也。經但云「使大夫戒」，鄭知大夫是卿爲諸侯訝者，以此訝主迎賓客於館，故告覲日使之也。云「戒，猶告也。其爲告，使順循其事也」者，《公食禮》：「使大夫戒。」注：「戒，猶告也。」與此同。《爾雅・釋詁》：「率，循也。」率與帥同。《國語》：「帥長幼之序。」韋注：「帥，循也。」帥又有順意，《逸周書・大匡解》：「諸侯咸率。」孔注：「率，謂奉順也。」鄭以順、循二字解經帥字，謂其所爲告者，告之使順循其事也。云「初，猶故也」者，初有始義，又有故義。《禮記・檀弓》：「夫魯有初。」鄭注：「初，謂故事也。」此「帥乃初事」，亦即帥循故事之謂，非始事，故鄭以故解之。云「古文『帥』作『率』」者，詳《聘禮》「帥衆介夕」下。**侯氏再拜稽首。**受覲日也。【疏】正義曰：謂拜受告覲日之命也。

右王戒覲期

諸侯前朝，皆受舍于朝。同姓西面北上，異姓東面北上。言諸侯者，明來朝者衆矣。顧其入覲，不得竝耳。受舍於朝，受次於文王廟門之外。《聘禮・記》曰：「宗人受次，次以帷，少退於君之次。」則是次也。言舍者，尊舍也，天子使掌次爲之，諸侯上介先朝受焉。此覲也言朝者，覲遇之禮雖簡，其來之心猶若朝也。分別同姓異姓，受之將有先後也。《春秋傳》曰：「寡人若朝于薛，不敢與諸任齒。」則周禮先同姓。【疏】正義曰：《校勘記》云：「注『受舍於朝』，『於』，重脩監本誤作『子』。『次以帷』，徐、陳、閩本『帷』俱作『惟』，誤。葛本亦作『帷』。」今案：嚴本作「帷」，毛本同。又「聘禮」下，嚴本無「記」字，《集釋》有，毛本亦有。○前朝，謂先覲日也。朝，猶覲也，與下「受舍於朝」之「朝」異。蔡氏云：「同姓西面，從主人之位。異姓東面，從賓位也。」今案：皆北上者，以近王爲尊也。《曲禮》曰：「諸侯北面而見天子曰覲。」此云「西面」、「東面」者，謂廟門外爲位時，其入見則皆北面耳。注云「言諸侯者，明來朝者衆矣。顧其入覲，不得竝耳」者，上言侯氏衹就一人言之，此云「諸侯」，又云「皆」者，依《周禮》六服四時分來，則同時入覲者必多，其行之有次序，不得竝，故須前期受舍，以防凌越也。云「受舍於朝，受次於文王庿門之外」者，賈疏謂：「《聘禮》待聘賓在祧，天子待覲遇亦當在祧。《祭法》云天子七廟，有二祧。《周禮·守祧》鄭注：『遷主所藏曰祧。穆之遷主，藏於文王廟。昭之遷主，藏於武王廟。』今不在武王廟而在文王廟者，父尊而子卑，故在文王廟也。」今案：鄭注《聘禮》云：「待賓客上尊者。」賈説是矣，但未明言「受舍於朝」爲何朝，致滋後人議論。李氏心傳云：「受舍於朝，所謂外朝也。」後人以外朝去廟門甚遠，疑鄭説爲未確。考《曲禮》孔疏云：「凡天子三朝，其一在路門内，謂之燕朝，太僕掌之；其二是路門外之朝，謂之治朝，司士掌之；其三是皋門之内，庫門之外，謂之外朝，朝士掌之。」又《周禮》：「小宗伯掌建國之神位，右社稷，左宗廟。」鄭注謂：「庫門内、雉門外之左右。」非也。劉氏敞《天子五門議》云：「禮説天子五門，曰皋門，曰庫門，曰雉門，曰應門，曰路門。此有五門之名，無五門之實。以《詩》、《書》、《禮》、《春秋》考之，天子有皋門，無庫門；有應門，無雉門；有畢門，無路門。諸侯有庫門，無皋門；有雉門，無應門；有路門，無畢門。天子三門，諸侯三門，門同也而名不同，三同也而制不同。何以言之邪？《詩》曰：『乃立皋門，皋門有伉。乃立應門，應門將將。』《書》曰：『二人雀弁執惠，立于畢門之内。』又曰：『王出在應門之内。』此皆道天子之禮者也，無道庫門、雉門者，非天子門故也。《明堂位》曰：『庫門，天子皋門。雉門，天子應門。』此言魯之庫門制如皋門，魯之雉門制如應門也。魯用王禮，故門同王門，其制雖同而名不同也。《春秋》曰：『雉門及兩觀災。』雉門，諸侯之禮。諸侯有路寢，路寢之門是謂路門。此諸侯三門也，無道皋門、應門、畢門者，非諸侯門故也。天子三朝，諸侯三朝，天子治朝在應門之内，諸侯治朝在雉門之内，其建國之神位，左宗廟，右社稷，皆夾治朝。此《春秋》所云『間于兩社，爲公室輔』者也。仲尼助祭於廟，事畢，出遊觀之上。觀者，雉門也。祭畢而出遊，乃得至觀之上，明廟在治朝之左，雉門之内也。」戴氏震作《三朝三門考》，説與劉略同，亦舉五事證宗廟社稷在中門内路門外之左右，其説甚確。詳《聘禮》「公揖入，每門每曲揖」下。然則受舍於朝，即治朝也。廟在治朝之左，故鄭云「受次於文王廟門之外」也，李氏以朝爲外朝，非矣。《樂記》曰：「祀乎明堂而民知孝，朝覲然後諸侯知所以臣。」鄭注：「文王之廟爲明堂制。」是其意亦以覲爲在文王廟也。云「《聘禮・記》曰『宗人授次，次以帷，少退於君之次。』」者，引之以證此舍爲次舍也。褚氏云：「廟門外豈能容許多廬舍，故注以爲帷次。敖氏以舍爲廬舍，非是。」又云：「春夏朝宗，受摯於朝，受享於廟，則設次於大門外，而廟門外無次。秋冬覲遇，一受之於廟大門外，不須次，而廟門外有次。」説本賈疏。云「則是次也，言舍者，❶尊舍也」者，以其受自王朝，尊之，

---

❶「言」，原重，今删。

故言舍也。云「天子使掌次爲之，諸侯上介先朝受焉」者，《周禮·掌次》：「諸侯朝覲則張大次小次。」是次係天子使張之，有定處，諸侯使上介先朝受焉也。知上介受者，以下經有「上介皆奉其君之旂置于宫」之文，知此亦上介也。云「此覲也言朝者，覲遇之禮雖簡，其來之心猶若朝也」者，釋經稱朝之意也。云「分别同姓異姓，受之將有先後也」者，言次位如此分别者，爲將來受覲有先後之序也。《春秋傳》曰：『寡人若朝于薛，不敢與諸任齒。』則周禮先同姓」者，《左傳》隱十一年：「滕侯、薛侯來朝，争長。公使羽父請于薛侯曰：『周之宗盟，異姓爲後。寡人若朝于薛，不敢與諸任齒。』」是其先同姓之禮也。《曲禮》孔疏云：「《覲禮》同姓西面，異姓東面。鄭注『受之將有先後也』，則是《覲禮》之法先同姓，後異姓。若然，案：《檀弓》注云『朝覲爵同同位』，則爵尊先見。《覲禮》見不同者，二文雖異，其意則同。就爵同之中，先受同姓之朝。周之盟會，亦先同姓也，故定四年祝佗稱踐土之盟載書云：『晉重、魯申、蔡甲午、鄭捷、齊潘。』鄭雖小國，而在齊上也。」王氏士讓云：「同異姓皆北上，則同異姓又各以其爵爲序：公居上，侯次之，伯次之，子男又次之，相繼而南也。」

右受次於廟門外

侯氏裨冕，釋幣于禰。 將覲，質明時也。裨冕者，衣裨衣而冠冕也。裨之爲言埤也。天子六服，大裘爲上，其餘爲裨，以事尊卑服之，而諸侯亦服焉。上公衮無升龍，侯伯鷩，子男毳，孤絺，卿大夫玄，此差，司服所掌也。禰，謂行主、遷主矣，而云禰，親之也。釋幣者，告將覲也。其釋幣，如聘大夫將受命釋幣于禰之禮。既則祝藏其幣，歸乃埋之於祧西階之東。今文「冕」皆作「絻」。【疏】正義曰：張氏爾岐云：「此下至『升成拜降出』，備言入覲之事。質明，先以將覲告行主，乃入覲，以瑞玉爲贄；次行三享；次肉袒請罪，凡三節。王勞之，乃出。」○《校勘記》云：「『裨』，閩、監俱誤從『示』，注竝同。又注『上公衮』，監本『衮』誤作『裘』。『孤絺』，陸氏曰：『絺，劉本作希。』案：《司服》注讀『希』爲『絺』，以『希』爲字之誤。『今文冕皆作絻』，注末嚴本有此六字，與單疏標目合，今本俱脱，徐本亦脱。案：『作』，單疏標目作『爲』。」今案：《集釋》亦有此六字。

注云「將覲，質明時也」者，謂覲之日質明時釋幣也。《聘禮》：「賓厥明釋幣于禰。」云「裨冕者，衣裨衣而冠冕也」者，是釋裨、冕二字之義。五等諸侯，衮鷩毳服不同，而統名爲裨衣。先鄭注《司服》專以裨衣爲鷩，故後鄭不從也。云「裨之爲言埤也」者，《説文》：「裨，益也。埤，增也。增，益也。」裨、埤皆訓爲益。鄭以《詩》云「政事一埤益我」，埤之爲益，其義較顯，故以埤釋裨也。云「天子六服，大裘爲上，其餘爲裨，以事尊卑服之，而諸侯亦服焉。上公衮無升龍，侯伯鷩，子男毳，孤絺，卿大夫玄，此差，司服所掌也」者，《周禮·司服》云：「王之吉服，祀昊天上帝，則服大裘而冕，祀五帝亦如之。享先王則衮冕，享先公、饗、射則鷩冕，祀四望山川則毳冕，祭社稷五祀則希冕，祭羣小祀則玄冕。」鄭注：「六服同冕者，首飾尊也。《書》曰：『予欲觀古人之象，日、月、星辰、山、龍、華蟲，作繢；宗彝、藻、火、粉米、黼、黻，希繡。』此古天子冕服十二章，舜欲觀焉。希讀爲絺。王者相變，至周而以日月星辰畫於旌旗，所謂『三辰旂旗，昭其明也』。而冕服九章，登龍於山，登火於宗彝，尊其神明也。九章：初一曰龍，次二曰山，次三曰華蟲，次四曰火，次五曰宗彝，皆畫以爲繢；次六曰藻，次七曰粉米，次八曰黼，次九曰黻，皆希以爲繡。則衮之衣五章，裳四章，凡九也。鷩畫以雉，謂華蟲也，其衣三章，裳四章，凡七也。毳畫虎蜼，謂宗彝也，其衣三章，裳二章，凡五也。希刺粉米，無畫也，其衣一章，裳二章，凡三也。玄者，衣無文，裳刺黻而已，是以謂玄焉。凡冕服皆玄衣纁裳。」《司服》又云：「公之服，自衮冕而下如王之服。侯伯之服，自鷩冕而下如公之服。子男之服，自毳冕而下如侯伯之服。孤之服，自希冕而下如子男之服。卿大夫之服，自玄冕而下如孤之服。」是鄭所據以爲差也。《禮記·曾子問》：「大祝裨冕執束帛。」鄭注：「諸侯之卿大夫所服裨冕，絺冕也、玄冕也。」案：《周禮》孤服絺冕，卿大夫止服玄冕。此注統言卿大夫者，孔疏云：「《周禮》謂三孤六卿爲九卿，是卿名通於孤也。」《曾子問》又云：「諸侯適天子，冕而出視朝。」鄭注：「諸侯朝天子，必裨冕，爲將廟受也。裨冕者，公衮，侯伯鷩，子男毳。」《玉藻》：「諸侯裨冕以朝。」鄭注：「朝天子也。裨冕，公衮，侯伯鷩，子男毳也。」《樂記》：「裨冕搢笏。」鄭注：「裨冕，衣裨衣而冠冕也。裨衣，衮之屬也。」孔疏云：「衮之屬，謂從衮冕之衣以下皆是也。」是鄭解裨冕俱與此注同。李氏如圭《儀禮集釋》云：「衮者，卷龍衣也。上公亦服之，以無升龍爲異。」《鄭志》云：「大裘之上又有玄衣，與裘同色，亦是無文采。」是鄭意以大裘、玄衣爲上，其衮鷩毳以下俱是附益之衣，故名裨衣。但天子享祀饗射亦隨事服之，不名爲裨，唯諸侯及大夫服之乃名裨者，蓋以爲此所服者俱是天子附益之衣，非上衣，亦猶金路、象路、革路、木路之稱偏駕，有不敢自同於尊之意。或因下注有「衮衣者，裨之上也」一語，遂疑裨冕當指鷩冕以下言之，不知注意謂裨冕有五，衮冕爲上，猶之衮冕爲首云耳，非以衮與裨較，謂衮冕在裨冕之上也。敖氏直以裨冕爲公鷩，侯伯毳，子男希，又云此朝以裨冕與《周官·大行人》異。褚氏云：「《玉藻》『裨冕以朝』，鄭注『裨冕，公衮，侯伯鷩，子男毳』，與《大行人職》所云『上公冕服九章，侯伯七章，子男五章』同也。」盛氏云：「上公衮冕九章，侯伯鷩冕七章，子男毳冕五章，皆其上服也。而謂之裨者，據王而言，猶下記以金路而下爲偏駕也。《玉藻》亦云：『諸侯玄冕以祭，裨冕以朝。』是《三禮》所言合矣。『侯氏裨冕』，爲將朝也。『釋幣』，則因事而服之耳，故與正祭異也。」褚氏云：「諸侯自祭玄冕，而朝王何以服上服？尊天子也。然不各指其冕名而均曰裨者，言其最上服猶是天子之裨云爾，尊君抑臣之義也。」又云：「裨字之義，當從注訓爲埤，不當如楊倞訓爲卑。」今案：楊氏倞注《荀子·富國》《禮論》等篇，俱是直用鄭此注「裨之言卑也」。「卑」字當是「埤」字之誤，後人因《禮論》有卑冕之文，誤改「埤」爲「卑」，不知卑冕即裨冕，楊注已破卑爲裨矣。云「禰，謂行主、遷主矣，而云禰，親之也」者，《禮記·曾子問》曰：「孔子曰：『天子巡守以遷廟主行，載於齊車，言必有尊也。』」此遷主也。又：「曾子問曰：『古者師行無遷主，則何主？』孔子曰：『主命。』問曰：『何謂也？』孔子曰：『天子諸侯將出，必以幣帛皮圭告於祖禰，遂奉以出，載於齊車以行。』」此所謂「主命」，即行主也。《文王世子》「守於公禰」，鄭注：「公禰，行主也。」行以遷主，言禰在外，親也。」是其言親之意。但彼注及此注先言行主，似兼主命在内。蓋謂若初封之侯無遷主，則所載必主命也。章氏平云：「經云『禰』，蓋姑設未有遷主而載主命者言之。」今案：《曾子問》明云：「諸侯適天子必告於祖，奠於禰。」既奠告於祖禰，則必奉奠告之幣帛皮圭以行可知，是經言「禰」之意也。云「釋幣者，告將覲也」者，謂因以將覲告禰而行釋幣之禮也。郝氏敬云：「古者天子受覲於廟，所以昭先烈也。諸侯入覲告禰，所以述先職也。」云「其釋幣，如聘大夫將受命釋幣於禰之禮。既則祝藏其幣，歸乃埋之於祧西階之東」者，案：《聘禮》不言祧，此注言祧者，諸侯以始祖廟爲祧，遷主藏焉，故言祧，與大夫異也。又案：《曾子問》

云：「反必告設奠，卒斂幣玉，藏諸兩階之間。」此雖指將出告奠之幣玉言，其覲日所釋之幣當亦歸埋於兩階間也。西階之東，即兩階間也。餘詳《聘禮》。敖氏云：「釋幣之禮，筵几于其館堂户牖之間，南面。祝升自西階，君升自阼階，祝奠幣于几下，君北鄉，祝在左，君及祝再拜，興。祝曰：『孝嗣侯某，將覲天子，敢用嘉幣告于皇考某侯。』又再拜，君就東箱，祝就西箱，有間，君反位，祝乃取幣藏之。君反于阼，乃降而遂出也，歸則埋幣于禰廟西階之東。」王氏士讓云：「敖氏約《聘禮》、《特牲》、《少牢》諸篇爲此儀，所謂推而致於諸侯之説也。」今竝録之。云「今文『冕』皆作『絻』」者，胡氏承珙云：「《説文》：『冕，大夫以上冠也，從月，免聲。絻，冕或從糸。』❶段氏玉裁云：『《覲禮》注云：今文冕皆作絻。許或之者，許意從古文也。絻字亦見《管子》、《淮南子》、《逸周書》、《封禪書》。』案：鄭出今文於注，意正與許同。」**乘墨車，載龍旂、弧韣，乃朝以瑞玉，有繅。**墨車，大夫制也。乘之者，入天子之國，車服不可盡同也。交龍爲旂，諸侯之所建。弧，所以張縿之弓也，弓衣曰韣。瑞玉謂公桓圭、侯信圭、伯躬圭、子穀璧、男蒲璧。繅，所以藉玉，以韋衣木，廣袤各如其玉之大小，以朱白蒼爲六色。今文「玉」爲「圭」，「繅」或爲「璪」。【疏】正義曰：《校勘記》云：「注『木』，葛本誤作『本』。『今文玉爲圭』，嚴本、《通解》俱作『圭』。」今案：毛本「圭」作「璧」。○乘墨車，覲之日自館舍乘此車以入覲也。龍旂、弧韣，載之於車也。朝，即覲也。《鄭志》云：「朝覲，四時通稱，故《覲禮》亦云朝也。」瑞玉，分封時所頒。《小行人》「成六瑞」，鄭注：「瑞，信也，皆朝見所執以爲信。」是也。有繅者，備奠玉

❶「糸」下，原衍「作」字，今據《説文解字》删。

也。　注云「墨車，大夫制也」者，《周禮・巾車職》云：「大夫乘墨車。」此侯氏乘之，從大夫制也。敖氏云：「乘墨車，屈也。載龍旂，不没其實也。」王氏士讓云：「墨車，加黑色而漆之，不畫者也。自士昏乘之爲攝盛，自入覲乘之則爲屈。」云「乘之者，入天子之國，車服不可盡同也」者，張氏爾岐云：「《巾車》云：『同姓金路，異姓象路，四衛革路。』各得天子五路之一。今乃乘大夫之墨車者，以金象等路皆在本國所乘，既入天子之國，方服裨冕以朝，不可更乘此車同於王者，故注云：『車服不可盡同也。』」云「交龍爲旂，諸侯之所建」者，《周禮・司常》云：「交龍爲旂。」又云：「諸侯建旂。」鄭注：「諸侯畫交龍，一象其升朝，一象其下復也。」旂與旗別，旗畫熊虎也。云「弧，所以張縿之弓也，弓衣曰韣」者，案：旂之正幅爲縿，張縿之弓曰弧，韜弓之衣曰韣。其縿外又有斿，綴於縿以爲飾。《考工記》：「弧旌枉矢，以象弧也。」鄭注引此文云：「旌旗之屬皆有弧也，弧以張縿之幅，有衣謂之韣。又爲設矢，象弧星有矢也，枉矢蓋畫之。」《考工記》又云「龍旂九斿」，則旂有斿矣。《説文》：「韣，弓衣也。」鄭注《既夕・記》及《少儀》，亦皆以韣爲弓衣。《廣雅・釋器》云：「韣，弓藏也。」王氏《疏證》云：「韣之言襡也。《内則》注：『襡，韜也。』」今案：韜與弢同。《説文》：「弢，弓衣也。」張氏曰：「弧韣與龍旂竝言，注以爲張縿之弓，仍是旂上一物，俟考。」盛氏世佐云：「龍旂，象文德也。弧，弓也。載弧，不忘武備也。」似以龍旂與弧韣爲二。今案：《考工記》言弧旌於旂下，《明堂位》亦云「載弧韣，旂十有二斿」，連屬言之，則弧即張旂之物明矣。《月令》之「帶以弓韣」，自別爲一物，非旂上之弧也。云「瑞玉謂公桓圭、侯信圭、伯躬圭、子穀璧、男蒲璧」者，《周禮・典瑞》：「公執桓圭，侯執信圭，伯執躬圭，子執穀璧，男執蒲璧，以朝覲宗遇會同於王。」是也。云「繅，所以藉玉，以韋衣木，廣袤各如其玉之大小，以朱白蒼爲六色」者,《聘禮・記》:「所以朝天子,圭與繅皆九寸,剡上寸半,厚半寸,博三寸,繅三采六等,朱白蒼。」是也。餘詳《聘禮・記》。云「今文『玉』爲『圭』,『繅』或爲『璪』」者,胡氏承珙云:「言玉則兼圭璧,言圭嫌不見子男,故鄭從古文。」云「『繅』或爲『璪』」者,詳《聘禮》「賈人西面坐啟櫝,取圭垂繅」下。**天子設斧依于户牖之間,左右几。**依,如今綈素屏風也。有繡斧文,所以示威也。斧謂之黼。几,玉几也。左右者,優至尊也。其席莞席紛純,加繅席畫純,加次席黼純。【疏】正義曰:《校勘記》云:「注『有繡斧文』,『繡』,徐、陳、閩、葛俱作『屏』。《集釋》、《通解》、楊、敖俱作『繡』,與疏合。」今案:嚴本作「繡」。○《周禮・司几筵》:「凡大朝覲、大饗射,凡封國命諸侯,王位設黼依,依前南鄉。」是斧依司几筵設之。此云「天子設斧依」者,言天子之制如是,猶云「王位設黼依」云爾。下文「天子衮冕負斧依」,乃言見諸侯之事。斧,亦作黼。依,亦作扆。鄭義以天子廟制如明堂,此云「于户牖之間」,則仍是中央室左右房之制,非明堂五室之制,詳下記「几俟于東箱」下。所云「户牖之間」者,據堂後之室言之。古人宫室之制,前爲堂,後爲室,室之左右爲東房西房。房有户而無牖,室則户牖俱有。户在東,牖在西,皆在室之南壁,向堂開之,故堂上以室爲中。而室户之西、室牖之東又爲室外正中之地,堂上以此爲尊位,故設斧依於此。《爾雅・釋宫》:「牖户之間謂之扆。」郭注:「窗東户西。」窗即牖也。牖之東,户之西,即所謂「户牖之間」也。《書・顧命》云:「狄設黼扆綴衣,牖間南嚮。」邵氏晉涵《爾雅正義》云:「牖間,即户牖之間,舉牖以該户。」是也。《士昏禮》:「主人筵于户西。」鄭注:「户西者,尊處。」是户西,亦即此户牖之間也。《明堂位》「天子負斧依」,鄭注亦以斧依在户牖間,孔疏引皇氏云在明堂中央,大室户牖間,此説非也。明堂爲五室之制,與此經所言廟制殊,每室四户八牖,一户有兩牖夾之，所謂兩夾窗也。户在中，牖在户之兩旁，則户牖間不得爲正中，故經但言「負斧依」，不言户牖之間，鄭據此經推之，疏矣。「左右几」者，謂斧依之左右皆設几也。　注云「依，如今綈素屏風也。有繡斧文，所以示威也」者，案：鄭注《司几筵》云：「斧謂之黼，其繡白黑文，以絳帛爲質。依，其制如屏風。」然《明堂位》注云：「斧依爲斧文屏風。」邵氏《爾雅正義》云：「鄭屢以屏風況依者，據漢制言之。《釋名》云：『扆，倚也，在後所依倚也。屏風，言可以屏障風也。』是鄭以屏風釋依，而《詩·公劉》疏乃云：『斧者，屏風之名。扆則户牖之間地。』誤矣。《漢書·文帝紀》：『身衣弋綈。』注：『弋，皁也，黑色也。』《賈誼傳》又云：『身衣皁綈。』是漢之綈多黑色。素，白也。漢之綈素屏風有似周之依，爲白黑文，故云『如今綈素屏風也』。或曰綈，《説文》云『厚繒也』。素，不畫也。《魏志》：『太祖平柳城，頒所獲器物，有素屏風，特以賜毛玠。』漢之素屏風以綈爲之，故云『綈素屏風』與？　又鄭注《司几筵》云『以絳帛爲質』，謂以絳爲地而施白黑於其上也。」王氏鳴盛《尚書後案》云：「周人尚赤。黼扆，天子之位，當用所尚正色，故以絳。絳，正赤色也。」今案：以白黑文繡斧形於依上，故字作斧，又作黼，賈氏《周禮疏》及此疏謂據繡次言之。《考工記》云：「白與黑謂之黼。」故云黼，據文體形質言之，近刃白，近銎黑，則曰斧是也。《爾雅·釋器》曰：「斧謂之黼。」郭注：「黼文，畫斧形，因名。」是二字得通用。　又依《書·顧命》及《爾雅》作扆，三禮多作依，扆有依倚義，故字亦得通用也。《王制》：「諸侯賜鈇鉞然後殺。」《中庸》：「不怒而民威於鈇鉞。」鉞即斧也，是斧有威義，故鄭云「所以示威」。　賈氏《周禮疏》以爲取斷割之義，失鄭意矣。　聶氏《三禮圖》引舊《圖》云：「依，從廣八尺，畫斧無柄，設而不用之義。」邵氏《爾雅正義》云：「《大雅·公劉》：『既登乃依。』鄭箋云：『登堂負依。』《士虞禮·記》：

『佐食無事則出户，負依南面。』鄭注云：『户牖之間謂之依。』是天子諸侯以及士皆設依，天子唯畫斧文爲異耳。」云「几，玉几也」者，據《司几筵》「左右玉几」及《顧命》「馮玉几」諸文而知也。云「左右設几，優至尊也」者，《儀禮》，凡爲神設几右之，《少牢饋食禮》「祝設几于筵上右之」是也。爲人設几左之，《有司徹》尸奠几于筵上左之是也。此左右竝設，是優尊之意。郝氏敬曰：「神几尚右，人几尚左。左右兼設，以安至尊，爲神人共主也。」云「其席莞席紛純，加繅席畫純，加次席黼純」者，《周禮・司几筵》云：「王位設黼依，依前南鄉，設莞筵紛純，加繅席畫純，加次席黼純，左右玉几。」凡設几必先布席，此經言几不言席，略之，故鄭據《司几筵》之文補之也。彼言「莞筵」，此注言「莞席」，筵與席一物。對文近地爲筵，以上加之爲席，散則通耳。餘詳《公食大夫禮》。

天子衮冕，負斧依。 衮衣者，裨之上也。繢之、繡之爲九章。其龍，天子有升龍，有降龍。衣此衣而冠冕，南鄉而立，以俟諸侯見。【疏】正義曰：盧云：「衮從㕣，誤。」○云「衮衣者，裨之上也」者，謂裨有五，以衮爲上。衮亦在裨中，説見前。衮，王者之服，唯上公以王者之後亦得服之。賈疏云：「五等諸侯，衣有三等，不得定其號，故總言裨衣。此據天子一身，故指其衣體言衮冕。」是也。《周禮・節服氏》：「掌祭祀朝覲衮冕，六人維王之大常。」則朝覲服衮冕也。《詩》：「衮衣繡裳。」《毛傳》云：「衮衣，卷龍衣也。」衮爲正字，卷爲假借字，《禮記》多作「卷」。《玉藻》：「天子龍卷以祭。」鄭注：「龍卷，畫龍於衣，字或作衮。」又《王制》：「一命卷。」鄭注：「卷，俗讀也，其通則曰衮。」是衮爲正字也。云「繢之、繡之爲九章」者，即《司服》注所云龍至宗彝五者繢之於衣，藻至黻四者繡之於裳，衣五章，裳四章，爲九也。詳見前。云「其龍，天子有升龍，有降龍」者，對上公所服之衮無升龍言也。云「衣此衣而冠冕」者，言天子服此龍衮之衣，而冠後高前俛之冕也。云「南鄉而立，以俟諸侯見」者，《曲禮》：「天子當依而立，諸侯北面而見天子曰覲。」《明堂位》：「天子負斧依南鄉而立。」故知立以見諸侯也。《明堂位》注云：「負之言背也。」言斧依在後，背之而立也。《國語》「王背屏而立」，是鄭言背之義也。敖氏云：「負斧依以俟侯氏入，所謂『不下堂而見諸侯』也。而《周官・齊僕》乃言車送逆朝覲者之節，《大行人》言朝位賓主之間相去之步數，與是禮異者。」❶詳後行享節「侯氏升致命，王撫玉」下。○案：鄭氏九章之説，先儒多疑之。《禮經釋例》云：「案：鄭氏鍔云：『日月星辰，登於旌旗，王與公同服九章之衮，君臣無别，其説創自康成，六經無見也。今以此經文質之，子男之服自毳冕而下如侯伯，則上不服鷩冕可知。侯伯之服自鷩冕而下如公，則不服衮冕可知。公之服自衮冕而下如王，則不服日月星辰可知。經文謂自衮冕而下，則衮服而上之章非日月星辰而何？王服十二章明矣。』説與康成異，楊氏復、敖氏繼公皆主之。近方氏苞、戴氏震亦謂大裘而冕當爲十二章之服也。」江氏永云：「三代制禮，有益亦有損。天子用物雖得備十二，然冕藏於首，既有十二旒、十二玉以則天數。冕服之章，以九爲尊，取陽數之極，禮尚相變也。古用十二章，周損爲九章，日月星唯畫於大常，正是監前代損益之精意，倘有益無損，則制度彌文，伊於胡底乎？鄭説俱允當。」今案：陳氏《禮書》亦云：「鄭康成謂周服九章，登龍於山，升火於宗彝。觀《周禮》稱衮冕，《禮記》稱天子龍衮，言龍衮而不及山，則升龍於山可知也。《司服》五章之服則毳冕。毳，毛物，虎蜼也。五章言毳冕而不言藻，則升火於宗彝可知也。《左傳》：『三辰

❶「者」下，《儀禮集説》有「歟」字。

旂旗昭其明也。』然則冕服止九章，而日月星辰畫於旌旗，鄭氏之説當有所受之矣。」**嗇夫承命，告于天子。**嗇夫，蓋司空之屬也，爲末擯，承命於侯氏下介，傳而上，上擯以告於天子。天子見公，擯者五人；見侯伯，擯者四人；見子男，擯者三人。皆宗伯爲上擯。《春秋傳》曰：「嗇夫馳。」【疏】正義曰：「上擯以告」下，毛本無「于」字。《校勘記》云：「嚴本、《集釋》俱有『于』字，與疏合。」○《曲禮》：「諸侯見天子，曰：『臣某侯某。』」鄭注：「謂嗇夫承命告天子辭也。其爲州牧，則曰『天子之老臣某侯某，奉圭請覲』。」然則此承命告天子者，蓋以侯氏請覲之辭告也。　注云「嗇夫，蓋司空之屬」，又引《春秋傳》「嗇夫馳」者，《左傳》昭十七年叔孫昭子救日食，引《夏書》云：「辰不集于房，瞽奏鼓，嗇夫馳，庶人走。」《儀禮釋官》云：「案：嗇夫之名，始見於《夏書》，周殆因夏制歟？《夏小正》『嗇人不從』，嗇人疑即嗇夫。《漢書・五行志》引《左傳》『嗇夫馳，庶人走』，説曰：『嗇夫掌幣吏，庶人其徒役。』《曲禮》疏引《音義隱》云：『嗇夫主諸侯所齎幣帛皮圭之禮，奉以白於天子。』解與此經略合。《儀禮》唯《覲禮》尚存天子之制，而有嗇夫，其爲冬官之屬無疑。」又曰：「案：《漢書・百官公卿表》及《張釋之傳》皆有嗇夫。鄭氏箋《詩》云：『田畯，司嗇，今之嗇夫。』則漢亦有此官，所掌或與周異。」顧氏炎武曰：「注不引《書》而曰《春秋傳》者，孔氏古文康成時未見也。」鄭又以嗇夫爲末擯者，《釋官》曰：「據《漢書》云『庶人，其徒役』，則嗇夫當士爲之。《聘禮》：『卿爲上擯，大夫爲承擯，士爲紹擯。』此雖諸侯禮，天子亦然，故注以嗇夫爲末擯也。」云「承命於侯氏下介，傳而上，上擯以告於天子」者，賈疏云：「案：《周禮・司儀職》兩諸侯相朝皆爲交擯。則此諸侯見天子交擯可知。此所陳擯介，當在廟之外，門東陳擯，從北鄉南；門西陳介，從南鄉北，各自爲上下。」今案：此命即謂辭也。君朝用交擯傳辭，臣聘用旅擯不傳辭，已詳《聘禮》「卿爲上擯」節下。此經交擯傳辭之法，當合下注乃備。此注云「承命於侯氏下介」者，蓋侯氏先以請覲之辭告上介，上介傳於次介，次介傳於下介。天子末擯承侯氏下介之辭傳於承擯，承擯傳於上擯，所謂「傳而上」也。於是上擯入以告於天子。又下節注云「上擯又傳此而下至嗇夫，侯氏之下介受之傳而上」者，謂上擯入告後，受天子命侯氏入之辭又以傳於承擯，承擯傳於末擯嗇夫，侯氏之下介受嗇夫之辭以傳於次介，次介傳於上介，亦所謂「傳而上」也。又云「上介以告其君，君乃許入」者，謂上介以告侯氏，侯氏遵天子命乃入也。然則經云「嗇夫承命，告于天子」，乃據擯介交接者言之，以省文耳。其實嗇夫承命非親承於侯氏，其告亦非親告於天子也。此與《聘禮》注言「天子諸侯朝覲，命介紹傳命」者略同，義互詳彼注。但諸侯相朝，主國當先以請事之辭傳於賓，此先以請覲之辭傳而入，則天子禮與諸侯異也。又諸侯相朝，主君迎于大門外，此《覲禮》則天子不下堂。又《司儀》云：「交擯三辭。」據此經則一辭而已，皆《覲禮》簡嚴故也。賈疏云：「《司儀》『交擯三辭』，據諸侯自相見言，其天子春夏受享於廟，亦可交擯三辭矣。然朝宗禮亡，無可徵也。」云「天子見公，擯者五人；見侯伯，擯者四人；見子男，擯者三人」者，竝據《大行人》文。云「皆宗伯爲上擯」者，《大宗伯職》云：「朝覲會同則爲上相。」上相，即上擯也。又《肆師職》云：「大朝覲佐儐。」鄭注云：「爲承擯。」《小行人職》云：凡諸侯入王，將幣，爲承而擯。賈疏謂時會殷同則肆師爲承擯，四時常朝則小行人爲承擯。是承擯或肆師爲之，或小行人爲之，而爲上擯則皆大宗伯也，故注云「皆」也。賈疏又云：「嗇夫爲末擯，若子男三擯，此則足矣。若侯伯四擯，增一士。上公五擯，增二士。」**天子曰：「非他，伯父實來，予一人嘉之。伯父其入，予一人將受之。」**言非他者，親之辭。嘉之者，美之辭也。

上擯又傳此而下至嗇夫，侯氏之下介受之，傳而上，上介以告其君，君乃許入。今文「實」作「寔」，「嘉」作「賀」。【疏】正義曰：《校勘記》云：「『天子』下，石經補缺脱『曰』字。」〇《曲禮》：「君天下曰天子，朝諸侯、分職授政任功曰予一人。」鄭注：「皆擯者辭。」據此經言也。又《玉藻》：「凡自稱天子曰予一人。」孔疏謂：「天子與臣下言，及遣擯者接諸侯，皆稱予一人。」是也。《曲禮》注引《覲禮》曰：「伯父寔來，余一人嘉之。」竝云：「余、予，古今字。」則是《曲禮》作「予」，《覲禮》作「余」也。今《覲禮》作「予」，「寔」又作「實」，非鄭本矣。此節爲擯者辭，云「天子曰」者，傳述王言以納賓也。蔡氏云：「『伯父實來』，言其專爲勤天子而來也。『伯父其入』，命之使入，不出迎也。」　注云「言非他者，親之辭」者，盛氏云：「案：《詩》云：『豈伊異人，兄弟匪他。』《昏禮》壻見之辭亦曰：『某以非他故。』皆親之之意也。」云「嘉之者，美之辭也」者，《爾雅·釋詁》：「嘉，美也。」云「上擯又傳此而下至嗇夫」云云，解已見上。云「今文『實』作『寔』，『嘉』作『賀』」者，胡氏承珙云：「案：《説文》：『實，富也。』《爾雅》：『寔，是也。』《公羊》桓六年傳云：『寔來者何？』猶曰是人來也。《穀梁傳》曰：『寔來者，是來也。』實、寔二字，聲義竝殊。《大雅·韓奕》『實墉實壑』，鄭箋正之曰：『實當作寔。趙魏之間，實、寔同聲。寔，是也。』此經『伯父實來』，猶言伯父是來，依義當作『寔』。鄭從古文作『實』者，以二字經典多通。《毛詩》『寔命不猶』，《韓詩》作『實』。《頍弁》：『實維伊何。』箋云：『實，猶是也。』意謂假實爲寔，其義亦猶寔之訓是也，不必改耳。《廣雅》曰：『賀，嘉也。』是賀與嘉義同。《爾雅》：『嘉，美也。』又曰：『嘉，善也。』則作『嘉』於義更親，故鄭從古文。」

侯氏入門右，坐奠圭，再拜稽首。入門而右，執臣道，不敢由賓客位也。卑者見尊，奠摯而不授。【疏】正義曰：《校勘記》云：「圭，閩、監、葛本誤作『主』。注『入門下，嚴本、《集釋》、《通典》、楊、敖俱有『而』字，《通解》無。『不敢由賓客位也』，張氏曰：『監本客作之，從監本。』『卑者見尊』，張氏曰：『《釋文》見侯注云：卑見同。卑見，謂此也，中無者字。』」今案：戴校《集釋》依張氏《識誤》，改「客」爲「之」，并删「者」字，兹從嚴本。　注云「入門而右，執臣道，不敢由賓客位也」者，案：門之中央有闑，門以向堂爲正，闑之東爲右，闑之西爲左。《曲禮》曰：「主人入門而右，客入門而左。」是門左爲賓客位也。又曰：「大夫士出入君門由闑右。」注云：「臣統於君。」是門右爲臣道也。《禮經釋例》曰：「凡以臣禮見者，則入門右。」詳《士相見禮》「賓奉摯入門左」下。此侯氏入門右，故云「執臣道，不敢由賓客位也」。云「卑者見尊，奠摯而不授」者，《禮經釋例》云：「凡卑者於尊者，皆奠而不授。」詳《士昏禮》「納采」下，此注釋經「坐奠圭」之義也。案：奠圭、再拜稽首，皆臣禮。《曲禮》：「坐而遷之，戒勿越。」孔疏云：「坐亦跪也。坐，通名跪；跪，名不通坐。」此「坐奠圭」謂跪而奠所執圭於地乃拜，下記「奠圭于繅上」是也。吴氏《章句》引《明堂位》「崇坫康圭」，意謂奠之於坫。又謂坫亦在門右，非矣。「崇坫康圭」與「反坫出尊」連言，自是兩君相見之禮與此別也。**擯者謁。**謁，猶告也。上擯告以天子前辭，欲親受之，如賓客也。其辭所易者，曰「伯父其升」。【疏】正義曰：《爾雅·釋詁》云：「謁，告也。」此注云「謁，猶告也」者，蓋以謁爲傳辭，猶上告於天子之告也。云「上擯告以天子前辭，欲親受之，如賓客也」者，凡卑見尊，奠而不授，賓客則親相授受，此天子欲親受之如賓客，故上介傳天子之命以告侯氏也。但其告侯氏即用前辭，唯易「伯父其入」爲「伯父其升」耳。《禮經釋例》曰：「凡相大禮，皆上擯之事。《覲禮》『擯者謁』注以擯者爲上擯，則下文『擯者延之曰升』，又『擯者曰予一人將受之』，又『擯者謁諸天子』，皆上擯之事。注不言者，可知也。」餘詳《聘禮》「几筵既設，擯者出請命」下。**侯氏坐取圭，升致命。王受之玉。侯氏降，階東北面再拜稽首。擯者延之曰：「升。」升成拜，乃出。**擯者請之。侯氏坐取圭，則遂左，降拜稽首，送玉也。從後詔禮曰延。延，進也。【疏】正義曰：《校勘記》云：「乃出，《通解》『出』作『退』。」今案：唐石經及各本俱作「出」。○前坐奠圭，跪而奠之於地。此坐取圭，亦是跪取之，執以升也。「致命」，鄭無注。方氏苞《儀禮析疑》云：「朝覲，述所職也。小大庶邦各有所命之常職，今來王所親致之。」吴氏廷華《儀禮疑義》曰：「朝覲本王命，此致其奉命而來之意，與聘賓致命不同。」一説，命即辭也，致命猶致辭。其辭蓋曰：「臣某侯某奉圭覲王。」李氏云：「階東，西階之東也。」案：《燕禮》、《大射》，臣升降皆自西階，故知階東，西階之東，非阼階東也。《禮經釋例》云：「凡臣與君行禮，皆堂下再拜稽首。此侯氏降階東北面再拜稽首，臣禮也，所謂『北面而見天子』也，所謂『拜下禮』也。」《釋例》又云：「凡君待以客禮，下拜則辭之，然後升成拜。《覲禮》：執圭行覲，侯氏坐取圭，升致命，降，再拜稽首，擯者延之曰升，升成拜。覲畢，王勞之，再拜稽首。擯者延之曰升，升成拜。王賜侯氏車服，侯氏降兩階之間，北面再拜稽首，升成拜。注：『大史辭之。』此皆先拜於堂下，君使人辭之，復拜於堂上者也。」此即上注所謂「欲親受之，如賓客也」。「王受之玉」，即親受也。「乃出」，覲事畢也。王氏士讓云：「《燕禮》、《大射》、《聘》、《食》各有成拜之文，公有荅拜。此篇侯氏再拜稽首，王無荅拜者，此見王禮，視侯禮爲嚴也。」今案：《大戴禮·朝事儀》曰：「奠圭降拜，升成拜，明臣禮也。」注云「擯者請之。侯氏坐取圭，則遂左」者，謂侯氏初奠圭在門右，今聞擯者謁告之辭，即取圭徑趨門左，升自西階致命。賈疏謂：「坐取圭即言升致命，無出門之文明，知遂向門左，從左堂塗升自西階致命。」是也。吴氏《疑義》據聘賓私覿初入門右，擯者辭，乃出奉幣入門左，謂此經當亦如之。今案：此與聘賓固殊，聘賓爲他國之臣，此爲己臣，故禮有不同也。凡臣禮之異於客禮者有三：入門右也，拜下也，奠而不授也。上經「擯者謁」，注以「欲親受」解之，又著其辭曰「伯父其升」，是但告以升堂授玉，非令其入門左也。且侯氏奠圭時，王已在堂上，天威不違咫尺，而顧出門入門爲此迂曲之禮乎？則其徑趨門左宜矣。張氏《儀禮圖》謂經言「乃出」，不言東，知自闑西出。亦非。《曲禮》曰：「大夫士出入君門由闑右。」諸侯之於天子，亦猶大夫士之於國君，則出入固皆由門右也。下覲畢，侯氏肉袒于廟門之東，入門右，告聽事，再拜稽首，出，自屏南適門西，遂入門左，王勞之。此勞禮略如賓客，與覲時正君臣之禮殊。且經明云「出」，明云「入門左」，則固與此經異矣。云「降拜稽首，送玉也」者，《禮經釋例》曰：「凡卑者於尊者，皆奠而不授，若尊者辭乃授。」經言「王受之玉」，則侯氏升堂授玉可知，故降拜爲送玉也。云「從後詔禮曰延」者，案：《特牲饋食禮》：「尸至于階，祝延尸，尸升。」《少牢饋食禮》：「祝延尸，尸升自西階，入，祝從。」是祝在尸後詔之，故注云：「由後詔相之曰延。」明此擯者亦在侯氏後北面詔之也。云「延，進也」，《釋詁》文。〇《禮經釋例》曰：「《覲禮》不云還玉。考《覲》郊勞用璧，❶侯氏還璧，使者受。注：『還玉，重禮。』覲用命圭，自無不還之理。今《覲禮》存，春朝夏宗冬遇禮亡，或別見三時禮歟？」今案：《白虎通》引《覲禮》曰：「侯氏執珪升堂。」又引《尚書大傳》曰：「諸侯執所受珪與璧，朝於天子。無過者復得其珪，以歸其邦；有過者留其珪，能正行者復還其珪。」此足爲覲還圭之證也。

❶「覲」下，《禮經釋例》有「禮」字。

右侯氏執瑞玉行覲禮

四享，皆束帛加璧，庭實唯國所有。「四」當爲「三」，古書作三、四或皆積畫，此篇又多「四」字，字相似，由此誤也。《大行人職》曰諸侯廟中將幣，皆三享，其禮差又無取於四也。初享或用馬，或用虎豹之皮。其次享，三牲魚腊，籩豆之實，龜也，金也，丹漆絲纊竹箭也，其餘無常貨。此地物非一國所能有，唯所有分爲三享，皆以璧帛致之。【疏】正義曰：《校勘記》云：「注『皆三享』，徐本『三』作『一』，誤。『金也』，徐、陳『金』俱作『今』，誤。『此地物』，《集釋》無『地』字。『唯所有』，『唯』下，《集釋》有『國』字。」今案：戴校《集釋》云：「『地』，衍。」又云：「注疏本脱『國』字。」案：嚴本有「地」字，無「國」字。「此地物」，謂此土地之物也。今仍從嚴本。○享，獻也。詳《聘禮》。案：《朝事儀》曰：「奉國地所出重物而獻之，明臣職也。」注云「『四』當爲『三』，古書作三、四或皆積畫，此篇又多『四』字，字相似，由此誤也」者，賈疏云：「《堯典》云：『帝曰：咨！四岳。』《皋陶》云：『外薄四海。』《泰誓》序云：『作《泰誓》三篇。』❶是古書三、四皆積畫也。」今案：《説文》：「三，籀文四。」《周禮·内宰職》注：「天子巡守禮，制幣丈八尺，純四矤。」賈疏引《鄭志》荅趙商問云：「四當爲三，古三、四積畫，是以三誤爲四也。」又《周禮·質人》疏、本經《聘禮》疏引《鄭志》荅趙商問竝同。惠氏棟《九經古義》云：「《春秋傳》子革云：『是四國者，專足畏也。』劉光伯《規過》云：『《楚語》云：今

❶「三」，原作「三」，今據《儀禮注疏》改。

吾城三國。無四國也。古四字積畫，四當爲三。』」胡氏承珙云：「《大戴禮》『公冠四加玄冕』，注云：『四當爲三。』《穀梁》定十五年疏云：『范例云會葬四，案：經有三，四當爲三，字有誤耳。』」云「此篇又多『四』字」者，賈疏云：「下有『四傳擯』，又云『路下四亞之』，又云『四馬』、『四門』、『四尺』。四字既多，積畫四又似三，由此故誤爲『四』字也。」云「《大行人職》曰諸侯廟中將幣，皆三享，其禮差又無取於四也」者，案：《大行人》公侯伯子男五等皆云「廟中將幣三享」，是無四享也。先大父《論語補箋》云：「諸侯朝於天子三享。諸侯自相朝一享，諸侯使其臣聘亦一享。又小聘曰問，不享。是享雖有差等，要無取於四也。」云「初享或用馬，或用虎豹之皮」者，《聘禮・記》曰：「凡庭實，皮馬相間可也。」鄭注：「間，猶代也。土物有宜，君子不以所無爲禮。畜獸同類，可以相代。」是有馬者用馬，有皮者用皮。又見此經「享用馬」，《聘禮》「享用皮」，故以或用馬或用皮爲初享也。知皮爲虎豹之皮者，據《郊特牲》云「虎豹之皮，示服猛也」。云「其次享，三牲魚腊，籩豆之實，龜也，金也，丹漆絲纊竹箭也，其餘無常貨」者，據《禮器》文。《禮器》曰：「大饗，其王事歟？三牲魚腊，四海九州之美味也。籩豆之薦，四時之和氣也。內金，示和也。束帛加璧，尊德也。龜爲前列，先知也。金次之，見情也。丹漆絲纊竹箭，與衆共財也。其餘無常貨，各以國之所有，則致遠物也。」鄭所以引此者，以經明言「三享」，則非僅皮馬之屬，而所用之物經未有正文，故據《禮器》臚陳之，以存享物之概。鄭彼注雖以大饗爲祫祭先王，而於「三牲魚腊」等句下，注云：「此饌諸侯所獻。」又於「內金示和也」下，注云：「此所貢也，內之庭實先設之。」「龜爲前列，先知也」下，注云：「龜知事情者，陳于庭在前。」是皆以爲庭實也。《郊特牲》曰：「旅幣無方，所以別土地之宜，而節遠邇之期也。龜爲前列，先知也。以鐘次之，以和居參之也。虎豹之皮，示服猛也。束帛加璧，往德也。」鄭彼注亦以爲庭實所用。「旅幣無方」，即此經「庭實唯國所有」之義。又《大行人》曰：「邦畿方千里，其外方五百里謂之侯服，歲壹見，其貢祀物。又其外方五百里謂之甸服，二歲壹見，其貢嬪物。又其外方五百里謂之男服，三歲壹見，其貢器物。又其外方五百里謂之采服，四歲壹見，其貢服物。又其外方五百里謂之衛服，五歲壹見，其貢材物。又其外方五百里謂之要服，六歲壹見，其貢貨物。」鄭彼注云：「祀物，犧牲之屬。嬪物，絲枲也。器物，尊彝之屬。服物，玄纁絺纊也。材物，八材也。貨物，龜貝也。」此皆諸侯貢享之物，與《禮器》亦略相合，故鄭據《禮器》釋經也。鄭又云「此地物非一國所能有，唯所有分爲三享」者，謂土物各有所宜，如《禮器》注據《禹貢》云荆、揚二州貢金，荆州納錫大龜，貢丹，兖州貢漆絲，豫州貢纊，揚州貢篠簜之類，非一國所能備有，故但就其所有者分之爲三享，非謂一國三享中盡用此物也。吴氏《疑義》乃譏鄭以《禮器》所陳出之四海九州者，今一國貢之，則讀此注未審矣。云「皆以璧帛致之」者，以經云「三享皆束帛加璧」，則知三享庭實雖有異，而以璧帛致之則同也。《小行人》曰：「合六幣：圭以馬，璋以皮，璧以帛，琮以錦，琥以繡，璜以黼。」鄭注云：「六幣，所以享也。五等諸侯享天子用璧，享后用琮，其大各如其瑞，皆有庭實，以馬若皮。皮，虎豹皮也。用圭璋者，二王之後也。二王後尊，故享用圭璋而特之。《禮器》曰『圭璋特』，義亦通於此。其於諸侯，亦用璧琮耳。子男於諸侯，則享用琥璜，下其瑞也。凡二王後、諸侯相享之玉，大小各降其瑞一等。及使卿大夫覜聘，亦如之。」《考工記·玉人》曰：「命圭九寸，謂之桓圭，公守之。命圭七寸，謂之信圭，侯守之。命圭七寸，謂之躬圭，伯守之。」是所謂瑞玉也。又曰：「璧琮九寸，諸侯以享天子。瑑圭璋八寸，璧琮八寸，以覜聘。」又曰：「瑑琮八寸，諸侯以享夫人。」上言享天子，不言享后；下言享夫人，不言享君，互相見也。鄭注《鄉黨》享禮云：「既聘而享用圭璧。」《鄉黨圖考》辨之曰：「按享禮用圭者，唯二王後享天子。鄭注《小行人》云：『其於諸侯亦用璧琮耳。』」先大父《論語補箋》據此諸文詳考朝聘時享禮所用之玉，❶曰：「諸侯朝天子、五等諸侯享天子用璧，享后用琮，其大各如其瑞。上公九寸，侯伯七寸，子男五寸。二王後享天子用圭，享后用璋而特之。諸侯自相朝，二王後及公侯伯享君用璧，享夫人用琮；子男享君用琥，享夫人用璜。大小各降其瑞一等。二王後及上公八寸，侯伯六寸，子男四寸。諸侯使臣聘二王後及公侯伯之臣，享用璧琮。子男之臣，享用琥璜。上公八寸，侯伯六寸，子男四寸。」今案：此經言「束帛加璧」，則通謂五等諸侯也。經言享天子不言享后者，方氏苞謂儀法已見於春夏，故不言也。〇《禮經釋例》云：「注據《禮器》言，非也。《聘禮·記》『凡庭實皮馬相間』，言有皮則以皮，有馬則以馬，即《覲禮》『唯國所有』之義。覲下文但云：『匹馬卓上，九馬隨之。』不云他物，則三享皆皮馬，無他物可知。《聘禮》享，庭實云皮；私覿，庭實云馬。《覲禮》享，庭實亦云馬，皆互見也。至《禮器》云：『大饗，其王事與？』又云：『其出也，《肆夏》而送之。』蓋指饗食燕之饗禮而言，故有三牲魚腊籩豆之屬，非謂《覲禮》之享也。《禮器》注以爲祫祭先王，亦非。《郊特牲》所云亦指饗禮言，與《禮器》正合。孔疏謂『賓入大門』以下爲論燕饗之禮，謂『旅幣無方』以下爲論朝聘庭實之物，蓋依違鄭注而爲此說，不知《禮經》聘覲之享，庭實唯有皮馬也。」今案：鄭注《小行人》云：「五等諸侯享天子，皆有庭實，以馬若皮。」不

---

❶「父」，原作「夫」，今據胡氏引書文例改。

言他物，與此注似異。然莊二十二年《左傳》曰：「庭實旅百，奉之以玉帛，天地之美具焉。」「奉之以玉帛」，即謂束帛加璧也。庭實而云「旅百」，則所陳之物甚多，當非僅皮馬，故杜注云：「百，言物備也。」又云「天地之美具焉」，則與《禮器》所云「四海九州之美味」、「四時之和氣」義正同。《聘禮》享諸侯惟一享，故止用皮馬；《覲禮》享天子有三享，故備物。或亦隆殺之義宜然歟？**奉束帛，匹馬卓上，九馬隨之，中庭西上。奠幣，再拜稽首。**卓，讀如「卓王孫」之「卓」，卓，猶的也。以素的一馬以爲上，書其國名，後當識其何産也。馬必十匹者，不敢斥王之乘，用成數，敬也。【疏】正義曰：《校勘記》云：「注『王之乘』，《通典》『之』作『所』。」〇奉，侯氏親奉也。上云「束帛加璧」，此止云「束帛」，省文。璧加於束帛之上，言束帛則璧在其中也。下奠幣之幣亦兼璧帛言，《小行人》：「合六幣，璧以帛。」是璧、帛同稱幣也。「匹馬」，一馬也。《聘禮·記》曰：「凡庭實隨入，左先。」注：「隨入，不竝行也。」此經云「匹馬卓上，九馬隨之」，謂一馬前行，九馬隨之而入也。云「中庭西上」，謂此馬陳於庭南北之中而以西爲上，即《聘禮·記》「左先」之義。凡入門向堂，以西爲左。此一馬先進者在西，而其後則以次竝列而東，故曰「西上」。云「奠幣，再拜稽首」者，亦如前受摯時奠圭再拜稽首，侯擯者傳將受之辭，乃升致命也。敖氏云：「此奠幣蓋於入門左之位。」張氏《儀禮圖》云：「享不言入門右，則由闑西。」二説竝誤。臣之於君，出入皆由闑右，前已辨之矣。《玉藻》「公事自闑西」，注以公事爲聘享者，彼謂他國之臣代其君行聘享之禮；此是己臣自行享禮，與彼異也。下注云：「至於享，王之尊益君，侯氏之卑益臣。」是覲以辨等威，至享益嚴，豈覲入門右而享乃入門左哉？經不言入門右者，以文已見於覲時，不言可知也。　注云「卓，讀如『卓王孫』之『卓』，卓，猶的也。以素的一馬以爲上，書其國名，後當識其何産也」者，段氏玉裁云：「素的一馬，謂白馬也。鄭意白馬出衆，故謂之卓。」胡氏承珙云：「《説文》卓本訓高，竹角切。鄭意蓋不以卓爲高，欲見卓爲素的，故以卓王孫之卓譬况其音，而以的比方其義。的即《易》『的顙』、《爾雅》『的顙白顛』之『的』。然則鄭讀此卓字，似與凡言『卓』異。《廣雅》卓、的竝訓爲明，可知卓有的義。段云：『白馬出衆，故謂之卓。』誤矣。惟當時讀卓王孫之卓，未審何音。《漢書·江都易王非傳》『淖姬』，顔注引鄭氏曰：『淖，音卓王孫之卓。』不直音卓而必用此爲况者，蓋『卓』姓之『卓』固與『卓』異讀也。」「書其國名」，賈疏云：「謂若晉有鄭之小駟，復有屈産之類是也。」云「馬必十匹者，不敢㡿王之乘，用成數，敬也」者，案：《五經異義》：「《易》孟京、《春秋》公羊説，天子駕六；《毛詩》説，天子至大夫同駕四，士駕二。」鄭駁從《毛詩》説，是王所乘止四馬也。今用十馬，備王選擇，故云「不敢㡿王之乘」也。又《聘禮》賓覿，庭實用乘馬，乘馬，四馬也。此篇儐使者亦多用四馬，今用十馬，以享王之禮盛於他禮，故云「用成數，敬也」。李氏如圭云：「《書》：康王既尸天子，諸侯皆布乘黄朱，賓稱奉圭兼幣，曰：『一二臣衛，敢執壤奠。』皆再拜稽首。乘黄朱，四黄馬朱鬣也。彼因喪而見，與此禮異。」〇案：鄭訓「匹馬卓上」之「卓」爲的，後儒駁之者多，惟王尚書《經義述聞》之説最詳，今竝録於後。熊氏朋來云：「案：《韻釋》：『卓，蚤也。』蓋諸侯朝覲進十馬難盡數牽引至殿庭，先引上一馬而九馬隨之。當以卓訓蚤，於義爲通。」敖氏云：「『匹馬卓上』，謂以一馬卓然居前而先行也。❶言此者，明其入不與九馬相屬也。」王氏士讓云：「詩稱『驅驖』，周尚

❶「一」，原脱，今據《儀禮集説》補。

赤也，享王不宜尚白。凡朝覲會同，毛馬而頒之，校人齊其色。享王亦當齊色，又似不宜別以素的矣。」《經義述聞》云：「卓之言超也、絶也、獨也、上前也。卓上者，超絶其類，獨行而前之謂也。《廣雅》：『趠，絶也。』李善《西都賦》注：『逴躒，猶超絶也。』《匡謬正俗》曰：『逴者，謂超踰不依次第。』趠、逴與卓，古竝同聲，其義一也。《説苑・君道篇》：『踔然獨立。』《説文》：『稦，特止也。』徐鍇《傳》曰：『特止，卓立也。』踔與稦、卓古亦同聲，皆獨貌也。卓上，猶云獨前耳。古者上與前同義，在前謂之上，行而向前亦謂之上，此與下文『中庭西上』之上殊義。」**擯者曰：「予一人將受之。」**亦言王欲親受之。【疏】正義曰：秦氏蕙田云：「案：受覲聽事所稱天子之命，皆擯者述之。彼云『天子曰』，此云『擯者曰』，互見爲義。」**侯氏升致命。王撫玉。侯氏降自西階，東面授宰幣，西階前再拜稽首，以馬出，授人，九馬隨之。**王不受玉，撫之而已，輕財也。以馬出，隨侯氏出，授王人於外也。王不使人受馬者，至於享，王之尊益君，侯氏之卑益臣。【疏】正義曰：《校勘記》云：「注『授王人』，閩、葛、《通解》『王』誤作『玉』。『至於享』，『至』，徐、陳、閩、葛、《集釋》、《通解》俱作『主』，楊氏作『至』。張氏曰：『案：疏云今至於三享云云，詳其義，主字當作至。』今案：毛本作「至」，戴校《集釋》改「至」，嚴本亦誤「主」。〇侯氏先奠幣，聞擯者辭即取幣奉以升，與前覲時儀同。此不言取幣，省文。致命者，方氏謂：「職貢皆王所命也。」一説，致命猶致辭，其辭蓋曰：「臣某侯某敢執壤奠。」享玉，即束帛所加之璧也。幣兼璧帛言，詳上「侯氏自奉幣降西階」下。「東面授宰」，《聘禮・記》：「賓之幣，唯馬出，其餘皆東。」時宰在東，故東面授也。宰，賈疏謂即大宰，是也。《周禮・大宰職》：「大朝覲會同，贊玉幣。」鄭注：「玉幣，諸侯享幣也。」《聘禮》享時云：「公受幣。」又云：「公側授宰幣。」是公親受而授宰。此

《覲禮》王不親受，而侯氏自執以授宰，至尊禮異也。「西階前再拜稽首」，送幣也。敖氏云：「西階前非正位，以欲執馬，由便也。」　注云「王不受玉，撫之而已，輕財也」者，撫，以手撫之。不受玉，謂不親受，非不受也。敖氏云：「撫之者，示受之。」是也。撫是尊者之禮，與《昏禮》「舅撫婦之摯」同。《聘義》曰：「以圭璋聘，重禮也。已聘而還圭璋，此輕財而重禮之義也。」鄭注：「財謂璧琮享幣也。」但彼以圭璋還而璧帛不還爲輕財，此對上瑞玉親受而璧帛不親受爲輕財，❶財即謂璧帛也。云「以馬出」者，謂侯氏親執一馬以出。云「隨侯氏出，授王人於外也」者，謂九馬隨之而出，均以授王人於外也。《周禮·校人》：「凡賓客受其幣馬。」則王人其即校人歟？　云「王不使人受馬者，至於享，王之尊益君，侯氏之卑益臣」者，對上入覲時王親受玉，此不親受。又庭實并不使人受之於庭。又行覲時，降拜則辭之，然後升成拜，此降拜不辭，爲益君益臣也。《聘禮》賓覿，使士受馬于廟内；此侯氏自執以出，故云「王不使人受馬」也。《郊特牲》曰：「覲禮，天子不下堂而見諸侯。下堂而見諸侯，天子之失禮也，由夷王以下。」此篇受玉撫玉俱在堂上，是不下堂也。覲以正君臣之禮，故益嚴也。又案：《周禮·大行人》：「朝位，賓主之間，上公九十步，侯伯七十步，子男五十步。」鄭注：「朝位謂大門外賓下車及王車出迎所立處也。」案：經文於「立當車軹，擯者五人」下，即云：「廟中將幣三享。」注又云：「朝先享，不言朝者，朝正禮，不嫌有等也。」則是出迎之禮，據享而言。賈疏謂：春夏受贄於朝，無迎法，受享乃迎之。覲禮則受摯受享，皆無迎法。與《曲禮》疏所引熊氏説同。又《齊僕》

---

❶ 下「受」字，原作「授」，今據《續清經解》本改。

云：「朝覲宗遇饗食，各以其等，爲車送迎之節。」賈氏謂：因此朝覲宗遇而與諸侯行饗食在廟，有迎法。是《齊僕》所云送迎者，乃饗食之禮，非謂朝覲宗遇正禮也。朱氏大韶云：「經云『朝覲宗遇饗食』者，謂朝覲宗遇之饗食，非以六字平列。覲禮主乎嚴，故不下堂；饗食略君臣之分而致賓主之儀，故有送迎。」此説是也。陳氏《禮書》乃謂「春朝夏宗秋覲冬遇，送迎之禮同」，誤矣。○賈疏謂：聘禮享君，尚有幣問卿大夫。此諸侯享天子訖，亦當有幣問公卿大夫。據隱七年《左傳》「戎朝于周，發幣于公卿」爲證。此篇無之，蓋亦文不備與？　**事畢。**三享訖。【疏】正義曰：自「奉束帛」至「以馬出，授人，九馬隨之」，皆言初享用馬之儀。其次二享，庭實惟國所有，無定物，故經不言而以事畢括之。又三享物雖不同，其禮則一，即一享可例其餘也。注云「三享訖」者，以經云「三享，皆束帛加璧」，則三享實分三度致之，必三享訖，乃可云「事畢」也。賈疏謂一度致之，非矣。

右覲已即行三享

乃右肉袒于廟門之東。乃入門右，北面立，告聽事。右肉袒者，刑宜施於右也。凡以禮事者左袒，入更從右者，臣益純也。告聽事者，告王以國所用爲罪之事也。《易》曰：「折其右肱，無咎。」【疏】正義曰：注「無咎」，毛本「無」作「无」。《校勘記》云：「《通解》作『無』，與單疏標目合。」今案：嚴本作「無」。○《大戴禮·朝事儀》曰：「肉袒入門而右，以聽事也。」即謂此。郝氏敬云：「此諸侯述職待罪也。覲享既畢，黜陟未分，懼王或譴，乃右肉袒請事。」是也。門以向堂爲正，東爲右，解見前。「袒于廟門之東」，便於入門右也。「北面立」，荅君之義也。「告」，告擯者轉以告王也。　注云「右肉袒者，刑宜施於右也」者，肉袒，袒而無衣見肉也。江氏《鄉黨圖考》云：「《喪禮》肉袒、《祭禮》迎牲割牲、《養老禮》割牲，皆肉袒。《射禮》：『君在，大夫射則肉袒。』」禮之言「肉袒」者多矣，此獨言「右肉袒」，故鄭以爲「刑宜施於右也」。云「凡以禮事者左袒」者，謂禮事無問吉凶，皆袒左也。詳《鄉射禮》「司射適堂西袒決遂」下。此袒右，敖氏以爲變於禮事，是也。云「入更從右者，臣益純也」者，《玉篇》：「更，復也。」前覲享入門右，此入復從右肉袒待衆，臣禮益純也。云「告聽事者，告王以國所用爲罪之事也」者，謂己國所以得罪之事。張氏爾岐云：「告王以己國所爲多罪，願聽王譴責之事也。」云「《易》曰：『折其右肱，無咎。』」者，係《豐卦》九三爻辭。豐，離下震上。賈疏云：「凡卦爻，二至四，三至五，兩體交互，各成一卦，先儒謂之互體，故鄭隨其義而注云：三，艮爻，艮爲手，互體爲巽。巽又爲進退，手而便於進退，右肱也，猶大臣用事於君，君能誅之，故無咎。引之者，證刑理宜於右之義。」張氏惠言《周易鄭氏義》云：「互體兑，爲毀折。」又云：「此雖言大臣，實兼有覲禮。初震在離前爲朝春，三離後體兑爲覲秋也。」**擯者謁諸天子。天子辭于侯氏曰：「伯父無事，歸寧乃邦。」**謁，告。寧，安也。乃，猶女也。【疏】正義曰：「乃邦」，毛本「邦」誤「拜」。《校勘記》云：「唐石經、嚴本、《通典》、《集釋》、《通解》、楊、敖俱作『邦』。徐本誤同毛本。注『猶女也』，葛本『女』作『汝』。」○敖氏云：「凡擯者於侯氏之行臣禮，如奠圭之類，皆以謁諸王。其告於侯氏也，則皆傳王命也。上文不言謁諸天子，天子辭於侯氏；此不言擯者告於侯氏，皆互見其文耳。」今案：上云「告聽事」，告王以己國所爲得罪之事。此云「伯父無事」，言無所爲得罪之事也。李氏引《書·文侯之命》曰：「王曰：『父義和！其歸視爾師，寧爾邦。』」乃邦即爾邦，故鄭云「乃，猶女也」。女與汝通。**侯氏再拜稽首，出，自屏南適門西，遂入門左，北面立，王勞之。再拜稽首。擯者延之曰：「升。」升成拜，降出。**王辭之，不即左者，當出隱於屏而襲之也，天子外屏。勞之，勞其道勞也。【疏】正義曰：「適門西」下，毛本有一圈。《校勘記》云：「蓋因《通解》分節而誤。」敖氏云：「『西』下似脱『襲』字。」今案：各本皆無「襲」字，但注云「當出隱於屏而襲之」，則是經言「襲」，注恐人不知襲之所在而注之也，似鄭本原有「襲」字。○「侯氏再拜稽首」，拜王辭也。下又再拜稽首，拜王勞也。「出，自屏南適門西，遂入門左」，蓋王將勞之而待以客禮也。「出」字爲句。斯時出亦由門右。敖氏云：「出自屏南，乃適門西，則侯氏出入天子之門亦必由闑東矣。」姜氏兆錫云：「適門西者，將入門左也。至是乃入門左者，王將勞之，成君意也。」據此二説，則覲享時不入門左明矣。成君意，謂成君以客禮待之之意也。《禮經釋例》云：「臣於君，入門右係常禮。若君以客禮待之則辭，於是出，乃復入門左。《覲禮》告聽事，先入門右，天子辭之乃出，復入門左。侯氏前聽事，故從臣禮；後天子勞之，故從客禮也。然則侯氏再拜稽首出，出門右也；下升成拜降出，出門左也。經文兩出同而有異如此。」注云「王辭之，不即左者，當出隱於屏而襲之也」者，賈疏云：「以屏外不見天子爲隱。向者右袒，今王辭以無事，故宜襲也。」云「天子外屏」者，賈疏云：「據此文，出門乃云『屏南』，即是外屏。」又引《禮緯》云：「天子外屏，諸侯内屏，大夫以簾，士以帷。」今案：「天子外屏」，《荀子》、《淮南子》均有此文。《釋宫》：「屏謂之樹。」《論語》：「邦君樹塞門。」李氏云：「屏謂立小牆當門中以自蔽也。諸侯内屏在路門之内，天子外屏在路門之外。臣朝君至而加肅敬，故屏有遠近也。」案：李云路門内外，本《曲禮》孔疏。江氏嘗駁之，謂天子以應門爲正門，屏在應門外；諸侯以雉門爲正門，屏在雉門内。説詳《鄉黨圖考》。但以上皆據朝言之，此屏則設於廟。江氏又云：「《覲禮》廟門外之屏，唯天子有之。《明堂位》所謂『疏屏，天子之廟飾』者也，諸侯廟内無屏。《聘禮》賓入廟門内霤，不見有屏。邦君樹塞門之制，在朝不在廟。」此言是也。《春秋》哀公四年，亳社災。《穀梁傳》：「亳，亡國也。亡國之社，以爲廟屏，戒也。」范注云：「立亳之社於廟之外，以爲屏蔽。」此天子廟屏之制歟？《明堂位》言魯用天子禮有疏屏，故有亳社，他國不得有也。云「勞之，勞其道勞也」者，謂勞其道路勤勞。敖氏云：「王勞之，亦擯者傳王之辭也。」○朱子云：「《周禮》冣是大行人等官屬之司寇難曉。蓋《覲禮》諸侯行禮既畢，則降而肉袒請刑，王曰『伯父無事，歸寧乃邦』，然後再拜稽首出，此所謂『懷諸侯則天下畏之』也。如此等處，皆是合著如此，初非聖人私意。」

右侯氏請罪天子辭乃勞之

天子賜侯氏以車服。迎于外門外，再拜。賜車者，同姓以金路，異姓以象路。服則衮也，鷩也，毳也。古文曰「迎于門外」也。【疏】正義曰：張氏爾岐云：「自此至『乃歸』，皆言王賜禮侯氏之事。」○賜侯氏以車服，即《虞書》所謂「車服以庸」也。高氏愈云：「不賜於入覲之時，而特遣使賜於侯氏之館，重其禮也。」吴氏廷華云：「此亦報享之意。」方氏苞云：「迎拜及送，皆與勞者同。」王氏士讓云：「此時諸公太史亦不荅拜，如郊勞。」　注云「賜車者，同姓以金路，異姓以象路」者，《周禮》：「巾車掌王之五路，一曰玉路以祀。」賈疏謂：「尊之，不賜諸侯。」是也。又金路同姓以封，象路異姓以封，革路以封四衛，木路以封蕃國，賜車中兼有此四者，鄭止言金路、象路，舉以例其餘也。云「服則袞也，鷩也，毳也」者，據《司服》云：「公之服自袞冕而下，侯伯自鷩冕而下，子男自毳冕而下。」是也。云「古文曰『迎于門外』也」者，古文作「門外」，與今文作「外門外」異。敖氏云：「上文賜舍，則此『門外』乃舍門外也，凡舍惟有一門。」胡氏承珙云：「案：《聘禮》賓館于大夫，其歸饔餼還玉，皆迎于外門外。天子賜諸侯之舍，何知惟有一門？敖氏之説殊不足據。鄭於《聘禮》『還玉』從古文作『外門外』，此又從今文有『外』字，其去取當矣。」**路先設，西上，路下四，亞之。重賜無數，在車南。**路，謂車也。凡君所乘車曰路。路下四，謂乘馬也。亞之，次車而東也。《詩》云：「君子來朝，何錫予之？雖無予之，路車乘馬。又何予之？玄袞及黼。」重，猶善也。所加賜善物，多少由恩也。《春秋傳》曰：「重錦三十兩。」【疏】正義曰：注「而東也」，毛本「東」誤「東」。「由恩也」，毛本「恩」誤「思」。「又何予之」，毛本「予」作「與」。《校勘記》云：「嚴本、《集釋》、楊、敖俱作『予』。」〇「路先設」，「先」字對服言。下文「服諸公奉之」，服可奉，車不可奉，故先設之於舍之庭也。上「路」字兼車馬言，車西馬東，以西爲上，故曰「西上」也。下「路」字專指車言，敖氏云：「四馬設於車東，異於駕也。」吴氏廷華云：「重賜在車南，加賜卑於車也。」　注云「路，謂車也。凡君所乘車曰路」者，案：《巾車》：「王與后之車皆稱路。」《白虎通》云：「路，大也、道也、正也。君至尊，制度大，所以行道德之正也。路者，君車也。天子大路，諸侯路車。」云「路下四，謂乘馬也」者，四馬所以駕車，故謂四馬爲「路下四」也。云「亞之，次車而東也」者，亞以東西言，謂車設於西，四馬次之而設於東，竝列也。引《詩》者，《采菽》篇文，引以證賜車服之事。《采菽》序：「以幽王於諸侯來朝，不能錫命以禮，故思古以刺也。」《毛傳》：「君子，謂諸侯也。予，賜也。路車乘馬，賜車也。玄衮及黼，賜服也。」又《韓奕》詩云「韓侯入覲，王錫韓侯，淑旂綏章，簟茀錯衡，鉤膺鏤鍚，鞹鞃淺幭，鞗革金厄」，❶是賜車；「玄衮赤舄」，是賜服，亦與此經合也。云「重，猶善也。所加賜善物，多少由恩也」者，言賜物多少由於君之恩，解經「無數」之意也。《周禮・小宗伯》：「掌衣服車旗宮室之賞賜。」《圉人》：「凡賓客牽馬而入陳。」鄭注：「賓客之馬，王所以賜之者。」《内府》：「掌受九貢九賦九功之貨賄，良兵良器，以待邦之大用。」鄭注：「大用，朝覲之頒賜。」《樂記》：「所謂大輅者，天子之車也。龍旂九旒，天子之旌也。青黑緣者，天子之寶龜也。從之以牛羊之羣，則所以贈諸侯也。」鄭注：「贈諸侯謂來朝將去，報之以禮。」然則《内府》所謂「大用」，《樂記》所謂「寶龜」、「牛羊」，其即此「重賜」之類歟？云「《春秋傳》曰：『重錦三十兩。』」者，閔二年《左傳》文。服注云：「重，牢也。」孔疏云：「杜以遺夫人之錦貴美不貴牢，故易爲錦之熟細者。」是重錦即美錦，美有善義，故鄭引以證重之爲善也。**諸公奉篋服，加命書于其上，升自西階，東面，大史是右。** 言「諸公」者，王同時分命之而使賜侯氏也。右，讀如「周公右王」之「右」。是右者，始隨入，於升東面，乃居其右。古文「是」爲「氏」也。【疏】正義曰：篋制詳《士冠禮》。服盛於篋，故云「篋服」。命書，即王命賜車服之書。加於其上，加於篋上也。使諸公奉之者，見錫予之重也。大史，掌禮書者，詳下。注云「言『諸公』者，王同時分命之而使賜侯氏也」者，以來覲非一國，王同時使三公分往命之，故言「諸公」也。《春官・序官》：「大史，下大夫二人，上士四人。」是亦足數分命矣。敖氏謂：「奉篋服者一人耳，乃云『諸公』者，

❶「鞗」，原作「條」，今據《毛詩正義》改。

若師、若傅、若保，不定也。」則是以命賜者止一人，設來覲國多，恐日不暇給矣，敖説非也。云「右，讀如『周公右王』之『右』」。是右者，始隨入，於升東面，乃居其右」者，案：「周公右王」，襄二十一年《左傳》文，言周公左右王室也。吴氏《章句》云：「諸侯職崇，大史職卑，始隨入在公後，及升自西階，則與公同東面，而居公之右，蓋在公之南也。」云「古文『是』爲『氏』」者，惠氏棟云：「《曲禮》：『五官之長曰伯，是職方。』注云：『是或爲氏。』《漢書》：『造父後有非子，玄孫氏爲莊公。』顔注曰：『氏與是同。』《韓勑脩孔廟後碑》以『於氏』爲『於是』，『漢末有是儀』，亦作『氏』。氏、是兩字本通，非有異義。」胡氏承珙曰：「鄭注《周禮·射人》引此經『大史氏右』，仍依古文作『氏』，於此則從今文作『是』者，以大史係在諸公之右，若作『氏』恐與侯氏之氏混，故從今文。」**侯氏升，西面立。大史述命。**讀王命書也。【疏】正義曰：侯氏升而云「西面立」，則升降自阼階可知。蓋侯氏在館，有主道也。述命，謂讀王命書，亦詔辭自右之義。或因《周禮·内史》「掌書王命」，遂疑讀之者爲内史，不知此命書内史書之，大史讀之也。《大史職》曰：「大祭祀戒及宿之日，與羣執事讀禮書而協事。」又云：「大會同朝覲，以書協禮事。」是讀命書正其職。《儀禮釋官》云：「《玉藻》疏引此經『大史是右』，謂『大史代内史宣行王命，故居右』，非也。」**侯氏降兩階之間，北面再拜稽首。**受命。【疏】正義曰：兩階，謂東西兩階之間正中也。《周禮·射人》：射朝之位，三公北面。諸侯在朝亦北面。據《明堂位》「三公中階之前，北面東上」，則在朝三公居中，諸侯在旁可知。故前覲享或拜於西階之東，或拜於西階之前，不於兩階之中拜，避三公位也。此在己舍與朝廟異，故拜於兩階之間也。郊勞但云「降，再拜稽首」，不言何處，當亦在兩階間拜也。　注云「受命」者，謂此拜爲拜受命也。**升成拜。**大史辭之降也。《春秋傳》曰：「且有後命，以伯舅耋老，毋下拜。」此辭之類。【疏】正義曰：注云「大史辭之降也」，謂辭其降拜也。引《春秋傳》證辭下拜之事。僖九年《左傳》云：「王使宰孔賜齊侯胙，齊侯將下拜。孔曰：『且有後命。天子使孔曰：以伯舅耋老，加勞賜一級，無下拜。』齊侯卒下拜，登受。」今案：下拜者，臣之正禮，未有不辭而升成拜者。此節「升成拜」，經不言「辭」，文不備，故注特補之。敖氏乃謂：「不辭之而升成拜，尊者之禮。」盛氏世佐云：「案：升成拜，以公辭之故也。既拜於下乃辭，禮之正也。《左傳》王使宰孔賜齊侯胙，齊侯未下拜而孔辭之，待以殊禮也。既不復成拜於上者，謙不敢貪天子之命也，與此異。敖説非。」褚氏云：「辭之而升成拜者，順君之命，不得不成拜於上，然已略兼賓主之儀矣。敖謂不辭之而升成拜，儼若天子以賓禮待己者，不已亢乎？」秦氏蕙田云：「盛氏駁敖不辭之説極當，但鄭注謂『大史辭之』，盛氏謂『公辭之』，案：上文述王命者大史，則此辭侯氏者亦必大史也，盛説似非。」今案：秦説是也。**大史加書于服上，侯氏受。**受篋服。【疏】正義曰：敖氏云：「此受於堂，乃不著其所，是就而受之明矣。」就而受，謂侯氏就諸公受也。但敖氏謂受亦北面，諸公南面訝受之。張氏《儀禮圖》則以爲東西面受。案：上文諸公東面，經不更著南面之文，則張《圖》是也。姜氏兆錫云：「又言『加書』者，取讀之復加之也。」蔡氏云：「大史宣讀已畢，乃加之篋内服上。」吴氏廷華云：「服在篋，故亦曰服上。」今案：經未有開篋之文，則吴説是也。**使者出。侯氏送，再拜，儐使者：諸公賜服者，束帛、四馬，儐大史亦如之。**既云「拜送」，乃言儐使者，以勞有成禮，略而遂言。【疏】正義曰：使者出，賜車服事畢也。使者兼公與大史言，儐使者爲總目之辭，下乃分言也。諸公賜服者，即上奉篚服者，儐之束帛、四馬，儐大史亦如之，亦束帛、四馬也。使事同，儐禮亦同也。王氏士讓云：「此與郊勞賜舍儐使同而又有異。彼止一人，此則二人矣。考《典命》，王之三公八命，其大夫四命。大史，下大夫也，而與公同儐數，尊王命也。」注云「既云『拜送』，乃言儐使者，以勞有成禮，略而遂言」者，張氏爾岐云：「儐使者在拜送前，乃於送後略言之者，以前經郊勞時已詳載成禮，故略言已足也。」○汪氏克寬云：「周制，諸侯踐位而入見則有錫命，修聘來朝則有錫命，能敵王所愾而獻功則有錫命，此禮之正也。無就其國而錫命之禮，如《春秋》書『王使榮叔來錫桓公命』、『天王使毛伯來錫公命』之類，皆非正也。」

右王賜侯氏車服

同姓大國，則曰「伯父」，其異姓，則曰「伯舅」。同姓小邦，則曰「叔父」，其異姓小邦，則曰「叔舅」。 據此禮云「伯父」，同姓大邦而言。【疏】正義曰：「其異姓小邦則曰叔舅」，唐石經及各本皆如是。《經義述聞》云：「異姓大國曰伯舅，不言大國者，蒙上而省也。然則異姓小邦曰叔舅，『小邦』亦當蒙上而省，今本有『小邦』二字，即涉上句而衍。《周官·大宰》疏引此有『小邦』二字，則賈所見本已然，不始於唐石經矣。《康王之誥》正義、《文侯之命》正義、《小雅·伐木》正義、隱五年《左傳》正義引此皆作『其異姓則曰叔舅』，則孔所見本無『小邦』二字，❶於義爲長。」朱氏大韶云：「經以國之大小分別伯父、伯舅、叔父、叔舅之

❶「則」，原作「作」，今據《續清經解》本改。

稱。於同姓大國曰伯父，則稱伯舅者亦大國可知。於同姓小邦曰叔父，則稱叔舅者亦小邦可知。上下立文相對，此句不須重言小邦，當以孔所引爲正。石本始衍，各本因之。」今案：注「據此禮云伯父」，毛本「云」誤「曰」，嚴本作「云」。「據」字，敖本在「伯父」下，屬下句。○此天子稱諸侯之辭。父與舅，以姓同異而別也。伯與叔，以國大小而别也。謂之伯叔父舅，尊之親之之稱也。案：《曲禮》則以二伯稱伯父伯舅，九牧稱叔父叔舅，與此異，當以此爲定稱。經邦、國互言，《説文》：「邦，國也。國，邦也。」是二字本通。鄭注《周禮》云：「大曰邦，小曰國。」此無注，則亦以爲通稱也。方氏苞云：「以國大小爲别，未安。」今案：方説非也。《儀禮》經是周公所作。周初封建五等之國，以功德大小爲差，不比後世由於兼并，則大國稱伯，小國稱叔，宜矣。春秋時晋寖爲强大，而天王命辭見於内外傳者猶稱叔父，則其沿周初之稱可知也。注云「據此禮云『伯父』，同姓大邦而言」者，上經多言「伯父」，乃同姓大國之稱。此經兼言同姓小國、異姓大小國，以覲兼五等，故竝詳其稱謂也。注意蓋謂據此禮云伯父，乃指同姓大邦言，若小邦則曰叔父，異姓大小邦則曰伯舅叔舅矣。敖氏引此注作：「此禮云『伯父』，據同姓大邦而言。」義似較顯。然敖氏引注多所移易，未必注本如是也。

右王辭命稱謂之殊

饗禮，乃歸。禮，謂食燕也。王或不親，以其禮幣致之，略言饗禮，互文也。《掌客職》曰：上公三饗三食三燕，侯伯再饗再食再燕，子男一饗一食一燕。【疏】正義曰：《校勘記》云：「注『略言饗禮』，楊氏作

「享」，下竝同。」又「三饗」、「再饗」、「一饗」，毛本俱作「享」。《校勘記》云：「嚴、徐、陳、閩、葛本、《集釋》、《通解》、敖氏俱作『饗』。」段氏玉裁注《説文》「享」字云：「案：《周禮》用字之例，凡祭享用『享』字，凡饗燕用『饗』字。如《大宗伯》吉禮下，六言『享』；先王嘉禮下，言『以饗燕之禮親四方賓客』，尤其明證也。《禮經》十七篇用字之例，《聘禮》内臣享君，字作『享』。《士虞禮》、《少牢禮》『尚饗』，字作『饗』。《小戴記》用字之例，凡祭享、饗燕皆作『饗』，無作『享』者。《左傳》則皆作『享』，無作『饗』者。《毛詩》之例，則獻於神曰『享』，神食其所享曰『饗』，如《楚茨》『以享以祀』下云『神保是饗』，《周頌》『我將我享』下云『既右饗之』，《魯頌》『享祀不忒』、『享以騂犧』下云『是饗是宜』，《商頌》『以假以享』下云『來假來饗』，皆其明證也。鬼神來食曰『饗』，即《禮經》『尚饗』之例也。獻於神曰『享』，即《周禮》『祭享』作『享』之例也。」今案：段氏之説詳矣，而《禮經》「饗燕」字作「饗」，尚未言及。《儀禮·聘禮》「臣享君」字作「享」，《覲禮》亦然。至饗燕之饗，則《聘禮》、《公食大夫禮》、《覲禮》字皆作「饗」。此注引《掌客職》三饗再饗一饗，《周禮》本作「饗」，《儀禮》各本亦皆作「饗」，惟毛本作「享」，誤矣。「一」，《周禮》作「壹」。○歸，反國也。方氏苞云：「聘使饗燕畢，將歸而後贈賄。侯氏則賜車服，重賜竝頒，及將歸而後饗禮，何也？奉使而誤，不過主君不親饗食，而邦交如故也，故次第致禮。侯氏而有干王章，或賊賢害民，暴内陵外，雖時會來，王不遽加以九伐之法，必將有削地降律之罰焉，故必肉袒請聽事。待天子有『無事歸寧爾邦』之命，更賜車服重加命書，然後繼此得爲諸侯，於是乎榮以饗食，厚其燕好而歸之，此先王制禮之精意也。」　注云「禮，謂食燕也」者，案：待賓客之禮有饗、食、燕三者，此經不單言饗而言饗禮，故知禮謂食燕也。云「王或不親，以其禮幣致之」者，謂王或有故不親食燕，如《公食大夫禮》

「若不親食，使大夫以侑幣致之」、《聘禮》「若不親饗，則公作大夫致之以酬幣，致食以侑幣」之類是也。又《周禮·酒人》：「共賓客之禮酒，飲酒而奉之。」鄭注：「禮酒，饗燕之酒。王不親饗燕不親食，而使人各以其爵，以酬幣侑幣致之，則從而以酒往。」是王有致食燕之事也。《掌客職》亦曰：「若弗酌則以幣致之。」此注云「禮幣」者，禮即《聘禮·記》所云「凡致禮」之禮，注謂「以幣致其禮」是也。云「略言饗禮，互文也」者，容王無故親饗，有故不親饗，即以禮幣致之。王有故不親食燕，以禮幣致之，無故即親食燕，故云「互文也」。引《掌客職》曰「上公三饗三食三燕，侯伯再饗再食再燕，子男一饗一食一燕」者，證饗之外有食燕也。但今本《周禮·掌客》作「侯伯三饗」，鄭引作「再饗」者，《郊特牲》孔疏辨之曰：「南本或云侯伯亦三饗，誤也。」則今所傳殆唐時誤本，是以《周禮·内宰》《職金》疏引《掌客》文，俱作「侯伯再饗」也。或疑《掌客》所言係諸侯自相朝，非天子待諸侯禮。據《大行人》云：「饗禮九獻，食禮九舉。」不言燕禮，似天子待諸侯有饗食無燕者。不知《大宗伯》云：「以饗燕之禮親四方賓客。」《司儀》云：「王燕則諸侯毛。」又《湛露》詩序云：「天子燕諸侯也。」鄭箋云：「諸侯朝覲會同，天子與之燕，所以示慈惠。」則覲有燕明矣。賈疏因《聘禮》言「致食以侑幣，致饗以酬幣」，不言致燕以幣，遂謂燕禮無幣。《詩》孔疏謂《燕禮》亦當有幣。今案：《鹿鳴》詩序云「燕羣臣嘉賓也」，而其詩曰「承筐是將」，則燕有幣明矣。陳氏祥道謂：「古人燕賓，未嘗不用酬幣，特《燕禮》之文不備耳。」是也。又案：《周禮·酒人》疏云：「案：《鹿鳴》燕羣臣嘉賓有實幣帛，則致燕亦以酬幣致之與饗同。」是賈亦自相矛盾矣。○方氏苞云：「諸侯適天子必告於祖，奠於禰，命祝史告於社稷宗廟，所過山川命五官道而出，如《曾子問》所記是也。入王畿則有誓衆、謁關人、習覲享、展羣幣、小行人出勞，所經致積之禮一切不具，而自至於王郊始，蓋凡此皆具於春朝夏宗，而無庸複出也。」今案：《周禮·司儀》云：「凡賓客送逆同禮。」《訝士》：「邦有賓客則與行人送逆之。」《掌訝》：「若將有國賓客至，則戒官脩委積，與士逆賓於疆，爲前驅而入。及歸，送亦如之。」是諸侯入覲有逆之之禮，及歸有送之之禮。《聘禮》云：「士送至于竟。」此不言者，蓋亦見於春朝夏宗禮，而此不具耳。

右略言王待侯氏之禮以上廟受覲禮竟

諸侯覲于天子，爲宮方三百步，四門，壇十有二尋，深四尺，加方明于其上。 四時朝覲受之於廟，此謂時會殷同也。宮，謂壝土爲埒，以象牆壁也。爲宮者，於國外，春會同則於東方，夏會同則於南方，秋會同則於西方，冬會同則於北方。八尺曰尋，十有二尋則方九十六尺也。深謂高也，從上曰深。《司儀職》曰：「爲壇三成。」成，猶重也。三重者，自下差之爲三等，而上有堂焉。堂上方二丈四尺，上等、中等、下等，每面十二尺。方明者，上下四方神明之象也，上下四方之神者，所謂明神也。會同而盟，明神監之，則謂之天之司盟，有象者，猶宗廟之有主乎？王巡守，至於方嶽之下，諸侯會之，亦爲此宮以見之。《司儀職》曰「將會諸侯，則命爲壇三成，宮旁一門，詔王儀，南鄉見諸侯」也。【疏】正義曰：張氏爾岐云：「自此至篇末，皆言時會殷同及王巡守爲壇而見諸侯之事。」今案：據鄭注，則自此以下至「禮山川丘陵於西門外」爲會同之禮，「祭天」而下爲巡守之禮也。方氏苞云：「『記』字宜冠此節之首。」又云：「方明者，木也。自爲注釋，通經所無，記文多此類。」吴氏廷華云：「上『侯氏裨冕』，疏謂《白虎通》引《禮·記》『天子乘龍，載大旆，象日月升龍』，其文與下節略同，則漢人固以此數節爲記也。考十七篇中，有有記者，有無記者，獨此篇記只三語，又與諸經不同，則此節以下其爲記説無疑。」盛氏亦以爲「詳其文體，有似乎記」。今案：「四傳擯」下注云：「王受玉撫玉，降拜於下等。及請事、勞，皆如《覲禮》，是以記之覲云。」據此則鄭注固明以此數節爲記矣，方氏、吴氏説可從。○《校勘記》云：「張氏曰：『注曰官謂壝土爲埒，案：諸本官皆作宫，從諸本。』『從上曰深』，浦鏜云：『按《秋官·司儀職》疏引此作「從上向下爲深」，義尤悉。』案：《通典·巡守篇》引此亦有『向下』二字。『所謂神明也』，『神明』，監本、《集釋》、楊氏俱作『明神』，與疏合。『則命爲壇』，『命』，徐本未刻，陳、閩、監本俱作『會』。『爲』，徐本作『焉』，《集釋》、《通解》、楊氏、毛俱作『命爲』。❶『詔王儀』，『詔』，徐本未刻。」今案：嚴本「宫」亦誤「官」，「牆」作「牆」。黄氏丕烈云：「各本作『牆』，❷『牆』乃誤字。」又「所謂明神」，嚴本作「神明」，毛本同。案：作「明神」是也。又「命爲」字及「詔」字，嚴本俱不誤。○此下言會同而云「諸侯覲于天子」者，《周禮》每以會同爲大朝覲，此記之於覲，故以覲言。上是覲於廟中之禮，此是覲於國外之禮也。云「爲宫方三百步」者，《司馬法》：「六尺爲步。」方三百步，縱横皆三百步，則爲方千八百尺，即方一里之地也。四門，謂四方皆有門，取洞達之義，即《周禮·司儀》所謂「宫旁一門」也。《掌舍職》會同「爲壇壝宫棘門」。則此宫掌舍爲之，司儀主令之歟？《司常》又云：「會同置旌門。」此謂王晝行止息之地，即《掌舍職》所云「爲帷宫設旌門」是也。此門當爲棘門，非旌門矣。壇，築土爲之，《漢書注》「築土而高曰壇」是也。

❶「爲」下，原衍「本」字，今據《十三經注疏校勘記》删。
❷「各」，《儀禮校録》作「李」。

「十有二尋」言其廣，「深四尺」言其高。「方三百步」者，宮之廣。十有二尋者，宮內之壇之廣也。此云「深四尺」，而《司儀》云「爲壇三成」，三成即上等、中等、下等三等也，每等一尺，通堂上計之爲四尺，文異實同也。方明者，謂上下四方之神，形制詳下。加於壇上，待祀也。必加方明者，會同爲非常之事，故設此以爲神所憑依。鄭注《司儀》云：「加方明於壇上而祀焉，所以教尊尊也。」王氏士讓云：「王者行事，百神享之，必有所依。」高氏愈云：「蓋即協和萬邦而懷柔百神之意。」注云「四時朝覲受之於廟，此謂時會殷同也」者，賈疏謂：「朝宗雖在朝，受享則在廟，故并言『受之於廟』。此經言『壇』不言『廟』，故鄭以爲時會殷同之禮也。《大宗伯》曰：『時見曰會，殷見曰同。』鄭注：『時見者，言無常期，諸侯有不順服者，王將有征討之事，則既朝覲，王爲壇於國外，合諸侯而命事焉。《春秋傳》曰「有事而會，不協而盟」，是也。殷，猶衆也。十二歲王如不巡守，則六服盡朝，朝禮既畢，王亦爲壇，合諸侯以命政焉。』」《大行人》曰：「時會以發四方之禁，殷同以施天下之政。」鄭注：「時會，即時見也，無常期。諸侯有不順服者，王將有征討之事，則既朝，王命爲壇於國外，合諸侯而發禁命事焉。禁，謂九伐之法。殷同，即殷見也。王十二歲一巡守，若不巡守，則殷同。殷同者，六服盡朝，既朝，王亦命爲壇於國外，合諸侯而命其政。政謂邦國之九法。殷同，四方四時分來，歲終則偏矣。」殷同又謂之殷國，《大行人》曰：「十有二歲，王巡守殷國。」鄭注：「殷國則四方四時分來，如平時。」是也。《司儀》曰：「將合諸侯則令爲壇三成。」鄭注：「合諸侯，謂有事而會也，爲壇於國外以命事。」又云：「王巡守殷國而同，則其爲宮亦如此歟？」是會同爲壇於國外也。敖氏專以此爲王不巡守諸侯來朝之禮，又謂爲宮於國門外之南方。褚氏寅亮辨之云：「以王不巡守之歲爲壇以合諸侯，未免漏卻時會一禮。時會之時而逢朝覲，其當朝諸侯既循常制見於廟，復偕羣后見於壇。其不當朝者，則惟見於壇。若殷同之歲，竝無當朝諸侯，衹見於壇而已。其來亦分四時，其爲壇自必各以其方，而不專在南方矣。注言之未詳，故後人往往致疑。」今案：合《周禮注》觀之，則鄭氏於會同之禮未嘗言之不詳也。特敖氏以臆説經，未足爲據耳。又褚氏以殷同之歲竝無當朝諸侯，與鄭《周禮注》既朝而爲壇合諸侯命政者亦異。案《周禮》，十二歲係王巡守之期，王巡守則諸侯不來朝矣。殷同係因王不巡守而爲同禮，以與諸侯相見，則諸侯自於壇朝，不於廟朝。若六服盡來，既行受摯受享之禮於廟，復行奠玉將幣之禮於壇，不亦煩瀆乎？褚氏之言，自於經合也。云「宫，謂壝土爲埒，以象牆壁也」者，案：埒，《説文》「庳垣也」，段氏注云：「卑垣延長而齊等若一，是之謂埒。」《掌舍》：「爲壇壝宫。」鄭注云：「平地築壇，又委壝土，起堳埒以爲宫。」又《鬯人》注云：「委土爲墠壇。」是壝爲委土之名。凡宫必有牆圍繞於外，此無牆，但於壇之外起土委於地爲卑垣，以象牆壁也。云「爲宫者，於國外，春會同則於東方，夏會同則於南方，秋會同則於西方，冬會同則於北方」者，以會同諸侯，來者衆多，城中恐不足容之，故於國外。又見下經先言拜日於東門外，故知春會同則於東方，夏、秋、冬以此推之可知矣。鄭注《司儀職》云：「天子春帥諸侯，拜日於東郊，則爲壇於國東。夏禮日於南郊，則爲壇於國南。秋禮山川丘陵於西郊，則爲壇於國西。冬禮月四瀆於北郊，則爲壇於國北。」亦據下經言也。云「八尺曰尋，十有二尋，則方九十六尺也」者，八尺曰尋，詳《公食大夫禮》。十有二尋，蓋縱横皆十二尋，故注以爲方九十六尺，此謂壇之下等其廣如是也。云「深謂高也，從上向下曰深」者，據《校勘記》增「向下」二字，謂從堂上向下至地，其高四尺也。云「《司儀職》曰：『爲壇三成。』成，猶重也」者，此經但言「深四尺」，不言重，故引《司儀》文證之。「成，猶重也」，謂三成爲三重，本《司儀》先鄭注也。云「三重者，自下差之爲三等，而上有堂焉。堂上方二丈四尺，上等、中等、下等，每面十二尺」者，三重即三等，下等廣於中等，中等廣於上等，故云「自下差之爲三等」也。三等而上有堂，則堂在三等之上矣。堂上方二丈四尺，其下三等，每面十二尺，兩面加二十四尺，則上等當方四十八尺，中等當方七十二尺，下等當方九十六尺矣。盛氏云：「堂上以祀方明，竝王立之所。」云「方明者，上下四方神明之象也，上下四方之神者，所謂明神也」者，言方明爲上下四方神明之象，而上下四方之神即《司盟》所謂明神也。《司盟》云：「北面詔明神，既盟則貳之。」彼注云：「明神，神之明察者。」是也。云「會同而盟，明神監之，則謂之天之司盟」者，襄十一年《左傳》云：「司慎司盟，明神殛之。」服注：「二司天神，是爲天之司盟也。」鄭意蓋以方明即司盟。褚氏申之曰：「方明固爲上下四方之神，盟時即爲司盟之神，二而一也。但方明不專爲盟設，《曲禮》云：『涖牲曰盟。』會同有不盟者，據《春秋傳》云『不協而盟』，是協則不盟矣。」云「有象者，猶宗廟之有主乎」者，言爲方明之象以依神，亦猶宗廟設主以依神也。鄭注《司盟職》云：「覲禮加方明於壇上，所以依之也。」是也。云「王巡守，至于方嶽之下，諸侯會之，亦爲此宫以見之」者，如《舜典》、《王制》言歲二月東巡守，至于岱宗，覲諸侯。五月至南嶽，八月至西嶽，十有一月至北嶽，皆如之是也。知亦爲此宫者，據《尚書大傳》云：「維元祀，巡守四嶽八伯，壇四奥。」是知亦爲壇爲宫也。又《左傳》：「王巡虢守，虢公爲王宫于玤。」亦其一證。但會同壇於國門之外，巡守壇於方嶽之下爲異耳。云「《司儀職》曰『將會諸侯，則命爲壇三成，宫旁一門，詔王儀，南鄉見諸侯』」者，引以證會同爲壇見諸侯之事。但彼本文會作合，命作令。會與合，命與令，義亦通也。

方明者，木也，方四尺。設六色：

東方青，南方赤，西方白，北方黑，上玄，下黄。設六玉：上圭，下璧，南方璋，西方琥，北方璜，東方圭。六色象其神，六玉以禮之。上宜以蒼璧，下宜以黄琮，而不以者，則上下之神，非天地之至貴者也。設玉者，刻其木而著之。【疏】正義曰：《校勘記》云：「注『而不以』下，《通典》有『此』字。」○此節詳方明之形制。案：《竹書紀年》：「大甲十年，大饗于大廟，初祀方明。」《漢書·律曆志》：「《伊訓篇》曰：『伊尹祀于先王，❶誕資有牧方明。』」則祀方明之禮，殷已有之矣。方明以方四尺之木爲之，上下四方，共有六面。「設六色」者，每面各設一色，以象其神。「設六玉」者，每面各設一玉，以爲之飾。方明不必定指日月山川，蓋言上下四方而六合以内之神悉該之矣。會同特加於壇而祀焉，其典至重，其物至貴，飾以玉焉宜也。孟康《漢書音義》曰：「方明者，神明之象也。以木爲之，畫六采。」然則六色畫之於木歟？聶氏《三禮圖》引舊《圖》云：「方明者，四方神明之象，用槐木爲之。」未知然否？秦氏蕙田云：「六色先東南西北而後上下，六玉先上下而後南西北東。變文無義例也。」注云「六色象其神」是也，云「六玉以禮之」則非，且與下「設玉者刻其木而著之」之説不合。上節言加方明於壇上，此節因釋方明之形制，非以禮神也。下經反祀方明，乃是禮神之事。注云「刻其木而著之」，賈疏謂刻木安於中，是也。然禮神用玉多矣，未有刻而著之於木者，既云「刻其木而著之」，則是以玉飾木，非禮神明矣。郝氏敬云：「設六玉，每方以其玉函木上。」張氏爾岐云：「刻木爲陷，而飾以玉。」皆不從注禮神之説也。《大宗伯職》曰：「以玉作六器，以禮天地四方。以蒼璧禮

❶「王」，原作「生」，今據《續清經解》本改。

天，以黄琮禮地，以青圭禮東方，以赤璋禮南方，以白琥禮西方，以玄璜禮北方。」係言禮玉，與此別，不過璋琥璜圭名偶同耳。注云「上宜以蒼璧，下宜以黄琮，而不以者，則上下之神，非天地之至貴者也」者，鄭注《大宗伯》以天爲天皇大帝，地爲崐崘，故以爲神之至貴者。不知言上下四方，則天地之神亦在其中矣，奚庸區別乎？總之，《大宗伯》所言係禮神之玉，此係飾方明之玉，二者不容合爲一。鄭欲依彼爲解，故語多出入。敖氏遂以彼禮玉爲方明之玉，褚氏云：「經言設六玉與六色之木相配，竝不言禮神也。又蒼璧不可以爲圭，黄琮不可以爲璧，夫人而知之也。敖氏乃欲以《大宗伯職》所謂『玉作六器，以禮天地四方』者當之，未免附會牽合。」今案：褚説是也。**上介皆奉其君之旂，置于宫，尚左。公侯伯子男皆就其旂而立。**置於宫者，建之，豫爲其君見王之位也。諸公，中階之前，北面東上。諸侯，東階之東，西面北上。諸伯，西階之西，東面北上。諸子，門東，北面東上。諸男，門西，北面東上。尚左者，建旂，公東上，侯先伯，伯先子，子先男，而位皆上東方也。諸侯入壝門，或左或右，各就其旂而立。王降階，南鄉見之三揖。土揖庶姓，時揖異姓，天揖同姓。見揖，位乃定。古文「尚」作「上」。【疏】正義曰：注「尚左者」，毛本「者」作「皆」。《校勘記》云：「徐本無『皆』字，陳、閩、葛本、《集釋》、《通解》俱作『者』，與疏合。楊氏作『皆』。」今案：嚴本作「者」。戴校《集釋》云：「作『皆』譌。」「土揖庶姓」，毛本「土」作「上」。《校勘記》云：「嚴、徐、陳本、《集釋》、《通解》俱作『土』，閩、葛俱誤作『士』。」○云「上介皆奉其君之旂，置于宫」者，上介，諸侯之上介也。云「奉其君之旂」，則似旂各以其國爲識，故賈疏謂與銘旌及在軍徽幟同。然謂以尺易仞，小而爲之，恐非。《司常》云：「諸侯建旂。」又云：「凡祭祀各建其旗，會同賓客亦如之。」是會同各建其旂，不聞小爲之也。李氏《集釋》引摯虞曰：「建旂者，所以殊爵命，示等威也。」又引《詩》曰：「君子至止，言觀其旂。」今案：《周禮·典命》云：「上公車旗以九爲節，侯伯以七爲節，子男以五爲節。」《大行人》云：「上公建常九斿，侯伯七斿，子男五斿。」是旂以爵命爲殊也。　注云「置於宮者，建之，豫爲其君見王之位也」者，以下云「公侯伯子男等就旂而立」，必旂已建而後可就，是建之在先，故云「豫爲其君見王之位也」。經云「置」，注云「建」，一也。云「諸公，中階之前，北面東上」，及諸侯、諸伯、諸子、諸男面位，鄭皆據《大戴禮·朝事儀》而言。周公朝諸侯於明堂，其位亦如此。云「尚左者，建旂，公東上，侯先伯，伯先子，子先男，而位皆上東方也」者，盛氏世佐云：「尚左者，據王而言也。王南鄉，以東爲左，故諸公北面者東上。諸侯在諸伯之東，諸子在諸男之東，是皆以左爲上也。」云「諸侯入壝門，或左或右，各就其旂而立」者，以旂在左者趨而左，旂在右者趨而右，故云「或左或右」也。經雖有四門，但據《司儀》王南鄉，則諸侯均當自南入也。秦氏蕙田云：「會同爲宮方三百步，六尺爲步，則方二百二十五尋也。壇方十二尋，居宮之中央。壇之下距壝門一百六尋有四尺，則公侯伯子男立位在焉，上介奉旂而置於宮者是也。」云「王降階，南鄉見之三揖。土揖庶姓，時揖異姓，天揖同姓。見揖，位乃定」者，案：《司儀》云：「詔王儀，南鄉見諸侯，土揖庶姓，時揖異姓，天揖同姓。」鄭注：「謂王既祀方明，諸侯上介皆奉其君之旂置於宮，乃詔王升壇，諸侯皆就其旂而立。諸公中階之前，北面東上。諸侯東階之東，西面北上。諸伯西階之西，東面北上。諸子門東，北面東上。諸男門西，北面東上。王揖之者，定其位也。庶姓，無親者也。土揖，推手小下之也。異姓，昏姻也。時揖，平推手也。天揖，推手小舉之。」據此注是王升壇在先，諸侯乃入門就旂而立也。鄭以彼經據王而言，此經據諸侯而言，其儀則一，故兩經互引爲證。但注云「見揖，位乃定」，則似諸侯初入門時就旂而立，皆北面。既揖，乃各如其面位。以《燕禮》卿大夫入門皆北面，公降揖之，卿乃西面北上，大夫北面，少進，推之可知也。又《司儀》「南鄉見諸侯」不云降階，此注云降階者，亦約《燕禮》而知也。云「古文『尚』作『上』」者，胡氏承珙云：「案：上下字作『上』，尊尚字作『尚』。鄭從今文作『尚』者，取其當文易曉耳。」敖氏必以上義優於尚，非矣。**四傳擯。** 王既揖五者，升壇，設擯，升諸侯以會同之禮。其奠瑞玉及享幣，公拜於上等，侯伯於中等，子男於下等。擯者每延之，升堂致命，王受玉撫玉，降拜於下等。及請事，勞，皆如覲禮，是以記之覲云。四傳擯者，每一位畢，擯者以告，乃更陳列而升其次，公也，侯也，伯也，各一位，子男俠門而俱東上，亦一位也。至庭乃設擯，則諸侯初入門，王官之伯帥之耳。古文「傳」作「傅」。【疏】正義曰：注「王受玉撫玉」，毛本誤作「撫王」。《校勘記》云：「嚴、徐、閩、監、葛本、《集釋》、《通解》俱作『撫玉』。陳本『受玉撫玉』俱作『王』，尤誤。『皆如覲禮』，閩、葛『皆』俱誤『者』。『而俱東上』，閩本『上』誤作『士』。張氏曰：『注曰王官之伯帥之耳，吉觀國所校監本改王爲曰，未知孰據？篇末之注有是王官之伯會諸侯而盟，從諸本。』『官』，《通解》作『宫』。『古文傳爲傅』，重脩監本『傳』誤刻作『傳』。」○「傳擯」者，設擯而傳命，與旅擯異義，見前。云「王既揖五者，升壇，設擯，升諸侯以會同之禮」者，謂王從壇降，揖五等諸侯。既揖乃復升壇，於是設擯，傳告五等諸侯，使升壇行會同之禮也。云「其奠瑞玉及享幣，公拜於上等，侯伯於中等，子男於下等」者，據《司儀》「及其擯之，各以其禮，公於上等，侯伯於中等，子男於下等」而言也。但彼文不言拜，此言拜者，案：彼注云：「上等、中等、下等者，謂所奠玉處也。」又云：「諸侯各於其等奠玉，降拜，升成拜，明臣禮也。既，乃升堂，授王玉。」聶氏《三禮圖》云：「公奠玉於上等，降拜於中等。侯伯奠玉於中等，降拜於下等。子男奠玉於下等，降拜於地。及升成拜，皆於奠玉之處。」又云：「或可降拜者皆降於地，升成拜於奠玉之處也。」今案：聶氏降拜之説，以後説爲長，其前説則仍《司儀》賈疏之文耳。臣之拜君，以下爲敬，自應皆降拜於地。其升成拜，則俱謂於奠玉之處。據鄭彼注云「既，乃升堂，授王玉」，上升成拜，不言升堂，則亦謂於奠玉處拜也。然則此注所云「公拜於上等，侯伯於中等，子男於下等」者，謂奠玉幣及升成拜公皆於上等，侯伯皆於中等，子男皆於下等也。姜氏兆錫云：「見以土時天之三揖以尚親，而拜以上中下之三等以尚爵。」是也。云「擯者每延之，升堂致命，王受玉撫玉，降拜於下等。及請事、勞，皆如覲禮」者，謂上云於上等、中等、下等者，係會同之禮在壇，與覲異。至擯者延之、升堂致命以下諸儀節，則皆與《覲禮》同。受玉謂覲時，撫玉謂享時。《典瑞職》云：「公執桓圭，侯執信圭，伯執躬圭，子執穀璧，男執蒲璧，以朝覲宗遇會同于王。」是會同亦執瑞玉與覲同。《司儀》又云：「其將幣亦如之。」鄭注：「將幣，享也。」是會同亦行享禮，與覲同。「降拜於下等」，「等」字係涉上文「下等」而衍。降拜於下，即降拜於地也。若以爲下等，則義有難通矣。「請事、勞」，謂覲時肉袒請事及王勞之也。會同以發禁施政，其禮較大於覲，亦必有告聽事及王勞之禮。以上各事，擯者每延之曰升，此會同亦然，故云「皆如覲禮」也。云「是以記之覲云」者，以會同之禮略與覲同，故記之於覲，是鄭亦以「諸侯覲於天子」以下爲記也。云「四傳擯者，每一位畢，擯者以告，乃更陳列而升其次，公也，侯也，伯也，各一位，子男俠門而俱東上，亦一位也」者，鄭以公侯伯三次傳擯，子男同一次傳擯，爲四傳擯。敖氏則以一朝三享爲四傳擯。褚氏云：「注四位之説本於《孟子》，夫有所受之也。」❶《禮經釋例》云：「敖氏以五等之位皆北面爲一列，又以一朝三享爲四傳擯，皆與注異。竊謂五等之爵，不應無差等，享時亦不應升拜，注説不可易也。」秦氏蕙田亦以敖説爲非。云「至庭乃設擯，則諸侯初入門，王官之伯帥之耳」者，謂如《康王之誥》「大保帥西方諸侯入應門左，畢公帥東方諸侯入應門右」是也。「至庭乃設擯」，對《覲禮》門外設擯言之。必知至庭乃設擯者，以《司儀》云「及其擯之，各以其禮」，在王見諸侯三揖之後，故知諸侯入門時未有擯也。云「古文『傳』作『傅』」者，胡氏承珙云：「傳與傅聲義皆不相近，自由形似而誤。《周禮·訓方氏》：『誦四方之傳道。』注：『故書傳爲傅，杜子春云傅當爲傳，書亦或爲傳。』是也。」**天子乘龍，載大旂，象日月、升龍、降龍，出，拜日于東門之外，反祀方明。**此謂會同以春者也。馬八尺以上爲龍。大旂，大常也。王建大常，縿首畫日月，其下及旒交畫升龍、降龍。《朝事儀》曰：天子冕而執鎮圭，尺有二寸，繅藉尺有二寸，搢大圭，乘大路，建大常，十有二旒，樊纓十有二就，貳車十有二乘，帥諸侯而朝日於東郊，所以教尊尊也。退而朝諸侯。由此二者言之，已祀方明，乃以會同之禮見諸侯也。凡會同者，不協而盟。《司盟職》曰：「凡邦國有疑會同，則掌其盟約之載書及其禮儀，北面詔明神，既盟則藏之。」言北面詔明神，則明神有象也。象者其方明乎？及盟時又加於壇上，乃以載辭告焉。詛祝掌其祝號。【疏】正義曰：「載大旂」，毛本「旂」作「旆」。《校勘記》云：「唐石經、《集釋》、《通解》、楊、敖俱作『旂』，注同，與疏合。張氏曰：『載大旆，諸本旆作旂，從諸本。』」今案：陳鳳梧本經、注俱

❶「也」下，《儀禮管見》有「與」字。

作「旂」。《玉海》引亦作「旂」。嚴本經作「旆」，注作「旂」。黄氏丕烈云：「旂，是。旆，誤。」注「王建大常」，毛本「大」誤「太」，下同。《校勘記》云：「案：大讀如字。大常，猶大旂也。今人讀他蓋切，非是。『繅藉』，嚴、徐、閩、葛俱從竹作『籍』。」黄氏丕烈云：「藉譌爲籍，形涉而誤。」又《校勘記》云：「『由此二者』，『由』，閩、葛俱誤作『曰』。『不協而盟』，『協』，閩本誤作『僞』。『既盟則藏之』，盧文弨云：『藏是。』戴校《集釋》依本文改『貳』。但疏云『司盟之官，覆寫一通自藏，擬後覆驗』，則注疏本自作『藏』，然『藏』即是『貳』，兩者俱可通，而『藏』字義較顯。」今案：嚴本作「藏」，仍之。〇此謂天子會同之日，先拜日而後朝諸侯也。依行禮節次，此當在公侯伯子男皆就其旂而立之前，因奉旂、就旂連叙爲順。而就旂而立及四傳擯，四時會同之禮皆同。拜日、禮日、禮月四瀆、禮山川丘陵，四時有異，故先以同者叙於前，而以其異者退叙於後。此記者叙次之法，後儒多誤駁注，説詳下。天子乘龍，乘路車而駕龍馬也。「載大旂」，載之於車也。「象日月、升龍、降龍」，言繪日月升降龍之象於旂也。「出」，謂自國而出也。「拜日於東門之外」，謂王城東門外也。「反祀方明」，謂既拜日而反，乃於壇祀方明也。上言「加方明于其上」，未祀也，此乃祀之。既祀，乃朝諸侯傳擯也。

注云「此謂會同以春者也」者，會無常期，有以春者，有以夏秋冬者，同則不巡守之歲。春，東方諸侯來。夏，南方諸侯來。秋，西方諸侯來。冬，北方諸侯來。此云「拜日于東門之外」，故知謂會同以春者也。云「馬八尺以上爲龍」者，《周禮·廋人職》文。云「大旂，大常也」者，案：《周禮·司常》云「日月爲常，交龍爲旂」，則旂與常别。此云「大旂，大常」者，對文異，散則通。桓二年《左傳》：「三辰旂旗。」服氏注云：「九旂之總名。」是九旂總名旂旗，故常亦得稱旂。云「王建大常」者，《司常職》文，引以證大旂之爲大常也。云「縿首畫日月，其下及旒交畫升龍、降龍」者，《白虎通》引《禮·記》曰：「天子乘龍，載大旂，象日月升龍。」傳曰：「天子升龍，諸侯降龍。」是日、月、升龍、降龍皆畫於旂也。旂之正幅爲縿，下屬爲旒。《爾雅》：「纁帛縿。」郭注云：「縿，衆旒所著。」是旒屬於縿也。經先言日月，次言升龍降龍，故知日月畫於縿首，而其下及旒畫升龍降龍也。《郊特牲》曰：「旂十有二旒，龍章而設日月。」謂此也。《司常》但云日月不云升龍降龍者，九旂之制，上得兼下，下不得兼上，故以日月與交龍對言也。引《大戴禮·朝事儀》者，以朝日之事與此同，故引以爲證。云「天子冕而執鎮圭，尺有二寸，繅藉尺有二寸，搢大圭」者，《玉藻》云：「天子玉藻，十有二旒，前後邃延。」《郊特牲》云：「戴冕璪十有二旒，則天數也。」《玉藻》又云：「玄端而朝日於東門之外。」鄭注：「端，當爲冕。」賈疏遂以《朝事儀》所云「冕」爲玄冕。今案：覲服衮冕，則會同不得服玄冕。《玉藻》「玄冕朝日」，鄭注以爲春分朝日之禮與此異。《典瑞》：「王晋大圭，執鎮圭，繅藉五采五就以朝日。」鄭注：「晋讀爲搢，搢謂插於紳帶之間。」《玉人職》曰：「大圭長三尺，杼上，終葵首，天子服之。鎮圭尺有二寸，天子守之。」鄭注此篇「有繅」云：「繅，所以藉玉，廣袤各如其玉之大小。」故鎮圭尺有二寸，繅藉亦尺有二寸也。云「乘大路，建大常，十有二旒，樊纓十有二就」者，大路，玉路也。《周禮·巾車》：「一曰玉路，錫樊纓十有再就，建大常十有二旒以祀。」鄭注：「樊，讀如『鞶帶』之『鞶』，謂今馬大帶也。纓，今馬鞅，皆以五采罽飾之。就，成也。」云「貳車十有二乘」者，貳車，副車也。《大行人》上公貳車九乘，故王十二乘。哀七年《左傳》云：「周之王也，制禮，上物不過十二，以爲天之大數。」故天子服物多用十二也。云「帥諸侯而朝日於東郊」者，「朝日於東郊」，與此經「拜日于東門之外」一也。郊在國門外云東郊，則知東門之外爲王城東門外，鄭注《玉藻》

云「東門，謂國門」是也。敖氏乃以東門即此宮之東門，❶非矣。云「所以教尊尊也」者，《典瑞》鄭注云「王朝日者，示有所尊，訓民事君」，是教尊尊之義也。云「退而朝諸侯」者，以上皆《朝事儀》文，彼文「退而朝諸侯」下即云「爲壇三成，宫旁一門」，則知退而就壇朝諸侯矣。云「由此二者言之，已祀方明，乃以會同之禮見諸侯也」者，言《朝事儀》朝諸侯在朝日之後，而此經拜日之後即祀方明，是已祀方明乃見諸侯也。《王制》孔疏據此注申之，謂：「未祀方明，未有見諸侯之事。皇氏以爲未祀方明之前已見諸侯，非也。」云「凡會同者，不協而盟」，又引《司盟職》文者，「不協而盟」，《左傳》文，見前，謂凡會同雖不盡盟，而有不協者，則會同之後必盟，故引《司盟》文以證之也。云「《司盟職》曰：『凡邦國有疑會同，則掌其盟約之載書及其禮儀，北面詔明神，既盟則藏之。』」者，案：《周禮》本文「載」下無「書」字，又「藏」作「貳」。云「言北面詔明神，則明神有象也。象者其方明乎」者，鄭意欲解方明與司盟之明神爲一，與上「諸侯覲于天子」節注意略同，故言詔明神必有象乃可詔，則此方明者即明神之象也。云「及盟時又加於壇上，乃以載辭告焉」者，言會同之禮先祀方明，既祀，徹之而朝諸侯。若有盟，則於盟時又加方明於壇上，以載辭告焉。云「詛祝掌其祝號」者，案：《周禮·詛祝》云：「掌盟、詛、類、造、攻、説、禬、禜之祝號。」鄭注：「八者之辭，皆所以告神明也。」其職又云：「作盟詛之載辭。」是引以證盟時以載辭告之義也。○案：鄭注據《朝事儀》考之，謂已祀方明，乃以會同之禮見諸侯。又謂此言拜日于東門之外，爲春會同之禮。下「禮日于南門外，禮月與四瀆于北門外，禮山川丘陵於西

---

❶ 上「門」字下，原有「爲」字，今據《儀禮集説》删。

門外」，爲夏、冬、秋會同之禮。其説至精確。敖氏乃謂此言已受諸侯之朝享，乃帥而拜日，其節與《朝事儀》不同。又謂「禮日于南門外」以下三禮，皆與上事相屬而舉之。盛氏世佐從其説，以鄭注爲非。姜氏兆錫至以此訾鄭之踳駁。今引諸儒之説正之。張氏爾岐云：「推其次第，上介先期置旂，質明，王帥諸侯拜日東郊，反祀方明。二伯帥諸侯入壝門，王降階，南鄉三揖，諸侯皆就其旂而立，乃傳擯。」褚氏云：「此及下兩節，行禮次第當在公侯伯子男皆就其旂而立之前。東門，王城東門也。先拜日于東門外，乃至壇祀方明，然後徹方明朝諸侯。或有盟誓之事，則朝畢復加方明。節次宜如是。若先受朝而始拜日祀方明，恐非敬神之道。夏秋冬以此推之。若如敖氏不分四時，專就壇宫三百步之地，一日而徧輯五瑞，姑無論日力不給也，即如此日受朝之後，乃始出壇東門而拜日，復反而祀方明，又至南門重禮已拜之日，乃越西門至北門而禮月與四瀆，終乃旋至西門以祀山川丘陵，其紛雜無緒甚矣。周公制禮，夫豈其然？」秦氏蕙田云：「敖氏謂此三禮者皆與上事相屬，則是於拜日祀方明之後復舉之。既拜日東門外，又禮日南門外，一事而再祭，毋乃數而瀆乎？」以上三説皆辨正敖氏之失，而褚氏之説尤詳備，其有功經注大矣。**禮日于南門外，禮月與四瀆于北門外，禮山川丘陵于西門外。** 此謂會同以夏冬秋者也。變拜言禮者，容祀也。禮月於北郊者，月，大陰之精，以爲地神也。盟神必云日月山川焉者，尚著明也。《詩》曰：「謂予不信，有如皦日。」《春秋傳》曰：「縱子忘之，山川神祇其忘諸乎？」此皆用明神爲信也。【疏】正義曰：注「夏冬秋」，《校勘記》云：「賈疏作『秋冬』。」今案：作「冬秋」是也，詳下。「又容祀也」，毛本「容」作「客」，《校勘記》云：「嚴本、《集釋》、《通解》俱作『容』，與單疏述注合。《通典》作『祭』，誤。」今案：盛氏云：「作『客』者，傳寫之譌耳。」又「大陰之精」，嚴本、《集釋》俱作「大」，毛本作「太」。據《釋文》「大史音泰」，注云「後大陰同」，則作「大」是，下同。○此亦就其異者言之也。上言天子車旂之制及反祀方明，此三時會同禮亦皆如之。惟夏則禮日于南門外，冬則禮月與四瀆于北門外，秋則禮山川丘陵于西門外，與春拜日于東門外異，故特記之也。祀方明係總祀羣神於壇，此則各就其方位拜禮之。四瀆，《爾雅·釋水》云：「江、河、淮、濟爲四瀆。四瀆者，發原注海者也。」丘陵，詳下節。郝氏敬云：「日爲陽精，故於南。月與四瀆陰精，故於北。山川丘陵主成物，故於西。」王氏士讓云：「日，大陽之精，拜於東而禮於南，皆陽方也。月，大陰之精，四瀆爲極陰，故同配北方。月又尊，故先言之。山川丘陵出雲見風雨爲微陰，故同配西方也。」注云「此謂會同以夏冬秋者也」者，上拜日東門外爲春會同之禮，則此三者爲夏冬秋會同之禮明矣。鄭於《司儀》注言之特詳，已見前。經言「南北西」，故注言「夏冬秋」，淺人謂爲秋冬誤倒，非也。云「變拜言禮者，容祀也」者，鄭意以此拜與禮當有祀事，但言拜則祀不見，言禮則祀見，故云「變拜言禮，容祀也」。秦氏蕙田云：「上言拜，此言禮，互文也。」云「禮月於北郊者，月，大陰之精，以爲地神也」者，日爲大陽之精，月爲大陰之精，《淮南子》、《說文》等書多言之。《春秋感精苻》曰：「月者，陰之精，地之理。」鄭注《禮記》以日爲天神，故以月爲地神也。言此者，見日月同尊，故言禮日即言禮月，解經先北於西之意。四瀆與月同禮於北，而川不於北者，敖氏云：「四瀆尊，宜避之。」是也。然丘陵亦山類，四瀆亦川類，故下注以「日月山川」括之。云「盟神必云日月山川焉者，尚著明也」者，即《司盟》注「明神，神之明察者，謂日月山川」是也。引《詩》者，《王風·大車》篇文。引《春秋傳》者，定元年《左傳》宋仲幾語。然傳文本作「山川鬼神」，此引作「山川神祇」，似「神祇」是也。云「此皆用明神爲信也」者，言《詩》與傳皆用著明之神爲信之事也。鄭意蓋以會同必有盟，此經於上下四方之神獨禮日月山川，故引《詩》、傳反復申明以爲盟神之證焉耳。然祀方明與拜禮日月山川原係兩事。祀方明，凡會同皆然；拜禮日月山川，則各因其方位行之，春夏不必禮月山川，秋冬即不必禮日，且亦不專爲盟禮之，即不盟亦然。方明爲上下四方之神，則日月山川亦在其中，然不可專以方明爲日月山川之神也。○案：敖氏誤以此三禮皆與上事連舉，辨見上。又注「容祀」二字，俗本誤作「客祀」，張氏爾岐據之遂作「主客」之「客」解，爲《儀禮集編》所譏，則讀書校訂之功不容少矣。

右會同之禮

祭天，燔柴。祭山、丘陵，升。祭川，沈。祭地，瘞。升、沈，必就祭者也。就祭，則是謂王巡守及諸侯之盟祭也。其盟，愒其著明者。燔柴、升、沈、瘞，祭禮終矣，備矣。《郊特牲》曰：「郊之祭也，迎長日之至也，大報天而主日也。」《宗伯職》曰：「以實柴祀日月星辰。」則燔柴祭天，謂祭日也。柴爲祭日，則祭地瘞者，祭月也。日月而云天地，靈之也。《王制》曰：「王巡守，至於岱宗，柴。」是王巡守之盟，其神主日也。《春秋傳》曰：「晋文公爲踐土之盟。」而傳云山川之神，是諸侯之盟，其神主山川也。月者，大陰之精，上爲天使，臣道莫貴焉。是王官之伯會諸侯而盟，其神主月與？古文「瘞」作「殪」。【疏】正義曰：注「其盟，愒其著明者」，毛本「愒」作「揭」。下「其」字，賈疏作「於」。《校勘記》云：「揭，嚴、徐、陳本、《通解》俱作『愒』，與單疏述注合，《集釋》、楊氏從手。案：《釋文》音苦蓋反，是讀爲『忨歲愒日』之『愒』，明係『愒』字，今本《釋文》亦誤作『揭』，唯宋本不誤。或曰『惕』當作『楬』，《職金》注曰：『今人之書，有所表識，謂之楬櫫。』」今案：陳鳳梧本亦作「惕」。下「其」字，嚴本及各本俱作「其」，從嚴本。又「主山川也」，毛本「主」誤「上」。《校勘記》又云：「『月者』，《通解》『者』作『乃』。『是王官』，《通解》『王』作『五』。」〇此經言巡守祭祀之禮與上異。上不言祭天地，又川與四瀆分禮。此言祭天地、祭山丘陵川，不及四瀆。蓋巡守但就所過山川祭之，四瀆不必兼祭矣。其叙於《覲禮》之末者，以巡守至方岳有覲諸侯之事，故因會同而竝記之也。張氏爾岐云：「此言天子巡守四岳，各隨方向祭之。於山言升，於川言沈，是就其處而舉此禮，故知是王者巡守之事。鄭前注云：『王巡守至於方岳之下，諸侯會之，亦爲此宫以見之。』爲此經設也。」秦氏蕙田云：「案：此經自『諸侯覲于天子』以下，論會同之禮。此條謂王巡守覲諸侯之禮也。王巡守，諸侯來覲，爲壇壝宫，加方明，四傳擯，皆與時會殷同之儀同。但會同則拜日及禮日月山川丘陵四瀆而已，巡守則祭天地，其禮尤大，故特記之。《尚書》曰：『歲二月東巡守，柴。望秩于山川，肆覲東后。』《王制》曰：『歲二月，東巡守，柴。而望祀山川，覲諸侯。』《郊特牲》曰：『天子適四方，先柴。』此巡守祭天與山川之明文，經傳雖不言祭地，然有柴又有望，則有瘞從可知。」蔡氏德晋云：「《舜典》、《王制》所謂『柴，望』，既祭天，自未有不祭地者，此云『祭地，瘞』，可補二經之缺。」今案：《王制》：「天子將出，類乎上帝，宜乎社。」社即祭地，巡守將出而祭地，則所至亦必祭地明矣。《詩序》云：「《時邁》，巡守告祭柴望也。《般》，巡守而祀四岳河海也。」皆足爲此經之證。《祭法》曰：「燔柴於泰壇，祭天也。瘞埋於泰折，祭地也。」是每歲常祭之禮。《爾雅》：「祭天曰燔柴，祭地曰瘞薶，祭山曰庪縣，祭川曰浮沈。」是泛釋祭名。《周禮·大宗伯》云：「以禋祀祀昊天上帝，以實柴祀日月星辰，以槱燎祀司中司命風師雨師，以血祭祭社稷五祀五嶽，以貍沈祭山林川澤，以疈辜祭四方百物。」是總言祀天神祭地祇之禮，皆與此別。燔柴，郭注《爾雅》云：「既祭，積薪燒之。」鄭注《周禮》「禋祀實柴槱燎」云：「三祀皆積柴，實牲體焉。或有玉帛燔燎而升煙，所以報陽也。鄭司農云：『實柴，實牛柴上也。』」是三祀皆積柴，加牲其上而燒之，惟玉帛或有或不有耳。案：《肆師》云：「立大祀用玉帛牲牷。」鄭司農云：「大祀天地。」則此燔柴祭天，當玉帛牲俱有矣。「柴」，《說文》作「祡」，云「燒柴尞祭天也」，引《虞書》亦作「祡」。「庪縣」，郭注云：「或庪或縣，置之於山。《山海經》曰『縣以吉玉』是也。」此不云庪縣而云升者，以巡守兼有封禪之事。鄭《時邁》箋云：「天子巡行邦國，至於方岳之下而封禪也。」《白虎通·封禪篇》云：「王者易姓而起，必升封泰山，何？報告之義也。封禪以告太平也。」又云：「升封者，增高也。」《禮器》：「因名山升中於天。」鄭注：「名，猶大也。升，上也。」亦引《孝經說》曰：「封乎泰山。」是其言升之義也。祭山兼言丘陵者，《說文》：「丘，土之高也，非人所爲也。陵，大阜也。」是丘陵謂山之高大者。《考工記·玉人職》曰：「天子以巡守，宗祝以前馬。」鄭注：「禮，王過大山川，則大祝用事焉。將有事於四海山川，則校人飾黄駒。」是巡守過大山川皆祭之也。「浮沈」，郭注云：「投祭水中，或浮或沈。」此但言「沈」者，《周禮·小子職》云：「凡沈辜侯禳，飾其牲。」鄭司農云：「沈謂祭川。」《大宗伯》注亦云「祭川澤曰沈」是也。「瘞埋」，郭注云：「既祭，埋藏之。」此但言「瘞」者，鄭注《禮運》云「埋牲曰瘞」，是瘞與埋義一耳。《司巫職》曰：「凡祭事守瘞。」鄭注：「瘞謂若祭地祇有埋牲玉者也。守之者，以祭禮未畢，若有事然，祭禮畢則去之。」是祭地言瘞也。注云「升、沈，必就祭者也。就祭，則是謂王巡守及諸侯之盟祭也」者，案：山川各有主名，各有處所，不比戴天履地，四方皆同也。經言「升」，則是就其山之處升祭之；言「沈」，則是就其川之處沈祭之，故云「必就祭」也。注以「就祭」謂王巡守，是矣。而以爲「及諸侯之盟祭也」，則非。《禮》曰：天子祭天地，祭山川。諸侯祭山川而已。諸侯之盟，何得祭天地也？云「其盟，愒其著明」者，段氏玉裁云：「字作愒，從心。義作揭，從手。揭者，舉也。愒蓋揭字之假借，應基竭切，而陸氏乃苦蓋反。賈疏亦不定『愒』字之義，皆其疏也。」今案：「揭其著明」，即上注盟神尚著明之義。云「燔柴、升、沈、瘞，祭禮終矣，備矣」者，郭璞謂燔瘞在既祭之後，即注所謂「終」也。天、地、山、川四者皆舉，所謂「備」也。注引《郊特牲》及《宗伯職》文，以證祭天之爲祭日，又以柴爲祭日，推之謂瘞亦祭月。又因經言祭天地，不言祭日月，復云：「日月而云天地，靈之也。」展轉申說，義多未安。又引《王制》以證王巡守之盟，其神主日；引《春秋傳》以證諸侯之盟，其神主山川。今案：《王制》注以柴爲祭天告至，其說自當。《左傳》晉文公爲踐土之盟在僖二十八年，竝無山川之神語，未知鄭何所據。又云「月者，大陰之精，上爲天使，臣道莫貴焉」者，案：《淮南子》云：「月者，大陰之精。」又云：「日月，天之使也。」是鄭所本，言此以證王官之伯會諸侯而盟，其神主月，義多牽合。陳氏祥道云：「經言『祭天』而鄭氏言『祭日』，經言『祭地』而鄭氏言『祭月』，且方明以象上下四方，而經傳凡言主盟者，多稱明神，曰司慎司盟、名山名川、羣神羣祀、先王先公、七姓十二國之祖。《齊語》桓公與諸侯約誓於上下神祇，則諸侯之盟非特主山川也。鄭氏謂王之盟主日，諸侯主山川，王官之伯主月，其禮無據。」秦氏蕙田云：「鄭氏據《大宗伯》『以實柴祀日月星辰』，因謂燔柴祭日，瘞祭月。但《周禮》禋祀、實柴、槱燎三者，自昊天上帝、日月星辰、司中司命、風師雨師皆同之，謂日月皆燔柴則可，謂祭日燔柴祭月瘞則不可。以祭月爲瘞者，鄭之臆說也。燔柴與瘞自是巡守告祭天地之禮，非祭日月以爲盟神，不得與方明牽合爲一。且日月天神，非地示也。祭天可以主日，祭地必不可以主月。據《祭義》：『大報天而主日，配以月。』祭天則日月從祀，故言祭天可以包日月，不得以祭日月而冒天地之稱也。」今案：此節注本支離，陳氏、秦氏駁之甚是。鄭氏之意蓋謂會同巡守必有盟，故前後注多謂日月山川爲盟神，以牽合方明。不知會同固有不盟者，至巡守以考制度、頒政教，竝非爲盟而起，必以盟言之，誤矣。云「古文『瘞』作『殪』」者，胡氏承珙云：「《爾雅》孫注云：『瘞者，翳也，既祭翳藏地中也。』《大雅·皇矣》：『其菑其翳。』《釋文》：『翳，《韓詩》作殪。』《釋名》：『殪，翳也，就隱翳也。』是瘞、殪二字聲同，義亦可通，故古文假殪爲瘞。鄭從今文者，用其正字。」

右巡守之禮

記【疏】正義曰：《校勘記》云：「記，徐本、《要義》俱作『設』。案：此下三句爲記文無疑，石經補缺亦作『記』。徐本作『設』者，殆因注而誤也。嚴本與徐本同。」今案：黄氏現刻嚴本作「記」，不作「設」，不知《校勘記》何據云然。○或以「記」字宜在「諸侯覲于天子」之上，似是，詳前。今未敢移易，而附其説於此。

几俟于東箱。王即席，乃設之也。東箱，東夾之前，相翔待事之處。【疏】正義曰：《校勘記》云：「几俟，石經補缺、徐、陳、閩、葛『俟』俱誤作『侯』，《集釋》、《通解》俱作『俟』。」今案：嚴本作「俟」。注云「王即席，乃設之也」者，《儀禮》几爲神，則几、席竝設；爲人，則先布席而後設几。《聘禮》：「几筵既設，擯者出請命。」注云：「有几筵者，以其廟受，宜依神也。」是爲神几、席竝設也。又：「宰夫徹几改筵。」注云：「將禮賓，徹神几，改神席，更布也。賓席東上。」又：「公迎賓入升，公受宰夫几，執以授賓。賓訝受于筵前，北面設几。」是爲人先布席而後設几也，《昏禮》禮賓亦然。《有司徹》：「司宫筵于户西，南面。」注：「爲尸席也。」又：「主人迎尸升堂，執几授尸，尸受奠于筵上。」是布席在先，設几在後矣。此云「俟」，故知俟王即席乃設之也。几，即左右几也。設之者，司几筵也。敖氏謂天子登席於既設几之後，此云「俟于東箱」，指未設几之前而言。案：既設几而後登席，則無所庸其俟矣，敖説非也。云「東箱，東夾之前，相翔待事之處」者，案：東箱即東夾，注乃云「東夾之前」，則是以東箱爲東堂矣。詳《特牲》「几席兩敦在西堂」下。《釋名》云：「翔，佯也。相翔，猶相佯也。相佯亦作相羊，亦作倘佯。」《後漢書》注：「相佯，猶徘徊也。」《文選》注：「倘佯，猶徘徊也。」又云：「倘佯，猶翺翔也。」《漢書》注：「相羊，翺翔也。」然則鄭意蓋謂東夾之前可以徘徊待事，故云「相翔待事之處」也。《公食禮》：「公揖退于箱。」注云：「箱，東夾之前，俟事之處。」與此一也。賈疏云：「覲在文王廟中，案：鄭《周禮注》『宗廟、路寢，制如明堂』，明堂有五室四堂，無箱夾。此有東夾者，周公制禮據東都，乃有明堂。此文王廟仍依諸侯之制，是以有東夾室。若然，《樂記》注云『文王廟爲明堂制』者，彼本無『制』字，直云文王廟爲明堂。」今案：《玉藻》疏以此記東箱爲記人之誤，非是。據上經設斧依于户牖之間，則亦是中央室左右房之制，與明堂五室異矣。《詩·斯干》箋云：「宗廟及路寢，制如明堂。」孔疏云：「《顧命》説成王崩，陳器物於路寢，云西房、東房。《鄭志》荅趙商云：『成王崩之時在西都，文王遷豐，作靈臺辟廱而已，其餘猶諸侯制度。故喪禮設衣服之處有夾室與東西房也。周公攝政致太平，制禮作樂，乃立明堂於王城。』如鄭此言，則西都宗廟路寢依先王制，不似明堂。此言『如明堂』者，《鄭志》荅張逸云：『周公制禮土中，《洛誥》「王入大室祼」是也。《顧命》成王崩於鎬京，承先王宮室耳。宣王承亂，未必如周公之制。』以此二荅言之，則鄭意以文王未作明堂，其廟寢如諸侯制度。及周公制禮，建國土中，以雒邑爲正都，其明堂廟寢天子制度，皆在王城爲之。其鎬京先王之宮室尚新，周公不復改作。故成王之崩有二房之位，由承先王之室故耳。及厲王之亂，宮室毀壞，先王作者，無復可因。宣王別更修造，自然依天子之法。故知宣王雖在西都，其宗廟路寢皆制如明堂，不復如諸侯也。」此疏較賈疏尤詳。《鄭志》荅趙商、張逸問二條，《書·顧命》疏、《禮記·玉藻》疏亦引之，足證覲在文王廟云「户牖之間」與「東箱」，猶據西都宮室制度言之也。**偏駕不入王門。**在旁與己同曰偏。同姓金輅，異姓象輅，四衛革輅，蕃國木輅。駕之與王同，謂之偏駕。不入王門，乘墨車以朝是也。偏駕之車，舍之於館與？【疏】正義曰：注「在旁」，毛本「在」誤「左」。《校勘記》云：「監本、《集釋》、《通解》、楊氏俱作『在』，與疏標目合。『與王同』，『王』，重脩監本作『主』。『謂之偏駕』，《集釋》、楊氏俱重『偏』字。『不入王門』，『入』，重脩監本誤作『人』。」今案：嚴本作「在」，又「偏」字不重，從嚴本。又「輅」，《集釋》俱作「路」。　云「在旁與己同曰偏。同姓金輅，異姓象輅，四衛革輅。蕃國木輅，駕之與王同，謂之偏駕」者，案：同姓金路，據《巾車》云「金路同姓以封」，是同姓之國乘金路也，以下俱見《巾車職》。《巾車》又云：「玉路以祀。」此五路王備乘之，諸侯止得駕其一，與王同，故謂之偏駕。《禮記·仲尼燕居》曰：「達於樂而不達於禮，謂之偏。」鄭注：「偏，不備耳。」《國語注》：「偏，偏有一也。」是也。《列子》注訓偏爲邊，是鄭言「在旁與己同」之義。　云「不入王門，乘墨車以朝是也」者，據上經朝時乘墨車，是金路、象路之等不乘以入王門矣。云「偏駕之車，舍之於館與」者，此無正文，但既不入王門，自舍於館矣。盛氏世佐云：「王門，王城門也。不入者，以其疑於天子也。然則諸侯在天子之國乘墨車，不獨朝時爲然，故記著之。」方氏苞曰：「入王都而羣駕天子之車，則使人疑。故五等之國乘墨車，所以彰臣節，定民志也。不入王門，則於畿内得乘可知矣。」今案：上經「乘墨車」鄭注云：「入天子之國車服不可盡同也。」是諸侯在天子之國不得乘金路等車矣，盛氏、方氏之説是也。**奠圭于繅上。**謂釋於地也。古文「繅」作「璪」。【疏】正義曰：《校勘記》云：「注末『古文繅作璪』五字，諸本俱脱，嚴本有。」○上經「乃朝以瑞玉，有繅」，此云「奠圭于繅上」者，謂侯氏入門右，奠圭於地時，以繅爲之藉。故記云「奠於繅上」，而注以「釋於地」解之也。云「古文『繅』作『璪』」，詳《聘禮》。○淩先生諱廷堪補《覲義》曰：「古者，天子以賓禮親邦國，春見曰朝，夏見曰宗，秋見曰覲，冬見曰遇，時見曰會，殷見曰同。是故天子當依而立，諸侯北面而覲；天子當宁而立，諸公東面、諸侯西面而朝。凡朝覲宗遇會同於王，公執桓圭，侯執信圭，伯執躬圭，繅皆三采三就。子執穀璧，男執蒲璧，繅皆二采再就。廟中將幣皆三享。諸侯朝于天子曰述職，一不朝則貶其爵，再不朝則削其地，三不朝則六師移之。故曰：『朝覲之禮，所以明君臣之義也。』朝者，位於内朝而序進，受贄於朝，受享於廟，生氣，文也。覲者，位於廟門外而序入，受摯受享皆於廟，殺氣，質也。覲禮至于郊，王使人皮弁用璧勞，優侯氏也。天子賜舍，使侯氏即安也。天子衮冕負斧依，鄉明出治，象天道也。侯氏裨冕入門右，所以承天，象地道也。覲用命圭特達，禮以少爲貴也。享用束帛加璧，有庭實，隆殺之義也。奠圭于堂下，擯者辭，然後升致命，降階，再拜稽首送玉，擯者辭，然後升成拜。覲禮盛，侯氏先以臣禮見，天子以客禮受之也。三享皆中庭奠幣，升堂致命，降階再拜稽首，不復升成拜者，享禮殺，全乎爲臣也。享畢不禮賓，天子尊也。不覿，侯氏自來，非使人也。禮畢，乃右肉袒於廟門之東，天子威諸侯也。賜侯氏以車服，天子懷諸侯也。或曰：奠圭，降拜，升成拜，明臣禮也。肉袒入門而右，以聽事也。饗禮乃歸，賓客之道也。時會殷同之禮，諸侯覲于天子，爲宫方三百步，四門，壇十有二尋，深四尺，加方明于其上。古者諸侯不順服，王將有征討之事，則既朝覲，王爲壇於國外，合諸侯而命事焉，謂之時會。十二歲王如不巡守，則六服盡朝，朝禮既畢，王亦爲壇，合諸侯以命政焉。所命之政，如王巡守，謂之殷同。方明設六色六玉者，禮天地四方也。覲受之於廟，會同受之於壇，文質相變也。上公建常九斿，侯伯建常七斿，子男建常五斿，故曰：『公侯伯子男皆就其旂而立也。』拜日于東門之外，日升于東也。禮山川丘陵于西門外，山川導自西也。禮日于南門外，就陽位也。禮月與四瀆于北門外，就陰位也。祭天燔柴，祭山丘陵升，本乎天者親上也。祭川沈、祭地瘞，本乎地者親下也。天子將行會同之禮，必先朝覲諸侯於廟，故孔子曰：『宗廟會同，非諸侯而何？』爲其相者，諸侯之卿大夫士也。故曰：『宗廟之事如會同，端章甫，願爲小相焉。』朝覲宗遇，常禮也。會同，大禮也。朝覲宗遇之於會同，如祠禴嘗烝之於禘祫也。先王之制，邦内甸服，邦外侯服，侯衛賓服，蠻夷要服，戎翟荒服。甸服者祭，侯服者祀，賓服者享，要服者貢，荒服者王，日祭、月祀、時享、歲貢、終王，先王之訓也。《大雅》曰：『韓侯入覲，以其介圭，入覲于王。』言覲禮也。又曰：『王錫韓侯，淑旂綏章，簟茀錯衡，玄衮赤舄，鉤膺鏤錫，鞹鞃淺幭，鞗革金厄。』言既覲而賜之車服也。《小雅》曰：『赤芾金舄，會同有繹。』言會同之禮也。」

右記附覲義

儀禮正義卷二十一　鄭氏注

績溪胡培翬學

喪服經傳第十一

鄭《目録》云：「天子以下死而相喪，衣服、年月親疏隆殺之禮也。喪必有服，所以爲至痛飾也。不忍言死而言喪，喪者棄亡之辭，若全存於彼焉，已棄亡之耳。大戴第十七，小戴第九，劉向《别録》第十一。」【疏】正義曰：唐石經作「喪服第十一子夏傳」，與今本同。《釋文》作「喪服經傳第十一」，單疏作「喪服第十一」，皆無「子夏傳」三字。瞿中溶云：「石本原刻作『喪服經傳第十一』，後磨改。」然則今本石經不足據也。《校勘記》云：「案：《隋書·經籍志》，馬融等注《喪服》，其題皆曰『喪服經傳』，則此四字乃舊題也。疏云：『傳曰者，不知何人所作。人皆云孔子弟子卜商字子夏所爲，師師相傳，蓋不虚也。』若題中本有『子夏傳』三字，則賈疏何必云爾？」《儀禮目録校證》云：「據賈疏，則賈本亦無『子夏傳』三字，今本蓋後人所增，當依舊題作『喪服經傳』。」從之。又《目録》「親疏隆殺之禮」下，《釋文》有「也」字，又有「喪必有服所以爲至痛飾也」十一字，今據增。「若全存居於彼焉，已亡之耳」，案：賈疏述《目録》無「居」字，「已」下有「棄」字。賈疏云：「《儀禮》十七篇，餘不爲傳，獨爲《喪服》作傳者，《喪服》一篇總包天子以下五服差降，六術精麤，變除之數既繁，出入正殤交互，恐讀者不能悉解其義，是以特爲傳解。」敖氏云：「先儒以傳爲子夏所作，未必然也。今且以記明之，《漢藝文志》言《禮經》之記，顔師古以爲『七十子後學者所記』是也，而此傳不特釋經文，亦釋記文，則是作傳者又在作記者之後明矣。」今案：經文精微詳悉，非周公莫能作，記、傳亦皆聖賢之徒爲之。但此傳爲子夏所作與否，似當在闕疑之列。近儒乃謂傳文有莽、歆增竄者。《禮經釋例》云：「《周官》晚出，故宋人或疑爲莽、歆僞撰。若《儀禮》，自西漢立學以來，從無有疑及之者。爲此論者，自非喪心病狂，不至于此。」蓋深惡其説之足以害經也。○鄭云「天子以下死而相喪，衣服、年月親疏隆殺之禮也」者，此篇言喪服，自天子至庶人總包在内，故云「天子以下」，與《士喪》、《士虞》專言士禮者不同。吴氏紱云：「《小宗伯》『辨吉凶之五服』，注但言王及公卿大夫士者，彼以爵爲差，此庶人之服無異於士，而寄公爲所寄之君服，大夫、士爲其舊君服，且下同於民，據此則庶人亦在其内矣。」敖氏謂此篇言諸侯以下喪服。郝氏敬謂篇内服制斷自大夫以下，天子、諸侯缺焉。盛氏世佐云：「《中庸》曰：『期之喪達乎大夫，三年之喪達乎天子。』諸侯以上絶旁期，至於爲高、曾、祖父母、父母、妻、長子之屬，則貴賤一而已。曾子云：『哭泣之哀、齊斬之情，饘粥之食，自天子達。』孟子云：『三年之喪、齊疏之服、飦粥之食，自天子達於庶人，三代共之。』以二子之言斷之，喪服亦安有貴賤之等哉？所異者或絶或降耳，其不絶不降者，則固無以異也，而是篇已具矣，何闕焉？」今案：敖氏、郝氏有意違鄭，而不知説之難通，盛氏駁之是也。「死而相喪，衣服」，謂斬衰、齊衰、大功、小功、緦麻；「年月」，謂三年、期年、九月、七月、五月、三月。親者隆而疏者殺，其禮具存於此也。賈疏謂「《喪服》十有一章，從斬至緦麻，升數有異」，以下遂極論衰冠升數及降正義服，其説多前後牴牾，不詳不備，今悉心參考，别爲圖説，附于本篇記末，而此不具録焉。所謂十有一章者，斬衰一也，齊衰三年二也，齊衰杖期三也，齊衰不杖期四也，齊衰三月五也，殤大功六也，成人大功七也，繐衰八也，殤小功九也，成人小功十也，緦麻十一也。云「喪必有服，所以爲至痛飾也」者，「所以爲至痛飾也」，《三年問》文。但哀有淺深，則服有隆殺，此鄭申言聖人制服之義也。《家語》云：「斬衰菅菲，杖而歠粥者，則志不在于酒肉。」《白虎通》云：「喪禮必制衰麻何？以副意也。服以飾情，情貌相配，中外相應。」是之謂飾。云「不忍言死而言喪，喪者棄亡之辭，若全存於彼焉，已棄亡之耳」者，《白虎通》云：「喪者何謂也？喪者，亡。❶人死謂之喪，言其亡，不可復得見也。」《曲禮》「庶人曰死」，鄭注：「死之言澌，精神澌盡。」《説文》亦云：「死，澌也。」故不言死而言喪者，是孝子不忍死其親之意，謂親尚全存於彼，此棄亡之，不得見耳。臧氏庸云「已猶此也」是也。《白虎通》又云：「天子下至庶人，俱言喪何？欲言身體髮膚，俱受之父母，其痛一也。」賈疏云：「喪字去聲，人或以平聲讀之，義亦通。」吴氏《章句》云：「人死曰喪，喪，去聲。此謂生人喪之，喪，平聲。」今案：鄭《目録》云「死而相喪」，亦據生人言之，《釋文》喪字無音，則讀平聲是也。云「劉向《别録》第十一」者，《别録》，向所作，但他篇不言劉向，此言之者，孔叢伯云：「『劉向』二字衍文，蓋《儀禮》中軼，刊監本者依《士冠禮》疏補，因誤加也。」朱子云：「夏、商而上，大槩只是親親、長長之意，到得周來，則又添得許多貴貴底禮數。如始封之

❶「亡」下，段校據《白虎通義》補「也」字。

君不臣諸父昆弟；封君之子不臣諸父而臣昆弟；期之喪，天子、諸侯絶，大夫降。然諸侯、大夫尊同則亦不絶不降，姊妹嫁諸侯者則亦不絶不降。此皆貴貴之義。上世想皆簡略，到得周公搜剔出來，立爲定制，更不可易。」《禮經釋例》云：「《禮記・大傳》：『服術有六：一曰親親，二曰尊尊，三曰名，四曰出入，五曰長幼，六曰從服。』鄭注：『術，猶道也。親親，父母爲首。尊尊，君爲首。』《喪服小記》亦云：『親親、尊尊，人道之大者也。』親親、尊尊二者以爲之經，其下四者以爲之緯也。」今案：孔子云：「親親之殺，尊賢之等，禮所生也。」貴貴即尊賢之義。古者喪期無數，《虞書》言「三載，四海遏密八音」，《孟子》言「堯崩，三年之喪畢」，則三年之喪，自虞已然。但殷以前質，至周更參以貴貴之制，而五服等殺益明。今之律令言服制，必本是篇。古禮之行於今者，此其最著也，後人安可視爲無用而忽之哉？○《三禮札記》云：「《喪服》一篇，唐以前亦别行於世，馬融、王肅、孔倫、陳銓、裴松之、雷次宗、蔡超、田儁之、劉道拔、周續之竝專注《喪服》，見《釋文・序録》。」惠氏棟云：「《喪服傳》有南北諸儒之説，故賈疏甚詳，亦較明暢。」今按：此篇於鄭注外兼存馬、王諸家説，至賈疏之可從者，亦多采録焉。

喪服。斬衰裳，苴絰、杖、絞帶，冠繩纓，菅屨者。「者」者，明爲下出也。凡服，上曰衰，下曰裳。麻在首、在要皆曰絰。絰之言實也，明孝子有忠實之心，故爲制此服焉。首絰象緇布冠之缺項，要絰象大帶。又有絞帶象革帶，齊衰以下用布。【疏】正義曰：前題「喪服經傳」，乃後世編禮者所加，此「喪服」二字，則《禮經》本文，爲一篇總目也。「斬衰裳」，先言斬者，李氏云：「斬之而後成衰裳也。不言裁割而言斬者，取痛甚之意。《雜記》曰：『三年之喪如斬。』《春秋傳》曰：『孤斬焉，在衰絰之中。』」今案：斬與齊對，斬是斬截布斷之，斷之而不緝爲斬，緝之則爲齊也。「苴絰、杖、絞帶」者，賈疏云：「以一苴目此三事，謂苴麻爲首絰、要絰，又以苴竹爲杖，以苴麻爲絞帶。」《禮記》孔疏云：「苴是黎黑色。」又云：「苴者，黯也。至痛内結，必形色外章。心如斬斫，故貌必蒼苴。所以衰裳絰杖，俱備苴色也。」李氏云：「絞帶與要絰同在于要，蓋亦以苴麻爲之。《間傳》曰：『斬衰何以服苴？苴，惡貌也，所以首其内而見諸外也。』《喪服四制》又曰：『苴衰不補。』則衰裳亦苴色矣。」今案：衰裳不言苴而言斬者，沈氏彤謂「斬之義重于苴」是也。絞是糾而合之，絞帶亦蒙苴文，則用苴麻明矣。敖氏謂用牡麻，褚氏寅亮云：「按《士喪禮》云『婦人之帶牡麻結本』，指齊衰婦人也，注云『婦人亦有苴絰，但言帶者，明其異』。既婦人異男子而用枲，則男子兩帶俱苴可知。若絞帶用牡麻，必明著之，以别于苴矣，敖説非也。又此章明婦人之服異者，但云『布總，箭笄，髽，衰』，而不言絰，可見斬衰婦人要絰與男子同。敖氏謂用牡麻，亦非也。婦人喪服要重于首，豈反用牡麻邪？」」「冠繩纓」者，賈疏云：「以六升布爲冠，又屈一條繩爲武，垂下爲纓。」又云：「齊衰冠纓用布，則知此繩纓不用苴麻，用枲麻。」李氏云：「冠纓不蒙苴文，故退次帶下。杖齊其心，故序帶上也。」今案：「菅屨」詳下傳。襄公十七年《左傳》曰：「齊晏桓子卒，晏嬰麤縗斬，苴絰、帶、杖，菅屨，食鬻，居倚廬，寢苫枕草。其老曰：『非大夫之禮也。』曰：『唯卿爲大夫。』」案：此喪服斬衰之制，貴賤皆同，至春秋時而有異，故其老疑之。然晏子所服與《喪服》經傳符合，亦可證此禮遵行已久，非出後人僞撰也。杜氏云：「其異唯枕草耳，然枕凷亦非《喪服》正文。」不言三年者，以下齊衰云三年，明此斬衰三年可知。

注云「『者』者，明爲下出也」者，周公作經，上陳其服，下列其人，此經言者，是指人言之，故云「明爲下出也」。後章言「者」者放此。云「凡服，上曰衰，下曰裳」者，李氏云：「凡服，上曰衣，喪服以布爲衰，綴之于衣，因統名此衣爲衰。」今案：下記云「衰長六寸，博四寸」，是指當心者言之。又云「凡衰外削幅」，則統指衣言之。《雜記》：「端衰喪車皆無等。」鄭注：「喪者衣衰及所乘之車貴賤同，孝子于親一也。衣衰言端者，玄端吉時常服，喪之衣衰當如之。」此亦謂衣爲衰，故《喪服》每以衰與裳對言也。鄭云「凡服」，兼五服解之。云「麻在首、在要皆曰絰」者，絰有二，皆以麻爲之，在首者謂之首絰，《士虞·記》「婦人説首絰」是也；在要者謂之要絰，《士喪禮》「要絰小焉」是也。首絰亦謂之環絰，要絰亦謂之絰帶。絰言絰，實兼二者，故鄭云「在首、在要皆曰絰」也。云「絰之言實也，明孝子有忠實之心，故爲制此服焉」者，案：《檀弓》云「絰也者，實也」，此鄭所本。成伯璵《禮記外傳》云：「絰者，實也，表其有喪蹙之情實也。」李氏云：「喪服皆因吉服舊名，絰以明忠實之心，衰以表哀摧之義，惟此二者别制名耳。」今案：「衰」，本亦作「縗」。《釋名》：「縗，摧也，言傷摧也。絰，實也，傷摧之實也。」云「首絰象緇布冠之缺項」者，鄭以吉時緇布冠别有缺項以固冠，此喪服别有首絰加冠上，故云象之。吴氏紱云：「緇布冠有缺項，而纓屬之，所以固冠也。喪冠自有纓，不藉絰而固，則二者不類矣。又凡弔事弁絰服，弁亦有絰，不獨冠，則首絰不從冠取象更明矣。敖氏云：『古未有喪服時，但加此絰，以表哀戚。後聖因而不去，且異其大小之制，以爲輕重。』是説得之。」云「要絰象大帶。又有絞帶象革帶」者，賈疏云：「吉備二帶，大帶申束衣，革帶以佩玉佩及事佩之等。」朱子云：「革帶是正帶以束衣者，不專爲佩而設，大帶乃申束之耳。申，重也，故謂之紳。」今案：《白虎通》云：「要絰者，以代紳帶也。」鄭説蓋本此。要絰亦名帶，見下傳。而又有絞帶，是喪服亦備二帶，故鄭謂要絰象吉時大帶，絞帶象吉時革帶也。云「齊衰以下用布」者，是專指絞帶言之，楊氏復云「斬衰絞帶用麻，齊衰絞帶用布」是也。○李氏云：「凡喪，皆既虞、卒哭變而受以輕服，以初喪冠之布爲衰，冠降其衰一等，受麻絰以葛絰。《間傳》曰：『斬衰三升，既虞、卒哭，受以成布六升，冠七升，去麻服葛，葛帶三重。』十三月而練，又以七升之冠布爲衰，冠又降一等，以八升布爲之。七升者，始入大功之布，而以練衰謂之功衰。《服問》曰『三年之喪既練，服其功衰』，《雜記》曰『三年之喪，雖功衰，不弔』，是也。《間傳》曰：『期而小祥，練冠縓緣，要絰不除。』《檀弓》曰：『練，葛要絰，繩屨無絇。』既虞、卒哭之屨無文，以既練用大功繩屨差之，其用齊衰藨蒯之屨乎？二十五月大祥，除衰去杖，縞冠素紕，布純深衣。《間傳》曰：『又期而大祥，素縞麻衣。』《檀弓》曰：『祥而縞。』《玉藻》曰：『縞冠素紕，既祥之冠也。』二十七月而禫，冠朝服。《間傳》曰：『中月而禫，禫而纖，無所不佩。』禫之履無文，先儒以爲大祥白麻履，禫履無絇，禫逾月即吉。」萬氏斯大云：「喪服之重者有變有除，變者不遽除，而除者不更變，故變有受而除無受。夫變則變矣，而謂之受者，何也？孝子於此有不忍遽變之心，若人授之而已受之者然也。考禮，喪冠爲父六升，既卒哭受七升，爲母七升，既卒哭受八升。至練而易爲練冠，祥而更易爲縞素，禫更易而纖。此冠之變也。喪衰爲父三升，既卒哭受以成布六升，爲母四升，既卒哭受以成布七升。練後易衰，不見於經。《雜記》曰：『有父母之喪，尚功衰。』《間傳》曰：『三年之喪既練矣，服其功衰。』注疏謂練後之衰升數與大功衰同，父七升，母八升。又《間傳》注：『大祥，除衰杖。』此衰之變也。初喪成衰之衣，經無可考。觀《檀弓》云『練，練衣黃裏，縓緣』，則前此不練不縓可知。大祥變而麻衣，禫後變而素端黃裳。此衣之變也。首要之絰，父喪以苴麻，母喪以牡麻，男子婦人所同也。卒哭後，男子以葛絰變要麻，婦人以葛絰變首麻，蓋男子重首，婦人重要，輕者變而重者不變。故至練，男子除首絰而要葛猶存，婦人除要絰而首葛不去。《閒傳》、《小記》所謂『易服者易輕者，除服者先重者』，此也。至於屨，父喪初以菅，母喪則藨蒯，卒哭後父與母同，而練後皆易以麻。《檀弓》所謂『練，繩屨無絇』者，此也。合而觀之，冠也、衰也、衣也、男之要絰、婦之首絰也、屨也，則變而不遽除者也。男之首絰、婦之要帶也，則除而不更變者也。喪服之變除如此，此經有所及，有所未及，因取《禮記》中可見者以明之。」今案：此篇惟大、小功略言變之節，餘不言者，周公作經，舉其大綱，於五服精麤及喪期多寡之數則詳之，於變除之節則略之，故録李氏、萬氏説於此，以備參考。又案：衰裳冠屨之屬，俱是三日成服服之，未成服以前，斬衰者髻髮，齊衰者免。此經不言髻髮與免者，以篇名《喪服》，故主成服以後言之。杖亦自成服始，大祥除服則棄之，《喪大記》云「棄杖者，斷而棄之於隱者」是也。下經云：「女子子在室衰三年。」《家語》：「季桓子喪，康子練而無衰。子游問曰：『既服練服，可以除衰乎？』孔子曰：『無衰衣者不以見賓，何以除焉？』」則衰固服之以終喪矣。因李、萬説，更考之如此。

傳曰：斬者何？不緝也。苴絰者，麻之有蕡者也。苴絰大搹，左本在下，去五分一以爲帶。齊衰之絰，斬衰之帶也，去五分一以爲帶。大功之絰，齊衰之帶也，去五分一以爲帶。小功之絰，大功之帶也，去五分一以爲帶。緦麻之絰，小功之帶也，去五分一以爲帶。苴杖，竹也。削杖，桐也。杖各齊其心，皆下本。杖者何？爵也。無爵而杖者何？擔主也。非主而杖者何？輔病也。童子何以不杖？不能病也。婦人何以不杖？亦

不能病也。絞带者，繩带也。冠繩纓，條屬，右縫。冠六升，外畢，鍛而勿灰。衰三升。菅屨者，菅菲也，外納。居倚廬，寢苫枕塊，哭晝夜無時。歠粥，朝一溢米，夕一溢米。寢不脱經帶。既虞，翦屏柱楣，寢有席，食疏食，水飲，朝一哭，夕一哭而已。既練，舍外寢，始食菜果，飯素食，哭無時。盈手曰搹。搹，扼也。中人之扼圍九寸。以五分一爲殺者，象五服之數也。爵，謂天子、諸侯、卿、大夫、士也。無爵，謂庶人也。擔，猶假也。無爵者假之以杖，尊其爲主也。非主，謂衆子也。屬，猶著也。通屈一條繩爲武，垂下爲纓，著之冠也。布八十縷爲升，升字當爲登。登，成也。今之《禮》皆以登爲升，俗誤已行久矣。《雜記》曰：「喪冠條屬，以別吉凶。三年之練冠亦條屬，右縫。小功以下左縫。」外畢者，冠前後屈而出，縫於武也。二十兩曰溢，爲米一升二十四分升之一。楣謂之梁。柱楣，所謂梁闇。疏，猶麤也。舍外寢，於中門之外屋下壘墼爲之，不塗塈，所謂堊室也。素，猶故也，謂復平生時食也。斬衰不書受月者，天子、諸侯、卿大夫、士，虞、卒哭異數。【疏】正義曰：此傳自「斬者何」至「外納」，皆釋上經文。自「居倚廬」以下，則略言孝子居喪之禮節也。傳文多設爲問荅，「斬者何」，問辭；「不緝也」，荅辭。馬氏融云：「不緝，不緶也。」李氏云：「不緶衰裳之邊側也。」今案：緶之義爲縫。《説文》云：「齊，緶也。」下傳云：「齊者何？緝也。」賈疏云：「緝，今人謂之爲緶。」緶與緝同義，謂斬布爲衰裳，而其邊側不縫也。馬氏又云：「蕡者，枲實。枲麻之有子者，其色麤惡，故用之。苴者，麻之色。」案：馬氏以蕡爲枲實，本《爾雅·釋草》，孫氏注云：「蕡，麻子也。」案：此傳云「苴絰者，麻之有蕡者也」，下傳云「牡麻者，枲麻也」，則苴麻有子，枲麻爲雄麻無子。而《爾雅》云「枲實」者，對文異，散則通，枲實猶言麻實耳。《爾雅》又云「莩，麻母」，郭注：「苴麻盛子者。」則苴麻名莩，不名枲也。《詩》「九月叔苴」，《毛傳》：「苴，麻子也。」是因苴麻有子，又謂麻子爲苴。《御覽》引《本草》云：「麻子，一名麻蘊。」《齊民要術》引崔寔曰：「苴麻，麻之有蘊者，莩麻是也。一名蕡。」敖氏云：「麻有蕡，則老而麤惡矣，故以爲斬衰之絰。」《間傳》曰：「斬衰貌若苴，齊衰貌若枲。」是苴之形尤麤於枲，故鄭注《士喪禮》云：「苴麻者其貌苴，以爲絰，服重者尚麤惡。」又云：「牡麻絰者其貌易，服輕者宜差好也。」「苴絰大搹，左本在下」者，謂苴絰之大如搹圍，乃絰之最大者，即斬衰之首絰也。本，麻根也。大功以上絰有本，詳《士喪禮》「婦人之帶牡麻結本」下。張氏爾岐云：「左本在下者，首絰之制，以麻根置左當耳上，從額前遶項後，復至左耳上，以麻之末加麻根之上綴束之也。」今案：《士喪禮》云「苴絰大鬲，下本在左」，與此文異義同。又云「牡麻絰，右本在上」，下齊衰章傳同。朱子云：「齊衰首絰之制，以麻根處著頭右邊，而從額前向左圍向頭後，卻就右邊元麻根處相接，即以麻尾藏在麻根之下，麻根搭在麻尾之上綴殺之。」案：張氏「左本在下」之説，蓋由朱子説推之。《士喪禮》注云：「下本在左，重服統於內，而本陽也。右本在上，輕服本於陰，而統於外。」此鄭釋左右下上之義。下本在左，爲父也。右本在上，爲母也。父是陽，左亦陽，故本在左。母是陰，右亦陰，故本在右。內謂下，外謂上也。「去五分一以爲帶」，謂斬衰之要絰也。《士喪禮》「要絰小焉」，謂要絰小於首絰五分之一也。「齊衰之絰，斬衰之帶也」，謂齊衰之首絰與斬衰之要絰大小同。吳氏《章句》云：「絰帶各五。絰，首絰。帶，要絰。曰帶者，蓋指象大帶者言之。去五分一者，謂要絰得首絰五之四也。齊衰之絰，斬衰之帶也，與斬衰要絰同。下竝倣此。去五分一以爲帶，齊衰要絰又去首絰五之一也。下竝倣此。合五服發於此者，圍數迭減遞陳，故連及之。」苴杖，斬衰之杖。削杖，齊衰之杖。因經但言苴杖，未言杖之用竹，故傳明之，竝明下章削杖用桐也。《白虎通》云：「所以杖竹桐何？取其名也。竹者，蹙也。桐者，痛也。父以竹，母以桐何？竹者陽也，桐者陰也。竹何以爲陽？竹斷而用之，質，故爲陽。桐削而用之，加人功，文，故爲陰也。」王氏肅云：「削杖，削爲四方。」杜元凱云：「員削之，象竹。」賈疏云：「父者子之天，竹圜亦象天。又竹能貫四時而不變，子之爲父哀痛，亦經寒温而不改，故用竹也。爲母杖桐者，欲取桐之言同，内心同之於父。」又引《喪服變除》云：「削之使下方者，取母象於地故也。」《喪服小記》亦云：「苴杖，竹也。削杖，桐也。」孔疏云：「苴者，黯也。削，殺也。削奪其貌，不使苴也。必用桐者，明其外雖被削，而心本同也。」徐氏乾學云：「敖引杜元凱説，證削杖爲圓。愚謂《小記》言『杖大如絰』，絰之形既圓，則杖形亦圓可知，況桐之言同，謂其制同之於父也，何必取天圓地方之説乎？」今案：徐説是也。桐言削者，蓋削之使合大小之度，竝削去其枝葉也。《喪服小記》云：「絰殺五分而去一，杖大如絰。」鄭注：「如要絰也。」孔疏云：「鄭所以知然者，以其同在下之物故也。」褚氏云：「《小記》兩絰字俱指要絰，敖氏謂杖如首絰，非也。」「杖各齊其心」，賈疏云：「杖所以扶病，病從心起，故杖之高下以心爲斷也。」「皆下本」，本，根也。皆，指二杖言。即《既夕·記》所謂「杖下本，竹、桐一也」，彼注云「順其性也」，謂根在下，順竹、桐之性也。敖氏云：「下本，所以别於吉。凡吉杖下末，《曲禮》曰『獻杖者執末』，謂吉杖也。」今案：吉杖本在上，或刻鏤以爲飾。此削杖但削之以别於苴，而苴杖不削，亦尚麤惡之意。《問喪》曰：「爲父苴杖，爲母削杖。」《喪服小記》曰：「母爲長子削杖。」蓋禮服斬衰者用苴杖，服齊衰者用削杖也。「杖者何？爵也」，又設爲問荅之辭，以下一問一荅，凡五問荅。賈疏云：「有爵之人必有德，有德則能爲父母致病深，故許其以杖扶病。雖無爵，然以適子，故假取有爵之杖爲之喪主。衆子雖非爲主，子爲父母致病，是爲輔病也。」敖氏云：「傳意蓋謂此杖初爲有爵者居重喪而設，所以優貴者也，其後乃生擔主、輔病之義焉。」今案：《白虎通》云：「所以必杖者，孝子失親，悲哀哭泣，三日不食，身體羸病，故杖以扶身，明不以死傷生也。」是輔病之義也。《白虎通》又云：「禮，童子、婦人不杖者，以其不能病也。」即本此傳言也。賈疏以此童子爲庶童子，謂當室童子則杖，引《問喪》云「《禮》曰：『童子不緦，惟當室緦。』緦者其免也，當室則免而杖矣」，謂適子也；《雜記》云「童子哭不偯，不踊，不杖，不菲，不廬」，注云「未成人者，不能備禮也」，直有衰裳絰帶而已。賈疏又以此婦人爲童子婦人，引《喪大記》云：「三日，子、夫人杖。五日，大夫、世婦杖。」諸經皆有婦人杖文，故知成人婦人正杖也，明此童子婦人。又云：「童子得稱婦人者，案小功章云：『爲姪、庶孫丈夫婦人之長殤。』是未成人稱婦人也。」《喪服四制》云：「婦人、童子不杖，不能病也。」孔疏：「婦人，謂未成人之婦人。童子，謂幼少之男子。」又《喪服小記》疏云：「《喪服傳》『婦人何以不杖』，爲鄭學者則謂爲童子婦人。」是與賈説同。雷氏以爲此《喪服》，妻爲夫、妾爲君、女子子在室爲父、女子子嫁反在父之室爲父三年，如傳所云婦人者皆不杖，《喪服小記》「婦人不爲主而杖者，姑在爲夫」，唯著此一條，明其餘不爲主者皆不杖。賈疏非之。案：賀氏循亦云：「婦人不杖，謂出嫁之婦人不爲主則不杖。其不爲主而杖者，唯姑在爲夫。」沈氏彤云：「童子何以不杖，包女子子言。案：《小記》云：『女子子在室爲父母，其主喪者不杖，則子一人杖。』鄭云：『女子子在室，亦童子也。一人杖，謂長女也。』然則非長女不杖，且有男昆弟主喪者，則女子子皆不杖矣。❶不能病，以稚弱不能致哀故。婦人何以不杖，承上文言，婦人則成人矣，雖非主而宜杖，故問也。此婦人，謂異姓來嫁之婦人。案：《喪大記》：『君之喪，夫人、世婦杖。大夫之喪，主婦杖。士之喪，婦人皆杖。』然則婦人皆杖者，唯士之喪耳。若大夫之喪，則主婦而外有不杖者矣。君之喪，則夫人、世婦而外有不杖者矣。凡此不杖者恩皆疏，故曰不能病。」楊氏《圖》云：「不杖者，蓋婦人不皆杖，非不杖也。」金氏榜云：「婦人唯爲主者杖，不爲主者不杖。以經校之，妻爲夫、母爲長子，爲主而杖者也；妾爲君、女子子在室爲父母，不爲主不杖者也。故《喪服小記》申其義曰：『婦人不爲主而杖者，姑在爲夫杖。』明他婦人不爲主者不杖矣。又曰：『女子子在室爲父母，其主喪者不杖，則子一人杖。』明主喪者杖，則女子子爲父母不杖矣。《小記》之文正與《喪服傳》婦人不杖義相發明。《喪大記》『士之喪，三日之朝，婦人皆杖』，此謂主婦於三日之朝，皆主人而杖，不得下通衆婦人；『君之喪，五日，世婦杖』，君之世婦尊同大夫，所謂『杖者，爵也』，不得下通於大夫、士之妾。鄭君於《小記》注謂婦人成人者皆杖，違失經意。」今案：此傳婦人，鄭無注，賈、孔以爲童子婦人，雷氏、賀氏、沈氏、金氏以爲成人婦人。細繹傳意，自以成人婦人爲是，而沈氏、金氏之説尤詳。蓋傳層遞問下，其問童子者，以男子非主皆杖，童子何以不杖？其問婦人者，以童子未成人非主不杖，婦人已成人，非主何以不杖？此兩問，俱跟「非主而杖」説下。若童子當室而杖，婦人爲主而杖，則其義已該於擔主中矣。童

❶「女子子」，原作「女女子」，今據《儀禮小疏》改。下「童子自包女子子在内」同。

子自包女子子在内，若以上句爲問童男，下句爲問童女，則童男既以稚弱不能病，豈童女又能病乎？此問所不必問者也。賈、孔之説失之。餘詳下經「女子子在室爲父」下。傳以繩帶釋絞帶，李氏云：「繩帶者，絞麻爲繩作帶也。五服之絰，皆絞麻兩股相交，繩帶則不但兩股矣。」今案：首絰、要絰皆用散麻，絞帶當是先以麻糾作繩，而後絞之以爲帶。《説文》：「絞，縊也。」段氏注引此傳云「兩繩相交而緊謂之絞」是也。王氏云「絞帶如要絰」，雷氏云「絞帶在要絰之下言之，則要絰五分去一爲帶」，賈疏是王非雷。朱子則取雷氏之説，謂「絞帶小於要絰，要絰象大帶，兩頭長垂下，絞帶象革帶，一頭有彄子，以一頭串於中而束之」。張氏惠言云：「案：生時大帶四寸，革帶二寸，是半於大帶，則絞帶之大不當如要絰可知，雷説爲是。」又賈疏謂「絞帶虞後變麻服布」，吴氏《疑義》云：「《間傳》：『既虞、卒哭，去麻服葛，葛帶三重。』不言何帶，則合要絰、絞帶竝言可知。」今案：斬衰絞帶既與要絰同用苴麻，則虞後亦當與要絰同用葛，吴説是也。「冠六升」，賈疏云：「以冠爲首飾，布倍衰裳而用六升，又加以水濯，勿用灰而已。」今案：冠衰升數下記詳之。《廣雅》云：「鍛，椎也。」蓋椎治之，使略成熟，以冠在首尊之，但色不須白，故勿加灰也。敖氏云：「言鍛而勿灰者，嫌當異於衣也，故以明之。凡五服之布，皆不加灰。《雜記》曰：『加灰，錫也。』」其説是已。「衰三升」，賈疏云：「不言裳，裳與衰同。」今案：《既夕・記》亦云「衰三升」，注云：「衣與裳也。」案：衰、裳升數同，傳、記舉衰以包裳，故鄭兼裳言之。《間傳》云：「斬衰三升。」餘詳本篇記末。「菅屨者，菅菲也」，周公時謂之屨，後世或謂喪屨爲菲，故作傳者據當時之名釋之。菲與屝同，《説文》：「屝，履屬。」段氏注云：「屨之麤者曰屝。《方言》：『屝，麄履也。』《釋名》：『齊人謂草履曰屝。』杜注《左傳》

曰：『屝，草屨也。』菲者，屝之假借字。」菅，草名。《廣雅》：「菅，茅也。」王氏《疏證》云：「《爾雅》：『白華，野菅。』郭注云：❶『菅，茅屬。』又：『藗，牡茅。』注云：『白茅屬。』《小雅》『白華菅兮』、『白茅束兮』，傳云：『白華，野菅也。已漚爲菅。』箋云：『人刈白華於野，已漚名之爲菅。菅柔忍中用矣，而更改取白茅收束之。茅比於白華爲脃。』是菅與茅不同物也。但菅、茅同類，亦可通名，故《說文》以菅、茅互釋。菅可爲索，《陳風》：『可以漚菅。』陸璣疏云：『菅似茅而滑澤無毛，根下五寸中有白粉者，柔韌宜爲索，漚乃尤善矣。』又可爲筲，《士喪禮》下篇『菅筲三，其實皆瀹』。又可爲席，《南山經》『白菅爲席』。」又云：「《毛傳》『已漚爲菅』，菅對野菅言之，非對茅言也。」段氏玉裁云：「菅別於茅，野菅又別於菅也。」今案：此皆辨菅與茅之別，但對文異，散則通，故《說文》、《廣雅》皆云「菅，茅也」，是茅亦可稱菅矣。此以菅爲喪屨，宜取麤惡，不必爲已漚之菅也，故襄十七年《左傳》注云：「菅屨，草屨也。」賈疏云：「《士喪禮》『屨外納』，鄭注云：『納，收餘也。』王謂正向外編之。」今案：「屨外納」，《士喪禮》下篇之記也，彼疏云：「謂收餘末向外爲之，取醜惡不事飾故也。」張氏爾岐云「外納，謂編屨畢，以其餘頭向外結之」是也。張氏又云：「自『居倚廬』至『不脫絰帶』，言未葬時事。既虞，謂葬畢卒哭後。練，謂小祥後。」今案：倚廬者，孝子既殯所居。謂之倚者，以木倚於東壁爲偏廬，殆痛深不忍安處之意也。《既夕·記》「居倚廬」，注云：「倚木爲廬，在中門外東方，北户。」案：此中門即寢門，亦即殯宮門也。士止有二門，大門在外，寢門在內，故謂寢門爲

❶「郭」，原作「鄭」，今據《廣雅疏證》改。

中門。必於東方者，孝子中門内哭位直東序，在阼階下，故此亦於東方也。《白虎通》云：「所以必居倚廬何？孝子哀，不欲聞人之聲，又不欲居故處，居中門之外，倚木爲廬，質，反古也。故《禮·間傳》曰：『父母之喪，居倚廬。』於中門外東牆下，户北向。」❶此鄭所本也。馬氏云：「倚木以爲廬，在東牆下，西向門端也。」今案：倚廬初時北向開户，至既虞翦屏柱楣，乃西向開户。馬説殆據虞後言之。《荀子》「屬茨倚廬」，楊倞注云：「茨，蓋屋草也。屬茨，令茨相連屬。倚木爲廬，謂一邊著地，如倚物然。」聶氏《三禮圖》云：「唐大曆中，楊垂撰《喪服圖》，説廬形制云：『設廬次於東廊下，無廊於牆下，北上。凡起廬，先以一木横於牆下，去牆五尺，卧於地爲楣，即立五椽於上，斜倚東墉上，以草苫蓋之。其南、北面亦以草屏之，向北開門。一孝一廬，❷門簾以縗布，廬形如偏屋，其間容半席」。』」程氏瑶田《翦屏柱楣説》云：「廬倚東壁，但一片陂陀垂之，西至於地，不納明，北户而已。」又云：「鄭注：『楣謂之梁。柱楣，所謂梁闇。』其注《喪服四制》『諒闇』云：『諒，古作梁，楣謂之梁。闇，謂廬也。廬有梁者，所謂柱楣也。』案：《爾雅》：『楣謂之梁。』又云：『宗廇謂之梁。』蓋言屋之上覆者楣也即梁也，非如後世以持楹之横木爲梁也。屏謂楣上但結草屏蔽之，初不翦，既虞乃翦其屏，於是柱其梁之垂於地者，而西啟户焉，是之謂柱楣云爾。」今案：《喪大記》曰：「父母之喪居倚廬，不塗。既葬，柱楣塗廬。」孔疏：「不塗者，但以草夾障，不以泥塗之也。

---

❶ 「向」，原作「面」，今據《白虎通疏證》改。

❷ 下「一」字，《續清經解》本作「子」。案：《四部叢刊》本《三禮圖集注》作「三」，文淵閣《四庫全書》本作「子一」。

既葬情殺，故柱楣以納日光，又以泥塗辟風寒。」《記》又曰：「君爲廬宫之，大夫、士襢之。既葬，君、大夫、士皆宫之。」鄭注：「宫，謂圍障之也。襢，袒也，謂不障。」是父母之喪無貴賤皆居廬也。《記》又曰：「凡非適子者，自未葬以於隱者爲廬。」鄭注：「蓋廬於東南角，既葬猶然。」據此，則適子蓋廬於大門内之東北角，近中門爲顯處。是父母之喪，無問適子、衆子，皆居廬也。《雜記》曰：「疏衰皆居堊室，不廬。廬，嚴者也。」鄭注：「言廬哀敬之處，非有其實則不居。」案：此疏衰是疏者，若爲母齊衰，亦居廬也。堊室者，無飾之室，既練居之。《喪大記》曰：「既練居堊室。」孔疏：「堊，白也。」方氏慤云：「所居之室以堊，則以表哀素之心爾，非致飾也。」《記》又曰：「既祥黝堊。」鄭注：「黝堊，堊室之飾也。」鄭以既祥黝堊爲飾，則堊室無飾明矣，故《白虎通》云「練而居堊室，無飾之室」是也。此注云「於中門之外屋下壘墼爲之，不塗塈，所謂堊室也」者，《周書》曰：「惟其塗塈茨。」塗塈是致飾，不塗塈亦謂無飾也。「壘」，《集釋》作「纍」，戴氏震云：「纍即累字，今注疏本訛作壘。」今案：《説文》云：「垒，絫墼也。」則其字當以作「垒」爲正，學者多見「壘」，少見「垒」，故「垒」訛爲「壘」，作「纍」亦非。《説文》：「墼，令適也。」《爾雅》：「瓴甋謂之甓。」令適與瓴甋同，即甎也。前此爲廬，但以草爲屏蔽，此則有屋，又於屋下累甎爲牆，故謂之室。亦於中門之外者，賈疏云：「練後不居舊廬，還於廬處爲屋。」故仍在中門外。《三禮圖》云：「以墼累三面，上至屋，屋以瓦覆之。」按：以墼累三面，亦謂倚東壁爲之。堊室亦西向開户，杜氏《通典》云：「練居之堊室，在中門外屋下，西向開户，嫡子在前，庶子在後。」此言孝子喪居變改之節，練後易廬而爲堊室者也。《周禮·宫正》：「大喪則授廬舍，辨其親疏貴賤之居。」鄭注：「親者貴者居倚廬，疏者賤者居堊室。」又《雜記》曰：

「大夫居廬，士居堊室。」此言初遭喪而以親疏貴賤分別廬與堊室之居，則《三禮圖》所謂「廬南爲堊室」者，非於舊廬處爲之也。餘詳《士喪禮》「主人揖就次」下。《雜記》曰：「三年之喪，廬、堊室之中，不與人坐焉。在堊室之中，非時見乎母也，不入門。」《喪大記》曰：「婦人不居廬。」《雜記》曰：「童子不廬。」則亦不居堊室可知。《既夕·記》亦云：「寢苫枕塊。」注：「苫，編藁。塊，塩也。」案：藁即草也，謂編草爲苫，故《左傳》釋文云「苫，編草也」。「塊，塩也」，《爾雅·釋言》文，郭注「土塊也」。《喪大記》作「枕凷」，「凷」與「塊」同，「凷」正字，「塊」俗字。《左傳》晏嬰寢苫枕草，《釋文》引王儉云：「夏枕凷，冬枕草。」《問喪》曰：「成壙而歸，不敢入處室，居於倚廬，哀親之在外也。寢苫枕塊，哀親之在土也。」據此，則既葬亦寢苫枕塊可知。《既夕·記》亦云：「哭晝夜無時。」注：「哀至則哭，非必朝夕。」案：《士喪禮》既殯後朝夕哭于殯宮，有一定之時，此則于朝夕哭外，每日在廬中，或晝或夜，哀至則哭，無一定之時，故鄭云「非必朝夕」也。《喪服小記》云：「哭皆於其次。」鄭注：「無時哭也。」孔疏：「次，謂倚廬。唯朝夕哭入門内即位耳，若晝夜無時之哭，則皆於廬次之中也。」張氏爾岐云：「『歠粥』三句，三日始食後之食節也。」今案：《問喪》云：「親始死，水漿不入口三日，不舉火，故鄰里爲之糜粥，以飲食之。」《間傳》云：「父母之喪，既殯食粥。」《爾雅·釋言》云「鬻，糜也」，郭注「淖糜」，郝氏懿行云：「鬻，經典省作粥。《既夕·記》云『歠粥』，鄭注『粥，糜也』。上文『餬饘』，郭云『糜也』，此云『淖糜』。然則四者同類而異名，稠者糜，淖者曰粥也。」《既夕》及《間傳》俱云「不脱絰帶」，鄭注《既夕》云：「哀戚不在於安。」案：首絰在冠之上，要絰、絞帶在衰、裳之外，言絰帶，則冠、衰、裳俱不脱可知。此皆未葬以前事也。虞，葬畢始祭之名。既虞仍居倚廬，唯翦屏柱楣爲異，説詳上。「寢有席」者，賈疏謂以席加於苫上。但此傳云：「既虞，寢有席。」《間傳》云：「既虞、卒哭，芐翦不納。期而小祥，寢有席。」與此異者，案：鄭注：「芐，今之蒲苹也。」孔疏：「蒲苹爲席，翦頭爲之，不編納其頭而藏於内也。」然則芐翦不納，即謂席矣。徐氏乾學疑《間傳》「寢有席」句原在「芐翦不納」之上，而記者脱誤，或然。「食疏食，水飲」者，賈疏云：「未虞以前，朝一溢米，夕一溢米，而爲粥。今既虞之後，用麤疏米爲飯而食之，明不止朝一溢、夕一溢而已。未虞亦飲水，而在既虞後言者，恐虞後飲漿酪之等，故云水飲而已也。」「朝一哭，夕一哭而已」者，《既夕》「卒哭」，注云：「卒哭，三虞之後祭名。始朝夕之間，哀至則哭，至此祭止也，朝夕哭而已。」彼疏云：「始死，主人哭不絶聲。小斂之後，以親代哭，亦不絶聲。至殯後，主人在廬思憶則哭，又有朝夕於阼階下哭。至此爲卒哭祭，唯有朝夕哭而已。」今案：朝一哭、夕一哭，乃禮制如此，以既虞則哀當減，故制爲卒哭之祭，以止晝夜無時之哭，而但循朝一哭、夕一哭之常。言「而已」者，示不以哀致毁之意，非必孝子於既虞後除朝夕哭外便一無哀痛之時也。此等處正須善會。張氏爾岐云：「練，十三月之祭。此日以練布爲冠服，故以名祭，即小祥也。」「既練舍外寢」者，舍亦居也。古者宫室之制，正寢亦曰外寢，《玉藻》「將適公所，宿齊戒，居外寢」是也。此外寢非正寢，蓋謂中門外之寢爾，張氏又云「但於中門外舊廬處爲屋以居」是也。「寢」字與上「寢不脱絰帶」、「寢有席」之「寢」異。上「寢」字謂卧也，此「寢」是有室之名。鄭以《喪大記》及《間傳》諸篇皆言「既練居堊室」，故以外寢爲堊室，注云「所謂堊室也」，「所謂」，即指彼文言之。「始食菜果」者，案：《喪大記》云：「既葬，主人疏食水飲，不食菜果。練而食菜果。」《間傳》云：「既虞、卒哭，不食菜果。期而小祥，食菜果。」此傳云「始食」者，明自初喪至練以前皆不食也。《説文》：「菜，草之可食者。」菜又名蔬，《爾雅》「蔬不熟爲饉」，郭注「凡草菜可食者通名爲蔬」是也。鄭注《既夕》云：「實在木曰果，在地曰蓏。」許氏《淮南注》：「在樹曰果，在地曰蓏。」臣瓚《漢書注》：「木上曰果，地上曰蓏。」皆與鄭同。馬氏融云：「果，桃李屬。蓏，瓜瓠屬。」而鄭注《喪大記》云「果，瓜桃之屬」，則蓏亦果矣。蓏之與果，蓋對文異，散文通也。應劭、宋衷云：「木實曰果，草實曰蓏。」張晏云：「有核曰果，無核曰蓏。」與鄭説小異大同。「哭無時」者，謂既練雖止朝夕之哭，而哀動於中則猶哭焉，但不拘朝夕之時耳。《喪大記》曰：「祥而外無哭者，禫而內無哭者。」明練後猶哭也。《通典》云：「哭無時，哀殺，十日五日可也。」吴氏紱云：「哭無時，與上文異。既殯，哭晝夜無時，此數而無時也。既練，哭無時，此疏而無時也。」此説得之。賈疏謂哭有三無時、一有時。敖氏又謂凡哭三無時、二有時。紛紛之論，俱屬支離，今不録焉。　注云「盈手曰搹。搹，扼也」者，《説文》：「搹，把也。把，握也。」則搹爲一手所握矣。《説文》「搹」或从戹作「扼」，是搹、扼一字，而鄭以扼釋搹者，段氏玉裁云：「漢時少用搹，多用扼，故以今字釋古字也。」《士喪禮》「搹」作「鬲」，注云：「鬲，搤也。」顔師古《漢書注》云：「搤與扼同。」《史記集解》引服虔云：「滿手曰搤。」則搹、扼、搤三字義同。云「中人之扼圍九寸」，《士喪禮》注云「中人之手搤圍九寸」，有「手」字義長。賈疏云：「雷氏以搹、搤不言寸數，則各從其人大小爲搤，非鄭義。據鄭注，無問人之大小，皆以九寸圍之爲正。若中人之跡尺二寸也。」朱子云：「首絰大一搤，只是拇指與第二指一圍。」吴氏《章句》云：「以指尺度之，一圍不過六寸，豈鄭所據之尺爲最小者歟？」云「以五分一爲殺者，象五服之數也」者，謂經帶大小降殺之數，必以五分去一者，象服之數有五也。楊氏

《儀禮圖》云：「注疏所論經帶寸分之數甚密而難用，約法甚疎而易見，今圖只用約法。」其説善矣，然以小功之帶爲圍三寸五分有奇，緦麻之帶爲圍二寸八分有奇，則猶未確。金陵汪士鐸爲余考之曰：「五服之帶，甄鸞、李淳風皆四其實，五其法。今依其術推之，以得數記於左：斬衰之首絰，據鄭君圍九寸，去五分一以爲帶，四其實，五其法，得帶圍七寸二分。齊衰之絰與斬衰之帶同，去五分一以爲帶，四其七寸二分，五爲法除之，則齊衰之帶得五寸七分六釐。大功之絰與齊衰之帶同，去五分一以爲帶，四其五寸七分六釐，五爲法除之，則大功之帶得四寸六分零八豪。小功之絰與大功之帶同，去五分一以爲帶，四其四寸六分零八豪，五爲法除之，則小功之帶得三寸六分八釐六豪四絲。緦麻之絰與小功之帶同，去五分一以爲帶，四其三寸六分八釐六豪四絲，五爲法除之，則緦麻之帶得二寸九分四釐九豪一絲二忽。」案：此得數即楊《圖》所謂「約法」也。云「爵，謂天子、諸侯、卿、大夫、士也」者，殷以前士無爵，周則士亦爲爵，故《王制》曰：「王者之制禄爵：公、侯、伯、子、男，凡五等。諸侯之上大夫卿、下大夫、上士、中士、下士，凡五等。」《白虎通》云：「天子者，爵稱也。」是自天子至士，皆爲有爵之人，庶人則無爵也。無爵則不得杖，而亦杖，故鄭謂假之以杖，以其爲喪主尊之，非喪主而亦杖者，衆子是也。《喪服四制》「或曰擔主，或曰輔病」，義與此同。云「屬，猶著也」者，此與《士冠禮》「屬于缺」注同。《一切經音義》引《字書》云：「著，相附著也。」《説文》：「屬，連也。」《管子》注云：「屬，綴連也。」綴連是附著之意，故云「猶著也」。云「通屈一條繩爲武，垂下爲纓，著之冠也」者，《既夕·記》云：「冠六升，外縪，纓條屬，厭。」注：「纓條屬者，通屈一條繩爲武，垂下爲纓，屬之冠。」與此注同，謂纓、武同材，以一條繩屈而遶之爲武，又垂其餘以爲纓也。云

「著之冠」者，謂武、纓皆上縫，著於冠也。敖氏謂「以一條繩爲纓，而又屬於武」，非矣。《雜記》「喪冠條屬」，鄭注：「條屬者，通屈一條繩若布爲武，垂下爲纓，屬之冠。」案：此傳及《既夕・記》俱云「冠六升」，是據斬衰言之。《雜記》云「喪冠」，則統五服之冠言，故鄭兼言布，謂齊衰以下冠布纓者，亦通屈一條布爲武，垂下爲纓，屬之冠也。云「布八十縷爲升，升字當爲登。登，成也。今之《禮》皆以登爲升，俗誤已行久矣」者，賈疏云：「布八十縷爲升，此無正文，師師相傳言之，是以今亦云八十縷謂之宗，宗即古之升也。」又云：「《論語》『新穀既升』，升亦訓爲成。今從登不從升者，凡織紝之法，皆縷縷相登，上乃成繒布，登義强於升也。」胡氏承珙云：「案：《説文・禾部》『布八十縷爲稯』。蓋此無正文，稯、宗、登、升，皆一語之轉。鄭既破升爲登，而諸經注仍用升字者，則以經典相承已久，不復追改耳。」引《雜記》者，證「條屬」是喪冠及右縫是大功以上喪冠之制也。彼注云：「別吉凶者，吉冠不條屬也。吉冠則纓、武異材焉。右縫者，右辟而縫之。小功以下左，左辟象吉，輕也。」孔疏：「三年之練冠亦條屬右縫者，三年練冠，小祥之冠也，雖微入吉，亦猶條屬右縫，與凶冠不異也。吉冠則襵上辟縫向左，左爲陽，陽，吉也。凶冠縫向右，右爲陰，陰，喪所尚也。小功以下輕，故縫同吉，向左也。」案：《雜記》「小功以下左」，無「縫」字，此注引有「縫」字者，蓋鄭增之，以足義也。云「外畢者，冠前後屈而出，縫於武也」者，賈疏云：「冠廣二寸，落頂前後，兩頭皆在武下，鄉外出，反屈之，縫於武而爲之，兩頭縫，畢向外，故云『外畢』。案：《曲禮》云：『厭冠不入公門。』鄭注：『厭，猶伏也。喪冠厭伏。』是五服同名，由在武下反屈之，故得厭伏之名。」今案：「外畢」，《通典》引作「縪」，《既夕》亦作「外縪」，注：「縪，謂縫著於武也。外者，外其餘也。」然則縪是縫合冠、武之名。冠謂冠梁，武謂冠卷。古時無論吉冠、喪冠，初皆冠、武别爲之，而後以冠前後兩頭縫著於武。外縪猶外納，謂以冠兩頭之餘向外縫之也。《考工記·玉人》「天子圭中必」，鄭注：「必讀如『鹿車縪』之縪。縪，謂組約。」此縫合冠、武亦有約，《玉篇》、《廣韻》皆云：「縪，冠縫也。」似縪爲正字，畢爲假字。《檀弓》曰：「古者冠縮縫，今也衡縫。」江氏永云：「冠以梁得名，冠圈謂之武，梁之廣無正文。喪冠廣二寸，則吉冠當亦如之。非若後世之帽，盡舉頭而蒙之也。吉冠之梁，兩頭皆在武上，從外向内，反屈而縫之，不見其畢。喪冠外畢，前後兩頭皆在武下，自外出，反屈而縫之，見其畢，謂之厭冠也。喪冠三辟積，于二寸之梁上縮縫之。大功以上右縫，小功以下左縫。殷以上吉冠亦三辟積，向左縫。周始變爲横縫，辟積無數。」案：此説最明析。黄氏榦云：「五服之喪冠，其制之異者有四：升數之不同，一也；繩纓之與布纓、澡纓，二也；右縫之與左縫，三也；勿灰之與灰，四也。其制之同者亦四：條屬，一也；外畢，二也；辟積之數，三也；廣狹之制，四也。」謂自斬至緦，其冠皆三辟積，廣二寸。又黄氏以勿灰與灰爲異，仍賈疏七升以上灰之説也。云「二十兩曰溢，爲米一升二十四分升之一」者，案：《禮記·喪大記》及《間傳》皆有「朝一溢米，莫一溢米」之文，鄭注《喪大記》云：「二十兩曰溢。於粟米之法，❶一溢爲米一升二十四分升之一。」孔疏：「案：《律曆志》：黄鐘之律，其實一籥。合籥爲合，則二十四銖合重一兩，十合爲一升，升重十兩，二十兩則米二升。與此不同者，但古秤有二法，説《左傳》者云百二十斤爲石，則一斗十二斤，❷爲

❶「粟」，原作「栗」，今據《禮記·喪大記》鄭注改。

❷「斗」，原作「升」，今據《禮記·喪大記》賈疏改。

兩則一百九十二兩，則一升爲十九兩有奇。今一兩爲二十四銖，則二十兩爲四百八十銖，計十九兩有奇爲一升，則總有四百六十銖八絫，以成四百八十銖，唯有十九銖二絫在，是爲米一升二十四分升之一。」汪士鐸云：「案：『以成四百八十銖』，『成』宜作『減』。」今案：《説文·厶部》曰：「絫，十黍之重也。」段氏注云：「十黍爲絫，而五權從此起。十絫爲一銖，二十四銖爲兩，十六兩爲斤，三十斤爲鈞，四鈞爲石。石，許作柘。」《禾部》曰：「柘，百二十斤也。」然則依百二十斤爲石計之，一斗十二斤，一升當有一斤三兩四銖八絫。以二十四銖爲兩計之，則二十兩爲四百八十銖，一升爲四百六十銖八絫。四百八十銖除去四百六十銖八絫，仍有十九銖二絫在，再以一升作二十四分分之，每分適得十九銖二絫，是四百八十銖除四百六十銖八絫爲一升，仍十九銖二絫爲二十四分升之一也。粟米者，古九數之一。鄭蓋依其法推之，故彼注云：「粟米之法也。」《既夕·記》亦云：「朝一溢米，夕一溢米。」鄭注與此同。賈疏兩篇亦相同，語多繁而難曉。惠氏棟謂其算甚拙，可刪。故今依《禮記》孔疏申之焉。《釋文》云：「射慈與鄭同，王肅、劉逵、袁準、孔倫、葛洪皆云『滿手曰溢』。」徐氏師曾云：「溢，一手所握也。握容隘，必有溢於外者，故曰溢米。」吴氏紱云：「二十兩曰溢者，與鎰同。滿手曰溢者，溢與搤同。或以如鄭注，則日食米二升有奇，疑於太多。然古量一升，當今一合五勺二撮有奇，與滿手之盛亦差相倣耳。」胡氏承珙云：「《小爾雅》『一手之盛謂之溢』，王肅等蓋據此。案：古量甚小，漢二斗七升，當今五升四合。以古之五，當今之一，則米一升二十四分升之一，不過當今二合稍贏。王説與鄭注，亦不甚相懸耳。」今案：吴氏、胡氏之説是也。注「楣謂之梁」及「舍外寢於中門之外」云云，已詳上。云「疏，猶麤也」者，案：《詩·召旻》云「彼疏斯粺」，鄭箋：

「疏，麤也，謂糲米也。」云「素，猶故也。謂復平生時食也」者，賈疏云：「此食爲飼讀之。知者，天子以下平常之食，皆有牲牢魚腊，練後始食菜果，未得食肉飲酒，明專據米飯而言。古者名飯爲食，與『公食大夫』者同音也。」敖氏云：「案注云『復平生時食』，則傳之『飯』字似當作『反』。」盧氏文弨云：「《白虎通》曰『既練，反素食』，正作『反』，俗本訛作『及』。」今案：鄭注或本《白虎通》之義，此傳文自作「飯」，與《論語》「飯疏食」文法一例。《小爾雅》云：「素，故也。」鄭以麤釋疏，則所云「素，猶故也，復平生時食」者，亦謂既練之後，隨其常居所食之米而食之，不必專取麤糲者以爲飯也。程氏瑶田《疏食素食説》云：「疏食者，稷食也，不食稻、粱、黍也。素食，鄭注云『復平生時食』，謂黍稷也。賤者食稷，然豐年亦得食黍，《良耜》之詩『其饟伊黍』是也。若稻、粱二者，據《聘禮》、《公食大夫禮》，皆加饌，非平生常食，居喪更何忍食？故夫子斥宰我曰：『食夫稻，于女安乎？』是雖既練飯素食，亦必不食稻粱，宜止於黍稷也。『素食』對上『疏食』，二食字竝讀去聲。顔師古《匡謬正俗》説素食謂『但食菜果糗餌之屬，無酒肉也』，據禮家變節漸爲降殺，安得練時便復平生故食』，以難鄭注。不知注據『飯素食』，飯字之義，蓋指米而言，非飲酒食肉之謂。顔説難鄭未當。」又云：「居喪飲食變除之節，初唯歠粥，直不飲食；已而飯疏食，稷食也；練然後飯素食，復平生時食也。平生時唯子卯稷食，否則兼得飯黍。黍稷兼飯，平生之常，故曰飯素食也。然而不食粱肉，佐以菜果而已。故《喪大記》曰：『練而食菜果，祥而食肉。』明乎未祥不飲酒食肉也。」今案：程氏疏食稷食之説，以解《喪服傳》可備一義，若以解《論語》之「疏食」則未可。何也？《玉藻》曰：「子卯稷食。」鄭注：「忌日貶也。」則居喪而稷食，於禮爲宜。《論語》有「食不厭精」一語，則所謂「飯疏食」、「雖疏食」

者，自指麤糲之飯言，非必稷食矣。云「斬衰不書受月者，天子、諸侯、卿大夫、士，虞、卒哭異數」者，賈疏云：「葬後有受服，有不受服。案：下齊衰三月章及殤大功章，皆云無受，正大功章即云『三月，受以小功衰，即葛，九月者』。今此斬衰章及齊衰章，應言受月而不言，故鄭君特解之。」今案：大功章注謂天子、諸侯、卿大夫既虞受服，士卒哭受服。《雜記》曰：「士三月而葬，是月也卒哭。大夫三月而葬，五月而卒哭。諸侯五月而葬，七月而卒哭。士三虞，大夫五，諸侯七。」《王制》曰：「天子七月而葬。」以此差之，天子九虞，九月而卒哭矣。鄭氏謂「天子至士，葬即反虞」，是天子以下虞、卒哭月數有異，則受服之月亦異，故經不書受月也。受服詳前斬衰經下。

父。【疏】正義曰：《喪服四制》曰：「其恩厚者其服重，故爲父斬衰三年，以恩制者也。」賈疏云：「此章恩義竝設，義由恩出，故先言父也。」吴氏廷華云：「先言父者，君亦有父也。」《三禮札記》云：「《喪服四制》曰：『資于事父以事君，而敬同。』君服資父而定，故先父也。」今案：下「諸侯爲天子」，是先言服之之人，而後言所服之人。此單言所服之人者，《喪服》一經，凡所服者同而服之者有異，則兼言服之之人。若服之者亦同，則不必言服之之人。子之於父，無論適庶，其服竝同，故但言父，而不必言子爲父也。下單言所服者倣此。

傳曰：爲父何以斬衰也？父至尊也。【疏】正義曰：言「何以」者，據爲母齊衰而問也。蔡氏德晋云：「父者身所由生，家之至尊，故服斬衰三年，自天子至庶人同也。」吴氏廷華云：「父、母，家之嚴君，而父又尊於母，故曰至尊。」

諸侯爲天子。【疏】正義曰：言「諸侯爲天子」者，嫌諸侯有君國之體，或不爲天子服斬，故特著之。文在父下君上者，下文君兼天子、諸侯、卿大夫而言，此專言爲天子，故在君上也。《白虎通》曰：「天子崩，遣使者訃諸侯。七月之間，諸侯有在京師親供臣子之事者，有號泣悲哀奔走道路者，有居其國痛哭思慕竭盡所供以助喪事者。」李氏云：「諸侯爲天子斬衰，爲王后齊衰。《昏義》曰：『斬衰，服父之義也。齊衰，服母之義。』以爲君之妻，故服期也。《服問》曰：『君爲天子三年，夫人如外宗之爲君也。』外宗爲君期也。《服問》又曰：『世子不爲天子服。大夫之適子爲君、夫人、大子，如士服。』諸侯世子世國，卿大夫不世爵，故其服異也。」蔡氏云：「天子之喪，凡畿内公卿大夫士，固皆爲天子服斬衰。諸侯於天子，猶是守土之臣，故亦服斬衰。唯諸侯世子不爲天子服，以遠嫌也。諸侯之大夫爲天王繐衰，既葬除之，以自有君也。」今案：《周禮・司服》「凡喪，爲天王斬衰」，疏謂「諸侯諸臣」。案：諸臣自指王朝卿大夫、士言之，若諸侯之臣，則服繐衰不服斬矣。吴氏紱云：「王朝之卿大夫、士爲天子服斬，統於下文『君』一條内。」其説是也。

傳曰：天子至尊也。【疏】正義曰：此不發問，而直以義釋之也。《曲禮》云：「君天下曰天子。」馬氏融云：「天下所尊，故曰至尊也。」

君。【疏】正義曰：君總包天子、諸侯及卿大夫在内，凡爲之臣者，皆服斬衰也。吴氏紱云：「此臣爲君，指現居官食禄者言。其未委贄及仕焉而已者，不在此數也。以下經『庶人爲國君』并『舊君』數條合觀之，可見矣。」

傳曰：君至尊也。天子、諸侯及卿大夫有地者，皆曰君。【疏】正義曰：賈疏云：「君者臣之天，故亦同於父，爲至尊。」今案：《喪服四制》曰：「天無二日，土無二王，國無二君，家無二尊。」故爲父、爲天子、爲君，傳皆以至尊釋之也。　注云「天子、諸侯及卿大夫有地者，皆曰君」者，上經爲天子，止據諸侯言。其天子畿内之臣公卿大夫士爲天子，俱在此條内，故知君中兼有天子也。又謂卿大夫有地者爲君者，據下傳云「君，謂有地者也」。地謂采地，若《周禮》家邑、小都、大都及列國卿大夫食邑之類。《禮運》曰：「天子有田以處其子孫，諸侯有國以處其子孫，大夫有采以處其子孫。」三者皆有君義也。馬氏融釋此傳云：「君，一國所尊也，故曰至尊。」是專據諸侯言之，不及鄭義之精矣。敖氏又兼士言之，謂有臣者皆曰君。吴氏紱云：「賈疏謂士無臣，然《特牲·記》『私臣門東，北面西上』，則士自有臣。敖氏兼士言之，於義爲合。又緦麻章『爲貴臣服緦』，大夫無緦服，則爲貴臣服者必士也。士之有臣可見矣。」盛氏云：「案：《特牲禮》士亦有私臣，但分卑不足以君之，故其臣不爲服斬也。」褚氏云：「傳文明以有地者爲君，故注本以釋經。蓋有地則當世守，義與有國者等，與暫時涖官而爲其臣屬者不同，服斬宜矣。士既無地，雖爲其臣，安得服斬？如皁臣輿、輿臣隸，名亦臣也，而豈遽爲之服斬乎？」今案：盛氏、褚氏之説是也。吴氏駁賈士無臣之説亦是，但以敖義爲合，則非耳。《喪服四制》曰：「資于事父以事君，而敬同。貴貴、尊尊，義之大者也。故爲君亦斬衰三年，以義制者也。」鄭注：「貴貴，謂爲大夫君也。尊尊，謂爲天子、諸侯也。」義與此注同。李氏云：「凡與國君爲族親者，不敢以輕服服君。《喪服小記》曰：『與諸侯爲兄弟者服斬。』」

父爲長子。不言嫡子，通上下也，亦言立嫡以長。【疏】正義曰：古者重宗法，父爲長子服斬衰三年，亦敬宗之義，故即次於子爲父、臣爲君之後也。　注云「不言嫡子，通上下也，亦言立嫡以長」者，李氏云：「天子、諸侯曰世子，大夫以下曰嫡子。天子、諸侯亦爲世子三年，故通上下而言長子也。《公羊傳》曰：『立嫡以長不以賢。』言長者，又以見斯義。」今案：嫡對庶言，嫡妻所生爲嫡子。經言長不言嫡者，亦以見父所爲三年者，止嫡長子一人，其餘嫡子不爲三年也。

傳曰：何以三年也？正體於上，又乃將所傳重也。庶子不得爲長子三年，不繼祖也。此言爲父後者，然後爲長子三年，重其當先祖之正體，又以其將代己爲宗廟主也。庶子者，爲父後者之弟也。言庶者，遠别之也。《小記》曰：「不繼祖與禰。」此但言祖不言禰，容祖禰共廟。【疏】正義曰：言「何以」者，據爲衆子期而問也。經但言父爲長子，而父之爲長庶未明，傳嫌凡父皆得爲長子三年，故特明之。注云「此言爲父後者，然後爲長子三年」者，爲父後指長子之父言，爲父後則亦長子也。此傳所言是分别父之長庶，必其父是長子爲父後，乃得爲其長子三年也。云「重其當先祖之正體，又以其將代己爲宗廟主也」者，兩「其」字指長子言，爲宗廟主是重也。雷氏次宗云：「父子一體也，而長嫡獨正，故曰體既爲正體，又將傳重，兼有二義，乃加其服。」程氏瑶田《喪服足徵記》云：「『正體於上』，言己與尊者爲一體，而爲繼禰之宗子，主禰廟之祭，斯謂之重，言其爲受重之人也。其長子適適相承，是己所受之重，將於長子傳之，是爲『又乃將所傳重也』。如此則傳文『所』字乃著力字，猶云又乃將所受之重傳之也。先有重然後傳，非傳與長子然後謂之重。注謂『重其當先祖之正體』，意以長子當先祖正體，吾乃重之，不合傳文傳重之旨。傳言『正體於上』，言己正其體於上，以主禰廟祭，何重如之？將傳者，時重尚在己，猶未傳，然將欲傳之，而將使之當先祖之正體，而繼乎祖，故爲長子服三年也。庶子之長子不繼祖，以庶子本非正體，不能正體於上，不主禰廟之祭，其重本非庶子所得受，則亦非庶子所能傳，其長子烏得繼祖哉？傳重故繼祖，不傳重故不繼祖。服三年與不服三年，繼祖不繼祖之分而已矣。」今案：程氏釋傳文極詳細。然注「重其當先祖之正體」，亦謂己是嫡長，爲父之正體，而長子又爲己之正體，是承先祖之正體於上，故重之，與傳文非有二義也。云「庶子者，爲父後者之弟也」者，案：庶子是妾子之稱，意鄭謂爲長子三年，止爲父後承宗祀之一人，則嫡妻之第二子，亦不得爲長子三年，故以「爲父後者之弟」釋之。明傳言庶子，實包衆子在内。統言庶者，是遠別之，見其不得與爲父後者同也。云「《小記》曰：『不繼祖與禰。』此但言祖不言禰，容祖禰共廟」者，案：《大傳》曰：「庶子不得爲長子三年，不繼祖也。」與此傳同。《喪服小記》曰：「庶子不爲長子斬，不繼祖與禰故也。」與此傳稍異，故鄭引其文釋之。案：「祖禰共廟」，謂中、下士一廟者，詳《少牢禮》。鄭以傳重爲宗廟主，故以廟言之。然因《小記》此文，説禮者遂多枝節。馬氏融云：「長子爲五世之適，父乃爲之斬也。」又云：「體者，嫡嫡相承也。正爲體在長子之上，上正於高祖，體重其正，故服三年。庶子賤，其爲長子服，不得隨父服三年，故言不繼祖也。」《通典》云：「漢戴聖、聞人通漢皆以爲父爲長子斬者，以其爲五代之嫡也。馬融注《喪服經》用之。鄭玄注《小記》，則以爲己身繼禰，便得爲長子斬。自後諸儒皆用鄭説。」案：鄭注《小記》云：「尊先祖之正體，不二其統也。言不繼祖禰，則長子不必五世。」是破馬氏之説也。其言「尊先祖之正體」，則與此注「重其當先祖之正體」語意亦同。乃賈、孔二疏因鄭但言不必五世，未明言世數，又因《小記》有「不繼祖與禰」之文，遂謂必父適、祖適，繼父祖身三世，長子四世，乃得三年。吴氏廷華云：「《小記》言『不繼祖與禰』，此聚訟所由起。

其弊在誤認不繼祖與禰者，皆爲庶子耳。譙氏周曰：『不繼祖與禰者，謂庶子身不繼禰，故其長子爲不繼祖，合而言之也。』是可以正諸説之失矣。馬融主戴聖、聞人通漢五世之適説，舍子而言曾孫，既與經義不符。賈、孔因注不必五世説，遂舉賀循、虞喜、庾蔚之四世之説證之，謂必適子適孫，乃得爲長子三年。外此則雖繼禰之嫡子，亦不得遂三年之服。是又舍子而言孫，其失與馬氏等。」盛氏世佐云：「子爲父母三年，父母爲子期，服之正也。爲長子三年，以其承祖之重，而加隆焉爾。此尊祖敬宗之義，通乎上下者也。重，謂宗祀也。庶子不得祭，即不得爲長子三年，以其無重可傳也。庶子，不爲父後者也，云不繼祖者，指其子而言也。然則爲長子三年，五宗皆得行之矣。雖繼禰之宗，亦得爲長子三年者，以身既繼禰，即得主禰廟之祭，是亦有傳重之道故也。先儒謂必至四世乃得三年，失其義矣。」今案：吴氏、盛氏辨正疏説是也。譙周、賀循、虞喜、庾蔚之之説具載《通典》。或曰：此注末云「容祖禰共廟」，則不繼祖似指庶子本身言矣。曰：此鄭欲通合《小記》與此傳爲一，而不覺其説之岐也。古者有大宗，有小宗。大宗一，小宗四。繼高祖，繼曾祖，繼祖，繼禰，皆宗也。此注兩言爲父後，明主繼禰者言之，即《通典》所謂「己身繼禰，便得爲長子斬」是也。則庶子不繼禰，其長子自不得繼祖，傳義昭晰無疑。況傳言庶子不言庶孫，經但言父爲長子，則爲三年不爲三年，自當以父之長庶爲别，又安得舍繼禰之宗，而專以祖適爲説邪？以經傳之言繹之，四世之説，其不足憑益明矣。○程氏瑶田又云：「此傳須將『正體』二句與『庶子』二句反正互明之故剔清，其義自見。云『正體於上』，言爲父後者與尊者爲一體，明非庶子也。『又乃將所傳重』者，言爲父後者，又將傳重於其長子，明其長子將繼祖也。此繼祖斷指長子言，是爲父後者之長子乃得繼祖，故爲之服三年。若己不爲父後而爲庶子，則其長子將不傳重，而不繼祖矣，故不爲之服三年也。《小記》云：『庶子不祭祖者，❶明其宗也。』言其非繼祖之宗也。又云：『庶子不祭禰者，明其宗也。』言其非繼禰之宗也。故曰『不繼祖與禰』，指庶子不爲祖禰宗廟主，故不爲長子斬，與《喪服傳》義雖一貫，而言各有當。一主庶子之長子不傳重而言，一主庶子非宗子而言，言非一端，隨文解之，自然通一爲道。若彼此互躔，則鑿矣。」今案：此亦暗破鄭氏注末之説，而其解傳文極明，又解《小記》可備一義，故録存之。

爲人後者。【疏】正義曰：此爲人後者，後大宗也。賈疏云：「出後大宗，其情本疏，故設文次在長子之下也。雷氏云：『此文當云：爲人後者爲所後之父。闕此五字者，以其所後之父或早卒，今所後其人不定，或後祖父，或後曾高祖，故闕之，見所後不定故也。』」

傳曰：何以三年也？受重者必以尊服服之。何如而可爲之後？同宗則可爲之後。何如而可以爲人後？支子可也。爲所後者之祖父母、妻，妻之父母、昆弟、昆弟之子，若子。若子者，爲所爲後之親如親子。【疏】正義曰：言「何以」者，據生己之父母三年，不生己之父母亦三年，故問也。「受重者必以尊服服之」，荅辭。尊服，謂斬衰。馬氏融云：「受人宗廟之重，故三年。」《通典》載吴商云：「禮貴嫡重正，其爲後者皆服三年。夫人倫之道有本焉，重本所以重正也，重正所以明尊祖也，尊祖所以統宗廟也。是以宗絶而繼之，使其正宗百代不失也。其繼宗者是曰受重，受重者必以尊

❶「祭」，原作「繼」，今據《儀禮喪服文足徵記》改。下「庶子不祭禰者」同。

服服之。若不三年，豈爲尊重正祖者邪？」蔡氏云：「《公羊傳》曰：『爲人後者爲之子。』故爲之服斬也。」「何如而可爲之後」，以下再問再荅。同宗，同大宗也。謂同在繼别一宗之内，乃可爲後。若同姓而别宗，亦不可也。汪氏琬云：「《禮》：『同宗皆可爲之後。』則不必親昆弟之子與從父昆弟之子矣。」支子，適妻次子以下及妾子也。其適子當自爲小宗，故以支子爲大宗後也。《通典》載許猛云：「《喪服傳》曰：『何如而可以爲人後？支子可也。』言大宗雖重，猶不奪己之正以後之也。」案：此論是。猛又云：「小宗無支子，則大宗自絶矣。」此説非，詳後傳「適子不得後大宗」下。「爲所後者之祖父母」以下，乃言爲人後者正親、外親之服。賈疏云：「死者祖父母，則爲後者之曾祖父母。妻，即爲後者之母也。妻之父母、妻之昆弟、妻之昆弟之子，於爲後者爲外祖父母及舅與内兄弟也。」李氏云：「傳舉正尊以見旁親，舉外親以明本族。其餘有服者，服之一如親子。故經於斬衰章舉爲人後之目，空其文以包見之，後不重出也。若宗子爲殤而死，則宗人來後者，惟後死者之父，以昆弟之服服殤死者。《曾子問》曰：『宗子爲殤而死，庶子弗爲後也。』《小記》曰：『爲殤後者，以其服服之。』」敖氏云：「言妻之昆弟，以見從母。言妻之昆弟之子，以見從母昆弟也。此於尊者唯言所後者之祖父母，於親者唯言所後者之妻，蓋各舉其一，以見餘服也。至於其妻之父母以下，乃備言之者，嫌受重之恩主於所後者，而或略於其妻黨也。經見爲人後者如子之服僅止於父，故傳爲凡不見者言之。又詳此傳言爲人後者爲所後者祖父母服，則是所後者死，而其祖父若父或猶存。於祖父若父猶存，而子孫得置後者，以其爲宗子故爾。蓋尊者已老，使子孫代領宗事，亦謂之宗子，所謂『宗子不孤』者也。」程氏瑤田云：「所後者之妻之父母、昆弟、昆弟之子若子者，例在記『庶子爲後者，爲其外祖父母、從母、舅無服』。爲私外親無服，則是將爲適母外親服也。今爲人後，自與庶子爲後者同也。」褚氏云：「賈疏及諸説已無遺義，顧氏炎武乃以昆弟、昆弟之子俱屬所後者言，則所後者之本宗掛漏反多，説易惑人，斷不可從。」今案：所後者之昆弟、昆弟之子，皆屬旁親。下記曰：「于所爲後之兄弟之子若子。」所爲後之兄弟之子，即所後者昆弟之子，則旁親已包於記「若子」之内。❶故此傳唯舉正親、外親言之，以補經、記所未及也。盛氏説與顧同，皆非。顧氏又以「若子」爲後人者從父昆弟之子，則於傳上下文義不可通矣，尤非。又顧氏、盛氏分祖父母爲二，謂所後者之祖，即爲後者之曾祖，舉祖以包祖母；所後者之父母，即爲後者之祖父母。此説似尚可從耳。注云「若子者，爲所爲後之親如親子」者，此子本非親子，但既爲之後，則與親子同，故爲所爲後者之親之服，一如親子之爲之。如爲曾祖齊衰三月、祖父母期之類，是皆親子之服，而爲後者亦如之，故傳云「若子」也。

妻爲夫。【疏】正義曰：賈疏云：「自此以下論婦人服也。婦人卑於男子，故次之。」王氏肅云：「言夫則可知，舉妻者，殊妾之文也。」今案：王意謂但言夫已可知爲妻服，必言「妻爲夫」者，以别於妾也。案：《曲禮》云：「天子之妃曰后，諸侯曰夫人，大夫曰孺人，士曰婦人，庶人曰妻。」而《哀公問》云：「昔三代明王之政，必敬其妻、子。」則妻之稱上下通之。故言妻以見爲夫斬衰之服亦上下同也。吴氏紱云：「子爲父、臣爲君、妻爲夫，此三綱也。遞生他服而不爲他服所生，遞殺他服而不爲他服所殺，制服之本存焉耳。」

❶「親」，原作「觀」，今據《儀禮正義正誤》改。

傳曰：夫至尊也。【疏】正義曰：馬氏云：「婦人以夫爲天，故曰至尊。」孔氏倫云：「以父服服之，故曰至尊。」蔡氏云：「女子在室天父，適人則天夫，故在室爲父服斬，適人則降其父服爲期，而爲夫服斬也。」吴氏廷華云：「《小記》：『姑在爲夫杖。』妻雖以齊爲義，而夫實尊於妻。」今案：妻爲夫，妾爲君，傳皆以至尊釋之者，亦家無二尊之義也已。

妾爲君。【疏】正義曰：陳氏銓云：「降於女君，故不敢稱夫。稱爲君者，同於人臣也。」敖氏云：「妾與臣同，故亦以所事者爲君。《春秋傳》曰：『男爲人臣，女爲人妾。』」注云「妾謂夫爲君者，不得體之，加尊之也」者，以妻與夫有體敵之義，故稱夫。妾不得體夫，故加尊之，而稱爲君。其斬衰之服，則與妻同也。雷氏次宗云：「言妻以明其齊，所以得稱夫也。言妾以見其接，所以乃稱君也。」云「雖士亦然」者，以上注云大夫以上有地者爲君，似士不得君稱，然妾之事夫實與臣同，故雖士妾亦尊夫爲君也。賈疏云：「《内則》：『聘則爲妻，奔則爲妾。』鄭注：『妾之言接。聞彼有禮，走而往焉，以得接見於君子。』是名妾之義。但其竝后匹適，則國亡家絶之本，故深抑之，别名爲妾也。既名爲妾，即不得名壻爲夫，故加其尊名，名之爲君也。」今案：賈疏義特嚴正，故録之。

傳曰：君至尊也。妾謂夫爲君者，不得體之，加尊之也。雖士亦然。【疏】正義曰：馬氏云：「妾賤，事夫如君，故曰至尊也。」

女子子在室爲父。女子子者，女子也，别於男子也。言在室者，關已許嫁。【疏】正義曰：注「女子也」，各本皆作「子女」，《通典》作「女子」。盧氏、戴氏俱據《通典》改正，今從之。「别於男子也」，「於」，嚴本作「然」，誤。「關已許嫁」，「關」，嚴、徐作「謂」，《通典》、《集釋》、《通解》、毛本俱作「關」。《儀禮識誤》云：「監、巾箱、杭本『謂』作『關』。疏：『關，通也。』從諸本及疏。」〇李氏云：「上『父』條女子子在其中矣，嫌許嫁即從降服，故重出此文。」敖氏云：「在室，在父之室也，與不杖期章『適人者』對言。」　注云「女子子者，女子也，别於男子也」者，言女子子即女子也，子是男女對父母之稱，故男稱男子，今女子重言子者，以别於男子也。云「言在室者，關已許嫁」者，賈疏云：「關，通也。謂通已許嫁者言之。」顧氏炎武云：「關，該也。謂許嫁而未行，遭父之喪，亦當爲之布總、箭笄、髽、三年也。《内則》曰：『有故，二十三年而嫁。』《曾子問》孔子曰『女在塗，而女之父母死，則女反』是也。」今案：顧説亦通，但鄭云「關已許嫁」，明是謂已許嫁者與未許嫁者，其服皆同也。《喪服小記》曰：「女子子在室爲父母，其主喪者不杖，則子一人杖。」鄭注：「女子子在室，亦童子也。許嫁及二十而笄，笄爲成人，成人正杖也。」案：彼文「女子子在室」，與此正同，而鄭乃以女子子爲專指未許嫁之童子言，與此注兩歧矣。且據《小記》云：「其主喪者不杖，則子一人杖。」明有主喪者杖，則女子子皆不杖可知。辨見前傳「婦人何以不杖」下。**布總，箭笄，髽，衰，三年。**此妻、妾、女子子喪服之異於男子者。總，束髮。謂之總者，既束其本，又總其末。箭笄，篠竹也。髽，露紒也，猶男子之括髮。斬衰括髮以麻，則髽亦用麻。以麻者自項而前，交於額上，卻繞紒，如著幓頭焉。《小記》曰：「男子冠而婦人笄，男子免而婦人髽。」凡服，上曰衰，下曰裳。此但言衰不言裳，婦人不殊裳，衰如男子衰，下如深衣。深衣則衰無帶下，又無衽。【疏】正義曰：賈疏云：「經之例，皆上陳服，下陳人。此服在下言之者，欲見與男子同者如前，與男子異者如後也。」又云：「越妻妾而在女子子之下言之者，雷氏云：『服者本爲至情，故在女子之下爲文也。』」今案：妻、妾、女子是正服，下「子嫁反在父之室」是變服，故於此言之也。「三年」之文亦至此始見者，舉後以該前，且以見箭笄、髽、衰，終三年而不變也。注云「此妻、妾、女子子喪服之異於男子」者，李氏云：「絰、杖、帶、屨，婦人同於男子。其異者，總、笄、髽以易男子之冠、纓，衰則連裳爲之，故别見此四者也。」云「總，束髮。謂之總者，既束其本，又總其末」者，案：《内則》注亦云：「總，束髮。」孔疏：「總，裂練繒爲之。」是吉時以繒爲總，喪則以布爲總也。《曾子問》：「女服縞總。」縞，白繒也。彼是在塗初聞喪之服，此是在家成服之服，故不以繒而以布。《檀弓》注「婦人弔服素總」，黄氏榦疑所謂素者，縞與布未詳。案：布總爲斬衰以下之總，則弔服自當用縞也。程氏瑶田云：「據《内則》櫛縰笄總之次，蓋櫛而後縰，縰而後笄，笄則紒成矣，乃以帕圍繞所束之髮，結其末而垂之，令不飛蓬，故謂之總。然髽必去縰，縰，韜髮者也，縰去則紒露。總用布，其不以覆紒明矣。豈如今之勒子歟？」云「箭笄，篠竹也」者，《禮器》：「如竹箭之有筠也。」注：「箭，篠也。」《鄉射禮》「箭籌八十」注同。《廣韻》篠同筱，《説文》：「筱，箭屬，小竹也。」然則箭笄者，以小竹爲笄也。黄氏榦云：「始死，將斬衰婦人去笄，至男子括髮，著麻髽之時，猶不笄。今成服始用箭笄，婦人箭笄終喪，有除無變。唯妾爲君之長子，雖服斬衰，不著箭笄。」今案：《喪服小記》云：「箭笄終喪三年。」與此文同。又《小記》云：「齊衰惡笄以終喪。」惡笄詳下記。云「髽，露紒也，猶男子之括髮。斬衰括髮以麻，則髽亦用麻。以麻者自項而前，交於額上，卻繞紒，如著幓頭焉」者，幓頭之制，詳《士喪禮》「主人髺髮袒」下。鄭意蓋以婦人之髽與男子之髺髮、免，三者形象略同。然此指用麻布之髽言之，故《士喪禮》「婦人髽于室」，注云「其用麻布，亦如著幓頭然」是也。賈疏云：「髽有二種。一是未成服之髽，即《士喪禮》所云者是也，將斬衰者用麻，將齊衰者用布。二是成服之後露紒之髽，即此經注是也。」《喪服小記》孔疏云：「髽者形有多種，有麻、有布、有露紒也。今辨男女竝何時應著此免髽之服。男子之免，乃有兩時，而唯一種。婦人之髽，則有三別。其麻髽之形，與括髮如一，其著之以對男子括髮時也。前云『斬衰括髮以麻』，則婦人於時髽亦用麻也。何以知然？案：《喪服》：『女子子在室爲父，髽衰三年。』鄭云：『髽，露紒也，猶男子之括髮。』既云猶男子括髮，男子括髮先去冠縰用麻，婦人亦去笄縰用麻，故云猶也。以此證據，則知有麻髽，以對男括髮時也。又知有布髽者，案：此云『男子免』對『婦人髽』，男免既用布，則婦人髽不容用麻也。是知男子爲母免時，則婦人布髽也。又成服後知有露紒髽者，《喪服傳》云『布總箭笄髽衰三年』，明知此服竝以三年。三年之内，男不恒免，則婦人不用布髽，故知恒露紒也。故鄭注《喪服》云：『髽，露紒也。』且《喪服》所明，皆是成服後，不論未成服麻布髽也。何以知然？《喪服》既不論男子之括免，則不容説女服之未成義也。既言髽衰三年，益知恒髽是露紒也。然露紒恒居之髽，則有笄。此三髽之殊，是皇氏之説。今考校以爲正有二髽：一是斬衰麻髽，二是齊衰布髽，皆名露紒。必知然者，以《喪服》『女子子在室爲父箭笄髽衰』，是斬衰之髽用麻，鄭注以爲露紒，明齊衰髽用布，亦謂之露紒髽也。」沈氏彤云：「三髽之説，發於皇氏，頗得經意。至齊衰期成服之髽布總榛笄，又自爲一，蓋實四髽而二種也。」程氏瑶田云：「髽，婦人喪結去纚之通名。有去笄之髽，有著笄之髽。去笄之髽，猶男子之髺髮免，未成服時之制也。著笄之髽，猶男子之冠纓，既成服時之制也。是故布總箭笄之髽，斬衰之髽也，於男子則冠繩纓也。《喪服》所謂『布總箭笄髽衰』是也。布總榛笄之髽，齊衰之髽也，於男子則冠布纓也。《檀弓》記夫子誨南宮縚之妻喪姑之髽，所謂『榛以爲笄」、《喪服·記》所謂『惡笄有首以髽』是也。皆既成服時之髽也。」今案：皇氏謂有三髽，分麻與布爲二。賈疏謂髽有二種，合麻與布爲一，而以成服未成服言之，其説與皇似異而實同。孔疏既引皇説，而又駁去成服後之髽，謂止有麻布二髽，其説疏矣。沈氏、程氏又分成服後之髽爲二，以布總箭笄爲斬衰之髽，布總榛笄爲齊衰之髽，其説益細。要之，此注云「髽，露紒也」，實爲定詁。蓋吉時以纚韜髮，喪則去纚，去纚則紒露。紒與結同，即今之髻。故鄭注《士喪禮》及《禮記》，皆以去纚而紒言之。此無論未成服已成服之髽，皆爲露紒，唯未成服時無笄總，以麻若布，自項而前交於額上，與男子之髻髮免同，雖繞紒而不覆紒，故紒仍露於外。鄭注《士喪禮》云：「髻髮者，去笄纚而紒。」是男子之髻髮亦露紒，與髽同。但男子成服後則去髻髮免，而冠喪冠。婦人成服後去麻若布，服總與笄，而其爲露紒自若，故仍謂之髽。皇氏、賈氏專以露紒爲成服後之髽，而不知未成服以前之髽亦露紒，其説猶未善也。此經云「髽三年」，謂去纚而露紒，終三年不變。則所謂髽者，自指成服後言之。皇氏謂此經「不論男子之括免，則亦不容説女服未成之髽」，是已。鄭氏既以露紒釋髽，而又云「猶男子之髻髮，斬衰髻髮以麻，則髽亦用麻」，是以未成服之髽釋之也。沈氏彤云：「此經主成服以後言，鄭欲以成服之髽等之於未成服之髽，豈不思髽以麻若布，爲其無笄總而代之也。既布總箭笄以髽矣，又安用麻布之幓頭邪？麻布代笄總，而不代纚。纚韜髮以爲飾，可去也。笄總以安紒而束髮，不可去也。故不笄總，第在成服之前，而纚則終喪無之。」今案：沈説是也。馬氏融云：「髽，屈布爲巾，高四寸，著於顙上。」此説《左傳》孔疏已辨之，詳《士喪禮》「婦人髽于室」下。注引《小記》者，證笄與髽之用也。「男子冠而婦人笄」者，孔疏云：「吉時男首有吉冠，女首有吉笄。若親始死，男去冠，女則去笄。若成服爲父，男則六升布爲冠，女則箭篠爲笄。爲母，男則七升布爲冠，女則榛木爲笄。」是冠與笄相對也。「男子免而婦人髽」者，當襲斂之節，男子著免，婦人著髽，是免與髽相對也。但齊衰之男子以布爲免，婦人以布爲髽。斬衰之男子以麻爲髺髮，婦人以麻爲髽。是髽兼對免與髺髮，而記但舉免言之。故賈疏云：「男子陽，多變，斬衰名髺髮，齊衰以下名免耳。婦人陰，少變，故齊、斬同名髽也。」髺髮與免之制，詳《士喪禮》「主人髺髮袒衆主人免于房」下。云「凡服，上曰衰，下曰裳。此但言衰不言裳，婦人不殊裳」者，陳氏銓云：「不曰縗裳，婦人縗而不裳。」雷氏次宗云：「縗者，當心六寸布也。在衣則衣爲縗，在裳則裳爲縗。男子離其縗裳，故縗獨在衣上。婦人同爲一服，故上下共其稱也。」今案：雷説是。陳氏謂「縗而不裳」，非也。婦人之裳連於衣，故言衰可以該裳也。上經云「斬衰裳」，此不云「裳」，故鄭釋之。云「衰如男子衰，下如深衣」者，謂以當心六寸布爲衰，與男子同，其下則如男子之深衣也。案：婦人之服，裳皆連衣爲之。男子唯深衣連衣裳，餘皆上衣下裳不相連，故云「如深衣」也。云「深衣則衰無帶下，又無衽」者，下記云「衣帶下尺」，注：「衣帶下尺者，要也。廣尺，足以掩裳上際也。」又云「衽二尺有五寸」，注：「衽，所以掩裳際也。」案：此謂男子衣衰之制也。若婦人之衰服如深衣，裳連衣爲之，則不用衣帶下廣尺之布以掩裳上際，亦不用二尺有五寸之衽以掩裳之兩旁，故云「無帶下，又無衽」也。

傳曰：總六升，長六寸。箭笄長尺，吉笄尺二寸。總六升者，首飾象冠數。長六寸，謂出紒後所垂爲飾也。【疏】正義曰：經但言布總、箭笄，而未言升數與尺寸，故傳明之。箭笄，斬衰之笄。傳云長尺，而《檀弓》載南宫縚之妻之姑之喪，榛以爲笄，亦長尺。榛笄，即下記所云「惡笄」，齊衰之笄也。斬衰、齊衰笄同一尺，則五服之笄皆同一尺可知。傳又云「吉笄尺二寸」，見吉笄與喪笄異也。李氏云：「下記有用吉笄折首之制，故於此併傳之。」賈疏云：「吉笄，大夫、士之妻用象，天子、諸侯之后、夫人用玉。」注云「總六升者，首飾象冠數」者，上斬衰男子之冠六升，此婦人之總亦六升，故云「象冠數」也。敖氏云：「此總六升，亦但指卒哭以前者也。其卒哭以後，當與男子受冠之布同七升。既練，則八升也。」張氏爾岐云：「總象冠升數，餘服當亦各象其冠布之數。」云「長六寸，謂出紒後所垂爲飾也」者，《内則》注云：「總，束髮也，垂後爲飾。」孔疏：「束髮之本，垂餘於髻後，故以爲飾也。」案：紒即髻也，鄭必知長六寸爲紒後所垂者，以其束髮爲人所不見，無寸可言也。賈疏云：「此斬衰長六寸，南宫縚妻爲姑總八寸，大功當與齊同八寸，小功、緦麻同一尺。吉總當尺二寸，與笄同也。」《檀弓》孔疏略同。案：大功以下無正文，存以俟考。

子嫁，反在父之室，爲父三年。謂遭喪後而出者。始服齊衰期，出而虞，則受以三年之喪受。既虞而出，則小祥亦如之。既除喪而出，則已。凡女，行於大夫以上曰嫁，行於士、庶人曰適人。【疏】正義曰：子，女子也。不言女子子，省文。云嫁，則是女子子可知。「反在父之室」，馬氏融云：「爲犯七出，還在父母之家。」案：七出，詳後「出妻之子爲母」下。王氏肅云：「嫌已嫁而反，與在室不同，故明之。」蔡氏云：「女出嫁則恩隆於夫家，故爲父降服期。被出則夫婦義絶，而恩隆於父母家矣，故仍爲父三年也。」吴氏紱云：「有反室不關七出者，如國亡、子死、無大宗收族之類。彼若夫亡，則已爲夫三年矣，不更爲父貳斬也。互見下不杖期章『無主』節。」注云「謂遭喪後而出者」，喪謂父喪。鄭意蓋以此經子嫁反，爲父殁後被出而反者也。

云「始服齊衰期」者，以喪後而出，則初遭父喪時未出，故服女子子適人者爲父齊衰期之服也。云「出而虞，則受以三年之喪受」者，案：父母之喪，既虞受以輕服。此被出在未虞之前，則虞祭後不以期喪所受之服爲受，而以三年之喪所受之服爲受也。以三年之喪受服爲受者，謂斬衰初死衰裳三升、冠六升，既虞以其冠爲受，受衰六升、冠七升。此被出之女初時雖受齊衰期，至虞後亦受衰六升、總七升，服三年之喪服也。云「既虞而出，則小祥亦如之」者，案：虞與小祥，俱是居喪變服之節。此女被出，若在既虞後未小祥之前，則小祥後受服，亦宜受以三年之喪受，與出而虞者同，故云「亦如之」也。小祥後受以三年之喪受，謂受衰七升、總八升也。云「既除喪而出，則已」者，此謂既小祥而出者，女子子適人爲父期，則小祥時服已除，此後若被出，不重爲父服，故云「則已」。已，止也。《喪服小記》曰：「爲父母喪，未練而出則三年，既練而出則已。」練，即小祥祭名。此鄭所本。但鄭又推出未虞而出一層，則比記加詳耳。《小記》又曰：「未練而反則期，既練而反則遂之。」孔疏：「未練而反則期者，此謂先有父母喪，而爲夫所出，今喪猶未小祥，而夫命已反，則還夫家，至小祥而除，是依期服也。既練而反則遂之者，若被遣還家，已隨兄弟小祥服三年之受，而夫命之反，則猶遂三年乃除，隨兄弟故也。」王肅亦引《小記》之文以釋此經，則與鄭義同。敖氏云：「言反在父之室，明其見出於父存之時也。著之者，嫌與未嫁者異也。」沈氏彤云：「此文兼存没言，敖是正解，鄭義亦當備。」盛氏云：「此經所陳，兼未遭喪而出及遭喪未練而出者言也。」今案：沈、盛説是，或以敖駁鄭，或以鄭駁敖，均非。賈疏申鄭，謂：「若父未死被出，自然是在室，與上文同，何須設此經？」案：經言「子嫁反在父之室」，明以别於未嫁在室之女，則父存而被出者，自不得包于上「女子子在室」條内，賈説未昀。敖氏又云：「此喪父與未嫁者同，則其爲母以下亦如之可知，經特於此發之也。自父以下，凡爲此女服者，亦皆從其本服。」説亦詳備。云「凡女，行於大夫以上曰嫁，行于士、庶人曰適人」者，敖氏謂「爲妻者曰嫁，兼爲妾者言之曰適人」，非也。褚氏云：「嫁與適人，亦可通稱。但此篇之例，是專以嫁屬大夫，適人指士耳。庶人與士不別者，禮窮則同也。」

公士、大夫之衆臣，爲其君布帶、繩屨。 士，卿士也。公卿大夫厭於天子、諸侯，故降其衆臣布帶繩屨。貴臣得伸，不奪其正。【疏】正義曰：士即卿。公卿大夫，仕於天子、諸侯者也。君，謂公卿大夫也。衆臣，衆家臣也。吴氏《章句》云：「此本在『君』服節内，因帶屨有異，故別言之，仍繫之此章之末，則斬衰之服猶是也。」○江氏筠云：「三升有半之服，戴氏震專以公士大夫之臣當之，確不可易。蓋年月既同正君，而服杖冠絰又悉與之相等，豈不似國有二君乎？況其帶屨止於衆臣降之，而貴臣固不與也。禮言大夫之避正君者多矣，則益其衰之升數爲三升有半，以異於三升之凡爲君者，正别嫌明微之意。又經不綴於臣爲君之後，而獨著之末條，則等殺亦從可知矣。」今案：賈疏以諸侯爲天子、臣爲君之等爲義服三升有半，戴氏嘗辨之。金氏榜云：「傳者於斬衰菅屨下但言衰三升，足明君父至尊衰同升數，則三升有半爲布帶繩屨者言之也。」説與戴同。江氏申戴義亦詳，似可從。注云「士，卿士也」者，賈疏云：「以其當公之下，大夫之上，尊卑當卿之位，故知是卿士也。」李氏心傳云：「以傳考之，疑『士』即『卿』字傳寫誤也。」方氏苞云：「《詩》、《書》多言卿士，《戴記》『諸侯之大夫入天子之國曰某士』，《左傳》『晋士起歸時事于宰旅』，是也。」今案：據注，則士字非誤。但鄭雖作士，仍以卿釋之。據下傳云「公卿大夫」也，卿士之義，方説得之。天子有三公、九卿、二十七大夫，諸侯有三卿、五大夫。大國有孤一人，亦稱公，詳《鄉飲禮》。云「公卿大夫厭於天子、諸侯，故降其衆臣布帶繩屨」者，案：公卿大夫於私臣有君道，而於天子、諸侯則猶臣也，故其衆臣之爲之服者，稍殺於天子、諸侯，而降其帶屨二事。布帶，與齊衰同。繩屨，與大功同。其餘服杖冠絰，則如斬也。云「貴臣得伸，不奪其正」者，謂貴臣得伸其正服，依上經「苴帶菅屨」也。「貴臣」詳下傳。又案：郝氏敬分公士與大夫之衆臣爲二，以公士爲諸侯之士，衆臣爲大夫之衆家臣。不知諸侯之士亦公臣，不宜與卿大夫異服。後儒雖彌縫其説，與下傳終屬齟齬，斷不可從。

傳曰：公卿大夫，室老、士貴臣，其餘皆衆臣也。君，謂有地者也。衆臣，杖不以即位。近臣，君服斯服矣。繩屨者，繩菲也。 室老，家相也。士，邑宰也。近臣，閽寺之屬。君，嗣君也。❶斯，此也。近臣從君，喪服無所降也。繩菲，今時不借也。【疏】正義曰：李氏云：「言君謂有地者，則無地者無斬服矣。即位，即朝夕哭位也。衆臣杖不以即位，下於貴臣，猶庶子不以杖即位，下於適子然也。」張氏爾岐云：「傳言公卿大夫之家臣，唯家老與邑宰二者是貴臣，其餘皆衆臣。經所言爲其君布帶繩屨者，皆是屬也。公卿大夫有有地，有無地。此所謂君，謂有地者也。」今案：傳云「君謂有地者」，即釋經「爲其君」之「君」，指公卿大夫言也，與下「君」字指嗣君者别。前傳曰「君，至尊也」，注謂「卿大夫有地者爲君」，即本此傳。注云「室老，家相也。士，邑宰也」者，老是尊稱，室老爲私室之尊，主相家事，故又稱

❶「君」，原脱，今據《儀禮注疏》補。

家相。《曲禮》：「士不名家相。」大夫以上，亦謂室老爲家相也。《雜記》「士居堊室」，鄭注「士謂邑宰」，與此同。詳《士冠禮》「宰自右少退贊命」下。此家相、邑宰，是公卿大夫之貴臣，其服一無所殺，與衆臣異者，以其於君恩深義重也。云「近臣，閽寺之屬」者，《周禮・序官》：「内小臣，奄上士四人。閽人，王宫每門四人，囿游亦如之。寺人，王之正内五人。内豎，倍寺人之數。」鄭注：「閽人，司昏晨以啓閉者。寺之言侍也。」案：此數者，皆近君之小臣。公卿大夫亦有近臣者，《儀禮釋官》云：「《禮記・檀弓》：『季孫之母死，哀公弔焉。曾子與子貢弔焉，閽人爲君在，弗内也。』是大夫之家有閽人。《左傳》宋公『使寺人召司馬之寺人宜僚』，齊崔子『使寺人御而出』，是大夫之家有寺人。」故鄭云「閽寺之屬」也。云「君，嗣君也」者，此謂公卿大夫之子父死而嗣爲後者，亦謂之君，故鄭以嗣君釋之，以别於上所謂君也。云「斯，此也」者，《爾雅・釋詁》文。云「近臣從君，喪服無所降也」者，近臣常在君之左右，故其服不得與君異。嗣君爲其父苴帶菅屨，則此服亦如之，無所降也。盛氏云：「近臣卑於貴臣，而其服乃無所降者，以其近君故也。」今案：經但言衆臣，傳特言貴臣，以别於衆臣，而於衆臣中又抽出近臣言之，皆以補經所未備。《喪服小記》曰：「近臣，君服斯服矣。其餘從而服，不從而税。」《服問》曰：「君之母非夫人，則羣臣無服，唯近臣及僕驂乘從服，唯君所服服也。」斯皆近臣從服不與衆臣同之證也。云「繩菲，今時不借也」者，今時，漢時也。傳以菲釋屨，鄭以漢時不借釋之，皆據今釋古。謂之不借者，《釋名》云：「言賤易有，宜各自蓄之，不假借人也。」〇吴氏紱云：「斬衰經所未著者，『不杖期』章『爲君之父母』條傳云：『父卒，然後爲祖後者服斬。』所謂適孫承重者也。其承曾、高之重者亦如之。鄭荅趙商云：『天子、諸侯之喪，皆斬衰，無期。』然則天子、諸侯之孫若曾玄，皆不以孫曾之服，而以臣服也。《小記》：『與諸侯爲兄弟者服斬。』嫌不以臣服而以兄弟服，故明之。《服問》：『諸侯之世子不爲天子服，大夫之適子爲君如士服。』先儒以爲凡卿大夫之適子爲君皆斬也。」

右斬衰三年

疏衰裳齊，牡麻絰，冠布纓，削杖，布帶，疏屨，三年者。疏，猶麤也。【疏】正義曰：《說文》「齊」作「齋」，經典通作「齊」。王氏肅云：「疏以名衰，輕乎斬也。斬不同數，麤可知也。承裳以齊，制而後齊也。因衰以斬，斬而後衰也。」李氏云：「疏衰裳以疏布爲之。斬衰，斬而後爲衰裳，故先言斬。疏衰，衰裳已制而後齊，故後言齊也。斬衰固麤矣，而麤不足以言之，故以斬名衰，見其痛甚之意。至齊衰而知有麤稱。」蔡氏云：「疏衰裳齊，即齊衰也。」江氏筠云：「疏與斬皆據初喪之服而言，至既葬而後，斬者改加緦緝，疏者變入沽功，故以相對，惟齊則終三年喪皆然。喪服中言齊可以包斬，故《論語》兩著『見齊衰者』。孟子對滕文公，亦祇言齊疏之服。閻百詩議孟子所言爲對父遺斬，不知其文承三年之喪而下，欲其終三年服，故特舉齊。且若論斬，則彼於時固已成服而斬矣。」案：江說以釋《孟子》尚可，若此經則斬與齊對，不與疏對，以斬衰亦用麤布也，《左傳》言「晏子麤衰斬」可證矣。今案：李說較賈疏爲簡明，而賈則又本於王也。「牡麻絰」者，以牡麻爲首絰、要絰。牡不帶子，惡減於苴。「冠布纓」者，以布爲武，垂下爲纓也。敖氏云：「此冠布纓亦條屬右縫。」吴氏《疑義》云：「斬衰冠六升，視苴絰、杖、帶爲輕。此變苴杖爲削杖，變絞帶爲布帶，非重於冠，故冠在上乃合。」「削杖」詳前。賈疏云：「纓帶言布者，以對斬衰纓帶用繩。疏屨，取用草之義。斬衰章言菅屨，見草體者，以其重。此言疏，以其稍輕，故舉草之總稱。」李氏云：「疏屨，草屨也，讀如《周禮》『聚斂疏材』之『疏』。」姜氏兆錫云：「斬衰不言三年者，斬衰無不三年，不待言也。齊衰有三年，有期，有三月，故言之。」盛氏云：「此於衰裳則齊之，杖則削之，以無子之麻爲絰，纓帶以成布爲之，皆殺於斬也。年月同而服少異者，殊尊卑也，以父餘尊之所厭故也。布帶與絞帶對，亦象革帶也。郝氏謂大帶，非。」○注云「疏猶麤」者，賈疏以爲直釋經疏衰之疏是也。若疏屨之疏，則傳釋爲藨蒯矣，詳下。王氏士讓云：「齊衰三年章只有四條，皆以繫母子之恩，而不及其他。」今案：斬衰、齊衰之服，本緣父母而制，故斬衰首父，齊衰首母也。

傳曰：齊者何？緝也。牡麻者，枲麻也。牡麻絰，右本在上。冠者，沽功也。疏屨者，藨蒯之菲也。 沽，猶麤也。冠尊，加其麤。麤功，大功也。齊衰不書受月者，亦天子、諸侯、卿大夫、士，虞、卒哭異數。【疏】正義曰：齊緝、牡麻枲麻之義，俱已詳前斬衰傳下。「右本在上」，亦詳前。馬氏融云：「在上指右，故曰右本。」又孔氏倫云「爲母本於陰，而統外也」，本鄭《士喪禮》注。「疏屨者，藨蒯之菲也」，謂用藨蒯之草爲屨。菲與扉同，詳前。《説文》：「藨，鹿藿也。一曰蒯之屬。」《南都賦》：「其草則藨茅薠莞。」❶《廣韻》：「藨可爲席。」蒯，本作蔽。《説文》：「蔽，草也。」《左傳》引《詩》曰：「雖有絲麻，無棄菅

❶ 「茅」，據《文選·南都賦》當作「苧」。

蒯。」《玉藻》：「履蒯席。」《史記集解》云：「蒯，茅之類，可爲繩。」郝氏敬云：「蕉蒯皆草，而較細於菅。」注云「沽，猶麤也」者，鄭注《檀弓》云：「沽猶略也。」是沽有麤略之義。云「冠尊，加其麤。麤功，大功也」者，謂冠在首，尊，宜別於衣，故以人功麤略之布爲之，即大功之布也。下記云：「齊衰四升，其冠七升。」《間傳》曰：「大功七升、八升、九升。」此七升之布，爲大功之首，稍加以麤略之功者也。若六升以下，不加人功，則并無麤功可言矣。故傳曰「冠者，沽功也」，謂用麤功之布爲之，對斬衰冠六升，無麤功也。敖氏云：「冠布纓之制與繩纓同，已見於前傳，故此唯言冠布也。不言升數者，言沽功則爲大功之首可知。」云「齊衰不書受月者，亦天子、諸侯、卿大夫、士，虞、卒哭異數」者，此與斬衰傳注云「斬衰不書受月者」義同，説亦詳前。

父卒則爲母。尊得伸也。【疏】正義曰：敖氏云：「父在爲母期，父卒則三年。云則者，對父在而立文也。其女子子在室者爲此服，亦惟笄總髽衰異爾。下及後章放此。」又云：「案：注云『尊得伸』者，謂至尊不在，則無所屈，而得伸其私尊也。」今案：敖氏釋經注最明。馬氏融云：「父卒，無所復屈，故得伸重服三年也。」義與鄭同。《雜記》：「如三年之喪，則既潁，其練祥皆行。」孔疏謂：「先有父喪，而後母死，練祥亦然，以前文父死爲母三年也。故《喪服》齊衰三年章云『父卒則爲母』是也。」據此，是父卒即得爲母三年，孔與馬、鄭無異義也。賈疏乃謂「經云則者，欲見父卒三年之内而母卒，仍服期。要父服除後而母死，乃得伸三年」。徐氏乾學云：「經不曰『父卒爲母』，而曰『父卒則爲母』，正見父卒之後而遭母喪，即服三年也。豈必父服除而母卒，然後行三年之服乎？且子之所以不得遂其三年者，以有父在爾，父既先歿矣，復何所屈而不三年乎？此禮之必不然，而賈氏之妄無待論者。」姜氏兆錫云：「經云『父卒則爲母』，不云『父服卒則爲母』，而疏乃以臆亂經，此大惑也。」吴氏紱云：「則云者，決辭，非難辭也。」方氏苞云：「則者，急辭也。但父卒即得爲母伸，疏引三驗，皆不可通。」今案：「則」字古與「即」通，言父卒即爲母三年也。《廣雅》云：「則，即也。」可證賈疏之謬。諸儒論之甚詳，兹不備録。其所引《内則》「有故，二十三年而嫁」、《間傳》「爲母，既虞、卒哭，衰七升」及《服問》注「爲母，既葬，衰八升」諸文，皆無父服除後爲母三年之義。賈之曲説，亦不足辨。至父在爲母期，父卒爲母三年，仍服齊不服斬者，則以母之與父，恩無輕重，而分有尊卑，不可以母而竝之於父也。互詳杖期章「父在爲母」下。○李氏云：「父卒君母存，妾子爲其母當何服？案《小記》曰：『庶子在父之室，則爲其母不禫。』則父在爲妾母亦杖期，同宮者惟不禫耳。父歿君母存，得伸三年可知。」萬氏斯大云：「齊衰三年首言父卒則爲母，下即及繼母、慈母，因知妾子之爲其母，當與此同。經不言者，包於父卒爲母之中也。」《禮經釋例》云：「或謂經傳無所生母明文，何以知其兼言之也？案：經云『慈母如母』，慈母亦父妾也，非其所生，尚爲之三年，而謂所生母不得三年乎？蓋經所云『繼母如母』者，謂如適母也。『慈母如母』者，謂如所生母也。經文簡括，儒者罕通其意，唯漢鄭氏能窺見之，故其於緦麻三月章『庶子爲父後者爲其母』注云：『君卒，庶子爲母大功。大夫卒，庶子爲母三年。士雖在，庶子爲母皆如衆人。』於『慈母如母』注云：『大夫之妾子，父在爲母大功，則士之妾子爲母期矣。父卒，則皆得伸也。』蓋父在則有諸侯、大夫、士之差，父卒則皆得申齊衰三年也。鄭氏此注，直可補經。」今案：自父言之，則有適母、妾母之分。自子言之，則生我者即母。妾子之於母，與嫡子之於母同。經無所生母明文，謂即包於父卒爲母之中，其説是也。

繼母如母。【疏】正義曰：賈疏云：「繼母本非骨肉，故次親母後。喪之如親母，故云如母。」蔡氏云：「繼母謂己母早卒，或被出之後，而父再娶以繼續己母者也。」

傳曰：繼母何以如母？繼母之配父，與因母同，故孝子不敢殊也。因，猶親也。【疏】正義曰：賈疏云：「傳以繼母本是路人，今來配父，輒如己母，故發斯問荅之。繼母配父，即是牉合之義，與己母無別，故孝子不敢殊異之也。」李氏云：「緣父之意，視繼母與因母不殊故也。」汪氏琬云：「或問：『繼母與母，於禮亦有不同歟？』曰：『有之。母出則爲繼母之黨服，母死則爲其母之黨服。爲其母之黨服，則不爲繼母之黨服。此不同者也。母出則爲母服期，繼母出則不服。父歿母嫁，亦服期。繼母嫁，不從則不服。此又不同者也。喪禮如母者二，繼母、慈母是也。三年之喪，於禮爲加服，非正服也。』『然則設有前妻之子，不爲繼母所撫，甚則如孝己、伯奇之屬，將遂不之服乎？』曰：『何爲其然也？非出也，非嫁也，孝子緣父之心，不敢不三年也。先儒謂子當以父服爲正，父若服以爲妻，則子亦應服之。由是言之，不敢殊者，孝子之文也。其不能不殊者，孝子之情也。』」今案：繼母如母，而傳以配父釋之，則服之亦以重父而已，與下慈母貴父之命義同。或謂繼母有撫育之恩故服之，非也。設繼母來時子已長成，亦必服之。則傳配父之義，其不可易明矣。此聖人制作之精意也。注云「因，猶親也」者，盛氏云：「因，猶依也。《詩》云：『靡依匪母。』故親母曰因母。」今案：《詩·皇矣》「因心則友」，《毛傳》：「因，親也。」《論語·學而》篇集解引孔注同，是因與親古義通，故鄭云「因猶親也」。

慈母如母。【疏】正義曰：賈疏云：「慈母非父牉合，故次後也。」

傳曰：慈母者何也？傳曰：妾之無子者，妾子之無母者，父命妾曰：「女以爲子。」命子曰：「女以爲母。」若是則生養之，終其身如母，死則喪之三年如母，貴父之命也。此主謂大夫、士之妾，妾子之無母，父命爲母子者也。其使養之，不命爲母子，則亦服庶母慈己者之服可也。大夫之妾子，父在爲母大功，則士之妾子爲母期矣。父卒，則皆得伸也。【疏】正義曰：傳中別舉傳者，是作傳者引舊傳證成己義。程氏瑶田云：「傳中別舉傳凡六條，經五條，記一條。」賈疏云：「妾之無子者，謂舊有子，今無者。終其身者，終慈母之身而已。」今案：命爲母子，必母是妾而子亦爲妾子者。以母是適，則凡妾子皆其子，不須父命，而適妻之子又不可命以爲妾子故也。云「生養之，終其身如母」者，謂生則養之如親母也。「死則喪之三年如母」者，謂父卒而母死，則亦服三年，如親母也。傳文兩「如母」字，《校勘記》謂「宜屬上讀」是也。慈母本非骨肉之屬，又無配父之尊，而服之三年者，以父嘗命爲母子故耳。徐氏乾學云：「慈母非謂母死絶乳，使他妾乳之，即爲慈母也。即妾子年已稍長，父命之爲母子，則成母子矣。故曰『貴父之命也』。觀《小記》『爲慈母後』之語，蓋命之爲後而非但命之養己，義自可見。若但命之養己，則自有『庶母慈己』及『乳母』二條，豈必等之於親母，而行三年之服乎？」今案：徐氏是也。《喪服小記》曰：「爲慈母後者，爲庶母可也，爲祖庶母可也。」鄭注：「謂父命之爲子母者也。緣爲慈母後之義，父之妾無子者，亦可命己庶子爲後。」孔疏引此傳，謂「即爲慈母後之義」，又云：「祖庶母者，謂己父之妾亦經有子，子死今無也，故命己之妾子與父妾爲後，故呼己父之妾爲祖庶母。」顧氏炎武疑《小記》爲誤。沈氏彤云：「此爲後，即鄭注『爲殤後』，所謂『據承之』者是也。《傳》曰：『爲人後者爲之子。』既曰以爲子，則亦可云爲後矣。亭林之説再商之。」今案：此爲後，不過生養死喪而已，與爲大宗後者不同。《小記》又云：「慈母不世祭。」又云：「爲慈母之父母無服。」《鄭志》趙商問：「慈母嫁，亦當爲服如繼母否？」鄭荅云：「慈母賤，何得如繼母邪？」又《通典》載劉智、庾蔚之之説，謂孫不服慈祖母，婦不服慈姑。則慈母雖云如母，而其實異於親母者多矣。注云「此主謂大夫、士之妾無子，妾子之無母，父命爲母子者」，賈疏云：「知非天子、諸侯之妾與妾子者，案：下記云：『公子爲其母，練冠、麻、麻衣縓緣，既葬除之。』父殁乃大功。明天子庶子亦然，何有命爲母子，爲之三年乎？故知主謂大夫、士之妾與妾子也。」云「其使養之，不命爲母子，則亦服庶母慈己之服可也」者，敖氏云：「謂妾或自有子，或子之母有他故，不能自養其子，是以不可命爲母子，但使慈之而已。若是，則其服唯加於庶母一等可也。」今案：「小功」章「君子子爲庶母慈己者」，傳曰：「君子子者，貴人之子也。爲庶母何以小功也？以慈己加也。」注：「君子子者，大夫及公子之適妻子。」案：禮，爲庶母緦，以慈己加至小功。彼是適子服庶母慈己者之服，此妾子於妾之慈己者，有撫養之恩而無母子之命，則但服小功，不服三年，與適子爲庶母慈己者同，故鄭云「亦」也。《南史·司馬筠傳》載梁武帝曰：「禮言慈母有三條：一則妾子無母，使妾之無子者養之，命爲母子，服以三年。《喪服》齊衰章所言『慈母如母』是也。二則嫡妻子無母，使妾養之，雖均乎慈愛，但嫡妻之子，妾無爲母之義，而恩深事重，故服以小功。《喪服》小功章所以不直言慈母，而云『庶母慈己者』，明異於三年之慈母也。其三則子非無母，擇賤者視之，義同師保，而不無慈愛，故亦有慈母之名。師保無服，則此慈母亦無服矣。《内則》云：『擇於諸母與可者，使爲子師，其次爲慈母，其次爲保母。』此其明文言擇諸母，是擇人而爲此三母，非謂擇取兄弟之母也。子游所問，自是師保之慈，非三年小功之慈也，故夫子荅以非禮云云。豈非師保之慈母無服之證乎？鄭康成不辨三慈，混爲訓釋，引彼無服以注慈己，後人致謬，實此之由。」今案：《曾子問》篇：「子游問曰：『喪慈母如母，禮歟？』孔子曰：『非禮也。古者男子外有傅，内有慈母，君命所使教子也，何服之有？昔者魯昭公少喪其母，有慈母良，及其死也，公弗忍也，欲喪之。有司以聞曰：古之禮慈母無服，今也君爲之服，是逆古之禮，而亂國法也。』」鄭注：「禮所云者，乃大夫以下，父所使妾養妾子。此無服，指謂國君之子也。」據此，則《曾子問》及《内則》所云慈母，與此章慈母名同而實異，緣無母子之命，而國君之禮又與大夫以下異也。梁武帝分别三條，意亦近是，但訾鄭注爲未合耳。互詳「君子子爲庶母慈己者」傳下。云「大夫之妾子，父在爲母大功，則士之妾子爲母期矣。父卒，則皆得伸也」者，此鄭因經無妾子爲母明文，故推言之，以明大夫、士之妾子，亦父卒爲母三年也。大夫妾子，父在爲母大功，見大功章。士之妾子爲母期，經無明文，蓋包於下杖期章「父在爲母」之中也。○吴氏《疑義》云：「吕氏《四禮疑》載『慈母』注，有『謂所生之母死父命别妾撫育者』十三字。」

母爲長子。【疏】正義曰：賈疏云：「長子卑，故在母下。」馬氏云：「母不傳重，無五代之義，而隨父服三年，從於夫也。不在斬衰章者，以子當服母齊衰也。」今案：《喪服小記》云：「母爲長子削杖。」鄭注：「嫌服男子當杖竹也。母爲長子服，不可以重於子爲己也。」此服齊不服斬，義與彼同。《小記》又云：「婦人爲夫與長子稽顙，其餘則否。」案：此爲長子三年，謂適子之妻爲長子也，詳下。

傳曰：何以三年也？父之所不降，母亦不敢降也。不敢降者，不敢以己尊降祖禰之正體。

【疏】正義曰：云「何以」者，據母爲衆子期而問也。敖氏云：「夫妻一體，故俱爲長子三年。此加隆之服也，不宜云不降。父母於子，其正服但當期，初非降服。」今案：敖説亦近是，但傳意謂父不降長子與衆子同服，故母亦不敢降耳。注云「不敢降者，不敢以己尊降祖禰之正體」者，此注本上「父爲長子」傳云「正體於上」言也。雷氏云：「父之重長，以居正嫡之胤，當爲先祖之主故也。母亦以此義而加崇焉。夫父之服長，以其仰述祖禰，堂構斯荷。母亦以其承夫嗣業，三從是寄。父尚不以大夫之嚴降祖禰之主，母亦安敢以婦人之尊降所天之嫡。故曰『父之所不降，母亦不敢降』。以父況母，明父猶屈體，母宜無嫌。如舊曰『妻從服』，則當云『夫所不降，妻亦不敢降』。今言父母者，豈非自子而言也？」今案：雷云「如舊曰妻從服」者，蓋舊解以此節爲妻從夫服，故雷駁之。言如舊説，云妻從夫服，則傳當云夫妻。今言父母，明是據此子爲祖禰之正體，故不敢降。則雷説正申明鄭義耳。或疑父在子爲母期，而母爲長子三年不分父在與否，又婦爲舅姑期而爲長子三年，俱嫌於過。李氏云：「母爲三年，自爲服祖禰之正體，無厭屈之義。」方氏苞云：「婦爲舅姑期，其情適至是而止。長子死，家之大變，先祖之正體摧，故與夫同其戚。」今案：父在爲母期，婦爲舅姑期，一則屈於父之尊，一則明所天之重，乃盡人皆然。此母爲長子三年，必其夫爲宗子之妻，非凡爲母者皆爲長子三年也。據傳云：『父之所不降，母亦不敢降。』是母之服重，從乎父也。適子承宗者，乃得服之。蓋此禮專爲尊祖敬宗而設，故不嫌於過也。善乎萬氏斯大之言曰：「此母專指上『父爲長子』傳云『正體於上，又乃將所傳重也』，注云：『重其當先祖之正體。』是父之服重，尊乎祖也。故傳又云：『庶子不得爲長子三年，不繼祖也。』然則庶子之妻，其服長子也，亦從夫而殺矣，豈得三年乎？當與爲衆子不杖期同。」案：萬氏所言宗子，兼大宗、小宗言，即繼禰者之妻，亦爲長子服三年也。下記云：「妾爲君之長子，惡笄有首，布總。」《喪服小記》云：「妾爲君之長子，與女君同。」鄭注：「不敢以恩輕，輕服君之正統。」然則凡適子之妻，爲長子三年，其妾從服三年，亦重君之正體也。戴氏德云：「繼母爲長子亦三年。」《小記》又云：「妾從女君而出，則不爲女君之子服。」盧氏植云：「謂俱有過而出，女君爲其子服。嫌妾當從服，故言不也。」案：此條兼衆子期言，不專爲長子也。○吴氏紱云：「《小記》曰：『祖父卒，而後爲祖母後者三年。』則其承曾高祖母之重者亦如之。上斬章傳云：『爲人後者，❶爲所後者之妻若子。』則所後者之繼妻亦同。如爲人後而兼承重，則所後或祖母若曾祖、高祖母，竝同也。女子子反在父室者，父不在，爲母三年。」

右齊衰三年

❶「者」，原重，今據《儀禮紃解》引吴氏説删。

儀禮正義卷二十二　鄭氏注

績溪胡培翬學

疏衰裳齊，牡麻絰，冠布纓，削杖，布帶，疏屨，期者。【疏】正義曰：此服自「疏衰」至「疏屨」，皆與前章不殊，而備列之者，賈疏云：「以此一期，與前三年懸隔，恐服制亦多不同，故須重列也。」敖氏云：「是章凡四條，其三言爲母，其一言爲妻也。以禮考之，爲母宜三年，乃爲之期者，以父在若母出，故屈而在此也。妻以夫爲至尊，而爲斬衰三年。夫以妻爲至親，宜齊衰三年，而服期者，不敢同於母故爾。然則二服雖在於期，實有三年之義，此杖屨之屬，所以皆與三年章同也。」賈疏又云：「此章雖止一期，而禫杖具有。」案：下《雜記》云：「期之喪，十一月而練，十三月而祥，十五月而禫。」注云：「此謂父在爲母。」即此章也。母爲父所屈而至期，猶伸禫杖，爲妻亦伸。吴氏紱云：「此期固是有禫，然亦有辨。凡禫，必主喪者主之。母之喪，父爲之禫，故子從父而禫之。若出母與繼母嫁而從者，則已非喪主，無禫也。」今案：《喪服小記》云「爲父母、妻、長子禫」，又云「宗子母在爲妻禫」。案：唯言宗子母在爲妻禫，則其餘父母在爲妻皆不禫可知也。下傳云：「父在，則爲妻不杖。」《曾子問》：「女未廟見而死，壻不杖。」然則爲妻禫杖，亦有不得伸者矣。

傳曰：問者曰：「何冠也？」曰：「齊衰、大功冠其受也，緦麻、小功冠其衰也，帶緣各視其

冠。」問之者，見斬衰有二，其冠同，今齊衰有四章，不知其冠之異同爾。緣，如深衣之緣。今文無「冠布纓」。【疏】正義曰：此傳者設爲問荅，以明齊衰以下之冠布，兼明帶之緣與冠布同也。先緦麻而後小功者，特取與大功協句耳，無意義也。聶氏崇義云：「斬衰亦冠衣相受，何者？凡喪制服，所以表哀。哀有盛時殺時，其服乃隨哀隆殺，故初服麤惡，至葬後、練後、大祥後，漸細加飾。斬衰裳初三升，冠六升。既葬，以其冠爲受，受衰六升，冠七升。小祥，又以冠爲受，受衰七升，冠八升。此是葬後、祥後，皆更以輕服受之，故有受冠、受服之名。其降服齊衰，初死衰裳四升，冠七升。既葬，以其冠爲受，受衰七升，冠八升。正服齊衰五升，冠八升。既葬，以其冠爲受，受衰八升，冠九升。義服齊衰六升，冠九升。既葬，以其冠爲受，受衰九升，冠十升。降服大功衰七升，冠十升。既葬，以其冠爲受，受衰十升，冠十一升。正服大功衰八升，冠十升。既葬，衰十升，冠十一升。義服大功衰九升，冠十一升。既葬，衰十一升，冠十二升。以其初喪冠升數皆與既葬受衰升數同，故云『齊衰大功冠其受』。又曰『小功緦麻冠其衰』者，謂降服小功衰冠皆十升，正服小功衰冠皆十一升，義服小功衰冠皆十二升。緦麻十五升，抽其半而七升半，衰冠升數亦同。」李氏云：「冠其受者，以受衰之布爲冠也。冠其衰者，冠與衰同也。大功以上有受，故冠其受。小功以下無受，故冠其衰。」盛氏世佐云：「帶緣，布帶之緣也。各，各齊衰以下也。斬衰絞帶無緣。齊衰以下以布爲帶，又有緣，輕者飾也。云『帶緣各視其冠』，則帶之升數各視其衰歟？賈疏分帶緣爲二物，訓緣爲中衣之緣，非。敖指爲冠衰之緣，尤誤。夫重服斬而不緝，齊衰僅緝之而已，其冠則五服皆條屬外畢，安得有緣？」今案：盛説是也。斬衰絞帶，賈謂以苴麻爲之，則齊衰以下之絞帶雖用布，其升數亦當與衰同，不當與冠同。賈於前章疏云「布帶以七升布爲之」，非也。此傳所云「各視其冠」者，帶之緣耳，非謂帶也。《玉藻》：「天子素帶朱裏，終辟。而素帶，終辟。大夫素帶，辟垂。士練帶，率，下辟。」鄭注：「辟，讀裨冕之裨。裨，謂以繒采飾其側。」是帶有緣也。此帶之緣，各與其冠布升數同，當謂大功以下服輕者。若齊衰以上，帶未必有緣也。於此言之者，因廣陳大功以下之冠，而并及之耳。注云「問之者，見斬衰有二，其冠同，今齊衰有四章，不知其冠之異同爾」者，此鄭釋傳發問之意也。斬衰有二，謂三升及三升有半也。齊衰有四章，謂三年及杖期、不杖期、三月也。斬衰冠俱六升，此齊衰四章，不知其冠之異同，故於此發問也。敖氏云：「問者惟疑此章之冠，荅者則總以諸章之冠爲言，以其下每章之服亦各自不同故也。」云「緣，如深衣之緣」者，《玉藻》言深衣之制，云「緣廣寸半」，注：「緣，飾邊也。」鄭以深衣之緣，人所共曉，故以彼況此，謂此緣亦是飾邊也。賈因注言深衣，而誤解爲中衣，致滋後人之謬。云「今文無『冠布纓』」者，鄭以此章所陳服制，俱與前章同，不應獨無「冠布纓」三字，故從古文，不從今文也。鄭本經傳相連，故於此釋之也。

父在爲母。【疏】正義曰：李氏云：「《喪服四制》曰：『資於事父以事母，而愛同。天無二日，士無二王，國無二君，家無二尊，以一治之也。故父在爲母齊衰期者，見無二尊也。』此以權制者也，猶心喪三年。」今案：不言繼母、慈母者，父在爲母期，則爲繼母、慈母亦期可知。士之妾子，❶父在爲其母亦期。褚氏云：「庶子

❶「士」，原作「上」，今據《續清經解》本改。

爲母，與父異宮者得伸禫與杖，同宮者不禫，雖杖而不以即位，見《小記》。」又案：大夫之妾子，父在爲其母大功。君之庶子，父在爲其母練冠、麻、麻衣縓緣，既葬除之，不在五服之中。詳下大功章及記。

傳曰：何以期也？屈也。至尊在，不敢伸其私尊也。父必三年然後娶，達子之志也。

【疏】正義曰：以子爲母當三年，今服期，故問也。「屈也」以下，荅辭。私尊謂母，據子言之。馬氏云：「屈者，子自屈於父，故期而除母服也。父至尊，子不敢伸母服三年。」賈疏云：「父非直於子爲至尊，妻於夫亦至尊。母則於子爲尊，夫不尊之，故言私尊也。子於母屈而期，心喪猶三年，故父雖爲妻期而除，三年乃娶者，通達子之心喪之志故也。《左傳》晉叔向云『一歲王有三年之喪二』，據太子與穆后。天子爲后亦期，而云三年喪者，據達子之志而言三年也。」朱子云：「父在爲母期，非是薄於母，只爲尊在其父，不可復尊在母，然亦須心喪三年。」吳氏澄云：「夫爲妻之服既除，則子爲母之服亦除，家無二尊也。」方氏苞云：「祥禫而後，父將舉吉禮，而已之服不除，則不可與於祭。抑父已禫矣，至三年闋而又禫，父主之乎？己主之乎？均有所不可也。」吳氏紱云：「此所謂夫爲妻綱、父爲子綱也。凡傳言屈，與厭不同。屈者，爲服之人自屈，而不得伸也。厭者，死者爲尊者所厭也。講者多混，宜別之。」今案：傳云「父必三年然後娶，達子之志也」，二語申明經義特深。蓋古人爲母期，雖不得三年，亦必盡心喪之實，故父俟三年乃娶以達之。顧氏炎武云：「假令娶於三年之內，將使爲之子者何服以見，何情以處乎？理有所不可也。抑其子之服於期，而申其父之不娶於三年，聖人所以損益百世而不可改者精矣。敖氏乃謂三年後娶，所以終牉合之義，非爲達子之志。意主駁傳，而不知於禮意已失也。」〇《通典》：「唐前上元元年，武后上表，請父在爲母終三年之服，詔依行焉。開元五年，盧履冰上言：『准禮父在爲母一周除靈，三年心喪，請仍舊章，庶叶通禮。』于是下制，令百官詳議。田再思建議云：『服紀重輕從俗，斟酌隨時，循古未必是，依今未必非也。』履冰又上疏曰：『天無二日，土無二君，家無二尊，以一理之也。所以父在爲母服周者，避二尊也。』元行沖奏議：『今若捨尊厭之重，虧嚴父之義，事不師古，有傷名教。』開元七年，下敕曰：『惟周公制禮，當歷代不刊。況子夏爲傳，乃孔門所受。諸服紀宜，一依《喪服》文。』自是卿士之家，父在爲母行服不同，議者是非紛然。元行沖謂人曰：『聖人制厭降之理，豈不知母恩之深也？但尊祖貴禰，欲其遠别禽獸、近異夷狄故也。人情易摇，淺俗者衆，一紊其文，度豈可正乎？』後蕭嵩與學士改修五禮，又議請依元敕，父在爲母齊衰三年遂爲成典。」朱子曰「喪禮須從《儀禮》爲正」，又曰「父在爲母，盧履冰議是」。徐氏乾學云：「父在爲母，不止期歲也。《雜記》曰：『期之喪，十一月而練，十三月而祥，十五月而禫。』注云：『父在爲母。』則是名雖爲期，而其實十有五月，與他期服有異。又益以心喪之禮，則其所以居喪之實，未嘗異也。乃唐人欲增爲三年，謂何至與伯叔母同制。豈知伯叔母之期服，曷嘗有祥禫之禮乎哉？」華氏學泉云：「天尊地卑，而乾坤定。父，天也。母，地也。地統乎天，母統乎父，陰陽之大分，人道之大防也。夫資於事父以事母，而愛同。然而父在爲母三年，嫌於無父也，故不得不屈而期。聖人之制服，凡以順天地之理，定尊卑之分而已。是故知地之不同於天，則知母之不同於父矣。知陰之必屈於陽，則知父在不得伸私尊於母矣。自唐武后始創父在爲母三年之説，而百王之典禮，以一悍妻暴母易之，迄千百年而莫之能正。何後世之信周公、孔子，不如其信武氏也？然自武氏以後，猶爲母齊衰，至明洪武時始易以斬，而父母之服，凡衰裳帶絰之制，悉混同而無別。先王制禮之意，蕩然無復存焉，然而人心安之。蓋嘗推其故，父尊而母親，故人之親其父，常不如親其母。人之欲伸其私尊於母也，常過於欲尊其父。故父尊於母者，天理之公也。同母於父者，人情之私也。理之公不勝其情之私，宜乎武氏之制一易，迄千百年莫之能正，又從而甚焉者矣。子夏曰：『知有母而不知有父，禽獸是也。野人則曰：父母何算焉？』夫父母何算，野人之論也。然則今有聖人作，其於此必有所不安者矣。」

妻。【疏】正義曰：賈疏云：「妻卑於母，故次之。」徐氏乾學云：「妻服既爲之杖，又爲之禫，同於父在爲母，所以報其三年之斬，異於他服之齊衰期也。」盛氏云：「此謂適子父没者也。士之庶子，父在亦同。大夫之庶子，父在爲妻在大功章。公子爲其妻，在五服之外，父没乃爲之大功。」

傳曰：爲妻何以期也？妻至親也。適子父在則爲妻不杖，以父爲之主也。《服問》曰：「君所主，夫人、妻、大子、適婦。」父在，子爲妻以杖即位，謂庶子。【疏】正義曰：以父在爲母期，而爲妻亦期，故問也。此云「何以期也」，與上爲母云「何以期也」語同而意别。上問怪其輕，此問怪其重。故雷氏云：「妻卑，以擬同於母，故問深於常也。」「妻至親也」，荅辭。馬氏云：「妻與己共承宗廟，所以至親也。」陳氏銓云：「以其至親，故服同於母。」雷氏云：「不直云至親而言妻者，明其齊體判合之親，以别於至極之稱而言。」　注云「適子父在則爲妻不杖，以父爲之主也。《服問》曰：『君所主，夫人、妻、大子、適婦。』」者，案：爲妻父在亦期，父没亦期，但父在適子爲妻期而不杖，以父主其喪故也。「父在則爲妻不杖」，本下不杖章傳文。引《服問》者，證父主適婦喪之事。彼注云：「言妻，見大夫以下亦爲此三人爲喪主也。」則士亦主適婦之喪明矣。云「父在，子爲妻以杖即位，謂庶子」者，案：《喪服小記》云：「父在，庶子爲妻，以杖即位可也。」此鄭所本。孔疏「舅主適婦，則適子不得杖。舅不主庶婦，故庶子爲妻可以杖即位」是也。以上依鄭義釋之，但經於此章止云妻，無適子、庶子及父在、父没之分。下「不杖」章云：「大夫之適子爲妻。」則又似專言大夫之適子，不以通於士。竊疑士卑，父在適子、庶子爲妻皆得杖期。大夫尊，父在庶子爲妻大功，其適子爲妻雖不降其期服，而降在「不杖」章。不杖則不禫，以示與父没者有别也。若父没之後，大夫之適子、庶子爲妻皆得杖期，故於此章惟言妻，而於下章特言其異者，曰「大夫之適子爲妻」，而傳以父在釋之也。大夫之庶子，父没爲妻得杖期者，「大功」章「大夫之庶子爲妻」條注云「言從大夫而降，則於父卒如國人」是也。又據《小記》孔疏引或問云：「適婦之喪，長子亦得有杖，祇不得即位。」然則適子之異於庶子者，在不以杖即位，非不杖也。又《雜記》云：「爲長子杖，則其子不以杖即位。」孔疏：「其子，長子之子。祖在不厭孫，其孫得杖，但與祖同處，不得以杖即位。」案：此是祖主子喪，而孫亦得杖，唯不以即位，與《小記》疏所引或説合，可證士主適婦之喪，而其適子亦得杖也。如謂士之適子父在不杖，則經於下章當云「大夫、士之適子爲妻」，不得專言大夫矣。總之，經以杖期、不杖期分章，而於「不杖期」章唯言大夫之適子，則士之適子在「杖期」章明甚。傳惟於大夫之適子發不杖之義，則士之適子爲妻亦杖明甚。鄭氏此注似猶欠審察耳。至《雜記》所云「爲妻，父母在，不杖」，孔疏以不杖專指父在言，雖無大夫之子之文，要自主大夫子言之。《戴記》雜出漢儒，文或不詳，此經及傳，固自昭昭可據也。互詳「不杖」章「大夫之適子爲妻」下。

出妻之子爲母。出，猶去也。【疏】正義曰：出母與嫁母，非服之正，故列妻後。經不云「出母」，而云「出妻之子爲母」者，雷氏云：「子無出母之義，故繼夫而言出妻之子也。」馬氏云：「犯七出，爲之服期。」賀氏循云：「父在爲母厭尊，故屈而從期。出母服不減者，以本既降，義無再厭故也。」敖氏云：「出妻之子，主於父在者也。若父没，則或有無服者矣，如下傳所云者是也。」高氏愈云：「出妻之子爲母期，蓋指父没言之。父没，本應爲母齊衰三年，因其出也，故降爲期，不敢欺其死父也。若父在而出母没也，其惟心喪乎？」盛氏云：「此禮該父存没而言也。」今案：諸説以高爲是。父不爲出妻服，則子於父在自不爲出母服明矣。況父在爲母期，以父服至期而除，子不敢過之，亦服期而止。豈出母父所不服者，而子敢服之於父側乎？然則爲母期者，以父在而屈，爲出母期者，必父没乃伸。賀氏以父在爲母例之，猶非也。或謂經言子者，皆有父之稱，似當以父在爲是。不知經若言出母，則似子出其母，於義有乖，故係父言之，而云出妻之子，與他章言子者有别，義已詳雷氏説矣。黄氏榦云：「出妻之子爲母杖期，父卒母嫁無明文。漢《石渠議》：『問：父卒母嫁，爲之何服？蕭太傅云：當服期，爲父後則不服。韋玄成以爲父没則母無出義，王者不爲無義制禮，若服期，則是子貶母也，故不制服也。宣帝詔曰：婦人不養舅姑，不奉祭祀，下不慈子，是自絶也，故聖人不爲制服，明子無出母之義，玄成議是也。』」吴氏紱云：「此謂出母之反在父室者也。義雖絶於夫，恩猶繫於子，故爲之期且杖。不杖，則疑於旁親也。若出而再適則無服，以并自絶於子也。」蔡氏云：「出母不嫁，爲父守也，其情可憫，爲之杖期宜也。出母而嫁，則甘自絶於我父，而失身於人，不爲之服亦宜矣。舊説以爲出母而嫁亦服杖期者，非也。」今案：《大戴禮》云：「有所取，無所歸，不去。」是古之出妻者，大都使之歸還本宗而已，非出之使適他族也。《小記》曰：「未練而反則期。」惟其未嫁，故夫可命之反也。據《石渠議》，嫁母本無服，則出而嫁者更無論矣。故經無爲嫁母杖期之文，其服者，以己之從之耳。徐整問：「出母亦當報其子否？」射慈荅曰：「母亦報子期也。」李氏云：「母雖出，自爲其子期。《小記》曰：『妾從女君而出，則不爲女君之子服。』妾不服，則女君固自服之也。」今案：此説自確。經不云「報」者，於下總言之也。詳「父卒繼母嫁」條。《通典》：「鄭荅趙商云：『繼母而爲父所出，不服也。』徐邈荅劉閏之問庶子服出嫡母，云：『以經言出妻之子爲母，明非所生則無服也。』許猛荅步熊問爲人後者本生母出及所後母出，云：『爲人後者不應服親母出，以廢所後者之祭也。爲所後者若子，言若者，明其制如親，其情則異也。母出，亦當異於親子矣。』」雷氏云：「不直言爲出母，嫌妾子及前妻之子爲之服。」敖氏云：「此禮亦關上下言之，若妾子之爲其出母，或有不然者，非達禮也。」今案：以理論之，嫡母、繼母、所後母，非己所生，其出也固無服。本生母出，以爲人後而無服。若繼妻及妾所生之子，於其母之出也，亦宜服期，以母子之義同也。敖説似亦可通。○注云「出猶去也」者，《國策注》云「去，謂遣之」，《漢書注》云「去，謂逐之」。此出亦謂遣逐之，不使在室，故義與去同也。此經出妻謂之出，《大戴禮》謂之去，《公羊注》謂之棄。《大戴禮·本命》篇云：「婦有七去：不順父母，去；無子，去；淫，去；妒，去；有惡疾，去；多言，去；竊盜，去。不順父母去，爲其逆德也；無子，爲其絶世也；淫，爲其亂族也；妒，爲其亂家也；有惡疾，爲其不可與共粢盛也；多言，爲其離親也；竊盜，爲其反義也。婦有三不去：有所取，無所歸，不去；與更三年喪，不去；前貧賤，後富貴，不去。」孔氏廣森云：「婦人雖應此三事，若淫與不孝，猶當去之。禮故有婦當喪而出者。」《公羊傳》莊二十七年何注云：「婦人有七棄：無子，棄；淫泆，棄；不事舅姑，棄；口舌，棄；盜竊，棄；嫉妒，棄；惡疾，棄。」義與《大戴》同。此婦人犯七出之事也。鄭氏《易注》云：「嫁於天子，雖失禮，無出道，廢遠而已。若其無子，不廢遠之。」

傳曰：出妻之子爲母期，則爲外祖父母無服。傳曰：「絶族無施服，親者屬。」出妻之子爲父後者，則爲出母無服。傳曰：「與尊者爲一體，不敢服其私親也。」在旁而及曰施。親者屬，母子至親，無絶道。【疏】正義曰：案：此傳因經而推言之，見其異於見在之母者，有此二義，以補經所未及也。當以「出妻之子爲母期」至「親者屬」爲一條，「出妻之子爲父後者」至「不敢服其私親也」爲一條。程氏瑶田云：「據兩出妻之子文法，則兩條皆爲子夏傳。別出兩『傳曰』，皆爲引舊傳證成己義也。賈以後『出妻之子』二句承『親者屬』句爲文，遂以爲舊傳釋爲父後者不合爲出母服，而以末一『傳曰』爲子夏釋舊傳意，大誤。」褚氏云：「經所言皆指有服者，傳則有明其無服者。此『出妻之子爲父後者，則爲出母無服』二句，傳也。顧氏炎武以下有『傳曰』二字，遂指爲經文，謬甚。」今案：程氏、褚氏之説是也。《服問》曰：「母出則爲繼母之黨服，母死則爲其母之黨服。」案：爲繼母之黨服，則不爲其母之黨服明甚。傳唯言外祖父母，舉其重者，以見輕者皆無服耳。敖氏云：「絶族無施服，言所以爲外祖父母無服也。親者屬，言所以爲出母期也。此傳者引舊禮，而復引傳以釋之也。下放此。」吴氏紱云：「出母已雖爲服，妻則不從服出姑，子亦不服出祖母。蓋私恩祇在一身，而大義已絶也。」又案：《喪服小記》曰：「爲父後者，爲出母無服。無服也者，喪者不祭故也。」朱子曰：「出母爲父後者無服，此尊祖敬宗，家無二上之意。先王制作精微不苟蓋如此。」敖氏云：「與尊者爲一體，釋爲父後也。母不配父，則爲子之私親。」郝氏云：「適子後父，與父爲體，父至尊也。若服私親，是違尊，故不敢。」今案：《喪服小記》云「喪者不祭故也」，與此傳似異而實同。彼注云：「適子正體於上，當祭禮也。」蓋與尊者爲一體，即承宗廟祭祀之重，故不敢服私親而廢宗祀也。此無服唯承宗祀者一人，雖無服，猶持心喪，其餘則皆服杖期也。經但著出母之服，未言爲父後者不服，故傳明之。昔人因此，遂有謂父在則服、父没不服者，誤之甚矣。《檀弓》載「子上之母死而不喪」，斯時子思猶在也。《檀弓》又云：「伯魚之母死，期而猶哭。」此父在爲母期也，而孔疏亦以出母解之，謬。江氏永《鄉黨圖考》云：「近甘氏紱辨孔子無出妻之事，云：『《檀弓》載門人問子思曰：子之先君子喪出母乎？此殆指夫子之於施氏而言，非謂伯魚之於幵官也。初，叔梁公娶施氏，生九女，無子，此正所謂無子當出者。《家語後序》謂叔梁公始出妻是也。』此説甚有理。施氏卒，夫子爲之服期，蓋少時事。子思云：『昔者吾先君子無所失道。』先君子謂孔子，非謂伯魚。孔子雖有兄孟皮，妾母所生，則孔子實爲父後。在禮，爲父後者，爲出母無服。聖人以義處禮，父既不在，施氏非有他故，不幸無子而出，實爲可傷，故從其隆而爲之服。設有他故被出，則當從其污，不爲之服矣。所謂『無所失道』也。若伯魚之母死，當守父在爲母期之禮，過期當除，故抑其過而止之，何得誣爲出母也？」今案：子思荅門人之問，不正言不喪出母之故，而但云道隆道污者，正以夫子爲父後，而喪出母爲過禮之事故耳。《檀弓》此節解者紛紛，俱無是處，唯江氏説實得情理之正，故特録之。　注云「在旁而及曰施」者，此母黨之服是旁服，非正服，故云「施服」。《禮記·大傳》亦云：「絶族無移服，親者屬也。」自是相傳有此語，而傳者引之。但《大傳》作「移」，《釋文》：「移，或作施，同以豉反。移，猶旁也。」孔疏：「無移服，言不延移及之。」此母出，則母之族亦與父族絶，而不爲親矣，故不延移爲服也。李氏云：「施，讀如《詩》『莫莫葛藟，施于條枚』之施。」云「親者屬，母子至親，無絶道」者，言母之族可絶，而母子至親之恩無可絶也。《釋名·釋親屬》云：「屬，續也。恩相連續也。」《孝經》云：「父母生之，續莫大焉。」故父没爲服杖期，父在則持心喪也。

父卒，繼母嫁，從，爲之服，報。【疏】正義曰：馬氏云：「繼母爲己父三年喪，禮畢，嫁後夫，重成母道，故隨爲之服。繼母不終己父三年喪，則不服也。」李氏云：「馬、鄭以繼母已服父喪，貴終母子之恩，故隨爲之服。」惠氏棟云：「如馬注，則傳云貴終，是終父三年喪。然鄭下注但云『嘗爲母子，貴終其恩』，則鄭意不以母之服父喪與否也。」今案：惠説是。但鄭於此節雖無注，而於《檀弓》「子思之母死於衛」節注云：「嫁母，齊衰期。」則以此經父卒繼母嫁爲服期，與馬同矣。「從」，蓋訓爲虚字也。王氏肅云：「從乎繼母而寄育則爲服，不從則不服。服也則報，不服則不報。」庾蔚之謂「王順經文，鄭附傳説。王即情易安，於傳亦無礙」。敖氏云：「父卒而繼母不嫁，則爲之三年。從之嫁，則期。」顧氏炎武云：「『從』字句，謂年幼不能自立，從母而嫁也。母之義已絶於父，故不得三年，而其恩猶在於子，不可以不爲之服也。」盛氏云：「賈疏以『從爲之服』爲句，從鄭義也。後儒以『從』字絶句，用王説也。以義斷之，當以王説爲正。蓋繼母本非屬毛離裏之親，又改嫁，與父絶，乃令前妻之子之自居其室者亦爲之服，此於情爲不稱，而於理亦有所未順者矣。唯從繼母而嫁者則爲之服，以其有撫育之恩故也。」今案：如王説，「從」字方有著落。如馬、鄭説，則「從」字似贅文矣。姜氏兆錫以王説爲不易之定論，是也。經但言繼母之嫁，而無父卒母嫁之文，蓋舉繼母以該親母。謂繼母嫁而子從乃爲之服，則母嫁而子不從者，皆不爲服可知。謂繼母嫁而子從之者必爲之服，則親母嫁而子之從之者，亦必爲服可知。此省文以見義也。六朝諸儒沿用鄭説，每謂嫁母有服。蔡氏德晉云：「母嫁則自絶於父，而母子之恩亦絶，義宜無服，故夫死改嫁，子不從則不服。譙周乃云父卒母嫁非父所絶，袁准因云爲父後猶服嫁母。徐原一駁之，謂適子之不喪出母者，以凶服不得祭廟也。母嫁亦與廟絶矣，與廟絶即與父絶矣，況父固未嘗命之嫁也。此而可服，安在出母之不可服乎？」江氏筠云：「母嫁而子得不從，則其子尚有大功同財之親，而在母亦可不嫁。其嫁也已自絶於其父，而并絶其子，何杖期之有乎？」案：此二説是也。敖氏云：「報者，以其服反服之名。謂出妻於其子，與此繼母皆報也。」是報爲總承兩節之辭。盛氏駁之，謂「上文出母不云報者，以出母於其子骨肉至親，不因報施而服，故空其文」。不知母既被出，即不足以加尊，故言報。爲人後者爲其父母亦言報，可證也。敖説是。程氏瑶田云：「報者，同服相爲之名。以期報期，以大小功報大小功，以緦報緦。無此重彼輕之殊，故謂之報。然在《喪服》有兩例：其一，此爲彼服而見報文，則彼之爲此，不復舉其服也。如杖期章『父卒，繼母嫁，從，爲之服報』，而繼母爲所從之子期，不見杖期章是也。其一，此爲彼，彼爲此，竝舉其服，經即不復見報文，而傳必見報之之文也。如不杖期章昆弟之子爲世叔父母、世叔父爲昆弟之子、世叔母爲夫之昆弟之子，竝見於經，而傳必曰報之是也。」今案：以此推之，餘可知矣。

傳曰：何以期也？貴終也。嘗爲母子，貴終其恩。【疏】正義曰：傳以繼母嫁，當與出母殊，而亦期，故問也。《通典》載皇密云：「婦無再醮之義，禮許其嫁，謂無大功之親，不能自存，攜其孤孩，與之適人，使無窮屈之難，故曰貴終也。若偏喪之日，志存爽貳，不遵共姜靡他之節，而襲夏姬無厭之欲，輕忽先亡，棄己如遺，何貴終之有？」郝氏云：「父死，從繼母嫁，是相依也。生相依，死相棄，是無終也。生依之，死服之，所以貴終，終其爲母子之義也。」秦氏蕙田云：「貴終，貴繼母之嫁而能終撫字之恩也。非嘗爲母子之説也，繼母嫁則無服矣。」今案：皇氏、郝氏以終屬子説，即注「貴終其恩」之意，秦氏以終屬嫁母，説義尤精。又案：崔凱、庾蔚之謂爲父後者雖從繼母嫁，亦不服。萬氏斯大云：「身爲父後，業從母往，已不能如常禮行爲後事，其服自不容無。果能如禮爲父後，則已克自立，不從繼母往矣。不從，又奚服哉？」盛氏云：「此不別其爲父後與否者，以從乎繼母而嫁，必其幼弱不能自存者也。受恩既同，持服豈得而異，故無分乎適庶也。」今案：此傳但云「貴終」，不云「爲父後者無服」，以此服本由從制。繼母嫁而子從，雖爲父後者亦服。繼母嫁而子不從，雖不爲父後者亦不服也。萬氏、盛氏之説得之。或疑從一之義，終身不改。禮，婦人不貳斬。而乃爲嫁母制服，又爲繼父制服，何哉？曰：此聖人恤孤之義，不得已而制之，禮之權也。蓋夫死子幼，無大功之親相養以生，守死固爲義，而孤則無與立矣。嫁而以從，俾不致轉於溝壑，則於子猶能終其恩，故不可絶也。互詳「繼父」條下。〇吴氏紱云：「爲母則繼母、慈母皆如母，爲妻則繼妻如妻。適孫承祖母之重，曾玄孫承曾高祖母之重者，祖父在若曾高祖父在，亦如之。爲人後者，所後父在，爲所後母若繼母亦如之。女子子反在室者，父在爲母若繼母，與在室同。」今案：黄氏《補服》有「大夫之庶子爲妻杖期」、「大夫之適子父没爲妻杖期」二條，徐氏乾學删「大夫之庶子爲妻」一條，是也。大夫之庶子父没爲妻，已該於經「妻」内。若父在，爲妻大功，不服期也。

右齊衰杖期

不杖，麻屨者。此亦齊衰，言其異於上。【疏】正義曰：賈疏云：「此不杖章，輕於上禫杖，故次之。」注云「此亦齊衰，言其異於上」者，謂此亦齊衰之服，唯不杖與上杖異、麻屨與上疏屨異，故經特言之。其餘疏衰裳齊、牡麻絰、冠布纓、布帶及期，俱與上同，故不言也。王氏肅云：「言與杖期同制，唯杖、屨異。」李氏云：「自此以下哀殺病輕，故不杖也。易蕉蒯之屨爲麻屨，輕重之節也。」吴氏《章句》云：「以上四者俱不言受月，蓋三年之喪達乎天子，諸侯雖絶期，尚爲后齊衰，變除之日不盡同故也。」

祖父母。【疏】正義曰：此孫爲祖父母服也。女孫在室同，出嫁亦不降。郝氏云：「此有父在之正禮。父没，適孫爲其祖三年，以代父也。禮各舉其正者，故斬衰首父，齊衰首母，不杖期首祖父母也。」徐氏乾學云：「齊衰三年章有『繼母如母』之文，而此不言繼祖母者，古文簡省，已包於祖母之中也。」汪氏琬云：「繼祖母與祖庶母有辨，繼祖母之没也祔於廟，而祖庶母不祔。夫既祔於廟，而爲之孫者，方歲時享祀之，而可以無服乎？」今案：《喪服小記》云：「妾母不世祭。」則庶子之子不爲祖庶母服也。

傳曰：何以期也？至尊也。【疏】正義曰：賈疏云：「祖爲孫止大功，孫爲祖何以期，荅云『至尊也』者，祖是至尊，故期。若然，不云『祖至尊』，而直云『至尊』者，以是父之至尊，非孫之至尊也。」今案：此説非。凡子孫於一本之親，雖有遠近之不同，而其奉爲至尊則一，以統緒所自來也。故傳於父言至尊，於祖言至尊。而於曾祖父母，傳云「不敢以兄弟之服服至尊也」，則自曾高以上，皆爲至尊可知。朱子曰：「父母本是期，加成三年。祖父母、世父母、叔父母本是大功，加成期。其從祖伯父母、叔父母小功者，乃正服之不加者耳。」敖氏云：「謂不可以大功之服服至尊，故加而爲期也。」

世父母、叔父母。【疏】正義曰：此昆弟之子爲之服也。世叔非正尊，而爲祖之子，故次祖後。《爾雅》：「父之昆弟，先生爲世父，後生爲叔父。父之兄妻爲世母，父之弟妻爲叔母。」邢疏：「繼世以嫡長，先生於父，則繼世者也，故曰世父。《説文》『叔』作『尗』，从上小，言尊行之小者。」《釋名》：「父之兄曰世父，言爲嫡統繼世也。又曰伯父。伯，把也，把持家政也。叔，少也。」案：世母亦稱伯母，見《雜記》。盛氏云：「父之先生者不皆世嫡，而爲祖後者亦存焉，故謂之世。」吴氏廷華云：「二者不言適庶，蓋其服同。」

傳曰：世父、叔父何以期也？與尊者一體也。然則昆弟之子何以亦期也？旁尊也，不足以加尊焉，故報之也。父子一體也，夫妻一體也，昆弟一體也。故父子首足也，夫妻牉合也，昆弟四體也。故昆弟之義無分，然而有分者，則辟子之私也。子不私其父，則不成爲子，故有東宮，有西宮，有南宮，有北宮，異居而同財，有餘則歸之宗，不足則資之宗。世母、叔母何以亦期也？以名服也。宗者，世父爲小宗典宗事者。資，取也。爲姑在室亦如之。

【疏】正義曰：傳先問世父、叔父，而後問世母、叔母者，以欲明一體之義也。言「何以」者，雷氏云：「非父之所尊，嫌服重，故問也。」「與尊者一體也」，荅辭。馬氏云：「與父一體，故不降而服期。」陳氏銓云：「尊者，父也，所謂『昆弟一體也』。」李氏云：「五屬之服，同父者期，同祖者大功，同曾祖者小功，同高祖者緦。世父、叔父與己同出於祖，應服大功，以其與父爲一體，故進服期也。」盛氏云：「尊者兼祖若父言。世叔父者，祖之子而父之昆弟也。下云『父子一體，昆弟一體』，是世叔父與己之祖若父皆爲一體也。以是而加隆焉，故爲之期也。」案：盛説與馬、陳異，卻亦可通。又問昆弟之子者，以非一體，而與世叔父同期，故問也。「旁尊也，不足以加尊焉，故報之也」，荅辭。敖氏云：「昆弟之子本服亦大功，世叔父不以本服服之，而報以其爲己加隆之服者，以己非正尊，不足以尊加之故也。」今案：正尊則可以加尊而降卑，如孫爲祖期，而祖但爲孫大功是已。「父子一體也」三句，因上言一體，而廣明一體之人。「父子首足也」三句，則又申言一體之實。父尊子卑，其一體如首足。夫陽妻陰，其一體如牉合。昆弟同氣連枝，各得父之體以爲體，如四體之本爲一體然。馬氏云：「言一體者，還是至親。因父加於世叔，故云『昆弟一體』。因世叔加於世叔母，故云『夫妻一體也』。」又云：「首足者，父尊若首，加祖在期，子卑若足，曾孫在緦也。」《集韻》：「牉合，合其半以成夫婦也。」盛氏云：「牉與判通，半也。《周禮·媒氏》『掌萬民之判』，❶鄭注引此傳文亦作判。」今案：傳雖以三者竝言，而意主於昆弟，故下專言昆弟，以見父與世叔父一體，而服有輕重也。「昆弟之義無分」，亦承一體言，以一體則義不宜分也。「然而有分者，則辟子之私也」以下，乃特言不容不分之理。辟與避同。子各私其父，故世叔父不得不避之。子之私其父，亦本乎天理人情。張子曰：「『子不私其父，則不成爲子』，古之人曲盡人情如此。若同宮有伯父、叔父，則爲子者何以獨厚於其父？爲父者又烏得而當之？」敖氏云：「『東宮、西宮、南宮、北宮』，蓋古者有此稱，亦或有以爲氏，故傳引之以證古之昆弟亦有分而不同宮者焉。」今案：「異居而同財」以下，則又即宗法以明昆弟雖分而仍合之義。《内則》：「由命士以上，父子皆異宮。」異居即異宮，而財則同。有餘，謂常用之餘。不足，謂用有不足也。盛

❶「民」，原作「氏」，今據《續清經解》本改。

氏世佐云：「支庶之贏餘匱乏，皆宗子總攬其大綱，而爲之裒益於其間。故宗法立，而無貧富不平之患。」又問世母、叔母者，以世叔母本是路人，而亦期，故問也。「以名服也」，荅辭。謂世叔母以配世叔父而有母名，故服亦與世叔父同。《大傳》「服術有六，三曰名」，鄭注「名，世母、叔母之屬」是也。《大傳》又云：「同姓從宗，合族屬。異姓主名，治際會，名著而男女有別。其夫屬乎父道者，妻皆母道也。」此所謂「以名服也」。李氏云：「雖以名服，其情則輕。《喪大記》曰：『叔母、世母、故主、宗子，食肉飲酒。』異於他期喪之未葬不食肉飲酒也。」今案：《雜記》：「孔子曰：伯母、叔母疏衰，踊不絕地。姑姊妹之大功，踊絕於地。」鄭注：「伯母、叔母，義也。姑姊妹，骨肉也。」蓋姑妹服雖輕而情重，故踊絕於地。世母、叔母服雖重而情輕，故踊不絕地也。互詳「夫之昆弟之子」下。　注云「宗者，世父爲小宗典宗事者」，《喪服小記》云：「繼禰者爲小宗。」鄭謂世父爲小宗，蓋主繼禰者言之。若繼禰以上之小宗，則有不服期者矣。或當兼大宗言之。大宗服齊衰三月，不服期，且此傳係申明大功同財之義，故知謂小宗也。宗事，謂冠昏喪祭之事，世父主之也。云「資，取也」者，鄭注《書大傳》「資畧于天子之國」同。謂不足則取之于宗，以濟其乏也。云「爲姑在室亦如之」者，案：姑在室服之與世叔父母同，出嫁則大功也。雷氏云：「不見姑者，欲見時早出之義。」

大夫之適子爲妻。【疏】正義曰：賈疏云：「凡大夫之子服，例在正服後，今在昆弟上者，以其妻本在杖期，直以父爲主，故降入不杖章，是以進之在昆弟上也。」今案：《喪服小記》云：「世子不降妻之父母，其爲妻也，與大夫之適子同。」鄭注：「世子，天子、諸侯之適子也。」案：此不杖章唯言大夫之適子爲妻，而《小記》謂天子、諸侯之世子亦同，則大夫以上皆然。以其不杖自大夫之適子始，故特舉以爲言。然則士之適子爲妻亦杖明矣。

傳曰：何以期也？父之所不降，子亦不敢降也。何以不杖也？父在則爲妻不杖。大夫不以尊降適婦者，重適也。凡不降者，謂如其親服服之。降有四品：君、大夫以尊降，公子、大夫之子以厭降，公之昆弟以旁尊降，爲人後者、女子子嫁者以出降。【疏】正義曰：言「何以」者，據大夫之衆子爲妻大功而問也。「父之所不降」二句，荅辭。又問「何以不杖」者，以既不降期服，則亦當不降杖，故問也。「父在則爲妻不杖」，亦荅辭。傳知父在者，李氏云：「凡言子者，父在之稱。」又云：「大夫之適子爲妻雖得伸服，猶厭於其父，直去其杖，故在此章。」今案：此説是。《雜記》「爲妻，父母在，不杖」，注云：「尊者在，不敢盡禮於私喪也。」據此注，則大夫以上之適子不杖，爲大夫以上尊故耳，非以父爲之喪主也。《問喪》曰：「父在不敢杖，尊者在故也。」彼經雖謂母喪，然其言尊者在不杖之義，則固有合矣。張氏爾岐云：「前章注云『父在子爲妻以杖即位，謂庶子』者，蓋士禮也。若大夫之庶子，父在僅得服大功，何得以杖即位乎？」今案：張説是。但大夫之適子、庶子父没皆得杖期，士之適子父在亦得杖期，故經於前章但著妻服，而不言服之之人，以杖期是爲妻之正服也。程氏瑶田亦有此説，而張氏履駁之，今附録於此。程氏云：「杖期章傳曰：『爲妻何以期也，妻至親也。』此條下文不增一字，則是士庶爲妻，不論父在父卒，竝杖期也。至不杖麻屨章，乃曰：『大夫之適子爲妻。』則是爲妻父在不杖期，專爲大夫之適子特著一例。故傳問曰：『何以期也？』曰：『父之所不降，子亦不敢降也。』然既不降，則當如衆人在杖期章，今乃移入不杖期，故又問曰：『何以不杖也？』因荅之曰：此大夫父也，『父在則爲妻不杖』。若大夫卒，則仍歸之於杖期章矣。」張氏履云：「此條雖爲大夫之適子言，實通乎士庶之父在爲妻。其杖期章爲妻條，則固爲父卒者立法，而父在之例，則於大夫之適子見之。若如程説，士庶爲妻父在得杖，豈其父不主適婦之喪乎？父主適婦之喪既杖，而子亦杖，可乎？《雜記》：『爲妻，父母在，不杖，不稽顙。』曷嘗有大夫子之文乎？」今案：此經言大夫、大夫之子，皆其與士異者。張氏謂通乎士庶，此疎於禮例之言，不足辨也。至謂父主適婦之喪其子不杖及《雜記》「爲妻，父母在，不杖」之文，則前已辨之。詳杖期章「妻」條下。注云「大夫不以尊降適婦者，重適也」者，謂降庶婦，不降適婦，是重適也。馬氏云：「大夫重適，不降大功。子從父，不敢降其妻，故服期也。」案：舅爲適婦大功，夫爲妻期。今父既重適，不降適婦大功之服，故子亦不敢降妻之期服也。是馬義與鄭同。李氏云：「凡大夫、大夫之子不降者，達於天子皆然。以大夫爲尊降之始，其子爲厭降之始，舉以例其餘。」其説是也。云「凡不降者，謂如其親服服之」者，親服，謂所親之本服。如爲妻本服期，今不降仍服期，是如其親之本服服之也。云「降有四品」以下，是鄭廣言降服之義。賈疏：「『云君、大夫以尊降』者，天子、諸侯爲正統之親，后、夫人與長子、長子之妻等不降，餘親則絶。天子、諸侯絶者，大夫降一等，即大夫爲衆子大功之等是也。云『公子、大夫之子以厭降』者，此非身自尊，受父之厭屈以降無尊之妻。下記云『公子爲其母練冠麻麻衣縓緣，爲其妻縓冠葛絰帶麻衣』，父卒乃大功，是也。大夫之子，即小功章云『大夫之子爲從父昆弟』，在小功，皆是也。云『公之昆弟以旁尊降』

者，此亦非己尊，旁及昆弟，故亦降其諸親。即「小功」章云『公之昆弟爲從父母昆弟』是也。❶案：大功章云：『公之庶昆弟爲母妻昆弟。』傳曰：『先君餘尊之所厭，不得過大功。』若然，公之昆弟有兩義，既以旁尊，又爲餘尊厭也。云『爲人後者、女子子嫁者以出降』者，謂若下文云：『爲人後者爲其父母報。』又云：『女子子適人者爲其父母、昆弟爲父後者。』此二者是出也。」李氏云：「尊厭降者，禮始於周。《檀弓》曰：『古者不降，上下各以其親。滕伯文爲孟虎齊衰，其叔父也。爲孟皮齊衰，其叔父也。』至周，而大夫以上始以尊降其親，惟正統不降。天子、諸侯服高曾祖父母、祖父母、父母、妻、長子、適婦，旁期以下尊不同者皆絶服。大夫於天子、諸侯所絶者降一等，緦則不服。《司服職》曰：『凡凶事，服弁服。』卿大夫加以大功、小功。』是也。服弁服，謂斬衰、齊衰也，其尊同者皆不降。大夫以上，其子厭於其父，降與不降，服與不服，一視其父也。公之昆弟，其尊視大夫，大功以下，以旁尊降其尊不同者一等，期以上則厭於先君餘尊，先君所不服者，服之不過大功。又大夫以尊厭其子，而公之昆弟無厭，此其異也。其爲人後者及女子子嫁者，則通乎上下，皆以出降其親一等。大夫以上，於其尊不同者，則又以己尊累降之。此四品降服，不盡見於經，參互出之。」今案：注「降有四品」之説甚精。賈疏謂「公之昆弟有兩義，既以旁尊，又爲餘尊厭」，此非也。先君餘尊之所厭，即所謂以厭降也，烏得分爲二？閻氏若璩本之，謂降有六，於鄭注外增餘尊降、殤降二者。不知傳所云降不降，皆據成人正服言之，既謂之殤，則降義自明，不得增入此内。

❶「父母」，《儀禮・喪服》賈疏同。案，據文義當衍「母」字。

敖氏以公之昆弟以旁尊降併入厭降中，謂降止有三，而於以尊降者則但言大夫而不言君，以厭降者則但言大夫之子而不言公子。皆不可從。或又疑注厭降之説。吴氏廷華云：「公子、大夫之子所以有降服者，因其父降服，其子厭於父，而不得伸，非以其貴也。注謂厭降，信然。」○敖氏謂大夫於庶婦降之，而至於不服。方氏苞謂庶婦服見小功章，敖誤也。今案：庶婦小功，本服也。大夫以尊降，當緦麻，而大夫無緦麻，故至於不服。敖不誤。

昆弟。 昆，兄也。爲姊妹在室亦如之。【疏】正義曰：賈疏云：「昆弟卑於世叔，故次之。此亦至親以期斷。」沈氏彤云：「昆弟本服齊衰期。由昆弟而推之，從父昆弟大功，從祖昆弟小功，族昆弟緦。昆弟雖至親，而非至尊與至重，故服其本服，而無所加也。」今案：《雜記》云：「大夫爲其父母兄弟之未爲大夫者之喪，服如士服。士爲其父母兄弟之爲大夫者之喪，服如士服。」此末俗之禮，非正禮。辨見後「大夫爲祖父母適孫爲士者」下。　注云「昆，兄也」者，《爾雅》：「晜，兄也。」《説文》作「翼」，云：「周人謂兄曰翼。」《詩·葛藟》「謂他人昆」，《毛傳》：「昆，兄也。」此鄭所本。字以作「翼」爲正，《玉篇》省作「睪」，《爾雅》又作「晜」。今作「昆」者，假字也。《説文》「昆」之本義爲同也。《爾雅》：「男子先生爲兄，後生爲弟。」《説文》：「弟，韋束之次弟也。」《釋名》：「兄，荒也。荒，大也。弟，第也，相次第而生也。」《白虎通》：「兄者，況也，況父法也。弟者，悌也，心順行篤也。」是兄弟與昆弟通，然在此篇則有辨。戴氏震云：「《儀禮》兄弟與昆弟異。《喪服》：『傳曰：何如則可謂之兄弟？傳曰：小功以下爲兄弟。』《爾雅》曰：『母與妻之黨爲兄弟。』又曰：『婦之黨爲婚兄弟，壻之黨爲姻兄弟。』《詩·小雅》『兄弟無遠』，鄭箋云：『兄弟，父之黨、母之黨。』蓋兄弟云者，或專言異姓，或兼同姓、異姓，皆舉遠，不以關大功之親。」臧氏庸云：「昆弟者一體之親，故自同父同母下至同族，均有是稱，一本之誼也。至兄弟，雖亦昆弟之通稱，對言之則有親疏之别。故自大功以上爲昆弟，小功以下爲兄弟。若推廣言之，不特同姓之親通爲兄弟，即母黨、妻黨均有兄弟之稱，又兼異姓言之矣。此二者不同之大致也。」又曰：「《喪服》昆弟之文凡三十有八，皆一本之誼也。」今案：戴氏、臧氏之説似矣，然謂大功以上稱昆弟，而小功章、緦麻章皆有昆弟之稱，謂一本之誼稱昆弟，而外姻從母之子亦稱昆弟，則其説猶未盡確也。今以此篇考之，凡經皆言昆弟，不言兄弟。經是周公所作，用周時語。《説文》所云「周人謂兄曰䍮」是也。記與傳則有言昆弟者，有言兄弟者。傳曰：「小功者，兄弟之服也。」又曰：「小功以下爲兄弟。」此指服言之。蓋《喪服》大功以上無外姻之服，❶小功以下乃有之。古人通謂外姻爲兄弟，以小功、緦麻内皆有異姓之服，故名其服爲兄弟服。其言昆弟者，則皆指人言之，仍經例也。然兄弟亦有指人言者，鄭記注云「兄弟猶言族親」是也。總之，服制之稱，止可言兄弟，不可言昆弟。其同行輩之稱，則兄弟與昆弟亦通。他經多有言兄弟者，非謂昆弟之必不可稱兄弟也。云「爲姊妹在室亦如之」者，謂姊妹在室，服與昆弟同，出嫁則大功也。

爲衆子。衆子者，長子之弟及妾子。女子子在室亦如之。士謂之衆子，未能遠别也。大夫則謂之庶子，降之爲大功。天子、國君不服之。《内則》曰：「冢子未食而見，必執其右手。適子、庶子已食而見，必循其

❶「上」，原作「下」，今據《續清經解》本改。

首。」【疏】正義曰：賈疏云：「衆子卑於昆弟，故次之。」　注云「衆子者，長子之弟及妾子」者，長子之弟，謂適妻所生第二子以下也。前斬章云「父爲長子」，是爲適長子一人，則此爲衆子，明兼適妻所生第二以下及妾子言也。敖氏云：「士妻爲妾子亦期。」《通典》載劉玢荅王徽之問云：「長子有廢疾，不得受祖之重，則服與衆子同在齊衰。蓋以不堪傳重，故不加服，非以廢疾而降也。子婦之服例皆小功，以夫當受重，則加大功。若夫有廢疾，則居然小功，亦非降也。」庾蔚之謂劉説爲得理。云「女子子在室亦如之」者，謂女子子在室，服與衆子同，出嫁則大功也。各本皆有「在室」二字，賈謂鄭不云「在室」，蓋所見本異耳。或據以删「在室」二字，非也。雷氏云：「經於伯叔父無姑文，於昆弟下無姊妹文，於衆子下無女子子文者，以未成人則爲殤，已成人則當出，故皆不見於此。」今案：雷説與鄭異。鄭謂經言世叔父、昆弟、衆子，即包姑姊妹、女子子在内，是省文之例，故於各條下補之。雷則謂經特不見其文，以明嫁當及時。然則女年二十以上，或有故未嫁而死，亦爲殤服乎？雷説非矣。云「士謂之衆子，未能遠别也」者，李氏云：「《喪服》本文皆據士，此云衆子，則士之稱也。」案：前「庶子不得爲長子三年」，注云：「言庶者，遠别之。」此以士卑，未能遠别，故不稱庶子，而稱衆子也。云「大夫則謂之庶子，降之爲大功。天子、國君不服之」者，謂大夫以上皆謂之庶子。大夫於庶子降一等，故大功。天子、諸侯無期以下服，故不服之。引《内則》者，證長子之弟與妾子同服之義。彼注云：「冢，大也，冢子猶言長子。」然則未食而見者惟長子一人，其餘適子、庶子，則皆已食而見。是長子之弟與妾子同也。或疑注分别大夫、士爲非。案：鄭以經每言大夫之適子、大夫之庶子，故以長子、衆子爲士之稱，前「父爲長子」下注云：「不言適子，通上下。」蓋亦謂此。其實長子、衆子與適子、庶子，名異實同。凡言長子者，則不獨長子之弟爲衆子，而妾子亦爲衆子。言適子，則不獨妾子爲庶子，而適子之同母弟亦爲庶子。經中凡以適對庶言者，適謂適長一人，其餘皆庶也。

昆弟之子。【疏】正義曰：此世叔父爲之服也。賈疏云：「昆弟子疏於親子，故次之。」陳氏銓云：「男女同耳。」今案：女在室同，出嫁亦降大功。

傳曰：何以期也？報之也。《檀弓》曰：「喪服，兄弟之子猶子也，蓋引而進之。」【疏】正義曰：傳欲明報義，故假問以發之。注引《檀弓》，孔疏云：「己子服期，兄弟之子應降一等服大功，今乃服期，故云引進也。」朱子云：「猶子訓如，謂服如己子也。」沈氏彤云：「凡旁親卑屬之服，皆報也。惟昆弟之子同於己子，故又有引而進之之義。」今案：《檀弓》説與上傳「旁尊也，不足以加尊焉，故報之也」不同，而皆可以發明經意。鄭以「報」字義上傳已盡，故引《檀弓》釋之，以見昆弟與己一體，其子當視如己子矣。○案：上「爲衆子」節，賈疏云：「昆弟、衆子及昆弟之子，皆不發傳者，以其同是一體，故無異問。」此疏云：「引同己子，與親子同，故不言報。」據此，似此節本無傳文。先大父曰：「上『世父母、叔父母』，傳明云：『昆弟之子何以亦期也？旁尊也，不足以加尊焉，故報之也。』則義已見於彼，此不當重出。」然則此「傳曰何以期也報之也」九字，疑後人因「夫之昆弟之子」傳文而誤衍耳。至賈疏謂「引同己子，故不言報」，亦非。蓋報義已見前傳，無煩重出耳。

大夫之庶子爲適昆弟。兩言之者，適子或爲兄，或爲弟。【疏】正義曰：敖氏云：「大夫之庶子爲昆弟大功，嫌於適亦然，故以明之。」今案：庶子，謂適妻所生第二以下及妾子也。適昆弟，謂其爲父後者一人也。

天子、諸侯爲長子服斬，則天子、諸侯之庶子於適昆弟，與大夫之庶子同可知。 注云「兩言之者，適子或爲兄，或爲弟」者，經言昆，復言弟，以其適子有長於妾子者，亦有小於妾子者，不定，故兩言之也。 盛氏云：「立子以適不以長，故容有弟而爲父後者。 其庶兄服之，亦如斯例也。」

傳曰：何以期也？父之所不降，子亦不敢降也。 大夫雖尊，不敢降其適，重之也。 適子爲庶昆弟，庶昆弟相爲，亦如大夫爲之。 【疏】正義曰：言「何以」者，據庶子相爲大功而問也。 下二句荅辭，與「大夫之適子爲妻」傳義同。 盛氏云：「父於長子三年，庶子期，昆弟相爲亦期，服之正也。 大夫以尊故降庶子於大功，而於長子自若三年，是父之所不降也。 大夫之庶子厭於父，降其庶昆弟於大功，而於適昆弟自若期，是子亦不敢降也。」 注云「大夫雖尊，不敢降其適，重之也」者，此釋傳父所不降之義。 云「適子爲庶昆弟，庶昆弟相爲，亦如大夫爲之」者，以父之所降，子亦不敢不降也，如大夫爲之，皆大功也。 陳氏銓云：「大夫爲衆子大功，嫡子期。」今案：大夫自是承宗傳重者，當爲長子三年。 陳氏謂期，非也。

適孫。 【疏】正義曰：賈疏云：「孫卑於昆弟，故次之。 此謂適子死，其適孫承重者，祖爲之期。」今案：適孫承重爲祖斬衰，祖似當從父爲長子之例服斬，今期者，吳氏廷華云：「適子死，其祖已爲之服斬，故不復爲適孫斬也。」

傳曰：何以期也？不敢降其適也。有適子者無適孫，孫婦亦如之。 周之道，適子死，則立適孫。 是適孫將上爲祖後者也。 長子在，則皆爲庶孫耳。 孫婦亦如之，適婦在，亦爲庶孫之婦。 凡父於將爲後者，非長子，皆期也。 【疏】正義曰：言「何以」者，據爲衆孫大功而問也。 「不敢降其適也」，荅辭。

「有適子者無適孫」，則申明經之所云適孫者，乃適子已死之稱也。「孫婦亦如之」，又因適孫而兼明孫婦之例也。盛氏云：「傳意蓋謂孫爲祖期，祖亦當報之以期，以正尊故降之於大功，而爲適孫則在此章，是不敢降其適也。」注云「周之道，適子死，則立適孫。是適孫將上爲祖後者也」者，謂適子已死，乃立適孫爲後，是適孫將上爲祖後之人。鄭於《檀弓》「仲子舍其孫而立其子」注云：「周禮，適子死，立適孫爲後。」此云「周之道」，亦謂周禮，對殷禮適子死立次子爲後言也。云「長子在，則皆爲庶孫耳」者，謂長子在，則不立適孫，無適庶之别，雖孫之長者，亦與庶孫同服大功，以明傳所云「無適孫」之義也。顧氏炎武云：「冢子，身之副也。家無二主，亦無二副，故有適子者無適孫。唐高宗有太子而復立太孫，非矣。」云「孫婦亦如之，適婦在，亦爲庶孫之婦」者，謂適婦在，則雖長孫之婦，亦不得爲適孫婦，以明傳「亦如之」之義也。云「凡父於將爲後者，非長子，皆期也」者，敖氏云：「注蓋以斬衰章唯言父爲長子故也。」又云：「鄭言此者，爲適子死而無適孫者見之，且明爲適孫亦期之意也。」沈氏彤云：「敖蓋以此注專爲庶長及旁枝來爲後者而設，不知適曾孫、適玄孫與庶長子、族人支子之已立者，皆將爲後者也。敖説未盡。」又云：「黄勉齋以後人生而立後者爲非，卻恐未然。」今案：此注明不爲適孫三年之義，而又以廣明立後之服，二者相兼乃備。注雖云父，實則孫、曾之爲後者亦統之也。又適孫以下承重孫婦之服，議者不一。《通典》載：「賀循云：『其夫爲祖、曾祖、高祖後者，妻從服如舅姑。』孔瑚問虞喜曰：『假使玄孫爲後，玄孫之婦從服期。曾孫之婦尚存，纔緦麻。近輕遠重，情實有疑。』喜荅曰：『有嫡子者無嫡孫，又若爲宗子母服，則不服宗子婦。以此推，玄孫爲後，若其母尚存，玄孫之婦猶爲庶，不得傳重，傳重之服理宜在姑矣。』庾蔚之云：『舅没則姑老，是授祭事於子婦，至於祖服，自以姑爲嫡。』」萬氏斯大著《承重妻從服説》，深以賀説爲然。褚氏則取虞、庾之説。方氏苞云：「夫受曾祖之重，而祖姑與姑竝存，祖姑期，其本服，且當爲主也。孫婦期，從夫也。唯姑本大功，然不可以姑輕而婦重，緣亡夫之義，則祖姑、姑、婦三世皆期歟？」今案：據鄭注云「適婦在，亦爲庶孫之婦」，自當以虞氏、庾氏之説爲是，方説亦未可從也。

爲人後者爲其父母，報。【疏】正義曰：此爲人後者爲本生父母服也。賈疏云：「欲其厚於所後，薄於本親，抑之，故次在孫後也。」王氏肅云：「凡服不報，以適尊降也。既出爲大宗後，其父母不得服以加也，故不以出降而報之。」雷氏次宗云：「據無所厭屈，則期爲輕。言報者，明子於彼，則名判於此。故推之於無尊，遠之以報服。女雖受族於人，猶存父子之名，故得加尊而降之。」今案：此二説釋經「報」字之義，謂亦如世叔父之於昆弟之子，以旁尊不足加尊而報之也。程子曰：「既爲人後，便須將所後者呼之以爲父、以爲母，不如是則不正也。《禮》文蓋言爲其父母以别之，非謂將本生父母亦稱爲父母也。」張子曰：「爲其父母，不論其族遠近，竝以期服服之。」敖氏云：「言其，以别於所後者也。既爲所後者之子，統不可二也。」顧氏炎武云：「言其父母，其昆弟，皆私親之辭。」吴氏廷華云：「不降於齊衰三年及杖期者，嫌同於所後之母也，故降同世叔父母之服，以示大宗之重。」華氏學泉云：「或問：『爲人後者不皆親昆弟之子，或小功緦麻及族人之無服者爲之，於其本生父母之服何如？』曰：『禮，爲人後者爲其父母期。不聞以所後者之親疏異也。爲人後者爲其昆弟大功，亦不聞以所後者之親疏異也。蓋人子不得已而爲人後，降其親一等，以伸所後之尊足矣，不容計所後之親疏遠近而異其服也。其所以必降其親者何也？隆於所後也。其所以不計其親疏者何也？隆於所後，亦不得薄於所生也。先王之制服，所以交致其情而無憾也。』曰：『降其父母之服，不易其父母之名何也？』曰：『此特欲著其服，不得不係之其父母也，非爲人後者自稱之辭也。既已稱所後者謂之父母，又仍其父母之稱而不易，非不二統之旨矣。夫人子於所生，其恩罔極，一旦出而爲人後，誠有大不忍於其父母。聖人斷之以義，爲降其父母之服，使之同於世叔父母，而其父母亦降其尊而爲之報，以同其子於昆弟之子。凡此者，皆所以重大宗，使割其私恩，而制之以義也。烏有仍其父母之稱，使名與實相違也哉？』『然則歐陽公、曾子固爲人後之議，所生稱親之説非歟？』曰：『非也。歐、曾之説，主於恩者也。吾折衷之於朱子，朱子之説，主於義者也。歐、曾之言曰：爲人後者，不當易其父母之稱。朱子曰：今設有爲人後者於此，一日所後之父與所生之父竝坐，而其子侍側，稱所後父曰父，稱所生父又曰父，自是道理不可。朱子之所謂不可者，主以理也，而未嘗非情。歐、曾之所言者，主以情也，而於理有所不可矣。』」今案：華氏之論詳而正。吴氏謂不降之於齊衰三年及杖期，而降之於不杖期，嫌與所後之母同服，亦得制禮精意。《喪服小記》曰：「夫爲人後者，其妻爲舅姑大功。」此亦謂本宗舅姑也。妻從夫服，夫降期，故妻降服大功。

傳曰：何以期也？不貳斬也。何以不貳斬也？持重於大宗者，降其小宗也。爲人後者孰後？後大宗也。曷爲後大宗？大宗者，尊之統也。禽獸知母而不知父，野人曰：「父母何算焉？」都邑之士則知尊禰矣，大夫及學士則知尊祖矣。諸侯及其大祖，天子及其始祖之所自出。尊者尊統上，卑者尊統下。大宗者，尊之統也。大宗者，收族者也。不可以絶，故族人以支子後大宗也。適子不得後大宗。都邑之士則知尊禰，近政化也。大祖，始封之君。始祖者，感神靈而生，若稷、契也。自，由也。及始祖之所由出，謂祭天也。上，猶遠也。下，猶近也。收族者，謂別親疏、序昭穆。《大傳》曰：「繫之以姓而弗別，綴之以食而弗殊，雖百世婚姻不通者，周道然也。」【疏】正義曰：此傳者設爲問荅，以明服期之義，并以明大宗之重也。自「何以期也」至「降其小宗也」，再問再荅，皆以明服期之義。但問與荅專據爲父服斬言者，母統於父，明重者降，則輕者亦降可知。馬氏云：「爲大宗後，當爲大宗斬，還爲小宗期，故曰『不貳斬也』。」敖氏云：「父不可二，斬不竝行。既爲所後父斬，則於所生父不得不降爲期也。」今案：大宗，百世不遷之宗。小宗，五世則遷之宗。《喪服小記》云：「別子爲祖，繼別爲宗，繼禰者爲小宗。有五世而遷之宗，其繼高祖者也。」《大傳》云：「別子爲祖，繼別爲宗，繼禰者爲小宗。有百世不遷之宗，❶有五世則遷之宗。百世不遷者，別子之後也。宗其繼別子之所自出者，百世不遷者也。宗其繼高祖者，五世則遷者也。」鄭注《小記》云：「小宗有四，或繼高祖，或繼曾祖，或繼祖，或繼禰，皆至五世則遷。」注《大傳》云：「繼別爲宗，別子之世嫡也。族人尊之，謂之大宗。」又云：「小宗四，與大宗凡五。」孔疏：「小宗四，謂：一是繼禰，與親兄弟爲宗。二是繼祖，與同堂兄弟爲宗。三是繼曾祖，與再從兄弟爲宗。四是繼高祖，與三從兄弟爲宗。并繼別子之大宗，爲五也。」案：此傳大宗，謂所後。小宗，謂其父母。持重，謂主持宗廟祭祀之重，即前傳所謂「受重也」。「爲人後者孰後」，問辭。「後大宗也」，荅辭。既云「持重於大宗」矣，而又云「孰後」者，蓋發問以明古唯大宗

❶「百」，原作「五」，今據《禮記·大傳》改。

乃立後之義。《通典》載張湛曰：「禮所稱爲人後，後大宗，所以承正統。若非大宗之主，非正統之重，無相後之義。」徐氏乾學云：「古禮，大宗無子則立後，未有小宗無子而立後者也。自秦漢以後，世無宗子之法，凡無子者，即小宗亦爲之置後。彼豈盡爲祭祀起見哉，大要多爲貲産爾。不知小宗無後者，古有從祖祔食之禮。則雖未嘗繼嗣，而其祭祀固未始絶也。」今案：從祖祔食之禮見《小記》。「曷爲後大宗」，又發問以起下也。「大宗者，尊之統也」以下，乃反復申明大宗不可無後之義。《白虎通》云：「宗者，尊也。爲先祖主者，宗人之所尊也。」是大宗、小宗皆族人所尊，而大宗又統乎小宗，故爲尊之統。禽獸與人異，知生於母，而不知有父。野，郊外之地。野人，謂鄉曲之人，聞見淺狹也。都邑是城内人民聚會之地，故《左傳》云：「邑，有先君之主曰都，無曰邑。邑曰築，都曰城。」《穀梁傳》：「民所聚曰都。」《釋名》：「邑，人所聚會之稱也。」此「士」字泛指士民言，與下「學士」異。「筭」字義未詳，或曰：「筭，分別也。」程氏瑶田云：「『筭』恐『尊』字之訛，觀下連言，則知尊似蒙上『何尊』言之。《汗簡》載古文『尊』字，與『筭』相似。」今案：以上下文義考之，似謂野人知有父而不知父之尊於母，故下接云都邑之士則知尊父矣。禰，謂父也。或説與程説似俱可通。大夫是服官政有治人之任者，學士謂升於學校之士，通三物六行者也，故知尊祖。敖氏云：「諸侯言太祖，天子言始祖，則始祖、太祖異矣。周祖后稷，又祖文王。《白虎通》云：『后稷爲始祖，文王爲太祖。』此其徵也。及，謂祭及之也。」程氏又云：「『禽獸』以下，言其尊之統有自然之别，由其所知各有限也。聖人緣人情以制禮，因以辨上下而别尊卑，此所以有尊者統上、卑者統下之殊。」今案：統上、統下是比擬之辭。言由尊禰尊祖以至祭及始祖之所自出，是天子之尊比諸侯、大夫所統爲上，由繼禰繼祖以及繼别子之所自出，則大宗之尊比小宗所統爲上。故曰「尊者尊統上，卑者尊統下」，而復言「大宗者，尊之統」，以結上意也。賈疏謂尊者天子、諸侯，卑者大夫、士。敖氏謂尊者天子，卑者諸侯。似俱泥。「大宗者，收族者也」，此又從尊之統上推出收族一義，皆以明大宗之重而不可絶。何休《公羊傳》注云：「小宗無子則絶，大宗無子則不絶，重本也。」「故族人以支子後大宗也」，謂大宗不可以絶，故族人爲之立後。陳氏銓云：「大宗爲尊者之正宗，故後之也。」「適子不得後大宗」，謂適子自當主小宗之事。然此論其常耳，若同宗無支子，則適子亦當後大宗。《白虎通》云：「小宗可以絶，大宗不可絶。故舍己之後，往爲後於大宗，所以尊祖重，不絶大宗也。」《通典》載：「戴聖云：『大宗不可絶，言適子不爲後者，不得先庶耳。族無庶子，則當絶父以後大宗。』范汪云：『廢小宗昭穆不亂，廢大宗昭穆亂矣，先王所以重大宗也，豈得不廢小宗以繼大宗乎？』」方氏觀承云：「適子不得後大宗，正以申言支子爲後之義，非謂大宗可絶也，敖氏大宗有時而絶之説非矣。」今案：戴、范之論甚正。據前傳云「何如而可以爲人後？支子可也」，玩「可也」語氣，非執定之辭，自是有支子當以支子爲之，不得以適子後人耳，非謂無支子即可聽其絶也。敖説害理，方駁之極是。《通典》又載：「劉得問：『同宗無支子，唯有長子，長子不後人則大宗絶，後則違禮，如之何？』田瓊荅曰：『以長子後大宗，則成宗子。禮，諸父無後，祭於宗家，後以其庶子還承其父。』」案：此論正足濟禮之窮也。　注云「都邑之士則知尊禰，近政化也」者，案：都邑之中有官府以宣布政令，故其居此者近習禮法，而知以父爲尊，對野人僻處遠地言也。云「大祖，始封之君」者，謂始受封之君，若周公、大公是也。云「始祖者，感神靈而生，若稷、契也」者，案：《史記》及各書多言姜嫄履巨跡而生稷，簡狄吞鳦卵而生契，故鄭箋《詩・生民》《玄鳥》二篇亦本之，是其感神靈而生之事也。云「自，由也。及始祖之所由出，謂祭天也」者，案：《大傳》「王者禘其祖之所自出，以其祖配之」，鄭注：「凡大祭曰禘。自，由也。大祭其先祖所由生，謂郊祀天也。王者之先祖，皆感太微五帝之精以生。蒼則靈威仰，赤則赤熛怒，黄則含樞紐，白則白招拒，黑則汁光紀，皆用正歲之正月郊祭之，蓋特尊焉。《孝經》曰『郊祀后稷以配天』，配靈威仰也。」又《喪服小記》注云：「始祖感天神靈而生，祭天則以祖配之。」此注所謂「祭天」，蓋亦謂祭靈威仰，與彼義同。後儒則以始祖之所自出爲帝嚳，與鄭異。云「上，猶遠也；下，猶近也」者，謂尊統上者所統遠，尊統下者所統近，故以猶遠、猶近釋之也。云「收族者，謂別親疏、序昭穆」者，蓋親疏別則誼益明，昭穆序則倫不紊，《白虎通》謂大宗「所以紀理族人者」此也。又引《大傳》者，證收族之事。「繫之以姓而弗別」，謂若《周禮》小史定繫世。「綴之以食而弗殊」，謂若大宗伯以飲食之禮親宗族兄弟。「雖百世婚姻不通者」，周道與殷異，鄭意蓋謂有大宗以收族，故其統緒可以百世不亂，如《大傳》所云也。

女子子適人者，爲其父母、昆弟之爲父後者。【疏】正義曰：賈疏云：「女子卑於男子，故次男子後。」吴氏廷華云：「不言婦人者，以其服父之黨，故從父言之。」今案：女子子適人，父母降服期，昆弟降服大功。此爲昆弟仍服期不降者，以其爲父後也，故經言「昆弟之爲父後者」以別之。《檀弓》曰：「妻之昆弟爲父後者死，哭之適室。非爲父後者，哭諸異室。」敖氏云：「此昆弟不言報，是亦爲之大功耳。」盛氏云：「爲父後者，父之適長子也。不云『適昆弟』而云『爲父後者』，容立庶子及族人爲後也。」

傳曰：爲父何以期也？婦人不貳斬也。婦人不貳斬者何也？婦人有三從之義，無專用

之道。故未嫁從父，既嫁從夫，夫死從子。故父者，子之天也。夫者，妻之天也。婦人不貳斬者，猶曰不貳天也，婦人不能貳尊也。爲昆弟之爲父後者，何以亦期也？婦人雖在外，必有歸宗。曰小宗，故服期也。從者，從其教令。歸宗者，父雖卒，猶自歸，宗其爲父後特重者，❶不自絶於其族類也。曰小宗者，言是乃小宗也。小宗，明非一也，小宗有四。丈夫婦人之爲小宗，各如其親之服，辟大宗。【疏】正義曰：自「爲父何以期也」至「婦人不能貳尊也」，皆釋爲其父母之義，以下乃釋昆弟之爲父後者也。獨問爲父者，以父在爲母亦齊衰期，而父之服本斬衰三年，故問也。「婦人不貳斬也」，荅辭。李氏云：「上傳止言不貳斬，此言婦人不貳斬者，彼謂不兩統貳父耳，爲君、爲長子猶有斬服，婦人則惟於所天服斬。故傳每連言婦人不貳斬以別之。或曰：鄭氏謂內宗、外宗爲君服斬，何言乎婦人不貳斬也？曰：非也。《服問》曰：『君爲天子三年，夫人如外宗之爲君也。』❷夫人爲天子期，則內宗爲君亦期矣。《雜記》曰：『外宗爲君、夫人，猶內宗也。』是內宗、外宗之服不異也。所謂『與諸侯爲兄弟服斬』者，自爲男子生文，婦人不貳斬，何義而以斬服服君乎？《周禮》曰：『內宗，外宗，內女、外女之有爵者。』謂嫁於卿大夫、士者也。爲夫之君自應服期，其異者并服夫人，猶之仕焉而已者并服小君耳。

---

❶「特」，嚴本同。據下文，當作「持」。

❷「如外」，《儀禮集釋》作「猶內」。案，此蓋胡氏據《禮記·服問》改，與下句「則內宗爲君亦期矣」不合，失李氏之原義。

遂以爲服斬，則誤矣。」今案：此駁《雜記》注之説也。婦人出嫁，爲父尚不服斬，而謂爲君服斬乎？李氏之駁是矣。「婦人不貳斬者何也」，是更問不貳斬之義，故下申言之。案：婦人之義在從人，無自專自用之道。《郊特牲》曰：「婦人，從人者也。幼從父兄，嫁從夫，夫死從子。」與此文略異而義同。敖氏云：「人所尊大者無如天，故以之爲比。」蓋婦人未嫁，以父爲天，故爲父服斬。既嫁則移所天於夫，故降父之服爲期，而爲夫服斬。人無二天，則服亦無二斬，故曰：「婦人不貳斬者，猶曰不貳天也。」又云「婦人不能貳尊也」者，謂婦人之德在純一，不能有二尊，猶《易傳》所謂「從一而終」也。「爲昆弟之爲父後者，何以亦期也」，與上問同而意異，上問怪其輕，此問怪其重。謂昆弟當降大功，而亦期，故問也。「婦人雖在外」以下，荅辭。「必有歸宗」，謂婦人雖出嫁在外，而不能保無被出之時，故於本族必有所宗主也。吴氏紱云：「歸宗雖或然之事，而必有可歸之宗。此見婦人在夫家，恒凜凜有不克終之戒焉。」案：此説甚善。「曰小宗，故服期也」，言昆弟之爲父後者是小宗，歸則當宗之，故仍服期不降，以示加隆之意也。此傳言經制服，獨隆於爲父後者，其義如是，非歸宗後始服之，與下節不降其祖義同。注云「從者，從其教令」者，鄭注《郊特牲》云：「從，謂順其教令。」蓋婦人之義，以順從爲正也。云「歸宗者，父雖卒，猶自歸」者，此注當以「歸」字爲句，「宗」字屬下句。「歸」即《公羊傳》「大歸曰來歸」之「歸」，何注所謂「廢棄來歸」是也。言父雖卒，猶自有來歸之時。云「宗其爲父後持重者，不自絶於其族類也」者，言父卒而歸，必以爲父後持重者爲宗主者，以其爲己之族類，雖見絶於夫家，而不自絶於族類也。「持重」二字，釋爲父後，言主持廟祀之重。鄭必以父卒爲言者，以父在則所謂「子嫁，反在父之室」者，自有父主之，不必以昆弟爲宗主也。自賈疏誤讀「猶自歸宗」爲句，而「持」字或誤作「特」，或誤作「服」，文義遂不可通矣。馬氏云：「歸宗者，歸父母之宗也。昆弟之爲父後者曰小宗。」此順傳文釋之。鄭則特言宗其爲父後者之義也。云「曰小宗者，言是乃小宗也」者，謂傳恐人疑爲大宗，故特明之。王氏肅云：「嫌所宗者唯大宗，故曰小宗，明各自宗其爲父後者也。」此解與鄭同。云「小宗，明非一也，小宗有四」者，此鄭又轉一義，以釋傳言小宗之意。蓋以經云爲父後，明是指繼禰之小宗言之，但古者小宗無子不立後，則爲祖後、爲曾、高後者皆可以爲歸宗，故云「明非一也」。小宗有四，詳前。云「丈夫婦人之爲小宗，各如其親之服，辟大宗」者，此鄭因上言小宗有四，而并言小宗之服也。案：下齊衰三月章「丈夫婦人爲宗子」，此爲大宗也，在五服内者，亦先服齊衰三月，而後以本服足其月數。此爲小宗，則各如其親之服服之，如同高祖緦，同曾祖小功，同祖大功，同父期。與大宗異，故云「辟大宗」也。

繼父同居者。【疏】正義：賈疏云：「繼父本非骨肉，故次在女子子之下。」今案：經不云「繼父」而云「繼父同居者」，明同居乃有繼父之稱，若不同居則不稱繼父。下章「繼父不同居者」，亦是昔嘗同居，後異居也。李氏云：「繼父服此子無文，以繼母嫁報服推之，或者以報服乎？同母異父之昆弟之服，經亦無文。《檀弓》曰：『公叔木有同母異父之昆弟死，問於子游。子游曰：其大功乎。狄儀有同母異父之昆弟死，問於子夏。子夏曰：我未之前聞也，魯人則爲之齊衰。狄儀行齊衰。今之齊衰，狄儀之問也。』鄭氏謂服大功者是。」今案：同母異父之昆弟有服，乃末俗之失，鄭以服大功爲是，亦非也。據禮，父族之服因己與同宗而制，母黨之服因母所自生而制。此繼父同居者本路人，不過以其有恩於己而服之，與父族異，則不得因繼父而及其子。至母既再嫁，此異父之子乃母再嫁所生，與母黨異，亦不得因嫁母而及其子，故《禮經》不爲同母異父者制服也。惜聖門弟子亦沿末流之失，不能援《禮經》以正之耳。

傳曰：何以期也？傳曰：夫死，妻穉，子幼，子無大功之親，與之適人，而所適者亦無大功之親。所適者以其貨財爲之築宫廟，歲時使之祀焉，妻不敢與焉。若是，則繼父之道也。同居則服齊衰期，異居則服齊衰三月也。必嘗同居，然後爲異居。未嘗同居，則不爲異居。妻穉，謂年未滿五十。子幼，謂年十五已下。子無大功之親，謂同財者也。爲之築宫廟於家門之外，神不歆非族。妻不敢與焉，恩雖至親，族已絶矣，夫不可二。此以恩服爾，未嘗同居則不服之。

【疏】正義曰：言「何以」者，謂繼父非親屬而服期，故問也。復云「傳曰」，乃傳者引舊傳以荅之。「夫死，妻穉，子幼」以下，詳言繼父同居之義。「與之適人」，謂此子隨母適人也。「所適者」，謂母所再嫁之夫也。馬氏云：「無大功之親以收養之，故母與之俱行適人。」《説文》：「財，人所寶也。貨，財也。」二字亦通。蓋金玉布帛泉穀之屬，皆爲貨財也。「若是，則繼父之道也」，「是」字指上文言，謂必此子與母所再嫁之夫皆無大功之親，其夫更以貨財爲此子築廟祀先，而妻不與焉，乃得爲繼父同居之道，非泛謂嫁母後夫爲繼父也。郝氏云：「設使子有大功之親，則亦不依他人爲父。使其人有大功之親，則亦不得養他人爲子。或私其貨財，不與同利，易其宗姓，使不得自奉其先祀。或使其妻預既絶之禮，使鬼神不享。有一於此，則恩誼薄，烏得稱父？」此説是也。「必嘗同居」云云，傳蓋恐人以不隨母適人者爲異居，故特辨之。《喪服小記》曰：「繼父不同居也者，必嘗同居，皆無主後，同財而祭其祖禰爲同居，有主後者爲異居。」盛氏云：「《小記》『皆無主後』，即傳所謂『子無大功之親，所適者亦無大功之親』也。『同財而祭其祖禰』，即傳所謂『以其貨財爲之築宫廟，歲時使之祀焉』也。三者具，爲同居。一不具，即爲異居。云『有主後者爲異居』，舉一以例其餘耳。」今案：《小記》之文，蓋亦以釋此經繼父同居不同居之義，與此傳畧同也。注云「妻穉，謂年未滿五十」者，是言其極耳，其實四十、三十以下亦包之也。云「子幼，謂年十五已下」者，《曲禮》：「人生十年曰幼，學。二十曰弱，冠。」《士冠禮》云：「棄爾幼志。」明十九以下皆爲幼。鄭必云十五以下者，謂十五以上則可自成立，不隨母嫁。故《内則》「成童舞象」，鄭注：「成童，十五以上也。」馬氏云：「穉，少。幼，小也。」無年限，故鄭易之。云「子無大功之親，謂同財者也」者，古者同祖皆同財，此無大功之親，謂無同祖以上親也。云「爲之築宫廟於家門之外，神不歆非族」者，以傳云「爲之築宫廟」，明爲此子築之，故於家門之外，不與己廟同處，以神不歆非族也。賈疏云：「隨母嫁得有廟者，非必正廟，但是鬼神所居曰廟，若《祭法》『庶人祭於寢』也。『神不歆非族』，《大戴禮》文。」云「妻不敢與焉，恩雖至親，族已絶矣，夫不可二」者，謂夫妻雖至親，但既嫁後夫，則於前夫之族已絶，夫不可二故也。據此，則不敢與者，爲不敢與於祭爾。馬氏云「不敢與知之也」，恐非。云「此以恩服爾」者，謂繼父本非親屬，特以其養育己，竝爲己築廟，於生者、死者皆有恩，故服之耳。云「未嘗同居則不服之」者，以始終同居服齊衰期，先同居後不同居服齊衰三月。今未嘗同居，則不獨與同居者異，即與先同居後不同居者亦異，故無服也。馬氏釋「未嘗同居，則不爲異居」云：「謂己自有宗廟，不隨母適人，初不同居，何異居之有也？」賈疏云：「謂子初與母往繼父家時，或繼父有大功内親，或己有大功内親，或繼父不爲己築宫廟。三者一事闕，雖同在繼父家，全不服之矣。」今案：馬以子不隨母往爲未嘗同居，賈則以初隨母往時三者有一闕即爲未嘗同居。以此傳及《小記》之文考之，則賈説爲細密。蓋一有大功之親，即非無主後者。不爲築宫廟，即非同財祭先之義。故一事闕，即不爲同居也。惟其初時兩無大功，同財祀先，煢獨相倚，恩誼至深，故得以繼父同居目之，而爲之齊衰期。其後或繼父更有子，或己自有子，更立家廟，雖不同居，而其初時同居之恩誼不可忘，故爲之齊衰三月也。若初時三者有一闕，子即隨母往，亦不爲同居，則前章所云「繼母嫁，從」者，但爲其母制服，而不爲嫁母之後夫制服矣。華氏學泉云：「或問：『《儀禮》有繼父之服，父可繼乎？』曰：『此以恩服也。聖人所以通人道之窮，使鰥寡孤獨各得其所，舉天下無顛連無告之民者也。夫夫死，妻穉，子幼，無大功之親，真天下之窮民而無告者也。婦人不二夫，禮之常也。夫死，妻穉，子幼，遇之變也。而又無大功之親以相周恤，則此煢煢孤孑，係祖父再世之血食，設一旦轉死溝壑，棄兩世之孤，斬先人之祀，聖人之所大不忍也。不得已爲通其窮，制同居繼父之服，而傳爲之申明其制曰：夫死，妻穉，子幼，子無大功之親，與之適人，而所適者亦無大功之親。所適者以其貨財爲之築宫廟，歲時使之祀焉，妻不敢與焉。若是，則繼父之道也。嗚呼，傳之言盡之矣。夫其所以適人，而所適亦無大功之親，此其孤單獨立，年老無倚，與穉妻幼子窮相埒耳。是故兩人之窮，常兩相恤，兩相倚，聖人之所不禁也，而第爲之教曰：所適者能以其貨財爲若子築宫廟，不絶其先祖之血食，而又爲之不悖於禮，恩莫隆焉，是則有繼父之道矣。聖人固許之爲父子矣，許爲父子，而後天下之爲繼父者能盡其心以相恤。亦惟命之爲父子，而後天下之待繼父者不背其恩以相棄。使所適者幸而他日有子，則此子歸其本宗，而爲異居繼父，仍不敢忘其前日之恩，爲制齊衰三月之服以報之。若不幸而所適者終於無子，則以恩相終始，而爲同居繼父，生則爲之養，死則爲之齊衰期。此亦情之不容諉，義之無可辭者也。然必妻稺，子幼，無大功之親，而後許之適人，非是不得藉口以適人矣。必所適者以其貨財爲之築宫廟，以存其先祀，而後謂之繼父，非是不得託名於繼父矣。必兩無大功之親，同財而祭其祖禰，而後謂之同居繼父，非是不得比恩於同居矣。且其所以必爲之築宫廟於家門之外者，神不歆非族，而不敢以非禮瀆也。其所以妻不敢與焉者，婦人不二夫，而不敢以非禮干也。其所以專舉築宫廟歲祀爲繼父之道者，恩莫隆於崇其先，誼莫重於尊其祖，而不敢以私恩混也。此禮之作，所謂仁至義盡，非聖人莫之能定者也。俗儒謂周立宗子之法以收族，安有顛連而入繼父之家者，疑其非周公之舊。夫宗子之法，窮鄉庶姓或有不能及，且恐法久不能不廢，故制繼父之服，以通人道之窮。禮之作合經權常變，以垂則於萬世，而豈拘拘守一法，以爲盡善，而不爲法外之慮哉？嗟乎，三禮惟《儀禮》最古，而乃從而疑之，奮其拘曲之説以詆毁之，則是天下舉無可信之書也。甚矣其妄也。』」盛氏云：「俗之薄也，《柏舟》之節，未可槩諸凡人；《凱風》之嘆，時或興於孝子。聖人慮後世失節之婦必有棄其遺孤而莫之恤者，故於齊衰杖期章爲制繼母嫁從之服，而於此章又著繼父同居之文，使之相收相養，而六尺之孤庶不至轉於溝壑焉。此聖人之微權也。賈疏以爲許婦人改嫁，誤矣。或又因是而訾聖經，是惡知禮意哉。」今案：此禮蓋爲庶人而設，士之單微者或亦有之。華氏發明聖經之義至詳且盡，盛氏之辨亦是，故竝録之，以諗後之疑此經者。○《通典》載：「王方慶問徐堅曰：『女子年幼而早孤，其母貧窶，不能守志，攜以適人，爲後夫之鞠養，及長出嫁，不復同居。今母後夫亡，欲制繼父服，不知可否？』堅荅曰：『《儀禮・喪服》經：繼父同居，齊衰期。鄭康成曰：以恩服耳。《小戴禮記》繼父服竝有明文，斯《禮經》之正説也。至於馬融、王肅、賀循等，竝稱大儒達禮，更無異文。唯傅玄著書，以爲父無可繼之理，不當制服，此禮焚書之後俗儒妄造也。袁準作論，亦以爲此則自制父也，亂名之大者。竊以父猶天也，愛敬斯極，豈宜覥貌繼以他人哉？然而藐爾窮孤不能自立，既隨其母託命他宗，本族無養之人，因託得存其繼嗣。在生也實賴其長育，及其死也頓同之行路，重其生而輕其死，篤其始而薄其終，稱情立文，豈應如是？故袁、傅之駁，不可爲同居者施焉。昔朋友之死，同爨之喪，竝制緦麻，詳諸經典。比之於此，蓋亦何嫌？繼父之服，宜依正禮。今女子母攜重適人，寄養他門，所適慈流，情均膝下，長而出嫁，始不同居，此則筓總之儀，無不畢備，與築宮立廟無異焉，蓋有繼父之道也。戴德《喪服記》曰：女子子適人者，爲繼父服齊衰三月，不分别同居、異居。梁氏《集説》亦云：女子子適人者，服繼父與不同居者服同。今爲服齊衰三月，竊爲折衷。』方慶深善此荅。」今案：此論女子子爲繼父之服也，其服《儀禮》所不載，而其論足與《禮經》相發明矣。

爲夫之君。【疏】正義曰：爲夫之君，其情疎，故次繼父同居者下。吴氏紱云：「諸侯夫人、畿内公卿大夫士之妻爲天子，侯國公卿大夫士之妻爲國君，凡公卿大夫士之臣之妻爲其君，皆是也。」方氏苞云：「爲夫之君服期，經有明文，而孔穎達《雜記》疏亦云於君服斬，誤也。」案：方説是，辨見前。

傳曰：何以期也？從服也。【疏】正義曰：言「何以」者，謂父母親，而夫之君疎，今與出嫁爲父母同，故問也。「從服也」，荅辭。馬氏云：「夫爲君服三年，妻從夫降一等，故服期。」李氏云：「從乎夫而服之也。凡從服，降所從一等。《大傳》曰：『有屬從，有徒從。』屬從者，所爲服者於己有血屬之親也。徒從者，與彼非親，空從而服之耳。子爲母之黨，妻爲夫之黨，夫爲妻之黨，屬從也。臣爲君之黨，妾子爲君母之黨，妾爲女君之黨，妻爲夫之君，徒從也。《小記》曰：『從服者，所從亡則已。屬從者，所從雖没也服。』從服，謂徒從也。」今案：此經不言爲君之夫人有服，而《雜記》云「外宗爲君、夫人猶内宗也」，是内宗、外宗於夫人有服。彼注云：「内宗，五屬之女。外宗，謂姑姊妹之女、舅之女及從母。」是本有服者，與此泛言從夫而服者異也。

姑姊妹、女子子適人無主者，姑姊妹報。【疏】正義曰：此以憐其無主而加服期，故次爲夫之君下。《爾雅》曰：「男子謂女子先生爲姊，後生爲妹，父之姊妹爲姑。」《白虎通》云：「男稱兄弟，女稱姊妹何？男女異姓，故别其稱也。父之昆弟不俱謂之世父，父之女昆弟俱謂之姑，何也？以爲諸父，内親也，故别稱之也。姑當外適人，疎，故總言之也。姊者，咨也。妹者，末也。」《釋名》：「父之姊妹曰姑。姑，故也。言於己爲久故之人也。姊，積也。妹，昧也。」餘詳《士冠禮》。敖氏云：「爲姑姊妹、女子子出適者，降爲大功。今以其無主，乃加於降服一等，而爲之期。其姑姊妹於昆弟、姪，亦不容不以其所加者服之。云報者，服期之義生於己而不在彼故也。女子子適人者爲父母自當期，不必言報矣。」程氏瑶田云：「此言『姑姊妹報』，下經大夫之子節言『唯子不報』，蓋互相足。」今案：此經主謂父母昆弟姪爲姑姊妹、女子子之無主者服之，以示矜憐之意。其姑姊妹亦以夫家既無主後，遇本親昆弟姪之喪亦加隆焉，是之謂報。敖氏謂「服期之義生於己而不在彼」，是矣。郝氏乃謂「姑姊妹於姪昆弟死無主亦然」，此説非也。姪昆弟無子而死，自有本宗主之。即或小宗不立後，亦可從祖祔食，與女子異。或疑夫得祔食宗子之家，其妻不從夫食乎？吴氏紱云：「適子自祭其祖禰，尚有吉祭未配者。無後者與殤者等，禮從其畧，焉得配邪？」又案：女子子不爲父服斬者，此無主與被出異。前斬衰章子嫁反在父之室爲父三年，乃被出而歸與夫絶者，故爲父服斬。此則夫亡時已服斬，故不貳斬也。

傳曰：無主者，謂其無祭主者也。何以期也？爲其無祭主故也。無主後者，人之所哀憐，不忍降之。【疏】正義曰：此傳先釋經無主之義，而後言服期之故也。賈疏云：「無主有二，謂喪主、祭主。傳不言喪主者，喪有無後，無無主者。若當家無喪主，或取五服之内親。又無五服親，則取東西家，若無則里尹主之。今無主者，謂無祭主也。」今案：賈説本《雜記》，是也。注云「不忍降」者，謂不忍降服大功，仍服期也。雷氏云：「案：《檀弓》曰：『姑姊妹之薄也，蓋有受我而厚之者。』今無祭主者，是無子無夫，則無受我而厚之者也。既無受我之厚，則我不得降其本情，故哀發於無主，而服依於天倫也。」敖氏云：「祭主者，夫若子若孫也。死而無祭主，尤可哀憐，故加服期，以其本服如是也。」今案：此無主謂爲士妻者，與下經言無主者異。賈疏云：「不言嫁而云適人者，適人謂士也。若言嫁，乃嫁於大夫，於本親又以尊降，不得言報。」其説是也。

爲君之父母、妻、長子、祖父母。【疏】正義曰：此從服之輕者，故次姑姊妹、女子子無主下。先言父母、妻、長子，而後言祖父母者，以其非服之常，故退在後也。李氏云：「此服雖重，而恩則輕。《雜記》曰：『親喪外除，兄弟之喪内除。視君之母與妻，比之兄弟。』《檀弓》曰：『居君之母與妻之喪，居處、言語、飲食衎爾。』

《小記》曰：『爲君之父母、妻、長子，君已除喪而後聞喪，則不稅。』其禮若小功以下耳。君之適殤、適婦從服無文。案：下記：『君之所爲兄弟服，室老降一等。』則君爲之服者，臣皆從服也。庾蔚之以爲經惟見重服之從，則輕服不從可知，未知然否。《服問》曰：『大夫之適子爲君、夫人、大子，如士服。君之母非夫人，則羣臣無服，惟近臣及驂乘從服，惟君所服服也。』《小記》曰：『近臣，君服斯服矣。其餘從而服，不從而稅。君雖未知喪，臣服已。』惟君所服者，其服視君，無所降也。稅，謂喪服年月已過，乃追服之。」今案：據此經，則庾氏之説爲是。「室老降一等」，彼注云「公士大夫之君」，詳後。又據《服問》，君之妻、長子之服及於大夫之適子，而君之父母與祖父母則否，是亦其異也。

傳曰：何以期也？從服也。父母、長子君服斬，妻則小君也。父卒然後爲祖後者服斬。

此爲君矣，而有父若祖之喪者，謂始封之君也。若是繼體，則其父若祖有廢疾不立。父卒者，父爲君之孫，宜嗣位而早卒，今君受國於曾祖。【疏】正義曰：言「何以」者，以其情疎而俱服期，故問也。「從服也」以下，荅辭。馬氏云：「父母、長子君服斬，故臣從降服一等期也。妻則小君，服母之義，故期也。」敖氏云：「此先總言從服，則夫人之服亦在其中矣。以其非從斬而期，故復以小君別言之。爲小君，亦謂之從服者，謂其得配於君，乃有小君之稱故也。爲母齊衰，亦云斬者，以皆三年，而略從其文耳。父卒然後爲祖後者服斬，則是父在而祖之不爲君者卒，君雖爲之後，亦唯服期，以父在故耳。唯祖後於父而卒者，君乃爲之斬也。蓋其斬與期，唯以父之存没爲制，君服斬，然後臣從服期。又此言爲君之母與其祖母，皆指其卒於夫死之後者也。其夫若在，君爲之期，則臣無服也。」今案：傳兩言君之服斬，明臣所以服期。「妻則小君也」者，臣爲小君本服期，而君之妻即小君，其義又與他從服期者不同，故特言之。然期雖小君本服，亦緣君而服，故均謂之從服。敖説得之。經言父在爲母期，《喪服小記》曰：「祖父卒，而後爲祖母後者三年。」明君三年，臣乃從服期。敖氏謂經言君之母與祖母皆指夫不在者，説亦是也。○敖氏云：「案：注云：『此爲君矣，而有父若祖之喪者，謂始封之君也。若是繼體，則其父若祖有廢疾不立。』此總釋國君有不爲君之祖若父也。注又云：『父卒者，父爲君之孫，宜嗣位而早卒，今君受國於曾祖。』此釋『父卒然後爲祖後者服斬』之文也。夫君之無父而爲祖後者有二：有君已即位而父先卒，祖後卒者，如注所云者是也。亦或有父爲君而卒，子既代立，而祖乃卒者。注乃舉其一而遺其一，意似未備。」今案：敖氏分别注釋傳之意尚是，但謂其有未備，則於注義尚欠審察。蓋注「父卒者」以下，雖釋傳「父卒然後爲祖後者服斬」之文，要仍是承上「父若祖有廢疾不立」説下，故結言「今君受國於曾祖」也。此不過舉父卒爲祖後之一端以示人，注意總以經所云君之父若祖皆是未爲君而卒者，若既爲君而卒，則其臣當服斬，不服期矣。張氏爾岐云：「注云『繼體之君』，容有祖父之喪者，謂父有廢疾不立，而受國於祖，或祖有廢疾不立，父宜立而又早卒，受國於曾祖，故身已爲君，而又有父若祖之喪，皆爲之三年。其臣從服，爲之期也。」案：此説極明，但傳意係主祖之未立爲君者説，故注亦以受國於曾祖言耳。賈疏云：「趙商問：『已爲諸侯，父有廢疾，不任國政，不任喪事，而爲其祖服，制度之宜，年月之斷云何？』荅云：『父卒，爲祖後者三年斬，何疑？』趙商又問：『父卒爲祖後者三年，已聞命矣。所問者，父在爲祖如何？欲言三年則父在，欲言期復無主。斬杖之宜，主喪之制，未知所定。』荅曰：『天子、諸侯之喪，皆斬衰，無期。』彼志與此注相兼乃具。」章氏平云：「彼志之説，惟與此注『父若祖有廢疾不立』同，而兼具父在一義也。」今案：朱子於宋孝宗之喪，得《鄭志》此條，深服鄭康成，詳《宋史·禮志》及《建炎以來朝野雜記》。後人因此謂君於祖喪，不論父在與否，皆當服斬。竝謂臣於君之父若祖之喪，亦當服斬。不知朱子論宋事，則祖與父皆爲天子者，與此注義別。至鄭所云「天子、諸侯之喪皆斬」，亦自爲其嗣君及孫行言耳。劉氏績《三禮圖説》云：「君之父祖，雖曾爲君，既老而傳，嗣君在位，猶臣致仕無二斬，但從君而已。」徐氏乾學深取之，謂：「前皇既禪位於嗣皇，則其崩也，嗣皇自行三年之服，而羣臣從君降一等服期可也，豈必執君服皆斬之説乎？」據此，則君之父若祖未立爲君者，臣不宜服斬益明矣。○汪氏琬云：「禮，父在爲祖期，父卒爲祖後者服斬衰。此《喪服傳》之明文也。後儒若賀循、徐廣之徒，乃言父亡未殯而祖亡，適孫不敢服祖重，謂父尸尚在，不忍變於父在也。愚竊以爲不然。禮，殯而後成服。父既先卒，則先成父服，而後成祖服。當其成祖服之時，父尸已殯矣，夫何不敢服重之有？祖無適子，而猥云不忍，不忍於父而忍於其祖，則父之心能安，父之目其能瞑邪？『爲長子』傳曰：『正體於上，又乃將所傳重也。』是父生存，已許其子傳祖父之重矣，及其没也，適孫不敢申祖服，然則主祖之喪者，當誰屬乎？《小記》：『父母之喪偕，先葬者不虞，❶待後事。』《雜記》：『有父之喪，如未没喪而母死，其除父之喪也，服其除服。卒事，反喪服。如三年之喪，則既穎，其練祥皆行。』由是言之，父卒尚不得以餘尊厭母，安有適孫爲祖而不敢服重者哉？然後知賀、

❶「不虞」下，段校據《禮記·喪服小記》補「祔」字。案，《讀禮通考》、《儀禮集編》引汪氏説皆無「祔」字。

徐皆妄説也。庾蔚之言賀循所記謂大夫、士，又非也。爲祖後者，自天子達士庶皆同，則其服不得有異。」今案：承重之服，經無專條，此傳所云「爲祖後者服斬」，即適孫承重之通例也。賀、徐之説，正與賈疏謂父卒三年内母卒仍服期者同一謬妄，汪氏駁之是矣。

妾爲女君。【疏】正義曰：賈疏云：「妾事女君，使，與臣事君同，故次之。」敖氏云：「此服期，與臣爲小君之義相類。」今案：妾亦服女君之黨。《雜記》曰：「女君死，則妾爲女君之黨服。攝女君，則不爲先女君之黨服。」孔疏引賀瑒云：「抑妾，故爲女君黨服，防覬覦也。攝女君，差尊，故不爲服。」

傳曰：何以期也？妾之事女君，與婦之事舅姑等。女君，君適妻也。女君於妾無服，報之則重，降之則嫌。【疏】正義曰：妾與妻同事一人，而獨爲重服，故問也。「妾之事女君」二句，荅辭。賈疏云：「竝后匹適，傾覆之階，故抑之，雖或姪娣，使與婦事舅姑同也。」今案：妾事女君，如婦事舅姑，故爲女君服期，亦與婦服舅姑同也。　注云「女君，君適妻也」者，案：妻與夫體敵，《郊特牲》曰：「婦人無爵，從夫之爵。」故妾以夫爲君，即名夫之適妻爲女君也。《釋名》：「妾謂夫之嫡妻曰女君。夫爲男君，故名其妻曰女君也。」云「女君於妾無服」者，以經傳無文也。云「報之則重，降之則嫌」者，此鄭釋無服之由也。雷氏云：「今抑妾使同婦，尊女君使同姑。女君於妾，不得同姑之降婦。不降則應報，所以不報者，欲伸聖人抑妾之旨。若復報之，則竝后之誠意無所徵。故報之則違抑妾之義，降之則有舅姑之嫌，故使都無服，無重嫌之責。」褚氏云：「妾稱適爲女君，儼有君臣之分矣。若仍以本族娣姪出降一等之服服之，是等夷也。當以康成無服之論爲正。或謂士妾有子，則稱貴妾，妻當從服。不知從服降一等，仍無服也，推之買妾更可知。」今案：注「降之則嫌」之説，後人駁之者甚多。不知妾事女君如舅姑，所以明尊卑之分，而女君究不得以舅姑自居也。若竟降之，則是視妾如子婦矣，而可乎？雷氏申鄭義極是。褚氏之説，蓋因敖謂妾於女君有親者宜以出降一等者服之，竝引緦章貴妾之文而駁之也。

婦爲舅姑。【疏】正義曰：妾事女君，與婦事舅姑同，故文相次也。《説文》：「婦，服也。」蓋取卑服之義。《白虎通》：「稱夫之父母謂之舅姑何？尊如父而非父者，舅也。親如母而非母者，姑也。」《釋名》：「夫之父曰舅。舅，久也，久老稱也。夫之母曰姑，亦言故也。」餘詳《士昏禮》。王氏志長云：「婦爲舅姑期，非輕舅姑也，重斬也。女子非夫不天，從夫則父母降矣，何也？無二天也。婦之尊舅姑也，以舅姑之子爲天也，舅姑死而服斬，是二其天也，故不敢也。」高氏愈云：「古人婦爲舅姑服齊衰期，蓋引而與己之親父母同，則亦恩義之盡矣。婦人之義，以夫爲天，不容有二，傳所謂『婦人不貳斬也』。」華氏學泉云：「先王之制禮，稱情而立文。夫斬者，斬也。三年之喪如斬，所以爲至痛極也。先王以爲惟妻之於夫，孝子之於親，其情爾矣，非可以責婦之於舅也。且《禮》女子子適人而降其父母，傳曰『不二斬也』。不二斬者，不二天也。夫臣之於君，子之於父，婦之於夫，三綱也。臣以君爲天，子以父爲天，婦以夫爲天，一也。臣爲君服斬，而爲君之父母期。子爲父服斬，而爲父之父母期。妻爲夫服斬，而爲夫之父母期。稱情而爲之，弗可易也。」方氏苞云：「『婦爲舅姑期』，何也？稱情以立文，適至是而止也。婦之痛其舅姑，信及其子之半，可以稱婦順矣。其義之重，比於孫之喪其祖，不可謂非隆矣。後世易以斬衰三年，將責以誠乎？抑任其僞乎？信乎，禮非聖人不能作也。」今案：諸説發明經義精矣。然舅姑之服雖期，而與他期服異。《通典》：「劉系之問：『子婦爲姑，既期，縓衣邪？』荀訥荅曰：『子婦爲姑，既期除服，時人以夫家有喪，猶白衣。』」吴氏澄云：「期之後夫未除服，婦已除服，而居喪之實如其夫。是舅姑之服期，而實三年也。」故《大戴禮》云：「與更三年喪，不去。」或疑經無繼姑之文。案：「繼母如母」，則繼姑自如姑。夫之所服，婦亦不敢不服也。經不言者，已於姑中該之矣。《服問》曰：「《傳》曰『有從輕而重』，公子之妻爲其皇姑。」鄭注：「皇，君也。諸侯妾子之妻爲其君姑齊衰，與爲小君同，舅不厭婦也。」孔疏：「公子謂諸侯之妾子，皇姑即公子之母也。」然則妾子之妻爲夫所生母亦期明矣。下記云：「婦爲舅姑，惡笄有首以髽。」《檀弓》子柳之妻爲舅服衣衰而繆絰，子柳使之繐衰而環絰，非禮也。

傳曰：何以期也？從服也。【疏】正義曰：言「何以」者，據婦爲夫三年，而爲舅姑期，疑其輕，故問也。「從服也」，荅辭。馬氏云：「從夫而爲之服也。從服降一等，故夫服三年，妻服期也。」今案：《喪服小記》云：「婦當喪而出，則除之。」此言當舅姑之喪，而夫出之，則除服。明此服從夫而服也。○唐李涪《刊誤》曰：「女子在家以父爲天，婦人無二天，則婦之爲舅姑，不服齊衰三年著矣。貞元十一年，蕭據狀稱今時俗婦爲舅姑服三年，恐爲非禮，請禮院詳定。李岧議曰：『謹案：《開元禮》五服制度，爲舅姑及女子適人爲其父母，皆齊衰不杖期。蓋以婦人之道以專一，不得自達，必繫於人，故女子適人，服夫以斬，而降其父母。《喪服傳》曰：女子已適人爲父母，何以期也？婦人不二斬也。先聖格言，歷代不敢易。由此論之，父母之喪，尚止周歲，舅姑之服，無容三年。』」黄氏榦云：「宋乾德三年十一月，尹拙等言婦爲舅姑服期，後唐劉岳《書儀》稱婦爲舅姑服三年，與禮律不同，請別裁定。詔百官集議，魏仁浦等奏議曰：

『謹案：《内則》云：婦事舅姑，如事父母。則舅姑與父母一也。古禮有期年之説，雖於義可稽。《書儀》著三年之文，實在禮爲當。蓋五服制度，前代損益已多。只如嫂叔無服，唐太宗令服小功。曾祖父母舊服三月，增爲五月。適子婦大功，增爲期。衆子婦小功，增爲大功。父在爲母服期，高宗增爲三年。婦人爲夫之姨舅無服，明皇令從夫而服，又增舅母服緦麻，又堂姨舅服袒免。訖今遵行，遂爲典制。又況三年之内，几筵尚存，豈可夫衣麤衰，婦襲紈綺？夫婦齊體，哀樂不同，求之人情，實傷至治。況婦人爲夫有三年之服，於舅姑而止服期，是尊夫而卑舅姑也。』十二月丁酉，始令婦爲舅姑三年。」今案：魏仁浦等以爲夫三年爲尊夫而卑姑舅，是不知禮意甚矣。唐李苕之論得之。

夫之昆弟之子。男女皆是。【疏】正義曰：此世叔母爲之服也。賈疏云：「以義服情輕，故次在婦爲舅姑下。」方氏苞云：「父在爲母期，而世母、叔母亦期。母爲衆子期，而夫之昆弟之子亦期。何也？恩之所難屬也，故重其義以維之。幼失父母，舍是無依也。嫠而獨，舍是無歸也。故非其母也而母之，所以責母之義也，非其子也而子之，所以責子之義也。」沈氏彤以方説爲得之。　注云「男女皆是」者，謂經所言子兼男女言之也。女子子在室，則世叔母亦服之以期，出嫁大功。盛氏云：「案：此唯謂男子也，女子子則異於是。其未成人者以殤降，成人而未嫁者逆降其旁親，旁親亦當逆降之矣。女子子嫁者、未嫁者，爲世叔母在大功章。」

傳曰：何以期也？報之也。【疏】正義曰：「何以期也」，此問疑其重。「報之也」，荅辭。陳氏銓云：「從於人者宜服大功，今乃期者，報之也。」李氏云：「從乎夫而服，則當大功。報之，故期也。凡爲夫之黨，尊者皆從服，卑者皆報之。從服，故降其夫一等。卑者以名服己與夫同，故己報之亦與夫同也。此報服之重者，故著之，餘皆例此。」今案：李説與陳同，而義益顯也。

公妾、大夫之妾爲其子。【疏】正義曰：賈疏云：「二妾爲其子，應降而不降，重出此文，故次之。」馬氏云：「公，諸侯也。」雷氏云：「嫌二妾從於君尊以降其子，故明之。所嫌者尊，故降不言士妾也。」敖氏云：「二妾之子爲母之服異於衆人，嫌母爲其子亦然，故以明之。」今案：敖説與雷雖異，要皆以明經不言士妾之故耳。

傳曰：何以期也？妾不得體君，爲其子得遂也。此言二妾不得從於女君尊降其子也。女君與君一體，唯爲長子三年，其餘以尊降之，與妾子同也。【疏】正義曰：雷氏云：「夫人與君同體，以尊降其子也。公子與君同體，以厭其親也。妾無夫人之尊，故不敢降其子。無公子之厭，故得遂其親也。而事鄰於體君，跡幾於不遂，故每以不體、得遂爲言也。」賈疏云：「傳嫌二妾承尊應降，今不降，故發問。荅云『妾不得體君，爲其子得遂也』者，諸侯絶旁期，爲衆子無服。大夫降一等，爲衆子大功。其妻體君，皆從夫而降之。至於二妾賤，皆不得體君，君不厭妾，故自爲其子得伸，遂而服期也。」今案：鄭唯據女君體君言之，雷氏兼公子與君同體言。案：緦麻章「庶子爲父後者爲其母」，傳曰：「與尊者爲一體，不敢服其私親也。」據此，則公子非爲父後者，不得云與君同體矣。雷説未的。賈依鄭義言之，較明晰。又程氏瑶田謂「妾不得體君，當以妾子比例，不當以女君比例」，詳後「公妾以及士妾爲其父母」下。注云「其餘以尊降之，與妾子同也」者，謂女君所生第二子以下以尊降，與妾子同，諸侯夫人無服，大夫妻爲之大功也。敖氏云：「公與大夫於其子，有以正服服之者，有以尊降之若絶之者。其妻與夫爲一體而從之，故不問己子與妾子，其爲服若不服亦然。二妾於君之子，亦從乎其君而爲之，其爲服若不服，皆與女君同。唯爲其子得遂，獨與女君異者，則以不得體君故也。蓋母之於子本有期服，初非因君而有之。故不得體君，則此服無從君之義，是以得遂也。」褚氏云：「敖謂唯爲其子得遂，獨與女君異者，則以不得體君故也。此明妾於己子若不爲服，則同乎女君矣。同乎女君，即體君矣，故爲服期。此正解注『不得從女君尊降其子』之義也，極明晰。」

女子子爲祖父母。【疏】正義曰：賈疏云：「章首已言爲祖父母，兼男女，以重出其文，故次在此也。」馬氏云：「不言女孫，言女子子者，婦質者親親，故繫父言之。出入服同，故不言在室、適人也。」敖氏云：「斬衰章曰『女子子在室爲父』，對適人者言之也。此惟云女子子而已，所以見其在室、適人同也。」徐氏乾學云：「此條係專指出嫁者而言。」沈氏彤云：「察傳意，經『女子子』下當脱『適人者』三字，蓋作傳時固有之。」今案：此經初閲，馬氏、敖氏之説以爲得之矣。及細覈之，而知其有未然。蓋不杖期章之例，多兼男女言之。如言昆弟不别言姊妹，言衆子不别言女子子，明即兼之可知。又昆弟之子，陳氏銓云：「男女同耳。」夫之昆弟之子，鄭注云：「男女皆是。」此其證也。則女子子在室爲祖父母之服，已包於上祖父母條内矣，奚容重出乎。唯此條專指適人者言，故傳直云「不敢降其祖也」。降之義生於適人，使經未言適人，傳必先申言適人，而後言不敢降。如下節「女子子無主者」，經未言適人，傳必申言適人是也。當以徐氏、沈氏之説爲正，陳、李諸家説亦同，見下。

傳曰：何以期也？不敢降其祖也。經似在室，傳似已嫁。明雖有出道，猶不降。【疏】正義曰：此傳指適人者言之。「何以期也」，據適人宜降而不降，故問也。「不敢降其祖也」，荅辭。孔氏倫云：「婦人歸宗，故不敢降其祖。」郝氏敬云：「祖至尊也，以適人降則大功，與昆弟等。父母降與祖同，猶可。祖降與昆弟同，不可。」今案：二説俱可通。敖氏謂不敢以兄弟之服服至尊，不知此經所云兄弟服係指小功以下言之，敖説未的。注云「經似在室，傳似已嫁」者，案：經當有「適人者」三字，馬、鄭作注時已脱，故云「經似在室」。又以傳云「不敢降其祖」，必出嫁乃有降義，故云「傳似已嫁」也。云「明雖有出道，猶不降」者，鄭以傳是主已嫁者言，故云女子子有出嫁之道，明雖出猶不降其祖也。賈以許嫁而未嫁者言之，誤矣。陳氏銓云：「鄭曰『經似在室』，失其旨也。在室之女則與男同，已見章首，何爲重出？言不敢降者，明其已嫁，傳義詳之。」李氏云：「章首已著祖父母，今重出之，明爲已嫁者生文。下章女子子嫁者、未嫁者爲曾祖父母之服同，知此雖已嫁者亦不降也。女子子適人者，爲昆弟之爲父後者，爲祖父母、曾祖父母，皆與在室者同。然則女子子於正統之親，雖出猶不降。其爲父母期者，屈於不貳斬耳。不敢降其祖，則得降其旁親。」今案：陳氏、李氏之説是也。又敖氏説祖父母、曾祖父母不降之義最精，詳下章「女子子爲曾祖父母」條下。〇《通典》載崔凱《喪服駁》云：「代人或有出後大宗者，還爲其祖父母期，與女子子出適不降其祖同義。凱以爲女子出適人，有歸宗之義，故上不降祖，下不降昆弟之爲父後者。今出後大宗，大宗尊之統，收族者也，故族人尊之，百代不遷。其父母報之期，所謂尊祖故敬宗也。」又曰：「持重於大宗者，降其小宗。降其小宗，還當爲其祖父母大功耳。」近儒若王氏錫闡、程氏瑶田等，多援女子子出適人之例，謂爲人後者亦當不降本生祖服。此似是而非之論。道光四年，上令諸臣會議《大清通禮》各條，時內閣主稿有中書湯儲璠者，欲主其説，以問於培翬。培翬以書荅之，其略云：「此説已見《通典》，崔凱曾駁之，謂女子出適人有歸宗之義，與孔倫説同。此已足見爲人後者，不得以女子子例矣。然義猶不止此。女子子出適人，祖父母止一而已，不聞又有祖父母也。若爲人後者，既有所後之祖父母爲服期矣，而又爲本生祖父母服期，非二祖乎？且女子子不降祖，經已著之，傳特明之。本生祖果服期，經傳何以無一語及之乎？朱子嘗云：『如今有人爲人後，一日，所後之父與所生之父相對坐，其子來唤所後父爲父，終不成又唤所生父爲父？這自是道理不如此。』以是推之，其無二祖服明矣。女子出嫁與出爲人後，似同實異，願詳察之。」其後此説遂寢不用。至崔凱謂當降服大功，於《儀禮》後大宗之義亦尚未合，詳後。

大夫之子爲世父母、叔父母、子、昆弟、昆弟之子，姑姊妹、女子子無主者，爲大夫、命婦者，唯子不報。命者，加爵服之名，自士至上公，凡九等。君命其夫，則后、夫人亦命其妻矣。此所爲者，凡六大夫、六命婦。【疏】正義曰：賈疏云：「此言大夫之子爲此六大夫、六命婦服期不降之事。竝是應降而不降，故次在女子子爲祖下。」李氏云：「案：下章大夫爲世父母、叔父母、子、昆弟、昆弟之子爲士者大功，則其爲大夫者期矣。大夫爲姑姊妹、女子子嫁於大夫者大功，則其無主者亦期也。」今案：此十二人本皆期服，大夫之子從父降旁親一等，於世叔父、子、昆弟、昆弟之子之爲士者，世叔母之爲士妻者，皆降服大功。今以其爲大夫、命婦，尊與已父同，故服期。姑姊妹、女子子出嫁降大功，適士又降小功。今以其爲大夫妻，尊同，但降大功，又以其無主而憐之，加一等，故服期也。此大夫之子從大夫而服，經不見大夫者，舉大夫之子以包之也。萬氏斯同以大夫之子爲適子，盛氏謂兼適庶。章氏平云：「《雜記》云：『大夫之適子，服大夫之服。』不得概之庶子。此經從服則適庶同，父卒則如國人。」又子在昆弟上者，舊説皆謂大夫之子所生子。郝氏以爲世叔父之子，謬甚。又此子，敖氏以爲不別適庶。盛氏謂是衆子，非長子。據斬衰章父爲長子三年，不服期，盛説是也。「爲大夫、命婦者」，謂此世叔父、子、昆弟、昆弟之子是爲大夫者，世叔母、姑姊妹、女子子是爲命婦者也。此句總承上文言，故下傳先釋之，而後釋無主之義也。「唯子」，「子」字兼男女言，詳下。經嫌諸人以大夫、命婦之尊，或皆不報，故特言「唯子不報」以明之。此經言「唯子不報」而不言諸人之報，前經言「姑姊妹報」而不言女子子之不報，皆舉一以見二，省文之法也。敖氏云：「姑姊妹、女子子云無主，則是夫先卒也。夫爲大夫而先卒，其妻猶用命婦之禮，則嘗爲大夫而已者，亦用大夫之禮可知。」吴氏紱云：「父爲大夫，而己之子、昆弟之子又爲大夫，可見五十命爲大夫之法不可執也。祖孫同爲大夫，又見一國之大夫不止五十也。其或老而致事，又見致事者同於現爲大夫者也。」

傳曰：大夫者，其男子之爲大夫者也。命婦者，其婦人之爲大夫妻者也。無主者，命婦之無祭主者也。何以言唯子不報也？女子子適人者爲其父母期，故言不報也，言其餘皆報也。何以期也？父之所不降，子亦不敢降也。大夫曷爲不降命婦也？夫尊於朝，妻貴於室矣。無主者，命婦之無祭主，謂姑姊妹、女子子也。其有祭主者，如衆人。唯子不報，男女同不報爾。傳以爲主謂女子子，似失之矣。大夫曷爲不降命婦，據大夫於姑姊妹、女子子既以出降大功，其適士者又以尊降在小功也。夫尊於朝，與己同。妻貴於室，從夫爵也。【疏】正義曰：「何以期也」，謂此六大夫、六命婦之服本皆宜降大功，今不降而服期，故問也。「父之所不降，子亦不敢降也」，此荅辭也。蓋大夫之子謂爲士者，本無應降之理，因大夫已降，子厭於父，不得不從父而降。今父既不降，故子亦不敢降。章氏平云：「此章傳言『父之所不降』者三：上經『大夫之適子爲妻』，父自爲適婦大功。『大夫之庶子爲適昆弟』，父自爲適子斬。傳皆曰『父之所不降』。此經子、昆弟之子，大夫爲庶孫不降，服大功。女子子，祖亦以命婦無主，爲之大功歟？」程氏瑶田云：「案：『父之所不降』，言大夫於此六大夫、六命婦之親服期不降，非指其子之親而言也。若其子之世叔母，則大夫之嫂與弟婦，大夫於此人本無服，不得云不降。其子之衆子，則大夫之庶孫，本大功服，亦不得云『何以期也』。」今案：章氏以「父之所不降」即指子所服之十二人言，與前傳言「父之所不降」者例同。程氏則以「父之所不降」指父身之世叔父母、子、昆弟、昆弟之子、姑姊妹、女子子言，謂父於此等親不降，故子於此等親亦不降。其説似較章氏爲優。蓋其中有無服者，若以前傳例之，究於不降之義窒礙難通耳。敖氏云：「『大夫曷爲不降命婦』，承父之所不降者而問也。『夫尊於朝，則妻貴於室』，言其夫妻一體，同尊卑也，是以不降之。尊於朝，謂爲大夫。貴於室，謂爲内子。」程氏又云：「大夫不降大夫，亦宜發傳而不發者，欲於大夫本服中發之。下經大夫爲世父母諸人爲士者服大功，人數正與此同，故發傳曰：『尊不同也，尊同則得服其親服。』於尊不同而竝發尊同之傳，所以補此傳之所未發者也。」　注云「命者，加爵服之名，自士至上公，凡九等」者，《左傳》僖二十八年「王策命晉侯爲侯伯」，《覲禮》「諸公奉篋服，加命書于其上」，是命爲加爵服之名也。《周禮·大宗伯》：「以九儀之命，正邦國之位。」《典命》：「上公九命，侯伯七命，子男五命。王之三公八命，其卿六命，其大夫四命。公之孤四命，其卿三命，其大夫再命，其士一命。侯伯之卿、大夫、士亦如之。子男之卿再命，其大夫一命，其士不命。」鄭注：「王之上士三命，中士再命，下士一命。」是自士至上公，凡九等也。此經無士，鄭欲解命有九等，故兼士言耳。云「君命其夫，則后、夫人亦命其妻矣」者，言后、夫人，則君亦總謂天子、諸侯也。《周禮·内宰》：「凡喪事，佐后使治外、内命婦，正其服位。」先鄭云：「外命婦，卿大夫之妻。王命其夫，后命其妻。」《玉藻》「君命屈狄」，鄭注：「君，女君也。禮，天子、諸侯命其臣，后、夫人亦命其妻以衣服。所謂『夫尊於朝，妻榮於室』也。」云「此所爲者，凡六大夫、六命婦」者，賈疏云：「六大夫，謂世父一也，叔父二也，子三也，昆四也，弟五也，昆弟之子六也。六命婦者，世母一也，叔母二也，姑三也，姊四也，妹五也，女子子六也。」云「無主者，命婦之無祭主，謂姑姊妹、女子子也。其有祭主者，如衆人」者，無祭主，義已詳上。此謂命婦，與上別也。但命婦中兼有世母、叔母，此無主專指姑姊妹、女子子言，以世叔母既爲大夫本宗，即無子，亦自有主之者，不得言無主。且世叔母因尊同服期，姑姊妹、女子子因尊同而又無主憐之加服期，二者本異。傳言命婦，蓋以别於上經之適人無主者，然嫌世叔母亦在其中矣，故鄭特辨之，而又申言之曰「其有祭主者，如衆人」，明有祭主，則不服期也。云「唯子不報，男女同不報爾。傳以爲主謂女子子，似失之矣」者，鄭謂經中「子」字兼男女言，與傳異義，故駁傳。王氏肅云：「姑姊妹本大功，今以無主爲之期，故亦報已以期。女子子亦大功，今以無主爲之期，女子子本爲父母期，今雖具報，自其本服，故曰『唯子不報』。」雷氏云：「以報之爲言，二服如一。父母爲女子子適人無主者期，女子子適人亦爲父母期，與報相亂，故經别其非報也。」案：此二説皆專指女子子言，與傳同。徐氏乾學云：「經言『唯子不報』，傳獨以女子子釋之者，蓋言男子，則子爲父三年，從無服期之禮，不待言而可見。惟嫁女爲父母期，而期原其本服，不得以報言，故經曰『唯子不報』。鄭氏乃謂男女同不報，而以傳之專言女子子者爲失，何其考之不精與。至敖氏又謂經言不報，指男子爲父三年，與期服異，故言唯子不報，則益支離矣。」胡氏承珙云：「經文渾括，『唯子不報』，自兼男女言之。傳以同服相爲之謂報，子爲其父母三年，無疑於期之報，故獨舉女子子適人者爲其父母自當期，不因其父母哀其嫁於大夫而無主爲之加服而乃服期以報，故曰：『女子子適人者爲其父母期，故言不報也。』此於經文自是專明一義，鄭以經文『唯子不報』必兼男女，而後世父母、叔父母、昆弟、昆弟之子、姑姊妹無主者，此十人於大夫之子相報服期之義，始截然分明。況傳以不報主謂女子子，而又云『其餘皆報』，雖皆指兩相服期者爲報，而文義嫌於以子亦爲報，故鄭駁之。沈氏彤謂『女子子適人者』句上脱『子爲其父母三年』一句，蓋爲傳彌縫，殊可不必。」今案：鄭氏以傳爲失，而後人又多申傳以駁鄭，似爲定論矣。及閱胡氏之説，而知傳「其餘皆報」一語自呈罅漏。蓋女子子適人爲父期，是本服非報，子爲父三年亦非報。況經明言子，不言女子子，謂言子兼女子子可也，謂言子不兼子不可也。胡氏此説，深有功於經，不獨爲功鄭氏。云「大夫曷爲不降命婦，據大夫於姑姊妹、女子子既以出降大功，其適士者又以尊降在小功也」者，謂傳據大夫於姑姊妹、女子子明有降道，故發曷爲不降之問也。案：「大功」章「大夫、大夫之子爲姑姊妹、女子子嫁於大夫者」，是以出降也；「小功」章「大夫、大夫之子爲姑姊妹、女子子適士者」，是以出降，而又以尊降也。云「夫尊於朝，與己同。妻貴於室，從夫爵也」者，謂妻以夫之爵爲爵，夫之尊與己同，則妻之尊亦與己同，故不降也。據傳「夫尊於朝」二句，則不降命婦之問，兼有世叔母在内。鄭唯據姑姊妹、女子子言，似尚未備。

大夫爲祖父母、適孫爲士者。【疏】正義曰：祖父母、適孫服已見前，此疑大夫或降，故因言大夫降服而及之，次在此也。李氏云：「三年之喪達乎天子，祖與適孫則稍殺矣。嫌得以尊降，故舉大夫以明之。案：《雜記》曰：『大夫爲其父母、兄弟之未爲大夫者之喪，服如士服。士爲其父母、兄弟之爲大夫者之喪，服如士服。大夫之適子，服大夫之服。大夫之庶子爲大夫，則爲其父母服大夫服。』《春秋傳》：『晏桓子卒，晏嬰麤縗斬，寢苫枕草。其老曰：非大夫之禮也。曰：唯卿爲大夫。』則大夫喪服，與士服有異也。故鄭氏以爲士爲父服縷如三升半而三升，爲母蓋五升縷而四升，爲兄弟六升縷而五升，大夫以上乃備儀盡飾，大功以下大夫、士服則同。然案：經斬衰章，不見大夫、士服之異。孟子亦云：『三年之喪，齊疏之服，飦粥之食，自天子達。』記、傳所言，蓋周衰禮壞，或自爲服制，以相別異。記禮者因雜記之，非舊典也。」敖氏云：「此祖父、適孫爲士也，乃合祖母言之，所謂妻從夫爵者也。上已見祖父母、適孫矣，此復著大夫之禮，則經凡不見爲服之人者，雖曰通上下言之，而實則主於士也明矣。」盛氏云：「大夫爲祖父母，謂父在者及父卒而不爲祖後者也。適孫，謂適子早卒者也。」

傳曰：何以期也？大夫不敢降其祖與適也。不敢降其祖與適，則可降其旁親也。【疏】正義曰：「何以期也」，謂大夫於他期親之爲士者皆降，此獨不降，故問也。「大夫不敢降其祖與適也」，荅辭。馬氏云：「尊祖重適，自尊者始也，故不敢降。」敖氏云：「大夫不降祖與適，聖人制禮使然，非謂大夫之意亦欲降此親而不敢降之也，傳言似有害於義理。」沈氏彤云：「聖人制禮，皆緣人情。謂於其祖與適，而以貴貴之義降之，則其心必有所不敢。故聖人不之降，使其心之即安也，何嘗謂大夫之意欲降此親而不敢降乎？凡傳之言不敢者，皆當以此意推之，敖說非。」賈疏云：「大夫以尊降其旁親，雖有差約，不顯著，故於此更明之。傳云『不降祖與適』，明大夫於旁親降可知。」

公妾以及士妾爲其父母。【疏】正義曰：此以妾自爲其黨服，故次在此章之末。馬氏云：「公，謂諸侯也。其間有卿大夫妾，故言以及士妾也，皆爲其父母得服期也。」李氏云：「經嫌妾以厭降其私親，故明之。下記曰：『凡妾爲私兄弟，如邦人。』」今案：上經云「女子子適人者爲其父母」，則是服已在其中，復言此者，嫌妾或屈於其君，爲父母不得服期，故特著之。郝氏云：「舉國君及士，見凡爲妾者，皆得爲父母期也。」

傳曰：何以期也？妾不得體君，得爲其父母遂也。然則女君有以尊降其父母者與？《春秋》之義，「雖爲天王后，猶曰吾季姜」，是言子尊不加於父母，此傳似誤矣。禮，妾從女君而服其黨服。是嫌不自服其父母，故以明之。【疏】正義曰：「何以期也」，謂妾爲其父母宜與妻異，而亦期，故問也。「妾不得體君，得爲其父母遂也」，荅辭。陳氏銓云：「以妾卑賤，不得體君，又嫌君之尊不得服其父母，故傳明之。」雷氏云：「今明妾以卑賤，不得體君，厭所不及，故得爲其父母遂也。」案：此二說止釋不得體君本義，而義亦明，似不必以比例言也。　注云「然則女君有以尊降其父母者與？《春秋》之義，『雖爲天王后，猶曰吾季姜』，是言子尊不加於父母，此傳似誤矣」者，案：上「公妾、大夫之妾爲其子」，傳亦云「妾不得體君」，與此傳同。鄭注上傳以女君爲比例，故於此傳亦以女君爲比例，而疑傳之誤也。「雖爲天王后，猶曰吾季姜」，此桓九年《公羊傳》文，何注亦云「明子尊不加於父母」，蓋説《公羊》者相傳之義如此，故鄭與何同也。云「禮，妾從女君而服其黨服。是嫌不自服其父母，故以明之」者，此鄭既駁傳，更自立一義以解經。謂經因妾服女君之黨，嫌不自服其黨，故特言此以明之。「妾爲女君之黨服」，見《雜記》。郝氏云：「鄭以傳爲誤，傳未嘗謂女君可降其父母也。謂妾之父母，君同凡人，嫌妾自爲重服，違君自遂，似乎不可耳。」盛氏云：「經重出此條，嫌其或在厭降之例也。傳之此言，所以明君不厭妾之義，與經合。士妾亦有厭降之嫌者，妾謂夫爲君，通上下之辭也。」沈氏彤云：「此不對女君以尊降其父母，言蓋以女君體君，得爲其父母遂，無所厭屈。妾不得體君，君不厭之，故亦得爲其父母遂，不嫌等於女君也。傳本不誤。《小記》謂『世子不降妻之父母』，況妻而自降其父母乎？《雜記》謂妾從女君而服其黨服，豈女君而顧不自服其父母之服乎？此本無可疑者，不知鄭何以駁之如此。」程氏瑶田云：「『妾不得體君』二條，當以妾子比例，不當以女君比例。蓋妾之爲其子，猶妾子之爲其母。妾子有體尊者之時，而爲其母不得遂之事。緦麻章曰『庶子爲父後者爲其母』，傳曰：『何以緦也？傳曰：與尊者爲一體，不敢服其私親也。』據此，是妾子本不與尊者爲一體，爲其母得遂。今二妾不體君，亦爲其子得遂，是其例也。又妾之爲其父母，猶妾子之爲其外祖父母，妾子有體尊者之時而爲其外祖父母不得遂之事。若妾子本不與尊者爲一體，爲其外祖父母得遂也，下記曰『庶子爲後者，爲其外祖父母無服。不爲後，如邦人』是也。今諸妾不體君，亦爲其父母得遂，是其例也。」今案：上傳「妾不得體君」，謂諸侯之君於衆子無服，大夫之君於衆子降服大功，妾不體君，故爲其子得服期。此傳「妾不得體君」，謂君於妾之父母無服，妾不體君，故爲其父母得服期。此義之易明，無煩比例而得者。其以女君爲比例，乃注家借以勘明經義，非傳者立言之意。鄭誤以傳言妾不得體君爲對女君得體君言，故於此傳遂窒礙難通，諸家辨之是矣。至程氏以妾子比例，在此條卻精切，於上條尚未合，不如仍從注説。蓋公妾之子，爲其母練冠、麻、麻衣縓緣，在五服外，不得云遂服也。

○吴氏紱云：「不杖期之服，經文有未著，後人以意求之者。如女子子在室，既與男子同，❶則其爲世叔父母、昆弟、姑姊妹在室者、昆弟之子、昆弟之女子子在室者期也，丈夫之爲姑姊妹、女子子、昆弟之女子子在室者亦期也。婦人爲夫黨之卑屬與夫同，則爲其衆子、女子子在室者、夫之昆弟之子、女子子在室者亦期也。其嫁而反在室者，親屬相爲亦如之。妾爲己子得遂，則公妾以及士妾爲其女子子在室及反在室者，與子同矣。妾爲君之黨服，與女君同，則爲君之父母，當如女君之爲舅姑。士之妾爲君之衆子，同己子矣。繼母如母，則繼祖母如祖母，繼姑亦如姑。慈母如母，則夫之慈母亦如姑矣，但孫不服慈祖母耳。爲人後者爲所後者之親如子，則所後者之父母即己之祖父母矣。其爲姑姊妹若昆弟之女子子在室者亦如之，其相報者亦如之。爲人後者之妻，爲夫所後如舅姑。夫所後之昆弟之女子子在室者，相爲亦如之。士爲適子廢疾不受重者期，則同於衆子也。世子爲妻期，則同於大夫之適子爲妻也。凡庶昆弟爲世子期，則大夫之庶子爲適昆弟可推。且又臣從君服也，大夫之適子爲君、夫人、太子期，同於父也，則亦臣從君之服也。大夫之子爲昆弟之子將爲祖後者期，則以尊者不降其適推之也。君、君夫人之喪，其孫曾玄之婦從夫而服者及内宗、外宗皆期，以輕服不可服至尊。又婦人不貳斬也，公子之妻爲其皇姑，夫不服而妻服之，以在内也。則公大夫之庶女子子在室爲其母，其亦期歟？」

右齊衰不杖期

❶「子」，原作「女」，今據《儀禮綱解》改。

儀禮正義卷二十三　鄭氏注

績溪胡培翬學

疏衰裳齊，牡麻絰，無受者。無受者，服是服而除，不以輕服受之。不著月數者，天子、諸侯葬異月也。《小記》曰：「齊衰三月，與大功同者繩屨。」【疏】正義曰：齊衰無受者，日月雖少，而服重於功、緦，故次不杖期章後也。郝氏敬謂「疏衰重於大功」是也。特言衰絰，以其重，故著之。餘輕者不言，略也。注云「無受者，服是服而除，不以輕服受之」者，凡喪，皆既葬後以輕服易重服，謂之受。受，承也、接也。其三年者，則於練、祥後又易以輕服，詳篇首斬衰經下。此齊衰之服，三月即除，不易以輕服，故云「無受」也。云「不著月數者，天子、諸侯葬異月也」者，吴氏廷華云：「天子七月而葬，諸侯五月而葬，三月之後尚須藏服待葬時服之。若言三月，嫌葬時無服也。」姜氏兆錫云：「案：下各傳皆言齊衰三月，然爲王侯服者仍藏以待葬服，故傳雖言三月，而經不著其月也。」今案：此服不九月、七月而三月者，張氏爾岐云：「大夫、士三月葬，故以三月爲主。」吴氏又云：「天道期年一大變，三月一小變，俱時之重者。不期，故三月也。」云「《小記》曰：『齊衰三月，與大功同者繩屨。』」者，案：鄭注《小記》云：「雖尊卑異，於恩有可同也。」孔疏：「齊衰爲尊，大功爲卑，而三月爲恩輕，九月恩稍重，制之在尊卑深淺之間，故有可同也。」李氏云：「繩屨者，以麻糾繩爲之。凡用麻者，以繩爲輕，故齊衰期麻屨，無受者繩屨。」徐氏乾學云：「《喪服》本經，大功以下皆不言用何屨，唯《喪服小記》言『齊衰三月，與大功同者繩屨』，則大功用繩屨也。鄭氏謂小功以下吉屨無絇，則小功、緦麻同用吉屨也。」又云：「斬衰、齊衰皆言冠，大功以下不言冠。蓋齊衰言布纓，則大功以下亦布纓可知也。斬衰言條屬，則齊衰以下亦條屬可知也。其異者，唯緦麻則澡纓，小功以下則左縫，及布之升數有不同爾。其冠之形制，無不同也。」今案：此不言帶，蓋亦布帶可知。又譙周云：「齊衰三月，不居堊室。」盛氏云：「不居堊室，宜與大功同，有帷帳也，亦於中門外爲之。」○案：賈疏以齊衰三月爲義服，李氏云：「曾祖父母不當爲義服。」吴氏廷華云：「此服以曾祖爲主。」又云：「此章當首曾祖，疑錯簡爾。賈以此章論義服，故首寓公，未然。」今案：李氏、吴氏之説是也，詳此篇記末。喪服以本親爲主，故斬衰首父，齊衰三年及杖期首母，齊衰不杖期首祖父母，則齊衰三月自當首曾祖父母。此章各條叙次多雜，竊疑曾祖父母後當以庶人爲國君次之，寄公爲所寓又次之，爲舊君君之母妻又次之，大夫爲舊君又次之，大夫在外其妻長子爲舊國君又次之，丈夫婦人爲宗子宗子之母妻又次之，大夫爲宗子及曾祖父母爲士者如衆人二條又次之，女子子嫁者未嫁者爲曾祖父母又次之，繼父不同居者又次之。如此較有條理，但舊本相傳已久，不敢移易，姑識所疑，俟後人考定焉。

寄公爲所寓。 寓亦寄也。爲所寄之國君服。【疏】正義曰：注云「寓亦寄也」者，《説文》、《方言》皆云「寓，寄也」，是寓與寄義同。故寄公亦稱寓公，《郊特牲》曰「諸侯不臣寓公」是也。云「爲所寄之國君服」者，言此寄公爲所寓居之國君服也。雷氏云：「既來受其惠，宜敬於所託，故與衆人同。」敖氏云：「經傳不見諸侯相爲服之禮，是無服也。寄公已失國，異於諸侯，又寓於他邦之地，則不可不爲其君服。」蔡氏德晋云：「郝仲輿謂寄公爲衰世之禮，非也。禹會諸侯於塗山，執玉帛者萬國，至周初止千八百國而已，則其間失國而爲寄公者必多，而其服由來舊矣。周之制禮，非用於一時。」今案：寄公有被天子削地而失國者，則盛世固有之，詳下。又《晋書・禮志》云：「新禮以今無寄公之事，除之。摯虞以爲《周禮》作樂於刑厝之時，而著荒政十二。禮備制待物，不以時衰而除盛典，世隆而闕衰教也。宜定新禮，自如舊經。詔從之。」

傳曰：寄公者何也？失地之君也。何以爲所寓服齊衰三月也？言與民同也。諸侯五月而葬，而服齊衰三月者，三月而藏其服，至葬又更服之，既葬而除之。【疏】正義曰：此欲明寄公爲失地之君，故設爲問荅也。賈疏云：「失地君者，謂若《禮記・射義》貢士不得其人，數有讓，黜爵削地。削地盡，君則寄在他國。」李氏云：「《春秋傳》：『衛侯出奔齊，齊人以郲寄衛侯。』《詩序》曰：『狄人迫逐黎侯，黎侯寓于衛。』是爲寄公。」今案：《禮記》孔疏云：「或天子削地，或被諸侯所逐，皆爲失地。」是必兼二義乃備也。言何以者，又爲問荅，以明服齊衰三月之義也。敖氏云：「寄公非臣也，故但齊衰三月，而與民同。」今案：本章庶人爲國君服齊衰三月，故言與民同也。方氏苞云：「失地之君不宜遽與民同，而特制此服，俾守宗社者知一旦可降爲鄰國之庶人，而慎乃有位也。」王氏士讓云：「案：與民同，亦寄公自處然爾。其所寓之君，則以客禮待之。《喪大記》：『君之喪未小斂，爲寄公、國賓出。君拜寄公、國賓於位。夫人爲寄公夫人出，夫人亦拜寄公夫人於堂上。』是也。」今案：《喪大記》所云，自是主國體制如此。然如方說，亦足以昭炯戒矣。○蔡氏德晋云：「康成以爲天子七月葬，諸侯五月葬，爲之齊衰者皆三月，其服至葬更服之，葬後乃除。愚意爲天子、諸侯未葬，恐不應釋服。《白虎通》謂『民始哭素服，先葬三月成齊衰』，亦非。」沈氏彤云：「案：《小記》：『爲兄弟既除喪已，及其葬也，反服其服。』此爲緩葬而服除者言，則服除於葬之先者，亦可例推。又《孔叢子》子思曰：『期、大功之喪，既除乃葬，則服其所除之服以葬，既葬而除之。』鄭注蓋本此二條。」今案：據此，則鄭説固有所本，蔡氏駁之非矣。唯《白虎通》謂「民始哭素服，先葬三月乃服齊衰」，則是聞喪不服，踰時乃服，當未然耳。

丈夫婦人爲宗子、宗子之母、妻。婦人，女子子在室及嫁歸宗者也。宗子，繼别之後，百世不遷，所謂大宗也。【疏】正義曰：馬氏云：「丈夫婦人，謂一族男女，皆爲宗子母與妻。」王氏云：「此爲族人無復五屬者，反爲其宗子服也。」李氏云：「宗子有君族之道，故族人皆爲齊衰三月。其在五屬之内，則三月之後，自以本服終之。宗子之母、妻統族人之婦，故族人亦爲之服。《曾子問》曰：『宗子雖七十，無無主婦。』義由於此。」蔡氏云：「大宗至尊，五屬之外皆服齊衰三月。其在五服中者，緦麻之親服齊衰三月而除。若大功、小功之親，則既服齊衰三月，乃受以大功、小功之衰，以足其月數而止。」今案：丈夫婦人，馬以一族男女言之，則不問五屬内外，皆爲宗子服也。王氏專指五屬外言，非。又在五服内者，大功、小功之親，蔡謂既服齊衰三月，乃受以功衰，本下記注是也。或謂「月算如邦人」皆齊衰者，亦非。注云「婦人，女子子在室及嫁歸宗者也」者，案：女子子在室謂未嫁者，與嫁歸宗者，則如斬衰章所云「子嫁，反在父之室」，謂已嫁而被出，歸於本宗者也。褚氏云：「婦人，當依注指本宗女子言。敖謂兼宗婦在内，而經無夫之宗子文，非也。此服專爲宗子而制，不問親疏尊卑及無服者皆服。嫂叔無服，爲宗子及母、妻，則當服矣。敖謂無服，亦非。」江氏筠云：「先王制禮，服窮四世，獨於宗子雖絶屬亦爲之服者，以尊祖敬宗之義大，不可拘以此限也。嫂叔之不爲服，特以遠嫌耳。尊祖之義，既非親盡所得而奪，又豈遠嫌所得而奪乎？」又云：「案：鄭論五屬之內，與宗子有期之親者服齊衰期，其大功、小功俱先服齊衰三月，卒哭乃受功衰，緦麻則與絶屬者同齊衰三月。然則嫂叔既無服，不論親疏，俱宜同齊衰三月。」程氏瑶田云：「注『女子子在室』五字最精妙。丈夫婦人並指同姓者言，故謂婦人爲在室者。若異姓婦人以路人來與夫胖合，其從夫之服舅姑期年，夫之祖父母大功，於夫之昆弟且無服，無緣從夫服宗子獨厚之。同姓婦人爲『同姓從宗合族屬』之事，故女服必與男同。」今案：褚氏、江氏、程氏之説是也。又程氏謂丈夫婦人經中凡四見，詳小功章「從母丈夫婦人」下。宗子繼別爲大宗之義，詳「爲人後者爲其父母」傳下。

傳曰：何以服齊衰三月也？尊祖也。尊祖故敬宗，敬宗者，尊祖之義也。宗子之母在，則不爲宗子之妻服也。【疏】正義曰：「何以服齊衰三月也」，怪其重而問也。「尊祖也」三句，荅辭。「宗子之母在」二句，則又申言母在不爲妻服之義，以補經所未及也。雷氏云：「言尊祖故敬宗，明祖已没也，無由施於尊者，但敬宗以致尊祖之心。」敖氏云：「別子爲祖，繼別爲宗。祖者，己之所自出也。尊之，重本也。然其尊祖之誠，無由自盡，故於敬宗見之。蓋敬其爲別子之後者，乃所以尊別子也，故曰『敬宗者，尊祖之義也』。此爲宗子與其母、妻服，皆敬宗之事，故傳言之。」沈氏彤云：「祖，太祖也。宗，宗子也。宗子者，太祖之正體，而奉事太祖以收族，族人當敬之如太祖，故即以曾祖齊衰三月之服服之也。」「宗子之母在，則不爲宗子之妻服也」者，敖氏云：「謂宗子之母雖老，而妻代主家事，若先其母而卒，族人亦不爲服。蓋其母尚在故也。此義與宗子不孤而死，族人不以宗子服之者意實相類。」姜氏兆錫云：「此猶有適子無適孫之意，以一宗無二服故也。」方氏苞云：「賈疏謂母在年未七十，則自與祭，故族人爲之服，非也。祭必夫婦親之，故舅没則姑老，冢婦所祭祀賓客，每事請於姑，則宗子之母不與祭明矣。族人所以爲之服者，雖不與祭，而族人合食及將嫁之女教於宗室，領之者必宗子之母，其妻不敢代也。」今案：宗子母在而妻死，族人雖不爲服，而宗子得爲其妻禫。《喪服小記》曰：「宗子母在爲妻禫。」亦以舅没姑老，有承祭之重故也。

爲舊君、君之母、妻。【疏】正義曰：舊君，舊蒙恩深，今雖退歸田里，不忘舊德，故服之也。雷氏云：「身既反昔，服亦同人，蓋謙遠之情，居身之道也。然恩紀内結，實異餘人，故爰及母、妻也。」敖氏云：「君，亦謂舊君也。在國而云舊君者，明其不見爲臣也。此服大夫、士同之。」顧氏炎武云：「古之卿大夫有見小君之禮，而妻之爵服則又君夫人命之，是以不容無服。」今案：此爲舊君，經、傳皆不言大夫，故敖兼士言之，蓋凡爲舊臣者之通禮也。

傳曰：爲舊君者，孰謂也？仕焉而已者也。何以服齊衰三月也？言與民同也。君之母、妻，則小君也。仕焉而已者，謂老若有廢疾而致仕者也。爲小君服者，恩深於民。【疏】正義曰：傳以經言爲舊君者非一，故發問也。「孰謂」之「謂」，吴氏廷華云：「疑當作爲。」「仕焉而已者也」，荅辭。「何以服齊衰三月也」，疑其輕而問也。「言與民同也」，荅辭。「君之母、妻，則小君也」，傳意謂母、妻爲小君，故宜服也。臣在位爲君服斬，爲君之母、妻服期，俱見前。李氏云：「仕焉而已，則釋斬而齊。案：

《士相見禮》："凡自稱于君，宅者在邦則曰市井之臣，在野則曰草莽之臣。"宅者，謂致仕者也。《孟子》曰："在國曰市井之臣，在野曰草莽之臣，皆謂庶人。"宅者稱謂與庶人正同，故其服亦同。」敖氏云："已，猶止也。鄭氏以爲致仕，是也。此嘗仕矣，今又在國，其服宜異於民，乃亦齊衰三月者，蓋不在其位，則不宜服斬以同於見爲臣者，而臣於君又無期服，故但齊衰三月，而不嫌其與民同也。然又爲小君服，則亦異於民矣。」《通典》載："虞喜議云：『老而致仕，臣禮既全，恩紀無替，自應三年，不得三月。』」與傳義違，非也。又："殷泉源問：『天子、諸侯臣致仕，服有同異？』范宣荅云：『禮制殘缺，天子之典多不全具，唯國君之禮往往有之。臣之致仕，爲舊君齊衰三月，天子之臣則亦然矣。』」今案：傳以母、妻爲小君，似專指國君言。張氏惠言謂君爲有地之君，兼天子、諸侯及大夫言，似亦可通。據《雜記》云："違諸侯，之大夫，不反服。違大夫，之諸侯，不反服。"則大夫之臣亦爲舊君服也。注云"仕焉而已者，謂老若有廢疾而致仕者也"者，大夫七十而致事，見《曲禮》。其有廢疾不任事者，則亦致仕也。吴氏紱云："古人臣進退不苟，微嫌細故，則奉身而退，如子文三仕三已、柳下惠三黜可見也。鄭注專以老與廢疾爲致仕，似未該。"今案：注言"若"，是舉以例其餘也。云"爲小君服者，恩深於民"者，以民但爲君服，而不爲小君服，今致仕者兼服小君，是以其受恩深於民故也。○徐氏乾學云："禮於舊君之服有三：其一仕焉而已、身離朝宁者，『爲舊君、君之母、妻』是也。其一以道去君、身違宗國者，『大夫爲舊君』是也。其一臣誼已絶、出居他邦，或改事新主者，『大夫在外，其妻、長子爲舊國君』是也。原臣之於君，義當服斬，乃不服斬而服齊，甚至有不服者，何也？恩有淺深，故服與不服有異也。其仕焉而已者，雖身猶在國，較之居官食禄者，其恩已輕，故降而服齊。猶以君臣誼重，故服君而並服其母妻也。其以道去君者，雖義猶未絕，較之致仕家居者，其恩更輕，故但服其君而不服其母妻也。其出居他邦者，雖恩義已絕，而妻、子之居本國者不可以無服，故妻與長子行服，而其身則不服也。乃知去官從故官之品，此後世之令，不可以語周禮也。」今案：此章言舊君者三，前一條指凡仕者，後二條指爲大夫者。前一條以在國之臣言，後二條以去國之臣言。而大夫在外條主言其妻、子之服，大夫爲舊君條主言大夫自服，皆謂恩義未絕者。徐氏謂大夫在外恩義已絕，其身不服，説本賈疏及《檀弓》孔疏，非也，詳後。

庶人爲國君。不言民而言庶人，庶人或有在官者。天子畿内之民，服天子亦如之。【疏】正義曰：此服男女同之。《白虎通》云：「禮不下庶人，所以爲民制服何？禮不下庶人者，尊卑制度也。服者，恩從内發，故爲之制也。」　注云「不言民而言庶人，庶人或有在官者」，李氏云：「庶人在官者，謂府、史、胥、徒也。《檀弓》曰：『公之喪，諸達官之長杖。』則庶人在官者不杖斬，同於民而已。」褚氏云：「注言民之中即有在官庶人，亦正同民三月，不服斬也，故言或以包之。敖氏誤會注意，乃云非在官者不服，謬也。」今案：傳屢言與民同，則齊衰三月，乃庶人本服，以其分與臣異，不可服斬，又不可以輕服服君故也。云「天子畿内之民，服天子亦如之」者，《白虎通》云：「王者崩，京師之民喪三月何？民賤而王貴，故三月而已。」此鄭所本也。《檀弓》曰：「天子崩，七日，國中男女服。」謂庶人也。又曰：「三月，天下服。」謂諸侯之大夫爲王緦衰也。吴氏紱云：「侯國之民不服天子者，勢彌遠而分逾尊，故不可制服。然『遏密八音』，亦足以致其情矣。采地之民，爲公卿大夫之君無服，爵不世也。庶人爲君之母、妻無服。」

大夫在外，其妻、長子爲舊國君。 在外，待放已去者。【疏】正義曰：李氏云：「上下條曰『舊君』，此曰『舊國君』者，以在其國而服之，義繫於國，故與庶人爲國君之文同。」江氏筠云：「賈疏謂大夫不言爲本君服，據《雜記》，是其君尊卑不敵不反服者。案：『違諸侯，之大夫，不反服』，其君尊卑敵則反服。此在外、中兩者俱有，以其服不服不定，故空其文。賈説偏矣。」又云：「敖氏謂妻、子亦在外，非也。經祇云大夫在外，則其妻、子在國可知。其云舊國君者，乃對大夫在外立文，非據其妻、子言也。」今案：江説是矣。但此條主言大夫之妻、長子服，故不言大夫之服，傳亦不言之。以大夫在位，其妻爲君服期，長子爲君服斬。今大夫在外，嫌其妻及長子仍服期與斬，故特著之。至大夫恩義未絶，在外亦服齊衰三月，《雜記》所云「反服」是也。若恩義已絶，則雖所仕之君尊卑敵，亦不服，其妻、子亦不得留於國中矣。諸家謂大夫在外無服，非，詳後「舊君」條下。　注云「在外，待放已去者」，以經云「在外」，明是已去本國適異國也。「待放」義亦詳後「舊君」下。

傳曰：何以服齊衰三月也？妻言與民同也，長子言未去也。 妻雖從夫而出，古者大夫不外娶，婦人歸宗，往來猶民也。《春秋傳》曰：「大夫越境逆女，非禮。」君臣有合離之義，長子去，可以無服。

【疏】正義曰：「何以服齊衰三月也」，怪其輕而問也。「妻言與民同也」二句，荅辭。沈氏彤云：「士去國無服，其妻、長子在國自同於民，故不著之也。敖駁傳，非。」今案：萬氏斯同據此條，謂上致仕者其妻、長子亦宜爲舊君服。案：上「爲舊君」不專指大夫言，「舊君」亦不專指國君言，故經不著妻、子之服也。

注云「妻雖從夫而出，古者大夫不外娶，婦人歸宗，往來猶民也」者，鄭以傳但言長子未去，而不言妻未去，故爲此義解之。此歸宗是歸寧父母，與前傳言「婦人雖在外，必有歸宗」者異。《春秋》莊二十七年「莒慶來逆叔姬」，《公羊傳》曰：「大夫越境逆女，非禮也。」鄭引之者，證大夫不外娶之事。《通典》載賀循云：「案：鄭注《喪服》云：『凡妻從夫，降一等。』夫合三月，則妻宜無服，而猶三月者，古者大夫不外娶，其妻則本國之女也，雖從夫而出，婦人歸宗，往來猶民，故從民服也。長子有服，謂未去者也。循以爲以道去君，非罪之重，其子尚可以留，值君薨則服也。」鄭昕云：「案：禮，妻爲期而長子三年。今夫雖在外，妻尚未去，恐或者嫌猶宜期，故言與民同，則出國無服可知也。所以別言之者，明夫既去位，妻便同於民爾。」今案：鄭氏歸宗往來之説，諸家駁之。據鄭昕所云，亦以妻爲未去也。沈氏云：「妻與民同，唯未去，故與民同也。但鄭意亦當備，固有從夫而歸宗往來者。」此説是。蓋妻有從夫出者，亦有從長子在國者。鄭注專爲從夫出者言之，明出者服，則未出者亦服可知。賀氏申鄭義甚明。至長子言未去，明宗廟猶存。《通典》載戴聖曰：「大夫在外者，三諫不從而去，君不絶其禄位，使其嫡子奉其宗廟。言長子者，重長子也。承宗廟，宜以長子爲文。」蕭太傅曰：「長子者，先祖之遺體也。大夫在外，不得親祭，故以重者爲文。」此皆釋經言長子及傳未去之義也。或曰：「傳言妻與民同，亦兼未去者言。長子言未去，亦謂與民同。是互言之。」其説亦通。云「君臣有合離之義，長子去，可以無服」者，鄭意蓋謂長子在國奉宗廟，則君臣之義未絶，故爲之服。若長子已去，宗廟無存，恩義已絶，即可不服矣。此申言傳義，而亦見大夫去國在外猶服也。

繼父不同居者。嘗同居，今不同。【疏】正義曰：徐氏乾學云：「案：徐駿《五服集證》，此條分而爲二：一爲繼父先曾同居，今不同居者。謂父卒而母改嫁，其子隨母與繼父同居，後來不與同居。一爲繼父雖同居，兩有大功之親者。引《小記》曰：『有主後者爲異居。』注云：『隨母之子雖與繼父同居，而繼父或有親子，及隨母之子有兄弟及堂兄弟爲主後也，雖與同居，亦爲先同而後異。』義亦明晰。」今案：此與同居服齊衰期者，皆宜有報服。經不言者，闕也。餘詳「繼父同居者」條下。

曾祖父母。【疏】正義曰：《爾雅》：「王父之考爲曾祖王父，王父之妣爲曾祖王母。」郭注：「曾，猶重也。」謂祖之上又有祖也。《説文》：「曾，益也。」《釋名》：「曾祖，從下推上，祖位轉增益也。」袁氏準云：「《喪服》爲曾祖父母齊衰三月，自天子至於士一也。祖期，則曾祖大功，高祖小功。而云三月者，此通遠祖之言也。今有彭祖之壽，無名之祖存焉，十代之祖在堂，則不可以無服也。郯子曰『我高祖少皞摯之立也』，非五代祖也。蒯聵禱康叔，自稱曾孫，非四代之祖孫。然則高遠也，無名之祖希及之矣，故不復分别，而重言之也。」沈氏括云：「《喪服》但有曾祖曾孫，而無高祖玄孫，先儒以謂服同曾祖曾孫，故不言可推而知。或曰經之所不言則不服，皆不然也。曾，重也。由祖而上者，皆曾祖也。由孫而下者，皆曾孫也。雖百世可也。苟有相逮者，則必爲服喪三月。故雖成王之於后稷亦稱曾孫，而祭祖祝文無遠近皆曰曾孫。」顧氏云：「《禮記·祭法》言『適子、適孫、適曾孫、適玄孫、適來孫』。《左傳》王子虎盟諸侯，亦曰『及而玄孫，無有老幼』。玄孫之文，見於記傳如此。然宗廟之中並無此稱。《詩·維天之命》『駿惠我文王，曾孫篤之』，鄭氏箋曰：『曾，猶重也。自孫之子而下，事先祖皆稱曾孫。』《禮記·郊特牲》『稱曾孫某』，注：『謂諸侯事五廟也，於曾祖以上稱曾孫而已。』《左傳》哀公二年衛太子禱文王，稱『曾孫蒯聵』。《晉書·鍾雅傳》元帝詔曰：『禮，事宗廟自曾孫已下，皆稱曾孫。義取於重孫，可歷世共其名，無所改也。』」又云：「曾祖父母齊衰三月，而不言曾祖父之父母，非經文之脱漏也。蓋以是而推之矣，凡人祖孫相見，其得至於五世者鮮矣。人之壽以百年爲限，故服至五世而窮。苟六世而相見焉，其服不異於曾祖也。觀於祭之稱曾孫不論世數，而知曾祖之名統上世而言之矣。」盛氏云：「《爾雅》：『曾祖王父之考爲高祖王父，曾祖王父之妣爲高祖王母。』又：『曾孫之子爲玄孫，玄孫之子爲來孫，來孫之子爲昆孫，昆孫之子爲仍孫，仍孫之子爲雲孫。』自玄孫而下，五世各有名稱，而宗廟之中自孫之子而下皆稱曾孫者，不唯義取於重，且以玄、來等皆疏遠之名，故不稱也。然《爾雅》孫之名及於八世，而祖之名止於四世，高祖父之父母其謂之何？曰：自高祖王父之考以上，統謂之祖而已。《祭法》：『王立七廟，一壇一墠，曰考廟，曰王考廟，曰皇考廟，曰顯考廟，曰祖考廟。』所謂祖考者，即高祖王父之考也，而直云祖考，則自此以上都無異名可知。《喪服經》高祖已上略而不言，以其相及者鮮，且自曾祖而推之可知也。顧云『苟六世而相見焉，其服不異於曾祖』是也，云『曾祖之名統上世而言之』則非矣。」今案：經不言高祖之服，鄭氏謂與曾祖同服。後儒推之，謂曾、高而上苟有相及者，皆服齊衰三月。蓋以正統之親，當喪不容無服，理自可通。顧氏謂「曾祖之名統上世而言之」，則沿沈氏由祖而上皆曾祖之説，盛氏駁之是也。唐貞觀中，魏徵奏高祖曾祖舊服齊衰三月，請加爲齊衰五月。《開元禮》：「曾祖父母齊衰五月，高祖父母齊衰三月。」朱子謂未爲不可，然非制禮本意。詳下。

傳曰：何以齊衰三月也？小功者，兄弟之服也，不敢以兄弟之服服至尊也。正言小功者，服之數盡於五，則高祖宜緦麻，曾祖宜小功也。據祖期，則曾祖宜大功，高祖宜小功也。曾祖、高祖皆有小功之差，則曾孫、玄孫爲之服同也。重其衰麻，尊尊也。減其日月，恩殺也。【疏】正義曰：言何以者？怪其三月太輕，齊衰又重，故發問也。「小功者」以下，荅辭。古人通謂外姻爲兄弟，而《喪服》小功以下，外姻之服亦在焉，故名其服爲兄弟之服。下傳云「小功以下爲兄弟」是也。江氏筠云：「大功乃同財之親，小功係兄弟之服，是五服中親疏一界別也。敖氏謂大功亦爲兄弟服，非矣。」今案：兄弟之服止可施於旁親，故不敢以服至尊，而服齊衰三月也。至尊，謂曾祖父母。義詳前章「祖父母」條下。注云「正言小功者，服之數盡於五，則高祖宜緦麻，曾祖宜小功也」者，此鄭以五服之數推言之，謂曾祖宜小功，以釋傳言小功之義也。案：《三年問》云：「至親以期斷。」是期爲父正服，由是推之，祖宜大功，曾祖宜小功，高祖宜緦麻也。云「據祖期，則曾祖宜大功，高祖宜小功也。曾祖、高祖皆有小功之差，則曾孫、玄孫爲之服同也」者，此鄭因經未言高祖，故又推言之，以明高祖與曾祖同服之義。蓋父之服加隆至三年，祖亦加至期。由是推之，曾祖宜大功，高祖宜小功也。是皆有小功之差，故其服宜同也。下緦麻章注云：「族祖父者，亦高祖之孫，則高祖有服明矣。」此鄭明高祖有服之義也。近程氏瑤田著《喪服足徵記》，謂高祖玄孫無服，《喪服經》不言高祖、玄孫者，不制服也。其説以《大傳》「四世而緦」數語爲據，云：「『四世而緦，服之窮也』，謂曾孫緦麻服，至此而窮也。『五世袒免，殺同姓也』，謂己爲玄孫無服，但以袒免行事。」張氏履辨之云：「逮見高祖，即以服曾祖齊衰三月者服之。逮見玄孫，即以服曾孫緦麻者服之。經不著，可推而知也。《小記》之『以三爲五，以五爲九』，以己合上下數之。《大傳》之四世、五世，不數己。且《大傳》本指旁殺，若謂『五世袒免』指高祖、玄孫，則正統也，謂之同姓，可邪？且上數高祖，下數玄孫，亦止四世，不得數己而爲五世。以己方計其人之世數而爲服之差，固不得自占一世也。《荀子》：『有天下者祭七世。』除太祖、二祧，則高祖爲四世。如程氏説，豈高祖爲五世廟乎？」程氏又云：「族昆弟之子，自吾曾祖視之，爲昆弟之玄孫，五世祖免者也。自吾高祖視之，則六世親屬竭者也。」張氏辨之云：「子孫出於己，從下數者也，故視子爲一世，玄孫爲四世。昆弟同出於父，從旁數者也，故視昆弟爲一世，又從旁而下，至昆弟之玄孫爲五世。然昆弟之玄孫雖爲五世，而己之玄孫仍爲四世，不得爲玄孫無服引例也。」其言甚繁，不具録。要以張氏之説爲正。云「重其衰麻，尊尊也。減其日月，恩殺也」者，以曾祖宜小功五月，今易爲齊衰，是重其衰麻，所以尊至尊也。易爲三月，是減其日月，見恩稍殺也。敖氏云：「日月雖減於小功，而衰麻之屬實過於大功，且專爲尊者之服，是以日月之多寡有所不計。禮有似殺而實隆者，此之謂歟？」沈氏彤云：「王志長疑曾祖減至三月，高祖同服，殊未安。案：曾祖之所以減至三月者，爲欲與齊衰之加相折除也。蓋曾祖之本服小功，加一等爲大功，又加一等爲齊衰。父與祖加一等，曾祖恩疏，而顧加二等，不可也。故於其本月數而降一等，以月數之降除衰服之加，得加服止一等。若高祖之本服緦，月數已無可降，而緦又不敢以服至尊，禮窮則同，與曾祖皆齊衰三月，宜也，何不安之與有？」又云：「《唐開元禮》增曾祖爲五月，則齊衰加本服二等，而月數如其本服，失輕重之義矣。」吴氏廷華云：「期年天道一大變，三月天道一小變。其義相似，故齊衰之服惟期與三月。祖期，則高曾自應三月，此理之確不可易者。」方氏苞云：「高祖與曾祖同服，無可殺也。以義則高曾等重，而恩亦未見其有差也。後世易曾祖爲五月，高祖爲三月，而例以小功緦麻之月數，未達於正體之義。」以上諸説，皆發明鄭義者也。王氏肅云：

「祖期，則曾祖大功，而傳以小功爲説者，服本以期爲正，父則倍之，故再期。祖亦加焉，故服期。曾祖恩輕，加所不及，正當小功，故傳以小功言之耳。傳言『小功者，兄弟之服』，是據祖父而言也。從祖祖父、從祖父、從祖昆弟，此三者其親皆從祖父而來也，而己皆爲之小功。從祖昆弟固與己爲兄弟之族，而從祖父與己父爲從父兄弟者也，從祖祖父則與己祖父爲兄弟，故曰『小功者，兄弟之服也』。不敢以祖父兄弟小功之服服祖父之尊者，故曰『不敢以兄弟之服服至尊』。」徐氏乾學云：「王説非也。此所云小功者，非指小功五月之期，乃指小功衰裳之服也。蓋謂小功布衰裳之服乃兄弟之服，不可以加至尊，故用齊衰。觀傳文三『服』字，其義了然。」今案：王以從祖祖父、從祖父、從祖昆弟三者釋兄弟之服，説殊迂曲，徐氏駁之是矣。

大夫爲宗子。【疏】正義曰：盛氏云：「唯言宗子，則宗子之母、妻蓋無服矣，此其異於衆人者也。」今案：此宗子亦大宗也。秦氏蕙田謂「《喪服》言宗子之服，皆指大宗言」，是也。

傳曰：何以服齊衰三月也？大夫不敢降其宗也。【疏】正義曰：言何以者，疑大夫之尊可不爲服，故問也。「大夫不敢降其宗也」，荅辭。馬氏云：「五屬孫雖爲大夫，不敢降宗子，故服齊衰三月。尊祖，故不降也。」李氏云：「大夫不奪宗故也。《曾子問》曰：『宗子爲士，庶子爲大夫，以上牲祭於宗子之家。』小宗且然，大宗可知。」今案：前言「丈夫婦人爲宗子」，此復言「大夫爲宗子」者，大夫尊，降旁親，嫌或降之而不服，故傳以不敢降明之。此亦兼絶屬者言，馬氏專以五屬言之，非也。

舊君。大夫待放未去者。【疏】正義曰：此條主謂大夫自服，經但言「舊君」者，蒙上「宗子」條「大夫爲」之文也。《檀弓》：「仕而未有禄者，違而君薨，弗爲服也。」彼是初仕未得禄者，此既爲大夫，則已有田禄可知。不言孤卿者，古者卿爲上大夫，言大夫可以該之也。盛氏云：「經『大夫爲宗子舊君曾祖父母爲士者如衆人』十七字宜作一句讀。四人者，三爲士，一爲士妻，而大夫之服無少異，不敢以己貴而降其宗與君與祖也。」今案：傳未嘗言不降君，此説顯與傳背，斷不可從。秦氏蕙田云：「此條但蒙上大夫爲文，不合以下爲士者爲文。」其説是也。　注云「大夫待放未去者」，鄭以前條及此條皆爲大夫待放，而前是已去，此是未去者，蓋以前有「大夫在外」之文而此不著，前言舊國君而此不言國故也。然據傳，亦似已去者，詳下。○雷氏云：「經前已有爲舊君，今復有此舊君，傳所以知前經是仕焉而已，後經是待放未去者，蓋以兼服小君，知恩有淺深也。仕焉而退，君臣道足，恩義既施，服及母、妻。今被放而去，名義盡矣，若君不能埽其宗廟，則但不爲戎首而已。以其猶復未絶，故得同於庶人，適足以反服於君，❶不獲及其親也。」今案：雷氏以此但爲舊君服，不爲舊君之母、妻服，與仕焉而已者異，其説是矣。至待放未去，乃是注文，雷亦以爲傳云，則失檢也。

傳曰：大夫爲舊君，何以服齊衰三月也？大夫去，君埽其宗廟，故服齊衰三月也，言與民同也。何大夫之謂乎？言其以道去君，而猶未絶也。以道去君，謂三諫不從，待放於郊未絶者。言爵禄尚有列於朝，出入有詔於國，妻、子自若民也。【疏】正義曰：傳以此條是大夫自服，故直言大

❶「服」，原作「復」，今據《通典》改。

夫爲國君，對上經其妻、長子爲舊國君立文也。「何以服齊衰三月也」，沈氏彤云：「此問怪其輕，觀荅辭亦言與民同可見也。」「大夫去，君埽其宗廟」，方氏苞云：「宗子去國，庶子爲壇而祭，其留者不敢辟廟門，故君命有司春秋埽除，示望其歸守先祀，以相感動耳。」今案：此言大夫去而君尚有恩於其臣，故爲之服也。宗廟，舉其重者言之。埽其宗廟，謂君使長子攘除宗廟，以守先祀。當以戴氏説爲正，方氏謂命有司埽除，恐未然。不服斬而服齊衰三月，是與民同服也。馬氏云：「據不在列位，不敢自比於留臣，故自同於庶人也。」此正荅何以服齊衰之問也。「何大夫之謂乎」，言既去位，何仍謂爲大夫，蓋以其去君以道，而恩誼猶未絶，故謂爲大夫也。此設爲問荅，以明經言大夫之義，并上言「大夫在外」者釋之也。注云「以道去君，謂三諫不從，待放於郊未絶者」，案：《白虎通》云：「諸侯之臣諍不從得去，必三諫者何？以爲得君臣之義。必待於郊者，忠厚之至也，冀君覺悟能用之。所以言放者，臣爲君諱，若言有罪放之也。」又云：「臣待放於郊，君不絶其禄者，示不欲其去也。以其禄三分之二與之，一留與其妻、長子，使得祭其宗廟。賜之環則反，賜之玦則去。」鄭上注云「待放未去」及此注云「待放於郊未絶」，皆據《白虎通》言也。《通典》載崇氏問淳于睿曰：「凡大夫待放於郊三月，君賜環則還，賜玦則去。不知此服已賜環玦未？」荅曰：「其待郊已三月，未得環玦，未適異國，而君埽其宗廟，故服齊衰三月。」此亦本鄭注「待放未去」言也。云「言爵禄尚有列於朝，出入有詔於國」者，《曲禮》文，鄭引以證未絶之事也。云「妻、子自若民也」者，謂妻、子亦與民同服齊衰三月，不服期與斬也。傳以妻、子之服已見於上，故此不言。鄭恐人疑與大夫在外者有異，故特言之。徐氏乾學云：「以道去君，則凡有故而去者皆是也，何獨指三諫不從者乎？且既曰去國，明謂身適他國矣。鄭注引《曲禮》『爵禄有列於朝』二句，不知《曲禮》上文明言『去國三世』，則非在本國彰彰矣，何得執爲待放於郊乎？」江氏筠云：「前服主於妻、子，欲顯妻、長子之未去，故經言大夫在外。此服則大夫自爲，去與未去者同，故没其文也。蓋傳云『大夫去，君埽其宗廟』，參以《孟子》『有故而去』及『去三年不反』之文，則知去後亦應爲服。去如此，未去益可知。注特説得一半耳。」今案：以道去君，即孔子所謂「以道事君，不可則止」者，故鄭假三諫不從者言之。明其自行去君，非以罪見逐。其實以道去君所包者廣，孔子之「膰肉不至，不脱冕而行」，亦是，鄭特舉一端以明之耳。至「爵禄有列於朝」二句，乃斷章取義，以證未絶之事，皆不足爲鄭病。惟尋繹傳文，似指已去者言。江氏謂去與未去皆服，故經但言舊君而不言大夫之在外與在國，其説似爲得之。然則上文大夫在外，亦是恩義未絶者，其大夫亦爲服明矣。戴氏聖謂「大夫在外者三諫不從而去，君不絶其禄位，使其嫡子奉其宗廟」，與此傳合。若有罪見逐，君絶其禄位，收其宗廟，其妻、長子亦不得留在本國矣。惟上條主言妻、長子之服，故不言大夫之服。此條主言大夫之服，故不言妻、子之服。其實二條皆是恩義未絶，大夫去與未去，及其妻與長子之在國者，皆服齊衰三月也。黄氏乾行謂「大夫在外，即《孟子》所謂『去之日，遂收其田里』，《禮》所謂『爵禄無列於朝，出入無詔於國』者」，非矣。或曰此傳言大夫去是去位非去國，注云「待放未去」是言未去國，傳注正合。今案：《孟子》：「齊宣王曰：『《禮》爲舊君有服，何如斯可爲服矣？』」所謂《禮》，即指此經言也。「孟子曰：『諫行言聽，膏澤下於民。有故而去，則君使人導之出疆，又先於其所往。去三年不反，然後收其田里。此之謂三有禮焉，如此則爲之服矣。』」孟子所言，即本傳義。據云「導之出疆」，則不得云未去國矣。但待放未去而值君薨，與待放已去而值君薨，皆服齊衰三月，故傳舉已去者以包之也。又《檀弓》：「穆公問於子思曰：『爲舊君反服，古與？』子思曰：『古之君子，進人以禮，退人以禮，故有舊君反服之禮也。今之君子，進人若將加諸膝，退人若將隊諸淵。毋爲戎首，不亦善乎，又何反服之禮之有？』」案：子思所言，與此傳亦相發明。鄭注前以仕焉而已者言，後以放逐之臣言，不無自相矛盾，徐氏譏之是矣。

曾祖父母爲士者，如衆人。【疏】正義曰：此亦蒙上「大夫爲」之文，故傳以大夫言之。經不云「如士」，而云「如衆人」，明曾祖父母之服無貴賤同也。

傳曰：何以齊衰三月也？大夫不敢降其祖也。【疏】正義曰：此亦疑大夫當以尊降，故問也。前章「大夫爲祖父母爲士者」，傳曰：「大夫不敢降其祖。」此與彼同義，蓋曾祖父母亦是正統之親，與旁親異也。

女子子嫁者、未嫁者爲曾祖父母。【疏】正義曰：賈疏云：「未嫁者同於前爲曾祖父母，今并言者，女子子有逆降之理，故因已嫁并言未嫁。」敖氏云：「此不降之服，似不必言未嫁者，經蓋顧大功章立文。」

傳曰：嫁者，其嫁於大夫者也。未嫁者，其成人而未嫁者也。何以服齊衰三月？不敢降其祖也。言嫁於大夫者，明雖尊猶不降也。成人，謂年二十已笄醴者也。此著不降，明有所降。【疏】正義曰：馬氏云：「嫁者、未嫁者爲曾祖父母服也。嫁者，嫁爲大夫妻也。成人，謂十五以上許嫁未行者也。以祖名曾，明婦人雖爲天王后，不降其祖宗也。」沈氏彤云：「傳『嫁者』四句，專釋嫁者、未嫁者。凡女行於大夫曰嫁，故曰嫁於大夫。未嫁者，蓋許字於大夫者也。逆降旁親，惟字於大夫者則然。若適人者，固無逆降之理。」江氏筠云：「未嫁而降，義殊可疑。金氏榜曰：『此主言大夫之女子子也。大夫之子，得從大夫而降，女子子蓋亦如之，經故與嫁者並言耳。』得此說，而疑乃冰解。蓋上三條俱是大夫禮，本條又有嫁於大夫之文，更驗之大功章，而益顯其說不可易也。」今案：女行於大夫曰嫁，沈氏以未嫁者爲許字於大夫而未嫁，其說是矣。江氏據金說，謂未嫁者爲大夫之女，得從大夫而降，似可存備一說。馬氏以十五以上爲成人，與鄭異，詳下。「何以服齊衰三月」，亦疑其當降而問也。「不敢降其祖也」，荅辭。馬氏謂「雖爲天王后亦不降」是也。敖氏云：「女子子之適人者，降其父母一等，乃不降其祖與曾祖者，蓋尊服止於齊衰三月，其自大功以下，則服至尊者不用焉。故父母之三年可降而爲齊衰期，而祖之齊衰期不可降而爲大功，曾祖之齊衰三月又不可降而無服。此所以二祖之服俱不降也。」案：此說最精，否則何以降父母而不降祖與曾祖乎？李氏謂「父母之降期，屈於不二斬」，不如此說之確。敖氏又謂「傳言成人而未嫁者，與不敢降之意不相通，似失其旨」，沈氏云：「嫁於大夫，字於大夫，皆貴也。雖貴不敢降其祖，祖至尊也。未嘗不與上下意相通，敖駁傳，非。」注云「言嫁於大夫者，明雖尊猶不降也」者，以嫁於大夫，尊，宜可以降而猶不降，則適士者之不降可知。是舉尊以明之也。云「成人，謂年二十已笄醴者也」者，《内則》「十有五年而笄」，鄭注：「謂應年許嫁者。女子許嫁，笄而字之。其未許嫁，二十則笄。」《雜記》：「女雖未許嫁，年二十而笄，禮之。」案：馬以成人爲十五以上許嫁者，據《内則》言也。鄭必易爲二十者，以十九以下爲長殤，二十乃爲成人。且經言「未嫁」，傳必云「成人而未嫁者」，以成人則有出道，嫌或有所降，故鄭舉年二十者言之。餘詳《士昏禮・記》「女子許嫁笄而醴之」下。云「此著不降，明有所降」

者，謂不敢以尊降其祖，則以尊降旁親明矣。下大功章「女子子嫁者、未嫁者爲世叔父母」是也。○吴氏紱云：「此服爲高祖父母與曾祖父母同。大夫不降其祖，則天子、諸侯爲曾高祖父母之不爲天子、諸侯者同。爲人後者，於所後者之祖父母則己之曾祖父母，其曾祖父母則己之高祖父母也。畿内之民服天子，與侯國之民服國君同。凡民爲君服，夫妻同。大夫不降其宗，則服宗子之母、妻與士同。」

右齊衰三月

大功布衰裳，牡麻絰，無受者。大功布者，其鍛治之功麤沽之。【疏】正義曰：此本服齊斬，爲殤死降在大功，故在正大功之上，齊衰三月之下。無受者，不以輕服受之，終喪一服而已。不言月數者，或九或七異也。李氏云：「衰裳不言齊者，齊之可知。無受者，既卒哭不變服也。《服問》曰：『殤非重麻，爲其無卒哭之税。』所謂無受也。」楊氏復云：「斬衰冠繩纓，齊衰冠布纓，齊衰以下不見所用何纓。案：《雜記》云：『緦冠繰纓。』注云：『繰當爲澡麻帶絰之澡。謂有事其布以爲纓。』以此條推之，則自緦而上亦皆冠布纓而未澡，至緦始澡其纓耳。」吴氏紱云：「不言布帶，因於齊衰可知也。其屨繩屨，見齊衰三月章注。」○斬衰、疏衰不言功與布者，以不加人功，未成布也。此則稍加以人功，而其鍛治之功麤略，故謂之大功布也。若小功，則功差細密矣。沽，猶略也。沽下「之」字，敖作「也」，似長。賈疏云：「言鍛治，可以加灰矣。」吴氏紱云：「此服七升者，蓋猶勿灰也，灰則爲有事矣。」案：吴説是也。

子、女子子之長殤、中殤。殤者，男女未冠笄而死，可傷者。女子子許嫁，不爲殤也。【疏】正義曰：馬氏云：「子者，男子之已爲子及女子子之殤服也。成人服期，長、中殤降一等，服大功也。不書男子、女子者，男女異長也。男子二十而不爲殤，女子十五許嫁笄而不爲殤也。其未許嫁，如男子，二十乃不爲殤。」李氏云：「言子者，長子亦在焉，以殤死略之。」敖氏云：「言子，又言女子子以殊之，是經之正例。凡言子者，皆謂男子。」吴氏廷華云：「本服長子斬，衆子及室女皆期，殤則並降爲大功。」今案：此云長殤、中殤者，中從上，其服同，故連言之也。又殤服首子、女子子者，以是己所生，非旁親，故列於前。賈疏云：「中殤或從上，或從下，是則殤有三等，制服唯有二等者，欲使大功下殤有服故也。若服亦三等，則大功下殤無服矣，聖人之意然也。」　注云「殤者，男女未冠笄而死，可傷者」，古者男二十而冠，女二十而笄，故鄭以殤爲未冠笄而死也。《釋名》：「未二十而死曰殤。殤，傷也，可哀傷也。」《廣雅·釋詁》：「殤，慯也。」慯與傷通，是以其可哀傷，而名爲殤也。云「女子子許嫁，不爲殤也」者，《喪服小記》曰：「丈夫冠而不爲殤，婦人笄而不爲殤。」《曲禮》：「女子許嫁，笄而字。」《春秋》僖九年「伯姬卒」，文十二年「子叔姬卒」，《公羊傳》皆云：「此未適人，何以卒？許嫁矣。婦人許嫁，字而笄之，死則以成人之喪治之。」是女子許嫁而笄，即不爲殤矣。《雜記》曰：「女雖未許嫁，年二十而笄，禮之。」鄭注：「雖未許嫁，年二十亦爲成人矣。」而馬氏云：「女子十五許嫁笄，而不爲殤也。其未許嫁，如男子，二十乃不爲殤。」義與鄭同。其云「女子十五許嫁笄」者，據《内則》「十有五年而笄」言也。又男二十而冠爲正法，亦容有早冠者，冠不爲殤也。《通典》載束晳云：「男二十而冠，三十而娶，女十五許嫁而笄，二十而出，竝禮之大斷。至於形智夙成，早堪冠娶，亦不限之二十矣。笄冠有成人之容，婚嫁有成人之事。鄭玄曰：『殤年爲大夫，乃不爲殤。爲士，猶殤之。』」《檀弓》曰：「魯人欲勿殤童汪踦，問於仲尼。仲尼曰：『能執干戈以衛社稷，雖欲勿殤也，不亦可乎？』」此有功而殤也。《通典》又云：「凡臣不殤君，子不殤父，妻不殤夫。」蔡氏德晋云：「《左傳》『國君十五而生子』，是固有年十四五而婚娶者矣。律以傳文十九至十六爲長殤，十五至十二爲中殤，則父與夫皆有卒於殤之年者矣。既冠昏，不得復以殤服服之。則凡有妻子者，皆勿殤可也。」此皆謂年未二十而不爲殤者也。

傳曰：何以大功也？未成人也。何以無受也？喪成人者其文縟，喪未成人者其文不縟，故殤之經不樛垂，蓋未成人也。年十九至十六爲長殤，十五至十二爲中殤，十一至八歲爲下殤。不滿八歲以下，皆爲無服之殤。無服之殤，以日易月。以日易月之殤，殤而無服。故子生三月，則父名之，死則哭之。未名，則不哭也。縟，猶數也。其文數者，謂變除之節也。不樛垂者，不絞其帶之垂者。《雜記》曰：「大功以上散帶。」以日易月，謂生一月者，哭之一日也。殤而無服者，哭之而已。爲昆弟之子、女子子亦如之。凡言子者，可以兼男女。又云女子子者，殊之，以子關適庶也。【疏】正義曰：「何以大功也」，長殤、中殤之本服有斬與齊，今俱大功，故問也。「未成人也」，荅辭。「何以無受也」，以正大功有受服，此無受，故又問也。「喪成人者其文縟」四句，荅辭。兩言「未成人」者，以此降爲大功及無受，皆以未成人之故。「其文縟」、「其文不縟」，乃正釋無受之義。「殤之經不樛垂」，則亦文不縟之，故舉之以爲無受比例也。「年十九至十六爲長殤」以下，乃釋經長殤、中殤、下殤名義，而又詳言無服之殤，以補經所未及也。「不滿八歲以下，皆爲無服之殤」，謂八歲以下至始生，皆無服也。《大戴禮·本命》篇云：「男以八月而生齒，八歲而毁齒。」《說文》：「男八月生齒，八歲而齔。

齓，毁齒也。」然則有服之殤，斷自八歲爲始，義蓋本此。《通典》載徐整問射慈曰：「八歲以上爲殤者服，未滿八歲爲無服。假令子以元年正月生，七歲十二月死，此爲七歲則無服也。或以元年十二月生，以八年正月死，但踐八年，計其日月適六歲耳。然號爲八歲，日月甚少，全七歲者，日月爲多。若人有二子，各死如此，其七歲者獨無服，則父母之恩有偏頗。」荅曰：「凡制數自以生月計之，不以歲也。」今案：傳不云「七歲以下」，而云「不滿八歲以下」者，謂必實歷七歲，入八歲限，乃爲下殤。如每歲十二月，七歲八十四月，若有八十五月者爲滿八歲，否則仍在七歲限内，未滿八歲矣。射氏所謂以月計者，殆合傳意也。沈氏彤云：「此不滿八歲以下者，本在五服内之殤，❶以其不滿八歲，故抑之使無服也。」傳又云「以日易月之殤，殤而無服」者，恐人疑以日易月之殤爲有以日易月之服，故又申言之。敖氏云：「子生三月則父名之者，三月天時一變，故名子者法之。未名則不哭者，子見於父，父乃名之。未名則是未之見也，未見則未成父子之恩，故不哭。此義與婦之未廟見而死者相類。」今案：《内則》：「子生三月之末，妻以子見於父，父執子之右手，咳而名之。」是子生三月父名之之事也。傳言此者，又以見無服之殤七歲至生三月其限也。　注云「縟，猶數也」。其文數者，謂變除之節也」者，案：變除之節，詳斬衰經下。《廣雅》：「縟，數也。」《説文》：「縟，繁采飾也。」其文縟者，謂禮文繁數，既葬受以輕服，有變除之節也。不縟，則無變除之節，故無受也。云「不樛垂者，不絞其帶之垂者」，案：鄭云帶，謂要絰也。「樛」當從手旁，石經原刻作

❶「五」，原脱，今據《儀禮小疏》補。

「摎」是也。《廣雅》：「摎，束也。」《衆經音義》引《倉頡篇》亦云：「摎，束也。」摎垂，謂結束其帶之垂者。今本作「樛」，假借字。「南有樛木」，傳云：「木下曲曰樛。」又《檀弓》「衣衰而繆絰」，鄭注：「繆，讀爲不摎垂之摎。」足見字以作「摎」爲正矣。敖氏云「摎當作繆」，非。又云「絰，謂首絰也。垂者，其纓也」，褚氏云：「要絰有摎散之變：始散繼摎者爲變，其文縟也；始終不摎者爲不變，其文不縟也。若首絰，則九月以上始終有纓，七月以下始終無纓，但有有纓無纓之别，無摎垂不摎垂之異。敖以爲首絰，誤。」今案：褚説是也。云「《雜記》曰：『大功以上散帶。』」者，凡喪，小斂後皆服麻，大功以上垂其帶不絞，是謂散帶。散帶與不摎垂同，故鄭引以爲證。但彼是成人之喪，初時不絞，至成服乃絞，此則初終不絞也。云「以日易月，謂生一月者，哭之一日也。殤而無服者，哭之而已」者，鄭以傳既云無服，而又云死則哭之，則以日易月當謂哭日，生一月者哭之一日。賈疏謂「若七歲，歲有十二月，則八十四日哭之。此既於子、女子子下發傳，則惟據父母於子，不關餘親」。馬融、王肅云：「以日易月者，以哭之日易服之月。殤之期親，則以旬有三日哭。緦麻之親，則以三日爲制。」與鄭不同。劉氏敞云：「以日易月者，假令長子也，其本服三年，則殤之二十五日。餘子也，其本服期，則殤之十三日。」其説本馬、王，而惟言父母於子，不及餘親，又與馬、王異。李氏云：「八十四日哭之，惟期親則然。大功親以下，不復有以日易月之哭。馬、王之説非也。期親長、中殤降而大功，下殤降而小功，猶有緦一等，以無服之殤未及於禮，不以緦服之，隨其生月制爲哭日。若大功，則長、中殤降而小功，下殤降而緦，無服之殤服名已絶，與小功中殤、緦之長殤皆已無服，奈何生三月而更制哭日乎？束皙曰：『緦麻不服長殤，小功不服中殤，大功不爲易月哭，惟齊衰乃備四殤焉。』」敖氏云：「無服之殤以日易月，唯用於凡有齊斬之親者，自大功之親以下則否。蓋齊斬之長殤、中殤大功，下殤小功。以次言之，則七歲以下猶宜有服，但以其不入當服之限，是以略之。然其恩之輕重，與殤之在緦麻者相等，故不可不計日而哭之。若滿七歲者，哭之八十四日，則亦近於緦麻之日月矣。是其差也。」江氏筠云：「如馬、王說，則齊斬之親命名以上與七歲者同旬有三日之哭，是太無區別也。而八歲者雖疏得三月之服，七歲者雖親不及半月之哭，則又差別過當也。據殤之長中下定於歲之多寡，則自初生以至七歲，豈得無分？而以哭代服，亦不容太相闊絶，則注謂計歲之月爲哭之日者得之。且易月之月與三月之月，一字豈容異解？明不如注說之得也。」沈氏云：「以日易月，馬融、劉歆之説是，注、疏之説決不可從。設父母以百歲而終，❶計其月當一千二百，依鄭、賈所云，哭之三年，尚不滿千日，豈有哭七歲之殤而日數反過於哭父母者乎？敖以爲近於緦麻之日數，則緦麻之喪安得日日而哭乎？亦非也。」孔氏廣森云：「鄭康成謂生一月者哭之一日，假令遇七歲，便當哭八十四日。夫踰月而葬，葬而卒哭，成人之喪猶或如此，而猥令連旬之外，累月之餘，區區孩童，哭慟不已，疑非理也。」今案：馬、鄭二義不同，諸儒互相詰難，如《通典》所載淳于睿、范甯、戴逵、庾蔚之之説詳矣。然駁馬者江爲最確，駁鄭者沈、孔爲最精。馬、鄭二説，俱有難從。今以傳文繹之，竊疑殤而無服者，謂但哀傷之而無服，非謂哭也。沈氏謂此「殤」字當作「傷」，嫌重出無義。案：殤本訓傷，不必改字。傳「子生三月」數語，蓋謂已三月者

❶「設」，原作「說」，今據《續清經解》本改。

哭之，未三月者不哭，以證子之生月有多寡，則父母之哀情有淺深。故生一月者哀傷之一日，生七歲者哀傷之八十四日，以爲斷制，使勿過情。蓋雖無服，而亦制此禮，以節父母之哀，非謂八十四日便日日哭之也。《通典》載戴德云：「七歲以下至生三月，殤之以日易月。生三月哭之，葬于園，既葬止哭，不飲酒食肉，畢喪各如其日月。」案：此解正得傳義。其云「既葬止哭」，於理尤合。則所謂「無服之殤，以日易月」者，亦但不飲酒食肉，不作樂，以終喪之日而已。鄭氏誤以哭爲言，於理遂多窒礙，其以生一月爲一日者自確也。至李、敖諸家謂無服之殤專指期親以上言，亦本《通典》所載諸儒舊説，賈、劉則唯據父母於子言。案：此傳發於子、女子子下，而傳末「子生三月」云云，又唯言父子，以是證之，賈、劉之説不可易矣。

云「爲昆弟之子、女子子亦如之」者，以下云「夫之昆弟之子、女子子之長殤、中殤」知之也。程氏瑶田云：「案：經於子見長殤、中殤，而小功章不見下殤，於昆弟之子、女子子見下殤於小功章，而此經不見長殤、中殤，蓋互文也。敖以爲脱文，大繆。」云「凡言子者，可以兼男女。又云女子子者，殊之，以子關適庶也」者，謂言子可以兼男女，而此經又言女子子者，以子中兼有適庶，故殊言之，以明適庶同服，適子亦降服大功也。○徐氏乾學云：「《儀禮》有三殤之服，漢、晋迄元皆因之。明初《集禮》一書亦仍其制，至改制《孝慈録》，盡去殤服不載。士大夫遭此變者，既不可盡用成人之禮，又不可竟安於無服，不得已多依倣古禮行之，亦禮以義起者矣。」

叔父之長殤、中殤，姑姊妹之長殤、中殤，昆弟之長殤、中殤，夫之昆弟之子、女子子之長殤、中殤，適孫之長殤、中殤，大夫之庶子爲適昆弟之長殤、中殤。【疏】正義曰：叔父之長殤、中殤，兄之子爲之也。姑姊妹之長殤、中殤，姪與兄弟爲之也。夫之昆弟之子、女子子之長殤、中殤，世叔母爲之也。賈疏云：「自叔父之長殤、中殤，至大夫庶子爲適昆弟之長殤、中殤，皆是成人齊衰期，長殤、中殤降一等，在大功，故於此總見之。」郝氏敬云：「尊屬之殤，止於叔父、姑。自世父以上長於父，則無殤也。」盛氏云：「祖爲適孫之長殤、中殤，大夫以上同。凡言適孫，皆無適子者。」今案：大夫之庶子爲適昆弟本服期，與適子爲庶昆弟、庶昆弟相爲異，詳不杖期章。

公爲適子之長殤、中殤，大夫爲適子之長殤、中殤。公，君也。諸侯、大夫不降適殤者，重適也。天子亦如之。【疏】正義曰：賈疏云：「公爲適子，大夫爲適子，皆是正統，成人斬衰。今爲殤死，不得著代，故入大功。特言適子者，天子、諸侯於庶子則絶而無服，大夫於庶子降一等，故唯言適子也。」敖氏云：「公亦有爲適子長殤之服，則國君之世子亦必二十而後冠，如衆人矣。」 注云「公，君也」者，以經但言公，嫌與公孤之公同，故訓爲君，謂五等之君也。《爾雅·釋詁》云：「公、侯，君也。」云「諸侯、大夫不降適殤者，重適也」者，謂與凡人之爲適殤者同，是不降也。馬氏云：「公謂諸侯也，重適也。大夫亦重適，故皆不降，服大功也。」義與鄭同。云「天子亦如之」者，謂天子亦不降適殤也。《祭法》曰：「王下祭殤五：適子，適孫，適曾孫，適玄孫，適來孫。」

其長殤，皆九月，纓絰。其中殤，七月，不纓絰。絰有纓者，爲其重也。自大功已上絰有纓，以一條繩爲之。小功已下，絰無纓也。【疏】正義曰：馬氏云：「長殤以成人，其絰有纓。中殤賤，禮略，其絰無纓也。」陳氏銓云：「長、中殤唯以絰有纓無纓爲異耳。」今案：長殤亦未成人，中殤以其年少於長殤，非賤也。

又長殤九月，中殤七月，不獨有纓無纓爲異。馬、陳之説，似皆疏矣。李氏云：「《小記》曰：『再期之喪，三年也。期之喪，二年也。九月、七月之喪，三時也。五月之喪，二時也。三月之喪，一時也。』喪服之正無七月，七月者，謂此中殤之服也。」徐氏乾學云：「禮無七月之服，唯殤有之。蓋長殤降一等，下殤降二等，中殤則無定。其在大功之殤，則中從上而降一等。在小功之殤，則中從下而降二等。降二等者固與小功之服同，其降一等者不可即與大功之服同，故特設七月以處之。誠先王盡愛盡倫之善制也。」王氏士讓云：「此殤大功無受，則冠衰絰帶皆不變也，終其九月、七月之數除之而已。」今案：長殤、中殤均入大功章者，以其服皆以大功布爲之也。然中殤殺於長殤，有九月纓絰、七月不纓絰之異，故經於此總著之。言其者，指爲之服者言也。絰，謂首絰也。　注云「絰有纓者，爲其重也」者，以長殤情重於中殤，故絰有纓也。云「自大功已上絰有纓」者，此鄭廣解成人五服有纓、無纓之事，但成人五服中唯大功言絰纓，餘皆不言。鄭以此經言九月纓絰、七月不纓絰，則成人大功九月已上絰有纓，小功五月已下絰無纓明矣。云「以一條繩爲之」者，賈疏云：「鄭見斬衰冠繩纓，通屈一條繩爲武，垂下爲纓，故知此絰之纓亦通屈一條繩屬之絰，垂下爲纓可知。」今案：王氏肅云：「大功已上，以繩爲絰之纓也。」義與鄭同。又賈疏謂「絰之有纓，所以固絰」，吴氏紱云：「絰以有纓、無纓，爲重服、輕服之別，非藉以固絰也。若云固絰，則無纓者其謂之何？」此説是矣。

右大功殤九月七月

大功布衰裳，牡麻絰纓，布帶，三月受以小功衰，即葛，九月者。受，猶承也。凡天子、諸侯、卿大夫既虞，士卒哭而受服。正言三月者，天子、諸侯無大功，主於大夫、士也。此雖有君爲姑姊妹、女子子嫁於國君者，非内喪也。古文依此禮也。【疏】正義曰：李氏云：「此章衰裳三等：降服七升，正服八升，冠皆十升；義服九升，冠十一升。三月既葬，各以其冠爲受。十升、十一升者，小功之布，故曰『受以小功衰』也。下記曰：『大功八升若九升，小功十升若十一升。』記此受服之差也。經纓者，經有纓也。大功九月已上經有纓，故於此著之。即，就也。」敖氏云：「齊衰以上，其經皆不言經纓，故於此成人大功言之，乃因輕以見重，且明有纓者之止於此也。受以小功衰者，說大功布衰裳，而以小功布衰裳受之也。即葛，說麻經帶，就葛經帶也。三月而變衰葛，九月而除之。此章特著受月者，以承上經無受之後，嫌與之同，亦且明受衰之止於此也。」今案：大功以上經皆有纓，獨於此言之者，以文承中殤不纓經之後，嫌亦無纓，故特著之於此。言布帶者，明自齊衰以下帶皆用布，其升數各視其衰耳。「受以小功衰，即葛，九月」，謂於三月變服後，以小功衰及葛經帶終九月之期也。下小功章注云：「即，就也。」郝氏敬云：「去故就新曰即。」《說文》：「葛，絺綌艸也。」無葛則以潁代之，《雜記》「如三年之喪，則既潁」，鄭注「潁，草名。無葛之鄉，去麻則用潁」是也。注云「受，猶承也」者，謂小功衰與大功布相承服之，故云「受，猶承也」。云「凡天子、諸侯、卿大夫既虞，士卒哭而受服」者，案：天子至士皆於葬後受以輕服，士卒哭與葬同月，天子、諸侯、卿大夫卒哭與葬異月，故大夫以上既虞受服，士卒哭受服也。云「正言三月者，天子、諸侯無大功，主於大夫、士也」者，《王制》曰：「天子七月而葬，諸侯五月而葬，大夫、士三月而葬。」《雜記》曰：「士三月而葬，是月也卒哭。大夫三月而葬，五月而卒哭。諸侯五月而葬，七月而卒哭。」鄭注：「天子至士，葬即反虞。」據此，則士三月葬，葬月反哭，反哭受服，是三月也。大夫三月葬，葬即反虞，既虞受服，亦三月。故以三月爲主大夫、士言也。天子、諸侯絶旁期，故無大功之服。云「此雖有君爲姑姊妹、女子子嫁於國君者，非内喪也」者，賈疏謂「彼國自以五月葬後受服，此諸侯爲之自以三月受服，同於大夫、士」。意蓋以非内喪，不必拘五月期耳。敖氏云：「此三月受服，上下同之。章内有君爲姑姊妹、女子子嫁於國君者，而《服問》又言君主適婦之喪，是諸侯雖無大功，而於其尊同者若所不可得而絶者，亦服此服也。其姑姊妹、女子子之嫁於國君者爲外喪，君之受服固不視其卒哭之節。適婦雖内喪，而其禮則比於命婦，但三月而葬，故君亦惟三月而受服也。」今案：敖氏申明鄭義，又補出適婦一層，尤密。云「古文依此禮也」者，戴氏震云：「『古文』下或當有訛脱。」

傳曰：大功布九升，小功布十一升。此受之下也，以發傳者，明受盡於此也。又受麻絰以葛絰。《間傳》曰：「大功之葛，與小功之麻同。」【疏】正義曰：注云「此受之下也，以發傳者，明受盡於此也」者，《間傳》云：「大功七升、八升、九升，小功十升、十一升、十二升。」下記云：「大功八升若九升，小功十升若十一升。」注云：「降而在大功者衰七升，正服衰八升，其冠皆十升。義服九升，其冠十一升。皆以其冠爲受。」此云十一升，是受之下也，必於此發傳者，見受服盡於此也。李氏云：「傳據義服大功而言，義服大功衰九升，受以小功衰十一升。服之有受者止於此，小功以下無受也。」敖氏云：「大功布三等，受布二等。此於大功與受布各見一等者，但以其一一相當者言也。觀此，則其上二等之受布亦可見矣。」江氏筠云：「大功三等，殤九月者七升，殤七月者八升，此則九升，故云『大功布九升』。小功二等，殤服十升，以外皆十一升，故云『小功布十一升』。」今案：傳以大功中有降有正有義，而其服至九升而止，受服至小功十一升而止，故舉其下者言之，而其上者可見，敖說是也。江說與記注違，似未可從。云「又受麻絰以葛絰」者，鄭以經云「即葛絰」，是以葛絰易麻絰，而傳但言衰布，未言葛絰之制，故引《閒傳》以明之。案：《間傳》曰：「大功之葛，與小功之麻同。」謂大功變服之葛絰帶降初喪一等，五分去一，與小功初喪所服之麻絰帶大小同也。

姑姊妹、女子子適人者。【疏】正義曰：大功章首此者，以女子子是己所生，非旁親故也。姑姊妹與女子子四人本服期，適人則降大功，因其服同，故連言之。李氏云：「《雜記》曰：『伯母、叔母疏衰，踊不絶地。姑姊妹之大功，踊絶於地。若知此者，由文矣哉。』絶地，離地也。伯叔母，義也。姑姊妹，骨肉也。姑姊妹雖已出降，其情猶不殺也。」敖氏云：「不杖期章不特著爲此親在室者之服，蓋以此條見之，經之例然也。其他不見者放此。」

傳曰：何以大功也？出也。出必降之者，蓋有受我而厚之者。【疏】正義曰：「何以大功也」，以其當服期而問也。「出也」，荅辭，謂以出降也。敖氏云：「以出者降其本親之服，故此亦降之也。」《檀弓》云：「姑姊妹之薄也，蓋有受我而厚之者也。」此鄭注所本。薄，謂降服大功也。受我而厚之，謂其夫爲之杖期禫也。此雖言姑姊妹，而女子子義亦同。

從父昆弟。世父、叔父之子也。其姊妹在室亦如之。【疏】正義曰：《爾雅》：「兄之子，弟之子，相謂爲從父晜弟。」郭注：「從父而別。」案：鄭云「世父、叔父之子也」者，正謂其從父而別也，此自己身言也。《爾雅》「兄之子，弟之子」，自父身言也。同父昆弟期，從父昆弟降一等，故服大功。注云「其姊妹在室亦如之」者，謂從父姊妹也。

爲人後者爲其昆弟。【疏】正義曰：此本宗昆弟也，次於從父昆弟後者，猶不杖期章「爲人後者爲其父母」列於世叔父母後也，義詳前。不言報者，省文。以前爲其父母言報，則此亦報可知也。敖氏云：「其姊妹在室亦如之。」

傳曰：何以大功也？爲人後者降其昆弟也。【疏】正義曰：此本服期，今大功，故問也。「爲人後者降其昆弟也」，荅辭，謂以出後大宗，故降也。馬氏云：「昆弟在期而降之，以所後爲親也。」賈疏云「於本宗餘親皆降一等」，非。詳「小功」章「爲人後者爲其姊妹適人者」下。

庶孫。男女皆是。下殤小功章曰爲姪、庶孫丈夫婦人同。【疏】正義曰：賈疏云：「卑於昆弟，故次之。」陳氏銓云：「自非適孫一人皆爲庶孫也。」今案：有適子者無適孫，適子在，則凡孫皆爲庶孫也。孫於祖父母服期，祖父母於庶孫以尊加之，故不爲報服，而服大功也。若適子先死，則爲適孫一人期，詳不杖期章。注云「男女皆是」者，謂女孫在室亦如之也。云「下殤小功章曰爲姪、庶孫丈夫婦人同」者，以彼云「爲姪、庶孫，丈夫婦人之長殤」，庶孫兼男女言，明此庶孫亦兼男女，故引以爲證也。

適婦。適婦，適子之妻。【疏】正義曰：賈疏云：「踈於孫，故次之。」黄氏榦云：「適婦無所指斥，明關天子、諸侯。」今案：《服問》曰：「君所主，夫人、妻、大子、適婦。」君既爲適婦喪主，則亦服大功可知，是適婦之服通於天子、諸侯也。《爾雅》：「子之妻爲婦，長婦爲嫡婦，衆婦爲庶婦。」是適子之妻爲適婦也。《内則》又謂適婦爲冢婦，義同。

傳曰：何以大功也？不降其適也。婦言適者，從夫名。【疏】正義曰：言「何以」者，據爲庶婦小功而問也。「不降其適也」，荅辭。馬氏云：「重適，故不降之爲服也。」陳氏銓云：「婦爲舅姑服期，舅姑爲婦宜服大功，而庶婦小功者，以尊降之也。此爲婦大功，故傳釋不降。」李氏云：「婦人從服夫黨之尊者，降於夫一等，所爲服者亦降其夫一等報之。婦爲舅姑期，舅姑宜爲之大功，又以正尊降之服小功，惟適婦則不降。」王氏士讓云：「言不降，有降者。《喪服小記》曰：『適婦不爲舅後者，則姑爲之小功。』是本大功而降者也。」今案：傳云不降其適，對庶婦言，陳氏、李氏之説最明晰。敖氏云：「亦加隆之服。婦從其夫而服舅姑期，舅姑以正尊而加尊焉，故例爲之小功。此異其爲適，故加一等也。」沈氏彤云：「《通典》載劉玢云：『子婦之服，例皆小功，以夫當受重，則加大功。』敖以適婦大功爲加隆，蓋本諸此，其實非也。」褚氏云：「傳明言不降，敖氏故與傳違，乃曰加隆。」吴氏紱云：「由適以之庶，則庶爲降。由庶以之適，則適爲隆。二義皆可通。」今案：吴氏欲調停敖説，然庶婦之小功，究不得謂爲本服，則自以傳言不降者爲是耳。賈疏云：「父母爲適長三年，今爲適婦不降一等服期者，長子本爲正體於上，故加至三年，適婦無正體之義故也。」○唐貞觀中，加適婦爲期服，詳小功章「庶婦」下。○注以適庶之名本由子起，今婦亦言適者，以其夫爲適子，則妻亦爲適婦，故云「從夫名」也。

女子子適人者爲衆昆弟。父在則同，父没乃爲父後者服期也。【疏】正義曰：此下言婦人之服，故次於此。章首男子爲姊妹適人者大功，故此適人者亦爲之大功，皆以出降也。但適人者爲昆弟有期與大功之異，昆弟則皆爲之大功耳。注云「父在則同，父没乃爲父後者服期也」者，盛氏、戴氏謂今本「爲」下脱一

「爲」字，是也。女子子適人者爲昆弟之爲父後者服期，見不杖期章。鄭謂父在則爲爲父後者與衆昆弟同服大功，父没乃服期者，蓋以爲後是據父没言也。盛氏云：「此與大夫之庶子爲適昆弟期同，是應降而不降，不必父没乃爲之服期。」今案：此云衆昆弟，明對爲父後者言之，猶衆子對長子言也。昆弟之爲父後者在期章，衆昆弟在此章，經已分别明晰，似不必以父在、父没爲言，盛説可從。

姪丈夫婦人，報。 爲姪男女服同。【疏】正義曰：此姑已適人者爲姪服也。賈疏云：「姪卑於昆弟，故次之。」今案：《爾雅》：「女子謂晜弟之子爲姪。」姪兼男女言。馬氏云：「嫁姑爲嫁姪服也，俱出也。」專以女言，非矣。《左傳》僖十五年：「姪其從姑。」姪指子圉言，是謂男爲姪也。《公羊傳》莊十九年：「以姪娣從。」姪者何？兄之子也。」《釋名》：「姑謂兄弟之女爲姪。」是謂女爲姪也。此經云「姪丈夫婦人」，猶言姪男姪女也。敖氏云：「必言丈夫婦人者，明男女皆謂之姪也。章首已見爲姑適人者之服，此似不必言報，疑報字非誤則衍。」盛氏云：「上主爲丈夫言，此則兼言婦人，故復云報以明之。」今案：盛説是也。注云「爲姪男女服同」者，鄭意謂女子在室與男同，然已嫁者亦不降也。李氏云：「言婦人者，明已嫁者與在室之服同。下經大夫之妻爲姑姊妹嫁于大夫者大功，爲人後者爲其姊妹適人者小功。則以出降者，兩皆出，亦止降一等。」褚氏云「姑與姪不以兩出而再降，姊妹同」是也。

傳曰：姪者何也？謂吾姑者，吾謂之姪。【疏】正義曰：賈疏云：「云『謂吾姑者，吾謂之姪』者，名唯對姑生稱。若對世叔，唯得言昆弟之子，不得姪名也。」朱子曰：「古人不謂兄弟之子爲姪，但云兄之子、弟之子，孫亦曰兄孫耳。二程子非不知此，然從俗稱姪者，蓋亦無害於義理也。《喪服》『兄弟之子猶子也』，猶字不是稱呼，是記禮者之辭，古人無云猶子者。」○徐氏乾學云：「此條當與上『女子子適人者爲衆昆弟』合爲一條。蓋此『姪丈夫婦人報』，皆女子子適人者爲之也。」盛氏云：「此與上節經文宜合爲一節，言女子子適人者爲此四等之親服，而此四等之親亦以是服報之也。丈夫，男昆弟及姪也。婦人，女昆弟及姪女也。此等皆期親，降在大功。」今案：此「姪丈夫婦人」本蒙上「女子子適人者爲」之文，徐氏謂皆適人者爲之，其説是矣。但衆昆弟對爲父後者言，姪兼姪女言，不得合爲一條。盛氏謂「丈夫婦人」兼承昆弟、姪言，程氏瑶田説亦同。不知姊妹相爲之服，已包於章首條内。《喪服》經傳於男則曰昆弟，於女則曰姊妹，截然分明，無女昆弟之稱。盛氏造揑牽合，斷不可從。

夫之祖父母、世父母、叔父母。【疏】正義曰：此以從服，故次昆弟、姪後。賈疏云：「夫之祖父母、世父母爲此妻著何服？案：下緦麻章云『婦爲夫之諸祖父母，報』，鄭注謂『夫所服小功』者，則此夫所服期，不服報。王肅以爲父爲衆子期，妻小功；爲兄弟之子期，其妻亦小功。以其兄弟之子猶子，引而進之，進同己子，明妻同可知。」李氏云：「爲昆弟子、夫之昆弟子之妻之服，經無文。案：下經爲夫之姑小功，爲夫之諸祖父母緦，皆言報，則夫之旁尊於卑者之婦皆報之，不盡出耳。王肅以爲與衆子之婦同服小功，非旁尊報之例也。」敖氏云：「不言夫之世父母、叔父母報，文略也。」沈氏彤亦以賈疏及王説爲非，謂敖説得之。又云：「夫之祖父母爲此妻，則以正尊而不服報，又與世叔父母不同。」程氏瑶田云：「夫之世叔父母，經不見報文，不服也。曷言不服也？不可服也。舅姑於適婦大功，庶婦小功，夫之祖父母於孫婦服緦。今報之大功，同於適婦矣。小功，同於庶婦矣。緦麻，同於孫婦矣。旁殺之謂何？親疏不分，隆殺無節，於服僨矣。」張氏履云：「旁服無不報，以此婦之爲己大功也，而置之不報，有是理乎？」又引沈子敦云：「夫之諸祖父母報，不以同孫婦爲嫌，而從子之妻何獨以同庶婦、孫婦爲嫌？從祖祖父母猶爲此婦服，而世叔父母反不爲服，亦非旁殺之義。」今案：夫之世叔父母當以其服報之，經不言者，因祖父母不當言報，故於世叔父母之報文亦從省，以可推而知也。李氏、沈氏、張氏之説是矣。

傳曰：何以大功也？從服也。夫之昆弟何以無服也？其夫屬乎父道者，妻皆母道也。其夫屬乎子道者，妻皆婦道也。謂弟之妻婦者，是嫂亦可謂之母乎？故名者，人治之大者也，可無慎乎？道，猶行也。言婦人棄姓，無常秩，嫁於父行則爲母行，嫁於子行則爲婦行。謂弟之妻爲婦者，卑遠之，故謂之婦。嫂者，尊嚴之稱。是嫂亦可謂之母乎？言不可。嫂，猶叟也。叟，老人稱也。是爲序男女之别爾。若己以母、婦之服服兄弟之妻，兄弟之妻以舅、子之服服己，則是亂昭穆之序也。治，猶理也。父母兄弟夫婦之理，人倫之大者，可不慎乎？《大傳》曰：「同姓從宗合族屬，異姓主名治際會，名著而男女有别。」【疏】正義曰：「何以大功也」，以本係路人，今服大功，疑其重而問也。「從服也」，荅辭。馬氏云：「從夫爲之服，降一等也。」陳氏銓云：「凡從服皆降一等。」今案：夫之祖父母、世叔父母，夫皆服期，妻從服降一等，故服大功。又問「夫之昆弟何以無服」者，蓋以夫之昆弟夫亦服期，妻當從服大功，今經不爲制服，故問也。「其夫屬乎父道者」以下，乃反覆申言無服之義以荅之也。凡婦人隨夫爲尊卑，夫屬父道，妻即爲母道，父屬子道，妻即爲婦道。若昆弟之妻，與己尊卑同，不可謂弟妻爲婦，亦不可謂嫂爲母，故曰：「謂弟之妻婦者，是嫂亦可謂之母乎？」此母婦之名，服所由定，而稱之不可紊亂，故又曰：「名者，人治之大者也，可無愼乎？」李氏云：「昆弟之妻本非母婦之行，不可服以母婦之服，又不得以妻道屬其昆弟之妻，故昆弟之妻與夫之昆弟不相爲服。」敖氏疑傳以男子不服昆弟之妻爲荅，與夫之昆弟所以無服之義相違。沈氏云：「案：嫂不可謂母，故不得以服夫之昆弟之子者服其弟。弟妻不可謂婦，故不得以服夫之世叔父者服其兄。此正荅昆弟之妻不服夫之昆弟之義。」今案：沈説是也。此傳所云，亦見《禮記·大傳》，蓋聖賢相傳論服之微旨。《檀弓》曰：「嫂叔之無服也，蓋推而遠之也。」此記者别述所聞，然皆足以發明經不制服之義。孔疏引何平叔云：「男女相爲服，不有骨肉之親，則有尊卑之異也。嫂叔親非骨肉，不異尊卑，恐有混交之失，推使無服也。」范氏祖禹云：「嫂不可謂母，則屬乎妻道者也，故推而遠之，以明人倫。」程子曰：「『推而遠之，此説不是。古之所以無服者，只爲無屬。今上有父有母，下有子有婦，叔父、伯父，父之屬也，故叔母、伯母之服與叔父、伯父同。兄弟之子，子之屬也，故兄弟之子之婦服與兄弟之子同。若兄弟，則己之屬也，難以妻道屬其嫂。此古者所以無服，以義理推不行也。」沈氏云：「推而遠之，爲叔在夫行，嫂在妻行，有所嫌故爾。傳舉其上下，《記》舉其中，合之而義乃備。程子謂叔與嫂何嫌之有，此程子自道其意。若先王之服術通徹上下，不專爲中人以上制也。《曲禮》云：『嫂叔不通問。』夫生則不通问，死則爲之衰麻，何義乎？且所以不爲服於其死者，正使之遠别於其生也。」顧氏炎武云：「『謂弟之妻婦者，是嫂亦可謂之母乎』，蓋言兄弟之妻不可以母子爲比。以名言之，既有所閡而不通。以分言之，又有所嫌而不可以不遠。《記》曰：『嫂叔之無服也，蓋推而遠之也。』夫外親之同爨猶緦，而獨兄弟之妻不爲制服者，以其分親而年相亞，故聖人嫌之。嫌之故遠之，而大爲之坊，不獨以其名也。」吴氏紱云：「夫之姊妹上非母道，下非婦道，而相爲服。則嫂叔之無服，以遠嫌明矣。」官氏獻瑶云：「在禮，嫂叔不通問。其亡也，嫂不撫叔，叔不撫嫂。故《記》曰：『推而遠之也。』是則制禮者坊世之深意也。」今案：程子論無屬之義極精，而推遠之義諸家發明亦詳。《記》説未可偏廢，然禮之坊多在嫂叔者，以其分尤親，故尤致别嫌之意。《奔喪》曰：「無服而爲位者，唯嫂叔。」鄭注：「正言嫂叔，尊嫂也。兄公，於弟之妻則不能也。」謂不能爲位以哭也。據此，則兄公，於弟妻遠之尤深，其宜避嫌不待言矣。顧氏謂鄭此注足補《禮記》所未及，信然。○《校勘記》云：「『言婦人棄姓』至『則爲婦行』二十四字，今本脱，徐本、《通典》、《集釋》、《通解》俱有，楊氏無。浦鏜云：『《爾雅》疏亦有。』『是嫂亦可謂之母乎』八字今本脱，徐本、《通典》、《集釋》、《通解》俱有，與疏合。《通典》『母乎』下更有『言不可』三字。案：若無『言不可』三字，則空述傳文，殊覺無謂。注意言嫂者雖是尊嚴之稱，然竟謂之母則不可也，不過比之以老人耳，三字宜補入。『叟』，《釋文》作『傁』。『老人』下《集釋》有『之』字。」今案：《大傳》「是嫂亦可謂之母乎」，注亦云「言不可也」，則此三字當有明矣。嚴本亦無，今據《通典》補。　注云「道，猶行也」者，謂行輩也。云「言婦人棄姓，無常秩」者，謂尊卑無一定也。云「謂弟之妻爲婦者，卑遠之，故謂之婦。嫂者，尊嚴之稱。是嫂亦可謂之母乎？言不可」者，朱子云：「案：傳意本謂弟妻不得爲婦，兄妻不得爲母，故反言以詰之，曰：『若謂弟妻爲婦，則是兄妻亦可謂之母矣，而可乎？』言其不可爾，非謂卑遠弟妻，而正謂之婦也。注疏皆誤。」盛氏云：「弟之妻爲婦，文見《爾雅》，故鄭爲之説曰：『卑遠之，故謂之婦。』然非傳義也，朱子駁之當矣。」云「嫂，猶叟也。叟，老人稱也」者，賈疏云：「叟有兩號：若孔注《尚書》『西蜀叟』，叟是頑愚之惡稱。若《左傳》云『趙叟在後』，叟是老人之善名，故云老人之稱。」云「是爲序男女之别爾」者，言傳所云，是序男女昭穆之别也。云「若已以母、婦之服服兄弟之妻，兄弟之妻以舅、子之服服己，則是亂昭穆之序也」者，此正釋無服之義也。沈氏云：「上言母而下言子，上言婦而下言舅，是直以母爲親母，婦爲子婦矣。據傳文上云母道、婦道，而下以母、婦承之，則謂母爲世叔母之母，謂婦爲昆弟子婦之婦，乃與兩道字切合。」案：沈説亦是。引《大傳》者，證名不可不慎之義。彼注云：「異姓，謂來嫁者也，主於母與婦之名耳。際會，昏禮交接之會也。著，明也。母、婦之名不明，則人倫亂也。」〇《舊唐書·禮儀志》：「貞觀十四年，太宗曰：『同爨尚有緦麻之恩，而嫂叔無服，宜集學者詳議。』於是魏徵、令狐德棻等奏議，請服小功五月報，其弟妻及夫兄亦小功五月。制可之。」沈氏云：「《奔喪》云：『無服而爲位者，唯嫂叔及婦人降而無服者麻。』鄭云：『雖無服，猶弔服加麻，袒免，爲位哭也。』是嫂叔之喪固弔服而加麻矣，非若顔師古所云『闔門縞素，己獨玄黄莫改』者也。」又云：「孩童之叔被鞠養於長嫂，則既葬之後心喪終期，亦庶幾恩義之兼盡乎。後世因鞠養之恩，而制嫂叔之服。因嫂叔制服，而并制兄公弟妻之服。如魏徵諸人，皆不知先王之禮意者也。」今案：稚叔鞠於長嫂，此不過千百中之一二，禮當爲天下萬世遵行，不當爲一二人立制。當時唐臣阿徇帝旨，遂議制服，而其援以爲説者，僅以長嫂於稚叔有鞠養之恩及子思哭嫂爲位爲辭。然子思之哭嫂，禮未言其有服也。至弟妻與夫兄相爲服，絶無義可言。若此傳詳明無屬之理，《禮記》又著遠别之義，足見《禮經》不爲制服，實本天理人情，歷聖相傳，未之有改。雖貞觀中議定服制，而其後盧履冰、元行冲之流，尚以爲宜依舊禮，亦可知禮之協於人心者不可易矣。竊謂夫之兄弟，當依《禮經》無服。遭喪，則兄弟之妻及夫之兄弟皆弔服加麻，叔於長嫂更爲位以哭。若有早歲而孤，爲嫂所鞠養以長者，則或如韓昌黎之於鄭氏服期以報，或盡心喪之禮，在其人自行之，而不必垂爲定制可也。

大夫爲世父母、叔父母、子、昆弟、昆弟之子爲士者。 子，謂庶子。【疏】正義曰：此著大夫之禮，故次女子後。合世叔母言爲士者，以其爲士妻，非命婦也，與「不杖期」章言「大夫爲祖父母、適孫爲士者」例同。賈疏云：「大夫爲此八者本期，今以爲士降大功。」敖氏云：「不杖期章爲此親之爲大夫命婦者云『大夫之子』，此云『大夫』，互見其人，以相備也。」今案：經不言報，則此八者爲大夫，皆如其親服服期明矣。　注云「子謂庶子」者，以長子在斬衰章，故知謂庶子也。馬注與鄭同。《喪服小記》曰：「大夫降其庶子，其孫不降其父。」鄭注「大夫爲庶子大功」是也。朱子云「喪服自期以下，諸侯絶，大夫降」，謂此。王氏士讓云：「子非旁親，亦降之者，適爲本，庶爲支，猶之旁親也。」

傳曰：何以大功也？尊不同也。尊同，則得服其親服。 尊同，謂亦爲大夫者。親服，期。【疏】正義曰：「何以大功也」，以本期，今服大功，故問也。「尊不同也」以下，荅辭。尊不同，謂大夫與士也。馬氏云：「皆期也，大夫尊，降士，故服大功也。」　注云「尊同，謂亦爲大夫者」，以上八者爲士，故尊不同。若亦爲大夫，則尊同也。云「親服，期」者，謂其本親之服是期也，因尊不同降大功。若尊同，則得服期也。馬氏云：「尊同，亦爲大夫，服期也。」與鄭義同。褚氏云：「此等有父爲大夫而存者，即是尊同不降。」王氏士讓云：「大夫、士雖同爲臣，而服命殊矣。《燕》、《射》則有堂上、堂下之班，《鄉飲酒》則有齒與不齒之異。即五服之喪，而哭位別焉。若喪服不爲之減殺，則他禮皆窒礙而不可行。故大夫降其旁親，理當然也。嘗爲大夫而已者猶降，詳不杖期章。」華氏學泉云：「或問：『大夫之降其期以下服，何也？』曰：『先王制服，尊尊親親之義竝重。曰尊尊，則自天子以至公侯卿大夫統此矣。尊不敵親，故雖天子不敢降其正期。親不敵尊，❶故雖大夫得降其旁期。』或曰：『天子、諸侯之貴，其於諸父昆弟有君臣之分矣，故族人不得以其戚戚君，宜也。大夫於諸父昆弟無君臣之分，其所以必詘其親以伸其貴，何也？』曰：『古者諸侯之封不過百里，大夫之仕於其國，其父兄宗族之爲士者皆其所統也，不使之衆著於尊尊之義，不可以爲治。後世士大夫之仕者離其鄉數千里，故雖入爲公卿，出爲牧伯，而五服之親不聞有所降殺，其時義宜爾也。』『大夫之子以大夫而降，何也？』曰：『此亦從尊尊之義推之也。國無二君，家無二尊，父之所不服，子亦不敢服。故大夫以尊降，大夫之子及公之子以厭降。公之昆弟，即公子也，以先公之餘尊降。大夫無餘尊，故大夫没，大夫之子不降。』」今案：王説、華説發明大夫降期之義精矣。

公之庶昆弟、大夫之庶子爲母、妻、昆弟。公之庶昆弟，則父卒也。大夫之庶子，則父在也。其或爲母，謂妾子也。【疏】正義曰：賈疏云：「云『公之庶昆弟、大夫之庶子』者，此二人各自爲母、妻，爲昆弟服大功。此竝受厭降，卑於自降，故次在自降人之下。」馬氏云：「言庶者，諸侯異母兄弟也。庶子，大夫妾子也。諸侯貴妾子，父在爲母期，父没伸服三年。大夫貴妾子，父在爲母期。賤妾子，父在爲母大功，則從大夫而降也。」今案：馬解庶昆弟、庶子之義是矣，其言諸侯、大夫貴妾之服，與《禮經》不合。張氏爾岐云：「據注及

❶「敵」，原作「適」，今據《禮經本義》所引改。

疏，此經文『昆弟』二字舊在傳後，鄭君始移在傳前，與母、妻合文。」汪氏琬云：「戴德《喪服變除》曰：『天子、諸侯之庶昆弟，大夫之庶子，爲其母大功，哭泣飲食思慕猶三年。』賀循《喪服要記》：『凡降服既降，心喪如常月。』劉智謂小功以下不税，乃無心喪。又陳沈洙議『元嘉立議心喪二十五月爲限，唯王儉《古今集記》終二十七月，爲王逡所難。何佟之《儀注》亦用二十五月，無復心禫』云云。是則心禫可廢，心喪不可廢也。宋服制，凡如適孫祖在爲祖母，爲人後者爲其所生父母之類，皆許解官，申心喪三年。蓋猶遵用前代制也。自明以來，此禮不行久，當亦士大夫所宜講求者。」注云「公之庶昆弟，則父卒也」者，以其繫於今公而言昆弟，不言公子，是父已卒矣。又下傳云「先君」，亦已卒之稱，故鄭知父卒也。云「大夫之庶子，則父在也」者，以其繫於大夫而言庶子，是大夫在矣。又下傳云從降，亦大夫在之辭，故鄭知父在也。云「其或爲母，謂妾子也」者，以經中言適庶之例，凡適妻所生第二子皆爲庶子，但君、大夫於適妻不降，則適妻子爲母自皆得伸其本服，今服大功，故知經所云「爲母」，指妾子爲其生母言也。其爲妻、爲庶昆弟，則適妻所生第二子皆服大功，以「不杖期」章「大夫之適子爲妻」、「大夫之庶子爲適昆弟」證之可知。故鄭云「或」者，蓋謂爲妻、昆弟大功，庶所同，唯爲母大功當專指妾子言耳。以經中言庶之例與他條稍異，故不欲正言斥之而言或，謙若不敢定也。

傳曰：何以大功也？先君餘尊之所厭，不得過大功也。大夫之庶子，則從乎大夫而降也。父之所不降，子亦不敢降也。言從乎大夫而降，則於父卒如國人也。昆弟，庶昆弟也。舊讀「昆弟」在下，其於厭降之義，宜蒙此傳也，是以上而同之。父所不降，謂適也。【疏】正義曰：「何以大功也」，以此等親皆宜服期，今大功，故問也。以下皆荅辭。「先君餘尊之所厭」二句，則荅言公之庶昆弟爲母、妻、昆弟大功之義也。國君絶期，於妾及庶子、庶婦皆不爲服。故君在則公子厭於父之尊，於昆弟無服。而爲母若妻，在五服之外，下記「公子爲其母練冠、麻、麻衣縓緣，爲其妻縓冠、葛絰帶、麻衣縓緣」是也。君卒，向之公子，今爲公之庶昆弟，然猶厭於餘尊，止服大功而已。雷氏云：「《公羊傳》云：『國君以國爲體。』是以其人雖亡，其國猶存，故許有餘尊以厭降之。」《禮經釋例》云：「敖氏謂其死者猶爲餘尊之所厭，大謬。竊謂公之庶昆弟，其父雖卒，而適子尚爲諸侯，是先君之餘尊猶在，故爲所厭，不得伸也。」「大夫之庶子」二句，則荅言庶子爲母、妻、昆弟大功之義也。陳氏銓云：「從乎大夫而降，謂父在者。」蓋大夫降其妾及庶子、庶婦之服，故大夫之庶子於母、妻、昆弟之服亦降期而爲大功。此從父而降也，但父卒則無餘尊所厭耳。「父之所不降」二句，則因降而兼言不降之義也。李氏云：「厭降與尊降異。尊降者，不降其正統之親及旁親之尊同者。厭降者，父所不服，則皆不敢服之。《穀梁傳》曰：『公子之重視大夫。』公之昆弟其尊與大夫等，而其服有不同者以此。公之昆弟於大功以下乃無餘尊之厭，得伸，於尊不同者則自以己旁尊降之一等，與大夫同。」　注云「言從乎大夫而降，則於父卒如國人也」者，蓋大夫之庶子本無降其母、妻、昆弟之理，因從父而降，故父卒得伸本服，爲母三年，爲妻、昆弟期也。顧氏炎武云：「尊尊親親，周道也。諸侯有一國之尊，爲宗廟社稷之主，既没而餘尊猶在。大夫之尊不及諸侯，既没則無餘尊，故其庶子於父卒，爲其私親竝依本服，如邦人也。親不敵尊故厭，尊不敵親故不厭，此諸侯、大夫之辨也。」云「昆弟，庶昆弟也」者，謂此經所言昆弟，指庶昆弟言。若適昆弟，則父亦不降也。云「舊讀『昆弟』在下，其於厭降之義，宜蒙此傳也，是以上而同之」者，賈疏云：「言舊讀，謂鄭君已前馬融之等以『昆弟』二字抽之在傳下。鄭檢經義，昆弟乃是公之庶昆弟、大夫之庶子所爲者，父以尊降庶子，則庶子亦厭而爲昆弟大功，是知宜蒙此傳。則『昆弟』二字當在傳上，與母、妻宜蒙此傳，同爲厭降之文，不得如舊讀也。」云「父所不降，謂適也」者，謂適妻、適子、適婦之等，皆君、大夫所不降也。○徐氏乾學云：「此『昆弟』二字本在下條『皆爲其從父昆弟之爲大夫者』上。鄭氏謂宜在此，愚謂此條爲母爲妻，與下記『公子爲其母、妻』相照。彼公子以父在，故既葬即除，此則父没，故得申大功。至大夫之庶子，又卑於公之庶昆弟，雖父在亦得申大功，故同類言之，初何嘗及於昆弟乎？今雖從注疏之本，不敢擅易，而解義決當以舊讀爲正。」程氏瑤田云：「先君餘尊之所厭，止於爲母、爲妻。蓋母、妻者，其私親也，故以君厭之。若夫昆弟，豈可以私親加之哉？『昆弟』二字斷屬下節，余從舊讀，不憑鄭君也。」又云：「上條著大夫之服，則公之昆弟、大夫之子皆在所包。何以知之？小功殤服中『大夫、公之昆弟、大夫之子爲其昆弟、庶子、姑姊妹、女子子之長殤』一條，即上大夫條之長殤服。於其大夫下連言公之昆弟、大夫之子，即可決大夫條之『大夫』二字，實包三人也。此條別出公之庶昆弟、大夫之庶子，專著其爲母爲妻，遠不同於大夫及公之適昆弟、大夫之適子。蓋公子適昆弟，其母諸侯夫人也，服齊衰三年。其妻亦猶大夫妻，服期。大夫之適子，其母其妻皆大夫之所不降者。今別出者，著二庶之爲母、妻也。若二庶之昆弟，以公之庶昆弟言，其於昆弟之爲士者，自同大夫之爲昆弟服大功。若其昆弟已爲大夫，則又在尊同得服親服之例矣，安得以先君餘尊厭之邪？若大夫庶子之昆弟則固從大夫而服，已包在上條大夫爲子、昆弟、昆弟之子諸人中，奚必别出之邪？」《禮經釋例》云：「賈疏謂馬融之等以『昆弟』二字抽之在傳下，所謂傳下者，『傳曰』之下也。蓋舊讀『傳曰：昆弟何以大功也』，其義原可兩通。近人有以『昆弟』二字屬下節經文之首者，則讀之不可通矣。」胡氏承珙云：「經不見公之昆弟爲其昆弟成人者之服，故特以昆弟與母、妻一例於此見之，而後公之昆弟爲其昆弟成人者之服始著。至大夫之子爲其昆弟之爲大夫者，已見不杖期章，而其爲昆弟之不爲大夫者獨無所見，故亦於此見之。若如舊讀，置『昆弟』二字於下條之上，則昆弟爲誰之昆弟，於義無屬，於文不辭矣。鄭君改讀極精，後人故欲從舊讀而强爲之解，非也。」今案：以「昆弟」二字置於下條之首，則文義不順，此斷不可從。唯《喪服》各章各省文互見，據《穀梁傳》云：「公子之重視大夫。」小功殤服：「大夫、公之昆弟、大夫之子爲其昆弟、庶子、姑姊妹、女子子之長殤。」注云：「公之昆弟猶大夫。」「不杖期」章大夫之子爲昆弟之爲大夫者期，與大夫同。則大夫之子爲昆弟之爲士者大功，亦當與大夫同。程氏謂公之昆弟、大夫之子即包於上大夫條内，不必别出，亦自有理。且大夫之子無論適庶，爲昆弟之不爲大夫者皆大功。若謂大夫之庶子爲昆弟之不爲大夫者無所見，故於此見之，則大夫之適子爲昆弟之不爲大夫者，又於何見之乎？徐氏、程氏謂此條但言爲母爲妻，不兼昆弟，以下記公子爲母、妻在五服之外證之，其説似是。竊疑「昆弟」二字屬上屬下皆非，當屬衍文耳。今仍依鄭釋之，而節録諸家説於後，並附管見，俟後人考定焉。

皆爲其從父昆弟之爲大夫者。皆者，言其互相爲服，尊同則不相降。其爲士者降在小功。適子爲之亦如之。【疏】正義曰：或本有移上經「昆弟」二字置於「皆」字上者，此大非，辨見前。注云「皆者，言其互相爲服，尊同則不相降」者，從父昆弟本大功，若爲大夫，則以尊降。今兩爲大夫，尊同不降，此爲彼服大功，彼爲此亦服大功，故云「互相爲服」，以釋「皆」字之義，明皆服大功也。云「其爲士者降在小功」者，謂大夫爲從父昆弟之爲士者，則降一等服小功也。云「適子爲之亦如之」者，此兩爲大功之服，適庶同，不以適子而有異也。李氏云：「皆者，皆公之庶昆弟、大夫之庶子也。」敖氏云：「此文承上經兩條而言，則皆云者，皆大夫、公之昆弟、大夫之子也。大夫、公之昆弟於此親，則尊同也。大夫之子於此親，則亦以其父之所不降者也，故皆服其親服。」今案：此條以「皆」字起，似是承上文之辭，敖說亦通。大夫爲從父昆弟之爲大夫者服是正解，不當遺之，賈、李說尚未合。

爲夫之昆弟之婦人子適人者。 婦人子者，女子子也。不言女子子者，因出見恩疎。【疏】正義曰：此世叔母爲之服也，不言世叔父爲之服者，以此包之。賈疏云：「此亦重出，故次從父昆弟下。」馬氏云：「在室者期，適人者降大功也。」〇注以婦人子即女子子，而經不言女子子，「因出見恩疎」者，言女則已所生，是親；言婦則爲人婦，是疎。今不言女子子而言婦人子者，以其出適人，降服大功，故言婦人子，以見其恩之疎也。陳氏銓云：「婦人者，夫之昆弟之子婦也。子者，夫之昆弟之女子子適人者也。此是二人，皆服大功。先儒皆以婦人子爲一人，此既不辭，且夫昆弟之子婦復見何許也？」徐氏乾學以陳說爲長，今竝録之。

大夫之妾爲君之庶子。 下傳曰「何以大功也？妾爲君之黨服，得與女君同」，指爲此也。妾爲君之長子亦三年。自爲其子期，異於女君也。士之妾爲君之衆子亦期。【疏】正義曰：賈疏云：「妾爲君之庶子輕於爲夫之昆弟之女，故次之。」今案：鄭以此經專爲一條，不合下文也。注云「下傳曰『何以大功也？妾爲君之黨服，得與女君同』，指爲此也」者，鄭以此傳問荅，爲此經而發，今在下者，彼注云「文爛在下爾」故也。蓋大夫與大夫之妻爲庶子大功，此大夫之妾爲大夫之庶子亦大功，是爲君之黨服得與女君同也。言君之黨，明非妾所生子，且亦見從君而服之義。沈氏彤云：「妾從女君而服君之黨，則爲君之祖父母、世父母、叔父母，亦大功可知也。」云「妾爲君之長子亦三年」者，此與女君同也。云「自爲其子期，異於女君也」者，大夫之妾自爲其子期，見「不杖期」章，異於女君之大功也。鄭言此者，見經所言庶子，爲適妻所生第二子以下及他妾之子也。王氏肅云：「大夫之妾爲他妾之子大功九月，自諸侯以上不服。」義與鄭同。云「士之妾爲君之衆子亦期」者，士及士妻爲衆子期，故妾亦期衆子，與此庶子一也。

女子子嫁者、未嫁者爲世父母、叔父母、姑姊妹。 舊讀合「大夫之妾爲君之庶子、女子子嫁者、未嫁者」，言大夫之妾爲此三人之服也。【疏】正義曰：瞿中溶云：「石本原刻無『女子』。」○賈疏云：「此是女子子逆降旁親，又是重出，故次之於此。」云「舊讀」者，賈疏以爲馬融之輩舊讀如此。今案：舊讀以「大夫之妾爲君之庶子、女子子嫁者、未嫁者」爲一條，「爲世父母、叔父母、姑姊妹」又爲一條，亦大夫之妾爲之。鄭則以「女子子嫁者、未嫁者爲世父母、叔父母、姑姊妹」自爲一條，不連上經也。云「言大夫之妾爲此三人之服也」者，此鄭申述舊讀之説，但此注文義未了，不應截斷，當與下注聯合爲一，詳下。

傳曰：嫁者，其嫁於大夫者也。未嫁者，成人而未嫁者也。何以大功也？妾爲君之黨服，得與女君同。下言爲世父母、叔父母、姑姊妹者，謂妾自服其私親也。 此不辭，即實爲妾遂自服其私親，當言「其」以見之。「齊衰三月」章曰：「女子子嫁者、未嫁者爲曾祖父母。」經與此同，足以見之矣。傳所云「何以大功也？妾爲君之黨服，得與女君同」，文爛在下爾。女子子成人者有出道，降旁親。及將出者，明當及時也。【疏】正義曰：《校勘記》云：「『妾爲君之黨服』，『爲』下，《通典》有『女』字，注同。案：有『女』字非是。經云『君之庶子』，是君之黨，非女君之黨也。」○鄭以「嫁者其嫁於大夫者也未嫁者成人而未嫁者也」十九字爲此經之傳，「何以大功也妾爲君之黨服得與女君同」十六字爲上經「大夫之妾爲君之庶子」之傳，共三十五字，皆爲傳文。至「下言爲世父母叔父母姑姊妹者謂妾自服其私親也」二十一字，乃鄭注之文訛入傳内，唐石經及各本皆如此，其誤已久。近儒辨正甚確，詳下。○《校勘記》云：「注『當言其以見之』，『見』，徐本、《通典》、《集釋》、敖氏俱作『明』，下『足以見之矣』，賈疏述注作『見』。『文爛在下爾』，《通典》『爾』作『耳』。」今案：兩「見」字作「明」亦通，嚴本俱作「明」，今從之。此注當與上「舊讀」以下三十二字、「下言」以下二十一字共爲一節，後人傳寫誤分之。戴氏震云：「賈疏謂『下言』二字及『者謂妾自服其私親也』九字，總十一字，既非子夏自著，又非舊讀者自安，是誰置之也，今以義必是鄭君置之，鄭君欲分別舊讀者如此意趣，然後以注破之。據疏此説，以『爲世父母叔父母姑姊妹』十字爲傳文，以『下言』二字及『者謂妾自服其私親也』九字共十一字爲鄭所加，不知經既見『爲世父母叔父母姑姊妹』十字，❶傳不應重見此十字，而絶不釋其意。是二十一字通爲鄭注無疑。且考其文義，上云『言大夫之妾爲此三人之服也』，下云『謂妾自服其私親也』，一『言』字，一『謂』字，皆指舊讀者之意如是。

❶「爲」，原脱，今據《儀禮集釋》補。

自『舊讀』至『此不辭』，凡五十六字，一氣連貫，不可截斷。」盛氏云：「注意與傳文本無不合，奈爲傳寫者所誤，故人不能無疑耳。『何以大功也？妾爲君之黨服，得與女君同』三句，據注當在經文『大夫之妾爲君之庶子』下，而簡脱在此。此誤於漢以前者也。『下言爲世父母叔父母姑姊妹者謂妾自服其私親也』二十一字，據疏是鄭君置之，當屬注而大書連於傳。此誤於唐以前者也。」褚氏云：「此條細玩賈疏，注混於傳，真屬顯然，不知何時將『舊讀』以下三十二字屬經文『姑姊妹』以下，『下言』至『私親也』二十一字廁入傳中，而以『此不辭』以下爲駁傳語，雜亂無次，讀者滋眩。」阮氏學海堂本《校勘記》云：「案：『下言』以下二十一字，乃鄭所引舊讀之文，與下『此不辭』相連，皆爲注文。❶ 而上節鄭注『舊讀』以下三十二字，當次於傳文『女君同』之下，則一氣相連。曰『言』曰『下言』，文義顯然矣。自寫者誤分注爲兩截，竄『舊讀』三十二字於『傳曰』之前，而又誤鄭注『下言』二十一字爲傳文，遂爲學者大疑。向使此二十一字爲傳，則舊讀甚是，鄭若破之，是破傳，非破舊讀矣。鄭不言傳誤，而但言舊讀誤，是傳必不與舊讀合矣。」今案：「下言」以下二十一字，諸家辨爲注文，確不可易。秦氏蕙田、孔氏廣森、胡氏承珙亦同此説。金氏榜、江氏筠又謂此傳唯「何以大功也妾爲君之黨服得與女君同」爲傳文，餘皆屬注文，以「嫁者其嫁於大夫者也未嫁者成人而未嫁者也」爲注引齊衰三月章傳文，以明舊讀者之意，其説未然。蓋「嫁者」以下十九字爲此經之傳，「何以大功也」十六字爲上經之傳，因脱爛在此，舊讀遂誤合爲一。若如金氏、江氏謂注引前傳文以

❶「皆」，原作「者」，今據學海堂本《儀禮注疏校勘記》改。

明舊讀者之意，則當有駁語，何以注末反爲成人而未嫁者申明其義，是其説必不然矣。鄭與舊讀異，而傳文不異，必須將傳注混淆之處辨清，然後經義可解。考此注但辨舊讀之誤，而不言傳誤，則「下言」二十一字斷非傳文無疑。且以通篇傳文考之，辭句簡古，亦無此「下言」等文法，則斷爲注文，又何疑也？蓋舊讀以「大夫之妾」爲首，以「爲君之庶子、女子子嫁者、未嫁者」爲一條，以「爲世父母、叔父母、姑姊妹」爲一條，故注先述其説，而後駁之。褚氏云：「注曰『舊讀合大夫之妾爲君之庶子、女子子嫁者、未嫁者，言大夫之妾爲此三人之服也』，是言其第一誤也。注又曰『下言爲世父母、叔父母、姑姊妹者，謂妾自服其私親也』，是言其第二誤也。然後以『此不辭』云云辨其非。」此説是也。云「即實爲妾遂自服其私親，亦當言『其』以明之」者，謂「世父母」以下果爲妾私親之服，則「爲」下當有「其」字，如「不杖期」章「公妾以及士妾爲其父母」之類。今不言「其」，是辭與義違，非私親明矣。又引「齊衰三月」章者，鄭以此經爲女子子嫁者、未嫁者爲世父母、叔父母、姑姊妹之服，與彼經云「女子子嫁者、未嫁者爲曾祖父母」文法一例，足明女子子嫁者、未嫁者不連上經爲文矣。此鄭駁舊讀之説也。云「傳所云『何以大功也？妾爲君之黨服，得與女君同』，文爛在下爾」者，謂此傳十六字本當在「女子子嫁者未嫁者」之上，因簡册脱爛，故誤在下也。云「女子子成人者有出道，降旁親。及將出者，明當及時也」者，此釋本傳義也。女子子嫁者、未嫁者爲世父母等七人本皆期服，今嫁者降服大功，未嫁者亦降大功，故傳以成人釋之，言此未嫁者乃成人而未嫁，明已笄醴及年二十以上，故注謂成人則有出嫁之道，雖未出亦逆降也。父以下，旁親也。注又云「將出當及時」者，恐將嫁之時而遭旁親期服，則不能及時而嫁。若逆降，在大功之末可以嫁子，故云「明當及時也」。盛氏云：「嫁者因出降也，不云『適人』而云『嫁』者，見其雖貴爲大夫妻，不再降也。」又云：「昏姻之時，男女之正，王政之所重也。女子二十而嫁，有故二十三年而嫁，謂父母喪也。聖人權於二者之間，以父母之喪較之昏姻之時，則服重而時輕，故使之遂其服。以世叔父諸喪較之昏姻之時，則服輕而時重，故使之遂其時。此逆降之禮所由設也。」褚氏云：「前章不敢降其曾祖，意尤重在已嫁者，此條意重在許字者之逆降。」又云：「逆降之節，未必一許嫁即然。或在請期之後，將嫁而未及嫁，亦遂同於已嫁之例耳。」孔氏廣森云：「此未嫁逆降者，蓋以貴降也。經例，行於大夫已上曰嫁，行於士、庶人曰適人。然則未嫁者，未嫁於大夫也。凡未許人或許適士而未行者，皆通言在室耳。唯許嫁大夫而未行者，乃別謂之未嫁。故傳説之曰『成人而未嫁』，著成人者，明其已許嫁也。婦人外成，既許嫁大夫，雖未行，固已貴矣，是以有逆降之法。經言『女子子未嫁者』，唯此及齊衰三月章『爲曾祖父母』二事。曾祖父母，至尊也，雖許嫁大夫，不得以貴降。彼舉未嫁，以包在室。許大夫者猶不降，許士者可知矣。世父母、叔父母、姑姊妹，旁親也，故許嫁大夫，得以貴降。此舉未嫁，以殊在室。必許大夫者然後逆降，則許士者無逆降可知矣。」《禮經釋例》云：「未嫁者，謂許于大夫而未嫁者，蓋尊尊之義，故鄭注亦引齊衰三月章以證之，其義甚明。」胡氏承珙云：「逆降之説，梁朱異問北使李業興曰：『女子逆降旁親，亦用鄭義否？』業興曰：『此之一事，亦不專從。』後儒於此多有疑鄭者。然經以嫁者未嫁者連文，傳於未嫁之上特著『成人』二字，則逆降之法，似未可謂無之也。」今案：此及「爲曾祖父母」條，一言其降旁親，一言其不降正親，無論已嫁未嫁皆然，故連言嫁者未嫁者。然未嫁而逆降旁親，必其許嫁於大夫而年在及笄以上者，故經言嫁不言適人，而傳亦俱以「嫁者嫁於大夫，未嫁者成人而未嫁」釋之也。注言「將出者當及時」，正以明傳「成人」之義。其引「齊衰三月」章「爲曾祖父母」條作比例，亦正以傳釋此經，與彼文同，足明經言嫁之旨，注之與傳豪無不合。至盛氏言逆降重昏姻之時，褚氏言逆降在請期之後，孔氏及《釋例》言逆降爲貴貴尊尊之義，胡氏言逆降義本經傳，皆足以發明注説。此鄭義之灼然昭著者也。萬氏斯大云：「此條言大夫之妾當服大功者，在君之家則有君之庶子、女子子嫁者、未嫁者，在私家則有世父母、叔父母、姑姊妹，經傳甚明。」以鄭不從舊讀爲非。徐氏乾學更駁逆降之説，而皆以「下言」至「服其私親也」爲傳釋經之文，不知此二十一字乃注文誤入也。王氏志長、郝氏敬、張氏爾岐、汪氏琬、姜氏兆錫、程氏瑶田亦皆以舊讀爲是。朱子云：「今考女子子適人者爲父母及昆弟之爲父後者已見於『齊衰期』章，爲衆昆弟又見於此『大功』章。惟伯叔父母、姑姊妹之服無文，而獨見於此，則當從鄭注之説無疑矣。」敖氏云：「經初無爲女子子未嫁者之禮。」又云：「爲世父母以下，乃適人者之通禮，經必不特爲此妾發之。又此妾爲私親大功者，亦不止於是也，傳説俱失之。」案：敖不知「下言」以下二十一字非傳文，故謂傳爲失，然其指駁舊讀，則固確甚。金氏榜云：「『小功』章『大夫之妾爲庶子適人者』，彼庶子爲女子子。則此經『大夫之妾爲君之庶子』與『小功』章『大夫之妾爲庶子之長殤』，庶子蓋通男女言之。彼據適人，此關在室，則『君之庶子』下不得復出『女子子嫁者、未嫁者』之文，審矣。」凡此皆舊讀之必不可通者。鄭氏之注乃駁舊讀，非駁傳文。傳雖有錯簡，而解經固自無誤。由後人分製鄭注，又誤注入傳，遂使此經之義晋亂難明。今雖不敢遽易舊本，而傳注混淆，有必不容不辨者，因考定重列於後。

經：大夫之妾爲君之庶子、女子子嫁者、未嫁者，爲世父母、叔父母、姑姊妹。

傳曰：嫁者，其嫁於大夫者也。未嫁者，成人而未嫁者也。何以大功也？妾爲君之黨服得與女君同。

以上鄭注以前經傳之次

經：大夫之妾爲君之庶子。

傳曰：何以大功也？妾爲君之黨服，得與女君同。

經：女子子嫁者、未嫁者爲世父母、叔父母、姑姊妹。

傳曰：嫁者，其嫁於大夫者也。未嫁者，成人而未嫁者也。

以上依鄭注釐訂經傳之次

注：舊讀合「大夫之妾爲君之庶子、女子子嫁者、未嫁者」，言大夫之妾爲此三人之服也。下言「爲世父母、叔父母、姑姊妹」者，謂妾自服其私親也。此不辭，即實爲妾遂自服其私親，當言「其」以明之。齊衰三月章曰：「女子子嫁者、未嫁者爲曾祖父母。」經與此同，足以明之矣。傳所云「何以大功也？妾爲君之黨服，得與女君同」，文爛在下爾。女子子成人者有出道，降旁親。及將出者，明當及時也。

以上訂正鄭注原文

大夫、大夫之妻、大夫之子、公之昆弟，爲姑姊妹、女子子嫁于大夫者。【疏】正義曰：賈疏云：「此等姑姊已下應降而不降，又兼重出其文，故次在此也。」馬氏云：「此上四人者各爲其姑姊妹、女子子嫁於大夫者服也。在室大功，嫁於大夫大功，尊同也。案：在室大功，以在大夫尊降之限。嫁大夫尊同，故不復重降，嫁士則小功。」今案：馬注見《通典》，「案：在室大功，以在大夫尊降之限」云云，疑後人申釋馬注之説，非注原文也。此公之昆弟，亦庶昆弟。大夫之妻爲姑姊妹，賈疏以爲本親姑姊妹，非夫之姑姊妹，是也。又謂「此四等人尊卑同，皆降姑姊妹已下一等大功，又以出降當小功，但嫁於大夫，尊同，無尊降，直有出降，故皆大功也」。敖氏云：「大夫、公之昆弟爲此服，則尊同也。大夫之子，則亦從乎大夫而爲之也。經言大夫、大夫之子爲服者多矣，於是乃著大夫之妻者，以爲此條可與之相通，故因而見之也。」褚氏云：「大夫之妻服其本族與男子同，因嫁而降。雖彼此俱嫁，亦止一降，無再降也，故大夫之妻服其姑姊妹之嫁於大夫者與大夫同。」程氏瑶田云：「他處不見兩皆出室之例，惟此大夫妻爲嫁大夫者，可見兩相出室，無兩相再降者也。」盛氏云：「大夫之妻爲姑姊妹嫁於大夫者之服在此，則其適士者當降在小功可知矣。此亦命婦以尊降旁親之證也。」

君爲姑姊妹、女子子嫁于國君者。【疏】正義曰：此因大夫爲姑姊等嫁於大夫之服而及之也。馬氏云：「君，諸侯也，爲姑姊妹、女子子嫁於國君者服也。不言諸侯者，關天子元士、卿大夫也。上但言君者，欲闕天子元士、卿大夫嫁女諸侯，皆爲大功也。」今案：馬氏謂君爲諸侯是矣。闕天子元士、卿大夫説，以尊同之義覈之，非也。李氏云：「《檀弓》曰：『齊穀王姬之喪，魯莊公爲之大功。由魯嫁，故爲之服姊妹之服。』《春秋》『伯姬卒』，《穀梁傳》曰：『外夫人不卒，此其言卒，何也？吾女也，適諸侯則尊同，以吾爲之變，卒之也。』」敖氏云：「以上條例之，則夫人、公子之服亦當然也。」

傳曰：何以大功也？尊同也，尊同則得服其親服。諸侯之子稱公子，公子不得禰先君。公子之子稱公孫，公孫不得祖諸侯。此自卑別於尊者也。若公子之子孫有封爲國君者，則世世祖是人也，不祖公子。此自尊別於卑者也。是故始封之君不臣諸父昆弟，封君之子不臣諸父而臣昆弟，封君之孫盡臣諸父昆弟。故君之所爲服，子亦不敢不服也。君之所不服，子亦不敢服也。不得禰、不得祖者，不得立其廟而祭之也。卿大夫已下祭其祖禰。則世世祖是人，不復祖公子者，後世爲君者祖此受封之君，不復祀別子也。公子若在高祖以下，則如其親服，後世遷之，乃毀其廟爾。因國君以尊降其親，故終説此義云。【疏】正義曰：「何以大功也」，以諸侯絶期以下服，今服大功，故問也。「尊同也」二句，荅辭。馬氏云：「諸侯絶期，姑姊妹在室無服也，嫁於國君者尊與己同，故服其親服。」今案：姑姊妹、女子子本服期，出嫁大功，是大功者其親服也。尊同故服，尊不同則不服之矣。或曰兼釋上節大夫、公之昆弟於爲命婦者，亦通。「諸侯之子稱公子」以下，則因諸侯以尊降其親，而廣言尊卑之别，竝言尊降旁親之服，皆指諸侯言也。諸侯之子適適相承爲諸侯，其支庶則稱公子，支庶所生之子則稱公孫。鄭注《檀弓》謂「庶子言公，卑遠之也」。禰，禰廟。祖，祖廟。公子公孫不得禰祖諸侯，此則以其不爲諸侯而別於爲諸侯者，是自卑別於尊也。公子之子孫有封爲國君者，如《周禮·典命》「公卿大夫出封，皆加一等」，鄭注：「大夫爲子男，卿爲侯伯。」是支庶之子孫有封爲五等諸侯之事也。祖謂大祖廟。《王制》「諸侯五廟，二昭二穆，與大祖之廟而五」，鄭注「大祖，始封之君」是也。世世，謂不祧也。是人，指封爲國君者。世世奉封爲國君者爲大祖而祀之，不祀公子爲大祖，此則以始封者爲諸侯，而別於不爲諸侯者，是自尊別於卑也。張氏爾岐云：「自，由也。由其位之或卑或尊爲別。」❶是也。此自尊別於卑，不祖公子，乃後世子孫別之，非封君之意。楊氏復疑以尊自別於祖之卑，於理有害，非矣。云「是故」者，承上起下之辭。此「始封之君」以下，承上「有封爲國君者」言之也。朱子云：「始封之君所以不臣諸父昆弟者，以始封君之父未嘗臣之，故始封之君不敢臣也。封君之子所以不臣諸父而臣昆弟者，以封君之子所謂諸父者，即始封君謂之昆弟而未嘗臣之者也，故封君之子亦不敢臣之。封君之子所謂昆弟者，即始封君之子，始封君嘗臣之者也，故今爲封君之子者亦臣之。封君之孫所謂諸父昆弟者，即始封君之子所臣之昆弟及其子也，故封君之孫亦臣之。故下文繼之以『君之所不服，子亦不敢服也。君之所爲服，子亦不敢不服也』。」今案：不臣則爲服，臣之則不服，此傳於「盡臣諸父昆弟」下，而即接言服不服之義也。李氏云：「所不臣者，鄭氏謂以其親服服之。荀顗以爲大夫猶降其親，則諸侯雖所不臣者亦絶不服。虞喜以爲大夫亦當從諸侯之例，一世爲大夫不降兄弟，二世不降諸父，三世乃皆降之。

❶「爲別」上，《儀禮鄭注句讀》有「各自」二字。

如主謂諸侯世國，大夫不世爵禄，恐不得以世數爲比。所不臣者服此國君，先儒據《小記》謂『與諸侯爲兄弟者服斬』，疑亦未然。」盛氏云：「不臣者以本服服之，不絶并不降也。所不臣者爲此始封之君若子，服亦如之。賈疏云當服斬，恐非是。臣之，則臣服斬而君絶服矣。」又云：「此言子之服與否，皆從乎君而爲之也。前傳云『父之所不降，子亦不敢降』，亦是此意。此主爲諸侯，故言服與不服，以諸侯有絶而無降也。」今案：諸侯絶旁服，自指三世盡臣者言之。荀説非，盛説是也，李駁虞説亦是。注云「不得禰、不得祖者，不得立其廟而祭之也」者，鄭恐人疑公子公孫不得以諸侯爲父祖，故特解之，謂傳所云禰與祖者，謂不得立禰廟祖廟而祭之也。《郊特牲》曰：「諸侯不敢祖天子，大夫不敢祖諸侯。」而公廟之設於私家，非禮也。」即其義也。《左傳》「宋祖帝乙，鄭祖厲王」，又云「凡邑有宗廟先君之主曰都」，此謂有大功德者。詳《郊特牲》孔疏所引《五經異義》。云「卿大夫已下祭其祖禰」者，謂公子之子孫有爲卿大夫、士者，則但祭其祖禰，不得祭諸侯也。《祭法》曰：「大夫立三廟：曰考廟，曰王考廟，曰皇考廟。適士二廟：曰考廟，曰王考廟。官師一廟：曰考廟。」官師，中、下士也。此卿大夫已下之制也。若公子身爲大夫，則其父自有適子爲諸侯者立廟祭之，不得立禰廟以祭其父。公子之子爲大夫，則立禰廟以祭公子，不得立祖廟以祭其祖之爲諸侯者。至公子之孫爲大夫，則以公子爲祖，以公子之子爲禰，是爲祭其祖禰，不得以諸侯爲祖禰也。爲士者亦如之。云「則世世祖是人，不復祖公子者，後世爲君者祖此受封之君，不復祀别子也」者，公子亦稱别子，《喪服小記》曰：「别子爲祖。」鄭注：「諸侯之庶子，别爲後世始祖也。謂之别子者，公子不得禰先君。」若然，則别子當爲祖矣，而傳云「不祖公子」者，以此受封之君有功德而爲諸侯，當世世祖之，故不復祀别子也。云「公子若在高祖以下，則如其親服，後世遷之，乃毁其廟爾」者，諸侯五廟，四親廟，一大祖廟也。四親廟者，高、曾、祖、考也。此云不祖公子，謂不祀公子爲大祖耳。若公子在高祖以下，則自如其親服，立廟祀之。如公子於始受封者父也則在禰廟，祖也則在祖廟，曾祖、高祖也則在曾祖廟、高祖廟。但四親廟以次遞遷，公子在高祖以上，親盡無服，則遷其主於祧而毁其廟，不復祀之。非若受封之君，後世尊爲大祖，親盡不毁也。云「因國君以尊降其親，故終説此義云」者，言此非以釋經，但因國君得以尊降其旁親之服，故推極言之，其尊卑之義有如此云。○蔡氏德晋補服四條：「爲昆弟之女子子適人者」；「大夫適子爲庶昆弟」；「夫爲人後者，其妻爲舅、姑」；「女子子適人者，爲世父母、叔父母、姑姊妹，報」。又云：「《政和禮》有『爲兄弟之子婦』、『爲夫兄弟之子婦』二條，當取以補其闕。」

右大功九月

儀禮正義卷二十四　鄭氏注

績溪胡培翬學

緦衰裳，牡麻絰，既葬除之者。【疏】正義曰：此諸侯之臣爲天子服，天子七月而葬，既葬除之，故在大功九月下，小功五月上。「緦衰裳」者，以緦布爲衰裳也。下記曰：「緦衰四升有半，其冠八升。」馬氏云：「絰帶從大功制度。小功言澡麻，是言牡麻，知從大功也。既葬除其服，天子七月葬，不言七月者，言同時而除也。」敖氏云：「七月而除，則絰未必纓也。冠八升，則此帶亦八升矣。」今案：戴氏德謂絰制同小功，據經麻不言澡，當從馬說。又此帶亦用布，其升數當與衰同，詳前杖期章。敖謂與冠同，非。又戴氏德、射氏慈皆云「吉屨無絇」，敖氏云：「此承大功之下，疑其亦用繩屨，與齊衰三月者同。蓋服至尊之屨，或當然也。」姜氏兆錫以敖説爲是。

傳曰：緦衰者何？以小功之縷也。治其縷如小功，而成布四升半。細其縷者，以恩輕也。升數少者，以服至尊也。凡布細而疏者謂之緦，❶今南陽有鄧緦。【疏】正義曰：「緦衰者何」，問辭也。「以小功

❶「疏」，原作「數」，今據《儀禮注疏》改。

之縷也」，荅辭。以，用也。言用小功之縷爲之也。敖氏讀「何以」爲句，非。○賈疏述注云「而成布四升半」，又云「以服至尊也」。《校勘記》云：「徐本『布』下有『尊』字，『至』下無『尊』字，張氏淳從疏。」今案：《集釋》與疏同，不誤。嚴本與徐同，今從《集釋》本。云「治其縷如小功，而成布四升半」者，程氏瑶田云：「繐也，大功也，小功也，皆衰名，非縷名也。其縷名，則大功衰之縷即名大功之縷，小功衰之縷即名小功之縷。獨繐衰不治繐之縷，即治小功之縷，以織爲繐衰之布。其布之成也，不同小功之十升十一升，而但爲四升半。故其布雖細，而疏於小功，名之曰繐衰之布，即較之大功衰布亦猶麤也。」云「細其縷者，以恩輕也。升數少者，以服至尊也」者，喪服以布縷之麤細見哀戚之淺深，今細其縷者，以臣於諸侯者其於天子受恩輕也。縷如小功而升數獨少者，以服至尊，不可用小功之布。下記注云「升數在齊衰之中者，不敢以兄弟之服服至尊也」是也。云「凡布細而疏者謂之繐」者，案：《説文》云：「繐，細疏布也。」段氏注云：「案：小功十升若十一升成布，而此用小功之縷，四升半成布，是爲縷細而布疏。其名曰繐者，布本有一種細而疏者曰繐，但不若繐衰之大疏，而繐衰之名繐，實用其意，故鄭舉凡布以明之。《釋名》説繐衰，亦曰細而疏如繐也。」今案：《釋名・釋采帛》又云：「繐，惠也。齊人謂涼爲惠，言服之輕細涼惠也。」蓋縷細而布疏，故輕涼。《檀弓》「縣子曰：綌衰繐裳，非古也」，鄭注：「非時尚輕涼慢禮。」又叔仲衍使子柳之妻爲其舅繐衰，鄭注：「時婦人好輕細，而多服此者。」是繐衰《禮經》特制以爲諸侯之大夫服天子之服，而春秋時凡期功之喪皆服之，則失禮甚矣。《左傳》襄二十七年：衛獻公喪弟鱄如，「税服終身」。杜注：「税即繐也。」云「今南陽有鄧繐」者，舉漢時繐布，以證其細而疏也。孔氏廣森云：「鄧者，南陽郡縣名，故《南都賦》曰『穰橙鄧橘』。賈以爲鄧氏造布有名繐，望文强解，失之。」今案：《檀弓》孔疏云：「繐，布疏者，漢時南陽鄧縣能作之。」是鄧爲縣名也。

諸侯之大夫爲天子。【疏】正義曰：賈疏云：「此大夫中有孤卿，以其小聘使下大夫，大聘或使孤或使卿也。」今案：《儀禮》十七篇中或言上大夫下大夫，或言公卿大夫，公即孤也。其有不言公卿，不分上下，而單言大夫者，皆兼卿言之，此篇是也。敖氏云：「諸侯之大夫於天子爲陪臣，不可以服斬，又不可以無服，故爲之變而制此繐衰焉。不齊衰三月者，亦避於其舊國君之服也。」

傳曰：何以繐衰也？諸侯之大夫以時接見乎天子。接，猶會也。諸侯之大夫以時會見於天子而服之，則其士庶民不服可知。【疏】正義曰：「何以繐衰也」，以諸侯之大夫於天子其分遠，其情隔，而爲之制服，故問也。荅云「諸侯之大夫以時接見於天子」者，言其接見於天子有時，故爲制服也。注云「接，猶會也。諸侯之大夫以時會見於天子而服之」者，鄭以諸侯使大夫行聘覜之禮，得以時會集京師，見於天子，故轉接爲會也。《周禮·大行人》「時聘以結諸侯之好，殷覜以除邦國之慝」，鄭注：「此二事者，亦以王見諸侯之臣使來者爲文也。時聘者，亦無常期，天子有事，諸侯使大夫來聘，親以禮見之，禮而遣之，所以結其恩好也。殷覜，謂一服朝之歲，五服諸侯皆使卿以聘禮來覜天子，天子以禮見之，命以政禁之事，所以除其惡行。」是其見於天子之事也。盛氏云：「言此者，明其有是恩義，故有是服。聖人不爲恩義所不及者制服也。既爲大夫，雖未嘗聘問王朝，而其可以接見之禮自在，故無不爲天子服者。賈疏云不聘即不服，非。説者又以接見天子爲會葬，尤謬。」今案：盛説是也。云「則其士庶民不服可知」者，此士庶民，亦諸侯之士庶民也。鄭以經但言諸侯之大夫，而不及士庶，則不服可知。《通典》載：「徐整問射慈曰：『諸侯之大夫以時會見於天子，故爲繐衰七月。不知此大夫時以何事而得見之也？遠國大夫在蕃、荒服者，未嘗及見天子，亦爲服不？』荅曰：『諸侯之大夫有出朝聘之事，會見天子，故言時會。雖未會見，猶服此服，士以下則無服。』」沈氏彤云：「賈疏謂諸侯之大夫不接見天子則不服，此義本東晉邵戩。而吴射慈則云雖未接見猶服，射慈之言未可非也。」方氏苞謂士亦當有服，使從君朝覲，適遭大喪，士獨吉服，駭人觀聽。今案：畿外諸侯之臣與天子遠，其間亦自有等差焉。士雖有隨從作介之事，而分卑於大夫，故不爲制服。若在王朝而遭喪，亦當如戴德所云，服「白布深衣素冠」，而豈遂吉服乎？至大夫因有接見之禮而制此服，不論已未接見，自皆當服，斷從射氏之言無疑矣。

右繐衰既葬除之

小功布衰裳，澡麻帶絰，五月者。澡者，治去莩垢，不絶其本也。《小記》曰：「下殤小功，帶澡麻，不絶其本，屈而反以報之。」【疏】正義曰：此殤小功章，在成人小功之上者，以其中有下殤小功，係本齊斬之親，降而在此，故列成人小功之前，以見其親重也。賈疏云：「自上以來，皆帶在絰下。今此帶在絰上者，以大功以上經帶有本，小功以下斷本。此殤小功中有下殤小功，帶不絶本，與大功同，故進帶於絰上，倒文以見重，故與常例不同也。且上章多以一經包二，此別言帶者，亦欲見帶不絶本，與經不同故也。又殤大功言無受，此直言月數，不言無受者，下章言即葛，此章不言即葛，亦是兼見無受之義。又不言布帶與冠，文略也。不言屨者，當與下章同吉屨無絇也。」李氏云：「澡麻者，以牡麻澡戛之，小功以下皆然。」又云：「凡喪年月已過而始聞喪者，大功以上皆追服之，謂之稅，小功則否。《檀弓》曰：『小功不稅。』《小記》曰：『降而在緦小功者則稅之。』」敖氏云：「小功布之縷麤於緦之縷矣，乃曰小功者，對大功立文也。不言牡麻與無受者，可知也。」今案：大功以上麻不澡，小功以下澡治之，亦以其服輕故也。《雜記》曰：「緦冠繰纓。」鄭注：「繰當爲『澡麻帶絰』之澡。」所謂「澡麻帶絰」者，即指此經之文也。彼疏謂讀從《喪服小記》，誤矣。　注云「澡者，治去莩垢，不絶其本也」者，莩垢謂麻皮之污垢，濯治之，使略潔白也。《儒行》曰：「澡身而浴德。」亦是修治之義。不絶其本，謂不斷其本，連根爲之。引《小記》者，證帶不絶本也。彼文「詘而反以報之」作「詘」，此引作「屈」，義同。鄭注《小記》云：「報，猶合也。下殤小功本齊衰之親，其絰帶澡率治麻爲之，帶不絶其本，屈而上至要，中合而糾之，明親重也。凡殤散帶垂。」褚氏云：「《小記》孔疏云：『首絰無根，要絰猶有根，示其重也。屈所垂散麻，上至於要，然後分爲兩股，合而糾之，以垂下。』較此賈疏更明矣。」孔疏又引賀瑒云：「下殤小功，男子絰牡麻而帶澡，婦人帶牡麻而絰澡，故小功殤章云牡麻絰，若依其次，不應前帶，故知前言男子之帶，後言婦人之絰也。」今案：經言「澡麻帶絰」，則帶絰皆以澡麻爲之，惟下殤小功帶不絶本爲異耳。李氏謂賀説非鄭義，是也。

叔父之下殤。○適孫之下殤。○昆弟之下殤。○大夫庶子爲適昆弟之下殤。○爲姑姊妹、女子子之下殤。【疏】正義曰：馬氏云：「本皆期服，下殤降二等，故小功也。」賈疏云：「自『叔父』以下至『女子子之下殤』八人，皆是成人期，長殤、中殤大功，已在上殤大功章。以此下殤小功，故在此章也。」

盛氏云：「以殤大功章校之，子之下殤，公爲適子、大夫爲適子之下殤，皆當在此經。不盡見之者，略可知也。」今案：敖氏以不見子之下殤等爲文脱，非矣。

爲人後者爲其昆弟，從父昆弟之長殤。【疏】正義曰：馬氏云：「成人服大功也，長殤降一等，故小功也。」賈疏云：「從父昆弟情本輕，故在出降昆弟後也。」李氏云：「『爲其昆弟』下少『之長殤』三字。」敖氏云：「爲從父昆弟者，異人也，經文省爾。其姊妹之殤亦如之。」張氏爾岐云：「爲人後者爲其昆弟，與凡人之爲從父昆弟，二者本服大功，其長殤則小功。」今案：此節本屬兩條，從父昆弟係指凡人爲之，非謂爲人後者爲之也。經以二者長殤之服同，故總言之，敖氏、張氏説最明晰。又此二者中殤之服與長殤同，經不言者，以中從上略之，詳下傳。

傳曰：問者曰：「中殤何以不見也？」大功之殤中從上，小功之殤中從下。問者，據從父昆弟之下殤在緦麻也。大功、小功，皆謂服其成人也。大功之殤中從上，則齊衰之殤亦中從上也。此主謂丈夫之爲殤者服也。凡不見者，以此求之也。【疏】正義曰：敖氏云：「大功之殤始見於此，而又不言中殤，故發問也。喪服之等，其重者自大功而上，輕者自小功而下，已於麻本有無之類見之矣，此復以二者之中殤，各異其從上從下之制，亦因以見義云。」盛氏云：「殤大功章長殤、中殤竝見，則齊斬之殤中從上，經文已明。至此章但見長殤，而不及中殤。緦麻章又或但見下殤，而不及中殤。故傳發其例於此，以此是大功之殤之第一條也。從上者，比本服降一等也。從下者，比本服降二等也。大功之殤中從上，皆降爲小功，唯下殤緦麻也。小功之殤中從下，皆降爲無服，唯長殤緦麻也。」注云「問者，據從父昆弟之下殤在緦麻也」者，賈疏云：「以其緦麻章見從父昆弟之下殤，此章見從父昆弟之長殤，唯中殤不見，故致問，是以云據從父昆弟也。」姜氏兆錫云：「此章所列下殤，其長殤中殤多見大功章。若此所列長殤，除庶孫丈夫婦人之下殤及從父昆弟姪之下殤、夫之叔父之中殤下殤見緦麻章外，其爲人後者爲其昆弟之中殤下殤，爲從父昆弟之中殤，大夫等爲其昆弟庶子姑姊妹女子子之中殤下殤，大夫之妾爲庶子之中殤下殤，皆不見也。以此條在前，乃發於此以明之耳。」云「大功、小功，皆謂服其成人也」者，謂傳所云「大功」、「小功」，皆指成人本服言，非謂殤服也。賈疏云：「以其『緦麻』章傳云『齊衰之殤中從上，大功之殤中從下』，據此二傳言之，禮無殤在齊衰，則下『齊衰之殤』與『大功之殤』據成人，明此大功、小功亦據服其成人可知也。」云「大功之殤中從上，則齊衰之殤亦中從上也」者，據此傳云「大功之殤中從上」，以大功重於小功也。若齊衰則又重於大功，明亦中從上可知。云「此主謂丈夫之爲殤者服也」者，賈疏云：「鄭以此云『大功之殤中從上，小功之殤中從下』，緦麻章云『齊衰之殤中從上，大功之殤中從下』，兩文相反，故鄭以彼謂婦人爲夫之族類，此謂丈夫爲殤者服也。鄭必知義然者，以其此傳發在從父昆弟丈夫下，下文發傳在婦人爲夫之親下故也。」張氏爾岐云：「成人當服大功者，其中殤與長殤同。成人當服小功者，其中殤與下殤同。凡不見於經者，皆當以此例求之。此男子服殤者之法。若婦人爲夫族服殤法，又在後緦麻傳也。」今案：張説極明，自郝氏敬以大功、小功爲指殤服言，與鄭異，後人每從而和之。至程氏《喪服足徵記》，竝以後傳「長殤、中殤降一等，下殤降二等」四語爲經文，尤非也，辨見緦麻傳末。

爲夫之叔父之長殤。不見中殤者，中從下也。【疏】正義曰：此婦人爲夫族服，故次在此。馬氏云：「成人大功，長殤降一等，故服小功。」　注云「不見中殤者，中從下也」者，案：緦麻傳末云「大功之殤中從下」，注云：「此主謂妻爲夫之親服。」故知此經言長殤，不言中殤，爲中從下也。緦麻章云：「夫之叔父之中殤、下殤。」彼文中、下殤連言，是中從下明矣。

昆弟之子、女子子、夫之昆弟之子、女子子之下殤。【疏】正義曰：馬氏云：「伯叔父母爲之服也，成人在期，下殤降二等，故服小功也。」陳氏銓云：「妻爲夫之昆弟之子、女子子與夫同。」李氏云：「昆弟之子、女子子下殤在此章，則長、中殤當大功矣。公、大夫爲適長、中殤大功，則下殤亦小功也，互文耳。」程氏瑶田云：「昆弟之子、女子子之長中殤未見大功殤服章，此亦如大功殤服章見子之長中殤，而其下殤不見於小功章，蓋兩章互見，可知也。」今案：經所不見者，諸家以爲互文，是也。以此知下殤小功中，有長子斬衰之服降而在此者，亦以殤死略之，與衆子同矣。

爲姪、庶孫丈夫婦人之長殤。【疏】正義曰：馬氏云：「適人姑還爲姪，祖爲庶孫，成人大功，長殤降一等，故小功也。言丈夫婦人者，明姑與姪、祖與孫疎遠，故以遠辭言之。」雷氏云：「前大功章爲姪已言丈夫婦人，今此自指爲庶孫言，不在姪。」盛氏云：「案：姑在室爲姪與世叔父同，本服期，長殤當降爲大功，今在此小功，明是已適人者也。丈夫婦人兼姪與庶孫言，雷説非。」今案：此二者不言中殤，以中從上可知也。

大夫、公之昆弟、大夫之子，爲其昆弟、庶子、姑姊妹、女子子之長殤。大夫爲昆弟之長殤小功，謂爲士者若不仕者也，以此知爲大夫無殤服也。公之昆弟不言庶者，此無服，無所見也。大夫之子不言庶者，關適子亦服此殤也。云公之昆弟爲庶子之長殤，則知公之昆弟猶大夫。【疏】正義曰：此謂大夫、公之昆弟、大夫之子三等人爲此七種人服也。馬氏云：「大夫以尊降，公之昆弟以尊厭，大夫子以父尊厭，各降在大功，長殤復降一等，故小功也。大夫無昆弟之殤，此言殤者，關有罪若畏厭溺，當殤服之。」今案：馬謂大夫無昆弟之殤，與鄭異。以全篇例考之，無有謂畏厭溺爲殤者，說未確。注云「大夫爲昆弟之長殤小功，謂爲士者若不仕者也，以此知爲大夫無殤服也」者，昆弟成人本服期，長殤當降在大功，今降在小功，明是昆弟爲士若不仕者也。李氏云：「大夫爲昆弟之爲士者，尊不同，故降其長殤大功而爲小功也。然則尊同者不降矣，而大功章不見大夫爲昆弟之長殤者，爲大夫無殤服也。五十命爲大夫者，禮之常。其或少有才德命爲大夫者，雖在殤年而死，亦不以殤服服之。故大夫無爲昆弟之殤大功也。」云「公之昆弟不言庶者，此無服，無所見也」者，《校勘記》云：「《通典》『無』下有『母』字，《通解》『無』作『庶』。張氏曰：『案：疏云：若爲母則兼云庶，以其適母適庶之子皆同服，妾子爲母見厭不申。今此經不爲母服，爲昆弟以下長殤竝同，故不言庶也。考疏之義，無蓋庶字也，從疏。』案：此須如《通典》作『此無母服』，乃與賈疏合。張氏改『無』爲『庶』，非疏意。」李氏云：「上章公之昆弟言庶者，主見妾母之服。此無取於庶之義，故不言庶。」今案：據李說，似亦當從《通典》爲是。云「大夫之子不言庶者，關適子亦服此殤也」者，關，通也。謂大夫之子服此七種人長殤小功，適庶同，故亦不言庶也。云「云公之昆弟爲庶子之長殤，則知公之昆弟猶大夫」者，李氏云：「公子之重視大夫，舊見大夫昆弟相爲期，而公之昆弟相爲大功，遂疑公之昆弟與大夫之尊不等。此經大夫與公之昆弟爲庶子以下之殤服同，則公之昆弟與大夫之尊不殊也。」今案：敖氏云：「其中殤亦從上，若下殤則不服之，蓋大夫無緦服也。」此說是。敖又云：「此已爲大夫，不應有昆與姊之殤，而此經乃爾，蓋以昆弟姊妹宜連文，且此條亦不專主於大夫故也。」案：此説未合經義。吴氏紱云：「大夫而有兄弟殤者，不杖期章有大夫之子爲子、昆弟之子爲大夫者之服，則大夫不必五十，亦有少年爲之者可知。賈疏謂有盛德者固然，然亦有公族高勳世爲大夫者，適子雖未冠，已爲大夫，而姊若庶兄尚在長殤之限者。」其説是也。

大夫之妾爲庶子之長殤。君之庶子。【疏】正義曰：馬氏云：「除適子一人，其餘皆庶子也。男女至成人同在大功，長殤降一等，故小功也。不言君者，殤賤，見妾亦得子之也。」敖氏云：「上已言君之庶子，故此略之。爲君之女子子亦然，是雖大功之殤，亦中從上。蓋女君之爲此子與夫同，而妾爲君之黨服得與女君同，故皆宜中從上，而不可以婦人之從服者例論也。其下殤亦不服之。」今案：大夫之妾爲庶子成人服大功，已見上章。其適子之長殤，大夫爲之大功，妾亦同也。○鄭以經未言君，故特著之。必云「君之庶子」者，以其庶子中兼有適妻所生第二子以下及他妾之子也。馬謂殤賤不言君，非。

右小功殤五月

小功布衰裳，牡麻絰，即葛，五月者。即，就也。小功輕，三月變麻，因故衰以就葛絰帶而五月也。《間傳》曰：「小功之葛，與緦之麻同。」舊説小功以下吉屨無絇也。【疏】正義曰：此是成人小功，輕於殤小功，故次之。敖氏云：「即葛不云『三月』者，已於大功章見之，故不言也。」郝氏敬云：「牡麻洗治之，牡麻不言澡，同也。經兼首要。即葛，謂三月既葬，以葛易澡麻，所以異於降服小功也。」王氏士讓云：「殤小功言澡，亦牡麻。此言牡，亦澡之。文互見。」今案：殤小功重於成人小功，而用澡麻爲帶絰，則此亦澡之明矣。不言布帶與冠，亦略也。　注云「即，就也」，謂去麻就葛也。云「小功輕，三月變麻，因故衰以就葛經帶而五月也」者，謂衰不變而經變，以故衰葛經終五月之期也。衰不變，則裳亦不變可知。大功以上既葬衰裳皆變，故云「小功輕」，對大功以上言也。敖氏云：「此變麻即葛乃不易衰者，爲無受布也。」《間傳》曰「小功之葛，與緦之麻同」，謂麤細同。鄭引之者，證小功有變麻服葛之事也。云「舊説小功以下吉屨無絇也」者，鄭以小功以下之屨經無明文，故引舊説爲據。絇在屨頭，詳《士冠禮》。《周禮・屨人》注云：「屨有絇者，飾也。」賈疏云：「小功輕，故從吉屨。爲其大飾，故無絇也。」

從祖祖父母、從祖父母，報。　祖父之昆弟之親。【疏】正義曰：《爾雅》：「父之世父、叔父爲從祖祖父，父之世母、叔母爲從祖祖母。父之從父昆弟爲從祖父，父之從父昆弟之妻爲從祖母。」馬氏云：「從祖祖父母者，曾祖之子，祖之昆弟也，正服小功。從祖父母者，從祖祖父之子，是父之從父昆弟也。云報者，恩輕，欲見兩相爲服，故云報。」盛氏云：「爲從祖祖父者，昆弟之孫也。爲從祖父者，從父昆弟之子也。并服其妻者，以名服也。此四人皆報，故合言之。」方氏苞云：「世叔父母期，則從祖宜大功，而服小功，何也？大功之親皆屬乎祖與父者也，從祖則屬於曾祖者也。五服唯兄弟服遞降一等，所謂『四世而緦，服之窮也』。不然，則服及五世矣。」○敖氏云：「案：注意謂從祖祖父乃祖父之昆弟，從祖父乃祖父之昆弟之子，故曰『祖父之昆弟之親』也。」或曰注内「祖父」二字平讀，從祖祖父母是祖之昆弟之親，從祖父母是父之昆弟之親。今案：從祖祖父爲祖之親昆弟，而從祖父則父之從父昆弟也。此及下從祖昆弟，三者皆從祖而別，故以從祖名之，當以敖説爲是。

從祖昆弟。父之從父昆弟之子。【疏】正義曰：馬氏云：「謂曾祖孫也，於己爲再從昆弟，同出曾祖，故言從祖昆弟，正服小功也。」今案：馬云「曾祖孫」，謂曾祖之曾孫，省一「曾」字耳。湛氏若水曰「何以小功也？其祖與吾之祖出一人之身」，是也。鄭云「父之從父昆弟之子」，所云「父之從父昆弟」，即己之從祖父也。陳氏銓云：「從祖父之子，同出曾祖也。」義與馬同。黃氏云：「從祖祖父者，祖之昆弟也。其子，謂從祖父。又其子，謂從祖昆弟。又其子，謂從祖昆弟之子。凡四世。上三世以祖父己旁殺之義推之，皆當服小功，名爲三小功。下一世以子旁殺之義推之，當服緦。此三小功一緦，與己同出曾祖。」

從父姊妹。父之昆弟之女。【疏】正義曰：馬氏云：「伯叔父之女。」與鄭云「父之昆弟之女」一也。張氏爾岐云：「此當通下文『孫適人者』爲一節，皆爲出適而降小功也。」今案：張說是。賈疏謂姊妹逆降宗族，宗族亦逆降報之，故不言出適與在室，誤矣。盛氏云：「女子子所逆降者唯旁期耳，爲其嫁當及時。至於大功之末可以嫁子，於昏姻之時固無害，無逆降例也。」

孫適人者。孫者，子之子。女孫在室，亦大功也。【疏】正義曰：《爾雅》：「子之子爲孫。」上「大功」章「庶孫」，鄭注云「男女皆是」，故此云「女孫在室，亦大功也」。馬氏云：「祖爲女孫適人者降一等，故小功也。」義與鄭同。案：經孫不言女者，敖氏云：「適人，則爲女孫無嫌，故不必言女。」又云：「三者適人其服同。」謂此姊妹孫三者在室大功，適人皆降小功也。方氏苞、蔡氏德晋説亦同。程氏瑶田云：「『適人者』三字總承『從父姊妹、孫』。知必承從父姊妹者，以姊妹適人者在大功章，從祖姊妹適人者在緦麻章，比例而知之也。」今案：此説最確。鄭注大功章「從父昆弟」云：「其姊妹在室亦如之。」是鄭以此章從父姊妹爲指適人者言明甚。鄭本不誤，賈自誤耳。以此斷之，則「從父姊妹孫適人者」當合爲一節無疑矣。

爲人後者爲其姊妹適人者。不言姑者，舉其親者，而恩輕者降可知。【疏】正義曰：馬氏云：「在室者齊衰期，適人大功，以爲大宗後疏之，降二等，故小功也。」陳氏銓云：「累降也。」湛氏若水云：「姊妹期也，何以小功？以爲人後降也，適人又降也。」今案：此所謂「累降也」。敖氏云：「經於前章爲人後者惟見其父母、昆弟、姊妹之服，餘皆不見，是於本服降一等者，止於此親爾。所以然者，以其與己爲一體也。然則自此之外，凡小宗之正親旁親，皆以所後者之親疏爲服，不在此數矣。此姊妹之屬，不言報，省文也。記曰：『爲人後者于兄弟降一等，報。』」今案：敖氏此說極是，後儒多駁之，由未明《儀禮》後大宗之義耳。古者大宗得立後，小宗無子不立後，故傳曰：「爲人後者孰後？後大宗也。」又曰：「持重於大宗者，降其小宗也。」《喪服》一篇言爲人後者爲本宗之服共四條，而約之則三，曰其父母、其昆弟、其姊妹而已。「不杖期」章「爲人後者爲其父母」，以出後大宗，降三年爲期也。「大功」章「爲人後者爲其昆弟」，以出後大宗，降期爲大功也。「殤小功」章「爲人後者爲其昆弟」，以長殤再降，故小功也。此章「爲人後者爲其姊妹適人者」，出後大宗，姊妹與昆弟同降大功，以適人再降，故小功也。經所言爲人後者爲本宗之服止於如是，其他期功之親不一及之，非盡無服也，以所後之親疏爲服也。傳曰：「爲所爲後者之祖父母、妻、妻之父母、昆弟、昆弟之子若子。」言爲人後者爲所後之正親、外親，服之皆如親子也。記曰：「于所爲後之兄弟之子若子。」言爲人後者爲所後之旁親，服之一如親子也。傳與記兩言「若子」，而經所不言者，其服以所後之親疏爲斷，不以本宗爲斷審矣。所以然者，爲後有受重之義，即與親子無異，故抑其本宗之親，使厚於所後之親。孟子曰：「天之生物也，使之一本。」職是故也。然而其父母、其昆弟、其姊妹，猶必制降等之服者，則以父子一體、昆弟姊妹一體故耳。自餘本宗之親，固不得援以爲例矣。不然，豈有本宗期功之親悉降一等，而經於各章内獨無一言也哉？且不惟經不言而已，即傳注亦無一言及之也。自賈疏於「爲人後者爲其昆弟」下有「本宗餘親皆降一等」之語，於是後人遂謂本宗期服之親悉降大功，大功之親悉降小功，小功之親悉降緦麻。且云：「以所後之親疎爲斷，設出後在疎遠，則本宗祖父母以上俱無服矣，於心安乎？」嗚呼，爲是説者其不達於禮意甚矣。《儀禮》所謂「爲人後者，後大宗也」，大宗者尊之統，故古人特重之。重大宗，不得不抑小宗矣。重大宗，所以尊祖也。尊祖，所以明一本也。假如爲所後之正親、旁親、外親，既悉如親子爲之服，而於本宗之正親、旁親、外親，又悉以親子之服推之，而一一爲降等之服，非二本而何哉？汪均之曰：「戴氏聖云：『大宗不可絶，族無庶子，則當絶父以後大宗。』范氏汪云：『廢小宗昭穆不亂，廢大宗昭穆亂矣，豈得不廢小宗以繼大宗乎？』案：古之重大宗如是，故於爲人後者本宗之服，止言父母、昆弟、姊妹三者，而其餘悉以所後者之親疎爲服，以見大宗之重。後世不明乎古者唯大宗立後、小宗無子不立後之義，無論大宗、小宗皆爲置後，甚至有利其貲産，舍大宗而爭爲小宗後者。夫爲小宗後，則其尊不足以相統。於此而以所後之親疎爲服，設出後在五服外，則本生祖亦無服，宜其於心有不安，而紛紛議增也。不知《儀禮》之立後與世俗異，《儀禮》重大宗，如戴氏所云『族無庶子，當絶父以後大宗』。夫父尚可絶，而何論於父母、昆弟、姊妹以外之服。況大宗爲尊之統，以大宗之祖臨之，則本生祖亦其所統，服以大宗一本之親爲斷，即本生祖無服，亦其心安而理得者。後人於《儀禮》所不言者輒欲議增，由不明後大宗之義耳。」又曰：「小宗無後，古有從祖祔食之條，則雖不立後，而其祭祀未嘗絶也。今人小宗亦爲立後，雖非古禮，而意在從厚，尚屬可行。然欲執此以議《儀禮》，則於先聖制作之精意失之遠矣。」今案：汪氏發明《儀禮》重大宗之義極精，足見敖説正得《禮經》本義也。或又以記云「爲人後者于兄弟降一等」，爲本宗餘親悉降一等之證。不知記所云兄弟，非指餘親言也，辨見後。注云「不言姑者，舉其親者，而恩輕者降可知」者，鄭以姉妹爲親於姑，故舉姉妹，而姑之恩輕者亦降可知。陳氏銓云：「姑不見者，同可知也。」此本鄭説也。馬氏云：「不言姑者，明降一體，不降姑也。」此以姑爲仍服本服不降，與鄭異。今案：馬、鄭之説皆失之。鄭謂舉姉妹可以該姑，然經何以亦不言世父、叔父乎？《喪服經》言爲人後者爲本宗之服三，曰父母，曰昆弟，曰姉妹。是三者一爲人後即有之，是凡爲人後者之所同也。若本生姑，惟出後在稍疏者有之，苟後於同祖之世父、叔父，則姑即其姑，無本宗與所後之别，是以經祇言姉妹，不言姑也。經殆以凡人之所同者，言之可定爲制，則言之。而非凡人之所同者，言之不足以該，則不言也。是以經於爲人後者爲本宗服，亦不言世父、叔父也。且若出後在同祖以外之伯叔父，則當以所後者之親疎爲服，其服又無定，竝姉妹亦不言矣。又《喪服》經傳中言「姑姉妹」者十有五，言「姉妹」者唯此與「從父姉妹」二條，「從父姉妹」文係從父言之，故不得言姑，此條則以姑與姉妹有殊，故亦不言姑。鄭氏此注，於全篇大例似尚未周察也。至馬謂不降姑，考大功章姑姉妹適人者同降大功，則何不降之有？蓋緣未審爲人後者之姑與姉妹有殊，而誤爲此説，是皆未得經不言之指也。

爲外祖父母。【疏】正義曰：賈疏云：「言爲者，以其母之所生，情重，故言爲也。」今案：上是本族之服，此是外親之服，故言「爲」以别之。若云情重，則父與君何以不言「爲」乎？賈説非也。下記曰：「庶子爲後者，則爲外祖父母、從母、舅無服。不爲後，如邦人。」《服問》曰：「母出，則爲繼母之黨服。母死，則爲其母之黨服。爲其母之黨服，則不爲繼母之黨服。」鄭注：「雖外親，亦無二統。」《喪服小記》曰：「爲君母後者，君母卒，則不爲君母之黨服。」又曰：「爲母之君母，母卒則不服。」又曰：「爲慈母之父母無服。」上杖期章傳曰：「出妻之子爲外祖父母無服。」《爾雅》：「母之考爲外王父，母之妣爲外王母。」徐氏乾學云：「案：外祖父母之名，總之則一，分之則有十三：子爲母之父母，一也。前母子爲後母之父母，二也。後母子爲前母之父母，三也。庶子爲適母之父母，四也。庶子爲繼適母之父母，五也。庶子爲生母之父母，六也。爲人後者爲所後母之父母，七也。爲人後者爲所生母之父母，八也。庶女之子爲母之適母，九也。女之子爲母之生母，十也。慈母之子爲慈母之父母，十一也。出妻之子爲母之父母，十二也。嫁母之子爲母之父母，十三也。凡若此者，其在於古，有服有不服。今則無有不服，所不服者，惟庶子爲生母之父母而已。」又云：「案：虞喜謂縱有十繼母，惟當服次其母者之黨。不知次其母者久亡，此從服也，所從亡則已，曷爲服之？竊謂當服在堂繼母之黨耳。」吳氏紱云：「外祖父母有常服六：子爲因母之父母，一也。母出，爲繼母之父母，二也。庶子君母在，爲君母之父母，三也。庶子爲繼母之父母，四也。庶子不爲父後者，爲己母之父母，五也。以上女子子同。爲人後者，爲所後母之父母，六也。其餘則皆不服。」汪氏琬云：「《禮》：『爲其母之黨服，則不爲繼母之黨服。』或問：繼母如母，何以不爲其黨服？曰：鄭注謂外氏不可二也。庾蔚之亦謂若服繼母之黨，則亂於己母之出故也。禮，慈母與繼母同。《喪服小記》曰：『爲慈母之父母無服。』則其不服繼母之黨宜也。」今案：徐氏謂庶子不爲生母之父母服，據後代律制言也。下記云：「不爲後，如邦人。」則在禮，庶子不爲父後者，得爲其生母之黨服矣。詳下記。又庶子爲適母之父母服，詳本章。

傳曰：何以小功也？以尊加也。【疏】正義曰：「何以小功也」，據外親之服不過緦，故發問也。「以尊加也」，荅辭。馬氏云：「外祖父母者，母之父母也。本服緦，以母所至尊，加服小功。」褚氏寅亮云：「馬、鄭皆云以母之至尊，故本服緦而加服小功，最得聖人重本宗輕外族之意。敖乃云子從母而服母黨者，皆降於其母二等，母爲其父母期，宜小功，非以尊加。故與傳違，大謬。如其説，則母爲其昆弟之爲父後者期，何不亦降二等而小功乎？」今案：褚説是也。

從母，丈夫婦人報。從母，母之姊妹。【疏】正義曰：注云「從母，母之姊妹」者，馬注同。《爾雅》：「母之姊妹爲從母。」此正稱也。《釋名》：「母之姊妹曰姨。」據《爾雅》「妻之姊妹同出爲姨」，是姨爲夫稱妻姊妹之名，《詩》「邢侯之姨」、《左傳》「蔡侯曰：吾姨也」是也。孔仲達云：「子效父語，亦呼爲姨。」故《左傳》襄二十三年云：「穆姜之姨子也。」杜注：「穆姜姨母之子。」是因父呼妻之姊妹爲姨，子遂呼母之姊妹爲姨母。後世并有姨兄弟、姨姊妹之稱，皆俗稱耳。《喪服經》謂父之昆弟曰從父，母之姊妹曰從母，皆從乎父母而名也。江氏筠云：「袁準謂舅之與姨，俱母之姊妹兄弟，焉得異服？從母者，從其母而爲庶母者也，親益重，故小功也。彼殆忘有緦麻章耳，如其説，則從母昆弟乃己之庶昆弟，服宜大功，何至降而在緦？」案：江説是也。袁氏以從母爲父妾，則《禮經》不見母之姊妹服矣，不可從。云「報」者，馬氏云：「從母報姊妹之子男女也。言丈夫婦人者，異姓無出入降，皆以丈夫婦人成人之名名之也。」李氏云：「從母爲旁尊，故報之。言婦人者，異姓無出降，已嫁與在室者同服，故舉其成人之名。」此申馬義也。敖氏云：「經凡三以丈夫婦人連文，而所指各異，讀者詳之。」敖意蓋以此「丈夫婦人」爲指成人言，上「殤小功」章「爲姪庶孫丈夫婦人」爲指未成人言也。程氏瑶田云：「經中丈夫婦人凡四見：『齊衰三月』章『丈夫婦人爲宗子、宗子之母、妻』，一也。『大功』章『女子子適人者爲衆昆弟姪丈夫婦人，報』，二也。『小功殤服』章『爲姪庶孫丈夫婦人之長殤』，三也。『小功』章『從母，丈夫婦人報』，四也。鄭注『爲宗子』章云：『婦人，女子子在室。』五字最精妙。四經特著丈夫婦人，竝指同姓者言，故謂婦人爲在室者。衆昆弟姪，例皆女與男同，其爲在室明矣。姪庶孫之殤，爲在室者不待言。爲從母，女與男同服小功，非在室而何？」又云：「丈夫婦人之名，起於年十九以後不爲殤而始成人者，此名之所由起也。於殤而曰丈夫婦人，散文通也。」今案：程氏謂丈夫婦人四經竝指同姓是矣，其謂婦人爲專指在室者言則非，此條當從馬説。「大功」章之婦人，亦不專指在室言也。且彼文丈夫婦人專承姪言，不兼昆弟，辨已見前。又此經連言丈夫婦人者四，敖謂三，亦誤。鄭注此條云：「丈夫婦人，姊妹之子，男女同。」注「大功」章云：「爲姪男女服同。」是鄭以丈夫婦人爲男女之稱爾。於「齊衰三月」章必云「女子子在室」者，恐人疑出嫁者亦服宗子也。此及「大功」章不言在室，蓋亦兼已嫁者言矣。〇蔡氏云：「或疑從母適本宗之服。晉邵戩曰：『案從母嫁於無屬名者，即與嫁他姓不異，則宜服從母嫁於異姓之服矣。』」今案：庶子爲君母之從母詳下。朱子曰：「姊妹於兄弟，未嫁期，既嫁則降爲大功，姊妹之身卻不降也，故姨母重於舅也。從母之夫、舅之妻皆無服，何也？曰：先王制禮，父族四，故由父而上，爲族曾祖父緦麻，姑之子、姊妹之子、女子子之子，皆由父而推之也。母族三：母之父、母之母、母之兄弟。恩止於舅，故從母之夫、舅之妻皆不爲服，推不去故也。妻族二：妻之父、妻之母。乍看時似乎雜亂無紀，子細看則皆有義存焉。」又詳「緦麻」章「舅」下。

傳曰：何以小功也？以名加也，外親之服皆緦也。外親異姓，正服不過緦。丈夫婦人，姊妹之子，男女同。【疏】正義曰：傳以服舅緦，而從母小功，故問也。「以名加也」，謂因有母名，故加至小功，是正荅其問也。「外親之服皆緦也」，又推言之，以明外祖、從母之小功爲加也。馬氏云：「外祖、從母，其親皆緦也，以尊名加，故小功也。」鄭云「外親異姓，正服不過緦」者，以外親之屬皆係異姓，故先王制禮，其正服不過於緦也。雷氏云：「二親恩等，而中表服異，君子類族辨物，本以姓分爲判。故外親之服不過於緦，於義雖當，求情未愜。苟微有可因，則加服以申心。外祖有尊，從母有名，故皆得因此加以小功也。舅情同二人，而名理闕無因，故有心而不獲遂也。然情不止於緦，亦以見於慈母矣。至於餘人雖有尊名，而不得加者，服當其義，情無不足也。」庾蔚之云：「傳云以名服及云以名加，皆是先有其義，故施以此名，尋名則義自見矣。外親以緦斷者，抑異姓以敦己族也。」又云：「男女異長，由母於姊妹有相親之近情，故許其因母名以加服。」方氏苞云：「從母之服乃隆於母之兄弟，何也？與母同生而又同類，故親其姊妹之子，常過於舅之親其甥，是以稱其情而爲之服也。」○汪氏琬云：「先王之制禮也，在父黨則父之昆弟爲重，而於父之姊妹則恩殺矣，故服諸父期，而服姑姊妹大功。在母黨則母之姊妹爲重，而於母之昆弟則恩殺矣，故服從母小功，而服舅緦。先王所以分内外，別男女也。唐太宗顧加舅服，使與姨母同。太宗知禮，孰不知禮？」顧氏炎武云：「唐玄宗開元二十三年，制令禮官議加服制。韋縚請加外祖父母服至大功九月，舅服至小功五月，堂姨母、舅、舅母服至袒免。崔沔議曰：『禮教之設，本於正家，家正而天下定矣。

正家之道，不可以貳，總一定義，理歸本宗。所以父以尊崇，母以厭降，内有齊斬，外服皆緦，尊名所加，不過一等。此先王不易之道，其來久矣。貞觀修禮改舊章，漸廣渭陽之恩，不遵洙泗之典。及弘道之後，唐玄之間，國命再移於外族矣。禮亡徵兆，儻見於斯。開元初，盧履冰嘗進狀論喪服輕重，敕令僉議。於時羣議紛拏，各安積習，太常禮部奏依舊定。陛下運稽古之思，發獨斷之明，特降别敕，一依古禮，事符典故，人知向方。式固宗盟，社稷之福，更圖異議，竊所未詳。願守八年明旨，以爲萬代成法。』韋述議曰：『天生萬物，唯人最靈，所以尊尊親親，别生分類，存則盡其愛敬，殁則盡其哀戚，緣情而制服，考事而立言，往聖討論，亦已勤矣。上自高祖，下至玄孫，以及其身，謂之九族。由近而及遠，稱情而立文，差其輕重，遂爲五服。雖則或以義降，或以名加，教有所從，理不踰等，百王不易，三代可知。若以匹敵言之，外祖則祖也，舅則伯叔父之列也，父母之恩不殊，而獨殺於外氏者，所以尊祖禰而異於禽獸也。且家無二尊，喪無二斬，持重於大宗者降其小宗，爲人後者減其父母之服，女子出嫁殺其本家之喪。蓋所存者遠，所抑者私也。今若外祖及舅更加服一等，堂舅及姨列於服紀之内，則中外之制相去幾何，廢禮徇情，所務者末。且五服有上殺之義，必循源本，方及條流。伯叔父母本服大功九月，期是加服，從父昆弟亦大功九月，并以上出於祖，其服不得過於祖也。從祖祖父母、從祖父母、從祖昆弟，皆小功五月，以出於曾祖，服不得過於曾祖也。族曾祖父母、族祖父母、族父母、族昆弟，皆緦麻三月，以出於高祖，服不得過於高祖也。堂舅姨既出於外曾祖，若爲之制服，則外曾祖父母及外伯叔祖父母亦宜制服矣。外祖加至大功九月，則外曾祖父母合至小功，外高祖合至緦麻。若舉此而舍彼，事則不均。棄親而録疏，理則不順。推而廣之，則與本族無異矣。且服皆有報，則堂外甥、外曾祖、姪女之子，皆須制服矣。聖人豈薄其骨肉背其恩愛？蓋本於公者薄於私，存其大者略其細，義有所斷，不得不然。苟可加也，亦可減也，往聖可得而非，則《禮經》可得而隳矣。先王之制，謂之彝倫，奉以周旋，猶恐失墜，一紊其叙，庸可正乎？』楊仲昌議曰：『案：《儀禮》爲舅緦，鄭文貞公魏徵議同從母例，加至小功五月。雖文貞賢也，而周孔聖也，以賢改聖，後學何從？今之所請，正同徵論。如以外祖父母加至大功，豈不加報於外孫乎？外孫爲報服大功，則本宗庶孫又用何等服邪？竊恐内外乖序，親疏奪倫，情之所沿，何所不至。昔子路有姊之喪而不除，孔子曰：先王制禮，行道之人皆不忍也。子路除之。此則聖人援事抑情之明例也。《記》不云乎：毋輕議禮。』時玄宗手敕再三，竟加舅服爲小功，舅母緦麻，堂姨堂舅袒免。宣宗舅鄭光卒，詔罷朝三日。李景讓上言：『人情於外族則深，於宗廟則薄，所以先王制禮，割愛厚親，士庶猶然，況於萬乘。親王、公主，宗屬也。舅氏，外族也。今鄭光輟朝，日數與親王、公主同，非所以别親疏，防僭越也。』優詔報之，乃罷朝兩日。夫由韋述、楊仲昌之言，有以探本而尊經。由崔沔、李景讓之言，可以察微而防亂。豈非能言之士，深識先王之禮，而亦目及武韋之禍，思永監於將來者哉？」今案：顧氏所引各説，多本《舊唐書·禮儀志》，於内親外親服制差等言之最爲明晰。因此傳言外親之服皆緦，故備録於此。

夫之姑姊妹，娣姒婦，報。夫之姑姊妹，不殊在室及嫁者，因恩輕，略從降。【疏】正義曰：《爾雅》：「夫之姊爲女公，夫之女弟爲女妹。」《禮記·昏義》鄭注又稱女公爲女妐，女妹爲女叔。馬氏云：「妻爲夫之姑姊妹服也。報者，姑報姪婦也。言婦者，廟見成婦，乃相爲服。」李氏云：「娣姒婦兩見，則相爲服自明。報文指爲夫之姑姊妹，而退在下者，要娣姒之服亦因夫而生，故使并蒙上文。」敖氏云：「娣姒婦亦言報者，明其不以夫爵之尊卑而異也。」吴氏紱云：「昆弟一爲大夫，一爲士，則大夫降其昆弟小功。娣姒婦相爲小功，雖命婦亦不降，以其夫於昆弟妻無服，故不隨夫爵而異也。」今案：「報」字總承上言，敖氏、吴氏之説是。馬氏謂姑報姪婦，李氏謂報文專指夫之姑姊妹，皆非也。娣姒之服因同居而生，此條當分兩類。夫之姑姊妹爲一類，娣姒婦爲一類。「夫之」二字專屬姑姊妹言，李氏謂使娣姒婦并蒙上文，亦非。注云「夫之姑姊妹，不殊在室及嫁者」，以不見適人之服，故知在室及嫁不殊也。云「因恩輕，略從降」者，夫爲姑姊妹正服期，出嫁降服大功，妻從服降一等，在室正服大功，出嫁降服小功。今因恩輕，不分在室與出嫁，一從降服小功之例服之，是略也。案：婦人爲夫之從父昆弟之妻有服，而爲夫之從父姊妹無服，亦是其略也。敖氏云：「從服者宜有一定之制，不必隨時變易也。」

傳曰：娣姒婦者，弟長也。何以小功也？以爲相與居室中，則生小功之親焉。 娣姒婦者，兄弟之妻相名也。長婦謂穉婦爲娣婦，娣婦謂長婦爲姒婦。【疏】正義曰：譙氏周云：「父母既殁，兄弟異居，又或改娶，則娣姒有初而異室者矣。若不本夫爲倫，惟取同室而已，則親娣姒與堂娣姒不應有殊。經殊其服以夫之親疏者，是本夫與爲倫也。婦人於夫之昆弟本有大功之倫，從服其婦有小功之倫。於夫從父昆弟有小功之倫，從服其婦有緦麻之倫也。夫以遠之而不服，故婦從無服而服之。然則初而異室，猶自以其倫服。」庾氏蔚之云：「傳以同居爲義，蓋從夫謂之同室，以明親近，非謂常須共居。設夫之從父昆弟少長異鄉，二婦亦有同室之義，聞而服之緦也。今人謂從夫昆弟爲同堂，取於此也。婦從夫服，降夫一等，故爲夫之伯叔父大功，則知夫姑姊妹皆是從服。夫之昆弟無服，自别有義耳，非如徐邈之言出自恩紀者。」敖氏云：「婦人於夫之昆弟以遠嫌無服，假令從服，亦僅可以及於其昆弟之身，不可以復及其妻也。然則娣姒婦無相爲服之義，而禮有之者，則以居室相親，不可無服故爾。然二人或有竝居室者，有不竝居室者，亦未必有常共居室者，而相爲服之義惟主於此者，蓋本其禮之所由生者言也。」方氏苞云：「古者大功同財而異宫，期之兄弟未有異居者，以問寢視膳佐餕，羣子婦所同也，故娣姒婦曰『相與居於室中』。夫之從父兄弟之妻都宫則同，而所居分南北東西，故曰『相與同室』。」今案：傳先釋娣姒婦之義，而後發何以小功之問，故諸家皆以傳爲專指娣姒婦言也。敖説深得制禮精意，方説分别亦精。程氏瑶田云：「案：夫之姑姊妹不見適人者，適人則不爲之服矣。傳曰『以爲相與居室中，則生小功之親焉』，并夫之姑姊妹總發傳也。適人則不相與居室中，又何服之有乎？」案：程説似亦可通，然緦麻章「爲夫之從父昆弟之妻」，傳亦曰「以爲相與同室，則生緦之親焉」，正以昆弟妻本無爲服之義，其制服實由相與居室中及同室而生，則此傳爲專釋娣姒婦明矣。

注云「娣姒婦者，兄弟之妻相名也」者，鄭意蓋謂兄妻爲姒，弟妻爲娣也。又云「長婦謂穉婦爲娣婦，娣婦謂長婦爲姒婦」者，此《爾雅》文，郭注：❶「今相呼先後，或云妯娌。」鄭引《爾雅》者，蓋證娣之爲弟，姒之爲長，以明傳「弟長」之義也。徐氏乾學云：「傳文弟長者，雙訓娣姒，言娣是弟、姒是長，非以娣爲長也。《公羊傳》云：『娣者何？弟也。』知其以弟解娣，自以長解

❶「郭」，原作「鄭」，今據《爾雅注》改。

姒。」今案：《吴語》「長弟許諾」，韋昭云：「長，先也。弟，後也。」然則弟長猶後先耳。《釋名》：「少婦謂長婦曰姒，言其先來，己所當法似也。長婦謂少婦曰娣。娣，弟也，己後來也。」夫以先來爲姒，後來爲娣，則姒明是兄妻，娣明是弟妻。而傳之以弟釋娣，以長釋姒，益無疑矣。《爾雅》又云：「女子同出，謂先生爲姒，後生爲娣。」此雖指同嫁一夫而言，與此不同，然姒長娣弟，固昭然也。馬氏云：「娣姒婦者，兄弟之妻相名也。長稚自相爲服，不言長者，婦人無所專，以夫爲長幼，不自以年齒也。妻雖小，猶隨夫爲長也。先娣後姒者，明其尊敵也。」據此，則馬、鄭義同。賈疏因成十一年《左傳》穆姜稱聲伯母爲姒，昭二十八年《傳》叔向嫂稱叔向妻爲姒，遂以娣姒據婦年大小，不據夫年大小，非鄭義矣。《方言》：「築娌，匹也。」郭注：「兄弟婦相呼爲築娌。」是娣姒匹敵之證。近儒徐氏乾學、沈氏彤、盛氏世佐、吴氏廷華、秦氏蕙田、江氏筠皆以賈説爲非。沈氏云：「《左傳》載叔向嫂稱叔向妻爲姒，亦晚周文勝之俗然耳。謂叔向嫂穉而妻長，曷嘗有明文乎？婦人從夫，長婦穉婦，當據夫年大小也。」盛氏云：「婦人從夫之爵，坐以夫之齒，則其娣姒之稱，亦以夫之長幼爲斷明矣，賈疏誤。《左傳》穆姜、叔向嫂皆呼夫弟之妻爲姒者，朱子云『單舉則可通謂之姒，蓋相推讓之義耳』是也。」江氏云：「《春秋傳》不著娣稱，疑爾時兩相稱俱曰姒，蓋以避媵之有姪娣也。」今案：《左傳》杜注云：「兄弟之妻相謂爲姒。」則是春秋時兩相稱皆曰姒，與《禮經》、《爾雅》不同，其不足爲婦年長穉之證明矣。《左傳》孔疏亦同賈説，皆誤也。萬氏斯同、方氏苞、孔氏廣森皆駁賈疏之誤。而萬氏、孔氏又據穆姜、叔向嫂二事，謂娣長而姒幼，誤與賈同，蓋其説始於敖氏。傳「弟長也」之「弟」，敖本誤作「娣」，故謂傳文以長釋娣。不知娣之爲弟，姒之爲長，《爾雅》、《釋名》各書悉與傳合，古訓昭然，不可臆改也。方氏又謂弟長言兄弟之友恭，因制娣姒之服以教親睦，則益支離附會矣。

大夫、大夫之子、公之昆弟，爲從父昆弟、庶孫、姑姊妹、女子子適士者。從父昆弟及庶孫，亦謂爲士者。【疏】正義曰：馬氏云：「謂上三人各自爲其從父昆弟、庶孫、姑姊妹、女子子適士者服也。從父昆弟、庶孫，正親大功也，以尊降，故服小功。姑姊妹、女子子適人大功，適士降一等，故服小功也。」鄭云「從父昆弟及庶孫，亦謂爲士者」，言以爲士，故降服小功也。義本與馬同，惟因經未言爲士，故特著之。「亦」者，亦「適士」之文也。大功章大夫、大夫之子、公之昆弟，爲姑姊妹、女子子嫁大夫大功，故適士小功。馬云「適人大功」，意蓋指嫁大夫者言，然語嫌蒙混矣。敖氏云：「經不言適人而言適士者，所以見從父昆弟及庶孫亦謂爲士者也，經之例多類此。公之昆弟於其從父昆弟之不爲大夫者乃小功者，以其非公子也。」

大夫之妾爲庶子適人者。君之庶子，女子子也。庶女子子在室大功，其嫁於大夫亦大功。【疏】正義曰：盧氏文弨云：「『爲』下當有『君之』二字，各本脱，石經初刻有之。」案：注云『君之庶子』，則此二字本有明矣。」《校勘記》謂「君之」二字蒙「大功」章「大夫之妾爲君之庶子」而省，似未然。《通典》「爲」下有「君之」二字，而「庶子」下又有「女子子」三字者，《校勘記》謂「以注入經」是也。經云庶子，不言女子子者，以言適人，則女子自明，且以見「大功」章、「殤小功」章之言妾爲庶子，俱兼男女言也。李氏云：「上文云適士，則此亦適士也。鄭氏曰：『凡女行於大夫以上曰嫁，行於士庶人曰適人。』」今案：據此例，則適人即是適士，不必破人爲士矣。注云「君之庶子，女子子也」者，因經未言女子子而著之也。敖氏云：「女子子不必言庶，文有脱誤。」今案：子有受重之義，故別其長者爲適。女則雖女君所生，亦無長幼之異，經必言庶者，爲兼有他妾之女也。若妾爲其所生女，則在室期，適人大功。妾不得體君，爲其子得遂也。馬氏云：「適夫人庶子也。」説未的。云「庶女子子在室大功，其嫁於大夫亦大功」者，馬氏云：「在室大功，出降一等，故服小功。」王氏肅云：「適士降一等，在小功。」今案：嫁於大夫大功，故適士小功，王説與鄭同。馬謂出降小功，非。蓋大夫之妾爲君之黨服，得與女君同。「大功」章「大夫、大夫之妻，爲女子子嫁於大夫者」，馬注彼云：「在室大功，嫁於大夫大功。」與鄭此注同。所謂「在室大功」者，以在大夫尊降之限。嫁於大夫則爲命婦，尊同不降，當服期，以出嫁降一等，仍服大功。故云「在室大功，嫁於大夫亦大功」也。然則此適士小功，以尊降，非以出降明矣。秦氏蕙田乃謂此注馬是而王非，誤也。○敖氏云：「考《喪服・記》與《小記》言妾爲君之長子之服，大功章及此章凡三見大夫之妾爲君之庶子及其女子子之服。若其君之他親，則無聞焉。然則妾從服其君之黨者止於此耳，是亦異於女君者也。」今案：君之父母、祖父母，似亦當從服，與女君同。其旁親，蓋皆不服之矣。

庶婦。夫將不受重者。【疏】正義曰：馬氏云：「庶子婦也，舅姑爲之服也。」敖氏云：「庶婦爲舅姑期，舅姑乃再降之爲小功者，所以別於適婦也。」方氏苞云：「婦人爲庶婦小功，而夫之兄弟之子婦大功，何也？報服也。姑之於婦，則不可以言報。夫之兄弟之子婦服不見經，何也？以婦服夫之世母、叔母，知其報也。何以知其報也？旁親之相爲服，無尊卑皆報。」　注云「夫將不受重者」，此有二義。凡夫將受重者，惟適子一人，其餘皆不受重者也，故言此以見自適婦一人而外皆爲庶婦也。鄭必言「將」者，以舅姑歿，夫乃受重，此言爲婦服，則舅姑尚在，故云「將」也。此一義也。又或適子有廢疾他故，不能受重，則其婦之服亦同於庶婦。《喪服小記》曰：「適婦不爲舅後者，則姑爲之小功。」鄭注：「謂夫有廢疾他故，若死而無子，不受重者。小功，庶婦之服也。凡父母於子，舅姑於婦，將不傳重於適及將所傳重者非適，服之皆如庶子、庶婦也。」此又一義也。○《舊唐書·禮儀志》：「貞觀十四年，魏徵等奏：適子婦舊服大功，請加爲期；衆子婦舊服小功，今請與兄弟子婦同爲大功。從之。」黄氏榦云：「案：《儀禮》婦服舅姑期，故舅姑服適婦大功，今加適婦爲期，非輕重降殺之義。」沈氏彤云：「兄弟子婦之大功既爲報服，雖重於衆子婦，要不當易。其升適婦爲期，庶婦爲大功，不免遷就之失。案：『大功』章『適婦』，傳曰：『不降其適也。』明庶婦之小功爲降，適婦之大功爲正。若舅姑以重適婦之故升大功而爲期，豈適子亦可以重適妻之故，升期而爲三年邪？故適子爲適妻期，則舅姑之從服不得不降而大功。爲適婦大功，則庶婦不得不降而小功。此皆制服自然之條理，無可增加。魏公之誤，由不詳考禮文故爾。」今案：沈説是也。

君母之父母、從母。 君母，父之適妻也。從母，君母之姊妹。【疏】正義曰：此謂妾子爲適母之父母、適母之姊妹，服如適子也。云「君母，父之適妻也」者，王氏肅云：「君母，庶子之適母。」案：在父爲適妻，在子爲適母，一也。妾謂夫之適妻爲女君，故妾子因之謂適母爲君母耳。君母之父母，即外祖父母也。云「從母，君母之姊妹」，義詳前。馬氏云：「君母者，母之所君事者。從母者，君母之姊妹也。妾子爲之服小功也，自降外祖服緦麻，外無二統者。」又云：「從君母爲親服也，君母亡，無所復厭，則不爲其親服也，自得伸其外祖小功也。」賈疏云：「君母在，既爲君母父母，其己母之父母或亦兼服之。若馬氏義，君母不在，乃可伸矣。」今案：兼服之是也。馬氏謂君母在自降外祖緦麻，君母不在乃伸小功。案：自降外祖緦麻，馬之臆説耳。下記曰：「庶子爲後者，爲其外祖父母、從母、舅無服。不爲後，如邦人。」云「不爲後，如邦人」，則雖君母在，爲己母之父母亦小功矣。鄭注《服問》亦云：「外親無二統。」彼據因母繼母言，若妾子之爲其外祖父母，與妾之爲其父母例同。此自别爲一義，蓋妾母不得以統言也。徐氏乾學云：「母不厭子，女君不厭妾，馬説非。」

傳曰：何以小功也？君母在則不敢不從服，君母不在則不服。不敢不服者，恩實輕也。凡庶子爲君母如適子。【疏】正義曰：「何以小功也」下，《通典》有「從服也」三字，各本無。據馬氏云「從君母爲親服也」，似亦有此三字。蓋此三字正荅「何以小功」之問，下二句乃申言其義耳。不云「君母死」而云「君母不在」者，賈疏云：「或出或死，容有數事不在也。」敖氏云：「君母在則不敢不從服者，以其配父，尊之也。君母不在則不服者，别於己之外親也。此庶子雖服其君母之父母、姊妹，彼於此子則無服也。」郝氏敬云：「君母在不敢不服，聖人於禮，人情耳。人情所不敢，聖人因之，尊尊親親，所以不得不相爲用也。」今案：君母之父母、姊妹、昆弟卒，君母之痛方深，凡君母所生之子無不爲服，而己見其哀痛，獨晏然不與同憂，是自外於君母矣，而敢乎？所以從之爲服也。若君母不在，則無所見以動其情，故不服。此所謂徒從也。《大傳》曰：「從服有六：有屬從，有徒從。」孔疏謂妾爲女君之黨，庶子爲君母之親，皆是徒從也。《喪服小記》曰：「從服者，所從亡則已。」鄭注：「謂若爲君母之父母、昆弟、從母也。」此所云「從服」者，即徒從也。《小記》又曰：「屬從者，所從雖殁也服。」鄭注：「謂若自爲己之母黨。」《小記》又曰：「爲君母後者，君母卒，則不爲君母之黨服。」孔疏：「君母卒，爲後者嫌同於適服君母之黨，故特明之。」此言君母卒，妾子爲君母後者亦不服其黨，則其不爲君母後者不服益可知矣。《小記》又曰：「爲母之君母，母卒則不服。」鄭注：「母之君母，外祖適母。」此言其母爲妾所生，其母卒，亦不爲母之適母服也。《通典》：「車氏問臧燾曰：『妾子既服先適母之黨，又服繼適母之黨否？』燾荅曰：『庶子以賤，不敢不從服耳。既服前適母黨，則後適母黨義無以異。』燾又問徐藻，藻荅曰：『庶子若及先適母，則服其黨。若不及，則服後適母黨。外服無二，此之謂也。』庾蔚之曰：『適母雖有三四，宜以始生所遇適母之黨。若己生悉不及，宜服最後者之黨也。』」　注云「不敢不服者，恩實輕也」者，言君母之父母、姊妹於己恩實輕，但以君母故，不敢不從服耳。前傳曰：「君之所爲服，子亦不敢不服。」此義雖別於彼，而其言不敢之意，則有同也。云「凡庶子爲君母如適子」者，此申言從服之義也。庶子，謂妾子也。妾子爲君母服與適子爲母同，故爲君母之黨服亦與適子同。但君母不在，則不服其黨，與適子略異耳。

君子子爲庶母慈己者。君子子者，大夫及公子之適妻子。【疏】正義曰：注云「君子子者，大夫及公子之適妻子」者，戴氏聖云：「君子子爲庶母慈己者，大夫之適妻之子養於貴妾，大夫不服賤妾，慈己則緦服也。其不言大夫之子，而稱君子子者，君子猶大夫也。」戴意以經庶母指大夫之貴妾言，大夫爲貴妾緦，其適妻之子亦服緦，故以慈己服小功。若賤妾，則大夫不服，適妻之子亦不服，慈己但服緦耳。雷氏云：「大夫不服凡妾，父所不服，子亦不敢服，安得爲庶母緦哉？大夫惟服姪娣，今所服者，將姪娣之庶母。」説與戴同。是皆以君子子爲大夫之適妻子，庶母爲大夫之貴妾也。鄭云「大夫之適妻子」，蓋本於戴。又云「公子」者，以公子與大夫尊卑同，故兼言公子之適妻子也。金氏榜云：「士爲庶母緦，此言以慈己加，明其本服緦，此君子子爲士之子明矣。齊衰三年章傳曰：『慈母者何也？妾之無子者，妾子之無母者，父命妾曰：女以爲子。命子曰：女以爲母。若是則生養之，終其身如母，死則喪之三年如母，貴父之命也。』注云：『不命爲母子，則亦服庶母慈己之服。』是妾子服庶母慈己小功，與適妻子同。經言君子子，文屬於父，關適庶之辭。注主適妻子言，與上齊衰三年章注自相違失。」今案：此庶母慈己之服本爲適妻子而制，故此注主適妻子言。但妾子養於他妾亦爲慈己，故齊衰三年章注又兼妾子言。昭十一年《左傳》：「其僚無子，使字敬叔。」此妾子養於他妾者也。金氏謂適子妾子同，是矣。至君子之名，各書多以稱士，不必定指大夫。此注言大夫子而不及士子，與金氏專指士子言，皆偏也。《喪服》「慈母如母」及「庶母慈己」二條，蓋皆大夫、士之禮，諸侯以上無之。《曾子問》：「子游問慈母，孔子曰：『古者男子外有傅，内有慈母，君命所使教子也，何服之有？』」鄭注：「言無服也。此指謂國君之子也，大夫、士之子爲庶母慈己者服小功。」孔疏引熊氏云：「士之適子無母，乃命妾慈己，亦爲之小功。知者，以士爲庶母緦，明士子亦緦，以慈己加小功，故此連言大夫、士也。」是鄭亦兼士言之矣。皇氏謂有「士」字爲誤，非也。士之妻自養其子，固不必有慈母，然或妻有故不能養，而妾代養之，亦即慈己者也。惟此服本因緦而加，士不論貴妾賤妾，其子皆以爲庶母而服緦，大夫則必貴妾而其子乃服緦，❶此則小異者耳。

傳曰：君子子者，貴人之子也。爲庶母何以小功也？以慈己加也。云君子子者，則父在也，

❶ 「乃」，原作「及」，今據《續清經解》本改。

父没則不服之矣。以慈己加，則君子子亦以士禮爲庶母緦也。《内則》曰：「異爲孺子室於宫中，擇於諸母與可者，必求其寬裕、慈惠、温良、恭敬、慎而寡言者，使爲子師。其次爲慈母，其次爲保母，皆居子室，他人無事不往。」又曰：「大夫之子有食母。」庶母慈己者，此之謂也。其可者賤於諸母，謂傅姆之屬也。其不慈己，則緦可矣。不言師、保，慈母居中，服之可知也。國君世子生，卜士之妻、大夫之妾使食子，三年而出，見於公宫，則劬。非慈母也。士之妻自養其子。【疏】正義曰：注云「云君子子者，則父在也，父没則不服之矣」者，以君子言，明父在可知。父没則不服，謂不服其加服。褚氏云：「注意以此服雖因慈己而加，而三母實是大夫之禮，父没則三母之禮亦無，故仍服爲庶母本服之緦。」云「以慈己加，則君子子亦以士禮爲庶母緦也」者，據此傳言以慈己加，不言以慈己服，則是本服爲緦，因慈己加至小功耳。禮，士爲庶母緦，大夫以上無服。故知君子子亦從士禮爲庶母緦也。若戴氏、雷氏之義，則以大夫子爲父之貴妾緦，此庶母自指貴妾也，詳上。然據鄭此注，則庶母慈己之服亦兼有士子明矣。馬氏云：「爲慈養己者服小功。貴人者，適夫人也。子以庶母慈養己，加一等小功也。爲父賤妾服緦，父没之後，貴賤妾皆小功也。」陳氏銓云：「君子子者，大夫之美稱也。貴人者，謂公卿大夫也。謂貴人之子，父没之後得行士禮，爲庶母緦也。有慈養己者，乃加服小功。」今案：貴人當從馬説。妾有貴妾，而妻更貴於妾，故以適妻爲貴人。此經特云「爲庶母」，則知此服本爲適妻子而制，故傳以貴人之子釋之也。鄭於傳「貴人」無注，而《内則》「妻以子見於父，貴人則爲衣服」，鄭注云：「貴人，大夫以上。」則知陳説本此矣。但陳氏謂父没之後乃服庶母慈己之服，則與鄭注適相反。馬氏謂父没貴賤妾皆小功，説更無據。惠氏棟訾其疑誤後學，誠然。竊以慈己之服，父在父没皆當服之。敖氏云：「父在且伸此服，父没可知。」江氏筠云：「以慈己加服，係於己，不由於父，父之存没同耳。」此説是也。鄭引《内則》者，證庶母慈己之義。自「異爲孺子室於宫中」至「他人無事不往」，皆《内則》文。「大夫之子有食母」，亦《内則》文。彼注云：「此人君養子之禮也。諸母，衆妾也。可者，傅御之屬也。子師，教示以善道者。慈母，知其嗜欲者。保母，安其居處者。」又云：「大夫食母選於傅御之中，《喪服》所謂『乳母』也。」此注引《内則》之文，而云「庶母慈己者，此之謂也」，蓋以慈母、食母爲慈己比附耳。云「其可者賤於諸母，謂傅姆之屬也」者，以彼云「擇於諸母與可者」使充三母，則可者與諸母自是兩種人。鄭以諸母爲衆妾，故以可者爲傅姆之屬，賤於諸母。《士昏禮》注云：「姆，婦人年五十無子，出而不復嫁，能以婦道教人者。」《文選注》引《漢書音義》云：「婦人年五十無子者爲傅。」是傅姆義同。《内則》注云「傅御之屬」，與此異者，案：《士喪禮》有「外御」，注云：「外御，小臣侍從者。」《既夕・記》又有「内御」，注云：「内御，女御也。」《喪大記》孔疏云：「内外宜别。内御，婦人。」然則御即婦人在内侍從之屬，亦賤於諸母也。段氏《儀禮漢讀考》云：「案：《内則》『可者』當作『阿者』，古字假借也。《列女・魏節乳母傳》曰：『君子謂爲乳子室於宫，擇諸母及阿者，必求其寬仁、慈惠、温良、恭敬、慎而寡言者，使爲子師。』《華孟姬傳》曰：『妃后下堂，則從傅母保阿。』《霍夫人顯傳》曰：『召太子食，保阿輒先嘗之。』《楚昭伯嬴傳》曰：『與其保阿閉永巷之門。』他書亦言『長於阿保之手』。《説文》姆與娿，皆訓女師，娿讀若阿。疑阿即娿字，教女子子者，男子幼則亦教之也。」今案：段氏謂「可」疑當作「阿」，亦自有據，故録存之。云「其不慈己，則緦可矣」者，謂此三母若非慈己者，則亦服緦可矣。云「不言師、保，慈母居中，服之可知也」者，謂《内則》有三母，此但言慈母，不言師、保，以慈母居師、保之中，慈母服，則師保亦服可知。云「國君世子生，卜士之妻、大夫之妾使食子，三年而出，見於公宫，則劬」者，亦《内則》文，彼注云：「劬，勞也。」謂世子生，卜擇士之妻或大夫之妾一人，使之食子，及三年而出歸，則君有以勞賜之。與庶母慈己者異，故云「非慈母也」。云「士之妻自養其子」者，亦《内則》文。鄭以君子子爲大夫，公子之適妻子，故引《内則》以見國君之食子者非慈母而又無服，士妻則自養其子，無三母，亦無食母，故專指大夫、公子言也。或疑《内則》所言三母是國君之禮，非大夫之禮。案：《通典》載：「陳鑠問氾閣，疑大夫無此禮。氾閣荅曰：『《内則》實總國君及大夫養子之禮。案：《内則》云：大夫見子之禮，入門升阼階也，遂左旋授師。師，子師也。《喪服》有庶母慈己，《禮》有子師，此明大夫之子有庶母慈己。』」《内則》孔疏亦云：「此文雖據諸侯，其實亦兼大夫、士也，但士不具三母耳，大夫以上則具三母。」又梁武帝分别慈母爲三：謂齊衰三年章所云「慈母如母」，則命爲母子服以三年者。此章「庶母慈己」，則適妻之子無母，使妾養之，慈撫隆至，服以小功者。《内則》、《曾子問》所云慈母，則皆無服。其説已具載於「齊衰三年」章内。又謂《内則》擇諸母是擇人而爲此三母，非擇取兄弟之母，謂鄭引彼無服以注慈己爲謬。褚氏云：「《内則》師、慈、保本指庶母，若缺人則兼取傅姆等。其曰諸母，即庶母也。武帝專以慈母爲傅姆等，而遺卻諸母，非矣。」今案：諸家駁鄭之説未當，故皆不足以難鄭。惟此條之義，當以「齊衰三年」章「慈母如母」條爲比附，不必以《内則》慈母、食母爲比附。蓋此兩條皆謂大夫之士子無母者，彼妾子無母，使他妾養之，命爲母子，則服三年，所謂「貴父之命也」。此適子無母，使妾養之，不得命妾爲母，而其慈養之恩不可没，故不云「慈母」，而云「庶母慈己者」，而特制爲小功之服。其妾子之無母，養於他妾，而未命爲母子者，服亦如之。是皆以其爲庶母，而又有慈己之恩，故加以此服也。必知此條爲子無母者，以梁武帝及《禮記》疏所引熊氏説，皆指無母者言。即鄭注「慈母如母」傳云：「不命爲母子，則服庶母慈己者之服。」明亦指無母者言，故知此條當與「慈母如母」條相比附，以其無母而爲他母所慈養，故制三年及小功之服也。若《内則》之三母，是平日養子之法，非無母而使之養，且有選於傅姆之中，不必盡爲庶母者，亦與此條名實不符。又引「大夫之子有食母」爲證，而彼注以乳母當之，則亦服止於緦，不得服小功。又《内則》師、慈、保三母，彼注明云「人君養子之法」，而此注説國君之制，但引「卜士之妻、大夫之妾，使食子」，以明非慈母，不無矯揉遷就。又「士妻自養其子」，士未嘗無妾也。總之，鄭以此爲大夫之制，故强引《内則》以相比附，而中多罅漏，後人所以不滿於此注者多也。○蔡氏德晋云：「附補五條：爲適孫之婦，爲不傳重適婦及傳重非適婦，爲從父昆弟之子、昆弟之孫，爲所後者之妻之父母、姊妹。」今案：不傳重適婦，即《小記》所云「適婦不爲舅後者，則姑爲之小功」是也。

右小功五月

緦麻，三月者。緦麻，布衰裳而麻絰帶也。不言衰絰，略輕服，省文。【疏】正義曰：此章在五服之内爲最輕，三月既葬除之，無受也。殤不别章，略之。吴氏紱云：「若不及三月而葬者，如其期服之而後除。」注云「緦麻，布衰裳而麻絰帶也」者，謂以緦布爲衰裳，以麻爲絰帶，故服名緦麻也。段氏玉裁云：「緦者，布名，猶大功、小功，皆布名也。注當云『緦麻緦布衰裳』，今本脱一『緦』字。」今案：緦義詳下。麻，澡麻也。賈疏云：「上殤小功章云『澡麻絰帶』，況緦服輕，明亦澡麻可知。」云「不言衰絰，略輕服，省文」者，謂經當云「緦裳麻絰」，今但云「緦麻」，是省文也。敖氏云：「齊衰三月不言繩屨，大功不言冠布纓，小功不言布帶，緦麻不言衰絰，服彌輕，則文彌略也。」

傳曰：緦者，十五升抽其半，有事其縷，無事其布，曰緦。謂之緦者，治其縷，細如絲也。或曰有絲。朝服用布，何衰用絲乎？抽，猶去也。《雜記》曰：「緦冠繰纓。」【疏】正義曰：李氏云：「《間傳》：『緦麻十五升去其半，有事其縷，無事其布，曰緦。』事，猶治也。朝服之布，其經千二百縷，緦半之，升數雖少，而縷之精麤如朝服，故服次小功也。」敖氏云：「抽其半，則成布七升有半也，乃在小功之下者，以其縷細也。凡五服之布，皆以縷之麤細爲序，其麤者則重，細者則輕。故升數雖多而縷麤，猶居於前，如大功在繐衰之上是也。升數雖少而縷細，猶居於後，如緦麻在小功之下是也。」朱氏軾云：「織具曰簆，簆四十齒爲一升，齒兩縷，共八十縷。抽其半，則每齒一縷，十五升本千二百縷，此十五升則六百縷也。冠裳亦同。」段氏玉裁云：「凡布幅廣二尺二寸，《禮經》布八十縷爲升，猶《說文》之布八十縷爲稯也。斬衰三升、三升有半，齊衰四升，繐衰小功之縷四升有半，大功八升若九升，小功十升若十一升，緦布朝服之縷七升有半。升數各不同，而皆合二尺二寸之度以成布。十五升去半者，十五升，朝服之升數也，去其半則爲七升有半。朝服用十五升，其布密。緦用其半，其布疏。繐衰用小功之縷，而升數不及半，緦用朝服之縷，而升數祇取半，皆聖人因宜適變之精意。」今案：緦之縷精麤既如朝服，而升數亦如之，則何以別於吉服，故必抽其半爲七升有半也。《説文》「緦，十五升布也」，與傳文異，當有脱誤。金氏榜據之，謂緦亦十五升布，非矣。《雜記》：「朝服十五升，去其半而緦，加灰錫也。」鄭注：「緦精麤與朝服同，去其半，則六百縷而疏也。又無事其布，不灰焉。」今案：據《雜記》云「去其半而緦」，則緦非十五升布明甚。此傳云「有事其縷」，謂澡治之使細；「無事其布」，謂不加灰治之使滑易也。蓋加灰治其布使滑易，則是錫矣。互詳記傳「錫者，十五升抽其半，無事其縷，有事其布，曰錫」下。姜氏兆錫謂十五升抽其半，乃是去其半升，爲十四升有半。盛氏世佐取之，謂下記云「三升有半」、「四升有半」，半者，皆謂半升也。其説似乎有據，今附存焉。　注云「謂之緦者，治其縷，細如絲也」者，治其縷，即傳所謂「有事其縷」也，蓋治之則縷細如絲，故取此義，名爲緦也。云「或曰有絲」者，謂緦之中有絲，故名緦，與《説文》「一曰兩麻一絲布也」説同。云「朝服用布，何衰用絲乎」，此鄭破或之説，謂朝服吉服用布，何衰凶服乃用絲乎？言其不然也。云「抽，猶去也」者，案：抽不訓去，❶但此傳云「抽其半」，與《間傳》、《雜記》云「去其半」義同，故云「抽，猶去也」。云「《雜記》曰：『緦冠繰纓。』」者，此因經未言緦之冠與纓，故引《雜記》以明之。彼注云：「『繰』當爲『澡麻帶絰』之『澡』，謂有事其布以爲纓。」李氏云：「冠之布與衰同，纓則加澡治之，又事其布也。斬衰冠繩纓，纓重於冠。齊衰以下布纓，纓與冠同。緦冠澡纓，纓輕於冠。服輕者，冠彌飾也。」

族曾祖父母、族祖父母、族父母、族昆弟。族曾祖父者，曾祖昆弟之親也。族祖父者，亦高祖之孫，則

❶「去」，原作「云」，今據《續清經解》本改。

高祖有服亦明矣。【疏】正義曰：族曾祖父者，高祖之子，己之曾祖親兄弟也。族祖父者，高祖之孫，己之祖父從父昆弟也。族父者，高祖之曾孫，己之父從祖昆弟也。族昆弟者，高祖之玄孫，己之三從昆弟也。《爾雅》：「父之從祖祖父爲族曾王父，父之從祖祖母爲族曾王母。」即此經族曾祖父母也。《爾雅》又云：「父之從祖晜弟之母爲族祖王母。」則父之從祖晜弟之父爲族祖王父，即此經族祖父母也。《爾雅》：「父之從祖昆弟爲族父，父之從祖晜弟之妻爲族母。」今本《爾雅》作「族祖母」，誤。即此經族父母也。《爾雅》：「族父之子相謂爲族晜弟。」即此經族昆弟也。黄氏云：「族曾祖父者，曾祖之兄弟也。其子，謂族祖父。又其子，謂族父。又其子，謂族昆弟。凡四世，以曾祖、祖、父、己旁殺之義推之，皆當服緦。」李氏云：「族之爲言屬也，骨肉相連屬也。《春秋傳》曰：『凡諸侯之喪，同姓臨于宗廟，同宗于祖廟，同族于禰廟。』杜預云：『同族，謂高祖以下也。』此四緦麻，與己同出於高祖，恐其親盡相疎，故以族名之。」今案：《爾雅》：「族晜弟之子相謂爲親同姓。」謂之親同姓，則無服矣。《大傳》曰：「四世而緦，服之窮也。五世袒免，殺同姓也。六世，親屬竭矣。」吴氏廷華云：「據下『從祖昆弟之子』條，爲族父之報服，則四者皆報也。」注文「亦高祖之孫」下，據《通典》及賈疏述注，俱有「祖父之從父昆弟之親」一句。鄭意以族曾祖父爲高祖之子，則族祖父亦高祖之孫，二者同出於高祖，而皆有服，明高祖亦當有服也。賈疏云：「己上至高祖爲四世，旁亦四世，旁四世既有服，於高祖有服明矣。鄭言此者，舊有人解，見齊衰三月章不言高祖，以爲無服，故鄭從下鄉上推之，高祖有服可知。」餘詳齊衰三月章「曾祖父母」下。馬氏云：「族祖父，祖之從父昆弟也。族父，從祖昆弟之親也。族祖父亦高祖之孫。」徐氏乾學云：「馬云從祖昆弟之親，謂從祖昆弟之父耳，與鄭注言親字不同。」

庶孫之婦。【疏】正義曰：馬氏云：「祖父母爲適孫之婦小功，庶孫婦降一等，故服緦。」李氏云：「適孫之婦服無文，以次差之，當小功也。庶婦小功，適婦則大功。庶孫之婦緦，故適孫之婦當小功。」今案：庶婦見小功章，此庶孫之婦緦，蓋亦殺於庶子婦也。

庶孫之中殤。庶孫者，成人大功，其殤中從上。此當爲下殤，言中殤者，字之誤爾。又諸言中者，皆連上下也。【疏】正義曰：注云「庶孫者，成人大功，其殤當中從上」者，案：殤小功章傳曰「中殤何以不見也？大功之殤中從上」，謂成人本服大功者，其殤服當中從上。是以爲庶孫之長殤已見「殤小功」章，明中殤從上，亦在彼章，此不得復言中殤也，故云「此當爲下殤，言中殤者，字之誤爾」。云「又諸言中者，皆連上下也」者，賈疏云：「謂大功之殤中從上，小功之殤中從下，殤之内無單言中殤者，此經單言中殤，故知誤，宜爲下也。」程氏瑶田謂此經始發中從下之例，故特著中殤以明之，以鄭注爲非。張氏履辨之云：「中殤非從上即從下，實無容獨見。且見中不見下，惟下從中乃可，若中從下，仍當見下不見中，如前傳所云也。」今案：此辨極是。馬氏云：「祖爲孫成人大功，長殤降一等，中下殤降二等，故服緦也。」言中則有下，文不備，疎者略耳。」王氏肅云：「此見大夫爲孫服之異也。士爲庶孫大功，則大夫爲之小功。降而小功者，則殤中從上，故舉中以見之。」案：馬氏謂中下殤降二等，已於傳「大功之殤中從上」義不合。王氏以此爲大夫爲孫服，尤謬，皆不及鄭注之精也。

從祖姑姊妹，適人者，報。【疏】正義曰：從祖姑者，從祖之女，於己爲從姑。從祖姊妹者，從祖之孫女，於己爲再從姊妹。故經合而言之，爲從祖姑姊妹也。《爾雅》：「父之從父姊妹爲從祖姑。」馬氏云：「從祖姑姊妹，於己再從，在室小功，適人降一等，故緦也。」案：言報者，明兩相爲服也。

從祖父、從祖昆弟之長殤。不見中殤者，中從下。【疏】正義曰：從祖父者，從祖之子。從祖昆弟者，從祖之孫。其本服皆見小功章。馬氏云：「成人服小功，長殤降一等，故緦也。中下殤無服，故不見也。」注云「不見中殤者，中從下」者，據前傳「小功之殤中從下」，故言長殤，不言中殤也。馬謂「中下殤無服，故不見」，意亦是，而不如鄭説據傳之精。賈疏云：「從祖父長殤，謂叔父。」敖氏云：「上章之首連言三小功，此惟見二者之殤，蓋以從祖祖父未必有在殤者也。」

外孫。女子子之子。【疏】正義曰：李氏云：「女外適所生，故曰外孫。外祖父母以尊加小功，爲外孫自從其正服緦。」車氏垓曰：「外孫爲外祖服小功者，由母而推之也，故重。外祖爲外孫服緦麻者，由女而推之也，故輕。」敖氏云：「此服亦男女同。」《爾雅》：「女子子之子爲外孫。」

從父昆弟、姪之下殤，夫之叔父之中殤、下殤。言中殤者，明中從下。【疏】正義曰：從父昆弟本服大功，其長殤小功。姑適人者爲姪本服大功，其長殤亦小功。俱見「小功」章，故下殤在此章也。馬氏云：「降二等，故服緦也。」妻爲夫之叔父之長殤見小功章，故中下殤在此。馬氏云：「妻爲之服也，成人在大功，中下殤降二等，故服緦也。」但此兩條一言下殤，一言中殤下殤，不同者，妻爲夫之親服，大功之殤中從下，故注云「言中殤者，明中從下」也。若丈夫爲殤服，大功之殤中從上，故不言中殤。敖氏云：「見中殤者，明其與前條異。」張氏履云：「此夫之叔父之中殤下殤，其中從下必連言之，以見與從父昆弟姪者之專言下殤爲中從上之不同處。」是此條言中殤、下殤之義也。

從母之長殤，報。【疏】正義曰：馬氏云：「成人小功，長殤降一等，故緦也。」敖氏云：「前章從母成人之服已言報，此復見之者，嫌或略於殤也。」今案：外親之殤服僅有此條者，外親之服皆緦，殤則無服，惟從母加服小功，故長殤緦，中下殤亦無服也。

庶子爲父後者爲其母。【疏】正義曰：此庶子謂妾子也。賈疏云：「此謂無冢適，惟有妾子，父死，妾子承後，爲其母緦也。」李氏云：「此服自士上達天子皆然。」今案：《服問》曰：「君之母非夫人，則羣臣無服，唯近臣及僕驂乘從服，唯君所服服也。」鄭注：「禮，庶子爲後，爲其母緦。」《曾子問》曰：「古者天子練冠以燕居。」鄭注：「天子練冠以燕居，蓋謂庶子王爲其母。」孔疏：「練冠乃異代之法。案：《喪服》緦麻章云：『庶子爲後爲其母緦。』鄭注《服問》云：『庶子爲後，爲其母緦。』則是周法天子、諸侯、大夫、士一也。」案：孔疏是。或謂大夫以上無緦服，不知無緦服乃指旁親言之。盛氏世佐云：「至情所關，雖加一日愈於已。苟有死於宮中之例可援，以少伸吾情焉。雖天子、諸侯，亦不以貴而絶其母也。」此説得之。又此爲父後，故降而服緦，不以嫡母之存没異也。或謂厭於嫡母，尤非。

傳曰：何以緦也？傳曰：「與尊者爲一體，不敢服其私親也。」然則何以服緦也？有死於宮中者，則爲之三月不舉祭，因是以服緦也。君卒，庶子爲母大功。大夫卒，庶子爲母三年也。士雖在，庶子爲母皆如衆人。【疏】正義曰：「何以緦也」，怪其不服母之本服而問也。「與尊者爲一體」二語，乃傳者引舊傳以明之。尊者謂父，私親謂其母。庶子爲父後，傳父之重，即與父爲一體，而妾母不得體君，是己之私親，故不敢服也。馬氏云：「承父之體，四時祭祀，不敢申私親服，廢尊者之祭，故服緦也。」「然則何以服緦也」，乃再問辭，以與尊者爲一體，即當無服，今服緦何也？「有死於宫中者」以下，又是荅辭。馬氏云：「緣先人在時，哀傷臣僕有死宫中者，爲缺一時不舉祭，因是緦服也。」今案：《雜記》曰：「父母之喪，將祭而昆弟死，既殯而祭。如同宫，則雖臣妾，葬而後祭。」即其義也。注云「君卒，庶子爲母大功」者，「大功」章「公之庶昆弟爲母」是也。云「大夫卒，庶子爲母三年也」者，即「大功」章「大夫之庶子爲母」，傳曰「大夫之庶子，則從乎大夫而降也」，注云「言從乎大夫而降，則於父卒如國人也」是也。云「士雖在，庶子爲母皆如衆人」者，謂君在庶子爲母在五服外，大夫在庶子爲母大功，士雖在，庶子爲母亦期，與衆人同，没亦三年也。詳「齊衰三年」章「父卒則爲母」下。蓋爲父後則服緦，不爲父後則其服如是也。○吴氏廷華云：「敖氏本無『因』字。又案：其妻之服，當以晉孔瑚從降説爲是。」

士爲庶母。【疏】正義曰：賀氏循云：「庶母，士父之妾也，服緦麻。」雷氏次宗云：「爲五服之凡不稱其人者，皆士也。若有天子、諸侯下及庶人，則指其稱位，未有言士爲者，此獨言士，何乎？蓋大夫以上庶母無服，庶人無妾，則無庶母。爲庶母者，唯士而已，故詭常例，以著唯獨一人也。」

傳曰：何以緦也？以名服也。大夫以上爲庶母無服。【疏】正義曰：「何以緦也」，問辭。「以名服也」，荅辭。馬氏云：「以有母名，爲之服緦也。」傳又云「大夫以上爲庶母無服」，此解經獨言士之義也。敖氏云：「大夫以上爲庶母無服者，以庶母之服緦，而大夫以上無緦服故也。又大夫以上於其有親者且降之絶之，則此無服亦宜矣。」

貴臣貴妾。此謂公士大夫之君也，殊其臣妾貴賤而爲之服。貴臣，室老、士也。貴妾，姪娣也。天子、諸侯降其臣妾無服。士卑無臣，則士妾又賤，不足殊，有子則爲之緦，無子則已。【疏】正義曰：注云「此謂公士大夫之君也」者，上「斬衰」章「公士大夫之衆臣爲其君」，傳曰「君謂有地者也」，此注云「公士大夫之君」，指此。云「殊其臣妾貴賤而爲之服」者，謂於臣妾中別其貴者而爲之服也。云「貴臣，室老、士也」者，「斬衰」章傳曰「室老、士，貴臣也」，注云「室老，家相也。士，邑宰也」，是家相、邑宰爲公士大夫之貴臣也。云「貴妾，姪娣也」者，姪是妻之兄女，娣是妻之妹，從妻來爲妾也。《曲禮》曰：「大夫不名世臣、姪娣。」故此爲妾之貴也。云「天子、諸侯降其臣妾無服」者，天子、諸侯絶期以下，故爲臣妾無服。云「士卑無臣，則士妾又賤，不足殊，有子則爲之緦，無子則已」者，戴氏震校《集釋》，以注「則士」二字爲衍文，是也。鄭謂士既卑無臣，而其妾又賤，不足以別其貴者，但以有子無子分之而已。《喪服小記》曰：「士妾有子而爲之緦，無子則已。」此鄭所本也。彼注云：「士卑，妾無男女則不服，不別貴賤。」與此注義同。蓋鄭以此經服貴臣貴妾緦者，專爲公士大夫之君，故歷言天子、諸侯及士以明之也。馬氏云：「君爲貴臣貴妾服也。天子貴公，諸侯貴卿，大夫貴室老。貴妾，謂姪娣也。」陳氏銓云：「天子貴臣，三公；貴妾，三夫人。諸侯貴臣，卿、大夫；貴妾，姪娣。大夫貴臣，室老、士；貴妾亦爲姪娣。然則天子、諸侯絶期，於臣妾無服明矣。大夫非其同尊，每降一等而已，爲臣妾貴者有緦麻三月也。」今案：陳氏分別天子、諸侯、大夫貴臣貴妾，較馬尤精。又馬氏解此經兼天子、諸侯言，陳氏則專指大夫言，意亦同鄭也。秦氏蕙田謂陳説與馬同，誤矣。《通典》載袁悠問雷次宗曰：「《喪服》大夫爲貴臣貴妾緦，何以便爲庶母無服？　又案：《檀弓》云：『悼公之母死，哀公爲之齊衰。有若曰：諸侯爲妾齊衰，禮歟？』鄭注云：『妾之貴者，爲之緦耳。』《左傳》云晉少姜卒，齊使晏嬰請繼室，叔向對曰：『寡君以在縗絰之中。』案：此諸侯爲妾便有服也。」次宗荅曰：「大夫爲貴妾緦。案：注：『貴妾，姪娣也。』夫姪娣實貴，而大夫尊輕，故不得不服。至於餘妾，出自凡庶，故不服。又天子、諸侯一降旁親，豈容媵妾更爲服也？鄭注《檀弓》謂諸侯爲貴妾緦，與所注《喪服》相違。《左傳》少姜縗絰之言，是春秋時諸侯淫侈，乃爲齊縗，非周公之明典也。」今案：雷氏之荅，與鄭此注同。惟大夫爲貴臣貴妾緦，而爲庶母無服，不能無疑焉。敖氏云：「此亦士爲之也，大夫以上無緦服。」張氏爾岐云：「大夫以上爲庶母無服，而服其貴臣貴妾，於義似難强通。此殆承上『士爲庶母』之文，言士禮耳，其私屬亦可謂之臣，妾之有子者，即貴者也。」沈氏彤云：「士之貴臣，謂羣吏之長，若《士冠》、《特牲》之所謂宰也。」又云：「士亦姪娣具爲正，觀《昏禮》可見。亭林謂士無姪娣，非也。」淩先生云：「經所云貴臣貴妾，在『士爲庶母』之下，明指士之臣妾也。貴臣貴妾，即《曲禮》所謂『士不名家相長妾』是也。家相者，貴臣也。長妾者，貴妾也。士不名之，則貴可知也。若大夫，則云『世臣姪娣』矣。鄭君必欲守其士卑無臣之説，謂此指公士大夫之君，不無强經從己之病，恐不可從。」以上數説與鄭異，今并録附焉。

傳曰：何以緦也？以其貴也。【疏】正義曰：言以其爲臣妾之貴者而服之，則凡臣妾不得而同矣。

乳母。謂養子者有它故，賤者代之慈己。【疏】正義曰：乳母專以乳哺言，與慈母養己者異，《荀子》曰「乳母，飲食之者也，而三月」是也。吕氏坤云：「此乳母者，蓋傭他人之婦乳哺三年，恩亦如母，故以母呼之者。韓昌黎、蘇東坡於乳母皆葬而爲之銘，爲之緦。《喪服圖》注乃云父妾乳哺者，謬甚矣。」今案：父妾慈養己者，命爲母子，則服三年。不命爲母子，則服小功，不得服三月也。吕氏之辨精矣。注云「謂養子者有它故，賤者代之慈己」者，鄭意以此乳母本非養子者，乃因養子者有疾病它故，使賤者代之，則固不以爲父妾也。《内則》「大夫之子有食母」，鄭注：「選於傅御之中，《喪服》所謂『乳母』也。」云「選於傅御」，亦非謂父妾可知。惟此二注義有不同，《内則》注因經云食母，明是食養子者，故以此經「乳母」當之。此注不言食母，而云「養子者有它故，賤者代之慈己」，則其義較廣。如士之妻固自養其子，然或有疾病死亡等事，豈能不使它人代乳乎？又庶人之家有故，而代乳者亦多。竊謂此服當通大夫、士、庶人言之，唯大夫之子父在不服，父没乃服，敖氏之説是也。至國君之子於師、慈、保母皆無服，則固不爲乳母服耳。

傳曰：何以緦也？以名服也。【疏】正義曰：馬氏云：「士爲乳母服，以其乳養於己，有母名。」郝氏敬云：「乳母，外人婦代食子者。本不名母，而以乳得名。本無服，而以名得服。」今案：二説發明傳義，是也。

從祖昆弟之子。族父母爲之服。【疏】正義曰：從祖昆弟之子，即己之再從昆弟之子也。注云「族父母爲之服」者，章首係從祖昆弟之子爲族父母緦麻，故族父母報之，亦緦麻也。敖氏云：「經但見族父爲此服，注兼言族母者，足經意也。婦人爲夫黨之卑屬，與夫同。」又云：「爲族曾祖父、族祖父、族父、族昆弟皆緦，其族昆弟固相爲矣，此條則族父報。然則族曾祖父於昆弟之曾孫，族祖父於從父昆弟之孫，以其爲旁親卑者之輕服，故略之而不報歟？」徐氏乾學云：「族父爲從祖昆弟之子服，則族曾祖父必爲昆弟之曾孫服，族祖父必爲從父昆弟之孫服，非略之而不報，直文不具耳。」今案：徐説是也。

曾孫。孫之子。【疏】正義曰：《爾雅》：「孫之子爲曾孫。」敖氏云：「此曾祖爲之服也。以本服之差言之，爲子期，爲孫大功，則爲曾孫宜小功。乃在此者，以曾孫爲己齊衰三月，故己亦爲之緦麻三月，不可過於其爲己之月數也。」沈氏彤云：「凡正尊爲卑屬，其衰服與年月，皆各降於其爲己之服一等。緦麻月數如曾祖，而衰降三等，以月除衰，所降適符，亦爲曾孫宜也。若立爲適曾孫，則視適孫。其玄孫以下，亦稱曾孫，服俱同。」今案：沈說是也。玄孫爲高祖服，與曾孫爲曾祖同。則高祖爲玄孫服，亦與曾祖爲曾孫同。詳「齊衰三月」章「曾祖父母」下。

父之姑。 歸孫爲祖父之姊妹。【疏】正義曰：父之姑，即祖父之姊妹也。注云「歸孫爲祖父之姊妹」者，《爾雅》「女子謂晜弟之子爲姪，謂姪之子爲歸孫」是也。郝氏懿行《爾雅義疏》云：「《釋名》云：『婦人謂嫁曰歸。姪，子列，故其所生爲孫也。』鄭《駁五經異義》云：『婦人歸宗，女子雖適人，字猶繫姓，明不與父兄爲異族。』然則歸有二義，以服制推之，鄭義爲長。」今案：《爾雅》又云：「王父之姊妹爲王姑。」父之姑，即王姑也。李氏云：「不言適人者，行屬已尊，適人可知，猶從祖祖父之不言殤服也。」盛氏世佐云：「此同曾祖之親也。其成人而未嫁者，服之如從祖父。適人者降一等，故在此。經不云適人者，亦文省。」徐氏乾學云：「己之姑大功，則父之姑宜小功，而乃降至緦麻者，猶己之世叔父期年，而父之世叔父小功也。」

從母昆弟。【疏】正義曰：從母昆弟，即從母之子也。《爾雅》曰：「從母之男子爲從母昆弟，其女子子爲從母姊妹。」敖氏云：「此服從母姊妹亦存焉。外親之婦人，在室、適人同。」

傳曰：何以緦也？以名服也。【疏】正義曰：此外親之輕者，而亦服之，故傳發問也。「以名服也」者，馬氏云：「姊妹之子相爲服也，以從母有母名，以子有昆弟名。」賈疏云：「因從母有母名，而服其子，故云以名服也。必知不因昆弟名，以其昆弟非尊親之號。」敖氏云：「名，謂昆弟之名。母爲姊妹之子小功，子無所從也，惟以名服之。從母以名加，此以名服，子於母黨，其情蓋可見矣。然則有可從而不從者，所以遠别於父族歟？」今案：賈疏專以名屬從母言，敖氏專以名屬昆弟言，不如馬説之備，蓋二義兼有之也。

甥。姊妹之子。【疏】正義曰：此舅爲姊妹之子服也。《爾雅》：「男子謂姊妹之子爲出。」然則出與甥，名異實同矣。《釋名》：「舅謂姊妹之子曰甥。甥亦生也，出配他男而生，故其制字，男旁作生也。」敖氏云：「亦丈夫婦人同。」

傳曰：甥者何也？謂吾舅者，吾謂之甥。何以緦也？報之也。【疏】正義曰：「甥者何也」，問甥何以稱也。「謂吾舅者，吾謂之甥」，荅辭。汪氏琬云：「凡父黨之尊者，由父推之，則皆父之屬也，如世父、叔父、從祖祖父是也。至父之姊妹，不可謂之父矣，其可謂之母乎？故聖人更之曰姑。傳曰：『謂吾姑者，吾謂之姪。』蓋不敢以昆弟之子爲子也。凡母黨之尊者，以母推之，則皆母之屬也，如從母是也。至母之昆弟，不可謂之母矣，其可謂之父乎？故聖人更之曰舅。傳曰：『謂吾舅者，吾謂之甥。』蓋亦不敢以姊妹之子爲子也。此先王制名之微意也。」盛氏世佐云：「甥之名不一，故傳釋之云：『謂吾舅者，吾謂之甥。』明其對舅立文，爲姊妹之子也。《爾雅》云：『姑之子爲甥，舅之子爲甥，妻之昆弟爲甥，姊妹之夫爲甥。』《孟子》云：『帝館甥于貳室。』是壻亦名甥矣。以上諸甥，皆與此甥舅之甥異。」今案：「何以緦也？報之也」，亦問荅辭。言甥爲舅緦，故舅亦報之以緦也。唐貞觀中，令甥爲舅加服小功，後顯慶中亦令舅報甥小功。

壻。女子子之夫也。【疏】正義曰：《爾雅》：「女子子之夫爲壻。」《説文》：「壻者，女之夫也，从士从胥。」聞一知十爲士，胥者有才知之稱，故女之夫爲壻也。今案：壻亦稱甥，見上。

傳曰：何以緦？報之也。【疏】正義曰：「何以緦」，問辭。「報之也」，荅辭。馬氏云：「壻從女而爲己服緦，故報之以緦也。」

妻之父母。【疏】正義曰：《爾雅》：「妻之父爲外舅，❶妻之母爲外姑。」《釋名》：「外舅、外姑，言妻從外來，謂至己家爲歸。本作「婦」，段改作「歸」。故反以此義稱之。夫妻，匹敵之義也。」成氏云：「婦人謂夫之父母曰舅姑，男子亦謂妻之父母曰舅姑，但加『外』字耳。夫婦齊體父母，互相敬也。」今案：妻之父母亦稱舅姑。《坊記》曰：「壻親迎，見於舅姑，舅姑承子以授壻。」鄭注「舅姑，妻之父母」是也。

傳曰：何以緦？從服也。從於妻而服之。【疏】正義曰：馬氏云：「壻從妻而服緦也。」義與鄭同。《服問》曰：「有從重而輕，爲妻之父母。」鄭注：「妻齊衰，而夫從緦麻，不降一等，言非服差。」李氏云：「妻之父母，妻服期，而夫從服緦，抑外親以崇己族，故不從降一等之例。雖母黨亦然，加不過小功而已。」敖氏云：「從期服而緦，是降於其妻三等矣。妻從夫降一等，子從母降二等，夫從妻降三等，差之宜也。」《服問》又曰：「有從有服而無服，公子爲其妻之父母。」鄭注：「凡公子厭於君，降其私親，女君之子不降也。」《喪服小記》曰：「世子不降妻之父母。」鄭注：「世子，天子、諸侯之適子也。」徐氏乾學云：「世子不降妻之

❶「父」，原作「夫」，今據《續清經解》本改。

父母，而公子反無服，何也？蓋緣世子得遂其妻服，而公子於妻則在五服之外，緦冠麻衣，既葬而即除。彼於妻既不服，則妻之父母又何服之有？」今案：徐説是也。

姑之子。外兄弟也。【疏】正義曰：此舅之子爲姑之子服也。注以姑之子爲外兄弟者，李氏云：「姑外適而生，故曰外兄弟。」

傳曰：何以緦？報之也。【疏】正義曰：李氏云：「姑之子從於母而服己，己則報之。」餘詳「舅之子」下。

舅。母之昆弟。【疏】正義曰：《校勘記》云：「注徐本、《集釋》、《通解》俱作『昆』，楊氏作『兄』。」案：毛本亦作「兄」，戴氏震校《集釋》云：「『昆』，今注疏本訛作『兄』。考篇内及《爾雅・釋親》，曰『昆弟』，曰『從父昆弟』，曰『從祖昆弟』，曰『族昆弟』，皆不稱兄弟，女子謂其五屬之内亦然。至若母與妻之黨爲兄弟，及舅之子爲内兄弟，姑之子爲外兄弟，皆不得稱昆弟，而兄弟又爲小功以下通稱。此經傳中辨别親疏義例，不宜溷同也。」今案：戴説是。〇《爾雅》：「母之昆弟爲舅，母之從父昆弟爲從舅。」孫炎云：「舅之言舊，尊長之稱。」《釋名》：「夫之父曰舅。舅，久也，久老稱也。母之昆弟曰舅，亦如之也。」

傳曰：何以緦？從服也。從於母而服之。【疏】正義曰：注云「從於母而服之」者，母爲昆弟服大功，子從之服緦也。敖氏云：「母於昆弟之爲父後者期，子乃不從服小功者，亦可見從服一定之制矣。」車氏垓云：「姑，父之姊妹也。舅，母之昆弟也。其親同而服乃不同者，蓋姑之服由父之同氣推之也，故重。舅之服由母之異姓推之也，故輕。」唐貞觀中，增舅服爲小功，與從母同。顧氏炎武云：「唐人所論服制，似欲過於聖人。嫂叔無服，太宗令服小功。曾祖父母舊服三月，增爲五月。嫡子婦大功，增爲期。衆子婦小功，增爲大功。舅服緦，增爲小功。父在爲母服期，高宗增爲三年。婦爲夫之姨舅無服，玄宗令從夫服。又增舅母緦麻，堂姨舅袒免，而弘文館直學士王元感遂欲增三年之喪爲三十六月。皆務飾其文，欲厚於聖王之制，而人心彌澆，風俗彌薄，不探其本，而妄爲之增益，亦未見其名之有過於三王也。是故知喪不過三年，示民有終之義，則王元感之服三十六月者絀矣。知親之殺，禮所由生，則太宗、魏徵所加嫂叔諸親之服者絀矣。」華氏學泉云：「或問：從母之夫、舅之妻及姑姊妹之夫皆無服，何也？曰：服有五而其族三，曰父族、母族、妻族，俗稱三黨是也。姑姊妹之有服，父族也。從母及舅之有服，母族也。姑姊妹之夫，不可謂父族。從母之夫，舅之妻，不可謂母族。父族由父而上之，至於高曾，故歸孫爲祖之姊妹猶有服。母族不遠及，故母之從姊妹、兄弟即無服，恩有所限也。妻族不旁及，止於妻之父母，恩尤殺於母族矣。古之制服，其稱量之不爽如此。」今案：顧説、華説深得經意，後之欲更服制者，皆不知先王制作之精義也。

舅之子。內兄弟也。【疏】正義曰：此姑之子爲舅之子服也。　注云「內兄弟也」者，對姑之子爲外兄弟言也。馬氏云：「今之中外兄弟也。」然則謂舅之子爲內兄弟，謂姑之子爲外兄弟，乃漢時之稱，鄭據以釋經也。敖氏云：「此與姑之子相爲，皆男女同也。」

傳曰：何以緦？從服也。【疏】正義曰：「從服也」者，亦是從於母而服之。母爲昆弟之子大功，子從之服緦也。程子曰：「報服，若姑之子爲舅之子服是也。異姓之服只推得一重，若爲母而推則及舅而止，若爲姑而推可以及其子。故舅之子無服，卻爲姑之子服。既與姑之子服，姑之子須報之也，故姑之子、舅之子其服同。」徐氏乾學云：「姑之子爲舅之子是從服，舅之子爲姑之子方是報服。」今案：《禮經》言從服，若子從母、臣從君、妻從夫、夫從妻皆是，無姪從姑者。徐氏據本經以駁正程子之説，自是。

夫之姑姊妹之長殤。【疏】正義曰：馬氏云：「成人服小功，長殤降一等，故服緦也。中下殤降一等，無服也。禮，三十而娶，而夫之姊殤者，關有畏、厭、溺者。」陳氏銓云：「夫未二十而娶，故有姊殤然矣。夫雖未二十，則成人。」孔氏倫云：「蓋以爲違禮早娶者制，非施畏厭溺也。」徐整問射慈云：「古者三十而娶，何緣當服得夫之姊殤服？經文特爲士作，若説國君，皆别言君若公。」慈荅曰：「三十而娶，禮之常例也。古者七十而傳宗事與子，年雖幼，未滿三十，自得少娶。故《曾子問》曰：『宗子雖七十，無無主婦。』此言宗子已老，傳宗事與子，則宜有主婦。」吴氏紱云：「古者女二十而笄，笄則不爲殤矣。或其弟年十五六以上早昏，其姊未及笄而死者容有之。」今案：馬氏以姊殤爲關畏厭溺，殊謬，孔氏駁之是矣。至申早娶之義，則射説尤精。或以「姊」字爲衍文，非也。

夫之諸祖父母，報。諸祖父母者，夫之所爲小功，從祖祖父母，外祖父母。或曰曾祖父母，曾祖於曾孫之婦無服，而云報乎？曾祖父母，正服小功，妻從服緦。【疏】正義曰：《校勘記》云：「『諸祖父母』，閩、葛本俱脱『報』字。❶〇注『諸祖父』下，徐、陳、《通解》、《要義》俱無『母』字，《通典》、《集釋》俱有。閩本『父母』二字

❶「閩」，原作「關」，今據《儀禮注疏校勘記》改。

擠刻。」今案：有「母」字是也，嚴本亦脱，今補。《校勘記》又云：「《通典》引鄭注『從祖祖父母』下有『即祖之兄弟也從祖父母即父之堂兄弟也』十七字，又注末『妻從服緦』下有『於夫皆有名於己從輕遠故不復條目而總言諸祖也唯曾祖外祖父母不報』三十字，皆不類鄭注，蓋杜氏所附益。唯『從祖父母』四字宜據補。」程氏瑶田云：「注『外祖』字當爲『從祖』之譌，前小功章連言『從祖祖父母、從祖父母』，此夫爲之小功者也。凡服必由近及遠，不當舍從祖父母而服從祖祖父母。」又云：「鄭注第二個『曾祖』字亦是『從祖』字之譌。」段氏玉裁云：「注末當作『外祖父母，正服小功，妻從服緦』，此以外祖父母破曾祖父母之説也。外祖父母正服小功，見『小功』章。妻從服緦，見《禮記・服問》『有從無服而有服』注。賈作疏時，未能正誤字耳。經明言諸祖父母，則『祖父母』三字成文，故注於内親舉從祖祖父母，於外親舉外祖父母，皆見小功章，妻從服緦麻，而兩祖父母報之。或欲以曾祖父母易去外祖父母，故鄭復辨之，言假令曾祖父母在内，則不得云報。言外祖父母在内，則與本經、《禮記》合。舉從祖祖父母可以關從祖父母，舉外祖父母可以關從母，皆見『小功』章，妻皆從服緦，皆報。」今案：此注疑竇頗多。據《校勘記》之説，則「從祖祖父母」下當有「從祖父母」四字。據程説，則「外祖父母」爲「從祖父母」之譌，第二個「曾祖父母」亦爲「從祖父母」之譌。據段説，則當依今本作「從祖祖父母，外祖父母」，而第二個「曾祖父母」爲「外祖父母」之譌。三説似段得之，而亦未盡是。蓋程氏以諸祖爲指從祖祖父母、從祖父母二者，其説本於敖氏。吴氏廷華云：「從祖父母乃父行，非祖父行也。」江氏筠云：「敖以從祖父母入諸祖内，其於服固是矣，而『祖』字卻涉假借。」褚氏寅亮云：「從祖祖父母及從祖父母，自是兩輩，安得以『諸』字賅之？依注從祖祖父母及外祖父母之説爲是。同是祖行，可統言諸也。夫之外祖父母，妻亦服之。據《服問》『有從無服而有服，公子之妻爲公子之外祖父母、從母緦麻』是也。」沈氏彤云：「夫之從祖祖父母旁尊，外祖父母雖正尊而外親，故皆報也。」以上數説，皆與段略同，明諸祖中不得有從祖父母也。其引《服問》以證爲夫之外祖父母服，尤確。至注末「曾祖父母，正服小功」云云，似可依原文解，不必改曾爲外。蓋鄭意以夫服小功者，妻從服降一等緦，而從祖祖父母、外祖父母，夫皆服小功，故以夫之諸祖爲指二者言也。而又云「或曰曾祖父母，曾祖於曾孫之婦無服，而云報乎」者，緣當時有人解諸祖兼曾祖在内，故鄭駁之，謂經明云報，若以爲曾祖，則於曾孫婦無服，何得云報乎？又云「曾祖父母，正服小功，妻從服緦」者，此因妻爲夫之曾祖父母服經無明文，故因或説而并明之，恐人疑曾孫婦於夫之曾祖亦無服也。若如段説，改曾爲外，則外祖父母夫服小功，上已言之，何用複説乎？但曾孫爲曾祖齊衰三月，而鄭云「正服小功」者，鄭意以高祖曾祖皆有小功之差故也，説具齊衰三月章。沈氏彤云：「鄭意以曾祖爲曾孫服緦，於其妻降一等則無服，故不得云報。然曾孫婦於夫之曾祖父母固從服緦，以夫爲曾祖父母雖齊衰三月，而正服則小功，妻從服降一等，則宜緦也。正服猶云本服。」其説是也。又程氏謂「凡服必由近及遠，不當舍從祖父母而服從祖祖父母」。不知經言「夫之諸祖父母」，正是舉遠以包近。「大功」章見夫之祖父母、世父母、叔父母，則從祖父母有服明甚。段氏謂「舉從祖祖父母，可以關從祖父母」是也。馬氏云：「妻爲夫之諸祖父母服，所服者四，其報者二。曾祖正小功，故妻服緦，不報也。從祖祖父旁尊，故報也。」案：馬説未明晰，似有脱文，不如鄭説之精也。

君母之昆弟。【疏】正義曰：馬氏云：「妾子爲嫡夫人昆弟服也。」今案：此即上文所謂舅也。云「君母之昆弟」者，義繫君母言之，與前章言「君母之父母」同。敖氏云：「此服亦不報。」

傳曰：何以緦？從服也。從於君母而服緦也。君母在則不敢不從服，君母卒則不服也。【疏】正義曰：《校勘記》云：「注『而服緦也』，徐本作『而舅服之也』，《集釋》、《通解》俱與今本同。」黃氏丕烈云：「『舅服之』，謂以服舅者服之也。今本作『而服緦也』，非。」　云「君母在則不敢不從服，君母卒則不服也」者，以妾子爲君母之昆弟服，與爲君母之父母、從母同，故依前傳釋之也。義詳「小功」章「君母之父母從母」傳下。馬氏云：「從母在，爲之服。」義與鄭同。敖氏云：「庶子從君母之服，唯止於此，不及其昆弟之子與從母昆弟，異於因母也。」

從父昆弟之子之長殤，昆弟之孫之長殤，爲夫之從父昆弟之妻。【疏】正義曰：從父昆弟之子、昆弟之孫，此二者本服小功。馬氏云：「成人小功，長殤降一等，故服緦也。」又案：夫之從父昆弟之妻，亦娣姒也，其服降於親娣姒，故服緦也。

傳曰：何以緦也？以爲相與同室，則生緦之親焉。長殤中殤降一等，下殤降二等。齊衰之殤中從上，大功之殤中從下。同室者，不如居室之親也。齊衰、大功，皆服其成人也。大功之殤中從下，則小功之殤亦中從下也。此主謂妻爲夫之親服也，凡不見者以此求之。【疏】正義曰：「何以緦也」，問辭。「以爲相與同室，則生緦之親焉」，荅辭。此釋經「爲夫之從父昆弟之妻」義也。蓋夫之從父昆弟之妻，夫本不爲服，而其妻乃相爲服者，馬氏云「娣姒以同室相親，生衰緦之服」是也。《檀弓》曰：「同爨緦。」「長殤中殤降一等」四語，乃因妻爲夫黨之親服，而并言其爲夫黨之親殤服之例也。賈疏云：「長殤中殤降一等者，據下齊衰中殤從上在大功也。下殤降二等者，亦是齊衰下殤在小功者也。」○注「皆謂服其成人也」，《校勘記》云：「徐本、《集釋》、《要義》、敖氏俱無『謂』字。❶《通典》『服』上有『謂』字，與前小功殤章注合。」今案：《通解》及今注疏本「服」作「明」，亦無「謂」字，今從《通典》。云「同室者，不如居室之親也」者，以上「小功」章「娣姒婦」傳云「相與居室中」，此傳云「相與同室」，明是親疏不同。蓋同室者乃大功同門共財之親，居室者則期之親，朝夕與居者也，故彼小功而此則緦也。餘詳「小功」章「娣姒婦」傳下。云「齊衰、大功，皆謂服其成人也」者，謂傳所云齊衰、大功，皆指成人本服言，非謂殤服，以殤無服齊衰故也。云「大功之殤中從下，則小功之殤亦中從下也」者，大功重於小功，大功之殤中從下，明小功之殤亦中從下可知。上「殤小功」章注云：「大功之殤中從上，則齊衰之殤亦中從上也。」彼注舉輕以明重，此注舉重以明輕，賈疏謂「皆是省文，舉一以包二」是也。云「此主謂妻爲夫之親服也，凡不見者以此求之」者，上「殤小功」章傳云「大功之殤中從上，小功之殤中從下」，是主謂丈夫爲殤者服。此傳云「齊衰之殤中從上，大功之殤中從下」，是主謂婦人爲殤者服也。但注不云「婦人爲殤者服」，而云「妻爲夫之親服」者，以婦人爲本宗殤服亦與丈夫同，惟爲夫黨之親殤服與丈夫異。所以然者，妻從夫服本降一等，齊衰之殤，長殤中殤，夫服大功者，妻服小功。下殤夫服小功者，妻服緦麻。大功之殤，長殤中殤，夫服小功，下殤夫服緦麻者，妻惟長殤服緦麻，中殤下殤則無服。若小功之殤，雖長殤，妻亦無服。故變言「齊衰之殤中從

❶「徐本」下，原衍「通典」二字，今據《儀禮注疏校勘記》刪。

上，大功之殤中從下」，以別於丈夫也。其爲夫黨之殤服，凡不見於經者，皆當以此例求之。敖氏云：「『長殤中殤降一等，下殤降二等』，此主言丈夫爲大功以上之殤，婦人爲夫族齊衰之殤也。不宜在此，蓋脱文也。」又云：「『齊衰之殤中從上』二句，亦脱文，失其次而在此。」褚氏寅亮云：「此雖兼丈夫爲大功以上之殤，婦人爲夫族齊衰之殤在内，而意實起下『齊衰之殤』二句，故賈疏言爲下婦人著殤服而發之也，何敖氏言不宜在此乎？婦人服殤，發凡於末者，以別於男子。」今案：諸説是也。又程氏《喪服足徵記》亦駁鄭注，以此四句爲經。沈氏𡐓取之，而張氏履、淩氏曙皆辨之，今録其説於後。沈氏𡐓云：「程易疇《足徵記》駁鄭注處精確不刊。如緦麻章末『長殤中殤降一等』四句乃經文，所謂齊衰之殤、大功之殤，指成人服齊衰、大功者而言。『小功殤服』章傳所謂大功之殤、小功之殤，即據殤服而言。成人服齊衰者，其長中殤降在大功，而爲大功之殤，故大功之殤中從上，即齊衰之殤中從上也。成人服大功者，其長殤降在小功，而爲小功之殤，其中殤則從下殤而降在緦麻，所謂小功之殤中從下也。故小功之殤中從下，即大功之殤中從下也。鄭誤經爲傳，謂皆據成人，以前爲主丈夫爲殤者服，後主婦人爲殤者服，改庶孫之中殤爲下殤，謬。」張氏履云：「案：此條乃程氏之誤，非鄭氏之謬也。齊衰之殤中從上者，降在大功，謂大功之殤中從上，即齊衰之殤中從上，其説無所閡。若大功之殤中從下，其長殤乃小功，而中從下入緦麻，則當云緦麻之殤中從下。蓋據本服之降而言，則長中下皆可冠以本服。若即據殤服而言，則長中殤在大功者可云大功之殤，而下殤在小功者即不得云大功之殤。長殤在小功者可云小功之殤，而中從下入緦麻者即不得云小功之殤。今中從下非小功，而冠以小功，則小功其本服也。然則大功之殤中從上，大功亦本服也。

程氏説看似直截，而細案之，文義已不甚通如此。」又云：「丈夫婦人爲齊衰之殤，長中降一等，下降二等，其爲中從上也，竝見大、小功章。惟丈夫爲大功之殤中亦從上，而『爲人後者爲其昆弟從父昆弟之長殤』在『小功』章，『爲其從父昆弟之下殤』在『緦麻』章，而中殤獨未見，故傳以發之。至於婦人爲夫族大功之殤，則『小功』章『爲夫之叔父之長殤』，『緦麻』章『爲夫之叔父之中殤下殤』，已明見中之從下，故於兩章『爲夫之叔父』下不復發傳。而又恐人疑其與『大功之殤中從上』之文不合也，故於『緦麻』章末婦人爲夫族服之後總發『長殤中殤降一等，下殤降二等，齊衰之殤中從上』，以見婦人爲夫族之與丈夫同者。又發『大功之殤中從下』，以見婦人爲夫族之與丈夫異者。因欲明其異者，遂自其同者而統言之，所以辭備而成文也。若如程氏説，以長殤中殤四句爲經文，則中殤之從上從下經已明著其例，而『小功』章『爲人後者爲其昆弟從父昆弟之長殤』，不見中殤，明是大功之殤中從下者，又何容發問而贅此異名同實之傳？即發問，亦但荅以中從下也，即與經例前後相應，而其義已大明，又何容辭費，轉滋後人之疑乎？且果小功之殤即指殤服，試曲爲解曰：此小功之殤，長殤也，其中則從下而入緦麻也；而昆弟之子、女子子、夫之昆弟之子、女子子之下殤，亦皆小功之殤也，而其中乃竝從上而在大功章，亦與『小功之殤中從下』之文相戾。程氏之説，其不可通又有如此者。」又云：「婦人爲本宗，隆服也，故其爲殤服與丈夫同。爲夫之親，從服也，故其爲殤服與丈夫異。惟大夫之妾爲庶子之殤中從上，與主爲丈夫之例不協。然此所謂『妾爲君之黨服，得與女君同』者，不足以爲難。至小功以上，妻亦有降一等者，如爲夫之世叔父母是也。齊衰之殤較重，故中從上不異，而於大功之殤獨異。大功之長殤稍重，亦不可異，下殤則已再降矣，故獨於中殤爲異。先王制禮之意，精矣密矣。」淩氏曙云：「程氏謂『長殤中殤降一等』云云四句皆經文，説者以其綴『緦麻』章末，遂誤以爲緦麻卒章之傳，不知傳皆憑經説義，無憑空立義之例。案：《喪服》『爲夫之從父昆弟之妻』，此獨非經乎？下文『傳曰』云云，正是依經説義。若如程説，全經之例有傳文之下贅以經四語戛然而止，不復發傳者乎？程云兩殤服章專主於齊衰之殤而制之也。夫齊衰之長殤降一等，已入『殤大功』章矣。齊衰之下殤降二等，已入『殤小功』章矣。更無須復爲齊衰發例也。而緦麻之卒章傳又有齊衰之殤云云者，一則主乎男子，一則主乎婦人，前後不嫌重複也。況傳例一發於爲從父昆弟之丈夫下，一發於婦人爲夫之親之服下，故知其義然也。程又疑如謂小功之殤中從下爲成人之小功，❶夫成人之小功，其長殤則緦麻也，安得復有下殤之服而爲中殤之所從者乎？案：此不必疑也。中殤從下殤無服，若不發中從下之例，不幾於小功之殤中從上乎？況經只云『從下』，未有『服』字也。」案：以上俱見張氏履《喪服足徵記辨誤》内，其申明注義，駁正程説詳矣是矣。淩先生《禮經釋例》云：「近有謂此四句爲《喪服》經文誤入傳中者，無端平地起波，嘘宋儒錯簡之燼，其風不可長也。」案：此亦是駁《足徵記》之説。淩先生與程同邑同講學者，故不欲顯斥其名也。

❶「下」，原作「上」，今據淩曙《禮説》改。

儀禮正義卷二十五　鄭氏注

績溪胡培翬學

記

【疏】正義曰：吴氏廷華《疑義》云：「案：記不應有傳，此自『公子爲其母』至『惡笄有首布總』以上疑爲經文，『凡衰外削幅』以下則記文也。」今案：「凡衰外削幅」以下無傳，故吴氏云然，蓋亦泥於子夏作傳之説也。盛氏世佐云：「諸説不出一手，亦非一代所成。」似爲近之。餘詳篇首《目録》下及《士冠禮·記》下。

公子爲其母，練冠，麻，麻衣縓緣。爲其妻，縓冠，葛絰帶，麻衣縓緣。皆既葬除之。公子，君之庶子也。其或爲母，謂妾子也。麻者，緦麻之絰帶也。此麻衣者，如小功布深衣，爲不制衰裳變也。《詩》云：「麻衣如雪。」縓，淺絳也，一染謂之縓。練冠而麻衣縓緣，三年練之受飾也。《檀弓》曰：「練，練衣黄裏、縓緣。」諸侯之妾子厭於父，爲母不得伸，權爲制此服，不奪其恩也。爲妻縓冠葛絰帶，妻輕。【疏】正義曰：言公子，謂父存也。大功章言公之庶昆弟，則父没也。父没爲母妻大功，父存則制此服。馬氏云：「不見日月者，既葬而除之，無日月也。」鄭氏謂三月而葬，詳下。注云「公子，君之庶子也。其或爲母，謂妾子也」者，以公子是適夫人第二子以下及妾子之統稱，對適長子一人言，故云庶子。但適妻所生子爲母皆得伸其正服，故知此爲母，謂妾子爲所生母也。爲妻，則庶子皆同。云「麻者，緦麻之經帶也」者，五服緦麻最輕，故舉以爲言。案：下解麻衣云「如小功」，此云「緦麻」者，緦麻與小功經帶同也。記先言麻，而後言麻衣，故知此麻指首經與要帶言也。云「此麻衣者，如小功布深衣，爲不制衰裳變也」者，案：《雜記》「大夫卜宅與葬日，有司麻衣」，鄭注：「麻衣，白布深衣。」《間傳》「又期而大祥，素縞麻衣」，鄭注：「麻衣，十五升布深衣也。謂之麻者，純用布，無采飾也。」彼麻衣制同，而不用小功布爲衣異，故鄭云「此麻衣者」，以別之也。案：深衣用十五升布，此用小功布，而云「如深衣」者，如其制度耳。蓋深衣連衣裳爲之，此記言麻衣，不言衰裳，故知亦如深衣，不制衰裳，是變於正服也。知用小功布者，《詩·蜉蝣》孔疏云：「『大功』章公之庶昆弟父卒爲母大功，父在之時雖不在五服之例，其縷麤細宜降大功一等，用小功布。」李氏云：「父在士之子爲其母妻期，大夫之庶子爲其母妻大功，則公子宜爲其母妻小功矣，故知此麻衣用小功布也。」引《詩》「麻衣如雪」者，證麻衣用白布耳。其實彼箋解麻衣爲深衣。案：深衣純以采，麻衣純以布，二者不同，而《詩箋》謂麻衣即深衣者，以其皆用白布，故得通稱也。云「縓，淺絳也，一染謂之縓」者，《説文》「絳，大赤也。縓，赤黄色」，是縓爲淺絳也。「一染謂之縓」，《爾雅》文。《爾雅》又云：「再染謂之赬，三染謂之纁。」引之以證一染之爲色淺也。云「練冠而麻衣縓緣，三年練之受飾也」者，五服皆用生布，此用練熟布爲冠，故云練冠也。《説文》「練，湅繒也」，段氏注云：「湅者，灡也。灡者，淅也。淅者，汏米也。湅繒汏諸水中，如汏米然。已湅之帛曰練。」

今案：布之名練，亦是已湅者。方氏愨謂用練帛爲冠，非矣。沈氏彤云：「練冠升數經傳無文，今以既葬受冠升數推之，則斬衰當八升，齊衰當九升，《開元禮》練冠八升九升是也。此麻衣之練冠當十升，注云此麻衣如小功布，小功降服十升，則練冠亦十升也。」《喪服四制》曰：「父母之喪，十三月而練冠。」是練冠爲餘服，非正服。蓋奪其正服，即以餘服爲正也。沈氏大成云：「注當疊『縓緣』二字，今本脱。蓋上一句乃謂練冠而著麻衣者，則縓緣也，對麻衣之名深衣、中衣者以采緣，名長衣者以素緣而言。下云『縓緣，三年練之受飾也』，乃專釋『縓緣』二字。」今案：沈説是。緣是飾邊之名，三年之喪以縓爲練之受飾，故下即引《檀弓》以明之，亦是餘服，非正服也。《檀弓》曰「練，練衣黄裏、縓緣」，鄭注「小祥練冠，練中衣，以黄爲内，縓爲飾」是也。此縓緣用縓色布爲之，賈疏於縓冠則云「以布爲縓色」，於縓緣則云「以繒爲縓色」，一縓而解爲二，失之矣。又《間傳》「期而小祥，練冠縓緣」，據孔疏，亦是緣衣，與《檀弓》同。敖氏乃謂爲緣冠，尤誤。云「諸侯之妾子厭於父，爲母不得伸，權爲制此服，不奪其恩也」者，公子被厭，不得爲母服，今於五服外權制此服，以達其情，是不奪其母子之恩也。云「爲妻縓冠葛絰帶，妻輕」者，以爲妻麻衣縓緣，與母同，而以縓爲冠，以葛爲經帶，與母異，是妻之喪輕於母也。馬氏云：「天子、諸侯之庶子爲其妻輕，故縓冠葛帶。」義與鄭同。

傳曰：何以不在五服之中也？君之所不服，子亦不敢服也。君之所爲服，子亦不敢不服也。君之所不服，謂妾與庶婦也。君之所爲服，謂夫人與適婦也。❶諸侯之妾，貴者視卿，賤者視大夫，

❶「人」，原作「子」，今據《續清經解》本改。

皆三月而葬。【疏】正義曰：傳問爲母妻「何以不在五服之中」，怪其輕而問也。敖氏云：「君之所不服，子亦從乎其君，而不敢服之，傳以此釋其所以不在五服中之意。君之所爲服，子亦各以其服服之，傳又因上文而并言此，以見凡公子之服與不服，其義皆不在己也。」注云「君之所不服，謂妾與庶婦也。君之所爲服，謂夫人與適婦也」者，邵氏寶云：「庶母於君爲妾，庶子之妻於君爲庶婦。君服妻不服妾，服冢婦不服庶婦。君之所不服，而權制此服焉，故在五服之外。」云「諸侯之妾，貴者視卿，賤者視大夫，皆三月而葬」者，《大戴禮・□□》篇文也。或謂此十八字當屬上經注文之末。賈疏云：「鄭意注傳云『君之所不服』，謂妾與庶婦也。下乃解妾有貴賤，葬有早晚，故至此引之。」其説是也。案：《穀梁傳》云：「公子之重視大夫。」卿大夫三月而葬，則公子之妻亦三月而葬可知。○李氏云：「齊王子有其母死，其傅爲之請數月之喪。孟子曰：『是欲終之而不可得也。』謂此也。❶公子既以厭降其母妻，爲其母妻之黨無服。其妻於公子之黨自如其本服服之，舅不厭婦故也。《服問》曰：『有從輕而重，公子之妻爲其皇姑。有從無服而有服，公子之妻爲公子之外兄弟。有從有服而無服，公子爲其妻之父母。』是也。」錢氏大昕《潛研堂荅問》云：「問：『王子有其母死者，其傅爲之請數月之喪。陳氏暘謂王子所生之母死，厭於嫡母，而不敢終喪。古人之於嫡庶，若是其嚴乎？』曰：『陳氏之説本於趙邠卿，謂王之庶夫人死，迫於嫡夫人，不得行其喪親之數。其實不然也。禮，家無二尊，故有厭降之義。父卒爲母齊衰三年，而父在則期，厭於父也。

❶「謂」上，原衍「如」字，今據《儀禮集釋》刪。

禮尊君而卑臣，亦有厭降之義。天子、諸侯絶旁期，大夫降，故大夫之庶子父在爲其母大功，公子父在爲其母無服，厭於尊也。』」淩先生云：「父在爲母齊衰期，厭於父至尊也。若庶子爲後者，爲母緦。庶子不爲後者，則記所云『公子爲其母練冠麻麻衣縓緣』，不在五服之中矣。皆厭於父至尊故也。經傳無厭於嫡母之文，《孟子集注》引陳氏説，蓋沿趙岐之誤。」

大夫、公之昆弟、大夫之子，於兄弟降一等。 兄弟，猶言族親也。凡不見者，以此求之。【疏】正義曰：大夫以尊降，公之昆弟以旁尊降，大夫之子以從於父而降。三人所以降之義不同，而其服則同，是以總云「降一等」也。　注云「兄弟，猶言族親也」者，此兄弟所包甚廣，凡旁親期功以下皆是。賈疏云：「下云『小功以下爲兄弟』，恐此兄弟亦據小功以下得降，故曰猶族親也。則此兄弟及下文『爲人後者爲兄弟』，皆非小功以下也。」今案：賈氏此辨甚確。據下傳注云「於此發兄弟傳者，嫌大功已上又加也」，然則「小功以下爲兄弟」一語，專指兄弟皆在他邦，不及知父母與兄弟居者而言，不可以解他處兄弟明矣。近人泥於「小功以下」四字，於兄弟之義遂多窒礙難通。沈氏彤云：「賈云上經當已言訖，恐猶不盡，記人總結之。案：『大功』章云：『大夫爲世父母、叔父母、子、昆弟、昆弟之子爲士者。』又云：『大夫、大夫之妻、大夫之子、公之昆弟，爲姑姊妹、女子子嫁於大夫者。』『小功』章云：『大夫、公之昆弟、大夫之子，爲其昆弟、庶子、姑姊妹、女子子之長殤。』又云：『大夫、大夫之子、公之昆弟，爲從父昆弟、庶孫、姑姊妹、女子子之適士者。』四條之中，若世叔父、姑姊妹、昆弟、從父昆弟、昆弟之子，其外若『小功』章從祖祖父、從祖父、從祖昆弟、從父姊妹及從父昆弟之子、昆弟之孫，皆此經所謂兄弟也。蓋從父以上爲祖父之兄弟，即《特牲饋食禮》之長兄弟也。

昆弟以至從祖昆弟爲己之兄弟，即《特牲》之衆兄弟也。從子以下爲子孫之兄弟，即《特牲》之兄弟弟子也。姑姊妹女子子爲父及己之女兄弟，即《特牲》之内兄弟也。是兄弟者，乃古人旁親之通親，故鄭以族親解之。四條外小功章諸親降一等爲緦，此大夫以下三人絶緦，則彼無服矣。記之總結，蓋明此義。」

爲人後者，於兄弟降一等，報；於所爲後之兄弟之子，若子。言報者，嫌其爲宗子不降。【疏】正義曰：《校勘記》云：「『於兄弟』之『於』，《要義》作『爲』，與上疏合。」案：各本皆作「於」，今從「於」。又「於所爲後之兄弟之子若子」，自唐石經至今，相傳各板本皆如是。敖氏疑「之子」二字爲衍，近金氏《禮箋》據《通典》載賀循《爲後議》引作「於所爲後之子兄弟若子」，遂改其文。於是戴氏校《儀禮集釋》、程氏撰《喪服足徵記》因之，雖其説不同，而皆以石經爲誤。凌先生云：「記文本明，近儒據《通典》改作『於所爲後之子兄弟若子』，好奇者多從其説。竊謂《儀禮》有開成石刻可憑，《通典》傳刻易淆，未可據以改經也。」今案：盧氏《詳校》、阮氏《校勘記》皆從金、戴之説，非，當以唐石經爲正。○記曰「爲人後者」，是以此四字提首，而下一言其本宗服，一言其所後服，兩兩相應。「於兄弟降一等報」，爲本宗旁親之服也。「於所爲後之兄弟之子若子」，爲所後旁親之服也。言「若子」，則不降等矣。言「若子」，則其相爲服自見，不必言報矣。於本宗則降，於所後則不降，重一本也。此兄弟即昆弟，記文言兄弟者六，言兄弟服者二。下文「兄弟皆在他邦，與兄弟居」，傳指爲小功以下，其言兄弟服，亦指小功以下言之。「齊衰三月」章傳曰：「小功者，兄弟之服也。」是兄弟服指小功以下言也。此節兄弟及上兄弟，皆不指小功以下，辨已見前。鄭於上兄弟及下「凡妾爲私兄弟」，皆以族親解之，而此節無注，則知兄弟即謂昆弟矣。「於兄弟降一等」，即經所云「爲人後者爲其昆弟大功，爲其姊妹適人者小功」是也。不曰「昆弟」而曰「兄弟」，蓋兼姊妹言之。然降一等之服已見於經，而記復言之者，爲報言也。段氏《經韻樓集》云：「經未言報，故記補言報以足之，與不杖章『爲其父母報』一例。」此說是也。又云「『兄弟』二字當作『其昆弟』三字」，則臆斷不可從耳。近儒因傳「小功以下爲兄弟」一語，遂謂兄弟與昆弟異。不知以服而言，則兄弟不可爲昆弟；以人而言，則昆弟亦可稱兄弟。且《儀禮》爲人後者後大宗，於其父母、昆弟、姊妹外皆不制降一等之服，而惟以所後之親疏爲斷，辨見小功章「爲人後者爲其姊妹適人者」下。記不云「所爲後之兄弟」而云「所爲後之兄弟之子」，所爲後之兄弟之子亦兄弟也，因上兄弟而類及也。後人者無親兄弟，而容有從兄弟。沈氏彤云：「所爲後，謂我所爲之後之人。所爲後之兄弟之子，今於己爲從兄弟。若子者，言如親子之服大功也。因服本親兄弟，而及今之從兄弟也。」褚氏寅亮云：「於所爲後之兄弟之子若子，指爲人後者服所後者之旁親也。」二說較然分明，視金、戴諸家之據《通典》曲解者，豈不允當乎？褚氏又云：「有親兄弟之子，乃取疏遠以爲後者，或昆弟止一子，或有可爲後者，而廢疾不任事也。」今案：斬衰章傳曰：「何如而可爲之後？同宗則可爲之後。」是爲後不必定屬親兄弟之子也。○張氏爾岐云：「注所謂宗子，指爲人後者。恐人疑入繼大宗，主宗事，本親不爲降服，故云報，明兩相爲服皆降也。」今案：據此注，則《儀禮》所謂爲人後者，皆後大宗益明矣。

兄弟皆在他邦，加一等。不及知父母，與兄弟居，加一等。皆在他邦，謂行仕出游若辟仇。不及知父母，父母早卒。【疏】正義曰：「兄弟皆在他邦，加一等」者，以其俱在異地，無家室之親，而有死者，則生者爲之服加一等。如無服則爲之緦，緦則加服小功，小功加服大功，愍其客死故也。「不及知父母，與兄弟居，加一等」者，謂幼小父母俱亡，不及知之，依兄弟同居，而兄弟死，則此不及知父母者爲加服一等。此雖不在他邦，而亦加者，所以荅其撫育之恩也。或謂不及知父母者死，而此與居之兄弟愍其孤幼，爲加一等之服。非矣。褚氏云：「此乃爲加，以加於本服之外也。若應降不降，不可謂加。」注云「皆在他邦，謂行仕出游若辟仇」者，此釋所以在他邦之由也。行仕出游爲一事，辟仇爲一事。若，猶及也。見王尚書《經傳釋詞》。行仕出游，謂因行道求仕而出游，如孔子周流列國是也。辟仇，謂若《周禮·調人》云「兄弟之讎辟諸千里之外，從父兄弟之讎不同國」是也。吴氏廷華補「被放者」一層，謂若晋放其大夫胥甲父于衛，是也。又云：「在他邦，不必同行，或先後相值亦是耳。」此駁賈疏之説也。案：在他邦，亦容有同行者，亦容有先後相值者，二説相兼乃備。云「不及知父母，父母早卒」者，此謂父母卒，而其子尚小，故不及知也。

傳曰：何如則可謂之兄弟？傳曰：小功以下爲兄弟。於此發兄弟傳者，嫌大功以上又加也。大功已上，若皆在他國，則親自親矣。若不及知父母，則固同財矣。【疏】正義曰：傳「何如」一問，是問加一等者爲何如兄弟耳。「小功以下爲兄弟」，謂小功及緦袒免無服之兄弟，皆當加一等也。注云「於此發兄弟傳者，嫌大功已上又加也」者，大功之服本重，不可再加，兄弟又爲昆弟之通稱，若不明其爲何等兄弟，恐人疑期服、大功之親亦加也。經、記言兄弟者多矣，獨於此發「小功以下爲兄弟」之傳，明專指此節而言，不可泥此傳以解他處之兄弟也。云「大功已上，若皆在他國，則親自親矣。若不及知父母，則固同財矣」者，此明大功以上不必加之義也。蓋此兄弟是疏遠者，故在他邦加一等。若大功以上，則本是親屬，服稱其情，無庸復加也。又大功以上有同財共居之義，其人幼小而父母卒，則固當撫育之，以其爲義所當然，不必加服也。

朋友皆在他邦，袒免，歸則已。 謂服無親者，當爲之主，每至袒時則袒，袒則去冠，代之以免。舊説以爲免象冠，廣一寸。已，猶止也。歸有主，則止也。主若幼少，則未止。《小記》曰：「大功者主人之喪，有三年者，則必爲之再祭。朋友，虞祔而已。」【疏】正義曰：敖氏云：「朋友相爲，弔服加麻也。此亦爲其客死於外，尤可哀憐，故加一等，而爲之袒免，以示其情。歸於其國則復故，而如其常服，故曰歸則已也。死於他邦者，朋友袒免，兄弟加一等，其意正同。此云歸則已，是兄弟雖歸，其加服固自若也，亦足以見親疏之殺矣。」今案：《大傳》曰：「五世袒免，殺同姓也。」今爲朋友而袒免，比於同宗五世之親，是加服也。○《校勘記》云：「注『舊説』下，《集釋》、《要義》、敖氏俱無『云』字。」沈氏大成云：「《士喪禮》注及《周禮・司服》注引舊説，皆無『云』字。」今案：嚴本有「云」字，衍文。　云「謂服無親者，當爲之主，每至袒時則袒，袒則去冠，代之以免」者，謂在他邦無親屬爲主喪，則朋友服之，即當爲之主也。既爲之主，則遇禮節有當袒時亦必袒，袒則不當著冠，故代之以免。此釋禮所以袒免之由也。《問喪》曰：「冠者不肉袒，何也？曰：冠，至尊也。不居肉袒之體也，故爲之免以代之也。」此鄭義所本。云「舊説以爲免象冠，廣一寸」者，案：《士喪禮》「衆主人免于房」，注云：「舊説以爲免如冠狀，廣一寸。」義互詳彼。汪氏琬云：「宋儒程氏大昌嘗辨袒免，謂免如字，不當音問。又曰：『不應別立一冠，名之爲免。』予則曰：『布廣一寸，從項交額而卻繞於紒，是故不成其爲冠也，鄭氏亦未嘗以冠名之也。』程氏曰：『解除吉冠之謂免，如免冠之免。』予則曰：『此非《禮經》之意也。禮，禿者不免。謂其無紒可繞，故不免也。又《問喪》曰：免者以何爲也？曰：不冠者之所服也。既云所服，則必有其服，而不止於不冠矣。』程氏曰：『衰絰冠裳俱有其制，而袒免則元無冠服，故經莫得而記。』予則曰：『經文有之矣。《小記》：斬衰括髮以麻，爲母括髮以麻，免而以布。是免用布也。用布，即免之制也。《左傳》韓之戰，秦穆公獲晉侯，穆姬使以免服衰絰逆。則免之有服審矣。有免而括髮者，爲母喪也。有免而不括髮者，爲屬及五世之喪是也。』」華氏學泉云：「袒者，去衣也。《喪禮》凡踊先袒，將袒先免，故曰袒而踊之，又曰袒成踊，是袒以踊也。冠者不袒，故爲免以代之，是免以袒也。又有事則袒，故飯含，主人南面，左袒，扱諸面之右。凡斂者袒，大斂主人及親者袒。《既夕》啓殯，商祝免袒之類，凡動變皆袒，於事便也。大斂之前，主人及緦麻皆免。既殯，緦、小功不免也，虞、卒哭則免之。故當事而袒免者，五服之所同也。但五世親盡，宜袒則袒，宜免則免，事畢則除之，而無服耳。」今案：汪氏辨免之制甚精，華氏説袒之義亦詳，并録之。云「已，猶止也」者，「已」字有數義，此「已」字則作止解。《詩毛傳》亦云：「已，止也。」云「歸有主，則止也」者，以朋友在他邦，無爲之主，故袒免，歸有主，則不袒免也。又云「主若幼少，則未止」者，此鄭推出一義，蓋據《小記》「朋友虞祔」之文，故即引以爲證也。《小記》曰：「大功者主人之喪，有三年者，則必爲之再祭。朋友，虞祔而已。」彼注云：「謂死者之從父昆弟來爲喪主。有三年者，謂妻若子幼少。大功爲之再祭，則小功、緦麻爲之練祭可也。」今案：主人之喪，謂爲人主喪。再祭，謂練、祥。言主幼少，而大功之親爲之主喪，則必爲之練及祥。朋友主喪者，但虞祔而已。既云虞祔矣，則歸而其子尚幼，無近親爲之主喪，朋友必爲之主，是未止也。褚氏云：「注言爲之喪主，更補記未備。」今案：注言歸猶未止，亦補記

所未備也。❶

朋友，麻。 朋友雖無親，有同道之恩，相爲服緦之絰帶。《檀弓》曰：「羣居則絰，出則否。」其服，弔服也。《周禮》曰：「凡弔，當事則弁絰服。」弁絰者，如爵弁而素，加環絰也。其服有三：錫衰也，緦衰也，疑衰也。王爲三公六卿錫衰，爲諸侯緦衰，爲大夫、士疑衰。諸侯及卿大夫亦以錫衰爲弔服，當事則弁絰，否則皮弁，辟天子也。士以緦衰爲喪服，其弔服則疑衰也。舊説以爲士弔服布上素下，或曰素委貌冠加朝服。《論語》曰「緇衣羔裘」，又曰「羔裘玄冠不以弔」，何朝服之有乎？然則二者，皆有似也。此實疑衰也，其弁絰、皮弁之時，則如卿大夫然，又改其裳以素，辟諸侯也。朋友之相爲服，即士弔服疑衰素裳，冠則皮弁加絰。庶人不爵弁，則其弔服素冠委貌。【疏】正義曰：賈疏云：「上文據在他國加袒免，今此在國相爲弔服，麻絰帶而已。」孔氏穎達云：「麻，謂絰與帶皆用麻，既葬除之。」朱子云：「五服皆用麻，朋友麻，是加麻於弔服之上也。」案：《禮》言朋友麻而不言師服者，程子云：「師不立服，不可立也。如顔、閔於孔子，其成己之功，與君父竝。其次各有淺深，稱其情而已。下至曲藝，莫不有師，豈可一槩制服？」今案：弔服加麻，師與朋友同，見《檀弓》注。而其異於朋友者，心喪三年，出行亦絰。《檀弓》曰「事師，服勤至死，心喪三年」，又曰「孔子之喪，二三子皆絰而出」，是也。注云「朋友雖無親，有同道之恩，相爲服緦之絰帶」者，謂朋友雖非親屬，而有同道之恩，故於其歿也相爲之服。《論語》曰：「以文會友，以友輔仁。」是有同道之恩也。知用緦之絰帶

❶ 「補」，原作「備」，今據《儀禮正義正誤》改。

者，以五服唯緦最輕也。引《檀弓》曰「羣居則絰，出則否」者，證朋友服麻絰之事也。彼注云「羣謂七十二弟子相爲朋友服」是也。云「居則絰，出則否」者，對上孔子之喪「皆絰而出」言也。《家語》：「子游曰：『吾聞諸夫子：喪朋友，居則絰，出則否。喪所尊，雖絰而出可也。』」《檀弓》：「主人既小斂，袒，括髮。子游襲裘帶絰而入。」鄭注：「所弔者朋友。」是知朋友之喪服麻絰帶也。云「其服，弔服也」者，以記但云「朋友麻」，而不言衰，則不別制衰，但用弔服而加麻絰帶焉可知，故云「其服，弔服也」。云「《周禮》曰」者，《司服職》文，鄭引以證弔服也。云「凡弔，當事則弁絰服」者，沈氏大成云：「《周禮・司服》本文作『凡弔事，弁絰服』，無『當』字、『則』字，此因《小記》有『當事則弁絰』之語而誤衍。」云「弁絰者，如爵弁而素，加環絰也」者，案：《司服》注同，彼注又云：「絰大如緦之絰。」《雜記》曰：「小斂環絰，公、大夫、士一也。」鄭注：「環絰者，一股，所謂纏絰也。」孔疏：「若是兩股相交，則謂之絞。今云環絰，是周迴纏繞之名，故知是一股纏繞也。」云「其服有三：錫衰也，緦衰也，疑衰也」者，據《司服》言也。云「王爲三公六卿錫衰，爲諸侯緦衰，爲大夫、士疑衰」者，《司服》文，彼注云：「君爲臣服弔服也。鄭司農云：『錫，麻之滑易者，十五升去其半，有事其布，無事其縷。緦亦十五升去其半，有事其縷，無事其布。疑衰，十四升衰。』玄謂疑之言擬也，擬於吉。」褚氏云：「疑之言擬，以十四升布擬於十五升之吉布也。蓋自三升以至十二升，凶服也。十五升，吉服也。若用十三升，則嫌爲凶服十二升之等差，故闕之不用，而用十四升，以取擬吉之義。敖氏謂取疑似之義，甚無謂也。《易・文言》『陰疑于陽，必戰』，漢儒亦訓爲擬。」云「諸侯及卿大夫亦以錫衰爲弔服，當事則弁絰，否則皮弁，辟天子也」者，案：《喪服小記》曰：「諸侯弔，必皮弁錫衰。」下記曰：「大夫弔于命婦，錫衰。」《服問》曰：「公爲卿大夫，錫衰以居，出亦如之，當事則弁絰。大夫相爲亦然。」《雜記》曰：「大夫之哭大夫，弁絰。大夫與殯，亦弁絰。」是鄭義所本。惟《司服》王三衰，其首服皆弁絰，諸侯有弁絰、皮弁之異，故云「當事則弁絰，否則皮弁，辟天子也」。鄭注《服問》云：「不當事則皮弁。」與此注義同。注《司服》云：「國君於其臣弁絰，他國之臣則皮弁。」與此注義異。《喪服小記》孔疏申之，謂皮弁、錫衰有二義：一則弔異國臣皮弁，自弔己臣弁絰。一則自弔己臣而未當事則皮弁，至當事乃弁絰也。云「士以緦衰爲喪服，其弔服則疑衰也」者，大夫以上無緦服，士有緦服，故弔服不以緦衰，而以疑衰也。云「舊說以爲士弔服布上素下，或曰素委貌冠加朝服。《論語》曰『緇衣羔裘』，又曰『羔裘玄冠不以弔』，何朝服之有乎」者，此鄭引《論語》以破舊說也。引「羔裘玄冠」，而併引「緇衣羔裘」者，以緇衣用布而素裳，與玄冠皆是朝服，不以弔也。《司服》注亦引舊說而破之。云「然則二者，皆有似也」者，賈疏云：「以其未小斂已前容有著朝服弔法，則子游、曾子弔是也。又布上素下，近士之弔服素下，故云皆有似也。」江氏筠云：「素下之說是矣。其引《檀弓》爲證，恐非鄭義。朝服所以云似者，以其布十五升，而疑衰則十四升，相近故也。」云「此實疑衰也，其弁絰、皮弁之時，則如卿大夫然，又改其裳以素，辟諸侯也」者，謂士之弔服，實用疑衰，其當事弁絰，不當事則皮弁，亦與卿大夫同。惟諸侯疑衰用疑裳，士疑衰改用素裳，是辟諸侯也。《司服》注亦云：「士當事弁絰疑衰，變其裳以素耳。」敖氏謂士當事素冠，則庶人用何冠以弔乎？敖說非也。云「朋友之相爲服，即士弔服疑衰素裳」者，謂此朋友麻，即用疑衰素裳而加麻也。云「庶人不爵弁，弔服素冠委貌」者，謂庶人無爵弁，故不用弁絰，而素冠委貌也。注不言其服，蓋亦疑衰素裳可知。賈此疏以爲白布深衣。案：深衣是庶人吉服，不當用以弔。《司服》疏謂庶人弔服亦疑衰素裳，與士同，而冠異。其説得之。餘詳下記「傳曰：錫者何也，麻之有錫者也」下。沈氏彤云：「朋友不必其爵之同，惟其有以成我而已。既友之而賴其成，則雖天子、諸侯，亦自當爲之服。故是記雖主大夫以下言之，然不可云天子、諸侯無朋友之服也。敖氏謂國君不相弔，未必有朋友之服。則彼豈不知同盟之爲友邦遥哭之，無殊於相弔歟？且國君亦實有相弔之時，戴德云『諸侯會遇相弔，錫衰皮弁加絰』是也。遥哭而服弔服，見《檀弓》疏，即國君朋友之服也。」今案：沈説是也。

君之所爲兄弟服，室老降一等。公士大夫之君。【疏】正義曰：臣從君服，已見「不杖期」章「爲君之父母妻長子祖父母」矣。此記復言君，故知是公士大夫之君也。公士大夫稱君，義已見前「斬衰」章。「兄弟服」者，指小功以下言之，義詳下。天子、諸侯之臣，重服從，輕服不從。此室老家臣，即兄弟服亦從服，是與天子、諸侯之臣異，故特記之。「降一等」者，如君服小功，室老則服緦也。言室老不言邑宰，賈疏謂邑宰遠臣，不從服；室老近臣，故從君服。義或然。

夫之所爲兄弟服，妻降一等。【疏】正義曰：「兄弟服」者，謂小功以下之服。「齊衰三月」章傳曰「小功者，兄弟之服也」，是其確證。晋成粲據此記，以爲嫂叔有服。不知記明云「夫之所爲兄弟服」，不云「夫之兄弟」，則兄弟指服言，不指人言明矣。庾蔚之謂蔣濟、成粲排棄經傳，荀樹已説，誠然。賈疏云：「妻從夫服，即上經夫之諸祖父母見於緦麻章，夫之世叔見於大功章。夫之昆弟之子不降，嫂叔又無服，今言從夫降一等，記其不見者，當是夫之從母之類乎？」沈氏彤云：「夫之姑姊妹見於小功章，賈乃遺之。此條是總括之辭，若夫之從祖父母、夫之從父姊妹之類，皆以小功而降爲緦。夫之族曾祖父母、族祖父母、族父母及夫之從祖姑姊妹適人者之類，夫皆爲之緦，妻皆降而無服，竝包含於其中矣。」江氏筠云：「此與上『室老』兩條，非止爲服不見者以此求之，亦兼爲不服者明之也。蓋小功降一等則緦，緦降一等則無服矣。」今案：沈說、江說是也。

庶子爲後者，爲其外祖父母、從母、舅無服。不爲後，如邦人。【疏】正義曰：云「庶子爲後者，爲其外祖父母、從母、舅無服」者，以與尊者爲一體，於所生母止服緦，故於生母之黨無服也。邦人，猶言衆人。言庶子若不爲後，則爲其母黨服，與衆人同也。盛氏云：「不言從母昆弟、舅之子者，舉其重者，而輕者可知。不爲後如邦人，據士禮而言也。若公子、大夫之庶子，爲尊者所厭，雖不爲後，於其母且不得伸三年，於母黨之服亦不得伸也。」

宗子孤爲殤，大功衰，小功衰，皆三月。親，則月算如邦人。言孤，有不孤者。不孤，則族人不爲殤服服之也。不孤，謂父有廢疾，若年七十而老，子代主宗事者也。孤爲殤，長殤、中殤大功衰，下殤小功衰，皆如殤服而三月。謂與宗子絶屬者也。親，謂在五屬之内。算，數也。月數如邦人者，與宗子有期之親者，成人服之齊衰期，長殤大功衰九月，中殤大功衰七月，下殤小功衰五月。有大功之親者，成人服之齊衰三月，卒哭受以大功衰九月，其長殤、中殤大功衰五月，下殤小功衰三月。有小功之親者，成人服之齊衰三月，卒哭受以小功衰五月，其殤與絶屬者同。有緦麻之親者，成人及殤皆與絶屬者同。【疏】正義曰：賈疏云：「宗子，謂繼别爲大宗，百世不遷，收族者也。孤爲殤者，謂無父未冠而死者也。」徐氏乾學云：「大功衰、小功衰者，蓋成人宗子死，族人服之用齊衰。今宗子而殤，則服當降一等。宗子服止三月，無可得而降，故不降其月數，但降其衰制。不用齊衰，而用大功之衰、小功之衰也。期仍三月，服之常也。衣用功衰，服之變也。」今案：「皆三月」者，謂三月而除之。「親則月算如邦人」者，謂親則月數與衆人同，各隨其親服之，不皆三月也。注云「言孤，有不孤者。不孤，則族人不爲殤服服之也」者，以記言孤，明對不孤者而言。不孤，則其父尚在，族人爲其父服，不爲其子服，與「宗子之母在，則不爲宗子之妻服」義同也。云「不孤，謂父有廢疾，若年七十而老，子代主宗事者也」者，此鄭申言宗子有不孤之義也。或父有廢疾，不能主宗事，而子代之。或父年已七十，老而傳家事，而子代之。是皆有父在，不孤也。云「孤爲殤，長殤、中殤大功衰，下殤小功衰，皆如殤服而三月」者，言此孤爲殤之服，亦中從上，長殤、中殤則用大功衰，下殤則用小功衰，其服皆如大功、小功之殤服，而月數則三也。雖下殤不用緦麻者，重宗子也。云「謂與宗子絶屬者也」者，言此服之三月者，皆在五屬之外，與宗子疏遠，本無服者也。絶屬，即《大傳》所云「親屬竭矣」也。云「親謂在五屬之内」者，指本有服者言也。云「算，數也」者，《爾雅·釋詁》文。以下申言「月算如邦人」之義也。云「與宗子有期之親者，成人服之齊衰期，長殤大功衰九月，中殤大功衰七月，下殤小功衰五月」者，謂有期之親者，宗子成人服之齊衰期，殤則遞降其月數如此也。云「有大功之親者，成人服之齊衰三月，卒哭受以大功衰九月，其長殤、中殤大功衰五月，下殤小功衰三月」者，謂大功之親本九月，宗子成人服之齊衰三月，卒哭受以大功衰，以終九月之數，殤則遞降其月數如此也。云「有小功之親者，成人服之齊衰三月，卒哭受以小功衰五月，其殤與絶屬者同」者，謂小功之親本五月，宗子成人服之齊衰三月，卒哭受以小功衰，以終五月之數，殤則降等，與絶屬者同三月也。云「有緦麻之親者，成人及殤皆與絶屬者同」者，謂緦麻之親本三月，宗子成人服之齊衰三月，無受服，殤無可降，亦服三月，是皆與絶屬者同也。徐氏乾學疑注大功「成人服之齊衰三月，卒哭受以大功衰九月」爲期年，小功「成人服之齊衰三月，卒哭受以小功衰五月」爲八月。不知鄭注所謂九月、五月者，連齊衰三月計之。此與大功章言「布衰裳牡麻絰纓布帶三月受以小功衰即葛九月者」文法一例，徐氏蓋未之思也。

改葬，緦。謂墳墓以他故崩壞，將亡失尸柩者也。改葬者，明棺物毁敗，改設之如葬時也。其奠如大斂，從廟之廟，從墓之墓，禮宜同也。服緦者，臣爲君也，子爲父也，妻爲夫也。必服緦者，親見尸柩，不可以無服，緦三月而除之。【疏】正義曰：《穀梁傳》云：「改葬之禮緦，舉下，緬也。」李氏云：「言舉服之下者，以其緬邈故也。」吴氏紱云：「改葬緦，自天子至於士一也。大夫以上無緦服，此有之者，非常服，禮窮則同耳。」今案：改葬與過時而葬者異。《孔叢子》：「衛司徒文子曰：『喪服既除然後乃葬者，則其服何服？』子思曰：『三年之喪，未葬不變服，除何有焉？』」汪氏琬云：「或問：『過時而葬，宜何服？』曰：『禮，久而不葬，主喪者不除。又禮，爲兄弟既除喪已，及其葬也，反服其服。兄弟且爾，則過時而葬，主喪者宜仍服斬衰矣。』」注云「謂墳墓以他故崩壞，將亡失尸柩也」者，案葬也者，藏也，欲人之不得見也。改葬非出於得已，惟墳墓崩壞，將亡失尸柩，不能不改葬，故禮爲制改葬之服也。《吕氏春秋》曰：「昔王季歷葬於渦山之尾，欒水齧其墓，見棺之前和。」是其以他故崩壞之事。韓氏愈《改葬服議》云：「改葬者，爲山崩水涌，毁其墓，若文王之葬王季是也。」又云：「及葬而禮不備者，若魯隱公之葬惠公，以有宋師，太子少，葬故有闕之類。」敖氏云：「如晋惠公改葬共世子之類。」案：此非出於不得已者，故鄭不及之也。云「言改葬者，明棺物毁敗，改設之如葬時也」者，謂棺柩及凡送葬之物有毁敗者，皆改設之如葬時，故云改葬也。云「其奠如大斂」者，奠所以依神，既啓壙見尸柩，必有奠，其設之如大斂奠也。云「從廟之廟，從墓之墓，禮宜同也」者，案：改葬未必朝祖，而云「從廟之廟」者，敖氏云：「注言此者，以徵改葬之奠，當如大斂耳。蓋祖奠如大斂奠，故鄭氏以此況彼，謂改葬之奠宜與之同也。」吴徐整問射慈云：「此大斂，謂如始死之大斂邪？從廟，謂從何廟？牲物何用？」慈荅：「奠如大斂奠，士大斂特豚。從禰廟朝祖廟，從故墓之新墓，皆用特豚。大夫以上其禮亡，以此推之，大夫奠用特豚，天子大牢，諸侯少牢。」云「服緦者，臣爲君也，子爲父也，妻爲夫也」者，《孔叢子》：「衛司徒文子改葬其叔父，問服於子思。子思曰：『禮，父母改葬緦，既葬而除之，不忍無服送至親也。非父母無服，無服則弔服而加麻。』」漢戴德云：「制緦麻具而葬，葬而除。謂子爲父，妻妾爲夫，臣爲君，孫爲祖後也。無遺奠之禮，其餘親皆弔服。」今案：鄭氏言「臣爲君，子爲父，妻爲夫」者，江氏筠云：「改葬究竟係誰改之？三者皆是主改葬之人，所以其義獨精。」又《通典》載蔡謨等説，以爲改葬宜斬衰。韓氏愈云：「『經次五等之服，小功之下，然後著改葬之制，更無輕重之差。以此知惟記其最親者，其他無服則不記也。若主人當服斬衰，其餘親各服其服，則經亦言之，不當惟言緦也。』其説是矣。云「必服緦者，親見尸柩，不可以無服」者，謂年遠改葬，較之初葬雖有異，但親見尸柩，不可無服也。云「緦三月而除之」者，以緦本服三月也。馬氏云：「棺有弛壞，將亡尸柩，故制改葬。棺物敗者，設之如初，其奠如大斂時。不制斬者，禮已終也。從墓之墓，事已而除，不必三月。唯三年者服緦，期以下無服。」王氏云：「本有三年之服者，道有遠近，或有艱故，既葬而除，不得待有三月之限。」今案：馬注與鄭略同，唯云「事已而除，不必三月」爲異，王注亦謂不待三月，後儒多從鄭説。趙商荅陳櫟問，謂當待三月除，以順緦之數。賀氏循云：「鄭云三月者，以親覩尸柩，故三月，以序其餘哀。」庾氏蔚之云：「改葬所以緦而不重者，當以送亡有已，復生有節。若用始亡之服，則是死其親，故制緦以示變吉。既有其服，若旬月而葬，則當如鄭氏説，卒緦之限，三月而除。若葬過三月者，須葬畢釋服，服爲葬設故也。」韓氏愈云：「或曰：『經稱改葬緦，而不著其月數，則似三月而後除也。子思之對文子，則曰既葬而除之。今宜如何？』曰：『自啓殯至於既葬而三月則除之，未三月則服以終三月也。』」朱子云：「禮宜從厚，從鄭可也。」

童子，唯當室緦。 童子，未冠之稱也。當室者，爲父後承家事者，爲家主，與族人爲禮。於有親者，雖恩不至，不可以無服也。【疏】正義曰：李氏云：「《問喪》曰：『《禮》曰：童子不緦，唯當室緦。緦者其免也，當室則免而杖矣。』言童子不杖，不杖者不免，當室則免而杖，乃有緦服也。」注云「童子，未冠之稱也」者，古者二十而冠，十九以下爲童子也。馬氏云：「童子，未成人也。」《雜記》疏引戴德云：「童子當室，謂年十五以上。」其意蓋以十五以下，即未能當室也。云「當室者，爲父後承家事者」，不爲父後，則自有任家事之人，不必以童子當之也。惟其無父無兄，而以身主家事，則不能無與族人往來晋接之時，故云「爲家主，與族人爲禮」也。鄭注《問喪》云：「當室，謂無父兄而主家者也。」此注雖不言無父兄，義當與彼同。若有父兄，則不得云爲家主矣。敖氏謂童子當室有父在者，非也。云「於有親者，雖恩不至，不可以無服也」者，言於族人有緦麻之親者，雖年稚，恩義未至，然既與之爲禮，不可以無服也。

傳曰：不當室，則無緦服也。【疏】正義曰：記言「唯當室緦」，則不當室自無緦服，而傳言之者，嫌期功之服亦無也。蓋童子不當室雖無緦服，而期功以上之服則仍服之。故《雜記》曰：「童子哭不偯，不踊，不杖，不菲，不廬。」謂服期功以上之親，而缺此五事，亦以未成人寬之，不責其備禮也。然當室則於族人有緦服，而於期親以上之服亦必備此五者，故曰「當室則杖」。言杖，則五禮皆備可知矣。

凡妾爲私兄弟，如邦人。嫌厭降之也。私兄弟，目其族親也。然則女君有以尊降其兄弟者，謂士之女爲大夫妻，與大夫之女爲諸侯夫人，諸侯之女爲天王后也。父卒，昆弟之爲父後者宗子，亦不敢降也。【疏】正義曰：妾言凡者，總包諸侯之妾與大夫、士之妾言。不杖期章曰：「公妾以及士妾爲其父母。」知諸侯之妾亦同也，天子之妾當不服之。「如邦人」者，謂與衆人同。注云「嫌厭降之也」者，張氏爾岐云：「妾爲私親，疑爲君與女君所厭降，實則不厭，故服同邦人常法，如女子子適人者之服也。」或曰：妾從女君而服女君之黨，嫌不自服其黨，故記明之。云「私兄弟，目其族親也」者，案：兄弟之服所該甚廣，此云私兄弟，明指妾本族之親言，故鄭云「目其族親也」。云「然則女君有以尊降其兄弟者，謂士之女爲大夫妻，與大夫之女爲諸侯夫人，諸侯之女爲天王后也」者，以記但云「妾爲私兄弟」，則是女君有以尊不同而降其兄弟旁親之服者，如士之女爲大夫妻之類是也。云「父卒，昆弟之爲父後者宗子，亦不敢降也」者，妾爲父母已見經不杖期章，此記言私兄弟，明指昆弟旁親言之。「大功」章曰「女子子適人者爲衆昆弟」，是以適人降在大功也。「不杖期」章曰「女子子適人者爲昆弟之爲父後者」，以其爲父後，是小宗子，婦人有歸宗之義，故不降之而服期也。此記既云「如邦人」，則衆所降者降之，衆所不降者亦不敢降，故鄭申言之也。此注當以「昆弟之爲父後者宗子」作一句讀。宗子，即指爲父後者。李氏云：「如鄭義，則繼禰之宗子，嫁者亦不敢以尊降也。射慈、譙周、賀循以爲大宗子亦不降。案：齊衰三月章『婦人爲宗子』，鄭謂『女子在室及嫁歸宗者』，則出嫁者不服。」今案：李説是也。

大夫弔於命婦，錫衰。命婦弔於大夫，亦錫衰。弔於命婦，命婦死也。弔於大夫，大夫死也。《小記》曰：「諸侯弔，必皮弁錫衰。」《服問》曰：「公爲卿大夫，錫衰以居，出亦如之，當事則弁絰。大夫相爲亦然。爲其妻，往則服之，出則否。」【疏】正義曰：注云「弔於命婦，命婦死也。弔於大夫，大夫死也」者，鄭恐人以弔於命婦爲命婦夫死而大夫往弔，弔於大夫爲大夫妻死而命婦往弔，故云然。然則弔於命婦，爲命婦死而弔其夫也。弔於大夫，爲大夫死而弔其妻也。江氏筠云：「汪鈍翁以命婦弔大夫爲非，由未究注義耳。」秦氏蕙田云：「《曲禮》曰：『知生者弔。』大夫死而命婦往弔其妻，以與其妻相知故也，何嫌於弔乎？」注引《小記》者，證錫衰爲弔服也。引《服問》者，證大夫相弔用錫衰也。敖氏云：「《服問》以錫衰爲大夫相爲之服，則命婦相弔亦錫衰矣。」盛氏云：「此本與死者無服，故但服弔服而已。」

傳曰：錫者何也？麻之有錫者也。錫者，十五升抽其半，無事其縷，有事其布，曰錫。謂之錫者，治其布，使之滑易也。不錫者不治其縷，哀在内也。緦者不治其布，哀在外。君及卿大夫弔士，雖當事皮弁錫衰而已。士之相弔，則如朋友服，疑衰素裳。凡婦人相弔，吉笄無首，素總。【疏】正義曰：敖氏云：「『有錫』，疑當作『滑易』。蓋二字各有似，以傳寫而誤也。鄭司農注《司服職》云：『錫，麻之滑易者。』其據此記未誤之文歟？」沈氏彤云：「傳云有錫，則有不錫者，此蓋對緦麻之無事其布而言，不容破字。且破有錫爲滑易，恐上詳下略，亦非言之序，敖誤也。」《校勘記》云：「案：錫者，滑易也。有錫者，治其布，使之滑易也。有即『有事其布』之『有』，若但云『麻之滑易』，則麻自滑易，不見『有事其布』之意。敖言先鄭作『滑易』，殊屬傅會。」○「錫者何也」，以錫在五服外，故問也。荅云「麻之有錫者」，見錫亦以麻爲之也。十五升抽其半，與緦同，詳緦麻章傳下。但緦則有事其縷，無事其布，錫則無事其縷，有事其布，此錫與緦所以異也。《雜記》云：「加灰錫也。」即此有事其布之謂。斬衰章傳云：「冠六升，鍛而勿灰。」然則不加灰，雖鍛不可謂之有事也。緦衰云有事其縷，蓋亦加灰治之。敖氏云：「錫不治縷，則其縷不如緦之細。然弔服不可以無所事，既不治縷，則當治布也。治其布則滑易矣，所以謂之錫。」○《校勘記》云：「注『錫者不治其縷』，『錫』上，徐本、楊氏俱有『不』字。前『緦麻三月者』傳疏引此注，唯聶氏無『不』字，各本俱有。『哀在外也』，徐本無『也』字，亦與緦麻疏合。『雖當事』，徐、陳、《集釋》俱作『雖』，毛本『雖』作『唯』，重修監本誤作『准』。『皮弁錫衰而已』，徐本無『弁』字。張氏曰：『監本云皮弁錫衰，從監本。』『則如朋友服』下，徐本、《集釋》俱有『矣』字。」今案：「錫」上有「不」字非也，「皮」下無「弁」字亦非，餘俱從徐本。云「錫者不治其縷，哀在内也。緦者不治其布，哀在外」者，鄭注《周禮·司服》同。褚氏云：「哀在内、哀在外，指所哀之人言，以内外臣分布縷之治否也，當善會。」云「君及卿大夫弔士，雖當事皮弁錫衰而已」者，賈疏云：「士輕，無服弁絰之禮，有事無事，皆皮弁錫衰而已。若然，《文王世子》注：『諸侯爲異姓之士疑衰，同姓之士緦衰。』今又言士與大夫同錫衰者，此與《士喪禮》注同，亦是君於此士有師友之恩者也。」沈氏彤以注「雖」字本作「唯」，賈出注語作「雖」，謂：「鄭意主錫衰而言，故云『唯』。賈意主皮弁而言，故作『雖』。《通解續》及楊《圖》竝從賈，但此注本因錫衰而及之，主皮弁言者誤也。唯當事皮弁錫衰而已，明不當事則皮弁疑衰也。此與《文王世子》注不相違，與《士喪禮》注則文同而意異。彼經云：『君若有賜焉。』明君於此士有師友之恩，故得與大夫同錫衰。此注但云弔士，未見有師友之恩，故唯當事錫衰而已。蓋諸侯爲卿大夫常錫衰，爲士唯當事錫衰，爲士有師友之恩者亦常錫衰。輕重等差，皆各有其義也。又此云當事錫衰，專謂將葬啓殯之時。若大斂與殯，則主人未衰，弔者亦安得而衰哉？故知鄭不兼言之。又卿大夫弔士，其冠不與君同，蓋當事弁絰也。」今案：詳注「而已」語氣，似作「雖」爲是，而沈説辨析極细，故竝附録於此，以待後人考正。云「士之相弔，則如朋友服矣，疑衰素裳」者，詳前「朋友麻」下。云「凡婦人相弔，吉笄無首，素總」者，因記言命婦弔錫衰，而未言首服，故特明之。云「凡」者，謂卿大夫妻與士妻也。鄭注《檀弓》亦云：「婦人弔，皆吉笄無首，素總。」孔疏以爲《大戴禮》文。李氏云：「婦人笄總相將。男子弔服素冠，故婦人素總。爲父母卒哭，折吉笄之首，故弔服吉笄無首也。」○凡弔服之見於經注者：《周禮・司服》曰：「凡弔事，弁絰服。」鄭注：「弁絰者，如爵弁而素，加環絰。」《司服》又曰：「王爲三公六卿錫衰，爲諸侯緦衰，爲大夫、士疑衰，其首服皆弁絰。」鄭注：「君爲臣服弔服也。」此天子之弔服也。《禮記・喪服小記》曰：「諸侯弔，必皮弁錫衰。」《服問》曰：「公爲卿大夫，錫衰以居，出亦如之，當事則弁絰。」鄭注：「不當事則皮弁。」又鄭注《文王世子》云：「君雖不服臣，卿大夫死，則皮弁錫衰以居，往弔當事則弁絰。於士蓋疑衰，同姓則緦衰以弔之。」又鄭注《司服》云：「諸侯亦以錫衰爲弔服。《喪服小記》曰『諸侯弔，必皮弁錫衰』，則變其冠耳。」又云：「國君於其臣，弁絰。他國之臣，則皮弁。」又鄭注上「朋友麻」云：「諸侯亦以錫衰爲弔服，當事則弁絰，否則皮弁，辟天子也。」以《小記》及《服問》考之，諸侯惟有錫衰弔卿大夫之文，而首服有皮弁、弁絰二者。據《服問》云「當事則弁絰」，不當事自皮弁也。鄭氏以天子皆弁絰，諸侯不皆弁絰，而變其冠爲皮弁，辟天子。又謂諸侯於己國之臣弁絰，於他國之臣皮弁。其諸侯弔士之服經無明文，鄭氏於《文王世子》注謂同姓之士緦衰，異姓之士疑衰，於此注云「君弔士，雖當事皮弁錫衰而已」，明當事不弁絰，以別於弔己國卿大夫也，但其服云「錫衰」不云「疑衰」。又《士喪禮》：「君若有賜焉，則視斂。既布衣，君至。」注云：「主人成服之後往則錫衰。」皆與《文王世子》注異。孔、賈二疏以士於君有師友之恩故錫衰釋之，詳《士喪禮》「君若有賜焉」下。經惟言諸侯錫衰，據鄭注，則三衰俱有。孔、賈申之，以《司服》云公如王之服，轉次相如，故知諸侯亦有三衰也。此諸侯之弔服也。此記云「大夫弔于命婦錫衰，命婦弔于大夫錫衰」，《禮・喪服小記》謂大夫相爲，亦如「公爲卿大夫，錫衰以居，當事則弁絰」，又曰「爲其妻，往則服之，出則否」。《雜記》曰：「大夫之哭大夫，弁絰。大夫與殯，亦弁絰。」鄭注：「弁絰者，大夫錫衰相弔之服也。」又鄭注「朋友麻」云：「卿大夫亦以錫衰爲弔服，當事則弁絰，否則皮弁，辟天子也。」又鄭注《司服》云：「大夫、士有朋友之恩，亦弁絰。」案：大夫之於大夫弁絰，已見《雜記》及《小記》，則此注殆爲大夫於士言也。大夫於士有朋友之恩弁絰，則無朋友之恩者不弁絰。此注云：「卿大夫弔士，雖當事皮弁錫衰而已。」此卿大夫之弔服也。上「朋友麻」注云：「士以緦衰爲喪服，其弔服則疑衰也。」又云：「其弁絰皮弁之時，則如卿大夫然，又改其裳以素，辟諸侯也。朋友之相爲服，即士弔服疑衰素裳。」此注云：「士之相弔，則如朋友服矣，疑衰素裳。」注《司服》云：「士當事弁絰疑衰，變其裳以素耳。」案：士弔當事弁絰，則不當事亦皮弁，上注所謂「弁絰皮弁之時如卿大夫也」。此士之弔服也。又「朋友麻」注云：「庶人不爵弁，則其弔服素冠委貌。」《檀弓》疏謂鄭注不顯所著之服，文承「疑衰素裳」之下，則庶人亦用疑衰，或者庶人布深衣冠素委貌也。《司服》疏則謂庶人冠素委貌，疑衰素裳，與士服同而冠異。今案：深衣是庶人吉服，不當用以弔，似孔疏前説及《司服》疏爲是矣。此庶人弔服也。此記云命婦弔錫衰，鄭注《檀弓》「魯婦人之髽而弔也」云：「禮：弔服，大夫之妻錫衰，士之妻則疑衰歟？皆吉笄無首素總。」此婦人弔服也。以上所論，皆主人成服以後之弔服，見於經注而可考者如此。

女子子適人者爲其父母，婦爲舅姑，惡笄有首以髽。卒哭，子折笄首以笄，布總。言以髽，則髽有著笄者明矣。【疏】正義曰：女子子適人者爲父母，與婦爲舅姑，其服皆期，已見「不杖期」章。因經未言首服，故記明之。惡笄有首以髽，異於斬衰三年者之箭笄而髽。此笄髽連言，是已成服之髽也。詳「斬衰」章「布總箭笄髽衰三年」下。盛氏云：「惡笄有首，差飾也，然則箭笄無首明矣。」「卒哭，子折笄首以笄」，子謂女子子也，初喪亦惡笄有首以髽，至卒哭後或有事歸於夫家，則易吉笄而折其首以著之。敖氏云：「以笄者，著笄之稱也。以笄，則不復髽矣。」布總，兼子與婦言之。盛氏云：「此不專爲女子子發，乃言於『子折笄首』之下者，欲終言笄制而後及之耳。」今案：《檀弓》南宮縚之妻爲姑總八寸，鄭注云：「齊衰之總八寸。」餘詳斬衰章「布總」經及傳下。○舊解有云髽無笄，故鄭辨之。李氏云：「『南宮縚之妻之姑之喪，夫子誨之髽，蓋榛以爲笄。』髽笄之文相連，亦髽有笄之證。」江氏筠云：「髽有二種：一爲去笄之髽，《士喪禮》『婦人髽于室』及《既夕》所云髽者是也。一爲著笄之髽，此記所言及斬衰章『箭笄髽』是也。以其可去笄，故髽得與免相對。又以其可著笄，故免僅施之當事，而髽得用於平時也。」今案：鄭言髽有著笄者，則固有不著笄者，江說是也。

傳曰：笄有首者，惡笄之有首也。惡笄者，櫛笄也。折笄首者，折吉笄之首也。吉笄者，象笄也。何以言子折笄首而不言婦？終之也。櫛笄者，以櫛之木爲笄，或曰榛笄。有首者，若今時刻鏤摘頭矣。卒哭而喪之大事畢，女子子可以歸於夫家，而著吉笄。折其首者，爲其大飾也。吉笄尊，變其尊者，婦人之義也。據在夫家，宜言婦。終之者，終子道於父母之恩。【疏】正義曰：傳恐人疑箭笄亦有首，故云「笄有首者，惡笄之有首也」以別之，而即申言之曰「惡笄者，櫛笄也」，明非箭笄。敖氏因傳云「笄有首」，而疑記文「惡」字爲衍，非。又記但云「折笄首」，傳恐人疑爲折惡笄之首，故云「折笄首者，折吉笄之首也」。又云「吉笄者，象笄也」，言吉笄以象骨爲之。據《周禮·弁師》，天子、諸侯皆玉笄，王后、夫人當亦同。此象笄，蓋謂大夫妻以下也。吉笄尺二寸，喪笄長尺，亦見斬衰章傳下。記初言女子子及婦之笄髽，後乃獨言子折笄首而不及婦，故傳發問以明之也。○《校勘記》云：「注『喪之大事畢』，閩、監、葛本『喪』俱誤作『笄』。『吉笄尊』至『義也』十二字，徐本、《集釋》俱在『折其首者』上，今本在『爲其大飾也』下，《通解》無。」盧云：「案：其語意，似今本爲是。若不先言折其首，則所謂變者何指？賈疏順文爲釋，與今本合。」今案：變其尊，謂變惡笄而吉笄，非指折其首言也，詳賈疏，是上下牽連總解，而其述注，則於「女子子可以歸於夫家」之後，即述「吉笄尊」云云，明不與今本同。盧說非，仍從徐本。　云「櫛笄者，以櫛之木爲笄，或曰榛笄」者，蓋見《檀弓》有「榛以爲笄」之文，而兩解之也。賈疏據《玉藻》「櫛用樿櫛」，謂櫛用樿木爲之，故鄭云「以櫛之木爲笄」，故鄭兩存之也。敖氏云：「此傳之櫛，疑即《檀弓》之榛，蓋聲相近而轉爲櫛耳。」《經義述聞》云：「榛本不得謂之櫛，❶沐所用之櫛，亦有象櫛，但云櫛笄，何以別於下文之象笄？且樿木爲笄，則直稱樿笄可矣，何必迂回其文而云櫛笄乎？蓋櫛當讀爲即，即，柞木也，柞木麤惡，故以爲喪笄。《爾雅》曰：『椴，采薪。采薪，即薪。』舍人曰：『椴名采薪，又名即薪。』樊光曰：『荆州柞木曰采木。』是采薪、即薪，皆柞木之別名，單言之則或曰采，或曰即，《韓子·五蠹》篇之采椽及此傳之櫛笄是也。」今案：賈、敖之説未的，當從《述聞》爲正。云「有首者，若今時刻鏤摘頭矣」者，惠氏棟云：「鄭以摘頭解笄首，笄之首猶摘之頭，漢之摘，古之笄也。《續漢志》曰：摘長一尺爲簪。」今案：鄭解「有首」在「櫛笄」之後，是指吉笄之首言之，故以漢時刻鏤摘頭況之也。云「卒哭而喪之大事畢，女子子可以歸於夫家」者，蓋葬畢而虞，虞而卒哭，是喪之大事畢也。《喪大記》曰：「婦人喪父母，既練而歸。」彼注云：「歸，謂歸夫家也。」但既練而歸是正法，卒哭後容有事而歸，以其喪之大事已畢，故亦可權許之也。云「而著吉笄。吉笄尊，變其尊者，婦人之義也」者，蓋歸夫家，不可純凶，笄在首爲尊，而首服尤以吉笄爲尊，若仍惡笄不變，則恐舅姑以爲嫌，故易惡笄而著吉笄，變其尊者，是婦人事人之義也。若布總之屬，則不變之矣。云「折其首者，爲其大飾也」者，以首有刻鏤太飾，故折去之。卒哭未練，亦不可純吉也。云「據在夫家，宜言婦。終之者，終子道於父母之恩」者，以歸於夫家，宜言婦，而仍稱子者，以子是對父母之稱，是欲終守子道，不忘父母之恩也。敖氏云：「終，終喪也。言婦惡笄以終喪，無折笄首之事，故不言婦

❶「本」，《經義述聞》作「木」。

也。」今案：敖説與鄭異。鄭以傳「不言婦」之「婦」仍指女子子言，「終之」爲終子道。其説似迂曲，不若敖以「婦」即記「婦爲舅姑」之「婦」、「終之」爲終喪之順。《小記》曰「齊衰惡笄以終喪」，其證也。後儒若張氏爾岐、沈氏彤、江氏筠、盧氏文弨，皆以敖義爲長。

妾爲女君、君之長子，惡笄有首，布總。【疏】正義曰：妾爲女君，已見不杖期章，此記其首服，并及爲君之長子首服也。妾爲舅姑，即包於上條「婦爲舅姑」之中。其爲夫則箭笄，見斬衰章。賈疏云：「妾爲君之黨服，得與女君同，故爲長子亦三年。」李氏云：「妾之事女君，與婦之事舅姑等，故其首服同。其爲君之長子，雖與女君同三年，而情本輕，故從齊衰之首服，亦惡笄有首布總也。」敖氏云：「笄總與上同，乃别見之者，明其不髽也。」或曰：不言髽，省文。

凡衰外削幅，裳内削幅，幅三袧。削，猶殺也。大古冠布衣布，先知爲上，外殺其幅，以便體也。後知爲下，内殺其幅，稍有飾也。後世聖人易之，以此爲喪服。袧者，謂辟兩側，空中央也。祭服朝服，辟積無數。凡裳，前三幅，後四幅也。【疏】正義曰：自此至「袪尺二寸」，記喪服衰裳之制及尺寸之數也。云「凡」者，兼五服言之。謂衰裳外削、内削及裳每幅三袧之制，五服皆同也，唯斬衰不緝其邊，齊衰以下則緝之爲異耳。李氏云：「外削幅者，削布之邊幅向外。内削幅者，幅向内也。幅三袧者，據裳而言。」敖氏云：「衰外削幅者，所以别於吉服之制，亦如喪冠外畢之類。裳幅不變者，衣重而裳輕，變其重者以示異足矣，故裳不必變也。」今案：衰爲廣長當心者之正名，而上衣亦通名衰，故以衰與裳對言也。注云「削，猶殺也」者，《廣雅·釋詁》削與殺皆訓減，故鄭以殺釋之，謂減殺其幅之邊也。高誘注《淮南》亦云：「削，殺也。」江氏永云：「《論語》『非帷裳必殺之』，『殺』字與此義異。彼殺謂斜裁，此削謂摺倒一寸。注雖以殺訓削，義實不同。」然則衰外削幅者，謂摺倒一寸向外也。裳内削幅者，謂摺倒一寸向内也。云「大古冠布衣布，先知爲上，外殺其幅，以便體也。後知爲下，内殺其幅，稍有飾也」者，謂大古時冠衣皆以白布爲之。《士冠禮・記》曰「大古冠布，齊則緇之」，鄭注「大古，唐虞以上」是也。「先知爲上」，謂衣也。「後知爲下」，謂裳也。初時唯知便體，故外殺其幅。後稍知飾觀，故内殺其幅。云「後世聖人易之，以此爲喪服」者，言大古時吉凶皆用此服，後世聖人更定服制，乃專以此爲喪服也。云「袧者，謂辟兩側，空中央也」者，《莊子》云「形之與形，亦辟矣」，《釋文》：「辟，相著也。」然則辟兩側者，謂以兩側相著合，則其中央自空也。云「祭服朝服，辟積無數」者，朝祭之服，謂六冕、爵弁、皮弁、朝服、玄端之屬，辟積即袧也。朝祭之裳每幅辟積無數，此裳則限以三辟積，亦其與吉服異者也。云「凡裳，前三幅，後四幅也」者，謂祭服、朝服、喪服之裳，皆前三幅，後四幅，故云「凡」。此即《論語》所謂「帷裳」也。賈疏云：「前爲陽，後爲陰，前三後四，象陰陽也。」案：帷裳之必須辟積者，以其前三後四共七幅，每幅二尺二寸，兩畔各去一寸爲縫，仍存二尺，七幅共十四尺。若不辟積，其要中則太寬，與身不相附。但人身有廣狹不同，故辟積不定其數。喪服之裳雖限以三辟積，而亦不言其寸數多寡也。至深衣長衣之等，連衣裳爲之，制十二幅以應十有二月，無辟積，與帷裳異。江氏永云：「深衣裳用布六幅，裁爲十二幅。其當裳之前襟後裾正處者，以布四幅，正裁爲八幅，上下皆廣一尺一寸。又以布二幅斜裁爲四幅，狹頭二寸，寬頭二尺，此四幅皆以狹頭向上，寬頭向下，連屬於裳之兩旁，別名爲衽。《玉藻》云『衽當旁』是也，《論語》所謂『非帷裳必殺之』者如此。」今案：深衣兩旁有斜裁倒縫之衽，故下廣上狹，要間不須辟積也。

若齊，裳内衰外。齊，緝也。凡五服之衰，一斬四緝。緝裳者内展之，緝衰者外展之。【疏】正義曰：上言「衰外削幅，裳内削幅」者，五服所同。但五服之衰與裳，有齊者有不齊者，故云「若齊」也。齊，謂緝其邊也。不齊者，謂斬也。先言裳而後言衰者，齊本據裳言之。《曲禮》「去齊尺」，《玉藻》「足如履齊」，鄭注皆云：「齊，裳下緝也。」《論語》「攝齊升堂」，皇疏亦云：「齊，裳下縫。」故先言裳也。注云「齊，緝也」者，據「齊衰三年」章傳也。云「凡五服之衰，一斬四緝」者，謂斬衰不緝，齊衰、大功、小功、緦麻四者皆緝，故云「一斬四緝」也。云「緝裳者内展之，緝衰者外展之」者，《説文》：「展，轉也。」謂轉其邊而緝之。緝裳者則先轉其邊於内，緝衰者則先轉其邊於外，而後施鍼功也。此内外與削幅之内外同者，亦所以别於吉服。上外削、内削，指布幅兩畔之邊言，故言幅。此則指衰裳竟體之邊言，故不言幅也。

負廣出於適寸。負，在背上者也。適，辟領也。負出於辟領外旁一寸。【疏】正義曰：負亦名負版，見下注。敖氏引孔子「式負版者」爲據。江氏筠云：「《論語》此文承『凶服者式之』之下，敖豈謂所式凶服之獨此邪？蓋祇見字面同，而喜爲牽合，與『衣帶下尺』句解作絰帶之帶，同一謬耳。」注云「負，在背上者」，賈疏云：「以一方布置於背上，上畔縫著領，下畔垂放之，以在背上，故得負名。」云「適，辟領也」者，適一名辟領，詳下。云「負出於辟領外旁一寸」者，據下辟領竝闊中總尺六寸，負之兩旁各出辟領一寸，則尺八寸也。此言其廣也，其長敖氏以爲比於衰，或然。

適博四寸，出於衰。博，廣也。辟領廣四寸，則與闊中八寸也，兩之爲尺六寸也。出於衰者，旁出衰外。

不著寸數者，可知也。【疏】正義曰：適在兩肩，「博四寸」者，指一邊之適言之。「出於衰」者，則合適之兩相并闊中言之也。注云「博，廣也」者，上言「負廣出於適寸」，此言「適博四寸，出於衰」，所云出者據横闊而言，鄭恐人疑博與廣有異，故釋之。云「辟領廣四寸，則與闊中八寸也，兩之爲尺六寸也」者，李氏云：「衣領當項處，左右各開四寸，向外辟厭之，是爲辟領，所開處則闊中也。辟領與闊中每旁合爲八寸，通左右計之，則尺六寸。衰廣四寸，當心，辟領旁各出衰外六寸。闊中或作闕中，謂闕去中央以安項也。」今案：下「衣二尺有二寸」，注「加辟領八寸」，李氏亦云：「辟領，賈氏作闕中。」以文義詳之，此注似作闕是也。吴氏廷華云：「衣當領處縱横各翦入四寸，以所翦各反摺向外，覆於肩，謂之適，亦曰辟領。其中空者爲闊中，合左右前後方八寸，適亦如之。」今案：據吴氏之説，以爲適方八寸，則每旁覆於肩者縱有八寸，而横闊止四寸。合兩旁八寸，并闊中爲尺六寸也。敖氏以爲當項之處縱廣四寸，而横之闊狹不定，則與方領之制殊矣，似未可從。云「出於衰者，旁出衰外」者，衰在胸前，以兩肩辟領望之，出衰外也。云「不著寸數者，可知也」者，以衰止四寸，而辟領兩旁有尺六寸，則其出於衰外可知，故不必著其寸數也。

衰長六寸，博四寸。廣袤當心也。前有衰，後有負版，左右有辟領，孝子哀戚無所不在。【疏】正義曰：注云「廣袤當心也」者，袤，長也，言其上下左右適當心之處也。衰當心，是前有衰也。負在背上，是後有負版也。適在兩肩，是左右有辟領也。云「孝子哀戚無所不在」者，言衰與負版、辟領設於前後左右，皆以表其哀戚之心，是無所不在也。李氏云：「衰表其哀摧之心，負言負其悲哀，適言主於念親，不及他事。」今案：黄氏榦、楊氏復據注言「孝子哀戚無所不在」，謂衰、負、辟領，惟子爲父母用之，此外皆不用。敖氏則謂凡凶服、弔服無不有衰，其辟領亦當同之，若負版則惟孝子乃有之，故記先言之也。先大父云：「衰是綴於當心之名，而凶服、弔服之上衣亦通名衰，故經記每言大功衰、小功衰、緦衰、錫衰、疑衰，皆指上衣言之，非謂此長六寸、博四寸之衰也，當以黄、楊之説爲正。」褚氏云：「邱氏濬欲作一外衿掩於内衿之上服之，謂必如是衰乃當心，非也。」

衣帶下尺。 衣帶下尺者，要也。廣尺，足以掩裳上際也。【疏】正義曰：五服皆言衰、裳，鄭注斬衰章：「凡服，上曰衰，下曰裳。」是通謂上衣爲衰也。此承上「衰長六寸博四寸」之文，則舉其實而言，曰衣謂上衣也，帶謂當帶之間，故鄭以要釋之。或以帶爲絰帶、絞帶，固誤。即因注言要而以衣帶下尺爲衣要，亦非。裳有要，而衣無要也。云「廣尺，足以掩裳上際也」者，此廣尺謂縱廣一尺，故賈疏辨之云：「據上下闊一尺，若横而言之，不著尺寸者，人有麤細，取足爲限也。」又云：「言上際者，對兩旁有衽掩裳兩相下際也。」吴氏廷華云：「帶者，腰間當帶之處。衣長二尺二寸，不過及要，與裳相接，每不能掩，故於當帶處以布綴之，垂下長尺，以掩裳際也。」今案：吴説最明晰。

衽二尺有五寸。 衽，所以掩裳際也。二尺五寸，與有司紳齊也。上正一尺，燕尾一尺五寸，凡用布三尺五寸。【疏】正義曰：《玉藻》云「衽當旁」，鄭注：「衽，謂裳幅所交裂也。凡衽者，或殺而下，或殺而上，是以小要取名焉。衽屬衣則垂而放之，屬裳則縫之以合前後，上下相變。」江氏永云：「衽者，斜殺以掩裳際之名。深衣裳前後當中者不名衽，唯當旁而斜殺者名衽，故經云『衽當旁』，明其不當中也。鄭云『凡衽者，或殺而下，或殺而上』，此廣解凡裳之衽也。衽有二：朝服、祭服、喪服皆用帷裳，前三幅，後四幅，裳際不連，有衽掩之，用布交解，寬頭在上合縫之，狹頭在下，如燕尾之形，即《喪服》篇『衽二尺有五寸』是也，此衽之殺而下者也。深衣之衽當裳旁，亦交解，而以狹頭向上，寬頭向下，此衽之殺而上者也。云『衽屬於衣，則垂而放之』，謂朝祭喪服之衽。云『屬於裳則縫之，以合前後』，即深衣之衽也。」今案：江氏言衽制特詳，故備録之此。❶注云「衽，所以掩裳際也」者，謂裳兩旁之際本不連合，故制爲此衽以掩之。云「二尺五寸，與有司紳齊也」者，《玉藻》曰：「紳長制，士三尺，有司二尺有五寸。」此衽二尺五寸，是與紳齊也。云「上正一尺，燕尾一尺五寸，凡用布三尺五寸」者，戴氏震校《集釋》云：「『燕尾一尺五寸』，各本訛作『二尺五寸』。據三尺五寸之布，裁成兩衽，上下各留正一尺，中一尺五寸，交裁之，得正一尺，燕尾一尺五寸，通正與燕尾，共二尺五寸爲衽。今改正。」《校勘記》云：「諸本皆誤，唯敖氏作『燕尾一尺五寸』，不誤。」今案：三尺五寸之布，除去正一尺者二，仍一尺五寸，斜裁之爲兩燕尾，各得一尺五寸，合正一尺爲二尺五寸，成上寬下狹之形。以其寬頭綴之於衣，自上垂下，如燕尾然。《玉藻》注所謂「或殺而下」者，此也。《左傳》魯昭公「比及葬，三易衰，衰衽如故衰」，即此衽。賈疏云：「此謂男子之服，婦人則無，故鄭上斬衰章注云『婦人之服如深衣，則衰無帶下，又無衽』是也。」

袂屬幅。屬，猶連也。連幅，謂不削。【疏】正義曰：袂，袖也。注云「屬，猶連也」者，言此記屬字之義與

❶「之」，《續清經解》本作「于」。

連同。《説文》：「屬，連也。」云「連幅，謂不削」者，李氏云：「布幅二尺二寸，凡用布，兩邊各削去一寸爲縫。❶此袂則全幅用之，屬之於衣，欲其與袂中縱横正方也。」敖氏云：「袂屬幅而不削，是繚合之也。此袂之長短，蓋如深衣之袂，亦反詘之及肘。」

衣二尺有二寸。此謂袂中也，言衣者，明與身參齊。二尺二寸，其袖足以容中人之肱也。衣自領至要二尺二寸，倍之四尺四寸，加辟領八寸，而又倍之，凡衣用布一丈四寸。【疏】正義曰：《校勘記》云：「注『加辟領八寸』，徐本、《集釋》、《通解》、楊氏俱作『辟領』，李氏曰：『辟領，賈氏作闕中。』」今案：此計用布之數，當作「辟領」爲是。今本作「闊中」，則又因「闕中」而誤也。　云「此謂袂中也，言衣者，明與身參齊。二尺二寸，其袖足以容中人之肱也」者，賈疏云：「上云袂，據從身向袪而言。此衣，據從上向掖下而言。」李氏云：「袂中，謂袂自上向掖下之廣狹也。中人之肘尺二寸，袂可以回肘，故袂中二尺二寸。左右袂中與身參齊，故舉衣之尺寸以見袂中也。布幅二尺二寸，袂中與衣身長亦二尺二寸，以其正方，故謂之端衰。《雜記》曰：『端衰喪車皆無等。』無等者，自天子達於庶人也。」王氏廷相云：「此言衣者，目袂之本及衣身而言也。」❷今案：《深衣》云：「袼之高下，可以運肘。」彼注云：「袼，衣袂當掖之縫也。」與此言袂中義同。《説文》：「肘，臂節也。肱，臂上也。」二者相近，故《深衣》言肘，而注以肱言之，義亦同也。云「衣自領至要二尺

❶「縫」下，《儀禮集釋》有「削」字。
❷「目」，《讀禮通考》引作「自」。

二寸，倍之四尺四寸，加辟領八寸，而又倍之，凡衣用布一丈四寸」者，此計衣身用布多少之數，未計及袂袪及負衽之等也。賈疏云：「自領至要皆二尺二寸者，衣身有前後，今且據一相而言，故云衣二尺二寸。倍之爲四尺四寸，總前後計之。」褚氏云：「倍二尺二寸爲四尺四寸，加辟領八寸，❶則五尺二寸矣。此指一邊言也，合左右兩邊言之，❷則共用布一丈四寸，故注曰『而又倍之』云云。楊氏復以『而又倍之』句專指加於闊中者言，説太新而鑿。」

袪尺二寸。 袪，袖口也。尺二寸，足以容中人之併兩手也。吉時拱尚左手，喪時拱尚右手。【疏】正義曰：馬氏云：「袪，袂末也。尺二寸，足以容拱手也。喪拱上右手。」鄭義與馬略同。《玉藻》言深衣之制，亦曰：「袪尺二寸。」鄭注：「袪，袂口也。」袂即袖也。馬云「尺二寸足以容拱手」，而鄭云「足以容中人之併兩手也」者，以拱時必併兩手，故有尚左尚右之分也。《檀弓》曰：「孔子與門人立，拱而尚右，二三子亦皆尚右。孔子曰：『我則有姊之喪故也。』二三子皆尚左。」是吉時拱尚左手，喪時拱尚右手也。李氏云：「袂中二尺二寸，自掖下微圜裁之，至袂口而狹，止闊尺二寸，《深衣》曰『袂圜以應規』是也。《雜記》曰：『凡弁絰，其衰侈袂。』侈袂者蓋半而益一，則其袂三尺三寸，袪尺八寸。」敖氏云：「此袂廣二尺二寸，而袪尺二寸，亦謂圜殺一尺，如深衣之袪也。此衣與袪衽帶下之度，吉服亦然，特於此見之耳。」萬氏斯同云：「袪尺二寸者，謂於

❶「辟領」，《儀禮管見》作「闊中」。

❷「左右」，《儀禮管見》作「前後」。

二尺二寸之袂，縫其下一尺，而其上一尺二寸不縫也，故袪謂之袖口。乃《通典》謂繼袂之末又綴以廣尺二寸之布，則失之遠矣。」今案：《通典》非，萬説亦非，當以圜殺之説爲是。《雜記》所云「其衰侈袂」者，大夫以上之弔服也。

衰三升，三升有半，其冠六升。以其冠爲受，受冠七升。衰，斬衰也。或曰三升半者，義服也。其冠六升，齊衰之下也。斬衰正服，變而受之此服也。三升、三升半，其受冠皆同，以服至尊，宜少差也。【疏】正義曰：自此至篇末，言斬衰、齊衰及大功之受服，并言繐衰衰冠之升數也。以經各章俱未明言，故特記之。案：「斬衰」章傳云：「衰三升，冠六升。」《間傳》曰：「斬衰三升，既虞、卒哭，受以成布六升，冠七升。」即此記云「以其冠爲受，受冠七升」也，唯此記并言三升有半之衰爲異耳。「以其冠爲受」者，謂以初喪成服時冠六升之布爲既葬後受衰之布。「受冠七升」者，謂以七升之布爲既葬後受冠之布也。黄氏榦云：「案：練再受服，經傳雖無明文，謂既練而服功衰，則記禮者屢言之。《服問》曰：『三年之喪既練矣，期之喪既葬矣，則服其功衰。』《雜記》曰：『三年之喪，雖功衰，不弔。』又曰：『有父母之喪，尚功衰，而祔兄弟之殤，則練冠。』是也。案：大功之布有三等，七升、八升、九升，而降服七升爲最重。斬衰既練而服功衰，是受以大功七升布爲衰裳也。斬衰章賈疏云：『斬衰裳三升，冠六升。既葬後，以其冠爲受，衰裳六升，冠七升。小祥，又以其冠爲受，衰裳七升，冠八升。』又《間傳》『小祥練冠』，孔疏云：『至小祥，以卒哭後冠受其衰，而以練易其冠。』而横渠張子之説又曰：『練衣必煆煉大功之布以爲衣，故言功衰。功衰，上之衣也。以其著衰於上，故通謂之功衰，必著受服之上，稱受者以此得名受。蓋以受始喪斬疏之衰而著之變服，其意以喪久變輕，不欲摧割之心亟忘於内也。』據横渠此説，謂受以大功之衰，則與傳記注疏之説同。謂煅煉大功之布以爲上之衣，則非特練中衣，亦練功衰也。又取成服之初衰長六寸博四寸縫於當心者，著之於功衰之上，是功衰雖漸輕，而長六寸博四寸之衰猶在，不欲哀心之遽忘也。此説則與先儒異，當考。」今案：父母之喪，其長六寸博四寸之衰終喪服之，横渠之説是也，詳篇首斬衰經下。注云「衰，斬衰也」者，此條是言斬衰之制，因記未言斬，故明之。云「或曰三升半者，義服也」者，以傳記無文，故引或説爲證也。李氏云：「義服者，爲君服也。三升半之衰不見於《間傳》，經記亦無降正義服之文，先儒以《間傳》齊功之衰各有三，差之爲三等，又以此記之三升半爲義服。」今案：舊説以臣爲君之等爲斬衰義服，不知臣之爲君當與子爲父同。戴氏震以三升有半之衰專爲公士大夫之臣服其君，較舊説爲長，詳前斬衰章。云「其冠六升，齊衰之下也」者，《間傳》曰：「齊衰四升、五升、六升。」今以六升布爲冠，是齊衰之下也。云「斬衰正服，變而受之此服也」者，謂斬衰初服衰三升、冠六升，既葬，變而服衰六升、冠七升也。云「三升、三升半，其受冠皆同，以服至尊，宜少差也」者，謂衰有三升、三升半之分，而冠同六升，受冠同七升，以斬服所以服至尊，不得過爲差别也。吴氏廷華《疑義》云：「衰既稍差，冠自不必再差，是少差也。」

齊衰四升，其冠七升，以其冠爲受，受冠八升。言受以大功之上也。此謂爲母服也。齊衰正服五升，其冠八升；義服六升，其冠九升，亦以其冠爲受。凡不著之者，服之首主於父母。【疏】正義曰：「以其冠爲受，受冠八升」者，謂既葬後以初喪成服時之冠七升布爲衰，更以八升布爲冠也。注云「言受以大功之上也」者，《間傳》曰：「大功七升、八升、九升。」今既葬受以七升之衰，是受以大功之上也。云「此謂爲母服也」者，《間傳》曰：「爲母疏衰四升，受以成布七升，冠八升。」是爲母服也。褚氏云：「爲母雖有期與三年之别，而衰四升冠七升則同。」其説是也。云「齊衰正服五升，其冠八升；義服六升，其冠九升，亦以其冠爲受」者，此因記未言，而注申之。亦以其冠爲受，謂既葬後亦以初喪成服時之冠布爲衰也。云「凡不著之者，服之首主於父母」者，謂齊衰有正服、義服，而記不悉著之，以制服主於父母，故特舉爲母之服言之，舉重以見其餘也。

繐衰四升有半，其冠八升。此謂諸侯之大夫爲天子繐衰也。服在小功之上者，欲著其縷之精麤也。升數在齊衰之中者，不敢以兄弟之服服至尊也。【疏】正義曰：此記繐衰及冠之升數也。經云「既葬除之」，則無受也。李氏云：「齊衰五升者，冠八升。繐衰雖四升有半，而縷則細，故冠與之同。」注云「此謂諸侯之大夫爲天子繐衰也」者，本上經文。云「服在小功之上者，欲著其縷之精麤也」者，謂此經喪服之序，繐衰在小功上，以繐衰用小功之縷，其精麤同，故服序相次，是欲著其縷之精麤也。云「升數在齊衰之中者，不敢以兄弟之服服至尊也」者，齊衰四升、五升、六升，而此繐衰四升有半，是在齊衰之中也。「不敢以兄弟之服服至尊也」，用齊衰三月章傳文，言小功之服不敢以服至尊，故縷與小功同，而減其升數，與小功異也。吴氏廷華云：「經繐衰在大功後者，以喪期爲次也。此在大功前者，以升數爲次也。」

大功八升，若九升。小功十升，若十一升。此以小功受大功之差也。不言七升者，主於受服，欲其文相值。言服降而在大功者衰七升，正服衰八升，其冠皆十升。義服九升，其冠十一升，亦皆以其冠爲受也。斬衰受之以下，大功受之以正者，重者輕之，輕者從禮，聖人之意然也。其降而在小功者衰十升，正服衰十一升，義服衰十二升，皆以即葛，及緦麻無受也。此大功不言受者，其章既著之。【疏】正義曰：《間傳》曰「大功七升、八升、九升，小功十升、十一升、十二升」，彼注云「此齊衰多二等，大功、小功多一等」者，以此但云「齊衰四升」，而彼云「齊衰四升、五升、六升」，是較此記多二等。此記但云「大功八升若九升」，而彼兼言七升，此記但云「小功十升若十一升」，而彼兼言十二升，是較此記多一等。故彼注以《間傳》是極列衣服之差，與此記主於受服言者異也。此記「若」字當與「及」字、「與」字同義。《經傳釋詞》曰：「若，猶及也，與也。」吴氏廷華《疑義》云：「此記大功不言七升者，蓋因上齊衰受衰七升，明爲大功之衰，故與小功不言十二升，皆爲省文也。」江氏筠云：「不言七升者，以與下小功二等相配，蓋記人固不悉數備見，觀上齊衰闕二等可明也。此與大功章傳俱不言十二升者，當以其止爲受冠之所用，而衣不及之耳。」今案：吴氏省文之説未昀，江説與注略近。注云「此以小功受大功之差也」者，謂以小功二等爲大功受服之差也。云「不言七升者，主於受服，欲其文相值」者，敖氏云：「注謂記者於小功言十升若十一升，不言十二升，是主於受服，故於大功亦但言八升若九升以當之，而不必言七升，是欲其文相值。若謂七升者亦受十升而并言之，則大功三而小功二，其文不相值也。鄭意蓋如此。」云「言服降而在大功者衰七升，正服衰八升，其冠皆十升。義服九升，其冠十一升，亦皆以其冠爲受也」者，謂降服衰七升，正服衰八升，冠皆十升，既葬皆以冠十升之布爲衰。義服九升，冠十一升，既葬亦以冠十一升布爲衰。鄭言此者，以大功正服、義服受布止差一等，故不及十二升也。敖氏云：「此齊衰以至小功，服各有三等。自大功以上皆有受服、受冠，其受服當下於本服三等，故斬衰受以齊衰之下，齊衰三等受以大功三等，各如其次焉。大功之上亦受小功之上，皆校三等也。以例言之,大功之中當受以小功之中,大功之下當受以小功之下,而乃不然,中者亦受以小功之上,下者則受以小功之中,止校二等。此非有他故,蓋欲以小功之下十二升者爲大功義服之受冠而然也。大功受冠亦多於受布一等。」云「斬衰受之以下,大功受之以正者,重者輕之,輕者從禮,聖人之意然也」者,斬衰既葬以冠六升布爲受,是受以齊衰之下也。大功正服亦受以冠十升之布,義服受以十一升之布,而不受以小功之下,是受之以正也。所以然者,斬衰本重,故受服降三等輕之,以抑其哀情。大功正、義服本輕,故受服但差二等,使之從禮,而不至於不及。聖人制禮之意如是也。云「其降而在小功者衰十升,正服衰十一升,義服衰十二升,皆以即葛,及緦麻無受也」者,謂小功降服、正服、義服三者皆以故衰就葛,終五月之期,而無受服,以及緦麻三月亦無受,故記均不言之也。云「此大功不言受者,其章既著之」者,謂大功有受服,而此亦不言受,以「大功」章明云「受以小功衰」,故此但列其升數之差而已。鄭言此者,以終明此條主爲受服而記之意也。

附考五服衰冠升數及降正義服

五服用布升數,詳於《禮記·間傳》,而略具於此記。斬衰二等,齊衰、大功、小功各三等,而以降、正、義之服分屬之,則傳記無文,自鄭此注始。賈氏因於疏内極論降、正、義服,其説多遺漏牴牾,難以徵信。嗣後宋勉齋黄氏榦有《服例》,信齋楊氏復有《圖》,皆以分别三者之服,而亦互有同異,良由傳記但言降服,未有正、義之名,難於訂證也。近盛氏世佐撰《儀禮集編》,更定服圖。江氏筠撰《讀儀禮私記》，著《降正義服考定》。其説俱有合有不合，而江氏較爲細密。今參稽各家，並下己意，别爲圖説於後。

衰冠升數圖説

斬衰正服：衰三升，冠六升；既葬，以其冠爲受，衰六升，冠七升。義服：衰三升有半，冠同六升；既葬，以其冠爲受，衰六升，冠七升。

以上衰冠及受衰受冠升數，皆本此篇記文。以三升半爲義服，出鄭氏注，諸家悉仍之。又裳與衰同，如衰三升者裳亦三升，衰三升有半者裳亦三升有半。後放此。

齊衰三年服衰四升，冠七升；既葬，以其冠爲受，衰七升，冠八升。

此升數亦本此篇記文。鄭氏注云：「此謂爲母服也。齊衰正服五升，其冠八升，義服六升，其冠九升，亦以其冠爲受。凡不著之者，服之首主於父母。」是鄭以此衰四升、冠七升爲爲母服也。不言父卒者，蓋父在爲母雖降三年爲期，而衰冠升數則同，故鄭首解之曰「爲母服」，而下即言「齊衰正服五升，義服六升」，明此五升六升者不以服母也。賈於篇首疏云「三年齊衰惟有正服四升，冠七升」，於此記「斬衰三升」疏云「齊衰之降服四升」，是降、正之名自相歧異也。黄《例》、楊《圖》皆以爲降服，蓋因鄭明言正服五升，故不得以此四升爲正服，而又明知「降」字未安，乃爲之説曰：「此降服乃降斬衰而爲齊衰也。」江氏仍之。盛氏改「降」爲「正」，曰：「爲父斬衰，爲母齊衰，服之正也。既得伸三年矣，不可爲降。」姜氏兆錫亦駁降斬衰爲齊衰之説。今案：以三年之衰冠爲降服者固非，而以爲正服亦未的。凡言正者，對降與義之名。此齊衰三年章無降服、義服，則亦不必言正，但云「齊衰三年服」以别之可矣。鄭注止云爲母服而不言正降者，以爲正則降三年而杖期者亦同衰四升冠七升，以爲降則此三年者實非降服，故空其文。今之稱「齊衰三年服」者，本鄭義也。

齊衰杖期降服：衰四升，冠七升；既葬，以其冠爲受，衰七升，冠八升。正服：衰五升，冠八升；既葬，以其冠爲受，衰八升，冠九升。義服：衰六升，冠九升；既葬，以其冠爲受，衰九升，冠十升。

賈氏「疏衰期」傳疏標列降、正、義衰冠升數及受衰受冠升數如此，蓋本此記鄭注分别四升、五升、六升三等服之文也。乃篇首疏又云：「杖期齊衰有正而已，父在爲母與爲妻同，正服衰五升，冠八升。」不特與鄭義違戾，且與「疏衰期」傳疏亦不合矣，後儒多糾其誤。黄《例》不分齊衰三年及杖期、不杖期，而統標降服、正服、義服，殊混。楊《圖》杖期止有降服、正服，無義服，江氏仍之，亦非也。盛氏更定圖以降服衰四升，正服衰五升，義服衰六升，冠皆七升，受衰亦皆七升，受冠皆八升，下不杖期章更定降、正、義衰冠升數俱亦同。此不知何據云然，斷不可從。

齊衰不杖期降服同上。　正服同上。　義服同上。

此不杖期亦當有三等之服。賈疏於不杖章「祖父母」下云：「此章有降有正有義。」是也。篇首疏又云：「不杖期但有正、義二等。」故黄氏譏其自相牴牾也。楊《圖》亦有降、正、義三等，江氏仍之。

齊衰三月正服：衰五升，冠八升，無受。　義服：衰六升，冠九升，無受。

賈疏謂齊衰三月止有義服，無正服。黄《例》、楊《圖》仍之。李氏如圭云：「曾祖父母不當爲義服，亦宜衰五升，冠八升。」其説是也。今增正服。或曰：「正服衰五升，冠八升，不與祖父母服同乎？」曰：「此所謂禮窮則同也。然祖父母期，曾祖父母三月，服雖同而月已減矣。且鄭注『曾祖父母』條特云『重其衰麻』，可證也。」

殤大功九月七月降服：衰七升，冠十升，無受。

大功分降服、正服、義服三等，亦本此記鄭注也。此殤大功則有降服，而無正服、義服，楊氏云「殤大功九條皆降服」是也。賈篇首疏云：「殤大功有降、有義。降服衰七升，冠十升。義服衰九升，冠十一升。」黄《例》因增義服，江氏仍之，盛氏從楊《圖》。今案：鄭注明云「服降而在大功者衰七升」，此殤服皆是降服，則不得别爲義服九升明矣。蓋降而在大功者，其服本非大功，因降在此，當重於正服、義服，故殤大功在大功前，殤小功在小功前，以其有齊斬之服降在此也。賈疏謂有義服，由未理會鄭注「服降而在大功者衰七升」一語耳。

大功降服：衰七升，冠十升；既葬，以其冠爲受，衰十升，冠十一升。正服：衰八升，冠同十升；既葬，以其冠爲受，衰十升，冠十一升。義服：衰九升，冠十一升；既葬，以其冠爲受，衰十一升，冠十二升。

此降、正、義三等，既葬皆以其冠爲受，亦本此記鄭注也。賈氏「疏衰期」傳疏列大功三等服如此，黄《例》、楊《圖》同，二家皆云：「自斬衰至大功降服凡八條，冠皆校衰三等。正服、義服二條，冠皆校衰二等。」蓋謂大功降服衰七升，冠十升，是冠校衰差三等也。以上斬衰、齊衰皆然。大功正服衰八升，冠亦十升。大功義服衰九升，冠十一升。是冠校衰止差二等也。江氏仍之。盛氏則以降、正、義三等衰雖異，而冠同十一升，受衰亦皆十一升，受冠皆十二升，與鄭注違，不可從。

緦衰七月衰四升有半，冠八升，既葬除之。

緦衰，鄭注無義服字，黄《例》、楊《圖》同。以服止一等，無庸區别也。賈疏標義服之名，盛氏、江氏仍之，非。

殤小功降服：衰十升，冠升同，無受。

殤無正、義服，辨已見前。此記鄭注云「其降而在小功者衰十升」，一語足爲確據。賈疏謂殤小功有降有義，降則衰冠同十升，義則衰冠同十二升。黄《例》、楊《圖》因此皆有義服之目，江仍黄、楊。盛氏駁之，更定爲降服，是矣。或曰：「殤大功、殤小功服亦止一等，何必言降？」曰：「成人大功、小功，皆有降有正有義，不言降無以别之。且殤爲降服見傳注，此定名也。」

小功降服：衰十升，冠升同，即葛，五月，無受。正服：衰十一升，冠升同，即葛，五月，無受。義服：衰十二升，冠升同，即葛，五月，無受。

小功分降服、正服、義服三等，亦本此記鄭注。黄《例》、楊《圖》標列同，江氏仍之。盛氏更定圖以殤小功降服、小功降正義服冠皆十五升抽其半，則與「疏衰期」傳「緦麻小功，冠其衰也」一語顯悖矣，不可從。

緦麻降、正、義同，衰十五升抽其半，冠升同，無受。

此本黄《例》、楊《圖》。賈疏云：「緦麻亦有降有正有義，但衰冠同十五升抽去半而已。」則又黄、楊所本也。盛氏、江氏俱同。

降正義服圖説

斬衰正服父。諸侯爲天子。君。父爲長子。爲人後者。❶妻爲夫。妾爲君。女子子在室爲父。子嫁反在父之室爲父。附傳「父卒然後爲祖父後者服斬」。

斬衰義服公士大夫之衆臣爲其君布帶繩屨。

黄《例》、楊《圖》皆以「諸侯爲天子」、「君」、「公士大夫之衆臣爲其君」三條入義服，蓋因

---

❶「者」下，原衍「爲其父母」四字，今據《喪服》經傳及此圖説服例删。

賈氏篇首疏云「爲君以三升半爲義」，及此記「衰三升」疏云「諸侯爲天子，臣爲君之等是義斬」之文也。盛氏、江氏仍之。今案：戴氏震、金氏榜皆以三升半之衰爲專指公士大夫之臣爲其君言，其説甚確。蓋《喪服》經文列「諸侯爲天子」及「君」於「父」後，明君父同尊，衰冠不得有異也。今順經文之次，列二者於「父爲長子」之前，而舊説之誤自見。詳「斬衰」章「公士大夫之衆臣爲其君布帶繩屨」下。附傳一條，黄列入，楊無，盛亦無，江從黄《例》，説見後。

齊衰三年服父卒爲母。繼母如母。慈母如母。母爲長子。附記「妾爲君之長子」。附《小記》「祖父卒而後爲祖母後者三年」。

黄《例》、楊《圖》皆以「父卒爲母」、「繼母如母」、「慈母如母」三條爲降服，「母爲長子」及附記一條爲正服。江氏仍之。盛氏改降爲正，以爲母三條及「母爲長子」一條皆爲正服，以附記一條爲義服，謂「舊以『母爲長子』爲正服，衰冠升數皆下降服一等。案：『父爲長子』既無所降，母不應有異，故進與爲母者同」。今案：以「母爲長子」與子爲母衰冠升數同，其説是也。但齊衰三年服不立降、正、義之名，説已詳前。今以正經四條及附二條同列爲三年服焉。附《小記》一條，黄列入降服，楊無，盛亦無，江從黄《例》，説見後。

齊衰杖期降服父在爲母。

齊衰杖期正服妻。

齊衰杖期義服出妻之子爲母。父卒繼母嫁從爲之服報。

賈疏以「父在爲母」與爲妻同正服衰五升，冠八升，誤，辨見前。黄《例》以四條同列入正服，而於「父在爲母」下注云「當是降服」。楊《圖》改「父在爲母」爲降服是矣，而餘三條同入正服，猶未當。江氏依楊《圖》。盛氏則以「出妻之子爲母」、「父卒繼母嫁從爲之服」二條亦入降服，尤非。蓋出母、嫁母當與「父在爲母」衰冠有别，子爲母本宜三年，因父在而降至期，故爲降服。若母爲父所出及母嫁而子從，皆已自絶於父，本可無服，子之服之，一則以有親者屬之義，一則以有莕其養育之義，而加服以伸其情，何得爲降？且不特不得爲降而已，凡此皆服之變，亦不得云正也，當改入義服爲允。

齊衰不杖期降服爲人後者爲其父母報。女子子適人者爲其父母。公妾以及士妾爲其父母。

齊衰不杖期正服祖父母。世父母、叔父母。昆弟。爲衆子。昆弟之子。適孫。公妾大夫之妾爲其子。不降正：大夫之適子爲妻。大夫之庶子爲適昆弟。女子子適人者爲其昆弟之爲父後者。姑姊妹女子子適人無主者姑姊妹報。女子子爲祖父母。大夫之子爲世父母叔父母子昆弟昆弟之子姑姊妹女子子無主者爲大夫命婦者惟子不報。大夫爲祖父母適孫爲士者。

齊衰不杖期義服繼父同居者。爲夫之君。爲君之父母妻長子祖父母。妾爲女君。婦爲舅姑。夫之昆弟之子。

以上黄《例》、楊《圖》略同。唯不降之服，黄《例》俱入之正服中，而注明「不降」字於其下。楊《圖》則别爲「不降正」之目，曰：「降則爲大功，唯不降，故在正服。」今從楊《圖》。又「適孫」一條，楊《圖》入之「不降正」，江氏移於正服内，而爲之説曰：「信齋列『適孫』於『不降正』，蓋因傳『不敢降其適』之云也。然傳所云『不敢降』，有不可得而泥者。蓋必有降之者，而後可名爲不降。『大夫之適子爲妻』傳鄭注云：『降有四品，君大夫以尊降，公子、大夫之子以厭降，公之昆弟以旁尊降，爲人後者、女子子嫁者以出降。』則不降之服，唯此四者内有之耳。此傳云不降者，蓋對庶孫以立文，猶之『母爲長子』傳對衆子立文，而曰『父之所不降，母亦不敢降也』，初不得謂之不降服。又大功章『適婦』一條，傳亦有『不降其適』之文，信齋列之正服，則此宜如之明矣。」今案：黄《例》「適孫」下無「不降」二字，江説是，從之。

齊衰三月正服曾祖父母。曾祖父母爲士者如衆人。女子子嫁者未嫁者爲曾祖父母。

齊衰三月義服寄公爲所寓。庶人爲國君。爲舊君君之母妻。大夫在外其妻長子爲舊國君。舊君。丈夫婦人爲宗子宗子之母妻。繼父不同居者。不降義：大夫爲宗子。

舊説齊衰三月止有義服，無正服，辨見前。黄《例》依經文爲次。楊《圖》分四層，以爲曾祖父母者爲首，以爲宗子者次之，而附記「宗子孤爲殤，大功衰、小功衰皆三月，親則月算如邦人」一條於下，以「寄公爲所寓」及爲君者又次之，以「繼父不同居者」一條終焉。江氏以「宗子孤爲殤」一條分附殤大功、殤小功之後，其説曰：「經文而外，勉齋所附入者，孫爲祖承重二條及『妾爲君之長子』一條，是也。信齋無承重二條，而增『宗子孤爲殤』一條。蓋信齋惟取本經記，勉齋兼取子夏傳，其并附《小記》一條者，則以傳故及之耳。今竝仍之。但信齋以『宗子孤爲殤』附於齊衰三月『大夫爲宗子』之下，蓋取其月數同也。然此爲殤服，又其衰爲大功、小功，且所謂『月算如邦人』者，中含九月、七月、五月之正數，則宜析之爲二，而各附於其殤服之末。」今案：「宗子孤爲殤」一條本是殤服，不宜附在此章，江説是也。又江氏於此章别立「不降義」之目，以「大夫爲宗子」、「曾祖父母爲士者如衆人」、「女子子嫁者未嫁者爲曾祖父母」三條入焉，下章又别立「不降降」之目，説詳後。今標目依之，而以爲「曾祖父母」二條入正服，更定於右。

殤大功降服子女子子之長殤中殤。叔父之長殤中殤。姑姊妹之長殤中殤。昆弟之長殤中殤。夫之昆弟之子女子子之長殤中殤。適孫之長殤中殤。大夫之庶子爲適昆弟之長殤中殤。不降降：公爲適子之長殤中殤。大夫爲適子之長殤中殤。附記「宗子孤爲殤，大功衰三月，親則月算如邦人」。

以上楊《圖》不一一開列，但總標之曰「殤九條皆降服」。黄《例》則以「夫之昆弟之子女子子之長殤中殤」一條爲義服。江氏依之。盛氏仍移入降服，云：「案：世叔母爲夫之昆弟之子，在不杖期章則爲義服，既以殤降，在此亦當爲降服。」其説是也，今從之。江氏於上章别立「不降義」之目，此又别立「不降降」之目，其説曰：「不降之服，勉齋俱入之正服中，信齋别立『不降正』之目。然竊謂不降之服，降、正、義三等中俱有之，宜於三者之内各標不降之目，然後服制不至混誤。」其説是，今標目依之。唯江氏於「不降降」下注云：「有殤降，無尊降。」以「大夫之庶子爲適昆弟之長殤中殤」、「公爲適子之長殤中殤」、「大夫爲適子之長殤中殤」三條入焉。案：「大夫之庶子爲適昆弟」本服是加非降也，此似誤，今仍移入降服，餘從之。附記一條，亦依江氏附入，説見前。

大功降服姑姊妹女子子適人者。爲人後者爲其昆弟。女子子適人者爲衆昆弟。姪丈夫婦人報。大夫爲世父母叔父母子昆弟昆弟之子爲士者。公之庶昆弟大夫之庶子爲母妻昆弟。爲夫之昆弟之婦人子適人者。大夫之妾爲君之庶子。女子子嫁者未嫁者爲世父母叔父母姑姊妹。不降降：大夫大夫之妻大夫之子公之昆弟爲姑姊妹女子子嫁於大夫者。君爲姑姊妹女子子嫁於國君者。

大功正服從父昆弟。庶孫。適婦。不降正：皆爲其從父昆弟之爲大夫者。

大功義服夫之祖父母世父母叔父母。

「姪丈夫婦人報」，黄《例》舊列於正服。「爲夫之昆弟之婦人子適人者」，黄《例》舊列於義服。盛氏以此二條移入降服，其言曰：「姑在室爲姪，姪爲姑與世叔父同，本皆服期。夫之昆弟之婦人子亦夫之昆弟之子也，本服期。二者以適人降大功，當爲降服。」「大夫之妾爲君之庶子」一條，江氏移入降服，而爲之説曰：「妾爲君庶子之服，經凡三見：『大功九月』章『大夫之妾爲君之庶子』，一也。『殤小功』章『大夫之妾爲庶子之長殤』，二也。『小功五月』章『大夫之妾爲庶子適人者』，三也。勉齋於大功一條屬之義服，殤小功一條屬之降服。竊信齋於大功一條屬之正服，殤小功一條屬之降義服。其小功五月一條，則俱屬之降服。竊謂婦人爲夫之族類是義服，君之子非可以他族類比，今定此三條俱爲降服。大功以從乎女君而降，殤小功以爲殤而降，成人小功以出適而降。」今案：盛氏、江氏説是，俱從之。又「大夫大夫之妻大夫之子公之昆弟爲姑姊妹女子子嫁於大夫者」、「君爲姑姊妹女子子嫁於國君者」二條，黄《例》列於正服之後，注云：「有出降，無尊降。」楊《圖》列於不降正，盛氏移入降服。江氏以此二條别爲不降降，今從江氏。

繐衰七月服諸侯之大夫爲天子。

殤小功降服叔父之下殤。適孫之下殤。昆弟之下殤。大夫庶子爲適昆弟之下殤。爲姑姊妹女子子之下殤。爲人後者爲其昆弟之長殤。從父昆弟之長殤。爲夫之叔父之長殤。昆弟之子女子子之下殤。夫之昆弟之子女子子之下殤。爲姪庶孫丈夫婦人之長殤。大夫公之昆弟大夫之子爲其昆弟庶子姑姊妹女子子之長殤。大夫之妾爲庶子之長殤。附記「宗子孤爲殤，小功衰三月，親則月算如邦人」。

殤無正、義服。黄《例》以「爲夫之叔父之長殤」、「夫之昆弟之子女子子之下殤」二條爲義服，江氏仍之。楊《圖》以「爲夫之叔父之長殤」、「大夫之妾爲庶子之長殤」二條爲降義服。皆非也，今從盛氏，皆移入降服。又江氏以「大夫庶子爲適昆弟之下殤」一條别入不降，亦非，辨見殤大功章，今仍移入降服。附記一條，則從江氏附入也。

小功降服從父姊妹孫適人者。爲人後者爲其姊妹適人者。大夫大夫之子公之昆弟爲從父昆弟庶孫姑姊妹女子子適士者。大夫之妾爲庶子適人者。

小功正服從祖祖父母從祖父母報。從祖昆弟。爲外祖父母。從母丈夫婦人報。庶婦。君母之父母從母。君子子爲庶母慈己者。

小功義服夫之姑姊妹娣姒婦報。

以上次序，俱本黄《例》。唯「從父姊妹孫適人者」當作一句讀，黄《例》因賈疏誤分爲二，楊《圖》同，皆非也。江氏云：「『從父姊妹』，勉齋列之降服，信齋列之正服。案：經下云

『孫適人者』，『適人』二字，實總『姊妹孫』三者言之，蓋本爲一條也。考鄭於『大功』章『從父昆弟』注云：『其姊妹在室亦如之。』然則鄭明謂此爲適人者而服，降於在室一等矣。宜從勉齋所定無疑也。」盛氏亦列之降服，今從之。

緦麻降服庶孫之中殤。從祖父從祖昆弟之長殤。從父昆弟姪之下殤。夫之叔父之中殤下殤。從母之長殤報。夫之姑姊妹之長殤。從父昆弟之子之長殤。昆弟之孫之長殤。以上皆殤服。從祖姑姊妹適人者報。庶子爲父後者爲其母。

緦麻正服族曾祖父母。族祖父母。族父母。族昆弟。庶孫之婦。外孫。士爲庶母。從祖昆弟之子。曾孫。父之姑。從母昆弟。甥。壻。妻之父母。姑之子。舅。舅之子。君母之昆弟。

緦麻義服貴臣貴妾。乳母。夫之諸祖父母報。爲夫之從父昆弟之妻。

以上略依江氏考定。唯「夫之叔父之中殤下殤」、「夫之姑姊妹之長殤」二條，黄《例》、楊《圖》俱别爲義服，江氏因之。盛氏移入降服，今從盛氏。又「從祖姑姊妹適人者報」、「庶子爲父後者爲其母」、「士爲庶母」、「乳母」四條，江氏或從黄，或從楊，其説曰：「『從祖姑姊妹適人者報」，勉齋列之正服，信齋列之降服。案：此本服小功，以出適降一等，則信齋是也。『庶子爲父後者爲其母』，信齋列之正服，勉齋列之降服。案：注云：『君卒，庶子爲母大功。大夫卒，庶子爲母三年。士雖在，庶子爲母如衆人。』是不爲父後之服如此。今服緦，以爲父後而降，則勉齋是也。其『士爲庶母』及『乳母』二條，勉齋俱列之義服，信齋俱列之正服。案：經於齊衰三年章見『慈母』之服，於『小功』章見『君子子爲庶母慈己者』之服，彼兩條皆爲正服，則此爲庶母宜如之。至『乳母』，注云：『謂養子者有他故，賤者代之慈己。』既爲賤者，又因慈母有故而代之，固視三母爲有間矣。先儒以庶母爲父妾之有子者，乳母爲傭他人之婦，俱係不易之論。『士爲庶母』，當從信齋入正服。『乳母』，當從勉齋入義服。」今案：江説是也。○又案：黄氏云：「降、正、義服之中，其取義又有不同者，有從服，有報服，有名服，有加服，又有生服。」盛氏因之，一一編列。今每類略舉數條，列於後，餘可例推。從服：如婦爲舅姑不杖期，妻從夫而服；爲君之父母妻長子祖父母不杖期，臣從君而服；大夫之妾爲君之庶子大功，妾從君而服；君母之父母從母小功，子從母而服；妻之父母緦，夫從妻而服之類是也。報服：如「杖期」章繼母嫁從爲之服報，「不杖期」章爲人後者爲其父母報，「大功」章姪丈夫婦人報，「小功」章從祖祖父母從祖父母報，「緦麻」章從祖姑姊妹適人者報之類是也。名服：如世母叔母不杖期，士爲庶母緦之類，以母名服是也。加服：如爲外祖父母小功，以尊加；從母小功，以名加；君子子爲庶母慈己者小功，以慈己加是也。生服：如夫之姊姒婦小功，以相與居室中則生小功之親焉；爲夫之從父昆弟之妻緦，以相與同室則生緦之親焉是也。

儀禮正義卷二十六　鄭氏注

績溪胡培翬學

士喪禮第十二

鄭《目録》云：「士喪其父母，自始死至於既殯之禮。喪於五禮屬凶禮。大戴第四，小戴第八，《别録》第十二。」【疏】正義曰：此與下《既夕禮》本爲一篇，以簡冊繁重，分而爲二。此篇所載至卜葬日止，皆在未啓殯之先，故鄭云「士喪其父母，自始死至於既殯之禮」也。云士者，以《禮記·雜記》《喪大記》諸篇所言喪禮多君、大夫、士竝陳，此篇則專言士之喪禮，故以士名篇也。賈疏云：「天子、諸侯皆有士，此當諸侯之士。」據鄭注《喪大記》「士沐粱」及大小斂陳衣，與此異者，每以爲天子之士，則鄭意以此篇爲諸侯之士禮明矣。姜氏兆錫曰：「《士喪禮》是士自死而子爲之喪之禮，以下文死于適室、復以爵弁推之可見，所謂葬用死者之爵也。舊乃謂士喪其父母之禮，失之矣。」吴氏紱曰：「此主有位之士其子喪之之禮。至士之父母、妻、長子死，喪之從同。仕焉而已者，禮亦如之。若未仕之士，未必有赴于君、君弔之事，而其他亦或從殺矣。」今案：古者士之子恒爲士，士之父亦士也。下記云：「赴母、妻、長子，則曰：『君之臣某之某死。』」賈疏據此，謂妻與長子二者亦依士禮。則士之父母死，自用士禮明矣，吴氏説較爲周備。賈疏又謂

「記不云父者，以其經主于父死，故記不言父」，此説非也。案：記云「赴曰：君之臣某死」，即指父言，以士之父亦君之臣也。云「喪於五禮屬凶禮」者，《周禮·大宗伯》云「以凶禮哀邦國之憂」，下即云「以喪禮哀死亡」是也。各本「凶」下無「禮」字，據《集釋》增。「小戴第八」，先大父樸齋先生《三禮目録校證》云：「據《士冠禮》疏，當作第十三，第八乃《士虞禮》。」臧氏庸本徑改爲「小戴第十三」。○《雜記》「恤由之喪，哀公使孺悲之孔子學士喪禮，《士喪禮》於是乎書」，鄭注云：「時人轉而僭上，士之喪禮已廢矣，孔子以教孺悲，國人乃復書而存之。」萬氏斯大曰：「前此喪禮已亡，微孺悲之學，幾無可考。故當時小斂之奠，曾子云在西方，子游云在東方。未成服而弔，曾子則襲裘，❶子游則裼裘。❷負夏之反柩，❸曾子以爲禮，子游以爲非。兩賢竝及聖門，於禮尚未能歸一，由無成書可執也。然則《儀禮》十七篇，必謂盡出先王之舊，殆亦不深考也。」今案：《士喪禮》制自周公，至孔子時雖廢不行，而其書尚在，故孔子得以教孺悲，非孔子作之也。萬氏據此，遂謂十七篇非先王之舊，過矣。至曾子、子游之異議，由當時喪禮久廢不講，非無成書也。然周公制禮，當有天子、諸侯、大夫之喪禮，今惟士喪禮首末完具，次第井如，而天子、諸侯、大夫禮散見於傳記者多不全備。故謂《士喪禮》之書由孺悲之學而存則可，以《士喪禮》爲非先王之書則不可耳。

❶「裘」，原作「喪」，今據《續清經解》本改。
❷「裘」，原作「喪」，今據《續清經解》本改。
❸「夏」，原作「憂」，今據《續清經解》本改。

士喪禮。死于適室，幠用斂衾。適室，正寢之室也。疾者齊，故於正寢焉。疾時處北墉下，死而遷之當牖下，有牀衽。幠，覆也。斂衾，大斂所并用之衾。衾，被也。小斂之衾當陳。《喪大記》曰：「始死，遷尸于牀。幠用斂衾，去死衣。」【疏】正義曰：注「疾時處北墉下」，陸氏《釋文》作「庸」，云：「牆也，本亦作墉。」張氏《識誤》從《釋文》作「庸」，李氏《集釋》同。宋嚴州刻本、明徐本、敖氏、《通典》、《通解》俱作「墉」，毛本誤「牖」。又注「死而遷之當牖下」，嚴本、徐本、《釋文》、《通典》、《集釋》、《通解》、楊氏、敖氏俱作「當」，毛本誤「南」。阮氏《校勘記》云：「據疏内稱北牖、南牖者非一，似可兩通。」今案：《校勘記》之説非也。下篇記云「寢東首于北墉下」，又云「設牀第，當牖」。鄭俱本此爲説，知作「墉」作「當」者是。《禮經釋例》曰：「室在堂後，南有牖，北惟牆，無牖也，士大夫以上皆同。《詩·豳風·七月》『塞向墐户』，《毛氏傳》：『向，北出牖也。庶人蓽户。』然則北牖蓋庶人之室，士大夫不爾也。」案：北牖燕寢亦有之，宗廟正寢之室則無。任氏啓運《宫室考》云：「或以爲室北有牖，非也，惟私室有北出小牖。」亦據《詩》「塞向」爲説，私室即謂燕寢也。段氏玉裁曰：「凡室之北有墉無牖。《郊特牲》云：『薄社北牖，使陰明也。』此可證宗廟正寢之牖不北矣。」今案：《士昏禮》：婦盥饋，席于北墉下。鄭注：「墉，牆也。室中北牆下。」又：婦廟見，席于北方。鄭注：「北方，墉下。」是北唯有墉無牖，諸説甚確。《禮記·喪大記》「寢東首於北牖下」，鄭注：「或爲北墉下。」《釋文》：「牖舊音容。」知或本「墉」爲是，作「牖」誤也。《論語》「伯牛有疾，自牖執其手」，皇侃《義疏》云：「牖，南窗也。君子有疾，寐於北壁下，東首。今師來，故遷出南窗下。」案：皇疏言北壁，足爲北墉之證，實勝賈、孔疏。朱子《集注》作「北牖下」，亦承疏文之譌誤耳。《禮記・檀弓》《坊記》俱有「飯於牖下」之文，惟室南有牖，北無牖，室内止有一牖，故言牖下，即知其處，不必分别南北也。下經云「商祝執巾從入，當牖」，又「乃襲三稱」節注亦云「當牖」，則作「當」爲是，作「南」誤矣。　注云「適室，正寢之室也。疾者齊，故於正寢焉」者，案：自天子至士，皆有正寢、燕寢，詳《士昏禮》。燕寢常居之所，正寢唯齊及疾乃居之。《檀弓》云「君子非致齊也，非疾也，不晝夜居於内」，鄭注「内，正寢之中」是也。正寢，天子、諸侯謂之路寢，大夫、士又謂之適寢。下篇記云「士處適寢」，此云「適室」，即適寢之室也。但經言適室，不言適寢者，以寢是大名，統堂室與房言之，此士之死在室内，又下沐浴、含襲、小斂亦在室行之，故言室不言寢也。記云「有疾，疾者齊」，注：「正情性也。適寢者，不齊不居其室。」此注云「疾者齊，故於正寢焉」，是推言居正寢之由。《禮記・喪大記》云：「君、夫人卒於路寢，大夫、世婦卒於適寢。内子未命，則死於下室，遷尸於寢。士之妻皆死於寢。」鄭注：「言死者必皆於正處也。」是死於適室，所以正其終，兩注相兼乃備。《春秋》莊公薨于路寢，《穀梁傳》：「路寢，正寢也。寢疾居正寢，正也。男子不絶于婦人之手，以齊終也。」僖公薨于小寢，《左傳》「即安也」，《穀梁傳》「小寢，非正也」是也。云「疾時處北墉下，死而遷之當牖下」者，當，值也。言疾時處室之北墉下，死則遷之，當室之牖下也。墉必言北者，以室中東西北三面皆有墉，故須言北以别之。若牖止有一，不須言南也。下記云「遷尸」，注：「徙於牖下也。」亦不言南。此注因經不言遷尸，故據記補之。云「有牀衽」，亦據記言也。記云「設牀第，當牖。衽，下莞上簟」，注：「衽，卧席。」即下莞上簟是也。云「幠，覆也。斂衾，大斂所并用之衾。衾，被也。小斂之衾當陳」者，案《説文》：「幠，覆也。衾，大被也。」《毛傳》：「衾，被也。」賈疏云：「死必覆之，爲其形褻。」經直云斂衾，不辨大小，鄭知是大斂衾者，以是時小斂之衾當陳，故不用小斂衾，而用大斂衾也。下經襲訖，云「幠用衾」，亦即此衾也。至小斂訖，大斂之衾當陳，則用夷衾覆尸。下經「男女奉尸，侇于堂，幠用夷衾」，注「夷衾，覆尸柩之衾也」是也。《喪大記》云君、大夫、士皆小斂一衾，大斂二衾。今始死，用大斂一衾以覆尸，及大斂時兩衾竝用，故云「大斂所竝用之衾」也。引《喪大記》曰「始死，遷尸于牀，幠用斂衾，去死衣」者，見幠用斂衾在遷尸之後，且覆之以衾，以便去死衣也。彼注云：「死衣，病時所加新衣及復衣也。去之，以俟沐浴。」黄氏榦曰：「復而後行死事，則幠用斂衾，❶當在復之後。然復、楔齒、綴足、飯、設飾、帷堂竝作，則亦初無先後之别，今依經文。」朱氏軾曰：「未復不當用斂衾。」吴氏廷華曰：「未復亦不當去死衣。」今案：《喪大記》云「唯哭先復，復而後行死事」，彼注云：「復而不蘇，可以爲死事。」是復時方望其生，豈有先加以斂衾之理？又《喪大記》注以去死衣中有復衣，則鄭意亦以幠用斂衾爲在既復之後矣。《檀弓》云：「復、楔齒、綴足、飯、設飾、帷堂竝作。」蓋謂此數事竝于始死之日爲之耳，非謂無先後之别也。據孔疏云「自復以下，諸事竝起」，則復自在先。惟此篇敍始死甚略，不載設牀、遷尸諸事，故以「幠用斂衾」括之。王氏士讓《紃解》云：「幠用斂衾，當在既復之後。經以死于適室先之，立文不得不然。」要之初死即復，復後乃幠用斂衾耳。」《喪大記》有疾病廢牀之文，詳下記。○《禮經釋例》云：「凡始卒于室，小斂後則奉尸于堂，大斂于阼階上，殯則于西階上。案：《士喪禮》：『死于適室。』是始卒於室也。又

❶「幠」，原作「撫」，今據《續清經解》本改。

云：『布席于户内，下莞上簟。』此小斂之席也，在室中，故曰户内。又云：『設牀第于兩楹之間。』此小斂後夷尸之牀也，在堂上，故曰兩楹之間也。」餘詳下記「大斂于阼」下。**復者一人，以爵弁服，簪裳于衣，左何之，扱領于帶。**復者，有司招魂復魄也。天子則夏采、祭僕之屬，諸侯則小臣爲之。爵弁服，純衣纁裳也。禮以冠名服。簪，連也。【疏】正義曰：復者，人子不忍死其親，冀精氣之反而重生，故云「復」。《檀弓》所謂「復，盡愛之道」是也。據《雜記》云「復西上」，則復者不止一人，鄭注謂「復者多少，各如其命之數」。此云「復者一人」，士禮也。「以爵弁服」者，《士冠禮》陳三服，以爵弁服爲上。李氏如圭《儀禮集釋》曰：「凡復，皆用死者之上服。」《喪大記》曰：「君以卷，夫人以屈狄，大夫以玄赬，世婦以襢衣，士以爵弁，士妻以稅衣。」鄭注：「君以卷，謂上公也。夫人以屈狄，互言耳。上公以衮，則夫人用褘衣。而侯伯以鷩，其夫人用揄狄。子男以毳，其夫人乃用屈狄矣。赬，赤也。玄衣赤裳，所謂卿大夫自玄冕而下之服也。」徐氏乾學曰：「稅衣，即褖衣。」《雜記》曰：「復，諸侯以褒衣、冕服、爵弁服，夫人稅衣揄狄，狄稅素沙，内子以鞠衣、褒衣、素沙，下大夫以襢衣，其餘如士。」孔疏：「下大夫以襢衣者，是下大夫之妻所復襢衣也。其餘如士者，謂褖衣如士之妻。」《周禮·夏采》天子復以冕服。是復皆用死者之上服也。「簪裳于衣」，謂連綴其裳于衣，使合爲一，以便何也。「左何之」者，左爲陽，「何」俗通作「荷」，古作「何」。沈氏彤《儀禮小疏》曰：「《説文》『何，儋也』，臣鉉等曰：『儋何，即負何也。』凡儋何、負何皆在肩背，敖云左手何之，張云左臂何之，皆非。」《廣雅·釋詁》「扱，插也」，王氏《疏證》曰：「插、臿、扱、捷古通用。」《爾雅·釋器》「扱衽謂之襭」，郭注：「扱衣上衽於帶。」此云「扱領于帶」，盛氏世佐《儀禮集編》曰：「領，爵弁服純衣之領也。帶，復者之帶也。復者以左肩何爵弁服，而插其領於己之帶間，以固衣而登梯也。復時既不用冠，則帶韠之屬皆不用可知。張氏以帶爲復衣之帶，非。」吴氏紱曰：「簪裳又扱領，防遺脱也。」經不言復者何服，下記云「復者朝服」，《喪大記》同。

注云「復者，有司招魂復魄也」者，言士之復者以有司爲之，蓋隸子弟私臣之屬。鄭注三禮，多解復爲招魂復魄。孔穎達云：「招魂是六國以來之言，故《楚辭》有《招魂》之篇，禮則云復。」今案：此説非也。下經云「北面招以衣」，則禮固言招矣。凡人形體謂之魄，其精氣謂之魂。《禮運》云：「體魄則降，知氣在上。」知氣即魂也。昭七年《左傳》云：「人生始化曰魄，既生魄，陽曰魂。」是形魄具而魂氣附焉則生，形魄存而魂氣離焉則死，《楚辭》所謂「魂魄離散」也。《郊特牲》曰：「魂氣歸於天，形魄歸於地。」《檀弓》曰：「魂氣則無不之也。」人始死，魂氣猶存，故孝子欲招之，使復附於魄以生，是以有復之事。故解復爲招魂復魄也。後世《大招》、《招魂》之辭，蓋本《禮經》以爲名。云「天子則夏采、祭僕之屬」者，《周禮》有夏采、祭僕、隸僕，皆掌復事，故云「之屬」。詳下。云「諸侯則小臣爲之」者，《喪大記》云「小臣復」，鄭注：「小臣，君之近臣也。」孔疏據此，謂大夫、士以下復亦用近臣。今案：此小臣係與《周禮》大僕、祭僕同官者，非内小臣。《周禮・小臣》：「掌正王之燕服位，王之燕出入則前驅。」是其職親近于君，故亦云近臣，與《喪服傳》所謂近臣閽寺之屬別。云「爵弁服，純衣纁裳也」者，見《士冠禮》。云「禮以冠名服」者，此復者但以衣裳招，而不用爵弁，今經不云「純衣纁裳」，而云「爵弁服」，是以冠名服也。云「簪，連也」者，據《釋名》簪本爲連冠於髮之名，今連裳於衣，亦名爲簪。又《集韻》簪，或從竄作「鑹」。《一切經音義》引《通俗文》「綴衣曰鑹」，綴亦訓連也。

升自前東榮，中屋，北面招以衣，曰「皋某復」，三，降衣于前。北面招，求諸幽之義也。皋，長聲也。

某，死者之名也。復，反也。降衣，下之也。《喪大記》曰：「凡復，男子稱名，婦人稱字。」【疏】正義曰：《周禮·夏采》「大喪以冕服復于大祖，以乘車建綏復于四郊」，《祭僕》「大喪復于小廟」，《隸僕》「大喪復于小寢、大寢」。《檀弓》曰「君復於小寢、大寢、小祖、大祖、庫門、四郊」，鄭注謂「尊者求之備也」。士禮但復于寢而已，此云升，謂升適寢之屋也。榮，詳《士冠禮》。東榮、西榮之前爲南，其後爲北。云「升自前東榮」者，謂自東榮之南以升也。《喪大記》曰：「復，有林麓則虞人設階，無林麓則狄人設階。」鄭注：「階，所乘以升屋者。虞人，主林麓之官也。狄人，樂吏之賤者。」士亦未必有狄人之官，當使隸子弟設之。中屋，屋脊之上，聲高則遠聞也。「北面招以衣」，即下記所云「左執領，右執要，招而左也」。「曰『臯某復』，三」，謂呼死者之名而令其來復，三，即《喪大記》所謂「三號」也。《禮運》曰：「及其死也，升屋而號，告曰：『臯某復。』」《喪大記》曰：「升自東榮，中屋履危，北面三號。」諸文有詳略而義同。鄭注《喪大記》云：「升東榮者，謂卿大夫、士也。天子、諸侯言東霤。危，棟上也。號，若云『臯某復』也。」孔疏：「三號，號呼之聲三徧也。必三者，一號於上，冀神在天而來也。一號於下，冀神在地而來也。一號於中，冀神在天地之間而來也。」「降衣于前」，前謂南檐也。降衣，如魂之降也。《喪大記》曰：「捲衣投于前。」蔡氏德晋《禮經本義》云：「捲衣自前投下，蓋前爲陽，冀生氣之來也。」王氏士讓《儀禮紃解》云：「降只言衣，不云弁與裳者，弁不以復，裳連於衣，降則俱降。」又案：《雜記》曰：「諸侯行而死於館，則其復如於其國。如於道，則升其乘車之左轂，以其綏復。大夫、士死於道，則升其乘車之左轂，以其綏復。如於館死，則其復如於家。」《喪大記》曰：「其爲賓，則公館復，私館不復。其在野，則升其乘車之左轂而復。」是皆言復之變禮也。　注云「北面招，求諸幽之義也」者，《檀弓》曰「望反諸幽，求諸鬼神之道也。北面，求諸幽之義也」，鄭注「鬼神處幽闇」，孔疏：「言鬼神處在幽闇，故望幽以求之。北方是幽闇，復者北面，求鬼神之義。」云「皋，長聲也」者，《文選・西京賦》「神皋」，薛注：「皋，接神之聲。」《禮運》孔疏：「皋，引聲之言。」引亦長也。云「復，反也」者，《詩・我行其野》篇「言歸思復」，《毛傳》：「復，反也。」云「降衣，下之也」者，言復者何衣升屋，今自屋下之也。引《喪大記》者，證某爲死者之名。《喪大記》曰「凡復，男子稱名，婦人稱字」，鄭注「婦人不以名行」，孔疏：「殷以上貴賤復同呼名，周則天子稱天子，諸侯稱某甫且字矣。大夫、士稱名，婦人竝稱字。」《喪服小記》曰：「復與書銘，自天子達於士，其辭一也。男子稱名，婦人書姓與伯仲。如不知姓，則書氏。」鄭注：「此謂殷禮也。殷質，不重名，復則臣得名君。周之禮，天子崩，復曰『皋天子復』。諸侯薨，復曰『皋某甫復』。其餘及書銘則同。」據鄭云其餘則同，是卿大夫以下，周亦稱名矣。《曲禮》曰：「天子崩，復曰『天子復矣』。諸侯，復曰『某甫復矣』。」是鄭所本也。《孔叢子》曰：「衛將軍文子之内子死，復者曰『皋媚女復』。子思聞之，曰：『此女氏之字，非夫氏之名也。婦人於夫氏，以姓氏稱，禮也。』」今案：《喪服小記》疏云：「復則婦人稱字，此云『書姓與伯仲』，是書銘也。」《孔叢子》謂復稱姓氏，不足據。**受用篋，升自阼階，以衣尸。**受者，受之於庭也。復者其一人招，則受衣亦一人也，人君則司服受之。衣尸者，覆之，若得魂反之。【疏】正義曰：「受用篋」，《校勘記》云：「唐石經、徐本、《通解》、楊、敖俱作『篋』，《釋文》、《集釋》俱作『篚』。陸氏曰：『本或作篋。』《石經考文提要》定作『篋』，云：『《喪大記》注司服以篋待衣於堂前，可證。』」今案：《周禮・夏采》注引此文，亦作「篋」，當從「篋」爲是。注云，賈疏云：「鄭知受之於庭者，以其降衣簷前，受而升自阼階，明知受之於堂下，在庭可知。」云

「受衣亦一人」，以上經云「復者一人」決之也。云「人君則司服受之」者，《周禮·司服職》曰：「共其復衣服。」是復時衣司服共之，則亦司服受之也。《喪大記》云「捲衣投于前，司服受之」是也。士未必有司服之官，當亦隸子弟私臣之屬受之耳。云「衣尸者，覆之，若得魂反之」者，據《喪大記》云：「復衣不以衣尸，不以斂。」此云「衣尸」者，蓋暫覆之，謂若得魂反而依於衣也。吴氏紱曰：「受用篋，以爲魂之所依，不可徒手受，慎之也。以衣尸者，欲魂附衣復於體魄而更生也。」若覆之而不生，則俟浴時竝此衣去之。鄭注《喪大記》云：「不以衣尸，謂不以襲也，浴而去之。」又注「去死衣」，亦兼復衣言也。阼階，主人平日所升之階。故敖氏云：「升自阼階，象其反也。」**復者降自後西榮。**不由前降，不以虚反也。降因徹西北厞，若云此室凶，不可居然也。自是行死事。【疏】正義曰：降自後西榮，謂從西榮之後以降也。西榮之後，即西榮之北也。《喪大記》曰「降自西北榮」，孔疏：「不正西而西北者，因取西北厞爲便也。」注云「不由前降，不以虚反也」者，言復望得魂反，今魂不反，是虚反，故不欲由前降，而由後降也。今案：鄭此説未然。此時復者方降衣於前，俾受者覆尸，以冀其生，豈在屋上即逆意其不生，而不由前乎？蓋復者之降由後，示與升相變，亦爲徹西北厞便也。敖氏云：「降於此者，與升時相變也。下文設奠之類升降異階者，其義皆然。」云「降因徹西北厞，若云此室凶，不可居然也」，此説亦非。《喪大記》曰「甸人取所徹廟之西北厞薪用爨之」，孔疏：「爨，然也。甸人取復魄人所徹正寢西北厞，以然竈煮沐汁也。」謂正寢爲廟，神之也。舊云厞是屋簷也，熊氏云：『厞謂西北隅厞隱之處。』」今案：復者徹西北厞，亦是求其生。沈氏彤曰：「西北厞乃室隱闇之處，徹之者，去其蓋蔽以通神也。降衣于前，不知魂之反不反，故又徹西北厞，意魂或自此而反也。然則北面招者求諸幽，徹西北厞者通諸幽也。鄭謂『若云此室凶，不可居然』，則是方冀其生而即致死之，不誠甚矣，豈招魂復魄之意邪？至《喪大記》云取所徹厞薪用爨之者，本非爲用爨而徹，乃既徹則用以爨，無用之用也。故用時謂之薪，而徹時不謂之薪。」吴氏紱曰：「徹厞者，欲其神自上而下。」二説實勝注義，沈説尤詳善。

右始死復

楔齒用角柶。爲將含，恐其口閉急也。【疏】正義曰：張氏爾岐云：「復者猶冀其生，復而不生，始行死事。」楔齒至帷堂，事死之初事也。《喪大記》曰：「小臣楔齒用角柶，綴足用燕几，君、大夫、士一也。」《周禮・玉府》大喪共角柶。自天子至士，同用角柶矣。角柶以楔齒，故又名爲楔。下記云「楔貌如軛，上兩末」，詳後。　注云「爲將含，恐其口閉急也」者，案：《周禮注》鄭司農云：「角柶，角匕也。以楔齒，令可飯含。」《禮記》孔疏云：「楔，柱也。柶以角爲之，長六寸，兩頭曲屈。爲將含，恐口閉急，故以柶柱張尸齒，令開也。」賈疏云：「此角柶其形與扱醴角柶制別，故屈之如軛，中央入口，兩末向上。」案：柶狀如匕，本有兩末之形，非屈之使然。下綴足用燕几，是平日常用之几，則角柶亦是平日常用之物。緣始死不能猝辦喪器，故皆以生人之器爲用。賈謂與扱醴角柶制別，恐非。**綴足用燕几。**綴，猶拘也。爲將屨，恐其辟戾也。今文「綴」爲「對」。【疏】正義曰：《檀弓》云「毁竈以綴足」，孔疏謂「用毁竈之甓連綴死人足，令直可著屨也」。案：此殷禮，周用燕几。燕几，燕居常用之几也。　注云「綴，猶拘也」者，謂拘束其足也。云「爲將屨，恐其辟戾也」者，辟戾，不直也。爲尸應著屨，恐足辟戾，故用燕几綴拘之，令直也。下記云「綴足用燕几，校在南，御者坐持之」，注：「校，脛也。尸南首，几脛在南，以拘足，則不得辟戾矣。」張氏爾岐云「几兩頭有脛，竝排兩足於兩脛之間，以夾持之」是也。云「今文『綴』爲『對』」者，《古今文疏義》云：「『綴』正字，『對』聲近假借字。鄭以下記及《禮記》字竝作『綴』，故從古文。」餘詳下記。**奠脯醢、醴酒，升自阼階，奠于尸東。**鬼神無象，設奠以馮依之。【疏】正義曰：「奠脯醢、醴酒」者，《檀弓》「曾子曰：始死之奠，其餘閣也與」，鄭注「不容改新」，孔疏：「始死未容改異，故以生時庋閣上所餘脯醢以爲奠也。」下記云「若醴若酒」，注云：「或卒無醴，用新酒。」是醴酒止用其一，爲始死促急不備。敖氏以醴酒具有爲四物，與記不合，盛氏世佐、秦氏蕙田皆辨之。「升自阼階，奠于尸東」者，《禮經釋例》曰：「凡奠于堂室者，陳徹皆升自阼階，降自西階。」敖氏曰：「此時尸南首，東乃其右也。奠於其右，若便其飲食然。」記曰「即牀而奠，當腢，用吉器」，注：「器未變也。」亦是不容改異之意。　注云，禮始於飲食，《詩》曰：「神嗜飲食。」故設奠以爲鬼神憑依之所。劉熙《釋名》云：「喪祭曰奠。」李氏如圭云：「是謂始死之奠。自始死至葬之祭曰奠，不立尸，奠置之而已。」朱子曰：「自葬以前皆謂之奠，其禮甚簡，蓋哀不能文，而於新死者，亦未忍遽以鬼神之禮事之也。」張氏爾岐曰：「喪禮凡二大端，一以奉體魄，一以事精神。楔齒、綴足，奉體魄之始。奠脯醢，事精神之始也。」《禮經釋例》云：「若然，則葬乃奉體魄之終，祭乃事精神之終也。」《荀子》曰：「葬埋，敬藏其形也。祭祀，敬事其神也。」〇《禮經釋例》又云：「凡始卒，小斂、大斂、朝夕哭、朔月薦新、遷柩朝廟、祖、大遣，皆奠。案《士喪禮》始卒奠脯醢云云。」**帷堂。**事小訖也。【疏】正義曰：《檀弓》：「曾子曰：『尸未設飾，故帷堂，小斂而徹帷。』仲梁子曰：『夫婦方亂，故帷堂，小斂而徹帷。』」方氏慤曰：「人死斯惡之矣，以未設飾，故帷堂，蓋以防人之惡也。

小斂則既設飾矣，故徹帷。若是，則帷堂之禮爲死者爾，豈爲生者哉？而仲梁子以謂夫婦方亂，故帷堂，失禮意矣。」盛氏世佐取方説。今案：鄭注：「斂者動摇尸，帷堂，爲人褻之。言方亂，非也。」是仲梁子之言，鄭氏已非之矣。尸未設飾，未襲斂也。　注云「事小訖也」者，張氏爾岐曰：「以此時尚未襲斂，暫帷堂以爲蔽，故云『事小訖』。」今考此篇，自始奠帷堂之後三云「徹帷」，大斂帷堂之後一云「徹帷」。「君使人弔徹帷」、「君使人襚徹帷」，此二者皆一扆即下，雖云徹而未嘗徹，以弔襚之後不更云帷堂也。及小斂云「卒斂徹帷」，至大斂復云「帷堂」，是小斂後之徹帷乃全徹去。故曾子與仲梁子俱云「小斂而徹帷」也。然小斂、大斂俱是飾尸，故將大斂復帷堂，及大斂訖，云「卒斂徹帷」，以後不更帷堂矣。《檀弓》經但言小斂，而注云：「斂者動摇尸，帷堂，爲人褻之。」實兼大斂言之，鄭氏之於禮精矣。大斂後所以不更帷堂者，以尸已斂於棺，殯於肂也。茲因姜氏兆錫論帷堂徹帷之義未詳析，故特考之。又《雜記》曰「朝夕哭不帷」，鄭注：「緣孝子心欲見殯肂也。既出，則施其扆，鬼神尚幽闇也。」似大斂後仍有帷者。案：此是帷柩，非帷堂。《喪大記》曰「士殯見衽，塗上帷之」，鄭注：「帷之，鬼神尚幽闇也。士達於天子皆然。」是柩既殯之後，於殯旁帷之，與帷堂異。故《雜記》又云「無柩者不帷」，鄭注謂「既葬也，棺柩已去，遂去帷」是也。又《檀弓》曰「帷殯，非古也，自敬姜之哭穆伯始也」，鄭注：「禮，朝夕哭不帷。」蓋謂朝夕哭時，當暫去帷以見殯肂，而敬姜之哭穆伯，仍帷之不去，故《檀弓》以爲非古也。此皆既殯帷之之帷，非謂帷堂也。

右楔齒綴足奠帷堂

乃赴于君。主人西階東，南面，❶命赴者，拜送。赴，告也。臣，君之股肱耳目，死當有恩。

【疏】正義曰：「赴于君」者，使人告於君也。其辭詳下記。《雜記》曰：「士訃於同國大夫，曰某死。訃於士，亦曰某死。訃於他國之君，曰君之外臣某死。訃於大夫，曰吾子之外私某死。訃於士，亦曰吾子之外私某死。」此經唯言赴于君者，舉其重者以該之也。《檀弓》曰：「父兄命赴者。」父兄，謂諸父諸兄也。此謂始死，主人方昏瞀，故赴告姻族朋友，則父兄命之。若赴告於君，必親命而拜送之者，敬也。鄭彼注分別大夫、士，似失之。盛氏世佐曰：「是時親族僚友亦當使人赴之。大夫、士訃於同國、他國之辭，見於《雜記》者詳矣。敖云古者大夫、士赴告之禮唯止於其君，非。又案：大夫、士之喪，同國則赴，異國則否，以人臣無境外之交故也。《雜記》言他國之君、大夫、士亦皆赴，恐是春秋以後之禮，非古也。」今案：主人西階東命赴者，《喪大記》曰：「凡主人之出也，徒跣，扱衽，拊心，❷降自西階。」以由西階降，故即在西階東命之，亦不忍當主位之意。南面者，方氏苞曰：「以赴者必南行，拜送宜鄉之也。」注云「赴，告也」者，下記注云：「赴，走告也。」《雜記》作「訃」，注云「或皆作赴。赴，至也。臣死，其子使人至君所告之」，是也。注義相兼乃備。云「臣，君之股肱耳目」者，見《虞書》。以其與君爲一體，故必赴也。云「死當有恩」者，君之禮也，若下弔襚之類。《白虎通》曰「臣死亦赴告於君何？此君哀痛於臣子也，欲聞之加賻賵之禮」，是也。**有賓，則拜之。**賓，僚友

---

❶「面」，原作「西」，今據《儀禮注疏》改。

❷「拊」，原作「附」，今據《禮記・喪大記》改。

羣士也，其位猶朝夕哭矣。【疏】正義曰：此謂因命赴見賓，遂拜之也，不然則在室不出。云有，謂或有或無，不定也。鄭必知賓是僚友羣士者，以下云「有大夫則特拜之」，此但云拜，故知是士之僚友也。鄭注《曲禮》云：「僚友，官同者。」以其官同誼親，容始死即來也。云「其位猶朝夕哭矣」者，謂賓位也。若主人，則仍西階東南面拜之。褚氏寅亮曰：「未小斂前，主人堂下之位暫在此。既小斂，乃即阼階下西面位。」李氏如圭曰：「朝夕哭，賓位在庭，直東序及門東、門西。」

右使人赴君

入坐于牀東。衆主人在其後，西面。婦人俠牀，東面。衆主人，庶昆弟也。婦人，謂妻妾子姓也，亦適妻在前。【疏】正義曰：自此至「堂下北面」，言尸在室主人以下哭位。《喪大記》曰：「凡哭尸于室者，主人二手承衾而哭。」謂此時也。張氏爾岐云：「主人哭位惟小斂以前在此，小斂後則在階下矣。」云「入坐于牀東」者，謂主人既命赴而入室也。是時遷尸于牀，在室中牖下。牀東，尸之東也。敖氏云：「至是方言坐，則先時主人亦立也。」吴氏廷華云：「前亦坐于此。」二説皆未合。姜氏兆錫曰：「《喪大記》：『唯哭先復，復而後行死事。』哭最先，而哭位則序於此時者，蓋始死時主人啼，婦人哭，乃創鉅痛深，心膽摧裂，發於不自禁者。」此説得之。始死痛深，哭發於不自禁，遑論哭位。上「帷堂」注云：「事小訖也。」謂事小定，故至命赴後入哭乃序之。楊氏復曰：「始死哭位，辨室中、户外、堂下之位。《喪大記》人君禮，亦必辨室中、堂上、堂下之位者，非特男女内外親疎上下之位不可以不正，亦治喪馭繁處變之大法也。」應氏鏞曰：「男東女西，陰陽之大分也。喪遽哀迫，人雜事叢，先謹男女之辨，而各以類從，則紛糾雜亂者有倫矣。」蔡氏德晋云：「尸首向南，足向北，主人坐于牀東，衆主人又在主人之東，皆西面，以向尸也。婦人俠牀者，男子牀東，婦人牀西，以近而言也。主婦坐于牀西，衆主婦又在主婦之西，皆東面，亦以向尸也。」盛氏世佐云：「俠、夾通。俠牀，在牀西也。與男子相對，故曰俠牀。」今案：下記云：「室中唯主人、主婦坐，兄弟有命夫、命婦在焉，亦坐。」鄭注：「别尊卑也。」又案：《喪大記》曰：「既正尸，子坐于東方，卿大夫、父兄、子姓立于東方。有司庶士哭于堂下，北面。夫人坐于西方，内命婦、姑姊妹、子姓立于西方。外命婦率外宗哭于堂上，北面。」鄭注：「正尸者，謂遷尸牖下，南首也。其男子立于主人後，女子立于夫人後。」又曰：「大夫之喪，主人坐于東方，主婦坐于西方，其有命夫、命婦則坐，無則皆立。」鄭注：「凡此哭者，尊者坐，卑者立。」又曰：「士之喪，主人、父兄、子姓皆坐于東方，主婦、姑姊妹、子姓皆坐于西方。」鄭注：「士賤，同宗尊卑皆坐。」案：此經自主人而下不言坐，亦不言立。據下記，則自主人、主婦外，惟命夫、命婦坐，餘則立。據《喪大記》，則士之喪自主人以下皆坐。二者不同。盛氏世佐謂衆主人、婦人不言坐，蒙上「入坐」之文可知。又以《喪大記》與此記異，爲各記所聞。張氏惠言《讀儀禮記》云：「案：經云『衆主人在其後，婦人俠牀』，俱不言坐，蒙上『入坐』文也，與《喪大記》正合。」據《喪大記》，君之喪，主人、主婦坐，餘皆立；大夫之喪，主人、主婦、命夫、命婦坐，餘皆立；士之喪，則皆坐。似是等差如此。若士禮衆主人以下立而不坐，則經亦當分别言之，不得僅云在其後也。盛氏、張氏之説似是。至下記所云，與《喪大記》所言大夫之喪合，愚意當是記大夫之禮，而文有譌脱耳。如《士冠》是士禮，而記兼及大夫以上禮。《鄉射》是大夫、士禮，而記亦及諸侯以上禮。是其例也。不然，鄭注下記云「别尊卑也」，注《喪大記》云「尊卑皆坐」，截然不同。若俱士禮，鄭何無一言辨及乎？賈疏分别命士及不命之士，非。詳《訂疑》。注云「衆主人，庶昆弟也」者，謂主人之庶昆弟也。敖氏云：「衆主人，齊衰、大功之親也，若有斬衰者亦存焉。下經云『衆主人免』，記云『衆主人布帶』，則是衆主人乃主言齊衰、大功者。」沈氏彤云：「鄭所云庶昆弟，於死者爲衆子。不云『衆子』而云『庶昆弟』，繼主人爲言，當然耳。是衆主人，即斬衰之親。下經所云親者，乃齊衰、大功之親也。敖以『衆主人免』、『衆主人布帶』，決此衆主人爲齊衰、大功之親，不惟彼此殊絶，亦明與親者之文相妨。且『衆主人免』、『衆主人布帶』之下，竝不言親者與衆兄弟，則是統齊衰至緦麻之親皆在其中，豈徒主言齊衰、大功而已？此其疎也。鄭注下『婦人』，云『妻妾子姓』，亦專指斬衰者言之。蓋主人在前，衆主人在其後，適妻在前，妾與子姓在其後，皆斬衰重服，然後及於齊衰，及於大功。《文王世子》所謂『以喪服之精麤爲序，以次主人』者是也。」云「婦人，謂妻妾子姓也，亦適妻在前」者，沈氏彤云：「案：《喪大記》云：『君之喪三日，子、夫人杖。大夫之喪，主人、主婦、室老皆杖。士之喪，主人杖，婦人皆杖。』注云：『婦人皆杖，謂主婦，容妾爲君、女子子在室者。』《喪服》妻爲夫杖，婦爲舅姑不杖，明夫人與主婦皆死者之妻。注『適妻』，即主婦也。又鄭注《喪大記》云：『子姓，謂衆子孫也。姓之言生也。』本注『子姓』，以『婦人皆杖』注推之，蓋專指女子子在室者，姓字牽連及之耳。」今案：沈申鄭義皆是，但謂「衆主人免」、「衆主人布帶」爲統大功以下則非耳。又方氏苞云：「《喪大記》竝舉主人、主婦，道其常也。此曰『婦人』，該其變也。蓋或死者妻早亡，則子婦不可以稱主婦。」是方意以此婦人中兼有子婦矣。**親者在室。**謂大功以上，父兄、姑姊妹、子姓在此者。【疏】正義曰：盛氏世佐云：「此亦兼男子、婦人言也。謂之親者，對下在户外堂下者言耳，其實比于在牀東西者爲少疎也。亦男子在東，婦人在西。」吴氏紱云：「言在室，則不必皆東西面，蓋亦有於北墉下南面者矣。以室中狹隘，又有弔襚者入焉故也。」　注云，賈疏云：「知親者謂大功以上者，以大功以上有同財之義。」敖氏云：「此親者繼婦人而言，則是亦專指婦人矣。下篇曰『主婦及親者由足西面』是也。」沈氏彤云：「案：下篇云『主婦及親者由足西面』，其上云『主人踊無算』，則親者固專指婦人。此篇下經云『婦人尸西東面，主人及親者升自阼階』，則親者又專指男子。本經上云『衆主人在其後，婦人俠牀』，下云『親者在室』，則親者兼男子、婦人可知。敖據一端爲説，非是。若鄭云『大功以上』者，但包齊衰之親，不兼上經衆主人。蓋下云『主人及親者』，不言衆主人，則親者宜兼衆主人。此承上衆主人而言，則親者宜在衆主人之外，故知鄭不兼言也。」今案：沈説是也。鄭云「父兄、姑姊妹、子姓」，本《喪大記》。據彼云「父兄、子姓」，又云「姑姊妹、子姓」，則此注「子姓」，兼男女言也。父兄、姑姊妹，謂死者之諸父諸兄及諸姑姊妹。子姓，則死者之孫男女及昆弟之子男女，凡屬齊衰、大功者皆在其內。賈疏據主人言，誤。詳《訂疑》。又沈氏據《文王世子》「以喪服之精麤爲序」，此確論也。上篇俠牀，謂斬衰者。此節在室，謂齊衰、大功者。下節户外堂下，謂小功以下者。經文敘次，井然如此。**衆婦人户外北面，衆兄弟堂下北面。**　衆婦人、衆兄弟，小功以下。【疏】正義曰：户外，堂上也。案：鄭注《喪大記》「婦人迎客送客不下堂」，云：「婦人所有事，自堂及房。男子所有事，自堂及門。」故此哭位男子在堂下，婦人在户外堂上也。盛氏世佐云：「户外，室户外。先言婦人，自内及外也。其親疎同，而所立有遠近者，内外之辨也。皆北面向尸也。」褚氏寅亮云：「親疎之位，以室與堂分。男女之位，在室者以牀東西分，❶在堂者以上下分。」　注云「小功以下」，則緦服亦統之矣。沈氏彤謂此小功緦服婦人兄弟中各有同姓異姓，是也。或以《左傳》「士踰月，外姻至」，疑始死哭位不得有異姓。不知外姻是言其遠者，若近則始死亦即來也。上言婦人，下不言男子言兄弟者，古人通謂婚姻爲兄弟。又《喪服傳》謂「小功以下爲兄弟」，故以兄弟該之也。

右尸在室主人以下哭位

君使人弔。徹帷。主人迎于寢門外，見賓不哭，先入，門右北面。使人，士也。禮，使人必以其爵。使者至，使人入將命，乃出迎之。寢門，內門也。徹帷，㡑之，事畢則下之。【疏】正義曰：自此至「不辭入也」，言君使人弔、使人襚之事。李穆亭曰：「君使人弔襚不言『若』，則是君於士喪皆必有是禮矣。必徹帷者，以主人在堂下，使者致命於堂上，不可以帷隔之也。」敖氏曰：「喪不迎賓，惟於君及君使則迎之。此不出外門者，别於君之自來也。先入門右，道之。」吴氏廷華云：「見賓不哭，爲其以君命來。」今案：《喪大記》曰「男子出寢門，見人不哭」，鄭注：「見人，謂迎賓客。」據此經也。北面，如見君也。　注云「使人，士也。禮，使人必以其爵」者，《公食大夫禮》云：「使大夫戒，各以其爵。」此禮之通例也。　云「使者至，使人入將命，乃出迎之」者，使者即賓也，喪事雖略於賓主之儀，亦必先使人將命，主人乃出迎也。　云「寢門，內門

❶「牀」，原脱，今據《儀禮管見》補。

也」者，賈疏云：「大夫、士唯有兩門。以下云『主人拜送于外門外』，故知此寢門内門也。」云「徹帷，扆之，事畢則下之」者，賈疏云：「謂褰帷而上，非謂全徹去。」案：扆，《説文》「閉也」，《雜記》釋文引《字林》、《玉篇》亦皆云「閉也」，《纂文》云「古闔字」。是字書竝無褰帷之訓。沈氏彤云：「扆是帷之所以開闔者，故闔之曰施其扆，開之則曰扆之。猶門關之關訓扃，亦訓通，其例一也。」段氏玉裁云：「《士喪禮》注曰：『徹帷，扆之，事畢則下之。』《雜記》注曰：『既出則施其扆，鬼神尚幽闇也。』據此二注，扆有褰舉之義，與《東都賦》『祛黼帷』同。疑《説文》閉當作開。一説扆在開閉之間，故兼此二義。」今案：段後一説略與沈同。《文選注》云：「祛，舉也。」《廣雅・釋詁》云「祛，去也」，又云「祛，開也」，王氏《疏證》云：「《莊子・胠篋》篇司馬彪注云：『從旁開爲胠。』《秋水》篇『公孫龍口呿而不合』，《吕氏春秋・重言》篇『君呿而不唫』，高誘、司馬彪注竝云：『呿，開也。』祛、胠、呿古通用。袖口謂之祛，義亦同也。」竊疑此扆字與祛、胠、呿亦通。《曲禮》「暑無褰裳」，鄭注：「褰，袪也。」是扆有褰義。又下君使人襚，復云徹帷，是事畢則下之，有事又徹之也。下小斂訖徹帷，經復云帷堂，此君使人弔襚，徹帷後不更云帷堂，則賈以扆爲「褰帷而上，非謂全徹去」者確矣。**弔者入，升自西階，東面。主人進中庭，弔者致命。**主人不升，賤也。致命曰：「君聞子之喪，使某，如何不淑。」【疏】正義曰：弔者入，謂入寢門。「升自西階，東面」，江氏筠云：「《聘禮》南面致命，此不然者，以其尸在室中，弔主於死者，不容轉以身背之。東面致命，乃於生死兩盡也。」「主人進中庭」，褚氏寅亮云：「中庭，東方之中庭也。故弔者東面向之致命，主人則北面受命。敖氏謂西方之中庭，非。」盛氏世佐云：「中庭，東西節也。其南北之節，蓋三分庭一在北。不在西方者，以聽君命故也。」江氏筠説同。今案：褚氏以爲東方之中庭者，據賓東面言也。盛氏、江氏以中庭爲東西之中者，據《聘禮》「賓自碑内聽命」，碑在東西之中也。此時賓升西階致命，則中庭在東西之中，亦得東面向之。❶又聽命宜近堂，當中庭少北，盛氏、江氏之説是也。注云「主人不升，賤也」者，案：《喪大記》曰：「大夫于君命，迎于寢門外，使者升堂致命，主人拜于下。」云「拜于下」，則受命時得升堂也。《大戴禮》曰：「大夫于君命，升聽命，降拜。」云大夫升聽命，則士賤不得升也。云「致命曰：『君聞子之喪，使某，如何不淑。』」者，此無正文，鄭約《雜記》爲言。《雜記》諸侯相弔：「弔者入，升自西階，東面致命曰：❷『寡君聞君之喪，寡君使某，如何不淑。』」賈疏云：「彼據鄰國之君，此弔己國之士，故不言寡也。」今案：弔己國之士，故亦不言「君之喪」，而云「子之喪」也。**主人哭，拜稽顙，成踊。**稽顙，頭觸地。成踊，三者三。【疏】正義曰：上言主人見賓不哭，至是賓致命畢乃哭也。「拜稽顙」者，拜君弔之命也。《檀弓》曰：「拜稽顙，哀戚之至隱也。稽顙，隱之甚也。」鄭注：「隱，痛也。」《檀弓》又曰：「辟踊，哀之至也。有算，爲之節文也。」此經云成踊，即有算之謂也。方氏苞曰：「前此哭無停聲，踊無算。至是有君命，以敬節哀，然後成踊。」《禮經釋例》曰：「凡君使人弔襚賵，主人皆拜稽顙，成踊。非君之弔襚賵，則拜而不踊。」又曰：「吉事之拜以稽首爲最重，凶事之拜以拜稽顙成踊爲最重，皆見君之禮。拜稽顙成踊者，即《周禮》九拜之振動也。杜子春云：『振，讀爲振鐸之振。動，讀爲哀慟之慟。』最爲得之。先、後鄭不能引伸

❶「面」，原作「西」，今據文義改。
❷「面」，原作「西」，今據《禮記・雜記》改。

其說，而各下己意，經義遂晦。今以《禮經》證之，始知其說之確也。踊與稽顙皆非拜，拜而成踊謂之振動，猶之拜而後稽顙謂之吉拜也。《大祝》九拜之序，稽首、頓首、空首三者皆吉事之拜，由重而輕。振動、吉拜、凶拜三者皆凶事之拜，亦由重而輕，次弟固井井也。」又《周官九拜解》曰：「《檀弓》孔子曰：『拜而後稽顙，頹乎其順也。稽顙而後拜，頎乎其至也。』考之《禮經》，但有拜稽顙而無稽顙拜之文，則拜而後稽顙，其周禮歟？鄭氏《檀弓》注以爲殷之喪拜，似與經未合也。」　注云「稽顙，頭觸地」者，《禮記·問喪》曰：「稽顙觸地無容，哀之至也。」是鄭所本也。《荀子》曰：「至地曰稽顙。」案：稽之言至也，稽首、稽顙同爲頭至地，惟稽顙以顙觸地無容爲異耳。《說文》：「顙，頟也。」云「成踊，三者三」者，案：《曾子問》君薨世子生，三日告殯，云：「祝、宰、宗人、衆主人、卿、大夫、士哭踊，三者三。」孔疏：「每踊三度爲一節，如是者三，故云『三者三』。」又《檀弓》疏云「跳躍爲踊，每一踊三跳，三踊九跳」是也。

賓出，主人拜送于外門外。【疏】正義曰：外門，大門也，對寢門爲外門。凡迎送之禮，迎于外門外者，送亦于外門外。此經迎于寢門外，送于外門外，又迎不拜而送拜，皆喪禮異也。此及上文但言主人，不言衆主人者，下記云「尸在室，有君命，衆主人不出」，注云：「不二主。」故喪禮拜賓，惟主人一人也。以上是君使人弔之禮。

君使人襚。徹帷。主人如初。襚者左執領，右執要，入，升致命。襚之言遺也，衣被曰襚。致命曰：「君使某襚。」【疏】正義曰：襚以助斂。《說文》：「襚，衣死人也。」《少儀》曰：「臣致襚於君，則曰：『致廢衣於賈人。』敵者曰『襚』。」此云「君使人襚」，則於敵以下亦稱襚也。禮別更端，弔襚不同時。上君使人弔徹帷，此又言徹帷，則弔事畢即下之也。「主人如初」，謂如上弔時出迎先入諸儀也。「襚者左執領，右執要」，案：衣之上曰領，裳之上曰要。敓氏云：「此執衣如復，則是衣裳具，且簪裳於衣也。」蔡氏云：「襚衣多，恐此衣或與彼裳混，則簪裳於衣，以成一稱，宜也。」入升致命，亦如弔時也。　注云「襚之言遺也，衣被曰襚」者，《白虎通》云：「贈襚何謂也？贈之爲言稱也，玩好曰贈。襚之爲言遺也，衣被曰襚。知死者則贈襚。」《公羊傳》「衣被曰襚」，何注：「襚猶遺也，遺是助死之禮。」《穀梁傳》：「衣衾曰襚。」劉向《説苑》亦云：「衣衾曰襚。」衾即被也。蔡氏云：「大斂時衾亦在算，則固有以被襚者矣。」云「致命曰：『君使某襚。』」者，亦約《雜記》文。賈疏云：「君襚雖在襲前，襲與小斂俱不得用，大斂乃用之。」吴氏廷華云：「大斂衣在外，所以榮君賜也。」**主人拜如初。襚者入衣尸，出，主人拜送如初。**【疏】正義曰：主人拜如初，拜君襚之命也。云如初，亦如上弔時拜稽顙成踊也。襚者入衣尸，此入謂入室。衣尸者，蓋以襚衣覆于斂衾之上。「出，主人拜送如初」，亦送于外門外也。以上是君使人襚之禮。**唯君命出，升降自西階，遂拜賓。有大夫，則特拜之，即位于西階下，東面，不踊。大夫雖不辭，入也。**唯君命出，以明大夫以下時來弔襚不出也。始喪之日，哀戚甚，在室，故不出拜賓也。大夫則特拜，别於士旅拜也。即位西階下，未忍在主人位也。不踊，但哭拜而已。不辭而主人升入，明本不爲賓出，不成禮也。【疏】正義曰：此以下言因君使人弔襚，出而見賓之儀也。○「升降自西階」，「自」下嚴本有「階」字，唐石經無，從石經。○《儀禮紃解》云：「初喪尸在室，不可乍違，惟君命弔襚，不可不出。但既出而見賓之在焉，則又無漠然竟入之理，故因而拜之。」敖氏云：「唯君命出，小斂以前則然。升降自西階，自此至葬，其禮然也。於大夫云特拜，見于士亦旅之也。即位于西階下，此非正位，因事而出，乃在是耳。主人即位，大夫宜辭之，謂不必以己故而留于外也。既辭，則主人乃入。大夫若或不辭，主人猶入矣。」今案：「升降自西階」者，以阼階是主階，不忍由之。《曲禮》云「居喪之禮，升降不由阼階」是也。「有大夫則特拜之」，有者，原是不定之辭，但自此至入也，皆言大夫賓之禮。上命赴云「有賓則拜之」，以賓是士，故拜之而即入。此賓爲大夫，是尊於己者，故特拜之而少立于西階下東面，皆以别於士。蓋西階下本無位，此即位不過少立於此耳。李氏如圭以不辭爲不致弔辭，敖氏以不辭爲不辭主人使入。玩經文語勢，似敖義爲長。王氏士讓曰：「不待大夫之辭而主人竟入，以尸旁不可久離故也。」此説得之。又案：《喪大記》曰：「士之喪，於大夫，不當斂則出。」此經云「唯君命出」，則是小斂以前大夫來弔，不當斂亦不出也。《喪大記》與此不合。但經是周公所作，井然不紊，記是後人所述，或有異聞。學者於經傳異同之説，遵經而舍傳，毋以傳而疑經可矣。注云「唯君命出，以明大夫以下時來弔襚不出也」者，唯，獨也。獨君命出，則其餘皆不出也。所以然者，以始喪之日哀戚甚，在室，故不出拜賓也。經云「遂拜賓」者，係因君命出而拜之，非爲拜賓出。賈疏謂「因事曰遂」是也。云「大夫則特拜，别於士旅拜也」者，下小斂後「主人拜賓，大夫特拜，士旅之」，是特拜别於士旅拜也。云「即位西階下，未忍在主人位也」者，以阼階下是主人之位，未忍在此，故少立于西階下，亦升降自西階之意也。云「不踊，但哭拜而已」者，以下主人拜賓云「即位踊」，是拜而成踊，此不踊，則但哭拜而已，與正拜賓異也。云「不辭而主人升入」，義已見上。云「明本不爲賓出，不成禮也」者，若爲拜賓出，則拜必成踊，且待其辭而後入，乃爲成禮。今即位而不踊，又不待辭而即入，則不成禮矣。以本不爲賓出，故不必與賓成禮也。以上是總言受君弔襚之時，其見賓之儀如此，非專爲君使人襚言也。

右君使人弔襚

親者襚，不將命，以即陳。大功以上，有同財之義也。不將命，不使人將之致於主人也。即陳，陳在房中。【疏】正義曰：自此至「適房」，言親者及庶兄弟朋友致襚之事。注云「大功以上，有同財之義也」者，此親者兼齊衰、大功而言，以有同財之義，故不將命，亦不言主人拜也。云「不將命，不使人將之致於主人也」者，上言「親者在室」，則可以直達，故不須將命也。云「即陳，陳在房中」者，以下徹衣者執以適房，故知陳在房中也。經云「以即陳」，謂即就房中所陳處陳之。《少儀》曰「親者兄弟，不以襚進」是也。**庶兄弟襚，使人以將命于室。主人拜于位，委衣于尸東牀上。**庶兄弟，即衆兄弟也。變衆言庶，容同姓耳。將命曰：「某使某襚。」拜于位，室中位也。【疏】正義曰：《喪大記》云「親戚之衣，受之不以即陳」，孔疏：「大功以上襚之不將命，自即陳于房中。小功以下及同姓皆將命。」是此親戚之衣，謂小功以下，對上親者「即陳」言之也。注云「庶兄弟，即衆兄弟也」者，上經「親者在室」，下即言「衆兄弟」，故知此次親者即衆兄弟也。云「變衆言庶，容同姓耳」者，庶，疏遠之稱。同姓，謂袒免及絶服以外者。《大傳》曰「五世袒免，殺同姓也，六世親屬絶矣」，是也。「容同姓」者，容庶中兼有疏遠之同姓也。敖氏以庶兄弟中兼有外兄弟。但上「衆兄弟」注謂小功以下，則外兄弟已統之矣。此庶兄弟哭位在堂下，故致命于室，亦容有不在哭位而襚者，故均須使人將命于室也。下記云：「其襚于室，户西北面致命。」謂此時也。云「將命曰：『某使某襚。』」者，上某，庶兄弟名；下某，所使人名。云「拜于位，室中位也」者，謂室中牀東位也。拜不稽顙，别於君使人襚也。又君襚以衣尸，此委衣於尸東牀上，亦别於君襚也。敖氏云：「辟君襚，且不必其用之也。」張氏云：「委衣，將命者委之也。」但致命北面，委衣于尸東，當西面。李氏云「下經曰：『西面委衣，如於室禮。』則委衣西面」，是也。**朋友襚，親以進。主人拜。委衣如初，退。哭不踊。**親以進，親之恩也。退，下堂反賓位也。主人徒哭不踊，别於君襚也。【疏】正義曰：敖氏云：「親者襚不將命，庶兄弟將命不親致，朋友則親致之。蓋親則禮略，疎則禮隆，聖人之意然爾。」今案：此即「父黨無容」之義也。主人拜，亦拜于位，不稽顙也。敖氏云「既小斂拜襚者則稽顙，此惟拜而已者，以其與君襚同節，宜遠辟之」，是也。張氏爾岐云：「委衣如初，如其于尸東牀上。委之者，朋友也。」今案：下記云「襚者委衣于牀，不坐」。注云「親以進，親之恩也」者，謂朋友相親之恩意也。云「退，下堂反賓位也」者，賓位詳「有賓則拜之」下。此退，謂朋友襚者退也。云「主人徒哭不踊，别於君襚也」者，上君襚時主人哭拜稽顙成踊，此徒哭不踊，是示别也。敖氏以「退哭不踊」爲兼庶兄弟及朋友襚而言。褚氏寅亮云：「朋友親襚，故注以反賓位釋退字。敖氏兼庶兄弟使者退言，似混。」今案：褚氏之説是也。**徹衣者執衣如襚，以適房。**凡於襚者出，有司徹衣。【疏】正義曰：上文君襚時「襚者左執領，右執要」，此徹衣者執衣亦如之。但云「如襚」，則是凡襚者皆左執領，右執要也。親者以下不言者，省文。《雜記》亦曰：「襚者左執領，右執要。」以適房，當以陳也。注云「凡於襚者出，有司徹衣」者，盛氏世佐云：「凡者，凡君及庶兄弟、朋友之襚也。親者襚以即陳，則不須徹矣。」方氏苞云：「君襚不徹，襲與小斂後仍以覆衾，直至大斂然後以覆於外而包庶襚耳。」今案：下經陳襲事于房中及小斂陳衣于房，皆不言君襚，似方説爲然。親者襚以即陳不須徹，是此徹衣專指上委于牀之衣也。庶兄弟及朋友人甚衆，恐襚多牀不足容，故凡於襚者出，即令有司徹之。

右親者庶兄弟朋友襚

爲銘，各以其物。亡則以緇，長半幅，䞓末，長終幅，廣三寸。書銘于末，曰：「某氏某之柩。」銘，明旌也。雜帛爲物，大夫、士之所建也。以死者爲不可别，故以其旗識識之，愛之斯録之矣。亡，無也。無旗，不命之士也。半幅，一尺。終幅，二尺。在棺爲柩。今文「銘」皆爲「名」，「末」爲「旆」也。【疏】正義曰：自此至「階上」，言爲銘之事。○「書銘于末」，「銘」當作「名」。注「大夫、士之所建也」，嚴本脱「士」字。據《周禮·司常》云「大夫士建物」，當有「士」字。「故以其旗識識之」，嚴本脱「以」字，據《檀弓》原文，當有。又《檀弓》「識」字不重，嚴本重「識」字，《集釋》、各本同。《釋文》云：「上音試，下音式。」注疏本作：「下音志。」又《周禮·小祝》注引《檀弓》亦重「識」字。《釋文》：「識識，竝傷志反。一讀下識如字。」是鄭所見本與今異也。今案：上「識」字當作「幟」解。識，古幟字。《漢書·王莽傳》「旌旗表識」，師古注「識讀與幟同」是也。漢時多以旗幟連言，《高祖紀》「旗幟皆赤」，旗幟即徽幟也。下「識」字音式，則當作知識解，謂以其旗幟知之也。若音志，則當作識記解，謂以其旗幟記之也。二義竝通。「無旗」，嚴本「旗」作「旌」，《集釋》同，戴校云：「今注疏本訛作旗。」今案：無旗，謂無旗物也，似當作旗。「在棺爲柩」，今《禮記》原文「爲」作「曰」。○銘，所以表柩也。《周禮·司常》曰：「大喪共銘旌。」《喪服小記》曰：「復與書銘，自天子達于士，其辭一也。」則銘天子至士皆有之。爲銘各以其物，是泛言爲銘之制如此。各以其物，謂各以生時所建之旗也。《司常》曰：「掌九旗之物名。」又曰：「贊司馬頒旗物。」即此經所謂物也。亡，謂無其物。無物則以緇，長半幅，䞓末，長終幅，廣三寸爲之。緇，黑色。䞓，赤色。言䞓末，則上緇下䞓也。《説文》：「䞓，赤色也，从赤巠聲。」又云：「經或从貞作禎。」是經爲正字也。廣三寸，謂緇、經皆廣三寸也。書銘于末，謂書名於經也。此銘當作名，詳下。曰「某氏某之柩」，上「某」爲死者姓氏，下「某」死者名。《喪服小記》曰：「復與書銘，男子稱名。」敖氏云：「銘書其名者，以卒哭乃諱故也。」　注云「銘，明旌也」者，《檀弓》文，彼注云：「神明之精。」云「雜帛爲物，大夫、士之所建也」者，《司常》曰：「雜帛爲物。」又曰：「大夫、士建物。」是鄭所本也。案：鄭引「雜帛爲物」，非釋經「物」字，以爲銘用生時所建之旗，而雜帛爲物係士生時所建，故引以明之也。賈疏以鄭此注爲釋經「物」字，則於經各字義難通，故多曲説，後人并以此訾鄭，誤矣。詳《訂疑》。云「以死者爲不可別，故以其旗識識之，愛之斯録之矣」者，亦《檀弓》文。下又曰：「敬之斯盡其道焉耳。」鄭彼注解「愛之」、「敬之」二句，謂重與奠。此又以解明旌者，書銘亦是「愛之斯録之」之事，義得兩通，故鄭兩解之也。但此注止引「愛之」一句，《檀弓》疏謂鄭《士喪禮》注引「愛之」、「敬之」二事以解明旌，似誤。云「亡，無也」者，亡、無古通，此經亡爲有無之義，以無釋之，則易曉也。云「無旗，不命之士也」者，以此篇是士禮，無旗則是爲不命之士言也。近儒疑無旗爲庶人，非。云「半幅，一尺。終幅，二尺」者，賈疏以布幅二尺二寸兩邊各去一寸爲二尺，故半幅一尺，終幅二尺，合之則三尺也。但此疏以布言之，《小祝》、《司常》疏又以爲用繒，與此異。云「在棺曰柩」，《禮記·曲禮》《問喪》二篇，皆有此文。云「今文『銘』皆爲『名』，『末』爲『旆』也」者，胡氏承珙云：「段氏玉裁曰：『《周禮·小祝》故書作銘，今書或作名。《祭統》：銘者，自名也。云名已足，不必加金旁，故《説文》於《金部》不録銘字，從《周禮》今書、《禮經》今文也。鄭君注經，乃釋銘爲刻。呂忱乃云：銘，題勒也。不用許説。』承珙案：《小祝》『設熬，置銘』，司農注引《士喪禮》『爲名各以其物』及『取名置于重』，據《釋文》云：『爲名，音銘，下取名同。』是司農引《儀禮》，皆從今文作『名』。杜子春引《檀弓》曰：『銘，明旌也。』則字又作『銘』。段氏以《説文》不録『銘』字，謂不必加金旁，義固可通。然『銘』字經典多有，《荀子·禮論篇》：『其銘誄繫世，敬傳其名也。』是『銘』字不獨漢碑始有，故鄭君定從古文。惟『書銘于末』，司農注《小祝》引作『名』，鄭君注《司常》亦引《士喪禮》『書名于末』。此蓋經字本作『名』，淺人因注有『今文銘皆爲名』之語，遂改經『書名于末』名字亦作『銘』。不知鄭云『皆』者，皆下文『祝取銘置于重』之類耳。《既夕禮》疏云：『今文銘皆作名者，此銘及下陳明器云取銘置于茵，二者皆名。』賈於此申明皆義，而於《士喪禮》『銘皆爲名』，不言『皆』字何指。『末』爲『旆』者，《爾雅》：『繼旐曰旆。』郭注：『帛續旐末爲燕尾者。』《釋名》云：『旆以帛繼旐末也。』《説文》：『旆，繼旐之旗也，沛然而垂。』是旆本旐末之垂者，引申爲凡垂之稱。《小雅·出車》傳曰：『旆旆，垂旒貌。』又引申之，凡垂末者亦謂之旆。此銘旌之末如旗旐之末，故今文得假『旆』爲『末』，鄭用其正字，故從古文。」〇賈疏引《禮緯》云：「天子之旗九仞，諸侯七仞，大夫五仞，士三仞。」但死以尺易仞，故下云「竹杠長三尺」。《司常》疏引《禮緯》同。《小祝》疏引作「天子旌旗之杠九仞，諸侯七仞，大夫五仞，士三仞」，文小異，附載於此。

竹杠長三尺，置于宇西階上。杠，銘橦也。宇，梠也。【疏】正義曰：敖氏據《小祝》注引無「宇」字，遂以「宇」爲衍文。今案：《小祝》疏云：「置于西階上，屋宇下。」則是注本有「宇」字，而傳寫脱耳。〇杠，銘之竿也，以竹爲之。

注云「杠，銘橦也」，《後漢書·馬融傳》章懷注「橦，旗之竿」是也。吳氏紱云：「緇半幅，經終幅，合之長三尺。竹杠長三尺，稱之也。古尺當今尺六寸有奇，但取記姓名識别耳，非如後世爲觀美也。」賈疏云：「此始造銘訖，且置于宇下西階上，待爲重訖，以此銘置于重。又下文卒塗始置于肂。若然，此時未用，權置于此。」云「宇，梠也」者，賈疏云：「《爾雅》『檐謂之樀』，郭云：『屋梠。』」今案：《説文》梠字下云：「齊謂之檐，楚謂之梠。」是梠即檐也。高誘注《淮南子》云：「宇，屋檐也。」是宇與梠，皆檐之名，故鄭云：「宇，梠也。」《説文》：「宇，屋邊也。」宇本屋邊之名，以檐在屋之邊，故又名爲宇。李氏如圭《集釋》云：「屋之邊垂謂之宇。宇西階上，宇之下，西階之上也。」敖氏云：「置，卧而縮置之。」今案：敖説非也。《廣雅·釋詁》：「置，立也。」謂立于西階之上，其上當宇。《詩》：「八月在宇。」亦謂上當宇也。銘所以必置于西階上者，以銘所以表柩，柩在西階上故也。此時尸未斂於柩，蓋預書以表之。

右爲銘

甸人掘坎于階間，少西，爲垼于西牆下，東鄉。 甸人，有司主田野者。垼，塊竈。西牆，中庭之西。今文「鄉」爲「面」。【疏】正義曰：自此至「西序下南上」，皆言陳沐浴襲飯含之具。「甸人掘坎」以下言沐浴飯含之具陳于階下者，「陳襲事」以下言襲衣物陳于房中者，「貝三」以下言沐浴飯含之具陳于序下者，凡三節。○坎以埋沐浴餘瀋及巾柶等物，垼以煑潘水。坎甸人掘之，垼亦甸人爲之。坎制詳下記。階間，東西兩階之間也。少西，則三分階間，一在西與？垼，《説文》作坄，云：「陶竈窗也。」有窗故有鄉，言西牆下，則逼近西牆，故東鄉也。牆亦謂之壁，《特牲·記》「饎爨在西壁」，注「西壁，西牆下」是也。注云「甸人，有司主田野者」，《周禮·序官》甸師下有徒三百人，其職曰：「掌帥其屬而耕耨王藉。」又曰：「共野果蓏之薦。」是其主田野之事也。先大父《儀禮釋官》云：「甸人，公臣，見《公食大夫禮》。士無地，不得有掌田野之人，疏非是。《周禮·宰夫職》曰：『三公六卿之喪，與職喪帥官有司而治之。凡諸大夫之喪，使其旅帥有司而治之。』《職喪職》曰：❶『掌卿大夫、士凡有爵者之喪。凡公有司之所共，職喪令之趣其事。』古者臣有喪事，公家使人治之，以喪事需人孔多，家臣不能具官故也。《特牲》士祭，亦有公有司。此與下管人、夏祝、商祝、周祝、家人、卜人之屬，蓋皆公家之臣來治喪事者也。又案：《喪大記》曰：『甸人爲垼于西牆下。』人君禮亦同。《周禮·甸師》『掌帥其徒以薪蒸役外内饔之事』，與亨爨聯職，故使爲垼也。《喪大記》又曰：『甸人取所徹廟之西北厞薪用爨之。』」云「垼，塊竈」者，下記云「垼用塊」，注：「塊，堛也。」《說文》：「堛，凷也。」塊，俗凷字。是此竈以土塊爲之，與常竈異也。吳氏紱云：「沐浴之潘水，必致其潔，不敢以生人飯食之爨褻之。曾子之喪，浴於爨室，蓋不爲垼，而浴水自爨室來，故記者譏其簡略耳。」云「西牆，中庭之西也」者，李氏如圭云：「中庭，庭南北之中也。蓋堂之前爲庭，庭之東西有牆，此垼在西牆下，而當庭南北之中，故云『中庭之西也』。」云「今文『鄉』爲『面』」者，胡氏承珙云：「《說文》『偭，鄉也』，段氏玉裁曰：『鄉，今人所用之向字也。漢人無作向者。《少儀》：尊壺者面其鼻。注云：鼻在面中，言鄉人也。案：許所據《少儀》作偭，說與鄭同。』承珙案：鄭注《周禮·撢人》『使萬民和說而正王面』、《考工記·匠人》『面朝後市』、《禮記·玉藻》『惟君面尊』，皆云『面猶鄉也』。惟言人則曰面，言物可曰鄉，故此從古文。」**新盆、槃、瓶、廢敦、重鬲，皆**

---

❶「喪職」，原作「職喪」，今據《儀禮釋官》乙正。

濯，造于西階下。新此瓦器五種者，重死事。盆以盛水，槃以承渜濯，瓶以汲水也。廢敦，敦無足者，所以盛米也。重鬲，鬲將縣於重者也。濯，滌溉也。造，至也，猶饌也。以造言之，喪事遽。【疏】正義曰：「槃以承渜濯」，各本無「以」字，盧校據疏補。○此經言盆、槃、瓶、廢敦、重鬲，皆以新器，濯之使潔，陳于西階下俟用。　注云「新此瓦器五種者，重死事」者，此五種皆用瓦，尚質也。必新之，以送死事重，不敢用常褻器也。云「盆以盛水」者，《廣雅·釋器》「盎謂之盆」，王氏《疏證》云：「《爾雅》『盎謂之缶』，郭注：『盆也。』顔師古注《急就篇》云：『缶、盆、盎一類耳。缶即盎也，大腹而斂口。盆則斂底而寬上。』《考工記》：『陶人爲盆，實二鬴，厚半寸，脣寸。』」案：盆陶人爲之，是瓦器也。下經「祝淅米于堂，用盆」，是盆以盛水淅米也。云「槃以承渜濯」者，下經云「渜濯棄于坎」，注云「沐浴餘潘水」是也。槃承餘潘，是置於尸牀下承之。《説文》：「槃，承槃也，從木般聲。」是槃爲盛水器。又云：「鎜，古文從金。盤，籀文從皿。」是槃當以木與金爲之，此注云瓦者，據《喪大記》「士併瓦盤」，故知用瓦耳。《喪大記》又云：「沐用瓦槃。」似瓦槃有大小，經所陳雖未言其數，當不止一槃耳。下云「士有冰，用夷槃」，鄭注《周禮》及《喪大記》，俱以漢之大槃釋夷槃，云：「廣八尺，長丈二尺，深三尺，漆赤中。」據此，則夷槃有采飾，當用木與金爲之，與瓦異。餘詳下經。云「瓶以汲水也」者，《説文》：「缾，罋也。罋，汲缾也。」缾或从瓦作瓶，是瓶爲汲水器也。云「廢敦，敦無足者，所以盛米也」者，下經云「黍稷用瓦敦」，是敦爲瓦器也。又云「敦啟會，面足」，則敦有足矣。但彼敦以盛黍稷，此敦以盛飯含之米，二者異，故彼敦有足，此敦無足。賈疏云：「凡物無足稱廢。《士虞禮》『主人洗廢爵』，注『爵無足』是也。」餘詳《少牢禮》。云「重鬲，鬲將縣於重者也」者，案：《考工記》「陶人爲鬲，實五觳，厚半寸，脣寸」，鄭注：「𣪘受斗二升。」《説文》同。則鬲容六斗也。《説文》又云：「鬲或从瓦作䍌。」是鬲瓦器也。《喪大記》曰：「陶人出重鬲。」下經煮潘用鬲，又以飯尸之餘米用鬲煮爲鬻，縣于重，故名重鬲。或曰：「鬲用二，故云重。重鬲，二鬲也。」云「濯，滌溉也」者，溉當从手作摡，《士昏禮》曰：「某之子未得濯摡于祭祀。」《説文》：「摡，滌也。」是濯爲滌洗使潔也。云「造，至也，猶饌也。以造言之，喪事遽」者，案：「造，至也」係常訓，鄭注《周禮・司門》及《大司寇》同。《儀禮》凡陳器物多言饌，鄭注《士冠禮》「饌，陳也」是也。此造亦爲陳，故云「猶饌也」，但不云「饌」而云「造」者，以喪事匆遽，有造次之義，故云「造」也。蔡氏德晋云：「造者，濯於他處，乃以造於此也。」義亦通。

右沐浴飯含之具陳於階下者

陳襲事于房中，西領南上，不綪。襲事，謂衣服也。綪，讀爲䋫。䋫，屈也。襲事少，上陳而下不屈。江沔之間謂縈收繩索爲䋫。古文「綪」皆爲「精」。【疏】正義曰：此以下皆陳襲尸之具，故云「襲事」。賈疏云：「按下小斂、大斂，先陳先用，後陳後用，依次第而陳。此襲事，以其初死，先成先陳，後成後陳。喪事遽，備之而已，故不依次也。」案：西領者，衣領向西也。敖氏謂尸在室，故西領。王氏士讓云：「案：冠禮陳服于房中，東領北上。此西領南上，吉凶相變。」王氏説是也。注云「襲事，謂衣服也」者，西領，故指衣服言之。但下文所陳不止衣服，舉其大者言也。《喪大記》曰：「凡陳衣者實之篋，取衣者亦以篋，升降者自西階。凡陳衣不詘，非列采不入，絺綌紵不入。」鄭注：「不詘，謂舒而不卷也。」不入，孔疏：「不入陳之也。」皆此陳襲衣服之事。云「綪，讀爲䋫。䋫，屈也。襲事少，上陳而下不屈。江沔之間謂縈收繩索爲䋫」者，案：《説文》：「綪，赤繒也。」綪之本義不訓屈，故鄭讀爲䋫以明之。《説文》：「䋫，紆未縈繩。紆，詘也，一曰縈也。縈，收卷也。」段氏玉裁云：「卷，居轉切。各本作弮，非也。」今案：紆訓爲詘，詘與屈通。《説文》以紆未縈繩解䋫字，是訓䋫爲屈也。未縈繩，即未收卷之繩。凡收卷繩索必屈之，故江沔之間謂縈收繩索爲䋫。鄭引當時語，以證䋫之爲屈義，與許同也。江沔之間，謂江水北、沔水南。《禹貢》「嶓冢導漾，東流爲漢」，孔傳云：「泉始出山爲漾水，東南流爲沔水，❶至漢中東行爲漢水。」沔水即漢水，一水三名也。下經小斂、大斂皆云「陳衣于房，南領，西上，綪」，此云「不綪」，故鄭云「襲事少，上陳而下不屈」，對小斂、大斂言之也。陸氏隴其云：「凡陳物少，一行可訖者，只須言南上、北上，不須言綪、不綪。若物多，一行陳不盡，須兩行、三行者，則必言綪、不綪。假如南上之物，第一行從南至北，第二行仍自南至北，則謂之不綪。若第一行從南至北，第二行取便，即從北至南，則是綪。」蔡氏德晉云：「陳設諸物，首行從前至後陳之，不能盡，次行即接續前行從後至前陳之，如物之屈而復轉也。不綪者，每行更端別起，皆從前至後，不復與前行相接續也。」今案：此二説釋經綪屈義最分明。云「古文『綪』皆爲『精』」者，胡氏承珙云：「今文作『綪』者，綪從糸旁，於縈屈之義爲近，故鄭於經從今文作『綪』，而注則讀爲『䋫』以明其義。《禮記》亦今文，故《玉藻》：『齊則綪結佩而爵韠。』字亦作『綪』，注云：『綪，屈也。』不讀爲『䋫』者，以『綪結』連文，屈義易明也。『綪皆爲精』，皆者，皆下文

❶「東南」，原作「南東」，今據《尚書·禹貢》傳文乙正。

『陳衣于房，南領，西上，綪』也。惠氏棟云：『《説文》綪，讀若旌。案：《孟郁脩堯廟碑》精字作旌，與古音合。《釋文》音綪爲側庚反，非也。』」**明衣裳，用布。**所以親身，爲圭潔也。【疏】正義曰：《論語》：「齊，必有明衣，布。」是明衣爲平日齊居之服也。古者有疾則齊，故襲時近體著此衣裳。言明者，取明潔之義。其制詳下記。用布，謂用帷幂之布，亦見下記。云「所以親身，爲圭潔也」者，下文浴訖即設明衣裳，又云「明衣不在算」，故知是親身之衣。圭亦潔也，詳《士虞·記》。**鬠笄用桑，長四寸，纋中。**桑之爲言喪也，用爲笄，取其名也。長四寸，不冠故也。纋笄之中央，以安髮。【疏】正義曰：《玉篇》云：「髺，胡括、古活二切。鬠同髺。」又云：「髻，居濟切。𩬊同髻。」是《玉篇》以髺、鬠爲一字，髻、𩬊爲一字。《説文》有髺無鬠，有𩬊無髻，髺作䯼，云：「絜髮也。𩬊，簪結也。」段氏玉裁云：「鬠即髺字之異者。絜髮，束髮也。簪結者，既簪之髻也。」然則束之爲鬠，簪之爲髻，鬠與髻亦一矣。餘詳「鬠用組」下。盛氏世佐云：「鬠笄者，鬠訖所加之笄也。必連鬠言之者，以別於固冠之笄耳。」蔡氏德晋云：「生時固髮之笄用骨爲之，今用桑，變於生也。」　注云「桑之爲言喪也，用爲笄，取其名也」者，以桑、喪聲同，喪事用桑，是取其名也。《公羊傳》「虞主用桑」，何注：「桑，猶喪也。用桑者，取其名義。」與此同。《雜記》喪祭「枇以桑」、「畢用桑」，❶亦此義也。云「長四寸，不冠故也」者，賈疏云：「凡笄有二種：一是安髮之笄，男子、婦人俱有，即此笄是也。一是爲冠笄，皮弁、爵弁

❶「枇」，原作「批」，今據《禮記·雜記》改。

笄，❶唯男子有，而婦人無也。此二笄皆長，不唯四寸而已。今此笄四寸者，僅取入髻而已。以其男子不冠，冠則笄長矣。此注及下注知死者不冠者，下記云：『其母之喪，髻無笄。』注云：『無笄，猶丈夫之不冠也。』以此言之，生時男子冠，婦人笄。今死，婦人不笄，則知男子亦不冠也。《家語》云孔子之喪襲而冠者，《家語》王肅之增改，不可依用也。」徐氏乾學云：「古人之襲斂，全體包裹其内，加冠則勢有所難容，故不得已而去之，意在堅束其尸，非以爲容飾也。」又辨《家語》之僞云：「案：襲衣之制，❷士三稱，大夫五稱。孔子即行大夫禮，亦止於五稱，豈有用十一稱之禮？況古之襲與斂皆不用冠，蓋既加冒則無所用冠也。此云章甫之冠，亦不可信，足知《家語》非古也。」吴氏紱云：「襲不以冠者，有掩以裹其首，則無所用冠。若有冠，則不便於小斂、大斂之縱横收束也。呂氏坤乃謂不冠非待死之禮，未之思耳。」今案：《荀子·禮論》云：「設掩面儇目，髻而不冠笄矣。」是可證死者不冠也。不笄，謂無固冠之笄。楊倞注據此經「笄用桑」，以不笄爲或後世略也，誤矣。云「纋笄之中央，以安髮」者，賈疏謂「兩頭闊，中央狹，則於髮安」。沈氏彤《儀禮小疏》云：「案下經『牢中旁寸』，注云：『牢讀爲樓。樓謂削約握之中央。今文牢爲纋。』若纋是兩頭闊、中央狹，則義與牢同，鄭何以疊今文而不從也？又案：《説文》云：『優，饒也。』不出纋字，纋當讀從優，謂兩頭狹，中央闊也。中央闊，則笄之益固，而髮尤安。疏乃反説，非注義。」又云：「《玉篇》云『纋笄之中央髮也』，乃摘鄭

❶「皮弁」下，《儀禮·士喪禮》賈疏有「笄」字。
❷「制」，《讀禮通考》作「數」。

注而失其意。《廣韻》云『笄巾』，則中又傳寫爲巾。二書皆可信，而其誤有如此者。」今案：沈説是也。**布巾，**❶**環幅，不鑿。**環幅，廣袤等也。不鑿者，士之子親含，反其巾而已。大夫以上，賓爲之含，當口鑿之，嫌有惡。古文「環」作「還」。【疏】正義曰：布巾爲飯而設，以覆尸面，用布爲之。注云「環幅，廣袤等也」者，謂巾之制正方也。凡布幅廣二尺二寸，廣袤等，則方矣。劉氏績《三禮圖》以爲方二尺二寸，是也。云「不鑿者，士之子親含，反其巾而已。大夫以上，賓爲之含，當口鑿之，嫌有惡」者，以經云「不鑿」，則禮固有鑿之者矣，故知大夫以上鑿巾以含也。知「士之子親含」者，以下經「主人左扱米，實于右，三，實一貝，左、中亦如之」，是親含也。《雜記》「鑿巾以飯，公羊賈爲之也」，鄭注：「記士失禮所由始也。士親飯，必發其巾。大夫以上，賓爲飯焉，則有鑿巾。」孔疏：「飯，含也。大夫以上，賓爲其親含，恐尸爲賓所憎穢，故設巾覆尸面，而當口鑿穿之，令含得入口也。士自含其親，不得憎穢之，故不得鑿巾，但露面而含耳。於時公羊賈是士，故爲失禮也。」是鑿巾嫌有惡也。但此注云「士親含，反其巾」，彼注云「發其巾」，似不同者，沈氏彤云：「二義當兼用，蓋發其巾而反之也。」云「古文『環』作『還』」者，惠氏棟云：「古『環』字皆作『還』。《春秋傳》云：『諸侯之師還鄭而南。』又哀三年傳云：『道還公宫。』《公羊傳》云：『以地還之也。』又云：『師還齊侯。』《漢書・食貨志》云：『還廬樹桑。』皆讀爲『環』。」胡氏承珙云：「環幅者，周一幅也。昭十六年《左傳》『環而塹之』，注云：『環，周也。』」今案：「還」與「環」義雖通，但作「環」易曉，故鄭從今文。**掩，練帛廣終幅，長**

❶「巾」，原作「衣」，今據《儀禮注疏》改。

五尺，析其末。掩，裹首也。析其末，爲將結於頤下，又還結於項中。【疏】正義曰：掩亦所以代冠，惟有掩，故不用冠也。練帛，熟帛。經不言色，蓋用素帛，即《考工記・㡛氏》所謂「湅帛」也。《説文》：「練，湅繒也。」是練爲已湅之帛。以練帛爲掩，取其軟也。《荀子》所謂「設掩面」，即此。然掩以代冠，自覆頭，非覆面也。廣終幅，據《聘禮》疏引《鄭志》趙商問：「咫八寸，四八三十二，幅廣三尺二寸，太廣，非其度。」荅曰：「古積畫誤爲四，當爲三。三咫，則二尺四寸矣。」是終幅爲二尺四寸。此掩蓋廣二尺四寸，而長五尺也。注云「掩，裹首也」者，謂以掩裹頭，非連首全裹之也。《説文》：「掩，斂也。小上曰掩。」《釋名》：「綃頭，齊人謂之幓，言斂髮使上從也。」《方言》：「幓，幧頭也。」吴氏紱云：「下言幎目，則掩自額以上可知。」其説是也。後世生人幧頭之制，亦以帛爲之，有似于掩，故名爲幓。然《禮經》自作掩，幓是後代字。吴氏廷華謂掩當作幓，非矣。後周之幞頭，宋人之幅巾，蓋亦以帛裹頭者。《書儀》、《家禮》襲用幅巾，其倣古者掩之遺象歟？云「析其末，爲將結於頤下，又還結於項中」者，蓋即以掩前後兩端之末各析爲二條以爲繫，後二條向前結於頤下，前二條向後結於項中，不別用組繫也。云將者，此時但陳之而已，未結也。下經「商祝掩瑱設幎目」，乃結之，故云「將」。餘詳下。**瑱用白纊。**瑱，充耳。纊，新緜。【疏】正義曰：注云「瑱，充耳」者，《淇奥》詩曰「充耳琇瑩」，《毛傳》「充耳謂之瑱」是也。亦名塞耳，《君子偕老》詩曰「玉之瑱也」，《毛傳》：「瑱，塞耳也。」下記云「瑱塞耳」，注云：「塞，充窒。」是充耳、塞耳義一也。云「纊，新緜」者，詳下記「屬纊以俟絶氣」下。士生時當用象爲瑱，又別有紞以懸之。《著》詩曰「充耳以素乎而」，《毛傳》「素，象瑱」。此詩首章，毛以爲士服，故知生時當用象爲瑱。今不用象而用白纊爲瑱，又無紞懸，異於生也。**幎目，用緇，方尺二寸，䞓裹，**

著，組繫。幎目，覆面者也。幎，讀若《詩》曰「葛藟縈之」之「縈」。赬，赤也。著，充之以絮也。組繫，爲可結也。古文「幎」爲「涓」。【疏】正義曰：《荀子》云「設儇目」，儇目即幎目也。方尺二寸，廣袤皆尺二寸也。言赬裏，則緇其表矣。　注云「幎目，覆面者也」者，《説文》：「幎，幔也。《周禮》有幎人。」今《周禮》作冪。鄭注《周禮》云：「以巾覆物曰冪。」此幎目雖以目爲名，亦兼覆面，《吕氏春秋·知化》篇云「乃爲幎以冒面而死」是也。云「幎，讀若《詩》云『葛藟縈之』之『縈』」者，胡氏承珙云：「讀幎若縈，祇是比方其音。幎之義爲覆，賈疏謂似葛藟之縈，非也。」云「赬，赤也」者，《爾雅》「再染謂之赬」，鄭云赤，係大概言之，其實赬是淺赤也。云「著，充之以絮也」者，謂以絮充入緇表赬裏之中。云「組繫，爲可結也」者，賈疏云：「四角有繫，於後結之。組繫，以組爲繫也。」云「古文『幎』爲『涓』」者，古从睘从目之字，以聲近每多通借，如「蜎」或作「蠉」，「狷」亦作「獧」。《荀子》作「儇」，蓋與古文作「涓」相近。鄭以「幎」爲正字，故從今文。**握手，用玄，纁裏，長尺二寸，廣五寸，牢中旁寸，著，組繫。**牢，讀爲樓。樓，謂削約握之中央，以安手也。今文「牢」爲「纋」，「旁」爲「方」。【疏】正義曰：盛氏世佐謂握手所以韜手，兩手各一。方氏苞謂「長尺二寸廣五寸，乃以一面言，其制宜合二面如囊」，是也。但盛氏解牢中旁寸，謂「狹其中爲四寸，以安食指、中指、無名指、小指，而其旁一寸以安大指」，方氏謂「削約握之前半，旁各一寸」，則皆未合。至郝氏敬謂「握手縫帛如箭，韜尸兩手。牢，猶籠也。空其中，旁寬寸，兩手交貫於牢」，萬氏斯大説亦略同。沈氏彤《儀禮小疏》辨之曰：「郝氏因牢讀爲樓無他證，又誤解下經『設決麗于掔』爲左決連右掔，右決連左掔，使手交如生，故杜撰此制耳。不知尸之手古今未有不旁垂者，蓋象其始生時，亦便於斂。若兩手交疊，則於斂不便。其云『牢猶籠也，空其中，旁寬寸』，解亦未洽。蓋握手之制，自賈疏已誤，後世解者雖多，不得其旨。」今案：握手用玄纁裏，據下記云「裏親膚」，則玄在外矣。長尺二寸，謂從指至臂長尺二寸也。凡言衣袂及手之長短，皆自肩臂至指掌言之，未有横計之者。下記云「設握結于擘」，則從指至擘蓋尺二寸也。廣五寸，乃言其寬。經所云長廣，止就一面言。其制用兩面逢合如囊，則以玄爲表，每面各用玄長尺二寸廣五寸，以纁爲裏，亦每面各用纁長尺二寸廣五寸，而縫合其兩旁及下端，留上端不縫，以手貫入也。「牢中旁寸」者，謂削約握上下之中兩旁共一寸，則廣四寸矣。所以必削握之中央者，以握之中央正當指掌之上、臂之下，爲手之狹處，故必削約之，而握與手乃固，注謂「削約握之中央以安手」是也。著亦謂以絮充入玄表纁裏之中，組繫亦以爲結，注不言者，已詳上也。前陳明衣裳及飯含之巾言用布，掩言用帛，此及幎目不言者，蓋亦用帛爲之，蒙掩而省也。掩及幎目以裏首，握手以裏手也。　注云「牢，讀爲樓」，《校勘記》謂「樓」字當從手作「摟」。胡氏承珙云：「牢讀爲樓者，聲之轉。高誘注《淮南》『牢籠天地』云『牢讀屋霤』，是其例。《爾雅》：『陜而修曲曰樓。』此謂削約握之中央，正與『陜而修曲』義近，似不必改樓爲摟也。」今案：嚴本作樓，各本亦皆作樓。惠氏棟云：「古音牢、樓同，從樓爲是。」「今文樓爲緩」，各本作「樓」，《集釋》「樓」作「牢」，《校勘記》云：「鄭既讀牢爲樓，因曰『今文樓爲緩』。《少牢》『上佐食以綏祭』，注云：『綏，或爲挼。挼，讀爲墮。古文墮爲肵。』與此同例。」「緩」字義詳上。此握中央狹，兩頭闊，與「緩」義殊，故鄭從古文作「牢」，而讀爲「樓」以明其義也。「旁爲方」者，段氏玉裁云：「凡《儀禮》古文作『旁』，今文作『方』。凡《尚書》古文作『方』，今文作『旁』。是『方』、『旁』本通。」胡氏承珙云：「鄭意今文作『方』，疑於其方一寸，故從古文。」**決，用正王棘若檡棘，組繫，纊極二。** 決猶闓也，挾弓以横執弦。《詩》云：「決拾既佽。」正，善也。王棘與檡棘，善理堅刃者，皆可以爲決。極猶放弦也，以沓指放弦，令不挈指也。生者以朱韋爲之而三，死用纊又二，明不用也。古文「王」爲「玉」，今文「檡」爲「澤」。世俗謂王棘矺鼠。【疏】正義曰：決著右手大指，所以鉤弦。生時用象骨爲之，詳《鄉射》、《大射》二篇注。此用木，異於生也。用正王棘若檡棘，言王棘及檡棘之善者皆可用。賈疏謂料用其一，不謂兼用，是也。組繫，將以結於擘者。極，即沓也，亦著於右手指，以利放弦。纊極，謂以纊爲極也。言二，當著於右食指、將指。　注云「決猶闓也」者，闓，開也。《大射》注云：「決猶闓也，所以鉤弦而闓之。」是決以闓弦，即謂決爲闓也。云「挾弓以横執弦」者，言未射之時，亦以決執弦。《大射儀》云「挾乘矢于弓外，見鏃于弣，右巨指鉤弦」，注「方持弦矢曰挾」是也。《詩》云「決拾既佽」，《車攻》篇文，鄭箋：「佽謂手指相次比也。」此引以證射時用決之意。云「正，善也」者，鄭訓正爲善，與《士冠禮》注同。正兼王棘與檡棘，故云「王棘與檡棘，善理堅刃者，皆可以爲決」也。云「極猶放弦也，以沓指放弦，令不挈指也」者，著極以利放弦，因即謂極爲放也。《大射儀》「朱極三」，注云：「極猶放也，所以韜指，利放弦也，以朱韋爲之。三者，食指、將指、無名指。無極放弦，契於此指，多則痛。小指短，不用。」是也。沈氏彤云：「案：《説文》云：『揩，縫指揩也。一曰韜也。』《大射儀》注云：『極，所以韜指。』是沓與揩同。沓指，即韜指也。《説文》云：『挈，縣持也。』《釋文》云：『挈，劉本作契。』《大射儀》注云：『無極放弦，契於此指，多則痛。』《釋名》云：『契，刻也。』是挈當爲契，但二字亦通用。」云「生者以朱韋爲之而三，死用纊又二，明不用也」者，言此以別於生也。陳氏祥道云：「生者以朱韋，所以致飾。死者以纊，所以復質。」敖氏謂士生時亦用二，褚氏寅亮云：「生時用極皆三，不以貴賤而差，尸用二，明不用也。敖説非。」云「古文『王』爲『玉』，今文『檡』爲『澤』」者，胡氏承珙云：「《周禮・九嬪》『贊玉齍』，注：『故書玉爲王，杜子春讀爲玉。』小篆『玉』與『王』皆三畫，惟『玉』三畫勻，『王』中畫近上不勻，故古書每多相溷。凡物之大者或有王名，如《爾雅》『蟒王蛇』之類。《周禮・䱷人》注亦云：『王鮪，鮪之大者。』故從今文作『王』。『檡』爲『澤』者，《玉篇》云：『檡，樗棗也。』樗棗似柿而小，是『檡』爲正字，故鄭從古文。」云「世俗謂王棘矺鼠」者，沈氏彤云：「《玉篇》云：『矺，磓也。』磓，落也。若云王棘可以落鼠也。」惠氏棟云：「王棘矺鼠，言王棘可以矺鼠也。矺，古磔字。《史記・李斯列傳》云：『十公主矺死于杜。』張守節云：『矺，音貯格反。』司馬貞曰：『矺音宅，與磔同，古今字異耳。』磔鼠，見《張湯傳》。司馬公《類篇》云『王棘一名矺鼠』，劉昌宗音矺爲托，皆失之。」○凡射時著于手者有三：一曰決，著于右巨指。《車攻》詩曰「決拾既佽」，《毛傳》：「決，鉤弦也。」《周禮・繕人》「掌王之用弓弩矢箙矰弋抉拾」，鄭司農云：「抉，所以縱弦也。《詩》家説或謂抉謂引弦彄也。」《儀禮・鄉射禮》「司射適堂西袒決遂」，注云：「決猶闓也，以象骨爲之，著右大擘指，以鉤弦闓體也。」《大射儀》「司射適次袒決遂」，注云：「決猶闓也，以象骨爲之，著右巨指，所以鉤弦而闓之。」是射者皆以象骨爲決，無貴賤之異也。《士喪禮》「決用正王棘若檡棘」，注云：「決猶闓也。王棘與檡棘，善理堅刃者，皆可以爲決。」是死者所用也。鄭注《繕人》云：「抉，挾矢時所以持弦飾也，著右手巨指。《士喪禮》曰『抉用正王棘若檡棘』，則天子用象骨歟？」孔穎達《芄蘭》疏申之曰：「以士用棘，故推以上用骨。諸侯亦用象骨，大夫用骨，不必用象。」今案：《鄉射》、《大射》二篇皆有士與射，經不云士用棘，注亦不云士不用象骨也，則《周禮注》殆未定之説歟？《説文》亦云決以象骨爲之，段氏玉裁《説文注》云：「決即今人之扳指也。《士喪禮》用棘施諸死者，疑生者用象若骨。」其說是也。決字亦作抉，又作玦。《詩》、《儀禮》作決，《周禮》作抉，《禮記·内則》作玦。一曰極，著右食指、將指、無名指。《大射儀》「朱極三」，注云：「極猶放也，所以韜指，利放弦也，以朱韋爲之。三者，食指、將指、無名指。無極放弦，契於此指，多則痛。小指短，不用。」《士喪禮》「纊極二」，注云：「極猶放也，以沓指放弦，令不契指也。生者以朱韋爲之而三，死用纊又二，明不用也。」賈疏云：「大射朱極三，是爲君設。鄭引以證士禮，則尊卑生時俱三，皆用朱韋。死者尊卑同二，用纊也。」極又名韘，又名沓。《芄蘭》詩曰「童子佩韘」，鄭箋云「韘之言沓，所以彄沓手指」，孔疏云「右手指著沓」是也。但《毛傳》以韘爲玦，《說文》亦云：「韘，射決也。」段氏玉裁云：「鄭以《禮經》之極釋韘，意以韘、極、沓三字雙聲，且極用韋爲之，決則用象骨爲之，故不從毛而易其義，許說從毛也。以字从韋論之，鄭爲長矣。」《禮經釋例》亦云：「韘字從韋，鄭義似長。陳氏《禮書》亦取鄭氏。」此皆著于右手者也。一曰拾，著于左臂。拾亦名遂，又名捍，又名鞲，一物四名。《車攻》傳云：「拾，遂也。」《繕人》注鄭司農云：「拾者，所以引弦也。《詩》家說拾謂韝扞也。」後鄭云：「韝扞著左臂，裏以韋爲之。」《鄉射禮》注云：「遂，射鞲也。以韋爲之，所以遂弦者也。其非射時，則謂之拾。拾，斂也，所以蔽膚斂衣也。」《大射儀》注云：「遂，射韝也，以朱韋爲之，著左臂，所以遂弦也。」鄭注《鄉射禮》但云「以韋爲之」，注《大射》云「朱韋」者，蓋以《大射》極用朱韋，故謂遂亦用朱韋歟？戴氏震云：「禮，大夫與士射，袒纁襦。君在大夫射，則肉袒，公袒朱襦。皆既袒乃設拾，故鄭氏曰『著左臂，所以蔽膚斂衣也』。」《曲禮》「野外軍中無摯，以纓拾矢可也」，鄭注：「拾謂射韝。」《内則》「右佩玦捍」，鄭注：「捍謂拾也，言可以捍弦也。」《說文》：「韝，射臂衣也。」此其著于左手者也。《廣雅》「拾、捍、韝，韘也」，王氏《疏證》云：「拾、捍、韝爲一物，韘爲一物，失之矣。」**冒，緇質，長與手齊，䞓殺，掩足。** 冒，韜尸者，制如直囊，上曰質，下曰殺。質，正也。其用之，先以殺韜足而上，後以質韜首而下，齊手。上玄下纁，象天地也。《喪大記》曰：「君錦冒，黼殺，綴旁七。大夫玄冒，黼殺，綴旁五。士緇冒，䞓殺，綴旁三。凡冒，質長與手齊，殺三尺。」【疏】正義曰：《雜記》云：「冒者何也？所以揜形也。」《釋名》云：「以囊韜其形曰冒。覆其形，使人勿惡也。」❶案：冒是總名，分之有質有殺。劉氏績曰：「冒上身者方正，故曰質。冒下身者漸狹，故曰殺。與手齊、掩足，準死者身而爲之，初無寸量也。」今案：《喪大記》云「殺三尺」，劉蓋不以爲然。以冒所以揜形，必自首至足盡揜之，人之長短不齊，故經於質不言尺，殺亦不言尺，意蓋信經不信記也。○注引《喪大記》云「大夫玄冒黼殺」，張氏淳《儀禮識誤》云：「監、杭本黼作黻，巾箱、嚴本之爲黼，其以《禮記・喪大記》之文乎？《禮器》曰『君黼，大夫黻』，《喪大記》之文蓋誤也，從監、杭本。」戴校《集釋》據《識誤》改「黻」字，宜從之。云「冒，韜尸者，制如直囊」者，以爲囊方便韜尸，但其制當爲兩囊。鄭注《喪大記》云「冒者，既襲所以韜尸，重形也」，孔疏云「冒有質、殺，作兩囊」，是也。云「上曰質，下曰殺。質，正也」者，質正係常訓，以殺義易明，質義難明，故以正釋之，言其制正直也。云「其用之，先以殺韜足而上，後以質韜首而下，齊手」者，此時特陳之未用，故云「其用之」也。用必先韜足而上，後韜首而下者，以殺狹而質寬，先用殺韜之，而後韜質，乃可綴合也。云「上玄下

❶ 「人」，原脱，今據《釋名・釋喪制》補。

纁，象天地也」者，係大概言之也。其實六入爲玄，七入爲緇，緇是深玄。再染爲經，三染爲纁，經是淺纁也。引《喪大記》者，證冒有尊卑之差，且以證士緇質經殺，與此經合也。君以錦爲質，黼爲殺。大夫以玄爲質，黼爲殺。士以緇爲質，經爲殺。記不云「質」而云「冒」者，以冒是大名，故代質言之。下云「凡冒，質長與手齊，殺三尺」，則固質殺分矣。綴旁之義，孔疏謂每囊橫縫合一頭，又縫連一邊，餘一邊不縫，兩囊皆然，不縫之邊上下安帶，綴以結之。張氏惠言《儀禮圖》云：「據鄭云『殺韜足而上，質韜首而下』，則質殺皆縫合兩邊如囊。若如孔言，則自旁韜之矣，然則賈説爲合。綴云旁者，就身中分之，兩旁各七，若五若三也。」今案：張駁孔疏誠是，但賈疏亦不分明。賈既云冒無帶無紐，而又云旁綴質與殺相接之處使相連，則以何者綴之使連乎？聶氏崇義云：「質與殺相接之處，以線綴之使相連。」如聶説，則必既韜而後以線縫之，於情事亦不合，且若七若五若三奚以分？蓋綴旁之義，當仍依孔疏用帶結，但不於一邊綴之，而於身之兩旁質與殺相接之處綴之使合，兩旁各用七帶、五帶、三帶以爲差，如張氏所云是也。**爵弁服，純衣。**謂生時爵弁所衣之服也。純衣者，纁裳。古者以冠名服，死者不冠。【疏】正義曰：注云「謂生時爵弁所衣之服也」者，各本無「所衣」二字，《釋文》有。惠氏棟云：「有者是，疏蓋脱也。」今據補。云「純衣者，纁裳」者，《喪大記》云：「衣必有裳，謂之一稱。」則所陳有裳，因經未言裳，故注補之。此所陳止衣裳，無冠，而經云爵弁服，是以冠名服。故《雜記》「子羔之襲也：素端一，皮弁一，爵弁一，玄冕一」，鄭注「禮以冠名服，此襲其服，非襲其冠」是也。云「死者不冠」，義詳前。純衣纁裳，詳《士冠禮》。**皮弁服。**皮弁所衣之服也。其服，白布衣，素裳也。【疏】正義曰：此云「皮弁服」，亦以冠名服也。注「白布衣素裳」，詳《士冠禮》。**褖衣。**黑衣裳赤緣之，謂之褖。褖之言緣也，所以表袍者也。《喪大記》曰：「衣必有裳，袍必有表，不襌，謂之一稱。」古文「褖」爲「緣」。【疏】正義曰：褖，黑色。《釋名》：「褖衣，褖然黑色也。」褖亦作稅，《玉藻》「士褖衣」，褖或作稅。《雜記》、《喪大記》作「稅衣」，《釋文》音俱與褖同。是褖爲正字，稅爲假借字也。此經褖衣，即玄端服。鄭注《雜記》云「稅衣，若玄端而連衣裳者」是也。沈氏彤云：「《士冠禮》所陳三服有玄端，此易褖衣者，褖衣連衣裳，黑而非玄，與生時相變，又以明爵弁、皮弁二服亦簪裳於衣也。蓋衣裳連則便於襲斂。」王氏士讓云：「此三服者，士冠三加之服也。得正而斃，服是服而安矣。」注云「黑衣裳赤緣之，謂之褖」者，「謂」下本有「之」，注疏本誤刪。黑衣裳以赤緣之，禮服無其文，此注殆指《士昏禮》「女純衣纁袡」言也。彼注云「純衣玄，以纁緣其邊」，是以赤緣之也。《周禮·内司服》六服褖衣爲下，❶士妻服之。褖衣本婦人之服，褖衣黑，此襲時所陳之衣亦黑，又婦人之服連衣裳，此褖衣亦連衣裳，故以褖名之，鄭即以婦人之服解之也。褖衣所以必連衣裳者，褖衣以表袍，袍本連衣裳也。《雜記》「子羔之襲也，繭衣裳與稅衣纁袡爲一」，曾子譏其纁袡爲襲婦服，則此褖衣不用赤緣矣。纁袡係婦人始嫁之服，平日服褖衣亦不用纁袡。男子以褖名衣，唯見此經。鄭注《内司服》云「男子之褖衣黑」，蓋謂此也。云「褖之言緣也」者，案：此緣與上赤緣之緣異，上緣謂緣邊，此緣作飾字解。蓋袍必以緣衣表之，是緣衣爲袍飾，故云「褖之言緣也，所以表袍者也」。引《喪大記》者，證褖衣表袍之義。但今本《喪大記》作「袍必有表，不襌，衣必有裳，謂之一稱」，鄭引先云「衣必有裳」者，欲以見

❶「六」，原作「亦」，今據《周禮·内司服》改。

爵弁、皮弁、褖衣三者皆連衣裳，故爲一稱。下云「乃襲三稱」，即謂此三服也。「袍必有表，不禪」者，彼注云：「袍褻衣，必有以表之，乃成稱也。」子羔之襺衣裳與税衣爲一，亦是以税衣表袍。彼注云：「襺衣裳，若今大褶也。纊爲襺，緼爲袍，表之以税衣，乃爲一稱爾。」是也。云「古文『褖』爲『緣』」者，《周禮・內司服》「褖衣」，經本作「緣衣」，鄭注云：「《雜記》曰：『夫人服，❶税衣、揄狄。』又《喪大記》曰：『士妻以褖衣。』言褖者甚衆，字或作税。此緣衣者，實作褖衣也。」又云：「緣，字之誤。」故於此經從今文作「褖」也。段氏《周禮漢讀考》因《詩・緑衣》孔疏謂《內司服》作「緑衣」，遂謂今本作「緣衣」承石經之誤。胡氏《儀禮古今文疏義》同。今案：《內司服》若作「緑衣」，明言其色，先後鄭注何以無一言及之？且陸氏《釋文》亦作「緣」，云：「或作褖，同吐亂反。」則鄭本是作「緣」，不作「緑」，或孔所據本誤耳。**緇帶。**黑繒之帶。【疏】正義曰：緇帶，詳《士冠禮》。此襲時三服，共一帶也。《雜記》「率帶，諸侯、大夫皆五采，士二采」，鄭注：「此謂襲尸之大帶。士以朱、緑二采。」與此異者，彼疏謂天子之士也。**韎韐。**一命緼韍。【疏】正義曰：韎韐，詳《士冠禮》。「一命緼韍」，《玉藻》文。彼注云：「緼，赤黃之間色，所謂韎也。」是緼韍即韎韐矣。而云緼韍者，凡冕服謂之韍，以其一命之中兼有子男之大夫服冕服助祭，又士之韎韐無飾，大夫則飾以山，故變言緼韍。《儀禮》陳士服，仍名韎韐也。《士冠禮》爵弁服，韎韐；皮弁，素韠；玄端，爵韠。此則三服共一韎韐而已。**竹笏。**笏，所以書思對命者。《玉藻》曰：「笏，天子以璆玉，諸侯以象，大夫以魚須文竹，士以竹本象可也。」又曰：

---

❶「服」，阮元《周禮注疏校勘記》謂當作「復」，其說是也。

「笏度二尺有六寸，其中博三寸，其殺六分而去一。」又曰：「天子搢珽，方正於天下也。諸侯荼，前詘後直，讓於天子也。大夫前詘後詘，無所不讓。」今文「笏」作「忽」。【疏】正義曰：注云「笏，所以書思對命者」，「書思對命」，《玉藻》文。彼注云：「思，所思念將以告君者也。對，所以對君者也。命，所受君命者也。書之於笏，爲失忘也。」《釋名》云：「笏，忽也。君有教令，及所啟白，則書其上，備忽忘也。」此笏以竹爲之，鄭引《玉藻》諸文，證天子以下笏所用物及尺寸制度之異，并以證士之笏用竹也。云「士以竹本象可也」者，今本《玉藻》無「以」字。彼注云：「大夫、士飾竹以爲笏，不敢與君竝用純物也。」孔疏云：「士以竹爲本質，以象牙飾其邊。」云「今文『笏』作『忽』」者，惠氏棟云：「《説文》無『笏』字，古『笏』字本作『曶』。鄭氏《尚書》曰：『予欲聞六律、五聲、八音，在治曶。』注云：『曶者，臣見君所秉，書思對命者也。』《穆天子傳》曰：『帗帶搢曶。』《説文》曰：『曶，出氣詞也。从曰，象氣出形。《春秋傳》有鄭大子曶。』《説文》又云：『曶，籀文作召，一曰佩也，象形。』『曶』又與『忽』通，故《儀禮》一作『忽』是也。」胡氏承珙云：「案：笏字《玉篇》始有，引《字書》云：『珽也，呼骨切。』徐鉉注《説文》尚知此字爲後人所加。蓋鄭本《儀禮》古文作『召』，今文假『忽』爲之，後人盡改經注之『召』作『笏』耳。」今案：《説文》「曶」，籀文作「召」，是「曶」、「召」本一字。段氏注云「不得謂古笏可从口，不可从曰」是也。故鄭氏《尚書》、《穆天子傳》皆作「曶」。胡氏謂《儀禮》古本作「召」，不無拘泥耳。**夏葛屨，冬白屨，皆繶緇約純，組綦繫于踵。**冬皮屨，變言白者，明夏時用葛亦白也。此皮弁之屨，《士冠禮》曰：「素積白屨，以魁柎之。緇約繶純，純博寸。」綦，屨係也，所以拘止屨也。綦，讀如「馬絆綦」之「綦」。

【疏】正義曰：戴校《集釋》以「緇」下「約」字爲衍，與張説同。今案：唐石經有「約」字，各家據《釋文》及《屨人》注引無「絇」字，以爲衍文。然先鄭《屨人》注引此經「冬白屨」作「冬皮屨」，或先鄭所見本與後鄭異。○後鄭《屨人》注云：「舄屨有絇有繶有純者，飾也。」又云：「言繶必有絇純，言絇亦有繶純，三者相將。」則有繶純必有絇，下云「綦結于跗，連絇」可證也。又後鄭《屨人》注云：「絇、繶、純同色。」盛氏世佐云：「案：『皆』，皆冬夏也。皮葛雖異，其制則同。言緇於繶與絇純之間，明此三者皆緇也。」敖氏云：「踵，屨後也。以其當足踵之處，故因以名之。以綦繫於此，欲其斂也。及著之，乃繫于跗。韠用爵弁之韠，屨用皮弁之屨，以二服尊也。」今案：《釋名》云：「足後曰跟，又謂之踵。」此時特陳之耳，尚未著于尸也，則組綦繫于踵，自是繫于屨後，下「結于跗」，乃向前結之。敖說可從。　注云「冬皮屨，變言白者，明夏時用葛亦白也」者，案：《士冠禮》「屨，夏用葛，冬皮屨」，經言夏葛屨，則冬之爲皮屨可知，故變言白，以見夏亦用白也。云「此皮弁之屨」者，以此所陳係皮弁服之屨，亦三服共一屨也。引《士冠禮》者，證此經言白屨緇純，正是皮弁之屨。「素積白屨」至「純博寸」，俱《士冠禮》文，詳《士冠禮》。云「綦，屨係也，所以拘止屨也」者，鄭以經言組綦，綦是屨係之名，用組爲之。《廣雅·釋器》云「鞮履，其紟謂之綦」，王氏《疏證》云「屨系謂之紟，紟、綦一聲之轉」是也。組綦以繫屨，有拘止之義，故云「所以拘止屨也」。《禮記·内則》「屨著綦」，鄭注亦云：「綦，屨繫也。」係、系、繫三字同。孔疏云「著屨之時，屨上自有繫，以結於足」是也。孔又釋綦爲絇，據下云「綦結于跗，連絇」，則綦與絇別矣。云「綦，讀如『馬絆綦』之『綦』」者，胡氏承珙云：「《周禮·弁師》注云：『璂，讀如薄借綦之綦。綦，結也。』案：《說文》『綼』下云『一曰不借綼』，即此所云『薄借綦』也。薄、不，聲之轉。綦，即綼之或體。《喪服傳》注云：『繩菲，今時不借也。』不借爲草屨，其系名綦。葛屨、皮屨之系，亦通名綦。《弁師》之綦，爲皮弁貫玉之結，故以屨系之綦明之。此組綦本爲屨系，故又以絆馬之綦明之耳。」今案：《廣雅・釋器》云：「縶、纈，絆也。」《詩・白駒》「縶之維之」，傳云：「縶，絆也。」《有客》「言授之縶，以縶其馬」，箋亦云：「縶，絆也。」《説文》：「纈，絆前兩足也。」是馬絆之綦以絆馬足，屨係之綦以拘止屨，義近，故鄭讀從之。**庶襚繼陳，不用。**庶，衆也。不用，不用襲也。多陳之爲榮，少納之爲貴。【疏】正義曰：庶襚，即上親者及庶兄弟、朋友之襚也。親者即陳於房，其餘徹衣者執以適房，是庶襚本在房中，故繼陳之，但襲不用耳。注云「庶，衆也」者，庶襚對君襚言也。云「不用襲也」者，言不用以襲也。賈疏云：「至小斂則用之，唯君襚至大斂乃用也。」云「多陳之爲榮，少納之爲貴」者，《喪服小記》云「陳器之道，多陳之而省納之可也，省陳之而盡納之可也」，彼注云：「多陳之，以多爲榮。」此注「多陳之」、「少納之」，語蓋本於彼。

右襲事所用衣物陳於房中者

貝三，實于笲。貝，水物。古者以爲貨，江水出焉。笲，竹器名。【疏】正義曰：此陳貝，以俟飯用也。「實于笲」者，以笲盛之也。《檀弓》曰：「飯用米貝，弗忍虚也。」《雜記》曰：「天子飯九貝，諸侯七，大夫五，士三。」鄭注：「此蓋夏時禮也。周禮，天子飯含用玉。」鄭蓋謂大夫以上不合用貝耳，其士飯三貝，固與此經合矣。案：《周禮・大宰》「大喪贊含玉」，鄭注：「含玉，死者口實。天子以玉。《雜記》曰：『含者執璧將命，曰：寡君使某含。』則諸侯含以璧。」《玉府》「大喪共含玉」，《典瑞》「大喪共飯玉、含玉」，鄭注：「飯玉，碎玉以雜米也。含玉，柱左右䪼及在口中者。」是天子飯含用玉也。又案：傳注言飯含者甚多，與《周禮》多不合。文五年《公羊傳》「含者何？口實也」，何注：「孝子所以實親口也。緣生以事死，不忍虛其口。天子以珠，諸侯以玉，大夫以璧，士以貝。春秋之制也，文家加飯以稻米。」《大戴禮》：「天子飯以珠，含以玉。諸侯飯以珠，含以璧。卿大夫飯以珠，含以貝。」《白虎通》：「所以有飯含何？緣生食，今死，不欲虛其口，故含。用珠寶物何也？有益死者形體。故天子飯以玉，諸侯以珠，大夫以璧，士以貝也。」孔氏廣森云：「如禮文，明飯與含爲二事。《士喪禮》飯用米貝，更無含物，亦不見賓客歸含之節，容大夫以上乃得含耳。《雜記》諸侯相含，執璧將命。《左傳》陳子行使其徒具含玉。則含者自天子至大夫皆用玉，其飯所用有差，當如《白虎通》所說也。」今案：飯含對文異，散亦通。《典瑞》「大喪共飯玉、含玉」，是飯與含殊。《雜記》「鑿巾以飯」，上經「布巾環幅不鑿」，鄭注亦以含言之，則士飯含不殊，或與大夫以上異，如孔氏所云矣。注云「貝，水物。古者以爲貨，江水出焉」者，案：《爾雅》舍人注云：「貝，水中蟲也。」《尚書大傳》云：「散宜生之江淮之浦，取大貝，如大車之渠。」《白虎通》：「江出大貝。」是貝爲水物，出於江也。《說文》：「古者貨貝而寶龜。」《詩》「錫我百朋」，箋云：「古者貨貝，五貝爲朋。」《漢書·食貨志》王莽貨貝，有大貝、壯貝、幺貝、小貝之名。是古者以爲貨也。笲，竹器，詳《士昏禮》。**稻米一豆，實于筐。**豆四升。【疏】正義曰：此陳稻米，以俟淅也。楊氏復云：「此米凡三用：祝淅米取潘以沐，一也。祝受宰米并貝以含，二也。祝以飯米之餘煑鬻，用二鬲懸于重，三也。」《周禮·舍人》「喪紀共飯米」，鄭注：「君用粱，大夫用稷，士用粱，皆四升。」《喪大記》曰「君沐粱，大夫沐稷，士沐粱」，鄭注云：「《士喪禮》沐稻，此云士沐粱，蓋天子之士也。以差率而上之，天子沐黍與。」

案：此鄭義也，若何休云「文家加飯以稻米」，❶則又似無尊卑之别矣。稻、筐，俱詳《聘禮》。「豆四升」，昭三年《左傳》文。**沐巾一，浴巾二，皆用綌，于笄。**巾，所以拭污垢。浴巾二者，上體、下體異也。綌，麤葛。【疏】正義曰：此下陳巾及櫛、浴衣，以待尸沐浴之用也。沐、浴對文異，散文則浴亦可稱沐。沐是沐首，❷浴是浴身。《説文》：「沐，濯髮也。浴，灑身也。」《論衡》：「沐去首垢，浴去身垢。」《曲禮》、《雜記》俱云：「身有瘍則浴，首有創則沐。」是沐與浴别也。皆用綌者，沐浴之巾，皆用綌布爲之，三巾共實一笄也。

注云「巾，所以拭污垢也」者，巾之用不一，巾以覆物，亦以飾首，此巾則沐浴時所用以刷拭污垢者。下「浴用巾」，注「用拭之」是也。云「浴巾二者，上體、下體異也」者，《玉藻》：「浴用二巾，上絺下綌。」是上下異巾也。但此二巾皆用綌，與《玉藻》異。賈疏謂此爲士禮，《玉藻》爲大夫以上禮。又《喪大記》「浴用絺巾」，孔疏引熊氏云：「此蓋人君禮，或可大夫上絺下綌也。」云「綌，麤葛」者，《詩·葛覃》「爲絺爲綌」，《毛傳》「精曰絺，麤曰綌」是也。**櫛，于簞。**簞，葦笥。【疏】正義曰：《士冠禮》云：「櫛實于簞。」此及上巾「于笄」、下「浴衣于篋」，皆不言實者，省文。櫛、簞，俱詳《士冠禮》。**浴衣，于篋。**浴衣，已浴所衣之衣。以布爲之，其制如今通裁。【疏】正義曰：注云「浴衣，已浴所衣之衣」者，吴氏廷華云：「巾用以浴且拭，浴竟初拭，水氣未净，不可裸而俟，故以此衣之。」云「以布爲之」者，以浴衣所以晞身，故用布爲之，《玉藻》曰「衣布晞身」是也，

❶「休」，原作「沐」，今據《續清經解》本改。

❷ 上「沐」字，原作「休」，今據《續清經解》本改。

是浴衣生時亦有之矣。云「其制如今通裁」者，賈疏云：「通裁無殺，或曰通裁大巾如衣者。」李氏如圭云：「巾、櫛、衣，既沐浴棄之，故饌次貝米之下。」篋，詳《士冠禮》。**皆饌于西序下，南上。**皆者，皆貝以下。東西牆謂之序，中以南謂之堂。【疏】正義曰：饌，陳也。盛氏世佐云：「西序下，堂上之西近序也。南上，以貝爲上，稻米以下次而北也。」敖氏云：「必南上者，便其取之先後也。」注云「皆者，皆貝以下」者，謂自貝以下，皆陳於此，一行陳之也。「東西牆謂之序」，謂堂之東西牆也。云「中以南謂之堂」者，以此所陳係在堂上，而不言堂，蓋堂之中以南乃謂之堂，《聘禮》「受玉于中堂與東楹之間」是也。若中以北，則近東、近西者謂之東序下、西序下，近北者謂之户牖間。或云户東、户西、户外、房外，即以所近名之，不謂之堂也。

右沐浴飯含之具陳於序下者

管人汲，不説繘，屈之。管人，有司主館舍者。不説繘，將以就祝濯米。屈，縈也。【疏】正義曰：自此至「主人入即位」，言沐浴之事。〇汲，引水於井也。《易·井卦》曰：「可用汲。」又曰：「汔至亦未繘井，羸其瓶。」《説文》：「繘，綆也。綆，❶汲井綆也。」是繘爲綆索，繫於瓶，以汲水於井也。喪事遽，故汲水者不暇解脱其繘，但縈屈之執於手。敖氏云「此下當有盡階不升堂之文」，據《喪大記》言也。注云「管人，有司主館舍者」，《儀禮釋官》云「管人亦公臣」，詳上「甸人」下。管人又見《聘禮》，賈疏云：「《聘禮·記》：『管人

---

❶「綆」，原作「緶」，今據《説文解字》改。下二「綆」字同。

爲客，三日具沐，五日具浴。』此爲死者，故亦使之汲水也。」又《禮記》釋文云：「管人，主管籥之人。」方氏慤據之，謂井竈亦其所司，故使之汲水。云「不説繘，將以就祝濯米」，鄭言此者，一是急以水往祝處爲濯米之用，一是恐濯米水不足須再汲，故不説繘也。知就祝濯米者，以下云「祝淅米于堂」也。屈、縈，義見前。**祝淅米于堂，南面，用盆。**祝，夏祝也。淅，汏也。【疏】正義曰：《喪大記》云「管人汲，授御者，御者差沐於堂上」，鄭注：「差，淅也。淅飯米，取其潘以爲沐也。」此云「祝淅米」，則管人汲以授祝矣。下云管人受潘，亦受之於祝也。吴氏《疑義》云：「祝淅之，重其事。或云御者淅之，祝臨視之而已。」言於堂，則在堂之中以南近階處矣。南面，便與管人接也。盆，即上陳于西階下之瓦盆。注云「祝，夏祝也」者，以下記云「夏祝淅米，差盛之」也。先大父《儀禮釋官》云：「夏祝、商祝，祝皆周祝也，以習夏禮謂之夏祝，習商禮謂之商祝。三祝皆公臣，當《周禮》喪祝之職。《周禮·喪祝職》曰：『凡卿大夫之喪，掌事而斂飾棺焉。』《喪大記》曰：『君之喪，大胥是斂，衆胥佐之。大夫之喪，大胥侍之，衆胥是斂。士之喪，胥爲侍，士是斂。』鄭注：『胥當爲祝，字之誤。』孔疏：『衆祝，喪祝也。』以此考之，則三祝皆君之臣來爲喪事者，非士之私臣也。《喪大記》疏云商祝亦是喪祝，《樂記》云『商祝辨乎喪禮』，《周禮》喪祝有上士二人、中士四人、下士八人。則夏祝、商祝，皆喪祝爲之也。《周禮》無夏祝、商祝之官，而《喪大記》君大斂，有商祝鋪絞紟衾衣，與士禮同。蓋使喪祝兼習二代之禮，因别其名，以分主喪事，亦猶冠禮存章甫、毋追之意。據此篇及下篇，則掌淅米、鬻餘飯、進奠、徹奠者，夏祝也。掌襲、含、小大斂、拂柩、飾柩、御柩者，商祝也。掌取銘者，周祝也。下疏謂徹奠者不言祝名，周祝徹之，非是。又謂《既夕》開殯時以周祝徹饌，而堂下二事不可竝使周祝，故夏祝取銘置于重，亦緣注而誤，辨見下篇。」吴氏廷華云：「夏祝、商祝所掌，當是二代舊禮。周人因之，以夏商爲名，示所因也。」云「淅，汏也」者，「汏」舊誤作「沃」，又作「汰」，亦誤。《衆經音義》引《通俗文》云：「淅米謂之洮汏。」《説文》：「淅，汏米也。汏，淅濇也。」❶濇從簡，有柬擇之意，即記所謂差也。淅米又謂之釋，《詩》「釋之叟叟」，《毛傳》：「釋，淅米也。叟叟，聲也。」《爾雅》「溲溲，淅也」，郭注：「洮米聲。」洮米，淅米也，今俗猶謂淅米爲淘米。**管人盡階不升堂，受潘，煑于垼，用重鬲。** 盡階，三等之上。《喪大記》曰：「管人受沐，乃煑之。甸人取所徹廟之西北厞薪，用爨之。」【疏】正義曰：《説文》：「潘，淅米汁也。」祝授之，管人受之。用重鬲者，以鬲煑之也。賈疏云：「先煑潘，後煑米爲鬻，縣于重。」　注云「盡階，三等之上」者，士堂高三尺，爲階三等，詳《士冠禮》。此云「盡階」，故知在三等之上也。引《喪大記》「管人受沐乃煑之」者，沐即潘也，用之以沐，故又曰沐，煑之者管人也。引「甸人取所徹廟之西北厞薪用爨之」者，即復者降自後西榮所徹也，義見前。**祝盛米于敦，奠于貝北。** 復於筐處也。【疏】正義曰：此盛于敦之米，即上所淅之米。敦，即上陳于西階下之廢敦。祝，商祝。以下「受米奠于貝北」者爲商祝，此亦同也。奠于貝北，俟飯用也。　注云，惠氏棟云：「『處』下有『也』字是。」云「復於筐處」者，米未淅時實于筐，而陳于貝之北。今淅之，則盛于廢敦，而仍奠于貝之北，故云「復於筐處也」。**士有冰，用夷槃可也。** 謂夏月而君加賜冰也。夷槃，承尸之槃。《喪大記》曰：「君設大槃，造冰焉。大夫設夷槃，造冰焉。士併瓦槃，無冰。設牀，襢笫，有枕。」【疏】正義

---

❶「淅」，原脱，今據《説文解字》補。

曰：李氏如圭云：「設冰于牀下，以寒尸也。《春秋傳》曰：『命夫命婦喪，沐用冰。』士加賜則有冰。」金氏榜云：「士無冰用瓦槃，嫌有冰亦用瓦槃，故云『用夷槃可也』。又敖氏云：『言此於將沐浴之前，蓋謂或得以此夷槃爲沐浴之用也。士若賜冰，則有夷槃，故因而用之於此，既則以盛冰而寒尸也。是句之上，似當更有設槃之文，此特其後語耳。』敖意蓋謂沐浴時即用夷槃以承湅濯也。或謂士賜冰，以上有夷槃以盛冰，又有瓦槃以承湅濯，二槃竝有。且冰盛於夷槃中，若浴時用以承湅濯，則必去冰而後可，恐不如是之周折。」今案：據鄭云既襲、既小斂乃設冰，則沐浴在前，設冰在後，夷槃似不妨兩用，敖説亦可存參。不然，經文言之於此，非其次矣。　注云「謂夏月而君加賜冰也」者，《周禮·凌人》夏頒冰，故云「夏月」。言此者，士喪不得用冰，必加賜而後有冰也。《月令》二月開冰者，《左傳》云：「獻羔而啟之，公始用之。」是二月公始用冰，至四月以後，乃賜及臣下也。云「夷槃，承尸之槃」者，《凌人》「大喪共夷槃冰」，鄭注：「夷之言尸也。實冰於夷槃中，置之尸牀之下，所以寒尸。尸之槃曰夷槃，牀曰夷牀，衾曰夷衾，移尸曰夷于堂，皆依尸而爲言者也。《漢禮器制度》：『大槃廣八尺，長丈二尺，深三尺，漆赤中。』」是夷槃爲承尸之槃也。引《喪大記》者，證有冰用夷槃，及士非加賜不得有冰也。彼注云：「造，猶内也。禫笫，袒簀也。謂無席，如浴時牀也。禮，自仲春之後，尸既襲既小斂，先内冰槃中，乃設牀於其上，不施席而遷尸焉。秋涼而止。士不用冰，以瓦爲槃，併以盛水耳。」鄭蓋謂士無冰者，盛水以寒尸也，亦引漢禮大槃爲證。又云：「夷槃小焉。《周禮》天子夷槃，《士喪禮》君賜冰亦用夷槃，然則其制宜同之。」孔疏云：「其制宜同，但大小稍異。」賈疏云：「諸侯稱大槃，辟天子。大夫、士言夷槃，卑不嫌，但小耳。」是孔、賈以士之夷槃與天子之夷槃制同而小也。**外御受沐，入。**

外御，小臣侍從者。沐，管人所煑潘也。【疏】正義曰：外御受沐，受之於管人也，在堂上受之。入，入室也。《喪大記》曰：「管人授御者沐。」　注云「外御，小臣侍從者」，賈疏云：「外御，對内御爲名。故下記云：『其母之喪，則内御者浴。』則此外御，是士之侍御僕從者。」《儀禮釋官》云：「外御，士近臣。」云「沐，管人所煑潘也」者，楊氏復云：「祝淅筐之稻米，以取潘。管人受潘，煑于垼。外御受沐入，乃沐。」吴氏廷華云：「名潘爲沐者，以所用言之。不言浴，浴亦用潘可知。」**主人皆出，户外北面。**象平生沐浴倮程，子孫不在旁，主人出而襢第。【疏】正義曰：北面，向室也。敖氏云：「是時婦人亦皆出，經不言，略之。」方氏苞云：「主人皆出，則前此未離牀東西之位明矣。」○注「沐浴裸裎」，《校勘記》云：「裸，徐本、《釋文》、《通解》、楊氏俱作『倮』，《集釋》作『裸』。『裎』，徐本、《通解》、楊氏俱作『程』，鍾本、《釋文》、《集釋》俱作『裎』。張氏曰：『注曰：象平生沐浴倮程。案：監本及《釋文》程作裎，《既夕禮》謂其倮程，監本亦作裎。竝從監本及《釋文》。』」今案：陳鳳梧本作「倮裎」，《説文》「裸」本作「羸」，或从果作「裸」，袒也。裎亦訓袒。裸、裎皆去衣之義，作「倮」亦通，作「程」則假借字也。今從嚴本作「倮程」。　云「象平生沐浴倮程，子孫不在旁」者，釋經主人所以出之意。倮程赤體無衣，沐浴必露體，故主人皆出也。吴氏紱云：「古者命士以上，父子異宫，明王之政，敬其妻子有道，必無倮程以見其子孫者。死而沐浴，猶此志也。」云「主人出而襢第」者，因下記言襢第而及之。第，簀也。襢第，去席而露其簀，爲盝水便。襢之者，外御也。**乃沐、櫛，挋用巾。**挋，晞也，清也。古文「挋」皆作「振」。【疏】正義曰：言乃沐者，俟主人出，乃沐浴也。櫛者，沐濯首亦濯髮，髮濯則亂，故必櫛以理之，而後用巾也。《喪大記》曰：「沐用瓦盤，挋用巾。」孔疏謂「用巾拭髮及面」是也。　注云「挋，晞也，清也」者，《玉藻》注云：「晞，乾也。」言晞又言清者，賈疏謂「以巾拭髮使乾，又使清浄無潘瀾」，是也。云「古文『挋』皆作『振』」者，皆者，皆下「挋用浴衣」也。胡氏承珙云：「鄭清訓用《爾雅》。案：《爾雅》：『挋、拭、刷，清也。』郭注：『振訊、抆拭、埽刷，皆所以爲潔清。』似郭所見《爾雅》本『挋』作『振』，蓋用《儀禮》古文，正所以明『振』爲『挋』之假借。郭乃以『振訊』釋之，誤矣。鄭以『挋』爲正字，故從古文。」**浴用巾，挋用浴衣。**用巾，用拭之也。《喪大記》曰：「御者二人浴，浴水用盆，沃水用枓。」【疏】正義曰：上言沐，此言浴也。「浴用巾」者，浴時用之以除垢。「挋用浴衣」者，浴竟用之以晞身。　注云「用巾，用拭之也」者，謂拭去污垢。案：鄭注《喪大記》云：「挋，拭也。」注此經云：「挋，晞也，清也。」與《記》異者，段氏玉裁云：「晞者，乾之也。浴用巾，既以巾拭之矣，而復以浴衣挋之，謂抑按之使乾。《爾雅》：『挋、拭，清也。』渾言之也。析言之，則挋與拭不同。」是也。引《喪大記》者，賈疏謂證浴人之數及浴之器物。案：《喪大記》：「小臣四人抗衾，御者二人浴。」下記云「御者四人抗衾而浴」，但言抗衾之人數，未言浴之人數，故引《喪大記》以明之。御者，即外御也。「浴水用盆，沃水用枓」，亦《喪大記》文。盆制詳上，枓制詳《少牢饋食禮》。生人之浴，則自於杅槃中浴之。《玉藻》「出杅，履蒯席，連用湯」，鄭注：「杅，浴器。」蓋浴時入杅，浴竟出杅，是自於浴器中浴也。今浴尸，係他人浴之，故須用盆盛水，用枓挹以沃之。此盆，即上注云「盆以盛水」之盆，與承渜濯之槃異。凡祝所淅之潘，管人所煮之沐，其相授皆以盆盛之。若承渜濯之槃，則置於尸牀下者也。枓與斗同，《周禮·鬯人》「大喪之大渳，設斗，共其釁鬯」，鄭注「斗，所以沃尸」是也。渳，謂浴尸。《小宗伯》「王崩，大肆，以秬鬯渳」，《肆師》「大喪，大渳以鬯，則築鬻」，鄭注：「築香草，煑以爲鬯，以浴尸。」是周禮浴尸以煑鬯。

此經上云「管人受沐入」，下即言沐言浴，是沐浴俱用煮潘矣。敖氏據《喪大記》，謂此經當有管人汲而授浴水之事，亦文不具。今案：《喪大記》云：「管人汲，不説繘，屈之。盡階不升堂，授御者，御者入浴。」是即以井所汲之水浴尸也。《内則》：「五日則燂湯，請浴。」豈生時燂湯以浴，死遂以水浴之乎？《周禮》王崩浴以煮鬯，《喪大記》但云汲水以浴，又無君、大夫、士之分，似未可信。又此經先沐後浴，順也。《喪大記》則先言浴，後言沐，亦未合。胡氏鎬云：「下記與《喪大記》互同者多，蓋作《喪大記》者取於此，而竝採他説以廣之。」然則《喪大記》作於後人，其有與《禮經》異者，遵經而舍記可也。**渜濯棄于坎。**沐浴餘潘水。巾、櫛、浴衣，亦并棄之。古文「渜」作「湪」，荆沔之間語。【疏】正義曰：《説文》：「渜，湯也，从水耎聲。」《釋文》：「渜，奴亂反。」與濡音義俱别。今《喪大記》作「濡濯棄于坎」，孔疏引皇氏云：「濡，謂煩潤其髪。」竟作濡字解，則自六朝時已誤。段氏玉裁云：「耎與需古音畫然分别，後人淆亂其偏旁，本从耎者譌而从需，而音由是亂矣。」互詳《特牲》「揳醢」下。《廣雅》：「濯，滫也。」高誘注《淮南子》云：「滫，臭汁也。」《釋文》：「濯，直孝反。」賈疏云「潘水既經温煮，名之爲渜」，則與《説文》「渜，湯也」訓合。又云「已經沐浴，謂之爲濯」，則與高注「臭汁」訓合。《喪大記》疏云「濯，不净之汁」是也。坎，即甸人所掘之坎。○注「古文渜作緣」，《釋文》、《集釋》「緣」作「湪」，當從之。　云「沐浴餘潘水。巾、櫛、浴衣，亦并棄之」者，賈疏云：「已沐浴訖，餘潘水棄于坎。知巾、櫛、浴衣亦棄之者，以其已經尸用，恐人褻之。若《喪大記》云：『棄杖者，棄於隱者。』故知亦棄于坎。」吴氏《疑義》云：「浴衣當在設明衣時去之，注蓋併言之耳。」云「古文『渜』作『湪』」者，《釋文》：「湪，劉音士亂反。」與渜音相近，故古文假「湪」爲「渜」，鄭以「渜」爲正字，故從今文。云「荆沔之間語」者，蓋謂荆沔之間多語澳爲滁也。《禹貢》「荆及衡陽惟荆州，江漢朝宗于海」，荆謂南條荆山，沔即漢水。荆山、沔水間，荆楚地也。**蚤、揃如他日。**蚤，讀爲爪。斷爪、揃鬚也。人君則小臣爲之。他日，平生時。【疏】正義曰：注云「蚤，讀爲爪」者，《說文》：「叉，手足甲也。爪，覆手也。蚤，齧人跳蟲也。」段氏玉裁云：「叉、爪，古今字。古作叉，今用爪。《禮經》假借作蚤。《曲禮》『大夫、士去國，不蚤鬋』，蚤即叉字也。鄭注亦云：『蚤，讀爲爪。』讀爲者，易其字也。不易爲叉，而易爲爪，於此可見漢人固以爪爲手足甲之字矣。《釋名》曰：『爪，紹也。筋極爲爪，紹續指端也。』亦不作叉。」胡氏承珙云：「鄭注《考工記》『欲其蚤之正也』，亦云：『蚤當爲爪。』《詩・祈父》『予王之爪牙』，《荀子》『爪牙之士，勇力之臣也』，皆作爪，不作叉。則古人以爪爲手足甲之字，其來久矣。」云「斷爪、揃鬚也。人君則小臣爲之」者，《喪大記》云「小臣爪足」，鄭注：「爪足，斷足爪也。」《記》又云：「小臣爪手翦須。」是小臣爲之也。鄭意士不合有小臣，故以《喪大記》爲人君禮。又鄭訓揃爲揃鬚，而未釋揃字之義。《喪大記》之「爪手翦須」，鄭無注，孔疏云：「翦手爪，又治須。」則固不以翦爲翦須矣。萬氏斯大云：「揃、展同。展其鬚，使直也。或謂揃爲斷鬚，生時豈斷鬚乎？」姜氏兆錫云：「揃有數訓：一與剪、翦同，謂翦除之也。一分也，又一擇也。又一與鬋同，謂順也。考《史記・西南夷傳》『西南夷後揃剽二方』，❶注訓揃、剽皆分也。則浴訖鬚或攪亂，揃乃順而分之之義。」沈氏彤云：「案：《說文》：『揃，搣也。

❶ 「西南夷後揃剽二方」，《史記》原作「西夷後揃剽分二方」，姜氏引作「西夷後揃剽二方」，此引姜說又衍「南」字。

搣，批也。批，捽也。捽，持頭髮也。』然則此經之揃，謂持其髮而理之也。」❶今案：揃、翦、鬋三字古雖通用，但以揃爲翦，則是翦斷其鬚，固無是理。至鬋字，鄭注《曲禮》「不蚤鬋」云：「鬋，鬋鬢。」則與揃鬚義別。又鬋字本義，《說文》訓爲女鬢垂皃，亦與揃異。萬氏謂展其鬚使直，姜氏謂順而分之，沈氏謂持而理之，皆與孔疏治鬚義近，說固可從。然以揃同展，及訓揃爲擇、爲順，於字書無考，亦難據信。案：《說文》揃之本義爲搣，《玉篇》、《廣韻》皆訓搣爲摩，則浴後鬚亂摩而理之，於經義爲合。段氏以揃爲剃，失之。云「他日，平生時」者，案：《士虞·記》之「沐浴櫛搔揃」，乃生人脩飾容貌之事，是生時亦蚤揃也。然則蚤揃如他日，亦如事生之禮矣。

鬠用組，乃笄，設明衣裳。 用組，組束髮也。古文「鬠」皆爲「括」。【疏】正義曰：上沐訖以櫛理髮，以巾拭髮，尚未爲紒也。至爪揃後，于是爲鬠，用組束之，乃笄以固髮，設明衣裳以蔽體，是其次也。笄，即上桑笄也。明衣裳是親身之衣，蓋去浴衣而衣之。　注云「用組，組束髮也」者，言以組束髮也。云「古文『鬠』皆爲『括』」者，胡氏承珙云：「《周禮·弁師》『王之皮弁，會五采玉璂』，注：『故書會作䯤。鄭司農云：讀如馬會之會，謂以五采束髮也。《士喪禮》曰：檜用組，乃笄。檜讀與䯤同，書之異耳。說曰：以組束髮乃著笄，謂之檜。沛國人謂反紒爲䯤。』浦鏜云：『《弁師》注引《儀禮》鬠作檜，檜、栝字異義同。疑括乃栝字之誤。』案：此特司農所見《儀禮》本作『檜』耳，鄭君所見自作『鬠』，未必與司農同。《說文》有『髺』無『鬠』，疑『鬠』乃『括』之或體。會聲、昏聲相近，故此『鬠用組』及下『髺髮』，古文皆假『括』爲之。鄭以从髟義

❶「髮」，《儀禮小疏》作「鬚」。

近，故從今文。」**主人入，即位。**已設明衣，可以入也。【疏】正義曰：敖氏謂「主人入，則衆主人及婦人亦皆入即位」。或云：經不言皆，惟主人入耳。方氏苞云：「衆主人、婦人親者必入視飯含，不待言也。」今案：方説是也。注云「已設明衣，可以入也」者，言已設明衣裳以蔽體，則可以入也。

右沐浴

商祝襲祭服，褖衣次。商祝，祝習商禮者。商人教之以敬，於接神宜。襲，布衣牀上。祭服，爵弁服、皮弁服，皆從君助祭之服。大蜡有皮弁素服而祭，送終之禮也。襲衣於牀，牀次含牀之東，衽如初也。《喪大記》曰：「含一牀，襲一牀，遷尸於堂又一牀。」【疏】正義曰：自此至「主人襲反位」，論飯含之事。○張氏爾岐云：「此但布衣牀上，尚未襲，而云襲者，衣與衣相襲而布之也。其布衣，先祭服，次褖衣。至襲于尸，則褖衣近明衣，祭服在外。」敖氏云：「士祭於已用玄端，此褖衣雖以當玄端，然非其本制，故不在祭服之中。」吴氏紱云：「經言次者，先爵弁服，次皮弁服，又次褖衣，又次袍繭。自表而裏，一一布之於襲牀，使整齊也。不言袍繭，於褖衣中包之矣。」注云「商祝，祝習商禮者」，義見前。云「商人教之以敬，於接神宜」者，以商祝習商禮，商人之教主敬，故於接神宜。商人教以敬，本《白虎通》。云「襲，布衣牀上」者，以此經言襲非襲尸，乃布衣襲牀之上待襲耳。云「祭服，爵弁服、皮弁服」者，以其皆從君助祭之服，故謂之祭服。《雜記》「士弁而祭於公」，注：「弁，爵弁。」是爵弁爲助祭服也。云「大蜡有皮弁素服而祭，送終之禮也」者，《郊特牲》文。引之者，證皮弁亦爲助祭服也。云「襲衣於牀，牀次含牀之東，衽如初也」者，此時尸浴訖未含，含牀即浴牀，猶是始死遷尸之牀也。含牀在牖下，襲牀在含牀之東，亦在室内。下記云：「設牀笫，當牖，衽，下莞上簟，設枕。」是始死有衽席也，浴時雖去之，至含時襲時仍設之，故云「衽如初」，謂如始死時也，《喪大記》曰「含一牀，襲一牀，遷尸於堂又一牀，皆有枕席」是也。鄭引此者，證襲與含異牀。下經「設牀笫于兩楹之間，衽如初，有枕」，是遷尸于堂之牀也。**主人出，南面，左袒，扱諸面之右，盥于盆上，洗貝，執以入。宰洗柶，建于米，執以從。**俱入户西鄉也。今文宰不言「執」。【疏】正義曰：主人出，出室也。「左袒，扱諸面之右」，賈疏云：「面，前也。謂袒左袖，扱於右腋之下帶之内，取便也。」凡禮事，無問吉凶皆左袒，惟受刑則右袒，詳《覲禮》。敖氏謂此用左手，故左袒。褚氏云：「然則用右手時多矣，遂右袒邪？」此言是也。盆即前所陳之盆，盥于盆上，爲洗貝。張氏惠言云：「主人洗貝之盆，即祝淅米之盆也。」李氏如圭云：「不言設盥，喪事遽也。」郝氏云：「洗貝，將奉含。洗柶，將扱米。」蔡氏德晋云：「洗貝執以入者，以貝置于笲内，執笲以入也。宰洗柶建于米執以從者，以柶建于廢敦所盛米内，其葉向上，而執廢敦以從入也。」方氏苞云：「必袒者，逢掖長袖，不利於飯含也。」今案：袒以取便，而亦以爲哀痛之節。《儀禮紃解》云：「主人含尸，左袒，含畢，襲。小斂訖，袒，奉尸侇于堂，襲。將大斂，袒，斂于棺，卒塗，襲。將葬啟殯，袒，朝于祖，襲。載柩，袒，卒束，襲。將祖，袒，既祖，襲。柩行，袒，出宫，襲。將窆屬引，袒，窆訖，襲。蓋有勞事敬事則袒，以致其不安，便其運動，而因以爲行禮之節。故《檀弓》云：『有所袒，有所襲，哀之節也。』」　注云「俱入户西鄉也」者，以主人與宰入室俱西鄉，俟祝受貝受米，乃由足西轉而東面也。云「今文宰不言『執』」者，胡氏承珙云：「上文『主人洗貝執以入』，下文『商祝執巾從入』，皆有『執』字。此宰亦當言『執』，故鄭從古文。」

商祝執巾從入，當牖北面，徹枕，設巾，徹楔，受貝，奠于尸西。當牖北面，值尸南也。設巾覆面，爲飯之遺落米也。如商祝之事位，則尸南首明矣。【疏】正義曰：巾，即上所陳之布巾也。楔，即楔齒之角柶也。名之爲楔，與扱米之柶異。徹，去也。郝氏敬云：「去枕，使首仰，則飯易入。」敖氏云：「既設巾乃徹楔，是巾之所覆不逮於口矣。」蔡氏德晋云：「蓋於當口揭開其巾，去楔以待飯。」蔡說是也。「受貝，奠于尸西」者，賈疏云：「就尸東主人邊受取筭貝，從尸南過，奠尸西牀上，以待主人親含也。」今案：徹枕諸事商祝從入爲之者，《周禮》大祝相飯，《樂記》云：「商祝辨乎喪禮，故後主人。」注云「當牖北面，值尸南也」者，案：尸首在南，正當牖處。下記云「設牀第當牖」，又云「遷尸」，注云「徙於牖下」是也。今商祝當牖而北面，則在尸之南可知。所以必在尸之南者，以徹枕三事須當尸首，爲之乃便。是商祝之北面爲面尸，非面牖。商祝蓋南當牖，而北值尸也。洪氏頤煊著《宫室荅問》，以「當牖北面」句證室有北牖，則誤甚矣。云「設巾覆面，爲飯之遺落米也」者，蓋有巾以爲藉，則飯時米不落牀第間。此固一義。敖氏謂設巾者，慮孝子見其親之形變而哀，或不能飯含。此義亦通。云「如商祝之事位，則尸南首明矣」者，賈疏云：「舊有解云遷尸于南牖時北首。若北首，則祝當在北頭而南鄉。今商祝事位以北面，則尸南首明矣。若然，未葬以前不異於生，皆南首。《檀弓》云『葬於北方北首』者，鬼神尚幽闇也。唯有喪朝廟時北首，順死者之孝心，故北首也。」今案：《禮運》云「死者北首」，亦據葬後言之。《禮經釋例》云：「凡尸柩皆南首，唯朝祖及葬始北首。司馬氏光《書儀》曰：『遷尸於牀上，南首。』《朱子語類》亦從其說。」**主人由足西，牀上坐，東面。**不敢從首前也。祝受貝米奠之，口實不由足也。【疏】正義曰：「主人由足西」者，主人入室在尸東，今由尸足之北轉而西，故云「由足西」也。「牀上坐，東面」，蓋坐於牀上，便飯事。東面，則在尸西矣。　注云「不敢從首前也」者，敖氏謂「凡過尸柩而西東者，必由其足，敬也」是也。云「祝受貝米奠之，口實不由足也」者，此兼上下文釋之。上文祝在尸東受主人貝奠于尸西，下文又受宰米奠于貝北，皆由尸首之南至尸西。以口實是貴重之物，不可由足，且亦以見主人之由足西，爲空手也。**祝又受米，奠于貝北。宰從，立于牀西，在右。**米在貝北，便扱者也。宰立牀西，在主人之右，當佐飯事。【疏】正義曰：盛氏世佐云：「祝受米，受敦於宰也。宰從，從主人，亦由足而西也。立於牀西，少退於主人也，亦東面。」　注云「米在貝北，便扱者也」者，以主人左手扱米，北近左，故云「便」也。敖氏謂「奠米于貝北，亦南上」。蓋以與上陳于西序下時，稻米在貝北，同爲南上也，義亦通。云「宰立牀西，在主人之右，當佐飯事」者，《儀禮釋官》云：「案：宰，士之私臣，詳《士冠禮》。《周禮》大宰大喪贊含玉。此士禮，亦佐含。」吴氏紱云：「《檀弓》云：『疾當養者，孰若妻與宰。』是宰於臣中爲其親，佐飯含宜也。」**主人左扱米，實于右，三，實一貝。左、中亦如之。又實米，唯盈。**于右，尸口之右。唯盈，取滿而已。【疏】正義曰：《檀弓》云「飯用米貝，弗忍虚也，不以食道，用美焉爾」，鄭注謂「食道褻，米貝美」，則此米不褻明矣。「主人左扱米」，謂以左手用柶扱米於敦。蓋尸南首，主人東面，用左手右領下飯則順，且不以手加於親之面也。敖氏云：「先實米，爲貝藉也。又實米唯盈，象食之飽也。先右，次左，次中，禮之序然也。」郝氏敬云：「飯爲食，貝爲用，愛親如生也。」王氏士讓云：「貝以三數，米以三扱，三三爲九扱，亦禮成於三意。其唯盈，則加飯意也。」　注云「于右，尸口之右」者，賈疏云「尸南首，右謂口東邊」是也。云「唯盈，取滿而已」者，以九扱恐不滿，故又實之，取滿也。**主人襲，反位。**襲，復衣也。

位在尸東。【疏】正義曰：飯時袒，今飯畢而襲。飯時在尸西，今反尸東之位，將以視襲也。注云「襲，復衣也」者，以袒時扱左袖于右腋之下，今左袖不袒而襲，是復其衣之常也。云「位在尸東」者，以初時主人哭位在尸東，是尸東爲其故位，故云「反」也。

右飯含

商祝掩、瑱，設幎目。乃屨，綦結于跗，連絇。掩者先結頤下，既瑱、幎目，乃還結項也。跗，足上也。絇，屨飾，如刀衣鼻，在屨頭上。以餘組連之，止足坼也。【疏】正義曰：自此至「埋于坎」，言襲尸之事。○云「掩、瑱」，設掩設瑱也。設之序，據經文，先掩，次瑱，次幎目。未服先屨者，吴氏廷華云：「屨在服內也。」　注云「掩者先結頤下，既瑱、幎目，乃還結項也」者，據賈疏，掩有四腳，以後二腳先結頤下，待設瑱塞耳，并施幎目，乃以前二腳向後結于項。如是，則幎目上兩角在掩之內矣。今案：經文先言掩、瑱，後言設幎目，則幎目當設於掩之外。蓋此三者設之之法，當先以掩之中幅不析者覆其頂，以後端之二腳從後向前結于頤下，復以前端之二腳從額向後結于項，再以纊塞耳，以幎目覆面，以組向後繫之，結于掩之外，則掩益固。此設之序也。敖氏謂掩其前後，而幎目加於掩之上。不知掩以裹首，非以覆面。若覆面，既有掩，復有幎目，不重疊邪？敖説亦非。以後諸家解設掩者，或依鄭義，或違鄭義，多失其實，今不備録。云「跗，足上也」者，謂在足背之上。云「絇，屨飾，如刀衣鼻，在屨頭上」，詳《士冠禮》。云「以餘組連之，止足坼也」者，《廣雅·釋詁》云：「坼，分也。」又云：「坼，開也。」蓋組綦本繫在屨後，茲襲時尸足著屨訖，以綦之兩端向前結于足背上，更以其餘組穿連兩屨之絇，使不離開也。**乃襲，三稱。**遷尸於襲上而衣之。凡衣死者，左衽不紐。襲不言設牀，又不言遷尸於襲上，以其俱當牖，無大異。【疏】正義曰：三稱，爵弁服、皮弁服、褖衣也。襲之，則先褖衣，而後爵弁服，先其裏也。衣裳具謂之稱，爵弁服、皮弁服是也。單複具謂之稱，褖衣袍繭是也。然袍繭止用其一，單複具者，亦必有裳。鄭注《雜記》云：「士襲三稱，子羔襲五稱。今公襲九稱，則尊卑襲數不同矣。諸侯七稱，天子十二稱與？」萬氏斯大云：「古人死者惟襲衣親身，服如生時，而左衽爲異。小斂、大斂，則取衣包裹，惟取結束堅牢。所以然者，小斂、大斂衣多，不能盡服於身，不得不包之以爲固。如是而入於棺，尸乃安而不摇。所謂『附於身者，必誠必信，勿之有悔也』。後世送死之衣，止有古人襲衣之數。故止有襲而大、小斂之禮亡，間有行之，且笑其迂，滔滔流俗，尚何言哉？」　注云「遷尸於襲上而衣之」者，上文已布衣於含東襲牀上，今乃遷尸就其上而衣之也。云「凡衣死者，左衽不紐」者，左衽不紐，本《喪大記》。彼注云：「衽向左，反生時也。不紐，謂束畢結之，示不復解也。」《説文》云：「紐，系也。一曰結而可解。」褚氏寅亮云：「紐，俗諺謂之活結。不紐，則絞。絞，俗諺謂之死結。」是也。云「襲不言設牀，又不言遷尸於襲上，以其俱當牖，無大異」者，賈疏云：「此對大斂、小斂布衣訖，皆言遷尸於斂上，以其小斂於户内，大斂於阼階，其處有異故也。此襲牀與含牀竝在牖下，小别而已，無大異，故不言設牀與遷尸也。」今案：經但言乃襲，亦省文耳。**明衣不在算。**算，數也。不在數，明衣禪衣，不成稱也。【疏】正義曰：敖氏云：「不言裳者，文省耳。此乃死者親身之衣，褻，故不在數中言之者，嫌其衣裳具，亦當成稱也。」　注「不在數」，張氏《識誤》據《釋文》去「在」字，以「不數明衣」爲句，是讀數爲上聲。今案：注云「算，數也」，本《爾雅·釋詁》，此「數」字當讀去聲。《羣經音辨》云：「計之有多少曰數。」經云「不在算」，謂不在多少之數也。注以數釋算，下即云「不在數」，是述經語，當以有「在」字爲是，嚴本及各本俱有「在」字。云「明衣禪衣，不成稱也」者，賈疏云：「明衣禪而無裏，不成稱，故不算也。」張氏爾岐云：「注疏皆以明衣禪不成稱，故不在算。愚謂此親體之衣，非法服，故不在算也。」説與敖同。今案：《喪大記》惟云「袍必有表，不禪」，不云「衣必有裏，不禪」也。袍是褻衣，故必有以表之，乃爲一稱。若云明衣禪不成稱，則爵弁服、皮弁服何嘗不是禪衣乎？敖義似長。**設韐、帶，搢笏。**韐、帶，韎韐、緇帶。不言韎、緇者，省文，亦欲見韐自有帶。韐、帶用革。搢，插也。插於帶之右旁。古文「韐」爲「合」也。【疏】正義曰：韐本爵弁服之韠，帶、笏亦是隨正服者，故以三服襲尸之後即設之也。　注云「韐、帶，韎韐、緇帶。不言韎、緇者，省文」，其説是矣。而又云「亦欲見韐自有帶」者，以韐帶連言，亦可見繫韐自有帶也。言此者，鄭欲明士襲時亦有二帶，如生時耳。云「韐帶用革」者，《玉藻》云「韠肩革帶博二寸」，韐與韠同，故知帶亦用革也。《雜記》「公襲朱緑帶，申加大帶於上」，鄭注：「申，重也。重於革帶也。革帶以佩韍，必言重加大帶者，明雖有變，必備此二帶也。」二帶，大帶、革帶也。其朱緑帶，孔疏謂是衣之小帶，散在於衣，非是總束其身。若總束其身，唯有革帶、大帶也。又鄭注《雜記》「率帶」云：「此謂襲尸之大帶。率，繂也。繂之，不加箴功。」又云：「襲事成於帶。」蓋帶以束衣，又以繫韐搢笏，故於帶詳言之。　云「搢，插也。插於帶之右旁」者，搢，插也，鄭注《樂記》「搢笏」同。又注《內則》「搢笏」云：「搢，猶扱也。」扱亦與插同。插於帶之右旁，便於取用也。江氏永云：「笏者，古人以爲服飾，常插之於帶間，有事出之，無事仍插之，《禮經》皆言搢笏。後世謂之簿，又謂之手板，不插而執之，乃有持簿、執手板之事，又有正笏之文，皆非古制。疏中凡言執笏者，誤也。」云「古文『韐』爲『合』也」者，案：《説文》「韐」爲「帢」之或體，皆从合得聲。鄭注《士冠禮》云：「合韋爲之。」故古文假「合」爲「韐」，鄭以作「韐」義顯，故從今文。**設決，麗于𢷎，自飯持之。設握，乃連𢷎。**麗，施也。𢷎，手後節中也。飯，大擘指本也。決以韋爲之藉，有彄。彄内端爲紐，外端有横帶。設之，以紐擐大擘本也，因沓其彄，以横帶貫紐，結於𢷎之表也。設握者，以綦繫鉤中指，由手表與決帶之餘連結之，此謂右手也。古文「麗」亦爲「連」，「𢷎」作「捥」。

【疏】正義曰：《校勘記》云：「𢷎，唐石經、嚴、徐、《集釋》俱作『𢷎』，下及注同。鍾本誤作『掔』，《通解》作『掔』。案：『𢷎』、『掔』二字形近易訛，即《説文》『𢷎』字，注中已誤作『掔』矣。」今案：《説文》：「𢷎，手𢷎也。从手𣪠聲，烏貫切。掔，固也。从手臤聲，若閑切。」二字形音義俱別，楊、敖、毛本俱沿《通解》之誤。○此設決及設握，皆謂右手也。右手無決，❶握則左右手皆有之。敖氏謂左手無握，郝氏謂左巨指亦施決，皆誤。褚氏寅亮云：「設決與握之法，細玩注疏，終未灑然，容訂。」今案：注疏之説誠有難解者，略依經文釋之。決，即上所陳棘決。𢷎，掌之上、肘之下也。飯，鄭氏謂大擘指本也。麗，施也。上經陳決有組繫，此設決於右大擘指，以組繫施於𢷎，結之以爲固，而必先以組繞大擘指本，繫之以爲根，再以組之兩端施結於𢷎，則決牢固而不動，所謂「自飯持之也」。經文「麗于𢷎」，舉其終而言。至設握手，乃以握之繫與施于𢷎之決繫相連，而結于𢷎，則握亦固而不脱矣。先設決而後設握者，決亦裹於握之内也。不言設極，敖氏以爲省文。今案：上陳

❶「右」，據前後文義，當爲「左」。

纊極止二，鄭氏以爲示不用，則亦裹於握之内，而不設矣。　注云「麗，施也」者，鄭注《吕刑》「越兹麗刑」同。云「掔，手後節中也」者，下記注以爲掌後節中，則此手亦指掌言也。《説文》「掔，手掔也」，段氏注云：「各本作手掔，誤，今正。掔者，手上臂下也。《肉部》曰：臂者，手上也。肘者，臂節也。《又部》曰：厷者，臂上也。是則肘以下、手以上，渾言之曰臂。析言之，則近手處曰掔。」又引此注云：「後節中者，肘以上爲前節，肘以下爲後節。後節之中以上爲臂，則以下爲掔也。」云「飯，大擘指本也」者，此無考。沈氏彤云：「鄭必有所受，不可輕改。郝敬、萬斯大讀爲飯含之飯，以爲自飯含時已設決。是設於未襲之前矣，當襲時豈無觸閡？」今案：設決、設握係一時事，若決必設於飯時，是何取義？且與經文次序不合，沈説是也。又敖氏以掔爲巨擘之别名，引或説以飯爲後，盛氏世佐以飯爲食指，皆臆見，不可從。云「決以韋爲之藉，有彄。彄内端爲紐，外端有横帶。設之，以紐擐大擘本也，因沓其彄，以横帶貫紐，結於掔之表也」者，案據《説文》：「彄，弓弩耑，弦所居也。」此以爲決有彄，又據上經決止有組繫無紐，此以爲有紐，皆未詳，賈疏説亦不甚分明。段氏玉裁云：「注云『決以韋爲之藉』，又云『以紐擐大擘本』，恐生者皆不必然也。」則其制無可考矣。但鄭先云「以紐擐大擘本」，再云「以横帶貫紐，結於掔之表」，則設之固自大擘本始。必如是，而後經云「自」、云「持之」之義可明也。云「設握者，以綦繫鉤中指，由手表與決帶之餘連結之，此謂右手也」者，右手有決，左手無決。下記云：「設握，裹親膚，繫鉤中指，結于掔。」注以爲手無決者，是記所云爲左手設握之法也。此與決連言，故知謂右手。但設握之法，左右亦無大異。特右手有決，繫可連耳，故注「繫鉤中指」，亦據下記言也。必云「由手表」者，手入於握，則繫必由握外結之，故云「由手表」也。餘詳下記。云「古文『麗』亦爲『連』」者，胡氏承珙云：「『麗』、『連』一聲之轉。云『亦爲』者，因下文有設握乃連掔，故此言亦也。『掔』作『捥』者，惠氏棟云：『《説文》曰：掔，手掔，从手臤聲。《漢書・郊祀志》云：海上燕齊之間莫不搤掔。《游俠傳》云：搤掔而游談。高誘《吕覽注》云：掔讀如棬椀之椀。古文作捥，《春秋傳》云：捘衛侯之手，及捥。《史記》：樊於期偏袒搤捥。《左傳》、《史記》多古文，故皆作捥。俗作腕，非也。』」今案：鄭以「掔」爲正字，故從今文。**設冒，櫜之，幠用衾。**櫜，韜盛物者，取事名焉。衾者，始死時斂衾。今文「櫜」爲「橐」。【疏】正義曰：《雜記》云：「冒者何也？所以掩形也。自襲以至小斂，不設冒則形，是以襲而后設冒也。」鄭注：「后，衍字。」蓋謂襲即設冒耳。蔡氏德晉云：「尸雖已襲，然不設冒，則其形尚見於外，恐爲人所惡，故設冒以掩之也。」沈氏彤云：「由櫛以蚤以揃，而鬠焉笄焉，設明衣裳焉。由飯以掩以瑱，以幎目以屨，而襲焉。由設韐帶以搢笏，以設決與握，而設冒焉。皆順表裏爲序，於上下有逆施者，取事之便也。」褚氏寅亮云：「襲訖當憑尸哭踊，經文不具。」注云「櫜，韜盛物者，取事名焉」者，案：《詩・彤弓》「受言櫜之」、《我將》「載櫜弓矢」，❶《毛傳》皆云：「櫜，韜也。」是櫜爲韜盛物之名。今設冒所以韜尸，故云「櫜之」。櫜之即韜之，前注所謂「先以殺韜足而上，復以質韜首而下」是也。櫜又有藏義，《廣雅・釋器》櫜、韜皆訓爲弓藏。櫜以藏弓矢，亦以藏兵甲，《樂記》名之曰「建櫜」，鄭注謂閉藏兵甲。是韜盛之事皆可以櫜名之，故云「取事名焉」也。云「衾者，始死時斂衾」者，經恐人疑設冒後不用衾，故特言「幠用衾」以明之。注知爲始死時斂衾者，以其襲時無衾，小斂之

---

❶「載櫜弓矢」，當爲《毛詩・時邁》之句。

衾陳之，故仍用大斂之衾，即篇首所謂「幠用斂衾」也。云「今文『櫜』爲『橐』」者，櫜、橐形似，又《說文》：「橐，囊也。」囊橐亦所以盛物，故字訛爲「橐」。鄭以「櫜」有韜義，於冒尤切，故從古文。**巾、柶、鬠、蚤埋于坎。**坎至此築之也。將襲辟奠，既則反之。【疏】正義曰：巾，即飯時覆面布巾及沐浴之巾也。柶，楔齒及扱米者也。鬠，櫛餘亂髮也。蚤，所斷手足爪也。《喪大記》曰「君、大夫鬊爪實於緑中，士埋之」，鄭注：「緑當爲角，聲之誤也。角中，謂棺内四隅也。將實爪髮棺中，必爲小囊盛之。」孔疏：「士埋之者，亦有物盛髮爪而埋之。」上「湏濯棄于坎」，注云：「巾櫛浴衣亦并棄之。」此不言櫛及浴衣者，文不具也。注云「坎至此築之也」者，巾、柶等物上沐浴飯含訖已棄于坎，至此襲事訖乃築而埋之也。下記云「甸人築坅坎」，❶則此埋之者甸人也。云「將襲辟奠，既則反之」者，始死脯醢醴酒之奠設于尸東，至襲時設襲牀于尸東，是時尸在含牀，自含牀移於襲牀，奠在中間不便，故將襲必須辟之。辟，謂去之也。既襲，則仍反之于尸東，以奠所以依尸，不可空也。賈疏據下記云「小斂辟奠不出室」，又據大斂時辟小斂奠于序西南，以爲襲時辟奠當於室西南隅，或然。

右　襲

重木刊鑿之，甸人置重于中庭，三分庭，一在南。木也，懸物焉曰重。刊，斲治。鑿之，爲縣簪

---

❶「坅」，原作「玲」，今據下記文改。

孔也。士重木長三尺。【疏】正義曰：自此至「置于重」，論設重之事。○云「重木」者，言重以木爲之也。「刊鑿之」者，謂刊而鑿之，刊與鑿爲二事也。「甸人置重」者，下篇「甸人抗重，出自道」，注云：「言其官，使守視之。」故置重使甸人也。中庭，東西之中也。「三」當作「參」。「參分庭，一在南」者，盛氏世佐云：「謂三分庭之一，而在其南一分也。如庭深三丈，則設重之節，去堂二丈，去門一丈矣。」沈氏彤云：「一在南者，取碑與門之中也。」方氏苞云：「既襲設冒，親之形容不可復見，故設木於中庭，使神依焉。」注云「木也，縣物焉曰重」者，賈疏云：「此解名木爲重之意。以其木有物縣於下，相重累，故得重名。」案：《詩·無將大車》「祇自重兮」，鄭箋云「重猶累也」是也。云「刊，斲治。鑿之，爲縣簪孔也」者，案：刊是斲治之使成器，鑿謂爲孔以縣簪。朱氏軾《儀禮節略》云：「鑿其前爲二孔，以簪貫之，爲縣鬲之用。」云「士重木長三尺」者，賈疏云：「大夫以上各有等，當約銘旌之杠，士三尺，大夫五尺，諸侯七尺，天子九尺。據豎之者，横者宜半之。」張氏惠言《儀禮圖》云：「鄭言縣簪孔，簪而言縣，則疏云『用軨内此孔中』，軨即簪也。又云『横者宜半之』，則似别有一木爲簪。其説自相違戾。」今案：鄭云長三尺，不言横者，則無横木可知，張説是也。《唐開元禮》亦云「横者半之」，或後代之制，與周異歟？張氏又云：「重之下宜爲柎，乃樹之。」**夏祝鬻餘飯，用二鬲，于西牆下。**夏祝，祝習夏禮者也。夏人教以忠，其於養宜。鬻餘飯，以飯尸餘米爲鬻也。重，主道也。士二鬲，則大夫四，諸侯六，天子八，與簋同差。【疏】正義曰：《釋文》：「鬻，本又作粥。」今案：粥，俗鬻字。《經義述聞》據《太平御覽》禮儀部二十七引此作「盛用二鬲」，又據《周禮·小祝》注、舍人疏引此文俱作「鬻餘飯，盛以二鬲」，謂「用」上當有「盛」字。今案：「用二鬲」連「于西牆下」爲句，當以無「盛」字爲是。上云

「夏祝鬻餘飯」，「鬻」字當作活字解。《爾雅・釋言》：「鬻，糜也。」《釋名》：「糜，煮米使糜爛也。」是鬻與糜皆可爲煮米之稱。此經不云「夏祝煮餘飯爲鬻」，而云「鬻餘飯」，此屬辭之法，「鬻」字中兼有煮義。上文「甸人爲垼于西牆下」，西牆下有垼，故就煮之。「鬻餘飯，用二鬲，于西牆下」，即煮餘飯用二鬲于西牆下。則用二鬲者，謂煮用二鬲也，中間若增「盛」字，便不辭矣。《小祝》注係節引經文，「盛以二鬲」下即云「縣于重」，故增「盛」字以成其義。蓋用二鬲煮餘米爲鬻，即用二鬲盛鬻以縣于重也。舍人疏及《御覽》當因《小祝》注而增。《禮經》本文固無「盛」字，唐石經及各本皆然，《荀子》楊注引亦無「盛」字，似可仍之。《周禮》鬲實六斗，張氏惠言謂此稻米一豆爲鬻實二鬲，則大不必六斗，似鬲當有大小矣。注云「夏祝，祝習夏禮」，義詳前。云「夏人教以忠，其於養宜」者，夏人教以忠，本《白虎通》。云「鬻餘飯，以飯尸餘米爲鬻也」者，謂以前飯尸所餘之米煮爲鬻，即謂之鬻餘飯也。上飯尸時盛米受米等事皆商祝爲之，故此特言夏祝以別之也。云「重，主道也」者，《檀弓》云：「重，主道也。殷主綴重焉，周主徹重焉。」鄭注：「始死未作主，以重主其神也。」又云：「周人作主，徹重埋之。」是未作主以前，設重以依神，故云「主道也」。《釋名》：「重，死者之資重也。含餘米以爲粥，投之甕而懸之，比葬未作主，權以重主其神也。」云「士二鬲，則大夫四，諸侯六，天子八，與簋同差」者，賈疏云：「亦無正文，鄭言之者，以其同陳黍稷，故知同差也。案：《特牲》用二敦，《少牢》用四敦，同姓之大夫、士用簋，故皆以簋言之。《明堂位》云：『周之八簋。』《詩》云：『陳饋八簋。』皆天子禮。自上降殺以兩，明諸侯六。《祭統》諸侯禮，而云『四簋黍』，二簋留陽厭，不用故也。」吴氏紱云：「用鬲之意不可曉，意重爲主道，設之之始，設此以憑之，亦以飯含所餘，恐褻之，不以他用也。」方氏苞云：「鬻縣于重，蓋親之養至是而終矣，朝夕見之，孝子之心有隱焉，所謂以故興物也。」**幂用疏布，久之。繫用靲，縣于重。幂用葦席，北面，左衽。帶用靲，賀之，結于後。**久讀爲灸，謂以蓋塞鬲口也。靲，竹䈼也。以席覆重，辟屈而反，兩端交於後。左衽，西端在上。賀，加也。今文「幂」皆作「密」。【疏】正義曰：幂與鼏皆取覆義，作「鼏」誤。幂用疏布，以覆鬲口也。幂用葦席，以覆重并覆二鬲也。繫用靲，以靲繫鬲，穿入重之孔而縣之也。帶用靲，以靲横束席之中，如帶也。李氏如圭云：「北面，以南爲後。」敖氏云：「重，主道也，故言面言衽與帶，以見其義云。」沈氏彤云：「鬼神尚隱闇，故幂重也。北面，向幽之義也。」　注云「久讀爲灸，謂以蓋塞鬲口也」者，《説文》：「久，從後灸之也。象人兩脛後有距也。《周禮》曰：『久諸牆，以觀其橈。』」段氏玉裁云：「久、灸疊韻。《火部》曰：『灸，灼也。灼，灸也。』灸有迫箸之義，故以灸訓久。《士喪禮》『幂用疏布，久之』，鄭曰：『久讀爲灸，謂以蓋塞鬲口也。』《既夕》『苞筲甕甒皆木桁久之』，鄭曰：『久讀爲灸，謂以蓋案塞其口。』此經二『久』字本不必改讀，蓋久本義訓從後歫之，引伸之，則凡歫塞皆曰久。鄭以久多訓長久，故易爲灸，以釋其義。《考工記》『灸諸牆，以眡其橈之均』，許所偁作久，與《禮經》用字正同。」又云：「距，當作歫。歫，止也。」今案：鄭本《周禮》作灸，故讀《禮經》之久爲灸，與《説文》從後灸之義合。其注「灸諸牆」云：「灸猶柱也，以柱兩牆之間。」是柱亦爲止塞義。沈氏彤云：「從後灸之者，灸本訓也。《周禮》謂從旁灸之，此經謂從口灸之，所從不同，其爲灸則一也。」云「靲，竹䈼也」者，謂以竹䈼爲索。賈疏以䈼與篾同，謂竹之青可以爲繫者。敖氏云：「靲字從革，似當爲革之屬。」段氏云：「《説文》靲字後人所增，鄭蓋以爲紟字。紟者，係也。鬲與重但當以竹䈼係之，因謂䈼爲紟。」今案：竹䈼之説，鄭必有本，用之於鬲與重，宜也。云「以席覆重，辟屈而反，兩端交於後。左衽，西端在上」者，案：以席覆重，非覆之於上，當是四面旋轉覆之，故如裳之有辟積。辟謂空其中，屈謂屈而轉之，且兼覆二鬲，則辟屈之處，當上狹而下寬。敖氏云：「北面，謂席之兩端皆在北也。左衽者，右端在上而西鄉，象死者之左衽也。」沈氏彤以敖爲是，謂注與經背。今案：注亦不背經，但不如敖説之明顯耳。蓋席本是南轉而北，又以兩端之餘者反向後轉之，故云「反兩端交於後」。重北面，以西爲左，則左衽自當以西爲上。注蓋謂轉而鄉東者在下，轉而向西者在上耳。鄭注《喪大記》「左衽」云「衽鄉左」，是其義也。賈疏誤，詳《訂疑》。云「賀，加也」者，沈氏謂「加爲累加之，蓋用軨從南鄉北，又從北向南而結之，敖氏云後謂重之南」，是也。云「今文『冪』皆作『密』」者，胡氏承珙云：「『冪』之作『密』，猶『鼏』之作『密』，皆同聲假借。《禮經》古文『鼏』皆爲『密』，故『冪』亦作『密』。此注『今文』當作『古文』。《校勘記》云：『通部皆古文作密，此不當作今文。』」**祝取銘，置于重。**祝，習周禮者也。【疏】正義曰：此時銘未用，權置於此。必置于重者，以重亦所以表柩也。《荀子》曰：「書其名，置于其重，則名不見而柩獨明矣。」○《禮經釋例》云：「凡重，置于中庭，三分庭，一在南。案：《士喪禮》襲畢：『重木刊鑿之，甸人置于中庭，三分庭，一在南。』此言置重之處也。又云：『夏祝鬻餘飯，用二鬲，于西牆下。冪用疏布，久之。繫用軨，縣于重。冪用葦席，北面，左衽。帶用軨，賀之，結于後。』此言重之制度也。《既夕禮》：『遷于祖，用軸，重先，奠從，燭從，柩從，燭從，主人從。』又云：『置重如初。』注：『如殯宫時也。』疏云：『亦如上篇，三分庭，一在南，二在北，而置之。』重爲行禮之大節，小斂奠、大斂奠、朝夕奠，經皆云『奠者由重東南，丈夫踊』，故遷于廟，其置重之處亦如在殯宫之時，以奠于廟亦有要節而踊之儀也。《士喪禮》：『祝取銘，置于重。』疏云：『以銘未用，待殯訖乃置于肂。』《既夕禮》：啟殯，祝取銘置于重。殯時銘在肂，至啟殯，故復置于重也。設祖奠時，祝取銘置于茵。此不置于重者，注云『重不藏』故也。《雜記》：『重既虞而埋之。』鄭注：『就所倚處埋之。』孔氏《正義》曰：『《既夕·記》：將葬朝禰廟，重止於門外之西，不入。重不入者，謂將嚮祖廟，若過之然，故不入，明日，自禰廟隨至祖廟庭。厥明，將出之時，重出自道，道左倚之。鄭注：道左，主人位。此注就所倚處埋之，謂於祖廟門外之東也。』此埋重之處也。《既夕禮》：將葬，甸人抗重。注：『重，既虞將埋之。』疏云：『天子九虞，諸侯七虞，大夫五虞，士三虞。未虞以前，以重主其神。❶虞所以安神，雖未作主，初虞其神，即安於寢，不假重爲神主。又士大夫無木主，明亦初虞即埋之也。』此埋重之時也。又案：張氏爾岐曰：『重以依神，若置之近南，殆若推而遠之矣。且參分庭句，一在南句，亦覺不文。本經言參分庭一在南者不一。其自外入而言，據外近南者也。其自内出而言，據内近北者也。重固自内出者也。』考經文明云『參分庭一在南』，不云『一在北』。張氏此言，顯與經違，不可從也。 注云「祝，習周禮者也」者，習周禮則爲周祝，經不云「周祝」而云「祝」者，以三祝皆周祝，特以其兼習夏商之禮，故異其名耳。盛氏世佐以此爲夏祝，誤。○張氏爾岐云：「以上竝始死之日所用之禮。」褚氏寅亮云：「死日襲，次日小斂，第三日大斂，此士三日殯，連死日數之明徵也。大夫三日殯，不連死日，則第四日。」蔡氏德晋云：「周人斂用日出，今死日即襲，則襲不必於日出。」吴氏紱云：「屬纊有早晚，而衣具或需時，則早者襲猶可逮死日之晚，否則必至明日，亦不可泥矣。」徐氏乾學云：「次日日出之前，總可名爲死之第一日，則襲仍死日之事云。」

右設重

❶ 「主」，原作「生」，今據《禮經釋例》改。

北京大學《儒藏》編纂與研究中心 編

《儒藏》精華編選刊

儀禮正義（五）

〔清〕胡培翬 撰

〔清〕胡肇昕 楊大堉 補

張文 徐到穩 殷嬰寧 校點

北京大學出版社
PEKING UNIVERSITY PRESS

儀禮正義卷二十七　鄭氏注

績溪胡培翬學

厥明，陳衣于房，南領西上，綪。絞，橫三縮一，廣終幅，析其末。綪，屈也。絞，所以收束衣服爲堅急者也，以布爲之。縮，從也。横者三幅，從者一幅。析其末者，令可結也。《喪大記》曰：「絞一幅爲三。」【疏】正義曰：自此至「東柄」，言陳小斂衣物牲奠之事，凡五節：陳衣，一也。饌奠及東方之盥，二也。陳絰帶，三也。陳牀第夷衾及西方之盥，四也。陳鼎實，五也。○張氏爾岐云：「厥明者，繼昨日而言，死之第二日也。」今案：下陳大斂衣物云「厥明滅燎」，此不言，故記補之曰：「既襲，宵爲燎于中庭。厥明，滅燎，陳衣。」蓋自始死至殯，夜皆設燎也。敖氏云：「此雖有他物，而衣居多，故惟以陳衣言之。南領，變於襲。絞言廣不言長，取節於人，其度不定也。」李氏如圭云：「析其末，謂析末爲三也。凡陳衣，斂時在外者先陳之，布衣亦然。」今案：據此，則先陳者先用，西上，便於取也。綪者，第一行自西而東，第二行則自東而西，如物之屈而轉也，其下皆然。《喪大記》曰：「小斂：大夫、士陳衣于房中，皆西領北上。」鄭以彼爲天子之士。或曰西領當南上，北字誤。　注云「綪，屈也」者，鄭前以綪讀爲綪，明綪爲屈之義，故此直以屈解之也。云「絞，所以收束衣服爲堅急者也，以布爲之」者，鄭注《喪大記》云：「小斂之絞也，廣終幅，析其末，以爲堅之强也。大斂之絞，一幅三析用之，以爲堅之急也。」是其言堅急之義也。知以布爲之者，下記云「凡絞衾用布，倫如朝服」是也。云「縮，從也。横者三幅，從者一幅。析其末者，令可結也」者，縮、從，詳《鄉飲酒禮》。《喪大記》曰：「小斂布絞，縮者一，横者三。」孔疏云：「以布爲絞，從者一幅，横者三幅，皆置于尸下，從者在横者之上。每幅之末，析爲三片，以結束爲便也。」引《喪大記》曰「絞一幅爲三」者，案：彼文下有「不辟」二字，孔疏讀辟爲擘，謂大斂之絞一幅爲三、不辟者，謂以一幅布分爲三段，不復擘裂其末；小斂絞全幅，析裂其末爲三。據此，則小斂之絞但析其兩端各爲三，而中央仍是全幅不析，與大斂之絞有異。沈氏彤云：「鄭引以例小斂，雖不裂全幅，析其末亦爲三耳。敖乃云：『析其兩端爲二，如掩之制。』未然。」**緇衾，赬裏，無紞。**紞，被識也。斂衣或倒，被無别於前後可也。凡衾制同，皆五幅也。【疏】正義曰：赬爲經之或體。紞，右旁加點誤。《喪大記》曰：「小斂：君錦衾，大夫縞衾，士緇衾，皆一。」是小斂之衾止一也。又曰：「小斂，君、大夫、士皆用複衣複衾。」陳氏澔云：「衣衾之有緜纊者。」今案：袍襺之屬，是複衣也。此云「緇衾，赬裏」，是以緇爲表，以赬爲裏，即複衾也。《王制》曰：「六十歲制，七十時制，八十月制，九十日脩，唯絞紟衾冒死而後制。」《檀弓》曰：「喪具，君子恥具。一日、二日而可爲也者，君子弗爲也。」謂絞紟衾冒也。○注「後」下，《通解》無「可」字。惠氏棟云：「當有『可』字。」　云「紞，被識也」者，《喪大記》曰「紟五幅，無紞」，鄭注：「紞以組類爲之，綴之領側，若今被識矣。生時禪被有識，死者去之，異於生也。」今案：識，記也。紞以識記被之前後，領在前，故綴之領側。領側爲領旁也，孔疏分領與側爲二，非是。被識是漢時之名，鄭舉以爲證。紟是禪被，與衾似殊，然紟、衾皆被，故無紞同也。云「斂衣或倒，被無别於前後可也」者，被無紞，無以別前後，但斂衣尚有倒者，則被無別於前後亦可也。此鄭申無紞之義也。下「祭服不倒」，則餘服有倒者，故云「斂衣或倒」也。云「凡衾制同，皆五幅也」者，謂衾制同五幅，無尊卑之分，亦據《喪大記》「紟五幅」爲言也。**祭服次。**爵弁服、皮弁服。【疏】正義曰：李氏如圭云：「小斂祭服在中，而次絞衾先陳者，祭服尊也，與陳襲衣之序同。」吳氏廷華云：「此陳衣先祭服後散衣，斂時先散後祭，先者在外，後者在内，亦美者在中之意。」注云「爵弁服、皮弁服」爲祭服，義詳前「商祝襲祭服」下。敖氏謂祭服當指玄端以上言。褚氏寅亮云：「小斂固有玄端服，但在散衣中。經所言祭服，仍指助祭之服，與襲時同。注未可駁，大斂祭服亦然。」今案：褚説是也。**散衣次。**褖衣以下，袍繭之屬。【疏】正義曰：上襲時止有三稱，故於祭服外惟言褖衣。此斂時衣多，故言散衣，則爵弁服、皮弁服以外之衣，皆統之矣。陳他物不言次，此及祭服俱言次者，以祭服非一稱，散衣亦非一稱，故言次，謂次第陳之也。注云「之屬」，則所包者多矣。《玉藻》曰「纊爲繭，緼爲袍」，鄭注：「衣有著之異名也。」**凡十有九稱。**❶祭服與散衣。【疏】正義曰：《喪大記》曰：「小斂，衣十有九稱。」不言君、大夫、士之異，則尊卑皆十有九。鄭彼注云：「法天地之終數也。」賈疏云：「天地之初數，天一地二，終數則天九地十。人在天地之間而終，故取終數爲斂衣稱數。」〇此經云「凡」者，是統祭服、散衣而言。《喪大記》曰「絞、紟不在列」，鄭注：「以其不成稱，不連數也。」謂不在十九稱之數。此經上文亦陳絞衾，鄭恐人以絞衾爲在十九稱之内，故特注之，曰「祭服與散衣」也。**陳衣繼之。**庶襚。【疏】正義

❶「十有」，原倒，今據《儀禮注疏》乙正。

曰：此云「陳衣繼之」，與上襲時所云「庶襚繼陳」同也。但經不云「庶襚」而云「陳衣」者，以十九稱中兼有庶襚在内，此則十九稱之外陳而不用者，故目爲陳衣。云「繼之」者，繼十九稱而陳也。注以「庶襚」釋「陳衣」者，謂主人所自盡者，已俱在十九稱之内，此所陳之衣，則皆庶襚耳。**不必盡用。**取稱而已，不務多。【疏】正義曰：上言「庶襚繼陳，不用」，則襲時全不用之。此云「不必盡用」，則斂時亦兼用之也，但此十九稱之外所陳之衣，則皆用之不盡者耳。注云「取稱而已，不務多」者，言所陳之衣雖多，用之但取足十九稱而已，不必盡也。

右陳小斂衣

饌于東堂下，脯醢、醴酒。幂奠用功布，實于簞，在饌東。功布，鍛濯灰治之布也。凡在東西堂下者，南齊坫。古文「奠」爲「尊」。【疏】正義曰：經「在饌東」，《通典》作「在饌北」。今案：下云「設盆盥于饌東」，不云「于簞東」，似作「北」是。○上「饌」字作「陳」字解，言陳脯醢醴酒于東堂下也。下云「在饌東」，則即謂脯醢醴酒爲饌矣。「幂奠用功布，實于簞」，未幂也，下奠于尸東乃幂之。敖氏云：「下大斂之奠云『兩瓦甒，其實醴酒』，然則此醴酒惟在觶歟？」吴氏紱云：「吉祭豆籩陳于房中，以婦人薦也。喪奠不用婦人，故脯醢醴酒俱饌于東堂下，異於吉，且欲以奠者之升降爲踊節也。此爲饌之始，至大斂饌有棜，則謂東方之饌，其處則同。」注云「功布，鍛濯灰治之布也」者，賈疏以爲大功布。敖氏謂大功、小功布，未審以何者用之。沈氏彤云：「幂奠以辟塵污，宜用小功布矣。」云「凡在東西堂下者，南齊坫」者，案：下記云「設棜于東堂下，南順，齊于坫，饌于其上」是也。鄭云凡，是舉以例其餘，凡陳物在東堂下、西堂下者皆然。坫，詳《士冠禮》。沈氏彤云：「凡堂之南下直東西序内者，經皆謂之堂下。自阼階以東，通謂之東方。自西階以西，通謂之西方。堂之東下，謂之東堂下，亦謂之堂東。堂之西下，謂之西堂下，亦謂之堂西。」今案：東堂下亦謂之東方，西堂下亦謂之西方，下文「西方盥，如東方」是也。云「古文『奠』爲『尊』」者，惠氏棟云：「古『尊』字作『𢍜』，與『奠』相似，故譌从之。奠从丌，讀若箕。𢍜从廾，讀若拱。」今案：小斂未設尊，此所羃者奠，非尊也。經文「奠」，《通典》作「尊」，注「爲尊」，《釋文》作「奠」，皆形近誤。〇《禮經釋例》云：「凡將奠，皆先饌于東方，徹則設于西方。案：《士喪禮》小斂陳奠：『饌于東堂下，脯醢醴酒。羃奠用功布，實于簞，在饌東。』注：『凡在東西堂下者，南齊坫。』大斂陳奠：『東方之饌：兩瓦甒，其實醴酒。角觶，木柶。毼豆兩，其實葵菹芋、嬴醢。兩籩，無縢，布巾，其實栗，不擇。脯四脡。』注：『此饌但言東方，則亦在東堂下也。』朝夕奠，祝由主人之北適饌。注：『適饌，適新饌。』考前徹小斂奠，乃適饌。注：『東方之新饌。』敖氏繼公曰：『適東方之饌處，以待事至也，後放此。』則此朝夕奠，亦饌于東方也。朔月奠，東方之饌亦如之。薦新，如朔奠。《既夕禮》：遷柩朝廟奠，東方之饌亦如之。《既夕·記》：『祝饌祖奠于主人之南，當前輅，北上，巾之。』注：『既祖，祝乃饌。』敖氏繼公曰：『于主人之南，明其在車東也。』《既夕禮》大遣奠：『東方之饌：四豆，脾析、蜱醢、葵菹、嬴醢。四籩，棗、糗、栗、脯。醴、酒。』注：『此東方之饌，與祖奠同，在主人之南，當前輅，北上，巾之。』是知未奠之前，皆饌于東方也。《士喪禮》：徹小斂奠，設于序西南，當西榮，如設于堂。注：『爲求神于庭，孝子不忍使其親須臾無所馮依也。堂，謂尸東也。凡奠設于序西南者，畢事而去之。』徹大斂奠，設于序西南，直西榮。徹朔奠，其設于外，如于室。注：『外，序西南。』《既夕禮》：徹祖奠，設于西北。注：『設于柩車西北，亦猶序西南。』朝夕奠但云卒徹，不云設于序西南者，文不具也。是知既徹之後，皆設于西方也。徹遷柩從奠，不設于序西南者，注云：『已再設，爲褻也。』徹朝廟降奠，不設于序西南者，注云：『非宿奠也。』《既夕·記》：『小斂，辟奠不出室。』注：『未忍神遠之也。辟襲奠以辟斂，既斂，則不出于室設于序西南。』《既夕禮》：徹大遣奠，徹巾，苞牲，取下體。注：『苞者，象既饗而歸賓俎者也。』士苞三个，亦得俎釋三个。《雜記》曰：父母而賓客之，所以爲哀。』小斂辟奠爲事之始，未忍以神事之，大遣奠爲事之終，以賓客事之，故皆不設于西方也。」**設盆盥于饌東，有巾。**爲奠設盥也。喪事略，故無洗也。【疏】正義曰：於酒醴脯醢之東，設盆以盛水，爲將奠者盥手也。巾，布巾，以拭手。敖氏謂盥盛盥水之器，盆承棄水。盛氏世佐云：「案：盆盥，以盆爲盥器也。上經云『盥于盆上』，是其用之之法，敖說非。」〇注「爲奠設盥也」，敖本「奠」下有「者」字。今案：下舉鼎者亦盥於此，若增一「者」字，則似專爲進奠徹奠者設，不足以該舉鼎者矣。舉鼎雖非奠者，然亦奠中事，故言「爲奠設」以該之，敖本有「者」字非。云「爲奠設盥也」者，賈疏云：「謂爲設奠人設盥及巾。下云『夏祝及執事盥，執醴先酒』，即是於此盥也。但諸文設洗篚者皆不言巾，以篚內有巾可知，故不言。至于不就洗篚，皆言巾者，恐揮之不用，故言巾。是以《特牲》、《少牢》尸尊不就洗篚，及此喪事略，不設洗篚，皆見巾。」是也。《禮經釋例》云：「凶事略，不設洗，惟設盥以代之。《士虞禮》在既葬之後始設洗，然亦設于西階西南，水在洗西，篚在東，異於吉時之洗在東階東南也。」餘詳下「西方盥如東方」下。

右饌小斂奠及設東方之盥

直絰大鬲，下本在左。要絰小焉，散帶垂，長三尺。牡麻絰，右本在上，亦散帶垂。皆饌于東方。直絰，斬衰之絰也。苴麻者其貌苴，以爲絰，服重者尚麤惡。絰之言實也。鬲，搤也。中人之手，搤圍九寸，絰帶之差，自此出焉。下本在左，重服統於内，而本陽也。要絰小焉，五分去一。牡麻絰者，齊衰以下之絰也。牡麻絰者其貌易，服輕者宜差好也。右本在上，服輕本於陰，而統於外。散帶之垂者，男子之道，文多變也。饌于東方東坫之南，苴絰爲上。【疏】正義曰：此及下陳絰帶者，以小斂訖，當服未成服之麻故也。「直絰大鬲，下本在左」，及下「牡麻絰，右本在上」，俱詳《喪服傳》斬衰章。要絰，即帶也。《喪服經》曰「苴絰」，鄭注：「麻在首在要皆曰絰。首絰，象緇布冠之缺項。要絰，象大帶。」是苴絰大鬲爲首絰也。散帶，即要絰也。李氏如圭云：「《雜記》曰：『大功以上散帶。』散帶者，小斂後垂其帶，至成服而絞之。婦人則初而絞之，與小功、緦之男子同。」敖氏云：「散，謂不絞之也。此垂，謂帶下也。云帶垂，又云長三尺，見其帶下之長與大帶同也。」沈氏彤云：「此苴絰、牡麻絰，皆一股而纏，不絞，《雜記》云『小斂環絰』是也。成服乃絞之，與要絰同。」今案：「亦散帶垂」，亦初時不絞也。據《喪服經》又有絞帶，鄭注：「絞帶象革帶，齊衰以下用布。」則斬衰之絞帶用麻，即下記「主人絞帶，衆主人布帶」是也。男子之絰帶，蓋俱陳于東方，其餘不言者，經略之。　注云「絰帶之差，自此出焉」者，《喪服傳》言五服之絰帶有大小，皆自斬衰苴絰九寸遞減之，故云「自此出」也。云「要絰小焉，五分去一」者，謂要絰小於首絰五分之一，即《喪服傳》所謂「五分一以爲帶也」。云「牡麻絰者，齊衰以下之絰也」者，案：喪服自齊衰至小功，皆用牡麻絰，故云「齊衰以下之絰也」。云「牡麻絰者其貌易，服輕者宜差好也」者，陳氏祥道云：「絰帶之麻，有苴者，有牡者，有澡者。苴色惡，澡色潔，牡則不惡不潔，而適輕重之中。」是較之苴麻，貌易而差好也。餘皆詳《喪服傳》斬衰章。云「散帶之垂者，男子之道，文多變也」者，對婦人之帶，初即絞之，主質也。云「饌于東方東坫之南」者，李氏如圭云：「饌于東方，不繼前饌而言，則非東堂下矣。下牀笫夷衾饌于西坫南，則東方之饌亦然。」云「苴絰爲上」，賈疏謂以苴絰爲首南陳之，是也。**婦人之帶，牡麻結本，在房。**婦人亦有苴絰，但言帶者，記其異。此齊衰婦人，斬衰婦人亦有苴絰也。【疏】正義曰：本，謂麻之根本也。郝氏敬云：「凡麻帶皆本下垂，唯首絰有上下本之異。」今案：結本，謂不垂，異於男子也。此婦人之帶結本，亦謂大功以上者。《間傳》云「麻之有本者，變三年之葛」，鄭注「有本謂大功以上也，小功以下澡麻斷本」是也。在房，敖氏謂在西房。江氏筠《讀儀禮私記》云：「此用《喪大記》鄭注也。《喪大記》『婦人髽、帶麻于房中』，注云：『房中，則西房也。』天子、諸侯有左右房，敖以大夫、士房室制與天子、諸侯同，故移以説此耳。然文承『饌于東方』之下，且下又有『饌于西坫南』之文，則此之所饌爲東，而非西明矣。」又云：「《明堂位》『夫人副禕，立于房中』，疏亦謂東房中。至《祭統》，則明云『夫人副禕，立于東房』矣。」江意蓋謂天子、諸侯雖有東房、西房，其行事常在東房耳。今案：士之正寢亦有東西房，詳《大射儀》。但此經在房，當在東房。蓋小斂以後，男子之位在阼階下，故陳絰帶于東坫之南，婦人之位在阼階上，故陳絰帶于東房，皆就近陳之，江説是也。　注云「婦人亦有苴絰，但言帶者，記其異」者，謂婦人亦有首絰，此但言帶不言首絰者，婦人之首絰與男子同，帶則結本，與男子異，故特言之耳。云「此齊衰婦人，斬衰婦人亦有苴絰也」者，謂經言牡麻結本者乃齊衰之婦人，若斬衰之婦人，則帶絰亦用苴麻也。敖氏謂婦人斬衰之帶亦用牡麻。褚氏寅亮云：「婦人重要，男子重首，豈有婦人絰帶反輕於首服而不用苴之理？故注以此爲齊衰婦人之帶，蓋舅姑之服本齊衰也。主人母若在，妻爲夫斬，故注云『斬衰婦人亦苴絰』。經不言者，存没不定也。」今案：褚説是也。但斬衰婦人之帶結本，與齊衰同，則言結本，亦可兼之矣。

右陳小斂絰帶

牀笫、夷衾，饌于西坫南。笫，簀也。夷衾，覆尸之衾。《喪大記》曰：「自小斂以往用夷衾，夷衾質殺之裁猶冒也。」【疏】正義曰：牀笫、夷衾，陳以待遷尸之用。西坫南，即西方也。注云「笫，簀也」者，《爾雅·釋器》「簀謂之笫」，郭注以爲牀版。《説文》：「笫，簀也。簀，牀棧也。」笫蓋設於牀上以承席者。云「夷衾，覆尸之衾」者，前此「幠用斂衾」用大斂之衾，至小斂後大斂之衾當陳，故制夷衾以覆尸。但下「幠用夷衾」，注又云「覆尸柩之衾」，故賈疏云：「此衾本爲覆尸覆柩，不用入棺。」今案：小斂「幠用夷衾」是覆尸，《既夕》啟殯「幠用夷衾」是覆柩，故下注又云「覆尸柩之衾也」。敖氏謂「夷尸于堂，乃設此衾，故以夷衾名之。不以斂，故别饌之」，是也。引《喪大記》「自小斂以往用夷衾，夷衾質殺之裁猶冒也」者，證夷衾用於小斂之後。孔疏謂夷衾所用繒色及長短制度如冒之質殺，但不復爲囊及旁綴也。聶氏崇義云：「不爲囊，則仍衾制也。」今案：冒以韜尸，衾以覆尸，制本不同，而云「質殺之裁猶冒」者，上陳小斂之衾云「緇衾赬裏」，則是以緇爲表，以赬爲裏。此夷衾或以緇爲上，以䞓爲下，如冒之上緇質、下䞓殺，其色同，故云「猶」耳。**西方盥，如東方。**爲舉者設盥也。如東方者，亦用盆布巾，饌於西堂下。【疏】正義曰：注云「爲舉者設盥也」者，舉者，謂將舉尸者，即下經「士盥二人以竝」是也。云「如東方者，亦用盆布巾，饌於西堂下」者，上文「設盆盥于饌東，有巾」，此云「如」，故知西方盥亦用盆及布巾也。知西方爲西堂下者，賈疏云：「以其東方盥在東堂下，則知此西方亦在西堂下。」《禮經釋例》云：「凡凶事無洗，或設盥于堂下，或設盥于門外。《士喪禮》將小斂，饌于東堂下，設盆盥于饌東，有巾。注：『爲奠設盥也。』『西方盥，如東方。』注：『爲舉者設盥也，亦饌于西堂下。』此設盥于堂下者也。將大斂，祝徹盥于門外。注：『小斂設盥于饌東，有巾。大斂設盥于門外，彌有威儀。』將朝夕奠，徹者盥于門外。《既夕禮》：請啟期後，夙興，設盥于祖廟門外。疏云：『大斂設盥于門外，雖不言東方，約小斂盥在東堂下，則大斂盥亦門外東方。此下陳鼎如大斂奠，則此設盥亦在門外東方，如大斂奠也。』此設盥於門外者也。」今案：小斂時東堂下之盥爲奠設，西堂下之盥爲舉者設。大斂時亦有二盥，東堂下之盥移設于門外，而西堂下之盥仍設如初。以大斂亦有舉尸之事，下「熬黍稷各二筐」節注云「爲舉者設盆盥於西」是也。

右陳牀笫夷衾及西方之盥

陳一鼎于寢門外，當東塾，少南，西面。其實特豚，四鬄，去蹄，兩胉、脊、肺。設扃鼏，鼏西末。素俎在鼎西，西順，覆匕，東柄。鬄，解也。四解之，殊肩髀而已，喪事略。去蹄，去其甲，爲不潔清也。胉，脅也。素俎，喪尚質。既饌，將小斂，則辟襲奠。今文「鬄」爲「剔」，「胉」爲「迫」，❶古文「鼏」爲「密」。【疏】正義曰：寢門外，正寢門外也。「當東塾，少南」，少南於塾也。吉事陳鼎北面，今西面，變於吉也。肺，周人所尚，故與四鬄、兩胉及脊共實于一鼎。扃鼏，詳《士冠禮》。素俎在鼎西，西順，是橫設之。「覆匕，東柄」，覆匕于俎，柄在東，葉在西，亦橫設之。李氏如圭云：「《孔叢》曰：『豕子曰豚。』鼏以茅爲之，其本在東。」吴氏紱云：「始死奠用脯醢而已，至此特豚一鼎，踰日則可辨，且小斂漸殷也。」今案：喪奠有隆殺，此小斂奠及朝稱奠，❷皆一鼎。大斂奠、朔月奠、遷祖奠，皆三鼎，加魚腊。《既夕》遣奠則五鼎，如少牢也。

注云「鬄，解也。四解之，殊肩髀而已」者，《周禮・典瑞》「以肆先王」，鄭注：「肆解牲體以祭，因以爲名。」《釋文》：「肆，他歷反。」鄭以此經之鬄與《周禮》之肆同，故訓爲解也。凡牲體，前爲肩，後爲髀。析言之，則肩下有臂、臑，髀下有肫、胳，詳《鄉飲酒禮》。今但解豚之前肩左右爲二，後髀左右爲二，不分肩、臂、臑，髀、肫、胳，故云「四解之，殊肩髀而已」。此四鬄，并兩胉一脊爲七體，是爲豚解之法。又二十一體爲體解之法，詳《特牲・記》。云「喪事略」者，楊氏復云：「四鬄者，殊左右肩髀而爲四，又兩胉一脊而爲七，此所謂豚解也。《士喪禮》豚解而已，大斂、朔月奠、遣奠，禮雖寖盛，豚解合升如初。至虞，然後豚解、體解兼有焉。」又云：「小斂總有七體，《士虞》升左胖七體，則解左胖而爲七，比之《特牲》、《少牢》吉祭爲略，比之小斂以後爲詳矣。」沈氏彤云：「《冠禮》、《喪禮》豚皆合升，然《冠禮》是解爲二十一體而升，《昏禮》用特豚亦然，

❶「迫」，原作「起」，今據《儀禮注疏》改。

❷「稱」，疑爲「禰」之訛。

《喪禮》但解爲七體，而即升之數自不同。鄭云喪事略者，對《冠》、《昏》之詳而言爾。《既夕》葬奠用成牲，亦四解，亦喪事略。」去蹏，詳《士昏禮》。云「胉，脅也」者，《廣雅·釋親》「胉，脅也」，王氏《疏證》云：「胉，或作膊，通作拍。《周禮·醢人》『豚拍』，鄭注：『鄭大夫、杜子春皆以拍爲膊，謂脅也。或曰豚拍，肩也。今河間名豚脅聲如鍛鎛。』」鄭取河間方音爲證者，蓋以拍訓脅爲是也。云「素俎，喪尚質」者，《檀弓》曰「奠以素器，以生者有哀素之心也」，鄭注：「哀素，言哀痛無飾也。凡物無飾曰素。」無飾，是尚質也。云「既饌，將小斂，則辟襲奠」者，案襲奠即始死之奠，既襲仍設于尸東，故名襲奠。小斂布席于户内，自襲牀移尸于席上，奠在中間，恐有妨礙，故必辟之，蓋亦辟於室之西南隅也。云「今文『鬄』爲『剔』」者，《説文》：「鬄，髲也。鬄或作髢。鬀，鬀髮也。」段氏玉裁云：「鬄與鬀義别。《士喪禮》『特豚四鬄』，本作鬀，今作鬄，譌字。」又云：「漢時有『剔』字，許不録者，《禮》古文作『鬀』，今文作『剔』，許於此字從古文，故不取今文也。剔者，鬀之省俗。據《莊子音義》，吕忱乃録『剔』於《字林》，云『剃也』。然則吕謂即俗『鬀』字甚明。」又云：「《大雅·皇矣》『攘之剔之』，《釋文》云：『字或作鬄。』蓋《詩》本作『鬀』，譌之則爲『鬄』，俗之則爲『剔』，非古有『剔』字也。《周頌》『狄彼東南』，《釋文》云：『狄，《韓詩》作鬄，除也。』『鬄』亦『鬀』之譌。鄭箋云：『狄當作剔。』用韓説也。《抑》詩『用遏蠻方』，箋云：『當作剔。』蓋鄭不廢剔字。」胡氏承珙云：「段氏分别『鬄』、『鬀』二字，其説甚辨。然《左傳》衛莊公『見己氏之妻髮美，使髡之，以爲吕姜髢』，是鬄本鬀髮所爲。古人以其聲同義近，故經典即假『鬄』爲『鬀』。《士喪禮》之『四鬄』，古文蓋借『鬄』爲『鬀』。《周禮·小子》『羞羊肆』，注云：『肆讀爲鬄。』亦是假『鬄』爲『鬀』，未必皆譌字也。」「今文『胉』爲『迫』」，「迫」亦是假借字，鄭以作「胉」義顯，故從古文耳。「古文『鼏』爲『密』」，詳《士冠禮》。張氏惠言云：「經：陳鼎西面。案下經：鼎入，『阼階前西面錯』，注：『錯鼎於此，宜西面。』疏云：『對在門外時北面。』則『西面』當爲『北面』之譌。」存此俟考。

右陳鼎實

士盥，二人以竝，東面，立于西階下。 立，俟舉尸也。今文「竝」爲「併」。【疏】正義曰：自此至「復位」，言小斂遷尸及主人主婦袒括髮免髽襲絰之節。○此篇大小斂，遷尸者士，奠舉鼎者士。《既夕》「公賵，士受馬以出」，注云：「此士，謂胥徒之長有勇力者。」此不言，蓋亦有勇力而能給禮事者可知。二人以竝，謂每二人爲偶，非止於二人也。此盥在西堂下，故既盥東面，立于西階下待事。《喪大記》曰：「士之喪，士是斂。」又曰：「士與其執事則斂，凡斂者六人。」孔疏：「凡者，貴賤同也。兩邊各三人，故用六人。」注云「立，俟舉尸也」者，謂俟舉尸遷于户内服上也。「今文『竝』爲『併』」，詳《士昏禮》。**布席于户内，下莞上簟。** 有司布斂席也。【疏】正義曰：此爲小斂布席也。李氏如圭云：「不牀者，斂衣多，布之於地。」《喪大記》曰：「小斂于户内，大斂于阼。君以簟席，大夫以蒲席，士以葦席。」鄭注：「簟，細葦席也。三者下皆有莞。」鄭意蓋謂簟席、蒲席、葦席三者皆設之於上耳，其下皆有莞，據此經言也。下記云「設牀當牖，下莞上簟」，是始死時之席。此小斂下莞上簟，下「設牀第于兩楹之間，衽如初」，大斂「布席如初」，注皆云「亦下莞上簟」，是自始死至斂皆然。又《小雅·斯干》云「下莞上簟」，是生人之席亦同。經云「布席」，席兼莞簟言，莞在地上，簟在莞上，兩重耳。盛氏世佐以布席有三重，席爲一重，莞爲一重，簟爲一重，誤矣。鄭箋《詩》

云：「莞，小蒲之席也。」注《司几筵》云：「繅柔嚅，不如莞清堅。」《爾雅・釋草》「莞，苻蘺」，郭注：「今西方人呼蒲爲莞蒲，江東謂之苻蘺，用以爲席。」案《周禮》有蒲席，又有莞席，則莞當與蒲別。《説文》：「莞，艸也，可以作席。藺，莞屬。」又云：「蔇，夫離也。」段氏玉裁云：「莞之言管也。凡莖中空者曰管。莞蓋即今席子草，細莖，圓而中空。鄭謂小蒲，實非蒲也。」郝氏懿行《爾雅義疏》云：「莞與藺相似，莖圓而中空，可爲席。蒲葉闊而不圓，其細小者亦可爲席，所謂蒲苹者也。是蒲、莞非一物，《爾雅》之莞乃蒲屬，非藺屬。故《説文》莞訓艸，與藺相屬，又別出蔇。《爾雅》借莞爲蔇，注云『莞蒲』，乃蒲之別種，非似藺之莞也。」今案：《廣雅・釋草》云「莞，藺也」，又云「蔥，蒲莞也」，是莞有蒲名，蒲亦有莞名。二者相似，稱名多亂，段氏、郝氏辨之詳矣。陸德明《詩》釋文云：「莞草叢生水中，莖圓，江南以爲席，形似小蒲而實非也。」《列子》「老韭之爲莞」，殷敬順云：「莞音官，似蒲而圓。」《衆經音義》云：「莞草外似蔥，内似蒲而圓，今亦名莞子。」是莞與蒲別也。《釋名》云：「簟，覃也，布之覃覃然正平也。」《説文》：「簟，竹席也。」鄭箋《詩》云：「竹葦曰簟。」注《喪大記》云：「簟，細葦席。」是鄭意以《喪大記》士葦席與君簟席同，孔疏云：「大夫辟君，上席以蒲。士卑不嫌，故得與君同用簟也。」《喪大記》云「小臣鋪席」，蓋人君禮。此士，使有司布之也。**商祝布絞、衾、散衣、祭服。祭服不倒，美者在中。**斂者趨方，或傎倒衣裳，祭服尊，不倒之也。美，善也。善衣後布，於斂則在中也。既後布祭服，而又言善者在中，明每服非一稱也。【疏】正義曰：衾，緇衾也。上布席於地，此布在席上，先布絞，餘以次布之。絞在簟上，衾在絞上，散衣在衾上，祭服在散衣上。至斂時祭服近身，散衣次之，乃以衾裹於外，而用絞束結之也。美者在中，中猶内也，非中間之中。注云「斂者趨方，或傎倒衣裳，祭服尊，不倒之也」者，《喪大記》云「小斂之衣，祭服不倒」，彼注云：「尊祭服也。斂者要方，散衣有倒。」蓋倒之取其前後厚薄均也。云「美，善也。善衣後布，於斂則在中也」者，《説文》美與善同意。善衣謂祭服，後布，則斂時在中，不在外矣。云「既後布祭服，而又言善者在中，明每服非一稱也」者，以善者是祭服，而又言善者在中，則祭服中尤有善者。小斂衣十九稱，祭服非一稱，或有新舊之異也。○張氏爾岐云：「案：疏云斂衣半在尸上，是有藉者，有覆者。既云十九稱取法天地之終數，當以十爲藉，九爲覆也。」盛氏世佐申之云：「其藉尸者，褖衣最下，以次而上。其覆尸者，爵弁服最下，以次而上。如此則在中者，皆其美者矣。」今案：此與經文次序未合，似未可據。**士舉遷尸，反位。**遷尸於服上。【疏】正義曰：反位，反前西階下位。注云「遷尸於服上」者，謂自襲牀上舉而遷之於户内服上也。《喪大記》曰：「士盥于盤上，士舉遷尸于斂上。」《檀弓上》曰：「扶君，卜人師扶右，射人師扶左。君薨，以是舉。」鄭注：「卜當爲僕。《周禮·射人》：『大喪，與僕人遷尸。』」此天子、諸侯禮也。**設牀笫于兩楹之間，衽如初，有枕。**衽，寢卧之席也，亦下莞上簟。【疏】正義曰：兩楹之間，堂東西之中也。牀笫，即上陳於西坫南者。至是設之於此，以待侇尸也。《喪大記》曰：「遷尸于堂又一牀，皆有枕席。」即謂此也。「衽如初」，謂如始死時，衽下莞上簟。敖氏云：「兩楹間，東西節也，宜于楹爲少北。」注云「衽，寢卧之席也」者，《曲禮》云：「請席何鄉，請衽何趾。」鄭注《士昏禮》，亦以衽爲卧席。莞、簟，詳前。**卒斂，徹帷。**尸已飾。【疏】正義曰：斂與襲殊，襲時衣少，斂時衣多，襲則衣之，斂則包之。此卒斂，卒小斂也。朱氏軾《儀禮節略》云：「或問：『并二斂爲一斂，可乎？』曰：『不可。事以有漸而後詳，以兩斂之衣并於一日，又復旋斂旋殯，無論孝子力不能勝，即執事之人倉皇急遽，必至苟且塞責，慎終之謂，何而若是乎？』」今案：由襲而小斂而大斂，以次行之，亦不忍遽死其親之意。古人之慎重于附身，而勿使有悔者，亦可見也。徹帷，義見前。　注云「尸已飾」，亦用《檀弓》曾子之言也。**主人西面馮尸，踊無算。主婦東面馮，亦如之。**馮，服膺之。【疏】正義曰：主人西面，主婦東面，與始死俠牀面位同。《喪大記》曰：「小斂，主人即位于户内，主婦東面，乃斂。卒斂，主人馮之踊。主婦亦如之。」又曰：「君於臣撫之，父母於子執之，❶子於父母馮之，婦於舅姑奉之，舅姑於婦撫之，妻於夫拘之，夫於妻、於昆弟執之。」案：此經主婦亦言馮者，細别之有異，渾言之則皆曰馮，故《喪大記》又曰：「凡馮尸，父母先，妻子後。」是父母妻子皆可云馮也。又曰：「凡馮尸，興必踊。」方氏苞云：「至此則附身之事小備，親之容色髮膚欲再見而不可得矣，故踊無算。」　注「馮」與「憑」同。鄭注《喪大記》云：「馮必當心。」蔡氏德晋云：「主人馮尸，謂服膺心上。主婦馮尸，則奉持心上衣也。」**主人髺髮，袒。衆主人免于房。**始死，將斬衰者雞斯，將齊衰者素冠。今至小斂變，又將初喪服也。髺髮者，去笄纚而紒。衆主人免者，齊衰將袒，以免代冠。冠，服之尤尊，不以袒也。免之制未聞，舊説以爲如冠狀，廣一寸。《喪服小記》曰：「斬衰，髺髮以麻，免而以布。」此用麻布爲之，狀如今之著幓頭矣。自項中而前，交於額上，卻繞紒也。于房于室，釋髺髮宜於隱者。今文「免」皆作「絻」，古文「髺」作「括」。【疏】正義曰：此髺髮、免及下髽，皆小斂後至成服之制。袒，爲將奉尸也。經言主人髺髮袒，則衆主人免亦袒，衆主人免于房，則主人髺髮亦于房，省文互見也。《檀

❶「執」，原作「挽」，今據《禮記・喪大記》改。

弓》曰：「袒、括髮，變也。去飾，去美也。袒、括髮，去飾之甚也。」髺髮以麻爲之，免以布爲之，見《喪服小記》。此衆主人，謂齊衰者，義詳「婦人髽于室」下。《喪服小記》孔疏云：「斬衰男子括髮，齊衰男子免，皆謂喪之大事，斂殯之時。」是也。○注「又將初喪服也」，張氏《識誤》據監本改「喪」爲「變」，嚴本作「喪」。今案：作「喪」爲是。　云「始死，將斬衰者雞斯，將齊衰者素冠」者，謂將斬衰者去冠而笄纚，將齊衰者去吉冠而素冠。《問喪》云「親始死，雞斯，徒跣，扱上衽」，鄭注「雞斯當爲笄纚，親始死去冠」是也。《檀弓》曰：「始死，羔裘玄冠者，易之而已。」案：易謂變其常服，則去常服之冠而素冠爲變，去常服之冠而笄纚亦爲變。下記「乃卒，主人嗁，兄弟哭」，注云「于是始去冠而笄纚，服深衣」，引《檀弓》此文證之。是鄭以去冠亦爲易也。陳氏《禮書》據《檀弓》「易之」之文，謂始死有易冠，無去冠，有易裘，無袒衣。又據《檀弓》「叔孫武叔之母死，既小斂，舉者出户，❶出户袒，且投其冠，括髮」，謂人子於始喪，幸生之心未已，故未忍去飾焉。敖氏謂《檀弓》云易者，易之以素冠深衣也，始死之服，主人以下皆同，而未暇有所别異。徐氏乾學《讀禮通考》云：「親始死，徒跣、扱衽，無容，哀之至也。豈有下則徒跣，而上仍著冠者乎？孝子之心，固謂遭禍之深，以罪人自處也。倘猶加冠以爲飾，是見親死，無異於平日矣，豈人情之所忍哉？」江氏筠云：「經但言髺髮袒，而不言去冠，蓋自始死時已去之矣。《問喪》『雞斯』注讀爲『笄纚』，非臆決也。下云『徒跣，扱上衽』，衣履如此，豈尚留一冠以爲飾？自來説此者，多以叔孫武叔之母死投冠在尸出户後而疑之。案：彼注云：『尸出户，乃

❶「户」，原作「尸」，今據《禮記·檀弓》改。

變服，失哀節。』此特其失之一耳。《喪大記》：『卒小斂，主人袒，說髦，括髮以麻。』初未聞有冠也。」沈氏彤云：「叔孫武叔爲其母，則非斬衰之主人。譙周云：『父卒爲母，始死去玄冠，尸襲之後，因其笄纚而加素冠。』蓋斬衰笄纚，自始死及於小斂之後不改，如括髮之自小斂後及於成服而始改也。爲母笄纚，尸襲之後而即加素冠，如括髮之于即堂下位而即代以免也。始死首服之節，笄纚與括髮竝重，父母之喪皆然。但家無二尊，故又以時之久暫，稍爲差等。聖人之尤重父喪，于始死之首服即見之。陳於《檀弓》、《問喪》不別齊斬，無父母之差，失聖人制親喪輕重之義。若敖謂始死之服，主人以下皆同。則斬衰之主人，可竟同於齊衰以下者乎？其說雖與陳殊，其誤則一。」今案：徐氏、江氏、沈氏申鄭義甚是。鄭注《檀弓》於武叔之冠未言其非，則沈氏之說尤合矣。云「今至小斂變，又將初喪服也」者，謂斬衰笄纚者至小斂變而括髮，齊衰素冠者至小斂變而免。又前此笄纚、素冠非喪服，此括髮與免爲喪服之始，故云「又將初喪服也」。云「髻髮者，去笄纚而紒」者，謂去笄纚而露紒。鄭注《問喪》云：「二日去笄纚，括髮。」謂小斂日也。云「衆主人免者，齊衰將袒，以免代冠。冠，服之尤尊，不以袒也」者，《問喪》曰：「『冠者不肉袒，何也？』曰：『冠，至尊也。不居肉袒之體也，故爲之免以代之也。』」是也。經未言衆主人袒，實亦袒也，故注補之。《文王世子》云：「族之相爲也，宜免不免，有司罰之。」則免及於同族。今鄭專以此免爲齊衰者，以此經衆主人次於主人之後，是次於斬衰之齊衰也。云「免之制未聞」，又云舊說及《喪服小記》者，沈氏云：「鄭既云『免之制未聞』，又引『舊說以爲如冠狀，廣一寸』，蓋不以舊說爲然也。引《喪服小記》以釋髻髮、免，此鄭自爲之說也。幓頭，總之類也。免以代總，而若幓頭，豈一寸之廣而足邪？賈云免與髻髮同，但以布廣一寸爲異。蓋并舊說於鄭，誤。

又杜佑云：『著之自額而卻，交於項中，并其末覆紒，而前綴連之。』此欲合舊説如冠狀之文，即幓頭之制而稍變焉。但《喪服小記》云：『男子免而婦人髽。』以免對髽，髽露紒，免亦當露紒矣。若并其末以覆紒，不如卻繞紒者得仍露紒之善也。吕與叔云：『免以布爲卷幘，以約四垂短髮，而露其紒。於《冠禮》，謂之缺項。』此又因舊説廣一寸之云，而誤以免爲缺項，其説更不如杜。」今案：沈氏申鄭意亦是。鄭蓋以髺髮、免制同，唯用麻用布爲異，而況以漢之幓頭。考《方言》、《廣雅》皆有幧頭，幓頭即幧頭也。幧頭又謂帞頭、絡頭。《釋名》又有綃頭，云：「或謂之陌頭，言其從後橫陌而前也。」從後横而前，其即所謂自項而前交於額歟？髺髮與免之制，自鄭氏已不能詳，後儒説者亦多，沈氏但舉杜氏、吕氏之説，則猶未備。司馬氏《書儀》云：「括髮先用麻繩撮髻，❶又以布爲頭帤。齊衰以下皆免，裂布或縫絹，廣寸。婦人髽，亦紐麻爲繩，齊衰以下亦用布，皆如幓頭之制。」朱子云：「注疏以男子括髮與免及婦人髽皆如著幓頭然，幓頭如今之掠頭編子。免讀如字，謂去冠。」李氏如圭云：「古者冠加於武，有罪免冠，而武獨存。喪服之免，以布象而爲之，以其與冕弁之冕音相亂，故讀如問。」此説亦本吕氏。萬氏斯同云：「古者有纚以韜髮，纚用縿爲之。親始死，冠去而纚猶存。至小斂，笄纚去之，而易以括髮。其制必與纚相似，蓋纚用縿，而括髮用麻布也。」戴氏震云：「喪之括髮，謂麻束髮也。始有喪，去冠矣。二日，又去笄纚。于是不復用吉時之總，而以麻代之，使髮不至於散而已矣。免則布束髮，易其麻也。鄭君不解麻之所以代總，而言更加麻於首，失其傳歟？」案：宋儒之

❶「髻」，原作「髺」，今據《書儀》改。

說，多由鄭義申之，萬氏、戴氏則與鄭異。纚以韜髮，總以束髮，以《說文》髺訓絜髮證之，似戴較萬爲勝矣。云「于房于室，釋髺髮宜於隱者」，謂主人去笄纚而髺髮，衆主人去冠與纚而免，婦人去笄纚而髽，皆宜於隱處，兼下文釋之也。云「今文『免』皆作『絻』」者，胡氏承珙云：「『免』字，古人讀如『免冠』之『免』，故今文又借『冕』之或體作『絻』者爲之。《左氏》哀二年傳『使大子絻』，哀十二年傳『季氏不絻』，皆作『絻』。襄二十五年傳『陳侯免』，又作『免』。《釋文》：『免音問，徐音萬。』若當鄭君時，祇讀作免。程氏《演繁露》謂鄭氏以免音問，非是。今文作『絻』者，借字。」今案：據朱子及李氏之說，則古竝不讀免爲問也。云「古文『髺』作『括』」者，《說文》：「髺，絜髮也。」段氏注云：「『絜』，各本譌作潔，今依《玉篇》、《韻會》正。絜，麻一耑也，引申爲圍束之稱。絜髮，指束髮也。鬠，即髺字之異者。髺、鬠，古文皆作『括』。《禮經》『髺髮』，《戴記》皆作『括髮』，則用古文歟？」胡氏承珙云：「案：《說文》『括』本亦訓『絜』，鄭以『髺』於束髮較切，故從今文。」**婦人髽于室。**始死，婦人將斬衰者去笄而纚，將齊衰者骨笄而纚。今言髽者，亦去笄纚而紒也。齊衰以上，至笄猶髽。髽之異於髺髮者，既去纚，而以髮爲大紒，如今婦人露紒，其象也。《檀弓》曰：「南宮縚之妻之姑之喪，夫子誨之髽，曰：『爾毋縱縱爾，爾毋扈扈爾。』」其用麻布，亦如著幓頭然。【疏】正義曰：《喪服》所言髽，是成服以後之髽。此是未成服以前，與男子之髺髮、免同。此婦人謂齊衰以上者，《喪服小記》孔疏云：「婦人將斬衰者，於男子括髮之時，則以麻爲髽。齊衰者，於男子免時，則以布爲髽。其大功以下無髽。」是也。敖氏謂有當髽者，有不當髽者。沈氏謂小斂之節，五服親屬無有不髽者。今案：上言「主人髺髮袒，衆主人免于房」，此云「婦人髽于室」，婦人之髽猶男子之髺髮，則髽亦婦人服之重者，豈可概施於五服？且不獨婦人髽爲齊衰以上者，即衆主人免亦齊衰以上者。下云「男女奉尸，俠于堂」，又云「男女如室位，踊無算」，此男女，即謂上主人、衆主人及婦人，蓋皆死者之妻妾子婦孫曾子姓也。鄭注專以斬衰、齊衰言之，是已。此時尸未出户，婦人在室内，故即髽于室。賈疏謂大夫、士無西房，故於室，失之矣。注云「始死，婦人將斬衰者去笄而纚，將齊衰者骨笄而纚」者，案：《喪服小記》云：「男子冠而婦人笄。」婦人之笄，猶男子之冠。始死，斬衰男子去冠，故斬衰婦人亦去笄。齊衰男子去吉冠而素冠，故齊衰婦人亦去吉笄而骨笄。吉笄者，象笄也。敖氏謂《曾子問》言婦爲舅姑始死之服布深衣縞總，則吉笄而纚自若。又謂婦人斬衰而下之服皆當如此。沈氏彤云：「《曾子問》言縞總者，謂在塗趨喪之禮也。若尋常在家而父母始死，必去笄總而纚明矣。敖不深考，而每易鄭説，何邪？」今案：此女子始嫁，在塗聞喪，尚未至舅姑之門也。縞是白繒，女子始嫁首服次，當以組爲總。今改服縞總，則非吉笄而纚自若可知，敖説誠疎矣。云「今言髽者，亦去笄纚而紒也」者，謂至小斂，斬衰婦人去纚而髽，齊衰婦人去骨笄與纚而髽，今但言去笄纚而紒者，舉齊衰以包斬衰也。云「齊衰以上，至笄猶髽」者，亦是舉齊衰以該斬衰，非與齊衰以下爲對也。據《喪服》經記，無齊衰以下之髽，《喪服》經云：「箭笄髽衰三年。」此斬衰之髽也。記云：「惡笄有首以髽。」此齊衰之髽也。彼注云：「言以髽，則髽有著笄者明矣。」即此注「至笄猶髽」之義也。陳氏祥道云：「小斂之髽不言笄，則未成服之髽無笄矣。女子子適人者爲其父母，婦爲舅姑，惡笄有首以髽，孔子言髽而繼之以榛笄，則成服之髽有笄矣。《小記》言齊衰惡笄以終喪，則斬衰齊衰之髽皆終喪矣。髽不及於大功者，以髽不特對免，而上同於括髮故也。」此説是也。云「髽之異於髻髮者，既去纚，而以髮爲大紒，如今婦人露紒，其象也」者，案：《説文》云：

「髽，絜髮也。髽，喪結也。」是髽與髻異。鄭注《檀弓》云：「去纚而紒曰髽。」注《奔喪》云：「去纚大紒曰髽。」注《喪服》亦云：「髽，露紒也。」是舉漢時露紒以解髽也。引《檀弓》「南宫縚之妻之姑之喪，夫子誨之髽，曰爾毋縱縱爾，爾毋扈扈爾」者，亦是證露紒爲髽之象。彼文「縱縱」作「從從」，注云：「從從，謂太高。扈扈，謂太廣。」《喪服小記》孔疏引之云：「是但戒其高大，不云有麻布别物，是知露紒悉名髽也。」云「其用麻布，亦如著幓頭然」者，案：《喪服》注云：「髽，猶男子之括髮。斬衰括髮以麻，則髽亦用麻。以麻者，自項而前，交於額上，卻繞紒，如著幓頭焉。」是鄭以髽與括髮制同，故云「亦如著幓頭然」也。斬衰之髽用麻，齊衰之髽用布，此注云「用麻布」，兼齊衰言也。《禮記·喪服小記》孔疏載皇氏三髽之説，謂一麻髽，一布髽，一是露紒之髽，甚確。今以此注考之，皇説蓋本於鄭。此注先言髽與髻髮異，而釋之以露紒，又引《檀弓》證髽之象，下乃云「其用麻布，亦如著幓頭然」。則是髽有不用麻布者，不用麻布之髽，即露紒是矣。用麻布之髽與髻髮同，不用麻布之髽與髻髮異。用麻布之髽，是用麻布纏繞於首，而仍露其紒。髻髮亦露其紒，故其象同露紒之髽，非有他物加於首，只是去纚而露其髮耳。麻髽、布髽唯用於未成服之前，露紒之髽則終喪皆然，《喪服》經記所言是也。蓋平時纚以韜髮，亦以爲飾，喪則去之，成服之後男子有喪冠，婦人則首去飾以表喪。故《説文》以髽爲喪結，結與髻同，即謂髽爲喪中去纚無飾之髻耳。孔疏不達斯旨，乃引皇説而復駁之，謂止有麻髽、布髽二者。則豈婦人終喪皆加麻布於首哉？其誤甚矣。髽制唯鄭此注爲詳。鄭仲師以爲枲麻與髮相半結之，《左傳》杜注用其説，謂髽爲麻髮合結。則齊斬不分，且合而爲結，亦不成制度。馬季長以爲屈布爲巾，高四寸，著于顙上。案：既云爲巾，又云高四寸，則是髽有一定之式，孔子之誨兄女，何必慮其從從扈扈而戒之哉？此説孔仲達已辨之，蓋皆鄭所不用耳。○黄氏榦云：「括髮免髽，乃小斂至大斂未成服之制。又有變禮括髮免髽者，奔喪是也。有啟殯見棺柩，變同小斂之時者，《既夕禮》『丈夫髽，散帶垂』是也。大要不出此三節。而免之用爲尤廣。小斂爲父括髮，而至於爲母，則即位之後不括髮而爲免。及啟殯，則雖斬衰亦免，而無括髮，以至卒哭。不惟此也，自斬至緦皆有免，五世無服者亦袒免。童子當室免，朋友在他邦亦袒免，君弔雖不當免時必免。是免之用尤廣也。」今案：小斂即位後爲母免，啟殯雖斬衰亦免，此二者已在前三節之内。此外尚有用免，而黄氏未及者，如《雜記》「非從柩與反哭，無免於堩」，《喪服小記》「遠葬者，比反哭者皆冠，及郊而後免，反哭」，又「既葬而不報虞，則雖主人皆冠，及虞則皆免」，是也。《檀弓》「魯婦人之髽而弔也，自敗於壺鮐始也」，此則髽之失禮者也。

士舉，男女奉尸，侇于堂，幠用夷衾。男女如室位，踊無算。侇之言尸也。夷衾，覆尸柩之衾也。堂，謂楹間牀笫上也。今文「侇」作「夷」。

【疏】正義曰：士舉者，當在尸之左右舉之，男女則奉其首足耳。敖氏謂士舉首，❶男奉其右，女奉其左，非矣。《喪大記》曰：「男女奉尸，夷于堂。」彼注云：「于遷尸，主人、主婦以下從而奉之，孝敬之心。」「如室位」，如室中男東女西之位也。《喪大記》又曰：「哭尸于堂上，主人在東方，由外來者在西方，諸婦南鄉。」鄭注：「由外來，謂奔喪者也。無奔喪者，婦人猶東面。」然則男在尸東，女在尸西，其常位矣。「踊無算」，李氏如圭云：「爲動尸也。《問喪》曰：『在牀曰尸，在棺曰柩。動尸舉柩，擗踊無算。』」方氏苞云：「喪事即遠，此則親

❶「首」下，段校據《儀禮集説》補「足」字。

離其室之始，故踊無算。」　注云「侇之言尸也」，又云「今文『侇』作『夷』」者，沈氏彤云：「賈疏云：『尸之衾曰夷衾，尸之牀曰夷牀。并此經侇尸不作移字，皆作侇者，依人傍作之。』案：《喪大記》『侇』亦作『夷』，注與此注同。彼疏云：『夷，陳也。』《釋文》云：『夷，如字，陳也。本或作侇。』又案：《説文》云：『尸，陳也。』侇訓尸，而尸訓陳，則『侇』與『夷』音義俱同，不妨通用。鄭所以擇從『侇』者，爲依人旁作之，于陳尸意尤切耳。賈頗得之，但云侇不作移，似欲讀侇從移，致方性夫注《喪大記》，遂云：『夷之爲言移也。』則不免貽誤後人矣。移字，古音弋多反，故《説文》云『從禾多聲』。是『移』、『夷』聲本不相近，義亦迥殊，豈容牽合？」胡氏承珙云：「『夷』、『侇』二字同，《説文》無『侇』字，據《雜記》釋文引《隱義》云：『侇之言移也。庾依《韻集》，大兮反，息也。』蓋吕静於『侇』字，音義皆不同夷。鄭君注禮，則『侇』與『夷』皆爲尸陳之義。」今案：下篇「夷牀饌于階間」，注云：「夷之言尸也。」然則「夷牀」、「夷衾」鄭皆以尸陳之義解之可知。云「夷衾，覆尸柩之衾也」者，詳「牀第夷衾饌于西坫南」下。云「堂，謂楹間牀第上也」者，上經云「設牀第于兩楹之間」，兩楹間爲堂之正中，此云「侇于堂」，故知在牀第上也。　**主人出于足，降自西階。衆主人東即位，婦人阼階上西面。主人拜賓，大夫特拜，士旅之。即位踊，襲絰于序東，復位。**拜賓，鄉賓位拜之也。即位踊，東方位。襲絰于序東，東夾前。【疏】正義曰：「主人出于足」者，尸南首北趾，主人在東，故由足北轉而西，降自西階也。「衆主人東即位」者，斯時衆主人亦隨主人降自西階，遂東即位于阼階下。經不言衆主人降，省文也。婦人本在西，亦由足北轉而東，至阼階上。婦人不下堂，斯時主人等俱降，故位於此。方氏苞云：「既小斂，則男女分堂上下，即既殯後次分內外之義也。」詳下。「主人拜賓」者，前此尸在室，主人不出，此奉尸出矣，故拜之。獨言主人拜者，喪不二主也。「大夫特拜，士旅之」，尊卑異。敖氏謂大夫人各一拜，士雖衆，惟三拜之而已，是也。「即位踊」者，謂拜賓訖，遂即東方阼階下西面之位而踊也。斯時衆主人位于其後，如在室。經先言衆主人東即位，而後言主人即位者，主人先拜賓，而後即位也。前袒爲奉尸，至此乃襲，而著絰于序東也。是時婦人亦絰于房中。復位，復阼階下西面位。《喪大記》曰：「男女奉尸，夷于堂，降拜。君拜寄公、國賓、大夫、士。拜卿大夫于位，于士旁三拜。夫人亦拜寄公夫人于堂上，大夫内子、士妻，特拜命婦，氾拜衆賓于堂上。主人即位，襲帶絰，踊。」《雜記》曰：「小斂、大斂、啟，皆辯拜。」孔疏云：「凡當小斂、大斂及啟攢之時，唯有君來，則止事而出拜之。若他賓客至，則不止事，事竟乃徧拜也。」蔡氏《禮經本義》引黄氏乾行云：「應子和謂賓於是拜死者，弔生者，故主人皆徧拜以謝之。吴文正公云應氏謂賓於是拜死者，古無是禮也。公此辨是古今一大變易處。蓋古人弔賓之禮，於生者只有慰問之辭，於死者則有襚賵之物及哭踊馮尸之節而已，竝無拜祭於死者之禮。至於主人拜賓以謝其恩禮，拜送以重其來辱，亦惟自盡而已，賓皆無荅拜之文。此古禮之精意也。夫知生者弔，知死者傷，弔賓之情，於是爲至。主人拜謝，理所宜然，此何時而可交拜款曲以成禮邪？故《曲禮》：『凡非弔喪，無不荅拜者。』獨喪拜不荅，意在斯也。」徐原一云：「古禮行弔，但主人拜賓，賓不荅拜。至于尸柩所在，雖朝夕設奠，從無拜禮。不但弔客不拜，即孝子亦未嘗拜。蓋事之如事生，禮如是也。後世如開元、政和諸禮皆然，猶有古人之意。至温公《書儀》，則有主賓交拜之禮，且有入拜靈座之禮，而文公《家禮》悉遵之，與古禮始異矣。」注云「拜賓，鄉賓位拜之也」者，賓位蓋如朝夕哭位，在庭直東序及門東門西者。斯時主人降自西階，即拜賓，是鄉賓位拜之也。云「即位踊，東方位」者，始死命赴出拜賓，位在西階前，鄭恐人以此位亦在西階前，故特明之。東方位，即阼階下位也。云「襲絰于序東，東夾前」者，賈疏云：「謂當序牆之東，又當東夾之前，非謂就堂上東夾前也。」今案：上文經帶饌于東方，在堂下，故此序東亦是堂下，當東序之東。或云：「主人位在東方，此襲絰亦在東方，而下云復位，何歟？」曰：「主人位在阼階下，西鄉。此更鄉堂東襲絰，亦是於隱處，故須復位也。」楊氏復云：「小斂變服有二節。」謂主人、主婦馮尸後，主人髺髮、袒、絞帶，婦人髽于室，衆主人免于房、布帶，此一節也。奉尸侇于堂，主人拜賓後，即位踊，襲絰于序東，此又一節也。又云「爲父母有小異」，據《喪服小記》「斬衰括髮以麻，爲母括髮以麻，免而以布」、《喪大記》「主人即位，襲帶絰，踊。母之喪，即位而免」之文也。《小記》孔疏云：「爲母小斂後括髮，與父禮同。至尸出堂，子拜賓之時，猶與爲父不異。至拜賓竟，即堂下位時，爲父猶括髮襲絰帶，以至成服。爲母則不復括髮，乃著布免襲絰帶，以至成服。蓋爲母易括髮爲免，即在此經即位踊襲絰于序東時也。」❶今案：《奔喪》云：「至于家，括髮，袒，降堂東，即位，西鄉哭，成踊，襲絰于序東。于又哭，括髮，袒，成踊。于三哭，猶括髮，袒，成踊。三日成服。奔母之喪，括髮，袒，降堂東，即位，西鄉哭，成踊，襲免絰于序東。于又哭不括髮。」又云：「爲母所以異于父者，壹括髮，其餘免以終事。」是亦其證也。○《禮經釋例》云：「凡主人之位，小斂前在尸東，小斂後在阼階下，謂之內位。既殯在門外，謂之外位。案：《士喪禮》：始卒哭位，主人入，坐于牀東；衆主人在其後，西面。注：『衆主人，庶昆弟也。』

❶「絰」，原作「經」，今據《續清經解》本改。

此室中之位也。『親者襚，不將命，以即陳。庶兄弟襚，使人以將命于室，主人拜于位』，注：『室中位也。』沐浴畢，主人入，即位。飯含畢，主人襲，反位。注：『位在尸東。』小斂畢，主人西面馮尸，踊無算。皆室中尸東之位也。『奉尸侇于堂，男女如室位，踊無算』，則堂上尸東之位也。又云：『主人出于足，降自西階，衆主人東即位。』又云：『主人拜賓，大夫特拜，士旅之，即位踊，襲絰于序東，❶復位。』注：『即位踊，東方位。』此阼階下西面之位也。『有襚者，則將命，擯者出請入告，主人待于位。』大斂，主人及親者升自西階，出于足，西面袒。大斂畢，主人降，拜大夫之後至者，北面視肂，衆主人復位。又云：『卒塗，主人復位，踊襲。』皆阼階下之位也。蓋主人雖位在阼階下，至大斂時仍升堂，即尸東之位，斂畢始復阼階下之位也。大斂奠畢，主人揖，就次。注：『次，謂斬衰倚廬，齊衰堊室也。大功有帷帳，小功、緦麻有牀第可也。』至此則主人居次矣。《既夕·記》：『既殯，居倚廬。』注：『倚木爲廬，在中門外東方，北户。』次在門外，故有事先即外位，然後入即内位也。《士喪禮》：『朝夕哭，丈夫即位于門外，西面北上。外兄弟在其南，南上。』注：『外兄弟，異姓有服者也。』又云：『賓繼之，北上。門東，北面西上。門西，北面東上。西方，東面北上。主人即位，辟門。』注：『辟，開也。凡廟有事則開，無事則閉。』此門外之位也。又云：『主人拜賓，旁三，右還，入門哭。』又云：『主人堂下，直東序，西面。兄弟皆即位，如外位。卿大夫在主人之南。諸公門東，少進。他國之異爵者門西，少進。敵，則先拜他國之賓。凡異爵者，拜諸其位。』此門内之位也。朝夕奠畢：『賓出，主人拜送，衆主

❶「絰」，原作「經」，今據《續清經解》本改。

人出，出門哭止，皆復位，闔門。』此門外之位也。蓋主人雖位在門外，至朝夕哭時仍入門即阼階下之位，至哭畢始復門外之位也。『既井椁，主人西面拜工，左還椁，反位，哭不踊』，注：『匠人爲椁，刊治其材，以井構于殯門外也。』『卜日，既朝哭，皆復外位』，亦謂門外位也。」又云：「凡婦人之位，小斂前在尸西，小斂後至既殯皆在阼階上，柩將行，始降在階間。案：《士喪禮》：始卒哭位，婦人俠牀，東面。注：『婦人，謂妻妾子姓也。亦適妻在前。』此尸西之位也。小斂畢，奉尸侇于堂，男女如室位。又云：『婦人阼階上西面。』此阼階上之位也。大斂時，婦人尸西，東面。至大斂畢，婦人東復位，仍復阼階上之位也。朝夕哭，婦人即位于堂，南上。既井椁，婦人哭于堂。此位當亦在阼階上。是婦人之位，自小斂後至既殯，皆在阼階上也。《既夕禮》：還柩車，婦人降，即位于階間。注：『位東上。』張氏爾岐曰：『婦人在車後南面，故注云東上。』至此婦人始降在階間者，柩車將行，故婦人於車後送之也。楊氏復曰：『始死哭位，必辨室中堂上堂下之位，非時男女內外、親疏上下之分不可以不正，❶此亦治喪馭繁處變之大法也。』考男女之位，小斂前，親者在室，以尸東尸西爲別，小功以下，以户外堂下爲別。小斂後，以阼階上阼階下爲別。既殯無事，則主人入于次。婦人無事，或退處于房中歟？」

右小斂遷尸及主人主婦袒髻髮免髽襲絰之節

❶「時」，《禮經釋例》同，據楊氏《儀禮圖》當作「特」。

乃奠。祝與執事爲之。【疏】正義曰：自此至「拜送于門外」，言小斂奠之事。注云「祝與執事爲之」者，謂始死孝子昏迷，不能成禮，祝與執事代之奠也。執事，詳下注。《曾子問》曰：「天子、諸侯之喪，斬衰者奠。大夫，齊衰者奠。士則朋友奠，不足則取於大功以下者，不足則反之。」鄭注「主人不奠」是也。「不足則反之」，孔疏謂反取前人執事者充之。**舉者盥，右執匕，卻之。左執俎，横攝之。入，阼階前西面錯，錯俎北面。**舉者盥，出門舉鼎者。右人以右手執匕，左人以左手執俎，因其便也。攝，持也。西面錯，錯鼎於此，宜西面。錯俎北面，俎宜西順之。【疏】正義曰：舉，謂舉鼎者二人，右人兼執匕，左人兼執俎。卻之，仰其匕也。横攝之，横持其俎也。入，入寢門也。李氏如圭云：「舉鼎者兼執匕俎，喪禮略也。凡陳鼎于外者北面，阼階下者西面。喪禮陳鼎門外西面者，變於吉。在東方者，未忍異於生。至虞反吉，乃設鼎於西階前。」吴氏廷華《疑義》云「錯，置也，非屈錯之錯」是也。下同。注云「舉者盥，出門舉鼎者」，案：上經設盆盥于東堂下之饌東，注云：「爲奠設盥。」則此舉者盥盥于東堂下而出門也。敖氏以爲盥于門外，盛氏世佐以爲盥于西方，皆非也。云「右人以右手執匕，左人以左手執俎，因其便也」者，凡舉鼎，以扃貫入鼎耳而舉之，鼎西面，則北爲右，南爲左。右人左近鼎，以左手舉鼎，空右手執匕。左人右近鼎，以右手舉鼎，空左手執俎。故云「因其便也」。云「攝，持也」，常訓。《説文》：「攝，引持也。」云「西面錯，錯鼎於此，宜西面」者，以置鼎於阼階前，則西面爲宜也。云「錯俎北面，俎宜西順之」者，以錯俎北面，則俎横而西順也。

錯俎者，左人也。**右人左執匕，抽扃予左手，**❶**兼執之，取鼏，委于鼎北，加扃，不坐。**抽扃、取鼏、加扃於鼏上，皆右手。今文「扃」爲「鉉」，古文「予」爲「與」，「鼏」爲「密」。【疏】正義曰：「右人左執匕」者，右人本以右手執匕，爲右手將抽扃，故左執之也。又以扃交左手，兼執之者，爲將取鼏也。以扃交左手，若予之然，故云「予」。鼎北，鼎右也。委鼏於此，而加扃焉，亦便也。立而不坐者，喪事質也。匕仍執之者，以將北也。❷　注云「抽扃、取鼏、加扃於鼏上，皆右手」者，蓋右手既委鼏於鼎北，復於左手取扃而加於鼏上，以右手作事便也。因經未言右手，故注明之。云「古文『予』爲『與』」者，《爾雅》：「予，賜也。」《説文》：「予，推予也。與，黨與也，舁，古文與。」又「与，賜予也。一勺爲予」。郭璞注《爾雅》云：「與，猶予也。」注《方言》云：「予，猶與也。」是「與」、「与」二字皆与「予」通。鄭以推予字本作「予」，故從「予」。「扃」爲「鉉」、「鼏」爲「密」，詳《士冠禮》。**乃朼載，載兩髀于兩端，兩肩亞，兩胉亞，脊肺在于中，皆覆，進柢，執而俟。**乃朼，以朼次出牲體，右人也。載，受而載於俎，左人也。亞，次也。凡七體，皆覆，爲塵。柢，本也。進本者，未異於生也。骨有本末。古文「朼」爲「匕」，「髀」爲「脾」。今文「胉」爲「迫」，「柢」皆爲「胝」。【疏】正義曰：朼，謂以朼出牲體於鼎也。載，謂載牲體於俎也。朼者在鼎東，西面。載者在俎南，北面。兩端，謂俎之東西兩旁也。亞者，自兩旁至中爲次。髀、肩、胉，皆有左右兩者。髀賤，先載於俎之兩旁，兩肩在兩髀

---

❶「左」，原作「在」，今據《續清經解》本改。

❷「北」，段校改作「朼」，是。

內，次於兩髀，兩胉又次於兩肩，則脊、肺居中矣。執而俟者，左人執以俟奠也。注云「乃朼，以朼次出牲體，右人也」者，上文「右人執匕」，故知朼者爲右人也。云「載，受而載於俎，左人也」者，謂右人朼出牲體，授左人，左人受而載之於俎也。云「亞，次也」者，《説文》引賈侍中説，以爲次第也。云「凡七體，皆覆，爲塵」者，此豚解爲七體法，見前。言肩以包臂、臑，言髀以包膊、胳。賈疏云：「前左右肩，臂、臑屬焉。後左右髀，膊、胳屬焉。并左右脅，通脊爲七體。」是也。又云：「下文大斂豚合升，言合升，則髀亦升矣。凡言合升，多并髀升，非獨喪禮。若體解升者，皆髀不升，鄭云『近竅，賤也』。」是也。沈氏彤云：「注云『皆覆，爲塵』，敖云：『亦以別於生也。』案：爲塵而覆，則以覆爲冪矣。俎之有冪，見於《少牢禮》云：『佐食升肵俎，鼏之。』敖云『鼏當作冪』是也。但此經醴酒脯醢皆既奠而後巾之，不應於俎獨方載而即冪。《檀弓》云：『喪不剥奠也歟，祭肉也歟。』注云：『剥，猶倮也。有牲肉，則巾之。』疏即引此經小斂俎錯祝巾之爲證。是下經巾之，不惟冪醴酒與豆，乃并俎而巾之也。張稷若云：『皆覆，謂牲體皆覆設之。』最得其解。下『進柢』注云：『未異於生。』此覆設，當同茲義。又下經云：『載魚，左首，進鬐。』注云：『亦未異於生。』是進柢猶進鬐，覆設猶左首也。蓋俎用七體，所以異於生。皆覆而進柢，所以不異於生。或異或不異，而仁與智兼之矣。敖説亦非。」張氏惠言《讀儀禮記》云：「案：如注意，宜有布覆之。然經不見覆物，當是牲體覆耳。」今案：沈氏、張氏之説是也。云「柢，本也。進本者，未異於生也」者，賈疏云：「《公食大夫》亦進本，是生人法，故云『未異於生也』。」云「骨有本末」者，《曲禮》云「左朐右末」是也。云「古文『朼』爲『匕』」者，詳《少牢禮》「長朼」下。云「今文『柢』皆爲『胝』」者，胡氏承珙云：「《説文》曰：『柢，木根也。』韓非《解老》曰：『直根者，書之所謂柢也，木之所以建生也。』《周禮》或作『扺』、作『邸』。《泉府》『買者各從其扺』，鄭云：『扺，實柢字。柢，本也。』《典瑞》『四圭有邸』，❶司農注引《爾雅》：『邸，本也。』此今文又借『胝』爲之。鄭以『柢』爲正字，故從古文。」「『髀』爲『脾』」，詳《士昏禮》。「『胉』爲『迫』」，見前。

夏祝及執事盥，執醴先，酒、脯、醢、俎從。升自阼階，丈夫踊。甸人徹鼎，巾待于阼階下。 執事者，諸執奠事者。巾，功布也。執者不升，己不設，祝既錯醴，將受之。【疏】正義曰：郝氏敬云：「夏祝及執事盥，將升奠也。夏祝執醴先升，執事者以酒脯醢俎從。升自阼階，丈夫踊節也。凡奠時男女踊，皆以奠者往來升降爲節。甸人徹空鼎，出反門外故處也。有司執巾，以待祝于阼階下，親授之。」今案：盥，盥于東堂下也。經不言「主人踊」，而云「丈夫踊」，兼衆主人言。丈夫，即男子之稱，對婦人言之也。《儀禮釋官》云：「《周禮·亨人》：『掌共鼎鑊。』《公食禮》注云：『甸人，兼亨人者。』《少牢》『雍人陳鼎五』，賈疏云：『大夫無甸人。』則此甸人爲公臣來治事明矣。」 注云「巾，功布也」者，即上陳于東堂下簞内功布也。云「執者不升，己不設，祝既錯醴，將受之」者，據下文「醴酒錯于豆南，祝受巾」，故知祝既錯醴將受之，此執巾者不升堂，亦不設巾也。○《禮經釋例》云：「凡奠于堂室者，陳徹皆升自阼階，降自西階。奠于庭者，陳由重北而西，徹由重南而東。《士喪禮》：設小斂奠，夏祝及執事盥，升自阼階；奠畢，降自西階。徹小斂奠，盥于門外，入，升自阼階。又云：『祝徹巾，授執事者以待。徹饌，先取醴酒，北面。其餘取先設者，出于足，降自西階。』此奠于堂者也。大斂奠，祝執醴如初，酒豆籩俎

❶「瑞」，原作「端」，今據《續清經解》本改。

從，升自阼階；奠畢，由楹西降自西階。徹大斂奠，徹者盥于門外，燭先入，升自阼階。又云：『祝取醴，北面。取酒，立于其東。取豆籩俎，南面西上。祝先出，酒豆籩俎序從，降自西階。』朔月奠，如朝夕哭之儀。『徹朔奠，先取醴酒，其餘取先設者。敦啟會，面足，序出，如入。』此皆奠于室者也，皆升自阼階，降自西階。朝夕奠但云『降自西階』，不云『升自阼階』者，文不具也。《既夕禮》：遷柩朝廟設從奠，升降自西階。徹從奠，徹者升自阼階，降自西階。設朝廟奠升降自西階，此亦奠于堂者，奠升不由阼階者，注云：『柩北首，辟其足也。』《士喪禮》君臨大斂，奠亦升自西階。注云：『以君在阼，故升不由阼階也。』《既夕禮》：徹降奠，巾席俟于西方，主人要節而踊。注：『徹者由明器北西面，既徹，由重東南。』❶疏云：『凡奠於堂室者，皆升自阼階，降自西階。奠於庭者，亦由重北東方來陳，由重北而西，徹訖由重南而東，象升自阼階，降自西階也。但設奠於柩車西而東面，則徹者由奠東而西面徹之也。』此奠于庭者也，故疏云然。祖奠，布席，乃奠如初；徹祖奠，徹者東。注：『由柩車北東適葬奠之饌。』大遣奠，注：『奠由重北西，既奠，由重南東。』祖奠、大遣奠亦奠于庭者，故如降奠之儀，即疏所謂陳由重北而西、徹由重南而東也。」**奠于尸東，執醴酒，北面西上。**執醴酒者先升，尊也。立而俟，後錯，要成也。【疏】正義曰：敖氏云：「奠于尸東，先言其所奠之處，下乃奠之。」《禮經釋例》云：「凡奠，小斂以前皆在尸東，大斂以後皆在室中，遷祖以後皆在柩西，既還車則在柩東。」詳下篇遷祖「席升設于柩西」下。《檀弓》曰：「小斂之奠，子游曰：『於東方。』曾子曰：『於西方。』斂斯

❶「東南」，《禮經釋例》同，據《儀禮・既夕禮》鄭注當爲「南東」。

席矣。』小斂之奠在西方，魯禮之末失也。」鄭注：「曾子以俗説，非。又大斂奠于室，乃有席。」孔疏：「知曾子所言非者，案：《士喪禮》小斂之奠設于尸東，今言西方，故爲非也。」是小斂之奠當在尸東也。執醴酒者北面，在俎南也。西上，統于尸也。○注，醴酒先升後設，故執之者立以待，豆俎錯而後錯之，要其成也。**豆錯，俎錯于豆東，立于俎北，西上，醴酒錯于豆南。祝受巾，❶巾之，由足降自西階，婦人踊。奠者由重南東，丈夫踊。**巾之，爲塵也。東，反其位。【疏】正義曰：李氏如圭云：「言豆不言籩，省文。」敖氏引《爾雅》竹豆謂之籩，則言豆可兼籩矣。其錯之次，醢北脯南，俎别爲一行，在豆東，故云「豆錯，俎錯于豆東」也。「立于俎北，西上」，謂奠豆俎之人立于此，俟祝畢事同降也。「醴酒錯于豆南」，其次酒在豆南，醴在酒南，總言之，皆在豆南也。楊圖如是，張圖酒在醴南，非矣。記云「兩甒醴酒，酒在南」，此陳之序與奠異，奠在尸東，尸南首，當以南爲上也。「祝受巾，巾之」，謂豆俎醴酒皆巾也。鄭注《檀弓》「喪不剥奠」云「脯醢之奠不巾」者，謂僅有脯醢無俎，則不巾，且據室内言也。詳後朝夕奠下。「由足降自西階」者，斯時祝與執事者皆在尸東，故由尸足北轉而西，乃降自西階也。「奠者由重南東」者，謂由重之南而東。沈氏彤云：「重以南爲後，由重南而東，如由足而西，無事不敢出其前也。」《禮經釋例》云：「凡奠于堂室者，陳徹皆升自阼階，降自西階。奠于庭者，陳由重北而西，徹由重南而東。」案：此篇奠于堂室者，唯君視斂奠升自西階，注云：「以君在阼也。」朝夕奠但云「降自西階」，不云「升自阼階」，文不具也。餘詳下篇。《釋例》又云：「凡

---

❶「受」，原脱，今據《儀禮注疏》補。

奠升自阼階，丈夫踊；降自西階，婦人踊；奠者由重南東，丈夫踊，謂之要節而踊。」案：此小斂奠升自阼階，丈夫踊；奠畢降自西階，婦人踊；奠者由重南東，丈夫踊。下大斂奠同，是其例也。餘亦詳下篇。賈疏云：「主人位在阼階下，婦人位在上，故奠者升丈夫踊，奠者降婦人踊，各以所見先後爲踊之節。」是也。又謂重主道，神所憑依，故由重南東而過，主人又踊。此説本下大斂奠注云：「爲神憑依之也。」吴氏廷華《疑義》云：「踊節由于感觸。婦人在堂，見其降而踊，丈夫在阼，見其過而踊。蓋感生于所見之奠也。若謂重爲神所憑依，主人因之而踊，則降自西階而踊者，又何説邪？」又云：「奠時每節增痛。奠者西降，一節也。由重而東，又一節也。每節增痛，故踊耳。神所憑依，説未旳。」今案：吴説是也。又《雜記》云：「踊，婦人居間。」此經奠升時丈夫踊，降時婦人踊，由重過時丈夫踊，是亦居間之義也。鄭彼注云：「婦人居間者，踊必拾。主人踊，婦人踊，賓乃踊。」蓋據《喪大記》「弔者襲裘，❶加武，帶絰，與主人拾踊」而言也。但此經奠時不見賓踊之節，鄭注亦未言及。吴氏紱據《雜記》注，以由重南東丈夫踊之丈夫爲賓，恐非。注云「巾之，爲塵也」者，爲久設，恐塵埃加也。云「東，反其位」者，沈氏彤云：「此經上云『祝降自西階』，下大斂奠亦云『祝降自西階，奠者由重南東』。敖云：『由重南而東，復其門東之位也。祝位在門西。』案：《士虞禮》云：『祝入門左，北面。』敖云：『祝，公有司之助喪祭者也。《特牲饋食·記》曰公有司門西北面東上，是也。』又案：《特牲·記》云：『私臣門東，北面西上。』此經之奠者，蓋私臣也。祝位在門西，故降自西階，直由堂塗反位。奠

❶「裘」，原作「喪」，今據《續清經解》本改。

者位在門東，故必由重南而東，乃復位也。注『反其位』，當如敖說。」今案：沈氏釋鄭義是也。賈疏以爲位在盆盥之東，非矣。**賓出，主人拜送于門外。**廟門外也。【疏】正義曰：張氏爾岐云：「此賓爲小斂來者。」敖氏云：「凡喪，賓皆于既奠乃出。」李氏如圭云：「不送于外門外，降于君使也。」注云「廟」，即此適室。賈疏云：「以鬼神所在則曰廟，故名適寢爲廟也。」**乃代哭，不以官。**代，更也。孝子始有親喪，悲哀憔悴，禮坊其以死傷生，使之更哭，不絶聲而已。人君以官尊卑，士賤，以親疏爲之。三日之後，哭無時。《周禮·挈壺氏》：「凡喪，縣壺以代哭。」【疏】正義曰：張氏爾岐云：「此小斂後節哀之事。」今案：經云「不以官」者，對大夫以上言之也。《喪大記》曰：「君喪，虞人出木角，狄人出壺，雍人出鼎，司馬縣之，乃官代哭。大夫官代哭，不縣壺。士代哭，不以官。」　注云「代，更也」者，鄭注《周禮》、《喪大記》「代哭」，皆以更釋代，蓋謂更番相代也。褚氏寅亮云：「此乃更代之代，非替代之代。呂氏坤誤認爲替代，故言雇倩下賤僞爲哭聲以應弔賓，而欲廢此禮。」今案：倩哭以應弔賓，乃後世之事，先王時未有也。此代哭者，皆有服之人應在哭位者，亦非下賤之謂。未殯以前，哭不絶聲，但自始死至小斂，已踰歷晝夜，恐其以哀致毀，故制代哭之禮，使之相代而哭。非謂有代哭者，而孝子遂不哭也。《檀弓》曰：「喪禮，哀戚之甚也。❶節哀，順變也。君子念始之者也。」此注「防其以死傷生」之義也。云「人君以官尊卑，士賤，以親疏爲之」者，鄭注《喪大記》亦

❶「哀」，原作「喪」，今據《禮記·檀弓》改。

云即以親疏哭也。❶天子、諸侯之喪，其臣皆服斬衰。士賤，以親疏代哭，亦皆有服者也。云「三日之後哭無時」者，對未殯哭不絕聲而言，即下記「既殯，哭晝夜無時」，鄭注「哀至則哭」是也。賈氏釋哭無時未旳，詳《訂疑》。引《周禮·挈壺氏》「凡喪縣壺以代哭」者，❷證人君縣壺代哭之事。彼注云：「禮，未大斂代哭。」所謂禮，即據此經代哭在小斂後言之也。

右代哭

有襚者，則將命，擯者出請入告，主人待于位。 喪禮略於威儀，既小斂，擯者乃用辭。出請之辭曰：「孤某使某請事。」【疏】正義曰：自此至「以東」，言小斂後致襚之儀。遠者或至小斂後乃襚，云有者，不定之辭。待于位，即阼階下之位。經云「襚者」，不云「親襚」，是使人襚也，故下言致命。注云「喪禮略於威儀，既小斂，擯者乃用辭」者，前庶兄弟襚，使人以將命于室，則始死時亦將命，但未用擯相傳辭耳。此云「出請入告」，是用辭矣。云「出請之辭曰：『孤某使某請事。』」者，約《雜記》鄰國來弔相者出請辭也。入告，是以賓之辭告主人。其辭當曰：「某使某襚。」**擯者出告須，以賓入。** 須，亦待也。出告之辭曰：「孤某須矣。」【疏】正義曰：出告，告賓也。以賓入，帥之也。 注云「須，亦待也」者，上云「主人待于位」，此出

❶「即」，段校據《禮記·喪大記》鄭注改作「自」。
❷「禮」下，原衍「者」字，今據注文刪。

告賓而云須者，亦言主人待俟之意。「孤某須矣」，亦《雜記》文。**賓入，中庭北面致命。主人拜稽顙。賓升自西階，出于足，西面，委衣如于室禮，降出。主人出拜送。朋友親襚，如初儀，西階東北面哭踊三，降。主人不踊。**朋友既委衣，又還哭於西階上，不背主人。【疏】正義曰：「賓入，中庭北面致命」者，斯時尸在兩楹間，故北面也。「主人拜稽顙」，謝之。《雜記》：「襚者致命曰：『寡君使某襚。』子拜稽顙。」是其儀同也。「賓升自西階，出于足，西面」者，謂由尸足之北轉而東，而西面也。「委衣如于室禮」，謂委衣于尸東牀上，如尸在室之禮也。「降出」，仍由尸足北轉而西，降自西階而出也。「主人出拜送」，亦送于門外也。鄭注《雜記》云：「不迎而送，喪無接賓之禮。」敖氏云：「小斂以後，主人于喪賓則出送之，惟不迎賓耳。」以上是使人襚之禮。「朋友親襚，如初儀」，謂如上將命至拜送之儀，但親襚不致命耳。「西階東北面哭踊三」，是異于初儀者，故特言之。「主人不踊」，李氏如圭云：「拜君弔襚賵踊哭，❶友襚不踊，❷辟君也。」　注云「朋友既委衣，又還哭於西階上，不背主人」者，據經云「東北面」，是邪向尸哭之，故亦不背主人也。　**襚者以褶，則必有裳，執衣如初。徹衣者亦如之，升降自西階，以東。**帛爲褶，無絮。雖複，與禪同，有裳乃成稱，不用表也。以東，藏以待事也。古文「褶」爲「襲」。【疏】正義曰：《喪大記》：「小斂，君、大夫、士皆用複衣、複衾。大斂，君褶衣、褶衾，大夫、士猶小斂也。」鄭注：「褶，袷也。君衣尚多，去其著

---

❶ 「哭」，《儀禮集釋》無此字。

❷ 「友」上，《儀禮集釋》有「朋」字。

也。」是複有著，褶無著矣。士小斂、大斂皆不以褶，而襚者以褶者，賈疏云：「褶者，所以襚主人，未必用之斂耳。」「執衣如初」，謂左執領，右執要。「徹衣者亦如之」，亦左執領，右執要也。「升降自西階」，徹者與襚者同，此言「以東」，謂徹者也。《雜記》曰：「襚者降出，宰夫五人舉以東，降自西階。」又曰：「宰夫舉襚，升自西階，西面坐取之，降自西階。」彼君禮，宰夫徹之，此士禮，當有司之屬徹之也。注云「帛爲褶」者，《玉藻》文。彼注云：「有表裏而無著。」此注云「無絮」，對袍襺之屬有絮爲著者言之。云「雖複，與禪同，有裳乃成稱，不用表也」者，凡禪衣必有裳乃成稱，此褶衣雖複，亦必有裳乃成稱，與禪同也。複與褶，對文異，散亦通。《喪大記》曰：「袍必有表。」以其褻，此褶非褻衣，故不用表也。云「以東，藏以待事也」者，鄭注《雜記》云：「以東，藏于內。」彼含襚在殯後，故但言藏。此在未大斂之前，故云「藏以待事」，謂待大斂之事陳之也。云「古文『褶』爲『襲』」者，《説文》「襲，ナ衽袍」，段氏玉裁云：「小斂、大斂之前，衣死者謂之襲。凡衣死者，左衽不紐。袍，褻衣也。斂始于襲，襲始于袍，故單言袍也。襲字引申爲凡掩襲之用，若記曰：『帛爲褶。』《士喪禮》古文作『襲』，假借字也。《喪大記》、《玉藻》用《禮》今文作『褶』，許依古文《禮》，故不收『褶』字。」胡氏承珙云：「古『襲』字多與『習』通。《釋名》云：『褶，襲也，覆上之言也。』但《玉藻》『帛爲褶』與『禪爲絅』對文，專指裌衣而言，《説文》以『襲』爲左衽袍，是汎指斂服言之，故鄭從今文作『褶』也。」

右小斂後致襚之儀

宵，爲燎于中庭。宵，夜也。燎，大燋。【疏】正義曰：此小斂日之宵也。自始死至殯，每夜皆爲燎于中庭，經言宵不言夕，則是終夜設燎也。《雜記》「士喪有與天子同者三：其終夜燎，及乘人，專道而行」，疏：「終夜燎，謂柩遷之夜，須光明，故竟夜燎也。」 注云「宵，夜也」者，《説文》同。云「燎，大燋」者，《毛傳》、《説文》皆以庭燎爲大燭。《少儀》「主人執燭抱燋」，注云：「未爇曰燋。」是燋與燭同。鄭云「大燋」者，亦謂此燎爲大燭也。餘詳《燕禮》。○張氏爾岐云：「以上皆親喪第二日禮。」今案：《白虎通》引《禮》曰：「天子、諸侯，三日小斂。大夫、士，二日小斂。」是士之小斂在第二日也。

右小斂之夜設燎

厥明，滅燎，陳衣于房，南領西上，綪。絞，紟，衾二。君襚、祭服、散衣、庶襚，凡三十稱。紟不在算，不必盡用。 紟，單被也。衾二者，始死斂衾，今又復制也。小斂衣數自天子達，大斂則異矣。《喪大記》曰：「大斂布絞，縮者三，横者五。」【疏】正義曰：自此至「饌東」，言陳大斂衣奠及殯具之事。○厥明者，小斂之次日，死之第三日也。明而滅燎，則燎固終夜達旦矣。「陳衣于房，南領西上」，與小斂同。《喪大記》：士與大夫，皆陳衣于序東，西領南上。鄭云：「蓋天子之士。」綪義見前，絞數詳注。言衾二，則紟止一矣。首陳君襚，尊君賜也。祭服、散衣皆主人之衣，而亦在庶襚之前。三十稱，與《喪大記》士陳數同。言凡者，謂自君襚至庶襚，共三十稱也。「紟不在算」，不在三十稱之數也。《喪大記》曰：「絞紟不在列。」此但言紟者，絞在紟外，衾亦紟類，言紟而絞與衾亦不在算可知矣。「不必盡用」者，在三十稱外固不用，在三十稱中亦容不盡用也。《喪大記》曰：「大斂，祭服無算。」謂祭服盡用之，則散衣、庶襚有不用者矣。《周禮・守祧》「其遺衣服藏焉」，鄭云：「遺衣服，大斂之餘。」即此。　注云「紟，單被也」者，紟與衿別。《說文》：「紟，衣系也。从系今聲。籀文从金作⿰糸金。」段氏注云：「聯合衣襟之帶也。凡結帶皆曰紟。《喪禮》紟單被也，乃紟之別一義，亦因可以固結之義引申之。」《喪大記》曰「絞紟如朝服」，又曰「紟五幅，無紞」，鄭注：「如朝服者，謂布精麤。朝服十五升。」是紟以布爲之。　云「衾二者，始死斂衾，今又復制也」者，始死制爲大斂之衾以覆尸，今又制其一，故爲二。《喪大記》曰：「布紟、二衾，君、大夫、士一也。」彼注云：「二衾者，或覆之，或薦之。」云「小斂衣數自天子達，大斂則異矣」者，謂小斂自天子至士皆十九稱，大斂則有多寡之殊。《喪大記》曰：「君，百稱。大夫，五十稱。」孔疏據鄭注《雜記》，以襲禮士三稱、大夫五稱、諸侯七稱、上公九稱、天子十二稱，謂「大斂天子當百二十稱，上公九十稱，侯伯子男七十稱。今云君百稱者，據上公，舉全數而言之，或五等同百稱也」。此篇賈疏謂「《喪大記》士三十稱，大夫五十稱，君百稱，不依命數，是亦喪禮略，則天子宜百二十稱」。❶以無正文，故說各異也。引《喪大記》曰「大斂布絞，縮者三，横者五」者，證大斂之絞與小斂異也。《喪大記》又曰：「絞一幅爲三。」彼注云：「大斂之絞，一幅三析用之。」孔疏：「縮者三，謂取布一幅，分裂之作三片，直用之。横者五，又取布二幅，分裂之作六片，而用五片，横之於縮下也。」**東方之饌：兩瓦甒，其實醴酒。角觶，木柶。毼豆兩，其實葵菹芋、蠃醢。兩籩，無縢，布巾，其實栗，不擇，脯四脡。**　此饌但言東方，則亦在東堂下也。毼，白也。齊人或名全菹爲芋。縢，緣也。《詩》

---

❶「天子」，原作「天夫」，今據《續清經解》本改。

云：「竹柲緄縢。」布巾，籩巾也。籩豆具而有巾，盛之也。❶《特牲饋食禮》有籩巾。今文「羸」爲「蝸」，古文「縢」爲「甸」。【疏】正義曰：此饌大斂奠也。兩瓦甒，其實醴酒，醴、酒各一甒也。角觶以角爲之，木柶以木爲之。下記云：「實角觶四，木柶二，素勺二。」此不言勺，省文。甒、觶、柶、豆、籩、葵菹、羸醢，❷俱詳《士冠禮》。敖氏云：「始死之奠用吉器，小斂用素俎，至是乃用毼豆而籩無縢，皆以漸變之。菹云芋，栗不擇，脯四脡，亦皆變於吉也。」　注云「此饌但言東方，則亦在東堂下也」者，上小斂「饌于東堂下」、「設盆盥于饌東」，亦在東堂下也。而云「西方盥，如東方」，是東方即東堂下矣，故鄭云「亦在東堂下也」。下記云：「設棜于東堂下，南順，齊于坫，饌于其上。」正指此饌言。云「毼，白也」者，《廣雅·釋器》云：「毼，罽也。」毼是毛布色白，此豆亦白，故取以爲名也。云「齊人或名全菹爲芋」者，賈疏云：「鄭于《周禮·醢人》注云：『細切爲韲，全物若牒爲菹。』此云『齊人名全菹爲芋』者，菹法，舊短四寸者全之，若長於四寸者亦切之。但喪中之菹葵，雖長而不切，取齊人全菹爲芋之解也。」今案：《説文》云：「芋，大葉實根。駭人，故謂之芋也。」是芋爲麤大之稱。此經云「全菹芋」，亦是麤略之意，故鄭取當時方言釋之。云「縢，緣也。《詩》云：『竹柲緄縢。』」者，此鄭以意釋之，引《詩》爲證。案：《毛傳》云：「縢，約也。」凡緣邊有約束之意，故以縢爲緣。此與毼豆皆是喪器，無飾，故鄭注《檀弓》「竹不成用」，亦引此籩無縢爲説也。「柲」，《詩》本作「閟」，詳後。云「布巾，籩巾也。籩豆具而有巾，神之也」者，凡《士虞》、《特牲》，祭皆用兩籩兩豆。小斂一籩一豆，是不具，又無巾。

---

❶「盛」，《續清經解》本作「神」。《儀禮正義正誤》云：「當作『神之也』，疑尚有校語。」

❷「觶」，原作「解」，今據經文改。

此籩豆具而有巾，是以神道事之，故云「神之也」。案：《特牲饋食禮·記》云：「籩巾以綌。」此引之者，證布巾爲籩巾。但據下記云：「凡籩豆實具設皆巾之。」則豆亦有巾，鄭恐人以籩盛乾物，或無巾，故特言之也。「今文『蠃』爲『蝸』」，詳《士冠禮》。「古文『縢』爲『甸』」者，胡氏承珙云：「『縢』正字，『甸』聲轉借字，故鄭從今文也。」**奠席在饌北，斂席在其東。**大斂奠而有席，彌神之。【疏】正義曰：奠席，即下設于奥用以奠者。在饌北，亦陳于東堂下也。斂席，大斂之席。在其東，在斂席之東也。斂席亦下莞上簟，簟以葦爲之。《周禮·司几筵》曰：「凡喪事，設葦席。」則奠席亦葦席歟？敖氏云：「此二席皆不在椸。大斂之奠在室，遠于尸柩，故始用席以存神也。」　注云「大斂奠而有席，彌神之」者，賈疏云：「以小斂奠無巾，大斂奠有巾，已是神之。今又有席，是彌神之也。」今案：據此，則上注「盛之也」，當作「神之也」明矣。○《禮經釋例》云：「凡奠席皆東面設之，無席之奠則統于尸。案：《士喪禮》：『奠席在饌北，斂席在其東。』注：『大斂奠而有席，彌神之。』又云：『席設于奥，東面。』朝夕哭，奠不云席，蓋因大斂奠之席。朔月奠及薦新奠，皆如初奠之儀。是室中奠席皆東面也。《既夕禮》：遷柩從奠，席升，設于柩西，奠設如初。注：『從奠設如初，東面也。不統於柩，神不西面也。』疏云：『知神不西面者，《特牲》、《少牢》皆設席于奥、東面，則天子、諸侯亦不西面可知。』朝廟，乃奠如初。祖奠，布席，乃奠如初。是柩側之奠席亦東面也。又載柩畢，降奠，當前束。《既夕·記》：『降奠，席于柩西。』不云何面，當亦東面。大遣奠經不云席，敖氏繼公曰：『此設之次，亦如殯奠。』既云如殯奠，則亦有席東面矣。至於始卒奠及小斂奠，經皆不云有席，蓋此時尸尚在席上，故不用席。奠無席，則統于尸也。從奠用席，不統於柩者，既殯則以神事之，不同未殯時也。」**掘肂見衽。**肂，埋棺之坎也，掘之於西階上。衽，小要也。《喪大記》曰：「君殯用輴，欑至于上，畢塗屋。大夫殯以幬，欑置于西序，塗不暨于棺。士殯見衽，塗上，帷之。」又曰：「君蓋用漆，三衽三束。大夫蓋用漆，二衽二束。士蓋不用漆，二衽二束。」【疏】正義曰：李氏如圭云：「見衽者，衽出見于平地，坎深淺之節也。」張氏爾岐云：「衽，所以聯合棺與蓋之縫者，今謂之銀錠扣。見衽者，坎不没棺，其衽見於上也。」　注云「肂，埋棺之坎也」者，《説文》肂作殔，云「瘞也」。瘞與埋義同，故謂埋棺之坎爲肂也。云「掘之於西階上」者，《檀弓》云：「夏后氏殯於東階之上，殷人殯於兩楹之間，周人殯於西階之上。」故知於西階上掘坎也。云「衽，小要也」者，漢時名衽爲小要，故以釋之。引《喪大記》「君殯用輴，欑至于上，畢塗屋。大夫殯以幬，欑置于西序，塗不暨于棺。士殯見衽，塗上，帷之」者，證見衽之制。彼注云：「欑，猶菆也。屋，殯上覆如屋者也。幬，覆也。暨，及也。天子之殯，居棺以龍輴，欑木題湊象椁，上四注如屋以覆之，盡塗之。諸侯輴不畫龍，欑不題湊象椁，其他亦如之。大夫之殯廢輴，置棺西牆下，就牆欑其三面。塗之不及棺者，言欑中狹小，裁取容棺。士不欑，掘地下棺，見小要耳。帷之，鬼神尚幽闇也，士達于天子皆然。」今案：《檀弓》曰：「天子之殯也，菆塗龍輴以椁，加斧于椁上，畢塗屋。」《喪大記》但云「君殯用輴」，故知謂諸侯也。鄭又引《喪大記》「君蓋用漆，三衽三束。大夫蓋用漆，二衽二束。士蓋不用漆，二衽二束」者，證衽之制。孔疏云：「衽，謂燕尾合棺縫際也。束，謂以皮束棺也。棺兩邊各三衽，每當衽上，輒以牛皮束之，故云『三衽三束』也。大夫、士用横衽有二，每衽有束，故云『二衽二束』也。士卑不漆，二衽二束與大夫同。《檀弓》云『棺束縮二横三』者，據君言也。若大夫、士，横唯二束，此文是也。」今案：《檀弓》曰「棺束縮二衡三，衽每束一」，鄭注「衡當爲横。衽，今小要」，孔疏云：「棺束者，古棺木無釘，故用皮束合之。縮二者，縮，縱也。縱束者二行也。衡三者，横束者三行也。衽每束一者，衽，小要，其形兩頭廣，中央小。先鑿棺邊及兩頭合際處，作坎形，以小要連之，令固棺。每束之處，以一行之衽連之。若豎束之處，則豎著其衽以連棺蓋及底之木，使與棺頭尾之材相固。」據此，則衽有豎者，有横者。豎者兩頭各二，君、大夫、士同。横者則君兩旁各三，大夫、士兩旁各二。《喪大記》所謂三衽三束、二衽二束，蓋指横者言之也。又孔疏以衽爲燕尾，本《喪服》注衣衽之制也。或曰棺衽以木爲之，兩端大，中央小。銀錠扣之説較勝。**棺入，主人不哭。升棺用軸，蓋在下。**軸，輁軸也。輁狀如牀，軸其輪，輓而行。【疏】正義曰：《檀弓》曰：「天子之棺四重，水兕革棺被之，其厚三寸，杝棺一，梓棺二，四者皆周。」《喪大記》曰：「君大棺八寸，屬六寸，椑四寸。上大夫大棺八寸，屬六寸。下大夫大棺六寸，屬四寸。士棺六寸。」鄭注：「大棺，棺之在表者也。《檀弓》『天子之棺四重』，以内説而出也。然則大棺及屬用梓，椑用杝。以是差之，上公革棺不被，三重也。諸侯無革棺，再重也。大夫無椑，一重也。士無屬，不重也。庶人之棺四寸。趙簡子云：『不設屬椑。』時僭也。」今案：棺制，此二經及注具之矣。「棺入，主人不哭」者，朱子曰：「動尸舉棺，擗踊無算。然殯斂之際，亦當輟哭臨事，務令安固，不可但哭而已。」此其義也。「升棺用軸」者，斂時第以軸升棺而不以殯，與天子、諸侯用輴以升棺，輴亦入殯中者異矣，故下遷祖仍用軸。蓋，棺蓋也。蓋在下，謂升棺時蓋仍在堂下，俟置棺于肂，然後舉以升。敖氏謂蓋在棺下，恐非。注云「軸，輁軸也。輁狀如牀」，詳《既夕禮》「遷于祖用軸」下。**熬黍稷，各二筐，有魚腊，饌于西坫南。**熬，所以惑蚍蜉，令不至棺旁也。爲舉者設盆盥於西。【疏】正義曰：《喪大記》曰：「熬，君四種八筐，大夫三種六筐，士二種四筐，加魚腊焉。」鄭注：「熬者，煎穀也。《士喪禮》曰：『熬黍稷，各二筐。』又曰：『設熬，旁各一筐。』大夫三種，加以粱。君四種，加以稻。四筐，則首足皆一，其餘設于左右。」《周禮》舍人喪紀共熬穀，小祝設熬，鄭注亦引《喪大記》及此經爲證。今案：《説文》云：「熬，乾煎也。熬，或从麥作䵅。」《方言》云：「熬，火乾也。凡以火而乾五穀之類，自山而東、齊楚以往謂之熬。」經言黍稷，二種也。各二筐，四筐也。又云「有魚腊」，皆與《喪大記》合。但彼云「加魚腊」，謂加於黍稷之上。此云有，謂筐中有魚腊，則魚腊與黍稷共筐矣。「饌于西坫南」，饌熬於此也。或以注有「設盆盥于西」句，謂饌于西坫南爲陳盆盥，此説非也。鄭注《小祝》引此經，連引「饌于西坫南」句，彼疏申之云：「饌於此者，據未用時，蓋後設于棺旁。」是可證矣。　注云「熬，所以惑蚍蜉，令不至棺旁也」者，《爾雅·釋蟲》云：「蚍蜉，大螘。」《學記》「蛾子時術之」，鄭注云：「蛾，蚍蜉也。」蛾一作蟻，即俗所謂馬蟻。鄭於《舍人》、《小祝》注皆以惑蚍蜉爲説。注《喪大記》云：「將塗，設于棺旁，所以惑蚍蜉，使不至棺也。」孔疏云：「熬，謂火熬其穀，使蚍蜉聞其香氣食穀，不侵尸也。加魚腊，亦爲惑蚍蜉。」但此注後人多疑之。敖氏云：「孝子以尸柩既殯，不得復奠於其側，雖有奠在室，而不知神之所在，故置此于棺旁，以盡愛敬之心也。然不以食而用熬穀，不以牲而用魚腊，亦所以異於奠也歟？」沈氏彤云：「祭奠之事，於主設俎豆敦鉶，於重懸二鬲鬻焉，於葬藏苞筲罋甒，於殯設熬黍稷魚腊焉。重以先主而略於主，殯以先葬而小於葬，事異義同。故殯之設熬黍稷，猶重之懸二鬲鬻也。熬黍稷之異於苞筲罋甒，猶鬻之異於俎豆敦鉶也。蓋不知何地之可以棲神，故無之而不設飲食。不知何飲食之可以歆神，故相變而殊其品。此誠孝子事鬼神之至情，敖説得之。」吴氏廷華《儀禮疑義》云：「注謂以惑蚍蜉，不至棺旁，其説是也。蓋新掘之土，蚍蜉必多，置熬於此以惑之，則蟻且畢聚於熬。徹熬而蟻隨之，則殯中無蟻，而柩可免於蠹蝕。此禮之最善者，注發其端而未竟其説，致動後儒之疑。」又云：「此當設於掘肂時，既塗徹之。」今案：吴氏申注卻有意義，但云既塗徹之，則於下經文顯背。又敖氏、沈氏之説亦於理爲近，故竝録之。云「爲舉者設盆盥於西」者，此注補經所未及也。上小斂經云「西方盥，如東方」，注云：「爲舉者設盥。」爲舉尸者設也。此大斂亦有舉尸之事，下云「士盥位如初」，注云：「亦既盥竝立西階下。」則是西方有盥，亦如小斂時矣。而經未言及，故注補之。所以補於此者，以熬黍稷饌于西坫南，此盆盥亦饌于西，故類及之。猶小斂時經云「牀笫夷衾饌于西坫南」，下即云「西方盥如東方」也。此注云「爲舉者」，上「西方盥」注亦云「爲舉者」，蓋指舉尸者言。若設於東方之盥，則注云「爲奠設盥」，與此別。賈疏誤，詳《訂疑》。**陳三鼎于門外，北上。豚合升，魚鱄鮒九，腊左胖，髀不升，其他皆如初。**合升，合左右體升於鼎。其他皆如初，謂豚體及匕俎之陳，如小斂時。合升四鬄，亦相互耳。【疏】正義曰：大斂陳三鼎，盛於小斂也。北上，亦西面。《吕氏春秋》云：「魚之美者，洞庭之鱄。」《廣韻》：「鱄出洞庭湖。」《易》「井谷射鮒」，鄭注：「鮒魚微小。」《廣雅》：「鰿，鮒也。」鰿，一作鰿，俗作鯽。蔡氏德晋云：「鮒，鯽魚也。其性相附，故名鮒。」段氏玉裁云：「鱄、鮒，皆常用之魚也。」《釋文》：「鱄，市轉反。劉市專反。」姜氏兆錫以爲當音團，謂即《山海經》黑水之鱄魚，似鮒而彘尾，恐非。王尚書《經義述聞》云：「魚鱄鮒九者，或用鱄，或用鮒，其數皆九也。當以『魚鱄鮒』爲一句，『九』爲一句。《士虞禮·記》『升魚鱄鮒九』，當以『升魚鱄鮒』爲一句，『九』爲一句。魚鼎或鱄或鮒，而兼言鱄鮒，猶冪尊或絺或布，而兼言絺布也。否則鱄鮒竝用，而欲合其數爲九，孰多孰少乎？」謹案：《述聞》之説是也。《喪大記》孔疏云：「《特牲》士腊用兔，《少牢》大夫腊用麋。天子、諸侯無文，當用六獸之屬。」李氏如圭云：「凡言合升者，皆并髀升，體解則否。凡腊用全，此及虞禮用左胖者，喪禮略。」敖氏云：「凡腊必去髀，不以豚解、體解、合升、胖升而異。」　注云「其他皆如初，謂豚體及匕俎之陳，如小斂時」者，前小斂惟豚一鼎，此陳三鼎，有魚腊，是其異者。其他豚解爲七體，及陳俎匕，皆如小斂時也。云「合升四鬄，亦相互耳」者，小斂四鬄爲七體，亦合升，此合升，亦四鬄爲七體，文互見耳。**燭俟于饌東。**燭，燋也。饌，東方之饌。有燭者，堂雖明，室猶闇。火在地曰燎，執之曰燭。【疏】正義曰：《喪大記》曰：「君，堂上二燭，下二燭。大夫，堂上一燭，下二燭。士，堂上一燭，下一燭。」鄭注：「燭，所以照饌也。滅燎而設燭。」今案：饌在東堂下，此云饌東，則在東堂下之東也。云俟者，此時陳於此，俟奠乃用以照室，下云「燭升自阼階」是也。　注云「有燭者，堂雖明，室猶闇」者，以其大斂奠在室之奥，最爲隱闇，滅燎陳設衣物，雖在既明之後，而室中隱闇，仍須燭照之，故云「堂雖明，室猶闇」也。云「火在地曰燎，執之曰燭」者，以此燭係人執之，與上「爲燎于中庭」異也。餘詳《燕禮》。

右陳大斂衣奠及殯具

祝徹，盥于門外，入，升自阼階，丈夫踊。祝徹，祝與有司當徹小斂之奠者。小斂設盥於饌東，有巾。大斂設盥於門外，彌有威儀。【疏】正義曰：自此至「適饌」，言徹小斂奠之事。徹之，爲將大斂也，《周禮・大祝》大喪徹奠，《儀禮釋官》云：「此奠徹者，夏祝也。」「升自阼階，丈夫踊」，義見前。　注云「祝徹，祝與有司當徹小斂之奠者」，有司，謂執事者。注以經但言祝徹，故特明之，見徹者非祝一人也。敖氏云「祝徹，題下事也。唯言祝，見其尊者耳」是也。云「小斂設盥於饌東，有巾。大斂設盥於門外，彌有威儀」者，以大斂設盥變於小斂，是有威儀。小斂盥有巾，則大斂亦有巾也。下《既夕》言「夙興，設盥于祖廟門外」，此不言設，略也。李氏如圭云：「盥當亦于饌奠後設之。」**祝徹巾，授執事者以待。**授執巾者於尸東，使先待於阼階下，爲大斂奠又將巾之，祝還徹醴也。【疏】正義曰：巾，覆小斂奠者，宜先徹。上「祝受巾，巾之」，故此亦祝徹之也。注云「授執巾者於尸東，使先待於阼階下」者，褚氏寅亮云：「祝徹巾而不言降授執事者，則在尸東可知矣。執事受而立待，則位宜如前阼階下也。敖氏謂以巾授於阼階下，又謂執事以巾置于饌，俱誤。」云「爲大斂奠又將巾之」者，此釋待字意。前小斂奠用此巾，今大斂奠仍將巾之，故云「以待」也。云「祝還徹醴也」者，祝既授巾，還徹醴，探下文而言也。**徹饌，先取醴酒，北面。**北面立，相待俱降。【疏】正義曰：敖氏云：「饌字誤，當作奠。」褚氏云：「奠亦可云饌，不必改。」今案：褚説是也。取醴酒，亦祝及執事者一人，如前奠時。吴氏廷華云：「醴酒先升而後設，此先取者，以降仍在先也。」注云「北面立」者，立以待取籩豆俎者俱降也。必相待俱降者，必升降爲踊節，故必俱也。**其餘取先設者，出于足，降自西階。婦人踊。設于序西南，當西榮，如設于堂。**爲求神於庭，孝子不忍使其親須臾無所馮依也。堂，謂尸東也。凡奠設于序西南者，畢事而去之。【疏】正義曰：敖氏云：「其餘，謂取籩豆俎者也。先設者先取之，後設者後取之，既取，俟執醴酒者行，而從之俱降。此新奠設於既殯之後，而舊奠乃徹於未斂之前者，爲辟斂故爾。」今案：取先設者，或設謂甲設豆，此時仍取豆，乙設籩，此時仍取籩，義亦通。「出于足，降自西階」，亦由尸足北轉而西，而降自西階也。婦人踊，義見前。「設于序西南，當西榮」者，謂徹小斂之奠，改設于西序之西南，其北值西榮，蓋在庭之西也。敖氏謂設于西堂，降自側階，後儒多駁之。以經明云「降自西階」，乃云「設于序西南」，又云「如設于堂」，則在庭而不在堂明矣。且凡言當東榮、當西榮，皆據在庭者言之，敖説誤甚。榮制，詳《士冠禮》。注云「爲求神於庭，孝子不忍使其親須臾無所憑依也」者，謂既設於堂，復設於庭，不知神之所在，於彼乎，於此乎，故復求於此也。奠以依神，此時舊奠已徹，而新奠尚未設，故徹之而仍設於此，俟新奠設乃去之。雖暫，不忍使其無所憑依也。云「堂，謂尸東也」者，謂此設于庭，一如堂上尸東陳設之次第也。云「凡奠設于序西南者，畢事而去之」者，凡奠，謂此小斂奠及後各奠也。賈疏云：「將徹後奠，則設先奠于序西南，待設後奠事畢則去之。不巾，以不久設故也。」**醴酒，位如初。執事，豆北南面，東上。**如初者，如其醴酒北面西上也。執醴尊，不爲便事變位。

【疏】正義曰：醴酒，謂執醴、執酒者。執事，謂執豆俎之人。立于豆北，待執醴酒者設訖，隨之同適新饌也。　注云「如初者，如其醴酒北面西上也」者，前奠于尸東時，執醴酒者先升，北面西上，今設于庭時仍北面西上，是位如初不變也。云「執醴尊，不爲便事變位」者，以執豆俎之人前立于俎北西上，❶今東上者，爲事訖向東爲便，是變位矣，故云「執醴尊，不爲便事變位」也。李氏如圭云：「下徹設大斂奠：『醴酒北面西上，豆西面錯，立于豆北，南面。籩俎既錯，立于執豆之西，東上。酒錯，復位。醴錯于西。』與此同。」則

❶「西」，原作「面」，今據段校改。

亦執籩豆俎者變位，而執醴酒者不變也。**乃適饌。**東方之新饌。【疏】正義曰：適饌者，謂祝及執事者適新饌處以待事。注云「東方之新饌」者，經但言適饌，注恐人不辨何方，故特明之。適之者，以大斂訖將設新饌於室也。

右徹小斂奠

儀禮正義卷二十八　鄭氏注

績溪胡培翬學

帷堂。徹事畢。【疏】正義曰：自此至「主婦亦如之」，言大斂之事。吴氏廷華云：「小斂訖徹帷，至是帷之，以徹事畢，將大斂也。」**婦人尸西，東面。主人及親者升自西階，出于足，西面，袒。**袒，大斂變也。不言髽免髻髮，小斂以來自若矣。【疏】正義曰：小斂後婦人位在阼階上，今在尸西東面者，以男子將升故也。親者，謂衆主人也。「主人及親者升自西階，出于足，西面」，則在尸東矣。婦人由阼階上轉而西，東面，亦出于足可知也。○注，盛氏《集編》本據賈疏及《集説》，於「大斂變上」增「爲」字。云「袒，大斂變也」者，前小斂袒，斂畢乃襲，此將大斂，故又變襲爲袒也。云「不言髽免髻髮，小斂以來自若矣」者，以男子髻髮免、婦人髽，自小斂以來俱若是未改，故不言也，至成服乃易之。**士盥位如初。**亦既盥竝立西階下。【疏】正義曰：如初，如小斂時也。小斂士盥，二人以竝，東面立于西階下，俟舉尸。此亦如之，故注云「亦既盥竝立西階下」也。**布席如初。**亦下莞上簟，鋪於阼階上，於楹間爲少南。【疏】正義曰：如初，謂席之下莞上簟，亦如小斂時也。其布之處則異。　注云「鋪於阼階上」者，下記及《禮記》多言「大斂于阼」是也。鋪，亦布也。《雜記》曰：「公視大斂，公升，商祝鋪席。」即布席也。云「於楹間爲少南」者，賈疏云：「以其在阼階上，故知於楹間爲少南，近阼階也。」**商祝布絞紟衾衣，美者在外，君襚不倒。**至此乃用君襚，主人先自盡。【疏】正義曰：「商祝布絞紟衾衣」，布于阼階席上也。其布之序，先絞，次紟，次衾，次衣。美者在外指衣言，此時先布之，則斂時在外也。君襚先祭服，祭服先散衣，美者即指君襚言。秦氏蕙田云：「服之美者莫如君襚，大斂用之，所以章君之賜也，故在外而不在內。」敖氏云：「君襚不倒，尊也。以祭服視散衣，則祭服爲尊。以君襚視祭服，則君襚爲尊。惟君襚不倒，則祭服亦有倒者矣。」今案：《喪大記》云：「小斂、大斂，祭服不倒。」此經小斂言「祭服不倒」，大斂言「君襚不倒」者，《喪大記》統君、大夫、士言，故以祭服爲尊。此士禮，故以君襚爲尊，小斂不用，大斂用之也。李氏如圭云：「襲以明衣裳親身，則祭服美者居外，小斂衣美者在中，大斂衣美者在外，三相變。」注云「至此乃用君襚，主人先自盡」者，以斂時在外爲上服，主人不敢以己衣加於君襚之上，故先自盡其衣，至大斂而後用君襚也。**有大夫則告。**後來者，則告以方斂。非斂時，則當降拜之。【疏】正義曰：有大夫則告，謂此時有大夫來，則告以方斂也，《檀弓》曰「大夫弔，當事而至，則辭焉」是也。注云「後來者」，謂方斂之後而來，對未斂之先來者言也。主人小斂後位在阼階下，若未大斂之先，而有大夫來，當即拜之。此方斂，不及拜，故使人告之也。云「非斂時，則當降拜之」者，此鄭申釋經意，言大夫來非當斂時，則主人雖在堂上，亦當降拜之矣。敖氏云：「告，謂告以主人方有事，未及拜賓也。非斂時，則位在下，來即拜之。」語尤明切。《儀禮》經是周公作，敍次最完密。《禮記》是後人所記，時有參差。鄭氏注亦不能無出入。如《檀弓》云：「大夫弔，當事而至，則辭焉。」的是此經之傳。此經敍「有大夫則告」於布席、布絞紟衾衣之下，正所謂當事也。鄭注《檀弓》云：「辭，猶告也。擯者以主人有事告也。」據此經釋之是矣，又云：「主人無事，則爲大夫出。」此出字便含混，蓋意欲牽合《喪大記》「士之喪，於大夫，不當斂則出」之文也。案：《喪大記》「則出」與下「士妻不當斂，則爲命婦出」，皆爲出於室。蓋始死男女哭位俱在室也，小斂後主人位在阼階下，無所謂出。又喪禮非君命無出門迎法，則亦不得以出爲出門。《喪大記》之文本與《禮經》不合，前已辨之。《喪大記》云：「君之喪，未小斂，爲寄公、國賓出。大夫之喪，未小斂，爲君命出。士之喪，於大夫，不當斂則出。」據此文上俱云「未小斂」，則士之喪亦指未小斂言也。此經未小斂唯爲君命出，若如記文，則未小斂於大夫亦出，其誤明矣。鄭注此經云：「唯君命出，以明大夫以下時來弔襚不出也。」而《檀弓》注又云：「主人無事，則爲大夫出。」此出字何指邪？孔、賈二疏欲合《檀弓》、《喪大記》爲一，而於出字終多齟齬。至《雜記》云：「當袒，大夫至，雖當踊，絶踊而拜之，反改成踊，乃襲。」孔疏引崔氏云：「謂斂竟時也。」與此經尚合。下云：「主人奉尸斂于棺，踊如初，乃蓋。主人降，拜大夫之後至者。」即《雜記》所謂「大夫至，雖當踊，絶踊而拜之」也。又云：「主人復位，踊，襲。」即《雜記》所謂「反改成踊，乃襲」也。此在既大斂之後也。又下記云：「大夫升自西階，階東北面，東上。既馮尸，大夫逆降，復位。」注云：「視斂。」姜氏兆錫欲與此經牽合爲一，謂此記擯者以主人當事告，而大夫因升視斂以降也。劉氏台拱遂云：「有大夫則告，告大夫，使升視斂也，注恐未然。」今案：記所云大夫升自西階視斂，當指未斂時先至之大夫言。君於士尚視斂，豈大夫先至而不視斂乎？記又云：「大夫逆降，復位。」明是先已在位可知。若後來者聞告而升視斂，則先本無位，安所謂復？以是考之，姜氏、劉氏之説非矣。**士舉遷尸，復位。主人踊無算。卒斂徹帷，主人馮如初，主婦亦如之。**【疏】正義曰：士舉遷尸，謂自堂上兩楹間遷尸于阼階上。復位，復西階下位。主人踊無算，亦如小斂也。卒斂徹帷，謂卒大斂而徹帷，自是不復帷堂矣。「主人馮如初，主婦亦如之」，均如小斂時也。主人西面，主婦東面。《喪大記》曰：「士盥于盤上。士舉，遷尸于斂上。卒斂，宰告子馮之，踊。夫人東面，亦如之。」此雖記君大斂禮儀節，亦略與士同。

右大斂

主人奉尸斂于棺，踊如初，乃蓋。棺在肂中，斂尸焉，所謂殯也。《檀弓》曰：「殯於客位。」【疏】正義曰：自此至「踊襲」，言殯於西階上之事。○奉尸斂于棺，謂自阼階上奉尸，斂於西階上棺中。踊如初，亦踊無算也。乃蓋，謂加蓋于棺也。吴氏廷華云：「亦士舉，男女奉之。經言主人者，明所統也。」敖氏云：「納尸於棺，則尸藏不見矣，故亦以斂言之。」蔡氏德晉云：「殯時亦南首，經不言者，自始死遷尸以來皆南首，故不必言也。」　注云「棺在肂中」者，前升棺時已置棺於肂中，至是奉尸入棺，所謂殯也。以經言斂未言殯，故注明之，又引《檀弓》以證之。客位，西階上也。《檀弓》曰：「飯於牖下，小斂於户内，大斂於阼，殯於客位，祖於庭，葬於墓，所以即遠也。」《坊記》同。案：飯後有襲尸遷於襲牀之事，既乃遷於户内，小斂後又有奉尸於堂兩楹間之事，既乃遷於阼，《檀弓》、《坊記》亦舉大略言之耳。《公羊傳》定元年「正棺於兩楹之間」，何休注云：「禮，飯含於牖下，小斂於户内，夷於兩楹之間，大斂於阼階，殯於西階之上，祖於庭，葬於墓，奪孝子之恩，動以遠也。」又云：「禮，天子五日小斂，七日大斂。諸侯三日小斂，五日大斂。卿大夫二日小斂，三日大斂。夷而絰，殯而成服。」**主人降，拜大夫之後至者，北面視肂。**北面於西階東。【疏】正義曰：

「大夫之後至」者，即上注云「後來者，告以方斂」。未及拜，故既斂於棺即降拜之，義竝詳上。北面視肂。注云「北面於西階東」，謂主人降拜賓後，即在堂下西階東視肂也。吴氏廷華則謂升階視之，塗必親涖之也。今案：吴氏之説似長，經不言升階，文省耳。**衆主人復位，婦人東復位。**阼階上下之位。【疏】正義曰：衆主人復位，復阼階下之位。婦人東復位，復阼階上之位。方氏苞云：「揭衆主人、婦人之復位，則主人奉尸斂于棺，皆從至西階視蓋與肂可知矣。遷尸者士，而男女奉之皆如初，亦可知矣。」**設熬，旁一筐，乃塗，踊無算。**以木覆棺上而塗之，爲火備。【疏】正義曰：敖氏云：「《喪大記》注引此云『旁各一筐』，是此經脱一『各』字也。各，各黍、稷也，每旁二筐。」先大父《三禮札記》云：「此經無『各』字有三證：孔疏述注無『各』字，一證也。鄭注《周禮・小祝》亦引此經作『旁一筐』，無『各』字，二證也。《喪大記》注末云：『四筐，則首足皆一，其餘設於左右。』若如敖説，每旁二筐，則與此注自相矛盾矣，三證也。《記》、注『各』字當爲衍文。」今案：「旁一筐」者，謂首足左右四旁每旁一筐也，敖説非。「乃塗，踊無算」，以尸柩不見也。注云「以木覆棺上而塗之」者，即《喪大記》所謂「塗上」也。殯之制尊卑不同，而必塗之者，皆以爲火備也。**卒塗，祝取銘置于肂。主人復位，踊，襲。**爲銘設柎，樹之肂東。【疏】正義曰：「卒塗，祝取銘置于肂」者，前作銘訖置于重，今殯訖取置于肂，賈疏云：「銘，所以表柩故也。」《儀禮釋官》云：「此取銘者，周祝也。」今案：卒塗而後言「主人復位」，則殯時主人悉涖之也。「踊，襲」者，復阼階下之位，成踊乃襲。《雜記》曰：「於士，既事成踊，襲而后拜之。」在斯時也。注云「爲銘設柎，樹之肂東」者，或以柎爲木名，非也。柎即足跗，《説文》：「柎，闌足也。」《詩・常棣》「鄂不韡韡」，鄭箋云「不，當作柎。柎，鄂足」是也。銘之竿爲杠，設柎以樹杠，如足然，故謂爲椑也。置于肂者，置于肂旁，非置于肂上。肂西逼近序牆，故知樹之肂東也。○李氏如圭云：「《王制》曰：『天子七日而殯，諸侯五日，大夫、士、庶人三日。』大夫、士三日雖同，而士則通死日數之，故《喪大記》又謂『大夫之喪，三日之朝既殯。士之喪，二日而殯』。二日者，自死之明日數也。《問喪》曰：『死三日而后斂者，以俟其生也。三日而不生，亦不生矣，孝子之心亦益衰矣。家室之計，衣服之具，亦可以成矣。親戚之遠者，亦可以至矣。是故聖人爲斷，決以三日爲之禮制也。』」今案：鄭注《喪大記》云：「士之禮，死與往日，生與來日。」此二日，于死者亦得三日也。又鄭《箴膏肓》云：「禮，人君之喪殯葬皆數來月來日，士殯葬皆數死月死日，尊卑相下之差數。」是也。王氏士讓云：「士庶人皆三日而殯，蓋死日而襲，厥明而小斂，又厥明大斂而殯，連死日數之爲三日，《曲禮》所云『死與往日』也。自始死之奠、小斂之奠、大斂之奠，皆主人不親奠，而含則親之，飯則親之，馮尸則親之，奉尸斂棺則親之，視肂則親之，哭殯則親之，此以見主于哀、主于慎者必躬親之，而儀物有不及親奉者，喪事遽遽，孝子之情也。」

右　殯

乃奠，燭升自阼階。祝執巾，席從，設于奧，東面。執燭者先升堂照室。自是不復奠於尸。祝執巾，與執席者從入，爲安神位。室中西南隅謂之奧。執燭南面，巾委於席右。【疏】正義曰：自此至「丈夫踊」，言大斂奠之事。○燭，即俟于饌東者。巾，即前祝徹以授執事者。至是祝仍受巾執之，與執席者俱從執燭者升自阼階，入室而設于奧也。凡爲神設席于室中者，皆東面，《士虞禮》「祝布席于室中，東面」是也。

《儀禮釋官》云：「此祝，亦夏祝也。」　注云「執燭者先升堂照室」者，以須燭照之爲明，故燭先升。敖氏云：「周人斂用日出，故既斂而室猶闇，須用燭也。」云「自是不復奠於尸」者，小斂以前皆奠於尸東，自大斂奠以後，朝夕奠、朔月、薦新奠，皆尸柩在西階上，而奠於室中，故云「自是不復奠於尸」也。餘詳前。其所以不奠於尸而奠於室者，敖氏云：「尸柩既殯，不可復奠於其側，故宜奠於室也。」今案：此即廟祭之始也。云「祝執巾，與執席者從入，爲安神位」者，此時未奠，而先以巾席設于奥，是安神位也。云「室中西南隅謂之奥」者，《爾雅・釋宮》文。云「執燭南面」者，以奠在室之南，執燭者須近北照之爲便，故云「南面」也。云「巾委於席右」者，設席東面，則以南爲右。吴氏《疑義》云：「巾以覆奠，而奠陳于席，委巾席右，便其事也。賈以神爲説，非。」〇案：敖氏以巾席俱祝執之，與注異。但奠時人執一物，未審可有執二物否，俟考。　**祝反降，及執事執饌。**東方之饌。【疏】正義曰：祝反降階下，適東方饌所，而與執事者執饌以待也。　**士盥，舉鼎入，西面北上，如初。**如初，如小斂舉鼎執匕俎扃鼏朼載之儀。**載，魚左首，進鬐，三列。腊進柢。**魚左首，設而在南。鬐，脊也。左首進鬐，亦未異於生也。凡未異於生者，不致死也。古文「首」爲「手」，「鬐」爲「耆」。【疏】正義曰：鼎入，亦設於阼階前。北上，以豚爲上也。魚三列，則是每列三魚，三三而九也。腊進柢，與豚同也。　注云「魚左首，設而在南」者，李氏如圭云：「左首，據執者言之。西面設于奥，于席前則右首也。」今案：神席東面，以南爲右，執者西面，以南爲左。執者必左首進之，乃得在南，自神席視之爲右首。是言左言右雖有不同，而在南則同，故云「設而在南」也。但左首之義，當以反吉爲正，詳《公食大夫禮》。云「鬐，脊也」者，《少儀》字作「鰭」，注亦同。云「左首進鬐，亦未異於生也」者，《公食禮》「魚七，縮俎，寢右」，注云：「寢右，進鬐也。」是生人食法。若《少牢禮》言首進腴，則異於生人矣。此言進鬐，是未異於生也。云「亦」者，上小斂奠「進柢」，注云「未異於生」，此云「亦」，亦進柢也。《少牢》賈疏云：「鬼神進腴者，腴是氣之所聚。生人進鬐者，鬐是脊，生人尚味故也。」云「凡未異於生者，不致死也」者，賈疏引《檀弓》云：「之死而致死之，不仁而不可爲也。」進魚不異於生，是不致死也。云「古文『鬐』爲『耆』」者，《説文·髟部》無「鬐」字，《龍部》「䶬」下云：「龍耆脊上䶬䶬也。」段氏玉裁云：「許於此字從《禮》古文，不從《禮》今文。耆者，老也。老則脊隆，故凡脊曰耆。或作鬐，因馬鬣爲此字也。」胡氏承珙云：「案《漢書·揚雄傳》『究鋋瘢耆』，孟康、服虔皆以『耆』爲馬脊鬣。《文選·七發》『薄耆之炙』，亦止作『耆』。後乃加髟作『鬐』，或又作『鰭』。《少儀》『夏右鰭』，《上林賦》『揵鰭掉尾』，此皆『耆』之今字。鄭以『鬐』字經典承用，故從今文。」**祝執醴如初，酒豆籩俎從，升自阼階。丈夫踊。甸人徹鼎。**如初，祝先升。【疏】正義曰：《儀禮釋官》云：「此祝，亦夏祝也。」今案：上小斂奠云「夏祝及執事盥」，此不言盥，省文。注云「如初，祝先升」者，謂如小斂奠，祝執醴先升也。餘詳前。**奠由楹内入于室，醴酒北面。**亦如初。【疏】正義曰：楹内，東楹之西。謂執醴及執酒豆籩俎者，升自阼階，皆由東楹之西入于室也。敖氏以楹内爲東楹北，非。下「由楹西」，謂西楹之西也。注云「亦如初」者，指醴酒北面而言。上小斂奠「執醴酒，北面西上」，此醴酒亦北面，與小斂同，故云「亦如初」也。**設豆，右菹。菹南栗，栗東脯。豚當豆，魚次，腊特于俎北。醴酒在籩南，巾如初。**右菹，菹在醢南也。此左右異於魚者，載者統於執，設者統於席。醴當栗南，酒當脯南。【疏】正義曰：豆有二，言右菹，則左醢可知矣。栗、脯，兩籩也。豚當豆，當兩豆之東也。魚次，在豚俎之東也。腊特于俎北，在豚魚兩俎之北也。醴酒在籩南，在栗脯之南也。巾如初，亦如小斂奠，設饌訖巾之也。此先設豆籩，而後設俎設醴酒，其序亦如小斂也。　注云「右菹，菹在醢南也」者，席東面，以南爲右，北爲左，云「右菹」，是菹在醢南也。云「此左右異於魚者，載者統於執，設者統於席」者，案：豆右菹與魚右首同，而魚言左，此言右，與魚異者，魚據執者言之。執者西嚮，南爲左，故云「左首」。豆據席言之，席東嚮，南爲右，故云「右菹」。載，謂魚載于俎。設，謂豆設于席。載據執言之，設據席言之，故云「載者統於執，設者統於席」也。云「醴當栗南，酒當脯南」者，上云「栗東脯」，是栗在西，脯在東。此「醴酒在籩南」，亦醴在西，酒在東，故云「醴當栗南，酒當脯南」也。

既錯者出，立于户西，西上。祝後，闔户，先，由楹西降自西階。婦人踊。奠者由重南東，丈夫踊。爲神馮依之也。【疏】正義曰：既錯者，即上執事執饌者。謂既置饌而出於室也，立於室户西，當南面，以西爲上，俟祝出同降也。「祝後，闔户」者，祝錯醴最後，因闔户也。祝後出而先降，執事者從之，故云「先，由楹西降自西階」也。楹西，西楹之西也。《儀禮釋官》云：「此祝，亦夏祝也。」敖云：「經惟云『闔户』，是牖未嘗啟明矣。」賈疏云：「重主道，爲神馮依之，故丈夫取以爲踊節也。」〇《禮經釋例》云：「凡奠升自阼階，丈夫踊，降自西階，婦人踊，奠者由重南東，丈夫踊，謂之要節而踊。案：《士喪禮》小斂奠，升自阼階，丈夫踊；奠畢，由足降自西階，婦人踊；奠者由重南東，丈夫踊。疏云：『主人位在阼階下，婦人位在上，故奠者升，丈夫踊，奠者降，婦人踊，各以所見先後爲踊之節也。』又云：『奠者降反位，必由重南東者，以其重主道，神所憑依，不知神之所爲，故由重南東而過，是以主人又踊也。』大斂奠，升自阼階，丈夫踊；奠畢，降自西階，婦人踊；奠者由重南東，丈夫踊。注：『爲神馮依之也。』

君臨大斂畢，乃奠，升自西階，君要節而踊，主人從踊。注：『節，謂執奠始升階，及既奠由重南東時也。』疏云：『上文大斂奠升時丈夫踊，降時婦人踊，由重南而東丈夫踊。此注不云降時踊者，以經直有君與主人丈夫踊節，故不言降時踊節也。』朝夕哭，乃奠，升，丈夫踊；奠畢，降自西階，婦人踊；奠者由重南東，丈夫踊。朔月奠，主人要節而踊，皆如朝夕哭之儀；有薦新，如朔奠。《既夕禮》：朝廟奠，升降自西階，主人要節而踊。注：『節，升降。』疏云：『奠升時主人踊，降時婦人踊，由重南東主人踊。此不言婦人，文不具也。』《既夕記》：朝于禰廟，奠升降自西階，❶主人要節而踊。疏云：『要節而踊者，奠升主人踊，降時婦人踊也。』此奠時要節而踊也。《士喪禮》徹小斂奠，升自阼階，丈夫踊；既徹，出于足，降自西階，婦人踊。徹大斂奠，升自阼階，丈夫踊；既徹，降自西階，婦人踊。徹朝夕奠及朔奠、從奠，不云踊者，文不具也。徹無由重南東之踊節者，變于奠也。此徹時要節而踊也。皆奠于堂室者，故以升階降階爲節。《既夕禮》：設祖奠，布席，乃奠如初，主人要節而踊。大遣奠，奠者出，主人要節而踊。注：『亦以往來爲節，奠由重北西，奠由重南東。』❷疏云：『奠來時由重北而西，既奠由重南而東。此奠饌在輅之東，言由重北者，亦是由車前明器之北鄉柩車西設之，設訖由柩車南而東者，禮之常也。』此奠時要節而踊也。將祖，徹降奠，主人要節而踊。注：『要節者，來象升，丈夫踊，去象降，婦人踊。徹者由明器北西面，既徹，由重南東。』疏云：『上篇徹小斂、大斂奠時，皆升自阼階，丈夫踊，降自西階，婦人踊。今奠在庭，無升降之事，直有往來。經云要節而踊，明來象升，

❶「降」，原作「階」，今據《禮經釋例》改。

❷「奠由重南東」，《禮經釋例》同。「奠」上，據《儀禮・既夕禮》鄭注當有「既」字。

丈夫踊，去象降，婦人踊。但此經直云主人要節，知有婦人亦踊者，以下經徹祖奠時婦人、男子竝有踊文，則知此要節踊内亦兼婦人也。』徹祖奠，徹者入，丈夫踊；設于西北，婦人踊。注：『猶阼階升時也。亦既盥乃入，入由重東，而主人踊，猶其升也。自重北西面而徹。』疏云：『小斂，奠者門外盥訖，升自阼階，丈夫踊。今徹者亦門外盥訖，入由重東，主人踊。故云猶其升也。』此徹時要節而踊也，皆奠于庭者，故以來去爲節，來象升階，去象降階也。至于從柩而行之夕奠亦設于堂，從柩而降之朝廟奠亦設于庭，皆不要節而踊者，再設故也。」

右大斂奠

賓出，婦人踊。主人拜送于門外，入，及兄弟北面哭殯。兄弟出，主人拜送于門外。小功以下至此可以歸，異門大功亦存焉。【疏】正義曰：自此至「主人揖就次」，言送賓送兄弟及出就次之儀。○賓出婦人踊，主人不踊者，以方拜送賓也。于門外，亦適寢門外也。下同。主人復入，與兄弟北面哭殯，親之誼與賓異也。　注云「小功以下至此可以歸」者，以兄弟出主人拜送，與賓出文同，故知歸也。《喪服傳》雖有「小功以下爲兄弟」之文，然此經但言主人、衆主人，不言親者，則親者亦在兄弟之中。故鄭別之，云「小功以下至此可以歸」，以小功以下疏遠也。賈疏云：「既殯雖歸，至朝夕、朔奠之日，近者亦入哭限也。若至葬時，皆就柩所。故《既夕》反哭，云：『兄弟出，主人拜送。』」今案：此説是也。云「異門大功亦存焉」者，存，在也。鄭意以大功有同門、異門之分，異門者雖稍疎，然視小功以下爲親，此時方殯，尚未成服，不特同門之大功在此未歸，即異門之大功亦在此未歸，故云「亦存焉」也。賈疏以存爲歸，竝引《既夕》反哭「兄弟出，主人拜送」注爲證，誤甚。彼注云：「異門大功亦可以歸。」賈以「亦存焉」即作「亦可以歸」解注語，不嫌重複乎？且彼於三月既葬反哭之後，而云「亦可以歸」，此方喪三日，而即云「亦可以歸」，又何太無區別乎？《喪大記》曰：「諸父、兄弟之喪，既卒哭而歸。」彼謂期服者也。期服及同門大功之親卒哭而歸，異門之大功反哭而歸，小功以下既殯而歸，是其差次。故賈氏以《既夕》注證亦存之爲歸，培翬即以彼注而證亦存之爲亦在未歸也。餘詳《訂疑》。**衆主人出門，哭止，皆西面于東方。闔門，主人揖，就次。**次，謂斬衰倚廬、齊衰堊室也。大功有帷帳，小功、緦麻有牀第可也。【疏】正義曰：言衆主人出門哭止，則上主人入及兄弟哭殯時，衆主人亦在哭位矣。東方，寢門外之東方。闔門，自内闔之，殯宮宜清靜也。「主人揖，就次」者，主人拜送兄弟後，即不復入，于是揖衆主人而就次，衆主人亦各就次也。姜氏兆錫云：「上文兄弟等爲旁親，衆主人等爲嫡屬，故但云出門，不云拜送，而且皆西面于東方，以待就次矣。揖，蓋示使就次然。」方氏苞云：「主人既殯就次，而後有苫有塊，則未殯之前，有坐起而無寢興明矣。」注云「次，謂斬衰倚廬、齊衰堊室也。大功有帷帳，小功、緦麻有牀第可也」者，次，喪居之總名。《喪大記》曰「父不次於子，兄不次於弟」，注「謂不就其殯宮爲次以居」是也。服有輕重，則居亦有異，故鄭分别言之。倚廬、堊室，詳《喪服傳》斬衰章。《間傳》云：「父母之喪，居倚廬，寢苫枕塊。齊衰之喪，居堊室，芐翦不納。大功之喪，寢有席。小功、緦麻，牀可也。」此鄭所本也。《喪大記》亦云：「父母之喪居倚廬。」據此，則父母之喪，無論斬衰、齊衰，皆居倚廬也。《間傳》言「大功寢有席，小功、緦麻牀」，鄭云「有帷帳，有牀第」，是又推而言之也。或以鄭云異門大功及小功以下歸，與《間傳》不符。案：異門大功亦歸，是賈之誤解。小功以下鄭云「可以歸」，言可，原屬權許之辭。其有誼重而顧居于次者，禮亦不禁之也。但小功、緦麻不徒有席，而又有牀第，則幾與常居無異，是服之至輕也。

右大斂畢送賓送兄弟及出就次之儀

君若有賜焉，則視斂。既布衣，君至。賜，恩惠也。斂，大斂。君視大斂，皮弁服，襲裘。主人成服之後往，則錫衰。【疏】正義曰：自此至「主人拜送」，言君臨視大斂之儀。○《喪大記》曰：「於士，既殯而往。爲之賜，大斂焉。」又曰：「士在殯，壹往焉。」案：君於士禮，宜既殯而往弔，其有加恩賜者，則視大斂，故云「君若有賜焉，則視斂」也。言「若有」，則不有者其常也。「既布衣，君至」者，敖氏云：「君欲視斂，則使人告喪家，故主人不敢升堂，而先布絞紟衾衣，以待其來。」案：《喪大記》曰：「大夫之喪，既鋪絞紟衾衣，君至。」又曰：「大夫、士既殯，而君往焉，使人戒之。」言既殯而往使人戒，則未殯而往亦使人戒可知。敖本此爲解，其説是也。《雜記》曰：「公視大斂，公升，商祝鋪席，乃斂。」案：《雜記》公升乃鋪席，與《喪大記》不同，吴氏廷華《疑義》云「所傳者異，當以此經爲斷」是也。注云「賜，恩惠也」者，鄭以視斂爲加賜於常禮之外，故爲恩惠。又注《喪大記》云「爲之賜，謂有恩惠」是也。云「斂，大斂」者，據《喪大記》文也。案：《喪大記》又曰：「君於大夫，大斂焉。爲之賜，則小斂焉。」孔疏云：「君於大夫，大斂是常，小斂是恩賜。」案：隱元年公子益師卒，公不與小斂，故不書日者，熊氏云：『彼謂卿也，卿則小斂焉。爲之賜，則未襲而往。故昭十五年有事于武宮，籥入，叔弓卒，去樂，卒事。《公羊》云：君聞大夫之喪，去樂，卒事而往可也。故鄭云：去樂，卒事而往，未襲也。』」今案：據此，則卿小斂而往是常，加賜則未襲而往。大夫大斂而往是常，加賜則小斂而往。士既殯而往是常，加賜則大斂而往。故知此視斂爲大斂，非小斂也。云「君視大斂，皮弁服，襲裘。主人成服之後往，則錫衰」者，案：弔服，主人成服之後與未成服之前異，而未成服之前，小斂後與小斂前又異。《喪服小記》曰：「諸侯弔，必皮弁錫衰。主人未喪服，則君亦不錫衰。」鄭注：「未喪服，未成服也。既殯成服。」是成服之後乃錫衰，與未成服之前異也。《檀弓》曰：「子游裼裘而弔，主人既小斂，袒括髮，子游趨而出，襲裘帶絰而入。」《喪大記》曰「弔者襲裘，加武帶絰」，鄭注：「始死，弔者朝服裼裘，如吉時也。小斂則改襲，而加武與帶絰矣。」是小斂後乃襲裘，❶與小斂前又異也。所以然者，賓之弔服當視主人之服以爲節。始死，主人笄纚深衣而已，故弔者裼裘。小斂後主人變而袒括髮，故弔者襲裘帶絰。成服而後，主人斬衰，故弔者錫衰。《周禮·司服》弔服有錫衰、緦衰、疑衰，三者皆主人成服以後之弔服，故鄭云：「君視大斂，皮弁服，襲裘。主人成服之後往，則錫衰也。」往，即《喪大記》「士在殯，壹往焉」之往，謂往弔也。又鄭注《文王世子》云：「君於卿大夫錫衰，於士蓋疑衰，同姓則緦衰以弔之。」與此注異者，蓋此經言視斂，注言錫衰，皆據加恩惠者而言。同姓之士緦衰，異姓之士疑衰，則其常也。賈疏謂此士於君有師友之恩，特賜與大夫同，是已。君加恩惠於士，當視斂。或有故未視斂，既殯而往，則服錫衰，以示加賜也。《文王世子》疏云：「《士

❶「裘」，原作「喪」，今據文義改。

喪禮》注云錫衰者，謂士有俊選，於君有師友之恩，與常士不同，故錫衰也。或諸侯弔士無文，因諸侯弔必錫衰有明文，故爲錫衰也。」今案：孔疏前一説與賈同，後一説恐非注意。又敖氏謂君視斂朝服襲裘，加絰與帶，成服之後弁絰疑衰。沈氏彤云：「此皆鄭是而敖非。案：《禮記·服問》云：『公爲卿大夫，錫衰以居，出亦如之，當事則弁絰。』但言爲卿大夫，不言爲士，是爲士雖當事不弁絰也。重服不以弔微爵，不弁絰則皮弁，既皮弁則亦皮弁服矣。」今案：朝服是緇布衣，皮弁服是白布衣，此視大斂在既小斂之後，不宜朝服。《郊特牲》曰：「皮弁素服以送終。」則視斂皮弁服爲宜。又《喪服小記》「諸侯弔，必皮弁」，鄭以爲弔他國之臣。則弔士以皮弁，亦所以別於本國之卿大夫弁絰也。沈氏謂鄭是而敖非，其説確矣。餘詳《喪服·記》「傳曰錫者何也麻之有錫者也」下。**主人出，迎于外門外，見馬首不哭，還入門右，北面，及衆主人袒。**不哭，厭於君，不敢伸其私恩。【疏】正義曰：前君使人弔，主人迎于寢門外，見賓不哭，敬君命也。此主人出迎于外門外，見馬首即不哭，皆以君親至而加敬也。「還入門右，北面」，以變服，不敢迎於馬前，故見馬首即還也。門，廟門也。「及衆主人袒」者，斯時主人及衆主人蓋皆北面，在中庭以南近門，俟君之入也。褚氏寅亮云：「君不視斂，主人先袒，而後布絞紟衾衣等。今因君親來，故先布衣以俟，至出迎君後，始入而袒也。」此不哭固爲敬君矣，但鄭注《喪大記》「男子出寢門，見人不哭」，云：「非其事處而哭，猶野哭也。」義亦可參看。**巫止于廟門外，祝代之。小臣二人執戈先，二人後。**巫，掌招弭以除疾病。小臣，掌正君之法儀者。《周禮·男巫》：「王弔，則與祝前。」《檀弓》曰：「君臨臣喪，以巫祝桃茢執戈以惡之，所以異於生也。」皆天子之禮。諸侯臨臣之喪，則使祝代巫執茢居前，下天子也。小臣，君行則在前後，君升則俠阼階北面。凡宮有鬼神曰廟。【疏】正義曰：李氏如圭云：「此殯宮而云廟門外，神之。《書·顧命》成王崩于翼室，而曰『諸侯出廟門俟』是也。巫、祝，皆接神者。」先大父《儀禮釋官》云：「巫，男巫。祝，喪祝。《周禮》男巫無數，其師中士四人；喪祝，上士二人，中士四人，下士八人。諸侯男巫當下士，喪祝當中士爲之。」又云：「小臣，《周禮》上士四人。此二人先，二人後，《喪大記》君之喪浴『小臣四人抗衾』，然則諸侯小臣亦四人也。」又云：「《左傳》楚公子圍設服離衛，叔孫穆子曰：『楚公子美矣，君哉。』鄭子皮曰：『二執戈者前矣。』則小臣執戈，蓋君之常衛。」今案：二人後，亦執戈，經不言者，省文。此巫、祝、小臣，皆從君而來者也。

注云「巫，掌招弭以除疾病」，《周禮·男巫職》文。彼注云：「招，招福也。弭，讀爲敉。敉，安也，安凶禍也。」引之者，以死喪是凶禍事，巫掌招弭，故君弔使從也。云「小臣，掌正君之法儀者」，《周禮·小臣職》曰：「掌詔相王之小法儀。」又曰：「正王之燕服位。」今云「掌正君之法儀」，鄭蓋兼言之也。又《周禮·大僕職》曰：「祭祀、賓客、喪紀，正王之服位，詔法儀。」天子有大僕詔法儀，故小臣詔其小者，諸侯無大僕，以小臣兼之，故云「正君之法儀」也。云「王弔則與祝前」，亦《男巫職》文。《周禮·喪祝職》亦云：「王弔，則與巫前也。」引《檀弓》「君臨臣喪，以巫祝桃茢執戈惡之，所以異於生也」者，彼注云：「爲有凶邪之氣在側。君聞大夫之喪，去樂，卒事而往，未襲也。其已襲，則止巫去桃茢。桃，鬼所惡。茢，萑苕，可埽不祥。」云「皆天子之禮。諸侯臨臣之喪，則使祝代巫執茢居前，下天子也」者，此鄭分別天子、諸侯差等，以《檀弓》巫祝桃茢竝具爲天子禮，諸侯使祝代巫執茢爲下天子。但此經竝無執茢之文，據《檀弓》注，則巫祝桃茢是未襲以前君臨臣喪之禮，故孔疏云：「鄭注《士喪禮》云：『諸侯臨臣之喪，則使祝代巫執茢。』亦謂未襲以前也。若已襲之後，茢亦去之。」今案：此經君視斂在已襲之後，而鄭云云者，鄭欲解天子、諸侯禮異，故兼執茢言之，其實止取證祝代巫前耳。《喪大記》曰：「巫止於門外，祝代之先。」彼是既殯而往，故亦無執茢之文。《儀禮釋官》云：「《周禮》王弔，男巫、喪祝俱前。諸侯弔，廟門外則巫前，至廟門則祝代之前。」是下天子也。李氏如圭云：「《春秋傳》曰：『楚康王卒，楚人使魯公親襚，魯人患之，乃使巫以桃茢先祓殯。』《檀弓》亦云：『桃茢執戈惡之。』據此禮及《喪大記》皆不云桃茢，桃茢其周之末造歟？」案：劉氏敞有「君臨臣喪以桃茢先起於周之末造」之論，謂生也而愛，死也而惡，是教之忘生背死也。李說蓋本於此。江氏筠云：「桃茢之所自起，乃是惡所以致其死者，而豈其惡死者哉？」今案：江氏此說甚善。據鄭注《檀弓》云：「爲有凶邪之氣在側。」又解「所以異於生也」句云：「生人無凶邪。」則是所惡在凶邪之氣，非惡死者，故桃茢用之於初死未襲之前，而既襲以後即不用之，亦可以得禮意矣。云「小臣，君行則在前後，君升則俠阼階北面」，鄭言此者，欲見小臣執戈前後，乃君之儀衛，平日出入皆如此，非因弔喪而然也。故《周禮·大僕職》云：「王出入，則前驅。」《小臣》云：「王燕出入，則前驅。」《喪大記》曰：「君即位於阼，小臣二人執戈立於前，二人立於後。」彼注云：「小臣執戈先後君，君升而夾階立。」與此同也。云「凡宮有鬼神曰廟」者，以此殯宮是適寢，而亦云廟，故解之也。**君釋采，入門，主人辟。**　釋采者，祝爲君禮門神也。必禮門神者，明君無故不來也。《禮運》曰：「諸侯非問疾弔喪而入諸臣之家，是謂君臣爲謔。」【疏】正義曰：入門，入廟門也。方氏苞云：「君入門而辟，不敢以凶服近君也。俟君升，而後哭拜於中庭。君升之，而後就西楹東以視斂。哀敬竝伸如此。」　注云「釋采者，祝爲君禮門神也」者，案：此經作「采」，而《喪大記》兩言「君釋菜」，字俱作「菜」，故鄭解爲禮門神，與彼同也。云「祝爲君」者，以祝主接神，此經祝代巫先，故知祝爲君禮門神也。《禮記・月令》《文王世子》俱有「釋菜」之文，而《周禮・大胥》云「舍采」，鄭注：「舍，即釋也。采，讀爲菜。始入學，必釋菜，禮先師也。菜，蘋蘩之屬。」《占夢》「乃舍萌于四方」，鄭注：「舍萌，猶釋菜也。」此鄭解采爲菜之義，注不破采爲菜者，以《喪大記》作「菜」，人所習知也。引《禮運》者，證無故不來之義。《喪大記》注亦云：「禮，君非問疾弔喪，不入諸臣之家也。」萬氏斯大以釋采爲釋去吉衣，其言曰：「以君之尊而下臨臣喪，必禮其門神而後入，竊疑於禮未安。蓋先儒緣《喪大記》譌釋采爲釋菜，遂以爲禮門神。《喪大記》後人所述，因古有釋奠、釋菜之禮，遂譌釋采爲釋菜。不知采與菜不同，釋菜者，祭禮之細。釋采者，釋去吉衣也。《服問》云：『公爲卿大夫，錫衰以居。』此指成服後言。大斂時未成服，君未錫衰，吉服而來，不可即以吉服入，故釋而去之，以著其哀也，豈禮門神之謂哉？」今案：《周禮・大胥》注引或説云：「學者皆人君、卿大夫之子，衣服采飾。舍采者，減損解釋盛服，以下其師也。」又《呂氏春秋》「仲春，入舞舍采」，高誘注云：「舍，猶置也。初入學，必禮先師，置采帛於前，以贄神也。」此皆不以采爲菜，與鄭異。又《夏小正》「萬用入學」，傳云：「大舍采。」洪氏震煊欲解舍采爲解釋采衣，培翬嘗詒書洪氏，謂入學舍采，當從康成作釋菜解，以《學記》「皮弁祭菜」明云祭，則其爲祭先師之禮無疑也。若此經「釋采」，萬氏説似亦可從。《玉藻》「非列采不入公門」，鄭注：「列采，正服。」《雜記》「麻不加於采」，鄭注：「采，玄纁之衣。」古時冕服皆玄上纁下，朝服亦玄冠玄衣，皆吉服。此時大斂，主人雖未成服，然亦不可以吉服臨之，故釋采而後入門。竊以爲萬氏説於經亦合，故並録之。**君升自阼階，西鄉。祝負墉，南面。主人中庭。**祝南面，房中東鄉君。牆謂之墉。主人中庭，進益北。【疏】正義曰：「君升自阼階」者，《郊特牲》曰：「君適其臣，升自阼階，不敢有其室也。」西鄉，鄉户也。此經不言君位所在，《喪大記》大夫之喪君視斂，則云「即位於序端」，大夫、士既殯而君往，則云「即位於阼」，孔疏引盧云：「即位於序端，謂君臨大夫，將大斂時，禮未成，辟執事，故即位於序端。大夫、士既殯而君往，禮已成，故即位於阼階。」然則此經君視斂，當亦升阼階，而位近序端也。「祝負墉，南面」，謂在房外堂上，背東房之牆而南面也。　注云「祝南面，房中東鄉君」者，案：「中」當爲「户」之譌。《喪大記》注云：「祝負墉，南面，直君北，房户東也。」孔疏謂祝在君之北，立於房户之東，此其明證。蓋斯時君位近序端，祝必立於房户之東，背當房之墉，乃可南面鄉君。若以爲在房中之東，則是面墉而立，不得云南面嚮君矣。各本皆作「中」，誤甚，今正。祝必鄉君者，爲詔禮。賈疏云：「案：《喪大記》云：『君稱言，視祝而踊。』鄭注：『視祝而踊，祝相君之禮，當節之也。』故須鄉君也。」云「牆謂之墉」者，堂上惟東西牆謂之序，❶其房室之牆則皆謂之墉也。云「主人中庭，進益北」者，賈疏云：「前主人先入門右，中庭之南，今云中庭，明益北至庭也。」**君哭。主人哭，拜稽顙，成踊，出。**　出，不敢必君之卒斂事。【疏】正義曰：君哭，鄉尸而哭也。「主人哭，拜稽顙」，拜君臨也。《禮經釋例》云：「凡君臨大斂，及使人弔襚賵，主人皆拜稽顙，成踊。」　注云「不敢必君之卒斂事」，謂不敢必君之終視斂也。　敖氏云：「自此以下六節，每節之畢，主人輒出，皆爲不敢久留君也。《喪大記》曰：『出俟於門外。』」**君命反行事，主人復位。**　大斂事。【疏】正義曰：謂君命主人反行大斂事也。

❶「西」，原作「面」，今據文義改。

復位，復中庭之位。**君升主人。主人西楹東，北面。**命主人使之升。【疏】正義曰：前君命主人反行斂事，主人復位，不敢遽升，故命之使升也。《喪大記》君視大夫斂，「主人房外南面」，是君升亦升。此待君命乃升，故彼注云：「大夫之子尊，得升視斂也。」敖氏云：「西楹東，明其在堂中西也。」今案：此時尸在兩楹間少北，故主人升自西階，立於堂中西，北面視之也。**升公卿大夫，繼主人，東上。乃斂。**公，大國之孤，四命也。《春秋傳》曰：「吾公在壑谷。」【疏】正義曰：升公卿大夫，亦君命升之。此公卿大夫皆爲視斂而來，故升之使視斂也。不言士，以君在堂，士賤，不得竝升也。繼主人，在主人之西，主人宜近尸也。東上，以東爲上，亦北面也。乃斂，謂行大斂事。《喪大記》曰：「遷尸，卒斂。」此下亦當有遷尸于阼階上斂衣之文，經不言，略也。詳《燕禮》。注云「公，大國之孤，四命」，據《周禮·典命》文也。引《春秋傳》者，襄三十年《左氏傳》文，證諸侯之臣亦稱公也。**卒，公卿大夫逆降，復位。主人降，出。**逆降者，後升者先降。位，如朝夕哭弔之位。【疏】正義曰：卒，謂卒斂。言復位，則此公卿大夫之先至者，君未至時已位於此。主人降出，亦爲不敢久留君也。注云「逆降者，後升者先降」者，爲君在堂也。云「位，如朝夕哭弔之位」，見後。方氏苞云：「《喪大記》馮尸惟君及父母妻子兄弟，此經君尚未馮，公卿大夫逆降，君馮後獨升主人，則公卿大夫視斂而不馮尸明矣。而後記『大夫升自西階，既馮尸，大夫逆降』，何也？以義揆之，舅甥內外兄弟之親，同學同官之久，亦宜聽其馮。若君大斂不臨，則大夫之爲親戚故舊者，亦有馮尸之禮歟？」**君反主人。主人中庭。君坐撫，當心。主人拜稽顙，成踊，出。**撫，手按之。凡馮尸，興必踊。今文無「成」。【疏】正義曰：君反主人，命之反也。主人中庭，仍復中庭之位也。君坐撫當心，《喪大記》注云「馮之類必當心」，又云「馮者必坐」是也。拜稽顙，拜君撫也。　注云「撫，手按之」者，《喪大記》曰「君於臣撫之」，孔疏云：「君尊，但以手撫按尸心，身不服膺也。」又「子於父母馮之」，孔疏云：「謂服膺心上也。」是馮則服膺，撫不服膺，略有區別，然總之皆馮也。故《喪大記》曰：「凡馮尸，興必踊。」言凡，則是總目之稱。此注引之者，見君興必踊也。然經不言踊，方氏苞云：「《記》云：『君稱言，視祝而踊。』則始入而哭亦宜踊，文皆略者，以禮終將出，總言『君要節而踊，主人從踊』，著其凡也。」云「今文無『成』」者，案：成踊者，謂一踊三跳，三踊九跳，乃成踊節。義詳前。凡君使人弔襚賵，無不拜稽顙成踊。下拜大夫之後至者亦成踊，則此亦當言「成」，故從古文也。**君反之，復初位。衆主人辟于東壁，南面。**以君將降也。南面，則當坫之東。

【疏】正義曰：復初位，謂初入門右也。　注云「以君將降也」者，以君將降，而衆主人辟於東壁也。云「南面，則當坫之東」者，案：堂下之牆謂之壁，故《士冠禮》云「適東壁」，《特牲·記》云「饎爨在西壁」，皆堂下之牆也。李氏如圭《儀禮釋宮》云：「自門以北，皆周以牆。」又云：「牆周乎堂。」則堂之東自南至北皆有牆。鄭以南面爲當坫之東，謂東坫之東，蓋東壁爲堂下之東牆。辟於東壁而南面，則在東坫之東，而不在東坫之南，以東坫之東乃爲隱處也。**君降，西鄉，命主人馮尸。主人升自西階，由足西面馮尸，不當君所，踊。主婦東面馮，亦如之。**君必降者，欲孝子盡其情。【疏】正義曰：君降自阼階，在主人之東，西鄉命之也。君升時主婦及衆婦人當皆辟於房，此云主婦馮，蓋亦君命之也。《喪大記》曰「君降，升主人馮之，命主婦馮之」，又曰「馮尸不當君所」，鄭注「不敢與尊者所馮同處」是也。「欲孝子盡其情」者，欲盡哭踊之情也。**奉尸斂于棺，乃蓋。主人降，出。君反之，入門左，視塗。**肂在西階上，入門左，由便趨疾，不敢久留君。【疏】正義曰：奉尸斂于棺，亦主人奉之也。不言踊，省文。君反之，命反視塗也。入門左，不言升，蓋在西階東北面視也。殯在西階上，此入門左，亦在西，故注云「由便趨疾」。以急於就視，不敢從容由右也。**君升即位，衆主人復位。卒塗，主人出，君命之反奠，入門右。**亦復中庭位。【疏】正義曰：君升即位，此時殯訖，當即位於阼，仍西鄉也。衆主人復位，復中庭之位。言復位，則初時位在此可知矣。「卒塗，主人出，君命之反奠」者，《喪大記》曰：「大夫，則奠可也。士則出俟於門外，命之反奠，乃反奠。」入門右，斯時塗訖，故入門右，如初也。前「主人中庭」，注以爲「進益北」，則初入門右在中庭以南矣。此注云「復中庭位」，即前主人中庭之位，以將視奠，宜進益北也。**乃奠，升自西階。**以君在阼。【疏】正義曰：賈疏云：「凡奠皆升自阼階，爲君在阼，故辟之而升西階也。」**君要節而踊，主人從踊。**節，謂執奠始升階，及既奠由重南東時也。【疏】正義曰：君要節而踊，敖氏云：「要，猶候也。」沈氏彤云：「此訓未知所本。」又郝氏敬云：「要，猶按也。」吴氏廷華云：「要，猶歸也。」今案：此二訓亦未的。據《樂記》「要其節奏」，鄭注：「要，猶會也。」《荀子》「行禮要節而安之」，楊注：「要，邀也。」邀一訓遇，見《莊子釋文》。然則要節而踊，謂會遇當踊之節而踊也。主人從踊，謂君踊而主人亦踊也。《喪大記》曰「君視祝而踊，主人踊」是也。賈疏云：「上文大斂奠升時丈夫踊，降時婦人踊，由重南而東丈夫踊。此注不云降時踊者，以經直有君與主人丈夫踊節，故不言降時踊節也。」今案：鄭、賈解此節專就奠時言之，方氏苞則以爲總舉之辭。據上文君哭尸撫尸俱未言踊，方説似亦可通。經言之於此者，以奠時亦有踊節，故至此總言之也。方説詳上。李氏如圭云：「《喪大記》曰：『君弔，見尸柩而后踊。』然則塗之後，雖往不踊。」據此，則君不專爲奠踊明矣。**卒**

奠，主人出，哭者止。以君將出，不敢讙囂聒尊者也。【疏】正義曰：楊氏復云：「哭尸、斂尸、撫尸、視殯、視塗、視奠，凡六節，每一節主人出，❶主人不敢必君之卒事也。君命反，主人行事，所以盡哀敬之情，始終之義也。」今案：君反主人者五，至卒奠主人出，而君亦將出矣。言哭者止，則前此衆主人等皆哭矣。《喪大記》曰：「卒奠，主人先俟於門外。」此解哭者止，以君將出而止也。讙囂，喧譁也。《衆經音義》引《蒼頡篇》：「聒，擾亂耳孔也。」《楚辭注》：「多聲亂耳爲聒。」**君出門，廟中哭。主人不哭，辟，君式之。**辟，逡遁辟位也。古者立乘，式謂小俛以禮主人也。《曲禮》曰：「立視五巂，式視馬尾。」【疏】正義曰：「君出門，廟中哭」，謂君出廟門，而廟中哭如故也。主人時在門外，以君出宜辟，故不敢哭也。注云「辟，逡遁辟位也」者，逡遁即逡巡，是卻退之意，不敢以變服近君也。云「古者立乘，式謂小俛以禮主人也」者，古者惟婦人坐乘，男子則立乘。車前横木低於兩旁之較二尺二寸者爲軾，軾低，故可俛而憑。在車上有所敬，則俛首憑軾。式是法則之名，凡云矜式、式慎，皆有敬意，因謂憑軾以致敬於人爲式，後人并謂車前横木爲式也。此時君升車將去，故小俛以示致禮於主人。引《曲禮》「立視五巂，式視馬尾」者，證式爲俛首之義。彼注云「立，平視也。巂，猶規也，謂輪轉之度」，又解「式視馬尾」亦爲「小俛」，孔疏云：「車輪一周爲一規。輪高六尺六寸，徑一圍三，三六十八，得一丈八尺，又六寸爲一尺八寸，總一規爲一丈九尺八寸。五規爲九十九尺，六尺爲步，總爲十六步半。」賈疏略同。此在車上立而平視如此，若式時則止視馬尾，不能及遠，以其俛首故

---

❶「出」上，楊氏《儀禮圖》有「降」字。

也。孔疏云：「馬引車，其尾近在車欄前，故車上憑式下頭時，不得遠矚，而止瞻視馬尾。」是也。**貳車畢乘，主人哭拜送。**貳車，副車也，其數各視其命之等。君出，使異姓之士乘之在後。君弔蓋乘象輅。《曲禮》曰：「乘君之乘車，不敢曠左，左必式。」【疏】正義曰：上云「巫止于廟門外，祝代之」，是君車入大門，直至廟門外矣。賈疏云：「貳車不入大門。」褚氏寅亮云：「君在廟門外升車，至貳車畢乘，則君車出大門矣。主人乃哭拜送，送在大門外明甚。敖氏謂送於廟門外，謬也。豈有君使人弔襚，尚送於外門外，今君親臨，乃止送於廟門外乎？」今案：褚説是也。《喪大記》曰：「主人送於門外，拜稽顙。」門外，即大門外也。送拜迎不拜者，彼注云：「拜迎則爲君之荅己也。」　注云「貳車，副車也」者，《周禮・典路》「凡會同、軍旅、弔于四方，以路從」，鄭注：「王乘一路，典路以其餘路從行，亦以華國。」諸侯弔必有貳車，亦其類也。云「其數各視其命之等」者，《周禮・典命》「上公九命，侯伯七命，子男五命」，《大行人》「上公貳車九乘，侯伯七乘，子男五乘」，是車數如命數也。云「君出，使異姓之士乘之在後」者，據《坊記》「君不與同姓同車，與異姓同車」推之，謂貳車亦使異姓乘之在後，以爲備也。云「君弔蓋乘象輅」者，諸侯以金路爲第一等車，象路次之，注意殆謂弔則乘次等車，亦約略言之耳。引《曲禮》曰「乘君之乘車，不敢曠左，左必式」者，證乘貳車不曠左也。彼注云：「君存，惡空其位，故不敢曠左也。」「左必式」者，孔疏云：「雖處左而不敢自安，故恒馮式也。」《周禮・戎右》「會同充革車」，鄭注：「王雖乘金路，猶以革路從行也。充之者，謂居左也。」亦引《曲禮》「不敢曠左」爲證，是其義同也。○朱子曰：「古人君臣之際，如君臨臣喪，坐撫當心，要節而踊。今日之事，至於死生之際，恝然不相關，不啻如路人，所謂君臣之義安在？」又曰：「看古禮，君於大夫小斂往焉，大斂往焉，於士既殯往焉，何其誠愛之至，今乃恝然。古之君臣所以事事做得成，緣是親愛一體。」黄氏叔暘曰：「古者人君於其臣之喪親臨之，視斂親撫之，其恩禮何厚也。巫不入門，祝先之，其恭敬何至也。升主人馮之，又命主婦馮之，其教孝何切也。臣於君之臨也，迎而先入，撫而先降，必俟君命而後馮，馮又不敢當君所。且於男女之别，亦不紊焉，細微曲折，無不合禮。觀於此者，仁愛忠孝之心油然生矣。」**襲，入即位。衆主人襲。拜大夫之後至者，成踊。**後至，布衣而後來者。【疏】正義曰：主人送君後襲而入，即阼階下位，於是衆主人亦襲。吴氏《疑義》云：「君至時以斂而袒，君在不及襲，故君去乃襲。或曰：君在宜袒，故不襲也。」今案：君不視斂，則主人於大夫之後至者蓋棺後即袒而拜之。此襲而後拜者，彼殯事未畢，不宜襲，此已畢，故俟君之去，即襲而拜之也。注云「後至，布衣而後來者」，賈疏云：「若未布衣時來，即入前卿大夫從君之内。今别言拜大夫之後至者，明布衣後來。」敖氏云：「此後至，謂君既至而後來者。」今案：敖説似長。以其至在君至之後，故主人不及拜之。若在君至之前，則來時當即拜之矣。**賓出，主人拜送。**自賓出以下，如君不在之儀。【疏】正義曰：經但言「賓出，主人拜送」，文略，其實此時君不在，當如常禮，故注補之云「自賓出以下，如君不在之儀」，謂如前章所陳「賓出婦人踊」以下諸儀也。○張氏爾岐云：「以上皆喪親第三日事。」

右君臨視大斂之儀

三日，成服，杖。拜君命及衆賓，不拜棺中之賜。既殯之明日，全三日，始歠粥矣。禮，尊者加惠，明日必往拜謝之。棺中之賜，不施己也。《曲禮》曰：「生與來日。」【疏】正義曰：前此主人髻髮未改，至此乃成服，始去髻髮也。敖氏云：「成服者，鬄已絰帶，今復以冠衰之屬足成之。」吴氏紱云：「成服通五服之親而言，杖則專指當杖者。於是凡有服者，各服其冠衰屨。斬衰者不括髮，齊衰以下不免，而去纚如故。婦人髽者，笄之而著總，亦去纚如故。」《荀子》曰：「紸纊聽息之時，則夫忠臣孝子亦知其閔已，然而殯斂之具未有求也。垂涕恐懼，然而幸生之心未已，持生之事未輟也。卒矣，然後作具之。故雖備家，必踰日然後能殯，三日而成服。」《喪大記》曰：「士之喪，三日之朝，主人杖，婦人皆杖。」下記：「三日絞垂。」張氏爾岐云：「經云三日，除死日數之，實則喪之第四日。」　注云「既殯之明日，全三日，始歠粥矣」者，謂三日而殯，連始死之日數之。屬纊有早晚，其始死之日不全一日，故云既殯之明日，乃全三日也。「始歠粥」者，言始食，乃可出拜君命也。賈疏云：「《喪大記》『三日不食』，謂通死日，不數成服日，故云『三日不食』。《孝經》『三日而食』者，是除死日數，故云『三日而食』也。」云「禮，尊者加惠，明日必往拜謝之」者，案：《鄉飲》、《鄉射》二篇皆云：「明日，賓拜賜。」雖吉凶不同，其明日拜謝一也。敖氏云：「君命及衆賓，謂弔者也。拜之者，謝其弔己也。」吴氏紱云：「此重君命，當急拜。餘賓則次第拜之，不定在一日。」朱氏軾云：「經言及者，因拜君命出，故拜及之，否則不拜也。」云「棺中之賜，不施己也」者，敖氏云：「棺中之賜，謂襚也。不拜襚者，襚禮不爲己也。」吴氏《疑義》云：「拜其弔，不拜其賜，亦重禮輕財之義。」説似較勝。引《曲禮》曰「生與來日」者，證經言三日，爲既殯之明日也。彼注云：「與，猶數也。生數來日，謂成服杖以死明日數也。死數往日，謂殯斂以死日數也。此士禮貶於大夫者，大夫以上皆以來日數。」是也。

右成服

朝夕哭，不辟子卯。既殯之後，朝夕及哀至乃哭，不代哭也。子、卯，桀紂亡日，凶事不辟，吉事闕焉。【疏】正義曰：自此至「乃就次」，言朝夕哭奠之事。○敖氏云：「朝夕哭，謂既殯之後，丈夫婦人於每日之朝夕，皆哭於殯宫。其禮於下見之。」吴氏廷華云：「既殯，在次哭無時，入哭則以朝夕爲節。」李氏如圭云：「《雜記》曰：『國禁哭，則止。朝夕之奠，自因也。』自因，謂因其故，猶朝夕奠，惟止哭耳。」○注「哀至乃哭」，楊氏「乃」作「則」，義長。據賈疏，似亦是「則」字。　云「既殯之後，朝夕及哀至乃哭，不代哭也」者，經唯言朝夕哭，但除朝夕外，在廬中哀至亦哭，故鄭補言之。　哀至之哭，即下記「哭晝夜無時」，注謂「非必朝夕」是也。　前此代哭不絶聲，至是以朝夕哭，不代哭矣。　云「子、卯，桀紂亡日，凶事不辟，吉事闕焉」者，賈疏云：「《詩》：『韋顧既伐，昆吾夏桀。』《左傳》乙卯，『昆吾稔之日』。　昆吾與夏桀同時誅，則桀以乙卯亡。《尚書・牧誓》序云『時甲子昧爽』，武王伐紂之日。　是紂以甲子日死，王者以爲忌日。《檀弓》云『子卯不樂』，是吉事闕也。」今案：《檀弓》孔疏與此略同。《經典釋文》引賈逵云：「桀以乙卯日死，紂以甲子日亡，故以爲戒。」是鄭所本也。《釋文》又云：「《漢書》翼奉説則不然，張晏云：『子刑卯，卯刑子，相刑之日，故以爲忌。』而云夏殷亡日，不推湯武以興乎？」」姜氏兆錫云：「王者以爲忌日，世俗相傳，皆失其義。蓋湯放桀、武王伐紂者，乃聖人救民取殘之大義，而桀紂固君，湯武固臣也。故其於舊君之死日，不忍即吉而避之。」沈氏彤云：「案：明陳絳云：『子卯不樂，湯武之所以志盡傷也。禮，子於父母有終身之喪焉，忌日之謂也。忌日不用，非不祥也。言夫日志有所至，而不敢盡其私也。湯武既以天下誅桀紂，而猶以舊君禮喪焉，故於是日不樂，以明其志之至也。』然則凶事不辟者，哀親之死，尤重於傷舊君之亡，故無所嫌而不辟也。王者既然，士可知。但鄭注《檀弓》以不舉樂爲所以自戒懼，亦非本義。又鄭司農注《春秋》，以爲五行子卯自刑。《漢書・翼奉傳》張晏注所云『子與卯相刑，故以是日爲忌』，乃術家傅會之説，不足辨。」今案：姜説、沈説是也。顧氏炎武云：「翼奉謂子爲貪狼，卯爲陰賊，是以王者忌子卯，《禮經》避之，《春秋》諱焉。此術家之説，非經義也。」**婦人即位于堂，南上，哭。丈夫即位于門外，西面北上。外兄弟在其南，南上。賓繼之，北上。門東，北面西上。門西，北面東上。西方，東面北上。主人即位，辟門。**外兄弟，異姓有服者也。辟，開也。凡廟門有事則開，無事則閉。【疏】正義曰：婦人在内近殯，故先哭。即位于堂，阼階上也。南上，統於主人。門外，廟門外也。經言丈夫即位于門外西面，外兄弟在其南，賓繼之，則皆在東方西面矣。而丈夫言北上，外兄弟言南上，賓言北上，不同者，敖氏云：「同姓、異姓之親及賓客，雖以親疏爲序，列於東方，而所上相變，明其不相統也。」其説是矣。又云：「以下文考之，則此東方之賓，卿大夫也。門東，諸公也。門西，他國之異爵者也。然則西方者，其士歟？門東、門西，外門内之左右也。列定而主人乃即位於東方之北。」今案：敖氏以西方爲士位，亦是。至門東不獨諸公，私臣亦在焉。門西不獨他國之異爵者，公有司亦在焉。盛氏世佐云：「門東門西乃羣吏之正位，諸公與他國之異爵者不恒有，有則不可與卿大夫同列，故位於此而少進，所以尊異之也。」李氏如圭云：「賓，弔賓也。《少儀》曰：『喪俟事，不犆弔。』故以朝夕哭時而弔。」今案：諸公卿大夫與他國之異爵者亦是弔賓，來弔時就位於此，非士之朝夕哭每日皆有公卿大夫異爵者在列也。盛氏以爲不恒有，是矣。此廟門外之位，與內位略同，蓋先序立於此，以俟入哭。至主人即位，則辟門矣。門，廟門也。主人位於東方之北，近廟門，故以爲辟門之節。經惟言婦人哭，而主人以下不言哭者，方氏苞云：「男子出寢門外，見人不哭。雖初喪亦無哭於門外之禮，下乃言入門即位而哭耳。」《儀禮紃解》云：「在外位時皆不哭，下云『出門哭止』，可見矣。」賈疏誤，詳《訂疑》。又敖氏以丈夫爲衆主人、衆兄弟。沈氏彤以主人兼衆主人在內，丈夫謂親者與衆兄弟。據下文但言主人及兄弟，似沈説是也。

注云「外兄弟，異姓有服者也」者，案：鄭注《喪服》，以外兄弟爲姑之子，此云「異姓有服」，不同者，彼是對舅之子爲內兄弟而言，此統言異姓有服之親，則甥、壻、外孫、從母之子皆在其內矣。《昏禮》壻稱外昏姻，其證也。云「辟，開也。凡廟門有事則開，無事則閉」者，辟與闢亦通。《喪服小記》云「無事不闢廟門」，彼注云「鬼神尚幽闇也。廟，殯宮」，是也。**婦人拊心，不哭。**方有事，止讙囂。【疏】正義曰：《爾雅》云「辟，拊心也」，郭注：「謂椎胷也。」又《詩》「寤辟有摽」，《毛傳》亦云：「辟，拊心也。」《檀弓》云「辟踊，哀之至也」，又云「歎斯辟，辟斯踊」，鄭注：「辟，拊心。踊，躍。」是拊心較踊爲稍輕，亦哀痛之意。吴氏廷華云：「方哭而止，有餘痛也。」　注云「方有事，止讙囂」者，上注云「廟門有事則開」，此方辟門，故云「有事」，謂入哭之事，沈氏彤云「暫止哭以俟主人之入門」是也。蓋主人及賓此時將入門即位，故拊心不哭，以止讙囂耳。**主人拜賓，旁三，右還，入門，哭。婦人踊。**先西面拜，乃南面拜，東面拜也。【疏】正義曰：李氏如圭云：「每面三拜。《檀弓》記君之喪，『士備入而后朝夕踊』。」今案：此主人即位見賓，先拜之而後入也，意不主爲賓，急於入哭，故不論尊卑，每面皆三拜，示徧而已，不特拜也。旁三，以賓位唯有東方西面、西方東面、南方北面，無北方南面也。《喪大記》曰「於士旁三拜」，係專拜士，與此別也。《檀弓》注云「備猶盡也」，謂盡入也。李引之者，以主人入門，兄弟賓客亦皆從入，經未言，故引以爲證也。敖氏云：「婦人但言踊，以踊見哭也。哭有不踊，踊無不哭者。」　注云「先西面拜，乃南面拜，東面拜」者，敖氏謂先南面拜，乃東面拜，西面拜，與注異。褚氏寅亮云：「敖以尊卑爲次，理似較長。」今案：下内位之拜分別尊卑，此門外之拜略之，但旅拜而已，當從鄭説。

主人堂下直東序，西面。兄弟皆即位，如外位。卿大夫在主人之南，諸公門東少進，他國之異爵者門西少進。敵則先拜他國之賓。凡異爵者，拜諸其位。賓皆即此位乃哭，盡哀止。主人乃右還拜之，如外位矣。兄弟，齊衰、大功者，主人哭則哭。小功、緦麻，亦即位乃哭。上言賓，此言卿大夫，明其亦賓爾。少進，前於列。異爵，卿大夫也。他國卿大夫亦前於列，尊之。拜諸其位，就其位特拜。【疏】正義曰：「主人堂下直東序，西面」，即阼階下位也。不言丈夫，不言外兄弟，於兄弟中該之矣。敖氏云：「此位與外位同，故上言其位，此著其人，以互見之。上言賓繼外兄弟，此言卿大夫在主人之南，明外兄弟以上皆少退於主人，亦互見之也。門東又有私臣之位，門西又有公有司之位，故諸公與他國異爵者皆少進以別之。《特牲·記》曰：『公有司門西，北面東上。私臣門東，北面西上。』此位亦當如之也。敵則先拜他國之賓，惟謂異爵者，若士則否。以其同國異國者，皆同在西方之位，又旅拜之，亦不宜異也。他國之異爵者，謂來聘若從君來朝者也。凡，凡諸公卿大夫也。」李氏如圭云：「敵，謂其爵等也。先拜他國之賓，優遠客也。」褚氏寅亮云：「惟爵同，乃先拜他國之賓耳。如本國有諸公，而他國賓中止有卿，則先拜本國之孤，而後拜他國之賓。意重在別尊卑也。」張氏惠言《讀儀禮記》云：「此不見西方之賓，據經云『卿大夫在主人之南』，則士在西方可知。」章氏平《儀禮温故》謂内位無西方東面者，以殯在西階上也。今案：不言士者，省文，張説是。此拜賓者，哭畢主人又拜之也。注云「賓皆即此位乃哭，盡哀止」者，經但言主人哭，未言賓哭，故注明之。又言「即此位乃哭」，則門外不哭明矣。云「主人乃右還拜之，如外位矣」者，鄭以前門外拜賓先西面，次南面，次東面，爲右還而拜，故謂此亦右還拜之，如外位。但内位之拜既分别尊卑，則不得右還而拜，注説恐非。云「兄弟，齊衰、大功者，主人哭則哭。小功、緦麻，亦即位乃哭」者，大功以上有同門之誼，哀尤切也。亦者，亦賓即位乃哭也。云「上言賓，此言卿大夫，明其亦賓爾」者，上言「賓繼之，北上」，此言「卿大夫在主人之南」，是卿大夫即賓也。云「少進，前於列。異爵，卿大夫也。他國卿大夫亦前於列，尊之」者，門東本爲私臣之位，如有諸公則在私臣之前，門西爲公有司之位，如有他國卿大夫，則在公有司之前，是爲前於列。前於列，是尊之也。此主人是士，卿大夫爵尊於士，故謂卿大夫爲異爵也。云「拜諸其位，就其位特拜」者，謂就其位一一拜之，不旅拜也。○此以上言朝哭之位，夕亦如之。**徹者盥于門外，燭先入，升自阼階，丈夫踊。**徹者，徹大斂之宿奠。【疏】正義曰：徹者盥于門外，則門外設盥可知。自後無門内西方之盥，以無舉尸之事。《檀弓》曰：「朝奠日出，夕奠逮日。」徹在朝奠之先，故須用燭也。吴氏《疑義》云：「大斂奠燭俟於東堂下饌東，此下言由主人之北適饌，則饌亦在東堂下，燭亦如之。」先入，謂入室也。踊節，義俱詳前。注云「徹者，徹大斂之宿奠」者，爲將朝奠也。云「宿奠」，謂昨日之奠也。吴氏廷華云：「襲斂三奠，次日徹之。若朝夕奠，則據《司尊彝》疏云：『朝奠夕徹，夕奠朝徹。』」**祝取醴，北面。取酒，立于其東。取豆籩俎，南面西上。祝先出，酒豆籩俎序從，降自西階，婦人踊。**序，次也。【疏】正義曰：先取者執而立，俟畢徹，乃出室而降也。「祝取醴，北面。取酒，立于其東」，是亦西上，統於席也。序從者，《禮記·祭義》「卿大夫序從」，彼注云「以次第從」，故此注云「序，次也」，謂祝執醴先出，次酒，次豆籩，次俎也。前大斂奠時祝執巾入，此不言徹巾，省文也。《儀禮釋官》云：「此祝亦夏祝也。」**設于序西南，直西榮。醴酒北面，西上。豆西面錯，立于豆北，南面。籩俎既錯，立于執豆之西，東上。酒錯，復位。醴錯于西，遂先，由主人之北適饌。**遂先者，明祝不復位也。適饌，適新饌，將復奠。【疏】正義曰：此與徹小斂奠改設于序西南當西榮同，而文加詳耳，義互見前。醴酒後設，故執醴、執酒者北面西上少立以俟。執豆者錯訖，立于豆北，南面。執籩者、執俎者錯訖，立于執豆之西，東上，與前執事豆北南面東上同。褚氏寅亮云：「豆西面錯，如在室向奧設之儀也，舉豆而餘可知。」《儀禮糾解》云：「凡言立於錯後者，既設之而立，以俟祝錯醴畢，祝先適新饌，而諸人乃從之也。蓋自西階下而徑東，故出於主人位北。」注云「遂先，明祝不復位也」者，上言「酒錯復位」，復北面西上之位。此醴錯於酒西，不言「復位」而言「遂先」，是先適饌，不復位也。新饌，朝奠之饌。云「將復奠」者，言適新饌，爲將復奠於室也。**乃奠，醴酒脯醢升，丈夫踊。入，如初設，不巾。**入，入於室也。如初設者，豆先，次籩，次酒，次醴也。不巾，無菹無栗也。菹栗具則有俎，有俎乃巾之。【疏】正義曰：乃奠，謂設朝奠也。此朝夕奠與大斂奠殊，大斂奠及朔月、薦新殷奠之類則有鼎俎，此無鼎俎，惟醴酒脯醢而已。升，亦升自阼階也。注云「入，入於室也」者，此朝夕奠亦奠於室也。云「如初設者，豆先，次籩，次酒，次醴也」者，謂其設之次第如初耳。吴氏廷華云：「如初設，亦在奧也。」云「不巾，無菹無栗也。菹栗具則有俎，有俎乃巾之」者，謂大斂奠有兩豆兩籩，脯醢菹栗俱有，此但言脯醢，則一豆一籩，無菹無栗也。凡禮盛而有兩豆兩籩者，則有俎，俎有特肉，❶故必巾之。《檀弓》曰「喪不剥奠也與，祭肉也與」，鄭注：「剥，猶倮也。有牲肉則巾之，爲其久設，塵埃加也。脯醢之奠不巾。」是其義也。賈疏云：「若然，朝廟之奠亦無菹栗，有巾者，爲在堂而久設，塵埃故也。」敖氏云：「室中唯殷奠則巾，其餘否。」今案：始死脯醢之奠無巾，是在室中。小斂奠雖有俎，但止脯醢，無菹栗，而並脯醢皆巾者，亦是爲在堂久設，恐塵埃加，故巾之。是「脯醢之奠不巾」，鄭注蓋指室中言也。**錯者出，立于户西，西上。滅燭，出。祝闔户，**❷**先，降自西階，婦人踊。奠者由重南東，丈夫踊。賓出，婦人踊。主人拜送。**哭止乃奠，奠則禮畢矣。今文無「拜」。【疏】正義曰：錯者以次先出，立于户西西上，俟祝出隨降也。滅燭、出，執燭者滅燭而出也。下記云：「執燭者滅燭，出，降自阼階，由主人之北東。」則執燭者不與錯者同降也。主人拜送，不言於門外，省文。餘與大斂奠略同。《儀禮釋官》云：「此亦夏祝也。」　注云「哭止乃奠，奠則禮畢矣」者，以其朝夕哭奠惟主于哭，至奠則禮畢，無他禮節也。云「今文無『拜』」者，案：大小斂奠畢賓出俱云「主人拜送」，又下云「主人卒拜送賓」，正蒙此拜送之文，宜有「拜」字，故鄭從古文。**衆主人出，婦人踊。出門哭止，皆復位，闔門。主人卒拜送賓，揖衆主人，乃就次。**【疏】正義曰：敖氏云：「衆主人出而婦人踊，乃朝夕哭之踊節多於殯日者也。」今案：言衆主人出爲

---

❶「特」，疑當作「牲」。

❷「户」，原作「門」，今據《儀禮注疏》改。

婦人踊節，猶上言賓出婦人踊也。下言出門，謂賓與主人及衆主人、衆兄弟等皆出也，皆出則哭止。「皆復位，闔門」，謂衆主人復門外東方西面之位，遂闔門也。上言賓出主人拜送，此復言拜送賓者，自公卿至士，賓多，出有先後，但衆主人於主人送賓出廟門時，即復外位，故主人送賓事卒，遂揖之，使各就次也。敖氏云：「此主言朝哭之禮，其夕哭之與此異者，惟徹醴酒脯醢不設于序西南耳。」今案：敖説非，詳後。○張氏爾岐云：「自第四日至葬前竝用此禮。」

右朝夕哭奠

朔月，奠用特豚、魚、腊。陳三鼎如初，東方之饌亦如之。 朔月，月朔日也。自大夫以上，月半又奠。如初者，謂大斂時。【疏】正義曰：自此至「如于室」，言朔月奠及薦新之事。○朔月殷奠，故用特豚、魚、腊。陳三鼎如大斂，盛於朝夕也。東方之饌亦如之，亦如大斂也。《玉藻》曰：「朔月少牢，五俎四簋。」生時朔月食盛於常日食，則朔月殷奠，亦以象生時也。注云「朔月，月朔日也」者，凡經言朔月，皆謂月之第一日也。云「自大夫以上，月半又奠」者，賈疏云：「下經云『月半不殷奠』，士言不，大夫以上則有之。若《特牲》云士不諏日，大夫以上則諏日之類。」云「如初者，謂大斂時」者，以上朝夕奠無鼎俎，故知如初謂如大斂時也。**無籩，有黍稷。用瓦敦，有蓋，當籩位。** 黍稷併於甒北也。於是始有黍稷，死者之於朔月月半，猶平常之朝夕。大祥之後，則四時祭焉。【疏】正義曰：此節與上節，皆是陳朔月奠之事。上節是言其同於大斂者，此節是言其異於大斂者。大斂奠有籩而此無籩，大斂奠無黍稷而此有黍稷，是異於大斂奠也。同而有異，所以示别也。瓦敦，以瓦爲之。蓋，敦之蓋也。《儀禮》諸篇或言蓋，或言會，其實一物。下「敦啟會」，注云：「會，蓋也。」《士虞禮》「命佐食啓會」，注云：「會，合也。」謂敦蓋也。」是會即蓋矣。「會，合也」，《爾雅・釋詁》文。鄭言此者，見敦蓋之名會，義有取於合也。敦又有足，下文「敦啟會，面足」是也。餘詳《少牢禮》。　注云「黍稷併於甒北也」者，釋經「當籩位」也。下記「設棜于東堂下」，饌大斂奠于其上，云：「豆在甒北，二以竝，籩亦如之。」亦二以竝，在甒北。此黍稷蓋用兩敦，當籩位，故云「竝於甒北也」。云「於是始有黍稷」者，前此奠俱未有黍稷，故云「於是始有」也。云「死者之於朔月月半，猶平常之朝夕」者，以生時朝夕食主於穀食，今死者惟朔月月半有黍稷，是猶平常之朝夕也。云「大祥之後，則四時祭焉」者，四時祭有黍稷也。○張氏爾岐云：「朝夕之奠有醴酒豆籩而無黍稷，至朔月殷奠乃有黍稷，如平時常食者，以下室又自有燕養之饌，故雖不設黍稷，而不爲薄也。既奠殯宫，又饋下室者，莫必神之所在故也。」**主人拜賓，如朝夕哭。卒徹。**　徹宿奠也。【疏】正義曰：蔡氏德晋云：「朝夕哭拜賓有三：將入廟門，旁三拜，一也。既入哭，拜異爵者，二也。拜送，三也。此皆如之。」今案：徹，謂徹夕奠也。朔月奠亦質明行事，故先徹昨日之宿奠，事與徹大斂奠同。經但言卒徹，省文，其餘不言者可知也。敖氏云：「朝夕奠無俎，非盛饌，徹則去之，不復改設于序西南。惟言卒徹，爲下事節也。」吴氏《疑義》云：「奠以依神，後奠未設，故暫設于此，何論盛否。」盛氏世佐云：「朝夕奠雖非盛饌，亦改設于庭，求神之道宜然也。下云『皆如初奠之儀』，足以蔽之矣，敖説非。」今案：徹奠之所以必改設者，鄭云：「孝子不忍使其親須臾無所憑依也。」若新奠未設，舊奠又去之，不使其親無所依乎？吴氏、盛氏辨之甚是。但吴氏以小斂辟奠不出室例之，謂仍改設于室，亦非。**舉鼎入，升，皆如初奠之儀。卒朼，釋匕于鼎。俎行，朼者逆出，甸人徹鼎。其序：醴、酒、菹、醢、黍、稷、俎。**俎行者，俎後執，執俎者行，鼎可以出。其序，升入之次。【疏】正義曰：舉鼎入，入門也。升，升牲於鼎也。初奠，謂大斂奠也。朼，朼載於俎也。釋匕于鼎，朼畢加匕於鼎也。盛氏世佐云：「自卒徹至升俎之儀略前所詳，自卒朼至徹鼎之節詳前所略，文互相備也。匕者，右人也。逆出，匕腊者先出也。」　注云「俎行者，俎後執，執俎者行，鼎可以出」者，以朼牲載于俎，❶必朼畢而後執之，故云「俎後執」。朼畢則鼎無事，故執俎者行，鼎可以出。以俎行爲鼎匕出門之節也。云「其序，升入之次」者，謂升堂入室之次，先醴，酒以下序從也。**其設于室：豆錯，俎錯，腊特。黍稷當籩位，敦啟會，郤諸其南。醴酒位如初。**當籩位，俎南黍，❷黍東稷。會，蓋也。今文無「敦」。【疏】正義曰：豆錯，亦醢北菹南。俎錯，腊特，亦豚俎在兩豆之東，魚俎在豚俎之東，腊俎特設于豚魚兩俎之北也。❸此當籩位，與上當籩位異。上云「當籩位」，謂陳于東堂下之位也。此當籩位，謂設于室之位也。郤諸其南，謂會仰而置之于敦之南也。醴酒位如初，敖氏謂醴在黍南，酒在稷南者，前大斂奠醴酒在籩南，鄭注云：「醴當栗南，酒當脯南。」此黍稷當籩位，故敖以爲在黍稷南也，是醴酒位如初也。大斂奠先設籩而後設俎，此黍稷當籩位，而設

❶「朼」，原作「牝」，今據《續清經解》本改。
❷「俎」，重刊嚴州本同，據下疏文當作「菹」。
❸「腊」，原作「錯」，今據文義改。

在俎後者，褚氏寅亮云：「以其爲食之主，故後設。」吴氏紱云：「黍稷爲食主，故俎設後乃設之，不以牲主穀也。醴酒後者，要其成也。」○注「葅南黍」，「葅」字各本皆誤作「俎」。盛氏《集編》據敖本改正，今從之。云「當籩位」者，盛氏云：「當大斂奠之籩位也。上經云『葅南栗，栗東脯』，是其位矣。」此以黍稷當栗脯之位，故云「俎南黍，黍東稷」也。❶ 云「會，蓋也。今文無『敦』」者，案：會即敦之蓋也，下徹朔奠云「敦啟會」，有「敦」字，則此亦宜有，故鄭從古文。**祝與執豆者巾，乃出。**共爲之也。【疏】正義曰：有牲肉，故巾。據經云「與執豆者巾」，則豆俎皆巾也。云「共爲之也」者，郝氏敬云「祝立南，執豆者立北，共舉巾冪其奠」是也。上大小斂不云「與執豆者巾」，文略也。《儀禮釋官》云：「此亦夏祝也。」**主人要節而踊，皆如朝夕哭之儀。月半不殷奠。**殷，盛也。士月半不復如朔盛奠，下尊者。【疏】正義曰：要節而踊，亦謂奠升時丈夫踊，降時婦人踊，奠者由重南而東丈夫踊，皆如朝夕哭奠之儀也。不云丈夫、婦人，以主人統之也。月半不殷奠，則仍如朝夕奠而已。注云「殷，盛也」者，《易》「殷薦之上帝」，馬、鄭注皆云：「殷，盛也。」朝夕奠無牲俎，朔月奠有牲俎，盛于朝夕，故名殷奠。《釋名·釋喪制》亦云：「朔望祭曰殷奠。」但以殷爲衆，與鄭異耳。云「士月半不復如朔盛奠，下尊者」者，謂大夫以上月半亦如朔月盛奠，士月半不盛奠，是下於大夫以上也。❷ **有薦新，如朔奠。**薦五穀若時果物新出者。【疏】正義曰：有新物則薦之，其儀節皆如朔奠，

---

❶「俎」，當爲「葅」之訛。

❷「上」，原作「下」，今據段校改。

亦有牲俎也。《檀弓》曰：「有薦新，如朔奠。」蓋本於此。彼注云「重新物，爲之殷奠」是也。敖氏云：「新，謂穀之新熟者也。《春秋傳》曰：『不食新矣。』《少儀》曰：『未嘗，不食新。』皆指五穀而言也。」今案：鄭兼言果物者，據《月令》「羞以含桃」之類也。**徹朔奠，先取醴酒，其餘取先設者。敦啓會，面足。序出，如入。** 啓會，徹時不復蓋也。面足，執之令足間鄉前也。敦有足，則敦之形如今酒敦。【疏】正義曰：徹朔奠，爲將夕奠也。上徹朝奠但云「卒徹」，此詳言之者，以朔月之奠有牲牢，且有黍稷也。「先取醴酒，其餘取先設者」，文與徹小斂奠同。云「取先設者」，則取敦亦後于俎矣。「序出，如入」，謂其奠出室時，亦如入之序，醴先而酒菹醢黍稷俎以次從之也。注云「啓會，徹時不復蓋也」者，案：設時云「敦啓會」，至徹時不復蓋，故仍云「啓會」也。云「面足，執之令足間鄉前也。敦有足，則敦之形如今酒敦」者，敖氏云：「執敦面足，是以首自鄉也，其執而設之之時亦然。《少牢饋食禮》曰：『敦皆南首。』蓋北面設之故也。敦有首足，如物之縮者然，皆在上耳。」盛氏世佐云：「案：聶氏《三禮圖》，敦蓋爲龜形，用《少牢禮》注疏説也。今敦蓋既啓，猶云『面足』，則其説恐未必然。」俟考。**其設于外，如于室。** 外，序西南。【疏】正義曰：注云「外，序西南」，謂改設于序西南時，一如設於室之次第也。吴氏《疑義》云：「如設于室，上文改設皆然，特於此見之耳。」

右朔月奠及薦新

筮宅，冢人營之。 宅，葬居也。冢人，有司掌墓地兆域者。營，猶度也。《詩》云：「經之營之。」【疏】正義曰：自此至「北面哭不踊」，言筮宅兆之事。○此云「筮宅」者，目下事也。《周禮・小宗伯》曰：「卜葬兆。」《雜記》曰：「大夫卜宅與葬日。」又曰：「如筮，則史練冠長衣以筮。」鄭注：「筮者，筮宅也。謂下大夫若士也。」孔疏：「大夫尊，故得卜宅并葬日。下大夫及士不合用卜，故用筮。」《荀子》曰「月朝卜日，月夕卜宅」，楊注：「卜宅，大夫之禮也。士則筮宅。」今案：士葬日亦用卜，與大夫同，見後。《喪服小記》曰：「祔葬者不筮宅。」謂前人已筮之也。　注云「宅，葬居也」者，案：下注云：「宅，居也。」「宅，居」，《爾雅·釋言》文。彼云「幽宅」，則葬義自明，此但云宅，故以葬釋之，以別於生人之居也。云「冢人，有司掌墓地兆域者」，先大父《儀禮釋官》云：「賈疏謂士亦有冢人，非是。《周禮·冢人》：『掌公墓之地，辨其兆域。先王之葬居中，以昭穆爲左右。凡諸侯居左右以前，卿大夫、士居後。以爵等爲邱封之度。』又云：『凡諸侯及諸臣葬於墓者，授之兆。』然則古者諸臣之墓地，皆公家掌之。此與下記言『冢人物土』，蓋爲之經其兆域。《周禮》又有墓大夫，『掌凡邦墓之地域，令國民族葬』。庶民之葬尚有公臣掌之，則此冢人爲公臣必矣。《周禮》天子禮，諸侯亦當然。《周禮》冢人下大夫，諸侯當上士爲之。」云「營，猶度也」者，《周禮·冢人》「請度甫竁」，彼注云：「請量度所始竁之處地。」故謂營爲度。《廣雅》亦云：「營，度也。」引《靈臺》詩者，證營爲量度之事。《毛傳》「經，度之也」，孔疏謂「經理而量度之」是也。　**掘四隅，外其壤。掘中，南其壤。**　爲葬將北首故也。

【疏】正義曰：李氏如圭云：「壤，柔土也。《九章》曰：『穿地四，爲壤五。』」敖氏云：「壤，所掘起之土也。掘四隅與中央，略以識之而已，以神之從違未可定也。」盛氏世佐云：「外其壤，謂置諸四隅之外。南其壤，則置諸中央之南而已。」　注云「爲葬將北首故也」者，賈疏云：「解『掘中南其壤』，爲葬時北首，故壤在足處。案：《檀弓》云：『葬於北方北首，三代之達禮也。』」**既朝哭，主人皆往，兆南北面，免經。**　兆，域也，所營之處。免絰者，求吉不敢純凶。【疏】正義曰：既朝哭，謂朝哭之後乃筮宅也。云「主人皆往」，則衆主人亦往也。兆南，即所掘壙之南。此筮禮與《士冠》、《特牲》二篇略同，惟彼筮于廟門，此筮于兆南爲異耳。《禮經釋例》云：「不于廟門而于兆南者，反吉也，亦質文相變之義。」培翬謹案：下云「指中封而筮」，似筮葬宅宜於其地筮之，故不於廟門也。李氏如圭云：「免絰，去絰也。」秦氏蕙田云：「去絰不用，與袒免之免不同。」敖氏云：「絰，服之最重者。於此免之，以對越神明，宜與人異。《服問》曰：『凡見人，無免絰。雖朝於君，無免絰。』」今案：下卜日云「免絰，左擁之」，此不言「左擁之」，省文，當亦與彼同。注云「兆，域也，所營之處」者，「兆，域」，《爾雅・釋言》文。《小宗伯》注云：「兆，墓塋域。」所營之處，即上冢人所營度之處也。云「免絰者，求吉不敢純凶」者，以衰絰皆是凶服，此云「免絰」，則衰服如故，但有衰無絰，是不純凶也。

命筮者在主人之右。命尊者，宜由右出也。《少儀》曰：「贊幣自左，詔辭自右。」【疏】正義曰：盛氏世佐云：「命筮者，宰也。在主人之右，亦北面。」今案：《士冠》、《特牲》二篇皆云「宰贊命」，故盛氏以此命筮者爲宰也。餘詳《士冠禮》。

筮者東面，抽上韇，兼執之，南面受命。韇，藏筴之器也。兼與筴執之。今文無「兼」。【疏】正義曰：此筮者，筮人也。《雜記》曰「如筮，則史練冠長衣以筮」，鄭注：「筮史，筮人也。」練冠長衣，與占者朝服殊，則筮史是家臣，故凶服也。初東面，有司位也。繼南面受命，鄉主人也。注云「今文無『兼』」者，胡氏承珙云：「《士冠禮》云：『筮人執筴，抽上韇，兼執之。進，受命于主人。』賈疏云：『《少牢》：史左執筮，右抽上韇，兼與筮執之，東面受命于主人。此云筴，彼云筮，一也。』案：《士喪禮》但云：『筮者東面，抽上韇，兼執之。』并不言執筴與筮，故注云：『韇，藏筴之器也。兼與筮執之。』鄭以《士冠》、《少牢》

決此當有『兼』字，故從古文。」餘詳《士冠禮》。**命曰：「哀子某，爲其父某甫筮宅，度茲幽宅兆基，無有後艱。」**❶某甫，且字也，若言山甫、孔甫矣。宅，居也。度，謀也。茲，此也。基，始也。言爲其父筮葬居，今謀此以爲幽冥居兆域之始，得無後將有艱難乎？艱難，謂有非常若崩壞也。《孝經》曰：「卜其宅兆而安厝之。」古文無「兆」，「基」作「期」。【疏】正義曰：命曰，命筮者命之也。李氏如圭云：「哀子，喪稱也。《雜記》曰：『喪稱哀子哀孫。』」今案：某，主人名。某甫，死者之字也。注云「某甫，且字也，若言山甫、孔甫矣」者，《說文》「且，薦也」，段氏注云：「薦，席可爲藉謂之薦，故凡言藉曰薦。且，故音俎，所以承藉進物者。引申之，凡有藉之詞皆曰且。凡經注言且字者十有一：《鄉飲酒禮》注：『同姓，則以伯仲別之。又同，則以且字別之。』言同姓之中有伯仲同者，則呼某甫也。《少牢饋食禮》注：『伯某之某，且字也。』《士喪禮》『父某甫』，注云：『某甫，且字也，若言山甫、孔甫。』《士虞禮》『適爾皇祖某甫』，注云：『某甫，且字也，若言尼甫。』又《曲禮》『有天王某甫』，注云：『某甫，且字也。』《檀弓》『烏呼哀哉，尼甫』，注云：『因且字以爲之謚。』《雜記》『陽童某甫』，注云：『某甫，且字也。』《坊記》『魯春秋猶去夫人之姓曰吳，其死曰孟子卒』，注云：『孟子之子，蓋其且字。』又《公羊傳》宣十五年『王札子殺召伯、毛伯』，注云：『札者，冠且字也。』桓四年『天王使宰渠伯糾來聘』，注云：『宰渠伯糾，天子下大夫，繫官氏，且字。』定四年『劉卷卒』，注云：『劉卷，氏采，不名且字。』古言表德之字謂之且字，往往可證者如是。蓋古者二十而冠，祇云某甫。五十而後以伯仲某甫者，

❶「艱」，原作「歎」，今據《續清經解》本改。

所以藉伯仲也，故鄭注《禮》之『某甫』如是。何注《春秋》之札、卷、糾，皆爲且字，與鄭無不合。作《正義》者多不能憭，致轉寫多譌，而其不譌者固可考而知也。經注之且字，非許書則不憭矣。」今案：賈疏云：「孔甫之等是實字，以某甫擬之是且字也。」惠氏棟謂爲臆説不明，誠然。如段説，且字方有意義耳。餘詳《少牢禮》。云「宅，居也。度，謀也。兹，此也。基，始也」者，「宅」、「居」詳上，餘俱《爾雅·釋詁》文。蔡氏德晋云：「言謀此以爲幽冥之宅，今當爲兆域之始，得毋其後或有艱難乎？」推衍注義較顯。引《孝經》者，證宅兆爲葬地兆域也。彼云卜者，據大夫以上言之。云「古文無『兆』，『基』作『期』」者，敖氏引或説云：「當從古文無『兆』字，而『期』亦宜作『其』，屬下句。」張氏爾岐云：「古文『期無有後艱』，義意自備。」今案：此當爲兆域之始，而筮之以問吉凶，「兆基」二字不可省。且係命筮，當作疑辭。敖氏謂「期」宜作「其」，固屬杜撰，張氏依古文作「期」，亦語太直遂，不似問筮之辭，故鄭定從今文也。**筮人許諾，不述命，右還，北面，指中封而筮。卦者在左。**述，循也。既受命而申言之曰述。不述者，士禮略。凡筮，因會命筮爲述命。中封，中央壤也。卦者，識爻卦畫地者。古文「述」皆作「術」。【疏】正義曰：上筮人南面受命，今右還北面，指中封而筮。案：《士冠禮》：「筮人許諾，右還，即席坐，西面。」《特牲饋食禮》云：「筮者許諾，即席，西面坐。」此不言坐者，《禮經釋例》云：「凡筮，士坐筮，卿大夫立筮。《士喪禮》筮宅不云坐立，當亦坐筮也。然經無布席之文，或攝盛，如卿大夫立筮歟？」今案：卦者在左，亦北面。餘詳《士冠禮》。注云「述，循也。既受命而申言之曰述」者，《説文》、《毛傳》皆云：「述，循也。」鄭既解述字之義，又解述命爲受命而申言之也。受命之後必申言之者，爲有遺誤，重其事也。云「不述者，士禮略」者，據《少牢》大夫禮述命言之也。賈疏云：

「知士不述命非爲喪禮略者,《特牲》吉禮亦云不述命,故知士吉凶皆不述命也。」云「凡筮,因會命筮爲述命」者,章氏平云:「案:注『會』疑『事』之誤,『爲』疑『遂』之誤。注於上已云『既受命而申言之曰述』,不當以命筮即爲述命。賈疏引《少牢》彼上文云『主人曰孝孫某來日丁亥』以下是爲因事命筮,下文云『遂述命』,亦可證字之誤。」章説據本疏,似可從。然《周禮·大卜》疏引此注,亦與今本同。考鄭此注云:「不述者,士禮略。凡筮,因會命筮爲述命。」下卜日「不述命」,注云:「不述命,亦士禮略。凡卜,述命、命龜異,龜重,威儀多也。」詳此二注,一言凡筮,一言凡卜,明係分别卜、筮述命之異。會,合也。謂筮則合命筮之辭爲述命,如《少牢饋食禮》筮日,史述命曰:「假爾大筮有常,孝孫某,來日丁亥,用薦歲事于皇祖伯某,以某妃配某氏,尚饗。」案:「假爾大筮有常」命筮之辭,「孝孫某」以下述主人所命之辭,是合命筮之辭爲述命也。云「凡卜述命命龜異」者,謂卜則受命之後别爲述命之事,不與命龜爲一,故云「龜重,威儀多也」。以下注互考之,鄭義自明,「會」與「爲」非誤字矣。云「中封,中央壤也」者,即謂中央所掘之處也。云「古文『述』皆作『術』」者,「述」正字,「術」是假借字,故鄭從今文。〇賈疏云:「士禮命筮辭有一,命龜辭有二。大夫以上命筮辭有二,命龜辭有三。士命筮辭有一者,即上經是,直有命筮,無述命,又無即席西面命筮辭,是命筮辭唯有一也。下文卜日有族長涖卜,爲事命龜,直云『哀子某』以下,又有『即席,西面坐,命龜』,是士命龜辭有二。《少牢》大夫筮禮,彼上文云『主人曰孝孫某來日丁亥』以下,是爲因事命筮,下文云『遂述命曰假爾大筮有常』,冠於述命之上,共爲一辭,通前爲事命筮有二。若卜則有爲事命龜,通述命,又有當席西面命爲三。」又《周禮·大卜》疏亦云然。《曲禮》孔疏云:「凡卜筮,大夫以上命龜有三,命筮有二。其一爲事命龜,涖卜之官以主人卜事命卜史，一也。卜史既得所卜之命，更序述涖卜所陳之辭命曰述命，二也。卜人既席西面命龜，云『假爾泰龜有常』，三也。命筮二者：一爲事命筮，則主人以所爲之事命筮史，一也。筮史得主人之命，遂述之爲述命，二也。士則命龜有二，命筮有一。」餘與賈疏略同。吴氏廷華《疑義》云：「卜筮之辭有二：一爲主人命龜筮之辭，一爲卜筮者命龜筮之辭。主人命筮之辭，如《特牲》筮日曰『孝孫某，筮來日某，諏此某事，適其皇祖某子，尚饗』，及《少牢》筮日曰『孝孫某，來日丁亥，用薦歲事于皇祖伯某，以某妃配某氏，尚饗』，并此經筮宅曰『哀子某，爲其父某甫筮宅，度兹幽宅兆基，無有後艱』，是也。主人命龜之辭，如下卜日曰『哀子某，來日某，卜葬其父某甫，考降無有近悔』是也。卜筮者命龜筮之辭，則《曲禮》所謂『假爾泰龜有常，假爾泰筮有常』是也。凡卜筮者，主人雖有尊卑，經文雖有詳略，其合二辭竝舉，則一而已。《士冠》二辭俱闕，賈謂其當有主人命筮之辭，不知其尚有筮人命筮之辭也。乃以意斷之，曰士命筮之辭一，不亦惑乎？至所謂大夫以上龜辭有三者，則命龜者一，述命者一，西面命龜者一。其所謂命龜者，即主人命龜之辭。所謂西面命龜者，即卜者命龜之辭。述命之辭無考，惟所引《少牢》筮日曰『假爾大筮有常，孝孫某，來日丁亥』云云而已。筮者之述命如此，則卜者之述命可知矣。然據『假爾大筮』語，本即筮人命筮之辭，『孝孫某』以下，亦即主人命筮之辭。是賈所謂三辭，實二辭已。」今案：《曲禮》『假爾泰龜有常，假爾泰筮有常』，鄭注但云『命龜筮辭』，不言尊卑有異，則士亦通用之。其與大夫以上異者，唯述命不述命而已。賈、孔謂士筮無筮人命筮辭，吴氏辨之極是。至大夫以上述命，又有卜筮之異，筮則以命筮之辭冠於述命之上，共爲一辭，如《少牢》是。卜則述命與命龜爲二，鄭注已分别言之。吴氏以卜之述命與筮之述命同，尚未昀。

所以然者，古人大事卜，小事筮，龜重於筮，故威儀多。鄭氏之説，當有所受之也。**卒筮，執卦以示命筮者。命筮者受視，反之。東面旅占，卒，進告于命筮者與主人：「占之曰從。」**卒筮，卦者寫卦示主人，乃受而執之。旅，衆也。反與其屬共占之，謂掌《連山》、《歸藏》、《周易》者。從，猶吉也。【疏】正義曰：敖氏云：「卦者書卦於木，既卒筮，而筮者乃執以示命筮者。必示命筮者，以其出命故爾。既占而先告命筮者乃告主人，亦此意也。若吉時，則受命、示卦皆於主人。占之曰從，所告之辭云爾。從，謂從其所筮之地也。《書》曰：『龜從，筮從。』」盛氏世佐云：「卒筮不言書卦，文略也。」　注云「卒筮，卦者寫卦示主人，乃受而執之」者，謂卦者寫卦示主人，乃受而執之，以示命筮者也。但寫卦是卦者事，執卦當是筮者，説見《士冠禮》。又經但云「示命筮者」，不云「示主人」，姜氏兆錫云：「案：卜葬日但云宗人示涖卜，涖卜受示，則筮亦止示命筮者，注恐未然。」盛氏世佐云：「經云『命筮者受視，反之』，則主人不視明矣，此亦凶禮之異者也。」今案：經文執卦不云示主人，告吉兼告主人，與下卜日作龜不云示主人，告吉兼告主人同，姜氏、盛氏之説是也。云「旅，衆也。反與其屬共占之，謂掌《連山》、《歸藏》、《周易》者」，案：《周禮·大卜》「掌三易之法：一曰《連山》，二曰《歸藏》，三曰《周易》」，鄭注：「名曰《連山》，似山出内氣也。《歸藏》者，萬物莫不歸而藏於其中。杜子春云：『《連山》，宓戲。《歸藏》，黄帝。』」《鄭志》：「趙商問：『《大卜職》注子春云：玉兆，帝顓項之兆。瓦兆，帝堯之兆。原兆，有周之兆。又云：《連山》，宓戲。《歸藏》，黄帝。何由知之？』荅曰：『此數者無明文，改之無據，故著子春説而已。近師皆以爲夏、殷、周。』」又《易贊》云：「夏曰《連山》，殷曰《歸藏》。」賈疏云：「夏家易以純艮爲首，象山之出雲，連連不絶，故名《連山》。殷之易以純坤爲首，坤爲地，萬物歸藏於地，故名《歸藏》。周以乾爲首，乾爲天，天能周匝於四時，故名《周易》。」蓋本於此。餘詳《士冠禮》。云「從，猶吉也」者，卜筮以筮龜從爲吉，又《特牲禮》告主人之辭云「占曰吉」，此云從，與吉一耳，故云「從，猶吉也」。《少牢》注云「從者，求吉得吉之言」者，謂已欲求吉而筮從而吉。此就從字義釋之也。**主人絰，哭，不踊。若不從，筮擇如初儀。** 更擇地而筮之。【疏】正義曰：盛氏世佐云：「絰，復著絰也。筮畢即著絰，明歸之免之者，爲禮神故也。哭者，哀其親之將歸此土也。」方氏苞云：「自筮宅及井椁、獻材、獻素、獻成，皆哭而不踊。其哭也，感時撫事，而哀不能禁。其不踊也，卜幽埏，治明器，以安親之魄體，而哀不敢過。皆稱情以立文也。」　注云「更擇地而筮之」者，按經「筮擇如初儀」作擇，故鄭以更擇地解之也。《釋名》：「宅，擇也。擇吉處而營之也。」是宅與擇義亦通。**歸，殯前北面哭，不踊。** 易位而哭，明非常。【疏】正義曰：吴氏紱云：「哭殯，悲親之將遠也，下卜日之哭同。」朝夕哭當在阼階下西面，今筮宅歸殯前北面哭，則在西階下矣。是易位而哭，異於常也。

右筮宅兆

既井椁，主人西面拜工，左還椁，反位，哭，不踊。婦人哭于堂。 既，已也。匠人爲椁，刊治其材，以井構於殯門外也。反位，拜位也。既哭之，則往施之竁中矣。主人還椁，亦以既朝哭矣。【疏】正義曰：自此至「亦如之」，言視椁、視明器之事。○《檀弓》曰：「天子柏椁以端，長六尺。」《喪大記》曰「君松椁，大夫柏椁，士雜木椁」，鄭注：「椁，謂周棺者也。」夫子制於中都，使庶人之椁五寸。此謂尊者用大材，卑者用小材耳。自天子、諸侯、卿、大夫、士、庶人六等，其椁長自六尺而下，其方自五寸而上。抗木之厚，❶蓋與椁方齊。」孔疏：「案：《檀弓》『柏椁以端，長六尺』，注云：『其方蓋一尺。』以此差之，諸侯方九寸，卿方八寸，大夫七寸，士六寸，庶人五寸。」又云：「椁繞四旁，抗木在上。」今案：椁在棺之外四旁，既納棺於椁中，乃施抗木於其上也。西面者，殯門外東方之位。西面，則以南以左。❷左還椁，謂循井椁之南而西而北而東，周繞而詳視之，乃反於拜位也。哭者，見其成椁之形而哭也。不踊，義詳前。婦人哭于堂，因主人之哭而哭也。　注云「既，已也」者，詳下篇首。言井椁已畢，主人乃西面拜工，謝其勞也。云「匠人爲椁」者，解經工爲匠人也。匠人，木工。云「刊治其材，以井構於殯門外也」者，案：下明器有獻材、獻素、獻成三事，此不言者，明器無定材，椁用松柏之等，有定材，故不須獻。又椁無飾，刊治之即成，故云「刊治其材」。知「井構於殯門外」者，以獻材在殯門外，故知此亦在殯門外也。褚氏寅亮云：「井構者，以椁材兩縱兩横，間疊而層累之，如井字然。」今案：《檀弓》云「既殯旬而布材與明器」，鄭注：「木工宜乾腊，且豫成。材，椁材也。」下「獻材于殯門外」，注云「材，明器之材」者，《檀弓》明言明器，故知材謂椁材，此經明言椁，故知下獻材謂明器之材。但《檀弓》既殯十日而布材，是豫取其木而乾之，此云「井椁」，則是已成，二者先後不同。蓋椁周于棺，其形方，又空其中，以俟下棺，有似于井，故云「井椁」。井之則椁已成，將來施之壙中，象亦如是。此特先井構於殯門外，以視其完否耳。葬時必先施椁乃下棺，故鄭又云「既哭之，則往施之壙中矣」是也。云「反位，

❶「抗」，原作「杭」，今據《禮記·喪大記》改。
❷下「以」字，疑當作「爲」。

拜位也」者，即西面拜工之位也。又云「主人還椁，亦以既朝哭矣」者，言既朝哭乃還椁。此與下獻材不必同日，要皆在朝哭之後視之。因經未言既朝哭，故注補之也。**獻材于殯門外，西面北上，綪。主人徧視之，如哭椁。獻素、獻成，亦如之。**材，明器之材。視之，亦拜工、左還。形法定爲素，飾治畢爲成。

【疏】正義曰：殯門外，謂適寢門外也。「西面北上，綪」者，謂自北至南屈而陳之也。吴氏廷華云：「材雖未治，而其用已定，故有上及綪也。」今案：明器甚多，其材非一，故須屈陳之。《檀弓》曰：「竹不成用，瓦不成味，木不成斲，琴瑟張而不平，竽笙備而不和，有鐘磬而無簨虡。」是明器甚多，材非一也。徧視之，一一視其良楛也。如哭椁者，如其反位、哭、不踊也。《周禮・小宗伯》：「王崩，及執事眡葬獻器，遂哭之。」「獻素、獻成，亦如之」者，如其徧視而哭也。注云「材，明器之材」，詳上。云「視之，亦拜工、左還」者，謂亦先拜工，乃左還而視也。云「形法定爲素，飾治畢爲成」者，賈疏云：「素是未加飾之名。又經言獻材，是未斲治。明素是形法定，斲治訖可知。又言成，是成就之名，明知飾治畢也。」

右視椁視器

卜日，既朝哭，皆復外位。卜人先奠龜于西塾上，南首，有席。楚焞置于燋，在龜東。楚，荆也。荆焞，所以鑽灼龜者。燋，炬也，所以燃火者也。《周禮・菙氏》：「掌共燋契，以待卜事。凡卜，以明火爇燋，遂灼其焌契，以授卜師，遂以役之。」【疏】正義曰：自此至「卜擇如初儀」，言卜日之事。○卜日，謂卜葬日也。《士冠》及《特牲祭》皆筮日，此獨用卜，重葬事，亦以變於吉也。《曲禮》曰：「凡卜筮日，旬之外曰遠某日，旬之内曰近某日。喪事先遠日，吉事先近日。」孔疏：「喪事，謂葬與二祥。《左傳》云：『禮，卜葬先遠日，辟不懷也。』杜云：『懷，思也。』辟不思親也，此尊卑俱然。雖士亦應今月下旬先卜來月下旬，不吉卜中旬，不吉卜上旬。」既朝哭，謂既朝哭之後乃卜，如筮宅也。外位，殯門外之位也。西塾，門外之西塾也。先大父《儀禮釋官》云：「卜人，公臣。大夫、士有筮無卜。《禮器》『家不寶龜』，孔穎達曰：『大夫卑，不得寶龜。臧文仲居蔡爲僭。』則士可知矣。大夫、士無龜，而《逸禮》云『大夫龜八寸、士六寸』，蓋傳聞之誤也。大夫、士筮，則有筮史。《雜記》：『如筮，則史練冠長衣以筮。』史家臣，故凶服是也。卜必請於君，『魯公父文伯之母欲室文伯，老請守龜卜室之族』、『鄭駟乞請龜以卜』是也。以此考之，知大夫、士有筮人，無卜人。此亦公臣來給事者也。」今案：《周禮》大卜下大夫二人，卜師上士四人，卜人中士八人、下士十有六人，皆同官。此諸侯卜人，當《周禮》大卜。春秋時又謂卜人爲守龜，韋昭注《國語》云「守龜，卜人」是也。奠龜南首者，塾南嚮，故龜亦南首也。有席者，席即卜席，先以藉龜。《周禮・龜人》：「若有祭事，則奉龜以往。喪亦如之。」楚焞置于燋，謂楚焞與燋置于一處，皆在龜之東也。　注云「楚，荆也」者，《説文》：「楚，叢木，一名荆也。荆，楚木也。」二字互訓。《廣雅・釋木》亦云：「楚，荆也。」是楚爲木名。云「荆焞，所以鑽灼龜者」，《説文》「焞，明也」，段氏注云：「焞蓋亦取明火之意。」云「燋，炬也，所以燃火者也」者，《説文》：「燋，所以然持火也。」炬，《説文》作「苣」，云「束葦燒也」。燃，《説文》作「然」。鄭引《周禮》者，證楚焞與燋之用也。《華氏》曰「掌共燋契，以待卜事」，鄭注引此經，云：「楚焞，即契所用灼龜也。燋謂炬，其存火。」與此注略同。又曰「凡卜，以明火爇燋」，杜子春云：「明火，以陽燧取火於日。」《説文》：「爇，燒也。」又曰「燧灼其焌契，以授卜師，遂以役之」，惠氏棟校本云：「《周禮》『燧』作『遂』，『灼』作『歠』。『遂役之』，無『以』字。」當依彼爲解。又云：「焞、焌一也。楚焞，即焌契也。」案：鄭注《周禮》云：「焌，讀如戈鐏之鐏，謂以契柱燋火而吹之也。契既然，以授卜師，用作龜也。役之，使助之。」《說文》：「焌，然火也。《周禮》曰：『遂籥其焌。』」段氏注云：「以火燒物曰然。焌者，謂吹而然之也。」今案：《說文》引《周禮》作「遂籥其焌」，「歠」，古「吹」字，即「籥」之省。據此諸文，則以陽燧取火於日爲明火，束葦爲炬燒而存之爲燋，❶燃楚木灼龜而作其兆爲楚焞。楚焞與契爲一物。凡卜時，先以明火爇燋，乃吹燋之火以燃楚焞，是其次第也。**族長涖卜，及宗人吉服立于門西，東面南上。占者三人在其南，北上。卜人及執燋席者在塾西。**族長，有司掌族人親疏者也。涖，臨也。吉服，服玄端也。占者三人，掌玉兆、瓦兆、原兆者也。在塾西者，南面東上。【疏】正義曰：族長涖卜，謂臨視卜事也。與宗人皆吉服，敖氏云：「此占者亦吉服，不言者，文省也。吉服者，以對神故也。」❷今案：《雜記》「大夫卜宅與葬日，占者皮弁」，又筮「占者朝服」，則此亦吉服可知。郝氏敬云：「占者三人在其南，在族長、宗人之南，皆門西東面，一以南爲上，一以北爲上，相繼不相統也。卜人與執燋者、布席者，皆在塾内西待事也。」今案：上云「楚焞置于燋」，則執燋者兼執楚焞可知。《儀禮釋官》云：「案：《雜記》『大夫之喪，大宗人相，小宗人命龜』，注『卜葬及日也』，孔疏引皇氏云：『大小二宗，竝是其君之職來

❶ 「束」，原作「東」，今據《續清經解》本改。

❷ 「對神」，《儀禮集説》作「對越神明」。

爲喪事。故《宗伯・肆師》云：凡卿大夫之喪相其禮。』案：下言『宗人命龜』，與彼同而吉服，蓋亦公臣。若《士冠》、《特牲》諸篇之宗人，則當爲私臣矣。」又云：「占者亦公臣，如《周禮》占人之職。古者卜筮皆曰占，《周禮・占人》『掌占龜，以八簭占八頌，以八卦占簭之八故』，鄭注『占人亦占簭』是也。然《周禮》有大卜、卜師、卜人主卜事，有簭人主簭事，而又有占人掌占，則占者與卜人、筮人別可知矣。此經『占者三人在其南』，又云卜人在塾西，卜人不在占者三人之中，是卜人外別有占者，如《周禮》占人之職也。」　注云「族長，有司掌族人親疏者也」者，《儀禮釋官》云：「案：《左傳》『卿置側室，大夫有貳宗』，皆主宗族之事，士之族長亦其類也。《周禮・小宗伯》『掌三族之別，以辨親疏』，大事宗伯涖卜。」今謹案：此申注有司義也。敖氏云：「族長，族人之尊者。」蓋望文生義耳。　云「吉服，服玄端也」者，據《特牲》吉禮筮日服玄端而言也。　云「占者三人，掌玉兆、瓦兆、原兆者也」者，《周禮・大卜》「掌三兆之灋：一曰玉兆，❶二曰瓦兆，三曰原兆」，鄭注：「兆者，灼龜發於火，其形可占者。其象似玉、瓦、原之璺罅，是用名之焉。上古以來，作其灋可用者有三。原，原田也。杜子春云：『玉兆，帝顓頊之兆。瓦兆，帝堯之兆。原兆，有周之兆。』」今案：據《鄭志》，玉兆爲夏，瓦兆爲殷，詳前。鄭言此者，蓋謂占者三人各掌一兆。《書・洪範》曰：「三人占，則從二人之言。」是占必三人也。　云「在塾西者，南面東上」者，上云「卜人先奠龜于西塾上」，是此塾爲西塾也。在塾西者，謂在西塾內之西，故鄭以爲南面東上，統於門也。

闔東扉，主婦立于其內。　扉，門扉也。【疏】正義曰：卜葬大事，故

---

❶「兆」，原作「瓦」，今據《續清經解》本改。

主婦亦躬親之。位于門内，示别也。此言闔東扉，則西扉不闔可知也。扉，詳《士昏禮》。**席于闑西閾外。**爲卜者也。古文「闑」作「槷」，「閾」作「蹙」。【疏】正義曰：此爲卜布席也。于闑西閾外，與《士冠》、《特牲》同。不言門中，省文。席亦西面。餘詳《士冠禮》。**宗人告事具。主人北面，免絰，左擁之。涖卜即位于門東，西面。**涖卜，族長也。更西面，當代主人命卜。【疏】正義曰：告，告於主人也。主人位本在門外東方西面，以族長將涖卜，故轉而北面避之。免絰，詳前。左擁之，擁絰也。注云「涖卜，族長也」者，《儀禮釋官》云：「案：族長涖卜，經即稱爲涖卜，以事目其人。猶《特牲》嗣子舉奠，經即謂爲舉奠，《有司徹》上賓三獻，經即謂爲三獻也。」云「更西面，當代主人命卜」者，族長本立于門西東面，今即位于門東西面，是主人位，故知當代主人命卜也。下「宗人還，少退，受命」，注云「受涖卜命」，即命卜之事也。賈疏云：「《周禮》天子卜法，與士異。假使大事，則大宗伯涖卜。次事、小事以下，各有差降也。」今案：《大卜》云「凡小事涖卜」，注云「代宗伯」是也。**卜人抱龜，燋先。奠龜，西首，燋在北。**既奠燋，又執龜，以待之。【疏】正義曰：龜燋本在西塾上，今抱之而嚮閾外也。奠之，燋在龜北，蓋南上也。敖氏云：「燋先，謂執燋者先於龜而行也。奠龜西首，象神位在西嚮之。不言焞，與燋同處可知。」注云「既奠燋，又執龜，以待之」者，賈疏以「抱龜燋」爲句，「先奠龜」爲句，謂卜人既奠燋，又取龜執之，以待授與宗人。褚氏寅亮云：「惟一人兼抱龜燋，故必先奠龜，次奠燋，乃復執龜以授宗人。若二人分抱，則抱燋者奠燋，抱龜者徑示宗人可矣，❶何

❶「徑」，原作「經」，今據《續清經解》本改。

必多此奠龜一節事？」盛氏世佐云：「上云『卜人及執燋席者在塾西』，則執燋者别一人矣。敖以『燋先』二字爲句，得之。」今案：《周禮·大卜》曰「凡旅陳龜」，鄭注「陳龜於饌處也」，引上經「卜人先奠龜于西塾上南首」證之。又曰「國大遷、大師則貞龜」，鄭注「正龜於卜位也」，引此經「卜人抱龜燋先奠龜西首」證之。是上奠龜西塾爲陳龜之事，此奠龜閾外席上爲貞龜之事。則此奠龜一節，正不容少。注云「既奠燋，又執龜」者，謂卜人既奠龜，俟執燋者既奠燋，又復執龜，以待授宗人。經於奠燋之後不言執龜者，以下云「宗人受卜人龜」，則卜人執龜不言自明。注補經所未及，故特言之。但執龜節次在執燋者奠燋之後，故云「既奠燋，又執龜」，非謂奠燋者亦卜人也。據經文，執燋者别自有人，何必卜人兼抱之？賈疏誤會注意，以「抱龜燋」爲句，褚氏遂誤謂一人兼抱龜燋。當以盛氏之説爲是。**宗人受卜人龜，示高。**以龜腹甲高起所當灼處示涖卜也。【疏】正義曰：注云「以龜腹甲高起所當灼處示涖卜也」者，《周禮·大卜》「凡國大貞、卜立君、卜大封，則眂高」，彼注云：「以龜骨高者可灼處示宗伯也。大事宗伯涖卜。卜用龜之腹骨。骨近足者其部高。」又《卜師》「凡卜事眂高」，注云「示涖卜」是也。《周禮》作「眂」，此作「示」，一也。「眂」，古文「視」。「示」與「視」同。**涖卜受視，反之。**宗人還，少退，受命。受涖卜命。授龜宜近，受命宜卻也。【疏】正義曰：涖卜受視，受龜於宗人也。反之，亦反於宗人也。受命，謂宗人受涖卜之命。下「命曰」，則涖卜命辭也。還少退，謂受命少退于授龜之處，注以爲「授龜宜近，受命宜卻」是也。**命曰：「哀子某，來日某，卜葬其父某甫，考降無有近悔。」**考，登也。降，下也。言卜此日葬，魂神上下，得無近於咎悔者乎？【疏】正義曰：命曰，涖卜命之也。來日，將來之日。某者，來日甲子。李氏如圭云：「《王制》曰：『天子七月而葬，諸侯五月，大夫、士、庶人三月。』士之三月，亦通死月數，故《春秋傳》又謂大夫三月、士踰月也。《雜記》曰：『祝稱卜葬虞，子孫曰哀，夫曰乃，兄弟曰某。卜葬其兄，弟曰伯子某。』《春秋傳》卜有令龜者，涖卜，其令龜者乎？近，附近之近。」　注云「考，登也。降，下也」者，古登與升通，鄭意蓋謂考降爲升降也。敖氏云：「考，成也。降，下也。謂成其下棺之事。」張氏爾岐云：「考，父也。降，骨肉復歸於土也。」沈氏彤云：「鄭訓考爲登，以考降爲魂神之上下，不若言骨肉復歸於土者之切。但訓考爲父，又與上其父之文相犯。敖本《爾雅・釋詁》訓考爲成，最佳。然謂成其下棺之事，亦未穩順。若云成幽宅而下棺，則得之矣。」今案：考訓成較登爲有據，然謂成其下棺之事，似迂曲。若云成幽宅而下棺，又似牽涉卜宅。不若張氏以考爲父，謂父降於此，得無近於咎悔，文義更洽。沈氏以與上其父相犯爲嫌，顧氏炎武云：「既言父，又言考者，猶《易》言『幹父之蠱，有子，考無咎』也。」又引《禮記》「體魄則降」爲證，似張説義長。又鄭解「無有近悔」，云：「得無近於咎悔者乎？」近字作活字解。盛氏世佐云：「近悔，如雨不克葬之類。筮宅爲久遠之計，故慮有後艱。卜日爲目前之事，故期無近悔。」是以近爲遠近之近，作實字解，與鄭異。今案：卜日亦關係久遠，不專爲目前，盛説似泥，仍依注爲是。

許諾，不述命，還，即席，西面坐，命龜。興，授卜人龜，負東扉。宗人不述命，亦士禮略。凡卜，述命、命龜異，龜重，威儀多也。負東扉，俟龜之兆也。【疏】正義曰：許諾者，宗人也，異於筮。命龜，亦宗人命之也。《周禮・大卜》「大祭祀命龜」，又曰「凡喪事命龜」，鄭注：「命龜，告龜以所卜之事。」此宗人命龜，與彼異者，《雜記》「大夫之喪，大宗人相，小宗人命龜」，故此禮亦多宗人主之。命龜之辭，蓋曰「爲日，假爾泰龜有常」云爾。　授卜人龜，使之灼也，亦宗人授之。　注云「宗人不述命，亦士禮略」者，前筮宅不述命爲士禮略，此卜日亦不述命，故云「亦士禮略」也。云「凡卜，述命、命龜異，龜重，威儀多也」者，賈疏謂對筮時述命、命筮同，是已，而説未明析。盛氏世佐云：「述命，述之於所受，以備失誤，審慎之至也。命龜，則直告龜而已。大夫以上卜既述命，又命龜，筮則述命遂以命蓍，不重爲之。士卜不述命而命龜，筮則不述命，亦不命蓍。此卜筮之辨也。」今案：《少牢》大夫禮，筮日遂述命曰「假爾大筮有常」，命筮之辭也。「孝孫某，來日丁亥」以下，述命之辭也。以命筮之辭冠於述命之辭而連言之，是即盛氏所謂「述命遂命筮，不重爲之」也。若卜則先述命，後乃命龜，分爲二。是述命、命龜異，故云「龜重，威儀多也」。但盛氏謂士筮亦不命蓍，則猶沿賈、孔之誤，辨見前。云「負東扉，俟龜之兆也」者，謂宗人既授卜人龜灼之，遂負東扉而立視其兆也。**卜人坐，作龜，興。**作，猶灼也。《周禮·卜人》：「凡卜事示高，揚火以作龜，致其墨。」興，起也。【疏】正義曰：注云「作，猶灼也」者，《周禮·大卜》「作龜」，鄭注：「謂以火灼之，以作其兆也。春灼後左，夏灼前左，秋灼前右，冬灼後右。」彼疏云：「作，謂發使豐拆。」然則作猶灼者，謂以火灼之而發其兆，非即謂作爲灼也。鄭司農云：「作龜，謂鑿龜，令可爇也。」後鄭蓋不從之。引《卜師》「凡卜事眡高，揚火以作龜，致其墨」者，證作龜是以火灼之。彼注云「揚，猶熾也。致其墨者，孰灼之，明其兆」是也。云「興，起也」者，謂卜人坐作龜訖，起而以龜授宗人也。**宗人受龜，示涖卜。涖卜受視，反之。宗人退，東面，乃旅占。卒，不釋龜，告于涖卜與主人：「占曰某日從。」**不釋龜，復執之也。古文「曰」爲「日」。【疏】正義曰：反之，反龜於宗人也。宗人又反之卜人，以授占者，乃退而東面，以俟占。旅占，謂三人共占之也。《周禮·占人》「君占體，大夫占色，史占墨，卜人占坼」，鄭注：「體，兆象也。色，兆氣也。

墨，兆廣也。坼，兆亹也。體有吉凶，色有善惡，墨有大小，坼有微明。尊者視兆象而已，卑者以次詳其餘也。周公卜武王，占之曰：『體，王其無害。』凡卜，象吉色善，墨大坼明，則逢吉。」《玉藻》曰：「卜人定龜，史定墨，君定體。」此古之占法也。凡卜，據此經及《周禮》大卜諸職，約有數節：先陳龜貞龜，次示高，次命龜，次作龜，乃占也。「占曰某日從」，與前筮宅「占之曰從」同，宗人所告之辭也。下告主婦哭，此涖卜及主人不哭者，敖氏云：「涖卜不哭者，吉服也。主人不哭者，未絰也。」注云「不釋龜，復執之」者，劉氏台拱云：「案：宗人釋龜久矣，此乃重執之，而云『不釋龜』者，對下文告主婦釋龜言之。執龜以告涖卜與主人，釋龜以告主婦，以此爲別。賈疏未得其義。」今案：下云「授卜人龜」，是釋龜矣，劉氏之説甚得經意。注云「復執之」者，恐人以爲原執未釋也，乃後人猶有謂旅占之時龜仍宗人執之者，誤矣。云「古文『曰』爲『日』」者，胡氏承珙云：「此謂『占曰』之『曰』，古文作『日』，蓋涉下『某日』日字而誤也。」**授卜人龜，告于主婦，主婦哭。**不執龜者，下主人也。【疏】正義曰：告，亦宗人告也。主婦哭者，以葬有期日也。**告于異爵者。使人告于衆賓。**衆賓，僚友不來者也。【疏】正義曰：異爵者，公卿大夫也，亦宗人告之。方氏苞云：「注知衆賓謂僚友不來者，蓋僚友來者，則告異爵者，即皆聞之矣。曰使人告於其家之辭也。」褚氏寅亮云：「獨告異爵者，尊之也。其在列之賓共聞之，可不告矣。有不在者，則使人往告之，注是也。敖氏以衆賓爲在外位之士，恐非。偶有不在之賓，可遺而不告乎？」**卜人徹龜，宗人告事畢。主人經，入哭，如筮宅。賓出，拜送。若不從，卜擇如初儀。**【疏】正義曰：「卜擇如初儀」，「擇」，唐石經作「宅」。張氏爾岐云：「石本誤。」顧氏炎武云：「當依石經作『宅』。」今案：上文「筮擇如初儀」，注云「更擇地而筮之」，則此

「卜擇如初儀」，當爲更擇日而卜之。上筮擇之擇，鄭既解與宅異，則此卜擇不得以擇爲宅矣。且此係卜日，非卜宅也，石經誤無疑。○卜人徹龜，謂卜告吉，乃徹而藏之也。「主人絰，入哭，如筮宅」，如其殯前北面哭，不踊也。

右卜葬日

儀禮正義卷二十九　鄭氏注

績溪胡培翬學

既夕禮第十三

鄭《目録》云：「《士喪禮》之下篇也。既，已也。謂先葬二日已夕哭時，與葬間一日，凡朝廟日、請啟期必容焉。此諸侯之下士一廟，其上士二廟，則既夕哭先葬前三日也。大戴第五删，小戴第十四。《别録》名《士喪禮》下篇，第十三。」【疏】正義曰：《校勘記》云：「『夕』下，唐石經、嚴、徐、《釋文》、楊、敖俱有『禮』字，《集釋》無。案：『既夕』摘取篇首二字爲題，與『有司徹』同例，似不必有『禮』字。舊本俱有，惟單疏標題獨無，明刻注疏因之。」今案：無「禮」字是也。但石經舊本如是，鄭注《周禮》、《禮記》引亦稱「既夕禮」，張淳《識誤》標題亦有「禮」字，仍之。　云「《士喪禮》之下篇也」者，先大父《目録校證》云：「此與《士喪禮》共爲一篇，以簡册繁重，釐而爲二。鄭注《周禮》引亦稱『士喪禮下篇』。」盛氏世佐云：「《士喪禮》之《既夕》，《少牢饋食禮》之《有司》，本屬一禮，釐而爲二，取其首二字以名篇，非有意於其間也。然則《儀禮》十七篇，其實十五篇耳。敖云禮更端，世儒又分自筮宅以下爲《士喪禮》下，皆强作解者。」今案：蔡氏德晋《禮經本義》即自上篇「筮宅，家人營之」起，合此經爲一篇。王氏士讓謂此篇若從筮宅起，更與《士冠》、

《特牲》諸篇從筮儀叙起相類。皆未免輕改古本，不可從。又案：以「既夕哭」以下别爲一篇，非周公之舊。吴氏廷華疑大戴諸家割經首二字名篇，或然。云「既，已也」者，本《詩·汝墳》毛傳，《廣雅》亦云「既，已也」。云「謂先葬二日已夕哭時，與葬間一日」者，以此夕是葬前二日之夕，次日啟殯，次日乃葬，故知與葬間一日也。云「凡朝廟日、請啟期必容焉」者，此鄭釋所以先葬二日之義，謂容先葬二日之夕請啟期，先葬一日朝廟也。云「此諸侯之下士一廟，其上士二廟，則既夕哭先葬前三日」者，賈疏云：「以其一廟則一日朝，二廟則二日朝，故葬前三日，中間容二日。若然，大夫三廟者葬前四日，諸侯五廟者葬前六日，天子七廟者葬前八日。」吴氏紱云：「注疏以每日朝一廟爲尊卑計日之差，殆不其然。《曾子問》古者天子、諸侯之喪，『祝取羣廟之主藏諸祖廟，卒哭而後主反其廟』。則無庸越六日、八日而徧歷之矣。大夫亦有太祖廟，禮當同之。士無太祖，故二廟以一日而畢朝之。下記朝禰訖而適祖，無厥明之文，是可見也。」今案：吴説甚是。據《曾子問》，主既出廟，則安用分日朝於空廟乎？姜氏兆錫、方氏苞、吴氏廷華亦皆以注疏之説爲非，互詳記朝禰適祖下。云「大戴第五删」者，《校勘記》云：「『删』字，似後人校語誤入。」顧氏廣圻云：「『删』字，衍文。」

既夕哭，既，已也。謂出門哭止復外位時。【疏】正義曰：此言請期之事。「既夕哭」三字係本經正文，與他篇首言篇題者不同，以筮宅、卜日言「既朝哭」例之可見，《少牢》下篇篇首「有司徹」三字亦然。注云「謂出門哭止復外位時」者，上篇「朝夕哭，丈夫即位于門外」云云，是外位也。又「入門哭」至奠畢「賓出，主人拜送，衆主人出，出門哭止，皆復位」，是出門哭止復外位時也。吴氏廷華《疑義》云：「上篇筮宅、卜日云『既朝哭』，此經云『既夕哭』，是筮卜在朝哭之後，請啟期在夕哭之後。既之云者，謂既事於彼，乃事於此也。」今案：請啟期不於朝哭後者，以啟殯在明日之早，故於夕哭後請之。《冠禮》「夕爲期于廟門之外」，《特牲》夕請期，是其例也。

請啟期，告于賓。將葬，當遷柩於祖，有司於是乃請啟肂之期於主人，以告賓，賓宜知其時也。今文「啟」爲「開」。【疏】正義曰：遷柩於祖，謂朝廟也。肂，埋棺之坎，見上篇注。前卜日告賓，告以葬日，此告以啟殯之日也。吴氏廷華云：「告與哭者，餘亦往告之。言賓，則兄弟可知。」王氏士讓云：「告于賓，蓋兼已來、未來者言。」張氏爾岐云：「請啟期，主人曰：『在明旦。』有司遂以告賓。」今案：經不載主人荅辭者，省文。下請祖期、請葬期，不言告于賓，亦省文。以此言告賓，明彼亦同，故略之也。

右請啟期

夙興，設盥于祖廟門外。祖，王父也。下士祖禰共廟。【疏】正義曰：自此至「堦間」，言豫於祖廟陳饌之事。敖氏云：「設盥，爲舉鼎及設奠者也。」吴氏廷華云：「夙興，次日平旦之先。盥，亦盥盆也。設鼎先設盥，以舉者必盥也。」今案：凶事不設洗，故設盥。此盥亦設于門外東方，詳上篇「西方盥如東方」下。注云「祖，王父也」者，《曲禮》曰：「孫可以爲王父尸。」是謂祖爲王父也。云「下士祖禰共廟」者，《祭法》曰「適士二廟，官師一廟」，鄭注：「適士，上士。官師，中士、下士。」是中士亦一廟，而此注專言下士者，舉下士以包中士也。下記「其二廟，則饌于禰廟」，注云：「士事祖禰，上士異廟，下士共廟。」與此義同。祖禰共廟，而經唯云祖者，舉尊者以統卑也。餘詳《少牢》篇首鄭《目録》下。○黄氏幹云：「案：本經記有朝禰一節，禮畢乃適祖。今經文但言朝祖，注云上士祖禰異廟，下士祖禰共廟。專言祖者，共廟則舉祖包禰。兼言禰者，異廟則先禰而後祖。經言下士，記言上士，文有詳略，蓋文互耳。」**陳鼎，皆如殯。東方之饌亦如之。**注云「皆，皆三鼎也」者，以經言皆，明非一鼎，故以皆字指三鼎言之。敖氏云：「皆如殯，謂三鼎皆，皆三鼎也。如殯，如大斂既殯之奠。【疏】正義曰：上篇大斂「陳三鼎于門外，北上」，有豚、魚、腊，此陳鼎如之。注云「皆，皆三鼎也」者，以經言皆，明非一鼎，故以皆字指三鼎言之。敖氏云：「皆如殯，謂三鼎之面位與其實，皆如鄉者所陳殯奠之鼎也。」吴氏廷華云：「『皆』，言下三奠皆然也。」今案：下祖奠無陳鼎之文，遣奠陳鼎不言北上，似吴説亦可從。云「如殯，如大斂既殯之奠」者，大斂之奠在殯後設之，故經言如殯，而注以大斂既殯之奠釋之，恐人疑殯别有奠也。又經云「東方之饌亦如之」，謂如上篇陳大斂奠，東方之饌有兩瓦甒、兩甈豆、兩籩也。亦者，亦陳鼎也。吴氏紱云：「凡柩入廟後，先設從奠，徹從奠而後設遷祖奠，徹遷祖奠而後設祖奠，明日乃設遣奠，此其序也。」蔡氏德晉云：「此所陳鼎，爲朝祖奠及祖奠陳之也。質明而行朝祖奠，日側而行祖奠，亦猶平日有朝夕之奠，而特盛其禮也。」劉氏台拱云：「敖氏以此爲祖奠之饌，而遷祖之奠别用脯醢醴酒。夫二廟者，朝禰如小斂奠，朝祖如大斂奠，以是爲尊卑之差。如敖氏之説，則朝禰之奠尚用特豚，而朝祖之奠止用脯醢醴酒，可乎？」今案：劉説是也。**夷牀饌于階間。**侇之言尸也。朝正柩用此牀。【疏】正義曰：《校勘記》云：「侇，唐石經、嚴、徐本、《通典》、《要義》、楊、敖俱作『夷』，《釋文》、《集釋》、《通解》俱作『侇』。陸氏曰：『侇音夷，本亦作夷。』」今從嚴本。○注「朝正柩」，《校勘記》云：「《釋文》無『正』字，《通典》有，與賈疏合。張氏《識誤》從《釋文》。」今案：嚴本及各本皆有「正」字。云「夷之言尸也」者，詳上篇「男女奉尸侇于堂」下。云「朝正柩用此牀」者，即下朝廟節云「正柩于兩楹間，用夷牀」是也。柩至廟需用此牀，故先饌于階間。敖氏云：「階間，祖廟堂下。」又云：「此即舁者承尸于堂之牀也。」王氏士讓、褚氏寅亮皆駁之，謂此牀以承柩，必大於斂時承尸之牀。似王、褚說是。

右豫於祖廟陳饌

二燭俟于殯門外。早闇，以爲明也。燭用蒸。【疏】正義曰：自此至「夷衾」，言變服及啟殯之事。

○二燭之用，詳下。俟者，俟啟殯乃入也。○《校勘記》云：「注『蒸』，徐本作『烝』。張氏曰：『注曰燭用蒸，案：《釋文》云：烝，之承反，薪也。從釋文。』案：今本《釋文》亦作『蒸』。又嚴本與徐本同，而張氏所引作『蒸』，亦不可解。又案：《說文》，『蒸』或省火作『烝』。」黄氏丕烈云：「張氏出『烝』字於上，而原文用『蒸』字，蓋其所見嚴本作『蒸』。葉石君所鈔宋《釋文》作『烝』，『烝』見《說文》，今人知『蒸』而不知『烝』矣。」各本作「蒸」，從之。云「早闇，以爲明也」者，上經云「夙興」，《爾雅·釋詁》云：「夙，早也。」早則天未明，故藉燭以爲明。云「燭用蒸」者，詳《燕禮》「庶子執燭」下。**丈夫髽，散帶垂，即位如初。**爲將啟變也。此互文以相見耳。髽，婦人之變。《喪服小記》曰：「男子免而婦人髽，男子冠而婦人笄。」如初，朝夕哭門外位。

【疏】正義曰：注云「爲將啟變也」者，上篇「小斂」節云「主人髺髮，袒，衆主人免于房，婦人髽于室」，又陳小斂經帶云「散帶垂」，謂大功以上初時垂其帶不絞，至成服乃絞之。此免、髽、散帶皆在尸柩未殯之前，今將啟殯見柩，故變同小斂時，故云「爲將啟變也」。云「此互文以相見耳。髽，婦人之變」者，賈疏云：「髽既是婦人之變，則免是男子之變。今丈夫見其人不見免，則丈夫當免矣，婦人見其髽不見人，則婦人當髽矣，故云『互文以相見耳』。」案：小斂主人髻髮，衆主人免，此必知丈夫免而不髻髮者，李氏如圭云：「《雜記》曰：『非從柩與反哭，無免于堩。』從柩言免，不言髻髮。又既啓之後，皆無髻髮之文，則啟後雖斬衰者亦免。爲母于即位又哭而免，斬衰啟殯乃免，禮之差也。」今案：此經言丈夫不言主人，則兼衆主人在內，李説是也。又鄭以髽爲婦人之變者，婦人之髽有二，有著笄之髽，有去笄之髽。成服以前之髽無笄，故小斂但云「婦人髽于室」，而不言笄。成服以後有笄，故《喪服》斬章云「箭笄髽衰」，記云「惡笄有首以髽」，皆髽笄連言。此經但言髽，則是變從小斂時去笄之髽，故云「髽，婦人之變」也。云「《喪服小記》曰：『男子免而婦人髽，男子冠而婦人笄。』」者，鄭引以證此經髽是指婦人言也。《小記》又曰「其義，爲男子則免，爲婦人則髽」，注「別男女也」，孔疏：「當襲斂之節，男子著免，婦人著髽，故云『男子免而婦人髽』。」熊氏朋來云：「《小記》男子免婦人髽，自足爲證。《既夕》經文必亦如《小記》所言，而有脱字。注者妄謂互文，適以惑人也。」張氏爾岐云：「據賈疏，當云：『丈夫免，婦人髽。』此或偶脱去三字。」今案：此經自有闕文，熊、張以爲脱字，是也。然其説雖與鄭異，而義則同。若敖氏以髽即屬丈夫言，殆有難通。據下經多男婦竝言，豈有啟殯變服獨遺婦人之理？沈氏彤云：「婦人之髽，猶丈夫之免。《小記》云：『緦、小功，虞、卒哭則免。』明婦人之髽亦然，詎有啟殯而親屬不髽者？崔氏大功以下無髽之説不可從也，謂小斂以來至此自若者亦非。」江氏筠云：「敖氏謂髽者去冠纚而爲露紒，將髻髮者先髽，婦人當髽者，自小斂以來至此自若，故經但言丈夫，而婦人不與也。案：髽乃婦人之飾，何得加之男子？名實殽亂，經文所無。況髻髮止未成服以前，啟殯至虞、卒哭，唯免而已。《奔喪》爲母僅壹髻髮，則於此明不髻髮可知。此經雖主於父，義實兼母，不獨免髽相對，有《小記》文可證也。」褚氏寅亮云：「敖説漏卻婦人，一誤也。移婦人之髽於丈夫，二誤也。」是皆以敖説爲難通矣。云「如初，朝夕哭門外位」者，上篇：「朝夕哭，婦人即位于堂，南上。丈夫即位于門外，西面北上。外兄弟在其南，南上。賓繼之，北上。門東，北面西上。門西，北面東上。西方，東面北上。主人即位，辟門。」此門外位也。必知經言「即位如初」爲門外位者，以下始言「主人拜賓入」，則此未入門，故知爲門外位也。沈氏彤云：「即位如初，亦兼婦人堂上位言之也。」**婦人不哭。主人拜賓，入即位，袒。**此不蒙如初者，以男子入門不哭也。不哭者，將有事，止讙囂。【疏】正義曰：《校勘記》云：「蒙，嚴本作『象』，《集釋》、《通解》、楊、敖俱作『蒙』。張氏曰：『疏作蒙，從疏。』『讙囂』下，嚴本、《集釋》、楊、敖俱無『也』字，與單疏標目合。宋本《釋文》、《通解》俱有。」今案：上篇「婦人拊心，不哭」，注云「止讙囂」，亦無「也」字。○吴氏廷華云：「賓爲啟來者，拜之如臨。袒，將啟。」今案：主人入即位，即堂下之位也。注云「此不蒙如初者，以男子入門不哭也」者，案：上篇朝夕哭，「主人拜賓，旁三，右還，入門哭，婦人踊」，此主人入門不哭，婦人不踊，是與初異，故不得蒙上「如初」之文也。下記曰「啟之昕，外内不哭」，彼注云：「將有事，爲其讙囂。」與此注義同。詳下記。**商祝免、袒，執功布入，升自西階，盡階不升堂，聲三，啟三，命哭。**功布，灰治之布也。執之以接神，爲有所拂扐也。聲三，三有聲，存神也。啓三，三言啟，告神也。舊説以爲聲，噫興也。今文「免」作「絻」。【疏】正義曰：敖氏云：「商祝，公有司也。其爲士，但當弔服加麻，此時有事于柩，故袒免。」今案：此喪禮多公家之臣來治事者，詳上篇「甸人掘坎于階間」下。商祝升自西階，盡階不升堂，以殯在西階上故也。《曾子問》「大祝禆冕，執束帛，升自西階，盡等不升堂」，與此「盡階不升堂」同，彼疏云：「欲往告殯，故升自西階。若於堂下告，則太遠。堂上告，則太近殯。故升階盡等級，即不升堂。」是也。命哭者，已啟見柩，故命主人男女以下哭也。○注「扐」，毛本作「防」，《校勘記》云：「嚴、徐、聶氏、《集釋》、敖氏作『扐』，與單疏述注合。《釋文》亦作『扐』，云：『拂扐，本又作佛仿。上芳味反，下芳丈反。』楊氏『拂仿』作『彷佛』，《通典》『仿』作『柩』，《通解》作『仿』。」今從嚴本。　　云「功布，灰治之布也」者，賈疏謂七升以下之布。《喪大記》「士御棺用功布」，孔疏：「功布，大功布也。」云「執之以接神，爲有所拂扐也」者，賈疏云：「拂扐，猶言拂拭，去塵也。」是據下「拂柩用功布」言也，然扐與拭異。又云「拂扐，去凶邪之氣」，沈氏彤云：「《檀弓》曰『君臨臣喪，以巫祝桃茢』，鄭注：『爲有凶邪之氣。』然則拂去凶邪，君臨臣喪之禮也，豈子啟父殯而亦用此禮乎？且桃茢可以去凶邪，功布何物，而欲以去凶邪乎？此不通之論耳。」今案：沈説是也。據注言以接神，則楊本作「彷佛」，義似較顯。然下經明云「拂柩用功布」，則商祝此時執以入者，正待柩出殯而拂之耳。云「聲三，三有聲，存神也」，又云「舊説以爲聲，噫興也」者，《士虞禮·記》「祝升，止哭，聲三，啟户」，注：「聲者，噫歆也。將啟户，警覺神也。」《曾子問》「祝聲三」，注「聲，噫歆警神也」，孔疏：「案：《論語》云：『顔淵死，子曰：噫。』《檀弓》云：『公肩假曰：噫。』是古人發聲多云噫，故知此聲亦謂噫也。凡祭祀，神之所享謂之歆。今作聲，欲令神歆享，故云『歆警神也』。」案：注云「存神」，亦是警覺神之意。唯此注引舊説作「噫興」，與彼二注作「噫歆」者異。顧氏炎武云：「噫興者，歎息而欲神之興也。噫歆者，歎息而欲神之歆也。」盛氏世佐云：「注蓋出於傳聞之辭，興與歆或有一誤，抑或但取其聲之似，而於字義無關乎？」今案：此啟殯作聲以存神，與尋常祭告不同，顧説亦自近理。又《大戴禮・諸侯遷廟》篇亦云「祝聲三」，孔氏《補注》以聲爲噫歆，用《士虞・記》、《曾子問》注也。云「啟三，三言啟，告神也」者，蓋先聲三以警之使神之存，而後三言啟以告之也。《周禮・喪祝》「及辟令啟」，蓋告神後，即令役人啟之也。「今文『免』作『絻』」，詳上篇。**燭入。**照徹與啟殯者。【疏】正義曰：賈疏云：「一燭入室中照徹奠，一燭于堂照開殯肂。」今案：二燭爲照柩而設，故待啟而後入。下經「燭從」及記曰「燭先入者升堂，東楹之南西面，後入者西階東北面，在下」，是也。注兼言照徹者，蓋據設大斂奠於室時有燭故也。此啟殯時燭雖未入，亦當有燎，否則主人何以即位，商祝何以升階乎？但燎在地弗動，故照柩須用燭耳。**祝降，與夏祝交于階下，取銘置于重。**祝降者，祝徹宿奠降也。與夏祝交，事相接也。夏祝取銘置于重，爲啟肂遷之。吉事交相左，凶事交相右。今文「銘」皆作「名」。【疏】正義曰：祝降者，周祝降也。與夏祝交于階下，夏祝升也。先大父《儀禮釋官》云：「案：此節《注疏》誤。敖氏繼公曰：『祝降者，周祝取銘而降也。不言其升，故以降見之。與夏祝交，事相接也。夏祝與執事者升，取宿奠也。祝取銘置于重，爲啟肂遷之。取銘在前，置于重在後，乃合而言之，文順耳。』案：禮之大例，進奠者徹奠。下記云『夏祝徹餘飯』，夏祝之徹記有明文，敖氏之説得之。」今案：上篇「祝取銘置于重」，注：「祝習周禮者也。」則此取銘爲周祝明矣。餘詳上篇「祝淅米于堂」下。宿奠，昨日夕奠。徹者，執以待柩入廟後仍復設之。下「重先，奠從」，即此奠也。銘本置于重，上篇殯訖「祝取銘置于肂」，今因啟肂，故仍取而置于重也。云「吉事交相左，凶事交相右」者，李氏如圭云：「相右，降者在東，升者在西。」《禮經釋例》云：「凶事交相右，此經是也。吉事交相左，《鄉射》、《大射》所言是也。」云「今文『銘』皆作『名』」者，詳見上篇。**踊無**

算。主人也。【疏】正義曰：「算」，唐石經作「筭」，《集釋》、毛本俱作「算」。案：此「算」作「數」字解，與「筭籌」之「筭」別，後凡言無算者同。辨見後「請讀賵執算從」下。○踊無算，蓋見柩出殯將行也。或云自主人以下皆踊。**商祝拂柩用功布，幠用夷衾。**拂，去塵也。幠，覆之，爲其形露。【疏】正義曰：張氏爾岐云：「柩出自肂，故拂之、覆之。」蔡氏德晉云：「夷衾，即小斂後覆尸之衾，至此以之覆柩，蓋當隨柩入壙矣。」今案：夷衾，詳上篇「牀笫夷衾饌于西坫南」下。魏氏了翁云：「柩出南首。」○《校勘記》云：「注『覆』上，徐本、《通典》、《集釋》、《通解》、《要義》、楊、敖俱有『幠』字，毛本脱。」○敖氏云：「注云形露，猶露見也。」

右啟殯

遷于祖，用軸。遷，徙也。徙於祖，朝祖廟也。《檀弓》曰：「殷朝而殯於祖，周朝而遂葬。」蓋象平生時，將出必辭尊者。軸，輁軸也。軸狀如轉轔，刻兩頭爲軹。輁狀如長牀，穿桯前後，著金而關軸焉。大夫、諸侯以上有四周，謂之輴。天子畫之以龍。【疏】正義曰：自此至「由足西面」，言遷柩朝祖之事。○用軸者，言用軸載柩，以朝於祖廟。《白虎通》曰「乘軸車辭祖禰」是也。○《校勘記》云：「注，嚴、徐、楊氏無『時』字，與疏合。《集釋》有。『桯』，嚴、徐、葛本、《通典》、《通解》、楊氏俱作『程』，聶氏、《集釋》、單疏及《識誤》所引疏本俱作『桯』。『關』，《通典》作『閼』。又『關軸』之『軸』，嚴、徐、《集釋》俱作『軹』，敖氏《士喪禮》載此注亦作『軹』，《通典》、聶氏、《通解》、楊氏俱作『軸』。張氏曰：『疏軹作軸，監本亦作軸，從疏及監本。』」今案：陳鳳梧本作「桯」，亦無「時」字。「關軸」之「軸」，金氏曰追從鍾本作「軹」。唯「桯」字系木旁，與《考工記》「桯圍倍之」之「桯」同，今從聶氏、諸本，餘俱從嚴本。　云「遷，徙也」，《爾雅·釋詁》文。云「徙於祖，朝祖廟也」者，謂從殯宫徙於祖廟，是朝祖也。云《檀弓》曰：『殷朝而殯於祖，周朝而遂葬。』」者，鄭引以證此篇朝訖即葬，從周禮也。　云「蓋象平生時，將出必辭尊者」，此鄭釋所以朝祖之義。《曲禮》曰「出必告」，是生時出必辭尊者也。《檀弓》曰：「喪之朝也，順死者之孝心也，其哀離其室也，故至於祖考之廟而后行。」《鄭志》：「崇精問曰：『葬母亦朝廟否？』焦氏荅曰：『婦未廟見，不朝廟耳。《内豎職》云王后之喪朝廟則爲之蹕，是母喪亦朝廟明也。』」云「軸，輁軸也」者，經言軸，記言輁軸，故知軸即輁軸也。　云「軸狀如轉轔，刻兩頭爲軹」者，轉轔未詳，賈疏謂「漢時名轉軸爲轉轔。轔，輪也」。　然字書少訓轔爲輪者，此不可考。《周禮·考工記》注「軹，害也」，《説文》「害，車軸耑也」，是軸之兩頭爲軹也。《説文》又云：「軹，車輪小穿也。」轂末之小穿，亦當軸之兩頭處，故又訓軹爲小穿。　刻者，刻軸之兩頭使小，以便貫入輪也。《説文》：「軸，所以持輪者。」云「輁狀如長牀，穿桯前後，著金而關軸焉」者，李氏如圭云：「桯，謂輁之兩旁木，如牀髀者。」方氏苞云：「輁狀如牀，前後横木，兩旁直木。」《廣雅》「桯，几也」，王氏《疏證》云：「桯，郭璞音刑。桯之言經也，牀前長几謂之桯，猶牀邊長木謂之桯。」然則桯爲輁兩旁長木矣。　段氏玉裁云：「著金關軸，與車鞏同制。」又云：「軹、軸皆通。」今案：軸是總名，車之用鞏在軸兩頭，則作軹爲是。　戴氏震云：「作軸譌也。」上篇「升棺用軸」，注：「軸，輁軸也。　輁狀如牀，軸其輪，輓而行。」下記「輁軸饌于西階東」，注：「輁軸饌於殯宫。　其二廟者，於禰亦饌輁軸焉。」是輁軸爲升棺遷祖之用。　若葬日載柩入壙，則用蜃車，不用輁軸矣。據上篇注云「軸其輪」，則輁軸有輪矣。　又云「輓而行」，則輁軸用人輓之，不用馬也。　前升棺是載棺於輁軸，而人輓之以升。

此遷祖是載柩於輁軸，自殯宮至祖廟，亦人輓之。方氏苞云：「下經『正柩于兩楹間，用夷牀』，亦人舉輁軸以升，而後遷於夷牀。故《雜記》諸侯升正柩，至五百人也。」云「大夫、諸侯以上有四周，謂之輴。天子畫之以龍」者，謂大夫、諸侯以上遷祖用輴，不用輁軸，《檀弓》「天子之殯也，菆塗龍輴」，鄭注「天子輴車畫轅爲龍」是也。輴與輁軸所以異者，輴上有四周，輁軸則無也。先大父《三禮札記》云：「注『大夫』二字疑是衍文。《檀弓》顏柳曰：『天子龍輴而椁幬，諸侯輴而設幬。』蓋天子、諸侯殯用輴車，故遷祖亦用輴車也。又曰：『三臣者，廢輴而設撥，竊禮之不中者也。』鄭注：『三臣於禮去輴，今有紼，是用輴，僭禮也。』故其注《喪大記》『君、大夫葬用輴，士喪用國車』，云：『大夫廢輴，此言輴，非也。輴皆當爲載以輇車之輇，聲之誤也。輇字或作團，是以又誤爲國。』據此二注，則鄭固不謂大夫有輴也。且大夫即有輴，當云『大夫以上』可矣，何必連言諸侯。以是知『大夫』二字，後人妄加之耳。」今案：此注誤衍「大夫」二字，在孔、賈時已然。孔《雜記》疏及賈此疏，謂天子、諸侯殯葬朝廟皆用輴，大夫殯葬不用輴，唯朝廟用輴。皆曲護此注。《雜記》疏又謂士殯不用輴，朝廟得用輁軸，若天子元士，葬亦用輁軸。本下經「茵先入」注。

重先，奠從，燭從，柩從，燭從，主人從。行之序也。主人從者，丈夫由右，婦人由左。以服之親疎爲先後，各從其昭穆。男賓在前，女賓在後。【疏】正義曰：重有銘，以表柩，故在先。秦氏蕙田云：「重與奠皆神所憑依，故遷祖以二者先柩而行也。」吴氏廷華云：「燭從，照奠及柩。柩從，燭從，柩前後有燭，慎也。」今案：《周禮·天府》「凡吉凶之事，祖廟之中沃盥，執燭」，鄭注：「凶事，后、王喪，朝於祖廟之奠。」此亦天子及后喪朝廟之證也。注云「行之序也」者，謂自殯宮行至廟之次序也。云「主人從者，丈夫由右，婦人由左」者，❶此本《王制》、《内則》之文。云「以服之親疎爲先後，各從其昭穆」者，姜氏兆錫云：「以服之親疎爲先後，即《文王世子》以喪服之精麤爲序也。各從其昭穆者，又序其尊卑也，如齊衰則首世叔父、次兄弟、次兄弟之子。餘類推之可見。」云「男賓在前，女賓在後」者，謂男賓在主人之前，女賓在主人之後也。敖氏云：「主人從，衆主人以下從，婦人從，女賓從，男賓在後。經但言主人從者，以其餘皆從可知也。」江氏筠云：「敖氏蓋以反哭之次序推之，説較有據。」方氏苞云：「注説、敖説皆未安。喪之女賓，乃姑姊妹、女子子已嫁及宗婦之以事相助者，皆宜與衆子婦偕行。賓及執事者當先俟於祖廟，則主人從柩，丈夫先、婦人後，自然之序也。」今案：言主人可以該衆主人及婦人，而不可以該賓。經但言主人從，不言賓從，則知從柩無賓。蓋啟殯時賓已前行，而俟於祖廟矣。方義爲長。**升自西階。**柩也。猶用子道，不由阼也。【疏】正義曰：注云「柩也」者，言此升是柩升也。云「猶用子道，不由阼也」者，生時用子道，升降不敢由阼階，今朝廟猶然，所謂「順死者之孝心」，此其一也。敖氏云：「升自西階，神之也。凡柩歸自外而入廟者，既小斂則升自阼階，未忍異於生也。既大斂，則升自西階。」案：敖此説以《曾子問》君薨而柩自外來者爲比擬，不知彼注明言殯宮，非入廟。且所謂神之者以子對柩言，此以柩對祖言，二者迥殊。仍從鄭義爲是。**奠俟于下，東面北上。**俟正柩也。【疏】正義曰：此即上「奠從」之奠也。俟于下，蓋在西階下，俟正柩乃升設也。敖氏云：「北上，則巾席在後也。」

❶「婦人」，原作「婦子」，今據《續清經解》本改。

記曰：『巾席從而降。』」**主人從升，婦人升，東面。衆主人東即位。**東方之位。【疏】正義曰：「衆主人東即位」，各本無「主」字。《校勘記》云：「唐石經有『主』字。敖氏曰：『東即位者，乃衆主人也。脱一主字耳，以記考之可見。』顧炎武曰：『當依石經。』」《經義述聞》云：「《士喪禮》全篇皆言『衆主人即位』、『衆主人復位』，無言『衆人』者。此文與上篇『衆主人東即位』同，故鄭注云『東方之位』。《通典》禮四十五正作『衆主人東即位』，當從唐石經。」今案：張氏《鄭注句讀》、吴氏《章句》、戴氏校《集釋》、盛氏《集編》皆據石經補「主」字，今從石經。○蔡氏德晋云：「此時男子唯主人升，而婦人則皆升者，以婦人當在堂上，觀下文『主婦及親者由足西面』可見也。衆主人東即位，謂衆主人從柩至西階下，遂向東階下即西面位也。」吴氏廷華云：「主人從升，立西階上，視正柩畢，乃東。下文『柩東西面』是也。婦人則俟設奠乃東。衆主人東即位，階下東方之位。」朱氏大韶云：「上篇言衆主人者十，下篇言衆主人者五，未有言衆人者。衆主人有二義：上篇於始死云『主人坐于牀東，衆主人在其後，西面』，注：『衆主人，庶昆弟。』記云：『户在室，有君命，衆主人不出。』此指衆子斬衰者也。於小斂云『衆主人免于房』，記云『衆主人布帶』，此指齊衰以下親也。此經『衆主人東即位』，統衆子及齊衰以下者也。其餘衆主人，皆與此經義同。」**正柩于兩楹間，用夷牀。**兩楹間，象鄉户牖也。是時柩北首。【疏】正義曰：用夷牀者，謂以輁軸載柩升堂，至正柩時則遷之于夷牀，與小斂侇尸于堂用牀同，不敢褻也。不用輁軸者，輁軸所以行也。《雜記》「諸侯升正柩，執紼五百人。大夫升正柩，執引者三百人」，有銜枚執鐸之禮。注云「兩楹間，象鄉户牖也」者，户西牖東，堂上正中之地，尊者所處也。此正柩于兩楹間，正是堂東西之中，象向户牖間尊者之位。云「是時柩北首」者，先時柩南首，至朝廟則當以首向之，故北首也。經言「兩楹間」，而注言「鄉户牖」，則士之室亦居中，而有左右房明矣。褚氏寅亮云：「賈欲回護士無西房之説，故指户牖間爲近西。若近西，不得云兩楹間也。」❶**主人柩東西面。置重如初。**如殯宮時也。【疏】正義曰：主人升視正柩畢，乃至柩東西面，故於此言之。婦人猶東面不改，故於升時言之。敖氏云：「柩東，明其近柩。」注云「如殯宮時也」者，謂置重如其三分庭一在南及北面也。**席升，設于柩西。奠設如初，巾之。升降自西階。**席設於柩之西，直柩之西，當西階也。從奠設如初，東面也。不統於柩，神不西面也。不設柩東，東非神位也。巾之者，❷爲禦當風塵。【疏】正義曰：「席」，毛本作「序」，誤。○席，奠席也。上云「重先，奠從」，故正柩畢置重，乃設奠也。此奠從柩而來，故注謂之「從奠」。升降自西階，謂奠者升降也。不升自阼階者，詳後設遷祖奠節。褚氏寅亮云：「此奠徹後乃設遷祖奠，徹遷祖奠後乃設祖奠，皆在同日。」注云「從奠設如初，東面也」者，李氏如圭云：「如於殯宮席前，東面也。殯宮設於奧，此設於柩西耳。」云「巾之者，爲禦當風塵」者，此無牲肉，亦巾之者，爲在堂有風塵，異於室也。《禮經釋例》云：「凡奠，小斂以前皆在尸東，大斂以後皆在室中，遷祖以後皆在柩西，既還車則在柩東。《士喪禮》始死奠于室中尸東，此始卒之奠也。小斂畢，奠于堂上尸東，此小斂之奠也。皆在尸東。大斂畢，乃奠，祝執巾席從，設于奧，東面。注：『自是不復奠于尸。室中西南隅謂之奧。』又云：奠由楹内入于室。

❶「楹」，原作「階」，今據《儀禮管見》改。
❷「之」，原重，今據《續清經解》本删。

此大斂之奠也。朝夕哭，乃奠，入如初設。注：『入，入于室也。』此朝夕哭之奠也。朔月奠，皆如初奠之儀。又云『其設于室，豆錯，俎錯』云云，此朔月之奠也。有薦新，如朔奠。此薦新之奠也。皆柩在西階上，而奠在室中。《既夕禮》：遷于祖，正柩于兩楹間畢，席升設于柩西，奠設如初。《既夕·記》：啟殯朝禰之儀，正柩畢，奠升設于柩西。此從柩而行之朝夕奠也，設于堂上柩西。《既夕禮》：質明徹畢，乃奠如初。李氏如圭云：『亦于柩西席前設之。』《既夕·記》：『徹，乃奠。』此徹去從奠，設朝廟之奠也，亦在堂上柩西。《既夕禮》：『載柩于車畢，降奠，當前束。』注：『當前束，猶當尸腢也，亦在柩車西。』《既夕·記》：朝祖廟後，卒束前而降奠，席于柩西。此從柩而降之朝廟奠也，設于堂下柩車西。《既夕禮》：徹奠，謂徹朝廟奠。乃祖。注：『還柩車向外，爲行始。』又云：『布席，乃奠如初。』此柩將行之祖奠也。葬日，徹者入，丈夫踊，設于西北。此徹祖奠也。又云：鼎入，乃奠。此大遣奠也。祖奠、大遣奠經不云設於何所，考《既夕·記》：『祝饌祖奠于主人之南，當前輅，北上，巾之。』敖氏繼公曰：『于主人之南，明其在車東也。』祖奠在柩車東，則大遣奠亦在柩車東矣。」《釋例》又云：「大斂以後奠于室者，既殯則以鬼神之禮事之。遷柩以後奠于柩者，蓋柩既離殯宮，則奠宜從柩，不能復設于殯宮之室也。」又云：「楊氏復曰：『喪奠之禮有三變：始死奠于尸東，小斂奠亦如之。既殯奠于室之奧，設席，東面。朝夕奠、朔月奠、薦新奠亦如之。啟殯入廟，席設于柩西，奠設如初。如初者，如室中之神席東面也。朝祖奠亦如之。降奠及祖奠、遣奠皆如之，但設于柩東爲異。』《既夕禮》：朝廟奠從席升設于柩西。注：『不設柩東，東非神位也。』竊謂小斂以前奠于尸東者，此時尸南首，奠在其右也。遷柩以後奠于柩西者，此時柩北首，奠亦在其右也。至還車向外後，柩復南首，故奠于柩東，仍在其右矣。楊氏及注説皆欠分明。又祖奠、大遣奠柩已南首，故此二奠在柩東。楊氏并謂降奠亦在柩東者，非也。此時柩尚北首，故注以爲在柩西也。」**主人踊無算，降拜賓，即位踊，襲。主婦及親者由足，西面。**設奠時婦人皆室户西，南面，奠畢乃得東也。親者西面，堂上迫，疏者可以居房中。【疏】正義曰：踊無算，既奠乃踊也。「降拜賓，即位踊」，即堂下位而踊也。《雜記》曰：「小斂、大斂、啟，皆辯拜。」襲者，主人自未啟殯前「入即位袒」，至是乃襲也。敖氏云：「即位亦在阼階下，襲亦在序東。婦人由足出于柩南也，西面于阼階上，亦南上。」○注「乃得東也」，嚴本「也」作「面」，《校勘記》云：「閩、葛、《通解》俱作『也』。」今案：經明云「西面」，注不當云「東面」，作「也」爲是。云「設奠時婦人皆室户西，南面，奠畢乃得東也」者，褚氏寅亮云：「注蓋謂婦人辟設奠者，而立於柩西北也。初升時在柩西，辟而稍北，不必由首。至奠畢主人降，則婦人向南行，由足而東矣。」今案：室之有東面房者，❶室户西正在堂之中，不在西北。鄭蓋以大夫、士無西房，室偏於西，故以爲室户西也。然與上「兩楹間象鄉户牖」之説相違矣。云「親者西面，堂上迫，疏者可以居房中」者，吴氏廷華《疑義》云：「經止言親者西面，則似疏者不西面，注所以有房中之説，據上始死親者在室，衆婦人在户外，注蓋準彼言之耳。説是也，但以堂上迫爲辭，則又似權宜之計，而非一定之理矣，未確。」今案：吴説是。疏者，謂小功以下也。

右遷柩朝祖

❶「面」，據文義，當作「西」。

薦車，直東榮，北輈。薦，進也。進車者，象生時將行陳駕也，今時謂之魂車。輈，轅也。車當東榮，東陳西上，於中庭。【疏】正義曰：自此至「送于門外」，言薦車馬設遷祖奠之事。賈疏云：「薦車者，以明旦將行，故豫陳車。」李氏如圭云：「北輈，鄉内也。」敖氏云：「北輈，以柩北首故耳。」○《校勘記》云：「注『陳駕也』，《集釋》無『也』字。」今案：各本俱有。「車當東榮」，嚴、徐「東」誤「采」。黄氏丕烈云：「李氏及單疏述注，俱作『東』。」今從之。　云「薦，進也」，《爾雅・釋詁》文。云「進車者，象生時將行陳駕也，今時謂之魂車」者，案：車即下記乘車、道車、稾車也。以生時將行陳駕，故進此車於庭而陳之，象生時也。此車平日所乘，靈魂憑之，故謂之魂車，蓋漢時有此名也。蔡氏德晋云：「敖氏謂此即遣車，非也。遣車乃是載遣奠之包牲者，即《檀弓》所云塗車也。」今案：《雜記》注云「大夫以上乃有遣車」，則士無也。此所薦之三車，殆《曲禮》所謂祥車耳，非遣車，亦非載柩之車。載柩之車，即下記「遂匠納車于階間」之車，所謂蜃車也。此不言者，文略。遣車，詳後「徹巾苞牲取下體」下。云「輈，轅也」者，《説文》：「轅，輈也。輈，轅也。」二字互訓。案：《考工記》輈人爲輈，❶車人爲大車之轅，是輈與轅别。今許、鄭以轅釋輈者，對文異，散則通也。云「車當東榮，東陳西上，於中庭」者，謂向東陳之，以西爲上，在庭南北之中而偏於東也。三車乘車爲首，據下經「陳明器于乘車之西」，則乘車在西，是西上也。

質明，滅燭。質，正也。【疏】正義曰：言質明滅燭，則自啟殯至薦車皆未明時事。云「質，正也」，詳《士冠禮》。

徹者升自阼階，降自西階。徹者，辟新奠。不設

---

❶ 下「輈」字，原作「轅」，今據《周禮・考工記》改。

序西南，已再設爲褻。【疏】正義曰：此徹從設之舊奠也。注云「辟新奠」者，爲將設遷祖奠，故徹之，是辟新奠也。云「不設序西南，已再設爲褻」者，此舊奠未啟殯前設之，至朝廟又設之，是已再設也。已再設而猶設於序西南，則瀆且褻矣，故不設也。設於序西南，爲求神於庭，詳上篇陳小斂奠「饌于東堂下」下。**乃奠如初，升降自西階。**爲遷祖奠也。奠升不由阼階，柩北首，辟其足。【疏】正義曰：注云「爲遷祖奠也」者，言此奠爲遷柩朝祖而設，故謂爲遷祖奠也。《周禮·喪祝》「及朝御匶乃奠」，鄭注：「奠，朝廟奠。」即此也。如初，謂亦柩西席前東面設之，如從奠也。但從奠止醴酒脯醢，此奠則有牲肉等物，故賈疏云：「其饌則異，以其上三鼎及東方之饌，皆如大斂奠是也。」云「奠升不由阼階，柩北首，辟其足」者，賈疏云：「辟足者，以其來往不可由首，又飲食之事，不可褻之由足，故升自西階也。」今案：凡奠皆升自阼階，降自西階。此及上設從奠經皆云「升降自西階」，故注釋之。詳上篇設小斂奠「夏祝及執事盥」下。**主人要節而踊。**節，升降。【疏】正義曰：注云「節，升降」者，謂以奠之升降爲踊節也。徹時升降亦然。此不言婦人踊者，上多言丈夫踊，丈夫爲對婦人之稱。此言主人，則可統主婦矣。詳上篇大斂奠節末。**薦馬，纓三就。入門，北面，交轡，圉人夾牽之。**駕車之馬，每車二匹。纓，今馬鞅也。就，成也。諸侯之臣，飾纓以三色而三成。此三色者，蓋絛絲也，其著之如罽然。天子之臣，如其命數。王之革路絛纓。圉人，養馬者。在左右曰夾。既奠乃薦馬者，爲其踐污廟中也。凡入門，參分庭，一在南。【疏】正義曰：馬北面，猶車之北輈也。交轡，鄭無注，敖氏云：「每馬兩轡，交轡而夾牽之，謂左人牽右轡，右人牽左轡也。」郝氏敬云：「以兩内轡交結，兩圉人左右各持外轡夾牽之。」今案：《周禮・序官》：「圉人，良馬匹一人，駑馬麗一人。」❶若如敖說，則一馬需二圉矣，恐未然。○《校勘記》云：「注『就成』二字，監本誤倒。『著』，《通典》作『飾』。『絛纓』，毛本作『絲絛』，嚴、徐、《通典》、《集釋》、《通解》、楊、敖作『絛纓』，與疏合。」今案：陳本亦作「絛纓」。「疋」，《集釋》作「匹」。　云「駕車之馬，每車二疋」者，士駕二馬也。乘車、道車、稾車，每車二匹，則六匹也。云「纓，今馬鞅也」者，姜氏兆錫云：「馬頸革曰鞅，以其當膺樊飾，故又謂之樊纓。注訓纓爲馬鞅，此也。但案《春秋傳》『拔劍斷鞅』，又晉有士鞅，鞅名非起於漢，蓋漢亦謂之鞅耳。」今案：《周禮・巾車》注：「鄭司農云：『纓謂當胸。《士喪禮》下篇曰：馬纓三就。禮家說曰纓當胸，以削革爲之。三就，三重三帀也。』玄謂纓，今馬鞅。」是後鄭不從先鄭及禮家說也。樊與纓是二物，《周禮疏》云：「樊爲馬大帶，纓是夾馬頸。」樊亦作繁，敖氏云：「馬有纓而無樊，蓋臣禮也。《春秋傳》仲叔于奚請繁纓以朝，孔子非之。」云「就，成也」，《爾雅・釋詁》文。云「諸侯之臣，飾纓以三色而三成。此三色者，蓋絛絲也，其著之如罽然」者，鄭注《巾車》謂玉路、金路、象路之樊及纓，皆以五采罽飾之，革路之樊及纓以絛絲飾之。此纓三就，亦以絛絲飾之，但其著之亦如罽然，故下即引「王之革路絛纓」爲證也。三色者，賈謂朱、白、蒼也。云「天子之臣，如其命數」，則似諸侯之大夫、士皆同不依命數矣。然士之三就與大夫同，殆攝盛耳。云「圉人，養馬者」，以圉人是養馬之官，故使牽之。《周禮・圉人職》曰：「凡喪紀，牽馬而入陳。」云「在左右曰夾」，必左右夾牽者，防奔軼也。云「既奠乃

❶「駑」，原作「駕」，今據《周禮・夏官・序官》改。

薦馬者，爲其踐污廟中也」者，以既奠乃薦，便其出，使不久停廟中，恐致踐污也。云「凡入門，參分庭，一在南」者，《集釋》作「二在南」，恐非。經唯言入門而不言門左門右，則敖氏以爲但没霤耳是矣，不必至中庭也。況置重即在參分庭一在南之處，詎可於是薦馬邪？**御者執策，立于馬後。哭成踊，右還，出。**主人於是乃哭踊者，薦車之禮成於薦馬。【疏】正義曰：盧氏文弨云：「張從陸作『筴』，石經及諸本俱作『策』。」○先大父《儀禮釋官》云：「御，御車也。士得乘兩馬車，故有圉人與御者，亦私臣也。」今案：執策立于馬後，象生時御車也。出，馬出也。敖氏云：「右還，西上也。」 注云「主人於是乃哭踊者，薦車之禮成於薦馬」者，車得馬而後能行也。敖氏云：「哭成踊，圉人與御者也。《雜記》曰：『薦馬者哭踊。』」褚氏寅亮云：「注指主人，爲是。《雜記》『薦馬哭踊』，亦指主人也。孔疏云：『馬是牽車爲行之物，今見進馬，是行期已至，故孝子感之而哭踊。』是也。」江氏筠云：「案：經於主人外，所特著哭踊者：上篇『朋友親襚，西階東北面哭踊三』，一也。君視斂節『君哭』及『君要節而踊』，二也。此篇『拾踊』中，賓亦在焉，而不特著自餘執事者，蓋皆以賤略之矣。如《喪大記》云『斂者既斂必哭』，經并不著，何獨於此著圉人與御者乎？」又云：「《雜記》云：『薦馬者哭踊出，乃包奠而讀書。』孔疏：『薦馬凡有三：柩至祖廟，爲遷祖之奠訖，乃薦馬，一也。日側祖奠之時，又薦馬，二也。明日設遣奠時，又薦馬，三也。此薦馬下云包奠而讀書，於《既夕禮》當第三薦馬之節。』然則圉御豈三次薦馬皆哭踊邪？」今案：此經不言主人，省文耳，褚氏、江氏之説是也。《雜記》曰「薦馬者哭踊出」，言見主人之哭踊而出也，與此經言「哭成踊右還出」同，蓋以哭踊爲出之節也。**賓出，主人送于門外。**【疏】正義曰：賓出，遷祖事畢也。李氏引呂氏云：「朝廟祖賓，送而不拜。」敖氏云：「送亦拜之。門，廟門也。」

右薦車馬設遷祖之奠

有司請祖期。亦因在外位請之，當以告賓。賓每事畢輒出。將行而飲酒曰祖。祖，始也。【疏】正義曰：自此至「屬引」，言將祖時先載柩設柩車之事。○敖氏云：「注『每』上更當有一『賓』字。」今案：《集釋》疊「賓」字，從之。「輒」，毛本誤作「徹」。　云「亦因在外位請之」者，因主人送賓在外而請之。亦，亦請啟期也。云「當以告賓」者，上請啟期曰「告于賓」，此經雖不言告賓，當亦告之。云「賓每事畢輒出」者，此釋上賓出之文，亦以明告賓之故也。云「將行而飲酒曰祖」，詳《聘禮·記》「出祖釋軷」下。生時將行有飲餞之禮，謂之祖，此死者將行設奠，亦謂之祖。《周禮·喪祝》注：「鄭司農云：『祖，謂將葬祖于庭，象生時出則祖也。』」云「祖，始也」者，《爾雅·釋詁》文。《喪祝》注云：「祖爲行始。」**曰：「日側。」**側，昳也。謂將過中之時。【疏】正義曰：主人荅有司之辭也。○《校勘記》云：「注，敖氏無『將』字，與疏合。」嚴本亦有。　云「側，昳也」者，段氏玉裁云：「當作『側，讀爲昃。昃，跌也』。漢人用跌不用昳。」今案：《説文》：「昃，日在西方時側也。」是側與昃通。昃又作昗，《廣雅·釋言》「昗，跌也」，王氏《疏證》云：「昗之言傾側，跌之言差跌也。《易》作『昃』，《士喪禮》下篇作『側』，《穀梁春秋經》作『稷』，并字異而義同。」案：段氏以昳爲跌，與《廣雅》合。然鄭注《周禮·司市》云：「日厎，昳中也。」則鄭未嘗不用昳。《説文》昳，《日部》新附字，注云「日厎也」。云「謂將過中之時」者，《易》曰「日中則昃」，《説文》曰「在西方時側也」，是側已過中，非將過中之謂。諸本有

「將」字，非，當從敖本。王氏士讓云：「祖奠以當夕奠，雖視常日之夕奠差早，然亦必待過中之節也。」**主人入祖，乃載，踊無算。卒束，襲。**祖，爲載變也。乃舉柩卻下而載之。束，束棺於柩車。賓出，遂匠納車於階間，謂此車。【疏】正義曰：「祖」，石經補缺誤作「袒」。○踊無算者，行益迫，痛益加。○《校勘記》云：「注『舉柩』上，嚴、徐、《通典》、《集釋》、楊、敖俱有『乃』字，與疏合。《通解》無。」毛本亦脱「乃」。云「祖，爲載變也」者，載謂載柩於車也。上遷祖正柩奠訖，主人即位踊襲，此入而復祖，故云「爲載變也」。云「乃舉柩卻下而載之」者，釋經「乃載」之文。賈疏云：「鄉柩在堂北首，今卻下以足鄉前，下堂載於車，故謂之爲卻也。」李氏云：「下柩於階間載之。」褚氏寅亮云：「復以軸降柩，自西階，載於車，此時柩仍北首。」是也。云「束，束棺於柩車」者，此載柩之車亦謂之柩車，詳下記「遂匠納車于階間」下。案：既載復束之，使不動也。上爲載而祖，卒束則載之事畢，故襲矣。**降奠，當前束。**下遷祖之奠也。當前束，猶當尸腢也，亦在柩車西。束有前後也。【疏】正義曰：《校勘記》云：「注『祖』，《通典》作『柩』。」今案：上經「乃奠如初」，注云「爲遷祖奠也」，諸本作「祖」是。云「下遷祖之奠也」者，謂移遷祖之奠於堂下。此奠從柩而降，有人執之，待束訖乃奠於柩旁，當束也。云「當前束，猶當尸腢也」者，李氏云：「下記始死『即牀而奠，當腢』，腢，肩頭也。」云「亦在柩車西」者，前奠於堂上在柩西，此奠於堂下在柩車西，故云「亦」，詳前「席升設于柩西」下。云「束有前後也」者，以束棺於車，必前後束之乃得安固，是有前束、有後束，故經云「當前束」也。《檀弓》孔疏云：「時柩猶北首，前束近北。」**商祝飾柩，一池，紐前䞓後緇，齊三采，無貝。**飾柩，爲設牆柳也。巾奠乃牆，謂此也。牆有布帷，柳有布荒。池者，象宮室之承霤，以竹爲之，狀如小車笭，衣以青布。一池，縣於柳前。士不揄絞。紐，所以聯帷荒，前赤後黑，因以爲飾。左右面各有前後。齊居柳之中央，若今小車蓋上蕤矣，以三采繒爲之，上朱、中白、下蒼，著以絮。元士以上有貝。【疏】正義曰：《周禮・喪祝》：「及祖，飾棺，乃載。」飾棺，即飾柩也。鄭注：「其序，載而後飾，既飾當還車向外。」據此經飾在載後也。《喪祝》又曰：「凡卿大夫之喪，掌事而斂飾棺焉。」然則此商祝飾柩，爲公家之臣來給事者明矣。又《巾車》「小喪，共匶路與其飾」，注：「匶路，載柩車也。飾，棺飾也。」案：《說文》：「柩，棺也。籀文柩作匶。」匶即柩字，棺與柩亦同義。○注「衣以青布」，毛本「布」誤「白」。云「飾柩，爲設牆柳也」者，此言飾柩之事。《周禮・縫人》注云：「孝子既啟見棺，猶見親之身。既載，飾而以行，若存時居於帷幕而加文繡。」《喪大記》注云：「飾棺者，以華道路及壙中，不欲衆惡其親也。」此釋所以飾棺之義也。云「巾奠乃牆」，下記文。牆即飾棺，故云「謂此也」。《檀弓》「飾棺牆」，注云：「牆之障柩，猶垣牆障家。」云「牆有布帷，柳有布荒」者，《喪大記》曰「士布帷布荒」，鄭注：「荒，蒙也。在旁曰帷，在上曰荒。士布帷布荒者，白布也。君、大夫，加文章焉。」案：《喪大記》「大夫畫帷畫荒，火三列，黼三列。君龍帷黼荒，火三列，黼三列」，《漢禮器制度》「天子龍火黼黻，皆五列」，是其加文章之事。又《大記》言君「素錦褚，加帷荒」，大夫同，注謂「大夫以上有褚，以襯覆棺，乃加帷荒于其上」。此則士亦當有之，但不必用素錦耳。《釋名》：「其蓋曰柳，亦曰鼈甲，似鼈甲然也。其旁曰牆，似屋牆也。」是皆以在上爲柳，在旁爲牆也。《周禮・縫人》「衣翣柳之材」，鄭注：「必先纏衣其材，乃以張飾也。柳之言聚，諸飾之所聚。」《檀弓》「周人牆置翣」，鄭注：「牆，柳衣也。」《喪大記》注亦云：「帷荒，皆所以衣柳也。」又似與此注異者，李氏云：「對言之，則帷爲牆，象宮室之牆壁；荒爲柳，謂諸采之所聚。通言之，則帷荒總名柳，『衣翣柳之材』是也。亦總名牆，『巾奠乃牆』是也。」今案：據《縫人》言「翣柳之材」，則柳是縛木爲格，覆於棺上，帷荒皆縫合於柳，但荒在柳上，帷則垂於四旁，有似於牆，故又名牆耳。云「池者，象宮室之承霤，以竹爲之，狀如小車笭，衣以青布」者，《檀弓》曰「池視重霤」，鄭注：「如屋之有承霤也。以竹爲池，衣以青布，縣銅魚焉。」《喪大記》注亦云：「池以竹爲之，如小車笭，衣以青布。柳象宮室，縣池於荒之爪端，若承霤然云。君大夫以銅爲魚，縣於池下。」今案：縣魚，據大夫以上言也。士無魚，其池之制則同。笭與軨通，《說文》：「笭，車笭也。軨，車轖間橫木也。」《釋名》：「笭，橫在車前，織竹作之，孔笭笭也。」此柳車之池，與小車之笭相似，故鄭據以曉人也。云「一池，縣於柳前」者，《喪大記》「君三池，大夫二池，士一池」，孔疏謂天子四面四池；諸侯三，闕於後；大夫二，前後各一；士一池，唯在前也。云「士不揄絞」者，《雜記》曰「大夫不揄絞，屬於池下」，鄭注：「謂池飾也。揄，揄翟也。采青黄之間曰絞。屬，猶繫也。人君之柳，其池繫絞繒於下，而畫翟雉焉，名曰振容，又有銅魚在其間。大夫去振容，士去魚。」案：大夫不揄絞，明士亦然，故云「士不揄絞」也。《喪大記》則云「士揄絞」者，蓋鄭所見本「揄絞」上有「不」字，後脱耳。孔疏謂士揄絞，明大夫亦揄絞，但大夫不以揄絞屬於池下爲振容。似屬曲說。云「紐，所以聯帷荒，前赤後黑，因以爲飾。左右面各有前後」者，《喪大記》注亦云：「紐，所以結連帷荒者。」孔疏：「荒在上，帷在旁，屬紐以結之，與束棺屬披之紐別也。」經，赤色。緇，黑色。經云「前經後緇」，鄭恐人疑前後各一，故注云「左右面各有前後」，明當有四紐也。《喪大記》曰：「士纁紐二，緇紐二。」纁亦赤也。《喪大記》又曰：「君纁紐六。大夫纁紐二，玄紐二。」士變玄爲緇，而數與大夫同。云「齊居柳之中央，若今小車蓋上蕤矣」者，鄭注《喪大記》亦云：

「齊象車蓋蕤，縫合雜采爲之，形如瓜分然。」聶氏崇義云：「齊者，謂在荒之上，當柳之中央，形圓，如車蓋上蕤矣。漢之小車，蓋上有三采齊，高三尺，徑二尺餘。或曰齊如今之轎頂然。」云「以三采繒爲之，上朱、中白、下蒼」者，謂以三采繒爲齊也，朱、白、蒼，本《聘禮・記》。《喪大記》疏則謂三采爲絳、黃、黑，未詳何據。云「著以絮」者，謂以絮著齊中，使之高起也。云「元士以上有貝」者，此經爲下士無貝，而《喪大記》云：「君齊五采，五貝。大夫齊三采，三貝。士齊三采，一貝。」故鄭謂元士以上也。又《喪大記》士有畫翣二，詳後「杖笠翣」下。**設披。**披，輅柳棺上，貫結於戴，人居旁牽之，以備傾虧。《喪大記》曰：「士戴前纁後緇，二披用纁。」今文「披」皆爲「藩」。【疏】正義曰：《校勘記》云：「注『輅』，《通典》、《集釋》作『絡』。」案：『輅』、『絡』古字通。」今案：「居」毛本誤「君」，「傾」下毛本脱「虧」字，今俱從嚴、徐各本。○《檀弓》孔子之喪兼用三代禮，而云：「設披，周也。」則設披之制，豈前此未有，自周始歟？云「披，絡柳棺上，貫結於戴」者，戴見《喪大記》，彼注云：「戴之言值也，所以連繫棺束與柳材，使相值，因而結前後披也。」《周禮・司士》「作六軍之士執披」，鄭注「披有紐以結之，謂之戴」是也。案：《喪大記》注言棺束，乃三衽三束之束，非謂上束棺於車之束也。云「人居旁牽之，以備傾虧」者，《說文》：「從旁持曰披。」《釋名》：「兩旁引之曰披。披，擺也。各於一旁引擺之，備傾倚也。」《檀弓》注：「披，柩行夾引棺者。」《喪大記》孔疏云：「若牽車，登高則引前，適下則引後，敧左則引右，敧右則引左，使車不傾覆也。」云「《喪大記》曰：士戴前纁後緇，二披用纁」者，引以證士披與戴之制也。彼記云：「君纁戴六，纁披六。大夫戴前纁後玄，披亦如之。」是有披即有戴。蓋戴以帛貫棺束之皮紐，而連繫於柳，使相值堅固。披以帛橫絡棺上，而以兩頭貫穿戴之連結棺束者，出其餘使人持之。二者相資爲用也，此經不言戴者，以有披則有戴可知也。其披數，《司士》注：「鄭司農云：『天子旁十二，諸侯旁八，大夫六，士四。』」後鄭不從，謂「結披必當棺束，於束繫紐。天子、諸侯載柩三束，大夫、士二束」。又引《喪大記》「君纁披六」，謂「圍數兩旁言六耳，其實旁三」。然則鄭意殆謂棺三束者，披亦兩旁各三；棺二束者，披亦兩旁各二。《喪大記》「君棺三衽三束，大夫、士二衽二束」，故孔疏云：「士二披用纁者，據一邊云二披，若通兩旁則亦四披，與大夫同也。」案：《司士》注「於束繫紐」，是屬披之紐，非聯帷荒之紐也。云「今文『披』皆爲『藩』」者，胡氏承珙云：「賈疏：『言皆者，此文披及下文商祝御柩執披，并下記執披者，三字皆爲藩。』惠氏棟曰：『《十月之交》云蕃維司徒，《古今人表》蕃作皮。魯國有蕃縣，應劭曰蕃音皮。案：披从手皮聲，古音皮與蕃同，蕃又與藩通。故今文披皆爲藩，聲之誤也。』案：鄭不言『藩』爲誤字，以『披』音既同『藩』，即作『藩』字，義亦可通，似非聲誤。惟《司士》、《檀弓》、《喪大記》字皆作『披』，故從古文。」

屬引。 屬，猶著也。引，所以引柩車，在軸輴曰紼。古者人引柩。《春秋傳》曰：「坐引而哭之三。」【疏】正義曰：《校勘記》云：「注『坐引』下，《通典》有『者』字。案：『者』字似不可省。」云「屬，猶著也」者，謂以引著於車也。吴氏廷華云：「謂屬著於輅。❶下經『前輅』，疏云『輅者，用木縛柩車轅上，以屬引於上而挽之』是也。」吴氏紱云：「横縛於轅，以屬引者，曰輅。以長繩屬輅兩端，而人引之，曰引。」今案：柩車有前後轅、前後輅，詳下記「遂匠納車于階間」下。云「引，所以引柩車，在軸輴曰紼」者，《周禮・大司徒》「大喪，帥六鄉

❶ 「屬」，《儀禮章句》無。

之衆庶，屬其六引」，鄭司農云：「六引，謂引喪車索也。」軸輴，詳上「遷于祖用軸」下。鄭意蓋謂葬時引柩車至壙者謂之引，其他棺索謂之紼。紼亦作綍，《喪大記》注「在棺曰綍，行道曰引」是也。敖氏云：「凡引，天子用六，諸侯四，大夫、士二。」案：六引經有明文，餘蓋據《喪大記》「君葬四綍，大夫、士二綍」推之歟？《檀弓》曰：「弔於葬者，必執引。若從柩及壙，皆執紼。」鄭注：「示助之以力。車曰引，棺曰紼。從柩，贏者。」孔疏：「凡執引用人，貴賤有數。若其數足，則餘人不得遥行，皆散而從柩也。至壙，下棺窆時，則不限人數，皆悉執紼，示助力也。」又云：「引者，長遠之名，故在車，車行遠也。紼是撥舉之義，故在棺，棺唯撥舉，不長遠也。云『從柩，贏者』，贏，餘也，從柩者是執引所餘人也。何東山云：『天子千人，諸侯五百人，大夫三百人，士五十人。贏，數外也。』」云「古者人引柩」者，謂古者柩車用人引之，不用馬也。李氏云：「人引柩，所謂乘人也。《雜記》曰：『士喪有與天子同者三：其終夜燎，及乘人，專道而行。』專道，謂行不辟人。」云「《春秋傳》曰：『坐引而哭之三。』」者，此《左傳》文，引之以證人引也。定九年《傳》：「齊侯伐晋夷儀，敝無存死之，得其尸，與之犀軒與直蓋，而先歸之。坐引者，以師哭之，親推之三。」此鄭所引略，或此注傳寫，更多脱字也。

右將祖時先載柩飾柩車

陳明器于乘車之西。明器，藏器也。《檀弓》曰：「其曰明器，神明之也。」言神明者，異於生器，「竹不成用，瓦不成味，木不成斵，琴瑟張而不平，竽笙備而不和，有鐘磬而無簨虡」。陳器於乘車之西，則重北也。【疏】正義曰：自此至「燕器杖笠翣」，言陳器與葬具之事。乘車，即上薦車直東榮者。薦車有乘車、道車、槀車三者，其陳之乘車在西，而明器又在乘車之西，故經云然也。○《校勘記》云：「注『筍』，《集釋》作『簨』。『簴』，嚴、徐、《集釋》作『虡』，毛本作『簴』。案：《説文》『虡』字在《虍部》，不从竹。『重』下，嚴、徐、《通典》、《集釋》、《通解》俱無『之』字，與單疏述注合。楊氏及毛本有。」今從嚴本。云「明器，藏器也」者，謂藏於壙中之器，下文苞筲以下皆是。云「《檀弓》曰：『其曰明器，神明之也。』」者，引以證明器也。又云「言神明者，異於生器」者，此鄭申言《檀弓》「神明」之義。生器，生人之器也。彼注云：「言神明死者也。神明者非人所知，故其器如此。」《釋名》：「送死之器曰明器，神明之器，異於人也。」自「竹不成用」至「有鐘磬而無簨虡」，皆《檀弓》文，鄭引以證明器之制也。彼注云：「成，猶善也。竹不可善用，謂籩無縢。味，當作沬。沬，靧也。不平、不和，無宮商之調。無簨虡，不縣之也。橫曰簨，植曰虡。」吴氏廷華云「明器視用器沽而小」，蓋本《周禮·司裘》注「凡爲神之偶衣物必沽而小」言也。《檀弓》又曰：「孔子謂爲明器者知喪道矣，備物而不可用也。哀哉，死者而用生者之器也，不殆於用殉乎哉？」又曰：「塗車、芻靈自古有之，明器之道也。」鄭注：「芻靈，束茅爲人馬，言與明器同。」今案：言「備物而不可用」，即「竹不成用」之類是也。《荀子》曰：「具生器以適墓，象徙道也。略而不盡，貌而不功，明不用也。」《檀弓》又曰：「仲憲言於曾子曰：『夏后氏用明器，示民無知也。殷人用祭器，示民有知也。周人兼用之，示民疑也。』曾子曰：『其不然乎，其不然乎。夫明器，鬼器也。祭器，人器也。夫古之人，胡爲而死其親乎？』」鄭注：「言仲憲之言，三者皆非。此或用鬼器，或用人器。」崔靈恩云：「此王者質文相變耳。」《檀弓》又曰：「宋襄公葬其夫人，醯醢百甕。曾子曰：『既曰明器矣，而又實之。』」鄭注：「言名之爲明器，而與祭器皆實之，是亂鬼器與人器。」孔疏：「案：《既夕禮》『陳明器』後云『無祭器』，鄭云：『士禮略也。大夫以上，兼用鬼器與人器。』若此，大夫、諸侯竝得人鬼兼用，則空鬼而實人，故鄭云『與祭器皆實之，是亂鬼器與人器也』。士既無人器，則亦實明器，故《既夕禮》云『甕三：醯，醢，屑』，又云『甒二：醴，酒』也。」云「陳器於乘車之西，則重北也」者，李氏云：「薦車陳於南北之中庭，重三分庭一在南，明器陳於乘車之西，知在重北。」敖氏云：「陳於車西，其在東堂之南與？」❶褚氏寅亮云：「明器之陳，以象入壙，應在中庭，豈宜偏東？當依注在重北爲是。明器既在重北，則下徹奠往來之節，亦當如注説矣。」今案：褚説是也。**折，横覆之。** 折猶庪也，方鑿連木爲之。蓋如牀，而縮者三，横者五，無簀。窆事畢，加之壙上，以承抗席。横陳之者，爲苞筲以下綪於其北，便也。覆之，見善面也。【疏】正義曰：敖氏云：「自抗木至茵，亦後用者先陳。此折之用，在抗木之前，乃首陳之者，以其差重大於抗木，故特異之歟？」王氏士讓云：「首陳之者，爲其在棺飾之上，最親於棺。」今案：棺入壙後加折於上，席在折上，而抗木又在席上。自折至茵，非明器而與明器類陳者，以其皆爲入壙之物也。注云「折猶庪也」者，庪同庋，《玉篇》：「庋，閣也。」《爾雅》：「祭山曰庪縣。」李巡云：「祭山以黄玉以璧，庪置几上。」是庪與閣置同。此折止加抗席、抗木，有庪置之義，故云「折猶庪也」。云「方鑿連木爲之」者，謂以木一大片，中鑿方格，分縱横之形，而木仍連而不斷也。或改方鑿連木爲方鑿横木，不知折之制甚古，鄭説必有所受，未可臆改也。云「蓋如牀，而縮者三，横者五，無簀」者，此無正文，故云「蓋」，爲疑辭。賈疏云：「以經云横，明有縱對之。既

---

❶ 「與」，原作「云」，今據《儀禮集説》改。

爲縱横，即知有長短廣狹，以承抗席，故爲如牀解之。又知縮者三、横者五，以折承抗席，宜大於抗木，故知縮三横五也。知無簀者，以其縮三横五，以當簀處，故無簀也。」今案：《雜記》曰：「甕甒筲衡實見間，而后折入。」《釋文》：「折形如牀，無足也。」敖氏謂折未必有縮者，褚氏寅亮云：「凡棺之承于下、覆于上者，皆有縱有横，何獨於折而有横無縱？敖説非也。」云「窆事畢，加之壙上，以承抗席」者，據下經柩入壙「加折卻之，加抗席覆之」，是折以承抗席也。《雜記》注亦云：「折，承席也。」云「横陳之者，爲苞筲以下䋫於其北，便也」者，此釋經横字爲横陳之也。折蓋縱長而横短，故横陳之則東西長，而其北可容明器之陳，故云「便也」。䋫，即下經所謂綪也。云「覆之，見善面也」者，李氏云：「折加於壙，其善面下鄉於棺，今覆之，而以善面鄉上，取觀之便也。」今案：折之爲器，以善面在下爲仰，善面在上爲覆，故下經云「加折卻之」，卻謂仰也。郝氏敬解覆爲仰置之，則混覆於卻，其説有難通矣。**抗木，横三縮二。**抗，禦也，所以禦止土者。其横與縮，各足掩壙。【疏】正義曰：李氏云「抗木陳於折西」是也。賈疏以爲陳于折北，非。吴氏廷華云：「此不言折，則在折西也。」 注云「抗，禦也」者，《小爾雅》文。云「所以禦止土者」，以抗木之上，即加土爲冢，故云「禦止土」，使不陷入壙也。《荀子》曰：「抗折，其須以象槾茨、番、閼也。」楊倞注：「抗，所以禦土。折，所以承抗木。」此云「其横與縮，各足掩壙」者，壙當縱長而横狹，此横三縮二，亦縮長而横狹，蓋抗木横縮之大小，必取足以掩壙也。《喪大記》注云：「抗木之厚，蓋與椁方齊。」❶天子五重，上公四重，諸侯三重，大夫再重，

---

❶「椁」，原作「棺」，今據《禮記·喪大記》鄭注改。

士一重。」孔疏：「椁繞四旁，抗木在上，俱在于外，故厚薄齊。天子五重以下，據抗木之數言之。每一重縮二在下，横三在上。」今案：此經云「横三縮二」，是士止一重也。**加抗席三。**席，所以禦塵。【疏】正義曰：抗木不言加，明别陳之。抗席次抗木後，而云加，則是加於抗木之上也。下云「加茵」，則又加於席上也。三，謂三重也。敖氏云：「每席之長，亦與壙齊。」吴氏紱云：「抗木在上，即椁之蓋也。一縱一横以掩壙，取固密也。抗席，其用葦若萑歟？廣輪與抗木齊。必三重，取周疊也。」　注云「席，所以禦塵」者，賈疏云：「抗木在上，故云禦土。抗席在下，隔抗木，慮有塵鄉下，故云禦塵。」今案：抗之言禦，以其禦土禦塵，故木曰抗木，席曰抗席也。**加茵，用疏布，緇翦，有幅，亦縮二横三。**茵，所以藉棺者。翦，淺也。幅，緣之。亦者，亦抗木也。及其用之，木三在上，茵二在下，象天三合地二，人藏其中焉。今文「翦」作「淺」。【疏】正義曰：李氏云：「加者，又加於抗席上也。古之爲椁，累木於棺之四旁，而上下不周，棺之下藉以茵，其上加以折，次加抗席，次加抗木，故今亦重累陳之。後陳者先用，故窆時茵先入也。折不加於抗上者，爲其長大，故别陳之。」　注云「茵，所以藉棺者」，茵在棺下爲之藉，使棺不親土也。茵用疏布，謂用大功麤疏之布爲之。茵有著，下記云「茵著用荼，實綏澤焉」是也。云「翦，淺也」者，案：《周禮·巾車》「前樊鵠纓」，鄭注：「前，讀爲緇翦之翦。翦，淺黑也。」《考工記·鮑人》「則是以博爲帴也」，注：「鄭司農云：『帴，讀爲翦。』玄謂翦者，如俴淺之淺。」案：「俴淺」本《詩·小戎》傳。翦與淺同。緇翦，即淺緇色也。云「幅，緣之」者，蓋鄭解有幅爲有緣邊也。李氏云：「不去邊幅，縫合爲袋，更以物緣固邊縫，因爲飾也。」敖氏云：「或曰有幅謂繚縫之而不削幅也，❶未知是否。」云「亦者，亦抗木也」者，謂縮二横三，與抗木數同，故云「亦」也。云「及其用之，木三在上，茵二在下，象天三合地二，人藏其中焉」者，張氏爾岐云：「茵設壙中，先布横三，乃布縮二。厝柩後，施抗壙上，先用縮二，乃用横三。注云『木三在上，茵二在下』，據既設後人所見而言也。其實抗茵皆三者在外，二者在内，如渾天家地之上下周匝皆有天也。故賈疏云：『木與茵皆有天三合地二。』」褚氏寅亮云：「張説最精，蓋棺下茵，棺上木，注俱指其在上一重言之。」先大父《三禮札記》云：「案：經文上抗木言横三縮二，此茵言縮二横三，明抗木則横三在上，縮二在下，茵則縮二在上，横三在下，張説確不可易。《禮器》：『天子葬五重八翣，諸侯三重六翣，大夫再重四翣。』鄭注：『天子葬五重者，謂抗木與茵也。葬者抗木在上，茵在下。』亦引此經爲證，云『此士之禮一重者』。孔疏引皇氏云：『抗木上横三，下縮二。以其在上象天，天數奇，故上三也。下象地，地數耦，故下二也。茵則上直二，下横三。茵既在下，下法地也。上數二象地，下數三象天，以天三合地二，人中央也，故鄭注《士喪禮》下篇云：謂天三合地二，人藏其中焉。』案：皇説似即張説所本，而孔疏乃謂皇與鄭違，失之矣。」云「今文『翦』作『淺』」者，胡氏承珙云：「『翦』可訓淺，不當即作『淺』字。今文『翦』作『淺』，乃以訓詁字代，故鄭不從。」**器，西南上，綪。**器，目言之也。陳明器，以西行南端爲上。綪，屈也。不容，則屈而反之。【疏】正義曰：注云「器，目言之也」者，上言葬器，此下乃言明器，故特言器，以爲目也。云「陳明器，以西行南端爲上」者，謂以最西一行之南頭爲上，

❶「繚」，原作「轑」，今據《儀禮集説》改。

故云「西南上」也。云「緒，屈也。不容，則屈而反之」者，謂自南至北，一行不能容，則即屈而轉，由北至南陳之，更爲一行也。據經云「西南上」，則或三行、五行，皆自西屈而東，要取方而已。「緒，屈」，義詳上篇「陳襲事于房中西領南上不緒」下。**茵。**茵在抗木上，陳器次而北也。【疏】正義曰：注云「茵在抗木上，陳器次而北也」者，抗木在折之西，上加席與茵，而茵最在上，故舉茵言之，以包抗席、抗木也。茵在西行之南，陳器繼茵而北，故上已言茵，而復言於此，以見陳器之序也。**苞二。**所以裹奠羊豕之肉。【疏】正義曰：奠，謂遣奠。下云「苞牲，取下體」，又云「不以魚腊」，則知苞二者，一以裹羊肉，一以裹豕肉也。苞以葦爲之，詳下記。段氏玉裁云：「《毛傳》曰：『苞，本也。』此苞字之本義。假借爲包裹字，經典皆然。近時凡訓包裹者，皆徑改爲包，郭忠恕之説誤之也。」**筲三，黍、稷、麥。**筲，畚種類也。其容蓋與簋同一觳也。【疏】正義曰：筲三，蓋盛黍稷麥，三者各一也。注云「筲，畚種類也」者，畚以盛土，亦以盛種。《説文》：「畚，蒲器也。所以盛種。从甶弁聲。」《周禮·挈壺氏》「挈畚以令糧」，鄭注：「畚，所以盛糧之器。」此筲以盛黍稷麥，與畚盛種同，故云「畚種類也」。云「其容蓋與簋同一觳也」者，《周禮》「旊人爲簋，實一觳」，又云「豆實三而成觳」，鄭注：「豆實四升。」云三而成觳，則容斗二升矣。此茵與簋同，鄭注《論語》「斗筲之人」，亦云「筲容斗二升也」。《廣雅》「筲，篨也」，王氏《疏證》云：「篨，即筥字也。」又云：「《論語》斗、筲竝言，則筲與斗不同量。《文選·王命論》注引《漢書音義》筲受一斗，失之。」今案：鄭注《論語》云：「筲，竹器。」此筲則以菅草爲之，詳下記。**罋三，醯、醢、屑，冪用疏布。**罋，瓦器，其容亦蓋一觳。屑，薑桂之屑也。《内則》曰：「屑桂與薑。」冪，覆也。今文「冪」皆作「密」。【疏】正義曰：《校勘記》云：「『罋』，《釋文》、聶氏俱作『甕』。『冪』，《通典》作『鼏』，注及下同。《釋文》作『幂』，云『本又作鼏』。」今案：唐石經及各本俱作「罋」作「幂」，從之。「罋」，《說文》作「甖」，段氏注云：「俗作甕。」○罋三，以盛醯醢屑三者也。　注云「罋，瓦器，其容亦蓋一穀」者，《說文》「罋」字在《缶部》，缶，瓦器也。　其容一穀，蓋亦容斗二升，與上筲同，故云「亦」也。《聘禮》歸饔餼云「醯醢百罋」，是罋盛醯醢也。　云「屑，薑桂之屑也。《內則》曰：『屑桂與薑。』」者，《荀子・儒效篇》注云：「屑，雜碎衆多之貌。」以《內則》有「屑桂與薑」之文，故知爲薑桂之屑也。《檀弓》曰：「喪有疾，食肉飲酒，必有草木之滋焉，以爲薑桂之謂也。」生人尚滋味，食用薑桂，此送死如生，故有醯有醢有屑也。　云「幂，覆也」者，謂以疏布爲罋之覆也。　云「今文『幂』皆作『密』」者，胡氏承珙云：「《禮經》今文或『鼏』或『幂』，無作『密』者。　唯古文多作『密』，乃同音假借，鄭所不從。　然則此注『今文』，當亦『古文』之誤。」**甒二，醴、酒，幂用功布。**　甒亦瓦器。　古文「甒」皆作「廡」。【疏】正義曰：甒二，以盛醴酒各一也。　此醴用稻米爲之，《雜記》曰：「醴者，稻醴也。」李氏云：「罋甒有幂者，溼物也。」蔡氏德晉云：「疏布，大功之布。　功布，則小功之布也。」○注「瓦器」下，毛本無「也」字。《校勘記》云：「嚴、徐、聶氏、《集釋》、《通解》、楊氏俱有。」　云「甒亦瓦器也」者，承上罋瓦器言也。　聶氏云：「甒容受宜與罋同，中寬下直，不鋭平底。　其罋下鋭，與甒爲異。」「古文『甒』皆作『廡』」，詳《士冠禮》「側尊一甒醴」下。　**皆木桁，久之。**　桁，所以庋苞筲罋甒也。　久，當爲灸。　灸，謂以蓋案塞其口。　每器異桁。【疏】正義曰：《校勘記》云：「注，《通解》無『案』字，疏有『案』字。」　云「桁，所以庋苞筲罋甒也」者，庋義詳前「折横覆之」下。《雜記》曰「罋甒筲衡」，鄭注：「衡當爲桁，所以庋罋甒之屬。」孔疏：「以大木爲桁，置於地，庋舉罋甒之屬。」聶氏云：「阮氏梁正等圖云：『桁制若今之几，狹而長，以承藏具。』」云「久，當爲灸。灸，謂以蓋案塞其口」者，詳上篇設重節「冪用疏布久之」下。云「每器異桁」者，謂苞筲甕甒四器藏於壙時，一器一桁庪之也。久承皆言，則似四者皆有蓋。甕甒溼物，則又有冪耳。或曰：久之指木桁言，桁如几，有足跗，故云「灸之」，當讀如《考工記》「廬人灸諸牆」之「灸」。未知是否。以上皆食器也。朱子曰：「苞筲甕以盛羊豕五穀酒醯醢，雖古人不忍死其親之意，然實非有用之物，且脯肉腐敗，生蟲聚蟻，尤爲非便，雖不用可也。」**用器，弓矢、耒耜、兩敦、兩杅、槃匜。匜實于槃中，南流。**此皆常用之器也。杅盛湯漿。槃、匜，盥器也。流，匜口也。今文「杅」爲「桙」。【疏】正義曰：《校勘記》云：「『杅』，監本誤作『杆』，注同。又注『杅爲桙』，『爲』《要義》作『作』。」注云「此皆常用之器也」者，謂自弓矢至槃匜，皆生時常用之器也。《周禮·司弓矢》「大喪共明弓矢」，鄭注：「弓矢，明器之用器也。」亦引此經爲證。敖氏云：「耒耜，田器也。耜以起土，耒其柄也。此有爵矣，乃以耒耜爲用器，爲其有圭田故也。圭田者，主人所親耕以共祭祀之齍盛者也。」今案：《明堂位》注云：「敦，黍稷器。兩敦，士制也。」云「杅盛湯漿」者，《公羊》宣十二年傳「古者杅不穿」，何注：「杅，飲水器。」與鄭此注合。若《玉藻》「出杅」，鄭注：「杅，浴器也。」則與此別。蓋盛水漿謂之杅，而浴器亦謂之杅，名同而器異也。云「槃、匜，盥器也。流，匜口也」者。詳《士虞禮》「匜水錯于槃中南流」下。云「今文『杅』爲『桙』」者，胡氏承珙云：「『杅』，《說文》作『盂』，云：『飯器也。』《急就篇》作『杅』，云：『楕杅槃案桮閜盌。』《禮記·內則》『敦牟卮匜』，『牟』即『杅』。《禮記》從今文，故作『牟』，鄭云：『牟讀曰堥。敦牟，黍稷器也。』孔疏引《隱義》曰：『堥，土釜也。今以木爲器，象土釜之形。』蓋杅本飲食之器，以其形象土釜之堥，故得牟名。」今案：《後漢書·禮儀志》注引鄭此注亦作「牟」，是「牟」與

「杅」通，後加木旁作「桙」。鄭以「杅」爲正字，故從古文，不從今文也。《釋文》云：「杅，本又作芋。」則「杅」之異體矣。**無祭器。** 士禮略也。大夫以上，兼用鬼器、人器也。【疏】正義曰：或謂明器中本無祭器，故發其例於此，非士無而大夫以上有也。案：此則與《檀弓》「周人兼用之」之説不合，當以鄭注爲是，詳前「陳明器于乘車之西」下。**有燕樂器可也。** 與賓客燕飲用樂之器也。【疏】正義曰：《鄉飲》、《鄉射》有升歌笙入諸節，士生時得與焉，則與賓客燕飲之樂器，當亦有之。但云「可也」，則許用而不必定用也。李氏云：「《周禮》笙師、鎛師、籥師、眡瞭，大喪廞樂器，及葬奉而藏之。」**役器，甲、胄、干、笮。** 此皆師役之器。甲，鎧。胄，兜鍪。干，楯。笮，矢箙。【疏】正義曰：《校勘記》云：「箙，楊氏作『服』，陸氏曰：『箙，本又作服。』案：經傳多假『服』爲『箙』。」 注云「此皆師役之器」者，謂生時遇有師役之事所用之器也。《周禮・司兵》「大喪廞五兵」，鄭注：「廞，興也。興作明器之役器五兵也。」亦引此經爲證。云「甲，鎧」者，《周禮・序官・司甲》注：「甲，今之鎧也。」《説文》「鎧，甲也」，段氏注云：「古曰甲，漢人曰鎧。」《釋名》：「甲，似物有孚甲，以自禦也。鎧，猶塏也。塏，堅重之言也。」《廣雅》「甲，鎧也」，王氏《疏證》云：「凡甲聚衆札爲之，謂之旅。上旅爲衣，下旅爲裳。《考工記》『函人爲甲，權其上旅與其下旅，而重若一』，宣十二年《左傳》『得其甲裳』是也。」云「胄，兜鍪」者，此胄與胄子之胄别。胄子之胄下從肉，作月。甲胄之胄下從冃，❶冃音冒，即今之帽字也。《説文》「胄，兜鍪也」，段氏注云：「《兜部》兜下曰：『兜鍪，首鎧也。』案：古謂之胄，漢謂之兜鍪，今謂之盔。」

❶「冃」，原作「曰」，今據《説文解字》改。下「冃音冒」同。

胄又作軸，《荀子》「冠軸帶劍」，注云：「軸與胄同。」云「干，楯」者，《詩・篤公劉》箋「干，盾也」，《釋文》「字又作楯」。是楯與盾同。《周禮・司兵》「掌五兵五盾」，鄭注：「五盾，干櫓之屬。」《説文》「盾，瞂也，所以扞身蔽目。瞂，盾也」，段氏注云：「經典謂之干。」又云：「瞂，即伐也。《秦風》『蒙伐有苑』，毛曰：『伐，中干也。』《木部》曰大楯曰櫓，則中干次之。盾之大小略見於《釋名》。作伐者，假借字。」云「箙，矢箙」者，《説文》「箙，弩矢箙也」，段氏注云：「《司弓矢》曰『中秋獻矢箙』，注：『箙，盛矢器也，以獸皮爲之。』案：本以竹木爲之，故字从竹。」今案：《釋名》云：「受矢之器，以皮曰服，柔服之義也；織竹曰笮，相迫笮之名也。」又案：《説文》：「笮，迫也。在瓦之下，棼上。」則笮是屋上板，與此義別矣。役器有笮而無矢者，弓矢爲常用之物，已見上用器中，故不及。敖氏云：「笮不屬用器，乃屬役器，豈以有師役方用之乎？」今案：《鄉射》、《大射》諸篇不見有矢箙，則敖説或然。

燕器，杖、笠、翣。 燕居安體之器也。笠，竹䈬蓋也。翣，扇。【疏】正義曰：《校勘記》云：「翣，張氏曰：『案：《釋文》云：箑，所甲反，扇也。此非牆翣之翣，故从竹，從《釋文》。』案：翣亦翣扇字也。牆翣之翣，本取象於扇，今本《釋文》作『翣』，張説恐非。」今案：石經及各本俱作「翣」，仍之。賈疏云：「杖者，所以扶身。笠者，所以禦暑。翣者，所以招涼。而在燕居用之，故云『燕居安體之器也』。」今案：笠以禦雨，詳下記。　云「笠，竹䈬蓋也」者，錢氏大昕云：「《釋文》『䈬』字無音，賈疏釋䈬爲竹青皮，則『䈬』當爲『筠』字之譌。《説文》無『䈬』字，《五經文字》亦不收，唯《集韻》始收之。蓋此注之譌，始於北宋矣。」《經義述聞》云：「『䈬』蓋『荂』字之譌。『荂』之爲『䈬』，因與笠竹等字相涉而誤。郭璞《爾雅》注：『荂音敷。』荂之言皮膚也。《説文》：『笢，竹膚也。』《衆經音義》引《埤倉》曰：『篾，析竹膚也。』膚與敷古同聲，《集韻》音歟，即本於《釋文》。今本《釋文》無音，脱耳。錢氏謂『篣』當作『篘』。案：『篘』與『篣』字不相似，無緣誤爲『篣』也。」《説文》「簦，笠蓋也。笠，簦無柄也」，段氏注云：「鄭曰：『笠，竹篣蓋也。』云蓋，則簦也。又案賈云：『篣，竹青皮。』恐非是。篣疑同箬，竹箬也，今人謂之箬帽。」今案：諸説未知是否，并存之。據《説文》，則簦有蓋有柄，笠則有蓋無柄，故云「竹篣蓋也」。云「翣，扇」者，《説文》「箑，扇也。从竹疌聲。箑或从妾」，段氏注云：「《士喪禮》下注曰：『翣，扇也。』此言經文假翣爲箑。」據此，則「箑」正字，「篓」或體字，「翣」假借字。《説文》：「翣，棺羽飾也。天子八，諸侯六，大夫四，士二。」《喪大記》亦云「士畫翣二」，鄭注：「翣以木爲筐，廣三尺，高二尺四寸，衣以白布，柄長五尺。車行，使人持之而從。既窆，樹於壙中。」此經但有招涼之翣，而無棺飾之翣，或彼所言者，元士之禮歟？○張氏爾岐云：「載柩、陳器二事畢，則日及側矣。」

右陳器與葬具

徹奠，巾席俟于西方，主人要節而踊。巾席俟于西方，祖奠將用焉。要節者，來象升，丈夫踊，去象降，婦人踊。徹者由明器北西面，既徹由重南東。不設於序西南者，非宿奠也。宿奠必設者，爲神馮依之久也。【疏】正義曰：自此至「入復位」，言還柩車設祖奠之事。此云徹奠，謂遷祖奠，即上「降奠當前束」者也。徹之，以將旋車鄉外，又祖奠將設也。注云「巾席俟于西方，祖奠將用焉」者，以下經還重後云「布席乃奠」，即此席，故云「祖奠將用也」。張氏爾岐云：「巾席，即所徹奠之巾席。俟者，奠已東去，而巾席猶執以俟也。」蔡氏德晋云：「此時柩車未還，故於西方俟之也。」云「要節者，來象升，丈夫踊，去象降，婦人踊」

者，詳上篇大斂奠節末。盛氏世佐云：「此經主人兼丈夫、婦人言，下祖奠『主人要節而踊』同。」云「徹者由明器北西面，既徹由重南東」者，陳明器在重北，此徹者自東來，故由明器北西面，既徹由重南而東也。云「不設於序西南者，非宿奠也」者，以小斂、大斂等奠皆經宿乃徹，爲神馮依久，故復設於序西南。此遷祖奠乃即日設之，非宿奠，故不復設也。《禮經釋例》以注説爲非，謂當與前徹遷柩從奠注云「不設序西南已再設爲褻」者同例。案：此所徹之遷祖奠，初設於堂上柩西，繼設於堂下當前束，是亦再設也，故《釋例》云然。詳上篇陳小斂奠「饌于東堂下」下。**袒。**爲將祖變。【疏】正義曰：經「袒」，嚴本譌「祖」，石經作「袒」，不誤。注「祖」，《校勘記》云：「徐本、《通解》俱作『祖』，《集釋》、《要義》、楊、敖俱作『袒』。張氏曰：『疏作祖，從疏。』」今案：現刻嚴本作「祖」，黄氏丕烈云：「嚴本於經則譌袒爲祖，於注則未譌祖爲袒也。」變者，變襲爲袒也。下云「商祝御柩，乃祖」，是爲將祖而袒也。**商祝御柩。**亦執功布居前，爲還柩車爲節。【疏】正義曰：前啟殯時「商祝拂柩用功布」，故知此御柩亦執之。《周禮・喪祝》「飾棺，乃載，遂御」，鄭注：「既飾，當還車鄉外，喪祝御之。御之者，執翿居前，卻行爲節度。」今案：執翿，天子禮也。餘同。**乃祖。**還柩鄉外，爲行始。【疏】正義曰：《校勘記》云：「祖，《通解》誤作『袒』。」注云「還柩鄉外」者，謂上載柩於車時，柩仍北首鄉内，今還柩車，使鄉外也。云「爲行始」者，鄭解祖爲始，謂還車鄉外，則易其故處，而有行之漸，故云「爲行始」也。郝氏解此祖爲設祖奠，誤矣。下「布席，乃奠如初」，是設祖奠之事。**踊，襲，少南，當前束。**主人也。柩還，則當前束南。【疏】正義曰：袒則柩將行，故踊。前爲祖而袒，袒訖故襲也。經未言主人，故注明之。云「柩還，則當前束南」者，柩車未還，柩北首，前束近北，柩車既還，柩南首，前束近南。經云「少南，當前東」者，謂主人少南，當前東也。敖氏云「踊、襲皆於故位，既則少南也」是也。注云「柩還，則當前東南」者，謂柩還則當前東者在南，不在北，以釋經言南之義。吳氏廷華云：「主人不忍遠去，且若攀之者然。下婦人堦間亦然。」**婦人降，即位于階間。**爲柩將去有時也。位東上。【疏】正義曰：注云「爲柩將去有時也」者，柩去在明日，故婦人降，即位於階間，亦若攀之者然。云「位東上」者，張氏爾岐云：「婦人在車後南面，故云東上。」吳氏廷華云：「初納車在階間，既還車，則階間南空一輈之地，故位於此，在車後也。」褚氏云：「主人在東，主婦等自宜統於主人而東上。敖謂西上，非。」**祖，還車不還器。**祖有行漸，車亦宜鄉外也。器之陳，自已南上。【疏】正義曰：祖，即承上「乃祖」言。敖氏以爲衍文，非。褚氏云：「前之乃祖，還柩車也。此經之祖，還三車也。以人挽之，馬尚未駕。」○《校勘記》云：「注『已』，《集釋》、敖氏作『若』。」今案：依各本作「已」爲是。　云「祖有行漸，車亦宜鄉外也」者，此車即所薦乘車、道車、槀車也。薦時北輈，還時南輈，鄉外也。必還車者，以柩車鄉外有行漸，此薦車亦宜鄉外，與之同也。云「器之陳，自已南上」者，以陳器時已南上，有行意，故不須還也。南上，即上經「器西南上綪」也。敖氏云：「必云不還器者，嫌車與重皆還，❶此亦宜如之也。」**祝取銘，置于茵。**重不藏，故於此移銘，加於茵上。【疏】正義曰：《儀禮釋官》云：「此祝，周祝也。銘之事周祝主之，奠之事夏祝主之，不相亂也。」注云「重不藏，故於此移銘，加於茵上」者，銘本在重，重不藏，故移加於茵上，當與茵同入壙也。重既虞埋之道左，不入壙，故云「重不藏」也。蔡氏

❶「重」，原作「車」，今據《儀禮集說》改。

德晉云：「銘在重，❶以將還重，故徹而置於茵。」**二人還重，左還。**重與車馬還相反，由便也。【疏】正義曰：重本面北，今還之面南，示將出也。此亦因還柩之節，而併還之也。注云「重與車馬還相反，由便也」者，以上馬云右還，明車亦右還，與此左還正相反。敖氏云：「車馬西上，宜右還，重一而已，宜左還，皆由便也。二人還之，則凡舉之亦二人矣。」**布席，乃奠如初，主人要節而踊。**車已祖，可以爲之奠也。是之謂祖奠。【疏】正義曰：乃奠，設祖奠也。敖氏云：「記曰：『祝饌祖奠于主人之南，當前輅，北上，巾之。』如記所云，則是布席於柩東少南，東面，而奠於其東也。柩已南首，故奠於此，亦奠於尸東之意也。」江氏筠云：「此奠在車東，非車西也。經云如初者，謂如初東面設之，非謂與初同處。上經以殯宫在室之奠移置祖廟堂上，而云『奠設如初』，則此可知矣。又云『降奠當前束』，注云：『猶當尸腢也。』此經設奠，總猶斯意。從奠、遷祖奠及降奠時柩俱北首，則西乃尸右，故奠俱於柩西少北。祖奠及遣奠時柩俱南首，則東乃尸右，故奠俱於柩東少南。」吴氏廷華云：「此奠亦陳三鼎。初，謂遷祖奠。」今案：江氏辨此奠在車東甚是，詳前遷柩朝祖節「席升設于柩西」下。楊氏復云：「要節而踊者，來由重北而西，出由重南而東，❷來象升，丈夫踊，出象降，婦人踊，所謂要節也。」詳上篇大斂奠節末。蔡氏德晉云：「此奠者自東方來，即於柩東奠之，無至西方及由重南東之事。」俟考。《雜記》曰：「君若載而后弔之，則主人東面而拜，門右北面而踊，出，待反而

❶「銘」，原作「移」，今據《禮經本義》改。
❷「出」，《儀禮圖》作「降」。

后奠。」即謂此奠也。記名此奠爲祖奠，故注釋之。車已祖，即上乃祖之祖，謂還柩向外爲行始，非祖廟之祖也。○《禮經釋例》云：「《既夕禮》『遷于祖，用軸。重先，奠從，柩升自西階，奠俟于下』云云。」**薦馬如初。**柩動車還，宜新之也。【疏】正義曰：此即《雜記》疏所謂第二次薦馬也。盛氏云：「如初，謂自『入門北面』至『右還出』之儀也。」馬以駕車，此時柩已動，薦車亦皆還而鄉南，有行之象，故須更薦馬，新之也。《禮經釋例》謂祖奠、大遣奠亦薦車，恐未然。此祖奠時車已還，下大遣奠時車各從其馬駕於門外，則是已駕馬而行，非薦之也。**賓出，主人送。**○**有司請葬期。**亦因在外位時。【疏】正義曰：賓出者，以祖奠事畢也。請葬期，不見主人對辭，亦文不具也。已詳「請祖期」下。**入，復位。**主人也。自死至於殯，自啟至於葬，主人及兄弟恒在內位。【疏】正義曰：注云「主人也」者，謂主人入而復堂下柩東之位也。云「自死至於殯，自啟至於葬，主人及兄弟恒在內位」者，賈疏云：「自死至於殯在內位，據在殯宮中。自啟至於葬在內位，據在祖廟中。處雖不同，在位不異，故總言之。」今案：注「恒在內位」，對門外位言之，以明經「入復位」之義也。殯宮之內位，兼尸東及阼階下言。廟中之內位，兼堂上及堂下言。《禮經釋例》云：「凡主人之位，小斂前在尸東，小斂後在阼階下，謂之內位。既殯在門外，謂之外位。」是殯以前恒在內位也。惠氏棟云：「位在阼階下，似不盡然。啟後在廟位，主人升，柩東西面。明在堂上，不在階下。」《禮經釋例》云：「考《既夕禮》：『丈夫髽，散帶垂，即位如初。』注：『如初，朝夕哭門外位。』此未啟殯時，❶尚是門外之位也。又云：

❶「未」，《禮經釋例》作「初」。

『主人拜賓，入即位，袒。』此則殯宫阼階下之位也。至入祖廟，柩升自西階，主人從升；正柩畢，主人柩東西面。此亦如小斂侇尸于堂之位也。設從奠畢，主人降，拜賓，即位踊，襲。此方是即廟中阼階下之位也。至於公賵，主人送于外門外，拜，襲，入復位。賓賵，主人拜于位。亦皆廟中阼階下之位。蓋啟殯後則與未殯時同，不復就外位也。」今案：惠説及《釋例》分别内外極細，賈疏專以廟中阼階下言，疎矣。以上皆據主人言也。上篇始死時衆兄弟堂下北面，小斂後衆主人東即位，則自死至殯，兄弟門内也。此篇柩入廟升堂後，衆主人東即位，則自啟至葬，兄弟門内位也。故知注言内位，爲對門外位言也。所以然者，以啟殯與未殯，均不可離尸柩，故恒在内位也。

右還柩車設祖奠

公賵，玄纁束，馬兩。公，國君也。賵，所以助主人送葬也。兩馬，士制也。《春秋傳》曰：「宋景曹卒，魯季康子使冉求賵之以馬，曰：『其可以稱旌繁乎？』」【疏】正義曰：自此至「入復位杖」，言國君使人來賵之事。《公羊》何注引此經，「束」下多「帛」字，又「馬兩」作「兩馬」，當以此經爲正。注云「公，國君也」者，《儀禮釋官》云：「此經釋公者有二：一爲五等之國，其君皆曰公，一爲大國之孤稱公。故此注言國君，以爲别也。」云「賵，所以助主人送葬也。兩馬，士制也」者，庾氏蔚之云：「賵馬，欲以共駕魂車也。」《廣雅》：「賵，送也。」是助主人送葬也。李氏云：「士常兩馬。出使若戎事，則乘駟馬。《書傳》曰：『士乘飾車兩馬。』」案：士本乘兩馬車，今賵以馬兩，是如其制也。《公羊》隱元年傳：「賵者何？喪事有賵，賵者蓋以馬，以乘馬束帛。」何注：「此道周制也。以馬者，謂士不備四也。《禮・既夕》曰『公賵，玄纁束帛，兩馬』是也。乘馬者，謂大夫以上備四也。束帛，謂玄三纁二。玄三法天，纁二法地。」傳又曰「車馬曰賵」，何注：「此春秋制也。」此經與何注言周制者合，豈周初之制，賵但有馬而無車歟？《穀梁傳》亦云：「乘馬曰賵。」或曰有馬無車，賵士之禮。《雜記》諸侯相賵，「陳乘黄大路於中庭，北輈」，則有車矣。餘詳後「若賻」下。吴氏廷華云：「馬以助葬，束帛以將命者，故第曰賵也。」引《春秋傳》者，證賵用馬之事。《左傳》哀公二十三年春：「宋景曹卒，季康子使冉有弔且送葬，曰：『有不腆先人之産馬，使求薦諸夫人之宰，其可以稱旌繁乎？』」注云：「景曹，宋元公夫人，小邾女，季桓子外祖母。稱，舉也。繁，馬飾，繁纓也。」是其事也。**擯者出請入告。主人釋杖，迎于廟門外，不哭，先入門右，北面，及衆主人袒。**尊君命也。衆主人自若西面。

【疏】正義曰：李氏云：「釋杖迎及衆主人亦袒，皆尊君命也。《喪大記》曰：『子有王命則去杖，國君之命則輯杖。大夫有君命則去杖，大夫之命則輯杖。內子爲夫人之命去杖，爲世婦之命授人杖。士於君命、夫人之命如大夫，於大夫、世婦之命如大夫。』」今案：鄭注：「輯，斂也。斂者，謂舉之，不以拄地也。」孔疏：「士於君命、夫人之命如大夫者，謂士之子於君命、其妻於夫人之命，皆去杖。」此李引以證經釋杖之事也。云「衆主人自若西面」者，因經言「及衆主人袒」，嫌衆主人亦易位，故云「自若西面」，明其仍在阼階下西面之位，不出也。主人一人出而迎賓，與上篇君使人弔「迎于寢門外，見賓不哭，先入門右，北面」略同。上篇君視斂「主人出迎于外門外，見馬首不哭，還入門右，北面，及衆主人袒」，與此經亦略同，但迎於外門外爲異耳。**馬入設。**設於庭，在重南。【疏】正義曰：《少儀》曰：「賵馬入廟門。」故入設也。注云「設於庭，在重南」者，以重北有明器故也。褚氏云：「庭實設於西方，三分庭一在南者，其常也。喪禮變於吉，故移於東西之中，而此地已有重焉，因稍退在重南，不及三分庭一。如是則賓乃得從馬西，由堂塗，以當柩車之前輅焉。敖氏據《雜記》諸侯相賵陳乘黄大路於中庭，謂此亦設於西方之中庭，非也。《雜記》陳於殯宫，殯在西階，故陳於西方中庭，以近殯。此在廟，不同。」今案：褚説是也。**賓奉幣，由馬西當前輅，北面致命。**柩車在階間少前，參分庭之北。輅有前後。賓，使者。幣，玄纁也。輅，轅縳，所以屬引。由馬西，則亦當前輅之西，於是北面致命，得鄉柩與奠。【疏】正義曰：《校勘記》云：「『參分庭之北』，嚴、徐本、《集釋》、楊、敖俱作『參』，《通典》、《通解》俱作『三』。『北』，嚴、徐作『此』，《通典》、《集釋》、《通解》、楊、敖俱作『北』。張氏曰：『注：參分庭之此。案：監、杭本此作北，從監、杭本。』」注云「賓，使者」，以此賵是君使人來，故知賓是使者也。使者亦士，詳上篇「君使人弔」下。云「幣，玄纁也」者，即上玄纁束也。云「輅，轅縳，所以屬引」者，賈疏云：「謂以木縳於柩車轅上，以屬引於上而挽之。」《説文》「輅，車軨前横木也」，段氏注云：「《婁敬傳》『脱輓輅』，蘇林曰：『輅音凍洛之洛。一木横遮車前，二人挽之，三人推之。』劉昭注《輿服志》曰：『《韻集》云輀前横木曰輅。』案：『輀前』當依許作『軨前』。輓輅之車用人，不用牛馬，疑有轅無輀也。《既夕》『當前輅』，注曰：『輅，轅縳。』輅之見於經者，此而已矣。若《左傳》梁由靡、虢射輅秦伯，狂狡輅鄭人，皆謂車前相接，可以禽之。此輅引申之義也，故杜曰：『輅，迎也。』應劭注《漢書》云：『輅謂以木當胸，以挽車。』《廣韻》用之，改其字作輅，形與義皆非。以木當胸，乃今之縴板，與輅各物。輅當依蘇林、孟康、《廣韻》音胡格反，乃合。若近代用輅爲路車字，淺俗不足道也。」云「由馬西，則亦當前輅之西」者，馬在重南，今由馬西而北行，明亦當前輅之西可知。但當前輅之西，則猶在柩車之前，不正當柩車之西也。云「於是北面致命，得鄉柩與奠」者，以賓在柩車之前北面致命，故得鄉柩與奠也。敖氏云：「賓奉幣，入門左，當階而北行，當輅乃折而東行，至其右北面致命。不升堂致命者，柩在下也。」云「柩車在階間少前，參分庭之北」者，李氏云：「既還柩而婦人降，即位於階間，知柩車在階間少前。」今案：參分庭之北，謂在參分庭之北一分也。云「輅有前後」者，以經云前輅，明有後輅也。詳下記「遂匠納車于階間」下。 **主人哭，拜稽顙，成踊。賓奠幣于棧左服，出。** 棧，謂柩車也。凡士車制無漆飾。左服，象授人授其右也。服，車箱。今文「棧」作「轏」。

【疏】正義曰：賈疏云：「主人哭拜，仍於門右北面。」今案：❶拜稽顙成踊，以君使人賵而然也。詳上篇君使人弔「主人哭拜稽顙成踊」下。「賓奠幣于棧左服」者，郝氏敬云：「重君賜，不以委地也。出者，賓出也。」 注云「棧，謂柩車也。凡士車制無漆飾」者，《周禮・巾車》「士乘棧車」，鄭注：「棧車不革輓而漆之。」《考工記・輿人》「棧車欲弇」，注：「爲其無革輓，不堅，易坼壞也。」又「飾車欲侈」，注：「飾車，謂革輓輿也。大夫以上革輓輿。」然則大夫以上之車有飾，士車無飾，故名爲棧。此柩車亦然，故謂柩車爲棧也。柩車即蜃車，詳記「遂匠納車于階間」下。云「左服，象授人授其右也」者，賈疏云：「此車南鄉，以東爲左。尸在車上，以東爲右。故奠左服，象授人右也。」盛氏云：「授由其右，生人授受之法也。」此賓於柩車左箱奠幣，亦當尸之右，故注云象授人授其右也。」云「服，車箱」者，《詩・大東》曰「不以服箱」，《考工記・車人》注：「牝服長八

❶「今」，原重，今據《續清經解》本刪。

尺，謂較也。鄭司農云：『牝服，謂車箱。』」然則箱即較也。較在車之兩旁，有左右，故經云左服。云「今文『棧』作『輚』」者，臧氏琳云：「《左傳》成二年，『丑父寢于轏中』，注：『轏，士車。』《正義》謂『轏』與『棧』字異義同。《説文・木部》：『棧，棚也。竹木之車曰棧。』輚，在《車部》新附。《玉篇・木部》『棧』，訓與《説文》略同。《車部》『輚，載柩車』，轏同。《廣韻》：『棧，閣也。轏，車名，士所乘也。輚，《埤蒼》云臥車也，亦兵車。』案：棧爲竹木之車，故《説文》在《木部》。《毛詩》、二《禮》皆作『棧』，與《説文》同。《左傳》亦當作『棧』，《儀禮》今文作『輚』，蓋俗儒以棧爲車名，應從車，遂改『棧』爲『輚』。鄭康成因字本作『棧』，故定從《禮古經》，與《説文》合。據《儀禮注》，知漢時已别作『輚』爲『棧』矣。」今案：臧説是也。**宰由主人之北，舉幣以東。**柩東，主人位。以東，藏之。【疏】正義曰：宰，冢宰，詳《士冠禮》。《雜記》諸侯相賵之禮，曰「宰舉以東」。注云「柩東，主人位」者，解經「宰由主人之北」，爲由柩東主人位之北也。時主人尚在門右未復位，但宰不得履主人之位而取幣，故由其北也。褚氏云：「主人堂下位恒在柩東，此據其常位言也。」**士受馬以出。**此士謂胥徒之長也，有勇力者受馬。《聘禮》曰：「皮馬相間可也。」【疏】正義曰：敖氏云：「此受馬者，亦以舉幣爲節。」○《校勘記》云：「注『有』，《通解》作『言』。」　云「此士謂胥徒之長也，有勇力者受馬」者，案士之下爲府史胥徒，此受馬須有勇力，故知是胥徒之長也。下「士受羊，如受馬」，注云：「士亦謂胥徒之長。」《儀禮釋官》云：「府史胥徒亦稱士者，《檀弓》曰『管庫之士』，《祭法》曰『庶士無廟』是也。」賈疏云：「《婚禮・記》云士受皮，注云士謂中士、下士，不爲胥徒者，彼主人親受幣，明受皮非胥徒，是正士也。引《聘禮》者，欲見此用皮亦可也。」**主人送于外門外，拜，襲，入復位，杖。**【疏】正義曰：送于外門外拜，亦與上篇君使人弔送賓儀同。初時主人以迎賓，故袒且釋杖，今送賓訖，故襲而杖也。吴氏廷華云：「襲不當在外，則入外門乃襲也。入復位，入廟門復柩東位。」

右國君賵禮

賓賵者將命。賓，卿大夫、士也。【疏】正義曰：自此至「門内之右」，言賓賵奠賻贈及代哭爲燎之事。注云「賓，卿大夫、士也」者，以其上云君，則此賓是國中卿大夫、士可知。但據下云「賓從致命如初」，言致命，則賓亦是使者矣，故敖氏云：「賓，卿大夫、士之使者也。」盛氏云：「兄弟及所知亦存焉。」此據下「兄弟賵奠」之文也，然當分別言之。案：上篇「親者襚，不將命。庶兄弟襚，使人以將命於室」，則賓中兼有疏遠之兄弟及所知在矣。**擯者出請入告，❶出告須。**不迎。告曰：「孤某須。」【疏】正義曰：「擯者」下，毛本脱「出」字。《校勘記》云：「唐石經、徐、陳、《通典》、《集釋》、《通解》、楊氏俱有『出』字，敖氏無。」《石經考文提要》云：「監本無『出』字。案：下經『擯者出請』兩見，唐石經四字尚可辨，而明人補字即脱『出』字，衍一『須』字，今從宋本《儀禮》鄭注、《經傳通解》、《儀禮圖》、《儀禮集釋》、李黼《二禮集解》。」今案：《校勘記》所據石經蓋原本也。注云「不迎」者，異於君賵也。云「告曰：『孤某須。』」者，此本《雜記》諸侯相賵，主國相者入告，反命曰「孤某須矣」之文，以證經告須之也。**馬入設。賓奉幣，擯者先入，賓從，致命如初。**初，

---

❶「出」，原脱，今據《儀禮注疏》補。

公使者。【疏】正義曰：《校勘記》云：「致，《通解》作『將』。」〇敖氏云：「擯者先入，入門而若道之也。」❶注云「初，公使者」，謂亦如公使者，由馬西當前輅，北面致命也。**主人拜于位，不踊。**柩車東位也。既啟之後，與在室同。【疏】正義曰：郝氏敬云：「不稽顙，不成踊，禮殺於君也。」〇注「在」，毛本誤作「左」。❷云「柩車東位也」者，即上入復位之位也。云「既啟之後，與在室同」者，言非君命不出，是以拜於位也。賈疏云：「上篇始死時，『庶兄弟襚，使人以將命於室，主人拜於位』。此亦拜於位，俱是不爲賓出，故云『與在室同』。」吴氏廷華云：「此言位，則拜君賵違其位也。」**賓奠幣如初，舉幣、受馬如初。擯者出請。**賓出在外，請之，爲其復有事。【疏】正義曰：奠幣如初，亦奠於棧左服。敖氏云：「舉幣亦蒙如初者，是時主人之位與拜君命之處雖不同，而宰之舉幣以主人之北爲節，則一也。」注云「賓出在外」者，經無賓出之文，但云「擯者出請」，則賓已出在外可知，故注補明之也。云「請之，爲其復有事」者，敖氏云：「此時賓客爲禮，或不一而足，故於其出，主人未送，而必請之，與襚時異。」今案：此亦如《聘禮》每聘享畢賓出，擯者必出請，至賓告事畢乃送也。**若奠。**賓致可以奠也。【疏】正義曰：盛氏云：「若者，不定之辭，容有賵而不奠，賵奠而不賻者，故每事皆云若。」今案：盛説似矣，但若字有二義，亦容有不賵而奠，不奠而賻者。《周禮·牛人》注「喪所薦饋曰奠」，詳下「若賻」下。注云「賓致可以奠也」者，謂致其堪奠之物。王氏士讓云：「葬日遣奠，

---

❶「道」，原作「遺」，今據《儀禮集説》改。

❷「毛」，原無，今據《儀禮注疏校勘記》補。

爲奠之最盛，故親者致其奠物，以供奠用。」**入告，出，以賓入，將命如初。士受羊，如受馬。又請。**士亦謂胥徒之長。又，復也。【疏】正義曰：敖氏云：「此將命，猶致命也。主人亦拜於位。如受馬，如其受之以出也。羊者，《士喪》奠之上牲，故此奠者用之。奠不用幣。」郝氏敬云：「賓又出，擯又請。」今案：注已詳前。**若賻。**賻之言補也，助也。貨財曰賻。【疏】正義曰：賻在《説文》新附，云：「賻，助也。」鄭兼補言者，《周禮·小行人》「若國札喪，則令賻補之」，鄭司農云：「謂賻喪家，補助其不足也。」故此注云「賻之言補也，助也」。云「貨財曰賻」者，案：《公羊》隱元年傳云「車馬曰賵，貨財曰賻，衣被曰襚」，何注：「賵猶覆也，賻猶助也，皆助生送死之禮。襚猶遺也，遺是助死之禮。知生者賵賻，知死者贈襚。」《穀梁》隱元年傳云：「乘馬曰賵，衣衾曰襚，貝玉曰含，錢財曰賻。」《荀子》：「貨財曰賻，輿馬曰賵，衣服曰襚，玩好曰贈，玉貝曰唅。賻賵，所以佐生也。贈襚，所以送死也。」《白虎通》：「贈之爲言稱也，玩好曰贈。襚之爲言遺也，衣被曰襚。知死者則贈襚，所以助生送死，追恩重終，副至意也。賻者助也，賵者覆也，所以相佐給不足也。故弔辭曰：『知生則賻賵。』貨財曰賻，車馬曰賵。」以上各條，文雖有小異，而大略則同。又《穀梁》隱三年傳云「歸死者曰賵，歸生者曰賻」，鄭注《少儀》亦云「賵主於死者」，與賻賵所以佐生之説不合。下注又云「賵奠於死生兩施」者，蓋贈以玩好，《荀子》楊注謂爲明器之屬，明器則是專施於死者。賻以貨財，貨財則是專施於生者。故下經云「知死者贈，知生者賻」也。惟賵奠雖主於死者，而馬羊亦以佐生人送死之用，故鄭云「賵奠於死生兩施」也。但奠是喪祭之名，與賵少異，故下注又云「奠施於死者爲多」也。《雜記》諸侯使人弔，後有含有襚有賵而無賻。《周禮·宰夫》注：「凡喪，始死弔而含襚，葬而賵贈，其間加恩厚，則有賻焉。《春秋》

譏武氏子來求賻。」據此，則賻不必定有也。賻用幣，亦用馬，《少儀》「賻馬與其幣」是也。此經上篇有襚，下篇有賵有奠有賻有贈，他書無言奠者。據下云「兄弟賵奠可也，所知則賵而不奠」，是奠爲親者之禮，敵國賓客則無之，故不言也。又上直云賵者，下直云贈者，惟奠與賻言若，是有無不定之辭也。**入告，主人出門左，西面。賓東面將命。**主人出者，賻主施於主人。【疏】正義曰：門，廟門也。出門左，云西面，則是門東也。柩車鄉外，以東爲左。○案：《少儀》注云「主於生人」，此注云「賻主施於主人」，「主」似當作「生」爲是，但各本皆作「主」，仍之。　注云「主人出者，賻主施於主人」者，案：主人於賵奠贈皆不出，而獨爲賻出，故注云然。蓋賵奠贈，賓皆入廟於柩前致之，賻則賓不入廟門，故主人不得不出也。褚氏云：「《少儀》曰『賻馬與其幣不入廟門』，蓋賻施於生者，若入廟門，則嫌施於死者矣。賓既不入，故主人出以受之。」方氏苞、吴氏紱説俱同。**主人拜，賓坐委之。宰由主人之北，東面舉之，反位。**坐委之，明主人哀戚，志不在受人物。反位，反主人之後位。【疏】正義曰：吴氏廷華云：「宰自主人之後出其北，轉而東面鄉主人，舉所委以入也。由北者，便於入。鄉主人者，若受命於主人。反位，入門而東藏之，乃反位也。」今案：賓東面將命，宰亦東面舉之，是同面也。下云無器，則此坐委之有器也。　注云「坐委之，明主人哀戚，志不在受人物」者，賓以主人在哀戚之中，不親受人物，故坐委之，以明不敢授之意，《少儀》曰「賻者既致命，坐委之。擯者舉之，主人無親受也」是也。云「反位，反主人之後位」者，以宰位本在主人之後，故得由主人之北而西行也。**若無器，則捂受之。**謂對相授受，不委地。【疏】正義曰：《校勘記》云：「捂，《釋文》作『梧』。」今案：《聘禮》、《公食禮》注俱作「梧」，詳《聘禮》「賓進訝受几于筵前」下。○器，謂盛賻物者。○《校勘記》

云：「注『授』下，《集釋》、敖氏有『受』字，與疏合。」今案：有「受」字是也。　云「謂對相授受，不委地」者，上係同面授受，此係對面授受，即訝授受也。詳《士昏禮》。敖氏云：「亦宰捂受之。舉之則同面，受之則相對，亦禮貴相變。不委地者，爲其坋污。」**又請，賓告事畢，拜送，入。**【疏】正義曰：《校勘記》云：「『又』，鍾本作『三』，金曰追謂上已有『又請』，此當作『三請』爲正。」○敖氏云：「宰既反位，主人未即入，儐者既請，乃遂送之也。」盛氏云：「拜送、入，皆謂主人也。送不出大門者，下君使也。入不言復位，文省。」今案：賓或但賵而不奠，或但賵奠而不賻，於其告事畢，主人亦出，送之於廟門外。○李氏云：「《雜記》曰：『諸侯使人弔，其次含襚賵臨，皆同日而畢事者也。』此賓賵奠賻亦相次，以一人行之耳。」今案：此據禮得賵奠兼行者言也。**贈者將命。**贈，送。【疏】正義曰：吴氏紱云：「贈者將命，此不蒙又請之文，則是更端也。」注云「贈，送」者，張氏爾岐云：「謂以幣若器送死者也。」蔡氏德晉云：「贈，送行者之禮也。柩將行而有贈，所以致慇懃也。」今案：韋氏《國語注》云：「送之以物曰贈，以飲食曰餞。」較有分別。《廣雅》「贈，送也」，即本鄭注。餘詳「若賻」下。**擯者出請，納賓如初。**如其入告，出告須。【疏】正義曰：初，謂上賓賵時也。告須，是納賓之辭。**賓奠幣如初。**亦於棧左服。【疏】正義曰：敖氏云：「亦北面致命，既則主人拜之，乃奠幣也。幣，亦玄纁束。」**若就器，則坐奠于陳。**就，猶善也。贈無常，惟翫好所有。陳，明器之陳。【疏】正義曰：《爾雅·釋詁》云「就，成也」，敖氏據以易鄭，謂就器爲已成之器，其義較顯。云「贈無常，惟翫好所有」者，即下記「凡贈幣無常」是也。「玩」正字，通作「翫」。餘詳上「若賻」下。云「陳，明器之陳」者，謂乘車西陳明器之處。敖氏云：「以陳明器之處爲陳者，因事名之，如以肺脊爲舉之類。」蔡氏德晉云：「贈無常，如用已成之器爲贈，則坐而奠於所陳明器之處，從其類也。」今案：《喪服小記》曰「陳器之道，多陳之而省納之可也」，鄭注：「多陳之，謂賓客之就器也，以多爲榮。」即謂此也。**凡將禮，必請而后拜送。**雖知事畢猶請，君子不必人意。【疏】正義曰：不必人意，謂不敢必其事畢也。敖氏云：「此爲不見者言之也。將，行也。行禮，謂賵若賻之屬。」今案：經言凡，是總舉之辭，不專指賵賻。如此節賓贈，亦當有「擯者出請、賓告事畢、拜送」之文。經或言或不言，不過文有詳略，非禮有同異，故經於此總言之，以見凡行禮者皆然，每一禮畢，必請而后送也。若不請，則恐事未畢而遽拜送，愆儀已甚矣。**兄弟，賵奠可也。**兄弟，有服親者。可且賵且奠，許其厚也。賵奠於死生兩施。【疏】正義曰：上經備陳賵奠賻贈四者之禮，而此下復分別言之，所以辨親疏之等也。注云「兄弟，有服親者」，上篇「親者襚」注云「大功以上」，「庶兄弟襚」注云「衆兄弟也」，此兄弟對所知言，則大功以上、小功以下及外姻有服者皆統之矣。云「可且賵且奠，許其厚也」者，禮之厚薄以親疏爲衡，賵奠兼行，則視賵而不奠者爲厚矣，以親故許之也。敖氏云：「可者，許其得賵且奠，然亦未必其并用之辭。兄弟惟正言賵奠，文已略矣，乃復不必其并用者，《記》曰：『有其禮，無其財，君子不行也。』聖人之意，其或在是與。」今案：經言可也，原有兩意：一則許其得行，一則不必其并用。敖說亦善，但云惟正言賵奠則非。所知尚許賻贈，則兄弟亦許之矣。以賵奠是禮之重者，故特言之。云「賵奠於死生兩施」者，詳上「若賻」下。**所知，則賵而不奠。**所知，通問相知也，降於兄弟。奠施於死者爲多，故不奠。【疏】正義曰：注云「所知，通問相知也，降於兄弟」者，相知之人，降於兄弟有服之親，故許賵不許奠也。案：《檀弓》曰：「朋友，吾哭諸寢門之外。所知，吾哭諸野。」是所知與朋友殊，此不言朋友，而但言所知，則亦包朋友在内。上篇兄弟襚後即言朋友襚，豈此篇賵賻贈俱無朋友在其中乎？敖氏云：「賵以幣馬，尊敬之意也，故親疏皆得用之。奠以羊，若相飲食然，親親之恩也，故疏者不得用之。所知，謂知死知生者也，朋友亦存焉。」其説是也。云「奠施於死者爲多」者，亦詳「若奠」下。案：上賓賵言若奠者，李氏云：「上經賓賵若奠若賻者，亦任行其一，非必竝行也。」**知死者贈，知生者賻。**各主於所知。【疏】正義曰：注云「各主於所知」者，亦詳「若賻」下。《曲禮》曰：「知生者弔，知死者傷。知生而不知死，弔而不傷。知死而不知生，傷而不弔。」義亦然也。敖氏云：「是又於所知之中，以此二者別之也。知死者且賵且贈，知生者且賵且賻，則生死兩知者，三者皆得用也。」王氏士讓云：「賵奠賻贈之儀，有兼施者，有特施者，無非稱其情與財耳。然主人有用之不盡者，何以處此？曰：『君子不家於喪。』故孟獻子之喪，司徒旅歸四布，而夫子取之。」**書賵于方，若九、若七、若五。**方，板也。書賵奠賻贈之人名與其物於板，每板若九行、若七行、若五行。

【疏】正義曰：書賵與遣，爲將讀之也。吴氏廷華云：「下史讀賵，則此亦史書之矣。遣，公史書之。」《曲禮》曰：「書方、衰、凶器，不以告，不入公門。」注云「方，板也」者及下注「策，簡也」，俱詳《聘禮·記》。云「書賵奠賻贈之人名與其物於板」者，案：致送賵奠賻贈之人名及物數俱書於板，而經獨云書賵者，舉首而言，故注明之也。云「每板若九行、若七行、若五行」者，賈疏云：「所送有多少，故行數不同。」敖氏云：「行數多不過於九，少不下於五。」**書遣于策。**策，簡也。遣，猶送也。謂所當藏物，茵以下。【疏】正義曰：策廣於方，李氏云：「遣物多，故以策書之。」注云「遣，猶送也」者，以此遣皆送死之物，故云「猶送也」。云「謂所當藏物茵以下」者，即明器之屬。賈疏云：「策書明器之物，應在上文，而於此言之者，遣中并有贈物，故在贈賻之下也。」**乃代哭，如初。**棺柩有時將去，不忍絶聲也。初，謂既小斂時。【疏】正義曰：云「初謂既小斂時」者，上篇小斂後云「乃代哭，不以官」，此亦如之，義詳上篇。敖氏云：「此陳柩與小斂後夷尸相類，故亦代哭。」王氏《紃解》云：「自啟殯遷廟，見柩而哭，固已不絶聲矣，至是乃代哭焉。蓋柩車在廟，男婦羣聚而守之，徹夜不寐，哭若絶聲，不但忘哀，且將懈怠倒廢而不振也。若不代，則雖强有力者亦弗勝，明日何以將事乎？聖人立法，即乎人心如此。」**宵，爲燎于門内之右。**爲哭者爲明。【疏】正義曰：門内之右，即庭之東也，主人、衆主人之位在焉，故云「爲哭者爲明」也。敖氏云：「此於門右者，宜遠尸柩也。必遠之者，亦謂鬼神或者尚幽闇。」今案：小斂爲燎于中庭，此中庭有柩車明器，故移于門内之右，兼以照出入也。鄭、敖二義似俱未的。《雜記》「終夜燎」，殆謂斯時。❶〇秦氏蕙田云：「自『夙興設盥于祖廟』至此，竝葬前一日事也。」

右賓賵奠賻贈及代哭爲燎之事

---

❶「斯」，原作「期」，今據《續清經解》本改。

儀禮正義卷三十　鄭氏注

績溪胡培翬學

厥明，陳鼎五于門外，如初。鼎五，羊、豕、魚、腊、鮮獸各一鼎也。士禮特牲三鼎，盛葬奠，加一等，用少牢也。如初，如大斂奠時。【疏】正義曰：自此至「主人要節而踊」，言葬日陳大遣奠之事。厥明者，葬日之質明也。注云「鼎五，羊、豕、魚、腊、鮮獸各一鼎也」者，據下「其實羊左胖」云云知之。李氏云：「《少牢饋食禮》五鼎，其實羊、豕、魚、腊、膚，士葬奠加鮮獸而無膚。《聘禮》致飧，衆介少牢，鄭謂去膚而有腸胃。」云「士禮特牲三鼎，盛葬奠，加一等，用少牢也」者，敖氏云：「少牢五鼎，大夫之禮，士奠乃用之者，喪大事也，而葬爲尤重，故於此奠特許攝用之，明非常禮。」方氏苞云：「遣奠得用少牢，猶冠禮之用爵弁，昏禮之用墨車也。」今案：遣奠於葬日設之，故又名葬奠。自大斂奠用三鼎，至祖奠皆如之，此獨用五鼎，故云「盛葬奠」也。士有攝盛之禮，詳《士冠禮》。云「如初，如大斂奠時」者，謂陳於門外北上，而鼎數則異也。遣奠無黍稷者，《雜記》：「載粻，有子曰：『非禮也。喪奠，脯醢而已。』」鄭注「遣奠本無黍稷」，孔疏：「遣奠不用黍稷，而用牲體，是脯醢之義也。」**其實羊左胖。**反吉祭也。言左胖者，體不殊骨也。【疏】正義曰：敖氏云：「實，鼎實也。總爲五鼎言之。」○注「體」，毛本誤「禮」，《校勘記》云：「徐、陳、《集釋》、《通解》、楊氏俱作『體』。」　云「反吉祭也」者，《少牢饋食禮》云「司馬升羊右胖」，又云「司士升豕右胖」，是吉祭上右。此用左，故云「反吉祭也」。云「言左胖者，體不殊骨也」者，案：《特牲·記》云「正脊二骨，長脅二骨」云云，是體皆殊骨矣。此用豚解之法，❶解爲七體，去右不用，則爲四體，每體骨相連，故知言左胖，爲體不殊骨也。詳下「豕亦如之豚解」下。**髀不升。**周貴肩賤髀。古文「髀」作「脾」。【疏】正義曰：李氏云：「豚皆合升。成牲者，則升其胖者髀不升，合升者并髀升之。」吴氏紱云：「自小斂奠至祖奠皆用豚，是小牲，豚解合升不去髀。此羊豕大牲，升其胖，雖豚解亦去髀，以其成牲也。」○注詳《士昏禮》。**腸五，胃五。**亦盛之也。【疏】正義曰：《少牢》用腸三胃三，此用五，故云「亦盛之也」。敖氏云：「此雖盛之，亦變於吉也。」**離肺。**離，搉。【疏】正義曰：離肺，舉肺也。敖氏云：「明無切肺也。」○《校勘記》云：「注『搉』下，《釋文》、《集釋》俱有『也』字。」今案：嚴本無，又「搉」譌「搉」。黄氏丕烈云：「張氏淳所見嚴本作『搉』，『搉』有二點者誤。」○離搉，詳《特牲·記》。**豕亦如之，豚解，無腸胃。**如之，如羊左胖、髀不升、離肺也。❷豚解，解之如解豚，亦前肩後肫，脊脅而已。無腸胃者，君子不食溷腴。【疏】正義曰：《校勘記》云：「注『溷』，《集釋》作『圂』。」　云「豚解，解之如解豚」者，此豕是大牲矣，而解之亦用解豚之法，故云「豚解」也。詳上篇小斂「陳一鼎于寢門外」

---

❶ 「豚」，原作「豕」，今據文義改。

❷ 「如」，原作「亦」，今據《儀禮注疏》改。

下。❶云「亦前肩後肫，脊脅而已」者，案：言肩兼臂臑，言肫兼骼，并脊與脅，四體而已。敖氏云：「凡俎實用羊豕者，其體數同。此豕云豚解，則羊如之明矣。」褚氏云：「羊言左胖，豕亦左胖可知，豕言豚解，羊亦豚解可知，互文見義。豚解者七體，❷不用右三段，所用者：左肩臂臑爲一段，左肫骼爲一段，三脊爲一段，左三脅爲一段，共四段。賈謂豕與羊異，非也。此雖攝盛用五鼎，然豚解而非體解，又以鮮獸代膚，亦示稍異《少牢》之義。」今案：《少牢》司馬升羊，司士升豕，其肩臂臑膊胳脊脅各體名，二者悉同之。《禮運》「腥其俎」，注以爲豚解；「熟其殽」，注以爲體解。而下云「體其犬豕牛羊」，則豚解、體解之法，牛羊亦皆有之。敖、褚之説確矣。云「無腸胃者，君子不食溷腴」者，上羊有腸胃，則此無腸胃專指豕言之。「君子不食溷腴」，《禮記·少儀》文。彼經作「圂」，注云「《周禮》圂作豢，謂犬豕之屬，食米穀者也，腴有似於人穢」，孔疏：「猪犬亦食米穀，其腹與人相似，故君子但食他處，辟其腴。腴，謂腸胃也。」**魚、腊、鮮獸，皆如初。**鮮，新殺者。士腊用兔，加鮮獸而無膚者，豕既豚解，略之。【疏】正義曰：敖氏云：「如初者，如殯奠魚九、腊左胖、髀不升也，鮮獸亦如腊。」注云「鮮，新殺者」，對腊爲久乾言也。《周禮·獸人》：「喪紀共其死獸生獸。」孔氏廣森云：「《特牲》、《少牢》俎實皆以腊獸，據《左傳》曰『唯君用鮮』，則大夫、士不得通用鮮獸。此士遣奠乃用之者，一則取變吉也，一則以士攝盛而用五俎，須别於大夫之五俎，去君位遠，轉得用鮮不嫌，亦

❶「寢」，原脱，今據《儀禮·士喪禮》經文補。
❷「解」，原重，今據《儀禮管見》删。

士沐粱之意也。」云「士腊用兔」者，以《少牢》大夫禮云「腊用麋」，推之而知也。腊用兔，則鮮亦用兔矣。云「加鮮獸而無膚者，豕既豚解，略之」者，李氏云：「膚出於豕，豕不體解，故亦無膚。」敖氏云：「凡牲用豚者例無膚，此豕用豚解之法，故亦放豚之不用膚，而以鮮獸代之也。」**東方之饌：四豆，脾析、蜱醢、葵菹、嬴醢。**脾，讀爲「雞脾𦙶」之「脾」。脾析，百葉也。蜱，蜯也。今文「嬴」爲「蝸」。【疏】正義曰：此饌處詳下文「醴酒」下。方氏苞云：「自小斂以後，皆曰『東方之饌亦如之』，而此復具列其物，以籩豆倍加也。舉醴酒，則瓦甒觶柶可無更舉矣。」○注「脾𦙶」，毛本「𦙶」作「肶」，《校勘記》云：「嚴、徐作『𦙶』，《釋文》、《通典》、《集釋》、《通解》俱作『肶』。」今案：作「𦙶」是也。　云「脾，讀爲『雞脾𦙶』之『脾』。脾析，百葉也」者，《説文》：「膍，牛百葉也。一曰鳥膍胵，鳥胃也。膍，或從比作『肶』。」是「肶」即「膍」字，與「𦙶」別矣。段氏《説文注》云：「𦙶，從此聲，《釋文》尺之反。《内則》『鴇奥』，注：『奥，脾𦙶也。』字亦作『𦙶』，《釋文》昌私反。今《既夕》注作『肶』，誤甚。𦙶與斯、斯與析音近，故釋脾析爲脾𦙶。雞鴇皆有脾𦙶，謂胃也，即許所謂鳥膍胵也。」胡氏承珙云：「脾肶當作膍𦙶。《莊子·庚桑楚》篇『臘者之有膍胲』，司馬彪注云：『膍，牛百葉也。』《周官·醢人》『脾析』，鄭衆注云：『脾析，牛百葉也。』百葉本爲禽獸之胃，二《禮》經文俱作『脾析』者，古字通借，容可以脾之名加於胃。若鄭君既以時讀曉人，自同《説文》作『膍』，以別於土藏之脾，不應仍用借字。」今案：以「脾」當作「膍」，説亦甚是，但各本注皆作「脾」，仍之。《廣雅》「百葉謂之膍胵」，王氏《疏證》云：「脾肶與膍胵同，皆分析之貌，故又謂之百葉。」案：據此注及《廣雅》但云百葉不云牛，則百葉之名畜獸同之，故賈疏以此經脾析爲羊百葉也。江氏筠云：「經於豆實多依《周官》之序，獨此脾析、蜱醢乃在葵菹、嬴醢之上，當是以盛葬奠用少牢，故豆實亦以取之羊者爲首，賈説固信矣。」云「蜱，蜯也」者，案：「蜱醢」，《周禮・醢人》作「蠯醢」，注引鄭司農云：「蠯，蛤也。」《鼈人》注又引杜子春云：「蠯，蜯也。」《説文》字作「蠯」，云「蛼也」，又云「蚌，蜃屬」。蜃，大蛤。段氏謂「蜯」即「蚌」字，則亦蛤類也。《説文》：「葵，葵菜也。」崔寔云：「六月六日可種葵，中伏後可種冬葵，九月可作葵菹。」《醢人》注云「羸，螔蝓也」，《爾雅》「蚹羸螔蝓」，《説文》作「虒蝓」，郭氏云「即蝸牛也」。云「今文『羸』爲『蝸』」者，詳《士冠禮》。《醢人》「凡祭祀，共薦羞之豆實，喪紀亦如之」，有「五齏、七醢、七菹、三臡」，注以脾析爲齏，云：「凡醢醬所和，細切爲齏，全物若䐑爲菹。」又云：「齏菹之稱，菜肉通。」**四籩，棗、糗、栗、脯。**糗，以豆糗粉餌。【疏】正義曰：注云「糗，以豆糗粉餌」者，《周禮・籩人》「羞籩之實，糗餌、粉餈」，鄭注：「此二物，皆粉稻米、黍米所爲也。合蒸曰餌，餅之曰餈。糗者，擣粉熬大豆，爲餌餈之黏著，以粉之耳。餌言糗，餈言粉，互相足。」今案：互相足者，謂餌餈二者，皆以豆糗粉之，使不相黏著。而經於餌言糗，於餈言粉，是互言之，以足其義也。此經但云糗，則有餌而無餈矣，故鄭直云「以豆糗粉餌」也。李氏云：「粉稻米黍米，合蒸之以爲餌，擣熬大豆爲糗以粉之，《籩人》謂之糗餌。」此不言餌，省文。王氏士讓云：「四豆俱用《周禮》饋食之豆，而四籩則於饋食之籩取其二，於加籩之實取其一，於羞籩之實取其一，所謂『放而不致』也。」**醴酒。**此東方之饌與祖奠同，在主人之南，當前輅，北上，巾之。【疏】正義曰：案：下記云：「祝饌祖奠于主人之南，當前輅，北上，巾之。」鄭以此遣奠東方之饌與祖奠饌處同，故云然也。褚氏云：「敖謂亦饌于東堂下，南齊于坫。則饌處反在北，奠處反在南，逆矣。惟奠于堂上者，乃饌于東堂下也。」今案：祖奠與遣奠，饌之在主人之南當前輅，其奠之皆在柩車之東當前束，奠處同，則饌處亦同。敖異於鄭，褚駁之是也。賈疏云：「北上者，蓋醴酒在北，次南饌四豆，豆南饌四籩也。」**陳器。**明器也。夜斂藏之。【疏】正義曰：注「夜斂藏之」，案賈疏云：「本作『夜斂』，『適』似寫誤。」是賈所見本作「適斂」矣，嚴本作「夜」不誤，今從之。　云「明器也」者，解經陳器爲陳明器也。云「夜斂藏之」者，以葬前一日已陳明器矣，因夜間斂藏之，故於厥明復陳之也。**滅燎，執燭俠輅，北面。**炤徹與葬奠也。【疏】正義曰：前云「宵爲燎」，今明矣，故滅燎，而猶執燭者，以初明，慎之也。注「炤」，毛本作「照」，《校勘記》云：「嚴、徐、《集釋》俱作『炤』，《通解》作『照』。」〇執燭俠輅北面，謂俠柩車之前輅也。執之者二人，一在輅東，一在輅西。江氏筠云：「注謂炤徹與葬奠，只説得輅東之燭。蓋祖奠之徹與葬奠之設，俱在輅東炤之，其徹者之改設于西北，則在輅西炤之。」今案：賈疏謂輅西之燭炤徹祖奠，則似祖奠之設在西，誤矣，故江氏易之。但據下云「徹者入，設于西北」，則注所云炤徹者，自謂炤其徹而設于西北，注仍兼輅東、輅西言也。**賓入者，拜之。**明自啟至此，主人無出禮。【疏】正義曰：賓入者，爲葬來也。李氏云：「拜賓於内位。」蔡氏德晉云：「入則在位拜之，而不出迎也。」　注云「明自啟至此，主人無出禮」者，釋所以拜於内之故。蓋既啟殯則見尸柩，不可稍離也。或以啟後君賵則出、賓賵則出訾注，不知爲君命、賓賵而出，乃禮之不得已者，前注已申言之。此無出禮，自據其常者言也。**徹者入，丈夫踊。設于西北，婦人踊。**猶阼階升時也，亦既盥乃入。入由重東而主人踊，猶其升也。自重北西面而徹設於柩車西北，亦猶序西南。【疏】正義曰：注「亦猶序西南」，「猶」，嚴、毛本作「由」，《校勘記》云：「閩、監、葛本、《通典》、《集釋》、楊氏俱作『猶』，陳本、《通解》俱作『曰』。案：『由』、『猶』古字通用，『曰』即『由』字之誤。」今案：作「猶」較顯，陳凰梧本亦作「猶」。〇此將設遣奠，先徹祖奠也。云「猶阼階升時也，亦既盥乃入」者，謂此徹者之入，亦猶奠于堂室者之升自阼階時也。上篇徹小斂奠、大斂奠，徹者皆盥于門外乃入，故知此亦然也。云「入由重東而主人踊，猶其升也」者，此奠在堂下，固無升降，但丈夫、婦人之踊，略倣升階降階之節，故注云猶也。詳上篇大斂奠節末。云「自重北西面而徹設於柩車西北」者，此當作一句讀，謂自重北西面而以所徹者改設于柩車西北，非謂自重北西面而來徹也。祖奠設于柩車東，徹者由東而西，改設之重北，亦謂明器北。云「亦猶序西南」者，謂亦如小斂、大斂、朔月奠之改設序西南也。詳上篇陳小斂奠「饌于東堂下」下。**徹者東。**由柩車北，東適葬奠之饌。【疏】正義曰：注云「由柩車北，東適葬奠之饌」者，以徹者設於柩車西北，而云「徹者東」，是由柩車北而東矣。若由柩車南，則徹者須先南行，乃得轉而東，不得徑云「徹者東」也。知「適葬奠之饌」者，以將設葬奠，故適所饌處以待事。此與上篇徹小斂奠改設序西南訖乃適饌同義。**鼎入。**舉入陳之也。陳之蓋於重東北，西面北上，如初。【疏】正義曰：注云「舉入陳之也」者，謂舉者自門外舉以入陳之也。云「陳之蓋於重東北」者，上篇小大斂奠皆設鼎于阼階前，此遣奠設于庭，饌在主人之南當前輅，則鼎之設當近重而遠階，故云「重東北」。以無正文，故云「蓋」也。云「西面北上，如初」者，謂五鼎皆西面，而以北爲上，如大斂奠也。必知如大斂奠者，以小斂止一鼎，無北上之文也。**乃奠。豆南上，綪。籩嬴醢南，北上，綪。**籩嬴醢南，辟醴酒也。【疏】正義曰：乃奠，設遣奠也。設遣奠不言布席者，以設之與祖奠同處，即仍祖奠之席可知。綪，屈也，義詳上篇。王氏士讓云：「四豆先饌脾析於西南，次北蜱醢，蜱醢東葵菹，葵菹南嬴醢，是謂豆南上綪。其設之形，四方也。四籩則於嬴醢之南，先設棗，棗南糗，糗東栗，栗北脯，是謂籩北上綪，亦因綪而得方也。」吴氏《疑義》云：「四豆二列，西列從南而北，東列由北而南。四籩二列，西列由北而南，東列由南而北。皆所謂綪也。」　注云「籩羸醢南，辟醴酒也」者，謂籩之設在豆南，乃不自脾析南爲始，而自羸醢南爲始者，以醴酒將設于脾析南，故棗避之而在羸醢南也。**俎二以成，南上，不綪。特鮮獸。**成，猶併也。不綪者，魚在羊東，腊在豕東。❶古文「特」爲「俎」。【疏】正義曰：俎二以成，鄭訓成爲併，蓋謂羊與豕併，魚與腊併，二列皆南上也。○注「腊」，毛本誤「蜡」，《校勘記》云：「嚴、徐、陳、閩、葛、《集釋》、《通解》、楊、敖俱作『腊』，監本誤作『醋』。」　云「不綪者，魚在羊東，腊在豕東」者，此俎之設在豆之東、籩之北。若綪則於脯北設羊，次北豕，豕東魚，魚南腊，是自北屈而南矣。今於脯北設羊，羊北豕，又於羊東設魚，魚北腊，是魚在羊東，腊在豕東。二者皆從南爲始，不自北屈而南，是不綪也。俎之數同于鼎，鼎五則俎亦五，今羊豕魚腊之俎各二以併，仍有鮮獸一俎無偶，故經云特也。盛氏謂鮮獸特於豕北，吴氏《疑義》謂特於腊北。今以上篇設大斂奠腊特于俎北例之，則當在豕腊二俎之北也。云「古文『特』爲『俎』」者，胡氏承珙云：「特者對成言之，經當作『特』，不當作『俎』，故鄭從今文。」**醴酒在籩西，北上。**統於豆也。【疏】正義曰：醴酒設于脾析之南，則在籩西也。北上者，醴在北，酒在南也。敖氏云：「醴在棗西，酒在糗西。」醴酒設于豆南，而以北爲上，是統於豆也。**奠者出，主人要節而踊。**亦以往來爲節，奠由重北西，既奠由重南東。【疏】正義曰：此奠在庭，無升降，故云「亦以往來爲節」。云「奠由重北西，既奠由重南東」者，江氏筠云：「『西』下疑有

❶「腊」，原作「蜡」，今據《續清經解》本改。

脱文。」蓋鄭於徹遷祖奠注云「徹者由明器北西面」，又徹祖奠注云「自重北西面」，俱是言其面向，則此亦如之，注有脱誤。餘詳上篇大斂奠節末。○李氏云：「《檀弓》曰：『曾子弔於負夏，主人既祖填池，推柩而反之，降婦人，而後行禮。從者問諸子游，曰：禮與？子游曰：飯於牖下，小斂於户内，大斂於阼，殯於客位，祖於庭，葬於墓，所以即遠也。故喪事有進而無退。』鄭氏云：『填池當爲奠徹，謂徹遣奠，更設祖奠也。禮，既祖而婦人降。今反柩車於載處，婦人辟之升堂，而又降婦人，皆非禮。』曾子之弔，蓋在此時。」

右葬日陳大遣奠

甸人抗重，出自道，道左倚之。還重不言甸人，抗重言之者，重既虞將埋之，言其官，使守視之。抗，舉也。出自道，出從門中央也。不由闑東西者，重不反，變於恒出入。道左，主人位。今時有死者，鑿木置食其中，樹於道側，由此。【疏】正義曰：自此至「徹者出踊如初」，言重出及車馬苞器以次先行之事。吴氏紱云：「重既不隨入壙，又不可留於廟中，故於柩之將行出之於外。」注云「還重不言甸人，抗重言之者，重既虞將埋之，言其官，使守視之」者，《雜記》曰「重既虞而埋之」，鄭注「就所倚處埋之」，孔疏謂埋於祖廟門外之東也。重有主道，古者虞而作主，故既虞埋之。但士有三虞，《雜記》言既虞而埋，則必俟虞祭畢乃埋之，中有數日，故須守視也。上篇言甸人置重于中庭，此言甸人抗重，則還重及埋重之事皆甸人爲之也。《詩》「大侯既抗」，《毛傳》：「抗，舉也。」此抗重與彼抗侯義同，故均訓舉也。云「出自道，出從門中央也。不由闑東西者，重不反，變於恒出入」者，案：恒出入則在闑東闑西，此從門中央，是變於恒出入也。闑爲門之中央短木，有事亦可去，詳《士冠禮》。云「道左，主人位」者，道左即門東，主人出門接賓之位恒在此，重有主道，故於此倚之。賈疏云「道左倚之者，當倚於門東北壁」，《雜記》孔疏亦云「祖廟門外之東也」。賈疏又云：「鄭云今時以下者，引漢法證重倚道左之事也。」**薦馬，馬出自道，車各從其馬，駕于門外，西面而俟，南上。**南上，便其行也。行者乘車在前，道、稾序從。【疏】正義曰：此即《雜記》疏所謂第三次薦馬也。薦畢乃出，車各從其馬，每車二馬，馬前車後。至門外始駕馬，則自廟中出門，皆人挽也。前薦車時，蓋亦人挽之。云西面，則在門外之東方也。俟者，敖氏謂「俟器出而從之」是也。方氏苞云：「朝祖時柩車入廟中，闑與下檻已脱去矣，故重與車馬得由中道出也。」今案：前君賵主人迎賓云「先入門右」，賓賻云「主人出門左」，則闑畢事似仍設之，至重出又去之也。注云「南上，便其行也」者，敖氏謂「將行以近外者爲先」是也。蓋廟南鄉，車在門外西面，則北爲内，南爲外。經云南上，則乘車在南，於先行爲便，故注又云「行者乘車在前」也。云「道、稾序從」者，謂道車次乘車後，稾車又次道車後也。**徹者入，踊如初。徹巾，苞牲，取下體。**苞者，象既饗而歸賓俎者也。取下體者，脛骨象行，又俎實之終始也。士苞三个，前脛折取臂臑，後脛折取骼，亦得俎釋三个。《雜記》曰：「父母而賓客之，所以爲哀。」【疏】正義曰：徹者入徹遣奠而苞之也。苞見前。敖氏云：「徹巾即苞牲，是即於席前爲之也。」盛氏云：「踊如初，初謂徹祖奠。」注云「苞者，象既饗而歸賓俎者」，義本《雜記》。云「取下體者，脛骨象行，又俎實之終始也」者，脛骨謂牲之前後四足，此苞牲以送入壙，有行道，故取之以象行也。賈疏云：「《少牢》載俎，云『肩臂臑膊骼在兩端』，又云『肩在上』。以此言之，則肩臂臑在俎上端，爲俎實之始，膊胳在俎下端，爲俎實之終，是爲俎實之終始也。」

敖氏云：「取下體，爲其皮骨多，差可以久也。」郝氏敬云：「體取下，近足脛者小，納壙中便也。」今案：二説亦有理，存之。云「士苞三个」者，士苞二，每苞各三个也。《檀弓》曰「國君七个，遣車七乘。大夫五个，遣車五乘」，鄭注：「个，謂所包遣奠牲體之數也。」《雜記》曰「遣車視牢具」，鄭注：「言車多少，各如所包遣奠牲體之數也。然則遣車，載所包遣奠而藏之者與？遣奠，天子太牢，包九个；諸侯亦太牢，包七个；大夫亦太牢，包五个；士少牢，包三个。大夫以上，乃有遣車。」據此注則士無遣車，所包牲體持以如墓而已。云「前脛折取臂臑，後脛折取骼，亦得俎釋三个」者，褚氏云：「取下體，正也。其餘取脊則釋脅，取脅則釋脊，從便也。俎上前脛留肩，後脛留膊，此外或脅或脊，科留其一，則每俎各釋三个矣。賈因前解羊之脊脅爲一段，豕之脊脅爲兩段，故於此亦誤。」今案：賈疏謂羊俎有二段，豕俎有四段，相通爲俎釋三个，其説固非。褚謂或取脊，或取脅，又與經言取下體不合。敖氏云：「折取下體，則是每牲之俎猶有四段也。」此不取俎釋三个之義，與祭禮之歸尸俎者異也，其説似勝於注。然則每苞三个者，謂臂也、臑也、骼也，所謂下體也。注言折者，前此羊豕豚解分爲七體，用左胖四體，未折也。至此乃折取而苞之，如前脛折取臂臑，仍有肩在，後脛折取骼，仍有膊在，故敖云「每牲之俎猶有四段也」。《雜記》曰：「或問於曾子曰：『夫既遣而包其餘，猶既食而裹其餘與？君子既食，則裹其餘乎？』曾子曰：『吾子不見大饗乎？夫大饗，既饗卷三牲之俎，歸於賓館。父母而賓客之，所以爲哀也。』」注云：「言父母家之主，今賓客之，是孝子哀親之去也。」鄭引此二語，見苞牲爲賓客父母之事也。○李氏引吕大臨説，謂遣車即上所薦之乘車、道車、槀車，又謂《校人》「大喪飾遣車之馬，及葬埋之」，爲殺而埋之。案《周禮·巾車》「大喪飾遣車，遂廞之行之」，鄭注：「行之，使人以次舉之，以如墓也。遺車一曰鸞車。」案：鸞車見《冢人》，據鄭云使人舉之如墓，則非駕馬之車明矣。《校人》「及葬埋之」，注云：「言埋之，則是馬塗車之芻靈。」謂束草爲馬也。又《圉人》「廞馬亦如之」，注云：「廞馬，遣車之馬，人捧之。」言人捧之，則非真馬可知，安從殺之乎？是二説皆非也。**不以魚腊。**非正牲也。【疏】正義曰：上言「苞牲取下體」，而復云「不以魚腊」，明苞奠惟用牛羊也。牛羊正牲，魚腊非正牲，故不用。言腊，則鮮獸亦不用可知矣。**行器。**目葬行明器在道之次。【疏】正義曰：不云「器」而云「行器」，見器已出廟而行，故注云「目葬行明器在道之次」也。方氏苞云：「特言行器，以著器與車之先後，又以見器皆人持以行，而不以車載也。」**茵、苞、器序從。**如其陳之先後。【疏】正義曰：李氏云：「舉茵以兼折與抗木抗席，舉苞以兼筲罋甒。器，謂用器以下。」盛氏云：「上云行器，與下爲目也，此乃詳言其行之次。陳器之時，抗席、抗木皆在茵下，茵行則其下皆行矣。折設於抗木之前，則行亦在前可知。」今案：上注雖止言明器，而折、抗等亦在內，以統言之皆器也。經不言他物，而獨舉茵苞器三者，李氏之釋精矣。注云「如其陳之先後」者，謂經先陳者行亦在先，以次相從也。**車從。**次器。【疏】正義曰：車即所薦之車也。車從器而行，則次於器後矣。郝氏敬云：「車在器後，近柩前也。」**徹者出，踊如初。**於是廟中當行者唯柩車。【疏】正義曰：此與上「徹者入踊如初」，俱詳上篇大斂奠節末。蔡氏德晉云：「遣奠徹之而不改設者，以既苞牲至壙故也。」然則敖氏謂徹者亦設于西北乃出，非矣。注言此者，見其他皆已行也。

右將葬重出車馬苞器以次先行鄉壙

主人之史請讀賵，執筭從，柩東當前束，西面。不命毋哭，哭者相止也，唯主人、主婦哭。燭在右，南面。 史北面請，既而與執筭西面，於主人之前讀書釋筭。燭在右，南面，炤書便也。古文「筭」皆爲「筴」。【疏】正義曰：自此至「滅燭出」，言讀賵讀遣之事。○此「執筭」及下「釋筭」、「與筭」，唐石經俱作「筭」，嚴本、陳鳳梧本經注亦俱作「筭」，毛本俱作「算」。《説文》「筭，長六寸，所以計數者。❶ 算，數也」，段氏注云：「《漢志》：『筭法用竹，徑一分，長六寸，二百七十一枚而成六觚，爲一握。』此謂筭籌，與算數字，各用計之，所謂算也。」又云：「筭爲算之器，算爲筭之用，二字音同而義别。」今案：此經「筭」字謂筭籌，作「筭」是也。又「柩東」，毛本誤作「柩車」。○《釋官》云：「主人之史，士私臣，掌文書者。」敖氏云：「賵，即書於方者也。賵禮賓爲之也，故主人之史讀之。不命毋哭，嫌若併止主人、主婦然也。」吴氏廷華云：「讀之，聞于死者，主人亦宜知之也。執筭者，史之貳也。哭者相止也，自相戒止也，以史方有事於死者，不擾之。主人、主婦痛極，不能自止，但不踊耳。」今案：執筭從，從史也。「柩東當前束，西面」，謂史與執筭者也。注云「史北面請，既而與執筭西面，於主人之前讀書釋筭」者，謂請時北面，讀書釋筭則西面也。必知北面請者，鄉柩也，時主人亦在柩東，故知史與執筭者既請，乃轉而西面，於主人之前讀之釋之也。云「燭在右，南面，炤書便也」者，敖氏云：「右，史右也。執燭者在右，則執筭者在左也。是燭與史最近，而又南面炤之，故云『便也』。」云「古文『筭』皆爲『筴』」者，胡氏承珙云：「筴乃策字之别。《顔氏家訓》云：『簡策字竹下施束，

❶ 「數」上，《説文解字》有「歷」字。

末代隸書，似杞宋之宋，亦有竹下遂爲夾者。《易》釋文云策本作筴是也。』筭本計數之物，若作筴，嫌與書遣於策之策混，故鄭從今文，不從古文也。」案：《檀弓》：「讀賵，曾子曰：『非古也，是再告也。』」陳氏澔云：「古者奠之而不讀，周則既奠而又讀焉。」是讀賵爲周禮也。又《雜記》「大夫之喪，既薦馬，薦馬者哭踊出，乃包奠而讀書」，鄭注：「嫌與士異，記之也。」亦引上「苞牲取下體」及此「請讀賵」爲證。然則大夫之喪包奠讀書，其儀節固與士同矣。**讀書，釋筭則坐。**必釋筭者，榮其多。【疏】正義曰：「讀書」二字爲句，不言讀賵而言讀書者，上注謂奠賻贈亦書於方，故言書，知史併讀之也。釋筭則坐，言則者，謂釋筭乃坐，明讀書不坐也。筭在於地，坐釋之爲便。《鄉射》、《大射》凡釋獲者皆言坐，是其證。姜氏兆錫乃連讀之，謂讀書亦坐，誤矣。讀之而又釋筭，以計其數者，蓋欲見賵奠賻贈之多，而以爲榮也。**卒，命哭，滅燭，書與筭執之以逆出。**卒，已也。【疏】正義曰：注，毛本「已」下有「也」，《校勘記》云：「嚴、徐、《集釋》、楊氏俱無。」○敖氏云：「卒，謂讀之畢也。言逆出，亦見執筭者在史南。」今案：入則史先而執筭者從，出則執筭者先，而史執書從之，故云「逆」也。**公史自西方東面，命毋哭，主人、主婦皆不哭。讀遣，卒，命哭，滅燭，出。**公史，君之典禮書者。遣者入壙之物，君使史來讀之，成其得禮之正以終也。燭俠輅。【疏】正義曰：西方東面，賓位也。李氏云：「公史尊，故命毋哭，而主人、主婦皆不哭。」其餘可知矣。敖氏云：「遣即書於策者也，此主人之物，故公史爲讀之。柩將行，而讀賵與遣者，若欲神一一知之然。」方氏苞云：「遺物附棺，必誠必信，主人主婦亦必傾耳聽之，於心始安，故俟讀畢而後命之哭也。出者，公史出也。」○注「輅」，嚴本作「路」，《集釋》、楊氏、陳鳳梧本、毛本俱作「輅」。案：作「輅」是也。云「公史，君之典禮書者」，賈疏云：

「《周禮》大史、小史皆掌禮，則諸侯史亦然。」《釋官》云：「《周禮・小史職》曰：『卿大夫之喪讀誄。』此讀者宜亦小史。據此則士之喪有公臣來共其事明矣，史獨言公者，因上有主人之史，故言公以別之，其餘不言公者可知。賈疏不能由此推之，於諸篇官制多有窒礙者矣。」云「遣者入壙之物，君使史來讀之，成其得禮之正以終也」者，褚氏云：「《職喪》：『凡公有司之所供，職喪令之趨其事。』令之是奉君命而令之，故注云君使史來讀之也。」蓋遣物多寡，皆禮制所繫，君使史讀之，以示恩禮，而僭忒亦無由生矣，故云「成其得禮之正以終也」。盛氏云：「讀賵釋算，讀遣不釋筭者，賵是賓物，不出於一人，故須一一記之，以多爲榮。遣是主人之物，則但告數而已，人子之心不自見其多也。敖謂讀遣亦釋筭，非。」云「燭俠輅」者，前滅燎執燭俠輅，鄭復言此者，以見今所滅之燭，即俠輅之燭。上讀書釋筭畢言滅燭者，輅東之燭。此讀遣畢又言滅燭，則輅西之燭也。

右讀賵讀遣

商祝執功布以御柩，執披。居柩車之前，若道有低仰傾虧，則以布爲抑揚左右之節，使引者、執披者知之。士執披八人。今文無「以」。【疏】正義曰：自此至「杖乃行」，言柩車發行及在道君贈之事。經文當以「商祝執功布以御柩」爲句，「執披」又爲一句。前云「設披」，設而未執也。此柩將行，乃執之。《周禮・司士》：「作六軍之士執披。」敖氏云：「此見執披之節也，不言引者，披後於引，言執披則引可知。」其説是也。注云「居柩車之前，若道有低仰傾虧，則以布爲抑揚左右之節」者，賈疏云：「道有低，謂下坂時。道有仰，謂上坂時。傾虧，謂道之兩邊車轍有高下。」又云：「道有低，則抑下其布，使知下坂。道有仰，則揚舉其布，使知上坂。左右者，謂左右其布，使知道之有傾虧也。」詳前「設披」下。李氏云：「《喪大記》曰：『君葬，御棺用羽葆。大夫葬，御棺用茅。士葬，比出宫，御棺用功布。』《周禮・喪祝》：『及葬，御匶出宫，乃代。』《鄉師》：『大喪，及葬執纛，以與匠師御匶，而治役。』功布，士以上蓋通有之。御柩，天子以纛，君以羽葆，大夫以茅。士賤，無御柩之物，故在宫以功布拂柩，而出宫因以御柩。」吕氏坤云：「《三禮圖》引舊圖云：『功布，謂以大功之布，長三尺，以御柩居前，爲行者之節度。』又《隱義》云：『羽葆功布等，其象皆如麾。』以此考之，則功布啟殯時執之以拂拭，出葬時竿揭之以指麾。」是也。褚氏云：「功布御柩，惟士制耳，出宫而止。」今案：《喪大記》注云：「士言比出宫用功布，則出宫而止，至壙無矣。」孔疏謂士卑，御柩至大門牆内而止，出路便否。此褚説所本也。然據此注云「道有低仰傾虧，以布爲抑揚左右之節」，則功布正是道中所用，何得云出路便否？《儀禮》經文不言在路與出宫異，《喪大記》但言「比出宫用功布」，亦未明言出宫而止，則彼注未可據矣。云「使引者、執披者知之」者，引在前，執披在兩旁，謂以布爲節，使知道有低仰傾虧而備之也。《喪祝》「掌大喪勸防之事」，鄭注：「勸猶倡帥前引者，防謂執披備傾虧。」即其義也。此注雖有執披之文，仍是解功布御柩之義，非解經「執披」二字也。賈疏乃以「御柩執披」連讀，誤矣。注又云「士執披者八人」，方是解經「執披」句。下記云：「執披者旁四人。」合兩旁則八人也。云「今文無『以』」者，胡氏承珙云：「《周禮・鄉師》注引《雜記》曰：『匠人執翿以御匶。』此注從古文有『以』者，取其文備。」

主人袒，乃行，踊無筭。

袒，爲行變也。乃行，謂柩車行也。凡從柩者，先後左右如遷於祖之序。【疏】正義曰：注云「袒，爲行變也」

者，言爲柩行變也。云「乃行，謂柩車行也」者，鄭恐疑行爲主人行，故明之。柩車行，則主人亦行可知。云「凡從柩者，先後左右如遷於祖之序」者，謂從柩至壙之序，一如從柩遷祖之序也。詳前「重先奠從」下。**出宮，踊，襲。**哀次。【疏】正義曰：柩車出宮也。《檀弓》曰：「君於大夫，將葬，弔於宮。及出，命引之，三步則止。如是者三，君退。朝亦如之，哀次亦如之。」鄭注：「朝，喪朝廟也。次，他日賓客所受大門外舍也，孝子至此而哀。」李氏云：「哀次，謂此出宮踊時也。」敖氏云：「出宮而踊，哀親之遂離其室也。行路不宜袒，故於此而襲。」今案：鄭氏貫通羣經，故以哀次爲解。敖謂哀親之離室，亦通。**至于邦門，公使宰夫贈玄纁束。**邦門，城門也。贈，送也。【疏】正義曰：敖氏云：「柩至此公乃贈，亦異於臣也。」方氏苞云：「親、賓贈于家，君則至于邦門者，使國人榮之。」《釋官》云：「宰夫，詳《大射儀》。《周禮・宰夫職》曰：『凡邦之弔事，掌其戒令，與其幣器財用，凡所共者。』注云：『弔事，弔諸侯諸臣。』又云：『葬而賵贈。』此諸侯禮，亦宰夫掌之，故使宰夫。」今案：天子宰夫下大夫，諸侯之官降天子一等，宰夫亦士也。玄纁束，詳前。注云「邦門，城門也」者，賈疏以爲國城北門，據《檀弓》「葬於北方」言也。贈，送，詳前。**主人去杖，不哭，由左聽命。賓由右致命。**柩車前輅之左右也。當時止柩車。【疏】正義曰：主人去杖不哭，尊君命也，與前君賵略同。經但云左右，而注知爲柩車前輅之左右也者，案：前君使人賵時，賓當前輅致命，故知也。蔡氏德晋云：「由者，由之以至柩車之前。賓由右者，以升實幣當在右，取其便也。賓由右，故主人由左也。」案：是時柩車北鄉，左則在西，右則在東。以君賵賓北面致命推之，此致命當南面，不言者省文。云「當時止柩車」者，下記云「唯君命止柩于堩」是也。**主人哭，拜稽顙。賓升，實幣于蓋，降。主人拜送，復位，杖，**

乃行。升柩車之前，實其幣於棺蓋之柳中，若親授之然。復位，反柩車後。【疏】正義曰：前君賵時主人哭拜稽顙成踊，此不成踊者，以在塗禮殺也。賓升而復言降，則事畢也。乃行，亦謂柩車行也。○《校勘記》云：「注『授』，嚴、徐、陳本、《通解》、楊氏俱作『受』，《通典》、《集釋》、敖氏俱作『授』。」今案：作「授」是也，毛本亦作「授」。　云「升柩車之前，實其幣於棺蓋之柳中，若親授之然」者，褚氏云：「升車而啓帷，以實于蓋上。」吴氏《疑義》云：「平地言升，謂升轅也。車蓋上不能置物，故注以中言之，謂蓋内也。上左服之奠不入壙，此玄纁入壙，故奠於蓋以示意，若親授之然也。」云「復位，反柩車後」者，主人從柩而行，本在車後，因聽命至前，今拜送賓訖，仍反柩車後之位而杖也。○《紃解》云：「初喪君既襚之矣，又或視其大斂矣，既則賵之，至柩行又贈之。于士如此，則大夫以上又加厚焉可知，此即『體羣臣』之實也。」

右柩車發行及君使贈之儀

至于壙，陳器于道東西，北上。統於壙。【疏】正義曰：自此至「踊襲如初」，言至壙窆柩藏器之事。○鄭注《周禮·方相氏》云：「壙，穿地中也。」《廣雅》：「藏謂之壙。」《列子》釋文：「壙，墓穴也。」敖氏云：「西北上，以西行北端爲上，謂苞筲而下也，亦綪之。」郝氏敬云：「陳送葬之明器于墓道左右。」方氏苞云：「敖氏以『西北上』爲句，非也。器藏于柩之兩旁，必東西分陳而夾羨道，入壙乃便。」今案：注云「統於壙」，是釋經「北上」二字，謂壙在北，陳器以北爲上，是統於壙，則注固以「北上」爲句矣，方説是也。　李氏云：「《周禮·方相氏》：『大喪先匶，及墓入壙，以戈擊四隅，敺方良。』」**茵先入。**當藉柩也。元士則葬用輁軸，加茵焉。【疏】正義曰：注云「當藉柩也」者，前「加茵用疏布」，注云：「茵，所以藉棺者。」以其爲棺之藉，則在棺下，故須先入壙，而後下棺於其上也。云「元士則葬用輁軸，加茵焉」者，賈疏云：「元士，謂天子之士。葬時先以輁軸由羨道入，乃加茵於其上，乃下棺於中。」今案：輁軸之制無考。賈疏以天子、諸侯葬皆用輴推之，又謂諸侯之大夫葬不得用輴，天子之元士尊，葬得用輁軸。其説皆無據，方氏苞《儀禮析疑》、吴氏廷華《儀禮疑義》俱駁之。**屬引。**於是説載除飾，更屬引於緘耳。古文「屬」爲「燭」。【疏】正義曰：前「設披」下言「屬引」，謂屬引於車而挽之以行。此屬引者，謂屬引於棺而縣之以窆也。敖氏云：「此屬之，爲將窆也。其用異矣，猶以引名之者，見其索不易也。」注云「於是説載除飾，更屬引於緘耳」者，謂至壙説去柩車之載，除去池紐等飾。《周禮·喪祝》「及壙，説載除飾」，鄭注：「除飾，便其窆爾。」敖氏云：「當先除飾，乃説載。」案：此注及記注，皆用《周官》原文也。《喪大記》曰：「凡封用綍，去碑負引。君封以衡，大夫、士以咸。」鄭注：「咸讀爲緘。凡柩車及壙，説載除飾，而屬綍于柩之緘，又樹碑于壙之前後，以綍繞碑間之鹿盧，輓柩而下之。衡，平也。人君之喪，又以木横貫緘耳，居旁持而平之。大夫、士旁牽緘而已。今齊人謂棺束爲緘繩。咸或爲椷。」案：《喪大記》之咸，即此注所云「緘耳」也。《喪大記》又曰：「君葬，四綍二碑。大夫葬，二綍二碑。士葬，二綍無碑。」孔疏：「無碑者，手縣下之。」然則士雖無碑，而其屬綍於緘耳與大夫同。綍即紼，亦即此經所謂引也。士棺二衽二束。李氏云：「棺束末皆爲緘耳。」吴氏廷華云：「緘耳，蓋作圈以貫引也。」云「古文『屬』爲『燭』」者，胡氏承珙云：「『屬』正字，『燭』借字。上『設披，屬引』作『屬』，故鄭從今文。」**主人袒，衆主人西面北上，婦人東面，皆不哭。**俠羡道爲位。【疏】正義曰：敖氏云：「袒，爲窆變也。婦人亦北上。皆不哭，爲有事不可讙譁也。」今案：《喪大記》曰：「君，命毋譁，以鼓封。大夫，命毋哭。士，哭者相止也。」鼓封，謂擊鼓爲縱舍之節，大夫以下無之。哭者相止也，謂哭者自相止。《檀弓》曰：「國昭子之母死，問於子張曰：『葬及墓，男子、婦人安位？』子張曰：『司徒敬子之喪，夫子相，男子西鄉，婦人東鄉。』」與此禮合。羨道在墓前，男子、婦人俠之爲位，故有西面、有東面，鄭注《檀弓》亦云然。賈疏：「羨道謂入壙道，上無負土爲羨道。天子曰隧，塗上有負土爲隧。」《周禮·冢人》「及窆，以度爲丘隧」，鄭注「隧，羨道也」，彼疏云：「天子有隧，諸侯以下有羨道。隧與羨異，而云『隧，羨道』者，對則異，散則通。」《左傳》僖二十五年「晉侯請隧，弗許」，杜注：「闕地通路曰隧，王之葬禮也。諸侯皆縣柩而下。」孔疏：「天子之葬，棺重禮大，尤須謹慎，去壙遠而闕地通路，從遠處而漸邪下之。諸侯以下，棺輕禮小，臨壙上而直縣下之，故不得用隧。」《喪大記》注亦云：「禮，惟天子葬有隧。」然則羨道與隧異。禮，惟天子闕地通路。則賈以羨道爲入壙道，非矣。方氏苞云：「壙之南有埏門，門之下爲羨道，使水潦下洩，而不滲於壙中也。」**乃窆。**

主人哭，踊無算。 窆，下棺也。今文「窆」爲「封」。【疏】正義曰：盛氏云：「是時衆主人及婦人亦皆哭踊，惟言主人者，文省。」吴氏《疑義》云：「此上當有穿壙設椁之事。」　注云「窆，下棺也」者，謂下棺於壙，《小爾雅》「下棺謂之窆」是也。云「今文『窆』爲『封』」者，《古今文疏義》云：「《周禮·鄉師》『及窆，執斧以莅匠師』，司農注云：『窆，謂葬下棺也。《春秋傳》曰日中而堋，《禮記》所謂封者。』又《遂人》『及窆，陳役』，司農注云：『窆，《禮記》謂之封，《春秋》謂之堋，皆葬下棺也。聲相似。』又《太僕》『窆亦如之』，司農注略同。又云：『窆，讀如慶封汜祭之汜。』《説文·穴部》曰：『窆，葬下棺也。』《土部》曰：『堋，喪葬下土也。』引《春秋傳》『日中而堋』，今《左傳》作『塴』，小異。又曰：『《禮》謂之封，《周官》謂之窆。』段氏玉裁云：『《禮》，謂十七篇也。許於十七篇從今文作封，《戴記》亦皆作封者，《戴記》從今文也。堋、窆、封三字，分蒸、侵、東三韻，而一聲之轉。堋，朋聲。窆，乏聲。朋俗讀如蓮，窆讀方勇反，故《禮記》以封字代窆、堋字也。』案：鄭君於《禮記・檀弓》《曾子問》皆注云『封當爲窆』，又《喪大記》注云『封，《周禮》作窆』。蓋《戴記》於下棺之窆、聚土之封通作『封』，鄭君以其淆溷難明，故隨文是正。《王制》『庶人縣封』，注尤詳晰。」**襲。贈用制幣，玄纁束。拜稽顙，踊如初。**丈八尺曰制。二制合之。束，十制五合。【疏】正義曰：襲，爲贈而襲也。踊如初，亦無算也。李氏云：「玄纁束，蓋公使宰夫所贈者。重君物，故以送終也。」敖氏云：「此贈謂主人以幣贈死者於壙中也。」蔡氏德晉云：「凡行而不反者，必有贈。柩入壙，則不復反矣，故主人於親亦有贈禮焉。」盛氏云：「此贈幣，主人所自盡也，故拜稽顙以送之。疏云即公所贈者，蓋見『玄纁束』三字偶同，遂附會之耳。」今案：李説蓋本前「公使宰夫贈玄纁束」賈疏。然此經但云「贈用制幣」，則不必定爲公贈也。有公贈固用之，無即用賓物己物矣。《雜記》曰：「魯人之贈也，三玄二纁，廣尺，長終幅。」鄭注「言失之也」，亦引此經爲證。孔疏：「魯人雖三玄二纁，而用廣尺長幅，不復丈八尺，則失禮也。」蓋禮幣皆用制，贈親尤必以禮，故云「贈用制幣」。《檀弓》曰：「既封，主人贈。」鄭注：「贈，以幣送死者於壙也。」則贈爲主人自贈明矣，敖、盛説是。《周禮・太宰》「大喪贊贈玉」，鄭注：「贈玉，既窆所以送先王。」則贈之禮天子亦有之，但用玉不用幣也。○案：《雜記》注引此經云「贈用制幣玄纁束帛」，多一「帛」字。注詳《聘禮》「釋幣制玄纁束」下。**卒，袒，拜賓。主婦亦拜賓。即位，拾踊三，襲。**主婦拜賓，拜女賓也。即位，反位也。【疏】正義曰：卒，謂贈畢也。敖氏云：「於此拜賓，特爲之袒，重其禮也。拾踊者，主先、賓後、婦人居間。三，謂三者三也。襲者，主人也。禮，婦人不袒。」盛氏云：「拾踊者，主人與婦人與賓更迭而踊也。三者，三人各九踊也。」今案：《雜記》曰「公七踊，大夫五踊，婦人居間。士三踊，婦人皆居間」，鄭注「婦人居間者，踊必拾，主人踊，婦人踊，賓乃踊」是也。○《校勘記》云：「注『反位』下，嚴、徐、楊、敖俱無『也』字，《集釋》有。案：注末楊、敖俱有『拾更也』三字。」今案：「拾更也」，各本俱在「主婦入于室」節注末。浦氏鏜云：「案：《釋文》次第，當在『主婦入于室』下。」盧氏文弨云：「『拾更』當于此經拾踊初見者注，今本乃在後，陸氏亦於後始音，似失之。」云「主婦拜賓，拜女賓也」者，女賓蓋内賓、宗婦之屬，非有親者不送其葬也。云「即位，反位」者，賈疏云：「各反羨道東西位，其男賓在衆主人之南，女賓在衆婦之南。」**賓出則拜送。**相問之賓也。凡弔賓有五，去皆拜之，此舉中焉。【疏】正義曰：敖氏云：「拜送云則，明賓有未出者也。」方氏苞云：「墓無門階，而有塋域，故亦可言出。」褚氏云：「言出，則壙所有帷幕以爲障蔽矣。故雖有微雨，亦可以窆。」　注云「相問之賓也」者，據《雜記》知之也。云「凡弔賓有五，去皆拜之，此舉中焉」者，案：《雜記》云：「相趨也，出宫而退。相揖也，哀次而退。相問也，既封而退。相見也，反哭而退。朋友，虞祔而退。」鄭注：「此弔者恩薄厚、去遲速之節也。相趨，謂相聞姓名，來會喪事也。相揖，嘗會於他也。相問，嘗相惠遺也。相見，嘗執摯相見也。」是賓有此五者。經於既窆之後言賓出，明是相問之賓，即窆而退也。相問在五者之中，舉此中者爲言，則其他賓出無不拜送可知。**藏器于旁，加見。**器，用器、役器也。見，棺飾也。更謂之見者，加此則棺柩不復見矣。先言藏器，乃云加見者，器在見内也。内之者，明君子之於事，終不自逸也。《檀弓》曰：「周人牆置翣。」【疏】正義曰：藏器於棺旁，而加見於器外也。《周禮・冢人》「及窆，執斧以涖，遂入藏凶器」，鄭注：「凶器，明器。」○《校勘記》云：「注『檀弓曰』下，嚴、徐、《集釋》、敖氏俱有『有虞氏之瓦棺夏后氏堲周殷人棺椁』十五字，《通解》删，今本因之。」盧氏文弨云：「宋本有此十五字，鍾本亦有之。陸氏爲『堲周』作音，則有者是。」今案：「椁」，《集解》作「槨」，❶下同。　云「器，用器、役器也」者，以下别言苞筲等，故知此器爲用器以下，樂器、燕器亦在其中，鄭隨舉以示人也。　云「見，棺飾也。更謂之見者，加此則棺柩不復見矣」者，棺飾即池紐荒帷之屬，以加此于棺外，則不見棺柩，而但見棺飾，故謂棺飾爲見也。《禮記》釋文云：「見，棺衣也。」云「先言藏器，乃云加見者，器在見内也」者，謂先藏器而後加見，是器在見内，最近棺也。近棺則便於用，故又云：「内之者，明君子之於事，終不自逸也。」引《檀弓》者，證加見是周制。　李氏云：「棺飾在柩外，若牆然。其外置翣，後王之制文也。」今案：此中下士無翣，鄭連引之耳。　**藏苞筲于旁。**　於旁者，在見外也。不言罋甒，饌相次可知。四者兩兩而居。《喪大記》曰：「棺椁之間，君容柷，大夫容壺，士容甒。」【疏】正義曰：《石經考文提要》云：「『苞』，監本譌『笣』。」《校勘記》云：「注『柷』，嚴、徐、《要義》、楊氏俱作『祝』。《釋文》、《通典》、《集釋》、《通解》、敖氏俱作『柷』。」今案：「柷」是，陳鳳梧本、毛本亦作「柷」。　注云「於旁者，在見外也」者，此言「於旁」，與上「藏器於旁」文同，鄭恐人疑爲在棺旁，故特釋之，曰「在見外也」。《雜記》曰：「罋甒筲衡實見間，而后折入。」鄭注：「實見間，藏于見外椁内也。」方氏苞云：「上藏器於旁，謂棺旁，此則見旁

❶「集解」，疑當作「集釋」。

也。」《雜記》又云「而後折入」者，據此經藏苞筲等訖，即加折也。云「不言罋甒，饌相次可知」者，以上陳器時罋甒次苞筲後，明亦藏之可知，不言者文省。云「四者兩兩而居」者，賈疏云：「謂苞筲居一旁，罋甒居一旁，故云『兩兩而居』也。」褚氏云：「見内見外俱分兩旁，藏法宜如是。敖氏於器則謂專藏於見内左旁，苞筲則謂專藏於見外右旁，故與注異，反覺支離。」今案：褚説是也。引《喪大記》者，證椁内棺外有餘地，足容器物也。**加折，卻之。加抗席，覆之。加抗木。**宜次也。【疏】正義曰：李氏云：「卻，仰也。折、抗席皆善面鄉下，折于陳時則爲仰。」今案：折以善面鄉下爲正，善面鄉上爲反，故陳時以善面鄉上，則云覆之。覆，反也。此用時以善面鄉下，則云卻之。卻對覆而言，卻，仰也，是其正也。席則以善面鄉上爲正，今鄉下，故云「覆」也。敖氏云：「折云加者，謂在見與苞筲之上也。抗木不言卻與覆，是兩面同矣。」注云「宜次也」者，謂宜先加折，次加抗席，次加抗木也。蓋席之下無折以掩壙，則席無所藉而施，席之上無抗木，則無以禦土，故宜從其次也。賈疏分宜與次兩釋之，張氏爾岐遂謂三者之用有宜有次，非矣。**實土三，主人拜鄉人。**謝其勤勞。【疏】正義曰：實土，謂加土於抗木之上而實之也。三，謂三匝。主人於是拜謝其勤勞，不俟工之畢也。李氏云：「《雜記》曰：『弔非從主人也，四十者執綍。鄉人，五十者從反哭，四十者待盈坎。』鄉人助事，故于實土拜之。」盛氏云：「實土者三，不言封樹，文不具也。《周禮·冢人職》云『以爵等爲丘封之度』，説者謂天子之墓一丈，諸侯八尺，其次降殺以兩。其樹，則《白虎通》云：『天子松，諸侯柏，大夫栗，士槐。』鄉人，謂與主人同鄉里來助葬者。《大司徒職》云『四閭爲族，使人相葬』，《族師職》云『四閭爲族，八閭爲聯，使之相保，以相葬埋』是也。」**即位，踊襲如初。**哀親之在斯。【疏】正義曰：上云即位矣，此復云即位者，以拜賓拜鄉人違其位也。位乃羨道東之位。踊襲如初者，謂如上既窆時拾踊三而襲也。哀親之在斯，謂哀其在土，故踊也。李氏云：「上拾踊襲後無袒文，而言襲，疑。杜佑曰：『將踊袒，既踊即襲。』」敖氏云：「不言袒，文脱耳。」今案：凡踊無不袒者，是踊前有袒明矣。敖以爲文脱，或然。○案：《檀弓》曰「有司以几筵舍奠於墓左」，鄭注：「舍奠墓左，爲父母形體在此，禮其神也。」《周禮·小宗伯》亦云：「成葬而祭墓。」此不言者，亦文略耳。

右窆柩藏器葬事畢

乃反哭。入，升自西階，東面。衆主人堂下，東面北上。西階東面，反諸其所作也。反哭者，於其祖廟。不於阼階西面，西方神位。【疏】正義曰：自此至「乃就次」，言反哭于廟于殯宮及就次之事。○盧氏文弨云：「『乃反哭入』，《士虞禮》注引『入』下有『門』字。」○乃反哭，自壙所反也。既窆實土，墳未成，孝子恐魂靈無依，急迎神歸，歸不見親，故哭也。入，入廟門也。升自西階東面者，主人也。衆主人堂下東面北上，統於主人也。注云「西階東面，反諸其所作也」者，案：《檀弓》曰「反哭升堂，反諸其所作也」，鄭注：「親所行禮之處。」李氏云：「謂廟堂親平日所行禮處也。」云「反哭者，於其祖廟」者，以下云「遂適殯宮」，知先反哭於廟也。敖氏云：「反哭於祖廟者，爲其棺柩從此而出也。」方氏苞云：「探死者之情，亦必先就考妣，❶而後

❶「考」，原作「祖」，今據《儀禮析疑》改。

可反其私室，故反哭於廟，而後虞於寢也。」此義亦至明顯，顧氏湄作《反哭不于廟辨》，謂反哭宜在寢。而徐氏乾學欲從之，何哉？　賈疏謂二廟者反哭先祖後禰。經記無文，未可據。然則二廟者，亦唯反哭于祖廟而已。以柩從祖廟出，而虞事不可緩，宜急往殯宫也。云「不於阼階西面，西方神位」者，謂反哭不於阼階西面，而於西階東面，以西方神位所在也。或曰西方神位之説殊未分明，主人所以不升自阼階，而升自西階者，未忍遽即主位也，至親平日行禮處多在阼，故東面以鄉之，冀得見親耳。其説似有理，竝存之。**婦人入，丈夫踊，升自阼階。**　辟主人也。【疏】正義曰：《校勘記》云：「丈，嚴、徐作『大』，《集釋》、《通解》、楊、敖俱作『丈』。張氏曰：『監本大作丈，從監本。』」今案：陳鳳梧本亦作「丈」。○主人、衆主人先入廟，故見婦人之入而踊。言丈夫，則衆主人亦皆踊也。升自阼階，謂婦人也。云「辟主人也」者，以主人在西階上，故不由西階，而由阼階也。**主婦入于室，踊，出即位，及丈夫拾踊三。**　入于室，反諸其所養也。出即位，堂上西面也。拾，更也。【疏】正義曰：敖氏云：「惟主婦入于室，則餘人先即位于阼矣。入室又弗見，故出而與主人相鄉而哭踊，同其哀也。」今案：主人不入室者，以賓將弔也。衆婦人亦從主婦哭踊，不言者，文省也。　注云「入于室，反諸其所養也」者，亦《檀弓》文。蓋與上「反諸其所作也」，皆釋此經之義。所養，鄭云「親所饋食之處」，謂親平日行饋食禮于室，以追養先人也。必入室者，亦冀或見之。吳氏《疑義》云：「主人止于堂，主婦先入室，而後止于堂，男女内外，所以不同也。」云「出即位，堂上西面也」者，以小斂後主婦等位常在阼階上西面，故知即位即此位也。《禮經釋例》云：「此反哭之位，主人東面，主婦西面，與始卒哭位正相反。且主人升自西階，婦人升自阼階，蓋相變以爲禮也。」云「拾，更也」，詳前「卒祖拜賓拾踊三」下。《問喪》曰：「送形而往，迎精而反也。其往送也，望望然，汲汲然，如有追而弗及也。其反哭也，皇皇然，若有求而弗得也。故其往送也如慕，其反也如疑。求而無所得之也，入門而弗見也，上堂又弗見也，入室又弗見也，亡矣喪矣，不可復見已矣，故哭泣辟踊，盡哀而止矣。」鄭注：「説反哭之義也。」**賓弔者升自西階，曰：「如之何。」主人拜稽顙。**賓弔者，衆賓之長也。反而亡焉，失之矣，於是爲甚，故弔之。弔者北面，主人拜於位。不北面拜賓東者，以其亦主人位也。今文無「曰」字。【疏】正義曰：《檀弓》曰：「殷既封而弔，周反哭而弔。孔子曰：『殷已慤，吾從周。』」是反哭而弔，周制也。《坊記》曰：「殷人弔於壙，周人弔於家。」弔於家，亦謂反哭而弔也。如之何，痛其不見之辭。敖氏云：「此弔異於常，故爲之稽顙。」○注「今文無曰字」，毛本作「古文無曰字」，《校勘記》云：「嚴、徐、《集釋》作『今文無曰』，與單疏標目合。《通解》與今本同。」今案：陳鳳梧本作「古文無曰」，今從嚴本。　云「賓弔者，衆賓之長也」者，以衆賓偕弔，而升堂致辭者當是長賓，故云「衆賓之長也」。云「反而亡焉，失之矣，於是爲甚，故弔之」者，此釋所以弔之義也。《檀弓》曰：「反哭之弔也，哀之至也。反而亡焉，失之矣，於是爲甚。」是其文也。云「弔者北面」者，以弔賓升堂後無改面之文，故知北面。其餘衆賓在堂下者，亦北面可知。云「主人拜於位」者，以主人拜不言面鄉，則拜於其位，仍東面可知。云「不北面拜賓東者，以其亦主人位也」者，褚氏云：「始死時，主人拜賓於西階，此反而亡，亦拜賓於西階。故注云亦主人位也，亦始死拜賓之位也。賈乃援《特牲》、《少牢》以釋之，殊不可曉。」今案：注云「亦主人位」者，謂北面拜賓東是平日主人之位，今不忍拜於此，故仍拜於位東面。亦升堂自西階，不忍由阼階之意。《坊記》曰：「子云：『升自客階，受弔於賓位，教民追孝也。』」鄭注：「謂反哭時也。既葬矣，猶不由阼階，不忍即父位也。」是其證，諸説尚未確。云「今文無『曰』字」者，《古今文疏義》云：「案：鄭從古文有『曰』者，亦以其文義備。」**賓降，出。主人送于門外，拜稽顙。**【疏】正義曰：賓降而遂出，以主人即適殯宮也。賈疏云：「此於《雜記》五賓當相見之賓。」敖氏云：「門外，廟門外也。送賓而稽顙者，以其送葬，且從反哭，尤勤勞也，故重謝之。」**遂適殯宮，❶皆如啟位，拾踊三。**啓位，婦人入升堂，丈夫即中庭之位。【疏】正義曰：吴氏廷華云：「殯已啟矣，曰殯宮，如親尚在殯也。」今案：經云「遂適殯宮」，則反哭于祖廟後即至寢明矣。拾踊三，與前同。敖氏謂此時無賓，盛氏云：「《雜記》：『朋友，虞祔而退。』則此時未嘗無賓矣。敖殆失考。」　注云「啟位，婦人入升堂，丈夫即中庭之位」者，案：啟位與朝夕哭位同。上篇朝夕哭云：「婦人即位于堂，南上。」與小斂後言「婦人阼階上西面」位同，即婦人升堂之位也。又云：「主人堂下直東序，西面。兄弟皆即位，如外位。」即丈夫中庭之位也。但朝夕哭位有賓，此皆如啟位，云皆，則亦兼賓在内可知。注不言者，略耳。《檀弓》曰：「既反哭，主人與有司視虞牲。」當是拾踊後事。**兄弟出，主人拜送。**兄弟，小功以下也。異門大功亦可以歸。【疏】正義曰：上篇殯訖「兄弟出，主人拜送于門外」，注云：「小功以下至此可以歸，異門大功亦存焉。」此云「兄弟，小功以下也」，蓋據《喪服傳》「小功以下爲兄弟」言之。又云「異門大功亦可以歸」者，蓋異門之大功，較之同門同財者情猶輕，故于此時亦可以歸也。若同門大功以上之親，則俟卒哭乃歸。蓋未殯以前、啟殯以後，無論大功、小功之兄弟咸在。既殯則小功之兄弟

❶「遂」，原作「送」，今據《儀禮注疏》改。

可以歸，至啟殯又來，在柩所不離，故反哭而歸。《喪服小記》曰：「緦、小功，虞、卒哭則皆免。」是歸而遇朝夕哭、虞、卒哭，仍來與也。其異門之大功，注於此始言可以歸，則殯訖固未歸矣。然則上篇殯訖之兄弟出，專指小功疏遠者言。此兄弟出，則兼有大功之親矣。歸而必拜送者，以其勞也。**衆主人出門，哭止，闔門。主人揖衆主人，乃就次。**次，倚廬也。【疏】正義曰：此儀節與上篇殯訖略同。「主人揖衆主人，乃就次」者，蓋揖衆主人，使各就次，而主人乃就次也。方氏苞云：「少息而後虞，可更舉也。」○上篇殯訖「主人揖就次」，注云：「次，謂斬衰倚廬、齊衰堊室也。」此云「次，倚廬」，則專指斬衰者言之。既虞翦屏柱楣，此時未虞，故仍倚廬也。李氏云：「《問喪》曰：『成壙而歸，不敢入處室，居于倚廬，哀親之在外也。寢苫枕塊，哀親之在土也。』」

右反哭於廟於殯宮出就次於是將舉初虞之奠矣

猶朝夕哭，不奠。是日也，以虞易奠。【疏】正義曰：自此至篇末，略言葬後儀節及祭名。云「猶朝夕哭，不奠」者，自大斂以後至葬，每日皆朝夕哭、朝夕奠。今葬後，仍朝夕哭于殯宮如故，但不奠耳。敖氏云：「既葬猶朝夕哭于殯宮，以其神靈在此也。不奠者，爲無尸柩也。」此說是矣。乃又以此朝夕哭爲指未虞以前，而疑《檀弓》葬日虞之說，則誤矣。蓋此所謂「猶朝夕哭」者，自葬後至練皆然，以《喪服》斬衰傳文考之自見。盛氏亦以敖說爲非。此《檀弓》文，是日即葬日，承上「葬日虞」言也。是日始舉虞祭，而無朝夕奠，故云「以虞易奠」也。**三虞。**虞，喪祭名。虞，安也。骨肉歸於土，精氣無所不之，孝子爲其彷徨，三祭以安之。朝葬，日中而虞，不忍一日離。【疏】正義曰：士之虞祭有三，故名三虞。此《既夕禮》至反哭而止，虞禮別爲一篇，故於此總舉其目，并卒哭、祔祭名目，附於篇末也。○《校勘記》云：「注『離』下，《釋文》、《集釋》俱有『也』字。」今案：嚴本及各本俱無。　云「虞，喪祭名」者，《檀弓》曰：「卒哭曰成事，是日也，以吉祭易喪祭。」是虞爲喪祭也。云「虞，安也」，詳《士虞禮》篇首。云「骨肉歸於土，精氣無所不之，孝子爲其彷徨，三祭以安之」者，《檀弓》延陵季子葬其子，曰：「骨肉歸復於土，命也。若魂氣，則無不之也。」是鄭所本。彷徨與翱翔同，皆遊行無歸之意，故孝子爲三祭以安之。此明三虞所由起也。《檀弓》曰：「日中而虞，葬日虞，弗忍一日離也。」既云「日中而虞」，而又云「葬日虞」，明是朝葬日中而虞可知。「不忍一日離」，彼注云「弗忍其無所歸」是也。**卒哭。**卒哭，三虞之後祭名。始朝夕之間，哀至則哭，至此祭止也，朝夕哭而已。【疏】正義曰：注云「卒哭，三虞之後祭名」者，士之卒哭在虞後，而與葬同月。《雜記》曰：「士三月而葬，是月也卒哭。」大夫以上異月，詳《士虞·記》「三虞卒哭他用剛日」下。云「始朝夕之間，哀至則哭，至此祭止也，朝夕哭而已」者，案：始死主人哭不絶聲，至殯後朝一哭、夕一哭于殯宮之阼階下，而自朝至夕，自夕至朝，其間哀至則哭，非必朝夕，《喪服傳》所謂「哭晝夜無時」也。至此祭則止晝夜無時之哭，惟朝夕哭而已，蓋葬後哀稍殺也。張氏爾岐云「既祭則惟朝夕哭，不無時哭，故名其祭曰卒哭」是也。敖氏謂卒哭爲卒殯宮之哭，而朝夕哭于其次。盛氏謂卒兄弟、外兄弟等之哭，而非卒喪家之哭。其説皆支離，未可從。**明日，以其班祔。**班，次也。祔，卒哭之明日祭名。祔猶屬也，祭昭穆之次而屬之。今文「班」爲「胖」。【疏】正義曰：《校勘記》云：「注末五字，今本俱脱，嚴、徐、《集釋》俱有，與單疏標目合。」○虞而卒哭，卒哭而祔，其祭相連，故并及之。注云「祔猶屬也，祭昭穆之次而屬之」者，此釋祭所以名祔之意也。祔必以昭穆之次，昭祔昭，穆祔穆，有連屬之義，故爲此祭而屬之也。餘詳《士虞·記》「明日以其班祔」下。

右略言葬後儀節及祭名

儀禮正義卷三十一　鄭氏注　　績溪胡培翬學

記

【疏】正義曰：此上下二篇總記也。郝氏敬云：「《士喪》、《既夕》本通一篇，故記起自始死。」吴氏廷華云：「當曰『士喪禮記』，以爲『既夕記』者非。」

士處適寢，寢東首于北墉下。將有疾，乃寢於適室。今文「處」爲「居」，「于」爲「於」。【疏】正義曰：適寢，正寢也。天子、諸侯謂之路寢，大夫、士謂之適寢。方氏慤云：「路猶路車之路，以大言之也。適猶適子之適，以正言之也。」敖氏云：「此云適寢，明經所謂適室爲適寢之室耳。」吴氏廷華云「室中南有牖，北有墉無牖」是也，詳上篇「死于適室」下。《玉藻》曰：「寢恒東首。」寢之東首與在北墉下，居恒皆然，記嫌處正寢有異，故特明之。《喪大記》曰「寢東首於北牖下」，「牖」當爲「墉」，與此同，亦詳上篇。《論語》曰：「疾，君視之，東首。」此東首則在牖下，不在北墉下，以其便於君視也。鄭注《喪大記》亦以君來視疾解之，則非矣。《喪大記》係總記君、大夫、士之禮，觀上云「君、大夫徹縣，士去琴瑟」，下云「君、夫人卒于路寢，大夫、世婦卒于適寢」及「士之妻皆死于寢」可證，不得以此句專爲大夫言也。果係君來視疾，則經當直云「君視」，且如下文大斂君至節，必更詳其儀矣，亦不得僅云寢東首于牖下也。蓋疾時寢東首于北墉下，是君、大夫、士所同，故記人不復别之。此經是言士禮，故云「士處適寢」也。注云「將有疾，乃寢於適室」者，吴氏《疑義》以「將」字爲衍文，謂疾生於不測，豈能逆料其將然而遷處之？其説似是。古者自天子至士，皆有正寢燕寢，平日常居在燕寢，有疾乃遷處于正寢。經文兩寢字義别，上寢指地言，下寢以人卧處言，故鄭云寢於適室，謂寢卧於正寢之室也。云「今文『處』爲『居』」者，《古今文疏義》云：「居、處二字，其義略同。然居則有常安之義，處可爲暫止之名。此適寢本非常居，以疾遷處於此，似作處較切。鄭從古文。」「『于』爲『於』」，詳《士昏禮》。**有疾，疾者齊。**正情性也。適寢者，不齊不居其室。【疏】正義曰：凡人之死多由于疾，經據始死言，記從疾病起，所以補經之未備，亦以示人慎疾正終之道也。注云「正情性也」者，人之情有六，曰：喜、怒、哀、樂、愛、惡。性有五，曰：仁、義、禮、智、信。或曰情有七：喜、怒、哀、懼、愛、惡、欲。是情性者，稟乎陰陽而生，得其中和則心安體泰，一有偏乖斯疾生焉。齊則思慮不紛，神明常定，故可以正情性，此養疾之要道也。云「適寢者，不齊不居其室」者，案：《大戴禮·盛德》篇曰：「此天子之路寢也，不齊不居其室。」《禮記·檀弓》曰：「君子非致齊也，非疾也，不晝夜居於内。」鄭注：「内，正寢之中。」《玉藻》曰：「將適公所，宿齊戒，居外寢。」外寢，即正寢也。是不齊不居其室也。然則疾者之居正寢爲齊耳。吴氏《疑義》云：「死於適室，以正終也。然疾不必死，特以適寢爲致齊之地，疾者居之，則心志齊一，可養疾也。」方氏苞云：「齊室，即適寢也。凡有疾即居焉，所以教疾者持生之道盡矣。養者皆齊，所以教子孫妻妾忠養之道盡矣。及至大病，亦不待遷移，而終於正寢。聖人制禮，所以盡人之性也。」今案：此二説最善。若云爲正終而移居正寢，則於人子養疾之義有乖矣。**養者皆齊。**憂也。【疏】正義曰：《校勘記》云：「《通解》無此注。」○《曲禮》曰：「父母有疾，冠者不櫛，行不翔，言不惰，琴瑟不御，食肉不至變味，飲酒不至變貌，笑不至矧，怒不至詈。疾止復故。」彼注亦以憂言之，故賈氏、李氏皆取以釋此經，而詳略不同。今案：養疾未有不憂，然憂之一字，未足以盡齊之義。齊之爲言齊也。敖氏云：「養者齊，欲專心於所養者也。」吴氏廷華云「言養，則滋培調劑之益，非待疾者專一其心志不爲功」，又云「兩齊字理最精」是也。**徹琴瑟。**去樂。【疏】正義曰：徹，即去也。賈疏云：「父母有疾，憂不在于樂，故去之。」黄氏榦云：「去樂，以疾者齊，故去之，非爲子去也。疏文可疑。」今案：黄説是也。《曲禮》曰「琴瑟不御」，是爲養疾者言之。此云「徹琴瑟」，則爲疾者言之，《祭統》曰「及其將齊也，耳不聽樂」是也。《喪大記》曰：「疾病，君、大夫徹縣，士去琴瑟。」鄭注：「聲音動人，病者欲静也。凡樂器，天子宫縣，諸侯軒縣，大夫判縣，士特縣。去琴瑟者，不命之士。」據此注，則徹琴瑟是爲疾者徹之明矣。**疾病，外内皆埽。**爲有賓客來問也。疾甚曰病。【疏】正義曰：《石經考文提要》云：「『外内皆埽』，監本作『内外』。案：疏作『外内』，與《喪大記》文同。」《校勘記》云：「唐石經、嚴、徐、陳、閩、葛、《集釋》、《通解》、《要義》、楊、敖俱作『外内』。」今案：陳鳳梧本亦作「外内」，毛本誤與監本同。注云「爲有賓客來問也。疾甚曰病」者，《喪大記》注亦云：「爲賓客將來問病也。疾困曰病。」與此注畧同。蓋賓客是指君遣來問疾之使，及同國來問疾之大夫、士，非尋常來往者。疾甚必有此問疾之賓來，故須外内皆埽，致其潔浄也。内有專指室言者，亦有兼堂室言者。《經義述聞》解《詩》「子有廷内」，云：「《周官》『寺人，王之正内五人』，鄭注：『正内，路寢。』《夏小正》傳曰：『燕操泥而就家，入人内。』此皆兼堂室言之者也。」今案：此經内謂堂室，外謂堂室以外，凡庭院及寢門外、大門外皆是。《内則》曰：「雞初鳴，灑埽室堂及庭。」是室堂與庭日日埽之，無俟病劇。此云「外内皆埽」，則知所埽者廣也。或曰疾甚而埽外内，所以祓除不祥。其説亦通。**徹褻衣，加新衣。**故衣垢汙，爲來人穢惡之。【疏】正義曰：注云「故衣垢汙，爲來人穢惡之」者，以云褻衣，是病中垢汙之故衣，恐來問疾之人嫌其穢惡，故去之而更加新衣也。此來人，即上注所謂賓客。孔子於君來視疾，而加朝服。則於賓客之來而加新衣，亦猶此意，但不必朝服耳。《喪大記》文與此同，而注云：「徹褻衣，則所加者新朝服矣，互言之也。加朝服者，明其終於正也。」與此注異。賈疏因之，遂謂褻衣是玄端，新衣是朝服，恐非。蓋玄端、朝服皆是禮服，病中未必常服之。孔子於君視疾而加朝服，則非君視時必不朝服矣。至謂齊服玄端，不知此齊止取專一心志以養疾，與祭祀之齊究有别也。○案：此及上兩節注後人多議之，謂埽除外内以潔其居，徹去褻衣以潔其體，義主於正終，鄭以賓客言，則舍本而務末矣。即鄭注《喪大記》，亦以加新衣爲正終。愚嘗反覆思之，終以此注爲善。蓋人子之於親氣息尚存，未有不願望其生者。若於疾病時而遽埽除易衣，以爲正終計，於心何忍？故不如且從此注之爲得也。**御者四人，皆坐持體。**爲不能自轉側。御者，今時侍從之人。【疏】正義曰：注「侍從」，毛本誤作「待從」。《校勘記》云：「嚴、徐、陳、閩、葛、《集釋》、《通解》、楊、敖俱作『侍』，與單疏述注合。」○《喪大記》曰「體一人」，謂每體一人也。此云四人，則合四體言之。是時病者偃卧在牀，故皆坐持之也。彼注云：「體，手足也。四人持之，爲其不能自屈伸也。」與此注云「爲不能自轉側」亦畧同。賈疏云：「《詩》曰『輾轉反側』，據身。不能自屈伸，據手足。」今案：身之不能轉側，亦由手足之不能屈伸，兩注義符。云「御者，今時侍從之人」者，蓋以漢之侍從爲比也。上篇「外御受沐入」，注云：「外御，小臣侍從者。」《釋官》云：「御者，即上篇外御，士之近臣，與『執策立于馬後』之御者殊。」○盧氏文弨云：「此記下今本有『男女改服』四大字、注『爲賓客來問病亦朝服主人深衣』十三字。考石經無『男女改服』之文，李本并無十三字之注，鍾本同，當盡去之。」《石經考文提要》云：「監本此下衍『男女改服』一節。案：此因《通解》而誤。蓋《通解》於《士喪禮》雜附本經記及《喪大記》之文，此節乃《喪大記》誤入《儀禮》。又此記五節與《喪大記》同，鄭兩注各異，獨此節注不異，明係移彼注此。又因與《士喪禮》不合，妄改『庶人』爲『主人』。又彼注上文有『新朝服』，故曰『亦朝服』。此上文無『朝服』字，何以云『亦』？足證羼入。」《校勘記》云：「此節經注，唐石經及嚴、徐、《集釋》、敖氏俱無，《通解》、楊氏俱有。《通解》『庶』字尚未改，楊氏始改『庶人』爲『主人』。」今案：下主人啼節注云：「於是始去冠而笄纚，服深衣。」則不得於屬纊前改服深衣也。此節經注爲羼入無疑，此亦其一證。毛本有之，蓋沿監本之誤。據《提要》所見，宋本經注亦無此節。戴氏震校《集釋》、金氏曰追著《儀禮正譌》，皆辨其誤，今從唐石經及嚴本。

屬纊，以俟絶氣。 爲其氣微難節也。纊，新絮。【疏】正義曰：注「爲」字，《校勘記》云：「嚴本及單疏標目俱作『有』。」今從各本。○敖氏云：「絶氣，猶氣絶也。」案：《喪大記》注云：「纊，今之新綿。易動摇，置口鼻之上以爲候。」此注云：「爲其氣微難節也。」文雖異而義同。蓋將死之際，其氣甚微，難於辨别，故屬纊以爲候也。蔡氏德晋云：「屬之口鼻，觀其動否，以驗氣之有無，無則絶矣。」今案：此注云「纊，新絮」，彼注云「新綿」，上篇「瑱用白纊」注亦云「新綿」，綿與絮一也。《禹貢》「厥篚纖纊」，傳云：「纊，細綿。」《小爾雅》

云：「纊，綿也。絮之細者曰纊也。」《説文》「纊，絮也。絮，敝緜也」，段氏注云：「敝緜，熟緜也。是之謂絮，凡絮必絲爲之。古無今之木緜。」是也。○朱氏軾謂屬纊以俟絶氣，是早逆其死也，此記或非先王之制。今案：此孝子之慎也。蓋病者雖氣絶，而孝子不忍竟以爲死，故屬纊以候之，冀其氣之存而可復生也。「俟」字，據鄭注當爲「候」之誤，二字形相似故也。**男子不絶于婦人之手，婦人不絶于男子之手。**備褻。

【疏】正義曰：《喪大記》文與此同，唯「絶」作「死」，義亦同。彼注云：「君子重終，爲其相褻。」❶與此注畧同，而義較顯。《春秋》莊公三十二年，「公薨于路寢」，《穀梁傳》曰：「路寢，正寢也。寢疾居正寢，正也。男子不絶于婦人之手，以齊終也。」然則此記所言，特以重男女之别耳。方氏苞謂「慮夫婦溺愛，而不自嫌，故特設此禁，使毋相瀆，以正其終」，是也。自夫婦推之，則媵妾宦豎之流，亦宜遠别明矣。**乃行禱于五祀。**盡孝子之情。五祀，博言之。士二祀，曰門曰行。【疏】正義曰：《校勘記》云：「五，陳、閩、葛本俱作『伍』。」○李氏云：「《論語》：『子疾病，子路請禱。』禱，禮也。請之，非也。」《朱子語類》：「問禱果有應之之理否？曰：禱是正理，自合有應，不可謂知其無是理而姑爲之。」今案：記云行禱，亦是遣人分禱之。此時孝子固不能離也。　注云「盡孝子之情」者，孝子不忍親之死，故當垂危之際，猶必竭誠以禱，冀神之佑助也。云「五祀，博言之。士二祀，曰門曰行」者，此據《祭法》言也。《祭法》曰：「王爲羣姓立七祀：曰司命，曰中霤，曰國門，曰國行，曰泰厲，曰户，曰竈。王自爲立七祀。諸侯爲國立五祀：曰司命，曰中霤，曰國門，曰國行，曰公

❶「褻」，原作「襲」，今據《禮記・喪大記》鄭注改。

屬。諸侯自爲立五祀。大夫立三祀：曰族厲，曰門，曰行。適士立二祀：曰門，曰行。庶士、庶人立一祀，或立户，或立竈。」鄭以《祭法》爲周制，故謂士祇得祭門行二祀，今云五祀，是廣博言之也。呂氏大臨云：「士不祭五祀，而喪禮言禱于五祀者，蓋有不得祭而得禱者歟？」此本鄭説也。陳氏祥道云：「七祀之制不見他經，鄭氏以七祀爲周制，五祀爲商制。然《周官》雖天子亦止於五祀，《儀禮》雖士亦禱五祀，則五祀無尊卑隆殺之數矣。」《三禮札記》云：「《月令》五祀：户、竈、中霤、門、行。❶《白虎通》五祀：門、井、户、竈、中霤。説者謂宜去行而祀井，然皆與《祭法》不同。竊意户竈門霤等皆切於日用，當時周家雖立七祀、五祀、三祀、二祀、一祀之制，而上下通用殷禮已久，因而未改。故《曲禮》、《王制》亦言諸侯、大夫祭五祀也。」案：此二説似於經較合，竝録之。**乃卒。**卒，終也。【疏】正義曰：自此以上皆言侍疾之事，以下乃言死事也。云「卒，終也」者，《曲禮》：「大夫曰卒，士曰不祿，庶人曰死。」彼注亦云：「卒，終也。」是終與卒通。《檀弓》：「君子曰終。」君子，士大夫之通稱。士可言終，亦可言卒也。或曰士言卒，亦對文異，散則通。**主人啼，兄弟哭。**哀有甚有否。於是始去冠而笄纚，服深衣。《檀弓》曰：「始死，羔裘玄冠者易之。」【疏】正義曰：「啼」，張氏《識誤》云：「案：《釋文》：『諦，大兮反。』從《釋文》。」戴氏震云：「案：『啼』，《説文》作『嗁』。若『諦』，於義絶遠，當是訛舛，不可從。」《校勘記》云：「注『始去』下，嚴、徐無『冠而』二字，《集釋》、《通解》、楊氏俱有。」今案：陳鳳梧本、毛本俱有「冠而」二字，無者非也。

注云「哀有甚有否」者，否，不甚也。甚則啼，不甚則

❶「霤」，原漫漶不清，今據《續清經解》本補。

哭。《喪大記》曰「始卒，主人啼，兄弟哭，婦人哭踊」，鄭注「悲哀有深淺也」，孔疏：「有聲曰哭。」李氏云：「主人啼者，發聲則氣絶，而息若往而不反也。曾申問於曾子曰：『哭父母有常聲乎？』曰：『中路嬰兒失其母焉，何常聲之有？』」云「於是始去冠而笄纚，服深衣」者，《問喪》曰：「親始死，雞斯，徒跣，扱上衽。」鄭注：「雞斯當爲笄纚。親始死，去冠。」又云：「上衽，深衣之裳前。」是始死去冠而笄纚、服深衣之事也。引《檀弓》者，亦以證親始死而變易吉服也，詳上篇「主人髻髮袒衆主人免于房」下。

右據經士死于適室而記人子侍養君子正終之事

設牀第，當牖。衽，下莞上簟。設枕。 病卒之間廢牀，至是設之，事相變。衽，卧席。古文「第」爲「茨」。【疏】正義曰：設牀第，謂設牀并設第，以便遷尸於上也。當牖，在牖下也。詳上篇「死于適室」及「商祝執巾從入當牖北面」下。《喪大記》曰：「含一牀，襲一牀，遷尸于堂又一牀。」然則設牀第非一處，當牖則含之牀也。下莞上簟，詳上篇小斂「布席于户内」下。設枕，《喪大記》曰「設牀，有枕」是也。敖氏云：「設枕于南。」蓋病時之牀横設之，故東首。此則縱設之而南首，故枕在南也。此記因經未言設牀第及遷尸之事，故補言之。　注云「病卒之間廢牀，至是設之」者，此據《喪大記》之文。《喪大記》曰：「廢牀，徹褻衣，加新衣。」鄭注：「廢，去也。人始生在地，去牀，庶其生氣反。」案：此時病而未卒，故云「病卒之間」。云「事相變」者，謂病時去之，卒後設之，是相變也。云「衽，卧席」者，詳《士昏禮》。云「古文『第』爲『茨』」者，《古今文疏義》云：「《説文》：『第，牀簀也。』古文作『茨』者，聲近假借字。《詩》『牆有茨』，《説文》引作『牆有薺』。《禹貢》濟河、濟漯，《漢書・地理志》『濟』皆作『泲』。是從朿、從次、從齊之字，皆以聲近得通。鄭以『第』爲正字，故從今文。」○蔡氏德晋云：「案：《喪大記》疾病有廢牀一節，殊爲非禮。觀曾子易簀，反席未安而没，不聞有廢牀而置於地之事。鄭康成謂病卒之間廢牀，乃仍《喪大記》之誤。」吴氏廷華云：「廢牀之文，高安朱氏非之，謂垂死之身，方保護之不暇，乃舉而委之地，地氣清沁，是益之病而速之死也，且斷無將死而可藉地氣以生之理。信齋楊氏據此記設牀遷尸爲《大記》廢牀之證，不知此牀爲浴及含而設，不足證死者之廢牀也。」今案：《喪大記》有廢牀之文，《儀禮》無之。《禮記》漢儒所采集，而《儀禮》之記則出於周、孔所傳，較爲可信。鄭氏不能據《儀禮》以訂《喪大記》之非，而反援以爲説，失之。諸儒之辨精矣。**遷尸。**徙於牖下也。於是幠用斂衾。【疏】正義曰：注，毛本「徙」誤作「徒」。○云「徙於牖下也」者，病者卒于北墉下，今徙而南，在牖下向明，以便楔綴浴含也。《曲禮》：「在牀曰尸。」《白虎通》：「尸之爲言失也、陳也。失氣亡神，形體獨陳也。」云「於是幠用斂衾」者，謂經所云「幠用斂衾」，蓋在斯時。○吴氏《疑義》云：「遷尸當在復者朝服節下。」今案：復而後行死事，則設牀第當亦在復後也。詳上篇篇首。**復者朝服，左執領，右執要，招而左。**衣朝服，服未可以變。【疏】正義曰：經云「扱領于帶」，此云「左執領，右執要」，與經異者，經以升屋時言，此以既升屋而復時言也。所執者，爵弁服也。領與要必兼執之者，以簪裳于衣故也。招而左，有數説。賈疏云：「以左手執領，還以左手以領招之。必用左者，左陽主生。」敖氏云：「招而左，謂招時兩手自右而左也，左尊。」吴氏廷華云：「招而左，既招由左下也。招者北面，以西爲左，故經言降自後西榮。」張氏惠言云：「招而左，招之向左，謂微左還也。」今案：經云「北面招以衣」，又云「降衣于前」，是初時北面，既則轉而南面，乃得降衣于前也。當以張氏左還之説爲是。若如賈説，則是招以左，非招而左矣。　注云「衣朝服，服未可以變」者，張氏爾岐云：「方冀其生，故復者服朝服，不變凶服也。」或曰士凡有禮事，有司皆朝服，如《士冠》、《特牲》可見，故復者仍服常服，冀死者之魂識之，而依以反也。今案：《喪大記》「小臣復，復者朝服」，鄭注：「朝服而復，所以事君之衣也。用朝服而復之者，敬也。」義雖少異，亦得兩通。此記因經未言復者之服及復時之儀，故補明之。**楔貌如軛，上兩末。**事便也。今文「軛」作「厄」。【疏】正義曰：敖氏云：「柶而云楔，因其楔齒而名之，以別於他柶。軛在大車轅端厭牛領者，楔狀類之。」今案：軛即小車之衡，大車之鬲也。或以軛與衡鬲爲二物，非。《小爾雅》云：「衡，軛也。」《説文》「軶，轅前也」，段氏注云：「轅前者，謂衡也。自其横言之謂之衡，自其扼制馬言之謂之軶。隸省作軛。《木部》曰：『槅，大車枙也。』❶枙當作軛。」《釋名》：「衡，横也，横馬頸上也。槅，扼也，所以扼牛頸也。馬曰烏啄，下向叉馬頸，似烏開口向下啄物時也。」《考工記·車人》云：「鬲長六尺。」槅與鬲字同。衡、鬲皆屈中，而有兩末，此楔齒之柶象之。但衡以叉馬頸，鬲以扼牛頸，皆兩末向下。柶以楔齒，則兩末向上，故云「上兩末」也。餘詳上篇「楔齒用角柶」下。　注云「事便也」者，謂兩末向上，以屈處入口，於事便也。云「今文『軛』作『厄』」者，案：《詩·韓奕》曰：「鞗革金厄。」厄即軛，作厄，假借字也。今文與《詩》同，鄭以「軛」爲正字，故從古文。**綴足用燕几，校在南，御者坐持之。**校，脛也。尸南首，几脛在南以拘足，則不得辟戾矣。古文「校」爲「枝」。【疏】正義

❶「枙」，原作「軛」，今據《説文解字注》改。

曰：「校」，唐石經、嚴本俱作「校」。或作「挍」，非。〇使御者持之，恐几傾倒也。敖氏云：「坐持之，則御者亦在牀矣，其於几之北歟？」　注云「校，脛也」者，案：《士昏禮》注云：「校，几足。」此云脛，亦足也。云「尸南首，几脛在南以拘足，則不得辟戾矣」者，郝氏敬云：「几有板，板下有足，以几足向南夾尸足，板抵足，勿令辟戾，❶便著屨也。」盛氏云：「此几蓋置于尸足之北也。云校在南，則几面向北矣。以几板抵尸足，而兩端又各有足以拘之，斯足以聯綴尸足也。然則几之兩端各一足。賈云兩端各有兩足，殆非。敖以校爲几左廉，尤誤。」今案：劉氏績云：「古几猶今道家之几，形如半環，三足，坐則曲者向身，可以憑。以曲者兩端著地，故綴足，御者一人坐持正足也。阮諶云：『几長五尺，高二尺，廣二尺。』馬融以爲長三尺。舊圖以爲几兩端赤，中央黑。」劉云三足，與賈又異。今竝存，俟考。「古文『校』爲『枝』」，詳《士昏禮》。**即牀而奠，當腢，用吉器。若醴若酒，無巾柶。**腢，肩頭也。用吉器，器未變也。或卒無醴，用新酒。【疏】正義曰：注云「腢，肩頭也」者，上篇奠于尸東未言所在，故記明之。即，就也。謂就牀而奠之，當尸肩也。云「用吉器，器未變也」者，以始死未忍異于生，至小斂則變用素器矣。云「或卒無醴，用新酒」者，此釋記「若醴若酒」之義，謂有醴則用醴，無醴則用酒，但用其一，不兼用也。敖氏云：「無巾者，非盛饌。無柶者，異於大斂後之奠也。」

右記始死設牀遷尸復魂楔綴設奠諸儀法器物

---

❶「辟戾」，《儀禮節解》作「僵直」。

赴曰：「君之臣某死。」赴母、妻、長子，則曰：「君之臣某之某死。」赴，走告也。今文「赴」作「訃」。【疏】正義曰：案：《雜記》曰：「凡訃於其君，曰：『君之臣某死。』父、母、妻、長子，曰：『君之臣某之某死。』」此記赴母、妻、長子，不言父，《雜記》兼言父者，以有子爲士而父不爲士者也。此記則以周初之制，士之子恒爲士，士之父亦君之臣，則於「君之臣某死」内包之矣。云「某之某」者，上某是士名，下某是士之親屬死者名。婦人當以姓通，如姬、姜之類。長子亦赴者，以其爲三年之喪也。注云「赴，走告也」者，赴字從走，《説文》「赴，趨也」，《爾雅》「赴，至也」，故云「走告也」。云「今文『赴』作『訃』」者，段氏云：「古文訃告字祇作『赴』，取急疾之意。今文從言，急疾意轉隱矣。故《説文·言部》不收『訃』字者，從古文，不從今文也。凡許於《禮經》從今文，則不收古文字。從古文，則不收今文字。《雜記》作『訃』不作『赴』者，《禮記》多用今文《禮》也。《左傳》作『赴』者，左邱明述《春秋傳》以古文，故與古文《禮》同也。」胡氏承珙云：「案：《雜記》『凡訃於其君』，注：『訃，或皆作赴。赴，至也。』是《禮記》本亦有從古文作『赴』者。注以至訓赴，《既夕》注云『赴，走告也』，是鄭意作『赴』爲正，故於此經從古文。」

右記赴君之辭

室中唯主人、主婦坐，兄弟有命夫、命婦在焉亦坐。别尊卑也。【疏】正義曰：此兄弟，謂大功以上在室者。室中唯主人、主婦坐，則兄弟皆立矣。有命夫、命婦在焉亦坐，是尊命夫、命婦也。故注云「别尊卑也」。吴氏廷華云：「室中唯此四人坐，則餘不坐矣。此與《喪大記》大夫之喪同。」今案：吴説是也。此條當是雜記大夫之禮，而疑有脱文。詳上篇「入坐于牀東」下。

右記室中哭位異者

尸在室，有君命，衆主人不出。不二主。【疏】正義曰：張氏爾岐云：「經於君命弔襚直言主人，不言衆主人，故記之。」今案：此衆主人，即上篇「主人坐于牀東，衆主人在其後」，注以爲主人之庶昆弟是也。尸在室，有君命唯主人出，而衆主人不出。注云「不二主」者，釋所以不出之義。主謂喪主，《曾子問》以喪有二孤爲非禮，故云「不二主」也。**襚者委衣于牀，不坐。**牀高由便。【疏】正義曰：經但言襚者委衣，不言不坐，嫌坐委之，故記也。此委衣于牀有二：一是始死尸在室時，一是小斂後俠尸于堂時。○注云「牀高由便」者，釋所以不坐之義。敖氏云：「牀高，可以不坐。」郝氏敬云：「襚者委衣于牀，孝子不親受財也。不奠於地，故不坐。」**其襚于室，户西北面致命。**始死時也。【疏】正義曰：襚有在堂者，有在室者，此指襚于室之禮，故言其以别之也。注云「始死時也」者，謂始死尸在室時也。小斂奉尸俠于堂，有襚者，經明云「中庭北面致命」。始死時庶兄弟等襚，經未言致命面位，故記之。是時尸在室中牖下，故襚者户西北面致命也。

右記尸在室衆主人不出及襚者儀位

夏祝淅米，差盛之。差，擇之。【疏】正義曰：賈疏云：「經直云『祝淅米于堂，南面，用盆』，不言夏與差盛，故記人言之。」○注云「差，擇之」者，《喪大記》「御者差沐於堂上」，注：「差，淅也。淅飯米，取其潘以爲沐也。」彼注訓差爲淅，此上云淅米，則不得訓爲淅，故訓擇也。盛氏云：「擇其粒之堅好者以飯尸，而以其餘爲粥，懸於重也。盛，盛於敦。」**御者四人，抗衾而浴，禫笫。**抗衾，爲其倮裎，蔽之也。禫，袒也。袒簀，去席，盝水便。【疏】正義曰：《釋官》云：「《喪大記》曰：『御者入浴，小臣四人抗衾，御者二人浴。』據此，士亦當四人抗衾，二人浴也。」○《校勘記》云：「注，嚴、徐、《通解》俱作『倮程』，《集釋》、敖氏俱作『裸裎』。」今案：倮程即裸裎也，義詳上篇浴時「主人皆出」下。張氏《士喪禮》識誤引此注「爲」作「謂」，非。《校勘記》又云：「『盝水便』下，《釋文》、《集釋》俱有『也』字。」今案：嚴本無。又毛本有「盝音禄」三字，嚴本亦無。盧氏文弨云：「係《釋文》誤入，當去。」　云「抗衾，爲其倮裎，蔽之也」者，抗，舉也。衾，斂衾也。謂舉斂衾於上，蔽其體而浴於下也。云「禫，袒也」者，敖氏云：「古字禫、袒通。《詩》曰：『禫裼暴虎。』」云「袒簀，去席，盝水便」者，《爾雅》：「盝，竭也。」盝亦作漉，《廣雅》：「漉，盡也。」謂去水使竭盡便也。**其母之喪，則内御者浴，鬠無笄。**内御，女御也。無笄，猶丈夫之不冠也。【疏】正義曰：注云「内御，女御也」者，李氏云：「《周禮·女御》：『大喪，掌沐浴。』」今案：御，猶侍也。此女御謂女侍從者，與天子御妻名女御者別。《釋官》云：「《喪大記》曰『其母之喪，則内御者抗衾而浴』，孔疏云：『内外宜別。内御，婦人。』」今案：此記不言抗衾者，省文。云「無笄，猶丈夫之不冠也」者，生時男子冠與婦人笄對，死時男子不冠，故婦人鬠亦無笄也。詳上篇「鬠笄用桑」下。**設明衣，婦人則設中帶。**中帶，若今之褌襂。【疏】正義曰：《校勘記》

云：注「若」，《通解》作「者」。「褌」，嚴、徐作「禪」，與單疏標目合。《釋文》、《集釋》、《通解》、敖氏俱作「褌」。陸氏曰：「『褌音昆。』」黄氏丕烈云：「『褌』是，『禪』非也。」○「設明衣，婦人則設中帶」，玩文義，似是男、婦皆設明衣，而婦人又加以中帶也。注云「中帶，若今之褌襂」，未詳。惠氏棟云：「褌襂一名複襂。《廣雅》曰：『複襂謂之裍。』裍，猶褌也。」今案：惠説似未確。《方言》：「褌，陳楚江淮之間謂之䘳。」❶《釋名》：「褌，貫也。貫兩腳，上繫腰中也。」《説文》：「幝，幒也。幝，或從衣作褌。」《急就篇》「襜褕袷複褶袴褌」，顔師古注云：「袴合襠謂之褌，最親身者也。」然則明衣男子有衣有裳，婦人衣不殊裳，故内加褌襂。據《釋名》云「上繫腰中」，所以有帶名。記云中帶，亦謂在内親身者，未知是否。**卒洗貝，反于笄，實貝，柱右齻、左齻。**象齒堅。【疏】正義曰：卒，既也。貝本實于笄，主人既洗貝，仍實于笄，故云「反」也。經但云「洗貝執以入」，而不言反于笄，故記之。右齻、左齻，牙兩畔最長者。初時楔齒用角柶，至實貝時去角柶，恐口易閉，故先以貝柱兩齻，使口開易含也。此亦經未言，故記之。注云「象齒堅」，未詳。**夏祝徹餘飯。**徹，去鬻。【疏】正義曰：賈疏云：「經不言夏祝徹，故記人言之。」《釋官》云：「據此，則凡徹皆夏祝也。夏祝進奠，故亦主徹奠。賈前疏謂周祝徹奠，非。」張氏爾岐云：「餘飯，飯尸餘米也。注云去鬻，夏祝徹去，煑之爲鬻，以實重鬲也。」**瑱塞耳。**塞，充窒。【疏】正義曰：上篇云「瑱用白纊」，注云「塞，充窒」者，謂以纊充塞於耳，不同生人但懸耳旁也。**掘坎，南順，廣尺，輪二尺，深三尺，南其壤。**南順，統於堂。輪，從也。今文「掘」

---

❶「䘳」，原作「淞」，今據《方言》改。

爲「坽」。【疏】正義曰：坎以埋棄潘等物，上篇但言「甸人掘坎于階間少西」，不言坎之大小與掘法，故記明之。○《校勘記》云：「注『坽』下，嚴本、《通解》俱有『也』字。」　云「南順，統於堂」者，敖氏云：「南順，復南其壤，明其掘之自北而南也。」故云「統於堂」。「南其壤」者，以所掘之土置於南方也。云「輪，從也」，則廣爲橫矣。云「今文『掘』爲『坽』也」者，鄭以上經作「掘坎」，故此亦從古文作「掘」也。坽，義詳下。**垼用塊。**塊，堛也。古文「垼」爲「役」。【疏】正義曰：垼以煑潘。用塊者，謂用塊爲垼也。上篇但云「爲垼于西牆下東鄉」，不言所用，故記之。注云「塊，堛也」，《爾雅·釋言》文，郭注：「土塊也。」云「古文『垼』爲『役』」者，《古今文疏義》云：「《說文》：『坄，陶竈窗也。從土，役省聲。』今文作『垼』者，不省。古文作『役』者，假借字。」

明衣裳用幕布，袂屬幅，長下膝。幕布，帷幕之布，升數未聞也。屬幅，不削幅也。長下膝，又有裳，於蔽下體深也。【疏】正義曰：明衣裳用幕布，謂衣裳皆用幕布爲之也。李氏云：「長下膝，衣長至膝下也。」注云「幕布，帷幕之布，升數未聞也」者，《周禮·幕人》「掌帷幕幄帟綬之事」，鄭注：「帷幕皆以布爲之，幄帟皆以繒爲之。」是記所云幕布，即用以爲帷幕之布，而升數之多寡經傳無文，故云「未聞也」。王氏士讓云：「帷幕幄帟相將爲用，幄帟以繒，細密柔軟，則幕布亦取細密柔軟可知，於親身宜也。」云「屬幅，不削幅也」者，謂布幅廣二尺二寸，不削之而相著也。此與生人衰衣制同，詳《喪服·記》「袂屬幅」下。❶ 云「長下膝，又有裳，於蔽下體深也」者，凡服衣上裳下，有裳以蔽下體，故衣不至膝。此衣之長至膝下，足以蔽下體矣，

❶「袂」，原作「抉」，今據《續清經解》本改。

而又有裳，是於蔽下體深也。**有前後裳，不辟，長及轂。**不辟，質也。轂，足跗也。凡他服，短無見膚，長無被土。【疏】正義曰：凡裳前三幅，後四幅。明衣之裳亦如之，故云「有前後裳」也。○注「質」，毛本誤「積」。《校勘記》云：「嚴、徐、《通典》、《通解》、楊氏俱作『質』，與單疏述注合。《集釋》作『積』。兩『無』字，《釋文》俱作『不』，《集釋》上作『不』，下作『無』。」今案：陳鳳梧本亦作「質」，兩「無」字各本作「無」。○云「不辟，質也」者，「不辟」爲一句，「質也」爲一句。辟謂辟積其要間，使上狹下寬也。他裳辟，示文。此裳不辟，示質也。云「轂，足跗也」者，《爾雅》：「轂，盡也。」足跗近地，爲足之盡處，故云「轂」也。云「凡他服，短無見膚，長無被土」者，案：《深衣》篇云「短毋見膚」，鄭注：「衣取蔽形。」又云「長毋被土」，鄭注：「爲汙辱也。」此引之而云他服如是，足見此長及轂者不嫌被土，與他服異矣。以其爲死者之裳，一服不動故也。敖氏云：「裳不辟之，則其要廣，而前後相掩者深，旁不開，體不見矣。長及轂，爲蔽足也。明衣之長下膝，其裳之制復如是，皆爲重形，且異於生也。」**縓綼緆。**一染謂之縓，今紅也。飾裳，在幅曰綼，在下曰緆。【疏】正義曰：注云「一染謂之縓，今紅也」者，謂古之縓，即漢之紅也。《集釋》作「今之淺紅也」，比他本多「之淺」二字。《喪服·記》注云：「縓，淺絳也。」云「飾裳，在幅曰綼，在下曰緆」者，謂飾裳之幅邊爲綼，飾裳之下畔爲緆也。鄭注《深衣》云：「緣，緆也。」孔疏謂「解經緣字讀爲緆，謂深衣下畔也」，亦引此注爲證。或曰綼與紕通，緆與裧通。《雜記》「紕以爵韋六寸」，鄭注：「在旁曰紕。」《士昏禮》：「主人爵弁，纁裳緇裧。」裧亦謂裳下緣也。**緇純。**七入爲緇。緇，黑色也。飾衣曰純，謂領與袂。衣以緇，裳以縓，象天地也。【疏】正義曰：《校勘記》云：「注『黑』下，嚴、徐、《集釋》俱無『色』字，《通解》、楊氏俱有。」云「飾衣曰純，謂領與袂」者，謂飾衣之領及袂口也。《深衣》曰「純袂、緣、純邊，廣各寸半」，鄭注：「純，謂緣之也。緣袂，謂其口也。緣邊，衣裳之側。廣各寸半，則表裏共三寸矣。唯袷廣二寸。」案：經於袂言純，於衣裳之邊亦言純，是對文異，散則通也。《釋文》云：「飾衣領袂口曰純，裳邊側曰綼，下曰緆也。」本此注而文有增易。云「衣以緇，裳以纁，象天地也」者，蓋取天玄地黄之義。褚氏云：「衣之緇純，裳之纁綼緆，與生人異也。敖於緇純連裳言，殊混。注義精矣。」○李氏云：「案：自『掘坎南順』至『緇純』，當在『夏祝淅米』之前，疑脱簡在此。」

設握，裹親膚，繫鉤中指，結于掔。 掔，掌後節中也。手無決者，以握繫一端繞掔，還從上自貫，反與其一端結之。

【疏】正義曰：「裹」，《校勘記》云：「唐石經、徐本、《集釋》、《通解》、《要義》、楊氏俱作『裹』，敖氏作『裏』。」今案：陳鳳梧本亦作「裹」，監本、毛本俱誤作「裏」。又「掔」，各本誤「擊」，《校勘記》云：「唐石經、嚴本、《集釋》俱作『掔』。」説詳《士喪禮》。○此設握，設於左手也。上篇「設決，麗于掔，自飯持之。設握，乃連掔」，謂設於右手也。經不言左手設握之法，故記明之。上篇曰「握手用玄纁裏」，今云「裹親膚」，則纁在内、玄在外矣。此左右握所同，亦因經未言，故記之也。　注云「掔，掌後節中也」者，詳上篇。云「手無決者」，謂右手有決，此左手無決，則其設法畧殊也。云「以握繫一端繞掔，還從上自貫，反與其一端結之」者，賈疏云：「兩端各有繫，先以一端繞掔一匝，還從上自貫，又以一端鄉上鉤中指，反與繞掔者結於掌後節中。」是也。敖氏謂握手唯一而已，與決同設於右手。褚氏云：「握，所以護指也。設握，男女俱有。設決，唯男子右手耳。無決之手，握則繫於掔。有決之手，握則與決繫俱連於掔。經記兩下甚分明，敖氏乃混而一之。」

甸人築坅坎。 築，實土其中，堅之。穿坎之名，一曰坅。【疏】正義曰：賈疏云：「經直云『甸人掘坎』，不云還使甸人築，故記人明之。」　注云「築，實土其中，堅之」者，初握之，❶今實土其中塞之。云築者，恐其土鬆，築之使堅也。云「穿坎之名，一曰埳」者，《玉篇》引《埤蒼》云：「埳，坎也、坑也。」胡氏承珙云：「埳者，穿坎之名。後人以穿坎爲埳，而坎亦謂之埳。如闕本空隙之名，因而穿空亦謂之闕。然則埳亦掘也，築埳坎者，猶言築其所掘之坎耳。」**隸人涅廁。**　隸人，罪人也，今之徒役作者也。涅，塞也。爲人復往褻之，又亦鬼神不用。【疏】正義曰：注云「隸人，罪人也，今之徒役作者也」者，案：《周禮》有司厲、司隸、罪隸、蠻隸、閩隸、夷隸、貉隸等官。《司厲》注云：「主盜賊之兵器及其奴者。」又其職曰：「其奴入于罪隸。」注故知「隸人，罪人也」。《司隸》注云：「隸，給勞辱之役者。漢始置司隸，亦使將徒治道溝渠之役。」故云「今之徒役作者也」。《釋官》云：「《司隸職》曰：『邦有喪紀之事，則役其煩辱之事。』鄭彼注引此經爲證。《周禮》五隸之下各有隸民，此隸人蓋五隸之民，君使之來供役事者也。」云「涅，塞也」者，盛氏云：「涅、敜通。《書》云『敜乃穽』，注亦訓爲塞，與此合。」云「爲人復往褻之」者，以死者之廁，恐人復往褻之，故塞之也。云「又亦鬼神不用」者，盧氏《詳校》云：「『亦』，一作『以』。謂死者爲鬼神，可不用廁也。」此皆釋所以塞之之義。賈疏云：「若然，古者非直不共湢浴，亦不共廁也。」案：《釋名》：「廁，雜也。言人雜廁在上，非一也。或曰溷，言溷濁也。或曰圊，言至穢之處，宜常修治，使潔清也。」《説文》「廁，清也」，段氏注云：「清、圊古今字。」似《釋名》所云人雜廁非一者是後代之制，古則人各一廁矣。或曰人不必異廁，但有死者則塞之不用，而別爲廁也。**既襲，宵爲燎于中庭。**

❶「握」，似爲「掘」字之訛。

宵，夜。【疏】正義曰：士死日而襲，二日小斂，三日大斂。盛氏云：「經言爲燎于小斂後，在死之第二日，嫌始死之日不設燎，故記明之。」○案：記自「乃卒，設牀第」以後至此，皆始死日事也。

右記沐浴含襲時職司服物

厥明，滅燎，陳衣。記節。【疏】正義曰：注云「記節」者，記陳小斂衣之節也，當襲之明旦滅燎時陳之。上篇大斂言「厥明，滅燎，陳衣于房」，小斂不言滅燎，故記補之也。**凡絞、紟用布，倫如朝服。**凡，凡小斂、大斂也。倫，比也。今文無「紟」，古文「倫」爲「輪」。【疏】正義曰：絞、紟，詳上篇。《雜記》曰：「朝服十五升。」此絞紟所用之布，與朝服布同，故云「倫如朝服」。　注云「凡，凡小斂、大斂也」者，以其言凡非一，故知兼小斂、大斂言也。云「倫，比也」者，《中庸》「毛猶有倫」，鄭注亦云：「倫，猶比也。」云「今文無『紟』」者，敖氏云：「紟不必言凡，與絞連文耳。大斂有紟，小斂無之。」《古今文疏義》云：「紟雖小斂所無，記者欲明用布紟與絞同，不應有絞無紟，《喪大記》亦云『絞紟如朝服』，故鄭從古文有『紟』字。」今案：凡兼小斂、大斂言，則當有紟矣。云「古文『倫』爲『輪』」者，詳《公食禮》「雍人倫膚七」下。**設棜于東堂下，南順，齊于坫，饌于其上。兩甒醴酒，酒在南。篚在東，南順，實角觶四、木柶二、素勺二。豆在甒北，二以竝。籩亦如之。**棜，今之轝也。角觶四、木柶二、素勺二，爲夕進醴酒兼饌之也。勺二，醴、酒各一也。豆籩二以併，則是大斂饌也。記於此者，明其他與小斂同陳。古文「角觶」爲「角柶」。【疏】正義曰：東堂下，即堂東也。南順，以北爲上也。齊于坫，謂南與堂隅之坫齊也。饌于其上，謂下甒篚豆籩皆陳于棜上。蔡氏云：「酒在南，北上也。篚在東，在甒之東也。」實，謂觶柶勺俱實于篚，而陳于棜上也。敖氏云：「豆當在籩北，乃云甒北者，設豆之時未有籩也，故但取節於甒。」○《校勘記》云：「注『素勺』下，嚴、徐本無『二』字。❶楊氏無此句，與疏合。《集釋》、《通解》俱與今本同。『爲夕進醴酒』，『夕』，嚴、徐本作『少』，《集釋》、《通解》、楊氏俱作『夕』。張氏曰：『疏少作夕，從疏。』」今案：此二條從《集釋》各本。云「棜，今之轝也」者，詳《特牲》「棜在其南」下。吴氏廷華云：「棜有三：《特牲》棜以實獸，《少牢》棜即斯禁，此棜以陳饌。」是也。云「角觶四、木柶二、素勺二，爲夕進醴酒兼饌之也」者，李氏云：「醴用觶一柶一，酒用觶一，而實四觶二柶者，後奠醴酒不同今器，故兼饌之。」吴氏云：「蓋兼兩奠言，以奠此始徹彼也。」或以小斂無夕奠爲疑。盛氏云：「周人斂用日出，是日仍有夕奠。」敖謂爲明日朝奠，非也。」褚氏云：「夕進醴酒以後，一日兩奠，故併夕奠所用亦陳之。」今案：盛氏、褚氏之説是也。云「勺二，醴、酒各一也」者，謂醴與酒各用一勺也。《禮經釋例》云：「㪺酒之器曰勺。《鄉飲酒》兩壺，加二勺。《鄉射》兩壺，左玄酒，皆加勺。《士冠禮》側尊一甒醴，有篚實勺、觶、角柶。是醴亦用勺也。」餘詳《士冠禮》。然據此注專釋勺二，則似上注「木柶二」下無「素勺二」之句，楊本爲是矣。云「豆籩二以併，則是大斂饌也」者，以小斂一豆一籩，大斂乃有二豆二籩，故知爲大斂饌也。云「記於此者，明其他與小斂同陳」者，言大斂奠之不同於小斂奠者，唯此豆籩二以併耳，其餘所陳皆同，故同記於此也。朱子以此條爲大斂通用，是矣。敖氏則以爲專記大斂，謂次當在「衆主人布帶

❶「二」，原作「三」，今據學海堂本《儀禮注疏校勘記》改。

後」，不可從。云「古文『角觶』爲『角柶』」者，案：上篇東方之饌明云「角觶木柶」，則作「角觶」爲是，故鄭不從古文也。**凡籩豆，實具設皆巾之。**籩豆偶而爲具，具則於饌巾之。巾之，加飾也。明小斂一豆一籩不巾。【疏】正義曰：凡籩豆，謂凡小斂、大斂之籩豆也。實具設皆巾之，此舉大斂之籩豆皆巾，以見小斂之籩豆不皆巾也。　注云「籩豆偶而爲具，具則於饌巾之。巾之，加飾也」者，鄭以記言具爲指二豆二籩者言之。二豆二籩，則實時、設時皆巾之，以爲飾也。實者，謂實葅栗之屬于豆籩中，即饌時也。注專以饌言者，謂設時一豆一籩亦巾，唯饌則必二豆二籩乃巾。故既云「具則于饌巾之」，而又云「明小斂一豆一籩不巾」也。張氏爾岐云：「皆者，皆東堂與奠所也。二籩二豆者，饌于東堂，設于奠所，皆巾之也。小斂一籩一豆，惟至設于牀東乃巾之，方其饌堂東時則不巾矣。」說最明析。**觶俟時而酌，柶覆加之，面枋，及錯建之。**時，朝夕也。《檀弓》曰：「朝奠日出，夕奠逮日。」【疏】正義曰：張氏爾岐云：「觶雖豫陳，必待奠時乃酌。其酌醴之法，既酌醴，以柶覆於觶上，使柄向前，及其錯於奠所，則扱柶醴中。」盛氏云：「醴酒不豫酌，取新也。錯，設於奠所也。建之者，插柶醴中，葉在下，而枋向上也。」今案：「俟時而酌」，兼醴與酒言。「柶覆加之」以下，乃專言進醴之法。面枋，謂酌者以枋向身，便於錯而建之也。張謂使枋向前，似未確。　注云「時，朝夕也」者，案：上篇朝夕哭皆有奠，又周人斂用日出，知小斂、大斂之奠亦在朝，故以時爲朝夕之時，而引《檀弓》爲證也。逮日者，謂日猶未没。鄭注《檀弓》云：「陰陽交接，庶幾遇之。」是解日出與逮日之義也。**小斂，辟奠不出室。**未忍神遠之也。辟襲奠以辟斂，既斂，則不出於室設於序西南，畢事而去之。【疏】正義曰：辟奠，謂移易之也。辟，讀如行辟人之辟。○《校勘記》云：「注『畢事而去之』，《通解》無『之』

字，疏同。」　云「未忍神遠之也」者，設奠所以依神，是時尸在室，若辟之於室外，則與神遠，故不出室，是未忍神遠之也。云「辟襲奠以辟斂」者，此奠即始死之奠，謂之襲奠者，以襲後仍設之也。下「辟」字與「避」同，言所以辟襲奠者，爲避斂故也。云「既斂，則不出於室設於序西南，畢事而去之」者，敖氏云「舊説謂辟之設於室西南隅」，盛氏因謂注中「序」字爲「室」字之誤。此説非也。張氏爾岐云：「注『不出於室設於序西南』，『不』字貫下八字。」褚氏云：「注『則不出於室設於序西南』十字爲句。夫欲設於序西南，則必出於室矣。唯不設，故不出也。室中苟有隙地，隨在可辟，以此乃辟斂而遷之，非改設也。」今案：記云「辟奠不出室」，據未斂時言，即褚氏所謂「室中苟有隙地，隨在可辟也」。注云「既斂則不出於室」，明指既斂言，乃是補記所未備。蓋以上篇徹小斂奠、大斂奠皆改設於序西南，此襲奠既斂後亦無改設之事，故云「不出於室設於序西南」也。「畢事而去之」者，謂俟奉尸侇堂，設小斂奠訖，乃去之也。**無踊節。**　其哀未可節也。【疏】正義曰：注云「其哀未可節也」者，是釋其義。敖氏云：「踊節，即所謂要節而踊者也。凡丈夫、婦人之踊，以徹奠者之往來爲節。嫌此辟奠之時亦然，故以明之。」今案：敖氏以無踊節即承上小斂辟奠言之，其説甚是。若謂無踊節即踊無算，則經已言之，不必記也。方氏苞引或説云：「小斂設奠及徹，主人、主婦皆要升降之節而踊。此辟奠不出室中，故無踊節。」與敖氏説合。**既馮尸，主人袒，髺髪，絞帶。衆主人布帶。**　衆主人，齊衰以下。【疏】正義曰：上篇既小斂，「主人西面馮尸，踊無算。主人髺髪，袒，衆主人免于房」。未言帶，故記補之。絞帶用苴，敖氏云：「絞帶者，繩帶也。先言袒、髺髪，著其節也。然則布帶者，亦於既免乃加之。」　注云「衆主人，齊衰以下」者，經記言衆主人不一義。上篇始死，「主人入，坐于牀東，衆主人在其後」。此死者之衆子，斬衰、絞帶者也。今云布帶，故知爲齊衰以下之親。詳下篇「衆主人東即位」下。**大斂于阼。** 未忍便離主人位也。主人奉尸斂於棺，則西階上賓之。【疏】正義曰：阼，阼階也。上篇大斂時但云「布席如初」，未言其處，故記明之。注云「未忍便離主人位也」者，阼階乃主人位，今大斂於此，是未忍便離也。云「主人奉尸斂於棺，則西階上賓之」者，案：上篇「主人奉尸斂于棺，踊如初，乃蓋」，注云：「所謂殯也。」殯則在西階上，西階爲賓位，故《檀弓》曰：「殯於客位。」又曰：「周人殯於西階之上，則猶賓之也。」《禮經釋例》云：「周人之制，大斂時猶以生人事之，故于阼階上。既殯則以賓客事之，❶始還于西階上矣。」

大夫升自西階，階東北面東上。 視斂。【疏】正義曰：注云視斂，視大斂也。上篇君視大斂，「主人西楹東，北面。升公卿大夫，繼主人，東上」。不言升自西階及階東北面，故記因記大斂于阼，而并詳言之。敖氏云：「階東者，明大夫雖多，亦不可以當階，恐妨斂者之往來也。」吴氏廷華云：「北面東上，近尸爲上。」今案：李氏云：「此大夫未大斂而先至者，其視斂位與君在之位同。」方氏苞云：「唯君親視斂，然後有升卿大夫之禮。君不在，則賓不視斂，不馮尸，無堂上之事。」二説不同，當從方説。**既馮尸，大夫逆降，復位。** 中庭西面位。【疏】正義曰：上篇君視斂，「坐撫當心」，又云「命主人馮尸」。不言命大夫馮尸，略也。君視斂尚撫之，則大夫視斂，亦必馮之明矣，故記補之。逆降，謂在西者先降也。李氏云：「位在主人之南，同朝夕哭位。」今案：朝夕哭位，主人堂下直東序西面，卿大夫在主人之南，故知亦西面也。若有諸公，則門東北

❶「既」，原脱，今據《禮經釋例》補。

面。**巾奠，執燭者滅燭出，降自阼階，由主人之北東。**巾奠而室事已。【疏】正義曰：郝氏敬云：「大斂之奠設于室中，奠畢加巾，執燭者遂滅燭出。此因上篇言燭升自阼階，不言其降，故記之。」今案：「由主人之北東」者，時主人在阼階下，故執燭者由主人之北東行，以反於饌東之位也。注言此者，以燭爲照室中之奠，今巾奠而室事已，故執燭者滅燭出也。

右記小斂大斂二節中衣物奠設時會處所儀法

既殯，主人說髦。既殯，置銘於肂，復位時也。今文「說」皆作「稅」。兒生三月，翦髮爲鬌，男角女羈，否則男左女右。長大猶爲飾存之，謂之髦，所以順父母幼小之心。至此尸柩不見，喪無飾，可以去之。髦之形象未聞。【疏】正義曰：注「翦髮爲鬌」，毛本作「翦」。《校勘記》云：「陳、閩、監本、《集釋》、敖氏俱作『鬋』。」今案：《禮記·内則》作「翦」，從之。　云「既殯，置銘於肂，復位時也」者，案：上篇「主人奉尸斂于棺，主人降，卒塗，祝取銘置于肂，主人復位」之時，乃說髦也。《喪大記》：「小斂，主人即位於户内。卒斂，主人袒，說髦，括髮以麻。」鄭注：「士既殯說髦，此云小斂，蓋諸侯禮也。士之既殯，諸侯之小斂，於死者俱三日也。」云「今文『說』皆作『稅』」者，詳《士昏禮》。賈疏云：「此『說』及下經『不說絰帶』，二字皆作『稅』。凡釋今古之文皆在注後，此在注中者，以文更有義者，釋今古字訖，乃更汎說，即此注更釋髦義是也。」云「兒生三月，翦髮爲鬌，男角女羈，否則男左女右」者，本《内則》文。彼注云：「鬌，所遺髮也。夾囟曰角，午達曰羈也。」吴氏廷華云：「夾囟曰角，西角也。❶午達曰羈，在中也。❷左右則一角而已。」云「長大猶爲飾存之，謂之髦，所以順父母幼小之心。至此尸柩不見，喪無飾，可以去之」者，此釋所以説髦之義也。髦是幼小之狀，長大猶以爲飾，使父母見之，若幼小然。故《内則》子事父母，雞初鳴，必拂髦。今既殯則親亡，喪中又不宜有飾，故説去之。《喪大記》孔疏云：「若父死説左髦，母死説右髦。二親竝死，則竝説之。」而《詩疏》云：「父母有先死者，于死三日説之，服闋又著之。若二親竝没，則去之矣。《玉藻》『親没不髦』是也。」二疏不同，《詩疏》爲是。云「髦之形象未聞」者，案：《釋名》：「髦，冒也，冒覆頭頸也。」《詩》曰「髧彼兩髦」，毛傳：「髧，兩髦之貌。髦者，髮至眉，子事父母之飾。」鄭箋未言髦制。其注《内則》云：「拂髦，振去塵著之。髦用髮爲之，象幼時鬌，其制未聞也。」與此注同。胡氏承珙云：「毛傳言髦髮至眉，是實知其形象，而鄭注《禮》云未聞，可見毛公時書，康成已有不能盡見者矣。惟據記云『説髦』，《内則》注云『振去塵著之』，曰説曰著，自是假他髮爲之。故毛云『子事父母之飾』、鄭云『長大猶爲飾存之』是也。」**三日，絞垂。**成服日。絞要經之散垂者。【疏】正義曰：上篇三日成服，於死之明日數之爲三日，實則喪之第四日也。此記云三日，與彼同，故云「成服日」。「絞要經之散垂者」，散垂，謂小斂加絰，垂之不絞，至是乃絞之。大功以上同，小功、緦初而絞之，不待三日也。記因經未言絞垂之期，故明之。敖氏云：「將成服，先絞其帶之垂者，以其已在身故也。

❶「西」，《儀禮章句》作「兩」。
❷「在中」，《儀禮章句》作「三角」。

其下冠衰屨，亦皆以所加之次言之。」❶**冠六升，外縪，纓條屬，厭。**縪，謂縫著於武也。外之者，外其餘也。纓條屬者，通屈一條繩爲武，垂下爲纓，屬之冠。厭，伏也。【疏】正義曰：《校勘記》云：「外之者，徐本、《集釋》俱無『之』字，《通解》、楊氏俱有。」今案：嚴本亦有。○自此至「哭晝夜無時」，俱詳《喪服》斬衰傳下。**衰三升。**衣與裳也。**屨外納。**納，收餘也。**杖下本，竹桐一也。**順其性也。**居倚廬。**倚木爲廬，在中門外東方，北户。**寢苫枕塊。**苫，編藁。塊，堛也。【疏】正義曰：注「藁」，毛本作「稾」。《校勘記》云：「《釋文》從禾無艸，監本亦從禾。案：從禾是，無艸非。」今案：嚴本作「藁」。○方氏苞云：「既殯就次而後有苫塊，則未殯之前，有坐起而無寢興明矣。」餘詳《喪服》斬衰傳。**不説絰帶。**哀戚不在於安。【疏】正義曰：《校勘記》云：「説，監本誤作『設』。」**哭晝夜無時。**哀至則哭，非必朝夕。【疏】正義曰：李氏云：「始喪至殯，哭不絶聲。既殯，哭晝夜無時。既卒哭，惟朝夕哭。既練，朝夕止哭，或一日二日，哀至則哭，亦無時。」餘詳《喪服》斬衰傳。**非喪事不言。**不忘所以爲親。【疏】正義曰：《曲禮》云：「居喪未葬，讀《喪禮》。」亦非喪事不言之意。王氏《紃解》云：「《喪服四制》曰：『不言而事行者，扶而起。言而後事行者，杖而起。庶人，面垢而已。』士言而事行，故於喪則言，非喪事不言也。」今案：注云「不忘所以爲親」者，哀甚，不他及也。**歠粥，朝一溢米，夕一溢米，不食菜果。**不在於飽與滋味。粥，糜也。二十兩曰溢，爲米一升二十四分升之一。實在木曰果，在地曰蓏。【疏】正義曰：詳《喪服》斬衰傳下。**主人乘惡車。**拜君命、

❶「皆」，原作「可」，今據《儀禮集説》改。

拜衆賓及有故行所乘也。《雜記》曰：「端衰喪車皆無等。」然則此惡車，王喪之木車也。古文「惡」作「堊」。【疏】正義曰：注「王」，毛本誤作「玉」。　云「拜君命、拜衆賓及有故行所乘也」者，謂居父母喪不宜出，今乃記其所乘之車者，因拜君命等事而出行也。拜君命、拜衆賓見上篇「三日成服」條內。有故，謂如筮宅主人皆往。《檀弓》「有殯，聞遠兄弟之喪，雖緦必往」是也。案：後世謝孝之禮，多藉口於此。徐氏乾學云：「古之所重者君命，君有賜，不可不拜謝，故因拜君而即拜衆賓。後世大臣之没，及大臣之父母没，例得蒙君之惠，初未嘗有凶服往拜之禮。獨奈何於遠客之弔，而僕僕拜謝之哉？蓋離苦次而奔走道塗，缺朝夕之饋奠，此非禮之甚也。」云《禮記》曰：『端衰喪車皆無等。』」者，彼注云：「喪車，惡車也。喪者衣衰及所乘之車貴賤同，孝子於親一也。」云「然則此惡車，王喪之木車也」者，《周禮·巾車》王之喪車五乘，其一爲木車，鄭注：「此始遭喪所乘。」故據《雜記》喪車貴賤同，而知此惡車即《周禮》之木車也。云「古文『惡』作『堊』」者，《周禮》喪車其次爲素車，鄭彼注云：「素車，以白土堊車。」或據古文作「堊」，遂以惡車爲素車，非也。惡車謂麤惡之車，與惡衣惡食文法相類。喪車五乘本有等差，木車最爲麤惡，故始喪乘之。《古今文疏義》云：「此記『乘惡車』專指木車，不包素車等。古字『惡』、『堊』互借。《周禮》『則守祧黝堊之』，《禮記》『廬堊室之中』，《釋文》竝云：『堊本作惡。』是二字本可借用。但此經若作『堊』，溷於素車，故鄭從今文『惡』。」其説是也。**白狗幦。**未成豪狗。幦，覆笭也。以狗皮爲之，取其臑也。白於喪飾宜。古文「幦」爲「幂」。【疏】正義曰：《校勘記》云：「注，陸氏曰：『笭，本或作軨。』『幂』，《釋文》作『幕』，云：『音莫。』《集釋》作『幕』。」今俱從嚴本。○云「未成豪狗」者，《爾雅·釋畜》文。豪謂長毛也，《廣雅》「𣰇謂之豪」。云「幦，覆笭也」者，《周禮·巾車》「木車犬褀」，字作「褀」，先鄭亦以覆笭解之。《詩·韓奕》「鞹鞃淺幭」，《毛傳》云：「幭，覆式也。」字作「幭」。《曲禮》「大夫、士去國，素簚」，又作「簚」。《玉藻》「君羔幦虎犆」，《少儀》「拖諸幦」，皆作「幦」，鄭注竝云：「覆笭也。」何注《公羊》亦訓幦爲覆笭。考覆笭與覆式同義。《釋名》云：「笭橫在車前，織竹爲之，孔笭笭也。」式亦在車前，故《毛傳》又謂之覆式。是幦、褀、幭、簚，字異而音義皆同。覆笭或作覆軨者，軨亦車前木也。笭字從竹，《禮記注》俗本從艸作苓，誤。云「以狗皮爲之，取其臑也」者，段氏玉裁云：「臑之言濡也。濡者，柔也。」蓋取柔軟之意。云「古文『幦』爲『幂』」者，《古今文疏義》云：「鄭注《禮經》以今文『幦』爲正字，古文『幂』爲借字。《公羊》、《戴記》皆今文，故多作『幦』。『幂』乃『幎』字，爲覆幔之通稱。」今案：鄭從「幦」者，取與《公羊》、《戴記》合也。**蒲蔽。**蔽，藩。【疏】正義曰：以蒲草爲蔽也。《巾車》亦云：「木車蒲蔽。」注訓蔽爲藩者，《一切經音義》引《倉頡》云：「藩，蔽也。」二字互訓。《詩·韓奕》「簟茀錯衡」，鄭箋云：「漆簟以爲車蔽，今之藩也。」《爾雅·釋器》「輿，竹前謂之禦，後謂之蔽」，郭注云：「以簟衣後户。」是蔽在車之後也。而鄭注《巾車》云：「蔽，車旁禦風塵者。」則車兩旁亦有蔽矣。**御以蒲菆。**不在於驅馳。蒲菆，牡蒲莖。古文「菆」作「騶」。【疏】正義曰：「莖」下，毛本有「也」字。《校勘記》云：「嚴、徐、楊、敖俱無『也』字，與疏合。」〇御，御車也。御者平時以竹策馬，此用蒲菆，故注云不在於驅馳也。云「蒲菆，牡蒲莖」者，《説文》：「菆，麻蒸也。」蓋取其皮以爲麻，而其中莖謂之蒸，亦謂之菆。因而凡物之莖皆謂之菆，故鄭以莖釋菆也。《左傳》宣十二年注云：「菆，好箭。」又云：「蒲，楊柳，可以爲箭。」張氏爾岐云：「蒲菆，楊柳之堪爲箭者。御者以之策馬，與爲蔽之蒲同名而異類。」恐非鄭義。云「古文『菆』作『騶』」者，胡氏承珙云：「如《廣雅》『稷穰謂之𥢶』，又《玉篇》云『黀，麻莖，古文作𪎭』是也。鄭以『菆』爲正字，故從今文。」其説是已。惠氏棟云：「《漢書·鼂錯傳》錯上兵事云：『材官騶發，矢道同的。』如淳曰：『騶，矢也。』顔監曰：『騶，矢之善者也。《春秋左氏傳》作菆字，其音同耳。』是『菆』與『騶』同也。」案：《漢書注》據《左傳》以證騶與菆同，惠氏引之以明古文作騶之由，非謂此經之菆亦爲矢也。**犬服。**笭間兵服。以犬皮爲之，取堅也，亦白。今文「犬」爲「大」。【疏】正義曰：《校勘記》云：「注末五字，今本脱。嚴、徐、《集釋》俱有，與單疏標目合。《通解》未刻。」　云「笭間兵服」者，謂建於車笭間之兵服也。《巾車》木車有小服，鄭注「服讀爲箙。小箙，刀劍短兵之衣」是也。❶云「以犬皮爲之，取堅也」者，吉時或以魚獸皮爲之，此用犬皮，是取其堅也。云「亦白」者，上幦用白狗皮，注云「白於喪飾宜」，故知此亦用白也。云「今文『犬』爲『大』」者，由形近致誤也。**木錧。**取少聲。今文「錧」爲「鎋」。【疏】正義曰：注云「取少聲」者，常時錧用金，此用木，木少聲也。云「今文『錧』爲『鎋』」者，此亦形近致誤。《古今文疏義》云：「案：錧即輨，❷《説文》：『輨，轂耑錔。』轂在輪中，其裏以貫軸，其表以湊輻。錔者，以金有所冒也。轂孔之裏，以金裹之，曰釭。轂孔之表，以金表之，曰輨。輨本從車，以其用金，故字或從金作耳。《説文·舛部》：『舝，車軸耑鍵也。』《金部》鍵，一曰轄也。《車部》轄，一曰鍵也。是轄與舝同，以鐵豎貫軸頭而制轂者。轄本從車，亦以用金，故或作鎋。《孟子題辭》『五經之錧鎋』，《祝睦

❶「刀」，原作「弓」，今據《周禮·巾車》鄭注改。

❷「輨」，原作「轄」，今據《儀禮古今文疏義》改。

碑》『七政錧鎋』，皆從金是也。唯錧與鎋截然二事，錧不可以爲轄。車之有聲，由轂與軸相切而作。轂耑用木，故少聲。若鎋以鍵軸，非聲之所出，故鄭從古文錧也。」**約綏，約轡。**約，繩。綏，所以引升車。【疏】正義曰：注云「約，繩」者，《詩·小戎》「竹閉緄縢」，《毛傳》：「縢，約也。」《閟宮》「朱英緑縢」，《毛傳》：「縢，繩也。」是約與繩爲一。故哀十一年《左傳》「人尋約」，注亦云：「約，繩也。」《小爾雅》云：「大者謂之索，小者謂之繩。」約綏、約轡，言以約爲綏，以約爲轡也。敖氏云：「吉時二者皆以絲爲之歟？」云「綏，所以引升車」者，孔子升車必正立執綏，是綏所引以上車之索也。轡，御者所執以御馬之索也。《釋名》：「轡，拂也。牽引拂戾，以制馬也。」《爾雅》：「轡首謂之革。」蓋以一頭用革繫於馬勒，而以一頭執於御之手也。一馬二轡，大夫以上四馬當八轡，而《詩》云「六轡在手」者，以有二轡繫於車軾前也。**木鑣。**亦取少聲。古文「鑣」爲「苞」。【疏】正義曰：《爾雅》「鑣謂之钀」，郭注：「馬勒旁鐵。」《詩·碩人》釋文：「鑣，馬銜外鐵也。一名扇汗，又曰排沫。」是鑣以鐵爲之，此用木，故注云「亦取少聲」也。云「古文『鑣』爲『苞』」者，《釋名》：「鑣，苞也。在旁苞斂其口也。」是「苞」與「鑣」通，但「鑣」爲正字，故鄭從今文耳。**馬不齊髦。**齊，翦也。今文「髦」爲「毛」。主人之惡車如王之木車，則齊衰以下，其乘素車、縏車、駹車、漆車與？【疏】正義曰：注云「齊，翦也」者，案：《爾雅》釋文：「毛中之長豪曰髦。」齊髦，明是翦剔其長者，使之齊也。敖氏云：「馬不齊髦，所謂髦馬也。」今案：《曲禮》「大夫、士去國，乘髦馬」，鄭注「髦馬，不鬄落也」，孔疏：「吉則翦剔馬毛爲飾，凶則無飾，不翦而乘之也。」云「今文『髦』爲『毛』」者，《廣雅》：「髦，毛也。」二字雖通，但《曲禮》疏以鬃鬣言髦，則如人之垂髦，自指在首者言之，不得泛云「毛」，故鄭從古文「髦」也。云「主人之惡車如王之木車，則齊衰以下，其乘素車、繅車、駹車、漆車與」者，案：此因主人乘惡車而推廣言之也。《周禮·巾車》「王之喪車五乘」，彼注云：「木車，始遭喪所乘。素車，卒哭所乘。繅車，既練所乘。駹車，大祥所乘。漆車，禫所乘。」賈疏云：「士之喪車亦當五乘。主人乘惡車，齊衰乘素車，與卒哭同。大功乘繅車，與既練同。小功乘駹車，與大祥同。緦麻乘漆車，與既禫同。主人至卒哭以後哀殺，故齊衰以下，節級與主人同，故鄭爲此義也。」張氏惠言云：「此注因惡車而差之。其實士吉時乘棧車不漆，無有緦反乘漆車之理。緦與小功，竝當駹車也。賈附會之，非是。」**主婦之車亦如之，疏布裧。**裧者，車裳帷，於蓋弓垂之。【疏】正義曰：云「主婦之車亦如之」者，謂亦如主人惡車之制也。其異者「疏布裧」耳，故言於「亦如之」之下也。敖氏云：「婦人之車必有裧，而喪車則以疏布爲之，則吉時不然也。主婦乘車而出者，拜夫人之命及女賓之弔者也。」〇注詳《士昏禮》。**貳車，白狗攝服。**貳，副也。攝，猶緣也。狗皮緣服，差飾。【疏】正義曰：敖氏云：「主人、主婦皆有貳車，各得用二乘，與其所乘者而三。《士昏禮》從車二乘，是其數也。凡貳車之數，天子十二、上公九、侯伯七、子男五、孤卿大夫三、士二乘也。此貳車，亦惡車也。」吴氏紱云：「昏與喪皆大禮，昏則攝盛。喪中拜君命拜賓，重其事，故出必備貳車。」今案：服亦盛兵器者，與上犬服之服義同。注云「攝，猶緣也」者，謂以白狗皮爲服，而緣其邊也。云「狗皮緣服，差飾」者，上犬服無緣，此有緣，故云「差飾」也。方氏苞云：「此貳車衆主人所乘也，故服以白狗加攝焉，以別於主人之斬衰者，又以見犬服不緣也。」今案：《周禮》「木車，犬䙆，尾櫜，疏飾」，鄭注：「犬，白犬皮。既以皮爲覆笭，又以其尾爲戈戟之弢，麤布飾二物之側爲之緣，若攝服云。」案：攝服即指此經言之，然則此服亦緣以麤布歟？又《周禮》喪車五乘，䙆皆有飾。此惡車之䙆無飾，又無尾櫜，則雖云喪事無等，而其實亦有不必盡同者矣。**其他皆如乘車。**如所乘惡車。【疏】正義曰：其他，謂白狗攝服之外，如「白狗幦」以至「馬不齊髦」之類，貳車皆與主人主婦所乘之車同，故注云「如所乘惡車」也。然則貳車之異於乘車者，唯攝服耳。

右記殯後居喪者冠服飲食居處車馬之制

朔月，童子執帚，卻之，左手奉之。童子，隸子弟，若内豎、寺人之屬。執用左手，卻之，示未用。【疏】正義曰：《説文》：「帚，所以糞也。從又持巾埽冂内。古者少康初作箕帚。」段氏注云：「持巾者，埽之事昉於拂拭，因巾可拭物，乃用萑芀黍𥝩爲帚拂地矣。」今案：《爾雅·釋草》云「葦，醜芀」，《説文》「芀，葦華也」，《繫傳》云：「芀者，抽條搖遠，生華而無莩萼也。」今人取之以爲帚，曰苕帚是也。朔月，月朔也。記自「疾病外内皆埽」後，至此始言埽室，則其他時蓋不埽矣。注云「童子，隸子弟」者，桓二年《左傳》云「士有隸子弟」，服注云：「士卑，自以其子弟爲僕隸。」禄不足以及宗，是其有隸子弟也。」云「若内豎、寺人之屬」者，《釋官》云：「《周禮·内豎》注云：『豎，未冠者之官名。』又其職注云：『使童豎通内外之命。』古者内豎之官必以童子爲之，故鄭舉以爲況。内豎與寺人連職，故并及之，非謂士有此官也。士卑，不得有。若大夫，則有之矣。」云「執用左手，卻之，示未用」者，案：記云「卻之」，是言執帚之時以末向上，「左手奉之」，是言其執之用左手，故注云執用左手，而末在上，明示未用也。未用者，未入室也。或疑一手不得言奉。不知奉之言持，謂以左手持之。《廣雅·釋詁》云：「奉，持也。」**從徹者而入。**童子不專禮事。【疏】正義曰：徹者，謂徹宿奠者。注云「童子不專禮事」，謂童子不得以禮事自專，故從徹者而入也。方氏苞云：「《玉藻》：『見先生，從人而入。』平時且然，喪事縱縱，故進退皆從執事之人。」**比奠，舉席埽室，聚諸窔，布席如初。卒奠，埽者執帚，垂末内鬣，從執燭者而東。**比，猶先也。室東南隅謂之窔。【疏】正義曰：《校勘記》云：「窔，徐、陳、《釋文》、《集釋》、《通解》俱作『窔』，注同。陸氏曰：『本又作窔。』『垂末』，徐本作『末』，唐石經、《集釋》、《通解》、《要義》、楊、敖俱作『末』。張氏曰：『監、巾箱、杭本末作末，從諸本。』」今案：作「窔」、作「末」是也，嚴本誤與徐本同，陳鳳梧本、毛本俱作「窔」、作「末」。○上文童子從徹者入，此從執燭者出者，李氏云：「入時燭先徹者，童子從徹者，出時徹者先燭，童子從燭，童子常後於成人。」敖氏云：「此埽室之節，蓋於既徹則爲之。如初，亦東面也。是時垂末内鬣，則鄉者卻之，其皆反是歟？」今案：既徹乃舉席而埽，埽畢乃布席而奠，埽者待奠畢乃出。末，帚末也，用以埽者。末形似鬣，内之者，以鬣向身也。垂末而内其鬣，恐塵觸人也。「從執燭者而東」者，亦降阼階，東行復位也。○《校勘記》云：「注『室』下，《集釋》有『中』字。張氏云：『疏有中字。』」今案：嚴本及各本俱無。云「比，猶先也」者，爲將奠而埽室，以致其潔清，故須在奠先也。《祭義》曰「比時具物」，鄭注：「比時，猶先時也。」是其義也。云「室東南隅謂之窔」者，《爾雅·釋宫》文，郭注謂窔亦隱闇。今案：聚諸窔，恐塵之揚，故暫聚於隱闇處，而後去之也。郝氏懿行《爾雅義疏》云：「窔者，《説文》作官，云：『户樞聲也。室之東南隅。』《穴部》窔，云：『官窔，深也。』是官，《爾雅》假借作窔，故《釋名》云：『東南隅曰窔。窔，幽也。亦取幽冥也。』或從宀作官，誤矣。《漢書》又作突，突字亦從穴，可知作窔爲正也。」**燕養饋羞湯沐之饌，如他日。**燕養，平常所用供養也。饋，朝夕食也。羞，四時之珍異。湯沐，所以洗去汙垢。《内則》曰：「三日具沐，五日具浴。」孝子不忍一日廢其事親之禮，於下室日設之，如生存也。進徹之時如其頃。【疏】正義曰：「饋」，《集釋》作「餽」。盧氏《詳校》云：「『沐』從朮，譌。」注「洗去」之「洗」，陸音悉禮反，又云：「劉本作淬，七對反。」○饌，陳設也。他日，謂生時也。　注云「燕養，平常所用供養也」者，謂平常燕居所用以供養者，即饋羞湯沐是也。云「饋，朝夕食也」者，謂平時朝夕之食，非喪中之朝夕奠也。云「羞，四時之珍異」者，案：《周禮·庖人》注云：「致滋味爲羞。」文十六年《左傳》云：「時加羞珍異。」故知羞爲四時之珍異也。云「湯沐，所以洗去汙垢」者，《説文》：「湯，熱水也。」《論衡》：「沐，去首垢。浴，去身垢。」湯沐，用湯爲沐，故云「洗去汙垢」也。不言浴，可知。《内則》曰：「五日則燂湯請浴，三日具沐。」此子事父母之禮，故《禮》引以爲證也。云「孝子不忍一日廢其事親之禮，於下室日設之，如生存也」者，言此燕養饋羞湯沐皆親生時所日具者，今孝子不忍死其親而廢之，故每日於下室設之，如生存時也。下室，燕寢也，其制詳《士昏禮》。必知設於下室者，以非正奠，且據下云「朔月若薦新，則不饋于下室」，故知此燕養之饌在下室也。張氏爾岐云：「朝夕之奠與朔月之奠設于殯宫，燕養之饌設于下室。」吴氏紱云：「燕寢曰下室，見正寢爲上室也。既奠于上室，而又饋于下室者，亦孝子求神非一處之意。」云「進徹之時如其頃」者，謂如食頃也。褚氏云：「朝夕殷奠等，則將設後奠，乃徹前奠。此饌則旋進旋徹，其間少待，如平生進食頃耳，故云『進徹之時如其頃』。」今案：此饌在燕寢，敖氏謂「蓋使人爲之，孝子不親視之也。《記》曰：『在堊室之中，非時見乎母也，不入門。』説者謂居廬時絶不入門」，是也。

朔月若薦新，則不饋于下室。以其殷奠有黍稷也。下室，如今之内堂。正寢聽朝事。【疏】正義曰：若，及也、與也。　注云「以其殷奠有黍稷也」者，朔月、薦新之奠盛於朝夕，故謂之殷奠。大夫以上月半有奠，亦謂之殷奠。上篇朔月奠有黍稷，又云「有薦新，如朔奠」，則亦有黍稷矣。蓋朝夕常奠唯有醴酒脯醢，無黍稷，下室之饋兼有黍稷，故奠于正寢，而又饋于下室。若殷奠自有黍稷，故不須于下室更饋也。《釋例》云「凡奠于殯宮，皆饋于下室，唯朔月及薦新不饋」是也。云「下室，如今之内堂」者，下室即燕寢，在正寢之内，故舉漢之内堂以況之。云「正寢聽朝事」者，士亦有臣，則亦有朝以聽事。天子、諸侯聽朝事于路寢，故知士亦有正寢以聽朝事也。《玉藻》曰「朝玄端，夕深衣」，鄭注「謂大夫、士也」，孔疏：「謂大夫、士早朝在私朝服玄端，夕服深衣。」是其證也。

右記朔月及常日埽潔奉養之事

筮宅，家人物土。物，猶相也。相其地可葬者，乃營之。【疏】正義曰：家人，詳上篇。○注云「物，猶相也」者，言物與相同，物土即《傳》所謂「物土之宜」也，相即《詩》「相其陰陽」之相。云「相其地可葬者，乃營之」者，古者族葬兆域雖同，而土壤有厚薄，水泉有淺深，故必須相其地之可葬與否，而後營之也。上篇曰「家人營之」，張氏爾岐云：「經但言筮，記明其先相之，乃筮之也。」**卜日吉，告從于主婦。主婦哭，婦人皆哭。主婦升堂，哭者皆止。**事畢。【疏】正義曰：《校勘記》云：「日，《通解》、敖氏俱作『日』，與單疏標目合。周學健云：『敖氏注云：日，人質反。蓋恐人誤讀耳。』」今案：唐石經、嚴本俱誤作「曰」。○卜日，卜葬之日也。張氏爾岐云：「經但言主婦哭，不言衆婦人皆哭與哭止之節，故記詳之。」今案：「告從于主婦，主婦哭」，即上篇「占曰某日從，告于主婦，主婦哭」也。卜日在廟門外，初時主婦立于東扉内，既得吉，乃由扉内升堂，復位而哭止，故注云「事畢」也。

右記筮宅卜日首末事

啟之昕，外内不哭。將有事，爲其讙囂。既啟命哭。古文「啟」爲「開」。【疏】正義曰：《校勘記》云：「外内，《要義》倒，與賈疏合。」今案：石經及各本俱作「外内」。○自記首至筮宅卜日，皆記《士喪禮》上篇事。此啟之昕以下至末，則記下篇既夕後事也。賈疏云：「經唯言婦人不哭，不言男子，故記明之。」注云將有事，將啟殯也，爲其讙囂，故不哭。既啟命哭，詳下篇啟殯節。「古文『啟』爲『開』」，詳《士昏禮》。**夷牀、輁軸饌于西階東。**明階間者，位近西也。夷牀饌於祖廟，輁軸饌於殯宮。其二廟者，於禰亦饌輁軸焉。古文「輁」或作「拱」。【疏】正義曰：夷牀、輁軸饌處不同，而併言之者，以其西階東是同。且輁軸經未言饌處，故因記輁軸而併記夷牀也。○《校勘記》云：「注，張氏曰：『監本云爲拱，從監本。』案：張説與單疏標目合。」今案：嚴本及各本俱作「作」。　云「明階間者，位近西也」者，案：記云西階東，是近西也。賈疏云：「以正經直云階間，恐正當兩階之間，故記人明之。」云「夷牀饌於祖廟，輁軸饌於殯宮」者，夷牀爲朝祖時正柩所用，故饌於祖廟。輁軸爲啟殯時遷柩所用，故饌於殯宮。云「其二廟者，於禰亦饌輁軸焉」者，以二廟者先朝禰後朝祖，則自禰適祖，遷柩仍須用輁軸，故知於禰廟亦饌之也。但據下朝于禰廟亦云正柩，則于禰當亦饌夷牀矣。云「古文『輁』或作『拱』」者，《古今文疏義》云：「《説文》無『輁』字，許意蓋從古文。鄭以『輁』從車爲正字，古文『拱』爲假借字，故從今文。《士喪禮》『升棺用軸』及此篇『遷于祖用軸』，注并云：

『軸，輁軸也。』」

右記啟殯朝祖之事

其二廟，則饌于禰廟，如小斂奠，乃啟。祖尊禰卑也。士事祖禰，上士異廟，下士共廟。【疏】正義曰：云其云則者，以下記二廟者異於一廟之事，故言此以別之也。張氏爾岐云：「將啟，先具此一鼎一豆一籩之奠于禰廟。既啟朝禰，徹從奠，乃設之。」王氏《糾解》云：「禰祖二廟皆饌，禰如小斂奠特豚一鼎，祖則如大斂奠三鼎也。」今案：設大斂奠于祖廟，即此篇經所陳是也。記人唯記其異者，故不言祖廟之饌耳。禰祖二廟同日朝畢，辨見下。　注云「祖尊禰卑也」者，以禰卑於祖，故饌如小斂奠，降於祖也。「士事祖廟」云云，詳經「設盥于祖廟門外」下。　褚氏云：「祖禰共廟，則統于祖矣。有二廟者，則先禰後祖，由近及遠之義也。敖氏乃謂柩過禰廟，因而朝之。似意不在禰者，不敬孰甚焉。」**朝于禰廟，重止于門外之西，東面。柩入，升自西階，正柩于兩楹間。奠止于西階之下，東面北上。主人升，柩東西面，衆主人東即位。婦人從升，東面。奠升，設于柩西，升降自西階。主人要節而踊。**重不入者，主於朝祖而行，若過之矣。門西東面，待之便也。【疏】正義曰：此朝于禰廟，與經所載朝祖之儀略同，唯重止于外門不入爲異耳。敖氏云：「是時即要節而踊，亦其異於祖廟者。」吳氏廷華云：「奠止于西階之下，經不言西階。衆主人東即位，經不言主人。」今案：此特文有詳略耳。奠，謂從奠。經于正柩後設從奠，云：「席升，設于柩西。奠設如初，巾之。」此不云「巾之」者，蓋即朝祖，不久設也。要節而踊，詳前。　注云「重不入者，主於朝祖而行，若過之矣」者，謂主於朝祖，故不入禰廟也。敖氏云：「重不入者，以既奠則柩行，不久留于此故也。」似敖説是。云「門西東面，待之便也」者，以祖廟在禰廟東，重止于門外之西，東面，柩朝祖，重即先柩鄉東而行，不易面位，故云「便也」。**燭先入者，升堂，東楹之南，西面。後入者，西階東，北面，在下。**照正柩者。先，先柩者。後，後柩者。適祖時燭亦然，互記於此。【疏】正義曰：入，入禰廟也。云言後入者西階東北面，而又言在下者，明其不升堂也。注云「照正柩者」，言此二燭皆所以照正柩也。云「先，先柩者」，謂先柩而入，即經遷祖時柩前之燭也。「後，後柩者」，即遷祖時從柩之燭也。云「適祖時燭亦然」者，明在祖廟時照正柩亦如是也。云「互記於此」者，蓋燭在道則一在柩前、一在柩後，燭入廟則一升堂、一不升堂，朝禰朝祖皆然。經但言在道之先後，而未言入廟之升與不升，故於此互記之也。**主人降，即位。徹，乃奠，升降自西階。主人踊如初。**如其「降拜賓」至於「要節而踊」。不薦車，不從此行。【疏】正義曰：「升」下，毛本無「降」字。《校勘記》云：「唐石經、嚴本、徐本、《通典》、《集釋》、楊、敖俱有『降』字，《通解》無。《石經考文提要》云：『監本沿《通解》之誤。』」今案：經云「升降自西階」，則有「降」字是也。云徹者，徹從奠。乃奠者，奠其如小斂之饌也。主人踊如初，亦要節而踊也。經於朝祖節正柩後設從奠訖，云「主人降，拜賓，即位」，至「徹者升自阼階，降自西階，乃奠如初，升降自西階，主人要節而踊」，此朝禰之儀略如之，故注云「如其『降拜賓』至於『要節而踊』」也。但朝祖有薦車之事，此無之，以朝禰後仍須朝祖，葬日柩從祖廟行，不從禰廟行，故注云「不薦車，不從此行」也。

右記二廟者啟殯先朝禰之儀

祝及執事舉奠，巾席從而降。柩從，序從如初，適祖。此謂朝禰明日，舉奠適祖之序也。此祝執醴先，酒脯醢俎從之，巾席爲後。既正柩，席升設，設奠如初，祝受巾巾之。凡喪，自卒至殯，自啟至葬，主人之禮其變同，則此日數亦同矣。序從，主人以下。今文無「從」。【疏】正義曰：祝及執事舉奠，即上遷禰之奠，如小斂奠者也。有二廟者，自禰適祖，即以遷禰奠爲從奠。云巾席從而降，則舉奠者先降矣。柩從，從奠也。序從，謂主人以下男女從柩而出也。如初，謂出殯宫時也。適祖，朝祖也。案：注以此謂舉奠適祖之序，是矣。但鄭義以朝禰、朝祖異日，故以此適祖爲在朝禰之明日。敖氏則以朝祖與朝禰同日，後人多從敖而駁鄭。郝氏敬云：「鄭謂一日朝一廟，適祖當在次日。然本文不言厥明，鄭説未然。」姜氏兆錫云：「朝禰禮與朝祖多同，其異者唯重止門外，廟不設重，柩不設夷牀，奠亦不設巾，三者爲異耳。以此推之，則朝禰後恐即當朝祖，故三者不設也。若每一廟即停一日，則三者當無不設之理。而重止門外，露處越宿，尤非孝子事亡如事存之義也。」方氏苞云：「注爲日朝一廟之説，不知重止于門外而不入，奠徹而從于祖廟，則竝在一日明矣。賈疏乃據序從如初，謂燭在其中，朝禰與祖必各分一日。不知此正必不可分爲二日之徵也。蓋朝禰甚早，至祖廟猶未辨明，故必以燭從也。巾席從奠以降，而柩即從，經文顯著，不待辨而明矣。」盛氏世佐云：「以經文考之，絕無可以爲二日之證。」江氏筠云：「此朝二廟，當亦一日而畢。注謂明日適祖，非也。既朝二廟，則知祖禰各在其廟。注於《士虞》謂士之皇祖于卒哭亦反其廟者，亦非也。」今案：諸儒之辨甚明。賈據序從有燭爲證，考經言遷祖之次，云「重先，奠從，燭從，柩從」，此柩即從奠，無燭從之文，當以敖氏適祖時不用燭之説爲正。至序從，鄭明謂主人以下，亦不得兼有燭也。注云「此祝執醴先，酒脯醢俎從之，巾席爲後」者，此略依上篇設小斂奠之文，見巾席在後，以釋此記「巾席從」之義也。云「既正柩，席升設，設奠如初，祝受巾巾之」者，此言適祖後既正柩設從奠之事也。記不言適祖後朝祖之儀者，以已具於經也。云「凡喪，自卒至殯，自啟至葬，主人之禮其變同，則此日數亦同矣」者，姜氏云：「注以變禮同于自卒至殯，而謂自啟至葬之日數亦同，似也。然如其説，則祖禰異廟者，其日數固同矣。若其祖禰同廟者，朝祖後更無廟可朝，將無故又停一日，以同其數乎？此可決其非矣。」今案：姜説是也。云「序從，主人以下」者，詳經遷祖節「主人從」下。云「今文無『從』」者，鄭以「序」下無「從」字則義不明，故從古文也。

右記二廟者自禰適祖之儀

薦乘車，鹿淺幦，干、笮、革靾，載旜，載皮弁服，纓、轡、貝勒縣于衡。士乘棧車。鹿淺，鹿夏毛也。幦，覆笭。《玉藻》曰：「士齊車，鹿幦豹犆。」干，盾也。笮，矢箙也。靾，韁也。旜，旌旗之屬。通帛爲旜，孤卿之所建，亦攝焉。皮弁服者，視朔之服。貝勒，貝飾勒。有干無兵，有箙無弓矢，明不用。古文「靾」爲殺，「旜」爲「膳」。【疏】正義曰：《校勘記》云：「干笮，石經補缺『干』誤作『于』。」○此乘車及下道車、稾車，皆所謂魂車也。經於祖廟但云「薦車直東榮，北輈」，未言車有三及所載物，❶故記詳之。敖氏云：

---

❶「未」，原作「末」，今據段校改。

「衡，輈端横木，以駕馬者。《既夕禮》曰：『薦馬，纓三就，入門，北面，交轡，圉人夾牽之。』則是薦馬時，纓、轡皆在馬身矣。此乃謂纓、轡、貝勒縣于衡，其指薦馬前後之時而言歟？蓋事至則加之，既則脱之而置於此也。」〇注「鹿幦」，毛作「辟」。《校勘記》云：「嚴、徐、《通典》、《集釋》、《通解》、《要義》、楊、敖俱作『幦』。陸氏曰：『韁，劉本作繣，音獲。』『有箙無弓矢』，《要義》無『弓』字。」今案：嚴本有。　云「士乘棧車」者，《巾車》文。鄭謂此乘車，即棧車也。《禮經釋例》云：「注説疑非，此乘車當亦攝盛用墨車。君賵，賓奠幣于棧。此謂柩車，非乘車也。」云「鹿淺，鹿夏毛也。幦，覆笭」者，《周禮·巾車》「藻車，鹿淺𧜀」，鄭注：「以鹿夏皮爲覆笭。」蓋夏時鹿毛新生，故淺也。《玉藻》曰「士齊車，鹿幦豹犆」，彼注云：「犆，謂緣也。臣之朝車，與齊車同飾。」鄭引以爲士車用鹿幦之證。　云「干，盾也。笮，矢箙也」者，詳經「役器甲冑干笮」下。云「靾，韁也」者，靾，《説文》作「紲」，云：「系也，或作緤。」韁，《説文》作「繮」，云：「馬紲也。」是紲與繮爲一。此從革作靾者，據記云「革靾」，是以革爲靾，故靾、韁字俱從革。《釋名》：「韁，疆也。繫之使不得出疆限也。」《五經文字》云：「今經典通用韁。」云「旜，旌旗之屬。通帛爲旜，孤卿之所建，亦攝焉」者，《周禮·司常》：「孤卿建旜，大夫、士建物。」此士而用旜，是攝也。《釋例》云：「喪有攝盛之禮。《士喪禮》：復者以爵弁服。陳襲事于房中，纊極二。考極唯公射有之，此攝盛也。《既夕禮》：大遣奠，陳鼎五于門外。注云：『士禮特牲三鼎，盛葬奠，加一等。』注謂盛葬奠，即攝盛也。」然則此注云「亦攝」者，承上數者而言也。云「皮弁服者，視朔之服」者，《玉藻》「諸侯皮弁以聽朔於太廟」，時君臣同服，是皮弁服爲視朔之服也。聘亦用皮弁服，詳《聘禮》。方氏苞云：「車各載生時所服，何也？柩入壙，斂而載於柩車，迎精而反，將以設於寢廟也。旜可攝，而服止於皮弁，何也？爵弁服，盡用之於襲斂也。乘車載旜，攝盛以觀示國人，昭君之恩禮也。而斂而載，歸設於寢廟者，不得踰其爵等，故喪車惟載皮弁、朝服也。」云「貝勒，貝飾勒」者，貝水物，以之飾勒也。《說文》：「勒，馬頭絡銜也。」《釋名》：「勒，絡也。絡其頭而引之也。」段氏《說文注》云：「《金部》：『銜，馬勒口中。』此云絡銜者，謂絡其頭而銜其口，可控制也。《廣韻》云：『石虎諱勒，呼馬勒爲轡。』此名之不正也。」張氏聰咸云：「轡、勒異物，自東晉時後趙呼馬勒爲轡，於是溷爲一物。」今案：轡已詳前。此記既云轡，又云貝勒，則其爲二物自見。云「有干無兵，有箙無弓矢」者，《周禮》會同、軍事車上亦建五兵，又箙爲盛弓矢器。此有干而無兵，有箙而無弓矢，故云「明不用」也。云「古文『鞸』爲『殺』」者，《古今文疏義》云：「作殺者，聲近假借字。」云「『旜』爲『膳』」者，詳《聘禮》。 **道車載朝服。** 道車，朝夕及燕出入之車。朝服，日視朝之服也，玄衣素裳。【疏】正義曰：吴氏廷華云：「道車次于乘車，故載朝服，其飾亦當少殺也。」○《校勘記》云：「注『之服』二字，嚴、徐本倒，《集釋》、《通解》俱與今本同。」今案：陳鳳梧本亦作「之服」。 云「道車，朝夕及燕出入之車」者，案《周禮》有道右、道僕之官，《道右職》云「掌前道車」，鄭注：「道車，象路也，王行道德之車。」《道僕職》云「掌馭象路，❶以朝夕燕出入」，鄭注：「朝朝莫夕。」此注蓋本《周禮》爲說。《玉藻》曰：「朝玄端，夕深衣。」是士亦有朝夕之禮及游燕出入之事，當乘此車，而假行道德之義以名之也。但士不得有象路，竊疑上乘車《釋例》謂爲墨車，則此道車當即棧車矣。郝氏敬云：「道車，文事之車。」亦本注義。云「朝服，日

❶「馭」，原作「取」，今據《周禮·道僕》改。

視朝之服也，玄衣素裳」者，詳《士冠禮》。**稾車載蓑笠。**稾，猶散也。散車，以田以鄙之車。蓑笠，備雨服。今文「稾」爲「潦」。凡道車、稾車之纓轡及勒，亦縣于衡也。【疏】正義曰：《校勘記》云：「稾，嚴、鍾、《通解》、《要義》、楊、敖俱從木，唐石經、徐本、聶氏、《集釋》俱從禾，注同。『蓑』，毛本作『簑』，唐石經、嚴、徐、《釋文》、聶氏、《集釋》、《通解》、《要義》、楊、敖俱從艸，注同。」今案：現刻嚴本經注俱作「稾」，或《校勘記》所見異也。　注云「稾，猶散也。散車，以田以鄙之車」者，《周禮》田僕次道僕後，其職云「掌馭田路，以田以鄙」，鄭注：「田路，木路也。田，田獵也。鄙，循行縣鄙。」此注因稾車在道車後，既取《道僕》之文解道車，因即取《田僕》之文解稾車。其云「稾猶散」，謂此車爲散車，非謂即木路也。以田以鄙之車，用以行野，較爲麤散，故云稾車也。云「蓑笠，備雨服」者，《詩·無羊》云「何蓑何笠」，《毛傳》：「蓑，所以備雨。笠，所以禦暑。」此注與彼異者，汪氏龍云：「笠本以禦暑，亦可禦雨，故《良耜》傳又云：『笠，所以禦暑雨也。』」今案：《越語》云：「譬如蓑笠，時雨既至，必求之。」則笠亦備雨明矣。笠互詳前。蓑，《詩》《釋文》云「草衣也」，《說文》「艸雨衣」，故字從艸。云「今文『稾』爲『潦』」者，《古今文疏義》云：「《考工記》：『輪人爲蓋，上尊而宇卑，則吐水疾而霤遠。』注云：『蓋者，主爲雨設也。乘車無蓋，《禮》所謂潦車，謂蓋車歟？』彼疏云：『注所謂潦車，指《儀禮》今文言也。』案：鄭注《考工記》以蓋爲雨設，故引潦車，取備水潦之義。其注《儀禮》必從古文作『稾』，解云『稾猶散也』者，《周禮·巾車》曰『凡良車散車不在等者』，注云『作之有功有沽』，彼疏云：『精作爲功則曰良，麤作爲沽則曰散。』《說文》：『稾，木枯也。』亦與麤散義近，故鄭云『稾猶散也』。今文作『潦』者，蓑笠備雨潦特一端耳，故鄭不從之。」今案：士備三車，亦攝盛也。云「凡道車、稾車之纓轡及勒，亦縣于衡也」者，記於乘車言纓轡貝勒縣于衡，而道車、槀車未言，恐人疑其有異，故注明之。又注但言纓轡及勒，而不言貝，則道車、槀車之馬勒，未必以貝飾也。**將載，祝及執事舉奠，户西南面，東上。卒束前而降奠，席于柩西。**將於柩西當前束設之。【疏】正義曰：此記載柩于車之事也。經但言載，未言舉奠之儀與設席之處，故記詳之。王氏《糾解》云：「將載，謂將下柩於庭而載之車也。舉奠者，執遷祖之奠於手以俟也。」吴氏廷華云：「祝及執事舉奠，言舉不言設，則執之俟卒載降奠也。」今案：將載而先舉奠者，以柩從西階降，而奠設于柩西，故舉以辟之也。辟之而舉奠之人立于户西南面東上，則在柩北矣。「卒束前而降奠席于柩西」，此有數説。敖氏云：「卒束前，卒束之前也。束未畢而先降奠席，爲卒束即奠故也。」郝氏敬云：「束載畢，執奠者乃前，以奠降。」此以前爲前行也。張氏爾岐云：「卒束前而降，謂舉奠者當束柩于車將畢之前即降也。」盛氏云：「柩之載于車也，前後各有束，其法蓋先束前，乃束後。故舉奠者之降以卒束前爲節，此當於奠字絶句。」惠氏棟云：「俗讀『卒束前而降』者，非也。經云『降奠當前束』，初奠在堂上，今降而下之，是謂降奠。」今案：前字之義，當如盛解，其句讀當以「卒束前而降奠」爲句。降奠之義，與經同。席于柩西，亦與經「設于柩西」同。但經所言是堂上柩西，此記所言則在堂下柩西耳。注云「將於柩西當前束設之」者，此釋記「席於柩西」之義，謂將於柩西當前束設奠，故先於柩西設席也。經言「降奠當前束」，未言柩西，故注兼明之。**巾奠，乃牆。**牆，飾柩也。【疏】正義曰：牆謂飾柩，義詳經「商祝飾柩」下。蓋降奠當前束，覆以巾訖，而商祝乃飾柩。經未言巾奠之事，故記明之。**抗木刊。**剥削之。古文「刊」爲「竿」。【疏】正義曰：經未言治抗木之法，故記明之。注云「剥削之」者，賈疏云：「木無皮者直削之，有皮者剥乃削之。」

敖氏云：「兩面皆刊也。」云「古文『刊』爲『竿』」者，《古今文疏義》云：「《説文》：『刊，剟也。從刀，干聲。』《廣雅》：『剟，削也。』『刊』正字，『竿』古文假借字。」**茵著用茶，實綏澤焉。** 茶，茅秀也。綏，廉薑也。澤，澤蘭也。皆取其香，且御溼。【疏】正義曰：《校勘記》云：「『著，單疏標目從竹。』」○《經義述聞》云：「『茵著用茶』，《釋文》著字無音。案：著讀爲褚。《夏小正》七月傳曰：『爲蔣褚之也。』《廣雅》曰：『茵薦蔣，席也。』褚與著古字通。上篇『著組繫』，注云：『著，充之以絮也。』著亦與褚同。」今案：著謂充于茵表裏之中，記言「著用茶」，而後言「實綏澤」，則茵之著以茶爲主，而兼實綏澤于中也。經未言茵著，故記明之。○《校勘記》云：「注『秀』，浦鏜云：『《釋文》作莠。』案：『茅莠』見《釋文》注中，非摘鄭注。『御』，陸氏曰：『魚呂反。劉本作銜，音禦。』」今案：「茅秀」，嚴本及各本俱作「秀」，此字「秀」爲正。他書有作「莠」者，古字假借也。「濕」，毛本作「溼」，是，從之。　云「茶，茅秀也」者，《周禮·掌茶》「掌以時聚茶，以共喪事」，鄭注：❶「共喪事者，以著物也。《既夕禮》曰：『茵著用茶。』」又云「茶，茅莠」，《釋文》「莠音秀」。《詩·鄭風》「有女如茶」，《毛傳》「茶，英茶也」，鄭箋：「茶，茅秀，物之輕者，飛行無常。」孔疏：「《爾雅·釋草》有『茶，苦菜』，又有『茶，委葉』。《邶風》『誰謂茶苦』，即苦菜也。《周頌》『以薅茶蓼』，即委葉也。鄭於《地官·掌茶》注及《既夕》注，與此箋皆云『茶，茅秀』，乃是茅草秀出之穗，非彼二種也。」胡氏承珙《毛詩後箋》云：「姚氏《詩識名解》以《釋草》『蔈荂茶』爲即『有女如茶』之茶。案：『蔈荂茶』郭注云『即芀』，『猋藨芀』注云『皆芀茶之別名』，『葦醜芀』注

❶「注」，原脱，今據文例補。

云『其類皆有芀秀』。是《爾雅》此三句相連，皆言葦類之秀，乃《豳風》『予所捋荼』之荼。彼傳云『荼，萑苕也』，疏云：『茅藡之秀，其物相類，故皆名荼也。』」今案：《夏小正》「七月秀雚葦」，又曰「灌荼」，傳云：「荼，雚葦之秀也。」是葦秀亦稱荼，即《毛傳》所謂萑苕也，與茅秀名同實異。鄭知茵著用茅秀，不用葦秀者，以茅秀白於葦秀。《易》曰「藉用白茅」，《詩》曰「白茅包之」，喪事宜白故也。《困學紀聞》云：「《詩》荼有三：『誰謂荼苦』，苦菜也。『有女如荼』，茅秀也。『以薅荼蓼』，陸草也。」今案：「予所捋荼」，萑苕也。則《詩》荼有四矣。云「綏，廉薑也」者，《説文》薑作䕬，云：「御溼之菜也。」又云：「葰，䕬屬，❶可以香口。」段氏注云：「《既夕禮》作綏，綏者，葰之假借字。」《廣雅》「廉薑，葰也」，王氏《疏證》云「葰或作綏」，引此記及注爲證。又云：「或作葰。劉達《吴都賦注》引《異物志》云：『葰，一名廉薑，生沙石中，薑類也，辛而香。』」然則廉薑與薑有微別矣。云「澤，澤蘭也」者，《廣雅》「虎蘭，澤蘭也」，王氏《疏證》亦引此記及注爲證，又云：「《神農本草》云：『澤蘭，一名虎蘭，生大澤旁。』案：《吴普本草》云：『澤蘭，一名水香，生下地水傍，葉如蘭，二月生，香，赤節。』」今案：《鄭風》「方秉蕑兮」，《毛傳》「蕑，蘭也」，孔疏引陸璣云：「蕑，即蘭香草也。其莖葉似澤蘭，廣而長節，節中赤，高四五尺。」然則澤蘭之狀，與蘭略同矣。云「皆取其香，且御溼」者，指綏澤二物言之，以其茵在棺下，須禦溼，故取以爲實也。**葦苞，長三尺，一編。**用便易也。【疏】正義曰：《夏小正》云「秀萑葦」，《詩》云「八月萑葦」，二者同類而有別。萑似葦而小，中實。萑、葦皆已秀之名。萑一名蒹，一名薕，一

❶「䕬」，原作「彊」，今據《説文解字》改。

名菼，一名薍，一名騅，《説文》「蒹，雈之未秀者。薕，蒹也。菼，雈之初生，一曰薍，一曰騅」，《夏小正》傳云「雈未秀爲菼」是也。葦一名葭，一名蘆，《説文》「葦，大葭也」，《夏小正》傳云「葦未秀爲蘆」是也。《爾雅·釋言》云：「菼，騅也。菼，薍也。」《釋草》以蒹薕爲一，葭蘆爲一，菼薍爲一，至分明。葭，蘆葦也。蒹、薕、菼、薍皆謂雈也，而郭注「蒹薕」云「似雈」，非矣。此用葦爲苞，取其已秀而堅成也。葦最長，截取三尺爲一編，便於苞牲，故注云「用便易也」。郝氏敬云「編蘆爲苞，一編一苞」是也。**菅筲三，其實皆瀹。**米麥皆湛之湯，未知神之所享。不用食道，所以爲敬。【疏】正義曰：經但言「筲三黍稷麥」，未言筲爲草器及米麥生熟，故記明之。菅筲，以菅草爲筲也。菅，茅屬。詳《喪服》斬衰傳下。注云「米麥皆湛之湯，未知神之所享」者，案：米謂黍稷。瀹，《説文》「漬也」。湛，亦浸漬之義。謂菅筲中所盛之米麥，皆浸漬之而不炊熟，以未知神之所享，或在此，或在彼也。必漬之者，爲致潔也。云「不用食道，所以爲敬」者，賈疏云：「食道褻，則不敬，故云『不用食道，所以爲敬』也。」案：「不以食道」，《檀弓》文。彼「飯用米」，亦謂不熟之也。**祖，還車不易位。**爲鄉外耳，未行。【疏】正義曰：此車謂薦車，非柩車也。祖還車，詳經「祖還車不還器」下。不易位者，謂不易初薦時位。盛氏云：「祖者，著其節也。還車，南其輈也。位，直東榮之位。初時北鄉西上，今南鄉亦西上。嫌易鄉則當易位，故記之。」注云「爲鄉外耳，未行」者，言此但還車鄉外而未行，故仍在其處，不易位也。**執披者，旁四人。**前後左右各二人。【疏】正義曰：經但云「執披」，未言人數，故記明之。旁四人，謂每旁四人也，合兩旁則八人矣。注云「前後左右各二人」者，謂前左二人、後左二人、前右二人、後右二人，是每旁四人也。**凡贈幣，無常。**賓之贈也。玩好曰贈。在所有。【疏】正義曰：《校勘記》云：

「注『曰』，嚴、徐本作『日』。」今案：作「曰」是也。○經曰「知死者贈」，則贈非一人，故云「凡」也。贈，有公贈，有賓贈。此贈幣無常，是指賓贈言，故注云「賓之贈也」。若公贈，則使宰夫用玄纁束，有常矣。玩好曰贈，詳經「若賻」下。云「在所有」者，言隨所有贈之，是無常也。**凡糗，不煎。**以膏煎之則褻，非敬。【疏】正義曰：糗，詳經「四籩棗糗栗脯」下。賈疏云：「此篇唯葬奠有糗，而云凡者，記人通記大夫以上。」注云「以膏煎之則褻，非敬」者，謂以脂膏煎和之，則是褻味，非敬神之道，故不煎也。鬼神不尚褻味，若生人之食，則固有煎之者矣。

右記祖廟中薦車載柩陳器贈奠諸事二廟者與一廟者畧同

唯君命止柩于堩，其餘則否。不敢留神也。堩，道也。《曾子問》曰：「葬既引，至於堩。」【疏】正義曰：君命者，即柩至邦門君使宰夫贈之事。經不言止柩于堩，故記之。云「唯」，又云「其餘則否」，明不爲他人止柩也。敖氏云：「言此者，明餘人不當行禮於堩也。」注云「不敢留神也」者，以葬日日中而虞，少遼緩恐不及，故餘人不敢留神也。云「堩，道也。《曾子問》曰：『葬既引，至于堩。』」者，彼注亦云：「堩，道也。」故引以爲證。今《曾子問》本「葬」下無「既」字。案：《雜記》「非從柩與反哭，無免于堩」，注亦云：「堩，道路。」《廣雅疏證》云：「堩之言亘也。」**車至道左，北面立，東上。**道左，墓道東。先至者在東。【疏】正義曰：賈疏云：「經直云『陳器于道東西，北上』，不云三等之車面位，故記人明之。必知此車是乘車之等者，以其下有柩車故也。」李氏云：「不北上統于壙者，車不入壙。」今案：車云北面者，鄉壙也。云立者，明其既葬即反，不稅駕也。《周禮·巾車職》曰「及墓，嘑啟關，陳車」，鄭注亦引此經爲證。注云「道左，墓道東」者，據墓南鄉言之。云「先至者在東」者，先至謂乘車也。郝氏敬云：「車，即乘、道、稾車。至葬地，止于墓道左。北向，西爲左也。東上，統于墓道。先至者東，以次而西。」今案：郝説與注異，然似是。據記云北面，則左當在墓道西，一也。又此車葬畢仍反，在墓道西而以東爲上，則在東者近墓道，便于先行，二也。敖亦云道左乃道西，唯以車爲遣車，則誤耳。**柩至于壙，斂服載之。**柩車至壙，祝説載除飾，乃斂乘車、道車、稾車之服載之，不空之以歸。送形而往，迎精而反，亦禮之宜。【疏】正義曰：《校勘記》云：「注『以歸』下，《集釋》有『也』字。」○賈疏云：「經直云『柩至于壙，屬引，乃窆』，不云柩車斂服載之，故記人明之。」云「説載除飾」，詳前。云「乃斂乘車、道車、稾車之服載之，不空之以歸」者，謂至壙而柩入壙，則柩車空，故取乘車、道車、稾車所載皮弁、朝服、蓑笠等服，斂而載之于柩車中以歸，是不空之也。云「送形而往，迎精而反」者，《禮記·問喪》文。云「亦禮之宜」者，以服是精氣所憑，故載以歸，於禮宜也。**卒窆而歸，不驅。**孝子往如慕，反如疑，爲親之在彼。【疏】正義曰：卒窆而歸，謂迎精而反之時也。不驅，不疾驅也。或云柩車以人挽，無所謂驅，此不驅者，指乘、道、稾三車言也。今案：往時三車在前，柩車在後，反時亦然。三車不驅，則柩車亦不得疾行矣。此表孝子之情也。往如慕，謂送葬時。反如疑，爲親之在彼，故不忍疾驅也。《檀弓》曰：「孔子在衞，有送葬者，而夫子觀之。曰：『善哉爲喪乎，足以爲法矣。其往也如慕，其反也如疑。』」鄭注：「慕，謂小兒隨父母啼呼。疑者，哀親之在彼，如不欲還然。」《問喪》曰：「其往送也如慕，其反也如疑。」鄭注：「慕者，以其親之在前。疑者，不知神之來否。」此注即本《檀弓》、《問喪》爲説也。

右記柩在道至壙卒窆而歸之事

君視斂，若不待奠，加蓋而出。不視斂，則加蓋而至，卒事。爲有他故及辟忌也。【疏】正義曰：郝氏敬云：「君視斂，視大斂禮，見前篇。加蓋，蓋棺也。奠在加蓋後，加蓋而出，是不待奠也。加蓋而後至，斂不及視矣。殯事卒而後出，則視奠矣。」張氏爾岐云：「卒事，謂大斂奠訖乃去。」今案：《喪大記》曰：「君於士，既殯而往。」又曰：「爲之賜，大斂焉。」賜，謂有恩惠也。有恩惠乃視大斂，則常禮不視斂矣。《喪大記》又曰：「大夫，則奠可也。士，則出俟于門外，命之反奠，乃反奠。卒奠，主人先俟于門外，君退。」案：大夫奠可也，士則必待君命乃奠，則常禮不視奠矣。上篇自「君若有賜焉，則視斂」至「卒奠，主人出，哭者止，君出門」，彼注亦以爲有恩惠，則是加於常禮之外者，既視斂又必視奠也。此記或視斂而不視奠，或視奠而不視斂，則敖氏以爲於常禮有加而不能終始其事是也。因經未言及，故記之。但此二者皆是君於士有恩惠而加禮，則奚爲視斂不待奠而出，❶視奠卒事必待加蓋乃至？故鄭云「爲有他故及辟忌也」。賈以有他故屬之不待奠者，以辟忌屬之不視斂者。後人多以辟忌之説爲非，謂二者皆以有他故，不得終其事始其事，似得之。

右記君於士有視斂而不終禮者有不視斂而終其事者二者之節

---

❶「待」，原作「特」，今據《續清經解》本改。

既正柩，賓出，遂匠納車于階間。遂匠，遂人、匠人也。遂人主引徒役，匠人主載柩窆，職相左右也。車，載柩車。《周禮》謂之蜃車，《雜記》謂之團，或作輇，或作槫，聲讀皆相附耳，未聞孰正。其車之轝，狀如牀，中央有轅，前後出，設前後輅，轝上有四周，下則前後有軸，以輇爲輪。許叔重說：「有輻曰輪，無輻曰輇。」【疏】正義曰：納車，以備載柩也。賈疏云：「經不言納柩車時節，故記明之。」郝氏敬云：「納車，納載柩之車。階間，祖廟東西兩階間。」張氏爾岐云：「既朝祖，正柩于兩楹間，主人送賓出，以此時納柩車也。」盛氏云：「上經言賓出者非一，故加『既正柩』以别之，謂是正柩後之賓出耳。」〇注云「或作槫」，「槫」，毛本誤「摶」。《校勘記》云：「嚴、徐、陳本、《通解》俱作『摶』，《集釋》作『槫』。」今案：盧氏《詳校》以「槫」爲正，從之。

云「遂匠，遂人、匠人也。遂人主引徒役，匠人主載柩窆，職相左右也」者，案：《周禮・遂人職》曰：「大喪，帥六遂之役而致之，掌其政令。及葬，帥而屬六綍。及窆，陳役。」鄭注：「載及窆，六遂役之。」又《鄉師職》曰：「及葬執纛，以與匠師御匶而治役。及窆，執斧以涖匠師。」鄭注：「鄉師主役，匠師主衆匠，共主葬引。」是其二職相左右佐助之事，故使之共納車也。賈疏謂士亦有遂人、匠人，《釋官》辨之云：「遂匠，亦公臣來助士之葬者。《左傳》『孟氏將辟，藉除于臧氏，臧孫使正夫助之』，杜注、孔疏以正夫爲遂人。則此遂人、匠人當亦假于公臣，士不得有此官也。言遂匠者，蓋其徒屬。《雜記》曰：『升正柩，諸侯執綍五百人，匠人執羽葆御柩。』《周禮・稍人》注曰：『天子以至于士，柩路皆從遂來。』是士之葬，有遂匠掌其事也。」云「車，載柩車」者，謂自祖廟載柩至壙，故云「載柩車」。經云「主人入，袒，乃載」，即載於此車也。云「《周禮》

謂之蜃車」者，案：《遂師職》曰「共邱籠及蜃車之役」，鄭注：「蜃車，柩路也。柩路載柳，四輪迫地而行，有似于蜃，因取名焉。」謂之柩路者，路亦車也。柳，即棺上之荒帷也。云「《雜記》謂之團，或作輇，或作槫，聲讀皆相附耳，未聞孰正」者，《遂師》注亦云：「蜃，《禮記》或作槫，或作輇。」《雜記》「載以輲車」，鄭注：「輲，讀爲輇，或作槫。《周禮》又有蜃車，天子以載柩。蜃輇聲相近，其制同乎？輇崇蓋半乘車之輪。」《喪大記》「君、大夫葬用輴，士葬用國車」，鄭注：「輴，皆當爲載以輇車之輇，聲之誤也。輇字或作團，是以又誤爲國。輇車，柩車也。」案：鄭注此經及《周禮》，皆以槫、輇爲《禮記》或本字，與蜃字聲讀相近。其注《雜記》則定其字爲輇，注《喪大記》即破輴、國爲輇，蓋以輇車與蜃車一也。云「其車之轝，狀如牀」者，轝所以承物，與牀相類，故謂之轝。云「中央有轅，前後出，設前後輅」者，蓋他車之轅自輿下出，而前縛軛以駕牛馬，此車之轅則前後出，而於其前後轅上各縛一横木，謂之輅，以屬引於上而人輓之，故經云前輅，明有後輅也。云「轝上有四周」者，鄭《特牲》注以漢之大木轝爲上有四周，故於此亦云然，但此轝以載柩，當更廣而長耳。云「下則前後有軸」者，他車止一軸在輿下，此云前後有軸，則有二軸，故《遂師》注謂爲四輪者，以有二軸故也。云「以輇爲輪」。許叔重説：『有輻曰輪，無輻曰輇。』」者，叔重名慎，著《説文解字》，鄭於此經及《雜記》兩引其説。以此車但有輪而無輻，故謂其輪爲輇，因名其車爲輇車也。《雜記》注謂輇崇半乘車之輪，乘車之輪六尺有六寸，輇車半之，則止三尺三寸，輪低於乘車矣。輪低則小，故不必有輻。輪低則去地近，故《遂師》注謂爲迫地而行也。此注記柩車之制尚詳。轅有前後，爲設輅也。輅有前後，爲屬引也。轅直而輅横，引屬于輅之兩端，在車之左右挽之。又二軸而四輪，皆取其安穩也。《雜記》孔疏云：「凡在路載柩，天子以下至士，皆用蜃車。《周禮·遂師》『共蜃車之役』，則天子也。《既夕》注云『車，載柩車，《周禮》謂之蜃車』，是士用蜃車也。《雜記》『大夫載以輲車』，輲車則蜃車也，是大夫用蜃車。則諸侯不言，亦可知。」**祝饌祖奠于主人之南，當前輅，北上，巾之。**言饌於主人之南，當前輅，則既祖祝乃饌。【疏】正義曰：賈疏云：「經直云『祖還車』及還重訖『乃奠如初』，不云饌處，故記明之。」敖氏云：「饌，猶設。祝及執事者饌，此唯言祝者，祝尊也。于主人之南，明其在車東也。主人之位當前束，故奠少南，當前輅也。」盛氏云：「是時尸柩南首，主人在柩車東當前束，而奠又在其南，是猶當腢之意也。」劉氏台拱云：「案：祖奠經記皆不詳其物，言巾之，則非一籩一豆可知。」今案：北上，統于柩也。巾之，以其在庭，爲禦塵也。注云「祖」，即經「商祝御柩乃祖」之祖。以其未祖則柩車鄉北，前輅在北，既祖則柩車鄉南，前輅在南。今饌于主人之南，當前輅，則是既祖乃饌也。

右記納柩車之節與饌祖奠之處

弓矢之新，沽功。設之宜新，沽示不用。今文「沽」作「古」。【疏】正義曰：經於用器弓矢不辨善惡與其名稱，故記明之。張氏爾岐云：「弓矢謂入壙用器，舉弓矢以例餘者。」注云「設之宜新」者，言爲死者設之，宜用新也。沽，麤也。言麤功，示不用也。云「今文『沽』作『古』」者，《古今文疏義》云：「《毛詩·鴇羽》傳云：『盬，不攻致也。』《四牡》傳云：『盬，不堅固也。』《周禮·典婦功》『辨其苦良』，鄭司農：『苦，讀爲盬。』《儀禮》之沽與《周禮》之苦同，鄭以《喪服傳》『冠者沽功』，彼沽功爲麤功，知此亦當從古文作『沽』。今文作

「古」者，又從沽省借耳。」**有弭飾焉。**弓無緣者謂之弭，弭以骨角爲飾。【疏】正義曰：此以下至「有韣」，言弓也。李氏云：「弭，弓梢末也。」　注云「弓無緣者謂之弭，弭以骨角爲飾」者，《爾雅》「弓有緣者謂之弓，無緣者謂之弭」，郝氏懿行《爾雅義疏》云：「《左氏》僖二十三年《正義》引李巡曰：『骨飾兩頭曰弓，不以骨飾兩頭曰弭。』孫炎曰：『緣，謂繳束而漆之。無緣，謂不以繳束，骨飾兩頭者也。』二説不同，孫及鄭義爲長。云繳束者，繳，生絲也。《詩・采薇》箋：『弭，弓反末彆者，以象骨爲之，以助御者解轡紒，宜骨也。』《説文》：『弭，弓無緣可以解轡紛者。』《曲禮》注：『簫，弭頭也。』《釋名》云：『其末曰簫，言簫梢也。又謂之弭，以骨爲之，滑弭弭也。』然則弭是弓末之名，非即弓名。《爾雅》以無緣爲弭，蓋因其無緣，故從本名，即謂之弭。鄭《既夕》注『弭以骨角爲飾』，正謂飾弭以骨或以角。以骨，則象弭是也。以角者，經典雖無文，要爲弭頭施角。郭氏以弭爲角弓之名，則謬矣。」今案：郝説是也。此云「有弭飾焉」者，謂其弓有兩頭之飾而無緣也。

亦張可也。亦使可張。【疏】正義曰：「張可」，《校勘記》云：「唐石經、嚴、徐、《集釋》、楊、敖俱如此，《通解》與今本作『可張』。《石經考文提要》云：『監本沿《通解》之誤。』案：『也』字，唐石經初刻作『以』，後改。」今案：張氏《監本正誤》引吴本亦作「張可」，《通解》蓋因注文而誤。張，張弓也。此入壙之弓，功雖麤略，亦使可張，但不可射耳。**有柲。**柲，弓檠。弛則縛之於弓裏，備損傷。以竹爲之，《詩》云：「竹柲緄縢。」今文「柲」作「柴」。【疏】正義曰：「今文柲作柴」，各本「今」多作「古」。嚴本作「今」，與張氏淳所見本正同。《校勘記》云：「『作』，《集釋》、《釋文》作『爲』。『柴』，徐本、《集釋》俱作『枈』，與單疏標目合，《釋文》作『粊』，《通解》作『柴』。金曰追云：『《尚書・費誓》，古文作粊。』案：《集韻》『枈，兵媚切，地名』，疑即『粊』之別字。」黄氏丕烈云：「張氏出『爲柴』二字，而本文作『柴』，是所見嚴本誤『柴』爲『柴』。」今案：現刻嚴本作「柴」，從之。○有柲，言弓雖沽，而亦有柲也。注云「柲，弓檠。弛則縛之於弓裏，備損傷」者，案：《周禮·弓人》注云：「納弓檠中，定往來體。」彼謂造弓未成時也，此謂弛弓不用，以柲縛之弓裏，俾不損傷。二者皆所以正弓體，故名檠也。又《弓人》「辟如終紲」，注云：「紲，弓鞦。弓有鞦者，爲發弦時備頓傷。」蓋弓於不用之時，必以柲縛於弓裏，以正其體，則用時不至于頓傷。頓，敗也，壞也。與此注義同。云「以竹爲之，《詩》云：『竹柲緄縢。』」者，胡氏承珙云：「案：《毛詩》作『竹閉緄縢』，傳云：『閉，紲。緄，繩。縢，約也。』紲本訓系，傳以閉爲紲。《角弓》傳云：『不善紲檠巧用，則翩然而反。』蓋檠紲同物，以其能持弓謂之檠，以其能縛弓謂之紲。紲又名閉，以竹爲之，故曰『竹閉』。『紲』字又作『柮』，《荀子》『接人則用柮』，注云：『柮者，檠柮也，正弓弩之器也。』後人以柮爲楫者，以楫輔船舷，如柮輔弓弩，猶榜所以輔弓弩，而船舷亦謂之榜也。鄭注《周禮》引《詩》作『竹鞦』，注《儀禮》又引作『柲』，皆就文易字。《説文》：『柲，欑也。欑，積竹杖。』弓檠殆亦積竹爲之，故亦得名柲。《毛詩》作閉者，閉猶欑也。《左氏》哀六年傳『潛師閉塗』，《史記》索隱曰：『閉塗，即攢塗也。』攢與欑同，是閉、柲一也。」云「今文『柲』作『柴』」者，胡氏云：「柴當作柴。《説文》有柴無柴，柴訓惡米，此柴之本義。又云：『《周書》有《柴誓》。』此地名，皆與弓檠無涉，故鄭不從之也。」

設依撻焉。

依，纏弦也。撻，弣側矢道也。皆以韋爲之。今文「撻」爲「銛」。【疏】正義曰：此皆弓上之物也。注云「依，纏弦也」者，賈疏云：「謂以韋依纏其弦，即今時弓彇是也。」盧氏文弨云：「彇，字書音弼，養生也。非此義，不知此作何解，抑字誤。」云「撻，弣側矢道也」者，《釋名》云：「弓中央曰弣。弣，撫也，人所撫持也。」賈疏云：「撻，所以撻矢令出。」胡氏承珙云：「撻，猶達也。《商頌》『撻彼殷武』，《釋文》引《韓詩》云：『撻，達也。』《毛傳》云：『撻，疾也。』《禮》所謂撻，即今之箭溜，以韋若骨及金玉爲之，大如錢，嵌入弣側，以別上下，射時在弓之右，矢之上，矢由此而去。故名溜，溜亦滑達之意。」云「皆以韋爲之」者，謂死者依與撻則皆以韋爲之，異於生也。云「今文『撻』爲『銛』」者，胡氏云：「《廣雅》『銛，利也』，與撻疾義近。鄭以撻義較切，故從古文。」**有韣。**韣，弓衣也，以緇布爲之。【疏】正義曰：入壙之弓，亦有韣也。注云「韣，弓衣也」者，詳《覲禮》「載龍旂弧韣」下。云「以緇布爲之」者，經云「茵用疏布，緇翦」，此韣與茵同是入壙之物，故知亦以緇布爲之也。若生人，則或以皮爲之。《詩》云「交韔二弓」，毛傳：「韔，弓室也。」**翭矢一乘，骨鏃，短衛。**翭猶候也，候物而射之矢也。四矢曰乘。骨鏃、短衛，亦示不用也。生時翭矢金鏃。凡爲矢，五分笴長，而羽其一。【疏】正義曰：《校勘記》云：「張氏曰：『《釋文》翭字上更有一矢字，從《釋文》。』盧文弨云：『翭上有矢字，當是爲翭矢、志矢之目。』案：今本《釋文》出『翭矢』二字，張氏所見當作『矢翭』也。」《經義述聞》云：「『翭矢一乘』，本作『矢翭一乘』。『志矢一乘』，本作『志一乘』。『翭』與『志』皆承上『矢』字言之，故不更言矢。今本『翭』上無『矢』字，而下文作『翭矢』、『志矢』者，『矢翭』誤作『翭矢』，後人不達，又於『志』下加『矢』字，以對『翭矢』耳。自唐石經已然，而各本皆沿其誤。張氏、盧氏但知上『矢』字之非衍，而不知下兩『矢』字之衍，失之。《後漢書·南蠻傳》注引此作『矢翭一乘』，『翭』上有『矢』字，而『翭』下無『矢』字。《周官·司弓矢》疏引此作『志一乘』，無『矢』字，今據以訂正。」黄氏丕烈云：「案：單疏標經起訖，『翭矢』上無『矢』，嚴本正合。」今案：「翭」上有「矢」字，則「翭」下、「志」下自不當更有「矢」字，《述聞》說是也。但唐石經、嚴本俱與今本同，《後漢書·禮儀志》注引又作「猴矢一乘」，今仍之。○注「亦示不用也」，《校勘記》云：「嚴、徐、《集釋》、楊、敖俱作『示』，《通解》作『云』。」今案：《後漢書·禮儀志》注引亦作「示」。　此以下言矢也。云「猴猶候也，候物而射之矢也」者，《周禮·司弓矢》「殺矢、鍭矢，用諸近射、田獵」，鄭注：「鍭之言候也。二者皆可以司候射敵之近者及禽獸。」與此注義同。《周禮》作鍭者，猴、鍭古字通。　云「骨鏃、短衛，❶亦示不用也」者，《爾雅》：「金鏃翦羽謂之鍭。」❷李氏云：「衛，謂羽也。羽以防衛矢，使之調，故名羽爲衛。」今不用金鏃，而用骨鏃，又短其羽，是示不用也。賈疏云：「上文沽功，注云示不用，故此亦之。」云「生時猴矢金鏃」，即《爾雅》所云是也。云「凡爲矢，五分笴長，而羽其一」者，此約《考工記·矢人》文。彼注云：「笴，讀爲稾，謂矢幹。」又云：「矢稾長三尺，羽者六寸。」是五分笴長之一。鄭言此者，欲以見生時之矢羽固不短也，則此短衛亦異於生。賈云短衛即翦羽，恐非。

志矢一乘，軒輖中，亦短衛。　志猶擬也，習射之矢，《書》云：「若射之有志。」輖，蟄也。無鏃、短衛，亦示不用。生時志矢骨鏃。凡爲矢，前重後輕也。【疏】正義曰：張氏《識誤》云：「注曰『輖摯也』，案：《釋文》云：『輖蟄，音至，本又作贄。又《字林》竹二反。』苟從手，非難曉者，陸氏必不再引《字林》。從《釋文》。」《校勘記》云：「嚴、徐、敖氏俱作『摯』，《釋文》、《集釋》、《通解》、楊氏俱作『蟄』。案：『贄』即俗『摯』字，因借而誤。」今從《釋文》。　云「志猶擬也」者，詳《大射儀》「不以樂志」下。云「習射之矢，《書》云：『若射

---

❶ 「鏃」，原作「鍭」，今據注文改。
❷ 「鍭」，原作「鏃」，今據《爾雅·釋器》改。

之有志。』」者，案：《司弓矢》曰「恒矢、痺矢，用諸散射」，鄭注：「散射，謂禮射及習射也。恒矢之屬，軒輖中，所謂志也。」是志矢爲恒矢之屬，習射之矢也。引《書》者，證矢名志之意。云「輖，𦤶也」者，章氏平云：「《說文·車部》有輖、䡚，無輊。《至部》無𦤶，但輖與輊字異音異義同，輊與𦤶字異音義同。」今案：《說文》「䡚，抵也」，與輖異義。《說文》「輖，重也」，段氏注云：「謂車重也。《小雅》『戎車既安，如輊如軒』，毛曰：『輊，摯也。』《考工記》『大車之轅摯』，鄭曰：『摯，輖也。』《士喪禮》『軒輖中』，鄭曰：『輖，𦤶也。』摯、𦤶、輊同字，輖雙聲。許書有輖、摯而已，摯者，依聲託事字也。軒言車輕，輖言車重，引申爲凡物之輕重，故《禮經》以之言矢。」然則「軒輖中」者，謂矢前後之輕重適均而已。云「無鏃、短衛，亦示不用」者，《爾雅》：「骨鏃不翦羽謂之志。」李氏云：「此志矢不言鏃，則無鏃也。」云「亦短衛」，則與不翦羽者異矣，故云「示不用」也。云「生時志矢骨鏃」，即《爾雅》所云是也。此無鏃異於生，與上猴矢生時用金鏃、死用骨鏃同義。云「凡爲矢，前重後輕也」者，張氏爾岐云：「鄭言此者，欲明此軒輖中之異於生用耳。」姜氏兆錫云：「據《矢人職》一前二後、二前三後之屬，皆指矢笴之分數前短於後而言。其前之分數所以皆短於後者，鄭云爲其前有鐵重也。而所以又別爲一前二後、二前三後之屬者，又爲鐵之重有差也。此所以前之分數少者而謂之重，後之分數多者而謂之輕也。若不言其故，則前重後輕之義未明，并此章之義亦皆未明矣，故謹發之。」〇李氏云：「自君視斂至此，記者更自前記也。」

右記入壙用器弓矢之制

儀禮正義卷三十二　鄭氏注

績溪胡培翬學

士虞禮第十四

鄭《目録》云：「虞猶安也。士既葬其父母，迎精而反，日中而祭之於殯宫，以安之之禮。虞於五禮屬凶禮。大戴第六，小戴第十五，《别録》第十四。」【疏】正義曰：自「虞猶」至「之禮」，俱從《釋文》。《集釋》無「既」字，餘與《釋文》同。「凶」下，《集釋》有「禮」字。先大父《校證》云：「案：據《士冠禮》賈疏，當作『小戴第八』，第十五乃《士喪禮》。臧氏庸本徑改爲『小戴第八』。」〇云「虞猶安也」者，《易·中孚》：「初九，虞吉。」荀爽注云：「虞，安也。」《廣雅·釋詁》亦云：「虞，安也。」云「士既葬其父母，迎精而反，日中而祭之於殯宫，以安之之禮」者，案：《既夕》「三虞」注云：「虞，安也。」《雜記》：「報葬者報虞。」❶鄭注：「虞，安神也。」何休《公羊傳》文二年注：「虞猶安神也。」《釋名》：「既葬還祭於殯宫曰虞，謂虞樂安神，使還此也。」是虞爲安神之祭名。或欲解虞爲度，非矣。《問喪》云：「送形而往，迎精而反。」下記云：「日中而行

❶「報葬者報虞」，當爲《禮記·喪服小記》之文。

事。」是鄭所本。《雜記》云：「士三虞，大夫五，諸侯七。」《公羊》何注云：「虞祭：天子九，諸侯七，卿大夫五，士三。」其初虞皆與葬同日，《檀弓》云：「既封，主人贈，而祝宿虞尸。既反哭，主人與有司視虞牲，有司以几筵舍奠于墓左，反，日中而虞。」又云：「葬日虞。」是也。《檀弓》孔疏云：「士三虞、卒哭同在一月。初虞已葬日而用柔，第二虞亦用柔日。假令丁日葬，葬日而虞，則己日二虞，後虞改用剛，則庚日三虞也。故鄭注《士虞禮》云：『士則庚日三虞，壬日卒哭也。』《士虞禮》云明日祔于祖父，則祭明日祔也。士之三虞用四日，則大夫五虞當八日，諸侯七虞當十二日，天子九虞當十六日。最後一虞與卒哭，例同用剛日。」今案：此疏言「士之三虞用四日，則大夫五虞當八日」云云，本《異義》古《春秋》左氏説，❶詳後記「三虞、卒哭、他用剛日」下。又鄭知祭於殯宮者，以《既夕》反哭後遂適殯宮知之。殯宮即適寢，鄭注《喪服小記》云：「虞于寢，祔于祖廟。」賈疏：「虞、卒哭在寢，祔乃在廟。」是也。殯宮亦謂之廟，詳下。此篇是士喪父母，既葬而虞之正禮也。《喪服小記》：「父母之喪偕，先葬者不虞祔，待後事。」鄭注：「偕，俱也。謂同月若同日死也。先葬者，母也。《曾子問》曰：『葬先輕而後重。』又曰：『反葬奠，而後辭于殯，遂修葬事。其虞也，先重而後輕。』待後事，謂如此也。」今案：先重後輕，謂竝有喪，先虞父，後虞母，乃禮之變者。又主兄弟及婦喪、朋友之喪亦有虞，《雜記》：「凡主兄弟之喪，雖疏亦虞之。」《喪服小記》：「婦之喪，虞、卒哭，其夫若子主之。」「大功者主人之喪，有三年者，則必爲之再祭。朋友，虞祔而已。」是也。○《禮經釋

❶ 「古」，原作「右」，今據《續清經解》本改。

例》云：「凡虞祭，無肵俎，不致爵，不加爵。獻尸畢，不獻賓，不旅酬，不餕。案：《士虞禮》：尸九飯時所舉肺脊牲體及魚腊皆實于篚。注：『篚猶吉祭之有肵俎。』是虞祭無肵俎也。賓三獻，燔從，如初儀，無止爵，均神惠于室中之事，是虞祭不致爵也。三獻後即告利成。是虞祭不加爵、不獻賓、不旅酬也。尸出户，即改饌陽厭，賓出。是虞祭不餕也。蓋虞是葬畢迎精之祭，與《特牲》、《少牢》吉祭異，故不能備禮也。」今案：虞爲喪祭，互詳《既夕》「三虞」下及篇末。

士虞禮。特豕饋食。 饋猶歸也。【疏】正義曰：自此至「南順」，言陳虞祭牲酒器具之事。○特豕，一豕也。自始死至葬，皆奠而不祭。至虞始立尸，如祭禮，故亦云饋食，義詳《特牲》篇。李氏云：「大夫、士之祭曰饋食。《雜記》：『上大夫之虞也少牢，卒哭成事、祔皆大牢。下大夫之虞也犆牲，卒哭成事、祔皆少牢。』則下大夫與士虞同牲。」方氏苞云：「曰特豕，以別於吉祭也。自小斂至祖皆用豚，遣奠及虞始用豕。」今案：賈疏據《左傳》「卜日曰牲」，謂此虞爲喪祭，又葬日虞無卜牲之禮，故指豕體而言。説亦可通。《儀禮》吉祭云「特牲」，故喪祭云「特豕」，質言之。但特牲、特豕，皆謂一豕，散文亦通，故記又稱牲也。注云「饋猶歸也」者，《説文》「饋，餉也」，段氏注云：「饋之言歸也。《論語》『饋孔子豚』，《古論》作饋，《魯論》作歸。」是二字通，故鄭以歸釋之。《周禮·膳夫》「凡王之饋食用六穀」，是生人飲食亦稱饋。方氏苞云：「《昏禮》，婦歸之明日，以特豚饋，子孫忠養之始也。❶既葬而虞，以特豕饋食，追養之始也。此先王制禮，事死如生、事亡如存之義。」**側亨于廟門外之右，東面。**側亨，亨一胖也。亨於爨，用鑊。不於門東，未可以吉也。是日也以虞易奠，祔而以吉祭易喪祭。鬼神所在則曰廟，尊言之。【疏】正義曰：注云「側亨，亨一胖也」者，謂左胖也，詳下記。李氏云：「吉禮左右胖皆亨，虞無主人、主婦及賓以下俎，亨一胖而已。」方氏苞云：「吉祭敷筵設同几，祖妣共之。虞則或父或母，即竝有喪，亦一先一後，故義變於吉，非有惜於牲體也。」吴氏廷華以《特牲》側殺例之，謂側爲一豕。案：彼云側殺，是殺一牲，此云側亨，明亨一胖。吴説恐未然。云「亨於爨，用鑊」者，以經但云「亨」，不云「爨」，故注明之。亨必於爨，必用鑊，每爨一鑊，下魚腊爨亦然。詳《特牲》「亨于門外東方」下。云「不於門東，未可以吉也」者，《特牲》吉祭亨于東方，此云「廟門外之右，東面」，明在西方，是變於吉也。云「是日也以虞易奠，祔而以吉祭易喪祭」者，案：《檀弓》云：「葬日虞，弗忍一日離也，是日也以虞易奠。卒哭曰成事，是日也以吉祭易喪祭。明日，祔于祖父。」鄭彼注云：「虞，喪祭也。卒哭，吉祭。」下記「三虞、卒哭、他用剛日」，注亦引《檀弓》，而申之云：「如是虞爲喪祭，卒哭爲吉祭。」此注乃云「祔而以吉祭易喪祭」者，以卒哭與祔祭相連，故并祔言之，其實吉祭之稱亦無定。萬氏斯大云：「未葬之前，有奠無祭。葬之日，以虞易奠，謂之喪祭。終虞之明日，卒哭有祭，乃謂之吉祭。然考《喪大記》有云：『禫而從御，吉祭而復寢。』吉祭，指四時常祭。則卒哭、祔、練、祥、禫，雖稱吉祭，而猶未即同於吉。蓋

❶ 「孫」，《儀禮析疑》作「婦」。

視喪祭則已爲吉，視四時常祭則猶在喪中也。《坊記》曰：『喪禮每加以遠。』故始死及小斂之奠不席，大斂後奠始有席，虞祭不致爵。據《曾子問》經注，練祭不旅酬，大祥無無算爵，以漸遠而神之，此孝子喪親奠祭之節次也。」案：萬説頗詳，故録之。云「鬼神所在則曰廟，尊言之」者，此虞在殯宫，實寢也，而曰廟，故注云「尊言之」。《士喪禮》「巫止于廟門外」，注云「凡宫有鬼神曰廟」是也。**魚腊爨亞之，北上。**爨，竈。【疏】正義曰：云亞之，次於豕爨也，亦在西方。吴氏《章句》云：「北上者，豕最北，魚次之，腊又次之。」敖氏云：「于特豕云亨、云東面，于魚腊云爨、云北上，文互見也。」注「爨，竈」，詳《特牲》「主婦視饎爨」下。**饎爨在東壁，西面。**炊黍稷曰饎，饎北上，上齊於屋宇。於虞有亨饎之爨，彌吉。【疏】正義曰：《特牲·記》「饎爨在西壁」，此在東壁，亦變於吉也。注云「炊黍稷曰饎，饎北上，上齊於屋宇」，俱詳《特牲》「主婦視饎爨」下。云「於虞有亨饎之爨，彌吉」者，賈疏云：「小斂、大斂未有黍稷，朔月、薦新之等始有黍稷，向吉，仍未有爨。至此始有亨饎之爨，故云『彌吉』。」吴氏廷華《疑義》云：「朔奠既有黍稷，斷無饎爨之理，❶彼文略耳。賈謂彼未有爨，是以《士喪禮》所陳黍稷皆生矣，豈不大誤？且虞本喪祭，烏得言吉？彌字亦習語，可厭。」今案：吴説似有理，存之。**設洗于西階西南，水在洗西，篚在東。**反吉也。亦當西榮，南北以堂深。【疏】正義曰：篚在東，在洗東也。注云「反吉也」者，吉禮設洗于阼階東南，水在洗東，篚在洗西，此皆與之相反，故云「反吉也」。云「亦當西榮，南北以堂深」者，吉時設洗于阼階東南，當東榮，南北以堂深。

❶「無」，據文義似當重。

此設于西階西南，亦宜當西榮，其南北以堂深，亦宜同也。餘詳《士冠禮》。**尊于室中北墉下，當户，兩甒醴酒，酒在東。無禁，冪用絺布，加勺，南枋。**酒在東，上醴也。絺布，葛屬。【疏】正義曰：敖氏云：「祭而尊于室中，且用一醴一酒，皆異於吉也。醴酒竝用者，醴以饗神，酒以飲尸，亦見其未甚變於奠也。兩甒西上，亦以神席在西也。尊之所上，吉凶同。」郝氏云：「當户，尊在室東北隅也，室户在東南隅，當之向明也。無禁，尊著地也。加勺冪上，枋向南，便取也。」方氏苞云：「虞所獻唯及祝、佐食，無室外之事，故設尊不于堂上。」吴氏《章句》云：「《雜記》『暢，臼以椈，杵以梧』，注謂喪祭所用。此無鬯，則士禮不用也。」　注云「酒在東，上醴也」者，尊以西爲上，酒在東，則醴在西，故云「上醴也」。吉祭玄酒在西，此無玄酒，以醴代之。云「絺布，葛屬」者，賈疏云：「絺綌以葛爲之，布以麻爲之，絺布麻葛雜，故有兩號。」吴氏廷華《疑義》云：「絺亦可言布，何必以麻爲説。」王尚書《經義述聞》云：「冪用絺布者，夏用絺，冬用布也。《燕禮》『冪用綌若錫』，鄭彼注曰『冬夏異也』，疏曰：『夏宜用綌，冬宜用錫。』《大射儀》『冪用錫若絺』，注曰：『錫，細布也。絺，細葛也。』以此例之，冪用絺布，猶言冪用絺若布耳。絺用於夏，布用於冬，不同物也。《少牢禮》『日用丁己』，亦是或丁或己，唯其所用，與此『冪用絺布』文義正同。鄭合絺布爲一物，非也。」今案：賈以絺布爲麻葛雜，説無所據，吴氏駁之是矣。至《述聞》分絺、布爲二物，似得之。**素几、葦席，在西序下。**有几，始鬼神也。【疏】正義曰：《周禮·司几筵》：「凡喪事，設葦席，右素几。」此陳于堂上西序下也，或爲階下當序，非。　注云「有几，始鬼神也」者，《檀弓》曰：「虞而立尸，有几筵，生事畢而鬼事始已。」謂始以鬼神之禮事之，注義本此。但注唯言有几者，以席則大斂奠時已有，几則至虞始設之，故唯云有几也。

《檀弓》孔疏云：「虞祭而有几，謂士大夫禮。若天子、諸侯，則葬前有几。故《司几筵》喪事素几，鄭注謂殯奠時。天子既爾，諸侯南面之君，其事亦然。」**苴刌茅，長五寸，束之。實于篚，饌于西坫上。**苴猶藉也。【疏】正義曰：注云「苴猶藉也」者，下「取黍稷，祭于苴」，注云：「苴，所以藉祭也。」刌，切也、斷也。苴刌茅者，謂斷茅以爲苴，而置黍稷之祭於其上，有藉義焉，故謂苴爲藉。必用茅者，取其潔也。《易》曰：「藉用白茅，无咎。」苴亦作蒩，《説文》：「蒩，茅藉也。」《周禮・甸師》「祭祀共蕭茅」，鄭注：「茅以共祭之苴，苴以藉祭。」《鄉師》「共茅蒩」，鄭注：「蒩，《士虞禮》所謂『苴刌茅，長五寸，束之』者是也。祝設于几東席上，命佐食取黍稷，祭于苴，三，取膚祭，祭如初。此所以承祭，既祭蓋束而去之，《守祧職》云『既祭藏其隋』是歟？」《司巫》「祭祀，共蒩館」，鄭注：「蒩之言藉也。祭食有當藉者。館，所以承蒩，謂若今筐也。《士虞禮》曰：『苴刌茅，長五寸，實于筐，饌于西坫上。』又曰：『祝盥，升，取苴降，洗之，升，入設于几東席上，東縮。』」今案：鄭《周禮注》以蒩爲苴，謂館若筐，而引此經「實于篚」亦作筐，字雖異而義則同。西坫在堂上西南隅下，祝升取苴，取於此也。**饌兩豆菹醢于西楹之東，醢在西，一鉶亞之。**醢在西，南面取之，得左取菹、右取醢，便其設之。【疏】正義曰：此兩豆，尸前之正豆也。醢在西，則菹在東也。一鉶亞之，又在菹以東也。賈疏云：「此饌繼西楹言之，則以西楹爲主，向東陳之。」其説是也。敖氏謂鉶在醢西，誤。一鉶，豕鉶也。吴氏《章句》云：「下記『豆實，葵菹、蠃醢』，從獻豆同。」○注云「醢在西，南面取之，得左取菹、右取醢，便其設之」者，案：設之謂設于室，尸在室東面，設者西面，醢在北，當尸之左，菹在南，當尸之右。尸乃得右取菹，揳于醢，祭于豆間。此饌于堂，醢西而菹東，南面取之，得左取菹、右取醢。入室西面設之，亦得菹在南、醢在北，故云「便其設之」也。**從獻豆兩亞之，四籩亞之，北上。**豆從主人獻祝，籩從主婦獻尸祝。北上，菹與棗。不東陳，別於正。【疏】正義曰：豆兩亞之，次鉶以東也。四籩亞之，又次豆以東也。北上，謂兩豆四籩各自爲次也。吴氏《章句》云：「下記籩實『棗蒸、栗擇』，四則各二也。」注云「豆從主人獻祝，籩從主婦獻尸祝」者，此釋經「從獻」之義也。上兩豆設之以爲陰厭，是正豆也。此二豆主人獻祝乃薦，故云「從」。四籩則二籩從主婦獻尸，二籩從主婦獻祝，亦是獻訖乃薦，故皆爲從獻也。云「北上，菹與棗」者，以從獻兩豆在鉶東自爲一行，菹在北，醢在南。四籩在豆東，又自爲一行，棗在北，棗南栗，栗東栗，栗北棗。是豆則菹在醢北，籩則棗在栗北，故云北上者菹與棗也。敖氏謂菹在鉶西，籩在醢南，亦誤。云「不東陳，別於正」者，上兩正豆菹醢自西而東陳，此從獻之豆籩以北爲上，不東陳而南陳者，所以別於正也。**饌黍稷二敦于階間，西上，藉用萑席。**藉猶薦也。古文「藉」爲「席」。【疏】正義曰：西上，黍在西也。黍稷必用藉者，重之也。敖氏據《特牲》「藉用萑」，疑經「席」字爲衍文。褚氏云：「古文『藉』爲『席』，注雖不從，然亦足見萑席席字非衍矣。甒冪用絺而不用綌，黍稷在下而有席藉，祭有苴，虞祭取左膉，皆變於吉，不必疑也。」注云「藉猶薦也」者，《説文》「且，薦也」，薦有承藉之義，故訓藉爲薦。云「古文『藉』爲『席』」者，胡氏承珙云：「《説文》：『席，藉也。藉，祭藉也。』《管子·山權數》『賦藉藏龜』，賦藉猶言布席，故古文即假『席』爲『藉』。鄭以藉薦義近，故從今文。」**匜水錯于槃中，南流，在西階之南，簞巾在其東。**流，匜吐水口也。【疏】正義曰：李氏云：「爲尸設盥也。」《禮經釋例》云：「凡祭，尸不就洗，別設槃匜待之。」案：《特牲禮》：祭日陳設，尸盥匜水，實于槃中，簞巾，在門内之右。注：『設盥水及巾，尸尊不就洗，又不揮。』門内之右，象洗在東，統于門東，西上。』是士祭尸盥槃匜設于門内之東也。《少牢禮》：祭日陳器，小祝設槃匜與簞巾于西階東。注：『爲尸將盥。』是大夫祭尸盥槃匜設于西階之東也。《士虞禮》：『匜水錯于槃中，南流，在西階之南，簞巾在其東。』注：『流，匜吐水口也。』《特牲》槃匜設于門内之東，《士虞》設于西階之南者，反吉也。」今案：錯，置也。匜水置于槃中，即實于槃中也。匜以盛水，故經每云匜水。陳匜水必實于槃，故又云槃匜。匜吐水之口名流，南流者，口向南也。《既夕》陳用器槃匜，「匜實于槃中，南流」，注：「槃匜，盥器也。流，匜口也。」《三禮圖》引舊圖云：「匜受一斗，流長六寸，漆赤中。諸侯以象飾，天子以黄金飾。」又云：「圖本又有作流長三寸者，于義爲近。」又引孔義云：「匜似羹魁，柄中有道，可以沃盥洗手。」然則柄，其流歟？據《儀禮》經注及禮圖，皆以匜爲盥器。《内則》「敦牟卮匜，非餕莫敢用」，鄭注「卮匜，酒漿器」，似混。《釋文》引《左傳》注云：「匜，沃盥器也。」孔疏亦引《左傳》「奉匜沃盥」證之，蓋皆有疑於鄭注耳。下記「執槃西面」，注云：「槃以承棄水，爲濺污人也。」《説文》：「盥，澡手也。從臼水臨皿也。槃，承槃也。」段氏注云：「承槃者，承水器也。古之盥手者，以匜沃水，以槃承之，故曰承槃。《内則》注云：『槃，承盥水者。』《吴語》注云：『槃，承盥器也。』」據此，則槃之承盥手棄水，與洗同也。匜之沃水，與枓同也。凡行禮賓主敵者，皆盥于洗，洗東有罍水，將盥者以枓挹水，所盥棄水有洗承之。惟尸尊不就洗，故特設槃匜，尸入則執以就尸盥，執匜者自上注水于手，奉槃者以槃承盥手下注之水，謂之沃盥。官氏獻瑶云：「《内則》曰：『進盥，少者奉槃，長者奉水，請沃盥。盥卒，授巾。』大約進盥於尊者之禮皆如此。」今案：簞巾在其東，在槃匜之東也。簞，竹器。以簞盛巾，故謂之簞巾。凡設槃匜，必有簞巾隨之，備盥訖挩手也。《公食大夫禮》「小臣具槃匜，在東堂下」，注云：「爲公盥也，公尊不就洗。」亦與祭禮尸同也。不言簞巾，略耳。餘詳《特牲·記》。○張氏惠言云：「在西階之南，據下『淳尸盥』，賈疏兩言在西階之東，則與《少牢》同。」今案：經文各本皆作「南」，恐賈所見本偶誤。 **陳三鼎于門外之右，北面北上，設扃鼏。** 門外之右，門西也。今文「扃」作「鉉」。【疏】正義曰：李氏云：「鼎門外北面北上，與《士昏》及《特牲禮》同，惟陳于門外之右耳。」今案：上「側亨于廟門外之右」，故此陳鼎亦于門外之右，近亨也。 注云「門外之右，門西也」者，下「鼎入，設于西階前，東面北上」，與吉祭之設于阼階前西面者亦異，蓋皆變於吉。每鼎皆設扃鼏，設之先鼏後扃，徹之先扃後鼏。云「今文『扃』爲『鉉』」，詳《士冠禮》。 **匕俎在西塾之西。** 不饌於塾上，統於鼎也。塾有西者，是室南鄉。【疏】正義曰：注云「不饌於塾上，統於鼎也」者，下「羞燔俎在內西塾上」，此云「在西塾之西」，則不在塾上也。王氏士讓云：「匕加于俎上，鼎在門西，故匕俎從鼎，亦在西。」云「塾有西者，是室南鄉」者，李氏云：「塾有東西，有內外，一門而塾四也。外塾南鄉，則內塾北鄉。」今案：下云「內西塾」，此不言內，明是外西塾也，故注云「是室南鄉」。 **羞燔俎在內西塾上，南順。** 南順，於南面取縮執之便也。肝俎在燔東。【疏】正義曰：敖氏云：「燔，炙肉也。言羞，見其非正俎。南順，以羞之者當北面縮執之也。《少牢》下篇言縮執匕湇俎之法，乃當其下端。然則縮執俎者，其法同耳。不言肝俎，肝先進，此時亦設之可知。設肝俎當在燔西，便其先取之也。」褚氏云：「南順者，俎之上端在北，下端在南。執俎者于塾上向北執其下端也，注云南面，似失之。肝俎先進，先進者必近東，故在燔東，注是也。」今案：褚説得之。然經但言燔不言肝者，燔之羞在肝後，經故舉燔以該肝也。又敖氏以塾爲有階，褚氏謂內外塾俱無階。案：《爾雅》云：「門側之堂謂之塾。」有堂宜有階，俟考。方氏苞云：「牲爨在門外，而燔俎乃在內塾者，俟正俎既升，然後以俎出受燔，不相混也。」○案：凡陳列，吉祭在東，此多在西者，皆有變於吉之意。

右陳虞祭牲酒器具

主人及兄弟如葬服，賓執事者如弔服，皆即位于門外，如朝夕臨位。婦人及內兄弟服，即位于堂，亦如之。 葬服者，《既夕》曰「丈夫髽，散帶垂」也。賓執事者，賓客來執事也。【疏】正義曰：自此至「宗人西階北面」，言主人及賓自門外入即位之事。○朝夕臨位，即《士喪禮》朝夕哭位也。凡朝夕哭，丈夫皆先即位于門外而後入門，此亦如之。其位：丈夫門外，西面北上；外兄弟在其南，南上；賓繼之，北上；婦人即位于堂，南上。據此，則主人及兄弟、賓執事者位當西面北上，婦人及內兄弟當在堂南上，其服亦當如葬服也。方氏苞云：「小斂後婦人即位于堂，既葬而仍朝夕奠之位，何也？主尚未作，而遽入于房，義無所處，且尸入當哭踊也。」王氏士讓云：「送往之情，虞祭亦一大節限，故俱至與祭，服前服也。」注云「葬服者，《既夕》曰『丈夫髽，散帶垂』也」者，彼注云：「爲將啟變也。此互文以相見耳。髽，婦人之變。《喪服小記》曰：『男子免而婦人髽。』」李氏云：「髽、散帶垂，自啟至葬之服也。」敖氏云：「葬服，主人髺髮，衆主人及兄弟免，而大功以上者皆散帶垂也。弔服，疑衰、素冠、麻絰帶也。」今案：《喪服小記》云「及虞則皆免」，注云：「皆免，自主人至緦麻。」敖謂主人髺髮，恐非。此如葬服者，以其葬日反，日中而虞，故及三虞不易服也，卒哭則變服矣。云「賓執事者，賓客來執事也」者，案：虞祭哀未忘，主人未躬親，故多以賓客執事。萬氏斯大云：「考《既夕禮》既葬反哭，賓致弔即降出，主人送于門外。是賓已退矣，此虞禮即行于送賓之後，别無宿賓、迎賓之事，而即位獻爵復有賓執事，何歟？案：《雜記》云：『相見也，反哭而退。朋友，虞祔而退。』是反哭之後，相見之賓已退，朋友之賓尚留，故得即與於執事，不俟更宿也。」吴氏《疑義》云：「賓來執事，即《曾子問》所謂『士則朋友奠也，朋友不足，則取于大功以下』。❶然此言弔服，則第言朋友可知。如《曲禮》僚友、執友、交遊，皆友也，即皆賓也。」今案：萬氏、吴氏申賓義甚詳。賈疏僅以僚友言，狹矣。**祝免，澡葛絰帶，布席于室中，東面，右几。降，出，及宗人即位于門西，東面南上。**祝亦執事，免者，祭祀之禮，祝所親也。澡，治也。治葛以爲首絰及帶，接神宜變也。然則士之屬官爲其長，弔服加麻矣，至於既卒哭主人變服則除。右几，於席近南也。【疏】正義曰：《儀禮釋官》云：「《周禮·喪祝職》曰：『掌喪祭祝號。』注：『喪祭，虞也。』然則此篇之祝，亦喪祝矣。」又云：「《周禮·小宗伯職》曰『既葬，詔相喪祭之禮』，注：『喪祭，虞祔也。』《肆師職》曰：『凡卿大夫之喪，相其禮。』肆師屬宗伯，然則此篇祝、宗人，蓋亦公臣與。」今案：《士昏禮》：「席于廟奥，東面，右几。」此布席于室中東面，亦席于奥也。降，降堂。出，出門。云「及宗人」者，宗人本在門外，祝先入室布席，今乃出而與宗人同即門外位也。門西，公有司位，亦可見祝、宗人爲公臣也。李氏云：「南上，祝爲上。」　注云「祝亦執事，免者，祭祀之禮，祝所親也」者，上賓執事者如弔服，此祝亦執事之列，而服免，嫌太重，故注明之。張氏爾岐云：「祝執事而免者，以其身親祭祀之禮，不嫌

❶「則」，原作「雖」；「以」，原作「上」，今據《禮記·曾子問》改。

於重也。」今案：《喪服小記》云：「緦、小功，虞、卒哭則免。既葬而不報虞，則雖主人皆冠，及虞則皆免。爲兄弟，報虞、卒哭則免。」是免爲重服也。云「澡，治也。治葛以爲首絰及帶，接神宜變也」者，案：《喪服》「小功」章「澡麻帶絰」，彼注云：「澡者，治去莩垢。」澡麻爲輕服，則澡葛又輕于葛可知，故注云「接神宜變也」。李氏云：「祝親祭，宜進而從重。接神，宜變而之輕。」是也。云「然則士之屬官爲其長，弔服加麻矣，至於既卒哭主人變服則除」者，以經但云「祝免，澡葛絰帶」，則其餘皆弔服矣。上賓執事者如弔服，士之屬官亦在賓執事之内，故知爲其長，弔服加麻也。此無正文，以祝決之。既卒哭主人變服，詳下記「丈夫説絰帶于廟門外」下。主人變服，則屬官之弔服亦除。云「右几，於席近南也」者，布席東面，則右在南，故云「於席近南也」。**宗人告有司具，遂請，拜賓如臨。入門哭，婦人哭。**臨，朝夕哭。【疏】正義曰：敖氏云：「告主人以有司已具，遂請行祭事也。拜賓如臨，謂旁三拜也。」今案：《士喪禮》朝夕哭：「主人拜賓，旁三。入門哭，婦人踊。」踊亦哭也。**主人即位于堂，衆主人及兄弟、賓即位于西方，如反哭位。**《既夕》曰：「乃反哭，入門，升自西階，東面。衆主人堂下，東面北上。」此則異於朝夕。【疏】正義曰：此主人即位于堂，如反哭位，則在西階上東面矣。兄弟、賓亦與衆主人同在堂下東面也。注云「此則異於朝夕」者，前門外位云「如朝夕臨位」，此門内位云「如反哭位」，是異於朝夕也。《士喪禮》朝夕哭位：主人堂下，直東序，西面。**祝入門左，北面。**不與執事同位，接神尊也。【疏】正義曰：祝入門左北面，以主人在西階上也。執事，即上兄弟、賓即位于西方者。**宗人西階前北面。**當詔主人及賓之事。【疏】正義曰：亦以主人在西階上也。宗人當詔禮，故近主人。賈疏云：「此宗人在堂下，是主人在堂時。若主人在室，宗人即升堂。是以下記云『主人在室，則宗人升，户外北面』，注云『當詔主人室事』是也。」

右主人及賓自門外入即位

祝盥，升，取苴，降，洗之。升，入設于几東席上，東縮。降，洗觶，升，止哭。縮，從也。古文「縮」爲「蹙」。【疏】正義曰：自此至「哭出復位」，言陰厭之事。○《禮經釋例》云：「凡尸未入室之前，設饌于奥，謂之陰厭。《士虞禮》：『祝布席于室中，東面，右几，降，出。』此爲神布席于奥也。至主人及祝入室後，贊薦菹醢，醢在北。此薦豆也。又云：『俎入，設于豆東，魚亞之，腊特。』此設俎也。又云：『贊設二敦于俎南，黍，其東稷。』此設敦也。又云：『設一鉶于豆南。』此設鉶也。又云：『祝酌醴，命佐食啟會。佐食許諾，啟會，卻于敦南，復位。祝奠觶于鉶南，復位。』此酌奠及啟會也。又云：『主人再拜稽首，祝饗。』此饗神也。是虞祭陰厭，惟薦豆、設敦、設鉶，皆贊爲之，不用主婦；酌奠以醴，不以酒；及祝饗後有命佐食祭于苴之禮，與《特牲》吉祭異，餘皆大略同也。」詳《特牲》「主人及祝升，祝先入」下。又改饌西北隅爲陽厭，詳於篇末。上設苴在西坫上，此祝盥手升堂，于西坫上取之也。降洗之者，苴所以藉祭，致其潔也。洗而復升堂入室，設于几東席上者，前布席室中，東面右几，此設于席上，而云几東，則亦設于右，在几前也。東縮，謂設之自西而東，以西爲上也。李氏云：「順神東面也。」吴氏紱云：「苴東縮，則苴亦有首尾，以首近神，而尾向東也。」先設苴者，以下祭黍稷、膚祭，皆奠于苴上也。洗觶，以將酌醴。升者，俟主人入室，乃從入也。止哭，爲將祭也。注云「古文『縮』爲『蹙』」，詳《鄉飲酒禮》。**主人倚杖，入。祝從，在左，西面。**主人北旋，倚杖西序，乃入。《喪服小記》曰：「虞杖不入於室，祔杖不升於堂。」然則練杖不入於門明矣。【疏】正義曰：經云「主人倚杖入」，而注知「倚杖西序」者，以主人在西階上東面，與西序近，故知北旋倚杖西序乃入也。引《喪服小記》者，證虞祭杖不入室，故倚之乃入。又云「然則練杖不入於門明矣」者，此無正文，鄭以《喪服小記》推而知之也。「祝從，在左，西面」者，祝在主人之左，與主人同面也。方氏苞云：「凡吉祭，祝先入而主人從，先入以導主人也。虞則人子以神事其親之始，猶親在時朝夕御食，不忍遽變其常，故主人先而祝從也。」今案：方説蓋本下記「尸入，祝從尸」注，詳後。**贊薦菹醢，醢在北。**主婦不薦，齊斬之服不執事也。《曾子問》曰：「士祭不足，則取於兄弟大功以下者。」【疏】正義曰：贊，謂賓來助祭執事者也。醢在北，則菹在南，從右取菹、左擩醢之便也。注云「主婦不薦，齊斬之服不執事也」者，《特牲》主婦薦，此使贊薦，故云「主婦不薦」也。引《曾子問》者，證齊斬之服不執事也。《曾子問》曰：「天子、諸侯之喪祭也，不斬衰者不與祭。大夫，齊衰者與祭。士祭不足，則取于兄弟大功以下者。」李氏如圭云：「與祭，謂執事也。天子、諸侯之執事者，其臣也。大夫辟正君，其臣不執事，兄弟齊衰者執事。士卑不嫌，與君同，故使其屬執事，不足則取于兄弟大功以下者。不取齊衰者，又辟大夫也。」賈疏云：「此齊斬不執事，唯爲今時。至于尸入之後，亦執事，兩籩棗栗，設于會南。至於祔祭，雖陰厭，亦主婦薦，主人自執事也。知者，下記云『其他如饋食』，案：《特牲》云『主人在右，及佐食舉牲鼎』是也。」**佐食及執事盥，出舉，長在左。**舉，舉鼎也。長在左，在西方位也。凡事宗人詔之。【疏】正義曰：佐食，佐尸食者。執事，賓助祭者。長，即賓長也。敖氏云：「下云『佐食及右人載』，是佐食非長也。乃先言之者，以其有常職故爾。」吴氏《章句》云：「舉者門内盥，異於奠也。《特牲》主人親舉，此喪禮異也。」李氏云：「吉禮長在右。」今案：注云「長在左，在西方位也」者，鼎北面，以西爲左，故知位在西方也。云「凡事宗人詔之」者，言凡，則舉鼎、載俎等事，皆宗人詔也。《特牲》曰：「宗人遣佐食及執事盥。」又曰：「宗人執畢，先入。」**鼎入，設于西階前，東面北上，匕俎從設。左人抽扃、鼏，匕，佐食及右人載。**載，載於俎。佐食載，則亦在右矣。今文「扃」爲「鉉」，古文「鼏」爲「密」。【疏】正義曰：《特牲》鼎設于阼階前西面，此設于西階前東面，亦異於吉也。敖氏云：「此執匕俎者，亦三人各兼執匕俎也。從設，從鼎入，而各設於其鼎之東。其設之法，俎東順，而匕西枋也。左人亦抽扃予左手，取鼏委于鼎北，加扃，乃執匕而匕。惟言抽扃鼏匕，文省耳。」吴氏《章句》云：「案：《雜記》：『匕以桑，長三尺，或曰五尺。畢用桑，長三尺，刻其柄與末。』注以爲喪祭所用，則此亦當有畢。鼏亦言抽，因扃及之也。匕者東面，佐食及右人載，北面。」注云「佐食載，則亦在右矣」者，以經云左人匕、右人載，佐食與右人同載，是亦在右也。云「今文『扃』爲『鉉』，古文『鼏』爲『密』」者，詳《士冠禮》。**卒，朼者逆退，復位。**復賓位也。【疏】正義曰：盛氏云：「匕者，即左人也。逆退，匕腊鼎者先退也。賓位，在西方。載者將設俎，故未退。」**俎入，設于豆東，魚亞之，腊特。**亞，次也。今文無「之」。【疏】正義曰：盛氏云：「魚亞之，又在豕東也。豕、魚二俎竝設，而腊在豕北無偶，故曰特。《士昏禮》云：『俎入，設于豆東，魚次，腊特于俎北。』此宜亦如之。」注云「今文無『之』字」者，胡氏承珙云：「鄭以上文云『一鉶亞之』，又云『從獻豆兩亞之，四籩亞之』，皆有『之』字，故從古文。」**贊設二敦于俎南，黍，其東稷。**簋實尊黍也。【疏】正義曰：設二敦于俎南，西黍東稷，是黍在豕南，稷在魚南，以西爲上，故云「尊黍也」。此敦實也，而注云「簋實」，義詳《特牲》「佐食分簋鉶」下。**設一鉶于豆南。**鉶，菜羹也。【疏】正義曰：豆南，葅南也。注云「鉶，菜羹也」者，對大羹湆不和以鹽菜言也，詳《聘禮》「六鉶繼之」下。❶**佐食出，立于户西。**饌已也。今文無「于户西」。【疏】正義曰：注云「饌已也」者，以設饌已畢，故暫出以待後事也。然則上設俎者佐食。云「今文無『于户西』」者，古文有「于户西」三字，今文無之。賈疏云：「若無此文，不知立之所在，故不從也。」胡氏承珙云：「案：《特牲禮》：『祝洗，酌奠，奠于鉶南，遂命佐食啟會。佐食啟會，卻于敦南，出立于户西，南面。』彼出立在啟會之後，此則設俎後即出立于户西。下乃『啟會，卻于敦南，復位』，注云：『復位，出立于户西。』是此佐食有兩番出立，與《特牲》異，其户西之位則同。此不言南面，故下記文又明之曰：『佐食無事則出户，負依南面。』鄭以彼決此，故從古文。」**贊者徹鼎。**反於門外。【疏】正義曰：前陳鼎在門外，今徹之亦於門外，故云「反」也。**祝酌醴，命佐食啟會。佐食許諾，啟會，卻于敦南，復位。**會，合也，謂敦蓋也。復位，出立於户西。今文「啟」爲「開」。【疏】正義曰：李氏如圭云：「言酌醴，不言酌奠，此醴酒竝有，明所酌者醴也。吉祭以玄酒配酒，不嫌酌玄酒，故言酌奠而已。」方氏苞云：「凡喪奠皆醴酒竝設，蓋象親生時，饌有所宜，時有所欲。而陰厭所酌惟醴，以朝夕常饋，醴列漿飲中，親没未久，仍奉以人道也。至即遠而吉祭，則薦馨致味，必以酒爲宜矣。」今案：下酳尸以酒。吴氏《章句》云：「祝酌醴，北面。命佐食啟會，尊南南面。」　注云「會，合也，謂敦蓋也」者，詳《士喪禮》朔月奠「用瓦敦有蓋」下。「復位，出立於户西」，解見上。

❶「六」，原作「亦」，今據《儀禮・聘禮》經文改。

「今文『啟』爲『開』」，詳《士昏禮》。**祝奠觶于鉶南，復位。**復位，復主人之左。【疏】正義曰：敖氏云：「此酌醴用觶，别于酳獻也。先啟會乃奠，亦異於吉。」上祝從在左，在主人之左也，故注以祝奠觶復位爲復主人之左位。**主人再拜稽首。**【疏】正義曰：敖氏云：「爲食具也。」方氏苞云：「自斂奠至遣奠，主人惟哭踊，至是而後拜，何也？子事父母之禮，奠詳于《内則》，未嘗有拜。即世子問寢、視膳，亦無拜禮。蓋拜者，君臣、朋友饗燕之禮也。未葬，親之魄體尚在宫中，不忍父母而賓客之也。至迎精而反，則以神道事之，故尸未入而陰厭，爲主人祭拜之始。」**祝饗，命佐食祭。**饗，告神饗也。此祭，祭於苴也。饗神辭，記所謂「哀子某，哀顯相，夙興夜處不寧」下至「適爾皇祖某甫，尚饗」是也。【疏】正義曰：注云「饗，告神饗也」者，謂告神饗此祭也。云「此祭，祭於苴也」者，謂此命佐食祭，即下「祭于苴」是也。吴氏《章句》云：「祝命，亦南面。」云「饗神辭，記所謂『哀子某，哀顯相，夙興夜處不寧』下至『適爾皇祖某甫，饗』是也」者，謂饗神有辭，其辭即記所云也。又下「祝祝卒，主人拜如初」，注云：「祝祝者，釋孝子祭辭。」又迎尸後，「祭奠，祝祝，主人拜如初」，注云：「如初，亦祝祝卒，乃再拜稽首。」二者注皆未明言所祝何辭。賈疏以此注引記爲陰厭饗神辭；以下注云「釋孝子祭辭」，爲當與《少牢》祝祝曰「孝孫某，敢用柔毛剛鬣、嘉薦普淖，用薦歲事于皇祖伯某，以某妃配某氏，尚饗」同，但稱哀爲異；以下記饗辭云「哀子某，圭爲而哀薦之，饗」，爲迎尸後祝辭。敖氏則以「哀子某，圭爲而哀薦之，饗」爲此節饗辭，以「哀子某，哀顯相，夙興夜處」云云爲迎尸前祝辭。其迎尸後祝辭，敖未言所用。徐氏乾學曰：「使三者果皆有辭，則記文必備詳之矣，胡爲列其二而遺其一？愚謂經既言祝祝，則必有辭無疑，若上所言祝饗，則未必有辭也。何以言之，尸未入而告神，止一事爾，胡爲既有饗辭而又有祝辭？饗辭已有『潔牲剛鬣、嘉薦普淖』之語，而祝辭復有『柔毛剛鬣、嘉薦普淖』之語，何辭之重而意之複也？古人必無是禮也。愚以爲經言祝饗，不過祝以饗告神，而未有辭，至佐食代祭之後，始讀祝以告神爾。故今定以『夙興夜處』云云爲告神之辭，以『圭爲而哀薦之』云云爲告尸之辭。前説以告神，故有『適爾皇祖』之語。後説以告尸，故但言『圭爲而哀薦之』。且前既告以牲醴諸饌，則於此不必復告也。至於鄭、賈以意妄補之説，則斷斷不敢從焉。」今案：經云「祝饗」，係目其事，下云「祝祝卒」，乃是釋其辭。注云「告神饗」者，即記所云「適爾皇祖某甫饗」是也。引記「哀子某，哀顯相，夙興夜處」云云以明饗辭者，乃是豫言之，非謂此時即釋此辭也。故下「祝祝卒」，注云「祝祝者，釋孝子祭辭」，而不更言何辭，明所釋即「夙興夜處」云云之辭也。又記「始虞用柔日，曰：哀子某，哀顯相，夙興夜處」下，注云：「曰，辭也，祝祝之辭也。」是亦可證鄭意，固以祝祝所釋之辭，即上注所云「饗神辭」明矣。徐氏謂告神止一辭，甚是。但謂祝饗未必有辭，猶未確。又解迎尸前祝辭爲如《少牢》「孝孫某」以下云云，乃賈疏之説，徐氏并以咎鄭，亦非。江氏筠云：「迎尸上祝辭，疏謂宜與《少牢》同。案：記『哀子某，哀顯相』云云，即其與《少牢》同者也。彼吉祭，故云『孝孫』，云『歲事』，云『以某妃配』。此喪祭，故云『哀子』，云『祫事』，云『適爾皇祖』。彼大夫禮，故有『柔毛』。此士禮，故惟『剛鬣』。既有此辭見之記矣，何得別有辭同《少牢》乎？」案：江氏駁賈之説是也。又敖氏以「圭爲而哀薦之」爲此節饗辭，褚氏云：「事神之辭宜詳，事尸之辭宜略。」此辭宜用于尸，不可易之于神，褚氏駁敖之説亦是也。至賈疏以「圭爲而哀薦之」爲迎尸後祝辭，尚有根據，詳後「祭奠祝祝主人拜如初」下。

佐食許諾，鉤袒，取黍稷，祭于苴，三。取膚祭，祭如初。祝取奠觶祭，亦如之。不

盡，益，反奠之。主人再拜稽首。鉤袒，如今擐衣也。苴，所以藉祭也。孝子始將納尸，以事其親，爲神疑於其位，設苴以定之耳。或曰，苴主道也。則《特牲》、《少牢》當有主象而無，何乎？【疏】正義曰：李氏云：「益，反奠之，復酌醴，而還奠于鉶南也。」敖氏云：「祭，爲神祭食也。爲神祭當與尸祭異處，故以苴藉之。三者，三祭之也，每一祭畢，則反取之。祭膚祭如初，亦于苴三也。記曰：『膚祭三，取諸左膉上。』神祭用膚，亦別于尸也。祝取奠觶祭于苴，亦三注之。不盡者，三祭而不盡其醴也，既祭，更酌而益之，乃反奠于故處。主人拜，爲饗也。」方氏苞云：「此孝子躬祭于室中之始也。鬼神依人而行，故使祝、佐食代祭，冀迎精而反，庶或陟降而馮之也。喪奠無此禮，尸柩尚在堂，不忍使人代也。吉祭陰厭無此禮，僾見愾聞，自致其怳惚可矣。非若音容始隔，不敢遽易朝夕御食之常也。」　注云「鉤袒，如今擐衣也」者，《釋文》擐作捋，云：「手發衣曰捋。」《說文》：「擐，貫也。」《廣雅》：「擐，著也。」賈疏謂鉤袒，若漢時人擐衣以露臂。敖氏云：「鉤袒，捲其袂以出臂。」然則鉤袒即肉袒也，江氏永云：「凡經傳單言袒者，袒而無衣，肉袒也。言裼或連言襢裼者，袒而有衣。」是也。云「苴，所以藉祭也」者，詳上「苴刌茅」下。云「孝子始將納尸，以事其親，爲神疑於其位，設苴以定之耳」者，此鄭解虞祭有苴之義也。據下記無尸者亦祭于苴，賈疏謂天子、諸侯吉祭亦有苴，恐非鄭義。云「或曰，苴主道也。則《特牲》、《少牢》當有主象而無，何乎」者，案：古者既虞埋重，乃作主，故《檀弓》以重爲主道。或因苴亦是虞祭設之，遂以苴爲主道，如重然。但鄭意謂大夫、士無主，《特牲》、《少牢》二篇不見有設主之文，若苴爲主道，則《特牲》、《少牢》亦當有主象，而無主，何乎？此鄭破或之説也。〇案：鄭氏謂大夫、士無主，詳《駁五經異義》，各書所引詳略不同，今擇要録之。《五經異義》曰：「今

《春秋》公羊説：祭有主者，孝子以主繫心，夏后氏以松，殷人以柏，周人以栗。古《周禮》説：虞主用桑，練主用栗，無夏后氏以松爲主之事。許君謹案：從《周禮》説。《論語》所云，謂社主也。」又曰：「木主之狀四方，穿中央以達四方，天子長尺二寸，諸侯長尺，皆刻謚于其背。」又曰：「今《春秋》公羊説：卿大夫、士非有土子民之君，不得祫享序昭穆，故無木主。大夫束帛依神，士結茅爲菆。許君謹案：《春秋左氏傳》曰：『衛孔悝反祏于西圃。』祏，石主也，言大夫以石爲主。今山陽民俗，祭皆以石爲主。」鄭君駁之曰：「大夫、士無昭穆，不得有主。《少牢饋食》，大夫禮也，束帛依神。《特牲饋食》，士祭禮也，結茅爲菆。大夫以石爲主，禮無明文。孔悝之反祏有主者，祭其所出之君，爲之主耳。」鄭又曰：「主者，神象也。孝子既葬，心無所依，所以虞而立主以事之。惟天子、諸侯有主，卿大夫無主，尊卑之差也。卿大夫無主者，依神以几筵，故《少牢》之祭，但有尸無主。」此鄭《駁五經異義》之説也。《説文》：「祏，宗廟主也。一曰大夫以石爲主。」段氏玉裁云：「許以宗廟主爲祏字本義，以大夫石主爲或義。」是許亦不以大夫有主爲定論也。《禮經釋例》云：「古禮，大夫、士無主。《公羊傳》文公二年『練主用栗』，何休注：『《禮·士虞·記》曰：桑主不文，吉主皆刻而謚之。蓋爲禘祫時别昭穆也。』既云禘祫，當亦指諸侯以上。所引《士虞·記》，蓋《禮》之逸文。魏徐邈、王肅，後魏清河王懌，皆以爲大夫、士當有主，然别無經傳可據，惟《左傳》哀十六年孔悝一事耳。考孔悝反祏，鄭康成以爲所出君之主，孔沖遠以爲僭禮，孔説是也。故司馬氏《書儀》亦不云大夫、士有主，但爲祠版之制而已。朱氏《家禮》始有主，近汪氏琬力持古大夫、士有主之説，而排舊義。夫古今異宜，古禮之不行於今者多矣，古禮大夫以下無主，今有主，亦禮緣義起者也。倘以今時大夫以下有主，遂强謂古亦有主，則今時祭禮無尸，亦謂古祭禮無尸乎？又《士虞·記》『明日，以其班祔』，賈云：『大夫、士無木主，以幣主其神。』他如《士昏禮》婦奠菜于廟，《聘禮》賓釋幣于禰，皆不云有主，不獨《特牲》、《少牢》爲然也。」今案：近儒萬氏斯大、方氏苞皆謂大大、士有主，然皆由重推之，亦無確據，故不録其説焉。**祝祝卒，主人拜如初，哭，出復位。**祝祝者，釋孝子祭辭。【疏】正義曰：「祝祝卒」者，謂祝讀饗辭畢也，此與《特牲》陰厭言卒祝同。饗辭，即上「夙興夜處」云云是也。江氏筠云：「案：祝辭于末必云饗，故又或謂之饗辭。饗祝二者，經實通言，非有二也。」是祝辭即饗辭矣。主人拜如初，亦再拜稽首也。方氏苞云：「吉祭尸未入室，設饌祝神，祝酌奠者一，主人再拜稽首者二。虞則祝奠觶者再，主人再拜稽首者三。形音未遠，致其恍惚，以與神明交於尸未入，宜詳也。」今案：上祝奠觶于鉶南，主人再拜稽首；又祝取奠觶祭後，益反奠之，主人再拜稽首；此祝祝卒，主人又再拜稽首。是祝奠觶者再，主人再拜稽首者三，亦異於吉也。「出復位」者，復西階上東面之位。方氏苞云：「加哭于出之上，見饗祝時不哭，甫出户而嗚咽不自禁也。」　注解，詳上。

右設饌饗神是爲陰厭

祝迎尸，一人衰絰奉篚，哭從尸。尸，主也。孝子之祭，不見親之形象，心無所繫，立尸而主意焉。一人，主人兄弟。《檀弓》曰：「既封，主人贈，而祝宿虞尸。」【疏】正義曰：自此至「尸拜遂坐」，言迎尸妥尸之事。○吉祭無從尸者，此有之，亦變於吉。篚以實牲體，祭畢奉以出。下「尸卒食，佐食受肺脊，實于篚」，注云：「篚猶吉祭之有肵俎。」詳下。　注云「尸，主也」者，《爾雅·釋詁》文。云「孝子之祭，不見親之形象，心無所繫，立尸而主意焉」者，此鄭解虞祭初立尸之意也。蘇氏軾云：「孝子求神而祭，無主則不依，無尸則不享。」朱子云：「古人于祭祀必立之尸，因祖考遺體，以凝聚祖考之氣，氣與質合，則散者庶乎復聚。」楊氏復云：「《曾子問》曰：『祭成喪者必有尸，尸必以孫，孫幼則使人抱之。無孫，則取於同姓可也。』不言適孫，是容無適而用庶。」郝氏敬云：「既饗神後迎尸，神降而後尸入也。」餘詳《特牲》「筮尸」下。云「一人，主人兄弟」者，以經云「衰絰」，故知爲主人兄弟。吴氏《章句》云：「兄弟，大功以上者，故衰絰而不免。」王氏士讓云：「從尸以主人之兄弟，使神有所親也。」今案：尸與從尸者，皆亡者之親屬，從尸者哭而尸不哭。方氏苞謂象神，不可以哀弛其敬，是也。云「《檀弓》曰：『既封，主人贈，而祝宿虞尸。』」者，彼注云：「贈，以幣送死者于壙也。于主人贈，祝先歸。」孔疏：「既封，謂葬已下棺，祝先歸宿戒虞尸。」鄭因此經無宿尸之事，故引以證之，明先宿尸而後迎尸也。不筮尸者，喪祭略也。**尸入門，丈夫踊，婦人踊。**踊不同文者，有先後也。尸入主人不降者，喪事主哀不主敬。【疏】正義曰：經言踊不言哭者，踊甚于哭也，方氏苞云「喪禮有哭而不踊，無踊而不哭」是也。　注云「踊不同文者，有先後也」者，賈疏云：「主人在西序，東面。衆主人西階下，亦東面。婦人堂上，當東序，西面。故主人與兄弟見尸先踊，婦人後見尸，故後踊，是有先後。」今案：據《特牲》、《少牢》「尸入門左」，此不言左，當亦如之，故見有先後也。云「尸入主人不降者，喪事主哀不主敬」者，以《特牲》、《少牢禮》皆云「主人降，立于阼階東」，此不云「降」，故注明之也。**淳尸盥，宗人授巾。**淳，沃也。沃尸盥者，賓執事者也。【疏】正義曰：詳《特牲·記》「沃尸盥者一人」下。**尸及階，祝延尸。**延，進也，告之以升。【疏】正義曰：詳《特牲》「尸至于階，祝延尸」下。**尸升，宗人詔踊如初。**言詔踊如初，則凡踊宗人詔之。【疏】正義曰：注云「言詔踊如初，則凡踊宗人詔之」者，以經云「如初」，明初入門時丈夫、婦人踊，亦宗人詔之。王氏士讓云：「尸入門踊，升階踊，入户踊，凡三節，皆宗人詔之。經獨著之于尸升，詳中間，以該前後也。」吴氏《章句》云：「哀至而踊，何待于詔？蓋踊則舉止失常，恐其厭于尸而不踊，故詔以遂之。」**尸入户，踊如初，哭止。**哭止，尊尸。【疏】正義曰：以尸既入户，室中將行事尸之禮，故哭止，所以爲尊尸也。**婦人入于房。**辟執事者。【疏】正義曰：婦人位在堂上，祭時執事者將由堂入室，故辟之而入房也。至三獻畢，尸將出，又復位而哭。吴氏《章句》云：「婦人祭則在房，此將祭，有事于房，故入，不但辟執事者而已。」今案：吴説亦通。**主人及祝拜妥尸，尸拜，遂坐。**妥，安坐也。【疏】正義曰：尸拜，即荅拜也。《特牲》、《少牢》尸皆荅拜，此尸坐在拜妥尸後，與《特牲》異，與《少牢》同，詳《少牢禮》。注云「妥，安坐也」，詳《特牲禮》。

右迎尸妥尸

從者錯篚于尸左席上，立于其北。北，席北也。【疏】正義曰：自此至「反黍如初設」，言饗尸尸九飯之事。○從者，即「一人衰絰奉篚」者也。錯，置也。置篚于尸左席上，便其實牲體也。吴氏《章句》云：「不於右者，右有几。」今案：吉祭用肵俎，主人自羞，此用篚，從者錯之，亦異於吉。注云「北，席北也」者，經云「立于其北」，明在席之北也。必于席北者，近篚。敖氏云：「立俟其畢也。」方氏苞云：「室中尊嚴，而從者久立于尸左，何也？不忍遽異於生也。」今案：《内則》云：「父母在，朝夕恒食，子婦佐餕。父没母存，冢子御食。」此從者立于席北，蓋亦如生時之有侍食者也。**尸取奠，左執之，取菹，擩于醢，祭于豆間。**

【疏】正義曰：「擩于醢」，《特牲》作「㨎醢」，注云「染于醢」也。案：此字當作「㨎」，《説文》「㨎，染也，從手耎聲」，段氏注云：「㨎旁本從耎，譌而從需。《周禮·大祝》九祭，六曰㨎祭。《士虞禮》、《特牲饋食禮》、《少牢饋食禮》、《有司徹》四篇經文，凡用㨎字二十。唐石經《周禮》、《士虞》皆作擩，《特牲》、《少牢》、《有司》皆作㨎，參差乖異。此非經字不一，乃《周禮》、《士虞》經淺人妄改也。」互詳《士喪禮》「渜濯棄于坎」下。張氏爾岐云：「尸取奠，取祝所反奠于鉶南之觶也。左執之者，以右手將祭也。」郝氏敬云：「饌始菹醢，豆近席，尸自取，俎敦遠，祝命佐食取之。」今案：命佐食取之，下經是也。豆間，詳《特牲》「祝命挼祭」下。**祝命佐食隋祭。**下祭曰隋，隋之言猶墮下也。《周禮》曰「既祭則藏其墮」，謂此也。今文「墮」爲「綏」。《特牲》、《少牢》或爲「羞」，失古正矣。齊魯之間謂祭爲隋。【疏】正義曰：「隋」，各本皆作「墮」，惟《集釋》作「隋」。注內六「墮」字，各本皆同作「墮」，《集釋》惟「墮下」字作「墮」，餘五字皆作「隋」。又各本「言」字在「猶」字下，《集釋》作「言猶」，《釋文》出「猶隳」二字。張氏淳《識誤》云：「注曰：『墮之猶言墮下也。』案：《釋文》云『猶隳』，則『言』字當在『猶』字上。『墮下』之『墮』，當作『隳』，今本以『墮』解『墮』，其誤不待辨，從《釋文》。」戴氏震云：「《儀禮》作『隋』，故注以『墮』解之。若『隳』，乃『墮』之俗體耳。注文當作『隋之言猶墮』，張氏不知上『墮』字與經竝應爲『隋』，而改下『墮』字以從俗，疎矣。」《校勘記》云：「《儀禮》『隋祭』，或作『墮』，或作『隋』，諸本不能畫一。《説文》：『隋，裂肉也。』《唐韻》：『徒果切。』此字惟《周禮》有之，他經罕見。自隋以來，借爲『隨』字，而本音本義亡矣。此注以『墮下』釋『隋祭』，世遂以『墮』代『隋』。間有作『隋』者，據《周禮》正之也。」❶今案：《周禮·守祧》「既祭則藏其隋」，鄭注：「隋，尸所祭肺脊黍稷之屬，藏之以依神。」《小祝》「贊隋」，注：「隋，尸之祭也。」字皆作「隋」。《説文》：「隋，裂肉也，從肉隓省聲。」段氏注云：「《衣部》曰：『裂，繒餘也。』引伸之，凡餘皆曰裂。裂肉，謂尸所祭之餘也。鄭注《特牲》、《少牢》篇云：『《周禮》作隋，隋與挼讀同。』又云：『挼讀爲隋。』注《曾子問》亦云：『綏，《周禮》作隋。』是鄭以『隋』爲正字，❷與許同也。今《儀禮注》『隋』皆作『墮』，誤。」今案：段説是也。鄭於《少牢》「同祭于豆祭」，注云：「將食神餘，尊之而祭之。」又「上佐食以挼祭」，注云：「將受嘏，亦尊尸餘而祭之。」是其義亦與許同。胡氏承珙《古今文疏義》謂《説文》訓裂肉與此無涉，又謂鄭所見《周禮》本作「墮」，皆非矣。此經及注，當以《集釋》本爲是，今從之。《禮經釋例》云：「凡尸未食前之祭，謂之隋祭，又謂之挼祭。」詳《特牲》「祝命挼祭」下。注云「下祭曰隋，隋之言猶墮下也」者，此鄭以墮釋隋也。戴氏震云：「隓與墮同。」案：《説文》：「敗城阜曰隓。」又云：「𡐦，篆文。」段氏注云：「小篆隓作𡐦，隸變作墮，俗作隳。墮本敗城阜之稱，引申爲凡阤壞之稱。」是也。惠氏士奇云：「《説文》作『隓』，一作『墮』。《戰國策》云：『趙孝成王方饋，不墮飯。』《白虎通》曰：『坐尸而食之，毀損其饌，欣然若親之飽。』故尸祭謂之墮。墮者，毀也。飯以手，謂放飯於器曰墮。《春秋傳》：楚有宗祧之事，將墮幣焉。祭用幣，謂奠幣於神曰墮。《士虞禮》曰墮祭，墮之爲言下也，猶放飯於器也。墮之爲言輸也，猶言奠幣於神也，字當定

❶「之」下，原有「可」字，今據《儀禮注疏校勘記》删。
❷「是」，原作「爲」，今據《説文解字注》改。

作隓。」今案：惠説甚詳，但謂字當作「隓」，非。張氏爾岐云：「下祭曰隋，謂從俎豆上取下當祭之物以授尸，使之祭。佐食但下之而已，賈以爲向下祭之，誤。」引《周禮》者，證《守祧》所謂隋，即此隋祭之隋也。云「今文『隋』爲『綏』」者，鄭注《特牲》引「《士虞禮》古文曰『祝命佐食隋祭』」，是古文作「隋」，今文作「綏」，鄭以「隋」爲正字，故從古文也。云「《特牲》、《少牢》或爲羞，失古正矣」者，鄭以此字古文作「隋」爲正，而《特牲》、《少牢》今文或本又有作「羞」者，尤失古文之正，故特辨之。章氏平云「鄭以羞失正，故《特牲》、《少牢》注皆不見」是也。云「齊魯之間謂祭爲隋」者，此以方言釋經也。○案：賈疏舉經中不同五字：墮、挼、羞、綏、㨎，又以《特牲》及此篇皆有㨎祭，謂墮亦兼㨎解。章氏云：「鄭注《禮》，以黍稷肺爲墮祭，不言菹醢爲墮祭，是不兼㨎祭解也。《特牲》疏云『授下有祭無醢』，❶文義明白，此疏又兩歧。」今案：章説是也。《儀禮》經文，《士虞》作隋，俗本又作墮，記作綏，《特牲》作挼，《少牢》、《有司》皆作綏。又《特牲》尸酢主人節「佐食授挼祭」，注云「妥亦當爲挼」，又云「今文或皆改妥作挼」。張氏淳據此，謂經文「挼」蓋「妥」字，是經又有作「妥」者。鄭注《有司徹》云「古文爲㨎」，注《少牢》云「古文爲肵」，是經又有作「肵」者，不僅如賈疏所舉五字已也。章氏云：「《特牲》注『妥亦當爲挼』，當云『挼亦當爲墮』。亦者，亦上經『祝命挼祭』也。『今文或皆改妥作挼』，當云『今文或皆改墮作挼』。皆者，皆上經與此經也。」胡氏云：「古文『墮』有爲『肵』者，以聲近而誤。古文又有作『㨎』者，此又因『挼』字形近而誤。挼祭與㨎醢本屬兩事，吴氏廷華以挼祭爲即擩祭，誤矣。又《特牲》

❶「授」，據《儀禮·特牲》賈疏，當爲「㨎」或「挼」之訛。

『佐食挼挼祭』，注出『妥』字，賈《士虞》疏所舉五字，獨不及『妥』，疑此經文本作『佐食挼綏祭』，鄭云『綏亦當爲挼，今文或皆改挼作綏耳』。作『妥』者，又後人以『綏』字而誤。并有傳寫以『挼』爲『授』者，敖繼公遂以『挼祭』爲『授祭』，尤誤之誤者矣。」今案：章氏、胡氏疑注「妥」字之誤，似亦是。今合諸注觀之，鄭意是以「隋」爲正字，以墮釋隋，以「挼」字亦可通用，其餘字皆鄭所不從。《説文》「挼，推也」，《玉篇》、《韻會》引皆作「挼，摧也」，段氏云：「摧亦有墮下之義。」故鄭於《特牲》篇不破挼爲隋，至於下記「不綏祭」，注云：「綏當爲墮。」《少牢》「上佐食以綏祭」，注云：「綏，或作挼。挼，讀爲墮。」「其綏祭如主人之禮」，注云：「綏亦當作挼。」《有司徹》「其綏祭」，注云：「綏皆當作挼，挼讀爲『藏其隋』之隋。」是皆以綏與隋義别，故易字爲「挼」，而義讀從「隋」。章氏謂此注與《特牲》注隋與挼讀同者，義歸畫一，是也。此篇今文亦作「綏」，鄭從古文「隋」，而於《少牢》、《有司》二篇不從古文「肵」與「換」者，義已詳章氏、胡氏説。**佐食取黍稷、肺祭，授尸。尸祭之，祭奠。祝祝，主人拜如初。尸嘗醴，奠之。** 如初，亦祝祝卒，乃再拜稽首。【疏】正義曰：上「祝命佐食隋祭」，即命佐食取以授尸祭也。黍稷、肺之祭爲隋祭，此與《特牲》「祝命挼祭，佐食取黍稷、肺祭，授尸，尸祭之」同。吴氏《章句》云：「凡遠于尸者，皆取而授之，尊之也。《燕禮》公祭，『膳宰贊授肺』。此肺祭，祭肺也。下肺脊，則舉肺也。祭奠，先執後祭，尊之。」蔡氏德晋云：「尸既祭奠，乃讀祝而勸之饗，主人因拜，尸乃嘗醴，以示饗之也。奠之，復於故處也。」注云「如初，亦祝祝卒，乃再拜稽首」者，前陰厭時「祝祝卒，主人拜如初」，此經不言「卒」，注以爲亦祝祝卒，乃拜如彼也。拜爲祝祝，故尸不荅拜。所祝之辭，注無明文，李氏云：「下記饗辭曰『哀子某，圭爲而哀薦之，饗』，即此祝辭。」蓋本賈前疏説也。江氏筠云：「鄭於下記『饗辭』注云：『勸强尸之辭也。』又《特牲》祝饗在尸執奠後，與此祝祝在尸祭奠後者，其節略同，而鄭於彼注云『其辭取於《士虞·記》』，則賈以『圭爲』云云當之者，明爲鄭義無疑。」今案：江説是也。

佐食舉肺脊，授尸。尸受，振祭，嚌之，左手執之。右手將有事也。尸食之時，亦奠肺脊於豆。【疏】正義曰：《特牲》云「舉肺脊，以授尸。尸受，振祭，嚌之，左執之」，與此同，詳《特牲禮》。《特牲》又云「乃食，食舉」，《少牢》亦云「食舉」。此經無「食舉」之文，賈疏謂亦食舉，非也。方氏苞云：「虞之異於吉祭者：不設肵俎，不備庶羞，尸不食舉，佐食不舉魚腊；亞飯舉魚腊，實于篚，而不以授尸；祝不侑，主人不拜。蓋以主人心絶志摧，不得已而虞以安神，尸乃子屬，與主人同憂，惟九飯爲饋食之大節，不可減損。」賈疏又云：「《特牲》舉肺脊在邇敦後，此舉肺脊在邇敦前者，吉凶相變故也。」褚氏云：「肺脊不在三舉數中，故在邇敦前。」　注云「右手將有事也」者，釋經「左手執之」之義。有事，謂祭鉶嘗鉶。云「尸食之時，亦奠肺脊於豆」者，此豆亦菹豆也。詳《特牲》「尸實舉于菹豆」下。

祝命佐食邇敦，佐食舉黍，錯于席上。邇，近也。【疏】正義曰：錯，置也。餘詳《特牲》。

尸祭鉶，嘗鉶。右手也。《少牢》曰：「以柶祭羊鉶，遂以祭豕鉶，嘗羊鉶。」【疏】正義曰：注云「右手也」者，謂以右手祭嘗也。上注云「右手將有事」，指此。引《少牢》者，證此經祭嘗亦用柶也。但此無羊鉶，惟一豕鉶耳，下記亦云鉶有柶。

泰羹湆自門入，設于鉶南。胾四豆，設于左。博異味也。湆，肉汁也。胾，切肉也。【疏】正義曰：《士昏禮》云「大羹湆在爨」，此自門入，蓋新自爨來，欲其熱也。方氏苞云：「飯以醬湆，故湆必温，是以無尸則無泰羹湆也。」上經云「設一鉶于豆南」，又云「祝奠觶于鉶南」，則鉶南有觶。而此云「設于鉶南」者，賈疏云「觶北預留空處，以待泰羹」是也。

然則上奠觶鉶南時，因泰羹湆未設，故繼鉶言之，其實觶在湆南也。李氏云：「《昏禮》、《公食禮》大羹皆設于薦右，虞未忍異於生。」敖氏云：「設湆于右，亦因食生之禮，又以别於吉祭也。」今案：尸東面，以南爲右，此設于鉶南者，設于右也。《特牲》「設大羹湆于醢北」，則在薦左矣。互詳彼下。「胾四豆」者，四豆共一物，故不言所上。《特牲》「庶羞四豆」，注云：「膮炙胾醢。」《少牢》四豆，兩胾兩醢。此庶羞惟用胾者，敖氏云「變於吉」。「設於左」者，東面，以北爲左。《少牢》云「設于薦豆之北」，此及《特牲》云「設于左」，亦謂薦豆之北也。薦豆，謂菹醢正豆也。庶羞爲加豆，詳《少牢》「上佐食羞胾兩瓦豆」下。　注云「博異味也」者，以設湆與胾，所以廣異味。然喪祭雖設之，亦不食，若吉祭則食之矣，《少牢》云「尸又食，食胾」，《特牲》「尸實舉于菹豆」，注云「爲將食庶羞」是也。　云「湆，肉汁也」者，詳《士昏禮》。云「胾，切肉也」者，《説文》「胾，大臠也。臠，切肉也」，《曲禮》「左殽右胾」，鄭注「殽，骨體也。胾，切肉也。殽在俎，胾在豆」是也。但彼經胾在右者，孔疏謂爲卿大夫與客燕食之禮，與此異也。**尸飯，播餘于篚。**不反餘也。古者飯用手。吉時播餘於會。古文「播」爲「半」。【疏】正義曰：《少儀》云「小飯而亟之」，注云：「備噦噎。」雖侍食之法，凡食皆然。飯小則或取於敦者多，而入於口者少，故有餘飯。○注云「不反餘也」者，謂不可反之於敦，故播于篚，篚本以盛餘饌也。云「古者飯用手」者，《曲禮》「共飯不澤手」，注云「爲汙手，不絜也。禮，飯以手」是也。云「吉時播餘於會」者，會，敦蓋也。此篚之設，本以代肵俎，唯喪祭乃有之。吉時無篚，故知播餘於會也。《曲禮》「毋放飯」，注云：「去手餘飯於器中，人所穢。」是亦謂著手餘飯不得反於本器中也。孔疏謂當棄餘於篚，無篚棄餘於會。不知棄於會者正禮，棄於篚者變禮。《儀禮·特牲》《少牢》不言播餘之法，明播於會者其常，喪祭播於篚非常禮，故經特言之。云「古文『播』爲『半』」者，胡氏承珙云：「案：播與半一聲之轉。播，布也，散也。此言尸飯放其餘於篚，播義爲近，故鄭從今文。」吴氏《章句》云：「一口爲一飯，故播其餘。始飯如此，九飯可知。」**三飯，佐食舉幹。尸受，振祭，嚌之，實于篚。**飯間啗肉，安食氣。【疏】正義曰：蔡氏德晋云：「幹，長脅也。舉幹以授尸，尸受祭嚌，❶而佐食受之，以實于篚也。」吴氏《章句》云：「每三飯一舉，不言獸幹，喪禮略也。」注云「飯間啗肉，安食氣」者，《特牲》「舉肺脊以授尸」，注云：「先食啗之，所以道食通氣。」《少牢》「食舉」，注云：「舉牢肺正脊也。先食啗之，以爲道也。」彼皆未飯先啗，故云「先食啗之」。此三飯舉幹，注云「飯間啗肉」，明初未食舉可知，敖氏云「不食舉，未忍同於吉」是也。安食氣，義與彼同。褚氏云：「注『飯間啗肉，安食氣』，取其意耳，實不過嚌之。」蓋亦謂喪祭與吉祭異也。**又三飯，舉胳，祭如初。佐食舉魚腊，實于篚。**尸不受魚腊，以喪不備味。【疏】正義曰：舉胳，亦佐食舉之也。敖氏云：「初，謂振祭、嚌之，下放此。」注云「尸不受魚腊，以喪不備味」者，案：《特牲》、《少牢》舉魚腊，尸皆振祭、嚌之，此佐食舉魚腊，即云「實于篚」，不云尸受嚌之，是不受魚腊，與吉祭異，故云「以喪不備味」也。**又三飯，舉肩，祭如初。**後舉肩者，貴要成也。【疏】正義曰：注云「後舉肩者，貴要成也」者，案：《祭統》云「周人貴肩」，故後舉之，要其成也。《特牲》注云：「舉先正脊後肩，❷終始之次。」義與此同。又敖氏以舉幹、舉

---

❶「祭」，《禮經本義》作「既」。

❷「肩」上，原衍「舉」字，今據《儀禮·特牲》鄭注删。

胳、舉肩爲三舉，《禮經釋例》則以舉脊、舉脅、舉胳、舉肩爲四舉，與鄭注「舉先正脊」之説合。詳《少牢》「食舉」下。又此篇初舉，即羞庶羞，《特牲》、《少牢》再舉始羞庶羞，與此異。俱詳彼下。**舉魚腊俎，俎釋三个。**釋猶遺也。遺之者，君子不盡人之歡，不竭人之忠。个猶枚也。今俗或名枚曰個，音相近。此腊亦七體，如其牲也。【疏】正義曰：賈疏云：「此經直舉魚腊俎盛于篚，俎釋三个，不言盛牲體者，案：下記云『羹飪，升左肩、臂、臑、肫、骼、脊、脅』七體，此上經佐食初舉脊，次舉幹，又舉骼，終舉肩，總舉四體，唯有臂、臑、肫三者，佐食即當俎釋三个，不復盛牲體，故直舉魚腊而已。」楊氏復云：「俎釋三个，爲祭畢陽厭設于西北隅。」今案：爲陽厭每俎皆釋三个，經但言舉魚腊俎，不言舉牲俎者，以牲俎除前舉四體外，在俎止存三个，故不復舉也。盛氏世佐云：「此亦佐食舉之，實于篚。以賈疏證之，則『舉魚腊俎』下，似脱『實于篚』三字。」

注云「釋猶遺也」者，案：釋訓舍，遺亦訓舍，見《呂覽》注，故注轉釋爲遺，謂舍之不舉也。遺又訓留，謂留三个於俎，以爲陽厭之用。《特牲》注云「俎釋三个，爲改饌西北隅遺之」是也。云「君子不盡人之歡，不竭人之忠」，此《曲禮》上文，彼注云「歡謂飲食，忠謂衣服」，與此不同。鄭蓋取不盡不竭之義，以明釋之爲留餘也。云「个猶枚也」者，詳《特牲》。云「此腊亦七體，如其牲也」者，《特牲・記》云：「腊如牲骨。」此牲七體，故知腊亦七體也。方氏苞云：「牲腊竝七體，魚七个。佐食前所舉牲體四，則留俎者惟臂、臑、肫三，故腊亦舉四體，魚舉四个，而留俎者亦三个也。舉者實于篚，故留者曰釋。」**尸卒食，佐食受肺脊，實于篚。反黍，如初設。**九飯而已，士禮也。篚，猶吉祭之有肵俎。【疏】正義曰：《禮經釋例》云：「佐食受肺脊，云受者，蓋亦尸自菹豆操以授之。」今案：上文「佐食舉肺脊授尸」，注云：「尸食之時，亦奠肺脊於豆。」明卒食尸還取所奠之肺脊授佐食，佐食受之以實于篚也。詳《特牲》「尸實舉于菹豆」下。江氏筠云：「楊信齋、敖君善則云左手執以卒食而未嘗奠，與注異。」褚氏寅亮云：「如其説，則自祭鉶以後只用右手，而左手始終執肺脊不動，直至卒食始授佐食，恐無此儀。」今案：褚説是也。互詳《少牢》「上佐食受尸牢肺正脊加于肵」下。「反黍，如初設」者，亦佐食反之。《特牲》「反黍稷于其所」，注云「佐食反之」是也。此黍之設，本在俎南稷西，上尸將食時，佐食舉置席上，今卒食復反故處，故云「如初設」也。注云「九飯而已，士禮也」者，詳《少牢》「尸始三飯」下。敖氏云：「尸九飯，雖與吉祭同，然其間無告飽拜侑之事，亦喪質威儀少也。」云「篚，猶吉祭之有肵俎」者，案：《特牲》、《少牢》吉祭，凡尸所食皆加于肵俎，卒食舉肺脊加于肵。此虞祭無肵俎，以篚代之，凡尸所食皆實于篚，卒食亦實肺脊于篚，與肵俎同，故云「猶吉祭之有肵俎」也。詳《特牲》「佐食舉幹，尸受，振祭，嚌之。佐食受，加于肵俎」下。《禮經釋例》云：「陳氏祥道曰：『《士虞禮》不以肵俎而以篚，尚質故也。』竊謂肵俎載心舌，篚不載心舌；肵俎設于俎北，篚設于席上；肵俎主人親設，篚則從者錯之，其例亦小異。」是與肵俎同，而不盡同也。

右饗尸尸九飯

主人洗廢爵，酌酒酳尸。尸拜受爵，主人北面荅拜。尸祭酒，嘗之。 爵無足曰廢爵。酳，安食也。主人北面以酳酢，變吉也。凡異者皆變吉。古文「酳」作「酌」。【疏】正義曰：自此至「升堂復位」，言主人獻尸并獻祝及佐食之事。○《禮經釋例》云：「凡卒食酳尸，皆主人初獻，主婦亞獻，賓長三獻。」詳

《特牲》。吴氏《章句》云：「此獻也，曰酳者，示饋食不主飲，以安食氣而已。」方氏苞云：「尸九飯畢而後主人進酒，故義主於酳。主婦、賓長則主於進酒，故竝曰獻。」褚氏寅亮云：「凡受者先拜，雖祭禮亦然。」蔡氏德晋云：「主人北面，蓋於户西北面荅拜也。」　注云「爵無足曰廢爵」者，據下「主婦洗足爵」，足爵爲有足者，則此廢爵無足明矣。以服重，不敢用成器也。凡無足曰廢，此爵無足謂之廢爵，猶敦無足謂之廢敦也。云「酳，安食也」者，詳《特牲禮》「主人洗角，升，酌酳尸」下。云「主人北面以酳酢」者，下「主人獻祝」，注云：「獻祝，因反西面位。」是酳尸時北面，受尸酢亦北面也。云「變吉也」者，謂吉祭主人酳尸受尸酢，皆西面拜，此北面拜，故云「變吉也」。吉祭主人酳尸受酢皆西面，詳《特牲》初獻「主人拜送」下。云「凡異者皆變吉」者，謂此初獻節内，凡有異於吉祭者，皆爲變吉也。云「古文『酳』作『酌』」者，酌當爲酌，亦詳《特牲》。**賓長以肝從，實于俎，縮，右鹽。**縮，從也，從實肝炙於俎也。喪祭進柢。右鹽，於俎近北，便尸取之也。縮執俎，言右鹽，則肝鹽併也。【疏】正義曰：以肝從，從獻也。《禮經釋例》云：「凡主人初獻，從俎皆以肝。主婦亞獻，賓長三獻，從俎皆以燔。主人、主婦獻祝亦如之。」詳《特牲》。敖氏云：「『實于俎，縮，右鹽』，言肝鹽在俎之法爾，非謂此時方實之也。」今案：此羞俎也，羞俎在内西塾，賓取以進，俟尸受肝，此俎仍反故處，下云「賓降，反俎于西塾」是也。　注云「縮，從也，從實肝炙於俎也」者，此「從」字讀爲縱横之縱，謂肝在俎縱設之也。肝炙，詳《特牲》。云「喪祭進柢」者，據下記「載猶進柢」也。《少牢》吉祭進末，此喪祭反吉，故進柢。柢，本也，謂以肝之本頭向尸也。云「右鹽，於俎近北，便尸取之也」者，張氏爾岐云：「『右鹽，於俎近北』，據執俎者而言。左肝右鹽，西面向尸，則鹽在肝之北，故云於俎近北，尸右取肝，左擩鹽，爲便也。」云

「縮執俎，言右鹽，則肝鹽併也」者，謂此俎縱執之，經言右鹽，則肝在左矣，是肝鹽竝列也。凡正俎横執，羞俎縮執。《少牢》「賓長羞牢肝，用俎，縮執俎，肝亦縮，鹽在右」，與此同，唯「進末」爲異耳。**尸左執爵，右取肝，擩鹽，振祭，嚌之，加于俎。賓降，反俎于西塾，復位。**取肝，右手也。加于俎，從其牲體也，以喪不志於味。【疏】正義曰：盛氏世佐云：「西塾，内西塾上也。云反俎，則鼏者於是取之可知也。」張氏爾岐云：「復位，復西階前衆兄弟之南東面位。」注云「取肝，右手也」者，以尸左手執爵，則取肝爲右手可知。據此注，似經本無「右」字，《經義述聞》云「右字後人所加」是也。若有「右」字，鄭不須注矣。云「加于俎，從其牲體也，以喪不志於味」者，李氏云：「《特牲》、《少牢》尸嚌肝，加于菹豆。豆近而俎遠，遠之者，不志於味也。」敖氏云：「加于俎，牲俎也。」張氏爾岐云：「加于俎，盛牲體之俎。賓所反，則肝俎也。」方氏苞云：「吉祭之肝加于菹豆，將合摶黍以嘏主人也。虞無嘏，故仍加于俎而反之。」《禮經釋例》云：「以《特牲》、《少牢》經文校之，則《士虞》『加于俎』，『俎』字恐是『菹』字之誤。蓋加于菹，即菹豆也。然經文不敢臆改，存此以質知者。」今案：鄭注以「加于俎」爲牲俎，敖氏、張氏從之，方氏則以爲仍加于羞肝之俎。然據《有司徹》，凡以羞俎降者皆是虛俎，肝不應仍加其上。至牲俎是正俎，祭畢將以改饌，似不可以食餘之物加之。《釋例》疑「俎」爲「菹」之誤，殆以是歟？**尸卒爵，祝受，不相爵。主人拜，尸荅拜。**不相爵，喪祭於禮略。相爵者，《特牲》曰：「送爵，皇尸卒爵。」【疏】正義曰：注引《特牲》以證相爵之事，明喪祭於禮略也。敖氏云：「祝相爵者，命主人拜送爵也。此雖不相爵，而主人猶先拜，蓋其節宜然也。」**祝酌，授尸，尸以醋主人。主人拜受爵，尸荅拜。**醋，報。【疏】正義曰：楊氏復云：「尸醋主人，亦北面拜受，坐祭卒爵。及主人獻祝之時，乃反西面位。」敖氏云：「尸無降席之禮，故祝爲酌之。」蔡氏德晋云：「尸必醋主人者，禮無不荅也。」今案：醋同酢。「酢，報」，《爾雅·釋詁》文。**主人坐祭，卒爵，拜，尸荅拜。**【疏】正義曰：敖氏云：「孝子于是乃飲而卒爵者，爲尊者之賜也。」吴氏紱云：「神賜不可不飲，且獻祝及佐食皆承廢爵用之，不卒爵則無以獻也。亞獻足爵，三獻繶爵，竝同。」**筵祝，南面。**祝接神，尊也。筵用萑席。【疏】正義曰：筵亦執事者設之。敖氏云：「筵于北墉下，尊之西也。」　注云「祝接神，尊也」者，此解祝有席及先獻之故，褚氏謂「對佐食接尸而言」是也。云「筵用萑席」者，李氏云：「萑如葦而細，尸葦席，祝萑席可也。」**主人獻祝。祝拜，坐受爵。主人荅拜。**獻祝，因反西面位。【疏】正義曰：敖氏云：「祝與佐食皆事尸者也，故於酳尸獻尸之後因而獻焉。不洗者，下尸也。坐受爵者，因尸禮也。」或曰室中地迫隘，故祝受爵授爵，皆坐而不興。方氏苞云：「虞惟祝、佐食有獻，何也？哀痛方深，不暇與賓、兄弟爲禮也。」《禮經釋例》云：「凡獻尸畢，皆獻祝及佐食。」虞祭與吉祭同，詳《特牲》。　注云「獻祝，因反西面位」者，敖氏云「祝既受爵，主人乃反西面位而荅拜」是也。餘詳前「主人洗廢爵，酌酒酳尸」下。**薦菹醢，設俎。祝左執爵，祭薦，奠爵，興，取肺，坐祭，嚌之，興，加于俎，祭酒，嘗之。肝從，祝取肝，擩鹽，振祭，嚌之，加于俎，卒爵，拜。主人荅拜，祝坐授主人。**今文無「擩鹽」。【疏】正義曰：敖氏云：「祭薦，亦右手以菹擩醢，祭于豆間也。先奠爵乃取肺，以祭離肺用二手也。祭不言絶，文省。」郝氏敬云：「肝從，次賓從薦也。」張氏爾岐云：「薦、設，皆執事者。祝俎不升鼎，詳見下記。授主人者，虚爵也。」王氏士讓云：「興取肺，變於尸。尸則佐食絶而授之，祝則自取而絶之也。」今案：祝取肝加于俎，祝俎不改饌，加之無嫌也。　注云「今文無『擩鹽』」，案：《特牲》、《少牢》主人獻祝：肝從，祝皆取肝擩于鹽，振祭，嚌之。則此亦當有「擩鹽」二字，故鄭從古文也。**主人酌，獻佐食。佐食北面拜，坐受爵。主人荅拜。佐食祭酒，卒爵，拜。主人荅拜，受爵，出，實于篚，升堂，復位。**篚在庭，不復入，事已也。亦因取杖，乃東面立。【疏】正義曰：獻佐食，蔡氏德晉云：「于户西北面獻之。」吴氏廷華《章句》云：「據下言出，則亦室中獻矣。」吴氏紱云：「佐食不設席，薦俎設于階間，而不在室，又無從，佐食卑也。吉祭亦然。」今案：郝氏敬云：「主人受爵出，以虚爵出室也。」方氏苞云：「出當作降。」蓋以篚在堂下故耳。不知下言升堂，則降堂可知，舉升可以該降也，方説非。注云「篚在庭」者，上經云「設洗于西階西南，水在洗西，篚在東」，是在庭也。云「不復入，事已也」者，此釋經「升堂復位」之義，謂升堂而不入室，以室事已也。云「亦因取杖，乃東面立」者，主人位本在西階上東面，前入室時倚杖西序，故知此時亦因取杖，乃東面立。鄭知復位必取杖者，以虞祭杖不入室，則在堂當杖也。

右主人獻尸并獻祝及佐食

主婦洗足爵于房中，酌，亞獻尸，如主人儀。爵有足，輕者飾也。《昏禮》曰：「内洗在北堂，直室東隅。」【疏】正義曰：自此至「入于房」，言主婦亞獻之事。○如主人儀，謂如上主人酳尸之儀也。注云「爵有足，輕者飾也」者，案：足亦所以爲爵飾，輕者飾，對服重者爵無足言也。賈疏云：「主婦，主人之婦，爲舅姑齊衰，是輕於主人。」或以主婦爲死者之妻，褚氏寅亮云：「祭祀之事，夫死則婦人不與，即喪祭已然，故《内則》曰：『舅没則姑老。』」今案：褚説是也。引《昏禮》者，據經云「洗足爵于房中」，則房中有洗，經不言設洗之處，故引《昏禮》爲證也。吴氏廷華《章句》云：「房中未聞有尊。據《少牢》『主婦洗于房中，出酌』，則酌室中之尊也。」**自反兩籩棗栗，設于會南，棗在西。** 尚棗，棗美。【疏】正義曰：李氏云：「自反，反而取籩，無贊之者也。」方氏苞云：「吉祭宗婦執兩籩，户外坐，主婦受而設之。虞則自反，不忍遽變朝夕進食於舅姑之常。」今案：此兩籩及下獻祝籩，即上饌于堂上時亞豆東四籩也。主婦既獻尸，自反堂上取籩，入室設之，故云「自反」。敖氏疑「反」爲「取」之誤，非矣。又上陰厭「贊薦菹醢」，注云：「主婦不薦，齊斬之服不執事。」此自薦者，李氏云「獻己所有事，非執事」是也。　注云「尚棗，棗美」者，棗在西，是以棗爲上也。　**尸祭籩，祭酒，如初。賓以燔從，如初。尸祭燔，卒爵，如初。酌獻祝，籩、燔從，獻佐食，皆如初。以虚爵入于房。** 初，主人儀。【疏】正義曰：敖氏云：「祭籩，祭棗栗于豆間也，亦祝取而授之。賓，謂次賓。燔從蒙如初者，如肝從之儀也。皆，皆獻祝以下四事也。」盛氏世佐云：「以虚爵入于房，著其異於初者也。房中亦有篚，盛此爵。」今案：吉祭兄弟長以燔從，喪祭兄弟亦在哀戚中，故以賓代也。　注云「初，主人儀」者，上言「如主人儀」，此言「如初」，初亦指主人儀而言，其實一也。　謂祭酒以下，皆如主人獻尸之儀也。〇又案：吉祭亞獻、三獻皆有酢，此不言酢，亦喪祭禮殺也。

右主婦亞獻

賓長洗繶爵，三獻，燔從，如初儀。 繶爵，口足之間有篆文，彌飾。【疏】正義曰：此一節言賓長三獻之事。燔從，亦次賓從薦也。張氏爾岐云：「當亦兼獻祝及佐食。」　注云「繶爵，口足之間有篆文」，《通典》「纂」下有「文」字，當從之。今本作「又」，蓋「文」之訛，依文義，「彌」上不得加「又」也。彌飾者，案：《周禮・屨人》注云：「繶，縫中紃也。」繶本以紃飾屨縫之名，此名繶爵，故知口足間有篆文爲飾也。上主婦用足爵已有飾，此加以篆文，故云「彌飾」。

右賓長三獻

婦人復位。復堂上西面位。事已，尸將出，當哭踊。【疏】正義曰：自此至「出門亦如之」，言祝告利成及尸出之事。　注云「婦人復堂上西面位」者，上經云「婦人及内兄弟服，即位於堂」，故知此復位，即復堂上西面位也。云「事已，尸將出，當哭踊」者，謂室事已，尸將出，故復位於堂以俟之。方氏苞云：「吉祭婦人位在房中，喪奠則位在堂上，以尸柩在堂，當要奠之升徹而踊也。虞仍位於堂，以要尸之入門、入户而踊也。故尸入哭止，則入于房。三獻畢，婦人復堂上之位，以祝告利成，主人哭，則丈夫、婦人皆哭。尸出户、降堂、出門，皆踊如初也。」**祝出户，西面告利成，主人哭。**西面告，告主人也。利猶養也。成，畢也，言養禮畢也。不言養禮畢，於尸閒嫌。【疏】正義曰：主人哭者，祭畢神將去也。　注云「西面告，告主人也」者，上主人獻畢「升堂復位」，注以爲東面，此祝西面，是嚮主人告之，故云「告主人也」。云「利猶養也」者，《春秋繁露》云：「利者，體之養也。」是利不訓養，而其義與養略同，故鄭以猶養釋之。云「成，畢也，言養禮畢也」者，案：《禮記・聘義》「日幾中而后禮成」，鄭注：「成，禮畢也。」此利成亦是養禮畢，故訓成爲畢。云「不言養禮畢，於尸閒嫌」者，賈疏云：「若言養禮畢，即于尸中閒有嫌諷去之。或本閒作閑音，以養尸事畢，而尸空閑，嫌諷去之。」今案：此疏後説是。《説文》：「閒，隙也。閑，闌也。」古空閒字多作閒，後人讀作閑音，或又以閑代之。《特牲》：「祝東面告利成。」賈疏云：「閒，閒暇無事。有遺尸出之嫌，故直言利成而已。」是也。餘詳《特牲》。○李氏云：「虞三獻而已。《特牲禮》凡六獻，三獻之後，致爵於主人、主婦，主人獻賓酬賓，奠觶，其後賓舉以行旅酬，賓、兄弟、弟子又各舉觶於其長，行無算爵，乃告利成。《曾子問》曰：『小祥者，主人練祭而不旅，奠酬于賓，賓不舉，禮也。昔者魯昭公練而舉酬行旅，非禮也。孝公大祥，奠酬弗舉，亦非禮也。』以次差之，虞不致爵，練不旅酬，大祥無無算爵，彌吉。《雜記》又曰：『自諸侯達於士，小祥之祭，主人之酢也嚌之，衆賓、兄弟則皆啐之。大祥，主人啐之，衆賓、兄弟則皆飲之可也。』蓋謂致爵以後受酢則然。其受尸酢，雖虞主人猶卒爵，重神惠。」今案：虞無致爵以下事，故三獻畢即告利成也。李氏謂《特牲》凡六獻者，蓋合加爵言之。詳《特牲》「長兄弟洗觚爲加爵」下。**皆哭。** 丈夫、婦人於主人哭，斯哭矣。【疏】正義曰：案：上言「主人哭」，此言「皆哭」，明是主人以下，凡丈夫、婦人之在位者皆哭也。**祝入，尸謖。** 謖，起也。祝入而無事，尸則知起矣。不告尸者，無遺尊者之道也。古文「謖」或爲「休」。【疏】正義曰：注云「謖，起也」者，《爾雅·釋言》文。《詩·楚茨》曰：「皇尸載起。」《祭統》：「尸謖，君與卿四人餕。君起，大夫六人餕。」是謖與起同義也。云「祝入而無事，尸則知起矣。不告尸者，無遺尊者之道也」者，言祝入而無事，則尸自知起矣，不待告也。所以不告尸以無事者，恐告之而尸起，有似遺然，故云「無遺尊者之道也」。敖氏云：「祭既畢矣，尸必俟祝入乃起者，禮之節當然也。」云「古文『謖』或爲『休』」者，胡氏承珙云：「謖之爲休，猶蹙之爲愀，縮之爲莤，聲本同部。」王石臞先生云：「謖之爲休，聲近而假借耳。」然則「謖」正字，「休」假字，故鄭不從古文或本也。**從者奉篚哭，如初。**初，哭從尸。【疏】正義曰：從者，即前一人衰絰從尸入者也。奉篚，吴氏廷華云「猶歸俎也」。　注云「初，哭從尸」者，謂如初入時哭從尸也。**祝前尸，出户，踊如初。降堂，踊如初。出門，亦如之。**前，道也。如初者，出如入，降如升，三者之節悲哀同。【疏】正義曰：注云「前，道也」者，言祝前尸，爲導尸也。《特牲》注云：「前猶導也。」方氏苞云：「以尸入户祝從尸後，故特著前尸，以明其先導也。凡導及詔相，必於前。《周官·寺人職》：『凡内人弔臨于外，立于其前而詔相之。』」今案：方説是也。前尸之儀，詳下記。云「如初者，出如入，降如升，三者之節悲哀同」者，案：上經「尸入門，丈夫踊，婦人踊。尸升，宗人詔踊如初。尸入户，踊如初」，此出户如入户，降堂如升堂，出門如入門，故云「出如入，降如升，三者之節悲哀同」也。吴氏廷華《章句》云：「三言如，明尸自出户至門，踊不絶也。」

右祝告利成尸出

祝反，入徹，設于西北隅，如其設也。几在南，厞用席。改設饌者，不知鬼神之節，改設之，庶幾歆饗，所以爲厭飫也。几在南，變右文，明東面，不南面，漸也。厞，隱也。於厞隱之處，從其幽闇。【疏】正義曰：自此至「贊闔牖户」，言陽厭之事。〇《禮經釋例》云：「凡尸既出室之後，改饌于西北隅，謂之陽厭。」詳《特牲》「佐食徹尸薦俎敦設于西北隅」下。「祝反，入徹，設于西北隅」者，謂祝送尸出門，反而入室，徹神前之饌，改設于西北隅，爲陽厭也。「如其設也」者，謂改設西北隅之饌，次第一如陰厭時設法也。蔡氏德晋云：「《特牲》佐食改設，此祝改設，亦變於吉也。」　注云「改設饌者，不知鬼神之節，改設之，庶幾歆饗，所以爲厭飫也」者，此與《特牲》注略同，謂改設饌，所以求神，冀其或饗於此也。云「几在南，變右文，明東面，不南面」者，上經「祝布席于室中，東面，右几」，東面而右几，亦几在南矣。此不云「右几」，而云「几在南」，是變右文也。必變右文者，以《特牲》改饌東面，《有司徹》不儐尸之禮改饌南面，恐言右几，則其爲東面、爲南面不明，言几在南，則與《特牲》同東面可知，故云「明東面，不南面」也。云「漸也」者，以與《特牲》吉祭同東面，爲向吉之漸也。云「厞，隱也」者，《爾雅·釋言》文。云「於厞隱之處，從其幽闇」者，賈疏謂以席爲障使之隱，張氏爾岐疑其與注有異。今案：《特牲》云「厞用筵」，《有司徹》不儐尸之禮云「厞用席」，鄭注皆云：「厞，隱也。」又《詩·抑》篇「相在爾室，尚不愧于屋漏」，《毛傳》「西北隅謂之屋漏」，鄭箋：「禮，祭于奥，既畢，改設饌于西北隅而厞隱之處，此祭之末也。」據此，則鄭意以厞爲隱處，非謂厞爲障也。《喪大記》「甸人取所徹廟之西北厞薪，用爨之」，孔疏引熊氏云：「厞，謂西北隅厞隱之處。」《説文》「厞，隱也」，段氏玉裁注云：「案：室西北隅曰屋漏，厞者，又西北隅隱蔽之處也。」其説似皆本鄭義。然則經云「厞用席」，而注云「於厞隱之處，從其幽闇」者，謂於厞隱之處用席，以祭從乎鬼神，尚幽闇之義耳。張氏謂賈疏與注異，是矣。或曰經多言布席設席，此獨言用席，用者，以也，明是以席爲障蔽。蓋西北隅當室之白，得户明，最爲室中明處，故於祭時必障之以席，使其幽闇，亦求諸幽之義也。此説與賈同，今亦竝存之。**祝薦席徹入于房，祝自執其俎出。**徹薦席者，執事者。祝薦席，則初自房來。【疏】正義曰：上主人獻祝，云「筵祝南面」，又云「薦菹醢，設俎」；主婦獻，「籩燔從」，是祝有薦、有席、有俎也。今薦席則執事者徹之以入于房，俎則自執以出者，降於尸與賓也。《特牲》注云：「尸俎、賓俎，有司歸之。」注知徹薦席是執事者，以設與徹經未言其人，當使執事爲之也。　注云「祝薦席，則初自房來」者，以其本自房來，故今仍徹入于房。《鄉飲·記》、《鄉射·記》皆云「薦出自房」，《公食·記》云「筵出自房」，方氏苞云：「以此知佐食雖與祝同獻，而席不設也。」**贊闔牖户。**鬼神尚居幽闇，或諸遠人乎？贊，佐食者。【疏】正義曰：注云「鬼神尚居幽闇」者，案：《有司徹》「司宫闔牖户」，注云：「閉牖與户，爲鬼神或者欲幽闇。」與此注義同。云「或諸遠人乎」者，《郊特牲》文，孔疏：「諸，語辭。」此引之者，謂鬼神或欲遠離人，故闔之也。云「贊，佐食者」，以《特牲禮》佐食闔牖户，故知此贊即佐食也。

右改設陽厭

主人降，賓出。宗人詔主人降，賓則出廟門。【疏】正義曰：自此至「拜稽顙」，言禮畢送賓之事。注云「宗人詔主人降」者，據下記也。於主人降時，賓則出廟門矣。廟門，殯宫門也。**主人出門，哭止，皆復位。**門外未入位。【疏】正義曰：主人出門，亦出殯宫門也。　注云「門外未入位」者，敖氏云：「謂殯宫門外未入時之位。」今案：即上經主人及兄弟、賓「皆即位于門外，如朝夕臨位」者是也。**宗人告事畢，賓出，主人送，拜稽顙。**送拜者，明於大門外也。賓執事者皆去，即徹室中之饌者，兄弟也。【疏】正義曰：「主人送，拜稽顙」者，蔡氏德晉云：「《雜記》：『朋友虞祔而退。』此助虞祭之賓，皆親之執友，既送葬又助虞祭，故重拜以謝之也。」今案：稽顙，喪拜，未即吉也。　注云「送拜者，明於大門外也」者，以此時賓已出大門，則主人亦出，送於大門外可知。方氏苞云：「再言賓出，前所出廟門也，故主人出門則哭止，而賓、主人皆復未入時序列之位。俟宗人告事畢，然後賓出大門，而主人拜送於大門外也。」云「賓執事者皆去，即徹室中之饌者，兄弟也」者，「即」，《集釋》作「則」，古「即」、「則」字通。謂室中改設之饌，兄弟徹之。吴氏廷華《疑義》云：「《少牢》下篇婦人徹室中之饌，則此亦婦人徹之可知。注因《曾子問》『取於兄弟』語，故爲此説，而不知例在《少牢》也。」今案：吴説是也。〇李氏云：「《荀子》曰：『几筵、饋薦、告祝，如或饗之。物取而皆祭之，如或嘗之。毋利舉爵，主人有尊，如或觴之。賓出，主人拜送，反易服，即位而哭，如或去之。』謂喪祭也。毋利舉爵，謂佐食不獻尸。主人有尊，謂納一尊于西北隅。易服，楊倞謂易祭服。蓋謂練祥之祭也，當攷。」今案：易服，楊注謂「易祭服，反喪服」。考《虞禮》經文，至拜送賓而止，即記亦未及送賓以後儀節。但虞祭主人服葬服，則易服當爲易葬服。《喪服小記》云：「既葬而不報虞，則雖主人皆冠，及虞則皆免。」然則葬而即虞者，似當服之以終三虞，無所謂易也。《問傳》云：「斬衰三升，既虞、卒哭，受以成布六升，冠七升。」《荀子》所謂易服，其指此乎？楊注謂爲易祭服，固混。李氏以爲練祥祭服，亦無可徵，且練祥與所云喪祭，亦未合也。至毋利舉爵，李氏謂佐食不獻尸，是矣。主人有尊，李氏謂納一尊于西北隅，則非。蓋吉祭設尊在室外，至陽厭改設一尊于室，故《特牲》云「納一尊」，《有司徹》不儐尸之禮云「納一尊于室中」。納者，自外而内也，此虞祭本設尊于室中，無所謂納，不若楊注但云「主人設尊，酌以獻尸」之爲愈也。

右禮畢送賓

北京大學《儒藏》編纂與研究中心 編

《儒藏》精華編選刊

儀禮正義

（六）

〔清〕胡培翬 撰
〔清〕胡肇昕 楊大堉 補
張 文 徐到穩 殷嬰寧 校點

北京大學出版社
PEKING UNIVERSITY PRESS

儀禮正義卷三十三　鄭氏注

績溪胡培翬學

記

虞，沐浴，不櫛。沐浴者，將祭，自潔清。不櫛，未在於飾也。唯三年之喪不櫛，期以下櫛可也。今文曰「沐浴」。【疏】正義曰：注云「沐浴者，將祭，自潔清。不櫛，未在於飾也」者，《雜記》：「凡喪，小功以上，非虞祔練祥，無沐浴。」《家語》孔子荅子夏問云：「祭之沐浴，爲齊潔也，非爲飾也。」是虞而沐浴，爲將祭潔清其體，若櫛則近飾矣，故不櫛也。云「唯三年之喪不櫛，期以下櫛可也」者，此虞祭不櫛，係據主人言之。下祔祭云「沐浴櫛」，是主人至祔亦櫛矣。李氏云：「三年者至祔而櫛，則期虞而櫛可。」云「今文曰『沐浴』」者，胡氏承珙《古今文疏義》云：「敖氏曰：『鄭從古文，原無沐，今本記與注首皆云沐浴，蓋傳寫者誤衍之。』盧氏文弨曰：『沐浴當倒爲浴沐，賈疏云期以下虞而浴沐櫛，可證。』許氏宗彦曰：『今文曰沐浴，蓋無不櫛二字，異於古文耳。』觀後經文沐浴櫛搔揃，注曰今文曰沐浴搔揃，對勘自明矣。蓋後注言今文無櫛字，此注言今文無不櫛二字，以後證前，豪無可疑，諸校者皆誤。」承珙案：許説是也。惟後注亦係『今文曰沐浴』爲句，『搔翦』屬下『或爲搔揃』六字爲句。許以『今文曰沐浴搔翦』連句，微誤。」今案：王尚書《經義述聞》云：「《喪服四制》『三月而沐』，鄭注：『沐，謂將虞祭時也。』則虞之沐浴明矣。又唐石經及《雜記》、《喪服四制》正義、《通典》禮四十七、下『沐浴櫛搔翦』賈疏，引此文皆作『沐浴不櫛』，是唐人所見本皆有『沐』字。而敖以爲衍文，謬。」此辨敖之誤也。又《校勘記》引單疏、陳本、《要義》俱作「虞而沐浴櫛」，并不作「浴沐」，則盧據誤本疏文以證經，尤不足辨矣。汪衡齋先生云：「古文作『沐浴不櫛』，今文作『沐浴』，無『不櫛』二字。所異在『不櫛』之有無，不在『沐浴』之增減也。」言尤簡切。鄭以古文有「不櫛」二字義較備，故不從今文也。**陳牲于廟門外，北首，西上，寢右。**言牲，腊在其中。西上，變吉。寢右者，當升左胖也。腊用棜。《檀弓》曰：「既反哭，主人與有司視虞牲。」【疏】正義曰：廟，殯宫也。吴氏廷華《章句》云：「陳牲于廟門外，亦門右。」　注云「言牲，腊在其中」者，以經云西上，故知牲中兼有腊也。云「西上，變吉」者，案：《少牢》東上，此西上，是變吉。又《特牲》腊東首，牲北首，此云北首西上，則牲與腊同北首可知，亦變於吉也。云「寢右者，當升左胖也」者，《特牲》用右胖，故牲北首而東足，寢左也。此寢右，以虞用左胖也。云「腊用棜」者，棜制詳《特牲》，鄭蓋據彼言之。褚氏寅亮云：「牲未殺，故寢於地。腊乾物，必置於棜，乃無不潔之嫌。敖氏謂腊不用棜，非也。」引《檀弓》者，證主人虞祭視牲之事。**日中而行事。**朝葬，日中而虞，君子舉事必用辰正也。再虞、三虞，皆質明。【疏】正義曰：葬日虞，朝有葬事，故須日中虞也。褚氏寅亮云：「注云『舉事必用辰正』，統指三虞言。日出、日入、日中皆爲辰正，而辰正之中又取質明。今以當日有葬事，不得用質明，故用日中，亦辰正也。若再虞、三虞，祭日無事，必用質明矣。」敖氏云：「日中行事，亦變於吉祭也，三虞皆然。」盛氏世佐以敖説近是，謂虞必以日中者，未卒哭以前朝夕有哭臨之事，不欲其妨也。今案：褚説申注義極明，但記渾言日中，未分別始虞、再虞、三虞，故敖説亦竝存之。

右記沐浴陳牲及舉事之期

殺于廟門西，主人不視，豚解。主人視牲不視殺，凡爲喪事略也。豚解，解前後脛、脊、脅而已。熟乃體解，升於鼎也。今文無「廟」。【疏】正義曰：廟門西，亦廟門外之西也。注云「主人視牲不視殺，凡爲喪事略也」者，案：上注引《檀弓》曰「主人與有司視虞牲」，是視牲也。此殺於廟門西，云「主人不視」，是不視殺也。《特牲》祭之前一日夕，賓、主人皆復外位，宗人視牲，告充；又夙興，主人立于門外東方，南面，視側殺。則吉祭視牲，又視殺矣，此不視殺，以喪略於儀也。凡者，舉例之辭。言虞之異吉，爲喪事略，即此可見例也。云「豚解，解前後脛、脊、脅而已。熟乃體解，升於鼎也」者，案：豚解七體，體解二十一體，詳《特牲》及《少牢》「上利升羊」下。此云前後脛，即前後足。謂解前後四足及一脊二脅爲七體，與《士喪禮》小斂陳鼎實云四鬄，兩胉、一脊同，至熟乃解爲二十一體，升於鼎也。鄭必知熟乃體解者，據下「升左肩、臂、臑、肫、骼」，則每脛已析爲三，故知是體解也。云「今文無『廟』」者，鄭以古文有「廟」字較詳，故不從今文也。**羹飪，升左肩、臂、臑、肫、骼、脊、脅，離肺；膚祭三，取諸左膉上，肺祭一，實于上鼎。**肉謂之羹。飪，熟也。脊、脅，正脊、正脅也。喪祭略，七體耳。離肺，舉肺也。《少牢饋食禮》曰：「舉肺一，長終肺。祭肺三，皆刌。」膉，脰肉也。古文曰「左股上」。此字從肉殳，殳矛之殳聲。【疏】正義曰：升者，自鑊升於鼎。左者，謂肩臂以下，皆用左也。《禮經釋例》云：「凡牲皆用右胖，唯變禮反吉用左胖。」故虞用左，詳《鄉飲·

記》。肩、臂、臑爲前脛骨，肫、骼爲後脛骨，詳《特牲・記》。不言髀不升者，於腊見之。膚祭三，即尸未入前佐食取爲神祭于苴者是也。上鼎，北一鼎也。　注云「肉謂之羹」，《爾雅・釋器》文。「飪，熟也」，《釋言》文。云「脊、脅，正脊、正脅也」者，脊前爲正，中爲脡，後爲橫。脅前爲代，中爲正，後爲短。俱詳《特牲・記》。鄭必知爲正脊、正脅者，以禮雖略，當用其正，即《特牲》注「不貶正脊，不奪正也」之義。云「喪祭略，七體耳」者，自肩至脅爲七體，喪祭略，止升七體，對《特牲》加以橫脊、短脅爲九體，《少牢》又加以脡脊、代脅爲十一體而言也。此七體與豚解七體異，豚解之七體指全牲言，此七體則指體解中左胖之六及正脊一體爲七也。云「離肺，舉肺也」者，離肺謂之舉肺，祭肺謂之刌肺，亦詳《特牲・記》。此經云肺祭，即祭肺也。李氏云：「離肺與脊同舉者，肺祭尸所祭。」蓋即隋祭時所祭也。張氏爾岐云：「引《少牢禮》，明此舉肺、祭肺之制亦然。」云「膉，脰肉也」者，《說文》：「脰，項也。」《左傳》襄十八年「兩矢夾脰」，注云：「脰，頸也。」是膉爲項頸，膚祭取諸此，以近首貴也。必取左，與肩臂等同也。云「古文曰『左股上』」。此字從肉殳，殳矛之殳聲」者，賈疏云：「鄭疊古文，從經今文。又說古文解之者，鄭欲兩從故也。但字從肉義可知，而以殳與股不是形聲之類，其理未審。」段氏玉裁云：「鄭意謂股者髀也，《禮經》多言髀不升，則取諸左股爲膚祭非也。尋古文用字之例，假股爲膉，正與假脾爲髀、假肫膊爲腨、假胳爲骼、假頭爲脰，皆以異物同音相假借。股與膉當是同音，蓋從肉役省聲，如投、疫、豛，皆從役省聲之比。役與益同部，此股非股肱字，注當云：『此字從肉從役省聲，非從殳矛之殳聲。』今本脫誤不完，據賈疏云『鄭以殳與股不是形聲之類，其理未審』，賈實錯解，而可證有『非』字。今本又奪『非』字，則更不可通矣。」今案：段說是也。**升魚，鱄鮒九，實于中鼎。**差減之。【疏】正義曰：或用鱄，或用鮒，不定，故兩言之，非鱄鮒竝用也。詳《士喪禮》「陳三鼎于門外北上」下。中鼎次于上鼎，謂在上鼎、下鼎之中也。賈疏云：「案：《特牲》魚十有五，今爲喪祭略而用九，故云『差減之』也。」今案：《士喪禮》陳大斂奠云「魚鱄鮒九」，則亦用九也。**升腊左胖，髀不升，實于下鼎。**腊亦七體，牲之類。【疏】正義曰：下鼎，南一鼎也。注云「腊亦七體，牲之類」者，上牲升左胖，自肩至脅七體，此腊亦然，故云「牲之類」也，《特牲·記》云「腊如牲骨」是也。**皆設扃鼏，陳之。**嫌既陳乃設扃鼏也。今文「扃」作「鉉」，古文「鼏」作「密」。【疏】正義曰：注云「嫌既陳乃設扃鼏也」者，賈疏云：「經云陳三鼎，後言設扃鼏，有嫌，故記人辨之，皆先設後陳也。」今文、古文云云，詳《士冠禮》。**載猶進柢，魚進鬐。**猶，猶《士喪》、《既夕》，言未可以吉也。柢，本也。鬐，脊也。今文「柢」爲「胝」，古文「鬐」爲「耆」。【疏】正義曰：載，謂自鼎載於俎也。敖氏云：「喪奠於牲則進柢，魚則進鬐，始者但以未忍異於生之故而爲之，其後遂因之以別於吉祭，故三虞之時，雖祭而不奠，猶未變於初也。」今案：《士喪》小斂奠牲用豚，云「皆覆，進柢」，注：「柢，本也。進本者，未異於生也。」大斂奠云「魚進鬐，腊進柢」，注：「鬐，脊也。進鬐，亦未異於生也。凡未異於生者，不致死也。」《既夕》遷柩朝祖云「奠設如初」，還柩車設祖奠云「奠如初」，則亦進柢、進鬐可知，故注云「猶，猶《士喪》、《既夕》」也。若吉祭，則牲及腊進下、魚進腴，詳《少牢禮》。凡喪奠之所以進柢、進鬐者，以未忍異於生。若即吉，則異於生，而有致死其親之意矣，故注云「言未可以吉也」。然則喪禮之必反吉者，殆以此。敖氏説深得制禮精意，故特録之。餘詳《公食禮》。盛氏世佐云：「柢猶腠也，變腠云柢者，對吉祭之下而言也。《鄉飲》、《鄉射》、《公食》皆云『進腠』，與此同。」**祝俎，髀、脰、脊、脅，離肺，陳于階間敦東。**

不升於鼎，賤也。統於敦，明神惠也。祭以離肺，下尸。【疏】正義曰：敖氏云：「髀，亦左髀也。脊、脅，其亦脡脊、代脅歟？尸三俎，用豕、魚、腊。祝之俎實惟用豕者，亦變於吉也。」郝氏敬云：「脰，頸肉，即膉也。」吴氏《疑義》云：「上膚取諸左膉，則此脰，右脰也。」　注云「不升於鼎，賤也」者，此祝之俎實自鑊而徑載於俎，不復升於鼎，與上尸俎升於鼎而後載於俎者異，故云「賤也」。云「統於敦，明神惠也」者，上經云「饌黍稷二敦于階間西上」，此記云「陳于階間敦東」，明此俎繼敦而東，故注以爲統於敦也。然階間是陳俎常處，《特牲》亦云「執事之俎陳于階間」，而敦在西堂，則統於敦之説不可通矣。褚氏寅亮曰：「云『敦東』，明不正在東西之中也。注謂『統於敦，明神惠』，似可商。」蓋亦有疑於注説也。

右記牲殺體數鼎俎陳設之法

淳尸盥，執槃西面，執匜東面。執巾在其北，東面。宗人授巾，南面。槃以盛棄水，爲淺污人也。執巾不授巾，卑也。【疏】正義曰：記以經但云「淳尸盥，宗人授巾」，不言面位，故特明之。詳《特牲・記》。　注云「槃以盛棄水，爲淺污人也」者，謂沃盥棄水注於地，恐淺污人，故以槃盛之。《釋文》「淺音箭」，張氏爾岐云「音義如濺」是也。詳上經「匜水錯于槃中南流」下。云「執巾不授巾，卑也」者，詳《特牲・記》。

右記沃尸面位

主人在室，則宗人升，户外北面。當詔主人室事。【疏】正義曰：盛氏世佐云：「案：主人在堂，則宗人立階前。主人在室，則宗人立户外。詔禮者宜近其人也，皆北面鄉之。」今案：記以經但言主人在堂時宗人面位，未及主人在室時面位，故特明之。户外，室户外也。注云「當詔主人室事」者，以主人入室，宗人當升堂詔主人室中事也。**佐食無事，則出户，負依南面。**室中尊，不空立。户牖之間謂之依。【疏】正義曰：敖氏云：「負依南面，明與宗人不相統也。佐食室中無正位，故立於此。」吴氏廷華云：「佐食無事輒出，經已屢言之，此特詳其面位也。」今案：上經饗神時云「佐食出，立于户西」，又「佐食啟會，卻于敦南，復位」，注云：「復位，出立于户西。」此負依之位，與户西一也。又《特牲·記》云：「佐食當事，則户外南面。無事，則中庭北面。」此出户負依南面，與户外南面亦一也。但彼言當事，又言無事，與此異者，此言無事，謂室中事暫已，而尚有後事，故出立於此以俟之，與《特牲》言當事同。至《特牲》所言無事，則是未有事之先，及事已俱畢時也。互詳《特牲·記》。注云「室中尊，不空立」者，此解佐食有事方入室，無事即暫出，不空立室中，故出立於户外也。云「户牖之間謂之依」者，《爾雅·釋宫》文。户牖之間，户西牖東也。詳《覲禮》「天子設斧依」下。

右記宗人佐食面位

鉶芼，用苦若薇，有滑。夏用葵，冬用荁，有柶。苦，苦荼也。荁，堇類也。乾則滑。夏秋用生葵，冬春用乾荁。古文「苦」爲「枯」，今文或作「芐」。【疏】正義曰：注「今文或作『芐』」，「作」，《釋文》作「爲」，嚴本作「作」。「苄」，閩、葛俱誤作「笇」，毛本誤「竿」，嚴、徐、《釋文》、《集釋》俱作「苄」。　云「古文『苦』爲『枯』」者，胡氏承珙云：「苦、枯同聲假借。」云「今文或作『苄』」者，則今文正本作「苦」矣。　餘俱詳《公食禮・記》。

豆實，葵菹，菹以西，嬴醢。籩，棗烝，栗擇。棗烝栗擇，則菹刌也。棗烝栗擇，則豆不巾，籩有縢也。【疏】正義曰：此記豆籩所實之物，敖氏云「經惟言菹醢，此則見其所用之物」是也。云「以西」者，係據上饌于西楹之東醢在西時言之。若設于室，則醢在北矣。棗烝、栗擇，詳《聘禮》夫人勞聘賓下。　注云「棗烝栗擇，則菹刌也。棗烝栗擇，則豆不巾，籩有縢也」者，案：刌謂切也。《士喪禮》大斂奠云：「毼豆兩，其實葵菹芋、嬴醢。兩籩，無縢，布巾，其實栗不擇，脯四脡。」案：葵菹言芋，不切也。毼，白也。縢，緣也。葵菹芋、栗不擇，是喪奠麤略之意。豆白而籩無緣，是用素不飾之意。今籩實既用棗烝栗擇，與喪奠之栗不擇者異，則菹亦切之可知，豆亦不白，籩亦有緣可知，故鄭云然也。敖氏云：「記惟言棗烝栗擇，則是豆籩之類皆未變也。此時尸用萑席素几，主人酳以廢爵，則其他可知矣。」褚氏寅亮云：「籩實既與吉祭同矣，何妨用稍有飾之豆籩，注是也。」

右記鉶芼與豆籩之實

尸入，祝從尸。祝在主人前也，嫌如初時主人倚杖入，祝從之。初時主人之心尚若親存，宜自親之。今既接神，祝當詔侑尸也。【疏】正義曰：注云「祝在主人前也，嫌如初時主人倚杖入，祝從之」者，案：上經陰厭時「主人倚杖入，祝從」，是主人在祝前也。今記者以尸入祝當從尸，故特記此，以明祝在主人前，嫌如初時主人在祝前也。云「初時主人之心尚若親存，宜自親之」者，此解陰厭時主人先入之意也。云「今既接神，祝當詔侑尸也」者，此解尸入祝當在主人前之義也。詔侑尸者，即上經「尸及階，祝延尸」是也。敖氏云：「入，謂入門也。言祝從尸者，嫌其如迎尸之時猶先行也。祝始出迎尸，先行入門，及尸入，祝乃居後而從之。《少牢饋食禮》曰『祝先，入門右，尸入門左』，亦辟尸使先行也。入門如是，則入户亦從尸可知。」褚氏寅亮云：「記有二義：一以明迎尸時祝在前而尸在後，既入門則尸在前而祝在後也。一以明陰厭時主人尚若親存，故先入室而祝從之，至尸入室，則祝以接神，故先從入室而主人從之也。敖説可參用。」盛氏世佐云：「案：經云『尸及階，祝延尸』，由後詔相之曰延，則自入門已後，祝即轉居尸後矣。言此者，明其與出時異也。尸出之時，❶祝前。」今案：鄭以此記爲對陰厭時言，敖以此記爲對迎尸時言，褚氏所謂記有二義也。盛氏以爲對尸出祝前言，則又一義也。今竝存之。**尸坐，不説屨。**侍神，不敢燕惰也。今文「説」爲「税」。【疏】正義曰：注云「侍神，不敢燕惰也」者，敖氏云：「禮，有敬事，則不説屨而坐。」《少儀》曰：「凡祭于室中，堂上無跣，燕則有之。」鄭注：「祭不跣者，主敬也。燕則有跣，爲歡也。」孔疏：「凡祭，謂天子至士悉然也。跣，説屨也。」今案：彼注云主敬，即此不敢燕惰之義。「今文『説』爲『税』」，詳《士昏禮》。**尸謖，祝前，鄉尸。**前，道也。祝道尸，必先鄉之，爲之節。【疏】正義曰：此以下記前尸之儀也。祝前，祝在尸前也。鄉，面尸也。注云「前，道也」者，詳上經「祝前尸出户」下。云「祝道尸，必先鄉之，爲之節」者，總解記内鄉尸

❶「之」，原重，今據《儀禮集編》删。

之義也。此鄉尸，在出户前也。**還，出户，又鄉尸。還，過主人，又鄉尸。還，降階，又鄉尸。**過主人，則西階上。不言及階，明主人見尸，有踧踖之敬。【疏】正義曰：還，轉也，與旋同。張氏爾岐云：「祝之道尸，必先以面鄉尸，乃轉身前行，謂之還。」是也。「還，出户」，謂轉身前行出户也。前後皆以户、階、門爲節，與上經同。但彼止言踊，未及道尸之儀，故記詳言之。此言「還，降階，又鄉尸」，下復言「降階」者，敖氏云：「上降階者，祝也。下降階者，尸也。祝先降而鄉尸，及尸既降，祝乃反面而行。」張氏爾岐云：「上降階，謂正降時，此時祝以面鄉尸。下降階，謂既降時，祝則轉身前行。」方氏苞云：「再言降階而後言還者，祝先降鄉尸立，侍尸之盡階而後還也。」今案：方説與敖同，似勝張説。此注解記不言及階而言過主人之義也，斯時主人在西階上，過主人則及階矣，不言及階而言過主人，兼以明主人見尸有踧踖之容也。敖氏云：「祝出户而西行，當階而南行，乃過主人也。」吴氏《疑義》云：「此以過主人爲鄉尸之節也。」**降階，還，及門，如出户。**及，至也。言還至門，明其間無節也。降階如升時，將出門如出户時，皆還鄉尸也。每將還，必有辟退之容。凡前尸之禮儀在此。【疏】正義曰：降階，義詳上。門，廟門也。《經義述聞》云：「下『降階』二字衍文，當以『降階又鄉尸還』六字連讀。上文經『尸及階，祝延尸』，賈疏引此已作『降階還』，則其誤久矣。敖繼公曰：『上降階者，祝也。下降階者，尸也。』案：降階若分祝與尸，則記當云『祝降階，又鄉尸。尸降階，還』，文義方明，何得上下兩言降階，而不爲之區別乎？上文出户、過主人，亦是祝先尸後，何以不兩言出户，兩言過主人乎？敖説非也。又案：注内『降階如升時』五字，當是後人所加。降階時祝在尸前，升階則祝在尸後，是升之與降絶不相同，安得曰『降階如升時』乎？此必非鄭注原文也。」今案：記疊「降階」二字，即如敖氏説，亦尚可。至注「降階如升時」五字，則斷爲衍文無疑。蓋降時祝在尸前，故云「降階，又鄉尸」。若升則祝在尸後，安得鄉尸面乎？此必因上經「祝前尸，出户，踊如初」，注云「如初者，出如入，降如升」，此注又有「將出門如出户」語，淺人遂加「降階如升時」五字於其上，而賈不察，輒爲作疏，沿誤至今。《述聞》之辨，爲功經義不淺矣。此「還及門」下，當云「又鄉尸，還，出門」，而記以「如出户」括之，此省字之法。所云如者，謂如出户之先鄉尸，還，出户，非謂如出户之後又鄉尸，故注以「將出門」言之。若出門後，則祝送尸而反矣，無所謂鄉尸也。上注云「祝道尸，必先鄉之，爲之節」者，方氏苞云：「鄉尸雖無辭，若告尸以行與轉之節。」其説是也。如出户之先鄉尸，若告以將出户；過主人之先鄉尸，若告以過主人；降階之先鄉尸，若告以將降階；至降階後又鄉尸者，若恐尸之降階或有顛躓，而又鄉之，必待其降階乃還也；及門又鄉尸，若告以將出門。此鄭所謂節也。記云「及門，如出户」，是謂及門時，如出户之先鄉尸明矣。注云「及，至也。言還至門，明其間無節也」者，謂自階至門，中間無鄉尸之節也。云「將出門如出户時，皆還鄉尸也」者，謂將出門如將出户，二者皆還尸也。此注「還」字與記「還」字義異，蓋祝在尸前，其鄉尸時亦必先轉身以面鄉尸，故云「還鄉尸」。至記「還」字在「鄉尸」後，則謂既鄉尸乃轉身前行，義實不同。或謂注言還鄉尸與記文背，非矣。云「每將還，必有辟退之容」者，此總釋記中「還」字義。避退即逡巡之意，謂不敢徑遂直行也。云「凡前尸之禮儀在此」者，謂諸篇中言道尸之儀節，莫備於此。《特牲》「尸謖祝前」，注云「前尸之儀，《士虞禮》備矣」，即謂此也。**尸出，祝反，入門左，北面復位，然後宗人詔降。**【疏】正義曰：上經入門即位之初，云「祝入門左，北面」，故此云復位，復門左北面之位也。詔降，詔主人降也。記以經但云「祝反，入徹，設于西北隅」，又云「祝自執其俎出」，不見有復位之事，又但云「主人降」，不言宗人詔，故特明之。盛氏世佐云：「經主人之降在陽厭後，云『復位，然後宗人詔降』，然後，緩辭，言此以別於吉祭也。《特牲禮》：『尸謖，祝前，主人降。』」○張氏惠言《讀儀禮記》云：「據此記，似祝入未徹，宗人即詔降，與經不合。蓋記言尸出，祝反入，即謂入徹也。既徹，執其俎出，則未便出門，之門左復位北面，宗人乃詔主人降耳。記於經所言皆略之，故不言徹也。下記無尸云『既徹，祝、佐食降，復位，宗人詔降如初』，可互明。」今案：據張説，則記當以「祝反入」爲句也。

尸服卒者之上服。上服者，如《特牲》士玄端也。不以爵弁服爲上者，祭於君之服，非所以自配鬼神。士之妻，則宵衣耳。【疏】正義曰：《周禮·守祧》：「掌守先王先公之廟祧，其遺衣服藏焉。若將祭祀，則各以其服授尸。」鄭注：「遺衣服，大斂之餘。」是尸服卒者之服也。　注云「上服者，如《特牲》士玄端也」者，案：《特牲·記》云尸服玄端，故鄭以此上服爲玄端，如《特牲》也。江氏筠云：「案：深衣爲善衣之次，則玄端得上稱。」褚氏云：「士有上、中、下三等，則玄端服有玄裳、黄裳、雜裳之異，各視卒者之等以爲服也。」云「不以爵弁服爲上者，祭於君之服，非所以自配鬼神」者，案：爵弁服士服以助祭於君，《雜記》所謂「士弁而祭於公」是也。至《特牲》自祭，亦服玄端，不服爵弁服，故云「非所以自配鬼神」也。《曾子問》曰「尸弁冕而出」，鄭注「爲君尸或弁者，先祖或有爲大夫、士者」，孔疏云：「大夫、士卑，屈於人君，故尸服父祖自祭之上服。人君禮伸，故尸服助祭之上服。」然則士尸不得服助祭之服也。云「士之妻，則宵衣耳」者，以虞祭有女尸，故并言之。　云「宵衣」者，據《特牲》主婦祭服纚笄宵衣言也。　敖氏云：「卒者士也，其上服則爵弁服，是亦異於吉祭者也，吉祭之尸服玄端。」王氏士讓云：「《士喪》陳襲衣三稱，爵弁服爲上。記明言卒者之上服，則是爵弁服明矣。蓋士之冠昏服爵弁服，人道於此始。士之襲斂以爵弁服，人道於此終。尸象神也，虞迎精而反，象其上服，所以安之也。若歲祀常事，則尸亦但服玄端常服。」今案：敖氏以反吉言，似有理。王氏之説甚辨，故竝存之。又案：盛氏世佐云：「士妻則稼衣歟？」蓋亦有疑於宵衣之説也。**男，男尸。女，女尸，必使異姓，不使賤者。**異姓，婦也。賤者，謂庶孫之妾也。尸配尊者，必使適也。【疏】正義曰：李氏云：「《曾子問》曰：『祭成喪者必有尸。』自禫祭以前，男女別尸。吉祭云『以某妃配』，則男女共尸。鄭曰：『雖合葬及同時在殯，皆異几，體實不同。祭於廟同几，精氣合。』」今案：此鄭氏《司几筵》注也，李引之以證喪祭之異尸，義亦猶此。《儀禮紃解》引何氏克思云：「吉祭有男尸，無女尸，陰統於陽也。抑亦以有男尸，則不便更立女尸也。❶虞、卒哭、祔、練、祥、禫，若女喪則男不可以爲女尸，故須別立。或竝喪，則其虞、祔等祭亦必有先後也。」餘詳《特牲》「筮尸」下。注云「異姓，婦也」者，以記云「必使異姓」，明是以孫列之婦爲之，不使女孫也。敖氏云：「據夫家而言之，故曰『異姓』。」吴氏《章句》云：「女孫雖親，不得承祖母之重，故用婦。」云「賤者，謂庶孫之妾也。尸配尊者，必使適也」者，案：鄭意蓋以尸不用庶與妾，故又申之曰「尸配尊者，必使適也」。庶孫之妾尤賤，故特舉以言之。賈疏謂無適孫妻使適孫妾，又無乃使庶孫妻，似失鄭意。又記「必使異姓，不使賤者」二語緊相承接，故注以爲皆指女尸言。盛氏世佐謂不使賤者兼男女尸言，非矣。

❶「尸」，原作「几」，今據《儀禮紃解》改。

右記虞尸儀服與侍尸之儀爲尸之人

無尸，則禮及薦饌皆如初。無尸，謂無孫列可使者也，殤亦是也。禮，謂衣服、即位、升降。【疏】正義曰：此以下記虞祭無尸之儀也。　注云「無尸，謂無孫列可使者也，殤亦是也」者，案：《曾子問》云「尸必以孫，無孫則取於同姓可也」，孔疏謂取同姓昭穆孫行適者。今云「無尸」，是無孫列可使者也。《曾子問》又云「祭成喪而無尸，是殤之也」，則祭殤無尸可知，故云「殤亦是也」。盛氏世佐云：「無尸者，禮之窮也。蓋尸不使賤，又必取諸無父者，若是則成人之喪而闕焉者蓋有矣，非直爲殤祭也。郝氏因之爲殤虞，誤。」云「禮，謂衣服、即位、升降」者，謂衣服及面位、升降之儀。蔡氏德晋云：「薦饌，謂神席前俎豆之類。如初，謂與有尸者同。」○方氏苞云：「世儒多謂古祭用尸，不若後世無尸爲安。不知無尸則儀節不得不簡，而羣義皆無由而見。惟既葬日中而虞，各致其哀而退，尚若可行。若時祭如此，則與奠告無異，於追養爲率慢，而不足以萃祖考之精神，於親賓爲涼薄，而不足以盡十倫之義類矣。」**既饗，祭于苴，祝祝卒。**記異者之節。【疏】正義曰：饗，即上經「祝饗」是也。祭于苴，即上經「佐食取黍稷，祭於苴，三」是也。祝祝卒，即上經「主人再拜稽首，祝祝卒」是也。既者，起下之辭。　注云「記異者之節」者，蓋有尸者此後有迎尸及綏祭等事，無尸則無迎尸以下事，是饗神與有尸者同，而饗神以後與有尸者異，故記特言「既饗，祭于苴，祝祝卒」，以明此後乃言其異者，故云「記異者之節」也。**不綏祭，無泰羹湇、胾、從獻。**不綏，言獻，記終始也。事尸之禮，始於綏祭，終於從獻。綏當爲墮。【疏】正義曰：綏祭，即上經尸入，「祝命佐食墮祭，佐食取黍稷、肺祭，授尸，尸祭之」者是。今無尸，則不綏祭也。泰羹湆、胾，即上經「泰羹湆自門入，設於鉶南。胾四豆，設于左」是也。楊氏復云：「泰羹湆、胾，爲尸加也。」從獻，即上經主人獻尸，賓長以肝從；主婦亞獻尸、賓長三獻尸，皆以燔從是也。今無尸，則不用加，亦不獻，故無泰羹、無胾、無從獻，賈疏謂「三事皆蒙無字解之」是也。王氏士讓云：「既無尸，不行獻禮，則祝、佐食亦無獻可知。」注云「不綏，❶言獻，記終始也」者，謂記言不綏言獻，是舉終始言之，故即申之曰：「事尸之禮，始於綏祭，終於從獻。」此鄭解記舉四事，以明異於有尸者之義也。云「綏當爲墮」者，詳上經「祝命佐食隋祭」下。**主人哭，出復位。**於祝祝卒。【疏】正義曰：注云「於祝祝卒」者，謂主人於祝祝卒時，即哭而出，復西階上東面位也。案：上經「祝祝卒，主人拜如初，哭，出復位」，在迎尸隋祭以前。今記於「不綏祭，無泰羹湆、胾、從獻」之後者，蓋亦記異者之節，以主人出而祝闔牖户，其事相因，故記於此，以起下「祝闔牖户」之文也。**祝闔牖户，降，復位于門西。**門西北面位也。【疏】正義曰：方氏苞云：「有尸，則主人復位，而祝迎尸。既無尸，則事神之事畢矣，於孝子徬徨周浹之心未能慊也，故闔牖户，冀神之憺安而久留於斯，以致其思成之慤焉。」注云「門西北面位也」者，案：上經即位之初，云「祝入門左，北面」，故知復位，復門左北面位也。此云門西者，北面以西爲左，門西與門左一也。**男女拾踊三。**拾，更也。三更踊。【疏】正義曰：敖氏云：「是時婦人亦在堂也，不入於房，與有尸者異。」方氏苞云：「男女，兼朋友與内外宗也。有尸，則尸入門踊，升堂踊，入户踊，出及降亦如之。無尸，則總爲拾

❶「不」，原重，今據注文删。

踊。」今案：《雜記》云：「公七踊，大夫五踊，婦人居間。士三踊，婦人皆居間。」鄭注：「婦人居間者，踊必拾，主人踊，婦人踊，賓乃踊。」方氏蓋據彼注，故以爲兼朋友也。　注云「拾，更也」者，詳《鄉射禮》，謂更迭而踊也。云「三更踊」者，謂拾踊凡三次。《雜記》孔疏云：「每踊輒三者三爲九，而謂爲一也。」**如食間。**隱之，如尸一食九飯之頃也。【疏】正義曰：賈疏云：「隱之者，謂闔牖户也。九飯之頃，時節也。」敖氏云：❶「象神食之也。」**祝升，止哭，聲三，啟户。**聲者，噫歆也。將啟户，警覺神也。今文「啟」爲「開」。【疏】正義曰：祝升，由門西。啟户，祝啟之也。　注云「聲者，噫歆也」者，詳《既夕禮》。云「將啟户，警覺神也」者，敖氏云：「謂欲令神知其將啟户也。」云「今文『啟』爲『開』」，詳《士昏禮》。**主人入。**親之。【疏】正義曰：賈疏云：「主人親至神所，恭敬之事也。」《儀禮紃解》云：「無尸則不行三獻禮，主婦與賓皆不入，故於將徹時主人又入，以致其敬。」今案：主人入，亦倚杖乃入也。**祝從，啟牖鄉，如初。**牖先闔後啟，扇在内也。鄉、牖一名也。如初者，主人入，祝從在左。【疏】正義曰：注云「牖先闔後啟，扇在内也」者，以闔則先牖後户，啟則先户後牖，明必入户乃可啟牖，是牖之扇在内也。云「鄉、牖一名也」者，鄭意蓋謂牖亦名鄉，一物二名，非謂室北别有牖也。然上闔牖户不言鄉，則啟牖亦不得兼鄉言之。云「如初者，主人入，祝從在左」者，謂上經陰厭時「主人倚杖入，祝從在左」，此亦如之。然據此，則「如初」二字當在「祝從」下，又不得在「啟牖鄉」下矣。金氏榜云：「注：『鄉、牖一名也。』案：記云『闔牖户』，又云『啟户』、『啟牖』，文實相應，不得别出鄉名。

❶「敖」，原作「教」，今據《續清經解》本改。

單言如初，亦嫌無指實也。」江氏筠云：「『啟牖鄉』，『鄉』字注連上讀，敖連下讀。注云『鄉、牖一名也』，賈謂是北出牖。室本北墉無牖，經亦無于牖兼二名者，故敖謂『鄉猶面也，祝在主人之左，皆西鄉』。然記於前文未言面鄉，則先不見有，初何如之有？今定此本是『饗』字，特因磨滅其半，而致誤耳。又前文『鄉尸』字凡四見，或字相涉而誤。」金氏榜又云：「《士虞禮》祭于苴曰祝饗，迎尸前曰祝祝，墮祭曰祝祝，皆有祝辭。記載其辭曰：『哀子某，哀顯相，夙興夜處不寧，敢用潔牲剛鬣、香合、嘉薦、普淖、明齊溲酒，哀薦祫事，適爾皇祖某甫，饗。』載饗辭曰：『哀子某，圭爲而哀薦之，饗。』咸未著其所用之節。鄭君於《特牲》『祝饗』注云：『其辭取於《士虞·記》，則宜云：孝孫某，圭爲而哀薦之，饗。』由是推之，《士虞·記》所謂『哀子某，哀顯相』之辭，即迎尸前之祝祝是也。記所謂『饗辭』，即墮祭之祝祝是也。《諸侯遷廟禮》曰：『祝聲三，曰：孝嗣侯某，敢用嘉幣告于皇考某侯，今月吉日，可以徙于新廟，敢告。辟，如食間，擯者請反位。君反位，祝從在左。祝聲三，曰：孝嗣侯某，絜爲而明薦之，饗。』言如食間者，庶幾神之饗是，故又祝饗以勸强之。是無尸者亦備祝辭、饗辭，禮也。《士虞·記》：『無尸，則禮及薦饌皆如初。既饗，祭于苴，祝祝卒，主人哭，出復位。祝闔牖户，如食間。祝聲三，啟户。主人入，祝從，啟牖，鄉如初。主人哭，出復位。』吾友江震蒼筠云：『鄉當爲饗。』案：《聘禮》『公于賓再饗』，注云：『今文饗作鄉。』《公食大夫禮》『設洗如饗』，注云：『古文饗或作鄉。』是饗、鄉古通用字也。《虞禮》祝饗在隋祭時，無尸者不墮，猶祝饗，與有尸同，故曰『饗如初』。前云『禮及薦饌如初』，後云『宗人詔降如初』，皆謂其與有尸同禮。上云『祝祝卒，主人哭，出復位』，此云『饗如初，主人哭，出復位』，先祝後饗，禮與《諸侯遷廟》相符。唯祭于苴祝饗，其辭别無考見。鄭君以『哀子某，哀顯相』之辭當之，因以下經『祝祝卒』者爲釋孝子祭辭，此殆非也。」今案：江氏以「鄉如初」之「鄉」爲「饗」字之誤，金氏因據《大戴·諸侯遷廟禮》無尸者亦祝辭、饗辭俱有，以上「祝祝卒」爲祝，以此「饗如初」爲祝饗，其説似確。至謂祭于苴祝饗其辭别無考見，辨已詳上經「祝饗命佐食祭」下。**主人哭，出復位。**堂上位也。

祝闔牖户，降，復位于門西。門西，北面位也。**【疏】**正義曰：復堂上東面位。**卒徹，祝、佐食降，復位。**祝復門西北面位，佐食復西方位。不復設西北隅者，重閉牖户，褻也。**【疏】**正義曰：注云「祝復門西北面位」者，詳上「復位于門西」下。云「佐食復西方位」者，上經入門時衆主人及兄弟、賓即位于西方，此佐食賓也，故知復西方位。云「不復設西北隅者，重閉牖户，褻也」者，案：有尸者有陰厭、有陽厭，陽厭時贊闔牖户，今無尸者正祭已闔牖户，若又改饌西北隅重闔牖户，懼其褻，故不復設也。**宗人詔降如初。**初，贊闔牖户，宗人詔主人降之。**【疏】**正義曰：注云「初，贊闔牖户，宗人詔主人降之」者，上經「贊闔牖户，主人降」，記明之曰：「尸出，祝反，復位，然後宗人詔降。」是有尸者祭畢主人降，宗人詔之也。此祝、佐食復位後，亦宗人詔降，與有尸者同，故云「如初」也。

右記虞祭無尸之儀

始虞用柔日。葬之日，日中虞。欲安之，柔日陰，陰取其静。**【疏】**正義曰：此以下記三虞卒哭祝辭及用日不同之事。○敖氏云：「柔日，乙、丁、己、辛、癸也。柔日言用，則固非葬日矣。」蔡氏德晋云：「葬以柔日，即於葬日始虞，而言用柔日者，對下三虞、卒哭用剛日也。」江氏筠云：「此言用者，乃對下用剛日立文。敖以其言用，而謂非葬日，誤矣。」今案：蔡氏、江氏之説是也。張氏爾岐云：「古人葬日例用柔日。」今案：葬之日日中虞，是始虞用柔日也。　注云「欲安之，柔日陰，陰取其静」者，此解葬及虞所以用柔日之義。柔屬陰，静不動，故安也。　**曰：「哀子某，哀顯相，夙興夜處不寧。」** 曰，辭也，祝祝之辭也。喪祭稱哀。顯相，助祭者也。顯，明也。相，助也。《詩》云：「於穆清廟，肅雍顯相。」不寧，悲思不安。【疏】正義曰：敖氏云：「哀子，主人也。哀顯相，衆主人以下也。」方氏苞云：「如稱亞獻之主婦，則不得云顯。稱三獻之賓長，則不得云哀。蓋謂衆子及嗣孫也，弟副兄，孫承祖，皆天之顯道，故云『哀顯相』。」吴氏《章句》云：「主人之外，衆主人皆助主人祭者也，故與主人竝曰哀。助祭不名，略也。悲思之至，無時自安。」今案：注云「顯相，助祭者也」，未言何人，敖氏、方氏、吴氏之説近是。夙興夜處不寧，猶《詩》之言「明發不寐」耳。　**敢用絜牲剛鬣。** 敢，冒昧之辭。豕曰剛鬣。【疏】正義曰：賈疏云：「凡言敢者，皆是以卑觸尊，不自明之意，故云『冒昧之辭』。云『豕曰剛鬣』者，下《曲禮》文。」**香合。** 黍也。大夫、士於黍稷之號，合言普淖而已，此言香合，蓋記者誤爾。辭次，黍又不得在薦上。【疏】正義曰：注云「黍也」者，謂此香合爲黍也。《曲禮》「黍曰薌合，粱曰薌萁，稷曰明粢，稻曰嘉疏」是也。黍所以名香合者，《禮記》孔疏云：「夫穀秫者曰黍，秫既軟而相合，氣息又香，故曰『香合』也。」云「大夫、士於黍稷之號，❶合言普淖而已，此言香合，蓋記者誤爾」者，賈疏云：「《特牲》、《少牢》黍稷合言普淖，此别號黍爲香合，故知記誤也。」云「辭次，黍又不得在薦上」者，賈疏云：「依設薦法，先設菹醢，次設俎，後設黍稷。今黍在嘉薦之上，此亦記者之誤，故鄭非之也。」○方氏苞

---

❶「士」，原重，今據注文删。

云：「尸所飯惟黍，故獨舉香合。籩豆之薦，陸産水草之和具備，正所謂『嘉薦普淖』也。辭意本不待釋而明，注誤以《曲禮》剛鬣、香合等爲人君祝號，而不知其爲上下之通稱，由此曲生枝節。」王氏士讓云：「案：首叙牲，次叙盛，即篇首所云『特豕饋食』。」盛氏世佐云：「祭時黍稷俱有，唯言黍者，舉其尊也。此祝辭但以物之輕重爲先後，初不依設薦之次。若依設薦之次，則豕俎亦不當在薦上矣。先言俎者，賈疏云『祭以牲爲主』故也。然則黍稷之馨香，獨非祭之所重乎？記固未可輕訾也。」今案：此記牲物之號，與《少牢》等篇不同，説者紛紛，今仍依鄭釋之，而附載各家説於下，俟後人考定焉。**嘉薦、普淖。**嘉薦，菹醢也。普淖，黍稷也。普，大也。淖，和也。德能大和，乃有黍稷，故以爲號云。【疏】正義曰：注云「嘉薦，菹醢也」者，薦兼籩豆言，《士冠禮》注云「嘉薦，脯醢也」是也。此云「菹醢」者，以正祭時唯説菹醢二豆，四籩則用以從獻，故止云菹醢也。云「普淖，黍稷也。普，大也。淖，和也。德能大和，乃有黍稷，故以爲號云」者，此鄭解普淖爲黍稷，而又申言其義如是也。《少牢》注亦略同，彼注又引《左傳》「絜粢豐盛，謂其三時不害，而民和年豐也」，以證德能大和乃有黍稷之義。○盛氏世佐云：「案：上既言香合，則普淖必非黍稷之謂。以文次考之，蓋謂鉶也。鉶，和羹也，故以是名之歟？」今案：方氏以「嘉薦普淖」爲一物，詳上。**明齊溲酒。**明齊，新水也，言以新水溲釀此酒也。《郊特牲》曰：「明水涚齊，貴新也。」或曰當爲明視，謂兔腊也。今文曰「明粢」。粢，稷也。皆非其次。今文「溲」爲「醙」。【疏】正義曰：注云「明齊，新水也，言以新水溲釀此酒也」者，案：鄭以新水釋明齊，而又云以新水溲釀此酒，則是以「明齊溲酒」爲一物也。云「《郊特牲》曰：『明水涚齊，貴新也。』」者，彼注云：「涚猶清也。五齊濁，泲之使清，謂之涚齊。及取明水，皆貴新也。」據彼注，則明水與涗齊爲二物。賈疏申之云：「鄭引之直取新義是同，故引爲證，非謂爲一物也。」云「或曰當爲明視，謂兔腊也。今文曰『明粢』。粢，稷也。皆非其次」者，賈疏云：「士祭有兔腊，是故或有人作如此説。若以明齊當爲明視，作兔腊解者，應在上與牲爲次，何因退在下？今文又爲稷解者，上已云普淖，兼黍稷，何用又見稷也？故知二者皆非其次也。」胡氏承珙云：「臧氏琳曰：『鄭以普淖爲黍稷，故從《禮經》古文。以明齊爲新水，作明粢者，乃聲近之誤，鄭所不從。鄭司農注《太祝》齍號，引《士虞禮》剛鬣香合，而不引明齊溲酒，是先鄭亦不以明齊爲明粢。』案：臧説是也。《周禮·小宗伯》『辨六齍之名物』，注曰：『齍讀爲粢。』《説文》：『齍，黍稷器，所以祀者，從皿齊聲。』齍又省作齊，《司尊彝》『鬱齊獻酌』，鄭君云：『故書齊爲齍。鄭司農云：齍讀皆爲齊和之齊。杜子春云：齊讀皆爲粢。』故今文以『明齊』爲『明粢』。《曲禮》孔疏據此，以爲當有『稷曰明粢』句，駁王劭之非。臧氏申王駁孔，其説甚辨。是《曲禮》本無『稷曰明粢』，足見今文以『明齊』爲『明粢』之誤矣。」孔氏廣森《禮學卮言》云：「案：《周官》五齊，杜子春讀齊皆爲粢。《禮運》：『粢醍在堂。』粢醍者，醍齊也。然則今文字雖爲粢，義亦訓齊，以粢爲稷，説今文者之誤。《曲禮》：『稷曰明粢。』亦沿今文《儀禮》者加之。故隋秘書監王劭立八疑十二證，謂晉宋古本皆無『稷曰明粢』句。」又云：「惠氏《周禮古義》曰：『《太祝》齍號注所引，亦無是句，當在十二證之一也。又蔡氏《獨斷》載宗廟禮牲之别名及祭號等，皆與《曲禮》同，獨無「稷曰明粢」一句。』」今案：孔氏申王劭之説甚確，故竝引之。云「今文『溲』爲『醙』」者，胡氏承珙云：「《説文》：『溲，浸茯也，從水叟聲。』鄭云溲釀，與浸沃義合。《説文·西部》無『醙』字。《聘禮》：『醙、黍、清，皆兩壺。』注云：『醙，白酒也。』與此溲酒爲溲釀無涉，故今文作醙，亦鄭所不從也。」○敖氏云：

明齊，蓋言醴也。《郊特牲》曰：『縮酌用茅，明酌也。』又曰：『明水涚齊，貴新也。』蓋用明水涚醴齊，故曰『明齊』也。祝祝之時，奠用醴而已，不用酒也。云『溲酒』，似衍文。」盛氏世佐云：「明齊謂醴，溲酒謂酒，記文甚明。酒以酳尸，尸即神象也。祝祝之時，言醴而并及於酒，不亦宜乎？」褚氏寅亮云：「注以『明齊溲酒』爲酒，而無醴。敖氏謂有醴而無酒，不可從。下云『普薦溲酒』，專言酒，不及醴，斯可知無醴矣。」《經義述聞》云：「案：水不可謂之齊。《郊特牲》云『明水涚齊』，又云『祭齊加明水』，則明水與齊爲二，不得謂明水爲明齊也。敖繼公以明齊爲醴齊。案：下文之溲酒，舉酒以該醴也。祔祝辭但言溲酒，而不言醴，與此同，明齊非謂醴也，古無謂醴齊爲明齊者。溲酒之溲，今文作『醙』，鄭注《聘禮》云：『醙，白酒也。』下祔祝辭單言溲酒，則溲酒乃酒名，不連明齊爲義，亦不得云『以新水溲釀此酒也』。『明齊』二字，疑當在『香合』之上，寫者錯亂在下耳。絜牲剛鬣，明齊香合，相對爲文。據今文作『明粢』，則齊爲粢盛之粢明甚。字通作『齍』，《春官·大祝》：『辨六號：四曰牲號，五曰齍號。』此云『絜牲剛鬣』，所謂牲號也；『明齊香合』，所謂齍號也。剛鬣、香合，乃其專號。絜牲、明齊，則其總號也。明，猶絜也。明齊，絜粢也，桓六年《左傳》『絜粢豐盛』是也。《周官·司烜氏》『共祭祀之明齍明燭』，鄭注曰：『欲得陰陽之絜氣也。』明齍與明齊同，《小雅·甫田》篇『以我齊明，與我犧羊，以社以方』，傳曰：『器實曰齍，在器曰盛。』箋曰：『以絜齊豐盛，與我純色之羊，秋祭社與四方。』齊明即明齊，倒文以爲韻耳。明齊兼有黍稷，而但曰香合者，舉黍以該稷也。簋實尊黍，言其尊者耳。《特牲饋食禮》『佐食搏黍授祝』，注曰：『獨用黍者，食之主。』是黍尊於稷也。明齊香合已言黍矣，不得又以普淖爲黍稷。淖者，濡且濁之稱。《廣雅》：『淖，溼也。』又曰：『淖，濁也。』《爾雅·釋言》釋文引《字林》曰：『淖，濡甚也。』《管子・水地》篇：『夫淖水弱以清。』❶《吕氏春秋・别類》篇：『漆淖、水淖，合兩淖則爲蹇，溼之則爲乾。金柔、錫柔，合兩柔則爲剛，燔之則爲淖。』《淮南・原道》篇『甚淖而滒』，高誘注曰：『饘粥多瀋者謂之淖。』是淖爲濡且濁之稱也。《釋名》曰：『羹，汪也，汁汪郎也。』是羹爲濡且濁之物也。淖又訓和，和味者莫如羹，《商頌・烈祖》曰『亦有和羹』。鄭司農注《亨人》曰：『大羹，不致五味也。鉶羹，加鹽菜矣。』是鉶羹乃和五味，普淖之名，非鉶羹不足以當之也。經曰『設一鉶于豆南』，豆則嘉薦，鉶則普淖也，故祝辭連言之。鉶羹已謂之普淖矣，則祔祝辭之普薦非鉶羹也。黍稷謂之明齊，今云普薦，則亦非兩敦黍稷也。房中之饌，豆、籩、鉶、俎設于豆東，敦設于俎南。尹祭爲籩實，嘉薦爲豆實，普淖爲鉶實，則普薦爲俎實歟？《特牲饋食禮》：『俎入，設于豆東，魚次，腊特于俎北。』祔禮如《特牲饋食》，則所謂普薦者，當謂牲與魚腊之俎也。虞祝言絜牲剛鬣，則不言普薦。祔祝言普薦，則不言牲，明普薦中已兼有牲矣。《祭義》曰：『薦其薦俎。』《周語》：『王公立飫，則有房烝。』宣十六年《左傳》作『享有體薦』，正義曰：『注《國語》者皆云，半解其體而升於俎謂之房烝。傳言體薦，即房烝也。』是俎亦得謂之薦。」今案：敖氏之説，諸家辨之是矣。至《述聞》以明齊爲齍號，以普淖爲鉶羹，以祔祝辭之普薦爲俎實，説可竝存，故詳録焉。**哀薦祫事。**始虞謂之祫事者，主欲其祫先祖也，以與先祖合爲安。今文曰「古事」。【疏】正義曰：《禮經釋例》云：「祫字見於《禮經》，唯此一事耳。至於《春秋》文公二年，『八月丁卯，大事于大廟，躋僖公』，《公羊傳》：『大事者

❶ 「淖水」，《經義述聞》作「水淖」。

何？大祫也。大祫者何？合祭也。其合祭奈何？毁廟之主陳于大祖，未毁廟之主皆升合食于大祖，五年而再殷祭。』《王制》：『天子犆礿，祫禘，祫嘗，祫烝。諸侯礿犆，禘一犆一祫，嘗祫，烝祫。』《曾子問》：『祫祭于祖。』《大傳》：『干祫及其高祖。』《周禮·大宗伯》『以肆獻祼享先王，❶以饋食享先王』，後鄭注：『肆獻祼、饋食在四時之上，則是祫也、禘也。』又《司尊彝》『凡四時之間祀、追享、朝享』，鄭司農云：『追享、朝享，謂禘祫也。在四時之間，故曰間祀。』則皆傳注之文，於經蓋無徵也。《士虞·記》始虞謂之祫，再虞謂之虞，三虞謂之成。然則祫者，蓋始虞之祭耳。若《禮緯》云：『三年一祫，五年一禘。』則皆指王者之大祭而言，而《禮經》無明文，故後儒多聚訟矣。」　注云「始虞謂之祫事者，主欲其祫先祖也，以與先祖合爲安」者，此鄭解始虞稱祫之義也。《白虎通》云：「祫者，合也。」鄭注《禮記》亦云：「祫，合也。」此注云「與先祖合」者，據下文「適爾皇祖某甫」言也。云「今文曰『古事』」者，《校勘記》云：「《集釋》『古』作『合』。周學健云：『祫之言合也，作合字文義方協。』」今案：周説是也。

適爾皇祖某甫。爾，女也。女，死者。告之以適皇祖，所以安之也。皇，君也。某甫，皇祖字也，若言尼甫。【疏】正義曰：注云「爾，女也」者，詳《士冠禮》。云「告之以適皇祖，所以安之也」者，虞祭主安，告之以適皇祖，正所以安之也。敖氏云：「尸柩已去，則神宜在廟。爲神未欲遽離其室，故於三虞皆告之以此。」義亦可通。云「皇，君也」者，詳《特牲》。○案：「哀薦祫事適爾皇祖某甫」十字，後人多疑爲祔辭之錯簡，似有理。吴氏《章句》云：「此本虞祭，當如下再虞之辭曰『哀薦虞事』。

---

❶「王」，原作「且」，今據《續清經解》本改。下「先王」同。

安有始祭不言虞反言祫，至再祭始言虞事之理？此應在『以其班祔』之下，蓋祔辭，錯簡於此爾。『適爾皇祖某甫』亦祔祖之辭，重出於此。」《經義述聞》云：「案：下文卒哭祝辭曰：『哀子某，來日某，隮祔爾于爾皇祖某甫。』是卒哭之祭始告以明日祔于皇祖，不應始虞而已言之也。且凡祭之祝言薦某事者，皆謂此日祭祀之事，不應舍此日之虞而稱將來之祫也。始虞爲虞之始，而不稱虞事，至再虞而後稱之。始虞去祔祭甚遠，而預稱祫事。再虞、三虞、卒哭去祔漸近矣，而反不稱祫事，而稱虞事、成事。先王制禮，豈有如是之顛倒者乎？今案：『哀薦祫事』，『祫』當作『虞』。葬日虞爲虞之始，故曰『哀薦虞事』也。始虞曰『哀薦虞事』，下文再虞、三虞又曰『哀薦虞事』，明始虞、再虞、三虞祝無異辭。猶下文朞而小祥，古文曰『薦此祥事』，又朞而大祥，亦曰『薦此祥事』，所以明其同也。其薦祫事之文，則當在祔祭祝辭内，錯亂在此耳。『皇祖』當爲『皇考』，《曲禮》曰：『祭父曰皇考。』然則虞祭當稱皇考矣。蓋本作『適爾皇考某甫』，因下祔祝『適爾皇祖某甫』之文而誤也。云『適爾皇考』者，謂以此虞事適爾皇考之寢而薦之，猶《特牲饋食禮》云『諏此某事，適其皇祖某子』也。爾，爾皇考也。」今案：《述聞》之説與吴氏小異，互詳下祔辭「適爾皇祖某甫以隮祔爾孫某甫」下。**饗。**」勸彊之也。【疏】正義曰：詳《特牲》「尸荅拜執奠祝饗」下。敖氏云：「以祔祭之辭例之，當云『尚饗』，蓋庶其饗此祭也。」**再虞，皆如初，曰：「哀薦虞事。」**丁日葬，則己日再虞。其祝辭異者，一言耳。【疏】正義曰：蔡氏德晋云：「皆如初者，謂用柔日與祝辭也。」吴氏《章句》云：「如初，用柔日以下，皆字包三虞言。」今案：《經義述聞》以下「三虞」二字當在「皆如初」上，詳下。云「虞事」者，盛氏世佐云：「虞，安也。若曰適爾皇祖，則神乃安矣。敖訓爲度，非。」　注云「丁日葬，則己日再虞」者，賈疏云：「初虞、再虞皆用柔日。始虞用丁日，隔戊日，故知再虞用己日。」蔡氏德晋云「再虞後於始虞二日」是也。云「其祝辭異者，一言耳」者，案：有以一句爲一言者，《論語》「《詩》三百，一言以蔽之，曰『思無邪』」是也。有以一字爲一言者，《論語》「子貢問曰：『有一言而可以終身行之者乎？』子曰『其恕乎』」是也。上始虞云「哀薦祫事」，此云「哀薦虞事」，不過一字之異，故云「異者一言耳」也。

三虞、卒哭、他，用剛日，亦如初，曰：「哀薦成事。」

當祔於祖廟，爲神安於此。後虞改用剛日，剛日陽也，陽取其動也。士則庚日三虞，壬日卒哭。其祝辭異者，亦一言耳。他，謂不及時而葬者。《喪服小記》曰：「報葬者報虞，三月而後卒哭。」然則虞、卒哭之間有祭事者，亦用剛日。其祭無名，謂之他者，假設言之。文不在卒哭上者，以其非常也，令正者自相亞也。《檀弓》曰：「葬日中而虞，弗忍一日離也，是日也以虞易奠。卒哭曰成事，是日也以吉祭易喪祭，明日祔於祖父。」如是虞爲喪祭，卒哭爲吉祭。今文「他」爲「它」。【疏】正義曰：褚氏寅亮云：「他字絶句。三虞也、卒哭也、他也，皆用剛日也。」吴氏紱云：「三虞曰成事，禮成於三也。卒哭亦曰成事，因於三虞也。」吴氏廷華云：「卒哭曰成事，亦哭寢之禮成也。」方氏苞云：「初曰祫事，以當祔於祖告，乃異日祫祭於祖廟之始事也。再曰虞事，魄體有歸，得從先人於廟，則靈魂可安也。卒曰成事，詰旦而祔，禮終事備也。」今案：亦如初，謂祝辭與始虞亦同也。

注云「當祔於祖廟，爲神安於此。後虞改用剛日，剛日陽也，陽取其動也」者，謂神以祔廟乃安，故後虞改用剛日，取陽動之意，以將祔廟也。云「士則庚日三虞，壬日卒哭」者，以三虞、卒哭皆用剛日，故己日再虞，則庚日三虞，壬日卒哭也。云「其祝辭異者，亦一言耳」者，以易「虞事」爲「成事」，亦一言之異也。云「他，謂不及時而葬者。《喪服小記》曰：『報葬者報虞，三月而後卒哭。』然則虞、卒哭之間有祭事者，亦用剛日。其祭無名，謂之他者，假設言之」者，案：鄭注《喪服小記》云：「報，讀爲赴疾之赴，謂不及期而葬也。既葬即虞，虞，安神也。卒哭之祭，待哀殺也。」孔疏：「赴，猶急疾也。急葬，謂貧者或因事故，❶死而即葬，不得待三月。」即此注所謂「不及時而葬」也。孔疏又云：「急虞，謂亦葬竟急設虞。雖急即虞，而不即卒哭，卒哭猶待三月。所以然者，卒哭是奪於哀痛，故不忍急，而待哀殺也。」今案：《雜記》云：「士三月而葬，是月也卒哭。」是士之常禮，葬與虞、卒哭皆在三月。今急葬急虞不待三月，而卒哭猶待三月。故虞與卒哭爲日既遠，其間容有當祭之事，以無定名，故謂之爲他也。《檀弓》曰：「其變而之吉祭也，比至於祔，必於是日也接，不忍一日未有所歸也。」彼注亦引「他用剛日」釋之。孔疏：「虞禮謂之他，此經謂之變，其義一也，皆據速葬速虞者言之也。」云「文不在卒哭上者，以其非常也，令正者自相亞也」者，案：他祭在虞、卒哭之間，文當在卒哭上，今在卒哭下者，以虞、卒哭是正禮，令其相次。他祭非常禮，故退在下。此鄭解記先言卒哭而後言他之意也。《禮經釋例》云：「賈疏云：『前有人解云三虞與卒哭同爲一事。《雜記》云：上大夫之虞也少牢，卒哭成事、祔皆太牢。鄭注云：卒哭成事、祔言皆，則卒哭成事、祔與虞異矣。是微破前人三虞與卒哭同解者也。』是三虞一祭，卒哭一祭，他又一祭，皆謂之成事也。敖氏繼公曰：『他者，變易之辭，猶今言別也。不用柔日，而用剛日，故云他也。』近吴氏廷華主其説，張氏爾岐曰『他字殆羨文』，竝與注異。又敖氏以三虞爲即卒哭，則鄭、賈已棄之説，不可從。」今案：《雜記》孔疏云：「先儒以此三虞、卒哭同是一事，

❶「因」，原作「用」，今據《禮記·喪服小記》孔疏改。

鄭因此經云上大夫虞用少牢，卒哭用大牢，其牢既別，明卒哭與虞不同。」盛氏世佐猶欲存敖説，非矣。引《檀弓》者，證辭稱「成事」之義。云「如是虞爲喪祭，卒哭爲吉祭」者，係據《檀弓》「以吉祭易喪祭」之文言之。李氏云：「下云：『中月而禫，是月也吉祭，猶未配。』卒哭對虞爲吉祭，對禫後吉祭則猶爲喪祭。」互詳前「側亨于廟外門之右」下。云「今文『他』爲『它』」者，胡氏承珙云：「《説文》：『它，虫也。上古艸居患它，故相問無它乎？』引申之爲無他故之義，經典又相承，假負何之『佗』爲之，俗又作『他』。此經古文當本作『佗』，今文作『它』。鄭以經典通用，從古文作『佗』，故注《檀弓》引《儀禮》此文，亦作『佗』也。」○《經義述聞》云：「萬氏充宗《儀禮商》曰：『詳玩記文，始虞用柔日，再虞皆如初包有三虞，故於哀薦虞事下，出三虞二字以足之。三虞不與下卒哭連讀。《檀弓》曰卒哭曰成事，故祝辭曰哀薦成事也。』謹案：萬説近之矣，而文義未安也。始虞者，第一虞。再虞者，第二虞也，不得包有三虞。三虞者，第三虞也，亦非統舉上文之辭。《士喪禮》下篇：『猶朝夕哭，不奠，三虞。』彼三虞乃總括前後虞祭之辭，此三虞承始虞、再虞言之，則最後一虞。且不得但曰三虞，而不言其禮也。今三復記文，『三虞』二字當在『皆如初』上，寫者錯亂在下耳。再虞、三虞是兩事，故曰『皆如初』。皆者，統兩事而言之也。若止再虞一事，則但云如初可矣，何得言皆乎？然則『再虞皆如初』，當爲『再虞三虞皆如初』明甚。鄭不悟『三虞』爲錯亂在下之文，而以『三虞卒哭』連讀，於是用柔日之三虞，誤以爲用剛日矣。《雜記》注曰：『卒哭成事、祔言皆，則卒哭成事、祔與虞異矣。』是鄭亦謂卒哭成事不與虞同。然則三虞當與始虞、再虞同用柔日而稱虞事，斷無與卒哭同用剛日而稱成事之理也。學者據《雜記》之注，以正此注可矣。」又云：「案：『三虞』二字誤置於『卒哭他用剛日』之上，故漢世説虞祭者，皆以最後一虞爲用剛日，而虞祭所歷之日遂少一日。《五經異義》引古《春秋》左氏説曰：『天子九虞，十六日也。諸侯七虞，十二日也。大夫五虞，八日也。士三虞，四日也。』見《曲禮》正義。蓋謂始虞以下用柔日，最後一虞用剛日。則天子之弟九虞，在弟八虞之明日，而爲十六日。諸侯之弟七虞，在弟六虞之明日，而爲十二日。大夫之弟五虞，在弟四虞之明日，而爲八日。士之弟三虞，在弟二虞之明日，而爲四日矣。其實虞祭始終皆用柔日，天子九虞凡十七日，諸侯七虞凡十三日，大夫五虞凡九日，士三虞凡五日也。如天子九虞，丁日始虞，則己日再虞，辛日三虞，癸日四虞，乙日五虞，丁日六虞，己日七虞，辛日八虞。案：九虞當在癸日，始終皆用柔日也，自始虞至九虞凡十七日。諸侯以下，準此推之。」又云：「『卒哭他用剛日』，敖繼公曰：『他者，變易之詞，猶今言别也。不用柔日，而用剛日，故云他也。』謹案：鄭謂他爲不及時而葬者之祭，在虞、卒哭之間，其説誠不安矣。敖以他爲變易之詞，若然，則經文但云『卒哭用剛日』，已别於虞之用柔日，何必枝蔓其辭而云他乎？案：上文『始虞用柔日，再虞皆如初』，注曰：『丁日葬，則己日再虞。』是始虞與再虞間一日矣。以是例之，則三虞與再虞亦當間一日，己日再虞，則辛日三虞可知。其三虞之明日爲壬日，即是剛日，似可卒哭矣。然《士喪禮》下篇曰：『三虞，卒哭，明日以其班祔。』《檀弓》曰：『卒哭曰成事，是日也以吉祭易喪祭，明日祔於祖父。其變而之吉祭也，比至於祔，必於是日也接，不忍一日未有所歸也。』《士喪禮》及《檀弓》皆言祔在卒哭之明日，而不言卒哭在三虞之明日，是卒哭之日與三虞之日不相接也。蓋三虞之明日雖爲剛日，而不以之卒哭，必用明日以後之剛日乃爲卒哭之日，故不直曰『用剛日』，而曰『他用剛日』，明所用者他日，非明日也。如用三虞之明日，則當依『明日以其班祔』之例，而云『三虞明日卒哭』，文義始明。不用三虞之明日，則當遠言之，若但云用剛日，則明日正是剛日，無以見所用者之非明日也，此經文之所以云他也。他用剛日，蓋三虞以後之第二剛日也。如辛日三虞，則甲日卒哭，以其差遠於明日之壬日，則謂之他矣。或曰：三虞以後剛日尚多，何以知其必爲第二剛日也？曰：日無常則當卜筮，今卒哭不聞諏日，是有常日矣。三虞以後，避去明日不用，則所用者非第二剛日而何？曰：始虞、再虞、三虞皆間一日，而三虞與卒哭乃間二日，何也？曰：孝子思親，朝夕悲哀，不忍卒哭之速，故間二日而後卒哭也。且始虞、再虞、三虞皆虞也，故皆間一日。卒哭成事則變而之吉祭矣，故間二日以別之。《雜記》曰：『士三月而葬，是月也卒哭。大夫三月而葬，五月而卒哭。諸侯五月而葬，七月而卒哭。』《檀弓》正義曰：『大夫以上卒哭者，去虞相校兩月，則虞祭既終，不得與卒哭相接。』是大夫以上三虞與卒哭相隔且以月計，士卑禮殺，故相隔以二日也。說此者，必尋討《士喪禮》、《檀弓》之文，而知卒哭之日非三虞之明日，而後經文『他』字之義較然明耳。」今案：《述聞》以「三虞」二字當在「再虞」下，三虞亦用柔日，以「卒哭他用剛日，亦如初，曰哀薦成事」作一事解，又解「他」字爲他日之義，皆與注異。《檀弓》「卒哭曰成事」，鄭注：「既虞之後，卒哭而祭，其辭蓋曰：『哀薦成事。』成祭事也，祭以吉爲成。」孔疏：「虞祭之時，以其尚凶，祭禮未成。今既卒無時之哭，唯有朝夕二哭，漸就於吉，故云成事，祭以吉爲成故也。」又《曾子問》云：「卒哭成事，而后主各反其廟。」《雜記》亦云：「卒哭成事。」據此，則成事之辭唯用於卒哭，而不用於虞祭明矣。吴氏《章句》云：「卒哭他用剛日，謂惟卒哭用剛日。蓋卒哭之明日即祔，祔祭重於卒哭，當用柔日，故卒哭不得不用剛日也。」是亦以三虞爲用柔日矣。江氏筠云：「敖氏謂不用柔日而别用剛日，故曰他。筠謂改柔爲剛，不必言他。蓋不用相連接之剛日，而用其後者，故言他用，猶他日之義云爾。」諸説皆與《述聞》合，故竝録焉。又案：《述聞》以虞祭始終皆用柔日，謂天子九虞凡十七日，諸侯七虞凡十三日，大夫五虞凡九日，士三虞凡五日。據《禮記》四《曲禮下》引《異義》古《春秋》左氏説，原有「九虞者以柔日」之句，則十六日、十二日、八日、四日乃計日之偶誤，附識於此。

右記三虞卒哭用日不同及祝辭之異者

獻畢，未徹，乃餞。卒哭之祭，既三獻也。餞，送行者之酒。《詩》云：「出宿于泲，飲餞于禰。」尸旦將始祔於皇祖，是以餞送之。古文「餞」爲「踐」。【疏】正義曰：此以下記餞尸之事與無尸者送神之禮也。○徹，謂祭畢徹薦俎之屬。云「未徹，乃餞」者，明餞尸之禮，即於卒哭之日相接爲之也。注云「卒哭之祭，既三獻也」者，以上云卒哭亦如初，是卒哭與虞祭同三獻，卒哭在虞祭後，故知此云獻畢，謂卒哭祭三獻之禮畢也。云「餞，送行者之酒」者，《文選注》引《韓詩章句》云：「送行飲酒曰餞。」《詩·崧高》箋云：「餞，送行飲酒也。」引《詩》「出宿于泲，飲餞于禰」者，《邶風·泉水》篇文，《毛傳》云：「祖而舍軷，飲酒于其側，曰餞。」案：彼是生人餞行，此祭祀餞尸，禮異而名餞之義同，故引爲證也。云「尸旦將始祔於皇祖，是以餞送之」者，下云「明日以其班祔」，是尸詰朝將祔，故云旦，對以餞行於卒哭後已逮日晏言也。虞、卒哭在寢，祔乃在廟，此餞亦在寢，爲神將移於廟，故餞送之，張氏爾岐云「卒哭祭之明日，將祔于廟，故卒哭祭畢，餞之於寢門之外」是也。云「古文『餞』爲『踐』」者，胡氏承珙云：「案：《司尊彝》『朝踐』注云『故書踐作餞』，是古二字互相假借。鄭以此爲餞送，故不從古文作『踐』。」**尊兩甒于庿門外之右，少南，水尊在酒西，勺北枋。**少南，將有事於北。有玄酒，即吉也。此在西，尚凶也。言水者，喪質。無鼏，不久陳。古文「甒」爲「廡」也。【疏】正義曰：庿門，寢門也。寢門而曰庿門者，詳卷首「側亨于庿門外之右」下。吴氏《章句》云：「祖廟在東，而餞於寢門之西，尊尸，東鄉也。水尊在酒西，西上也，與吉禮同。」注云「少南，將有事於北」者，以下行禮在尊北也。云「有玄酒，即吉也」者，案：水尊，玄酒之尊也。虞祭兩甒，一醴一酒，此無醴而有玄酒，與吉祭同，故云「即吉也」。云「此在西，尚凶也」者，吉祭尊於户東，此在門外，不於門東，而於門西，仍變於吉，故云「尚凶也」。李氏云「凶禮反吉，洗篚亨爨皆在西方」是也。云「言水者，喪質」者，凡吉禮謂水爲玄酒，此言水，是質言之也。云「無鼏，不久陳」者，以餞尸僅有三獻，無酬酢及陰厭、陽厭之事，是不久陳也。云「古文『甒』爲『廡』也」者，詳《士冠禮》。**洗在尊東南，水在洗東，篚在西。**在門之左，又少南。【疏】正義曰：篚在西，在洗之西也。　注云「在門之左，又少南」者，以記云「洗在尊東南」，故知又少南於尊也。敖氏云：「洗取節於尊，是猶未離於廟門外之西方也。」吴氏《章句》云：「洗與尊竝在門西。注謂在門之左，若然，則當言門，不必言尊矣。」盛氏世佐云：「是三者亦皆在廟門外之右，但與尊爲少東耳，注説非。」褚氏寅亮云：「水東而篚西，略仿堂下直東榮之處矣，故注云在門之左，未必在西方。」今案：楊《圖》水洗篚皆不遠於尊，張氏惠言《圖》則皆在門外之東矣。疑，故諸説竝存焉。**饌籩豆，脯四脡。**酒宜脯也。古文「脡」爲「梃」。【疏】正義曰：盛氏世佐云：「虞祭兩豆菹醢，餞則一豆一籩，是其異也。脯，籩實也。不言豆實，亦醢可知。」吴氏《疑義》云：「醴亦用脯，《士冠禮》已然，注説非也。」今案：注云「酒宜脯也」者，據《鄉飲》、《鄉射》

皆用脯言之。彼五脡，此四脡，李氏以爲大夫、士之異，敖氏以爲變於吉，似敖説是也。云「古文『脡』爲『梃』」者，各本作「挺」，毛本作「梃」。胡氏承珙云：「毛本不誤。」詳《鄉射・記》。**有乾肉折俎，二尹，縮祭半尹，在西塾。** 乾肉，牲體之脯也，如今涼州烏翅矣。折以爲俎實，優尸也。尹，正也。雖其折之，必使正。縮，從也。古文「縮」爲「蹙」。【疏】正義曰：在西塾，兼籩豆、折俎言也。注云「乾肉，牲體之脯也，如今涼州烏翅矣」者，《周禮・腊人》「掌乾肉」，鄭注「大物解肆乾之，謂之乾肉，若今涼州烏翅矣」，彼疏云：「若今涼州烏翅者，解肉乾之狀也。」云「折以爲俎實」者，謂折乾肉以爲俎實，詳《士冠禮》。云「優尸也」者，以餞主於飲，故無牲，今有乾肉折俎，是優之也。云「尹，正也。雖其折之，必使正」者，「尹，正」，《爾雅・釋言》文，此解乾肉稱尹之義。云「縮，從也。古文『縮』爲『蹙』」者，詳《鄉飲・記》。李氏云：「從置半尹於上，以爲祭。」敖氏云：「二尹云縮，則祭半尹横矣。」是李讀「縮」字屬下爲句，敖讀屬上爲句。今案：據《鄉飲・記》云：「薦脯，五脡，横祭于其上。」《鄉射・記》云：「薦脯用籩，五膱，祭半膱横于上。」横皆指祭言之，則此縮亦指祭言明矣。蓋二尹者正體二方，無所謂横縱也。縮祭半尹者，又截正體之半，以備授祭，而縮置於其上也。若如敖讀，則記文爲不辭矣。**尸出，執几從，席從。** 祝入亦告利成，入前尸，尸乃出。几席，素几葦席也。以几席從，執事也。【疏】正義曰：從，謂從尸出也。盛氏世佐云：「尸出，自室出也。几席，即前設於奥者。分言之，見其執者二人，几先席後也。」吴氏《章句》云：「几從、席從，不言篚從，可知。」今案：下餞畢「尸謖，從者奉篚，❶哭從之」，明此時亦有篚從也。注云「祝入亦告利成，入前尸，尸乃出」者，上「入」字是衍文，謂卒哭之祭，祝亦告利成，入室前尸，尸乃出室也。云「几席，素几葦席也」者，上虞祭用素几葦席，卒哭與虞同，此即用卒哭祭之几席，故知是素几葦席也。云「以几席從，執事也」者，謂執几執席以從者，皆賓執事者也。**尸出門右，南面。**俟設席也。【疏】正義曰：此尸出寢門也。注云「俟設席也」者，據下尸即席坐當東面，此時席尚未設，故暫立於門右南面，以俟之也。**席設于尊西北，東面，几在南。賓出，復位。**將入臨之位。《士喪禮》：「賓繼兄弟，北上。門東，北面西上。門西，北面東上。西方，東面北上。」【疏】正義曰：蔡氏德晉云：「几在南，在席之南也。」今案：几在南，是右几也，亦錯篚於尸左可知。此賓出及下主人、婦人出，皆出寢門也。上虞祭賓執事者皆先即位於門外，如朝夕臨位，乃入門。卒哭與虞祭同，故知此賓出復位，即復其初時門外之位。引《士喪禮》者，證賓門外將入臨之位如此也。**主人出，即位于門東，少南。婦人出，即位于主人之北。皆西面，哭不止。**婦人出者，重餞尸。【疏】正義曰：敖氏云：「主人位少南者，爲婦人當位於其北也。衆主人以下，亦在主人之南，如臨位。云哭不止，見其哭而出也。」方氏苞云：「即位後皆哭無停聲，以俟尸之即席，親將離其室，故哀更深。」今案：婦人位亦當南上，統於主人。皆西面，鄉尸也。李氏云：「喪之常，婦人無外位。」今出寢門之外，故注以爲重餞尸也。或曰主婦須亞獻，故出，是亦重餞之義。**尸即席坐。唯主人不哭，洗廢爵，酌獻尸。尸拜受，主人拜送，哭復**

❶「奉」，原作「執」，今據下記文改。

位。薦脯醢，設俎于薦東，胊在南。胊，脯及乾肉之屈也。屈者在南，變於吉。【疏】正義曰：敖氏云：「是時唯主人不哭，爲將行禮也。然則亞獻、三獻之時，主婦、賓長亦不哭，特於此見之也。」吴氏《章句》云：「拜受，東面。拜送，北面。」方氏苞云：「尸即席，主人將有事，故以敬抑哀。既拜送，則獻事畢，哀心不能自抑矣。曰哭復位者，號泣而行，別於即位而後哭也。又云餞，則喪祭既終，而吉祭以始，故用吉祭之辭而曰拜送。」今案：餞尸初獻用廢爵，亞獻用足爵，三獻用繶爵，與虞禮同。注云「胊，脯及乾肉之屈也」者，據記云「設俎于薦東，胊在南」，則胊專指乾肉言矣，注兼言脯者，案：《曲禮》「以脯脩置者，左胊右末」，彼注云：「屈中曰胊。」則脯及乾肉之屈者，均謂之胊也。廖氏云：「申者爲脡，屈者爲胊。」云「屈者在南，變於吉」者，賈疏云：「《曲禮》『左胊右末』，則吉時屈者在左，今尸東面而云胊在南，是凶禮屈者在右，末頭在左，故云『變於吉』也。」**尸左執爵，取脯擩醢，祭之。佐食授嚌。**授乾肉之祭。【疏】正義曰：注云「授乾肉之祭」者，謂佐食所授，即俎內乾肉之祭也。李氏云：「既祭嚌之，故謂祭爲嚌。」**尸受，振祭，嚌，反之。祭酒，卒爵，奠于南方。**反之，反於佐食，佐食反之於俎。尸奠爵，禮有終。【疏】正義曰：蔡氏德晉云：「南方，薦之南也。」盛氏世佐云：「《鄉飲·記》：『凡奠者于左，將舉于右。』此不舉而奠于右，亦變吉也。」吴氏紱云：「禮，祭祀賓客無以虛爵奠者，以虛爵奠惟此。」注云「反之，反於佐食，佐食反之於俎」者，以上取於俎以授尸祭者是佐食，故知然也。云「尸奠爵，禮有終」者，謂卒爵不拜不酢而奠之，示禮有終。方氏苞云：「吉祭卒爵，獻者拜，尸荅拜，象祖考康樂，嘉孝子之追養也。虞以安神，故承用其儀。若餞則獻者哭，男女衆賓皆踊，而用從容獻酢之儀，則悖人情而失禮義矣。」**主人及兄弟踊，婦人亦如之。主婦洗**

足爵，亞獻，如主人儀，無從踊如初。賓長洗繶爵，三獻，如亞獻，踊如初。佐食取俎，實于篚。尸謖，從者奉篚，哭從之。祝前，哭者皆從，及大門內，踊如初。男女從尸，男由左，女由右。及，至也。從尸不出大門者，由廟門外無事尸之禮也。古文「謖」作「休」。【疏】正義曰：敖氏云：「如主人儀，謂自薦脯醢至反之之外，皆如之也。從，從獻者也，如燔之類。」盛氏世佐云：「案：餞尸之禮，主人既不以肝從獻，則主婦之不以燔從可知，不待言也。此云無從者，謂籩也。上經云『自反兩籩棗栗，設于會南』，以其繼爵而進，亦得云從。并此而無之，禮尤殺也。」今案：盛說是也。方氏苞云：「初獻，尸卒爵，主人及兄弟踊，婦人亦如之。亞獻，主婦及婦人，踊如初，則主人及兄弟亦如之。三獻，則凡在列者皆踊。哭之久，踊之多，幾與殯前啓後等。哀親之體魄既藏，而靈魂亦將離其室也。」今案：取俎，謂取俎中之乾肉，以實于篚也。

注云「男女從尸，男由左，女由右」者，上虞祭尸謖亦哭，此哭而從者，以餞之禮宜送也。云「哭者皆從」，則男女皆從尸矣。上即位西面，婦人在主人之北，是男在左，女在右。今轉而南行，亦男由左，女由右，爲便。與《王制》言道路之禮「男子由右，婦人由左」異也。云「及，至也。從尸不出大門者，由廟門外無事尸之禮也」者，以記云「及大門內」，是不出大門也。賈疏云：「在廟以廟門爲限，在寢門外以大門爲限。正祭在廟，廟門外無事尸之禮。今餞在寢門外，則大門外無事尸之禮，故從尸不出大門也。」云「古文『謖』作『休』」者，詳前。**尸出門，哭者止。**以餞於外，大門猶廟門。【疏】正義曰：此尸出大門也。注云「以餞於外，大門猶廟門」者，亦以大門外無事尸之禮，故尸出哭止而不送也。**賓出，主人送，拜稽顙。**送賓，拜於大門外。【疏】正義曰：此賓出大門，故知送拜在大門外也。稽顙，義詳前。**主婦亦拜賓。**女賓也。

不言出，不言送，拜之於闈門之内。闈門，如今東西掖門。【疏】正義曰：注云「女賓也」者，上主人拜送男賓，明此主婦所拜是女賓也。云「不言出，不言送，拜之於闈門之内」者，對上言「賓出主人送」，明拜送於大門外，此不言出，不言送，故以爲拜於闈門之内，《春秋傳》所謂「婦人送迎不出門」是也。云「闈門，如今東西掖門」者，賈疏云：「漢時宫中掖門在東西，若人左右掖，故舉以爲況也。」蔡氏德晋云：「主婦拜女賓，蓋在大門之内。」今案：《爾雅・釋宫》云「宫中之門謂之闈」，郭注：「謂相通小門也。」《説文》：「闈，宫中之門也。」《周禮・保氏》鄭注：「闈，宫中之巷門。」據此，則闈門在宫中，當在寢門之内。此餞尸在寢門外，不應復入寢門而拜之於此，故蔡疑爲在大門内也。然繹鄭注，云「闈門，如今東西掖門」，則似寢門外别有東西二門。《左傳》哀十四年，「齊子我屬徒，攻闈與大門」。似闈亦可通於外，非僅宫中相通之小門謂之闈也。**丈夫説經帶于廟門外。**既卒哭，當變麻，受之以葛也。夕日則服葛者，爲祔期。今文「説」爲「税」。【疏】正義曰：敖氏云：「喪服之始，經帶先加，故於將變之始，亦先説之。」今案：經帶，要經也。《間傳》曰「男子重首，婦人重帶」，下云「婦人説首經」，則此爲要經明矣。于廟門外，明餞畢即説也。注云「既卒哭，當變麻，受之以葛」者，《間傳》曰：「斬衰三升，既虞、卒哭，受以成布六升，冠七升。爲母疏衰四升，受以成布七升，冠八升。去麻服葛。」案：去麻服葛，即指經帶言之，是鄭説所本也。又《喪服》注云：「凡天子、諸侯、卿大夫既虞，士卒哭而受服。」則大夫以上與士異也。云「夕日則服葛者，爲祔期」者，案：卒哭而餞，餞畢即説經帶，變麻服葛，是卒哭之夕日即服葛也。所以然者，明日祔，祔前日之夕有爲期之禮，李氏云「夕當爲祔期，故前爲期而受服」是也。云「今文『説』爲『税』」者，詳《士昏禮》。**入徹，主人不與。**入徹者，兄弟大功以下。

言主人不與，則知丈夫、婦人在其中。古文「與」爲「豫」。【疏】正義曰：注云「入徹者，兄弟大功以下」者，以記云「主人不與」，明兄弟大功以下爲之也。《曾子問》曰：「士祭不足，則取於兄弟大功以下者。」故鄭據言之。云「言主人不與，則知丈夫、婦人在其中」者，謂丈夫、婦人亦在不徹之中也。李氏云：「不徹者，齊斬之服不執事也。吉祭，則君婦廢徹。」方氏苞云：「文立於丈夫脱絰帶之後，婦人脱首絰之前，以見婦人不與徹也。餞設於大門之外，非婦人所宜有事。」褚氏寅亮云：「齊斬既不與饋，則亦不與徹可知，注是也。」**婦人説首絰，不説帶。**不説帶，齊斬婦人帶不變也。婦人少變而重帶，帶，下體之上也。大功、小功者葛帶，時亦不説者，未可以輕文變於主婦之質。至祔，葛帶以即位。《檀弓》曰：「婦人不葛帶。」【疏】正義曰：郝氏敬云：「婦人重要絰，男子重首絰。易服先輕者，故卒哭男子以葛易帶，婦人以葛易首絰，男不脱首絰，婦不脱要帶。至小祥男子乃去首絰而帶如故，婦人乃去帶而首絰如故，所謂除服先除重也。」　注云「不説帶，齊斬婦人帶不變也」者，謂齊斬婦人帶有除無變，始終皆麻也。云「婦人少變而重帶，帶，下體之上也」者，如《喪服小記》婦人「齊衰惡笄以終喪」及「箭笄終喪三年」，有除無變，皆是少變服之事。男子服重上，婦人服重下，而帶爲下體之上，故重之。云「大功、小功者葛帶，時亦不説者，未可以輕文變於主婦之質。至祔，葛帶以即位」者，謂大功以下變麻服葛矣，但此卒哭之夕仍服麻者，變者文，不變者質，是時主婦不説，故大功以下亦不説，言未可以輕文變於主婦之質也。至明日祔，則易葛帶以即位矣。引《檀弓》者，證不説帶之義也。案：《檀弓》「婦人不葛帶」，鄭注：「婦人質，不變重者，至期除之，卒哭變絰而已。」《少儀》「葛絰而麻帶」，鄭注：「謂既虞、卒哭也。帶，所以自結束也。婦人質，少變，於喪之帶，有除而無變。」又《間傳》注「婦人葛絰不葛帶」，孔疏云：「《士虞禮》『婦人不説帶』，注云：『齊斬婦人帶不變也。』其大功以下婦人亦葛帶也，故《喪服》「大功」章男女竝陳，及其變服，三月受以小功衰，即葛九月。是男女共焉，即知大功婦人亦變葛也。」此節賈疏云：「案：『大功』章云：『布衰裳，牡麻絰纓，布帶，三月受以小功衰，即葛，九月者。』又『小功』章云：『布衰裳，澡麻帶絰，即葛，五月者。』二者章内皆男女竝陳，明大功、小功婦人皆葛帶可知。」是皆據此注申之也。敖氏則以不説帶兼五服言，云：「婦人重帶，有除無變。其三年者，至小祥而除之。齊衰期以至小功，則皆終喪而除之。其緦麻者，此時亦不説，既退則除之歟？」今案：《喪服》「大功」、「小功」二章無婦人葛帶之文，所謂即葛者，或即指首絰言之。據《少儀》云「葛絰而麻帶」，《檀弓》云「婦人不葛帶」，竝未分別齊斬與功服之異，則敖氏説似亦可竝存耳。**無尸，則不餞，猶出，几席設如初，拾踊三。**以餞尸者本爲送神也。丈夫、婦人亦從几席而出。古文「席」爲「筵」。【疏】正義曰：無尸，義詳前。郝氏敬云：「拾踊三，丈夫、婦人、賓客更迭踊，三者三也。」盛氏世佐云：「不餞，則不獻。設如初者，謂席設於廟門外之西，東面，几在南。」注云「以餞尸者本爲送神也」者，謂餞本爲送神，故雖無尸可餞，而設几席送神不異也。云「丈夫、婦人亦從几席而出」者，鄭意蓋以「猶出几席」爲句，以記未言丈夫、婦人，故補言之。方氏苞云：「上記尸出門右，几席既設，賓出復位，主人出即位於門東，婦人出即位於主人之北。故此記明雖不餞，而主人、主婦及賓猶出也。『猶出』斷句，『几席設如初』斷句。」又云：「曰『拾踊三』，則賓亦出可知矣。虞祔而退之賓，義比於兄弟，故與衆主人同踊。」今案：方説是也。**哭止，告事畢，賓出。**【疏】正義曰：盛氏世佐云：「案：告者亦宗人也，言此者，見哭止之後無他禮，且與下賓出爲節也。」吴氏《章句》云：「此言告，則上餞者可知。」

右記卒哭祭畢餞尸與無尸可餞者送神之禮

死三日而殯，三月而葬，遂卒哭。 謂士也。《雜記》曰：「大夫三月而葬，五月而卒哭。諸侯五月而葬，七月而卒哭。」此記更從死起，異人之間，其義或殊。【疏】正義曰：「三日而殯，三月而葬」，亦見《王制》，但彼文大夫、士同。此注云「謂士也」者，據記云「遂卒哭」者，謂三月而葬，遂於葬月卒哭也。《雜記》曰「士三月而葬，是月也卒哭」，是此記指士言也。若大夫以上，卒哭與葬異月矣，故又引《雜記》以明之。記不言三虞者，三虞在卒哭前，舉卒哭可以該之也。　注云「此記更從死起，異人之間，其義或殊」者，以記者不一人，故言有更端也。方氏苞云：「前記至『告事畢賓出』而止，後記别一人所爲，故始於『死三日而殯』，終於祥禫吉祭。凡禮事禮辭爲前記所未備者，則以所聞補之。」是也。**將旦而祔，則薦。** 薦，謂卒哭之祭。【疏】正義曰：旦，明日之旦。以將旦而祔，故於前夕薦，此薦爲祔設也。吴氏《章句》云：「薦與餞同，謂餞於卒哭之夕。」方氏苞云：「薦即餞也，以音同而訛。」今案：吴氏、方氏以薦爲餞，是也。但字本作薦，不必改字。上餞尸之禮，薦脯醢，設折俎而無牲，故但以薦言。《王制》：「大夫、士宗廟之祭，有田則祭，無田則薦。」是薦略於祭，且無尸者不餞，亦設几席以送神，故此記變言薦，以包無尸不餞之禮。必以薦爲餞之訛，則非矣。　注云「薦，謂卒哭之祭」者，以卒哭獻畢未徹乃餞，則餞尸之禮即於卒哭之末行之，故亦以爲卒哭之祭也。敖氏則謂既餞而復薦於寢，告以祔期。是既餞送於門外，而復薦於寢中，顛倒甚矣。且同日之間，既卒哭而餞尸，又薦告，不亦黷乎？方氏、褚氏駁之是也。**卒辭曰：「哀子某，來日某，隮祔爾于爾皇祖某甫，尚饗。」**卒辭，卒哭之祝辭。隮，升也。尚，庶幾也。不稱饌，明主爲告祔也。今文「隮」爲「齊」。

【疏】正義曰：哀子某，某，名也。來日某，某，甲子也。黄氏榦云：「卒哭是以吉祭易喪祭，合稱孝子，今尚稱哀者，豈孝子不忍忘其哀，至祔而神之乃稱孝歟？」注云「卒辭，卒哭之祝辭」者，以薦在卒哭祭未徹之時，故亦以卒哭言之。其實卒哭自有辭，上記云「卒哭，他用剛日，亦如初，曰哀薦成事」是也，不得又以此爲卒哭祝辭。敖氏云：「卒，謂已薦也。已薦，則祝告以此辭。」盛氏世佐云：「卒辭，卒祝之辭也。」金氏榜云：「此著其與虞辭所易者，故曰『卒辭』。《特牲》『卒曰：筮子爲某尸』，注云：『卒曰者，著其辭所易也。』與此同義。」今案：「卒」字略逗，敖説得之。卒辭者，謂已薦而告以將祔之辭也。上虞辭云「適爾皇祖某甫」，已告以將祔矣，此則於餞送時復告以祔期也。云「隮，升也」者，孫入祖廟，故曰升。云「尚，庶幾也」者，詳《特牲》。云「不稱饌，明主爲告祔也」者，鄭意以主爲告祔，故不稱牲饌。然餞尸之禮止有脯醢乾肉而無牲，是本無饌，故不稱饌也。云「今文『隮』爲『齊』」者，胡氏承珙云：「《詩》『朝隮于西』，傳云：『隮，升。』《周禮·眡祲》『九曰隮』，司農注云：『隮者，升氣也。』《説文》作『躋』，《廣韻》隮與躋同。《禮記·樂記》『地氣上齊』，《孔子閒居》『至于湯齊』，二『齊』字鄭注皆讀爲躋，而訓以升也。此隮祔亦升義，故不從今文作『齊』。」**女子，曰：「皇祖妣某氏。」**女孫祔於祖母。【疏】正義曰：此著其所易之辭。謂祔女子，則辭當云：「隮祔爾于爾皇祖妣某氏。」某，祖妣姓氏也。注云「女孫祔於祖母」者，鄭以此記主爲女孫祔於祖母者言也。記云「女子」，對主祔者言之。賈疏云：「此女子，謂未嫁而死，或出而歸，或未廟見而死，歸葬女氏之家，既葬祔於祖母也。」**婦，曰：「孫婦于皇祖姑某氏。」**不言爾，曰孫婦，婦差疏也。今文無「某氏」。【疏】正義曰：此亦著其所易之辭。謂祔婦，則辭當云「隮祔孫婦于皇祖姑某氏」也。《喪服小記》云：「婦之喪，虞、卒哭，其夫若子主之，祔則舅主之。」又云：「婦祔於祖姑，祖姑有三人，則祔於親者。」注云「不言爾，曰孫婦，婦差疏也」者，凡祝辭稱「爾」爲親辭，婦差疏，故不言「爾」也。褚氏寅亮云：「記文『孫婦』二字，即以代男子之『爾』字。蓋對所祔者而言，故曰『孫婦』也。」云「今文無『某氏』」者，案：祖姑或非一人，必須言「某氏」以別之。上祔女子云「皇祖妣某氏」，此亦當有「某氏」二字，今文無之，故鄭不從也。**其他辭，一也。**來日某、隮祔、尚饗。【疏】正義曰：祔女子、祔婦，所易之辭已見於上，其他辭則與祔男子同，故注以「來日某、隮祔、尚饗」言也。江氏筠云：「注謂：『來日、隮祔、尚饗。』案：此似不須言，且尚有『哀子某』三字，則辭亦未能一。竊謂句當於『他』字略斷。『其他』者，以男言之，如祔諸父及昆弟之類。以女言之，則或有歸宗姑姊妹，及妾祔於妾祖姑之類。其辭總皆以皇祖、皇祖妣、皇祖姑爲稱，是之謂一，蓋即下『以其班』三字之疏義耳。」今案：江説亦可通，存之。**饗辭曰：「哀子某，圭爲而哀薦之，饗。」**饗辭，勸强尸之辭也。圭，絜也。《詩》曰：「吉圭爲饎。」凡吉祭饗尸，曰孝子。【疏】正義曰：此記饗尸之辭也。上經虞祭尸入九飯節，「佐食取黍稷、肺祭，授尸。尸祭之，祭奠，祝祝」，即用此辭也。此饗辭，三虞、卒哭及祔、練、祥、吉祭皆用之，故鄭於《特牲》尸入九飯節「尸即席坐，主人拜妥尸，尸荅拜，執奠，祝饗」下，亦引此辭，以爲祝饗之辭也。鄭上注解饗爲勸强之，故以饗辭爲勸强尸之辭也。云勸强尸，則鄭意不以此辭爲饗神之辭明矣。注云「圭，絜也。《詩》曰：『吉圭爲饎。』」者，敖氏云：「《大戴禮》云：『孝嗣侯某，潔爲而明薦之，享。』注豈據此而訓圭爲潔歟？」今案：圭本有絜義，敖説非也。絜與潔通，《孟子》「必有圭田」，趙注訓圭爲絜。《廣雅·釋詁》：「圭，潔也。」引《詩》者，《小雅·天保》篇「吉蠲爲饎」，《韓詩》作圭。戴氏震云：「鄭注《周禮·秋官·蜡氏》『除不蠲』云：『蠲，讀如吉圭惟饎之圭。』箋《詩》『吉蠲爲饎』云：『蠲，潔也。』至此注引《詩》，則爲與惟、圭與蠲互異。陸德明置此注所引『吉圭』弗釋，而於《詩》『吉蠲』、《周禮》『不蠲』，皆云『古玄反，舊音圭』，竟若未見本文有作圭者。宋董逌撰《廣川詩故》，其時韓嬰《章句》尚存。知《韓詩》作『吉圭』，因以鄭注《周禮》之『吉圭惟饎』，證明『圭』字作蠲音，足補箋、疏、《釋文》所未備。」據此，是《韓詩》作「圭」也。云「凡吉祭饗尸，曰孝子」者，鄭以此饗尸之辭吉祭用之，則改「哀」爲「孝」，《雜記》曰「祭稱孝子孝孫，喪稱哀子哀孫」是也。

右記卒哭薦告祔之辭與饗尸之辭

明日，以其班祔。卒哭之明日也。班，次也。《喪服小記》曰：「祔必以其昭穆，亡則中一以上。」凡祔已復於寢，如既祫主反其廟。練而後遷廟。古文「班」或爲「辨」。辨氏姓，或然。今文爲「胖」。【疏】正義曰：注云「卒哭之明日也」者，謂記云明日，是卒哭之明日也。《既夕》注云：「祔，卒哭之明日祭名。」祔猶屬也，祭昭穆之次而屬之。《爾雅·釋詁》：「祔，祪祖也。」郭注：「祔，付也，付新死者於祖廟。」《説文》：「祔，後死者合食于先祖。」《釋名》：「又祭曰祔，祭于祖廟，以後死孫祔于祖也。」字或作「付」，或作「附」，以「祔」爲正。《周禮·大祝》「付練祥」，鄭注：「付當爲祔。」《雜記》上下篇言附者非一，鄭注竝云「附皆當爲祔」是也。云「班，次也」，《小爾雅》文。云「《喪服小記》曰：『祔必以其昭穆，亡則中一以上』」者，言祔有一定之次，昭祔昭，穆祔穆。設若所祔之昭無可祔，則間穆一代，而仍祔於昭，所謂「祔必以其昭穆，亡則中一以上」也。但《小記》原文本云：「妾祔於妾祖姑，亡則中一以上而祔，祔必以其昭穆。」蓋祖妾之有無不定，故有中一以上而祔之禮。彼注云：「中猶間也。」此注引「祔必以其昭穆」，而并引「亡則中一以上」者，正以見祔必以其班之義。《檀弓》曰：「明日祔於祖父。」孫與祖昭穆同班，即此「以其班祔」者，祔之正禮也。《喪服小記》、《雜記》等篇所言多祔之變禮，然亦必以昭穆言，學者依文求之可矣。云「凡祔已復於寢，如既祫主反其廟」者，此鄭推言天子、諸侯之禮，故云「凡」也。文二年《公羊傳》曰：「大事者何？大祫也。大祫者何？合祭也。毁廟之主陳于大祖，未毁廟之主皆升合食于大祖。」《曾子問》曰：「祫祭于祖，則祝迎四廟之主，主出廟入廟必蹕。」蓋祭畢毁廟之主仍藏于太祖廟，未毁廟之主則各反其廟，是以有出廟入廟之儀。今此祔祭於祖廟，祭訖主仍反於寢，有似祫然，故以爲況也。僖三十三年《左傳》云：「凡君薨，卒哭而祔，祔而作主，特祀于主。」服氏注云：「特祀于主，謂在寢。」則固與鄭説同矣。陳氏祥道云：「先儒謂既祔主反其寢，大夫、士無主，以幣告。然《坊記》曰：『喪禮每加以遠。』荀卿曰：『喪事動而遠。』故將葬而既祖，柩不可反，孰謂將祔而既餞，主可反乎？」萬氏斯大亦據《坊記》「喪禮每加以遠」、《檀弓》「喪事有進無退」二語，以駁祔已主反於寢之説。然鄭注朱子實取之，嘗云：「吉凶之祭，其變有漸。故始死全用事生之禮，既卒哭祔廟，然後神之。然猶未忍盡變，故主復於寢，而以事生之禮事之。」又云：「既祔之後，主不當復於寢，陸子静力主此説，子壽疑之，皆以書來問。余以《儀禮注》告之，子静謂非經之本文，不足據信。今更言之，《大戴禮·諸侯遷廟》篇云君及從者皆玄服，則是大祥之後除喪而遷矣。其初言祔不言遷，則既祔之後主復於寢，至此方遷於廟矣。」徐氏乾學云：「《遷廟》篇中載君先至廟告徙，即告於殯宫之几筵也。《士虞禮》注『鬼神所在則言廟』，是寢亦可得稱廟矣。中有奉衣服至碑語，據賈《聘禮》疏謂寢内亦有碑，則《遷廟》篇中所云出廟門，其爲出殯宫無疑。」近張氏履云：「《遷廟》篇：『出廟門，奉衣服者升車，君升車，從者皆就車也。凡出入門及大溝渠，祝下擯。』案：諸侯廟制五廟竝列，每門有隔牆，隔牆有通門，謂之閤門。從廟之廟，出所祔廟，過一閤門，即入新廟矣，又安用車？即曰車以尊神也，而《記》曰『國君下宗廟』，則君車無入廟門閤門之理也。今曰『君升車，從者皆就車』，則是君若臣皆於閤門之中廟門之前乘車也，而豈有是哉？且一牆之隔，又安得有大溝渠乎哉？由君臣皆車及大溝渠之文，而知主之從寢之廟明也。從寢之廟，而祔後之復於寢又明也。寢則曷爲亦名廟？曰：盧注謂廟，殯宫。時葬久矣，神所棲即廟也。」今案：以《大戴禮·遷廟》篇證鄭注，自朱子始，其説自確。篇中雖但言奉衣服，不言奉主，然不可以是臆斷爲無主，昔人已辨之矣。張氏又云：「古者事神之道，必多其方以求之。《記》曰：『設祭於堂，爲祊乎外。於彼乎？於此乎？』故喪之奠也在寢，而又别有下室之饋。今以神之將依於祖乎，則爲之餞其尸而祔祭之。以神之或猶安於寢乎，則爲之反其主而特祀之。魂氣無不之，非神之一進不可復退，一遠不可復近比也。」江氏筠云：「《曾子問》：『已葬而世子生。孔子曰：大宰、大宗從大祝而告於禰。』此未知其去葬久近，其文承君薨而下，則所謂禰者，其即上所云殯宫無疑也。而下云『三月乃名於禰』，夫諸侯五月而葬，七月而卒哭，周卒哭而祔，則其在祔後也明矣，而其文乃不異。且下云『以名徧告及社稷、宗廟、山川』，别言宗廟，豈非復反於寢之明驗邪？」金氏榜云：「或有疑復寢之説，曰『七廟無虚主』，又曰『喪事有進而無退』、『喪禮每加以遠』。榜謂《曾子問》之文，爲取七廟之主以行者言之，非謂主本在寢者爲不可反之於寢也。《檀弓》之言有進無退，所以明反柩之失。《坊記》之言每加以遠，所以立不葬之坊。其文皆據尸柩而言，與廟主不相涉。」凡此皆申明注祔已復寢之義也。云「練而後遷廟」者，賈疏謂鄭據《穀梁傳》云：「作主壞廟有時日，於練焉壞廟。壞廟之道，易檐可也，改塗可也。」是練而遷廟。與《左傳》「特祀于主，烝嘗禘于廟」，服注云「三年喪畢，遭烝嘗則行祭，皆於廟」者不同。又據《周禮·鬯人》「廟用卣」，以爲練而遷廟之祭。又謂練祭在廟，祭訖主反於寢。案：朱子云：「《穀梁》但言壞舊廟，不言遷新主，則安知其非於練而遷舊主，於三年而納新主邪？至於《禮疏》所據《周禮》『廟用卣』一句，亦非明驗。」故朱子主三年遷廟之説。徐氏《讀禮通考》亦斷以遷廟當在三年吉禘之時。吴氏《章句》據《穀梁疏》云「作主在十三月，壞廟在三年喪畢」，遂謂鄭誤解傳説。今案：鄭云「練而後遷廟」，明有「後」字，謂練後乃可遷廟，非謂練即遷廟也。《公羊傳》曰：「虞主用桑，練主用栗。」是古者虞時作桑主，練時作栗主，既作栗主，則埋虞主於道左，見鄭《駁五經異義》。虞主不可用以遷廟，故必俟既練作栗主之後，乃可遷廟，此注言「練而後遷廟」之義也。然則祔已復寢者，固由孝子之意不忍盡變事生之禮，實亦以祔時用虞主，虞主不可藏於廟，故祔祭訖主反於寢也。《公羊傳》又曰：「用栗者，藏主也。」是可證矣。朱子云：「祔與遷自是兩事。」又據《大戴禮·遷廟》篇君及從者皆玄服，謂遷廟在大祥除喪之後。是也。近儒謂接神之道不可以純凶，故遷廟用玄服。皆由讀此注忘卻「後」字，讀「練而遷廟」，故爲此牽合附會耳。遷廟既在除喪後，則練祥禫之祭自當在寢行之。賈疏謂練祭在廟，祭訖主反於寢。則是祔時主反於寢，練而遷廟，祭訖仍反於寢，將來又必遷廟，禮豈有如是之煩瀆者乎？其必不然矣。云「古文『班』或爲『辨』。辨氏姓，或然」者，惠氏棟云：「古『辨』字或讀爲『班』，故古文『班』亦作『辨』。《史記·五帝紀》云：『辯于羣神。』❶徐廣曰：『辯音班。』《春秋傳》襄二十五年『男女以班賂晋侯』，此今文也。哀元年云『蔡人男女以辨』，❷此古文也。說見劉光伯《規過》。」胡氏承珙云：「班或爲辨，是古文有兩本。《漢書·王莽傳》音義引孟康曰：『辨，或作班。』故鄭以古文『班』爲『辨』者，其義或然。」云「今文爲『胖』」者，《既夕》注亦云：「今文『班』爲『胖』。」《周禮·司士》：「掌羣臣之版。」故書版爲班。鄭司農云：「班，書或爲版。」又《腊人》「膴胖」注：「鄭大夫云：『胖讀爲判。』杜子春讀胖爲版。」版既爲班，胖亦可謂班，故今文借胖爲班，鄭所不從也。○《檀弓》曰：「殷練而祔，周卒哭而祔，孔子善殷。」朱子云：「期年而神之，揆之人情亦爲允愜，但其節文次第今不可考，而《儀禮》自始死以至祥禫度數詳焉，故温公《書儀》雖記孔子之言，而卒從《儀禮》之制爾。」今案：死者體魄以葬爲歸，死者魂氣以廟爲歸。周制，虞而作主。卒哭祔廟，奉新死者之主祭於祖廟，并祭其祖，使魂氣相連屬。故祔不於練而於卒哭焉，欲其神之早得所歸也。然人子居廬哭泣，不忍遽以爲神而遠之，故祔訖反主於寢。且亦以舊廟未毁，新廟未成，主不可以遽入也。至練更作栗主，於寢祭之，自是而祥禫皆然，以喪祭不可行於祖廟中也。至三年喪畢，乃遷栗主於新廟，而四時之祭行焉。又以體死者不忍遽毁其祖廟之意，而遷廟必於三年焉。則周制亦善矣。**沐浴，櫛，搔翦。**彌自飾也。搔當音爪。今文曰

❶「神」，原作「臣」，今據《九經古義》改。

❷「辨」，原作「辯」，今據《九經古義》改。

「沐浴」。搔翦或爲蚤揃，揃或爲鬋。【疏】正義曰：注云「彌自飾也」者，虞時不櫛，此則櫛而更加以搔翦，是彌自飾也。胡氏承珙云：「注云『搔當爲爪』者，鄭於《士喪禮》『蚤揃如他日』注云：『蚤讀爲爪。』古人多以覆手之爪爲叉甲之叉，説已見前。蓋手足甲謂之爪，斷手足甲亦謂之爪。《喪大記》：『小臣爪足。』注云：『爪足，斷足爪也。』《内則》：『疾痛苛養，敬抑搔之。』與斷手足甲義無涉，故鄭正其字曰『搔當爲爪』。今文曰『沐浴』，無『櫛』字，鄭所不從，説已見前。云『搔翦或爲蚤揃，揃或爲鬋』者，此皆據别本。搔、蚤皆假借字。揃者，《説文》云：『揃，搣也。』段氏玉裁云：『《急就篇》沐浴揃搣寡合同。《莊子》眥媙可以休老，❶本亦作揃搣。揃搣者，道家修養之法。《手部》眥下云：一曰眥搣頰旁也。眥搣，即《莊子》之眥媙，謂摩其頰旁，養生家之一法也。若《士喪禮》、《士虞禮》之蚤揃，蚤讀爲爪，謂斷爪。揃，許作𠝣，謂𠝣須也。』案：《説文》：『𠝣，齊斷也。』經典多借翦爲之，故《爾雅·釋言》及《魯頌》毛傳皆云：『翦，齊也。』此經翦或爲揃者，鄭於《士喪禮》注不云『揃當爲翦』，故於此或作亦復存之。揃或爲鬋者，鬋亦翦之假借字。鄭意蓋以爪與翦爲正字，蚤搔、揃鬋，皆所不從也。」今案：此經正文作「翦」，《士喪禮》作「揃」。生人法容或有理其須而翦之使齊者，若事死則斷無翦須之理。互詳《士喪禮》「蚤揃如他日」下。**用專膚爲折俎，取諸脰膉。**專猶厚也。折俎，謂主婦以下俎也。體盡人多，折骨以爲之。今以脰膉，貶於純吉。今文字爲「折俎」，而説以爲肵俎，亦甚誣矣。古文「脰膉」爲「頭嗌」也。【疏】正義曰：敖氏云：「惟云『取諸脰膉』，是不分左右皆用之矣。」褚氏云：

❶「媙」，原作「搣」，今據《儀禮古今文疏義》改。

「既虚右胖不用，雖脰膉亦取連左胖者。」今案：祔亦當與虞同，記不言左，省文，褚説是也。　注云「專猶厚也」者，膚有厚薄，此云「用專膚」，明是取其厚也。　云「折俎，謂主婦以下俎也」者，李氏云：「《特牲禮》主婦、佐食皆轂折。」今案：不言阼俎，鄭意蓋以爲用正體也。　云「體盡人多，折骨以爲之」者，此鄭解吉祭折俎之義也。　云「今以脰膉，貶於純吉」者，案：虞無折俎，祔有之，已漸即吉，但不用體骨而用膚，是貶於純吉也。褚氏云：「虞不致爵，練不旅酬，祔在虞練之間，容得致爵，故主婦以下有俎。」云「今文字爲『折俎』，而説以爲肵俎，亦甚誣矣」者，蓋當時今文家有解折俎爲肵俎者，故鄭辨之。　吴氏廷華謂「膚用專」爲尸俎。　案：虞祭尸俎用七體，祔何獨用膚乎？　其不然明矣。　云「古文『脰膉』爲『頭嗌』也」者，臧氏琳云：「《説文》無『膉』字，《口部》：『嗌，咽也。𦏧，籀文，上象口，下象頸脈理也。』則『嗌』字當從古文，今亦從今文，小誤。」胡氏承珙云：「案：《説文》：『脰，項也。項，頭後也。』古文以『頭』爲『脰』，同音假借。『嗌』爲正字，鄭注『取諸左膉上』云：『膉，脰肉也。』此注於『脰』不從古文假『頭』，而於嗌又從今文假『膉』者，殆當時頭、脰殊别，嗌、膉通借，學者所易曉歟？」**其他如饋食。**　如特牲饋食之事。　或云以左胖虞，右胖祔。　今此如饋食，則尸俎、肵俎皆有肩臂，豈復用虞臂乎？　其不然明矣。【疏】正義曰：賈疏云：「知不如士虞饋食禮者，虞不致爵，則夫婦無俎矣。　上文有俎，則祔時夫婦致爵。　其辭稱孝，與《特牲》同，故云『如特牲饋食之事』也。」王氏士讓云：「練尚不旅，❶則祔祭只有獻致爵，而不旅可知。　云『其他如』者，其大槩之辭。」徐氏秉義云：「喪之有祭

❶「練」下，《儀禮糾解》有「祭」字。

始於虞，故《儀禮》有《士虞》之文。其再虞、三虞及卒哭之祭，皆倣初虞爲之矣。至卒哭之後，尚有祔、練、祥、禫四祭，而《儀禮》俱無其文，何哉？蓋《士虞·記》篇末略陳祔祭之禮，而以『其他如饋食』一語括之。所謂饋食者，即《特牲饋食禮》也。士之祔祭倣之，則練、祥、禫三祭自倣《特牲》可知。」云「或云以左胖虞，右胖祔」者，當時有人解云：「虞與祔共用一牲，以左胖爲虞祭，右胖爲祔祭。」故鄭破之。云「今此如饋食，則尸俎、肵俎皆有肩臂，豈復用虞臂乎？其不然明矣」者，李氏云：「《特牲饋食禮》尸俎右臂，阼俎臂用左。阼俎，主人俎也。今『阼』作『肵』，非。」《經義述聞》云：「注『肵俎』當爲『阼俎』，今作肵俎者，涉上注而誤。肵俎心舌，安得有臂乎？肩，衍字也。《特牲·記》曰：『尸俎，右肩、臂。阼俎，臂。』是尸俎、阼俎皆有臂也，若肩則尸俎有而阼俎無，不得云『皆有』。」今案：李氏及《述聞》之説是也。鄭以如饋食，則尸俎、阼俎皆有臂，豈復取虞祭之臂而用之乎？此以決其不然也。**用嗣尸。**虞祔尚質，未暇筮尸。【疏】正義曰：蔡氏德晉云：「嗣，繼也。即虞、卒哭之尸，相繼用之。」江氏筠云：「自虞訖祔，理宜專用一尸。若更易之，則神失所主矣。然獨於此言之者，以上祭猶是間日，此則連日，恐或思有以息之，又或因餞之門外之故，而疑禮得更端，故特明之。」王氏士讓云：「敖氏謂祔用子行之次子爲虞尸者，❶是虞祔異尸，誤矣。記言餞尸，正爲祔廟而餞之，豈有餞者一尸，祔者又一尸乎？李寶之指嗣爲主人嗣子，不知凡喪主人或年少，未必盡有嗣，且亦未可以《特牲》之『嗣舉奠』例也。」　注云「虞祔尚質，未暇筮尸」者，此鄭解用一尸之義也。《喪服小記》

---

❶ 下「子」字，據《儀禮集説》，似爲「于」之訛。

云：「練，筮日筮尸。」是練祥以後之祭皆筮尸矣。**曰：「孝子某，孝顯相，夙興夜處，小心畏忌，不惰其身，不寧。**稱孝者，吉祭。【疏】正義曰：此記祔祭之辭也。敖氏云：「此祭兩告之，而辭乃惟以孝子爲稱者，蓋主於祔者也。」蔡氏德晋云：「小心畏忌不惰，言中心之敬不敢稍怠也。其身不寧，言敬形于身，踧踖而不安也。」今案：當以「小心畏忌」爲句，「不惰其身」爲句，言心常存畏忌，而身不敢惰慢也。前虞辭云「夙興夜處不寧」，此更增此八字耳。方氏苞云：「《春秋傳》曰：『祝史陳信于鬼神，無愧辭。』若主喪者及衆主人心無畏忌，身實懈惰，夙興夜寐無甚不安，而以此告於先靈，能不怵然内愧而怍於媢族友黨乎？先王制哭踊之節，正薦告之辭，皆所以振發人之本心，而俾自循省也。」○《經義述聞》云：「孝子某，子當爲孫。下文『適爾皇祖某甫，以隮附爾孫某甫』，皆告祖之辭，猶《金縢》言『若爾三王』、『惟爾元孫某』也。自稱當言孝孫，不當言孝子，蓋因上文三言『哀子某』而誤。《曲禮》：『祭王父曰皇祖考。』今所祭之祖，于祭者曾祖也，而但謂之皇祖者，王父以上亦得稱爲皇祖。《魯頌·閟宫》美僖公享祀曰：『皇祖后稷。』又曰：『周公皇祖。』哀二年《左傳》衛太子蒯聵禱曰：『敢昭告皇祖文王。』則自始祖以下，皆得稱皇祖也。對皇祖言之，則曰孝孫矣。」又云：「兩『爾』字，皆稱其祖，非上爾其父，下爾其祖也。鄭注以爲兩告之，非是。上文卒辭曰：『隮祔爾于爾皇祖某甫。』已告其父矣，至祔祭則統于尊而告祖，不得兩告也。『適爾皇祖』，謂孝孫以此祫事適皇祖之廟而薦之，非謂其父適皇祖之廟也。下『隮祔爾孫』，始謂祔其父于皇祖耳。」今案：《述聞》之説特精，竝録存焉。注云「稱孝者，吉祭」者，謂易哀爲孝。**用尹祭。**尹祭，脯也。大夫、士祭無云「脯」者，今不言牲號，而云「尹祭」，亦記者誤矣。【疏】正義曰：《曲禮》：「脯曰尹祭。」故知尹祭爲脯也。鄭意以

《曲禮》所云是天子、諸侯稱號，云「大夫、士祭無云『脯』者」，據《特牲》、《少牢》言也。上虞辭云「絜牲剛鬣」是牲號，故云「今不言牲號，而云尹祭，亦記者之誤」。賈疏云：「亦者，亦上文香合也。」或曰：尹，正也，謂用吉祭之正體。或曰「用」上當有「敢」字。**嘉薦、普淖、普薦、溲酒。**普薦，鉶羹。不稱牲，記其異者。今文「溲」爲「醙」。【疏】正義曰：注云「普薦，鉶羹」者，賈疏云：「虞禮一鉶，此云如饋食，與《特牲》同二鉶，故云『普薦』也。」敖氏云：「普薦未詳。」則不以賈説爲然矣。云「不稱牲，記其異者」，以鉶有羊鉶、豕鉶，此不稱牲而言普薦，是記其名之異者。云「今文『溲』爲『醙』」，詳前。○今案：《經義述聞》以尹祭爲籩實，嘉薦爲豆實，普淖爲鉶實，普薦爲俎實。詳前「明齊溲酒」下。**適爾皇祖某甫，以隮祔爾孫某甫，尚饗。」**欲其祔合，兩告之。《曾子問》曰：「天子崩，國君薨，則祝取羣廟之主而藏諸祖廟，禮也。卒哭成事，而後主各反其廟。」然則士之皇祖，於卒哭亦反其廟。無主，則反廟之禮未聞，以其幣告之乎？【疏】正義曰：注云「欲其祔合，兩告之」者，《既夕》注云：「祔猶屬也。」祔之祭，欲祔者與所祔者神相屬，故兩告之。蔡氏德晋云：「『適爾皇祖某甫』，以告祔者。『隮祔爾孫某甫』，以告皇祖。」今案：兩告之而用一尸者，方氏苞云：「像新死者進見于祖，祖之尸不必設也。」引《曾子問》而云「然則士之皇祖，於卒哭亦反其廟。無主，則反廟之禮未聞，以其幣告之乎」者，褚氏寅亮云：「祝取羣廟之主藏于太祖，卒哭成事而後，主各反其廟，此天子、諸侯之禮也。大夫、士無主，則無藏主、反主之禮，故云未聞。」❶《禮經釋例》云：「詳注意，天子、諸侯有主，則祔

---

❶「云未聞」，《儀禮管見》作「記無文」。

廟、反寢及反廟皆以主；大夫、士無主，則皆以幣告之，即許氏慎『束帛依神』之謂也。」今案：崔氏靈恩云：「大夫、士無主，以幣帛祔，祔竟竝還殯宫，至小祥而入廟也。」其即本此注言之歟？又江氏筠云：「卒哭反廟，乃天子、諸侯禮。注謂士之皇祖亦然，非也。」案：士之一廟者無羣廟，即二廟者亦止祖廟、禰祖，無太祖廟，説似難通矣。○《經義述聞》云：「『適爾皇祖』之上，當云『薦此祫事』。祫者，合也，合于皇祖也。『薦此祫事，適爾皇祖某甫』，謂以此祫事適皇祖之廟而薦之，猶《特牲》云『諏此某事，適其皇祖某子』、《少牢》云『敢用柔毛剛鬣，嘉薦普淖，用薦歲事于皇祖伯某』也。且虞稱『虞事』，卒哭稱『成事』，小祥、大祥稱『祥事』，而祔獨不稱所薦之事，非祝辭之例矣。故『薦此祫事』之當在祔祭，可以他祭比類而得之也。薦祫事不言『哀』者，上文祝稱『孝子』，已是吉祭之辭，不得復稱『哀薦』，當與祥祭皆稱『薦此』。蓋『薦此某事』之文，祔與祥同，所不同者，或稱『祫』，或稱『祥』耳。『薦此祫事，適爾皇祖某甫』，與始虞之『哀薦虞事，適爾皇考某甫』相亂，遂至脱于此，而反見于彼。于是始虞之祝與祔祭無别，解者雖曲爲之説，而終不可通矣。」今案：互詳始虞祝辭「適爾皇祖某甫」下。

右記祔祭之禮與告祔之辭

朞而小祥。 小祥，祭名。祥，吉也。《檀弓》曰：「歸祥肉。」古文「朞」皆作「基」。【疏】正義曰：杜氏佑云：「周制，士喪周而小祥。」今案：周即朞年也。　注云「小祥，祭名。祥，吉也」者，《釋名》云：「期而小祥，亦祭名也，孝子除首服，服練冠也。祥，善也，加小善之飾也。」吴氏紱云：「此即練祭也，以一朞言則曰小祥，以服變除之節言則曰練。《左傳》『特祀于主』，以此推之，祥禫皆特祭，則於寢行之可知。敖氏謂特祭于祖廟，不可從。」今案：《喪服四制》云：「期而練。」又云：「十三月而練冠。」《檀弓》曰：「練，練衣黄裏縓緣，葛要絰，繩屨無絇，角瑱，鹿裘，衡長袪，袪裼之可也。」《喪服小記》云：「練，筮日筮尸，視濯，皆要絰、杖、繩屨，有司告具而后去杖。筮日筮尸，有司告事畢而後杖，拜送賓。」孔疏：「練謂小祥也。」《曾子問》曰：「孔子曰：『聞之小祥者，主人練祭而不旅，奠酬于賓，賓弗舉，禮也。昔者魯昭公練而舉酬行旅，非禮也。孝公大祥，奠酬弗舉，亦非禮也。』」鄭注：「奠無尸，虞不致爵，小祥不旅酬，大祥無無算爵，彌吉。」《雜記》曰：「期之喪，十一月而練，十三月而祥，十五月而禫。」案：練，小祥也。祥，大祥也。十一月而練，此父在爲母之禮。萬氏斯大云：「卒哭、祔祭于三虞後相繼而行，故日與尸不更筮，賓不更宿。小祥之去祔，大祥之去小祥，爲日遠矣，日也、尸也、賓也，無不筮不宿可知。考《虞禮·記》第云『薦此某事』，不著二祥之禮。此當放《特牲饋食禮》爲節，自筮日、筮尸、宿賓至獻兄弟及私臣、内兄弟，小祥之節也，不旅酬。自筮日、筮尸、宿賓至賓主黨旅酬交錯，大祥之節也，無無算爵。冠服用練祥所宜，不得端玄耳。」萬氏斯大云：「《雜記》云：『自諸侯達諸士，小祥之祭，主人之酢也嚌之，衆賓兄弟則皆啐之。大祥，主人啐之，衆賓兄弟飲之。』考《士虞禮》喪祭也，尸酢主人，主人飲卒爵。練祥喪祭，何反止于嚌啐？孔疏云：『此主人嚌之啐之，謂正祭之後，主人獻賓長，賓長酢主人時也。衆賓兄弟啐之飲之，謂祭末受獻時也。賓長之酢止于嚌啐，而尸酢反卒爵者，神惠重，賓酢輕也。』通練祥二祭于《特牲禮》者，不可不知。」云「《檀弓》曰：『歸祥肉。』」者，引以證祥爲祭名也。《檀弓》本云「饋」，此云「歸」者，古饋與歸通。云「古文『朞』皆作『基』」者，皆下「又朞而大祥」也。

惠氏棟云：「案：《堯母碑》『朞』字亦作『基』。」胡氏承珙云：「《士喪禮》『兆基』之『基』，古文又作『期』。蓋古文二字互借，鄭各取本義，故皆從今文。」**曰：「薦此常事。」**祝辭之異者。言常者，朞而祭，禮也。古文「常」爲「祥」。【疏】正義曰：注云「祝辭之異者」，祝辭與祔同，惟「薦此常事」爲異耳。云「言常者，朞而祭，禮也」者，案：「期而祭，禮也」，《喪服小記》文。彼注云：「此謂練祭也。」孔疏：「歲序改易，隨時悽感，故一期而爲練祭，于禮當然。」是以言常也。云「古文『常』爲『祥』」者，胡氏承珙云：「言常事者，此爲小祥，當與大祥辭別，故鄭不從古文。」○《經義述聞》云：「『常』，當依古文作『祥』。小祥、大祥皆祥也，大祥曰『薦此祥事』，小祥不當有異。特以祥、常聲近，故誤爲常耳。《曾子問》曰：『宗子爲士，庶子爲大夫，其祭也，以上牲祭于宗子之家，祝曰：孝子某，爲介子某，薦其常事。若宗子有罪，居于他國，庶子爲大夫，其祭也，祝曰：孝子某，使介子某，執其常事。』然則常事乃春秋祭祀之通稱，小祥不得稱常事明矣。」今案：吴氏《疑義》云：「喪祭皆非常之事，此言常者誤也，當以古文作『祥』爲是。」與《述聞》説合。**又朞而大祥，曰：「薦此祥事。」**又，復也。【疏】正義曰：《釋名》云：「又期而大祥，亦祭名也，孝子除縗服，服朝服縞冠，加大善之飾也。」杜氏佑云：「周制，自小祥又周而大祥。」蔡氏德晉云：「三年之喪，二十五月而大祥。」今案：《喪服小記》曰：「大祥，吉服而筮尸。」《雜記》曰：「祥，主人之除也，于夕爲期，朝服。祥，因其故服。」《玉藻》曰：「縞冠素紕，既祥之冠也。」注云「又，復也」者，《詩·小宛》「天命不又」，《毛傳》云：「又，復也。」復朞則天道再變，故行大祥之祭，而其辭曰「薦此祥事」。**中月而禫。**中猶間也。禫，祭名也。與大祥間一月，自喪至此，凡二十七月。禫之言澹，澹然平安意也。古文「禫」或爲「導」。【疏】正義曰：注云「中猶間也」，謂間隔也。云「禫，祭名也。與大祥間一月，自喪至此，凡二十七月」者，禫，大祥後除服祭名。三年之喪，二十五月而大祥，二十七月而禫，猶期之喪十三月而大祥，十五月而禫，皆與大祥間隔一月，故云「自喪至此，凡二十七月」也。云「禫之言澹，澹然平安意也」者，澹與淡通，謂哀痛慘切之念至此漸平，❶向之夙夜不安者至此稍安也。《釋名》云：「間月而禫，亦祭名也，孝子之意澹然，哀思益衰也。」説與鄭同。《檀弓》曰：「祥而縞，是月禫，徙月樂。」祥而縞，謂二十五月也。是月禫，二十七月也。徙月樂，二十八月也。戴德《喪服變除禮》云：「二十五月大祥，二十七月而禫。」《白虎通》云：「二十五月而大祥，飲醴酒、食乾肉。二十七月而禫，通祭宗廟，去喪之殺也。」《鄭志》荅趙商云：「祥，謂大祥二十五月。」是月禫，謂二十七月，非謂上祥之月也。自王肅誤讀「祥而縞，是月禫」之文，以禫亦在二十五月，祥禫同月。又以《士虞禮》「中月而禫」爲月中而禫，謂在祥月之中，與鄭異説。其詳載《檀弓》「孟獻子禫」節疏内。李氏云：「《聘禮·記》『士中日則二雙』，《喪服小記》『亡則中一以上而祔』，《學記》『中年考校』，中皆謂間也。王肅謂禫在祥是月之中，讀此『中月』與『文王中身享國』之中同。案：『是月禫』自爲下生文，猶『子于是日哭，則不歌』，『是日』之文亦上無所屬，王義非也。」汪氏琬云：「案：禮，親喪外除，兄弟之喪内除。杖期猶祥禫間月，豈三年重服而反祥禫同月乎？《春秋》文二年冬，公子遂如齊納幣。蓋僖公之喪已二十六月矣，而公羊氏譏其喪娶。由此言之，當從鄭義無疑。」金氏榜云：「《三年問》曰：『三年之喪，二十五月而畢者，謂至親以期斷，加隆焉，使倍之，故再期也。』

❶「念」，原作「今」，今據《續清經解》本改。

明喪三年者爲再期。《喪服小記》亦云：『再期之喪，三年也。』據再期言之爲二十五月，通數禫月爲二十七月，義本相通。杜氏《通典》載：『鄭學之徒曰：伯叔無禫，十三月而除；爲母妻有禫，則十五月而畢；爲君無禫，二十五月而畢；爲父、長子有禫，二十七月而畢。明所云喪以期斷者，禫不在期中也。《禮記》二十五月畢者，則禫不在祥月。三年之喪，二十五月而畢者，論其正；二十七月而禫者，明其加。』」又云：「《通典》承用鄭義，謂二十五月終而大祥，受以祥服素縞麻衣；二十六月終而禫，受以禫服；二十七月終而吉，吉而除。榜謂《雜記》注云：『祥祭朝服，始即吉正祭服也。《喪服小記》曰：除成喪者，其祭也朝服縞冠。是也。祭猶縞冠，未純吉也。既祭，乃服大祥素縞麻衣。釋禫之禮云玄衣黄裳，則是禫祭玄冠矣。黄裳者，未大吉也。既祭，乃服禫服朝服綅冠。踰月吉祭，乃玄冠朝服。既祭，玄端而居，復平常也。』是《通典》言二十七月終而吉，與鄭義合。祥禫異月，兩漢經師更相傳授者無異説也。自子雍好爲野言，浮辨蜂起，雖鄭學之徒申明之，學者猶或依違其間。甚矣，禮學之難明易晦也。」今案：《禮記·間傳》曰：「期而小祥，食菜果。又期而大祥，有醯醬。中月而禫，禫而飲醴酒。始飲酒者，先飲醴酒。始食肉者，先食乾肉。」又曰：「期而小祥，居堊室，寢有席。又期而大祥，居復寢。中月而禫，禫而牀。」又曰：「期而小祥，練冠縓緣，要絰不除。又期而大祥，素縞麻衣。中月而禫，禫而纖，無所不佩。」據《間傳》凡三言「中月而禫」與「期而小祥」、「又期而大祥」，皆爲特起之辭，文不相屬，則禫與大祥異月明甚。若如王肅之説，則必改「中月」之文爲「月中」而後可。且一月之中，既舉祥祭，又舉禫祭，不嫌于數乎？《雜記》云：「期之喪，十一月而練，十三月而祥，十五月而禫。」是禫與祥異月之明證，不得謂十五月而禫者，禫亦在祥月中也。禮文章顯如是，而後人猶有謂王説實本于禮，親喪宜厚，故鄭説沿用至今。何歟？　云「古文『禫』或爲『導』」者，《説文》於「㐁」字、「棪」字下皆云：「讀若三年導服之導。」於「突」字下云：「讀若禮三年導服之導。」惠氏棟云：「導服，即禫服。從古文，故曰導。近有人作字書名《正字通》，斥許君説爲妄，是未讀《儀禮》。」段氏玉裁云：「《士虞禮》注曰：『古文禫或爲導。』《檀弓》、《喪大記》注皆曰：『禫或作道。』是今文《禮》作『禫』，古文《禮》作『導』。鄭從今文，故見古文於注。許從古文，故《谷部》、《木部》、《穴部》皆云『三年導服』，而《示部》無『禫』。今有者，後人增也。導服者，導凶之吉也。不云『讀若導』，而云『三年導服之導』者，三年導服之導，古語蓋讀如澹，故今文變爲『禫』字，是其音不與凡導同也。」胡氏承珙云：「經典皆相承作『禫』，故鄭從今文。此注云『古文禫或爲導』，是古文本亦有作『禫』者也。」徐氏乾學云：「禫祭之禮，全用《特牲饋食》篇之儀。蓋小祥不旅酬，大祥無無算爵，禫則既加以旅酬，又加以無算爵，一如《特牲禮》行之。」**是月也吉祭，猶未配。**　是月，是禫月也，當四時之祭月則祭。猶未以某妃配某氏，哀未忘也。《少牢饋食禮》：「祝祝曰：『孝孫某，敢用柔毛剛鬣，嘉薦普淖，用薦歲事于皇祖伯某，以某妃配某氏，尚饗。』」【疏】正義曰：吉祭，四時之常祭。曰吉者，對禫以前爲喪祭言也。褚氏寅亮云：「吉祭，兼祖在内。猶未配，則專指新死之父而母先没者言。」　注云「是月，是禫月也，當四時之祭月則祭」者，此指吉祭在禫月者言之。謂禫月而當四時之祭月，即既禫之後，行吉祭如常也。吉祭與禫同月，一月而兩祭者，禫專祭新死者于寢，吉祭則在廟也。　云「猶未以某妃配某氏，哀未忘也」者，吴氏《章句》云：「吉祭必以某妃配，此未配者，爲父祔而母先卒者言之。蓋死者初遷廟，生者初除喪，餘哀尚在，不敢純用吉禮也。」盛氏世佐云：「婦人無廟，其妃之先卒者祔于皇祖姑，俟其夫遷廟之後，乃合食焉，所謂配也。未配，則但祭考而已。」江氏筠云：「注引《少牢禮》祝辭，特以證明配字耳。」又云：「猶未配，蓋主于母之先亡者言。萬季野謂無因子孫之除喪而去祖妣不配之理，其言是矣。而又云所謂配者以新死者之主配食于祖禰，此但祫祭祖禰，而不以新死者配之。案：士祫祭之禮未聞，且即祫食于祖禰，亦不得言配，其説非也。」今案：吉祭猶未配，謂前此喪祭固未以母配，今吉祭在禫月，猶未以母配也。若禫月後而遇吉祭，則當以母配矣。配字之義，諸家指母先亡者言之，甚是。互詳《特牲》筮日「宰自主人之左贊命」下。

右記小祥大祥禫祭吉祭之節與祝辭之異

儀禮正義卷三十四　鄭氏注

績溪胡培翬學

特牲饋食禮第十五

鄭《目録》云：「特牲饋食之禮，謂諸侯之士以歲時祭其祖禰之禮，於五禮屬吉禮。大戴第七，小戴第十三，《别録》第十五。」【疏】正義曰：先大父《目録校證》云：❶「賈疏本作『謂諸侯之士祭祖禰』，無『以歲時』及『其』及『之禮』六字，此依《釋文》所引增。《釋文》『禰』作『廟』。賈本『於五禮』上又有『非天子之士而』六字，是因疏文訛入。『大戴』以下十四字舊脱，吴氏澄補。據《士冠禮》疏當作『小戴第十』，第十三乃《士喪禮》。」戴氏震云：「似《釋文》所引乃鄭《目録》本文。」阮氏《校勘記》云：「《釋文》『廟』字誤，當從賈作『禰』。」臧氏庸校本『祖禰』下增『廟』字，又經作『小戴第十』。今俱從《校證》本。○李氏如圭云：「特牲，一豕也。韋昭曰：『凡牲，一爲特，二爲牢。』」官氏獻瑶云：「大夫曰少牢饋食，所以别於天子國君之大牢也；士曰特牲饋食，所以别於卿大夫之少牢也。」蔡氏德晋云：「士喪遣奠用羊豕，是士之祭亦有用少牢

❶ 「父」，原作「夫」，今據前疏文改。

者。蓋特牲其常，而少牢乃其盛禮也。」賈疏申鄭義，謂《曲禮》「大夫以索牛，士以羊豕」爲天子大夫士，此《儀禮》特牲、少牢爲諸侯大夫士。似未盡是，詳《少牢禮》。萬氏斯大云：「《大傳》云：『大夫士有大事，省于其君，干祫及其高祖。』干，求也。祫，合祭也。必求於君而後得祫，則其常時但得特祭而不得合祭可知。考此《特牲》、《少牢》二篇祝詞及命筮之詞惟及皇祖，❶而自稱孝孫，此常時之祭也，其爲特祭昭昭矣。蓋舉皇祖以爲例，其祭高曾也，以此推之；其祭禰也，亦以此推之。」又云：「先儒謂大夫士惟得祭祖禰，何其泥歟！」今案：此篇所言儀節器物，祭祖與祭禰同，但祭禰則易其皇祖孝孫之詞耳。萬氏以爲常時之特祭非合祭，又謂舉皇祖以爲例，其説皆是。惟推之以及高曾，謂祭祖禰之説爲泥則非。士祭及高曾，惟祫祭爾。鄭注《大傳》云：「干，猶空也。空祫謂無廟，祫祭之于壇墠。」蓋士止有一廟二廟，其高曾則無廟，故鄭以爲祫祭于壇墠。此篇是言廟祭，則不得推及高曾，故鄭云祭祖禰也。云「以歲時祭」，則是時享，非祫也。饋食，義詳下。士廟，制詳《少牢》篇首。云「於五禮屬吉禮」者，《大宗伯》云「以吉禮事邦國之鬼神示」，故知屬吉禮也。郝氏敬云：「《士虞》後繼以《特牲》者，自凶趨吉也；《特牲》後繼以《少牢》者，自殺趨隆也。皆記禮之序。」盛氏世佐辨之云：「諸篇次弟皆出于漢儒所定，未必合作經者之舊。」今案：《儀禮》全經當有天子、諸侯祭禮，今皆亡，惟此及《少牢篇》僅存大夫、士祭禮，則已殘闕不完。又二戴與劉氏次弟皆不同，郝氏據今本以言序，謬矣。○萬氏斯大云：「《曲禮》曰：『大夫無故不徹縣，士無

❶ 上「詞」字，原作「祠」，今據《續清經解》本改。

故不徹琴瑟。』衆仲言羽數，大夫四、士二，是大夫、士皆有樂舞矣。《特牲》、《少牢》皆不用樂，何歟？嘗攷之《郊特牲》云：『饗禘有樂，而食嘗無樂。凡飲，養陽氣也，故有樂；食，養陰氣也，故無聲。』竊意《特牲》、《少牢》皆用食禮，故名曰『饋食』而無樂也。」汪衡齋先生亦主此説，今附録於此，俟攷。吴氏紱云：「古者大夫士四時之祭，用燕禮則有樂，用食禮則無樂。觀《特牲》『尸九飯』，《少牢》『尸十一飯』，則用食禮明矣。」

特牲饋食之禮，不諏日。 祭祀自孰始曰饋食。饋食者，食道也。諏，謀也。士賤職褻，時至事暇，可以祭，則筮其日矣。不如《少牢》大夫先與有司於廟門諏丁己之日。今文「諏」皆爲「詛」。【疏】正義曰：張氏爾岐云：「自此以下，筮日、筮尸、宿尸、宿賓、視濯與牲，凡五節，皆祭前戒備之事。」注云「祭祀自孰始曰饋食」者，古「熟」字多作「孰」。先大父《目録校證》云：「《周禮・大宗伯》：『以肆獻祼享先王，以饋食享先王。』鄭注：『肆者，進所解牲體，謂薦熟時也。獻，獻醴，謂薦血腥也。祼之言灌，灌以鬱鬯，謂始獻尸求神時也。言饋食者，著有黍稷。』蓋天子諸侯宗廟之祭，先祼獻而後薦熟薦黍稷。大夫士之祭，直自饋熟始，無祼獻之禮，故曰『饋食』。」今案：《司尊彝》云祼云朝踐，朝踐即謂薦血腥。又云饋獻，即謂薦熟。是宗廟之祭，始祼神，次薦腥，次薦熟。故《禮運》曰：「腥其俎，孰其殽。」鄭注：「腥其俎，謂豚解而腥之，及血毛，法大古也。孰其殽，謂體解而爓之，法中古也。」《周禮》肆獻祼饋食分三節，祼爲一節，獻爲一節，肆與饋食共爲一節。以薦孰言曰肆，以薦黍稷言曰饋食，實一時事。故鄭云「祭祀自孰始曰饋食」也。又《周禮・籩人》

有朝事之籩、饋食之籩。朝事即朝踐，鄭注：「朝事，謂祭宗廟薦血腥之事。饋食，薦熟也。今吉禮存者《特牲》、《少牢》，諸侯之大夫、士祭禮也。不裸、不薦血腥，而自薦熟始，是以皆云『饋食之禮』。」義與此同也。云「饋食者，食道也」者，食道，謂生人飲食之道。《檀弓》曰：「不以食道，用美焉爾。」鄭注：「食道褻。」《禮器》曰：「禮之近人情者，非其至者也。郊血，大饗腥，三獻爓，一獻孰。」鄭注：「近人情者褻，而遠之者敬。」又《郊特牲》曰：「至敬不饗味而貴氣臭也。」是祭祀用食道，褻近爲殺；用血腥，法古爲隆。鄭言此者，欲見大夫士以食道事神，無薦腥以上事，爲殺於天子諸侯也。萬氏斯大云：「《特牲》、《少牢》二禮，不曰『祭』而曰『饋食』者，祭以粢盛爲重也。就二禮考之：尸者，祭祀之主，食飯惟尸而他人不及；嘏者，受福之重，嘏惟用黍而他物不及。此食之所以重而特舉以爲名也。《士虞禮》尸入之後亦先九飯而後三獻，略與《特牲禮》同，故篇首亦曰『特豕饋食』。」今案：萬説即《大宗伯》注「言饋食者，著有黍稷」之義。「諏，謀」，詳下。江氏筠云：「此云『不諏日』，而下筮日云『諏此某事』者，此諏爲人謀，下諏爲鬼謀也。」云「士賤職褻，時至事暇，可以祭，則筮其日矣。不如《少牢》大夫先與有司於廟門諏丁己之日」者，案：《少牢》云：「日用丁己。」彼注云：「必先諏此日，明日乃筮。」是所諏者爲祭之日，非筮之日也。敖氏云：「諏日，謂諏其筮日之日。」張氏爾岐云：「不諏日者，不預諏前月下旬之丁己，以筮來月上旬之丁己。」似誤。江氏筠云：「《少牢》之于祭日，先諏之而後筮之，此則即筮爲始耳。」今案：大夫以上先諏日而後筮日，士則但筮日而不諏日，亦尊者禮詳，卑者禮略。鄭必云「士賤職褻，時至事暇，可以祭，則筮」者，蓋君祭，大夫、士均有事焉；大夫祭，士或又有事焉。此所以職褻事繁，不能預諏祭日，但可以祭即擇日而筮之，亦不必定用丁己之日也。乃賈因士不諏日，于《少牢》疏云「士只有致齊無散齊」，其説亦非。吴氏《疑義》云：「據《祭統》散齊七日、致齊三日，則祭前十日爲齊期，故必筮于十日之前。《周禮・大宰》『祀五帝，前期十日卜日，遂戒』，《少牢》『筮旬有一日』，皆此義也。士雖卑于大夫，既立之廟使祭其先，即職業叢冗而大禮必不可廢，豈有不事七日、三日之齊，遽行廟祭之禮？恐非先王所以體羣臣之意。」據此則士之筮日亦當在十日之前也。云「今文『諏』皆爲『詛』」者，胡氏承珙云：「《説文》：『諏，聚謀也。詛，詶也。詶，詛也。』詶即今之呪字。詛、詶互訓，與諏義别。」今案：今文殆假「詛」爲「諏」，故鄭不從。皆者，皆下「諏此某事」也。**及筮日，主人冠端玄，即位于門外，西面。**冠端玄，玄冠、玄端。下言玄者，玄冠有不玄端者。門謂廟門。【疏】正義曰：筮日，敖氏以爲筮之日。江氏筠云：「筮日，目下事也。下文云『筮尸，如求日之儀』，則此可知矣。」今案：據經言「及」，敖説似亦可通。李氏如圭云：「筮日者，孝子不知鬼神降格之期，故因卜筮以請，敬之至也。」敖氏云：「士筮當朝服，今乃玄端者，不可踰其祭服也。」《禮經釋例》云：「《特牲饋食禮》筮日筮尸用玄端，蓋士禮。《士冠禮》用朝服，如《少牢》筮日者，冠禮攝盛故也。」然則敖氏謂士筮當朝服，非矣。蔡氏德晋云：「門外西面，主位也。」　注云「冠端玄，玄冠、玄端。下言玄者，玄冠有不玄端者」，賈疏云：「不玄端則朝服。下記云『助祭者朝服』，不著玄端故也。若然，玄端一冠，冠兩服也。」江氏永《鄉黨圖考》云：「朝服、玄端、深衣，皆用玄冠。」又云：「朝服，素韠；玄端，爵韠。」又云：「大夫以上，玄端，衣用侈袂。」本《周禮・司服》注，皆與朝服異者也。《禮經釋例》云：「案：素裳、白屨則爲朝服，玄裳、黄裳、雜裳、黑屨則爲玄端，餘皆同也。」蓋據士言之也。云「門謂廟門」者，賈疏云：「《士冠禮》『筮于廟門』，此爲祭廟，筮在廟門可知也。」**子姓兄弟如主人之服，立于主人之**

南，西面北上。所祭者之子孫，言子姓者，子之所生。小宗祭，而兄弟皆來與焉。宗子祭，則族人皆侍。

【疏】正義曰：「子姓兄弟如主人服」，亦玄冠玄端也。「立于主人之南，西面北上」，統於主人也。李氏如圭云：「兄弟，猶言族親也。《祭統》曰：『有事於大廟，則羣昭羣穆咸在，而不失其倫。』此之謂親疏之殺。」注云「所祭者之子孫，言子姓者，子之所生」者，案：《白虎通》云：「姓者，生也，人稟天氣所以生者也。」故鄭注《禮記》亦云：「姓之言生也。」盛氏世佐云：「變孫言姓者，子孫止於二世。言子所生，則曾玄而下皆該之矣。先子姓而後兄弟者，子姓據所祭者而言，兄弟據主祭者而言。」是也。官氏獻瑶云：「子姓者，依主人之嗣子立文也。兄弟者，伯叔父及其他上下行皆該焉。退兄弟於子姓之後者，觀下文嗣舉奠，而兄弟不得與焉。祭畢餕，嗣爲上，而兄弟不敢躐焉。」今案：鄭意以子姓兄弟皆爲所祭者之後人，祭時咸來，故下又云：「小宗祭，而兄弟皆來與焉。宗子祭，則族人皆侍也。」若以爲依主人之嗣子立文，是以子姓爲主人之子姓，不若鄭義之該括。云「小宗祭，而兄弟皆來與焉」者，《白虎通》曰：「宗其爲始祖後者爲大宗，此百世之所宗也；宗其爲高祖後者，五世而遷者也；宗其爲曾祖後者，爲曾祖宗；宗其爲祖後者，爲祖宗；宗其爲父後者，爲父宗。父宗以上至高祖宗，皆爲小宗。」所謂「小宗有四，大宗有一」，鄭注《喪服小記》云：「小宗有四：或繼高祖，或繼曾祖，或繼祖，或繼禰，皆至五世則遷。」蓋本班説。此云「來與」，謂來與於祭也，如祭禰則同禰者皆來，祭祖則同祖者皆來，祭曾祖、高祖則同曾祖、同高祖者皆來也。云「宗子祭，則族人皆侍」者，即《白虎通》所謂大宗也。族人是與宗子同始祖者也，故《白虎通》引《禮》曰：「宗人將有事，族人皆侍。」《尚書大傳》曰：「宗室有事，族人皆侍終日。」《詩·湛露》《毛傳》云：「宗子將有事，則族人皆侍。」是皆鄭所本也。有事，謂祀事也。**有司羣執事如兄弟服，東面北上。** 士之屬吏也。【疏】正義曰：《儀禮釋官》云：「此經上有『子姓兄弟』，則有司不兼子弟可知。賈疏引《左傳》『士有隸子弟』，非也。不直云『有司』而兼云『羣執事』，蓋公有司、私臣皆統之矣。有司、羣執事，分言之，凡職有專司者謂之有司，無專司而臨事來助祭者謂之羣執事。《士虞禮》有『賓執事者』，注謂『賓客來執事者』；統言之，則自主人以下凡有事於廟中者，皆可以『執事』稱之。下云：『執事之俎，陳于階間，二列北上。』注云：『執事謂有司及兄弟，祝、主人、主婦之俎亦存焉。』是也。」今案：「如兄弟服」，亦玄冠玄端也。方氏苞云：「玄冠玄端同，而於有司羣執事則曰『如兄弟』，於尸於賓則曰『如主人』，尊卑各以其倫，亦言之序。」敖氏云：「此時未有賓，故有司羣執事皆如賓位，西方，東面北上。」〇注「屬吏」，說詳《士冠禮》。**席于門中，闑西閾外。** 爲筮人設之也。古文「闑」作「槷」，「閾」作「蹙」。【疏】正義曰：賈疏云：「《士冠禮》云『筮與席、所卦者，具饌于西塾』，乃言『布席于門中，筮人執筴，抽上韇，兼執之』。此不言『具饌于西塾』，但言『席于門中，取筮于西塾』，又不云『抽上韇』者，皆是互見省文之義。」注云「爲筮人設之也」者，因上未言筮席，故特明之。餘詳《士冠禮》。**筮人取筮于西塾，執之，東面受命于主人。** 筮人，官名也。筮，問也，取其所用問神明者，謂蓍也。【疏】正義曰：筮陳在西塾，故就取之。執之，亦抽上韇兼執之也。《少牢饋食禮》云「東面受命于主人」，與此同。《士冠禮》不言「東面」，省文。注云「筮人，官名」，詳《士冠禮》。云「筮，問也，取其所用問神明者，謂蓍也」者，鄭意以經云「取筮」係謂蓍而云「筮」者，筮之義爲問，而所用以問吉凶於神明者是蓍，故謂取蓍爲「取筮」也。《詩・氓》：「爾卜爾筮。」《毛傳》云：「蓍曰筮。」蓋用蓍以筮，因即謂蓍爲筮也。鄭注《周禮》云：「問蓍曰筮。」又注《士冠禮》「筮與席」云：「筮，所以問吉凶，謂蓍也。」義與此同。《曲禮》孔疏引劉氏亦云：「筮，問也。」**宰自主人之左贊命。命曰：「孝孫某，筮來日某，諏此某事，適其皇祖某子，尚饗。」**宰，羣吏之長。自，由也。贊，佐也，達也。贊命由左者，爲神求變也。士祭曰歲事，此言某事，又不言「妃」者，容大祥之後禫月之吉祭。皇，君也。言君祖者，尊之也。某子者，祖字也，伯子、仲子也。尚，庶幾也。【疏】正義曰：「命曰」以下，主人爲祭命筮之辭。某，主人名也。《郊特牲》曰：「祭稱孝孫、孝子，以其義稱也。」《爾雅・釋詁》曰：「適，往也。」「適其皇祖某子」，謂往祭於其廟也。　注云「宰，羣吏之長。自，由也。贊，佐也，達也」者，俱詳《士冠禮》。云「贊命由左者，爲神求變也」者，敖氏云：「《儀禮》他篇凡贊命皆言自右，與《少儀》『詔辭自右』合。此經言自左，似無他義，蓋字誤耳，左當作右。」褚氏寅亮云：「贊命在左，猶祭禮祝釋辭而在左，事神之禮宜然，與《冠》不同。敖氏改左爲右，謬。」云「士祭曰歲事，此言某事，又不言『妃』者，容大祥之後禫月之吉祭」者，謂士祭當曰歲事，此言某事，空其文。萬氏斯大云：「《士虞禮・記》曰：『中月而禫。是月也，吉祭，猶未配。』考《少牢禮》祝辭曰：『薦歲事于皇祖伯某，以某妃配某氏。』此禮祝辭不及配，故知爲禫月吉祭也。既曰吉祭，則四時常祭矣，何以不及配？在禫月也。禫月何以不及配？喪終矣，哀未忘也。因父喪之禫而廢祖之配，可乎？曰：喪三年不祭，竝廢久矣，至是而始復焉，復以其漸也。」江氏筠云：「《士虞・記》注云：『當四時之祭月則祭，猶未以某妃配某氏，哀未忘也。』蓋主於亡者言之，非謂其祭祖然也。即《特牲》不配，注云『容大祥之後禫月之吉祭』，亦謂祖喪之禫月耳，非謂禫月爲父喪而祭祖之禮如此也。自疏以羣廟爲言，而後之讀者遂誤以祭祖不配妣爲注義。抑思《雜記》云『男子附於王父則配』，祔且猶配，何況禫後？蓋母先亡，則值父禫之月猶未以母配吉祭。若母禫在父亡後，其不即以配父而祭可知。祖喪之禫亦然，不忍遽同之於吉也。」今案：此云「某事」，而下宿賓又云「歲事」，可見周公作經係設言其禮如此，四時常祭用之，禫月之吉祭亦用之，故經文辭多互見。萬氏申鄭義頗詳，但因父喪而廢祖之配，於理未合。江氏以爲祖喪之禫月，是也。蓋此禮士歲時祭祖用之，祭禰亦用之，父喪禫月之吉祭用之，適孫承重祖喪禫月之吉祭亦用之，經特舉其一以爲例耳。或謂某事即歲事，如春曰祠事、秋曰嘗事之類，因時異名，故空其文。然經不言以某妃配，又何義乎？鄭氏之説固未可易也。云「皇，君也」者，《釋詁》文。云「某子者，祖字也，伯子、仲子也」者，賈疏云：「以其某在子上，爲男子美稱，故以某爲伯仲叔季五十字。下篇云：『皇祖伯某。』鄭注云：『伯某，且字也。』不爲五十字者，以『某』在『伯』下，故爲且字解之，與此異也。」方氏云：「《大射》於大夫曰某子，士之祭稱某子以該其祖之爲大夫者，大夫之祭稱伯某以該其祖之爲士者。」今案：此與《少牢》云「伯某」，皆假設之詞耳。據《聘禮·記》云：「皇祖某甫，皇考某子。」亦兩稱互備，方説似亦可通。云「尚，庶幾也」者，《説文》同，蓋願望之詞。敖氏云：「謂其日若吉，則庶幾其神饗之也。下筮尸放此。」盛氏世佐云：「緣孝子孝孫之心，以神歆其祀爲吉也。」**筮者許諾，還即席，西面坐，卦者在左。卒筮，寫卦，筮者執以示主人。**士之筮者坐，蓍短由便。卦者主畫地識爻，爻備，以方寫之。【疏】正義曰：據此經則是卦者寫卦，筮者執以示主人。《士冠禮》當亦同，但文有詳略耳，餘詳《士冠禮》。注云「士之筮者坐，蓍短由便」者，賈疏云：「決下《少牢》云『乃釋韇，立筮』，與士不同。知蓍有長短者，案：《三正記》云『天子筮長九尺，❶諸侯七尺，大夫五尺，士三尺』是也。」又《少牢》注云：「卿大夫之蓍長五尺，立筮由便。」賈疏云：「『長五尺』，《大戴禮》、《三正記》皆有此文。『立筮由便』，以其筮長，立筮爲便，對士之蓍三尺，坐筮爲便。若然，諸侯蓍七尺，天子蓍九尺，立筮可知。」云「卦者主畫地識爻」者，詳《士冠禮》。云「爻備，以方寫之」者，謂六爻備成卦，乃寫之方版也。**主人受視，反之。**反，還。**筮者還，東面，長占。卒，告于主人：「占曰吉。」**長占，以其年之長幼旅占之。【疏】正義曰：「占曰吉」，告主人之辭。餘詳《士冠禮》。注云「長占，以其年之長幼旅占之」者，謂以年之長幼次第旅占之。此云長占亦旅占，《士冠禮》云旅占亦長占，互文見義也。**若不吉，則筮遠日，如初儀。**遠日，旬之外日。【疏】正義曰：此經及注俱與《士冠禮》同。賈氏彼疏云：「《曲禮》『吉事先近日』，此冠禮是吉事，故先筮近日。不吉，乃更筮遠日。是上旬不吉，乃更筮中旬。又不吉，乃更筮下旬。」是已。而又謂《曲禮》「旬之內曰近某日」爲指祭禮《特牲》旬內筮日言，「旬之外曰遠某日」爲指《少牢》「筮旬有一日」言。此疏說亦略同，誤甚。案：《曲禮》曰：「凡卜筮日，旬之外曰遠某日，旬之內曰近某日。喪事先遠日，吉事先近日。」鄭注：「旬，十日也。喪事，葬與練祥也。吉事，祭祀、冠、取之屬也。」據經「遠日、近日」即承上「遠某日、近某日」言。據注冠、取與祭祀同，亦不言尊卑有異。若如賈說，則經所謂「遠某日」者係專指大夫言之，「近某日」係專指士言之，而大夫之吉事亦先遠日，則大夫無先近日之事，經所謂「喪事先遠日，吉事先近日」皆爲士言矣，豈其然？蓋「旬之外」、「旬

❶「筮」，《儀禮注疏》作「蓍」。

之内」，皆據上旬言之。每月三旬，惟初旬可云旬，若再旬爲二十日，三旬爲三十日，即不得僅云旬矣。古人卜筮日之法，皆以此月之下旬卜筮來月之日。如吉事，則以此月之下旬先卜筮來月之上旬。不吉，卜筮中旬。又不吉，卜筮下旬。喪事則以此月之下旬先卜筮來月之下旬。不吉，卜筮中旬。又不吉，卜筮上旬。此所謂「喪事先遠日，吉事先近日」也。孔疏釋「喪事先遠日」二句尚無大謬，而於「旬之外曰遠某日」二句亦據《特牲》、《少牢》言之，則是經文「遠某日、近某日」與下「遠日、近日」分作兩解，誤與賈同，總由誤以《少牢》「筮旬有一日」爲遠日也。不知士與大夫之異在諏日不筮日，而筮日則皆在祭期十日之前。所以然者，祭前散齊七日，致齊三日，無論尊卑皆同。故皆以此月之下旬筮來月之上旬，所謂旬之内也。不吉，筮中旬、下旬，則爲旬之外矣。《少牢》言「筮旬有一日」而《特牲》不言者，省文互見，非有異耳。孔疏亦謂士於旬初即筮旬内之日，豈非誤以《少牢》「筮旬有一日」爲遠日，并誤以士與大夫異乎？至賈氏《士冠禮》疏謂士筮初旬不吉即筮中旬，中旬不吉即筮下旬，同日預筮三旬；大夫則不并筮，於前月筮來月之上旬，不吉，至上旬又筮中旬，不吉，至中旬又筮下旬。據《少牢》云：「若不吉，則及遠日，又筮日如初。」與此經云「若不吉，則筮遠日，如初儀」者異，其説尚是。然《少牢》疏又引《曲禮》「吉事先近日」，謂近日即上旬丁己，則與前説以「近某日」爲指《特牲》筮日言者又相矛盾，其誤益見矣。經云「如初儀」者，張氏爾岐云：「大夫諏日而筮，上旬不吉，必待上旬乃更筮之。其云『如初』，乃自『筮于廟門』以下至『告吉』也。此《特牲》及《士冠禮》若筮上旬不吉，即筮中旬，不更待他日。其云『如初儀』，止從『進受命於主人』以下。」今案：張氏謂大夫諏日而筮與筴，❶是矣。其云「初儀從『進受命於主人』以下」，未密，詳《士冠禮》。《曲禮》曰：「卜筮不過三。」鄭注：「求吉不過三。魯四卜郊，《春秋》譏之。」賈、孔皆謂三不吉則止不祭。張橫渠云：「祭之筮日，若再不吉則止。諏日而祭，更不筮。據《儀禮》唯有筮遠日之文，不云三筮。筮日之禮，只是二筮。先筮近日，後筮遠日，不從則直諏用下旬遠日，蓋亦足以致聽於鬼神之意，而祀則不可廢。」褚氏寅亮云：「先儒皆以三卜不吉則止不祭，故《春秋》有『免牲』之文。其廢祭也，順鬼神之意也。且可思鬼神所以不歆之故，而恐懼修省也。若如橫渠之説，則筮爲虚文，恐未然。」今案：褚氏之説似得經旨，恐懼修省一層尤於聖人神道設教之義有合。然揆諸仁人孝子之心，廢祭究有所不安，則張子之言亦自可從耳。**宗人告事畢。**【疏】正義曰：敖氏云：「亦徹筮席，乃告。」

右筮日

前期三日之朝，筮尸，如求日之儀。命筮曰：「孝孫某，諏此某事，適其皇祖某子，筮某之某爲尸，尚饗。」三日者，容宿賓視濯也。某之某者，字尸父而名尸，連言其親，庶幾其馮依之也。大夫士以孫之倫爲尸。【疏】正義曰：《爾雅·釋詁》云：「朝，早也。」鄭注《禮記·奔喪》云：「朝，旦也。」「前期三日之朝」，謂祭前三日之早旦明時也。敖氏云：「如求日之儀，兼若不吉而改筮者言也。命筮之辭異，故特

❶「與筴」，疑係衍文。

見之，明其餘皆同也。」　注云「三日者，容宿賓視濯也」者，鄭解所以必前期三日之故爲容宿尸、宿賓、視濯、視牲之事也。　宿賓與宿尸同日，視濯與視牲同日，故言「宿賓視濯」以該之。　褚氏寅亮云：「祭前三日筮尸，前二日宿尸兼宿賓，前一日視濯與牲，經文次第最分明。」今案：下文夙興，主人視側殺，是祭日也；又厥明夕，視濯、視牲，是祭前一日也；宿尸、宿賓在厥明夕之前，是祭前二日也。　云「某之某者，字尸父而名尸」者，解經上某爲尸父字，下某爲尸名也。　尸之父所以必稱字者，賈疏云：「《曲禮》云：『爲人子者，祭祀不爲尸。』彼注云：『尊者之處，爲其失子之道。』　然則尸卜筮無父者。」《曲禮》又云：『卒哭乃諱。』諱則不稱名也。《少牢》注云：『字尸父，尊鬼神也。』亦爲其已死，故尊之不稱名也。」云「連言其親，庶幾其馮依之也」者，張氏爾岐云：「尸父與祭者彌親，連言尸之父，欲其神馮依之也。」云「大夫士以孫之倫爲尸」者，《曲禮》曰：「君子抱孫不抱子。」此言孫可以爲王父尸，子不可以爲父尸。　《曾子問》曰：「祭成喪者必有尸，尸必以孫，孫幼則使人抱之。」《祭統》曰：「夫祭之道，孫爲王父尸。　所使爲尸者，於祭者子行也。　父北面而事之，所以明子事父之道也。」鄭注：「祭祖則用孫列，皆取於同姓之適孫也。」是以孫之倫爲尸也。　據《祭統》言人君祭禮，而亦云「孫爲王父尸」，則天子諸侯與大夫士同矣。　此注舉大夫士言者，以《儀禮》所載是大夫士祭禮故也。《大戴禮》曰：「無禄者稷饋，稷饋者無尸。」爲庶人言之也。　又《士虞禮・記》曰：「男男尸，女女尸。」此吉祭惟有男尸。　官氏獻瑶云：「宗廟之尸，必以同姓，取其精氣合也；必以孫之倫，昭穆同也；必以適不敢以賤者，依吾親也；必以無父者，兩無妨其尊也。　此數者，喪祭吉祭同也。　其有不同者，喪祭不筮尸，尚質也。練與大祥亦筮尸，漸而之吉也。　吉祭無女尸，喪祭有之，以婦人喪不可以男子爲尸也。　吉祭而後同几，有胖合之道焉。陽統陰，陰從陽，斯不用女尸矣。祭成喪者必有尸，無尸則不挼祭、不嘏、不旅，其禮之略，至與殤祭同。子孫而殤其祖考，可乎？」今案：官氏説甚詳明。《公羊傳》宣八年何休注云：「禮，天子以卿爲尸，諸侯以大夫爲尸，卿大夫以下以孫爲尸。」案：鄭注《祭統》但云「取於同姓之適」，不云取有爵者爲尸，則鄭意不與何同。《詩·既醉》：「公尸嘉告。」《毛傳》：「公尸，天子以卿，言諸侯也。」鄭箋：「諸侯有功德者，入爲天子卿大夫，故云公尸。公，君也。」此蓋就《毛傳》申之。孔疏引《白虎通》：「王者祭宗廟，以卿爲尸。射以公爲耦，不以公爲尸，何？避嫌也。」而又引《祭統》「孫爲王父尸」云云，謂天子諸侯宗廟之祭，其尸用同姓，於同姓中用其適者；非宗廟之祭，則其尸不必同姓。《石渠論》云：「周公祭天，用太公爲尸。」是用異姓也。《白虎通》又云：「周公祭泰山，用召公爲尸。」蓋天地山川，得用公也。據此則孔亦以《祭統》注爲正，不取《白虎通》之説矣。

右筮尸

乃宿尸。宿，讀爲肅。肅，進也。進之者，使知祭日當來。古文「宿」皆作「羞」。凡「宿」，或作「速」，記作「肅」，《周禮》亦作「宿」。【疏】正義曰：賈疏云：「『乃』，緩辭。則與筮尸别日矣。」今案：凡宿必先戒，詳《士冠禮》。此不言戒，文不具，下宿賓亦然。　注云「宿，讀爲肅。肅，進也」者，宿之義爲久宿，故宿訓爲豫。又宿與夙同，故凡先期豫戒者爲宿。又《禮》之大例，先戒後宿，故又引申爲再戒、申戒之義。《鄉飲酒禮·記》：「不宿戒。」注云：「再戒爲宿。」又《公食大夫禮》注云：「申戒爲宿。」是也。此宿尸，鄭意謂進之使來，故讀爲「肅」而以「進」訓之。「肅，進也」，《爾雅·釋詁》文，謂進之使知祭日當來。《少牢》注：「宿，讀爲肅。」義與此同。又《祭統》：「宮宰宿夫人。」鄭注：「宿，讀爲肅。肅，猶戒也，戒輕肅重也。」是取宿戒之義，讀同而義微別。然進之使來，亦是戒告進之，則宿實兼二義矣。古宿、肅、速三字，經典多通用。鄭注《士冠禮》云：「宿，進也。」下「宿賓」注云：「今特肅之。」皆不云讀爲肅，是徑以宿爲肅矣。《爾雅·釋詁》云：「肅，速也。」是肅又通速矣，故鄭於此注發其凡云「『宿』或作『速』，記作『肅』，《周禮》亦作『宿』」者，謂字雖有異，義實同也。賈疏云：「『宿』或作『速』，若《公食大夫》『速賓』之類。」《禮經釋例》云：「《鄉飲酒禮》『主人速賓』，《鄉射禮》『主人朝服乃速賓』，速即宿也。《特牲》注『凡宿或作速』，此其證也。」賈疏又引《曲禮》「主人肅客而入」，證宿作肅。賈意殆以注云記，謂《禮記》也。《周禮》亦作宿者，若《大宗伯》「宿眡滌濯」，《太史》「戒及宿之日」，是也。云「古文『宿』皆作『羞』」者，胡氏承珙云：「《爾雅》：『羞，進也。』《漢書·百官公卿表》『上林苑有御羞』，顔師古曰：『今長安城南御宿川也。』羞、宿聲相近。」今案：羞雖亦訓進，而各經宿戒字無作羞者，故鄭不從古文也。**主人立于尸外門外，子姓兄弟立于主人之後，北面東上。**不東面者，來不爲賓客。子姓立于主人之後。上當其後。【疏】正義曰：子姓兄弟立于主人之後北面，則主人亦北面可知。蔡氏德晉云：「主人親宿尸，子姓兄弟皆從往，重其事也。北面，事神之禮。」注云「不東面者，來不爲賓客」者，凡賓客在門外東面，此宿尸不敢爲賓客，故北面也。或曰：注「爲」字，當讀去聲。此來係爲尸，不爲賓客，對下宿賓「主人東面」也。云「上當其後」者，賈疏云：「東頭爲上者，不得過主人，故爲上者當主人之後也。」**尸如主人服，出門左，西面。**不敢南面當尊。【疏】正義曰：主人宿尸，不言服，蓋亦玄冠玄端也。出門左，在門外之東。西面，迎賓之位。注云「不敢南面當尊」者，上主人北面宿尸，是以尊者之禮事之，擬尸以南面臨己。今尸不南面而西面，是不敢以尊禮自居也。**主人辟，皆東面北上。**順尸。【疏】正義曰：辟，逡遁避位也。敖氏云：「辟者，起敬也。蓋在尸出門時。皆，皆子姓兄弟也。是時子姓兄弟亦立于主人之後，而上當其後也。」今案：注云「順尸」者，蓋尸不南面而西面，故主人亦易北面爲東面順之也。

主人再拜，尸答拜。主人先拜，尊尸。【疏】正義曰：《少牢》云：「主人再拜稽首。」此不言稽首，省文。注云「主人先拜，尊尸」者，下宿賓，賓先拜，此主人先拜，是尊尸也。**宗人擯辭如初，卒曰：「筮子爲某尸，占曰吉，敢宿。」**宗人擯者，釋主人之辭。如初者，如宰贊命筮尸之辭。卒曰者，著其辭所易也。今文無「敢」。【疏】正義曰：凡釋辭皆擯者事，故云「宗人擯辭」。某尸，或言祖尸，或言禰尸，不稱名與字也。注云「如初者，如宰贊命筮尸之辭。卒曰者，著其辭所易也」者，賈疏云：「以其云『筮尸，如求日之儀』，筮日時有宰贊命，則筮尸時亦有宰贊命可知，故此得如之也。」張氏爾岐云：「如初，如初筮尸曰『孝孫某諏此某事，適其皇祖某子』，乃易去下二語而曰：『筮子爲某尸，占曰吉，❶敢宿。』」蔡氏德晋云：「卒，語末也。語末以『筮子爲某尸，占曰吉，敢宿』，易前筮『某之某爲尸，尚饗』，餘竝同也。」云「今文無『敢』」者，胡氏承珙云：「案：下文宿賓辭曰『敢宿』，《少牢禮》宿尸辭亦曰『敢宿』，則此有『敢』爲是，故鄭從古文。」**祝許諾，致命。**受宗人辭，許之，傳命於尸。始宗人、祝北面，至於傳命，皆西面受命，東面釋之。【疏】正義曰：注云「受宗

❶「曰」，原作「者」，今據《儀禮鄭注句讀》及上經文改。

人辭，許之，傳命於尸」者，謂祝受宗人辭，許諾，遂致主人之命於尸也。云「始宗人、祝北面，至於傳命，皆西面受命，東面釋之」者，謂始時主人與子姓兄弟立於尸門外北面，則宗人、祝從之亦北面可知。尸出門西面，主人轉而東面，其時宗人、祝仍北面。至於傳命，則宗人西面受命於主人，東面傳於祝，祝西面受於宗人，東面傳於尸，故云「皆西面受命，東面釋之」也。**尸許諾，主人再拜稽首。**其許，亦宗人受於祝而告主人。

【疏】正義曰：尸不禮辭而許諾者，高氏愈云：「爲尸重典，不可以筮吉而苟易故也。」敖氏云：「拜稽首，亦尊尸也。尸既許諾，則成爲尸，故於此不荅拜。」注云「其許，亦宗人受於祝而告主人」者，以上祝受宗人辭傳之於尸，明此亦祝受尸辭傳之於宗人，宗人以告主人也。祝，事尸者，故使爲尸傳辭也。**尸入，主人退。**相揖而去，尸不拜送，尸尊。【疏】正義曰：此經當云「主人退，尸入」，而序「尸入」於上者，見入與退同時也。凡送賓之法，送者必俟退者之遠去而後入，故經每云「賓不顧」也。此則同時入退，故注以爲相揖而去，亦以著尸之尊也。《少牢》宿尸云：「主人退，尸送，揖不拜。」彼注云：「尸不拜者，尸尊。」此注云「尸不拜送，尸尊」，義一耳。《士冠禮》宿賓及下宿賓，賓皆拜送，此尸送不拜，故注云「尸尊」。此與《少牢》文有詳略，皆互文見耳。此經云「尸入，主人退」，則知《少牢》亦入退同時矣。《少牢》云「尸送，揖不拜」，則知此尸送亦不拜矣。此經不云「揖」注云「揖」者，即據《少牢》言之。注云「尸不拜送」者，謂尸不拜而送耳，非謂不送也。不拜，亦據《少牢》言之。賈疏誤以爲尸不送，遂有士卑大夫尊之説，皆鄭義所無，不可從。敖氏以爲變于大夫，又謂先入而不揖，皆非也。

右宿尸

宿賓，賓如主人服，出門左，西面再拜。主人東面荅再拜。宗人擯曰：「某薦歲事，吾子將涖之，敢宿。」薦，進也。涖，臨也。言吾子將臨之，知賓在有司中，今特肅之，尊賓耳。【疏】正義曰：賓如主人服，亦玄冠玄端也。「出門左，西面再拜，主人東面荅再拜」，皆與《士冠禮》同，惟此宗人擯辭爲異耳。云「歲事」者，謂祠禴嘗烝四時之祭，每歲皆行之，故曰「歲事」，《書·洛誥》曰「王在新邑烝祭歲」是也。「吾子將涖之，敢宿」，亦與《士冠禮》宿賓之辭同。據彼注云「宿者必先戒」，則宿賓前有戒賓之事明矣。《少牢》言戒而此不言戒，文不具也。李氏如圭云：「不筮賓者，主人爲獻主，賓助祭而已。」注云「薦，進也」者，《爾雅·釋詁》文。云「涖，臨也。言吾子將臨之，知賓在有司中，今特肅之，尊賓耳」者，張氏爾岐云：「士前祭二日選屬吏爲賓，特肅一人以備三獻。屬吏必來助祭，故云『吾子將涖之』。」此申注「有司」之義也。今案：《士冠禮》「主人戒賓」注云：「賓，主人之僚友。」又「宿贊冠者一人」注云：「謂賓若他官之屬，中士若下士。」此經助祭亦有公有司，則賓不必定在有司私臣中也。云「今特肅之，尊賓耳」者，鄭意蓋謂衆賓則不宿也，《士冠禮》注云「其不宿者爲衆賓」，義與此同。又經云「宿」而注云「肅」者，蓋即以「宿」爲「肅」，義見前。賈疏云：「宿尸與宿賓中無厥明之文，則二者同日明矣。」其説是也。**賓曰：「某敢不敬從。」主人再拜，賓荅拜，主人退，賓拜送。**【疏】正義曰：某，賓名也。《士冠禮》賓辭曰「某敢不夙興」，此云「敬從」者，祭與冠異，故其辭加虔也。自「主人再拜」以下，文俱與彼同。又《冠禮》戒賓、宿賓等辭俱總録於經後，此篇及《少牢禮》即於序事之間出之，又一例也。

右宿賓

厥明夕，陳鼎于門外，北面北上，有鼏。厥，其也，宿賓之明日夕。門外北面，當門也。古文「鼏」爲「密」。【疏】正義曰：「鼏」，詳《士冠禮》。他篇陳鼎多云「設扃鼏」，此獨云「有鼏」者，著其潔，其實亦有扃也。《禮經釋例》云：「凡陳鼎，大夫士門外北面北上，諸侯門外南面西上，反吉則西面。」　注云「厥，其也，宿賓之明日夕」者，鄭以「厥明夕」爲宿賓明日之夕，是祭前一日之夕也。云「門外北面，當門也」者，或以《少牢》陳鼎在門東，謂此亦在門外東方。褚氏寅亮云：「經不言門之左右東西，則當門可知，注義爲長。當門，辟大夫也。不南面，辟君也。」「古文『鼏』爲『密』」，詳《士冠禮》。

棜在其南，南順，實獸于其上，東首。順，猶從也。棜之制如今大木轝矣，上有四周，下無足。獸，腊也。【疏】正義曰：「棜在其南」，在鼎南也。「南順」，向南直陳也。方氏苞云：「獸腊去毛，不宜置地上，故加於棜，排其足於棜上爲伏狀，故但言『東首』。」不言足所鄉，與牲異。　注云「順，猶從也」者，鄭注《樂記》云「從，順也」，二字互訓。云「棜之制如大木轝矣，上有四周，下無足」者，鄭以漢制爲況。《既夕·記》注亦云：「棜，今之轝也。」段氏玉裁《説文》「轝」字注云：「案：《左傳》云：『陳畚梮。』梮者，土轝。《漢·五行志》作『輂』。《溝洫志》：『山行則梮。』韋昭曰：『梮，木器。如今轝牀，人轝以行也。』然則輂之制四方如車之輿，故曰轝，或作轝。」今案：鄭以棜制同轝，是亦四方如輿也。云「上有四周」，則其上四旁似皆有木爲欄也。下無足，亦與轝同。此獸棜也，又有承饌之棜、承尊之棜。《既夕·記》：「設棜于東堂下。」脯醢醴酒皆饌于其上，不專以承尊，此承饌之棜也。注亦云「今之轝」，則與獸棜制同。《禮器》：「大夫士棜禁。」鄭注：「棜，斯禁也。謂之棜者，無足有似於棜，或因名云耳。」《玉藻》「大夫側尊用棜」注略同。此則承尊之斯禁謂之棜，特以其無足相似而名之。注不云「今之轝」，則與此獸棜之制有異矣。《禮器》孔疏以爲長方而有畫飾，詳下記「壺、棜禁饌于東序」下。云「獸，腊也」者，士腊用兔，鄭注《周禮·腊人》云「小物全乾爲腊」是也。**牲在其西，北首，東足。**其西，棜西也。東足者，尚右也。牲不用棜，以其生。【疏】正義曰：牲在獸西，獸東首而牲北首者，褚氏寅亮云：「獸橫而牲縱也。北首而東足，則寢左矣。吉祭用右胖故寢左，凡不用之胖寢於地。」據此是東足爲尚右也。牲，豕也。以其生故但縛之而寢於地，不用棜也。**設洗于阼階東南，壺禁在東序，豆籩鉶在東房，南上，几席兩敦在西堂。**東房，房中之東，當夾北。西堂，西夾之前近南耳。【疏】正義曰：設洗，詳《少牢饋食禮》。壺禁，詳下記。豆籩鉶，虚器未實，在東房。南上，自南陳而北也。敖氏云：「豆在南，籩次之，此未實之，故南上之文，惟主於器。」褚氏寅亮云：「《少牢》之豆籩及筐自東而至西，此則自南而至北。彼橫陳，此縱陳也。」今案：几席用以安神，兩敦用以盛黍稷，亦未實也。注云「東房，房中之東，當夾北」者，賈疏以大夫士直有東房西室，故《士冠禮》陳服于房中，《昏禮》側尊甒醴于房中，皆不言東，以其直有一房，不嫌非東房；今此經特言「東房」，明房内近東邊，故云「東房」也。李氏《釋宫》云：「注曰『房中之東，當夾北』，則東夾之北通爲房中矣。其有兩房者，則西夾之北通爲右房也歟？」江氏永云：「夾北有壁隔之，與房東房西相當，不相通也。」近洪頤煊作《宫室荅問》，謂夾北有户以通于房。不知夾之近北處爲室，若夾北有户則不成室制。且《顧命》設席于夾，《聘禮》設饌于夾，若有户則其設之或當户，或于户東，或于户西，經注何以無一語及之。又考《大射儀》：「乃命執冪者。」鄭注：「羞膳者從而東，由堂東，[1]升自北階，立于房中。」案：堂

[1] 「由」，原作「曰」，今據《儀禮注疏》改。

東，即東堂下也。羞膳者既至堂東，不徑從東夾以達于房，而必轉而之北升北階以至于房，則夾與房固不相通，江氏之説信矣。孔氏廣森云：「經之『東房』不當釋爲房中之東。然據鄭意以東夾之北通爲房中，可見夾室是在房前之偏，故東房户必近西，西房户必近東，乃可以達於堂。而東房内之東，西房内之西，則皆正當夾室牆後也。近世或以兩夾與房室平列作五間，此必不然。」今案：鄭氏注《禮》，以人君左右房，大夫士東房西室，故於此經「東房」解爲「房中之東」。然箋《詩》以東房西室爲燕寢之制，則大夫士宗廟正寢亦有東房西房矣。説詳《大射儀》。此注解「東房」未的，而言夾制甚精。《釋名》云：「夾室在堂兩頭，故曰夾。」夾之在正堂東西，此定論也。宋楊氏《儀禮圖》始圖夾室於東房之東、西房之西，與房室竝列，説者謂其誤始於崔靈恩《三禮義宗》。然《禮記·内則》疏引崔氏云：「宫室之制，中央爲正室，正室左右爲房，房外有序，序外有夾室。」夫房外有序，謂房之南外也。序外有夾室，謂堂之東西序外也。崔氏言房外有序，序外有夾室，而不言房之左右爲夾，則固不以夾與房平列矣。古人謂房之南爲房外，《士昏禮》「席于房外南面」注：「房外，房户外之西。」又云「母南面于房外」可證也。堂上之東西序，牆在房南，故云「房外有序」。近人論夾室以楊圖爲據，多由誤讀崔氏「房外」一語耳。云「西堂，西夾之前近南耳」者，案：下記：「其餘在東堂。」注亦云：「東堂，東夾之前，近南。」蓋夾有室有堂。夾是總名，近北爲室，近南爲堂。此二注最精。嘗考東夾西夾之制，東夾在堂東序之東，西夾在堂西序之西，皆南鄉。其北有墉，接東房西房。東夾之東，西夾之西，亦皆有墉。東夾西夾，一名東箱西箱，又名左个右个、左達右達。左即東也，右即西也。夾也、箱也、个也、達也，異名而同實。統言之爲東夾西夾，分言之則夾之近北者爲室，近南者爲堂，故有夾室與東堂西堂之稱。

《書・顧命》云：「西夾南嚮。」《聘禮》云：「堂上之饌八，西夾六。」又云：「西夾六豆，設于西墉下，北上。」《公食禮》云：「大夫立于東夾南，宰東夾北。」皆言東夾、西夾，不云夾室。萬氏斯大云：「東西序外之屋，分言之則前堂後室，統言之皆夾也。所以名爲夾者，以夾輔乎中堂也。」鄭氏注《聘禮》「饌于東方」云：「東方，東夾室。」蓋以下有「西北上」之文，謂設饌當在北墉下夾之近後處，故云「東夾室」，謂東夾之室耳。注《禮記・内則》「天子之閣左達五，右達五」云：「達，夾室。」蓋以閣庋食物設之，當在夾之近後處，故指言室。然不云達、夾爲一，而云「達，夾室」，則似達專爲夾室名矣。《説文》：「夾，持也。」夾在堂之兩旁，有左右夾持之象，故云夾。又謂之箱者，《説文》：「箱，大車牝服也。」鄭氏注《考工記》釋牝服爲較，較在車之兩旁與夾在堂之兩旁同。又謂之个者，射侯有左右个。鄭氏《鄉射・記》注云：「居兩旁謂之个。」个居侯之兩旁，亦猶夾居堂之兩旁，故得通稱。夫以在兩旁之義而謂之爲个爲箱，則个與箱自當統夾之前後明之。《覲禮・記》曰：「几俟于東箱。」東箱即東夾也，注乃云：「東箱，東夾之前。」是以東箱爲東堂，分夾與箱而二之矣。案：《爾雅・釋宫》云：「室有東西箱曰廟，無東西箱有室曰寢。」如以東西箱爲專指東西堂，則是室之有東西箱者爲無後室而僅有前堂，室之無東西箱者爲無前堂而尚有後室，可乎？其説之非，不待辨而明矣。《爾雅》「東西箱」，郭注云「夾室前堂」，蓋亦沿《覲禮》注之誤，互詳《聘禮》「設飧西夾六」下。**主人及子姓兄弟即位于門東，如初。** 初，筮位也。【疏】正義曰：此及下「門西」，謂廟門外之東西也。**賓及衆賓即位于門西，東面北上。** 不蒙如初者，以宰在而宗人、祝不在。【疏】正義曰：此「東面北上」，即上筮日有司羣執事之位也，似當蒙「主人及子姓兄弟」之文言「如初」。注云「不蒙如初者，以宰在而宗人、祝不在」者，李氏如圭云：「筮時，祝、宗人在其中，惟宰在門東。今宰在衆賓中，祝、宗人别自爲位，與筮位異。」此所以不蒙上「如初」之文也。劉氏台拱云：「案：上文有司羣執事但云『東面北上』而不曰『門西』，蓋與子姓兄弟東西對立，而不得與主人相對也。至立賓之後，賓與主人一東一西相對矣，此所以不蒙如初。」今案：劉説甚精。又敖氏云：「此時方修祭事，助祭之賓宜來視之，以其不在曏者有司羣執事之中，故此雖東面北上，而不蒙『如初』之文。賓既位於此，則公臣私臣不敢與之齒而位於他所矣。」引下記「公有司門西北面，私臣門東北面」爲證。案：此説似是而實非。蓋助祭之賓與衆賓俱于公有司私臣中選之。上筮日時未立賓，故但言有司羣執事。此時已立賓，故以賓主相對爲文。至記所云「門西北面」、「門東北面」，乃祭時門内之位，非門外之位。門外之位則但有賓主兩行，凡非子姓兄弟皆列賓行，公有司私臣當在賓之下與賓同東面，經不言者，「衆賓」中足以該之矣，詳「主人及賓兄弟羣執事即位於門外，如初」下。**宗人、祝立于賓西北，東面南上。**事彌至，位彌異。宗人、祝，於祭宜近廟。【疏】正義曰：宗人及祝立賓西北，稍退居賓後也。以南爲上，變於賓也。　注云「事彌至，位彌異」者，以上筮時不别言宗人、祝之位，此别言之，故云「事彌至，位彌異」也。云「宗人、祝，於祭宜近廟」者，《樂記》曰：「宗祝辨乎宗廟之禮。」以其宜近廟，故異於賓也。**主人再拜，賓荅再拜。三拜衆賓，衆賓荅再拜。**衆賓再拜者，士賤，旅之得備禮也。【疏】正義曰：敖氏云：「衆賓荅一拜，言『再』者，字誤也。」盛氏世佐云：「此士旅拜法，敖説非。」褚氏寅亮云：「《鄉飲酒》衆賓荅一拜者，大夫爲主人也；《有司徹》之荅一拜者，大夫爲祭主也。此士禮，安得以彼相例而妄改經文乎？下經『主人拜賓如初』亦同。」　注云「衆賓再拜者，士賤，旅之得備禮也」者，對大夫之賓一拜爲不備禮也。

賈疏以一一獨荅拜與一時拜爲言，❶非。詳《訂疑》。**主人揖入，兄弟從，賓及衆賓從，即位于堂下，如外位。**爲視濯也。【疏】正義曰：云「即位于堂下，如外位」，則此時亦主賓分爲兩行，一在阼階前西面，一在西階前東面，不必有門東門西之位，以外位不云北面位可證也。不言子姓及宗人、祝，省文也。高氏愈云：「視濯、省牲之類，不惟主人親之，而且賓與衆賓監視之，❷敬之至也。」**宗人升自西階，視壺濯及豆籩，反降，東北面告濯具。**濯，溉也。不言敦鉶者，省文也。東北面告，緣賓意欲聞也。言濯具不言絜，以有几席。【疏】正義曰：吴氏紱云：「宗人先視壺濯，祭以酌獻爲先也。獻而後祭薦，故豆籩次之。」褚氏云：「洗者則告濯，不洗者則告具。敖謂所濯者已具，偏矣。」注云「濯，溉」，義見前。云「不言敦鉶者，省文也」者，注意以敦鉶亦須濯，經不言者，以壺統之也。據上文所陳尚有几席，注不與敦鉶兼及者，以几席不須濯也。云「東北面告，緣賓意欲聞也」者，以斯時主人西面，宗人不東面告主人而東北面告者，以賓在西亦欲聞之也。云「言濯具不言絜，以有几席」者，告濯是言已洗濯，告具是言已具列。言絜則專爲濯者言之，言濯與具則兼爲不濯者言之也。**賓出，主人出，皆復外位。**爲視牲也。今文「復」爲「反」。【疏】正義曰：出，出廟門也。經惟言賓、主人出，文又省矣。注云「今文『復』爲『反』」者，復、反義亦通，但此篇惟記云「賓從尸俎出廟門，乃反位」，其餘皆言「復位」，故鄭從古文也。**宗人視牲，告充。雍正作豕。**充，猶肥

❶「時」下，《儀禮注疏》有「再」字。
❷「且」下，《禮經本義》有「使」字。

也。雍正，官名也。北面以策動作豕，視聲氣。【疏】正義曰：注云「充，猶肥也」者，充之義爲盈爲滿，盈滿則肥也。鄭注《周禮·充人》亦云：「充，猶肥也。」《左傳》曰：「博碩肥腯。」云「雍正，官名也」者，《儀禮釋官》云：「雍正，私臣掌割亨者。雍正即雍人也。《少牢》有雍人，又有雍正，故雍正爲雍人之長。此士之官，當止一人也。」云「北面以策動作豕，視聲氣」者，北面在牲之南，爲不背主賓也。豕縛而寢於地，故必以策動作之，乃可視其聲氣以知疾否也。宗人視牲而雍正作豕者，猶《周禮·充人》「展牲則告牷，碩牲則贊」也。**宗人舉獸尾，告備，舉鼎鼏，告絜。**備，具。【疏】正義曰：獸，兔也。牲由豢養，以充爲美；獸獵而得之，恐有傷闕，故必以備爲貴。鄭訓備爲具，謂完具無殘闕也。《廣雅》亦云：「備，具也。」吴氏廷華云：「必以尾告者，即小以見大也。」鼎亦濯，以在門外，故別言之。**請期，曰「羹飪」。**肉謂之羹。飪，熟也。謂明日質明時，而曰肉熟，重豫勞賓。宗人既得期，西北面告賓有司。【疏】正義曰：宗人請而主人告以羹飪也。此期主人自告之，亦異於《少牢》者。注云「肉謂之羹。飪，熟也」，義見前。云「謂明日質明時，而曰肉熟，重豫勞賓」者，凡祭皆質明行事，今不云「質明」而云「肉熟」者，士之賓多僚友，故重豫勞之，肉熟，以煮肉熟爲節也。云「宗人既得期，西北面告賓有司」者，以期由主人出，故不須告主人而惟告賓有司也。賓有司皆東面，此西北面告者，亦欲兄弟共聞之。王氏士讓云：「案：《祭義》云：『孝子將祭，慮事不可以不豫，比時具物不可以不備。』此告濯具、告充、告備、告絜而後請期，即豫與備也。」**告事畢，賓出，主人拜送。**【疏】正義曰：告事畢，亦宗人告也。《周禮·大宗伯》曰：「眡滌濯。」《小宗伯》曰：「大祭禮，省牲，眡滌濯，告時于王，告備于王。」《肆師》曰：「凡祭祀禮成，則告事畢。」是祀事皆宗官主之，故此亦宗人主其事也。賓出，出外門也。送，亦送於外門外也。○方氏苞云：「祭前一日，設器、陳牲、省牲、視濯之儀，主人、兄弟、賓長、衆賓之位，具詳於《特牲》，而《少牢》則闕焉；牲體之數，實鼎升俎之人，陳俎、執匕、割制升載之法，具詳於《少牢》，而《特牲》則闕焉，何也？牲牢、鼎俎、豆籩，至大夫而倍加於士，自宜詳於《少牢》。設器、陳牲、省牲、視濯，上下同之。主人承祀而兄弟子姓從，賓長備獻而衆賓助，亦上下同之。匹士以上，始得廟祭，其儀自宜具於《特牲》也。」

右視濯視牲

夙興，主人服如初，立于門外東方，南面視側殺。夙，早也。興，起也。主人服如初，則其餘有不玄端者。側殺，殺一牲也。【疏】正義曰：張氏爾岐云：「自此至『立于中庭』，言祭日陳設及位次之事。」○夙興，祭日之早也。東方，蓋當東塾少南。　注云「夙，早也」，《爾雅·釋詁》文。「興，起也」，《爾雅·釋言》及《說文》同。云「主人服如初，則其餘有不玄端者」，「服如初」，玄冠玄端也。若「其餘有不玄端者」，謂賓及兄弟皆朝服也。惟尸、祝、佐食與主人同玄端，詳下記。云「側殺，殺一牲也」者，謂豕也。《士虞禮》「側亨于廟門外之右」，注云：「側亨，亨一胖也。」義雖異，其以側爲一同也。《士冠禮》「側尊一甒醴于服北」，注云：「側，猶特也，無偶曰側。」是也。賈疏引《國語》「禘郊之事，天子必自射其牲。諸侯宗廟之事，必自射其牲」，《周禮·司弓矢》「凡祭祀，共射牲之弓矢」，謂天子尊，於郊射牲；諸侯降天子，故宗廟亦親殺；大夫士不敢與君同，故不親殺。褚氏寅亮云：「天子諸侯饋食前有朝踐薦毛血之禮，故牲必親殺。大夫士祭自饋熟始，故惟視殺而已，非以辟君故。」**主婦視饎爨于西堂下。**炊黍稷曰饎，宗婦爲之。爨，竈也。西堂下者，堂之西下也，近西壁，南齊於坫。古文「饎」作「糦」，《周禮》作「𩟄」。【疏】正義曰：高氏愈云：「主人視側殺，主婦視饎爨，所謂『共承宗廟』。夫婦親之，内外之義也。」注云「炊黍稷曰饎」，《士虞》注同。又云「古文『饎』作『糦』，《周禮》作『𩟄』」者，胡氏承珙云：「案：《説文》：『饎，酒食也，從食，喜聲。《詩》曰：可以饙饎。𩞁饎或從巸，糦饎或從米。』今《毛詩·天保》《泂酌》皆作『饎』，傳皆曰『饎，酒食也』，與《爾雅·釋訓》同。惟《商頌·烈祖》作『糦』，❶箋云：『糦，黍稷也。』此《特牲》注云『炊黍稷曰饎』，雖依文生訓，其義相因。黍稷所以爲酒食者，酒食曰饎，因而黍稷曰饎，炊黍稷亦曰饎。故下記注又云：『饎，炊也。』《周禮·地官·饎人》注云：『故書饎作𩟄。』《説文》以𩟄、糦皆爲或作。鄭注《禮經》從今文作『饎』，以『糦』爲古文。其箋《詩·七月》、《大田》等，又云『喜讀爲饎』，此又古文假『喜』爲『饎』也。」今案：《説文》作『𩞁』，《周禮注》作𩟄，後人傳寫加灬耳。云「宗婦爲之」者，《周禮·饎人》「掌凡祭祀共盛」，鄭注：「炊而共之。」其下有奄二人，女饎八人，奚四十人。士無饎人之官，故使宗婦爲之，其下亦當有女饎之屬也。云「爨，竈也」者，《士虞》注同。《周禮·亨人職》「外内饔之爨亨煮」，鄭注：「爨，今之竈，主於其竈煮物。」賈氏此疏及《士虞》疏遂謂周公時謂之爨，孔子時謂之竈，前後異名，故鄭舉後決前，并引《論語》「媚于竈」爲證。但據《説文》：「爨，炊也。炊，爨也。」二字互訓，則爨之義爲炊，竈是其所炊之處，因爨必於竈，故謂竈爲爨也。云「西堂下者，堂之西下

---

❶「糦」，爲《商頌·玄鳥》文。

也，近西壁，南齊於坫」者，「西堂」詳前，鄭意「西堂下」非西堂之南下，乃西堂之西下，故又近西壁。「南齊於坫」，謂在坫之北，其南與坫齊也。李氏如圭云：「坫在堂角。《既夕·記》曰：『設棜于東堂下，南順，齊于坫。』知在東西堂下者，皆齊於坫。」下記「饎爨在西壁」注云：「西壁，堂之西牆下。」是與經云「西堂下」同。又引舊説云：「南北直屋梠，稷在南。」謂黍爨在北，稷爨在南，其南上與屋梠齊也。《士虞禮》：「饎爨在東壁，西面。」注云：「饎北上，上齊於屋宇。」案：「北上」者，亦謂黍爨在北。云「上齊於屋宇」者，謂爨之南下與坫齊，其上則與屋宇齊也。屋宇即屋梠，與記注所引舊説同。但《特牲》在西壁，《士虞》則在東壁，虞禮反吉耳。然皆在門内者，以婦人主之故也。此士禮也，大夫則廩人掌之在門外。《少牢禮》「廩爨在雍爨之北」是也。○賈疏云：「主婦視饎爨，猶主人視殺牲，故《易·歸妹》上六云：『女承筐，無實。士刲羊，無血。』鄭注：『宗廟之禮，主婦奉筐米。』如饎之時，兼視之可知。」**亨于門外東方，西面北上。** 亨，煮也。煮豕、魚、腊以鑊，各一爨。《詩》云：「誰能亨魚，溉之釜鬵。」【疏】正義曰：《少牢》云「雍爨在門東南，北上」，此云「亨于門外東方，西面北上」，據下記云「牲爨在廟門外東南，魚腊爨在其南」，則亦在廟門外之東南也。敖氏云：「北上，豕爨在北，魚腊亞之。」案：《士虞禮》：「側亨于廟門外之右，東面，魚腊爨亞之。」是亨於西方，變於吉也。注云「亨，煮也。煮豕、魚、腊以鑊，各一爨」者，《禮經釋例》云：「凡亨牲體之器曰鑊，凡升牲體之器曰鼎。」是亨於鑊而後升於鼎也。《少牢》有羊鑊、豕鑊，則「以鑊」者，亦豕、魚、腊各一鑊，故各一爨也。引《詩》者，證亨須以鑊也。**羹飪，實鼎，陳于門外，如初。** 初，視濯也。【疏】正義曰：實鼎，各自其鑊以實於其鼎也。吳氏廷華云：「此又言『陳』，則舉鼎就爨，既實復陳之門外也。」注云「初，視濯也」者，謂如視濯時陳鼎北面北上也。姜氏兆錫云：「凡言『如初』，即謂厥明夕之故位也。若改位即不言『如初』矣。」**尊于户東，玄酒在西。**户東，室户東。玄酒在西，尚之。凡尊，酌者在左。【疏】正義曰：尊，即壺也。吴氏廷華云：「尊本在東序，此乃實而設之。不言禁及冪，省文。」注云「户東，室户東」者，凡堂上設尊多在房户之間。房户間謂房西室户東，故知此尊於户東爲室户東也。云「玄酒在西，尚之」者，以西爲上也。張氏爾岐云：「鄭注云『凡尊，酌者在左』，玄酒不酌，故在右，是以東西爲左右。《少儀》云：『尊者以酌者之左爲上尊。』又據酌者北面臨尊而言左右，以西爲左，其位置雖同而言有殊也。」**實豆籩鉶，陳于房中，如初。**如初者，取而實之，既而反之。【疏】正義曰：前此豆籩鉶之屬皆虚設，至此則以脯醢和羹之屬實而陳之。注云「如初者，取而實之，既而反之」者，豆籩鉶初在房中南上，今取而實之，既實仍反於房中，亦南上，故云「如初」也。鄭言此者，决上「尊于户東」，非反其故處也。**執事之俎，陳于階間，二列，北上。**執事，謂有司及兄弟。二列者，因其位在東西。祝、主人、主婦之俎亦存焉。不升鼎者，異於神。【疏】正義曰：蔡氏德晉云：「執事與祭者皆有俎，陳于兩階間，分爲二列，東西相竝，自北陳而南也。」注云「執事，謂有司及兄弟」者，此有司謂賓也。鄭意以賓亦在有司中，故舉有司爲言，又以該凡助祭者也。云「二列者，因其位在東西」者，賓之屬在西，兄弟之屬東也。云「祝、主人、主婦之俎亦存焉」者，以祝是接神者，主人、主婦是共承祭者，恐人疑其俎不在執事之列，故特明之。敖氏云：「此執事之文所包者廣，與前後所云者不同。」是也。云「不升鼎者，異於神」者，吴氏《疑義》云：「尸俎用右胖，升于鼎内，俎隨鼎入，匕而載之。此皆用左胖，自鑊升俎而不升鼎，故不隨鼎入，而先設于階間耳。」高氏愈云：「此時尸俎之外，凡有十三俎：主人俎也、主婦俎也、祝俎也、佐食俎也、賓俎也、長兄弟俎也、宗人俎也、衆賓俎也、衆兄弟俎也、内賓俎也、宗婦俎也、公有司俎也、私臣俎也，蓋皆得以執事名之者也。」**盛兩敦，陳于西堂，藉用萑，几席陳于西堂，如初。**盛黍稷者，宗婦也。萑，細葦。古文「用」爲「于」。【疏】正義曰：兩敦，一盛黍，一盛稷也。藉之用萑，重黍稷，以其爲祭主也。前兩敦、几席在西堂，今仍陳於此，故云「如初」也。吴氏廷華云：「几席復言『陳』者，因諸器而連及之也。」今案：以上各器，視濯時已詳言所在矣，此復言之者，以祭日有加實及易置之事。易置則不言「如初」，不易置者須言「如初」以别之。此几席仍陳於西堂，故言「如初」。敖氏疑上有脱文，非也。　注云「盛黍稷者，宗婦也」者，以炊黍稷係宗婦主其事，故知盛之者亦宗婦也。云「古文『用』爲『于』」者，胡氏承珙云：「案：《士虞禮》『饌黍稷二敦于階間，西上，藉用葦席』，《有司徹》『右几，厞用席』，皆作『用』，不作『于』，故鄭從今文。」**尸盥匜水，實于槃中，簞巾，在門内之右。**設盥水及巾，尸尊，不就洗，又不揮。門内之右，象洗在東，統於門東，西上。凡鄉内，以入爲左右；鄉外，以出爲左右。【疏】正義曰：云「尸盥」者，以槃匜之屬爲尸盥設也。張氏爾岐云：「以匜貯水而置之槃，待尸盥則執匜沃水而槃承之。簞巾，簞中貯巾也。門内之右，門東也。」餘詳《士虞禮》「匜水錯于槃中南流」下。　注云「設盥水及巾，尸尊，不就洗，又不揮」者，以不就洗，故須設盥水；不揮，故須設巾也。揮，振去水使手乾也。云「門内之右，象洗在東，統於門東，西上」者，以洗設于阼階東南，匜槃之設亦在東方，是象洗也。西上，則匜槃在簞巾之西也。云「凡鄉内，以入爲左右；鄉外，以出爲左右」，此申言門右爲東據鄉内言之也。盛氏世佐云：「案：下經云『尸入門左，北面盥』，則槃匜之屬在門内之西明矣。門西曰右者，從堂上視之也。必在門西者，取其便於尸盥，且與洗位相變也。郝氏以西爲右之説得之。」吴氏廷華云：「鄉内、鄉外以人言，此陳器自當以堂爲斷。況此與《少牢》尸盥竝在西，何匜水獨有東西之别乎？」今案：盛氏、吴氏説似亦可從，竝附録焉。**祝筵几于室中，東面。**爲神敷席也，至此使祝接神。【疏】正義曰：李氏如圭云：「《祭統》曰：『鋪筵，設同几，爲依神也。』筵于室中西南隅。」今案：西南隅，奥也。凡布席于奥者東面，敖氏云「几亦右之」。前此視濯、視牲，祝未有事，今爲神筵几于室中，故注云「至此使祝接神」也。**主婦纚笄宵衣，立于房中，南面。**主婦，主人之妻，雖姑存，猶使之主祭祀。纚笄，首服。宵，綺屬也。此衣染之以黑，其繒本名曰宵。《詩》有「素衣朱宵」，《記》有「玄宵衣」。凡婦人助祭者同服也。《内則》曰：「舅没則姑老，冢婦所祭祀賓客，每事必請於姑。」【疏】正義曰：纚以韜髮，笄以安髮，詳《士冠禮》。纚笄宵衣，士妻之常服也。《昏禮》曰：「夙興，婦沐浴，纚笄宵衣以俟見。」房中，東房中也。婦人入廟，其位在此。注云「主婦，主人之妻，雖姑存，猶使之主祭祀」者，以經言主婦是有夫之稱，故云「主人之妻」也。姑，主人之母。禮，七十老而傳家事，故雖姑存，亦使其妻主之。《祭統》曰：「夫祭也者，必夫婦親之，所以備外内之官。」是也。若舅没而姑年未七十，亦傳家事於婦，《内則》所謂「舅没則姑老也」。但姑雖傳家事，婦猶必稟命焉，故《内則》又云：「冢婦所祭祀賓客，每事必請於姑。」是鄭取證《内則》之義也。云「纚笄，首服」，詳前。云「宵，綺屬。此衣染之以黑，其繒本名曰宵，《詩》有『素衣朱宵』，記有『玄宵衣』」者，案：《詩·唐風·揚之水》「素衣朱襮」、「素衣朱繡」，《毛傳》：「諸侯繡黼丹朱中衣。」鄭箋：「繡當爲綃，綃黼丹朱中衣，中衣以綃黼爲領，丹朱爲純也。」《禮記·郊特牲》：「繡黼丹朱中衣。」鄭注：「繡讀爲綃。綃，繒名也。《詩》云：『素衣朱綃。』」《玉藻》：「君子狐青裘，豹褎，玄綃衣以裼之。」注：「綃，綺屬也。染之以玄，於狐青裘相宜。」《士昏禮》：「姆纚笄宵衣。」注云：「宵讀爲《詩》『素衣朱綃』之綃。《魯詩》以綃爲綺屬也。姆亦玄衣，以綃爲領，因以爲名，且相別耳。」《少牢饋食禮》：「主婦被錫衣侈袂。」注云：「不纚笄者，大夫妻尊，亦衣綃衣而侈其袂耳。」考鄭各注皆以宵爲綃。《説文》：「綃，生絲也。」段氏注云：「生絲，未湅之絲也，以此生絲織繒曰綃，仍從絲得名也。故或云繒名，或云綺屬，綺即文繒也。宵，假借字。」今案：鄭云「綃，綺屬」，《郊特牲》注又云「繒名」，故段釋之。《周禮・内司服》六服，褖衣爲下。鄭注《内司服》云：「男子之褖衣黑，則是亦黑也。」又云：「其夫孤也，則服鞠衣。其夫卿大夫也，則服展衣。其夫士也，則服褖衣。」又注《追師》云：「外内命婦非王祭禮賓客佐后之禮，自於其家則亦降焉。」引《少牢》「主婦髲鬄衣移袂」及此經「主婦纚笄宵衣」爲證。又云：「移袂，褖衣之袂。」鄭意以大夫妻得服展衣，自祭降服褖衣；士妻服褖衣，自祭降服宵衣。則宵衣其褖衣之次歟？然鄭注《少牢》云「大夫妻亦衣綃衣而侈其袂」，與《追師》注又異，詳《少牢禮》。此注以宵衣爲黑色者，《士昏禮》注及《玉藻》注皆以宵爲玄，玄亦黑類也。又《士昏禮》注云：「玄衣以綃爲領，因以爲名。」然則宵衣惟領用繒耳。此注不言，義亦略同。據《士昏禮》「女次純衣」注，以純衣爲絲衣，則宵衣非絲衣明矣。蓋《昏禮》攝盛，士親迎服爵弁，故士妻服純衣；此祭士服玄端，故妻服宵衣。敖氏云：「宵衣用布爲之。」盛氏世佐云：「男子惟爵弁服用絲，其餘朝服玄端皆用布，則婦人褖衣宵衣亦用布可知。」其説是也，用布而領緣以綃，故曰宵衣。注云「其繒本名曰宵」，謂宵即綃也。又引《詩》、《禮記》證綃之義字俱作宵者，蓋鄭於《士昏禮》注已讀宵爲綃，其義已明，故此注即以宵爲綃。段氏謂宵爲綃之假借，是也。盛氏謂宵時所衣故名宵，又解宵爲小，皆穿鑿不可從。至賈疏并謂《詩》、《禮記》本文皆作宵字，則又緣注而誤，戴氏校《集釋》已辨之，詳《訂疑》。云「凡婦人助祭者同服也」者，《少牢》主婦贊者亦髲鬄衣侈袂，與主婦同，是同服可知。秦氏蕙田云：「案：《内司服》，天子諸侯王后以下助祭不同者，尊則有降，卑則無降。」是也。**主人及賓、兄弟、羣執事，即位于門外，如初。宗人告有司具。**具，猶辨也。【疏】正義曰：敖氏云：「此於賓兄弟之下言羣執事，則是指公有司私臣而言也。」今案：此説是。上視濯時言「賓及衆賓即位于門西東面」而不言羣執事，此言羣執事而不言衆賓，蓋互文見義，要皆兼公有司私臣在内。但初時門外止有東面位，無北面位，敖氏仍以門東門西言，非矣。敖又云：「告，告主人也。既告，反於賓西北。」是也。**主人拜賓如初，揖入，即位，如初。**初，視濯也。【疏】正義曰：注云「初，視濯也」者，據主人與賓言之也。此時公有司私臣未選爲賓與衆賓者入門當就門東門西北面之位，經未言，故下記補之。**佐食北面立于中庭。**佐食，賓佐尸食者，立於宗人之西。【疏】正義曰：賈疏云：「下記：『佐食，當事則户外南面，無事則中庭北面。』據此而言，則此經謂無事時也。」注云「佐食，賓佐尸食者」，敖氏據下記云「佐食于旅齒于兄弟」，以佐食爲主人兄弟之屬。今案：佐食非兄弟而與兄弟齒，故記特言之，若本兄弟之屬則不必言矣。盛氏世佐以佐食爲私臣，蓋本下記賈疏謂佐食於私臣之中擇爲賓，使佐尸食也。説不背注，可從。云「立於宗人之西」者，李氏如圭云：「《虞禮》主人即位于堂，如反哭，東面，宗人西階前北面詔主人。此禮主人位堂下西面，宗人當在阼階南擯主人，故知佐食在宗人之西。」

右祭日陳設及位次

儀禮正義卷三十五　鄭氏注

績溪胡培翬學

主人及祝升，祝先入，主人從，西面于户内。祝先入，接神宜在前也。《少牢饋食禮》曰：「祝盥于洗，升自西階，主人盥，升自阼階，祝先入，南面。」【疏】正義曰：張氏爾岐云：「自此至『主人再拜稽首』，言主人、主婦、祝、佐食初行陰厭之祭。」《禮經釋例》云：「凡尸未入室之前設饌于奥，謂之陰厭；尸既出室之後改饌于西北隅，謂之陽厭。案：《特牲》：『佐食徹尸薦、俎、敦，設于西北隅。』注：『此所謂當室之白，陽厭也。則尸未入之前爲陰厭矣。《曾子問》曰：殤不備祭，何謂陰厭陽厭也？』賈疏云：『凡言厭者，謂無尸直厭飫神。尸未入之前，祭于奥中，不得户明，故名陰厭。尸謖之後，改饌于西北隅，以向户明，故爲陽厭。引《曾子問》謂宗子有陰厭，無陽厭。凡殤有陽厭，無陰厭。證成人陰厭、陽厭竝有之義也。』是鄭、賈皆以設饌于奥，在尸未入之前爲陰厭也。《特牲》『祝筵几于室中，東面』，此爲神布席于奥也，在室中西南隅，東面；至主人及祝入室後，『主婦盥于房中，薦兩豆，葵菹、蝸醢，醢在北』，此薦豆也；『主人降，舉鼎載俎畢，升，入復位，俎入，設于豆東，魚次，腊特于俎北』，此設俎也；又云『主婦設兩敦黍稷于俎南，西上』，此設敦也；又云『及兩鉶芼設于豆南，南陳』，此設鉶也；又云『祝洗，酌奠，奠于鉶南』，此酌奠也；又云『遂命佐食啓會，佐食啓會，卻于敦南，出立于户西，南面』，此啓會也；又云『主人再拜稽首，祝在左，卒祝，主人再拜稽首』，此饗神也。皆尸未入室之前設饌于奧以饗神者，所謂陰厭也。《少牢》陰厭，布席、薦豆、設俎、設敦、酌奠、啓會、饗神皆與《特牲》同。惟不設鉶者，《少牢》無太羹湆，故兩鉶至尸入飯時始設之，與《特牲》不同也。《士虞禮》陰厭，惟薦豆、設敦、設鉶，皆贊爲之，不用主婦，酌奠以醴不以酒及祝饗後有命佐食祭于苴之禮，與《特牲》吉祭異，餘皆大略同也。」今案：熊氏朋來云：「陰厭於室之奧，陽厭於室之屋漏。厭者，言神厭飫之也。陰厭未迎尸，陽厭尸已謖，故二厭之時無尸。《大戴禮》曰：『無尸者，厭也。』」郝氏敬云：「尸未入，神先降，故有陰厭；尸既出，神未散，故有陽厭。」此二説申明陰厭、陽厭之義甚精，後儒猶有以鄭注爲非者，辨見篇末「陽厭」下。云「主人及祝升」，則主人蓋先升後入也。入，入室也。○張氏爾岐云：「注引《少牢》者，明此經主人及祝盥升面位亦與彼同也。」吴氏《疑義》云：「祝室中位有二：詔佐食等，在北墉下，南面；相主人則負東壁，西面。此亦盥如《少牢》，文省耳。」**主婦盥于房中，薦兩豆，葵菹、蝸醢，醢在北。**主婦盥，盥於內洗。《昏禮》婦洗在北堂，❶直室東隅。【疏】正義曰：薦兩豆，薦於室也。葵菹、蝸醢，詳《士冠禮》。方氏苞云：「饋食之饌，惟主婦爲最先。以生時盥饋，主婦職也。」　注詳《士昏禮》。**宗人遣佐食及執事盥，出。**命之盥出，當助主人及賓舉鼎。【疏】正義曰：宗人主禮事，故遣之。敖氏云：「此執事謂左人及取俎匕者，賤於右人，故先出。」盛氏云：「宗人既遣佐食及執事，亦遂盥而出矣。故下經云：『宗人執畢先

❶「堂」，原作「室」，今據《儀禮注疏》改。

入。」」**主人降，及賓盥，出。主人在右，及佐食舉牲鼎。賓長在右，及執事舉魚、腊鼎，除鼏。**及，與也。主人在右，統於東。主人與佐食者，賓尊不載。《少牢饋食禮》：魚用鮒，腊用麋。士腊用兔。

【疏】正義曰：出，出舉鼎也。每鼎二人舉，主人與賓皆在右，尊右也。主人舉牲鼎，鼎以牲爲正也。《少牢》則主人迎而不親舉。敖氏云：「賓長在右，謂長賓在魚鼎之右，衆賓長在腊鼎之右也。凡吉事除鼏於外，凶事除鼏於內。除鼏亦右人。」　注云「及，與也」，《爾雅・釋詁》文。云「主人在右，統於東」者，鼎北面以東爲右，主人在東，舉鼎者統於主人，故云「統於東」也。云「主人與佐食者，賓尊不載」者，李氏如圭云：「賓不偶主人者，左人當載。載，賤者之事。」故主人與佐食同舉也。云「《少牢饋食禮》：魚用鮒，腊用麋。士腊用兔」者，以經不言魚、腊所用，故引《少牢》以明之。腊用兔，與大夫異；魚用鮒，與大夫同。鮒，詳《士喪禮》。《曲禮》：「兔曰明視。」**宗人執畢，先入，當阼階，南面。**畢狀如叉，蓋爲其似畢星取名焉。主人親舉，宗人則執畢導之。既錯，又以畢臨匕載，備失脱也。《雜記》曰：「枇用桑，長三尺，畢用桑，長三尺，刊其本與末。」枇、畢同材明矣。今此枇用棘心，則畢亦用棘心。舊説云：畢似御他神物，神物惡桑叉。則《少牢饋食》及《虞》無叉，何哉？此無叉者，乃主人不親舉耳。《少牢》大夫祭，不親舉。《虞》，喪祭也，主人未執事。祔、練、祥，執事用桑叉，自此純吉，用棘心叉。【疏】正義曰：先入，先鼎而入也。鼎設于阼階前，故宗人執畢當阼階南面，以便指畫助載。　注云「畢狀如叉，蓋爲其似畢星取名焉」者，《説文》：「叉，手指相錯也。」段氏注云：「凡岐頭皆曰叉。」《爾雅・釋天》：「濁謂之畢。」郝氏懿行《義疏》云：「畢者，八星纍貫，兩叉出。《天官書》云：『畢曰罕車，爲邊兵，主弋獵。』」然則此畢如叉，蓋爲岐頭之狀有似畢星之叉出，故取名焉。又掩取禽獸之畢亦因畢星得名。《説文》：「畢，田罔也。」郭注《爾雅》云：「掩兔之畢，或呼爲濁，因星形以名。」《詩・大東》：「有捄天畢。」《毛傳》：「畢，所以掩兔者。」孔疏引孫毓云：「祭器之畢，狀如畢星，名象所出也。畢弋之畢，又取象焉，而因施綱於其上。」是也。云「主人親舉，宗人則執畢導之。既錯，又以畢臨匕載，備失脱也」者，《大射儀》：「小臣師設楅，司馬正東面，以弓爲畢。」注云：「畢，所以教助執事者。」是其言導之義也。鄭箋《詩》云：「祭器有畢者，所以助載鼎實。」注《雜記》云：「畢，所以助主人載者。」是其言「臨匕載，備失脱」之義也。褚氏寅亮云：「注言主人親載，執畢導之，是解經先入之故。又言『既錯，以畢臨匕載』，是解經南面而立之故。」下記云「棘心匕刻」，鄭欲以朼之用棘決畢亦用棘，故引《雜記》以明朼、畢同材，喪祭同用桑，吉祭同用棘也。記文作「刊其柄與末」，此引作「刊其本與末」，本與柄一也。又引舊説而辨之，舊説云：畢似御他神物，神物惡桑叉。如其説，則《少牢饋食》及《虞》何以無叉？蓋他篇無畢，此獨用畢者，以主人親舉，重其事也。《少牢》大夫祭不親舉，《虞》祭主人未執事，故皆無叉。至祔、練、祥之祭，主人執事則用桑叉，《雜記》所言是也。此篇吉祭當用棘心叉，與喪祭別也。

鼎西面錯，右人抽扃，委于鼎北。 右人，謂主人及二賓。既錯，皆西面俟也。【疏】正義曰：鼎錯于東方，西面。扃委于鼎北者，鼎西面，以北爲右，故就近委之。　注云「右人，謂主人及二賓」者，牲鼎則主人，魚鼎、腊鼎則賓，在右，故云「二賓」也。云「既錯，皆西面俟也」者，對下載時左人北面，此時則皆西面也。

贊者錯俎，加匕。 贊者，執俎及匕從鼎入者。其錯俎東縮，加匕，東柄，既則退，而左人北面也。【疏】正義曰：蔡氏德晋云：「錯俎，錯之於鼎西。加匕，加之於俎上。」　注云「贊者，執俎及匕從鼎入者」，每鼎一俎一匕，《士喪禮》則俎匕皆舉者執之。此云「贊者錯俎，加匕」，故知俎及匕贊者執以從鼎入，非舉者自執，亦吉凶相變也。云「其錯俎東縮，加匕，東柄」者，東縮，謂自東至西陳之，於東西爲縮，於南北爲横也。《少牢》云：「俎皆設于鼎西，西肆。」又云：「匕皆加于鼎，東柄。」與此一也。云「既則退，而左人北面也」者，賈疏云：「以其俎從於鼎西，其人當北面，於其南載之便。是以《昏禮》亦云『北面載，執而俟』是也。」退，謂贊者退也。**乃朼。**右人也，尊者於事，指使可也。左人載之。【疏】正義曰：朼與匕同，詳《士喪禮》。注云「右人也」者，謂朼者右人也。右人南面朼，左人北面載。《經義述聞》云：「今本經尾脱『載』字，注首脱『朼』字。下文之『卒載』，即承『載』字言之。《周官·御僕》注引此正作『乃匕載』。《士喪禮》亦作『乃匕載』，注云：『乃朼，以朼次出牲體，右人也。載，受而載於俎，左人也。』説與此注同，則此注亦當作『朼右人也』明矣。」今案：朼謂朼而出之於鼎，載謂受而載之於俎，是朼與載别也。**佐食升肵俎，鼏之，設于阼階西。**肵謂心舌之俎也。《郊特牲》曰：「肵之爲言敬也。」言主人之所以敬尸之俎。古文「鼏」皆作「密」。【疏】正義曰：注云「肵謂心舌之俎也」者，《禮經釋例》云：「肵俎雖爲盛牲魚腊之器，竝非虚俎，皆先載心舌於其上。」今案：下記云：「肵俎，心舌皆去本末，午割之，實于牲鼎。載心立，舌縮俎。」是也。云「《郊特牲》曰：『肵之爲言敬也。』言主人之所以敬尸之俎」者，鄭引《郊特牲》之文以明肵俎所以敬尸也。「古文『鼏』皆作『密』」，詳《士冠禮》。吴氏廷華云：「此肵俎主人自羞，且當歸尸，故特升之。」今案：他俎不言鼏，此獨言鼏者，以其設于阼階西，恐有塵汙。他俎升訖，即入設于室也。《禮經釋例》云：「凡肵俎，尸未入，先設于阼階西，《特牲》、《少牢》皆然。先設于阼階西者，事未至也。尸既入，主人乃親設之于俎北。」**卒載，加匕于鼎。**卒，已也。已載，畢亦加焉。【疏】正義曰：卒載，謂三鼎之實盡載於俎也。所載則下記詳之。云「已載，畢亦加焉」者，謂宗人執畢，載訖亦加于鼎也。**主人升，入復位。俎入，設于豆東，魚次，腊特于俎北。**入設俎，載者。腊特，饌要方也。凡饌必方者，明食味人之性所以正。【疏】正義曰：前此主人入室，位於户内西面，爲舉鼎降。今事畢乃升堂入室，而復其户内之位。俎入，謂自阼階入室而設於尸位之前。特于俎北，謂在豕俎魚俎之北。賈疏云：「知載人設俎者，以其經『卒載』下即云『入設』，不見别人，明是載者設之可知。」云「腊特，饌要方也」者，張氏爾岐云：「俎入設于豆東，豕俎當菹豆之東也。魚次，魚又次豕東也。腊特俎北，則與醢相直而正方。」今案：鄭云「明食味人之性所以正」者，是解「饌要方」之義也。《鄉黨》「割不正不食」，義亦由此。**主婦設兩敦黍稷于俎南，西上，及兩鉶鉶芼設于豆南，南陳。**宗婦不贊敦鉶者，以其少，可親之。芼，菜也。【疏】正義曰：《校勘記》云：「唐石經重『鉶』字。張氏曰：『監本云：及兩鉶鉶芼。多一鉶字，從諸本。』」《經義述聞》云：「作『兩鉶鉶芼』者是也。上鉶是盛羹之器，下鉶即羹也。鉶所以盛羹，故因謂羹芼爲鉶芼。『尸祭鉶，嘗之』注云：『鉶，肉味之有菜和者。』引《曲禮》『客絮羹，主人辭不能亨』。然則『兩鉶鉶芼』，猶言兩鉶羹芼，必重一『鉶』字而義始明。若云『兩鉶芼』，則是兩鉶中有芼而無羹，於文爲不備矣。《召南·采蘩》正義引此亦作『兩鉶鉶芼』，是唐人所見本皆重一『鉶』字，當從唐石經。」謹案：《述聞》之説是也。菜羹盛於鉶因即謂羹爲鉶，詳《聘禮》「六鉶繼之」下。黍稷設于俎南，云「西上」者，黍在西，稷在東也。云「及」者，謂兩敦兩鉶皆主婦設之也。吴氏廷華云：「此鉶當苴豆之南，南鉶又以次而南，席前豆、鉶各二，四以爲列，左豆而右鉶也。」　注云「宗婦不贊敦鉶者，以其少可親之」者，案：《少牢》「主婦設金敦，宗婦贊三敦」，是其贊敦之事。《特牲》不使宗婦贊者，以《少牢》四敦，《特牲》兩敦，少，故主婦可親之也。兼言贊鉶者，《有司徹》：「主婦取一羊鉶，坐奠于韭菹西。主婦贊者執豕鉶以從，主婦不興，受，設于羊鉶之西。」是其贊鉶之事。云「芼，菜也」者，鄭注《少牢》、《内則》同。又《詩・關雎》「左右芼之」，《毛傳》訓芼爲擇，義與此別。**祝洗，酌奠，奠于鉶南，遂命佐食啓會。佐食啓會，卻于敦南，出立于户西，南面。**酌奠，奠其爵觶也。❶《少牢饋食禮》啓會，乃奠之。【疏】正義曰：「奠于鉶南」，下文「嗣舉奠」，即此所奠者。《儀禮釋官》云：「《周禮》小祝贊奠，賈疏云：『贊奠者，大祝酌酒奠于鉶南，小祝贊之。』大夫以上祝官不止一人，士之祝當止一人而已。」李氏如圭云：「會，敦蓋也。卻，仰也。」郝氏敬云：「立于室户西南面，《士虞・記》所謂『負依』也。」注云「酌奠，奠其爵觶也」者，章氏平云：「注謂上奠是其爵觶。」今案：《少牢》「祝酌奠」注云：「酌奠，酌酒爲神奠之。」此經重一「奠」字者，上奠目其事，下奠則言所奠之地也，章説似非。云「《少牢饋食禮》啓會，乃奠之」者，吴氏《疑義》云：「《少牢》先言酌奠後言啓會，與此經同。此注以彼爲啓會乃奠，何也？」今案：《士虞禮》啓會在奠觶先，注恐誤記。**主人再拜稽首，祝在左。**稽首，服之甚者。祝在左，當爲主人釋辭於神也。祝祝曰：「孝孫某，敢用剛鬣、嘉薦、普淖，用薦某事于皇祖某子，尚饗。」【疏】正義曰：盛氏世佐云：「此下不云祝祝及其辭，蓋闕文也。」注云「稽首，服之甚」者，《郊特牲》文。云「祝在左，當爲主人釋辭於神也」者，以下云「卒祝」，故知此在左爲主人釋辭也。「祝祝曰」以下，則約《少牢》之文。云「用薦某事于皇祖某子」，不云配，則

❶「也」，原無，今據《儀禮注疏》補。

仍篇首之文也。**卒祝，主人再拜稽首。**【疏】正義曰：卒祝，謂祝畢也。官氏獻瑶云：「九拜惟稽首最重。此經凡五節：始宿尸，尸許諾而稽首，成其尸也；繼設祭祝，祝兩稽首，冀其享也；既尸入，祝饗而稽首，喜其格也；既酳尸，尸親嘏而稽首，拜其福也。」

右陰厭

祝迎尸于門外。尸自外來，代主人接之。就其次而請，不拜，不敢與尊者爲禮。《周禮·掌次》：「凡祭祀，張尸次。」【疏】正義曰：張氏爾岐云：「自此以下言迎尸入行正祭。初尸食九飯，次主人酳尸，次主婦亞獻尸，次賓長三獻尸，次獻賓及兄弟，次長兄弟爲加爵，次衆賓長爲加爵，次嗣舉奠，次旅酬，次佐食獻尸，凡十節。事尸者八節，其獻賓及兄弟與旅酬皆承尸意而行神惠者也。此九飯節内有妥尸祝饗，有挼祭，有初三飯，有再三飯，有終三飯，有盛肵俎。又其六細節。」○今案：門，廟門也。《郊特牲》曰：「尸，神象也。祝，將命也。」故事尸之事，祝主之，《周禮·小祝》「送逆尸」。　注云「尸自外來，代主人接之」者，以主人不迎尸，故使祝代也。云「就其次而請，不拜，不敢與尊者爲禮」者，謂尸來先入次，祝就次而請，乃出次。凡平常賓主禮，主人出迎拜賓，賓荅拜。此但云「迎尸于門外」而不云拜，是尸尊不敢與爲禮也。引《周禮》者，證門外有次也。次，詳《士冠禮》。**主人降，立于阼階東。**主人不迎尸，成尸尊。尸，所祭者之孫也。祖之尸，則主人乃宗子；禰之尸，則主人乃父道。事神之禮，廟中而已，出迎則爲厭。【疏】正義曰：主人降立，蓋端拱以俟也。方氏苞云：「主人雖不迎，而亦不敢安於堂上也。」　注云「主人不迎尸，成尸尊」者，案：《祭統》曰：「君迎牲而不迎尸，別嫌也。尸在廟門外，則疑於臣；在廟中，則全於君。君在廟門外，則疑於君；入廟門則全於臣，全於子。」鄭注：「不迎尸者，欲全其尊也。尸，神象也。鬼神之尊在廟中，人君之尊出廟門則伸。」是不迎尸，成尸尊之義也。彼《祭統》是人君之禮，此士禮，尸亦卑於主人，故鄭復云：「尸，所祭者之孫也。祖之尸，則主人乃宗子；禰之尸，則主人乃父道也。」尸必以孫爲之，宗子兼大宗、小宗，義俱見前。云「事神之禮，廟中而已，出迎則爲厭」者，以尸卑於主人，入廟中乃得伸其尊，在廟門外不得伸其尊，故出迎則爲厭也。秦氏蕙田云：「厭是君厭臣、尊厭卑之義。敖氏欲改爲屈，其義反狹。」**尸入門左，北面盥，宗人授巾。**侍盥者執其器就之，執簞者不授巾，賤也。宗人授巾，庭長尊。《少牢饋食禮》曰：「祝先入門右，尸入門左。」【疏】正義曰：注云「侍盥者執其器就之」者，李氏如圭云：「尸盥在門右，侍盥者執以之門左就尸。」云「執簞者不授巾，賤也。宗人授巾，庭長尊」者，上經簞巾在門内之右，巾在簞中。❶執簞，即執巾者也。下記云：「沃尸盥者一人。奉盤者東面，執匜者西面淳沃，執巾者在匜北。宗人東面取巾，振之三，南面授尸，卒，執巾者受。」是執巾者不授巾，宗人代之授。宗人爲庭長，尊也。凡庭中之事皆宗人指畫之，故謂爲庭長。引《少牢》者，此經不言祝先入門右，省文，故引《少牢》證之，明此與彼同也。**尸至于階，祝延尸。尸升，入，祝先，主人從。**延，進，在後詔侑曰延，《禮器》所謂「詔侑武方」者也。《少牢饋食禮》曰：「尸升自西階，入，祝從，主人升自阼階，祝先入，主人從。」【疏】正義曰：入，入室也。祝先于主人而後于尸，

❶「中」，原作「巾」，今據段校改。

是其入之序也。《周禮・大祝》「相尸禮」，彼注云：「延其出入，詔其坐作。」即據此經言也。注云「延，進」者，《爾雅・釋詁》文。云「在後詔侑曰延」者，《樂記》云：「宗祝辨乎宗廟之禮，故後尸。」《覲禮》注云：「在後詔禮曰延。」❶此在後詔之使升。《士虞禮》云：「尸及階，祝延尸。」注云：「延，進也，告之以升。」與此同也。《士虞・記》又云：「尸謖，祝前鄉尸。」注：「前，道也。」是尸升入，祝在後；尸謖，祝在前。一前一後無常，故鄭以《禮器》所謂「詔侑武方」者此也。彼注云：「武當爲無，聲之誤也。方，猶常也。告尸行節，勸尸飲食，若孝子就養無方。」引《少牢》者，證尸、祝、主人入室次序竝升階之法與彼同也。**尸即席坐，主人拜妥尸。** 妥，安坐也。【疏】正義曰：《禮器》曰：「周坐尸。」又曰：「夏立尸而卒祭。殷坐尸。」鄭注：「夏禮，尸有事乃坐。殷無事猶坐，周因於殷。」《郊特牲》曰：「古者尸無事則立，有事而后坐也。」鄭注：「古謂夏時也。」是尸入而坐，周因於殷之禮也。　注云「妥，安坐也」者，《爾雅・釋詁》文。《詩・楚茨》：「以妥以侑。」《毛傳》亦云：「妥，安坐也。」《郊特牲》曰：「詔妥尸。」彼注云「妥，安坐也。尸即至尊之坐，或時不自安，則以拜安之」是也。《士虞禮》：「主人及祝拜妥尸。」《少牢》：「祝主人皆拜妥尸。」《禮經釋例》云：「《特牲》不云祝拜妥尸，文不具也。」**尸荅拜，執奠，祝饗，主人拜，如初。** 饗，勸彊之也。其辭取於《士虞・記》，則宜云：「孝孫某圭爲孝薦之，饗。」舊説云：「明薦之。」【疏】正義曰：執奠，尸取祝所奠鉶南觶執之也。敖氏云：「饗，饗神也。凡饗祝之辭雖或言於尸之前，實主爲神也。如初，再拜稽首也。」今案：《少牢》無祝饗之

❶「在」，《儀禮注疏》作「從」。

禮，此有之者，士賤，不嫌與君同。　注云「饗，勸彊之」也，「勸彊之」者，謂祈其饗也。云「其辭取於《士虞·記》，則宜云：『孝孫某圭爲而孝薦之，饗。』」者，案：《士虞》饗辭曰：「哀子某，圭爲而哀薦之，饗。」彼注云：「饗辭，勸强尸之辭也。圭，絜也。凡吉祭饗尸，曰孝子。」《雜記》曰：「祭稱孝子孝孫，喪稱哀子哀孫。」此《特牲》係吉祭，故鄭謂宜云孝也。云「舊説云：『明薦之。』」者，賈疏謂引證圭爲潔明之義。江氏筠云：「所謂舊説，乃《大戴禮》云『孝嗣侯某潔爲而明薦之，享』是也。鄭以喪祭稱哀，吉祭宜稱孝，故改明爲孝。又欲見明孝或得兩稱，故存舊説，蓋爲孝字記異，非爲圭字作證也。若欲證圭爲潔，則舊説明有『潔爲』之文，鄭何不引之乎？」今案：江説是也。○以上妥尸祝饗。　**祝命挼祭，尸左執觶，右取菹，擩于醢，祭于豆間。**命，詔尸也。挼祭，祭神食也。《士虞禮》古文曰「祝命佐食墮祭」，《周禮》曰「既祭則藏其墮」，墮與挼讀同耳。今文改「挼」皆爲「綏」，古文此皆爲挼祭也。　擩醢者，❶染於醢。【疏】正義曰：《禮經釋例》云：「凡尸未食前之祭謂之墮祭，又謂之挼祭。《特牲》主人拜妥尸後，『祝命挼祭，尸左執觶，右取菹，擩于醢，❷祭于豆間』，此祭豆也。又云：『佐食取黍、稷、肺祭授尸。尸祭之，祭酒，啐酒，告旨。』此祭黍、稷、刌肺、祭酒也。又云：『祭鉶，嘗之，告旨。』此祭鉶也。爾敦及設大羹湆後，『舉肺脊以授尸，尸受，振祭，嚌之』，此祭離肺、正脊也。祭黍、稷、肺爲挼祭，其餘皆統於挼祭也。祭肺脊在尸未食之前，統於挼祭，與祭幹、祭骼、祭肩不

❶「擩」，原作「挼」，今據《儀禮注疏》改。

❷「于」，原脱，今據《禮經釋例》補。

同，故尸亦奠肺脊于菹豆不于斯俎也。《少牢》祝、主人拜妥尸後，『尸取韭菹辯擩于三豆，祭于豆間』，此祭豆也。又云：『上佐食取黍稷于四敦，下佐食取牢一切肺于俎，以授上佐食，上佐食兼與黍以授尸，尸受，同祭于豆祭。』此祭黍稷、切肺也。又云：『上佐食舉尸牢肺、正脊以授尸。』此祭離肺、正脊也。爾敦及羞斯俎後，『上佐食羞兩鉶，尸扱以柶，祭羊鉶，遂以祭豕鉶，嘗羊鉶』，此祭鉶也。唯祭鉶在祭肺脊之後及不祭酒與《特牲》小異，餘皆同也。《士虞》：『主人及祝拜妥尸後，尸取奠左執之，取菹擩于醢，祭于豆間。』此祭豆也。又云：『祝命佐食墮祭，佐食取黍稷、肺祭授尸，尸祭之。』此祭黍稷、切肺也。又云：『祭奠，祝祝，主人拜如初。尸嘗醴，奠之。』此祭奠也。奠，醴也，猶吉祭之祭酒也。又云：『佐食舉肺脊授尸。尸受，振祭，嚌之。』此祭離肺、正脊也。爾敦後，『尸祭鉶，嘗鉶』，此祭鉶也。《士虞》、《特牲》皆士禮，《特牲》命挼祭在祭豆之前，《士虞》命墮祭在祭豆之後；《特牲》祭肺脊在爾敦之後，《士虞》祭肺脊在爾敦之前；《特牲》祭鉶在祭肺脊之前，《士虞》祭鉶在祭肺脊之後。此則虞祭異於吉祭者也。《特牲》、《士虞》大羹湇皆不祭者，大羹不爲神也。」又：「主人受尸嘏，尸酢主婦，亦挼祭。」詳後。方氏苞云：「豆間，兩豆間之隙地也。自《冠》、《昏》至《大射》皆不言祭所委之地。脯醢則于豆旁，肺則于俎旁，不待言也。惟《公食》曰『上豆之間』，以有六豆也。《士虞》、《特牲》皆兩豆，故曰豆間。《少牢》四豆，亦曰豆間，以取韭菹辯擩于三豆，祭于豆間，則于上豆之間，不待言矣。」○注「士虞禮」「士」字，毛本誤「古」。「隋祭」，嚴本及各本皆作「墮」，唯《集釋》作「隋」，下同。張氏《識誤》云：「案：《釋文》釋『挼祭』云：『音墮，後隋祭、挼祭皆放此。』後《少牢饋食禮》經曰『墮祭爾敦』，案《釋文》亦作『隋』，許規反，下同。注又曰：『挼讀爲墮。』案：《釋文》音綏字，注云『隋，亦放此』。《有司》注曰：『挼，讀爲藏其墮之墮。』」案：《釋文》音綏字，注云『并注挼及隋皆許恚反，後放此』。然則三篇之墮皆隋字也，與《周禮·守祧》之文合。至於《士虞禮》之墮祭與舉《周禮》之文，《釋文》於彼自作『墮』。竝從《釋文》。」《校勘記》云：「案：『墮祭』，當概作『隋祭』。《釋文》字例雜糅，張氏曲從之，非是。」今案：《校勘記》之説是也，詳《士虞禮》「祝命佐食隋祭」下。《校勘記》又云：「自『今文』至『祭也』十五字，今本脱。徐本、《集釋》、楊俱有。」❶賈《士虞》疏引亦有，但「挼祭」誤作「擩祭」。《校勘記》謂賈疏引作「擩」，故有五字不同之説。非也。賈彼疏自據《有司徹》注「古文爲『擩』」言之耳。　云「命，詔尸也」者，褚氏寅亮云：「據《士虞禮》則祝命佐食也。此注云『詔尸』似與彼異，然祝詔尸挼祭，佐食即取黍稷肺授尸矣，實一也。」今案：或以尸尊不宜言命爲疑。案：《爾雅·釋詁》云：「命，告也。」詔亦訓告，言詔兼有詔相義。鄭於彼經命字無注，於此言之欲見命佐食亦兼詔尸，是補經所未及，非與經有異，褚説是矣。褚氏又云：「下經佐食授挼祭，則授與挼兩字兩義，敖乃混爲一而云『授誤爲挼』，謬。」褚説亦是也。　云「挼祭，祭神食也」者，鄉者設饌厭飫神，今尸將食神餘，故祭之。鄭注《少牢》云：「將食神餘，尊之而祭之。」是也。　云「《士虞禮》古文曰『祝命佐食隋祭』，《周禮》曰『既祭則藏其隋』，隋與挼讀同耳，今文改『挼』皆爲『綏』，古文此皆爲挼祭也」者，段氏玉裁云：「古音隋聲、妥聲同。」《説文》「挼」，从手妥聲，是「隋」與「挼」讀同也。鄭意以「隋祭」當從《士虞》古文及《周禮》作「隋」，但「隋」與「挼」讀亦同，故仍用古文，不破「挼」爲「隋」耳。　又鄭不直云《士虞禮》曰『隋祭』」

❶ 「俱有」，原無，今據《儀禮注疏校勘記》補。

而云「《士虞禮》古文」者，蓋此字各篇古文多不同，《士虞》古文作「隋」，此篇古文作「挼」，故云「古文此皆爲『挼祭』也」。皆者，皆下文佐食授挼祭言之也。《少牢》古文又作「肵」，《有司徹》古文又作「抶」，是此字各篇古文多不同也。此注云「今文改『挼』爲『綏』」，而後注有云「今文或皆改『妥』作『挼』」，《少牢》注亦云「『綏』或作『挼』」，是各篇今文亦多不同，故《校勘記》謂此字古今文參差不一也。云「抶醢者，染於醢」者，詳《士虞禮》。**佐食取黍、稷、肺祭授尸。尸祭之，祭酒，啐酒，告旨。主人拜，尸奠觶荅拜。** 肺祭，刌肺也。旨，美也。祭酒，穀味之芬芳者。齊敬共之，惟恐不美，告之美，達其心，明神享之。【疏】正義曰：此佐食授祭當亦祝命之，詳上。《郊特牲》云：「祭黍稷加肺，報陰也。」孔疏云：「謂尸綏祭之時，祭黍稷加之以肺。」肺，陰類，親形魄歸地，以陰物祭之，故云「報陰」。　主人拜者，拜其享也。　注云「肺祭，刌肺也」者，下記云：「刌肺三。」李氏如圭云：「尸俎具有離肺刌肺，此所祭者刌肺。《郊特牲》曰：『祭肺肝心，貴氣主也。』《明堂位》曰：『夏后氏祭心，殷祭肝，周祭肺。』」今案：刌肺亦謂之切肺，詳下記。云「旨，美也」者，《說文》、《毛傳》同。云「祭酒，穀味之芬芳者」，《月令》曰「秫稻必齊，水泉必香」，《左傳》曰「馨香無讒慝」，是也。**祭鉶，嘗之，告旨。主人拜，尸荅拜。** 鉶，肉味之有菜和者。《曲禮》：「客絮羹，主人辭不能亨。」【疏】正義曰：祭鉶，鉶是羹，經直云鉶者，賈疏云：「以其盛之鉶器，因號羹爲鉶。」是也。云「鉶，肉味之有菜和者」，對大羹湆無菜和言也。菜，即下記所云：「鉶芼用苦，若薇，皆有滑。」是也。引《曲禮》者，證調和之義，彼注云：「絮，猶調也。」○以上尸挼祭。**祝命爾敦，佐食爾黍稷于席上。** 爾，近也。近之，便尸之食也。【疏】正義曰：盛氏世佐云：「此爾敦竝及稷者，吉祭之禮務詳也。」先大父樸齋先生《三禮札記》云：「賈疏於

《特牲》『佐食摶黍授祝』節疏云：❶『案：上文云爾黍于席上，不云爾稷者，以稷雖五穀之長，不如黍之美。』於『皆取舉，祭食，祭舉，乃食，祭鉶，食舉』節疏云：『前正祭之時，佐食爾黍于席上。』是無稷字也。於《少牢》『上佐食爾上敦黍于筵上』疏又云：『案《特牲》黍稷，此及《虞》皆不云稷者，文不具，其實亦爾之也。』據此似當時有二本，一本『爾黍』下無稷字，一本有稷字，與今本同。賈疏竝引之，而不顧其説之矛盾，何哉？」《經義述聞》云：「『稷』，衍字也。因上文『佐食取黍稷』而衍。《特牲》設黍稷兩敦，必爾黍者，黍在西爲上敦，爾其居上者耳。黍必居上者，黍爲食之主也。《少牢》、《特牲》之敦皆以西爲上。《少牢》爾上敦黍，則《特牲》所爾之黍亦上敦也。上敦有黍而無稷，不得兼言爾稷明矣。且《士虞》云：『祝命佐食爾敦，佐食舉黍錯于席上。』亦但爾黍而不爾稷，稷非上敦也。又《士昏》云：『贊設黍于醬東，稷在其東。』又云『贊爾黍』，亦是爾在西之黍，不應《特牲》又爾稷也。當如下疏所引作『爾黍于席上』，無『稷』字爲是。又下文『反黍稷于其所』，亦不當有『稷』字。佐食所爾者惟盛黍之敦，則所反者亦惟盛黍之敦。《士虞》云：『反黍如初設。』但言反黍而不言反稷，是其例也。蓋經文『爾黍』下已衍『稷』字，後人不知其誤，又據以增『稷』字於『反黍』下耳。以《士昏》、《士虞》、《少牢》三篇合考之，則此篇之衍字顯然。《喪大記》正義引此亦作『爾黍于席』，無『稷』字。」謹案：《述聞》之説是也。若如盛氏所云吉祭之禮務詳，則《少牢》亦吉祭，何不竝云爾稷邪？**設大羹湆于醢北。**大羹湆，煮肉汁也。不和，貴其質，設之所以敬尸也。不祭，不嚌，大羹不爲神，非盛者

---

❶「授」，原作「稷」，涉上文「黍稷」誤，今據《儀禮注疏》改。

也。《士虞禮》曰：「大羹湆自門入。」今文「湆」皆爲「汁」。【疏】正義曰：賈疏云：「醢北爲薦左。」案：《公食》、《昏禮》大羹湆皆在薦右，此在左者，神禮變於生人。《士虞禮》大羹湆設于鉶南，在右，與生人同，不忍異於生故也。褚氏寅亮云：「設之遙繼醢，不逼近，豫留羞四豆之地。」注云「大羹湆，煮肉汁也。不和，貴其質」者，桓二年《左氏傳》云：「大羹不和。」謂不和以鹽菜也。云「設之所以敬尸也」者，《士虞・記》曰：「無尸則無大羹湆。」是設之爲敬尸也。云「不祭，不嚌，大羹不爲神，非盛者也」者，以前隋祭是重神餘而祭之，此大羹湆不爲神設，故不祭亦不嚌也。嚌，嘗也。云「《士虞禮》曰：『大羹湆自門入。』」者，以俎豆敦鉶皆先設之，惟大羹湆必俟尸入即席後乃自門入設，故引《士虞》爲證也。云「今文『湆』皆爲『汁』」，詳《士昏禮》。

舉肺、脊以授尸。尸受，振祭，嚌之，左執之。肺，氣之主也。脊，正體之貴者。先食啗之，所以導食通氣。【疏】正義曰：「舉肺、脊以授尸」，亦佐食舉以授之也。李氏如圭云：「肺，離肺也。《周禮》九祭，五曰振祭，六曰擩祭。擩祭者，擩於醢以祭，不食也。振祭者，將食，既擩，必振乃祭也。黍稷牢肉魚皆擩於醢。」注云「先食啗之，所以導食通氣」者，是預解下文。《說文》：「啗，食也。」褚氏寅亮云：「嚌後以左手兼執肺脊，以右手先取肺食，次取脊食，注所謂『先食啗之』也。略食後仍左手兼執，至將食庶羞乃實于菹豆焉。」

乃食，食舉。舉言食者，明凡解體皆連肉。【疏】正義曰：李氏如圭云：「食舉，即肺脊也。食必先舉之，故曰舉。以其可食，故又曰食舉。凡體皆連肉，以骨爲主耳。」今案：賈疏以乃食謂食肺，食舉謂正脊。後儒糾其誤者甚多，但或以乃食爲飯，或以乃食爲食舉，俱非。惟褚氏以「乃食」爲目下事之詞、「食舉」爲兼食肺脊得之。褚又云：「設所俎乃三飯，此三飯前之節次。」是也。〇《白虎通》曰：「祭所以有尸者何？鬼神聽之無聲，視之無形。升自阼階，仰視榱桷，俯視几筵，其器存，其人亡，虛無寂寞，思慕哀傷，無所寫泄，故座尸而食之，毀損其饌，欣然若親之飽，尸醉若神之醉矣。」即此經尸食之義也。**主人羞肵俎于腊北。**肵俎主於尸，主人親羞，敬也。神俎不親設者，貴得賓客以神事其先。【疏】正義曰：腊北，腊俎之北也。吉祭有肵俎，虞祭以篚代之，但此設於舉肺脊之後。《士虞禮》尸未隋祭從者即錯篚于席上，與吉祭異也，詳《士虞禮》。敖氏云：「不言降與升，文省。《少牢禮》曰：『主人羞肵俎，升自阼階。』」〇《禮經釋例》云：「祭禮所以用肵俎者，不獨尸所食之魚肉不可反于俎，故加于肵俎。蓋亦因神俎須釋三个，❶留爲蕢及陽厭之用，故其餘別用肵俎盛之以歸于尸。非如賓客之禮，盡卷其俎而歸之。不釋，故不別用俎也。」今案：據此是肵俎主于尸也。肵俎親羞而神俎不親設者，一則主于敬尸，一則貴得尊賓嘉客以祀其先，故使賓客設之，義各有當也。**尸三飯，告飽。祝侑，主人拜。**三飯，告飽，禮一成也。侑，勸也。或曰又，勸之使又食。《少牢饋食禮》侑辭曰「皇尸未實，侑」也。【疏】正義曰：主人拜，亦以侑也。《禮經釋例》云：「士祭，尸三飯即侑；大夫祭，尸七飯始侑。士祭，祝、主人共侑；大夫祭，祝、主人更侑。皆隆殺之義也。」 注云「三飯，告飽，禮一成也」者，禮成于三，故尸三飯則告飽也。云「侑，勸也。或曰又，勸之使又食」者，《詩·楚茨》：「以妥以侑。」《毛傳》：「侑，勸也。」即此經言侑之義也。引「或曰」者，鄭以或解侑爲又，謂勸之使又食，義亦可通。引《少牢禮》者，以此經不言侑辭，故引以證之。彼注云：「實，猶飽也。」〇尸三飯。**佐食舉幹，尸受，振**

---

❶「个」，原作「分」，今據《禮經釋例》改。

祭，嚌之。佐食受，加于肵俎。舉獸幹、魚一，亦如之。幹，長脅也。獸，腊，其體數與牲同。【疏】正義曰：魚一者，每舉一魚也。亦如之，謂獸、魚亦祭、嚌，佐食受，加于肵俎也。敖氏云：「凡于尸每食必舉牲體若骨者，明主人以此供尸食也。」官氏獻瑶云：「尸此時左手仍執肺脊，其受之佐食而振祭嚌之者皆右手也。嚌畢仍授佐食加于肵俎者，既嚌則不可以反于神俎，且將爲祭畢佐食徹尸俎、有司歸尸地也。」《禮經釋例》云：「凡尸所食皆加于肵俎，若虞祭則以篚代之。《特牲禮》：『尸食舉，主人羞肵俎于腊北，尸三飯後，佐食舉幹，尸受，振祭，嚌之，佐食受，加于肵俎，舉獸幹、魚一，亦如之。』『三飯後，舉骼及獸魚如初。終三飯後，舉肩及獸魚如初。卒食，佐食盛肵俎，俎釋三个。』注：『俎釋三个，爲改饌于西北隅遺之。』盛畢，舉肺脊加于肵俎。主婦亞獻，兄弟長以燔從。尸受，振祭，嚌之，反之。羞燔者受，加于肵。賓三獻，燔從如初，此燔亦加于肵。前主人初獻，賓長以肝從，尸加于菹豆不加于肵者，將以嘏主人故也。祝告利成，尸謖後，佐食徹尸俎，俎出于廟門。此所謂尸俎，即所盛肵俎也。肵俎出于廟門，庶羞則徹于西序下，室中神俎，唯釋三个在耳。餕者餕此俎，改饌陽厭者亦此俎，其餘皆盛于肵俎以歸尸也。《少牢禮》：尸入，主人羞肵俎，升自阼階，置于膚北。尸三飯後，上佐食舉尸牢幹，尸受，振祭，嚌之，佐食受，加于肵。尸又食，上佐食舉尸一魚，尸受，振祭，嚌之，佐食受，加于肵，横之。又食，上佐食舉尸腊肩，尸受，振祭，嚌之，上佐食受，加于肵。又食，上佐食舉尸牢骼如初。尸八飯後，上佐食舉尸牢肩，尸受，振祭，嚌之，佐食受，加于肵；尸十一飯後，上佐食受尸牢肺正脊加于肵。祭畢，祝、主人入于室，復位。祝命佐食徹肵俎，降設于堂下，阼階南。注：『徹肵俎不出門，將儐尸也。』《有司徹》不儐尸之禮，尸八飯後，『乃盛俎，臑臂、肫、脡脊、横脊、短脅、代脅，皆牢。魚七，腊辯，無髀」。注：『盛者，盛于肵俎也。』卒盛，乃舉牢肩，尸受，振祭，嚌之，佐食受，加于肵。尸十一飯後，佐食受牢舉如儐。張氏爾岐云：『盛于肵俎，將以歸尸。《特牲》尸食訖乃盛，賓尸則不盛，全以歸尸故也。』賓尸不陽厭，故不釋三个。是尸所食皆加于肵俎，而《特牲》及不儐尸之禮，除神俎所釋，其餘亦盛于肵俎也。《士虞禮》：『尸坐，從者錯篚于尸左席上。尸飯，播餘于篚。三飯，佐食舉幹，尸受，振祭，嚌之，實于篚。又三飯，舉胳，祭如初，佐食舉魚腊實于篚。又三飯，舉肩，祭如初。舉魚腊俎，俎釋三个。尸卒食，佐食受肺脊實于篚。』注：『篚，猶吉祭之有肵俎。』是虞祭以篚代肵俎也。」又云：「《少牢》賓尸雖不陽厭而亦餕，故尸所食亦加于肵俎，俟餕畢然後褻肵俎及尸俎，而厭之于堂也。至于不賓尸之禮，則亦俎釋三个，以爲養及陽厭之用，與《特牲禮》同也。」餘詳《士虞禮》。　注云「幹，長脅也」者，見下記。李氏如圭云：「正脅曰幹。此禮無正脅，則幹者通謂長脅。《公羊傳》曰：『搚幹而殺之。』」今案：長脅即正脅也。云「獸，腊，其體數與牲同」者，謂經所云獸即腊也，下記云：「腊如牲骨。」**尸實舉于菹豆。**爲將食庶羞，舉謂肺脊。【疏】正義曰：蔡氏德晉云：「實舉于菹豆者，前所舉肺脊尸食之不盡者，則以實之于菹豆也。」褚氏寅亮云：「『尸實舉于菹豆』，《士虞禮》亦然。彼注云：『尸食之時，亦奠肺脊于豆。』」《禮經釋例》云：「凡尸所食之肺脊，必先奠于菹豆。尸卒食，佐食始受之，加于肵俎。案：牲體尸祭嚌畢即加于肵俎，唯肺脊不然。《特牲禮》：『佐食舉肺脊以授尸，尸受，振祭，嚌之，左執之，乃食，食舉。』至三飯後，『佐食舉幹時，尸實舉于菹豆』。注：『爲將食庶羞，舉謂肺脊。』『尸卒食，佐食盛肵俎畢，舉肺脊加于肵俎。』注：『尸授佐食，佐食受而加之。』肺脊初在菹豆，是肺脊先奠于菹豆，尸卒食始加于肵俎也。菹豆者，《特牲》兩豆，蓋葵菹之豆也。

《少牢禮》尸十一飯後，『上佐食受尸牢肺、正脊，加于肵』。注：『言受者，尸授之也。尸受牢幹而實舉于菹豆，食畢，操以授佐食焉。』《有司徹》不儐尸之禮，尸十一飯後，佐食受牢舉如儐。注：『舉肺脊。』敖氏云：『儐者，指賓尸之禮也。』是《少牢》儐尸及不儐尸，其肺脊先奠于菹豆，後加于肵俎之例，皆與《特牲》同也。《士虞禮》：『佐食舉肺脊授尸，尸受，振祭，嚌之，左手執之。』注：『尸食之時，亦奠肺脊于豆。尸卒食，佐食受肺脊實于篚。』經云受，蓋亦尸自菹豆操以授之。是《士虞》肺脊亦先奠于菹豆後實于篚也。《少牢》、《士虞》經不云尸實舉于菹豆者，文不具也。」又云：「尸舉肺脊必先奠于菹豆者，蓋肺脊之祭在尸飯之前。肵俎未設，猶統於墮祭，故別奠于菹豆，示與舉幹以下異也。敖氏以爲《少牢》肺脊尸未嘗奠之説與注違，不可從。」**佐食羞庶羞四豆，設于左，南上，有醢。**庶，衆也。衆羞以豕肉，所以爲異味。四豆者，膮、炙、胾、醢。南上者，以膮炙爲上，以有醢，不得綼也。【疏】正義曰：尸東面，以北爲左。經但云「設于左」，注亦未言所設之地。楊氏復云：「豆籩鉶敦厭祭時已設之矣，及迎尸饋食，主人始羞肵俎于腊北，佐食始羞庶羞四豆，設于兩豆之左。是以爲在醢北矣。」上文「設大羹湆于醢北」，褚氏謂不逼近醢，豫留羞四豆之地，是也。或因經注無明文，楊圖近刻又有舛錯，遂以爲湆北。案：大羹湆不過陳之而已，尸不祭不嚌，則固宜庶羞近而湆遠也。是庶羞四豆設于兩豆之左，亦從其類。《少牢》羞胾、醢亦設于薦豆之北，當以在湆南醢北爲是。注云「庶，衆也。衆羞以豕肉，所以爲異味」者，謂庶羞以廣異味，而皆以豕肉爲之，所謂「庶羞不踰牲」也。云「四豆者，膮、炙、胾、醢」者，謂膮爲豕膮，炙爲豕炙，胾爲豕胾也。敖氏謂《少牢》羞兩胾兩醢，此當放之。褚氏寅亮云：「依《少牢》庶羞四豆，兩胾兩醢，則士亦當然。而注以爲膮、炙、胾、醢者，蓋庶者多品之名，大夫兩胾，兼用羊豕，則不得云寡，故彼注云：『尚牲不尚味。』士惟得用豕，苟兩豆皆豕胾，則非庶羞之義，故即取豕肉爲膮爲炙爲胾，以示多品，而實未嘗踰牲也。既有三物，一醢足矣。經云『有醢』，見醢止一豆也。注極精細，未可破。」今案：諸説是也。云「南上者，以膮炙爲上，以有醢，不得綪也」者，據經云「南上」，則膮、炙、胾、醢以次北陳，四豆一列，自不得綪也。注以爲「有醢不得綪」，未詳。賈説亦未明析。

尸又三飯，告飽。祝侑之，如初。禮再成也。【疏】正義曰：如初，謂主人拜。○尸又三飯。**舉骼及獸、魚如初。尸又三飯，告飽，祝侑之，如初。**禮三成。獸、魚如初者，獸骼、魚一也。【疏】正義曰：注云「獸、魚如初，獸骼、魚一也」者，以牲舉骼，則獸亦舉骼可知。經但言獸、魚，不言獸骼、魚一，故注明之。下亦獸肩、魚一，注不言者可知也。**舉肩及獸、魚如初。**不復飯者，三三者，士之禮大成也。舉，先正脊，後肩，自上而卻，下綪而前，終始之次也。【疏】正義曰：此及上云「舉」，亦佐食舉以授尸也。○徐氏鈴民云：「凡所祭之物，觶在鉶南，鉶在菹南，菹在醢南，皆近尸，尸能自取，不待佐食取授也。肺俎在菹醢東去尸遠，黍稷在鉶東去尸遠，故敦則邇之，而凡肺脊幹骼肩在俎者一一授之也。」　注云「不復飯者，三三者，士之禮大成也」者，以每三飯告飽爲一成，此三次告飽，三三而九飯，故云「士之禮大成也」。《禮經釋例》云：「凡士祭，尸九飯；大夫祭，尸十一飯。」詳《少牢禮》「尸始三飯」下。云「舉，先正脊，後肩，自上而卻下，綪而前，終始之次也」者，李氏如圭云：「案：《少牢禮》載牲體之次，肩、臂、臑、膞、骼在俎兩端，❶脊、脅、肺

❶ 「膞」，原作「膊」，今據《儀禮集釋》改。

在上。其序：肩、脊、脅、骼。先舉正脊，自上也；次舉脅，卻也；後舉骼，下綪也；終舉肩，前也。尸舉牲體如綪也。」今案：尸飯，始舉脊，次舉脅，次舉骼，終舉肩，是其終始之次也。士與大夫同，詳《少牢禮》。○尸又三飯，不復飯。**佐食盛肵俎，俎釋三个。**佐食取牲魚腊之餘，盛於肵俎，將以歸尸。俎釋三个，爲改饌於西北隅遺之。所釋者，牲腊則正脊一骨、長脅一骨及臑也，魚則三頭而已。个，猶枚也。今俗言物數有云若干個者，此讀然。【疏】正義曰：注云「佐食取牲魚腊之餘，盛於肵俎，將以歸尸」者，謂於神俎中取尸所食之餘盛于肵俎，將以歸之。下祭畢，徹尸俎，俎出于廟門，即歸尸之事也。云「俎釋三个，爲改饌於西北隅遺之」者，遺亦訓留，詳《士虞禮》。謂每俎舍三个不取，留以改饌西北隅爲陽厭，非如賓客之禮盡卷其俎而歸之也。《公食禮》曰：「有司卷三牲之俎，歸于賓館。」不釋也。云「所釋者，牲腊則正脊一骨、長脅一骨及臑也，魚則三頭而已」者，李氏如圭云：「案：下記：『尸俎，右肩、臂、臑、肫、胳，正脊二骨，橫脊，長脅二骨，短脅。』今已舉肩、骼、正脊一骨、長脅一骨。前脛宜盛臂，後脛宜盛肫，脊脅宜盛橫脊、短脅。知所釋者，正脊一骨、長脅一骨及臑。」今案：李說略本賈疏而較明顯。又楊氏復云：「前已舉四體，今宜盛臂、肫、橫脊、短脅，故知所釋者唯此耳。」說與李同。云「个，猶枚也。今俗言物數有云若干個者，此讀然」者，案：個當作箇。個，俗字。《說文》：「箇，竹枚也，从竹，固聲。箇或作个。」段氏注云：「一枚謂之一箇。《方言》：『箇，枚也。』」是也。个與箇同，但經傳多作个。鄭據當時言物數有若干箇之語，故舉以曉人，謂此个讀同箇也。《史記》曰：「竹竿萬个。」《大射》及《士虞》注云：「个，猶枚也。」今俗或名枚曰個，音相近，義與此同。**舉肺脊加于肵俎，反黍稷于其所。**尸授佐食，佐食受而加之，反之也。肺脊初在菹豆。【疏】正義曰：其所，俎南也。前自俎南爾于席上，今尸食訖，仍反於俎南也。《經義述聞》云：「稷，衍字。」徐氏鈐民云：❶「凡所祭之物，觶在鉶南，鉶在葅南，葅在醢南，皆近尸，尸能自取，不待佐食取授也。肺俎在葅醢東去尸遠，黍稷在鉶東去尸遠，故敦則邇之，而凡脊幹骼肩在俎者一一授之也。」官氏獻瑶云：「舉肺脊授尸與舉肺脊加肵相爲終始，邇敦與反敦亦相爲終始。祭以《特牲饋食》爲名，所重在此也。自是而獻禮乃行。」　注云「尸授佐食，佐食受而加之，反之也」者，謂肺脊佐食受而加之，黍稷佐食反之也。云「肺脊初在葅豆」，詳前「尸實舉于葅豆」下。鄭言此者，明肺脊自葅豆加于肵俎也。鄭必知尸取以授佐食者，約《少牢》云「上佐食受尸牢肺正脊加于肵」是也。〇佐食盛肵俎。

右尸入九飯

主人洗角，升，酌，酳尸。酳，猶衍也。是獻尸也，謂之酳者，尸既卒食，又欲頤衍養樂之。不用爵者，下大夫也。因父子之道質，而用角，角加人事略者。今文「酳」皆爲「酌」。【疏】正義曰：自此至「升入復位」，言主人初獻之事。〇張氏爾岐云：「此初獻節内，有主人獻尸，有尸酢主人且親嘏，有主人獻祝，主人獻佐食，凡四細節。」《禮經釋例》云：「凡卒食酳尸，皆主人初獻，主婦亞獻，賓長三獻。案：《特牲禮》尸九飯後，『主人洗角，升，酌，酳尸，賓長以肝從』，此主人初獻也。獻畢，尸酢主人，主人獻祝及佐食。又云：『主

❶ 胡肇昕《儀禮正義正誤》云：「徐氏鈐民説前後兩引，當刪其一。」

婦洗爵于房，❶酌，亞獻尸。宗婦執兩籩，兄弟長以燔從。」此主婦亞獻也。獻畢，尸酢主婦，主婦獻祝及佐食。又云：「賓三獻如初，燔從如初，爵止。」此賓長三獻也。此爵未舉，至主婦致爵于主人及主人致爵于主婦後，尸始卒爵酢賓長，賓長始獻祝及佐食也。《少牢禮》尸十一飯後，「主人降，洗爵，升，北面酌酒，乃酳尸，賓長羞牢肝」，此主人初獻也。獻畢，尸酢主人，主人獻祝及兩佐食。又云：「主婦洗于房中，出酌，入户，西面拜獻尸。」此主婦亞獻也。獻畢，尸酢主婦，主婦獻祝及兩佐食。又云：「賓長洗爵獻于尸。」此賓長三獻也。獻畢，尸酢賓長，賓長獻祝，不及兩佐食者，儐尸禮異也。《有司徹》不儐尸之禮，尸十一飯後亦主人初獻，主婦亞獻，賓長三獻。其賓長三獻爵止，惟無主人致爵于主婦之儀與《特牲》異，餘皆大約同也。是卒食酳尸，士大夫祭禮，皆主人初獻，主婦亞獻，賓長三獻也。《士虞禮》九飯後，「主人洗廢爵，酌酒酳尸，賓長以肝從」，此主人初獻也。獻畢，尸醋主人，主人獻祝及佐食。又云：「主婦洗足爵于房中，酌，亞獻尸。自反兩籩，棗、栗。賓以燔從。酌獻祝，籩燔從，獻佐食，皆如初。」此主婦亞獻也。又云：「賓長洗繶爵，三獻，燔從，如初儀。」此賓長三獻也。是虞祭尸卒食三獻之禮與吉祭同也。至於《有司徹》祭畢儐尸于堂及《士虞·記》卒哭祭畢餞尸，亦皆備三獻之禮也。」敖氏云：「不言降，以升見之也。」注云「酳，猶衍也。是獻尸也，謂之酳者，尸既卒食，又欲頤衍養樂之」者，案：《曲禮》注云：「以酒曰酳。」《士昏禮》注云：「酳，漱也。酳之言演也安也。漱所以潔口，且演安其所食。」《士虞禮》注云：「酳，安食也。」《少牢禮》注云：「酳，猶

❶「爵」，原作「酌」，今據《儀禮注疏》改。

羨也。既食之而又飲之，所以樂之。」案：演有通潤之義，羨有饒溢之義，衍與演與羨義一也，頤亦養也。下主婦亞獻，賓長三獻，故知此亦獻尸也。而謂之酳者，以尸方卒食而飲之，有衍引頤樂之義，故謂之酳也。云「不用爵者，下大夫也。因父子之道質，而用角，角加人事略」者，李氏如圭云：「凡觴：一升曰爵，二升曰觚，三升曰觶，四升曰角，五升曰散。《少牢》酳尸用爵，此辟大夫不用爵，次當用觚，而用角者，角用功少，象質也。」今案：爵、觚等升數，詳下記。云「今文『酳』皆爲『酌』」者，錢氏大昕云：「《少牢》、《士虞》注竝云：『古文酳作酌。』酌當爲酌。《説文》：『酌，少少飲也。』音與酳同。許君從古文，以酌爲酳。學者多聞酌少聞酌，故注文譌爲酌。《特牲》注『今文』亦當爲『古文』之譌。《釋文》於酌無音，蓋陸所見本已譌爲酌矣。」段氏玉裁云：「案：《儀禮》、《禮記》皆作酳，許書作酌。《玉篇》云酌、酳同字，是也。考《士虞禮》注、《少牢禮》注皆云『古文酳作酌』，《特牲》注云『今文』則『古文』之誤。酌皆酌之誤，許於此字用古文《禮記》，故從酌，《禮記》多用今文《禮》，❶故作酳。」胡氏承珙云：「案：《漢書·賈山傳》後漢明帝詔『執爵而酳』皆作酳。是今文酳字學者相承通用，故鄭從今文。」今案：《説文》有酌字有酌字。酌从酉，勺聲。酌从酉，匀聲。酌與酳音同義近，酌則音義全別。錢、段以三注酌字俱爲酌之譌，是也。○《禮經釋例》云：「注『酳，猶衍也』，《小雅·伐木》篇：『釃酒有衍。』《毛傳》：『衍，美貌。』以《詩》與《禮》證之，則大祝九祭中之衍祭蓋謂祭酒也。」**尸拜受，主人拜送。尸祭酒，啐酒，賓長以肝從。**肝，肝炙也。今文曰「啐之」，古文無「長」。【疏】正義曰：賈

❶「記」，原無，今據《説文解字注》補。

疏云：「此直言『肝從』，亦當如《少牢》『賓長羞牢肝，用俎，縮執俎，肝亦縮，進末，鹽在右』。不言者，文不具也。」《禮經釋例》云：「凡主人初獻，從俎皆以肝；主婦亞獻、賓長三獻，從俎皆以燔。主人、主婦獻祝亦如之。案：《特牲》主人初獻，賓長以肝從，主人獻祝亦肝從；主婦亞獻，兄弟長以燔從，主婦獻祝亦燔從；賓三獻，燔從如初。賓獻祝不云燔從者，禮殺也。《士虞禮》主人初獻，賓長以肝從，主人獻祝亦肝從；主婦亞獻，賓以燔從，主婦獻祝亦燔從；賓長三獻，燔從如初儀。不云獻祝者，文不具也。此士禮也。《有司徹》下大夫不儐尸之禮，主人初獻，賓羞肝，即以肝從也。主人獻祝皆如儐，謂如《少牢》羞牢肝也；主婦亞獻，次賓羞牢燔，主婦獻祝，次賓羞燔如尸禮；賓三獻不云從者，辟人君也。《特牲》賓三獻以燔從者，士卑不嫌故也。此大夫禮也，不儐尸之禮大約與士同，惟三獻無從爲異耳。賓獻祝不以燔從如亞獻者，禮殺也。《少牢禮》主人初獻，賓長羞牢肝，主人獻祝亦牢肝從；主婦亞獻、賓長三獻皆無從者，上大夫祭畢將儐尸，故正祭之禮殺也。」又云：「案：《特牲》：賓三獻，主婦致爵于主人，肝從，燔亦如之。主人致爵于主婦，俎從獻皆如主人。賓酌致于主人、主婦，燔從皆如初。注：『如亞獻及主人、主婦致爵也。』士祭不儐尸，故致爵於三獻時行之。從獻肝、燔，士卑不嫌與人君同，故盛其禮也。《有司徹》下大夫不儐尸之禮，賓三獻，主婦致爵於主人及賓致爵于主人、主婦，皆無從。敖氏曰：『無從與士禮異者，其辟尊者之禮歟？』《有司徹》儐尸之禮，主人獻尸，獻侑，受尸酢，又主婦受尸酢，皆次賓羞羊燔；主婦獻尸，獻侑，致爵于主人，皆次賓羞豕燔。儐尸有燔無肝者，下正祭也；賓三獻，羞湇魚而已。魚無燔，與羊、豕異，故三獻經不云從也。大夫正祭羞肝，儐尸羞燔，互相成也。」　注云「肝，肝炙也」者，《詩·行葦》：「或燔或炙。」箋云：「燔用肉，炙用肝。」故云：

「肝，肝炙也。」餘詳「長兄弟以燔從」下。云「今文曰『啐之』，古文無『長』」者，胡氏承珙云：「案：《少牢禮》云：『尸祭酒，啐酒，賓長羞牢肝，用俎。』鄭以彼決此，故於『啐酒』從古文，於『賓長』從今文也。」**尸左執角，右取肝，擩于鹽，振祭，嚌之，加于菹豆，卒角。祝受尸角，曰：「送爵，皇尸卒爵。」主人拜，尸荅拜。** 曰送爵者，節主人拜。【疏】正義曰：肝加于菹豆者，褚氏寅亮云：「尸於從獻之肝燔不加于俎者，以此俎徹後猶設於西北隅，不可以食餘之物加之也。祝俎無嫌，故可加之。」注云「曰送爵者，節主人拜」者，吴氏《疑義》云：「告主人言所送爵尸已卒爵也。卒爵應拜，故曰『節主人拜』。」〇主人獻尸。**祝酌，授尸，尸以醋主人。** 醋，報也。祝酌不洗，尸不親酌，尊尸也。尸親醋，相報之義。古文「醋」作「酢」。【疏】正義曰：注云「醋，報也」者，《釋詁》文。云「祝酌不洗，尸不親酌，尸尊也」者，❶言尸尊不親洗酌也。云「尸親醋，相報之義」者，言尸親醋以報主人之獻也。云「古文『醋』作『酢』」者，胡氏承珙云：「案：《說文》：『醋，客酌主人也，从酉，昔聲。酢，醶也，从酉，乍聲。』經典每多以酢爲醋，惟《禮經》間有醋字。鄭於此必作醋不作酢，從其正字也。其有古今文皆作酢者，則姑存之不復改耳。」**主人拜受角，尸拜送。主人退，佐食授挼祭。** 退者，進受爵反位。「妥」亦當爲「挼」。尸將嘏主人，佐食授之挼祭，❷亦使祭尸食也。其授祭，亦取黍稷肺祭。今文或皆改「妥」作「挼」。【疏】正義曰：《禮經釋例》云：「凡主人受尸嘏挼祭，尸酢主婦亦挼

---

❶「尸尊」，據上注文應作「尊尸」。

❷「授」，原作「受」，今據《儀禮注疏》改。

祭。《特牲》主人初獻，尸醋主人：『佐食授挼祭，主人坐，左執角，受祭，祭之。佐食摶黍授祝，祝授尸，尸執以親嘏主人。』《少牢》尸醋主人：『上佐食取四敦黍稷，下佐食取牢一切肺，以授上佐食，上佐食以綏祭。主人左執爵，右受佐食，坐祭之。二佐食各取黍于一敦，上佐食兼受，摶之以授尸，尸執以命祝，祝受以嘏于主人。』是主人受尸嘏則挼祭也。《特牲》主婦亞獻，尸酢如主人儀：『主婦適房，南面。佐食挼祭，主婦左執爵，右撫祭。』《少牢》尸醋主婦：『上佐食綏祭，主婦西面于主人之北，受祭，祭之。其綏祭如主人之禮，不嘏。』是尸酢主婦亦挼祭也。挼祭即綏祭，惟尸與主人、主婦有之。《曾子問》曰：『攝主不綏祭者，辟正主也。』」今案：敖氏前以挼祭爲授祭，諸儒辨其誤者多矣。此因授挼連文，不得以挼爲授，遂謂挼爲衍文，何其武斷邪？注云「退者，進受爵反位」者，以受爵宜進，故知經云「主人退」者，謂退而反位也。云「尸將嘏主人，佐食授之挼祭，亦使祭尸食也。其授祭，亦取黍稷肺祭」者，上尸挼祭，注云「祭神食也」，是祭神所食之餘。此主人挼祭，是祭尸所食之餘。又上文「佐食取黍稷肺祭授尸」，此「佐食授挼祭」亦是取黍稷肺祭授主人，故注俱云「亦」也。官氏獻瑶云：「祭以牲牢黍稷爲等差，故墮祭黍稷肺，明其重也。宗廟之中，尸最尊，主人主婦次之，其隋祭得如尸禮。自祝以下則僅有肺而無黍稷，且無祭肺而僅有嚌肺。蓋犧牲粢盛，惟主祭者得與所祭者共之者也。」云「『妥』亦當爲『挼』」，又云「今文或皆改『妥』作『挼』」者，楊氏本「反位」下有「妥亦當爲挼」五字，疑「妥」、「受」相似而誤。「挼」字今文類多作「綏」，此則或本有改作「挼」者，故注云然。胡氏承珙疑「妥」字爲誤，詳《士虞禮》「祝命佐食隋祭」下。**主人坐，左執角，受祭，祭之，祭酒，啐酒，進，聽嘏。**聽，猶待也。受福曰嘏。嘏，長也，大也，待尸授之以長大之福也。【疏】正義曰：「左執角，受祭，祭之」者，謂以左手執角，右手受佐食所授之挼祭而祭之也。　注云「聽，猶待也」者，聽有靜義有受義，此注訓爲待，謂尸將傳神意以嘏主人，主人因進于尸前而靜以待之，蓋以聽爲靜受之意，不以爲聽聞之聽也。云「受福曰嘏。嘏，長也，大也，待尸授之以長大之福也」者，案：「嘏，長也，大也」，《郊特牲》文。注訓聽爲待，遂以待尸嘏言之。《禮運》「修其祝嘏」注：「嘏，祝爲尸致福於主人之辭也。」孔疏：「下云『嘏以慈告』，《詩·小雅》云『錫爾純嘏，子孫其湛』，是致福於主人之詞也。」**佐食摶黍授祝，祝授尸。尸受以菹豆，執以親嘏主人。**獨用黍者，食之主，其辭則《少牢饋食禮》有焉。【疏】正義曰：摶訓團，亦訓聚。郝氏謂捏黍飯成團，是也。此尸親嘏，《少牢》則祝傳尸嘏者，大夫儀多，士質朴，直親嘏耳。賈疏謂尸有尊卑，非也。《士虞禮》不嘏者，虞祭未純吉也。　注云「獨用黍者，食之主」者，謂古人以黍爲食之主，故《禮運》謂禮之初始燔黍。《玉藻》「子卯稷食」，程氏瑶田《九穀考》云：「凡經言疏食者，稷食也。稷形大，故得疏稱。」是稷疏不如黍矣。《少牢》「二佐食各取黍于一敦，上佐食兼受，摶之以授尸」，則亦獨用黍也。云「其辭則《少牢饋食禮》有焉」者，辭，嘏辭，即《少牢》云「皇尸命工祝，承致多福無疆，于女孝孫，來女孝孫，使女受禄于天，宜稼于田，眉壽萬年，勿替引之」是也。❶張氏爾岐云：「《少牢》命祝致嘏，故云『皇尸命工祝』。此尸親嘏，當省去此語，直用『承致多福』以下。」**主人左執角，再拜稽首受，復位，詩懷之，實于左袂，挂于季指，卒角，拜。尸荅拜。**詩，猶承也，謂奉納之懷中。季，小也。實于左袂，挂袪以小指者，便卒角

❶「替」，原作「暜」，今據《儀禮注疏》改。

也。《少牢饋食禮》曰：「興受黍，坐振祭，嚌之。」古文「挂」作「卦」。【疏】正義曰：受亦右手。上云「進聽嘏」，此嘏訖，故退而復户内西面之位也。吴氏廷華云：「受時暫奉之懷，然後實之袖。右手實，故在左袖也。」敖氏云：「主人拜受黍而尸不荅拜者，以其受神惠故也。」　注云「詩，猶承也，謂奉納之懷中」者，李氏如圭云：「《内則》曰：『詩負之。』《詩含神霧》曰：『詩，持也。』以手維持，則承奉之義。」惠氏棟云：「《内則》注云：『詩之言承也。』《春秋説題辭》云：『詩之爲言志也。』《詩緯含神霧》云：『詩者，持也。』然則詩有三訓。」褚氏云：「李以《内則》孔疏維持之義解詩字，足補注未備。」云「季，小也」者，季爲幼小之辭，故以季爲小。云「實于左袂，挂袪以小指者，便卒角也」者，謂以右手挂左袂於左手小指間。袂，袖也。袪，袖口。敖氏云：「古者袪狹于袂，然猶挂之者，慮拜時或遺落也。」章氏平云：「注『便卒角也』，案：經下文云『卒角拜』，蓋便拜非便卒角也，注『卒角』下當脱『拜』字。引《少牢》者，證此經亦興受坐祭嚌也。」盛氏世佐云：「凡拜必奠爵，慮傾出也。此不言奠角興者，文略也。或以拜不奠爵、受黍不祭爲異於大夫，非矣。」云「古文『挂』作『卦』」者，段氏玉裁云：「《説文》：『挂，畫也。』《六書故》云『唐本作縣』，《玉篇》亦作懸。然古本多作畫者，挂有分别畫出之意。陸德明云：『掛，别也。』後人乃云懸挂，❶俗製掛字耳。」「《繫辭傳》：『再扐而後卦。』❷《釋文》云：『京作卦。』《説文》『扐』下引《易》『再扐而後卦』，與京同。」胡氏承珙云：「案：《禮經》『挂于季指』，挂，正字；古文作卦者，借字。《説文》：『卦，筮也。』《廣雅》：『卦，挂也。』音義竝通。鄭用其正字，故

---

❶「挂」，原作「掛」，今據《説文解字注》改。

❷「卦」，原作「掛」，今據《説文解字注》改。

從今文。」**主人出，寫嗇于房，祝以籩受。**變黍言嗇，因事託戒，欲其重稼嗇。嗇者，農力之成功。【疏】正義曰：主人出，謂出室而至于房也。籩蓋虚籩，以籩受，受嗇也。寫者，嗇自左袂傳之籩也。寫有自彼傳此之義，《曲禮》曰「器之溉者不寫，其餘皆寫」是也。案：此黍耳。經不言黍而變言嗇，故注明之。《少牢》注云：「收斂曰嗇。」嗇即穡也。《毛傳》云：「斂之曰穡。」《説文》：「穀可收曰穡。」穀至收斂之時，是農力之成功也。段氏玉裁云：「古多假嗇爲穡。」秦氏蕙田云：「《少牢》言嗇黍，此單言嗇，語有詳略耳，無異義。」○尸醋主人且親嘏。**筵祝，南面。**主人自房還時。【疏】正義曰：謂主人自房還入室時筵之也。**主人酌，獻祝，祝拜受角。主人拜送，設菹醢、俎。**行神惠也。先獻祝，以接神，尊之。菹醢皆主婦設之，佐食設俎。【疏】正義曰：《禮經釋例》云：「凡獻尸畢皆獻祝及佐食。《特牲》：主人初獻，尸嘏主人畢，主婦亞獻；尸醋主婦畢，賓三獻。主人、主婦致爵後，尸酢賓畢，皆獻祝及佐食也。《士虞禮》：主人初獻，尸醋主人畢，主婦亞獻尸畢，皆言獻祝及佐食。賓長三獻，但云『燔從，如初儀』。張氏爾岐云：『當亦獻祝及佐食。』是士禮吉祭、虞祭每獻尸畢，必獻祝及佐食也。《有司徹》不儐尸之禮，主人初獻畢，其獻祝與二佐食如儐；主婦亞獻、賓長三獻畢，亦獻祝及二佐食。是大夫祭每獻尸畢，必獻祝及二佐食也。《少牢》主人初獻尸畢、主婦亞獻尸畢，皆獻祝及二佐食；賓長三獻尸畢，獻祝不卒爵，又不獻佐食者，注云：『啐酒而不卒爵，祭事畢，示醉也。不獻佐食，將儐尸，禮殺。』蓋《特牲》士祭及《少牢》下大夫祭皆不儐尸，則三獻之禮隆；上大夫祭畢別行儐尸于堂之禮，則三獻之禮殺，故注云然也。」敖氏云：「《士虞》、《少牢》皆云：『祝與佐食坐受爵。』此不言坐，如之可知。」今案：下云「興取肺」，明此亦坐受也。注云「行神惠也」者，下「賓三獻爵止」注云：「三獻禮成，欲神惠之均于室中。」此主人獻祝，是行神惠之始也。云「先獻祝，以接神，尊之」者，對佐食接尸後獻也。云「菹醢皆主婦設之，佐食設俎」者，李氏如圭云：「神坐及亞獻致爵之籩豆皆主婦設之。《少牢禮》：主人獻祝，佐食設俎。」**祝左執角，祭豆，興，取肺，坐祭，嚌之，興，加于俎，坐祭酒，啐酒，以肝從。祝左執角，右取肝，擩于鹽，振祭，嚌之，加于俎，卒角，拜。主人荅拜，受角，酌，獻佐食。佐食北面拜受角，主人拜送。佐食坐祭，卒角，拜。主人荅拜，受角，降，反于篚。升，入復位。**【疏】正義曰：李氏如圭云：「下記『祝俎離肺』，則祝絶肺以祭。此不見者，省文。」今案：從獻之肝燔尸祭嚌後不加于正俎者，以正俎神俎也，其餘若祝等之俎則可加耳。詳前主人酳尸節「尸加于菹豆」下。敖氏以爲辟尊者禮，未的。獻佐食不言俎者，下「賓獻祝及佐食」注云：「凡獻佐食皆無從，其薦俎獻兄弟以齒設之。」是也。盛氏世佐云：「無從，殺于祝也。」「受角，降，反于篚」者，郝氏敬云：「角實于篚，在堂下，既獻，反之。升堂入室，復户内西向之位。」○主人獻祝及佐食。

右主人初獻

主婦洗爵于房，酌，亞獻尸。亞，次也。次，猶貳。主婦貳獻不俠拜者，士妻儀簡耳。【疏】正義曰：自此至「以爵入于房」，言主婦亞獻之事。○張氏爾岐云：「此亞獻節内有獻尸，有尸醋，有獻祝，有獻佐食，亦四節。」方氏苞云：「此篇無房中設洗置篚之文者，互見《少牢》。」今案：此云「洗爵于房」，下獻祝及佐食畢云「以爵入于房」，則房中有洗與篚明矣。敖氏云：「亞獻更用爵，正禮也。」褚氏云：「庭篚惟一角，主人獻佐食已賓于篚矣，故敖氏即指此經之爵爲爵也。或曰：内篚亦有角，經不具耳。如主人用角獻而主婦反用爵，則失尊卑之義。」盛氏云：「此爵亦角也。變角言爵，見其不仍初獻之器耳。初獻用角爲下於大夫，則主婦獨不當辟内子邪？敖説蓋誤。」今案：諸所引或説及盛説是也。注，下經「賓三獻」，則主婦二獻矣。經不云「貳」而云「亞」，故鄭展轉申釋也。云「不俠拜者，士妻儀簡耳」者，賈疏云：「此決《少牢》主婦亞獻尸時夾拜，此士妻下之，故云『儀簡』耳。」李氏如圭云：「《少牢禮》：主婦拜獻尸，尸拜受，主婦拜送。」**尸拜受，主婦北面拜送。** 北面拜者，辟内子也。大夫之妻拜於主人北，西面。【疏】正義曰：注云「北面拜者，辟内子也。大夫之妻拜於主人之北，西面」者，案：《少牢》云：「主婦洗于房中，出，酌，入户，西面拜獻尸。尸拜受，主婦主人之北，西面拜送爵。」是大夫之妻西面拜也。彼注云：「不北面者，辟人君夫人也。」是大夫之妻辟君夫人，不北面。士妻不辟，故北面拜。亦如《特牲》有嗣舉奠之禮，《少牢》無之，所謂士賤，不嫌與君同也。此注又以爲辟内子，未免迂曲。 **宗婦執兩籩，户外坐。主婦受，設于敦南。** 兩籩棗栗，棗在西。【疏】正義曰：李氏如圭云：「《士虞禮》：『主婦亞獻尸，自反兩籩棗栗，設于會南，棗在西。』《周禮·九嬪》：『凡祭祀，贊玉齍，贊后薦徹豆籩。』」敖氏云：「宗婦贊豆籩，户外坐，士祭禮然也。《少牢禮》『主婦與贊者，授受于室中』，亦異者也。《士虞禮》『籩設于會南』，此宜如之。乃不云會者，可知也。」蔡氏德晋云：「宗婦，同宗之婦來助祭者，《春官職》有内宗、外宗，皆是也。」 **祝贊籩祭。尸受，祭之，祭酒，啐酒。** 籩祭，棗栗之祭。其祭之，亦於豆祭。【疏】正義曰：李氏如圭云：「祝贊者，猶前命挼祭也。」官氏獻瑶云：「籩稍遠於豆，故須祝贊授。」 注云「其祭之，亦於豆祭」者，上經尸挼祭，取菹，擩于醢，祭于豆間。此棗栗之祭亦于豆間祭之，故注云亦也。**兄弟長以燔從。尸受，振祭，嚌之，反之。**燔，炙肉也。【疏】正義曰：《士虞禮》主婦獻尸，賓以燔從。此則兄弟長者，亦吉祭變於虞祭也。反之，賈疏謂反燔于長兄弟，敖氏謂反燔于俎，一也。　注云「燔，炙肉也」者，《詩·楚茨》曰：「執爨踖踖，爲俎孔碩，或燔或炙。」《毛傳》：「燔取膟膋。炙，炙肉也。」鄭箋云：「燔，燔肉也。炙，肝炙也。皆從獻之俎也。」即據此經主人獻肝從、主婦獻燔從之事以易傳。孔疏云：「《夏官·量人》云：『凡祭祀，制其從獻脯燔之數量。』是從獻之文也。」褚氏寅亮云：「骨體陳于俎，既獻酒，又以燔炙從之，非尸賓常俎，故爲從獻。」是也。但彼注言「燔肉」，此言「炙肉」，不同者，燔與炙對文異。《詩·瓠葉》傳云：「加火曰燔，炕火曰炙。」孔疏云：「炕，舉也。謂以物貫之而舉于火上以炙之。」是也。散文亦通。《說文》「燔肉」之「燔」作「鐇」，云「宗廟火炙肉，❶字從炙」，是也。鄭注《禮運》云：「燔，加於火上也。炙，貫之火上也。」義亦同。毛於此經則辨肉與肝異，不以燔與炙對，故解肝曰肝炙、燔曰炙肉。《楚茨》但言燔炙而不言肝，故必辨之曰：「燔，燔肉。炙，肝炙也。」《行葦》箋亦然。**羞燔者受，加于肵，出。**出者，俟後事也。【疏】正義曰：官氏獻瑶云：「尸加肝于葅豆者，爲嗣舉奠將以授之也。燔則嚌之而不復用矣，然不可加于正俎，故加于肵。」今案：葅豆近，故尸自加之。肵俎在腊北稍遠，故羞燔者受而加之也。羞燔者，即長兄弟也。《禮經釋例》云：「賓三獻，燔從如初，此燔亦加于肵。前主人初獻，賓長以肝從，尸加于葅豆不加于肵者，將以嘏主人故也。」　注云「俟後事也」者，賈疏謂俟主婦獻祝之時更當羞

---

❶ 「炙」，《說文解字》作「孰」。

燔于祝。**尸卒爵，祝受爵，命送如初。**送者，送卒爵。【疏】正義曰：郝氏敬云：「祝命送，命主婦拜也，即前云『送爵，皇尸卒爵』，命主婦拜，如主人也。」○主婦獻尸。**酢，如主人儀。**尸酢主婦，如主人儀者，自祝酌至尸拜送，如酢主人也。不易爵，辟内子。【疏】正義曰：注云「自祝酌至尸拜送，如酢主人也」者，謂以上與酢主人同，佐食授挼祭以下則其儀之異者也。云「不易爵，辟内子」者，吴氏《疑義》云：「《少牢》不嘏，但曰『易爵』。此經第言『酢如主人』，上『尸嘏主人』，不易爵，故注以爲『不易爵，辟内子』耳。然據《少牢》『易爵』注謂『男女不相襲爵』，此《祭統》文所謂『酢必易爵，明夫婦之别』，非謂内子尊故易之也。若第以男女不相襲言，則此亦男女，豈爲辟内子而遂可亂其男女之理？且據《祭統》夫人易爵，今内子不辟夫人，士妻乃辟内子邪？蓋經雖曰『如主人儀』，其中原有不同處。如《少牢禮》主人嘏，主婦不嘏；此主人嘏，主婦當亦不嘏，豈因經言『酢如主人』而遂可謂之親嘏主婦邪？以此證之，蓋見注説之謬矣。」今案：男女不相襲爵，禮之通例。此亦當如《少牢》尸酢主婦，易爵，經未細别耳。吴説是也。**主婦適房，南面。佐食挼祭。主婦左執爵，右撫祭，祭酒，啐酒，入，卒爵，如主人儀。**撫挼祭，示親祭，佐食不授而祭於地，亦儀簡也。入室卒爵，於尊者前成禮，明受惠也。【疏】正義曰：挼祭惟尸、主人、主婦有之，詳前。主婦不西面祭于室而適房南面，又不親祭而但撫祭，皆與大夫妻異也。「如主人儀」，敖氏云：「謂卒爵拜，尸荅拜也。」注云「佐食不授而祭於地，亦儀簡也」者，《少牢禮》主婦受祭祭之，此但撫之而已，故云「亦儀簡」。賈疏云：「亦者，亦前不俠拜也。」云「入室卒爵，於尊者前成禮，明受惠也」者，此尸酢主人亦是傳神惠，故於室中飲之也。○尸酢主婦。**獻祝，籩、燔從，如初儀。及佐食如初。卒，以爵入于房。**及佐食如初，如其獻佐食，則拜主人之北，西面也。【疏】正義曰：《少牢》云「主婦洗酌獻祝」，此亦當更爵洗于房中乃獻也。敖氏云：「初儀，即主人獻祝之禮，籩與豆、燔與肝雖異，其祭之之儀則同。祝亦兩籩，其設之棗在菹西，栗在棗南。及佐食，謂獻及之也。」盛氏云：「以虚爵入房，仍奠于内篚。」　注云「如其獻佐食，則拜主人之北，西面也」者，張氏爾岐云：「如初，如主人獻佐食之拜位。獻尸、獻祝皆北面，此獨西面者，以佐食北面，不宜同面拜送也。」○主婦獻祝，獻佐食。

右主婦亞獻

賓三獻如初，燔從如初，爵止。初，亞獻也。尸止爵者，三獻禮成，欲神惠之均於室中，是以奠而待之。【疏】正義曰：自此至「卒復位」，言賓長三獻之事。○此内有十一爵。主婦致爵于主人，一也；主人酢主婦，二也；主人致爵于主婦，三也；主婦酢主人，四也；尸舉奠爵，五也；酢賓長，六也；賓長獻祝，七也；又獻佐食，八也；賓又致爵于主人，九也；又致爵于主婦，十也；賓受主人酢，十一也。張氏爾岐云：「自主婦致爵主人以下，皆所謂均神惠于室中者，約略分之爲六節。」○「賓三獻如初」，謂拜受拜送之儀如初也。復云「燔從如初」者，上主婦亞獻，薦兩籩，此無籩，但有燔從而已，故言「燔從如初」以别之也。　注云「初，亞獻也」者，以三獻承亞獻後，且初獻係肝從非燔從，故以爲如亞獻也。云「尸止爵者，三獻禮成，欲神惠之均於室中，是以奠而待之」者，止爵謂賓所獻之爵，尸奠之而不舉，蓋欲主人以下皆舉受爵之禮，而後神惠均於室中。上初獻、亞獻時，祝、佐食皆已得獻，主人、主婦但得一酢而已，未得獻，是神惠未均，故奠而待之也。《禮經釋例》云：「凡不儐尸之祭，賓三獻，爵止，則均神惠於室。加爵者，爵止，則均神惠於庭。案：《特牲禮》：『賓三獻，爵止。』注云：『欲神惠之均於室中。』考此三獻節内，主婦致爵于主人及自酢，主人致爵于主婦及自酢，尸作止爵及酢賓，賓獻祝、獻佐食、致爵于主人、主婦及受主人酢，共十一爵。是三獻爵止，神惠均於室也。賓三獻畢，主人獻賓于西階上，自酢及獻衆賓亦于西階上，獻長兄弟、衆兄弟皆于阼階上，獻内兄弟于房中，此因室中而兼及堂上房中也。其獻衆賓後，酬賓在西階前，爲旅酬發端，則室事終而庭事起矣。又長兄弟加爵畢，『衆賓長爲加爵，如初，爵止』，注云：『尸爵止者，欲神惠之均於在庭。』賈疏云：『賓及兄弟雖得一獻，未得旅酬，故停之，使庭行旅酬。』考此爵至旅酬時，賓酬衆兄弟，旅西階前一觶畢，經云『爲加爵者作止爵，如長兄弟之儀』，注：『于旅酬之間言作止爵，明禮殺竝作。』又作止爵畢，長兄弟旅賓，始旅阼階前一觶。是加爵者爵止，神惠均於庭也。《有司徹》不儐尸之禮，賓長洗爵獻于尸，尸拜受，賓户西北面荅拜，爵止。此三獻節内，主婦致爵于主人及自酢，尸作止爵及酢賓，賓獻祝、獻兩佐食，致爵于主人、主婦及受主人酢，共十爵。三獻畢，主人獻衆賓，兄弟、内賓、私人，皆如儐禮，亦三獻爵止，均神惠於室而兼及堂上房中也。不儐尸之禮，賓長獻于尸，爵不止者，下大夫與士異也。」又云：「《有司徹》：儐尸于堂，賓三獻，尸奠爵于薦左。注：『奠爵，爵止也。』此爵至主人酬尸，主人獻長賓于西階上，辯獻衆賓，自酢于長賓，皆在西階上。唯酬賓于西階南，爲無算爵發端。獻兄弟于阼階上，獻内賓于房中，獻私人于阼階上畢，尸乃作三獻之爵。卒爵後，賓獻侑，致爵于主人及受尸酢，於是三獻禮成，而神惠均於堂上及房中矣。儐尸無室中之事，故致爵于獻尸、侑時行之也。賓三獻畢，二人舉觶于尸、侑，爲旅酬始。衆賓及兄弟飲于堂上，私人飲于堂下，已均神惠於庭矣。而賓長加獻于尸後，賓一人舉爵于尸，更行旅酬者，儐尸之禮盛，威儀多也。《少牢禮》正祭賓三獻，尸即卒爵，酢賓，不止爵者，祭畢將儐尸故也。」○賓獻尸，尸暫止爵。**席于户内。**爲主人鋪之，西面，席自房來。【疏】正義曰：敖氏云：「席亦南上。未受爵而設席，變於大夫。」注云「爲主人鋪之」者，以主婦將致爵於主人也。知西面者，户内西面，是主人之位也。《禮經釋例》云：「凡致爵皆在賓三獻之間。《特牲禮》主婦致爵于主人及自醋共二爵，主人致爵于主婦及自醋共二爵，賓致爵于主人、主婦及自酢于主人共三爵，是爲七爵，皆行于賓三獻之間。合尸作止爵及酢賓、獻祝、獻佐食，又四爵，爲十一爵也。此士禮也。《有司徹》不儐尸之禮，主婦致爵于主人及自醋共二爵，賓致爵于主人、主婦及自醋于主人共三爵，是爲五爵，皆行于賓三獻之間；合尸作止爵及酢賓、獻祝、獻上下兩佐食，又五爵，爲十爵。方之《特牲》，少主人致爵于主婦及自酢二爵，多獻下佐食一爵，此下大夫禮也。是致爵皆在賓三獻之間也。《士虞》不致爵者，不備禮也。《有司徹》儐尸，主婦及賓皆于獻尸、侑後，致爵于主人，故《少牢》正祭，賓三獻不致爵也。」《釋例》又云：「案：《少牢禮》『賓長洗爵獻于尸』節，賈疏云：『《特牲》賓長獻爵止，待夫婦致爵。此大夫禮，或有儐尸者，故不致爵，爵不止也。若然，《有司徹》尸作止爵，三獻致爵于主人，主人不酢，又不致爵于主婦。下大夫不儐尸，賓獻尸止爵，主婦致爵于主人，酢主婦，主人不改爵于主婦。《特牲》主人與主婦交相致爵。參差不同者，此以尊卑爲差等之數，故有異也。上大夫得儐尸，故不致爵，辟人君；下大夫不儐尸，故增酢主婦而已；士卑不嫌與君同，故致爵具也。』此疏言致爵之禮異同甚詳。然下大夫賓亦致爵于主婦，不止增酢主婦也。祭必致爵于主人者，所以致敬於主祭者也。」《釋例》又云：「加爵亦致爵。」詳後「長兄弟洗觚爲加爵」下。**主婦洗爵，酌，致爵于主人。主人拜受爵，主婦拜送爵。**主婦拜，拜於北面也。今文曰「主婦洗酌爵」。【疏】正義曰：敖氏云：「酒乃己物，不可以獻爲名，故謂之致爵。」高氏愈云：「未獻賓而主人、主婦親相致爵者，蓋夫婦和而後家道成，主人、主婦親相致爵，則皇尸其樂之矣。」注云「主婦拜，拜於北面也」者，以上亞獻尸西面拜，故知此北面拜也。云「今文曰『主婦洗酌爵』」者，洗者，洗爵也。今文二字誤倒，故從古文。**宗婦贊豆如初。主婦受，設兩豆、兩籩。**初，贊亞獻也。主婦薦兩豆籩，東面也。【疏】正義曰：宗婦贊豆兼贊籩，經但云「贊豆」者，籩亦可名豆也。既授兩豆，復取兩籩于房授之。豆、籩皆宗婦贊，主婦受以設也。注云「初，贊亞獻也」者，上亞獻時宗婦執兩籩户外坐，此亦如之，故云「如初」也。云「主婦薦兩豆籩，東面也」者，褚氏云：「凡設豆籩等，必向席設。主人席西向，故注云東面設，無南面設之理，敖説非也。」**俎入設。**佐食設之。【疏】正義曰：俎入設，謂入設於室也。云「佐食設之」者，約《有司徹》「下大夫不儐尸者，主婦致爵主人時佐食設俎」知之也。**主人左執爵，祭薦，宗人贊祭。奠爵，興，取肺，坐絶祭，嚌之，興，加于俎，坐挩手，祭酒，啐酒。**絶肺祭之者，以離肺長也。《少儀》曰：「牛羊之肺，離而不提心。」豕亦然。挩，拭也。挩手者，爲絶肺染污也。刌肺不挩手。古文「挩」皆作「説」。【疏】正義曰：敖氏云：「此贊祭薦，蓋以籩祭授之。祭離肺之儀，《鄉飲酒禮》備之矣。」吴氏廷華云：「肺言取，則不授也。」今案：肺惟主人自取之，故取肺云「興」，加于俎亦云「興」也。注云「絶肺祭之者，以離肺長也」者，《禮經釋例》云：「離者午割之，離而不殊，留中央少許相連。祭時以右手絶而祭之，其餘在左手者則嚌之也。」是離肺離而未絶，中央相連故長也。云「《少儀》曰：『牛羊之肺，離而不提心。』豕亦然」者，案：鄭注《少儀》云：「提，猶絶也。刲離之，不絶中央少許者，使易絶以祭耳。」是引以證離肺離而未絶也。彼《少儀》但言牛羊未言豕，故注云「豕亦然」。云「捝，拭也。捝手者，爲絶肺染污也。刌肺不捝手」者，李氏如圭云：「刌肺刌切之，直取以祭。離肺四面離割之，不絶其中央少許，祭時絶之以祭。下記主人以下俎皆離肺，無刌肺。」是刌肺不須絶，故不捝手也。云「古文『捝』皆作『説』」，詳《鄉飲酒禮》。**肝從，左執爵，取肝㨎于鹽，坐振祭，嚌之。宗人受，加于俎。燔亦如之。興，席末坐，卒爵，拜。**於席末坐卒爵，敬也。一酳而備再從，而次之亦均。【疏】正義曰：「坐振祭」，李氏如圭云：「重出『坐』字，疑。」敖氏云「衍」。吴氏澄云：「上文云『坐捝手』，至此尚未興，不當復言『坐』。」褚氏云：「《少牢》賓尸，次賓羞燔亦曰『坐振祭』，豈兩處皆衍乎？《少儀》曰：『有折俎者，取祭不坐，燔亦如之。』知凡從獻之肝、燔，必興而取、坐而祭。經言『坐祭』，正見其興而取也。」盛氏云：「凡振祭皆坐，特於此見之耳。敖云衍，非。」注云「於席末坐卒爵，敬也」者，上尸祝卒爵亦於席上，此於席末，故云「敬也」。官氏獻瑶云：「《鄉飲》、《射禮》啐酒于席末，卒爵于階上。此飲於室中，故啐酒於席上，而卒爵於席末，所以別於尸祝。」云「一酳而備再從，而次之亦均」者，上初獻尸肝從，亞獻尸燔從，今致爵主人肝、燔俱有，是一酳而備再從也。惠氏棟云：「『次之亦均』者，謂先肝次燔，亦與尸均也。」**主婦荅拜，受爵，酌，醋，左執爵拜，主人荅拜。坐祭，立飲，卒爵，拜，主人荅拜。**【疏】正義曰：李氏如圭云：「主婦醋，不更爵，殺也。」敖氏云：「主婦自酢者，主人辟尸，不敢酢主婦。」吴氏廷華云：「以下皆自酢，辟尸也。《祭統》夫婦酢必易爵，此文不具。」今案：吴説皆是也。《祭統》但言「酢必易爵，明夫婦之别」，不云婦酢不更爵，是其禮不專爲男子言也。鄭因此經無「更爵」

之文遂生異解，此注及下注似俱未確。敖氏又據《内則》「凡女拜尚右手」，決經「左」字爲誤。郝氏敬云：「主婦左執爵拜，不奠爵，婦人立拜也。」盛氏云：「左執爵而拜者，肅拜也。敖以爲誤，非。」○主婦致爵於主人，因自酢。**主婦出，反于房。主人降，洗，酌，致爵于主婦。席于房中，南面。主婦拜受爵，主人西面荅拜。宗婦薦豆，俎、從獻，皆如主人。主人更爵，酌，醋，卒爵，降，實爵于篚，入，復位。**主人更爵自酢，男子不承婦人爵也。《祭統》曰：「夫婦相授受，不相襲處。」酢必易爵，明夫婦之别。」古文「更」爲「受」。【疏】正義曰：「主婦出」者，謂出室至堂，由堂而入房也。于房言「反」者，房是婦人常處也。凡婦人入廟，位在房，故此致爵主婦亦席于房中，不于室也。「主人降，洗，酌」者，謂降而洗爵，升而酌酒也。敖氏云：「不言升酌，文省耳。主人於主婦亦謂之致爵者，夫妻一體也。主婦席南面，變於大夫不賓尸之禮也。豆亦兩豆兩籩。俎，牲俎也。從獻，肝、燔也。」又云：「主人酢亦在房中西面，其他儀皆與主婦自醋者略同，以有成禮，故略而不見之。卒爵則坐，惟此與主婦異耳。位，室中位。」李氏如圭云：「更爵，更房内之爵也。庭篚惟有二爵，其一獻尸爵止，其一主人致爵于主婦。《少牢》下篇云：賓致爵于主婦之俎，亦佐食設之。」今案：主人取下篚之爵致于主婦，主婦飲訖，奠于内篚；主人别取内篚之爵自酢，飲訖降奠于下篚，是爲更易其爵也。注云「主人更爵自酢，男子不承婦人爵也」者，鄭意以上主婦自酢不更爵，此更爵，故云然。其實主婦自酢亦易爵，説詳上。引《祭統》者，證酢必易爵之義。云「古文『更』爲『受』」，詳《燕禮》。○主人致爵於主婦，更爵自酢。**三獻作止爵。**賓也，謂三獻者，以事命之。作，起也。舊説云：賓入户，北面，曰皇尸請舉爵。【疏】正義曰：蔡氏德晋云：「三獻，指賓而言也。初賓三獻，尸爵止，及主人、主婦致爵畢，乃請尸飲所止之爵。」**尸卒爵，酢。**【疏】正義曰：張氏爾岐云：「其酢當亦祝酌，尸拜送。」盛氏云：「尸酢賓，如其酢主人與主婦禮。郝氏云賓自酢，非。」○賓作爵，尸酢賓。**酌獻祝及佐食。**【疏】正義曰：楊氏復云：「案：上文賓三獻，尸止爵不舉，故未得獻祝與佐食。待主人、主婦致爵與酢，神惠已均，賓乃作止爵，尸卒爵酢賓，賓遂獻祝及佐食，事之序也。」○賓獻祝及佐食。**洗爵，酌，致于主人、主婦，燔從皆如初。更爵，酢于主人，卒，復位。**洗乃致爵，爲異事新之。燔從皆如初者，如亞獻及主人、主婦致爵也。凡獻佐食皆無從，其薦俎獻兄弟以齒設之。賓更爵自酢，亦不承婦人爵。今文曰「洗致」，古文「更」爲「受」。【疏】正義曰：賓致爵主人、主婦，乃惟酢主人者，禮主於尊者，猶主人徧獻衆賓而惟酢於賓長也。官氏獻瑶云：「《少牢》儐尸，賓酌致主人而不致主婦，不儐尸則賓代主人致爵于主婦。此則主人、主婦交致爵，而賓酌致主人仍酌主婦，皆禮之互變也。主人不先獻賓，而賓先酌主人，何也？立賓所以事尸，尸方欲行室中之惠，則賓之致爵亦所以承尸意也。夫而後室中之禮成，而庭中之禮起矣。」盛氏云：「賓自酢訖，亦以爵奠于篚，乃復位。」郝氏云：「復位，復堂下東面之位。」　注云「洗乃致爵，爲異事新之」者，此決上獻祝及佐食皆不洗也。楊氏復云：「上文主人、主婦獻皆至祝、佐食而止。今賓獻祝、佐食畢，又致爵于主人、主婦，故洗爵酌致，爲異事新之也。」云「燔從皆如初者，如亞獻及主人、主婦致爵也」者，案：主婦亞獻尸，燔從。主人、主婦致爵，肝、燔俱有。賈疏云：「雖云『如初』，則無肝從，故經釋云『燔從皆如初』。」是也。云「凡獻佐食皆無從」者，賈疏云：「謂主人、主婦及賓長獻佐食皆無從，故云凡。鄭言此者，以經『燔從皆如初』在獻佐食下，嫌獻佐食亦有燔從，故辨之。」云「其薦俎獻兄弟以齒設之」者，李氏如圭云：「下記『佐食旅，旅齒于兄弟』，故其薦俎亦然。」云「賓更爵自酢，亦不承婦人爵」者，上主人致爵于主婦，更爵自酌。彼注以爲不承婦人爵，此亦然也。云「今文曰『洗致』」者，胡氏承珙云：「案：《有司徹》云：『賓獻祝及二佐食，洗，致爵于主人。』彼既有爵字，雖無酌字，不言可知也。今文於此但言洗致，并無爵字，文不備，故鄭從古文。」〇經文「燔從皆如初」，敖氏云：「皆，皆『尸卒爵』以下也。自『尸卒爵』以至『及佐食』，如主人酢獻之禮也。致于主人者，如主婦致爵之禮也。致于主婦者，如主人致爵之禮也。燔從者，如亞獻祝及致于主人、主婦之禮也。言此則是其從獻之物僅有此耳，亦見其殺於初者也。」盛氏云：「案：燔從謂獻祝及致爵于主人、主婦也。祝之從獻無籩，主人、主婦之從獻無肝，皆異於初者，故特見之。」今案：敖氏、盛氏説雖異於注而分析較細，故録附焉。〇賓致爵主人、主婦，更爵自酢。

右賓三獻

主人降阼階，西面拜賓如初，洗。 拜賓而洗爵，爲將獻之。如初，如視濯時，❶主人再拜，賓荅拜，三拜衆賓，衆賓荅再拜者。【疏】正義曰：張氏爾岐云：「此下獻賓、獻衆賓、設尊酬賓、獻長兄弟、獻衆兄弟、獻内兄弟，凡六節。以三獻尸訖，事神禮成，順神意以達惠，六節共爲一科。其設尊兩階，先以酬賓，又所以爲旅酬發端也。」〇《禮經釋例》云：「三獻爵止，神惠均於室也。主人獻賓于西階上，自酢及獻衆賓亦于西

---

❶「如」，原脱，今據《續清經解》本及《儀禮注疏》補。

階上，獻長兄弟衆兄弟皆于阼階上，獻内兄弟于房中，此因室中而兼及堂上房中也。」敖氏云：「初，謂三拜衆賓，衆賓皆荅一拜也。」秦氏蕙田云：「敖與注『荅再拜』之文不同。案：鄭據本篇陳鼎拜賓時文，敖據《有司徹》文。彼大夫禮與士禮自有異，仍當依鄭。」今案：秦説是也。**賓辭洗。卒洗，揖讓升，酌，西階上獻賓。賓北面拜受爵。主人在右，荅拜。**就賓拜者，此禮不主於尊也。賓卑則不專階，主人在右，統於其位。今文無「洗」。【疏】正義曰：蔡氏德晉云：「西階上獻賓，主人就賓也。主人在右，北面，以東爲右也。」注云「就賓拜者，此禮不主於尊也」者，謂《鄉飲酒》、《鄉射》以賓爲尊，獻酢皆賓于西階上拜，主人于阼階上拜。《鄉飲酒》獻介及介酢，皆介于西階上拜，主人于介右拜。此就賓拜與《鄉飲酒》獻介同，是不主於尊賓也。云「賓卑則不專階」者，鄭意以賓爲有司，故謂賓爲卑也。云「主人在右，統於其位」者，主人位在東階，在賓右即在賓東，故云「統於其位」也。盛氏云：「案：是禮主於祭不主於賓，至獻賓而禮已殺矣，故賓主同階。注云『賓卑』，非。」《禮經釋例》云：「凡賓、主人，禮盛者專階，不盛者不專階。《特牲禮》主人獻賓、受爵、送爵、卒爵及酌酢，賓皆于西階上拜，主人于賓右拜。祭畢飲酒，殺於飲酒正禮，故不專階也。」與盛説同，義似長。云「今文無『洗』」者，胡氏承珙云：「案：鄭從古文有洗者，亦以其文備。」**薦脯醢，設折俎。**凡節解者皆曰折俎。不言其體，略云折俎，非貴體也。上賓骼，衆賓儀，公有司設之。【疏】正義曰：薦脯醢，謂薦籩豆也。脯，籩實；醢，豆實。　注云「凡節解者皆曰折俎」者，以各篇言折俎者多，故總釋之。節解，謂如肩、臂、臑、肫、膞、骼之類，逐節解之，即所謂「體解」也。云「不言其體，略云折俎，非貴體也」者，貴體，謂如脊、脅之類，經每言之，此不言，故知非貴體也。云「上賓骼，衆賓儀」者，李氏如圭云：「《少牢》下篇曰：『司士設賓俎，羊骼；衆賓，其脅體，儀也。』儀者，儀度可用者用之。」云「公有司設之」者，下記云「公有司門西」是也。**賓左執爵，祭豆，奠爵，興，取肺，坐絶祭，嚌之，興，加于俎，坐捝手，祭酒，卒爵，拜。主人荅拜，受爵，酌，酢，奠爵，拜。賓荅拜。**主人酌自酢者，賓不敢敵主人，主人達其意。【疏】正義曰：注謂「賓不敢敵主人，主人達其意」者，亦是以賓爲卑之意。説詳《有司徹》。**主人坐祭，卒爵，拜。賓荅拜，揖，執祭以降，西面奠于其位，位如初，薦俎從設。**位如初，復其位東面。《少牢饋食禮》：「宰夫執薦以從，設於祭東。司士執俎以從，設於薦東。」是則皆公有司爲之與？【疏】正義曰：李氏如圭云：「祭，脯肺。」敖氏云：「執祭，脯也。」似李爲長。盛氏云：「祭謂脯及肺之置於地者必執以降，敬也。且示其將復位於下，然而主人之羣吏遂執其薦俎以從之也。必復位於下者，辟後之受獻者也。」注云「位如初，復其位東面」者，以上云「西面奠于其位」，復云「位如初」，故知復其位東面也。引《少牢禮》者，證薦俎從設之處。**衆賓升，拜受爵，坐祭，立飲。薦俎設于其位，辯。主人備荅拜焉，降，實爵于篚。**衆賓立飲，賤不備禮。《鄉飲酒·記》曰：「立卒爵者不拜既爵。」備，盡，盡人之荅拜。【疏】正義曰：李氏如圭云：「《坊記》曰：『尸飲三，衆賓飲一，示民有上下也。因其酒肉，聚其宗族，以教民睦也。』」蔡氏德晋云：「升，升西階也。辯，謂皆有薦俎也。」❶盛氏云：「案：其位在西階下，賓南。薦俎不先設于西階上而即設于其位，殺於賓也。降實爵于篚，亦謂主人也。然則衆賓每一人飲訖，輒以爵授主人矣。不言者，文不具也。

❶「謂」，原脱，今據《續清經解》本補。

《鄉飲禮》云：『坐祭立飲，不拜既爵，授主人爵，降復位。』又案：注『盡人之荅拜』，『之』字當在『荅拜』之下。」今案：此注云「備，盡」，下「尸備荅拜焉」注云：「備，猶盡也。」《説文》：「葡，具也。備，慎也。从人葡聲。」今則葡、具字通用備。備荅拜，謂一一具荅拜之。鄭以盡義較顯，故解爲盡。「盡人之荅拜」，盧氏文弨疑「之」爲衍文，盛氏謂「之」字在「荅拜」下，是也。○獻賓及衆賓。**尊兩壺于阼階東，加勺，南枋，西方亦如之。**爲酬賓及兄弟，行神惠。不酌上尊，卑異之，就其位尊之。兩壺皆酒，優之。先尊東方，示惠由近。《禮運》曰：「澄酒在下。」【疏】正義曰：阼階之東爲東方，西階之西爲西方，經互言之。東西方各兩壺，則庭中凡四壺也。此尊亦北面酌，加勺于尊上，而枋向南，便執也。注云「爲酬賓及兄弟，行神惠。不酌上尊，卑異之，就其位尊之」者，李氏如圭云：「旅酬禮褻，不敢與神靈共尊，故就賓及兄弟之位尊之。不用玄酒，澄酒在下，人君禮也。案：《司尊彝》：『四時之祭皆有罍，諸臣之所酢。』《少牢禮》上下大夫堂下皆無尊，辟人君。士卑，不嫌與人君同。」王氏士讓云：「案：祭尸崇，不與于旅酬，則酬時不得用尸尊，故賓兄弟有堂下尊，内賓宗婦有房中尊也。若《有司徹》儐尸，尸亦與旅酬，則酬時得用尸尊矣。」云「兩壺皆酒，優之」者，《玉藻》：「唯饗野人皆酒。」彼注云：「飲賤者不備禮。」與此注異者，此祭末行酬所以合歡，故以優之爲義。優之者，謂兩壺皆酒，可以盡醉，且以别於堂上尊也。云「先尊東方，示惠由近」者，東方爲主人位，見行神惠由近始也。《禮運》「澄酒在下」，據《鄭志》荅趙商、田瓊問，「澄爲沈齊，酒爲三酒」，引之者，證堂下設尊之事也。

主人洗觶，酌于西方之尊，西階前北面酬賓，賓在左。先酌西方者，尊賓之義。【疏】正義曰：盛氏云：「禮成于酬，故以是終獻賓之禮，且爲旅酬發端也。賓在左，如其在階上之位也。」吴氏紱云：「《鄉飲》酬賓在階上，此在階下者，以賓位本在下也。《飲》、《射》主於燕賓，則賓在堂上；祭禮主於事尸，則賓在堂下。」　注云「先酌西方」，固爲尊賓，且酬賓酌西方之尊，酬主人酌東方之尊，亦爲近其位便也。　**主人奠觶拜，賓荅拜。　主人坐祭，卒觶，拜，賓荅拜。　主人洗觶，賓辭，主人對。　卒洗，酌，西面。　賓北面拜。**　西面者，鄉賓位，立於西階之前，賓所荅拜之東北。【疏】正義曰：此主人酌而自飲以導賓飲也。注云「西面者，鄉賓位」者，賓位東面，故知此西面鄉之也。云「立於西階之前，賓所荅拜之東北」者，賓北面拜而主人西面，故知立於賓所荅拜之東北也。　**主人奠觶于薦北。**　奠酬爲薦左，非爲其不舉。行神惠，不可同於《飲酒》。【疏】正義曰：敖氏云：「不授而奠，酬之正禮。」《禮經釋例》云：「凡酬酒先自飲，復酌，奠而不授。」薦北，薦左也。　吴氏《疑義》云：「此暫奠以待賓之取，下『奠于薦南』則正奠也。《鄉飲酒》酬爵不舉，主人初奠于薦西，右也；賓取之乃奠于薦東，左也。　此酬爵當舉，主人初奠于薦北，左也；賓取之奠于薦南，右也。　則兩經之例一耳。　注曰『不同』，疏曰『相變』，則竟不知下有薦南之奠矣。」案：《鄉飲·記》云：「凡奠者于左，將舉于右。」此奠觶于薦左有似於不舉，故鄭辨之云：奠酬酒於薦左，非爲其不舉，以方行神惠，與《飲酒禮》異也。　官氏獻瑶云：「凡《鄉飲》、《射》、《燕》無舉奠酬者，祭則有之。　蓋《鄉飲》、《射》、《燕》皆正賓也，不可以盡人之歡。　祭則尸爲主，賓非正也，不可不廣神之惠。」其説是也。　**賓坐取觶，還東面，拜，主人荅拜。　賓奠觶于薦南，揖，復位。**　還東面，就其位薦西。奠觶薦南，明將舉。【疏】正義曰：戴校《集釋》云：「『東面』下，各本衍『拜』字。」考上經『賓北面拜，主人奠觶于薦北』下云『主人荅拜』，荅賓北面之拜也。『賓坐取觶，還東面』下乃云『賓奠觶于薦南』，賓方執觶在手，不得拜明矣。」汪氏中《儀禮》校本刪「拜」

字，謂無賓兩拜主人止荅一拜之理。今案：敖氏、姜氏、蔡氏皆以奠觶於薦北下拜文，❶蓋亦疑經賓兩拜主人止荅一拜，而不知「還東面」下之「拜」爲衍字也。《禮經釋例》、《經義述聞》皆同戴説。「揖，復位」，郝氏敬云：「揖，揖主人。復位，復東向之初位。」敖氏云：「復位，主人復阼階下西面位也。」秦氏蕙田以敖爲是。注云「還東面，就其位薦西」者，以賓位本在薦西東面，取觶時西面。今還東面，故知就其薦西之位也。云「奠觶薦南，明將舉」者，謂下旅酬時賓取以酬長兄弟，是將舉也。薦南，薦右也。○設尊酬賓，以啟旅酬。

主人洗爵，獻長兄弟于阼階上，如賓儀。酬賓乃獻長兄弟者，獻之禮成於酬，先成賓禮，此主人之義。亦有薦脀設於位，私人爲之與？【疏】正義曰：獻于阼階上，則酌于堂上尊也。云「如賓儀」，則自洗至薦俎從設皆如賓可知。張氏爾岐云：「注、疏皆不言酢，既云『如賓儀』，當亦主人自酢。」是也。注云「酬賓乃獻長兄弟者，獻之禮成於酬」者，如《鄉飲酒禮》「主人獻賓，賓酢主人，主人酬賓，乃獻介」是也。云「亦有薦脀設於位」者，賈疏云：「長兄弟初受獻于阼階上，時亦薦脯醢，設折俎于阼階上。祭訖，乃執以降，設于下位，皆當如賓儀。言亦者，亦賓。」云「私人爲之與」者，私人即私臣。李氏如圭云：「下記：『公有司獻次衆賓，私臣獻次衆兄弟。』賓薦俎，蓋公有司設之；兄弟薦俎，蓋私臣設之。」**洗，獻衆兄弟，如衆賓儀。**獻卑而必爲之洗者，顯神惠。此言如衆賓儀，則知獻衆賓洗明矣。【疏】正義曰：郝氏敬云：「如衆賓儀，拜受、坐

---

❶「拜」，《續清經解》本作「爲」，皆不可通，疑有脱文。《研六室文鈔》卷七《儀禮經注校本書後》云：「姜氏上均、蔡宸錫皆以『主人奠觶於薦北』下闕答拜之文。」

祭、立飲、薦俎設于其位偏同也。佐食在衆兄弟中薦俎，亦設于此時。」注云「獻卑而必爲之洗者，顯神惠」者，衆兄弟分卑，獻必爲之洗者，以行神惠爲重也。云「此言如衆賓儀，則知獻衆賓洗明矣」者，上獻衆賓雖不言洗，但此獻衆兄弟洗，二者儀同，則獻衆賓亦洗可知。不言者，文略耳。○獻長兄弟及衆兄弟。**洗，獻内兄弟于房中，如獻衆兄弟之儀。**内兄弟，内賓宗婦也。如衆兄弟，如其拜受，坐祭，立飲，設薦俎於其位而立。内賓，其位在房中之尊北。不殊其長，略婦人也。《有司徹》曰：「主人洗，獻内賓于房中，南面拜受爵。」【疏】正義曰：注云「内兄弟，内賓宗婦也」者，賈疏云：「此總云『内兄弟』。下記云：『内賓宗婦。』案：彼注云：『内賓，姑姊妹。宗婦，族人之婦。』若然，兄弟者，服名，故號婦人爲兄弟。」是也。云「如衆兄弟，如其拜受，坐祭，立飲，設薦俎於其位而立」者，或曰：「『立』當爲『偏』之譌，謂設薦俎于其位而偏也。今案：此經云『如獻衆兄弟之儀』，上獻衆兄弟云『如衆賓儀』，據前獻衆賓云『拜受爵，坐祭，立飲，薦俎設于其位，辯』，或説似是。章氏平云：『立爲已之誤。』則以立、已形似故也。云『内賓，其位在房中之尊北』者，下記云：『尊兩壺于房中西墉下，南上。』是房中有尊也。又云：『内賓立于其北，東面南上。宗婦北堂，東面北上。』是其位在尊北也。云『不殊其長，略婦人也』者，賈疏云：『決上文『獻賓于西階上，獻兄弟于阼階上』皆殊其長，此不殊，故云略之。引《有司徹》者，欲見此内賓受獻時亦南面拜受爵。』蔡氏云：『南面，統於堂也。』褚氏云：『獻内兄弟之先後，經無明文。觀下注云：『内賓之長，亦南面荅拜。』知先獻内賓，而酢者惟長一人矣。主人酢畢出房，主婦乃洗爵酬内賓之長，爲房中旅酬始。獻必主人，統於主祭也。酬必主婦，以洽歡心。男女之倫，不可瀆也。』**主人西面荅拜，更爵酢，卒爵，降。實爵于篚，入復位。**爵辯乃自酢，以初不殊其長也。内賓之長亦南面荅拜。【疏】正義曰：盛氏云：「更爵亦于下篚。必更之者，男女不相襲也。」江氏筠云：「案：男子多不承婦人爵，婦人則有襲用男子爵者。上文『尸酢主婦』，鄭注云『不易爵』；又致爵主人，經云『主婦荅拜，受爵，酌醋』；又三獻，『酌致于主人、主婦』，皆是也。然此獻内兄弟承獻衆兄弟自酢之後，而必爲之洗，則宜爲之更爵明矣。」今案：上云「洗，獻于房中」，則更爵自明，故經於獻不言「更爵」，於酢言「更爵」也。至男女不相襲爵，禮之大例。經或不言「更爵」者，文偶不具耳。江説徇注，未的。方氏苞云：「入復位，復室中西面之位也。以是見主婦、長賓有事于室中，主人皆不離其位。至旅酬則室中侍尸者惟主人，故尸將謖，然後主人出。」　注云「爵辯乃自酢，以初不殊其長也」者，初謂獻時。鄭知必爵辯乃酢者，以内兄弟多，主人惟爲酢一爵也。云「内賓之長亦南面荅拜」者，上注引《有司徹》云：「南面拜受。」此亦南面荅拜。亦者，亦上注也。○獻内兄弟。

右獻賓與兄弟

長兄弟洗觚爲加爵，如初儀，不及佐食。洗致如初，無從。大夫士三獻而禮成，多之爲加也。不及佐食，無從，殺也。致，致於主人、主婦。【疏】正義曰：張氏爾岐云：「此三獻之外，復爲加爵。云『如初儀』者，如賓長三獻之儀。但賓長獻十一爵，此長兄弟加獻唯六爵。洗觚獻尸，一也；尸酢長兄弟，二也；獻祝，三也；致爵主人，四也；致爵主婦，五也；受主人酢，六也。」本賈疏。《禮經釋例》云：「凡士祭，正獻後加爵三；下大夫祭，正獻後加爵二，儐尸則正獻後加爵一。《特牲》長兄弟洗觚爲加爵，一也；衆賓長爲加爵，二也；又旅酬無算爵畢，利洗散，獻于尸。利，佐食也。獻即加爵。此佐食加爵，三也。是士祭正獻後加爵三也。《有司徹》不儐尸之禮，主人獻私人畢，賓長獻于尸。此賓長加爵，一也。又無算爵畢，利洗爵獻于尸。此佐食加爵，二也。是下大夫祭正獻後加爵二也。《有司徹》儐尸之禮，兄弟後生舉觶畢，賓長獻于尸。此賓長加爵于尸，是儐尸正獻後加爵，一也。陳氏祥道云：『士禮，主人、主婦、賓三獻。又爵三，長兄弟、賓長、利獻之也。下大夫，主人、主婦、賓三獻。又爵二，賓長與利獻之也。上大夫，特主人、主婦、賓三獻而已。蓋士與下大夫無儐尸，故有加爵；上大夫有儐尸，故無加爵。天子、諸侯有繹祭，又有加爵，禮所以隆于尊者也。』考陳氏所謂上大夫無加爵者，指《少牢》上篇正祭而言。若儐尸，三獻後賓長亦加爵也。又《有司徹》儐尸：賓長加爵後，賓一人舉爵于尸，如初，亦遂之於下。此爵蓋爲旅酬發端，如舉觶之禮，非加爵也。」《釋例》又云：「凡致爵皆在賓三獻之間，加爵亦致。若儐尸則于堂上獻尸、侑時行之。《特牲》：『長兄弟洗觚爲加爵，如初儀，洗致如初。』注：『致，致爵于主人、主婦。』又云：『衆賓長爲加爵如初。』《有司徹》不儐尸之禮：『賓長獻于尸，尸醋，獻祝，致，醋。』注：『致謂致爵于主人、主婦。』是加爵亦致也。又《有司徹》舉觶後，『賓長獻于尸，如初，無湆，爵不止』注：『如初，如其獻侑，酌致主人，受尸酢也。』則儐尸加爵亦致也。」今案：上云「如初儀」，謂長兄弟加爵、獻尸、拜受、拜送諸儀如賓三獻也。下云「如初」，謂洗爵、酌、致于主人、主婦如賓三獻也。「洗觚不及佐食，無從」，是別言其異於初者無從，謂無從獻之肝燔也。注云「大夫士三獻而禮成，多之爲加也」者，賈疏云：「《飲酒禮》卿大夫三獻，士唯一獻而已。祭禮，士與大夫同三獻者，攝盛。」是以「多之爲加也」。高氏愈云：「主人及賓已獻尸，而長兄弟及衆賓長未嘗致爵，以是爲歉，故復爲加爵以厭飫之。然必長兄弟先爲加爵而後及衆賓者，猶主人初獻而賓爲三獻之意。」官氏獻瑶云：「加爵之義有二：一比於侑食勸飽之意，一使長兄弟衆賓長得以伸其敬也。及祝不及佐食者，佐食與旅而祝不與旅，非但禮殺而已。加爵而後致爵，亦以伸敬於主祭也。加爵用觚，别於正獻也。致爵于主婦，既乃更一觚以自酢，故篚實二觚焉。酢訖，降奠于篚。」○賈疏云：「天子大祫十有二獻，四時與禘唯有九獻，上公亦九獻，侯伯七獻，子男五獻。」吴氏《疑義》云：「《周禮·司尊彝》注以禘小於祫而重於時祭，此并以禘與四時祭同，則更謬矣。以理論之，天子凡祭皆應十二獻也。」

右長兄弟爲加爵

衆賓長爲加爵，如初，爵止。尸爵止者，欲神惠之均於在庭。【疏】正義曰：張氏爾岐云：「此『衆賓長爲加爵』，衆賓長非三獻之賓，在庭衆賓中之長者也。云『如初』，亦如賓長三獻。但尸受爵祭啐之後即止而不飲，待旅酬西階一觶畢，加爵者乃請尸舉爵。」盛氏世佐云：「此加爵不言其器，蒙長兄弟之文也。獻用爵，加爵用觚，旅酬用觶，禮之差也。敖氏云此加爵當用觶，非。」○賈疏云：「庭賓及兄弟雖得一獻，未得旅酬，故停之。使庭行旅酬，是欲神惠之均於在庭也。」官氏獻瑶云：「《少牢》大夫賓尸，尸作三獻之爵，遂繼之以旅酬，是尸自行其惠於廟中也。士不賓尸，則尸不出堂而行旅酬之禮矣。故於加爵而爵止，以示致惠之意。」《禮經釋例》云：「《特牲》：『賓三獻，爵止。』注云：『欲神惠之均于室中。』考此三獻節内共十一爵，是神惠均于室也。又長兄弟加爵畢，『衆賓長爲加爵，如初，爵止』，注云：『欲神惠之均于在庭。』考此爵至旅酬時，賓酬衆兄弟，旅西階前一觶畢，經云爲加爵者作止爵畢，『長兄弟酬賓』，始旅阼階前一觶，是神惠均于庭也。《有司徹》不儐尸之禮，賓長獻于尸，爵不止者，下大夫與士異也。《少牢》正祭，賓三獻，尸即卒爵酢賓，不止爵者，祭畢將儐尸故也。」

右衆賓長加爵

嗣舉奠，盥，入，北面再拜稽首。嗣，主人將爲後者。舉，猶飲也。使嗣子飲奠者，將傳重累之也。大夫之嗣子不舉奠，辟諸侯。【疏】正義曰：自此至「出復位」，言主人嗣子飲奠獻尸之事。○孔氏穎達云：「奠者，初尸未入之前，祝酌奠于鉶南。尸入，祭奠不飲，至此乃嗣子舉之。」今案：盥入，盥手乃入室也。北面，辟主人西面之位也。再拜稽首，重神貺也。廟中再拜稽首者，唯主人耳。嗣繼體，故亦如之。張氏爾岐云：「舉奠者，舉前陰厭時祝所奠于鉶南之爵而飲之。舉奠本言其事，下文遂以目其人，謂嗣爲舉奠。」注云「嗣，主人將爲後」者，案：鄭注《文王世子》云「上嗣，君之適長子」與此注似異者，適長，正也，無則庶子及同宗爲後者皆可稱嗣。此注云「將爲後者」，兼無適長者言也。云「舉，猶飲也」者，賈疏云：「非謂訓舉爲飲，直是嗣子舉而飲之耳。」是也。云「使嗣子飲奠者，將傳重累之也」者，官氏獻瑶云：「以傳宗廟之重言之曰受重，以承祖宗之貺言之曰舉奠。祭祀之陳饌以奠而成，嗣舉奠，則雖在子弟之列，而已付以他日祭祀之事矣。其舉奠必在加爵之後，何也？加爵則室中之禮將畢矣，若待旅酬而後舉，無以行敬也。」吴氏《疑義》云：「嗣子爲宗祧之寄，父在雖不主祀，亦當自致其誠敬於先人。然既不可上同於主人，又不可等之於主婦及賓長，故獻終使之約略於主人獻酢之節而行之，而仍不干主人之正禮，此禮義之至精者。」今案：官氏、吴氏之説足以發明注意。云「大夫之嗣子不舉奠，辟諸侯」者，賈疏云：「士卑不嫌，得與人君同。」案：《文王世子》云：「其登餕、獻、受爵，則以上嗣。」鄭注：「以《特牲饋食禮》言之，受爵，謂上嗣舉奠也；獻，謂舉奠洗爵酌入也；餕，謂宗人遣舉奠盥，祝命之餕也。大夫之嗣無此禮，辟君也。」孔疏云：「案：《少牢饋食》無嗣子舉奠，大夫尊於士而不舉奠，故知辟正君也。」官氏獻瑶云：「天子諸侯繼世爲君，所以有上嗣受爵之禮。而卿大夫不行舉奠者，不世爵也。士之子爲士，故得行舉奠禮。」今案：官氏此義甚精，似勝注説。吴氏謂大夫之子亦當舉奠，非矣。**尸執奠，進受，復位，祭酒，啐酒。尸舉肝。舉奠左執觶，再拜稽首，進受肝，復位，坐食肝，卒觶，拜。尸備荅拜焉。**食肝，受尊者賜，不敢餘也。備，猶盡也。每拜荅之，以尊者與卑者爲禮，略其文耳。古文「備」爲「復」。【疏】正義曰：此節即《文王世子》所謂「受爵」也。進受祭啐者，嗣也。尸親執奠舉肝授之，亦猶親舉角執黍以授主人也。此及下節凡四言「舉奠」，皆謂嗣。高氏愈云：「名嗣爲舉奠，猶名賓爲三獻。」是也。肝，即主人酳尸所從獻，尸取之加于菹豆者。下記云：「嗣舉奠，佐食設豆鹽。」注云：「肝宜鹽也。」則食肝時有鹽矣。　注云「食肝，受尊者賜，不敢餘也」者，賈疏云：「食之當盡，以其食若不盡，直云嚌之而已。此經云食肝，明不敢餘。」是也。云「備，猶盡也。每拜荅之，以尊者與卑者爲禮，略其文耳」者，備，盡義，見前「備荅拜」。吴氏廷華云：「凡三荅拜，謂上兩再拜稽首及卒觶拜，荅之凡三也。不於每拜言荅而於末總言之，是略其文也。」劉氏台拱謂此與上「主人備荅拜焉」文法同，似不必如注義。今案：此與上文同而義異。上「主人備荅拜焉」謂每人荅拜之，此「尸備荅拜焉」謂每拜荅拜之，故注云然，劉氏疑注，非也。云「古文『備』爲『復』」者，案：復與備義異，古文蓋字誤，故鄭不從。**舉奠洗酌入，尸拜受，舉奠荅拜。尸祭酒，啐酒，奠之，舉奠出，復位。**啐之者，荅其欲酢己也。奠之者，復神之奠觶。嗣齒於子姓，凡非主人，升降自西階。【疏】正義曰：此節即《文王世子》所謂「獻」也。洗酌入，謂洗觶酌以入室獻尸也。出復位，謂出室復阼階下之位也。注云「啐之者，荅其欲酢己也」者，吴氏《疑義》謂注説不可解，《文王世子》明謂之「獻」，不可謂「酢」，且「欲」字亦無謂。今案：吴説誠然。高氏愈謂啐酒以享其意，是也。云「奠之者，復神之奠觶」者，謂嗣所舉者本陰厭時奠以饗神之觶，今尸仍奠之，是復神之奠觶也。李氏如圭云：「尸復神之奠觶，故惟啐之，與挼祭時同。」云「嗣齒於子姓」者，嗣亦祭者之子姓，故其位宜與子姓竝列。郝氏謂在堂下東主人之後，官氏謂在阼階下長兄弟之上，其説一也。云「凡非主人，升降自西階」者，經於嗣子舉奠不云升降自何階，故注特明之，嫌與主人同由阼階也。

右嗣舉奠獻尸

兄弟弟子洗酌于東方之尊，阼階前北面舉觶于長兄弟，如主人酬賓儀。弟子，後生也。

【疏】正義曰：自此至「爵皆無算」，言旅酬無算爵之事，而祭脀設羞及作止爵之禮竝行於其間。張氏爾岐云：「前主人酬賓已舉西階一觶，此弟子復舉東階一觶，皆爲旅酬啟端。因於此時告祭設羞，先旅西階一觶，加爵者即作止爵，次旅東階一觶，又次竝旅東西二觶，而神惠均於在庭矣。凡六節。」○《禮經釋例》云：「案：《特牲》旅酬用主人酬賓之觶發端，無算爵用賓弟子、兄弟弟子二人所舉之觶發端。《有司徹》旅酬用二人舉觶于尸，侑之尸觶發端，無算爵用主人酬賓之觶發端。是《特牲》之旅酬如《有司徹》之無算爵，亦士禮殺于大夫之義也。」又云：「漢儒推士禮而致于天子，故鄭注《中庸》『旅酬下爲上』引《特牲》以證之，不引《有司徹》也。」盛氏云：「獻時弟子不獲與，故使之行舉觶之禮。舉觶必先自飲，亦所以均神惠也。《中庸》『旅酬下爲上，所以逮賤』謂此。」今案：此兄弟弟子一人舉觶爲旅酬始，下賓弟子、兄弟弟子二人舉觶爲無算爵始。旅酬時賓弟子不舉觶者，以有主人酬賓奠于薦南之觶也。江氏永云：「旅酬有兩節，前是正旅酬，後是無算爵。旅酬時賓有主人之酬觶，則賓酬長兄弟不必賓弟子舉觶。至長兄弟酬賓，則必兄弟之弟子先舉觶，而後兄弟以所奠之觶酬賓。旅酬既畢，將行無算爵，則賓之弟子及兄弟弟子同時各舉觶于其長，然後賓取觶酬兄弟之黨，長兄弟取觶酬賓之黨。」故解《中庸》「旅酬下爲上」必兼無算爵而義始備，此宋元以來解「下爲上」之舊説也。《禮經釋例》則云：「凡旅酬皆以尊酬卑，謂之『下爲上』。」説詳《鄉射禮》「某酬某子」下。○「舉觶於長兄弟，如主人酬賓儀」者，敖氏云：「是亦在長兄弟之右也。此有代主人酬長兄弟之意，故位與主人同。主人酬賓奠觶于薦北，此則當奠于薦南。而長兄弟取觶還，西面奠于薦北也。」方氏苞云：「兄弟非賓，故主人不酬，使弟子舉觶，而用酬賓之儀。」《禮經釋例》云：「凡酬酒先自飲，復酌奠而不授。舉觶亦如之。」是舉觶亦奠而不授也，後放此。　注云「弟子，後生也」者，弟子謂兄弟之弟若子之卑幼者。《有司徹》云「兄弟之後生者舉觶于其長」，彼後生與此弟子一也，故鄭以後生解之。○兄弟弟子舉觶。**宗人告祭脀。** 脀，俎也。所告者，衆賓、衆兄弟、内賓也。獻時設薦俎於其位，至此禮又殺，告之祭，使成禮也。其祭皆離肺，不言祭豆，可知。【疏】正義曰：祭脀必使宗人告者，以其爲庭長也。告於兄弟弟子舉觶之後者，以其將旅酬，且以爲羞之節也。　注云「脀，俎也」者，鄭注《燕禮》、《大射》云：「脀，俎實。」注《燕禮·記》云：「脀，折俎也。」《少牢》俎載畢云「卒脀」。然則以牲體實于俎謂之脀，因謂俎爲脀耳。《説文》：「脀，騃也。」義與鄭異。段氏玉裁云：「案：《禮經》、《戴記》以此字爲薦脀字，蓋假脀爲烝也。烝，進也。而《廣韻》乃分别脭爲熟，脀爲癡貌。《集韻》亦分别異體，皆非是。」云「所告者，衆賓、衆兄弟、内賓也」者，賈疏云：「知無長賓者，以其初得獻時即祭肺。又長兄弟如賓儀，則亦獻時祭可知，故知所告衆賓、衆兄弟、内賓也。」敖氏云：「公有司、私臣亦存焉。」據記言「衆賓以至私臣皆肴脀，膚一、離肺一」，則衆賓以下凡有俎而未祭者皆告之矣。云「獻時設薦俎於其位，至此禮又殺，告之祭，使成禮也」者，對上獻賓獻長兄弟等，獻于階上，設薦俎，既祭而後薦俎從設于其位。今衆賓以下獻時即設于其位是殺，至此同時告祭又殺也。云「使成禮」者，前此設薦俎未祭，若禮未成然，故告使祭以成禮也。必同時告者，方氏苞云：「使衆賓等各于其獻時祭脀，則日不暇給矣，故總告之也。」云「其祭皆離肺」者，以衆賓以下之俎但有離肺無刌肺也，詳記。云「不言祭豆，可知」者，以獻時設薦俎，薦即豆籩，不言祭，亦祭可知。**乃羞。**羞，庶羞也。下尸，胾醢豆而已。此所羞者，自祝主人至於内賓。無内羞。【疏】正義曰：羞爲飲酒而設。官氏云：「禮無酬而不羞者，《燕禮》先羞而後祭，此則祭畢乃羞，何也？《燕禮》之祭者大夫而已，脱屨升席，故先羞以安之而後祭焉。此則凡在庭中者皆祭，又不獨薦而有俎，故必先祭乃羞也。」　注云「羞，庶羞也」者，以其獻時已設薦，則此所羞者非薦豆籩，故知爲庶羞也。《王制》曰「庶羞不踰牲」，則當以豕肉爲之。云「下尸，胾醢豆而已」者，前爲尸羞庶羞四豆，注云：「膮、炙、胾、醢。」此下于尸，則但有胾醢而已，無膮炙也。云「此所羞者，自祝主人至於内賓」

者，《少牢》下篇曰：「羞及私人，辯。」則祝主人以至内賓之屬皆有羞可知。云「無内羞」者，以尸尊不見有内羞，則以下皆無可知也。敖氏以自尸而下至私臣同時設之，姜氏兆錫、吴氏廷華皆以爲當有内羞。盛氏云：「案：上經云『佐食羞庶羞四豆』，則尸之庶羞不于是時乃設也。下經云『徹庶羞，設于西序下』，則自尸而下皆無内羞又可見矣。注説自不可易，後儒好立異，未見其確。」今案：盛説是也。《少牢》下篇大夫禮乃有内羞，此士禮無内羞，亦隆殺之等義也。○告祭脀，設庶羞。

賓坐取觶，阼階前北面酬長兄弟，長兄弟在右。 薦南奠觶。【疏】正義曰：此旅酬之始。賓取觶，就阼階前酬長兄弟也。《鄉飲》、《鄉射》先酬主人，此酬長兄弟者，以士祭旅酬主人及祝皆不與，斯時尸在室中亦不與也。長兄弟在右者，郝氏云：「以兄弟亦有主人之誼，賓常居西也。」褚氏云：「此時房中内賓長亦舉主婦所酬之觶，以酬宗婦。」注云「薦南奠觶」者，謂賓所取以酬長兄弟者，乃薦南之奠觶也。薦南奠觶，即主人酬賓之觶。

賓奠觶拜，長兄弟荅拜。賓立卒觶，酌于其尊，東面立。長兄弟拜受觶。賓北面荅拜，揖，復位。 其尊，長兄弟尊也。此受酬者拜，亦北面。【疏】正義曰：復位，賓酬畢復西階前東向之位。注云「其尊，長兄弟尊也」者，此東方之尊也。賈疏云：「旅酬無算爵，以飲者酌己尊，酬人之時酌彼尊。」敖氏云：「阼階東之尊，爲長兄弟而下設之，故曰『其尊』，若彼自有之然。西方之尊亦如之。」云「此受酬者拜，亦北面」者，以經「長兄弟拜受觶」，不言面位，故鄭明之。言「亦」者，亦賓北面也。

長兄弟西階前北面，衆賓長自左受旅，如初。 旅，行也，受行酬也。初，賓酬長兄弟。【疏】正義曰：此長兄弟舉賓酬觶，就西階前酬衆賓之長也。衆賓長自左受旅，謂在長兄弟之左，賓禮也。注云「旅，行也，受行酬也」者，鄭於《禮經》多訓旅爲衆，惟《燕禮・

記》「請旅侍臣」及此經「受旅」訓爲行，以受旅不可云受衆，故訓爲行，而復申之曰「受行酬也」。蓋旅有行義，故以爲行酬之名。《左傳》襄二十三年：「及旅而召公鉏。」杜注：「獻酬禮畢而通行爲旅。」是也。云「初，賓酬長兄弟」者，謂如賓酬長兄弟時奠觶拜，受旅者荅拜也。**長兄弟卒觶，酌于其尊，西面立，受旅者拜受。長兄弟北面荅拜，揖復位。**【疏】正義曰：酌于其尊，西方尊也。堂下西尊本爲賓黨設，故曰「其尊」。復位，復阼階下西向之位。王氏士讓云：「上『揖復位』者，賓酬長兄弟禮畢也，此『揖復位』者，長兄弟酬衆賓長禮畢也。」**衆賓及衆兄弟交錯以辯，皆如初儀。**交錯，猶言東西。【疏】正義曰：此衆賓、衆兄弟互相酬以至於徧也。皆如初儀，謂如上賓酬長兄弟、長兄弟酬衆賓長之儀。注云「交錯，猶言東西」者，謂衆賓又以前觶自西之東酬衆兄弟，衆兄弟又以前觶自東之西酬衆賓。衆賓衆兄弟人數衆多，皆以此東西互酬，所謂「交錯」也。《楚茨》詩曰：「獻酬交錯。」《毛傳》云：「東西爲交，邪行爲錯。」《楚茨》又曰：「禮儀卒度，笑語卒獲。」李氏如圭云：「『古者於旅也語』謂此時。」◯旅西階一觶。**爲加爵者作止爵，如長兄弟之儀。**於旅酬之間，言作止爵，明禮殺，竝作。【疏】正義曰：蔡氏德晋云：「爲加爵者，衆賓長也。衆賓長爲加爵時，尸以未行旅酬，奠而未飲。今既旅及衆賓衆兄弟，尸可飲矣。故爲加爵者作起其初止之爵，請尸飲也。」如長兄弟之儀，謂作止爵後受尸酢，獻祝不及佐食，洗致如初，皆如長兄弟爲加爵之儀。張氏爾岐云：「其受尸酢、獻祝，致爵主人、主婦，受主人酢，皆同。」是也。吴氏廷華乃疑「長兄弟」三字爲誤，非矣。前賓三獻作止爵待致爵訖，此作止爵不待旅酬訖，故注云「禮殺，竝作」也。◯作止爵。**長兄弟酬賓，如賓酬兄弟之儀，以辯。卒受者實觶于篚。**長兄弟酬賓，亦坐取其奠觶。此不言交錯以辯，賓之酬不言卒受者實觶于篚，明其相報，禮終於此，其文省。【疏】正義曰：據注則鄭本經文似無「以辯」二字。○此長兄弟取東階之觶酬賓，以荅賓之酬己也。如賓酬兄弟之儀，郝氏云：「長兄弟亦酬賓于西階前，奠觶、受觶、拜、荅拜、復位等儀同。」云「以辯」則賓亦就東階前酬衆兄弟，而衆兄弟衆賓又互相酬也。衆兄弟衆賓以次相酬，至徧而止。賓黨、主黨人數有多寡，酬末終受觶者不定爲賓爲兄弟，故經但云「卒受者實觶于篚」也。郝氏謂卒受有二觶，盛氏謂卒受惟一觶；郝氏合西階言則有二觶，盛氏止就東階言則惟一觶，其實一也。篚在堂下，實觶于篚不言降者，省文也。注云「長兄弟酬賓，亦坐取其奠觶」者，觶奠于地，須坐取之。上經云「賓坐取觶」，此經不言坐取，故鄭明之。亦者，亦賓也。其奠觶，即上兄弟弟子舉觶于長兄弟之觶。云「此不言交錯以辯，賓之酬不言卒受者實觶于篚，明其相報，禮終於此，其文省」者，謂此長兄弟之酬亦交錯以辯，賓之酬亦卒受者實觶于篚，不言者，文省耳。李氏如圭謂互文以見之，是也。此酬賓以相報，故其儀同。云「實觶于篚」，則禮終矣，故於此言之也。官氏云：「此時房中宗婦之長亦舉觶以酬内賓。」今案：房中之酬，經略而記詳之。○旅酢階一觶。以上正旅酬。**賓弟子及兄弟弟子洗，各酌于其尊，中庭北面西上，舉觶于其長，奠觶拜，長皆荅拜。舉觶者祭，卒觶，拜，長皆荅拜。舉觶者洗，各酌于其尊，復初位，長皆拜。舉觶者皆奠觶于薦右。**奠觶，進奠之于薦右，非神惠也。今文曰「奠于薦右」。【疏】正義曰：此賓弟子、兄弟弟子舉觶于其長，將爲無算爵，亦如《鄉飲》、《鄉射》二人舉觶也。「各酌于其尊」者，賓弟子酌西方之尊，兄弟弟子酌東方之尊。敖氏云：「中庭，東西之中也。西上者，尊賓之弟子也。是時長皆在東西面之位而拜之。薦右，賓之薦南，兄弟之薦北也。」今案：舉觶者祭，卒觶，拜，亦先自飲也。復酌奠觶于薦右，亦奠而不授也。　注云「奠觶，進奠之于薦右，非神惠也」者，前主人酬賓奠觶于薦北，注云：「奠酬于薦左，非爲其不舉。行神惠，不可同于《飲酒》。」此奠于薦右，故云「非神惠也」。後人多疑其説，褚氏云：「旅酬無算爵，同酌下尊。而注一以爲神惠，一不爲神惠者，蓋旅酬尸奠爵以待，即神惠也。此賓主弟子各舉觶于其長，于尸無與，故不爲神惠而同生人禮也。注不誤。」云「今文曰『奠于薦右』」者，今文「奠」下無「觶」字，義不顯，故鄭從古文。**長皆執以興，舉觶者皆復位，荅拜。長皆奠觶于其所，皆揖其弟子，弟子皆復其位。**復其位者，東西面位。弟子舉觶於其長，所以序長幼，教孝弟。凡堂下拜，亦皆北面。【疏】正義曰：敖氏云：「執以興，亦象受之。其所，薦右也。揖，揖之使復其位。」吴氏紱云：「此時内賓之少者、宗婦之少者亦各舉觶于其長，以爲無算爵始。」　注云「復其位者，東西面位」者，此及上節三言「復位」，上「復初位」及「皆復位」，荅拜復中庭北面之位也。此「皆復其位」，則賓弟子復西階前東面之位，兄弟弟子復阼階前西面之位，以事已畢也。云「弟子舉觶於其長，所以序長幼，教孝弟」者，方氏苞云：「使弟子觀禮于廟中，耳濡目染，以至於成人，則禮儀之度、和敬之德習與性成矣。」又云：「兄弟之子以同姓而來觀禮。」方氏苞云：「兄弟弟子以同姓而來觀禮，宜也。賓亦率其子弟而至，何也？不命之士有寢而無廟，有薦而無祭，無由習禮，故使各率其子弟以觀祭祀賓客之儀。又使爲人子孫者知必得廟祀而後可以盡追養之心，而衆厲於德行道藝矣。」足與注義相發明。云「凡堂下拜，亦皆北面」者，爲經云「拜」而不著面位者言之也。上賓酬長兄弟，北面荅拜，注云「此受酬者拜，亦北面」。今此注言「亦」者，亦前義也。**爵皆無算。**算，數也。賓取觶酬兄弟之黨，長兄弟取觶酬賓之黨，唯已所欲，亦交錯以辯，無次第之數。因今接會，使之交恩定好，優勸之。【疏】正義曰：此總結上文之辭也。云「皆」者，謂賓黨主黨二觶竝行，皆無算也。　注云「唯己所欲，亦交錯以辯，無次第之數」者，方氏云：「長賓長兄弟各執其觶不相授受，而奠于所欲致者之所。所致者既卒觶，其弟子爲之酌，又執以奠于所欲致者之所，而盡去彼此拜興之節。兩觶竝行不依其人之次，不計其爵之數，故總之曰無算爵也。」今案：方解「所」字義別，而說特明暢。云「因今接會，交恩定好，優勸之」者，鄭以無算爵非行神惠，故以交恩定好釋之也。○官氏獻瑶云：「旅酬之見於經者莫盛於《燕》，其舉旅凡四焉。《特牲》、《少牢》之舉二而已。賓未舉旅而弟子先舉觶者，禮之次第，相因而至，威儀多也。《鄉飲射》之舉一而已。故方舉觶而旅遂行焉，禮殺也。」今案：《特牲》、《少牢》、《有司徹》所言酬禮，祭末飲酒之旅酬也；《鄉飲》、《鄉射》、《燕禮》、《大射》所言酬禮，正飲酒之旅酬也。必合而觀之，而旅酬、無算爵之節次義例乃明。○東西二觶竝舉爲無算爵。

右旅酬

利洗散，獻于尸，酢。及祝，如初儀。降，實散于篚。利，佐食也。言利，以今進酒也。更言獻者，以利待尸禮將終，宜一進酒，嫌於加爵亦當三也。不致爵，禮又殺也。【疏】正義曰：利獻以散者，利卑。《禮器》云：「宗廟之祭，貴者獻以爵，賤者獻以散。」是也。酢，尸酢利也。及祝，利獻祝也。如初儀，如長兄弟、衆賓長加爵之儀也。吴氏廷華云：「室中執事惟祝與利，奠以祝始，故獻以利終也。」　注云「利，佐食也。言利，以今進酒也」者，利即佐食，有二名者，前進黍名佐食，今進酒名利，利之言養也。云「更言獻者，以利待尸禮將終，宜一進酒，嫌於加爵亦當三也」者，士三獻禮成，多之爲加，則此亦加爵也。而更言獻者，以利在室，待尸禮將終宜一獻酒，且嫌加爵亦當三，故不言加爵而言獻也。加爵亦三者，長兄弟加爵一，衆賓長加爵二，通利獻尸爲三，合前主人、主婦、賓長三獻爲尸飲，亦士祭事尸禮畢也。云「不致爵，禮又殺也」者，賈疏云：「上『長兄弟爲加爵，不及佐食，洗致如初，無從』，注云：『不及佐食，無從，殺也。』此又不致，故云『又殺也』。」

右佐食獻尸

主人出，立于户外，西面。事尸禮畢。【疏】正義曰：自此至「設于西序下」，言尸出、歸尸俎、徹庶羞之事。◯《校勘記》云：「面，唐石經亦作『南』，張氏以意改爲『面』，而李氏、敖氏從之。」《經義述聞》云：「張改『南』爲『面』，是也。『户外，西面』者，主人之位也。故主人事尸禮畢、事餋者禮畢，皆出立于户外西面。主人西面，故祝東面告利成，與主人相嚮也。唐石經作『南』，字之誤耳。《詩·楚茨》正義引此正作『立于户外，西面』。又云：『《特牲》、《少牢》皆西面。』」謹案：《述聞》之説是也。《詩》孔疏亦作「西面」，則張氏非臆改矣。　注「事尸禮畢」，詳上。**祝東面告利成。**利，猶養也。供養之禮成，不言禮畢，於尸閒之嫌。❶【疏】正義曰：《禮經釋例》云：「凡祭畢告利成，士禮則祝主人立于户外，大夫禮則祝主人立于階上。

❶「閒」，原作「聞」，今據《續清經解》本及《儀禮注疏》改。

案：《特牲禮》祭畢：『主人出，立于户外西面，祝東面告利成。』又《士虞禮》祭畢：『祝出户，西面告利成。』注：『西面告，告主人也。』是士禮告利成，祝主人立于户外也。《少牢禮》祭畢：『主人出立于阼階上，西面，祝出，立于西階上，東面。祝告曰：利成。』《有司徹》不儐尸之禮，祭畢，『主人出，立于阼階上西面。祝出，立于西階上東面。祝告于主人曰：利成』。是大夫禮告利成，祝主人立于階上也。賈《特牲》疏云：『此户外告利成，《少牢》階上告利成，以尊者稍遠于尸。若天子諸侯禮畢，于堂下告利成，故《詩·楚茨》云：「孝孫徂位，工祝致告。」鄭云：「孝孫徂位，堂下西面位也。祝于是致孝孫之意，告尸以利成。」鄭箋蓋以《楚茨》爲天子祭禮，故賈引之證天子諸侯告利成在堂下也。然則告利成之禮，以于尸遠近爲差也。』又云：「案：《少牢》、《特牲》、《士虞》皆告主人以利成。鄭箋《詩》云『告尸』者，孔氏《正義》以爲天子之禮。」今案：《特牲》告利成，主人户外西面，祝東面；《士虞》則主人東面，祝西面，反吉也。❶又《特牲》及《有司徹》不儐尸之禮，皆于改饌爲陽厭後再告利成，《虞禮》則改饌後不再告利成者，亦喪祭略也。《少牢》無陽厭，故亦一告利成而已。　注「利，猶養也」，詳《士虞禮》。**尸謖，祝前，主人降。**謖，起也。前，猶導也。《少牢饋食禮》曰：「祝入，尸謖，主人降立于阼階東，西面。祝先，尸從，遂出于廟門。」前尸之儀，《士虞禮》備矣。【疏】正義曰：注云「謖，起也」者，詳《士虞禮》。云「前，猶導也」者，《士虞》注：「前，導也。」凡導引者必在前，故祝前爲尸導也。盛氏云：「注引《少牢》者，見其同也。彼詳此略，故引以爲證。賈疏誤。」官氏云：「《士虞禮》尸

---

❶「吉」，原作「告」，今據上下文義改。

出主人不降者，如尸入堂上初位也。《少牢》儐尸，主人送于廟門外者，如其出迎之初位也。此尸入，主人立于階下，其出也，當亦降立階下。」云「前尸之儀，《士虞禮》備矣」者，案：《士虞禮·記》云：「尸謖，祝前，鄉尸。還出户，又鄉尸。還過主人，又鄉尸。還降階，又鄉尸。降階還，及門，如出户。」注云：「凡前尸之禮儀在此。」故此注以爲備也。注「士虞禮」下當有「記」字。**祝反，及主人入，復位。命佐食徹尸俎，俎出于廟門。**俎所以載肵俎，《少牢饋食禮》曰：「有司受歸之。」【疏】正義曰：祝反，送尸反也。云「及主人入」，則祝先可知。復位，各復室中之位。徹尸俎，徹以歸尸也。官氏云：「必言俎出于廟門者，嫌如《少牢》正祭，佐食徹肵俎，仍降設于阼階南也。」注云「俎所以載肵俎」者，謂經言「尸俎」即所載之肵俎也。引《少牢》者，是《少牢》下篇不儐尸之禮。彼經云：「佐食乃出尸俎于廟門外，有司受歸之。」證此徹尸俎亦有司受歸之也。**徹庶羞，設于西序下。**爲將餕，去之。庶羞主爲尸，非神饌也。《尚書傳》曰：「宗室有事，族人皆侍終日。大宗已侍於賓，奠然後燕私。燕私者何也？已而與族人飲也。」此徹庶羞置西序下者，爲將以燕飲與？然則自尸祝至於兄弟之庶羞，宗子以與族人燕飲於堂；内賓宗婦之庶羞，主婦以燕飲於房。

【疏】正義曰：敖氏云：「徹者亦佐食也。此先徹庶羞，亦與大夫禮相變。」注云「爲將餕，去之」者，以室中將餕，故徹去之，設于堂上西序下也。云「庶羞主爲尸，非神饌也」者，以尸入三飯後乃設庶羞，是主爲尸，非神饌，故餕不用也。云「《尚書傳》曰」者，是《酒誥》傳文，引之者證祭畢有燕，此徹置于西序下，爲將燕也。《楚茨》曰：「諸宰君婦，廢徹不遲，諸父兄弟，備言燕私。」《毛傳》云：「燕而盡其私恩。」鄭箋云：「祭祀畢，歸賓客之俎，同姓則留與之燕，所以尊賓客親骨肉也。」是燕私之事也。云「然則自尸祝至於兄弟之庶羞，宗子以與族人燕飲于堂；内賓宗婦之庶羞，主婦以燕飲於房」者，案：經所言者係徹室中之庶羞，鄭兼堂下房中之庶羞言者，見燕時男子之庶羞皆陳于堂，婦人之庶羞皆陳于房也。或謂燕當在廟後之寢，不當在堂。案：以燕爲在寢者，係《楚茨》孔疏解「樂具入奏」之説，其實毛、鄭皆無是義，不得執以難鄭也。

右尸出歸尸俎徹庶羞

筵對席，佐食分簋、鉶。爲將餕分之也。分簋者，分敦黍於會，爲有對也。敦，有虞氏之器也。周制，士用之。變敦言簋，容同姓之士得從周制耳。《祭統》曰：「餕者，祭之末也，不可不知也。是故古之人有言曰：『善終者如始，餕其是已。』是故古之君子曰：『尸亦餕鬼神之餘，惠術也，可以觀政矣。』」【疏】正義曰：自此至「户外西面」，言嗣子共長兄弟對餕之事。凡餕，士禮二人，大夫禮四人，詳《少牢禮》。○敖氏云：「『筵對席』者，對尸席而設筵，以待下餕也。上餕坐尸席，東向。此在其東，西向。」官氏云：「此時尸席與胙席俱未徹。敖氏謂設席略近北，是也。」注云「分簋者，分敦黍於會，爲有對也」者，士二簋，留一爲陽厭，則餕止一簋。今兩餕相對，故須分以與之。會，敦蓋也。敖氏云：「『分簋、鉶』者，以簋分簋實，以鉶分鉶羹也。」褚氏云：「《少牢》之餕，資黍於羊俎兩端，此何嫌分黍于會乎？敖説不必從。」官氏云：「天子八簋，餕以六；諸侯六簋，餕以四；大夫四簋，餕以二；士二簋，則其餕也一而已。知所分爲黍者，以《少牢》資黍決之。又上文尸親嘏，摶黍而不及稷。」今案：《祭統》「以四簋黍」，孔疏云：「諸侯之祭有六簋，以二簋留爲陽厭之用，故以四簋餕。特云黍者，見其美。」以此疏推之，則官氏之説皆是也。又注但解分簋爲分黍于會，不解分鉶者，以兩鉶陽厭時不用，則分與其一，不須以他器分之。敖氏引或説謂以兩鉶分與二養，是也。但謂兩敦亦分與二養，則非矣。知兩鉶陽厭不用者，下陽厭時但云「佐食徹尸薦俎敦」，不云鉶。又《少牢》兩鉶，養時盡用之，是不留以爲陽厭也。云「敦，有虞氏之器也。周制，士用之。變敦言簋，容同姓之士得從周制耳」者，案：《明堂位》：「有虞氏之兩敦，夏后氏之四璉，殷之六瑚，周之八簋。」鄭注云：「皆黍稷器。」是敦爲虞制，簋爲周制也。此及《士昏》諸篇多言敦，是士用虞制矣。或同姓之士得從周制用簋，故變敦言簋耳。《少牢》亦云敦，則周制大夫士皆用敦也。引《祭統》者，證養是施惠之事。養者，養尸之餘。尸亦餕鬼神之餘。故鄭注《祭統》「廟中者，境内之象也」云：「鬼神之惠徧廟中，如國君之惠徧竟内。」是可以觀政也。**宗人遣舉奠及長兄弟盥，立于西階下，東面北上。祝命嘗食，養者、舉奠許諾，升，入，東面。長兄弟對之，皆坐。佐食授舉，各一膚。**命，告也。士使嗣子及兄弟養，其惠不過族親也。古文「養」皆作「餕」。【疏】正義曰：遣舉奠及長兄弟盥，爲將養也。立于西階下，俟命也。北上，以嗣爲上，尊繼體也。命嘗食，告之使養也。敖氏疑「嘗食」二字當在「養者」之下。惠氏棟云：「養者謂長兄弟，舉奠謂嗣。祝命嘗食，養者及舉奠皆許諾。」褚氏亦云：「『祝命嘗食』爲句，『養者舉奠許諾』爲句，養者在舉奠之上，此以昭穆爲序也。」升入，升堂入室，《文王世子》所謂「登餕」也。盛氏又疑「舉奠」二字當在「東面」之上，謂東面唯舉奠者。今案：下云「長兄弟對之」，則東面自指舉奠可知，盛説亦非也。「佐食授舉，各一膚」者，李氏云：「養者舉膚，降于尸也。」褚氏云：「自歸尸外，俎釋三个，體骨已無存，所存者膚而已。」官氏云：「俎釋三个，將以改饌，則授養者唯膚耳。尸俎三膚，二養各一。」《禮經釋例》云：「案：此則膚亦謂之舉。」　注云「命，告也」，《釋詁》文。云「士使嗣子及兄弟養，其惠不過族親也」者，案：《祭統》曰：「尸謖，君與卿四人餕；君起，大夫六人餕；大夫起，士八人餕。」陳氏《禮書》云：「天子諸侯之養，自君以至百官，而煇胞翟閽之吏皆與焉，以明惠周于境内也。大夫之養，二佐食、二賓長而已，以明惠及于臣也。士之養，舉奠與長兄弟而已，以明止于其親也。」今案：據《文王世子》則天子諸侯嗣子有餕禮，《祭統》不言者，官氏云：「《文王世子》以尊祖言，《祭統》以施惠言，其實嗣子當行餕禮也。」云「古文『養』皆作『餕』」者，《説文》：「籑，具食也，从食算聲。饌，籑或從巽。」段氏云：「《論語》『先生饌』，馬云：『飲食也。』鄭作『餕』，食餘曰餕。案：馬注者，《古論》；鄭注者，校周之本以《齊》、《古》，讀正凡五十事。其讀正者，皆云『魯讀爲某，今从古』。此不云『今从古』，則是从《魯論》作『餕』也。何晏作『饌』，从孔安國、馬融之《古論》也。據《禮經·特牲》《少牢》注皆云：❶『古文籑作餕。』許書則無『餕』有『籑』、『饌』字，是則許于《禮經》从今文，不从古文也。但《禮經》之籑訓食餘，而許籑、饌同字，訓爲具食，則食餘之義無著。且《禮經》言饌者多矣，注皆訓陳，不言『古文作餕』。食餘之字皆作籑，未有作饌者。然則《禮》饌、籑，當是各字。饌當獨出，訓具食也。籑、餕當同出，訓食餘也，乃與《禮經》合。若《論語》《魯》『餕』、《古》『饌』，此則古文假饌爲餕。此謂養親必有酒肉，既食恒餕，而末有原常情以是爲孝也。　又案：《禮記》之字于《禮經》皆從今文而皆作『餕』，疑《儀禮注》當云：『今文籑作餕。』」胡氏承珙以段説爲是，又云：「『籑』今作『簣』，《禮經》各本皆作『養』，尤誤。」今

❶「少牢」，當作「有司徹」。

案：「簒」之本義爲具食，古「食餘」之字亦作「籑」者，字少假用也。「餕」當是後人添製字。段氏疑《儀禮注》當云「今文『籑』作『餕』」是矣，而云「許書有籑、饌字，于《禮經》從今文不从古文」，是自歧其説也。至謂《禮經》饌、籑當是各字，饌皆訓陳，不言作餕；食餘之字皆作籑，未有作饌者，則于《禮經》字例分析獨精。鄭以籑字較古，故从籑不从餕。據《説文》「籑」从食算聲。簒、蕢皆不成字，當作籑爲是。**主人西面再拜，祝曰：「蕢有以也。」兩蕢奠舉于俎，許諾，皆荅拜。**以，讀如「何其久也，必有以也」之「以」。祝曰蕢，釋辭以戒之，言女蕢於此，當有所以也。以先祖有德而享於此祭，其坐蕢其餘，亦當以之也。《少牢饋食禮》不戒者，非親暱也。舊説曰：主人拜下蕢席南。【疏】正義曰：許諾，兩蕢應聲也。注云「以，讀如『何其久也，必有以也』之『以』」者，今案：《毛詩》作「以」，傳、箋亦作「以」字解，此注亦俱作「以」，後人因下注有「似先祖之德」語，遂將注内「以」字誤改作「似」，唐以前已然，故陸德明《釋文》云：「以，依注音似。」又云：「或如字。」則當時所傳不一本，有作「以」者，有作「似」者，故賈疏辨之云：「已上皆爲『以』。爲『似』者，誤也。」其解「亦當以之也」句，云「亦謂亦似其先祖」者，謂亦似其先祖以德，非以似釋以也。賈此疏極明析，盧氏《詳校》不察于此而誤相致詰，《校勘記》遂謂鄭此注引《詩》必作「似」，亦屬想當然語，無確據，未可從。嚴本及各本俱作「以」，當从「以」爲是。或曰：「據注云讀如，當易其字，不當云以讀如以。」案：段氏《周禮漢讀考》云：「注經之例，凡言讀如者，擬其音；讀爲者，易其字。此皆不用其本字，如祝讀如注、聯讀爲連是也。凡有言讀如、讀爲而仍用本字者，如利讀如上思利民之利，旃讀爲囿旃之旃，此蓋一字有數音數義，故云讀如、讀爲以別之也。」今此以字亦有數音數義，故注以此經「有以也」之以讀與《旄丘》詩「必有以也」以字同。此注云「言女養於此，當有所以也」者，言女當思有所以也。云「以先祖有德而享於此祭，其坐養其餘，亦當以之也」者，言先祖之享於此祭，以有德故。今女坐養其餕，亦當思以德也。如此解文義本洽。若謂《詩》原文作「似」字，則義有難通矣。云「祝曰養，釋辭以戒之」者，言祝代主人釋辭，戒養以有以也。云「《少牢饋食禮》不戒者，非親昵也」者，此嗣子與長兄弟，是主人親昵；彼《少牢》二佐食、二賓長養，非主人親昵，故不戒也。方氏苞云：「《特牲》祝再戒養者，而《少牢》無之。《特牲》之養，嗣子及長兄弟，故主人與祝原祖考之意以戒之。」是也。又《少牢》養嘏主人，《特牲》無之，詳《少牢禮》。引「舊説曰：主人拜下養席南」者，證主人仍户内西面之位也。**若是者三。**丁寧戒之。【疏】正義曰：敖氏云：「三者，總言之。禮成於三。」郝氏云：「主人三祝，二養三諾，三荅拜。」今案：主人三祝，是丁寧之意也。**皆取舉，祭食，祭舉。乃食，祭鉶，食舉。**食乃祭鉶，禮殺。【疏】正義曰：「皆取舉」者，初佐食授舉，兩養受之。及祝時奠舉于俎，荅拜。今拜訖，復取舉于俎也。郝氏云：「祭食，祭飯也。次祭舉，祭肉也。乃食，食飯也。後祭鉶羹乃食舉，祭皆畢而後食肉也。正祭時尸祭鉶乃食黍。今養，先食飯，乃祭鉶，故注云『禮殺』也。」敖氏云：「食食乃祭鉶，變於尸。」○兩養者養。**卒食，主人降洗爵，宰贊一爵。主人升，酌，酳上養，上養拜受爵，主人荅拜。酳下養，亦如之。**《少牢饋食禮》曰：「贊者洗三爵，酌。主人受于户内，以授次養。」舊説云：主人北面，授下養爵。❶【疏】正義曰：卒食，養者卒食也。上養，嗣子也。下養，長兄弟也。亦如之，詳下。○注引《少

❶「下」，原作「于」，今據《儀禮注疏》改。

牢》者，證宰贊亦洗，及主人受于户内之事也。姜氏兆錫云：「《少牢》四爵，故自洗一爵，贊者洗三爵；此二爵，故自洗一爵，贊者洗一爵也。」《少牢》惟爵不拜受，餘儀則如之。引舊説者，明此授下養爵北面也。**主人拜，祝曰：「酳有與也。」如初儀。**主人復拜，爲戒也。與，讀如「諸侯以禮相與」之「與」。言女酳此，當有所與也。與者，與兄弟也。既知似先祖之德，亦當與女兄弟，謂教化之。【疏】正義曰：如初儀，謂兩養許諾及祝之三也。注云「主人復拜，爲戒也」者，上經云「酳下養亦如之」，謂如酳上養，則下養拜受爵，主人亦荅拜矣。此復言「主人拜」，是爲戒而拜也。云「與，讀如『諸侯以禮相與』之『與』」者，此《禮運》文，謂諸侯朝聘會盟以禮相化于讓也。「與」字亦有數音數義，故鄭讀此經之「與」如彼「與」字。云「言女酳此，當有所與也」者，言女當思有所與也。云「與者，與兄弟也」者，此兄弟謂衆兄弟及族親也。云「既知似先祖之德，亦當與女兄弟，謂教化之」者，言上當以德似續先祖，下當以德教化族人也。所云「似先祖之德」者，亦謂似先祖之以德，非解以爲似，後人多誤會注意耳。**兩養執爵拜。**荅主人也。【疏】正義曰：敖氏云：「此著其拜之異於上者也。凡男子執爵拜，皆左執之。《内則》曰：『凡男拜，尚左手。』」王氏士讓云：「案：凡奠爵拜而後執爵興者，禮之常也。此獨執爵以拜。」今案：嗣舉奠，亦左執觶，再拜稽首。**祭酒，卒爵，拜。主人荅拜，兩養皆降，實爵于篚。**【疏】正義曰：「兩養皆降，實爵于篚」，敖氏云：「上養將酢，乃亦實爵于篚者，宜與下養共終其事。」今案：據下注，則下養降，實爵即復堂下兄弟之位。上養亦降實爵于篚者，以須更爵就洗也。敖説未確。○酳養者。**上養洗爵，升酌，酢主人，主人拜受爵。**下養復兄弟位，不復升也。【疏】正義曰：方氏苞云：「嗣子獨酢，異日將代父承祀，故用登餕受酳而獻爵，以昭敬養也。《少牢》養者不酢，非嗣子故也。」蔡氏德晉云：「此祭禮之末一爵，主人拜而受之，善終者如始之義也。」**上養即位，坐荅拜。**既授爵户内，乃就坐。【疏】正義曰：注云「既授爵户内，乃就坐」者，以主人位在户内，故授爵于此也。章氏平云：「經未有言坐荅拜者，『坐』字疑衍。」今案：郝氏以坐爲跪，謂跪而荅拜，是也。跪而荅拜，亦異于常禮。古人坐、跪通稱，《曲禮》：「坐而遷之。」孔疏云：「坐亦跪也。」可證。**主人坐祭，卒爵，拜。上養荅拜，受爵，降實于篚。**【疏】正義曰：上養受主人虚爵，降實于篚，于是復阼階前子姓之位，而養禮畢矣。○上養酢主人。**主人出，立于户外，西面。**事餕者禮畢。【疏】正義曰：張氏爾岐云：「愚於此節不能無疑。嗣子，子也。主人拜祝、拜酳、拜受酢如事嚴賓然，爲之子者何以安乎？」今案：餕是食神惠之餘，故主人慎重其禮而拜之。初時拜祝、拜酳，係與兩養爲禮，不專拜嗣也。至酢時則專與嗣爲禮，而拜受爵、拜卒爵，主人且先拜焉，宜足以致後儒之疑。然聖人制禮有精意存焉，未可以常情測也。吴氏紱云：「父拜之，爲行禮也。《冠禮》見於母，母拜之，與此義同。」官氏云：「凡酌酒無不拜受者，雖尸之尊猶然。《燕禮》臣獻爵，君亦拜受，父子可推矣。」方氏苞云：「主人受嗣子之爵，而卒爵又拜者，神惠之餘不可以子將之而有異也。」《禮經釋例》云：「尸養鬼神之餘，養者又養尸之餘。故主人事養者卒食酳酢，略同事尸之禮，但節文則殺耳。」合此諸説觀之，可以得制禮之意矣。

右嗣子長兄弟養

儀禮正義卷三十六　鄭氏注

績溪胡培翬學

祝命徹阼俎、豆、籩，設于東序下。命，命佐食。阼俎，主人之俎。宗婦不徹豆籩，徹禮略，各有爲而已。設于東序下，亦將燕也。【疏】正義曰：自此至「告事畢」，言徹薦俎改設餕爲陽厭之事。注云「命，命佐食」者，前主婦致爵主人時「俎入設」，注云「佐食設之」，故以此「祝命徹」爲命佐食徹之也。《釋官》云：「《周禮·大祝》曰：『既祭，令徹。』」云「阼俎，主人之俎」者，阼是主位，故謂主人之俎爲阼俎也。云「宗婦不徹豆籩，徹禮略，各有爲而已」者，此豆籩亦主人之豆籩也。前薦豆籩時，主婦設之，宗婦贊之；今不使宗婦徹，而使佐食併徹豆籩，是其禮略也。言「各有爲」者，佐食爲主人徹薦俎，宗婦爲主婦徹薦俎，是各有爲也。案：《詩·楚茨》曰「諸宰君婦，廢徹不遲」，鄭箋云「諸宰徹去諸饌，君婦籩豆而已」者，彼係大略言之，此則析言之，且人君禮與士異也。云「設于東序下，亦將燕也」者，前「徹庶羞，設于西序下」注云「爲將燕」，此徹主人之薦俎設于東序下，與西序下相對，故云「亦爲將燕也」。敖氏云：「宗婦不徹之者，以其改設于東序，非婦人之事也。既養乃徹阼薦俎，亦變於大夫禮。」**祝執其俎以出，東面于户西。**俟告利成。《少牢》下篇曰：「祝告利成，乃執俎以出。」【疏】正義曰：出，出室也。郝氏云：「祝自徹其薦俎出，重神惠也。」　注云「俟告利成」者，前事尸禮畢云「祝東面告利成」，今此云「東面于户西」，故知俟陽厭畢告利成也，時主人立於户外西面。云「《少牢》下篇曰：『祝告利成，乃執俎以出。』」者，《有司徹》下大夫不儐尸之禮：「改饌西北隅，陽厭訖，祝執其俎以出，立于西階上，東面。司宫闔牖户，祝告利成，乃執俎以出于廟門外，有司受歸之。」案：據下記「祝告利成，乃執俎以出于廟門外」，則上云「祝執其俎以出」乃出室也。鄭引彼文者，證告利成後乃出廟門。此時未告利成，則經所云「出」者亦是出室。下經云「祝告利成，降出」，乃出廟門也。**宗婦徹祝豆、籩入于房，徹主婦薦俎。** 宗婦既並徹，徹其卑者。《士虞禮》曰：「祝薦席徹入于房。」【疏】正義曰：賈疏云：「宗婦不徹主人豆籩而徹祝豆籩入房者，爲主婦將用之爲燕。祝接神尸之類，宜行神惠。故主人以薦羞并祝庶羞燕宗人于堂，主婦以祝籩豆燕内賓于房。」　注云「宗婦既並徹，徹其卑者」，以宗婦既徹祝豆籩，並徹主婦薦俎，乃不使徹主人之豆籩，是徹其卑者。褚氏云：「注意以尊者之薦俎不可與他人之薦俎並徹也。」云「《士虞禮》曰：『祝薦席徹入于房。』」者，薦即豆籩，引以證徹祝豆籩入房之事也。敖氏云：「此所徹者皆置于房，故宗婦得爲之。不言席，文省。」吴氏《疑義》云：「《虞禮》徹席，此不言席，故引以補之。」**佐食徹尸薦、俎、敦，設于西北隅，几在南，厞用筵，納一尊。佐食闔牖户，降。** 厞，隱也。「不知神之所在，或諸遠人乎？」尸謖而改饌爲幽闇，庶其饗之，所以爲厭飫。《少牢饋食禮》曰：「南面如饋之設。」此所謂「當室之白」，陽厭也，則尸未入之前爲陰厭矣。《曾子問》曰：「殤不備祭，何謂陰厭、陽厭也？」【疏】正義曰：張氏爾岐云：「室中未蓑前先已徹去庶羞，此時佐食又徹阼俎豆籩。祝自執其俎出，宗婦又徹祝豆籩入房，唯餘尸兩薦豆，三俎各三个，兩敦兩鉶。自西南隅改饌于西北隅爲陽厭也。」今案：經但云「薦俎敦」，不云鉶，明兩鉶羹時已俱用之。又士兩敦，羹用其一，則改設者惟一敦。張氏謂兩敦兩鉶，似誤。納一尊，謂自堂納之於室，亦改設也。《有司徹》曰：「納一尊于室中。」彼注云：「陽厭殺，無玄酒。」是陽厭用一尊也。蔡氏德晉云：「不納玄酒之尊者，以其初不用於神也。」今案：虞祭陽厭不云納一尊者，虞祭本設尊於室中，故不改設也。佐食後出，故闔牖户。《士虞禮》曰：「贊闔牖户。」彼注云：「鬼神尚幽闇。」是也。注云「厞，隱也」者，詳《士虞禮》「厞用席」下。此云「厞用筵」，筵亦席也。云「不知神之所在，或諸遠人乎」者，《郊特牲》文。云「尸謖而改饌爲幽闇，庶其饗之，所以爲厭飫」者，案：《郊特牲》云：「不知神之所在，于彼乎？于此乎？」言求神非一處，故正祭饌于奧，尸謖又改饌於此，冀其饗之而神厭飫也。爲幽闇者，亦謂于厞用席也。又引《少牢》者，證彼陽厭南面，此東面也。案：《少牢饋食禮》云：「改饌豆籩于房中，南面，如饋之設。」又《有司徹》不儐尸之禮云：「有司官徹饋，饌于室中西北隅，南面，如饋之設。」此所引者，《有司徹》之文。云「《少牢饋食禮》」者，《有司徹》即《少牢》之下篇也。《禮經釋例》云：「《士虞禮》陽厭『几在南』，注：『几在南，變右文，明東面不南面。』《特牲》陽厭亦云『几在南』，則士禮陽厭皆東面也。《少牢》陽厭『南面，如饋之設』，則大夫禮陽厭南面也。若陰厭，大夫與士皆東面矣。」云「此所謂『當室之白』，陽厭也」，則尸未入之前爲陰厭矣。併引《曾子問》者，案：「當室之白」亦《曾子問》文，鄭據彼文爲陽厭以決尸未入之前爲陰厭也。《曾子問》云：「孔子曰：『有陰厭，有陽厭。』曾子問曰：『殤不備祭，何謂陰厭、陽厭？』孔子曰：『宗子爲殤而死，庶子弗爲後也。其吉祭特牲，祭殤不舉肺，無肵俎，無玄酒，不告利成，是爲陰厭；凡殤與無後者，祭于宗子之家，當室之白，尊于東房，是謂陽厭。』」鄭注：「當室之白，謂西北隅得户明者也，明者曰陽。」孔疏：「以宗子之殤祭于室奥，今祭凡殤乃于西北隅，故云『當室之白』。」《爾雅·釋宫》：「西北隅謂之屋漏。」《詩疏》引孫炎注云：「屋漏者，當室之白，日光所漏入。」是西北隅得户明爲陽之義。鄭此注云「所謂『當室之白』」，即謂《曾子問》文也。又《曾子問》本作「殤不祔祭」，鄭注云：「『祔』當爲『備』。」祭成人，始設奠于奥，迎尸之前，謂之陰厭；尸謖之後，改饌於西北隅，謂之陽厭。殤則不備。」案：鄭《曾子問》注已破「祔」爲「備」，故此注引之即作「備」也。《曾子問》又云：「攝主不厭祭。」鄭注：「厭，厭飫神也。厭有陰有陽：迎尸之前，祝酌奠，奠之且饗，是陰厭也；尸謖之後，徹薦俎敦，設于西北隅，是陽厭也。」此鄭論成人陰厭、陽厭之禮，即《儀禮》諸篇所言者是也。《禮經釋例》云：「凡尸既出室之後，改饌于西北隅，謂之陽厭。案：《特牲》：『祭畢，佐食徹尸薦、俎、敦，設于西北隅，几在南，厞用筵，納一尊。佐食闔牖户，降。』此尸既出室之後，改饌于西北隅者也，注以爲陽厭。《有司徹》不儐尸之禮：『卒𦎫，有司官徹饋，饌于室中西北隅，南面，如饋之設，右几，厞用席，納一尊于室中。司宫埽祭。主人出，立于阼階上，西面。祝執其俎以出，立于西階上，東面。司宫闔牖户。』注：『此於尸謖改饌，當室之白，孝子不知神之所在，庶其饗之於此，所以爲厭飫。』此皆吉祭之陽厭也。《士虞禮》：『尸謖，祝前尸，出户。祝反，入徹，設于西北隅，如其設也。几在南，厞用席，祝薦席徹入于房。祝自執其俎出，贊闔牖户。』注：『改設饌者，不知鬼神之節，改設之，庶幾歆饗，所以爲厭飫也。』此虞祭之陽厭也。若《少牢》儐尸之禮則不陽厭，詳《有司徹》。」又云：「鄭氏陰厭、陽厭之説，自孔、賈以來無異辭。至宋陸氏佃忽起而非之，元吴氏澄又從而和之。陸氏之言曰：『成人之祭無陰厭、陽厭。』吴氏之言曰：『厭祭之名不施於正祭。』敖氏繼公《儀禮集説》遂因之，近萬氏斯大亦主其論，竊以爲皆非也。考《曾子問》云：『殤不備祭，何謂陰厭、陽厭？』夫殤不備陰厭、陽厭，則成人之祭有陰厭、陽厭可知矣。《曾子問》又云：『攝主不厭祭。』夫攝主無厭祭，則正祭有厭祭可知矣。陳氏祥道曰：『夫尸以象神也，厭以飫神也。殤之有厭，爲無尸也。正祭有厭，爲尸不存也。陰厭尊有玄酒，陽厭納一尊而已；陰厭備鼎俎，陽厭俎釋三个而已。適殤陰厭，其禮詳；庶殤陽厭，其禮略也。』此數語取鄭注未發之義引而申之，蓋有孔、賈所不及者矣。」江氏筠云：「《曾子問》曰：『殤不備祭，何謂陰厭、陽厭？』正謂唯備祭乃備斯二者耳。即孔子分宗子殤與凡殤言之，亦見於二者各有其一，未嘗謂成人之祭無此也。況《曾子問》明有『攝主不厭祭』之文，其厭字將何解乎？」褚氏寅亮云：「案：《曾子問》孔子曰『有陰厭』，蓋指宗子爲殤者；『有陽厭』，蓋指凡殤言之。曾子誤會，以爲惟成人之祭則迎尸前有陰厭禮，迎尸後有陽厭禮，此備禮也。殤不備禮，何得陰厭、陽厭俱有？故又疑而問，孔子仍分别荅之，言陰厭、陽厭各有所指，非一殤兼兩厭也。觀此問荅，則成人之祭陰厭、陽厭俱有明矣。而宗子爲殤之陰厭與凡殤之陽厭，俱因成人之祭之陰厭、陽厭而名之也又明矣。故注以奧之祭爲陰厭，改設之饌爲陽厭也。且前之『告利成』，事尸禮畢也；此又『告利成』，陽厭而事神禮畢也，否則此告爲贅矣。陸氏、吴氏、敖氏俱不主陽厭之説，未解其故。」今案：褚説申鄭義詳矣。❶金氏《禮箋》又據《雜記》「有父母之喪尚功衰，而附兄弟之殤，則練冠附於殤，稱陽童某甫」，注云「陽童，謂庶殤也，宗子則曰陰童」，謂陰厭、陽厭以陰童、陽童得名，不繫於所祭之地。案：陰童之稱唯見於注，陰厭、陽

❶ 「褚」，原作「諸」，今據上下文義改。

厭之稱自古有之，是陰童、陽童正由祭以陰厭、陽厭得名也，否則童何分於陰陽乎？且《曾子問》云：「當室之白，是爲陽厭。」明是據所祭之地名之，金説未確。餘互詳前「陰厭」下。**祝告利成，降，出。主人降，即位。宗人告事畢。**【疏】正義曰：鄭告利成，事尸禮成而已；此則事神禮成，故復告也。盛氏云：「告不言東面，文省耳。主人即位，即堂下西面位也。」

右改饌陽厭

賓出，主人送于門外，再拜。拜送賓也。凡去者不荅拜。【疏】正義曰：門外，大門外也。官氏云：「宗人告有司具則於廟門外位，所以詔入也；此告事畢則於堂下位，所以詔出也。」**佐食徹阼俎，堂下俎畢出。**記俎出節。兄弟及衆賓自徹而出，唯賓俎有司徹歸之，尊賓者。【疏】正義曰：盛氏云：「阼俎，主人之俎。前已徹設于東序下，至是復徹而藏之，《鄉飲酒·記》云『主人之俎以東』是也。主人之俎既徹，於是在庭之俎皆出矣。先儒以上文『祝命徹阼俎』與此合爲一事，未安。」今案：上經「祝命徹阼俎」，賈疏云：「祝命徹阼俎時，堂下俎畢出。又退在下者，欲見先徹室内俎，乃徹堂下。」是其誤自賈疏始，盛氏正之是矣。蓋前徹主人以下之薦俎于室外，留尸薦俎敦以爲陽厭；此則堂上堂下之俎竝徹，故復言「徹阼俎」，與前之徹設于東序下者異也。畢出，出廟門也。注云「記俎出節」者，謂以徹阼俎爲衆俎出之節，非謂記上事也，賈疏蓋緣注「記」字致誤。《儀禮》經皆依事序次，不比記文有補記之法。敖氏云：「阼俎，執事俎之最尊者。故其出也，以之爲節。」其説是也，至謂賓長亦自執俎出則非。注云「兄弟及衆賓自徹而出，唯賓俎有司徹歸之，尊賓也」，李氏云：「賓出，主人拜送，明賓不自徹也。《曲禮》曰：『凡祭於公者，必自徹其俎。』」鄭注：「大夫以下，或使人歸之。」孔疏言：「大夫以下，自祭其廟，則使人歸賓俎。故《曾子問》云『攝主不歸俎』，明正主則歸也。」褚氏云：「賓俎，有司徹歸之，不自執以出，當遵注。」

右禮畢賓出

記

特牲饋食，其服皆朝服，玄冠，緇帶，緇韠。 於祭服此也。皆者，謂賓及兄弟，筮日、筮尸、視濯亦玄端，至祭而朝服。朝服者，諸侯之臣與其君日視朝之服，大夫以祭。今賓兄弟緣孝子欲得嘉賓尊客以事其祖禰，❶故服之。緇韠者，下大夫之臣。夙興，主人服如初，則固玄端。【疏】正義曰：其服，謂賓兄弟助祭者之服也。朝服者，十五升，緇布衣而素裳，詳《士冠禮》。但《士冠》先言「玄冠」此先言「朝服」者，朝服玄端首皆服玄冠，此記人欲分别助祭者所服之異，以朝服與下玄端對，故先言之。賈疏謂退玄冠在朝服下，欲令近緇色，非矣。　注云「於祭服此也」者，謂惟正祭時服之，非正祭時則不服朝服，故注又云：「筮日、筮尸、視濯亦玄端，至祭而朝服也。」云「皆者，謂賓及兄弟」者，以下云「尸祝佐食玄端」，故知記云「皆朝服」者指賓兄弟言之也。鄭知筮日、筮尸、視濯亦玄端者，賈疏云：「上經云：『筮日，主人冠端玄，子姓兄弟如主人

❶ 「今」，原作「命」，今據下正義引文改。

之服，有司羣執事如兄弟服。』筮尸云：『如求日之儀。』至於視濯，又不見異服，故知皆玄端也。」云「朝服者，諸侯之臣與其君日視朝之服，大夫以祭」者，案：天子視朝，服皮弁服；諸侯視朝，服朝服，《玉藻》曰「諸侯朝服以日視朝於內朝」是也。《少牢》「祭日，主人朝服」，是大夫以祭也。云「今賓兄弟緣孝子欲得嘉賓尊客以事其祖禰，故服之」者，解賓兄弟不與主人同服玄端而服朝服之義也。《禮經釋例》云：「大夫祭用朝服、士祭用玄端者，大夫尊而士卑也。士助祭者亦用朝服，攝盛也。」官氏云：「卿大夫士助祭之服視祭於己之服皆加一等，故士之賓兄弟亦如之。」今案：《雜記》云：「大夫冕而祭於公，弁而祭於己；士弁而祭於公，冠而祭於己。」是助祭之服盛於自祭之服也。云「緇韠者，下大夫之臣」者，《士冠禮》朝服、緇帶素韠，鄭以大夫之臣蓋素韠，此緇韠，故爲下於大夫之臣也。敖氏云：「朝服用玄端之衣冠、皮弁之裳，故次於皮弁而尊於玄端。緇韠者，其別於大夫助祭之賓歟？」《禮經釋例》云：「敖氏之説較注加詳。蓋朝服雖緇韠，亦素裳。若裳與韠同色，則玄端非朝服矣。」云「夙興，主人服如初，則固玄端」者，鄭恐人疑主人亦朝服也。或以記「皆」字兼主人言之，謂士祭朝服與大夫同。任氏大椿辨之云：「記補經文之未具。此經於筮日云『主人冠端玄』，於正祭日云『夙興，主人服如初』，則主人祭服玄端經有明文矣，其餘助祭經無明文。記云『皆朝服』者，專據經無明文者言之也。」其説是矣。

唯尸、祝、佐食玄端玄裳，黄裳、雜裳可也，皆爵韠。 與主人同服。《周禮》士之齊服，有玄端、素端。然則玄裳，上士也；黄裳，中士；雜裳，下士。【疏】正義曰：記上云「皆朝服」，嫌尸、祝、佐食亦在朝服之列，故復言「玄端」以別之。唯之言獨也，祭時服玄端者獨尸、祝、佐食耳，餘助祭者皆朝服也。《士虞·記》曰：「尸服卒者之上服。」注云：「上服者，如《特牲》士玄端也。」祝、佐食亦玄端者，敖氏云：「以其事尸於室，尤爲近之，故服宜與尸同。」李氏云：「『可也』者，惟其所當服服之。」盛氏云：「不言冠與帶者，以其與朝服同玄冠緇帶也。」《禮經釋例》云：「素裳、白屨則爲朝服，玄裳、黄裳、雜裳、黑屨則爲玄端，餘皆同也。陳氏祥道解朝服、玄端與鄭異，不可從。」今案：玄端，爵韠，詳《士冠禮》，此言「皆」者，謂裳有三而韠則一也。　注云「與主人同服」者，謂同服玄端。記不言主人者，以經文已詳故也。云「《周禮》士之齊服，有玄端、素端」者，《司服職》文，引之者證士齋祭同服玄端也。彼注云：「士齋有素端者，亦爲札荒有所禱請。變素服言素端者，明異制。」賈疏謂素端於此經無所當，連引之耳，是也。金氏榜云：「《周官・司服》其齊服有玄端、素端，文承公、侯、伯、子、男及孤、卿、大夫、士，不專主於士。《雜記》子羔襲五稱爲大夫禮，其襲有素端一，又公襲有玄端一。《玉藻》『玄冠丹組纓，諸侯之齊冠也，玄冠綦組纓，士之齊冠也』。諸侯與士皆服玄冠齊，然則齊服玄端、素端，自諸侯達於士一也。」今案：金説似是。云「玄裳，上士；黄裳，中士；雜裳，下士」，亦詳《士冠禮》。

右記祭時衣冠

設洗，南北以堂深，東西當東榮。榮，屋翼也。**水在洗東。**祖天地之左海。【疏】正義曰：以上俱詳《士冠禮》及《少牢禮》。**篚在洗西，南順，實二爵、二觚、四觶、一角、一散。**順，從也。言南從，統於堂也。二爵者，謂賓獻爵止，主婦當致也。二觚，長兄弟酬衆賓長爲加爵，二人班同，宜接竝也。四觶，一酌奠，其三，長兄弟酬賓，卒受者與賓弟子、兄弟弟子舉觶於其長，禮殺，事相接。《禮器》曰：「貴者獻以爵，賤者獻以散，尊者舉觶，卑者舉角。」舊説云：爵一升，觚二升，觶三升，角四升，散五升。【疏】正義曰：篚以實酒器。《三禮圖》云：「《士冠禮》：『篚實勺觶角柶。』注云：『篚，竹器如笭者。』《少牢禮》亦云：『勺、爵、觚、觶，實于篚。』又《鄉飲酒·記》云：『上篚有三爵。初，主人獻賓及介，又獻衆賓。獻酬訖，乃以爵奠于上篚。又于上篚取他爵獻工與笙訖，乃奠爵于下篚。或有大夫來，乃于上篚取大夫爵，而獻大夫訖，亦奠于上篚。』又《燕禮》、《大射》君臣異篚：其單言篚者，臣篚也；言膳篚者，君篚也。注云：『膳篚者，君象觚所饌也。』又有玉幣之篚，又《士虞禮》有盛食之篚。又引《舊圖》云：『篚以竹爲之，長三尺，廣一尺，深六寸，足高三寸，如今小車笭。』」今案：《説文》「篚」止作「匪」，段氏《説文注》云：「匪、篚，古今字。」又云：「《漢書》作棐。應劭曰：『棐，竹器也。方曰箱，隋曰棐。』隋者，方而長也。」又案：《三禮圖》謂篚有蓋，以《儀禮》諸篇考之似未確。篚之設常在洗西，姜氏兆錫云：「惟《大射》洗在獲者之尊西北，篚在南，以祭侯而異。《士虞》洗在西階，篚在東，以反吉而異。凡篚所以與洗相連者，洗以滌爵觶之屬，而篚以盛之也。其篚有與設尊相連者，取爵觶之屬于篚以洗之，則酌酒于尊以獻酢酬故也。」《禮經釋例》云：「凡堂上之篚，在尊南，東肆；凡堂下之篚，設于洗西，南肆。」注云「順，從也。言南從，統於堂也」者，順，從，詳前。設篚在堂下，洗西，篚自北而南直陳之，故云「統於堂也」。云「二爵者，謂賓獻爵止，主婦當致也」者，此以下鄭解篚中實爵觚等之用也。「主婦當致」係倒文，謂當致爵于主婦。蓋賓獻爵止時，主婦先致爵于主人，有房中之爵。至主人致爵于主婦，經云「主人降，洗酌」，明降取堂下篚爵。李氏云：「賓獻尸之爵止，主人當致爵于主婦，故爵二。」是也。云「二觚，長兄弟酬衆賓長爲加爵，二人班同，宜接竝也」者，李氏云：「長兄弟與衆賓長班同，接竝爲加爵，宜各用一觚，故觚二。」是也。敖氏則云：「二觚者，長兄弟以觚爲加爵，因以致于主人、主婦，既則更之以酢于主人也。」吴氏《疑義》申之云：「長兄弟、衆賓長兩加爵，以次先後遞行，非一時竝進，何必二觚？據敖説是加爵一觚，更之又一觚，故觚有二也。」今案：敖説似亦可通，但謂衆賓長加爵用觶，爲四觶之一，則非。《禮經釋例》云：「經曰『長兄弟洗觚爲加爵』，則衆賓長爲加爵亦當用觚，注説是也。觚卑于爵，觶卑于觚，角散又卑于觶。故《燕禮》代君爲主人之獻酢用觚，殺于正賓主之獻酢用爵也；酬旅酬無算爵用觶，又殺于獻酢之用爵觚也。」據此則觶不當用之於加爵明矣。云「四觶，一酌奠，其三，長兄弟酬賓，卒受者與賓弟子、兄弟弟子舉觶於其長，禮殺，事相接」者，李氏云：「長兄弟酬賓之觶未奠於篚，賓弟子及兄弟弟子已各舉觶於其長，其一觶酌奠於鉶南，故觶四。」盛氏云：「四觶之用，當以注説爲正。蓋一觶奠於神席前，餘三觶在；其一，主人以之酬賓，賓奠於薦南，尚餘二觶；其一，兄弟弟子舉之於長兄弟，長兄弟奠於薦北，只餘一觶；及賓舉薦南之觶以酬長兄弟，辯，卒受者奠于篚，篚中仍有二觶。及長兄弟舉薦北之觶以酬賓，未辯，而賓弟子、兄弟弟子又各舉觶於其長，則二觶盡用矣。此其所以爲四也。」今案：李氏、盛氏申鄭義，謂長兄弟之觶未辯未奠于篚，而賓弟子、兄弟弟子已各舉觶於其長，即注所謂「禮殺，事相接」也。賈疏牽引加爵，誤。盛氏又云：「一角，主人所以獻尸，即經云『主人洗角升，酌酳尸』是也。」又云：「一散，佐食所以獻尸，即經云『利洗散，獻于尸』是也。」引《禮器》曰「貴者獻以爵，賤者獻以散，尊者舉觶，卑者舉角」者，證爵觶尊于角散之義也。又引舊説云「爵一升，觚二升，觶三升，角四升，散五升」者，以五者大小，經記無明文，故以舊説證之也。案：《韓詩外傳》與《禮》舊説亦同，孔、賈各疏引《異義》：「今《韓詩》説：一升曰爵，爵，盡也，足也；二升曰觚，觚，寡也，飲當寡少；三升曰觶，觶，適也，飲當自適也；四升曰角，角，觸也，飲不能自適，觸罪過也；五升曰散，散，訕也，飲不能自節，爲人所謗訕也。總名曰爵，其實曰觴。觴者，餉也。觥亦五升，所以罰不敬。觥，廓也，所以著明之貌。君子有過，廓然明著，非所以餉，不得名觴。古《周禮》說：爵一升，觚二升，獻以爵而酬以觚，一獻而三酬，則一豆矣。食一豆肉，飲一豆酒，中人之食。《毛詩》說：觥大七升。許慎謹案：《周禮》云：一獻三酬當一豆。若觚二升，不滿一豆矣。又觥罰不過一，一飲而七升爲過多，當謂五升。」鄭駁之曰：「《周禮》獻以爵而酬以觚，觚，寡也。觗字，角旁著氏。汝、潁之間，師讀所作。今《禮》角旁單，古書或作角旁氏，則是與觚相涉。學者多聞觚，寡聞觗，寫此書亂之而作觚耳。又南郡太守馬季長說：『一獻三酬則一豆，豆當爲斗，與一爵三觶相應。』」陳氏壽祺《五經異義疏證》云：「《說文》『觶受四升』，又云『觴受三升者謂之觚』，是與《韓詩》說異也。《異義》引古《周禮》說『觚二升』，二當爲三，《禮器》正義所載乃傳寫之誤。《周禮・梓人》明云：『爵一升，觚三升。』賈疏引《異義》而云『古《周禮》亦與《韓詩》說同』，則賈所見《異義》『觚三升』之『三』字已譌爲『二』矣。許君謹案曰：『《周禮》：一獻三酬當一豆。若觚二升，不滿一豆。』此許從《周禮》說以辨《韓詩》說之非也。鄭君注《周禮・梓人》則云：『觚、豆，字聲之誤。觚當爲觶，豆當爲斗。』蓋以豆實四升，一獻三酬，適當一斗，不得爲豆也。注《禮器》云：『凡觴：一升曰爵，二升曰觚，三升曰觶，四升曰角，五升曰散。』此鄭從《韓詩》說也。《梓人》疏曰：『《禮器制度》云：觚大二升，觶大三升。故鄭從二升觚、三升觶。』《駁異義》以一爵三觶爲一斗，是鄭謂《周禮》與《韓詩》說同。」汪訓導云：「許謂觚二升不滿豆，是已讀豆爲斗。鄭以三升是觶，非觚，《周禮》『觚』乃『觗』之誤，故駁之。」今案：

《鄉飲酒》《鄉射·記》云：「獻用爵，其他用觶。」《燕禮》、《大射》膳宰爲主人，則獻用觚，不用爵。《特牲》加爵亦用觚，不用爵。是觚次于爵，此記亦列觚于爵後觶前。禮以小爲貴，則觶大于觚明矣，故鄭此注從舊説。及注禮器皆以二升爲觚、三升爲觶，是其大小之制也。至其爲之，或以角，或以木。《説文》：「觵，兕牛角。可以飲者也。觥，俗觵，从光。」段氏注云：「案：凡觵、觶、觴、觚字皆从角。《考工記》飲器爲于梓人，梓人者，攻木之工也。飲器惟觵多連兕言，許云『兕牛角可以飲』，是以兕角爲之。其他不以角爲而字从角者，蓋上古食鳥獸之肉取其角以飲，飲之始也。故四升曰角，猶仍角名，而觚、觶字从角歟？」今案：《詩·卷耳》：「我姑酌彼兕觥。」孔疏引《禮圖》云：「以兕角爲之。先師説云：『刻木爲之，形似兕角』，蓋無兕者用木也。」推此以言，則爵、觚之等有以角爲，有以木爲者矣。《士喪禮》有角觶，《燕禮》亦有角觶，蓋以角爲之。《士虞禮》有廢爵、足爵、繶爵，注云：「爵無足曰廢爵。」又云：「繶爵，口足之間有篆，又彌飾。」是爵有飾矣。天子諸侯或飾以玉、象，《燕禮》有象觚，注云：「象觚，觚有象骨飾也。」又有象觶，《周禮》、《祭統》有玉爵、瑤爵。《明堂位》「爵用玉琖仍雕，加以璧散璧角」，鄭注：「仍，因也。因爵之形，爲之飾也。散角，皆以璧飾其口也。」是天子諸侯飾以玉、象矣。《説文》：「爵，禮器也。象雀之形，取其鳴節節足足也。」《祭統》：「尸酢夫人，執柄，夫人受尸，執足。」孔疏：「爵爲雀形，以尾爲柄。」程氏瑶田《通藝録》云：「爵，前有流，喙也，腦與項也，胡也。後有柄，尾也。容酒之量，其口左右侈出者，翅也。近前二柱，聳翅將飛貌也。其量，腹也。腹下卓爾鼎立者，其足也。古爵之存於今者，驗之，兩柱拄眉而酒盡。古經立之容不能昂其首也，不昂首而實盡，取節於兩柱之拄眉。《梓人》所謂『鄉衡』者如是。」今案：各書多詳爵之形，而他少傳焉。據《韓詩》説，爵、觚、觶、角、散，總名曰爵。然則五者其量所受有大小，而其形制則一歟？《禮經釋例》云：「凡酌酒而飲之器曰爵。爵爲統名，其別曰爵、曰觚、曰觶、曰角、曰散，相對有異，散文則通，皆曰爵也。」《祭統》以散爵獻士，散亦名爵，是可證其制之同矣。**壺、棜禁，饌于東序，南順，覆兩壺焉，蓋在南。明日卒奠，冪用綌，即位而徹之，加勺。**覆壺者，盝瀝水，且爲其不宜塵。冪用綌，以其堅潔。禁言棜者，祭尚厭飫，得與大夫同器，不爲神戒也。【疏】正義曰：棜禁所以庋壺者，經但云「壺禁在東序」，不言棜，又不詳陳設之法，故記補之。兩壺，一以盛酒，一以盛玄酒，皆虛壺。南順，義詳前。蓋在南，壺覆不用也。此饌于東序在祭之前夕，故以祭日爲明日。李氏云：「卒奠，酌奠奠于鉶南時。即位，尸即席坐時。《鄉飲酒》賓至徹冪。」盛氏云：「明日卒奠，謂祭日尊于户東之時也。仰置壺于棜上，實之。以其奠壺之事至是而成，故曰『卒奠』。」吴氏廷華云：「卒奠，謂實之竝奠於其所也，乃用冪。」官氏云：「加勺而後祝取以酌奠，在尸入之先。此『即位』當指主人入即位時也。」今案：李氏以賓至徹冪爲證。案：《鄉飲酒》賓未至，無酌酒之事。此尸未入即酌奠，則不得以彼證此矣，盛氏、吴氏、官氏之説似長。盛氏又引《少牢禮》「主人出迎鼎，先入，司宫乃啓二尊之蓋冪，奠于棜上，加二勺于二尊，覆之，南柄」，謂其節與此同，是也。但《少牢》先云「主人朝服即位于阼階東，西面」，乃云「主人出迎鼎」，「主人先入」則當如官氏所云「入即位時」。盛氏謂即位爲主人及賓以下即位于門外時，非矣。　注云「覆壺者，盝瀝水，且爲其不宜塵」者，《爾雅·釋詁》：「盝，竭也。」盝通作盪。《方言》：「盪，涸也。」《廣雅》：「盪，盡也。」涸、盡，皆竭也。又通作漉，《廣韻》云：「盝，去水也，竭也。或作漉。」《月令》：「毋漉陂池。」《釋文》：「漉，竭也。」然則「盝瀝水」者，謂瀝之使水竭盡也。郝氏云：「倒置棜上曰覆。」張氏爾岐云：「倒置其壺，口下腹上，以漉滌濯之水，且免塵坋。」是也。云「冪用綌，以其堅潔」者，有冪以禦塵則潔。綌，麤葛。物麤則堅，故云「以其堅潔」也。敖氏云：「既奠乃冪之，則未酌以前用蓋歟？」是以蓋與冪爲二物。張氏爾岐則云：「蓋即綌冪。未奠不設冪，卒奠乃設之。」二説不同，似張説是，詳《大射儀》「蓋冪」下。云「禁言棜者，祭尚厭飫，得與大夫同器，不爲神戒也」者，《玉藻》：「大夫側尊用棜，士側尊用禁。」鄭注：「棜，斯禁也，無足，有似於棜，是以言棜。」據此則棜即斯禁，棜無足，禁有足，二者别也。《儀禮》諸篇承尊之器，或言棜與斯禁，或言禁，義各不同。《少牢禮》：「司宫尊兩甒于房户之間，同棜。」注：「棜無足。禁者，酒戒也。大夫去足改名，優尊者，若不爲之戒然。」《鄉飲禮》：「尊兩壺于房户間，斯禁。」注云：「斯禁，禁切地無足者。」賈疏：「斯，澌也。澌，盡之名，故知切地無足。」《鄉射禮》：「尊于賓席之東，兩壺斯禁。」注與《鄉飲禮》同。《禮器》孔疏云：「《鄉飲酒》兩壺斯禁，是大夫用斯禁也。《鄉射》是士禮而用斯禁者，以禮樂賢從大夫也。是大夫承尊之器用棜也。」《士冠禮》：「若不醴，則醮用酒，尊于房户之間，兩甒有禁。」注云：「禁，承尊之器也，名之爲禁者，因爲酒戒也。」《士昏禮》：「尊于室中北墉下，有禁。」注：「禁所以庪甒者。」是士承尊之器用禁也。他如用醴不用酒則無禁，《士虞禮》兩甒醴酒，酒在東，經亦云無禁者，喪不設戒也。又如此篇經云「棜在其南」，是實獸之棜；《既夕·記》「設棜于東堂下」，是承饌之棜。其制皆與承尊之棜略别，詳前「棜在其南」下。是士承尊之器無名棜者，此記獨名棜禁，故注以「祭尚厭飫，得與大夫同器，不爲神戒」釋之。據注云「得與大夫同器」，則已實爲棜制矣。蓋禁之名所以爲生人飲酒戒，若喪祭用以奠神，不取禁戒之義。故大夫承尊之器本名棜，《少牢》祭祀仍其本名，而於《鄉飲》、《鄉射》飲酒時則變名斯禁，兼存戒義，然不專以禁名，示別於士之用禁也。士承尊之器本名禁，《士冠》、《士昏》飲酒仍其本名，而於《特牲》祭祀時則變爲棜禁，示不爲戒，然仍存禁之名，以別於大夫之名棜也。此篇經云「壺禁在東序」，則仍名禁；記兼言棜，明其實也。此《儀禮》諸篇稱名之異，乃其義之至精者。《玉藻》：「大夫側尊用棜，士側尊用禁。」即本《禮經》言之也。《禮器》：「有以下爲貴者，天子、諸侯之尊廢禁，大夫、士棜禁。」鄭注：「廢，猶去也。棜，斯禁也。謂之棜者無足，有似於棜，或因名云耳。大夫用斯禁，士用禁。禁如今方桉，隋長局足，高三寸。」孔疏：「棜長四尺，廣二尺四寸，深五寸，無足，赤中，畫青雲氣、菱苕華爲飾。禁長四尺，廣二尺四寸，通局足高三寸，漆赤中，青雲氣、菱苕華爲飾，刻其足爲褰帷之形也。云『禁如今方桉，隋長局足，高三寸』者，據《漢禮器制度》而知。」是棜無足，禁有足也。○《禮器》注，今本多作「士用棜禁」，不疊「禁」字。張氏敦仁《禮記鄭注考異》云：「案：《正義》解經云：『大夫、士棜禁者，謂大夫用棜，士用禁。』解注云：『《玉藻》云：士用禁，又《士冠禮》、《士昏禮》承尊皆用禁，是士用禁也。』據此則其本注作『士用禁』，無『棜』字，而賈氏《鄉飲》疏引仍作『士用棜禁』，且云『故《禮器》大夫、士總名爲棜禁』云云，是賈本有『棜』字也，蓋當時兩本竝行耳。」今案：張氏謂孔《正義》本作「士用禁」無「棜」字，是矣。但據《正義》出注云「禁如今方桉，隋長局足，高三寸」，則「士用禁」下，當疊「禁」字，此注孔本是而賈本非。《禮器》本云「以下爲貴」，天子諸侯之尊去禁，下矣；大夫用棜，較之去禁者已高，然猶無足也；士用禁有足，則又高矣。若如賈云：「大夫士總名棜禁。」是高下不分，非經意也。且《玉藻》明云：「大夫側尊用棜，士側尊用禁。」若云「士用棜禁」，不與《玉藻》之文顯背乎？又鄭注明云「棜無足」，若作「士用棜禁」，則所云「局足高三寸」者，不與「棜無足」之説自相戾乎？又鄭注云「楙，斯禁也」，若作楙禁則與斯禁爲一物，鄭何必分别大夫、士之用乎？蓋注「士用楙禁」，「楙」字本爲「禁」字之譌。鄭云「大夫用斯禁，士用禁」，下疊「禁」字乃言禁之形制與斯禁異耳。若不疊「禁」字，則注不可讀矣。賈疏因此記有「楙禁」之名，遂承用譌本，以爲士用楙禁。不知《士冠》、《士昏》諸篇但言禁，不言楙也。又賈《鄉飲》疏謂禁是定名，言楙者是其義稱。又謂：「不敢與大夫同名斯禁，作記解注故云『士用楙禁』。」種種謬説，違背經注，貽誤後人，不可以不辨。衛氏《禮記集説》引注正疊「禁」字，但衍「楙」字，亦承賈之誤耳。**籩，巾以綌也，纁裏。棗烝，栗擇。**籩有巾者，果實之物多皮核，優尊者，可烝裹之也。烝、擇互文。舊説云：纁裏者皆玄被。【疏】正義曰：巾所以覆籩也。《士喪禮》籩用布巾，此以綌爲之，與喪禮異，故記之也。敖氏云：「籩用巾，謂既實而陳之之時也。及將設，則去之。」注云「籩有巾者，果實之物多皮核，優尊者，可烝裹之也」者，《既夕・記》云「凡籩豆，實具設，皆巾之」，是籩豆皆有巾。但籩盛乾物或無巾，故言有巾爲優也。果實多皮核，必烝裹乃可食，此設巾以禦塵，爲可烝裹之。上主婦亞獻尸及致爵主人，皆設兩籩棗栗，賈疏云：「栗多皮，棗多核。」云「烝、擇互文」者，謂棗烝亦擇，栗擇亦烝，烝之使熟可食，擇去其蟲傷及塵垢。《内則》：「棗曰新之，栗曰撰之。」鄭注：「皆治擇之名。」是也。《聘禮》夫人勞賓，棗烝栗擇，《士虞・記》籩實棗烝栗擇，與此同。《士喪禮》大斂奠，栗不擇。鄭注《士虞・記》云：「棗烝栗擇，則豆不髦，籩有籘也。」❶是烝擇爲吉時事也。引舊説云：「纁裏者皆玄被」者，

❶「籘」，原作「藤」，今據《儀禮注流》改。

被，表也。鄭以言裏必有表，故引舊説以證之也。《禮經釋例》云：「據舊説是纚巾亦有裏，如笲與竹簠方矣。」今案：《士昏禮・記》云「笲緇被纁裏」，《聘禮》「夫人使下大夫勞以二竹簠方，玄被纁裏」，緇與玄亦同，故舊説云「皆玄被」據此言也。但鄭注《昏禮・記》云：「笲有衣者，婦見舅姑，以飾爲敬。」又《聘禮》竹簠方有蓋，則是笲之緇被纁裏、竹簠方之玄被纁裏乃是飾之于内外，非覆之于上者，與纚之用巾似別也。敖氏云：「此巾云『纁裏』，則是凡巾皆複爲之矣。」亦存以俟考。 **鉶芼，用苦，若薇，皆有滑，夏葵、冬荁。**苦，苦荼也。荁，堇屬，乾之，冬滑於葵。《詩》云：「周原膴膴，堇荼如飴。」今文「苦」爲「芐」，芐乃地黄，非也。

【疏】正義曰：注「如飴」下，毛本有「云」字，衍。嚴、徐、《集釋》、《通解》、楊氏俱無。○解已詳《公食禮・記》。

棘心匕，刻。 刻，若今龍頭。【疏】正義曰：《詩・大東》：「有饛簋飧，有捄棘匕。」《毛傳》：「匕所以載鼎實。」《禮經釋例》云：「此匕在簋飧之下，疑爲匕飯之匕。」今案：喪祭用桑匕，吉祭用棘匕，則吉祭匕飯、匕牲體之匕同用棘可知。又有匕湆之匕，見《有司徹》。郝氏云：「棘心，棘木心赤。」今案：刻者，刻爲龍頭之形。《明堂位》有龍勺，亦謂刻爲龍頭。餘詳《少牢禮》。 **牲爨在廟門外東南，魚腊爨在其南，皆西面。饎爨在西壁。** 饎，炊也。西壁，堂之西牆下。舊説云：南北直屋梠，稷在南。【疏】正義曰：牲爨，亨豕之爨也。記以經但云「亨于門外東方」，不分別豕魚腊之次，又云「主婦視饎爨于西堂下」，恐人以饎爨爲在西堂之南，故特明之。 吴氏廷華云：「經云『東』，此增『南』字，爲魚腊爨之準也。」 注云「梠」，即宇也。賈疏曰：「《爾雅・釋宫》曰：『檐謂之樀。』孫氏云：『謂屋梠。周人謂之梠，齊人謂之檐。』」餘詳前「主婦視饎爨」下。 **肵俎，心、舌皆去本末，午割之，實于牲鼎，載，心立，舌縮俎。** 午割，從横割之，亦勿没。立、縮，順其性，心、舌知食味者，欲尸之饗此祭，是以進之。【疏】正義曰：凡肵俎，皆先載心、舌于其上。記因經未言載法，故特明之。心、舌皆去本末，切之使正也。牲鼎，豕鼎也。敖氏云：「既實牲體于鼎，乃制此而實之于其上，載謂載于肵俎。」蔡氏德晉云：「心則立于俎內，舌則順俎而直設之，此載心、舌之法也。」❶注云「午割，從横割之，亦勿没」者，一從一横曰午，謂四面皆嚮中割之，不絶中央少許爲勿没。《少牢篇》云「午割勿没」，此云「亦」者，亦《少牢》文也。云「立、縮，順其性」者，謂心立載之，舌縮載之，心可立，舌不可立，是順其牲也。陳氏祥道云：「士之肵俎，立舌而不立心。大夫之肵俎，立心而不立舌。士之載縮俎，則於俎爲縮，於人爲横。大夫之載横之，則於俎爲横，於人爲縮。」今案：陳説誤也。以此記及《少牢》考之，心皆立，舌有縮有横，皆不立也。此記云「載，心立，舌縮俎」，「載」字微逗，心立與舌縮對，謂心立俎，舌縮俎，縮非立也。陳氏蓋誤讀「立舌」爲句耳。《少牢》云：「佐食上利升牢心、舌，❷載于肵俎。心皆安下切上，午割勿没。其載于肵俎，末在上。」注：「安，平也。平割其下，於載便也。」案：末在上，是立也。平割其下，亦爲可立載也。又云：「舌皆切本末，亦午割，勿没。其載于肵，横之。」是士與大夫之肵俎，心皆立，舌有縮有横，皆不立也。《特牲》云「縮」，《少牢》云「横」，皆據俎言之。賈疏謂彼據俎爲横，此據人爲縮，亦非也。云「心、舌知食味者，欲尸之饗此祭，是以進之」者，肵俎專爲尸設，凡尸肵食肺脊之屬皆加其上。所以必先載心、舌而進之者，以心、舌知食味，進之欲尸之饗之，且不以虚俎進耳。敖氏云：「心、舌當牲體之中爲内體之貴者，故

❶「心舌」，《禮經本義》作「肵俎」。

❷「利」，原作「刊」，今據《儀禮注疏》改。

專以進尸。」**賓與長兄弟之薦自東房，其餘在東堂。**東堂，東夾之前，近南。【疏】正義曰：敖氏云：「經惟云『豆籩鉶在東房』，蓋主于尸者也。此又見賓與長兄弟之薦，則祝、主人、主婦之薦亦在東房矣。賓，賓長也。其餘，次賓次兄弟而下。」方氏云：「長賓長兄弟薦于階上，則陳于東房爲便；其餘設階下，則陳于東堂爲便。不言祝、主人、主婦者，階上之薦尚出自東房，況薦於室中者乎？」○注詳前「几席兩敦在西堂」下。

右記器具品物陳設之法

沃尸盥者一人。奉槃者東面，執匜者西面淳沃，執巾者在匜北。匜北，執匜之北，亦西面。每事各一人，淳沃，稍注之。今文「淳」作「激」。**宗人東面取巾，振之三，南面授尸，卒，執巾者受。**宗人代授巾，庭長尊。【疏】正義曰：此記沃尸盥面位與《少牢》、《士虞》各有同異。《少牢》經曰：「尸入門左，宗人奉槃，東面于庭南。一宗人奉匜水，西面于槃東。一宗人奉簞巾，南面于槃北。乃沃尸，盥于槃上。卒盥，坐奠簞，取巾，興，振之三，以授尸。坐取簞，興，以受尸巾。」《士虞》經曰：「尸入門，淳尸盥，宗人授巾。」記曰：「淳尸盥，執槃西面，執匜東面，執巾在其北，東面。宗人授巾，南面。」《少牢》沃盥之法經詳言之，《士虞》經不詳，故記補之。此篇經亦但云「尸入門左，北面盥，宗人授巾」，故記詳言之也。沃尸盥者一人，據注是言沃尸盥者每事各一人。吳氏廷華以此句與下爲目，是也。但吳又云：「此授巾與執巾爲二人，合上三人共五人，多於《少牢禮》二人，疑誤。」因謂宗人即執巾者，其説非。蓋奉槃一人，執匜淳沃一人，執巾一人，合之宗人授巾爲四人，多於《少牢》一人，與《士虞·記》同。所以然者，大夫位尊官備，故皆以宗人爲之。一宗人奉槃，一宗人奉匜水，一宗人奉簞巾，即授巾，共三人；士位卑官少，不過一宗人，故奉槃、執匜、執巾皆使執事者爲之。《士虞禮》注云「沃尸盥者，賓執事者」，是也。不使執巾者授巾而使宗人授巾者，鄭前注以爲執巾者賤，宗人庭長尊，又注《士虞·記》云「執巾不授巾，卑也」，是也。宗人授巾不即使之執巾者，以執槃、執匜、執巾事相類，當以班同者爲之。故不使宗人執巾而特使之授巾，以重其事。敖氏謂爲尊尸，是也。「執匜者西面淳沃」，吴氏引或説謂當爲一句，其説是。《左傳》云「奉匜沃盥」，是執匜者即沃盥之人，非沃尸盥者又别有一人也。敖氏云：「振之三，爲去塵，敬也。宗人授巾，尊尸也。卒謂已捝手，受巾亦以簞。」引《少牢》「坐取簞，興，以受尸巾」爲證。蓋授尸以手，受尸以簞，與《少牢》同。《士虞·記》不言者，文不具。至其授之皆南面者，以尸入門北面盥也。然《特牲》、《少牢》皆奉槃者東面，執匜者西面。《士虞》則執槃西面，執匜東面者，《禮經釋例》以爲虞祭反吉，是也。又此記執巾者在匜北，鄭謂在執匜者之北亦西面者，以下宗人東面取巾，故知執巾者亦西面也。《士虞》則執巾在執匜之北，東面，亦反吉也。此諸篇各有同異也。云「淳沃，稍注之」者，單言淳與沃同。鄭注《内則》、《考工記》云：「淳，沃也。」《士虞》「淳尸盥」注亦云：「淳，沃也。」此連言之。云「稍注」者，官氏云：「盛水于匜，稍下其流注于手，謂之淳沃。」郝氏云：「澆灌曰沃，細瀉曰淳。」蓋由鄭義而引申之。《説文》：「沃，溉灌也。」段氏云：「自上澆下曰沃。」於沃盥之義尤切。云「今文『淳』作『激』」者，《經義述聞》云：「《釋文》曰：『激，一本作浮，劉本作徼。』謹案：激與淳聲不相近，激當爲敦，蓋因淳字而誤加水旁，形與激近，故譌爲激，又譌爲徼也。敦、淳聲相近，故今文『淳』作『敦』。

《周官·内宰》『出其度量淳制』，故書淳爲敦，是其證矣。」今案：鄭以淳、沃二字義近，故從古文。槃匜形制陳設，詳《士虞禮》「匜水錯于槃中南流」下。○「沃尸盥者一人」，敖氏疑「者一人」三字爲衍文，蓋以「沃尸盥」爲總目，與《士虞·記》「淳尸盥」同，似亦可通。**尸入，主人及賓皆辟位，出亦如之。**辟位，逡遁。【疏】正義曰：敖氏云：「入，入門也；出，出户也。言主人及賓，則兄弟之屬在其中矣。」

右記事尸之禮

嗣舉奠，佐食設豆鹽。肵宜鹽也。【疏】正義曰：豆鹽，以豆盛鹽也。謂舉奠食肵時。**佐食，當事則户外南面，無事則中庭北面。**當事，將有事而未至。【疏】正義曰：吴氏廷華云：「如羞庶羞之屬皆户外南面受之，入設于席前也。」今案：《士虞·記》云：「佐食無事則出户，負依南面。」注云：「室中尊，不空立。」彼云「無事」，此云「當事」者，彼謂室中無事而尚有後事未至，則出立于户外以待之，不空立室中，與此「當事」同，故注以「將有事而未至」解「當事」也。至「無事則中庭北面」，謂事已畢及祭前未有事時，上經云「佐食北面立于中庭」是也。**凡祝呼，佐食許諾。**呼，猶命也。【疏】正義曰：注以命釋呼者，謂如祝命佐食啓會之類。言凡者，自啓會以至徹胙俎皆是。**宗人，獻與旅齒于衆賓。**尊庭長，齒從其長幼之次。【疏】正義曰：獻謂主人獻之，旅謂旅酬。宗人私臣以其爲庭長，故齒于衆賓，是尊之也。**佐食，于旅齒于兄弟。**【疏】正義曰：敖氏云：「佐食已獻于室中，故獻兄弟時不與，而但與其旅酬也。云『齒于兄弟』，則士之佐食亦其兄弟明矣。」盛氏云：「案：下記云『私臣獻次兄弟』，則其於旅可知也。此不次於兄弟而與之齒，以其接神，故尊之也。然則佐食以私臣爲之信矣，若本是兄弟，何必以是爲寵異之而記之邪？」今案：佐食但言旅，不言獻，敖説得之。至佐食爲私臣，非兄弟，當以盛説爲是。詳前「佐食北面立于中庭」下。

右記佐食所事因及宗人佐食齒列

尊兩壺于房中西墉下，南上。爲婦人旅也。其尊之設亞西方。❶【疏】正義曰：此因經未言房中之尊而記之也。房中有尊，則有篚有洗明矣。敖氏云：「兩壺皆酒，云『南上』者，亦以其先酌在南者歟？」郝氏云：「南上，統於堂也。」　注云「爲婦人旅也」者，言此尊爲婦人旅酬而設也。云「其尊之設亞西方」者，張氏爾岐云：「謂設尊兩階時，先阼階，次西方，又次乃于房中，故云『亞』也。」**內賓立于其北，東面南上，宗婦北堂，東面北上。**二者所謂內兄弟。內賓，姑姊妹也。宗婦，族人之婦，其夫屬於所祭爲子孫。或南上，或北上，宗婦宜統於主婦，主婦南面。北堂，中房而北。【疏】正義曰：其北，尊北也。設尊在房中西墉下，內賓立于其北則亦在西墉下，故東面也。宗婦言「北堂」者，房中半以北爲北堂，內賓在房中，尊北。宗婦又在內賓之北，是在北堂之地，故云「北堂」也。　注云「二者所謂內兄弟」者，上經云：「主人洗，獻內兄弟于房中。」此內賓、宗婦二者，即上經所謂內兄弟也。云「內賓，姑姊妹也」者，是主祭者之姑姊妹也。云「宗婦，族人之婦，其夫屬於所祭爲子孫」者，謂宗婦爲所祭者子孫之妻，于主祭者爲同宗之婦也。云「或南

---

❶「設」，《儀禮注疏》作「節」。

上，或北上，宗婦宜統於主婦，主婦南面」者，江氏筠云：「房中之位類多南上，所以然者，房有北階無北壁，房中之南蓋猶之堂上之北故也。」汪氏鋼云：「宗婦在内賓之北。注云『宗婦宜統於主婦』，主婦既是南面，則必在北堂之北可知。故内賓依尊，以南爲上；宗婦統於主婦，以北爲上也。」江氏又云：「内賓與宗婦體敵，故或南上或北上，以明其不相統。」説亦是。云「北堂，中房而北」者，詳《士昏禮·記》。**主婦及内賓、宗婦亦旅，西面。** 西面者，異於獻也。男子獻於堂上，旅於堂下。婦人獻於南面，旅於西面。内賓象衆賓，宗婦象兄弟，其節與其儀依男子也。主婦酬内賓之長，酌奠于薦左。内賓之長坐取奠於右。宗婦之娣婦，舉觶於其姒婦，亦如之。内賓之長坐取奠觶，酬宗婦之姒，交錯以辯。宗婦之姒，亦取奠觶，酬内賓之長，交錯以辯。内賓之少者，宗婦之娣婦，各舉觶於其長，竝行交錯，無算。其拜及飲者，皆西面，主婦之東南。【疏】正義曰：經但言「主人洗，獻内兄弟于房中」，不及婦人旅酬之禮，故記補之。「亦旅」者，亦如男子旅也。注云「西面者，異於獻也」者，獻，南面也。云「男子獻於堂上」者，上經「主人獻賓于西階上，獻兄弟于阼階上」是也。「旅於堂下」者，上經賓酬兄弟之黨、兄弟酬賓之黨皆于階前，不言升堂是也。「婦人獻於南面」者，《有司徹》「主人洗，獻内賓于房中，南面拜受爵，主人南面于其右荅拜」是也。旅於西面，即據此記言也。云「内賓象衆賓，宗婦象兄弟，其節與其儀依男子也」者，其節謂行禮之節次，其儀謂拜受荅拜等儀文，一如上經男子旅酬無算爵也。張氏惠言云：「如注云其節依男子，則酬内賓當在主人酬賓之節，娣婦舉觶在兄弟弟子舉觶之節也。」案：主人酬賓時内賓尚未獻，無緣先酬，酬内賓當與宗婦舉觶相接爲之，注言其大判耳。賈疏云：「『主婦酬内賓之長，酌奠于薦左。内賓之長坐取奠于右』者，此約上經『主人洗觶，酌于西方之尊。西階前酬賓時，主人奠觶于薦北，賓坐取觶，奠觶于薦南」是也。云『宗婦之娣婦，舉觶於其姒婦，亦如之』者，此亦約上經『兄弟弟子洗酌于東方之尊，阼階前北面，舉觶于長兄弟，如主人酬賓儀』是也。云『内賓之長坐取奠觶，酬宗婦之姒，交錯以辯』者，此亦約上經正行旅酬節『賓坐取觶，阼階前北面酬長兄弟，交錯以辯，皆如初儀』是也。云『宗婦之姒，亦取奠觶，酬内賓之長，交錯以辯』者，此亦約旅酬節云『長兄弟酬賓，如賓酬兄弟之儀以辯，卒受者實觶于篚』是也。云『内賓之少者，宗婦之娣婦，各舉觶於其長』者，此亦約上經正行無算爵時云『賓弟子及兄弟弟子，各酌于其尊，舉觶于其長』，下云『爵皆無算』是也。」此鄭據上經推之，以釋記「亦」字之義也。敖氏《集説》與鄭異，褚氏、盛氏多辨之。褚氏云：「案：《集説》謂主人既酢内兄弟，主婦則酬内賓之長，酌奠于薦左。内賓之長坐取之，奠于右。及兄弟舉旅之時，内賓之長亦取奠觶以酬主婦，主婦以酬次内賓云云，此大謬也。凡主賓相酬之例，萬無即以其人之爵還酬其人之理，況又脱去『宗婦之少者舉觶于其長』一節，如此則房中旅酬止行一觶而無兩觶矣。有此兩誤，不可不辨。注甚密，宜遵。」盛氏云：「敖云内賓長之觶惟以旅主婦，非也。初舉旅時，内賓長當取觶以酬宗婦之長而不及主婦，以主婦酬内賓長之時已先自飲故也。其意與堂下賓酬長兄弟而不及主人同。及其無算爵也，内賓長之觶以酬次宗婦，宗婦長之觶以酬次内賓，主婦亦不與也。又當有『宗婦之少者舉觶於其長』一條，而敖不言，亦未備。」今案：鄭注依經爲説，敖氏憑臆言之，斷未可從。褚氏、盛氏駁之，是也。云「其拜及飲者，皆西面，主婦之東南」者，據此記云「西面」而言也。上注云「主婦南面」，則此西面者當立於東方，而在主婦之東南也。**宗婦贊薦者，執以坐于户外，授主婦。**【疏】正義曰：官氏云：「贊薦者户外相授已見於經，記重明之者，見室中地窄，授受多在户外也。」

右記設内尊與内兄弟面位旅酬賛薦諸儀

尸卒食，而祭饎爨、雍爨。 雍，孰肉，以尸享祭，竈有功也。舊説云：宗婦祭饎爨，亨者祭雍爨，用黍肉而已，無籩豆俎。《禮器》曰：「燔燎於爨。夫爨者，老婦之祭，盛於盆，尊於瓶。」【疏】正義曰：饎爨以炊黍稷，雍爨以亨牲魚腊。上云牲爨、魚腊爨，分言之，此總謂之雍爨也。注云「雍，孰肉」者，《周禮》有内饔、外饔之官，掌割亨煎和。鄭注《序官》云：「饔，割亨煎和之稱。」雍與饔通，故鄭以孰肉解之，《史記·吴太伯世家》索隱云「雍是孰食」是也。云「以尸享祭，竈有功也」者，謂祭爨所以報之也。云「舊説云：宗婦祭饎爨，亨者祭雍爨，用黍肉而已，無籩豆俎」者，以上俱舊説，下乃鄭引《禮器》以證之，蓋亦從舊説也。云「宗婦祭」者，以其主炊黍稷。不云「亨人」而云「亨者」，蓋即謂雍人，以其主割亨，故謂之亨者。上經云「雍正作豕」，是士有雍人之官也。《禮器》引孔子之言本作：「燔柴於奥。夫奥者，老婦之祭也，盛於盆，尊於瓶。」此與上「逆祀」皆言臧文仲非禮之事，鄭讀奥爲爨，故即作爨引之。彼注云：「奥當爲爨，字之誤也，或作竈。禮，尸卒食而祭饎爨、饔爨也。時人以爲祭火神，乃燔柴老婦，先炊者也。盆瓶，炊器也。明此祭先炊，非祭火神，燔柴似失之。」據此，爨祭器用盆瓶，是無籩豆俎也。

右記祭竈之節

賓從尸，俎出廟門，乃反位。賓從尸，送尸也。士之助祭，終其事也。俎，尸俎也，賓既送尸，復入反位者，宜與主人爲禮，乃去之。【疏】正義曰：言「俎出」，以爲反位之節也。吴氏廷華云：「上言『辟』矣，此又曰『從』者，辟因主人辟，後又從之，以存送尸之意而已。俎出則尸去遠矣，故反也。」注云「賓從尸，送尸也」者，主人無送尸之儀，故使賓從以示送也。云「士之助祭，終其事也」者，對《少牢》大夫之祭，尸出賓不送也。云「賓既送尸，復入反位者，宜與主人爲禮，乃去之」者，此鄭釋「反位」之義也。褚氏云：「賓出送尸而入反位，於此記見之。敖氏前云賓自執俎出以授人，既則復反其位，兩出兩反，不已數乎？」今案：此褚氏申駁敖前説之非也。

右記賓反位送尸之節

尸俎：右肩、臂、臑、肫、胳，正脊二骨，横脊，長脅二骨，短脅。尸俎，神俎也。士之正祭禮九體，貶於大夫，有併骨二，亦得十一之名，合《少牢》之體數，此所謂「放而不致」者。凡俎實之數奇，脊無中，脅無前，貶於尊者，不貶正脊，不奪正也。正脊二骨，長脅二骨者，將舉於尸，尸食未飽，不欲空神俎。【疏】正義曰：此云「右」者，謂自肩以下，皆用右也。凡吉祭，神俎牲用右胖。《少牢》注云：「右胖，周所貴也。」詳《鄉飲酒·記》。《禮經釋例·釋牲》上篇曰：「凡牲左體謂之左胖，右體謂之右胖。前體謂之肱骨，又謂之前脛骨。肱骨三，最上謂之肩，肩下謂之臂，臂下謂之臑。後體謂之股骨，又謂之後脛骨。股骨三，最上謂之肫，又謂之膊；肫下謂之胳，又謂之骼；胳下謂觳。中體謂之脊，❶脊骨三，前骨謂之正脊，中骨謂之脡脊，後骨謂之橫脊。脊兩旁之肋謂之脅，又謂之胉，又謂之幹。脅骨三，中骨謂之正脅，又謂之長脅。前骨謂之代脅，後骨謂之短脅。肩上謂之膉，又謂之脰。肫上謂之髀，餘骨謂之儀，所以踐地謂之蹏。脊骨盡處謂之尻。皮謂之膚。精者謂之倫膚。腹腴謂之腸胃。知食味者謂之心舌。氣主謂之肺，舉肺謂之離肺，又謂之嚌肺。祭肺謂之刌肺，又謂之切肺。肺與正脊謂之舉。肉理謂之腠，又謂之奏。肉在汁中謂之肉湆。殊左右肱股四、脊一、兩脅二，謂之七體，又謂之豚解，豚解謂之全脀。左右肱股骨各六、脊骨三、左右脅骨六，謂之二十一體，又謂之體解。體解謂之房脀，節解謂之折，骨折謂之殽脀。凡《士冠》、《昏》、《喪》之牲，特豚；《鄉飲酒》、《鄉射》、《燕》、《大射》之牲，狗；《士虞》、《特牲》之牲，豕；《既夕》、《少牢》、《有司徹》之牲，羊、豕；《公食大夫》之牲，牛、羊、豕。凡牛羊有腸胃，無膚；豕有膚，無腸胃。凡牲皆用右體，進腠。變禮則用左體，進柢。凡腊之體，同牲。」今案：此篇釋牲體最詳。惟據朱子之論二十一體，去兩觳而取兩髀，則「股骨三」當云「最上謂之髀，髀下謂之肫，肫下謂之胳」，而移「胳下謂之觳」句於後，詳《少牢》「上利升羊」下。

注云「尸俎，神俎也」者，李氏云：「尸餕鬼神之餘，故謂神俎爲尸俎也。」今案：此與經言「尸俎」同而實異，故注云「神俎」。上經命佐食徹尸俎，則肵俎也。云「士之正祭禮九體，貶於大夫，有併骨二，亦得十一之名，合《少牢》之體數」者，《少牢禮》又有脡脊、代脅爲十一體，此士之正祭止九體，無脡脊、代脅，是貶於大

---

❶「中」上，原衍「觳」字，今據《禮經釋例》刪。

夫也。然正脊、長脅各二骨，合之肩、臂、臑、肫、胳、横脊、短脅，亦十一，與《少牢》數合也。云「此所謂『放而不致』」者，「放而不致」，《禮器》文。彼注云：「謂若諸侯自山龍以下。」孔疏：「致，極也，謂放法而不得極。」今士祭亦放大夫俎十一而有併骨二，是放而不致也。云「凡俎實之數奇，脊無中，脅無前，貶於尊者，不貶正脊，不奪正也」者，案：九體、十一體，是數奇也。《郊特牲》曰：「鼎俎奇而籩豆偶。」俎數奇，故所實之數亦奇也。褚氏云：「脡脊在中，尸無脡脊，故注云『脊無中』。代脅在前，尸無代脅，故注云『脅無前』。」今案：尊者，謂大夫，大夫三脊三脅俱有，是士貶於大夫也。但所貶去者爲脡脊代脅而不貶正，是不奪正也。云「正脊二骨，長脅二骨者，將舉於尸，尸食未飽，不欲空神俎」者，上經尸入先食舉，謂食正脊與肺也；次舉幹，謂食長脅也。正脊、長脅每骨皆二，尸食其一而仍存其一，是不空神俎也。所以不欲空神俎者，以尸食未飽，不可無餘，此鄭解二骨之義也。**膚三**，爲蕢用二，厭飫一也。【疏】正義曰：敖氏云：「《特牲》無膚俎，故以膚附於牲俎焉。三者，亦貶於大夫也。❶凡膚與牲體同在尸俎者，大夫五、士三，《少牢》下篇言『尸之豕脅膚五』是也。大夫以上膚若別俎，則若七若九，以差而加之。」褚氏云：「貶亦不得過三，蕢二，陽厭一。若再少，不敷用矣。《士虞禮》膚三，取諸脰膉，非脅革肉，以不主食味，故亦止用三。」**離肺一**，離，猶捼也。小而長，午割之，亦不提心，謂之舉肺。**刌肺三**，爲尸、主人、主婦祭。今文「刌」爲「切」。【疏】正義曰：離肺，肺割而未絶者，即舉肺也，亦名嚌肺。刌肺，肺刌斷者，即祭肺也，亦名切肺。《禮經釋例》云：「《士虞·記》

❶「大夫」下，《儀禮集説》有「之尸」二字。

云：『離肺，又云祭肺。』《特牲·記》云：『離肺一，刌肺三。』《少牢禮》司馬升羊，司士升豕，皆云『舉肺一，祭肺三』。注：『舉肺一，尸食所先舉也。祭肺三，爲尸、主人、主婦。』皆舉肺、祭肺兼有者也。《有司徹》：尸、主人羊俎皆祭肺一，羊肉湆皆嚌肺一，豕俎皆嚌肺一。亦舉肺、祭肺兼有。侑羊俎、豕俎，有切肺，無嚌肺；主婦俎，有嚌羊肺，無祭肺，皆不備禮也。」注云「離，猶挃也」者，挃與刲同。《廣雅》：「刲，刳也。」云「亦不提心」者，《少儀》云：「牛羊之肺，離而不提心。」鄭注：「提，猶絶也。挃離之，不絶中央少許者。」彼謂牛羊之肺，此豕肺亦然也。云「爲尸、主人、主婦祭」者，李氏曰：「尸酢主人，主人不絶祭，知用尸俎之刌肺。」是尸、主人、主婦各一也。云「今文『刌』爲『切』」者，《少牢禮》：「心皆安下切上。」注又云：「今文『切』皆爲『刌』。」胡氏承珙云：「《説文》：『刌，切也。切，刌也。』二字雙聲同義，故今文於『刌肺』之刌作切，於『安下切上』之切又作刌。鄭意蓋以專指牲體之名則作刌，兼言剝割之事則作切，故於二處皆從古文。然散文亦多通者，《有司徹》：『侑俎有切肺一。』注云：『切肺亦祭肺，互言之爾。』《少牢》『祭肺三皆切』，《士虞禮》注引作『祭肺三皆刌』，是也。」今案：以上皆豕俎也。**魚十有五**，魚，水物，以頭枚數，陰中之物，取數於月十有五日而盈。《少牢饋食禮》亦云：「十有五而俎。」尊卑同，此所謂「經而等」也。【疏】正義曰：注云「魚，水物，以頭枚數」者，賈氏謂對牲與腊以體數，是也。魚十有五者，謂魚俎用魚十五頭也。云「陰中之物，取數於月十有五日而盈」者，此鄭解十五之義，本《禮運》「月三五而盈」之文也。「經而等」，亦《禮器》文。以魚俎十五，尊卑皆同，是經而等也。彼注云「謂若天子以下至士庶人爲父母三年」，亦是尊卑同也。**腊如牲骨**。不但言體，以有一骨、二骨者。【疏】正義曰：郝氏云：「腊俎如牲骨，但無膚與肺耳。」今案：注云「不但言體，以有一骨、二骨」者，謂不但腊體如牲，即有一骨、二骨者亦皆如牲，故不言體而言骨，言骨則體在其中矣。**祝俎：髀脡，脊二骨，脅二骨。**凡接於神及尸者，俎不過牲三體，以《特牲》約，加其可併者二，亦得奇名。《少牢饋食禮》羊、豕各三體。【疏】正義曰：李氏云：「脅蓋代脅也，與脡脊皆尸俎所不備者。」今案：經云「髀不升」，是亦不升於尸俎也，故祝俎用之。王氏士讓云：「殷人貴髀，祝接神尊，故用勝朝所貴者耳。」注云「凡接於神及尸者，俎不過牲三體，以《特牲》約」者，接神謂祝與佐食，接尸謂賓長長兄弟及宗人之屬也。「不過三體」，以《特牲》祝佐食等俎約之可知。言「凡」，言以《特牲》約，是不專爲士言之。云「加其可併者二，亦得奇名」者，盛氏云：「對《少牢》二牲豐則不加也。脊脅各二，加髀爲五，是亦奇也。」今引《少牢》羊、豕各三體者，證大夫亦不過三體也。盛氏又云：「自祝以下唯一俎而已，無魚腊，故記不言。」**膚一，離肺一。阼俎：臂，正脊二骨，橫脊，長脅二骨，短脅。**主人尊，欲其體得祝之加數。五體，又加其可併者二，亦得奇名。臂，左體臂。【疏】正義曰：注云「主人尊，欲其體得祝之加數。五體，又加其可併者二，亦得奇名」者，祝三體，加可併者二爲五。主人尊，體已得五，又加其可併者二爲七。是亦奇也。云「臂，左體臂」者，右已用於尸俎也。敖氏云：「阼俎尊，乃不用左肩而用左臂者，屈於尸也。脊脅得與尸同，以伸其尊，亦以《特牲》之俎實少故爾。《少牢》俎實多，故主人、主婦脊脅皆減於尸。」**膚一，離肺一。主婦俎：觳折。**觳，後足。折，分後右足以爲佐食俎，不分左臑折，辟大夫妻。古文「觳」皆作「穀」。【疏】正義曰：敖氏云：「觳非正體，折骼之下而取之，故云『觳折』。凡牲固皆有折也。然經文之例，其先言體乃言折，或單言折者，必非正體若全體者也。蓋與折俎之說不同。」注云「觳，後足也」者，《士喪禮·記》：「長及觳。」

注云：「觳，足跗也。」案：跗即足趾，《禮經》凡言牲觳俱指後足言之。《校勘記》疑注「折」下脫「分也」二字。今案：經例，全者則直舉其體名，不全者言折。此觳分以爲佐食俎則不全，故以折言之，非謂折爲分也。若作分字解，則下「不分左臑折」句，不可通矣。「不分左臑折」者，謂分觳爲折，不分左臑爲折也。云「折，分後右足以爲佐食俎」者，以下佐食俎亦用觳折故也。敖氏云：「主婦俎與佐食俎同用觳而主婦尊於佐食，則主婦右，佐食左歟？或曰：佐食宜用右觳，猶祝用右髀之意。❶未知孰是？」褚氏云：「左肩太貴，故阼俎不用，而用左臂。左觳折太卑，故用之于佐食俎，而主婦用右觳折。」盛氏則云：「一體分爲二，皆用右也。有左觳而不用者，亦以其太卑。」今案：經於主婦佐食之俎皆云觳折，不云左右。據注云「折，分後右足以爲佐食俎」，則佐食亦用右也，似盛說是。云「不分左臑折，辟大夫妻」者，《少牢》主婦用左臑，故士妻辟之不用也。云「古文『觳』皆作『穀』」者，《說文》：「觳，盛觵卮也，一曰䠶具，从角㱿聲，讀若斛。」《考工記》：「豆實三而成觳。」鄭注：「斗二升曰觳。」此觳之本義也，經典借爲足跗之名。古文作「穀」，又是借穀爲觳，故鄭從今文。**其餘如阼俎。** 餘，謂脊、脅、膚、肺。**佐食俎：觳折，脊，脅。** 三體，卑者從正。【疏】正義曰：觳折，詳上。注云「三體，卑者從正」者，祝與佐食均是接神，三體爲正。祝尊故有加，佐食卑無加，故止三體，從其正數也。**膚一，離肺一。賓，骼。長兄弟及宗人，折。其餘如佐食俎。** 骼，左骼也。賓俎全體，尊賓。不用尊體，爲其已甚，卑而全之，其宜可也。長兄弟及宗人折，不言所分，略之。【疏】正義曰：

---

❶「祝」下，《儀禮集說》有「俎」字。

李氏云：「祝佐食接神，賓三獻，長兄弟爲加爵，宗人庭長授巾，皆接尸，而祝爲尊，故祝五體而餘皆三體。衆賓長爲加爵，接於尸，蓋亦三體。下文惟衆賓殽脀耳。」據此則賓中兼有賓長衆賓長也，其餘亦謂脊、脅、膚、肺也。　注云「骼，左骼也」者，以右已用之尸俎也。　云「賓俎全體，尊賓」者，對上觳折非全體言也。　云「不用尊體，爲其已甚，卑而全之，其宜可也」者，以賓用全體已見其尊，若又用尊體則已甚，故用骼也。　骼在肫下，是卑體也。　云「長兄弟及宗人折，不言所分，略之」者，上主婦及佐食俎言「觳折」，此但言「折」，不言所分之體，是略之也。　盛氏云：「不言其體，隨所有而用之，又降於賓也。」**衆賓及衆兄弟、内賓、宗婦，若有公有司、私臣，皆殽脀。**又略。　此所折骨，直破折餘體可殽者升之俎，一而已。不備三者，賤。　祭禮接神者貴。　凡骨有肉曰殽。《祭統》曰：「凡爲俎者，以骨爲主。　貴者取貴骨，賤者取賤骨。　貴者不重，賤者不虚，示均也。　俎者，所以明惠之必均也。　善爲政者如此，故曰見政事之均焉。」公有司亦士之屬，命於君者也。　私臣，自己所辟除者。【疏】正義曰：注云「又略」者，上賓長兄弟等之俎但言折，已是略；此不言折而言殽脀，是又略也。　云「此所折骨，直破折餘體可殽者升之俎，一而已。　不備三者，賤。　祭禮接神者貴。　凡骨有肉曰殽」者，鄭意以此記「殽」字爲餘骨之總名。　脀與烝同，謂升于俎。　鄭注《曲禮》云：「殽，骨體也。」韋昭注《國語》云：「殽，俎實也。」殽本作肴。《廣雅》：「肴，肉也。」王氏《疏證》云：「《説文》：『肴，啖也。』《初學記》引《説文》：『肴，雜肉也。』是骨有肉爲殽，殽兼有雜義，非一體也。」據上所陳，各俎右胖已用盡，惟取左胖未用餘體，破折陳雜之。　褚氏云：「《春秋傳》之殽脀，對全脀而言，即體解也；此之殽脀，則任用各體之骨而已。　名與《傳》同，實不同也。」注云「祭禮，接神者貴」，接神兼接尸者言，尸亦神象也。　上接神及尸者或五體，或三體。此衆賓、衆兄弟、内賓、宗婦、公有司、私臣不接神，每俎得一而已，以不如接神者之貴也。引《祭統》者，證俎以骨爲主及貴賤惠均之義。云「公有司亦士之屬，命於君者也。私臣，自己所辟除者」，公有司士之屬即上士、中士、下士也。私臣即庶人在官，府、史、胥、徒之屬也。《儀禮釋官》云：「案：士之私臣少，不足以供祀事，故有公有司來助祭者。公有司蓋士之僚友，與士同爲臣於公，非家之私臣，故言公以别之。有司則賓及執事之通稱。《祭統》『羣有司』，鄭注謂『衆賓下及執事者』，是也。敖氏謂『公有司，公家所使給私家之事者』，恐非。士之喪事，公家使人治之，若祭事未必然也。又此經明言『私臣』，則士亦有臣，而注、疏謂士無臣之説非矣。」又云：「《王制》『大夫士宗廟之祭，有田則祭，無田則薦』，鄭注引《禮器》『羔豚而祭，百官皆足』，孔疏云：『士薦而云百官者，士之屬吏以衆言之亦曰百官。故氾閣苔任厥問曰：士有屬官佐祭。《特牲饋食》云：公有司私臣皆殽脀，百官皆足。抑謂此也。』」○官氏云：「記歷序俎之牲體，竝詳其體之爲全爲分，數之或多或少，而廟中執事之尊卑又因而見焉。體有貴賤，而用全體者爲隆，如尸俎之全用肩、臂、臑、肫、骼，祝俎之全用右髀，阼俎之全用左臂是也；其次則不用全而用半，如主婦佐食俎之用觳折是也；又其次則儀度其可用者用之而并不言半矣，如賓長兄弟及宗人俎用折是也；又其次則雜用餘體之可殽者而并不言折矣，衆賓兄弟以下之殽脀是也。殽脀之數一而已，等而上之，是有上事者也，其體之數有三焉，若賓長兄弟及佐食宗人是也；又等而上之，是爲神尸將命相禮者也，其體三，而加其可併者二，則有五焉，祝是也；又等而上之，是爲宗廟主者也，其體五，而加其可併者二則有七焉，主人、主婦是也；又等而上之，則爲所祭者，其體九，而加其可併者二則十有一焉，尸是也。而一牲之體，其不用者亦僅矣。由士禮而推之大夫，由大夫禮而達之諸侯天子，雖經闕有間，其隆殺之等，亦可想見云。」膚一，離肺一。

右記諸俎牲體之數

公有司門西，北面東上，獻次衆賓。私臣門東，北面西上，獻次兄弟。升受，降飲。獻在後者，賤也。祭祀有上事者，貴之，亦皆與旅。【疏】正義曰：衆賓在西階前，東面；兄弟在阼階前，西面。此公有司私臣則在門西門東之位而皆北面。門西者以東爲上，門東者以西爲上，統於門也。祭時，賓與衆賓亦皆於公有司私臣中選之。張氏爾岐云：「在門外時，同在門西，東面北上，謂公有司私臣同在有司羣執事中也。」又云：「及其入，賓與衆賓適西階以俟行事，其不在選中者則北面，如此記所陳。」是公有司私臣之未選爲賓者在北面位，其選爲賓者則在西階前東面，其上爲賓，其次爲衆賓，所謂賓黨也；兄弟則同在阼階前，西面，所謂主黨也。公有司獻次衆賓者，以其爲主人之僚友，故屬賓黨；私臣獻次兄弟者，以其爲主人之羣吏，故屬主黨也。敖氏云：「門西者尚右，門東者尚左，亦各變於東面、西面之位者也。獻公有司于西階上，私臣於阼階上，其受爵則惟二者之長，拜于下，乃升受。主人荅拜，乃降飲，餘皆不拜。」賈疏云：「公有司私臣薦俎，皆使徒隸爲之歟？」注云「獻在後者，賤也。祭祀有上事者，貴之」者，以公有司私臣獻在衆賓兄弟後，是賤也。但衆賓亦即選於公有司私臣中，何以獨目爲賤？故又申之曰：「祭祀有上事者貴之。」上事，謂堂上之事。前獻賓、薦脯醢、設折俎，注云：「公有司設之。」獻長兄弟，注云：「亦有薦脀設於位，私人爲之歟？」是公有司私臣亦非無事者，但無上事耳。云「亦皆與旅」者，以記但言獻未言旅，鄭恐人疑公有司私臣二者不與於旅，故特明之。《禮經釋例》云：「凡旅酬，不及獻酒者不與。《有司徹》旅酬及私人者，前主人獻酒辯及私人，故旅酬亦辯及私人。」今此二者既得獻，則亦得與旅也。賈疏云：「天子諸侯祭祀，可依此位矣。同姓無爵者在阼階前西面北上，卿西階前東面北上，大夫在門東北面，士門西北面，旅食在其後。《少牢》下篇云：『衆賓位在門東北面，既獻，在西階西南，衆賓繼上賓而南。』天子諸侯之賓，其位或依此歟？案：《祭統》云：『凡賜爵，昭爲一，穆爲一。昭與昭齒，穆與穆齒。』此不見昭穆位者，主人衆兄弟非昭穆乎？若其有爵者，則以爵序之。《文王世子》：『其在外朝則以官，其在宗廟之中則如外朝之位。宗人授事，以爵以官。』以此差之，知無爵者從昭穆，有爵者則以官矣。」江氏永《羣經補義》據賈説申之云：「《中庸》序昭穆，謂同姓之無爵者立于阼階下，分爲昭穆兩行，西面北上而南陳。如昭一行爲尊，則昭前而穆後；如穆一行爲尊，則穆前而昭後。孫必與祖同班，子必與父異列，其面位是西面，非北面也。爵謂大夫以上，同姓無爵謂若五叔無官是也。其同姓之有爵與異姓之有爵者，序立于西階下，東面北上而南陳。如周公爲冢宰，則周公在上；若有二王後來助祭，則二王後又在上也。」今案：此説甚確，殆所謂由士禮推之而致於天子者與？○《儀禮釋官》云：「通考士禮諸篇，宰、祝、宗人、筮人、卦者、外御、族長、圉人、御者、童子、雍正之屬，士之私臣也。《士喪》、《既夕》二篇，所言甸人、管人、夏祝、商祝、家人、卜人、隸人、遂匠之屬，公家之臣來給事者也。注未別白。賈疏泥於士無臣之説，依違遷就，無所考證。敖氏繼公則謂宰祝宗人之屬皆公有司，公家所使給事於私家者。其説亦非。公家使人給事於私家，惟《喪禮》耳。此篇助祭之公有司亦是士自宿之，不必公家使之也。《冠禮》自賓及贊者外，凡執事皆士之私臣。《曲禮》『士不名家相』，家相即家宰，則士得有私臣爲宰矣。《昏禮》舅姑既没，婦奠菜于廟，有祝帥婦以入。豈婦之廟見，公家亦使人給其事乎？竊以《士冠》、《士昏》及此篇所陳官名，皆士之私臣。但士卑臣少，若祝、宗人、雍正之屬，或不必有專官，臨事設之，以共其職。士之私臣有二：一以府史胥徒爲之，注、疏謂自己所辟除，不命於君者是也；一以子弟爲之，《左傳》『士有隸子弟』，服注『士卑，自以其子弟爲僕隸者』是也。敖氏之解，殆猶惑於士無臣之説歟？」

右記公有司私臣面位獻法

儀禮正義卷三十七　鄭氏注

績溪胡培翬學

少牢饋食禮第十六

鄭《目録》云：「諸侯之卿大夫祭其祖禰於廟之禮。羊豕曰少牢。少牢於五禮屬吉禮。大戴第八，小戴第十一，《別録》第十六。」【疏】正義曰：云「諸侯之卿大夫祭其祖禰於廟之禮」者，賈疏云：「《曲禮》下云：『大夫以索牛。』用大牢是天子卿大夫，明此用少牢爲諸侯之卿大夫可知。」萬氏斯大云：「《特牲禮》牲用特豕，士禮也，故《士虞禮》牲亦特豕。而《雜記》則云『下大夫之虞也特牲』，則大夫亦特豕矣。《少牢禮》牲用羊豕，大夫禮也，而《曲禮》則云『大夫以索牛，士以羊豕』，則士亦用少牢矣。禮文所載參錯不一，由衰周之季列國大夫恣行僭罔，學者各就所見筆以成書，故或儉或豐，斷難畫一。雖然，聖人制禮，明者述焉。彼前以三鼎後以五鼎者，非孟子歟？禮，大夫、士降殺以兩。則三鼎爲士時，五鼎爲大夫時矣。即此證之，《儀禮・士虞》《特牲》俱三鼎，其爲士禮無疑；《少牢》五鼎，其爲大夫禮無疑。又《士虞》、《特牲》皆九飯而《少牢》十一飯，亦見降殺以兩之意。」今案：天子、諸侯祭宗廟以大牢，大夫以少牢，士以特牲，此禮之定制也。萬氏之説似爲得之。《雜記》曰：「上大夫之虞也，少牢；卒哭成事，附，皆大牢。下大夫之虞也，特牲；卒哭成事，附，皆少牢。」大夫卒哭、附亦用大牢，孔疏謂：加一等，此亦如士之喪遣奠用羊豕，乃是盛禮，非常禮也。鄭注《曲禮》「大夫以索牛」云：「索求得而用之。」不以大夫用牛爲常禮矣。《王制》曰：「諸侯無故不殺牛，大夫無故不殺羊，士無故不殺犬豕。」鄭注：「故謂祭饗。」尤可證也。此篇及《特牲篇》，《目録》皆云「諸侯」之卿大夫士者，蓋以《儀禮》諸篇多言侯國之禮，故以「諸侯」言之。非必謂天子之大夫祭宗廟定用牛，天子之士定用羊豕也。或曰：大夫爲公卿之總稱。天子之大夫有三公，前人謂三公立廟，與諸侯同，則亦當用大牢。然禮文殘缺，莫可考見。何氏休注《公羊傳》云：「天子諸侯卿大夫，牛羊豕凡三牲，曰大牢；天子元士、諸侯之卿大夫，羊豕凡二牲，曰少牢。」疏家之説或出於此，鄭意未必與何同。至《儀禮·聘》《食》篇大夫用牛，乃主國待客之禮，與大夫家祭自異。郝氏因此遂謂非定《特牲》爲士、《少牢》爲大夫，則更謬矣。又萬氏謂此與《特牲》皆爲常時之特祭，❶非合祭，其説亦是，詳《特牲》。又大夫有三廟，詳下。云「羊豕曰少牢」者，凡牲牛羊豕，牛曰大牢，羊豕曰少牢，何注《公羊》亦與鄭同。吴氏廷華云：「謂之少者，殺於大牢也。」云「少牢於五禮屬吉禮」者，據大宗伯言之。諸侯之卿爲上大夫，大夫爲下大夫。此篇自筮尸至養爲卿大夫正祭之禮，下《有司徹》乃言上大夫儐尸及下大夫不儐尸之禮，與此本爲一篇，亦以簡册繁重分爲二，如《士喪禮》之别爲《既夕禮》也。○附考大夫、士廟制。

❶「萬」，原作「高」，今據《續清經解》本改。

《王制》曰：「大夫三廟，一昭一穆，與太祖之廟而三。士一廟。」鄭注：「太祖，[1]別子始爵者，《大傳》曰『別子爲祖』謂此。雖非別子，始爵者亦然。一廟，謂諸侯之中士下士，名曰官師者。上士二廟。」《祭法》曰：「大夫立三廟：曰考廟，曰王考廟，曰皇考廟。適士二廟：曰考廟，曰王考廟。官師一廟：曰考廟。」鄭注：「適士，上士也。官師，中士、下士。」案：考廟，父廟也；王考廟，祖廟也；皇考廟，曾祖廟也。《王制》疏云：「諸侯之子始爲卿大夫，謂之別子。引《大傳》者，證此太祖是別子也。云『雖非別子，始爵者亦然』者，此有數條：一是別子初雖身爲大夫，中間廢退，至其遠世子孫始得爵命者，則以爲太祖，別子不得爲太祖也；二是別子及子孫不得爵命者，後世始得爵命，自得爲太祖；三是全非諸侯子孫，異姓爲大夫者及他國之臣初來仕爲大夫者，亦得爲太祖。故云：『雖非別子，始爵者亦然。』此總包上三事。如《鄭志》荅趙商，此《王制》所論皆殷制，故云『雖非別子』，亦得立大祖之廟。若其周制，別子始爵，其後得立別子爲太祖。若非別子之後，雖爲大夫，但立父、祖、曾祖三廟而已，隨時而遷，不得立始爵者爲太祖。故鄭荅趙商云：『《祭法》，周禮。《王制》之云，或以夏、殷雜，不合周制。』是鄭以爲殷、周之別也。」今案：《既夕·記》云：「其二廟，則饌于禰廟，如小斂奠。」是士有一廟、二廟者與《祭法》合，則《祭法》爲周制信矣。鄭注《既夕·記》云：「士事祖禰，上士異廟，下士共廟。」是士無論上士、下士皆祭祖禰，故特牲《目録》即以祭祖禰言之。此大夫禮亦但言祭祖禰者，以大夫三廟，別子始爵者得立太祖廟，非別子始爵者則但立

---

[1] 「太祖」，原作「大廟」，今據《儀禮注疏》改。

曾祖廟不立太祖廟，二者不定，故舉祖禰以該之也。又《祭法》士之一廟者止有考廟，鄭以爲兼祭祖者。據《祭法》云「王考無廟而祭之」，既無廟，又無壇，則是祭之於考廟可知，故鄭謂祖禰共廟也。

少牢饋食之禮。禮，將祭祀，必先擇牲，繫於牢而芻之。羊豕曰少牢，諸侯之卿大夫祭宗廟之牲。

【疏】正義曰：自此至「又筮日如初」，言卿大夫祭前筮日之事。○注「祀」，嚴本誤「禮」。云「禮，將祭祀，必先擇牲，繫於牢而芻之」者，此鄭解牲稱牢之義也。《周禮·牧人職》曰：「凡祭祀，共其犧牲，以授充人繫之。」《充人職》曰：「掌繫祭祀之牲牷。祀五帝則繫于牢，芻之三月。享先王亦如之。」鄭注：「牢，閑也。必有閑者，防禽獸觸齧。」是牢以繫牲，因謂牲爲牢也。《詩·公劉》云「執豕于牢」，則豕亦繫於牢。《特牲》不言牢者，據《充人》云「掌繫祭祀之牲牷」，則牢非一牲，必二牲以上乃得名牢也。又鄭注《月令》云：「養牛羊曰芻，犬豕曰豢。」此注言芻不言豢者，據《周禮》成文言之耳。云「羊豕曰少牢」者，詳《目録》下。云「諸侯之卿大夫祭宗廟之牲」者，對士祭宗廟牲用特豕言也。**日用丁己。**內事用柔日，必丁己者，取其令名，自丁寧，自變改，皆爲謹敬。必先諏此日，明日乃筮。【疏】正義曰：「己」作「己」，不作「巳」，各本多混。注「自丁」「丁」字，《校勘記》云：「重修監本誤作『可』。」日，祭日也。用丁己者，謂祭日用丁日及己日也。己爲戊己之己，非辰巳之巳。古人言日者皆指干言之，《周禮》「十日曰浹日」是也；言辰者乃指支言之，《左傳》「十二日曰浹辰」是也。凡祭祀筮日，皆以此月之下旬筮來月之上旬，❶或以來月之上旬筮來月之中旬。若以爲辰巳之巳，則或此旬有巳而彼旬無巳，故知爲「戊己」之「己」也。《釋文》：「己音紀。」盧氏文弨《考證》云：「『紀』舊譌『祀』，❷朱子始正之。」劉氏敞云：「祭祀卜日不卜辰。」其説是。乃謂宗廟專卜丁，以此己爲辰巳之巳，則誤甚。盛氏云：「柔日有五，祭祀皆可用。而謂唯取於丁，似失之。」又云：「若以丁巳日筮旬有一日，則祭日爲丁卯而非丁亥矣。」　注云「内事用柔日」者，《曲禮》文。孔疏引崔靈恩云：「内事，指宗廟之祭。」是也。《曲禮》又云：「外事用剛日。」剛日，甲、丙、戊、庚、壬五奇；柔日，乙、丁、己、辛、癸五偶，皆謂十日也。方氏云：「有事於宗廟，據《尚書·武成》《召誥》《畢命》及《春秋》所書魯事，無非柔日。惟《洛誥》烝祭歲日用戊辰，豈事屬創舉，與常禮異歟？」云「必丁己者，取其令名，自丁寧，自變改，皆爲謹敬」者，丁寧、變改，皆謹敬之意。鄭以柔日有五，經獨言丁與己，取謹敬之令名也。云「必先諏此日，明日乃筮」者，此謂丁若己也。凡筮必指定某日筮之，故於筮之前一日諏定，或丁日，或己日，至明日乃筮，即所謂諏日之禮也。大夫以上有之，士祭不諏日，詳《特牲禮》。**筮旬有一日。**旬，十日也。以先月下旬之己，筮來月上旬之己。【疏】正義曰：筮必旬有一日者，容祭前十日爲散齊、致齊之期，即《周禮·大宰職》所謂「前期十日」也。《祭統》亦云：「先期旬有一日，宫宰宿夫人，散齊七日，致齊三日。」方氏云：「《特牲》筮日無期，以旬有一日

---

❶ 「筮」，原作「竝」，今據下文改。

❷ 「紀舊譌祀」，《經典釋文考證》作「宋本譌音祀」。

上下所同也。致齊則不貳事，散齊仍治事，以國事不可廢也。」餘詳《特牲禮》。○注「以」，毛本誤「言」。云「以先月下旬之己，筮來月上旬之己」者，旬爲十日，而經云「旬有一日」，是十有一日。故知以己日祭則以己日筮，并筮日之日數之，爲十一日也。敖氏云：「古者數日之法，於此可見。」張氏爾岐云：「注言己以例丁，言上旬者，先近日也。」今案：據此注則上文「丁己」爲「戊己」之「己」明矣。**筮于廟門之外。主人朝服，西面于門東。史朝服，左執筮，右抽上韇，兼與筮執之，東面受命于主人。**史，家臣主筮事者。【疏】正義曰：「廟」，唐石經作「庿」，嚴本經文、注文皆作「庿」，❶今從之。○筮于廟門之外，即《冠禮》、《特牲禮》之閾外。李氏云：「主人朝服者，服祭服以筮也。《特牲》筮日，主人亦服祭時玄端。《司服職》曰：『享先王則衮冕。』《祭義》曰：『易抱龜南面，天子衮冕北面。』則天子卜祭，亦服其祭服。」今案：主人西面，史東面受命于主人，與《特牲》同。但執筮抽韇之法較彼爲詳耳。注云「史，家臣」，敖氏以史爲公有司，與注異。褚氏辨之云：「《雜記》大夫筮宅，則史練冠長衣以筮。蓋筮史是大夫家臣，本服重服，因筮而改爲不純凶之服。據此則大夫之臣兼有卜筮等官也，故注云『史，家臣主筮事者』，非公有司爲之。」《儀禮釋官》云：「史，筮史，即筮人也。古者通謂掌文詞之官爲史。兆卦皆有籀辭，故掌卜筮者亦稱史。《春秋》每筮皆曰史，又謂筮人爲筮史。韋氏注《國語》云：『筮史，筮人，掌以三《易》辨九筮之名。』是也。《左傳》：『齊崔武子筮之，遇困之大過。史皆曰：吉。』孔疏：『史，筮人也。』是大夫之家，有史主筮矣。」**主人曰：「孝孫某，來**

❶「經」，原作「今」，今據上下文義改。

日丁亥，用薦歲事于皇祖伯某，以某妃配某氏，尚饗。」丁，未必亥也，直舉一日以言之耳。《禘于大廟禮》曰：「日用丁亥，不得丁亥，則己亥、辛亥亦用之，無則苟有亥焉可也。」薦，進也，進歲時之祭事也。皇，君也。伯某，且字也。大夫或因字爲謚，《春秋傳》曰「魯無駭卒，請謚與族，公命之以字爲展氏」是也。其仲、叔、季，亦曰仲某、叔某、季某。某妃，某妻也。合食曰配。某氏，若言姜氏、子氏也。尚，庶幾。饗，歆也。【疏】正義曰：注「大廟」，毛本「大」作「太」，非。嚴本作「大」。《校勘記》云：「『公命』下，《集釋》無『之』字。『某仲叔季』，『某』字，《集釋》、敖氏俱作『其』。『季某』下，《集釋》、《通解》俱有『也』字。『合食』，毛本『合』誤『命』。『某氏』，陳、閩、監、葛氏俱誤『食』。」黄氏丕烈云：「『某仲叔季』之『某』作『其』是也。」今仍嚴本。此主人命筮之辭也。吴氏廷華云：「不贊命，文略也。」　云「丁，未必亥也，直舉一日以言之耳」者，陰辰有六，丁未必定與亥值。經言丁亥，直舉一日爲例耳。《大戴禮·夏小正》：「丁亥，萬用入學。」傳云：「丁亥，吉日也。」《禮記·月令》：「乃擇元辰。」鄭注：「元辰，蓋郊後吉亥也。」孔、賈二疏皆引陰陽式法，亥爲天倉，以證亥爲吉辰。又《易》先庚後甲，皆取丁義。是古人以丁亥爲大吉日，故經特舉以言之。禘大廟用丁亥，亦以其爲吉日也。張氏惠言云：「注《禘于大廟禮》曰：『日用丁亥，不得丁亥，則己亥、辛亥亦用之，無則苟有亥焉可也。』案：此蓋《禘于大廟禮》文。『苟有亥焉可』者，禘大廟之禮耳。若《少牢》祭日，則徑云：『日用丁己。』當六陰辰可矣，不須有亥也。賈疏誤以《大戴禮》當《禘于大廟禮》，遂以『不得丁亥』以下爲解本經之文，非也。」今案：張説甚是。鄭明云「丁，未必亥矣」，而又云「苟有亥焉可也」，不自相背戾乎？蓋《禘于大廟禮》以亥爲主，不得丁亥，則凡有亥焉皆可用之；《少牢》祭日以丁己爲主，不得丁亥，則凡丁日己日皆可用之。此鄭引以證經之義也。不然，經言「丁己」，注專言「亥」，其非經意，夫人知之，鄭氏大儒，豈猶昧此？且鄭注「日用丁己」云：「必丁己者，取其令名。」注「筮旬有一日」云：「以先月下旬之己，筮來月下旬之己。」注「若不吉則及遠日」云：「遠日，後丁若後己。」是鄭前後注皆依經立義，何獨於此注而違之？以此益知「不得丁亥」以下爲《禘于大廟禮》文無疑也。後人議此注者甚多，皆由賈疏誤之耳。云「薦，進也，進歲時之祭祀也」者，「薦，進」，《釋詁》文。鄭以此篇爲時祭之禮。經云「用」者，謂用此日祭也。云「皇，君也」，亦《釋詁》文。方氏謂遠祖亦稱皇，大夫三廟，皇祖即曾祖也，舉《詩》「周公皇祖」、《春秋傳》「皇祖伯父昆吾」爲證。今案：遠祖原可稱皇祖，但此經言皇祖，與《士虞》、《特牲》義同，當是舉皇祖爲例以該曾祖及禰耳。云「伯某，且字也」者，案：《士喪禮》「爲其父某甫筮宅」，注云：「某甫，且字也。」此伯某亦云「且字」者，古者年二十冠而字，稱某甫，《士喪》、《士虞》注所云「若言山甫、孔甫」、「若言尼甫」是也。連伯仲叔季行次稱之，則言伯某甫，《士冠禮》所云是也。五十則去某甫而但稱伯仲，《特牲》注所云「伯子、仲子」是也。故《檀弓》曰：「幼名冠字，五十以伯仲。」此經云「伯某」即伯某甫，省文也。注云「且字」，蓋釋伯某之某爲且字耳。注又云「其仲、叔、季，亦曰仲某、叔某、季某」者，即《士冠禮》所云「仲叔季惟其所當」也。張氏爾岐糾賈疏之誤而以聊且解之，亦非。「且字」義，段氏《説文注》言之最析，詳《士喪禮》。云「大夫或因字爲謚」者，顧氏炎武謂「謚」乃「氏」之譌，是也。春秋時列國大夫以王父字爲氏者甚多，此注因且字而推言之，謂大夫或有因字爲氏者，下即引《春秋傳》曰「『魯無駭卒，請謚與族，公命以字爲展氏』是也」。無駭爲公子展之孫，命爲展氏，正所謂以王父字爲氏者。此傳請謚與族，族即氏也。公命以字爲展氏，則但賜氏而未賜謚，注「是也」二字正以展氏證上因字爲氏之説耳，若作謚字則義不可通矣。或謂鄭誤讀《左傳》爲謚作句，而云因字爲謚。不知此注云「大夫或因字爲氏」係鄭之自説，下乃引傳耳。注中「謚」字，正由後人見《左傳》有爲謚之文，誤改「氏」爲「謚」，非鄭本作「謚」也。賈疏已作「謚」解，則其誤已久。《禮記・檀弓》：「魯哀公誄孔子曰：『嗚呼哀哉尼父。』」鄭注：「尼父，因其字以爲之謚。」《左傳》哀公十六年孔疏引《禮記注》而駁之云：「謂謚孔子爲尼父，鄭氏錯讀《左傳》，云以字爲謚，遂復妄爲此解。」此當即或説所本也。但《檀弓》注係言謚，此注詳其文義明是言氏，不得牽合爲一。云「某妃，某妻也」者，言妃爲祖之妻也。方氏云：「《曾子問》曰：『宗子雖七十，無無主婦。』則卿大夫以下娶有再三者矣，故加以某妃配于某氏之上，以別其爲元妃、繼妃也。」今案：《喪服小記》曰：「婦祔於祖姑，祖姑有三人，則祔於親者。」是不一妃之證也。但據經云「以某妃配某氏」，似配止一人。朱子曰：「《程氏祭儀》謂凡配止用正妻一人。或奉祀之人是再娶所生，即以所生配。謂凡配止用正妻一人，是也。若再娶者無子，或祔祭別位亦可也。若奉祀者是再娶之子，乃許用所生配。而正妻無子，遂不得配祭，可乎？《唐會要》中有論凡是嫡母，無先後皆當竝祔合祭，與古諸侯之禮不同。」又曰：「只合從唐人所議爲允。」然則配用一人是正，而又有前妻無子、後妻有子不能不竝配者。據《小記》云「婦祔於祖姑，祖姑三人」，是三人竝配。蓋經言其正，傳記通其變耳。云「合食曰配」，謂共享此祭也。《祭統》曰：「鋪筵設同几。」鄭注：「同之言詷也。祭者以其妃配，亦不特几。」是此經言配之義也。云「某氏，若言姜氏、子氏也」者，男亦辨姓，當詳稱其姓氏也。云「尚，庶幾」者，詳《特牲》。云「饗，歆也」者，謂歆其祀也。

《詩》：「履帝武敏歆。」❶《毛傳》：「歆，饗也。」二字亦互訓。**史曰：「諾。」西面于門西，抽下韇，左執筮，右兼執韇以擊筮。**將問吉凶焉，故擊之以動其神。《易》曰：「蓍之德圜而神。」【疏】正義曰：注「圜」，毛本作「圓」，嚴本作「圜」。《校勘記》云：「徐本、《釋文》、《集釋》、《通解》、楊氏作『圜』。」〇上史東面受命，既諾而西面于門西者，以將述命也。此與上執筮及下擊筮，皆謂蓍爲筮也。上韇，韇蓋；下韇，韇底。上「左執筮，右抽上韇」，謂以左手執下韇，以右手抽上韇也。不云執下韇而云執筮者，以筮在下韇中，故以執筮言之。又云「兼與筮執之」者，謂左手執筮，兼執上韇也。右手不執上韇者，便其抽下韇也。此抽下韇不云右，亦右手可知。左執筮，謂以左手專執筮草也。右兼執韇以擊筮，謂右手抽下韇執之，并執上韇，以二韇擊筮也。敖氏云：「擊筮者，爲將述命故也。不述命則無此儀。」云「將問吉凶焉」者，謂問吉凶於筮也。引《易》者，賈疏云：「鄭彼注云：『蓍形圓而可以立變化之數，故謂之神也。』引之者，證蓍有神，故擊而動之也。」**遂述命曰：「假爾大筮有常。孝孫某，來日丁亥，用薦歲事于皇祖伯某，以某妃配某氏，尚饗。」**述，循也，重以主人辭告筮也。假，借也，言因蓍之靈以問之。常，吉凶之占繇。【疏】正義曰：注「辭」字，《校勘記》云：「陳、閩、監、葛俱誤作『辟』。」〇「假爾大筮有常」，筮者命筮之辭也。「孝孫某來日丁亥」以下，主人命辭也。以筮者命筮之辭冠於主人命辭之上，即《士喪禮》注所謂「凡筮，因會命筮爲述命」也。《特牲》不述命，禮略也。餘詳《士喪禮》。「大」，《曲禮》作「泰」。呂氏大臨云：「泰，尊而大之也。」馬氏

---

❶「歆」，原脫，今據《毛詩正義》補。

晞孟云：「大羹謂之泰羹，瓦尊謂之泰尊，龜謂之泰龜，筮謂之泰筮，以其有所尊故也。」　云「述，循也，重以主人辭告筮也」者，主人辭即上「主人曰」以下之辭，述之以告筮也。「述，循」，詳《士喪禮》。云「假，借也，言因筮之靈以問之」者，鄭訓假爲借，又申借義，謂因蓍之靈以問吉凶也。《曲禮》孔疏云：「假，因也。爾，汝也。指蓍言也。」鄭注《曲禮》云：「龜筮於吉凶有常。」此云「常，吉凶之占繇」者，亦謂占繇之辭吉凶有常。王氏士讓云：「有常，不差忒也。此褒美之，冀其有以告我也夫。」**乃釋韇，立筮。**卿大夫之蓍長五尺，立筮由便。【疏】正義曰：釋韇，蔡氏云：「奠韇於地也。」　注云「卿大夫之蓍長五尺，立筮由便」者，對士之蓍長三尺，坐筮爲便也。餘詳《特牲禮》。**卦者在左坐，卦以木。卒筮，乃書卦于木，以示主人，乃退占。**卦者，史之屬也。卦以木者，每一爻，畫地以識之。六爻備，書於版。史受以示主人。退占，東面旅占之。【疏】正義曰：《校勘記》云：「李氏曰：『示主人，石本上有以字。』」盧氏文弨云：「開成石經無『以』字，未知李據何本。」注「版」，嚴本作「板」。《校勘記》云：「張氏曰：『疏作版，從疏。』張説是也。」寫卦須坐，《士冠》、《特牲》不言坐者，以筮者坐，則卦者亦坐可知。此筮者立，故須言坐以別之也。　注云「卦者，史之屬也」者，詳《士冠禮》。云「卦以木者，每一爻，畫地以識之。六爻備，書於版」者，書卦之法，此注爲備。然則經文上木，畫地者也；下木，版也。云「史受以示主人」者，恐人疑卦者示主人，故特明之。受，受于卦者也。云「退占，東面旅占之」者，以《士冠禮》云「筮人還東面旅占」，明此史退占與彼同。退，退還東面位也。**吉，則史韇筮，史兼執筮與卦，以告于主人：「占曰從。」**從者，求吉得吉之言。【疏】正義曰：韇筮，謂藏筮于韇也。筮既韇矣，則所執者韇耳。韇而云筮者，以筮在韇中，故以執筮言之，與上初云「左執筮」同。此言釋韇、韇筮及兼執筮與卦以告，皆其詳於士禮者。「占曰從」，即史告主人之辭。「從」，義詳《士喪禮》。**乃官戒，宗人命滌，宰命爲酒，乃退。**官戒，戒諸官也。當共祭祀事者，使之具其物且齊也。滌，溉濯祭器，埽除宗廟。【疏】正義曰：注「滌溉濯祭器」，陸氏曰：「溉，一本作濯。」許宗彦云：「陸本作『溉祭器』，一本作『濯祭器』，賈本則作『溉濯祭器』耳。❶盧云『濯』衍，非。」今案：嚴本作「溉濯祭器」，從之。○據下注云「筮日既戒諸官」，則此戒即在筮日。《周禮·太宰》「前期十日，帥執事而卜日，遂戒」，是也。「乃退」者，謂筮事畢而退也。褚氏云：「官戒，總言之。命滌、命爲酒，擇其急當預辦者言之。酒，即《酒正》所謂『事酒』，有事新造者。」《儀禮釋官》云：「宗人，如《周禮》都、家宗人之職。《周禮·都宗人》上士二人，中士四人，共六人。家宗人如都宗人之數。下經沃尸盥，一宗人奉槃，一宗人奉匜水，一宗人奉簞巾，則侯國大夫之宗人亦不止一人也。《周禮》都宗人掌都祭祀之禮，家宗人掌家祭祀之禮，大宗伯掌眡滌濯，故宗人命滌也。宰，家宰。春秋時凡卿大夫私邑皆有邑宰，其家又有家宰。《曲禮》『問大夫之富，曰有宰食力』，此邑宰也。大夫邑宰無定數，家宰則家止一人，所以相家事、主政教，猶天子之有冢宰，諸侯之有執政，《喪服傳》所謂貴臣，《聘禮》所謂老也。此經宰命爲酒，《周禮·酒人》共祭祀之酒，其職屬冢宰，故宰命爲之。」餘詳《士冠禮》。　云「官戒，戒諸官也」者，謂所戒不一官，故以官戒言之，猶《周禮》云「百官之誓戒」也。云「當共祭祀事者，使之具其物且齊也」者，是申言官戒之義，謂凡當共祭祀之事者皆戒之，使之預備其物且齊也。上云

❶「溉」，原脱，今據《儀禮注疏校勘記》補。

「筮旬有一日」，除去祭日則止十日，故筮日即使之齊，乃得散齊七日，致齊三日也。云「滌，概濯祭器，埽除宗廟」者，方氏云：「滌，注兼宗廟之埽除，非也。宗人所命惟滌濯祭器。」今案：《説文》：「滌，洒也。」洒，古文以爲灑埽字。《詩》：「十月滌場。」《釋文》：「滌，埽也。」是滌有埽除義。祭祀埽除宗廟亦其事之大者，故鄭兼言之。《周禮·大宰》：「掌百官之誓戒與其具脩。」彼注云：「脩，埽除糞洒。」可證也。**若不吉，則及遠日，又筮日如初。**及，至也。遠日，後丁若後己。【疏】正義曰：不吉，謂上旬不從也。及遠日又筮日，謂至上旬丁己之日又筮中旬丁己之日也。《特牲》不吉則即日又筮，此越十日而又筮，亦其禮之異者。如初，謂自「筮于廟門之外」以下之儀也。敖氏云：「此文當承『占曰從』之下，欲終言上事，故至是乃見之。」注云「遠日，後丁若後己」者，凡筮旬有一日，皆以前旬之丁筮後旬之丁，或以前旬之己筮後旬之己。今不吉，則至後旬之丁若後旬之己又筮之，故鄭以爲後丁若後己也。此與《曲禮》所云「遠某日」、「先遠日」者異。○敖氏云：「此遠日對筮之日而言，即所筮不吉之日。」是也。《士冠》、《特牲》云「筮遠日」，謂近日不吉更筮遠日，即《曲禮》所云「遠日」也。此云「及遠日」，謂此日筮不吉，至後日又筮，遠字只當後字言。鄭注《士冠》、《特牲》皆云「遠日，旬之外日」，注此云「遠日，後丁若後己」，分別極精，餘詳《特牲禮》。

右筮祭日

宿。宿讀爲肅。肅，進也。大夫尊，儀益多，筮日既戒諸官以齊戒矣。至前祭一日，又戒以進之，使知祭日當來。古文「宿」皆作「羞」。【疏】正義曰：自此至「改筮尸」，言筮尸宿尸及宿諸官之事。敖氏云：「宿謂宿賓以下也，是亦官宿之。大夫於助祭之賓爲踰等，故不親宿。此宿當在宿尸之後，言於此者，爲下文節也。」劉氏台拱云：「案：宿與下文爲目。但下文有宿尸而無宿諸官之事，則此句中已包之矣，此是一例；宿戒尸與筮尸皆在宿前，而用逆叙，此又一例。」○注「齊戒矣」，毛本「矣」作「也」，嚴本作「矣」。《校勘記》云：「徐、陳、閩、葛、《集釋》、《通解》、楊氏俱作『矣』。」云「宿讀爲肅。肅，進也」，又云「古文『宿』皆作『羞』」，俱見《特牲禮》。云「大夫尊，儀益多」者，鄭意以士無官戒之事，大夫則先戒而後宿之。又士但宿賓一人，衆賓不宿。此則統宿諸官，是儀益多，故申之云「筮日既戒諸官以齊戒矣，至前祭一日，又申戒諸官而進之使來也」。鄭知此宿諸官在祭前一日者，以下文云「前宿一日，宿戒尸」，是宿戒尸在宿之前一日也。又云明日筮尸宿尸，則與此宿同日也。又云「明日，主人朝服，即位于廟門之外」者，則祭日也。是宿之明日乃祭，則宿前祭一日明矣。賈疏云：「此并下文『明日，朝服筮尸』竝是前祭一日，唯下文『前宿一日，宿戒尸』，是前祭二日。」李氏云：「申戒爲宿，宿諸官宜在宿尸之後，宿尸之夕爲期，則宿前於祭一日。」是皆申鄭前祭一日之説也。郝氏乃謂宿在祭前三日，盛氏因之以駁注，不知經文叙次明顯如此，何昧昧不察邪？**前宿一日，宿戒尸。**皆肅諸官之日，又先肅尸者，重所用爲尸者，又爲將筮。【疏】正義曰：前祭二日，宿戒當爲尸者，敖氏云：「凡可爲尸者皆宿戒之。」褚氏云：「下筮辭云『以某之某爲尸』，❶則是先已擇定爲尸者矣，特決之

❶「云」，原作「者」，今據《儀禮管見》改。

於鬼神耳。或惟恐不吉，則更備二人，所宿戒者三人止矣。三人不吉，甯廢一祭。祭而無尸，是殤其祖考也，❶可乎哉？」今案：褚氏謂尸先已擇定，是也。此「宿戒尸」當亦使人宿之，下宿尸乃親宿也。注云「皆肅諸官之日，又先肅尸者，重所用爲尸者，又爲將筮」者，此鄭兩解「宿戒」之義也。「皆肅諸官之日，又先肅尸」，謂下筮得吉後宿尸，是祭前一日之宿也。凡與祭者皆有前十日之戒，前一日之宿。此前祭二日宿戒，前祭一日又宿，則較他人多一宿戒，是以用爲尸而重之也。又爲明日將筮，故必先宿戒之。不云宿而云宿戒者，以別於筮後之宿也。或曰：宿訓爲豫，宿戒猶豫戒，與上宿字義異。可通。**明日，朝筮尸，如筮日之禮。命曰：「孝孫某，來日丁亥，用薦歲事于皇祖伯某，以某妃配某氏，以某之某爲尸。尚饗。」筮、卦、占如初。**某之某者，字尸父而名尸也。字尸父，尊鬼神也。不前期三日筮尸者，大夫下人君，祭之朝乃視濯，與士異。【疏】正義曰：《校勘記》云：「案：張氏爾岐謂『朝』下當有『服』字，石本、監本竝脱。」今案：「朝」下不當有「服」字，上筮日主人朝服，此云「筮尸如筮日之禮」，則亦朝服可知，不煩再説也。朝如字讀，早也。《特牲》「前期三日之朝，筮尸，如求日之儀」，此云「明日朝」，義與彼同，謂明日之早。各本皆無「服」字，惟上宿下賈疏引有「服」字，乃衍文耳。「如筮日之禮」，毛本「禮」作「儀」，嚴本作「禮」。《校勘記》云：「唐石經、徐本、《集釋》、《通解》、敖氏俱作『禮』，是也。楊氏作『儀』。」「用薦歲事」，毛本「薦」作「爲」，嚴本作「薦」。《校勘記》云：「唐石經、徐本、《集釋》、楊、敖俱作『薦』，是也。《通解》作『爲』。」○命筮之辭與

❶「考」，《儀禮管見》作「禰」。

筮日異，故特言之。「筮、卦、占如初」者，盛氏云：「筮，立筮；卦，書卦；占，退占。初謂筮日也。如初之中不止是三者，約舉之以見其餘耳。」　注云「字尸父，尊鬼神也」者，詳《特牲》「筮尸」下。云「不前期三日筮尸者，大夫下人君，祭之朝乃視濯，與士異」者，此決《特牲》前期三日筮尸而言也。《特牲》前期三日筮尸，前二日宿尸、宿賓，前一日視濯、視牲。大夫前一日筮尸，兼宿尸、宿諸官，祭日乃視濯。《周禮》：「大宰視滌濯。」注云：「前祭日之夕。」是人君前祭一日視濯也。士賤，不嫌與君同，故亦前祭一日。大夫避人君，故不得前祭一日視濯，而於祭之朝乃視濯，是與士異也。**吉，則乃遂宿尸，祝擯。**筮吉又遂肅尸，重尸也。既肅尸，乃肅諸官及執事者。祝爲擯者，尸，神象。【疏】正義曰：據經云「吉，則乃遂宿尸」，是筮尸之日即宿尸也。　注云「筮吉又遂肅尸，重尸也」者，上既宿戒尸矣，此筮吉又遂肅之，是重尸也。云「既肅尸，乃肅諸官及執事者」，以肅諸官及執事者當在肅尸之後，經前但言「宿」，此下又言「宿諸官」，故注特明之。云「祝爲擯者，尸，神象」者，祝是接神之官。尸，神象，故使爲擯也。張氏惠言云：「凡《少牢》筮日宿尸，皆著其異於士者，略者竝如《特牲》。」今案：《特牲》宗人擯辭，祝致命，此但言「祝擯」，蓋與士禮異耳。《儀禮釋官》云：「案：《左傳》晉叔向稱范武子祝史陳信于鬼神，魯叔孫昭子使祝宗祈死，是大夫之家有祝明矣。賈氏《聘禮》疏謂大夫本無祝官，非是。」**主人再拜稽首。祝告曰：「孝孫某，來日丁亥，用薦歲事于皇祖伯某，以某妃配某氏，敢宿。」**告尸以主人爲此事來肅。【疏】正義曰：注末嚴本有「肅」字，毛本無。《校勘記》云：「徐本、《集釋》、要義、楊氏俱有『肅』字。敖氏有『宿』字，《通解》無。」○主人先拜，尊尸，與《特牲》同。祝告曰以下，即祝擯辭也。此亦當有「筮子爲某尸，占曰吉」之文，以已具於《特牲》，故略之耳。不略「孝孫某，來日丁亥」以下者，以與《特牲》辭異也。敖氏云：「已上之儀當略與《特牲》同，以有成禮，略之。」**尸拜，許諾。主人又再拜稽首。主人退，尸送，揖，不拜。**尸不拜者，尸尊。【疏】正義曰：盛氏云：「尸拜，荅主人也。主人又拜，謝其許也。此與《特牲》宿尸面位儀節大略相似，所異者特文有詳略先後耳。」今案：盛説是也，餘詳《特牲禮》。**若不吉，則遂改筮尸。**即改筮之，不及遠日。【疏】正義曰：注云「即改筮之，不及遠日」者，賈疏云：「上文筮日不吉及遠日筮者，以日須取丁己，故須後旬丁。此筮尸不吉，不須後旬，故不待遠日也。」今案：據注則改筮與上筮尸當連爲之。言於此者，盛氏謂終言上事而後及之，是也。○吴氏紱云：「敖氏謂改筮若又不吉，則直以其次者爲尸，不復筮，此猶張子筮日之意。」今案：此與褚説異，竝存之。

右筮尸宿尸宿諸官

既宿尸，反，爲期于廟門之外。爲期，肅諸官而皆至，定祭早晏之期。爲期亦夕時也。言既宿尸反爲期，明大夫尊，肅尸而已。其爲賓及執事者，使人肅之。【疏】正義曰：自此至「諾」，乃退言祭期之事。○注「言既宿尸」，嚴本作「既」，毛本「既」作「及」。《校勘記》云：「徐、陳、閩、葛、《集釋》、《通解》、楊、敖俱作『既』，是也。」云「爲期，肅諸官而皆至，定祭早晏之期」者，案：祭之期日筮日已定，此所定者，早晏之時耳。祭之爲期，凡與於祭者皆當使知之。鄭意以爲期在宿諸官後，故下注云「爲期，唯尸不來」，是諸官皆至也。

據經云筮日吉而遂宿尸，❶宿尸反而爲期，是皆前祭一日事也。但筮尸在朝，爲期在夕。宿尸後尚有宿諸官之事，經云「既宿尸，反，爲期」，亦大判言之，謂爲期與宿尸同日耳。云「爲期亦夕時也」者，據《特牲》請期曰羹飪，在祭之前夕，此亦如之也。云「明大夫尊，肅尸而已。其爲賓及執事者，使人肅之」者，對《特牲》賓亦親宿言也。《特牲》主人宿尸又宿賓，此不言宿賓及執事者，故知使人宿之。敖氏謂爲期時賓皆不在，宗人退乃宿賓。褚氏云：「主人親宿尸，即使人宿賓，至夕爲期時，所宿之賓亦俱至矣。敖説非。」盛氏云：「是時凡助祭者皆在，經不見子姓兄弟等面位者，以已見於《特牲禮》，故略之歟？」**主人門東南面，宗人朝服北面，曰：「請祭期。」主人曰：「比于子。」**比次早晏，在於子也。主人不西面者，大夫尊，於諸官有君道也。爲期，亦唯尸不來也。【疏】正義曰：宗人朝服，則主人亦朝服可知。比于子，子謂宗人。《儀禮釋官》云：「《周禮》宗伯、肆師同官。《肆師職》曰：凡祭祀，宿、爲期，詔相其禮。」徐氏鈖民云：「祭期有定，而必請者，重祭且尊命也。《周官・雞人》：『大祭祀夜嘑旦以叫百官。』《巾車》：『鳴鈴以應雞人。』《小宗伯》：『祭之日，告時于王。』則卿大夫祭之候亦有定宜也。」注云「比次早晏，在於子也」者，案：《大射》「比耦」注云：「比，選次之也。」此亦當作選次解，謂選次早晏之時在於子也。云「主人不西面者，大夫尊，於諸官有君道也」者，南面爲君位，對《特牲》主人在門外西面言也。云「爲期，亦唯尸不來也」者，據《特牲》門外爲期，賓及衆賓宗祝皆在而尸不在，是唯尸不來，此亦如之也。案：尸不來，亦當使人告之。《冠禮》爲期，賓不在，

❶「筮日」，據文義當作「筮尸」。

擯者告期于賓之家，是其例也。宗人曰：「旦明行事。」主人曰：「諾。」乃退。旦明，旦日質明。【疏】正義曰：注云「旦明，旦日質明」者，《説文》：「旦，明也。」《穀梁傳》注云：「旦日，猶明日也。」《冠禮》曰：「質明行事。」注：「質，正也，謂旦日正明。」此解與彼同。李氏云：「《周禮·雞人》：『凡國事爲期，則告之時。』時，謂此旦明之時。」今案：鄭彼注亦引此經證之。○案：楊氏復謂《少牢禮》與《特牲禮》不同者，如《特牲》不諏日，《少牢》諏丁己之日；《特牲》坐筮，《少牢》立筮；《特牲》無宿戒尸之文，《少牢》宿戒尸而後筮；《特牲》有宿賓之禮，《少牢》不親宿賓，使人宿之；《少牢》爲期，主人南面不西面，皆是也。至謂《特牲》筮玄端、祭朝服，《少牢》筮與祭皆朝服。案：《特牲·記》云：「其服皆朝服。」謂助祭者耳，主人祭日亦服玄端。又謂《特牲》筮人筮即《周禮·春官》筮人，《少牢》史筮即所謂府史。案：筮人亦稱筮史，《特牲》之筮人與《少牢》之史一也。又謂《特牲》無爲期之禮。❶案：《特牲》雖不爲期而亦請期，所異者，《特牲》之期主人定之，《少牢》之期則主人不自定耳。以上數條，楊説似尚未確，附辨於此。

右爲祭期

明日，主人朝服，即位于廟門之外，東方南面。宰、宗人西面北上。牲北首東上。司馬刲羊，司士擊豕。宗人告備，乃退。刲、擊，皆謂殺之。此實既省，告備乃殺之，文互者，省也。《尚書

---

❶「無爲」，原倒，今據《續清經解》本乙正。

傳》曰：羊屬火，豕屬水。【疏】正義曰：自此至「東榮」，言視殺視濯之事。○注「省也」，毛本「省」下有「文」字，嚴本無。《校勘記》云：「徐本、《釋文》、《集釋》、楊、敖俱無『文』字，與疏合。《通解》有。」案：《通解》非也。」又「《尚書傳》曰」，毛本無「曰」字，嚴本有。《校勘記》云：「徐本、《集釋》、楊氏俱有『曰』字，與疏合。《通解》無。」○上言「明日，朝筮尸」，此又言「明日」，則筮尸之明日即祭日也。　主人朝服者，楊氏云：「《雜記》曰：『大夫冕而祭於公，弁而祭於己；士弁而祭於公，冠而祭於己。』大夫爵弁自祭家廟，惟孤爾，其餘皆玄冠，與士同。」今案：玄冠雖同，但士玄冠玄端，大夫則玄端朝服。❶《禮經釋例》云：「凡大夫祭禮皆用朝服。」據經前後諸文言之也。　敖氏云：「東方視殺之位，亦宜當塾少南，牲亦當在東方少南。」今案：「東上」者，羊在東，豕在西也。《儀禮釋官》云：「司馬，大夫家臣，如《周禮》家司馬之職。《左傳》有叔孫氏之司馬鬷戾。又季氏以公鉏爲馬正，杜注：『馬正，家司馬。』是大夫家臣有司馬也。《周禮》司馬下有羊人，祭祀割羊牲。大夫不能備官，或即以司馬主之。又此篇及下篇皆有司士及司士贊者，下經云：『司士又升魚腊。』注：『又升，副倅者。』據此則大夫之司士不止一人也。《周禮·司士》：『凡祭祀，帥其屬而割牲，羞俎豆。』故此擊豕、升鼎、實俎，司士掌之。《周禮·小宗伯》：『大祭祀告備于王。』」今案：退謂主人也。　注云「刲、擊，皆謂殺之」者，《説文》「刲，刺也」，引《易》「士刲羊」爲證，是刲謂刺殺之，擊亦謂擊而殺之，故《國語注》云「擊，殺也」。云「此實既省，告備乃殺之，文互者，省也」者，《周禮》大祭祀先期省牲，《特牲》士禮，亦於祭之

---

❶「玄端朝服」，據文義當作「玄冠朝服」。

前夕視牲告備，夙興，視側殺，是既省視，告備乃殺之。此《少牢禮》實亦先省後殺，乃先言封擊，次言告備者，以其同時，故連互言之，以省文也。賈疏云：「《特牲》視牲與視殺别日，大夫視牲視殺同日。」姜氏兆錫云：「《周禮》宿視牲，至祭旦而後視殺者，君體尊，故以兩日行之也。士卑於君無嫌，得與君同兩日。大夫近君有嫌，則避君而不得兩日。歷考諸禮皆然。」其説是也。云「《尚書傳》曰」者，謂《尚書大傳》也。鄭注《周禮·庖人職》云：「羊屬司馬，火也。」注《小宰職》云：「司空奉豕。」鄭意蓋以羊屬火，故屬司馬；豕屬水，故屬司空。但大夫無司空，司士亦非司空之屬，注蓋連言之耳。賈疏又據《祭義》「君牽牲，既入廟門，麗於碑，卿大夫袒，而毛牛尚耳」，謂諸侯禮殺於門内，大夫士皆殺於門外，辟人君也。今案：《特牲》祭日主人立于門外東方，南面，視側殺。此主人即位于廟門外與彼同，是殺於門外也。陳氏祥道云：「士前祭立於廟門外者五：筮日，一也；筮尸，二也；前祭之夕，將視濯具，揖入，三也；既視復外位而視牲請期，四也；祭之日視殺，五也。大夫前祭，立于廟門外者四：筮日，一也；筮尸，二也；既宿尸而請期，三也；祭之日視殺，入，四也。」又云：「大夫士無祼禮，故殺牲而後迎牲，迎牲而後迎尸；天子諸侯有祼禮，故迎尸而後迎牲。」**雍人摡鼎、匕、俎于雍爨。雍爨在門東南，北上。**雍人，掌割亨之事者。爨，竈也。在門東南，統於主人。北上，羊豕魚腊，皆有竈，竈西有鑊。凡摡者，皆陳之而後告絜。【疏】正義曰：《説文》：「摡，滌也。」上官戒宗人命滌，至此始言摡者，以大夫視濯在祭日，故於此言之也。鼎，《説文》云：「三足兩耳，和五味之寶器也。」王氏《廣雅疏證》引《九家易》云：「牛鼎受一斛，天子飾以黄金，諸侯白金。羊鼎五斗，大夫飾以銅。豕鼎三斗，士飾以鐵。」《三禮圖》云：「牛鼎口徑底徑及深俱一尺三寸；羊鼎口徑底徑俱一尺，深一尺一寸；豕鼎口徑底徑皆八寸，深九寸强。牛鼎每足上以牛首飾之，羊豕二鼎亦如之。大夫祭用少牢，故無牛鼎；士祭用特牲，故無羊鼎。」餘與《九家易》略同。今案：鼎有扃以舉鼎，有鼏以覆鼎，詳《士冠禮》。匕，詳下節。俎，《説文》云：「俎，禮俎也，从半肉在且上。」《廣雅》：「俎，几也。」王氏《疏證》云：「且與俎古同聲。俎之言苴也，苴者，藉也，言所以藉牲體也。《明堂位》云：『魯禘，俎用梡嶡。』又云：『俎，有虞氏以梡，夏后氏以嶡，殷以椇，周以房俎。』鄭注：『梡，斷木爲四足而已。嶡之言蹷也，謂中足爲横距之象，《周禮》謂之距。椇之言枳椇也，謂曲橈之也。房，謂足下跗也，上下兩間，有似於堂房。』《魯頌·閟宫》篇：『籩豆大房。』《毛傳》云：『大房，半體之俎也。』鄭箋云：『大房，玉飾俎也。其制，足間有横，下有跗。似乎堂後有房然。』《周語》：『王公立飫，則有房烝。』韋注云：『房，大俎也。謂半解其體，升之房也。』」《三禮圖》云：「案：舊《圖》，俎長二尺四寸，廣尺二寸，高一尺，漆兩端赤，中央黑。然則四代之俎，其間雖有小異，高下長短尺寸漆飾竝同。」今案：《明堂位》疏引《禮圖》云：「諸臣加雲氣，天子犧飾之。」其尺寸與《三禮圖》引舊《圖》同。敖氏云：「鼎、匕、俎，皆牲器，故雍人概之于雍爨之上，以其類也。下文概甑、甗、匕、敦于廩爨，其義亦然。」今案：雍爨，即亨牲魚腊之爨，詳《特牲禮》。　注云「雍人，掌割亨之事者」，本《周禮·内饔》《外饔職》文。《儀禮釋官》云：「案：雍與饔通。鄭注《周禮》云：『饔，割亨煎和之稱。』《左傳》季氏有饔人檀，是大夫之家有饔人也。」餘詳後「雍正、雍府」下。　云「爨，竈也」者，詳《特牲禮》。　云「在門東南，統於主人」者，以門東是主位也。　喪祭亨牲於門外之西方者，反吉，禮以相變爲敬也。　云「北上，羊豕魚腊，皆有竈」者，謂羊爨在豕爨之北，魚腊爨以次而南也。　云「竈西有鑊」者，亨用鑊不用鼎，亨時則鑊加於竈上。此未亨，故在竈西也。

一竈一鑊，羊、豕、魚、腊凡四鑊，膚與豕同鑊也。云「凡概者，皆陳之而後告絜」者，賈疏云：「案：《特牲》視濯時皆陳之，視訖告絜，此亦當然。」張氏惠言云：「據注則兼有宗人告絜，文不具耳。」**廩人概甑、甗、匕與敦于廩爨，廩爨在雍爨之北。** 廩人，掌米入之藏者。甗如甑，一孔。匕，所以匕黍稷者也。古文「甑」爲「烝」。【疏】正義曰：廩爨以熟黍稷，猶《特牲》之饎爨也。廩爨在北，上穀食也。王氏士讓云：「案：《特牲》『主婦視饎爨于西堂』，記云『在西壁』，是廟門内也。此云『在雍爨之北』，則廟門外也。又掌自廩人，無主婦出視之文，蓋大夫官多，足供其事也。」　注云「廩人，掌米入之藏者」，鄭注《周禮·地官·廩人職》云「藏米曰廩」，❶是也。《儀禮釋官》云：「考《周禮·廩人職》：『祭祀共其接盛。』《饎人》：『掌凡祭祀共盛。』鄭司農云：『饎人，主炊官。』此經廩人概甑甗匕與敦于廩爨，則廩人掌爲饎之事，殆兼饎人之職歟？」云「甗如甑，一孔」者，《考工記》：「陶人爲甗，實二鬴，厚半寸，脣寸。甑，實二鬴，厚半寸，脣寸，七穿。」鄭司農云：「甗，無底甑。」《方言》：「甑，自關而東謂之甗。」《說文》：「甑，甗也。甗，甑也，一穿。」按：一穿即一孔也。段氏《說文注》云：「無底即所謂一穿，蓋甑七穿而小，甗一穿而大。一穿而大，則無底矣。其底七穿，故必以箅蔽甑底而加米於上，而餴之，而餾之。」吴氏廷華云：「鄭氏衆曰『甗無底』，林氏《考工圖》謂底虛如隔子然，則似無底也。」今案：甑、甗大略相同。《孟子》：「以釜甑爨。」蓋皆炊飯之器，特一穿、七穿爲異。其炊時必皆有物爲之蔽，乃可加米於其上，殆林氏所謂隔子歟？　云「古文『甑』爲『烝』」者，《詩》曰：「烝之浮浮。」蓋

❶「地」，原作「序」，今據《周禮注疏》改。

因甑以烝炊，故古文又假烝爲甑歟？　云「匕，所以匕黍稷者也」者，案：匕有二：上雍人所摡之匕，匕牲體者也；此廩人所摡之匕，匕黍稷者也。《儀禮》經中所言匕多牲體之匕，故注於此特别之。《方言》：「匕謂之匙。」《廣雅》：「柶、匙，匕也。」王氏《疏證》云：「古者匕或以匕黍稷，或以匕牲體。吉事用棘匕，喪事用桑匕。《小雅》：『有捄棘匕。』傳云：『匕，所以載鼎實。』《士昏禮》：『匕俎從設。』注云：『匕，所以别出牲體也。』《特牲·記》：『棘心匕刻。』注云：『刻若今龍頭。』《少牢》下篇：『覆二疏匕于其上。』注云：『疏匕，匕柄有刻飾者。』『二手執挑匕枋以挹湆，注于疏匕。』注云：『此二匕者，皆有淺斗，狀如飯橾。挑，長枋，可以抒物於器中者。』《雜記》：『枇以桑，長三尺，或曰五尺，刊其柄與末。』注云：『枇，所以載牲體者。此謂喪祭也，吉祭枇用棘。』枇與匕同。《太平御覽》引《三禮圖》云：『匕以載牲體，長二尺四寸，葉博三寸，長八寸，漆丹柄頭。疏匕，形如飯橾，以棘心爲之。』案：《三禮圖》記匕之長與《雜記》不合，失之。」《説文》：「匕，相與比叙也。从反人。匕，亦所㠯用比取飯。」段氏《説文注》云：「㠯者，用也。『用』字衍。比，當作匕，漢人曰『匕黍稷』、『匕牲體』，凡用匕曰匕也。匕，即今之飯匙也，《少牢禮》注所謂『飯橾』也。匕飯、匕黍稷之匕蓋小，經不多見。其所以别出牲體之枇，十七篇中屢見，蓋大於飯匙，其形製略如飯匙，故亦名匕，鄭所云『有淺斗，狀如飯橾者』也。」以上王、段二家釋匕制極詳。《禮經釋例》云：「匕飯、匕牲體之器同用匕，而匕湆之器亦用匕。」今案：《有司徹》所云挑匕、疏匕，即匕湆之器也。匕亦作枇，詳後「長枇」下。又案：柶亦稱匕，詳《士冠禮》。

敦，盛黍稷器。周制，諸侯以上盛黍稷之器曰簋，大夫士曰敦。《禮經釋例》云：「案：《聘禮》歸饔餼，堂上八簋，黍，其南稷。《公食禮》正饌，宰夫設黍稷六簋。是諸侯盛黍稷之器謂之簋也。《少牢禮》陰厭：主婦自東房，執一金敦黍，有蓋。婦贊者執敦稷以授主婦，主婦興，受。又受贊者敦黍，受贊者敦稷。祭畢餕，司士進一敦黍于上佐食，又進一敦黍于下佐食。是大夫盛黍稷之器謂之敦也。《士昏禮》：饌于房中，黍稷四敦。《士喪禮》：朔月奠黍稷，用瓦敦，有蓋。《士虞禮》：贊設二敦于俎南，黍，其東稷。《特牲禮》：主婦設兩敦黍稷于俎南。士盛黍稷器亦謂之敦也。」《廣雅》：「盩，盂也。」王氏《疏證》云：「敦與盩同。古者敦以盛食，盟則用以盛血，或用木而飾以金玉，或用瓦無飾，皆有蓋有足。無足者謂之廢敦。《爾雅》：『邱一成爲敦丘。』孫炎注云：『形如覆敦，敦形似盂。』《少牢》疏引《孝經鉤命決》云：『敦，規首，上下圜相連。』聶崇義《三禮圖》引《舊圖》云：『敦受一斗二升，漆赤中，大夫飾口以白金。』《周官·玉府》：『若合諸侯則共珠槃玉敦。』鄭注云：『敦，槃類，珠玉以爲飾。鄭司農云：玉敦，歃血玉器。』《内則》：『敦牟卮匜。』鄭注云：『敦牟，黍稷器也。』《士喪禮》云：『黍稷用瓦敦，有蓋。』又云：『敦啟會面足。』注云：『敦有足，則敦之形如今酒敦。』《少牢》云：『主婦自東房執一金敦黍，有蓋。』又云：『敦皆南首。』注云：『敦有首者，尊者器飾也，飾蓋象龜形。』《士喪禮》有廢敦，注云：『廢敦，敦無足者，所以盛米也。』」今案：據此則惟《周禮》之玉敦用以盛血，《士喪禮》之廢敦用以盛含米，其餘皆用以盛黍稷如簋也。聶氏《三禮圖》云：「敦與簠簋容受並同，上下内外皆圓爲異。」《考工記》：「旊人爲簋。」賈疏：「祭宗廟皆用木簋，今此用瓦簋，據祭天地及外神尚質，器用陶匏之類也。」然則祭宗廟之敦亦當以木爲之，所云金敦、玉敦蓋皆木器而飾以金玉也。《士喪禮》用瓦敦者，喪事無飾，取質素之意。至此篇言金敦，《士昏》、《特牲》諸篇但言敦不言金，則不必有金飾之，殆大夫禮與士異。

司宮概豆、籩、勺、爵、觚、觶、几、洗、篚，于東堂下，勺、爵、觚、觶，實于篚。卒概，饌豆、籩與

篚于房中，放于西方。設洗于阼階東南，當東榮。放，猶依也。大夫攝官，司宮兼掌祭器也。【疏】正義曰：「几洗篚」，毛本作「几」，嚴本「几」作「凡」。《校勘記》云：「唐石經、徐、陳、《通解》俱作『凡』，誤。《集釋》、楊、敖俱作『几』，與疏合。」○豆、籩、勺、爵、觚、觶、几、洗、篚，器凡九種，皆司宮概之于東堂下也。篚以實勺、爵、觚、觶。卒概，與豆籩七者同饌于房中西方，房中近西處。先言「實于篚」者，敖氏云：「勺、爵、觚、觶，概之則隨實于篚，不待其卒概也。勺亦實于篚者，爲將洗之。」方氏苞云：「几不言所陳之地，已見《特牲》。」《爾雅·釋器》云：「木豆謂之豆，竹豆謂之籩，瓦豆謂之登。」鄭注云：❶「豆籩，禮器。」郝氏《爾雅義疏》云：「豆者，《説文》云：『古食肉器也。』《梓人》云：『食一豆肉，中人之食也。』是豆爲肉器。此文豆當作梪，《説文》『木豆謂之梪』是也。其形則《三禮圖》云：『口圜，徑尺二寸，漆赤中，大夫以上畫以雲氣，諸侯以象，天子以玉。』皆謂飾其口也。其質則皆用木，其高通蓋一尺。其受實則《旊人》注云『豆實四升』是也。其中柄謂之校，其足跗謂之鐙。《祭統》云：『夫人薦豆，執校。執醴授之，執鐙。』鄭注：『校，豆中央直者也。鐙，豆下跗也。』其飾則《明堂位》云：『夏后氏以楬豆，殷玉豆，周獻豆。』鄭注：『楬，無異物之飾也。獻，疏刻之。』案：《周禮·外宗》云『佐王后薦玉豆』，是則周亦玉豆也。籩，《説文》云：『竹豆也。』《籩人》注云：『籩，竹器如豆者，其容實皆四升。』案：籩口有緣，故《士喪禮》云：『毼豆兩，兩籩無縢。』鄭注：『縢，緣也。』《士虞禮·記》注：『豆不楬，籩有縢。』是則豆籩之用，吉凶異施也。」今案：《三禮圖》謂豆登皆有蓋，籩

❶「鄭」，疑當作「郭」。

則無蓋而有巾。案：籩巾，詳《特牲·記》。瓦豆謂之鐙，詳《公食禮》。又此篇亦有瓦豆，詳下。鄭氏《鄉射·記》注云：「豆宜濡物，籩宜乾物。」案：菹醢，濡物也，故盛以豆。栗脯之類，乾物也，故盛以籩。楊氏復云：「《士冠》脯醢。《士昏》醴賓脯醢。《鄉飲》脯醢，衆賓辯有脯醢。《鄉射》薦用籩，脯五膱，醢以豆。《聘禮》醴賓脯醢，又筵几于室，薦脯醢。《燕禮》、《大射禮》獻賓、獻公、獻卿，薦脯醢。《士喪禮》始死奠脯醢，小斂脯醢，朝夕奠脯醢。《特牲禮》主人獻賓薦脯醢。以上皆一豆一籩。《士冠》再醮，兩豆，葵菹、蠃醢；兩籩，栗、脯。大斂，毼豆兩籩無縢。《士虞》兩豆兩籩，獻祝兩豆兩籩。《特牲》兩籩兩豆，主婦致爵于主人，兩豆兩籩。以上皆兩豆兩籩。《既夕》遣奠，四豆四籩。《少牢》賓尸，四豆四籩。以上皆四豆四籩。」又云：「《士昏禮》夫婦席，醯醬二豆，菹醢四豆，無籩。婦饋舅姑有菹醢，無籩。《聘禮》歸饔餼，八豆，西夾六豆，東夾亦如之，無籩。《公食大夫》下大夫六豆，上大夫八豆，無籩。觀《特牲禮》厭祭時薦兩豆，及迎尸饋食時佐食羞庶羞四豆，皆未用籩也。主婦亞獻尸，始設籩。《少牢》厭祭及迎尸饋食亦未用籩也，逮賓尸主婦薦韭菹醢、昌菹醢，取籩于房。其所薦先後之序，則豆重籩輕，於此可見矣。」《禮經釋例》云：「楊説非也。考禮之通例，食禮則有豆無籩，飲酒之禮則豆籩皆有。故《公食大夫》有豆無籩；《鄉飲》、《鄉射》、《燕禮》、《大射》豆籩皆有。《特牲》尸入九飯，有豆無籩；主婦亞獻，主人獻賓，豆籩皆有。《少牢》尸入十一飯，有豆無籩；《有司徹》祭畢賓尸，豆籩皆有。蓋禮不同，則器亦異，非豆重而籩輕也。」勺，《説文》云：「枓也，所以挹取也。」段氏《説文注》云：「《考工記》『勺一升』，注曰：『勺，尊斗也。』斗同枓，謂挹以注於尊之枓也。《士冠禮》注亦云：『尊斗，所以斢酒也。』今皆譌『尊升』，不可通矣。」王氏《廣雅疏證》云：「案：勺之言酌，斗之言斢也。勺之有飾者，龍勺、疏勺、蒲勺是也；勺之無飾者，《禮器》之樿杓、《士喪禮》之素勺是也。杓與勺同。《明堂位》：『夏后氏以龍勺，殷以疏勺，周以蒲勺。』鄭注云：『龍，龍頭也。疏，通刻其頭。蒲，合蒲如鳧頭也。』《大雅・行葦篇》：『酌以大斗。』傳云：『大斗長三尺也。』正義云：『長三尺，謂其柄。《漢禮器制度》注：勺五升，徑六寸，長三尺。是也。此蓋從大器挹之於尊用此勺耳。其在尊中，不當用如此之長勺也。』」《禮經釋例》云：「凡盛酒之器曰尊，㪺酒之器曰勺。考《鄉飲酒》：兩壺，加二勺。《鄉射》：兩壺，左玄酒，皆加勺。《大射》方壺、膳尊，亦云加勺。《特牲・記》：兩壺加勺。《士冠禮》：醮用酒，尊亦加勺。蓋酒在尊中，必以勺㪺之，然後實于爵也。《燕禮》方壺、瓦大、圜壺不云加勺，《大射》圜壺及獲者、釋獲者之壺亦不云加勺，皆文不具也。《少牢禮》：『司宮取二勺于篚，洗之，兼執以升，乃啟二尊之蓋冪，加二勺于二尊。』大夫祭祀，威儀多也。《士冠禮》：側尊一甒醴，篚實勺觶角柶。《士虞禮》：兩甒醴酒，加勺。是醴亦用勺也。又加勺，皆南枋。《士虞禮》：加勺，南柄。《特牲禮》爲酬賓及兄弟：尊兩壺于阼階東，加勺，南枋，西方亦如之。《少牢》：加勺覆之，南枋。是也。若《燕禮》、《大射》尊面嚮君，則勺亦東枋歟？」爵、觚、觶及筐，俱詳《特牲・記》。几，詳《士昏禮》。洗，詳《士冠禮》。篚有上篚、下篚。敖氏云：「下篚亦饌于房，以俟事至而設之。」設洗于阼階東南，當東榮，此堂下之洗也。房中亦當有洗。方氏苞云：「文略者，以下篇主婦洗于房中見之也。」餘詳下。　注云「放，猶依也」者，《廣雅・釋詁》云：「放，依也。」孔安國注《論語》「放于利而行」，亦云：「放，依也。」依于西方者，謂於房中近西處饌之也。云「大夫攝官，司宮兼掌祭器也」者，賈疏云：「下文司宮筵神席于奧，此又掌豆籩之等，故云攝官。」《儀禮釋官》云：「《禮運》：『大夫具官，非禮也。』

孔子譏管氏『官事不攝，焉得儉』。此篇司馬刲羊，兼羊人之職；司士擊豕，兼司空之職；雍人陳鼎，兼甸人之職；廩人摡甑甗匕與敦，兼饎人之職；司宫又兼掌祭器，皆足爲攝官之證。」又云：「案：《左傳》序叔孫氏之難云『司宫射之』，是大夫家臣有司宫也。」

右祭日視殺視濯

羹定，雍人陳鼎五，三鼎在羊鑊之西，二鼎在豕鑊之西。魚腊從羊，膚從豕，統於牲。【疏】正義曰：自此至「簞巾于西階東」，言鼎及豆籩盤匜等之事。○《公食禮》甸人陳鼎，此雍人陳鼎者，以大夫無甸人，故雍人陳之也。鼎五者，羊、豕、魚、腊、膚，此大夫祭宗廟五鼎之正禮也。楊氏復云：「《有司徹》升羊豕魚三鼎，腊爲庶羞，膚從豕，去腊膚二鼎，以其繹祭殺于正祭，故用少牢而鼎三也。」《禮經釋例》云：「凡亨牲體之器曰鑊。《周禮·大宗伯》『省牲鑊』，鄭注：『鑊，亨牲器也。』又魚腊亦亨之以鑊，《天官》『亨人掌共鼎鑊』，鄭注：『鑊，所以煮肉及魚腊之器。既孰，乃脀于鼎。』」今案：《説文》：「鑊，鑴也。鑴，瓽也。瓽，大盆也。」《淮南·説山訓》注云：「無足曰鑊。」然則鑊形似盆無足，故可加于竈上以煮物，《爾雅·釋訓》所謂「鑊煮之」也。鼎在鑊西，爲將實之也。盛氏云：「前祭一夕，陳鼎于門外，北面北上，至是移而近鑊焉，便升也。前夕不言陳鼎，以已見《特牲禮》也。《特牲》不言實鼎之法，此詳言之，互相備也。」注云「魚腊從羊，膚從豕，統於牲」者，敖氏云：「三鼎，羊、魚、腊；二鼎，豕與膚。膚鼎亦在豕鑊西者，以膚在豕鑊故也。魚腊自有鑊，未升之時，其鼎乃從羊者，蓋此鑊四而鼎五者。若鼎各從其鑊，則豕鑊西之鼎二，羊鑊西之鼎一，嫌其輕重失次，故以魚腊之鼎從羊，見其尊也。」今案：牛羊豕爲三牲，祭以牲爲貴。此魚腊鼎從羊鼎而在羊鑊之西，膚鼎從豕鼎而在豕鑊之西，故鄭以爲統於牲也。**司馬升羊右胖，髀不升。肩、臂、臑、膞、骼；正脊一、脡脊一、横脊一、短脅一、正脅一、代脅一，皆二骨以竝；腸三、胃三、舉肺一、祭肺三，實于一鼎。**升，猶上也。上右胖，周所貴也。髀不升，近竅，賤也。肩、臂、臑，肱骨也。膞、骼，股骨。脊從前爲正，脅旁中爲正。脊先前，脅先後，屈而反，猶器之綪也。竝，併也。脊脅骨多，六體各取二骨併之，以多爲貴。舉肺一，尸食所先舉也。祭肺三，爲尸、主人、主婦。古文「胖」皆作「辯」，「髀」皆作「脾」。今文「竝」皆爲「併」。【疏】正義曰：「膞骼」，唐石經、嚴本俱如是，注同。毛本「膞」譌「膊」。盧氏《詳校》改「膞」，下竝同。「骼」，《集釋》作「胳」，注同。又注「肱骨也」，嚴本有「也」字，毛本無。《校勘記》云：「徐本、楊、敖俱有『也』字。《集釋》、《通解》俱無。」「股骨」下，嚴本無「也」字。敖本有。據《有司徹》疏引此注，兩句俱有「也」字。單疏本則上句有「也」字，下句無，與嚴本合，今從嚴本。《校勘記》云：「注『屈而反』，陳、閩、監、葛『屈』俱誤『居』。」○此及下升豕升魚腊及膚，皆謂自鑊而升之于鼎也。《説文》：「胖，半體肉也。」右胖，右半體也。李氏云：「肩至代脅凡十一體。脊、脅言一，見其體；言二以竝，見其骨。」敖氏云：「腸三胃三者，《少牢》之俎五而已。腸胃不得别俎，故但附於其牲也。附於其牲，則其數貶焉而止於三，亦如《特牲》豕俎膚三之意也。」今案：司馬刲羊，故羊鼎司馬實之，自肩至肺共一鼎也。　注云「升，猶上也」者，升亦作陞。《廣雅·釋詁》：「陞，上也。」《士冠禮》注云：「在鼎曰升。」升有自下而上之義，故鄭云「猶上也」。云「上右胖，周所貴也」者，周人貴右，故祭神用右胖也。云「髀不升，近竅，賤也」者，詳《士昏禮》。或曰：殷人貴髀，勝國之禮，故弗尚，非以其近竅賤也。云「肩、臂、臑，肱骨也。膊、骼，股骨」者，肱骨，前脛骨。股骨，後脛骨也。云「脊從前爲正，脅旁中爲正」者，脊有三：前爲正脊，中爲脡脊，後爲横脊。是脊從前爲正也。脊兩旁之肋謂之脅，脅有三：前爲代脅，中爲正脅，後爲短脅。是脅旁中爲正也。云「脊先前，脅先後，屈而反，猶器之綪也」者，謂經於脊先言前脊、次言中脊、次言後脊，脅亦宜然。今先舉短脅，先言後脅、次言中脅、次言前脅，屈而反，猶陳器之綪屈也。陳器之綪，詳《士喪禮》。云「竝，併也」者，詳《士昏禮》。云「脊脅骨多，六體各取二骨併之，以多爲貴」者，解經「皆二骨以竝」指三脊、三脅六者言之也。經於肩臂等不言一，於脊脅各言一，而其下總云「皆二骨以竝」，見一體有二骨，二骨共爲一體也。吴氏廷華云：「凡十一體，合六體二骨爲十七，是以多爲貴也。」舉肺一，以爲尸食；祭肺三，則尸、主人、主婦各一也。云「古文『胖』皆作『辯』」者，胡氏承珙云：「案：《既夕》『明日以其班祔』，今文『班』爲『胖』。《士虞禮》『明日以其班祔』，古文『班』或爲『辨』，今文亦爲『胖』。蓋今文借『胖』爲『班』爲『辨』，此則古文又借『辯』爲『胖』，皆以聲近互借故也。」云「『髀』皆作『脾』，今文『竝』皆爲『併』」，俱詳見《士昏禮》。

司士升豕右胖，髀不升，肩、臂、臑、膊、骼，正脊一、脡脊一、横脊一、短脅一、正脅一、代脅一，皆二骨以竝。舉肺一、祭肺三，實于一鼎。豕無腸胃，君子不食溷腴。【疏】正義曰：《校勘記》云：「注『溷』，《集釋》作『圂』。」案：《少儀》作「圂」，俗作「溷」。○《儀禮釋官》云：「《周禮·司士職》曰：『凡祭祀，帥其屬而割牲，羞俎豆。』故此經擊豕、升鼎、實俎，司士掌之。」敖氏云：「此與上經升羊皆出自鑊而入于鼎，其文之序則始于肩終于肺，與下經之出自鼎而載于俎者同。以其出入先後之節考之，似正相反。則此所云者但據其已在鼎者上下之次言，非謂入鼎之序亦然也。」　注云「豕無腸胃，君子不食溷腴」者，腴謂腸胃也。上羊鼎有腸胃，此無腸胃，故鄭特明之。餘詳《既夕禮》設遣奠節「無腸胃」之下。**雍人倫膚九，實于一鼎。**倫，擇也。膚，脅革肉，擇之，取美者。【疏】正義曰：膚與豕同鑊而異鼎。敖氏云：「膚九者，與其牲異鼎，故得充其數焉。先魚腊實之者，與豕同鑊，宜因便也。」今案：《周禮・外饔職》：「掌實鼎俎。」　注云「倫，擇也」者，案：《公食禮》「倫膚七」，注云：「倫，理也。」此云「擇」，以「倫膚九」在「雍人」下，則是雍人擇之也。敖氏云：「司士不倫膚，以其卑也。」案：鄭意蓋以倫爲掄，《廣雅・釋詁》：「掄，擇也。」王氏《疏證》云：「倫、掄通。」云「膚，脅革肉，擇之，取美者」，革，皮也。膚革之近脅骨者，❶其肉最美。馬融注《噬嗑卦》云：「柔脆肥美曰膚。」此膚爲豕膚，故鄭注《聘禮》云：「膚，豕之肉也。」**司士又升魚、腊，魚十有五而鼎，腊一純而鼎，腊用麋。**司士又升，副倅者。合升左右胖曰純。純，猶全也。【疏】正義曰：魚十有五，與《特牲》同。云「而鼎」，亦謂實于一鼎也，省文。敖氏云：「他篇腊不言其物，此云『用麋』者，經特於此見之乎？」今案：《既夕》注云：「士腊用兔。」則用麋，大夫禮，經著其異者耳。麋，《説文》：「鹿屬，冬至解其角。」《山海經》注云：「麋，似鹿而大。」注云「司士又升，副倅者」，案：《周禮・諸子》「掌國子之倅」，鄭司農云「副倅之倅」，後鄭云「公卿大夫士之副貳」。據此則副倅是佐貳也。鄭必解爲副倅者，以上云「司士升豕」，此又升魚腊，明是其佐貳爲之。《儀禮釋官》云：「案：注云『副倅』，即謂司士贊者。下文『司士贊者二人』，與司士爲三，故經又云『司士三人』

❶「近」上，原衍「之」字，今據《續清經解》本删。

也。贊者，其佐。」云「合升左右胖曰純。純，猶全也」者，《士昏禮》云：「腊一肫。」注云：「肫或作純，全也。」凡牲體半爲胖，全爲純。此合升左右胖，故云純也。吴氏廷華云：「據下五飯舉腊肩，則亦體解，但左右胖全脅爾。」敖氏云：「不言髀不升，可知也。」吴氏紱云：「下經祝俎腊兩髀屬於尻，則此之髀不升不必言矣。」

卒脅，皆設扃冪，乃舉，陳鼎于廟門之外東方，北面北上。北面北上，鄉内相隨。古文「鼏」皆爲「密」。【疏】正義曰：「扄」，唐石經作「扃」，嚴本作「扃」，注同。嚴本是也。「鼏」，毛本作「冪」，嚴本經、注俱作「鼏」，亦是也。《校勘記》云：「唐石經、徐本、《集釋》、楊、敖俱作『鼏』，《通解》作『冪』。」○郝氏敬云：「脅、烝同，升也。卒脅，升鼎畢也。」❶張氏爾岐云：「脅，以牲體實鼎也。」下載俎畢亦云「卒脅」。張又云：「載牲于俎，亦謂之脅也。」詳《特牲禮》。乃舉，舉鼎也，謂自鑊西舉而陳于門外東方也。注云「北面北上，鄉内相隨」者，謂羊鼎在北，其餘以次南陳，皆北面鄉内，有似相隨也。古文「鼏」皆爲「密」，詳《士冠禮》。**司宫尊兩甒于房户之間，同棜，皆有冪，甒有玄酒。**房户之間，房西、室户東也。棜無足，禁者，酒戒也。大夫去足改名，優尊者，若不爲之戒然。古文「甒」皆作「廡」，今文「冪」作「鼏」。【疏】正義曰：張氏《識誤》云：「經曰『同棜，皆有冪』，案：注云：『今文鼏作冪。』鼏，指經也，經字必鼏。後『乃啟二尊之蓋冪』同，從注。」今案：經文唐石經、嚴本俱作「冪」，是也。注，嚴本云「今文鼏作冪」，非。當從《集釋》、《通解》、毛本云：「今文冪作鼏。」詳下。棜無足，毛本「棜」誤「於」。○司宫掌凡勞事，故概器、設尊、布筵等事皆司宫爲

---

❶「升鼎」上，原衍「升脅」兩字，今據《儀禮節解》刪。

之。司宮掌勞事，詳《燕禮》。凡兩甒皆有玄酒。玄酒，明水也。冪，甒蓋也。注云「房户之間，房西、室户東也」者，詳《士冠禮》。「梡無足」以下，詳《特牲·記》。「古文『甒』皆作『廡』」，詳《士冠禮》。云「今文『冪』作『鼏』」者，《校勘記》云：「徐本、張氏俱互倒，與單疏標目合。《集釋》、《通解》俱與今本同。案：鼎鼏、尊冪，在今文則皆作『冪』，在古文則皆作『密』，後人妄爲分別，而刊本又復淆譌，不可致詰。此注當有誤字，張氏據注以改經固非，李、黄據經以改注亦未爲得。蓋以『冪』爲古，『鼏』爲今，《儀禮》中無此例。」胡氏承珙云：「案：此説非是。鼎鼏、尊冪自是兩字，今文固無作『密』者，然未嘗不作『鼏』。十七篇中所云古文作『密』者，在今文則多作『鼏』者也。至古文雖少作『冪』之字，然如《既夕·記》之『幦』，古文即借『冪』爲之。則此古文或本作『冪』，今文則又作『鼏』，注當云今文『冪』作『鼏』。鄭因下文『啟二尊之蓋冪』作『冪』，不作『鼏』，故於此從古文經字作『冪』，疊今文不用耳。李、黄所改者，未必非也。」**司宮設罍水于洗東，有枓。設篚于洗西，南肆。**枓，斢水器也。凡設水用罍，沃盥用枓，禮在此也。【疏】正義曰：注「斢」，毛本誤作「⿰黃刂」，嚴本不誤。《校勘記》云：「徐、陳、閩、葛、《集釋》、《通解》、楊、敖俱作『斢』。」○上設洗于阼階東南，司宮也。此罍水與篚亦司宮設之。經但云「有枓」，不言所設之處，當加於罍上，如勺之加於尊也。水在洗東，篚在洗西，經之大例，諸篇皆同。此先言設洗後乃言設水篚者，蔡氏德晉云：「文變也。篚初在東房，至是乃設于阼階東南。」篚制詳《特牲·記》。南肆，猶南順也。注云「枓，斢水器也」者，《禮經釋例》云：「凡盛水之器曰罍，斢水之器曰枓，棄水之器曰洗。」今案：洗制、罍制，已詳上《冠禮》，故此特明之。斢，挹也。枓亦名勺，《廣雅·釋器》云：「枓，杓也。」王氏《疏證》云：「杓與勺同。枓杓所以斢酒，亦所以斢水。《中庸》

云：『今夫水，一勺之多。』《喪大記》：『浴水用盆，沃水用枓。』《士喪禮》疏云：『枓受五升，方，有柄，用挹盆中水以沃尸。』」《三禮圖》名爲洗勺，引《舊圖》云：「勺，五升，口徑六寸，曲中，博三寸，長三寸，柄長二尺四寸，漆赤中，柄末亦丹。其斞酒之勺，云受一升。」據此，則斞水之枓雖亦名勺，較斞酒之勺大矣。云「凡設水用罍，沃盥用枓，禮在此也」者，以罍水必有枓挹之，乃可用以沃盥，他篇不言有枓，故鄭以爲禮在此也。其實罍以盛水，枓以挹水沃盥，而所盥棄水則以洗承之。三者相將，闕一不可。有洗即有罍，有罍即有枓，諸篇行禮之節皆然。《士昏禮》設洗，言洗不言水；《士冠》、《鄉飲》、《鄉射》、《特牲·記》設洗，水在洗東，言水不言罍；《燕禮》、《大射》設洗，罍水在東，言罍不言枓，皆文不具也。又尸尊不就洗，別設槃匜以待其盥，下文「小祝設槃、匜與簞巾于西階東」是也。詳《士虞禮》及《特牲·記》。**改饌豆、籩于房中，南面，如饋之設，實豆、籩之實。**改，更也，爲實之。更之，威儀多也。如饋之設，如其陳之左右也。饋設東面。

【疏】正義曰：張氏爾岐云：「此承上文，亦司宮爲之。前饌豆、籩房中，依于西方，今欲實之，乃更陳如饋時之次第也。豆籩之實，謂菹醢等。」注云「改，更也，爲實之」者，言此更饌豆籩者，爲將實之也。《詩·緇衣》《毛傳》云：「改，更也。」《説文》同。云「更之，威儀多也」者，褚氏寅亮云：「對士不改而即實於其處，威儀略也。凡大夫與士禮之異者，或取尊者禮盛而威儀多，卑者禮殺而威儀略；或取大夫上避君，士卑不嫌同君。各有攸當，參觀兩禮，以意求之可也。」云「如饋之設，如其陳之左右也。饋設東面」者，李氏云：「如設于奥時。」江氏筠云：「入室而陳物于其席前，乃所謂饋。《既夕·記》云：『燕養饋羞。』又云：『朔月若薦新，則不饋于下室。』《有司徹》云：『有司官徹饋。』饋之義可考而知也。此所云饋，蓋指室中薦豆籩時。」今案：

室中之祭席于奧東面，此陳于房中南面，則面向有異。故鄭以經所謂如者，但如其饋於室時陳設左右之次耳，不如其東面也。王氏士讓云：「若如其東面，則象於當祭之時矣，懼褻陳也。」此説是也。**小祝設槃、匜與簞巾于西階東。**爲尸將盥。【疏】正義曰：《儀禮釋官》云：「案：小祝，佐祝者。據此則大夫之祝非一人矣，《周禮·小祝職》曰：『大祭祀，沃尸盥。』」餘詳《士虞禮》「匜水錯于槃中」下。○方氏苞云：「祭之前夕陳鼎于門外，主人子姓兄弟宗祝衆賓之位詳於《特牲》，蓋其義通乎上下，故於士舉之而知上焉者之略同也；鼎實之名數、器具之張設、牲體之差等、割制升載之儀法則詳於《少牢》，蓋其事備於尊者，故於大夫舉之而知下焉者之差減也。」

右羹定實鼎饌器

主人朝服，即位于阼階東，西面。爲將祭也。【疏】正義曰：自此至「革順」，言祭時將至，布設舉鼎匕載之事。上視殺言主人朝服矣，此復言，嫌祭時服有異。敖氏云：「主人既視殺而退，至是乃出，立于其位也。」**司宮筵于奧，祝設几于筵上，右之。**布陳神坐也。室中西南隅謂之奧。席東面，近南爲右。【疏】正義曰：注「席東面」，嚴本作「面」，毛本「面」作「西」。《校勘記》云：「徐本、《集釋》俱作『面』，《通解》、楊氏俱作『西』，案：當作『面』。」○案：《特牲》祝筵几，此司宮設筵、祝設几者，賈疏云：「大夫官多，故使兩官供其事。」注云「布陳神坐也」者，神位在奧，故以筵于奧爲布陳神坐也。設几于筵上，所以安神。右之，神道尚右也。云「席東面，近南爲右」者，《士昏禮》「席于廟奧，東面」，是凡席于奧皆東面也。東面則南爲右，此云「右之」，几在南也。餘詳《士昏禮》。**主人出迎鼎，除鼏。士盥，舉鼎，主人先入。**道之也。主人不盥不舉。【疏】正義曰：出迎鼎，迎于廟門外也。除鼏，示有事也。士，有司之屬也。云「道之也」者，解經「主人先入」也。云「主人不盥不舉」者，經云「士盥，舉鼎」，是主人不盥不舉也。《特牲》云：「主人降，及賓盥。」士禮自舉鼎也。高氏愈云：「士祭則親舉鼎，大夫雖使人舉而必親自導之，敬也。」**司宮取二勺于篚，洗之，兼執以升，乃啓二尊之蓋冪，奠于棜上，加二勺于二尊，覆之，南柄。**二尊，兩甒也。今文「啟」爲「開」，古文「柄」皆爲「枋」。【疏】正義曰：「加二勺于二尊」，嚴本「尊」上無「二」字，毛本有。《校勘記》云：「徐、陳、《通解》俱無。唐石經、《集釋》、楊、敖俱有，與注合。今從石經。」注「今文『啟』爲『開』，古文『柄』皆爲『枋』」，嚴本如是。《校勘記》云：「徐本、《集釋》同。今本脱『啟爲開古文』及『皆』六字。又誤『枋』爲『方』。案：《釋文》有『作枋』二字。」○司宮，即前尊兩甒者。二勺，一尊一勺也。李氏云：「玄酒亦有勺，重古，如酌者然。」王氏士讓云：「二勺，上既摡之矣，此復洗之，重酌奠之器，致其潔也。」今案：蓋冪，蓋尊之冪也。「啟二尊之蓋冪，奠于棜上，加二勺于二尊」，即《特牲·記》所云「即位而徹之，加勺」也，説詳彼。覆之，郝氏敬云：「勺加尊上，覆向下。南柄，柄向南，便執也。」注云「二尊，兩甒也」者，謂二尊即上兩甒也。今文「啟」爲「開」，詳《士昏禮》。古文「柄」皆爲「枋」，詳《冠禮》。**鼎序入，雍正執一匕以從，雍府執四匕以從，司士合執二俎以從。司士贊者二人，皆合執二俎以相，從入。**相，助。【疏】正義曰：入，入廟門也。言「序入」者，五鼎以次而入，羊鼎在先也。言「合執」者，合二俎而執之也。每鼎一匕一俎，司士合執二俎，贊者二人又皆合執二俎，則有六俎矣。鼎五而俎六者，其一爲肵俎也。先言「從」而末言「從入」，謂執匕執俎者皆從鼎入門也。《儀禮釋官》云：「案：下篇注云：『雍正，羣吏，掌辨體名肉物者。府，其屬。』《周禮》凡官之長皆曰正。雍正，即雍人之長也。又《周禮》内饔、外饔下皆有府二人。」注云「相，助」者，《爾雅·釋詁》相、助皆訓爲勴。《説文》「勴」作「勴」，云「助也」。是相、助二字亦轉相訓。《呂刑》：「今天相民。」馬融注：「相，助也。」此謂司士贊者助司士執俎耳。或謂相當讀如字，非。**陳鼎于東方，當序，南于洗西，皆西面北上，膚爲下。匕皆加于鼎，東枋。**膚爲下，以其加也。南于洗西，陳於洗西南。【疏】正義曰：當序，當東序也。前陳鼎于廟門外，北面。此皆西面，與彼異。北上謂羊在北，豕魚腊膚以次直陳而南。前陳鼎門外但云北上，不云膚爲下，以升鼎膚次豕也。李氏云：「膚升鼎先魚腊，從其牲陳之在下，如其次。」敖氏云：「加匕東柄，便匕者之執也。」❶注云「膚爲下，以其加也」者，案：羊魚腊無別鼎，而豕則有膚鼎，故謂之加，加者宜在下也。或曰：鼎實將載於俎，《祭統》云：「凡爲俎者，以骨爲主。」膚無骨，故在下也。云「南于洗西，陳於洗西南」者，李氏云：「榮在序外，鼎當東序，洗當東榮。」今案：據此則鼎在洗西矣。經陳鼎不云「于洗西」而云「南于洗西」，是不與洗東西正相直，而在洗西之南，則鼎兼在洗南矣，故注以爲「陳于洗西南」也。盛氏世佐云：「當序，東西節也。南于洗西，南北節也。設洗之節，南北以堂深，而鼎又在其南也。」**俎皆設于鼎西，西肆。肵俎在羊俎之北，亦西肆。**肵俎在北，將先載也。異其設文，不當鼎。【疏】正義曰：上言陳鼎之處，此言俎所設之處也。俎設鼎西，便於載也。五俎

❶「匕者」，原作「箸」，今據《儀禮集説》改。

皆有鼎，故各在其鼎之西；肵俎無專鼎，故特設於羊俎之北也。盛氏世佐云：「鼎西面，俎亦西肆，則俎於鼎爲縮也。肵俎亦西肆，從其類也。」　注云「肵俎在北，將先載也」者，案：五鼎，羊鼎在北，羊俎設於羊鼎西，則亦在北矣。而肵俎又在羊俎之北，是於俎爲最北，亦以將先載故也。肵俎，敬尸之俎，故先載，即下載心舌是也。云「異其設文，不當鼎」者，既言俎皆設於鼎西，而復別言肵俎所在者，以五俎皆當鼎，肵俎不當鼎，故不得不異其文也。**宗人遣賓就主人，皆盥于洗，長枇。**長枇者，長賓先，次賓後也。主人不枇，言就主人者，明親臨之。古文「枇」作「匕」。【疏】正義曰：注「作匕」，張氏《識誤》云：「監本『匕』誤作『上』。」○《特牲》云「宗人遣佐食及執事盥」，又云「宗人執畢先入」，是枇載之事宗人主之，故此宗人遣賓也。李氏云：「此臣也，而曰賓者，祭以得賓客之助爲榮也。《禮運》曰：『仲尼與於蜡賓。』」盛氏世佐云：「是時主人西面於阼階東，洗與鼎俎之設皆與主人相近，故往就之，乃序進盥也。卒盥序進，西面匕。」　注云「長枇者，長賓先，次賓後也」者，褚氏寅亮云：「士親枇，則主人與賓也；大夫不親枇，則枇者長賓及衆賓也。故注言『長賓先，次賓後』也。然則下經歷言佐食二人升羊豕、司士三人升魚腊膚，即載者也。敖氏誤以升者爲枇者，故言佐食等即賓也。」方氏苞云：「賓以匕出之於鼎，佐食以手承之，乃升而載之於俎。《特牲禮》亦主人長賓枇，佐食升載，至儐尸之俎即用枇者升載，殺其儀以示辨，則此爲賓枇而佐食及司士升載無疑矣。」云「主人不枇，言就主人者，明親臨之」者，謂主人雖不枇，亦親臨之，敬也。案：《易》言：「震驚百里，不喪匕鬯。」《周官・大僕》「贊王牲事」，注謂「殺牲匕載之事」，是人君亦親匕也。《少牢》不親匕，下人君也；《特牲》親匕，士卑不嫌也。云「古文『枇』作『匕』」者，段氏《說文注》云：「匕牲之匕，《易》、《詩》亦皆作匕，《大東》

傳、《震卦》王注皆云『匕所以載鼎實』，❶是也。《禮記・雜記》乃作枇，本亦作朼，鄭注《特牲》引之而曰：『朼、畢同材。』曰朼載，蓋古經作匕，漢人或作朼。非器名作匕，匕載作朼，以此分別也。若《士喪》、《士虞》、《特牲》、《有司》篇，匕載字皆作朼，乃是淺人竄改所爲。鄭注《易》亦云『匕牲體薦鬯』，未嘗作朼牲體也。」胡氏承珙云：「案：《士昏禮》『匕者逆退』，《釋文》作朼，云：『朼，必履反。劉云：匕，器名。朼者，朼載也。』是二字分別說始於劉昌宗，鄭君非不知匕、朼同字，但今文有作朼者，故時或仍之。張氏《識誤》謂《少牢禮》古文作匕，鄭氏改爲朼，非也。」今案：古止有匕字，無朼字。劉氏之說，段已破之。敖氏謂：「用匕謂之匕，猶設尊謂之尊，設席謂之席之類。或作朼者，似後人誤而改之，以別於其爲器名者。而改之不盡者，故匕、朼雜也。」此論甚是。但謂鄭本從今文作朼，恐非。竊疑鄭本經文皆當作匕，注當云：「今文『匕』作『朼』。」今本經、注，匕、朼互易，或出後人所改，如段說耳。餘詳前「廩人概甑甗」之下。**佐食上利升牢心、舌，載于肵俎。心皆安下切上，午割勿沒。其載于肵俎，末在上。舌皆切本末，亦午割勿沒，其載于肵，橫之。皆如初爲之于爨也。**牢，羊、豕也。安，平也。平割其下，於載便也。凡割本末，食必正也。午割，使可絕也。勿沒，爲其分散也。肵之爲言敬也，所以敬尸也。《周禮》祭尚肺，事尸尚心舌，心舌知滋味。今文「切」皆爲「刌」。【疏】正義曰：注「使可絕」下，嚴本有「也」字，毛本無。《校勘記》云：「徐本、《集釋》、楊、敖俱有，《通解》無。」〇吳氏廷華云：「利，即佐食也。長爲上，次爲下。佐食上利，猶言上佐食

❶「王」，原作「二」，今據《說文解字注》改。

也。」今案：上司馬升羊，司士升豕、升魚腊，謂自鑊升實之於鼎。此上利升牢心、舌及下上利升羊，下利升豕，司士三人升魚腊膚，謂自鼎升而載之於俎也。經言皆，皆羊、豕也。橫之，詳《特牲·記》。「皆如初爲之于爨也」者，言此切割之制自爲之於爨時已然矣。《特牲·記》云：「心舌實于牲鼎。」則其初亦亨之於鑊，後乃各自其鑊實之於鼎也。羊心舌在羊鼎，豕心舌在豕鼎，羊、豕鼎相近，故上利得兼升之。注云「牢，羊、豕也」者，凡牲，一爲特，二爲牢。《特牲》肵俎但有豕心舌，《少牢》則羊、豕心舌俱有之，故言牢以兼之也。云「安，平也。平割其下，於載便也」者，下即本也，上即末也。經不云本末而云上下者，以心於俎立載，切下使平則可立，故云「於載便也」。末在上，即《特牲·記》所謂「心立」也，義互詳彼。云「凡割本末，食必正也」者，言舌亦切本末，取其正也。云「午割，使可絶也」者，鄭注《特牲·記》云：「午割，從横割之。」彼言割之形，此言其義，一也。云「勿没，爲其分散也」者，亦是言其義，勿没不絶中央少許，恐其分散也。云「肵之爲言敬也，所以敬尸也」者，本《郊特牲》文。云「《周禮》祭尚肺」者，《明堂位》「周祭肺」是也。云「事尸尚心舌，心舌知滋味」，又云「今文『切』皆爲『刌』」，俱詳《特牲·記》。**佐食遷肵俎于阼階西，西縮，乃反。**【疏】正義曰：盛氏世佐云：「佐食不言上利，文省也。肵俎不與衆俎同進，故遷之使異其處。」敖氏云：「西縮，猶西肆。」郝氏敬云：「乃反，反阼階東，載衆俎也。」今案：《特牲》肵俎亦先設阼階西，以尸未入故也，義互詳彼。**佐食二人。上利升羊，載右胖，髀不升。肩、臂、臑、膊、骼；正脊一、脡脊一、横脊一、短脅一、正脅一、代脅一，皆二骨以並；腸三、胃三，長皆及俎拒；舉肺一，長終肺；祭肺三，皆切。肩、臂、臑、膊、骼，在兩端；脊、脅、肺，肩在上。**升之以尊卑，載之以體次，各有宜也。拒讀爲介距之距。俎距，脛中當横節也。凡牲體之數及載，備於此。【疏】正義曰：「膞骼正脊一」，唐石經唯此「膞」字誤「膊」。○首言「佐食二人」，爲上利、下利發端也。此節先言出鼎之序，後乃言載俎之次，賈疏云：「實鼎曰升，實俎曰載。今實俎而言升者，以其升者上也，是以載俎升載兩言之也。但此經所載牲體多少一依上文，重序之者，以其載俎之時恐與入鼎時多少有異，故重序之。」今案：腸胃及肺兼言其長短，以在俎而著之也。云「長及拒」，則下垂矣。云「皆切」，則不長矣。「肩、臂、臑、膞、骼在兩端；脊、脅、肺；肩在上」，此以牲體之前後爲在俎之上下也。《祭統》云：「周人貴肩。」又云：「凡前貴於後。」肩、臂、臑，前體，故在俎上端；膞、骼，後體，故在俎下端；脊、脅居體之中，腸、胃、肺爲内體，故皆在俎之中央。上端，俎之左端也。張氏爾岐疑「肺」下「肩」字爲誤，盛氏世佐云：「張氏蓋失於分句之不審耳。『肩臂臑膞骼在兩端』爲句，『脊脅肺』爲句，『肩在上』爲句，此三言者，所以明其載於俎之次也。云『肩臂臑膞骼在兩端』，則脊脅腸胃肺之在中央明矣。舉脊脅肺而不言所在者，以其可知也。不言『腸胃』，文省也。俎端有上下，故又言『肩在上』以别之。云『肩在上』，則臂臑從肩而皆在俎之上端，膞骼在其下端亦可知矣，此立言之法也。」王氏士讓云：「復言『肩在上』者，以上文直言兩端，未分上下，故須别之也。載不言腸胃者，以既言『長皆及俎拒』，拒當俎中節，則腸胃在俎之下中可知矣。」今案：盛説、王説極精。經不云「肩臂臑在上」，而云「肩在上」，亦以肩爲貴體，故特舉之以該臂臑。且肩又在臂臑之上，故舉其最上者言之也。張氏以肩爲誤，固非。敖氏以不言腸胃爲文脱，亦非矣。注云「升之以尊卑，載之以體次，各有宜也」者，凡牲四體尊於脊脅腸胃肺，而前體又尊於後體。今自鼎升於俎，先肩臂臑，次膞骼，次脊脅等，是升之以尊卑也。載於俎，則脊脅肺等在中，膞骼在下，不以尊卑爲序，而以牲體之前後分上下，是載之以體次也，故云「各有宜也」。云「拒讀爲介距之距」者，《説文》：「距，雞距也。」《淮南》高注：「距，爪也。」是距爲雞足也。鄭以拒爲俎足，故讀從距。《左傳》昭二十五年：「季、郈之雞鬬。季氏介其雞，郈氏爲之金距。」服注：「金距，以金踏距也。」鄭所云「介距之距」謂此。但雞距在足之下，俎距在足之中央，故鄭又申之云：「俎距，脛中當横節也。」《明堂位》：「俎用梡嶡。」鄭注：「梡，始有四足也。嶡，爲之距。」孔疏：「梡形四足如案。嶡亦如梡，而横柱四足，中央如距也。賀云：『直有腳曰梡，加腳中央横木曰嶡。』」「夏后氏以嶡。」鄭注：「嶡之言蹷也，謂中足爲横距之象。周禮謂之距。」孔疏：「今俎足間有横，似有横蹷之象，故足中央爲横距之象。言雞有距以距外物，今兩足有横而相距也。『周禮謂之距』者，言周代禮儀謂此俎之横者爲距。故《少牢禮》『腸三、胃三，長皆及俎距』是也。」《詩·閟宫》：「籩豆大房。」鄭箋：「大房，玉飾俎也。其制足間有横，下有跗，似乎堂後有房。」然俎足中央有横，故鄭以此距當横節也。云「凡牲體之數及載，備於此」者，案：牲體前脛骨謂之肱，肱骨三：肩也、臂也、臑也；後脛骨謂之股，股骨三：髀也、膞也、骼也。合左右胖爲十二。又脅有三：短脅也、正脅也、代脅也。合左右爲六，則十八也。加正脊、脡脊、横脊，三者爲二十一。肩、臂、臑、髀、膞、骼、脊、脅之名，皆見於此經，故鄭以爲凡牲體之數備於此也。至載於俎，則用右胖而去左，又髀不升，爲十一體。肩、臂、臑、膞、骼在兩端，脊、脅在中，載之法亦唯此經詳之。若《特牲》載俎，用肩、臂、臑、膞、骼、正脊、横脊、長脅、短脅，則止九體，無十一體，故鄭以爲及載備於此也。此經升鼎載俎，歷序牲體，皆不及觳。賈疏乃去兩髀而通二觳爲二十一體，與經不合。陳氏祥道沿其誤，朱子嘗辨之。後儒仍有取陳説者，以經言「髀不升」也。然髀雖不升於神俎，而《士虞》、《特牲》、《少牢》祝俎皆用之。若觳，亦不升於神俎也。今詳録諸儒之説於後。陳氏《禮書》云：「肱骨三：肩、臂、臑也；股骨三：肫、胳、觳也。肫亦作膞，胳亦作骼。脊骨三：正脊、脡脊、横脊也；脅骨三：代脅、長脅、短脅也。正脊之前則膉也，膉亦謂之脰，肫之上則髀也。然則左右肱之肩、臂、臑與左右股之肫、胳、觳而爲十有二，脊骨三與左右脅骨六而爲九。祭之所用者，去髀膉，而二十有一，去二觳而爲十九矣。」又云：「《士喪禮》：『特豚，四鬄，去蹏，兩胉，脊。』胉，脅也。《既夕》鼎實羊左胖亦如之。然則四鬄者，殊左右肩髀而爲四，又兩胉一脊而爲七，此所謂豚解也。《士喪禮》略，豚解而已，至虞然後豚解、體解兼有焉。若夫正祭，則天子諸侯有豚解、體解。《禮運》曰：『腥其俎，孰其殽，體其犬豕牛羊。』腥其俎，謂豚解而腥之爲七體。孰其殽，謂解之爓之爲二十一體。大夫士有體解無豚解，以其無朝踐獻腥之禮故也。」朱子云：「豚解之義，陳説得之。體解則析脊爲三，兩胉、兩肱、兩股，合三通爲二十一體。凡牲與腊方解割時皆是如此，但牲則兩髀以賤而不升於正俎耳，故《少牢禮》具列自髀以下凡二十一體，但髀不升耳。而鄭注云：『凡牲體之數備於此。』不及他體也。況此言腊，則又不殊賤也。而《周禮》内饔及此經《昏禮》兩疏皆言二十一體，乃不數兩髀，而不計其數之不足，蓋其疏略。至《少牢》疏及陳祥道乃去髀而以兩觳足之，蓋見此經後篇猶有脰及兩觳可以充數，然欲盡取之，則又衍其一，故獨取兩觳，而謂脰非正體。若果如此，則觳亦非正體，又何爲而取之邪？此其爲説雖巧而近於穿鑿，不可承用。」褚氏寅亮云：「二十一體當數髀而去觳。蓋觳附於骼，可析可合，不得爲體。經言『髀不升』，則髀明是體之一，安得去之而取觳乎？疏未是，陳亦同誤。」秦氏蕙田云：「正脊之前肩之上當頸處謂之脰，亦謂之膉。骼之下後足之末近蹏者謂之觳。膉一而觳兩，皆不在正體之數。兩髀雖以近竅之故，賤之而不升，然究屬正體。通數之得二十一體，則牲體之數備矣。」合觀諸説，二十一體當取兩髀，去兩觳。今案：朱子之論不可易耳，互詳於《特牲·記》。**下利升豕，其載如羊，無腸、胃。**【疏】正義曰：豕載於俎，惟無腸胃爲異，餘俱與羊同。前升鼎時不言無腸胃者，以歷序牲體，則其無腸胃自見。此但言「如羊」，故須别其異者也。**體其載于俎，皆進下。**進下，變於食生也。所以交於神明，不敢以食道，敬之至也。《鄉飲酒禮》進腠，羊次其體，豕言進下，互相見。【疏】正義曰：案：姜氏兆錫以此二句爲總言羊豕，甚是。體，謂十一體，言羊豕之體之載於俎皆進下，故特言「體」以起例也。下經腊之進下，言亦者，亦羊豕也，足證此「皆進下」爲總舉羊豕之辭也。注云「進下，變於食生也」者，張氏爾岐云：「食生人之法進腠。腠，骨之本；下，骨之末。進下者，以骨之末向神也。」盛氏世佐云：「每體各有本末，如臂以近肩處爲本，近臑處爲末，餘以是推之。」云「所以交於神明，不敢以食道，敬之至也」者，是解所以變於食生之義。「不敢以食道」，《檀弓》文。引《鄉飲酒禮》者，證進腠爲食生之道也。云「羊次其體，豕言進下，互相見」者，羊次其體，謂上經載羊自肩以下，詳次其體。鄭以此二句爲單言「豕」，故以互見解之，似不如姜説之確。**司士三人，升魚、腊、膚。魚用鮒，十有五而俎，縮載，右首，進腴。**右首進腴，亦變於食生也。《有司》載魚横之。《少儀》曰：「羞濡魚者進尾。」【疏】正義曰：注「進腴」，毛本「腴」誤「魚」。○司士三人，升魚、腊、膚，變於初也。鮒，詳《士喪禮》。縮載，謂直載之於俎也。鄭注《少儀》云：「腴，腹下也。」進腴，謂每魚以腹向神也。注云「右首進腴，亦變於食生也」者，亦者，亦牲體之進下也。《士喪禮》云：「魚左首，進鬐。」注云：「未異於生。」是食生人之法進鬐，祭神則進腴，爲變於食生也，詳《公食大夫禮》「魚七，縮俎，寢右」下。云「《有司》載魚横之」者，案：《有司》即指下篇《有司徹》言。引之者，見正祭與儐尸禮異。又引《少儀》者，進尾亦横載之，與縮載異也，亦詳見於《公食禮》。**腊一純而俎，亦進下，肩在上。**如羊豕。凡腊之體，載禮在此。【疏】正義曰：「腊一純而俎」，謂左右胖全載於俎，此其與羊豕異者也。兩髀亦不升。吴氏紱云：「腊亦體解，但羊豕則專用右體，而十有一。腊則兼左右體，十有九耳。」注云「如羊豕」，謂進下及肩在上皆如羊豕也。云「肩在上」，則亦前後體在俎兩端，脊脅在中，故鄭以爲凡腊體載俎之禮見於此也。**膚九而俎，亦横載，革順。**列載於俎，令其皮相順。亦者，亦其骨體。【疏】正義曰：注云「列載於俎，令其皮相順」者，謂膚革相比次作行列以載，令不錯雜也。革，皮也，言革順則膚不去皮可知。云「亦者，亦其骨體」者，上骨體云「進下」，即横載也，此膚亦如之。「横載」者，横而載於俎也。賈疏云：「上牲體載文不明，故舉膚亦横載以明之。」或曰：上舌載于肵俎，經明云「横之」，此膚横載云「亦」者，蒙舌而言也。

右將祭即位設几加勺載俎

儀禮正義卷三十八　鄭氏注

績溪胡培翬學

卒晉，祝盥于洗，升自西階。主人盥，升自阼階。祝先入，南面。主人從，户内西面。將納祭也。【疏】正義曰：自此至「主人又再拜稽首」，言陰厭之事。《禮經釋例》云：「凡尸未入室之前，設饌于奥，謂之陰厭。《少牢》『司宫筵于奥，祝設几于筵上，右之』，此爲神布席也。至主人及祝入室後：『主婦薦自東房，韭菹、醓醢，坐奠于筵前。主婦贊者一人，執葵菹、蠃醢以授主婦。主婦不興，遂受，陪設于東。韭菹在南，葵菹在北。』此薦豆也。又云：『佐食上利執羊俎，下利執豕俎，司士三人執魚腊膚俎，序升自西階，相從入。設俎，羊在豆東，豕亞其北，魚在羊東，腊在豕東，特膚當俎北端。』此設俎也。又云：『主婦自東房，執一金敦黍，有蓋，坐設于羊俎之南。婦贊者執敦稷以授主婦，主婦興受，坐設于魚俎南。又興受贊者敦黍，坐設于稷南。又興受贊者敦稷，坐設于黍南，敦皆南首。』此設敦也。又云：『祝酌奠。』此酌奠也。又云：『遂命佐食啓會，佐食啓會蓋，二以重，設于敦南。』此啓會也。又云：『主人西面，祝在左，主人再拜稽首。祝祝曰：孝孫某，敢用柔毛剛鬣、嘉薦普淖，用薦歲事于皇祖伯某，以某妃配某氏。尚饗。主人又再拜稽首。』此饗神也。皆尸未入室之前設饌于奥以饗神者也，所謂陰厭也。」餘詳《特牲禮》。上「卒晉」，升鼎畢也；此「卒胥」，載俎畢也。然則升鼎、載俎均謂之胥也。入，入室也。敖氏云：「祝先升，亦大夫禮盛也。祝南面負墉。」　注云「將納祭也」者，言入室爲將納陰厭之祭也。　**主婦被錫，衣移袂，薦自東房，韭菹、醓醢，坐奠于筵前。主婦贊者一人，亦被錫，衣移袂，執葵菹、嬴醢以授主婦。主婦不興，遂受，陪設于東。韭菹在南，葵菹在北。主婦興，入于房。**　被錫，讀爲髲鬄。古者或剔賤者、刑者之髮，以被婦人之紒爲飾，因名髲鬄焉。此《周禮》所謂次也。不纚笄者，大夫妻尊，亦衣綃衣而侈其袂耳。侈者，蓋半士妻之袂以益之，衣三尺三寸，袪尺八寸。　韭菹、醓醢，朝事之豆也，而饋食用之，豐大夫禮。葵菹在北，綪。　今文「錫」爲「緆」，「嬴」爲「蝸」。【疏】正義曰：「移袂」，毛本「移」作「侈」。《校勘記》云：「唐石經、嚴本、《要義》、楊氏俱作『移』。徐本、《釋文》、《集釋》、《通解》、敖氏俱作『侈』，下同。陸氏曰：『侈，本又作移。』魏氏曰：❶『移，本又作侈。』段玉裁云：『《釋文》當云：「移袂」，本又作「侈」。後人倒之耳。張忠甫依《釋文》改移爲侈，非也。作移者自是相傳古本。《羣經音辨》曰：移，廣也，音侈。禮，主婦人衣移袂。此賈昌朝本作移也。葉抄《釋文》移從衣，殆非也。』臧庸云：『移字，當作袳。《說文》：袳，衣張也。』案：袳乃正字，移即袳之假借字，作侈誤也。段謂《釋文》當云『移袂』，本又作『侈』，正與《要義》合。《追師》注引此經亦作『移』。《表記》：『衣服以移之。』注云：『移，讀如水氾移之移。移，猶廣大也。』此古作移之證。」○高氏愈云：「此言主婦親設四豆也。」李氏云：「『主婦贊者一人，亦被錫，衣侈袂』，則其餘如士之妻纚笄宵衣耳。」蔡

❶ 「魏」，疑當作「楊」。

氏德晉云：「主婦贊者，即《特牲》所謂宗婦也。蓋以命婦爲之，故亦被錫衣侈袂。陪設，謂繼設之。」「薦自東房」，以上饌豆於房中，故自房來也。《特牲》兩豆、《少牢》四豆，故主婦先執兩豆坐奠也。而贊者又執兩豆以授之，主婦不興，則贊者亦入户坐授也。「主婦興，入于房」，入東房也。蓋主婦初自房出而入室設豆，設畢，乃出室而入房。經但云「入于房」，不云入室出室，省文也。敖氏云：「不言盥，如《特牲》可知。」注云「被錫，讀爲髲鬄。古者或剔賤者、刑者之髮，以被婦人之紒爲飾，因名髲鬄焉」者，段氏玉裁校本謂注「鬄」當作「鬀」，「以被」之「被」當作「髲」。《說文》：「鬄，髲也。鬄，或作髢。髲，鬄也。」段氏《說文注》改「鬄也」爲「益髮也」，云：「《庸風》正義引《說文》云：『髲，益髮也。言人髮少，聚他人髮益之。』下十字必古注語。髲字不見於經傳，假被字爲之。《召南》：『被之僮僮。』傳曰：『被，首飾也。』《少牢》注曰：『被錫，讀爲髲鬀。』則被即髲也。」又《說文》：「鬀，鬎髮也。」段氏注云：「鬄與鬀義別。鬀字今經典不見，而《五經文字》曰：『鬀，聽亦反。見《詩・風》注。』所云『《詩・風》注』，謂《采蘩》箋也。今箋云：『主婦髲髢。』❶髢，《釋文》作『鬄』，張參所見作『鬀』爲是。蓋鄭既注《禮》，乃箋《詩》。《禮注》謂剔人髮以髲婦紒，因名『髲鬀』。《追師》注亦引《少牢》『主婦髲鬀』，與《詩箋》皆自用其改易之字。而俗人多識鬄，少識鬀，且誤認爲一字，於是二《禮》及《詩》注皆改鬀爲鬄、爲髢。夫鬄、鬀同字，訓髲。髲，益髮也。倘經云『髲鬄』，直重字而已，於義安乎？」胡氏承珙云：「案：段說甚晰。然髲、鬄雖同一物，古文自有累言之者，單言之曰髲，累言之亦可曰髲鬄。況鬄

❶「主」上，《說文解字注》有「禮記」二字。

義本因鬄髮，其曰髲鬄，即如云髲鬄也，似不必改鬄爲鬄。古文『被錫』二字皆假借，今文之『緆』又因錫通用耳。」云「此《周禮》所謂次也」者，《周禮·追師》：「掌王后之首服，爲副編次。」鄭注：「副之言覆，所以覆首爲之飾，其遺象若今步摇矣。編，編列髮爲之，其遺象若今假紒矣。次，次第髮長短爲之，所謂髲髢。」髢，《釋文》作鬄。案：鄭以此經之髲鬄釋《周禮》之次，是髲鬄即次也。云「不纚笄者，大夫妻尊」者，案：《特牲》士妻纚笄宵衣，此髲鬄是大夫妻，尊也。云「亦綃衣而侈其袂耳」者，鄭以侈釋移，謂大夫妻綃衣與士妻同，惟侈袂爲異。綃衣，詳《特牲禮》。敖氏云：「被謂衣之也。今文『錫』爲『緆』，『緆』當作『緣』，緣、褖通。《内司服》曰『緣衣素紗』，是也。」褚氏寅亮云：「敖氏以『被』字爲句，『錫衣侈袂』爲句，而以錫衣爲褖衣。其意蓋以士妻自祭，辟助祭之褖衣，故服六服外之綃衣。若大夫妻自祭，辟助祭之展衣，尚可服褖衣，不必服綃衣，故以錫衣爲褖衣，似也。然則竟服褖衣可矣，又何必侈其袂乎？細思終未安。不如仍遵注義，所以侈其袂者，以與士妻同服綃衣，不得不稍異制也。」今案：鄭注《周禮·追師》引此經「移袂」云「移袂，褖衣之袂」，與此注云「綃衣」不同。《詩·采蘩》孔疏申之云：「鄭以《特牲禮》士妻綃衣，大夫妻言侈袂，對士而言，故侈綃衣之袂。以無明文，故《追師》之注更别立説。」今案：鄭雖爲兩解，當以此注爲正。以經但云「衣移袂」，不言何衣，明是與士妻衣同。凡言「侈袂」者，皆謂衣同而欲有以别之，故爲侈袂之制。如鄭注《司服》云：「士衣袂二尺二寸，大夫以上侈之。」以其同爲玄端服也。《雜記》曰：「凡弁絰，其衰侈袂。」以其同爲衰服也，若一爲褖衣，一爲綃衣，則其衣自異，何必更爲侈袂以别之？褚氏駁敖之説是也。且鄭《追師》注雖有褖衣之説，而其引此經「被錫」即作「髲鬄」，與此注同。敖氏以被爲衣，錫爲褖，是無首飾矣，故又云「不言首飾，亦纚笄」，是以大夫妻纚笄與士妻同，果爾則經何以不一言及之？ 至轉錫爲褖尤爲臆斷，不可從。 云「侈者，蓋半士妻之袂以益之，衣三尺三寸，袪尺八寸」者，鄭以侈釋移，遂申言侈袂之制。 袂，袖也。 袪，袂口也。士妻之袂二尺二寸，袪尺二寸，今以其半益之，則袂三尺三寸，袪尺八寸也。 注「三尺三寸」係指袂言之。 據賈疏當時有兩本，或作「衣」，或作「袂」，惠氏棟校本定作「袂」。 考鄭注《司服》云：「侈之者，蓋半而益一焉。」半而益一，則其袂三尺三寸，袪尺八寸。 注《雜記》云：「袂之小者二尺二寸。 大者半而益之，則侈袂三尺三寸。」據此可證作「袂」爲是也。 云「韭菹、醓醢，朝事之豆也，而饋食用之，豐大夫禮」者，李氏云：「《周禮·醢人》朝事八豆，有韭菹、醓醢；饋食八豆，有葵菹、蠃醢。 士饋食禮唯取葵菹、蠃醢，大夫兼取朝事二豆，是爲豐大夫禮。」云「葵菹在北，綪」者，《校勘記》云：「『在』下，《集釋》有『北』字。 案：《特牲》疏引此注今本有『北』字，單疏本則有『北』字而無『綪』字。」今案：「北」、「綪」二字宜俱有。 李氏云：「豆皆右菹左醢，據此則葵菹亦當在南，今在北，是綪設之。 故鄭以綪釋『葵菹在北』之義也。」吴氏廷華云：「據經云『陪設于東』，而二菹乃分南北，則葵菹在醓醢東，蠃醢在韭菹東，如四隅，二菹二醢各邪向爲南北，注所謂綪也。」今案：各本皆作「葵菹在綪」，無「北」字。 張氏爾岐以菹醢錯對爲在綪，於在字義終難通，當從《集釋》爲是。 又汪氏中校本改「在」爲「左」，曰：「在、左形似致誤。 鄭注《士喪禮》釋綪爲屈，左綪者，左屈也。 據經云『韭菹在南，葵菹在北』，是其設之次先韭菹，次醓醢。 在韭菹之北，屈而東設葵菹，又南設蠃醢，几筵東向，以北爲左。 今設葵菹，自北屈而陳，故云『左綪』。」案：汪氏因今本無「北」字，遂以在爲左，似亦可備一説。 云「今文『錫』爲『緆』，『蠃』爲『蝸』」者，《校勘記》云：「『今文』二字，陳、閩、監、葛本俱誤在『葵菹』上。」又云：「徐本、

《通解》俱有『鬄爲緆』三字，今本無。嚴本、《集釋》俱與徐本同，惟『鬄』字作『錫』，《釋文》有『爲緆』二字，云『音羊』。案：『緆』字不當從『昜』，疑陸誤。」盧氏文弨《釋文考證》云：「注本有『錫爲緆』三字，注疏本無，則《釋文》無所附麗矣。」今案：作「鬄」、作「緆」俱非。《集釋》作「錫爲緆」，是也。「蠃爲蝸」，詳《士冠禮》。**佐食上利執羊俎，下利執豕俎，司士三人執魚、腊、膚俎，序升自西階，相從入。設俎，羊在豆東，豕亞其北，魚在羊東，腊在豕東，特膚當俎北端。**相，助也。【疏】正義曰：高氏愈云：「此言設五俎於席前也。」吳氏廷華云：「羊在豆東，在蠃醢東。羊南豕北，南上也。」張氏爾岐云：「特膚者，膚俎單設，在四俎之北也。」劉氏台拱云：「當俎北端，當豕俎之北也。」注云「相，助也」者，詳前「司士贊者二人皆合執二俎以相從入」下。敖氏於彼經云：「相從，嫌竝行也。」今案：此節「相」上無「以」字，又上言「序升」謂五者以次而升也，則敖氏之解移於此節似亦可通。秦氏蕙田云：「執俎之人以序而升，相從而入。『相』如字，不必讀作去聲。」**主婦自東房，執一金敦黍，有蓋，坐設于羊俎之南。婦贊者執敦稷以授主婦，主婦興受，坐設于魚俎南。又興受贊者敦黍，坐設于稷南。又興受贊者敦稷，坐設于黍南。敦皆南首。主婦興，入于房。**敦有首者，尊者器飾也。飾蓋象龜，周之禮，飾器各以其類，龜有上下甲。今文曰「主婦入于房」。【疏】正義曰：高氏愈云：「此言主婦親設四敦也。」敖氏云：「金敦，以金飾之也，四敦皆然，特見其一耳。婦贊者，即主婦贊者一人也。不言主，省文也，後放此。以授主婦，立授之也，故主婦興受敦，與受豆籩不同，禮貴相變也。」蔡氏德晉云：「婦贊者唯一人，其後二敦，別有婦人贊者執之以授主婦。」張氏爾岐云：「設黍稷亦綪也。」今案：上主婦設豆畢，興，入于房。此復自東房執敦入室以設，設畢復入于房，以行禮時婦人位恒在房中也。　注云「敦有首者，尊者器飾也」者，鄭意蓋以大夫以上敦、簋有飾，士無之，故《禮器》「管仲鏤簋」注云：「鏤簋，謂刻而飾之。大夫刻爲龜爾，諸侯飾以象，天子飾以玉。」云「飾蓋象龜，周之禮，飾器各以其類，龜有上下甲」者，《考工記·梓人》云「外骨内骨，卻行仄行」云云，「以脰鳴者，以注鳴者，以旁鳴者，以翼鳴者，以股鳴者，以胷鳴者，謂之小蟲之屬，以爲雕琢」，鄭注云：「刻畫祭器博庶物也。」又云：「外骨，龜屬也。」戴氏震《考工記圖》注云：「歐陽氏《集古録》曰：『簋容四升，其形似龜，有首、有尾、有足、有甲、有腹。今禮家作簋，但於其蓋刻爲龜形，與原父所得真古簋不同。』案：《集古録》所云『但於其蓋刻爲龜形』者，即聶氏《三禮圖》之敦與簠簋皆於蓋頂作一小龜是也。其説始於《儀禮》疏誤解鄭注『飾蓋象龜』一『蓋』字，『蓋』之爲言意擬未定之辭，無正文也。」褚氏云：「敦與簋之首足皆在器身，不在蓋。」盛氏云：「《三禮圖》敦蓋龜形。《士喪禮》『敦啓會面足』，敦蓋已啓，猶云『面足』，則其説未必然。」今案：刻爲龜者，謂通體刻爲龜形，非於其蓋也。此注「蓋」字是虚詞，非會蓋之蓋，觀《禮器》、《考工記》注不言刻蓋可見。賈疏以蓋形龜象釋之，則其誤自賈始矣。　云「今文曰『主婦入于房』」者，鄭以上云「坐設」，言坐則必有興。古文有「興」字，文義較備，故疊今文不從也。　**祝酌奠，遂命佐食啓會。佐食啓會蓋，二以重，設于敦南。**　酌奠，酌酒爲神奠之，後酌者，酒尊，要成也。《特牲饋食禮》曰：「祝洗，酌奠，奠于鉶南。」重，累之。【疏】正義曰：高氏愈云：「諸侯廟中有鬱鬯以灌地降神，大夫無之，止酌酒奠神。而神若來享之，故祝遂出迎尸也。」方氏苞云：「『二以重』者，以黍稷二敦南北相次，會之啓，不得各從其敦，故重之而竝設於下敦之南。兼明所謂會者，即蓋也。」今案：《特牲》言「祝洗酌奠」，此不言洗，省文耳。　注云「酌奠，酌酒爲神奠之」者，以陰厭爲神不爲尸也。云「後酌者，酒尊，要成也」者，李氏云：「饌由尊者而成，故酒後設之。」引《特牲》者，以經未言所奠之處，故引《特牲》以證之。但《特牲》設鉶在前，故經云「奠于鉶南」。此酌奠時尚未設鉶，故經空其文，注以所奠處故預指鉶言之。下經鉶設于韭菹之南，是此時尚未設鉶也。云「重，累之」者，以每二敦之蓋重疊設之，鄭箋《詩·無將大車》亦云：「重，猶累也。」**主人西面，祝在左。主人再拜稽首。祝祝曰：「孝孫某，敢用柔毛剛鬣、嘉薦普淖，用薦歲事于皇祖伯某，以某妃配某氏，尚饗。」主人又再拜稽首。** 羊曰柔毛，豕曰剛鬣。嘉薦，菹醢也。普淖，黍稷也。普，大也。淖，和也。德能大和，乃有黍稷。《春秋傳》曰：奉粢以告，曰「潔粢豐盛」。謂其三時不害，而民和年豐也。

【疏】正義曰：《禮經釋例》云：「凡室中、房中拜，以西面爲敬。室中之拜，事神與尸也。案：《士虞禮》陰厭：主人入，祝從，在左西面。又云：主人再拜稽首。《特牲禮》陰厭：祝先入，主人從，西面于户内。又云：主人再拜稽首。又：養，主人西面再拜。《少牢禮》陰厭：主人西面，祝在左，主人再拜稽首。又：尸飯，祝西面于主人之南，主人不言，拜侑。又：尸酢主人，主人西面奠爵，又拜。又：獻祝，主人西面荅拜。又：獻二佐食，同。又：養，主人西面三拜養者。又：主人受上養爵，酌以醋于户内，西面坐奠爵，拜。此男子室中之西面拜也。又《少牢禮》：主婦獻尸，入户，西面拜。又：主婦主人之北，西面拜送爵。又：主婦受尸酢及獻佐食，皆西面荅拜。此婦人室中之西面拜也。《士虞禮》：主人初獻，北面荅拜。《特牲禮》：主人獻佐食，佐食北面拜受角。又：嗣舉奠，北面再拜稽首。《少牢禮》：獻上佐食，上佐食户内牖東，北面拜。又：主婦獻佐食，佐食北面拜。又：賓長獻尸，户西北面拜送爵。《有司徹》不儐尸之禮：賓長獻尸，户西北面荅拜。又：賓致爵于主人，賓北面荅拜。又：賓自酢，户西北面拜。此男子室中之北面拜也。《特牲禮》：主婦亞獻，北面拜送。《有司徹》不儐尸之禮：主婦致爵于主人，户西北面拜送爵。又：主婦自醋，户内北面拜。此婦人室中之北面拜也。又《士昏禮》：婦至成禮，酌酳，主人贊，户内北面荅拜。酳婦亦如之。又：贊自酢，户西北面奠爵拜。此嘉禮室中之拜也。房中之拜，與婦人行禮也。《特牲禮》：賓三獻，主人致爵于主婦，席于房中，南面。主婦拜受爵，主人西面荅拜。又：獻内兄弟于房中，主人西面荅拜。《有司徹》：獻内賓于房中，南面拜受爵，主人南面于其右荅拜。又不儐尸之禮：賓致爵于主婦，主婦北堂席北東面拜受爵，賓西面荅拜。此皆房中之拜也。《特牲》：獻内兄弟，主人西面拜。《有司徹》獻内賓南面拜者，士與大夫之殊也。蓋堂上以南鄉爲尊，故拜以北面爲敬；室中以東鄉爲尊，故拜以西面爲敬；房中則統於室，亦以西面爲敬歟？」　注云「羊曰柔毛，豕曰剛鬣」者，《曲禮》文。賈疏云：「羊肥則毛柔，豕肥則鬣剛也。」「嘉薦普淖」，詳《士虞·記》。《春秋傳》桓公六年隨季梁之言，引之者以證「普淖」之義。

右陰厭

祝出，迎尸于廟門之外。主人降立于阼階東，西面。祝先，入門右，尸入門左。 主人不出迎尸，伸尊也。《特牲饋食禮》曰：「尸入，主人及賓皆辟位，出亦如之。」祝入門右者，辟尸盥也，既則後尸。

【疏】正義曰：自此至「牢肺正脊加于肵」，皆言尸入正祭之事。張氏爾岐分尸入妥尸及尸十一飯爲二節，今從之。　注云「主人不出迎尸，伸尊也」者，謂伸尸尊也。《特牲》注云：「主人不迎尸，成尸尊。」與此同義，詳彼。引「《特牲禮》曰：『尸入，主人及賓皆辟位，出亦如之。』」者，此《特牲·記》之文也，引之證此與彼同。云「祝入門右者，辟尸盥也，既則後尸」者，盥見下文。入門則祝先，升階、入室則祝後。下文「祝延尸，尸升自西階，入，祝從」，是後尸之事也。**宗人奉槃，東面于庭南。一宗人奉匜水，西面于槃東。一宗人奉簞巾，南面于槃北。乃沃尸，盥于槃上。卒盥，坐奠簞，取巾，興，振之三，以授尸，坐取簞，興，以受尸巾。**庭南，没霤。【疏】正義曰：「南面于盤北」，以尸北面盥，故向之。「乃沃」，奉匜水之宗人也。「坐奠簞，取巾」，奉簞巾之宗人也。餘詳《士虞禮》及《特牲·記》。注云「霤」者，門内霤也。庭南近門，故以爲没盡霤處。李氏云：「尸盥設于西階東。尸入門左，至門内霤，侍盥者奉器就之。門内霤在庭之南。《特牲禮》曰：『尸入門左，北面盥。』亦繼門言之。」**祝延尸，尸升自西階，入，祝從。**由後詔相之曰延。延，進也。《周禮》曰大祝相尸禮。祝從，從尸升自西階。【疏】正義曰：入，入室也。注云「由後詔相之曰延。延，進也」及引《周禮·大祝職》文，俱詳《特牲禮》。云「祝從，從尸升自西階」者，經言「祝從」于「入」之下，注恐人以祝之入在尸後，而升階或在尸前，故特明之。**主人升自阼階。祝先入，主人從。**祝接神，先入宜也。【疏】正義曰：以祝是接神之官，故宜先入也。**尸升筵，祝、主人西面立于户内，祝在左。**主人由祝後而居右，尊也。祝從尸，尸即席，乃卻居主人左。【疏】正義曰：西面以右爲上。注以入室祝先，主人後。今主人立于祝右，以其尊也。祝在主人左，以由前而卻也。必言「祝從尸，尸即席」者，以入室中祝猶在主人先，至尸即席乃退居主人左也。退居主人左，與主人同西面者，以將拜妥尸也。蔡氏德晉云：「室中西面，主人之定位也。祝位負北墉，南面，有事於神，尸則變位。」**祝、主人皆拜妥尸，尸不**

言。尸荅拜，遂坐。拜妥尸，拜之使安坐也。尸自此荅拜，遂坐而卒食，其間有不啐奠，不嘗鉶，不告旨，大夫之禮，尸彌尊也。不告旨者，爲初亦不饗，所謂曲而殺。【疏】正義曰：蔡氏德晉云：「尸不言，象神之恭默也。」盛氏世佐云：「案：《特牲禮》言尸坐于主人拜妥尸之上，此言於妥尸之下者，亦文有先後耳。敖氏云『以主人尊故』，非也。」今案：《士虞》亦言尸坐于妥尸之下，盛説是也。注云「拜妥尸，拜之使安坐也」者，詳《特牲禮》。云「尸自此荅拜，遂坐而卒食」者，明其卒食以前不復興也。但據《特牲禮》中間有「啐酒，告旨，主人拜，尸奠觶荅拜，祭鉶，嘗之，告旨，主人拜，尸荅拜」之文，則不能坐而不興，故注復申之。云「其間有不啐奠，不嘗鉶，不告旨，大夫之禮，尸彌尊也」者，以《少牢》無啐奠嘗鉶告旨之事也。不嘗鉶，不告旨，謂不嘗鉶、告旨耳，非兩事也。《特牲》主人之拜以其告旨，非以其嘗鉶也。注於「告旨」上必重言不者，以啐酒之拜亦以告旨故，故總言「不告旨」也。尸在廟門内本尊，而大夫之尸視士尸又尊，故云「彌尊也」。云「不告旨者，爲初亦不饗」者，鄭以不告旨總上不啐奠不嘗鉶言之，故下祇申言不告旨之義也。《特牲》拜妥尸後，「尸荅拜，執奠，祝饗，主人拜如初」。注：「饗，勸强之也。」此經無祝饗之事，是初亦不饗也。初時不饗，故後亦不告旨也。云「所謂曲而殺」者，《禮器》文。彼注云：「謂若父在爲母期也。」案：父在爲母期，不得伸其尊。《特牲》士禮得饗而《少牢》不饗者，以大夫近君，嫌與君同。是亦不得伸之義，故引以爲證也。盛氏世佐云：「不祝饗與士禮異。所以然者，以其有儐尸於堂之禮，故於是略之歟？」此説亦可存參。**祝反南面。**未有事也。隋祭，爾敦，官各肅其職，不命。【疏】正義曰：敖氏云：「南面云『反』，以見從尸入時位在此。」稷若云：「方陰厭之初，祝入南面。此既無事，故反其位。」南面，祝在室之常位也。此時妥尸畢復其常位，故云「反」。注云「未有事也」者，妥尸事畢也。云「隋祭，爾敦，官各肅其職，不命」者，對《特牲》隋祭爾敦皆祝命之言也。此申言未有事之義。未有事，故反南面也。

右迎尸入妥尸

尸取韭菹，辯擩于三豆，祭于豆間。上佐食取黍稷于四敦，下佐食取牢一切肺于俎，以授上佐食，上佐食兼與黍以授尸。尸受，同祭于豆祭。牢，羊豕也。同，合也。合祭於俎豆之祭也。黍稷之祭爲隋祭，將食神餘，尊之而祭之。今文「辯」爲「徧」。【疏】正義曰：此言尸隋祭之事。凡尸未食前之祭謂之隋祭，詳《特牲禮》。擩，染也。豆間，上豆之間，義俱詳彼。吴氏廷華云：「擩必於醢。四豆惟醓醢、蠃醢，則三豆者，二豆之誤。」李氏云：「切肺，祭肺也。神俎祭肺三，取其一也。言牢者，羊豕兼取之。」今案：羊豕肺各取其一，留二以爲主人、主婦用也。敖氏云：「言兼與黍而不言稷，見其尊者耳。」或曰：「黍」下脱一「稷」字。方氏苞云：「承上經『取黍稷于四敦』，而曰『兼與黍以授尸』，則兼稷無疑也。下經曰『爾上敦黍』，則不兼稷無疑也。所以然者，緣尸之意，己所飯不敢同於神祭也。」今案：「兼與黍」下，各本皆無「稷」字，其實當有「稷」字，方説是也。豆祭所祭豆實之處，即豆間也。《禮經釋例》云：「隋祭，即《周禮·大祝》九祭中之命祭也。此祭必祝命之，故曰命祭。《特牲》、《士虞》皆然，《少牢》不云命祭，文不具也。」注云「牢，羊豕也」者，義見前。云「同，合也。合祭於俎豆之祭也」者，《説文》「同，合會也」，故同訓爲合。李氏云：「『俎豆』當作『菹豆』。」張氏《識誤》同。謂即合祭於上取韭菹祭于豆間之處也。云「黍稷之祭爲隋祭，將食神餘，尊之而祭之」者，案：隋祭當兼肺言，注特舉黍稷以該之耳。《禮記・郊特牲》：「祭黍稷加肺。」鄭注：「謂綏祭也。」孔疏云：「案：《特牲禮》云：『祝命挼祭，尸左執觶，右取菹，擩于醢，祭于豆間。佐食取黍稷肺祭授尸，尸祭之。』是尸綏祭之時有黍稷肺也。《少牢》亦然。」張氏爾岐云：「先陳設爲陰厭，尸後來即席食，是尸餕鬼神之餘，故尊而祭之也。」云「今文『辯』爲『徧』」者，詳《鄉飲酒禮》。「爲」，《釋文》作「作」。

上佐食舉尸牢肺、正脊以授尸，尸受祭肺，上佐食爾上敦黍于筵上，右之。爾，近也，或曰移也。右之，便尸食也。重言「上佐食」，明更起，不相因。【疏】正義曰：李氏云：「『授尸』下，賈氏有『尸受祭肺』四字。」楊氏復説同，吴氏澄《考注》本據以補入。張氏爾岐云：「案：唐石經本亦無此四字。唯下『食舉』疏云：『舉牢肺正脊也者，上文云：上佐食舉尸牢肺正脊以授尸，尸受祭肺。』則賈作疏時經文尚有四字。」劉氏台拱云：「案：經文若有此四字，注不必爲重言『上佐食』作解矣，吴本不足據。」今案：據此則鄭、賈兩本似異也。李氏又云：「牢肺，離肺也。不設大羹者，大羹爲尸不爲神，賓尸乃有之。」敖氏云：「肺脊先食舉之，亦明不與他舉同。」吴氏《疑義》云：「此肺脊兼羊豕言，下亦然。此用少牢，故言牢。以爲尸舉，故又曰尸。」方氏苞云：「上經舉一切肺，此曰『舉尸牢肺、正脊』，明上所取肺以隋祭，此肺脊乃尸所食也。其餘牢幹骼肩魚腊皆曰尸，以有入肵俎者，有留神俎者，故竝言尸以別之。」蔡氏德晋云：「上敦黍，當羊俎之南者也。」今案：此但有黍而無稷，詳後「三飯」下。　注云「爾，近也，或曰移也」者，詳《燕禮》「南鄉爾卿」下。云「右之，便尸食也」者，敖氏云：「右之，蓋當尸前之南。注云『便尸食』，謂黍在尸右，則尸以右手取之便也。」云「重言『上佐食』，明更起，不相因」者，以舉肺脊爲尸食舉，爾黍爲尸三飯，其事本不相因。若不重言「上佐食」，恐人疑舉肺脊與爾黍同時爲之，非更起也。**主人羞肵俎，升自阼階，置于膚北。**羞，進也。肵，敬也。親進之，主人敬尸之加。【疏】正義曰：高氏愈云：「此言主人親設肵俎也。《特牲》主人羞肵俎于腊北者，《特牲》三俎無膚，故肵在腊北；此五俎有膚，膚特于北，故在膚北也。」餘詳《特牲禮》。注云「羞，進也。肵，敬也」者，詳前。云「親進之，主人敬尸之加」者，以肵俎在五俎外，主人加設此俎以敬尸，故言「加」也。**上佐食羞兩鉶，取一羊鉶于房中，坐設于韭菹之南。下佐食又取一豕鉶于房中以從，上佐食受，坐設于羊鉶之南。皆芼，皆有柶。尸扱以柶，祭羊鉶，遂以祭豕鉶，嘗羊鉶。**芼，菜也。羊用苦，豕用薇，皆有滑。【疏】正義曰：秦氏蕙田云：「此言二佐食羞羊鉶、豕鉶也。」方氏苞云：「但言取鉶于房中，而不言實之之人、初設之地，以實豆籩鉶陳于房中已見於《特牲》也。」吳氏廷華云：「坐設于韭菹之南，近席，與初兩豆一列。」敖氏云：「『上佐食受』，興受之也，故下云『坐設』。」芼，以菜和物之名。祭鉶亦于豆祭也，下篇曰：『以羊鉶之柶扱羊鉶，遂以扱豕鉶，祭于豆祭。』若《公食大夫禮》用大牢，則祭鉶於上鉶之間，與此異。」王氏士讓云：「案：自尸祭韭菹至此，品物多矣。而尸惟嘗羊鉶者，蓋羊爲少牢，必先嘗之，以明禮之正也。」今案：鉶，詳《聘禮》。柶，詳《士冠禮》。注云云者，詳《公食禮》。**食舉。**舉，牢肺、正脊也。先食啗之，以爲道也。【疏】正義曰：《特牲》云：「乃食食舉。」此不云「乃食」，文有詳略耳。敖氏誤以《特牲》之「乃食」爲一飯，遂謂此經爲脱漏，不知尸先食舉而後三飯，此經與《特牲》同，既云「三飯」，則當連飯。敖氏謂一飯則食舉以安之，非矣。餘詳《特牲禮》。注云「舉，牢肺、正脊也」者，上經云「上佐食舉牢肺、正脊以授尸」，此云「食舉」，是食牢肺、正脊也。云「先食啗之，以爲道也」者，亦是道食通氣，與《特牲》注義同。《禮經釋例》云：「凡尸飯，舉脊爲食之始，舉肩爲食之終。案：《特牲》尸始三飯前乃食食舉。李氏如圭云：『食舉，即肺脊也。食必先舉之，故曰舉。』是初舉肺脊也。又三飯前舉幹，注『長脅也』；又舉獸幹及魚，舉後羞庶羞，是再舉脅及腊魚也。終三飯前舉骼及獸魚如初，是三舉骼及腊魚也。終三飯後舉肩及獸魚如初，是四舉肩及腊魚也。《士虞禮》尸始三飯前舉肺脊，舉後即羞庶羞，❶是初舉脊也。❷又三飯前舉幹，是再舉脅也。終三飯前舉胳，是三舉胳也。終三飯後舉肩，是四舉肩也。尸不受魚腊者，虞祭不備味也。皆始舉豕脊，終舉豕肩也。《少牢禮》尸始三飯前食舉，注『舉牢肺、正脊也』，是初舉脊也。四飯前舉牢幹，舉後羞庶羞，❸是再舉脅也。五飯前舉魚，是三舉魚也。六飯前舉腊肩，是四舉腊也。七飯前舉牢骼，是五舉骼也。八飯前不舉，終三飯前舉牢肩，是六舉肩也。亦始舉羊豕之脊，終舉羊豕之肩也。士祭九飯，故四舉。大夫祭十一飯，故六舉。《少牢》雖六舉，然牢體亦祗四舉，脊也、脅也、骼也、肩也。《特牲》、《士虞》亦始脊、次脅、次骼、終肩，與大夫例同。又《特牲》、《少牢》皆再舉後始羞庶羞，《士虞》初舉後即羞庶羞，此虞祭與吉祭異者也。」**三飯。**食以黍。【疏】正義曰：此尸始三飯也。《禮經釋例》云：「凡士祭，尸九飯；大夫祭，尸十一飯。案：《特牲禮》：『尸三飯，告飽。祝侑，主人拜。』注：『三飯，告飽，禮一成也。』此始三飯也。佐食舉幹，舉獸幹魚一，羞庶羞四豆後，經云：『尸又三飯，告飽。祝侑之如

---

❶ 「舉後」，原倒，今據《禮經釋例》乙正。
❷ 「是」，原作「如」，今據《禮經釋例》改。
❸ 「舉後」，原倒，今據《禮經釋例》乙正。

初。』注：『禮再成也。』此又三飯也，合前爲六飯。經又云：『舉骼及獸、魚如初。尸又三飯，告飽。祝侑之如初。』注：『禮三成。』此終三飯也，合前爲九飯。經又云：『舉肩及獸、魚如初。』注：『不復飯者，三三者，士之禮大成也。』《士虞禮》：『尸飯，播餘于篚。三飯，佐食舉幹。』此始三飯也。經又云：『又三飯，舉骼。』此又三飯也。經又云：『又三飯，舉肩。』注：『後舉肩者，貴要成也。』此終三飯也，亦共九飯。《特牲》、《士虞》皆士禮，是士祭尸九飯也。《少牢禮》尸食舉三飯，此始三飯也。上佐食舉尸牢幹，羞胾醢後，經云『尸又食』，此又一飯也，合前爲四飯。上佐食舉尸一魚後，經云『又食』，此又一飯也，合前爲五飯。上佐食舉尸腊肩後，經云『又食』，此又一飯也，合前爲六飯。上佐食舉尸牢骼後，經云『又食』，此又一飯也，合前爲七飯。尸告飽，祝侑後，經云『尸又食』，此又一飯也，合前爲八飯。上佐食舉尸牢肩後，尸不飯告飽，主人侑，經云『尸又三飯』，注：『爲祝一飯，爲主人三飯，尊卑之差。』此終三飯也，合前爲十一飯。《少牢》大夫禮，是大夫祭尸食十一飯也。至於《有司徹》不儐尸之禮，八飯之後乃盛脈俎，卒盛，乃舉牢肩。十一飯之前，乃摭於魚腊俎，俎釋三个，其餘皆取之，實於一俎以出，主人之魚腊取於是。其儀雖與賓尸小異，而其爲十一飯則無異也。又士祭，尸三飯即侑；大夫祭，尸七飯始侑。士祭，祝主人共侑；大夫祭，祝主人更侑。皆隆殺之義也。」今案：下經「尸又三飯」，注云：「尸十一飯，下人君也。」《有司徹》不儐尸者，「尸又三飯」注云：「士九飯，大夫十一飯，其餘有十三飯、十五飯。」賈疏云：「士大夫既不分命數爲尊卑，則五等諸侯同十三飯，天子十五飯可知。」據注以大夫十一飯爲下人君，則賈疏之説當爲鄭義，意當如賈所云也。注云「食以黍」者，據上經云「上佐食爾上敦黍于筵上」，知此所食者黍，鄭恐人以爲兼食稷，故特明之。下又食無注，明亦同食黍也。**上佐食舉尸牢幹，尸受，振祭，嚌之。佐食受，加于肵。**幹，正脅也。古文「幹」爲「肝」。【疏】正義曰：振祭，詳《特牲禮》。嚌，嘗也。「佐食受，加于肵」者，《禮經釋例》云：「凡尸所食皆加于肵俎。若虞祭，則以篚代之。」詳《特牲》「佐食舉幹，尸受，振祭，嚌之。佐食受，加于肵俎」下。案：此下當有尸實舉于菹豆之文，經不言，略也。詳後「上佐食受尸牢肺正脊，加于肵」下。注云「幹，正脅也」者，上食舉是正脊，❶故知此亦正脅。云「古文『幹』爲『肝』」者，肝是假借字，段氏云：「此與古文『髀』爲『脾』，皆但取同音假借而已。」是也。**上佐食羞胾兩瓦豆，有醢，亦用瓦豆，設于薦豆之北。**設於薦豆之北，以其加也。四豆亦綪，羊胾在南，豕胾在北。無臐膮者，尚牲不尚味。【疏】正義曰：胾，詳《士虞禮》「胾四豆」下。瓦豆亦名鐙，詳《公食禮》。醢用瓦豆，亦兩也。薦豆，即上韭菹等四豆也。蔡氏德晉云：「凡薦豆用木豆，則加豆其皆用瓦豆歟？」注云「設於薦豆之北，以其加也」者，以胾醢是加豆，故與薦豆同列而設於其北也。云「四豆亦綪，羊胾在南，豕胾在北」者，兩胾兩醢爲四豆。李氏云：「羊胾北醢，醢東豕胾，胾南醢。」是也。云「無臐膮者，尚牲不尚味」者，特牲有豕無羊，此有羊豕二牲，故不必有臐膮以備味。互詳《特牲》「羞庶羞四豆」下。**尸又食，食胾。上佐食舉尸一魚，尸受，振祭，嚌之。佐食受，加于肵，橫之。**又，復也。或言食，或言飯。食，大名。小數曰飯。魚橫之者，異於肉。【疏】正義曰：尸又食，此四飯也。方氏苞云：「《特牲》舉幹骼肩皆以獸魚從，以合九飯之節也。《少牢》分魚、腊爲二，又以魚附於胾，以成十

---

❶「脊」，原作「脅」，今據上文改。

一飯之數也。」　注云「又，復也」者，據《説文》又之本義爲手，經典多用爲繼前之辭。《穀梁傳》云：「又，有繼之辭也。」義與復同。故鄭注《禮經》多訓爲復。《詩·小宛》：「天命不又。」《毛傳》亦云：「又，復也。」云「或言食，或言飯。食，大名。小數曰飯」者，鄭以上言「三飯」，此言「又食」，食即飯也。《禮器》：「天子一食，諸侯再，大夫三。」此大名也。就一食之中又分之，則有一飯三飯之異，故云「小數曰飯」，如此經及《特牲》所云是也。云「魚横之者，異於肉」者，鄭以肉不云横而魚云横，故特釋之。褚氏寅亮云：「牢肉與魚同加一俎，故肉横而魚亦横。若縮，則礙後加之物矣。經明言『横之』，敖氏云『縮俎』，❶不可解。肉本横，今仍横；魚本縮，今則横。故注云『異於肉』也。」**又食，上佐食舉尸腊肩。尸受，振祭，嚌之。上佐食受，加于肵。**腊魚皆一舉者，《少牢》二牲，略之。腊必舉肩，以肩爲終也。別舉魚腊，崇威儀。【疏】正義曰：又食，此五飯也。敖氏云：「此言上佐食受，則前後所謂『佐食受』者，皆其上者也。」　注云「腊魚皆一舉者，《少牢》二牲，略之」者，對《特牲》獸魚皆三舉，此《少牢》有二牲，故於腊魚略之而一舉也。云「腊必舉肩，以肩爲終也」者，李氏云：「肩尊牲體，亦後舉之。」張氏爾岐云：「牲體貴肩，以所貴者終也。」云「別舉魚腊，崇威儀」者，對《特牲》三次舉獸魚皆兩者同舉，此則先舉魚後舉腊。別舉之者，大夫之禮威儀多也。　**又食，上佐食舉尸牢骼，如初。**如舉幹也。【疏】正義曰：又食，此六飯也。如初，謂亦尸受、振祭、嚌之、佐食受、加于肵，如舉幹時也。注不承上言如舉腊肩者，以骼與幹皆牢體，故舉其類言之也。**又食。**不舉

❶「氏」，《儀禮管見》作「反」。

者，卿大夫之禮，不過五舉，須侑尸。【疏】正義曰：又食，七飯也。鄭意蓋對諸侯以上言之，但無文可考耳。五舉者：上文舉牢肺正脊，一也；舉牢幹，二也；舉魚，三也；舉腊肩，四也；舉牢骼，五也。**尸告飽，祝西面于主人之南，獨侑，不拜。侑曰：「皇尸未實，侑。」**侑，勸也。祝獨勸者，更則尸飽。實，猶飽也。祝既侑，復反南面。【疏】正義曰：西面，户内之位也。於主人之南，即上經「祝在左」是也。此時祝、主人同在户内西面，祝侑而主人不侑，故言「獨侑」以别之。《特牲》侑尸，祝皆不拜。此特言之者，嫌主人不侑，祝獨侑，或當拜也。「皇尸未實，侑」，侑辭也。《詩·楚茨》：「皇尸載起。」《毛傳》：「皇，大也。」鄭箋：「皇，君也。」又云：「尸稱君，尊之也。」方氏苞云：「《特牲》每三飯祝侑，主人拜，尸荅拜。《少牢》則祝唯八飯前一侑而不拜，主人唯九飯前一拜侑，何也？《少牢》鼎俎倍加，儀節益繁，使一與《特牲》同，則日不暇給矣。豕鉶祭而不嘗，與二佐食卒爵而不拜，養者不拜既爵，❶皆職此之由。」注云「侑，勸也」者，詳《特牲禮》。云「祝獨勸者，更則尸飽」者，更，代也。此祝勸，下八飯主人勸，是更代而勸，不共侑也。《特牲》祝、主人共侑，此祝、主人更侑。《禮經釋例》以爲禮有隆殺，是也。注以尸飽言之，豈《特牲》之侑不欲尸飽乎？説殊迂曲，賈疏蓋謬。云「實，猶飽也」者，以上云「尸告飽」，此云「未實」，是言其未飽，故以猶飽解之。實亦訓滿訓充，與飽義亦近也。云「祝既侑，復反南面」者，上經云「祝反南面」，此祝西面於主人之南，爲侑尸也，故既侑復反南面。南面，祝室中之常位也。○賈疏云：「大夫七飯告飽而侑，諸侯九飯告飽而侑，天子十一飯而侑。」

❶「既」，《儀禮析疑》作「受」。

此本《特牲》、《少牢》推而言之，未有的據也。諸侯十三飯，天子十五飯，説詳前。**尸又食，上佐食舉尸牢肩。尸受，振祭，嚌之。佐食受，加于肵。**四舉牢體，始於正脊，終於肩，尊於終始。【疏】正義曰：尸又食，此八飯也。「佐食受，加于肵」，劉氏台拱云：「案：單言佐食亦謂上佐食也。上佐食先在尸右，自是以後在尸左。」注云「四舉牢體」者，一牢正脊，二牢幹，三牢骼，四牢肩。是始於正脊，終於肩也。云「尊於終始」者，以正脊及肩皆牲體之貴者，故云然也。**尸不飯，告飽。祝西面于主人之南。**祝當贊主人辭。【疏】正義曰：上祝西面于主人之南爲侑尸，此西面于主人之南當爲主人致侑辭於尸也。**主人不言，拜侑。**祝言而不拜，主人不言而拜，親疏之宜。【疏】正義曰：敖氏云：「祝爲之辭，故不言也。」注云「親疏之宜」者，賈疏云：「祝言而不拜者，疏也；主人不言而拜者，親也。」**尸又三飯。**爲祝一飯，爲主人三飯，尊卑之差。凡十一飯，下人君也。【疏】正義曰：祝侑而云「尸又食」，主人侑而云「尸又三飯」，是爲祝一飯，爲主人三飯也。此合前爲十一飯。餘詳上「三飯」之下。**上佐食受尸牢肺、正脊，加于肵。**言受者，尸授之也。尸受牢幹而實舉於菹豆，❶食畢，操以授佐食焉。【疏】正義曰：據《特牲》、《士虞》，此下亦當有反黍于其所之文，經不言者，略也。注云「言受者，尸授之也」者，注以經渾言受尸，故特明之。《特牲》：「舉肺脊加于肵俎。」注云：「尸授佐食，佐食受而加之。」與此同也。云「尸受牢幹而實舉於菹豆，食畢，操以授佐食焉」者，此申尸受之義也。尸受牢幹而實舉於菹豆亦無正文，約《特牲》言之。案：《特牲》尸食舉至三

❶「受」，原作「授」，今據《續清經解》本改，下同，不出校。

飯後，「佐食舉幹，尸受，振祭，嚌之，佐食受，加于肵俎。舉獸幹、魚一，亦如之，尸實舉于菹豆」，注：「爲將食庶羞，舉謂肺脊。」經又云「佐食羞庶羞四豆」，是《特牲》尸實舉于菹豆在羞庶羞之前，明此經亦當在羞胾醢之前。上文「上佐食舉尸牢幹，尸受，振祭，嚌之，佐食受，加于肵」下，即云「上佐食羞胾兩瓦豆，有醢」。案：所云「佐食受」者，尸授之，故注以爲尸受牢幹之時即實舉于菹豆，在羞胾醢前，是約《特牲》言之也。「食畢，操以授佐食」，明于菹豆中取以授之。李氏云：「菹豆，非菹之豆。」惠氏棟云：「上文尸食舉，舉者牢肺、正脊也。不言加于肵者，實于菹豆也。至此尸授上佐食，上佐食受而加于肵。」《禮經釋例》云：「凡尸所食之肺脊，必先奠于菹豆。尸卒食，佐食始受之，加于肵俎。」《少牢》不言奠于菹豆，文不具也。詳《特牲》「尸實舉于菹豆」下。褚氏寅亮云：「食舉時經無『尸實舉于菹豆』之文，而此云『佐食受尸』，由後可以明前也。然則《士虞禮》之『尸卒食，佐食受肺脊』，知前亦奠于菹豆矣。敖氏欲護前説，故云『言受，明尸未嘗奠之也』。豈有左手執肺脊至十一飯之久而始終不釋乎？且此何義也？郝氏敬誤同。」

右尸十一飯是謂正祭

主人降，洗爵，升，北面酌酒，乃酳尸。尸拜受，主人拜送。酳，猶羨也。既食之而又飲之，所以樂之。古文「酳」作「酌」。【疏】正義曰：自此至「亦折，一膚」，言主人初獻之事。○張氏爾岐云：「此初獻禮，主人獻尸，尸醋主人，遂致嘏，主人獻祝，主人獻佐食，凡四節。」今案：尸卒食，酳尸，主人初獻，主婦亞獻，賓長三獻，《士虞》、《特牲》、《少牢》及《有司徹》不儐尸之禮大略皆同，唯細節小異耳。詳《特牲》「主人洗角，升酌，酳尸」下。敖氏云：「北面酌酒，見凡酌於此者之面位也。尊東西設，勺南枋，而北面酌之，則非酌於此者，其面位亦可得而推矣。」《經義述聞》云：「『主人拜送』本作『主人西面拜送』。凡主人、主婦事尸皆西面，故下文『尸醋主人，主人拜受爵，尸荅拜，主人西面奠爵，又拜』。又『主婦西面拜獻尸，尸拜受，主婦西面，拜送爵』。《祭統》正義云：『《少牢》、《特牲》尸皆在室之奧，主人西面事之。』是也。又案：《士虞禮》：『主人酳尸，尸拜受爵，主人北面荅拜。』注云：『主人北面以酳酢，變吉也。』賈疏引此文作『主人西面拜送』。又云：『《特牲》直有主人拜送，雖不見主人面位，約與《少牢》同，皆西面也。』自唐石經始脱『西面』二字，各本遂沿其誤。」今案：《特牲》：「尸醋主人，主人拜受角，尸拜送，主人退。」注云：「退者，進受爵反位。」蓋反西面位，是《特牲》受酢亦西面也。　注云「酳，猶羨也」者，取饒羨之義，故以爲樂之也。餘詳《特牲禮》。**尸祭酒，啐酒。賓長羞牢肝，用俎，縮執俎，肝亦縮，進末，鹽在右。**羞，進也。縮，從也。鹽在肝右，便尸擩之。古文「縮」爲「蹙」。【疏】正義曰：牢肝，羊、豕肝也。羞牢肝，即所謂「以肝從」也。凡主人、主婦、賓長獻皆有從，詳《特牲禮》。「縮執俎，肝亦縮，鹽在右」，詳《士虞禮》。敖氏云：「肝進末，即體進下之意。祭禮進末，則《昏禮》之肝從當進本也。」劉氏台拱云：「案：此俎不奠，尸既受肝，則賓長縮執俎以降。」注云「鹽在肝右，便尸擩之」者，鹽亦在俎也。李氏云：「鹽在右，據賓長西面設者而言，於尸爲鹽在左。尸右取肝，鄉左擩之便。」「古文『縮』爲『蹙』」者，詳《鄉飲禮》。**尸左執爵，右兼取肝，擩于俎鹽，振祭，嚌之，加于菹豆，卒爵。主人拜，祝受尸爵，尸荅拜。**兼，兼羊豕。【疏】正義曰：吴氏廷華云：「『加于菹豆』，非菹豆也，葵菹則遠矣。『主人拜』，亦相拜如《特牲》。」方氏苞云：「《特牲》祝相爵而《少牢》無之，《少牢》尸嘏主人有辭而《特牲》無之，皆互見也。蓋賓禮既爵有拜，尸不拜既爵而主人先拜，故祝詔之。士禮既詳，則大夫不待言矣。」今案：《少儀》：「其有折俎者，取祭反之，不坐。燔亦如之，尸則坐。」鄭注引此經：「尸左執爵，右兼取肝，擩于俎鹽，振祭，嚌之，加于菹豆。」然則尸此祭亦坐，不興也。注云「兼，兼羊豕」者，謂兼取羊、豕肝也。王氏士讓云：「取兼羊豕，其嚌之，先羊後豕可知。」

右主人獻尸

祝酌授尸，尸醋主人，主人拜受爵，尸荅拜，主人西面奠爵，又拜。主人受酢酒，俠爵拜，彌尊尸。【疏】正義曰：敖氏云：「初拜固西面矣，此言之者，著受爵而反位也。」蔡氏德晉云：「尸荅拜而主人奠爵又拜，不敢當尸之荅也。」賈疏云：「此《少牢》與《特牲》尸酢主人，使祝代尸酌，已是尊尸。今主人拜受訖，又拜爲俠拜，是彌尊尸也。」方氏苞云：「受爵而俠拜，視《特牲》有加，位彌高禮彌卑也。凡俠拜不復荅，故尸於主人受嘏後奠爵之拜荅，此又拜則不荅也。」又云：「《特牲》：『尸酢主人，主人拜受角，尸拜送。』《少牢》則曰『荅拜』。大夫尊而尸以祖考臨之，轉用尊長荅卑幼之辭，與士與下大夫不送尸而上大夫儐尸出門拜送同義，皆使人不敢以富貴加於父兄宗族也。」**上佐食取四敦黍稷，下佐食取牢一切肺，以授上佐食。上佐食以綏祭。**「綏」，或作「挼」，挼讀爲墮。將受嘏，亦尊尸餘而祭之。古文「墮」爲「肵」。【疏】正義曰：張氏爾岐云：「『取四敦黍稷』，於四敦中各取少許也。『上佐食以挼祭』者，以此黍稷及切肺授主人爲墮祭也。」吴氏廷華云：「『取牢一切肺』，取之尸俎以挼祭，亦擩於醢以授主人。」今案：凡主人、主婦受尸酢皆挼祭，詳《特牲》「佐食挼挼祭」下。　注云「『綏』，或作『挼』，挼讀爲墮」者，據下云古文爲「肵」，此則「綏」或作「挼」，據今文言也。凡「隋祭」字，今文多作「綏」。此以「綏祭」之「綏」，今文或本又有作「挼」者，故鄭據讀爲墮，以挼與墮義近也。《有司徹》：「不儐尸者其綏祭。」注：「綏皆當作挼，挼讀爲藏其隋之隋。」此注讀爲墮，義當與彼同。鄭意蓋皆讀從《周禮·守祧職》「既祭則藏其隋」之隋也。墮當作隋，詳《士虞禮》「祝命佐食隋祭」下。云「將受嘏，亦尊尸餘而祭之」者，上尸祭黍稷肺，注云「將食神餘，尊之而祭之」，是尸餕鬼神之餘。此將以黍嘏主人，是尸所食之餘，故云「亦尊尸餘而祭之」也。云「古文『綏』爲『肵』」者，鄭以「肵」字於隋祭義尤遠，故疊之而不從。各本皆作「古文墮爲肵」，張氏淳云：「案：經云『上佐食以綏祭』，墮當爲綏。後注有云：『綏亦當爲挼，古文爲肵。』此綏爲肵之證也，從經。」今案：《集釋》作「古文綏爲肵」，戴氏震謂各本譌作「墮」，是也。

主人左執爵，右受佐食，坐祭之，又祭酒，不興，遂啐酒。　右受佐食，右手受墮於佐食也。至此言坐祭之者，明尸與主人爲禮也。尸恒坐，有事則起。主人恒立，有事則坐。【疏】正義曰：敖氏云：「言『坐祭之』者，凡奠爵拜者執爵興，故至此云坐也。」　注云「右受佐食，右手受墮於佐食也」者，經但云「受」，未言所受何物，故注明之。墮，即上黍稷肺是也。云「至此言坐祭之者，明尸與主人爲禮也」者，鄭意以尸與主人爲禮故坐也。尸與主人爲禮，謂尸與墮祭，且將致嘏也。又云「尸恒坐，有事則起。主人恒立，有事則坐」者，明尸與主人爲禮則坐者，以有墮祭之事也。賈疏云：「《禮器》云：『周坐尸。』《曲禮》云：『立如齊。』鄭云：『齊，謂祭祀時。』是尸常坐，主人祭時常立也。」今案：《特牲》云：「主人坐，左執角，受祭，祭之。」與此同。

祝與二佐食皆出，盥于洗，入。二佐食各取黍于一敦，上佐食兼受，摶

之，以授尸。尸執以命祝。命祝以嘏辭。【疏】正義曰：三人出盥於洗者，爲將執所嘏之物，故致潔以敬其事也。「各取黍於一敦」者，上佐食取上敦之黍，下佐食取下敦之黍也。「兼受」者，兼受下佐食所取之黍也。摶字，義詳《特牲》。方氏苞云：「上文上佐食取四敦黍稷以授祭，則主人所受兼黍稷無疑也。此二佐食各取黍于一敦，則不兼稷無疑也。所以然者，緣主人之心受神惠以祭，不敢用其半；而致嘏於己，則不敢受其全也。」　注云「命祝以嘏辭」者，謂以所嘏之辭命祝使述之，以嘏於主人也。所嘏之辭，下文「承致多福無疆」以下是也。

卒命祝，祝受以東，北面于户西，以嘏于主人曰：「皇尸命工祝，承致多福無疆于女孝孫。來女孝孫，使女受禄于天，宜稼于田，眉壽萬年，勿替引之。」嘏，大也，予主人以大福。工，官也。承，猶傳也。來讀曰釐，釐，賜也。耕種曰稼。勿，猶無也。替，廢也。引，長也。言無廢止時，長如是也。古文「嘏」爲「格」，「禄」爲「福」，「眉」爲「微」，「替」爲「抉」，「抉」或爲「載」。載、替聲相近。【疏】正義曰：卒命祝，謂尸命祝畢也。「祝受以東，北面于户西，以嘏于主人」，敖氏云：「受，受黍也。東北面鄉主人于户西者，爲尸致嘏，宜近尸也。」郝氏敬云：「祝受以東，户在室西隅，祝席前受尸命，遂東就主人户内之位致嘏也。」二説不同。今案：受，自兼受黍、受命言。至祝致嘏主人，自當鄉主人。劉氏台拱謂東北面者鄉主人，又不背尸，是也。但於户西爲近主人，非近尸。室户在東，牖在西。近户者，則以户言之；近牖者，則以牖言之。此户在西近户，郝氏謂就主人户内之位致嘏，是矣。敖説非也。郝氏又云：「『宜稼于田』，禄自田出也。」方氏舟云：「《周官》『不耕者祭無盛』，士無田，則從庶人之薦。故雖卿大夫之尊，祝嘏之辭不過『宜稼于田』而已。《雅》詩有《楚茨》、《大田》，《頌》有《載芟》、《良耜》，自天子以至於庶人，但能知稼穡之艱難，則百行有本，爲萬福之原也。」今案：士嘏辭與大夫同。唯士尸親嘏，則首句當易耳。此篇尸不親嘏者，盛氏以爲大夫以上威儀多，是也。《詩・天保》：「君曰卜爾，萬壽無疆。」箋云：「尸嘏主人，傳神辭也。」《楚茨》：「工祝致告，徂賚孝孫。苾芬孝祀，神嗜飲食。卜爾百福，如幾如式。」箋云：「此皆嘏辭之意。」《楚茨》又云：「永錫爾極，時萬時億。」孔疏以爲天子嘏辭之略，然則天子諸侯之嘏辭，此其僅存可考者歟？　注云「嘏，大也，予主人以大福」者，詳《特牲》「進聽嘏」下。云「工，官也」者，案：《詩・楚茨》：「工祝致告。」《毛傳》云：「善其事曰工。」此注不用者，《楚茨》工祝爲作詩者之辭，此工祝爲祝自稱之辭，故以官釋之。《書》「允釐百工」孔傳、《詩》「嗟嗟臣工」《毛傳》皆云：「工，官也。」云「承，猶傳也」者，《説文》：「承，奉也。」言奉尸命傳致於主人也。云「來讀曰釐，釐，賜也」者，《詩・江漢》：「釐爾圭瓚。」《毛傳》：「釐，賜也。」鄭以古釐字亦作來，故讀爲釐，而以賜釋之。《詩》「貽我來牟」，《漢書・劉向傳》作「釐麰」，是也。或疑來訓爲賜，與上致字複，謂來當讀如字。褚氏寅亮云：「上言致福，下言賜禄，義自别，非複也。」云「耕種曰稼」者，《詩毛傳》云：「種之曰稼，斂之曰穡。」故鄭以耕種解之。云「勿，猶無也」者，《説文》：「勿，州里所建旗。」是勿之本義也。經典多借勿爲無，故鄭以無釋之。《詩・東山》《賓之初筵》箋皆云：「勿，無也。」云「替，廢也。引，長也。言無廢止時，長如是也」者，「替，廢」、「引，長」，本《爾雅》文。《詩・楚茨》：「子子孫孫，勿替引之。」《毛傳》亦同。此句「勿替」二字宜略逗，鄭恐人以「替引」二字連讀，故既釋其字，而又申言其義。謂勿替者，言無廢止時。引之者，言長如是也。云「古文『嘏』爲『格』，『禄』爲『福』，『眉』爲『微』，『替』爲『袂』，『袂』或爲『臷』，臷、替聲相近」者，「嘏」爲「格」，詳《士冠禮》。胡氏承珙云：「『禄』爲『福』者，《爾雅・釋詁》：

「禄，福也。」本疊韻爲訓。此云『受禄于天，宜稼于田』，蓋因有田禄以共祭祀，故鄭從今文作『禄』耳。『眉』爲『微』者，古文借字，猶《士冠禮》之借麋爲眉也。段氏玉裁云：『《釋文》袂音決，今本乃作袂音決，袂不當有決音。明嘉靖本、鍾人傑本皆作袂。』錢氏大昕云：『袂，當爲秩，字形相涉而譌也。《説文》戴爲戴，《詩》秩秩大猷，《説文》引作戴戴大猷，是秩與戴通。』承珙案：錢説是也。《説文·𢦏部》又云：『𢧜，𢦏也，从𢦏戴聲。讀若《詩》威儀秩秩。』」**主人坐奠爵，興，再拜稽首，興，受黍，坐振祭，嚌之，詩懷之，實于左袂，挂于季指，執爵以興，坐卒爵，執爵以興，坐奠爵，拜。尸荅拜。執爵以興，出。宰夫以籩受嗇黍。主人嘗之，納諸内。**詩，猶承也。實于左袂，便右手也。季，猶小也。出，出户也。宰夫，掌飲食之事者。收斂曰嗇，明豐年乃有黍稷也。復嘗之者，重之至也。納，猶入也。古文「挂」作「卦」。【疏】正義曰：敖氏云：「經云『坐奠爵』，是立聽嘏也，興，少進受黍，復位乃坐祭嚌之也。宰夫受黍，主人左執爵，乃取而嘗之，而納之。内，謂籩中。」注云「詩，猶承也。實于左袂，便右手也。季，猶小也」者，謂以右手實黍，故於左袂爲便也。餘詳《特牲禮》。云「出，出户也」者，謂出室户也。云「宰夫，掌飲食之事者」，《周禮·鬱人》：「大祭祀，與量人受舉斝之卒爵而飲之。」鄭注：「斝，受福之嘏，聲之誤也。王酳尸，尸嘏王，此其卒爵也。《少牢饋食禮》主人受嘏，詩懷之。卒爵，執爵以興，出，宰夫以籩受嗇黍。」《詩·楚茨》：「既齊既稷，既匡既敕。」鄭箋：「嘏之禮，祝徧取黍稷牢肉魚擩於醢以授尸，孝孫前就尸受之。天子使宰夫受之以匡，祝則釋嘏辭以敕之。」《儀禮釋官》云：「《周禮·宰夫職》無受黍之文，鄭《楚茨》注亦以此經推之。敖氏云：『宰夫、司士，大夫之私人也。』」今案：大夫官多，故使宰夫受黍，《特牲》則祝以籩受也。云「收斂曰嗇，明豐年乃有黍稷也」者。《詩・周頌》云：「豐年多黍多稌。」年豐乃有收，故本其收斂言之而曰嗇黍，亦重農之意。互詳《特牲禮》。云「復嘗之者，重之至也」者，前已嚌是嘗，此復嘗是重受此黍也。賈疏云：「《特牲》不言復嘗者，文不具也。」是也。云「納，猶入也」者，《公羊傳》云：「納者何？入辭也。」是納猶入也。云「古文『挂』作『卦』」，亦詳《特牲禮》。

右尸酢主人命祝致嘏

主人獻祝，設席南面。祝拜于席上，坐受。 室中迫狹。【疏】正義曰：凡獻尸畢必獻祝及佐食，詳《特牲》「主人酌獻祝」下。案：《特牲》先云「筵祝南面」，後云「獻祝」，此亦當先設席乃獻，文逆叙耳。注云「室中迫狹」者，明室中迫狹故拜於席上也。室，制詳《士昏禮》及《鄉射禮・記》。**主人西面荅拜。** 不言拜送，下尸。【疏】正義曰：此與下獻佐食皆西面荅拜者，統於神。室中之拜以西面爲敬也，詳前陰厭「主人西面，祝在左，主人再拜稽首」下。注云「不言拜送，下尸」者，上主人酳尸，尸拜受，主人拜送。今獻祝云「荅拜」，荅拜較拜送爲輕，是下尸也。**薦兩豆菹、醢。** 葵菹、蠃醢。【疏】正義曰：秦氏蕙田云：「案：薦者，敖氏以爲宰夫，姜氏兆錫以爲主婦，盛氏世佐泛云有司，當以盛説爲是。」注以菹、醢爲葵菹、蠃醢，饋食之豆也。敖則以爲韭菹、醓醢，云下篇主婦獻祝，宰夫薦棗糗，籩以尸之上籩，則豆亦當以尸之上豆。江氏筠云：「注非不考於是而爲此説，蓋所謂上籩者，棗仍屬饋食之籩，故謂其宜以類從。又見下篇於他菹、醢皆有非文，此獨不著。《士虞禮》饌兩豆菹醢，其記云：『豆實葵菹，菹以西蠃醢。』則凡經所不著者可知，故謂宜用饋食。」褚氏寅亮云：「饋食之豆，葵菹、蝸醢，其常也。祝用其常，故經不著，以可知也。若主人、主婦用韭菹、醓醢，則必明言之矣，當從注。」**佐食設俎，牢髀，横脊一、短脅一、腸一、胃一、膚三，魚一横之，腊兩髀屬于尻。**皆升下體，祝賤也。魚横者，四物共俎，殊之也。腊兩髀屬于尻，尤賤，不殊。【疏】正義曰：牢兼羊、豕。敖氏云：「髀，右髀也。横脊、短脅不二骨者，俎實已多，故此略之。腊亦髀者，與牲竝用，故體亦放之。」　注云「皆升下體，祝賤也」者，髀、横脊、短脅皆下體，對尸俎有肩、臂、臑、正脊、正脅爲賤也。云「魚横者，四物共俎，殊之也」者，四物，謂羊、豕、魚、腊。羊、豕、腊載於俎皆横，魚本縮，今以四者共一俎，魚亦從而横載，故特言「横」以殊别之也。與前注云「魚横之者，異於肉」同意。云「腊兩髀屬于尻，尤賤，不殊」者，牢髀殊左右胖爲二，腊則左右合升，故兩髀連屬於尻不殊也。李氏云：「尻在兩髀中。」吴氏廷華云：「尻，脊骨盡處，在兩股間，所謂髖也。」今案：《説文》云：「髖，髀上也。」《廣雅》：「髖，尻臀也。」三者異名同實。前尸俎髀不升，注云「近竅賤也」，此連屬於尻，故爲尤賤也。○敖氏云：「祝俎一而已，乃雜用五俎之物者，見其尊也。」後人每以注云「祝賤」疑之，案：注所謂「祝賤」，對尸俎言之耳。褚氏寅亮云：「祝兼五俎實，尊於他執事也。」吴氏紱云：「祝接神，尊之。故雖下尸，而俎實之多如此。」今據鄭注《特牲·記》云「祭祀，接神者貴」，似敖説亦可通。互詳《特牲·記》。**祝取菹揳于醢，祭于豆間。祝祭俎。**大夫祝俎無肺，祭用膚，遠下尸。不嚌之，膚不盛。【疏】正義曰：此祝祭豆祭俎也。　注云「大夫祝俎無肺，祭用膚，遠下尸」者，賈疏云：「案：《特牲》尸俎有祭肺、離肺，祝俎有離肺，無祭肺，是下尸。今大夫尸俎亦有離肺、祭肺，祝則俱無，是遠下尸也。」李氏云：「祝祭用膚，與餕者同。」云「不嚌之，膚不盛」

者，凡肺祭訖，嚌之加於俎。膚不嚌，以不盛也。褚氏寅亮云：「注『膚不盛』，是解經不言嚌之意。敖氏云亦嚌，違經不可從。」**祭酒，啐酒。肝牢從。祝取肝擩于鹽，振祭，嚌之，不興，加于俎，卒爵，興。**亦如佐食授爵乃興，不拜既爵，大夫祝賤也。【疏】正義曰：敖氏云：「肝牢，當作『牢肝』。俎，牲俎也。」注云「亦如佐食授爵乃興」者，此經直云「卒爵，興」，不云授爵，故特明之。云「不拜既爵，大夫祝賤也」者，此決《特牲》祝卒角拜，主人荅拜，以士卑，故祝不賤；此大夫尊，故祝賤，不拜既爵也。

右主人獻祝

主人酌獻上佐食。上佐食户内牖東北面拜，坐受爵。主人西面荅拜。佐食祭酒，卒爵，拜，坐授爵，興。不啐而卒爵者，大夫之佐食賤，禮略。【疏】正義曰：敖氏云：「取節於牖，見其少西於他之北面拜者也。凡室中北面拜者皆在户牖間，其言户西者則近於户，言牖東者則近於牖。」今案：他經多云「户西北面拜」，此獨云「牖東」，敖説是也。言「户内」者，明亦獻於室。王氏士讓云：「案：祝有設席，佐食無設席，經但著其位。」案：敖氏又疑「卒爵」下「拜」字爲衍文。褚氏寅亮云：「祝既不拜卒爵，則佐食亦不拜卒爵可知，敖説可從。」注蓋據《特牲》士之佐食亦啐言之也。方氏苞云：「祝不拜既爵，佐食不啐與賓獻祝而不及佐食同義。以將儐尸，日不足也。注皆以爲賤，似失之。」今案：以下注「將儐尸，禮殺」參之，方説亦可存。**俎設于兩階之間，其俎：折，一膚。**佐食不得成禮於室中。折者，擇取牢正體餘骨，折分用之。有脀而無薦，亦遠下尸。【疏】正義曰：注云「佐食不得成禮於室中」者，以獻在室而俎設階間，是不得成禮於室中也。盛氏云：「俎設兩階間，即《特牲禮》所謂『執事之俎陳于階間』也。」云「折者，擇取牢正體餘骨，折分用之」者，謂以體骨折分用之，不得全體也。詳《特牲・記》。佐食之俎但用折而無全體，又膚止一而已，下於祝也。云「有脅而無薦，亦遠下尸」者，賈疏云：「無胏已是下尸，又無薦，是遠下尸也。」褚氏云：「案：下篇不儐尸之禮云：『其獻祝與二佐食，其位其薦脅皆如儐。』則佐食有薦可知。故敖謂不言薦，文略。注言無薦，似未然。」今案：敖説是也。**主人又獻下佐食，亦如之。其脅亦設于階間，西上，亦折，一膚。** 上佐食既獻則出，就其俎。《特牲・記》曰「佐食無事則中庭北面」，謂此時。【疏】正義曰：云「亦如之」，謂自拜受爵至授爵興，其儀亦如上佐食也。脅，俎實也。張氏爾岐云：「西上者，上佐食俎在西，此在其東。」注以「上佐食既獻則出，就其俎」，位中庭北面。敖氏則以上佐食興爲出立户外，據《士虞・記》「佐食無事則出户，負依南面」之文也。今案：《特牲・記》云：「佐食當事則户外南面，無事則中庭北面。」上佐食既獻則事畢矣，宜以注爲是。當事，解詳《特牲・記》。

右主人獻兩佐食初獻禮竟

有司贊者取爵于篚以升，授主婦贊者于房户。 男女不相因。《特牲饋食禮》曰：佐食卒角，主人受角，降，反于篚。【疏】正義曰：自此至「入于房」，言主婦亞獻之事。○張氏爾岐云：「此亞獻禮內，主婦獻尸，尸醋主婦，主婦獻祝，主婦獻佐食，亦四節。」《儀禮釋官》云：「案：凡事有專主之者謂之有司，贊者則有司之助。《鄉飲・記》：『主人之贊者。』注云：『贊，助也。謂主人之屬，佐助主人禮事。』是其言贊之義。」

敖氏云：「篚，下篚也。婦人不可以取爵於庭，故有司爲取之。」敖氏又疑「户」爲「東」之誤。褚氏云：「於房中就户相授受也。敖欲改爲『東』，非。」賈疏引《内則》「『非祭非喪，不相授器』，其相授則女受以篚，其無篚則皆坐奠之而後取之」，謂此經亦當受以篚及奠於地。今案：《内則》云：「非祭非喪，不相授器。」則祭與喪男女得相授明矣。鄭彼注云：「祭嚴，喪遽，不嫌也。」賈説未然。注云「男女不相因」者，謂男女不相襲爵也。張氏爾岐云：「注引《特牲禮》者，見此亦主人受佐食爵反于篚，贊者别取爵授主婦，是男女不因爵而用也。」**婦贊者受，以授主婦。主婦洗于房中，出酌，入户，西面拜，獻尸。**入户西面拜，由便也。不北面者，辟人君夫人也。拜而後獻者，當俠拜也。《昏禮》曰：「婦洗在北堂，直室東隅。」【疏】正義曰：婦贊者，即主婦贊者也。出，謂自房出而至堂也。入户，入室户也。郝氏敬云：「出酌，出房酌酒於房户間之甒。」注云「入户西面拜，由便也」者，主人位在户内，西面。下云「主婦主人之北，西面拜送爵」，此不言主人之北，明在主人之南。入户即拜，是由便也，故下注復申言之。云「不北面者，辟人君夫人也」者，以士妻北面拜，卑，不嫌與夫人同；大夫之妻不北面，近君須辟也。詳《特牲》「主婦北面拜送」下。云「拜而後獻者，當俠拜也」者，以當俠拜，故獻前先拜也，亦與《特牲》異。引《昏禮》者，張氏爾岐云：「明此經婦洗所在亦然也。」**尸拜受。主婦主人之北，西面拜送爵。**拜於主人之北，西面，婦人位在内。此拜於北，則上拜於南矣，由便也。【疏】正義曰：郝氏敬云：「主婦又拜送，所謂俠拜也。」注云「拜於主人之北，西面，婦人位在内」者，室南向，北爲内，南爲外。鄭以婦人位當在内，故於主人之北拜。高氏愈云：「主婦在内，主人在外，所謂『女正位乎内，男正位乎外』也。」云「此拜於北，則上拜於南矣，由便也」者，此申上注之意，詳

上。尸祭酒，卒爵。主婦拜，祝受尸爵，尸荅拜。【疏】正義曰：尸不啐酒而卒爵，禮略也。王氏士讓云：「《特牲》主婦亞獻時，宗婦執兩籩，兄弟長以燔從。此無者，《特牲》室中成禮，無儐尸於堂之事，故即備籩燔；此別行儐尸，凡鉶、豆、籩、湆、脀、燔皆於儐尸時進之也。」互詳《特牲》「主人初獻，賓長以肝從」下。

右主婦獻尸

易爵，洗，酌，授尸。祝出易爵，男女不同爵。【疏】正義曰：上云「祝受尸爵」，明此「易爵，洗」者，亦祝也。**主婦拜受爵，尸荅拜。上佐食綏祭。主婦西面于主人之北受祭，祭之。其綏祭如主人之禮，不嘏，卒爵，拜。尸荅拜。**不嘏，夫婦一體。綏，亦當作「挼」，古文爲「肵」。【疏】正義曰：主婦受酢不夾爵拜，變於不賓尸禮。敖氏云：「士妻撫祭，內子受祭，又有於房於室之異，皆相變也。主婦既祭，又祭酒，乃卒爵。下篇曰：『主婦立卒爵，執爵拜。』」郝氏敬云：「『如主人之禮』，二佐食取四敦黍稷、牢一切肺同也。」注云「不嘏，夫婦一體」者，以受福夫婦同之，故不嘏，統於主人也。云「綏，亦當作『挼』，古文爲『肵』」者，前「上佐食以綏祭」，注云：「綏，或作『挼』，挼讀爲墮。」鄭以此「綏」字義與彼同，故云「亦」也。但彼文或本有作「挼」者，故就挼讀之；此則無作「挼」之本，故破綏爲挼也。餘詳前。

右尸酢主婦

主婦以爵出，贊者受，易爵于篚，以授主婦于房中。贊者，有司贊者也。易爵，亦以授婦贊者，婦贊者受房户外，入授主婦。【疏】正義曰：易爵以授主婦，將獻祝佐食也。篚，亦堂下之篚也。方氏苞云：「士禮略，主婦獻尸、祝、佐食竝用内篚之爵而更洗之。内子則室中堂上皆使有司取爵於下篚，宗婦傳致，而内篚之爵專以酬内賓宗婦於房中，以著威儀之盛耳。」注云「贊者，有司贊者也」者，以上文有司贊者取爵于篚，明此易爵于篚亦有司贊者也。云「易爵，亦以授婦贊者，婦贊者受房户外，入授主婦」者，謂有司贊者以爵授婦贊者，婦贊者受之於房户外，乃入授主婦。然則上主婦以爵出，贊者受，亦非主婦親授贊者明矣。吴氏《疑義》云：「此當主婦授婦贊者，乃轉授有司贊者。」褚氏云：「仍有婦贊者爲之授受，敖氏有司贊者與主婦親授受之説不可從。」**主婦洗，酌，獻祝。祝拜，坐受爵。主婦荅拜于主人之北。卒爵，不興，坐授主婦。**不俠拜，下尸也。今文曰「祝拜受」。【疏】正義曰：注云「不俠拜，下尸也」者，王氏士讓云：「於祝、二佐食俱不俠拜，降等也；於祝洗，於二佐食不見洗，文簡中又有等也。」云「今文曰『祝拜受』」者，今文「祝拜」下無「坐」字。案：據下云「卒爵，不興」，則當有「坐」字明矣，故鄭從古文。

右主婦獻祝

主婦受，酌，獻上佐食于户内。佐食北面拜，坐受爵。主婦西面荅拜。祭酒，卒爵，坐授主婦。主婦獻下佐食亦如之。主婦受爵以入于房。不言拜於主人之北，可知也。爵奠於内篚。【疏】正義曰：注「不言拜於主人之北，可知也」者，上獻祝云「拜於主人之北」，此不言，亦與彼同可知。敖氏云：「上云『主人之北』，此云『西面』；上云『不興』，此云『祭酒』，皆互見。」其説是也。云「爵奠於内篚」者，内篚，房中之篚也。

右主婦獻兩佐食亞獻禮竟

賓長洗爵獻于尸，尸拜受爵，賓户西北面拜送爵。尸祭酒，卒爵。賓拜。祝受尸爵，尸荅拜。【疏】正義曰：張氏爾岐云：「自此至『於其筵前』，言賓長終獻之禮。賓長獻尸，尸醋賓長，賓長獻祝，凡三節。」賈疏云：「『尸祭酒，卒爵』者，案：《特牲》賓長獻爵止，待夫婦致爵。此大夫禮，或有儐尸者。致爵在儐尸之上，❶故不致爵，爵不止也。」王氏士讓云：「不儐尸則止爵，與《特牲》同。」互詳《特牲》「賓三獻如初」下。

右賓長獻尸

祝酌，授尸。賓拜受爵。尸拜送爵。賓坐奠爵，遂拜，執爵以興，坐祭，遂飲，卒爵，執爵以興，坐奠爵，拜，尸荅拜。【疏】正義曰：敖氏云：「賓受酢而俠拜，與夫奠爵拜、執爵興之類，皆放主人事尸之禮爲之。」

右尸醋賓長

❶「之上」，原脱，今據《儀禮注疏》補。

賓酌，獻祝。祝拜，坐受爵，賓北面荅拜。祝祭酒，啐酒，奠爵于其筵前。啐酒而不卒爵，祭事畢，示醉也。不獻佐食，將儐尸，禮殺。【疏】正義曰：敖氏云：「不卒爵，故啐而奠之。筵前，席南也，蓋北面奠之。奠於此者，明其與他奠爵之禮異。祝不卒爵，又不及佐食，蓋放不賓尸末獻之儀也。」高氏愈云：「以將告利成而尸謖，故祝奠爵不飲。」郝氏敬云：「不獻佐食，將與賓餕也。有儐尸，故獻禮從簡。」說皆與注微異而可存。○姜氏兆錫云：「自主婦獻尸、獻祝、佐食及賓長獻尸、獻祝，凡薦從之屬視《特牲禮》反略，蓋以此有儐尸之禮故歟？」方氏苞云：「《特牲》主婦亞獻尸、獻祝皆有籩燔，賓三獻有燔從，而《少牢》俱無之，以增儐尸之禮也。然不儐尸，主婦之獻仍薦籩燔，而賓獻亦無燔，何也？以士牲少，故再獻、三獻各以從薦爲儀；《少牢》二牲，主婦亞獻已兼薦羊豕之燔，故三獻無薦也。」

右賓長獻祝終獻禮竟

主人出，立于阼階上，西面。祝出，立于西階上，東面。祝告曰：「利成。」利，猶養也。成，畢也。孝子之養禮畢。【疏】正義曰：自此至「廟門」，言祭畢尸出廟之事。○祝告曰「利成」，鄉主人告也。注義俱詳見於《士虞禮》。祝入。尸謖。主人降立于阼階東，西面。謖，起也，或作休。【疏】正義曰：《特牲・記》、《士虞禮》注云：❶「古文『謖』或爲『休』。」此當亦據古文言也，義詳彼。**祝先，尸從，遂出于廟門。**事尸之禮，訖於廟門。【疏】正義曰：敖氏云：「祝先，先尸而行也。尸出廟門，祝宜告以主人將有事，尸於門外次中俟之。《士冠禮》曰：『請醴賓，賓就次。』」李氏云：「尸在廟門外則疑於臣，故送逆尸皆以廟門爲斷。」○姜氏兆錫云：「案：《特牲禮》賓獻尸爵止，主人、主婦乃交致交酢。比賓作止爵，尸乃酢賓，賓乃獻祝佐食，乃又致主人、主婦。主人乃獻賓及衆，❷於是堂下陳尊。主人乃又酬賓，乃又獻長兄弟衆兄弟，乃又獻内賓、宗婦。長兄弟、衆賓長乃又皆爲尸加爵，嗣又爲舉奠。而賓長兄弟以下皆旅酬以至無算爵，而後利成尸謖也。今賓獻尸以下但尸酢賓、賓獻祝而即尸謖，何煩簡不倫至是邪？迨觀儐尸而後知先聖之禮制隆殺有時也。《易》曰『錯綜參伍而不易其方』，此之謂也。」

右祭畢尸出廟

祝反，復位于室中。主人亦入于室，復位。祝命佐食徹肵俎，降設于堂下阼階南。徹肵俎不出門，將儐尸也。肵俎而以儐尸者，其本爲不反魚肉耳。不云尸俎，未歸尸。【疏】正義曰：自此至篇末，言徹肵俎行養之事。祝復位，復室中南面之位。主人復位，復室中西面之位也。敖氏云：「佐食，上佐食

❶「特」上，原衍「記」字，文義不通，今刪。

❷「衆」下，疑有「賓」字。

也。胙階南，近於歸者所升之處也。」　注云「徹肵俎不出門，將儐尸也」者，案：不儐尸之禮，尸出則佐食出尸俎於廟門外，有司受歸之。此徹於堂下不出門，是爲將儐尸也。云「肵俎而以儐尸者，其本爲不反魚肉耳」者，案：《曲禮》：「毋反魚肉。」鄭注：「爲已歷口，人所穢。」孔疏引崔靈恩云：「《少牢禮》尸所食之魚肉皆別致於肵俎，不反故處。」是肵俎本爲不反魚肉而設，故魚肉多在肵俎，可餕以儐尸也。云「不云尸俎，未歸尸」者，《特牲》徹之即以歸尸，故云「尸俎」；此未歸尸，故不云「尸俎」也。**司宮設對席，乃四人餕。**大夫禮，四人餕，明惠大也。【疏】正義曰：張氏爾岐云：「『設對席』者，對尸席而設西向之席。」吴氏紱云：「設對席而四人餕，則二人共一席矣。」《禮經釋例》云：「凡餕，士禮二人，大夫禮四人。餕畢亦有獻酢。案：《特牲禮》：尸出徹庶羞後，筵對席，佐食分簋鉶，宗人遣舉奠及長兄弟盥。舉奠即嗣子也。又：主人洗爵，宰贊一爵，酌酳上餕、下餕。又：上餕洗爵，酌酢主人。此餕畢之獻酢也。餕者用嗣子及長兄弟二人，此士禮也。《少牢禮》：尸出徹肵俎後，司宮設對席，乃四人餕。又：主人洗一爵，贊者洗三爵，酌授上餕、次餕以辯。又：主人受上餕爵，酌以醋於户内。此餕畢之獻酢也。《有司徹》不儐尸之禮：尸出徹俎後乃餕如儐。言如《少牢》之禮也。餕者用兩佐食及兩賓長，共四人，此大夫禮也。《士虞》祭不備禮，故不餕。」《祭統》云：「凡餕之道，別貴賤之等而興施惠之象。」此大夫禮，四人餕爲惠大，對《特牲》二人餕言之也。**上佐食盥，升，下佐食對之，賓長二人備。**備，四人餕也。三餕亦盥升。【疏】正義曰：此以佐食與賓長餕者，王氏士讓云：「大夫嗣既不舉奠，故亦不與於餕也。」郝氏敬云：「室中之事，佐食與尸周旋久而闕一獻，神惠宜首及。賓長助獻，因得陪食也。」張氏爾岐云：「上佐食升，居尸席。下佐食西向對之。賈云：『下佐食雖云西向對，實近北，不得東西相當。以其一賓長在上佐食之北，一賓長在下佐食之南也。』」注云「備四人餕也」者，養以佐食止二人，故又以賓長二人充四人之數也。云「三餕亦盥升」者，因經但言「上佐食盥」，故并明之。敖氏云：「注知三餕亦盥者，以《特牲禮》舉奠及長兄弟盥而推之也。」**司士進一敦黍于上佐食，又進一敦黍于下佐食，皆右之于席上。**右之者，東面在南，西面在北。【疏】正義曰：上佐食東面，以南爲右；下佐食西面，以北爲右。必右之者，飯以右手，取之便也。**資黍于羊俎兩端，兩下是餕。**資，猶減也。減置於羊俎兩端，則一賓長在上佐食之北，一賓長在下佐食之南。今文「資」作「齎」。【疏】正義曰：敖氏云：「餕主於二佐食，故以二賓長爲兩下。」今案：上司士所進止二敦黍，故必分黍置於羊俎兩端，以爲二賓長餕也。注云「資，猶減也」者，謂分減二佐食敦中之黍，置俎兩端也。云「減置於羊俎兩端，則一賓長在上佐食之北，一賓長在下佐食之南」者，賈疏云：「以其尸東面近南。今尸起，上佐食居尸坐處，明知位次如此。」褚氏云：「設俎，上端在北，下端在南。賓長養上端黍，衆賓長養下端黍，各居其右也。」云「今文『資』作『齎』」者，胡氏承珙云：「此字當作『齊』。《詩・楚茨》：『既齊既稷。』箋云：『齊，減取也。』蓋齊者謂有分限。《周禮・亨人》：『以給水火之齊。』注云：『齊多少之量。』此減黍者，亦是分限之義。古文作『資』者，同音假借。今文作『齎』者，❶《詩・甫田》：『以我齊明。』《釋文》云：『齊，本作齎。』」**司士乃辯舉，養者皆祭黍、祭舉。**舉，舉膚。今文「辯」爲「徧」。【疏】正義曰：蔡氏德晋云：「徧舉，徧授四人舉也。《特牲

❶「文」，原作「本」，今據《儀禮古今文疏義》改。

禮》『佐食授舉各一膚』，此亦當然也。」　注云「舉，舉膚」者，盛氏世佐云：「此唯云『辯舉』而不言所舉者，明與《特牲》同用膚可知。郝氏敬以爲舉羊體，非。」今文「辯」爲「徧」，詳《鄉飲酒禮》。**主人西面，三拜餕者。餕者奠舉于俎，皆荅拜，皆反，取舉。**三拜，旅之，示徧也。言「反」者，拜時或去其席。在東面席者，東面拜；在西面席者，皆南面拜。【疏】正義曰：注云「三拜，旅之，示徧也」者，謂不一一拜之而總言三拜，是旅拜也。旅拜以示徧也。云「言『反』者，拜時或去其席」者，案：《曲禮》云：「揖人必違其位。」盛氏世佐云：「反，反其席也。云『皆反』，則餕者拜時皆降席矣。必降席荅拜者，下尸也。敖以『反取舉』三字連讀，失之。」云「在東面席者，東面拜；在西面席者，皆南面拜」者，李氏云：「在西面者與主人同面，故南面拜。」褚氏云：「西面之餕者若如敖氏説亦西面拜，則背主人矣。依注南面爲得。蓋主人拜時，東面之餕者必起立，西面之餕者必辟席而向南，如是則主人與四人之拜皆得相向矣。奠舉於俎，蓋仍奠於膚俎也。物各有俎不可亂，就近俎之説亦未是。」**司士進一鉶于上餕，又進一鉶于次餕，又進二豆湆于兩下。乃皆食，食舉。**湆，肉汁也。【疏】正義曰：上餕，上佐食也。次餕，下佐食也。賈疏云：「神坐之上止有羊、豕二鉶，故更羞二豆湆于兩下。湆者從門外鑊中來。」敖氏云：「兩下資黍於俎，又有湆無鉶，皆下主餕者也。二豆湆，亦羊、豕各一歟？」褚氏云：「羊鉶進上餕，豕鉶進次餕，羊湆進賓長，豕湆進次賓長。」李氏云：「皆食，食黍也。食舉，食膚。」　注云「湆，肉汁也」者，以經但云「湆」，故以肉汁解之。或曰：「湆亦鉶也，因盛於豆不盛於鉶，故以豆湆名之。《少牢》正祭無湆，餕者餕尸食之餘，不得有湆也。」今案：或説似亦近是。**卒食，主人洗一爵，升，酌，以授上餕。贊者洗三爵，酌。主人受于户内，以授次餕，若是以辯。皆**

不拜，受爵。主人西面三拜養者。養者奠爵，皆荅拜，皆祭酒，卒爵，奠爵，皆拜。主人荅一拜。不拜受爵者，大夫養者賤也。荅一拜，略也。古文「一」爲「壹」也。【疏】正義曰：敖氏云：「每於將酌乃洗爵。云『洗三爵』，總言之耳。若是，謂酌、受、授也。辯，及於兩下也。」今案：贊者，即有司贊者。盛氏謂不言有司，文省，是也。上進鉶言上養、次養，又言兩下，此不言兩下，亦該於次養中矣，故下云：「養者三人興，出也。」注云「不拜受爵者，大夫養者賤也」者，蓋對士者爲嗣子而立文。云「荅一拜，略也」者，賈疏云：「四餕皆拜，主人總荅一拜，故云『略也』。」敖氏云：「卒爵禮輕，可以略。《特牲》二人養，其禮亦然。凡大夫士之禮，其荅卒爵拜者皆一拜也。乃見之者，嫌人多或旅之也。」李氏云：「《周禮》九拜有奇拜，謂一拜也，荅臣下之拜。」「古文『一』爲『壹』」者，詳《士冠禮》。**養者三人興，出。**出，降實爵於篚，反賓位。【疏】正義曰：出，出室也。反賓位，俟上養興出，同出廟門也，詳後。**上養止，主人受上養爵，酌以醋于户內，西面坐奠爵，拜。上養荅拜。坐祭酒，啐酒。**主人自醋者，上養獨止，當尸位，尊不酌也。【疏】正義曰：上養止，獨留不出也。受上養爵，酌醋，主人自酌以醋也。敖氏云：「主人啐酒者，爲聽嘏。凡既祭酒而未得即卒爵者，必啐酒。」賈疏云：「《特牲》上養親自酌酢主人。此上養不酌者，上養將嘏主人，故在尸位，不可親酌。」褚氏云：「坐尸位，繼尸嘏，尊矣，故酢主人不親酌。」注說爲是。❶ **上養親嘏，曰：「主人受祭之福，胡壽保建家室。」**親嘏，不使祝授之，亦以黍。【疏】正義曰：孔氏廣森《禮學卮言》云：「胡壽，

❶「注說爲是」，《儀禮管見》作「注疏俱是未可破」。

猶遐壽也。鄭注冠辭『永受胡福』云：『胡，猶遐也、遠也。』古讀遐如胡，詳見顧氏《唐韻正》。成王之冠頌曰：『使王近于民，遠于年。』遐壽，所謂『遠于年』也。《詩·載芟》疏引《周書·謚法》：『保民耆艾曰胡。』」蔡氏德晋云：「胡壽，猶遐齡也。保，言保守也。建，言創立也。祝其享遐齡而大保守創建其家業也。」今案：胡訓爲遐，是也。或謂老人頷下有胡，因云「胡壽」。若然，則冠辭之「胡福」奚以解乎？斯言陋矣。王氏士讓云：「案：《特牲》主人祝曰：『蕢有以也。』見興惠逮下之意。《少牢》上蕢嘏曰：『主人受祭之福，胡壽保建家室。』則歸福於上之意也。」《禮經釋例》云：「士蕢祝而不嘏，大夫蕢嘏而不祝，禮相變也。」今案：《特牲禮》有祝戒，《少牢》無之，義已詳《特牲》注。至《少牢》嘏而《特牲》不嘏，則大夫之禮隆也。注云「親嘏，不使祝授之」者，對上主人酳尸，尸命祝嘏言也。云「亦以黍」者，亦上尸嘏。張氏爾岐云：「亦摶黍以授主人而致辭也。」今案：敖氏謂上蕢親嘏惟以辭，不用黍。盛氏世佐云：「此經無以黍之文，下文亦不言主人受，注不能無疑。」**主人興，坐奠爵，拜，執爵以興，坐卒爵，拜。**【疏】正義曰：敖氏云：「重嘏，故其禮盛。至是乃云『主人興』，是坐而聽嘏也。」**上蕢荅拜。上蕢興，出。主人送，乃退。**送佐食不拜，賤。【疏】正義曰：張氏爾岐云：「退，謂主人退也。凡賓出，主人皆拜送。此送佐食但云送，不云拜，故注以爲賤也。」敖氏云：「出，亦謂出户。送，謂送之於户外。退者，上餕退立於賓位也。」褚氏寅亮云：「出，出廟門，以不與賓尸禮也。退，送而還入廟門也。三蕢則不送，上蕢則送而不拜，尊卑之差也。如以爲出室，何必送邪？此時賓有司等皆暫出，以俟徹俎埽堂，出而復入，故鄭於下篇『議侑于賓』注云：『是時主人賓有司已復内位。』其不與儐尸禮者，則出而遂歸矣。」今案：上言「蕢者三人興，出」，謂出室也；此言「上蕢興，出」，則出室即出廟門也。經不別言「出廟門」者，省文也。《儀禮》十七篇凡出室無有言「送」者，褚氏之駁是矣。但謂三餐則不送，上餐則送而不拜，以是爲尊卑之差，説猶未合。上經三餐之出，禮尚未畢，主人自不遑送。且四人同餐，亦無三人先出廟門之禮，故注以爲反賓位。至此時禮畢，上餐出廟門，三餐亦隨之出，故經特言「主人送」以見禮終。復云「乃退」者，謂主人送訖暫退，以俟儐尸也。褚氏據下篇「議侑于賓」注，謂此時賓有司等皆暫出，其説甚確。賓有司等既皆出，則上餐亦無獨退立賓位之理，敖氏之誤益明矣。○方氏苞云：「《特牲饋食》廟祭之節備矣，故《少牢》獨著其禮之異者，而同者則缺焉。如祭之前夕陳鼎于門外、主人子姓兄弟宗祝衆賓之位、視濯告充之儀，詳於《特牲》。蓋其義通乎上下，故於士舉之而知上焉者之略同也。鼎實之名數、器具之設張、牲體之差等、割制升載之儀法，則詳於《少牢》。蓋其事備於尊者，故於大夫舉之而知下焉者之差減也。至於視殺之節、迎尸之儀、命尸告神祝嘏之辭、主婦不嘏之義，亦通乎上下。然於《特牲》舉之，或疑大夫之有異也；於《少牢》舉之，則知士之無以易此矣。又有禮之節會不得不二篇竝見者，則各以小節之微異者相間，故不厭其重複。制禮之由，紀事之法，無微不達，是謂聖人之文。」

右 餐

儀禮正義卷三十九　鄭氏注

績溪胡培翬學

有司徹第十七

鄭《目録》云：「《少牢》之下篇也。大夫既祭，儐尸於堂之禮。祭畢，禮尸於室中。天子諸侯之祭，明日而繹。有司徹於五禮屬吉禮。大戴第九，小戴第十二，《别録》《少牢》下篇第十七。」【疏】正義曰：《校勘記》云：「篇題，唐石經、徐本、《釋文》俱無『徹』字，《集釋》、《通解》俱有。陸氏曰：『本或作有司徹。』」今案：鄭《目録》云「有司徹」，則鄭本有「徹」字也，今仍之。云「《少牢》之下篇也」者，敖氏云：「此别爲一篇，及其名篇之意，皆與《既夕》同。」先大父《校證》云：「此與《少牢》同爲一篇，亦以簡册繁重，釐而爲二，分儐尸以下及不儐尸者别爲一篇，故云『《少牢》之下篇也』。」云「大夫既祭，儐尸於堂之禮。祭畢，禮尸於室中」者，先大父云：「《通解續》引《目録》如是。今本作『上大夫既祭，儐尸於堂之禮。若下大夫祭畢，禮尸於室中，無别行儐尸於堂之事』，❶較《通解》所引多十四字，是後人因賈疏語增入。」《要義》、楊氏俱與

❶「别行」，原脱，與下文「較《通解》所引多十四字」字數不合，今據《鄭氏儀禮目録校證》補。

《通解》同，《集釋》與今本同。《校勘記》云：「《釋文》引亦無『上』字，此大夫兼上下言之。」賈疏云：「言『大夫既祭，儐尸於堂之禮』者，謂上大夫室中事尸行三獻禮畢，别行儐尸於堂之禮。又云『祭畢，禮尸於室中』者，據下大夫室内事尸行三獻，無别行儐尸於堂之事，即於室内爲加爵禮尸，即下文云『若不儐尸』以下是也。」今案：賈疏述《目録》原無增多之十四字，宜從《通解》各本爲正。下文「若不儐尸」，鄭注謂下大夫也，是賈疏所本。後人多疑鄭説，辨見後經文「若不儐尸」下。云「天子諸侯之祭，明日而繹」者，案：《詩·絲衣》序云：「繹，賓尸也。」鄭箋云：「天子諸侯曰繹，以祭之明日；卿大夫曰賓尸，與祭同日。」❶此云天子諸侯明日而繹，則卿大夫賓尸即正祭之日行之可知，義與《詩箋》同也。《禮記·禮器》曰：「季氏祭，逮闇而祭。日不足，繼之以燭。雖有强力之容、肅敬之心，皆倦怠矣。」又曰：「他日祭，子路與。室事交乎户，堂事交乎階，質明而始行事，晏朝而退。」鄭注：「室事，祭時。堂事，儐尸。」是卿大夫儐尸與正祭同日之證也。「吉」下今本無「禮」字，《集釋》有。戴氏震云：「今本脱也，據補。《别録》下亦當有『名』字，與《既夕篇》同。」吴氏廷華云：「據《特牲禮》，尸卒食三獻後尚有獻賓衆及旅酬無算爵諸節，上篇曾未之及，俱於此篇儐尸不儐尸詳之，故劉向以此爲《少牢》之下篇。其别爲一篇而加以『有司徹』之名，當起於兩戴，鄭氏因之。然劉説是也。」今案：《目録》首云「《少牢》之下篇」，則亦從劉説矣。就此篇之中約分爲二，自「有司徹埽堂」至「主人退有司徹」皆言上大夫儐尸之事，自「若不儐尸」以下至篇末則言下大夫不儐尸之事也。

❶「祭」，原作「賓」，今據《毛詩注疏》改。

有司徹。徹室中之饋及祝佐食之俎。卿大夫既祭而儐尸，禮崇也。儐尸則不設饌西北隅，以此薦俎之陳有祭象，而亦足以厭飫神。天子諸侯，明日祭於祊而繹。《春秋傳》曰：「辛巳，有事于大廟，仲遂卒于垂。壬午，猶繹。」是也。《爾雅》曰：「繹，又祭也。」【疏】正義曰：自此至「如初」，言將儐尸更整設及温俎之事。○張氏爾岐云：「有司，謂司馬、司士、宰夫之屬。」吴氏廷華云：「有司，助祭諸執事也。」今案：下不儐尸者「卒餋，有司官徹饋」，注云：「官徹饋者，司馬、司士舉俎，宰夫取敦及豆。」張氏蓋據下注言之。但彼言有司官，此不言官；彼祇徹尸之饋改饌西北隅，此兼徹祝以下薦俎，當如吴説爲該備也。徹，去也。　注云「徹室中之饋及祝佐食之俎」者，饋謂饋食。凡饋於尸者皆是，如菹醢四豆也、五俎也、四敦也、兩鉶也、四瓦豆也、酳奠之觶也，皆正祭時陳於室中者也。祝佐食之俎不皆在室中，故言「及」以别之。祝二豆一俎在室，二佐食薦俎在階，悉徹之。注獨言「俎」者，以祝佐食不與儐尸，當取俎以歸，故特言之。室中又有餋者二豆湆、四爵，注不言者，於室中該之也。褚氏云：「儐尸於堂，室中無事矣，故凡室中之器物皆令有司徹之。」是也。云「卿大夫既祭而儐尸，禮崇也」者，《春秋》卿亦稱大夫，《禮記・王制》「諸侯之上大夫卿」，是注言卿大夫即指上大夫。言既祭而儐尸爲禮崇，對下大夫及士無儐尸之禮者言也。《校勘記》云：「『儐』，徐本作『賓』。案：通篇儐尸之儐或作『賓』，或作『儐』，諸本錯互。據經文作『儐』，則當以『儐』爲正。『賓』、『儐』或古字通用，其作『擯』者誤。」今案：《校勘記》之説是也。儐亦禮之之意，詳《聘禮》。《詩序》作「賓尸」者，古字通用，此經則皆作「儐」也，今注文亦俱從經作「儐」。吴氏廷華云：「徹而儐尸，蓋以紓其象神之勞。」蔡氏德晋云：「《祭統》言：『天子之祭與天下樂之，諸侯之祭與竟内樂之。』然則大夫之儐尸，亦率其賓客宗族家臣以樂尸也。」云「儐尸則不設饌西北隅，以此薦俎之陳有祭象，而亦足以厭飫神」者，張氏爾岐云：「不儐尸者，尸出之後，設饌于西北隅以厭飫神，謂之陽厭。此既儐尸有祭象，故不設饌西北隅爲陽厭也。」云「天子諸侯，明日祭於祊而繹」者，謂此儐尸在祭日，天子諸侯則於明日；此儐尸於廟之堂，天子、諸侯則於廟門之祊；此儐尸但有獻酬而不祭，天子諸侯則又祭，其名爲繹。是皆言禮之異於卿大夫者。蓋天子諸侯祭之明日有繹祭，儐尸於繹祭行之。故《絲衣》序云：「繹，賓尸也。」《楚茨》《毛傳》亦云：「繹而賓尸。」謂繹祭而行賓尸之禮也。卿大夫則有儐尸而無繹祭，故此經但云「儐尸」，不名「繹」也。後人讀此注未審，輒謂儐尸即繹祭，非矣。陳氏祥道云：「祊，其地也。繹，其祭也。賓尸，其事也。」又云：「繹之名特施於天子諸侯，賓尸之名亦施於卿大夫。」其説尚有分曉。又卿大夫儐尸即用正祭之牲，下文「燅尸俎」是也。天子諸侯繹祭則別用牲。《詩·絲衣》云：「自羊徂牛。」鄭箋以爲視牲。《周禮·牛人》：「凡祭祀共其享牛求牛。」鄭注：「享，獻也。獻神之牛，謂所以祭者也。求，終也，終事之牛，謂所以繹者也。」是亦其禮之異於卿大夫者。《爾雅·釋宫》云「閍謂之門」，《禮記·禮器》疏引《釋宫》作「廟門謂之祊」，鄭注《郊特牲》亦云「廟門曰祊」。今案：祊與塾同。《詩·絲衣》云：「自堂徂基。」《毛傳》：「基，門塾之基。」《爾雅》又云：「門側之堂謂之塾。」鄭注《禮器》「爲祊乎外」云：「謂之祊者，於廟門之旁，因名焉。」引《周禮》「門堂」及《絲衣》「自堂徂基」爲證。是祊即塾也，但凡門皆有塾，廟門則名塾又名祊耳。天子諸侯繹祭，《郊特牲》曰：「坐尸於堂。」鄭注：「謂朝事時也。」是正祭朝踐時已事尸於堂，故繹祭於廟門行之，所謂求神非一處也。卿大夫無朝踐之禮，正祭事尸於室，故儐尸得於廟堂行之也。此經賈疏及《郊特牲》孔疏皆謂祊有二種，一是正祭之祊，一是繹祭之祊。今案：《詩·楚茨》曰：「祝祭于祊。」《毛傳》：「祊，門内也。」鄭箋：「孝子不知神之所在，故使祝博求之，平生門内之旁，待賓客之處。」孔疏引孫炎云：「祊，謂廟門也。知門内者，以正祭之禮不宜出廟門也。」祊，《説文》作「鬃」，云「門内祭，先祖所旁皇也」。亦引《詩》「祝祭于鬃」。又云「鬃，或作祊」，是正祭之祊也。《禮器》曰：「爲祊乎外。」鄭注：「祊祭，明日之繹祭也。」孔疏：「爲祊乎外稱外，故知明日繹祭也。」《家語》云：「周禮，繹祭於祊。」是繹祭之祊也。《郊特牲》：「索祭祝於祊。」鄭注：「索，求神也。廟門曰祊，謂之祊者，以於繹祭名也。」孔疏：「此索祭於祊，是正祭日之祊。下云『肵之爲言敬也』，『相，饗之也』，『嘏，大也』，『毛、血，告幽全之物』，是皆據正祭之日，明此祊亦正祭日。」注云「謂之祊者，以於繹祭名也」者，以祊是廟門，明日繹祭稱祊名，同稱之曰祊也。《禮器》疏引《郊特牲》「索祭祝於祊」，亦以爲正祭之祊，其説是矣。而「祊之於東方」疏及《詩·楚茨》疏引乃又以爲繹祭，何邪？賈此疏引「索祭祝於祊」，亦以爲祭之明日祊，皆誤。江氏永云：「『索祭祝於祊』，文承『直祭祝於主』之下，當在薦熟之後。」是也。《祭統》：「詔祝於室而出於祊。」鄭注：「出於祊，謂索祭也。」是亦以爲正祭之祊矣。而孔疏乃謂明日繹祭而出廟門求神，不知「出於祊」與「詔祝於室」連言，即《詩》所云「祝祭於祊」。出者，出室，非出廟門，此疏亦誤也。又《郊特牲》引孔子曰：「繹之於庫門内，祊之於東方，朝市之於西方，失之矣。」鄭注：「祊之禮宜於廟門外之西室，繹又於其堂，神位於西也。此二者同時而大名曰繹，其祭禮簡而事尸禮大。」竊疑此祊與繹對言，明亦是正祭之祊。考正祭時設席於奥東面，以神位在室之西。此求神於門内亦當在西方，今乃於東方；猶繹當在廟門，今乃於庫門，均爲失禮之事。且此經言繹、言祊、言朝市，明是三事。鄭乃繹與祊牽合爲一解之，恐非。以上因注、疏釋祊祭多紛岐，略爲詮次如此。　云「《春秋傳》曰：『辛巳，有事于大廟，仲遂卒于垂。壬午，猶繹。』是也」者，以其辛巳祭、壬午繹，是繹在祭之明日也。《公羊傳》曰：「繹者何？祭之明日也。」何注：「禮，繹繼昨日事，但不灌地降神爾。天子諸侯曰繹，大夫曰儐尸，士曰宴尸，去事之殺也。必繹者，尸屬昨日配先祖食，不忍輒忘，故因以復祭。」《穀梁傳》曰：「繹者，祭之旦日之享賓也。」楊疏：「旦日，猶明日也。」又引《爾雅》曰「繹，又祭也」者，證繹是祭名，與卿大夫儐尸不祭者異。郭注《爾雅》云：「祭之明日，尋繹復祭。」是也。《爾雅》又云：「周曰繹，商曰肜，夏曰復胙。」《尚書》有《高宗肜日》，天子諸侯繹祭禮亡，此其散見各書可考者爾。○案：上《目録》已云「天子諸侯之祭，明日而繹」，此注似複者，蓋鄭作《三禮目録》別爲一卷，後人乃引以冠各篇之首耳。上篇注「羊豕曰少牢」，義同此。

埽堂。爲儐尸新之。《少儀》曰：「汜埽曰埽，埽席前曰拚。」【疏】正義曰：《禮經釋例》云：「凡正祭于室，儐尸于堂。案：《特牲》、《少牢》及《士虞禮》皆陰厭後迎尸入室，行饋食之禮。卒食酳尸，主人、主婦、賓長凡三獻，皆在室中。此正祭之禮也。」《釋例》又云：「正祭以神事尸，繹祭與儐尸則以賓客之禮事尸也。《少牢》正祭畢，尸出廟門後，有司徹，埽堂，攝酒，燅俎，復選侑以輔尸。然後迎尸與侑入廟門，升堂行禮，如飲酒之儀。在堂上，不在室中，此儐尸之禮也。」陳氏祥道云：「埽堂、設筵皆堂上之事也。大夫正祭不迎尸，而儐尸迎之；正祭有祝，而儐尸有侑；正祭先薦後獻，儐尸先獻後薦；正祭之鼎五，儐尸之鼎三；正祭之牲體進下，儐尸之牲體進腠；正祭之魚縮載，儐尸之魚橫載；正祭主人獻尸而尸酢之於獻祝佐食之前，儐尸主人獻尸而尸酢之於獻侑之後，皆與正祭不同。」今案：此兩條分別儐尸與正祭之異特詳，故備録之。　注云「爲儐尸新之」者，前正祭時堂已埽訖，此特言埽，是爲儐尸新之也。引《少儀》者，證此埽爲汜埽也。汜，廣也，謂堂上下皆埽之。或曰：篇末云「司宮埽祭」，此埽堂司宮埽之。今案：下特云「司宮攝酒」，則埽堂非司宮也，蓋亦有司之屬耳。**司宮攝酒。**更洗，益整頓之。今文「攝」爲「聶」。【疏】正義曰：上篇設尊、啓冪、加勺皆司宮，故此攝酒亦司宮掌之也。賈疏云「注『洗』當作『撓』」，是也。餘詳《士冠禮》。**乃燅尸俎。**燅，温也。温尸俎於爨，肵亦温焉。獨言「温尸俎」，則祝與佐食不與儐尸之禮。古文「燅」皆作「尋」，記或作「燖」。《春秋傳》曰：「若可燖也，亦可寒也。」【疏】正義曰：注云「燅，温也」者，《説文》：「燅，於湯中爚肉也。」或作錴，亦作𤎅。《廣雅·釋詁》：「𤎅，爚也。」王氏《疏證》云：「爚與鬻通。《説文》：『鬻，内肉及菜湯中薄出之。』」今案：「燅」古文作「尋」，《左傳》以尋對寒言，是燅爲温也。云「温尸俎於爨，肵亦温焉」者，賈疏云：「下文『卒燅，乃升羊豕魚三鼎』，故知先温於爨之鑊，乃後升之於鼎也。」李氏云：「尸俎，神俎也。尸所舉肩骼加於肵者，下皆復載於俎，故知肵俎亦燅。」今案：肵以歸尸，故經言「尸俎」亦兼肵。上篇徹肵俎于阼階南，此有司徹室中神俎時，當并徹以温之於爨也。云「獨言『温尸俎』，則祝與佐食不與儐尸之禮」者，上篇正祭時所升者尸俎而外，唯祝與二佐食之俎而已，其餘則皆存於鑊不待温。今温尸俎而不温祝、佐食之俎，是祝、佐食不與儐尸，以別立侑故也。敖氏則謂祝、佐食亦與，但因其故俎不燅。褚氏云：「儐尸時無祝與佐食之職。若仍與焉，則當列於衆賓，不得因其故俎，設故俎則非其名矣。上篇上養興出，主人送之曰出，明不復入廟也，若復入者不送。敖氏以出爲出户，送爲送其出户，臆説耳。」秦氏蕙田云：「祝、佐食以神事尸者也，侑以賓事尸者也。幽明理殊，尸賓事異，自不宜相襲。」據此則注説是也。云「古文『燅』皆作『尋』，記或作『燖』」者，賈疏云：「《論語》及《左傳》與此古文皆作『尋』。《論語》不破，至此疊古文不從者，彼不破者，或古文通用，至此見今文作『燅』有火義，故從今文也。」胡氏鎬《三禮補義》云：「注『記或作燖』，墨莊《古今文疏義》之説恐不然。古文先於許、鄭，安得必以許、鄭斷古文乎？鄭注『記或作燖』，自與上尋字不同。蓋古文或从火，或不从火，亦不拘定一體耳。」賈疏又云：「《郊特牲》：『血腥爓祭，用氣也。』注云：『爓或爲燖。』今此義指彼記或讀之，故云『記或作燖』也。」今案：今本《郊特牲》注云「爓或爲腤」，賈所見本蓋作燖耳。但腤與燅、燖通，《廣雅》燅、腤俱訓爚，是也。燖亦與燂通，《集韻》：「燂同燖。」《禮記·内則》：「五日則燂湯請浴。」《釋文》：「燂，温也。」《廣雅·釋詁》：「温、燂，煗也。」是也。又引「《春秋傳》曰：『若可燖也，亦可寒也。』」者，哀十二年《左傳》文，此燖字當作尋，賈所見《左傳》本作尋，亦作燖，鄭蓋引以證古文之尋亦爲温耳。段氏云：「燅者，正字；尋者，同音假借字。《左傳》賈注云：『尋，温也。』服注云：『尋之言重也，温也。』《論語》何注云：『温，尋也。』互相發明。又《中庸》『温故而知新』，注曰：『温讀如尋温之温。』尋，本皆無火旁。」**卒燅，乃升羊、豕、魚三鼎，無腊與膚。乃設扃鼏，陳鼎于門外，如初。** 腊爲庶羞，膚從豕，去其鼎者，儐尸之禮殺於初。如初者，如廟門之外東方，北面北上。今文「扃」爲「鉉」，古文「鼏」爲「密」。【疏】正義曰：注云「腊爲庶羞，膚從豕」者，以經言「無腊與膚」，是無腊鼎、膚鼎也。下載俎不見腊體而尚有膚，故知腊爲庶羞。膚從豕在豕鼎，所云無膚者謂無專鼎耳。云「去其鼎者，儐尸之禮殺於初」者，正祭五鼎，儐尸之禮殺於正祭，故云腊膚二鼎而陳三鼎，❶其

---

❶「云」，疑當作「去」。

數亦奇也。云「如初者，如廟門之外東方，北面北上」者，上篇正祭時陳鼎于廟門之外東方，北面北上，此亦如之。經言初者皆謂正祭時也。扃鼏，詳見《士冠禮》。**乃議侑于賓，以異姓。**議，猶擇也。擇賓之賢者，可以侑尸。必用異姓，廣敬也。是時，主人及賓有司已復内位。古文「侑」皆作「宥」。【疏】正義曰：《義疏》云：「上篇正祭以神道事尸於室，故用祝與佐食，皆室事也；此篇儐尸以賓禮接尸於堂，故不用祝與佐食而別立侑輔尸，皆堂事也。」自此至「俟于廟門之外」，言選侑之事。《説文》：「姷，耦也。」或從人作侑。今經典通用侑，此立侑以耦尸也。侑又有勸義，見前。亦有輔義，《禮運》：「卜筮瞽侑。」鄭注：「侑，四輔也。」儐尸，以尸爲賓，故立侑以勸之輔之。盛氏云：「尸之有侑，猶賓之有介也。」注云「議，猶擇也。擇賓之賢者，可以侑尸。必用異姓，廣敬也」者，鄭意以經云「議侑于賓」是於賓之中選其賢可爲侑者，因釋議爲擇。但議不直訓擇，故云「猶擇也」。《説文》：「議，語也。」段氏云：「許説未盡。議者，誼也。誼者，人所宜也。言得其宜之謂議。」案：得其宜必須擇，則議有擇義矣。敖氏云：「『議侑于賓』，謂與賓長謀議可以爲侑者，與《鄉飲酒》『就先生而謀賓介』相類。」今案：鄭注不訓議爲謀者，以立侑自須由主人選擇，所謂「賓有禮，主則擇之」也。且《鄉飲酒》就先生謀，先生不在賓介之列者也。此侑即於賓中選之，何爲與賓謀？敖説非矣。敖氏又云：「『以異姓』，謂於衆賓中擇之也。必異姓者，以尸既同姓，故侑須用異姓。」此説是。經云「以異姓」者，恐人以尸是同姓，侑亦用同姓也。劉氏台拱云：「賓中亦有同姓。如季孫飲大夫酒，臧孫爲客。」王氏士讓云：「尸雖同姓子行，然此時則以賓道待之矣。若侑以同姓，是類於族人燕私。故用異姓，所以敬尸也。」云「是時，主人及賓有司已復内位」者，以徹室埽堂時主人及賓當暫出，至議侑時復入也。下云

「侑出」，又云「主人出」，是已入復出，故知已復内位。有司亦指賓黨助祭者言之。「古文『侑』皆作『宥』」，詳《聘禮》。**宗人戒侑。**戒，猶告也。南面告於其位。戒曰：「請子爲侑。」【疏】正義曰：注云「戒，猶告也」者，詳《士冠禮》。云「南面告於其位」者，賈疏云：「以賓位在門東北面，請以爲侑，明面鄉其位可知。知賓位在門東北面者，❶下文將獻賓時，云『主人降南面，拜衆賓門東，三拜，衆賓門東北面，皆荅一拜』是也。云『戒曰：「請子爲侑。」』者，是鄭言戒之之辭如是也。」**侑出，俟于廟門之外。**俟，待也。待於次，當與尸更入。主人興禮事尸，極敬心也。【疏】正義曰：注云「俟，待也」者，俟與竢同。《爾雅·釋詁》：「竢，待也。」云「待於次，當與尸更入」者，《周禮·掌次》「凡祭祀張尸次」，是尸有次也。此侑之出亦即待事於尸次，以當與尸復入也。上篇尸出廟門，敖氏以爲俟於門外次中，蓋亦據此注言之。云「主人興禮事尸，極敬心也」者，以立侑輔尸，使出俟於門外，俟主人迎尸乃更入，皆極敬尸之心也。

右將儐尸以選侑

司宮筵于户西，南面。爲尸席也。【疏】正義曰：自此至「侑荅拜」，言迎尸及侑之事。❷○户西，室户西，即户牖間堂正中之位也。席尸於此，尊之。**又筵于西序，東面。**爲侑席也。【疏】正義曰：李氏

❶「在」，原作「云」，今據《儀禮注疏》改。
❷「及」，原作「飲」，今據文義改。

云：「尸、侑席位與《鄉飲酒》賓、介之位同。」今案：《鄉飲酒》：「乃席賓、主人、介。」注云：「賓席牖前南面，介席西階上東面。」此筵于西序，則視介席爲稍北，其東面同也。**尸與侑北面于廟門之外，西上。**言「與」，殊尊卑。北面者，賓尸而尸益卑。西上，統於賓客。【疏】正義曰：蔡氏云：「尸在廟門外，不敢以尊禮自居，故與侑同北面。」注云「言『與』，殊尊卑」者，賓尸以尸爲主，侑卑於尸，故言「與」也。云「北面者，賓尸而尸益卑」者，案：尸而以賓客待之已卑，但賓禮當在門西東面，今尸北面，若不敢爲賓客然，是益卑也。任氏啓運云：「尸者，神之所憑也。憑之則神，離之則人也。大夫賓尸，尸出廟而復入，則疑於神既離也。」云「西上，統於賓客」者，門東主位，門西賓位。今西上，尸在西，是統於賓客也。**主人出迎尸，宗人擯。**賓客尸而迎之，主人益尊。擯，贊。【疏】正義曰：《經義述聞》云：「主人出迎尸，家大人曰：『尸』下當有『侑』字。上文尸與侑北面于廟門之外，故主人出而竝迎之。下文主人拜，尸荅拜，主人又拜侑，侑荅拜，即承此文迎尸、侑言之。後人以鄭注賓客尸而迎之云云，但言尸而不及侑，故删去『侑』字。不知鄭君之意，自以上篇正祭時，主人不迎尸以伸尸之尊者，迎尸則待尸同於賓客，❶故但言尸而不及侑，非謂主人迎尸而不迎侑也。上文議侑于賓，賈疏云『論選侑并迎尸及侑之事』，引此文云『主人出迎尸、侑』，則有『侑』字明矣。自唐石經始删『侑』字，而各本皆沿其誤。」李氏云：「擯者祝擯，尸神象。今宗人擯，賓尸也。」敖氏云：「迎之而使宗人擯，待賓之禮也。」注云「賓客尸而迎之，主人益尊」者，上篇主人不出迎以伸尸之尊，是主人本

❶「客」下，《經義述聞》有小字注云「説見疏」。

尊也；今以尸同賓客而迎之，是主人益尊也。云「擯，贊」者，擯，接賓也。《説文》：「擯，導也。」《國語注》：「贊，導也。」擯、贊皆有導引之義，故云「擯，贊」也。**主人拜，尸荅拜。主人又拜侑，侑荅拜。主人揖，先入門右。**道尸。【疏】正義曰：主人先入，是道尸也。道與導同。敖氏云：「凡主人與客揖而先入，皆入門右也。經獨於此見之。」**尸入門左，侑從，亦左。揖，乃讓。**没霤相揖，至階又讓。【疏】正義曰：李氏云：「没霤，至門内霤。」餘詳《鄉飲酒禮》。敖氏云：「亦三揖至于階，乃三讓也。惟云『揖，乃讓』，省文耳，亦以其可知故也。」**主人先升自阼階，尸、侑升自西階，西楹西，北面東上。**東上，統於其席。【疏】正義曰：「東上」，尸在東。云「統於其席」，賈疏云：「賓席以東爲上故也。」李氏云：「異於門外西上也。户西之席東上，侑席亦西於尸席。」今案：李云「侑席，西於尸席」者，蓋以賓席於户西，侑席於西序，賓席在侑席東，故西楹西之位，賓亦在侑東，是統於其席也，似勝賈疏賓席以東爲上之説。**主人東楹東，北面拜至，尸荅拜。主人又拜侑，侑荅拜。**拜至，喜之。【疏】正義曰：郝氏云：「自主人出迎及拜至，皆用賓禮。」今案：此尸、侑同升，主人同時拜至，與《鄉飲酒》亦略異。

右迎尸及侑

乃舉。舉，舉鼎也。舉者不盥，殺也。【疏】正義曰：自此至「西枋」，言陳鼎階下設俎俟載之事。○上篇正祭時士盥訖舉鼎，此不盥，是儐尸禮殺也。**司馬舉羊鼎，司士舉豕鼎、舉魚鼎以入，陳鼎如初。**

如初，如阼階下西面北上。【疏】正義曰：舉鼎，每鼎二人。敖氏云：「司馬二人，司士四人也。魚鼎重言舉，明其與豕鼎異也。」○上篇正祭時舉鼎入，陳于東方，當序，南于洗西，皆西面北上，此亦如之。注云「阼階下」，即東方也。

雍正執一匕以從，雍府執二匕以從，司士合執二俎以從，司士贊者亦合執二俎以從。匕皆加于鼎，東枋。二俎設于羊鼎西，西縮。二俎皆設于二鼎西，亦西縮。 雍正，羣吏掌辨體名肉物者。❶府，其屬。凡三匕，鼎一匕。四俎爲尸、侑、主人、主婦。其二俎，設於豕鼎、魚鼎之西，陳之宜具也。古文「縮」皆爲「蹙」。【疏】正義曰：敖氏云：「二匕，羊匕也。二匕，豕魚匕也。俎設之亦北上，如鼎之序然。其載之亦先北而後南也。」姜氏云：「縮之言直，猶順也。凡全經言南陳、南肆及南順之屬，皆異名而同實也。肆亦陳也，謂其陳之皆直而順也。」今案：姜説是。《檀弓》：「古者冠縮縫，今也衡縫。」衡即横也。《檀弓》以縮對衡言，是縮爲直也。上篇云「西肆」與此同，但西縮、西肆是向西直陳之，俎設鼎西，自鼎視之爲直也。其南陳、南肆、南順則向南直陳之。凡經言陳、言肆、言順雖與言縮同，而或言南北，或言東西，則有異也。「東枋」，詳上篇。注云「掌辨體名肉物」者，《周禮·内饔職》文。彼注云：「體名，脊脅肩臂臑之屬。肉物，胾燔之屬。」言羣吏者，謂大夫之雍正所掌亦同也。餘詳上篇。云「凡三匕，鼎一匕」者，以儐尸止羊豕魚三鼎，每鼎一匕，故三匕。上篇雍府執四匕，則五匕，以有膚腊鼎也。云「四俎爲尸、侑、主人、主婦」者，尸羊俎一，侑羊俎一，主人羊俎一，主婦羊俎一。四者皆正俎，與下二俎異也。云「其

❶ 「辨」，原作「辦」，今據《續清經解》本改。

二俎，設於豕鼎、魚鼎之西，陳之宜具也」者，此四俎皆羊俎，今乃以二俎陳於羊鼎西，復分二俎陳於豕鼎、魚鼎之西者，賈疏云：「欲使三鼎之西竝有俎，故云『陳之宜具也』。」敖氏云：「羊鼎西特有二俎，尊之也。」云「古文『縮』皆爲『蹙』」，詳《鄉飲酒禮》。惠氏棟云：「通部《儀禮》『縮』皆作『蹙』。是古『縮』皆讀爲『蹙』。」**雍人合執二俎，陳于羊俎西，竝，皆西縮。覆二疏匕于其上，皆縮俎，西枋。**竝，併也。其南俎，司馬以羞羊匕湆、羊肉湆。其北俎，司士以羞豕匕湆、豕肉湆、豕脀、湆魚。疏匕，匕柄有刻飾者。古文「竝」皆作「併」。【疏】正義曰：雍人，亦雍府也。對文雍正與雍府異，散文亦得通稱雍人也。此二俎，益送之俎也，敖氏云：「羊俎，指在羊鼎西者也。疏匕二者，羊豕之湆宜異器也。覆者，爲塵也。」吴氏廷華云：「曰覆，曰縮，則葉向下而直設於俎也。未用，故覆之。」今案：西縮，義與上同。此覆二疏匕於俎上，則每俎一匕。俎皆西縮，則匕加於俎亦隨俎直陳之，而枋在西，故云「縮俎」也。注云「竝，併也」者，詳《士昏禮》。云「其南俎，司馬以羞羊匕湆、羊肉湆。其北俎，司士以羞豕匕湆、豕肉湆、豕脀、湆魚」者，盧氏《詳校》云：「注『豕肉湆』三字，李云衍。吴氏云：『案：下司士匕豕即豕脀也，絶無豕肉湆之名。』今删。疏文竝同。」蔡氏云：「四羊俎設於鼎西，自北而南爲一列。饔人又執二俎設於其西，别爲一列。竝者，南北竝列也。南俎以羞羊匕湆、羊肉湆，北俎以羞豕匕湆、豕脀、湆魚。蓋羊，陽類；豕、魚，陰類。故二俎不相通也。前四羊俎爲正俎，皆奠於席上。後二俎爲益送之俎，則既羞之後即以其實併於羊俎，而執虚俎以降焉。」又云：「六俎之用，鄭注確不可易，郝仲輿等從而紛更之，謬甚。」今案：盧氏、蔡氏之説是也。賈疏述注亦有「豕肉湆」三字，則其誤已久。經於此言「竝，皆西縮」，上不言「竝」者，以上二俎設於羊鼎西，又二俎設於二鼎西，則其爲南北竝列自見，故不言也。郝氏以六俎皆爲尸俎，其説固謬。敖氏謂北俎羞羊匕湆、豕匕湆，南俎羞羊肉湆、豕脀、湆魚，其説亦非。據其釋「疏匕二」云「羊豕之湆宜異器」，既不同匕，曷爲同俎？江氏筠云：「據經『司馬羞羊湆，司士羞豕、湆魚』，豕、魚得同使司士者，豕，水畜；魚，水物，二者同類故也，則得同用一俎可知。羊，火畜，與豕不類，故專使司馬火官，則其與豕俎不得相通可知。」今案：江氏此説是也。褚氏申敖，謂羞羊肉湆與羞羊匕湆同俎，恐羞之也遲。❶褚説亦非，辨見主人獻尸「司馬羞羊肉湆」節下。盛氏云：「湆魚以上諸物皆非正俎，別用此二俎盛之，往來迭用，而不設於席前。故所羞之物雖多，只用二俎而已足也。其羞羊匕湆、豕匕湆於尸與主人也，尸與主人受其匕，祭而嚌之，還以授次賓，次賓縮匕於俎上以降。其羊肉湆、豕脀、湆魚則皆載於羊俎而以其虛俎降，是益送之俎例不設於席前矣。」案：盛説與蔡説略同。唯以羊匕湆、豕匕湆不載於羊俎爲異，盛説較密。賈疏云：「案：下文『次賓羞羊匕湆，司馬羞羊肉湆，次賓羞豕匕湆，司士羞豕脀』，此竝云司馬、司士者，據上經『司馬刲羊，司士擊豕』而言。」褚氏云：「羞羊匕湆、豕匕湆者皆次賓，注偶失檢，以爲司馬、司士，故賈辨之。」是也。又賈疏謂匕湆無肉直湆，肉湆是肉從湆中來，實無汁。方氏苞云：「經以匕湆、肉湆相對，則匕湆中無肉，肉湆有湆，所以得名者顯然。」其説是矣。《禮經釋例》云：「凡儐尸，羊俎爲正俎，其餘皆以二俎益送之。《有司徹》儐尸之禮，尸羊俎、尸羊肉湆俎、尸豕俎、侑羊俎、侑豕俎、主人羊俎、主人羊肉湆俎、主人豕俎、主婦羊俎、尸侑主人三魚俎，共十二俎，而匕湆燔俎不與焉。然

❶「遲」，原無，今據《續清經解》本補。

惟尸、侑、主人、主婦四羊俎爲正俎，其餘八俎及尸主人羊匕湇、豕匕湇四俎皆以雍人所執二俎益送之。匕湇有湇無肉，故載俎時不列之。注所謂南俎、北俎者，即益送之二俎也。主人獻尸，賓長設羊俎於豆南，此尸正俎也。又云『雍人授次賓疏匕與俎，受於鼎西，左手執俎左廉，縮之，卻右手執匕枋，縮於俎上，以東面受於羊鼎之西。司馬在羊鼎之東，二手執挑匕枋以挹湇，注於疏匕，若是者三。尸祭肺、祭酒後，次賓縮執匕俎以升，若是以授尸，尸卻手受匕枋，坐祭，嚌之，興，覆手以授賓，賓亦覆手以受，縮匕於俎上以降』，此羞羊匕湇也。又云『司馬羞羊肉湇，縮執俎，尸祭肺，嚌之，興，反加於俎，司馬縮奠俎於羊湇俎南，乃載於羊俎，卒載，縮執俎以降』，此羞羊肉湇也。主婦獻尸，次賓羞豕匕湇，如羊匕湇之禮，此羞豕匕湇也。又云『司士羞豕脀，尸受，如羊肉湇之禮』，此羞豕脀也。上賓獻尸，司士羞湇魚，縮執俎以升，尸取膴祭祭之。卒爵後，司士縮奠俎於羊俎南，橫載於羊俎。卒乃縮執俎以降。此羞湇魚也。皆益送之俎也。主人獻侑，司馬橫執羊俎以升，設於豆東。此侑正俎。主婦獻侑，司士縮執豕脀以升，侑祭肺後，司士縮奠豕脀於羊俎之東，載於羊俎，卒乃縮執俎以降。此羞豕脀也。上賓獻侑，司馬羞湇魚，一如尸禮。此羞湇魚也。皆益送之俎也。主人受尸酢，長賓設羊俎於豆西。此主人正俎也。又云『次賓羞匕湇，如尸禮』，此羞羊匕湇也。又云：『司馬羞羊肉湇，縮執俎。主人祭肺，嚌之，興，反加於湇俎。司馬縮奠湇俎於羊俎西，乃載之。卒載，縮執虛俎以降。』注：『言虛俎者，羊湇俎訖於此，虛不復用。』此羞羊肉湇也。主婦致爵於主人，受豕匕湇、受豕脀皆如尸禮。此羞豕匕湇、豕脀也。上賓致爵於主人，司士羞一湇魚，如尸禮。此羞湇魚也。皆益送之俎也。又主婦受尸酢，司馬設羊俎於豆南，是爲主婦正俎。主婦不備三獻，故無益送之俎也。至於主人獻尸，次賓羞羊燔，縮執俎，縮一燔於俎上，鹽在右，尸受祭，嚌後興，加於羊俎，賓縮執俎以降。主婦獻尸，次賓羞豕燔，如羊燔之禮。主人獻侑，次賓羞羊燔，主婦獻侑，次賓羞豕燔，皆如尸禮。主人受尸酢，次賓羞羊燔，主婦致爵於主人，受豕燔，亦皆如尸禮。主婦受尸酢，次賓羞羊燔，如主人之禮。」張《儀禮圖》云：「宜有燔俎在西塾。注於侑湆俎降云：羊湆俎訖於此不復用，疏以爲下羞羊燔用豕俎，非也。正祭自有燔俎，不在十一俎之内。」「李氏如圭曰：『羞燔亦當以羊肉湆之俎。』考《士虞禮》：『羞燔俎在内西塾上，南順。』注：『南順，於南面取縮執之便也，肝俎在燔東。』然則羞燔别有俎以載之，不用雍人所執之俎。李氏之説非也。」今案：鄭以羞燔别有俎，見《士虞禮》，故此注不及之。江氏乃疑鄭不言羞燔用何俎，疎矣。云「疏匕，匕柄有刻飾」者，詳下。云「古文『竝』皆作『併』」者，案：《昏禮》、《聘禮》、《公食禮》、《士喪禮》、《少牢禮》皆云「今文『竝』作『併』」。此「古文」疑「今文」之誤。餘詳《士昏禮》。

右陳鼎階下設俎俟載

主人降，受宰几，尸、侑降，主人辭，尸對。几，所以坐安體。《周禮·大宰》：「掌贊玉几玉爵。」

【疏】正義曰：張氏爾岐云：「自此盡主人及尸、侑皆升就筵，言主人初獻之儀。獻尸、獻侑、受酢，凡三大節。此獻尸一節内，授几、獻爵、主婦薦豆籩、司馬載羊俎、賓長設羊俎、次賓進匕湆、司馬羞肉湆、次賓羞燔，又自有八細節。主人拜送爵而主婦薦，賓長設正俎而尸祭薦，司馬挹匕湆而尸祭俎，次賓授匕湆而尸啐酒告旨，司馬羞肉湆而尸嚌肺，次賓羞燔而尸卒爵，此其相承相應之次，有不容稍紊者。若司馬載羊俎之下竝列十一俎，則欲以類從，著諸俎之差等耳，不以其次也。」○吴氏廷華云：「『主人降，受宰几』者，言爲受几降也，下乃受之。」敖氏云：「爲尸受几，故尸從降。侑亦降者，從尸也。凡尸爲禮之類此者，侑則從之，此所以謂之侑也歟？」今案：「主人辭」者，辭尸之降也。　注云「几，所以坐安體」者，案：設几爲坐時憑之，故云「所以坐安體」。餘詳《士昏禮》。賈疏云：「引《大宰》者，證宰授主人几之義。」《儀禮釋官》云：「大夫之宰相家事，亦如天子之有大宰。」詳見上篇。　**宰授几，主人受，二手横執几，揖尸。**　獨揖尸，几禮主於尸。

【疏】正義曰：注云「獨揖尸，几禮主於尸」者，以尸有几，侑無几，是几禮主於尸也。　**主人升，尸、侑升，復位。**　位，阼階、賓階上位。【疏】正義曰：張氏爾岐云：「即上文東楹東、西楹西之位也。」　**主人西面，左手執几，縮之，以右袂推拂几三，二手横執几，進授尸于筵前。**　衣袖謂之袂。推拂去塵，示新。【疏】正義曰：上主人二手横執几，此獨用左手執几而縮之者，便其以右袂推拂也。　三者，謂推拂之三也。　拂訖，仍以二手横執而授尸於尸之筵前也。　王氏士讓云：「拂几則縮，授几則横，從便也。」○注，盧氏《詳校》於注「衣袖謂之袂」下，增「拂者外拂之也」六字，❶云「官本據《士昏禮》賈疏引補」。今案：《士昏禮》單疏本引此注訖，復云「推拂者，外拂之也」，則是賈氏申釋語，非鄭注本文也。　云「推拂去塵，示新」者，《詩·雲漢》：「則不可推。」《毛傳》：「推，去也。」《廣雅·釋詁》：「拂，去也。」推、拂皆有去義，故鄭以去塵釋之。《士昏禮》注云「拂，拭也」者，《爾雅·釋詁》云：「拭，清也。」去塵有清義，故鄭又以「拭」解之。《公羊傳》注云：「一往

---

❶ 「拂者」上，原衍「拂者外」三字，與後文云「六字」不合，今删。

一來曰推。」彼言「拂」，此言「推拂」，詳略異耳，其實一也。「示新」者，敬尸之意。**尸進，二手受于手間。**受從手間，謙也。【疏】正義曰：手間，主人二手之間也。郝氏敬云：「主人二手執几兩端，尸併二手執几中間。授者極慎，受者極恭。」是亦注言謙之意也。**主人退。尸還几，縮之，右手執外廉，北面奠于筵上，左之，南縮，不坐。**左之者，異於鬼神。生人陽，長左。鬼神陰，長右。不坐奠之者，几輕。【疏】正義曰：主人退，復東楹東之位也。還，旋也。上尸受几亦横執之，此復旋轉使縱者，以將北面縱設於筵上也。廉，邊也。右手執外廉，則左手執内廉，可知亦二手執之也。尸北面，右在東，以東爲外者，几設於筵上，以其近人者爲内，稍遠於人者爲外也。左之，謂設於筵東。上「右手」，據設者北面而言。此「左之」，據筵南向而言也。南縮，猶南順，謂向南直陳之也。不坐，謂立奠之也。注云「左之者，異於鬼神」者，上篇正祭是以鬼神之禮事尸，故祝設於筵上，右之；此儐尸以賓客之禮事尸，故奠几於筵上，左之，與彼異也。云「生人陽，長左。鬼神陰，長右」者，是申言「左之」之義。賓客是生人，生人陽，故尚左；鬼神陰，故尚右也。云「不坐奠之者，几輕」者，賈疏云：「決下文啐酒坐奠之言也。」敖氏云：「几稍高，故設之不坐。《少儀》曰：『取俎進俎，❶不坐。』其意類此。」江氏筠云：「注以爲几輕，言其義；敖以爲几高，言其體。蓋奠几不坐者，原以其物較高之故。坐有危坐、有安坐：以危爲義則坐爲敬，如几輕不坐之類是也；以安爲義則不坐爲敬，如俎徹乃坐之類是也。」**主人東楹東，北面拜。**拜送几也。**尸復位，尸與侑皆北面荅拜。**侑拜者，從於

❶「進」，《儀禮集説》作「設」。

尸。【疏】正義曰：几爲尸設，今尸荅拜而侑亦荅拜，是從於尸也。方氏苞云：「立侑，以侑尸也。使尸降而侑不降，尸升而侑不升，尸拜而侑不拜，則似與尸抗行，以待主人之特禮。惟正獻時尸拜，侑不與之俱拜，以當特受主人之獻耳。」○《禮經釋例》云：「授几之儀，《有司徹》最詳。」今案：爲神設几無授禮，爲人設几乃有授几之儀。然亦有設而不授者，《公食禮》宰夫設筵加席几，《覲禮》天子設左右几，是也。《士昏禮》禮賓：主人迎賓，升堂拜至後，主人拂几授校，拜送。賓以几避，北面設于坐，左之，西階上荅拜。注：「拂，拭也。拭几者，尊賓新之也。校，几足。」《聘禮》禮賓：「公升，側受几于序端，宰夫内拂几三，奉兩端以進。」注：「内拂几，不欲塵坋尊者。以進，自東箱來授君。」又云：「公東南鄉，外拂几三，卒，振袂，中攝之，進西鄉，擯者告。」注：「告賓以公授几。」又云：「賓進，訝受几于筵前，東面俟。公壹拜送，賓以几避。北面設几，不降，階上荅再拜稽首。」注：「凡賓左几。」《覲禮》侯氏儐郊勞使者：「侯氏與之讓升。侯氏先升，授几。侯氏拜送几，使者設几，荅拜。」及此篇皆言授几之事，然其中有異有同。此篇言宰授主人几，《聘禮》言宰夫授公几，《昏禮》、《覲禮》不言授主人几爲何人，文略。此篇及《聘禮》言「拂几三」，《覲禮》不言「拂几」，《昏禮》但言「拂」不言「三」，其實授几皆當拂之三。不言者，文不具也。此篇言「以右袂拂」，《聘禮》言外拂几，拂几皆當以右袂外拂之，不言者亦同。惟《聘禮》「宰夫授公几内拂」，注謂不欲塵坋尊者，是也。此篇言「主人二手横執几授尸，尸二手受于手間」，是主人執几兩端以授。《昏禮》「授校」，校爲几足，在几之兩端，是亦執兩端以授也。敖謂校爲左廉，非矣。《聘禮》「宰夫奉兩端以進，公中攝之」，蓋取相變之義，非謂卑者宜執兩端，尊者宜執中間也。據經言「外拂几三，卒，振袂，中攝之」，則亦當先以左手執几，以右手拂几，拂訖，乃振右袂，以二手執几中間授賓。賈氏《士昏禮》疏謂《聘禮》公尊，中執几以一手，非也。惟《昏禮》、《聘禮》皆云「賓以几辟」，此篇及《覲禮》不云「以几辟」，賈氏謂尊尸、尊王使，是矣。又其授之皆對面訝授受，《聘禮》言「賓訝受几」，他篇不言者亦同。其設之皆北面，皆左之，《聘禮》不言「左之」，《覲禮》不言「北面」及「左之」，文略。鄭注《聘禮》云「凡賓左几」，是賓客之禮皆左几，與鬼神異也。至《昏》、《聘》、《覲》諸篇皆主人先拜送几而後賓設几，此篇尸奠几後主人乃拜送。又諸篇皆主人升堂乃執几授几，此篇則主人自階下執几以升，似事尸禮與賓禮有微異矣。○以上授尸几。

主人降，洗，尸、侑降。尸辭洗，主人對。卒洗，揖。主人升，尸、侑升。尸西楹西，北面拜洗。主人東楹東，北面奠爵，荅拜。降盥，尸、侑降，主人辭，尸對。卒盥，主人揖，升，尸、侑升。主人坐取爵，酌，獻尸。尸北面拜受爵，主人東楹東，北面拜送爵。降盥者，爲土污手，不可酌。【疏】正義曰：解者皆謂此節主人獻尸之儀與《鄉飲》主人獻賓同。然亦有異者，《鄉飲》主人降洗，賓降而介不降。此則尸、侑同降同升，侑與介微別也。又「卒洗，揖」，主人揖也。《鄉飲》卒洗，主人壹揖壹讓，升；卒盥，揖讓，升。此卒洗，揖；卒盥，主人揖，皆言揖不言讓，殺於飲酒禮也。至《鄉飲》主人降洗、賓降，有主人辭降及賓對之文，此無之。據下「降盥，尸、侑降，主人辭，尸對」，則此降洗「尸、侑降」下亦當有主人辭、尸對之文，或傳寫脱也。盛氏云：「凡尸、侑降，皆東面於西階西，北上。辭洗則進。」亦約《鄉飲》言之。姜氏云：「同降而尸辭，同升而尸拜，亦正從之意也。」今案：侑不辭洗、不拜爵，以此禮不主於己，下別有獻侑之禮也。方氏説得之矣，見上。至降盥，尸、侑同降，主人辭降，尸對，則從尸之義也。餘詳《鄉飲禮》。《釋例》云：「凡禮盛者必先盥，《鄉飲》獻賓拜洗後復降盥者，爲拜時手坋汙，禮尤盛也。」注詳《鄉飲禮》。○以上獻爵。○《禮經釋例》云：「凡儐尸之禮，唯尸、侑及主人備三獻，自主婦以下皆一獻禮成。案：《有司徹》主人獻尸，❶此初獻也云云至末。」**主婦自東房薦韭菹、醢，坐奠于筵前，菹在西方。婦贊者執昌菹、醢，以授主婦。主婦不興，受，陪設于南，昌在東方。興，取籩于房，麷、蕡坐設于豆西，當外列，麷在東方。婦贊者執白、黑以授主婦，主婦不興，受，設于初籩之南，白在西方，興，退。**昌，昌本也。韭菹、醓醢、昌本、麋臡。麷，熬麥也。蕡，熬枲實也。白，熬稻。黑，熬黍。此皆朝事之豆籩，大夫無朝事，而用之儐尸，亦豐大夫之禮。主婦取籩興者，以饌異，親之。當外列，辟鉶也。退，退入房也。【疏】正義曰：此主婦薦尸四豆四籩也。賈疏云：「正祭先薦後獻，繹祭則先獻後薦。故《祭義》云：『君獻尸，夫人薦豆。』鄭注云：『謂繹日也。』則此儐尸禮與天子諸侯繹祭同，故亦先獻後薦也。」今案：韭菹、醓醢奠于筵前，韭菹在西，則醓醢在東也。昌菹、麋臡設于韭菹、醓醢之南，昌菹在東，則麋臡在西，昌菹在醓醢之南，麋臡在韭菹之南，此四豆綪設之也。麷、蕡設于豆西，當外列，在麋臡之西，與昌菹、麋臡竝列也。麷在東，則蕡在西。初籩即麷、蕡，以其先設者爲初也。白、黑設于初籩之南，白在西則黑在東，黑在麷之南，白在蕡之南也。此四籩亦綪設也。李氏云：「陪設，重列之也。」吳氏紱云：「大夫儐尸不更殺，降於繹。其他籩豆則皆新之，故用昌菹、麋臡，以見韭菹、醓醢亦不仍正祭之用也。」　注云「昌，昌本也。韭菹、醓醢、昌本、麋臡」者，《周禮・醢人》：「朝事之豆，其實韭菹、醓

❶「徹」下，《禮經釋例》有文，此處當係胡氏原稿節略抄寫，刊刻時未能補入內容。

醢，昌本、麋臡，菁菹、鹿臡，茆菹、麋臡。」鄭注：「醢，肉汁也。昌本，昌蒲根，切之四寸爲菹。三臡，亦醢也。或曰：有骨爲臡，無骨爲醢。」此經但云韭菹、醢、昌菹、醢，鄭知爲醓醢、麋臡者，以《醢人》豆實醓醢配韭菹，麋臡配昌本，故知之也。又《醢人》五齊七菹，鄭注以昌本爲齊者，齊、菹對文異，散亦通也。餘詳《聘禮》。云「麷，熬麥也。蕡，熬枲實也。白，熬稻。黑，熬黍」者，《周禮·籩人》：「朝事之籩，其實麷、蕡、白、黑、形鹽、膴、鮑魚、鱐。」鄭注：「蕡，枲實也。形鹽，鹽之似虎者。膴，牒生魚爲大臠。鮑者，於楅室中糗乾之，出於江淮也。鱐者，析乾之，出於東海。」鄭司農云：「熬麥曰麷，麻曰蕡，稻曰白，黍曰黑。」鄭此注即用司農之説，惟蕡係麻子，故以枲實易之。案：《喪服》「斬衰，苴絰」，傳云：「苴絰者，麻之有蕡者也。」是蕡爲麻子也。又「齊衰，牡麻絰」傳云：「牡麻者，枲麻也。」枲麻，雄麻，無實。而注云「枲實」者，賈疏謂鄭舉類言之，若竹器圓曰簞、方曰笥，鄭注《論語》云「簞，笥」，亦是舉其類，是也。《籩人》又云：「饋食之籩，其實棗、栗、桃、乾䕩、榛實。」鄭注：「乾䕩，乾梅也。有桃諸、梅諸，是其乾者。榛似栗而小。」賈疏：「饋食八籩，其三蓋乾桃、溼梅、乾棗。」今案：㮚與栗同。又云：「加籩之實，蔆、芡、㮚、脯，蔆、芡、㮚、脯。」鄭注：「重言之者，以四物爲八籩。蔆，芰也。芡，雞頭也。」又云：「羞籩之實，糗餌、粉餈。」鄭注：「此二物皆粉稻米黍米所爲也。合蒸曰餌，餅之曰餈。糗者，擣粉熬大豆，爲餌餈之黏著，以粉之耳。餌言糗，餈言粉，互相足。」《禮經釋例》云：「凡實乾物之器曰籩。《鄉射·記》：『脯用籩。』注：『籩宜乾物。』《周禮》籩實皆乾物也。《士冠禮》：兩籩，栗、脯。《既夕禮》大遣奠：四籩，棗、糗、栗、脯。《士虞·記》：籩，棗烝，栗擇。《特牲禮》：『主婦亞獻設兩籩。』注：『兩籩，棗、栗。』《有司徹》主人獻尸，主婦設麷、蕡、白、黑。主人獻侑、主人受尸酢、主婦受尸酢，皆二籩糗、蕡。主婦獻尸，設糗與腶脩。主婦獻侑，羞糗脩。主婦致爵于主人，設糗脩，如尸禮。不儐尸之禮，主婦亞獻，設籩，棗、糗、栗、脯。注：『棗，饋食之籩。糗，羞籩之實。雜用之，下賓尸也。栗脯，加籩之實也。』主婦獻祝、主婦致爵于主人、賓致爵于主婦，籩皆棗糗。《禮經》所載祇有麷、蕡、白、黑、棗、栗、脯、糗、腶脩，無形鹽、膴、鮑魚、鱐、桃、乾藤、榛實、蔆、芡之屬。少於《周禮・籩人》者，蓋《士冠》、《既夕》、《特牲》、《有司徹》皆士大夫之禮，故不能備物也。又《周禮》無腶脩而《禮經》有腶脩者，考莊二十四年《公羊傳》：『腶脩云乎？』何注：『腶脩者，脯也。』故《周禮》不重出也。」今案：腶亦作段，又作鍛，段、鍛皆取捶治之意。鄭注《周禮・腊人》「乾肉有脯」，注云：「薄析曰脯，捶之而施薑桂曰腶脩。」下「主婦獻尸，取糗與腶脩」注亦云：「腶脩，擣肉之脯。」是析言之脯與腶脩微有異，統言之則皆脯也。故《膳夫》注又引鄭司農云：「脩，脯也。」《說文》同。云「此皆朝事之豆籩，大夫無朝事，而用之儐尸，亦豐大夫之禮」者，上篇正祭用韭菹、醓醢，注云：「朝事之豆也，而饋食用之，豐大夫禮。」今以朝事之豆籩而用之儐尸，亦是豐大夫禮，故云「亦」也。天子諸侯正祭，坐尸於堂北面而事之，謂之「朝事」。大夫士無之。詳《特牲饋食》之禮「不諏日」下。褚氏云：「正祭用韭菹、醓醢、葵菹、蝸醢。至儐尸去葵菹、蝸醢，易以昌菹、麋臡，則全用朝事之豆籩矣。以非正祭，且祇用其四，故不嫌也。」云「主婦取籩興者，以饌異，親之」者，謂主婦不使婦贊者執以授，而自取麷、蕡於房。以豆易爲籩，所饌異，故特興取，以示親之也。云「當外列，辟鉶也」者，盛氏云：「外列，謂豆之南一列也。昌菹醢在韭菹醢之南，故曰『外列』。麷、蕡之位必當外列者，以韭菹之西當空之以待鉶也。」今案：盛說極明。鉶設於韭菹之西，見下主婦亞獻節。○以上主婦薦豆籩。乃升。升牲體於俎也。【疏】正義曰：上「卒燅，乃升羊、豕、魚三鼎」，是自鑊升於鼎謂之升。此升於俎亦謂之升，鄭以經但云「乃升」，故特明之。**司馬朼羊，亦司馬載。載右體，肩、臂、肫、骼、臑、正脊一、脡脊一、横脊一、短脅一、正脅一、代脅一、腸一、胃一、祭肺一，載于一俎。**言燅尸俎，復序體者，明所舉肩骼存焉，亦著脊脅皆一骨也。臑在下者，折分之以爲肉湇，貶也。一俎，謂司士所設羊鼎西第一俎。【疏】正義曰：張氏爾岐云：「此尸正俎載已，即當設之豆南者。」吴氏廷華云：「此正俎不他用，他俎之實以次竝載於此。司馬兩也，一匕一載。下司士同。」今案：凡升羊皆司馬，升豕皆司士，下不言者可知也。敖氏云：「賓尸主於飲酒，此俎乃有祭肺者，盛之。」　注云「言燅尸俎，復序體者，明所舉肩骼存焉，亦著脊脅皆一骨也」者，上篇正祭，肩、臂、臑、膊、骼、正脊一、脡脊一、横脊一、短脅一、正脅一、代脅一，皆二骨以竝。此篇但言「燅尸俎」，恐人疑尸所舉加於肵俎者不在焉。又恐人疑脊脅皆二骨以竝，故復序之如此，明正祭時尸所舉脊脅肩骼之屬皆存焉，是神俎、肵俎竝用也。不云「皆二骨以竝」，則脊脅皆一骨亦見也。脊脅皆一骨者，分其一以爲羊肉湇俎也。注但云「所舉肩骼存焉」，不及脊脅者，以肩骼無所分，全存於是，故據肩骼言之也。云「臑在下者，折分之以爲肉湇，貶也」者，正祭序臑在肫骼上，此在下者，敖氏云：「臑後於骼者，以其折也。折之則不爲全體，而在全體之下矣。臑必折者，見其貶於神俎，且以所折爲肉湇俎也。其脊脅皆一骨及腸胃各一者，義亦如之。」今案：注「折分之以爲肉湇，俎也」，「俎」字，李氏《集釋》本作「貶」，戴氏震云：「作『俎』誤。」據敖云「見其貶於神俎」，似注本作「貶」。此俎與正祭俎異者，脊、脅、腸、胃、祭肺皆一，又無舉肺，且折分其臑也。臑折，見下。云「一俎，謂司士所設羊鼎西第一俎」者，即羊鼎西之北俎也。陳鼎北上，四俎設於三鼎之西，亦當以北爲上，則尸俎最在北，侑俎在尸俎之南，主人俎在侑俎之南，主婦俎在主人俎之南也。羊鼎西有二俎，故特言「第一」以別之，謂自北而南此爲第一俎也。賈説兩岐，辨見下。**羊肉湇，臑折、正脊一、正脅一、腸一、胃一、嚌肺一，載于南俎。**肉湇，肉在汁中者，以增俎實爲尸加也。必爲臑折，上所折分者。嚌肺，離肺也。南俎，雍人所設在南者。此以下十一俎，俟時而載，於此歷説之爾。今文「湇」爲「汁」。【疏】正義曰：注云「肉湇，肉在汁中者，以增俎實爲尸加也」者，上羊俎爲正俎，增羊肉湇爲加俎也。敖氏云：「羊俎之外又分其體以爲此俎，貴多儀也。」是也。據注云「肉在汁中」，則有肉有汁可知。吴氏廷華云：「俎不可以盛湇，故賈疏謂在俎無汁。非也。據聶氏崇義云宋初俎有舟，《禮圖》酒尊舟如槃，俎之舟亦然。愚嘗從那拉監丞家見之，刳木爲槃，深可五寸，加於俎上，大小如俎，仍存舟名。則肉湇、匕湇皆當以舟盛之。以經無明文，古制遂失傳爾。」今案：匕湇別有匕盛之，加於俎上，故下云「次賓縮執匕俎以升」是也。肉湇則肉在湇中，肉多湇少，俎之四邊當微高，或亦可盛之。吴氏之説恐未然，附存備考。云「必爲臑折，上所折分者」，上以臑是折分用之，故退臑在骼下。此云「臑折」，即所折分者也。但左右體皆有臑，今不用左體之臑而用右體折分之，賈氏謂重神俎，是也。其脊脅腸胃亦從正俎分之。云「嚌肺，離肺也」者，詳《特牲·記》。云「南俎，雍人所設在南者」，案：鼎西四俎，司士所設者即尸、侑、主人、主婦之羊正俎也。羊俎西二俎，雍人所設者即益送之俎也。經以羊肉湇載于南俎，則豕俎爲北俎矣，故下「豕俎」注云：「謂雍人所設在北者。」上雍人合執二俎，注云「其南俎，司馬以羞羊匕湇、羊肉湇；其北俎，司士以羞豕匕湇、豕脀、湇魚」，亦據此經言也。云「此以下十一俎，俟時而載，於此歷説之爾」者，賈疏云：「十一俎者，即尸之羊肉湇，一也。豕脀俎，二也。侑之羊俎，三也。豕俎，四也。主人羊俎，五也。羊肉湆俎，六也。豕脀，七也。主婦羊俎，八也。尸、侑、主人三者皆有魚俎，是其十一，通尸羊正俎爲十二俎。其四俎，尸、侑、主人、主婦，載羊體俎，皆爲正俎。其餘八俎，以雍人所執二俎，益送往還，故有八，其實止二俎也。」今案：此八俎外，尸主人又各有羊匕湆、豕匕湆，凡四俎，皆用益送之俎。經不列之者，以匕湆有湆無肉，故不在體載之列。又羞燔别有俎，不用益送之俎，俱詳「雍人合執二俎，陳于羊俎西」下。「俟時而載」，謂自羊肉湆俎以下十一俎此時皆未載，俟進時乃載，因上正俎歷陳之耳。楊氏復云：「主人獻尸羞羊俎，及主婦獻尸始羞豕脀，及賓作三獻之爵始羞湆魚俎。今竝述於主人獻尸之時者，以載俎事同一類，故以類相從，庶使易見也。不惟此也，主人獻侑羞羊俎，主婦獻侑奠豕脀；又尸酢主人羞胙羊俎，主婦致爵于主人始羞豕脀；又主婦羊俎，亦尸酢主婦始用之，今竝述於主人獻尸之下者，亦欲以類相從也。鄭注云『此以下十一俎，俟時而載，於此歷説之爾』，蓋謂此也。」姜氏兆錫云：「據本章，十二俎似同時自鼎升載，注謂先載一俎而十一俎乃俟時而載者，以下經定之也。」今案：楊氏、姜氏之説是也。或謂正俎四可預載，不必俟時，非矣。「今文『湆』爲『汁』」，詳《士昏禮》。

司士朼豕，亦司士載，亦右體，肩、臂、肫、骼、臑、正脊一、脡脊一、横脊一、短脅一、正脅一、代脅一、膚五、嚌肺一，載于一俎。臑在下者，順羊也。俎謂雍人所設在北者。【疏】正義曰：張氏爾岐云：「此與上羊肉湆，竝事尸加俎，用雍人所設二俎傳送之者。」注云「臑在下者，順羊也」者，賈疏云：

「以其豕脅不折臑，臑亦在下，順上文羊臑在下，故亦在下也。」❶敖氏謂豕俎之體骨皆放於羊俎，是矣；而又云豕臑亦折，誤。褚氏云：「羊臑之折，以分用於羊正俎、羊肉湆俎也。豕止一俎，❷折此臑體，將安用之？」云「俎謂雍人所設在北者」，雍人所設止二俎，上載羊肉湆爲南俎，則此爲北俎明矣，經不言北，可知也。敖氏謂此俎亦南俎，非，辨見前。**侑俎，羊左肩、左肫、正脊一、脅一、腸一、胃一、切肺一，載于一俎。侑俎，豕左肩折，正脊一、脅一、膚三、切肺一，載于一俎。**侑俎用左體，侑賤。其羊俎過三體，有肫，尊之，加也。豕左肩折，折分爲長兄弟俎也。切肺亦祭肺，互言之爾。無羊湆，下尸也。豕又祭肺，不嚌肺，不備禮。俎，司士所設羊鼎西之北俎也。豕俎與尸同。【疏】正義曰：「載于一俎」下復出「侑俎」二字。方氏苞云：「再見，衍文。」「膚三」，楊作「膚一」，據下注當從楊本。盧氏《詳校》云：「吳云：『案：下阼階注云降於侑羊體一，而增豕膚三。謂膚三爲增於侑俎，似侑俎無膚三也。』盛氏亦疑衍。楊本『三』作『一』。」案：李氏如圭下注云：「膚三，增於主婦俎二。」則李本與各本同，宜考。張氏爾岐云：「羊左肩一俎，是侑正俎。豕俎則加俎，亦用雍人所設俎加之也。」　注云「侑俎用左體，侑賤」者，褚氏云：「右體畢載尸俎，侑以下止得用左矣。獨言侑賤者，蓋賤則不妨明言左體。若主人尊，雖用左體，亦空其文不言左，注蓋對下阼俎而言。」云「其羊俎過三體，有肫，尊之，加也」者，李氏云：「體奇而侑羊俎四體，尊侑而加肫也。」云

---

❶「下」，原脱，今據《續清經解》本及《儀禮注疏》補。

❷「豕止一俎」，《儀禮管見》作「豕無正俎」。

「豕左肩折，折分爲長兄弟俎也」者，據下主人獻兄弟設薦俎衆儀，唯先生之脅折，故鄭知先生即長兄弟，以此折謂折分爲長兄弟俎也。彼注亦云：「先生，長兄弟。折，豕左肩之折。」與此注義同。云「無羊湆，下尸也」者，賈疏云：「直云『無羊湆』不云肉者，以匕湆肉湆皆無，故直云『無羊湆』以包二者。尸皆有，侑皆無，故云『下尸』也。」云「豕又祭肺，不嚌肺，不備禮」者，祭肺即切肺也。賈疏云：「上尸羊俎有祭肺，豕俎有嚌肺，是備禮。侑羊俎豕俎皆切肺，故曰『不備禮』也。」云「俎，司士所設羊鼎西之北俎也」者，此俎謂侑羊俎也。盧氏《詳校》引吴云：「案：上『司馬朼羊』注云：『一俎，謂司士所設羊鼎西第一俎。』彼第一，則此當第二，不應反在其北，疑『北』字是『次』字之譌。然疏已作『北俎』釋之矣。」今案：次與北形略似，故易譌。吴氏以北爲次，是也。據下注以阼俎爲司士所設豕鼎西俎，主婦俎爲司士所設魚鼎西俎，如謂侑俎在北，尸俎在南，則尸俎之南尚有主人、主婦俎，亦不得爲第一。且陳鼎北上，羊鼎最在北，豕鼎在羊鼎之南，魚鼎又在豕鼎之南，俎順鼎之序亦以北爲上。羊鼎西有二俎，故尸俎在北爲第一，侑俎在南次之，主人俎在豕鼎西又次之，主婦俎在魚鼎西又次之。如以南爲上，則當以魚鼎西之俎爲第一。若侑俎在北，尸俎在侑俎之南，既非北上，又非南上，安所取之？故知此注「北」字定當爲「次」之譌也。賈上疏云：「鄭君見羊肉湆俎在豕俎之南，羊尊豕卑，明尸俎在侑俎之南。」又引或解云：「『言第一者，最在北。故侑俎下注云『司士所設羊鼎西之北俎也』，明北俎在俎之南。」是賈亦有疑於北字，故爲此兩解，而不能斷北字爲譌。又以羊肉湆俎在豕俎南爲倒，致後人駁注者多，不知羊肉湆俎在豕俎南，乃益送之俎，與正俎異。此尸、侑、主人、主婦之正俎，是司士設在三鼎西者；益送之俎，是雍人設在羊俎西者。正俎以北爲上，取與鼎相順之義；益送之俎以南爲上，則取相變之例，不得執彼例此。江氏筠云：「羊肉湆之所以在豕南者，此禮用少牢，一牲不得牢稱，實因羊豕具而名之也。陳牲門外時，羊東豕西；正祭設俎時，羊南豕北，俱二者竝列。至此儐尸時，堂上所設唯四羊俎而無豕俎，鼎西正俎亦唯四羊俎而無豕俎。故以此益送豕俎設之羊肉湆俎之北，俎列自北爲首。使二列之首東列見羊，西列見豕，以示二者具在，則尸、侑二俎曷爲放此設之？此當以賈疏後説爲正也。」案：江氏雖不能辨注北字爲誤，而訂賈疏甚精。云「豕俎與尸同」者，謂與尸豕俎同用雍人所設羊俎西之俎北也。❶

胙俎，羊肺一，祭肺一，載于一俎。羊肉湆，臂一、脊一、脅一、腸一、胃一、嚌肺一，載于一俎。豕脀，臂一、脊一、脅一、膚三、嚌肺一，載于一俎。胙俎，主人俎。無體，遠下尸也。以肺代之，肺尊也。加羊肉湆而有體，崇尸惠，亦尊主人。臂，左臂也。侑用肩，主人用臂，下之也。不言左臂者，大夫尊，空其文也。降於侑羊體一，而增豕膚三，有所屈，有所申，亦所謂順而摭也。胙俎，司士所設豕鼎西俎也。其湆俎與尸俎同，豕俎又與尸豕俎同。【疏】正義曰：張氏爾岐云：「羊肺一俎，主人正俎。其下二俎皆加俎，亦皆用雍人所設俎益送之。」注云「胙俎，主人俎。無體，遠下尸也」者，侑正俎用左體四，是下尸。此主人正俎無體，是遠下尸也。云「以肺代之，肺尊也」者，主人俎無體而僅有二肺，以肺代體，肺爲氣主，故云尊也。云「加羊肉湆而有體，崇尸惠，亦尊主人」者，以主人有羊肉湆加俎與尸同，正俎無體而加俎有體，於尸酢主人時設之，是崇尸惠也。侑無羊肉湆俎而主人有之，是亦尊主人也。云「臂，左臂也。侑

❶ 「俎北」，疑當作「北俎」。

用肩，主人用臂，下之也」者，右體已用於尸俎，故知此臂爲左臂。周人貴肩，則肩貴於臂，用臂是下侑也。云「不言左臂者，大夫尊，空其文也」者，賈疏云：「牲右體貴，左體賤。侑用左體，皆言左肩左肫。今主人用左臂直云臂，不云左者，大夫尊，故空其文，似若得用右體然。」今案：鄭見上侑俎及下主婦俎俱言左，獨主人俎不言左，故爲此説。然其實右體尸俎已盡用之，則自侑以下皆用左體可知。經不言左者，以文已見於上下，故省之耳。鄭、賈之説，未免迂曲。云「降於侑羊體一，而增豕膚三，有所屈，有所申，亦所謂順而摭也」者，李氏云：「羊肉湆三體降於侑羊俎一爲屈，膚三增於主婦俎二則申。摭猶拾也，拾取上禮用之。」敖氏云：「正俎太貶，故加俎宜用尊體，其脊脅之屬亦不嫌與尸同也。豕脅，猶言豕俎也。豕脅體數乃放羊肉湆者，亦以羊俎太簡故爾。」今案：李氏以「增豕膚三」爲對主婦俎言，則無疑於侑俎「膚三」二字。然案注文義，似對侑俎言也，敖氏説足補注義，故録之。「順而摭」，《禮器》文，彼注云：「謂若君沐粱，大夫沐稷，士沐粱。」賈疏云：「大夫不沐粱，屈於君。士則申，與君同。是亦屈申之義，故引爲證也。」云「阼俎，司士所設豕鼎西俎也。其湆俎與尸俎同，豕俎又與尸豕俎同」者，設豕鼎西俎，謂羊正俎也。其羊肉湆俎用雍人所設之南俎益送，豕俎用雍人所設之北俎益送，皆與尸同也。**主婦俎，羊左臑、脊一、脅一、腸一、胃一、膚一、嚌羊肺一，載于一俎。**無豕體而有膚，以主人無羊體，不敢備也。無祭肺有嚌肺，亦下侑也，祭肺尊。言嚌羊肺者，文承膚下，嫌也。膚在羊肺上，則羊豕之體名同相亞也。其俎，司士所設在魚鼎西者。

【疏】正義曰：張氏爾岐云：「主婦有正俎，無加俎。」今案：主婦俎用臑，又下於主人也。注云「無豕體而有膚，以主人無羊體，不敢備也」者，賈疏云：「以主人俎無羊體，故主婦俎亦無豕體。」敖氏云：「必用膚者，明其可用豕脀而不用也，亦與胙俎惟用羊肺之意相近。」云「無祭肺有嚌肺，亦下侑也，祭肺尊」者，嚌肺即舉肺也，祭肺尊於舉肺。褚氏云：「祭肺、舉肺兼有爲備禮，尸俎、胙俎是也。缺其一即爲不備，侑無舉肺、主婦無祭肺是也。同一不備而有祭肺者爲隆，以其事神之禮也。有舉肺者爲殺，以其生人之禮也。今侑有祭肺，主婦有舉肺，故注云『下於侑』。」云「言嚌羊肺者，文承膚下，嫌也」者，賈疏云：「肺文承膚下，有豕肺之嫌，故須辨之。」云「膚在羊肺上，則羊豕之體名同相亞也」者，李氏云：「豕之膚猶羊之腸胃，故膚次腸胃下羊肺上。」今案：羊肺與豕肺同名肺，故豕肺次膚下，羊肺亦次膚下，故云「名同相亞也」。賈疏云：「下文主人獻賓之時，司士設俎，羊骼一、腸一、胃一、切肺一、膚一。所以膚又在肺下者，彼取用之先後，故退膚在下。」**司士杝魚，亦司士載，尸俎五魚，横載之；侑、主人皆一魚，亦横載之；皆加膴祭于其上。**

横載之者，異於牲體，彌變於神。膴，讀如「殷冔」之「冔」。刳魚時，割其腹以爲大臠也，可用祭也。其俎又與尸豕俎同。【疏】正義曰：此尸及侑、主人湆魚之俎也。張氏爾岐云：「魚三俎皆用，尸豕俎益送之，亦若侑、主人之豕脀。」吴氏紱云：「尸之魚俎不與前併序之而在此者，欲使魚俎三爲類也。」吴氏廷華云：「上篇十五魚，此唯七魚者，餘以爲膴也。」　注云「横載之者，異於牲體，彌變於神」者，李氏云：「食生薦神魚俎，縮俎右首。此横於俎，則進其尾也。《少儀》曰：『羞濡魚者進尾，冬右腴，夏右鰭，祭膴。』濡魚，此所謂魚湆。」褚氏云：「凡羞魚之法，皆縮載于俎，横設席前。魚於俎爲縮，於席爲横矣。祭祀與生人禮同也。其異者，祭祀寢左而進腴，生人寢右而進鬐耳。若横載于俎，於俎横則於席縮矣，故得進尾。而冬夏又有右腴右鬐之别，儐尸既異正祭，又異食生人，進腴則疑於神之，進鬐又疑於人之，故横載于俎以示變。正祭牲體横今亦橫，先後同；魚則正祭縮而今橫，先後異矣。是以注云『異於牲體，彌變於神』也。」今案：羞魚之法，互詳上篇「司士三人升魚腊膚」下。云「膴，讀如『殷冔』之『冔』」。刳魚時，割其腹以爲大臠也，可用祭也」者，案：《少儀》「祭膴」注云：「膴，大臠，謂刳魚腹也。膴讀如冔。」孔疏：「膴謂刳魚腹下爲大臠，此處肥美，故食魚則刳取以祭先也。」今案：食時取膴以祭，故名膴祭。經云「皆加膴祭於其上」，謂尸、侑、主人之魚俎皆加膴於其上以備祭，注所云「可用祭」是也。賈疏：「云『膴，讀如「殷冔」之「冔」』者，讀從《士冠禮》、《郊特牲》『周弁、殷冔』，冔，覆也，可以覆首，此亦取魚腹反覆於上以擬祭。」胡氏承珙云：「案：《士冠禮》注云：『冔名出於幠。幠，覆也。』《爾雅》：『幠，大也。』冔本兼大、覆二義。此注云『割其腹以爲大臠』，《周禮·腊人》注云：『《公食大夫禮》曰：庶羞皆有大。』《有司》曰：『主人亦一魚加膴祭於其上。』大者，胾之大臠。膴者，魚之反覆。膴又詁曰大，二者同矣。是鄭云『膴，讀如冔』者，蓋兼取大、覆二意。」云「其俎又與尸豕俎同」者，謂此三魚俎亦用雍人所設之北俎益送，與尸豕俎同也。○以上司馬載羊俎。張氏爾岐云：「以上言司馬載尸正俎，遂歷數十一俎體物，皆俟事至乃載，非此時遽已載也。」卒升。卒，已也。已載尸羊俎。

【疏】正義曰：注云「已載尸羊俎」者，上因司馬朼羊載俎，歷説十一俎之事，其實此時已升者止尸羊俎，故注以經「卒升」爲指尸羊俎言也。敖氏以「卒升」謂已升四羊俎。姜氏兆錫云：「此下獻尸、侑及主人、主婦所言設俎，言羞湆，又言羞胥，凡皆各言載與加載於羊俎，而羊豕匕湆俎乃次賓羞於尸前，而因縮執以退者，則注止以卒升爲升尸羊俎，固自得之。」今案：姜説是也。○賈疏云：「從上文『獻尸』下盡『乃卒爵』，有五節。從主人獻酒於尸，并主婦設籩豆，是其一也；賓長設俎，二也；次賓羞羊匕湆，三也；司馬羞肉湆，四也；次賓羞羊燔，尸乃卒爵，五也。」**賓長設羊俎于豆南。賓降。尸升筵自西方，坐，左執爵，右取韭菹，擩于三豆，祭于豆間。尸取膴、膹，宰夫贊者取白、黑以授尸，尸受，兼祭于豆祭。**賓長，上賓。

【疏】正義曰：此賓長設正俎而尸祭薦也。敖氏云：「賓長設俎，尊尸之正俎也。胙俎亦然。」云『賓降』，見尸升之節也。」吴氏紱云：「上經尸拜受爵，未奠也。主婦設薦，賓長設俎，於是尸乃升筵，斯須之間耳。以堂上薦豆籩，堂下杝載，事可竝行也。」褚氏寅亮云：「設俎之節即踵於設豆籩後，不相隔。膴、膹在北，近，故自取；白、黑在南，遠，故須贊授。」《儀禮釋官》云：「『宰夫贊者』，宰夫之屬，義與上篇『有司贊者』同。」今案：豆南，昌菹醓之南也。尸升筵自西方，與《鄉飲酒》賓升席自西方同。又凡執爵皆左手，祭薦皆右手，《禮經釋例》詳言之，俱見《鄉飲酒禮》。注云「賓長，上賓」者，詳下三獻節内「上賓洗爵以升」下。○以上賓長設羊俎。

雍人授次賓疏匕與俎，受于鼎西，左手執俎左廉，縮之，卻右手執匕枋，縮于俎上，以東面受于羊鼎之西。司馬在羊鼎之東，二手執桃匕枋以挹湆，注于疏匕，若是者三。桃謂之歃，讀如「或舂或抗」之「抗」。字或作「桃」者，秦人語也。此二匕者，皆有淺斗，狀如飯橾。桃長枋，可以杼物於器中者。注，猶寫也。今文「桃」作「抗」，「挹」皆爲「扱」。【疏】正義曰：《校勘記》云：「桃匕，唐石經、徐、陳、《通解》、《要義》、楊氏俱作『桃』。《釋文》、《集釋》、敖氏俱作『挑』，當以『桃』爲正。」今從石經作「桃」。《校勘記》又云：「諸本經文作『桃』者，注中四『桃』字亦俱作『桃』。宋本《釋文》于『或作桃』句作『桃』。」《集釋》、敖氏俱作「挑」，今從嚴本俱作「桃」。「抗」，各本作「抌」，毛本誤作「枕」。嚴本「或抗之抗」，二「抗」字俱作「枕」，亦誤。據《周禮》、《説文》當作「抗」。楊氏作「揄」，蓋據今《毛詩》本改也。惠氏棟云：「今

《毛詩・生民》云：「或舂或揄。」《毛傳》云：「揄，抒臼也。」不作「抌」者，《周禮・地官・舂人》：「女舂抌二人。」注云：「女奴能舂與抌者。抌，抒臼也。《詩》云：或舂或抌。」董氏引《韓詩》「揄」作「抌」。鄭先通《韓詩》，故讀從之。《說文》：「舀，抒臼，从爪臼。《詩》曰或簸或舀。舀，或作抌，从手冘。或作𦥷，从臼冘。」案：《詩釋文》云：「揄，《說文》作舀。」舀訓又與揄同，明簸當作舂。」今案：《說文》引《詩》「或簸或舀」，簸係舂字之誤，舀即抌字，與鄭《禮》注引《詩》同，是其字當作抌也。「斗」，各本皆作「升」，今據段氏《說文注》、王氏《廣雅疏證》所引改正。「橾」，嚴本作「槮」。《校勘記》云：「《集釋》、敖氏俱作「操」，《要義》作「橾」。宋本《釋文》作「橾」，今本《釋文》作「操」。楊氏誤作「槮」。魏氏曰：『橾當如此。槮，七消反。』周學健云：『操、摻，經史互譌，懆、慘等字亦然。蓋曹魏時避諱所改，其實音義迥別。』案：《方言》卷五云：『臿，燕之東北、朝鮮洌水之間謂之𣂁，趙、魏之間謂之喿。』然則歃、桃、橾，猶臿、𣂁、喿也。此橾字當从喿之證也。操、摻俱从手，橾、槮俱从木，今本作『槮』，从木，此橾字當从木之證也。」今案：飯橾字作「橾」爲是。《說文》：「操，把持也。槮，長木皃。」皆與匕義不合。橾，車轂中空也，从木喿聲，讀若藪，差爲近之。盛氏謂當作「摻」，據《詩疏》引《說文》云：「摻，斂也。」義亦未協。「抒」，《校勘記》云：「徐本、《釋文》、《集釋》、《通解》俱作『抒』，楊氏作『杼』。」今案：《說文》「抒，挹」、「挹，抒」皆互訓。嚴本亦作「抒」，今從之。「寫」，毛本作「瀉」。《校勘記》云：「徐本、聶氏、《集釋》、《通解》、楊氏俱作『寫』。」今從嚴本作「寫」。○此及下三節乃司馬挹匕涪而尸祭俎，次賓授匕涪而尸啐酒告旨也。疏匕與俎四，雍人所執以陳者，故雍人授之。此俎即益送之南俎也。執匕枋以受涪，是身當俎下端也。左手執俎左廉，乃縮之，是授受時皆橫執俎也。縮執俎以受于鼎西者，惟此與豕匕湇耳。二手執桃匕枋，敬其事，不游手也。姜氏兆錫云：「受于鼎西，次賓受也。又言以『東面受于羊鼎之西』者，申明之耳。左廉，俎之左邊也。卻，仰也。匕枋，疏匕枋也。」盛氏世佐云：「『受于鼎西』，次賓受疏匕與俎於雍人也。此俎縣陳于羊俎西，是時羊俎已設於尸席前，其地空，故直云『鼎西』也。俎西縮，以南爲左，次賓以左手執俎左廉而縮之，則是西面受而身當俎之上端矣。陳俎時疏匕覆於其上，西枋。賓既西面受俎，乃仰右手執匕，轉其枋使近身，而於俎仍爲縮也。手云『卻』，則匕亦卻可知。必卻之者，以將受湇也。云『以東面受于羊鼎之西』者，謂次賓受匕俎訖，乃轉而東面以受湇於司馬也。此與上受于鼎西之文雖同而所受則異，雖同在羊鼎之西而所面亦不同。」今案：「受于鼎西」是受疏匕與俎，「受于羊鼎之西」是受湇。經特云「以東面」，則上受于鼎西爲西面可知，盛氏分別甚精。但受時雖有西面、東面之異，而其在羊鼎之西則同。上僅言「鼎西」，省文。下特言「羊鼎之西」，明此所受者爲羊湇，當就羊鼎取之，與下「司馬在羊鼎之東」相對爲文也。次賓執疏匕枋以受湇，司馬執桃匕枋以挹湇于鼎而注之，若是者三，三挹三注也。敖氏云：「二手執桃匕枋，敬其事，不游手也。」王氏士讓云：「《昏禮》大羹湇在爨，尚熱也。此湇雖已在鼎，遠於爨，然其挹之亦臨嘗食方取之。挹之三者，禮以三爲成也。」　注云「桃謂之歃」者，胡氏承珙云：「《爾雅》：『斛謂之疀。』郭注云：『皆古鍬鍤字。』斛亦作銚。《周頌》：『庤乃錢鎛。』傳云：『錢，銚也。』疀亦作臿，《方言》：『臿，燕之東北、朝鮮洌水之間謂之斛。』鄭此注云『桃謂之歃』，猶斛謂之疀矣。」郝氏懿行《爾雅義疏》亦云：「《有司徹》注桃謂之歃，疑斛疀之異文。」云「讀如『或舂或抗』之『抗』」者，此讀從其音，亦從其義。抗爲抒臼出米，桃以抒鼎出湇，義亦同也。云「字或作『桃』者，秦人語也」者，此鄭以方音釋古文之爲桃也。

胡氏則以此句桃字當作挑，謂或本作挑，如今人猶有名小勺爲挑者，音土貂反。云「此二匕者，皆有淺斗，狀如飯橾」者，賈疏云：「言淺斗，對尋常勺斗深，此淺耳。」《廣雅》：「枭，臿也。」王氏《疏證》以此注與「臿謂之枭」義亦相近。云「桃長枋，可以抒物於器中者」，案：上注云「疏匕，匕柄有刻飾者」，此云「桃長枋」，皆以明爲匕之器其制之異，見與匕牲體者殊也。桃匕以抒湆而注於鼎西次賓所執之疏匕，故枋宜長。疏匕則盛湆而進於尸，故枋須刻飾以致其華。疏是刻鏤之名，《明堂位》疏屏、疏勺皆是有刻飾者。王氏士讓云：「以桃匕注於疏匕，則桃匕小、疏匕大可知。」云「注，猶寫也」者，「寫」與《曲禮》「器之溉者不寫，其餘皆寫」之「寫」義同，作「瀉」非矣。云「今文『桃』作『抗』」者，鄭雖讀桃爲抗，而其字仍從古文作「桃」，故疊今文不從也。云「『挹』皆爲『扱』」者，皆下挹羊鉶等文也。《説文》：「挹，抒也。扱，收也。」鄭以作「挹」義切，故亦從古文，不從今文也。**尸興，左執爵，右取肺，坐祭之。祭酒，興，左執爵。** 肺，羊祭肺。【疏】正義曰：張氏爾岐云：「尸興，承上文尸坐祭豆籩之節。」今案：尸興，左執爵，以右手祭肺祭酒也。下復言「左執爵」，以右手將受匕也。賈疏云：「上載尸羊正俎云『祭肺一』，故知是羊俎上祭肺。其羊肉湆，雖有嚌肺一，此時未升。」

次賓縮執匕俎以升，若是以授尸。尸卻手受匕枋，坐祭，嚌之，興，覆手以授賓。賓亦覆手以受，縮匕于俎上以降。 嚌湆者，明湆肉加耳。嘗之以其汁，尚味。【疏】正義曰：李氏云：「此匕湆也。匕湆無肉，肉湆無汁，匕湆、肉湆，羊、豕皆有之。豕不曰肉湆而曰豕脀。曰肉湆者，言肉初在湆中；曰脀者，明在俎時無汁。羊、豕互文也。魚無匕湆，言湆魚者，明魚在湆耳。俎降，以俟羞羊肉湆。」敖氏云：「若是者，謂執匕俎之儀無變也。卻手受匕枋，則匕內鄉而便於用。覆手以授賓，明其變於有事之時。次賓亦覆手以受，統於尊者也。祭湇如祭酒然，亦注於地。他時湇不祭，此祭者，重其在俎也。湇與肉湇，相將之物，故以此先肉湇而進之。」張氏爾岐云：「以降者，以此匕俎而降。」今案：若是以授，謂亦縮執匕俎以授也。但云「尸卻手受匕枋」，則受匕不受俎矣。下覆手授賓亦是以匕授之，賓受匕亦縮於俎上執之以降。蓋儐尸唯羊俎爲正俎，設於堂上，其羊肉湇、豕脅、湇魚俎皆以其實併載于羊俎，而以虛俎降，不與羊俎同設。此匕湇俎但有湇，無體可載，故祭嚌後即以匕俎降也。　注云「嚌湇者，明湇肉加耳。嘗之以其汁，尚味」者，以匕湇、肉湇皆是加俎，而進匕湇先於肉湇，故嚌之以示尚味。張氏爾岐云：「湇在鼎已調，故云『尚味』。若大羹則不在鼎，不調也。」姜氏兆錫云：「次賓進匕湇，尸嚌之，而後司馬羞羊肉湇於尸前。蓋以汁先肉，如乘韋先牛之義。此注所以云無肉直汁也，或疑酒曰啐、羹曰嘗、牲體殽胾肝燔之屬皆曰嚌，汁無肉，應如鉶羹言嘗、大羹不嚌之例。此言嚌，蓋亦有肉也。」今案：姜氏謂以汁先肉，是矣。而又引或説疑湇言嚌亦有肉，不知此注以嘗釋嚌，二字亦通。吴氏廷華《疑義》云：「《説文》『嚌，嘗也』，據在《顧命》『大保受同，祭，嚌』。是酒言嚌也，故汁亦言嚌。」**尸席末坐，啐酒，興，坐奠爵，拜，告旨，執爵以興。主人北面于東楹東荅拜。**旨，美也。拜告酒美，荅主人意。古文曰「東楹之東」。【疏】正義曰：王氏士讓云：「上篇正祭尸不啐奠、不告旨，大夫之禮，尸彌尊也。此儐尸則賓道矣，故啐奠告旨也。」又云：「《特牲》尸告旨，主人拜，尸荅拜。此尸先拜主人荅拜者，彼正祭尸尊，此儐尸卑，同於賓禮也。《鄉飲》、《鄉射》皆先拜而後告旨。」敖氏云：「拜告旨，不降筵，以有後事也。」云「主人北面于東楹東」，明其復位，下放此。　注云「古文曰『東楹之東』」者，古文「東楹」下有「之」字，今文無。鄭以前後多云「東楹東」，與「西楹西」相對爲文，故從今文，不從古文也。○以上次賓授匕湆。**司馬羞羊肉湆，縮執俎。尸坐奠爵，興，取肺，坐絶祭，嚌之，興，反加于俎。司馬縮奠俎于羊湆俎南，乃載于羊俎，卒載俎，縮執俎以降。**絶祭，絶肺末以祭。《周禮》曰絶祭。湆使次賓，肉使司馬，大夫禮多，崇敬也。【疏】正義曰：「司馬縮奠俎于羊湆俎南」，唐石經及各本皆如此。李氏、楊氏、敖氏皆云：「『湆』字衍。」方氏苞云：「上次賓所進匕湆俎既執以降，此時堂上唯有羊俎，傳寫誤衍『湆』。」李氏又引下尸酢主人「司馬縮奠湆俎于羊俎西」爲證，張氏爾岐云：「觀下『受酢羞肉湆』節，當是縮奠湆俎于羊俎南。」以「湆」爲在「奠」字下，其説是也。今仍石經之文而附辨於此。「卒載縮執俎以降」，各本多作「卒載俎縮執俎以降」，《集釋》作「卒載俎縮執以降」。《校勘記》云：「周學健云：『石經載下無俎字。』案：今本石經『載縮』二字已壞，補缺誤補『俎』字，遂脱『縮』字。周所據猶未壞本也。又戴校《集釋》謂唐石經『執』下無『俎』字，亦不然。」今案：下羞羊燔節云「賓縮執俎以降」，尸酢主人節云「卒載縮執虚俎以降」，主婦獻侑及尸作三獻之爵節皆云「卒乃縮執俎以降」，據此則「載」下無「俎」字，「執」下有「俎」字明矣。○此司馬羞肉湆而尸嚌肺也。楊氏復云：「正俎皆横執横奠，加俎皆縮執縮奠。」張氏爾岐云：「司馬縮執縮奠之俎，羊肉湆俎也，即雍人所設益送之南俎也。」盛氏世佐云：「羊肉湆，即上司馬所匕載于南俎者。其實自臑折至嚌肺，凡六物。『興，取肺』，即此俎所盛之嚌肺也。『反加于俎』者，反之於羊肉湆俎也。必奠于羊俎南者，便載也。『乃載于羊俎』者，謂以羞俎所實六物悉載于正俎也。『卒載，縮執俎以降』者，加俎不與正俎同設也。」❶○案：注以羞羊匕湆、羊肉湆皆用雍人所設之南俎。敖氏以羞羊匕湆爲用北俎，羞羊肉湆爲用南俎。褚氏寅亮申敖説，謂方羞羊匕湆時，羊肉湆俎即當載而俟，故可踵進。若仍俟羊匕湆之俎，則羞之也遲，非敬尸之道。今案：次賓執匕俎降後，尸尚有坐啐酒、興、坐奠爵、拜、告旨、執爵、興及主人荅拜諸儀節，司馬於斯時載羊肉湆於俎而進之，未遲也。褚説非。注云「絶祭，絶肺末以祭。《周禮》曰絶祭」者，案：《周禮・大祝職》「辨九祭，七曰絶祭」，鄭司農云「絶祭，絶末以祭」是也。劉氏台拱云：「案：祭肺，一手祭之；嚌肺，則兩手祭之。故祭祭肺者左執爵，而祭嚌肺者必奠爵也。」今案：嚌肺即離肺，割而未斷，故須用兩手絶以祭也。祭肺則割之已斷，故可一手取以祭也。云「湆使次賓，肉使司馬，大夫禮多，崇敬也」者，大夫祭執事者衆，故分使之，見其禮多，亦以廣敬，對士助祭人少儀簡言也。○以上司馬羞肉湆。

尸坐執爵以興。次賓羞羊燔，縮執俎，縮一燔于俎上，鹽在右。尸左執爵，受燔，擩于鹽，坐，振祭，嚌之，興，加于羊俎。賓縮執俎以降。燔，炙。【疏】正義曰：此及下節乃次賓羞燔而尸卒爵也。「尸坐執爵」亦承上「興」言之。敖氏云：「室中之事無燔俎，故此與亞獻皆用之。受燔，取於俎也。」吴氏廷華云：「受燔，右受。」方氏苞云：「湆中羊肉宜載于羊俎，故司馬奠湆俎于羊俎南而載之。縮俎之燔則一而已，尸祭嚌即以加于羊俎，故羞燔者執俎以降，别無事也。」今案：羞燔别有俎陳於塾，不用益送之俎，詳前「雍人合執二俎，陳于羊俎西」下。賈疏：「《詩》云：『載燔載烈。』注云：『傅火曰燔，貫之加

❶「加」，《儀禮集編》作「羞」。

于火曰烈。』烈，即炙也。」燔，燔肉也。　注以炙釋燔者，燔、炙對文異，散亦通，詳《特牲》「兄弟長以燔從」下。

尸降筵，北面于西楹西，坐卒爵，執爵以興，坐奠爵，拜，執爵以興。主人北面于東楹東荅拜。主人受爵。尸升筵，立于筵末。【疏】正義曰：下侑、主人升筵降筵，皆云自北方。此尸升筵，經云自西方，降筵不云自何方者，據《禮經釋例》云：「《鄉飲》、《鄉射》主人獻賓，賓降席，注皆云『降席，席西也』，是賓升降皆自西方。」然則此尸降筵，亦自西方歟？　○以上次賓羞燔。　○李氏云：「主人獻尸之從獻五：籩豆一，羊正俎二，羊匕湆三，羊肉湆四，羊燔五。侑降於尸，無羊匕湆、羊肉湆。主人受酢從獻與尸同五，主婦與侑同三，尊卑之差也。」《禮經釋例》云：「凡儐尸，主人獻，其從獻皆用羊；主婦獻，其從獻皆用豕；上賓獻，其從獻皆用魚。《有司徹》：主人初獻尸，賓長設羊俎，次賓羞羊匕湆，司馬羞羊肉湆，次賓羞羊燔。主人獻侑，司馬設羊俎，次賓羞羊燔。是主人獻尸、獻侑，其從獻皆用羊也。主人受尸酢，長賓設羊俎，次賓羞羊匕湆，司馬羞羊肉湆，次賓羞羊燔，皆如尸禮。主婦受尸酢，司馬設羊俎，次賓羞羊燔，皆於房中。是主人、主婦受尸酢，其從獻亦皆用羊也。主婦亞獻尸，次賓羞豕匕湆，司士羞豕脀，次賓羞豕燔。❶主婦獻侑，司士羞豕脀，次賓羞豕燔。主婦致爵于主人，其受豕匕湆、受豕脀、受豕燔，皆如尸禮。是主婦獻尸、獻侑及致爵于主人，其從獻皆用豕也。上賓三獻尸，尸奠爵于薦左，至主人獻長賓以及獻私人畢，尸作三獻之爵，司士羞湆魚。上賓獻侑，司馬羞湆魚一。上賓致爵于主人，司士羞一湆魚，皆如尸禮。是上賓獻尸獻

❶「豕」，原作「羊」，今據《續清經解》本改。

侑及致爵于主人，其從獻皆用魚也。此上大夫祭畢儐尸之禮，故初獻專用羊，亞獻專用豕，三獻專用魚，禮盛則威儀多也。若不儐尸之禮，賓三獻時，主婦致爵于主人，賓致爵于主婦，其俎皆羊豕魚腊竝設，且無從俎，蓋下大夫之禮殺也。又《有司徹》：『卒燅，乃升羊豕魚三鼎，無腊與膚。』注：『腊爲庶羞，膚從豕。』儐尸俎不用腊者，下正祭也。」

右主人獻尸

主人酌，獻侑，侑西楹西，北面拜受爵。主人在其右，北面荅拜。不洗者，俱獻間無事也。主人就右者，賤不專階。【疏】正義曰：張氏爾岐云：「此下主人獻侑節，獻爵、薦豆籩、設羊俎、設羊燔，有四細節。」　注云「不洗者，俱獻間無事也」者，賈疏云：「以其獻尸訖即獻侑，中間無別酬酢之事。凡爵行，爵從尊者來向卑者，俱獻間無事，則不洗爵；從卑者來向尊，雖獻間無事，亦洗。」云「主人就右者，賤不專階」者，上主人獻尸，主人于東楹東拜，尸于西楹西拜。東楹東，即阼階上也；西楹西，即西階上也，是專階也。今獻侑，主人在侑右拜，是同拜西階上，侑不專階也。《鄉飲》主人獻介亦同拜于西階上，詳《鄉飲酒禮》。○獻侑爵。**主婦薦韭菹、醓，坐奠于筵前，醓在南方。婦贊者執二籩麷、蕡以授主婦，主婦不興，受之，奠麷于醓南，蕡在麷東。主婦入于房。**醓在南方者，立侑爲尸，使正饌統焉。【疏】正義曰：主婦不親取籩者，以薦豆，而贊者即執籩以授，同時竝設也。凡設菹常在右，便其揳。侑席東面，❶以南爲右。今醢在南，則菹在北矣。所以然者，立侑以輔尸，菹在北，使之統於尸也。敖氏則謂豆北上、席南上，是席豆相變之法。褚氏寅亮云：「當遵注正饌統於尸之説，無席豆相變義。下主人豆，則循右菹左醢之常矣。」○薦侑豆籩。**侑升筵自北方，司馬横執羊俎以升，設于豆東。侑坐，左執爵，右取菹揳于醢，祭于豆間，又取麷、蕡同祭于豆祭，興，左執爵，右取肺，坐祭之，祭酒，興，左執爵。**【疏】正義曰：羊俎，即前所云侑俎羊左肩以下七物，至是始載以進。李氏云：「侑與主婦無羊肉湆，故羊俎皆司馬設之。」敖氏云：「凡正俎皆横執。此乃明言之者，以司馬進之，嫌亦縮執也。」今案：侑不啐酒告旨者，以不敢同於尸也。○設侑羊俎。**次賓羞羊燔，如尸禮。侑降筵自北方，北面于西楹西，坐卒爵，執爵以興，坐奠爵，拜。主人荅拜。** 荅拜，拜於侑之右。【疏】正義曰：此篇尸升筵自西方與《鄉飲酒》賓升席自西方同。又《鄉飲酒·記》云：「主人、介，凡升席自北方，降自南方。」此篇侑、主人升筵自北方亦與《鄉飲》同，惟侑、主人降筵自北方與《鄉飲》異者，《禮經釋例》云：「少變於飲酒正禮也。」又《鄉飲》賓降筵，《釋例》以爲亦自西方，詳《鄉飲·記》上「侑拜受爵」，主人在侑右荅拜，故知此亦在侑右。○羞侑羊燔。○賈疏云：「此節從獻有三事：主婦薦豆籩，一也；司馬羞羊俎，二也；次賓羞羊燔，三也。侑降於尸二等，無羊匕湆，又無肉湆。」

右主人獻侑

❶「面」，原作「西」，今據《續清經解》本改。

尸受侑爵，降，洗。侑降立于西階西，東面。主人降自阼階，辭洗。尸坐奠爵于篚，興，對。卒洗，主人升，尸升自西階。主人拜洗。尸北面于西楹西，坐奠爵，荅拜。降盥，主人降，尸辭，主人對。卒盥，主人升。尸升，坐取爵，酌。 酌者，將酢主人。【疏】正義曰：張氏爾岐云：「此下尸酢主人節，主人受爵、主婦薦豆籩、長賓設俎、次賓羞匕湆、司馬羞肉湆、次賓羞燔、主人拜崇酒，凡七細節。」 注云「酌者，將酢主人」者，言尸升坐取爵酌，爲將酢主人也。《特牲》、《少牢》尸酢主人，祝酌以授尸。此儐尸則尸受侑爵，降洗降盥自酌者，賓主之禮然也。《特牲》、《少牢》主人獻尸，尸即酢主人。此尸待獻侑乃酢主人者，正祭酢主人兼致嘏，故先酢而後主人獻祝與佐食，此無致嘏之事，且立侑輔尸，位即次于尸，與祝佐食亦殊，故不待酢而先獻也。《鄉飲》賓先酢主人而後獻介者，彼介亦酢主人。此無侑酢，故不同也。敖氏云：「侑不升，辟酢禮也。若與尸同升，則又嫌於若同酢主人者然。」**司宮設席于東序，西面。主人東楹東，北面拜受爵。尸西楹西，北面荅拜。**【疏】正義曰：此爲主人設席也。褚氏云：「祭時受酢則有子道，故不設席；儐尸受酢則有主道，故即設席。然不與尸、侑之席同時設者，猶尊尸也。」《疑義》云：「《特牲》及下不儐尸，尸酢皆無俎，故不設席，致爵乃設之。此尸酢主人有俎，故即設席，與彼不同。」○主人受酢爵。**主婦薦韭菹、醓，坐奠于筵前，菹在北方。婦贊者執二籩麷、蕡，主婦不興，受，設麷于菹西北，蕡在麷西。主人升筵自北方，主婦入于房。** 設籩於俎西北，亦辟鉶。今文無「二籩」。【疏】正義曰：菹在北方，則醓亦在南方矣。侑席東面，主人席西面，而菹皆北方，足見注統於尸之說信也。王氏士讓云：「侑升筵在主婦入房後，主人不待入而升，賓主之異也。」 注云「設籩於菹西北，亦辟鉶」者，賈疏云：「上設侑籩正當豆。此在西北，明避鉶。云『亦』，亦尸籩當豆西外列以避鉶故也。」今案：主婦致爵主人，設二鉶於菹北，是其辟鉶之事。云「今文無『二籩』」者，上獻侑節婦贊者執二籩豐、蕡以授主婦，鄭以彼有「二籩」字，此當與同，故從古文。○主婦薦主人豆籩。**長賓設羊俎于豆西。主人坐，左執爵，祭豆籩，如侑之祭。興，左執爵，右取肺，坐祭之，祭酒，興。**【疏】正義曰：長賓，即賓長也。羊俎，即前所云「胙俎，羊肺一、祭肺一」者，至是始載而設之。右取肺，羊正俎之祭肺也。方氏苞云：「主人之牲俎，《特牲》設于主婦致爵時，此則豆籩羊俎薦于尸酢時，故二鉶及豕俎内羞薦于主婦致爵時。」○設主人羊俎。**次賓羞匕湆，如尸禮。席末坐啐酒，執爵以興。**【疏】正義曰：匕湆，羊匕湆也。敖氏云：「祭酒興，亦左執爵，乃受匕湆。」姜氏云：「『如尸禮』，如其縮執、卻受、覆手、縮匕之屬。」盛氏云：「啐酒不告旨，酒，己物也。」○羞主人匕湆。**司馬羞羊肉湆，縮執俎。主人坐奠爵于左，興，受肺，坐絕祭，嚌之，興，反加于湆俎。司馬縮奠湆俎于羊俎西，乃載之，卒載，縮執虛俎以降。**奠爵于左者，神惠變於常也。言受肺者，明有授。言虛俎者，羊湆俎訖於此，虛不復用。【疏】正義曰：羊肉湆俎，即前所云羊肉湆臂以下六物爲一俎也。「興，受肺」，即羊肉湆俎之嚌肺也。此肺本在湆俎，祭嚌後仍加于湆俎，故云「反」。上羞尸節云「反加于俎」，省文耳。郝氏敬謂坊本多一「湆」字，當删，非也。盛氏云：「此與羞尸肉湆之儀同，但文加詳耳。」注云「奠爵于左者，神惠變於常也」者，褚氏云：「奠而即舉當在右。此在左，故注云『神惠變於常』。敖謂避肉湆俎，蓋陰破注意，實非也。」云「言受肺，明有授」者，吴氏廷華云：「授其設俎者歟？」云「言虛俎者，羊湆俎訖於此，虛不復用」者，案：此俎即雍人所設之南俎也。上羞尸匕湆、羞尸羊肉湆及此節羞主人匕湆，同用此俎。其降也皆是虛俎，經於上不言虛，獨此言虛者，蓋此後羞豕匕湆、豕脀、湆魚，皆用雍人所設之北俎，不用此俎，故注云「虛不復用」也。敖氏謂言虛俎者，見其盡載于羊俎而無所釋。今案：上羞尸羊肉湆亦是盡載，何獨於此言虛俎？敖說非矣。○羞主人肉湆。**主人坐取爵以興，次賓羞燔，主人受，如尸禮。**【疏】正義曰：燔，羊燔也。下主婦致爵羞豕燔，則此爲羊燔可知。盛氏云：「『如尸禮』者，如其縮執俎、縮一燔於俎上以下之儀也。」高氏愈云：「此節主婦薦于主人二籩二豆，與侑同；而賓所薦羊俎、匕湆、肉湆、羊燔四禮，則與尸同。婦人所以事尸之禮隆於事大夫，而賓所以事大夫之禮當與尸同也。」方氏苞云：「主人之俎實一與尸同，何也？祖考或士庶人而得用少牢，皆由君賜，故主人之俎不可加損，而薦俎之用亦不可異同也。」❶○羞主人燔。**主人降筵自北方，北面于阼階上，坐卒爵，執爵以興，坐奠爵，拜，執爵以興。尸西楹西荅拜。主人坐奠爵于東序南。**不降奠爵於篚，急崇酒。【疏】正義曰：急崇酒於尸及侑也。**侑升，尸、侑皆北面于西楹西。**見主人不反位，知將與己爲禮。【疏】正義曰：侑升者，尸酢已終，主人將拜崇酒，侑乃升，陪尸荅拜也。**主人北面于東楹東，再拜崇酒。**崇，充也。拜謝尸、侑以酒薄充滿。【疏】正義曰：注「崇，充」義，詳《鄉飲酒》。方氏苞云：「侑前此降立于西階西，俾尸專與主人爲禮也。而此時乃升，正爲主人之拜崇酒非專爲尸，而己實同之。鄉飲之禮，賓與介皆酢主人，主人皆拜崇酒。蓋專習飲酒之儀，其時寬也。祭而儐則時迫，而儀不能

❶「用」，《儀禮析疑》作「人」。

備。故侑不復酢主人，而主人唯於受尸酢時一拜崇酒。」**尸、侑皆荅再拜。主人及尸、侑皆升就筵。**【疏】正義曰：敖氏云：「主人及尸、侑，先後之辭也。後文放此。」吳氏廷華云：「不降而曰升者，升席也。」○拜崇酒。○案：尸酢主人從設亦五：豆籩也，羊正俎也，羊匕湇也，羊肉湇也，羊燔也。賈疏云：「尊主人，故與尸同。」

右主人受尸酢初獻禮竟

司宮取爵于篚，以授婦贊者于房東，以授主婦。房東，房户外之東。【疏】正義曰：張氏爾岐云：「自此至『尸、主人及侑皆就筵』，凡四節，皆主婦亞獻之事。獻尸，一也；獻侑，二也；致爵于主人，三也；受尸酢，四也。」○敖氏云：「『以授主婦』，婦贊者以授主婦于房中也。」王氏士讓云：「男女唯喪祭可相授器。而大夫之主婦尊也，故其爵司宮先取以授婦贊者，因以授主婦也。然婦贊之受亦以篚，無篚則奠而後取之，文不具。」注云「房東，房户外之東」者，此司宮以爵授婦贊者當在房外授之，故知房東爲房户外之東耳。**主婦洗爵于房中，出，實爵，尊南西面拜獻尸。尸拜于筵上，受。**尊南西面，拜由便也。【疏】正義曰：吳氏《疑義》云：「男女不親授受，主婦當奠于筵前乃拜獻也。尸亦就進前取之，故不降筵。今授，尸拜于筵上受。敖氏以爲殺于主人，蓋男與女不得正行賓主之禮也。尊南近席，斯時尸南面，主婦酌訖轉而西面獻之，以須夾拜，故即於獻位先拜，然後退至拜位又拜，故云『由便也』。」**主婦西面于主人之席北，拜送爵。入于房，取一羊鉶，坐奠于韭菹西。主婦贊者執豕鉶以從，主婦不興，受，設于**

羊鉶之西。興，入于房，取糗與腶脩，執以出，坐設之，糗在蕡西，脩在白西。興，立于主人席北，西面。 飲酒而有鉶者，祭之餘鉶。無黍稷，殺也。糗，糗餌也。腶脩，擣肉之脯。今文「腶」爲「斷」。

【疏】正義曰：「主婦西面于主人之席北，拜送爵」者，婦人與男子爲禮當依其夫，與上篇亞獻尸「于主人之北，西面拜送爵」同。但上篇所謂北，在室中；此所謂席北，則在堂上也。敖氏云：「設二籩而主婦親取之，以其與鉶異類，不可相因也。」盛氏世佐云：「二鉶皆繼韭菹而西，在麷、蕡之北也。鉶之爲器大於籩，二鉶當二籩而有餘，故於其南又設二籩焉，而饌方矣。糗在蕡西，脩在白西，糗北而脩南也。」今案：主婦止執羊鉶，婦贊者執豕鉶。而主婦又興，入房取糗脩二籩者，二鉶重，故主婦與贊者分執之；二籩輕，故主婦可竝執也。前主人初獻尸，主婦已薦四豆四籩矣。此亞獻之設二籩者，敬尸無已也。　注云「飲酒而有鉶者，祭之餘鉶」者，謂正祭之餘鉶也。方氏苞云：「加羊豕二鉶，備物以致敬，其義與正祭已薦豆薦籩而儐尸復設之同。」云「無黍稷，殺也」者，正祭有黍稷，此無之，是殺於正祭也。或云：儐尸主於飲，故無黍稷也。云「糗，糗餌也。腶脩，擣肉之脯」者，詳前主人獻尸「主婦自東房薦韭菹醓」下。敖氏云：「糗與脩雜用饋食之籩也。」今案：《周禮·籩人》糗爲羞籩，脯爲加籩。敖説未確。云「今文『腶』爲『斷』」者，《公羊》莊公二十有四年傳：「腶脩云乎？」《釋文》「腶」作「斷」，何注亦云：「取其斷斷自脩正。」與今文合。鄭以作「腶」爲正字，故仍從古文，餘亦詳見於前。

尸坐，左執爵，祭糗、脩，同祭于豆祭，以羊鉶之柶挹羊鉶，遂以挹豕鉶，祭于豆祭，祭酒。次賓羞豕匕湆，如羊匕湆之禮。尸坐啐酒，左執爵，嘗上鉶，執爵以興，坐奠爵，拜。主婦荅拜，執爵以興。司士羞豕脀，尸坐奠爵，興，受，如羊肉湆之禮。坐

取爵，興。次賓羞豕燔，尸左執爵，受燔，如羊燔之禮。坐卒爵，拜。主婦荅拜。❶【疏】正義曰：祭糗、脩之祭，敖謂當作取，非也。又挹羊鉶、挹豕鉶之挹，敖謂當作扱。案：二字經典亦通用，今從石經、各本。○敖氏云：「於此乃云『尸坐』，是受爵時立也。」今案：尸坐啐酒，亦是受匕湇時興也。羞豕匕湇、豕胥，皆用雍人所設之北俎。羞豕燔别有俎。敖氏云：「『如羊匕湇之禮』，如其『左手執俎左廉』以下之儀。其異者，雍人不復授之也。」褚氏寅亮云：「經言『如』，則初亦雍人授疏匕與俎可知。敖謂不復授之，與經違矣。司士羞豕胥、尸坐奠爵興受及上受羊肉湇條，敖皆云尸奠爵于左。其實尸奠于右，照生人飲酒禮。若於左，經亦明著之。」今案：褚説是也。「嘗上鉶」，羊鉶也，以右手挹嘗之。「豕胥」，即前司士杝載豕右肩以下爲一俎者也。「受，如羊肉湇之禮」，亦奠而載于羊俎，執俎以降也。○張氏爾岐云：「主婦獻尸，從獻亦五。主婦既獻爵，設兩鉶，又設糗脩，次賓羞豕匕湇，司士羞豕胥，次賓羞豕燔。儀節與主人獻尸立相當。」

右主婦獻尸

受爵，酌，獻侑。侑拜受爵。主婦主人之北西面荅拜。酌獻者，主婦。今文無「西面」。【疏】正義曰：此主婦受爵，酌以獻侑也。北，亦席北。注云「今文無『西面』」者，上主婦獻尸，尊南西面拜；又

❶「拜」下，原衍「主婦易位拜於阼階上辟併敬」十二字，當涉下「主婦致爵于主人」下注文而衍，今據《儀禮注疏》删。

西面于主人之席北拜送爵，則此亦西面可知，故鄭從古文。此不俠拜，下於尸。**主婦羞糗、脩，坐奠糗于醴南，脩在蕡南。侑坐，左執爵，取糗、脩兼祭于豆祭。司士縮執豕脅以升。侑興，取肺，坐祭之。司士縮奠豕脅于羊俎之東，載于羊俎，卒，乃縮執俎以降。侑興。**豕脅無涪，於侑禮殺。【疏】正義曰：上主人獻侑，主婦薦籩，奠醴于醢南、蕡在醴東，則醴在西、蕡在東。此奠糗于醴南，脩在蕡南，亦糗西而脩東也。肺，切肺。不祭酒，亦殺于尸。豕脅，即前所云侑俎豕左肩折以下也。**次賓羞豕燔，侑受如尸禮，坐卒爵，拜。主婦荅拜。**【疏】正義曰：「如尸禮」，如尸受羊燔之禮。○張氏爾岐云：「主婦獻侑，從獻同于尸者亦三。主婦既獻爵，羞糗脩，司士羞豕脅，次賓羞豕燔。降于尸者二，無鉶羹與豕匕湆。」

右主婦獻侑

受爵，酌以致于主人。主人筵上拜受爵，主婦北面于阼階上荅拜。主婦易位，拜於阼階上，辟併敬。【疏】正義曰：《特牲》三獻爵止乃致爵，此未三獻而致爵者，方氏苞云：「《特牲》賓獻尸畢，主婦即致爵于主人，而退祝佐食之獻於後。《少牢》則正祭時祝佐食已受獻，主人、主婦已受尸酢。至儐尸則賓獻尸、尸酢主婦皆可緩，故主婦先致爵于主人，而退二節於後也。又於主人省酢主婦及致爵之節，於賓省致爵于主婦之節。不惟儐尸禮殺，亦事增而時弗逮耳。」又云：「儐尸主人不致爵于主婦，不儐尸亦然。大夫之祭儀節繁多，惟夫之於妻可無報禮耳。」注云「主婦易位，拜於阼階上，辟併敬」者，前此主婦獻尸、侑皆西面于主人之席北拜，今北面于阼階上拜，是易位矣。蓋辟獻尸、侑之位而北面，併以致敬於主人也。主人筵上拜受，敖氏云：「因尸禮也。」盛氏云：「主婦若亦於主人之席北西面荅拜，則是與主人同面矣，故之阼階上北面，于主人之南向主人也。」王氏士讓云：「阼階，主人位。主婦亦荅拜於此者，夫婦一體也。《昏禮》舅姑饗婦時，婦降自阼階，❶蓋已授以代姑任事之義矣，則荅拜於阼也固宜。」**主婦設二鉶與糗、脩，如尸禮。**【疏】正義曰：敖氏云：「有鉶者，阼俎如尸，故鉶亦因之。設二鉶，羊在菹北，豕在羊北。設糗脩，糗在麷北，脩在蕡北。」姜氏云：「『如尸禮』，如獻尸之授受奠設也。」**主人其祭糗脩、祭鉶、祭酒、受豕匕湆、拜啐酒，皆如尸禮。嘗鉶不拜。**主人如尸禮，尊也。其異者，不告旨。【疏】正義曰：「啐酒」上，唐石經有「拜」字。賈疏兩解亦謂衍字。敖氏去「拜」字，云從疏之所謂或本者。《校勘記》云：「案：賈疏云：『或此經啐酒之上無拜文。有者，衍字也。』『或』者，疑而不定之辭。敖氏以爲或本，非也。經文『拜』疑當作『坐』。」○盛氏世佐云：「經云『嘗鉶不拜』，著其異於尸者耳，其他則皆如尸受主婦獻之禮也。今以上文考之，彼於主婦設二鉶二籩之下即云『尸坐，左執爵，祭糗脩，同祭於豆祭』，即此所謂『共祭糗脩』也。又云『以羊鉶之柶挹羊鉶，遂以挹豕鉶，祭于豆祭，祭酒』，即此所謂『祭鉶、祭酒』也。又云『次賓羞豕匕湆，如羊匕湆之禮，尸坐啐酒』，即此所謂『受豕匕湆、啐酒』也。受豕匕湆與啐酒之間絶無所謂拜者，則此經『拜』字之爲衍文信矣。彼又云『左執爵，嘗上鉶，執爵以興』，即此所謂『嘗鉶』也。但彼於執爵興之後復坐奠爵拜，而此

❶「阼」，原作「西」，今據《儀禮糾解》改。

則否，是其異也。嘗鉶而拜，重其禮也。主人之不拜，下尸也。正祭時尸嘗鉶啐酒皆不拜，尸尊也。至是以賓禮待尸，尸于主人之獻啐酒則拜，于主婦之獻嘗鉶則又拜，尸益卑也。其於主婦之獻拜鉶而不拜酒者，以鉶是主婦所親設，而酒則與主人所獻同出一尊，曏已告旨訖，故於是略之也。至於主人之啐酒不告旨，則於受尸酢時已然，而此所云『皆如尸禮』者亦足以蔽之矣，不必別言也。注乃以不告旨釋不拜，失經意矣。」今案：盛氏釋經甚詳明，「啐酒」上「拜」字定爲衍字。《校勘記》謂疑當作「坐」，説亦可從。《特牲》尸嘗鉶告旨拜，《少牢》尸嘗鉶不拜，此篇主婦獻尸，尸嘗鉶拜。經雖不言告旨，拜亦告旨之意，故鄭以不告旨釋經嘗鉶不拜，非指啐酒言也。盛氏駁注，似非。又以經「其」字爲當作「共」，亦沿張説之誤。**其受豕脀，受豕燔，亦如尸禮。坐卒爵，拜。主婦北面荅拜，受爵。**【疏】正義曰：主婦致爵主人，從設亦有五：鉶也、糗脩也、豕匕湆也、豕脀也、豕燔也，皆與獻尸同。《緦解》引三禮館議云：「《特牲》主人、主婦交致爵皆酢，賓又致爵于主人，主婦皆自酢。此直有主婦致爵于主人，又不酢，何也？凡獻酢之節有主有從，主獻者酢而從獻者不酢。此主婦獻尸而因以致爵于主人，則主人固在從獻之列，無由而酢主婦矣。《特牲》主人、主婦交致交酢在三獻爵止之後，自相酬荅。此在主婦獻尸爵内，以主婦爲之終始，則主人更不得而致爵于主婦矣。主人既不致爵于主婦，則賓亦不得而致爵于主婦矣，故主婦唯受尸酢，而其餘則否。」

右主婦致爵於主人

尸降筵，受主婦爵以降。將酢主婦。【疏】正義曰：吴氏廷華云：「受者，尸當受於司宫，司宫又受于婦贊者。」方氏苞云：「此主婦致主人之爵也，而尸受之。又不用以酢主婦，何也？雖承獻侑以致主人，而本獻尸之爵，故尸受之以終前禮，而後易爵以彰其別，所以别嫌而明微也。」**主人降，侑降。主婦入于房。主人立于洗東北，西面。侑東面于西階西南。**俟尸洗。【疏】正義曰：主人降，代主婦以禮於尸也。侑降，從尸也。王氏士讓云：「尸之降，爲洗爵以酢主婦也。主婦若辭洗，則宜降階。婦人祭祀止于堂階，故入于房以辟之。」敖氏疑「洗東北」、「西階西南」文誤衍，劉氏台拱云：「案：凡西階西，未有不少南于階者。然則或言西階西，或言西階西南，文有繁省，無他義也。唯主人立于洗東北西面，嫌太東，宜詳其意。」盛氏世佐云：「凡主人於賓之爲己洗也，降立于阼階東西面，當東序，辭則進而南面。其禮見《鄉飲酒》、《鄉射》。今乃東于洗者，以其不爲己而洗故也。夫婦一體，尸爲婦洗，主人雖不代爲辭而亦違其故位焉，示不敢當也。」今案：主人辭洗則進而南面。此不辭洗而仍立于阼階東西面，則與尸背矣，故立于洗東北西面以向之也。**尸易爵于篚，盥，洗爵。**易爵者，男女不相襲爵。**主人揖尸、侑。**將升。【疏】正義曰：方氏苞云：「辭洗，禮宜親之。主人不得代辭，故待洗畢，揖尸、侑以升。」今案：爲尸酢主人時侑不升，此升者，敖氏云：「尸酢之意，已見於前，今則無嫌也。」**主人升，尸升自西階，侑從。主人北面立于東楹東，侑西楹西，北面立。**俟尸酌。**尸酌。主婦出于房，西面拜，受爵。尸北面于侑東荅拜。主婦入于房。**【疏】正義曰：敖氏云：「西面，亦于主人席北。」方氏苞云：「會尸之酌則自出。男女相爲禮，不親相與言，亦不使人致辭，案：節以赴而已，即不辭洗而入於房以辟之義也。」王氏士讓云：「主婦出者，會尸之酌而出爲節也。主婦入者，席在房中，宜成禮於内也。」**司宫設席于房中，南面。主婦立于席西。**設席者，主婦尊。今文曰「南面立于席西」。【疏】正義曰：注云「設席者，主婦尊」者，賈疏云：「賓長以下皆無設席之文，唯主婦與主人同設席，故云『尊』。」敖氏云：「既受爵乃設席，降於主人也。立于席西者，亦西爲下。」今案：房中南面，主婦之正位也。云「今文曰『南面立于席西』」者，古文「南面」下有「主婦」二字，今文無則文義不明，故鄭從古文。敖謂鄭本無「南面」字，蓋誤。**婦贊者薦韭菹、醢，坐奠于筵前，菹在西方。婦人贊者執麷、蕡以授婦贊者，婦贊者不興，受，設麷于菹西，蕡在麷南。**婦人贊者，宗婦之少者。【疏】正義曰：上尸酢主人，主婦薦。此酢主婦，故婦贊者薦也。高氏愈云：「主婦受爵亦薦豆籩者，婦人敵耦於夫，宜備禮也。」注云「婦人贊者」，蓋宗婦之贊主婦者，即上篇所云「主婦贊者一人」也，婦人贊者則佐宗婦以贊主婦者，故注以爲宗婦之少者也。**主婦升筵。司馬設羊俎于豆南。主婦坐，左執爵，右取菹擩于醢，祭于豆間；又取麷、蕡，兼祭于豆祭。主婦奠爵，興，取肺，坐絶祭，嚌之，興，加于俎，坐挩手，祭酒，啐酒。**挩手者於帨，帨，佩巾。《内則》曰婦人亦左佩紛帨。古文「挩」作「説」。【疏】正義曰：羊俎，即前所云主婦俎羊左臑以下者，至是始載而設之。豆南，當菹醢南蕡東也。肺，羊嚌肺也。凡祭嚌肺者必絶祭，絶祭故須挩手。敖氏云：「經不盡見之也。」注云「《内則》曰婦人亦左佩紛帨」者，《内則》：子事父母，婦事舅姑，皆左佩紛帨。亦者，亦男子也。云「古文『帨』作『説』」者，「帨」字唯《集釋》作「挩」，各本皆作「帨」，詳《鄉飲酒禮》。**次賓羞羊燔。主婦興，受燔，如主人之禮。主婦執爵以出于房，西面于主人席北，立卒爵，執爵拜。尸西楹西、北面荅拜。主婦入，立于房。尸、主人及侑皆就筵。**出房立卒爵，宜鄉尊。不坐者，變於主人也。執爵拜，變於男子也。【疏】正義曰：「如主人之禮」，如主人受尸酢之禮也。敖氏云：「立于房，見其不就席。」方氏苞云：「主婦執爵以出于房，立卒爵，執爵拜，則復執以入于房可知。其爵亦贊者受之，反于篚。」　注云「出房立卒爵，宜鄉尊」者，張氏爾岐云：「鄉尊，謂對尸而卒爵。」即敖氏所謂「出房卒爵，宜成禮於所酢者之前」是也。云「不坐者，變於主人也」者，褚氏寅亮云：「《特牲禮》尸酢主婦，入卒爵，如主人儀。主人固坐而卒角矣，則主婦亦坐明矣。今尸酢主人，主人坐卒爵；尸酢主婦，主婦立卒爵，故注云『不坐者，變於主人也』。敖氏謂立卒爵乃婦人常禮，豈《特牲》主婦受酢如主人儀者亦立卒爵乎？」云「執爵拜，變於男子也」者，賈疏云：「上下經凡男子拜卒爵，皆奠爵乃拜，故云『變於男子也』。」○案：尸酢主婦，從設亦三：婦贊者設豆籩，一也；司馬設羊俎，二也；次賓羞羊燔，三也。皆與主人獻侑同。

右主婦受尸酢亞獻禮竟

上賓洗爵以升，酌，獻尸。尸拜受爵。賓西楹西北面拜送爵。尸奠爵于薦左。賓降。上賓，賓長也。謂之上賓，以將獻異之，或謂之長賓。奠爵，爵止也。【疏】正義曰：此上賓獻尸之事。○敖氏云：「拜受爵亦於筵上也。尸于三獻而奠爵，亦欲助祭者皆受獻也。薦左，醢東也。」褚氏寅亮云：「賓之獻爵將行神惠，故奠于左，舉者于左也。下主人之酬爵同《飲酒禮》，則不舉者於左矣，故亦奠于左。奠左雖同，其義則異。」今案：上主人受尸酢，奠爵于左，注云「神惠變於常」，是將舉者奠于左也，故此賓獻尸將舉者亦奠于左。　注云「上賓，賓長也」者，上主人獻尸，賓長設羊俎，注云「賓長，上賓」，此注又云「上賓，賓長」，二者互相曉，是上賓即賓長也。云「謂之上賓，以將獻異之」者，案：上賓謂之賓長，次於上賓之一人亦謂之賓長。下加爵節「賓長獻于尸，如初」，注云「賓長者，賓之長次上賓」者，非即上賓也。是次於上賓之一人亦稱爲賓長，即《特牲》所謂衆賓長也。但備三獻之賓爲賓中之最上者，故於其將獻特言上賓以别之。云「或謂之長賓」者，上尸酢主人節長賓設羊俎是也。上賓稱賓長，亦稱長賓；猶次於上賓者稱賓長，亦稱次賓。上文次賓羞羊匕湆、羊燔是也。然上賓雖亦稱賓長，而次於上賓之賓長不得稱上賓，故注云：「謂之上賓，異之。」云「奠爵，爵止也」者，案：《特牲》：「賓三獻如初，燔從如初，爵止。」注：「尸止爵者，欲神惠之均於室中，是以奠而待之。」又：「衆賓長爲加爵如初，爵止。」注云：「尸爵止者，欲神惠之均於在庭。」此尸奠爵亦是欲均神惠，故注以爵止釋之。《禮經釋例》云：「此爵至主人酬尸、獻長賓、獻衆賓、獻兄弟、獻内賓、獻私人畢，尸乃作三獻之爵。卒爵後賓獻侑，致爵于主人，及受尸酢，於是三獻禮成而神惠均於堂上及房中矣。儐尸無室中之事，故致爵于獻尸、侑時行之也。」案：儐尸于堂，固無室中之事。此未旅酬，亦不得言均神惠於庭。詳《特牲》「賓三獻如初，燔從如初，爵止」下。

右上賓三獻尸尸奠爵不舉

主人降，洗觶。尸、侑降。主人奠爵于篚，辭，尸對。卒洗，揖。尸升，侑不升。 侑不升，尸禮益殺，不從。【疏】正義曰：自「主人降」至「坐奠爵于薦左」，言主人酬尸之事。○盛氏世佐云：「洗觶，爲酬尸也。主人體尸止爵之意，將獻長賓以下。乃先酬尸者，獻之禮成於酬，成尊者之禮而後及其餘，禮之序也。辭，辭降也。尸、侑皆降而對者，唯尸統於尊也。不辭洗者，以其將自飲也。」　注云「尸禮益殺，不從」者，對上主人獻尸之時侑從升而言也。儐尸之禮本殺，今侑不升，是益殺也。敖氏謂酬禮不及侑，故不升，義亦可通。主人實觶，酬尸，東楹東，北面坐奠爵，拜。尸西楹西，北面荅拜。坐祭，遂飲，卒爵，拜。尸荅拜。降洗，尸降，辭。主人奠爵于篚，對。卒洗，主人升，尸升。主人實觶，尸拜受爵。主人反位，荅拜。尸北面坐奠爵于薦左。降洗者主人。【疏】正義曰：敖氏云：「卒洗，亦揖乃升。主人實觶，亦北面於尸之席前。尸階上拜，乃進受之而反位。主人既荅拜尸，乃進北面奠爵。」盛氏世佐云：「反位，反東楹東北面之位。」王氏士讓云：「上尸奠賓所獻爵于薦左，此又奠主人所酬者于薦左。此則當在少南，而先奠者在北。又凡酬爵皆酬者自奠于薦右，受酬者重奠于薦左，而無授受之節。此經言受爵，大夫禮異也。」李氏云：「奠于薦左者，奠酬不舉也。神惠右不舉，而此左不舉者，儐尸而酬之，同於賓客，異於神惠。」楊氏云：「下經『二人舉觶于尸、侑，侑奠觶于右』，注云：『奠于右者，神惠右不舉，變於飲酒。』此賓尸如與賓客飲酒然，故有酬。異於神惠，是以奠於左。」上云「尸荅拜」，下云「降洗」，鄭恐人疑降洗是尸，故特明之。〇賈疏云：「《特牲》及下不儐尸，皆無酬尸之事，此特有之。」今案：正祭以神事尸，故無酬；儐尸以賓事尸，故有酬。《禮器》「周旅酬六尸」是尸與尸酬，此則主人酬尸也。

右主人酬尸

尸、侑、主人皆升筵，乃羞。宰夫羞房中之羞于尸、侑、主人、主婦，皆右之。司士羞庶羞于尸、侑、主人、主婦，皆左之。二羞所以盡歡心。房中之羞，其籩則糗餌粉餈，其豆則酏食糝食。

庶羞，羊臐豕膮，皆有胾醢。房中之羞，內羞也。內羞在右，陰也。庶羞在左，陽也。【疏】正義曰：此言設羞之事。○敖氏云：「侑升堂之節，其在尸奠爵之時乎？」姜氏兆錫云：「升筵不言主婦者，統於主人，省文也。」方氏苞云：「《特牲》自尸以下至私人羞同時，何也？士禮至祭脅，獻、酢、酬、加爵、舉奠之禮俱畢矣，則同時而羞宜也。大夫之禮至尸奠酬，賓兄弟之獻酢及酬未舉，內兄弟私人未獻，薦俎未陳，無先庶羞之理。」　注云「二羞所以盡歡心」者，羞爲飲酒而設，上尸、侑、主人、主婦俱已設薦俎，此復進二羞，故云「所以盡歡心」也。云「房中之羞，其籩則糗餌粉餈，其豆則酏食糝食」者，《周禮·籩人》：「羞籩之實，糗餌粉餈。」《醢人》云：「羞豆之實，酏食糝食。」是也。「糗餌粉餈」注，詳前主人獻尸節。「酏食糝食」注，詳《聘禮》。云「庶羞，羊臐豕膮，皆有胾醢」者，案：《公食禮》有牛膷、羊臐、豕膮，又有炙胾醢。此不言牛膷者，以庶羞不踰牲，大夫祭止得用羊故也。不言炙者，以從獻已用燔炙故也。褚氏云：「庶羞中有臐膮胾醢而無腊，當以此注爲正。」云「房中之羞，內羞也」者，下不儐尸云：「宰夫羞房中之羞，司士羞庶羞于尸、祝、主人、主婦。內羞在右，庶羞在左。」故知房中之羞即內羞也。《周禮·籩人》《醢人》云：「爲王及后世子共其內羞。」鄭注亦以房中之羞釋之。敖氏云：「房中之羞，饌於房者也。言房中以別于庶羞，明庶羞不自房來也。」郝氏敬云：「房中之羞，婦工所脩也。」云「內羞在右，陰也。庶羞在左，陽也」者，賈疏謂內羞是穀物，故云陰；庶羞是牲物，故云陽。引《大宗伯》「天產作陰德，地產作陽德」，鄭注「天產，六牲之屬；地產，九穀之屬」以證之。吴氏紱云：「上篇胾醢在左，故此庶羞亦在豆左。此經上文糗脩在右，故此內羞亦在籩右。」説亦可通。

右羞於尸侑主人主婦

儀禮正義卷四十　鄭氏注

績溪胡培翬學

主人降，南面拜衆賓于門東，三拜。衆賓門東，北面，皆荅壹拜。拜於門東，明少南就之也。言三拜者，衆賓賤，旅之也。衆賓一拜，賤也。卿大夫尊，賓賤，純臣也，位在門東。古文「壹」爲「一」。【疏】正義曰：自此至「主人就筵」，皆均神惠之事，凡七節：獻長賓，一也；獻衆賓，二也；主人自酢於長賓，三也；酬長賓，四也；獻兄弟，五也；獻内賓，六也；獻私人，七也。主人拜衆賓，將獻之也。○此衆賓亦兼長賓在内。　注云「拜於門東，明少南就之也」者，以衆賓位在門東，今云「拜於門東」，明是少南就拜之也。云「言三拜者，衆賓賤，旅之也」者，對上尸、侑皆獨拜之，此總拜衆賓以三拜，是旅之，故云賤也。云「衆賓一拜，賤也」者，上主人以衆賓賤而旅拜之，此衆賓亦以賤而荅一拜，對《特牲》衆賓荅再拜言也。云「卿大夫尊，賓賤，純臣也」者，此申言賓賤之義，以此主人是卿大夫，其位尊也。云「位在門東」者，敖氏云：「未獻之前，衆賓位在門東，亦大夫之禮異於士者。」褚氏寅亮云：「尸、侑在西居賓位，故助祭者雖名賓，亦統於主人而在門東。」云「古文『壹』爲『一』」者，詳見《士冠禮》。

主人洗爵，長賓辭。主人奠爵于篚，興，對。卒洗，升，酌，獻賓于西階上。長賓升，拜受爵。主人在其右，北面荅拜。宰夫自東房薦脯、

醢，醢在西。司士設俎于豆北，羊骼一、腸一、胃一、切肺一、膚一。羊骼，羊左骼，上賓一體，賤也。薦與設俎者，既則俟於西序端。古文「骼」爲「胳」。【疏】正義曰：敖氏云：「長賓辭亦北面，蓋於門東少進也。主人已酌，長賓乃升，遠下尸也。獻賓當西南面。用切肺者，賓俎設于堂，故亦因尸禮。肺繼胃言之，羊肺可知。」郝氏云：「醢在西則脯在東，一豆一籩。羊骼以下五物爲一俎。前叙尸、侑、主人、主婦俎，不及賓，於此詳之。」褚氏寅亮云：「主人在其右北面荅拜，賓亦北面也。脯東醢西，仍依右手取脯之便。」今案：《儀禮釋官》云：「《周禮·宰夫職》曰：『以式灋掌祭祀之戒具與其薦羞。』注：『薦，脯醢也。羞，庶羞、內羞。』故上設羞，此又薦也。」注云「上賓一體，賤也」者，對尸、侑爲賤也。下注云「成祭於上，尊賓也」者，對衆賓以下爲尊也。云「薦與設俎者，既則俟於西序端」者，以下文賓取祭以降，宰夫執薦以從，司士執俎以從，無升文，明此時薦與設俎者不降，退立於西序端可知。李氏云：「俟，俟執薦俎從賓降。《鄉飲酒》司正升相旅，退立于序端。」云「古文『骼』爲『胳』」者，詳《鄉飲酒禮》。賓坐，左執爵，右取脯擩于醢，祭之，執爵興，取肺，坐祭之，祭酒，遂飲，卒爵，執爵以興，坐奠爵，拜，執爵以興。主人荅拜，受爵。賓坐取祭以降，西面坐委于西階西南。成祭於上，尊賓也。取祭以降，反下位也。反下位而在西階西南，已獻，尊之。祭，脯、肺。【疏】正義曰：賓，長賓也。注云「成祭於上，尊賓也」者，謂祭脯、祭肺、祭酒，皆成祭於西階上也。「尊賓」，義詳上。云「取祭以降，反下位也。反下位而在西階西南，已獻，尊之」者，案：賓位本在下，因獻而升，已獻而降，故注云「反下位」。賓初位在門東，今得獻在西階西南，與主人相對，故云「已獻，尊之」。李氏云：「賓自門東而位西階西南，猶《燕禮》士立于西方，已獻而位於東方也。

衆賓以下則已獻而設薦俎於其位。」云「祭，脯、肺」者，言賓所取祭，祭是脯、肺也。**宰夫執薦以從，設于祭東，司士執俎以從，設于薦東。**【疏】正義曰：言賓取脯肺降，坐委于西階西南；而宰夫代爲執豆籩從降，設于脯肺之東；司士代爲執俎從降，設于豆籩之東也。

右主人獻長賓

衆賓長升，拜受爵，主人荅拜。坐祭，立飲，卒爵，不拜既爵。既，盡也。長賓升者，以次第升受獻。言衆賓長拜，則其餘不拜。【疏】正義曰：注云「既，盡也」者，《公羊傳》文，謂飲盡也。上獻賓卒爵坐奠爵拜，此不拜既爵，謂卒爵不拜也。云「長賓升者，以次第升受獻」者，案：經言衆賓，謂長賓以下之衆賓也。注言「長賓升」，即釋經「長升」二字，謂衆賓中之長先升受爵，而其餘各以序升。知非謂次於上賓之一人爲衆賓長者，以下「若是以辯」，則是一一獻之，故知衆賓中以長幼次第升受也。云「言衆賓長拜，則其餘不拜」者，謂經唯言衆賓之長升拜受爵，則其餘受爵不拜也。張氏惠言《讀儀禮記》云：「『衆賓長升，拜受爵，主人荅拜。坐祭，立飲，卒爵，不拜既爵。宰夫贊主人酌，若是以辯。』獻兄弟云：『兄弟之長升，拜受爵，主人在其右荅拜，坐祭，立飲，不拜既爵，皆若是以辯。』案：此文是衆賓、衆兄弟皆拜受爵，坐祭，立飲，不拜既爵也。注云『言衆賓長拜，則其餘不拜』，恐非。」❶劉氏台拱云：「案：私人猶皆拜受爵，則衆賓衆兄弟皆

---

❶ 「恐」，《讀儀禮記》作「或」。

拜受可知也。此神惠當一一拜受，與《飲》、《射》不同。《特牲》賓兄弟亦皆拜。」今案：下獻私人節云「主人于其羣私人不荅拜」，云「主人不荅拜」，則羣私人之拜明也。羣私人皆拜，則不獨其長拜也。劉氏據此駁注尤確。**宰夫贊主人酌，若是以辯。**主人每獻一人，奠空爵於棜，宰夫酌授於尊南。今文「若」爲「如」，「辯」皆爲「徧」。【疏】正義曰：敖氏云：「宰夫贊酌，大夫尊也。贊酌者，主人以虛爵授宰夫，宰夫爲酌之。於此乃言之者，見獻賓一人乃贊酌也。『若是以辯』，謂皆如衆賓長升拜受爵以下之儀。」注云「主人每獻一人，奠空爵於棜，宰夫酌授於尊南」者，褚氏寅亮云：「凡酌酒前必就尊所。注以經無授受之文，故明之。棜廞尊，四周有餘地，可以置爵。❶獻衆賓而主人代酌，以示尊卑之義，非憚煩也。」《義疏》云：「上篇『司宫尊兩甒于房户之間，同棜』。棜以廞尊，非奠爵之具也。且棜在北，主人獻於西階上，若一一奠於棜而受於尊南，則其勞彌甚，何用贊酌矣？蓋主人立于西階上，宰夫既酌於尊，乃就而授之。」今案：《義疏》説似可從。云「今文『若』爲『如』」者，案：下主人獻兄弟、獻内賓、獻私人，皆云「若是以辯」，經皆作「若」不作「如」，故鄭從古文。云「『辯』皆爲『徧』」者，皆下「辯受爵」及「若是以辯」諸文也，義詳《鄉飲酒禮》。**辯受爵。其薦脯、醢與脀，設於其位。其位繼上賓而南，皆東面。其脀體，儀也。**偏獻乃薦，略之，亦宰夫薦，司士脀。用儀者，尊體盡，儀度餘骨可用而用之。尊者用尊體，卑者用卑體而已。亦有切肺膚。今文「儀」皆作「臡」，或爲「議」。【疏】正義曰：敖氏云：「言『辯受爵』，嫌或有不與者也。《特牲禮》曰：『衆賓升，

❶「置」，原作「執」，今據《儀禮管見》改。

拜受爵，坐祭，立飲。薦俎設于其位，辯。』」今案：上賓，即經上下所云「長賓」也。其位繼上賓而南，則在西階之下矣。吴氏紱云：「衆賓所以改位於西、相繼而南者，與兄弟各爲班，乃可旅酬也。」注云「徧獻乃薦，略之」者，謂俟獻畢乃設薦脀于其位，是略之。《燕禮》三卿以上得獻即薦，大夫徧獻乃薦，亦其類也。褚氏寅亮云：「經於『辯受爵』下然後言薦脀設于其位，敖氏乃謂薦脀每獻即設，違經，不可從。」云「亦宰夫薦，司士脀」者，上獻長賓，宰夫薦脯醢，司士設俎，故注推之以爲此亦與彼同也。云「用儀者，尊體盡，儀度餘骨可用而用之。尊者用尊體，卑者用卑體而已」者，既云「尊體盡」，又云「用尊體」、「用卑體」者，謂就餘骨中度其尊卑也。盛氏云：「升于俎曰脀。體者，言其不折。儀者，言其無定。不折者，隆於兄弟。無定者，殺于上賓。若羊、若豕則未聞。擇膚曰倫，度體曰儀，此經之字法也。」《經義述聞》云：「家大人曰：賈疏謂度尊卑之儀而用之，非也。儀，亦度也。言尊體既盡，就餘骨之中儀度其可用者而用之也。《説文》：『儀，度也。』《周語》曰：『儀之于民，而度之于羣生。』又曰：『不度民神之義，不儀生物之則。』《繫辭傳》：『擬之而後言，議之而後動。』陸績、姚信本『議』竝作『儀』。儀之，亦謂度之也。儀、議古字通，故今文『儀』或爲『議』也。」云「亦有切肺膚」者，亦由上賓推之也。盛氏云：「經惟云『體，儀』則自腸胃以下皆如上賓可知。」云「今文『儀』皆作『騰』」者，皆下其衆儀也。《集釋》「騰」作「䲢」，毛本作「曦」。《校勘記》云：「徐本、《釋文》、敖氏俱作『曦』，《通解》作爲『騰』，《五經文字》、《九經字様》俱無『騰』字。案：葉鈔《釋文》作『騰』。《集韻》：『騰，魚羈反，❶度牲體骨也。』『犧』字非。」今案：古文作「儀」，今文作「⿰月義」，或作「議」，鄭俱不從之也。

右辯獻衆賓

乃升長賓。主人酬，酢於長賓，西階上北面，賓在左。主人酬自酢，序賓意，賓卑不敢酢。

【疏】正義曰：自此至「賓降」，言主人自酢之事。○此長賓，即上賓也。敖氏云：「後『長賓』二字衍。」盛氏世佐云：「主人自酢而云『酢于長賓』，見其所以達長賓之意也。敖以爲衍，非。」吴氏紱云：「《特牲》承室事，故獻賓長即自酢，乃獻衆賓。此皆堂事，故獻辯乃酢，與主人獻尸、侑而後尸酢主人一也。」注云「主人酬自酢，序賓意，賓卑不敢酢」者，汪氏中改「序」爲「遂」，云：「據疏云『達其意』，則賈所見本是『遂』字。古訓遂爲達，《禮記》『慶賜遂行』，鄭以達釋遂。《廣韻》：『遂，達也。』賓卑不敢酢，故主人自酢以遂其意。」今案：「序」，聲之誤。下經「尸降筵，受三獻爵，酬以酢之」，注亦有「遂賓意」之文，可證作「遂」爲是。褚氏寅亮云：「《特牲》注云：『主人酬自酢者，賓不敢敵主人，主人達其意。』與此注立言雖有輕重，義實一也，蓋助祭之賓本卑於飲、射之賓也。敖氏謂賓辟尸，故主人自酢以達其意。夫此日之賓與尸尊卑懸絶，何所嫌而避之？注義爲長。」**主人坐奠爵，拜。執爵以興。賓荅拜。坐祭，遂飲，卒爵，執爵以興，坐奠爵，拜。賓荅拜，賓降。**降反位。【疏】正義曰：反位，反西階西南之位也。方氏苞云：「凡自酢，義非一端。

❶「魚」，原作「曾」，今據《集韻》改。

有尊其人不敢使酢己者，主婦致爵于主人而自酢是也。有與衆人同得獻，一人不敢專酢獻者，探其意而自酢，《特牲》賓獻祝佐食，致爵于主人、主婦而自酢，此經主人徧獻衆賓，升長賓而自酢是也。」

右主人自酢於長賓

宰夫洗觶以升。主人受，酌，降酬長賓于西階南，北面。賓在左。主人坐奠爵，拜，賓荅拜。坐祭，遂飲，卒爵，拜。賓荅拜。 宰夫授主人觶，則受其虚爵奠于篚。古文「酌」爲「爵」。【疏】正義曰：自此至「于薦左」，言主人酬長賓之事。○「酌」，《要義》作「爵」，非。郝氏敬云：「觶在堂下，酒在堂上。賓位堂下，故宰夫洗觶升堂授主人。主人受酌酒以降，酬長賓于其位，主人先自飲導之。」方氏苞云：「《特牲》尊兩壺于阼階東，《少牢》則皆升酌，何也？天子之禮，獻尊外别有罍爲諸臣之所酢，諸侯亦然。故大夫不敢與之同，士則無嫌。」○注「授主人觶」，「授」字，《集釋》作「受」，非。云「宰夫授主人觶，則受其虚爵奠于篚」者，張氏爾岐云：「『受其虚爵』指上文酢爵也。蓋上主人自酢于賓，賓降而主人未降。故知此宰夫洗觶以升授主人時，即受主人所執之酢爵降奠于篚也。」云「古文『酌』爲『爵』」者，「主人受酌」之「酌」古文作「爵」，但主人受時必酌酒于觶，而後降以酬賓。若無酌文，則似以虚爵降矣，故鄭不從古文。**主人洗，賓辭。主人坐奠爵于篚，對。卒洗，升酌，降復位。賓拜受爵，主人拜送爵。賓西面坐，奠爵于薦左。**【疏】正義曰：盛氏世佐云：「位，西階南北面之位也。此酬爵主人親授而不奠，亦與《特牲禮》異。」李氏云：「奠于左者後舉之，與不儐尸之禮奠酬同。神惠右不舉。」楊氏云：「賓奠爵左，以爲無算爵。」

右主人酬長賓

主人洗，升，酌，獻兄弟于阼階上。兄弟之長升，拜受爵。主人在其右荅拜。坐祭，立飲，不拜既爵，皆若是以辯。兄弟長幼立飲，賤不別。大夫之賓尊於兄弟，宰夫不贊酌者，兄弟以親昵來，不以官待之。【疏】正義曰：自此至「其衆儀也」，言主人獻兄弟之事。○蔡氏德晋云：「『在其右荅拜』，在東階之東也。」盛氏世佐云：「皆，皆衆兄弟也。若是亦指升拜受爵以下也。主人惟爲長兄弟一洗耳，其次以下皆不洗。《特牲》洗獻衆兄弟，以其承主人自酢于長兄弟之後也。此於長兄弟無酢，故不復洗。」注云「兄弟長幼立飲，賤不別」者，上獻長賓坐飲，衆賓立飲。此兄弟之長亦立飲，與兄弟之幼者同，故云「賤不別」也。云「大夫之賓尊於兄弟」者，《特牲》士禮，獻賓坐飲，獻衆賓立飲，獻長兄弟如賓儀亦坐飲，獻衆兄弟如衆賓儀亦立飲，是賓與兄弟皆殊其長也；此大夫禮，賓殊其長而兄弟不殊其長，故注以爲賓尊於兄弟也。云「宰夫不贊酌者，兄弟以親昵來，不以官待之」者，褚氏寅亮云：「上獻衆賓則曰『宰夫贊主人酌』，下獻私人又曰『宰夫贊主人酌』，獨此獻兄弟不言贊酌，則主人親酌明矣。注云『兄弟以親昵來，不以官待之』，最得制禮微意。敖謂此亦贊酌，違經駁鄭，非也。」盛氏云：「獻兄弟不殊其長，卑於賓也。不使宰夫贊酌，親於衆賓也。一獻之間而尊卑之殺、親疏之等胥得之矣。」**辯受爵。其位在洗東，西面北上。升受爵，其薦脀設于其位。**亦辯獻乃薦，既云辯矣，復言升受爵者，爲衆兄弟言也。衆兄弟升不拜受爵，先著其位於上，乃後云薦脀設于其位，明位初在是也。位不繼於主人，而云洗東，卑不統於尊。此薦脀皆使私人。【疏】正義曰：此節與上經獻衆賓云「辯受爵，其薦脯、醢與脀，設于其位。其位繼上賓而南，皆東面」意略同，亦是明辯獻乃設薦脀，竝明其位所在耳。但彼於「辯受爵」下即云設薦脀，此先言其位者，上衆賓初位在門東，經已著之；上賓得獻後位西階西南，經亦著之，故先言薦脀設于其位，乃言其位繼上賓而南，而衆賓之初由門東升受爵，既乃位于西階下上賓之南，昭然可見。此兄弟經初未著其位，故先言「其位在洗東，西面北上。升受爵」，乃言「薦脀設于其位」，一以明兄弟初位在洗東，由此而升受爵；一以明得獻之後，仍位於此不變也。若先言設薦脀，而後言其位在洗東，則似得獻後位乃在此，而兄弟之初位不見，故注云：「先著其位於上，乃後云薦脀設于其位，明位初在是也。」至經言「升受爵」，固以明其由洗東而升，且亦見其受爵則皆于阼階上，設薦脀則仍在階下洗東耳。鄭以兄弟之長升拜受爵、衆兄弟升不拜受爵，遂謂經「升受爵」三字爲衆兄弟言之，其説恐非。吴氏廷華《疑義》云：「衆兄弟拜受之禮，已盡於『若是』二字中。」今案：上經云「皆若是以辯」，「皆」字即指衆兄弟言。且「若是以辯」言於「不拜既爵」之下，則以上儀節皆與長兄弟同可知，是衆兄弟受爵亦拜也。鄭此注與前注云「言衆賓長拜，則其餘不拜」，誤正同矣，辯竝詳前。又云「位不繼於主人，而云洗東，卑不統於尊」者，案：《士冠禮》：主人立于阼階下，直東序西面。兄弟立于洗東，西面北上。注云：「位在洗東，退于主人。」此經主人位在堂上東序，而兄弟位在洗東，亦是退于主人，故注以爲不繼於主人也，但卑不統於尊之説恐亦未的。吴氏紱云：「兄弟位本應繼主人而南，與《特牲》同。以賓位在門東北，故不可直繼主人而退于洗東也。至注云『此薦脀皆使私人』，與所云『亦辯獻乃薦』者均確。以後儒以爲每獻即設薦脀，非矣。」辯見前「獻衆賓」節下。○盛氏世佐云：「據經上賓拜受爵又拜既爵，衆賓長以下皆拜受爵不拜既爵，長兄弟以下亦然，此隆殺之差也。注意謂衆賓長拜受爵不拜既爵，衆賓又不拜受爵，長兄弟與衆賓長同，衆兄弟與衆賓同，失經意矣。賈疏謂衆賓拜受爵不拜既爵，長兄弟得與衆賓同，衆兄弟又不拜受爵，則更非注意矣。」**其先生之脀，折，脅一，膚一，**先生，長兄弟。折，豕左肩之折。【疏】正義曰：注云「先生，長兄弟」者，以經云「其」是承上之辭，先生又是長稱。此云「其先生」，下云「其衆」，明是一謂長兄弟，一謂衆兄弟也。云「折，豕左肩之折」者，案：上「侑俎，豕左肩折」，注云「折分爲長兄弟俎」，故此云「折，豕左肩之折」也。盛氏云：「折脅者，折分脅骨以爲俎實也。舊説以折與脅爲二，非。上賓之俎止用羊骼一體，長兄弟安得有二體乎？」今案：折者，不全之名。賓用羊骼一體而全，此用豕肩而折；且賓俎又有腸胃肺膚共五，長兄弟俎止有三，仍當從注爲是。**其衆，儀也。**【疏】正義曰：儀，詳前。

右主人獻兄弟

主人洗，獻内賓于房中。南面拜受爵，主人南面于其右荅拜。内賓，姑姊妹及宗婦，獻於主婦之席東，主人不西面，尊，不與爲賓主禮也。南面於其右，主人之位恒左人。【疏】正義曰：自此至「亦有薦脀」，言主人獻内賓之事。○敖氏云：「洗不言降，是洗於房也。受送之拜皆南面，猶堂上之皆北面也。」郝氏敬云：「賓主皆南面，統於堂也。」案：《特牲》云：「洗，獻内兄弟于房中。」注云：「内兄弟，内賓宗婦也。」又《特牲·記》注云：「内賓，姑姊妹也。宗婦，族人之婦。」是内賓與宗婦别。此注云「内賓，姑姊妹及宗婦」者，以經言獻内賓當兼有宗婦在内。經不言者，省文，故注補之。云「獻於主婦之席東」者，上尸酢主婦設席于房中南面，此亦南面，故知在婦席東也。云「主人不西面，尊，不與爲賓主禮也」者，對《特牲》獻内兄弟主人西面荅拜言也。云「南面於其右，主人之位恒左人」者，謂主人在人之右，則人在主人之左也。上獻侑、獻長賓皆云「主人在其右，北面荅拜」，獻兄弟亦云「主人在其右荅拜」，下尸酬主人，主人亦在右。彼北面云「在其右荅拜」，此南面亦云「於其右荅拜」，是恒左人也。**坐祭，立飲，不拜既爵。若是以辯，亦有薦脀。**亦設薦脀於其位。《特牲饋食禮·記》曰：内賓立于房中西墉下，東面南上。宗婦北堂，東面北上。【疏】正義曰：敖氏云：「『若是以辯』，亦謂長幼拜受以下之儀同也。不言辯受爵，已於衆賓獻兄弟見之，此可知也。」　注云「亦設薦脀於其位」者，上獻衆賓、獻兄弟皆云「薦脀設于其位」，故知此經云「亦有薦脀」，亦設于其位也。引《特牲·記》者，證設薦脀之位所在也。

右主人獻内賓

主人降洗，升，獻私人于阼階上。拜于下，升受，主人荅其長拜。乃降，坐祭，立飲，不拜既爵，若是以辯。宰夫贊主人酌。主人于其羣私人不荅拜。其位繼兄弟之南，亦北上，亦有薦脀。私人，家臣，己所自謁除也。大夫言私人，明不純臣也。士言私臣，明有君之道。北上，不敢專其位。亦有薦脀，初亦北面在衆賓之後爾。言繼者，以爵既獻爲文。凡獻，位定。【疏】正義曰：自此至「就筵」，言主人獻私人之事。○敖氏云：「獻私人而降洗，重獻禮也。拜于下而降飲，賤也。私人賤，故但荅其長拜以殊之。」盛氏世佐云：「主人聽其拜下而不命之升拜于上，避人君禮也。俟其升乃荅拜，是亦在其右北面也。『若是』，指拜下升受諸儀也。」蔡氏德晉云：「『亦有薦脅』，享神之惠，不可不徧也。」今案：上既云「主人荅其長拜」，下復云「主人於其羣私人不荅拜」者，嫌羣如其長，故特明之。又案：敖氏謂上獻衆賓，是獻其長一人後，宰夫始贊酌。此宰夫贊主人酌，言於「若是以辯」之後，見獻私人之長即贊之，其說是。至謂獻兄弟、獻内賓亦宰夫贊酌，則非。獻兄弟之贊酌，褚氏已辨之。若内賓，更無使宰夫代酌之義也。唯衆賓數多，私人分卑，主人終日拜獻，不能一一自酌，故使宰夫代耳。内賓私人之俎實，經不言者，當亦如衆兄弟之儀。以已見於上，故略之也。注云「私人，家臣，已所自謁除也」者，賈疏云：「此對公士得君所命者。此乃大夫自謁請於君，除其課役，以補任爲之。」云「大夫言私人，明不純臣也」者，《儀禮釋官》云：「《郊特牲》大夫之臣不稽首，非尊家臣，以辟君也，亦不純臣之義。《玉藻》：『大夫私事，使私人擯則稱名。』注：『臣於大夫曰私人。』是也。」云「士言私臣，明有君之道」者，士卑無嫌，不辟君也。《義疏》云：「此注言士有君道，可見他注謂士無臣者謬矣。」褚氏寅亮云：「言私人，所以別嫌也；言私臣，所以定分也。注闡《禮經》稱名之旨微矣。❶私人之長，所謂貴臣歟？無公有司之獻者，有無未定也。」盛氏云：「案：《特牲》有公有司及私臣，此唯見私人，則賓即公有司可知。士卑，僚友有來助祭者，故以僚友爲賓；大夫尊，其僚友無來助祭者，故即以公有司爲賓也。」今案：此篇不言公有司，敖氏謂或在衆賓中，不必別見。盛即本其說，似亦可通。云「北上，不敢專其位」者，李氏云：「《特牲》私臣門東北面，此亦然。既獻乃位兄弟之南，北上。繼

❶「微」上，《儀禮管見》有「精矣」二字。

於兄弟，不敢別自爲列。凡專其位者，雖共方皆別自爲上。《士喪禮》朝夕哭，『丈夫即位于門外，❶西面北上。兄弟在南，南上。賓繼之，北上』是也。」今案：兄弟北上，此私人在其南亦北上，是不敢專其位，此注正解經「亦」字之義也。今本注文「北上」之上無「亦」字，蓋脱。云「亦有薦脅，初亦北面在衆賓之後爾。言繼者，以爵既獻爲文」者，謂其初亦在門東衆賓之後，既獻乃位於此。經所云「繼兄弟之南」，據既獻言之也。云「凡獻，位定」者，言凡獻賓兄弟私人之等，皆以得獻位乃定。鄭言此者，蓋以明薦脅所設之處也。**主人就筵。**古文曰「升就筵」。【疏】正義曰：郝氏敬云：「主人獻畢，由階上就東序之筵。」高氏愈云：「主人自酬尸之後，獻長賓、獻衆賓、酢長賓、酬長賓、獻兄弟、獻内賓、獻私人，其爲禮也備矣，故此就筵而少息也。」注云「古文曰『升就筵』」者，古文多「升」字。胡氏承珙云：「單言『升』，或單言『就』，或『升』、『就』連言之，義竝可通。但既云『就』，則『升』字可省，故鄭從今文。」

右主人獻私人均神惠徧

尸作三獻之爵。上賓所獻爵，不言三獻作之者，賓尸而尸益卑，可以自舉。【疏】正義曰：張氏爾岐云：「自此至『降實于篚』，尸舉所奠上賓之爵，以成三獻之禮。凡有四節：尸作爵，一也；獻侑，二也；致爵于主人，三也；受尸酢，四也。」今案：此云「三獻之爵」，三獻，即上賓也。因上賓備三獻之禮，遂目爲三獻，

---

❶「丈」，原作「大」，今據《儀禮集釋》、《儀禮注疏》改。

《特牲》注云「以事命之」是也。注云「上賓所獻爵」者，此時尸席前有兩奠爵：一爲上賓所獻爵，一爲主人所酬爵。故注明之，謂所作者爲上賓所獻爵也。此爵，前上賓獻尸時，尸奠于薦左。不舉者，欲助祭者徧得獻。今自主人獻賓至獻私人畢而獻徧，故尸自舉爵也。云「不言三獻作之者，賓尸而尸益卑，可以自舉」者，案：《特牲》三獻作止爵，是賓請尸舉之。此尸自舉之，故注以爲儐尸而尸益卑，以賓道自處也。姜氏兆錫云：「下大夫不儐尸，尸亦自作爵也。此但大夫禮，與士異耳。」今案：姜説似亦可通。**司士羞湆魚，縮執俎以升。尸取膴祭祭之，祭酒，卒爵。**不羞魚匕湆，略小味也。羊有正俎，羞匕湆，肉湆。豕無正俎，魚無匕湆，隆汙之殺。【疏】正義曰：蔡氏德晋云：「湆魚，魚在湆中者也。」今案：此即前所云司士匕魚，尸俎五魚横載者也。膴祭，即前所云加膴祭於其上者也，至是始用雍人所設之北俎載而升之。尸乃祭膴，遂祭酒，卒爵也。敖氏云：「不言左執爵與興坐者，如上禮可知。」注云「不羞魚匕湆，略小味也」者，對羊豕皆羞匕湆言也。上主人獻尸，羞羊匕湆；主婦獻尸，羞豕匕湆。豕無正俎而有匕湆，魚併無匕湆，是三者之羞也。**司士縮奠俎于羊俎南，横載于羊俎，卒，乃縮執俎以降。尸奠爵，拜，三獻北面荅拜，受爵。**【疏】正義曰：敖氏云：「尸既卒爵，乃執虚爵以待執俎者降，而後奠爵拜。行禮之序，於此可見。」褚氏云：「羞時横載，故載于羊俎亦横之，可見儐尸之禮魚横載矣。」王氏士讓云：「此終上文尸奠未舉一節禮也。」○以上尸作賓爵。**酌，獻侑。侑拜受，三獻北面荅拜。司馬羞湆魚一，如尸禮。卒爵，拜。三獻荅拜，受爵。**司馬羞湆魚，變於尸。【疏】正義曰：此上賓獻侑也。前獻尸，尸奠爵未舉，故待均神惠尸舉爵乃獻侑也。此湆魚即前所云「司士枇魚，侑、主人皆一魚」者，亦至是始用雍人所設北俎載而升之。

敖氏云：「卒爵與拜，其節宜與尸同。此略言之耳。下文主人亦然。」上司士羞魚于尸，此使司馬，故注云「變於尸」。敖氏云：「『司馬』當作『司士』，字之誤也。上下皆司士爲之，此不宜使司馬。且司馬惟主羊俎耳，羞湆魚非其事也。」與注異，秦氏蕙田以敖爲是，謂經明言羞湆魚如尸禮，竝無相變之義。褚氏寅亮云：「不敢妄改經，姑闕其疑。」今仍之。○賓獻侑。**酌，致主人。主人拜受爵，三獻東楹東，北面荅拜。**賓拜於東楹東，以主人拜受於席，就之。【疏】正義曰：賓不拜于西階上而拜于東楹東，是就之也。褚氏寅亮云：「主人獻賓則就西階，賓致爵主人則就其席而拜於東楹東，皆賓主不敵之意，於尸無與。敖氏必曰辟尸，何也？與主人自酢條同誤。」**司士羞一湆魚，如尸禮。卒爵，拜。三獻荅拜，受爵。**【疏】正義曰：羞湆魚，詳上。敖氏云：「此與侑如尸禮，皆兼祭酒而言。不致爵于主婦，變於不儐尸之禮。」○賓致爵主人。**尸降筵，受三獻爵，酌以酢之。**既致主人，尸乃酢之，遂賓意。【疏】正義曰：上尸作止爵後即宜酢賓，緣賓意欲致禮于主人，故俟獻侑致爵主人訖乃酢之，是遂賓意也。方氏苞云：「《特牲》賓獻祝佐食，致爵于主人、主婦，自酢，此不自酢，何也？《特牲》尸已酢賓，故祝、佐食、主人、主婦不敢專酢，而賓因自酢以達其意。此則尸卒爵後尚未酢賓，故俟賓獻侑致爵于主人而後酢焉。尸酢則足以統主人與侑矣。」**三獻西楹西，北面拜，受爵，尸在其右以授之。尸升筵，南面荅拜。坐祭，遂飲，卒爵，拜。尸荅拜，執爵以降，實于篚。**【疏】正義曰：敖氏云：「尸在其右，竝授也。竝授而不同面拜，遠辟主人獻賓之禮也。云『執爵以降』，則是既卒爵亦奠之而拜矣。」姜氏兆錫云：「執降者，三獻也。」褚氏云：「尸升筵南面荅拜，因前賓獻受爵時面位。」《義疏》云：「尸酢主人，主人拜于東楹東，尸拜于西楹西；尸酢主婦，主婦拜于主人席北，尸亦拜于西楹西。此酢賓異者，賓與尸爲禮，則皆不可以東。賓受爵于西楹西，則尸又不得拜于其右。若拜于其右，則嫌同於主人也，故惟有筵上南面荅拜而已也。」○賓受酢。

右上賓三獻禮成

二人洗觶，升，實爵，西楹西，北面東上，坐奠爵，拜，執爵以興，尸、侑荅拜。坐祭，遂飲，卒爵，執爵以興，坐奠爵，拜。尸、侑荅拜，皆降。三獻而禮小成，使二人舉爵，序殷勤於尸、侑。

【疏】正義曰：張氏爾岐云：「自此以下，言旅酬及無算爵。二人舉觶爲旅酬，兄弟後生舉觶于其長，賓長加獻尸，次賓舉爵。又旅酬，兄弟舉止爵，賓舉奠觶，交錯爲無算爵。又凡五節，而儐尸之禮畢矣。」今案：二人舉觶，一以爲尸，一以爲侑也。盛氏世佐云：「東上，舉觶于尸者爲上。尸、侑荅拜亦各於其席。」褚氏寅亮云：「皆降者，舉觶二人也。」或以爲尸、侑降，非。盛氏世佐云：「此經『爵』字當作『觶』，下注云：『古文觶皆爲爵。延熹中詔校書，定作觶。』此殆改之未盡者歟？下文爵觶雜者，當以意求之。」注云「三獻而禮小成」者，三獻謂主人初獻尸、主婦亞獻尸、賓長三獻尸也。每獻中間雖有酢酬致爵等事，然總以三獻爲綱。儐尸之禮至是而小成也。獻時禮儀嚴肅，至旅酬無算爵乃盡歡心，故使二人舉觶，所以序殷勤於尸、侑也。楊氏復云：「《鄉飲》、《鄉射》、《特牲》皆一人舉觶爲旅酬始，二人舉觶爲無算爵始。今以二人爲旅酬始者，此儐尸別一禮，與彼不同。其初時主人酬尸，尸奠之，侑未得酬，故使二人舉觶，侑乃奠而不舉。尸則執觶以酬主人，主人酬侑，侑酬長賓，如是以辯。」**洗，升，酌，反位。尸、侑皆拜受爵，舉觶者皆拜送。侑**

奠觶于右。奠於右者，不舉也。神惠右不舉，變於飲酒。【疏】正義曰：「洗，升，酌，反位」者，言舉觶者既洗乃升酌於尊所，而反西楹西北面東上之位也。盛氏世佐云：「尸、侑皆拜受爵，則舉觶者各授於席前而不奠矣。此亦與《鄉飲》等禮異。」注云「奠於右者，不舉也」者，謂侑觶不舉也。王氏士讓云：「主人雖併敬侑，而侑不敢併於尸。緣是止用尸一爵，酬於下。」云「神惠右不舉，變於飲酒」者，鄭意以旅酬、無算爵係行神惠於庭，故與飲酒將舉者於右之禮異也。褚氏寅亮云：「上主人酬尸，尸亦不舉而奠於左者，酬是酬賓之義，不可行於獻尸，故循飲酒不舉之常。說已見上。」《禮經釋例》云：「《有司徹》主人酬尸，尸北面坐奠爵于薦左。此不舉者，奠於左，儐尸如飲酒之例也。主人酬長賓于堂下，賓西面，坐奠爵于薦左。此觶至旅酬後與兄弟之長交酬爲無算爵發端，是將舉之觶而奠於薦左者，相變也。又二人舉觶于尸、侑爲旅酬發端，侑奠觶于右。蓋雖舉尸、侑二觶，實止用尸一觶酬於下，故侑此觶雖不舉亦奠於右，示猶舉也。注以爲神惠右不舉，恐非。唯《有司徹》主人受尸酢，將祭俎，先奠之於薦左，注『神惠變於常』是也。」今案：褚氏前後俱依注義，《釋例》稍變其說，義更精矣。**尸遂執觶以興，北面于阼階上酬主人，主人在右。**尸拜於阼階上，酬禮殺。【疏】正義曰：褚氏云：「尸、侑同受二人之觶，侑則奠之，尸則執之，爲旅酬始。」今案：言「遂」者，謂受即執之以酬主人，明不奠也。○賈疏云：「上尸酢主人，主人東楹東北面拜受爵，尸西楹西北面荅拜，是各於其階。今尸酬主人，同於阼階，故云『禮殺』也。」方氏苞云：「獻酢皆畢而尸酬主人，益自卑牧也。」**坐奠爵，拜，主人荅拜。不祭，立飲，卒爵，不拜既爵。酌，就于阼階上酬主人。**言就者，主人立待之。【疏】正義曰：不祭者，禮略也。此尸酬主人先導飲，因酌以就主人也。上言阼階上酬主人，主人在右，是知主人位不移，尸酌後乃自尊所就之也。**主人拜受爵，尸拜送。**酬不奠者，急酬侑也。【疏】正義曰：前主人酬尸，尸奠于薦左。此不奠者，急於酬侑也。**尸就筵，主人以酬侑于西楹西，侑在左。坐奠爵，拜。執爵興，侑荅拜。不祭，立飲，卒爵，不拜既爵。酌，復位。侑拜受，主人拜送。**言酌復位，明授於西階上。【疏】正義曰：「尸就筵」者，謂尸酬主人畢，就户西南面之筵也。「主人以酬侑」者，謂以尸酬己之爵酬侑也。此主人酬侑亦先導飲，而酌以授之也。西楹西，即西階上也。此言「酌，復位」，明復西階上侑右之位授之。**主人復筵，乃升長賓。侑酬之，如主人之禮。**遂旅也。言升長賓，則有贊呼之。【疏】正義曰：「主人復筵」者，謂酬侑畢復東序西面之筵也。「侑酬之，如主人之禮」，謂侑酬長賓亦如主人酬侑之禮也。盛氏世佐云：「侑酬長賓之觶，即其受之於主人者。郝氏云『舉所奠薦右之觶』，非。」今案：注云「遂旅」者，謂遂行旅酬也。餘詳前。**至于衆賓，遂及兄弟，亦如之，皆飲于上。**上，西階上。【疏】正義曰：此賓及兄弟相酬也。姜氏兆錫云：「『皆飲于上』，通承上文之詞。尸酬主人、主人酬侑、侑酬賓、賓酬兄弟，皆飲于上。自此兄弟酬私人飲于下，而主婦酬内賓遂及宗婦皆飲于房中矣。」秦氏蕙田云：「案：尸酬主人飲于阼階上，主人酬侑以下飲于西階上。雖有通承，實有分别。」**遂及私人，拜受者升受，下飲。**私人之長拜於下，升受兄弟之爵，下飲之。【疏】正義曰：蔡氏德晋云：「『升受，下飲』謂先拜堂下，然後升堂而受爵，復下堂而飲也。」褚氏寅亮云：「私人之長拜於下，則兄弟之長拜於上矣。禮無不荅也。」王氏士讓云：「衆賓兄弟飲於上，私人飲於下，酬必逮者，惠均也。位上下者，分殊也。」

劉氏台拱云：「案：下飲者亦之其位，❶與下文互言之耳。」敖氏云：「下飲，就其位飲以酬其次也。」《疑義》云：「酬爵當對所酬者飲之，所謂導飲也。敖説爲正。賈疏謂飲于西階下，非也。」今案：經云「下飲」謂飲於下，非謂西階下也。劉氏之説亦是。**卒爵，升酌，以之其位，相酬辯。**其位，兄弟南位，亦拜受，拜送，升酌由西階。【疏】正義曰：此私人辯相酬也。蔡氏德晉云：「『卒爵，升酌』，謂既飲又升堂而酌也。『以之其位』，就所酬者之位也。私人位在兄弟南，其長一人受兄弟之酬者飲於西階下，其餘私人皆飲於其位，亦有拜受拜送之儀。『升酌由西階』者，以阼階是主人位也。」**卒飲者實爵于篚。**末受酬者，雖無所旅，猶飲。【疏】正義曰：「實爵于篚」者，謂酬禮終卒飲者執爵以實于篚，不用也。注云「末受酬者」，謂私人中之末受者，解經「卒」字之義也。云「雖無所旅，猶飲」者，吴氏廷華《疑義》云：「飲酬酒者，一以荅前人之意，一以導後人之飲也。今無人可導，而前人之意不可以不荅，故亦飲也。」**乃羞庶羞于賓、兄弟、内賓及私人。**無房中之羞，賤也。此羞同時羞，則酌房中亦旅。其始主婦舉酬於内賓，遂及宗婦。【疏】正義曰：盛氏世佐云：「《特牲》禮尸之庶羞，佐食羞之於尸。九飯之時至兄弟弟子舉觶於其長之下云：『宗人告祭脀，乃羞。』注云：『此所羞者，自祝主人至於内賓，無内羞。』是篇於主人酬尸後，宰夫及司士羞於主婦以上，内羞、庶羞兼有之。至是乃羞於賓以下，惟庶羞而已。其節又在旅酬之後、兄弟之後生者舉觶之前，皆與士禮異。」　注云「無房中之羞，賤也」者，前三獻畢，主人酬尸，宰夫、司士羞房中之羞及庶羞于尸、侑、主人、

❶「之」，原作「以」，今據《經傳小記》及下經文改。

主婦。無房中之羞，賓以下賤，故殺於主婦以上也。云「此羞同時羞，則酌房中亦旅」者，謂羞内賓與賓兄弟私人同時羞，則堂上下酌行旅酬時房中亦旅可知。云「其始主婦舉酬於内賓，遂及宗婦」者，《特牲・記》「主婦及内賓、宗婦亦旅」，注云「主婦酬内賓之長，内賓之長酬宗婦之姒」，儀節與彼略同。王氏士讓云：「獻内賓、宗婦之儀雖統自主人，而旅酬於房中主人以主婦，❶亦相助之義也。」

右二人舉觶爲旅酬

兄弟之後生者，舉觶于其長。後生者，年少也。古文「觶」皆爲「爵」，延熹中詔校書，定作「觶」。

【疏】正義曰：自此至「爵止」，言兄弟後生舉觶之事。○案：兄弟之後生所以必舉觶于其長者，以將行無算爵。賓長有主人酬賓之奠觶可行，長兄弟無奠觶可行，故使後生者舉觶於長也。注云「後生者，年少也」者，謂兄弟之幼者也。云「古文『觶』皆爲『爵』，延熹中詔校書，定作『觶』」者，《校勘記》云：「『觶』，張氏從古文作『爵』。案：注既云『古文觶爲爵』，則鄭本自從今文作『觶』。張氏《識誤》務存鄭舊，而此條顯與鄭背，殊不可解。」胡氏承珙云：「案：《特牲》云：『兄弟之後生舉觶于其長，爲旅酬。』又兄弟弟子舉觶于其長，爲無算爵。皆作『觶』，不作『爵』。蓋酬之禮皆用觶也，鄭以彼決此，亦當定從今文。」又「延熹」，嚴本、《釋文》、《集釋》、《要義》俱作「熹」，《通解》作「景」。盛氏世佐云：「《後漢書・靈帝紀》詔諸儒正五經文字，刻石立於

---

❶「人」，《儀禮糾解》無，疑爲衍字。

大學門外，事在熹平四年，《儒林傳》、《蔡邕傳》竝同。漢諸帝年號無稱『延景』者，唯桓帝時有『延熹』之號，而事實又不合，當依《後漢書》作『熹平』爲是。」《校勘記》云：「案：延熹校書，熹平刊石，似屬兩事。」今仍從嚴本作「延熹」。○賈疏云：「兄弟之後生者舉觶于其長爲無算爵者，以其賓長所舉奠酬亦爲無算爵，以此二觶者皆在堂下，故爲無算爵。尸不與無算爵，故舉堂下觶爲無算爵。其爲旅酬皆從上發，尸爲首，故《特牲》等使一人舉觶爲旅酬，與賓長所舉薦右之觶。此賓不舉，旅酬皆從尸舉，故所奠者爲無算一爵，亦是異於《特牲》。」**洗，升酌，降，北面立于阼階南，長在左，坐奠爵，拜，執爵以興，長荅拜。**長在左，辟主人。【疏】正義曰：注云「長在左，辟主人」者，案：北面而長在左，是居後生之西，辟主人在東之位也，故云「辟主人」。辟指長言。**坐祭，遂飲，卒爵，執爵以興，坐奠爵，拜，執爵以興，長荅拜。洗，升，酌，降，長拜受于其位，舉爵者東面荅拜。爵止。**拜受、荅拜不北面者，儐尸禮殺。長賓言奠，兄弟言止，互相發明，相待也。【疏】正義曰：注云「拜受、荅拜不北面」者，盛氏世佐云：「其位洗東西面位也。長西面拜受，故舉爵者東面荅之，明與曏之阼階南北面異矣，故云『不北面』也。」云「儐尸禮殺」者，對《特牲》兄弟之子舉觶於長兄弟及賓弟子、兄弟弟子各舉觶于其長皆北面言也。云「長賓言奠，兄弟言止，互相發明，相待也」者，此爵與前主人酬賓之觶，後竝行爲無算爵。上酬賓云「奠于薦左」，是止爵也；此云「爵止」，亦是奠之。二者互言，其實一也。賓之奠觶及此長兄弟之止爵，皆是俟賓長獻尸及一人舉爵於尸後，舉以爲無算爵始，故云「相待也」。

右兄弟後生舉觶

賓長獻于尸，如初，無湇，爵不止。 賓長者，賓之長次上賓者，非即上賓也。如初，如其獻侑，酌致主人，受尸酢也。無湇，爵不止，别不如初者，不使兄弟，不稱加爵，大夫尊也。不用觚，大夫尊者也。

【疏】正義曰：此賓長，即《特牲》所謂「衆賓長」也。賓長獻尸亦加爵也，詳《特牲》「長兄弟洗觚爲加爵」下。張氏爾岐云：「其儀節與上賓獻尸同，但無魚湇與既獻即飲二者爲異耳。」注云「賓長者，賓之長次上賓者，非即上賓也」者，劉氏台拱云：「案：上篇蓍云『賓長二人』，故此次上賓者亦稱賓長。」餘詳前「上賓洗爵，酌，獻尸」下。云「如初，如其獻侑，酌致主人，受尸酢也」者，前上賓獻尸，尸舉爵後即獻侑，致爵主人，受尸酢。此賓長獻尸亦如之，故經云「如初」，「初」謂上賓三獻時也。云「無湇，爵不止，别不如初」者，湇謂湇魚。前上賓三獻時，獻尸、獻侑、致爵主人皆有湇魚，此無之。又前上賓獻尸，尸奠爵不舉，待徧獻乃舉，是止爵也。此則獻時尸即舉，不止爵，以下即獻侑等，是二者皆不如初，故經别言之也。云「不使兄弟，不稱加爵，大夫尊也」者，《特牲》長兄弟、衆賓長皆爲加爵，此儐尸及下大夫不儐尸之禮皆不使兄弟，又不稱加爵而稱獻，故注以爲大夫尊也。云「不用觚，大夫尊」者，謂《特牲》洗觚爲加爵，此用爵，爵尊於觚也。張氏爾岐云：「注『不使兄弟』三句，言其與《特牲禮》異。」是也。敖氏云：「此獻當用觚，上篇實觚于篚，其爲此用歟？」姜氏兆錫云：「觚、爵，對文則異，散文則通。經洗觚亦稱加爵，則爲通稱可見，非爲大夫尊故用爵也。不儐尸禮放此。」今案：大夫士禮止三獻，此外皆加爵，即言獻亦加也。至上篇云「勺、爵、觚、觶實于篚」，則加爵用觚明矣。敖氏、姜氏之説俱是。

右賓長加獻於尸

賓一人舉爵于尸，如初，亦遂之于下。一人，次賓長者。如初，如二人洗觶之爲也。遂之于下者，遂及賓兄弟，下至於私人。是言「亦遂之于下」，上言「無湆，爵不止」，互相發明。【疏】正義曰：敖氏云：「舉爵即舉觶也。」《禮經釋例》云：「此爵蓋爲旅酬發端，如舉觶之禮，非加爵也。」今案：《特牲》尸不與旅酬，此篇儐尸之禮則尸亦與於旅酬，而不與於無算爵。尸與於旅酬，故酬觶必自尸發之。上文初行旅酬，以二人舉觶于尸、侑之尸觶發端；此再行旅酬，以賓一人舉爵于尸爲發端。皆與《特牲》異。儐尸而尸與於旅酬者，以賓客之禮待之；其不與無算爵者，則以留尸之餘尊也。注云「一人，次賓長者」，案：上賓是長賓，衆賓長是次賓，此一人是次於衆賓長者，非次賓也。云「如初，如二人洗觶之爲也」者，敖氏云：「如二人舉觶于尸、侑之儀，其異者不及侑耳。」云「遂之于下者，遂及賓兄弟，下至於私人」者，張氏爾岐云：「之，適也，往也，謂行此爵於堂下爲旅酬也。」今案：上二人舉觶爲旅酬時，尸酬主人、主人酬侑、侑酬長賓，遂及衆賓兄弟，下至私人，是遂之于下也。此亦自尸以下至私人無不及，故云「亦遂之于下」，「亦」字承上旅酬言也。云「是言亦『遂之于下』，上言『無湆，爵不止』，互相發明」者，褚氏寅亮云：「上衆賓長獻尸是加爵，此次一人舉觶爲第二番旅酬，各有所爲。注云『互相發明』，其義未詳。」

右賓一人舉爵於尸更爲旅酬

賓及兄弟交錯其酬，皆遂及私人，爵無算。算，數也。長賓取觶酬兄弟之黨，長兄弟取觶酬賓之黨，唯己所欲，無有次第之數也。【疏】正義曰：此賓及兄弟行無算爵之事也。「賓及兄弟交錯其酬」者，

《楚茨》詩曰：「獻酬交錯。」《毛傳》：「東西爲交，邪行爲錯。」義詳《特牲》。案：彼文初旅西階一觶，賓取觶酬長兄弟，長兄弟酬衆賓長，以及衆賓、衆兄弟，交錯以辯。又旅阼階一觶，長兄弟酬賓，如賓酬兄弟之儀以辯。是彼以交錯爲旅酬，以此交錯爲無算爵者，蓋儐尸之禮與《特牲》異。《特牲》旅酬時賓所取以酬長兄弟者，即主人酬賓之觶。此則以二人舉觶爲旅酬始，於是尸酬主人、主人酬侑、侑酬長賓，至於衆賓，遂及兄弟私人，皆自上直行而下，不交不錯，至無算爵時乃交錯。故《禮經釋例》云：「《特牲》旅酬之禮同於《有司徹》無算爵之禮，而《有司徹》旅酬則別使二人舉觶于尸與侑爲之始，是士禮殺於大夫也。」「皆遂及私人」者，盛氏世佐云：「皆，皆二觶也。私人位兄弟之南，云皆遂及之者，嫌其或以賤而不獲與也。爵無算者，謂此二觶交錯行之無算也。」　注云「長賓取觶酬兄弟之黨，長兄弟取觶酬賓之黨」者，案：長賓所取觶即主人酬賓之觶，長兄弟之所取觶即後生舉觶于其長之觶。與《特牲》旅酬賓取主人酬賓之觶以酬兄弟，長兄弟取兄弟子舉觶于長兄弟之觶以酬賓，一也。云「唯己所欲，無有次弟之數也」者，此釋經無算之義。前此旅酬時，自尸酬主人以下有一定次第，故其爵行有數。此二觶竝行，唯己所欲酬者酬之，無一定之次，亦無一定之數，至醉而止，故云「無算」也。盛氏世佐云：「無算爵之異於旅酬者三：旅酬依尊卑之次，自尸而主、而侑、而賓，以至于兄弟私人，秩然不相紊。無算爵則賓黨與主黨交錯其酬，不俟賓黨酬畢而後及於主黨，一也；無算爵唯行於堂下，在堂上者皆不與，二也；旅酬單行一觶，無算爵二觶竝行，三也。」今案：儐尸旅酬、無算爵與《特牲》異者有四：《特牲》尸、主人不與于旅酬、無算爵。儐尸則尸、主人不與于無算爵而與于旅酬，一也；《特牲》旅酬、無算爵皆行於加爵舉奠之後。儐尸無舉奠之禮，加爵後復行旅酬及無算爵，而初次旅酬則行於加爵之先，二也；《特牲》旅酬用主人酬賓之觶發端，無算爵用賓弟子、兄弟弟子二人所舉之觶發端。儐尸旅酬用二人舉觶于尸、侑之尸觶發端，無算爵用主人酬賓之觶發端，三也；《特牲》旅酬、無算爵堂下特設東西二尊，儐尸則用堂上之尊，四也。

右二觶交錯爲無算爵

尸出，侑從。主人送于廟門之外，拜，尸不顧。拜送之。【疏】正義曰：自此至「有司徹」，言儐尸禮畢之事。○高氏愈云：「士禮，主人不拜送尸。此則拜者，蓋以賓禮事尸而且有侑從焉，則不容於不拜也。」今案：初時主人迎尸、侑于廟門外，拜，故此送于廟門外亦拜。云「尸不顧」者，亦如《聘禮》之「賓不顧」也。**拜侑與長賓，亦如之。衆賓從。**從者，不拜送也。【疏】正義曰：「亦如之」，如其拜于廟門外，而去者不顧也。「衆賓從」，從長賓而出也。注云「從者，不拜送也」者，上特言「拜侑與長賓」而後言「衆賓從」，故知從者不拜送也。**司士歸尸、侑之俎。**尸、侑尊，送其家。【疏】正義曰：注云「尸、侑尊，送其家」者，謂司士送之。敖氏云：「賓長而下則自徹而授其人以歸。」**主人退，**反於寢也。**有司徹。**徹堂上下之薦俎也。外儐尸，雖堂上，婦人不徹。【疏】正義曰：注云「徹堂上下之薦俎也」者，賈疏云：「案：上文堂上有尸、侑之薦俎，堂下有賓及兄弟之薦俎，皆徹之也。或疑尸、侑俎司士歸之，賓以下俎亦自授其人以歸，安得又有尸、侑俎及賓俎？」今案：或說亦是。❶但堂上雖無尸、侑俎而尚有主人、主婦俎，至薦羞之屬悉存焉。鄭云「徹堂上下之薦俎」係大概言之，凡薦俎之在堂上下者，至是皆令有司徹之。即几筵器物之屬，亦兼之矣。賈疏分别堂上下薦俎而以尸、侑言，誤矣。云「外儐尸，雖堂上，婦人不徹」者，正祭在室中，儐尸在室外，故云「外儐尸」。《特牲》宗婦徹祝豆籩入于房，徹主婦薦俎。此篇不儐尸之禮末云「婦人乃徹」，今不使婦人徹者，上大夫之禮與下大夫以下異也。鄭必知婦人不徹者，以篇首云「有司徹」係徹正祭之薦俎，此云「有司徹」係徹儐尸之薦俎，但俱云有司，明無婦人。正祭在室中，儐尸在堂上，與正祭有異，故云「雖堂上，婦人不徹之」也。

右儐尸禮畢

若不儐尸，不儐尸，謂下大夫也。其牲物則同，不得備其禮耳。舊説云：謂大夫有疾病，攝昆弟祭。《曾子問》曰：「攝主不厭祭，不旅，不假，不綏祭，不配，布奠於賓，賓奠而不舉。」而此備有，似失之矣。【疏】正義曰：《校勘記》云：「唐石經作『儐』。《石經考文提要》云：『此以下注、疏，儐、賓雜出。然經文儐凡十三見，皆作儐，不應此獨作賓。』」今從石經作儐。張氏爾岐云：「自此至終篇，皆言下大夫不賓尸之事。」❷今案：以下分節悉依張本，自此至「佐食受加于肵」，言尸八飯後事。　注云「不儐尸，謂下大夫也」者，案：《特

❶ 「或」，原作「盛」，胡肇昕《儀禮正義正誤》云：「盛當作或。」今據改。
❷ 「下」，原作「上」，今據《儀禮鄭注句讀》改。

牲》，士禮；儐尸，上大夫禮。此以下禮節與儐尸及《特牲》皆異，故鄭以爲下大夫之禮也。自宋以前無異說，敖氏繼公始以儐尸、不儐尸爲文質異，宜如《冠禮》之言若不醴者然，後人多用其説以駁鄭。萬氏斯大云：「不儐尸之事，視《特牲》士禮爲隆，視《少牢》儐尸爲殺，❶其爲下大夫之禮當不誣也。」褚氏云：「上大夫儐尸，下大夫不儐尸。漢儒舊説，相承已久，必有所受，未可輕議。」此説是也。云「其牲物則同，不得備其禮耳」者，如牲亦用羊豕、魚亦十五之類，與上大夫同。惟不得備儐尸之禮爲異耳。引「舊説云：謂大夫有疾病，攝昆弟祭」者，此鄭以前有人解不儐尸爲攝祭之事，故鄭據《曾子問》以破之。云「攝主不厭祭，不旅，不假，不綏祭，不配，布奠於賓，賓奠而不舉」，皆《曾子問》文。彼注云：「皆避正主。厭，厭飫神也。此不厭者，不陽厭也。不旅，不旅酬也。假讀爲嘏。不嘏，不嘏主人也。『綏』，《周禮》作『隋』。不配者，祝辭不言以某妃配某氏。布奠，謂主人酬賓奠觶于薦北，賓奠，謂取觶奠于薦南也。奠之不舉，止旅。」孔疏：「止旅，謂止旅酬之事。」云「而此備有，似失之矣」者，據《曾子問》則攝祭無陽厭以下事，而此不儐尸之禮具有之，則非謂攝祭者可知，故鄭以舊説爲失之也。○王氏士讓云：「案：經通例，凡禮有異同者皆附於篇後。讀者惟於《少牢篇》尸飯七以上見其同，而此祝侑尸八飯以下求其同異，庶有以得之矣。」**則祝、侑亦如之。**謂尸七飯時。【疏】正義曰：下大夫之不儐尸者，自祝、侑以前皆與上大夫儐尸者同，故云「亦如之」也。下經尸食以下乃言其異者。注云「謂尸七飯時」者，謂祝、侑爲《少牢》上篇尸七飯告飽時，祝獨侑曰「皇尸未實侑」是也。**尸食。**八飯。【疏】正義曰：「尸食」者，張氏爾岐云：「祝既侑，而尸又飯也，故注云以八飯言之

❶「牢」，原作「儀」，今據《儀禮商》改。

也。」**乃盛俎，臑、臂、肫、脡脊、横脊、短脅、代脅，皆牢。**盛者，盛於肵俎也。此七體，羊豕，其脊脅皆取一骨也，與所舉正脊、幹、骼，凡十矣。肩未舉，既舉而俎猶有六體焉。【疏】正義曰：注云「盛者，盛於肵俎也」者，凡尸所食皆加于肵俎，此盛以歸尸，故知盛於肵俎也。但《特牲》尸九飯畢乃盛，此八飯即盛者，下大夫之禮異於士也。儐尸則不盛者，全以歸尸故也。此羊豕之俎本有十一體，肩、臂、臑、肫、骼，三脊、三脅。今不言骼及正脅者，尸已舉，先在肵俎也；不言正脊，尸已舉奠于菹豆也；不言肩，肩未舉。敖氏云：「前體先臑後臂者，肩未舉，若自下而上然。」云「此七體，羊豕」者，釋經皆牢之義，謂所盛七體，皆羊豕而非腊也。云「其脊脅皆取一骨也」者，上篇載時脊、脅皆二骨以竝，今但取一骨盛于俎，其正脊正脅先舉者當亦止一骨也。云「與所舉正脊、幹、骼，凡十矣」者，幹，正脅也。此所取七體合正脊、正脅及骼，凡十也。云「肩未舉，既舉而俎猶有六體焉」者，下卒盛乃舉肩，既舉猶有六體，謂三脊、三脅各有一骨在俎，留之以備陽厭也。**魚七。**盛半也。魚十有五而俎，其一已舉。必盛半者，魚無足翼，於牲，象脊脅而已。【疏】正義曰：注云「盛半也」者，盛亦謂盛于肵俎。魚在俎十四，今盛七，是盛半也。云「魚十有五而俎，其一已舉」者，上篇云：「魚用鮒，十有五而俎。」尸四飯時，上佐食舉一魚，尸受，祭嚌後授佐食加于肵，是其一已舉，唯有十四在也。云「必盛半者，魚無足翼，於牲，象脊脅而已」者，鄭意以脊、脅十二骨，盛六是半，今魚盛七，亦是半，故云「於牲，象脊脅」也。「魚無足翼」，《春秋緯》文。敖氏云：「魚盛七，并前所舉者一，僅八而已。牢之骨體已多，此則可以略之。《特牲》牲少，故魚盛十有二耳。」**腊辯，無髀。**亦盛半也。所盛者，右體也，脊屬焉。言無髀者，云一純而俎，嫌有之。古文「髀」作「脾」。【疏】正義曰：王伯申尚書《經義述聞》云：「《釋文》及賈疏皆不解『辯』字。謹案：辯當讀爲胖。《説文》曰：『胖，半體肉也。』故鄭以盛半解之。上篇曰：『腊一純而鼎。』注曰：『合升左右胖曰純。純，猶全也。』又曰：『腊一純而俎。』是腊載全體，今盛肵俎，但取其半，故别之曰腊胖。上篇『司馬升羊右胖』注曰：『古文胖皆作辯。』是『辯』爲古『胖』字。敖曰：『辯者，明右體及其脅與脊皆盛也。』則是讀辯爲徧矣。盛半而曰徧，何以别於上篇之純乎？失之遠矣。」今案：《述聞》之説是也。　注云「亦盛半也。所盛者，右體也，脊屬焉」者，李氏云：「下云『摭于魚腊俎』，則腊不盡盛，亦盛半焉，與魚同。右脛骨五，與脅骨三而八。前已舉右肩，今盡盛，其餘三脊骨亦盛焉。」褚氏云：「右體盛于肵俎而連三脊。其存於正俎者，左體五脛并三脅，共八體也。鄭知盛右體者，以其牲用右，則此腊亦盛右也。」云「言無髀者，云一純而俎，嫌有之」者，純爲全物之稱，云純，嫌有髀在，故特言無髀也。李氏云：「上篇云『腊一純而俎』，其兩髀在祝俎，尸俎無髀自明。不儐尸之禮髀之所用無文，故云無髀以明之。」今案：李説亦是。「古文『髀』作『脾』」，詳見《士冠禮》。**卒盛，乃舉牢肩。尸受，振祭，嚌之。佐食受，加于肵。**卒，已。【疏】正義曰：上篇尸八飯，上佐食舉牢肩，尸受，振祭，嚌之。此舉牢肩不言佐食，亦佐食舉以授尸也。盛氏世佐云：「舉牢肩以下亦與儐尸者同。復言之者，所以明盛俎之節在尸食之後、上佐食舉牢肩之前耳。」今案：先盛俎、後舉肩，肩爲貴體，後舉之加于肵，居衆體之上也。　注云「卒，已」者，《爾雅·釋詁》文。訓卒爲已，謂盛畢也。《校勘記》云：「徐本、《集釋》、《通解》俱作『卒已』。」張氏爾岐本作「舉七」，云：「前此舉牢肺、舉正脊、舉牢幹、舉魚、舉腊肩、❶舉牢骼，已六舉。至此舉牢肩，故云『舉七』也。」

❶「舉」，原作「與」，今據《儀禮鄭注句讀》改。

秦氏蕙田云：「案：『卒盛』謂盛畢，注訓『卒，已』是也。楊氏本作『舉匕』，張氏爾岐作『舉七』，皆非是。」盛氏云：「上篇尸七飯時，注云『卿大夫之禮，不過五舉』。至是八飯，舉牢肩則六舉矣，乃云『舉七』，非也。坊本或誤作『舉匕』，張氏因改『匕』爲『七』，而分牢肺正脊爲二舉以足其數，謬甚。」今案：盛氏説是。《禮經釋例》亦以舉牢肩爲六舉，詳上篇「食舉」下。

右不儐尸者尸八飯後事

佐食取一俎于堂下以入，奠于羊俎東。不言魚俎東，主於尊。【疏】正義曰：自此至「佐食受牢舉如儐」，言尸十一飯時事。○此佐食又別取堂下一虛俎以入室也。注云「不言魚俎東，主於尊」者，《少牢》設俎，魚在羊東，此俎又奠于魚東。今不言魚俎東者，俎以羊爲尊，故繼羊言之。敖以「羊」字爲「魚」之誤。褚氏云：「主於尊，義已明矣，又何必改字邪？」**乃摭于魚、腊俎，俎釋三个，其餘皆取之，實于一俎以出。**个，猶枚也。魚摭四枚，腊摭五枚。其所釋者，腊則短脅、正脅、代脅，魚三枚而已。古文「摭」爲「摕」。【疏】正義曰：《方言》：「摭，取也。」《説文》：「拓，拾也。拓或作摭。拾，掇也。掇，拾取也。」「俎釋三个」，謂每俎遺三个不取，存於俎中，以爲陽厭之用也。詳《特牲禮》。「其餘」，謂三个之外則盡取之，實於一俎以出。將分載於祝、主人、主婦俎也。「出」，出室也。注云「个，猶枚也」者，詳《特牲》「俎釋三个」下。云「魚摭四枚，腊摭五枚」者，魚俎除盛肵俎外仍餘七，釋三而摭四。腊俎除盛肵俎外仍餘八，釋三而摭五也。盛氏云：「所摭之數，當依注説。郝氏云『魚摭其五』，敖氏云『腊摭八个』，俱未是。」云「其所釋者，腊則短脅、正脅、代脅，魚三枚而已」者，謂所釋止如是。知腊所釋唯有三脅者，以牲體所釋是脊脅，腊當亦如之。今腊右脅及脊俱盛于肵俎，故所釋唯左脅三也。不言牲俎者，牲體已俱盛于肵俎，所存以備陽厭，無可摭也。云「古文『摭』爲『拂』」者，毛本作「今文摭爲樜」。《校勘記》云：「『今』，徐本、《集釋》、《通解》俱作『古』。『樜』，徐本作『拂』，葛本、《集釋》俱作『摕』。案：宋本《釋文》作『拂』，今本作『摕』。《五經文字》手部有『拂』字，云：『之石反，見《禮經》。』」段氏玉裁云：「『古文摭爲拂』，《儀禮》宋本、嘉靖本、單行疏本、《釋文》宋本皆如是。俗本作『今文摭爲拂』者，非也。」胡氏承珙曰：「《説文》：『拂，撮取也。』謂少取之。今魚摭四釋三，腊摭五釋三，於少取之意不合，故鄭從今文作『摭』，蓋但解爲拾取也。」楊氏復云：「以上舉者先已舉在俎，盛者方盛于俎，未舉者卒盛乃舉。摭者取爲祝、主人、主婦之俎，釋者備陽厭于西北隅。」**祝、主人之魚腊取于是。**祝、主人、主婦俎之魚腊取於此者，大夫之禮文，待神餘也。三者各取一魚。其腊，主人臂、主婦臑，祝則骼也與？此皆於鼎側更載焉。不言主婦，未聞。【疏】正義曰：云「取于是」者，謂取於所實之一俎也。注云「祝、主人、主婦俎之魚腊取於此者，大夫之禮文，待神餘也」者，此魚腊皆神俎所釋三个之餘，故云「待神餘」。「大夫之禮文」，對《特牲》士禮，祝、主人、主婦俎皆無魚腊言也。云「三者各取一魚」者，謂祝、主人、主婦三者也。云「其腊，主人臂、主婦臑」者，下經言也。云「祝則骼也與」者，鄭以主人用臂、主婦用臑推而知之，但無正文，故云「與」以疑之也。敖氏據上篇謂祝俎腊亦用髀。褚氏云：「髀不升則神俎無髀可摭，祝俎安得取於是乎？且所摭之骼，安所用之？故注疑爲祝用骼也。」今案：褚説是。云「此皆於鼎側更載焉」者，上摭時共實于一俎，此祝、主人、主婦俎分取之，故須更載。凡載俎皆就鼎載之，此雖不升於鼎，亦當於鼎側更載也。云「不言主婦，未聞」者，鄭以下經主婦俎有腊臑，則主婦用腊可知。而經不言，故疑其義未聞也。賈疏云：「或傳寫者脱耳。」蔡氏德晉云：「不言主婦者，統於主人也。」○《禮經釋例》云：「案：不儐尸之禮盛肵俎畢，此時神俎尚有牢體六、魚七、腊體半。牢體六者，羊俎、豕俎各釋三个也。魚七腊半，則不止三个。故下文又云：『佐食取一俎，乃摭魚腊俎，俎釋三个，其餘皆取之，實于一俎以出。』又云：『祝、主人之魚腊取于是。』則是於肵俎之外又别取一虚俎，取魚腊而盛之，以爲祝、主人之俎。唯釋三个於神俎，與牢體同備陽厭之用。此大夫之禮異於《特牲》者也。」今案：《特牲》祝、主人俎皆無魚腊。《少牢》正祭則祝俎有腊與魚。儐尸減五鼎爲三鼎，無腊鼎，主人俎亦有魚。不儐尸則祝、主人之魚腊取於神俎之餘。是其較《特牲》爲隆，而較儐尸爲殺者矣。**尸不飯，告飽。主人拜侑，不言。尸又三飯。**凡十一飯，士九飯，大夫十一飯，其餘有十一飯，十五飯。【疏】正義曰：上篇「尸三飯告飽」下云「祝西面于主人之南」，此不言者，省文。餘與彼同。　注云「凡十一飯」者，合前八飯言之也，餘詳《少牢》「三飯」下。**佐食受牢舉，如儐。**舉，肺脊。【疏】正義曰：上篇「尸又三飯」下云：「上佐食受尸牢肺、正脊，加于肵。」此受牢舉如之，故注以舉爲肺脊也。上篇正祭在室，本篇儐尸在堂，此受牢舉是室中事而經云「如儐」者，謂如其有儐尸之禮者耳。七飯以前，下大夫不儐尸之禮與上大夫儐尸者皆同；七飯以後，有同有異。同者，經則以「如儐」明之。後凡言「如儐」者放此。秦氏蕙田云：「案：以上不儐尸尸食之禮，其異於儐者二事：盛其俎，一也；摭魚腊俎，二也。」《禮經釋例》云：「不儐尸之禮，尸十一飯後亦主人初獻，主婦亞獻，賓長三獻。」詳後。

右不儐尸者尸十一飯時事

主人洗，酌，酳尸，賓羞肝，皆如儐禮。肝，牢肝也。【疏】正義曰：自此至「其薦胥皆如儐」，言主人初獻之事。○案：初獻節内有獻尸、受尸酢、獻祝及二佐食。此謂主人獻尸之儀皆如儐也。　注云「肝，牢肝也」者，上篇主人酳尸，賓長羞牢肝。牢肝，羊、豕肝也。　**卒爵，主人拜，祝受尸爵，尸荅拜。**【疏】正義曰：敖氏云：「自『卒爵』以下不蒙如儐禮者，欲與後禮相屬也。凡與儐禮同而重見之者，其意皆然。」方氏苞云：「此亦與儐禮同，上下文皆曰『如儐』，而畫此四語於外，何也？此節次之最不可略者，故覆舉以爲前後之分界，經之通例然也。」**祝酌授尸，尸以醋主人，亦如儐。其綏祭，其脤，亦如儐。**「綏」皆當作「挼」，「挼」讀爲「藏其隋」之「隋」，古文爲「㨎」。【疏】正義曰：此尸酢主人，亦如儐也。○注「隋」，毛本誤作「惰」。「㨎」，毛本誤作「⿰扌要」。《校勘記》云：「徐本、楊氏竝作『墮』，與單疏述注合。陳本、《釋文》、《集釋》竝作『隋』。《通解》上作『隨』，下作『隋』。」案：當以《釋文》爲正。」又云：「徐、陳、《集釋》、《通解》俱作『㨎』。」今從「隋」、從「㨎」。賈疏云：「經唯有一綏，而云『皆當作挼』者，鄭并下佐食綏祭總破之，故云『皆』也。」餘詳《少牢》「上佐食以綏祭」下。㨎祭與隋祭義異，故鄭不從古文，詳《士虞》「祝命佐食隋祭」下。○惠氏棟云：「羞肝及綏祭與脤皆儐尸所無，而云『亦如儐』，疑誤。」今案：此云「如儐」者，是指上篇正祭于室之事，非儐尸于堂之事也。　如儐，義詳上。　**其獻祝與二佐食，其位、其薦胥皆如儐。**【疏】正義曰：此獻祝、獻二佐食，皆如儐也。　敖氏云：「祝之薦胥如儐，則牢與腊皆髀明矣。祝于儐亦有肝從，不言者，與佐食連文，故略之耳。惟言位與薦胥，不及其儀者，可知也。下文類此者皆然。」褚氏云：「敖據此而言祝俎髀，然經言『如』，實不盡如。即如上經洗爵酳尸無四籩，與儐尸異，而亦云『如儐』可見矣。」

右不儐尸者主人初獻與儐尸者正祭初獻同

主婦其洗獻于尸，亦如儐。自尸、侑不飯告飽至此，與儐同者，在上篇。【疏】正義曰：自此至「以入于房」，言主婦亞獻之事。○案：亞獻節內，亦獻尸、受尸酢、獻祝及二佐食。賈疏云：「獻數與主人同，唯不受嘏爲異。」敖氏云：「此『如儐』謂拜送爵以上之禮。」今案：其洗獻于尸，經云「其」，明所謂「亦如儐」者專指洗獻儀節言之，其餘不盡如儐也。　注云「自尸、侑不飯告飽至此，與儐同者，在上篇」者，盛氏世佐云：「注『侑』字疑衍。」今案：下大夫不儐尸之禮凡與上大夫同者，經皆以「如儐」明之矣。但《少牢》上篇是言上大夫正祭于室之事，此篇是言儐尸于堂之事，鄭恐人昧其節次，不知經所謂「如儐」者何在，故特明之。此注云「自尸、侑不飯告飽至此，與儐同者，在上篇」，主婦獻祝節注云「自尸卒爵至此，亦與儐同者，亦在上篇」，又卒乃羞于賓節注云「自乃羞至私人之薦脀，此亦與儐同者，在此篇」，賓兄弟交錯其酬節注云「此亦與儐同者，在此篇」，是皆分别儐禮所在也。**主婦反取籩于房中，執棗、糗，坐設之，棗在稷南，糗在棗南。婦贊者執栗、脯，主婦不興，受，設之。栗在糗東，脯在棗東。主婦興，反位。**棗，饋食之籩。糗，羞籩之實。雜用之，下儐尸也。栗脯，加籩之實也。❶反位，反主人之北拜送爵位。【疏】正義曰：主婦自反取籩者，以儐尸主婦亞獻自取糗脩于房，故不儐尸薦籩亦自取也。《特牲》宗婦授籩，此自取；《特牲》

---

❶「實」，原作「賓」，今據《續清經解》本改。

兄弟長以燔從，下文次賓羞牢燔，蓋皆大夫禮變於士也。賈疏云：「案：上儐尸，主婦亞獻，尸直有二籩，下大夫之禮；主婦亞獻，有四籩者，儐尸之禮。主人獻尸，主婦設四籩，麷、蕡、白、黑。故至主婦獻時，直設糗脩二籩，通前四籩爲六籩。此主人初獻無籩從，至主婦亞獻設四籩，猶少於儐尸兩籩。」今案：上大夫有儐尸之禮，故籩于堂上，儐尸設之。此及《特牲》皆設于室中，❶但《特牲》止兩籩，此有四籩，則亦視《特牲》爲隆，而視儐尸爲殺者矣。　注云「雜用之，下儐尸也」者，前儐尸初獻，薦麷、蕡、白、黑皆用朝事之籩；此棗、糗，一用饋食之籩，一用羞籩之實，是雜用之，故云「下儐尸」也。棗、糗、栗、脯，俱詳前主人獻尸主婦薦豆籩節内。云「反位，反主人之北拜送爵位」者，上篇室中亞獻，尸拜受，主婦、主人之北西面拜送爵，故知反位在此也。**尸左執爵，取棗、糗，祝取栗、脯以授尸，尸兼祭于豆祭，祭酒，啐酒。次賓羞牢燔，用俎，鹽在右。尸兼取燔㨎于鹽，振祭，嚌之。祝受，加于肵。卒爵，主婦拜，祝受尸爵，尸荅拜。**　自主婦反取籩至祝受加于肵，此異於儐。【疏】正義曰：張氏爾岐云：「儐尸者，方其正祭主婦獻尸于室，無籩燔從之事。此有籩有燔爲異，以不儐尸故加厚耳。」今案：上大夫有儐尸之禮，故籩燔俟儐尸設之。此下大夫不儐尸，故設于室中。《特牲》主婦亞獻亦有籩有燔，非加厚之謂也。　注云「自主婦反取籩至祝受加于肵，此異於儐」者，上洗獻于尸，如儐。下卒爵，主婦拜，祝受尸爵，尸荅拜，亦與儐同。唯自反取籩至受加于肵與儐異，故經詳言之也。秦氏蕙田云：「以上主婦獻尸，其異於儐者二事：有籩，一也；燔從，二

❶「室」，原作「堂」，今據文義改。

也。」**祝易爵洗，酌，授尸。尸以醋主婦。主婦主人之北拜受爵，尸荅拜。主婦反位，又拜。上佐食綏祭，如儐。卒爵，拜，尸荅拜。**主婦夾爵拜，爲不儐尸降崇敬。今文「醋」曰「酌」。【疏】正義曰：方氏苞云：「特著上佐食之綏祭如儐者，儐尸則主婦之俎實籩豆皆于尸酢薦之，不儐尸則於賓長之致爵薦之，皆主婦自取菹醢肺以祭。唯正祭主婦獻尸，尸酢主婦，上佐食授祭，而主婦受之以祭，其禮則同，故特著之。」今案：「綏」亦當爲「授」，詳前「其綏祭」下。　注云「主婦夾爵拜，爲不儐尸降崇敬」者，張氏爾岐云：「儐尸者正祭，主婦受酢不俠爵拜，此俠拜爲異。」褚氏云：「注『降』字略讀，言既不儐尸而降其禮矣，故受酢必俠拜以崇其敬也。」吴氏紱云：「《少牢》正祭于室，與儐尸于堂，主婦獻尸，皆夾爵拜。其受尸酢則否，以有兩番獻，故於酢略之。此不儐尸，受酢與獻尸同，亦仍是兩番夾爵拜耳。」今案：經義似吴説得之，注義則褚説得之，然皆主受酢言之。賈疏據獻尸説，誤矣。　「今文『醋』曰『酌』」者，毛本「酌」作「酢」，誤。《校勘記》云：「徐、陳、《通解》俱作『酢曰酌』。《集釋》作『醋曰酌』。閩、監、葛本俱作『酌曰酌』，單疏標目亦作『曰酌』。案：作『醋曰酌』者是也。」○秦氏蕙田云：「以上尸酢主婦，其異於儐者，主婦俠拜一事。」**主婦獻祝，其酌如儐。拜，坐受爵，主婦主人之北荅拜。**自尸卒爵至此，亦與儐同者，亦在上篇。【疏】正義曰：注云「自尸卒爵至此」者，即指上加于肵下卒爵言也。　注恐「卒爵」之文易混，故言尸以別之。上注云「自主婦反取籩至祝受加于肵，此異於儐」，則卒爵以下與儐同矣。　然亦有不盡同者，故此注云「亦與儐同者，亦在上篇」，是專據其同者言之耳。**宰夫薦棗、糗，坐設棗于菹西，糗在棗南。祝左執爵，取棗、糗祭于豆祭，祭酒，啐酒。次賓羞燔，如尸禮。卒爵。**内子不薦籩，祝賤，使官可也。自宰夫薦至賓羞燔，亦異於儐。【疏】正義曰：注云「内子不薦籩，祝賤，使官可也」者，褚氏云：「内子尊，祝卑，故與《特牲》主婦自薦者不同。」案：《禮記·喪大記》注云：「内子，卿之適妻也。」《國語》：「卿之内子爲大帶，命婦成祭服。」韋注：「卿之適妻曰内子。命婦，大夫之妻也。」似下大夫妻不得稱内子。賈疏有兩解：一謂欲見上大夫妻亦不薦籩，故變言内子；一謂或可散文下大夫妻亦得爲内子。今案：下賓致爵于主婦，注亦云「内子」，似後説通。云「自宰夫薦至賓羞燔，亦異於儐」者，上篇正祭，主婦獻祝無籩燔從。此及《特牲》主婦獻祝皆有之，是異於儐也。○秦氏蕙田云：「以上主婦獻祝。其異於儐者二事：有籩、有燔從。」**主婦受爵，酌，獻二佐食，亦如儐。主婦受爵，以入于房。**【疏】正義曰：上篇正祭，主婦獻，兩佐食無籩、燔從，此亦無之，故云「亦如儐」也。敖氏云：「祝卒爵而主婦受，是亦不拜既，如儐也。」吴氏《章句》云：「房無篚以爵入者，當酌致主人。」○秦氏蕙田云：「此主婦獻佐食無籩燔，如儐。」

右不儐尸主婦亞獻

賓長洗爵，獻于尸。尸拜受，賓户西北面荅拜。爵止。尸止爵者，以三獻禮成，欲神惠之均於室中，是以奠而待之。【疏】正義曰：自此至「庶羞在左」，言賓長三獻之事。○張氏爾岐云：「此一節之内，賓獻尸，爵既止主婦致爵于主人、主婦自酢、尸作止爵、尸酢賓、賓獻祝及佐食、賓致爵主人、致爵主婦、賓自酢、乃設羞，亦十小節而禮成。」郝氏敬云：「户西，室户内西。設羞，似宜於三獻後別爲一節。」○《禮經釋例》云：「凡不儐尸之禮，賓三獻爵止則均神惠于室，加爵者爵止則均神惠於庭。」詳《特牲》「賓三獻如初」

下。《釋例》又以此三獻節内，主婦致爵于主人及自酢，尸作止爵及酢賓，賓獻祝、獻兩佐食、致爵于主人主婦及受主人酢，共十爵。較《特牲》三獻節内少一爵。詳《特牲》「席于户内」下。今案：《特牲》再止爵，此惟賓三獻時一止爵者，賈疏以爲順上大夫之禮，蓋上大夫正祭不止爵，儐尸亦止一止爵也。○敖氏云：「此三獻爵止之義，與《特牲禮》同。受爵而即止，亦大夫禮異也。」秦氏蕙田云：「自此以後與儐禮異，與《特牲禮》略同。然亦有異者，今各注本條之下。」○賓獻尸，止爵。**主婦洗于房中，酌，致于主人，主人拜受，主婦户西、北面拜送爵。司宫設席。**拜受乃設席，變於士也。【疏】正義曰：賈疏云：「《祭統》祭有十倫，七曰見夫婦之别焉。」又曰：「夫婦相授受，不相襲處，酢必易爵，彼據夫婦致爵而言。」又云：「《少牢》上大夫受致不酢。下大夫受致又酢不致。士受致自酢又致。」今案：上大夫受致不酢，係在儐尸于堂，主婦亞獻時行之。其正祭賓三獻，無主婦致爵之事。此下大夫不儐尸，致爵于室中正祭行之，與士同。但《特牲》有主人致爵于主婦及自酢之禮，此不儐尸，較上大夫雖多酢主婦一爵，而無主人致爵主婦及自酢二爵，與《特牲》又異耳。注云「拜受乃設席，變於士也」者，案：《特牲》未致爵先設席，此拜受爵後乃設，是變於士也。設席當亦在户内，敖氏云：「設席于主人立處之南也。」王氏士讓云：「案：《特牲》主人席于户内，不著所設之人。儐尸，主人筵上拜受爵，其筵之設在受尸酢時，司宫設之。此主婦拜送爵後，司宫設席，與儐尸亦異也。」○《周禮·司几筵》：「祀先王，昨席亦如之。」鄭注：「昨讀曰酢，謂祭祀及王受酢之席。」賈彼疏云：「案：《特牲》、《少牢》正祭，主人受酢之時未設席，夫婦致爵乃設席。今王於受酢即設席者，優至尊，與大夫士禮異。」較本疏少支離語，今録之。**主婦薦韭菹、醢，坐設于席前，菹在北方。婦贊者執棗、糗以**

從，主婦不興，受，設棗于菹北，糗在棗西。佐食設俎，臂、脊、脅、肺皆牢，膚三，魚一，腊臂。臂，左臂也。《特牲》五體，此三者，以其牢與腊臂而七，牢腊俱臂，亦所謂腊如牲體。【疏】正義曰：儐尸，主人之薦俎于堂上，尸酢主人時設之。此及《特牲》皆於主婦致爵時設之者，以正祭於室，尸酢主人有受嘏之事故也。盛氏云：「自臂脊以下諸物共一俎，與《少牢禮》祝俎相似。郝氏以爲五俎，非。」注云「臂，左臂也」者，右臂，尸所用也。云「《特牲》五體，此三者，以其牢與腊臂而七」者，以經云臂、脊、脅皆牢，牢謂羊豕也。既羊豕臂、脊、脅俱有，是六也。通腊臂而七，是以牲體唯有三也。云「所謂腊如牲體」者，《特牲·記》文。彼云「腊如牲骨」，骨即體也。敖氏云：「肺，離肺也。」王氏士讓云：「此『魚一，腊臂』即上佐食所摭者，設之亦佐食。」**主人左執爵，右取菹擩于醢，祭于豆間，遂祭籩，奠爵，興，取牢肺，坐絶祭，嚌之，興，加于俎。坐捝手，祭酒，執爵以興，坐卒爵，拜。**無從者，變於士也，亦所謂「順而摭」也。【疏】正義曰：案：《特牲》主婦致爵于主人，肝燔竝從。此無從是變於士也。「順而摭」，《禮器》文。彼注云：「謂若君沐粱，大夫沐稷，士沐粱。」蓋亦士卑不嫌與君同之義也。○主婦致爵于主人。**主婦荅拜，受爵，酌以醋，戶內北面拜。**自酢，不更爵，殺。【疏】正義曰：賈疏云：「此決上主婦受酢時，祝易爵洗，酌授尸，尸以酢主婦。今自酢又不更爵，故云『殺』也。」今案：吳氏《章句》云：「酌以醋，更爵。」與注異。詳《特牲》「主婦荅拜，受爵，酌醋」下。**主人荅拜。卒爵，拜，主人荅拜。主婦以爵入于房。**【疏】正義曰：敖氏云：「主婦亦坐祭立飲而卒爵，此文略也。」秦氏蕙田云：「以上主婦致爵于主人自酢，與《特牲禮》異者三事：祭籩不贊，一也；無肝燔從，二也；主人不致爵于主婦，三也。」今案：姜氏兆錫云：「儐尸者至儐尸時始致，且無酢，此亦與儐異者。」郝氏敬云：「自此以下之禮，儐尸皆行於堂，不儐尸皆行於室。」○主婦自酢。**尸作止爵，祭酒，卒爵。賓拜。祝受爵，尸荅拜。**作止爵乃祭酒，亦變於士。自爵止至作止爵，亦異於儐。【疏】正義曰：蔡氏德晉云：「尸向受賓長所獻爵未舉，至是乃祭而飲之也。」注云「作止爵乃祭酒，亦變於士」者，賈疏云：「《特牲》賓三獻如初，燔從如初，爵止。至三獻作止爵，尸卒爵，無祭酒之文。知《特牲禮》祭酒訖乃止爵者，以經云『燔從如初』，乃云『爵止』。鄭注云：『初，亞獻也。』亞獻時，祭酒訖乃始燔從，則三獻燔從如初，始云『爵止』，明是祭酒既訖，乃始止爵。今下大夫作止爵乃祭酒，故云『變於士』。」今案：《特牲》是賓作止爵，此尸自作之，亦異於士禮也。云「自爵止至於作止爵，❶亦異於儐」者，賈疏云：「儐尸止爵在致爵後，其作之在獻私人後，欲神惠之均於庭。此止爵在主婦致爵前，作之在致爵後，欲神惠均於室中，與《特牲》同。」○尸作止爵。**祝酌，授尸，賓拜受爵，尸拜送。坐祭，遂飲，卒爵，拜。尸荅拜。**【疏】正義曰：上篇正祭尸酢賓時，賓拜受爵，尸拜送爵，賓坐奠爵遂拜，是夾爵拜也。此不夾拜與上異。秦氏云：「以上尸作止爵酢賓長，與儐禮異者一事，賓受酢不夾爵拜也。與《特牲禮》異者三事：尸自作止爵，一也；作止爵乃祭酒，二也；無燔從，三也。」今案：此止爵在主婦致爵前，作止爵在致爵後，亦其與儐異者。○尸酢賓。**獻祝及二佐食。**【疏】正義曰：敖氏云：「賓獻祝亦北面拜，獻佐食亦西面拜。」今案：上篇賓獻不及佐食，將儐尸，禮殺也。秦氏云：「此與儐禮異者二事：祝不奠爵，一也；佐食亦得獻，二也。

❶「作」，原脱，今據上注文補。

與《特牲禮》異者二事：獻祝無燔從，一也；多一佐食，二也。」○賓獻祝與佐食。**洗，致爵于主人。**洗致爵者，以承佐食賤，新之。【疏】正義曰：上獻終於佐食，故知受佐食虛爵洗也。**主人席上拜受爵，賓北面荅拜。坐祭，遂飲，卒爵，拜。賓荅拜，受爵。**【疏】正義曰：賓受爵者，以將致於主婦也。秦氏云：「此與《特牲禮》異者一事，無燔從也。」盛氏云：「儐尸者，室事終於賓長獻祝，賓長既獻祝則三獻禮成，尸出遂儐矣。故自此以下皆無其禮，於堂乃有之。但不洗，羞湆魚，是其異者。」○賓致爵主人。**酌，致爵于主婦。主婦北堂，司宮設席，東面。**北堂，中房以北。東面者，變於士妻。儐尸不變者，儐尸禮異矣。內子東面，則宗婦南面西上，內賓自若東面南上。【疏】正義曰：此賓致爵主婦亦於房中也。《特牲》賓三獻，致爵主人、主婦。儐尸，賓三獻，酌致主人，不致主婦，與此異。吳氏《章句》云：「致爵主婦，亦易爵。」

注云「北堂，中房以北」者，詳《士昏禮·記》。云「東面者，變於士妻」者，案：《特牲·記》云：「尊兩壺于房中西墉下，南上。內賓立于其北，東面南上。宗婦北堂，東面北上。」彼注云：「宗婦宜統於主婦，主婦南面。」此設席東面，故云「變於士妻」也。云「儐尸不變者，儐尸禮異矣」者，上儐尸，尸酢主婦，司宮設席于房中南面，是不變也。云「內子東面，則宗婦南面西上」者，內子易位東面，則宗婦宜南面西上，亦統於主婦也。敖氏謂宗婦仍東面，主婦席東面，在宗婦之北。今案：《特牲·記》云：「宗婦北堂東面北上。」是宗婦非一人也。今主婦既在北堂設席東面，宗婦亦位於此，恐不能容，故鄭以爲當易位南面。敖説非也。云「內賓自若東面南上」者，言內賓仍《特牲》東面南上之位不改也。內子，詳前主婦亞獻節「宰夫薦棗糗」下。○吳氏《疑義》云：「案：《特牲》尸酢及主人致爵主婦皆南面。上儐尸，尸酢主婦亦南面。此賓致爵乃東面者，避尸與主人。若以變於士言，則上賓尸胡獨不變乎？而乃以禮異爲説，非也。」今案：吴説似亦通。《特牲》賓致爵主婦，經不言面位，當與此同。**主婦席北，東面拜受爵，賓西面荅拜。**席北東面者，北爲下。【疏】正義曰：注云「席北東面者，北爲下」者，《曲禮》曰：「席東鄉西鄉，以南方爲上。」此席東面，南爲上，則北爲下矣，故拜於席北也。敖氏以爲席北上，與《曲禮》背，誤矣。盛氏世佐云：「席北，席末也。此席南上，當以注説爲正。」褚氏云：「注云『北爲下』三字，證明《曲禮》南上之説，復見拜者恒於席末之義，何等簡明。」**婦贊者薦韭菹、醢，菹在南方。婦人贊者執棗、糗，授婦贊者，婦贊者不興，受，設棗于菹南，糗在棗東。**婦人贊者，宗婦之弟婦也。今文曰：「婦也贊者執棗糗授，婦贊者不興，受。」【疏】正義曰：盛氏云：「菹在南，便其右取之也。主婦籩實用棗、糗，亦異於儐。」注云「婦人贊者，宗婦之弟婦也」者，與上儐尸主婦受尸酢節注云「宗婦之少者」義同，詳上。婦贊者，主婦之贊者也。婦人贊者，則又婦贊者之贊耳。云「今文曰：『婦也贊者執棗糗授，婦贊者不興，受。』」者，案：此篇多言「婦人贊者」，無言「婦也贊者」。又下「授婦贊者，婦贊者不興，受」，文義必疊乃明，故鄭俱不從今文。**佐食設俎于豆東，羊臑，豕折，羊脊、脅，肺一，膚一，魚一，腊臑。**豕折，豕折骨也。不言所折，略之。《特牲》主婦觳折，豕無脊脅，下主人，羊豕四體，與腊臑而五。【疏】正義曰：「肺」上，各本有「祭」字，唐石經無。敖氏云：「『祭』字誤衍。」今案：據下文云「絶祭」，則是離肺，非祭肺也，當從石經。○方氏苞云：「正祭，主人、主婦雖受尸之酢，而其薦俎從獻不於是焉設。蓋方致其誠慤以與神明交，不可以是間之也。不儐尸，主婦之薦俎乃於賓致爵設之，何也？大夫禮，主人不致爵于主婦，舍賓致爵，無可設也。」盛氏云：「羊臑以下亦共一俎，郝云五俎，非。」

注云「豕折骨也」者，謂所折是骨，非全體也。云「不言所折，略之。《特牲》主婦豰折」者，《特牲》明言「豰折」，此不言所折何骨，是略之故。引《特牲》者，蓋以爲主婦用折之證也。云「豕無脊脅，下主人，羊豕四體，與腊臑而五」者，上主人俎豕亦有脊脅，合羊豕六體，與腊臂而七。此豕無脊脅，羊豕止四體，與腊臑而五，是下於主人也。王氏士讓云：「案：上文祝主人之魚腊取於是，不言主婦。今此文云『魚一、腊臑』，是主婦俎亦取於所摭者無疑矣。」**主婦升筵，坐，左執爵，右取菹擩于醢，祭之，祭籩，奠爵，興取肺，坐絶祭，嚌之，興，加于俎，坐挩手，祭酒，執爵興，筵北東面立卒爵，拜。**立飲拜既爵者，變於大夫。

【疏】正義曰：周氏學健云：「『大夫』，一本作『丈夫』，此謂主婦，故對丈夫而言。丈夫則兼尸賓，非專指大夫也。」盧氏《詳校》亦改作「丈夫」，引吴云：「丈夫兼尸賓。」盛氏云：「案：注云『變於大夫』者，大夫謂主人也。主人受賓致爵，坐祭，遂飲卒爵拜。此雖亦拜既爵而立飲，是其異者。」今案：各本皆作「大夫」，據盛説似作「大夫」爲是。**賓荅拜，賓受爵。**【疏】正義曰：秦氏云：「案：以上賓長致爵于主婦，儐尸者無此禮。此與《特牲禮》異者三事：席于北堂東面，一也；無燔從，二也；有薦設，三也。」○賓致爵主婦。**易爵于篚，洗，酌，醋于主人，户西北面拜，主人荅拜。卒爵，拜，主人荅拜。賓以爵降奠于篚。**自賓獻及二佐食至此，亦異於儐。【疏】正義曰：敖氏云：「易爵于篚，亦下篚也。」郝氏敬云：「易爵于篚，賓將自酢，男不承女爵也。」吴氏紱云：「儐尸，主人獻尸併獻侑，而酢者惟尸；主人獻賓併獻衆賓，而酢者唯賓長。蓋酢者，其主於獻之者也；不酢者，以次而連獻之者也。賓致爵于主人、主婦，主人酢而主婦不酢，又俟併致于主婦而後酢之，正此例也。《少牢》室事終於賓長獻祝，無獻佐食下事。此賓三獻，獻二佐食，又致爵主人、主婦併自酢，故注云：『自賓獻及二佐食至此，亦異於儐也。』」秦氏云：「案：此賓長自酢于主人，儐尸者亦無此禮。《特牲》云：『更爵，酢于主人，卒復位。』蓋與此同。」○賓自酢。**乃羞，宰夫羞房中之羞，司士羞庶羞于尸、祝、主人、主婦，内羞在右，庶羞在左。**【疏】正義曰：内羞，即房中之羞也。下注云「不儐尸，則祝猶侑耳」，蓋釋此經，盛氏本遂移此注於本節下。褚氏云：「儐尸者羞於侑，不儐尸者羞於祝，故注曰『祝，猶侑也』。」王氏士讓云：「案：羞之各於其筵，尸祝主人之筵在室中，主婦之筵在房中北堂。」又云：「自三獻爵止至此，儀節當與《特牲》參看；自主人降拜衆賓至無算爵，儀節當與儐尸參看；自利洗爵至禮畢，儀節仍當與《特牲》參看。立文雖簡，隆殺多寡之分備矣。」○設羞。○秦氏蕙田引敖氏云：「自賓長洗爵至此爲賓三獻。」

右不儐尸者賓長三獻

主人降，拜衆賓，洗，獻衆賓，其薦脀、其位、其酬醋，皆如儐禮。【疏】正義曰：自此至「及私人辯」，言主人偏獻堂下并内賓之事。○張氏爾岐云：「衆賓，謂自上賓而下。」盛氏世佐云：「案：薦，脯醢也。脀，俎也。位，西階西南東面北上之位。酬謂主人酬長賓。醋謂主人自酢于長賓。先言酬而後醋，文便也。如儐禮者，如其南面拜衆賓于門東，至賓西面坐奠爵于薦左之禮也。」**主人洗，獻兄弟與内賓與私人，皆如儐禮。其位、其薦脀，皆如儐禮。**【疏】正義曰：盛氏世佐云：「案：其位者，兄弟位在洗東西面北上，内賓位在房中，私人位在兄弟之南。如儐禮，亦謂儐尸於堂之禮，自升酌獻兄弟于阼階上至亦有薦脀是也。」今案：内賓亦兼宗婦言，詳前。**卒，乃羞于賓、兄弟、内賓及私人，辯。**自乃羞至私人之薦胥，此亦與儐同者，在此篇。不儐尸，則祝猶侑耳。卒，已也。乃羞者，羞庶羞。【疏】正義曰：敖氏云：「卒，謂獻畢也。獻畢即羞之，亦其節之異於儐者。」方氏苞云：「儐尸羞于旅酬後，此獻畢即羞，何也？儐尸之旅酬者再，故俟尸與侑舉旅之後薦羞。此無尸、侑舉旅之節，則獻畢即羞可矣。」盛氏云：「案：主人於獻之卒也，入復户内西面位。」注云「自乃羞至私人之薦胥，此亦與儐同者，在此篇」者，《少牢》正祭至賓三獻而止，乃羞以下四節皆是此篇儐尸於堂之事，故云「與儐同者，在此篇」也。云「不儐尸，則祝猶侑耳」者，詳上「乃羞」節下。云「卒，已也」者，《爾雅·釋詁》文。云「乃羞者，羞庶羞」者，前儐尸設羞云「乃羞庶羞于賓、兄弟、内賓及私人」，故知此所羞亦庶羞，無房中之羞也。盛氏云：「以上四節皆與儐禮同，而其節則異。」

右不儐尸者三獻後主人徧獻堂下并内賓之事

賓長獻于尸，尸醋，獻祝，致，醋。賓以爵降實于篚。致，謂致爵於主人、主婦。不言如初者，爵不止，又不及佐食。【疏】正義曰：此節言次賓長爲加爵之事。〇賓長獻尸、尸醋賓長、賓長獻祝、又致爵于主人、致爵于主婦、又酢于主人，凡六爵。敖氏謂此亦用觚不用爵，説詳前儐尸者「賓長獻于尸，如初」下。王氏士讓云：「案：次賓長雖非尊，既同助祭，亦欲一獻以伸其敬，故於禮將終行之。」盛氏云：「案：此禮與《特牲》衆賓長爲加爵同，惟爵不止爲異。不稱加爵，亦以大夫尊故也。」又云：「案：上經儐尸於堂之禮云：『賓長獻于尸，如初，無湇，爵不止。』與此禮相當。其異者四事：獻尸，尸即酢之，不待其獻致之畢，一也；彼無祝，此無侑，二也；致爵兼及主婦，三也；又酢於主人，四也。」今案：《特牲》長兄弟衆賓長皆爲加爵，此無長兄弟加爵之事，與儐尸同。　注云「不言如初者，爵不止，又不及佐食」者，此決上儐尸者，賓長獻于尸言如初，謂與上賓三獻同；此不儐尸者，賓長獻于尸不言如初，明與不儐尸者賓三獻儀節有異，故注明之。案：不儐尸者，賓三獻尸爵止，又賓獻兼及二佐食，此皆與彼異，故不言如初也。

右不儐尸者次賓長爲加爵

賓、兄弟交錯其酬，無算爵。此亦與儐同者，在此篇。【疏】正義曰：此節言旅酬無算爵之事。○經云「交錯其酬」，謂旅酬也，與上儐尸賓及兄弟交錯其酬指無算爵言者異。　注云「此亦與儐同者，在此篇」者，蓋以上大夫旅酬、無算爵皆於此篇堂上儐尸時行之，故云「與儐同者，在此篇」，係言禮之節限大概如此，非謂此經「交錯其酬」與儐尸同也。賈疏泥於注説，謂下大夫闕旅酬，直行無算爵；敖氏疑經不言「如儐」，未詳。皆非也。上大夫儐尸於堂，尸亦與旅，以二人舉觶于尸、侑爲發端。此不儐尸及《特牲》則但言賓兄弟者，以無尸、侑、主人與酬，是不盡如儐也。旅酬、無算爵之禮，《特牲》及此篇儐尸言之特詳，經於此文略者，亦以其儀節已詳具於彼，讀者可參互以得之耳。　盛氏云：「以《特牲禮》考之，其第一番旅酬也，賓取主人酬之之觶，以酬長兄弟，長兄弟酬衆賓長、衆賓及衆兄弟，交錯以辯。卒受者實觶于篚，所謂『旅西階一觶』也。第二番旅酬，則長兄弟取弟子所舉之觶以酬賓，其儀亦如之，所謂『旅阼階一觶』也。二番酬訖，於是賓弟子、兄弟之子各舉觶於其長而無算爵始矣。　此經云『賓、兄弟交錯其酬』，是亦謂賓取主人酬觶以酬長兄弟，長兄弟取弟子所舉觶以酬賓，二觶先後迭舉而爲二番旅酬也。云『無算爵』，則謂賓長、兄弟長各取其弟子所舉之觶以相酬，而二觶竝行也。特是賓長獻于尸之上亦當有兄弟弟子舉觶於其長一條，無算爵之上亦當有賓弟子、兄弟弟子各舉觶於其長一條，而文皆不具，故啓後人不旅酬之議耳。然詳味經文，參觀諸禮，其義未始不顯然也。若謂不旅酬爲辟人君禮，則豈上大夫與士皆無所辟而下大夫獨當辟邪？其説固不可通矣。」秦氏蕙田云：「儐尸，旅酬者再而後行無算爵。尸、侑在堂上與於旅酬，而不與無算爵。《特牲》與不儐尸，尸、祝、主人皆在室中，竝旅酬亦不與，又無侑，故無二人舉觶及賓一人舉爵之事。其旅也，特賓與兄弟交相酬而已。然亦有二番旅酬而後及無算爵，《特牲》先旅西階一觶，次旅阼階一觶，是也。此經云『交錯其酬』，亦謂二番旅酬。」方氏苞云：「旅酬之禮，自天子達於士，祭之大節也。無算爵，因旅酬而旁推之禮也。廢旅酬而行無算爵，則無其本矣。」王氏士讓云：「由獻而有酢，由獻酢而有酬，由酬而有旅，由旅之爵有算，以至於爵之無算，若不行旅酬，無由驟行無算爵也。」章氏平云：「案：上下大夫儐尸不儐尸皆有旅酬，與《特牲》同。此經文略，故總云『交錯其酬』。其異者，上大夫儐尸於堂，尸亦與酬。不儐尸則同《特牲》。唯事尸於室，尸不與酬。又士不嫌與人君同，旅酬得堂下各設尊；大夫不敢同於君，堂下旅酬亦與神靈共尊耳。賈疏謂與神靈共尊，故闕旅酬，殆未必然。」《禮經釋例》云：「上經儐尸之禮，賓及兄弟交錯其酬，皆遂及私人，爵無算，此專爲無算爵也。此經云『賓兄弟交錯其酬』者，謂旅酬也。云『無算爵』者，謂無算爵也，與上經『爵無算』承上文而言者不同。考《鄉射》詳言無算爵之禮，《鄉飲酒》則但云『無算爵』，不復及其儀節，亦此例。是不儐尸未嘗無旅酬也。」今案：諸家辨正賈疏無旅酬之説甚是，故詳録之。

右不儐尸旅酬無算爵

利洗爵，獻于尸。尸醋，獻祝，祝受，祭酒，啐酒，奠之。利獻不及主人，殺也。此亦異於儐。

【疏】正義曰：此節言佐食爲加爵之事。○利獻尸亦及祝，與《特牲》同。盛氏云：「利，謂上佐食也。此與《特牲禮》異者，祝不卒爵耳。」褚氏云：「儐尸則賓獻祝，祝奠爵而主人出。此不儐尸則利獻祝，祝奠爵而主人出，是室中之事將竟，俱以祝之奠爵爲節也。」　注云「利獻不及主人，殺也」者，對上文賓長爲加爵及主人言也。云「此亦異於儐」者，《少牢》上篇及此篇儐尸皆無佐食獻，故云「異於儐」也。

右不儐尸佐食爲加爵

主人出，立于阼階上，西面。祝出，立于西階上，東面。祝告于主人曰：「利成。」祝入。主人降，立于阼階東，西面。尸謖，祝前，尸從，遂出于廟門。祝反，復位于室中。祝命佐食徹尸俎。佐食乃出尸俎于廟門外，有司受，歸之。徹阼薦俎。自主人出至此，與賓雜者也。先羞徹主人薦俎者，變於士。《特牲饋食禮》曰：「徹阼俎豆籩，設于東序下。」【疏】正義曰：注云「自主人出至此，與儐雜者也」者，賈疏謂有同有不同，故云「雜」。今案：自「主人出」至「祝反，復位於室中」與儐略同，❶唯《少牢》言尸謖在主人降之前爲稍異耳。又「祝反，復位於室中」下，《少牢》有主人入室復位之文，《特牲》亦有之。此無者，文偶不具耳。敖氏以爲脱，非也。自「祝命佐食徹尸俎」以下則與儐異，《少牢》上篇云「祝命佐食徹肵俎，降設于

❶「室」，原作「堂」，今據經文改。

堂下阼階南」，此篇儐尸畢云「司士歸尸、侑之俎」者，《少牢》以將儐尸，故俎不出廟門，未歸尸也。儐尸禮祝與佐食不與，故歸俎皆司士爲之。《特牲》云「命佐食徹尸俎，俎出于廟門」，注亦引此經「有司受歸之」爲證。是此禮與儐尸異，與《特牲》同也。云「先養徹主人薦俎者，變於士」者，案：此徹阼薦俎亦與《特牲》同，唯《特牲》養畢乃徹，此先養徹之，故注以變於士也。引《特牲禮》者，賈疏以爲證徹薦俎所置之處。敖氏云：「徹阼薦俎，亦佐食爲之。既徹阼俎，則堂下俎畢出，與《特牲禮》同也。」秦氏蕙田云：「案：此祝告利成、徹俎、歸俎、徹阼俎與儐禮異者二事：歸尸俎，一也；徹主人薦俎，二也。與《特牲禮》異者二事：告利成於階上，一也；先餕徹主人薦俎，二也。」

右不儐尸者禮終尸出

乃養，如儐。 謂上篇自「司宫設對席」至「上餕興出」也。❶ 古文「養」作「餕」。【疏】正義曰：「古文『養』作『餕』」，詳《特牲禮》。

右 養

卒養，有司官徹饋，饌于室中西北隅，南面，如饋之設，右几，厞用席。 官徹饋者，司馬、司士舉俎，宰夫取敦及豆。此於尸謖改饌，當室之白，孝子不知神之所在，庶其饗之於此，所以爲厭飫。不令

❶ 「上」，原作「此」，今據《儀禮注疏》改。

婦人改徹饌敦豆，變於始也，尚使官也。佐食不舉羊豕俎，親餕，尊也。厞，隱也。古文「右」作「侑」，「厞」作「茀」。【疏】正義曰：自此至篇末，言陽厭之事。○《禮經釋例》：「云凡尸既出室之後改饌于西北隅，謂之陽厭。」詳《特牲》篇末。郝氏敬云：「儐尸則禮備而神厭足，可無改設。不儐尸於是有改設之禮。」今案：經云「徹饋，饌于室中西北隅」者，謂徹前所饋，改設西北隅。饋即饋食，饌亦設也。「南面，如饋之設，右几」者，正祭設饋于奥，東面。此改設西北隅，南面，則與饋異。而云「如饋之設」，亦謂如其陳設左右之次耳。《少牢》正祭授几于筵上，右之。此亦云「右几」，明與饋同。《少牢》又云：「改饌豆籩于房中，南面，如饋之設。」彼注云：「如饋之設，如其陳之左右也，饋設東面。」是其義也。又《特牲》陽厭云：「几在南，則亦東面矣。」此南面，敖氏云「大夫禮異」，是也。　注云「官徹饋者，司馬、司士舉俎，宰夫取敦及豆」者，以其經云「官徹」，明不使婦人。必知司馬、司士舉俎，宰夫取敦及豆者，以司馬刲羊，明主羊俎，司士擊豕，明主豕俎。又上主婦獻祝，宰夫薦棗糗，又宰夫羞房中之羞，是主婦之事多宰夫主之，明此敦及豆宰夫取之可知。云「此於尸謖改饌，當室之白，孝子不知神之所在，庶其饗之於此，所以爲厭飫」者，詳《特牲》陽厭下。云「不令婦人改徹饌敦豆，變於始也，尚使官也」者，以《少牢》初設饌，主婦薦兩豆，宗婦一人贊兩豆，主婦設一敦，宗婦贊三敦，是其始時婦人設之。今不使婦人而使宰夫，是變於始也。其變於始者，尚使官故也。云「佐食不舉羊豕俎，親餕，尊也」者，褚氏云：「此解所以佐食不徹而有司官徹之義，以其親餕尸餘，尊之而不使徹。」今案：《特牲》佐食徹尸俎改設，佐食不與餕，故注云然。云「厞，隱也」者，詳《士虞禮》「厞用席」下。云「古文『右』作『侑』，『厞』作『茀』」者，胡氏承珙云：「《周禮》：『大祝辨九拜以享右祭祀。』鄭注謂『右』爲『侑』，是『右』與

『侑』通。『厞』作『茀』者，如《説文》『篚，車笭也』，《毛詩》亦假借作『茀』。鄭注《禮經》用其正字，故皆從今文。」今案：段氏《説文注》云：「屈原賦『隱思君兮陫側』，『陫』蓋同『厞』。」然則「陫」亦「厞」之異文也。**納一尊于室中。**陽厭殺，無玄酒。【疏】正義曰：詳《特牲禮》。**司宫埽祭。**埽豆間之祭。舊説云：埋之西階東。【疏】正義曰：《大射》：「司宫埽所畫物。」是埽除之事，司宫掌之。注云「埽豆間之祭」者，經但云「埽祭」，故注明之，謂此祭即豆間所祭食也。引舊説者，明埽後埋之。敖氏云：「舊説謂埋祭於西階東者，據《聘禮》埋幣之處而言也。」詳《聘禮》。**主人出，立于阼階上，西面。祝執其俎以出，立于西階上，東面。司宫闔牖户。**閉牖與户，爲鬼神或欲幽闇。【疏】正義曰：《特牲》佐食闔牖户，此司宫闔牖户者，亦大夫之禮有異也。**祝告：「利成。」乃執俎以出于廟門外，有司受，歸之。**【疏】正義曰：吴氏《章句》云：「兩告利成者，先爲事尸禮畢告之，以終立尸之意。後則改饌室中告之，以終尸未入祝饗之意也。又先告以爲主人降立之節，再告以爲主人送賓之節。制禮之義，其周密如此。」今案：亦兩告利成，與此同。《士虞》改饌後不再告利成，詳《特牲》「祝東面告利成」下。此云「祝執俎以出於廟門外」，是出門也。上云「祝執其俎以出」，則出室也。**衆賓出，主人拜送于廟門外，乃反。**拜送賓者，亦拜送其長，不言長賓者，下大夫無尊賓也。【疏】正義曰：注云「拜送賓者，亦拜送其長」者，上儐尸主人拜送尸于廟門外，又云：「拜侑與長賓，亦如之，衆賓從。」彼注云：「從者不拜送。」故謂此拜送者亦是拜送其長也。云「不言長賓者，下大夫無尊賓也」者，賈疏云：「下大夫賤，無尊賓，故不别其長也。」吴氏云：「注以此經不言長，遂謂無尊賓。則前所謂賓長獻者，誰之賓邪？此説未確。」今案：儐尸有尸、侑，故於其出也，拜送尸與侑，與長賓皆別拜之。此無尸、侑，故於衆賓之出，總一拜送而已。又上大夫位崇，拜送賓但拜其長，不拜衆賓。《少牢》上餕興出，主人送不言拜，可證也。至下大夫則皆拜之，故經不別言長，非無尊賓之謂也。注説似泥。**婦人乃徹，**徹祝之薦及房中薦俎，不使有司者，下上大夫之禮。【疏】正義曰：前徹薦俎不使婦人者，以祭未畢，有司尚有事於室中也。至是衆賓有司皆退，然後婦人入徹。婦人，即婦贊者之屬也。注云「徹祝之薦及房中薦俎」者，正祭尸俎佐食徹以出，其俎釋三个及敦豆之薦俱改設爲陽厭。阼薦俎亦已徹，祝俎又自執以出，故唯祝之薦在耳。房中薦俎及主婦薦俎，凡羞陳之物皆統之矣。《特牲》云：「宗婦徹祝豆籩，入于房，徹主婦薦俎。」是注説所本也。云「不使有司者，下上大夫之禮也」者，謂下於上大夫之禮也。案：上大夫祭畢將儐尸，有司徹。賓尸禮終，亦有司徹。今不使有司而使婦人，與士禮略同，是下於上大夫也。**徹室中之饌。**有司饌之，婦人徹之，外内相兼，禮殺。【疏】正義曰：此徹室中之饌亦婦人徹之，室中之饌即上有司官徹饋饌於室中西北隅者也，故注云：「有司饌之，婦人徹之。」云「外内相兼，禮殺」者，外謂有司，内謂婦人，二者兼爲之，不使有司終始其事，是禮殺於儐尸也。敖氏謂「婦人乃徹」其事在下，即指徹室中之饌言之。褚氏云：「當如注以上下兩句分言房中室中之饌。」今案：上注兼云徹祝之薦，則鄭意不以「婦人乃徹」句爲專指房中言矣。蓋經上言「婦人乃徹」者，謂正祭之薦俎凡未徹者，皆婦人徹之。下復言徹室中之饌者，恐人疑改設之饌不使婦人徹，故并言之。敖説、褚説俱非。《特牲》陽厭改設之饌當亦婦人徹之，經不言者，以已見於此也。○姜氏兆錫云：「陽厭，儐尸禮無。」今案：自卒餕以下與《特牲禮》略同而小異。

右不儐尸者爲陽厭

《儀禮正義》書後

道光己酉，先大父持節兩江。次年，延長洲陳碩甫先生校勘郝氏《爾雅義疏》、金氏《求古録禮説》、江氏《韻書三種》，爲家塾課讀，次第刊成。惟胡氏《儀禮正義》卷帙最繁，後付剞劂，工未竣而軍事遂起。癸丑，先大父殉節金陵，全家避難山左，是書雖在姑蘇刻局，亦不遑過問其存否。甲寅，自山左移寓袁江，子岷叔父至蘇取歸。己未旋里，以難於運載，寄存山陽友人處。中遇捻逆之亂，幸未毁棄。丁卯，余北行過淮，始得移至京寓。其中間有殘蝕，重爲補刻成帙。惜原槀已佚，覆校莫有，亥豕傳訛，在所不免。因念家藏圖籍，存於金陵節署者，盡歸一炬。惟是書以刻事未蒇，幸免劫灰，且出自烽燹之餘，竟得完好如故。展讀斯編，不禁悲幸交集也。同治戊辰夏六月沔陽陸光祖謹識。

《儀禮正義》後跋❶

右《儀禮正義》四十卷，先叔父竹邨公所撰也。先叔父幼受先曾祖父樸齋公庭訓，講求《禮經》。樸齋公撰有《儀禮釋官》九卷，嘉慶間已刊行。先叔父復病《儀禮》賈疏多疎舛，乃博徵衆説，參以己見，撰爲《儀禮正義》。道光乙巳，智奉諱南歸，見《喪服經傳》、《士喪禮》、《既夕禮》、《士虞禮》四篇已成，《特牲饋食禮》、《少牢饋食禮》、《有司徹》諸篇草藁粗具，其餘各篇皆經攷訂，尚未排比。先叔父初意專解《喪服》，故從喪祭諸禮起手也。是年四月患風痹，猶力疾從事，左手作書。以族姪肇昕留心經學，命助校寫。己酉夏，嘗寄智書曰：「假我數月，全書可成。」詎意背疽復發，遽於七月棄世。尚有《士昏禮》、《鄉飲酒禮》、《鄉射禮》、《燕禮》、《大射儀》五篇未卒業。江寧楊明經大堉，昔從先叔父學禮，因爲補綴成編。書中有堉案及肇昕云者，即二君之説，餘皆先叔父原藁。其所引樸齋公《釋官》之文，有直稱先曾祖父之名者，蓋補編時失於檢點也。書成，沔陽陸笠夫先生適總制兩江，訪以付梓。

---

❶ 此篇名係整理者所加。

未幾而粤寇陷金陵，陸公殉節，書板與原藁不知所在。今年夏，聞陸公文孫泰初觀政比部，往詢之，知其書板已運京師，不勝竊幸。乃請以他物相易，而比部慨然允之，即將書板歸智，感何可言？先叔父於此書用力閲四十餘年，實爲一生心血所注，今其書板幸存於兵燹之餘，得非先叔父在天之靈所呵護與？惜書之義例，僅見於羅椒生先生序中數語，而其餘皆不存。原藁已佚，楊君與族弟肇昕又皆物故，無從補敘。智當時供職在京，未聞遺命，自慙譾陋，不敢妄擬。謹志其書板之存之幸，并以著陸氏之重經學篤友誼焉。同治戊辰嘉平姪肇智謹記。

「《儒藏》精華編選刊」選目

經部

周易鄭注
漢魏二十一家易注
周易注
周易正義
周易口義（與《洪範口義》合册）*
温公易説（與《司馬氏書儀》《孝經注解》《家範》合册）
漢上易傳
誠齋先生易傳
易學啓蒙
周易本義
楊氏易傳
易學啓蒙通釋
周易本義附録纂注
周易啓蒙翼傳
周易本義通釋
易經蒙引
周易述
周易述補（江藩）（與李林松《周易述補》合册）
周易述補（李林松）
易漢學
御纂周易折中
周易虞氏義
雕菰樓易學
周易集解纂疏
周易姚氏學
鄭氏古文尚書
洪範口義
書傳（與《書疑》《尚書表注》合册）
書疑
尚書表注
書纂言
尚書全解（全二册）
尚書要義
讀書叢説
書傳大全（全二册）

古文尚書攷（與《九經古義》合册）
尚書集注音疏（全二册）
尚書後案
詩本義
吕氏家塾讀詩記
慈湖詩傳
詩經世本古義（全四册）
毛詩稽古編
毛詩説
毛詩後箋（全二册）
詩毛氏傳疏（全三册）
詩三家義集疏（全三册）
儀禮注疏
儀禮集釋（全二册）
儀禮圖
儀禮鄭註句讀

儀禮章句
儀禮正義（全六册）
禮記正義
禮記集説（衛湜）
禮記集説（陳澔）（全二册）
禮記集解
禮書
五禮通考
禮經釋例
禮經學
司馬氏書儀
春秋左傳正義
左氏傳説
左氏傳續説
左傳杜解補正
春秋左氏傳賈服注輯述

春秋左氏傳舊注疏證（全四册）
春秋左傳讀（全二册）
公羊義疏
春秋穀梁傳注疏
春秋集傳纂例
春秋權衡（與《七經小傳》合册）
春秋集注
春秋經解
春秋尊王發微（與《孫明復先生小集》合册）
春秋本義
春秋集傳
春秋集傳大全（全三册）
孝經注解
孝經大全
白虎通德論

七經小傳
九經古義
經典釋文
群經平議（全二册）
論語集解（正平版）
論語義疏
論語注疏
論語全解
論語學案
孟子注疏
孟子正義（全二册）
四書集編（全二册）
四書纂疏（全三册）
四書集註大全
四書蒙引（全二册）
四書近指

四書訓義
四書賸言
四書改錯
四書説
爾雅義疏
廣雅疏證（全三册）
説文解字注

史　部

逸周書
國語正義（全二册）
貞觀政要
歷代名臣奏議
御選明臣奏議（全二册）
孔子編年
孟子編年

陳文節公年譜
慈湖先生年譜
宋名臣言行録
伊洛淵源録
道命録
考亭淵源録
道南源委
聖學宗傳
元儒考略
四先生年譜
洛學編
儒林宗派
程子年譜
學統
伊洛淵源續録
豫章先賢九家年譜

閩中理學淵源考（全三册）
清儒學案
經義考
文史通義

子　部

孔子家語（與《曾子注释》合册）
曾子注釋
孔叢子
新書
鹽鐵論
新序
説苑
太玄經
龜山先生語録
胡子知言（與《五峰集》合册）

木鐘集
西山先生真文忠公讀書記
性理大全書（全四册）
居業録
思辨録輯要
家範
小學集註
曾文正公家訓
勸學篇
仁學
習學記言序目
日知録集釋（全三册）

集　部

蔡中郎集
李文公集

孫明復先生小集
直講李先生文集
歐陽脩全集
伊川擊壤集
元公周先生濂溪集
張載全集
温國文正公文集
公是集（全二册）
游定夫先生集
和靖尹先生文集
豫章羅先生文集
梁溪先生文集
斐然集（全二册）
五峰集
文定集
渭南文集

誠齋集（全四册）
晦庵先生朱文公文集
東萊吕太史集
止齋先生文集
攻媿先生文集
象山先生全集
陳亮集（全二册）
絜齋集
文山先生文集
勉齋先生黄文肅公文集
北溪先生大全文集
西山先生真文忠公文集
鶴山先生大全文集
閑閑老人滏水文集
郝文忠公陵川文集
仁山金先生文集

静修劉先生文集
雲峰胡先生文集
許白雲先生文集
吴文正集（全三册）
道園學古録　道園遺稿
師山先生文集
曹月川先生遺書
康齋先生文集
敬齋集
涇野先生文集（全三册）
重鐫心齋王先生全集
雙江聶先生文集
歐陽南野先生文集
念菴羅先生文集（全二册）
正學堂稿
敬和堂集

涇皋藏稿
馮少墟集
高子遺書
劉蕺山先生集（全二册）
南雷文定
桴亭先生文集
西河文集（全六册）
曝書亭集
三魚堂文集外集
考槃集文録
復初齋文集
揅經室集（全三册）
述學
劉禮部集
籀廎述林
左盦集

出土文獻

郭店楚墓竹簡十二種校釋
上海博物館藏楚竹書十九種校釋（全二册）
秦漢簡帛木牘十種校釋
武威漢簡儀禮校釋

*合册及分册信息僅限已出版文獻。